跨海大桥设计与施工
——东海大桥

黄 融 主编

人民交通出版社

内 容 提 要

全书共分为十篇，主要以东海大桥为例介绍了国内跨海大桥的建设概况、跨海大桥的设计原理和计算方法、东海大桥的结构设计和计算、耐久性设计与防护技术应用、防撞结构设计以及东海大桥的施工等方面的内容。其中部分内容作为专题独立成篇，进行详细介绍。

本书是一本纯技术性的书籍，总结了东海大桥设计和施工整个过程中所采用的技术。它既可作为桥梁工程设计和施工相关技术人员的参考资料，也能作为桥梁和结构工程专业大学高年级学生和研究生课外学习的参考书。

图书在版编目（CIP）数据

跨海大桥设计与施工——东海大桥/黄融主编. —北京：人民交通出版社，2009.6
ISBN 978-7-114-07647-3

Ⅰ.跨… Ⅱ.黄… Ⅲ.①跨海峡桥-桥梁工程-设计-华东地区②跨海峡桥-桥梁工程-工程施工-华东地区 Ⅳ.U448.19

中国版本图书馆 CIP 数据核字（2009）第 028774 号

书　　名：跨海大桥设计与施工——东海大桥
著 作 者：黄　融
责任编辑：曲　乐
出版发行：人民交通出版社
地　　址：(100011) 北京市朝阳区安定门外外馆斜街 3 号
网　　址：http://www.ccpress.com.cn
销售电话：(010) 59757969，59757973
总 经 销：北京中交盛世书刊有限公司
经　　销：各地新华书店
印　　刷：北京鑫正大印刷有限公司
开　　本：880 × 1230　1/16
印　　张：83.75
字　　数：2505 千
版　　次：2009 年 6 月　第 1 版
印　　次：2009 年 6 月　第 1 次印刷
书　　号：ISBN 978-7-114-07647-3
印　　数：0001 – 3000 册
定　　价：200.00 元

《跨海大桥设计与施工——东海大桥》

编写委员会

主　编:黄　融

副主编:邵长宇　章曾焕　皇甫熹　葛耀君

编　委:(以姓氏笔画为序)

丁建康　马名骅　王天华　过震文　司元政　卢永成

阮春生　许履庆　朱家祥　庄　勇　杨志方　杨思民

陈淦伟　邱毅平　周东生　张剑英　姜允肃　查义强

高振峰　高宗余　徐　强　康学增　黄国斌　黄少文

黄士柏　程为和　谭国顺

各篇主要编写人员及分工

第一篇

黄　融、皇甫熹、杨志方、邵长宇、丁建康、朱家祥、谭国顺、康学增、马名骅、杨思民、高振峰、王启愚、朱云龙、陈淦伟

第二篇

第一、二章　黄融、皇甫熹、丁建康

第三、四章　黄士柏、张剑英、刘小方、艾伏平

第五章　皇甫熹、刘桦、黄士柏、夏军

第六章　黄融、葛耀君

第七章　毕桂平、李建中

第八章　黄士柏、卢永成、邓青儿

第三篇

第一、二、三章　黄国斌、杨志方、丁建康、颜爱华、邱毅平

第四章　丁建康、刘小方

第五章　杨志方、卢永成、颜爱华、邵长宇、丁建康、李振岭、夏军

第六章　刘小方、张剑英、阮春生

第四篇

第一章　杨志方、刘小方

第二章　刘小方、丁建康

第三章　刘小方、张剑英

第四章　卢永成、张剑英

第五章　邓青儿、颜爱华

第六章　高宗余、颜爱华

第七章　邵长宇、邓青儿、王天华

第八章　张剑英、艾伏平、丁建康

第五篇

第一、二章　黄融、杨志方、黄士柏、徐强

第三章　皇甫熹、刘小方、朱云龙、卢永成、颜爱华、邱毅平、黄国斌

第六篇

第一、二章　皇甫熹、杨志方、刘小方

第三章　黄士柏、金允龙、卢永成

第四章　金允龙、颜爱华、邓青儿、王天华

第五章　张剑英、黄士柏、丁建康

第七篇

第一章　黄国斌

第二章　黄少文、冯一峰

第三章　季善标、黄士柏

第四章　司元政、陈重、李森平、杜强、过震文

第五章　查义强、张君武、郭主龙、孟钢、黄少文、杨志方

第八篇

第一、二章　黄融、高振峰、杨志方

第三章　黄融、高振峰、黄士柏、过震文、陈淦伟、程为和、杨志方

第四章　毕桂平、张洪光

第五章　黄士柏、毕桂平、张洪光

第九篇

第一章　黄士柏、周东生、郭主龙、周先念

第二章　毕桂平、周先念、郭主龙

第十篇

第一、二章　姜允肃、黄国斌、黄士柏、胡劲松

第三章　过震文、谢大圻、陈重、李森平、郑机、张君武、崔革军、冯一峰

第四章　孟钢、黄士柏、谭国顺

第五章　谢大圻、刘国波、吉青克、郭主龙

序

上海市地处万里长江的出海口，又是长江三角洲经济区的龙头，为了在国际集装箱枢纽港的竞争中确立我国应有的地位，党中央和国务院提出了建设上海国际航运中心的战略目标。然而，上海地区的江海沿岸缺少建港的深水资源，于是上海市政府把目光投向了浙江嵊泗列岛中最靠近上海的大小洋山岛，提出了一个大胆而富有创意的设想：在洋山建设深水港区，再用一条快速通道把上海南汇芦潮港的临港新城和洋山深水港连接起来，从而形成这一项气势恢宏、世界少有的洋山港连岛工程——全长32.5km的东海大桥。

这一创议曾引起有关各方的争论，使中央一时难以决策。已故的同济大学名誉校长李国豪院士利用他和时任总书记的江泽民同志在上海工作时的同事关系亲自致函，力陈建设这一世纪工程的战略意义及其对中国未来经济发展和参与国际航运竞争的重大价值，终于使洋山深水港及与其配套的东海大桥和临港新城得到了国务院的批准，并于2002年6月正式开工兴建。

东海大桥是我国第一座在广阔的外海海域建造的、真正意义上的跨海大桥，因受风浪的影响，施工条件十分困难。以李国豪院士为组长的专家委员会经过反复论证评选，最终采用了先进合理的结构形式和成熟安全的施工技术，并调集了国内的精兵强将付诸实施。东海大桥有许多先进技术都是首次在国内应用，如GPS定位、抗风浪施工平台、带钢底板的混凝土套箱、桥墩整体预制安装、预应力混凝土箱梁的预制、运输和浮吊整体架设施工等，集成了一整套外海跨海大桥的设计和施工技术，为随后建设的杭州湾大桥、拟建的港珠澳大桥和其他海峡工程提供了十分宝贵的第一手经验。

为了保证在海洋环境下的桥梁使用寿命，东海大桥建设指挥部对提高混凝土的耐久性给予了特别的关注，采取多种技术保护措施，同时采用国内最先进的钢结构防腐技术，力争大桥安全使用100年。东海大桥的主通航孔和港桥连接段跨越深槽的颗珠山大桥，虽然跨度不大，但都采用了具有创意的结合梁桥面斜拉桥，全桥统一的桥面铺装和新型伸缩缝为大型集装箱卡车提供了平衡、耐久的良好通行条件。

经过三年半在海浪中的艰难施工和现代化管理，具有里程碑意义的东海大桥终于在2005年底胜利建成通车。曾经发挥特殊作用的李国豪院士会在天堂感到欣慰并祝福我们。这本浩瀚的工程总结也一定会在中国跨海大桥建设的历史中占有重要的地位。我衷心祝贺参与东海大桥建设的全国各单位的桥梁同仁所取得的成功，他们的业绩已经为提高中国桥梁的国际地位作出了不可磨灭的重要贡献。

同济大学土木工程学院顾问院长、荣誉资深教授
国际桥梁与结构工程协会副主席
中国土木工程学会桥梁与结构工程分会理事长
项海帆

二〇〇八年十二月

前　言

为使我国在一个高起点上主动参与东北亚国际航运中心的竞争,在国际集装箱枢纽港的竞争中确立应有的地位,党中央和国务院提出了建设上海国际航运中心的战略目标。上海市政府把目光投向了浙江嵊泗列岛中最靠近上海的大小洋山岛,提出了一个在洋山建设深水港区,再用一条快速通道将其与上海南汇芦潮港的临港新城连接起来的大胆而富有创意的设想。已故的同济大学名誉校长李国豪院士,也力陈建设这一世纪工程的战略意义及其对中国未来经济发展和参与国际航运竞争的重大价值。2002 年 3 月洋山深水港及与其配套的东海大桥和临港新城工程项目,终于获得了原国家计划委员会批准。根据党中央、国务院提出的建设上海国际航运中心的战略目标,洋山深水港定于 2005 年底开港投入运营。

东海大桥是洋山深水港区连接大陆的唯一一条快速交通集疏运通道,同时还担负起为港区供水、供电及通讯的使命。洋山深水港的建设目标也是东海大桥的建设目标,这是丝毫不能动摇的。我国第一座真正意义上的跨海大桥为顺应这一历史机遇而生,这也是我国桥梁从江河走向海洋的历史性一步。作为我国第一座在外海建造的桥梁,它起始于上海南汇芦潮港,跨越一无遮挡的宽广海域,在浙江省嵊泗县一片孤岛的小洋山上登陆,全长约 32.5km,宛如一条巨龙横卧大海。大桥的终点是一座气势恢宏、世界一流的世纪工程——洋山深水港。

2002 年 6 月 26 日中国港湾建设集团在海上打下了第一根桩,嘣嘣的锤击声吹响了东海大桥全面建设的号角,至 2005 年 12 月 10 日洋山深水港开港、东海大桥同步通车,实现了我国建桥事业从江河走向海洋的梦想。工程前后共经历了三年半时间。

作为一个建设者能有机会参与东海大桥的建设,是人生的一大幸运,也是几代造桥人的梦想。在建桥的日子里,建设者无不夙兴夜寐、殚精竭虑,不仅把东海大桥建设作为一种事业,而且把它当作自己生命的一部分,始终以强烈的使命感、责任感和紧迫感投身于工程建设。

如今,回想起 1 233 天的历程,禁不住心潮起伏久久难以平静,对建设中的每一天每一夜都是记忆犹新。记得我第一次乘上快艇,沿着桥位线驶向波涛滚滚的茫茫大海,好多人经不起大海的颠簸,纷纷呕吐不已,使我深感大桥建设将面临艰险。在东海大桥建设之前,我国的大型桥梁主要都建在江河上,即使有些桥梁建在海上则都是在海湾中,其与在外海自然环境中建桥是无法相比的。有的建桥集团尽管常年在大江大河上摸爬滚打,可面对大海反复无常的海况条件也感到了困难重重。

东海大桥处于无遮挡的外海,台风、季风、波浪和涌浪数量多强度大,每年受大风影响时间达 100 天以上,最大浪高达 13m,潮差高达 5m 多,每年不连续的可施工作业时间仅为

180 天。在缺少大陆依托的海域中进行工程建设，只能通过船舶、平台等设备在海浪颠簸中开展工作，常规的施工工艺和施工设备已无用武之地，而依现有国力能适应海上施工的大型设备数量有限。在这样的施工环境和现有条件下，需要打下各类基桩 9 000 多根、浇筑海工混凝土 160 多万 m^3、制作各类钢结构 50 万 t。如此巨大的工程量要在规定的时间内完成，难度是可想而知的。

面对世界少有的施工难度和工程量，建设者们迎海风、战波涛、顶烈日、冒酷暑，用他们的聪明才智和心血进行科技创新，攻克了一道又一道技术难关，以他们的顽强斗志和汗水进行科技攻关，解决一个又一个施工难点，终于走出一条具有时代特征、科技创新的建桥之路。

如今一座承载着国家战略的海上大桥、一座承载着无限希望的通衢大道已经建成。而大桥在建设中所经历的曲折过程，它之所以取得成功的经验，以及它所得到的教训，更是一笔极其宝贵的财富。我们应该将其留下来以供我国今后海上工程建设者借鉴和参考，这也正是本书的编写初衷。

东海大桥的桥面宽度 31.5m，分上下行双幅桥面，采用双向六车道加紧急停车道的高速公路标准。设计行车速度每小时 80km，设计荷载等级为汽车—超 20 级、挂车—120，并按全桥集装箱重车满布，车辆轴距为 10m 进行计算复核。整座大桥的建设主要分为陆上段、跨海段和港桥连接段，其中跨海段约 25. 3km。大桥设主通航孔一处，通航能力为 5 000t级；辅通航孔共有三处，其中 1 000t 级辅通航孔一处，500t 级辅通航孔两处。

在东海大桥设计工作开始前，我们定下的目标是要依靠国内自己的力量建设大桥。为此，我们进行了大量的调查研究，对国内现有的海上施工技术与设备进行了解，对大桥沿线的地质状况，海流、波浪变化的周期，台风、暴雨发生的季节天数等作了大量的统计，这些工作为大桥的设计提供了充分依据。

东海大桥的设计充分考虑了国内的施工能力，并根据桥位沿线的海域环境和地质条件，采用了合理的结构形式和成熟适用的施工技术。其中：陆上段采用了满堂支架现浇一次落架施工的连续梁；近岸滩涂段采用了移动模架逐跨现浇施工的连续梁；深水区采用了整跨预制、浮吊简支安装、墩顶现浇混凝土接头施工的连续梁；近岛段浅水区采用了曲线顶推法施工的连续梁；跨径 120m、140m 和 160m 的三个辅通航桥梁，采用了挂篮悬臂浇筑施工的连续梁；跨径达 420m 的主通航孔桥梁，采用了双塔单索面结合梁斜拉桥，主梁为目前国际上首次采用的钢箱—混凝土结合梁，采用了工厂节段预制、现场桥面吊机安装、高强螺栓连接的施工方法；港桥连接段除了采用移动模架逐跨现浇施工的连续梁外，还设计了一座跨越一个长 280m、水深 38m 海底深槽的结合梁斜拉桥。

东海大桥设计前还提出了另一个目标，即大桥的使用寿命为 100 年，这也是首次在国内明确提出的目标。围绕着这一目标，主要结构采用了全预应力混凝土，且主要是整体式结构，以减少结构拼接缝；根据不同的环境选择合适的钢筋保护层厚度，结构与大气接触面近可能小，并保证施工与养护便利；提高混凝土材料的密实度，减缓氯离子对混凝土渗透的速度，提高混凝土材料的耐久性；采用国内最先进的钢结构防腐技术，并综合应用在工程建设中；施工中以求真务实的态度抓质量，确保在每一个施工环节达到设计要求的耐久性指标。

东海大桥建设之所以能够取得成功，最主要的原因在于技术突破与创新。以李国豪院士、项海帆院士、范立础院士等国内著名专家组成的顾问委员会经过反复论证评选，调集了精兵强将，采用了先进合理的结构方案和成熟安全的施工技术，为大桥建成奠定了坚实的基础。在大桥施工过程中，项海帆院士、范立础院士等专家还多次到现场具体指导，解决了诸多技术难题，确保了大桥建设顺利进行。

本书对大桥建设中的技术突破与创新作了较为详细的总结，归纳起来有以下几个方面：

1. 外海跨海桥梁设计技术

大桥首次明确提出使用寿命100年，针对国内设计标准和规范的现状，开展了相关系列科研攻关。通过桥梁结构选型和细部构造优化，风、波浪潮与船撞等作用的确定、材料选用及性能设计，以及耐久性防护措施设计等，形成了一套较完整的外海跨海桥梁设计技术。

2. 海上施工测量定位技术

利用GPS/RTK技术研制了一套海上GPS打桩定位系统，较好解决了海上打桩快速测量定位问题，使测量结果达到了较高的精度，从根本上攻克了海上打桩的技术难题。在该系统准确定位的基础上，利用已完成测量的墩位不断加密修正测量控制精度，从而确保了大桥全线的测量精度，为大桥的顺利建成奠定了坚实基础。

3. 导管架结合钢浮箱建造海上施工平台技术

借鉴海上石油平台的建造经验，结合工程施工的现状，开创性地运用了导管架与钢浮箱结合的施工平台建造技术。工厂整体制造的导管架在桥墩两侧形成了海上机械作业、人员住宿及材料堆放的平台，其间的自浮式双壁钢套箱利用四周压水舱调整高程，形成能抗风浪潮的桩基础施工和承台混凝土浇筑的作业平台和模板，钢套箱的压水舱同时也对混凝土养护起到蓄热保温作用。这项施工技术快速提供了5 000m^2的施工场地，既解决了8 200m^3混凝土浇筑的模板问题，也解决了混凝土的养护问题。

4. 混凝土套箱承台施工技术

在恶劣的海湾环境下合理选择承台施工方案，是保证承台施工安全和质量的关键。东海大桥采用了刚度大、抗风浪能力强带钢底板的混凝土套箱，解决了钢管桩与套箱联结、箱底封闭阻水、承台内钢筋布置及混凝土浇筑的难题，为占大桥总工程量2/3以上的700多个承台施工的全线铺开创造了条件。

5. 桥墩墩身一体化施工技术

为了在避免恶劣的海湾环境下进行墩身混凝土浇筑、确保施工质量与工期、保护海洋环境，非通航段桥梁的800余个墩身采用了整体预制安装一体化施工技术。在严格控制墩身预制尺寸、底面平整度、高度及垂直度前提下，配合安全平稳的海上运输和大型浮吊安装，再采用承台顶面的支承导向定位装置及可靠的墩与承台间联结构造，确保了非通航段桥梁800余个墩身快速、高质量地完成施工。

6. 大型混凝土箱梁场内运输技术

大桥非通航段60m和70m的预应力混凝土连续箱梁全桥共670段，箱梁的体积庞大、吊重约1 600t和2 000t。施工中采用了从制梁台座到出海码头的一次横移、一次纵移及再次横移的运输方式。箱梁运输中无需大型吊机，并可实现运输方式的连续转换，这种大体积、大吨位箱梁在预制厂内长距离运输技术是国内首次采用的。

7. 整跨混凝土箱梁的海上安装施工技术

大桥非通航孔60m和70m的大体积、大吨位预应力混凝土箱梁，在国内属首次采用了浮吊整跨架设施工技术。在成功解决了浮吊选型的基础上，施工中采用梁端底的导向对中装置和由砂箱制成的、可进行纵横向滑移的临时支座，使箱梁能够方便地临时支承并调至准确位置，很好解决了箱梁就位精度问题。

以上是本书中的一些主要内容。

本书是一本纯技术书籍，书中总结了东海大桥建设过程中所采用的技术，从这些大量文字的背后，我们可以隐约看到当时大桥建设参加单位与参加者夜以继日进行科技攻关、不畏艰险勇于拼搏的精神。这些参加单位包括：上海同盛大桥建设有限公司、上海建工（集团）总公司、中铁大桥局股份有限公司、中国交通建设集团有限公司、上海城建（集团）公司、上海市政工程设计研究总院、中铁大桥勘测设计院有限公司、中交第三航务工程勘察设计院有限公司、同济大学、上海交通大学、中交第三航务工程局有限公司、中交第一航务工程局有限公司、路桥集团国际建设股份有限公司、上海隧道工程股份有限公司、上海市第二市政工程有限公司、上海船舶运输科学研究所、上海市测绘院、上海市建筑科学研究院（集团）有限公司、青岛双瑞防腐防污工程有限公司、中铁大桥局集团武汉桥梁科学研究院有限公司及浙江省围海建设集团股份有限公司等。这些单位及参加者在东海大桥建设期间，自始至终以主人翁的姿态推进大桥的科技进步，以只争朝夕的拼搏精神投入到大桥的建设中。本书的编写得到了上述单位及有关人员的大力支持，他们提供了大量的资料和图片，没有他们的支持是不可能完成的。在此，向他们致以崇高的敬礼，感谢他们为东海大桥所做的贡献。

上海市城乡建设和交通委员会主任

二〇〇八年十月

目 录

第一篇 绪 论

第 1 章 引言…… 3
1.1 跨海工程的缘起 …… 4
1.2 国内外重大跨海工程计划 …… 5
1.3 我国海岸线及其特点…… 11
1.4 跨海大桥建设的意义…… 15
第 2 章 跨海大桥的环境及特点 …… 17
2.1 跨海大桥的海洋环境…… 17
2.2 跨海大桥的基本特点…… 29
第 3 章 世界跨海大桥建设概况 …… 35
3.1 国外跨海大桥综述…… 35
3.2 中国跨海大桥综述…… 41
3.3 国内外主要跨海大桥简介…… 47
第 4 章 东海大桥简介…… 104
4.1 前期工作 …… 104
4.2 自然条件和基本资料 …… 105
4.3 设计概要 …… 125
4.4 施工概况 …… 131
4.5 主要科研工作 …… 137

第二篇 设计原理、计算方法及相关研究

第 1 章 概述…… 143
第 2 章 桥梁概率极限状态设计计算原理…… 145
2.1 结构状态与极限状态 …… 145
2.2 概率极限状态设计基本原理 …… 146
2.3 极限状态设计原则 …… 149
2.4 荷载设计值和荷载组合 …… 150
第 3 章 跨海大桥作用(荷载)组合方法 …… 152
3.1 荷载组合方法概述 …… 152
3.2 基于可靠度的组合设计方法 …… 156
3.3 跨海大桥荷载组合方法 …… 158
第 4 章 跨海大桥车辆作用及其计算方法…… 159

4.1 桥梁车辆作用概述 …… 159
4.2 集装箱车辆特征 …… 161
第5章 跨海大桥水作用及其计算方法 …… 163
5.1 静水作用 …… 163
5.2 海流作用 …… 164
5.3 潮汐作用 …… 168
5.4 海冰作用 …… 170
5.5 波浪作用 …… 177
5.6 东海大桥水动力试验研究 …… 192
第6章 跨海大桥风作用及其计算方法 …… 213
6.1 桥梁抗风设计概述 …… 213
6.2 东海大桥桥位边界层风特性研究 …… 221
6.3 主通航孔抗风设计 …… 227
6.4 辅通航孔箱梁抗风设计 …… 238
6.5 非辅通航孔连续箱梁抗风设计 …… 238
第7章 跨海大桥地震作用及其计算方法 …… 239
7.1 抗震设防原则 …… 239
7.2 抗震计算的地震力理论 …… 241
7.3 抗震设计方法 …… 246
7.4 东海大桥抗震总体设计 …… 256
7.5 东海大桥主桥结构抗震性能研究 …… 258
7.6 东海大桥辅航道桥结构抗震性能研究 …… 264
7.7 东海大桥引桥抗震性能研究 …… 270
第8章 跨海大桥船撞作用及其计算方法 …… 272
8.1 典型船撞桥事故 …… 272
8.2 跨海大桥防船撞设计方法 …… 273

第三篇 结构设计

第1章 概述 …… 283
1.1 总体概述 …… 283
1.2 设计条件 …… 283
1.3 设计概要 …… 286
第2章 总体设计 …… 288
2.1 总体设计原则 …… 288
2.2 交通量预测及分析 …… 288
2.3 工程规模 …… 291
2.4 大桥路线设计 …… 291
2.5 设计技术标准和技术指标 …… 294
2.6 设计依据的规范和标准 …… 295
2.7 基础冲刷深度分析 …… 296
第3章 范围与标段划分 …… 299
3.1 设计范围 …… 299

3.2　工程标段划分 …… 299
第4章　陆上段桥梁设计——5×30m 预应力混凝土连续箱梁桥设计 …… 300
4.1　上部结构构造 …… 300
4.1　下部结构构造 …… 304
第5章　海上段桥梁设计 …… 310
5.1　7×50m 预应力混凝土连续箱梁桥设计 …… 311
5.2　6×60m 预应力混凝土连续箱梁桥设计 …… 327
5.3　5×70m 预应力混凝土连续箱梁桥设计 …… 350
5.4　8×50m 预应力混凝土连续箱梁桥设计 …… 375
5.5　500t 级辅通航孔 70m+120m+120m+70m 连续梁桥设计 …… 385
5.6　1 000t 级辅通航孔 80m+140m+140m+80m 连续梁桥设计 …… 397
5.7　辅通航孔 90m+160m+160m+90m 连续梁桥设计 …… 411
5.8　主通航孔 73m+132m+420m+132m+73m 斜拉桥设计 …… 425
第6章　港桥连接段桥梁设计 …… 437
6.1　7×50m 预应力混凝土连续箱梁桥设计 …… 437
6.2　颗珠山斜拉桥设计 …… 445

第四篇　结构计算

第1章　概述 …… 461
1.1　概述 …… 461
1.2　工程规模 …… 461
1.3　工程标段划分 …… 461
1.4　技术标准 …… 462
1.5　设计规范 …… 463
1.6　本篇主要内容 …… 464
第2章　支架现浇施工 30m 等截面预应力连续箱梁桥计算 …… 465
2.1　上部结构 …… 465
2.2　下部结构 …… 474
第3章　支架现浇施工 50m 预应力混凝土连续箱梁桥计算 …… 485
3.1　上部结构 …… 485
3.2　下部结构 …… 495
第4章　预制整跨吊装施工 60m 等截面预应力连续箱梁桥计算 …… 508
4.1　上部结构 …… 508
4.2　下部结构 …… 519
第5章　悬臂浇筑施工 90m+160m+160m+90m 四跨变截面预应力连续箱梁桥计算 …… 531
5.1　上部结构 …… 532
5.2　下部结构 …… 542
第6章　顶推施工 50m 等截面预应力连续箱梁桥计算 …… 556
6.1　上部结构 …… 556
6.2　下部结构 …… 567
第7章　单索面钢—混凝土结合箱梁斜拉桥计算 …… 577
7.1　主梁和拉索 …… 577

7.2 桥塔及基础 …… 589
第 8 章 双索面钢—混凝土结合梁斜拉桥计算 …… 607
8.1 主梁与拉索 …… 607
8.2 桥塔及基础 …… 629

第五篇 耐久性设计与防护技术应用

第 1 章 概述 …… 647
第 2 章 混凝土结构耐久性设计与防护技术应用 …… 648
2.1 海洋环境中混凝土结构腐蚀破损情况调查 …… 648
2.2 典型结构现场调研与分析 …… 650
2.3 海洋环境中混凝土结构腐蚀机理 …… 659
2.4 混凝土结构耐久性设计构思 …… 663
2.5 混凝土结构耐久性设计方案 …… 671
2.6 高性能海工混凝土技术 …… 678
2.7 混凝土结构耐久性防护技术及其应用 …… 697
第 3 章 钢结构耐久性设计与防护技术应用 …… 721
3.1 钢结构腐蚀原因 …… 721
3.2 钢管桩防腐蚀技术及其应用 …… 723
3.3 钢结构电弧喷铝防腐技术及其应用 …… 733
3.4 其他构件的防腐措施 …… 747

第六篇 防撞设施设计

第 1 章 概述 …… 751
第 2 章 防撞标准 …… 753
2.1 通航船型和设计船型 …… 753
2.2 设计碰撞速度 …… 753
2.3 设计碰撞荷载 …… 754
第 3 章 辅通航孔桥墩附着式防撞设施设计 …… 756
3.1 防撞设施构造 …… 756
3.2 船舶撞击力确定 …… 758
3.3 三维船舶运动瞬态方程及船舶撞击力 …… 758
3.4 开孔防撞钢套箱的波浪力 …… 767
第 4 章 主通航孔桥墩分离式防撞设施设计 …… 783
4.1 分离式防撞墩设计概况 …… 783
4.2 防撞墩设计 …… 784
4.3 防撞效果数值模拟分析 …… 785
4.4 计算结果 …… 787
4.5 数值计算结果分析 …… 793
4.6 防撞设施物理模型试验 …… 793
4.7 结论 …… 794
第 5 章 防撞护栏设计 …… 795
5.1 概述 …… 795

5.2 防撞护栏设计原则 …… 795
5.3 防撞护栏设计参数 …… 795
5.4 防撞护栏构造 …… 798
5.5 碰撞作用分析 …… 800
5.6 碰撞过程数值仿真分析 …… 807
5.7 防撞护栏设计结论 …… 813

第七篇 工程控制网布设与工程测量

第 1 章 概述 …… 817
1.1 GPS 全球定位系统及其工作原理 …… 817
1.2 GPS 定位系统的基本特点 …… 818
第 2 章 工程控制网的布设 …… 819
2.1 工程控制网布设依据及要求 …… 819
2.2 平面控制测量 …… 819
第 3 章 跨海高程传递 …… 824
3.1 重力测量高程传递理论简介 …… 824
3.2 GPS 结合重力测量的高程传递理论方法 …… 827
3.3 跨海高程传递实施 …… 831
第 4 章 海上 GPS-RTK 沉桩动态定位 …… 834
4.1 GPS-RTK 沉桩动态定位技术的理论依据及特点 …… 834
4.2 沉桩定位原理 …… 835
4.3 “GPS 远距离沉桩定位系统”的可靠性 …… 844
第 5 章 墩身、箱梁安装施工测量 …… 846
5.1 技术依据 …… 846
5.2 墩身、箱梁安装施工控制网建立 …… 846

第八篇 主通航孔桥梁施工

第 1 章 概述 …… 851
第 2 章 主通航孔桥梁施工环境及条件 …… 853
2.1 地质条件 …… 853
2.2 海况水文条件 …… 853
2.3 施工作业条件 …… 854
第 3 章 斜拉桥下部结构施工 …… 856
3.1 技术现状和基础施工难点 …… 856
3.2 导管架施工平台设计 …… 861
3.3 导管架平台施工 …… 868
3.4 蜂窝式自浮钢套箱平台设计 …… 871
3.5 钢套箱上作用的荷载 …… 884
3.6 钢套箱结构验算 …… 887
3.7 钢套箱制作 …… 896
3.8 钢套箱施工 …… 899
3.9 大直径钻孔灌注桩施工 …… 909

3.10 大体积混凝土施工 …… 918
3.11 主墩承台混凝土施工 …… 937
第4章 斜拉桥桥塔施工 …… 955
4.1 桥塔工程概况 …… 955
4.2 桥塔施工 …… 956
第5章 斜拉桥上部结构施工 …… 962
5.1 钢—混凝土箱形结合梁制作 …… 962
5.2 钢—混凝土箱形结合梁现场吊装施工 …… 972
5.3 斜拉索安装施工 …… 990

第九篇 辅通航孔桥梁施工

第1章 辅通航孔工程概述 …… 995
第2章 辅通航孔桥梁施工 …… 999
2.1 辅通航孔桥梁下部结构施工 …… 999
2.2 辅通航孔桥梁上部结构施工 …… 1025

第十篇 非通航段桥梁施工

第1章 非通航段桥梁施工内容概述 …… 1057
第2章 浅海区非通航段桥梁施工 …… 1058
2.1 浅海区非通航段工程概述 …… 1058
2.2 临时栈桥设计与施工 …… 1060
2.3 浅海区非通航段桥梁下部结构施工 …… 1062
2.4 浅海区非通航段桥梁上部结构造桥机施工 …… 1075
第3章 深海区非通航段桥梁施工 …… 1114
3.1 深海区非通航段工程概况 …… 1114
3.2 深海区非通航段下部结构施工 …… 1116
3.3 深海区非通航段上部结构施工 …… 1156
第4章 近岛区非通航段桥梁施工 …… 1199
4.1 近岛区非通航段工程概述 …… 1199
4.2 近岛区非通航段桥梁下部结构施工 …… 1200
4.3 近岛区非通航段桥梁上部结构施工 …… 1205
第5章 颗珠山斜拉桥施工 …… 1222
5.1 颗珠山斜拉桥工程概述 …… 1222
5.2 颗珠山斜拉桥钻孔灌注桩施工 …… 1223
5.3 颗珠山斜拉桥承台施工 …… 1229
5.4 颗珠山斜拉桥桥塔施工 …… 1257
5.5 颗珠山斜拉桥上部结构施工 …… 1266
附录 …… 1309
后记——东海大桥建设的几点体会 …… 1317
参考文献 …… 1320

第一篇

绪　论

第1章 引 言

人类赖以生存的地球表面71%为水所覆盖，这些水域虽然一定程度上限制了人类的直接陆上交往，但又有利于水上通航和取水，沿河沿海地带往往成为城市最重要的商贸中心和居住密集区，这主要是因为水上运输自古以来是人类交通和物资运输的主要方式。随着人类活动交往越来越频繁，尤其是近代社会发展的速度加快，经济全球化使得海上货运量占目前国际货运总量的八成，随之带来的是沿海城市的发展需要更多与之相配套的陆上交通运输，才能进一步加快人员和物资交流，形成良性发展循环，这使得跨河、跨江、跨海大桥成为沿河沿海地带开发和跨江跨海发展的重要战略。另一方面，随着人类对海洋资源的利用加大，以及人类生活水平的提高，亲近大海的需要推动了沿海地区经济的发展。跨海交通已成为国内外沿海城市基础建设的共同趋势。

人类在改造大自然的过程中，很早就掌握了逢山开路、遇河架桥的技术。运用这些技术，人类不断地开辟出新的道路，构筑起四通八达的交通路网。在新的设计技术和施工手段的支持下，世界交通的发展日新月异，一项项工程纪录被刷新，一个个工程难关被攻克，一条条高速公路穿山越岭，一座座大桥飞跨江河。这些新技术和施工工艺的实践，为跨海桥梁的建设提供了必要条件，已有多座跨海大桥从梦想中变为现实。当一座座跨海大桥如彩虹般把海岛与海岛、海岛与大陆、大陆与大陆，甚至洲与洲之间紧密地联系起来时，海洋已不再是不可逾越的天堑，人类已开始了更加密切的跨越海洋的交流。

综观世界著名城市，城市空间结构布局没有不重视通过桥梁建设来实现跨水域发展的：澳大利亚的墨尔本、奥地利的维也纳、加拿大的渥太华、法国的巴黎、埃及的开罗、古巴的哈瓦那、德国的科隆、英国的伦敦等。这些沿江沿海城市之所以给两岸国家带来巨大的经济效益，其主要原因就是，一方面这些国家的城市能依托河流岸线，大力发展临水型工业和第三产业，并合理利用和发挥港口优势和交通枢纽优势；另一方面就是这些国家的城市都十分重视跨江跨海大桥的建设。

我国大陆海岸线北起中朝边境的鸭绿江口，经辽宁、河北、天津、山东、江苏、上海、浙江、福建、广东、广西等省、市、自治区，到中越边境的北仑河口，全长约18 400km，在万里海岸线上，分布着许多焕发着青春活力的百年老港，如上海、大连、青岛、宁波、福州、厦门、高雄、广州等。随着改革开放的发展，又崛起许多新港，如京唐港、黄骅港、日照港、北仑港、防城港等。而与这些港口城市相临的众多岛屿是重要的海产品物资集散地和旅游场所，为加快与这些港口的物资和人员输送，快捷的交通成为期盼。近年来我国综合实力的增强提供了强大的经济后盾，在土木工程建造技术的大步提升的条件下，人们跨海的梦想不难实现。为了改善海峡间和陆岛间交通，目前有几种选择，除修建跨海大桥，还可挖掘海底隧道和修筑堤道，但是海底隧道，工期长，造价高，而堤道滞留海水，容易造成污染。所以，近年来，修建跨海大桥成了一种时尚。

当世界发达国家的基础建设放慢脚步时，我国的土木工程进入了高速发展时期，其中跨海工程的比例逐渐增加。继东海大桥的建成通车和杭州湾跨海大桥破土动工，我国进入了一个跨海大桥建设的高峰时期，一些大型、特大型跨海工程先后动工、立项或酝酿，如上海长江桥隧工程（连接上海、崇明岛和江苏南通地区）、舟山连岛工程（舟山本岛连陆）、琼州海峡大桥（海南岛连陆）和渤海海峡通道工程（连通辽东半岛与山东半岛）等，甚至台湾海峡的通道工程也在酝酿中。

人类的发展和追求永无止境，科学技术成为人类实现发展和追求的阶梯，正如跨海大桥的建设，使人类实现了生活和生存空间的扩展。世界跨海桥梁工程从一个侧面折射出人类的智慧、科学的力量和时代的进步。愿这本全面反映我国东海大桥建设经验的工程技术总结，能为那些希望实现“世界五大洲变通途”这一宏伟蓝图的工程技术人员，提供一定参考和帮助。

1.1 跨海工程的缘起

地球表面经过万亿年的板块运动,形成七大洲和四大洋,即亚洲、非洲、北美洲、南美洲、南极洲、欧洲、大洋洲和太平洋、大西洋、印度洋、北冰洋。在各洲陆地与海洋的交界处,有着几十万公里的海岸线。受地壳板块运动的影响,非洲大陆海岸线全长30 500km,海岸比较平直,缺少海湾、湾峡和半岛,且近大陆的海岛也较少,受经济条件的影响,建设跨海大桥的可选地址较少。相对于非洲大陆,欧洲、亚洲和美洲海岸线要长许多,其中亚洲的大陆海岸线绵长而曲折,海岸线长69 900km,是世界上海岸线最长的一洲;海岸类型复杂,多半岛和岛屿,是半岛面积最大的一洲。大洋洲大陆海岸线长约19 000km,岛屿面积约为133万km^2,其中新几内亚岛为最大,是世界第二大岛,地形分为大陆和岛屿两部分。北美洲大陆海岸线长约6万km,西部的北段、北部和东部海岸比较曲折,多岛屿和峡湾,南半部海岸较平直;半岛总面积约为210万km^2,岛屿总面积约400万km^2,居各洲之首,格陵兰岛为世界最大岛。南美洲大陆海岸线长约28 700km,比较平直,多为与山脉走向一致的侵蚀海岸;缺少大半岛和大海湾,岛屿也不多,主要分布在大陆南部沿海地区。南极洲大陆海岸线长约24 700km。

在拥有海岸线的国家中,海岸线的长度也存在较大差异。世界上海岸线最长的国家是北美洲国家加拿大,海岸线长达90 908km,算上北冰洋方向的岛屿岸线,海岸线总长超过20万km。澳大利亚东北临太平洋,西、南濒印度洋,由大陆和塔斯马尼亚等岛屿组成,其海岸线总长36 735km。素有"千岛之国"之称的印度尼西亚位于印度洋和太平洋之间,由17 508个大小岛屿组成,海岸线总长54 716km。俄罗斯不算岛屿岸线,海岸线总长超过3万km。我国大陆海岸线全长约18 400km,仅台湾省沿岸线就有1 600km。印度是南亚次大陆最大的国家,海岸线总长约7 000km。泰国地处中南半岛中南部,西南濒印度洋,海岸线总长约2 600km。被誉为"印度洋上的珍珠"的斯里兰卡是南亚次大陆南端印度洋上的一个岛国,海岸线总长约1 300多km。为了更加清楚世界各海岸国的具体情况,本书基本上罗列出了世界上拥有海岸线的国家,从相关地图能分析出可能存在的跨海工程。

上述具有较大比例的海岸线的国家,为其近海工程的发展提供可能性和必要性。因为与海岸线相邻的是海峡,海峡是两块陆地间连接两个海或洋的较狭窄的水上通道,它一般深度大、水流急,但往往又是重要的交通水道。据统计,全世界共有海峡10 000多个,其中适宜于航行的海峡约有130多个,交通较为繁忙或较重要的有40多个,但跨海峡连接两陆地间的交通几乎都是重要的。这一方面是为了加快地区间的发展,一方面是为了开发新的用地,将岛屿与大陆相连,还有一方面是为了促进地区间的平衡,加强地区间的交流而建设。但所有的跨海工程都是可以归结到发展经济,并以一定的经济为基础才得以实施,并伴有一定的政治因素在其中。然而,各个国家的海岸线又存在着较大差异。跨海工程通常处于岛—岛、大陆—岛和具有河流入海口的陆—陆之间,那些具有较多海岛和入海口的海岸国家才真正拥有发展跨海工程的机遇。另一个发展跨海工程的必需条件就是经济实力。建设跨海工程除了需要有较高的技术支持外,仍离不开较大的人力、物力和财力的投入。

世界上重要的海峡包括:位于欧洲大陆和大不列颠岛之间,连接北海和大西洋的英吉利海峡和多佛尔海峡;位于马来半岛和印度洋之间,连接太平洋和印度洋的马六甲海峡;位于西班牙和摩洛哥之间,连接大西洋和地中海的直布罗陀海峡;位于伊朗和阿拉伯半岛之间,连接波斯湾和阿拉伯湾的霍尔木兹海峡;位于俄罗斯东北部和美国阿拉斯加州之间,沟通太平洋和北冰洋的白令海峡;位于我国台湾岛和菲律宾吕宋岛之间,沟通太平洋和南海海域的巴士海峡;位于阿拉伯半岛西南部也门和非洲大陆之间,沟通印度洋、亚丁湾和红海的曼德海峡;位于土耳其的亚洲部分和欧洲部分之间,沟通黑海和地中海的黑海海峡(博斯普鲁斯海峡、马尔马拉海峡和达达尼尔海峡的总称)等。

我的主要海峡有三个即沟通东海和南海的台湾海峡,全长380km;沟通渤海和黄海的渤海海峡,全长115km;沟通南海和北部湾的琼州海峡,全长70km。

上述位于较发达的地区或国家已经建设有跨越通道,如跨越英吉利海峡的英法海底隧道,而其他几个重要海峡要么已早已有过修建跨海工程的设想,要么正在设计或分析,或者进行相关可行性研究。

1.2 国内外重大跨海工程计划

跨海大桥和海底隧道都是提高物流效益的好办法,因此许多国家都在研究跨海工程,尤其是沿海经济较为发达的国家,一些跨海工程的建设问题都提上了议事日程。我国主要包括台湾海峡通道、琼州海峡通道和渤海湾通道,国外主要有穿越白令海峡工程、跨越直布罗陀海峡工程和横跨亚喀巴湾工程。

1.2.1 国内重大跨海工程计划

1. 台湾海峡通道

我国大陆与台湾省之间穿越台湾海峡的通道工程是目前处于计划、研讨的待建跨海工程。台湾海峡通道工程线路共有三个方案(图 1.1.2.1):北线:福清—平潭岛—新竹,长约 122km;中线:莆田笏石—南日岛—苗粟,长约 128km;南线:厦门—金门—澎湖—嘉义,长约 174km。其中北线 122km 最被专家所接受,如果建成,将是全球已建成和计划要修建的海底隧道中最长的隧道,图 1.1.2.2 为方案示意图。

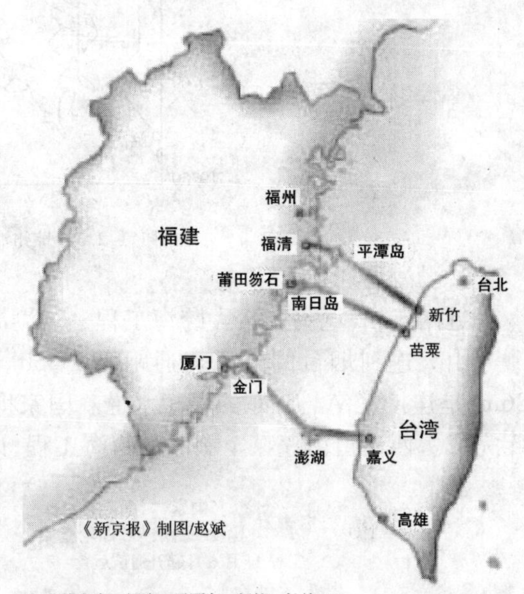

图 1.1.2.1 台湾海峡通道方案位置示意

2007 年 4 月 21 日,为期一天半的首届海峡通道(桥隧)工程学术研讨会,在福州结束。包括孙钧、林学钰、叶可明等七名中国科学院院士和二十一名台湾专家学者在内的二百余名两岸专家学者,出席了研讨会。在这一天半的研讨中,两岸与会专家围绕"兴建海峡两岸通道的必要性和可行性"、"海峡通道方案选择"、"海峡两岸通道建设中若干关键问题"等三个方面,从不同角度对建设海峡通道进行论述。对三个方案的优比、比选,两岸专家及技术人员做了大量工作。建设台湾海峡隧道的设想,最初是由清华大学土木水利学院教授吴之明于 1996 年提出的"世纪梦想",至今已举行五次相关的研讨会。吴之明在接受媒体采访时说,台海隧道的造价排除物价因素将在 4 000 亿到 5 000 亿元人民币之间。

2005 年初原交通部公布的中远期(今后 20 年内)国家高速公路网建设规划,将从北京到台北的高速公路一线纳入其中,从而表明台湾海峡通道建设已列入国家长远交通规划。目前规划的海峡通道(桥隧)是国家高速公路网北京至台北的重要组成部分,一旦建成,将成为北京通往台湾的最便捷通道。

图 1.1.2.2 台湾海峡通道方案示意

2. 琼州海峡通道

相对于台湾海峡工程,我国另一大跨海工程——琼州海峡工程由于其迫切性更高,因而早已提上议事日程。据报道,全国人大代表、中国工程院院士王梦恕最早提出在琼州海峡建设海底隧道的建议。

2005 年 8 月开始进行的琼州海峡跨海公路通道初步研究工作目前已经接近尾声,该项目综合课题组的专家们已就项目的经济可行性、桥隧方案比选等内容进行了讨论。琼州海峡跨海公路通道规划研究工作于 2005 年 8 月开始启动,在广东省交通厅已经组织开展的前期研究工作成果的基础上,来自交通部规划研究院、中交公路规划设计院、同济大学三大单位的专家组成的综合课题组，围绕琼州海峡跨海公路工程建设的必要性、合适的建设时机和合理的建设标准等问题进行了论证。

按照《国家高速公路网规划》，沈阳至海口国家高速公路将跨越琼州海峡，兰州至海口国家高速公路也将跨越琼州海峡。同时按照《泛珠三角洲区域合作公路水陆交通规划纲要》，“十射、六纵、五横、六条国际通道”区域合作高速公路网中的“第十射”广州至三亚高速公路也将跨越琼州海峡。

跨越琼州海峡通道工程31km左右。该通道工程建设规模浩大，自然条件复杂，技术难度高，需要较长的前期工作周期。琼州海峡水文、气象、地质及通航条件较复杂(图1.1.2.3)，水深一般达80m，深槽处达120～160m，建设难度相对较大。

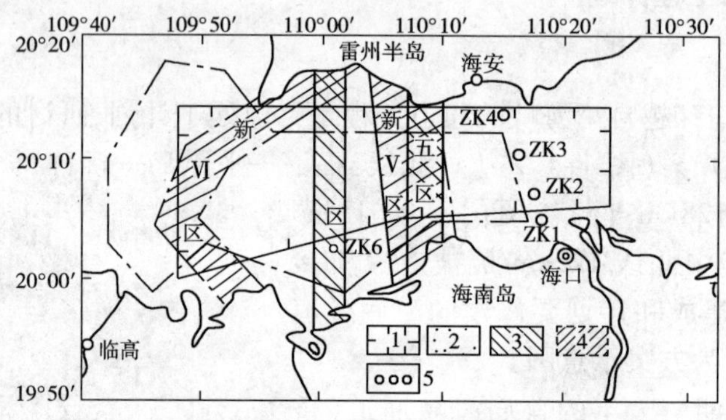

图1.1.2.3　琼州海峡跨海桥、隧工程地质、物探调查程度

3. 渤海湾通道

近两年，我国另一较大跨海工程——渤海湾跨海工程，也被专家提出。

由大连到烟台的陆上交通距离1 450km，而海上交通距离仅为165km，渤海海峡宽130km，水深86m，是连接辽南与胶东的最短水道。国家将开辟大连——烟线铁路轮渡航线(图1.1.2.4)，计划2010年完成。西通道由蓬莱至旅顺的跨海工程，计划2020年完成，预计投资600亿元。

图1.1.2.4　渤海湾通道示意

中国岩石力学与工程学会理事长、中国工程院院士钱七虎在北京向记者证实:“在最近的 20 至 30 年内,我国正考虑建造大连到烟台的渤海湾跨海隧道,而且该项目已列入铁道部的远景规划”。

这些宏伟艰巨的工程方案可能是桥隧结合,其中海底隧道将是主要的部分。这些工程尚处于规划阶段,还有许多岩土工程的课题有待解决。

1.2.2　国外重大跨海工程计划

国外的跨海工程较多,此处仅就几个较早提出且计划实施工程进行介绍。

1. 白令海峡工程

穿越白令海峡、连接美国阿拉斯加半岛与俄罗斯远东地区的白令海峡海底隧道或桥梁工程是人类挑战自然极限少有的几个工程之一(图 1.1.2.5)。

白令海峡是位于西伯利亚和阿拉斯加之间的太平洋瓶颈,最窄之处仅 37km。1867 年,俄史上最后一任皇帝——沙皇尼古拉斯二世的祖父将阿拉斯加以 720 万美元出卖给美国后,白令海峡就成为了美俄国境的分界线。早在一个多世纪之前,一名法国工程师便首先提出在白令海峡修建一条海底隧道的大胆设想。

1905 年,尼古拉斯二世批准修建白令海峡隧道,成为第一位首肯此工程的俄元首。然而,随着 1914 年一战爆发,这项宏伟计划被迫搁浅。拉兹贝金称,自从上世纪 90 年代起,他就一直大力提倡修建白令海峡隧道。但当时俄处于经济危机,根本无力负担如此庞大的项目。直到进入 21 世纪后,这一计划才逐渐变得现实。

早在 1890 年就有专家提出修建横跨白令海峡浮桥的设想方案。白令海峡项目近几年的研究讨论又活跃起来,比较集中的意见是修建海底隧道,其长度约 86km。白令海峡海底隧道因为是连接美洲和亚欧大陆的一条通道,也是国际上最长的跨国隧道,所以对它的研究讨论是一个国际性的问题,很多国家的专家、学者都加入研讨阵线,希望自己能为实现人类很久以来的梦想作出贡献。这条海底隧道修通后,意味着人类可以从南美洲的最南端阿根廷由陆地经过北美洲直进亚欧大陆,再南下直至非洲大陆的最南端南非共和国(图 1.1.2.6)。

图 1.1.2.5　白令海峡地理位置

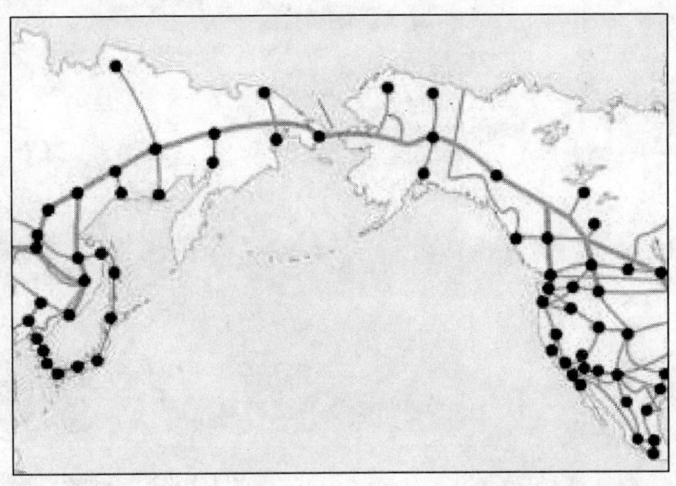

图 1.1.2.6　白令海峡的海底隧道交通效应

据俄罗斯《莫斯科时报》2007 年 4 月 19 日报道,俄罗斯曝光了一项雄心勃勃的超级工程:耗资高达 120 亿美元,在白令海峡海底修建一条长 103km、比英法隧道长 3 倍,堪称“世界最长的海底隧道”,从而将俄西伯利亚和美国阿拉斯加连接起来。图 1.1.2.7 为方案示意图。这项工程由俄罗斯、美国、加拿大三国联手建设,预计需要 10 至 15 年完成。白令海峡通道工程被称为“一个天才设想”。

这一消息是俄经济部工业研究局负责人维克多·拉兹贝金首次披露的。俄正在筹建一个总投资高达 650 亿美元的庞大项目,修建一条名为“TKM-世界桥梁”(TKM-World Link)的运输路线,从而可以从西伯利亚直接向美国出口石油、天然气和电力。该路线总长 6 000km,从西伯利亚直达阿拉斯加,而该

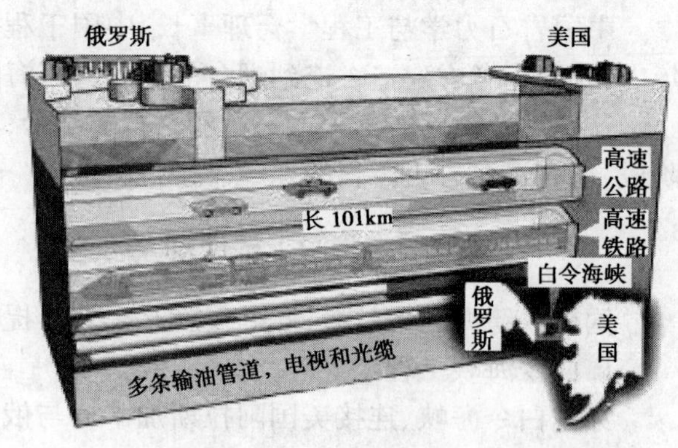

图 1.1.2.7 世界最长海底隧道示意

路线最关键的部分，就是横跨白令海峡的海底隧道。这条海底隧道长达 103km，是英法之间的英吉利海峡海底隧道水下部分的 3 倍长。按照计划，海底隧道将包括一条高速铁路和一条高速公路、多条输油管道、电缆和光缆。建成后将为北美和俄远东地区每年节省 200 亿美元运输费和电费。

按照构想，海底隧道将由俄罗斯、美国、加拿大共同修建，俄多家国有企业和私人公司都将参加隧道建设。而建成之后，俄美将各自拥有隧道 25% 的股权，其余股权由私人投资者和国际金融机构分享。由于工程庞大，整条隧道将通过白令海峡中的两个小岛，分成 3 部分来分段施工。该工程预计需要 10 至 15 年完成。而一旦隧道完工后，意味着将来完全有可能坐火车从北京直达纽约。

2. 跨越直布罗陀海峡工程

在上述这一条连贯南北美洲、亚洲、欧洲和非洲大陆的陆地交通线上，还要解决欧洲至非洲大陆之间的跨越直布罗陀海峡的问题。

直布罗陀海峡全长仅 58km，海峡西宽东窄，最窄处的西班牙的马罗基罗和摩洛哥的西雷斯角之间仅 13km，海峡东端介于直布罗陀市和阿尔霍山之间；中段介于马基罗和锡雷斯之间，宽 22km；其西面入峡处最宽，介于特拉法尔加角和斯帕特尔之间，宽 43km（图 1.1.2.8）。东深西浅，最浅处水深 301m，最深处水深 1 181m，平均深度约 375m。

图 1.1.2.8 直布罗陀海峡地理位置

直布罗陀海峡扼地中海和大西洋航道的咽喉，和地中海一起构成了欧洲和非洲之间的天然分界线。海峡的北岸是英属直布罗陀和西班牙，南岸是摩洛哥。对于大西洋和地中海来说，直布罗陀海峡真像它们的咽喉一样重要。

直布罗陀海峡连接地中海和大西洋，是地中海地区经大西洋通往南欧、北非和西亚的重要航路。1869 年苏伊士运河通航后，尤其是波斯湾的油田得到开发之后，它的战略地位更加重要，成为西欧能源运输的"生命线"，是大西洋与地中海以及印度洋、太平洋间海上交通重要航线。现在，每天有千百艘船只通过海峡，每年可达十万艘，是国际航运中最繁忙的通道之一，具有重要的经济和战略地位。

将欧非大陆连接已经是几代设计师的梦想，实现却一直困难重重。

跨越直布罗陀海峡的工程,目前有两类方案:即非桥即隧。自上世纪70年代开始,美国、英国、西班牙和摩洛哥就着手研究修建跨越直布罗陀海峡的西班牙至摩洛哥的跨海大桥问题,但由于直布罗陀海峡水体深度超常,要在水深超过英法海底隧道5倍至6倍、深达300m的海底修建桥基是人类现代技术根本不可能解决的难题,所以建跨海大桥的方案最终被推翻。上一次跨越欧非大桥的设计方案由美国工程师T. Y. Lin在1986年提出,他的设计需要向海底植入3个高1.61km的大门作"桥墩"。这样的设计概念类似于放大5倍的旧金山金门大桥,不仅工程巨大而且会严重破坏直布罗陀海峡的自然生态。

由于直布罗陀海峡交通运输非常繁忙,穿越海峡的船只数量众多,过往频率太高,所以建设浮桥也不是连接两大洲的最好解决办法。

2005年,美国华裔建筑师崔悦君(EugeneTsui)为直布罗陀海峡设计了一座全新的结构:浮式隧道桥。这个创造性的设计没有仿造任何一座现有的桥梁设计,而是建成一座创新的浮桥,连接欧洲的西班牙和非洲的摩洛哥,并在地中海中间新建了一个宽4.83km的浮岛作为两段浮桥的连接点。由此可见,海峡工程虽然给人类带来交通的不便,但也工程界提供了创新的机会。

浮桥跨度约14.48km,安装在浮桥上的涡轮发电机靠海潮推动,150台风车和80台涡轮将会为两岸输送足够强大的电力。根据设计方案,风车和涡轮还可以根据需要增加。这项设计利用了直布罗陀海峡自然的海潮流动和风力,没有对现存的生态环境和航海业造成任何破坏。建成后,这座浮桥将会成为世界上最大的水电站,产生的电能足以满足西班牙加的斯省以及摩洛哥全国的需求。

欧非浮桥的预算造价是100亿美元,该浮桥的造型十分优雅,成蛇形在海平面上下蜿蜒,连接西班牙南部的塔瑞法(Tarifa)海滨和摩洛哥北部的西雷斯角(Cires)。

欧非浮桥从西班牙海岸线开始伸展1英里,然后缓缓顺斜,潜入地中海3.22km,最深的地方将潜入地中海深200m处,然后再缓缓顺斜向上,直到触达地中海中心浮岛。然后,浮桥将再度潜入海底,并再度上浮,并和非洲大陆接轨。如此设计让直布罗陀海峡的大型船只的航行完全不受影响。

整座浮桥选用的材料是防水混凝土、电解混凝土、不锈钢和铝金属。浮桥的所有部分将在陆地上安装,测试稳妥后才会被放入深海之中,最后用缆索稳定建筑位置。部分浮桥将设有注水式压舱,根据水分贮藏量来预测下沉深度。为了在隧道里产生空气自然流动的效果,将高处的空气抽往隧道,加快空气流动速度,从而在不需要机械力量辅佐的情况下,实现空气的自然流通。

由于海峡平均深度达300m,所处的特殊地理位置及洋流特点,采取人们惯用的预制材料在海底拼接而成的水下隧道也被认为不可行,因为海底结构不稳定,洋流强度也很大,预制件经受不住强大洋流的冲击。

鉴于此,在经过桥梁、浮桥、浮隧后,最终认定修建海底隧道是最佳方案。

2006年,由瑞士伦巴蒂(Lombardi)工程公司设计的直布罗陀海峡海底隧道战胜了其他13家竞标公司而中标。瑞士专家乔瓦尼(Giovanni Lombardi)担任欧非海底隧道整体工程总设计师。按伦巴蒂公司提出的方案,这条海底隧道全长约为40km,其中28km位于海底以下300m,最深处达600m。经过激烈竞争,伦巴蒂公司赢得了这项跨海隧道工程水下隧道主体部分的设计与施工合同。另外还有3家公司将分别承建隧道两端的陆地部分。

人类完成此通道的建设,其意义远比其他通道重大。

首先,欧非大陆人口占世界总人口的25%,两大洲陆地面积占地球表面面积的28%,这么大的地理范围若通过海底隧道连接起来,其意义就远非地区性工程可比。

其次,海底隧道将两大洲陆地相连接后,用90min时间就可使客运或货运列车跨越海峡,这将从根本上改变目前主要依靠海上运输的交通局面。

海底隧道不占地,不妨碍航行,不影响生态环境、节省时间、降低运输成本、缓解穿越海峡船只的拥挤状态,还可有效避免海上交通易受天气影响的制约。

从政治与经济意义层面分析,借助海底隧道的便捷,非洲大陆与欧洲乃至全球的关系将会更加紧密;非洲与世界经济发展平均水平的差距有望逐步缩小。

由此可见,欧非隧道将使两大洲的民众受益,其战略意义和长远经济意义非同小可。可以说,这项工程是新世纪一项举世瞩目的创举。

据估计:跨海隧道主体工程所需资金至少要180亿欧元,加上陆地部分连接工程以及隧道完工后需安装的永久设施,总造价将会超过300亿欧元。

目前计划中的这条隧道将连接西班牙塔里法和摩洛哥马拉巴塔角。据伦巴蒂公司现行设计,这条隧道将建成平行铺设双向铁轨、宽度分别为10m的混凝土隧道,两条列车隧道中间还将另有一条宽度为7m的紧急维修隧道,后者与其左右两边的通车隧道相连通,一定间隔就会有一个横向紧急出口与维修保养隧道贯通,这样的设计可使三条平行走向的隧道起到互相支撑的作用(图1.1.2.9)。

根据项目总设计师介绍,此方案采用了现代技术,特别是在数百米深的海底现场浇灌混凝土而不是使用传统预制件沉积设计是项前所未有的技术尝试。伦巴蒂公司计划在2008年前完成对设计细节的最终审核,最早可望在2009年甚至更晚些时候破土动工,而且整个工程工期将会持续10年左右。

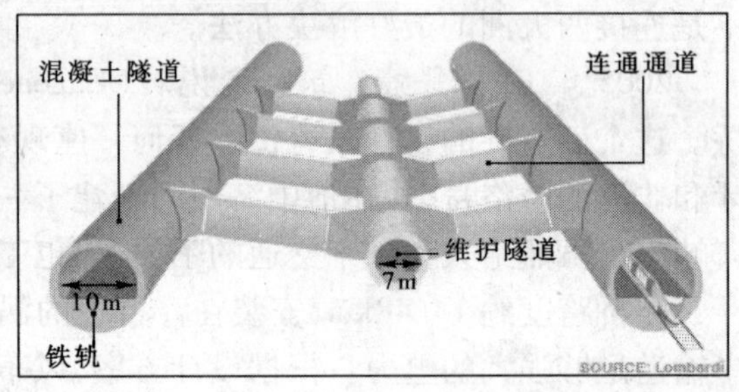

图1.1.2.9 伦巴蒂公司设计的方案示意

3. 横跨亚喀巴海至沙特阿拉伯跨海大桥

沙特和埃及两国目前正在计划打造一座横跨亚喀巴湾、连接亚非大陆的陆上通道——跨海大桥。早在1986年11月,沙特—巴林大桥顺利竣工通车之后,便有人提出打造这座沙特—埃及大桥。一旦大桥建成,将成为连接亚非两个大陆的距离最短的陆上通道。然而由于种种原因,这一大胆设想后来被搁置了整整20年。

据悉,沙特和埃及两国目前正在就这项工程作最后磋商,目前已有来自沙特、科威特和埃及的诸多财团参加了这项宏伟工程,预计划工程耗资15亿英镑,将于2012年正式竣工。该大桥一旦建成,将对海湾和非洲诸国的政治、经济带来深远影响,并将从根本上改变目前以色列是埃及和阿拉伯半岛之间惟一陆上通道的现状。

按照该设想,这座跨海大桥将横跨沙特西北部的蒂朗海峡,分两部分完成,总长度约为25km(图1.1.2.10)。第一部分,从沙特西北部濒临亚喀巴湾的谢赫·侯迈德角出发,直抵红海北部亚喀巴湾南口蒂朗海峡中的小岛——蒂朗岛。第二部分,从蒂朗岛出发,横跨亚喀巴湾更深更宽的水域,直抵埃及西奈半岛沙姆沙伊赫附近地区。后一部分的工程更具挑战性。

图1.1.2.10 横跨亚喀巴海至沙特阿拉伯跨海大桥地理位置

自从修建陆上通道的建议首次被提出之后,它便成为大多数埃及人的梦想。它的建成将给这一区域带来深远的社会经济和政治冲击。它将拓展陆上通道,使亚非双向沟通。它将让诸多海湾和非洲国家受益，并且给埃及和沙特两国的交通带来戏剧般变化。

众所周知，在沙特—埃及大桥修建之前，连接埃及和阿拉伯半岛的惟一陆上通道便是以色列，然而由于历史的原因，以色列历来与众多阿拉伯国家处于敌对状态。随着跨海大桥的兴建，它给埃及和沙特两国所带来的利益是双向的：一方面，大大方便了埃及朝圣者和打工者前往沙特。大桥兴建之前，数以万计的埃及穆斯林前往沙特圣城麦加朝圣都必须搭乘海上渡轮。2006 年 2 月 2 日，埃及“萨拉姆 98”号客轮沉没于红海，造成 1 000名乘客丧生。另一方面，大桥的兴建也将大大方便沙特人前往埃及海滨旅游胜地沙姆沙伊赫游玩。后者位于西奈半岛南端，濒临红海亚喀巴湾，历来被欧洲游客视作最喜爱的海外度假地之一。

不过，分析人士指出，目前修建沙特—埃及大桥也存在着种种令人生畏的障碍。首先，可能破坏生态。亚喀巴湾历来珊瑚礁密布，部分水域被视为世界上最好的潜水胜地。而在这里修建任何大型建筑工程，都有可能严重破坏当地脆弱的海洋生态环境。其次，轮船航运受阻。在繁忙水道中兴建大桥，势必将对驶往埃拉特（以色列城市）和亚喀巴（约旦西南部城市）的商用轮船构成障碍。第三，以色列可能出于安全考虑，将会将对修建这条陆上通道持强烈反对态度。

随着地区经济的发展和人类对直接交通的需要，相信不久的将来，在该地区的另一更大跨海工程横跨曼德海峡连接亚洲也门和非洲中东部的吉布提也会被提上议事日程（图 1.1.2.11）。

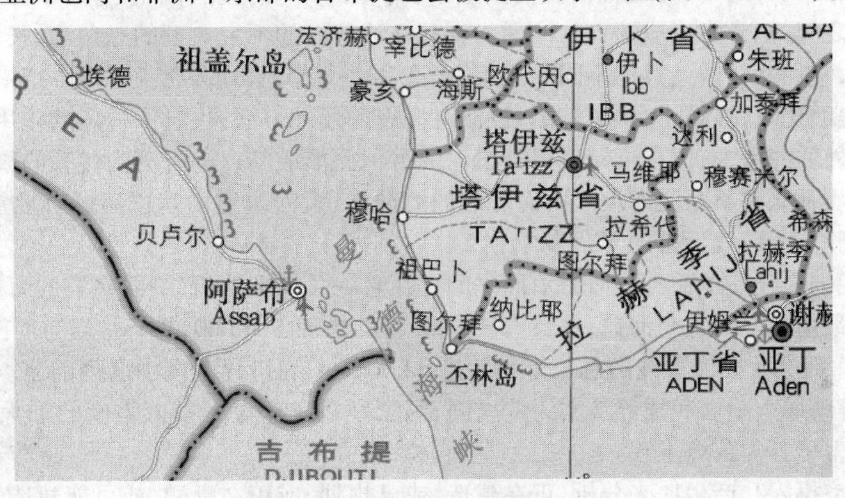

图 1.1.2.11　可能的曼德海峡大桥位置

1.3　我国海岸线及其特点

海岸线是海陆之间的分界线。这条界线蜿蜒曲折，在自然界中表现得异常活跃。它有时推向大陆，使部分陆地变为海洋；有时又向大海转移，使大海退水成陆，处于永不休止的状态中。地质时期这种变化尤为显著。根据上海师大王育民《中国历史地理概论》的描述，七万多年前，第四纪更新世晚期的最后一次冰期——玉木冰期，地球上发生一次大海退，到近两三万年前，海面降到最低点，约比现在的海面低一百多米。由于海面的下降，使很多为海水分隔的陆地连接起来。日本列岛、我国的台湾岛、海南岛等都与大陆相连，那时我国的海岸线在台湾岛以东，通过钓鱼列岛向朝鲜的济州岛一线伸延。大约一万年前，冰川大量消融，海水迅速上涨，发生了全球规模的大海浸。到五六千年前，海浸达到最大范围，它使世界陆地的海岸线发生了巨大变化，有的后退达数百公里，我国东部及南部的几个海盆为水所充盈，形成了黄海、渤海、东海和南海，台湾、海南岛被海水分割而成岛屿，东部滨海平原如现在繁华的天津、上海还处于烟波浩淼之中，所有大河的现代三角洲在当时也都是不存在的。

由于原始地貌的不同，我国在大海浸以后形成的海岸线，有沙岸与岩岸的不同。沙岸系海水淹没从前低平的河流冲积平原而成，岩岸则是海水浸淹从前的基岩山地而成。它们的分布范围大体上是北部为沙岸，南部为岩岸。沙岸大致分布在杭州湾以北，但杭州湾以南的闽江口、珠江口，电白以西的雷州半岛和钦廉一带，也有局部的沙岸。

我国岩岸主要分布在杭州湾以南的沿海地区，但北方如辽东半岛的大东沟到盖平间，渤海西北小凌河口附近的连山到北戴河间，以及山东半岛掖县虎头崖到苏北连云港间，也有局部的岩岸。这些岩岸地区海岸曲折，状如锯齿，形成许多优良的港湾。我国有三千三四百个岛屿，十分之九以上都分布在岩岸地方。

岩岸的形成与地质因素有关，我国杭州湾以南及辽东半岛、山东半岛一带，山脉逼近海岸，并且互相平行，一般河流短促，含沙量较小，不能起海底堆积作用。只有闽江、珠江等南方大河源流较远，流域较广，含沙量较多，因而在南方岩岸地区也兼有局部沙岸的存在。至于分布在海外的岩岛，则原系沿岸山丘因海水内浸与大陆分离而成。

我国六千年前大海浸浊以后形成的海岸线，属于岩岸部分，历史时期变化不大；所有沙质海岸，则由于河流、波浪、潮汐等动力作用的差异，在历史时期曾经历了复杂的变迁过程。

沙质海岸的变迁，从河口地段来说，当河流输沙量大，其作用胜过河流径流、潮汐和波浪的冲刷作用时，便形成向海突出的三角洲岸，滦河及近代黄河三角洲为其代表；当河流输沙量小，径流量大，潮汐及波浪的作用显著，而沿岸沉积物又比较松散时，则在潮流与波浪的冲刷下，形成喇叭口形的三角湾岸，以杭州湾最为典型；当河口的堆积因素（河流输沙量）与冲刷因素（河流迳流量、潮汐和波浪作用）对比介于上述两种情况之间，则常常形成河口的沙洲发育和江流分汊的不太典型的三角湾，长江和珠江的早期即属于这种情况，它们又各因其具体不同的地貌、水文和动力作用，而发展为不同的形态。人类的经济活动如海塘、江堤的建筑，在防止台风、海潮、波浪对海岸的侵蚀方面，也起了一定的作用。

至于河口以外的海岸，有因接近河口得到淤泥的沉积而形成的以渤海湾为代表的淤泥岸；也有因远离河口得不到物质补充并不断受海浪冲刷而形成的海蚀岸，黄河改道山东以后的苏北海岸，即属于此。以上种种构成了我国海岸线形态的复杂多样。

如前所述，我国大陆陆地面与临海海水面之间存在着一条蜿蜒曲折、绮丽多姿的海岸线。从最北的辽宁鸭绿江口至最南的广西北仑河口，总长 18 000km。如果加上 6 000 多个岛屿与周围海域形成的岛屿岸线 14 000km，那么我国海岸线的总长度则超过 32 000km，在世界各国中名列前茅。海岸由半岛、海峡、河流入海口等组成。随着我国经济实力的增强，国家在基础建设上投入力度的加大，阻碍各地经济发展的海岸线催生了各类跨海工程。

就目前的经济投入和产生比来分析，正在建造，或已规划，或正在酝酿，或可能建造的跨海工程主要分布在辽东半岛（图 1.1.3.1）、渤海湾（图 1.1.3.2）、山东半岛（图 1.1.3.3）、长江三角洲和杭州湾入海口（图 1.1.3.4）、浙江东部各岛（图 1.1.3.5）、台湾海峡工程（图 1.1.3.6）、珠江三角洲附近（图 1.1.3.7）、琼州海峡工程及其附近（图 1.1.3.8）。在上述地理位置，已建和在建的跨海大桥见后。

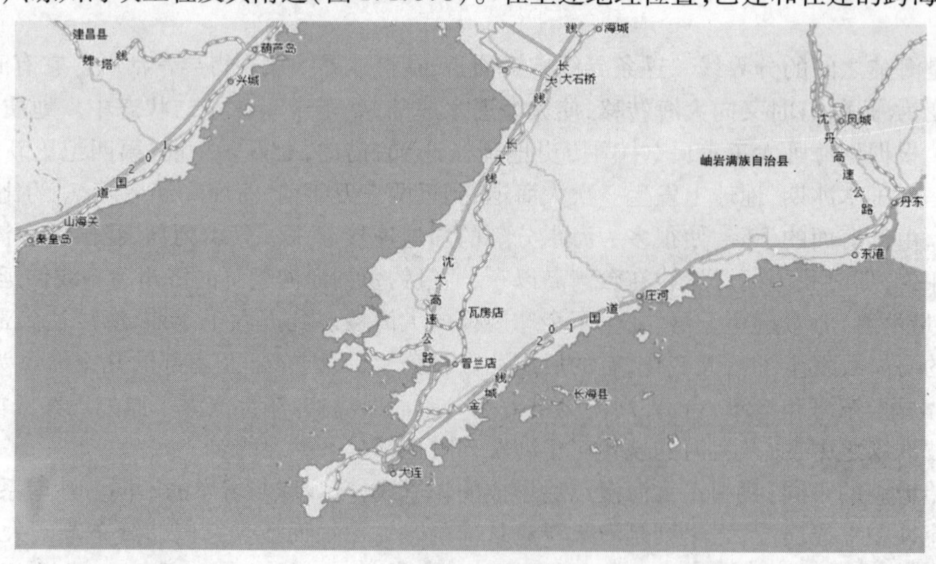

图 1.1.3.1　辽东半岛

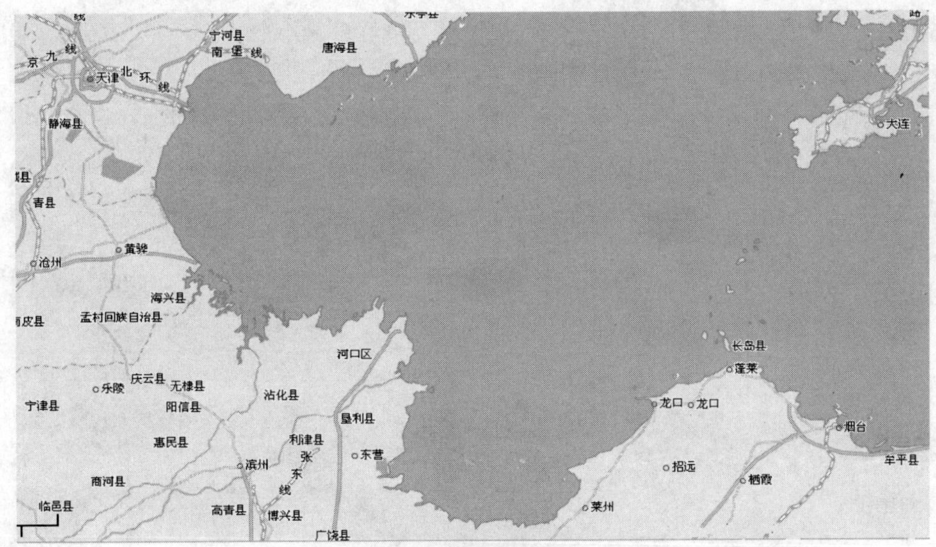

图 1.1.3.2　渤海湾

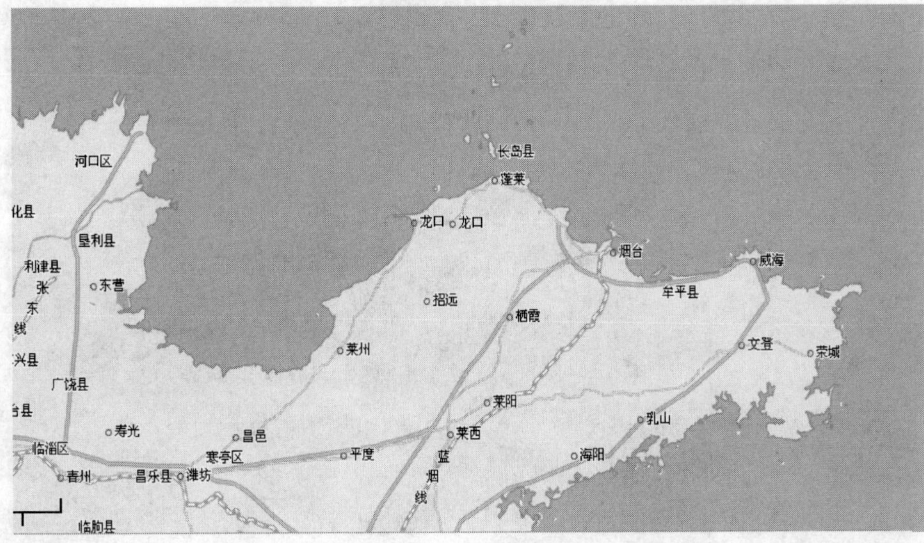

图 1.1.3.3　山东半岛

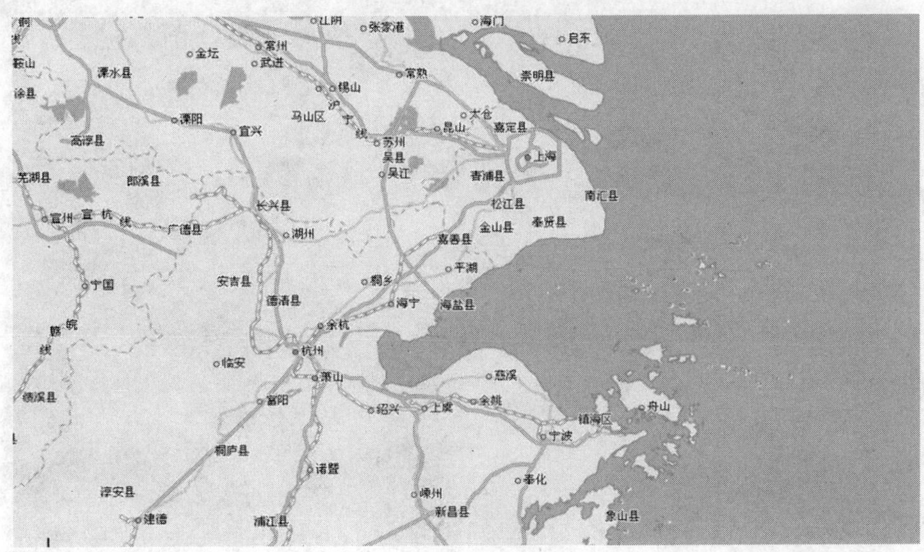

图 1.1.3.4　长江三角洲和杭州湾地区

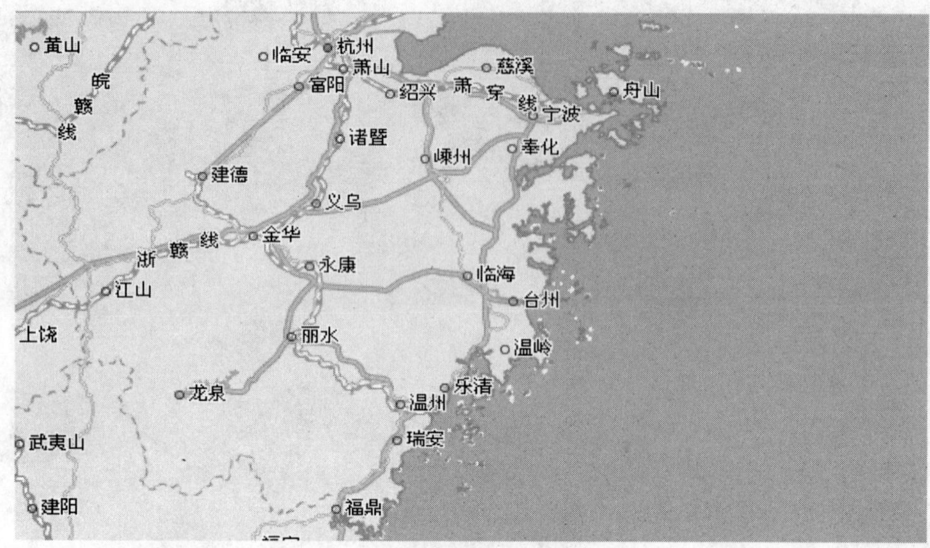

图 1.1.3.5　浙江沿海

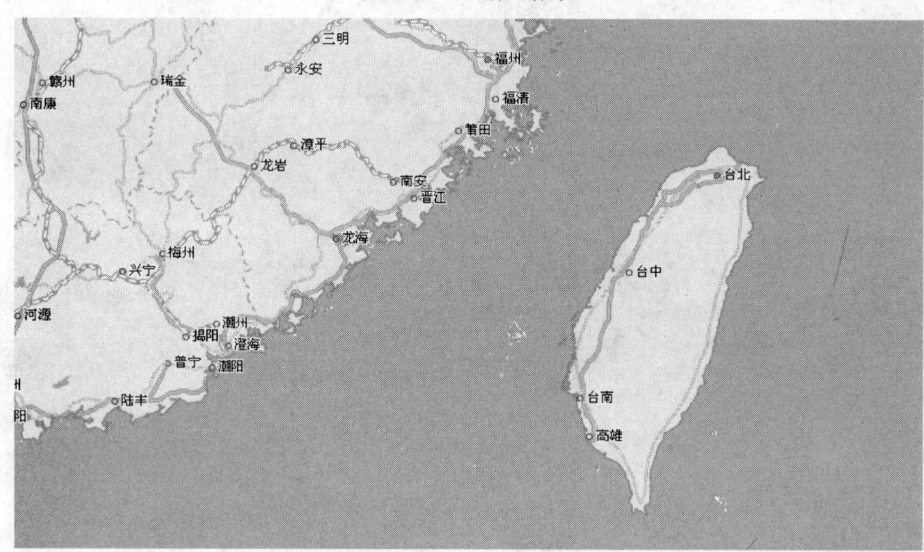

图 1.1.3.6　台湾海峡

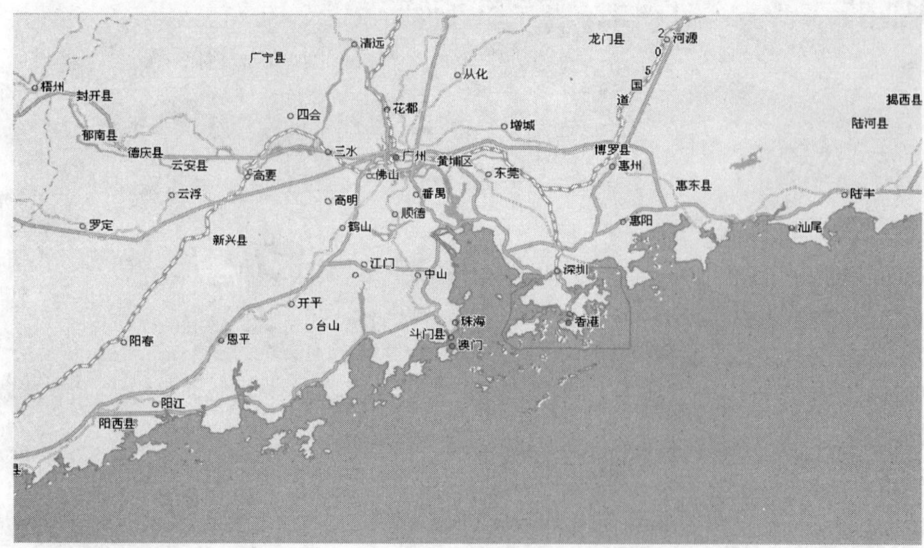

图 1.1.3.7　珠江三角洲

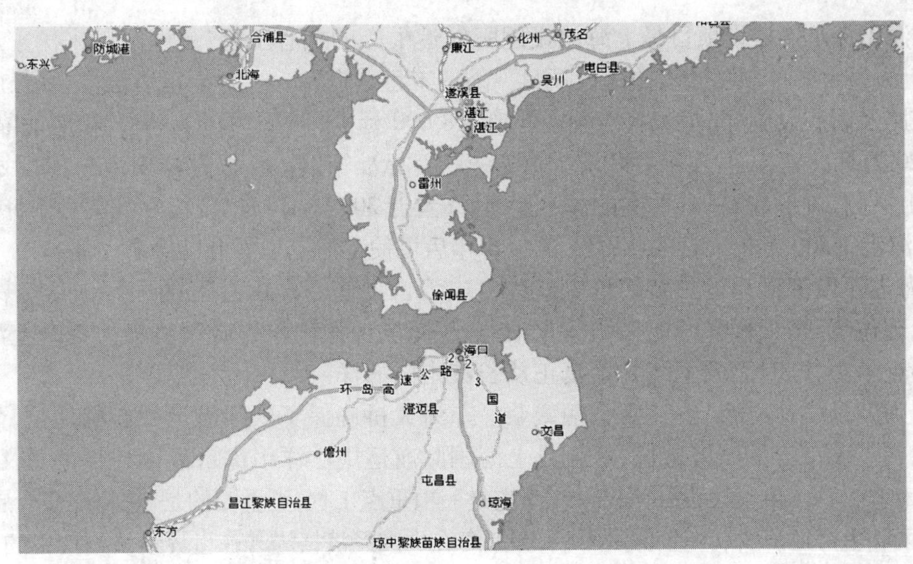

图1.1.3.8 琼州海峡

1.4 跨海大桥建设的意义

架设海上桥梁是人类大胆设想的勇敢行为。这种方法一般只适用于狭窄海域地带，但随着人类不断的追求，跨越更宽的海域也逐渐实现，这是因为一个又一个跨海大桥的建成带来的经济、政治的发展，以及文化的交流所带来的价值远非投入的人力和物力所能替代。如博斯普鲁斯海峡是黑海的出口，是欧洲和亚洲的分界线，土耳其最大的城市伊斯坦布尔横跨海峡两岸。目前，已有两座海峡大桥连接了两岸，大桥全长1 560m，中央跨度1 074m。该桥1972年动工，1973年10月30日建成通车，每天可通过汽车20万辆。博斯普鲁斯海峡北接黑海，南接地中海、大西洋，地处欧洲与中亚联系之要冲，地理位置非常重要。这座大桥的建成，不仅对土耳其的经济与贸易的发展起到巨大促进作用，而且对加强欧亚的交通和贸易具有重大意义。美国金门大吊桥，被称为世界20大奇迹之一。它横跨金门海峡，如同一条纽带，把海峡两端连接起来。金门大桥位于旧金山城，恰如艾菲尔铁塔之于巴黎，自由女神之于纽约，是城市的重要象征。厄勒海峡大桥的通车，使瑞典和丹麦人民近100多年的梦想变成了现实。该桥被称为“瑞典通向欧洲的大桥”。大桥的开通，使北欧地区成为欧洲著名的教育、科研和商业中心之一。它所连接的丹麦东部地区和瑞典南部地区将成为北欧及波罗的海地区国际性都市群最密集、经济最活跃、文化交流最频繁的地区。大贝尔特桥则被称作丹麦建筑史上的奇迹。如此种种的特别意义，均促使人们对跨海工程尤其是跨海大桥的研究不断深入。

在我国，2005年建成通车的东海大桥是上海国际航运中心洋山深水港区一期工程的重要配套工程，为洋山深水港区集装箱陆路集疏运和供水、供电、通信等需求提供服务。东海大桥位于杭州湾口无遮蔽海域，连接远离陆域逾30km的外海孤岛，地处海洋环境，是我国目前第一座真正意义上投入运营的跨海大桥。大桥北端起始于上海南汇芦潮港，通过沪芦高速公路与市区沟通，南至浙江嵊泗崎岖列岛，通往上海洋山集装箱深水港区，是洋山集装箱深水枢纽港陆路集疏运的通道，并兼顾社会交通运输功能。与东海大桥配套的物流园区等配套设施的建设，使其达到500～800t的通航能力，再加上浦东铁路，通过东海大桥的集装箱在物流园区办理通关手续后，能通过公路、内河、海运、铁路及浦东空港，实现多式联运，大大提高货物的周转速度。并由此规划占地6km^{2}形成一个新兴的远期目标将达到30万人口规模的临港新城。东海大桥是我国第一座真正意义上的跨海大桥，标志着我国的桥梁建设终于从长江、黄河走到了海洋，它也是我国真正走向海洋大国的一个起点。

东海大桥的建成，确保了2005年12月10日上海国际航运中心洋山深水港区正式开港以及洋山保税港区的正式启用。洋山深水港区位于长江口南侧与杭州湾的交汇处，具备建设15m水深集装箱码头的良好条件。整个洋山深水港建设项目是上海建设国际航运中心的核心工程,是建国以来国家最大的港口建设项目,也是上海最大的单项基础设施建设项目。港区工程建设有5个集装箱泊位,岸线长度1 600m,127万m^2堆场、道路及附属设施,配备15台桥吊,可接纳8 000标准箱以上的大型集装箱船舶靠泊作业,设计年吞吐能力220万标准箱,预计实际吞吐能力可达300万标准箱以上。根据洋山港总体规划,至2010年,北港区(小洋山一侧)可形成10km左右的深水岸线,布置近30个泊位,集装箱吞吐能力1 500万标准箱以上。按目前上海港1 800万标准箱的年吞吐能力,5年后可使上海港口吞吐能力翻一番。

目前,上海港至欧洲港口的集装箱班轮航线将成为首批使用洋山港区的国际航线。洋山港区一期码头优良的地理位置、全天候靠开船舶的深水泊位、优越的保税港口岸政策将极大提升上海港集团集装箱产业的核心竞争力,同时引领上海开始真正从长江走向海洋。

航运兴旺则贸易发达,贸易发达则金融繁荣。东海大桥确保了国际航运中心的地位,而国际航运中心将有力支撑一个城市群的经济地位,这就是上海国际航运中心洋山深水港区建设的意义所在。

东海大桥和洋山深水港的建设并不仅仅在于它是一项重点工程,更重要的是,它将在多个层面上对国家、长江三角洲地区和上海经济发展产生深刻影响,即上海在中国经济格局和在世界经济格局中的地位的影响。

(1)它对我国积极参与国际经济竞争,增强国家综合竞争力,具有十分重大的战略意义。它的建成,使得洋山深水港和临港新城的建设和使用成为可能,使得上海有进一步拓展发展空间,它是提升服务全国能力的基础性工程,它的建设将在上海乃至全国的发展战略调整上发挥出划时代的意义。

(2)东海大桥及洋山港建设是长三角经济融入世界经济全球化潮流、参与市场竞争的必然选择。将使上海及长三角港口群有望成为东北亚最重要的国际航运中心,届时以它为龙头的长三角港口群将有实力与韩国釜山港、日本神户港等西太平洋大港展开航运中心竞争。

(3)有利于上海加快形成国际航运、贸易、金融以及经济中心。

我国另一大跨海大桥——杭州湾跨海大桥,于2008年5月1日试运营通车。这座桥由我国自行设计、建设、管理,全长36km,是目前世界上最长跨海大桥。杭州湾位于我国改革开放最具活力、经济最发达的长江三角洲地区。建设杭州湾跨海大桥,对于整个地区的经济、社会发展都具有深远的、重大的战略意义。

(1)直接促进宁波、嘉兴经济社会的发展,带动周边地区杭州、绍兴、台州、舟山、温州等地的发展,对全省乃至长江三角洲南翼地区的整体发展产生积极影响。据统计,杭州、宁波、温州、绍兴、台州2001年GDP占全省的72.4%,工程建设将使这些地区的发展如虎添翼,为区域经济、社会的进一步腾飞注入新的活力,为全省整体综合实力的提高发挥更大作用。同时它对于促进沪苏浙整个长江三角洲区域经济整合和一体化发展也具有十分重要的意义。

(2)有利于发挥以上海为龙头的集聚和辐射作用,进一步提升浙江省的综合竞争力。大桥的建设,将大大缩短浙东南沿海与上海之间的时空距离,使浙江省可在更大范围、更高层次、以更优越的地理优势,融入国际大都市经济圈。这对于辐射浙江省广大腹地,优化提升产业结构,改善投资和发展环境,吸引外资,提高浙江省综合竞争力,具有十分深远的积极作用。据统计,2007年上半年,宁波、嘉兴、杭州、绍兴4市合同利用外资41.7亿美元,占全省同期利用外资的81.9%。杭州湾跨海大桥工程建设,将为优化发展环境,进一步吸引和利用外资,创造更为优越的条件。

(3)有利于推进城市化发展战略。大桥建设将进一步密切嘉兴、宁波、绍兴、台州等城市的联系,促进浙江省杭州湾城市连绵带和沿海对外开放扇面的形成,从而将这一区域提升为以上海为龙头的、具有国际竞争力的都市群的最重要组成部分。同时,大桥建设对周边县市的城市化发展也将产生深远的影响,慈溪、海盐等地瞄准这一千载难逢的战略机遇,已有不少的规划设想,大力吸引人口、产业的集聚,促进新区新城的崛起,做好、做足"大桥经济"文章。

(4)作为我国沿海大通道中的第一座跨海大桥,突破了杭州湾的瓶颈,优化了国道主干线的路网布局,改变了宁波交通末端状况,大大提升了宁波这一极具发展潜力的经济中心城市的竞争力。大桥建设也有利于支持上海国际航运中心建设,促进宁波、舟山深水良港资源的整合开发和利用,有利于旅游业的发展和国防建设,有利于缓解杭州过境公路交通的压力。

第2章　跨海大桥的环境及特点

众所周知,海洋环境复杂、气候多变,给跨海大桥的设计、施工乃至运营都提出了更高的要求。

桥梁设计是对各种作用下的结构上引起作用进行反复计算和调整,找出满足规范和设计要求的方案的过程。与内陆大桥不同的是,跨海大桥除有较高的使用性、安全性、经济性要求外,耐久性要求更加突出。由于受到自然环境的影响和条件的制约、施工条件的限制,以及经济因素和环境保护等因素的影响,方案设计的难度是很高的。

跨海大桥由于其特殊的气候、地质条件,建设难度是陆上桥梁无法比拟的。海上长距离施工,将面临如下难点:建设规模宏大,工程数量巨大,非通航段有大量重复构件,如桩、承台、墩身、梁等;地处外海环境,作业环境恶劣,受风、雾、雷暴、寒潮、潮汐及海流影响较大;大桥经过区域常为习惯性航区,大桥跨越后必须设置主辅通航孔的大跨桥梁结构;地处外海盐雾环境,防腐等问题显得尤为突出,对施工质量提出了更高的要求;施工工期通常较短,要求一次性设备投入大,对其施工、运营的经济合理性要求很高;对海洋生态的保护要求也给建造跨海大桥提出了更多附加要求。

因此,建造跨海大桥需要解决三方面的难题,即适应海洋环境的桥梁设计、适应海上作业的施工技术和对海洋环境的保护。本章将针对跨海大桥可能的海洋环境及其基本特点进行讲述。内容包括海洋工程环境特点及其影响;跨海大桥桥梁设计和施工要点、影响跨海大桥设计的因素和处理方法;以及我国海洋环境特点及适合我国跨海大桥工程的设计和施工要点。

2.1　跨海大桥的海洋环境

海洋环境为结构工程师提供了一个苛刻但又富于挑战性的研究课题。以墨西哥海湾为例,那里的建筑物必须设计成能承受飓风及大浪,湾内的典型淤泥型海底对建筑物基础提出了一定的要求,持久的高气温和大湿度天气使结构出现高速率的腐蚀。在阿拉斯加和库克海口的近海建筑物设计所要考虑的包括潮流推动海冰的速度、潮差、大风、低于冰点的气温和大面积的海面冰封。而我国东海大桥位于杭州湾海域,北亚热带南缘、东亚季风盛行区,受季风影响、气候变化复杂;实测最大风速为35.0m/s;受东海前进潮波控制,潮汐类型属非正规半日浅海潮型,每个潮汐日有两次涨潮和两次落潮的过程,且日不等现象较为明显;实测最大波高13.0m,最大波浪周期18.8s;水流流速快,大、中、小潮涨急测点最大流速在2.2~1.9m/s之间,落急测点最大流速在2.1~1.77m/s;全年盐度一般在10‰~32‰之间,属强混合型海区。东海大桥芦潮港侧为沙泥滩地,属于潮坪地貌,大桥线位处基岩埋藏较深,这些复杂条件均给大桥的建造带来了较大难度。

大气、地质扰动、海水密度差和太阳、月球等的作用,驱使海洋不停运动,所有这些运动又受到地球自转及陆地、海底、大气的边界影响而改变。

波浪是海面周期的起伏运动。虽然在海洋深处不同密度水团的界面上存在着内波,但大多数波浪都是由风产生的。波浪也可因地震、滑坡和爆炸的冲击而产生。

潮汐可以看成是具有12~24h周期而波长等于半个地球表面的一种长波。潮汐是海洋对太阳和月亮摄动的全球性反应。它们围绕着假想的节点振荡,并由于海湾地形的影响,作用大大削弱。

不属于波浪和潮汐的海面高程变化还有风暴潮,伴随有气压突降的假潮和由其他海水运动引起的共振。

海水随着空间、时间发生温度、密度、盐度的细微变化。开阔海域海水的温度、密度、盐度变化全球范围内维持在相当小的界限范围内,但在局部海岸水域,这些参量和海水的化学成分可能发生激烈变化。这些变化对工程师的设计工作影响很大。海水可以看作是一种稀释的化学液体,其中包含了以不同形式出现的全部自然界的元素。

海洋的生物过程对海洋工程师来说也是重要的,特别是海水的化学变化产生有害的海洋附生物,从而侵蚀建筑物。

海底地形及特性是大尺度地壳变形的地质过程形成的,包括火山、地壳运动、风和水流输沙造成的侵蚀和堆积,以及生物过程,如珊瑚虫的造礁、微小生物的遗骸和贝壳等的堆积作用。大陆架就是由侵蚀和堆积作用而形成的。大陆架可能从海岸延伸到300km以外,也可能不存在。大陆架的典型深度范围为30~180m,地质一般为沙和泥。大陆坡离海底的平均距离为50~80km,坡度在1:6到1:40之间。海滩断面也会随季节变化,冬季波浪冲刷和向岸输沙作用加强,坡度变得更陡。一般来说,海底地质的特性是高含水量、低容重和低剪切强度,给结构的基础带来困难。

下面将从地质、风荷载、海浪、气温和冰压力、海水腐蚀、海雾和洋流等方面来介绍海洋环境对桥梁设计和施工的影响。

2.1.1 地质

跨海大桥施工面临的近海地质特征及其风险主要有:地震活动和活动断层、近地表岩石破裂、火山活动、侵蚀作用和沉积作用、冰控作用和永久冻土、软土地基及基岩空隙等(表1.2.1.1)。

中国近海海底灾害地质因素类型

表1.2.1.1

类型组	地质作用或地质体状态	种类
构造作用灾害地质因素	火山喷发、断层活动、地震	火山、地震、活断层、边缘沟、构造脊、构造凹地
	沙体底型活动	活动沙波、沙丘、潮流沙脊
水动力作用灾害地质因素	海底冲刷	冲刷槽、陆架谷、浅槽、海底峡谷
	快速堆积	水下三角洲、古三角洲、埋藏三角洲
斜坡重力作用灾害地质因素	块体运动	滑坡、崩塌、塌陷、陡坎
	泥沙流运动	浊流、泥流、浊积扇
特殊相态灾害地质因素	载气沉积	浅层气、高压气囊
	沉积物塑化与液化	泥底辟、软弱夹层、可液化砂层
承载力差异灾害地质因素	承载力不均	埋藏古河道、埋藏古湖沼、埋藏起伏基岩面、风暴岩、浅滩
不良地形灾害地质因素	地伏反差不良环境	海山、海丘、暗礁、不活动沙丘、不活动沙脊

1. 地震活动和活动断层

地震可以把巨大的荷载加于桥梁结构上,大量的能量以地震的体波和面波的形式释放出来,对跨海大桥的稳定性形成挑战。

2. 近地表岩石的破裂

区域性地震活动是造成近地表岩石破裂的主要原因,而同生断层、大断层和沉降作用可以造成附加的断层,以释放张力和压力,所形成的断层可以将固结的海底物质断开。主要以上述两类均在一定程度上表现为海底不稳定性,即海床地质体或沉积物在外界荷载作用下突然发生结构破坏或移动,并可导致工程构筑物失稳的现象,是造成地质灾害的重要原因。按其表现形式也可分为构造不稳定性、斜坡不稳定性、底型不稳定性和结构不稳定性等。

(1)构造不稳定性是由地壳内能释放引起的,表现形式主要是断层错动和地震,它们可以直接破坏海洋工程基础和海底构筑物。地震波还可能诱发滑坡、浊流和沙土液化,造成海底物质大规模移动。

(2)斜坡不稳定性是指海底沉积物在重力作用下,沿斜坡发生块体移动(滑坡、崩塌、泥流)和碎屑物流等现象,取决于沉积物性质和地形坡度。沉积物的容重、孔隙水压力、内摩擦力、土体厚度、坡面的坡度都是决定海底块体移动的重要参数。地震和波浪在海底的附加压力对斜坡不稳定性也有直接影响。斜坡稳定系数可由多种经验公式计算。大陆坡是海底滑坡最发育的地带。在陆架区,水下岸坡和水下三角洲快速沉积,抗剪强度小,在很小的坡度条件下,甚至是在 $<0.01°$ 的海底斜坡上,只要有风浪和地震触发就会发生滑塌或碎屑物流。杭州湾北部冲刷槽的斜坡坡度仅 $0°05'$,就发生了水下滑坡。

(3)底型不稳定性是指海底沙波、沙丘、沙脊在风暴浪和风暴潮作用下发生活动,并伴有强烈侵蚀和堆积发生的现象。波浪作用的临界水深是判别底型不稳定性的重要参数。

(4)结构不稳定性是指在地震或波浪作用下,海底含水、载气沉积物发生结构破坏,发生液化、塑化等触变现象,从而导致物质沿斜坡运动,或者沉积层淘空、塌陷等现象。沉积物的各种物理参数,如粒度、容重、含水量、抗剪强度、灵敏度、天然固结状态等,是影响结构不稳定性的重要因素。三角洲快速沉积含水量极高,处于松散和未固结状态,即使在很小应力作用下,也能由于孔隙水压力升高而发生液化,导致沉积物破裂和重新移动。相反,在低沉积速率区,孔隙水能在沉积过程中消散,而使沉积物处于正常固结状态。

3. 火山活动

海底火山活动可能对近区和远区的桥梁工程施工造成危害。炙热火山云也是一种非常严重的威胁,火山灰雨及其他喷出物可能会对近海桥梁施工构成威胁,但可靠的火山活动预报可以避免事故的发生。

4. 侵蚀作用和沉积作用

流体流动引起的个别沉积颗粒的搬运和沉积是无关紧要的,但是总体来看,它们可以使局部水深发生显著变化,从而有可能使跨海大桥建设时桩基础施工发生风险。这样的变化可能连续好几年,也可能随着一场风暴、飓风或海啸迅速产生。

5. 冰控作用和永久冻土

冰不仅通过浮运搬运来沉积物质,而且还可以通过直接的机械碰撞来影响跨海大桥的施工,并会影响海底,造成极粗糙的陆架表面。现代海底水温一般低于0℃,而低于0℃的温度很有可能在大部分或全部陆架海底的下面都能找到。由于近代地质作用下,地表温度变化很大,所以在大部分海域都存在着不平衡温度条件,结果使永久冻土既有增加又有减少,因此更容易因热扰动而引起永久冻土的融化,并对跨海大桥的桥梁基础产生巨大影响。

6. 软土地基

软土是全新世(少数晚更新世)海相淤泥及淤泥质黏土,软土地基具有天然含水量高、孔隙比大、压缩性高、承载力低及稳定性差等特点。所以对软土地基处理不当,可能致使建筑物歪斜或沉陷。由于沿海地质形成的特殊性,在跨海大桥的建设中经常会遇到软土地基,这使得近海建筑包括道路和桥梁建设的难度加大。这一特点是几乎所有跨海桥梁都必须解决的首要难题之一。为了满足强度和变形要求就需对软土地基进行处理。根据地质情况选择合适的基础形式对于跨海大桥就显得颇为重要。

在我国东南沿海和华南沿海,特别是珠江三角洲和广东其他河口地区,软土分布比较广,是一个比较重要的问题。如珠江三角洲、潮汕平原,软土分布面积达 $930km^2$,厚度一般在5~36m。几乎每年都有多起软土地基事故发生,经济损失达数千万元。

软(黏)土在静水或非常缓慢的流水环境中沉积,经生物化学作用形成,天然含水量大于液限、天然孔隙比大于1.0时为黏性土,当天然孔隙比大于1.0而小于1.5时为淤泥质土,当天然孔隙比大于1.5时为淤泥。软土广泛分布在我国东南沿海、内陆平原和山区,如天津、上海、杭州、宁波、温州、福州、厦门和广州等沿海地区。天然软土具有下列特征。

(1)含水量高。淤泥和淤泥质土的含水量多为50%~70%,液限一般为40%~60%,天然含水量随液限的增大而增加。

(2)孔隙比大。天然软土的孔隙比往往要比同一垂直压力下重塑土的孔隙比高出0.2~0.4。

(3)渗透性小。其渗透系数值一般在 $1\times10^{-4}\sim1\times10^{-8}$cm/s 之间。而大部分淤泥和淤泥质土地区,由于该土层中夹有数量不等的薄层或极薄层粉砂、细砂、粉土等,故在垂直方向的渗透性比水平方向要小。

(4)压缩性高。淤泥和淤泥质土的压缩系数一般为0.7~1.5MPa^{-1},最大达4.5MPa^{-1},且随着土的液限增大,压缩性增大。

从软土物理特性来看,它也是唯一与气候条件不直接相关的区域性土,即海洋土,它们自南而北沿海分布。如果说黄土、红土和膨胀土是在陆地上堆积的,一般来说它们是不饱和的三相土,岩土力学学者称之为非饱和土;海洋土则是在海水或湖水中沉积的,它们是饱和的二相土。太沙基的饱和固结理论,就是根据这类土发展起来的。它们的工程性质也比较特殊,强度特低和压缩变形特大。

从表1.2.1.2的X射线能谱分析的特征元素,不仅表明海洋土的物质来源于陆地河流流入海洋的挟带物,而且这些物质明显地受气候的影响。如游离氧化铁含量由北而南增加,就说明了其和气候条件有关。

中国各地海洋岩土性质和基本性质表 表1.2.1.2

地　区	孔隙比 e	直　剪		X射线能谱分析特征元素	游离氧化铁含量(%)	主要结构类型
		c(kg·cm^{-2})	ϕ(°)			
大连(北黄海)	1.50	0.08	8.5	Si Al Cl Ca	1.36	絮状链接结构
大沽(西渤海)	0.74	0.10	27.0	Si Al Cl Ca	1.14	粒状链接结构
胶州(中黄海)	0.70	0.39	37.5	Si Al Cl Ca	1.01	粒状链接结构
日照(南黄海)	1.23	0.05	15.1	Si Al Ca	1.12	絮状链接结构
吴淞(北东海)	0.74	0.41	8.5	Si Al Fe Ca	1.62	粒状链接结构
镇海(中东海)	1.41	0.08	13.2	Si Al Fe Ca	1.42	絮状链接结构
厦门(东南海)	1.70	0.05	9.54	Si Al Fe	0.72	粒状链接结构
广州(中南海)	1.25	0.12	31.0	Si Al Fe	2.64	粒状链接结构

正是由于海洋软土地基的特殊性,在不同地域的桥梁工程,确定结构物基础的受力和施工方法时,必须清楚相应的地质情况,以确保避免出现不良受力。

7. 其他不利地质条件

地下溶洞、溶沟等不良地基在海洋地质也是常见的。对于此类地基,需要根据不同地理环境制定不同的结构基础方案和相应的施工方案。

在具有溶洞、溶沟或岩面高差较大的岩石地基上,以采用管柱及钻孔桩基础为宜。因为管柱和钻孔桩基础可以把大面积的地基化整为零,以每一根柱为单元进行探测与处理。当然,对下沉管柱有困难的宜选用大直径钻孔桩。

在岩面不平的地基上,若用多柱式基础(包括管柱与钻孔桩)不能满足上部结构所需的刚度要求时,可以采用水下爆破、抓斗挖掘清除基坑、钻机磨平地基基面的施工方法,并选用"设置沉井基础"方案。

在覆盖层很厚,即35~50m以下尚无承载力较高的持力层时,采用摩擦桩基础是很合理的选择。但在地震区桩应穿过可能液化的土层,并宜采用深桩基础方案。

在N值(标贯试验击数)大于10的黏土中,或大于30的砂土中(包括砾石、卵石层),打钢筋混凝土桩甚至预应力钢筋混凝土桩常把桩打断,这时选用钢桩反而会得到经济合理的效果。当然,在黏土中,采用钻孔桩就更为合适了。

2.1.2 风

跨海大桥一般位于江河出海口或海峡、海湾,甚至通往岛屿的外海海域,其特有的地形、地理位置和典型的海洋性季风气候,致使该地区天气气候复杂多变,致灾台风登陆影响十分频繁。现行设计规范中各类结构抗风设计依据无法涵盖和解决风扰动或湍流特征对大跨度柔性结构的影响问题。为了保证桥梁结构安全，控制桥梁建设规模与投资，必须实施现场气象观测，确定合适的设计风参数，进行结构模型抗风试验（风洞试验）。类似工程项目的气象观测都应预先进行，如日本的明石海峡大桥前期气象观测了 13 年，西班牙的直布罗陀海峡大桥前期气象观测了 17 年。在国内，杭州湾大桥、苏通大桥、润扬大桥前期气象观测工作也提前了 3～5 年。

桥梁水面以上部分，包括上部结构、水中基础露出水面的高桩承台、管柱基础和多柱基础等，长期处于海上风荷载的作用之下，处于水面以下的基础不直接承受风荷载，间接传递到下部基础的力在上部结构的计算中已经考虑，而且跨海大桥风荷载作用与一般的陆上桥梁计算并无太大差别，只是由于海上风荷载的变化规律特殊和风力大小的差异，与陆上桥梁的计算原理相同，但是设计过程中考虑的因素较多。海上施工时，上部结构吊装、下部结构基础未达到高程时，施工所用的作业平台、船舶等设施，都是直接处于风荷载作用之下，使风荷载成为桥梁结构一项非常重要且有时甚至是控制某一单项设计的主要荷载。

大型构件海上运输因其重量大（单件重量超过 1000t）、体积大（货物高度可达百米以上）、重心高（重心高度可达 40m 以上）、结构强度低（框架结构等）而比一般海上运输具有更大的风险。根据对以往浮吊运输事故的分析，一般来说，浮吊整体运输，驳船的横摇角度应控制在 5°以下，大于 5°小于 10°，浮吊即处于危险状态（有倒塌的可能）。虽然浮吊的绑扎是按照近海航行横摇 10°、远洋航行横摇 15°来设计的，当横摇角大于 5°时，浮吊所受到的横纵向加速度大，横纵向作用力也大，所留有的安全余量小，如果绑扎的某个环节没有达到设计要求，而船舶在摇摆中正好遇到 1/100 浪高，摇摆就会剧烈，可能会超过浮吊自身结构强度所能承受的范围，导致倒塌、损毁。

对万吨级驳船来说，风力 8 级为临界点，风速大于 17.1s，达到 8 级就不安全了。在东海、黄海海区导致 7 级以上大风的天气系统主要有：台风（热带气旋）、温带气旋和冷高压南侵。

中国是季风国家，整个冬半年（10 月～3 月）皆会受到冷高压南侵的影响。黄海、东海海区，每年 12 月～次年 2 月为受影响最大的时期，此时冷高压发生频繁，平均 3～4 天就会有一次冷空气袭击，影响范围广泛，最大风力可达 8 级以上，风力最大为 1 月份。值得注意的是福建沿海，月平均风速不以 1 月份为最大，而是 11 月份为最大，这是因为秋季以后，北方大陆高压增强，但南方温度仍然很高，气压相对较低，冷空气南下明显，造成气压梯度迅速增大，加上台湾海峡的狭管效应，东北风就更显得猛烈。所以要保证浮吊运输安全，重要的是要尽量避免遭遇海上大风恶劣天气。从气象角度考虑，气旋大风及冷高压南侵形成的灾害性天气是浮吊整体运输的主要风险。冬春季节不适宜浮吊整体运输。

海上作业中，常遇到的困难就是海上大风，无论是台风还是强热带风暴，都会对施工作业带来极大的影响。跨海大桥非通航段施工必然会受到大风影响，风速一旦超过 6 级，浮吊就不能在海上作业了，超过 8 级，船只也只能靠岸避风，海上运输只能终止。在飓风频发的地区，施工船在海上作业，也是非常危险的。

2.1.3　海浪

波浪是海水运动形式之一，它的产生是外力、重力与海水表面张力共同作用的结果。引起海水波动的外力因素很多，如：风、大气压力的变化、天体的引潮力、海底地震以及人为引起的船体运动等。其中由风引起的重力波对跨海大桥的影响最大，它是风浪、涌浪和近岸波浪的总称。风浪主要指风直接作用下产生的波浪，涌浪指风停止、转向或离开风区传播至无风水域的波浪；涌浪传播到浅水区，由于受到水深和地形变化的影响，发生变形，出现波浪的折射、绕射和破碎而形成近岸波浪。

由于桥梁基础对波浪的推进起了阻碍作用，致使波浪对基础产生波浪压力，所以，波浪力的大小不仅与波浪有关，还与基础类型、形状及结构有关。对于潮差大、流速快、浪高的海域，桥墩的挡水面不能太大，桥梁跨度不宜太小。

此外，波浪力作为一种反复作用的疲劳荷载，还会引起桥梁下部结构的疲劳破坏。

另外，海域可能出现的最高水位和最低水位对海洋工程结构物起着很大的作用。海上固定式平台的高程必须依据高水位确定，还须考虑风暴潮和暴风浪的叠加，以保证生产、作业的安全。浮式生产系统的锚泊设备也需按高水位予以配置。海区的最低水位则影响到航道的安全。海域高、低水位之间的水位变化区决定了海上平台登台设施、防撞装置及结构物飞溅区处理的高度，该区又是海水对结构物腐蚀最敏感的部分，设计中需考虑结构的保护。水位还影响静水压力、土压力的作用及系缆力、靠船力、波浪力的作用高度。

在工程设计中还要考虑高、低水位到来的时刻和其持续的时间，跨海大桥构件的下水、拖航及施工都需要考虑这些因素。

海洋上空的风暴大小变化万千，因而海浪的尺度也各不相同，看似无规律可循，但是大量的波浪观测资料统计表明，无论海浪多大，其波列的频率分布特征却极其近似，因此，理论研究海浪分布规律对跨海大桥的影响才有意义。

虽然海浪的剖面形状复杂，但是仍然可以各种波浪要素来表征其特征。在各个波浪要素中，波高是最重要的，但是海面上的波浪，波高大小不等。因此，某海场的波高通常须指明该波高的统计意义，即所谓的特征波高。同样，另一个重要波浪要素是周期，也即是特征周期。特征波高与特征周期统称为特征波。

1. 特征波的两种表示方法

目前特征波高有两种表示方法。一种是在波列中选取某一累积频率，对应的波高作为特征波高，这种特征波高反映出给定波高值在波列中出现的可能性。另一种表示方法是以部分大波的平均波高作为特征波高，其含义是将波列中的波高由大到小一次排列，其中最大的 P 部分波高的平均值就称为 P 部分大波的平均波高。

波高较大的波对应的周期未必大，而波高较小的波对应的周期有时却很大，亦即波高与周期两者的大小次序并不对应。因而，在跨海大桥施工计算中，如果波高和周期都取同一累积频率显然是不匹配、不合理的，因为它们同时出现的机会是极小的。因此，希望知道某一累积频率波高 H_F 所对应的波周期为多大，即求 $T_{HF\%}$。为此，可将波列中的周期按对应波高的大小次序排列，即波高大的波，其周期排在前面，然后即可计算各种累积频率 F 的波高对应的波周期 $T_{HF\%}$。根据大量实测资料的统计可得：

$$T_{H4\%} \cong T_{H10\%} \cong \overline{T} \qquad T_{H13\%} \cong T_{H33\%} \cong 1.15\overline{T}$$

理论上利用波高和周期各自的分布规律，可推导出指定累积频率波高时周期的条件分布，此分布也服从正态分布，它表明对于大的波高，其波周期的分布比较集中于平均周期附近，而对于小的波高，其波周期的分布就比较分散。也就是说，对于大的波高，一般不会遇到平均周期大很多的波周期；而对于小的波高，则有可能遇上平均周期大得多的波周期。波高与周期的统计联合概率分布也证明了当波高模比系数较大时，周期分布范围较窄；当波高模比系数接近 1 或者更小时，周期的分布范围就宽的多。

2. 我国跨海大桥设计波浪的波列累积频率标准

设计波浪泛指跨海大桥施工中，各类桥梁结构和它们各个部分选用的波浪要素。设计波浪的标准包括两方面：设计波浪的重现期标准和设计波浪的累积频率标准。

设计波浪的重现期是指某一特定的波列平均多少年出现一次，它代表波浪要素的长期统计规律，主要反映了桥梁结构的使用年限和重要性。设计波浪的波列累积频率标准是指设计波浪要素在实际海面上不规则波列中的出现频率，它代表波浪要素的短期统计分布规律，主要反映了波浪对不同类型桥梁结构作用性质的不同。

一年内，某一海域可能发生多次大风，可能产生的波列也不相同，是个随机事件，因此，可以用数理统计的方法研究其分布规律。总体来说，桥梁桩基础对波浪的反应较灵敏，波列中个别的大波可能影响桥梁基础的安全，所以计算中应该采用较小的波高累积频率值，即标准要高一些，才能更好地保证桥梁结构的安全。

3. 我国沿岸海域波况的特点

根据海洋观测站的统计资料，我国沿海海域，除南沙群岛外，年平均波高总的趋势是由北向南递增。渤海沿岸大致为 0.6 ~ 0.8m，渤海海峡、山东半岛南部和苏浙一带沿岸大致为 0.6 ~ 1.2m；两广沿岸大致为 1.0m；海南岛和北部湾北部沿岸为 0.6 ~ 0.8m；西沙海域为 1.4m。

各海区各季节波浪的大小分布也是不同的。北方海域冬季波浪较大，如渤海海峡冬季平均波高可达 1.7m，居全国各海区同期之首。春季各海区平均波高都较小，夏、秋两季南方海域平均波高较北方大，西沙海区约为 1.4m，两广、福建、浙江沿岸为 1.0 ~ 1.3m，其他海区大致在 0.6 ~ 0.9m。

我国沿海地区大浪受台风与寒潮的影响十分明显，最大波高的分布情况为：冬季在寒潮大风的作用下，北方沿海波浪较大；夏天东南沿海受台风影响，南方沿海波浪较大。最大波高超过 10m 与平均周期 10s 以上的大浪多出现在开敞的东海海域。表 1.2.1.3 为我国沿海最大波浪的分布统计。

中国沿海最大波浪分布统计　　表 1.2.1.3

海　区	测站名称	最大波高		最大周期 (s)	备　注
		波高(m)	波　向		
黄海渤海	小长山	5.5	SSW	9.7	
	老虎滩	8.0	SW	9.0	7416 号台风
	葫芦岛	4.6	SSW	8.2	
	塘沽	6.5	NE	7.3	
	屺峒岛	7.2	NE	13.1	
	北隍城	13.9	N	13.5	6208 号台风
	成山头	8.0	EENE	13.3	1973 年 5 月
	小麦岛	6.1	ESE	14.7	
	连云港	5.0	NE	8.3	
东海	引水船	6.2	E	16.1	
	嵊山	17.0	E	19.8	8114 号台风
	南麂	10.0	E	14.8	6007 号台风
	北礵	15.0	ESE	11.3	6014 和 7123
	平潭	16.0	ESE	10.1	
	崇武	6.9	SE	10.1	
南海	云澳	6.5	SW、WSW	11.5	
	遮浪	9.5	ESE	10.1	7908 号台风
	硇州岛	9.8	E	10.3	6508 号台风
	玉苞	7.7	NE	10.9	
	东方	6.0	NNW	9.5	
	莺歌海	9.0	ESE	9.1	7914 号台风
	涠州岛	5.0	SE	8.8	
	白龙岛	4.1	SE	8.4	
	西沙	11.0	SSW	18.8	

风浪在深水中生成后，传入浅水区（浅水是指浅海水域，在风区内平均深度较小且无显著变化，而不是深度迅速变小的近岸水域），由于水深变浅、地形的波浪折射以及水流的影响，波速、波长、波高以及波向都将发生一系列的变化，遇到海岸建筑物或桥梁结构后还将发生反射和绕射现象，直至岸边附近出现波浪的最终破碎。因此，波浪在浅水区近岸地带的变化极为复杂，往往是上述各种过程同时影响的综合结果。而跨海大桥非通航段位于浅水区桥跨较多，因而分析研究波浪对跨海大桥桥梁基础的作用，

对跨海大桥施工技术的改进,有着很重要的意义。

外海海域风急浪大,在夏季台风期间极易引起巨浪。波浪力对大桥结构的作用有时会达到其他水平荷载相同的数量级,甚至会超过。合理确定波浪力的大小,有利于基础设计和建设方案的选择,控制建设规模,进而控制工程造价。因此,需要在桥位现场进行至少为期 1 年的波型、波高、波向、波周期和风向、风速同步观测,为工程提供设计参数,为建立波浪整体数学模型和物理模型提供验证资料。

2.1.4 海流

海水大规模流动形成海流的大小、方向分布,对跨海大桥的选址规划、施工平台的方位和位置有重要影响,海流施加于桥梁的荷载直接影响结构的稳定,由于海流流速变化相对缓慢,在结构物计算中视为稳定流。海流对桥梁结构基础的冲淤有直接意义,明显的稳定流将对桥下土壤构成威胁,冲刷过程要维持到结构周围海底形状不能再形成新的冲淤。

海流还能与波浪共存,它们间的相互作用将影响各自的传播特性。对于跨海桥梁,波浪力是主要的环境荷载,当波浪与海流相遇时,波浪将发生变形;当波、流逆向相遇时,波高增大,波长减小;当两者顺向相遇时,波高减小、波长增大,其影响程度取决于波速与海流速之比、水深及相互的传播方位。

近海海流一般可分为潮流和海流。前者是海水受日、月等天体引潮力作用而产生的海水周期性的水平流动;后者是由其他各种水文气象因素而产生的水体流动。近海海水流动的形式很多,如由于密度差(密度差是由于温差或者含盐量不同造成的)引起的密度流,由于存在水面坡降(水面坡降是由于气压差或其他动力因素造成)而引起的倾斜流或梯度流,由于风力对水体表面剪切作用而引起的漂流或吹流,波浪在浅水区变形及破碎而形成的近海波浪流。潮流也是受日、月天体等作用产生的海水流动,其运动情况大致与潮汐一致,由于受到沿岸地形与潮波系统的传播分布影响,近海潮流变得非常复杂。

我国近海海流主要由两部分组成,一是流经巴士海峡、台湾东岸的黑潮分支(如台湾暖流、对马暖流)和流经巴士海峡进入台湾海峡以及南海东北部的黑潮分支,都是具有高温、高盐特性的海流;二是来自大陆的大量径流入海,其淡水与海水混合形成了具有低温、低盐特征的沿海海流,如辽东沿海海流、黄海沿海海流、东海沿海海流、粤东和粤西沿海海流等。这些海流的强度、消长及其影响范围均有明显的季节变化。我国沿海近海的流系大致可分为如下三个:

黄海、渤海海流系——辽东沿岸海流和黄渤海沿岸海流同时进入该区的黄海暖流及其余脉组成黄海、渤海环流。

东海海流系——浙闽沿岸流在春、秋、冬三季沿长江口以南海岸线流向西南;而在夏季随长江冲淡水流向东北,在沿岸流外侧海域台湾暖流终年流向偏北。

南海海流系——在春、秋、冬三季浙闽沿岸流经台湾海峡进入南海,同广东沿岸流汇合一起流向西南,在珠江口和雷州半岛之间形成一逆时针环流。在夏季广东沿岸流则汇合珠江冲淡水流向东北。

在跨海大桥施工过程中,研究经过海域的环流强度及方向,对大桥施工的安全性和可靠性有重要意义。

以明石海峡大桥为例,明石海峡大桥沿线最大水深大约为 110m,到处都存在强潮。两座塔基下的土质分别为洪积砂砾层及第三纪软岩层,最大潮速分别为 3.5m/s 和 4.0m/s。考虑到严峻的施工条件,主塔基础施工采用了沉箱法以减轻强潮的影响,钢沉箱分别取直径为 80m 和 70m 的圆形,以此减小阻力系数,使其没有方向性,从而使在强潮下沉箱的拖拽、停靠和沉埋作业变得容易。另外因为承载底面为花岗岩,采用大型抓斗式挖泥船进行开挖,为了防止强潮下挖泥船发生摇摆,采用大型和重型挖泥抓斗(32.5m、150t),在 7.41km/h 的潮流下也能开挖。底面开挖修整高程规定为 ±0.50m。挖掘形状的测定利用平底船上的 8 个探测器和测平底船位置的光波测距仪进行。此外,因强潮下能进行潜水作业,采用称为 ROV 系统的潜水智能机器人进行整体开挖和整平。

2.1.5 气温与冰压力

海水的垂直温差产生的密度差,使海水在垂直方向对结构有对流作用力;在分析冰对结构的作用,特别是冰对桥梁基础的测压时,除先要确定冰的厚度、强度与流动速度外,还要计及现场条件、基础形状、冰移动时冰力和冰的作用方式等因素。一般情况下,需分别计算流冰所产生的动冰力、大面积冰层低速移动时产生的静压力、流冰壅塞力、温度冰力和竖向冰力等有关的冰力。

海冰与结构相互作用的主要形式有:当整个海面处于冰层覆盖状态,在海流及风的作用下,大面积冰层整体移动,对结构呈缓慢的挤压状态,这种作用形式一方面使结构产生变形,另一方面与冰层接触的结构局部区域将承受挤压力,周期性的挤压将伴有强烈的振动;在流冰期间,由于风、浪、流等环境力作用,自由漂流的冰体与结构碰撞时,会出现非常大的惯性力冲击结构。冰可能在冰与结构交界面处破坏或偏转而过,冰的转动除对结构产生冲击力外,并对结构产生摩擦作用;在没有明显的或连续的冰移动时,结构四周的海冰和破碎的冰块(包括阻塞冰)因海水温度下降,使冰与结构冻结成一体,由于水位的升降会对结构产生垂直作用力。

海冰与桥梁结构相互作用是一个极其复杂的过程,预测作用在结构上的冰荷载通常是以冰与结构物的接触为出发点。作用于结构物上的冰荷载包括总荷载与局部荷载。总荷载代表作用于结构上冰力的总和。而局部荷载代表作用于结构上是一截面上的冰压力。冰荷载大小可能受冰与结构界面上冰强度的限制,也可能受远离结构物环境驱动力的限制,因此预测海冰荷载主要取决于下列因素:结构物的类型、形状、尺度及刚度;海冰的特性,如海冰的类型、尺度及移动速度、海冰的物理力学特性等;海冰与结构物相互作用的惯性影响,接触程度与偏心、摩擦力等;驱动冰体的最大环境力及水位的变动等。

由于各个年代对海冰的厚度与强度取值认识的不同,采用的设计标准各异,时而造成损失,时而过于保守。同时海冰对结构引起的强烈振动往往使施工平台上的设备不能正常的运行。近年来工程界和学术界对此进行了广泛、系统的研究,提出了一些切实可行的抗冰减振措施,这些工程措施包括:

(1)利用海冰弯曲强度远远小于压缩强度的特点,在导管架平台腿柱潮差段上采用正倒锥组合体,使海冰发生弯曲破坏,从而减少冰载,又由于改变了冰的作用频率,避免了发生共振。

(2)采用分振结构。这种结构是在海水中将支承结构的腿柱分为内外管,内管用于支承平台重量,外管用于承受流冰和波浪荷载,主要目的是减小流冰引起的平台上振动。经试验,此种结构具有相当好的减振效果。

(3)采用防振水箱。在平台上适当布置水箱,以增大阻尼、减小振动。经试验,此种结构也有较好的防振效果,平台上总重量仅增加1%~2%。

(4)其他减振措施。施工生活平台曾采用橡胶垫块增大阻尼,也取得较好效果。另外,改变结构形式、增大刚度也有一定效果。

2.1.6　海水的腐蚀

跨海桥梁及沿海地区桥梁的钢筋混凝土容易受到海水的侵蚀而破坏,海洋大气中含有少量盐分,这也使海洋环境中的建筑物腐蚀程度大于陆上建筑物。但是和陆上一样,海洋中常用的建筑材料仍是混凝土和钢材,因此需要在材料和施工方面综合考虑基础的设计和施工方式。

根据对旧桥的调查分析,认为造成破坏的原因主要有物理化学和施工等方面。

1. 物理化学方面

(1)硫酸盐、镁盐的侵蚀。水泥混凝土是由水泥、碎石、砂、水四种材料组成,水泥是混凝土中最易受侵蚀的部分,它由硅酸盐水泥熟料与水反应而产生,主要成分有:氢氧化钙、水化硅酸钙、水化铝酸钙、水化铁酸钙及水化硫铝酸钙。其中氢氧化钙、水化铝酸钙都是碱性物质,氢氧化钙能一定程度溶于水,它们遇到水中酸类或某些盐类物质时,就能相互作用,破坏混凝土结构。

最近几年,沿海地区桥梁施工中,对所处河流水质取样分析,从水质实验看出沿海地区水中硫酸盐、镁盐的含量较高,对混凝土结构的侵蚀作用不容忽视。

(2)Cl^-的侵蚀造成钢筋锈蚀,导致混凝土开裂。沿海地区处于盐碱地带,空气中及与之接触的水中含有较高的Cl^-成分。周围环境中的氯离子将通过混凝土保护层渗透,并集聚到钢筋表面,当钢筋表面的氯离子含量达到一定浓度时,钢筋表面的钝化层将会立即遭到破坏,并导致钢筋的腐蚀以及混凝土的开裂,并进一步加剧钢筋的腐蚀,从而形成一个恶性循环,最终导致结构破坏。

(3)冻融破坏。冻融交替造成混凝土开裂及砂浆剥落、粗骨料外露、脱落等。

2. 施工方面原因

钢筋混凝土保护层厚度不足,氯化物易浸透钢筋,使钢筋锈蚀;混凝土保护层产生破坏,如出现蜂窝、掉角、剥离露筋、裂缝等表层缺陷,往往使钢筋直接暴露在外界条件之下而发生锈蚀;混凝土密实性不足,即混凝土孔隙率越高,组织越不均匀,则空气中的二氧化碳越易渗入混凝土内部而引起碳化,使混凝土碱性降低,减弱对钢筋的保护作用,从而导致钢筋锈蚀。从现场看到,有的部位钢筋直接外露;有的部位振捣不实,疏松多孔等。另据了解,有的桥梁施工时,施工用水未经化学检验,直接用河水拌和混凝土。这些都会直接影响桥梁的使用寿命。

2.1.7 海雾

海雾是海上一种常见的天气现象,它能降低海上的能见度,使航行的船只迷失航路,造成搁浅、碰撞等重大事故。在狭窄航道、近岸区发生的海难中,由海雾引发的事故占了很大比重,可见海雾是航海的克星,也是一种频发的海洋灾害。

海雾是海面低层大气中水汽凝结的一种天气现象,因它能发射各种波长的光波,故常呈乳白色。海雾的形成过程要具备两个条件:一是在水汽凝结时必须要有凝聚核(如盐粒或尘埃等)作为凝结的核心,否则水汽没有依托,就不能形成水滴;二是已经凝结成的水滴(或冰晶),必须较长时间悬浮在靠近海面的空气层中,使水平能见度小于1km。由于海雾成因不同,通常可分为平流雾、混合雾、辐射雾和地形雾四种类型。

全球各大洋的海雾,类型虽然很多,但其中范围大、影响严重的主要是受冷海流影响产生的平流雾。这种雾多在春夏盛行,尤以夏季为最,此时雾的浓度大,持续时间长,严重的可持续一二个月。在高纬度海区,或冰山、冰流外缘水域,常出现蒸发雾,这种雾浓度小,雾层薄、多变化。

受海雾的影响,跨海大桥的施工受其影响十分严重,主要是由于材料的运输困难,而在其使用过程中,受其影响,通常不得不关闭,加上受海雾影响导致海上运输船只偏离航线与桥梁发生碰撞等。同时受海雾的影响,导致桥梁受海雾中的盐成分包裹而受到侵蚀,导致出现耐久性损伤。

2.1.8 我国海洋环境的特点

我国大陆海岸线全长约18 400km,仅台湾省沿岸线就有1 600km。拥有面积500m^{2}以上的岛屿6 500多个,海岛海岸线长度14 000km。濒临我国的西北太平洋以及渤海、黄海、东海和南海的海洋环境条件复杂多变,导致海洋灾害频繁发生。

在上述海洋环境特点介绍中,部分介绍了我国海洋环境特点。从我国近海地质总体状态来看,近海地质特点表现在如下几个方面,其通常与近海灾害相关。

(1)构造作用灾害地质因素中大型断裂与地震活动有着密切的联系。

渤海、黄海、东海大陆架区域性大活动断裂带主要有:通过渤海的NW向天津—威海断裂带、NNE向郯庐断裂带、东海岸外的NNE向滨海断裂带均属于强活动断裂。1969年渤海发生7.4级地震,滨海断裂发生过泉州海外7.5级大地震。此外,还有南黄海北部盆地断裂带、南黄海南部盆地断裂带、杭州—清州断裂带、舟山—平湖断裂带、渔山—久米断裂带、西湖—基隆断裂带、钓鱼岛隆褶带断裂带,皆属中等或弱断裂,发生过少量5~6级以下地震。台湾以东海域,地震十分频繁,最大震级达8.0级。台湾西部也是大地震活动的重要场所,经常发生7.0级以上大地震。

南海主要有马尼拉海沟断裂带,属强烈活动断裂,发生过许多7级以上地震;华南滨海断裂带和琼北断裂带,属强活动断裂。1600年和1918年南澳岛岸外分别发生过7.0和7.25级地震;1978年汕头外海发生6.75级地震;1605年琼州发生8.0级地震。北部陆坡北缘断裂带、海盆北缘断裂带属中强活动断裂；台南断裂带、海盆南缘断裂带、南沙海槽断裂带属中等活动断裂；莺歌海盆地—越东边缘断裂带属弱活动断裂。

在海底浅地层剖面上经常发现小断层记录。渤海、黄海和东海第四纪地层中浅部断层构造十分发育，大部分错断了中更新世以前的地层，少数断层错断了晚更新世甚至全新世地层。在珠江口盆地1/20万工程地质调查中，发现240多条浅断裂。除此之外，在琼东南、珠江口盆地、东海大陆架边缘存在大量与断裂带有关的边缘沟。黄河口和南海陆架有埋藏构造脊。

(2)水动力作用灾害地质因素中活动沙体底型是陆架最常见的灾害地质体。

辽东浅滩、西朝鲜湾、苏北浅滩、东海外陆架、琼州海峡出口和琼西南等有大型潮流沙脊群。台湾浅滩、琼西南崖州岸外有海底沙丘。沙波广泛出现在辽东浅滩、扬子浅滩、东海外陆架平原及海州湾残留沙平原等海区。珠江口外到台湾浅滩以南的陆架外缘和外陆坡上，沙波几乎呈连续带状分布。

潮流和海流作用产生的沟槽是一种不稳定的地形，对工程不利，也是陆架海底最常见的灾害地质体，如老铁山水道，长山列岛、庙岛列岛、舟山列岛等岛间水道。成山角外、胶州湾口、杭州湾口，皆发育潮流冲刷槽，还有潮流沙脊群的脊间槽。但某些地方冲刷槽也提供了宝贵的深水港口资源，如宁波北仑港。在珠江口外的大陆坡上部，滑坡带外侧还发现一种特殊的侵蚀沟群。在珠江口盆地中外陆架，发现49条浅槽，呈树枝状，长2~44km，宽0.5~3.0km，深1~3m。在琼东南也有发现。海底峡谷是大陆坡上一种规模较大的侵蚀构造地貌形态，是浊流通道。冲绳海槽西侧的东海大陆坡、南海大陆坡上海底峡谷非常发育。南沙海台群礁之间也有海底峡谷。

水下三角洲是一种快速堆积体，也是海底常见的灾害地质因素。黄河、海河、滦河、鸭绿江、苏北老黄河、长江、闽江、韩江及珠江都发育水下三角洲。韩江、珠江口还有现代水下三角洲分布。此外，在黄海、东海、南海陆架都发现不少埋藏古三角洲。

(3)斜坡重力作用灾害地质因素中，重力灾害地质因素包括滑坡、崩塌以及陡坎等。因为浊流、泥流具有重力流性质，所以把它们和浊积扇也放于此类。

海底滑坡是斜坡不稳定性最普遍的表现形式，它们可能对海底构筑物造成毁灭性的危害。大陆坡是滑坡主要分布区，东海大陆坡有多处大型滑坡记录。在南海北部调查已发现24处滑坡群，其中珠江口盆地陆架外缘和上陆坡滑坡多达10处，呈NE－NEE向平行等深线延伸。S－1滑坡带长约55km，宽约1~3km，滑坡壁高可达10~35m。西沙海槽之北陆坡上也发现2处滑坡，曾母盆地北部大陆坡发现6处滑坡带。陆架上的陡坎和陡坡是常见的海底地貌类型，山东半岛近海及苏北浅滩的东北部边缘发育陡坎。东海陆架陡坡有两处。台湾浅滩南缘、澎湖海台周围发育侵蚀陡坎。南海东北部一些海底峡谷上部的侵蚀陡坎，高差可达10~60m。琼东南陆架外缘陆坡上，发育了长达175km的断层陡坎。

浊流是一种高密度流，大部分发生在大陆坡和深海底，大型滑坡往往为浊流提供了物质来源，特别是地震可能诱发滑坡和浊流。浊流一般沿海底峡谷流动，在峡谷出口处堆积起浊积扇。东海浊积扇主要分布在冲绳海槽西侧坡麓带。南海在台湾浅滩西南海底峡谷末端的巨大深海扇，面积可达28 800km^2。珠江口盆地、西沙中建岛南侧也有海底扇。泥流是陆架表层沉积物的群体运动，在陆架三角洲前缘、岸坡泥质区等部位容易发生。

(4)特殊相态灾害地质因素中，含有的气体、可塑性泥质、可液化砂质地质体，如浅层气、泥底辟、可液化砂层等，在外力触发失去静力平衡状态时，可能对海底工程设施造成破坏。

含气层承载力低，高压浅层气的突然释放，会引起平台桩基突然下沉和井喷火灾事故。我国近海内陆架浅层气分布十分广泛，如黄河三角洲、老黄河三角洲、长江三角洲、东海陆架的北部、杭州湾、浙江近岸都存在大量浅层气。南黄海、东海陆架等含油气盆地断裂构造发育，深部的石油天然气沿着断裂等裂隙上升，形成高压浅层气：珠江口盆地发现10余处浅层气，其中较大的3处：北部湾、琼东南、万安、曾母盆地都存在大量浅层气。麻坑可能是浅层气释放的标志，在南海北部的莺歌海、琼东南、珠江口盆地都大量出现。

底辟是水下三角洲一种特殊的沉积构造，当高密度的河口沙体超覆在低密度淤泥质沉积之上、泥质排水不利时，将发生褶皱变形，或者向上挤入上覆沙层，形成核状构造和穿刺构造。滦河、黄河、长江、珠江水下三角洲都相继发现了底辟：南黄海西部、珠江口盆地外缘、莺歌海盆地均发现有底辟。

易液化沙层是海底含饱和水的砂土，在地震、波浪等作用下发生振动，呈液化状态，丧失承载能力，底床塌陷，导致海底构筑物倒塌。渤海、黄海、东海和南海易液化沉积层分布广泛。现代潮流沙脊、沙波、浅滩沉积物都是易液化沙体。地层中的古河道沉积、古沙坝、古沙脊都有发生液化的可能性。

软弱层含水量高，处于流塑状态，承载力低，易触动流变，稳定性差，对各类工程都非常不利。软弱地层在南黄海西南部堆积平原上非常发育；东海台湾暖流与浙闽沿岸流相邻的锋面区，发现一种泥质高速堆积体，也是一个软弱地层；在珠江口盆地珠七井钻遇淤泥质夹层，使隔水管下陷6m，造成被迫移位事故；万安盆地西部、曾母地区沉积物，也见有淤泥质夹层。

(5)承载力差异灾害地质因素中，浅部地层中存在不同沉积相、不同力学性质的透镜体或起伏的基岩面等，它们可能造成海底构筑物基础持力不均的现象，从而导致构筑物歪斜，甚至倾倒。

南黄海、珠江口盆地、北部湾、莺歌海、琼东南和巽他陆架，古河道密度很大；南黄海、东海、北部湾、莺歌海及海南岛以东地区都存在埋藏古湖沼沉积；南海珠江口盆地发现很多浅滩、古浅滩；北部湾、珠江口盆地的风暴岩沉积，对海底构筑物基础也构成威胁。陆架浅埋基岩多出现在距基岩海岸、岛屿较近的地方，或者在陆架边缘隆起带上。

(6)不良地形灾害地质因素给海底工程造成障碍，有的可形成斜坡重力等其他灾害地质因素。

陆架谷是陆架上的一种河谷状地貌，海州湾外残留沙平原存有黄河古河道。北部湾西部内陆架地区、台湾浅滩和澎湖浅滩也有陆架谷。最大的陆架谷是巽他陆架上的树枝状古河谷系，长约750km。面积达十几万 km^2 的东海外陆架古沙脊，现在基本不活动。珠江口外存在规模较大的古海底沙丘。冲绳海槽、南海陆坡和深海平原上发育大量海山。台湾岛南部、海南岛近岸和南海诸岛分布大量珊瑚礁。

按照"环境地质区"划分和评价体系，我国近海大体分为不稳定、较不稳定、较稳定和稳定4类环境地质区。

我国近海海域共划分17个环境地质区(图1.2.1.1)。其中大陆架有12个，包括5个不稳定区(渤海、南黄海南部与东海北部、台湾海峡、广东内陆架、北部湾与琼南)，2个较不稳定区(北黄海、浙闽沿岸台地)，3个较稳定区(南黄海北部、东海古潮流沙脊区、广东外陆架)，2个稳定区(东海外陆架、南海南部陆架平原)；大陆坡有4个不稳定区(东海陆坡、台湾以东海域、南海北部陆坡、南海西南部和南部陆坡)；边缘海盆1个区，未评价。

虽然目前我国近海地质环境调查程度比较低，密度也不均衡，只能做一个定性的粗略划分，但目前的区划基本能反映各区的地质特点，对潜在危险性评价结论基本上是真实的。因此上述区划可借跨海大桥工程的规划、设计和施工作参考，以避免不利地质条件，选择有利的条件。

在我国复杂多变的海洋环境中，影响较为严重的还有风暴潮、海冰。

风暴潮从南到北均发生，几乎遍及我国沿海。据统计，1949～1990年的42年中共发生过最大增

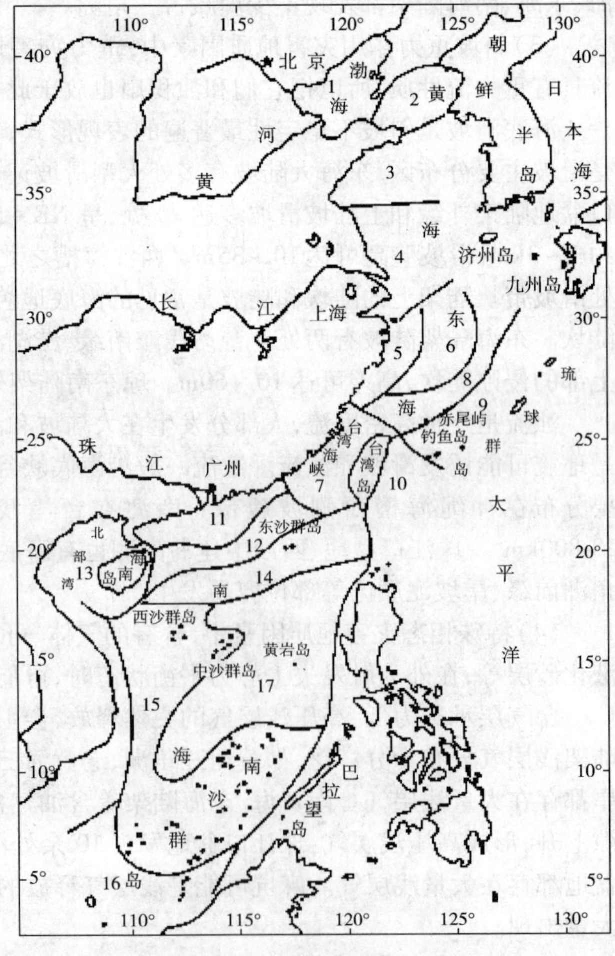

图1.2.1.1　中国近海环境地质分区

水超过1m的风暴潮259次，其中超过2m的46次，超过3m的8次。渤、黄海沿岸1950～1990年共发生最大增水超过1m的温带风暴潮521次，其中增水超过2m的27次，超过3m的3次。值得注意的是20世纪90年代后，我国沿海先后发生了3次特大风暴潮。其中"9216"和"9711"特大风暴潮先后袭击了我国沿海6省2市（福建、浙江、江苏、山东、河北、辽宁和上海、天津市）；"9417"特大风暴潮袭击了福建至浙江沿海。风暴潮主要是由于强台风，出海气旋与冷空气配合等引起强烈大气扰动使海水暴涨，灾害较严重的主要集中在以下岸段：渤海湾和莱州湾岸段以温带风暴潮为主，主要发生在秋末冬初和冬末春初；浙江、福建、广东沿岸主要是台风风暴潮，发生季节多在夏季。

通常海上波高大于3m的海浪（大浪）对航行在海上绝大多数船舶，尤其是近海的船只构成威胁。根据1966至1990年资料统计，中国海区3m以上的海浪的分布频率分别是：渤海61.7%，黄海26%，东海58.3%，南海46.8%。我国近海大浪主要是由台风、温带气旋和寒潮天气系统引起的强风作用形成的。渤海海峡的老铁山水道，浪大流急，被认为是危险区域。黄海中部的成山头外海，当有大浪发生，受沿岸流和黑潮支流的影响，这一带海域是发生海难事故最多的海区，故有"中国好望角"之称。东海南部和台湾海峡，大浪分别频率较大，尤其是冬季，该海区是海难事故频发区。在冬季，南海北部3m以上的大浪几乎每天都有，是海难事故的频发区。中国近海大浪全年都有发生，台风浪出现在7～9月，占全年总数的73%；寒潮大风和出海气旋引起的大浪主要出现在冬季，占全年总数的84%。

海冰是渤海和黄海北部海区的主要灾害之一，每年从11月中、下旬相继出现初生冰，次年的1月下旬至2月上旬出现严重海冰，2月下旬由南到北开始融化。根据20世纪30年代开始的海冰观测和记载，偏重冰年占16%，重冰年占13%。重冰年和偏重冰年大约均10年左右发生一次。20世纪80年代末至今由于全球气候暖等原因，近10年没有发生严重冰年。渤海和黄海北部，海冰的形成主要是与冷空气南下和海洋水动力条件以及天文等因素有关。

2.2　跨海大桥的基本特点

海洋自然环境复杂多变，包括：水深、流急、风大、浪高，北方还有流冰、冰冻等问题，海洋地质构造复杂，有些海峡地震活动强烈，建造的跨海大桥除保证正常的使用功能外，还必须解决抗风、防船撞、结构耐久性（水中结构、混凝土结构和钢结构）、抗震（地质断层）、施工技术（测量、施工控制、材料和设备、方法和工艺、施工组织、用水、海上施工安全）等多方面问题。

2.2.1　抗风设计

由于大风、热带气旋以及台风的影响，常规的施工方法、施工设备在海洋环境下往往不能适用。大桥建成后，恶劣的气候尽管不会使大桥本身结构造成破坏，但对行使的车辆仍然存在威胁，对设计标准较低的部分交通安全设施也会造成破坏，不得不在一定条件下限制通行（比如8级以上大风封闭交通等）。因此在设计过程中，必须对桥梁受风的影响进行分析，进行相应的抗风设计。

风是空气相对于地球表面的流动，主要是由太阳辐射热对地球表面大气的不均匀加温所引起的。当风受到结构物阻碍时，它的部分动能将转化为作用在结构物上的外力功，这种外力就是所谓的风荷载，当风绕过非流线形（钝体）截面的桥梁结构时，会产生涡旋和流动的分离，形成复杂的空气作用力。当桥梁结构的刚度较大时，结构基本保持静止不动，这种空气作用只相当于静力作用，或静风荷载作用；而当桥梁结构跨度很大时，较小的刚度使得结构振动很容易被激发，这种作用不仅具有静力特性，而且具有动力特性，或动风荷载作用特性。

风的动力作用激发了桥梁风致振动，而振动起来的桥梁又反过来影响空气的流动，改变空气作用力，形成风与结构的相互作用机制。当空气力受结构振动的影响较小时，空气作用力作为一种强迫力，导致桥梁结构的强迫振动，主要表现为桥梁抖振和桥梁涡振；当空气力受结构振动的影响较大时，振动结构反馈制约的空气作用力，主要表现为一种自激力，导致桥梁结构自激振动，主要包括桥梁颤振和涡激共振。

桥梁颤振涉及到结构与气流系统的弹性力、惯性力、阻尼力和自激气动力等的相互作用，是一种十分复杂的空气动力稳定问题。衡量桥梁颤振稳定与否的主要指标是颤振临界风速，目前，国内外主要采用三种方法来确定斜拉桥颤振临界风速，即以 Theodorson 机翼颤振理论为基础的理论计算方法、以气动参数试验识别和理论计算模型相结合的实验加理论方法和完全以风洞试验为依据的直接试验方法。

各国桥梁抗风规范和指南要求，对主跨 150m 或 200m 以上的桥梁需进行风致振动分析和动力抗风设计，并有必要对大跨桥梁进行风洞试验研究工作。我国东海大桥设计风速采用 100 年一遇 10m 高处风速 42m/s。针对东海大桥所处的海风环境，斜拉桥进行了相应抗风试验研究，实现了对主梁断面气动特性的优化、对大桥成桥状态和施工状态的抗风稳定性评价，并提出了减轻风致振动的控制措施。相关结论均应用于结构设计过程中。

2.2.2 抗震

在跨海桥梁工程中，近海浅水区非通航段通常采用的是小跨径桥梁，这类桥梁的抗震设计理论和方法较为成熟，而且通常该区域的地质条件良好，因此跨海大桥的抗震设计通常关注于大跨径桥梁。

地震时从震源释放出来的能量以波的形式传到地表，在地面上不同的点接收到的地震波，可能经过不同的路径、不同的地形和不同的地质条件，反映在地表上的振动当然不会完全相同，而是存在一定的差异，这就是地震地面运动的空间变化性。各国现行的桥梁抗震设计规范中，除了欧洲规范有考虑地面运动的空间变化性外，其他的都采用地面一致振动假设，即结构各支点的地震波完全相同。这种假定对于中小跨径桥梁是可以接受的，但是对于大跨径桥梁，地震地面运动的空间变化是显著的，可能对结构的地震反应产生重要的影响。所以，在大跨径跨海大桥抗震设计时，必须考虑地面运动的空间变化性。我国特大桥抗震设计现在没有专门的设计规范。

大跨桥梁因结构的柔性，一般具有较好的抗震性能。尽管如此，在最近的几次中强地震中，历来声誉较好的大跨度桥梁也有不少遭受震害的实例，主要表现为边跨脱落、支承系统以及细部结构破坏等。例如在 1989 年美国的 Loma Prieta 地震中，奥克兰海湾大桥引桥脱落；在 1995 年阪神地震中，位于震区的四座大跨度桥梁也发生了不同程度的震害，其中西宫港大桥主跨 252m 的钢系杆拱桥第一跨引桥脱落，另一座主跨 485m 的斜拉桥边跨锚墩上的钢摇轴支座栓钉脱落，而主跨为 1 990m 的明石海峡大桥，当时已完成的结构部分虽未见损伤，但桥塔和锚台均发生较大的位移；1999 年台湾 9121 大地震中，一座斜拉桥的主塔根部也遭到严重破坏。

历史震害现象表明，对位于强震区的大跨度桥梁进行抗震设计是必需的。通过对大跨桥梁震害的进一步分析，可将其震害的起因分为以下几类：

(1)由于砂土液化、地基下沉、岸坡滑移或开裂而引起基础的破坏，从而导致桥梁的倒塌。

(2)因桥梁结构形式、构造或连接措施不当而引起上部结构脱落等震害。

(3)桥梁各支承点的地面运动不一致引起的震害。

(4)桥墩本身抗震能力不足引起的破坏，包括强度和延性不足。

实际上，造成大跨桥梁震害的原因是复杂的，往往是由多方面的因素共同起作用。因此，在跨海大桥设计时应充分研究其抗震性能，认真研究不同桥型方案的抗震设计要点。

目前，国内外学者对不同结构形式的大跨径桥梁的多点激励效应进行了大量的研究工作。其中，研究最多的是斜拉桥多点激励效应的影响，但目前的观点并不一致，甚至差异较大；不同桥梁结构形式对多点激励的敏感程度也存在较大的差异。连续刚构、拱桥、斜拉桥和悬索桥等桥梁结构在抗震方面有各自的特点，在桥型方案选择时应该充分考虑到它们之间的区别，以便进行合理的选择。

2.2.3 船撞

位于海洋的跨海大桥受到来自船舶的碰撞威胁是必然存在的。目前，国际上对 5 万 t 以下船舶的防撞处理很有经验,但对10~30万t的超大型船舶的防撞处理措施,可供借鉴的经验和资料很少。通航段桥墩防撞船舶为30万t级DWT时,桥墩防撞力须达到470MN。

采用消能设施消能以后,桥墩自身的抗撞力还高达400MN,其防撞标准非常高,不仅技术上难度大,造价也会十分昂贵。

防撞设施的设计需要根据桥墩的自身抗撞能力、桥墩位置、桥墩外形、水流速度、水位变化情况、通航船舶的类型、碰撞速度等因素进行。对大桥所有桥墩采用防撞设施技术上可行,但经济上无法承受,应针对航道附近容易遭受撞击的桥墩采取防撞保护措施。位于航道中心较近的桥墩,受船舶撞击可能性较大,抗撞要求高。在距各个航道中心线3倍设计船长范围内的主墩、边墩,需要考虑防撞保护问题。

采用桥梁防撞设施的目的,是防止桥梁因船舶撞击力超过桥墩的设计承受能力而损伤或破坏,同时减少撞击船舶的损伤。采用不同形式的防撞设施,可以阻止船舶撞击力传到桥墩,或者通过缓冲消能延长船舶的碰撞时间,减小船舶撞击力,保护桥梁安全。

较大吨位防撞设计一般采用自身抗撞同时适当缓冲消能的方法。仅采用大规模的消能措施对15~30万t级船舶撞击进行消能存在困难,应尽量提高桥墩基础抗撞力,在基础周围安装消能设施,保护桥墩基础与撞击船舶。在具体的设计过程中,需要考虑如下防撞措施:

(1)为了便于安装消能结构,需要对主墩的外形、尺度进行优化。

(2)采用抛砂石护底防撞方案时,需要详细论证:对海床稳定性影响、护底坡度延伸对航道宽度影响、利用河道开挖物填充桥墩周围可能性、升高海床对阻止船舶的实际效果评估等。

(3)人工岛防撞功能可靠,维护费用低,但由于人工岛区域大,建造费用较高,同时由于人工岛对水流的影响需要专门研究。

厄勒海峡大桥主塔基础设计受船舶撞击力控制。在沉箱仓格内填充砂、卵石或压重混凝土,以增加重量,抵抗船舶撞击力。日本明石海峡(Akashi—Kaikyo)大桥和中国东海大桥均采用了防撞消能设施,桥墩按万吨级防撞能力设计。大桥在施工期和建成后需要采取的安全保障措施包括:桥墩防撞措施、配套建设安全保障设施、制定安全管理法规和加强大桥及附近水域的船舶交通管理。由于非通航段桥墩数量多,受违章或其他失控小型船舶撞击的可能性大,故应加强桥区小型船舶通航管理。

2.2.4 结构耐久性

海洋自然环境对跨海大桥工程材料的性能提出了更高的要求,尤其是海洋环境对材料的高腐蚀、高侵害等特性,对大桥工程材料尤其是钢构件部分的耐久性、稳定性提出了更高的标准。因此加强桥梁防腐工作,特别是运营阶段的养护工作是保证大桥良好运营的保障,而要保证像我国东海大桥的耐久性设计100年基准期内良好运营更是要在设计和施工中严格控制。研究海洋条件下结构的耐久性,是大桥建设者面临的又一难题。

结构耐久性关系到桥梁的设计使用寿命,取决于以下3个方面:永久性结构的抗疲劳寿命;永久性结构的抗腐蚀及其保护措施;桥梁养护维修管理。

桥梁结构抗腐蚀措施包括结构性防腐和外层保护防腐两种类型,外层保护防腐又可分为一次性防护和多次性防护。大部分情况下两种类型的防腐措施结合使用,根据结构物设计使用寿命,基础采用一次性防护,上下部构造采用10~30年多次性防护。

1.水中基础钢结构和混凝土结构

水中永久性基础钢结构包括钢管桩、钢沉井、钢壳围堰(兼永久防撞)等,防腐措施有以下几种:采用耐腐蚀钢,喷涂环氧树脂及油漆,外加电流阴极防护以及牺牲阳极防护等。其中,耐腐蚀钢成本较高,但施工简单方便,可靠度较高,目前生产厂家不多;喷涂环氧树脂及油漆成本较低,施工工艺复杂,在施工及运营过程防止不破损难度较大,而一旦破损则局部腐蚀会加剧,从而可靠度降低;阴极保护是一种较长久和可靠的方法,但需要配置一套控制系统,并且连通电源;牺牲阳极工艺最简单,只需要在钢结构上按计算的间距附挂一定体积的锌块即可,而锌块消耗完后需及时更换,在海中不是很方便。

水中混凝土大部分为钢筋混凝土结构,如桩基础、混凝土沉井、地下连续墙、承台等。防护的重点是海水透过混凝土侵蚀到钢筋,钢筋腐蚀后体积变大,胀裂混凝土,进一步腐蚀钢筋直至结构破坏。目前较常用的保护措施有以下几种:采用防渗防裂混凝土;加大保护层厚度;使用环氧涂层钢筋或不锈钢筋;采用外加电流阴极防护法保护钢筋;用防腐涂料涂装混凝土外表面等。以上方法各有利弊,须根据具体情况综合研究设计。对较大面积的混凝土结构,采用阴极防护结合其他一至两种措施效果较好。长期在水下的结构,简单防护即可,但处在水位变动区和浪溅区的混凝土结构,尤其要加强防护。

2. 混凝土下部结构和上部结构

下部结构包括墩、台、柱、系梁等,其底部正好处于水位变动区和浪溅区,必须从混凝土和钢筋两个方面采取措施防护,即在以上 5 种防护方法中组合使用。下部结构处于大气中的部分,基本上采用第 2 种方法,或者第 5 种方法多次防护。

对于混凝土桥梁上部,应首选预应力混凝土结构,以使在任何状态下不出现受力裂缝。为防止表面产生微裂缝,可从混凝土配合比、浇筑工艺、养护措施等方面下功夫。配合桥梁景观设计,采用彩色防腐涂装。

3. 钢塔、钢箱梁、钢构架及缆索等金属构件

钢塔、钢箱梁外部及钢构架一般采用多层油漆系统防护,内部采用抽湿系统控制空气湿度来达到防护的目的。缆索的防护有多种较成熟的方法,包括缠丝、涂装、聚乙烯塑料(PE)护套、抽真空等等。

2.2.5 施工技术

各种陆上施工技术能否适用于跨海大桥的施工,首先要考虑各种施工技术自身的优缺点和适用条件,然后才能结合跨海大桥海洋环境施工的特点,在跨海大桥各个施工区段,因地制宜地选用合理的施工技术。各种施工技术应用于跨海大桥,都需要提高自身的适应能力,包括施工工艺流程的改进、桥梁施工机械的改进以及适应跨海大桥施工的特殊自然条件的改进措施。

超级跨海工程因工程规模大,需要先进的施工方法,化整为零,以争取较快的施工速度。

1. 海上定位及远距离测量

跨海大桥桥区海域宽阔,海洋环境条件复杂多变,大桥施工测量受到的制约因素多,海上桩基定位和跨海长距离高程基准传递的难度大,必须借助目前世界上最先进的测量技术和精密工程测量理论解决以下关键技术:建立独立的大桥测量坐标系统,解决投影变形问题;采用 GPS 定位技术,并结合桥区附近重力资料确定的高精度局部大地水准面进行跨海高程传递;建立 GPS 连续运行多功能网络差分定位系统,满足大桥前期施工和后期变形检测的需要。

2. 材料和设备

海上施工,材料和设备所占的比重远远大于内陆施工。由于恶劣的气候和海洋环境,对材料和设备的性能也提出了更高的要求。除一般建桥材料以外,还需要防锈蚀的镀层钢筋、防渗混凝土、防裂的低水化热水泥以及添加部分合金的耐腐蚀钢材等。海上施工控制的设备主要是大型打桩船、数千吨级的起吊船、陆上和海上大吨位运输设备以及架梁设备。国内现有的此类设备屈指可数,尚需根据具体工程的需要进一步研制、改造或者从国外订购。同时,还需要大量的施工临时及周转设备和材料。

3. 施工方法和工艺

根据以往海上施工经验,在地质条件许可的情况下,一般跨径桥梁的基础多用打入桩。因为打入桩不需要搭设太多的海上施工平台,安全方面较有保障。同时打入桩的功效要比钻孔桩高出几倍,可以大规模制造、运输和施打,但海上大吨位、大限高打桩船的费用昂贵,打桩船的定位和精度控制难度较大。由于海上作业条件限制,施工方案应尽可能采用大规模工厂化、装配化、机械化的方式施工,将大量的复杂的海上作业转移到陆地上完成,以保证工程质量,提高作业效率,降低施工风险。比如预制混凝土套箱、预制安装墩身、主梁海上整体吊装等。国外在地质条件许可的情况下,还大量采用预制沉箱基础。钢管桩打入后,根据地质情况和设计要求,必要时还需运用特定的设备和技术,进行嵌岩处理。

4. 施工组织安排

基础工程可尽量采用打入桩或预制沉箱，上部结构构件及下部结构构件宜采用在工厂集中预制、海上成批吊运安装的方法施工。为减少水上基础数量，跨径应尽量大些。但受吊装能力的制约，在海上整体吊装跨径50～70m的整跨预制箱梁较为经济（吊装吨位在2 100～2 500t之间）。按照国外的做法，如果吊装船机的吨位能够达到6 000t以上，100～150m整跨预制吊装方案也可比选。

预制场规划、大型运输及吊装设备技术要求等问题需尽早解决，包括陆上预制、船坞预制、栈桥、运输航道、距离、预制场规模、生产能力、纵横向移动设备及起吊能力、路面要求、行走速度及码头泊位等。

研究风、浪、流、潮位、气温等条件与不同施工作业的适应性，周密计划和安排施工时段和周期，合理调配机械和劳动力，保证总体工期目标。

5. 用水问题

从国内东海大桥、杭州湾等跨海大桥的施工情况看，架设管道送水、船运水及海水净化等供水方法都有尝试，但成本普遍较大。如果海中钻孔造浆、拌制混凝土、循环冷却等均需淡水，则淡水用量极大。若天气不好时，运输船不能航行或不能靠岸，海中平台或岛上工作人员吃饭喝水都无法保证，施工更无法进行，有时会连续影响很多天，对工人的身体和施工进度均产生严重影响。所以，需要根据具体情况，提前着手综合研究解决。

6. 海上施工安全问题

海上施工不仅受到该地区热带气旋、暴雨、雷击、短时雷雨大风等致灾天气以及复杂多变的水流和潮流的影响，而且还受到周边地区机场航空限高和非常繁忙的海上交通运输的威胁，其复杂的建设环境加之重型、大型构件吊装工作量大，高空和水中作业多，在对大桥结构设计和施工技术提出更高要求的同时，给大桥施工安全管理和工期控制带来许多无法预测的困难。围绕大桥施工安全，在设计思路、施工方法、施工设备以及如何建立一套完善的安全事故防范及应急处理机制等方面，需要深入研究。

2.2.6　环境保护

人类的工程建设在改善环境的同时，也有意无意地在破坏生态环境。

大桥建设对海区水环境的影响主要表现为：桥墩阻水以及桥轴线与水流向之间夹角会影响过流能力，桥址附近水域的潮流流速可能整体减小，导致泄流能力降低，涨潮流量减小，可能对部分水利设施和防洪堤坝产生影响。大桥建设对海区流场的影响可能导致航道的变化（摆动、回淤等）。桥墩及防撞设施增加了阻水面积（可达8%～12%），影响湾口纳潮和输沙能力，可能对周围港口形成淤积。

在跨海工程环境保护方面较为突出的要数连接丹麦和瑞典的厄勒海峡大桥。厄勒海峡大桥工程通过对海峡洋流、地理、环境等因素进行详细的分析，提出了“零点方案”，即对自然环境、山水风景、动植物影响为“零”或接近于“零”。厄勒大桥的咨询设计工作由丹麦和瑞典的COWI、VBB两家公司共同承担。大桥工程经过两国政府的认真论证和调查研究，要求确保大桥不影响进入波罗地海的水流，并要减少对海洋生物的破坏等。

瑞典和丹麦这两个都以最清洁的工业化国家而自傲的国家中，工业界倾向于尽量少冲击环境，公众和政治家都不容许环境受到大桥的冲击。为处理水流，包括盐分和溶解氧的流动并保护地区的水质、植物群、鱼类、鸟类和哺乳动物等，设计人员对桥梁和人工岛的影响进行了精确计算，将因建桥引起的水流阻塞限制在0.05%以内。海底（包括菲令特兰登航槽）的开挖抵消了新建筑所造成的少量阻塞，这种补偿开挖达到了180万m^3。瑞典和丹麦当局也细致地监控了施工时沉淀物的溢出。

我国在跨海大桥环境保护方面也越来越重视，东海大桥立项时就开展了大桥对环境的影响分析，深圳湾大桥也开展了“跨海大桥施工对浅海湾生态环境的影响”的专门研究。

2.2.7　安全运营管理和维护

跨海大桥的建设与其经济价值和社会效益密不可分，保证其安全运营的意义重大，因而各国在跨海大桥的安全管理和维护方面均投入了大量的人力物力。

大桥管理是个庞大的系统工程，建设期间需要将施工组织管理、质量管理、海上船机管理、测量控制管理和工程信息管理等进行综合，运营期间也应考虑交通管理、航行管理、海关、边防管理等多种因素，加上恶劣的海况条件与台汛影响，管理任务异常繁重。构造形式、交通科学化的控制管理系统，安全救灾、避害、排障措施都是跨海大桥重要的组成部分。

我国东海大桥专门开展了针对大桥在运营期间健康状况的“外海跨海大桥健康监测系统开发研究与应用”的专项研究，并以东海大桥为背景，对大桥综合管理系统及大桥健康监测系统关键技术进行了深入研究，保证了东海大桥在运营期间的综合管理、健康监测和维护。

第3章　世界跨海大桥建设概况

3.1　国外跨海大桥综述

3.1.1　已建跨海大桥

为了缓解交通压力，提供更便捷的陆岛间通道，促进经济发展，加强地区、区域甚至国家、洲际间的联系与交流，目前世界各地已建和在建的主要跨海大桥达到了40多座，全长超过220km，跨径从几十公里到几百米不等，桥型有大跨径的悬索桥、斜拉桥，也有连续小跨径的低引桥。表1.3.1.1中列出了世界已建成的主要的跨海桥梁，位置标于图1.3.1.1。

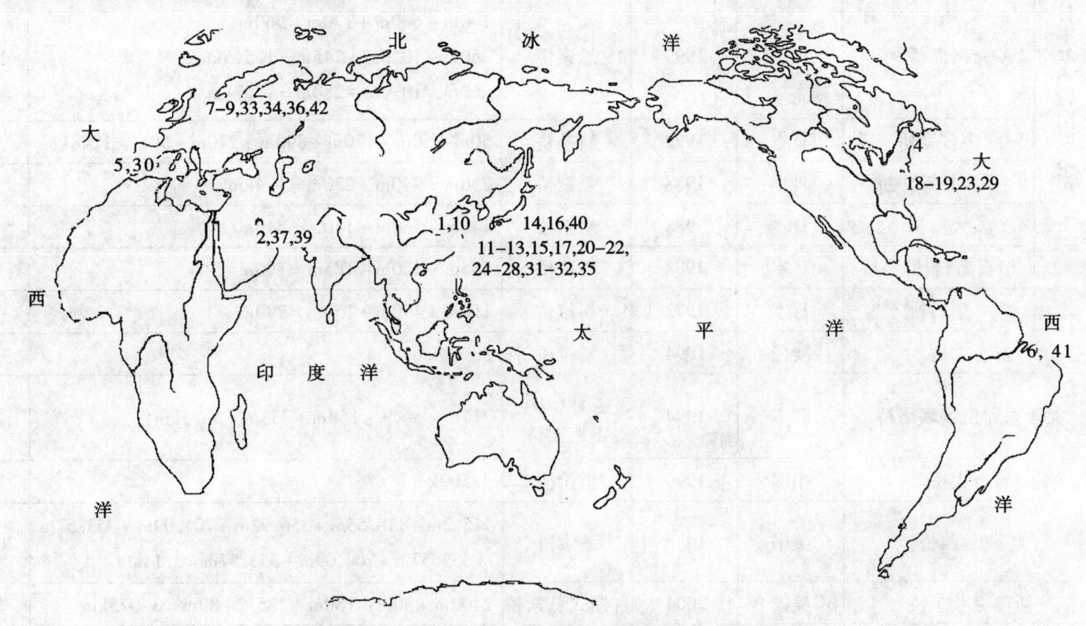

图1.3.1.1　世界跨海桥梁位置示意

已建世界主要跨海大桥　　表1.3.1.1

序号	桥梁名称	国家	建成年代	主桥桥型	跨径布置(全长)	主跨
1	东海大桥	中国	2005	斜拉桥	32.5km	400m
2	法赫德国王大桥	巴林沙特	1986	斜拉桥	2×5194m+2×3334m+2×2034m+2×934m+2×934m=24.86km	150m
3	卢西斯·凯莱姆桥隧工程	美国	1964	低引桥	19.7km	
4	联邦大桥	加拿大	1997	T构	14×93m+165m+43×250m+165m+6×93m=12.93km	250m
5	第二里斯本桥	葡萄牙	1998	斜拉桥	203m+420m+203m+80×80m+130m+84×45m=11.18km	420m
6	马拉开波桥	委内瑞拉	1962	稀索斜拉桥	26×85.0m+2×65.8m+79×46.6m+5×235m+20×36.6+22.6=8.678km	235m

续上表

<table>
<tr><th>序号</th><th colspan="2">桥梁名称</th><th>国家</th><th>建成年代</th><th>主桥桥型</th><th>跨径布置(全长)</th><th>主跨</th></tr>
<tr><td>7</td><td colspan="2">厄勒海峡大桥</td><td>丹麦瑞典</td><td>2000</td><td>公铁两用
斜拉桥</td><td>4×120m+18×140m+141m+160m+490m+160m+141m+24×140m+3×120m=7.845km</td><td>490m</td></tr>
<tr><td>8</td><td colspan="2">大带海峡东桥</td><td>丹麦</td><td>1998</td><td>悬索桥</td><td>7×193m+535m+1624m+535m+12×193m=6.79km</td><td>1 624m</td></tr>
<tr><td>9</td><td colspan="2">大带海峡西桥</td><td>丹麦</td><td>1994</td><td>双箱分离
梁桥</td><td>51×110.4m+12×81.75m=6.6114km</td><td>110.4m</td></tr>
<tr><td>10</td><td colspan="2">海沧大桥</td><td>中国</td><td>1999</td><td>悬索桥</td><td>5.926km</td><td>648m</td></tr>
<tr><td>11</td><td colspan="2">深圳湾公路大桥</td><td>中国</td><td>2006</td><td>斜拉桥</td><td>5.545km</td><td>180m</td></tr>
<tr><td>12</td><td colspan="2">高集海峡大桥</td><td>中国</td><td>1991</td><td>连续箱梁桥</td><td>4.55185km</td><td>45m</td></tr>
<tr><td>13</td><td colspan="2">湛江海湾大桥</td><td>中国</td><td>2006</td><td>斜拉桥</td><td>3.981km</td><td>480m</td></tr>
<tr><td rowspan="8">14</td><td rowspan="8">日本本州四国联络桥</td><td>明石海峡桥</td><td>日本</td><td>1998</td><td>悬索桥</td><td>960m+1990m+962m=3.91km</td><td>1 990m</td></tr>
<tr><td>南、北备赞濑户桥</td><td>日本</td><td>1988</td><td>悬索桥</td><td>274m+990m+274m=1.538km,
274m+1100m+274m=1.648km</td><td>990m,
1 100m</td></tr>
<tr><td>来岛桥</td><td>日本</td><td>1999</td><td>悬索桥</td><td>140m+600m+170m=960m,
250m+1020m+245m=1.515km,
260m+1030m+280m=1.57km</td><td>1 030m</td></tr>
<tr><td>多多罗桥</td><td>日本</td><td>1999</td><td>斜拉桥</td><td>50m+50m+170m+890m+270m+50m=1.48km</td><td>890m</td></tr>
<tr><td>下津井濑户桥</td><td>日本</td><td>1988</td><td>悬索桥</td><td>230m+940m+230m=1.4km</td><td>940m</td></tr>
<tr><td>大岛桥</td><td>日本</td><td>1988</td><td>悬索桥</td><td>140m+560m+140m=840m</td><td>560m</td></tr>
<tr><td>柜石岛、岩黑岛桥</td><td>日本</td><td>1988</td><td>斜拉桥</td><td>185m+420m+185m=790m</td><td>420m</td></tr>
<tr><td>生口桥</td><td>日本</td><td>1992</td><td>斜拉桥</td><td>150m+490m+150m=790m</td><td>490m</td></tr>
<tr><td>15</td><td colspan="2">友谊大桥</td><td>澳门</td><td>1994</td><td>斜拉桥</td><td>3.900km</td><td></td></tr>
<tr><td>16</td><td colspan="2">关西国际机场联络桥</td><td>日本</td><td>1994</td><td>公铁两用
钢桁架桥</td><td>317m+6×3×150m+733m=3.75km</td><td>150m</td></tr>
<tr><td>17</td><td colspan="2">岩石大桥</td><td>中国</td><td>1999</td><td>斜拉桥</td><td>3.500km</td><td>518m</td></tr>
<tr><td>18</td><td colspan="2">奥克兰西桥</td><td>美国</td><td>1936</td><td>悬索桥</td><td>115.2m+118.55m+356.92m+704.09m+353.57m+353.57m+704.09m+353.57m=3.14km</td><td>704.09m</td></tr>
<tr><td>19</td><td colspan="2">新奥克兰东桥</td><td>美国</td><td>2004</td><td>自锚式悬索桥</td><td>2400m+30m+180m+385m+80m=3.075km</td><td>385m</td></tr>
<tr><td>20</td><td colspan="2">女姑山大桥</td><td>中国</td><td>1995</td><td>连续箱梁桥</td><td>3.06km</td><td>50m</td></tr>
<tr><td>21</td><td colspan="2">镇海湾大桥</td><td>中国</td><td>2002</td><td>连续刚构桥</td><td>2.896km</td><td>190m</td></tr>
<tr><td>22</td><td colspan="2">铁山港大桥</td><td>中国</td><td>2001</td><td>梁桥</td><td>2.89802km</td><td>50m</td></tr>
<tr><td>23</td><td colspan="2">金门桥</td><td>美国</td><td>1937</td><td>悬索桥</td><td>2.78km</td><td>1 280m</td></tr>
<tr><td>24</td><td colspan="2">朱家尖海峡大桥</td><td>中国</td><td>1999</td><td>连续刚构桥</td><td>2.706km</td><td>138m</td></tr>
<tr><td>25</td><td colspan="2">海口世纪大桥</td><td>中国</td><td>2003</td><td>斜拉桥</td><td>2.663606km</td><td>340m</td></tr>
<tr><td>26</td><td colspan="2">澳凼大桥</td><td>澳门</td><td>1974</td><td>梁桥</td><td>2.5698km</td><td>73m</td></tr>
<tr><td>27</td><td colspan="2">汕头海湾大桥</td><td>中国</td><td>1995</td><td>悬索桥</td><td>2.500km</td><td>452m</td></tr>
<tr><td>28</td><td colspan="2">青马大桥</td><td>香港</td><td>1997</td><td>公铁两用
悬索桥</td><td>455m+1377m+300m=2.16km</td><td>1 377m</td></tr>
<tr><td>29</td><td colspan="2">韦拉札诺海峡大桥</td><td>美国</td><td>1964</td><td>悬索桥</td><td>370.33m+1298.45m+370.33m=2.04km</td><td>1 298.45m</td></tr>
<tr><td>30</td><td colspan="2">里斯本4月25日桥</td><td>葡萄牙</td><td>1966
(1999扩)</td><td>公铁两用
悬索桥</td><td>483.42m+1012.88m+483.42m=1.98km</td><td>1 012.88m</td></tr>
</table>

续上表

序号	桥梁名称	国家	建成年代	主桥桥型	跨径布置(全长)	主跨
31	汀九桥	香港	1998	三塔式斜拉桥	698m + 127m + 448m + 475m + 127m = 1.875km	475m
32	西湾大桥	澳门	2005	斜拉桥	1.825km	180m
33	霍加柯斯顿桥	瑞典	1997	连续悬索桥	310m + 1210m + 280m = 1.8km	1 210m
34	小带海峡二桥	丹麦	1970	悬索桥	1.7km	600m
35	莲花大桥	中国	1999	刚构桥	1.667k m	96m
36	沙霍斯海峡北霍特岛桥	挪威	1994	低浮桥 + 斜拉桥	1246m + 163m + 190m = 1.599km	163m
37	伊斯坦布尔桥(博斯普鲁斯海峡一桥)	土耳其	1973	悬索桥	231m + 1074m + 255m = 1.56km	1 074m
38	悉尼港桥	澳大利亚	1932	公铁两用双铰桁架拱桥	1.1491km	503m
39	曼墨脱桥(博斯普鲁斯海峡二桥)	土耳其	1988	悬索桥	1.09km	1 090m
40	关门海峡大桥	日本	1973	悬索桥	178m + 712m + 178m = 1.068km	712m
41	里约—尼泰罗伊桥	巴西	1957	连续箱梁	848m	300m
42	小带海峡一桥	丹麦	1935	公铁两用钢桁梁桥	825m	220m

根据世界跨海桥梁建成年代,可以分类汇总得出直方图,见图1.3.1.2。

20世纪30年代建成了几座比较有名的、桥型样式经典、跨径并不太大的跨海桥梁,包括澳大利亚的悉尼港桥(1932年)、丹麦的小带海峡一桥(1935年)、美国的奥克兰西桥(1936年)和金门桥(1937年)等。

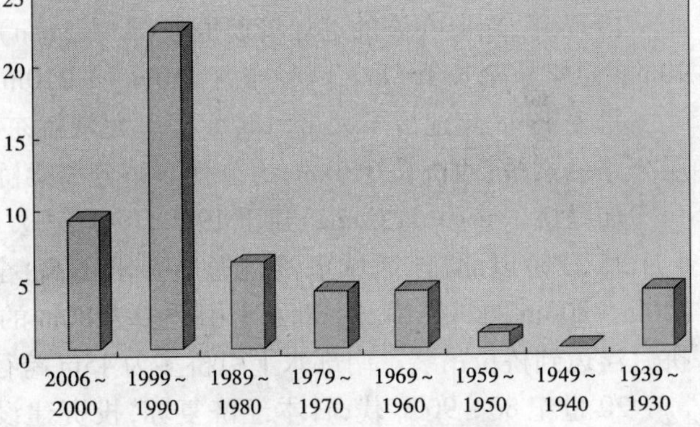

图1.3.1.2　世界跨海桥梁建设年代分类汇总

澳大利亚海岸线长达20 000km,沿海分布有很多的世界知名港口。悉尼港桥(Sydney Harbor Bridge)就位于悉尼港,桥型为双铰中承式钢桁架拱,建于1924~1932年。全长1 149.1m,主跨503m。桥面总宽48.8m,沿桥中线设17.4m宽的公路车道,每拱肋的两侧各设一条有轨电车线(全桥共4条,1959年有两条改为公路车道),另布置有两条人行道。主桥两端各设桥头堡和5跨钢梁引桥。拱桥采用悬拼法架设,不设临时塔架,锚索直接扣系在拱的上弦端点,直至拱合拢后拆除。

美国加利福尼亚州北部的金门桥跨越金门海峡,连接旧金山市和马林县。1933年开始动工,1937年建成通车,总工程师是约瑟夫·施特劳斯。金门桥长2 780m,主桥跨径布置343.9m + 1 280.2m + 343.9m,加劲梁高7.6m,车道宽18m,两边各设3.3m的人行道,桥塔高228m。建成后在近三十年时间里一直是世界最长的悬索桥。

即使到现在,悉尼港桥和金门桥仍旧为城市的标志性建筑,成为桥梁建设者心中的常青藤。受第一、二次世界大战的影响,世界跨海桥梁建设在上个世纪四五十年代几乎处于停顿阶段,很多本来已经处于工程可行性研究、甚至处于建设阶段的跨海桥梁都被迫中断。

从图1.3.1.2可见,20世纪60~80年代为跨海桥梁建设的起步阶段。

1962年建成的马拉开波桥位于委内瑞拉,跨马拉开波湖,是世界第一座公路预应力混凝土斜拉桥,由意大利R·莫兰第设计。全长8.7km,5个通航跨跨度为235m,结构为预应力混凝土斜拉悬臂加挂梁;主桥墩支承一连续的预应力混凝土梁,梁两端悬臂伸出墩外,其伸出端部以斜拉索系于A形塔架顶部,组成一组独立的悬臂结构;两组悬臂端之间搁挂梁联成整体。

韦拉札诺海峡大桥(Verrazano Suspension Bridge)连接美国纽约布鲁克林与斯塔顿岛,为纪念意大利探险家韦拉札诺建造,由奥斯马·阿曼设计,建于1964年。桥梁全长2 039.11m,主跨1 298.45m,当时打破了金门桥的记录,并保持世界最大跨度记录16年,直到1980年才被英国主跨1 410m的恒伯桥超过。

1970年,丹麦建成的小带海峡二桥为总长1 700m、主跨600m的悬索桥,该桥加劲梁采用了流线型钢箱梁,其更佳的风动性能使悬索桥在跨径上有了更大的突破空间,这标志着从此西欧的悬索桥技术摆脱了美国式的桁式加劲梁。

东欧和西亚间以黑海为界,土耳其西部跨欧亚两洲,黑海经伊斯坦布尔Istanbul海峡(即博斯普鲁斯Bosporous海峡)入马尔马拉海,经过达达尼尔海峡,流入地中海的希腊爱琴(Aegean)海。故土耳其政府很早就计划在两个海峡上建跨海大桥,解决国内或者说是洲际间的陆路交通问题。1973年建成了第一座跨博斯普鲁斯海峡的伊斯坦布尔桥。十年后,受日渐增长的海峡交通量影响,增建了博斯普鲁斯二桥,称为曼墨脱桥。现在达达尼尔海峡开始成为土耳其政府关注的焦点。

位于波斯湾上的巴林和沙特阿拉伯之间的法赫德国王跨海大桥建于1986年,全长25km,很长一段时间以来在跨海大桥中保持着长度世界第一的记录,直到2005年被中国东海大桥32.5km的长度打破。

经过20世纪60~80年代的跨海桥梁建设的经验积累,悬索桥和斜拉桥技术不断完善,并且世界经济逐步走出了低迷,计算机技术高速发展,桥梁设计计算能力得到了很大程度的提高,建设大型的跨海桥梁成为可能,这样也就出现了上个世纪90年代跨海桥梁建设的黄金时期,此10年间建成的跨海桥梁数量超过了之前60年的总和。

1997年,瑞典在波的尼亚湾翁厄曼(Angerman)河入海口建设了霍加柯斯顿桥,该桥桥位处水深达90m。悬索桥全长1.8km,跨径布置310m+1 210m+280m。

丹麦1998年建成了大带海峡大桥。大带桥东桥全长6.79km,主桥为535m+1 624m+535m的单层公路悬索桥;西桥长6.6km,为公铁双箱分离梁桥。

加马桥(Vasco da Gama)建于1998年,为纪念15世纪葡萄牙航海家、探险家加马而取名,该桥位于4月25日桥以北,该区域水浅且通航要求不高,全长18km,水上部分桥长约12km。主桥为203m+420m+203m的斜拉桥。中部水上引桥多为80m的预制预应力混凝土箱梁桥,每跨梁分8节段,岸上组拼后浮运到桥位吊装。南部水上引桥多为45m跨径的预应力混凝土箱梁桥,采用移动支架法架设。

20世纪80~90年代,日本经济复苏,投资建设了一系列的跨海工程,已基本将各主要岛屿连接。其中比较大的跨海桥梁工程有濑户内海本四联络桥和关西国际机场联络桥等。本四联络桥把本州与四国连结起来,跨海距离一共9.6km,一系列桥梁中包括较为有名的明石海峡桥和多多罗桥等。位于大阪湾东南的关西国际机场联络桥为公铁两用桥,全长3.75km,主桥为6联3跨连续桥跨为150m的钢桁架桥,上层为6车道公路,下层为双线铁路。

联邦大桥位于加拿大,总长12.9km,是世界上最长的穿过冰覆盖水域的桥,1997年通车。

2000年,丹麦和瑞典政府共同建设了厄勒海峡大桥,该桥全长7.845km,主桥为141m+160m+490m+160m+141m的公铁两用斜拉桥。

1989年美国旧金山发生洛马·普里埃塔地震,奥克兰东桥震坏后,政府经多方讨论后,于2004年建成了新奥克兰东桥。

中国经济的持续稳定快速发展,使得中国的跨海桥梁建设正异军突起,成为跨海桥梁建设中最亮的新星。

上海东海大桥于2005年5月25日全线贯通,它是中国第一座真正意义上的跨海大桥,也是当时世界上最长的跨海大桥。大桥全长32.5km，起始于上海南汇区芦潮港，北与沪芦高速公路相连，南跨杭州湾北部海域，直达浙江省嵊泗县崎岖列岛的小洋山岛。中国其他跨海桥梁的建设在后面章节中有更为详细的介绍。

3.1.2 主要拟建跨海大桥

随着世界经济的发展，桥梁建筑技术的不断提高，原来许多跨海洋（峡）的人类梦想的实现开始逐步提上日程，下面列出了几个主要拟建的跨海桥梁工程，其中一些已经进入开工准备阶段，有一些还处在概念设计阶段，但只要等到时机成熟，这些工程的建设将不再遥远。而其中位于中国的几座跨海大桥建设规划将在下节中阐述。

1. 墨西拿海峡大桥

意大利本土和西西里岛间隔着墨西拿海峡，自20世纪20年代开始，酷爱足球运动的意大利人就开始梦想着在皮靴形的本土与足球状的西西里岛间造桥将其连为一体。目前，墨西拿海峡大桥已经完成了初步设计，处于开工建设阶段，后面章节有较为详细的描述。

2. 第二英法跨越工程

1994年英法海底隧道建成通车，极大地便捷了英国和欧洲大陆之间的联系，之后不久，第二英法海峡跨越工程就开始被提上日程，初步拟定的方案基本和现有工程并驾齐驱。第二英法海峡跨越方案除了隧道外，还包括Brown Beech B公司提出的四联各四跨连续悬索桥方案，跨径布置为$4\times(1\ 250m+2\times2\ 500m+1\ 250m)=30km$，桥塔高350m。

3. 费马恩海峡大桥

厄勒海峡大桥建成后，西欧到北欧的陆上通道就全线贯通了，驱车可以从日德兰半岛，经小带海峡大桥、大带海峡大桥、厄勒海峡大桥到达北欧。但从德国到北欧，最便捷的还是从德国费马恩岛跨越费马恩海峡（Fehmarn Belt）到丹麦，然后接厄勒海峡大桥去瑞典，见图1.3.1.3。跨费马恩海峡工程自1993年就有设想，1998年的桥梁方案采用双层结合梁，上层四车道公路和下层双轨铁路，全长19km。桥梁包括悬索桥和斜拉桥两种方案，其中悬索桥方案主跨1 752m，5跨连续，混凝土塔高285m；斜拉桥方案主跨$3\times724m$，A形塔，塔高281m。目前德国交通部门与丹麦交通部门签订协议，计划投资56亿欧元，修建连接德国费马恩岛普特加登（Puttgarden）和丹麦勒兹比（Rodby）的费马恩海峡公铁两用大桥。大桥计划2011年动工，2018年完工。

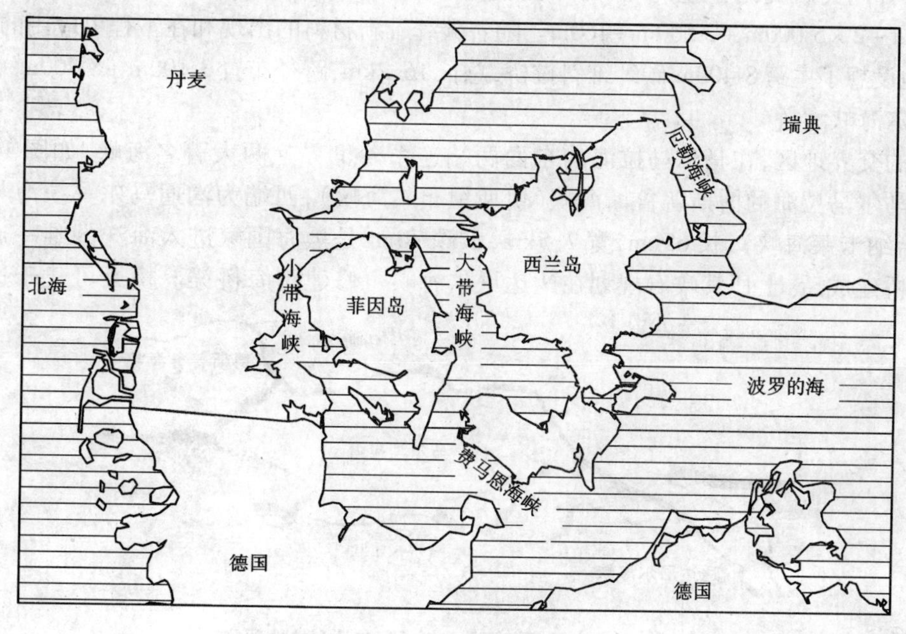

图1.3.1.3　费马恩海峡地理位置

4. 直布罗陀海峡大桥

欧洲和非洲隔地中海南北相望,陆路只有四五处地方有轮渡联系。直布罗陀海峡(Gibraltar Strait)位于地中海入大西洋口,连接欧洲西班牙和非洲摩洛哥,如图1.3.1.4所示,一直以来就是建设欧洲和非洲通道的关注重点。早在19世纪末,两国政府就对此通道有过设想。1979年,两国开始合作进行可行性研究,1983年该项目得到了联合国的支持。研究表明如果建成直布罗陀海峡跨海工程,欧洲和非洲之间的陆上交通流量将绝大部分吸引到此。

直布罗陀海峡东西长87km,南北宽14~40km,西部最大水深324m,东部最大水深963m,地形非常复杂。较好的跨海桥梁线位有两条:自西班牙的帕洛马角(Punta Paloma)到摩洛哥的马拉巴塔角(Ras Malabata),长26km,最大水深300m,是海峡中的最"浅"处,称为P—M线;从西班牙的肯拿莱斯角(Pointe Cannales)到摩洛哥的锡尔莱斯角(Ras Circles),海峡宽14km,最大水深950m,称为C—C线。

桥梁方案现仍处于概念设计阶段,因海峡水深较大,海底有断层,且位于地震活动区,为尽量减少桥墩数量,桥梁方案基本采用跨越能力强的悬索桥。P—M线方案中,1983年曾提出主跨2 000m的悬索桥,总长28.25km,跨径布置12×200m+800m+11×2 000m+800m+2 250m;之后1995年,COWI公司提出了主跨3 550m的悬索桥,跨径布置7 800m+1 500m+3×3 550m+1 500m+6 550m。

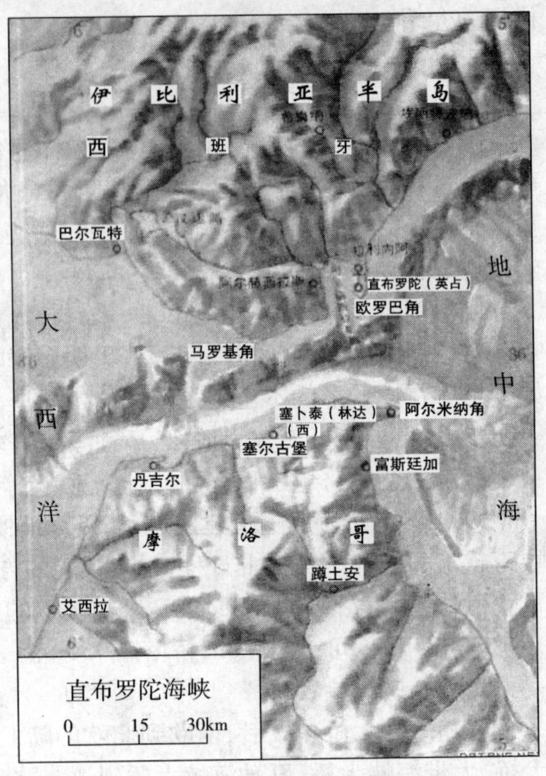

图1.3.1.4 直布罗陀海峡地理位置

概念设计方案重点集中在C—C线,因为该线位总长相对P—M线较短,虽水深较深,但海峡中有深445m的礁脊可利用来修建桥墩,工程师们可以在跨度上有很大的想象空间来挑战极限。1983年,Henri Bachelart提出了主跨4 200m的悬索桥,总长14.4km,跨径布置900m+2 100m+2×4 200m+2 100m+900m。第二年,林同炎就提出了主跨5 000m的混合型双悬臂悬索桥,总长17.16km,跨径布置650m+1 350m+2 500m+2×5 000m+2 500m+160m。随着碳纤维新材料的出现和在工程界应用的发展,1987年U. Meier大胆地设想了主跨8 400m碳纤维斜拉桥,总长16.2km,跨径布置3 100m+8 400m+4 700m。

5. 达达尼尔海峡大桥

欧亚大陆的交界地区,在马尔马拉海的东西两端连系着世界上两大著名海峡,如图1.3.1.5,东端为沟通黑海与马尔马拉海的博斯普鲁斯海峡(伊斯坦布尔海峡),西端为沟通马尔马拉海与爱琴海的达达尼尔海峡(恰纳卡莱海峡),长65km,宽7.5km,水深70m,是黑海国家进入海洋的唯一通道。博斯普鲁斯一桥和二桥建成后,土耳其政府规划在达达尼尔海峡也修建跨海桥梁。桥梁可建于达达尼尔海峡

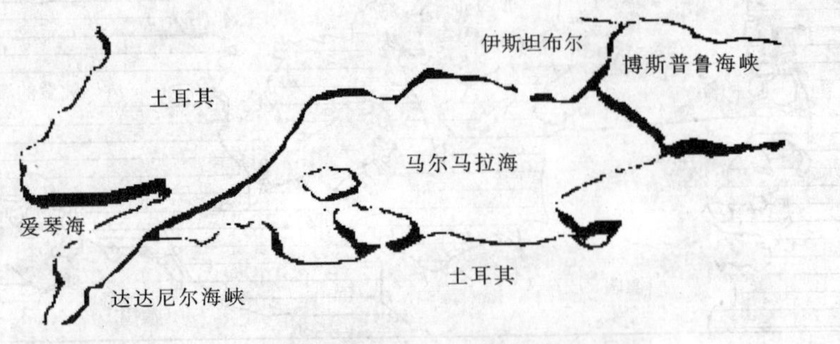

图1.3.1.5 达达尼尔海峡与博斯普鲁斯海峡地理位置

最窄处的克城(Kilitbahir)和坎城(Canakkale)之间。英国 B. B. 公司提出主跨 1 440m 的悬索桥方案,水中无墩,跨径布置为 378m + 1 440m + 378m + 600m。

6. 苏拉马都大桥

苏拉马都大桥(Suramadu Bridge)跨印度尼西亚东爪哇省马都拉海峡(Madura Strait),大桥总长 5.438km,桥宽 30m,双向四车道。主桥为三跨全漂浮体系双塔双索面结合梁斜拉桥,长度 818m、主跨 434m,主塔高 141.33m。主引桥由中国承包商联营体设计、施工总承包,预计 2008 年 10 月完工。

苏拉马都大桥是印度尼西亚经济最发达的爪哇岛连接资源丰富但经济基础薄弱的马都拉岛的第一座跨海大桥,也是印度尼西亚乃至东南亚地区最大的跨海大桥。泗水和马都拉只有 5km 之遥,但是两岸的人民长久以来只靠渡船进行有限的联系和交往,严重制约了彼此经济和社会的发展。20 世纪 90 年代初,印度尼西亚有关方面和日本专家曾就建设苏拉马都大桥进行过可行性研究,但迟迟未能落实。中国交通建设集团与印尼公共工程部 2004 年 9 月签订了以单价计量为基础的设计、施工总承包合同,承建这个具有重大政治和经济意义的标志性工程。

7. 津轻海峡大桥

日本本州和北海道之间跨津轻海峡现在主要靠青函隧道相连,1994 年日本规划的 21 世纪道桥系统中包括位于青函隧道之东的津轻海峡公路桥,该桥位于津轻海峡最窄处,海峡宽约 19km,最大水深约 280m。跨海大桥方案以多跨连续大跨径悬索桥为主,在明石海峡桥的基础上发展而来。

8. 宗谷海峡,拉彼鲁兹海峡大桥

1994 年,日本珠罗货运公司和俄罗斯铁道部设想从日本北部通过俄罗斯库页岛和亚洲大陆相连,具体从日本北海道北端的稚内东北的宗谷角,过 42km 宽的宗谷海峡、拉彼鲁兹海峡,至俄罗斯库页岛的大利尼亚建造跨海工程,再北上至普其贝,跨鞑靼海峡 7km 最窄处到亚洲大陆的庙街,连俄罗斯的亚洲交通网。

9. 白令海峡大桥

亚洲和美洲之间隔着白令海峡,从世界地图上看,跨越白令海峡,就可以连通除了南极洲和大洋洲以外的绝大部分的陆上交通。白令海峡最窄处宽约 73km,海峡正中有大、小达奥曼岛,两岛中间为美俄国界线,小达奥曼岛距离美国西麦突半岛约 35.4km,而大达奥曼岛距离俄罗斯楚科奇半岛也约 35.4km。海峡处最大水深约 54m。

早在 1894 年就有专家提出跨越白令海峡的建议,之后一直有隧道、桥梁,甚至水坝的方案提出。1958 年,林同炎教授等提出建造白令海峡大桥以促进美国和前苏联的交往。十年后,林同炎等组织了洲际和平桥有限公司,并对白令海峡大桥梁方案作概念设计和造价评估。

3.2　中国跨海大桥综述

中国位于亚洲东部、太平洋西岸,陆地面积约 960 万 km^2,大陆海岸线绵延长约 18 000km,沿海有许多优良港湾。有长江、黄河、钱塘江和珠江等大河直接入海,形成入海口经济较为发达的三角洲区域。岛屿大约有 5 000 多个,绝大部分分布在长江口以南的海域。最大的岛屿是台湾岛,第二大岛是海南岛。最大的群岛是位于浙江省东面海域的舟山群岛,南海有四个群岛,即东沙群岛、西沙群岛、中沙群岛、南沙群岛。辽东半岛是中国最大的半岛,山东半岛是中国第二大半岛。濒临的海洋从南到北依次为渤海、黄海、东海、南海,其中山东半岛与辽东半岛之间的渤海是中国的内海。台湾海峡位于福建省与台湾省之间,从南到北连接着南海和东海,是称为"海上走廊"的中国海上运输重要通道。

1842 年鸦片战争后,中英签订不平等条约,中国开始沦为半殖民地半封建社会。自此帝国主义就开始了逐一瓜分蚕食中国领土主权的侵略行为,重点集中在视为国家经济命脉的黄金沿海临江等门户区域。首先是香港岛被割让给英国,之后台湾、澎湖列岛、辽东半岛割让给日本,为平息其他侵略者的不满,清政府又被迫分别"租借"胶州湾、旅顺和大连、广州湾、九龙半岛等区域给德、俄、法、英等国,葡萄牙也得以在澳门永驻,山东半岛、广东、长江流域和福建等沿海临江区域在瓜分中国的狂潮中基本都沦为帝国主义的势力范围。抗日战争期间,半壁江山易色。第二次世界大战结束后,被日本统治50年之久的台湾终于收回,国土得以光复。

而今海南已独立建省,1995年和1999年香港和澳门也相继回归中国,台湾和祖国大陆统一的局面也将不再遥远。在改革开放的政策和建设"和谐社会"的理念指引下,中国经济建设正持续、稳定、高速地发展。沿海城市的开发和开放,迫切需要建设能解决高速交通联系的公路铁路道路网,而如今我们已有足够的经济和技术能力来建设跨海桥梁,面对世界桥梁发展的总趋势,中国陆岛之间和海湾江河入海口的跨海桥梁工程也开始蓬勃发展。

1989年唐寰澄先生提出"国家重点科技研究项目(交通部分)跨海交通工程研究"的建议。建议中认为城市、公路、铁路(交通)要作统一长远的规划,并提出了一张中国沿海高速公路及铁路的规划图。该规划北起东北沈阳,经旅顺过渤海海峡到山东蓬莱;沿海南下,过长江口,钱塘江口,于福州过台湾海峡横连台湾的新竹;至厦门再横连金门,跨台湾海峡到澎湖列岛,至台湾嘉义;自厦门南下跨珠江三角洲至湛江转南到雷州半岛徐闻,跨琼州海峡连海南岛路网到三亚。

1992年原交通部正式提出了"五纵七横"国道主干线规划,总长约3.5万km,经过十几年的建设,目前已全部开通。沿海纵线北起黑龙江的同江,可以与俄罗斯道路网连通,南至海南岛的三亚;跨渤海湾处先从大连建铁路轮渡至烟台;琼州海峡亦先以"铁路通道"即铁路轮渡连通;自同亚国道主干线经过福州,横跨台湾海峡到台湾省台北。

2005年1月原交通部公布了国家高速公路网,采用放射线与纵横网格相结合的布局方案,由7条首都放射线、9条南北纵线和18条东西横线组成,简称为"7918"网,总长8.5万km,预计30年建成。其规划的北京到台北的首都放射线在"三通"后必将采用跨海桥梁或隧道的方式连接台湾公路网。沿海纵线北起辽宁沈阳,经大连跨渤海海峡到烟台,沿东部海岸城市南下,在海安跨琼州海峡到海口接海南地区环线。另外国家高速公路网还包括珠三角环线和杭州湾环线等沿海地区环线。

中国特别是沿海地区的经济快速发展,需要快速公路或铁路交通作支撑,而跨越海峡甚至海洋建设跨海桥梁,可以大幅度地提高陆陆间、陆岛间或岛屿间的交通能力,可以提高沿海港口城市的国际竞争力,可以带动一大批因交通问题而经济发展滞后的半岛及海岛地区的发展。可见中国的跨海桥梁,在沿海公路建设中占据着举足轻重的位置。由此沿海已经建设了一大批跨海桥梁工程,工程项目从最早的几百米到如今的几十公里,为今后中国远景规划建设的三大海峡跨海工程积累经验。

3.2.1 中国已建和在建跨海大桥

我国已建和在建跨海桥梁工程见图1.3.2.1和表1.3.2.1。

中国已建及在建跨海大桥　　表1.3.2.1

<table>
<tr><th>序号</th><th colspan="2">桥梁名称</th><th>年　代</th><th>桥　型</th><th>跨径或全长</th><th>主跨</th></tr>
<tr><td>①</td><td colspan="2">浙江宁波杭州湾大桥</td><td>2008</td><td>斜拉桥</td><td>36km</td><td>350m</td></tr>
<tr><td>[1]</td><td colspan="2">山东青岛跨海大桥</td><td>在建</td><td>自锚式悬索桥</td><td>35.4km</td><td></td></tr>
<tr><td>②</td><td colspan="2">上海东海大桥</td><td>2005</td><td>斜拉桥</td><td>32.5km</td><td>400m</td></tr>
<tr><td>[2]</td><td rowspan="5">浙江舟山大陆连岛工程</td><td>金塘大桥</td><td>在建</td><td>斜拉桥</td><td>18.27km</td><td>620m</td></tr>
<tr><td>[3]</td><td>西堠门大桥</td><td>在建</td><td>悬索桥</td><td>485m + 1650m + 578m = 2.713km</td><td>1650m</td></tr>
<tr><td>③</td><td>桃夭门大桥</td><td>2006</td><td>斜拉桥</td><td>48m + 48m + 50m + 580m + 50m + 48m + 48m = 872m</td><td>580m</td></tr>
<tr><td>④</td><td>响礁门大桥</td><td>2006</td><td>连续箱梁桥</td><td>50m + 80m + 150m + 80m + 11 × 50m = 910m</td><td>150m</td></tr>
<tr><td>⑤</td><td>岑港大桥</td><td>2006</td><td>连续T梁桥</td><td>793m</td><td>50m</td></tr>
</table>

续上表

序号	桥梁名称	年代	桥型	跨径或全长	主跨
4	福建厦漳跨海大桥	在建	连续刚构桥	12.3km	270m
⑥	福建厦门杏林大桥	2008	梁桥	8.53km	50m
⑦	福建厦门集美大桥	2008	梁桥	8.432km	100m
⑧	福建厦门海沧大桥	1999	悬索桥	5.926km	648m
⑨	广东深圳湾公路大桥	2006	斜拉桥	5.545km	180m
⑩	福建厦门高集海峡大桥	1991	连续箱梁桥	4.55185km	45m
⑪	广东湛江海湾大桥	2006	斜拉桥	3.981km	480m
⑫	澳门友谊大桥	1994	斜拉桥	3.900km	100m
⑬	广东汕头岩石大桥	1999	斜拉桥	3.500km	518m
5	山东即墨海阳跨海大桥	在建	斜拉桥	3.3km	376m
⑭	山东青岛女姑山大桥	1995	连续箱梁桥	3.06km	50m
⑮	广东台山镇海湾大桥	2002	连续刚构桥	2.896km	190m
⑯	广西北海铁山港大桥	2001	梁桥	2.89802km	50m
⑰	浙江舟山朱家尖海峡大桥	1999	连续刚构桥	2.706km	138m
⑱	海南海口世纪大桥	2003	斜拉桥	2.663606km	340m
⑲	澳门澳凼大桥	1974	梁桥	2.5698km	73m
⑳	广东汕头海湾大桥	1995	悬索桥	2.500km	452m
㉑	台湾澎湖跨海大桥	1970(1996扩)	梁桥	2.494km	50m
㉒	香港青马大桥	1997	公铁两用悬索桥	455m+1377m+300m=2.16km	1377m
6	山东威海长会口大桥	在建	斜拉桥	2.02km	230m
㉓	香港汀九桥	1998	三塔式斜拉桥	698m + 127m + 448m + 475m + 127m =1.875km	475m
㉔	澳门西湾大桥	2005	斜拉桥	1.825km	180m
7	台湾澎湖望安将军跨海大桥	在建		1.755km	
㉕	广东澳门莲花大桥	1999	刚构桥	1.667km	96m
8	香港昂船洲大桥	在建	斜拉桥	1.6km	1018m
㉖	广西防城港市西湾跨海大桥	2003	梁桥	1.570km	50m
㉗	广东珠海淇澳大桥	2000	斜拉桥	1.267km	320m
㉘	辽宁大连普兰店海湾大桥	1990	鱼腹式梁桥	1.206km	50m
㉙	福建福宁下白石大桥	2003	四跨连续刚构桥	999.6m	260m
㉚	香港汲水门大桥	1997	公铁两用斜拉桥	80m+80m+430m+80m+80m=750m	430m
㉛	香港青衣大桥	1974	梁桥	610m	50m
㉜	广西钦州港金鼓江跨海大桥	2005	梁桥	603m	50m
㉝	香港青荃桥	1987	梁桥	280m	80m
㉞	长青桥(又称蓝巴勒海峡大桥)	1996	梁桥	500m	50m
㉟	辽宁大连北大桥	1987	悬索桥	228m	132m
㊱	浙江宁波大榭岛跨海大桥	1990	公铁两用刚构桥	418.8m	170m

我国较早的跨海工程建设是在香港和澳门。

澳门由澳门半岛、凼仔岛、路环岛组成,澳凼大桥是澳门半岛与凼仔岛间第一座跨海大桥,由葡萄牙桥梁专家贾多素设计。1970年6月动工,1974年10月5日正式通车。大桥全长2 569.8m,主跨73m,

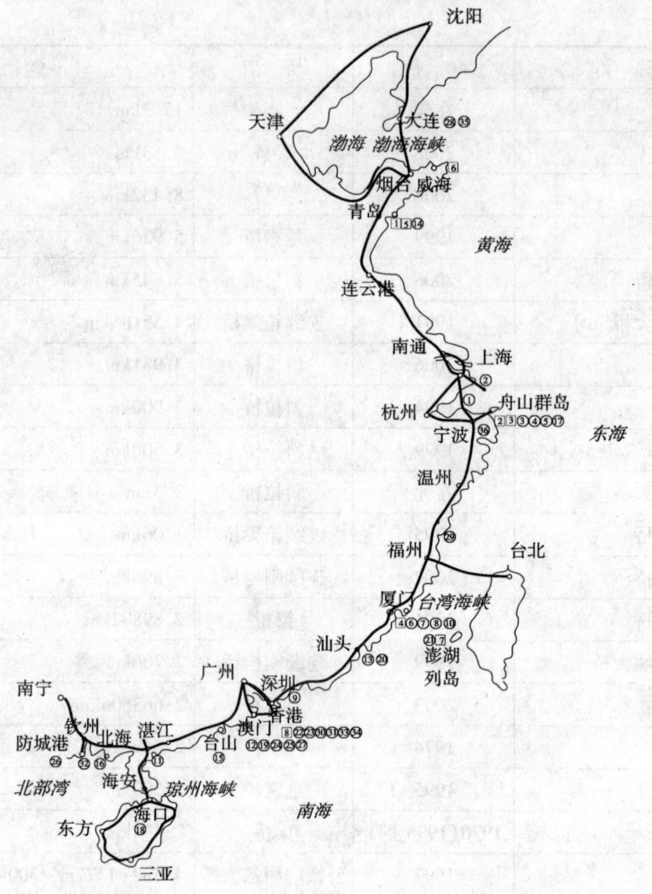

图 1.3.2.1　中国跨海桥梁分布

桥面宽 9.2m，双向两车道，两侧 0.8m 人行道。大桥造型独特，富有节奏感，为澳门八景之一。20 年后，澳门第二座跨海大桥友谊大桥建成，该桥 1994 年通车，全长 3 900m。

澳门和珠海之间的莲花大桥东起澳门路凼填海区，西至珠海的横琴岛，跨越十字门水道，是 105 国道延伸至澳门的一座重要公路桥梁，也是大陆进入澳门的第二通道。由中葡两国政府共同商定兴建，大桥 1999 年 11 月底建成。

澳门特别行政区政府回归以来，公开向国际招标建设的规模最大的公共工程即澳门西湾大桥。该桥北起澳门岸融和门，坐落于澳门西湾湖畔，南接凼仔岛，是连接澳门半岛与凼仔岛之间的第三座跨海大桥。大桥全长 1 825m，共 5 联，其中主桥为 110m + 180m + 110m 的竖琴式双塔预应力混凝土斜拉桥，主塔采用 M 形钢筋混凝土结构，是世界上首座上下两层行车的混凝土斜拉桥。大桥上层通行双向六车道，下层远期规划双向两线轻轨和汽车道，遇台风等紧急情况时，上层交通关闭，启用下层交通。2002 年 10 月开工，2005 年 1 月通车。

香港位于广东南端，珠江出口之东，西邻澳门，北接深圳经济特区，全境包括香港本岛、九龙半岛南端及昂船洲、新界与大屿山等岛屿。北岸与九龙半岛相对，中间为维多利亚港，是世界三个最优良天然港口之一。港口有三个出入口：东边入港水道鲤鱼门，西边入港水道琉璜海峡，西北边入港水道为汲水门。本港的海域面阔水深，群山屏障，一直以来既是国际航运的主要通道，又是世界上最繁忙的港口之一。

20 世纪 70 年代起，青衣开始发展，香港政府决定兴建青衣大桥。青衣大桥（又称青衣南桥）于 1974 年 2 月 28 日落成启用，是第一条连接香港青衣的行车桥，跨越蓝巴勒海峡，连接葵涌及青衣，全长 610m。1987 年，青荃桥（青衣北桥）也相继建成。1997 年香港政府又建成了长青桥（又称蓝巴勒海峡大桥），为香港 3 号干线青葵公路的一部分，亦是第三条连接青衣的行车桥。

香港共有10条干线公路贯穿香港,其中赤腊角机场(香港国际机场)到大围的8号干线上集中了香港的三大跨海桥梁:汲水门大桥、青马大桥和昂船洲大桥。汲水门大桥是全球最长的公铁两用斜拉桥,大桥主跨430m,跨越汲水门,将马湾和大屿山连接起来。青马大桥是全球最长的公铁两用悬索桥,大桥主跨1 377m,跨越马湾海峡,将青衣和马湾连接起来。汲水门大桥和青马大桥为香港道路重要的组成部分,因共同担当着连接大屿山、香港国际机场与市区的唯一行车通道。昂船洲大桥主跨长1 018m,跨越蓝巴勒海峡,将葵涌和青衣的货柜码头连接起来。昂船洲大桥于2003年1月开始动工兴建,2008年6月建成通车。

香港汀九桥是全球最长的三塔式斜拉桥。大桥主桥长1 177m,属3号干线,跨越蓝巴勒海峡,将汀九和青衣连接起来。该桥在后续章节中有较为详细的介绍。

1991年深圳市提出建设深港西部通道项目并进行研究论证,1997年12月国务院批准深港西部通道立项,深港西部通道工程2003年8月动工兴建,2006年1月主体工程深圳湾公路大桥贯通,2007元旦前西部通道土建工程完工。深圳湾公路大桥全长5 545m,桥面结构宽度38.6m,设计寿命120年,是独塔单索面钢箱梁斜拉桥,为目前国内最宽、标准最高的公路大桥。深港跨海大桥由深港双方按照"以粤港分界线为界,各自投资,共同建设,各自拥有,各自管理"的原则共建。

港珠澳大桥是一座连接香港、珠海和澳门的特大桥梁,目前尚处规划阶段。大桥的起点是香港大屿山,经大澳,跨越珠江口,最后分成Y字形,一端连接珠海,一端连接澳门。这个计划的构想最初在1983年提出,大桥的建成将对珠江三角洲地区的很多方面产生影响。香港方面对该计划表示很大程度的支持。

中国大陆第一座大型海上高速公路桥梁是辽宁大连普兰店海湾大桥,位于沈大高速公路上,全长1 206m。1987年11月开工建设,1990年8月20日建成。

中外许多城市因桥而名,因桥而兴。一座桥梁往往是一座城市的重要标志,代表了城市的精神面貌和地域文化特色,更是一座城市经济发展的幕后功臣。

青岛位于山东半岛东南部,东南濒临黄海,东北与烟台市毗邻,南环胶州湾,是东部沿海重要的经济中心城市和港口城市,其特殊的地理位置和良好的城市发展,为建设跨海桥梁奠定了基础。女姑山跨海大桥建成时是我国最长的连续箱梁公路跨海大桥,该桥位于青岛胶州湾高速公路的女姑山脚下,主桥全长3 060m,双向四车道,1991年10月开工建设,1995年12月28日竣工。

1993年青岛市政府首次组织胶州湾海上通道方案专家论证会,终于2005年形成"南隧北桥、先桥后隧"方案,并于2005年6月开始建设青岛海湾大桥,目标是2008年奥运会前通车。青岛海湾大桥(北桥位)是国家高速公路路网规划中的"青岛至兰州高速(M36)"青岛段的起点。建成后的青岛海湾大桥将横跨青岛胶州湾,东起青岛主城区308国道杨家群入口处,西至黄岛红石崖,路线全长新建里程约35.4km,其中海上段长度26.75km。大桥双向6车道,设计行驶时速为80km。青岛和黄岛间,目前靠轮渡和环胶州湾高速公路相连,大桥将青、红、黄三岛便捷地联系在一起,使青岛至黄岛陆路距离缩短近30km。

另外隔海相望的青岛即墨市与烟台海阳市之间也将建起一座跨海大桥。跨海大桥从海阳向南连接鸭岛(海中岛屿),从鸭岛向南至即墨市丰城镇码头,位于黄海与丁字湾交接的丁字河口处,总跨度3.3km。该项目已经立项开工。

上海东海大桥作为建成时中国最长、也是第一座真正意义上的跨海大桥,在经过35个月的艰苦施工后,终于在2005年5月25日实现全线贯通,东海大桥的贯通保证了上海国际航运中心洋山深水港的顺利按时交付使用,同时也引领中国迈进了跨海时代。大桥全长32.5km,起始于上海南汇区芦潮港,北与沪芦高速公路相连,南跨杭州湾北部海域,直达浙江省嵊泗县崎岖列岛的小洋山岛。在第4章中对东海大桥的设计、施工和科研有更为详细的介绍。

宁波位于我国海岸线中段,东有舟山群岛,北濒杭州湾,南临三门湾,海岸线漫长,港湾曲折,岛屿星罗棋布。为开发大榭岛,1990年建设了大榭岛与陆地连接的唯一通道,即大榭岛跨海大桥,桥位处海水最深达35m,主桥为公铁两用的预应力混凝土连续刚构箱梁桥,主跨170m,桥面单线铁路居中,公路及人行道分设两边。

2008年宁波建成世界上最长的跨海大桥:杭州湾跨海大桥,该桥北起浙江嘉兴海盐郑家埭,跨越杭州湾,南至宁波慈溪水路湾,全长36km,北通航跨桥为主跨448m的双塔双索面钢箱梁斜拉桥,南通航跨桥为单塔单索面钢箱梁斜拉桥。杭州湾跨海大桥总投资118亿元,35%的资金作为资本金,浙江民营资本大量投入,占大桥建设资本金的50%,为国家级大项目提供了一个崭新样本。

宁波目前还有一大型跨海工程,象山港大桥已开工建设,预计2010年建成通车。象山港大桥及接线工程是我国"五纵七横"国道主干线中同三国道甬台温复线宁波市段,是连接杭州湾、象山湾、三门湾、温州湾四大海湾和舟山港、北仑港、象山港、石浦港、健跳港、海门港、大麦屿港、温州港的交通纽带。象山港跨海湾大桥长约6.7km,主桥采用双塔双索面斜拉桥。

浙江省舟山群岛地处我国东南沿海,长江口南侧,杭州湾外缘的东海洋面上,背靠中国最富沃及最具经济活力的长江三角洲地区,北与上海、南与宁波等大中城市隔海相望,东接公海、面向浩瀚的太平洋,是中国对外开放的主要海上门户和中外船舶南来北往的必经之地。1999年舟山建成了朱家尖海峡大桥,该桥跨越普沈水道,西起东港开发区应家湾,东至朱家尖民航机场。跨海大桥便利了舟山的交通,也带动了舟山的经济腾飞,自此舟山的跨海大桥建设拉开了序幕。规模最大、最系统、历时最长的项目是舟山大陆连岛工程,该工程分三期进行,一期工程包括岑港大桥、响礁门大桥、桃夭门大桥现已完工,二期工程包括金塘桥和西堠门桥,西堠门桥已建成通车,金塘桥预计2009年建成通车,三期工程岱山跨海大桥也于2006年9月进行地质钻探,工程建设转入到实质性起步。舟山连岛工程将在后面一节专门叙述。

厦门地处我国东南沿海,背靠漳州、泉州平原,濒临台湾海峡,面对金门诸岛,与台湾岛和澎湖列岛隔海相望。厦门由厦门岛、鼓浪屿、内陆九龙江北岸的沿海部分地区等组成,是一个国际性海港风景城市。我国建国后为改善一些海岛的交通,兴建了一些海堤式的陆岛通道工程。最早兴建的是厦门连陆工程——集美海堤(1956年),该海堤使厦门本岛与大陆相连,成为半岛。但海堤改变了原有海水流动规律,不但造成厦门海港淤积,而且原产于此的文昌鱼资源也衰退了。文昌鱼在学术研究和教学上有重要价值,在世界上十分珍贵和稀少,我国厦门近海是主要产地。因此,海堤造成的这一损失是非常重大的。厦门市于20世纪90年代初打通了集美海堤,希望能恢复海湾原来的生态环境,并修建了高集海峡大桥(厦门大桥)。该桥位于厦门岛北端,横跨高集海峡,连接高崎与集美村,是我国第一座跨海峡大桥。厦门市西部海域上横跨有海沧大桥,该桥全长5 926m,东航道桥主桥长1 108m,主跨648m,是我国第一座大型三跨连续全漂浮体系钢箱梁悬索桥,1999年12月通车。

现在在厦门北部西海域上正在兴建的跨海大桥还有两座:杏林大桥和集美大桥。杏林大桥由铁路和公路桥组成,两桥同层并建。公路桥西接杏林互通,东连高崎立交。杏林大桥跨海主桥桥型采用驼峰线形设计,与杏林互通竖曲线形成"M"字形跨海。由于杏林大桥的桥墩正好经过中华白海豚保护区的核心区,因此,杏林大桥整个施工不采用水下爆破炸礁,从根本上避免对白海豚产生不良影响。杏林大桥于2008年9月建成通车。集美大桥距离厦门大桥约3km,起点接厦门岛五石路,跨越浔江海峡,全长8.432km,2006年12月开建,2008年7月建成通车。

另外厦漳跨海大桥最早从1999年下半年便开始酝酿建设,后因诸多客观原因而被暂时搁置。2005年9月厦漳跨海大桥筹建处在漳州开发区正式设立,标志厦漳跨海大桥进入实质性推动阶段。厦漳跨海大桥位于厦门九龙江入海口,是连接厦漳两地的重要通道,推荐方案中大桥全长12.3km。大桥预计将于2009年建成通车。

广东汕头市位于韩江三角洲南端,为连接汕头市南北城区,20世纪90年代建设了两座跨海大桥:汕头海湾大桥和礐石大桥。海湾大桥是中国第一座现代大跨度悬索桥,位于市区东部,经妈屿岛,跨越汕头港入海处。大桥全长2 500m,主跨径452m,跨径为当时混凝土加劲梁悬索桥之最。1992年3月正式开工建设,于1995年12月28日通车。礐石大桥位于汕头市西部,南接广汕公路达濠区路段,北跨汕头港至老城区西堤路,与海湾大桥相距9km。全长3 500m,主桥为钢筋混凝土斜拉桥,主跨518m。于1995年4月动工兴建,1999年2月建成通车。礐石大桥与海湾大桥并驾形成汕头港东西两翼联结粤东和珠三角的主要通道。

汕头市南澳县为广东省惟一海岛县。南澳岛因其丰富的海岛资源和独特的生态环境被誉为北回归线上的“海上绿洲”。但是南澳岛自上世纪80年代全面对外开放以来,岛陆之间来往交通仅靠几艘大型渡船,极大地制约了当地经济的发展。1995年2月南澳县开工兴建跨海大桥,但最终因投资商资金链断裂,致使跨海大桥在建成10多个浅海桥墩后,便一直弃置停建至今,成为海岛人一直期待圆梦的“胡子工程”。10年后,经过专家多年一再论证,汕头市及南澳县决定采取多方筹资措施推动南澳跨海大桥上马复建。目前,新规划的南澳大桥路线总长由原来的12km缩减为10.878km,起点在澄海区莱芜围中部,终点在南澳县长山尾烟墩山角附近,接入环岛公路。

广东湛江位于中国大陆最南端,东濒南海,南隔琼州海峡与海南省相望,西临北部湾。2003年湛江海湾大桥开工建设,并于2006年12月30日建成通车。大桥全长3 981.17m,跨越麻斜海湾,主桥为双塔双索面混合型钢箱梁斜拉桥,主跨480m,桥位处水面宽约2.5km,最大水深25m。

3.2.2 中国主要拟建跨海大桥

唐寰澄先生在其建议中说:“为了子孙后代着想,中国的三大海峡最终必建跨海交通工程”。此三大海峡通道工程即指:渤海海峡通道工程(连通辽东半岛与山东半岛)、琼州海峡通道工程(海南岛连陆)及台湾海峡通道工程(台湾岛连陆)。

跨越渤海海峡,在胶东半岛和辽东半岛之间建立一条跨海通道,这是从上个世纪90年代初即开始的设想。渤海海峡跨海通道设想是:利用渤海海峡有利地形,兴建蓬莱－长岛－旅顺之间的“南桥北隧”公路、铁路线。利用这条跨海捷径通道,沟通环渤海高速公路圈、铁路圈和纵贯南北的中国沿海铁路、公路交通大动脉,进而北上与横贯俄罗斯的欧亚大陆桥相接,南下与横贯中国的欧亚大陆桥陇海线相交,并直达长江三角洲、闽台海峡区、珠江三角洲。这一总投资预计在600亿元以上的跨海通道尚处在学术研讨层面,还未进入有关部门的论证决策,但国家高速公路网规划中已有此跨海通道。而山东辽宁蓬长大桥的建设将会使这一通道建设“更进一步”,目前蓬长跨海大桥项目已经启动。该桥全长6.8km,将为设想中的渤海海峡跨海通道预留铁路桥位置。

广东湛江和海南省间相隔琼州海峡,海峡平均宽度约20km。目前跨越琼州海峡的主要交通方式有航空、汽车及火车海上轮渡。2005年,海南省开始启动22.5km宽的琼州海峡跨海大桥或海底隧道项目的可行性研究。该项目的前期研究和准备工作至少需要5至10年时间,项目将在适应国家经济社会发展形势和海南省自身发展条件时启动。

自1998年清华大学教授吴之明提出建造金厦跨海隧道后,2002年两岸学者又提出建造金厦和平大桥,结合大桥和跨海隧道,连接金门和厦门。2004年11月台湾金门县又提出了由金门本岛至厦门大嶝的“金嶝大桥”工程可行性初期方案。该方案其实是先前跨海隧道和金厦和平大桥的简缩版。金嶝大桥目前预设有三套路线方案,金门桥址均选定金门岛东北角的马山,第一方案是经角屿、小嶝到大嶝,长8.2km;第二方案是连接大嶝东侧环岛道路,长6.8km;第三方案则是经小嶝到厦门与南安交界连接国道和高速公路。一旦未来两岸关系的形势许可即将推动建桥。

3.3 国内外主要跨海大桥简介

3.3.1 法赫德国王大桥(King Fahd Causeway)

法赫德国王大桥(King Fahd Causeway)(图1.3.3.1)位于波斯湾中的巴林湾,是连接巴林和沙特间的重要海上交通要道(图1.3.3.2)。大桥造型别致,巍巍壮观,船舶入港,远远就能见到这座凌空海上的长虹。

图 1.3.3.1 法赫德国王大桥

沙特和巴林隔海相望,过去两国人民来往除坐飞机外,便是乘渡轮,约费时两个小时,两国人民早就企盼在巴林海上架起一条跨海大桥。早在1975年,国际银行对沙特和巴林经济和工程实施进行了可行性研究,对海洋的地理、环境和流量进行了考查,然后向世界各大公司招标,最后由沙特王国政府投资兴建。

1981年7月沙特和巴林政府签署大桥施工协议,1982年11月11日,沙特国王法赫德和巴林埃米尔伊萨及海湾合作委员会各国领导人出席了开工揭幕仪式,大桥建设正式开始。1985年4月11日,最后一根箱梁安装就位。1986年11月25日建成通车,沙特国王法赫德和巴林埃米尔伊萨出席了竣工典礼,巴林埃米尔伊萨在典礼上正式宣布大桥命名为“法赫德国王大桥”。

大桥耗资30亿沙特里亚尔(1美元等于3.75里亚尔),合8亿美元,是当时阿拉伯地区最大的工程之一,包括连接公路等辅助项目,整个工程总耗资达12亿美元,资金全部由沙特方面提供。

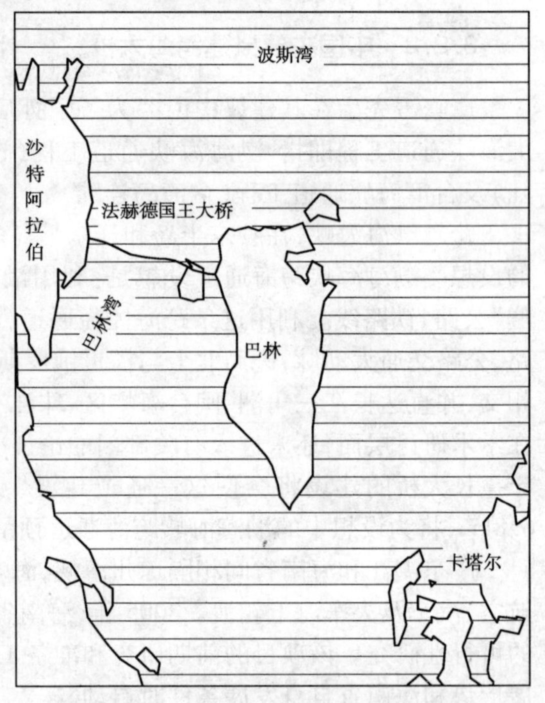

图 1.3.3.2 法赫德国王大桥地理位置

如今,两岸人民坐汽车,通过法赫德国王大桥,从巴林首都麦纳麦通过大桥到沙特的胡拜尔市只要20分钟的车程。大桥的建成大大方便了沙特和巴林两国各方面交流,同时也加强了两国与海湾各国乃至整个阿拉伯世界的经贸融合。

法赫德国王大桥为巴林的旅游产业增加了不少吸引力,在很大程度上推进了巴林旅游业的发展。截至2005年,通过该座大桥往来于两国的总人数达到1亿左右。据统计,2004年,通过该座大桥抵达巴林王国的人数约为1 200万,而经由巴林国际机场到达的人数则仅为200万左右。

1. 桥梁设计概要

大桥自巴林首都麦纳麦以西的贾斯拉(Jasra)起至沙特胡拜尔市的阿齐兹(Al - Azizia),利用周围的岛屿和浅海面广的特点进行设计施工。

大桥建造在水深13m的水域,全长25km,其中填海造堤部分10km,桥梁部分15km,由5座桥梁相连而成,全桥桥长组成为5 194m + 3 334m + 2 034m + 934m + 934m = 12.43km。中间的3号桥位于主航道上,主通航孔为跨度150m的预应力混凝土箱梁,其他非通航孔桥采用50m跨径的预应力混凝土连续箱梁桥。全桥桥墩共504个,混凝土总量35万m^3,钢筋用量14.7万t。桥宽2×12.3m,梁高2.52m,双向6车道。每日可通行车辆3万辆，设计时速为100km/h。

2. 桥梁施工概要

桥线处地质条件复杂，包括沙地、淤沙、帽岩（珊瑚和软体动物黏合的沙地）、珊瑚线和石灰石等。

主通航孔采用预制节段拼装法施工。50m跨度的非通航孔预应力混凝土连续箱梁采用整孔预制、浮吊架设、悬臂施工的方法完成。即首先在预制场分66m和34m两种长度预制，最大重量1 350t，采用浮吊整孔架设；架设时，先隔孔架设长度66m预制段，使每段梁伸出墩中心线8m，然后架设34m梁段；最后浇筑混凝土湿接头，形成连续结构。

桥梁下部结构采用直径3.5m的圆柱体钻孔灌注桩，为竖向预应力混凝土结构。通过在每个桥墩处做钻孔或穿刺试验来决定桩长，这样也就导致从桥头到桥尾，每处桩长随地质构造而变化不同。全桥共有500多处桩采用这种办法施工，工作量非常巨大。

另外波斯湾恶劣的环境对大桥的耐久性也是一个很大的挑战。对此，采用了以下几个措施：(1)采用了特选的一定比例的高炉熔渣水泥和波兰水泥的混合水泥；(2)使用高级别减水剂，以达到非常低的水灰比；(3)在桥墩浪溅区外涂环氧树脂。桥梁建成5年后的评估报告显示大桥没有出现钢筋的锈蚀。

3.3.2　丹麦大带海峡大桥(Great Belt Bridge)

丹麦大带海峡大桥（Great Belt Bridge），是横穿丹麦大带海峡，将西兰岛和菲英岛连接在一起的交通要道，见图1.3.3.3。

图1.3.3.3　丹麦大带海峡大桥

丹麦大带海峡位于丹麦菲因岛与西兰岛之间，峡宽18km，中间的斯拔罗哥(Sprog)岛将海峡分成东西两部分，西部宽6.6km，东部宽6.8km，岛长约4.6km(图1.3.3.4)。16世纪起有正式轮渡往返其间。

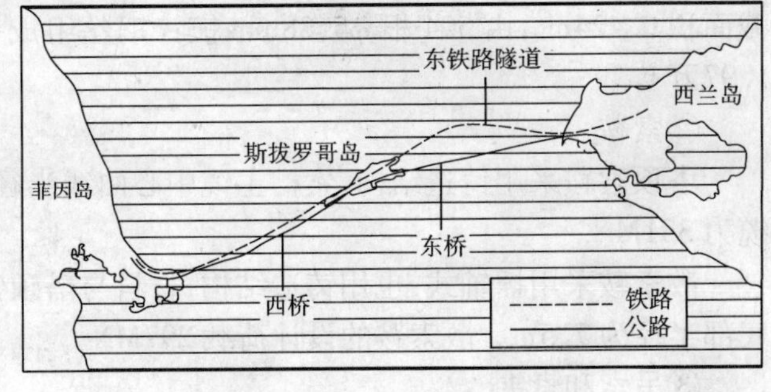

图1.3.3.4　丹麦大带海峡位置

1935年连接菲因岛和日德兰半岛的小带海峡大桥通车。1936年，在三家丹麦工程公司规划的公路网中，大带桥的方案和小带桥基本相似，主跨300～350m。1939年，丹麦政府开始进行大带桥的可行性研究，第二次世界大战开始后工作被迫中断。二战结束后，大桥计划重新启动，1948年成立“大带海峡桥梁委员会”。1949年提出初步调查结果和方案设想，主要为公铁两用钢桁梁桥。1965年，丹麦公共工程部(Ministry for Public Works)组织国际方案比选，设计要求通航航道为一个450m净空或两个各至少为350m净空，桥梁为公铁两用。1968～1972年受葡萄牙塔果斯河桥影响，提出了800m的悬索桥方案。1973年丹麦议会正式通过工程项目，因1973年底发生国际能源危机，设计工作于1976年正式开始。

1977 年到 1978 年 8 月，丹麦政府特别设立了大带海峡工程（Statsbroen Store Baelt）机构，在很多咨询公司协助下进行比较设计工作。最后确定采用悬索桥方案，桥跨布置为 360m + 1 416m + 360m，与 780m 斜拉桥方案同时进行招标。1978 年 8 月，由于政治原因工作再次停止。

直到 1985 年大桥才算正式起动，丹麦政府拨专款对该桥进行环境可行性研究。1986 年 6 月，丹麦国会通过法案，批准修建跨海大桥。1987 年，大带海峡联结有限公司（A/S Storebaelt forbideles）成立，负责筹集资金、建造和运营工作，并委托 COWI 公司进行方案设计。1989 ~ 1990 年由 CBR（COWI/Rambϕ11 JV）联合体进行初步设计，并进行设计招标，环境要求是“大桥建成后，需维持波罗的海的海洋环境不变，保证大带海峡的水交换”，这称为“零点答案”。为此，需在海峡中作补偿开挖，并将航道调整到斜交 78 度，使修桥后墩台仅影响 0.5% 的水流。

1989 年 6 月，大带海峡西桥工程由欧洲大带集团（European Storbelt Group）获得。1991 年，东桥工程由大带集团（Great Belt Contractors）获得。1991 ~ 1993 年进行施工图设计。1998 年 6 月 14 日竣工正式交付使用。

大带海峡大桥全长 17.5km，是丹麦建筑史上最宏伟的篇章，包括大带东部海底隧道、西桥和东桥，总造价 55 亿美元，历经 10 年建成。大带海峡东桥全长 6 790m，其中悬索桥主跨 1 624m，全长 2 694m。大带海峡西桥为公铁两用桥，全长 6 611m。

1. 大带海峡东桥

(1) 东桥设计概要

大带东桥全长 6.79km，主桥为单层公路悬索桥，跨径布置为 535m + 1 624m + 535m，两侧引桥包括 19 跨 193m 钢箱梁桥。主桥通航净空 65m，桥面宽 31m，海峡大桥的设计寿命为 100 年。大带海峡大桥东桥立面布置见图 1.3.3.5。

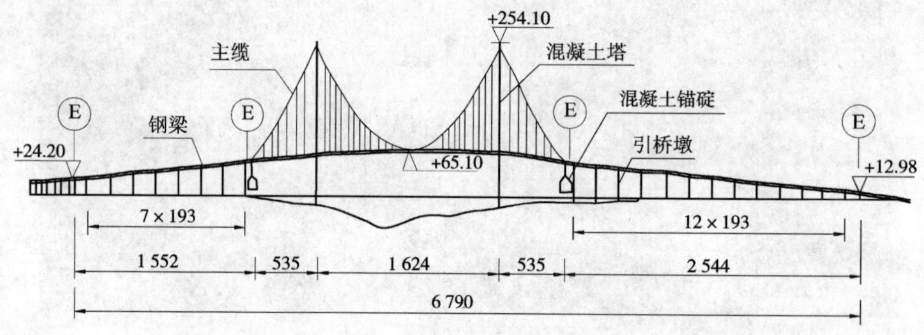

图 1.3.3.5 大带海峡大桥东桥立面布置（单位：m）

①主缆

主缆的垂跨比为 1/9，长度约 3km，横向间距 27.0m。采用空中编缆法架设，主缆直径 0.827m，有效截面积 0.424m^2，由 504 根 ϕ5.38mm 镀锌钢丝组成一股，共 37 股，钢丝总根数为 18 648 根，主缆共重 1.97万 t。

②索鞍

塔顶索鞍采用铸造结构，索槽主缆中心曲线半径为 7m，索鞍内部设置除湿机。塔顶索鞍设计最大缆力 331MN。

散索鞍采用摇轴式，也用铸造结构，材料与塔顶索鞍相同，在鞍部设有和索股布置相同的鞍槽，沟槽底部半径为 7.5m。散索鞍的设计荷载 297MN。

③吊索和索夹

吊索索距 24m，采用镀锌平行钢丝，外包 PE 管，吊索上端与索夹铰接，下端与加劲梁承压连接。吊索在工作状态、更换、断裂甚至 2 组吊索断裂等情况下，其抗拉强度具有 1.5 ~ 2.3 的安全系数。

索夹结构采用上下两半式，索夹材料为铸钢，索夹设计在施工阶段、正常使用阶段、吊杆破断等情况下，具有 1.0 ~ 1.65 的抗滑安全系数。

④中央索扣

因主缆垂跨比较大，主跨跨中采用刚性的中央索扣（图 1.3.3.6）联结主缆和钢箱梁。这样减小了钢箱梁因活载引起的顺桥向变位，避免了采用短吊索而导致主缆和钢箱梁梁相对水平位移产生的过度疲劳应力，同时增加了主缆与钢箱梁反对称扭转刚度。

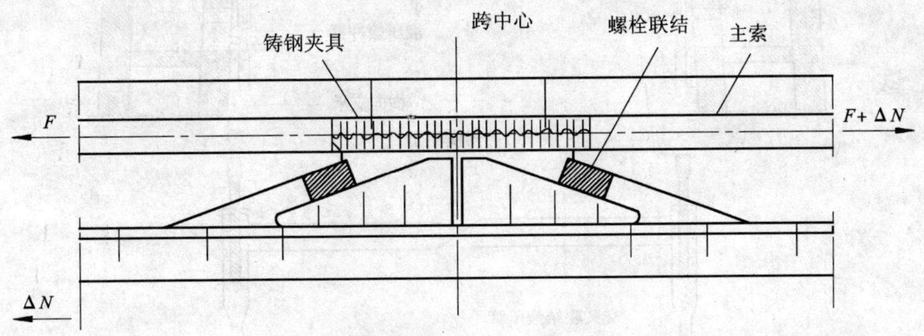

图 1.3.3.6　主缆和主梁相交处的中央索扣示意

⑤钢箱梁

主桥采用三跨连续的流线型正交异性板钢箱梁（图 1.3.3.7），要求满足抗风稳定性的要求和结构受力要求。钢箱梁宽 31.0m，高 4.0m，截面具有很大的抗扭刚度，验算风速为 60m/s。钢箱梁由宽 4m、长 24m 的梁段组装，再以两段拼装成 48m 长的梁段架设，架设重量约为 530t。为了尽可能的减轻重量，采用了间距 4m 的桁式隔板，没有采用实心隔板。

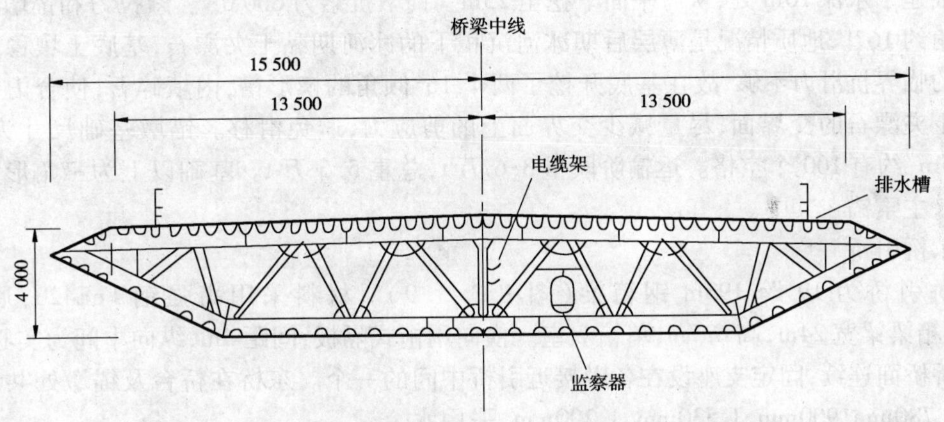

图 1.3.3.7　大带海峡东桥主桥箱梁横断面（单位：mm）

⑥梁的支承与联结

因为主缆垂跨比较大，采用了三跨连续结构，钢箱梁在风荷载作用下横向变位较小，而且可减少伸缩缝，养护管理方便。另外跨中设置了中央索扣，梁端设置了液压缓冲器，减小了支座和伸缩缝的移动量，且主缆和钢箱梁间顺桥向的相对变位也小，还可降低跨中短吊索的疲劳。

为尽量减少悬索桥支承点和伸缩缝的数量，降低支承点和其附近部分的维修保养费用，采用了三跨连续结构，钢箱梁在桥塔处连续通过。钢箱梁与主塔相交处设置液压摆支承（图 1.3.3.8），没有设置竖向支座。

在主缆锚碇块上，钢箱梁两端设置了液压纵向位移缓冲器，梁端允许 ±1.0m 的纵向位移和自由转角。反对称汽车活载将产生较快的纵向位移，缓冲器会产生强有力的阻尼作用。与不设置液压缓冲器相比，可以减少约 10% 的累积纵向位移。另外可降低支座和伸缩缝的磨损，增加其寿命。

⑦塔与锚墩

大带海峡大桥桥址位于非地震区，地基条件较好，比较合适建造混凝土塔。桥塔高出海平面 254m。塔身自钢梁以上为双空心柱稍向内倾斜，截面从 8m×9m 变化到塔顶为 6.5m×7.5m，壁厚从 2m 减小为 1.5m。联结横梁高 12m。

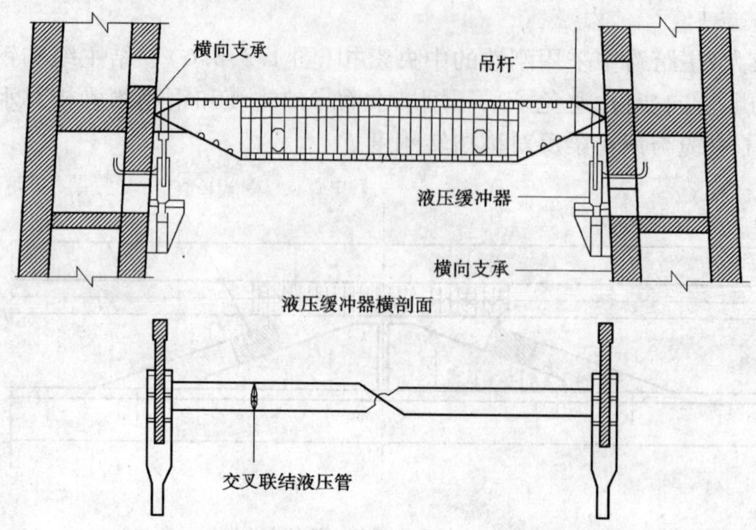

图 1.3.3.8　液压摆支承(抗扭缓冲器)示意

塔墩基础是 78m×35m 格形有底沉井,高 20m。施工时先挖去 10m 软冰碛土层,回填 5m 碎石。沉井有 0.5m 高钢筋混凝土裙边。沉井重 32000t,放下时压入 0.3m 碎石层,沉井底和碎石之间压浆填实。塔墩设计可承受 25 万 t 的船撞,撞力 670MN。沉井四角倒圆角。沉井以上 21m 墩身为整体结构,钢筋混凝土壁厚 1.2m,可承受撞力 400MN。

锚墩基础建于水深 10m 处,从海平面下挖至 25m。锚墩抗索力 600MN。索拉力和锚墩重力的合力与垂直线夹角约 16°。地质情况是薄层后期冰河沉积下的冰河期黏土夹漂石,基底土壤稳定性以及基础接触面处的临界抗滑力不够,故在基底开挖了两个 16°倾角的楔形槽,内填碎石,使合力能垂直作用于碎石与黏土夹漂石的交界面,尽量减少交界面上的剪应力,避免滑移。锚墩基础尺寸为 121.5m×55.1m×16.5m,约有 100 个空格。运输阶段重 3.6 万 t,总重 5.5 万 t。基础以上为三角形空心锚墩结构,就地灌注,主索锚在其中。

⑧大带东桥引桥

大带东桥引桥为 19 跨 193m 钢箱梁(图 1.3.3.9)。材料采用高强钢 FeE420,屈服强度为 4 200MPa。钢箱梁梁宽 24m,高 6.7m,单箱双室。横向用桁式隔板,间距 4m,纵向中间为实心板式。

大带东桥桥面连续,固定支座设在各墩接近引桥中间的一个。东桥在桥台及锚墩处共设 4 个伸缩缝,伸缩量为 780mm、900mm、1 530mm、1 200mm,采用水密模数活节伸缩装置,寿命 100 年。引桥在 18~20m/s 风速下会引起涡流激振,特别是在栏杆外装 3.5m 高 50% 透空的风筛时,或桥梁在重载时,所以引桥在一定跨间设置"调谐质量阻尼系统"(Tuned Mass Damper System, TM),其调谐质量约为桥梁质量的 0.5%。

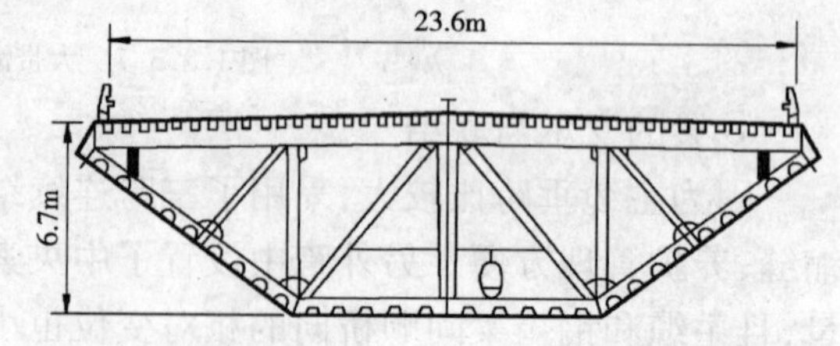

图 1.3.3.9　大带东桥引桥箱梁横断面

由于引桥跨径较大,可减少水上桥墩数量,降低船撞概率,且大墩重也对抗撞有利。设计船撞能力为自桥台附近的 4 000DWT,到锚墩附近的 60 000DWT。同时桥墩少也有利于挡水和波罗的海与北海海水交换。为了平衡水流,对海床进行了补偿开挖,局部引桥水域由 -3m 高程及以上者挖至 -9.5m 高程。下部结构采用重力式扩大基础,为分段预制,支承于海底开挖后填充的碎石层上。下部沉井底与碎石间压浆以保证基础受力均匀,并保证较薄的沉井不开裂不下沉,同时增大船舶碰撞时的承受力。

(2)东桥施工概要

由于海洋环境比较恶劣,海上施工困难,跨海大桥总的施工原则是尽可能地减少海上现场作业量,这就要求对预制、场内运输、存储、海上运输、安装等步骤按照大型、预制、快速接合等各方面要求进行综合考虑。

①主桥下部结构施工

大带海峡东桥下部结构的施工方法完全按照海洋重力式(Gravity Based Structure,GBS)平台法进行,全部预制件都在离桥约56km处卡隆特堡(Kalundborg)干船坞或场地上制造。

塔墩位置用抓斗挖泥船挖土,使对夹漂石黏土扰动最小。用装有吸入机的装卸船清除开挖的残渣,侧边装卸船放置回填碎石,用浮吊以平板振动机振碎石,碎石面的找平误差为5~10cm。

干船坞放水浮起预制好的沉井,通过深13m的运输道拖入海中,吃水11.5m。沉井靠墩位处预抛锚好的定位船打水下沉。沉井外围设置29m高的钢围堰,定位后在围堰内建造塔身。

塔身采用滑模浇筑,每次浇筑节段高4m,全塔高共分58个节段。塔身滑动模板见图1.3.3.10。

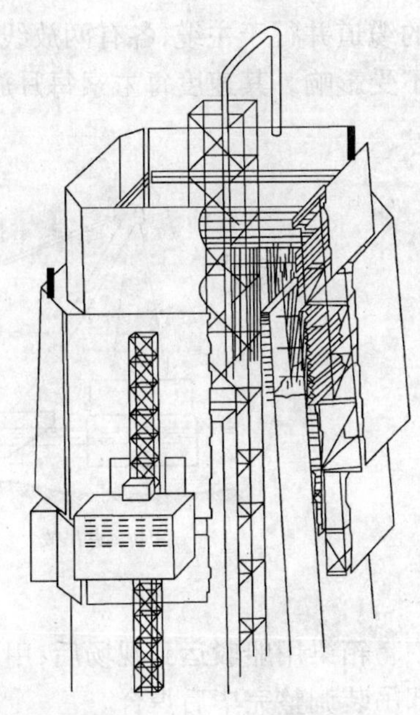

图1.3.3.10　塔身滑动模板

锚碇基础浮运时尺寸为121.5m×55.1m×16.5m,重3.6万t,吃水9m,四周设临时工作道。锚碇的施工步骤如下(图1.3.3.11):在干船坞中预制;浮运拖拽到位;压沉到碎石垫层上,与碎石垫层间压浆固结,在锚碇处沉井格中填压重,此时基础高出海平面约4m;就地灌注锚碇上部三角形;主缆放线;锚碇周围填筑人工岛。

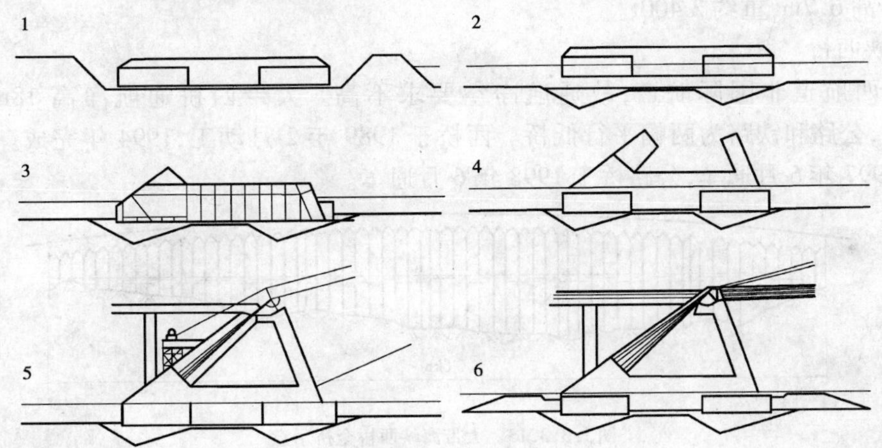

图1.3.3.11　大带东桥锚碇施工步骤示意

②引桥下部结构施工

引桥基础除赫尔斯柯夫和斯拔罗哥处引桥桥台及第一个桥墩为就地浇筑外,其他上下部结构都用浮运,吊机安装。所用浮吊为吊重1 200t的Taklift 4号;1 600t的7号和3 000t的8号,均为一般的船首铰接固定臂浮吊 。

引桥桥墩与基础分为三截。基础重2 593~3 791t,超过3 000t者在干船坞中制造,其施工方法与塔和锚碇基础相同;小于3000t者在港口预制场制造,滑拽装驳、到墩位用3 000t浮吊Taklift 8号吊装。下节墩身重534~2 132t,轻者用4号或7号浮吊,重者用8号浮吊吊放。墩身上节重为620~1 690t,在港口预制场制造驳运到墩位,因墩身较高,用4号及7号两台吊机共同安装(图1.3.3.12)。预制节段间都用湿接头接合。

③主桥上部结构施工

主跨钢箱梁宽31m,节段长48m,高4m。在意大利里窝那(Livorno)分块制造,最大块20m×4m,由火车运送到葡萄牙,再转海运到丹麦雪恩斯港(Sines)的预拼场拼成节段长度。

主索安装采用空中编缆法。大带东桥锚点间主缆长3 079m。1996年7月6日开始放线,共136天,行程4 662次,比预计提前7星期完成。大带东桥主缆用衡重法放线,每股成六角形排列;两组完整的缆道并行于主缆，各有两放线轮，每个行程4环。放线技术熟练，速度稳定后，即使在20m/s风速下也不受影响。其速度每主索每月放线大于2 552t。

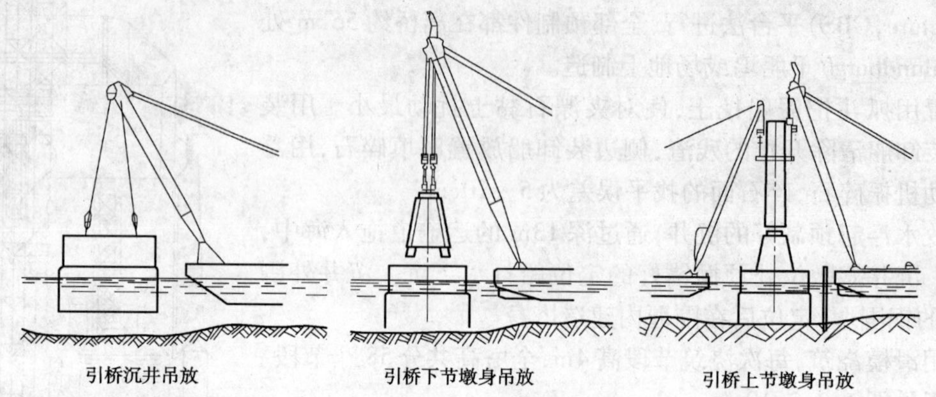

图1.3.3.12 引桥下部结构施工顺序

箱梁用船驳运到现场后，用主缆上的吊机起吊，挂于吊索，并与邻节临时联结。吊装从跨中开始，全部吊装调整完毕后焊合。

④引桥上部结构施工

引桥箱梁在雪恩斯港的预拼场先拼成重500t的40m节段，再水运到丹麦奥尔堡(Aalborg)拼成整长，梁长193m，高6.7m，重约2 400t。

2. 大带海峡西桥

大带海峡西航道非国际航道，故通航净空要求不高。大带西桥通航净高18m，全长6.6km(图1.3.3.13)，公路和铁路为两幅平行低桥。西桥于1989年2月动工，1994年完成。受东桥施工影响，铁路桥于1997年6月通车，公路桥于1998年6月通车。

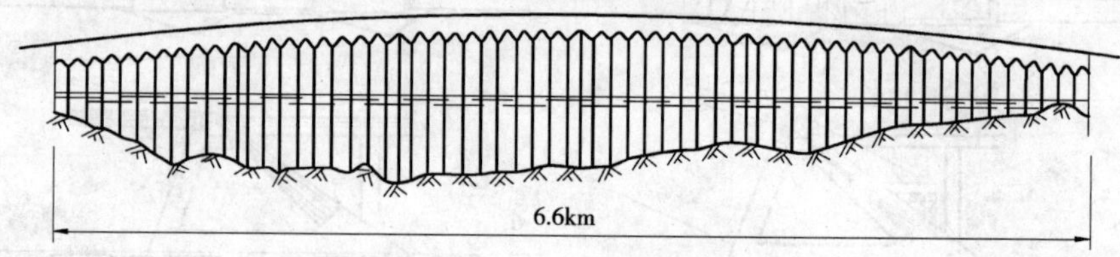

图1.3.3.13 大带海峡西桥全桥示意

(1)西桥设计概要

西桥招标设计提了三个方案：双层桁架结合桥方案，单层公铁并列单室钢箱梁桥方案和单层公铁分离三箱预应力混凝土梁桥方案。最终中标方案为单层公铁分离两箱预应力混凝土梁桥，双线铁路和4车道公路各占一幅桥梁，见图1.3.3.14。虽然公路和铁路桥宽不同，梁高也不相同，但桥面平顺，结构重量匀称，并不影响其桥梁美学效果。

公路和铁路预应力混凝土梁均为变截面梁，公路梁高从跨中的3.78m逐渐变化到墩顶的7.34m，铁路梁高则从5.13m变化到8.70m。西桥全桥布置包括51跨每跨110.4m和12跨每跨81.75m，共长6 611.4m。纵向竖曲线半径50km，平曲线半径20km。全桥每1.1km设置1条伸缩缝。

西桥基础位于冰碛层、泥灰岩或石灰岩上，地质条件较好，海床面以下持力层较浅，软土层最多约10m。所以基础都为重力式扩大基础，内填砂土。桥墩外形满足结构需要，挡水较少。水平面以下4m为非中空段，以承受船舶或冰的撞击力。设计撞击船舶为2 000DWT，后规定桥下只准通行1 000DWT船只，以此进一步增加桥的安全性。

(2)西桥施工概要

因为是海上施工，故尽量采用预制构件，体现了“桥位处施工作业量最小”的总体施工原则。这就需要改进、设计和制造新的施工工具，包括场内外及海上施工大吨位的特殊工具。

①基底开挖

西桥桥位处最大水深约29m，采用重力式桥墩基础，海床面以下开挖10m左右，铺垫1.5~4m厚的碎石垫层，由海上自升式平台“秃鹰”(Buzzard)号完成(图1.3.3.15)。先用挖泥船逐个挖好基底坑。秃鹰平台的船体四角有可以升降的支撑腿，船体下吊有长方形导向框架。平台就位后，将四角撑腿下降至海底、落实。然后继续上升，将平台上升至最高潮水位和浪高以上，放下导向框架。框上设置移动梁，梁上附加施工设备对基底进行清基、填碎石和平整夯实工作。移去秃鹰平台后，便可用大型浮吊“天鹅号”吊放沉井基础。

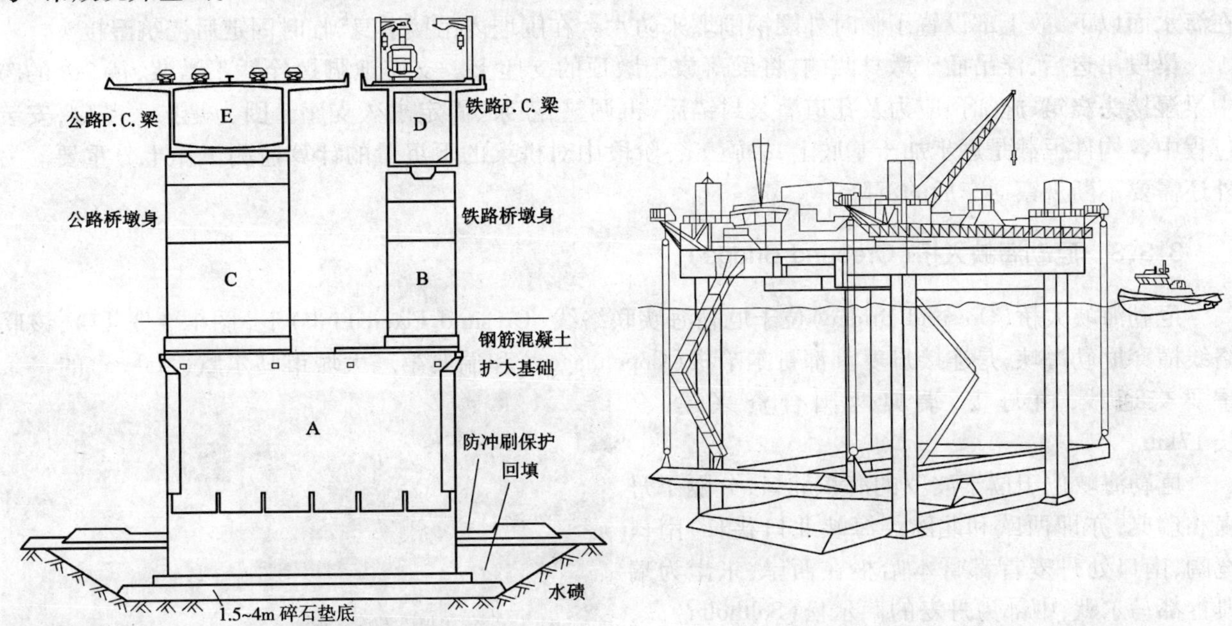

图1.3.3.14　大带海峡西桥横断面　　图1.3.3.15　大带海峡西桥基础施工用设备“秃鹰”号

②场内预制和运输

西桥施工预制场地设在临海岸边，设滑道码头。场地离西兰岛桥台3海里。西桥全桥长6.6km，上下部结构一共分为324个预制整件。其中基础部分(扩大基础加水下部分共有墩身)62个；公路桥墩身和铁路桥墩身124个；公路桥和铁路桥预应力混凝土梁标准段114个及特殊段24个。最重的预制件为最高的基础部分，重7 100t。

墩身预制件分别按铁路和公路两类整体预制，用墩身滑道滑移到码头起吊。墩身均宽5m，公路墩身长12.55m，铁路墩身长7.2m，最高墩身为23m。

预应力梁采用节段预制悬臂施工，跨中设湿接头。变截面预制梁预制总长108m，分为5个节段，墩顶节段和其两侧节段均长18m，最外侧节段长27.2m，见图1.3.3.16。预制梁体在岸上场地拼接安装，制成后顺滑道滑至引桥，吊船装运。

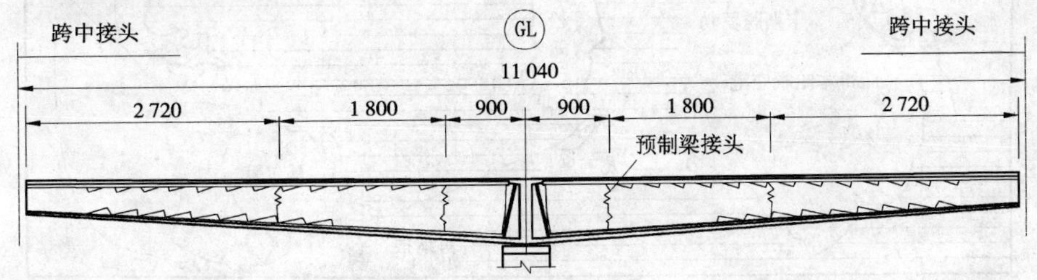

图1.3.3.16　大带海峡西桥预制梁示意(单位：cm)

③浮吊安装预制件

西桥安装采用1990年荷兰特别设计制造的天鹅号(Swanen)浮吊，该浮吊用两只12.5m×94m的驳船拼成65m×94m的U形双体船，固定吊架高65m，吊高44m，最大起重量7 100t，吊点接近船中部。吊船工作条件：风速15m/s，流速1.5m/s，最大吃水深5m。1995年，大带西桥完工后天鹅号在荷兰改装为长颈天鹅号，增加了吊高，提高起重量到8 700t。

浮吊吊起预制构件（基础、墩身、梁段）到墩位处，采用8点定位，其中6个定位锚预抛于墩位附近，2个在吊船上。定位后基础放落于预挖基坑内的碎石垫上，该碎石垫上部0.3m未经夯实，但碎石面要求非常平整，基础下落中自然压紧。在井格底设置特制的500mm直径混凝土球阀来控制井格进水，基础放下时球阀上开井格进水，落下时球阀下落井孔封闭。基底以下不灌浆。基础顶部高程为-3.5m，在海水面以下，故上部设置了临时外圈钢围堰来防水。在围堰内吊接墩身，临时固定后浇筑湿接头。

梁段吊运后，浮吊插于墩身两侧，将梁落放于墩顶的支座上。支座地脚螺栓暂不灌浆，待2m的跨中梁湿接头浇筑、施加预应力及孔道灌浆封锚后，再调整、灌浆、固定永久支座。因为是扩大基础，安装过程中各构件恒载是逐步加于基底上，故施工各阶段中对桥梁的下沉量的计算监测工作十分重要。另外还需要不断观察通车后的沉降。

3.3.3 厄勒海峡大桥（Oresund Bridge）

厄勒海峡大桥（Oresund Bridge）位于厄勒海峡联络线（Oresund Fixed Link）上（图1.3.3.17），该联络线横穿厄勒海峡，是连接丹麦首都哥本哈根（Copenhagen）和瑞典第三大城市马尔默（Malmo）的一条重要交通线，由丹麦、瑞典两国合资兴建，全长17km。

图1.3.3.17 厄勒海峡大桥

厄勒海峡位于位于波罗的海东北口，分隔了丹麦和瑞典，亦即西欧和北欧。海峡北口狭长，南口宽阔，南口处丹麦首都哥本哈根在西岸，东岸为瑞典首都马尔默，中部为丹麦的萨尔松（Saltholm）岛，萨尔松岛与哥本哈根之间为德罗格登（Drogden）航道，与马尔默之间有弗林特（Flinterenden）航道，见图1.3.3.18。

自1886年始，瑞典和丹麦两国专家就提出建立海峡连接方案，但建大桥还是隧道，南线还是北线一直在研究考证。1930年，丹瑞财团提出自哥本哈根经萨尔松岛到马尔默的公铁两用跨海方案，因第二次世界大战停顿。二战后，1960年两国重提连接方案。

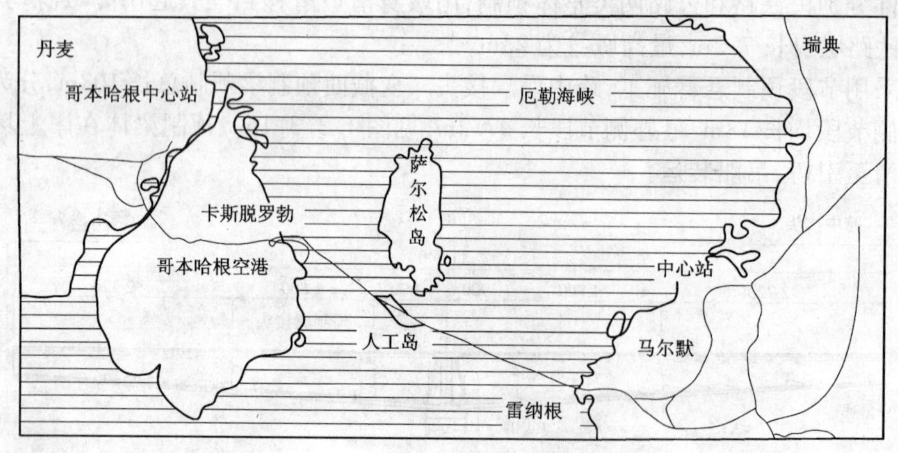

图1.3.3.18 厄勒海峡地理位置

1991年4月23日，瑞典和丹麦两国政府正式签订建设海峡通道协议。协议中规定为双向双车道公路和双轨高速铁路，选用南线哥本哈根到马尔默，但在萨尔松岛之南，因为萨尔松岛是天鹅和灰脚鹅的换羽区，是自然保护区。在海峡中建造一座1.3km^{2}的人工岛，为避免干扰飞向哥本哈根国际机场的飞机航线和为国际航运留出通行水道，靠近哥本哈根的西端为公铁两用的海底隧道，东端为公铁两用跨海大桥，因此跨海工程由西侧海底隧道、中间的人工岛和跨海大桥三部分组成。

1992年1月27日，两国政府成立厄松集团(Oresunds Konsortiet)，负责跨海工程的筹资、建设和运营工作。年末，厄松集团组织方案比选，比选包括项目管理服务和设计比选两部分。比选方案从美学、环境和技术三个独立方面进行评价，且根据协议，跨海工程必需在"生态上是促进的、技术上可能的和经济上合理的，避免任何对环境不利的影响。"要求不改变经过厄勒海峡西北到卡特加特海峡(Kattegat Strait)、南到波罗的海(Baltic Sea)的水流。

方案比选结果为：从哥本哈根的卡斯脱罗勃(Kastrup)填出0.43km人工半岛，接3.75km沉管隧道，接4.21km双人工岛，中间有600m连接桥，人工岛两端各有导流堤以导引两航道水流；东侧跨海大桥全长7 845m，分上下两层，上层为4车道高速公路，下层为双向200km/h电气高速铁路。其中西引道长3 014m，东引道到瑞典长3 739m；中间是斜拉桥，通航跨桥长1 092m，主跨约490m，净空高57m。在瑞典的雷纳根设一个收费站，整个厄勒海峡联络线设计有计算机监视系统，终点站设控制中心。

1995年11月海峡大桥正式启动，由Skanska AB(瑞典)、Hoejgaard & Schultz(丹麦)、Monberg & Thorsen(丹麦)和Hochtief AG(德国)组成的联合集团(Sundlink Contractors)承建，合同金额为63亿丹麦克朗(约9亿美元)。2000年6月11日试行通车，2000年7月1日正式通车。

1. 桥梁设计概要

厄勒海峡大桥是一座上层为4车道公路、下层为双向铁路的公铁两用大桥，总长7 845m，大桥包括三部分：双塔双索面五跨连续钢桁梁斜拉桥(主桥)，长1 092m，为世界第一长公铁两用斜拉桥，跨径组合141m + 160m + 490m + 160m + 141m，主桥立面见图1.3.3.19，主桥下的弗林特航道宽370m，桥下通航净高57m；西引桥与人工岛上高架桥相连，长3 014m，跨径组合为4×120m + 18×140m，分两段连续，纵坡1.55%，平曲线半径为12 800m；东引桥与瑞典岸相连，长3 739m，跨径组合24×140m + 3×120m，分三段连续，纵坡1.25%，竖曲线半径65 000m，平曲线半径分别为13 900m。

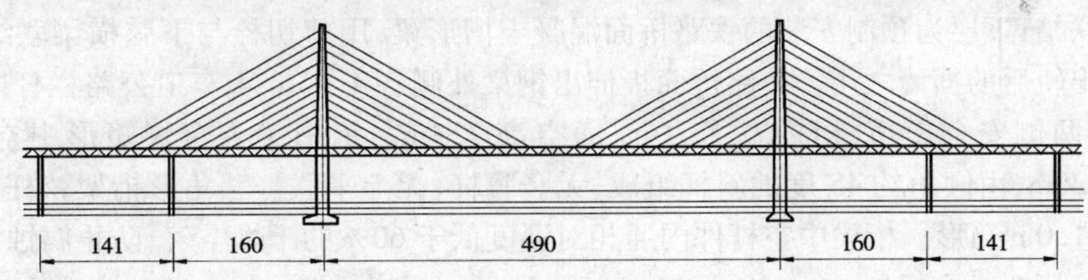

图1.3.3.19　厄勒海峡大桥主桥立面布置

大桥的主要工程量为：结构用钢数量85 000t；混凝土260 000m^3；钢筋43 000t；斜拉索3 000t。

(1)主桥

①主塔及基础

主塔呈H形，没有上横梁，海平面以上高度达204m，桥面以上高度近140m。塔柱外形为五边形，内侧立面竖直，与索平面平行，间距2.3m。柱壁厚最长边为0.9～1.49m，其他四边为0.36～0.67m。下横梁为5m×10m预应力混凝土箱形梁，上面设置支座。

主塔基础为带内隔墙的有底沉箱，底面尺寸为35m×37.18m，底板、肋板、竖向墙板和顶板均为预应力混凝土结构，每个沉箱重约20 000t。在沉箱隔舱内填充砂、卵石或压重混凝土，以增加重量、抵抗船舶撞击力。主塔基础及其边跨桥墩基础周围，均抛石形成椭圆形的防护结构。

主桥边跨的辅助墩和过渡墩基础为预制安装的沉箱结构。辅助墩除设置了一般支座外还设置了拉索摇轴支座，墩身由预制的混凝土箱形构件组成。

②主桥主梁

斜拉桥主梁为钢桁梁，高10.2m、节间距20m，主桁结构高度尺寸及节间长度和引桥统一。斜腹杆的倾角与斜拉索的倾角基本一致,使得桥梁外观简洁明快。上弦杆、腹杆尺寸和引桥统一,但在节点处有横撑,无水平联斜杆。横撑、长斜杆平面内有锚着斜拉索的三角撑,传力直接。公路面桥面板、上弦杆和上弦横撑用剪力栓相连(图 1.3.3.20)。钢桁梁上为混凝土公路桥面,设横向预应力;桁梁内为下层铁路,设计为封闭的钢箱桥面。

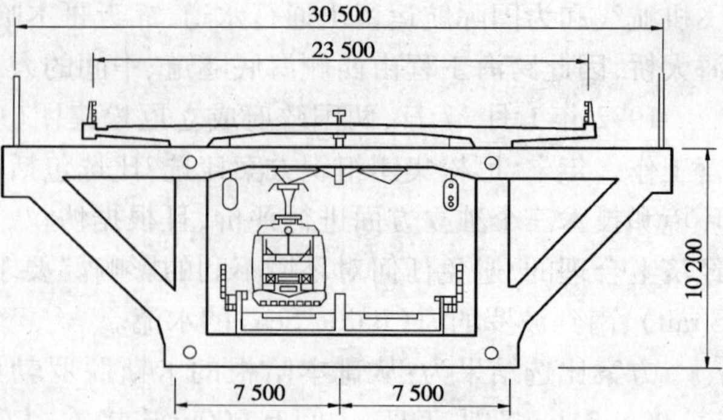

图 1.3.3.20 厄勒海峡大桥主梁横断面(单位:mm)

③斜拉索

主桥斜拉索呈竖琴形布置(平面平行索面),斜拉索面距 30.5m,路面外侧各设 3.5m 人行检修道,梁上索距 20m,塔上索距 12m。斜拉索用 Freyssiney 平行钢绞线,每索 75 股,每处上下两索,80 个拉索点 160 索、12 000 股。钢绞线由 7ϕ5mm 镀锌高强钢丝组成,外包 PE 套管,在钢丝之间以及钢绞线和套管之间填充蜡,最后整根斜拉索再用 PE 套管防护。

斜拉索采用上下平行两索各 75 股一索,索间距 670mm。在两并行索之间加固定器,使双索不接触,降低振动频率。

(2)引桥

引桥基础采用沉箱,底面尺寸有 18m×20m 和 18m×24m 两种,支承在开挖出的海床以下的哥本哈根石灰岩上。沉箱底面与岩面间空隙,压入水泥混凝土充填。沉箱顶面高于海平面 4m。沉箱的重量由天鹅号起重船的起吊能力控制。

引桥墩身是预制的空心钢筋混凝土构件,高度 13～51m,重 900～3 300t,其外形、比例和其他构件特别是主塔协调,桥墩两端加尖角成八角形。墩身下半部填混凝土、橄榄石和砂以保证抗滑和稳定。接近通航跨的两个墩,允许船撞力为 278MN。

引桥上部结构为连续双层钢结合桁架梁。上层为预制安装的横向预应力混凝土公路桥面板,与上弦杆用剪切栓联结;下层为预制安装的铁路桥面混凝土槽形梁,用剪切栓与下弦横梁联结,铁路槽形梁的边肋亦作防出轨后的挡墙之用。公路桥面板伸出钢梁外侧各 4.25m,4 车道公路栏杆内净空 23.5m。铁路双线,包括两侧安全走道,桁内宽 12.0m、净空高 7.4m。钢桁梁为全焊矩形中空断面杆件,高 10.2m、节间距 20m,由倾角约 45 度的斜杆组成,无竖腹杆、无上平联。三角形桁架弦杆 1.3m×1.5m,腹杆为 1.3m×1.0m 箱形。桁梁中空杆件内通相对湿度低于 60% 的干燥空气,防止腐蚀。

2. 桥梁施工概要

厄勒海峡大桥施工最显著的特点是高度采用预制装配化技术,最大限度降低了现场施工可能带来的工期延长和费用增加的风险,以及施工和环境之间的相互干扰。

引桥基础所用的沉箱、墩身以及用于铁路桥面的槽形梁,主桥边跨辅助墩和过渡墩的基础沉箱和墩身,以及主桥上部结构的公路混凝土桥面板,都在马尔默北部港口的一个工厂内预制。构件起吊采用改造后的长颈天鹅号,最大起重量达到 8700t。预制厂设有供天鹅号浮吊使用的泊位。预制工厂流水作业,按 14d 的周期生产出一跨引桥所需的沉箱、墩身及其他构件。

(1)主桥上部结构

主桥钢桁架在瑞典的卡尔斯克鲁纳(Karlskrona)生产。先在船厂加工成 20m 长的构件,再焊接成 6 个 140m 和 2 个 120m 的节段。造好的钢桁梁节段用驳船运到马尔默北部港口,在那里浇筑公路混凝土桥面板。然后用天鹅号浮吊吊运至现场安装。

安装过程如下(图 1.3.3.21):

①在东主塔的西侧约 120m 处设置塔架式临时墩,将吊运来的 140m 长节段架设在东主塔横梁和临时墩上。

②将另一段 140m 节段吊运安装在前一节段端头和其东侧的辅助墩上。把以上两个节段连接之

后，开始对称地安装和张拉斜拉索。拉索用 Freyssiney 专利的“等拉力系统”(Isotension System)张拉。

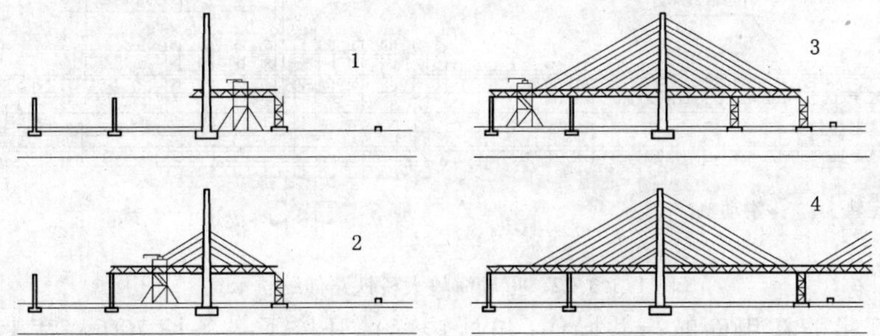

图 1.3.3.21　厄勒海峡大桥主桥上部结构施工步骤

③把主桥东端的一段 140m 长的节段吊运安装在辅助墩和过渡墩上；在主跨跨中设置临时墩，再安装 120m 长的主梁节段于两临时墩上。主梁节段连接后，安装并张拉斜拉索。

④把靠近东塔的临时墩移到西塔东侧约 120m 处。按与上述相似的顺序，安装主桥西面半跨主梁及斜拉索。主桥合龙后，拆除临时墩。

采用上述方法，用 9 个月完成了主桥上部结构的安装，不但工期短，而且费用经济。

(2)斜拉桥下部结构

主塔预制混凝土基础沉箱在马尔默的考库姆(Kockums)干船坞内预制，制造完成并装设工作平台及塔吊机座等附属部件之后，向干船坞内充水。将 2 艘浮驳联结组成一个浮驳组合船，其上设沉箱起重装置，可吊重 12 000t。浮驳组合船入坞提升沉箱后，吃水 6.5m，将沉箱从船坞内拖出，并浮运至墩位处定位下沉。

在开挖好的基坑内，设置找平 3 个混凝土垫块，公差 ±5mm。沉箱被安装支承在混凝土垫块上，底面与岩面之间约 1m 的空隙压注充填水泥混凝土。为获得足够的抗船舶撞击力，沉箱内回填砂、卵石或压重混凝土。

塔柱混凝土采用爬模浇筑施工工艺。每一节段高 4m，施工周期约 5 ~ 9d。因斜拉索在塔上的锚固采用钢锚箱，在塔柱中能够准确定位，且可缩短有索节段塔柱的施工周期。

横梁在塔柱超过其顶高程后再施工。用起重船将横梁模板及其支架和预制好的钢筋骨架吊装到设计位置，并固定到已施工的塔柱上。横梁混凝土分 3 部分浇筑，首次浇筑 1/3，该部分混凝土与模板支架共同承受后浇混凝土的重量。混凝土用海上搅拌船搅拌供应。

主桥边跨基础沉箱施工同引桥基础。

(3)引桥上部结构

引桥钢混复合桁架梁在西班牙的卡迪斯(Cadiz)制成后，用远洋船舶运到马尔默，在那里安装铁路桥面的混凝土槽形梁以及人行道和栏杆等附属件，一跨的最大总重达到 6 900t，再加上特制吊具的重量，刚好在长颈天鹅号浮吊的最大吊重能力之内。

天鹅号将整跨引桥上部结构吊运安装到桥墩上，混凝土公路桥面板和铁路桥面槽形梁在钢桁梁架设好后，再与钢桁梁连接。

桥梁伸缩缝的伸缩量为 1 200mm(±600mm)。公路伸缩比较简单，铁路伸缩靠尖轨和移动枕木，见图 1.3.3.22。尖轨布置在梁上，约 9 根枕木，尖轨不动。尖轨外托弯轨在 16 根枕木上伸缩滑走移动。移动枕木三根，架在搁于两跨伸缩梁端，一端固定、一端滑动的滑动轨枕梁上。移动轨枕三根以剪刀撑铰联于伸缩的主梁两边，使伸缩时轨枕或密或疏总是均匀排列，托住铁轨。

每个伸缩缝处，除了伸缩器之外还设置液压阻尼器以承受突然的纵向荷载，如阵风、地震和车辆制动。

桥梁纵向每 600m 有楼梯联系上下桥面，以供铁路事故疏散旅客之用。

(4)引桥下部结构

引桥基础支承于石灰岩上，基坑开挖深度 5 ~ 10m，总开挖量达 250 000m^3，用反铲式挖泥船开挖。在浅水区，尤其是沿瑞典岸，天鹅号要经过的路线约有 700m 宽的海底只有 1 ~ 2m 的水深。为了使载有

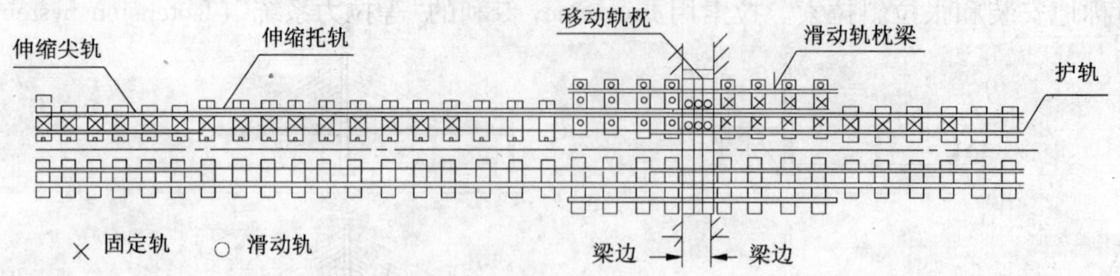

图 1.3.3.22　厄勒海峡大桥铁路伸缩轨示意

桥梁构件的天鹅号浮吊能在里面航行并操作(包括转弯),开挖了一条长 700m、宽 150m、深 5m 的航道。

沉箱用天鹅号浮吊从预制厂吊到墩位安装就位的,安设方式与主塔基础沉箱类同。

墩身从其预制位置被移送到码头,再用天鹅号浮吊吊运到墩位处,安装到已设置的沉箱基础顶面,并采用千斤顶调整墩身位置准确就位。沉箱与墩身接缝采用现浇连接。在上部结构施工后,在墩身内填充砂、卵石或混凝土。

3.3.4　意大利墨西拿海峡大桥(Messina Strait Bridge)

意大利地处欧洲南部地中海的北岸,亚平宁半岛与西西里(Sicily)岛被宽 3.3 km 的墨西拿海峡(Messina Strait)隔断,见图 1.3.3.23。墨西拿海峡南北长约 27km,东西宽 3.3 ~ 13.5km,因其海底有很多鞍形礁,且海水流急,海面形成漩涡,海况条件恶劣。西西里岛是地中海中最大的岛屿,面积 2.55 万,人口 500 多万,东北隔墨西拿海峡与意大利本土相望,西南隔突尼斯海峡同北非对峙,扼大西洋通往黑海和经苏伊士运河达印度洋之交通要冲,战略地位非常重要,地理位置见图 1.3.3.24。

图 1.3.3.23　墨西拿海峡大桥

目前两地的交通依赖渡轮联系,意大利半岛上的人前往西西里岛必须在汽车和轮渡上呆几个小时,在夏天和假日,汽车轮候登船可能要等上 10 ~ 12h。建造连接亚平宁半岛和西西里岛的跨海大桥是意大利人历来的理想。

墨西拿海峡大桥从 1968 年开始酝酿,1969 年意大利公路局(ANAS)发起了一场跨越墨西拿海峡的固定连接国际方案比选。1971 年 12 月 17 日意大利政府批准在西西里岛和意大利大陆之间建设永久的公路和铁路,工程主要由国家投资,采用股份制形式。1981 年 6 月 11 日,正式成立了墨西拿海峡大桥公司(Stretto di Messina S. P. A.),意大利国家控股 51%,意大利公路局、西西里岛区政府、卡拉布里亚区政府 4 家机构各占 12.25% 的股份,负责大桥的专题研究、设计、建设以及运营管理等。

1985 年 12 月 27 日,墨西拿海峡大桥公司获准进行工程可行性研究(包括专题研究)和初步设计工作,并于 1986 年 6 月拿出了工程可行性报告。其后的几年时间内,对悬索桥方案(单跨悬索桥和双跨悬索桥),分别从多个方面进行经济技术比较,并于 1992 年 12 月提交了详细初步设计方案,包括预算、工期安排以及经济效益分析等。至此,长达 24 年的设计工作终于拿出了最后设计方案,选择了 3 300m 的单跨悬索桥。

2003年6月20日,意大利环境特别委员会的环境影响评估部门正式批准了联合集团承担的墨西拿海峡大桥环境影响研究报告,该报告对环境和经济影响进行了综合研究,在此基础上对1997年方案进行了修正。大桥上最大理论通行能力为车辆6 000辆/h,每天200列火车通过。

在墨西拿海峡上建设跨海大桥,必将在短期内对该地区的社会、经济和环境产生深远影响,对地区发展与繁荣产生积极的促进作用。同时作为一个必不可少的联系通道,如此重要的工程,不仅仅是一个孤立的桥梁,而是该地区主要基础设施的有机组成部分。

图1.3.3.24　墨西拿海峡地理位置

1. 桥梁设计概要

墨西拿海峡大桥采用单跨悬索桥,全桥长5 070m,主跨3 300m,卡拉布里亚(Calabria)侧和西西里岛侧边跨长分别为810m和960m,如图1.3.3.25所示。边跨只在近塔段布置吊索,前无先例。该桥设计能够抵御里氏7.1级地震和超过200km/h的大风。

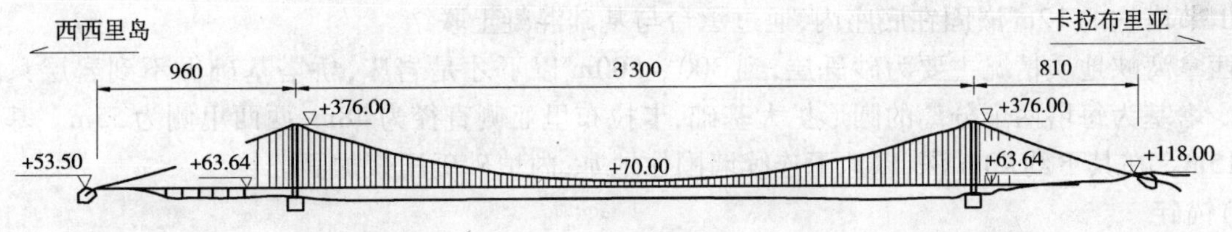

图1.3.3.25　墨西拿海峡大桥立面布置(单位:m)

桥面中部为2条铁路车道,两侧各3条公路车道(包括一条紧急停车道),最外侧是低于桥面的维修道,一共宽60.4m。大型船舶通过中部航道时采用雷达导航(Vessel Traffic Service),通航净空65m×600m;中小型船舶走两侧航道,通航净空50m×1000m。

(1)加劲梁

加劲梁长3 666m,对称布置在中跨,两端伸出塔柱各183m,加劲梁宽60.4m。为取得良好的空气动力特性,加劲梁也设计成前所未有的特殊结构和形状,由3个纵向钢箱梁、钢桥面板和钢横梁组成格栅形成加劲梁(图1.3.3.26),悬吊于缆索系统。加劲梁全部采用钢结构,总重约66 500t。

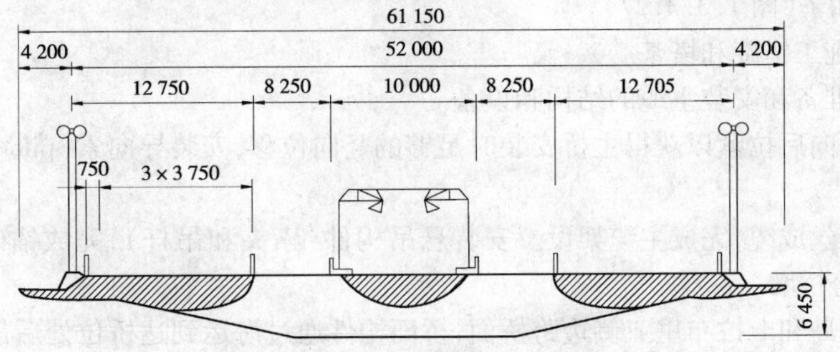

图1.3.3.26　墨西拿海峡大桥加劲梁横断面(单位:mm)

钢横梁间箱梁纵向净长26m。中间钢主梁宽10m,铺设双轨铁道,左右钢主梁各宽12.75m,各为3车道公路。钢横梁为长52m、中部高6.45m、横向宽4m的箱梁,间距30m。两侧风嘴上用作人行道和维修车道。

桥面横坡2%,倾向中间带隔栅的桥面部分,由集水槽将污水汇集。桥面外侧由风嘴和栏杆围起,和加劲梁焊在一起,具有空气动力稳定的外形,如图1.3.3.26所示。桥面翼形设计能够抵御超过200km/h的大风,虽然20年来风速未超过150km/h。多年的风洞试验研究,甚至对较低风速(低于

70km/h)作用也进行了全面的考虑,以尽可能的保证行车安全和舒适。

铁路钢箱梁连续,公路梁在桥塔处断开,允许水平面内转角,但不允许水平位移和垂直面内转角。

(2)缆索系统

悬索桥主缆由两对悬索组成,间距52m,垂跨比1/11。每对两根主缆间距1.75m,每根主缆紧缆后直径1.24m。主缆中跨长度3 370m,西西里岛侧的长度1 020m,卡拉布里亚侧的长度850m。

中跨主缆由88根直径135mm的索股组成,内含直径5.38mm的热镀锌高强钢丝44 352根。边跨每根主缆增加两根索股。西西里岛侧边跨共有45 280根钢丝,卡拉布里亚侧边跨共有44 840根钢丝。主缆从一侧锚碇到另一侧锚碇总长5 300m,镀锌钢丝总重约166 800t。

每对主缆由间距30m的索夹联系起来,索夹下为吊杆将加劲梁悬吊。

(3)桥塔和塔基

悬索桥采用门式桥塔,全钢结构,塔柱为16m×12 m菱形截面,其外形经风洞试验优化,用20~70mm钢板焊成。每塔2根略有内倾的塔柱通过4根横梁相连,横梁高17m,宽4m。塔柱高370m,每根塔柱由21节高17m的标准构件和一节包含主鞍座的高15.1m的塔顶构件组成。

支承主鞍的最后一节塔顶构件的长边倾斜,其上有保护主鞍的鞍罩。2个塔柱横向中心间距,由底座处78m渐变至顶部处52m,内倾2°。桥塔承受两对主缆拉力,西西里岛侧为102 500t,卡拉布里亚侧为98 800t。每个桥塔总重约56 000t,其中每个塔柱26 500t,4个横梁共重3 000t。

第1节塔柱的12m嵌固在底座内,通过承台与基础混凝土联结。

墨西拿海峡地质情况主要为砂砾层,到300~500m以下才是岩床,桥塔基础做不到岩层只能在砂砾层中。塔基为每塔两个分离的圆形扩大基础,卡拉布里亚侧直径为48m,西西里侧为55m。基底高程约为-15m。在其下约40m深,以地下连续墙围住地基,内填砂砾压浆加固。

(4)锚碇

西西里岛侧锚碇和卡拉布里亚侧锚碇都是大体积钢筋混凝土结构,全部埋于岸上地下。棱柱形的外形使得锚碇嵌入土体,与土体获得最大的相互作用力。锚碇结构合力与主缆拉力近于垂直。锚碇承受主缆拉力为133 000t。

2个锚碇由于地形和覆盖层的不同而不同。西西里岛侧的土层是由松散的砂砾层(墨西拿砂砾层)构成,而卡拉布里亚侧是由较坚实的砂砾岩构成。西西里岛侧锚碇体积328 000m^3,卡拉布里亚区锚碇体积237 000m^3。为保证地面景观,锚碇体积露出地面部分不超过17%。

锚碇内设有锚固主缆的锚室,索股通过预应力锚固拉杆锚固到锚块上。

2.桥梁施工(方案)概要

桥梁施工步骤如下(图1.3.3.27):

(1)处理土层,施工锚碇和塔基。

(2)安装主塔,准备和安装主缆的结构和设备。

(3)将主塔塔顶向后拉紧以获得主桥安装时足够的竖向位移,安装导向索(pilot rope)。

(4)安装猫道。

(5)开始空中编丝成缆,完成主缆架设。安装悬吊构件(索夹和吊杆),完成锚碇,并施工西西里岛和卡拉布里亚侧边跨桥墩。

(6)安装西西里岛和卡拉布里亚侧边跨桥面,桥面构件通过海运到达桥位处后吊装。

(7)安装主跨桥面。预制的加劲梁通过海运到位后,采用特殊设备吊装。首先安装跨中节段以及主塔附近节段,然后逐渐推进。

(8)所有梁段吊装完成后,塔顶位移复原,达到理想线形,最后焊接梁段。

(9)铺设公路和铁路路面,安装固定设备。拆除猫道,完成中央控制系统,全桥试运行。

2005年丹麦的COWI财团,意大利的Impregilo,Condotte,Aci Consorzio Stabile,Cooperativa Muratori & Cementisti(CMC)和Impresa Grassetto,西班牙的Sacyr Vallehermoso,以及日本的Ishikawajima-Harima

Heavy Industries（IHI）联合体竞标成功，开始进行该桥的最后设计施工图纸审批阶段，2006 年受政治、经济和社会舆论的影响，该桥的建设在即将开工时被政府中止。2008 年下半年开始的席卷全球的经济危机给该桥的建设提供了一个契机。2009 年 3 月，意大利政府再一次恢复了该桥的建设，以提供就业机会和刺激经济复苏，预计 2009 年下半年开工建设。

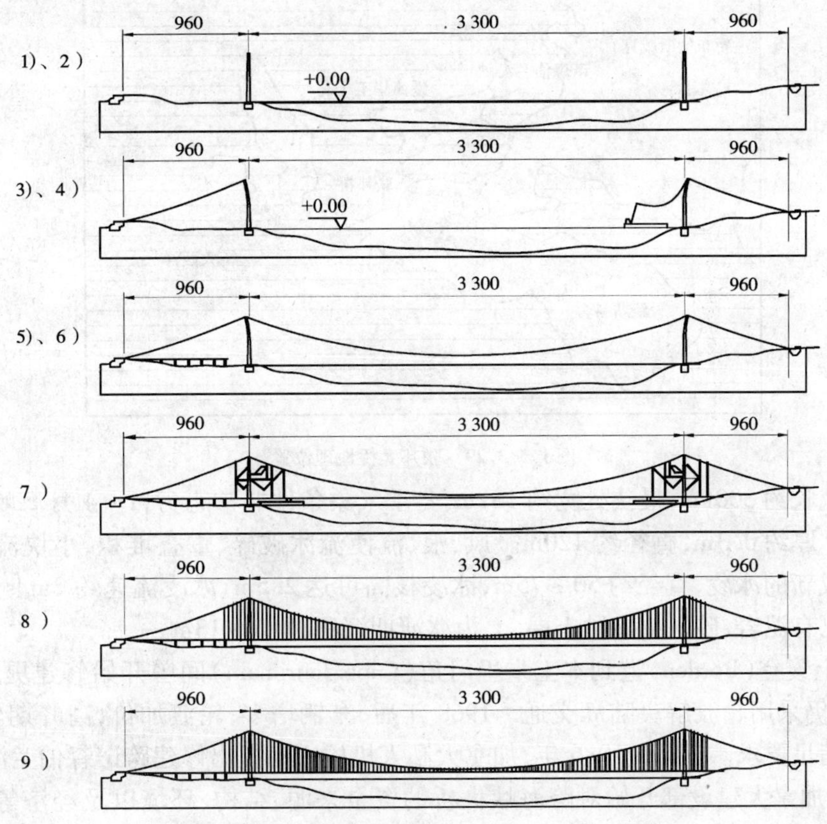

图 1.3.3.27　意大利墨西拿海峡大桥施工步骤（单位：m）

3.3.5　加拿大联邦大桥（Confederation Bridge）

联邦大桥位于加拿大东南部，横跨诺森伯兰海峡（Northumberland Strait），是一条长达 12.9km，连接爱德华王子岛（Prince Edward Island）与新布伦斯威克（New Brunswick）省之间的跨海公路大桥，见图 1.3.3.28。

图 1.3.3.28　加拿大联邦大桥

爱德华王子岛位于加拿大东南端的圣劳伦斯海湾内，与加拿大本土相隔诺森伯兰海峡，因其是加拿大本土之外悬于海上的孤岛，也被称为"波浪中的摇篮"。爱德华王子岛长约 180km，宽 55km，面积 5 660km^2，人口约 12 万，是加拿大最小的省份，见图 1.3.3.29。在殖民地时代的 18 ~ 19 世纪期间，该岛与本土之间主要使用冰船,19 世纪末开始使用轮渡。

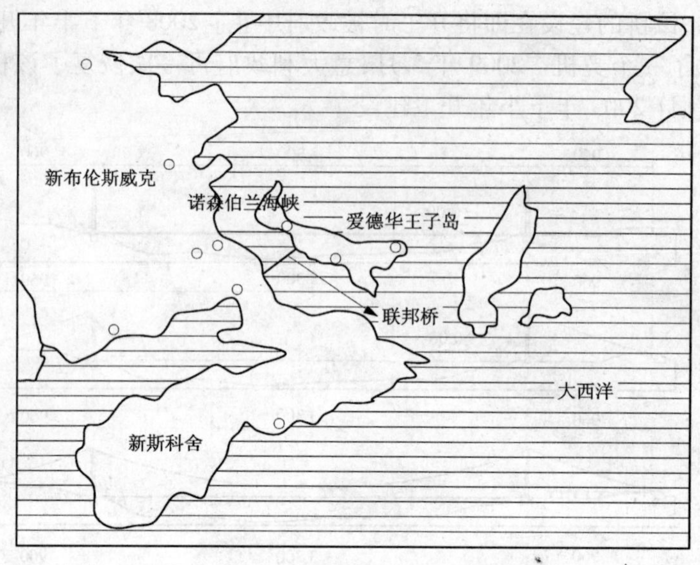

图 1.3.3.29　联邦大桥地理位置

诺森伯兰海峡长约 300km,最狭处宽约 13km,冬季气象条件非常恶劣,1～4 月海峡冰封,冬日冰封厚约 1m,三月浮冰厚约 0.3m,直径约 120m。风、浪、流使流冰破碎、重叠堆积,小块流冰在上,大块在下,重新冻合,形成新的冰凌,直径约 50～75m,冰凌核高可达 2.5m,冰凌流速约 2m/s。桥址处水深最大 36m。地质情况有泥岩、砂岩中夹黏土层,上为冰河期沉积,厚 1～13m。

1960 年从岛上褒登(Borden)港到本土朱里门角(Cape Jourimain)间曾开始修建堤道桥,但 1968 年堤道桥工作取消,仍采用轮渡解决陆岛交通。1968 年后,车辆增多,轮渡加价,高峰期轮渡的水平和服务质量明显难以满足要求。1985～1986 年,加拿大私人机构主动提出修建跨诺森伯兰海峡跨海工程。

1986 年 12 月加拿大建设部开始对跨海峡大桥的资金来源、结构、环境以及经济等方面进行研究,经过 7 年的详细分析、研究和评审,1993 年 10 月 7 日加拿大建设部与中标单位"跨海工程发展公司"(Strait Crossing Development Incorporated,SCDI)在多伦多签署协议。在实施阶段,又结合美国 J. 马勒国际公司(J. Muller International)和荷兰勃拉斯脱. 倪达(Ballast Nedam)公司参加,组成跨海通道合营企业(Strait Crossing Joint Venture,SCJV)。

协议以 BOT 方式建造从新布伦斯威克的托门汀(Tormentine)到爱德华王子岛的褒登港间的桥梁,且竣工后 35 年内 SCJV 负责运营管理与养护。35 年后,产权及经营权等归还政府。

联邦大桥于 1993 年动工,1997 年完工通车,全长为 12.9km,速限 80km/h,并禁止超车,所以过桥需 10min。一共 65 个桥墩,通航跨净高 60m,可以通行大型的远洋货轮。

桥梁完工之后,交通更频繁方便,也带动了这座小岛的经济发展,创造更多来自观光及农产品的收益。

1. 桥梁设计概要

联邦大桥桥梁总长 12.94km,跨度组合 14×93m ＋165m＋43×250m＋165m＋6×93m,新布伦斯威克岸纵坡 －2.3%,爱德华王子岛岸纵坡 －2.1%,见图 1.3.3.30。桥面有效宽度 11m,车道宽 3.75m,无分隔带,每侧 1.75m 宽路肩。通航跨净高 60m,设计使用寿命 100 年。车辆荷载采用安大略州公路桥设计规范,风荷载与冰荷载等桥位处特有的条件根据 1988 年到最终设计期间的调查观测资料决定。

由于联邦大桥设计使用寿命为 100 年,且又处于海洋环境,因此采用了高强度及高耐久性混凝土。结构退化的主要因素为盐分的浸入引起钢材腐蚀、骨料的碱性反应、硫酸盐作用、冻结与融解作用以及冰块对混凝土的摩擦损伤作用等。故所有预制构件采用掺有 7%～8% 硅粉的水泥(IOSF 型水泥)。在加拿大东部大部分地区都存在集料碱性反应问题,因此除采用低碱水泥外,在所有混凝土中掺入火山灰质混合料。混凝土最大水灰比 0.34,设计标准强度在 28d 龄期为 55MPa、90d 龄期为 60MPa。全部采用加气混凝土,泵送浇筑。

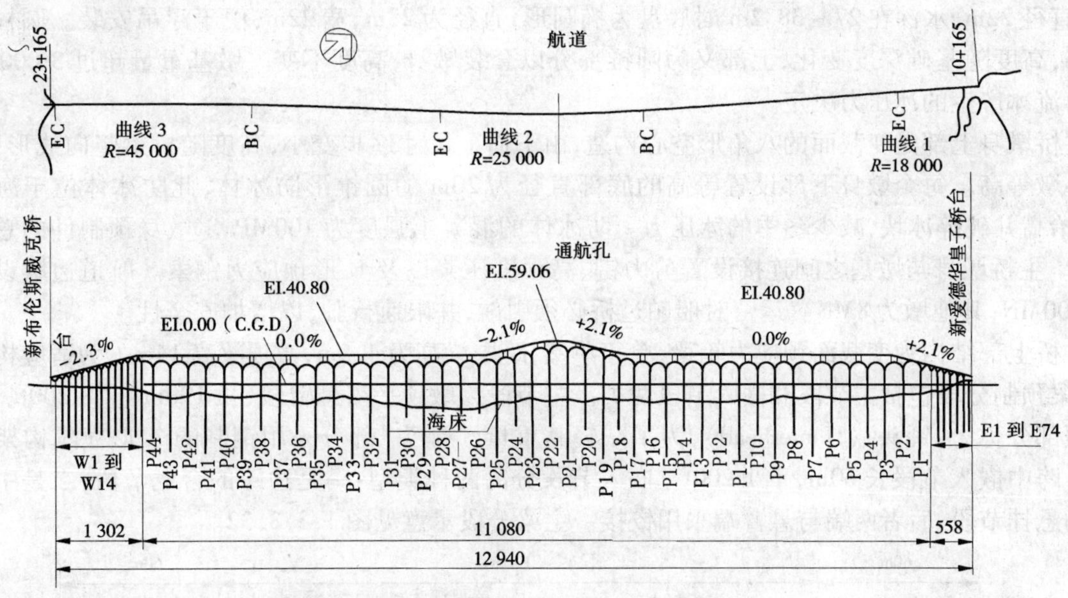

图 1.3.3.30　联邦大桥平面及立面布置(单位:m)

跨越诺森伯兰海峡的联邦大桥设计和施工有两个特点:一是不能使冰封时间延长(甚至是 1～2 周),因为这样会影响海洋生物,捕鱼业和沿岸农业小气候,对海洋生物系统的影响和龙虾捕捉至关重要。在 100 年一遇的气候条件下,冰封时间每年最多延长 2d。二是只能有 4 年的施工时间,而每年仅 5 个月可以进行桥梁施工。

诺森伯兰海峡大桥址处水深不大,平均 10～20m,地质条件尚可,覆盖层厚度不大,且持力层砂岩和泥岩埋藏较浅,故采用扩大基础。

主桥下部结构为预制钢筋混凝土结构,分成墩底基础和墩身两段预制,见图 1.3.3.31。主桥墩基

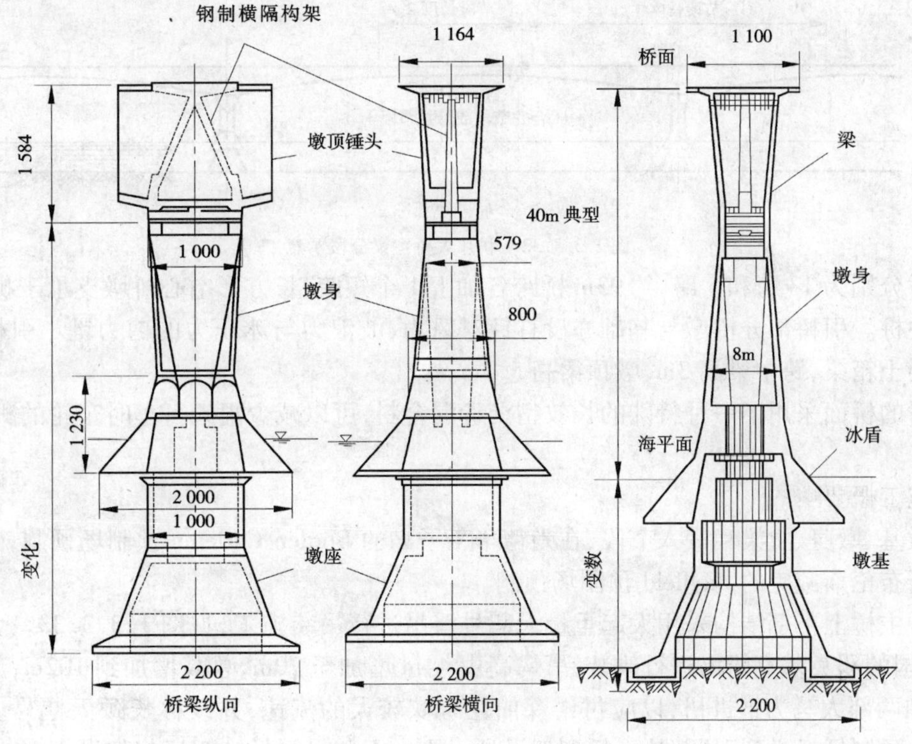

图 1.3.3.31　联邦大桥下部结构构造(单位:cm)

包括圆锥部分和圆柱部分。圆锥部分有二种尺寸，高度相同，底盘尺寸略有不同，水深在27m时底盘为圆形，直径22m，水深在27～38.2m时底盘为椭圆形，直径为28m、宽22m，便于浮吊安装。圆柱部分直径10m，高度随基础深度变化，上部又为圆锥部分以套装墩身，高度不变。墩基重量超过3 000t。基础尺寸由流冰产生的冰压力决定。

主桥墩身上部是变截面的八角形空心构造，由下而上尺寸逐步变小，高度随桥梁竖向线形而变，平坡时各墩等高。每个墩身下部设置等高的底部直径为20m的圆锥形防冰体，此防冰体位于海面高程处，可抬高并破碎冰块，减少冬季的冰压力。防冰体的混凝土强度为100MPa。墩身预制件的总质量约4 000t。主桥墩身与墩基之间连接设置剪力键、高强度压浆以及U形预应力钢索。航道边墩设计船撞力为100MN；其他墩为8MN。运营时船舶过桥必须引航，并限速行驶，以增加安全性。

主桥上部结构为变截面预应力箱梁，单箱单室，跨中梁高为4.5m，墩顶梁高14m。为适应构造和吊装，主梁预制分段包括主节段和嵌入节段两类。主节段为墩顶平衡悬臂段，长190m，重8 200t。主节段的墩顶部分称为"锤头"（Hamerhead），为了减轻其重量，"锤头"部分采用钢制的A形横隔构架作为横隔梁。跨中嵌入节段长60m，重1 200t。嵌入节段分为两种类型：一是边跨的合龙节段，二是中跨悬臂之间的悬挂节段，后者两端与悬臂端采用铰接。主梁分段示意见图1.3.3.32。

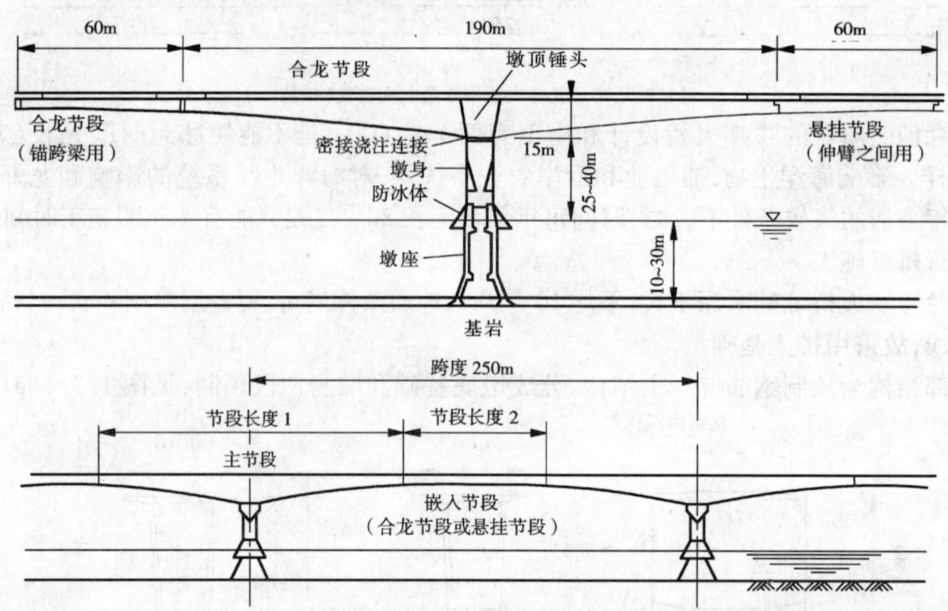

图1.3.3.32　联邦大桥主梁分段示意

两岸引桥分别为13跨和5跨，约93m桥跨各加上1个短跨，长方形空心桥墩支承于扩大基础或2m直径钻孔灌注桩。引桥部分桥墩与基础亦设有针对风力、波浪力与冰压力的剪力键。引桥亦为单箱单室预应力混凝土箱梁，跨中梁高3m，墩顶梁高5.1m。

联邦大桥的桥面采用了一种特殊的长效型沥青混合料，可以减少雨天行车时车轮的溅水，且有利于陆面排水。

2. 桥梁施工概要

主桥的墩基、墩身、主梁和嵌入节段，在爱德华王子岛的Borden Carleton预制场预制；引桥的预应力混凝土梁在新布伦斯威克的Bayfield预制场预制。

联邦大桥主桥上下部结构采用大起重量天鹅号浮吊进行吊装施工，见图1.3.3.33。大带西桥完成后，浮吊在法国的邓克尔克船坞进行改装，吊钩高由44m增加至70m，总高增加到102m，起重量增加至8 700t，并增加两部大马力推进机，以应付诺森伯兰海峡较大的流速，并改称长颈天鹅号。预制好的构件由运输车从预制场运送到引桥，从引桥到架设地点则由天鹅号浮吊来搬运与架设。

先用抓斗挖泥机清除墩基处覆盖层到岩床，再在岩床面挖一圈环以安放墩基。以钢结构联结的三块混凝土构件放入环槽内,稳定支承在三点。墩基与基岩之间浇筑高性能与高耐久性的水下混凝土。

墩身与墩基之间采用榫嵌式联结,有适当空隙,见图1.3.3.34。墩身先安放于墩基顶上的千斤顶上,进行微调位置和高程,精度为毫米级。位置调整准确后,压浆填实空隙,并张拉墩身和墩基间预应力钢筋,使其整体受力。

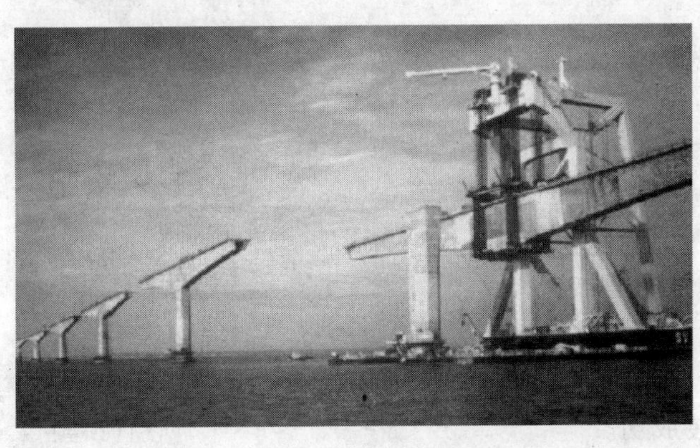

图1.3.3.33　联邦大桥施工中天鹅号吊装合龙段

U形预应力钢索
压浆
密封垫

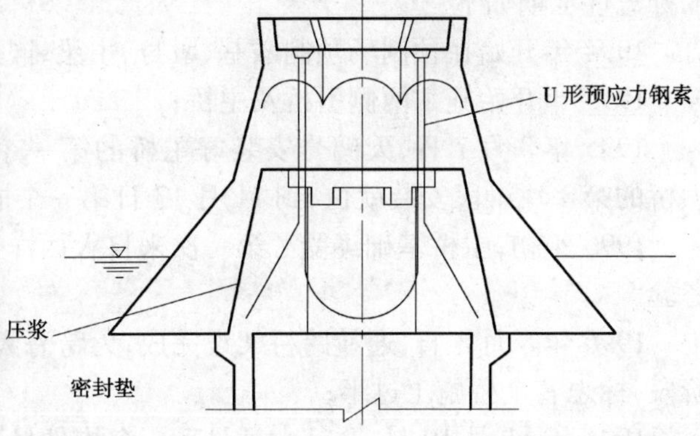

图1.3.3.34　联邦大桥墩身与墩基联结构造

主桥平衡双悬臂段在工厂分节段制造,每节段10~12m,预应力钢束连接成最长段至190m。长颈天鹅号浮吊安装好墩基墩身后,吊装主节段190m梁,采用环氧树脂与预应力钢束与墩顶固结。安装过程中,能承受一边有悬孔的偏载情况。然后吊装60m嵌入节段梁。每隔一跨,将嵌入节段(即合龙节段)与主节段联结,使桥梁成为带双悬臂的刚构。再吊装悬挂跨(即悬挂节段)联成长桥。安装步骤如图1.3.3.35。

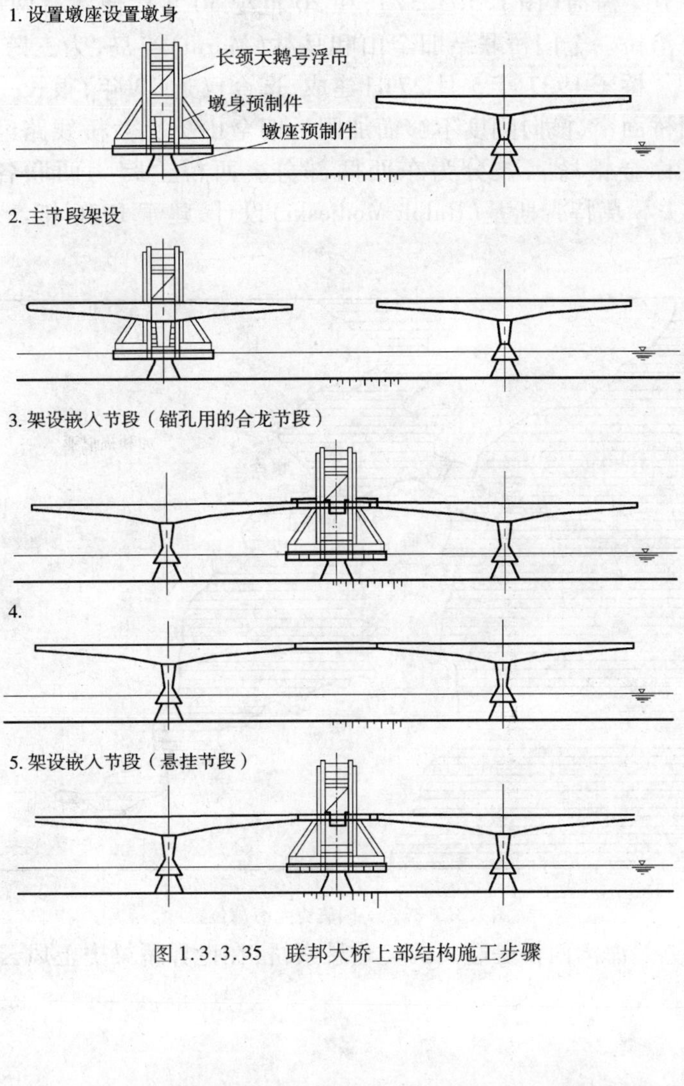

1. 设置墩座设置墩身
长颈天鹅号浮吊
墩身预制件
墩座预制件
2. 主节段架设
3. 架设嵌入节段(锚孔用的合龙节段)
4.
5. 架设嵌入节段(悬挂节段)

图1.3.3.35　联邦大桥上部结构施工步骤

两侧引桥所在位置为浅滩,故下部结构采用就地浇筑方法施工。引桥亦为单箱单室预应力混凝土箱梁,跨中梁高3m,墩上梁高5.1m。采用架桥机施工,预制节段悬臂安装(图1.3.3.36),预制节段的重量为50~90t。

联邦大桥工期4年,且每年只有5个月的海上施工时间,其具体的标志性工期如下:

1994年开始在预制场预制墩基、墩身、主梁、嵌入段以及引桥等;

1995年开始施工两侧引桥及主桥;

1995年8月7日,天鹅号安装好主桥的第一个墩基,10月1日主桥的第一块梁段安装就位,到11月17日第一个嵌入段安装;

1996年初,主桥基础经受了第一次来自大西洋冬天的浮冰、冰棱考验;

1996年8月3日,通航跨桥架设完成,为跨海大桥施工的里程碑阶段,标志着全桥施工过半;

1996年11月19日,联邦大桥最后一个构件吊装成功。

图1.3.3.36　联邦大桥引桥架桥机施工

由于采用了全桥大体积预制安装,联邦大桥于1997年5月31日建成通车。全桥造价6亿美元。建成后,其设计施工单位之一JMI(J. Muller International)获1998年美国加利福尼亚顾问工程师及大地测量优秀工程荣誉奖。

3.3.6　美国旧金山奥克兰海湾大桥(Sanfrancisco Oakland Bay Bridge)

美国西部旧金山奥克兰海湾(图1.3.3.37),在20世纪30年代便建有两座极有名的桥梁,即金门桥和旧金山奥克兰海湾桥。金门桥联结旧金山和马林(Marin)半岛,为三跨悬索桥,主跨1 280m,跨径为当时的世界第一。桥于1937年5月27日建成,迄今已近73年,很长一段时间里成为世界桥梁的前驱。金门桥曾因桥面窄,横向刚度不够而加固。旧金山奥克兰桥线路经过海湾中部尤巴·波拿(Yerba Buena)岛(又称金银岛),被分为东西两部分。西桥主跨为两联各三跨的悬索桥,主跨704.9m,美籍波兰人拉夫·莫特吉斯基(Ralph Modjeski)设计,建于1936年。东桥为引桥,主跨为钢变截面悬臂桁梁。

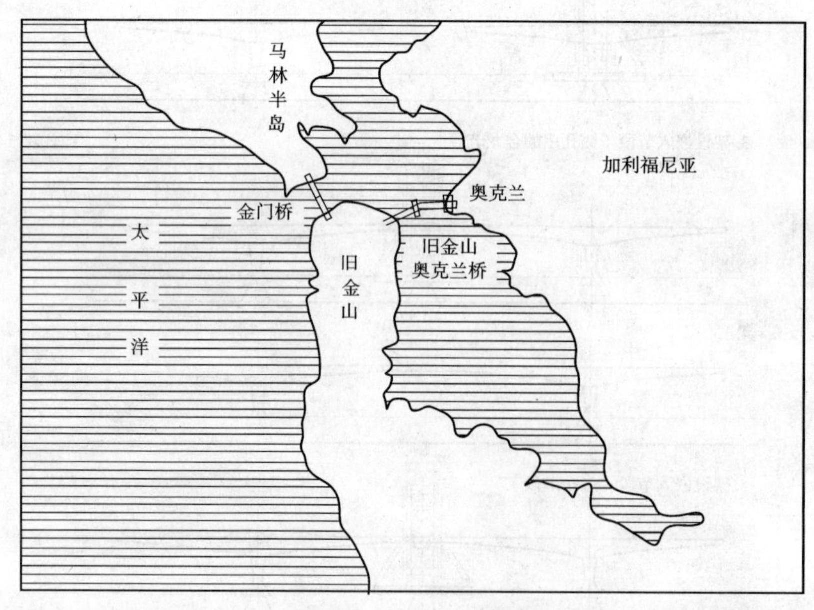

图1.3.3.37　美国奥克兰海湾位置

金门桥和旧金山奥克兰海湾西桥是经典的美式悬索桥,在世界桥梁史上风云一时,为第二次世界大战后日本本四联络桥的蓝本。因该桥建设较早，不详细介绍。这里重点介绍新的旧金山奥克兰海湾东桥。

1989年10月17日美国旧金山南约96km处，发生里氏7级洛马·普里埃塔(Loma Prieta)大地震。旧金山，奥克兰地区地震烈度达到9度。金门桥和旧金山奥克兰西桥悬索桥基本无恙，但东桥引桥公路桥脱落，双层高架桥塌落，死亡62人，损失巨大(图1.3.3.38)。产生震害的致命弱点是沿城市岸饱和的填土产生液化。

旧金山奥克兰桥东桥震坏后，加州运输局(Caltrans)认为造新桥比修复加固老桥更为合算，因此决定设计建造新桥。地方当局要求新桥有"标志桥跨"(Signature Span)，新桥在老桥北面，按新地震规程设计。

工作由州公路领导机构和加州运输局总管，由城市运输协会(MTC，Metropolitan Transportation Commission)负责为旧金山海湾区域作规划，并协调和集资。由MTC7个委员组成海湾桥设计工作组(BBDTF，Bay Bridge Design Task Force)提出推荐的新桥设计，而具体工作则由MTC所组织的工程设计顾问小组(EDAP，Engineering Design Advisory Panel)进行新桥的技术和设计事务。

图1.3.3.38　美国旧金山地震导致奥克兰东桥引桥塌落

1997年4月开始国际桥梁方案比选工作。MTC对桥梁设计提出了一些限制条件，如主桥必须是独塔索结构；不得采用钻石型桥塔；东边跨的塔高不能比现有西桥塔高(+139.5m和153.1m)高；不能是双层结构；必须考虑设计将来可能增加轨道运输；引桥等跨；10车道，双向各5车道，每向有标准的3m路肩，后又在梁侧增加了自行车道和人行道。

1997年11月加州运输局指定林同炎国际公司(T. Y. Lin International)和莫发德·尼柯尔(Moffatt &Nichol)联合体作为项目的牵头顾问公司。地震条件是用1 500年重现期的地震强度，设计150年寿命的桥梁，要求在哈瓦特裂缝(Hayward fault)产生7.25级地震或珊·安德里斯(San Andreas)裂缝产生8级地震后桥能立即继续使用。桥址处没有基岩，有很厚的海湾淤泥沉积，地质条件并不理想，无法设置锚墩，可采用斜拉桥或自锚式悬索桥。如采用斜拉桥，跨径385m，桥面以上约156m，加上梁高和净空，水面以上塔高约206m，高出西桥的塔高(153m)53m，不符合MTC的要求，故最后采用自锚悬索桥。

1.桥梁设计概要

海湾东桥是世界上第一座单塔自锚式悬索桥(图1.3.3.39和图1.3.3.40)，全桥总长3 075m，标志跨总长675m，主跨和边跨不对称布置，增加了桥梁造型的艺术性，主塔靠近尤巴·波拿岛，跨径布置30m+180m+385m+80m；墩高14~36m；通航净高45m，水面以上钢塔高160m，双钢箱梁宽24m，中到中42m，梁高5.5m。其中引桥长2.4km，桥跨120~160m，墩高14~36m，预应力混凝土箱梁跨中高5.5m，墩上高9m。

图1.3.3.39　新奥克兰海湾东桥

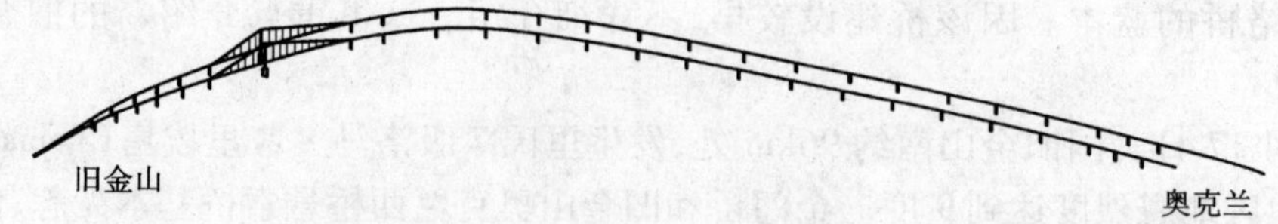

图 1.3.3.40　奥克兰海湾东桥示意

新的奥克兰海湾东桥的主桥立面布置图见图 1.3.3.41。

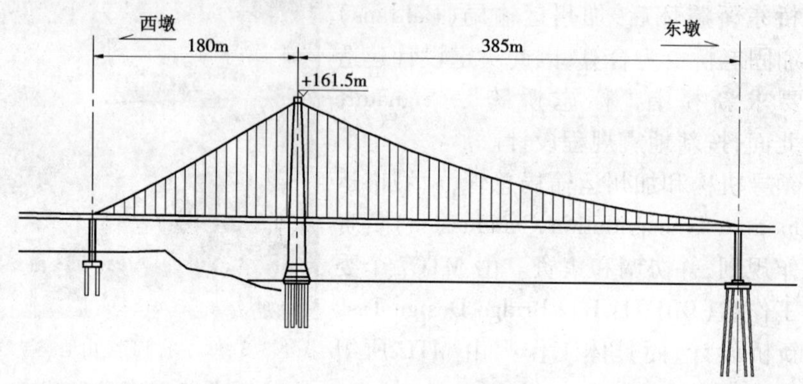

图 1.3.3.41　奥克兰海湾东桥的主桥立面布置

(1)主塔和基础

钢桥塔用四柱加横斜撑组成,其刚度设计满足地震时变形量较大的要求。柱梁联结用螺栓,易于修复。钢塔曾在圣地亚哥(San Diego)大学做模型试验。

主塔塔位处海湾平均水深 18m。塔基采用钻孔灌注桩,一共 13 根,直径 2.5m,桩长 35m,钢管壁厚 20mm。钢管桩入岩层 5m,钻孔填混凝土 17m。桩顶为八角形桥墩底座,即承台,尺寸为 36.5m × 26.5m,高 7m。桩头加套筒,与桩夹层间压注高强水泥浆。承台为分格钢结构,内插钢套筒和打入钢管桩。它们之间以钢剪力环或剪力键连接,空隙间填入混凝土。垂直和纵横向地震力,由钢结构直接传递。

桥梁为两幅,主跨边墩基础由两个分离的基础组成,每个 8 根打入桩,桩长 105m。承台也为八边形柱体,两个承台间由 9.8m 长混凝土箱梁联接成一体。整个结构的平面尺寸为长 67m,宽 25m。其上为两个钢筋混凝土墩身,约 36m 高。

(2)钢箱梁

标志跨采用分离式双箱梁,两箱间横梁宽 10m、间距 30m。箱梁内横隔板间距 5m,与吊索间距相同。钢梁与塔之间没有纵、横向水平联结,为全漂浮体系,塔受地震作用时水平力最小。

(3)主缆和吊杆

新奥克兰湾桥为独塔结构,吊杆在塔顶集中在桥中线,到梁端分散到梁外侧,吊杆形成两个倾斜面。这一布置对梁的横向抗震和抗风均有好处,但张拉力调节困难。

吊杆锚于梁端,两端采用不同的细节设计。西端(180m 跨端)吊杆环兜于梁底,索与梁夹角为 25°;东端(385m 梁端)则用锚碇。两索锚固点都下设拉支点以避免活载和地震作用所产生的负反力。

奥克兰海湾东桥主缆为单索系统,直径 0.78m 的主缆由 17 400 根相互平行的直径 5.4mm 高强镀锌钢丝组成,钢丝抗拉强度 1 800MPa。

2. 桥梁施工概要

主塔基础岩面挖平,该处高程约在水面以下 36m。挖平的目的是使桩长一致,当地震作用时受力匀称,减少塔内产生不利的扭矩和剪力。

边墩基桩分多节打入。当一个节段快完全打入时,起吊下一节段和前一节段焊接后,继续打桩。桩周设置围堰,提供一个无水安全的施工环境。

对奥克兰海湾自锚式悬索桥的主跨而言，很大的精力被用来确定一种最可靠的主缆系统，以保证海湾大桥作为该地区一条能够维持150年设计寿命的运输生命线。奥克兰海湾新桥主缆的建造采用预制平行钢丝索（PPWS）法。这种方法通过张拉多股钢绞线或成束钢丝（预先编好各股钢丝）得到主缆。钢丝束组成的索股，因其单位长度上具有较大重量，故架设之后更加稳固，并且受风作用的影响也较小。运用PWS法可以在一次操作中对整束钢丝进行垂度调节。

自锚式悬索桥的主缆不锚于锚墩，而锚于梁端，故先施工主塔（索鞍），主梁采用跨间临时支撑安装，可以和主塔平行作业，塔梁施工到位后开始安装主缆，采用预制平行钢丝索（PPWS）法，待装上索夹和吊索后，将吊索向梁两侧拉开、锚住，将主悬索面拉成斜面。如此将对索夹产生扭力，使主缆稍有扭转，故在索夹安装时可预先考虑其倾角。

3.3.7　委内瑞拉马拉开波湾大桥（General Rafael Urdaneta Bridge）

委内瑞拉马拉开波湾大桥是世界第一座公路预应力混凝土斜拉桥，是第二次世界大战后采用新技术建设的桥梁，见图1.3.3.42。该桥位于南美洲委内瑞拉北部，跨马拉开波（Maracaibo）湾和马拉开波湖相接最窄处的峡湾（图1.3.3.43）。

图1.3.3.42　委内瑞拉马拉开波湾大桥

1957年，委内瑞拉政府主持国际桥梁方案比选，建设跨海桥梁。方案比选共征得12个方案，其中11个为钢桥，唯独意大利工程师R·莫兰第（Riccardis Morandi）方案是预应力混凝土稀索斜拉桥。莫兰第原方案为主跨约400m的公铁两用桥，每塔一对斜拉索。由于经济、美观和政治原因，同时也因委内瑞拉缺少外汇购买钢材，而混凝土梁在保养上比较经济，委内瑞拉工程界亦欲借此掌握当时先进的预应力混凝土结构技术，因此选中此方案。

实际招标施工时，德国承包商认为单索桥跨400m两用桥不可能，因此改为5跨235m公路桥，仍维持莫兰第的方案桥型设想。

马拉开波桥全长8.678km，主跨5×235m；引桥一侧107跨，跨径组合为（26×85.0+2×65.8+79×46.6）m；另一侧19跨，跨径（20×36.6+22.6）m。桥宽17.4 m，桥塔高86.6m。1958年施工，1962年通车。

1. 桥梁设计概要

马拉开波桥的最大特点在上部结构，其技术和艺术上都很特殊，结构为预应力混凝土斜拉悬臂加挂梁。桥塔或桥墩都是独立稳定的构造，塔处双X形桥墩增加悬臂梁支点，左右悬臂各约93m（约0.39跨长），悬臂端用

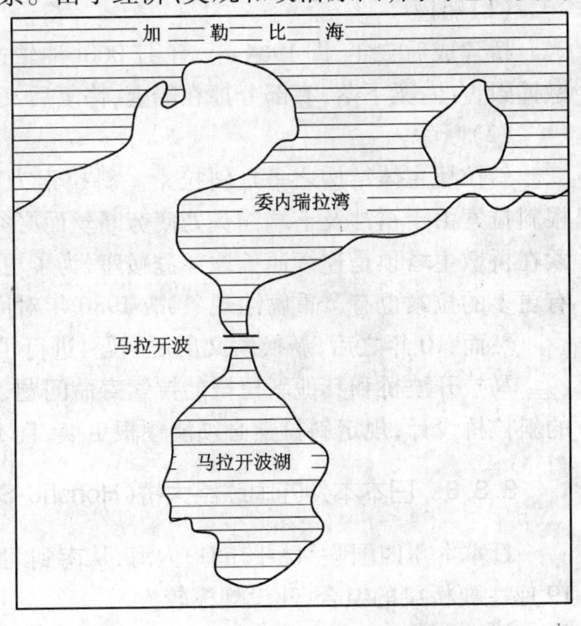

图1.3.3.43　委内瑞拉马拉开波湾大桥地理位置

斜拉索拉在A字形塔上,形成端部搁上挂梁的悬臂梁桥,如图1.3.3.44所示。这一结构构造,来源于钢悬臂梁,但引入了斜拉索体系。稀索的斜拉索索数并未减少,只是集中起来。因此,后来就有在梁上和塔上将索锚固点分散,减小梁的尺寸和重量,获得更经济的效果,即为现在已经很成熟的密索斜拉桥。

马拉开波桥中央一共6个主桥墩,每个桥墩有4组斜拉索,每组斜拉索由16根高强度钢拉索组成。

莫兰第桥式形成独特风格,曾风行一时,被称为"莫兰第的指纹",开创了预应力混凝土桥的先河,使莫兰第桥式在世界各地得到普遍采用,如意大利波尔彩维拉高架桥,最大跨207.9m(1966年);利比亚瓦迪库夫桥,主跨282m;哥伦比亚马格达来纳河桥,主跨140m;阿根廷巴拉那河桥,主跨245m等。

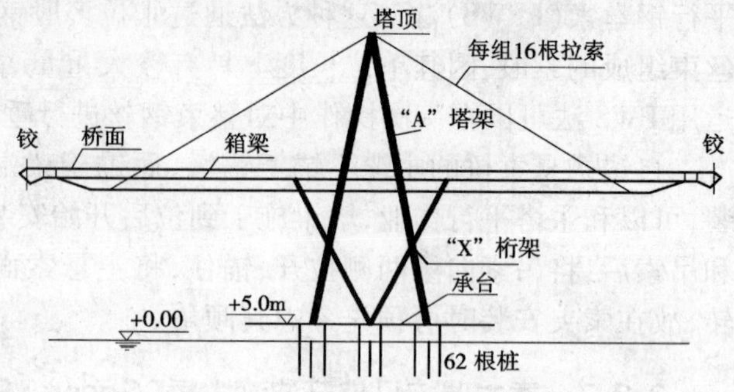

图1.3.3.44 马拉开波湾大桥主跨桥墩示意

2. 桥梁施工概要

马拉开波桥桥址处水深4~18m,淤泥厚2~28m,28m到90m之间为夹有黏土的砂,90m以下为硬黏土。桥墩基础都是预制钢筋混凝土埋入桩的高桩承台。

基础施工用了三只自升式海上平台,采用美制PS150型钻机,先用扭摆法下沉钢套管,同时用反循环钻机钻进。待达到高程后,插入直径1.35m预制钢管混凝土桩。桩头平封,管壁内有喷砂管和嘴、管桩端有预埋压浆管。插入到底后,一面扭摆拔套管,一面在桩和钻孔壁之间喷填砂,压入水泥浆。待套管拔出,填砂的水泥浆固结,管桩内已填入混凝土,最后进行柱底压浆。

一般钻孔灌注桩因钻孔内积有钻渣、清除不尽,桩尖承载力极低,设计时一般不予考虑。这种桩基施工技术,使桩尖压实甚至扩大。浆压力5MPa,压浆时除测量压力外还测量桩顶垂直变位,只要稍有上抬位移,即不再压浆。因为桩尖压浆的力量是以桩边极限摩阻力为反力,超过此力,桩便会反弹,于是桩的承载力便至少等于2倍桩边摩阻力或3倍摩阻力。

塔和梁上只有一个斜拉点,多根索集中锚固在悬臂梁端很大的横梁端部。施工时,悬臂梁端设临时墩,在钢脚手架上现场制梁,再安装张拉拉索。

3. 使用期事故

马拉开波桥建成后遭受了几次事故。

(1)船撞

桥建成后二年,即1964年,有47 000t油轮过桥,理应通过主通航孔,但舵机失灵,撞上边跨,致使一墩撞毁,左右梁下落,有部分掉在船上,修复后又再通车。

(2)断索

斜拉桥主体结构之一是斜拉索。斜拉索为并行钢丝拉索,原来采用水泥砂浆保护。1980年,有4根斜拉索由于锈蚀及下端锚头处疲劳断丝而必须换索。马拉开波桥结构特殊,不可能逐一更换。因拉索在桥墩主塔顶是连续通长地穿过鞍座,为了更换每根拉索,需要先移去损坏拉索上面的其他拉索,且有更多的拉索也有严重腐蚀现象,故1980年对原斜拉索结构体系进行了全面改造。

然而,10年之后,新换索又出现问题,进行了二次换索。

马拉开波桥和其他斜拉桥的拉索寿命问题,使新的更耐久的斜拉索防震防锈措施不断改进。之后的斜拉桥设计,规定斜拉索必须能逐根更换,且不影响桥梁的使用。

3.3.8 日本本州四国联络大桥(Honshu-Shikoku Bridges)

日本本州四国联络桥跨濑户内海,从南到北联系本州和四国岛间的交通,工程一共包括三条线路,19座主要桥梁的组合,建设规模较大。

1945年8月15日,日本宣布无条件投降后,在较长一段时间里,经济十分困难,道路桥梁破坏严重。1950年6月25日侵朝战争开始，1951年美国和日本签订了对日和约，日本经济在美国扶持下“奇迹般”发展。1953年7月27日，侵朝战争结束。日本新的基础工业逐渐形成，一跃成为经济大国，从而推动了全国道路网的建设，兴建了一系列桥梁。

1955年有一艘叫“紫云丸”的船在大雾中和另一艘船相撞，168人沉入海底，包括100名中小学生。这次事故使建造本州四国联络桥的呼声高涨。经过十几年调查研究，终于在1969年选定了三个合适的连接地点，并在1970年7月正式成立本州四国联络桥公团。中间因为石油危机等因素一再延期，1999年本州四国联络桥项目全面完工建成。

本州四国联络线一共有三条线路。自西往东，为尾道—今治线（Onomichi-Imabari Route）；儿岛—坂出线（Koljima-Sakaide Route）和神户—鸣门线（Kobe-Naruto Route）（图1.3.3.45），联络线的建设利用了濑户内海中一系列岛屿。

图1.3.3.45　日本本四联络桥分布示意

（1）尾道—今治线（西线）

尾道—今治线自本州的尾道到四国的今治，由于通过一些名胜古迹，曲折地联结内海中五岛。沿线桥梁布置如图1.3.3.46，桥梁11座，依次为：新尾道大桥、尾道大桥、因岛大桥、生口桥、多多罗大桥、大三岛桥、伯方桥、大岛桥、来岛第一大桥、来岛第二大桥和来岛第三大桥，总长约10km。从最早1968年建成通车的尾道大桥，到1999年全线贯通，前后建设时间约30年。

（2）儿岛—坂出线（中线）

中线儿岛—坂出线自本州鹫羽山，跨过濑户内海中的盐饱诸岛中的柜石岛、岩黑岛、与岛等岛到四国的坂出。沿线桥梁布置依次为：下津井濑户大桥、柜石岛桥、岩黑岛桥、与岛桥、北备赞濑户大桥和南备赞濑户大桥，主桥总长7.016km（图1.3.3.47）。这是一条公铁两用线路，线路过岛仍是高架桥，用立交匝道与地面联系。桥面布置全线统一，上层为双向各两车道2×3.5m＝7.0m公路和2.5m的慢车道，下层为双线的新干线（标准轨高速铁路）。主桁高13m，间距30m。全线自1978年11月动工，1988年4月通车。

（3）神户—鸣门线（东线）

在濑户内海东口，淡路岛横在本州和四国之间，形成东北部的明石海峡和西南部的鸣门海峡。因此，此线上仅两座远离的首尾桥梁，即明石海峡桥和大鸣门桥（图1.3.3.48），主桥全长总计5 539m。明

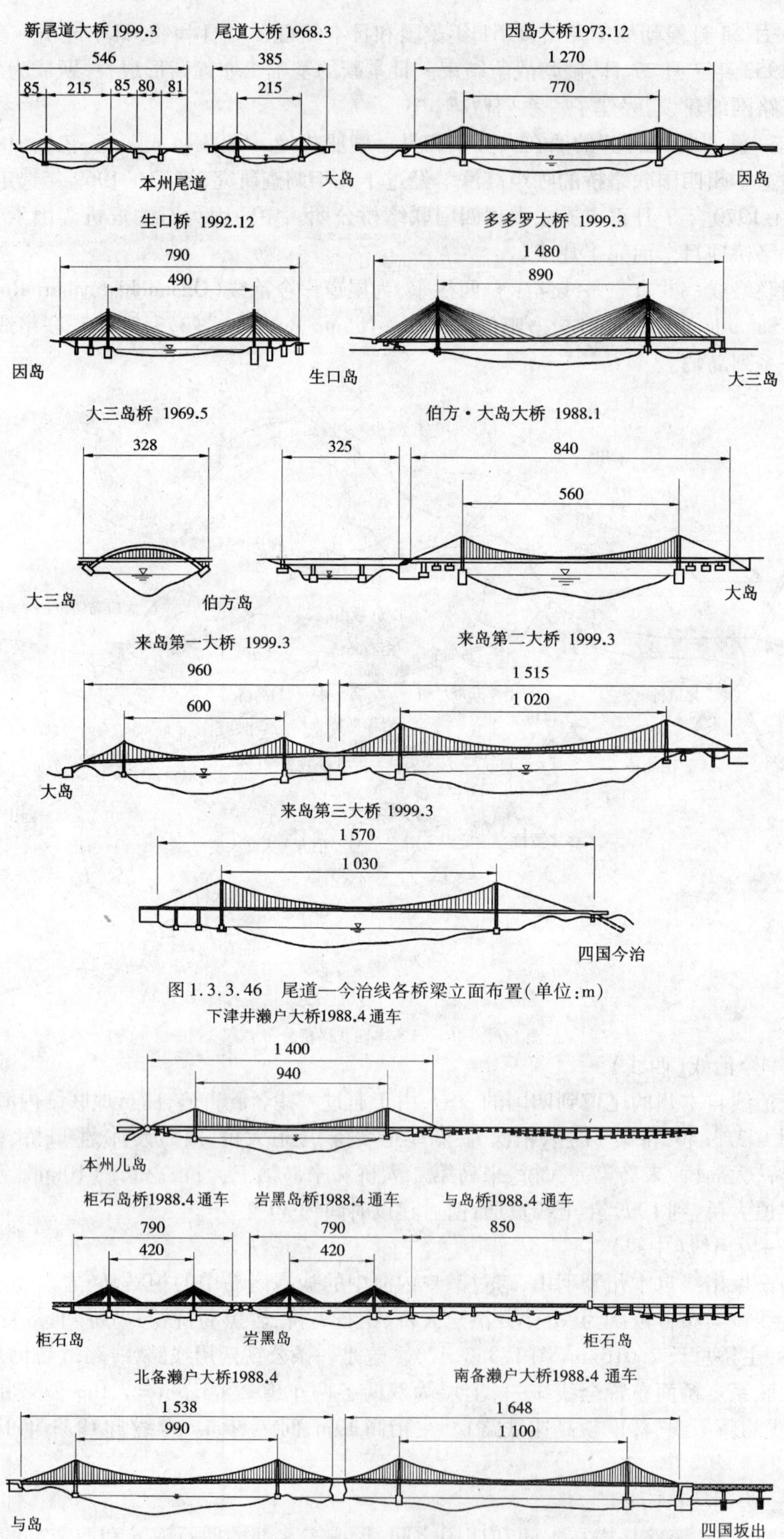

图 1.3.3.46 尾道—今治线各桥梁立面布置(单位:m)

图 1.3.3.47 儿岛—坂出线桥梁总图(单位:m)

石海峡桥为世界第一大跨悬索桥。1995年1月17日晨5时46分日本阪神大地震，主索已架的明石大桥，主跨增大约0.80m，为1 990.80m，成为世界桥梁史上的一段趣话。

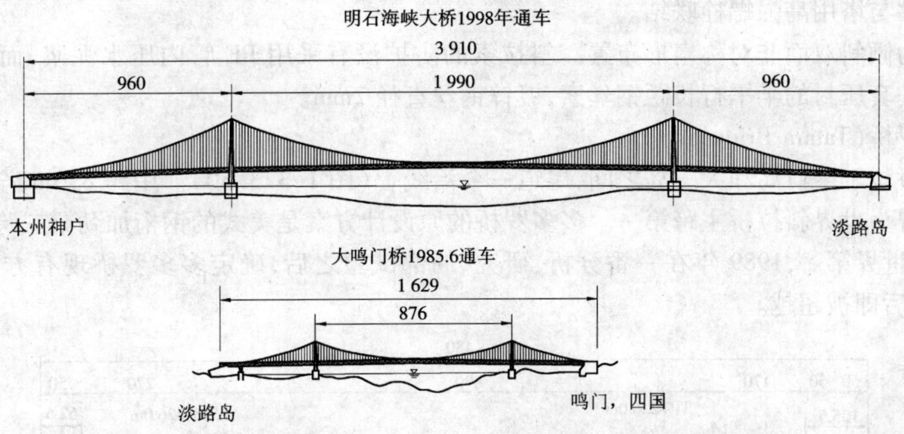

图1.3.3.48　神户—鸣门线各桥梁立面布置（单位：m）

本四联络桥主桥中，除西线大三岛桥为中承钢拱，与岛桥为钢桁梁外，其余15座桥包括10座悬索桥和5座斜拉桥。斜拉桥中的柜石和岩黑桥，原设计是钢悬臂桁梁，后改为钢加劲桁的斜拉桥。桥梁建得越晚，斜拉桥的技术越新，如生口桥和多多罗桥。所有悬索桥基本上都是美国式的钢加劲桁梁。本四联络桥位于台风区，亦位于高地震区。下面根据从西往东，从北到南的原则对三线中的主要桥梁做简单介绍。

1. 生口桥（Ikuchi Bridge）

生口桥是联结因岛和生口岛的大跨度斜拉桥，位于尾道—今治线，中跨490m，全长790m，建成于1991年12月（图1.3.3.49）。

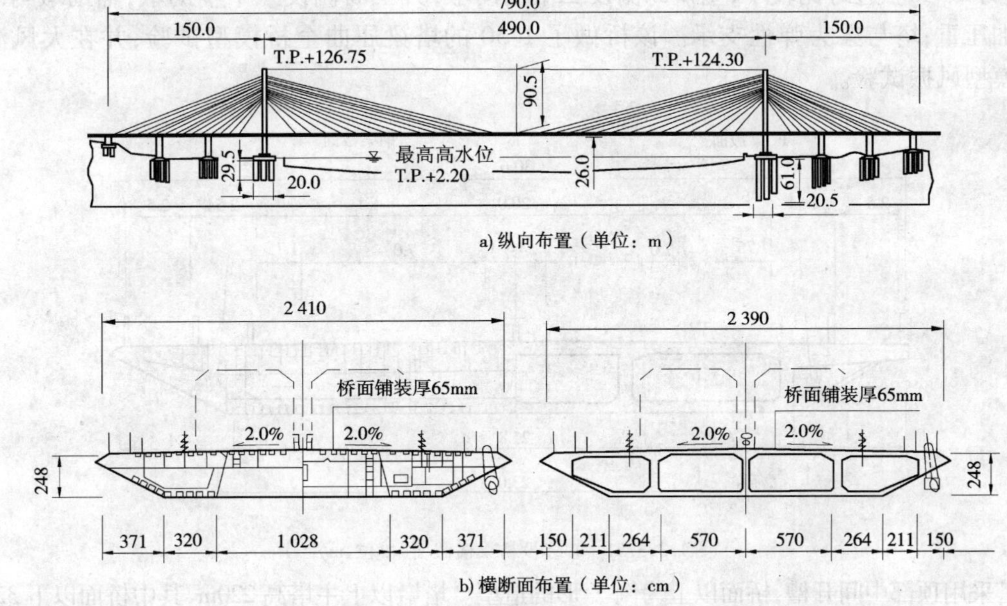

图1.3.3.49　生口桥立面和横断面

生口桥受地形限制，中跨航道要求较宽，地质情况较差。跨径布置为150m+490m+150m，边跨中跨比为1/3.27。为使边跨斜拉索支点不产生负反力，采用边跨为预应力混凝土箱梁、中跨为钢箱梁的混合结构。主跨钢箱梁为双箱，临近预应力混凝土梁的部分改为单箱，梁高2.48m，钢箱梁宽24.10m，预应力混凝土梁宽23.90m。钢梁与预应力混凝土梁结合部采用在钢箱梁端部部分加强，中填混凝土与预应力混凝土横梁用预应力筋相联。位置设在桥塔中心横梁向跨中伸出2.65m处。钢箱梁全部由斜拉索支承。预应力混凝土梁除斜拉索外，在主塔横梁及边跨墩台处设橡胶支座。

主塔设计造型为钻石形，桥面以上不设横梁。钢塔采用工厂焊接，工地高强螺栓拼接。塔上锚索部分采用铸钢件与塔用高强螺栓联结。

斜拉索为倾斜双面非对称扇形布置。斜拉索的防护没有采用PE管内压水泥浆，而是直接在工厂内用聚乙烯护套压封的半平行长距钢丝索，镀锌钢丝直径7mm。

2. 多多罗桥(Tatara Bridge)

多多罗桥位于生口岛和大三岛之间，尾道—今治线上(图1.3.3.50)。中跨890m，全长1 480m，在一段时间里曾为世界斜拉桥主跨第一。多多罗桥的原设计方案是美式的钢桁加劲梁三跨悬索桥。为改进设计，争取世界第一，1989年在一番分析、研究、局部试验之后，确定多多罗桥现有方案。桥于1998年建成，几年后即被超越。

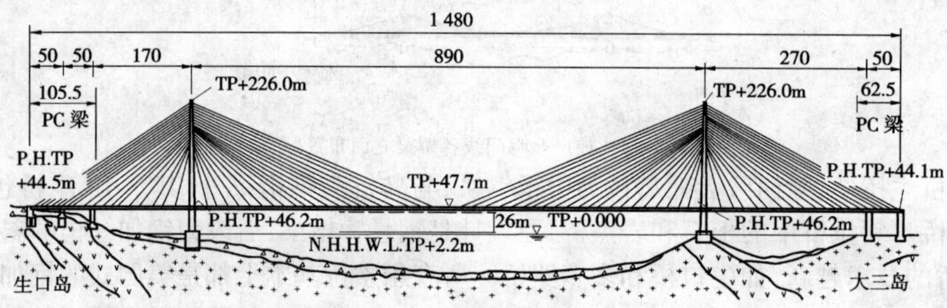

图1.3.3.50　多多罗桥桥梁立面布置(单位：m)

桥址处基本风速(150年重现期10m高10min平均数)为37 m/s，海峡宽约1.3km，最大潮流2.5m/s，地质为花岗岩，表层有相当的风化层，主墩基础支承在花岗岩上。

斜拉桥为三跨连续结构，跨径布置为270m+890m+320m，采用流线型的钢箱梁(图1.3.3.51)，梁宽27.4m、高2.7m。边跨比较小，生口岛侧设二个辅助墩，大三岛侧设一个辅助墩；辅助墩与端桥台之间的梁上加压重；塔与梁为弹性支承。该桥做了1/50的塔梁屈曲全桥模型试验，并在大风洞内进行1/80全桥模型风振试验。

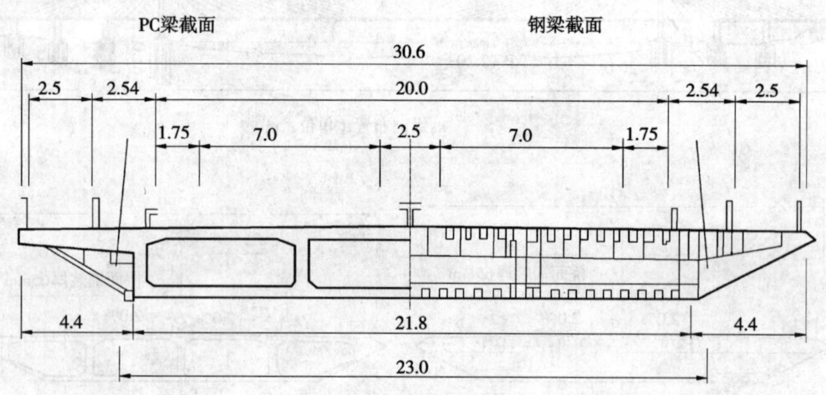

图1.3.3.51　多多罗桥梁横截面(单位：m)

钢桥塔采用顶部中间开槽，桥面以上为倒Y形的造型。塔墩以上主塔高220m，其中桥面以下32.5m。

斜拉索为不对称、斜双索面扇形布置。和生口桥一样为非压浆型的聚乙烯护套ϕ7mm镀锌钢丝索，钢丝数168～394根，抗拉强度为1 600MPa。由于跨度较大，最长的斜拉索有460m。

3. 伯方·大岛桥(Hakata-Ohshima Bridge)

伯方·大岛桥位于尾道—今治线上，由伯方桥(Hakata Bridge)和大岛桥(Ohshima Bridge)两座桥组成，见图1.3.3.52。伯方桥为三跨连续钢箱梁，桥长325m，跨径组成90m+145m+90m，此处海峡宽仅150m，水深最大10m，不是主要通航桥梁。大岛桥桥位处海峡宽约550m，最大水深65m，通航净空高

26m 以上。大岛桥为单跨双铰悬索桥，桥长 903m，桥跨布置为 140m + 560m + 140m。该桥自 1981 年 3 月开工，到 1988 年 1 月完工，历时 7 年。

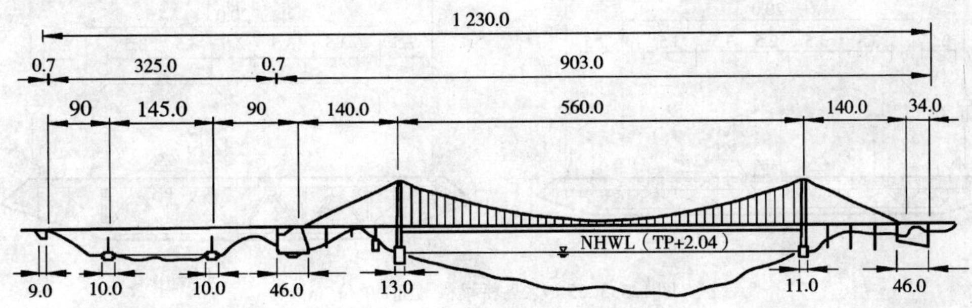

图 1.3.3.52　伯方 · 大岛桥立面布置（单位：m）

大岛桥在本四联络悬索桥中首先摆脱了美国式桥型，采用欧洲技术。加劲梁是倒梯形正交异性板钢箱梁（图 1.3.3.53），宽 23.7m，长 24.0m，高 2.2m。架设从跨中开始，船只运送节段，用主缆上提升机提升。3 000t 级铁驳每次运送对称于桥跨中的左右两段。先用抛锚定铁驳船位置，后在来岛桥施工中改用自航式自定位运载船舶。

大岛桥为来岛桥的设计、制造、施工技术打下了基础，也为以后的跨海超大跨悬索桥打下基础。全桥上部结构用钢量 11 430t，合 13.6t/m 或 0.6t/m^2。桥塔横向采用刚构式结构。

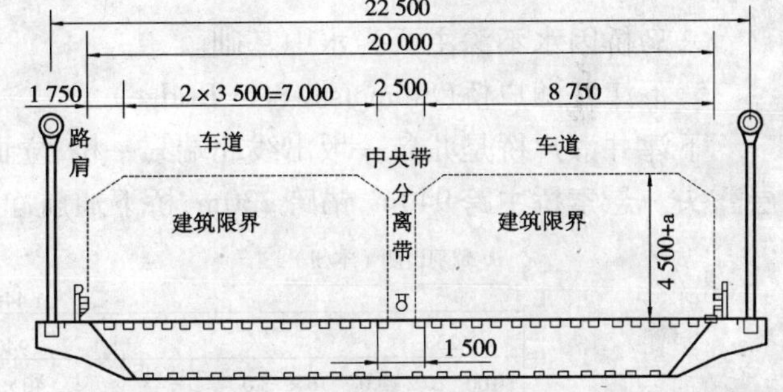

图 1.3.3.53　大岛桥箱梁横断面（单位：mm）

4. 来岛桥（第一、第二、第三）（1st, 2nd, 3nd Kurushima Kaikyo Bridge）

来岛桥从大岛到四国的今治，跨来岛海峡，峡中有武志岛和马岛，位于尾道—今治线的最南端。一共三联，每联三跨，每两联之间有一个共同的锚墩（图 1.3.3.54）。来岛海峡宽约 4km，航道偏于中渡岛与马岛，以及马岛与来岛之间，基本风速 40m/s，最大潮流速度 4.1m/s。由于水流过急，且为与海峡风景协调，采用大跨悬索桥。1987 年确定建设，1988 年 5 月举行开工典礼，1990 年 9 月动工，1999 年 3 月通车，是整个本四联络桥工程中最后一组悬索桥，也是在本四联络桥中继大岛桥之后的新型悬索桥。

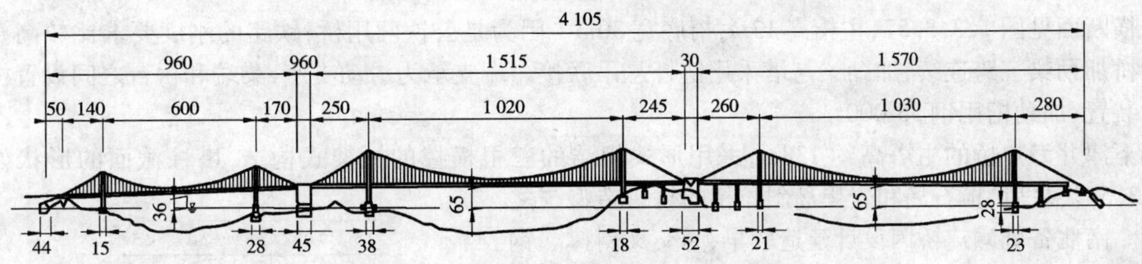

图 1.3.3.54　来岛桥立面布置（单位：m）

来岛桥共四车道和两侧各加 1.75m 的路肩，中央带为 2.5m，中央隔离带宽 1.5m。采用 4.5m 高，流线型正交异性板钢箱梁，桁式横隔梁，见图 1.3.3.55。三座桥中，第一桥为三跨双铰，第二桥为二跨双铰，一跨引桥，第三桥则是单跨双铰，边跨为引桥，这样布局可使共同锚墩处维持基本对称的形式。

塔采用横梁联结直柱的刚架式结构。由于双铰式梁，过塔时不连续，故塔为直柱。三座桥的通航净空高度不一。来岛第一桥桥面整个在纵坡上，索垂跨比为 1/8.57，塔顶高程南高北低。来岛第二桥的南半岛在主航道，和来岛第三桥的通航要求相同，两桥主跨长和索垂跨比略有不同。来岛第二桥主跨 1 020m，垂跨比 1/10.5，来岛第三桥主跨 1 030 m，垂跨比 1/10.1。受通航净空高和桥面坡度的影响，塔高也是逐一不同，自北至南为 116m、149m、174m、184m、184m、184m。

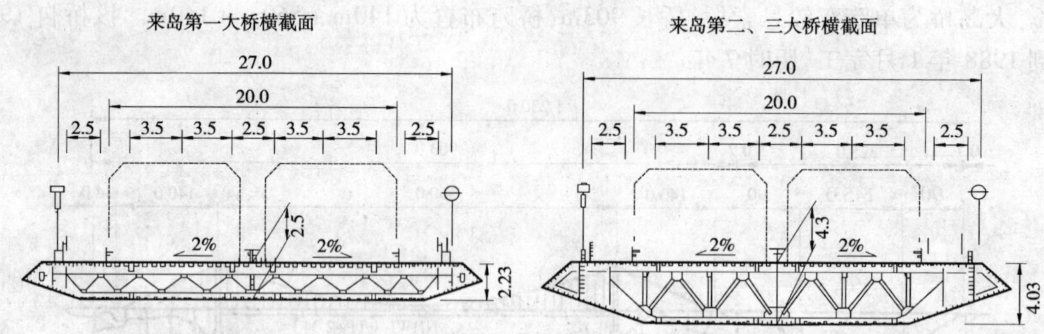

图 1.3.3.55 来岛桥梁横截面(单位:m)

来岛桥主缆直径,第一桥为 0.43m,第二桥为 0.653m,第三桥为 0.636m,均采用 PPWS 法施工。

主缆锚墩桥址处地基为花岗岩,采用重力式锚墩和隧道式锚碇。桥跨不相等导致共用锚墩在恒载作用下两侧受力不相等,因此基础采用偏心布置,并且施工时充分利用不等跨共同锚的偏心来安排施工程序。三桥同时架索,但第一桥桥跨小,故索架完后,可先架梁。第一桥架梁完毕,再对称进行第二、第三桥。

来岛桥因水不深主要为水中基础。

5. 下津井濑户桥(Shimotsui-Seto Bridge)

下津井濑户桥是儿岛—坂出线北端第一桥,立面布置见图 1.3.3.56。该处海峡宽约 950m,基础岩层露头。悬索桥主跨 940m,锚跨 230m,桥下通航净空高 31m。

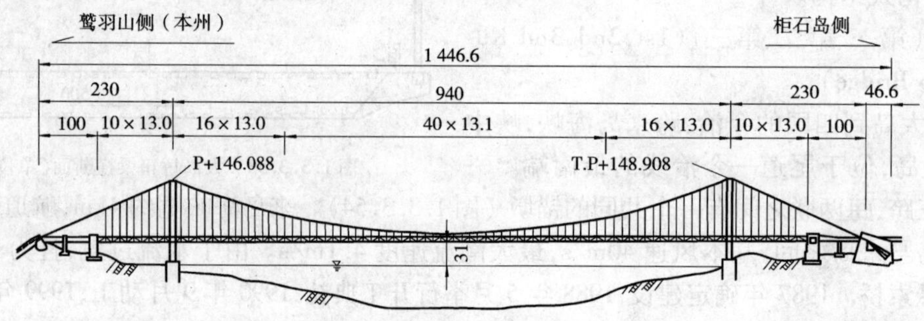

图 1.3.3.56 下津井濑户桥立面布置(单位:m)

横断面见图 1.3.3.57,主桁高 13m,桁底宽 30m。因为是公铁两用桥,铁路的刚度要求比较高。该悬索桥加劲梁三跨连续,加劲梁与塔采用链杆悬吊联接。端支承为滑动支座,梁端和桥台之间设置橡胶缓冲装置,加劲桁用钢 35 000t。

下津井濑户桥的主塔高约 138m,采用形式简洁的三根横撑的框架式构造,塔柱截面的形状如图 1.3.3.58。之后,柜石岛和岩黑岛斜拉桥的桥塔造型与之协调。南北备赞濑户桥因设计建造较早,为交叉斜撑。钢塔柱分段制造,接合处磨光顶紧。塔柱底的底板加厚到 250mm 以便传力到基础,塔柱顶索鞍偏于柱中心内侧 1.9m。加劲梁两边外侧加悬臂各 2.5m,使吊索和主索成垂直面。南端锚墩为重力式,两塔用钢量共 12 900t。

该桥主缆共两根,垂跨比 1/10。每根主缆用 44 股,各 552 根 ϕ5.37mm 镀锌钢丝构成。每缆钢丝一共 24 288 根,直径为 0.944m。主缆采用空中编缆法,引进了挂重拉张钢丝法,使钢丝受力恒等。主缆用钢 13 000t,计入索夹、吊索及缠绕等总用钢 15 200t。吊索用钢丝绳,每吊点四根,直径 68mm,间距为 13.1m 或 13.0m,索夹为骑跨式

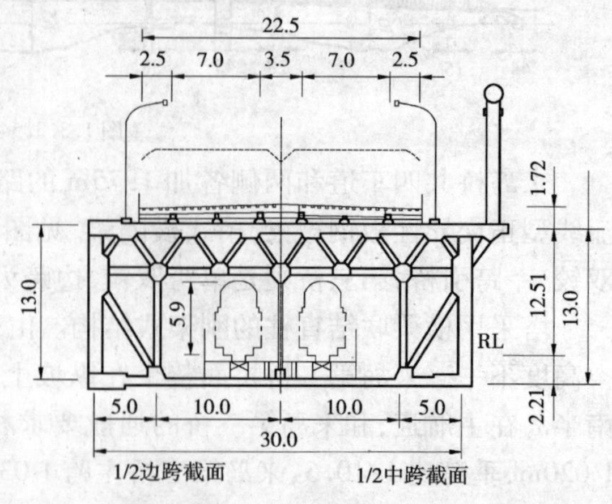

图 1.3.3.57 主桁横截面(单位:m)

构造。

6. 柜石岛、岩黑岛桥(Hitsuishijima Bridge and Iwakurojima Bridge)

本四联络桥中的柜石岛桥和岩黑岛桥,考虑地形和地质、整桥的协调和与环境的协调,以及经济合理性,由最初的钢悬臂桁梁方案改为两座相同的斜拉桥,桥跨布置为185m+420m+185m(图1.3.3.59)。

梁的高度和横断面尺寸与儿岛—坂出线一致,桥梁结构为公铁两用斜拉桥,三跨连续加劲梁。塔梁相交处采用链杆悬吊,梁的端支承专门设计了盘式弹簧与三角形连杆约束变形的支座,为半漂浮体系。

主塔为钢塔,除结构功能外重在造型。据称,塔形与某种古代手鼓和头盔的形式有关。塔在横向为变化的宝石形刚架构造。

斜拉索采用双面扇形密索体系,塔的每侧各11对,每根索用ϕ7mm镀锌钢丝139~777丝,冷铸锚头。钢索采用两层PE外套防护,内护套内压注聚胺脂。索下端锚在梁上,并设转角缓冲装置,上端在塔柱中拉张锚固。为了防止索面内横向并列拉索尾流驰振和减少长索的振幅,采用每组2根ϕ14mm钢丝绳,在一定位置交叉相互固定作为减震器。

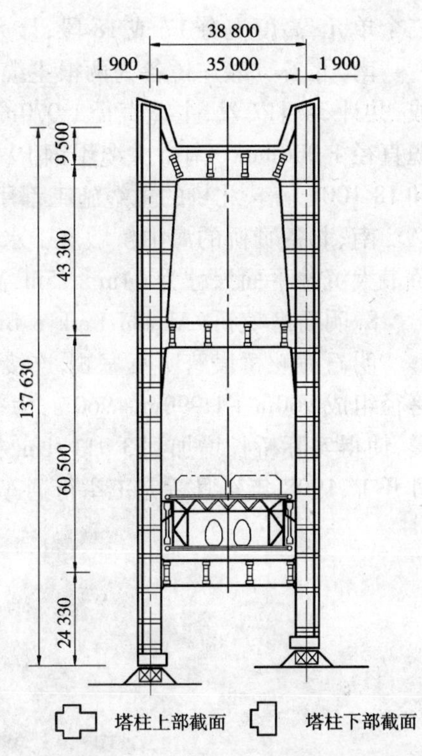

图1.3.3.58　主塔立面构造示意(单位:mm)

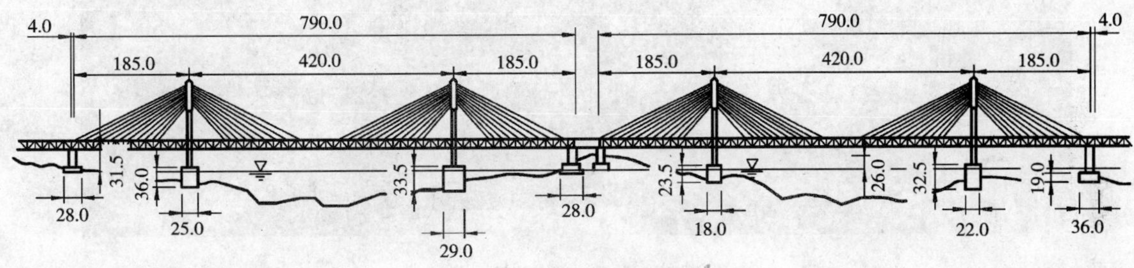

图1.3.3.59　柜石岛桥和岩黑岛桥立面布置(单位:m)

7. 南、北备赞濑户桥(Kita and Minami Bisan - Seto Bridge)

南、北备赞濑户桥利用海中的一个小岛作锚墩,建设成两联各三跨的悬索桥(图1.3.3.60)。两桥全长3 333.7m,跨径布置为48.2m+274m+990m+274m+49m+274m +1 100m+274m+50.5m。

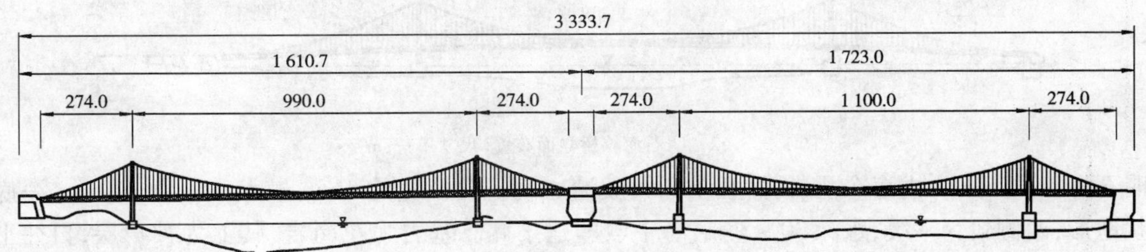

图1.3.3.60　南、北备赞濑户桥立面布置(单位:m)

南、北备赞濑户桥主跨分别为990m和1100m的公铁两用桥,加劲梁三跨连续,边跨与中跨比分别为1/4和1/3.6,有利于减小梁的变形和转角。加劲梁构造与下津井濑户桥相同。南桥用钢40 000t,北桥用钢37 000t。

桥塔设计成1.3%的向内倾斜度,塔柱中心间距从塔底的39.74m,渐变到塔顶的35m,这样布置能使主缆吊索在一垂直面内。由于线路从中间锚墩向南北两侧降坡,故各塔高度不一致。南备赞北塔高194m,南塔高186m;北备赞南塔高184m,北塔高175m。采用交叉斜撑,塔柱截面成十字形,制造时分为三个单元,高度上分 17 或 18 段,最大节段重 124t。总用钢量南桥两塔 19 000t,北桥 16 000t。

南、北备赞濑户桥各为两根主缆,垂跨比为 1/11。南桥每缆为 271 股,各 127 丝 ϕ5.12mm 钢丝组成,共计 34 417 丝,主缆直径 1 070mm;北桥每缆为 234 股,各 127 丝 ϕ5.18mm 钢丝,共计 29 718 丝,主缆直径 1 006mm。南桥主缆用钢 19 785t,计入吊索、索夹和缠丝等共重 22 000t,北桥则分别为 16 326t 和 18 100t。南、北桥的主缆施工都用预制平行钢丝绳股(PPWS)法。

南、北备赞桥的海中桥墩落于水深约 30m 处。施工时先浮运钢沉井,就位后浇筑混凝土。南备赞桥最大沉井平面尺寸为 64m × 75m,高 55m。

8. 明石海峡桥(Akashi Kaikyo Bridge)

明石海峡桥横跨明石海峡,连接神户与淡路岛,是目前世界上跨径最大的桥梁,桥长 3 910m,设计跨径组成 960m + 1 990m + 960m,为三跨双铰加劲钢桁梁悬索桥,见图 1.3.3.61。1995 年的阪神大地震,使得实际桥长增加到 3 911.1m,桥跨布置为 960m + 1 990.8m + 960.3m,见图 1.3.3.62。1988 年 5 月开工,1998 年 4 月桥完工举行通车典礼,实际施工工期共计 10 年,桥梁总投入 5 000 亿日元。

图 1.3.3.61　明石海峡桥

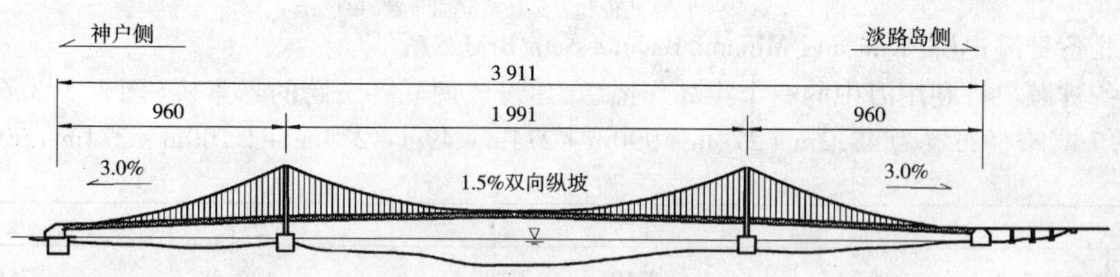

图 1.3.3.62　明石海峡桥立面布置(尺寸单位:m)

明石海峡位于濑户内海东北口,播磨滩和大阪湾之间。海峡宽约 4km,最大水深约 110m。海底为海釜状地形,两侧较为平缓,水深 30 ~ 50m,海中墩即建于此。基岩为花岗岩,其上为神户层,再往上为明石层或上部洪积层、冲积层。神户层为第三纪中新世地层(软沉积岩),明石层主要为第四纪更新世地层(洪积砂砾石层)。

海峡为半日潮,最大潮流流速在海峡中央附近为 4.5m/s,本州主塔 2 号墩处 3.5m/s,淡路岛侧 3 号墩处 4.0m/s。设计基本风速用重现期 150 年,海平面上 10m,10 分钟的平均风速 46m/s,要求能抗 80m/s 的暴风。地震设计按 150 年一遇,震中在 300km 外传来的里氏 6 级地震和 150km 线长的里氏 8.5 级地震。海峡处为古渔场。海峡中央宽 500m、长约 7 000m 为国际航道,通航净空宽为 1 500m,日过船只约 1 400 艘,多数在潮流较缓时通过。

(1)桥梁设计概要

①加劲梁

明石海峡桥的加劲梁采用美国式钢桁梁,而不是较先进的英式流线型钢箱梁,当时的原因有三:其一,风洞试验表明,若用英式钢箱梁(单箱),极限颤振风速只达到60m/s,小于地区要求的80m/s;主跨只能做到1 600m,而不是1 990m。其二,若用钢箱梁,钢板厚度要达到30mm,其重量反而比桁梁重,不经济。其三,桥下国际航道繁忙,一般钢箱梁采用的从跨中节段开始浮运、起吊、安装的施工方法势必影响桥下通航;而桁梁安装是从主塔向跨中拼装桁架节间,从已完成的桥面上运送就位,不影响主航道的通行。

明石海峡桥加劲桁宽35.5m,高14.0m,上层为6车道和各2.5m的路肩及3.5m的中间带,见图1.3.3.63。为提高抗风稳定性,路肩和中间带配置开式钢格网桥面板,并在中央主跨的加劲桁架上弦中心设置了垂直抗风稳定器。

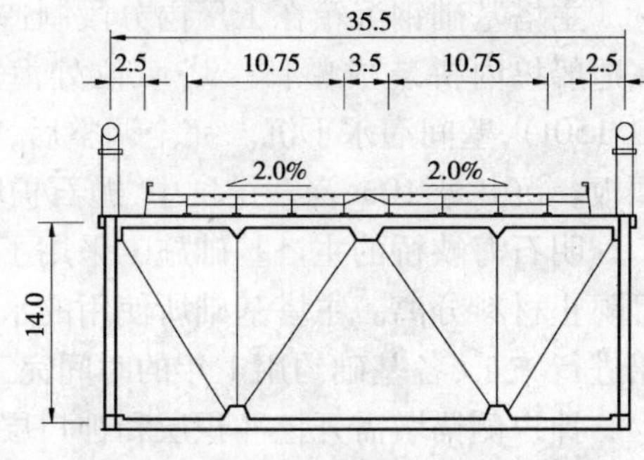

图1.3.3.63　明石海峡桥主桁横截面(尺寸单位:m)

桁梁为三跨铰接而非连续梁。计算得到主跨竖向变形最大为7.53m和-5.65m,横向水平变形达32m。竖向转角上凸+18.2‰,下凹-13.6‰,因其为公路桥,不影响行车安全。道路桥面系是主桁架承托的非合成钢桥面构造。为获得良好的行车效果,加大伸缩缝间距,连续钢桥面板长度最大达20个节间(284m)。

为了减少超大跨度钢桁梁的自重,构件受力大的主桁架上下弦的材料多采用HT780、HT690、SM570等热处理高强度钢材,这些钢材为近年来开发的降低预热型,只需达到50℃的预热,可以减少高温预热作业施工管理的制约。总用钢量约8.93万t。

②主塔

日本是多地震国家,钢产量高,悬索桥的桥塔绝大部分采用钢塔。明石海峡桥塔高282.8m,塔柱截面横向尺寸6.6m,纵向顶部10m,底部14.8m。塔柱横向间距顶部为35.5m,与索距相同,底部46.5m,两柱以3.89%坡向内倾斜。两柱间设交叉斜撑。

塔柱断面为中空箱形构造,共7个室,最大板厚50mm。

③主缆和吊杆

明石海峡桥共2条主缆,中心距35.5m,垂跨比1/10。每缆由290股,各127根ϕ5.23mm钢丝组成,共计钢丝36 830根。历来悬索桥都用镀锌钢丝,抗拉强度在155~160MPa。明石海峡桥首次用180MPa高强钢丝,容许应力为80MPa,安全系数2.19,每缆承受拉力644 900kN,直径1.12m,减少了主缆用钢量,简化了加劲桁和主塔结构。

明石海峡桥采用预制平行钢丝索PPWS安装工艺。每股预制索股并不采用最多的数量,使约4 071.4~4 074.3m长的预制索不致过重。每股预制索127丝,单位重量21.36kg/m,索股加卷轴重约92t。

吊杆采用86根ϕ7mm镀锌钢丝组成的预制平行钢丝束,外包聚乙烯管和着色树脂漆,与主缆联结的索夹采用了销钉式而非鞍挂式。吊索与加劲桁也用销钉连接。

④基础

明石海峡桥位处地质情况与本四联络线上其他桥梁相比是不够理想的。桥址深处为花岗岩,最表层为冲积层,不能持力,其下为明石层,岩质为黏土、砂砾和泥灰岩等,再下为神户层,大部分是湖相、小部分为海相地层,岩质为砂岩、砾岩和泥灰岩。

主塔基础处在深水、强潮流环境中,持力层面位于海平面以下约55~70m,采用沉放式圆形沉箱基础。塔墩基础是圆形双壁沉井,尺寸为ϕ80m高70m及ϕ78m高67m。内外壁间距为12m,外壁板厚20mm,内壁板厚10mm,分成16个隔舱。

神户侧锚墩包括地下部分全高约115m,采用圆形沉箱基础,直径85m,重力式锚碇沿桥梁纵轴方向长84.5m,宽63m。基础部分混凝土约38万m^3,锚碇部分约15万m^3,合计53万m^3,是世界上最大体量的桥梁基础。淡路岛侧锚墩采用矩形基础，长 80m、宽 63m 。所有海上基础墩台所用钢筋都有环氧树脂保护层。

(2)桥梁施工概要

①基础

主塔基础钢沉箱在工厂内分段制造，沿高度方向分为 7 ~ 8 层，平面上分为 16 段(一舱一段)，然后在造船坞内拼装成整体。塔墩位处海底开挖到持力层，沉箱自浮拖拽到位，系于预先抛好的钢锚(1 150t)，壁间灌水下沉。完全调整后，在 16 个隔舱和中心部位浇筑水下混凝土，顶上浇筑钢筋混凝土顶板。沉井外 10m 深开挖坑中，抛石护墩，再安设桥塔。

明石海峡桥的主塔基础施工采用了水中不分离性混凝土，增加了混凝土的黏稠性，在浇筑混凝土时可阻止材料分离。主塔基础所使用的水下混凝土，利用具有无补给浇筑能力约 10 000m^3 的混凝土搅拌船进行施工，各基础约用 1 年的时间完工。

神户侧锚墩需开挖冲积层和神户层，故采用外径 85m 壁厚 2.2m 深 75.5m 的圆形地下连续墙作为施工用外壳沉井，用混凝土约 23.1 万 m^3。在地下连续壁的内部深挖 65m 到持力层为砂岩、泥岩互层的神户层。墙筒内明挖土方的施工程序为：筒内开挖一层土方，浇筑一层内衬混凝土侧墙，由上而下(逆向)的“逆卷(筒)”法施工，最后封底、加顶，上建锚台。为控制大体积混凝土裂缝，采用了低发热型水泥；为缩短工期，节省施工劳力，采用高流动混凝土。

②主塔

该桥主塔是世界上最高的，与过去悬索桥相比，是一种柔性结构。考虑到塔的制作、搬运和架设等施工能力，在高度方向分成 30 段，每段 3 个架设单元(最大重 150t/单元)。塔柱各段在现场拼装，接头端面在工厂切削加工，采用高强螺栓连接。

架设中采用了自立型爬升式起重机，缩短了工期。在架设时，塔的现场精度管理要求确保金属之间的接触率和垂直度，规定塔的偏斜度：在设计时控制在 1/2 000，架设时控制在 1/5 000，制作时控制在 1/10 000 的塔高以内。

为防止完工时的涡流激振，在主塔内初次设置了永久性的抑制风振的调质阻尼器 TMD，每个主塔内设置了 20 个。同时还在 TMD 设置了驱动装置和能适应大范围振动频率的半活动减震器。

③主缆

受强潮流和国际航道通航的影响，明石海峡桥主缆施工中猫道的施工采用直升飞机布索，引导索采用了直径 10mm 轻质且耐久性好的聚酰胺纤维绳。猫道没有采用抗风索，而是安装了制振阻尼器提高猫道的刚度和稳定性。

主索的防腐除了缠绕、外包油漆之外，还开发了新的防腐系统——干燥气体注入系统。即在主缆内设置除湿装置(dehumidification)，在主缆内 20% 空隙率之间缓慢地通过低压、干燥空气，以控制钢索内的湿度，从根本上清除钢索腐蚀的原因，见图 1.3.3.64。大桥建成 2 年内的监测表明，主缆内相对湿度始终控制在 40% 以下，新防腐系统有效。但其效果和设备的持续性、最后主缆的寿命，还有待时间考验。

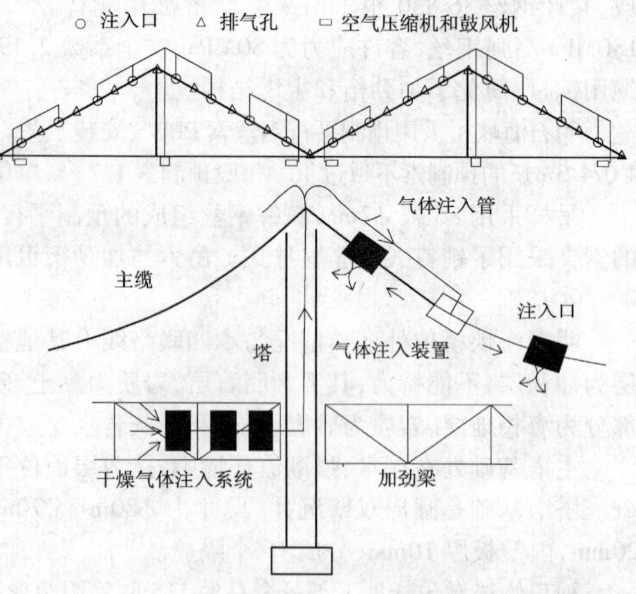

图 1.3.3.64　明石海峡桥的干燥气体注入系统示意

④加劲梁

常用的悬索桥加劲梁架设顺序是：由两桥塔开始分别向中跨跨中和两端锚碇进行；或者由中跨跨中和两端锚碇开始分别向两桥塔进

行。明石海峡桥采用的架设方法为：中跨加劲梁架设由两桥塔开始向跨中进行；而边跨则分别从锚碇附近开始向桥塔方向进行，如图 1.3.3.65 所示。

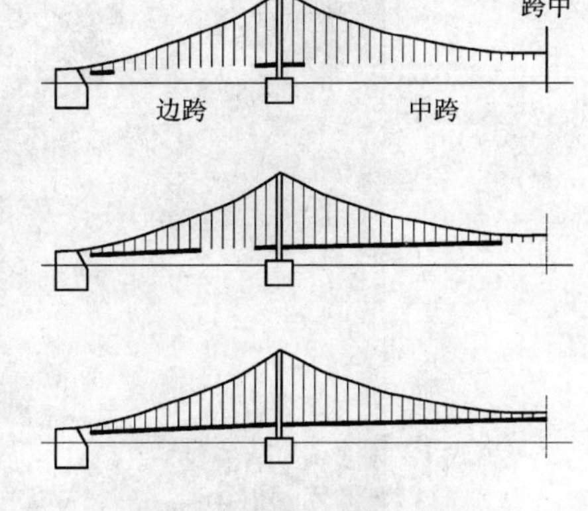

图 1.3.3.65　加劲梁施工顺序

从主塔处看，边跨完成后的纵坡为 3%，加上施工时的挠度约 4%，则构成了 7% 的纵坡。在这样陡的坡度上，工作人员和机械设备都不易稳定，施工很不安全。从锚碇处开始悬拼加劲梁，由于挠度和完成后的坡度相抵消，则可在近似水平状态下进行施工。开始时并不将加劲梁与锚碇连接，两者之间留 284m，即 2 个节段的空间。当全桥加劲梁在主塔附近合龙后，再将加劲梁与锚碇连接，这样可避免风载在桥台部位增加很大的荷载。但是从锚碇开始架设加劲梁，由于这时吊杆相对很短，会使吊杆拉力变大，从而对结构受力有些不利。

明石海峡桥关键施工工期如下：桥台于 1977 年开始进行陆上试验；1988 年开工，1993 年主塔施工完成；1994 年桥台施工完成，开始架索；1995 年元月遇地震；1995 年 11 月主缆架设完成；1996 年 9 月加劲梁架设完成；1998 年 4 月通车。

(3)阪神震害

1995 年 1 月 17 日晨 5 时 46 分，日本发生近年来损害最大的地震——阪神大地震。震源位置在北纬 34°34′东经 135°00′，即在离神户市区西南 10km 处，淡路岛端部，也即在明石海峡桥 4A 墩附近 1m，地下 20km 处，在野岛断层之上发生了震级 7.2 的地震。

当时明石海峡桥主缆架设基本完成，正在进行主缆紧缆工作。因为地震发生在不在工作的清晨，故无伤亡。震后发生了主缆牵挽，但变位本身与大桥的规模相比非常小，中跨伸长仅为跨径的 0.04%，垂跨比略有减小；加劲梁在跨中附近抬高了 1.27m。由于跨径增大，主缆拉力增加了 0.8%，应力在塔底约增加 5%，震后变位见图 1.3.3.66。

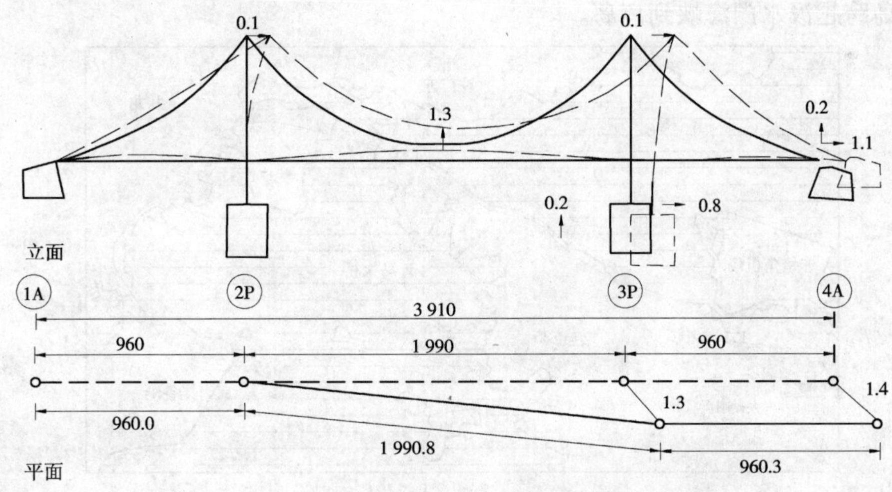

图 1.3.3.66　日本阪神大地震明石海峡桥变位示意(单位：m)

地震发生后，大桥建设者对各部位构件进行了调查，检验基础中埋设的仪器(如沉降仪、钢筋应变仪、测斜仪等)，测量值在地震前后变化很小，不会给基础带来损伤。在塔底部发现有一些涂装剥落，但各块件水平接缝未发生异常。主缆和猫道有些地方相撞，损坏了钢丝外面的镀膜。塔顶索鞍处未发现主缆平行钢丝束滑动的痕迹。当局认为大桥结构未受到大的损伤。大桥建设只因地震影响停工一个月。

3.3.9　香港青马大桥(Tsing Ma Bridge)

香港青马大桥横跨青马海峡，联接青衣岛和马湾岛，是青屿干线的重要组成部分。桥身总长

2 160m，主跨 1 377m，为世界最长的公铁两用悬索桥（图 1.3.3.67）。

图 1.3.3.67　青马大桥

香港认为如要保持经济增长，需要现代化高效率的交通网。九龙填海建成的启德机场仍不能满足日益增长的交通需求。通过 13 个位置的比较，最后选择离岛大屿山北赤腊角岛周围，填海建设新国际机场，并建设通道和新界、九龙及香港岛相联，项目总称为“香港机场核心计划”。当时正值香港回归达成协议之后，故计划的实施牵涉到香港回归后中国政府的权利和义务。经过多次磋商，终于在 1991 年 9 月 3 日在北京签署了“中英谅解备忘录”，1995 年 6 月 30 日在香港签订“有关新机场和机场铁路财务支持协议的联合公报”。新机场核心计划终于启动。

机场核心计划中“机场铁路”和“青屿干线（公路）”跨越蓝巴勒海峡、青马海峡和汲水门海峡，见图 1.3.3.68。在青屿干线中有两座特大桥，其一是青马大桥，自青衣岛跨青马海峡到马湾岛；其二是汲水门大桥，自马湾岛跨越汲水门海峡到离岛。

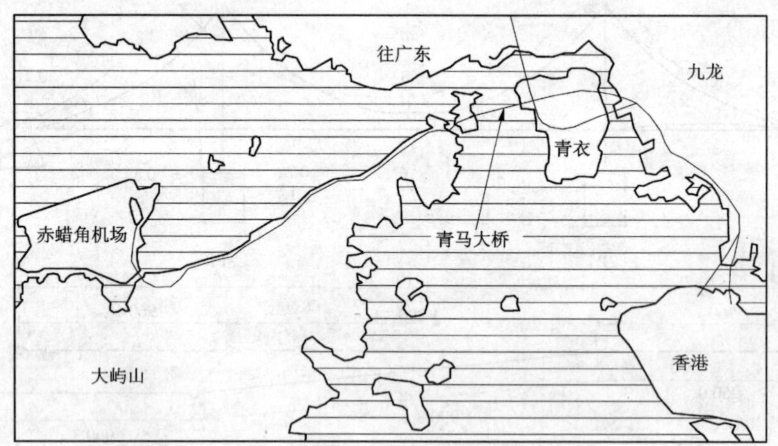

图 1.3.3.68　香港青马大桥地理位置

早在 1970 年总体规划时研究了开发离岛计划，1972 年进行了联结离岛通道的预可行性研究。1976 年城市规划办公室调整了发展计划，1977 年香港政府委托莫希臣（Mott Hay & Anderon）公司作“离岛固定联结可行性研究”（Lantau Fixed Crossing Feasibility Study，LFCFS），1978 年 7 月开始进行，详细研究离岛和新界经由荃湾的联结通道。

研究得出青马大桥桥跨最小在 1 400m 左右，通航净高为 62.1m，并作了初步的风洞试验，建议采用混合钢桁和带有空气动力的顺风嘴（faired edge）箱形结构。桥成两层，在梁内下层遮蔽的条件下增设铁路和两条单线公路。工程分三阶段：第一阶段上层 4 车道公路；第二阶段下层中部加两车道公路；第三阶段在下层外侧左右各加一线铁路。

1980 年香港政府委托莫希臣公司进行施工图设计(Detailed Design),接着由 Flint & Neill Partnership(英)公司进行独立校核,后由于政治和经济等因素工程推迟建设。

1987 年组织了"海港和空港发展战略研究(Port and Airport Development Strategy Study,PADS)",1989 年提出战略发展计划,对原方案重新审定,增加了青衣到新界的 3 号道路,改青马大桥上轻轨为高速铁路等。

青马大桥属于路政署下的"青衣至大屿山干线工程管理处"负责,在 1992 年 5 月以莫希臣公司所做的设计进行招标。工程于 1997 年初完工,同年 4 月 27 日剪彩通车,造价 71.44 亿港元。

1. 桥梁设计概要

青马海峡宽 1 524m,水深处约 36.5m。

青马大桥从青衣到马湾跨径布置为 4×72m+1 377m+355.5m+76.5m+23m,见图 1.3.3.69。上层为 6 车道公路,车速 100km/h,最大载重长度 2km,荷载 14.85kN/m。下层两条机场铁路和 2 条单线行车道,可作维修通道,强风或紧急情况下可将交通改道至此。全桥按 120 年寿命设计。

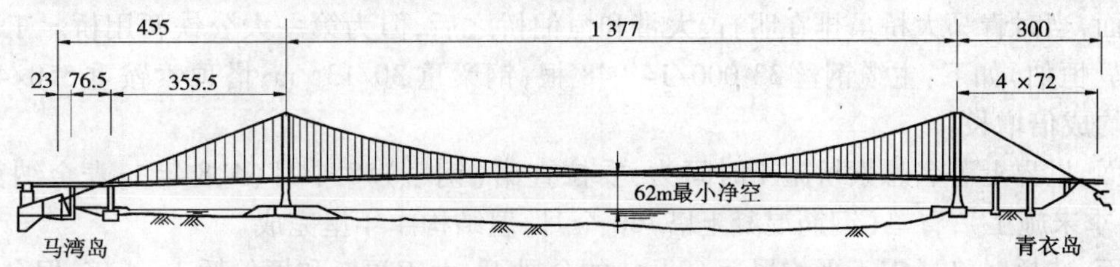

图 1.3.3.69　青马大桥立面布置(单位:m)

香港位于台风地区。根据资料,重现期 120 年的基本风速(高程 +70m,相当于桥面高程)为:每小时平均风速 50m/s,每分钟平均风速 58m/s,3 秒阵风风速 80m/s。公路活载和风相结合时 3 秒阵风风速为 44m/s,即此风速之下,上层桥面可以行车。铁路活载和风相结合时 3 秒阵风风速为 50m/s,即此风速下,上层无车,下层可行车。最大阵风风速时桥上无车。

(1)加劲梁

青马大桥位于台风地区,需在风速 65m/s 中保持动力稳定和低的阻力因子(drag factor)。设计综合了英国福斯桥和塞汶桥的构造,再予以改进革新。加劲梁采用桁式结构、正交异性板桥面和梁边风嘴,钢梁宽 41m、高 7.232m,见图 1.3.3.70。在桥面板上下预留纵向通气槽以增加空气动力稳定,该设计经过风洞试验验证。空腹桁架为箱形截面,节点处加大,保证钢桁结构有足够的抗弯和抗扭刚度。

铁轨的水平加速度最大值为 $0.05g$,垂直加速度最大值为 $0.03g$,垂直角度限制值为 0.24°,水平为 0.042°。

桥面结构固定在马湾桥台,然后全长连续直到青衣桥台。伸缩缝集中在端部青衣桥台,承受全桥因温度变化导致的全部伸缩量。总伸缩量为 1 477mm 再加上安全系数,在极端的通车状态下,伸缩量可达 ±835mm。铁路伸缩缝用伸缩曲轨法,以滑动路轨承托。

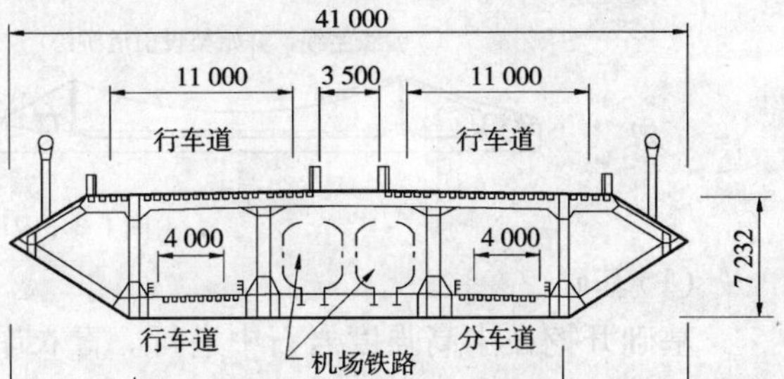

图 1.3.3.70　青马大桥加劲梁横截面(单位:mm)

(2)主塔和塔墩

桥位处地质情况较好,青衣侧塔墩基础筑在接近前滨的陆地岩石上,采用明挖岩石基础。马湾桥塔因桥跨限制,设置在离岸约 400m,水深约 12m 的海中。塔下地质比较复杂,在塔的南塔柱下接近断层,在设计时考虑两塔柱的相对沉降差可为 10mm。马湾塔基底的南塔柱高程为 -14m,北塔柱为 -12m,高差 2m。塔柱基础采用平面尺寸为 28m×20m、高分别为 17m 和 19m 的沉井。

桥塔高 206.4m,框架式结构。桥塔每柱横向等宽 6m,纵向自底至顶由 18m 减至 6m。两柱向内以 1/100 坡靠拢,间距从塔底 40m 渐变到塔顶 36m。塔为钢筋混凝土结构,而四道联结横梁为钢结构外包预应力混凝土。

(3)锚碇

青马桥采用重力式锚碇,基础深入地下基岩,青衣岸锚碇开挖岩坑深度约为50m,约29万石方。马湾锚碇仅下部部分埋入岩层中。基底的滑移和剪切安全系数为2。

(4)主缆

主缆用3.3万根 ϕ5.38mm 镀锌钢丝,其极限抗拉强度为1 570MPa。主缆外径 ϕ1.1m。

由于桥梁总体上是不对称结构,边跨与中跨比较小,故两边跨都要额外加索。

原设计用平行钢丝索 PPWS(97股各378丝),后承建单位改为现场空中编缆法。

2. 桥梁施工概要

施工设计是由施工单位负责,施工设计分为三个阶段进行:明确设计阶段(Definitive Design Phase);施工参考图阶段;画出正式施工详图。

青马桥施工面临的困难主要有四个方面:规模、工期、台风和不对称结构。

规模方面,当时青马大桥虽排在明石、大带和恒伯桥之后,但为第一大公铁两用桥。工程规模和恒伯桥比(青马/恒伯)如下:主缆钢丝33 000/14 948根;钢梁重30/13t/m;塔顶索鞍重550/45t。每个部件的工作量均成倍增长。

工期方面,世界上著名悬索桥施工时间为:委拉查诺(钢塔)58个月(4.8年);麦金纳克(钢塔)42个月(3个冬季未施工);青马(钢筋混凝土塔)60个月,但结构4年里完成。

台风方面,造桥时将暴露于平均风速62m/s的台风下,大于福斯和恒伯桥3~4倍,但台风频率不高而可以预测。台风是季节风,但放线和安装钢梁需要几个月时间,渡过台风是免不了的。要很好地估计台风危险,但估计过高增加临时工作量,也给永久结构增加负担。

青马大桥的不对称结构在细部几何尺寸、安装各阶段的位置计算和实测定位方面都增加了工作量。

青马大桥施工步骤示意见图1.3.3.71。

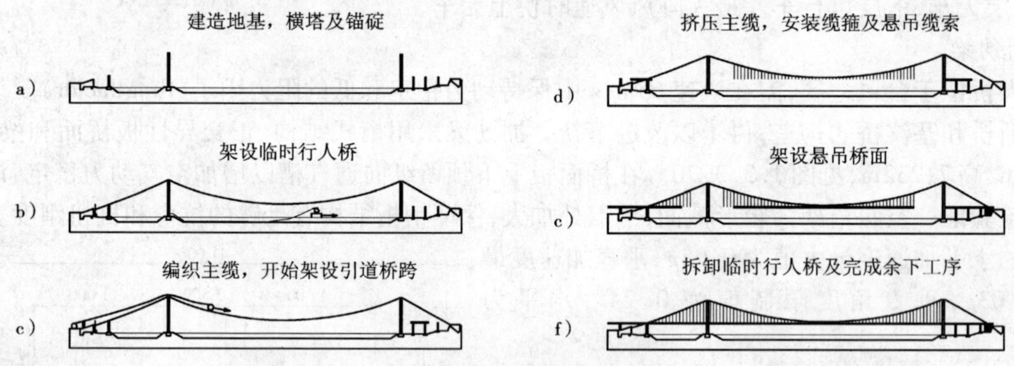

图1.3.3.71 青马大桥施工步骤示意

(1)基础

基础开挖在中高强度岩石中进行。青衣岸锚碇的30万挖方在山坡边上进行,在坡边+85m高先开出一平台,石渣运送到海边。锚碇底挖160m长隧道以排水。马湾岸锚碇和前面边墩在岸边200m宽的浅水中,先以700mm大小石块筑围堤造成部分人工岛,布置场地,然后开挖,共挖8万石方。

马湾塔基沉井先在青衣岛临时锚泊所的半潜铁驳(中伦 Zhong Renl501号)上制造,铁驳上可同时制造两沉井。沉井共分12格,灌注混凝土后密封各格,联以阀门。沉井底四周设置柔性裙边,为日后灌注水下混凝土时防漏之用。

沉井由临时锚泊地拖到塔址,在人工岛的围湖之内,靠4只浮船锚着下沉,落地就位;潜水工下水清理基底;放下四周裙边,连续灌注水下混凝土;抽水后填筑大体积混凝土。

(2)主塔

主塔采用滑动模板施工。滑动模板自+5m开始,下部有一段自18m×8m变为9m×6m的曲线段,且两塔以1%坡度内倾，使电梯和楼梯井的平面位置都不一样。滑动模板的设计能按塔形予以调整，其几何尺寸的改变通过滑动过程中调整螺栓顶。

塔柱中设置直径50mm竖向钢筋，因运输限制，每根长6m，采用交叉接头。塔柱施工到一定阶段，安装钢桁以免台风来时超应力。塔高120m时是一个极限状态，必须安装一根横梁，滑动模板才能上升。建到162m时，须装第二根横梁。钢桁横梁和塔柱之间，就位后先用扁形千斤顶顶紧，再用螺栓联结。

青衣塔滑模施工共110d，马湾塔90d，各因天气不好，耽误3d和2d。

(3)索鞍

青马桥全桥共5组10个索鞍，由机械加工的铸钢槽和钢结构杆件组合而成。

锚碇中的扩展鞍座重174 t，铰接在支承垫板上。马湾岸M2号墩上有一对80 t的转向索鞍。

主塔顶上索鞍尺寸为11m×4.5m×6.0m，重550t，分3块制造，每块重约150t。多轮运输车运到工地后，用缆束起重机（stand jack）提升206m到塔顶，横移就位。索槽横向分为3部分，置于电焊钢格的滑动支座上，钢格固定于塔顶。安装钢梁时，索槽部分在钢格上移动。

(4)主缆和吊杆

主缆施工采用空中编缆法(AS)，共编钢丝约2.8万t。每主缆下的猫道由两条边缆、8条底缆，构成与主缆相同的悬链线。猫道下设置一对反向悬链抗风索(Storm strand)，锚于塔底，与猫道索以竖索相联，控制猫道位置，使之成为稳定工作平台。猫道间设7道横向通道梁。

空中编缆的顺序为：由一个固定拉力供应源，抽出钢丝，将钢丝由一个锚碇，拉至另一个锚碇，形成回圈，见图1.3.3.72。每次4丝进行放线以加快速度，故绞织盘上有4根钢丝槽，以循环不息地牵引索，通过扩展鞍座墩上部、塔顶，到对岸锚碇。一次行程，对主缆增添8条钢丝。全部钢丝编织完成后，用压捆机(Compactor)压捆成圆形，随即用临时箍带捆扎。

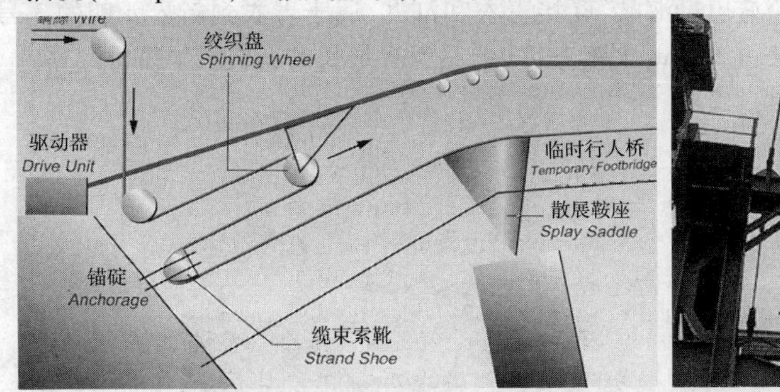

图1.3.3.72　青马桥空中编缆示意及施工实况

锚碇处每根主缆分为91束索，每束368条钢丝，即要编织46次，套在索股靴(Stand Shoe)上。靴用2根ϕ115mm螺纹棒系扣到重力锚碇，在编织期间可用以调整索长。因边跨需比中跨多6束索，故在锚碇处共计有97束索的锚固点。

青马桥的索夹为左右分片式，铸钢件、水平紧合螺栓，骑跨式吊杆。两半索夹之间填以密封件，需既不受漏水，又不减少夹、缆间的摩阻力。

(5)主梁制造安装

青马桥两锚碇间主梁全长连续2 135m。主桁两片中到中27m，空腹横梁间距4.5m，上下为正交异性板桥面和桁式水平透风带。除了桁架工地拼装节点外，梁为全焊结构。

钢梁重5万t，分别在英国和日本制造成块件，尺寸长18m，宽41m，高8m，见图1.3.3.73。预制件在广东东莞、太平的沙田预拼场，预拼成36m长的节段共44段，每段重约1 000t。节段内有铁路安全平台、走道、支承管道和其他设施的轻型支架。节段外的V形风嘴、外罩不锈钢板亦都装妥。每一节段预拼时，与其相邻左右节段相接配合进行，以确保安装时准确接合。

节段先油漆，存储在预拼场。安装时滑拽到岸边，装上特制的趸船，船长101m，宽36m，可装两节。

两条拖船拖到桥位,第三条拖船予以协助。在梁下位置泊定后,用绞车精确定位。

图 1.3.3.73　青马大桥加劲梁预制及吊装实况

一对走行于主缆上的吊车移动到吊梁位置,见图 1.3.3.73。以滑车组从趸船上吊起梁节段,每次需要约 6h。节段起吊从主跨中间开始,起吊后联于吊索,然后用两组吊机,分别向两塔安装。第三组吊机吊装自西塔到马湾岛之间的边跨。

马湾锚碇以西和青衣塔与青衣锚碇之间的梁支于桥墩,提前在 1994 年夏开始安装。钢箱梁配件从英国制造后运到工地,先在地面组装,用缆索起重机提升到位。不能在地面组装者,用桥面走行起重机悬臂安装。

最后一段钢箱梁于 1996 年 3 月 28 日吊装合龙,1997 年 4 月 27 日全桥通车。

3.3.10　中国香港蓝巴勒海峡汀九桥(Ting Kau Bridge)

中国香港汀九桥(图 1.3.3.74)横跨蓝巴勒海峡,联接青衣和汀九,属于青衣到新界元朗的 3 号干线,地理位置见图 1.3.3.75。汀九桥全长 1 875m,主跨 1 177m,是世界最长的三塔式斜拉桥。

图 1.3.3.74　香港蓝巴勒海峡汀九桥

汀九桥采用设计施工招标(Design and build contract)方式。设计要求是:双向三线公路加硬路肩,主桥和引桥车速 100km/h。对桥梁主体及附属各部分工程的寿命也作了比较明确的规定:如钢结构、悬索、斜拉索、吊索等为 120 年;非钢结构视观察和保养的条件而定;其他附属结构寿命 50 年,油漆 15 年。对荷载、船撞、安全等各方面都作了规定。对桥梁的美学方面则注重本身的整体性、比例,与环境及周围桥梁的协调。总之,要求简单、施工快速、造价低而美学质量高。标段总长 1 775m,海峡段 1 177m。900m 宽的海面,要求主航道宽不超过 250m,海峡中部附近有一浅水部分。

汀九桥共有 7 家联合体投标,其中 4 个三跨一联斜拉桥方案,3 个多跨连续斜拉桥方案。中标方案为 127m + 448m + 475m + 127m 连续斜拉桥,造价 17.3 亿港元,由德国希拉许—贝格曼公司(Schlaich Bergermam und Partner)及中国香港贝尼咨询公司(Binnie Consultants Ltd)设计。由于结构轻巧,安装简单,造型别致,造价又最低,故最后中标。1994 年 8 月开始设计施工,历经 44 个月,于 1998 年 5 月正式通车。

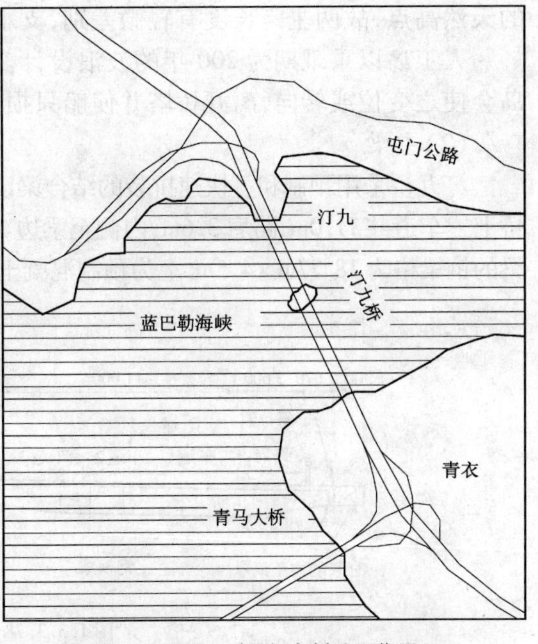

图1.3.3.75　香港汀九桥地理位置

汀九桥作为青马大桥相邻的桥梁,相辅相成。汀九为独柱、处于梁中的塔,青马为双柱门式塔;汀九顶峰为高200m的中塔,青马则为两个高塔以加强其中跨;汀九车道加宽分在塔两侧,青马则以双层梁通过。

1.桥梁设计概要

汀九桥为三塔式斜拉桥,三个独柱桥塔分别坐落于汀九岬、青衣岛西北岸和蓝巴勒海峡中的人工岛上。该桥不仅设计了较密的四索面斜拉索,在中塔还设置了钻石型的稳定索和浪风索,最大程度地利用拉索,故又号称为世界上第一座全拉式桥梁。该桥立面布置见图1.3.3.76。

(1)主塔

汀九桥采用独柱塔,分别高168m、195m和162m,选用长方形加两端半圆形截面使挡风系数由2.0减至0.9,既美观又便于施工。近200m的高塔分成三段,垂直型设计,截面积由底至顶递减。上段从梁底到塔顶,高129m,截面横向宽度较小,宽5.5m、长10m,塔顶安装一对高31m、重190t的钢制塔头。中段位于梁底,高29.0m,宽14.0m,长10m。上段和中段塔柱因刚度较小,设置了塔稳定索。塔稳定索从塔顶锚固区开始,通过塔中段顶部的横撑,锚在塔中段和下段的相交处。塔下段高36.0m、宽18.0m、长10.0m。塔正面等宽,横侧面成阶梯形,见图1.3.3.77。

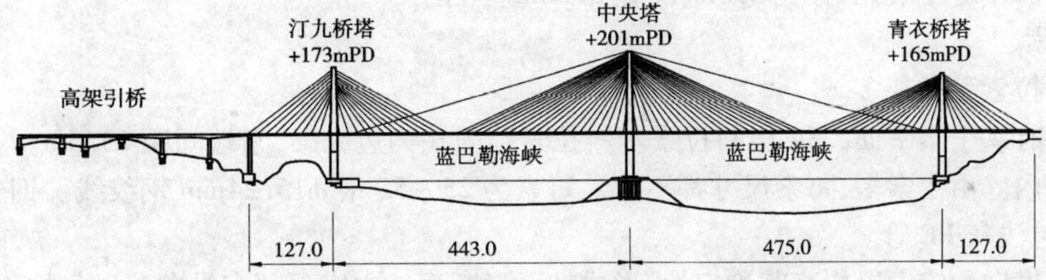

图1.3.3.76　汀九桥立面布置(单位:m)

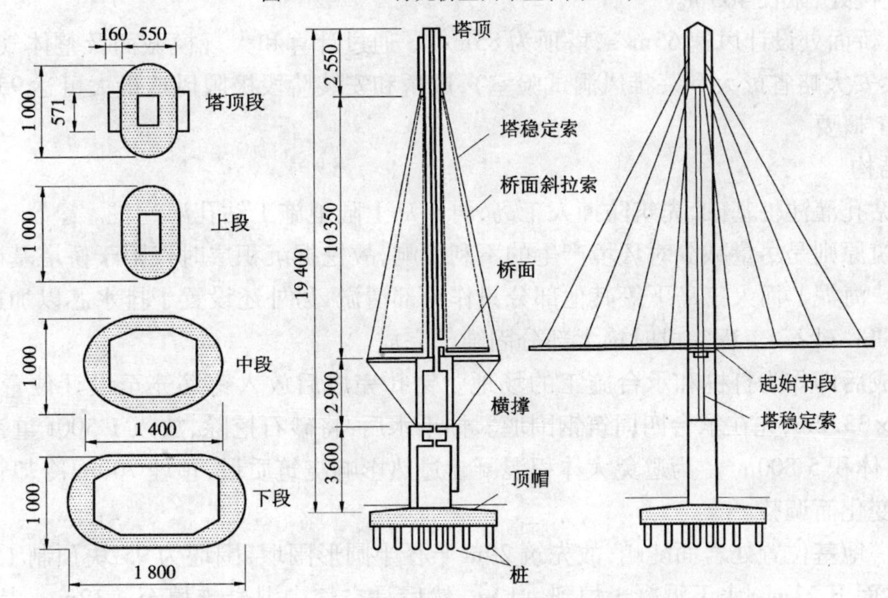

图1.3.3.77　汀九桥中塔构造示意(单位:cm)

桥塔基础位于蓝巴勒海峡人工岛上,共52根ϕ250cm钻孔灌注桩,平均长度27m,支承于海底岩层的天然高点，故两主跨长度有轻微差别，支承力为5 000kPa。

人工岛以重现期为200年的波浪设计。岛边坡1∶3，22万t级船舶防撞，船以任意方向驶来，人工岛会使之变位或转向，离开桥塔并使船只损害为极小。

（2）主梁

汀九桥采用预制和可快速拼装的结合梁以适应设计制造安装时间较短（34个月）的情况，如图1.3.3.78。桥上三车道共11.0m，路肩3.6m，内侧至梁边1.5m，外侧由斜拉索向内倾斜，故为2.67m，共宽18.77m。结合梁的钢梁格为18.77m×4.5m，上为预制混凝土桥面板4.4m×4.6m，采用现浇混凝土接缝。

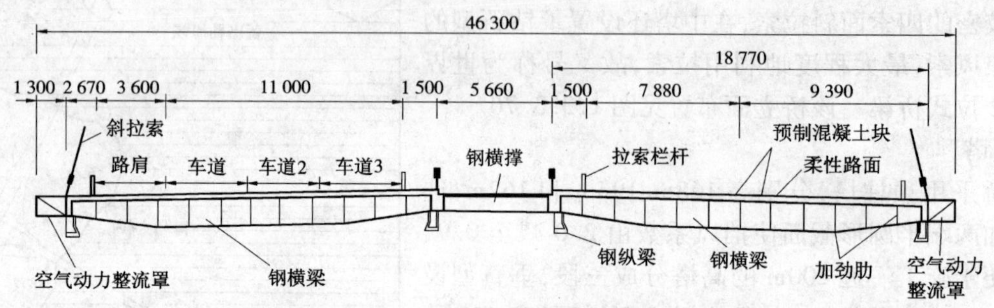

图1.3.3.78　汀九桥主梁横断面（单位：mm）

钢梁格边纵梁为L形断面，高1.5m、长13.5m，与钢横梁组成格构形，高强螺栓组合，接合面机械加工。钢横梁高1.2m是焊合结构，工字形断面。预制混凝土板厚23cm，高强混凝土C45，受压力最大处为C60。

桥面横向四点悬吊，钢横梁较短。桥面在两侧的索面之间布置，中部为通气缝，以在强风期改善空气动力稳定性。中缝建塔柱，柱宽5.5m，缝宽5.66m。

（3）斜拉索

汀九桥的拉索种类甚多。

斜拉索共有4个索平面，384根斜拉索。斜拉索锚固在钢边纵梁，索端间距13.5m。上端张拉端锚于塔顶钢锚箱内。由于索多，每索尺寸都不大。每索为25～55根ϕ15.24mm钢绞线。钢丝全部热镀锌处理，钢束外包浅灰PE管。

塔柱采用横向稳定索以提高其稳定性，形成钻石形断面。中塔顶部有纵向浪风索拉于南、北两塔的中、下段塔柱交接处，索长465m。

香港规定，桥面处设计风速65m/s，塔顶为85m/s。通过计算和大规模截面及整体气体弹性模型风洞试验（加拿大安大略省彭大利莱雅风洞试验室），成桥和安装阶段极限风速最大可达95m/s。

2.桥梁施工概要

（1）下部结构

中塔墩为钻孔灌注桩基础，先筑防撞人工岛，再在岛上陆地施工钻孔灌注桩。

人工岛构筑原则是尽量减少对环境产生的不利影响，故挖掘沉积层时仅限于桥塔基础下的部分，共清挖27.1万m^3海泥。而人工岛下等其他部分只作局部清淤，另外还设置了排水芯以加速瘀泥固结，随后填筑50.2万m^3砂石，工程完成时绝大部分固结已完成。

人工岛完成后即作为打桩和承台施工的场地。钻孔完成后放入钢筋笼至设计位置，灌注混凝土。承台尺寸37m×33.2m，先在承台四周筑钢围堰。抽干水后，将砂石挖除，放入1 300t重钢筋笼，连续浇筑75h混凝土，体积5 800m^3。为避免大体积混凝土过热影响浇筑质量，预埋700m冷却管，管中海水流速依测量温度变化而调整。

青衣侧桥塔地基位置处岩面陡峭，故先筑29m半径半圆形围堰，围堰为95块预制工字型混凝土构件组成，深入水面下22m。水下混凝土填到-12m，然后是空气中混凝土填至+12m。青衣侧塔扩大基础4 000m^3便建在其中。为抗船撞，半圆形混凝土围堰将船撞力直接传递到基岩。

汀九侧塔的扩大基础支承在挖成阶梯形基岩面的混凝土垫层上，基础体积4 000m^3。汀九侧塔以混凝土块海堤填筑出人工半岛以抗船撞。中塔承台用钢板桩围堰施工。

桥塔混凝土塔身采用滑动模板法施工。塔顶拉索锚固结构为在塔柱两侧各突出 1.6m×4.0m 的钢结构，其施工比较困难。塔顶两端圆形部分混凝土采用滑动模板施工；拆模后，在跨两圆端顶设液压顶，起顶 2 个预联在一起的钢锚箱，重 130t，到塔顶就位后临时固定；然后以钢锚箱为外模，再加一般的内模浇筑塔顶其他部分混凝土；最后安装索和梁。

(2)上部结构

全桥预制钢梁格 870 块，预制混凝土桥面板 2 400 块，456 根拉索，其中斜拉索 384 根，塔横向稳定索 64 根，纵向浪风索 8 根。典型桥面节段长 13.5m，包含 2 根钢边纵梁，3 根钢横梁和 12 块预制混凝土桥面板。

塔施工完毕后，安装塔横向稳定索、横撑和第一节段梁，安装步骤见图 1.3.3.79。安装第一节段梁时，梁段先在地面以水平位置转至铅垂位置起吊，就位后再转入水平位置安装。横撑安装好后，安装横向稳定索。在塔的纵向侧边，每塔各装有一台塔式吊机高出塔顶，用以吊装材料、机具和设备，另一侧则为工作人员升降电梯。

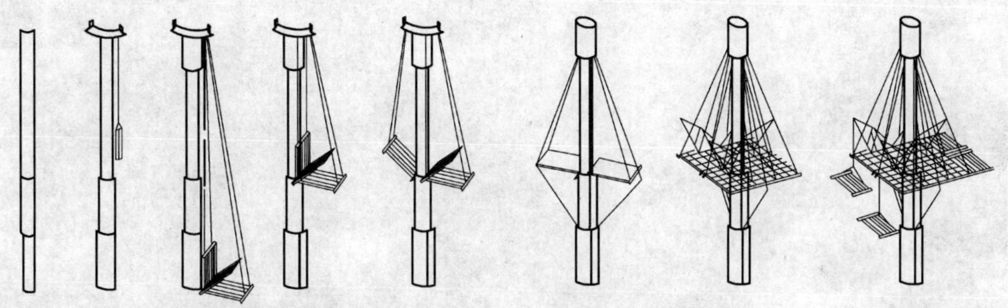

图 1.3.3.79　汀九桥索、梁起始安装步骤

起始段梁安装好后即铺装混凝土桥面板，装配好安装吊机，开始平衡悬臂安装。安装步骤见图1.3.3.80。

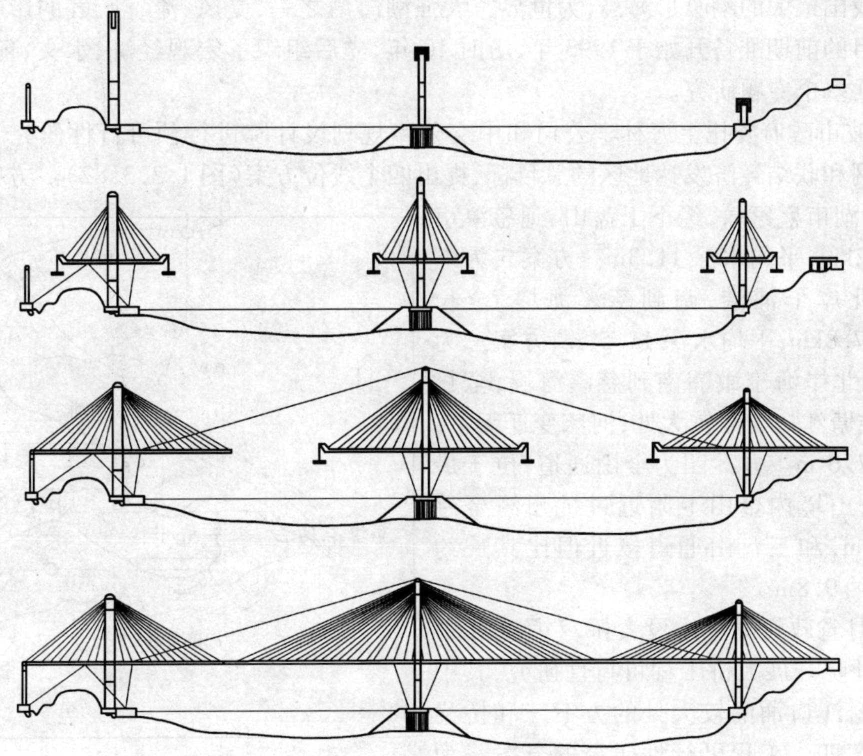

图 1.3.3.80　汀九桥悬臂安装步骤

刚架式起吊机直接将节段梁自驳船提升到桥面高度，然后用高强摩擦螺栓与前一节段梁通过连接板联接。每一新梁段架设好后，安装混凝土桥面板和安装一对斜拉索并张拉。三个桥塔同时开始悬臂安装，要求中塔 2 d 装 4 根索，每星期装 12 根，高峰时达到 16 根。两边跨合拢后安装纵向浪风索。悬臂安装过程中，为避免合拢前强风产生桥面位移及桥塔变形，保证其良好的抗风稳定性，特别在梁下安装临时索，共计 48 根，每索 31 股或 37 股钢绞线。临时拉索平面交叉，锚在桥塔基础上，梁上则系在桥面临时结构上。主跨合龙之前，平衡悬臂式桥面长达 556m。

3.3.11 中国宁波杭州湾大桥（Hang Zhou Bay Bridge）

杭州湾跨海大桥跨越杭州湾海域，连接浙江嘉兴市海盐县和宁波慈溪市，全长 36km，海上部分桥长 32km，是国道主干线同江—三亚公路跨越杭州湾的便捷通道，将缩短宁波至上海的陆路距离 120km，建成后将成为世界上最长的跨海大桥，见图 1.3.3.81。

图 1.3.3.81 宁波杭州湾大桥

杭州湾是我国最大的喇叭形海湾，为世界三大强潮海湾之一，受风、流、潮、气的影响比较大。杭州湾跨海大桥项目的前期准备开始于 1993 年，历时 10 年，先后组织了宏观经济、水文、环保、地质、气象、地震、通航等 50 多个专题研究。

1993 年宁波市政府委托上海林李公司和中交公路规划设计院进行预可行性研究。预可行性研究根据便捷交通网和联结经济发达地区的总目标，提出四个线位方案（图 1.3.3.82）。方案一为王盘山通道，起自北岸平湖市盛家埭，经下王盘山、到慈溪市海堤，全长约 42km，平均水深 11.3m。方案二为乍浦通道，起自北岸乍浦港，南到慈溪海堤，全长 34km，桥全长 27.8km，平均水深 11.5m。方案三为澉浦通道，起自北岸海宁澉浦南到慈溪海堤，全长 20.1km，接近钱塘江口涌潮较大处，河床变迁无常，平均水深只有 7.6 m。方案四为金山通道，位于最东侧，在北岸金山境内金山卫附近过杭州湾至慈溪，全长 50.9km，和王盘山通道接近但比其长约 9km，平均水深约 9.8m。

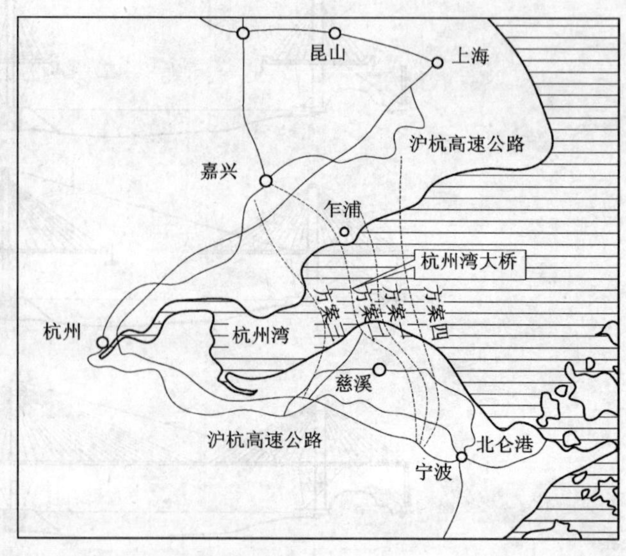

图 1.3.3.82 杭州湾大桥地理位置

2000 年 6 月省政府决定建设大桥，7 月委托中交公路规划设计院开展大桥工程可行性研究，其中放弃了接近钱塘江口涌潮较大处的方案三和桥梁线位最长的方案四。工程可行性研究的方案一为预可行性研究的方案二（乍浦通道），全长 40km；方案二为独山通道，起自北岸平湖独山东，桥长约32.7km；方案三为预可的方案一（王盘山通道），全长47km。工程可行性研究的综合评价意见：从与路网的联结上，方案三王盘山通道最顺，但工程规模最大；方案一乍浦通道在三线中迂回最大，但工程规模最小；方案二独山通道介于两者之间。因方案一具有海域宽度窄、水深浅、通航要求低、技术难度较小、路网联结好、经济效益显著以及抗风险能力强等优点，为最终推荐线位。

2001 年 9 月成立项目公司，大桥建设投资额为 118 亿，资本金为 38.5 亿元，其中民营企业投资占到 50.25%，银行贷款 70 亿元。2003 年 4 月初步设计通过国家交通部评审，10 月开工建设。通航要求为单跨单航道净宽 325m，净空高 47m；副通航道净宽 88m，净空高 17m。

杭州湾位于我国改革开放最具活力、经济最发达的长江三角洲地区，直接促进宁波、嘉兴及周边地区经济社会的发展，接轨上海扩大开放，推动长江三角洲地区合作与交流。据交通流量调查推测，2009 年通过大桥的车流量达 5.2 万辆，2015 年达 8 万辆，2027 年达 9.6 万辆。

1. 桥梁设计概要

杭州湾属强潮河口，潮汐类型为不规则半日浅海潮。潮流紊乱、冲刷严重，最高潮位 8.30m，最大潮差 8.87m，最大涨急流速 4.08m/s，平均流速 2.39m/s，实测最大流速 5m/s 以上。全年波高平均 0.2m，最大波高 3.5m（台风所致）。每年平均影响海湾的台风约 1.6 次，最大风速 34 ~ 42m/s。最低气温 -10.6℃，最高气温 39℃。

杭州湾跨海大桥按双向六车道高速公路设计，行车道宽 2 × 3 × 3.75m，桥面横坡 2%，设计车速 100km/h，设计使用年限 100 年。地震基本烈度为Ⅵ度，结构物按Ⅶ度设防。

整座大桥平面为 *S* 形曲线，总体上看线形优美、生动活泼。从立面看，在南北航道的通航跨桥处各呈一拱形，起伏跌宕。大桥全长 36km，主要分为：北引桥、北航道桥、中引桥、南航道桥、南引桥五部分（图 1.3.3.83）。

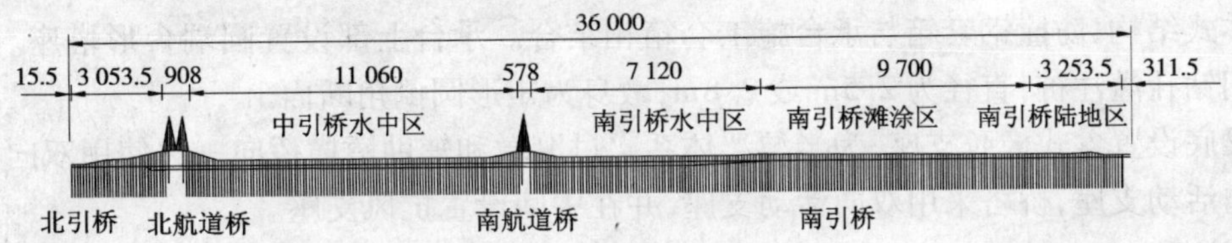

图 1.3.3.83　杭州湾大桥跨径布置示意（单位：m）

(1)北航道桥

杭州湾大桥北航道桥是钻石型双塔双索面钢箱梁斜拉桥，五跨连续，桥长 908m，主跨 448 m，跨径布置为 230m + 448m + 230m，见图 1.3.3.84。桥面纵坡 2.8%，竖曲线半径 20km，设计最大风速为 42.7m/s，抗震设计烈度为 6 度。

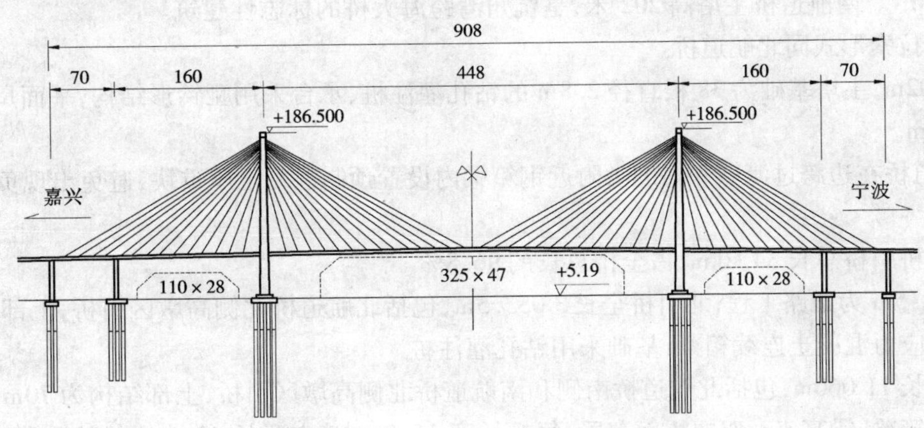

图 1.3.3.84　杭州湾大桥北航道桥立面布置（单位：m）

通航净高按设计最高通航水位 5.19m 起算，北航道桥主通航孔通航标准 35 000t，通航高度 47m，宽度 325m；边通航跨通航标准 1 000t，通航高度 28m，宽度 110m。北航道桥主通航孔横桥向撞击力 30MN，顺桥向撞击力 15MN；边通航跨横桥向撞击力 9.4MN，顺桥向撞击力 4.7MN。

主梁为栓焊结合的扁平钢箱梁，梁高 3.5m、宽 38.2m（含风嘴），见图 1.3.3.85。采用 U 形肋加劲的正交异性钢桥面板，顶板厚 14 ~ 20mm，底板厚 12 ~ 16mm，下斜腹部厚 20mm。钢箱梁横隔板标准间距为 3.75m，内设两道中纵腹板，间距 17m。

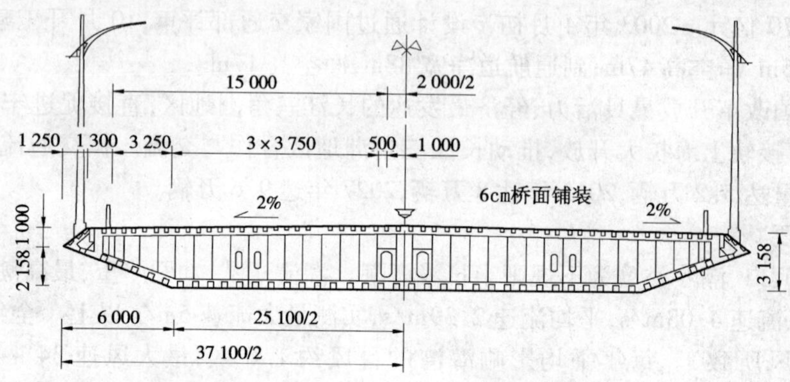

图 1.3.3.85　杭州湾大桥钢箱梁横断面（单位：mm）

钻石形索塔高 178.8m，其中横梁以上塔高 134.9m，高跨比为 1/3.32。索塔锚固区采用钢-混凝土组合结构形式。上塔柱钢锚箱中断面顺桥向长 6.5m，宽 2.5m，两侧为 U 形钢筋混凝土结构，钢锚箱和钢筋混凝土在钢锚箱侧板两端部结合，结合面通过剪力钉加强连接。

斜拉索采用平行钢丝索，在钢箱梁上索距为 15m，索塔上索距为 1.75 ~ 2.5m。

桥塔基础为 26 根直径 2.8m 钻孔灌注桩，平均桩长 125m。承台为 48.5m × 23.7m × 6.0m 的六边形圆倒角整体式结构，防撞钢套箱与承台施工套箱相结合。承台上部设置圆端台形塔座。辅助墩和过渡墩基础采用钻孔灌注桩，直径为 2.5m 或 2.8m，墩身为矩形圆倒角断面。

桥塔处梁底设置盆式橡胶支座，为半漂浮体系。过渡墩和辅助墩横桥向一边使用双向活动支座，另一边使用单向活动支座，桥塔采用双向活动支座，并在中间设置抗风支座。

(2)南航道桥

南航道桥为 A 型独塔双索面钢箱梁斜拉桥，桥长 578m，主跨 318m，跨径布置 100m + 160m + 318m。桥面纵坡 2.5%（ -2.05%），竖曲线半径 20km。

南航道桥主通航孔通航高度 31m、宽度 125m；边通航跨通航高度 20m、宽度 50m。通航标准 3 000t。南航道桥主通航孔横桥向撞击力 15.2MN，顺桥向撞击力 7.6MN；边通航跨横桥向撞击力 3.4MN，顺桥向撞击力 1.7MN。南航道桥主塔高 202 米，是杭州湾跨海大桥的标志性建筑。

主梁和斜拉索形式同北航道桥。

索塔高 202m，主塔基础为 38 根直径 2.8m 的钻孔灌注桩，承台采用哑铃形结构，平面尺寸 81.4m × 23.7m，厚 6.0m。

南、北航道桥在边跨过渡墩和辅助墩附近钢箱梁内设置预制混凝土压重块，避免出现负反力。

(3)引桥

杭州湾大桥引桥总长 34.2km，占全桥总长的 96.8%。

北引线 15.5m 为道路工程；北引桥全长 3 053.5m，包括北航道桥北侧高墩区引桥，上部结构为 30 ~ 80m 等高度预应力混凝土连续箱梁，基础采用钻孔灌注桩。

中引桥全长 11 060m，包括北航道桥南侧和南航道桥北侧高墩区引桥，上部结构为 70m 等高度预应力混凝土连续箱梁，梁高 4m，双幅桥面布置，每幅桥宽 15.8m，基本联长 420m。基础采用钢管桩，桩径 1.5 ~ 1.6m，单幅桥 9 ~ 10 根桩。桥墩采用预制混凝土空心墩结构。桥位水域含盐量较高，水流速度快、含砂量较大,设计中采用"增加钢板厚度,预留腐蚀余量+表面喷涂热融环氧粉末涂层+牺牲阳极的阴极保护"的综合防护措施来确保钢管桩的耐久性和使用寿命。

南引桥分为海中区、滩涂区和陆地区三部分,其中海中区全长7 120m,包括南航道桥南侧高墩区引桥,基本联长420m,上部结构为70m跨径等高度预应力混凝土连续箱梁,基础采用钢管桩,桩径1.5~1.6m,单幅桥9~10根桩,桥墩采用预制混凝土空心墩结构,见图1.3.3.86。

滩涂区全长10 100m,上部结构为50m跨径等高度预应力混凝土连续箱梁,共202跨,基本联长400m,基础采用钻孔灌注桩,桩径1.5~2.0m,现浇承台和墩身,见图1.3.3.87。

陆地区全长3 253.5m,上部结构为30~80m不等的预应力混凝土连续箱梁,基础采用钻孔灌注桩。中引桥和南引桥水中区采用预制安装墩身,南引线311.5m为道路工程。

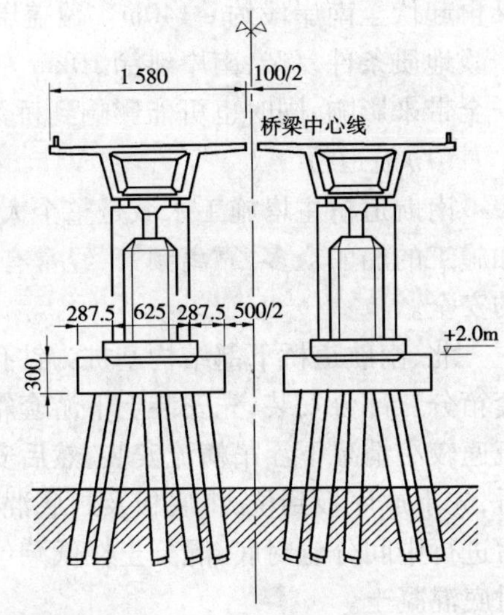

图1.3.3.86　海中区引桥横断面(单位:cm)

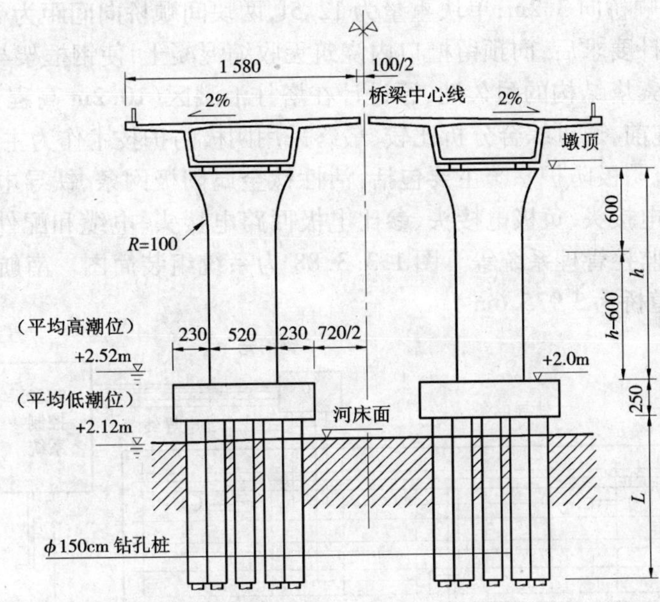

图1.3.3.87　滩涂区引桥横断面(单位:cm)

南航道往南1.7km,离南岸约14km处,设计了1.2万m^2的海中平台。该平台在施工期间作为海上作业人员生活基地和海上救援、测量、通信、海事监控平台。大桥建成后,则是一个海中交通服务的救援平台,同时也是旅游休闲观光台。

本桥采用海工耐久性混凝土,严格控制原材料的性能指标和混凝土抗氯离子渗透系数,其次采取必要的构造措施,如加大混凝土保护层厚度,控制裂缝宽度,使用涂层钢筋,预应力系统采用塑料波纹管及真空辅助灌浆等;另外,在腐蚀严重的区域,在混凝土中添加钢筋阻锈剂,针对不同区域制定相应的表面涂层方案,在航道桥索塔浪溅区采用混凝土阴极保护系统等。

据初步核定,大桥共需钢材76.9万t,混凝土240万m^3,各类桩基7 500多根,现浇各类箱梁157跨,预制箱梁920多根。

2. 桥梁施工概要

杭州湾跨海大桥桥位区域水文气象条件复杂,有效作业时间短,一年的有效工作日不足200天。

海床北滩窄(约1.46km),南滩宽(约7.3km),中部北陡南缓,水深9.8~12.5m,最深处为13.6m,局部冲刷槽可达30余米。河床比较稳定。基岩在北岸深为-170m,距离北岸7km左右时降为-200m,

又再起伏至南岸段约 -140m。覆盖层为黏土、粉质黏土、砂和砂砾。

地质条件复杂，南岸滩涂 10km 左右区段地下 50m 深处存在浅层天然气分布，对大桥桩基础的施工安全带来影响，同时也可能影响到桥梁结构的安全。

(1)航道桥

南航道桥主塔施工水域是整个大桥施工中最危险的水域，该水域紧邻海中平台、匝道桥施工区，参加施工的船舶众多，靠离频繁，经常有黄砂船列队进出，大桥办对其实行了强化管理以保障航行和施工的安全。

北、南航道桥下部结构基桩为钻孔灌注桩，承台混凝土采用钢套箱围堰现浇施工。南航道桥承台钢套箱分三部分安装，先安装上下游套箱，采用 550t 固定式扒杆起重船在码头 4 点起吊，拖运至现场后在流速较小情况下浮吊横流安装，然后安装系梁区钢套箱，浇筑封底混凝土。北航道桥承台的钢套箱安装时，先下放底板到位，将底板及封底混凝土重量通过牛腿传递到基桩钢护筒上，完成受力体系的转换，然后进行中间分舱封底，混凝土在低潮位时一次浇筑完成，最后侧模分 10 块安装完毕后，浇筑其余分舱的封底混凝土。

主塔采用爬架配翻转模板法施工，爬模速度达到平均 3 天 4.5m。塔顶钢锚箱底座为钢框架，厚 50cm，每块横桥向 8.5m，顺桥向 3.2m，单块重量为 12.5t，两块间顺桥向间距为 10cm。钢框架安装预留槽口内，安装精度满足设计要求后，向预留槽口内浇筑无收缩混凝土，使钢框架与塔柱联为一体。

为保证南、北航道桥索塔结构的耐久性，原设计在塔柱浪溅区(10.2m 高程)以下以及塔座、承台均采用环氧钢筋。工程实施前，通过综合分析比较，最终采用阴极防护技术作为主塔浪溅区以下部位的防腐蚀措施。大桥外加电流阴极防护系统主要包括：活性钛金属阳极网条、钛导电条、水泥垫条、银/氯化银以及钛参比电极、正极电接头、负极电接头、参比电极回路电接头、电缆和配件、接线箱、RECON 控制系统、计算机控制及遥控监控管理系统等。图 1.3.3.88 为系统组装简图。南航道桥索塔、承台保护表面积为 3 115.2m^2，北航道桥为 3 975.6m^2。

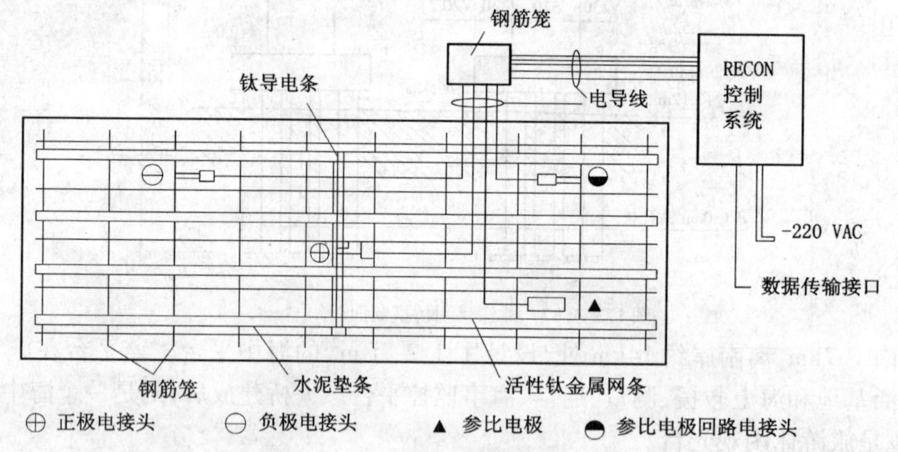

图 1.3.3.88 阴极防护系统组装示意

上部结构采用桥面吊机悬臂拼装施工。北航道桥钢箱梁分为 67 个梁段，南航道桥钢箱梁分为 42 个梁段，标准段长 15m，吊重约 2.6t。钢箱梁分节段在工厂制造好后，驳船运输至桥位，采用桥面吊机 4 点平衡起吊，到位后临时连接，精确定位后施拧顶板 U 肋高强螺栓，并对其他部分全截面焊接，第一次张拉该梁段斜拉索，吊机前移，吊装下一梁段，第二次张拉斜拉索。

(2)引桥

杭州湾大桥非通航段桥长达 30km，海上作业距离长、工作量大，施工方案和施工组织是大桥顺利实施的关键。故采取预制化、工厂化、大型化、变海上施工为陆上施工的施工方案。

北引桥下部结构桩基采用旋转钻机成孔，承台、墩身均采用现浇施工。上部结构 30m 梁采用满布支架现浇施工，50m 梁采用移动模架法现浇施工，80m 梁采用挂篮悬臂现浇施工。

中引桥、南引桥水中区下部结构为钢管桩基础，直径 1.5～1.6m，桩长约 80m。由于杭州湾潮大、流急，打桩船锚固难度较大，故采用了先进的全旋转桩架打桩船和液压打桩锤。承台采用钢套箱围堰和混凝土套箱围堰现浇施工，墩身采用预制安装施工。上部结构 70m 箱梁整体预制后采用运架一体化大型浮吊整跨运输、架设施工，箱梁整体吊装重量达 2 180t。施工中投入两艘运架一体船，起吊重量为 2 700～3 000t，吊高 40～53m。其中小天鹅号运架船在上海东海大桥成功架梁 250 余根。

南引桥滩涂区长达 7km，随潮水的涨落水位不断发生变化，大型的水上施工设备无法进入该区域进行施工。故下部结构利用引桥搭设钻孔平台，变海上施工为陆上施工，桩基采用旋转钻机成孔，承台采用钢板桩围堰和钢套箱围堰现浇施工，墩身采用现浇施工。上部结构 50m 箱梁整体预制后采用大型平板运梁车，通过梁上运梁的方式，由架桥机整体架设施工。

浅层气区域桩基施工有一定困难，施工前进行勘探及对策研究，探明天然气分布情况，研究浅层气土层性质及天然气释放后土体力学性质的变化规律，制定放气工艺，确保天然气的释放不至引起周边土体的扰动和地层的沉陷，尤其是气体压力较大的区域，不发生井喷现象，保证桩基的施工质量及施工安全。浅层气区域施工进展顺利，未发生安全事故，基础承载力也满足设计要求。

南引桥陆地区下部结构桩基采用旋转钻机成孔，承台、墩身均采用现浇施工；上部结构采用满布膺架法现浇施工。

大桥主体工程 2003 年开工建设，2007 年 6 月全线贯通，2008 年通车。

3.3.12　中国舟山大陆连岛工程

舟山大陆连岛工程是浙江省舟山群岛与大陆的重要交通枢纽，一期和二期工程由岑港大桥、响礁门大桥、桃夭门大桥、西堠门桥和金塘桥等五座跨海大桥及接线公路组成。起于舟山本岛，途经里钓岛、富翅岛、册子岛、金塘岛，在宁波镇海炼化厂西侧登陆，按高速公路标准建设，全长约 50km，其中桥长约 25km。

浙江舟山位于长江、钱塘江、甬江的入海口，包括舟山岛市区和 1 390 个岛屿，岸线约 185km，“东海蓬莱”的岱山岛和“海天佛国”的普陀山均在境内，为港、景、渔三大可开发的自然资源。舟山深水港通道或称舟山大陆连岛工程位于舟山岛西北部（图 1.3.3.89）。

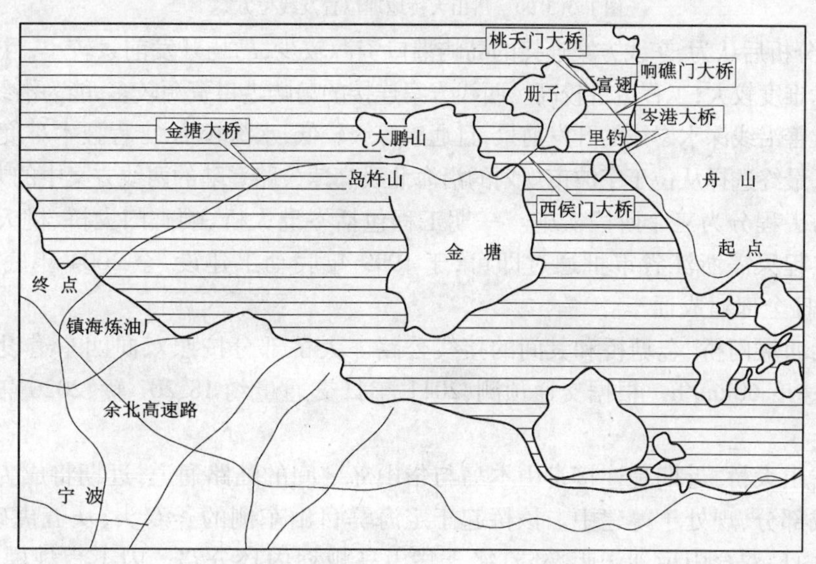

图 1.3.3.89　舟山大陆连岛工程地理位置

舟山地区属亚热带南缘，季风海洋型气候区。冬暖夏凉，温暖湿润，光照充足。春季多雾，夏秋多台风，全年多大风。年平均气温 16.7℃，平均降水量约 1 449mm，平均蒸发量 1 292mm。平均日照 1 886h，年平均风速 3.3～7.8m/s。一般台风最大风速 18～35m/s，瞬时最大风速大于 40m/s。

舟山大陆连岛工程于1995年开始前期工作，起点定在舟山本岛的国道329线鸭蛋山环岛，提出过东、西两个路线总方案。东线方案路线起自鸭蛋山环岛，经西蟹峙岛、大猫岛、穿鼻岛、外神马岛，至宁波的白峰，全长16.8km，其中跨海大桥5座，大桥3座，隧道4条，互通立交5个。西线方案路线起自鸭蛋山环岛，经定海西部地区至岑港，经里钓岛、富翅岛、册子岛、金塘岛后，桥位方案有两个，一是至宁波的镇海炼化厂西侧，接沿海北线高速公路；二是经大黄蟒山，至宁波的杨公山，接沿海北线高速公路。其中桥位方案一全长49.96km，跨海大桥5座、大桥9座、隧道1条、互通立交6个；桥位方案二全长40.67km，跨海大桥6座、大桥9座、隧道1条、互通立交6个。各方案见图1.3.3.90。

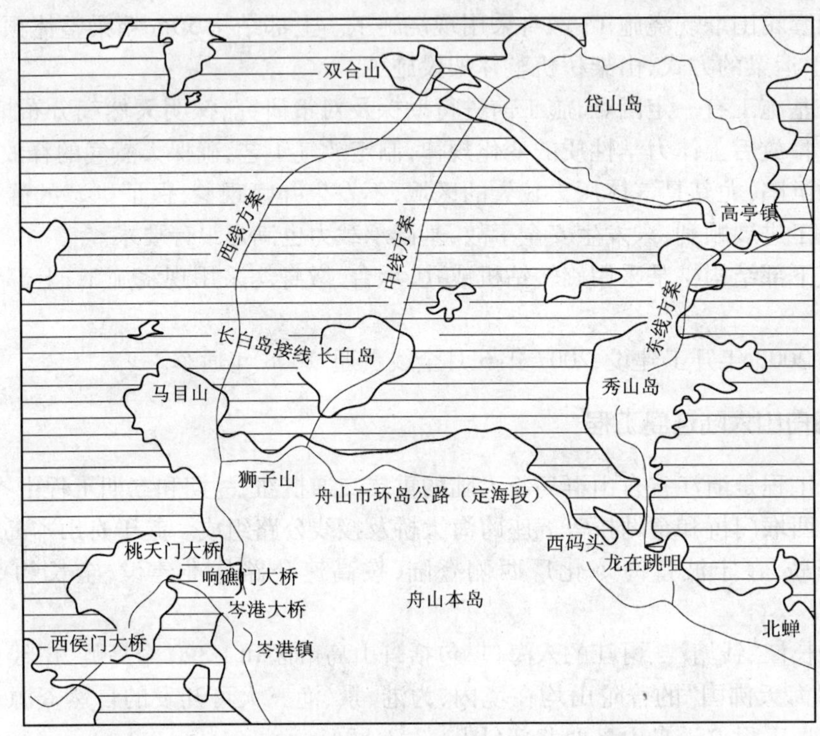

图1.3.3.90 岱山大桥地理位置及线位方案

专家综合比较分析后认为，东线方案连接的岛屿港口资源较少，岛屿开发前景较小，且由于通航等级高，水深较大，工程技术难度较大，工程造价较高。西线方案连接的岛屿港口资源较多，能为沿线各港口建立方便的陆上疏运通道，改善沿线深水岸线的开发前景，且通航等级较低，水深较小，工程技术难度较小，工程造价较低。经过推敲论证，最终选择从位于宁波市规划的沿海北线高速公路登陆的西线方案中的方案一。

舟山大陆连岛工程分为三个阶段实施。一期工程包括岑港大桥、响礁门大桥、桃夭门大桥和其间的接线公路。该期工程只需浙江省审批通过即可，于1999年底动工建设，至2004年底主体工程建设完成，2006年1月1日全部建成通车。

二期工程包括西堠门桥、金塘桥和其间的接线公路。大桥部分按照双向四车道设计，中间为1.5m分隔带，设计行车速度60km/h。根据交通预测，2011年日交通量约18 207辆，2020年约为26 858辆；2030年36 691辆。

三期工程为岱山大桥，近期是连接舟山本岛与岱山岛之间的陆路通道，远期将成为舟山连接上海跨海大桥的重要组成部分，现处于筹建中。该桥起于定海马目山东侧的斧双头，从五虎礁锚地西侧通过，跨越灰鳖洋，在岱山岛双合山后沙洋咀登陆，终于岱山岛规划内环公路。因工程规模宏大，拟采取“一次规划，分期实施”的方案。

1.一期工程桥梁

(1)岑港桥

岑港大桥跨越岑港水道，连接岑港和里钓岛。全桥长793m，桥面宽22.5m，双向四车道，通航等级

300t，通航净高 17.5m，通航净宽 2×40m，主桥为 3 跨 50m 的先简支后连续预应力混凝土 T 梁。下部结构为 ϕ120cm 预应力混凝土管桩（主桥）或 ϕ120cm 和 ϕ180cm 钻孔灌注桩，见图 1.3.3.91。

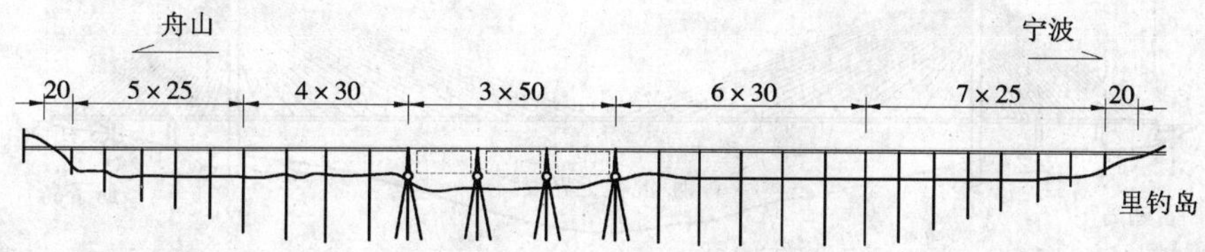

图 1.3.3.91　舟山岑港桥（单位：m）

（2）响礁门桥

响礁门大桥跨越响礁门水道，连接里钓岛和富翅岛。全长 951m，桥面宽 22.5m，双向四车道，通航等级为 500t，通航净高 21m，通航净宽 135m。主桥为 80m＋150m＋80m 的大跨径预应力混凝土连续箱梁，引桥为先简支后连续预应力混凝土 T 梁，见图 1.3.3.92。1999 年 12 月动工建设，2003 年 4 月完工。下部结构基本同岑港桥，但为了打入砂卵石层，ϕ120cm 的预应力混凝土管桩下接 4～14m 钢管桩。

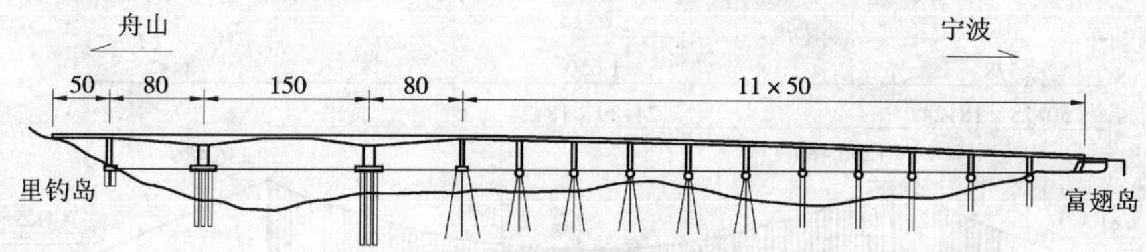

图 1.3.3.92　舟山响礁门桥（单位：m）

（3）桃夭门桥

桃夭门大桥跨越桃夭门水道，连接富翅岛和册子岛。全长 888m，桥面宽 27.6m，双向四车道，通航等级为 2 000t，通航净高 32m，通航净宽 280m。主桥为主跨 580m 的双塔双索面半漂浮体系混合式斜拉桥，桥跨布置为（48＋48＋50＋580＋50＋48＋48）m，见图 1.3.3.93、图 1.3.3.94。

图 1.3.3.93　舟山桃夭门大桥

桥塔为钻石型，塔高 151m，塔柱纵向等厚度，厚 7m；塔柱横向厚 4m，主塔横向宽度从桥面下最宽 36m 渐变到塔顶的 6m；桥面上主塔设一厚 5m 的横梁。塔基处露出中风化霏细斑岩，厚约 8.5～14.3m，其下为微风化霏细斑岩，岩面坡度较陡，故采用 ϕ220cm 钻孔灌注桩群桩基础。桃夭门桥于 2001 年 3 月动工建设，2003 年 4 月完工。

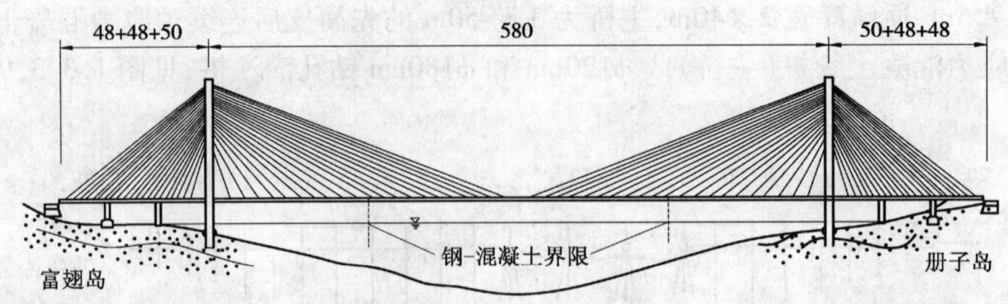

图 1.3.3.94　舟山桃夭门大桥立面布置(单位:m)

2. 西堠门桥

西堠门桥起于册子岛桃夭门岭,于门头山经老虎山跨越西堠门水道,止于金塘岛上雄鹅嘴,接金塘桥。西堠门桥全长 5.452km,其中西堠门桥主桥长 2.588km,册子岛侧接线长 2.864km。双向四车道高速公路,设计行车速度 80km/h,路基宽度 24.5m。西堠门桥主桥为两跨连续钢箱梁悬索桥,跨径布置为 485m + 1 650m + 578m,见图 1.3.3.95。通航等级为 30 000t,通航净高 49.5m,通航净宽 630m。

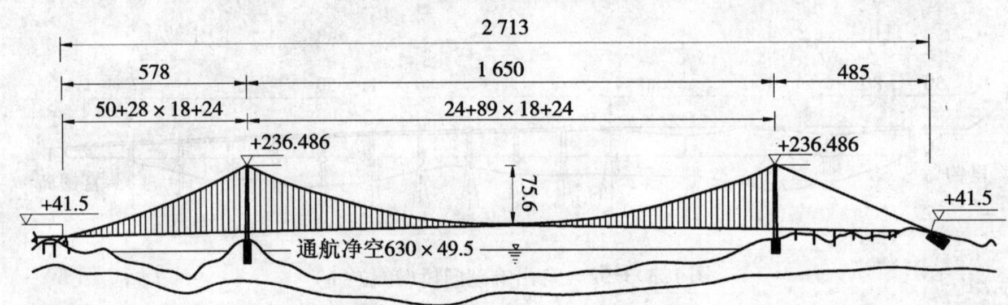

图 1.3.3.95　西堠门桥立面布置(单位:m)

大桥跨越的西堠门水道为西北—东南走向的水道,长约 7.7km,平均宽 2.5km,最窄处宽约 1.9km,最大水深为 80 ~ 95m,最大涨落潮漂流流速达 2.66 ~ 3.65m/s。水道内存在裸露的孤丘和水下暗礁,有强烈漩涡,岸坡陡。

桥位区为海岛,地形地势起伏变化较大,主要为火山岩类、侵入岩类等组成的侵蚀剥蚀海岛丘陵地貌。覆盖层为第四系残坡积物,最大厚度为 5.0 ~ 5.5m,弱、微风化基岩埋藏浅或直接裸露,岩性单一,册子岛及老虎山为流纹斑岩,金塘岛为霏细斑岩,岩石饱和单轴极限抗压强度大于 30MPa,属硬质岩石。

(1)桥梁设计概要

①缆索系统

主缆由五跨组成,由北向南依次为:北锚跨、北边跨、中跨、南边跨、南锚跨。中跨主缆理论垂度为 165.00m,矢跨比 1/10。北边跨为有索区,理论垂度 21.32m,矢跨比 1∶27.212;南边跨为无索区,理论垂度 4.439m,矢跨比 1∶109.654。两根主缆中心距为 31.4m。

两根主缆每根长约 2 880m,重约 10 614t。每根主缆中,从北锚碇到南锚碇的通长索股有 169 股,单根索股重约 62.2t,北边跨索股有 175 股,南边跨索股数为 171 股。每根索股由 127 根直径为 5.25mm 的高强镀锌钢丝组成,钢丝极限抗拉强度达到 1 770MPa,钢丝强度级别的提高可以减少主缆索股数,降低主缆自重,从而减小塔、锚规模。其中一根主缆在国内大跨度桥梁建设中首次采用了国产高强镀锌钢丝。

吊杆采用优质钢芯钢丝绳,直径 0.06m,与骑跨式索夹连接,与钢箱梁为销铰式连接。索夹采用左、右分半的构造形式,左、右两半索夹用螺栓连接夹紧。吊杆标准间距 18m,北锚处为 50m,北塔处为 48m,南塔处为 24m。

②加劲梁

西堠门桥加劲梁为扁平流线型分离式双箱断面(图 1.3.3.96),为世界悬索桥中首次采用。加劲梁断面中央透风后，顶、底面气流可互相流通，压力差减小，加劲梁的风动稳定性增强。两个封闭钢箱横桥向拉开距离6m，用横向连接箱梁和横向连接工字梁加以连接，研究认为颤振临界风速达到88m/s。

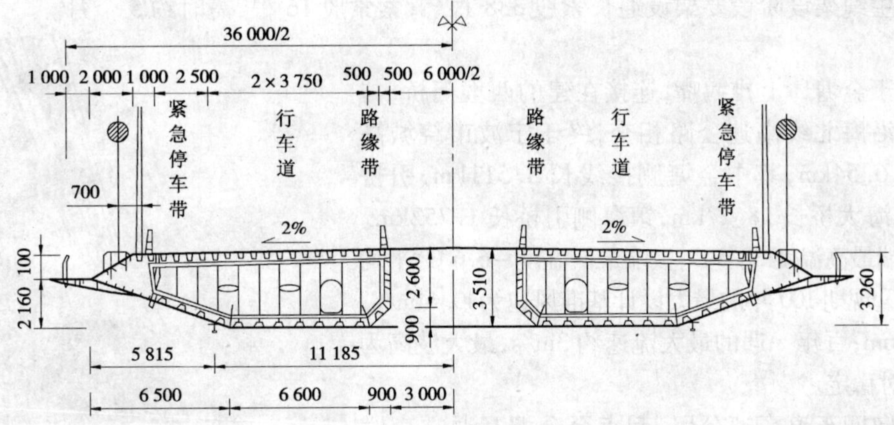

图1.3.3.96　加劲梁标准横断面(单位:mm)

加劲梁全宽36m，桥面净宽23m，梁高3.5m。钢箱梁全长2 220m，全桥共分梁段126个，标准节段长18m，总重约33 000t，单个梁段最大重量达310t。

③主塔及塔基

北塔位于老虎山，老虎山四面临空，长200 m，宽一般为50 m；南塔在金塘岛上。

索塔为多层框架门式钢筋混凝土塔，塔高约210m。塔柱为变壁厚矩形单箱单室结构，塔顶到桥面尺寸由8.5m×6.5m变化至9.7m×8.7m，塔底变化至12.5m×11.5m，壁厚变化为1.20～1.60m。桥面以上设上、中两道横梁。南塔是主、引桥的分界点，设置了下横梁，以布置加劲梁的约束装置。北塔处未布置竖向支座，不设下横梁，但中横梁至承台顶的高度达133. 675 m，因此在承台间设置横系梁。

索塔下部结构采用群桩基础，单桩直径为2.8m，每个塔柱下顺桥向布设4排，每排3根，共12根。承台为哑铃型结构，纵横向平面尺寸为22.8m×16.8m，高度7m。

④锚碇

北锚碇采用重力式扩大基础锚，南锚碇采用重力式嵌岩锚。南锚碇坐落在金塘岛，尺寸为63.6m×74.7m×50.3m，混凝土用量约77 645m^3。由锚块混凝土、基础和连接部混凝土以及散索鞍支墩混凝土组成。

(2)桥梁施工概要

①主塔

西堠门桥北塔，高211m(图1.3.3.97)，位于海中心的小岛——老虎山上，老虎山纵横不足100m，材料、设备、人员进出都很困难。2006年5月中旬，北塔正式封顶，开始上横梁施工。2006年7月进行主索鞍组件吊装工作。

②主缆

西堠门桥主、散索鞍安装施工完成后，于2006年7月开始上部构造施工。西堠门桥猫道长2 808m，按南边跨、中跨、北边跨架设顺序各自单独架设，经主索塔转索鞍，形成三跨连续猫道系统。猫道承重绳由24根ϕ54mm钢绳组成，单根猫道承重索重34t，长2 802m，单线往复牵引系统长3 000m。先导索采用直升机过海架设，南边跨猫道绳采用直接上提法架设，中跨和北边跨猫道承重绳采用空中托架法架设。

图1.3.3.97　北塔封顶后实况

西堠门桥主缆采用预制平行钢丝索股(PPWS)法架设(图

1.3.3.98),索股牵引距离长,所需牵引力大,施工中采用4台25t变频卷扬机为动力的双线往复式牵引系统,可以对牵引时的绳速、位置、张力进行全程跟踪显示和自动控制,适应牵引过程中张力与牵引速度的不断变化。主缆架设阶段要架设通长索股338根、背索索股16根,需时约5个月。

3. 金塘桥

金塘桥起于金塘岛上雄鹅嘴,连接在建的西堠门桥,与规划中的宁波沿海北线高速公路相交,终于宁波市绕城高速公路,全长26.54km,其中金塘侧接线长5.511km,引桥长1.007km,跨海大桥长18.27km,镇海侧引桥长1.752km。

图1.3.3.98 主缆安装实况

桥址处极端最高温度38.5℃,极端最低温度-6.6℃;平均海面以上10m重现期100年的最大设计基准风速为40.44m/s;最大潮差约3.6m;百年一遇的最大流速约3m/s,最大波高为6.26m;海床相对稳定。

大桥为双向四车道高速公路,起点至金塘互通立交段设计车速80km/h,路基宽度24.5m;金塘互通立交至终点段,设计车速100km/h,桥宽26m。设计地震基本烈度为Ⅶ度。设置三个通航跨,主通航孔桥为半漂浮双索面钢箱梁斜拉桥(图1.3.3.99),桥长1 224m,跨径布置为70m+70m+162m+620m+162m+70m+70m,通航等级为50 000t,双向通航净空544m×51m;东通航跨桥为主跨216m的连续刚构,单向通航净空121m×28.95m;西通航跨桥为主跨156m的连续梁桥,单向通航净空109m×25.5 m。

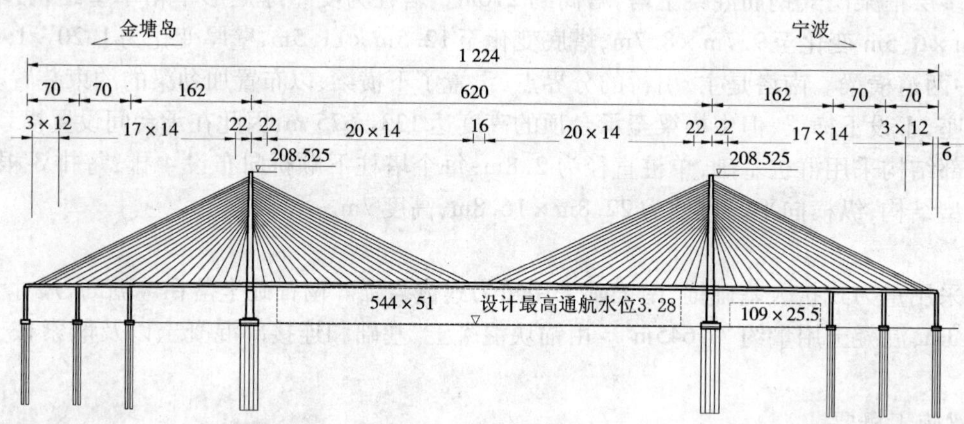

图1.3.3.99 金塘桥主通航孔桥立面布置(单位:m)

(1)桥梁设计概要

①主梁

主梁采用封闭式流线型扁平钢箱梁。箱梁全宽30.1m(包括风嘴),宽跨比1/20.60,中心线处梁高3.0m,高跨比1/206.67,见图1.3.3.100。

②主塔及塔基

主塔采用倒Y形塔。索塔总高度为202.525m,桥面以上高约151.3m,高跨比为1/ 4.10,塔根处横向间距49.68m。塔顶尺寸顺桥向6.5m,横桥向6m,塔底尺寸顺桥向10.5m,横桥向6.5m。设置一道横梁,横梁高6m、宽8m。

主通航孔桥塔采用群桩基础,42根国内首次采用的超长大直径变截面嵌岩桩,桩上部直径3.0m,下部直径2.5m,平均打入海平面下110m。

塔基防撞采用浮式消能防撞设施,消能后船舶撞击力为:主通航孔主墩45.74MN(横桥向),22.87MN(顺桥向);边墩19.22~34.48MN(横桥向),9.61~17.24MN(顺桥向)。

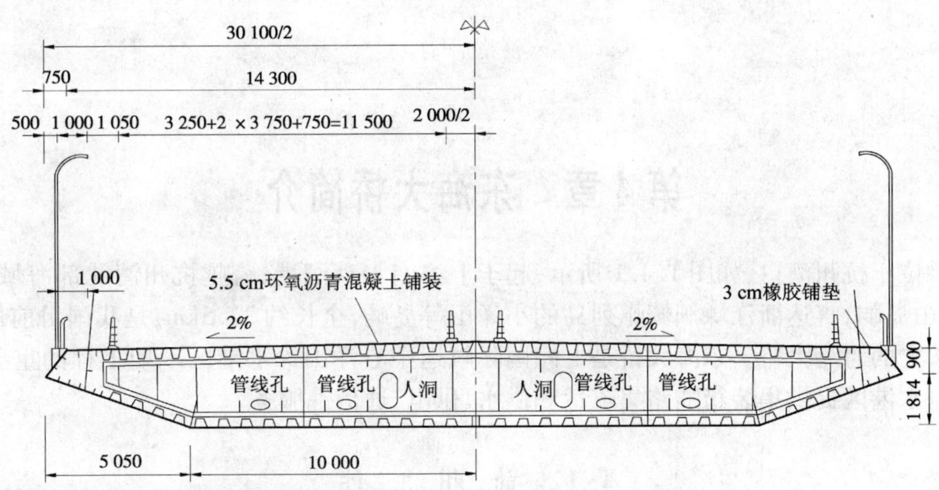

图1.3.3.100　金塘桥主通航孔桥主梁标准横断面(单位:mm)

③斜拉索

斜拉索采用平行钢丝斜拉索,抗振采用阻尼器和气动措施。

④辅助墩及过渡墩

辅助墩与过渡墩采用整体基础,横向设置2个墩身。辅助墩和过渡墩基础采用群桩加套箱消能防撞。桩基础采用上部直径3.0m、下部直径2.5m的变截面钻孔灌注桩,为了增强桩基抗船舶撞击能力,钻孔灌注桩桩身配置预应力锚束。

⑤副通航及非通航段桥梁

东通航跨桥采用主跨186m的预应力混凝土连续刚构,上部结构悬浇施工,双薄壁墩身,基础为钻孔灌注桩。

非通航段桥上部结构采用60m跨径预应力混凝土连续箱梁。墩身根据墩高不同采用不同的施工方式:墩高小于15m的采用预制墩身,矩形薄壁空心截面,四角倒圆角;墩高大于15m的采用现浇墩身,矩形实心断面,四角倒圆角。桩基根据水文、地质条件分别采用钻孔灌注桩和钢管桩。

金塘侧陆上段引桥桥面高程在23.037~38.426m之间,上部结构采用5×50m的等高度预应力混凝土连续梁桥,采用双箱分离断面,逐跨现浇施工。墩身采用花瓶形构造,桩基采用钻(挖)孔桩。

(2)桥梁施工概要

至2007年1月,金塘桥处于下部结构施工阶段。主通航孔桥防撞钢套箱安装完成,非通航段桥首批预制墩身浇筑完成,开始墩身安装工作。

金塘桥主通航孔桥索塔承台采用实体钢筋混凝土圆端形构造,承台以自身抗撞为主,利用承台钢套箱防护。钢套箱采用双壁防撞结构,钢套箱侧壁与防撞设施结合,除作为承台施工时的挡水和模板外,同时满足承台使用过程中的防撞要求。单个钢套箱体积为60.88m×38.12m×9.858m,重达1 600t。在2艘3 000t平板驳组拼成的平台上拼装后,用拖轮整体运输至现场,由两艘分别为1 000t和1 200t的大型起重船从平台上吊起,移至海中钢护筒上方,底板上直径3.3m的圆孔,缓缓地套准钢护筒,钢套箱整体沉放。

金塘桥共预制墩身428个。预制墩身为C40高性能混凝土空心薄壁墩结构,墩身截面采用单箱单室,底部平面尺寸为2.4m×6.3m。墩顶弧线形变宽,顶部平面尺寸为3.6m×6.3m。墩身四角设半径60cm圆弧,墩身壁厚50cm。全部预制墩身共需浇筑混凝土41 362m^3,需钢筋6 792.4t。

东通航跨桥主墩承台套箱与防撞相结合设计,采用双壁钢套箱,钢套箱总长34.7m,总宽25.77m,套箱宽度2.1m,高度7.8m。

第4章 东海大桥简介

东海大桥位于杭州湾口,如图1.4.1所示,起于上海南汇芦潮港,跨越杭州湾北部海域,经小乌龟、大乌龟、颗珠山岛屿,直达浙江嵊泗崎岖列岛的小洋山等岛屿,全长约32.5km,是我国目前最长、也是第一座真正意义上的跨海大桥。东海大桥是上海国际航运中心洋山深水港区一期工程的重要配套工程,直接为洋山深水港区提供集装箱陆路集疏运和供水、供电、通信等服务。

4.1 前 期 工 作

长江三角洲地区作为中国经济起步、发展、腾飞的龙头,因缺乏具有国际竞争力的集装箱枢纽港,导致长江流域和东部沿海地区的大量远洋集装箱货源不得不到周边国家和地区港口转运。20世纪90年代,国家提出建设上海国际航运中心的战略目标。上海组织专家深入长江口、杭州湾海域进行调研勘察。专家们先后对北上(罗泾)、东进(外高桥)、南下(金山咀)等建港方案进行过论证,但都因航道水深不够、岸线不足等原因作罢。1995年9月,最终提出跳出长江口,在距上海南汇芦潮港约30km的大小洋山岛建深水港的设想。1996年,开展上海国际航运中心新港址论证工作。经过多年综合论证,1999年3月,在北京召开的"上海国际航运中心深水港港址论证报告"汇报会上,大、小洋山深水港选址方案被正式提出。

但大小洋山属于外海孤岛,与大陆没有直接的陆路交通连接,且岛上缺水、缺电,故必须建设跨海大桥以提供水、电、通信等,形成港区与大陆相连接的快速交通集疏运通道。1999年8月,上海市政工程设计研究院和交通部第三航务工程勘察设计院完成了洋山深水港区一期工程和芦洋跨海大桥一期工程的预可行性研究工作。

2001年3月10日,原国家计委正式批准立项,在洋山建立上海国际航运中心。3月17日,原国家计委对洋山深水港区建设一期工程立项。

2002年1月,上海市政工程设计研究院、交通部第三航务工程勘察设计院完成了洋山港区工程和芦洋跨海大桥工程的可行性研究工作。同年4月,国务院通过上海国际航运中心洋山深水港区一期工程建设可行性研究报告与开工报告。

工程可行性研究报告中考虑芦洋跨海大桥为分期建设,近期大桥一次性建成基础,上部实施双向四车道,远期大桥加宽改为双向六车道。初步设计中经综合考虑,大桥采取一次建设六车道。工程可行性研究报告建议大桥设5 000t级、1 000t级通航跨各一处。初步设计中考虑通航要求,增设了两个500t级通航跨,同时5 000t级通航跨桥墩按万吨船舶标准进行防撞设计。

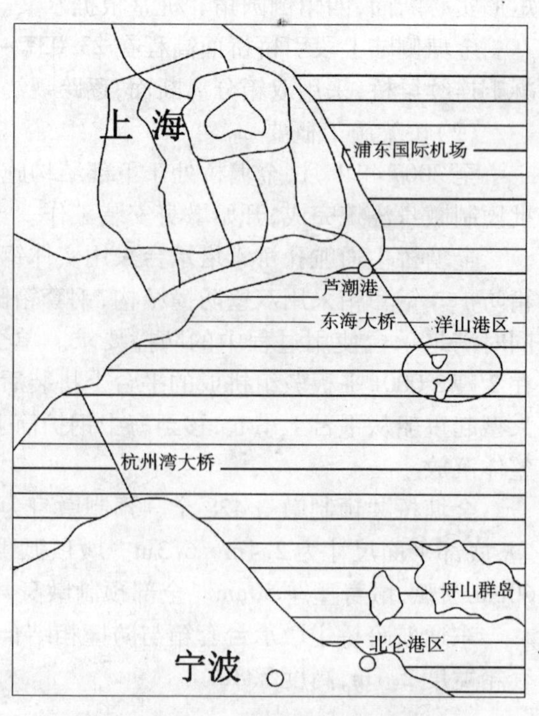

图1.4.1 东海大桥地理位置

跨海大桥作为深水港的集疏运通道,到2020年港区规划全部建成时,预测混合交通量19 215辆/d,其中包括:集装箱车16 333辆/d、大中型客货车1 921辆/d、小客车960辆/d。

2002年4月,承担芦洋跨海大桥的建设单位“上海同盛港口建设有限公司”成立,跨海大桥开工建设,并改称为“东海大桥”,设计单位为上海市政工程设计研究院、中铁大桥勘察设计院、交通部第三航务工程勘察设计院,监理单位为大桥工程建设监理(武汉)联合体,中标单位从I标到VII标分别为上海城建集团、上海隧道工程股份有限公司、上海第二市政工程有限公司、中铁大桥局集团有限公司、路桥集团国际建设有限公司、上海建工集团、中国港湾建设集团公司、路桥集团国际建设有限公司和浙江围海建设集团。

经过三年半的紧张建设,东海大桥于2005年12月建成通车,与洋山深水港一期码头同期投入运行。

4.2　自然条件和基本资料

4.2.1　地理位置

东海大桥北起上海市南汇县芦潮港镇客运码头以东约5km南汇嘴处,经小乌龟岛、大乌龟岛、颗珠山岛、小洋山岛等岛屿,南至小洋山。芦潮港镇为一港口城镇,位于南汇县东南,南芦公路直达,交通方便。大乌龟~小洋山诸列岛位于舟山群岛西北的崎岖列岛,长江口和杭州湾的汇合处,行政区划隶属于浙江省舟山市嵊泗县,地理概略位置为东经121°58′06″~122°09′23″,北纬30°33′52″~30°39′42″,南距宁波北仑港约90km,北距长江口灯船约65km。小洋山有轮船航班通往上海、宁波和嵊泗等地。

4.2.2　地形地貌

东海大桥北端芦潮港为沙泥滩地,现在围海造地,属潮坪地貌。桥区海域、海势稳定,海床地形较为平坦,天然水深一般在8.0~12.0m左右,高程为-7.5~-12.5m,中日海底光缆和电缆在该海域通过。近岸浅水区水深为0.0~5.0m(长度约500m)。大桥东侧所经岛屿及南端小洋山为一系列面积狭小的岛屿,呈鸡爪型地貌,各岛一般基岩裸露、植被稀少,地形陡峭、少平地,岸线曲折、多海湾岬角,岸线为抗冲刷侵蚀能力强的基岩海岸。各岛在地势相对低凹地段一般发育厚20~40cm的覆盖层,相应的植被较发育,沿岸海蚀地貌如海蚀洞、海沟等较发育。

4.2.3　气象条件

洋山海区位于北亚热带南缘的东亚季风盛行区,受季风影响冬冷夏热,四季分明,降水充沛,气候变化复杂。在大桥区域50km范围内分布有多个气象水文观测站,气象条件分析资料主要依据桥区周边站的气象观测资料的统计,其中南汇气象站(海岸站)、大戢山站、嵊泗站和岱山站(海岛站)的资料年限为1986~1990年(连续5年),小洋山的金鸡门和观音山站(海岛站)资料年限为1997年8月~2001年12月(连续4年)。经综合统计分析,本区主要气象要素如下。

1.气温

多年平均气温:15.8℃;

历年最高气温:37.5℃;

历年最低气温:-7.9℃;

最热的月平均气温:27.0℃;

最冷月平均气温:6.0℃;

日最高气温≥35℃日数:2d/y;

日最低气温≤0℃日数:海岸站25~30d/y、海岛站3~7d/y;

日最低气温≤ -5℃日数:海岸站 1d/y、海岛站 0.2d/y。

据小洋山金鸡门站 1997 年 8 月 ~2001 年 12 月气象观测资料统计,年平均气温 17.2℃,8 月份平均气温 27.5℃,1 月份平均气温 6.6℃。

2. 降水

多年平均降水量:1 100.0mm;

历年最大降水量:1 603.9mm;

历年过程最大降水量:434.6mm;

降水日数:134d/y;

中雨日数(≥10mm):25d/y;

大雨日数(≥25mm):9d/y;

暴雨日数(≥50mm):3d/y;

降雪日数:5d/y。

据小洋山金鸡门站最近 4 年气象观测资料统计,年平均降水量 1 015.3mm;最大月降水量 390.7mm(1999 年 6 月);最大日降水量 111.7mm(2000 年 8 月 6 日);过程最大降水量 248.5mm(1999 年 6 月 24 ~30 日)。

3. 风况

本海区风况主要依据大戢山站海洋站测风资料,结合小洋山(观音山站)1997 年 8 月 ~2001 年 7 月测风资料进行综合分析。

(1)风速

本海区全年多为偏北和偏南向风。大戢山站常风向为 NNE 向,风向频率 16.0%,小洋山(观音山站)常风向为 N 向,风向频率 16.6%;次常风向为 SE ~ SSE 向,大戢山站频率 19.5%,小洋山(观音山站)频率 22.6%。

强风向:大戢山站为偏北向,实测最大风速 35.0m/s(风向 NNE);小洋山(观音山站)为偏 NW 向,实测最大风速 24.3m/s(风向 WNW)。

本海区全年风况季节性变化明显,根据小洋山(观音山站)1997 年 8 月 ~2001 年 7 月实测风资料按四季的风频和风速资料统计:春季(3 ~5 月)常风向为 SE 向,频率 22.0%,强风向为 S 向,实测最大风速 22.8m/s;夏季(6 ~8 月)常风向为 SE 向,频率 24.9%,强风向为偏北向,实测 WNW 向最大风速 24.2m/s;秋季(9 ~11 月)常风向为 N 向,频率 19.4%,强风向为偏北向,实测 NW 向最大风速20.3m/s;冬季(12 ~2 月)常风向为 N 向,频率 30.8%,强风向为偏北向,实测 NW 向最大风速 19.5m/s。小洋山(观音山站)和大戢山站的风玫瑰图详见图 1.4.2.1。

(2)大风

本区大风风向主要集中在偏北和东南偏南方位。根据大戢山站 1986 ~1990 年大风资料统计:风力≥7 级的大风日数为 65.8d/y;风力≥8 级的大风日数 30d/y;风力≥9 级的大风日数约为 3d/y。

根据小洋山(观音山站)1997 年 8 月 ~2001 年 7 月实测大风过程资料统计:1 ~3 级风出现频率占 56.3%,≤6 级风的频率占 98.0%。在 4 年的观测时段内,风力≥7 级风的频率相对较低,约占 2.0%;8 级大风共观测到 77 次;9 级大风共观测到 5 次;10 级大风 2 次和 11 级大风 1 次。三分之一大风过程延时在 1h 左右,大风延时 12h 以上共出现 14 次,其中延时 24h 以上的大风过程 3 次,第 0014 号台风影响的最长延时达 57h,第 9714 号台风影响的延时为 27h。

大桥区域 7 级以上大风日数年均为 22.4d。

(3)重现期最大风速

根据桥区周边站的大戢山站、嵊泗站和岱山站(海岛站)长期测风资料(20 年以上),选用耿贝尔极值 I 型分布律计算公布推算重现期最大风速值,参考各测风站的计算结果,确定桥区不同重现期最大风速值如表 1.4.2.1。

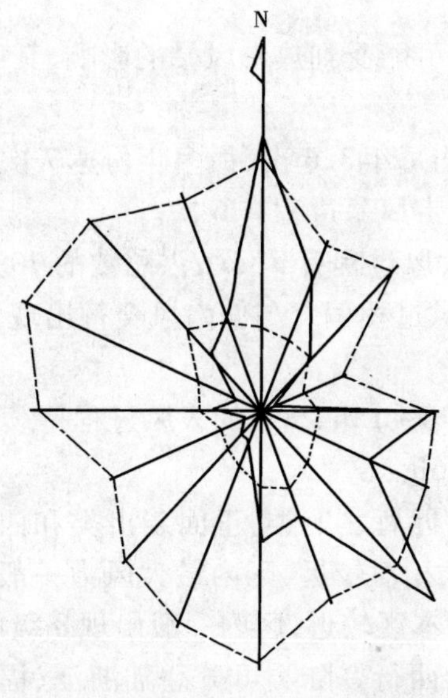

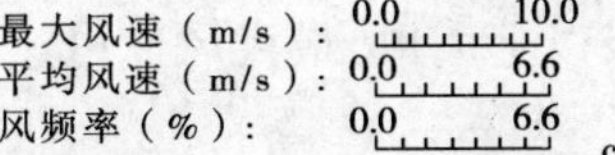

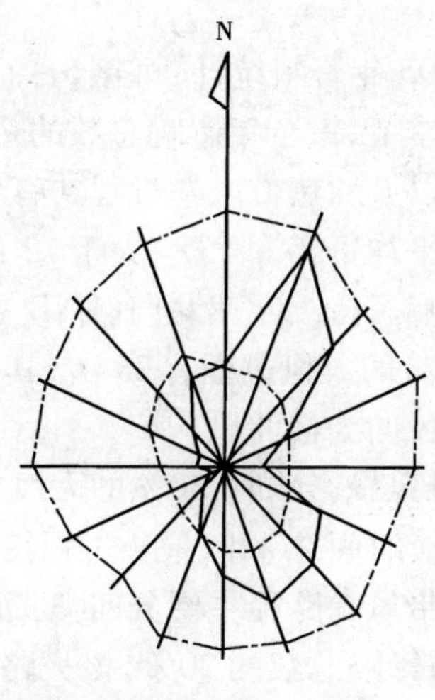

最大风速（m/s）：0.0 10.0
平均风速（m/s）：0.0 6.6
风频率（%）：0.0 5.0

图1.4.2.1　小洋山（观音山站）和大戢山站的风玫瑰

桥区不同重现期最大风速值（单位：m/s）　　表1.4.2.1

高度（m）＼重现期	25年一遇	50年一遇	100年一遇	200年一遇
10	35.54	38.89	42.16	45.42
20	38.09	41.68	45.18	48.68
30	39.67	43.41	47.05	50.70
40	40.83	44.67	48.43	52.18
50	41.75	45.68	49.52	53.36

注：表中风速为10min平均最大风速值。

4. 雾况

本区雾类分布：陆岸区以辐射雾、锋面雾为主，海区以锋面雾、平流雾居多。雾日年内各月均有出现，雾日数以3～6月居多，大约占全年雾日数的65%。多年平均雾日数30～50d，最多年份达60d，最少年份为20d。

根据小洋山金鸡门气象站1997年8月～2001年7月雾况观测资料统计，雾次平均延时约3h，其中延时3h以下的雾次出现频率占66.2%；延时3～6h的雾次出现频率为20.6%；延时6～12h的雾次出现频率为9.6%；延时12h以上的雾次仅出现5次；年内最长一次雾延时达18h，最短一次雾延时仅有10min。大桥区域年平均雾日数28.8d。

5. 雷暴

本区雷暴日在3～11月份均有出现，主要集中在夏秋季节（6～8月），多年平均雷暴日18～26d，最多雷暴日在40d。

根据小洋山金鸡门气象站1977年8月～2001年7月资料统计，年均雷暴日数为20.2d，雷暴延时最长为5h，最短仅2min，平均延时61min。大桥区年平均雷暴日数为20.2d。

6. 相对湿度

本区相对湿度的年变化不大，年平均相对湿度为80%，最大月平均相对湿度为86%，出现在6月份，最小月平均相对湿度为72%，出现在12月份。

7. 热带气暴

根据1960~1995年资料统计,每年5~11月份本区可能受到热带风暴的影响,其中7~9月是热带风暴活动最频繁的季节,占全年影响总数的78%。

本区出现7级以上的热带风暴过程共有129次,平均每年3.6次,最多年份达7次;8级以上的热带风暴过程有89次,平均每年2.4次;大于12级以上的热带风暴过程有6次。

受热带风暴影响时持续吹偏北向(ENE~NNW)的大风过程有91次,占总数的70%;风向持续在偏南方位(ESE~WSW)的大风过程有28次,其中10次大风过程偏北与偏南风交替出现。可见,在热带风暴影响下本区主导风向为偏北风。

据统计,受热带风暴影响时,50%的大风持续时间在6~12h,28%的大风过程持续时间在18~36h,21%的大风过程持续时间在42h,最长过程持续时间达96h。

影响本区的热带风暴路径主要分四类:远海转向类、近海北上类、正面袭击类和西行登陆类。资料统计,远海转向类占影响总数的20%,该类路径距离本区相对较远,区内最大风力一般为7~8级,最大风速23m/s;近海北上类占影响总数的18%,该类路径距本区较近,区内一般出现8级以上大风;正面袭击类占影响总数的17%,区内出现极端最大风速45m/s;西行登陆类可分登陆浙江、福建和广东三支路径,其中登陆浙江类对本区影响较为严重,有80%的8级以上大风,最大风速可达32m/s,其次为登陆福建类,有70%的8级以上大风,最大风速为30m/s。

8. 寒潮

寒潮是强冷空气过程,根据1986~1990年寒潮过程资料统计,达到寒潮标准共出现18次,年平均3.6次,最多年份达5次。年内以12月和1月份出现寒潮过程次数为最多。

本区寒潮降温24h最大降温平均值沿岸站为11.4℃、海岛站为10.7℃。寒潮降水平均日最大降水量8mm,降雪频率约10%,最大积雪厚近岸带15cm、海岛站10cm。

寒潮大风海岛站风力均在7级以上,由于地面摩擦作用,沿岸风力一般比海岛站小1~2级。

4.2.4 水文条件

1. 潮汐

本海区的潮汐主要受东海前进潮波控制,以M_2分潮起支配作用。潮型判别系数$(H_{K1}+H_{O1})/M_2<0.5$,浅水判别系数$H_{M4}/H_{M2}=0.04$,因此,本海区潮汐类型属非正规半日浅海潮型。大桥区海域潮汐日夜不等现象较为明显,一般从春分至秋分时段内夜潮大于日潮,从秋分至翌年春分日潮大于夜潮。

本工程潮位基准面采用国家85高程,芦潮港站和小洋山(观音山)站基面关系如图1.4.2.2。

(1)潮汐特征值

依据桥区北侧芦潮港水文站1976~1994年潮位资料和桥区南侧小洋山(观音山站)1997年8月~2001年12月潮位资料综合分析,桥区潮汐特征值见表1.4.2.2。

芦潮港站:

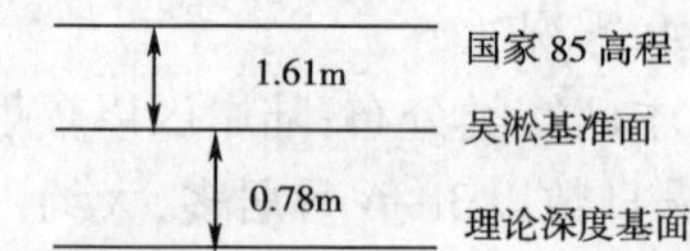

小洋山(观音山)站:

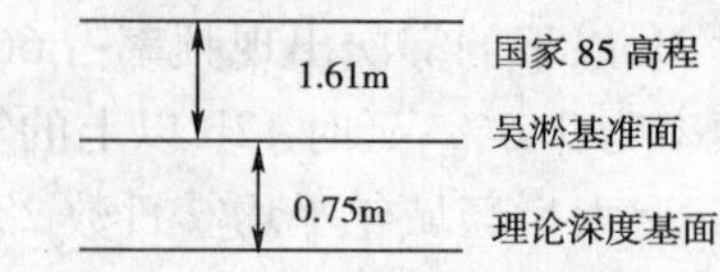

图1.4.2.2 芦潮港站和小洋山站基准面关系示意

桥区潮汐特征值 表1.4.2.2

潮汐特征值 \ 站位	芦潮港站(1978~1994年)	小洋山测站(1997年8月~2001年12月)
平均海平面(m)	0.23	0.18
平均高潮位(m)	1.86	1.52
平均低潮位(m)	-1.34	-1.23

续上表

潮汐特征值 \ 站位	芦潮港站（1978～1994年）	小洋山测站（1997年8月～2001年12月）
最大潮差(m)	5.14	5.03
平均潮差(m)	3.20	2.75
平均涨潮历时	5h26min	5h51min
平均落潮历时	7h	6h34min

(2)重现期潮位

依据大戢山站1978～1995年极值高低潮位、芦潮港1976～1994极值高潮位和1976～1990极值低潮位资料，按《海港水文规范》(JTJ 213—98)规定，采用耿贝尔极值I型分布规律推算两站重现期为20、50、100、200年一遇的高低潮位置。不同重现期高、低潮位值见表1.4.2.3。

海区不同重现期高低潮位(单位:m)　　表1.4.2.3

观测站	项目	20年一遇	50年一遇	100年一遇	200年一遇
芦潮港站	高潮位	3.60	3.68	3.73	3.89
	低潮位	-2.80	-2.93	-3.03	-3.13
大戢山站	高潮位	3.42	3.58	3.70	3.80
	低潮位	-2.64	-2.74	-2.81	-2.89

(3)乘潮水位

根据芦潮港站和小洋山(观音山)站逐时潮位，分别计算两地历时1h、2h、3h、4h的高潮乘潮水位和低潮乘潮水位。统计资料表明：芦潮港站较小洋山(观音山)站的乘潮水位略有差异，全年乘低潮水位历时1～4h，保证频率90%潮位值，芦潮港站的水位为-1.01～-1.89m，而小洋山(观音山)站的水位为-0.76～-1.67m，表明了芦潮港站相对于小洋山(观音山)站偏低22～25cm。

全年不同季节的乘潮低水位有一定幅度变化，3月份乘低潮1～4h水位较之6月份平均偏低17～22cm；6月份乘低潮1～4h水位较之9月份平均偏高3～4cm；9月份乘低潮1～4h水位较之12月份平均偏高3～11cm。芦潮港站和小洋山(观音山)站全年的低潮乘潮水位如表1.4.2.4。

芦潮港站和小洋山(观音山)站全年的低潮乘潮水位(单位:cm)　　表1.4.2.4

站名	累积频率%	10	20	30	40	50	60	70	80	90
芦潮港站	1h	-67	-93	-113	-127	-138	-149	-160	-172	-189
	2h	-57	-80	-97	-110	-118	-127	-139	-151	-167
	3h	-41	-60	-75	-84	-91	-100	-110	-121	-138
	4h	-19	-32	-43	-50	-56	-63	-75	-86	-101
观音山站	1h	-55	-75	-91	-104	-118	-125	-140	-152	-167
	2h	-44	-65	-77	-89	-100	-110	-120	-131	-147
	3h	-30	-46	-58	-67	-76	-79	-91	-102	-114
	4h	-15	-24	-33	-39	-46	-52	-58	-66	-76

2.波浪

东海大桥工程位于东海大陆架内缘的杭州湾口北侧海区，介于大戢山和滩浒之间，该海区海图水深一般仅为7.0～8.0m。大桥北端与上海南汇的芦潮港相连、南端与浙北崎岖列岛中的小乌龟相连，全长约31km。桥区偏北侧有长江口的铜沙、九段沙、横沙浅滩；东北向海域开敞；东侧有马鞍群岛及嵊泗列岛；东南向和南向有大衢山、岱山岛和舟山群岛大小1 600余岛屿对该海区起到屏障作用，外海长周期的涌浪不能直接传入；SW向和W向为漫长的杭州湾南岸岸线。可见，除NE向外，桥区基本上处于众群岛的包围之中，其中嵊泗、川湖列岛间的海峡较宽，每年夏、秋季节SE方向估计会有台风浪传入，其他方向由于风区长度有限，且不是强浪向，故难以形成该地区的控制性波浪。NNE 向（包含 N、NE 向）水域开敞，为该海区的强浪向，长江口铜沙浅滩区可消耗部分波能，引起波浪破碎。ENE 向传入的波浪相对 NNE 向要小一些。

（1）近海台站资料

嵊山站测波点位于该岛的 SE 部，测波开阔度 180°，水深约 40m，是东海最外的一个长期测波站，一般以该站资料代表外海波浪状况。

大戢山站测波点位于该岛的 NE 部，测波开阔度 200°，测波浮筒离岸 500m，水深 18.8m，该站资料一般可代表杭州湾口外波况。

滩浒站测波点位于该岛的 W 部，测波开阔度 180°以上，测波浮筒离岸 420m，水深 6.7m，该站资料一般可代表杭州湾口内波况。

洋山港杨梅嘴测波点位于小洋山北侧，测波开阔度 225°，测波浮筒离岸 1 000m，水深 24.0m，可良好观测 W－N－SE 方向的波浪。

（2）区域波况

①波型

本海域波浪以风浪、风、涌兼具的混合浪为主，纯涌浪出现频率较低，根据各测站多年资料分析，本海域的涌浪出现频率具有东高西低的特征，即嵊山站出现涌浪频率达 53.94%，为最高；大戢山站涌浪频率 34.65%，居中；滩浒站涌浪频率 8.13%，为次之；而洋山港杨梅嘴涌浪出现频率相对更小，仅为 1%。

②波高

根据 1978～1994 年资料统计，嵊山站多年常浪向为 ENE～NW 向，统计频率 53%，强浪向为 E 向，实测波高 $H_{1/10}=13.0\text{m}$；次强浪向为 ESE 向，实测波高 $H_{1/10}=11.5\text{m}$；大戢山站多年常浪向为 NNE 向，统计频率 16%，强浪向为 NE～NNW 向，NNE 向实测波高 $H_{1/10}=7.5\text{m}$；滩浒站多年常浪向为 NE、SSE 向，统计频率 8%，强浪向为 N、ENE 向，实测波高均为 $H_{1/10}=4.0\text{m}$。

根据小洋山杨梅嘴测波站（1997～2001 年）波浪观测资料统计，常浪向为 N～NNE 向，频率为 16.3%，强浪向为 NNE 向，实测波高 $H_{1/10}=3.3\text{m}$。小洋山杨梅嘴测波站（1997～2001 年）波浪观测资料统计见表 1.4.2.5。

小洋山杨梅嘴站（1997～2001 年）波浪资料统计（单位：m） 表 1.4.2.5

波　向	N	NNE	NE	ENE	E	ESE	SE	SSE	S	SSW	SW	WSW	W	WNW	NW	NNW	C
最大波高	2.8	3.3	2.0	3.0	1.8	1.4	1.2	1.7	1.4	1.7	0.5	0.5	0.8	1.8	1.8	2.2	
平均波高	0.9	0.9	0.7	0.7	0.6	0.6	0.5	0.5	0.6	0.5	0.3	1.0	0.6	0.7	0.7	0.7	
频率（%）	8.2	8.1	7.6	4.0	3.0	2.4	2.3	0.7	0.4	0.4	0.2	0.2	0.1	0.9	3.8	6.5	51.1

根据各站波高分级统计，嵊山站、大戢山站波高大，滩浒站和杨梅嘴测波站波高相对较小，各站波高分级频率统计见表 1.4.2.6。

各站波高（$H_{1/10}$）分级频率统计 表 1.4.2.6

测　站	波级（m）	0～0.4	0.5～1.4	1.5～2.9	3.0～4.9	5.0～7.4	≥7.5
嵊山站	多年	7.4	63.2	26.4	2.5	0.2	0.2
大戢山站	多年	28.4	54.3	15.4	1.4	0.5	0
滩浒站	多年	59.139.3	1.6	0	0	0	0
杨梅嘴站	1997～2001 年	61.4	35.2	3.5	0	0	0

本海域波向的季节变化十分明显，从 11 月到翌年 3 月，波向出现的频次主要集中在 NNW～NE 向，SE～WNW 向很少出现；从 4 月到 10 月，波向出现的频次主要集中在 NNE～S 向，SSW～S 向很少出现。

大戢山站、小洋山杨梅嘴站波浪玫瑰图见图 1.4.2.3 所示。

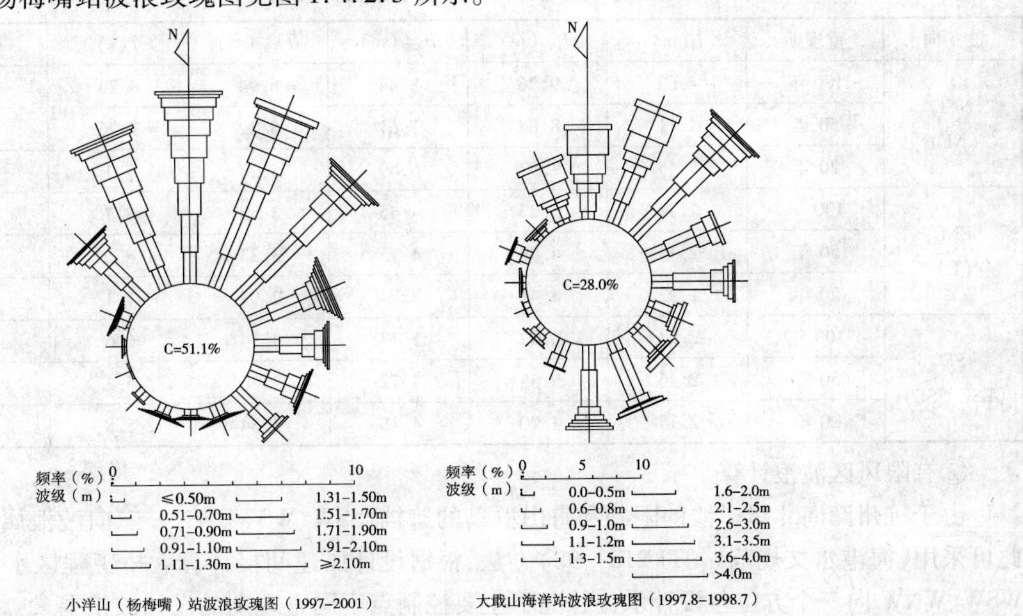

图 1.4.2.3　小洋山杨梅嘴站和大戢山海洋站的波浪玫瑰

③波周期

本海域波浪的平均周期（T）与波高的分布规律基本一致，东侧（近外海）波浪周期大，中间海域（杭州湾口）波浪周期居中，西侧（湾内）波浪周期最小。嵊山站实测最大波浪周期达 18.8s，大戢山站、滩浒站实测最大波浪周期分别为 7.7s、6.4s，杨梅嘴波浪周期 5.6s。各站多年以及 1997 年 8 月 ~ 1998 年 7 月同期实测波浪平均周期和最大周期比较见表 1.4.2.7。

年平均周期和最大周期比较　　表 1.4.2.7

站位		嵊山站	大戢山站	滩浒站	杨梅嘴站
年平均周期（s）	多年	4.7	2.8	2.0	
	1997 年 8 月 ~ 1998 年 7 月	4.5	2.4	1.4	1.5
年最大周期（s）	多年	18.8	7.7	6.0	
	1997 年 8 月 ~ 1998 年 7 月	8.6	6.4	5.2	5.4

④台风浪

根据嵊山站海洋站 1960 年以来的历年最大波高分析，本海域的东部海区出现 6.0m 以上的大浪均是由台风所致。台风期间，本海域的风场基本一致，且呈现西略高于东的现象，本海域的波场因受舟山群岛的影响，群岛的东西部海域存在明显的差异，即东高西低，这差异同样也反映在波浪周期上。

（3）桥区设计波浪要素

本海域 NNE（NE）、ENE（E）、SE（ESE、SSE）、SSW、WSW、WNW 向六个方向的波浪对东海大桥工程影响较大，由于大桥全线没有长期的波浪观测资料，设计波浪要素的计算通过下述不同方法计算。

①波浪场数值计算

经分析，对大桥影响最大的 NNE（NE）、ENE（E）、SE（ESE、SSE）三向设计波浪要素，其外边界波高以大戢山海洋站多年测波资料的统计值为依据。根据大戢山海洋站 1978 ~ 2001 年实测波浪资料，采用 P—III 曲线计算得到大戢山海洋站不同重现期设计波浪要素，详见表 1.4.2.8。同时根据波浪场数值计算模型，由边界波高推算得到大桥工程区水域控制点处的 NNE（NE）、ENE（E）、SE（ESE、SSE）向三个方位各设计水位状况下重现期分别为 20、50、100 年一遇的设计波浪要素。

大戢山海洋站重现期设计波浪要素　　表 1.4.2.8

波　向	重现期	H(m)	$H_{1\%}$(m)	$H_{4\%}$(m)	$H_{13\%}$(m)	T(s)	F(m)	C(m/s)
NNE (NE)	100 年	4.62	9.76	8.44	6.94	8.23	97.5	11.85
	50 年	4.11	8.84	7.61	6.22	7.76	88.6	11.42
	20 年	3.45	7.57	6.49	5.27	7.1	76.1	10.72
ENE (E)	100 年	2.31	5.23	4.45	3.58	8.7	106	12.2
	50 年	2.14	4.89	4.15	3.33	8.0	93	11.7
	20 年	1.92	4.41	3.74	2.99	7.1	76	10.7
SE (ESE、SSE)	100 年	2.68	6.02	5.13	4.14	6.6	66	10.8
	50 年	2.46	5.55	4.72	3.80	6.3	61	9.7
	20 年	2.15	4.90	4.16	3.34	5.8	52	9.2

②有限风区波浪计算

由于杭州湾南北岸岸线的限制和舟山群岛的遮挡，SSW、WSW、WNW 三向波浪属于小风区波浪，因此可采用《海港水文规范》(JTJ 213—98)方法，根据设计风速间接计算大桥工程区水域有限风区 SSW、WSW、WNW 向三个方位各设计水位状况下主要控制点不同重现期的设计波浪要素。

3. 潮流

(1)流潮特征

杭州湾系一喇叭口形海湾。据有关文献分析，杭州湾有北、中、南三股潮流，涨潮时，三股潮流在张网山～王盘山之间会集向湾顶进，落潮时则反之。东海大桥位于杭州湾北侧芦潮港至崎岖群岛海区，由于受地形和长江口迳流影响，从外海传入的潮波发生变形，涨、落潮流历时和流速不等，潮流运动基本形态为每天日二涨二落，具有明显的往复流特性。

①流向

海上段测区涨、落潮流向基本为东西向。各个测点大、中、小潮涨急垂线平均流速对应流向(以下简称涨急垂线平均流向)变幅在 243°～345°之间，大、中、小潮涨急流向平均值分别为 278°、280°和 271°。落急垂线平均流向变幅在 66°～119°范围内，大、中、小潮落急流向平均值分别为 87°、89°和 86°。

沿海上段跨海大桥轴线方向 47 个测点大、中、小潮流向分布表现为，由北向南涨急垂线平均流向逐渐向北偏，落急垂线平均流向逐渐南偏。其中北段(垂线号 K3 +500～K9 +000，共 12 个测点)，大潮和小潮涨急垂线平均流向平均值为 255°，中潮为 265°；大潮和小潮落急垂线平均流向平均值分别为 72°，中潮为 76°。大桥中段(垂线号 K9 +500～K19 +000，共 20 个测点)的大、中、小潮涨急垂线平均流向平均值分别为 283°、284°和 269°，落急垂线平均流向平均值分别为 88°、86°和 81°；近南岸段(垂线号 K19 +500～K26 +500，共 15 个测点)的大潮涨急垂线平均流向平均值为 290°，中、小潮为 286°，大、中、小潮落急垂线平均流向平均值分别为 101°、105°和 103°。另外，由沿大桥轴线附近各测点大、中、小潮涨、落急潮流矢量图可见，在大桥北段，因受杭州湾北岸地形控制，各测点涨、落潮流流向较为集中，流向变化范围与涨、落急主流向接近。在大桥中段，由于水域开阔，非涨、落急各潮时流向略朝南北两侧发散，而大桥南段，则受岛屿影响，除涨、落急流向为东西走向外，其他潮时涨、落潮流向大多偏南向发散，呈蜻蜓状。

海上段各测点涨、落潮流向在垂线分布上亦有一定规律，大、中、小潮涨急垂线流向变化特点为：大桥北段大部分测点自上而下流向略向南偏转，偏转幅度一般在 5°左右，大桥南段绝大部分测点自上而下流向略向北偏转，偏转幅度一般在 4°左右，而大桥中段各测点垂线流向偏转方向不一，但起伏相对较小，大多在 0～5°之间。大桥沿线各测点在大、中、小潮落急期间的垂线流向，除大桥南段少数测点外，大部分测点的流向变化为底层较上层流向向北偏转，偏转幅度多在 2°～9°之间。

大乌龟～颗珠山通道：由于小乌龟、大乌龟、颗珠山岛屿面积均较小，而且岛屿排列与北岛链主轴向基本一致,因此经由小乌龟～大乌龟及大乌龟～颗珠山通道的涨落潮流动力不大。大乌龟～颗珠山通道,落潮流略大于涨潮流,实测涨潮分层最大流速1.46m/s、最大垂线平均流速为1.24m/s(251°);实测落潮分层最大流速为1.57m/s、最大垂线平均流速为1.45m/s(85°)。

颗珠山——小洋山潮通道:该通道走向与北岛链主轴向夹角在30°左右,通道内实测落潮流速大于涨潮流速;在通道断面分布上涨、落潮流动力分离,涨潮主动力偏靠颗珠山侧,实测涨潮分层最大流速2.05m/s、最大垂线平均流速为1.54m/s(234°);落潮主动力偏靠蒋公柱～小洋山侧,实测落潮分层最大流速为1.78m/s、最大垂线平均流速为1.63m/s(78°)。通道内落潮主流向受惯性及通道边界约束作用集中在65°～78°范围内,涨潮时因流路与通道夹角较大,流向变幅相对较大为235°～272°。

②流速

根据各测点实测潮流资料统计结果如下:

大桥北段沿线水域大、中、小潮主流向,多数以落潮流为主,其中该段涨急垂线平均流速变幅在0.98～1.63m/s之间,大、中、小潮涨急垂线流速平均值分别为1.35m/s、1.32m/s和1.16m/s。落急垂线平均流速变化在1.07～1.61m/s之间,大、中、小潮落急垂线流速平均值分别为1.43m/s、1.35m/s和1.19m/s,落潮与涨潮平均比值在1.02～1.06之间。

大桥中段沿线水域大、中、小潮主流向除个别测点外,基本以落潮流为主,其中该段涨急垂线平均流速变幅在0.84～1.73m/s之间,大、中、小潮涨急垂线流速平均值分别为1.41m/s、1.19m/s和1.04m/s。落急垂线平均流速变化在1.07～1.94m/s之间,大、中、小潮落急垂线流速平均值分别为1.54m/s、1.44m/s和1.15m/s,落潮与涨潮平均比值在1.09～1.21之间。

大桥南段沿线水域大、中、小潮主流向与大桥北段和中段有所不同,即大潮和小潮大多以涨潮流为主,中潮则基本以落潮流占优,其中该段涨急垂线平均流速变幅在0.90～1.77m/s之间,大、中、小潮涨急垂线流速平均值分别为1.55m/s、1.46m/s和1.27m/s。落急垂线平均流速变化在1.10～1.90m/s之间,大、中、小潮落急垂线流速平均值分别为1.50m/s、1.53m/s和1.23m/s,落潮与涨潮平均比值在0.9～1.09之间。

从以上各段大、中、小潮涨、落急垂线平均流速值的变化可大致看出,本测区大、中、小潮流速值变化基本为大潮大于中潮、中潮大于小潮(除大桥南段个别测点外),其比值一般在1.02～1.27之间。

各测点流速值沿大桥轴线变化一般为北低南高,其中大潮期间,大桥北段涨、落潮流速平均值较大桥中段和大桥南段的比值分别为0.957、0.87和0.93、0.95,中潮期间为1.11、0.90和0.937、0.88,小潮期间为1.11、0.913和1.03、0.967。以上表明,除大桥中段在中、小潮期间出现垂线平均流速小于大桥北段外,其他各潮次的大桥中段和大桥南段涨、落急垂线平均流速均大于大桥北段。

本海区的涨、落急潮流的季节性变化是:一般冬季或初春3月的涨、落潮流最小,而发生在夏秋季节的涨、落急流速最大。根据大桥附近水文测验资料分析,夏秋季大潮涨、落急垂线平均流速明显高于冬季0.4m/s左右,中潮和小潮约大0.10～0.20m/s。其流速的这一季节性变化,除了与天文潮的季节性潮汛变化有关外,还与夏秋季节热带气旋引起的风吹流以及沿岸流有关。

本海区大、中、小潮涨急测点最大流速在2.20～1.90m/s之间,落急测点最大流速在2.10～1.77m/s,各段测点最大流速一般发生在上层,涨、落急流速在垂线分布的变化规律是随着深度的增加而递减,底层流速最小,其上层流速明显大于下层流速。涨、落急表层与底层流速比值沿线分布为,自北向南落急表层与底层流速比值逐渐减小。涨、落急表层与底层流速比值潮次分布为,除大桥北段的大潮期间涨、落急表层与底层流速比值大于中潮外,大桥沿线各段其他潮次均呈中潮涨、落急表层与底层流速比值大于大潮,小潮期间涨、落急表层与底层流速比值大于中潮比值。

外海潮波传至杭州湾湾口后受当地地形条件和长江迳流影响而发生变形,大桥北段大、中、小潮最大涨潮流速一般发生在高潮前2～3.5h,最大落潮流速发生在低潮前2.5～3h。大桥中段大、中、小潮最大涨潮流速一般发生在高潮前2～3h,最大落潮流速发生在低潮前2～3h,而大桥南段大、中、小潮最大涨潮流速一般发生在高潮前1.5～3.0h,最大落潮流速发生在低潮前0.5～2.5h。故大桥北段测区潮波介于前进波和驻波之间，而大桥南段测区潮波较大桥北段潮波更偏向于前进波。

③潮流历时

由于受长江迳流和地形条件的影响，本测区的涨、落潮流历时不等。近期水文测验资料统计结果如下：

大桥北段大、中、小潮落潮流历时长于涨潮流历时，大、中、小涨潮流历时平均值分别为5h44min、5h32min和5h47min，大、中、小落潮流历时平均值分别为6h26min、6h41min和6h34min。

大桥中段大、中、小潮落潮流历时与大桥北段有所不同，在大潮期间，虽然涨、落潮历时平均值相同，均为6h5min，但前潮落潮与涨潮历时比值和后潮落潮与涨潮历时分别为1.135和0.88，即一个潮周期内涨、落潮历时不等。中、小潮期间，则落潮流历时长于涨潮流历时，中、小潮涨潮流历时平均值分别为5h33min、5h52min，中、小潮落潮流历时平均值分别为6h39min、6h34min。

大桥南段中、小潮涨、落潮历时基本相近，大潮期以涨潮流历时略占优，中、小潮则以落潮流历时稍长，大、中、小涨潮流历时平均值分别为6h5min、6h4min和6h5min，大、中、小落潮流历时平均值分别为6h1min、6h11min和6h7min。

从大桥沿线分布来看，大桥北段大、中、小潮落潮历时与涨潮历时比值平均值分别为1.12、1.21和1.14，高于大桥中段比值1.02~1.20和大桥南段比值0.99~1.03，这表明了大桥北段涨、落潮历时不等现象相对较为明显。另外，从潮次变化来看，无论大桥南段还是北段，中潮期间涨、落潮历时不等现象一般强与大潮和小潮。

(2)流潮分析

①潮流性质

本海域主要分潮流，是以太阴半日分潮流为主导，潮流性质为不正规半日浅海潮流。

②椭圆要素

在大桥南北段沿线海区水体运动过程中，是以潮流占绝对优势，由于各分潮中以M_2分潮流最大，因此M_2分潮长轴矢量变化范围基本反映了本测区潮流流态变化的特征。

由椭圆要素计算结果表明，大桥北段M_2分潮长轴平均值为0.97m/s，大桥中段M_2分潮长轴平均值为0.97m/s，大桥南段M_2分潮长轴平均值为1.15m/s，表明大桥南段潮流动力较大桥北段强劲。另外各测点M_2分潮长轴在垂线上变化与实测潮流变化相同，即表层最大底层最小，自上而下逐渐递减，但大桥南北段的表层与底层比值一般在1.5~2.5之间，表现为北高南低。

本海区M_2分潮长轴方向与实测涨、落急潮流方向基本接近，呈东西走向。其中大桥北段M_2分潮长轴方向平均值为74°，大桥中段M_2分潮长轴方向平均值为92°，大桥南段M_2分潮长轴方向平均值为107°，大桥南北段偏转约30°，表明本海区流场分布由北向南逐渐呈顺时针变化。

由于受陆岸和崎岖岛屿边界条件限制，测区附近水流基本呈往复流特征，大桥沿线M_2分潮椭圆旋转率K值一般低于-0.1，且以右旋为主，其中大桥北、中、南段椭圆旋转率平均值分别为-0.01、-0.07和-0.09。从中可知，大桥北段椭圆旋转率K值小于大桥中段和南段椭圆旋转率K值，表明该段因陆岸地形控制，其涨、落潮流流向较集中，虽大桥中段和南段测点椭圆旋转率K值多在-0.08左右，基本属往复流性质，但该段水域流向呈现出一定的旋转性。

③余流

余流系指水体交换过程中非周期性流动，包括迳流、沿岸流和风海流以及长周期的潮流等。本测区余流主要特征如下：

大桥北段大、中、小潮余流平均值为8.9cm/s、11.3cm/s和10.1cm/s，其余流速垂线变化与实测潮流一样，一般表层最大底层最小，表层余流速与底层余流速平均比值在1.34~1.90之间。大桥中段大、中、小潮余流平均值为10.2cm/s、16.9cm/s和8.0cm/s，大桥南段大、中、小潮余流平均值为11.1cm/s、9.4cm/s和9.7cm/s。大桥中段和南段的大、中、小潮余流在垂向上的变化基本相同，即自上而下余流逐渐递减，大桥中段表层余流速与底层余流速平均比值在1.46~3.33，大桥南段的平均比值在3.48~

7.77之间，大桥南北沿线测点表层余流与底层余流的比值变化表现为右北向南比值逐渐增大。

大桥北段大、中、小潮余流向平均流向值为100°、76°和100°，除部分测点中层流向同涨潮流向外，其他层次余流向多数偏向落潮流向。大桥中段大、中、小潮余流向平均流向值为201°、73°和109°，表明该段大潮期间的余流向是以涨潮流向为主，而中、小潮期间同落潮流向为多。大桥南段大、中、小潮余流向平均流向值为170°、179°和188°。各段余流流向垂线变化为由表层至底层多向北偏转。

(3)设计流速计算

据有关条文规定，大桥沿线处潮流最大可能流速采用的公式为：

$$\overline{W}_{max} = 1.295\overline{W}_{M2} + 1.245\overline{W}_{S2} + \overline{W}_{K1} + \overline{W}_{O1} + \overline{W}_{M4} + \overline{W}_{MS4} \quad (1.4.2.1)$$

大桥沿线处潮流最大可能流速见表1.4.2.9。

大桥轴线各测点潮流最大可能流速　　表1.4.2.9

桩号	表层		中层		底层		平均	
	流速(cm/s)	流向(°)	流速(cm/s)	流向(°)	流速(cm/s)	流向(°)	流速(cm/s)	流向(°)
K3+500	205.49	80	160.55	83	104.40	85	156.81	82
K4+000	204.89	70	81.27	78	88.17	72	124.78	73
K4+500	216.23	70	167.76	70	87.99	69	157.33	70
K5+000	242.28	72	197.77	72	113.84	67	184.63	70
K5+500	209.85	76	162.09	73	56.60	60	142.85	70
K6+000	203.00	76	158.66	74	77.62	73	146.43	74
K6+500	215.20	75	175.42	76	93.38	73	161.33	75
K7+000	211.42	77	166.47	74	85.45	71	154.45	74
K7+500	217.59	77	170.04	76	42.21	73	143.28	75
K8+000	212.29	80	157.63	76	67.56	69	145.83	75
K8+500	206.69	81	150.13	79	78.32	80	145.05	80
K9+000	212.86	81	164.01	79	74.47	65	150.45	75
K9+500	194.45	65	157.54	81	83.95	77	135.49	74
K10+000	189.73	81	152.43	79	84.88	76	142.35	79
K10+500	181.22	80	144.60	80	82.82	77	136.21	79
K11+000	178.13	80	137.94	79	83.57	78	133.21	79
K11+500	169.74	78	134.00	77	83.99	76	129.24	77
K12+000	166.08	75	133.96	73	87.62	74	129.22	74
K12+500	163.46	78	134.53	79	87.12	82	128.37	80
K13+000	170.17	87	141.47	87	92.43	85	134.69	87
K13+500	171.08	89	138.56	90	92.00	89	133.88	91
K14+000	177.92	85	149.02	87	95.94	86	140.96	94
K14+500	205.49	80	160.55	83	104.40	85	156.81	98
K15+000	194.07	74	169.94	75	112.10	82	158.70	103
K15+500	190.73	76	160.64	84	106.70	87	152.69	98
K16+000	106.23	88	144.62	86	105.25	84	118.70	94
K16+500	191.59	78	159.25	86	108.19	78	153.01	99
K17+000	197.04	78	163.85	81	116.43	76	159.10	101
K17+500	216.48	82	172.29	79	119.91	84	169.56	99

续上表

桩号	表层		中层		底层		平均	
	流速 (cm/s)	流向 (°)	流速 (cm/s)	流向 (°)	流速 (cm/s)	流向 (°)	流速 (cm/s)	流向 (°)
K18 +000	200.24	79	158.68	74	63.69	52	140.87	112
K18 +500	187.09	89	160.10	83	101.24	88	149.48	93
K19 +000	166.00	77	140.34	79	89.42	78	131.92	102
K19 +500	167.69	81	133.57	82	86.49	87	129.25	97
K20 +000	172.61	72	142.04	73	105.16	77	139.94	106
K20 +500	198.98	71	163.39	71	111.34	72	157.90	109
K21 +000	228.48	67	145.34	70	105.63	73	159.82	110
K21 +500	233.29	66	158.09	64	114.14	70	168.51	113
K22 +000	235.21	68	147.18	68	108.70	73	163.70	110
K22 +500	221.51	68	136.69	65	99.26	66	152.49	114
K23 +000	222.66	65	137.04	62	96.87	64	152.19	116
K23 +500	236.11	64	149.46	61	107.40	62	164.32	118
K24 +000	244.00	71	155.83	67	116.52	67	172.12	112
K24 +500	254.86	67	164.37	73	119.68	77	179.64	108
K25 +000	249.73	74	159.03	71	114.48	71	174.41	108
K25 +500	262.56	76	159.35	73	118.27	73	180.06	106
K26 +000	268.04	76	164.78	74	113.24	76	182.02	105

由大桥沿线不同季节水文测验资料对比分析，表明本测区潮流有其季节性变化，通过对部分测点夏秋和冬季的实测最大垂线流速以及 M_2 分潮长轴对比以及根据邻近工程点全年实测潮流资料计算结果，本次水文测验资料计算出潮流可能最大流速作为设计流速有可能偏小，考虑到本次冬季观测水文资料采用准调和分析方法的局限性，为大桥工程安全起见，建议将上述最大可能流速乘 1.3 系数后作为本工程设计流速。

4. 水温

桥区附近海区表层水温变化范围一般在 3.7℃ ~29.7℃之间，年平均水温为 12.4℃。水温季节性变化为夏季和初秋水温高于其他季节，冬季及初春最低，其中全年最高月水温为 20.4℃(8 月)，最低月平均水温为 4.6℃(2 月)。大戢山站多年表层水温统计见表 1.4.2.10。

大戢山站多年表层水温统计 表 1.4.2.10

项 目	一月	二月	三月	四月	五月	六月	七月	八月	九月	十月	十一月	十二月
最大(℃)	11.0	9.10	11.6	17.5	22.1	26.3	29.6	29.7	27.5	23.8	21.8	15.2
最小(℃)	3.70	3.90	5.4	10.0	14.5	19.9	23.4	24.5	21.6	16.5	10.1	6.40
平均(℃)	5.05	4.6	6.4	9.7	13.4	16.7	19.6	20.4	18.6	15.6	11.8	7.3

备注：资料年限为 1981 ~1982 年，1979 年。

5. 盐度

本海区盐度变化主要受制于长江、钱塘江迳流冲淡水系和外海高盐水的消长变化，盐度总体分布为由西向东逐渐增加。

根据海区秋季实测盐度资料统计，大中小潮的盐度变化幅度在 10.88‰ ~21.06‰。冬季实测盐度资料分析，测验期正值冬季盐度较高，桥区平均盐度变幅在 22.64‰ ~25.93‰，已接近冲淡水高限(26.0‰)，垂线最大盐度变幅为 25.51‰ ~30.01‰，垂线最小盐度变幅为 19.99‰ ~21.73‰。

盐度日变化主要取决于潮流的变化,涨潮盐度大于落潮盐度,盐度与潮位的两高两低趋势明显,而且盐度与潮位极值出现时刻也基本接近;各潮期盐度的日交差变化值以大潮期最高、中潮期次之、小潮期最小;盐度在垂线分布上随深度增加而增大,其垂直混合系数都在0.76以上,属于混合型海区。

根据大戢山站多年表层盐度资料统计,全年盐度一般在3.0‰~32.0‰之间变化,以冬季二月份盐度最高,月平均18.81‰;10月份盐度最低,月平均9.8‰。大戢山盐度季节性变化与桥区实测盐度变化趋势相同。大戢山站多年表层盐度统计见表1.4.2.11。

大戢山站多年表层盐度统计　　表1.4.2.11

项　目	一月	二月	三月	四月	五月	六月	七月	八月	九月	十月	十一月	十二月
最大(‰)	30.97	31.82	28.86	28.93	27.23	27.85	23.81	29.97	30.95	25.26	31.99	29.57
最小(‰)	14.83	16.86	12.83	8.53	9.07	4.59	3.4	6.25	4.06	5.2	6.59	9.83
平均(‰)	18.25	18.81	17.1	15.02	15.36	15.26	10.86	13.07	11.26	9.80	13.85	15.91

备注:资料年限:1981~1982年,1979年。

6.泥沙

(1)泥沙来源

杭州湾湾口北部水域虽为钱塘江口外滨海的组成部分,因钱塘江的年平均迳流总量为380亿m^3,年平均输沙量为668万t,而且这些输出的沙量一般只影响到澉浦以上的河口段,只有少部分悬浮质随落潮水流向杭州湾南侧扩散,对港口北部海区的影响更少。杭州湾北部水域与丰水、丰沙的长江口水域相毗连,长江年均迳流量为9 240亿m^3,年均输砂量高达4.86亿t,为钱塘江年输出泥沙总量的数十倍,其外泄泥沙扩散遍及杭州湾口水域,可以认为工程海区的泥沙来源主要为长江口扩散泥沙和潮流带来的海域泥沙,后者最初来源也为长江口扩散泥沙。由于近岸流系尤其是沿岸流强度的季节性变化,长江口冲淡水的入海路径呈季节性摆动,即夏季呈偏东向、冬季呈偏东南向的格局,因而就直接进入工程海区的扩散泥沙而言夏季较冬季少。

(2)悬沙

本区为高含沙量海区,含沙量平面分布总态势为西高东低、南高北低,以及桥区北侧近陆岸处和桥区南侧近岛岸处的含沙量高于桥区中段,这种分布形式与该区泥沙来源和水动力条件是相适应的。依据桥区秋季(1996年10月观测的B2、LI1、LI2测点和1997年9月B2测点)水文泥沙测验资料统计分析:大、中、小潮涨潮垂线平均含沙量变化在0.371~2.934kg/m^3之间,落潮垂线平均含沙量在0.34~2.86kg/m^3范围内,涨、落潮含沙量相差较小。另外,从时空分布看,大潮期平均含沙量明显高于其他潮次,中潮期次之,小潮期最小,大潮与中、小潮比值在1.09~1.498和4.335~8.32之间。冬季(1999年1月24日~2月5日观测的B2-1、Q1、Q2、Q3测点和2002年2月观测的K3+500、K9+000、K15+000、K21+000、K26+500测点)水文泥沙测验资料统计分析:测试期桥区垂线平均含沙量为1.09~3.29kg/m^3之间,其中1999年2月水文测验的大、中、小潮涨潮垂线平均含沙量变化在1.089~2.54kg/m^3之间,落潮垂线平均含沙量在1.265~2.56kg/m^3之间;2002年2月的大、中、小潮涨潮垂线平均含沙量变化在1.30~3.29kg/m^3之间,落潮垂线平均含沙量在1.32~2.84kg/m^3之间。

悬沙颗粒皆属黏性泥沙的范畴,粒径的分布变化较小。本区悬沙粒径级配以单峰为主,峰值为5.04μm或6.35μm;个别样品具有双峰,一般5.04μm或6.35μm为主峰,12.7μm为次峰。悬沙中值粒径最大15.51μm,最小值4.72μm,平均值为7.94μm;中值粒径垂线平均值范围为11.86~5.81μm。

(3)底质物

从底质采样资料分析:本海区最常见的底质沉积物为黏土质粉沙,该类沉积物中粉沙占优势、含量在43.4%~74.4%,黏土含量占24.0%~41.7%,底质中值粒径为0.005 4~0.017 8mm,平均粒径为0.004 1~0.012 2mm,其主要分布于离陆岛稍远的海域或小海湾(岙)处。粉沙和细沙出现在岛屿区,且一般紧贴岛屿,其来源主要为岛屿风化剥落,亚黏土为过渡沉积物类型,分布范围一般介于上述两种沉积物之间。

7. 海床演变

杭州湾是典型的喇叭河口海湾，湾口南汇嘴至镇海断面宽约100km，距湾口90km的澉浦断面宽仅20km，断面束窄近5倍。杭州湾北连长江、东接舟山群岛五大通道（大戢洋、黄泽洋、岱衢洋、黄大洋和灰鳖洋），湾内水下地形较平坦，水深大都在5.0m以上，其中南部水深相对较浅，一般在7.0m左右，中北部水深相对较深在7.0m以上。

依据历史海图资料对比分析，杭州湾海床总趋势呈微淤状态，其自然回淤率约1～5cm/年。围海造地工程的实施必将引起近岸海域的海床变化，但这种变化不会长期发展下去，一旦边界与动力条件达到新的平衡，海床将得以动态稳定。

另据崎岖列岛海域1984～1994年水深测图资料对比分析，近十年来，大、小洋山岛屿链之间水域深水区形态基本稳定。其中－15m线的舌状前端1994年测图较1984年向西推进，－10m等深线舌状前端向西推进约700m。从近期测图资料对比分析看，工程所处的局部海域呈现微冲态势。

综合历史海图对比成果，从较长时期来看崎岖列岛及其周边海区处于堆积和冲刷过程的交替作用下，基本处于动态平衡状态，但从近期资料分析看，港桥连接段的局部海域呈现微冲态势。

4.2.5 工程地质条件

工程地质条件按陆上段、海上段和港桥连接段分类示意。

1. 陆上段地质

根据岩性、地质时代、成因类型及物理力学性质指标上的差异综合分析，其划分为六个工程地质层及分属不同层次的亚层。

①层冲填土，层厚4.0～6.0m，层底高程2.18～－0.25m，人工冲填土，饱和松散状，由砂质粉土及粉土组成，夹薄层黏性土，土质不均匀，含云母、石英和有机质。

$②_1$层灰色砂质粉土，层厚9.6～12.3m，层底高程－10.83～－12.88m，饱和稍密状，夹薄层粉砂，土质均匀，含云母和石英。

$④_1$层灰色淤泥质黏土，层厚4.4～7.0m，层底高程－16.32～－19.14m，夹薄层粉砂，土质均匀，夹少量有机质。

$⑤_1$层灰色粉质黏土，层厚1.0～4.0m，层底高程－18.35～－21.39m，夹薄层粉砂，含云母、石英和少量贝壳碎屑，土质不均匀。

⑥层暗绿色粉质黏土，层厚1.2～4.4m，层底高程－21.51～－23.78m，夹团块及条带粉土，土质均匀。

$⑦_{1\text{-}1}$层草黄色砂质粉土，层厚4.0～7.4m，层底高程－26.59～－30.28m，夹薄层粉砂，土质均匀。

$⑦_{1\text{-}2}$层灰黄色粉砂，层厚7.7～11.5m，层底高程－37.26～－40.28m，局部为砂质粉土，土质不均匀。

$⑦_{2\text{-}1}$层灰色粉细砂，层厚19.0～22.5m，层底高程－57.72～－60.68m，含云母和石英，土质不均匀。

$⑦_{2\text{-}2}$层灰色砂质土，含云母和石英，土质较匀，在72m深度范围内未揭穿该层。

场地浅部地层中的地下水属潜水类型，场地周围无严重环境水污染源存在，地下水对混凝土基础无腐蚀性，仅对钢铁有中等腐蚀性。

根据勘察深度范围内地基土的构成状况分析：$⑦_{1\text{-}1}$层草黄色砂质粉土，标贯平均击数26击，静探P_s平均值为7.95MPa，属中偏低压缩性土；$⑦_{1\text{-}2}$层灰黄色粉砂，标贯平均击数32击，静探P_s平均值为12.65MPa，属低压缩性土，土性较佳；该两层均为桥梁结构良好的桩基础持力层，且其下卧$⑦_{2\text{-}1}$层灰色粉细砂、$⑦_{2\text{-}2}$层灰色砂质土为高强度低压缩性土，对控制桩基沉降很有利。

陆上段各土层的桩侧极限摩阻力f_s值与桩端土极限承载力f_p值详见表1.4.2.12。陆上段土层地质剖面如图1.4.2.4所示。

预制桩各土层桩侧极限摩阻力与桩尖土极限承载力　　表1.4.2.12

土层	土层名称	埋置深度（m）	静力触探比贯入阻力 P_s(MPa)	f_s（MPa）	f_p（MPa）
①	冲填土	0.0~6.0		0	
②$_1$	灰色砂质粉土(6m以上)	4.0~16.0	4.53	15	
	灰色砂质粉土(6m以下)			35	
④$_1$	灰色淤泥质黏土	15.0~23.0	0.65	30	
⑤$_1$	灰色粉质黏土	20.5~25.3	0.96	45	
⑥	暗绿色粉质黏土	22.9~27.6	2.32	65	
⑦$_{1-1}$	草黄色砂质粉土	25.7~34.0	7.95	85	4 500
⑦$_{1-2}$	灰黄色粉砂	30.5~44.0	12.65	95	6 000

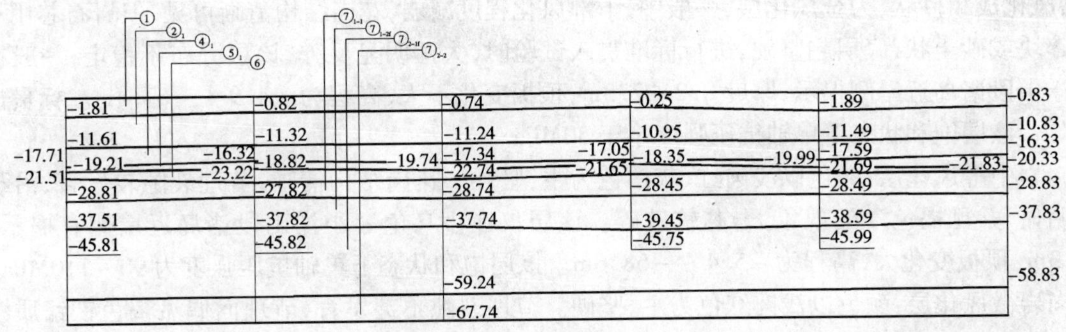

图1.4.2.4　陆上段土层剖面示意

2. 海上段地质

桥区所处海域海面宽阔，水流流速快，流向变化不大。该区基岩埋藏较深，基岩面高程由北向南逐渐抬高，芦潮港一侧高程为－230.0m，中段为－210.0m，小乌龟一侧为－160.0m。第四系堆积层厚度为160.0~220.0m，层位相对稳定。下部为早~中更新世（Q1~2）堆积的杂色黏土、粉质黏土、中粗砂、碎砾石灰黏性土等；中部为晚更新世（Q3）堆积的灰黄~灰色粉质黏土、砂质粉土、粉细砂等；上部为全新世（Q4）堆积的灰黄~灰色粉质黏土、淤泥质粉质黏土、黏性土灰砂、砂夹黏性土、砂质粉土、粉细砂等；表部为现代（QR）堆积的灰黄色淤泥。

根据勘探揭露的各岩、土层的成因类型、埋置深度、空间分布发育规律、物理力学性质等工程地质特性，其划分为10个工程地质层和7个工程地质亚层。

①$_1$ 吹填土：仅陆域段出露，以粉性土为主，夹薄层黏性土，土质不均匀，含石英和云母，层厚4.0~6.0m，层底高程－0.28~－2.18m。

①$_2$ 淤泥：饱和，流塑。含少量腐殖物，夹较多粉砂微薄层，局部为淤泥混砂。土质极差，分布在海床表层，存在于海上Ⅰ、Ⅱ标，陆域段及近岛段缺失。层厚2.0~6.2m，层底高程－12.1~－17.0m。

②$_1$ 灰黄色砂质粉土：夹黏性土，土质不匀，层厚2.0m左右，层底高程－10.83~－17.35m，海上Ⅱ标段缺失。

②$_2$ 灰黄色粉质黏土：软塑，中压缩性，夹粉砂薄层，含云母、有机质和碎贝壳，主要分布于小乌龟岛侧，层底高程－14.05~－32.28m。

③$_1$ 灰色淤泥质黏土：流塑状，高压缩性，夹不规则粉砂，含贝壳，层厚在10.0m左右，层底高程－12.10~－21.23m。

④$_1$ 淤泥质黏土：流塑状，中压缩性，夹粉砂薄层，含碎贝壳，土质较均匀，层底高程－16.33~－30.50m。

⑤$_1$ 灰色粉质黏土:可塑,中压缩性,含有机质,土质较不匀。分布稳定,层底高程 -18.72 ~ -32.60m。

⑥暗绿 - 黄色粉质黏土:硬塑状,中压缩性,含结核,北区厚度较大,埋深较浅;南区厚度较小,局部缺失,埋深不一,层底高程 -21.83 ~ -34.41m。

⑦$_1$ 草黄色砂质粉土:土质不均,夹少量薄层黏性土,局部夹粉砂或黏性粉土,分布广泛,呈饱和中密状态,层底高程 -28.72 ~ -54.40m。

⑦$_2$ 灰黄色粉砂:局部夹薄层黏性土或细砂,主要由云母、石英、长石等矿物颗粒组成,呈饱和 ~ 密实状态,层底高程 -28.72 ~ -54.40m 以下。

⑧灰色粉质黏土:软塑 ~ 可塑,中压缩性,夹粉砂,仅局部出露。

⑨灰色中粗砂:密实状,夹少量细砂,黏性土,含云母,零星分布。

⑩兰灰色粉质黏土:含少量腐殖物,夹灰色条文,呈饱和,可 ~ 硬塑状态,未钻穿。

花岗岩全 ~ 强风化层:颜色以灰黄、浅肉红色为主,饱和 ~ 稍湿,密实 ~ 硬。局部地段上部风化程度较高,已风化成粗砂状,为全风化层,一般中、下部风化程度减弱,花岗结构清晰可见,但岩石芯用小锤轻击即呈碎块或砂土状,底层趋坚硬,进行标准贯入试验时,大锤明显反弹,该层分布不稳定,一般在小乌龟 ~ 小洋山段诸岛近岸侧揭示,厚度 0.2 ~ 2.3m,顶板变化不大,高程为 -4.9 ~ -67.4m。标贯击数远大于 50 击,该层饱和状态下单轴抗压强度小于 50MPa。

花岗岩中等风化层:颜色以浅肉红、灰白色为主,坚硬。花岗结构清晰,节理裂隙较发育,沿裂隙面风化较明显,并见褐色浸染现象,岩芯较破碎。该层仅在小乌龟 ~ 小洋山段诸岛近岸侧有揭示,厚度 0.3 ~ 3.3m,顶板变化大,高程为 -5.4 ~ -68.6m。该层饱和状态下单轴抗压强度为 90 ~ 110MPa。

花岗岩微风化层:颜色以浅肉红色为主,坚硬。节理裂隙不甚发育,节理面偶见褐色铁锰质浸染现象,岩石断面新鲜,岩芯较完整。该层一般在小乌龟 ~ 小洋山段诸岛近岸侧揭示,厚度勘探未揭穿,顶板变化大,高程为 -5.8 ~ -78.6m。

⑦$_2$ 灰黄色粉砂可以作为海上段桥梁的桩基持力层。

海上段各土层的预制桩和灌注桩的桩侧极限摩阻力 f_s 值与桩尖土极限承载力 f_p 值详见表 1.4.2.13。海上段土层地质剖面如图 1.4.2.5 ~ 图 1.4.2.7 所示。

各土层桩侧极限摩阻力与桩尖土极限承载力 表 1.4.2.13

土层名称	桩侧极限摩阻力 f_s(kPa)		桩尖土极限承载力 f_p(kPa)	
	预制桩	灌注桩	预制桩	灌注桩
②$_1$ 灰黄色砂质粉土	20 ~ 30	15 ~ 20		
②$_2$ 灰黄色粉质黏土	15 ~ 20	15		
③$_1$ 灰色淤泥质黏土	15 ~ 20	15		
④$_1$ 淤泥质黏土	15 ~ 20	15		
⑤$_1$ 灰色粉质黏土	20 ~ 30	15 ~ 25		
⑥暗绿 - 黄色粉质黏土	55 ~ 65	40 ~ 50		
⑦$_1$ 草黄色砂质粉土	65 ~ 75	50 ~ 60		
⑦$_2$ 灰黄色粉砂	75 ~ 85	60 ~ 70	4 000 ~ 5 000	
全 ~ 强风化层	100 ~ 130	80 ~ 110	8 000 ~ 10 000	3 000 ~ 4 000
中等风化层			>12 000	>12 000

3. 港桥连接段地质

小乌龟岛 ~ 大乌龟岛段两岛间口门较窄,口门间晚更新世(Q3)以前堆积土层已冲刷尽,现堆积的土层均为全新世(Q4)堆积的灰黄 ~ 灰色淤泥质黏土、淤泥质粉质黏土和表部现代(QR)堆积的灰黄色淤泥。

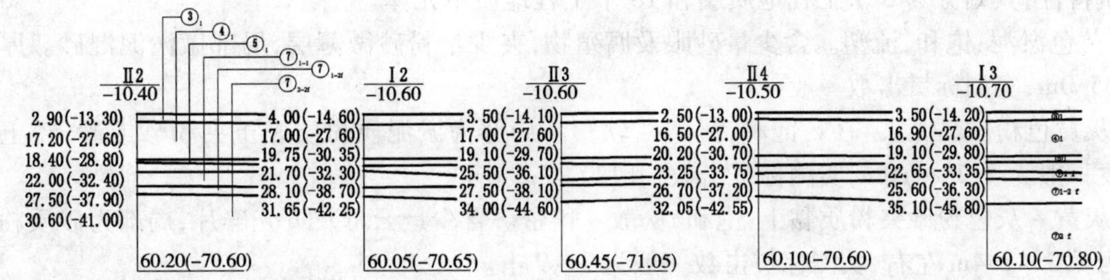

图1.4.2.5 海上段土层剖面示意(一)

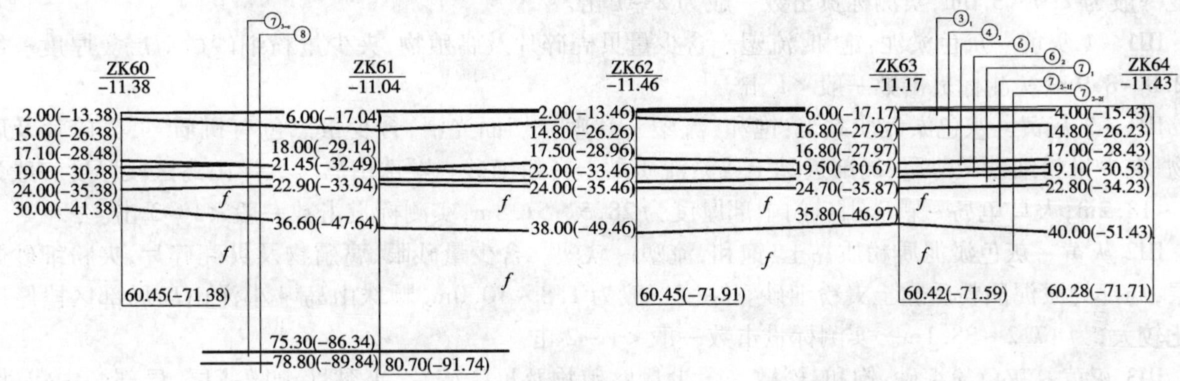

图1.4.2.6 海上段土层剖面示意(二)

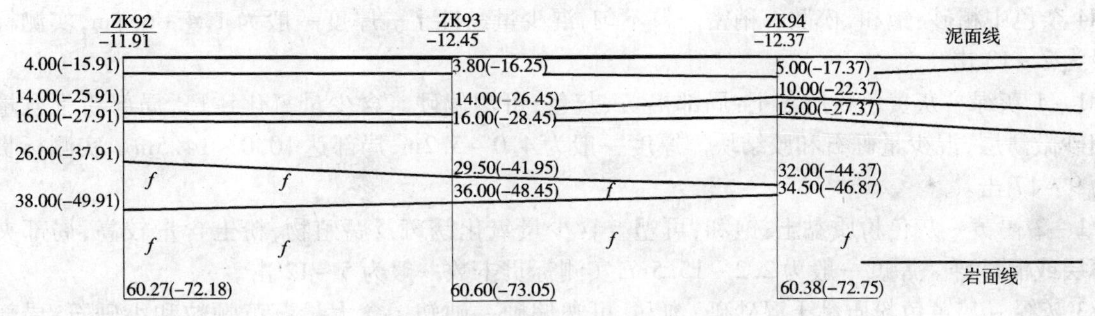

图1.4.2.7 海上段土层剖面示意(三)

大乌龟岛～颗珠山岛段松散堆积层总体受基底和水动力条件控制。在口门近岸两侧基岩埋藏较浅部位,晚更新世(Q3)以前堆积土层已被冲刷掉,现堆积的土层为全新世(Q4)堆积的灰黄～灰色粉细砂、粉砂夹粉质黏土、淤泥质黏土、淤泥质粉质黏土和现代(QR)堆积的灰黄色淤泥;在口门中部基岩埋藏较深部位,一般残留部分晚更新世(Q3)堆积的灰～灰黄色粉细砂,残留厚度受基底起伏和水动力条件控制,揭示最大厚度为32.4m,而原主流线冲刷部位及基岩埋藏相对较浅部位残留厚度一般较薄,该区段晚更新世(Q3)以上堆积的土层为一套全新世(Q4)堆积物,主要为灰黄～灰色粉细砂、粉砂夹粉质黏土、粉质黏土夹粉砂、淤泥质黏土、淤泥质粉质黏土,厚度特别大,最厚处达66.0m。

颗珠山岛～小洋山段区域受周围蒋公柱岛、金鸡山、镬脐岛等影响,水动力条件复杂,第四纪松散堆积层的岩性特征相应较复杂。口门和颗珠山岙湾内底部为残留的晚更新世(Q3)坡洪积相及残积相的黏性土、砂性土、黏性土混砂砾和砂砾混黏性土。残留厚度受基底起伏控制,在口门两侧和颗珠山岙湾残留厚度相对较薄,中部残留厚度较大(揭示最大厚度为33.7m);其上在原水流流速相对较缓部位,一般残留部分(Q3)冲海相的粉细砂或陆相堆积的褐黄～灰色黏性土层;再向上即为全新世(Q4)堆积的灰黄～灰色淤泥质黏土、淤泥质粉质黏土、粉细砂、粉砂夹粉质黏土、粉质黏土夹粉砂等;目前在流速相对较缓部位,表部堆积了现代(QR)淤积的灰黄色淤泥。

根据勘探深度范围内揭露的各岩、土层的成因类型、埋置深度、空间分布发育规律、物理力学性质等工程地质特性,其划分为6个工程地质层和18个工程地质单元体。

I灰黄色淤泥:饱和,流塑。含少量砂眼及腐殖物,夹少量粉砂微薄层,局部微淤泥混砂。厚度一般约2.0~5.0m,实测标贯击数一般<1击。

II1灰黄色粉质黏土夹粉砂:饱和,流塑~软塑。局部为淤泥质粉质黏土夹粉砂或砂,粉土含量较高。厚度一般为2.2~4.0m,实测标贯击数一般为2~3击。

II2灰黄~灰色粉砂夹粉质黏土:饱和,松散~稍密。含少量云母及贝壳碎片,局部为砂质粉土。厚度一般为1.2~7.4m左右,实测标贯击数一般为7~9击。

II3灰黄~灰色粉细砂:饱和,松散~稍密。含云母碎片,夹黏性土微薄层,局部地段呈两层分布。厚度一般为2.0~3.0m,实测标贯击数一般为2~7击。

III1-1灰黄~灰色淤泥:饱和,流塑。含少量贝壳碎片及腐殖物,夹少量粉细砂微薄层。厚度一般微2.0~8.9m,实测标贯击数一般<1击。

III1-2灰黄~灰色淤泥质黏土:饱和,流塑~软塑。切面光滑,含少量黑色有机质、贝壳碎片及腐殖物,夹少量粉细砂微薄层,局部近黏土或淤泥质黏土夹粉细砂。颗珠山岛~大洋山岛区段厚度一般为4.0~18.2m,大乌龟岛~颗珠山口门中部厚度为28.5~51.8m,实测标贯击数一般<1~3击。

III2灰黄~灰色淤泥质粉质黏土:饱和,流塑~软塑。含少量砂眼、腐殖物及贝壳碎片,夹粉细砂微薄层,局部为淤泥质粉质黏土夹粉细砂。厚度一般为1.8~10.0m,颗珠山岛~小洋山岛局部区段厚度变化较大,为17.2~38.1m。实测标贯击数一般<1~2击。

III3灰黄~灰色粉细砂:饱和,松散。含少量腐殖物及贝壳碎片,夹黏性土微薄层,局部微中粗砂。厚度一般为0.6~8.2m,实测标贯击数一般为5~9击。

III4杂色中粗砂:饱和,松散~稍密。粒不匀,混少量黏性土。厚度一般为1.4~6.1m,实测标贯击数一般为7~13击。

IV1-1灰绿~灰黄色粉质黏土:局部褐黄、灰色,可塑偏硬。含少量氧化锈斑,局部粉土含量高或夹粉细砂微薄层,混少量砾石和胶结块。厚度一般为4.0~5.2m,局部达10.0~14.5m。实测标贯击数一般为9~17击。

IV1-2褐黄~灰色粉质黏土:饱和,可塑。含少量氧化锈斑及腐殖物,粉土含量较高,局部夹粉细砂微薄层或混砂砾。厚度一般为2.2~15.5m,实测标贯击数一般为5~12击。

IV3灰绿~灰黄色粉质黏土混砂砾:饱和,可塑偏硬~硬塑。含大量石英颗粒和小砾石,局部为碎石混粉质黏土。厚度一般为1.5~12.1m,实测标贯击数一般为10~28击。

IV4灰~灰黄色粉细砂:饱和,中密~密实。颗粒均匀,质纯,含云母碎片,夹粉质黏土微薄层,局部为粉细砂夹粉质黏土或颗粒较粗,为中粗砂。大乌龟岛~颗珠山口门区段揭示的厚度为32.4m,颗珠山岛~小洋山岛口门区段厚度一般为6.6~18.5m。实测标贯击数一般为20~49击。

V1杂色黏土:颜色以深灰、褐黄、灰黄色为主,饱和,可塑偏硬~硬塑。切面光滑,土质较均匀,含少量腐殖物及黑色有机质,局部混较多小碎石及砂颗粒。该土层分布不稳定,局部厚度达10.2m。

V2杂色粉质黏土:颜色以灰黄、灰、褐黄色为主,饱和,硬塑。含较多砂砾,局部砂砾含量较多,为粉质黏土混砂砾。该土层分布不稳定,颗珠山岛~小洋山岛间口门处厚度为1.7~7.5m,小洋山岛西岔厚度为9.4m。实测标贯击数一般为18~29击。

V3灰绿~褐黄色黏性土混砂砾:饱和,硬塑。砂砾含量较多,颗粒直径较大,为砂砾混黏性土或粗砂砾。该土层部分不稳定,主要在颗珠山~小洋山口门区段内,厚度一般为8.5~19.5m。实测标贯击数一般为21~43击。

VI1花岗岩强风化层:颜色以灰黄、灰白、浅肉红、灰绿色为主,饱和~稍湿,较硬~硬。原岩以花岗岩为主,局部区域上部风化程度较高,已风化成黏性土或黏性土混砂砾状,为全风化层;中、下部风化程度减弱,花岗结构清晰可见,但岩石芯用小锤轻击即呈碎块或砂土状,底层趋坚硬,进行标准贯入试验时,大锤明显反弹,合金钻无芯钻进困难。该层分布较广泛,在小乌龟岛~大乌龟岛区段,揭示厚度

0.3～2.76m；大乌龟岛～颗珠山岛区段揭示厚度0.5～0.9m；颗珠山岛岔湾揭示厚度0.4～3.6m；颗珠山岛～小洋山岛区段揭示厚度0.7～3.8m；小洋山段西岔揭示厚度0.2～0.7m；小洋山岛小高泥沙岔湾揭示厚度2.3m左右。实测标贯击数一般大于50击。

Ⅵ2花岗岩中等～微风化层：颜色以浅肉红、浅灰白色为主，坚硬。原岩为花岗岩，花岗结构清晰，一般上、中部节理裂隙较发育，沿裂隙面风化较明显，并见褐色浸染现象，岩芯较破碎；向下风化程度减弱，节理裂隙不甚发育，节理面偶见褐色铁锰质浸染现象，岩石断面新鲜，岩芯较完整。该岩层分布广泛，小乌龟岛～大乌龟岛区段顶板高程－11.4～－45.1m；大乌龟岛～颗珠山岛区段顶板高程－2.65～－76.4m；颗珠山岛岔湾顶板高程－12.59～－32.9m；颗珠山岛～小洋山岛区段顶板高程－12.64～－54.84m；小洋山岛西岔顶板高程－4.09～－35.73m；小洋山岛高泥沙岔湾顶板高程－1.40～－21.9m；小洋山岛小高泥沙岔湾顶板高程1.2～－26.12m。中等风化层饱和状态下单轴抗压强度一般在50～105MPa。

港桥连接段各土层的预制桩和灌注桩的桩侧极限摩阻力f_s值与桩尖土极限承载力f_p值详见表1.4.2.14。港桥连接段土层地质剖面如图1.4.2.8～图1.4.2.9所示。

各土层桩侧极限摩阻力与桩尖土极限承载力　　表1.4.2.14

土层名称	桩侧极限摩阻力f_s(kPa)		桩尖土极限承载力f_p(kPa)	
	预制桩	灌注桩	预制桩	灌注桩
Ⅰ灰黄色淤泥	5	5		
Ⅱ1灰黄色粉质黏土夹粉砂	10	10		
Ⅱ2灰黄～灰色粉砂夹粉质黏土	15	10		
Ⅲ1－2灰黄～灰色淤泥质黏土	20	15		
Ⅲ2灰黄～灰色淤泥质粉质黏土	15～35	10～25		
Ⅲ3灰黄～灰色粉细砂	20～40	15～30		
Ⅳ1－2褐黄～灰色粉质黏土	50	40		
Ⅳ3灰绿～灰黄色粉质黏土混砂砾	60	50		
Ⅳ4灰～灰黄色粉细砂	70～100	60～80	4 000～6 000	1 500～2 500
Ⅴ2杂色粉质黏土	100	80	3 500	1 500
Ⅴ3灰绿～褐黄色黏性土混砂砾	105	85	4 500	2 000
Ⅵ1花岗岩强风化层	100～120	80～110	8 000～12 000	4 000～6 000
Ⅵ2花岗岩中等风化层			>12 000	>12 000

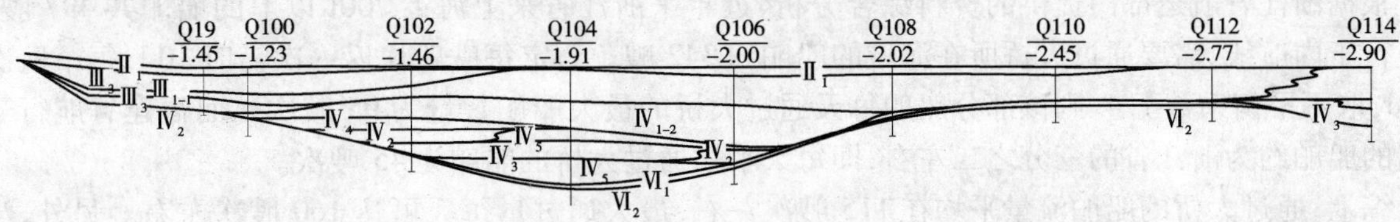

图1.4.2.8　港桥连接段土层剖面示意(一)

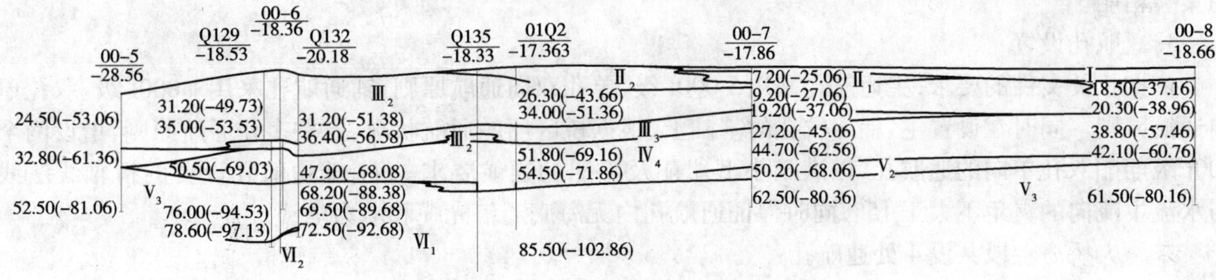

图1.4.2.9　港桥连接段土层剖面示意(二)

4.2.6 航道和通航条件

1. 杭州湾口附近航线

东海大桥位于杭州湾口东北部,舟山群岛西侧。舟山群岛岛屿星罗棋布,其间形成众多通航水道,目前由上海港经由舟山群岛及杭州湾海口通往浙江、福建沿海航线分为国际远洋航线、外航线、中航线和内航线四条。

(1)国际远洋航线:位于舟山群岛东侧,进入中国东海的远洋船舶,由南向北于舟山群岛东侧通过,至长江口外花鸟山灯塔可转向西行进入长江口。这是大型船舶常用航路。

(2)外航线:位于舟山群岛中部,为通往浙江南部和附件沿海较大船舶使用的习惯航线,航线经由东亭山灯塔、小板门灯塔、下三星灯塔、白庐山灯塔、羊洋山灯塔和大戢山灯塔进入长江口。

(3)中航线:位于舟山群岛中部,20 世纪 70 年代起由于陆岛及岛屿之间客运的发展,相应开辟上海至定海、至沈家门、至泗礁、至普陀山等客运航线,形成申、泗、衢、岱、沈、定客运航线网,航线主要通航中、小型客轮,渔船和部分 1 000t 级左右的货船。

(4)内航线:位于舟山群岛西部,为通往浙、闽沿海 1 000 ~3 000t 级船舶多年形成的习惯航线,同时通航去宁波港客轮。航线自长江口南支灯始起经大戢山灯桩、小乌龟灯桩、唐脑山灯桩、鱼腥脑灯桩驶向甬江口;或经金塘水道、螺头水道、崎头洋、佛山水道驶向浙江南部和附件沿海。该航道水深在 7.0 ~ 12.0m,是中、小型船舶便捷航道。

自 20 世纪 70 年代以来,随着杭州湾沿岸港口建设的发展,先后开辟了杭州湾南航道(陈山油码头航线)、长江口至镇江、算山及北仑中转码头航线(中转航线),以及 80 年代以来开辟的以芦潮港为中心陆岛交通航线等。

综合分析,舟山群岛及杭州湾口附近海区通航航线线路较多,但与东海大桥相关的航线主要为内航线和部分芦潮港至岛际之间的客运航线。

2. 桥区现状通航船型

目前穿越桥区水域航线主要由申甬客班轮(内航线)、芦潮港至嵊泗车客渡航线(陆岛交通线)以及沿近北岸的小型船舶通航区组成。内航路是目前桥区水域通航船舶等级最高的航线,为中型船舶航线,内航路自然水深条件能满足 5 000t 级以下船舶航行的要求。目前实际航行于内航线散杂货船大多是 2 000 ~3 000t 级船舶;客轮主要为申甬航线上中海集团客运公司的新字号客轮,其吨位亦为 3 000t,载客量 1 200 客位;化工类船舶大部分为 1 000t 级及以下,个别船舶可达 3 000 ~5 000t 级;除了民用船舶外,内航线还有海军舰艇航行,其代表船型为 3 000t 级登陆舰。

根据浙江省航运部门提供的资料综合分析,近年来浙江省来上海港 200t 以上的船舶共 497 艘,其中航行于内航线、需要通过大桥所在海域的船舶约 342 艘。假定每艘船往返一次需时 10d,每个航次需时 5d,取不平衡系数 1.4,则该部分船舶每天通过大桥的最大船舶数量为 95 艘次。而福建省航行于内航路的船舶约为浙江省的三分之二左右,即每天平均通过大桥的船舶为 45 艘次。

综上,通过大桥的船舶流量平均在 115 艘次左右,最大通过量每天可达 160 艘次左右。另外,洋山深水港区开辟自西侧进港的水上集疏运通道,深水港区建成后,桥区水域将增加通航 1 000 ~5 000t 级的集装箱船。

3. 通航孔设置

依据相关文件的要求,主通航孔采用 5 000t 级、单孔双向通航原则;辅通航孔采用 1 000t 级、双孔单向通航原则。同时在设置主、辅通航孔的基础上,根据桥区船舶通航状况,应按多孔通航原则,增设两个 500t 级船舶双孔单向的通航孔,以满足小型船舶及渔船的通航要求。主、辅通航孔设置的桥轴线法线与水流主流向的夹角不大于 15°,同时保证通航孔内无海底通信光缆和电力电缆。

东海大桥海上段共设 4 处通航孔:

(1)5 000t 级主通航孔一处,通航孔中心桩号 K18 +634.00,通航净空为 300 ×40m(单孔双向)。

(2)1 000t 级副通航孔一处,通航孔中心桩号 K12 +149.00,通航净空为 100 ×25m(双孔单向)。

(3)500t 级副通航孔二处,芦潮港侧通航孔中心桩号 K6 +279.00,通航净空为 56m ×17.5m(双孔单向)。小乌龟岛侧通航孔中心桩号 K24 +829.00,通航净空为 143.2m ×17.5m(双孔单向)。

4.2.7　地震设防

经区域地震地质研究,并进行了场区安全性评价专题研究鉴定,本工程场地处于地震活动相对较弱的地区。有史以来无地震破坏的记录,历史和现代地震对场区最高影响烈度为五度,场址区未发现活动断层。从场址区地震地质、地球物理场和地震活动性的情况综合分析,本工程场址区附近未发现足以确定5级以上潜在震源的依据。本区基本烈度定为6度,和《中国地震烈度区划图》(1990)是一致的,而芦潮港、大洋山、小洋山三个代表性控制点的罕遇烈度(50年2%)平均为7度。故本工程重要构筑物按7度设防。

据《水运工程抗震设计规范》(JTJ 225—98)勘察区水域场地土为软弱～中软土,各岛场地土为坚硬土。场地类别:水域属于Ⅳ类,各岛属于Ⅰ类。

4.3　设计概要

东海大桥全长32.5km,可分为三部分:约3.7km的陆上段(包括与沪芦高速连接的路桥连接段1.45km和芦潮港新老海堤间陆上段2.26km),新海堤至大乌龟岛之间约25.3km的海上段,大乌龟岛至小洋山岛之间约3.5km的港桥连接段,见图1.4.3.1。

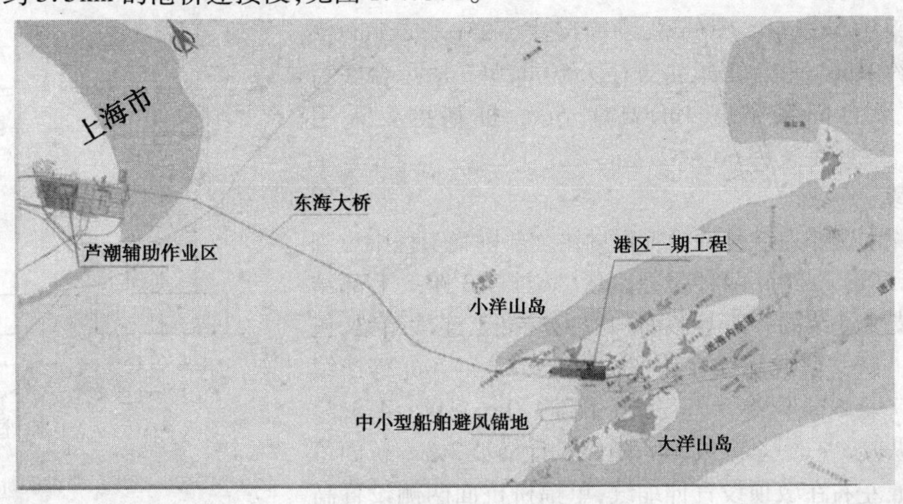

图1.4.3.1　东海大桥线位示意

大桥标准桥宽31.5m,分上下行双幅桥面,采用双向六车道加紧急停车带的高速公路标准,设计行车速度80km/h。道路设计平曲线半径一般大于3 000m,不小于1 000m,竖曲线最小半径大于6 000m。桥梁设计纵坡一般为3%,最小为3‰,设计横坡采用1.5%。

设计荷载等级为原汽—超20级、原挂车—120,并按全桥集装箱重车满布,车辆轴距为10m进行计算复核。大桥设计基准期为100年。按地震烈度7度进行抗震设防。通航跨桥设计最高通航水位按历史最高潮位4.02m,非通航段桥设计水位采用100年一遇水位3.73m。设计风速采用100年一遇10m高处风速42m/s。

穿越桥区水域航线主要由申甬客班轮航线(内航线)、芦潮港至嵊泗车客渡航线、北岸小型船舶通航区以及深水港区集装箱船通航区组成,通航等级要求不高。全桥设5 000t级主通航孔一个,辅通航孔三个。

4.3.1　陆上段

东海大桥陆上段连接沪芦高速公路,同时在东海大桥与海港新城R1主干道相交的结点设置全互通型道路立交。

该段桥位处于滩涂地质,地面高程在3.5~4.0m,地势平缓。

东海大桥陆上段上部结构以30m预应力混凝土等高度连续箱梁结构为主,横向两幅独立桥梁布置,一共72×2=152跨,基本为五跨一联,跨径组合为:2×28m+5×5×30m+4×28m +4×28m+2×30m+2×32m+5×3×30m+6×2×30+5×2×30m。主梁高1.6m,宽15.25m,单箱单室截面,悬臂长4m。主梁混凝土等级采用C60。

下部结构采用分离式结构,墩身为Y形钢筋混凝土实心墩,墩高7~12m,截面尺寸横桥向由墩底逐渐向墩顶展开,标准断面尺寸为4.0m×1.45m,左右墩间距16.25m。标准桥墩承台长7.2m、宽4.8m,承台厚度2m。基础采用ϕ600mm预应力混凝土管桩,桩长34m。

4.3.2 海上段

从芦潮港新海堤到大乌龟岛之间为约25.3km的东海大桥跨海段,主要包括浅海区的近岸段、深海区的非通航段、三个辅通航孔桥和一个主通航孔桥,以及靠近大乌龟岛的近岛段。

1. 近岸段

东海大桥近岸段为多跨预应力混凝土等高度连续箱梁,分左右两幅(图1.4.3.2),桥跨布置为44.5m+25×50m,包括五跨一联和七跨一联两种形式。梁宽15.25m、高3.0m,设有3‰的纵坡和2%双向横坡,并设有竖曲线和半径3 000m的圆曲线。工程结构混凝土设计基准期为100年,采用高性能C55高性能海工混凝土。

下部桥墩采用Y形空心薄壁墩,断面尺寸5.25m×2.0m,壁厚45cm,高度约10m。圆柱形承台直径为10m、厚3m,承台底高程0.00m。两承台间系梁宽4m、高1.5m。桩基主要采用ϕ160cm钻孔灌注桩,桩长为60~62.5m。

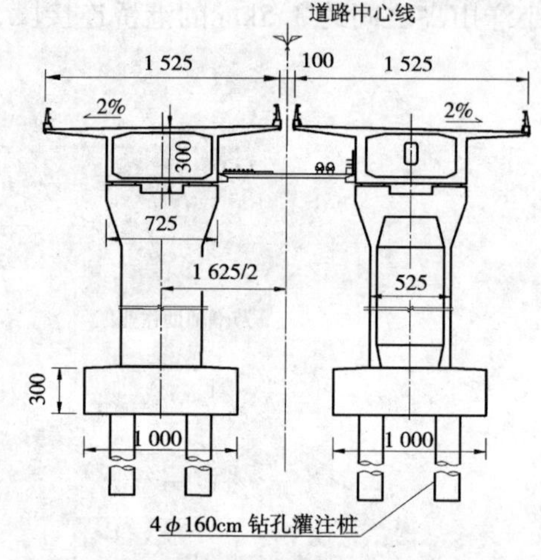

图1.4.3.2 近岸段箱梁横断面(单位:cm)

2. 非通航段

东海大桥深水区非通航段桥梁工程量在全部桥梁工程中占到92%左右,分为60m和70m两种跨径区段,共计333跨。上部结构主梁采用简支变连续的多跨等截面预应力混凝土连续箱梁,包括60m跨连续五跨一联或连续六跨一联的连续梁和70m跨连续五跨一联的连续梁,60m梁高3.5m,70m梁高4.0m,见图1.4.3.3。桥梁设计最大纵坡3%,最小纵坡3‰,道路设计横坡2%。桥面每间距280~350m左右在墩顶设置伸缩缝,单幅桥桥面两侧设置高1.4m的防撞墙及栏杆结构,箱梁采用C50高性能海工混凝土,防撞墙为C40掺合料混凝土。

60m梁共179跨,桥长10.697km,被2个辅通航孔分为三段,跨径布置为43×59m、91×60m、45×60m。70m梁共154跨,桥长10.78 km,中间由主通航孔斜拉桥和辅通航孔连续梁分为三段,跨径布置为45×70m、79×70m、30×70m。

非通航段下部结构为高桩承台结构。单幅空心桥墩高度范围约8.8~34.05m,桥墩一共329个,墩柱总数为658个。桥墩分低、中、高三种,低墩承台为单幅分离式圆形小承台,一共510个;中、高墩为双幅整体式大承台,共76个。分离式承台直径有10m和11m两种,承台高(不含封底混凝土)为3.0m。整体式承台平面尺寸大部分为27.85m×10.2m,少数承台平面尺寸为(28.85~30.35)m×10.2m和27.85m×12.2m,承台高(不含封底混凝土)为3.5m。两种承台均采用预制混凝土吊箱围堰施工,封底厚度为0.8m。下部基桩有ϕ120cm预应力混凝土管桩和ϕ1 500mm钢管桩两种。封底采用水下C25普通混凝土,承台和桥墩采用C40高性能海工混凝土。

3. 辅通航孔桥

东海大桥共设4个通航跨,其中3个辅通航孔,1个主通航孔。辅通航孔桥上部结构均为4跨变截面预应力混凝土连续箱梁。1000t 级辅通航孔一处，简称为 K12 桥，跨径布置为 80m + 140m + 140m + 80m，通航净高 25m；500t 级辅通航孔两处，简称为 K6 和 K24 桥，K6 桥跨径布置为 70m + 120m + 120m + 70m，K24 桥为 90m + 160m + 160m + 90m，通航净高 17.5m，见图 1.4.3.4。

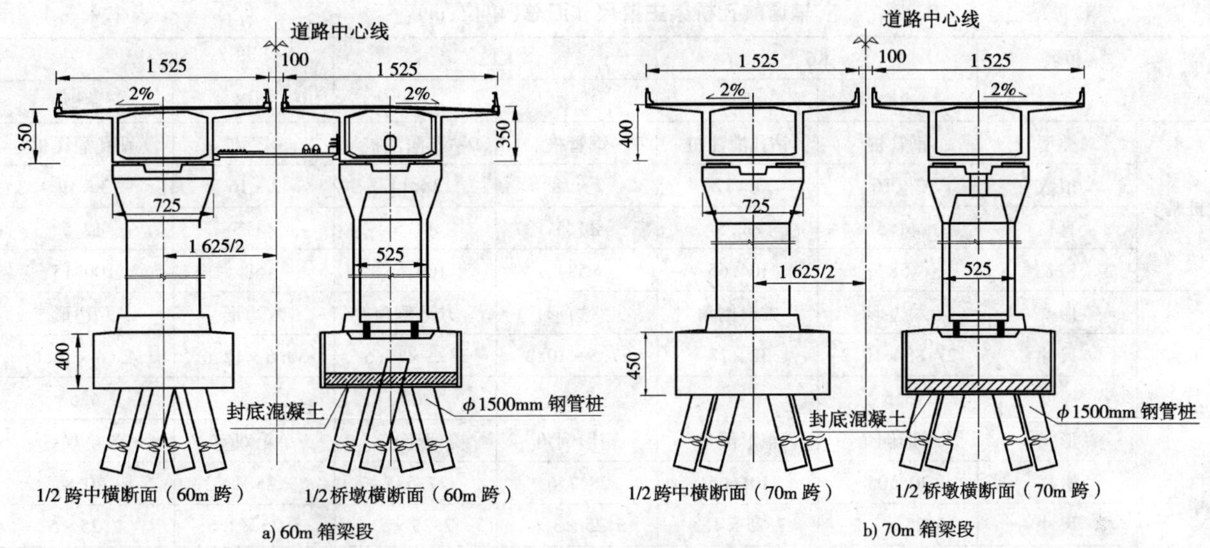

图 1.4.3.3　非通航段桥梁横断面（单位：cm）

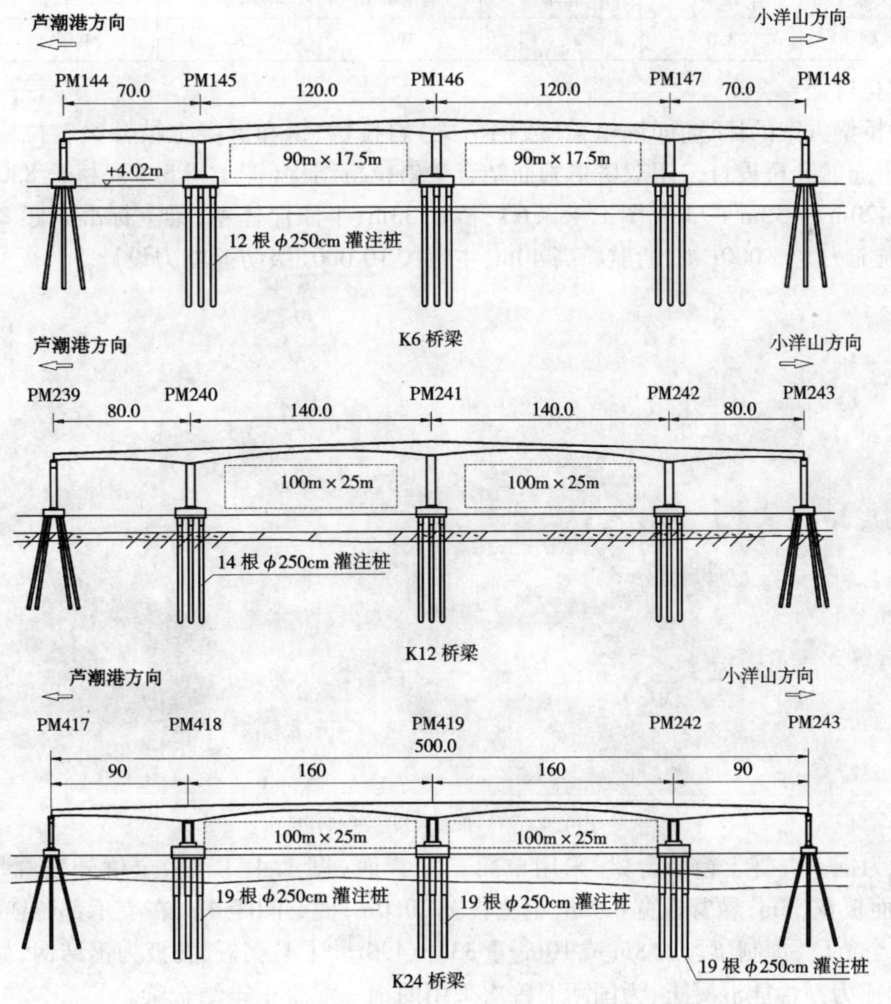

图 1.4.3.4　辅通航孔桥梁立面布置（单位：m）

下部结构墩身为空心薄壁墩，墩高 19.7 ~29.7m。承台尺寸不一，厚度 3.5 ~4.5m。主墩为 ϕ250cm 钻孔灌注桩基础，桩长约 100m，共 135 根；边墩均为 ϕ1 500mm 钢管桩基础，桩长约 58m，共 100 根。

辅通航孔桥梁主要尺寸见表 1.4.3.1。

辅通航孔桥梁主要尺寸汇总(单位:m) 表 1.4.3.1

项目	桥名	K6		K12		K24	
		边墩	主墩	边墩	主墩	边墩	主墩
桩基	类型	钢管桩	钻孔灌注桩	钢管桩	钻孔灌注桩	钢管桩	钻孔灌注桩
	根数	2×16	3×12	2×18	3×14	2×16	3×19
	直径	ϕ1.5	ϕ2.5	ϕ1.5	ϕ2.5	ϕ1.5	ϕ2.5
	桩长	58	104.65	58	109.65	58	100.15
承台	形式	六边形	方形倒角	八边形	方形倒角	六边形	六边形
	尺寸	27.85×10.2	32×18	27.5×10.2	33.5×17.5	30.6×12.6	43.4×16.6
	厚度	3.5	4	3.5	4	3.5	4.5
墩身	形式	箱形倒角	箱形倒角	箱形倒角	箱形倒角	单箱双室	单箱双室
	墩高	20.505	19.665	28.756	27.525	25.4	20.8
	尺寸	5.25×3.2	7.25×4.5	5.25×3.6	7.25×5	5.25×3.6	7.25×5
	壁厚	0.50	0.60	0.50	0.60	0.45	0.60
箱梁	形式	单箱单室	单箱单室	单箱单室	单箱单室	单箱单室	单箱单室
	梁高	3.5	7	3.5	8	4.0	9.67

4. 主通航孔桥

通过三种桥梁方案的比选，即钢箱梁(或钢桁梁)斜拉桥、钢和混凝土结合梁斜拉桥以及混凝土梁斜拉桥，最终主通航孔桥设计采用双塔单索面结合梁斜拉桥结构(图 1.4.3.5)，桥长 830m，跨径布置为 73m +132m +420m +132m +73m(图 1.4.3.6)，桥宽 33m，半漂浮体系，梁上标准索距 8m，塔上标准索距 2.0m。通航能力为 5 000t 级，通航净高 40m，主墩按 10 000t 级防撞能力设计。

图 1.4.3.5 东海大桥主通航孔桥

桥面主梁为钢—混凝土箱结合梁，采用单箱三室截面(图 1.4.3.7)，全桥外轮廓尺寸一致，梁高 4m，混凝土桥面板宽 33m，悬臂板宽 4.5m，钢底板宽 20.0m，横梁间距 4m，在支承部位横隔板适当加密。全桥共有 103 个节段，预制梁段长 8m 或 10m，重 335 ~490t。主梁底板、腹板为钢结构，材质为 Q345qD，顶板为 C60 预应力高性能混凝土，为国际上首次采用的钢—混凝土箱结合梁。

斜拉索采用扇形密索布置，梁上索距 8m，塔上索距 2m，全桥共设 24 对 192 根斜拉索。斜拉索采用

PPWS 预制成品索，为 ϕ7mm 镀锌平行钢丝索，斜拉索钢丝标准强度 R_y^b = 1 670MPa，冷铸镦头锚，预留减震装置。最短索长 59.3m，重 2.168t，最长索长为 226.983m，重约 19.4t，斜拉索最大受力为 527t。

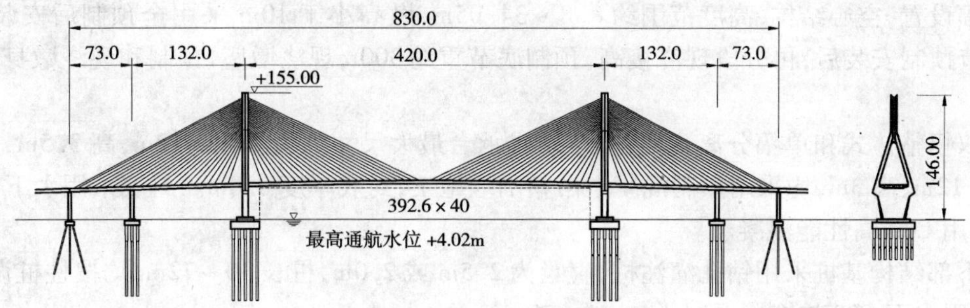

图 1.4.3.6 主通航孔桥梁立面布置（单位：m）

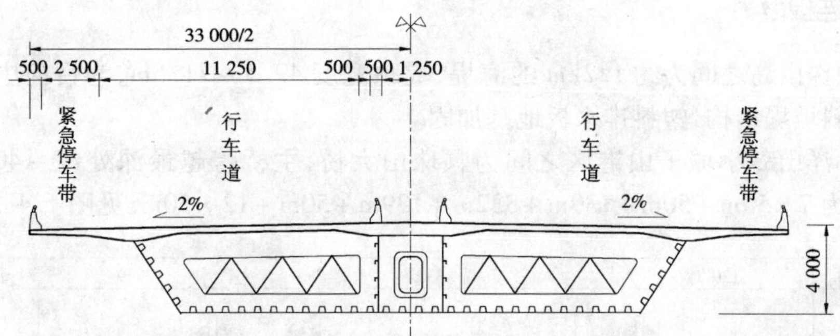

图 1.4.3.7 东海大桥主通航孔桥箱梁标准横断面（单位：mm）

斜拉索塔上锚固形式分为齿块锚固式和钢锚梁锚固式，前者直接锚固在混凝土塔壁上，后者采用钢锚梁结构形式进行锚固。

主塔为钢筋混凝土结构，塔身上段采用倒 Y 形构造，下段采用实腹式塔身。塔高 150m，其中桥面以上塔高 110m。塔柱为变截面，中塔柱为单箱单室，上塔柱收缩成单箱双室截面的单柱，斜拉索在两个室内分开锚固，锚固壁厚 1.4m，锚固采用外凸齿块形。主塔纵向尺寸为 8m，横向尺寸上塔柱 7m，中塔柱 4.2m，下塔柱从 37m 渐变为 28m。中、上塔柱内为检修方便，设有人梯。

主通航孔桥共有 6 个桥墩，二个边墩桩基础采用 ϕ1 500mm 钢管桩，二个辅助墩和二个主墩均采用 ϕ250cm 大口径钻孔灌注桩。主墩承台为圆角长方形，平面尺寸为 49.6m × 27.4m，厚度为 6m，底高程 −2.00m，封底混凝土厚度为 1.5m。承台顶设 5.0m 高塔座与塔根相联。主塔墩桩基为 38 根 ϕ250cm 的钻孔灌注桩，桩长约 110m，桩底高程 −112.00m，每根桩混凝土用约 600m^3。

在主塔墩、辅助墩及边墩处均设置竖向、横向支座，主塔和主梁间纵向采用液压阻尼装置以限制主梁纵向位移及改善行车条件。在边墩及辅助墩顶附近主梁内设置一定数量的压重以使各墩顶在结构自重作用下不出现负反力，采用体外钢绞线索连接墩身和主梁以克服活荷载作用下各墩的负反力。

5. 近岛段

东海大桥从芦潮港至嵊泗县崎岖列岛的大乌龟岛上登陆，桥轴线与岛岩壁基本平行，且大乌龟岛基岩裸露，岸壁陡峭，海底基岩在桥轴线横向两侧岩面起伏高差非常大，仅桥宽范围内，最小高差为 1m，而最大达 14m；在桥轴线纵方向起伏变化也很大，桥区海域水深约 8 ~ 25m，沿桥轴线水深逐渐减小，直到大乌龟岛基岩露出水面，船只无法进入该区域施工。鉴于此近岛段地形、地质的复杂性，东海大桥近乌龟岛段设计为 8 跨 50m 的顶推施工连续梁。

近岛段桥梁上部结构为 8 × 50m 双幅等跨预应力混凝土连续箱梁，位于 R = 2 500m 的圆曲线上。上部结构采用等高度单箱单室箱梁，顶板宽 15.25m，底板宽 7.25m，梁高均为 3.5m，腹板混凝土在中跨处为 0.4m，至支墩顶处腹板逐渐过渡到 0.5m、0.6m。每幅箱梁分 17 个预制节段：12.5m + 15 × 25m + 12.5m，每幅平均梁重 288.1kN/m。桥面每间距 280 ~ 350m 左右在墩顶设置伸缩缝。单幅桥桥面两侧设置高 1.4m 的防撞墙及栏杆结构。预制箱梁采用 C50 海工高性能混凝土,防撞墙采用 C40 高性能混凝土。

桥墩单幅设置,空心结构,高度范围约 8.8 ~ 34.05m,墩高小于 10m 采用全预制后安装,墩高大于 10m 采用底节预制安装后,再分段现浇接高,预制底节重约 300t,现浇墩座、预制和现浇墩身均为 C40 高性能混凝土。

承台分双幅整体式和单幅分离式两种,整体式承台最大尺寸约为 28m × 12m,高 3.5m,分离式承台为圆形,直径 12m、高 3m,均采用预制混凝土吊箱围堰施工,封底厚度 0.8m。封底采用水下 C25 普通混凝土,承台采用 C40 高性能混凝土。

近岛段下部结构基桩采用钻孔灌注桩,直径为 2.5m 或 2.0m,桩长 30 ~ 72m,均按柱桩设计,嵌岩深度 3 ~ 7m,采用水下 C30 掺合料混凝土。

4.3.3 港桥连接段

大乌龟岛到颗珠山岛之间为约 1.2km 的海堤,堤顶宽度 49.5 ~ 71.5m,为目前中国第一条海堤高速公路,采用抛石斜坡堤结构,塑料排水板地基加固。

颗珠山岛到小洋山岛小城子山港区之间为颗珠山大桥,主桥跨越最深处约 -40m 的深槽。全长 1 660m,桥跨布置为 7 × 50m + 50m + 139m + 332m + 139m + 50m + 12 × 50m,见图 1.4.3.8。

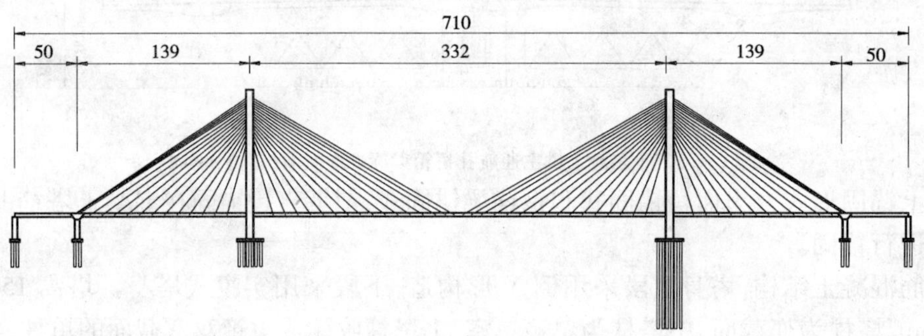

图 1.4.3.8 颗珠山大桥立面布置(单位:m)

颗珠山大桥主桥为双塔双索面结合梁斜拉桥,主桥斜拉桥部分总长 610m,两侧过渡跨长度均为 50m,主桥长 710m。过渡跨采用预应力混凝土简支箱梁结构。

主塔为门形钢筋混凝土结构,塔高 96m,采用 C50 高性能混凝土。在承台顶面以上塔高为 100.5m,下、中塔柱外形有斜率变化,塔根部尺寸横桥向宽 5.5m,纵桥向宽 8.5m;上塔柱为拉索锚固区,外形不变,横桥向宽 4.5m,纵桥向宽 6.0m,塔内设混凝土牛腿和锚固钢横梁;塔壁厚度 0.6 ~ 1.2m。左右幅塔柱设两道横梁,桥面以下设下横梁,为钢筋混凝土结构,截面为箱形薄壁结构;桥面以上设上横梁,由 3 根 ϕ1800mm × 30mm 钢管构成。

主梁采用钢—混凝土结合梁,梁高 3.0m。钢横梁梁高 2.7m,为焊接 I 字形梁,横梁间距为 4.5m。钢横梁间设二道小纵梁。与钢梁结合成一体的钢筋混凝土桥面板分预制板和现浇缝两大部分,桥面板采用 C60 高性能混凝土。

斜拉索采用扇形密索布置,梁上索距 9m,塔上索距约 2m,斜拉索采用平行钢丝索冷铸锚具,预留减震装置。

主墩承台为哑铃形,采用 C40 高性能混凝土。西主塔承台长 59m、宽 24m、厚 5.0m(承台连接部分厚 2.5m)。东主塔承台长 64.65m、宽 24.15m、厚 5.0m(承台连接部分厚 2.5m)。

主墩基础采用钻孔灌注桩,西主墩采用 ϕ250cm 钻孔灌注桩 12 根,ϕ250 ~ 300cm(顶部直径 300cm,下部直径 250cm)变截面钻孔灌注桩 12 根,桩长 17 ~ 39m,24 根桩基进入中风化层嵌岩深度不少于 5m(进入微风化层不少于 1m)。东主墩采用 ϕ250 ~ 300cm 变截面钻孔灌注桩共 28 根,桩长约 95m。东锚墩和西锚墩均采用钻孔灌注桩基础。

引桥分东引桥和西引桥,采用50m跨径的多跨预应力混凝土连续箱梁,梁高3.0m。下部结构墩身采用矩形薄壁空心结构,基础采用ϕ150cm钢管桩和ϕ250cm大直径钻孔嵌岩桩,分离式基础。

4.4　施工概况

东海大桥处于东海与杭州湾交汇处,这里海域宽阔,各种灾害性气候如台风、季风、潮汐、雷暴、雾等影响频繁。多年来的统计资料显示:一年内影响船舶定位安装施工作业为185d,相应的可作业天数180d;影响船舶通行及墩台施工作业天数为125d;相应的可在固定平台上的作业时间为240d。可见在一年时间可实际作业只有8个月左右。

而大桥工程从2002年6月26日海上打下第一根桩至2005年12月10日通车,时间只有3年半,而有效时间只有2年半。为完成这一宏伟而巨大的工程,大桥建设者冒严寒,斗酷暑与风浪拼搏。在海上利用打桩船机施打各类基桩5 500多根;搭设海上施工平台,施工钻孔灌注桩600多根;海上采用混凝土套箱施工工艺浇筑承台592个;预制安装桥墩达到772个;海上预制安装单跨长度为60~70m、重量达1 800~2 100t的箱梁670根;海上采用移动模架或挂篮施工工艺现浇各类箱梁88根;全桥共计使用钢材约50万t,浇筑混凝土约138万m^3。

全桥主要工程量见表1.4.4.1。

全桥主要工程量汇总　　表1.4.4.1

序号	构件名		主要工程量	合计
1	桩基础	ϕ60cmPHC管桩	2 304根	8 712根
		ϕ120cmPHC管桩	378根	
		ϕ150cm钢管桩	5 323根	
		ϕ160~250cm钻孔灌注桩	387根	
		ϕ150~250cm钻孔嵌岩桩	320根	
2	海上预制安装承台	分离式承台	578只	700只
		整体式承台	122只	
3	海上预制安装立柱		822根	822根
4	海上预制安装箱梁	60m大箱梁	360根(179跨)	670根
		70m大箱梁	310根(154跨)	
5	海上现浇50m大箱梁		88根	88根
6	主要材料用量	混凝土	138万m^3	138万m^3
		普通钢筋	13万t	13万t
		高强钢材	3万t	3万t
		钢结构	33.4万t	33.4万t

东海大桥陆上段采用常规的场地现浇施工方法。根据受恶劣的海洋环境影响的程度,针对近岸段、非通航段、主通航孔、辅通航孔和近岛段的不同特点,采用了不同的施工工艺。

4.4.1　预制场布置

东海大桥的预制场是一个综合性预制场,大桥所有海上非通航段60m、70m箱梁及墩身的预制都在此进行。通过对桥位周边可供做预制场的地块方案,如芦潮港滩涂方案、小洋山方案、大洋山长坑方案和三八海塘方案,以及大衢岛黄沙岙方案等,进行详细考察和充分比选后,最终确定在沈家湾岛建造大型预制场。

沈家湾岛距离大洋山岛约10km,经开山炸石平整后形成三块平地,分一、二、三区。一区长596m,宽

282m,面积约16.8万m^2,基本为硬地基,地基承载力较大;二区为开山土石方回填形成,面积约10万m^2,地基承载力一般;三区占地面积约2.9万m^2,经开山和回填形成,地处一区的东南侧,见图1.4.4.1。

沈家湾岛预制场的填海部分,场地表面层基本为泥结碎石层,土质松散、密实度极差,且坑洼不平,故首先对其进行平整、压实。对需承重的地基进行混凝土找平处理和强夯处理。另外对于台座、轨道等重点区域的软弱地基进行基础加固,按照覆盖层深度超过2m和小于2m两种情况进行设计。覆盖层小于2m时,采用开挖至坚硬岩石面,浇筑C30混凝土扩大基础;覆盖层超过2m时,采用钻孔灌注桩基础。

图1.4.4.1 东海大桥预制场布置实况

为提高预制构件的质量及设备利用率,有利于施工管理,确保工程施工质量,根据桥梁构件施工要求将预制场地分为若干个预制区域。

箱梁预制场地布置于一区,在中央的南北中轴线上布置箱梁纵移滑道,海边纵移滑道端头设置箱梁出海引桥码头一座。纵移滑道陆上段全长571m,海上段全长166.8m。纵移滑道将一区分为左右二侧,西侧为70m箱梁预制场,场内共布置6排台座,每排台座内有一个预制台座和3个存放台座;东侧为60m箱梁预制场,场内共布置6排台座,每排台座内有一个预制台座和4个存放台座。沿每排预制台座及存梁台座外侧通长布置两条横移滑道,且垂直于纵移滑道,并与纵移滑道连通。预制区内布置净跨为42m的万能杆件拼装桁架式龙门吊机四台,进行箱梁钢模板安装、预绑扎钢筋整体吊装等工作。

箱梁预制完成并张拉部分纵向预应力钢束后,采用运梁台车将箱梁经横移滑道移至存梁台座存放,张拉横向预应力钢筋及部分纵向预应力钢束并压浆,成品梁移至纵移台车上出海。60m箱梁采用“大力神”号吊船自码头东侧吊梁,70m箱梁出海采用“小天鹅”吊船从西侧起吊。

墩身预制场布置在二区,该区分为东西两侧,一块场地预制60m跨桥梁的墩身,由“勇士号”浮吊进行起吊安装;另一块场地预制70m跨桥梁的墩身,由自制的运架一体驳进行起吊安装。两侧预制场地分别建造墩身节段出海码头,采用驳岸式码头结构,且设置了专用龙门吊机轨道及墩身节段存放区。墩身节段出运码头与材料码头及砂石料码头,均位于沈家湾预制场地西南侧护岸边,沿墩身预制场海岸线布置的所有码头总长度约440m,码头前沿护岸按施工需要分段插打钢管桩,并设置锚杆,其余部位填筑大块石护坡。场内四周布置施工便道,以利于场内材料运输和混凝土供应。生活与办公地点基本上安排在三区,同时因岛上缺水还布置了大型储水池,供生活和生产用水。

墩身出海采用在墩身出运码头驳岸外沿墩身龙门吊轨道线设置三跨现浇钢筋混凝土轨道梁,轨道梁基础为钻孔灌注桩,龙门吊吊运墩身前行到轨道梁上,直接将预制墩身节段放置到墩身运架综合驳上。

4.4.2 近岸段

近岸段桥梁首先预制混凝土套箱,施工混凝土钻孔灌注桩,然后搭设引桥,根据安全施工、套箱和墩身运输通道的需要,引桥每到下一墩位处,即进行沉放套箱、承台和墩身安装施工,最后进行造桥机50m箱梁施工。工程进度考虑流水作业,部分承台完成后即开始相应的墩身、箱梁施工。

承台施工采用无底套箱施工工艺,墩身为预制拼装,采用“勇士号”浮吊吊装,基本一个工作日可安装一根墩身。

50m预应力混凝土连续梁整跨梁体自重达到1 200t,施工船舶因水深影响无法进入施工区域,故采用滑动模板支架系统,即造桥机施工,由2台郑州大方制造的Z50移动式模板系统左右两幅相错1~2跨平行作业。该系统现场拼装时间约一个月,除第一跨箱梁的就位、调整等需15d左右,后继箱梁施工周期稳定在12d左右。该系统施工时无需在桥下设置模板支架,模架的滑移及安装调整通过液压千斤顶的顶推来完成，施工速度快，受场地影响小，见图1.4.4.2。

图1.4.4.2　东海大桥近岸段架桥机施工实况

4.4.3　非通航段

跨海段桥梁共需海上施工非通航段桥梁承台586个，其中分离式圆形承台510个，整体式长承台76个。要在很短的工期内完成如此大的工作量，采用传统的施工工艺是不可能的。在海上浇筑承台混凝土，理想的施工方案是将水上施工转变为陆上施工，经过综合比较混凝土套箱和钢套箱二种施工方案，最终确定采用陆上工厂预制带钢底板的混凝土套箱，将其船运至现场后，用大型浮吊吊装安放固定在桩上，浇完封底混凝土形成整体后再浇筑承台混凝土的施工工艺，以提高施工速度和保证施工安全。海上套箱的施工非常成功，一天最多可安装4个套箱。

墩柱采用预制安装的施工工艺。预制墩身在沈家湾预制场制造，采用直立式的预制工艺，一般单节墩身预制高度8.5m，重量280t，最大单节墩身预制高度为14m，超过14m的中高墩柱采用分节预制，最大单节重量为330t。低墩墩柱均采用一次预制成型、现场吊装的方式施工，中高墩墩柱分为预制段和现浇段，在海上拼装采用现浇湿接头方式连接。60m跨径段的墩柱海上运输采用拖轮拖带2 500t甲板驳，海上墩柱施工吊装采用上海海上救捞局的1000t“勇士”号浮吊（长80.4m，宽25.4m，深7.75m，吃水3.0～4.2m），待墩柱吊装到位固定好之后，浇筑湿接头混凝土。70m跨径段采用自行研制的墩身运架驳（长81m，宽30m，深5.8m，设计吃水3m；驳上设350t悬臂吊2台，10t吊机2台，混凝土工厂1座，并具有装载墩身节段场地）吊装预制墩身，每航次装运4节墩身至墩位安装，利用墩身运架驳完成安装及墩身与承台间的湿接头（墩座）混凝土灌注，见图1.4.4.3。

非通航段连续梁采用预制简支梁吊装后现浇墩顶联结段施工方法。预制箱梁总数为358根，60m预制梁长59.44m(58.44m)，梁高3.5m，翼板两端宽14.85m，底板宽7.25m，梁重1 690(1 650)t。70m连续箱梁预制箱梁重约2 000t。箱梁在沈家湾预制场制造，60m箱梁滑移到引桥码头之后用2 500t“大力神”号浮吊（长100m，宽38m，深9m，设计吃水5.20m～9.00m）把箱梁落驳，随后浮吊和驳船一起驶向吊装地点将箱梁吊装上墩顶，在箱梁湿接头混凝土浇筑完成之后，对箱梁进行一次预应力筋张拉，随后完成从简支到连续的体系转换。70m箱梁采用中铁大桥局研发的2 500t“小天鹅”号运架一体浮吊（长84m，宽46m，深5.9m，设计吃水3.5m）运至桥位进行安装施工，见图1.4.4.4。

图1.4.4.3　东海大桥非通航段预制墩身架设实况

图1.4.4.4　东海大桥非通航段预制箱梁架设实况

4.4.4　辅通航段

采取搭设海上钻孔平台进行桩基施工，所有桩基均选用KP3 500型或中昇300型钻机成孔，每座副通航跨桥各配备一艘拌和船(拌和能力为 $120m^3/h$)提供混凝土。

承台尺寸较大,三个辅通航孔桥承台均采用双壁有底钢套箱施工。用50t履带吊配合100~200t浮吊进行钢套箱拼装就位,然后进行钢筋安装、混凝土浇筑。混凝土由水上拌和船供应,泵送至钢套箱内灌注。承台防撞结构待钢套箱拆除后,在平均低潮位 -1.34m 时安装。

墩身为空心薄壁墩,主墩及边墩均采用支架配翻转模板现浇工艺施工。翻模高度为4.0m,竖向分三节,翻转一次模板浇筑混凝土8m。钢筋半成品在陆地钢筋棚集中制作,驳船运输至施工点现场绑扎成型。混凝土由水上拌和船拌和供应,泵送入模。墩身采用150型附着式塔吊进行钢筋、模板安装和混凝土浇筑等。

箱梁采用变高度单箱单室截面,挂篮悬臂浇筑施工。箱梁0号块和1号块采用钢管支架现浇施工工艺,悬臂箱梁采用三角轻型挂篮对称悬臂施工,箱梁边跨采用钢管支架现浇施工工艺,箱梁合拢段采用型钢吊篮现浇施工。钢筋半成品在陆地钢筋棚内制作,现场绑扎;混凝土由水上拌和船($120m^3/h$)拌和泵送入模。采用150型附着式塔吊进行0号块和1号块施工支架的安装、挂篮组拼、模板安装、钢筋施工、预应力施工及混凝土浇筑等。采用浮吊进行边跨现浇段支架、钢筋、模板及混凝土等工程施工,见图1.4.4.5。

图1.4.4.5　东海大桥副通航跨桥施工实况

120m 跨副通航跨桥双幅共有6个0号块和1号块,混凝土方量为 $257.5m^3$;1个T悬臂浇筑块段共13对,最大块段混凝土重约150t。140m 跨副通航跨桥双幅共有6个0号块和1号块,混凝土方量为 $268m^3$;一个T形悬臂浇筑块段共15对,最大块段混凝土重约175t。160m 跨副通航跨桥双幅共有6个0号块和1号块,混凝土方量为 $340m^3$;1个T悬臂浇筑块段共17对,最大块段混凝土重约199t。

4.4.5　主通航段

1. 基础施工平台

在东海大桥主通航孔基础施工中,由于施工区域的海况条件相当恶劣,有效施工天数少,且桥区夏天受到台风影响,冬天受到季风的影响,风大、浪高、流急;在涨落潮期间经常出现较大的涌浪,给施工带来极大的困难,因此采取搭设海上平台将水上施工转化成陆上施工的方法来改善施工条件,确保施工进度。经多方论证,结合导管架施工平台和蜂窝式承台套箱方案的优点,最终形成东海大桥主通航索塔基础施工的临时平台(图1.4.4.6):中间承台区域采用蜂窝式自浮钢套箱,两端材料供应区和生活区采用导管架平台。

导管架由岸上加工,驳运至海上位置后现场沉放,在导管架内打桩、连接和铺设甲板形成平台。

从2002年12月15日第一个导管架安装就位,仅仅经一个半月的艰苦施工,至2003年1月24日,8个导管架全部顺利安装完成,所有导管架的平均定位精度控制在50cm,完全满足甲板层整体吊装施工的要求,达到了设计要求,导管架平台施工取得圆满成功。

东海大桥主通航孔索塔承台区域基础施工的蜂窝式自浮钢套箱平台外形尺寸为54.20m×47.4m,型宽33.8m,型深12.80m,自浮吃水2.16m,结构固定吃水4.52m。蜂窝式自浮钢套箱在陆上工厂整体制作和下水，具有整体自浮和定位锚泊的功能，具有密封舱和水位调节系统，能承受巨大施工荷载，具有工程钢护筒桩准确导向功能，以及底板的封底止水功能。套箱平台由集团技术中心牵头和上海交通大学协同设计，并由上海江南造船厂加工制作，上海市基础公司实施定位固定和应用。

图 1.4.4.6　东海大桥主通航孔基础施工平台实况

钢套箱于 2003 年 1 月底开始加工，两个套箱历时 2 个多月，3 月底出海定位固定后，打设钢护筒桩，止水封底，然后进行承台大体积混凝土施工。2003 年 11 月 20 日完成承台浇筑，标志着索塔基础的完成，从钢套箱制作开始到基础施工完成仅 10 个月时间，实践检验了该种蜂窝式钢套箱施工技术的先进性。

2. 基础及桥墩

主通航孔桥共有 6 个桥墩，二个边墩桩基础采用 ϕ1 500mm 钢管桩，二个辅助墩和二个主墩均采用 ϕ250cm 大口径钻孔灌注桩。主塔墩采用群桩基础，每墩设 38 根 ϕ250cm 钻孔灌注桩，桩长为 110m，每根桩混凝土用量约 600m^3。钻孔灌注桩采用 QJ－250 钻机成孔，气举反循环法清孔，膨润土配制淡水泥浆护孔的工艺。为增加桩端承载力，在桩底设压浆构造进行压浆补强。

承台混凝土方量 8 187m^3，采用双壁钢围堰法施工，双壁钢围堰的底板及内壁作为承台的模板，承台混凝土一次浇筑。

墩柱采用分段现浇混凝土的施工方法，5m 为一段，采用定型钢模板，由吊机提升。墩柱施工垂直运输采用 ZSC4025 高吊，每墩布置一台。混凝土由搅拌船提供。墩柱脚手架均搭设在承台上，踏步旋转而上，周围用安全滤网全封闭。边墩的施工方法与非通航段桥墩的施工方法相同，辅助墩和主墩的施工方法相同。辅助墩、边墩施工平台同主墩，辅助墩完成后进行边墩施工。

3. 主塔

主塔采用翻模法施工。垂直运输采用二台 300t · m 型塔吊（每座主塔一台），安装在承台面上；设两台人货两用斜电梯（每座主塔一台），安装在塔柱悬挑的钢平台上。

下塔柱外侧模板采用定型钢模板，由标准模板和一次性模板组成。内侧模板采用七夹板木模，内模安装时其顶部高度较外侧模板稍高。施工操作平台分为两部分，由内腔搭设的脚手架以及承台上搭设的脚手架共同组成。

下横梁支撑系统由悬臂段支撑和跨中支撑两部分组成。悬臂段支撑采用排架式脚手架。跨中段支撑为密布脚手架，首先在下塔柱内侧壁上布置预埋件，将型钢设置于预埋件上，然后在型钢顶面搭设脚手架。

中塔柱共分十四段，第一、二段由脚手架施工，在施工完两段后再安装爬架；第二段以上的中塔柱由爬架施工，外侧模板采用钢模板，内侧采用小钢模板拼装。

锚索区共分十二段，第一、二段由从爬架上搭设的脚手架完成施工，完成后由塔吊配合进行爬架高空转换，转换后由爬架施工上面的塔柱。

4. 主梁

桥面系梁为钢－混凝土箱结合梁，全桥共分为 103 个节段，其中 90 个为标准节段，12 个为非标准节段,1 个合龙段。标准段钢箱梁高 4m、宽 33m、长 8m,重量约 89t,混凝土结构自重约 280t,合计约 369t。0 号段分为三段,重约 430t 和 490t。

结合梁在厂内进行钢结构和大部分混凝土桥面板预制,用运输船运至现场,然后用桥面吊进行吊装。钢结构现场采用螺栓连接,混凝土桥面板则采用湿接缝连接。

高强螺栓采用 10.9S 大六角头摩擦型高强螺栓,螺栓直径 M24,每个栓接面计 3 962 套高强螺栓,全桥 102 个栓接面计 40.4 万套。

5. 斜拉索

斜拉索用平行钢绞线单根安装、整体调索。

4.4.6 近岛段

近岛段桥梁下部结构桥墩为钻孔灌注桩基础,桥台为扩大基础。近岛段钻孔灌注桩、承台基础及全现浇墩身采用单侧引桥施工。引桥布置在桥位内侧(杭州湾侧),引桥宽度为 10m,引桥中心线距桥梁中心 21m,引桥总长 750m。引桥上部采用贝雷桁结构,下部全部采用导管架套钢管桩桥墩基础,钢管桩直径为 1 000mm 或 1 200mm,每墩 8 ~ 18 根,所有钢管桩均插打至岩面。引桥桥墩桩基均采用导管架法施工,正式墩固定平台的桩基原则上也采用导管架法施工。导管架事先在工厂预制好,铁驳运至墩位后用大型浮吊整体起吊下放就位。每墩设墩旁吊机及施工平台,混凝土及材料由大乌龟岛基地供应。

上部结构箱梁采用顶推施工。在大乌龟岛经开山炸石平整后形成生产基地,长约 310m,宽约 84m,分上下二块,主要进行水中基础施工和岛上顶推梁施工,场地布置以顶推梁施工为主,两者综合考虑。制梁台座处顺桥向布置两台 20t 走行式门吊,用于台座处制梁模板,钢筋的安装及台后的钢筋骨架制造等。

近岛段连续箱梁所跨各墩均为柔性墩,故顶推梁采用多点顶推法施工。两幅桥梁端部各设一个钢导梁,先施工外海侧一幅第一段,顶推就位后施工内海侧另一幅第一段,平行的两幅桥交替进行施工。预制箱梁依次由颗珠山朝芦潮港方向顶推到位后,以 12.5m + 15 × 25m + 12.5m 顺次接长连续,每施工一段顶推一次,最后一节段在梁位处现浇。箱梁顶推距离 387.5m,顶推梁最大重量 111 639kN,最大静摩擦系数取 $\mu = 0.08$,最大动摩擦系数取 $\mu = 0.05$,最大牵引力为 8 931.1kN。顶推滑板采用聚四氟乙烯板块,尺寸 500mm × 400mm,厚度 13mm。

顶推梁预制过程中为便于内模脱模,箱梁的中隔墙为二次浇筑。在 387.5m 梁体顶推到位后,所有纵向预应力筋均张拉完毕后,施工中隔墙。

梁体顶推到位时,在墩顶临时支座转化为永久支座时,由于全联梁体重量较大,不可能一联同时落顶,可交替落顶,逐步到位,最后达到设计高程。

近岛段箱梁顶推施工实况见图 1.4.4.7。

图 1.4.4.7　东海大桥近岛段箱梁顶推施工实况

4.4.7 颗珠山桥

1. 主桥

主桥主墩钻孔灌注桩采取搭设海上钻孔平台的施工方法。在墩位侧设加宽平台,西主墩的加宽平台与岸上施工区通过引桥连接,所有基桩钢筋笼在陆地钢筋棚加工制作,用平板车通过引桥运输至平台安装。东主墩不设引桥连接,加工好的钢筋笼采用驳船运输至平台安装。钻孔灌注桩采用钻机气举反循环法成孔。

主桥承台采用双壁钢套箱施工,左右幅单独施工,然后施工承台系梁。承台钢筋半成品由陆地钢筋棚制作,平板车或驳船运输至现场。主塔塔座在承台施工结束后采用钢模板一次立模浇筑成型,下横梁及上横梁均采用落地支架现浇，塔柱施工采用爬架配翻转模板法施工工艺。

颗珠山大桥全桥共65个梁段，其中9m标准段56个，13.5m段6个，2个梁尾段，1个合龙段，约重7 500t。全桥共分64个拼缝，五种类型。与钢梁结合成一体的钢筋混凝土桥面板分预制板和现浇缝两大部分。桥面板厚26cm，共分206种536块。钢箱梁在上海振华港机厂内进行加工制作、预拼装及防腐涂装，在上海江南造船厂加工锚固钢横梁，采用甲板驳运输至桥位安装。钢箱梁0号块采取搭设落地支架、浮吊安装，主跨及边跨标准节段和合龙段采用步履式桥面吊机安装，梁尾段采用浮吊安装。桥面板通过主墩位置的垂直提升设备提升至桥面后，用专用桥面板龙门吊机安装，桥面板安装滞后钢箱梁约2～3个节段，见图1.4.4.8。

图1.4.4.8　颗珠山大桥施工实况

斜拉索施工采取“先梁上展索、梁端锚头牵引、锚固，后塔上挂索、梁端或塔端张拉”的施工方法。由桥面及塔顶上的展索及挂索设备安装挂设，采用大吨位千斤顶张拉。

2. 引桥

引桥钻孔灌注桩施工采取搭设水上工作平台及栈桥方法实施。所有桩基均选用QJ250－1型钻机成孔，钢筋笼由岛上钢筋棚制作，由平板车通过引桥或浮运至工点，在墩侧平台上用履带式吊车安装或用浮吊安装。

引桥承台采用双壁钢吊箱法施工。承台钢筋半成品由陆地钢筋棚制作，平板车或浮运至现场后一次绑扎到位，承台混凝土一次浇筑完毕。

墩身为矩形薄壁空心墩，墩高在12m以内，采用大块钢模分段浇筑混凝土。

上部预应力混凝土箱梁均采用移动模架逐跨现浇工艺施工，其中西引桥变宽段箱梁采用钢管支架现浇。

4.5　主要科研工作

东海大桥是中国第一座真正意义上的高速公路跨海大桥。大桥地处外海，受海洋风、浪、流、潮、雾、雨等环境因素的影响较大，年有效作业天数少于50%，建设条件相当复杂。

大桥全长约32.5km，海上段约25.5km；其中预应力管桩、钢管桩及钻孔灌注桩合计8 712根、海上预制安装分离式与整体式承台700只、海上预制安装墩柱822只、海上预制安装箱梁670根、海上现浇箱梁88根；全桥混凝土用量138万m^3、普通钢筋13万t、高强钢筋3万t、钢结构2.4万t，其建设规模之大是史无前例的。

东海大桥桥线长，结构形式多样且施工全面铺开，区域内的工程设备非常之多，打桩船、混凝土搅拌船、塑料排水板插板船及其他各类配套船舶共200多条分布在不同的作业点。同时，大桥建设还使用了多条大型海上起重安装设备，如国内自行研制的运架一体化的2 500t“小天鹅”号浮吊和悬臂起吊的2 000t“大力”号浮吊等。

东海大桥的海上工程于2002年6月底正式开工，为适应洋山深水港开港的迫切要求，东海大桥必须在2005年底建成通车，总工期3.5年，与国外同类型跨海工程相比，工期要求相当高。

大桥管理是个庞大的系统工程，建设期间需要将施工组织管理、质量管理、海上船机管理、测量控制管理和工程信息管理等进行综合，运营期间也应考虑交通管理、航行管理、海关、边防管理等多种因素，加上恶劣的海况条件与台汛影响，管理任务异常繁重。

在上述困难的影响与制约下，为满足东海大桥的建设需要，实现跨海大桥建设技术上的创新和突破，针对跨海桥梁建设中存在的外海桥梁工程测量定位问题、水动力问题、抗风性能及颤动控制问题、结构耐久性设计问题、基础系统施工问题、桥面铺装设计与施工问题、防撞设施及管理问题、海堤高速公路的稳定和安全问题、承台快速施工问题、超大型箱梁预制与安装问题及长期的健康监测问题等，东海大桥建设者们进行了以下十二个方面的科研工作，以求圆满成功地建设好我国第一座真正意义上的跨海大桥，同时也为我国乃至世界跨海桥梁的建设提供有力的技术支持和可借鉴的宝贵经验。

(1)外海大型桥梁基础系统施工技术研究

主要针对外海大型桥梁承台基础施工方案与施工问题开展研究，需要解决海上施工平台的建立、大体积高性能混凝土的研制与施工，以及海上大直径超长钻孔灌注桩承载力等问题，达到海上建造安全的施工平台，实现大体积混凝土一次浇筑和养护，提高海上大直径超长钻孔灌注桩承载力目标。

(2)东海大桥桥面沥青设计与施工技术研究

针对东海大桥主要运行重载集装箱，交通量巨大，对桥面铺装层的强度、柔韧性、防透水性、高温稳定性、低温抗裂性以及疲劳耐久性提出更高的要求，开展沥青铺装层结构设计、材料和配比、施工工艺和性能研究，获得高性能沥青铺装层和相应施工技术。

(3)东海大桥斜拉桥抗风性能及颤动控制研究

针对东海大桥所处的海风环境，结合各国桥梁抗风规范和指南的要求，对主跨150m或200m以上的桥梁进行风致振动分析和动力抗风设计，对大跨桥梁进行必要的风洞试验研究工作，实现对主梁断面气动特性的优化、对大桥成桥状态和施工各状态的抗风稳定性进行评价，并提出减轻风致振动的控制措施。

(4)跨海大桥水动力研究

针对跨海桥梁施工过程中可能遇到恶劣的海洋动力环境，我国目前存在缺乏海上施工经验、无规程可循的问题，墩台基础施工过程的安全性问题，以及水中建筑物的局部冲刷问题。开展相应的施工过程中结构的水动力特性和桥墩局部冲刷问题研究，系统分析各种工况下波浪水流条件，进行承台施工的安全性评价，提出结构形式及施工过程的优化方案，可为桥墩安全施工、降低工程投资提供科学依据。

(5)外海桥梁结构耐久性设计与应用技术研究

针对日益突出的桥梁腐蚀破坏问题，尤其处在恶劣外海环境下的东海大桥受海水和海洋氯离子的腐蚀破坏作用更加严重，开展高性能混凝土的研究，提出耐海水腐蚀技术和海工混凝土使用寿命预测模型；同时开展相应的桥梁结构养护管理研究，提出有效可行的养护管理操作系统，实现提高东海大桥抗病害和在病害情况下的快速养护目的。考虑到东海大桥结构耐久性不足所带来的严重经济损失和资源浪费，而我国海洋环境下的公路桥梁在耐久性设计方面至今仍无明确要求，故在东海大桥工程设计、施工中有针对性的开展耐久性、可靠性研究，采用先进的防护技术，确保工程质量和大桥正常运营，实现东海大桥设计基准期100年的使用目标。

(6)东海大桥外海测量定位技术研究

针对东海大桥所处的外海环境，施工过程中无法采用常规的测量技术进行施工定位，开展大桥测量控制网布置、水准面计算和高程传递等方面的研究，形成一确实可行的实施方案，实现一流的测绘手段、测绘质量、测绘周期，以保证该工程在设计阶段对大比例尺地形图的要求、施工阶段对工程放样精度要求，以及运营阶段对工程安全变形监测的控制要求。

(7)东海大桥非通航段防撞设施及管理研究

针对东海大桥90%长度范围内禁航而又无法避免可能出现的船舶交通事故和对大桥安全产生的安全隐患，研究通过监视、管理、布置防撞设施等手段，在非通航水域建立安全保障设施，禁止船舶驶入禁航区域，避免船舶对非通航水桥墩的直接撞击，确保东海大桥的安全运营。

(8)东海大桥主通航孔斜拉桥钢—混凝土结合梁设计与施工技术研究

针对我国对结合梁研究工作的不系统性，且东海大桥主通航孔斜拉桥又是在国内首次采用钢—混凝土结合箱梁，相关的设计与施工技术有待完善，结合海洋环境对钢—混凝土结合梁的特殊要求，研究其相应的受力特性、施工工艺，确保东海大桥主通航孔斜拉桥的施工质量，也为我国钢—混凝土结合梁的设计与施工积累经验。

(9)东海大桥海堤高速公路关键技术研究

主要针对外海海堤作为高速公路时需要的高质量要求,开展海堤高速公路沉降控制方法的研究,包括海堤地基处理技术和工程材料的选择,结合具体的施工监测确定相应的处理效果。

(10)东海大桥非通航段墩台基础施工技术研究

主要针对东海大桥非通航段墩台基础施工技术开展研究,解决承台混凝土套箱结构及其安装问题,实现在海上建立一个干法施工平台,确保承台混凝土施工质量。

(11)东海大桥超长超大混凝土箱梁施工技术研究

针对工程量大、工期紧、施工难度大等问题,开展一体化施工技术研究,解决超长超大混凝土箱梁预制、运输和安装施工中的技术难题,实现各部门协同、高效率和高质量的施工。

(12)外海跨海大桥健康监测系统开发研究与应用

以东海大桥为背景,对大桥综合管理系统及大桥健康监测系统关键技术展开研究,使部分研究成果在整个大桥综合管理系统的设计、实施及使用中得到应用,部分研究成果直接用来指导系统的设计、开发及使用,并为未来长期的桥梁健康监测及维护管养的科研提供参考。

第二篇

设计原理、计算方法及相关研究

第1章　概　述

20世纪90年代初期,上海南浦、杨浦大桥相继建成,由此揭开了我国大跨径桥梁建设的序幕。到21世纪初,主跨达到1088m的苏通长江大桥(斜拉桥)和1 650m的西堠门大桥(悬索桥)相继进入建设阶段,我国大跨径桥梁建设水平正在步入世界先进行列。

我国的桥梁工作者很早就预见到,跨海大桥工程将是我国桥梁工程在新世纪面临的又一项挑战。在未来,我国至少需要考虑跨渤海湾工程、跨杭州湾工程、跨琼州海峡工程,甚至跨台湾海峡工程,解决跨海大桥的建设技术问题早已列入了我国桥梁工作者的工作日程。进入21世纪后,正如我国经济发展使全世界始料未及一样,跨海大桥工程如此快速地进入实施日程也是始料未及的。

客观的说,虽然世界上大型跨海工程已有先例,我国也在大跨径桥梁建设中取得了令人瞩目的进展,但面对复杂的海洋环境,空前的建设规模和极短的建设时间,跨海大桥建设仍然是一项非常严峻的挑战。

从设计计算的角度看,跨海大桥的设计计算与常规桥梁在以下几个方面显著不同:

(1)复杂严酷的海洋环境。海洋环境条件包括十分广阔的内容,可分为水文、气象、物探、地质、地震、海洋生物等。它们虽然形式不同,但都会对跨海大桥的安全服役产生影响。在设计计算中,需要关注的海洋作用形式至少包括海风、海浪、海流、海冰、地震等。同样的问题在海洋环境表现出来,可能与跨江河桥梁产生本质性的区别。例如风影响,海洋水域开阔,更容易遭受到高强度的台风影响,使得这方面的设计计算变得复杂。

(2)环境作用的不确定性和耦合作用。海洋环境作用的基本特点是强度大、变化幅度大、变化速度快,作用本身就具有很显著的不确定性。同时,由于跨海大桥工程规模宏大,对整个工程海域的环境作用参数往往比较匮乏,这也大大增加了用于计算的环境作用模型的不确定性。同时,由于海洋环境相互耦合特性显著,例如在台风出现时,往往伴有急流和大浪;海洋地震发生时,往往伴有大浪等,这种环境作用的耦合出现,将对设计计算提出更高的要求。我们要能更加全面地考虑设计计算荷载组合形式,同时也要更加合理地考虑组合系数。

(3)设计服从施工。跨海大桥的工程形式往往都是非通航孔桥+辅助通航孔桥+主通航孔桥。辅助通航孔桥和主通航孔桥虽然跨径大,但非通航孔桥数量众多,两者必须按同等重要的程度考虑。同时,在海洋复杂的施工条件下,提高可施工性、减少施工时间,是加快工期、降低工程成本的关键性问题。在这样的要求下,设计服从施工的原则应成为跨海大桥设计过程中的基本出发点。桥型选择、总体布置、局部构造等,都需要考虑施工便利和工程机械的能力,这也使得跨海大桥的设计计算比常规桥梁复杂得多。

当然跨海大桥设计计算的特点还有很多,但上述三点是最为显著的。虽然很多跨海工程已经从蓝图变为现实,但上述问题仍没有彻底的解决,尤其是环境作用相互耦合的问题。因此,跨海大桥设计计算的基本思路也和常规桥梁有所区别,以下几点是最为基本和主要的:

(1)掌握基本原理,灵活应用。考虑到海洋环境作用的复杂性,目前对海洋环境作用机理认识的不足等问题,应该说,常规的设计规范对跨海大桥是不完全适用的。这就需要设计人员从基本的设计原理出发,灵活应用各种设计工具和设计手段,达到最优设计。跨海大桥的设计过程对设计人员的主观能动性是很好的考验和挑战。

(2)多学科综合,博采众长。海洋对桥梁工程是个相对陌生的环境,但对整个工程领域却不是。海洋占去了地球一半以上的区域,人类征服海洋的历程和陆地一样长,这其中所有的经验都可以为我所用。具体对于设计计算来说,海洋平台、港口工程和船舶工程的相关研究都能为跨海大桥的设计提供很多宝贵的经验。因此,在设计过程中应开展相关学科知识的学习和铺垫,或者是讨论过程、博采众长,以寻找最佳解决方案。

(3)结合具体问题,设计计算与科学研究相结合。如前所述,跨海大桥中很多具体问题的作用机理仍未被完全解释。因此,将设计计算过程与科学研究结合起来,将是解决设计过程中一些复杂问题的有效手段。例如风洞试验、水池试验、碰撞试验等都将是跨海大桥设计过程中非常必要和关键的科学研究项目,能够为大桥设计过程提供有力的支持。

总体看来,跨海大桥工程都有显著的个性特征,从这一特点看来,掌握基本原理,结合具体海洋环境和工程特点,发挥设计人员的主观能动性是跨海大桥设计计算过程中最为关键的问题。

本篇主要结合东海大桥设计实践,对影响跨海大桥各种作用形式的设计计算基本思路、基本问题计算方法或解决方案进行介绍。对一些特殊的问题,本篇将结合东海大桥的实践,给出一些具体的解决方案以供参考。

第 2 章　桥梁概率极限状态设计计算原理

以往，我国公路桥梁结构曾采用过多种计算方法，不论它们属于弹性理论还是非弹性理论，都是把影响结构可靠性的各种参数视为确定的量，结构设计的安全系数一般依据经验或主要依据经验来确定。这些方法被称为“定值设计法”。然而，影响结构可靠性的诸如荷载、材料性能、结构几何参数等因素，无一不是随机变化的不确定的量。1999 年颁布的国家标准《公路工程结构可靠度设计统一标准》(GB/T 50283—1999)(以下简称《公路统一标准 GB/T 50283》)引入了结构可靠度理论，把影响结构可靠性的各种因素均视为随机变量，以大量的调查实测资料和试验数据为基础，运用统计数学的方法，寻求各随机变量的统计规律，确定结构的失效概率(或可靠度)来度量结构的可靠性，这种方法称为“可靠度设计法”，将此用于结构的极限状态设计也可称为“概率极限状态设计法”。《公路钢筋混凝土及预应力混凝土桥涵设计规范》(JTG D62—2004)(以下简称《桥规 JTG D62》)是按概率极限状态设计法编写的。我国公路工程结构设计由长期沿用的、不甚合理的“定值设计法”转变为“概率极限状态设计法”，即在度量结构可靠性上由经验方法转变为运用统计数学的方法，这无疑是设计思想和设计理论的一大进步，使结构设计更符合客观实际情况。目前，我国跨海大桥的设计需要以此为基本的设计理论和方法，并且考虑到跨海大桥结构的特殊性和重要性，对其中部分设计计算方法进行深入研究，找到特殊的解决方案。本章将对结构概率极限状态设计的基本理论和方法进行介绍。

2.1　结构状态与极限状态

所有建筑结构在设计时必须符合技术先进、经济合理、安全适用的要求。

结构的可靠性是由结构的安全性、适用性和耐久性决定的。在结构设计中，结构的安全性、适用性和耐久性是采用功能极限状态作为判别条件。所谓功能极限状态，是指整个结构构件的一部分或全部，如果超过某一特定状态，就不能满足某一功能要求，此特定状态称为该功能的极限状态。

建筑结构的极限状态可分为承载能力极限状态、正常使用极限状态、连续倒塌极限状态等几类，目前我国规范中考虑了前两类。

2.1.1　承载能力极限状态

承载能力极限状态，是指结构或结构构件达到最大承载力或出现不适于继续承载的变形或变位的状态，它是结构安全性功能极限状态。当结构或结构构件出现下列状态之一时，应认为超过了承载能力极限状态：

(1)结构或结构的一部分作为刚体失去平衡。

(2)结构、结构构件或其连接，因超过材料强度而破坏，或因过度的塑性变形而不能继续承载。

(3)结构转变为机动体系。

(4)结构或结构构件丧失稳定。

超过结构承载能力极限状态将导致人身伤亡和经济损失，因此任何结构和结构构件均需避免出现这种状态。为此，在设计时应控制出现承载能力极限状态的概率，使其处于很低的水平。

2.1.2　正常使用极限状态

正常使用极限状态是指对应于结构或结构构件达到正常使用或耐久性的某项限值的状态，它是结

构的适用性和耐久性功能极限状态。当结构或结构构件出现下列状态之一时,即认为超过了正常使用极限状态:

(1)影响正常使用或外观的变形。

(2)影响正常使用或耐久性的局部损坏。

(3)影响正常使用的振动。

(4)影响正常使用的其他特定状态。

各种结构或结构构件都有不同程度的结构正常使用极限状态要求。当结构超过正常使用极限状态时,虽然它已不能满足适用性和耐久性功能要求,但结构并没有破坏,不会导致人身伤亡。因此,出现正常使用极限状态的概率允许大于承载能力极限状态出现的概率。

2.2 概率极限状态设计基本原理

极限状态设计的基本方程可写为下列形式:

$$S \leqslant R \tag{2.2.2.1}$$

式中:S——作用(或荷载)效应;

R——结构抗力。

2.2.1 作用(或荷载)效应与结构抗力的随机性

1.作用(或荷载)效应

作用(或荷载)效应是指作用(或荷载)引起的内力(例如弯矩、剪力、轴力、扭矩等)。对弹性材料构件,作用(或荷载)效应与作用(或荷载)呈线性关系。因此,可用作用(或荷载)的特性来描述作用(或荷载)效应特性。

作用(或荷载)的基本特性是随机性,这种随机性表现在两个方面:其一是作用(或荷载)的取值具有随机性;其二是作用(或荷载)随时间变化。按作用(或荷载)随时间的变化情况可分为永久作用、可变作用和偶然作用三类。

永久作用:在设计基准期内量值不随时间变化,或其变化值与平均值比较可忽略不计。但是永久作用(或荷载)的取值具有随机性,例如构件自重,由于材料重度的变化和构件尺寸的偏差可能与计算值不符,是随机变量。

可变作用:在设计基准期内量值随时间变化,且变化值与平均值比较不可忽略。例如,作用于桥梁上的车辆荷载和人群荷载的作用位置和数值大小都是变化的,其随机性是很明显的。

偶然作用:在设计基准期内出现的概率很小,一旦出现,其值很大,且持续时间很短。例如罕遇地震、车辆或船舶撞击力等。

2.结构抗力

结构抗力的大小,主要取决于结构所用材料强度和构件的几何尺寸。

材料强度是随机变量,无论是钢筋或是混凝土的强度都是有变异的。来自不同钢厂的同一种类的钢筋,其实际强度并不完全相同,即使是同一钢厂,甚至同一炉的钢筋强度抽样试验结果也是有差异的。同一设计强度等级的混凝土,由于材料称量不准,施工条件和技术水平的影响,其实际强度的变化幅度更为显著。

构件几何尺寸也是随机变量,由于制造工艺和操作技术等因素,构件的实际尺寸与设计尺寸不可能完全一致。

基于以上各种影响因素的随机性,结构抗力亦具有随机性。

2.2.2 结构的可靠概率与失效概率

由于作用效率与结构抗力都具有随机性,其统计值都可以用概率分布曲线来表示,并用概率来描述结构的可靠和失效。

作用效应和结构抗力都可以用内力表示，因此可以将其分布曲线并列于同一坐标内进行分析。现以横坐标表示作用效应（S）和结构抗力（R），纵坐标表示出现的概率密度 f，见图 2.2.2.1。结构设计应满足公式 $S \leqslant R$ 的要求。

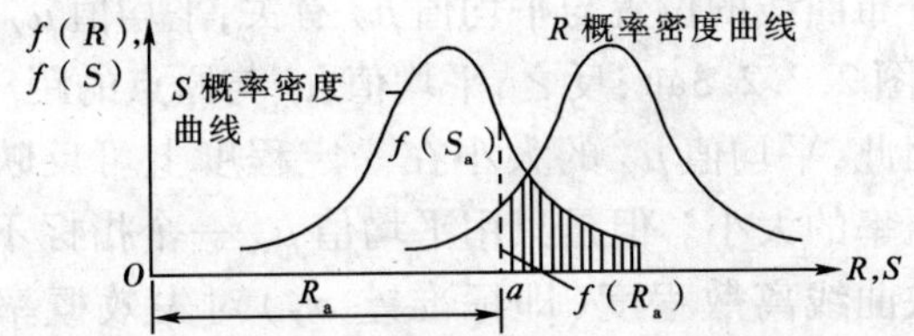

图 2.2.2.1　作用效应与结构抗力概率分布曲线示意

将公式 $S \leqslant R$ 反映在图 2.2.2.1 上，结构抗力概率分布曲线应位于作用效应概率分布曲线的右侧。这样才能使绝大多数情况下，作用效应小于结构抗力（$S \leqslant R$）。但是，这两个概率分布曲线不可避免地要有一小部分重合。在重合的区域内可能出现作用效应大于结构抗力，即 $S>R$。例如，在重合区的 a 点，结构抗力为 R_a，在 a 点右边阴影线范围内的作用效应值 S 都比 R_a 大，这就意味着在阴影线范围内结构是不安全的，或者说结构可能失效。如果在作用效应不变的情况下，增加构件截面尺寸、加大配筋率或提高材料强度，将使结构抗力提高，结构抗力概率分布曲线向右移，与作用效应分布曲线的距离拉开，两个概率分布曲线的重合区减小，即出现 $S>R$ 的概率减小。但是，要完全消除重合区是不可能的。即失效的可能性要完全消除是不可能的，只能减小到最低限度。

为了便于说明问题，我们可将公式 $S \leqslant R$ 改写为下列形式：

$$Z=R-S \tag{2.2.2.2}$$

式中：Z——结构抗力与作用效应之差，即结构抗力抵消作用效应后的多余抗力。

若假定 R 与 S 为正态分布的随机变量，则 Z 值也必然是一个正态分布的随机变量。将结构抗力与作用效应两条概率分布曲线合成后示于图 2.2.2.2，横坐标表示多余抗力 Z，纵坐标为多余抗力的概率密度 $f(Z)$。当 $Z>0$，意味着结构抗力大于作用效应，结构处于可靠状态；当 $Z=0$，意味着结构抗力等于作用效应，结构处于极限状态；当 $Z<0$，意味着结构抗力小于作用效应，结构处于失效状态。

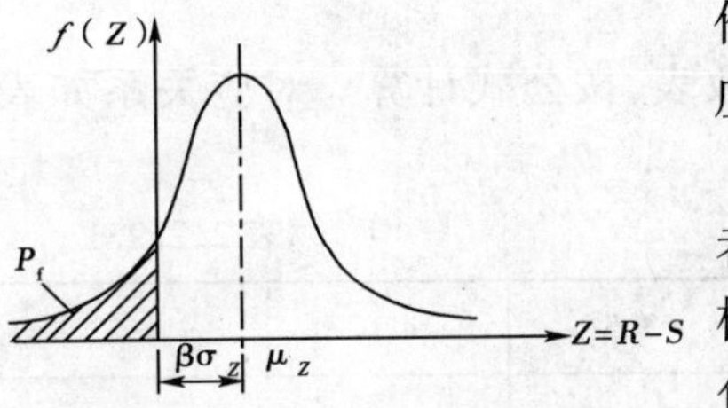

图 2.2.2.2　多余抗力概率分布

可靠状态和失效状态的大小用概率表示，前者称为可靠概率，后者称为失效概率。在图 2.2.2.2 中，纵坐标右边概率分布曲线与横坐标所包围的面积即为可靠概率，纵坐标左边概率分布曲线与横坐标所包围的阴影面积即为失效概率，其数值由对概率分布曲线 $f(Z)$ 积分求得，即：

可靠概率：

$$p_s = p(Z>0) = \int_0^{\infty} f(Z)\,\mathrm{d}Z \tag{2.2.2.3}$$

失效概率：

$$p_f = p(Z>0) = \int_0^{\infty} f(Z)\,\mathrm{d}Z \tag{2.2.2.4}$$

且有：

$$p_s + p_f = 1 \tag{2.2.2.5}$$

2.2.3　可靠度与可靠指标

1. 结构的可靠度

结构可靠性是结构安全性、适用性和耐久性的总称，用结构可靠度来表示。结构可靠度是指结构在规定时间内，在规定条件下，完成预定功能的概率。

结构的可靠度可用可靠概率 p_s 表示，亦可用失效概率 p_f 表示。但习惯上都采用失效概率 p_f 表示，因为失效概率具有明确的物理意义，能更好地反映问题的实质。但是计算失效概率比较复杂，因此国内外都采用可靠指标度代替失效概率 p_f 来度量结构的可靠度。

2. 可靠指标的概念

前已指出失效概率等于图 2.2.2.2 原点左边的阴影面积，其大小随概率分布曲线位置而变。概率分布曲线的位置与平均值 μ_Z 有关，平均值 μ_Z 与原点的距离越大，即阴影的面积越小，则失效概率越小（图 2.2.2.3a）；反之，平均值 μ_Z 与原点的距离越小，即阴影面积越大，则失效概率越大（图 2.2.2.3b）。因此，平均值 μ_Z 的大小在一定程度上可反映失效概率的大小。但是只用平均值 μ_Z 一个指标不能反映曲线离散程度（即标准差 σ_Z）对失效概率的影响，对于平均值相同的两个随机变量，由于离散程度（即标准差 σ_Z）的不同，失效概率亦不相同。离散程度越大，则标准差 σ_Z 越大，阴影面积越大（图 2.2.2.3中的虚线），即失效概率就越大。

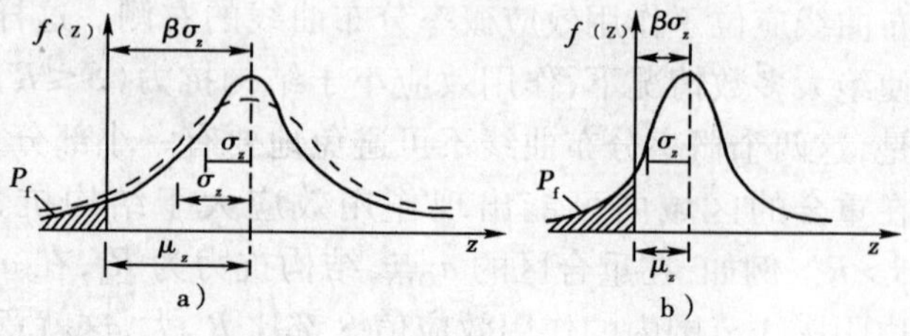

图 2.2.2.3　可靠指标与失效概率关系

因此，用平均值 μ_Z 和标准差 σ_Z 的比值 β 来反映失效概率 p_f，β 称为可靠指标。

$$\beta = \frac{\mu_Z}{\sigma_Z} \tag{2.2.2.6}$$

式中：β——结构可靠指标；

μ_Z——多余抗力的平均值；

σ_Z——多余抗力的标准差。

由图 2.2.2.3 可以看出，β 值越大，失效概率越小；β 值越小，失效概率越大。因此，可靠指标 β 值能直接说明可靠度的大小。

3. 失效概率与可靠指标的关系

失效概率 p_f 与可靠指标 β 的关系，可根据标准正态分布的函数表，按公式计算。对应关系如表 2.2.2.1所示。

失效概率与可靠指标的对应关系　　表 2.2.2.1

β	1.0	1.5	2.0	2.5	3.0	3.5	4.0	4.5
$p_f(\times 10^{-3})$	158.7	66.81	22.75	6.21	1.35	0.232	0.317	0.034

由表 2.2.2.1 可以看出，随着可靠指标的提高，失效概率迅速减少。用可靠指标 β 代替失效概率 p_f 来度量结构的可靠度，概念清楚，计算简单，已被国内外普遍采用。

4. 目标可靠指标（即设计可靠指标）

前已指出，结构设计应满足 $S \leqslant R$ 要求。若将其转换为以失效概率或可靠指标来度量，公式(2.2.2.1)可改写为下列形式：

$$p_f \leqslant [p_f] \tag{2.2.2.7}$$

$$\beta \geqslant [\beta] \tag{2.2.2.8}$$

式中：$[p_f]$——允许失效概率；

$[\beta]$——目标可靠指标，又称设计可靠指标。

$[\beta]$为设计规范所规定的作为设计结构或结构构件时所应达到的可靠指标，称为设计可靠指标，它是根据设计所要求达到的结构可靠度而选定的，所以又称为目标可靠指标。

目标可靠指标，理论上应根据各种结构构件的重要性、破坏性质（延性、脆性）及失效后果等因素，并结合国家技术政策以优化方法分析确定。但是，限于目前统计资料还不够完备，并考虑到规范的现实继承性，一般采用"校准法"，并结合工程经验加以确定。所谓"校准法"就是根据各种变量的统计参数和概率分布类型,运用可靠度的计算方法,揭示以往规范隐含的可靠度,以此作为确定目标可靠指标的主要依据。这种方法在总体上承认了以往规范的设计经验和可靠度水平,同时也考虑了渊源于客观实际的调查统计分析资料,是比较现实和稳妥的。

《公路统一标准 GB/T 50283》根据对原《公路钢筋混凝土及预应力混凝土桥涵设计规范》(JTJ 023—85)(以下简称《桥规 JTJ 023》)进行的"校准",并参照工业与民用建筑工程和铁路桥梁的有关规定,给出的公路桥梁结构的目标可靠指标列于表2.2.2.2。

公路桥梁结构的目标可靠指标 表2.2.2.2

结构安全等级 / 构件破坏类型	一 级	二 级	三 级
延性破坏	4.7	4.2	3.7
脆性破坏	5.2	4.7	4.2

注:①表中,延性破坏系指结构构件有明显变形或其他预兆的破坏,脆性破坏系指结构构件无明显变形或其他预兆的破坏;

②当有充分依据时,各种材料桥梁结构设计规范采用的目标可靠指标值,可对本表的规定值作幅度不超过 ±0.25 的调整。

目标可靠指标选定后,即可按公式(2.2.2.6)计算可靠指标,进行可靠指标验算,或进一步建立包括作用(或荷载)效应和结构抗力基本变量的统计参数、目标可靠指标的极限状态方程,进行结构的承载能力计算。

应该指出,目前由于作用(或荷载)效应和结构抗力基本变量的统计资料还很不充分,概率模式和统计参数还很不完善,直接采用可靠指标β进行具体设计是有困难的。为了实际工作的需要,必须在可靠指标计算公式的基础上建立近似的实用概率极限状态设计法。

2.3 极限状态设计原则

根据随机变量代数运算规则,随机变量差的平均值等于随机变量平均值之差,即有:

$$\mu_Z = \mu_R - \mu_S \tag{2.2.3.1}$$

随机变量差的标准差的平方,等于随机变量标准差的平方之和,即:

$$\sigma_Z^2 = \sigma_R^2 + \sigma_S^2 \tag{2.2.3.2}$$

则,可得可靠指标的表达式为:

$$\beta = \frac{\mu_Z}{\sigma_Z} = \frac{\mu_R - \mu_S}{\sqrt{\sigma_R^2 + \sigma_S^2}} \tag{2.2.3.3}$$

将 $\sigma_Z^2 = \sigma_R^2 + \sigma_S^2$ 带入上式,并引入变异系数 $\delta_R = \frac{\sigma_S}{\mu_R}$, $\delta_S = \frac{\sigma_S}{\mu_S}$,则可得:

$$\mu_R(1 - \beta\frac{\delta_R\sigma_R}{\sigma_Z}) = \mu_S(1 + \beta\frac{\delta_S\sigma_S}{\sigma_Z}) \tag{2.2.3.4}$$

荷载效应的标准差 σ_S 和变异系数μ_S,可通过荷载效应标准值 S_k 和分项系数 γ_G、γ_Q 表示;结构抗力的标准差 σ_R 和变异系数 μ_R,可通过荷载效应标准值 R_k 和分项系数 γ_R 表示。将上述有关系数代入上式,经过整理后可得到概率极限状态设计的基本表达式:

$$(\gamma_G S_{GK} + \gamma_Q S_{QK}) \leqslant \frac{R_k}{\gamma_R} \tag{2.2.3.5}$$

式中:S_{GK}——永久作用(或荷载)效应标准值;

S_{QK}——可变作用(或荷载)效应标准值;

γ_G——永久作用(或荷载)分项系数,其值与永久作用(或荷载)的均方差、变异系数及目标可靠指标有关;

γ_Q——可变作用(或荷载)分项系数,其值与可变作用(或荷载)的均方差、变异系数及目标可靠指标有关;

γ_R——结构抗力系数,其数值与结构抗力均方差、变异系数及目标可靠指标有关。

从形式上看,上面给出的概率极限状态表达式与过去采用的多系数极限状态表达式基本一致,但实质上有很大的差别。上式中各分项系数中隐含了目标可靠度指标,保证了结构可靠度要求,这一点在概念上不能与过去的定值设计法中的安全系数混淆。

2.4 荷载设计值和荷载组合

2.4.1 荷载设计值的取用

跨海大桥设计时对不同的作用采用不同的代表值,选取的基本原则是:

(1)永久作用应采用标准值作为代表值。

(2)可变作用应根据不同的极限状态分别采用标准值、频遇值或准永久值作为其代表值。承载能力极限状态设计及按弹性阶段计算结构强度时应采用标准值作为可变作用的代表值。正常使用极限状态按短期效应(频遇)组合设计时,应采用频遇值作为可变作用的代表值;按长期效应(准永久)组合设计时,应采用准永久值作为可变作用的代表值。

(3)偶然作用取其标准值作为代表值。

作用的代表值按下列规定取用:

(1)永久作用的标准值,结构自重(包括结构附加重力)可按结构构件的设计尺寸与材料的重力密度计算确定。

(2)可变作用的标准值应按有关规范规定采用。可变作用频遇值为可变作用标准值乘以频遇值系数 φ_1,可变作用准永久值为可变作用标准值乘以准永久值系数 φ_2。

(3)偶然作用应根据调查、试验资料,结合工程经验确定其标准值。

作用的设计值为作用的标准值乘以相应的作用分项系数。

2.4.2 荷载组合

公路桥涵设计采用的作用可分为永久作用、可变作用和偶然作用三类,列于表2.2.4.1。公路桥涵结构设计应考虑结构上可能同时出现的作用,按承载能力极限状态和正常使用极限状态进行作用(或荷载)效应组合,取其最不利效应组合进行设计:

常用作用分类　　表2.2.4.1

编号	作用分类	作用名称
1	永久荷载	结构重力(包括结构附加重力)
2		预加力
3		土的重力
4		土侧压力
5		混凝土收缩及徐变作用
6		水的浮力
7		基础变位作用

续上表

编号	作用分类	作用名称
8	可变荷载	汽车荷载
9		汽车冲击力
10		汽车离心力
11		汽车引起的土侧压力
12		人群荷载
13		汽车制动力
14		风荷载
15		流水压力
16		冰压力
17		温度(均匀温度和梯度温度)作用
18		支座摩擦力
19	偶然作用	地震作用
20		船舶或漂浮物的撞击作用
21		汽车撞击作用

(1)只有在结构上可能同时出现的作用(或荷载),才进行其效应的组合。当结构或结构构件需做不同受力方向的验算时,则应以不同方向的最不利的作用(或荷载)效应进行组合。

(2)当可变作用的出现对结构或结构构件产生有利影响时,该作用(或荷载)不应参与组合。实际不可能同时出现的作用(或荷载)或同时参与组合概率很小的作用(或荷载),按表2.2.4.2规定不考虑其作用(或荷载)效应的组合。

(3)施工阶段作用(或荷载)效应的组合,应按计算需要及结构所处条件而定,结构上的施工人员和施工机具设备均应作为临时荷载加以考虑。组合式桥梁,当把底梁作为施工支撑时,作用(或荷载)效应宜分两个阶段组合,底梁受荷为第一个阶段,组合梁受荷为第二个阶段。

(4)多个偶然作用不同时参与组合。

可变作用不同时组合　　表2.2.4.2

编号	作用名称	不与该作用同时参与组合的作用编号
13	汽车制动力	15,16,18
15	流水压力	13,16
16	冰压力	13,15
18	支座摩擦力	13

需要说明的是,以上给出的是荷载组合的基本方法和基本形式,针对跨海大桥所处的特殊海洋环境,有时可能需要考虑特殊的荷载组合形式和方法。

第3章 跨海大桥作用(荷载)组合方法

3.1 荷载组合方法概述

3.1.1 荷载组合基本方法

设计的根本目标是使结构平衡以便于在其使用期间能够充分发挥作用。换句话说,在经济合理的前提下具有合适的可靠度来承受可能出现的各种荷载作用。

荷载作用组合是结构在按照极限状态设计时,为保证结构的可靠性而对同时出现的各种荷载作用设计值的规定。由此可见,在荷载作用组合中主要包含着两个基本问题:其一,是结构的可靠性。所谓保证结构的可靠性,其目的是要求通过结构的设计计算,能对结构的每个构件,在任何可能出现的荷载作用组合工况下,都具有不低于规范规定的而且大致相同的可靠性;其二,是对可能同时出现的各种荷载作用的设计值做出合理的规定。

荷载作用组合的原则,主要是考虑在可能出现的设计状况中,取得最不利的总荷载作用效应。因此,首先要排斥所有不可能同时出现的两种或两种以上荷载作用的组合,例如:下雪的同时不可能对屋面进行维修或在屋面上做其他活动,这样就排斥了雪荷载与屋面活荷载的组合;当有不同荷载作用同时出现时,应该考虑到各个荷载作用不可能同时以其最大荷载作用的形式同时出现。对承受 n 种荷载作用的结构,则其极限状态方程可表示为:

$$g[R(t)-S(t)]=R(t)-S_1(t)\cdots-S_n(t)=R(t)\sum_{i=1}^{n}S_i(t)=R(t)-S(t),t\in[0,T] \quad (2.3.1.1)$$

式中:$R(t)$——结构的抗力,随机过程;

$S_i(t)$——第 i 种荷载作用效应,随机过程;

$S_n(t)$——n 种荷载作用的综合效应,随机过程。

从数学的角度来看,荷载作用组合问题涉及多个随机过程的叠加。而工程实践中,一般以基准期内最大荷载作用的随机变量代替随机过程进行荷载作用组合的可靠度分析,这样荷载作用组合的关键就是荷载作用组合最大值 S_M 的确定问题,即:

$$S_M=\max_{0\leq t\leq T}S(t)=\max_{0\leq t\leq T}\left\{\sum_{i=1}^{n}S_i(t)\right\} \quad (2.3.1.2)$$

1. 峰值叠加法

对于几种荷载作用随机过程 $S_1(t)$、$S_2(t)$、…、$S_n(t)$,有其在设计基准期内最大荷载作用值 $S_{1,max}$、$S_{2,max}$、…、$S_{n,max}$,则式(2.3.1.3)的荷载作用组合最大值 S_M 可以表示为:

$$S_M=S_{1,max}+S_{2,max}+\cdots S_{n,max} \quad (2.3.1.3)$$

上述荷载作用组合方法称之为峰值叠加法。这种组合方法是最为保守的组合方式,在实际工程中可能出现的概率也是非常小的。通常将这种组合方式归结为一般的确定性分析方法。

2. 平方和开方法(SRSS)

当结构动力荷载作用参与荷载作用组合时,采用平方和开方来确定在设计基准期内最大荷载作用值。于是,对于二维随机变量空间,其荷载作用组合的可靠度为:

$$p(S_M \leqslant R) = \int_0^r \int_r^{\sqrt{r^2-s_1^2}} p_{S_1,S_2}(s_1,s_2)\mathrm{d}s_1\mathrm{d}s_2$$

$$= \int_0^r F_{s_2}(\sqrt{r^2-s_1^2})p_{s_1}(s_1)\mathrm{d}s_1 - F_{s_1}(r)F_{s_2}(r) \quad (2.3.1.4)$$

3. Turkstra 法

这是美国国家标准 A_{58} 推荐的组合模式。目前我国《水利水电工程结构可靠度设计统一标准》(GB 50199—1994)及《港口工程可靠度设计统一标准》(GB 50158—1992),已经采用此方法。Turkstra 最早提出一个组合规则,建议轮流地以一个荷载效应在$[0,T]$的极值与其余荷载效应的瞬时值组合,并选取最大荷载效应作为控制形式。其组合最大值形式为:

$$S_{Mi}(x) = \max_{0\leqslant t\leqslant T} S_i(t) + \sum_{j=1,j\neq i}^{n} S_j(t_0) \quad (2.3.1.5)$$

式中:t_0——$S_i(t)$达到最大值的瞬时,如图2.3.1.1所示。

图2.3.1.1中给出三个不同的荷载过程,按照 Turkstra 原理,所求的组合最大值应由三种组合中最不利者来确定,其组合最大值 S_M 的分布函数式为:

$$F_{M_1} = [F_1(x)]^{r_1} \times F_2(x) \times F_3(x)$$
$$F_{M_2} = F_1(x) \times [F_2(x)]^{r_2} \times F_3(x) \quad (2.3.1.6)$$
$$F_{M_3} = F_1(x) \times F_2(x) \times [F_3(x)]^{r_3}$$

式中:r_i——可变荷载在设计基准期 T 中的重复次数,

$r_i = T/\tau_i$。

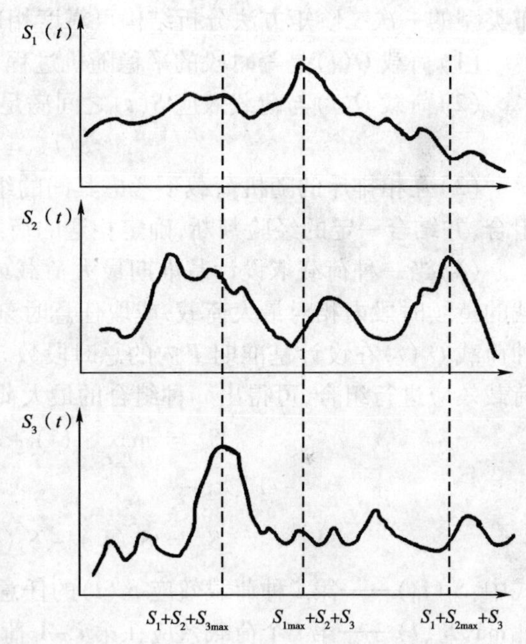

图2.3.1.1　三个荷载组合的TR组合示意

按照 Turkstra 规则原理所得的结果并不是偏于保守安全的,因为理论上还有可能存在着更为不利的组合。

4. Ferry Borges - Catanheta 方法

该组合规则是 Ferry Borges 和 Castanheta 根据 Turkstm 规则的思路,于1972年提出的等时段荷载组合模型。在整个结构使用期 T 内将每一个可变荷载 x_i 划分成 r_i 个相等段 τ_i 作为基本时段,在各时段内,$x_i(t)$不随时间变化,且 $x_i(t)$在相继的时段内是统计独立的,在每一时段内 $x_i(t)$出现的概率为 P_i。r_i 为荷载在使用期 T 内的重复次数。τ_i 的选择应使用在相继时段内达到的最大值以采用独立的假定。

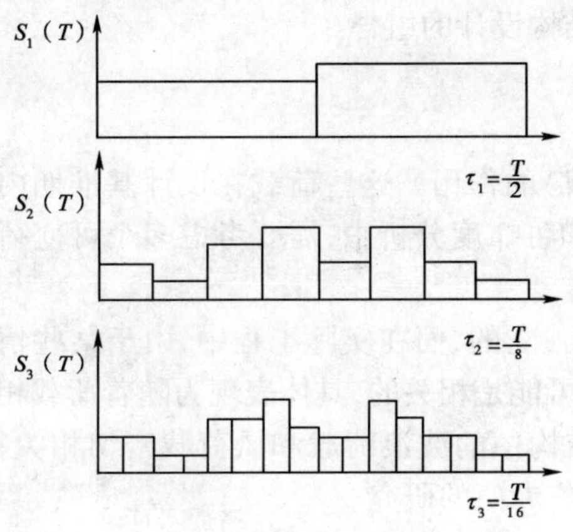

图2.3.1.2　三个矩形波过程组合

由上可知,其最大值的分布可用平稳二项过程描述,即有:

$$F_{M_i}(x) = \{1 - P_i[1 - F_{O_I}(x)]^{r_i}\} \quad (2.3.1.7)$$

当考虑若干个可变荷载(随机过程)的组合时,假设各随机过程相互独立,在时间 T 内所分的时段数 r_i 为整数,并使r_i/r_{i-1}为正整数,将其按 r_i 的递增顺序排列,即 $r_1 \leqslant r_2 \leqslant \cdots \leqslant r_n$。

当 $n=3$ 时,经简化为等时段的三个矩形波形图如图2.3.1.2所示:

从重复次数最多的荷载 x_n 开始,将 $x_n(t)$在时段 τ_{n-1}内的最大值 $x_n(t,\tau_{n-1})$相叠加,得:

$$Z_{n-1}(t) = x_n(t,\tau_{n-1}) + x_{n-1}(t) \quad (2.3.1.8)$$

假定所求的 $\max(x_1+x_2+\cdots+x_n)$可近似为 $\max(x_1+x_2+\cdots+x_{n-2}+Z_{n-1})$,这样就能将 n 个荷载的组合问题降为

$(n-1)$个荷载的组合，其中Z_{n-1}的分布为$x_n(t,\tau_{n-1})$的分布函数$[F_n(x)^{r_n/r_{n-1}}]$和x_{n-1}的密度函数$f_{n-1}(x)$的卷积，于是所求的最大值分布可由$n-1$次相继的卷积运算来确定，即：

$$F(T,x)=[f_1(x)\times[f_2(x)\times\cdots\times[f_{n-1}(x)\times[F_n(x)]^{r_n/r_{n-1}}]^{r_{n-1}/r_{n-2}\cdots}]^{r_2/r_1}]^{r_1} \quad (2.3.1.9)$$

上式表明了该规则的叠加过程。由于每次叠加所得的$Z_i=x_{i+1}(\tau_i)+x_i$都被认为是在该时段保持不变的最大值，因而由此得到的结果显然偏于保守，当n较大时，尤为如此。此外，前面式中的相继卷积运算也十分繁冗。

三个荷载效应$x_1(t)$、$x_2(t)$、$x_3(t)$$(r_1<r_2<r_3)$组合的最大值为：

$$X_m=\max_{0\leq t\leq T}\{x_1(t)+\max_{t\in\tau_1}[x_2(t)+\max_{0\leq t\leq T}x_3(t)]\} \quad (2.3.1.10)$$

5. JCSS 法

这种荷载效应组合模式是由六个国际组织组成的结构安全度联合委员会（JCSS）在《结构统一标准规范的国际体系》第一卷中所推荐的，也是我国《建筑结构可靠度设计统一标准》所采用的一种近似的荷载效应组合概率模型。将这个模式结合工程经验来处理荷载效应组合，是与采用基本变量概率分布类型的一次二阶矩方法分析结构可靠度相适应的。其主要内容为：

(1)荷载$Q(t)$是等时段的平稳随机过程。

(2)荷载$Q(t)$与荷载效应$S(t)$之间满足线性关系，即：

$$S(t)=C_QQ(t),t\in[0,T] \quad (2.3.1.11)$$

(3)互相排斥的随机荷载不考虑其间的组合，仅考虑在$[0,T]$时间段内可能相遇的各种可变荷载的组合，并结合一定的经验判断，确定相遇的荷载种类。

(4)当一种荷载取设计基准期最大荷载或时段最大荷载时，其他参与组合的荷载仅取在该最大荷载的持续时段内相对最大荷载，或取任意时刻荷载。即：设有n种可变荷载参与组合，将模型化后的各种荷载$Q_i(t)$在设计基准期T内的总时段数r_i按顺序由小到大排列，即$r_1\leq r_2\leq r_3\leq\cdots\cdots$，取任意一种荷载效应进行组合，可得出$n$种组合的最大荷载效应（综合荷载效应）$S_{M_i}(i=1,2,3,\cdots)$，即：

$$\begin{aligned}S_{Mi}&=\max_{t\in[0,\tau]}S_1(t)+\max_{t\in\tau_1}S_2(t)+\max_{t\in\tau_{n-1}}S_{n-1}(t)+\max_{t\in\tau_{n-1}}S_n(t)\\&\vdots\\S_{M_i}&=S_1(t_0)+S_2(t_0)+\cdots+S_{n-1}(t_0)+\max_{t\in[0,T]}S_n(t)\end{aligned} \quad (2.3.1.12)$$

式中：$S_i(t_0)$——第i种荷载效应$S_i(t)$的任意时点随机变量；

$\max_{t\in\tau_{n-1}}S_i(t)$——第$i$个荷载效应在第$i-1$荷载效应持续时间$\tau_{i-1}$时段上的最大值。

在τ_{i-1}时段内S_i的变动次数为$\frac{r_i}{r_{i-1}}$，若$p_i=1$，则$\max_{t\in\tau_{n-1}}S_i(t)$的分布函数为$[F_{S_i}(x)]^{r_i/r_{i-1}}$。

以各种组合的最大荷载效应的概率分布函数$F_{M_i}(x)$按所考虑的极限状态计算结构构件的可靠度指标，使其中可靠度指标为最小的一种荷载效应组合，即为控制结构设计的组合。

3.1.2 相关荷载效应组合

结构在其使用过程中可能会经受多个可变荷载（及偶然荷载）的作用。这些荷载在设计基准期内是否会相遇及以多大的量值相遇是不确定的，因此，在结构设计和可靠度分析中，需要考虑多个可变荷载效应的组合，以保证结构的经济与安全。

目前，结构荷载效应组合问题一般认为荷载效应之间是相互独立的，而在实际工程中，由于某些情况下荷载的孪生性或荷载可能会受同一种随机源影响，荷载之间可能是相关的，具体表现为随着荷载相遇的概率增大，荷载的量值有同时增大或减小的趋势。如海洋结构中的波浪荷载和风荷载密切相关。相关荷载效应与独立荷载效应的性质有所不同，其组合方法需要作专门的研究。

相关荷载效应的 Turkstra 组合规则如下。

相关荷载效应的特点之一是荷载成群出现，因而相遇的概率很大，对于一些孪生性荷载，如波浪荷

载和风荷载,总是相遇的。对于 Turkstra 组合规则,即使荷载不相关,在其中一个荷载效应取最大值时,其他荷载效应均以其时点值出现,这意味着 Turkstra 规则认为荷载总是相遇的。在其他的结构荷载效应组合规则中,如 JCSS 的荷载组合规则,尽管考虑了荷载在某个时段不出现的概率(进而可以推断荷载不相遇的可能性),但在分析过程中,经过近似处理,又舍弃掉了表示荷载在某时段不出现概率的参数,其效果也等同于认为荷载总是相遇的。在进行相关荷载效应的组合研究时,只需要考虑不同荷载效应量值之间的相关性即可。

荷载效应量值之间的相关性表现为荷载效应有同时增大或减小的趋势,这意味着一个荷载达到结构设计基准最大值的同时,与它相关的另一个荷载也以较大的概率(取决于两个荷载的相关程度)达到最大值。而 Turkstra 荷载效应组合规则认为一个荷载效应达到最大值,其他荷载效应均为时点值。显然,当荷载效应相关时,不能直接用 Turkstra 规则进行组合。

在实际工程问题中,一般情况下,并不是所有的可变荷载效应都是相关的。不失一般性,在 n 个可变荷载效应中,假定从第 k 到第 n 个荷载效应 S_k、S_{k+1}、……、S_n 是相关的,当 $k=1$ 时,则全部荷载效应都是相关的。由于相关荷载效应具有成群出现的特点,因此在对结构设计基准期划分时段时,相关荷载应具有相同的时段数,这样相关荷载效应的时段值之和 S_{k-n} 的概率分布函数为:

$$F_{S_{k-n}}(x)=P(S_{k-n}=S_k+S_{k+1}+\cdots+S_n<x)$$

$$=\iint\limits_{\sum_{i=k}^{n}S_i<x}\cdots\int p(S_k,S_{k+1},\cdots,S_n)\,\mathrm{d}s_k\mathrm{d}s_{k+1}\cdots\mathrm{d}s_n \tag{2.3.1.13}$$

式中,$p(S_k,S_{k+1},\cdots,S_n)$ 为荷载效应时点 S_k、S_{k+1}、…、S_n 的联合概率密度函数。

若在结构设计基准期内相关荷载效应的时段数为 m,则其时段值之和 S_{k-n} 设计基准期内最大值的概率分布函数同样可由式(2.3.1.13)计算,即 $F_{S_{k-nm}}(x)=[F_{S_{k-n}}(x)]^m$。如果所有参与组合的可变荷载效应均是相关的,即 $k=1$,则 $F_{S_{k-nm}}(x)$ 即为相关荷载效应组合后的概率分布函数。特别需要说明的是,即使荷载效应是不相关的,只要具有相同的时段数,$F_{S_{k-nm}}(x)$ 仍然是荷载效应组合后的概率分布函数,这是由概率论方法得出的结果,与由直观经验建立的 Turkstra 规则有所不同。但理论与算例分析表明,根据 $F_{S_{k-nm}}(x)$ 计算的结构可靠指标与按 Turkstra 规则分析的结果(即可靠指标最小的组合)非常接近。从某种角度讲,这也证明了 Turkstra 组合规则的可行性。对于不相关的荷载效应组合,如果不同荷载的时段数各不相同,则无法再应用上述方法求解荷载效应组合后的概率分布函数,而 Turkstra 规则不受此条件限制,显示了其优越性。

由于 S_k、S_{k+1}、…、S_n 与 $S_1,S_2,\cdots,S_{k-1}$ 是相互独立的,因而 S_{k-n} 与 $S_1,S_2,\cdots,S_{k-1}$ 也相互独立,这样在应用 Turkstra 组合规则对相关荷载效应进行组合时,可以将 S_{k-n} 作为 $S_k,S_{k+1},\cdots,S_n$ 的一个等效荷载效应使用。这样既考虑了荷载效应的相关性,又利用了 Turkstra 规则的优点,从而使问题得以解决。

3.1.3　常见随机荷载组合规则比较

为了将上述的随机荷载组合规则进行比较,采用持久性活荷载 L_i、临时性活荷载 L_r、风荷载 W 三个活荷载组合的算例。这三个活荷载具体的资料如表 2.3.1.1 所示。

各类随机荷载参数　　表 2.3.1.1

荷载类型	均值(N/m²)	变异系数	平均出现率	平均持续时间	时段长(年)
持久性活荷载	128.7	0.46	0.1	10 年	10
临时性活荷载	48.4	0.69	1.0	0.01 年	1
风荷载	66.67	0.45	1.0	10min	1

根据前面介绍的各种随机荷载组合理论,计算这三种随机荷载在不同荷载效应比下的荷载相遇法、F-B 组合、TR 组合、JCSS 组合的情况。为了便于比较,组合结果采用 $K=\mu_{sM}/\sum\mu_{si}$ 无量纲化的比值。μ_{sM} 为组合效应最大值分布的平均值,μ_{si} 为单个荷载效应截口分布的平均值。μ_{sM} 随不同组合规则而变

化，$\sum\mu_{si}$只与参与组合的荷载本身的规律有关，不受组合方法影响。具体的计算结果如图 2.3.1.3 所示。

由图 2.3.1.3 可以看出，各种组合规则的计算结果随荷载效应比 S_L/S_W 的变化而发生较大变化，而在荷载效应比取 1 时，有最低值；F－B 组合规则计算结果最大，说明该组合方法偏于保守，同时可以看出 JCSS 组合规则与 TR 组合规则在荷载效应比较小时，偏于不保守，而随着荷载效应比增大，其偏于保守。因此，在不同的荷载效应比下，各种组合规则风险不一致。

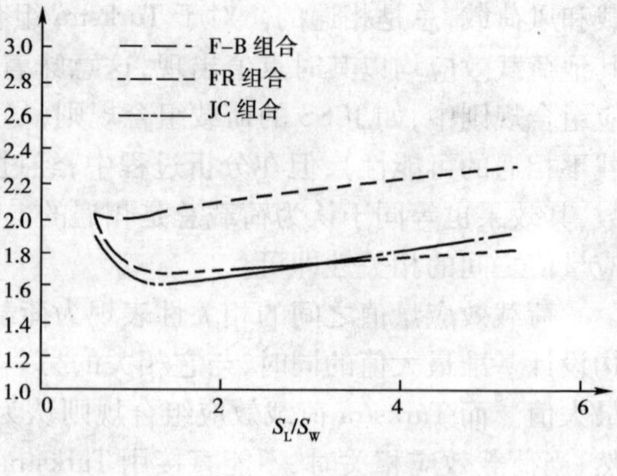

图 2.3.1.3　几种组合规则比较

3.1.4　工程随机荷载组合分析

以下以海洋荷载的组合分析作为例子，来具体介绍组合分析方法。在进行海洋工程随机荷载组合时，应注意荷载组合的合理性和可能性。风、海浪、海流和海冰等环境荷载并不是同时出现的，所以在荷载组合时不能笼统地将所有荷载同时作用在海洋工程结构物上，而是将可能同时出现的最不利荷载作用在结构上。如波浪和冰荷载不可能同时出现，通常采用波浪荷载和风荷载组合，冰荷载与风荷载组合。因此，海洋工程随机荷载主要存在以下几种组合：

（1）恒载＋风荷载＋海浪荷载＋海流荷载；

（2）恒载＋风荷载＋海冰荷载＋海流荷载；

（3）恒载＋海浪荷载＋海流荷载；

（4）恒载＋海冰荷载＋海流荷载；

（5）恒载＋地震荷载。

上述恒载指作用在海洋工程结构物上的永久性荷载，比如重力等。本节考虑第（1）种组合情况，也是海洋工程中最常见的荷载组合，运用前述的随机荷载组合理论，通过具体的实例计算分析海洋工程随机荷载组合，同时进一步分析上述荷载组合理论在海洋环境荷载组合中合理的选用。

海洋工程结构复杂，体积庞大，造价昂贵。特别是与陆地结构相比，它所处的海洋环境十分复杂和恶劣，风、海浪、海流和海冰共同作用于结构，同时还受到地震的威胁。但多数情况下风、海浪、海流和海冰等海洋环境要素的最大值不会同时出现，过分保守地取各自若干重现期极值组合进行海洋工程结构设计将造成极大地浪费。因此，在考虑荷载组合的合理性和可能性的条件下，运用合理的荷载组合理论和规则，采用荷载组合系数来考虑当一种荷载取最大值对其他要素的折减，在海洋工程结构设计中是十分必要的。

我国工程结构可靠度规范已经运用了前述的荷载组合理论和规则，比如先后制定的建筑结构、港口工程结构、水利水电工程结构、铁路工程结构、公路工程结构等有关可靠度统一标准采用的组合规则为 JCSS 组合规则或 Turkstra 规则。

3.2　基于可靠度的组合设计方法

如前所述，结构构件除恒载外，仅承受一个可变荷载效应即简单组合情况，概率极限状态分析时取用该可变荷载效应基准期最大值分布。多个可变荷载组合时若每个可变荷载仍考虑其基准期最大值分布，则过于保守且不符合实际。概率分析时应在极限状态方程中引入前述的荷载效应组合最大值分布，其中包含了各可变荷载的特定时段最大值分布。理论上，已知这些基本变量的统计参数，即可用验算点法，按目标可靠指标直接进行抗力的设计；或者已知抗力校核多个可变荷载作用下构件的可靠度。但现阶段，直接采用概率设计是不实际的，规范仍须给出常用的分项系数设计表达式以控制设计值。国内外考虑荷载组合效应的设计表达式可概括为以下两大类。

1.采用组合值系数的设计表达式

多个可变荷载作用时,设计表达式中各可变荷载标准值及荷载分项系数与只有一个可变荷载作用时取相同值,而引入小于1的系数乘以荷载效应项,称为组合值系数。按组合值系数相乘的内容又可分成以下三种。

(1)所有荷载项(包括恒载)均乘以组合系数。如美国《钢筋混凝土房屋结构规范》(ACD 18—83)中考虑多种可变荷载同时发生的可能时,将包括恒载在内的带有荷载系数的荷载效应项均折减0.75,并与恒载加一个可变荷载项加以比较,选择最不利的荷载条件。

(2)对所有可变荷载项折减。如我国荷载规范中考虑风荷载与其他活荷载组合时,考虑的单一安全系数即为此法。

(3)仅对某几个可变荷载项乘组合系数。例如国际结构安全委员会制定的结构统一标准规范的国际体系第1卷《对各类结构和各种材料的共同统一规范》,欧洲国际混凝土委员会和国际预应力协会(CEB－FIP)制定的结构统一标准规范的国际体系第2卷《混凝土结构标准规范》,以及欧洲共同体委员会制定的欧洲共同体委员会工业规程《房屋建筑和土木工程》中,均采用对参与组合的最主要的可变荷载效应项不乘组合系数,仅对其他次要的各可变荷载效应项进行折减的设计表达式。

在这类设计表达式计算时,一般需轮流将参加组合的可变荷载之一作为主要荷载,其他为次要荷载,计算其组合值并从中选取最不利组合。

2.设计表达式中不出现折减系数

这类设计表达式中对可变荷载按其参与组合的情况分别规定不同的荷载分项系数或荷载特征值。

结合我国的设计习惯以及考虑组合的荷载标准值、分项系数取值与简单组合取值相同的原则,我国《公路统一标准 GB/T 50283》中选用了第一类乘组合系数的设计表达式,并在编制过程中,对下式两种组合系数的设计表达式,用概率分析方法计算组合值系数,通过分析比较,肯定了下面两式取值合理、设计简便等优点,为统一标准所采用。

$$\gamma_G C_G G_K + \varphi \sum_{i=1}^{n} \gamma_{Qi} C_{Qi} Q_{ik} \leqslant R_K / \gamma_R$$

$$\gamma_G C_G G_K + \gamma_{Qi} C_{Qi} Q_{1k} + \sum_{i=2}^{n} \gamma_{Qi} C_{Qi} \varphi_{Ci} Q_{ik} \leqslant R_K / \gamma_R \qquad (2.3.2.1)$$

式中:γ——荷载分项系数,与简单组合情况取相同值;

C——荷载转化为效应的效应系数;

G_K——恒载标准值;

Q_{1k}——主要可变荷载标准值;

Q_{ik}——其他次要可变荷载的标准值;

φ——全部可变荷载效应组合值系数;

φ_{Ci}——次要可变荷载效应组合值系数。

目前,很多情况还无法直接采用目标可靠度指标进行设计,而是采用了国际上通用的以基本变量的标准值和分项系数来表示的实用设计表达式。各基本变量的标准值是对应于其最大值分布的较高分位值取定的,当参与组合的环境荷载增加时,荷载组合效应的概率分布将发生变化,而各个参与组合的荷载效应均以其标准值相遇的概率是极小的,为使在组合后保持结构可靠度指标不变,必须对各个参与组合的荷载标准值进行必要的折减。这种折减系数,就是荷载组合系数。

荷载组合系数可以有几种不同的表达形式。例如在海洋工程结构实用设计表达式中,采用的是在分项系数不变的前提下,对可变荷载用标准值进行折减的形式。组合系数的取值则按照等β原则经优化确定,即荷载分项系数按在海洋环境荷载简单组合的情况下确定。在两种或两种以上可变荷载参与组合时,通过组合系数对可变荷载的标准值进行折减,使此时按照极限状态设计表达式设计的各种构件所具有的可靠度指标与简单组合时的可靠度指标尽量保持一致。

3.3 跨海大桥荷载组合方法

除了结构自身的恒载外，跨海大桥需要考虑的环境作用至少包括以下几种：车辆、风、地震、水、船舶等，其中水作用还可以细化为海流、海潮、海浪、海冰等；车辆的荷载作用还可以细化为：车辆荷载、汽车冲击力、汽车离心力、汽车制动力、汽车撞击等；考虑到跨海大桥的特殊用途，有些跨海大桥可能还需要考虑特殊的车辆荷载及其作用形式。

海洋环境中很多荷载形式可能耦合发生，因此确定跨海大桥设计计算的荷载组合时除了以通用规范为基础外，还需要结合具体的海洋环境特点、大桥使用要求的特点等，具体确定基本荷载的组合形式。在这样的情况下，有些规范中给出的组合形式和组合原则可能被突破。例如《公路桥涵设计通用规范》（JTG D60—2004）（以下简称《桥通规 2004》）中给出，汽车制动力一般不与流水压力组合。但在海洋环境中海流力是下部设计中需要重点考虑的，且几乎时时存在，它与制动力的组合是完全可能出现的。

另外，组合系数也是跨海大桥荷载组合过程中需要深入研究确定的问题。问题的核心是如何处理荷载耦合作用，例如地震和海浪的耦合关系、大风和海浪的耦合关系。目前对这些作用的机理研究不深入，盲目套用规范给出的原理和建议可能造成比较危险的工况。但如果全部按偏保守的方法取用，例如将设计地震荷载与波浪的标准值进行组合，则有可能过于安全，造成浪费。因此，对部分荷载组合情况，尤其是一些显著荷载作用组合也需要结合具体的情况谨慎进行深入的研究确定。

总体看来，深入分析具体的施工和使用情况，确定合理的荷载组合情况是跨海大桥设计计算中非常重要的一步，需要针对具体桥梁具体研究确定。

第4章　跨海大桥车辆作用及其计算方法

汽车荷载是桥梁设计中可变作用的重要组成部分。汽车在桥面的运动和不同的分布形式是影响桥梁结构性能和设计方法的重要因素。除了车辆自重引起的结构响应外,汽车冲击力、离心力、制动力等相关作用也是设计中必须考虑的问题。

我国规范中《公路桥涵设计通用规范》(JTJ 021—89)(以下简称《桥通规89》)是以车列荷载为基础进行汽车荷载的定义;而城市桥梁规范和《桥通规2004》中都以车道荷载为主。

在跨海大桥中,除了根据规范要求取用设计汽车荷载,计算其各种效应外;考虑到跨海桥梁的特殊重要性和特殊用途,有时还需要考虑一些特殊的汽车荷载形式。

以东海大桥为例,除了根据其设计规范(《桥通规89》)考虑取用汽-超20为设计汽车荷载外,考虑到大桥是连接深水港和上海市区的唯一公路通道,将有大量的集卡车辆通过,则在设计中特别考虑了用集卡车辆满布的验算荷载。这种情况是模拟桥上发生事故造成堵车时的情况,显然这种情况出现的可能性是非常大的。同时,考虑到集卡车将是大桥的主要交通量,以及海上大桥的特殊使用环境,车辆对护栏的碰撞作用也必须深入考虑。

本章以东海大桥为例,介绍跨海大桥设计中对汽车荷载的考虑方法。首先介绍汽车对桥梁的各种作用形式的计算方法,然后重点介绍跨海大桥设计中考虑的特殊汽车荷载,及其引起的各种作用。限于篇幅,本章内容对常规的汽车荷载将不再赘述。

4.1　桥梁车辆作用概述

4.1.1　车辆作用的计算图示

纵观世界各国的桥梁设计规范,汽车荷载的计算图示有两种。

一种是以一辆加重车和具有规定间距的若干辆标准车组成的车队表示的。根据加重车的不同,可以分类形成各种等级的汽车荷载,这种计算图示可称为车列荷载。这种计算图示的基本出发点是尽量准确地模拟汽车荷载作用的形式。但实践表明这种图式对人工和计算机加载计算都很不方便,且计算效应随桥梁跨径的变化是不连续的。我国《桥通规89》采用了这种模式,图2.4.1.1是典型的计算图式。

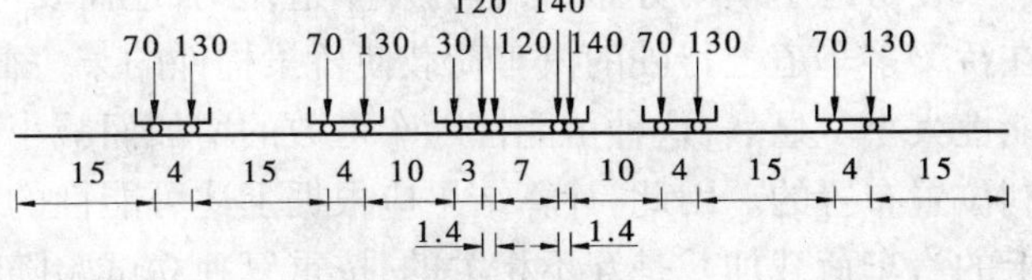

图2.4.1.1　《桥通规89》典型车列荷载计算图示(尺寸单位:m;荷载单位:kN)

另一种,是由一个均布荷载和一个集中荷载组成的图式,根据均布荷载和集中荷载取值不同形成不同等级的汽车荷载。只要知道梁的影响线面积和最大竖坐标值,荷载效应即可计算出来,而这些影响线面积和竖坐标值可在桥梁设计的有关手册查得或通过较为简单的计算得到,这种计算模式称之为车道荷载。我国的城市桥梁设计规范和《桥通规2004》采用了这种形式,图2.4.1.2是典型的计算图式。

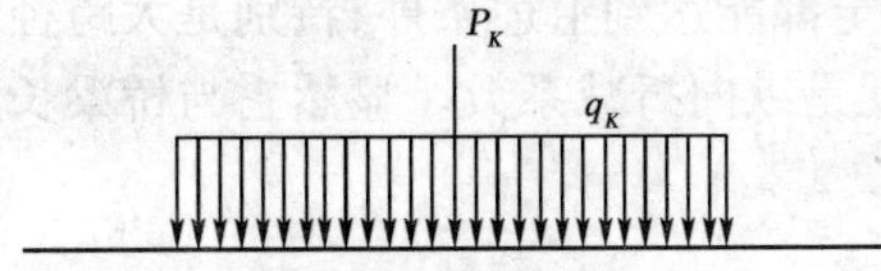

图2.4.1.2　《桥通规2004》典型车道荷载计算图示

但是,车道荷载不能解决局部加载、跨径较小的涵洞、桥台和挡土墙土压力等的计算问题。因此在采用车道荷载时往往需要定义一个单车计算模式,用于解决上述问题。图2.4.1.3是《桥通规2004》中定义的加重车,规范中将其定义为车辆荷载。

4.1.2 汽车对桥梁的作用

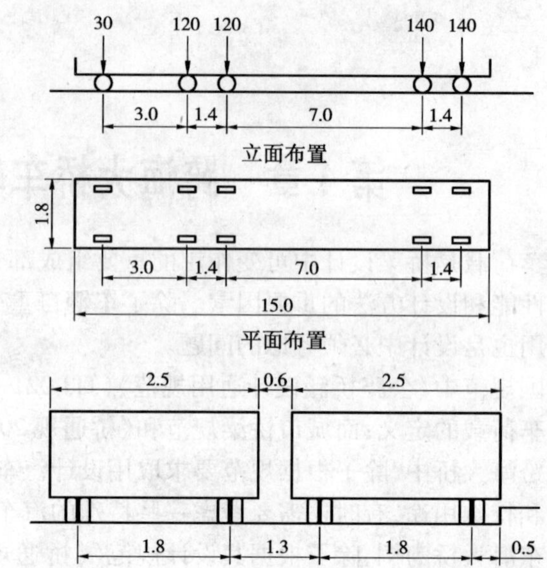

图 2.4.1.3 典型的车辆荷载计算图式(尺寸单位:m;荷载单位:kN)

考虑车辆形式、作用位置、行驶速度等问题,车辆对桥梁的作用本质上是动力过程,且具有高度随机性。为了简化设计过程,各国规范都采用了简化形成标准荷载形式和将空间动力过程转化为多个平面静荷载过程的基本思路,将汽车荷载转化为车道荷载(车列荷载)、离心力、制动力、冲击力等。

1. 汽车自重

汽车自重是汽车对桥梁最为主要的作用形式,主要考虑由于汽车自重引起的桥梁结构效应,考虑到汽车形式的多样性,首先需要归纳形成标准车;在此基础上,还需要考虑车辆移动和空间分布特征问题,对车道划分、横向、纵向折减等问题,构成了系统的汽车自重效应计算方法。

如前所述,车列荷载、车道荷载都是考虑汽车自重的计算图式,这里以车道荷载为例进行说明。车道荷载是用一个均布荷载和一个集中力模拟汽车对桥梁的作用,用集中力的移动模拟车道重车位置不同的情况。均布荷载和集中力的等级和取值不同,可以反映不同荷载等级,这需要通过统计调查获得。

以《桥通规 2004》为例,车道荷载的标准值是由对汽车车队(车重和车间距)的测定和效应分析得到的。汽车车队通过"公路车辆动态测试仪"调查,该仪器布设在车流密度、车型、车重等各具特点的各条公路上,连续测录五天,同时对汽车自然堵塞时的车距进行量测。在对这些原始资料筛选的基础上,进行随机过程分析,假定随机过程取 100 年(即设计基准期),得出设计基准期内汽车车队荷载效应最大值分布的统计参数和概率分布函数,再通过大量试算,进而总结得到可供计算使用的车道荷载标准。

车辆分布的空间特性通过横向分布系数、横向多车道折减系数考虑。

横向分布系数用于考虑车辆偏心作用于多梁式桥梁时,不同梁板之间响应的不均匀问题。在箱梁结构中,不同的腹板之间存在这一问题,通常用不均匀系数解决。荷载分配不均匀的程度与具体的结构形式有关,这方面已有很多研究成果,不再赘述。设计中应着重关心车辆横向布置形式。横向分布系数的本质是通过对车道荷载的放大(或缩小)来反映在不同的车辆空间分布形式下对纵向计算的影响程度。

在考虑了横向分布后,若为多车道作用,还需要考虑横向折减的问题。多车道横向折减的含义是:在桥梁多车道上行驶的汽车荷载使桥梁构件的某一截面产生最大效应时,其同时处于最不利位置的可能性大小。显然,这种可能性随车道数的增加而减小,而桥梁设计时各个车道上的汽车荷载都是按最不利位置布置的。因此,计算结果应根据上述可能性的大小进行折减。这是个概率事件,可以认为各车道上的汽车荷载加载是互不相关的,按重复独立试验随机事件的概率理论,建立多车道横向折减系数与相关变量的关系式,得到折减系数的具体数值。具体的折减数值可以查阅规范。

规范规定的汽车荷载标准值是在特定的条件下确定的,例如在汽车荷载的可靠性分析中,用于计算各类桥型结构效应的车队采用了自然堵塞时的车间间距;汽车荷载本身的重力,也采用了路上运煤车或其他重车居多的调查资料。但是,在实际桥梁上通行的车辆不一定都能达到上述条件,特别是大跨径的桥梁。所以,国外有些规范对车辆荷载的适用跨径做了限制,这就是纵向折减系数。显然它与桥梁长度有关,跨径越大折减越多。

2. 汽车冲击荷载

汽车的冲击系数是汽车过桥时对桥梁结构产生的竖向动力效应的增大系数。冲击作用有车体的振动和桥跨结构自身的变形和振动。当车辆的振动频率与桥跨结构的自振频率一致时,即形成共振,其振幅(即挠度)比一般的振动大许多。振幅的大小与桥梁结构的阻尼大小及共振时间的长短有关。桥梁的阻尼主要与材料和连接方式有关,且随桥梁跨径的增大而减小。所以,增强桥梁的纵、横向连接刚度,对于减小共振影响有一定的作用。

冲击影响一般都是用静力学的方法,即将车辆荷载作用的动力影响用车辆的重力乘以冲击系数来表达。对于钢桥和钢筋混凝土桥梁的上部结构、钢支座、板式橡胶支座、盆式橡胶支座、钢筋混凝土桩、柱式墩台等,冲击作用的效果显著,故应计算冲击力。重力式墩台等,因自重大、整体性好,冲击影响小,可以不考虑冲击力。

冲击影响与结构的刚度有关。一般来说,跨径越大、刚度越小对动荷载的缓冲作用越强,以往规范近似地认定冲击力与计算跨径成反比(直线变化),无论是梁式桥还是拱式桥等,均规定在一定的跨径范围内考虑汽车荷载的冲击力作用,此模式计算方便,但不能合理、科学地反映冲击荷载的本质。目前使用的《桥通规2004》中,结合公路桥梁可靠度研究的成果,采用了结构基频来计算桥梁结构的冲击系数。具体的计算方法可以参考规范。

3. 汽车离心力

离心力是车辆在弯道行驶时所产生的惯性力,它以水平力的形式作用于桥梁结构,是弯桥横向受力与抗扭设计计算所考虑的主要因素。离心力的大小与桥梁弯曲半径、设计车速等有关。在计算多车道桥梁的汽车离心力时,也需要考虑横向、纵向折减的问题。

离心力的着力点与汽车的构造有关,通常认为在桥面1.2m以上,为了计算方便,也可认为它作用在桥面上。

4. 汽车荷载引起的土侧压力

汽车行驶在桥面上时还将引起土侧压力。长期以来,汽车荷载在桥台或挡土墙上引起的土侧压力,都是按汽车轮重换算为等代均布土层厚来计算。在公路桥规04规范中,采用了车辆荷载加载计算这一土侧压力,并且不再区分荷载等级。原因是经计算分析表明,由于在总的土侧压力中土自重引起的土压力所占的比例较大,不同荷载等级对总体土侧压力的影响不是很大,对桥台或挡土墙尺寸的影响更小。

5. 汽车制动力

汽车制动力是考虑车辆在桥面制动时产生的纵向力,主要对支座和墩台有影响。汽车制动力的计算方法,是以布置在荷载长度内一行汽车车队总重力的百分数表示。需要注意的是汽车荷载产生的制动力只有同向行驶的汽车才能叠加。因此,对于多车道荷载的制动力由单车道制动力叠加,但要进行多车道折减。

考虑了上述问题后,汽车对桥梁的作用从具有高度随机特性、空间分布的动力过程,转换为确定性的、准平面的一系列的静力过程,大大方便设计计算。另外,需要说明的是上述各种与汽车荷载相关的作用,都是在正常的使用状态下产生的,属于可变荷载范围。在发生事故时,还可能产生汽车对桥梁构件的撞击问题,这是与汽车相关的偶然荷载。对于跨海大桥,这将是控制桥梁防撞设施设计的主要因素,将在后续内容中专门研究。

4.2　集装箱车辆特征

考虑到跨海大桥上可能出现的拥堵情况,有必要对车辆荷载进行深入研究,根据最为常见的车型确定一个最为不利的组合情况。对东海大桥这样连接深水港和市区的跨海桥梁,集装箱车辆是最为主要的车型。因此这里介绍集装箱及平板挂车的主要特征,可供设计参考。

ISO国际集装箱的主要技术参数和集装箱长度的比例关系见表2.4.2.1和图2.4.2.1。

牵引平板车荷载标准值可按表2.4.2.2取用,集装箱半挂车荷载标准值可按表2.4.2.3取用。

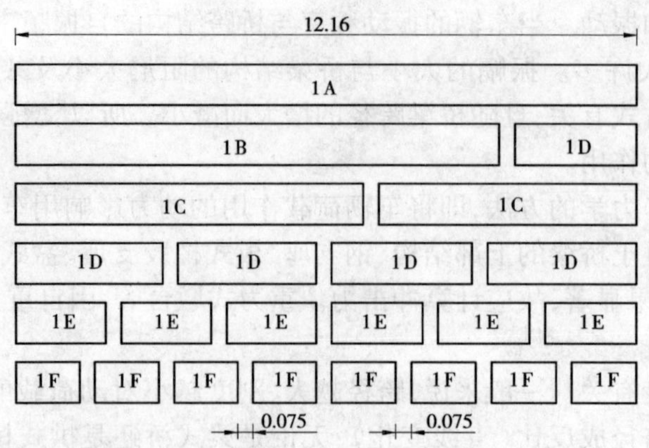

图2.4.2.1 国际标准第Ⅰ系列各种集装箱的长度比例关系(1ft=0.304m,1in=0.025m)

ISO国际集装箱标准化系列表 表2.4.2.1

系 列	箱 形	高(mm)	宽(mm)	长(mm)	最小内容积(m^3)	最大总重(kN)
Ⅰ	1A	2 438	2 438	12 191	60.5	304.8
	1AA	2 591	2 438	12 191	64.5	304.8
	1B	2 438	2 438	9 125	45	254
	1C	2 438	2 438	6 058	29	203
	1D	2 438	2 438	2 991	14	101.6
	1E	2 438	2 438	1 968	9	71.1
	1F	2 438	2 438	1 450	6.4	50.8
Ⅱ	2A	2 100	2 300	2 920		71.1
	2B	2 100	2 100	2 400		71.7
	2C	2 100	2 300	1 450		71.7
Ⅲ	3A	2 400	2 100	2 650		50.8
	3B	2 400	2 100	1 325		50.8
	3C	2 400	2 100	1 325		50.8

牵引平板车荷载标准值 表2.4.2.2

最大载重量(t)	3	8	10
自重(t)	0.7	2.0	1.7
平面尺寸(m)	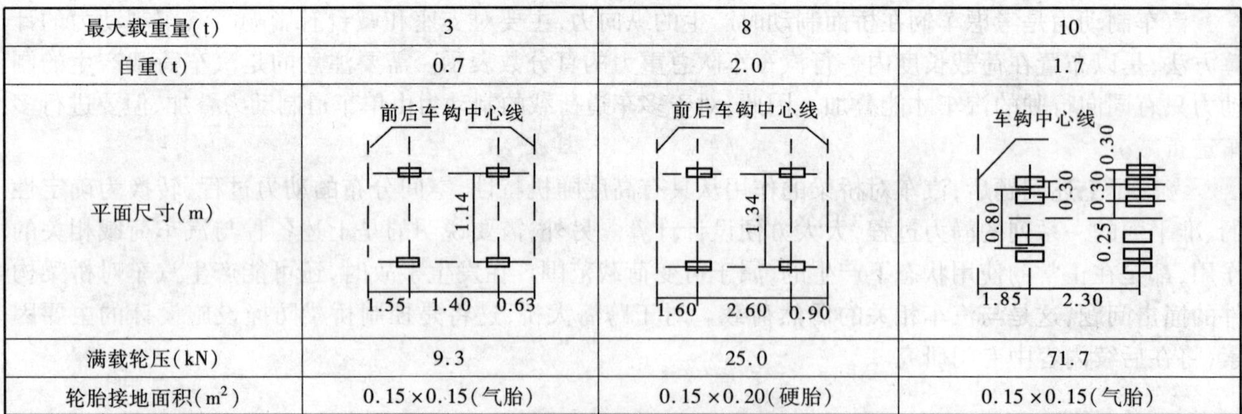		
满载轮压(kN)	9.3	25.0	71.7
轮胎接地面积(m^2)	0.15×0.15(气胎)	0.15×0.20(硬胎)	0.15×0.15(气胎)

集装箱半挂车荷载标准值 表2.4.2.3

载重量(t)	自重(t)	后桥尺寸(mm)		中心销至桥前轴距离(mm)	中心销荷载(kN)		后桥荷载(kN)	
		轮距	轴距		空载	满载	空载	满载
20.00	3.6~4.8	1 850.00	1 300.00	4 500~5 950	11.00	90.20	28.70	157.80
30.00	4.0~5.2	1 850.00	1 300.00	7 900~8 400	9.60	111.36	38.90	237.14
40.00	4.6~7.0	1 850.00	2×1 300	7 500.00	9.22	143.26	2×18.70	2×154.88

第 5 章　跨海大桥水作用及其计算方法

水对结构物既有物理作用又有化学作用,化学作用表现在水对结构物的腐蚀或侵蚀作用,物理作用表现在水对结构物的力学作用,即水对结构物表面产生的静压力和动压力。

海洋环境中,海水的强腐蚀性对结构耐久性影响非常显著,需要从材料、结构等多方面综合考虑。相关内容将在后续章节介绍。

本章主要关注海水对跨海大桥的物理作用,首先简单介绍静水作用,这是后续各种水作用最为基础的理论。然后详细介绍海流、潮汐、海冰、波浪等作用的作用形式、常用理论计算模型、现行规范计算方法等。当然,在具体的设计层面,还是有很多具体的问题有待解决,尤其是考虑复杂的结构形式(如群桩、大直径承台)时,还需要考虑其特殊的作用机理和形式等问题。因此,跨海大桥的水作用设计方法是一个需要深入研究的课题。目前,对跨海大桥的水作用设计问题,总体上还是需要考虑规范指标方法和专题科研项目相结合的方法。本章以东海大桥为例,说明跨海大桥水作用设计。东海大桥海域受海冰、潮汐等影响不显著,设计中基本可以不考虑。按规范进行的海流和海冰设计可以参见设计计算分册。这里重点介绍水动力试验部分。

5.1　静 水 作 用

水对结构物的力学作用表现在对结构物表面产生静水压力和动水压力。静水压力指静止的液体对其接触面产生的压力,作用在结构物侧面的静水压力有其特别重要的意义,它可能导致结构物的滑动或倾覆。

静水压力的分布符合阿基米德定律,为了合理地确定静水压力,将静水压力分成水平及竖向分力,竖向分力等于结构物承压面和经过承压面底部的母线到自由水面所做的竖向面之间的"压力体"体积的水重,如图 2.5.1.1 中所示。根据定义其单位厚度上的水压力计算公式为:

$$W = \int 1 \cdot \gamma \mathrm{d}s = \iint \gamma \mathrm{d}x\mathrm{d}y \qquad (2.5.1.1)$$

式中:γ——水的重度(kN/m^3)。

静水压力的水平分力仍然是水深的直线函数关系,当质量力仅为重力时,在自由液面下作用在结构物上任意一点 A 的压强为:

$$P_A = \gamma h_A \qquad (2.5.1.2)$$

式中:h_A——结构物上的计算点在水面下的掩埋深度(m)。

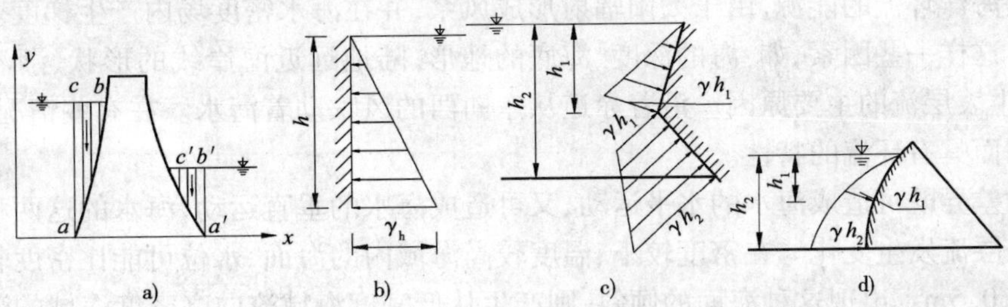

图 2.5.1.1　水压力的分布

a)水压力的竖向分力;b)、c)、d)其他几种水压力在结构物上的分布模式

如果液体不具有自由表面，而是在液体表面作用有压强 p_0，依据帕斯卡（Pascal）定律，则液面下结构物上任意一点 A 的压强为：

$$p_A = p_0 + \gamma h_A \tag{2.5.1.3}$$

水压力总是作用在结构物表面的法线方向，因此水压力在结构物表面上的分布跟受压面的形状有关。受压面为平面的情况下，水压分布图的外包线为直线；当受压面为曲面时，曲面的长度与水深不成直线函数关系，所以水压力分布图的外包线亦为曲线。

对于跨海大桥，使用阶段桩、承台等下部结构在海水中收到来自各个方面的静水压力的作用，并且能够相互平衡，可不考虑。而在施工阶段，在套箱内外可能出现水位差，此时则首先需要考虑套箱可能受到的不平衡静水压力作用。

5.2 海流作用

5.2.1 海流的形成与特点

海流是海洋中最主要的动力现象之一，它和风、浪等要素一起作用于各种海洋工程建筑物，并影响着建筑物的强度和稳定。因此，在海洋工程建筑物设计中，对其水下部分，计算海流荷载已是不可缺少的内容。由于目前我国海区海流资料的积累还比较少，因此在设计之前，往往必须对作业海区进行短期海流观测，并进行数据分析，以取得上述数据。

海流是海水的一种运动形式，它之所以能够运动，也因为受到了力的作用。作用于海流的力主要是风对海水的应力和海水的压强梯度力。在这些力的作用下，当海水运动起来之后，还产生了一系列派生的力，如摩擦力、地转偏向力和离心力等。

海洋中除了由引潮力引起的潮汐运动外，还有沿一定途径的海水的大规模流动。引起海流运动的因素可以是风，也可以是热盐效应造成的海水密度分布的不均匀性。前者表现为作用于海面的风应力，后者表现为海水中的水平压强梯度力。加上地转偏向力的作用，便造成海水既有水平流动，又有铅直流动。由于海岸和海底的阻挡和摩擦作用，海流在近海岸和接近海底处的表现，和在开阔海洋上有很大的差别。

大洋中深度小于二三百米的表层为风漂流层，行星风系在海面的风应力和水平湍流应力的合力，与地转偏向力平衡后，便生成风漂流。行星风系风力的大小和方向，都随纬度变化，导致海面海水的辐合和辐射。一方面，它使海水密度重新分布而出现水平压强梯度力，当它和地转偏向力平衡时，在相当厚的水平层中形成水平方向的地转流；另一方面，在赤道地区的风漂流层底部，海水从次表层水中向上流动，或下降而流入次表层中，形成赤道的升降流。

大洋上的结冰、融冰、降水和蒸发等热盐效应，造成海水密度在大范围海面分布不均匀，可使极地和高纬度某些海域表面生成高密度的海水而下沉到深层和底层。在水平压强梯度力作用下作水平方向的流动，并可通过中层水底部向上再流到表层，这就是大洋的热盐环流。

太阳辐射是海洋环流的能源，由于太阳辐射形成风系，并在海水密度场内产生梯度。对海流的形成产生影响的还有这样一些因素，如：海的深度、海底的地形、陆地远近海岸线的形状、潮汐和地球自转的偏向力，风是产生表层流的主要原因。沿着赤道从东向西的风吹动着海水。在有些情况下，海流因科里奥利力偏向作用而具有环流的特性。

海水密度的差异既可造成海水的水平运动，又可造成海水的垂直运动，海水的这两种运动会使由风作用而产生的表层流发生变化。在密度较小、温度较高海域内的海面，水位可能比密度较大的冷水区域内的海面水位高 0.5m。出现这种海面的倾斜，则产生从低密度海域流向高密度海域的海流。海水密度随海水盐度的提高和温度的降低而增加。在北极地带显示出这样的条件：高盐度的冷海水下沉，并沿着海底扩展。

海流按照它形成的原因,可以分成多种类型,如梯度流、风海流、补偿流等。实际的海流是各种因素综合作用的结果,它们之间相互联系、相互制约,形成了复杂的环流系统。

除了按照不同的成因来区分海流外,在研究工作中还常常按照海流持续时间的长短,按照海流中水体温度、盐度值的高低等来区分海流。现分述如下。

1. 风海流

风在海面上吹过时,对海面产生切应力,使海水产生了运动,称为风海流。风海流是海洋中最常见的一种海流。通常把其中大尺度时空范围内盛行风引起的定常海流称为漂流（或者吹流),而将其中某一短期天气过程或不连续性阵风形成的海流称为风海流。

设定常恒速的风,经久作用于无限宽广的海面上,则表层海水开始沿着风的方向产生运动。从运动开始的一瞬间,海水便同时受到地转偏向力和下层静止海水对上层运动海水的摩擦力的作用。当上述两种力的作用和海面风的切向力的作用平衡时,表层海水做定常恒速运动,称为漂流。

在远离海岸的深海中,海底对此运动没有影响,称无限深海漂流,在近岸水域中,海底对此将产生一定的影响,称为有限深海的漂流。

一般来说,在产生风海流之前,风应连续作用约 12h,虽然其他一些因素对形成风海流也有影响。流速通常小于风速的 2%。

2. 梯度流

梯度流是在等压面发生倾斜时,水平压强梯度力和地转偏向力达到平衡时的稳定海流。等压面的倾斜,压力水平分布的差异,是导致海水运动的主要原因。

由于引起等压面倾斜的原因不同,又可分为气压梯度流和密度梯度流。

(1)气压梯度流。由于海洋上空大气压力分布的不均匀,必将导致海面发生倾斜,压力高的海域水面下降,压力低的海域水面上升。如果海水本身密度分布是均匀的,那么海面下各个等压面也都将同时发生倾斜,并与海面平行。这时从海面到海底,将产生一个大小相同的水平压强梯度力,使海水发生运动。

(2)密度梯度流。由于海水密度本身分布不均匀,引起等压面倾斜而产生的海流称为密度梯度流。当密度分布不均匀时,密度小的地方,等压面之间的距离就大,而密度大的地方等压面之间的距离就小,从而使等压面发生倾斜并在水平面上产生水平压强梯度力,而导致海水产生运动。而海水一开始运动就受到地转偏向力的影响,使海水运动的方向不断地向右偏转,直到水平压强梯度力和地转偏向力达到平衡时,海流也趋向于稳定。此过程与上述气压梯度力的过程相一致。

3. 潮流

潮流是潮波中水质点的运动,也就是在水平引潮力作用下与潮汐涨落同时发生在水平方向上的周期性流动。

4. 波浪流

在近海地区由于波浪所引起的海水流动称为波浪流。

5. 入海径流

由于融冰或降水而显著增加的河川径流,入海后继续向河口外方延伸所产生的海流,称为入海径流。

6. 定常流、周期性海流和短期流

将海流的变化规律和实践过程联系起来分析,则可分为定常流、周期性海流和短期流。基本上不随时间变化的海流称为定常流。在一定范围内经常出现,并且有一定周期性变化规律的海流称为周期性海流。由于一时性外界变化而引起的,带有偶然性的海流称为短期海流。

7. 暖流和寒流

按照海流本身的水温和周围海水温度的差异可分为暖流和寒流。

海洋中有着各种各样的海流(表 2.5.2.1),既有风生海流,又有与海水密度有关的海流;既有终年沿固定方向和路线流动的稳定流，又有速度和方向变化不定的非稳定流；既有沿水平方向运动的海流，又有沿垂直方向运动的上升流和下降流；既有表层流，又有深层流。按其热源来说，既有比流经海区低的寒流，又有比流经海区高的温流。它们共同组成了结构复杂的海流系统。每一股海流代表着性质基本均匀一致的水团。运动着的水团可以是一股浅而窄的水流，仅仅沿着海洋的表面流动；也可以是一股深而广阔的洪流。

几种不同成因海流比较　　表 2.5.2.1

成因类型	倾斜流	密度流	风海流
形成原因	外部因素如气压变化、风引起的增水减水等	海水内部密度水平分布的不均	风对海面的切应力和施加在海流迎风面的正压力
受力情况	水平压强梯度力与地转偏向力取得平衡时的海流	水平压强梯度力与地转偏向力取得平衡时的海流	风的切应力与摩擦力、地转偏向力取得平衡时的海流
表面流流向	与水平压强梯度力垂直，且在北半球偏右	与水平压强梯度力垂直，且在北半球偏右	与风向成45°，北半球偏右、南半球偏左
流向随浓度深度变化	无	无	不断偏转
流向随深度变化	上下一致	上下一致	以指数规律递减
流速计算公式	$v_0=\dfrac{g\tan\alpha}{2\omega\sin\phi}$	$v_0=\dfrac{g\tan\alpha}{2\omega\sin\phi}$	$v_0=\dfrac{0.017u}{\sqrt{\sin\phi}}$
与纬度有无关系	有	有	有
作用深度	整个水层	深度大	深度较小

注：ω—地球自转角速度；ϕ—地球纬度；α—倾斜角度；g—重力加速度；v_0—表面海流的流速（cm/s）；u—风速（cm/s）。

5.2.2 海流荷载的计算

计算海流荷载，主要计算海流的速度和方向。有两种方法可以用来测量海流的速度和方向，直接方法和间接方法。直接方法主要是依靠各种仪器来测量速度和方向，但是人们主要不是用直接的方法，而是用凹接的方法来研究深水环流。海洋学家根据自己所知各点的水样的温度和盐度来计算海水的密度，而按海水的密度分布和压力梯度则可计算出海流的速度和方向。

1. 海流直接计算法

海流可以用多种方法来测量。测量海流最常用的方法是计算在给定的时间内，船舶漂离预定航线有多远的航海学方法。还有一百多年前发明的漂流瓶方法，至今仍被用来研究规模较大的海流运动。海流还可以用特制仪器——海流计来测量。海流计多种多样，有机械式的、电子式的。无论哪种都是用来测量海流的流速和流向的。还有一种追踪海流轨迹的方法。这是英国海洋学家约翰·斯瓦罗发明的。

2. 海流间接计算方法

根据海洋中各个水层密度分布的情况来计算。因为海水密度的大小主要取决于海水的温度和盐度，水层的盐度越大，温度越低，海水密度越大。所以只要在各个海洋水文测站测出不同层次海水的温度和盐度，就可以通过计算（动力计算）把海流的速度和方向确定下来。

在海流的研究中，速度的单位常用“节”来表示。每小时海水流动 1mile 的距离，叫做 1 节。因为 1mile 等于 1 852m，所以 1 节相当于 52cm/s。

3. 海流压力计算

知道了海流的速度和方向后，就可以通过公式计算出来。水流压力 P 按下式计算：

$$P=Cv^2A \tag{2.5.2.1}$$

式中：A——阻水面积（m^2），通常算至一般冲刷处；

v——海流平均流速（m/s）；

C——系数，由表2.5.2.2查得。

系数 C 值　　　　表2.5.2.2

构筑物平面形状	方形	矩形	圆形	尖端形	圆端形
C	0.075	0.065	0.040	0.035	0.030

水流压力的分布可假定为倒三角形，其着力点在设计水位以下1/3水深处。

潮流的速度随深度变化比较小，而海流的速度随深度有一定变化。在有潮流的海区，一般来说，海流的速度与潮流相比是比较小的。因此，在工程设计中为了简便起见，可以着眼于潮流，并近似认为流速是垂直均匀分布的。

由于海流和潮流的速度，不像波浪水质点运动速度那样在较短的时间内不断重复按周期性变化。相比之下，海流和潮流的速度变化是缓慢的。在工程设计中常将海流和潮流看作是稳定流。

在计算海流和潮流的作用力时，如果是海流和波浪同时存在的情况下，应考虑流速和波浪水质点水平速度叠加后产生的拖曳力，而不可将两者分开计算。作用于水下 Z 处的单位长度拖曳力：

$$f_D = \frac{1}{2}\rho C_D D(\mu_w - \mu_a) \tag{2.5.2.2}$$

式中：C_D——拖曳力系数，其取值范围较广，挪威DnV规范中推荐为 $0.4 < C_D < 2.0$；

D——圆柱直径(m)；

ρ——海水密度($kN \cdot s^2/m^4$)；

μ_w——波浪水质点的水平速度(m/s)；

μ_a——流速(m/s)。

5.2.3　海流作用的规范计算方法

在水流过结构物表面时，会对结构物产生切应力和正应力，水的切应力与水流的方向一致，切应力只有在水高速流动时，才表现出来；正应力是由于水的重量和水的流速方向发生改变而产生，当水流过结构物时，水流的方向会被结构物的构件改变。在一般的荷载计算中，考虑较多的是水流对结构物产生的正应力。

瞬时的动水压力为时段平均动压力和脉动压力之和，则结构物上某点动压力可表示为：

$$p = \bar{p}_{动} + p' \tag{2.5.2.3}$$

式中：$\bar{p}_{动}$——时段平均动压力(Pa)；

p'——脉动压力(Pa)。

平均动压力和脉动压力可以用流速来计算：

$$\bar{p}_{动} = C_p \rho \frac{v^2}{2} \tag{2.5.2.4}$$

$$p' = \delta \rho \frac{v^2}{2} \tag{2.5.2.5}$$

式中：C_p——压力系数，可按分析方法或用半经验公式或直接由室内试验确定；

δ——脉动系数；

ρ——水的密度(kg/m^3)；

v——水的平均流速(m/s)。

脉动压力是随时间变化的随机变量，因而要用统计学方法来描述脉动过程。脉动压力的均方差 σ（脉动标准）是其主要统计特征。

如果按面积取平均值，总动压力可表示为：

$$W = \bar{W}_{动} + W' = F(\bar{p}_{动} \pm p') \tag{2.5.2.6}$$

式中：F——力的作用面积(m^2)。

在实际计算中 p'采用较大的可能值,一般取 3 ~5 倍的脉动标准值。

流水压力的作用还可能引起结构物的振动,甚至使结构物产生自激振动或共振,而这种振动对结构物是非常有害的,在结构设计时,必须加以考虑,以确保设计的安全性。

《桥通规 89》中(第 2.3.10 条)和《桥通规 2004》(第 4.3.8 条)中对流水压力的计算规定基本相同,这里仅给出 2004 规范中的条文。

作用在桥墩上的流水压力标准值可按下式计算:

$$F_w = KA\frac{\gamma v^2}{2g} \tag{2.5.2.7}$$

式中:F_w——流水压力标准值(kN);

γ——水的重度(kN/m³);

v——设计流速(m/s);

A——桥墩阻水面积(m²),计算至一般冲刷线处;

g——重力加速度,g = 9.81(m/s²);

K——桥墩形状系数,见表 2.5.2.3。

流水压力合力的着力点,假定在设计水位线以下 1/3 水深处。

桥墩形状系数

表 2.5.2.3

桥墩形状	K	桥墩形状	K
方形桥墩	1.5	尖端形桥墩	0.7
矩形桥墩(长边与水流平行)	1.3	圆端形桥墩	0.6
圆形桥墩	0.8		

在规范条文说明中,还指出:位于流水中的桥墩,其上游迎水面受到流水压力,流水压力的大小与桥墩的平面形状、墩台表面的粗糙率、水流速度、水流形态、水温及水的黏结性有关。

桥墩宜做成圆形、圆端形或尖端形,以减小流水压力。

当流速大于 10m/s 时,应考虑水流的动力作用因素,即考虑水流的脉动冲击压力。

5.3 潮汐作用

5.3.1 潮汐的起因与特点

潮汐是发生在沿岸或海洋中的海水面连续周期性的涨落。潮汐在浅海沿岸地区表现最为明显,而在大洋中则较为微弱。在潮汐涨落的每一周期内,当水位上涨至最高位置时,叫做高潮;当水位下降至最低位置时,叫做低潮。从低潮到高潮过程中,水位逐渐上升,叫做涨潮;从高潮到低潮的过程中,水位逐渐下降,叫做落潮。在大多数海区一次涨潮和下一次涨潮之间的时间间隔为 12h25min,但在某些海区,潮汐的周期可能长些,例如:在墨西哥湾沿岸,这一周期为 24h50min。

潮汐是由月球和太阳的引潮力所产生的。引潮力是月球和太阳对地球上海水的万有引力与地球绕地月系共同质心旋转时所产生的惯性离心力的合力,它是引起潮汐的原动力。海面上任何一个水质点均受到太阳系内的各种天体的万有引力作用,但其中月球对潮汐的作用最大。虽然月球的质量比太阳的质量小得多,但月球距地球近得多,因此月球的影响就其大小来说是太阳影响的两倍。大陆的分布、海洋底部的形状、一定地点的海深、地球的旋转,以及月球相对地球和太阳的位置,也都影响潮汐振动。当太阳、地球和月球位于一条直线上时(适为新月或满月),月球和太阳的作用相互加强,潮汐现象特别明显,则形成大潮。当从地球上看太阳和月球成直角时(此时月亮呈现为上弦月和下弦月),月球的作用和太阳的作用局部地相互抵消,潮汐振幅减小,则形成小潮。

潮汐变化随地点、日期而异,是非常复杂的。但从长期记录看,大体上可分为三种类型:半日潮、日潮和混合潮。半日潮是指在一昼夜之间出现两次高潮和两次低潮,且相邻两次高潮和两次低潮的潮位几乎相等,这是分布最广泛的一类潮汐。日潮是指在一昼夜之间出现一次高潮和一次低潮。混合潮分为不规则半日潮和不规则日潮,不规则半日潮是指在一昼夜之间也有两次高潮和两次低潮,但相邻的高潮或低潮高度不等;不规则日潮是指在半个月的大多数日子里为不规则半日潮,有时也发生一天一次高潮和一次低潮的日潮现象,但日潮的天数不超过 7 天。当月球靠近赤道时,混合潮即具有半日潮的特征;但当月球具有最大的北倾偏或南偏时,混合潮则变成日潮。

潮汐观测可为设计人员提供必要的有关平均海平面及长周期振动的统计数据。为了能预测海平面的潮汐振动,必须将观测结果与地球、月亮和太阳的相互位置用数学关系式表示出来。海港工程的规划和建设、海港工程建筑物的设计和施工以及海港的营运和管理,都需要了解和掌握海面潮汐变化的规律。工程师们采用潮汐数据来计算桥梁、沉箱、纵码头和其他海洋建筑物的许可负荷。在引起海平面潮汐振动的各种力的作用下产生海流,关于海流的测量数据,对航海的安全和海港的合理设计是非常重要的。在美国海啸预报局系统中也采用自记测潮仪(记录海平面振动的仪器)来发现有潜在性危险的海洋震源波。

潮汐是指海水面的垂直上升或下降,而潮流是指水团的水平流动。

5.3.2　引潮力的特性

地球的自转轴偏离于黄道面的垂线 23.5°。因为自转轴方向几乎是不变的,日偏角在 ±23.5°范围内变化,这样就形成了不同的气候季节。但是,地球自转轴还存在一个缓慢的岁差,格里高利历是以春分点为准(即零偏角),而不是近地点(最小日地距离)。由于日偏角的影响,引潮力具有以下特性:

(1)月球和太阳一样,随时间变化的偏角引出两个附加的标称潮周期。无偏角时,每一太阴日或太阳日有两个相等的高潮位;有偏角时,两个最高潮在大小上将不一样,而一个循环应当代表每半日或每日分量之和。偏角不仅引起季节的变化,还将引起潮汐长周期分量的变化;对于日潮此周期分量为 1 年和半年,对于月潮则为 1 月及 14 日。长周期潮的周期由日、月偏角的周期性变化所控制,因而也称作赤纬潮。

(2)地球偏角(或日偏角)的另一种影响是:半目的日引潮力在春分点最大。这表示:在最接近于春分点(春分或秋分)的新月或满月的时刻,14 日的朔望潮一定最大。

(3)月球的轨迹并不在黄道面上,而是对该面偏 5°。所以当日偏角变化于 ±23.5°时,月球的最大偏角范围约 ±28.5°。月球偏离黄道面的一个结果是:太阳对地球—月球施加一个力矩并引起月球轨迹轴线有一个岁差,其周期约为 19 年(默冬周期)。这一因素对月球的最大偏角产生一个调变,其范围约 10°(18.5°~28.5°),产生最大偏角的周期为 19 年。这反过来又调节着月球的引潮力,使周期相同。

(4)日地距离和地月距离是变化的,月球轨迹变化的百分数大,因为它的偏心距较大。月球近地点的位置,像月球轨迹与黄道面的交线(交点线),随时间而缓慢地转动着,且其周期与默冬周期不同。所有这些因素的联合作用使得引潮力具有周期性,但仍是可预报的。

(5)最后一个与潮汐有关的天体现象是地球的晃动。这是地球相对于它的几何对称轴的角速度的一种自然的岁差摄动。关于地球晃动的实测证明有赖于对星体(例如北极星)明显振动的精确测量。它是一个极小的量,其晃动周期为 14.4 个月。很久以前,欧拉就对具有前述自转速度的刚性球形回转体建立了晃动周期的理论关系。把欧拉的结果应用于地球,假定它为一刚体,则其周期为 10.0 个月。欧拉的周期与观察到的晃动周期之比为 0.69,这是对地球有效刚度的整体量度(绝对刚体为 1)。这个因子在决定有效引潮力中起着重要的作用。特别是地球潮汐能够存在是因为地球是弹性的而不是刚性的,而潮汐变形与外作用力相比虽然很小却足以使重力场在时间和空间尺度上发生变化。

5.3.3　潮汐分析

现代潮汐理论包括静力学理论和动力学理论。

1. 潮汐静力学

潮汐静力学理论始创于牛顿,后经伯努利等人加以研究发展。该理论是以万有引力定律为基础,假设地球表面均匀覆盖着等深的海水,从而得出引潮力的垂直分力 F_V 和水平分力 F_H 分别为:

$$\begin{cases} F_V = \dfrac{3KMr}{D^3}(\cos^2 Z - \dfrac{1}{3}) \\ F_H = \dfrac{3}{2}\dfrac{KMr}{D^3}\sin^2 Z \end{cases} \tag{2.5.3.1}$$

式中:M——月球质量;

r——地球半径;

Z——月球天顶距离;

D——地月中心间距离;

K——重力常数。

潮汐静力理论比较简单,能解释潮汐的一般现象,但它假定地球表面全被等深海水所覆盖,与实际情况不符,所以理论算出的结果与实际相差甚远。

2. 潮汐动力学

潮汐问题不能简单地视为一个静力学问题,拉普拉斯于1775年提出大洋潮汐动力学理论。该理论是根据流体动力学的原理和方法,研究海洋中的潮波,即由引潮力所引起的长波运动的一种潮汐理论。

5.4 海冰作用

5.4.1 冰的基本性质

1. 冰的形成

蒸馏水的冰点是0℃,其密度最大时的温度是4℃。河水和湖水的冰点及其密度最大时的温度与蒸馏水差不多。海水的情况与淡水不同,其冰点和密度最大时的温度取决于海水中含盐量的多少,并不固定。海水的冰点以及最大密度时的温度是随盐度的变化而变化的。当盐度为24.659(近似地等于24.7)时,海水的冰点和最大密度时的温度都是-1.33℃。

淡水表面受冷,密度加大;水温降到4℃时,表面水密度达到最大,便向下沉而下层水被迫上升,这样发生了上、下对流作用。这种对流作用一直持续到上、下层水温都到达4℃为止。此后,温度继续下降,表面的冷水便不再下沉了,达到冰点就开始结冰。

海水结冰可以分成两种情况:

(1)盐度小于24.7的海水,因为它的最大密度值在冰点以上,在上、下层海水都冷却到最大密度时的温度以后,只要表面海水再冷却到冰点就可以结冰了。结冰情况与淡水基本相同,所差的是冰点比淡水低,当然结冰就稍难些。

(2)盐度大于24.7的海水,结冰情况与淡水不同。因为它达到最大密度时的温度在冰点以下,海水越冷就越重,表面海水虽冷却到冰点,但这时表面海水密度最大,还要下沉,所以是不能结冰的。只有上、下层海水都冷却到冰点以后,再继续冷却,海面才能结冰。另一个原因是海水的深度一般都比较大,所以不容易结冰。

当水温降至冰点以下,海水达到某种程度的冷却以后,在有结晶核存在的情况下,海水开始结冰。最容易形成结晶核的,是海水中的有机物和无机物组成的悬浮微粒和降落在海面的雪花晶体。因此,在海水中形成冰所需要的结晶核在自然条件下总是存在的。

2. 海冰的类型

海洋中的冰大致可以分为漂浮冰和固定冰两类。

漂浮冰又可以分为两类，一类是由海水冻结而成的海冰，另一类是陆地上的河冰破裂后流入海中的。海冰的体积不大，而大洋中的冰陆常常大得像一座山，所以称为“冰山”（最大的称为冰岛）。这种冰山体积的十分之九沉在水中，形成冰礁，对航行的船舶威胁很大。

固定冰的主要形式是冰陆。它与海岸、岛屿或浅滩冻结在一起。初期在岸边结冰，当温度降低时，厚度和宽度不断增加，形成冰陆。冰陆在冬末成长最大，如白令海北部有 28.7km 宽、1.5m 厚的冰陆。另一种固定冰是散布在沙洲上的冰山。

3. 海冰的物理和力学特性

海冰物理参数包括海冰晶体结构、状态参数（密度、盐度、冰温）以及热学性质（冰点、热导率、比热容和潜热（质量能））等。不同地区的海冰物理特性往往有很大差异；且物理特性的差异将对海冰的力学特性产生显著的影响。

海冰的力学性质包括冰的弹性模量、拉伸强度、压缩强度、弯曲强度、剪切强度等。海冰的力学特性与其温度、盐度、密度、孔隙率等有密切关系，海洋环境和海洋工程领域对这方面的研究比较深入，可以部分借鉴其研究成果，但结合跨海大桥桥址地区的海洋环境特点开展一些有针对性的研究还是很有必要的。

海冰的另一个重要的特点就是其断裂力学行为。最近几年里，许多研究者从平台冰力测量观察中发现，冰与平台作用时伴随着裂纹与其扩展现象，而且这时的冰力远小于传统强度理论的计算，而用断裂力学理论能得到很好的解释与吻合。目前，对海冰的断裂力学行为的研究非常活跃，常用的冰力断裂计算模型有径向劈裂模型、表面剥裂面内开裂模型以及非同时破坏断裂模型等。尽管断裂力学理论已经发展得比较成熟，但对于解决冰问题，目前广泛采用的仍是线弹性断裂力学理论，通常只须测定海冰的平面应变断裂韧性的断裂Ⅰ型强度因子。但是，冰中的裂纹不是连续体中的个别现象，而是普遍存在的，所以单纯地使用断裂力学来研究冰的行为是不合适的。采用微观力学与断裂力学相结合的手段，研究含有分布裂纹的冰材料的断裂问题是目前冰力学研究的一个热点。

4. 海冰区划

为了方便工程应用，在 1980 年中日合作对渤海湾海冰进行研究时，尝试提出了海冰区划，即主要根据海冰厚度将海冰出现区域划分为不同的区域，研究其物理和力学特性。当时提出将辽东湾大致划分为两个区域。随着研究的推进，海冰区划不断细分，目前中国海洋石油公司根据海冰分布和变化特征，同时考虑工程设计和生产作业部门的使用方便性，将渤海和黄海北部划分为 21 个冰区和 5 个烈度区域研究，见图 2.5.4.1。中国石油研究中心和国家海洋环境预报中心对这 21 个冰区的盐度、密度等物理参数，抗压强度、抗拉强度和剪切强度等力学参数，以及冰期、实测冰厚、流冰漂移方向和速度、冰类型和不同重现期的冰厚等冰情参数进行了研究，有丰富的研究资料可以使用。

5.4.2　海冰对结构的作用

冰对结构物的作用是复杂的，其影响因素主要有：海冰的特性，如冰的几何尺度、冰的物理、力学性质及冰的极限抗压强度等；结构物的形式，如结构物的形状、尺寸以及结构物的刚度、变形等；海洋环境条件，如气温、水温等。

海冰对海上结构的作用主要有以下几种形式：

(1) 巨大的冰原包围结构，对结构产生挤压力。当整个海面处于冰层覆盖状态，在潮流及风的作用下，大面积冰原呈整体移动，挤压平台，作用缓慢。如果结构物强度能够承受住这种推力，则冰原被桩柱切入或割裂而继续向前移动。这种荷载作用形式常表现出周期性变化，并伴随振动。

(2) 流冰对平台的冲击作用。在流冰漂移期间，自由漂流的冰块碰撞平台所产生的作用力。

(3) 结构物四周的海水因温度下降使冰与结构物结成一体。冻结成的冰盖层随潮流和风的变化而移动，而对结构物产生拽力；由于水位的升降，而产生垂直作用力（水位下落时产生向下的重力，水位上升时产生上拔力）。

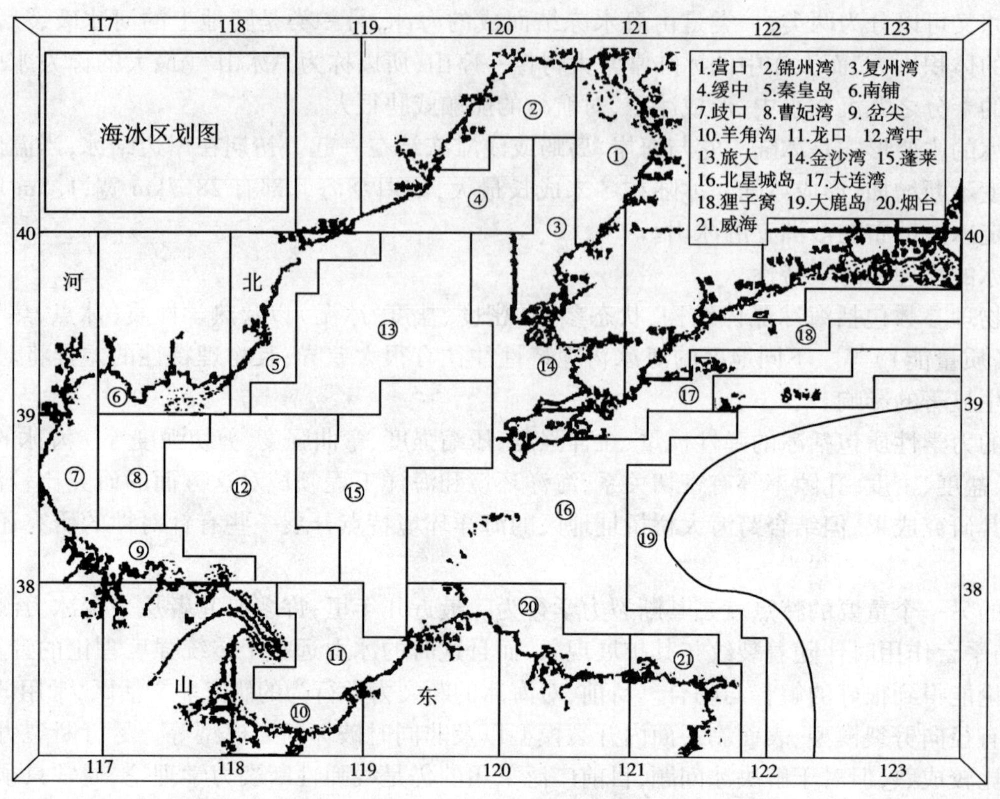

图 2.5.4.1 渤海及黄海北部海域海冰区划

(4)流冰漂移期间冰块对结构物的磨耗作用。工程实践表明,前两种冰压力形式对结构的安全具有更大的危险性,是结构遭受损伤或毁坏的主要原因。从我国渤海中的海洋平台受冰压力作用的实际观察也表明,大面积冰层在风和潮流作用下,对平台产生周期性挤压力,并有强烈的振动。在挤压过程中,大面积冰层在破碎前的瞬间,作用在平台下部结构上的挤压力达到最大值。

由于冰对不同结构的作用机理不同,因此很难对上述各种作用形成统一的计算理论和计算公式。目前桥梁结构方面开展关于桥梁与海冰相互作用的研究较少,有待加强。

5.4.3 海冰静力荷载计算方法

严格地说,受到海洋环境影响(包括风、流、潮、浪等),海冰对跨海大桥的作用都是动力作用,使得计算分析过程很复杂。从工程应用的角度看,将动力作用等效为静力荷载是处理动力作用最为常用的办法,海冰作用也是这样。根据海冰与结构作用形式的不同,需要将不同的作用简化为不同的荷载,以下介绍几种主要的海冰静力荷载计算方法。

1. 大冰原切入直立桩时的冰压力

海冰对平台结构物的作用力,通常称为冰压力。当大冰原被切入桩柱时,冰对桩柱的压力以挤压形式出现,同时伴有振动。在挤压过程中,冰层破断前的瞬间,作用在结构物上的挤压力达到最大值。故冰压力数值与冰的破断强度有关,可根据冰的局部挤压极限强度来确定,其冰压力的计算公式:

$$P = mR_j b_j h \tag{2.5.4.1}$$

式中:P——冰压力(kN);

m——桩柱形状系数,对圆形截面柱采用0.9;

R_j——大冰原局部挤压强度(kN/m^2),冰层破断瞬间;

b_j——冰层与桩柱的接触宽度(m);

h——大冰原冰层厚度(m)。

2. 流冰冲击桩柱时的冰压力

海冰在风与海流的推动下，撞击桩柱时，若冰块很大，其具有的动能能够切入全部宽度，则按大冰原切入情况考虑；若冰块较小且其具有的动能仅能切入桩柱的一部分，此时，冰作用在桩柱上的冲击压力要比大冰原切入时为小。但是，流冰的冲击力仍可能将结构物的局部构件（如撑杆或斜撑）割断或切断，最终导致结构物整体破坏。

流冰冲击桩柱时引起冰压力是一个碰撞问题。目前，解决冰的冲击力，一种方法是采用动力平衡原理，但计算较为复杂，许多因素难以确定；另一种方法是采用功能转换原理，忽略一些次要因素，且因计算简捷，其计算结果与实测数据比较接近，多为工程所采用。这里仅给出推导的结论。

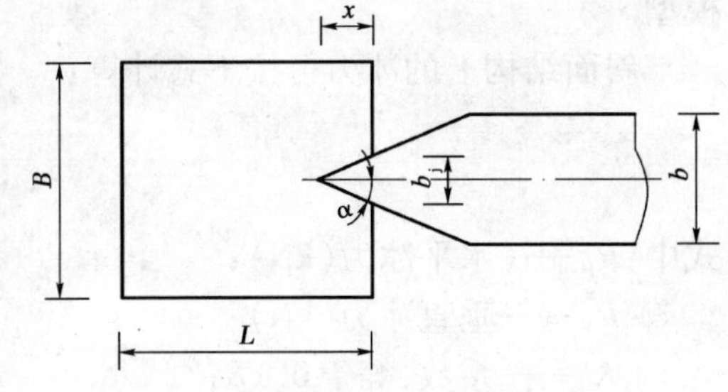

图 2.5.4.2　冰对桩柱的挤压

如图 2.5.4.2 所示，尺寸为 $L \times B \times h$ 的冰块与桩柱发生撞击时冰块切入深度 x 为：

$$x = 0.42v\sqrt{\frac{LB}{m\tan\alpha R_c}} \tag{2.5.4.2}$$

式中：v——冰块速度（m/s）；

α——桩柱前端夹角的一半；

R_c——冰块试件的抗压极限强度（kN/m^2）；

m——桩柱形状系数，可按表 2.5.4.1 取用。

桩柱形状系数　　表 2.5.4.1

桩柱端部夹角 2α	180°	140°	120°	90°	75°	60°	半圆形
系数 m	1.00	0.90	0.81	0.73	0.69	0.65	0.90

此时的冰压力为：

$$P = 2.120vh\sqrt{ABm\tan\alpha R_c} \tag{2.5.4.3}$$

3. 大冰原对桩柱的竖向作用力

如果桩柱周围受到大冰原的覆盖，在潮位等水位变动时，冰盖层就会对桩柱产生竖向作用力。根据冰场变形理论，冰盖层在桩柱周围产生的破裂半径可按 A. N. 葛尤诺夫推荐的公式进行计算，有：

$$R = 2.02\sqrt{Eh^2/12(1-v^2)} \tag{2.5.4.4}$$

式中：R——破裂半径（m）；

E——冰盖层的弹性模量（kN/m^2）；

h——冰盖层厚度（m）；

v——冰盖层的泊松系数，在 −10℃时可取 0.33。

于是得到冰盖层在水位变动时对桩柱的竖向作用力为：

$$P_V = \alpha R h^2 \tag{2.5.4.5}$$

式中：α——冰盖层破裂范围影响系数，其表达式为：

$$\alpha = \frac{\pi(R^2 - D/2)}{6A} \tag{2.5.4.6}$$

$$A = \frac{R^4\left(4\ln\frac{R}{4} - 3\right) + D^2\left(R^2 - \frac{D^2}{16}\right)}{8R^2 - 2D^2} \tag{2.5.4.7}$$

式中：D——桩柱直径（m）。

4. 冰排对斜面结构物的静冰力

冰排与具有倾斜表面的结构物的相互作用和冰排与具有直立结构的相互作用具有明显的不同。冰排与直立结构作用时冰以挤压破坏为主,而冰排与具有倾斜表面的结构物相互作用以弯曲破坏为主,冰的弯曲破坏强度要低于其挤压破坏强度。利用这一原理,经过大量的理论与室内试验研究,近年来破冰锥已经开始在冰区海洋平台、灯塔和桥墩中应用。

冰排对斜面结构物的静力作用有二维模型、三维模型、试验模型等多种。这里仅简要介绍二维模型。

斜面结构上的冰力可按下式计算:

$$\begin{cases}P_{\mathrm{H}}=K_{\mathrm{n}}h^{2}R_{\mathrm{f}}\tan\alpha\\P_{\mathrm{V}}=K_{\mathrm{n}}h^{2}R_{\mathrm{f}}\end{cases}\tag{2.5.4.8}$$

式中:P_{H}——水平冰力(kN);

P_{V}——垂直冰力(kN);

K_{n}——系数,等于$0.1B$;

B——结构斜面宽度(m);

h——冰厚(m);

R_{f}——冰的弯曲刚度(kPa);

α——斜面与水平面的夹角,应小于75°。

5.4.4 海冰动力作用计算方法

海面上大面积分布的具有一定厚度的冰排在海流或风的驱动下缓慢经过海上结构而连续破碎时,可能使海洋结构产生特殊的振动,称为冰振。对于柔性较大的结构,如海上导管架式平台,冰振现象尤为显著。冰激振动造成的低周疲劳对海工结构物是一种严重威胁。

研究冰振现象时,常把引起结构振动的冰力称为动冰力,对动冰力引起结构振动的力学机制有不少学者都进行过研究,但是,至今仍没有统一的结论。

1. 冰激振动

冰激振动是一种由环境因素引发的工程灾害,国内外由冰激振动导致海工结构失事的事故时有发生。如我国渤海油田 JZ20-2 导管架平台强烈的冰振,1985—1986 年冬季加拿大某大型沉箱式刚性结构遇到严重的冰激振动等。实践表明,许多抗冰结构在周期性冰力作用下能产生显著的动力响应。因此,对于柔抗冰结构除了验算极值冰力外,还要考虑交变冰力产生的动力响应和疲劳寿命。由于冰激振动涉及冰力、冰厚、冰速、冰强度、冰破碎频率、冰的破坏过程等许多因素,至今在各国的抗冰结构设计规范中仍没有给出动冰力的计算公式,研究仍然是以实验观测为主。

对于冰激振动,目前有强迫振动和自激振动两种理论。

强迫振动理论认为冰激振动属于强迫振动。即冰激振动是以冰动力为干扰力,在外界干扰持续作用下,结构被迫产生的振动。

自激振动理论认为在海冰和结构物的相互作用过程中,如果海冰及时地在每一周期供给结构物振动所需抵消阻尼的能量,从而使自激振动得到控制,按照固有频率作等幅振动,即形成冰激共振现象。冰激共振冰动力具有较窄的频带,它"锁定"在结构的某阶或某几阶固有频率上,从而产生共振,危及机构物安全。

桥梁结构冰激振动的研究较少,海洋平台开展了很多这方面的研究,具体内容可参考有关资料。

2. 动冰力

(1)冰与直立结构的动冰力

冰与直立结构作用的主要破坏形式是挤压破坏,关于冰挤压如何形成冰的交变性冰力一直使学术界研究的热点。以下介绍几种直立圆柱结构的动冰力计算模型。

在时域分析方法中,最为直接的方法就是实测冰力时间历程模型,选出冰时间历程曲线的最大值作为动冰力的等效静力。除此以外也有很多学者给出了动冰力计算的简化模型。K 其中 Kivisild 模型为:

$$\left.\begin{aligned} F(t) &= 2rhR_c\sin\left(\frac{\pi t}{\alpha\tau}\right) \\ \tau &= \frac{r}{v} \end{aligned}\right\} \tag{2.5.4.9}$$

式中：$F(t)$——动冰力；

r——直立圆柱的半径；

h——冰厚；

R_c——冰的抗压强度；

τ——冰力增长阶段的时间；

v——冰速。

如果利用频域方法进行分析，则直立桩柱的总冰力可表达为：

$$F_T(t) = 2rhH_TF(t) \tag{2.5.4.10}$$

$$H_T = \int_0^{\varphi 0} H(\phi)\cos\phi d\phi = 0.8523 \tag{2.5.4.11}$$

功率谱函数：

$$S_{F_T}(\omega) = (2rhH_T)^2S(\omega) = 2.91r^2h^2S(\omega) \tag{2.5.4.12}$$

（2）倾入倾斜锥体机构的动冰力

运用数值模拟与现场实测对比的方法，大连理工大学建立了作用于锥体的动冰力模型。

$$F(t) = \begin{cases} F_0\left(1-\dfrac{t}{\tau}\right) & 0 \leqslant t \leqslant \tau \\ 0 & \tau \leqslant t \leqslant T \end{cases} \tag{2.5.4.13}$$

其中：

$$F_0 = 3.2R_fT^2\left(\frac{D}{l_b}\right)^{0.34} \tag{2.5.4.14}$$

$$T = \frac{l_b}{v} \tag{2.5.4.15}$$

上式中冰的破碎长度 l_b 一般通过建立的破碎长度与冰厚的关系求出，冰沿锥面的上爬时间 τ，可以通过理论分析或现场实测得到。

3. 冰力谱

大多数环境荷载，如风、波浪、地震等均为随机过程。观测表明，冰与结构作用发生脆性破坏时，冰力时程为随机过程。由于直接冰力测量数据很难获取，所以大多随机冰力的研究是基于随机结构响应分析，或通过随机响应反演随机冰力进行的。冰力的随机过程主要由其均值和功率谱来描述。

冰力谱有以下重要特性：

（1）冰力谱是海冰的固有属性，仅取决于环境条件。冰力谱是冰力特性的反映，它的一切特性取决于环境因素。冰力谱不同于结构物的响应谱，它与结构的动力特性无关。冰力谱和地震响应谱的性质迥然不同，因为地震响应谱是地震荷载与结构动力特性等因素的综合结果。

（2）冰力谱具有明显的地域性。在对冰的力学指标进行现场实测的过程中，结构物的动力特性会极大地影响冰力的作用过程，这是它与其他海洋环境荷载的显著区别之一。在条件许可时，应对用来测冰的海工结构物的动力特性进行选择。但是，冰力现场测试一般只能在已有结构物上进行，在这种情况下进行数据处理时，需要从实测到的结构响应反求当初作用于结构物上的冰力。

（3）冰力的现场测试中海工结构物本身相当于一个大型传感器，实测数据只是其中各种响应，如位移响应、加速度响应、正应变响应、剪应变响应等。把响应值直接用静标定值处理得到的所谓冰力（包括由压力盒直接记录的冰力在内）只是结构物对海冰作用的一种响应，而不是冰力 $F(t)$ 本身，对它进行谱分析后得到的也只是响应谱，不可能是冰力谱。

由实测响应反求冰力谱，一般需要在频域上实现从冰力谱的转换。把一系列响应的谐波分量（即响应谱)与一系列冰力的谐波分量(即冰力谱)联系起来的是复数频率反应函数,或称传递函数。

冰力谱分析过程如下:

(1)假设冰压力沿压力盒表面均匀分布,将面冰力转换为点冰力;

(2)统一取样长度;

(3)对样本序列进行中心化处理,即消除信号中的直流分量,保证数据均值为0;

(4)对样本序列作旺丁变换,处理后得到粗谱;

(5)为减少样本截断引起的数据泄漏,对初谱加 Hanning 窗;

(6)计算平滑估计谱。

根据观察可以发现,冰力谱与随机海浪理论中得到的海浪谱形式比较接近,都是介于宽带谱和窄带谱之间的一种谱形式,且只有一个峰。海浪谱一般具有 Neumann 谱的形式。据此,对于挤压和屈服时程,单冰点压力随机过程的谱函数设为:

$$S_0(\omega) = A\omega^{p}\exp(-B\omega^{q}) \tag{2.5.4.16}$$

式中:A、B、p、q——待定系数。

谱矩是谱的重要统计参数,其 k 阶谱矩定义如下:

$$m_k = \int_0^{\infty}\omega^{k}S_0(\omega)\mathrm{d}\omega \tag{2.5.4.17}$$

为了便于分析,定义无因次功率谱 $S_{nd}(\omega)$ 为

$$S_{nd}(\omega) = \frac{S_0(\omega)}{m_0} = A'\omega^{p}\exp(-B\omega^{q}) \tag{2.5.4.18}$$

式中,$A' = A/m_0$,在 Newmann 谱中,在峰值处$\frac{\partial S_{nd}(\omega)}{\partial\omega} = 0$。

由此得到频率与谱参数之间的关系如下:

$$\omega = \left(\frac{p}{qB}\right)^{\frac{1}{q}} \tag{2.5.4.19}$$

通过数值方法,可以近似求得:

挤压时程:$A' \approx 135.23$,$B = 6.7$,$p \approx 2.2$,$q \approx 0.3$;

曲屈时程:$A' \approx 840.63$,$B = 8.5$,$p \approx 3.1$,$q \approx 0.3$。

5.4.5 有关规范条文

在《桥通规 89》中,仅规定了应该考虑冰荷载的情况,并未给出详细的计算方法。条文如下。

第 2.3.11 条　冰压力

位于有冰凌的河流或水库中的桥梁墩台,应根据工程所处当地冰凌的具体条件及结构形式,考虑下列冰荷载:

(1)河流流冰产生的动压力;

(2)由于风和水流作用于大面积冰层产生的静压力;

(3)冰覆盖层受温度影响膨胀时产生的静压力(在封闭空间);

(4)冰堆整体推移产生的静压力;

(5)冰层因水位升降产生的竖向作用力。

在《桥通规 2004》中,进行了更为详尽的规定,基于上述冰的极限抗压原理,给出了冰压力计算公式。相关条文如下。

第 4.3.9 条　对具有竖向前棱的桥墩,冰压力可按下述规定取用:

(1)冰对桩或墩产生的冰压力标准值可按下式计算:

$$F_i = mC_t btR_{ik} \tag{2.5.4.20}$$

式中：F_i——冰压力标准值(kN)；

m——桩或墩迎冰面形状系数，可按表2.5.4.2取用；

C_t——冰温系数，可按表2.5.4.3取用；

b——桩或墩迎冰面投影宽度(m)；

t——计算冰厚(m)，可取实际调查的最大冰厚；

R_{ik}——冰的抗压强度标准值(kN/m²)，可取当地冰温0℃时的冰抗压强度；当缺乏实测资料时，对海冰可取$R_{ik}=750\text{kN/m}^2$；对河冰，流冰开始时$R_{ik}=750\text{kN/m}^2$，最高流冰水位时可取$R_{ik}=450\text{kN/m}^2$。

桩或墩迎冰面形状系数 *m*

表2.5.4.2

迎冰面形状系数	平　面	圆弧形	尖角形的迎冰面角度				
			45°	60°	75°	90°	120°
m	1.00	0.90	0.54	0.59	0.64	0.69	0.77

冰温系数

表2.5.4.3

冰温	0℃	-10℃及以下
C_t	1.0	2.0

当冰块流向桥轴线的角度$\varphi\leqslant80°$时，桥墩竖向边缘的冰荷载应乘以$\sin\varphi$予以折减。冰压力合力作用在计算结冰水位以下$\frac{1}{3}$冰厚处。

(2)当流冰范围内桥墩有倾斜表面时，冰压力应分解为水平分力和竖向分力。

水平分力：

$$F_{xi}=m_0C_tR_{bk}T^2\tan\beta \tag{2.5.4.21}$$

竖向分力：

$$F_{zi}=F_{xi}/\tan\beta \tag{2.5.4.22}$$

式中：F_{xi}——冰压力的水平分力(kN)；

F_{zi}——冰压力的垂直分力(kN)；

β——桥墩倾斜的棱边与水平线的夹角(°)；

R_{bk}——冰的抗弯强度标准值(kN/m²)，取$R_{bk}=0.7R_{ik}$；

m_0——系数，$m_0=0.2b/t$，但不小1.0。

(3)建筑物受冰作用的部位宜采用实体结构。对于具有强烈流冰的河流中的桥墩、柱，其迎冰面宜做成圆弧形、多边形或尖角，并做成3:1~10:1(竖:横)的斜度，在受冰作用的部位宜缩小其迎冰面投影宽度。

对流冰期的设计高水位以上0.5m到设计低水位以下1.0m的部位宜采取抗冻性混凝土或花岗岩镶面或包钢板等防护措施。同时，对建筑物附近的冰体采取适宜的使冰体减小对结构物作用力的措施。

在规范条文解释中，还强调：本条提出的冰压力计算公式，仅适用于通常的河流流冰情况，公式是以与冰破碎极限强度等强建立起来的。公式中冰的抗压强度标准值、水温系数和其他相关系数，在参考了原苏联规范与其他资料后确定。

5.5　波浪作用

5.5.1　波浪的成因及基本概念

1. 风浪的基本概念

海面上发生波浪的原因很多。如风产生的风浪，日月等天体引力改变而产生的潮汐波，海底火山或地震活动产生的地震波，船舶运动产生的船波等。通常所说的波浪一般指风浪。风浪是海面上分布最广的，对于海上工程和船舶航行活动影响最大的波浪。

由于海平面上风运动形式的多样和复杂，风浪在形式上也是极其复杂的。风浪的大小及其运动，就某种意义上说是紊乱而不规则的，它不可能用一个简单的数学公式来描述，所以又称风浪为不规则波浪，而对于流体力学中用简单数学关系表征的波浪则称为规则波浪。

风停止作用后所剩下的波，或传播到风作用区域以外的波可以认为是接近二因次的规则波，通常称为涌浪。因为在风停止作用后较短小的波首先消失，巨大而长的波具有大的动能储备和很大的传播速率，所以它们的消失非常慢，逐渐形成一个接着一个谐和前进的圆柱形涌浪。大的暴风波由于有大的前进速率及很大的稳定性，可以传播到暴风区域以外很远的地方，也逐渐形成规则的涌浪。

2. 风浪的成长

作用在海面的风是引起海面波浪出现与成长的原因，但是风与海浪之间的关系至今仍是一个没有得到满意解决的问题。因为风、海浪以及它们之间的关系是极为复杂的自然现象。

对于风浪的研究，这里所关心的是如何由风的特性（风速、风作用的时间和范围以及气流的形式）得到波浪的要素（波高、波周期）随时间及位置的变化，而了解这些变化的关键在于阐明海浪的能量来源与消耗。

通常认为，风把能量传递给海浪依靠两种应力的作用：风在波浪向风斜面上的正压力及风沿着波面流动时在波面切线方向的切应力。风对波面的作用力取决于风速在高度方向上的分布，目前是以海面上 10m 高度处的平均风速与风的作用力相联系。

在一定的风速下发生的风浪，其后由于风不断地将能量传递给海面，因此使海浪的要素随时间或位置而增大，称为风浪的成长（或风浪的发展）。风浪成长的状态和相应的海浪要素取决于：风速、风力作用时间（风时）、风区或方向不变的风在海面上作用的距离等三个条件。但是，每个条件对海浪要素的影响是不相等的，且这种影响也随着其他两个条件的变化而变化。

在成长的波浪，如果波传播速度相当小，波浪总是从风的正压力和切压力同时获得能量。随着波浪尺寸的增大，波浪开始“脱离”风，因而风靠正压力传给波浪的作用减少，转换成波浪成长的风能总量也减少。当波浪传播速度与风速相等时，风能靠正压力传给波浪的能量将停止，波浪只吸收从风的切应力传给波浪的那一部分能量。当波速超过风速之后，波浪仍旧吸收这种风能。这是因为水质点轨圆运动的速度比波传播速度小得多，因而切应力的作用得以保持。

风速对波浪成长的影响，从观测和理论上都证明可通过波龄 β_0 加以说明。波龄 β_0 是波速 C 与海面上 10m 高度处平均风速 V 的比值，即当 β_0 小于 0.3 ~ 0.4 时（即波速为风速的 30% ~40%），对应于风浪成长的初期，此时波面较陡，波浪以最大强度吸收风能，因而波浪尺寸很快地增加。当 β_0 为 0.7 ~ 0.8 时，海面出现较长而高的大波，大波上叠有小波，风对波的作用力表现在大波波面引起的压力变化、小波波面引起的压力变化及波面上的切应力，这时波浪达到最大高度，以后波高靠风正应力增加的量值很少，实际已保持不变。但波长及波速仍继续增加，这主要是靠风切应力的继续作用。波浪变得越来越平坦了。当 $\beta_0 \geq 1$ 时（即波速与风速相等并超过风速），波浪成长过程开始有一种新的转变。这时风浪开始转变成涌浪，风对于涌浪尺度改变的影响更少。观测得出：即便在风完全停止作用后或波浪离开了风活动的范围以后，涌浪的波长、波速及周期将继续增长，波高则随着它的传播而减少。这时波速的增长是靠波高的减小得到的。因此，涌浪更趋于平坦。

可以想象，风作用的时间越长则传递给波浪的能量越大。同时，风作用的区域越大则风传递给波浪的能量也越大。因此，风时长，风区大，海浪成长也大。

3. 浪级和海况

风级、浪级和海况之间虽有一定的内在联系却是不同的概念。目前各国的浪级标准有相当大的差别，而且有些定义也不一样，并且短期内尚无法统一浪级标准。

通常以级别来表示的浪级是波动力的指标，而波动力是由波浪要素决定。一般浪级是按照海面某一时间内存在的波浪要素而定。波浪越大，则浪级也越高。

风的作用不仅决定了波浪要素的变化,同时风也使海面发生其他变化,如出现所谓"白浪",即波峰破碎的现象,并且当风力增强时,在波峰出现浪花、飞沫等。风力作用下的海况外部征象及决定浪级的波浪尺度,只有当具备了一定风时和风区,才会使得风能够完全地发展、生成与其风力相称的波浪。

在开阔的大洋上,形成波浪的风并不受外部条件的限制,在波浪与风级之间,也就是在波浪要素与受风力作用的海面外部征象之间,存在着多少不变的关系。在沿海或被海岸、岛屿、浅水所包围的孤立地区,风向风力不像开阔的大洋上能长期存在稳定的关系。

通常,当风速一定时,浅海海岸附近的波高要比开阔的大洋上小。因而,浪级在广阔海域地区经常比沿岸的高。但是,海面的外形,在海岸附近反比广海波动得更强烈些。波浪的破裂,波浪巨大的陡度,布满浪花的十分明显的波峰及飞沫等,这些都决定着海面的外形。因而,假如要根据海面情况来决定浪级的话,那么近海岸的浪级似乎将永远高于广阔海域的。

因此可以说,风作用下的"海面情况"或称海况是海面上所发生过程的质的特征,而浪级是波浪量的特征,因为它与波要素相结合。

显然,海况与浪级的概念是完全不同的,不能把它们混为一谈。

目前波浪的等级基本上可分为如下几类:

(1)第一类是把浪级和波浪要素(主要是波高)结合起来;

(2)第二类不但把浪级和波高结合,而且也与风力联系;

(3)第三类是按海面情况的外部征象确定浪级或海况的等级;

(4)第四类是无因次浪级,即所谓相似海浪,是以有义波高与船长之比表示。

前苏联把海况分为9个级别。因为在风力作用下海洋外形的其最大的特征就是波峰的形成,所以在海况特征的说明中主要注意波峰的形状和海面浪花的出现,如表2.5.5.1。

前苏联海况的等级　　表2.5.5.1

海况级别	海况名称	决定海况的征象
0	完全平静	海平如镜
1	平静	波纹
2		波峰不大,开始破裂,但浪花不是白色的,而是玻璃色的
3	不平静	波浪不大,但很触目,其中有些波峰破裂,形成白色绕旋的浪花("白浪")
4		波浪具有十分明显的形状、到处形成白浪
5		出现高大的波峰、泡沫状的波顶占有很大面积,风开始破坏波峰上的浪花
6	风暴	波峰出现风波的长浪形状,波峰上风所破坏的浪花开始沿波斜面伸长成带状
7		风所破坏的浪花长带布满波的斜面,有几处地方达到波谷
8		浪花广阔而稠密成带,布满波斜面,海面呈白色,只有波谷有些地方没浪花
9	异常的风暴	整个海面布满了稠密的浪花层,空气中充满了水点与飞沫,能见度显著降低

各国气象或水文局所颁布的浪级多属于第一类。如英国、美国和日本等只把浪级和波高联系起来;英国和欧洲有些国家采用所谓道格拉斯浪级,如表2.5.5.2所示;美国水文局的风浪等级实际上是修正了道格拉斯浪级,他们把风浪用0~8个级别表示;日本气象厅实行的风浪级别用0~9级表示。

浪级等级划分　　表2.5.5.2

浪　级	浪高(m)	道氏浪级名称	苏制浪级名称
0	—	无浪	无浪
1	<0.3	微浪	微浪
2	0.3~0.7	小浪	中浪
3	0.8~1.2	轻浪	大浪
4	1.3~1.9	中浪	

续上表

浪　级	浪高(m)	道氏浪级名称	苏制浪级名称
5	2.0~3.4	大浪	强浪
6	3.5~6.0	巨浪	
7	6.1~8.5	狂浪	甚强浪
8	8.6~11.0	狂涛	
9	>11.0	怒涛	异常浪

前苏联的浪级也用0~9个级别表示,它不仅给出响应的波高也给出波长和周期。需要指出的是,前苏联的风浪级别中,对应于浪级给出的波高是按超越概率3%计算的,而其他国家的浪级对应的均为有义波高。

5.5.2　波浪的基本性质

1. 波浪的描述

当风持续地作用在水面上时,就会产生波浪。在有波浪时,水质点做复杂的旋转、前进运动。在有波浪时水对结构物产生的附加应力称为波浪压力,又称波浪荷载。

波浪作为一种波,它具有波的一切特性,如波长λ、周期r、波幅A(波浪力学中称为浪高),如图2.5.5.1所示。影响波浪的形状和各参数值的因素有:风速v、风的持续时间t、水深H和吹程D(吹程等于岸边到构筑物的直线距离)。风速和风的持续时间都是随机变量,很难准确测定,因此在计算浪高时按暴风的风速和吹程的最不利组合来确定。

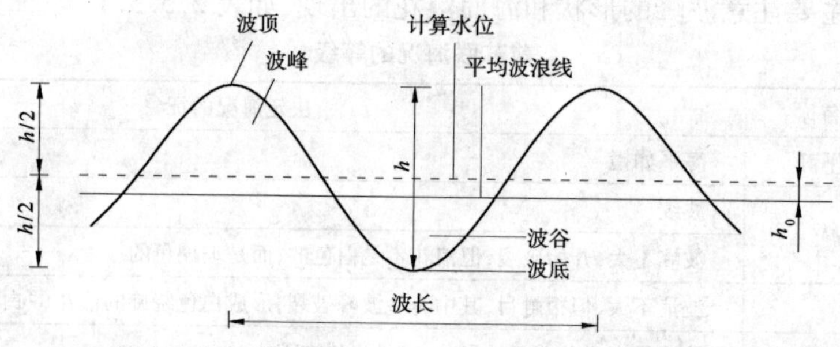

图2.5.5.1　波浪参数

像固体一样,液体也可以具有平移的、旋转的和振荡的运动。河流的流动代表了水的平移运动,而水的振荡运动则可由向外传播的形状的变化来代表。这样一种运动的水面形状的变化称为水波。

当一石块落入水中时,石块的重力把与其接触的水推向下方,从而形成一个低凹区。水是不可压缩的,被推向下方的水的体积需由低凹区周围的水面升高来补偿。由于地球的重力作用,升高的水环又将下降,像石块那样排开在其下方的水,从而在扰动中心的外围形成一个更大的水环。当这一过程持续发生时,升高的水面不断地由中心向外移动。但是,由石块引起的水面升高,由于总能量要分布在一个不断增大的圆周上,它的高度随着与扰动中心的距离增大而变得越来越小。

扰动中心不仅向外传播出一个水波,因为当形成升高的水环时,它不仅向外推动水,而且还向内推动。中心处的水面升高后又再下降,其作用像接受了第二块石块一样,并形成第二块向外传播的水波。但是,每一个随后的水波要比前一个低些,这是由于水面的每一次升降总要因为水的内摩擦而将一部分能量转化为热量。最后,所有的水波消失,水面重新恢复平静,但水的温度由于落石的动能而略有升高。

为了产生行进波,需要有一个初始扰动。但是,虽然水波越过水面向外传递,水的质量并不随波浪外移。当海上的波浪抵达海滩时,可以看到在做上下运动的水点并不是随着波浪从海上来的,而是波浪抵达前已经到达。因此,波浪是运动的海面的扰动,这一过程称为波浪传播。

一个理想化的水波是一个向外运动的正弦曲线或余弦曲线。波峰被定义为水面升高的最高点。向下方向的最大移动点称为波谷。最大扰动点与静水面之间的垂直距离称为水波的波幅。由一个波峰到相邻波峰(或由一个波谷到相邻波谷)的距离称为波长。每秒钟经过某一定点的波峰(或波谷)的数目称为特征频率,它等于波速除以波长。

根据满足拉普拉斯方程的两维无旋运动的假设(其中已考虑了重力加速度的影响),可以得出简单的正弦波面方程。普遍的表达式是:

$$\eta = \eta_a \sin(\omega t + \varepsilon) \tag{2.5.5.1}$$

式中:η_a——波幅;

ε——使曲线沿 t 轴平移的相位角;

ω——波浪的圆频率;

t——时间。

2. 波速、波长和波浪周期

曾对水深 d 无任何限制(相对于波长)的正弦波作过研究,并得到波浪的速度(也称为波速)等于:

$$V = \sqrt{\frac{gL}{2\pi}\mathrm{th}\left(\frac{2\pi d}{L}\right)} \tag{2.5.5.2}$$

式中:V——波浪的速度;

L——波长;

d——水深。

但如果水深远小于波长(即 $d/L \to 0$),则有:

$$\mathrm{th}(\frac{2\pi d}{L}) \to \frac{2\pi d}{L} = kh \tag{2.5.5.3}$$

将这一关系式代入上式,可得:

$$V = \sqrt{gd} \tag{2.5.5.4}$$

上式表示,在浅水中所有的波浪,不论其波长如何,均以同样的速度运动。

另一方面,当水深远超过波长,即当 d/L 很大时,则有:

$$V = \sqrt{\frac{gL}{2\pi}} \tag{2.5.5.5}$$

深水波的波速不像浅水波那样,它是与其波长有关的。

3. 波浪的压力

对许多问题来说,波浪的最重要方面是水面以下的压力分布。以静水的水平等压线为参考来计算这些压力将是方便的。

在任意水深处某一点的波浪压力 p(假设为小波高,严格地说应为微波高)等于:

$$p = \rho g(z - \eta) \tag{2.5.5.6}$$

式中的 z 须从静水面向下量取,而 η 为波浪等压线的垂向坐标。根据该处的波形是在波谷还是在波峰的范围,η 可为正值或负值,并可表示为:

$$\eta = \eta_a \frac{\mathrm{ch}k(-z+d)}{\mathrm{th}kd}\cos k(x - V_w t) \tag{2.5.5.7}$$

式中:d——水深;

V_w——w 处的波速。

在深水中 d 很大,比值 $\mathrm{ch}k(-z+d)/\mathrm{th}kd$ 趋近于 e^{-kz},从而有:

$$\eta = \eta_a e^{-kz}\cos k(x - V_w t) \tag{2.5.5.8}$$

上式表明,任意水深处的等压线为余弦曲线。如果位置固定在某一点 x_0 处则这些曲线是时间的函数;如果时间定在某一瞬时 t_0,则这些曲线为距离 x 的函数。由于当 z 加深时,e^{-kz} 值减少,等压线的外形将随水深而压缩。当 $z \to \infty$ 时,等压线的幅值趋于零。同时,这些等压线的外形与个别水质点的轨圆运动所形成的曲线是相一致的。

4. 波浪的能量

应该强调指出,波浪的传播基本上是由两个因素促成的:液体的惯性和重力。后者趋向于使水表面保持为一个水平面。这两个因素的相互作用引起了周期性运动。一个波系同时具有动能和势能:动能是由于水质点在作轨圆运动,而势能则是由于水面的升高。对于正弦波,单位长度波宽的势能等于:

$$\overline{E}_{\mathrm{p}}=\frac{1}{4}\rho g\eta_{\mathrm{a}}^{2}L_{\mathrm{w}} \tag{2.5.5.9}$$

或对于单位波面的面积:

$$E_{\mathrm{p}}=\frac{1}{4}\rho g\eta_{\mathrm{a}}^{2} \tag{2.5.5.10}$$

同理,单位波面面积的动能可表达为

$$E_{\mathrm{k}}=\frac{1}{4}\rho g\eta_{\mathrm{a}}^{2} \tag{2.5.5.11}$$

或者可以说,单位波面的面积上总的波浪能量等于

$$E=\frac{1}{2}\rho g\eta_{\mathrm{a}}^{2} \tag{2.5.5.12}$$

5.5.3 波浪作用的基本形式

海洋上的各类结构物大都处于开敞的海域,直接遭受波浪袭击,受到波浪力的作用。对于海洋结构物来说,波浪荷载是一项主要的环境荷载。由于海浪在静水面附近波动最大、最活跃,静水面附近的波浪力也就最大,减小这一区段结构尺寸,便可减小受力作用,导管架结构便是一个减小波浪力作用的较好结构形式。作用在海洋结构物上的波浪力不仅与结构物尺寸有关,也与波高、波周期、水深及结构物形状等众多因素有关。

波浪对海洋结构物作用有以下四种效应:

(1)由于流体的黏滞性而引起的黏滞效应,使结构物受到阻力(或称速度力或拖曳)作用;

(2)由于流体运动的惯性及结构物存在而引起的附加质量效应,使结构物受到质量力(或称惯性力)作用;

(3)由于结构物存在对入射波浪的散射作用而产生的散射效应;

(4)由于结构物本身的相对高度(即结构物高度与工作水深之比)较大,则结构物与流体自由表面接近而产生的自由表面效应。

散射效应和自由表面效应总称为绕射效应。对于混凝土平台、大型储油罐、大尺度基础沉垫等大尺度结构物则应考虑绕射效应。对于小尺度结构物如孤立桩柱、导管架平台、水下输油管道等,认为结构物的存在对波浪运动场无显著影响,波浪对结构物的作用主要是黏滞效应和附加质量效应。

5.5.4 常用的波浪理论及适用范围

不同海域有不同的相对水深 d/L(d 为水深,L 为波长),不同的相对波高 H/d(以 H 为波高),其波浪水质点运动规律也各不相同。目前尚没有统一的波浪理论来描述不同水深、不同波高的波浪水质点运动规律,在波浪理论研究及工程应用中的波浪理论有艾利波理论与斯托克斯波理论。

1. 艾利波理论

艾利波又称微幅波,艾利波水质点运动轨迹见图2.5.5.2。这一理论假定波动流体的波高与波长相比很小,水质点运动速度是缓慢的,从而对势函数、边界条件及连续条件作了线性化处理,建立波动方程,艾利波理论表

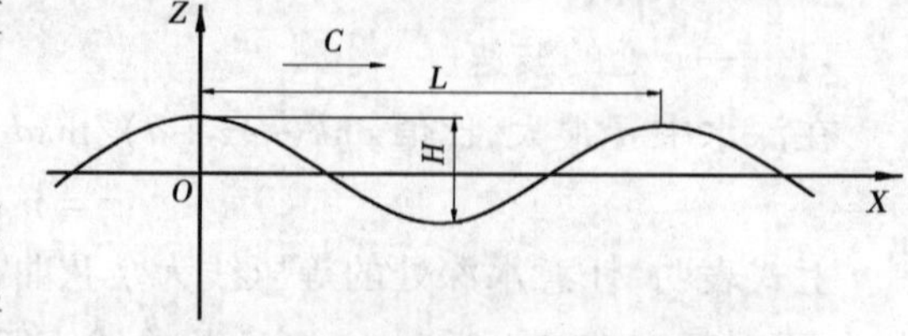

图 2.5.5.2　艾利波的波面

示出一种简单的波动形式。虽然艾利波不能精确地用作离岸结构工程的典型设计波，但它对于表达波浪引起的水质点运动的基本性质是有价值的。它也被用来作为在风暴条件下波浪及其引起的水质点运动的统计表示法的基础。根据相应的水动力方程和艾利波理论，可求出水分子运动（包括水平和垂直方向）的速度 u 与加速度 a。

艾利波理论的波面方程通常用余弦曲线表示，即：

$$\eta = \frac{1}{2}H\cos(kx - \omega t) \tag{2.5.5.13}$$

式中：η——瞬时水位；

H——波高；

k——波数，$k = \frac{2\pi}{L}$；

ω——波的圆频率，$\omega = \frac{2\pi}{T}$；

L——波长；

T——波周期；

x——水平位置；

t——时间。

艾利波的传播速度 C 为

$$C = \frac{gT}{2\pi}\mathrm{th}kd \tag{2.5.5.14}$$

式中：g——重力加速度。

当水深无限大时，即 $d \to \infty$ 时，$\mathrm{th}kd \to 1$，则上式变为：

$$C = \frac{gT}{2\pi} \tag{2.5.5.15}$$

对于周期波的波长、波速、波周期之间的关系有：

$$L = CT \tag{2.5.5.16}$$

将 C 值代入上式则可得到下列波长公式：

对于浅水波（$d/L < 1/2$）

$$L = \frac{gT^2}{2\pi}\mathrm{th}kd \tag{2.5.5.17}$$

对于深水波（$d/L > 1/2$）

$$L = \frac{gT^2}{2\pi} \tag{2.5.5.18}$$

（1）浅水情况

在水深为 d 的波动场中我们建立起一个坐标系，坐标系零点的位置设在水面，X 方向为波浪运动方向，Z 方向为波浪高度方向，水面以上为正，水面以下为负。距水面为 Z 的 A 点处（见图2.5.5.3）的水质点速度和加速度分量为（图中 Z 表示的是负值）：

水质点速度水平分量：

$$u = \frac{\pi H}{T}\frac{\mathrm{ch}k(z+d)}{\mathrm{sh}kd}\cos\theta \tag{2.5.5.19}$$

水质点速度垂直分量：

$$v = \frac{\pi H}{T}\frac{\mathrm{ch}k(z+d)}{\mathrm{sh}kd}\sin\theta \tag{2.5.5.20}$$

水质点加速度水平分量：

$$\frac{\partial u}{\partial t} = \frac{2\pi^2 H}{T^2}\frac{\mathrm{ch}k(z+d)}{\mathrm{sh}kd}\sin\theta \tag{2.5.5.21}$$

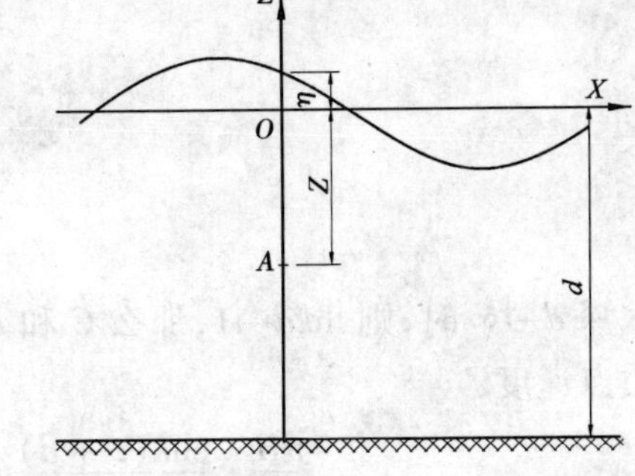

图2.5.5.3　水深为 d 的波动场中距水面为 Z 的 A 点位置

水质点加速度垂直分量：

$$\frac{\partial v}{\partial t} = -\frac{2\pi^2 H}{T^2}\frac{\mathrm{sh}k(z+d)}{\mathrm{sh}kd}\cos\theta \tag{2.5.5.22}$$

式中，$\theta = kx - \omega t$。

（2）深水情况

水质点速度水平分量：

$$u = \frac{\pi H}{T}\mathrm{e}^{kz}\cos\theta \tag{2.5.5.23}$$

水质点速度垂直分量：

$$v = \frac{\pi H}{T}\mathrm{e}^{kz}\sin\theta \tag{2.5.5.24}$$

水质点加速度水平分量：

$$\frac{\partial u}{\partial t} = \frac{2\pi^2 H}{T^2}\mathrm{e}^{kz}\sin\theta \tag{2.5.5.25}$$

水质点加速度垂直分量：

$$\frac{\partial v}{\partial t} = -\frac{2\pi^2 H}{T^2}\mathrm{e}^{kz}\cos\theta \tag{2.5.5.26}$$

2. 斯托克斯波浪理论

斯托克斯波假定波动振型是有限的，边界条件和连续条件可以是非线性的级数形式的势函数，用有限个简单的、频率成比例的余弦波叠加而成。其水质点运动为圆或椭圆轨迹，轨迹线不封闭，有一纯位移，波动中心在静水面以上。整个波形有一超高 ξ_0，其近似解的阶数越高越繁杂，这里仅列出二阶斯托克斯波的公式。

浅水时的波面方程：

$$\eta = \frac{1}{2}H\cos\theta + \frac{\pi H^2}{8L}\cdot\frac{\mathrm{ch}kd(2\,\mathrm{ch}^2kd+1)}{\mathrm{sh}^3kd}\cos 2\theta \tag{2.5.5.27}$$

浅水时的波面方程的超高：

$$\xi_0 = \frac{\pi H^2}{8L}\cdot\frac{\mathrm{ch}kd(2\,\mathrm{ch}^2kd+1)}{\mathrm{sh}^3kd} \tag{2.5.5.28}$$

深水时的波面方程：

$$\eta = \frac{1}{2}H\cos\theta + \frac{\pi H^2}{4L}\cos 2\theta \tag{2.5.5.29}$$

深水时的波面方程的超高：

$$\xi_0 = \frac{\pi H^2}{4L} \tag{2.5.5.30}$$

二阶斯托克斯波的传播速度：

$$C = \sqrt{\frac{gL}{2\pi}\mathrm{th}kd} \tag{2.5.5.31}$$

波长：

$$L = \frac{gT^2}{2\pi}\mathrm{th}kd \tag{2.5.5.32}$$

当水深 $d\to\infty$ 时，则 $\mathrm{th}kd\to 1$，那么 C 和 L 的公式便可成为深水情况使用的公式。

水质点速度：

$$u = \frac{\pi H}{T}\cdot\frac{\mathrm{ch}k(z+d)}{\mathrm{sh}kd}\cos\theta + \frac{3}{4}\cdot\frac{(\pi H)^2}{TL}\frac{\mathrm{ch}2k(z+d)}{\mathrm{sh}^4kd}\cos 2\theta \tag{2.5.5.33}$$

$$v = \frac{\pi H}{T} \cdot \frac{\mathrm{sh}k(z+d)}{\mathrm{sh}kd}\sin\theta + \frac{3}{4} \cdot \frac{(\pi H)^2}{TL}\frac{\mathrm{sh}2k(z+d)}{\mathrm{sh}^4 kd}\sin 2\theta \tag{2.5.5.34}$$

水质点加速度：

$$\frac{\partial u}{\partial t} = 2\left(\frac{\pi^2 H}{T^2}\right)\frac{\mathrm{ch}k(z+d)}{\mathrm{sh}kd}\sin\theta + 3\left(\frac{\pi^2 H}{T^2}\right)\left(\frac{\pi H}{L}\right)\frac{\mathrm{ch}2k(z+d)}{\mathrm{sh}^4 kd} \cdot \sin 2\theta \tag{2.5.5.35}$$

$$\frac{\partial v}{\partial t} = 2\left(\frac{\pi^2 H}{T^2}\right)\frac{\mathrm{sh}k(z+d)}{\mathrm{sh}kd}\cos\theta - 3\left(\frac{\pi^2 H}{T^2}\right)\left(\frac{\pi H}{L}\right)\frac{\mathrm{sh}2k(z+d)}{\mathrm{sh}^4 kd} \cdot \cos 2\theta \tag{2.5.5.36}$$

艾利波理论是假定波高无限小，进行线性化处理而得到一种简单的用余弦曲线来表示的波动规律，称为振荡波，用于深水小波陡情形。当波高相对较大时，则艾利波的假定将产生相当大的误差，这种情况要用斯托克斯波理论来解决问题。常用的有二阶斯托克斯波、三阶斯托克斯波、五阶斯托克斯波，主要用于深水大波陡情况。

随着波浪向岸边推进，相对水深减小，波形也随之改变，波峰附近变得很陡，波峰间为一段长而平的水面，水质点也具有波浪传播方向相同的推移，这种推移波称为孤立波。在自然界中如潮波、地震波、洪水波等就近似于孤立波。孤立波适用于水深极浅的水域，主要由 H/d 决定波动因素。而斯托克斯波是以 H/L 决定波动因素。实际上在近岸浅水处，波浪是介于振荡波与推移波之间的一种波浪，H/d 与 H/L 因素均有一定影响作用，适合于这种情况的波浪理论便是椭圆余弦波理论。关于波浪理论的详细研究可参考有关专著。这里仅给出几个波浪理论适用范围的划分图表，如图 2.5.5.4 所示。

5.5.5　波浪荷载

1. 作用于孤立桩柱上的波浪力计算

当波浪作用在小尺度孤立桩柱上时，形成波浪绕流，这时几乎不产生波浪反射和波浪破碎，认为桩柱的存在不影响波浪运动状态。当波浪绕过桩柱时，使桩柱受到波浪力作用。实验证明，当桩柱间距 l 大于 4 倍桩柱直径 D，桩柱周围波浪绕流基本上不受影响，这时各桩柱便可以认为是孤立桩柱，桩柱间受力不受干扰，可分别计算各个桩柱上的波浪力。

计算小尺度孤立桩柱上的波浪力首先由莫里森提出，认为波浪力是水流经物体时速度引起的阻力和水体加速度引起的惯性力的线性叠加，阻力是由绕流时水质点运动速度突然变化而形成的，与速度平方及阻水面积成正比，惯性力与水质点原有轨迹运动的加速度及被物体排开水体的质量成正比。作用在桩柱单位长度上的总波浪力，由下式给出：

$$\mathrm{d}F = \frac{1}{2}C_{\mathrm{D}}\rho Du\,|u|\,\mathrm{d}z + C_{\mathrm{M}}\rho A\frac{\mathrm{d}u}{\mathrm{d}t}\mathrm{d}z \tag{2.5.5.37}$$

这就是众所周知的 Morison 方程，整个桩柱水平波浪力为：

$$F = \int_{-d}^{\eta}\mathrm{d}F = \int_{-d}^{\eta}\left(\frac{1}{2}C_{\mathrm{D}}\rho Du\,|u| + C_{\mathrm{M}}\rho A\frac{\mathrm{d}u}{\mathrm{d}t}\right)\mathrm{d}z \tag{2.5.5.38}$$

式中：F——作用在桩柱上的总波浪力(kN)；
u——水质点速度水平分量(m/s)；
ρ——水的密度(kg/m³)；
D——桩柱直径(截面为矩形时，D 改用 b)(m)；
A——桩柱截面积(m²)；
C_{D}——速度力系数；
C_{M}——惯性力系数；
η——瞬时水位(m)。

在应用莫里森方程时，必须满足如下假定：

(1)水质点的瞬时速度和加速度必须依据某种波浪理论要求，如艾利波理论、斯托克斯波理论、孤立波理论等。这些波浪理论的选择应该符合实际波浪状态，同时假定结构物的存在不影响波浪运动特

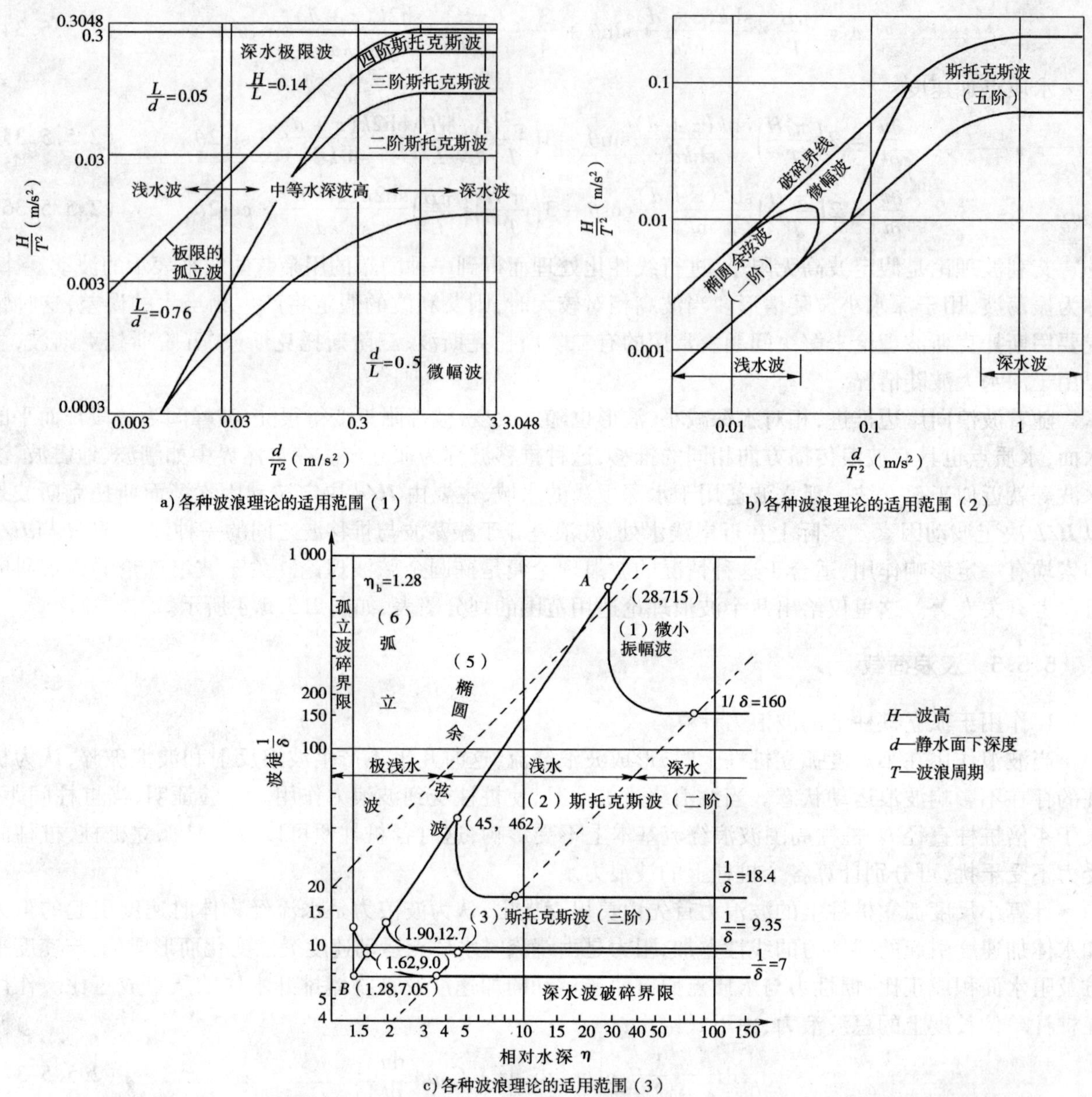

a)各种波浪理论的适用范围(1)

b)各种波浪理论的适用范围(2)

c)各种波浪理论的适用范围(3)

图2.5.5.4 各种波浪理论的适用范围

征。即只能应用小尺度结构物的波力计算,也就是 $D/L \leqslant 0.2$ 时,才能应用莫里森方程计算作用在结构物上的波浪力。水质点的速度和加速度用构件中心处的数据。

(2)阻力系数 C_D 和惯性力系数 C_M 一般根据经验或试验确定。

(3)假定结构物是刚体。如果结构物有动力反应,应考虑动力效应。

(4)莫里森方程给出的是垂直于竖向物体的作用力,其 C_D 值只适用于表面摩擦力很小的构件。对于有大量海洋生物附着或有外部结构的附加体(如导管架各向连系杆、楔状板、加固件等)时则不符合假定,需通过实验,或根据经验给出其增量。

在 Morison 方程和各种波浪理论的基础上,可以研究得到孤立桩柱的波浪力计算方法。我们知道在波浪运动中的水质点速度和加速度是沿水深而变化的,欲求水下某段桩柱水平波浪力时,可将水质点水平速度和加速度代入式(2.5.5.38)中进行积分即可。当以艾利波为设计波推导时,其波浪力可表达为:

$$F = F_{\mathrm{Dmax}}\cos\theta\left|\cos\theta\right| + F_{\mathrm{Imax}}\sin\theta \tag{2.5.5.39}$$

式中：

$$F_{\mathrm{Dmax}} = C_{\mathrm{D}} \frac{\gamma D H^2}{2} K_1 \tag{2.5.5.40}$$

$$F_{\mathrm{Imax}} = C_{\mathrm{M}} \frac{\gamma \pi D^2 H}{8} K_2 \tag{2.5.5.41}$$

$$K_1 = \frac{2kz_2 - 2kz_1 + \mathrm{sh}2kz_2 - \mathrm{sh}2kz_1}{8\mathrm{sh}2kd} \tag{2.5.5.42}$$

$$K_2 = \frac{\mathrm{sh}kz_2 - \mathrm{sh}kz_1}{\mathrm{ch}kd} \tag{2.5.5.43}$$

$$k = 2\pi / L \tag{2.5.5.44}$$

其中，F_{Dmax}、F_{Imax}通常称为孤立桩柱最大水平阻力、最大水平惯性力。类似的可以得到水平波力矩公式：

$$M = M_{\mathrm{Dmax}} \cos\theta \left| \cos\theta \right| + M_{\mathrm{Imax}} \sin\theta \tag{2.5.5.45}$$

式中：

$$M_{\mathrm{Dmax}} = C_{\mathrm{D}} \frac{\gamma D H^2}{4\pi} K_3 \tag{2.5.5.46}$$

$$M_{\mathrm{Imax}} = C_{\mathrm{M}} \frac{\gamma \pi D^2 H}{16} K_4 \tag{2.5.5.47}$$

$$K_3 = \frac{2k^2 (z_2 - z_1)^2 + 2k(z_2 - z_1)^2 \mathrm{sh}2kz_2}{16\mathrm{sh}2kd} - \frac{\mathrm{ch}2kz_2 - \mathrm{ch}2kz_1}{16\mathrm{sh}2kd} \tag{2.5.5.48}$$

$$K_4 = \frac{k(z_2 - z_1)\mathrm{sh}kz_2 - \mathrm{ch}kz_2 - \mathrm{ch}kz_1}{\mathrm{ch}kd} \tag{2.5.5.49}$$

波浪力作用点，距 z_1 截面距离为 l

$$l = \frac{M}{F} \tag{2.5.5.50}$$

系数 K_1、K_2、K_3、K_4 只与波长、水深及计算高度有关。

以上讨论的是在一个波浪周期内任意时刻作用在桩柱上的总水平波压力。而在实际设计中，比较关心的是在一个波浪周期内所能出现的总水平波压力最大值。为了寻求在一个波浪周期内出现最大值，可利用微分概念，令 $\mathrm{d}F/\mathrm{d}\theta = 0$ 求得，总结如表2.5.5.3和表2.5.5.4。

最大水平波浪力　　表2.5.5.3

项次	计算情况	$F_{\max}$	相位角 θ
1	$\frac{F_{\mathrm{Imax}}}{F_{\mathrm{Dmax}}} \geqslant 2$	$F_{\max} = F_{\mathrm{Imax}} = C_{\mathrm{M}} \frac{\gamma\pi D^2 H}{8} K_2$ 只有惯性力，无速度力	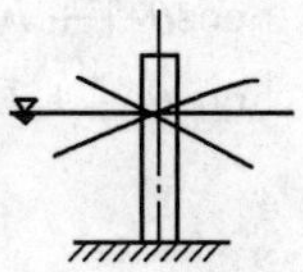 $\theta = \pm\frac{\pi}{2}$（或$\frac{T}{4}$） $Z_2 = d + 0$ 处于静水面位置
2	$0.5 < \frac{F_{\mathrm{Imax}}}{F_{\mathrm{Dmax}}} < 2$	$F_{\max} = F_{\mathrm{Dmax}} \left[1 + 0.25 \left(\frac{F_{\mathrm{Imax}}}{F_{\mathrm{Dmax}}} \right)^2 \right]$ 速度力，惯性力均有	$\sin\theta = \frac{F_{\mathrm{Imax}}}{2F_{\mathrm{Dmax}}}$
3	$\frac{F_{\mathrm{Imax}}}{F_{\mathrm{Dmax}}} \leqslant 0.5$	$F_{\max} = F_{\mathrm{Dmax}} = C_{\mathrm{D}} \frac{\gamma D H^2}{2} K_1$ 忽略惯性力，误差小于6.25%	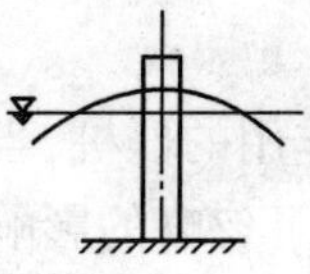 $\theta = 0$ $Z_2 = d + \frac{H}{2}$ 处于波峰位置

最大水平波浪力 表 2.5.5.4

项 次	计算情况	M_{max}	相位角 θ
1	$\frac{M_{Imax}}{M_{Dmax}} \geqslant 2$	$M_{max} = M_{Imax} = C_M \frac{\gamma\pi D^2 H}{8K} K_4$ 只有惯性力,无速度力	$\theta = \pm\frac{\pi}{2}$(或$\frac{T}{4}$) $Z_2 = d + 0$ 处于静水面位置
2	$0.5 < \frac{M_{Imax}}{M_{Dmax}} < 2$	$M_{max} = M_{Dmax}\left[1 + 0.25\left(\frac{M_{Imax}}{M_{Dmax}}\right)^2\right]$ 速度力,惯性力均有	$\sin\theta = \frac{F_{Imax}}{2F_{Dmax}}$
3	$\frac{M_{Imax}}{M_{Dmax}} \leqslant 0.5$	$M_{max} = M_{Dmax} = C_D \frac{\gamma D H^2}{2} K_3$ 忽略惯性力,误差小于6.25%	$\theta = 0$ $Z_2 = d + \frac{H}{2}$ 处于波峰位置

2. 群桩波浪力计算

群桩结构物在波浪作用下,因各桩间相距一定距离,在波浪行进过程中,各桩所处波浪相位角不同,因此在同一时刻各桩的受力也是不同的,这种现象通常称作波剖面效应。许多研究证明,当两桩间距小于4倍桩径时,桩间还要产生相互干扰或遮帘作用,受力情况也不同于孤立桩柱,这种现象通常称作群桩效应。

群桩受波浪作用时,各桩所处波浪相位角不同,在某一波浪作用下,相位角 θ 是时间和位置的函数,可表示为:

$$\theta = \frac{2\pi x}{L} - \frac{2\pi t}{T} = kx - \omega t \tag{2.5.5.51}$$

欲求群桩波浪力时,则需求在某一时刻各桩受力总和,这一合力是随着波浪周期在变化。如图2.5.5.5所示的任一直角坐标群桩受力系统,假定波向垂直桩排方向,在确定时刻 t_1 时,各排桩相位角 θ 可写成:

第1排: $\theta_1 = kx_1 - \omega t_j$ (2.5.5.52)

第 n 排: $\theta_n = kx_n - \omega t_j$ (2.5.5.53)

第 i 排: $\theta_i = kx_i - \omega t_j$ (2.5.5.54)

各排单桩水平波浪力为:

第1排: $F_1 = F_{Dmax}\cos\theta_1 |\cos\theta_1| + F_{Imax}\sin\theta_1$ (2.5.5.55)

第 i 排: $F_i = F_{Dmax}\cos\theta_i |\cos\theta_i| + F_{Imax}\sin\theta_i$ (2.5.5.56)

第 n 排: $F_n = F_{Dmax}\cos\theta_n |\cos\theta_n| + F_{Imax}\sin\theta_n$ (2.5.5.57)

一列桩水平波浪力为:

$$F = F_1 + \cdots + F_i + \cdots + F_n = \sum_{i=1}^{n} F_i \tag{2.5.5.58}$$

将各排桩的坐标位置 x_i 代入,当给定一个时刻 t_f 就可得到该时刻的一列桩波浪力,再乘以每排桩的桩数 m 便是群桩在该时刻的总波浪力。为寻求群桩最大波浪力需列表进行计算不同时刻的波浪力,从而找出最大值,计算工作量是很大的,通常采用作图法要来得简便些。

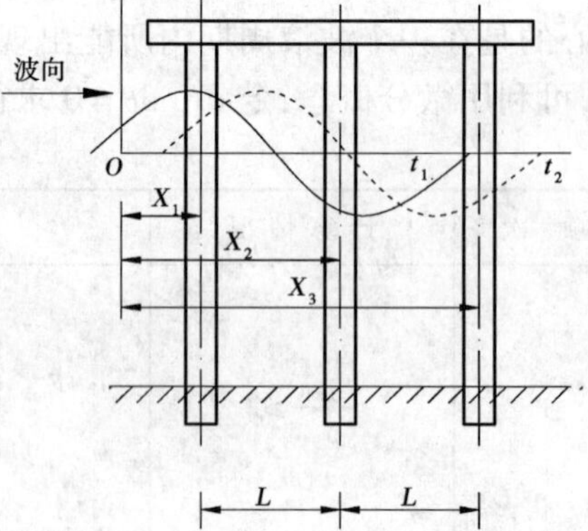

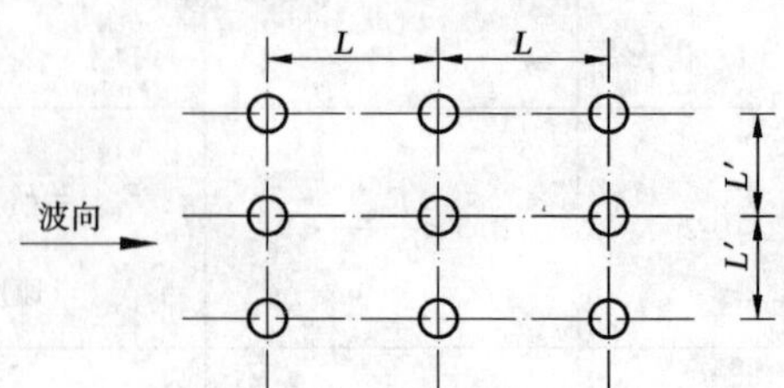

图2.5.5.5 群桩受波浪力作用

许多实验证明,受波浪作用的群桩,当桩间距离 l(桩轴线间距离)与桩径 D 之比 $l/D < 4$ 时,桩与桩之间的波浪作用则要产生不可忽略的影响。由于每根桩在群桩中所处位置不同,则会受到不同影响作用。当桩列平行于波浪行进方向时,前桩对后桩有掩护作用,称作遮帘作用;当桩列垂直于波浪行进方

向时,同一列桩之间要产生相互干扰,称作干扰作用。这两种作用就是群桩效应。在计算群桩波浪力时,当 $l/D>4$ 时,不考虑群桩效应,只考虑波剖面效应。当 $l/D<4$ 时则要同时考虑波剖面效应和群桩效应。

关于群桩效应这一课题,目前各国学者正在开展研究,许多有关规范也只提及应考虑这一问题,但给出定量结果尚不多见。表 2.5.5.5 为前苏联 1975 年提出的结果,可作为设计时的参考数据,表中数值是指对比孤立桩柱而言。在桩列平行波向时,后桩极值比前桩极值要小,在桩列垂直波向时,桩列各桩受力比无干扰作用时孤立桩的受力要大。

群桩系数 表 2.5.5.5

桩列方向	l/D	1.25	1.5	2.0	2.5	3.0
垂直波向	$D/l=0.1$	1.40	1.20	1.04	1.00	1.00
	$D/l=0.05$	1.65	1.40	1.15	1.05	1.00
平行波向	$D/l=0.1$	0.72	0.87	0.97	1.00	1.00
	$D/l=0.05$	0.68	0.80	0.92	0.98	1.00

3. 水下水平构件的波浪力

导管架水平撑杆以及海底管线等均属水平构件。水平构件的波浪力(图 2.5.5.6)计算方法和原理基本上与垂直桩柱的波浪力计算相同。但是水平构件除受水平波浪力外,还有垂向波浪力作用。根据水平构件和波浪入射方向之间的关系,我们按构件轴线垂直波向和构件轴线平行波向两种情况来讨论。

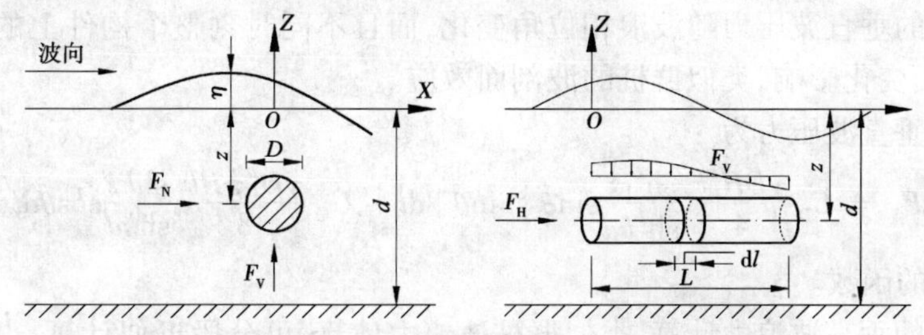

图 2.5.5.6 水下水平构件波浪力

(1)构件轴线垂直波向

这里所说水平构件是指构件轴线位于同一高程;构件断面尺寸与轴线长度之比很小;沿长度方向各断面尺寸相同。此时,构件各断面处的波动场完全相同,可先取单位长度来计算然后再考虑整个长度上所受波浪力。

水平波浪力可写成:

$$F_H = l(f_{HD} + f_{HI}) \tag{2.5.5.59}$$

式中:F_H——水平构件总水平波浪力(kN);

l——水平构件轴线长度(m);

f_{HD}——水平构件单位长度上的水平阻力(kN/m);

f_{HI}——水平构件单位长度上水平惯性力(kN/m)。

若取轴线处波浪力为整个管径上波浪力的代表值。则可得:

$$\begin{aligned} f_H &= f_{HD} + f_{HI} \\ &= C_D \frac{\gamma}{2g} \frac{D\pi^2 H^2}{T^2} \frac{\text{ch}^2 k(z+d)}{\text{sh}^2 kd} \cos\theta \,|\cos\theta| \\ &= C_M \frac{D^3 \pi^3 H}{T^2} \frac{\text{ch}k(z+d)}{\text{sh}kd} \sin\theta \end{aligned} \tag{2.5.5.60}$$

将波长公式代入整理得:

$$f_H = C_D \frac{\gamma DH^2}{4} \frac{k\mathrm{ch}^2 k(z+d)}{\mathrm{ch}^2 kd} \cos\theta \, |\cos\theta| \\ = C_M \frac{\gamma D^2 H}{8} \frac{k\mathrm{ch}k(z+d)}{\mathrm{ch}kd} \sin\theta \tag{2.5.5.61}$$

式中:z——水平构件轴线距平均海面距离。

构件上受到的垂直波浪力是由波动场中质点垂直速度和加速度产生的。可将此速度和加速度代入 Morison 方程中,仍以微幅波理论作为研究基础,则可得:

垂直波浪力的阻力项为

$$f_{VD} = C_D \frac{\gamma DH^2}{4} \frac{k\mathrm{sh}^2 k(z+d)}{\mathrm{sh}^2 kd} \sin\theta \, |\sin\theta| \tag{2.5.5.62}$$

垂直波浪力的惯性力项为:

$$f_{VI} = -C_M \frac{\gamma D^2 H}{8} \frac{k\mathrm{sh}k(z+d)}{\mathrm{ch}kd} \cos\theta \tag{2.5.5.63}$$

垂直于水平构件上总垂直波浪力为:

$$F_V = l(f_{VD} + f_{VI}) \tag{2.5.5.64}$$

(2)构件轴线平行波向

在这种情况中,因构件轴线平行波浪行进方向,仅有迎浪端断面上受水平波浪力作用,由于构件断面与波长、轴线相比很小,可用轴线处波压强来计算整个断面上的水平波浪力,不过这个数值是很小的。而沿轴线方向分布的垂直波压力则不容忽略。轴线平行于波向的构件上所受垂直波浪力的作用,在同一时刻作用在轴线上的垂直波压力随波浪相位角变化,而且不同时刻整个构件上的垂直波浪力的合力也在变化,受到波剖面变化影响,类似群桩的波剖面效应。

其单位长度上的垂直波压力为:

$$\mathrm{d}F_V = C_D \frac{\gamma DH^2 k}{4} \frac{\mathrm{sh}^2 kz}{\mathrm{sh}^2 kd} \sin\theta \, |\sin\theta| \, \mathrm{d}l - C_M \frac{\gamma D^2 \pi H k}{8} \frac{\mathrm{sh}kz}{\mathrm{sh}kd} \cos\theta \mathrm{d}l \tag{2.5.5.65}$$

式中:$\theta = kl - \omega t$,是 l 的函数。

对于整个构件上的垂直波浪力计算,类似群桩波浪力计算,可分段近似计算,也可对整个构件沿轴线进行积分求出总垂直波浪力。

4. 速度力系数和惯性力系数

Morison 方程是一个半经验半理论的公式。当用莫里森方程计算桩柱上波浪力时,正确地选用阻力系数和惯性力系数则是一个关键问题,严格地说,这两个值是与采用的波浪理论、波要素、水深、结构物的形状以及构件表面粗糙度等因素有关的变量。目前只能把它们作为相对独立的量来考虑,还没能完全从理论上给以圆满的解决。对于阻力系数仅对圆球在无限的流体中作缓慢的均匀直线运动的情况下,通过理论分析求出其数值。而大多数情况下需要通过物理模型实验或引用类似工程情况的建筑物原型观测资料来确定。这里给出常用的系数取值,如表 2.5.5.6 和表 2.5.5.7 所示。

普通结构形式的速度力系数 表 2.5.5.6

截面形状	C_D	截面形状	C_D
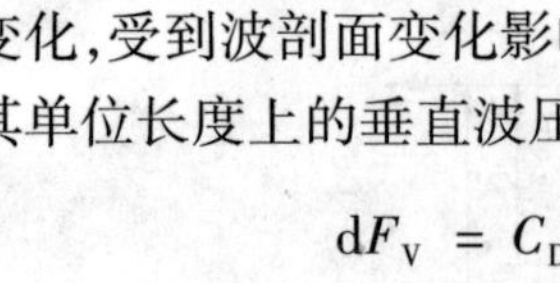 或	2.0	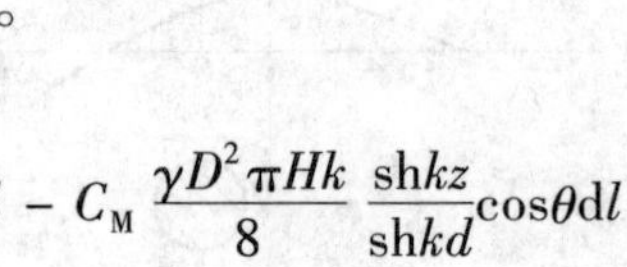 b r/b=0.08	1.9
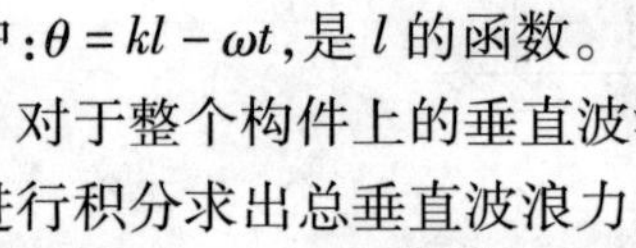 r b r/b=0.17	0.6	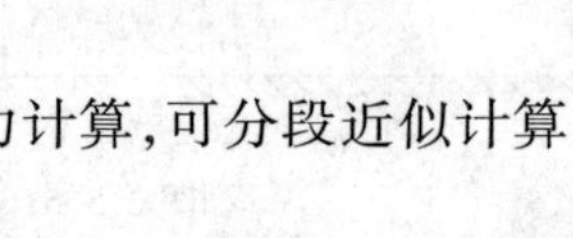 r b r/b=0.25	1.3

续上表

截面形状	C_D	截面形状	C_D
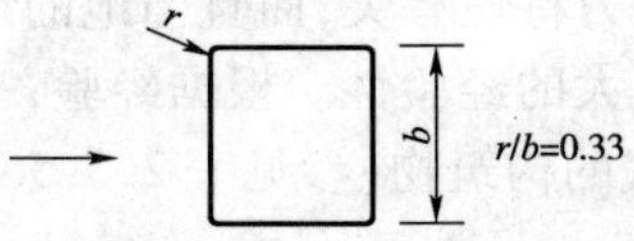 $r/b=0.33$	0.5	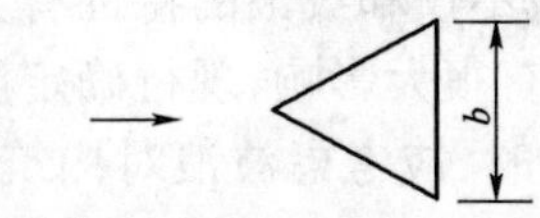	1.3
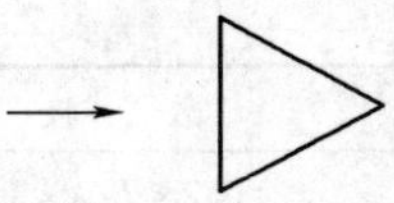	2.0	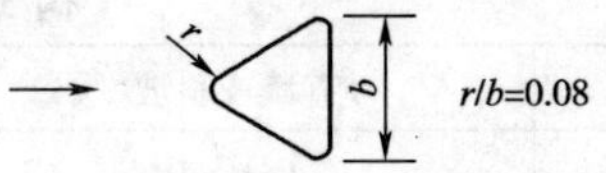 $r/b=0.08$	1.3
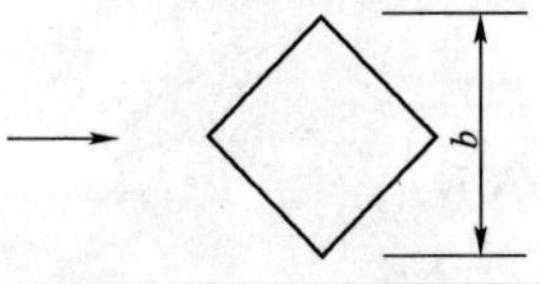	1.5	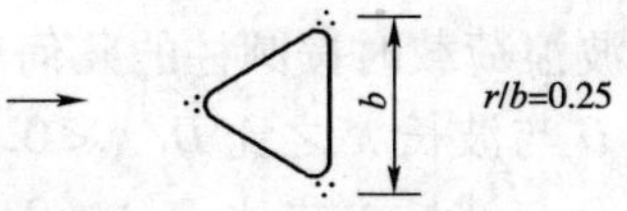 $r/b=0.25$	0.5

普通结构形式的惯性力系数　　表2.5.5.7

截面形状	C_M	截面形状	C_M
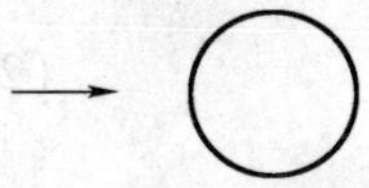	2.0	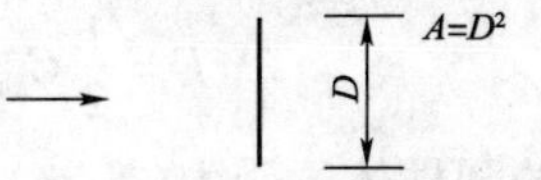 $A=D^2$	1.6
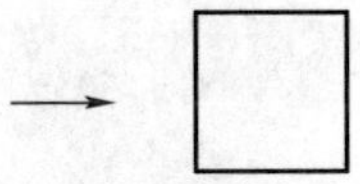	2.5	 或	2.3
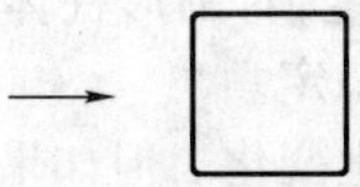	2.5	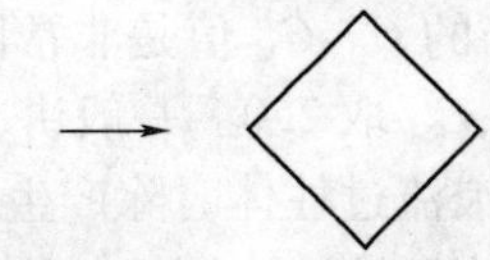	2.2

应当注意，对特殊形状的结构物，在确定速度力系数和惯性力系数时，必须进行广泛地实验和分析，用现有的资料外推很可能得出错误结果。在缺乏更为可靠的资料时，要非常小心地选用这些系数，而且应考虑到最新的研究成果。

5. 海生物附着对波浪力的影响

当海洋结构物投入使用以后，许多生物必然逐渐附着其上作为生息的场所，初时会使水下各物件的糙度增大，随着时间的推移，附着生物越来越多，同时也使水下构件的轮廓尺寸逐渐增大，改变结构物的受力状态，因为糙度增大也使阻力系数变大。构件尺度增大会使阻力尺度增大和排水体积的增大，从而使阻力和惯性力也随着增大。由此可见，海生物附着影响到海洋结构物的安全。在海洋生物附着现象严重的海域中，在设计时必须予以足够重视。在计算波浪力时，对于阻力项，构件尺寸应按海生物附着后实际增大的尺寸来考虑。由于糙度的影响，阻力系数应根据糙度乘以相应的增大系数 n，按不同的海生物附着的程度，按表2.5.5.8 选取。对于惯性力项，构件尺度应按海生物附着后实际增大的尺度来考虑。

阻力增大系数　　表2.5.5.8

附生程度	相对粗糙度	n	附生程度	相对粗糙度	n
一般程度附生	$\varepsilon/D\leqslant 0.02$	1.15	严重程度附生	$\varepsilon/D\geqslant 0.04$	1.40
中等程度附生	$0.02<\varepsilon/D<0.04$	1.25			

注：ε 为海生物附着的平均厚度(m)；D 为桩柱直径(m)。

5.5.6 波浪荷载的规范方法

波浪对构筑物的荷载不仅和波浪的特性有关还和构筑物的形式和受力特性有关，而且当地的地形地貌、海底坡度等也对其有很大影响，现行确定波浪荷载的方法还带有很大的经验性。根据经验，一般情况下当波高超过0.5m时，应考虑波浪对构筑物的作用力。对不同型式的构筑物（参见表2.5.5.9），波荷载的计算方法也不同。这里主要介绍圆柱体上的波浪荷载。

构筑物的分类　　表2.5.5.9

类　型	直墙或斜坡	桩　柱	墩　柱
L/λ	$L/\lambda>1$	$L/\lambda<0.2$	$0.2<L/\lambda<1$

注：L—构筑物水平轴线长度；λ—波浪波长。

考虑圆柱体上的波浪荷载时按圆柱的几何尺寸把圆柱分为两类：

①当圆柱的直径 D 与波长 λ 之比 $D/\lambda<0.2$ 时，称为小圆柱体；

②当圆柱的直径 D 与波长 λ 之比 $D/\lambda\geqslant0.2$ 时，称为大圆柱体。

小圆柱体的荷载计算采用Morison的计算公式。Morison认为在非恒定流动中的圆柱体，其受力有两部分：阻力和惯性力。阻力和惯性力的大小之比随条件的不同而变化，在某种条件下，阻力是主要的，而在另外条件下，惯性力是主要的。计算公式为：

$$F=\frac{1}{2}C_{\mathrm{D}}\rho DU\left|U\right|+\rho\pi\frac{D^2}{4}C_{\mathrm{M}}\dot{U} \tag{2.5.5.66}$$

式中：F——单位长度的圆柱体的受力（N/m）；

C_{D}——阻力系数；

C_{M}——惯性力系数；

D——圆柱体直径（m）；

U——质点水平方向的速度分量（m/s）。

但在计算中选定恰当的 C_{D}、C_{M} 值是非常困难的，我国《海港水文规范》规定，对圆形柱体不考虑雷诺数的影响，C_{D} 均取1.2，C_{M} 取2.0。一般讲，惯性力系数 C_{M} 比阻力系数 C_{D} 稳定。

圆柱体尺寸较小，波浪流过柱体时除产生漩涡外，波浪本身的性质并不发生变化。但如果圆柱尺寸相对于波浪来说较大时，当波浪流过圆柱时就会发生绕射现象，因此大圆柱体的受力不同于小圆柱体，其计算理论自然也不同于小圆柱体，而需按绕射理论来确定。关于大尺度结构物的波浪力的计算详见本书第八篇3.5节。

5.6 东海大桥水动力试验研究

以上对静水作用、海流作用、潮汐作用、海冰作用、波浪作用等几种海域水体对结构作用形式进行了比较全面的描述，给出了各种作用的特征和基本计算方法。但具体到设计层面，还是有很多具体的问题有待解决，尤其是考虑复杂的结构形式（如群桩、大直径承台）时，还需要考虑其特殊的作用机理和形式等问题。因此，跨海大桥的水作用设计方法是一个需要深入研究的课题。

目前，对跨海大桥的水作用设计问题，可以考虑规范方法和专题研究相结合的方法。基本的流程如下：首先调研相关海域环境资料，初步确定水作用的种类和主要的设计参数，在我国黄海、东海、南海海域的跨海大桥，基本都可以不考虑海冰作用。然后，根据规范要求进行波浪、海流等常规水作用的设计计算。最后，结合施工过程，对特殊结构形式的水作用问题，采用试验研究的方法确定，并对设计结果进行验证。

5.6.1 东海大桥海区水流要素

试验采用的水位见表2.5.6.1，其中参考基面为国家85高程。大桥北段K3～K5、K6～K15段及大桥南段K18～K28段不同重现期的波浪要素分别见表2.5.6.2、表2.5.6.3、表2.5.6.4。大桥北段K3～K5、K6～K15段及大桥南段K18～K28段测点潮流最大可能流速分别见表2.5.6.5、表2.5.6.6、表2.5.6.7。

原型海区水位 表2.5.6.1

特定水位	平均水位	平均高水位	设计高水位	极端高水位(50年一遇)
-1.00m	0.23m	1.86m	2.48m	3.60m

原型海区波浪要素(桥区K3～K5段) 表2.5.6.2

项目		$H1\%$	$H4\%$	$H13\%$	T_m	L	C
重现期	波向	(m)	(m)	(m)	(s)	(m)	(m/s)
百年	E	4.39	3.78	3.11	8.66	84.1	9.71
	SE	4.72	4.08	3.36	6.57	58.2	8.86
	NE	1.38	1.17	0.92	8.23	76.4	9.28
五十年	E	3.62	3.10	2.53	8.00	76.1	9.51
	SE	4.39	3.78	3.11	6.26	54.2	8.66
	NE	1.35	1.14	0.90	7.76	73.1	9.42
二十年	E	3.19	2.73	2.21	7.10	64.9	9.14
	SE	3.77	3.23	2.64	5.81	48.4	8.32
	NE	1.46	1.23	0.99	7.1	64.9	9.14
十年	E	2.85	2.42	1.94	6.4	57.6	9.00
	SE	3.06	2.6	2.09	5.43	44.3	8.17
	NE	0.99	0.83	0.66	6.58	60.6	9.21
五年	E	2.54	2.16	1.73	5.68	47.6	8.38
	SE	2.65	2.25	1.80	5.00	38.3	7.65
	NE	0.83	0.7	0.55	6.01	52.6	8.75
二年	E	2.03	1.72	1.37	4.63	33.1	7.15
	SE	1.97	1.67	1.33	4.24	28.0	6.60
	NE	0.60	0.50	0.39	5.13	40.1	7.82

原型海区波浪要素(桥区K6～K15段) 表2.5.6.3

项目		$H1\%$	$H4\%$	$H13\%$	T	L	C
重现期	波向	(m)	(m)	(m)	(s)	(m)	(m/s)
百年	E	4.63	3.97	3.24	8.66	90.3	10.43
	SE	4.78	4.11	3.36	6.57	60.6	9.22
	NE	6.39	5.56	4.63	8.23	82.7	10.04
五十年	E	4.3	3.69	3.01	8.00	80.0	10.0
	SE	4.4	3.78	3.09	6.26	55.8	8.92
	NE	5.88	5.1	4.21	7.76	76.8	9.9
二十年	E	3.99	3.41	2.78	7.10	67.8	9.55
	SE	3.99	3.41	2.78	5.81	49.5	8.53
	NE	5.42	4.68	3.87	7.10	67.6	9.53
十年	E	3.7	3.16	2.55	6.40	58.1	9.07
	SE	3.61	3.08	2.49	5.43	44.6	8.21
	NE	4.81	4.14	3.38	6.58	60.3	9.16

续上表

项目		H1%	H4%	H13%	T	L	C
重现期	波向	(m)	(m)	(m)	(s)	(m)	(m/s)
五年	E	3.31	2.82	2.27	5.68	47.9	8.43
	SE	3.13	2.66	2.14	5.00	38.4	7.68
	NE	4.05	3.47	2.82	6.01	52.3	8.71
二年	E	2.64	2.24	1.79	4.63	33.1	7.16
	SE	2.34	1.98	1.58	4.24	28.0	6.60
	NE	2.92	2.48	1.99	5.13	40.0	7.80

原型海区波浪要素(桥区 K18~K28 段) 表2.5.6.4

项目		H1%	H4%	H13%	T	L	C
重现期	波向	(m)	(m)	(m)	(s)	(m)	(m/s)
百年	E	3.46	2.95	2.4	8.66	91.8	10.6
	SE	4.41	3.78	3.1	6.57	61.5	9.37
	NE	6.62	5.75	4.81	8.23	84.6	10.3
五十年	E	3.41	2.9	2.35	8	82.3	10.29
	SE	4.48	3.83	3.15	6.26	56.9	9.09
	NE	6.56	5.7	4.77	7.76	77.9	10.04
二十年	E	3.45	2.93	2.39	7.1	69.4	9.78
	SE	4.05	3.46	2.83	5.81	50.3	8.65
	NE	6.22	5.4	4.5	7.1	68.7	9.67
十年	E	3.2	2.72	2.18	6.4	59.2	9.25
	SE	3.68	3.14	2.53	5.43	44.7	8.23
	NE	5.56	4.8	3.94	6.58	61.3	9.31
五年	E	2.85	2.42	1.94	5.68	48.5	8.54
	SE	3.2	2.72	2.19	5	38.5	7.69
	NE	4.69	4.03	3.28	6.01	53	8.82
二年	E	2.27	1.93	1.53	4.63	33.3	7.18
	SE	2.39	2.02	1.61	4.24	28	6.6
	NE	3.38	2.88	2.31	5.13	40.3	7.85

原型海区水流要素(桥区 K3~K5 段) 表2.5.6.5

项目	表层		中层		底层		平均	
	流速	流向	流速	流向	流速	流向	流速	流向
起点距	(m/s)	(°)	(m/s)	(°)	(m/s)	(°)	(m/s)	(°)
K3+500	2.67	260	2.09	263	1.36	265	2.04	262
K4+000	2.66	250	1.06	258	1.15	252	1.62	253
K4+500	2.81	250	2.18	250	1.14	249	2.05	250
K5+000	3.15	252	2.57	252	1.48	247	2.40	250

原型海区水流要素(桥区 K6～K15 段)　　表2.5.6.6

项　目	表　层		中　层		底　层		平　均	
	流速	流向	流速	流向	流速	流向	流速	流向
起点距	(m/s)	(°)	(m/s)	(°)	(m/s)	(°)	(m/s)	(°)
K6 +000	2.639	256	2.063	254	1.009	253	1.904	254
K6 +500	2.798	255	2.280	256	1.214	253	2.097	255
K7 +000	2.745	257	2.164	254	1.111	251	2.008	254
K7 +500	2.829	257	2.211	256	0.549	253	1.863	255
K8 +000	2.760	260	2.049	256	0.878	249	1.896	255
K8 +500	2.687	261	1.952	289	1.018	260	1.886	260
K9 +000	2.767	261	2.132	259	0.968	245	1.956	255
K9 +500	2.528	245	2.048	261	1.091	257	1.761	254
K10 +000	2.466	261	1.982	259	1.103	256	1.851	259
K10 +500	2.356	260	1.880	260	1.077	257	1.771	259
K11 +000	2.316	260	1.793	259	1.086	258	1.732	259
K11 +500	2.207	258	1.742	257	1.092	256	1.680	257
K12 +000	2.159	255	1.741	253	1.139	254	1.680	254
K12 +500	2.125	258	1.749	259	1.133	262	1.669	260
K13 +000	2.212	267	1.839	267	1.202	265	1.751	267
K13 +500	2.224	271	1.801	270	1.196	271	1.740	271
K14 +000	2.313	275	1.937	273	1.247	274	1.833	274
K14 +500	2.671	280	2.087	277	1.357	275	2.039	278
K15 +000	2.523	286	2.209	285	1.457	278	2.063	283
K15 +500	2.480	284	2.088	276	1.387	273	1.985	278

原型海区水流要素(桥区 K18～K28 段)　　表2.5.6.7

项　目	表　层		中　层		底　层		平　均	
	流速	流向	流速	流向	流速	流向	流速	流向
起点距	(m/s)	(°)	(m/s)	(°)	(m/s)	(°)	(m/s)	(°)
K18 +500	2.432	271	2.081 3	277	1.316 1	272	1.943 2	273
K19 +000	2.158	283	1.824 4	281	1.162 4	282	1.714 9	282
K19 +500	2.180	279	1.736 4	278	1.124 4	273	1.680 3	277
K20 +000	2.224	288	1.846 5	287	1.367 1	283	1.819 2	286
K20 +500	2.587	289	2.124 1	289	1.447 5	288	2.052 8	289
K21 +000	2.970	293	1.889 4	290	1.373 3	287	2.077 7	290
K21 +500	3.033	294	2.055 2	296	1.483 8	290	2.190 6	293
K22 +000	3.058	292	1.913 3	292	1.413 1	287	2.128 0	290
K22 +500	2.880	292	1.777 0	295	1.290 4	294	1.982 3	294
K23 +000	2.895	295	1.781 5	298	1.259 4	296	1.978 5	296
K23 +500	3.069	296	1.943 0	299	1.396 2	298	2.136 2	298
K24 +000	3.172	289	2.025 7	293	1.514 7	293	2.237 5	292
K24 +500	3.313	293	2.136 8	287	1.555 8	283	2.335 3	288
K25 +000	3.246	286	2.067 4	289	1.488 3	289	2.267 4	288
K25 +500	3.413	284	2.071 5	287	1.537 5	287	2.340 7	286
K26 +000	3.484	284	2.142 2	286	1.472 2	284	2.366 3	285
K26 +500	3.395	287	2.042 6	287	1.373 7	286	2.270 5	287

5.6.2 试验方法及模型设计

1. 试验设备及方法

50m、60m 跨桥梁承台水动力载荷试验研究工作在大连理工大学海岸和近海工程国家重点试验室的大波流水槽和综合水池中进行。该波流水槽长 69m、宽 2m、深 1.8m，配有从美国 MTS 公司引进的不规则波造波机，造波机由微机控制并配备数据采集系统，水槽安装由 2 台 0.8m^3/s 轴流泵组成的双向造流系统，最大造波水深 1.5m。综合水池有效使用范围长 55m、宽 28m，水池一侧装有自行设计制造的多向不规则波造波机，造波机由 70 块宽为 0.4m 的造波板组成，由微机控制并进行数据的采集和分析。试验中波浪要素的测定采用本试验室自制的 DLY－1 型浪高仪，最大量程：±0.15m，误差：0.002m。结构的波浪力采用无锡 702 所研制的天平式测力天平测量，量程为 150N，分辨率为 0.01N，桥压精度为 0.05％。点压力采用北京水电科学院研制的 DJ800 多点压力测量系统测量，系统为硅横向压阻式，可在水下操作，测量范围为－24～24kPa，分辨率为 0.01kPa。大连理工大学对于多向不规则波与流斜交时的复杂波流工况进行了充分的考虑和试验。

70m 跨桥梁承台水动力载荷试验在上海交通大学海洋工程国家重点试验室的风、浪、流试验水池中完成。该海洋工程水池长 50m、宽 30m、深 6m。水池中试验水深的变化可借助可升降架底来调节。整个架底由机械装置及气泵制动器控制其平稳升降或锁定；水深可在 0～5m 范围内任意调节。水池配有一套双推板大功率的液压造波机，造波机液压控制系统从德国 KEMPFS & REMMER 公司购置。造波机能产生纵向传播的长峰波，最大波高可达 0.6m，由计算机进行程序控制，可以产生模型试验所需要的规则波或不规则波。在造波机的对岸设有一定斜度的格栅式消波装置，借以吸收波能和防止产生反射波。水池配有一套高压喷水造流系统，在池墙两侧均匀密布喷水管，水泵从粗管吸水加压后从密布的喷水管中喷出，在水池中造成均匀的水流。该系统能产生纵向流和横向流，最大流速为 0.2m/s。此外，还配置了局部造流系统，以适应高速水流以及不同流向试验的需要。实验室自行开发的实时数据采集与分析系统拥有 64 个模拟量通道，分辨率为 16bit，最高采样速率可以达到 100kHz，该系统集实时数据采集、实时数据图形显示与数据分析于一体。本项目采用先进的测力技术对作用在低承台与桩柱上的水动力进行了同步测量。根据试验要求而特殊设计和加工的测量桩柱受力的天平，可以完全安装在桩柱模型中，并具有可以在水下工作的特点，国内外文献尚未见到此方面的报道。对于承台及整体模型的水动力载荷测量采用六分力天平（日本 KYOWA 公司 LSM－30KESAG6）同时测量波向力、横向力、垂向力及倾覆力矩、横摆力矩和扭转力矩。

2. 模型设计

试验采用正态模型，依据重力相似（Froude 数相似）原则设计模型。定义 Froude 数如下：

$$F_r = \frac{u}{\sqrt{gl}} \tag{2.5.6.1}$$

依据$(F_r)_p = (F_r)_m$，得到表 2.5.6.8 中各物理量的比尺与几何长度比尺的关系。

本次试验各物理量的比尺 表 2.5.6.8

	模型长度	时间比尺	频率比尺	速度比尺	力矩	压强	力
比尺	$\lambda_l = l_p / l_m$	$\lambda_t = \lambda^{\frac{1}{2}}$	$\lambda_f = \lambda_l^{-\frac{1}{2}}$	$\lambda_u = \lambda_l^{\frac{1}{2}}$	$\lambda_M = \lambda_l^4$	$\lambda_p = \lambda_l$	$\lambda_p = \lambda_l^3$

3. 波浪要素

本研究计划首先在波流水槽或水池中进行单向（长峰）不规则波试验。不规则波的风浪谱取 JONSWAP 谱，其表达式为：

$$S(f) = \alpha H_s^2 T_P^{-4} f^{-5} \exp\left[-\frac{5}{4}(T_p f)^{-4}\right] \gamma^{\exp\left[-\frac{(f f_p^{-1}-1)^2}{2\sigma^2}\right]} \tag{2.5.6.2}$$

其中：

$$\alpha = \frac{0.06238}{0.230 + 0.0336\gamma - 0.185(1.9+\gamma)^{-1}} \times [1.094 - 0.01915\ln\gamma] \qquad (2.5.6.3)$$

$$\sigma = \begin{cases} 0.07 & f \leqslant f_p \\ 0.09 & f > f_p \end{cases} \qquad (2.5.6.4)$$

式中：H_s——有效波高；

T_p——谱峰值周期；

f_p——谱峰值频率；

γ——谱峰值参数，取2.8。

进行多向不规则波试验时，波浪的方向分布采用如下形式：

$$G(\theta) = \cos^{2s}\frac{\theta - \theta_0}{2} \qquad (2.5.6.5)$$

式中：θ_0——波浪的主波向；

s——波浪方向分布集中度参数s，试验中取$s \approx 40$。

4. 波流模拟方法

对应不同试验水深，分别在水槽和水池中设定所需水流，使得水流满足模型水流速度，确定造流参数。

在无流状态下，对应不同试验水深，分别在水槽和水池中设定所需波浪要素，使得波浪频谱满足JONSWAP谱，同时波浪的特征波高和特征周期满足模型波浪要素值，从而确定产生所需波浪的造波机控制信号。对于多向不规则波，模拟所得方向分布的集中度参数s，其值基本在40左右。

安放不同工况的试验模型及各种量测仪器。

同时按造流参数和造波机信号产生水流和波浪，进行波浪和水流对单桩、群桩和桥墩等作用的试验。

通过量测仪器采集所要求的数据并进行数据分析，给出试验结果。

5. 试验工况设计

为了校核大桥基础的设计波流力和制定基础工程施工程序，这里针对工程的不同施工阶段进行承台套箱、桩基和桥墩所受波流力的模型试验。波流同向时50m、60m跨桥梁基础试验在波流水槽中进行，波浪采用单向不规则波，试验模型的长度比尺为1∶30；波流斜交时50m、60m跨桥梁基础试验在综合波浪水池中进行，波浪分别采用单向不规则波和多向不规则波，试验模型长度比尺为1∶40；70m跨桥梁基础试验在海洋工程波流水池进行，波浪采用单向不规则波，试验模型长度比尺为1∶30。

5.6.3　单桩模型试验

1. 模型及试验设计

在波流同向顺流情况下，50m、60m跨桥梁基础试验均模拟16种不同的波流组合，考虑4种斜桩方向（斜率均为5∶1，其波向交角分别为0°、90°、135°、180°），分别为64种工况，试验在波流水槽中进行。单桩布置示意图2.5.6.1所示，50m跨桥梁基础单桩桩顶和底高程分别为1.25和－9.0m；60m跨对应值为2.5和－14.0m。

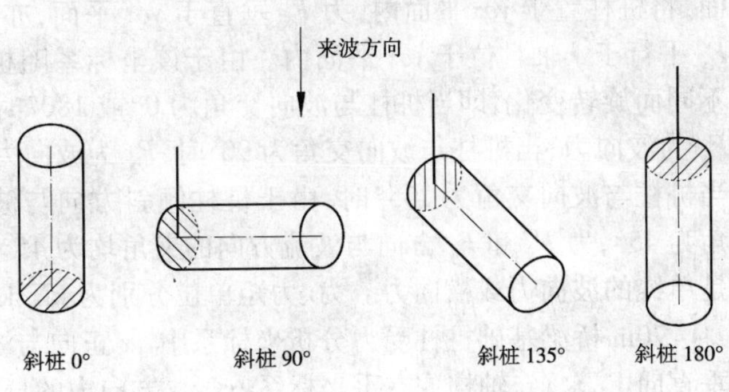

图2.5.6.1　50m、60m跨桥梁基础试验单桩示意

70m 跨桥梁基础试验模拟 16 种不同的波流(同向)组合,考虑 6 种单桩方向(1 根垂直桩,5 根斜率为 4.5:1的斜桩,其波向交角分别为 0°、45°、90°、135°、180°),共计 96 种工况。桩柱模型下部加工成套筒状,将四分力天平套入,并在底部内侧与天平顶端固定;整个桩柱模型顶部封盖。四分力天平底端通过一卡位支座与底板固定,桩柱模型下部套筒与底板留 2mm 空隙,见图 2.5.6.2。将 6 根桩分两组各 3 根桩实施,图 2.5.6.3 为单桩试验分组示意图。

50m、60m 及 70m 跨桥梁基础试验单桩试验的波流组合工况见表 2.5.6.9。

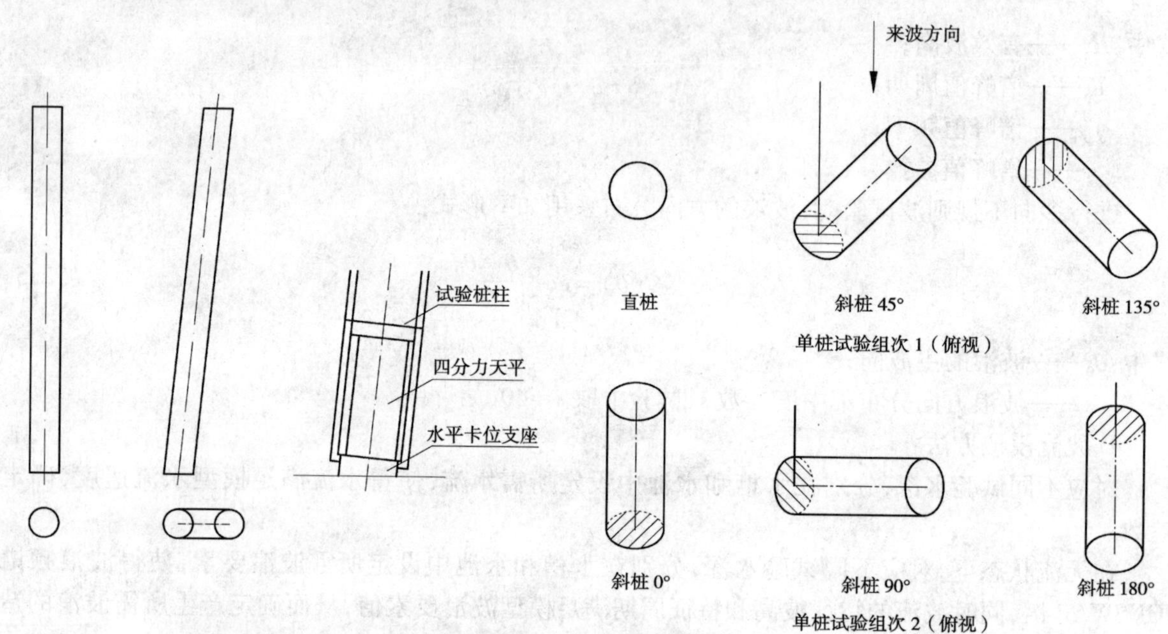

图 2.5.6.2　直桩与 4.5:1斜桩模型几何尺寸与四分力天平安装示意　　图 2.5.6.3　单桩试验分组示意

单桩与群桩试验组合表　　表 2.5.6.9

水位及对应流况				波要素工况	
水位(m)	50m 跨 流速(m/s)	60m 跨 流速(m/s)	70m 跨 流速(m/s)	波高(m)	周期(s)
特定水位 -1.00	1.46	1.77	-1.87	0.9	3.80
平均水位 0.23	2.02	1.81	1.95	1.2	4.37
平均高水位 1.86	1.85	1.96	2.12	1.5	4.88
设计高水位 2.48	1.53	1.59	1.63	2.0	5.61

波流力分解及坐标定义如下:50m、60m 跨桥梁基础桩柱受力分析采用的坐标定义如图 2.5.6.4 所示,其中坐标系 xoy 位于桩底水平面,将桩柱置于 yoz 平面内,力 F_x 垂直于 yoz 平面,亦垂直于桩柱,力 F_y 平行于 y 轴且位于 yoz 平面内。由于该坐标系随桩柱波向交角的不同而旋转变化,即当桩柱与波向交角为 0°或 180°时,F_x 为横向力,F_y 为波向力;当桩柱与波向交角为 90°时,F_x 为波向力,F_y 为横向力;当桩柱与波向交角为 135°时,由于桩柱倾斜方向与波流作用方向夹角为 45°,力 F_x 和 F_y 方向与波流方向的夹角均为 45°,此时二者都不是单纯的波向力或横向力。力、力矩单位分别为 kN、kN · m。

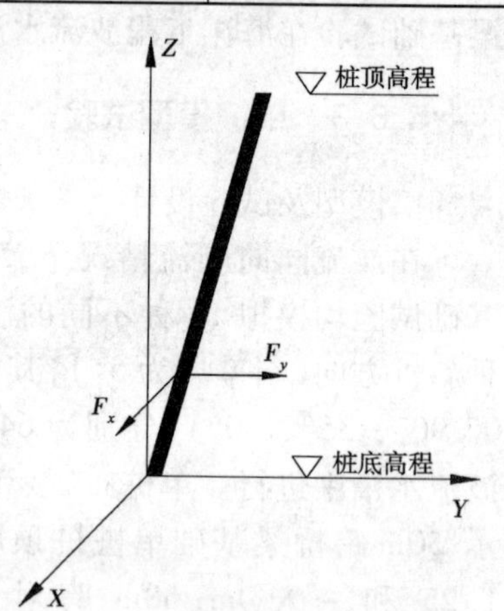

图 2.5.6.4　单桩试验波流力的坐标定义

70m 桥梁基础桩柱受力分析坐标系中 ,x 正向与波向一致,z 正向垂直向上,x、y、z 轴构成右手坐标系。x、y、z 方向力的分量及合力以 F_x、F_y、F_z、F 标识,单位为 kN;x、y、z 方向力矩的分量及合力矩以 M_x、M_y、

M_z、M 标识,单位为 kN · m。力矩参照点为各桩柱中轴与水底泥面的交点。

2. 水动力的时域特性

由试验结果发现:

对于 50m 跨桥梁基础,试验所得单桩受力在平均水位(0.23m)时最大,对应四种波高作用,四种布置形式单桩所受最大合力分别为 47.5kN、57.2kN、62.8kN 和 87.6kN。

对于 60m 跨桥梁基础,除特定水位时的结果略小外,其他三种水位时的单桩所受波流总力基本相当,对应四种波高作用,四种布置形式的单桩所受最大合力分别为 70.2kN、82.5kN、91.7kN 和 128.6kN。

对于 70m 跨桥梁基础,试验所得单桩受力在平均高水位(1.86m)时最大,对应四种波高作用,六种布置形式单桩所受最大合力分别为 147.9kN、164.3kN、181.6kN 和 207.9kN。

表 2.5.6.10、表 2.5.6.11、表 2.5.6.12 分别给出了 50m、60m、70m 跨桥梁基础试验平均水位下最大波高时各桩柱波流力最大值。可以看出,对合力而言,在四种斜桩中受力最大的分别是斜桩 90°、斜桩 90°、斜桩 45°。由其他水位试验结果亦可得:各斜桩在同一水位时的波向力变化很小,按规范规定当倾斜角度大于 75°时,速度力和惯性力系数 C_d、C_m 与直桩的速度力和惯性力系数相差仅 1% ~3%,即可按直桩处理。

各斜桩受力最大值(50m 跨平均水位波高最大时)　　表 2.5.6.10

50m 跨	斜桩 0°	斜桩 90°	斜桩 135°	斜桩 180°
$\|F_{xmax}\|$(kN)	28.0	86.4	68.4	29.1
$\|F_{ymax}\|$(kN)	76.1	33.3	65.4	77.6
F_{max}(kN)	76.6	87.6	83.6	82.0

各斜桩受力最大值(60m 跨平均高水位波高最大时)　　表 2.5.6.11

60m 跨	斜桩 0°	斜桩 90°	斜桩 135°	斜桩 180°
$\|F_{xmax}\|$(kN)	49.9	100.9	109.6	60.1
$\|F_{ymax}\|$(kN)	115.5	71.6	99.9	104.3
F_{max}(kN)	122.4	128.6	111.8	109.8

各斜桩受力最大值(70m 跨平均高水位波高最大时)　　表 2.5.6.12

70m 跨	直桩	斜桩 0°	斜桩 45°	斜桩 90°	斜桩 135°	斜桩 180°
$\|F_{xmax}\|$(kN)	134.1	139.7	198.0	162.3	163.3	109.7
$\|F_{ymax}\|$(kN)	57.6	95.7	100.4	64.9	81.9	137.8
F_{max}(kN)	138.7	153.7	207.9	164.8	170.1	166.0

表 2.5.6.13 给出 50m 跨桥梁基础试验斜桩 90°在四种水位不同波高下的受力最大值。可以看出,在同一水位时,桩柱所受的波向力和总力随波高的增大而增大;对比单桩底部弯矩和水平力可以看出,单桩所受波流力的作用位置一般在桩中部偏上位置。70m 跨桥梁基础试验表明,波向力作用点高度由最大倾覆力矩和最大波向力确定,比值基本在 0.55 左右。

斜桩 90°受力最大值(50m 跨)　　表 2.5.6.13

水位(m)	波高(m)	$\|F_{xmax}\|$(kN)	$\|F_{ymax}\|$(kN)	F_{max}(kN)
-1.00	0.9	21.5	9.4	21.9
	1.2	33.7	18.8	33.8
	1.5	36.5	25.5	40.1
	2.0	66.8	58.2	67.1

续上表

水位(m)	波高(m)	$\|F_{xmax}\|$(kN)	$\|F_{ymax}\|$(kN)	F_{max}(kN)
0.23	0.9	44.7	13.1	45.3
	1.2	56.8	20.0	57.2
	1.5	59.2	18.0	59.5
	2.0	86.4	33.3	87.6
1.86	0.9	35.5	12.4	37.3
	1.2	45.9	15.9	46.4
	1.5	47.4	19.0	49.7
	2.0	64.0	37.4	70.1
2.48	0.9	26.6	10.8	27.1
	1.2	29.3	20.1	33.2
	1.5	37.3	30.2	46.1
	2.0	62.1	45.4	67.7

3. 水动力的频域特性

为了解单桩所受波流力与波浪作用的关系，在进行单桩受力试验的同时，在水槽中与桩并列布置浪高仪，对波浪进行了观测。图 2.5.6.5、图 2.5.6.6 分别为分析所得斜桩 90°和斜桩 135°波流力谱及对应的波浪频谱。可以看出，斜桩 90°的波向力力谱的频率分布特性与波浪频谱特性一致，而且力谱的峰频与波浪的峰频基本相同。但横向力的力谱的峰频明显大于波浪和波向力频谱的峰频。对于斜桩 135°，由于 x 和 y 方向与波流方向的夹角均为 45°，两个方向都不是单纯的波向力或横向力，因此两个方向的力谱频率分布特性基本与波浪频谱分布特性一致，但高频侧均有不同程度的次峰，说明有较大的高频成分。

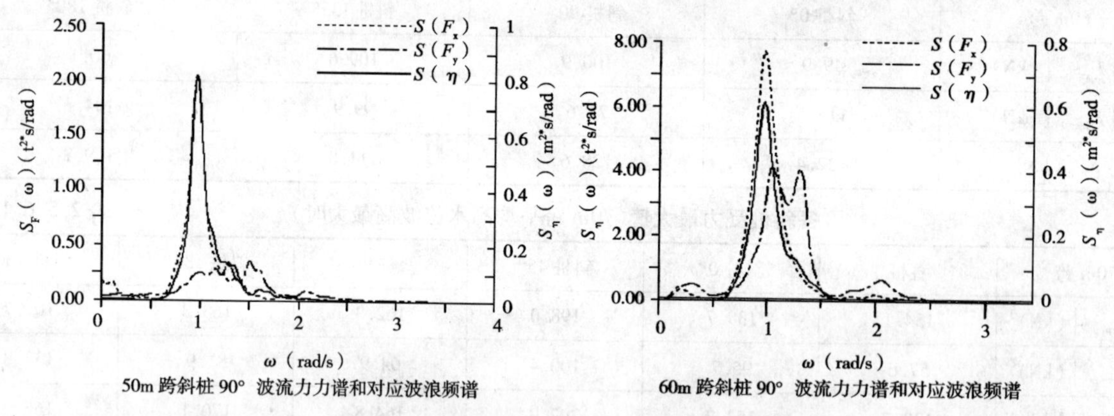

图 2.5.6.5 波流力力谱和对应波浪频谱(设计高水位最大波高时)

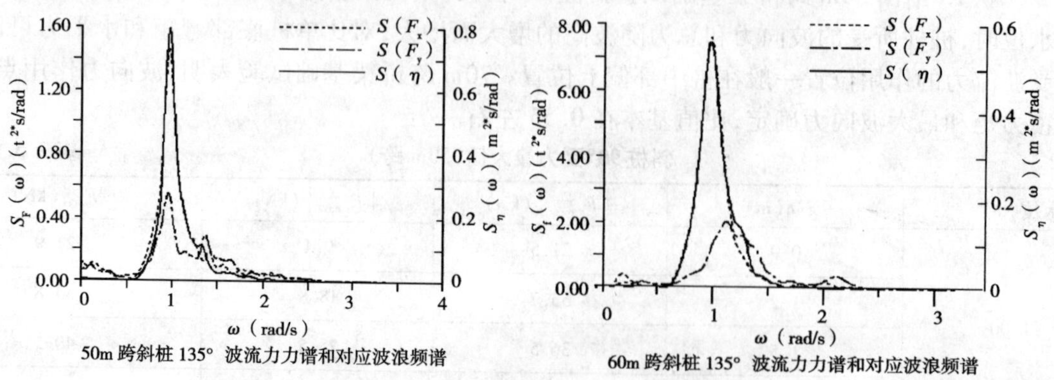

图 2.5.6.6 波流力力谱和对应波浪频谱(平均水位最大波高时)

为了解单桩所受波流力与波浪的相位关系，分析了波流水平力与波浪波面之间的互谱。图2.5.6.7 a)、b)分别为50m、60m跨桥梁基础斜桩90°所受X方向、Y方向水平力和总力与波浪之间的相位差$\theta_{\eta x}$、$\theta_{\eta y}$、$\theta_{\eta T}$。可以看出，在主要波能集中频率范围内，桩柱正向波流力与波浪波面的相位差一般为0°或360°，基本为同相位，而横向力(升力)与波浪波动之间的相位差有一定的变化范围，进一步说明波向力最大值与横向力最大值一般不同时出现。图2.5.6.8给出了70m跨在水深14.23m、流速1.95m/s、波高2.0m、周期5.61s的波流工况下波向力与波面的相位差。可以看出，波向力与波面接近同相位，由Morison公式可知，波向力中速度项(阻力)占优；斜桩倾斜的方位角对波向力与波面的相位差略有影响；随着顺流流速增大，水流中波长也增大，波向力与波面的相位差减小，一般不超过30°。

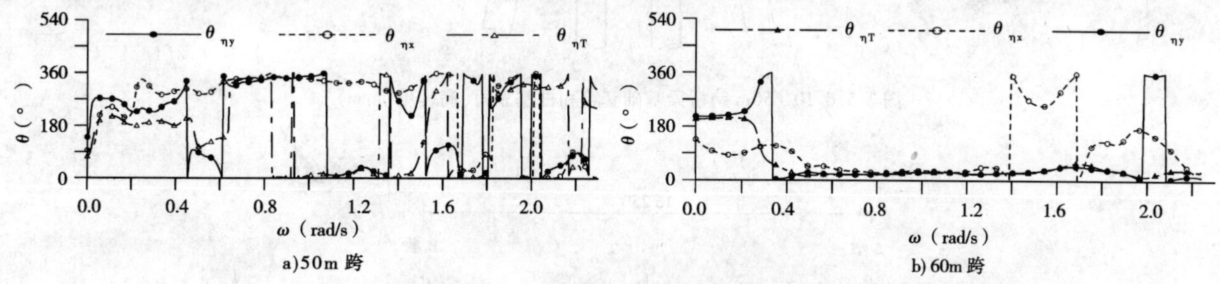

图2.5.6.7　斜桩90°波流力与波浪之间的相位谱(平均高水位最大波高时)

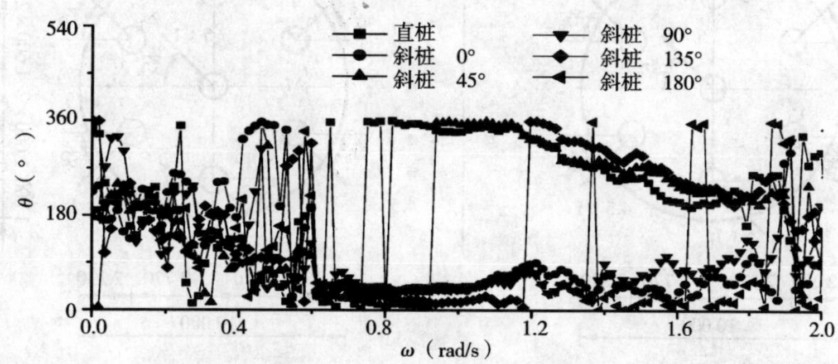

图2.5.6.8　单桩波向力与波面相位差

5.6.4　群桩模型试验

1. 模型及试验设计

为了解施工过程中桩基的受力情况，考虑承台套箱的影响，50m跨桥梁基础试验按图2.5.6.9和图2.5.6.10中的桩位布置，60m跨桥梁基础试验按图2.5.6.11和图2.5.6.12中的桩位布置进行波流同向时桩基受力的模型试验，测定全部桩所受总力，波流组合与单桩模型试验相同。为了研究群桩受力和单桩受力之间的关系，在合力最大的危险水位+0.23m和考虑其他桩的影响下，逐个进行单桩波流力测试。考虑50m跨桥梁基础桩基布置的对称性，进行了外圈4根桩和中心直桩的波流力测试。在60m跨桥梁基础试验中，进行所有7根单桩的波流力测试。

70m跨桥梁基础试验同步测量作用在8根桩上的水动力(正向力、横向力、倾覆力矩与横摆力矩)的时间序列，群桩模型(桩柱模型制作及四分力天平安装方式与单桩模型一致)见图2.5.6.13、图2.5.6.14。

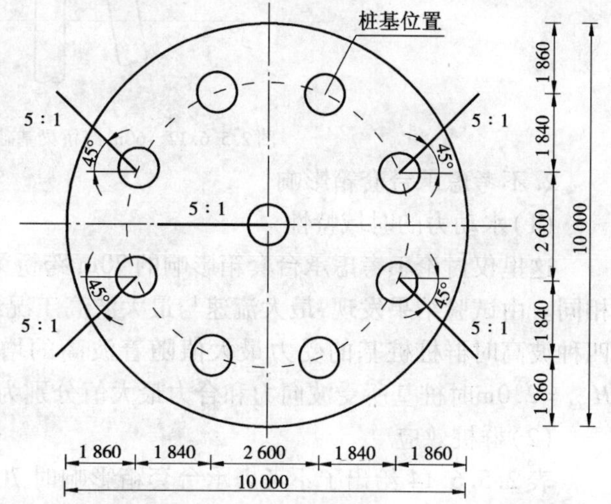

图2.5.6.9　50m跨桥梁基础试验群桩桩位(尺寸单位:mm)

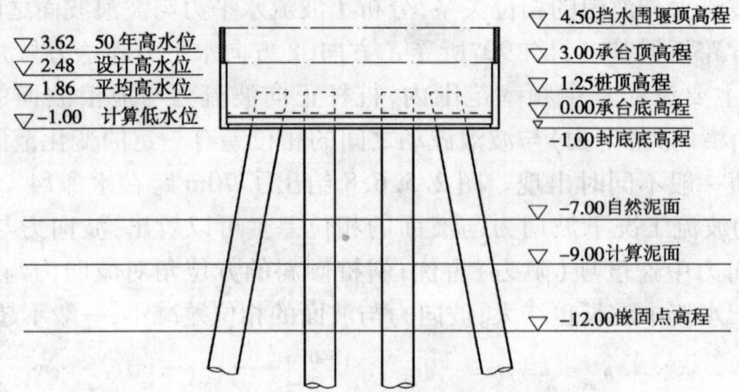

图 2.5.6.10 50m 跨桥梁基础套箱和桩基立面(高程单位:m)

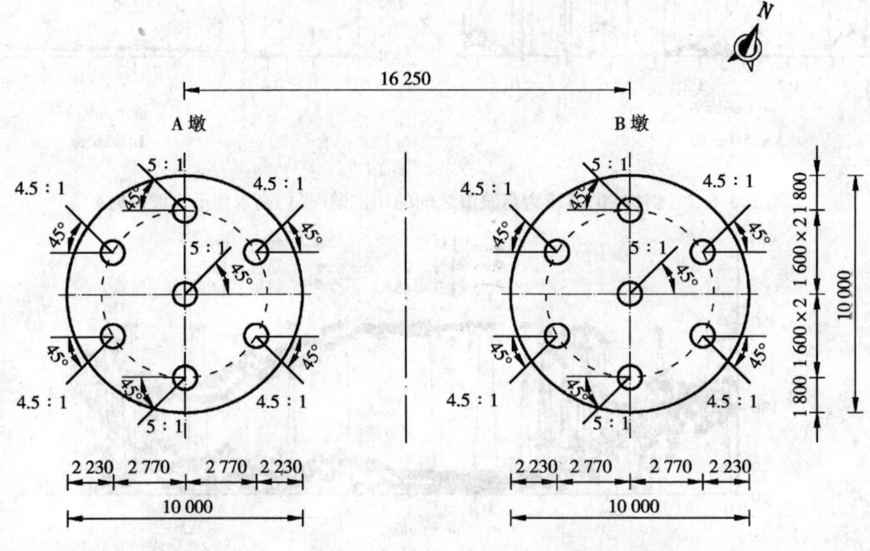

图 2.5.6.11 60m 跨桥梁基础试验群桩桩位(尺寸单位:mm)

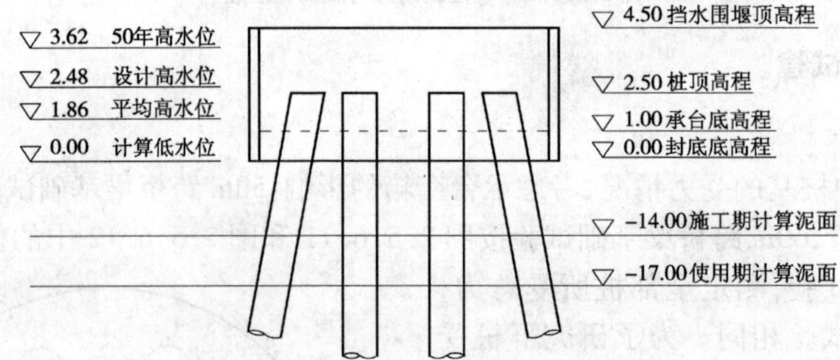

图 2.5.6.12 60m 跨桥梁基础套箱和桩基立面(高程单位:m)

2. 不考虑承台套箱影响

(1)水动力的时域特性

这里仅讨论不考虑承台套箱影响的 70m 跨桥梁基础群桩试验结果,其坐标定义与对应的单桩试验相同。由试验结果发现,最大流速与最大波高工况组合时群桩中各组成桩受力均达最大,平均高水位下四种波高时群桩桩基的受力最大值随着波高的增大而增大,这与单桩试验相同,对应最大有效波高 $H_{1/3}=2.0$m时桩基所受波向力和合力最大值分别为 758.1kN、764.4kN。

(2)群桩效应

表 2.5.6.14 给出了不考虑承台套箱影响时 70m 跨桥梁群桩中单桩波流力的最大值,并对各桩按合力大小进行排序。显然,群桩效应明显。从试验结果可以看出,迎流或迎波侧的桩柱受力不一定最

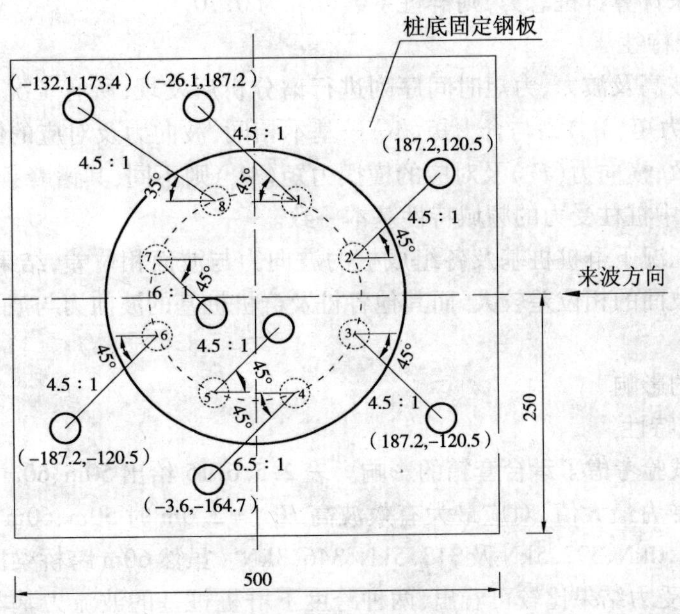

图 2.5.6.13　群桩模型水底桩位($z=0$;单位 mm)

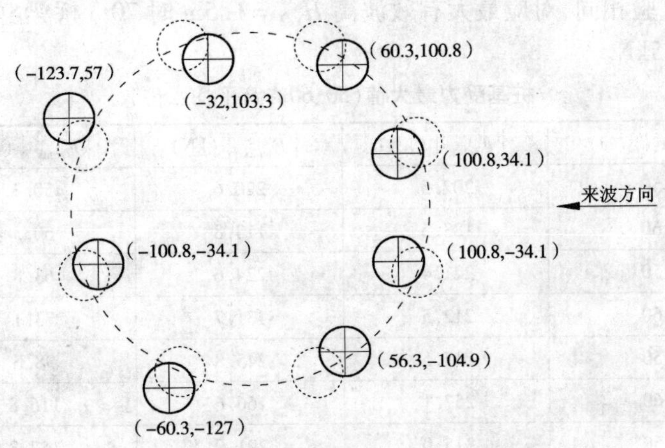

图 2.5.6.14　群桩模型顶部桩位($z=550$;单位 mm)

大。在上述波流组合工况下,比较群桩中各组成桩的波力 1/10 极值,各桩波向力为单桩试验中直桩的 55% ~122%,横向力为单桩试验中直桩的 117% ~368%,合力为单桩试验中直桩的 58% ~148%。与单桩试验数据比较,群桩中单个桩波向力最大值减小,约为单桩试验桩柱波向力最大值的 85%;横向力最大值增大,约为单桩试验桩柱横向力最大值的 150%;合力最大值略大于单桩试验的相应值,而最小值大幅度降低,约为单桩试验桩柱合力最小值的 55%。

群桩中单桩受力最大值(平均高水位最大波高时)　　表 2.5.6.14

	No. 7	No. 3	No. 4	No. 1	No. 2	No. 5	No. 6	No. 8
$\|F_{xmax}\|$(kN)	150.4	174.5	107.8	132.0	128.7	95.3	90.4	78.9
$\|F_{ymax}\|$(kN)	181.6	105.6	148.2	100.7	66.2	64.7	67.5	77.7
F_{max}(kN)	211.2	190.4	158.7	142.6	134.4	101.5	96.4	85.6

与单桩试验中不同波流工况下直桩受力结果进行比较可以看出,70m 跨桥梁基础单直桩试验结果乘以总的桩数所得群桩总力与实测群桩桩基的总力比值分别为 1.57 ~2.04,即群桩受力相当于按单直桩受力分别乘以总的桩数所得总力的 55% ~68%。为安全起见,实际应用时 70m 跨桥梁基础如按单直

桩受力乘以总的桩数来计算群桩总力，则群桩系数可取为0.70。

(3)水动力的频域特性

对试验采集到的波高及波力、力矩时间序列进行谱分析后发现，所有工况下波向力(F_x)谱与合力(F)谱基本相同，倾覆力矩(M_y)谱与合力矩(M)谱基本相同，波向力及对应的倾覆力矩谱，其形状和谱峰频率均与波浪谱一致；横向力(F_y)及对应的横摆力矩(M_x)则不同，其谱峰频率与波浪谱峰频率有明显差异，这与单桩试验中桩柱受力的频域特性基本一致。

分析各波流组合工况下群桩桩基及各组成桩的波向力与波面相位差，结果表明：在主频附近，7号和4号桩的波向力与波面的相位差较大，而其他各桩及群桩桩基的波向力与波面的相位基本一致，这与单桩试验情况相同。

3. 考虑承台套箱的影响

(1)水动力的时域特性

本部分群桩模型试验考虑了承台套箱的影响。表2.5.6.15给出50m、60m跨桥梁群桩在平均水位下四种波高时的桩基受力最大值，对应最大有效波高$H_{1/3}=2.0$m时50m、60m跨桥梁群桩的波向力和合力最大值分别为315.0kN、392.5kN及313.5kN、346.3kN。虽然60m跨桥梁群桩的桩径较50m跨大，但群桩桩数少，从群桩受力结果比较可看出，两种跨度下群桩桩基的波流力基本相当。表2.5.6.16给出70m跨桥梁群桩在平均高水位下四种波高时的桩基受力最大值，可看出桩基所受波流力随着波高的增大而增大，这与单桩试验相同，对应最大有效波高$H_{1/3}=1.5$m时70m桥梁群桩的波向力和合力最大值分别为619.0kN、623.5kN。

桩基受力最大值(50、60m跨平均水位)　　表2.5.6.15

波高(m)	桥梁跨距(m)	$\lvert F_{xmax}\rvert$(kN)	$\lvert F_{ymax}\rvert$(kN)	$\lvert F_{zmax}\rvert$(kN)	F_{max}(kN)
0.9	50	202.5	220.6	50.3	279.4
	60	183.5	113.8	60.3	185.5
1.2	50	221.4	224.6	63.8	302.0
	60	212.5	131.7	73.1	214.8
1.5	50	237.5	245.8	98.6	317.6
	60	257.1	166.6	116.8	300.1
2.0	50	315.0	291.9	152.8	392.5
	60	313.5	189.6	154.3	346.3

桩基受力最大值(70m跨平均高水位)　　表2.5.6.16

波高(m)	$\lvert F_{xmax}\rvert$(kN)	$\lvert F_{ymax}\rvert$(kN)	$\lvert F_{zmax}\rvert$(kN)	F_{max}(kN)
0.6	454.9	154.3	33.9	457.6
0.9	486.8	146.8	36.7	491.6
1.2	520.0	150.6	36.0	522.6
1.5	619.0	157.4	38.9	623.5

(2)群桩效应

70m跨群桩试验中单桩编号见前图2.5.6.15。表2.5.6.17、表2.5.6.18、表2.5.6.19给出了考虑承台套箱影响时50m、60m及70m跨桥梁群桩中单桩波流力的最大值，并对各桩按合力大小进行排序。对应于群桩桩基受力最大的工况，可以看出，群桩效应显著。从50m、60m及70m跨桥梁基础群桩中的单桩试验结果可以看出，迎流或迎波侧的桩柱受力不一定最大，群桩中各单桩受力是一个复杂的问题，每根单桩的受力和整个群桩桩基的布置形式、桩径、桩数等有关，应用时应综合考虑这些因素。

群桩中单桩受力最大值(对应于桩基受力最大的工况) 表2.5.6.17

50m跨	No.3	No.2	No.1	No.4	No.5
$\|F_{xmax}\|$(kN)	67.6	59.5	56.3	47.8	41.4
$\|F_{ymax}\|$(kN)	41.8	66.0	42.9	50.0	34.8
F_{max}(kN)	73.9	66.4	56.7	57.1	44.2

群桩中单桩受力最大值(对应于桩基受力最大的工况) 表2.5.6.18

60m跨	No.2	No.7	No.1	No.5	No.6	No.4	No.3
$\|F_{xmax}\|$(kN)	97.8	54.8	55.7	59.9	37.3	43.4	45.0
$\|F_{ymax}\|$(kN)	61.2	68.1	66.6	69.4	56.3	23.8	26.5
F_{max}(kN)	105.0	87.2	84.5	78.1	72.1	48.5	47.8

群桩中单桩受力最大值(对应于桩基受力最大的工况) 表2.5.6.19

70m跨	No.2	No.7	No.3	No.4	No.1	No.5	No.8	No.6
$\|F_{xmax}\|$(kN)	141.9	121.4	88.6	75.2	80.3	58.0	37.2	31.7
$\|F_{ymax}\|$(kN)	114.7	103.1	76.4	82.6	59.3	51.6	49.3	28.2
F_{max}(kN)	176.5	138.9	109.8	100.9	87.5	65.5	50.9	35.7

与单桩试验平均水位时各桩柱受力结果比较可以看出,50m、60m跨桥梁基础单桩试验结果乘以总的桩数所得群桩总力与实测群桩桩基的总力比值分别为1.53~2.0、2.0~2.3,即群桩受力相当于按单桩受力分别乘以总的桩数所得总力的50%~65%、50%左右,为安全期起见,实际应用时50m、60m跨桥梁基础如按单桩受力乘以总的桩数来计算群桩总力,则群桩系数可分别取为0.65和0.5。

一般情况下,承台套箱与群桩桩基所受波流力的最大值并不同时出现,而是存在一定的相位差,若采用两者的最大值之和作为设计参考值,则结构受力无疑是偏于安全的。这里定义承台套箱与桩基两者受力的最大值与实际出现的受力最大值的比值为安全系数(或相位折减系数),表达为:

$$K_{Deg}=\frac{\left(\sum_{i=1}^{8}F_i\right)_{max}+(F_0)_{max}}{\max\left\{\left[\left(\sum_{i=1}^{8}F_i\right)_{max}+F_0\right],\left[(F_0)_{max}+\sum_{i=1}^{8}F_i\right]\right\}} \tag{2.5.6.6}$$

式中:$(\sum_{i=1}^{8}F_i)_{max}$——群桩桩基所受合力的最大值,即各组成桩受力瞬时值之和的合力最大值;

$(F_0)_{max}$——承台套箱所受合力的最大值;

$(\sum_{i=1}^{8}F_i)_{max}+F_0$——群桩桩基受力最大时的合力值与此瞬时的承台套箱合力之和;

$(F_0)_{max}+\sum_{i=1}^{8}F_i$——承台套箱受力最大时的合力值与此瞬时的群桩桩基合力之和。

(3)水动力的频域特性

为了分析60m跨桥梁基础群桩波流力的频率特性及其与波浪之间的相位关系,类似单桩试验,对群桩波流力进行了频谱分析和与波浪之间的互谱分析。结果表明,波向力力谱的频率分布特性与波浪频谱特性一致,但与波浪之间具有大约45°的相位差;而横向力与波浪之间具有较大相位差,而且变化较大。

对70m跨桥梁基础试验(70G1工况)采集到的波高及桩基各组成桩的波力、力矩时间序列按相关函数法进行谱分析后发现,所有工况下各桩柱及桩基所受波向力(F_x)的谱形与合力(F)的谱形基本相同,倾覆力矩(M_y)的谱形与合力矩(M)的谱形基本相同,波向力及对应的倾覆力矩谱,其形状和谱峰频率均与波浪谱一致;横向力(F_y)及对应的横摆力矩(M_x)则不同,其谱峰频率与波浪谱峰频率有明显差异,这与单桩试验及不考虑承台套箱的群桩试验中桩柱受力的频域特性基本一致。

此外,还分析了70G1工况各波流组合工况下群桩桩基及各组成桩的波向力与波面相位差。结果表明:在主频附近,除No.7和No.4桩外,其他各桩及桩基的波向力与波面相位差大约为45°。由此可见,与单桩及不考虑承台套箱的群桩试验结果相比,由于上部承台的影响,导致作用在大多数桩柱及桩基上的波向力与波面出现了明显的相位差。

5.6.5 承台套箱和桩基模型试验

1. 模型及试验设计

(1)50m 跨桥梁基础

模型试验根据施工阶段及工程要求分为 5 个阶段:

①承台套箱和桩基模型试验工况一(记为 50G1)

套箱刚安装就位,仅和支承的 4 根直桩以铰接形式固定时在各种水位、波浪、水流作用的模型试验,试验中波流同向,试验在水槽中进行,采用测力天平测定作用在套箱和 4 根直桩上的波流总力,试验组合如表 2.5.6.20。

50G1 试验波流组合表 表 2.5.6.20

水位(m)	流速(m/s)	波高(m)	周期(s)
特定水位 -1.00	-1.46	0.9	3.80
平均水位 0.23	2.02	1.2	4.37
平均高水位 1.86	1.85	1.5	4.88
设计高水位 2.48	1.53	2.0	5.61

②承台套箱和桩基模型试验工况二(记为 50G2)

套箱刚安装并已和所有桩以铰接形式连接后在各种水位、波浪、水流作用下的模型试验,采用测力天平测定作用在套箱和桩上的波流总力以及考虑桩基的影响时单纯套箱上的波流力,试验组合同表2.5.6.20。

③承台套箱和桩基模型试验工况三(记为 50G3)

套箱与所有桩连接,打设第一层封底混凝土后(底板下留 4 个 100mm 泄水孔)在各种水位、波浪、水流作用下的模型试验,采用测力天平测定作用在套箱和桩基上的波流总力;采用压力天平测定承台上的波流力分布及承台底部的波浪冲击力的分布;在考虑桩基的影响时测定作用在套箱上的波流总力。特定水位(-1.00m)和平均水位(0.23m)时采用波流同向,试验组合如表 2.5.6.21,采用压力天平测定套箱上波流力的分布(测点布置如图 2.5.6.15);波浪与水流斜交时,分别采用单向不规则波和多向不规则波,按试验要求,进行平均高水位(1.86m)和设计高水位(2.48m)时的试验,试验组合如表 2.5.6.22,采用压力天平测定套箱上波流力的分布(测点布置如图 2.5.6.15)。

50G3 试验波流组合表(波流同向) 表 2.5.6.21

水位(m)	流速(m/s)	波高(m)	周期(s)
特定水位 -1.00	-1.46	1.20	4.88
		1.50	5.61
平均水位 0.23	2.02	1.37	4.63
		1.80	5.00

50G3 试验波流组合表(波流斜交) 表 2.5.6.22

水位(m)	流速(m/s)/流向	波高(m)	周期(s)	波向
平均高水位 1.86	2.15/2 500	1.37	4.63	E
		1.33	4.24	SE
设计高水位 2.48	1.80/2 500	1.73	5.68	E
		1.80	5.00	SE

④承台套箱和桩基模型试验工况四(记为50G4)

套箱打设第一层封底混凝土后,套箱顶安设高为1.5m的钢挡水围堰情况下在各种水位、波浪、水流作用下的模型试验。采用测力天平测定作用在套箱、钢围堰和桩基上的波流总力及单纯套箱和单纯钢围堰上的波流力,试验组合与50G3工况相同(如表2.5.6.24和表2.5.6.25)。

⑤承台套箱和桩基模型试验工况五(记为50G5)

承台及桥墩柱施工完毕后,桥墩在各种水位、波浪、水流作用下的模型试验。采用测力天平测定作用在整个桥墩上的波流总力及考虑桩基的影响情况下承台以上结构(包括承台)所受的波流总力;采用压力天平测定承台与桥墩柱上的波流力分布及承台底部的波浪上托力的分布(测点布置如图2.5.6.15)。试验分别采用单向不规则波和多向不规则波进行,组合如表2.5.6.23。

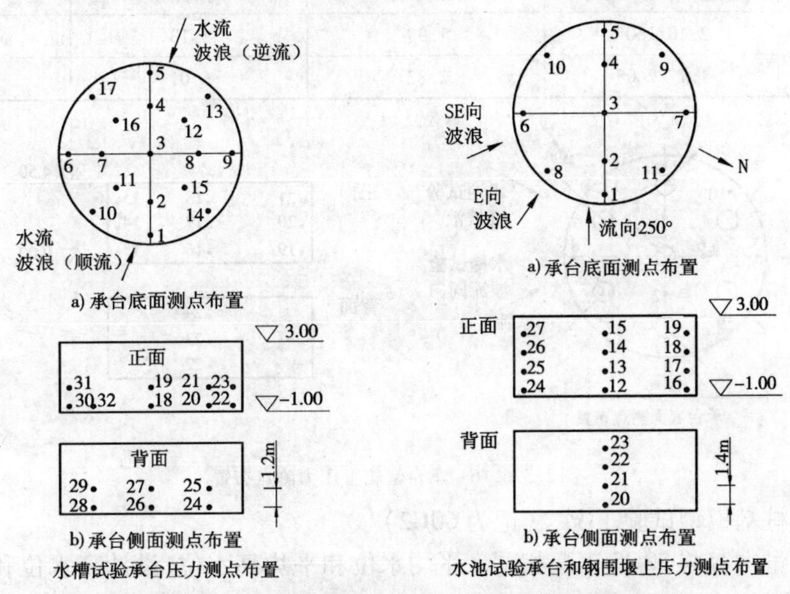

图2.5.6.15　水槽试验和水池试验压力测点布置

50G5试验波流组合表　　　　表2.5.6.23

水位(m)	流速(m/s)/流向	波高(m)	周期(s)	波　向
平均水位0.23	2.40/2 500	2.21	7.10	E
		2.61	5.81	SE
平均高水位1.86	2.15/2 500	2.53	8.00	E
		3.11	6.26	SE
设计高水位2.48	1.80/2 500	3.11	8.66	E
		3.36	6.57	SE
50年一遇高水位3.60	1.50/2 500			

(2)60m跨桥梁基础

模型试验根据施工阶段及工程要求分为2个阶段:

① 承台套箱和桩基模型试验工况一(记为60G1)

施工阶段与50G3工况相同,采用测力天平测定作用在套箱和桩基上的波流总力及考虑桩基的影响时作用在套箱上的波流总力,特定水位和平均水位的波浪作用、平均高水位及设计高水位的E向浪作用时(波流斜交夹角为10°,按同向处理)的试验,波流同向,试验组合如表2.5.6.24;平均高水位及设计高水位的NE向浪作用时的试验,波流斜交夹角为35°,分别采用单向不规则波和多向不规则波,试验组合如表2.5.6.25。采用压力天平测定套箱上波流力的分布,承台套箱上的压力测点布置如图2.5.6.16。

60G1 试验波流组合表(波流同向)　　表 2.5.6.24

水位(m)	流速(m/s)	波高(m)	周期(s)	波　向
特定水位-1.00	-1.92	1.20	4.88	
平均水位 0.23	1.98	1.50	5.61	
平均高水位 1.86	2.10	1.79	4.63	E
设计高水位 2.48	1.77	2.27	5.68	E

60G1 试验波流组合表(波流斜交)　　表 2.5.6.25

水位(m)	流速(m/s)/流向	波高(m)	周期(s)	波　向
平均高水位 1.86	2.10/260°	1.99	5.13	NE
设计高水位 2.48	1.77/260°	2.82	6.01	NE

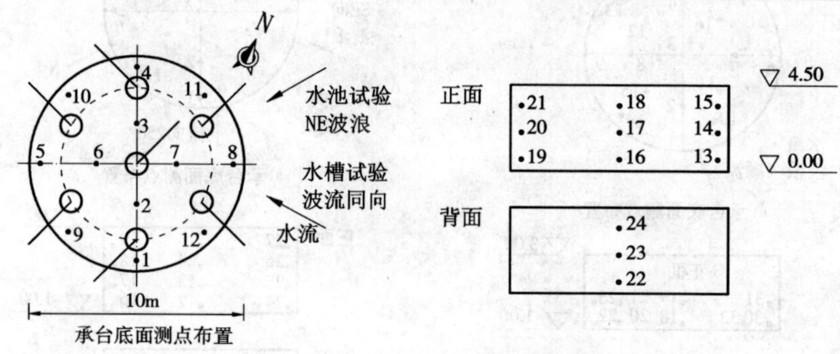

图 2.5.6.16　承台套箱上压力测点布置

②承台套箱和桩基模型试验工况二(记为 60G2)

施工阶段及测量内容与 50G5 工况相同。平均水位和平均高水位、设计高水位和 50 年一遇高水位 E 向浪作用时(波流斜交夹角为 10°,按同向处理)的试验,波流同向,试验组合如表 2.5.6.26;平均水位、平均高水位、设计高水位和 50 年一遇高水位 NE 向浪作用时的试验,波流斜交夹角为 35°,分别采用单向不规则波和多向不规则波,试验组合如表 2.5.6.27。承台套箱上的压力测点布置与 60G1 工况相同,如图 2.5.6.16 所示。

60G2 试验波流组合表(波流同向)　　表 2.5.6.26

水位(m)	流速(m/s)	波高(m)	周期(s)	波　向
平均水位 0.23	1.98	2.78	7.10	E
平均高水位 1.86	2.10	3.01	8.00	E
设计高水位 2.48	1.77	3.24	8.66	E
50 年一遇高水位 3.60	1.52			

60G2 试验波流组合表(波流斜交)　　表 2.5.6.27

水位(m)	流速(m/s)/流向	波高(m)	周期(s)	波　向
平均水位 0.23	1.98/2 600	3.87	7.10	NE
平均高水位 1.86	2.10/2 600	4.21	7.76	NE
设计高水位 2.48	1.77/2 600	4.63	8.23	NE
50 年一遇高水位 3.60	1.52/2 600			

(3)70m 跨桥梁基础

模型试验根据施工阶段及工程要求分为 3 个阶段:

①承台套箱和桩基模型试验工况一(记为 70G1)

底部桩基的桩位及相对位置与群桩试验完全一致,各桩力与力矩测试由四分力天平完成;承台力与力矩测试由安装在其内侧底部的六分力天平完成,承台模型及六分力天平安装如图 2.5.6.17 所示。根据实际施工状况,承台模型底部为每根桩柱开有安装孔,使得承台能够直接由上方吊装,底部桩基由安装孔伸入承台内部,在此试验工况下与承台完全分离。波流组合工况如表 2.5.6.28 所示。此施工阶段与 50m、60m 跨桥梁基础群桩试验相同,在结果分析时可加以比较。

70G1 试验波流组合表　　表 2.5.6.28

水位(m)	流速(m/s)	波高(m)	周期(s)
特定水位 -1.00	-1.87	0.6	3.1
平均水位 0.23	1.95	0.9	4.37
平均高水位 1.86	2.12	1.2	4.88
设计高水位 2.48	1.63	1.5	5.61

②承台套箱和桩基模型试验工况二(记为 70G2)

施工阶段与 50G3、60G1 工况相同,采用六分力天平测定作用在套箱和桩基上的波流总力;同时采用压力天平测定套箱上波流力的分布(测点布置如图 2.5.6.18)。波流组合工况如表 2.5.6.29 所示。

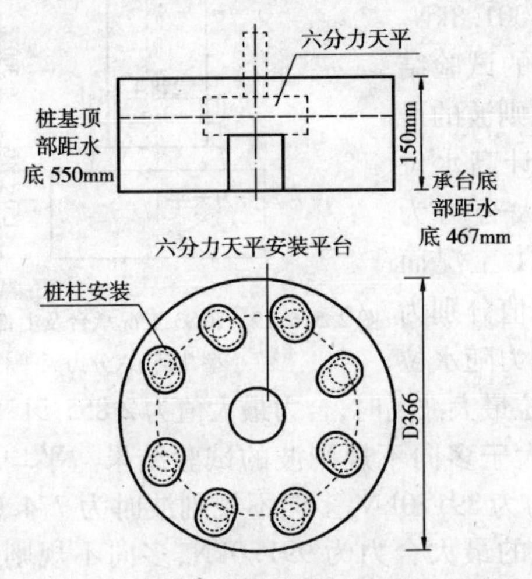

图 2.5.6.17　70G1 施工工况套箱模型及六分力天平安装示意

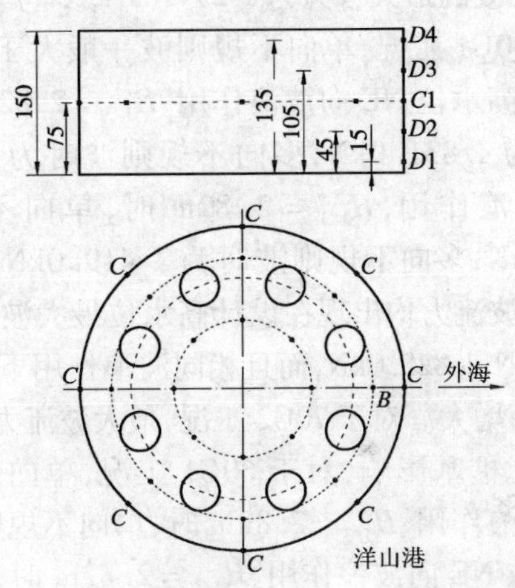

图 2.5.6.18　70G2 施工工况套箱模型压强测点分布

70G2 试验波流组合　　表 2.5.6.29

水　位	流速(m/s)/流向	波高(m)	周期(s)	波　向
特定水位 -1.00	2.05/逆	1.2	4.88	
平均水位 0.23	2.18/顺	1.5	5.61	
平均高水位 1.86	2.37/2 850	2.32	5.13	NE
设计高水位 2.48	1.85/2 850	3.28	6.01	NE

③承台套箱和桩基模型试验工况三(记为 70G3)

施工阶段与 50G5、60G2 工况相同,采用六分力天平测定作用在整个桥墩上的波流总力及考虑桩基的影响情况下承台以上结构(包括承台)所受的波流总力;采用压力天平测定承台与桥墩柱上的波流力分布及承台底部的波浪上托力的分布(测点布置如图 2.5.6.19)。由六分力天平测定作用在整个桥墩上的波流总力,六分力天平安装及整个桥墩的模型结构如图 2.5.6.19,试验组合工况如表 2.5.6.30 所示;考虑将桩基截断,使得与承台底部留有 0.2m 空隙,测定作用在承台以上结构的波流总力并同步测定底部桩基各斜桩的波流力,称为 70G3 同步试验,选定表 2.5.6.30 中的平均高水位(1.86m)和 50 年一遇高水位(3.60m)。

70G3 试验波流组合 表 2.5.6.30

水　　位	流速(m/s)/流向	波高(m)	周期(s)	波　　向
平均水位 0.23	2.18/2 850	4.50	7.1	NE
平均高水位 1.86	2.37/2 850	4.77	7.76	NE
设计高水位 2.48	1.85/2 850	4.81	8.23	NE
50 年一遇高水位 3.60	1.55/2 850			

2. 施工阶段一的试验结果分析

(1)套箱和桩基的受力特性

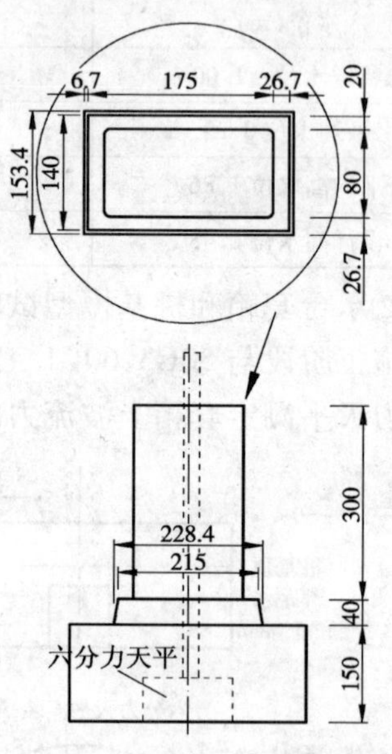

图 2.5.6.19 70G3 工况承台及上部结构模型几何、六分力天平构造

由试验结果可以看出,相同水位条件下,套箱和桩基整体结构所受波流力随着波高的增大而增大,这与单桩、群桩试验相同。由 50G3 工况试验结果可以看出,在其他条件相同时,单向不规则波和多向不规则波的试验结果基本相当,平均高水位 SE 向波浪作用、$H_{1/3}$ = 1.80m 时,单向不规则波的最大合力为 1 136.3kN,多向不规则波时为 1 184.6kN;设计高水位 SE 向波浪作用,$H_{1/3}$ = 1.80m 时,单向不规则波的最大合力为 1 294.6kN,多向不规则波时为 1 301.8kN。而对于 60G1 工况,单向不规则波一般大于多向不规则波的试验结果,平均高水位 NE 向波浪作用、$H_{1/3}$ = 2.82m 时,单向不规则波的最大合力为 1 831.0kN,多向不规则波时为 1 512.0kN;设计高水位 NE 向波浪作用,$H_{1/3}$ = 2.82m 时,单向不规则波的最大合力为 1 825.0kN,多向不规则波时为 1 419.0kN。就 50G3、60G1 工况而言,最大波流力均出现在设计高水位最大波高时,合力最大值分别为 1 301.8kN、1 825.0kN,而且相同波浪作用下,结构所受波流力随水位的升高而增大。对于 70G2 工况,最大波流力出现在平均水位最大波高时,合力最大值为 2 855.9kN。

考虑桩基影响,对于 60G1 工况,单向不规则波一般大于多向不规则波的试验结果。平均高水位 NE 向波浪作用、$H_{1/3}$ = 2.82m 时,单向不规则波的最大合力为 891.0kN,多向不规则波时为 774.0kN;设计高水位 NE 向波浪作用、$H_{1/3}$ = 2.82m 时,单向不规则波的最大合力为 991.0kN,多向不规则波时为 835.0kN。单纯套箱上的波流力仍以设计高水位时最大,在该水位下,$H_{1/3}$ = 2.82m 时,最大合力为 991kN。考虑桩基影响,50G3 工况下特定水位和平均水位的试验结果基本相当。

(2)承台压力分布特性

50G3 工况试验时的测点布置如前图 2.5.6.15。试验结果显示,由于受桩基的影响,底部各测点压力最大值有较大差别。No.18 测点位于承台正面底层中间,所以其最大和最小时的各测点所测压力基本反映了水平力最大和最小(负向最大)时的压力分布。图 2.5.6.20a)、b)分别显示了特定水位和平均水位下 No.18 测点最大时侧壁最低层测点处的压力分布,可以看出特定水位(1.00m)且逆流时,套箱侧壁低层的压力分布相对较均匀;平均水位(0.23m)且顺流时,正面测点压力最大,背面压力最小,两侧基本成对称分布。通过对底部测点点压力积分即可得到浮托力,由此可得到浮托力最大和最小时的压力分布,总的来讲,正向浮托力最大时,逆流时底部中心区域的压力比较大;顺流时,相对于波流方向,底部前侧点压力较大。比较平均高水位和设计高水位工况下水平力最大、最小时的侧壁点压力分布及浮托力最大和最小时的底部点压力分布,可以看出单向不规则波和多向不规则波的结果基本相当,这与上述 50G3 工况承台与桩基整体结构合力结果一致。

60G1 工况试验时的测点布置如前图 2.5.6.16,其中 No.1 ~ No.12 位于承台底部;No.13 ~ No.24 位于承台侧壁。试验结果显示,由于受桩基的影响,底部各测点压力最大值有较大差别,但底部测点压力分布的基本趋势是迎流侧较大。No.13 测点最大和最小时的各测点所测压力基本反映了水平力最大和最小时的压力分布,No.13 测点最大时测点压力分布结果显示出底部迎流侧的点压力大于背流侧。

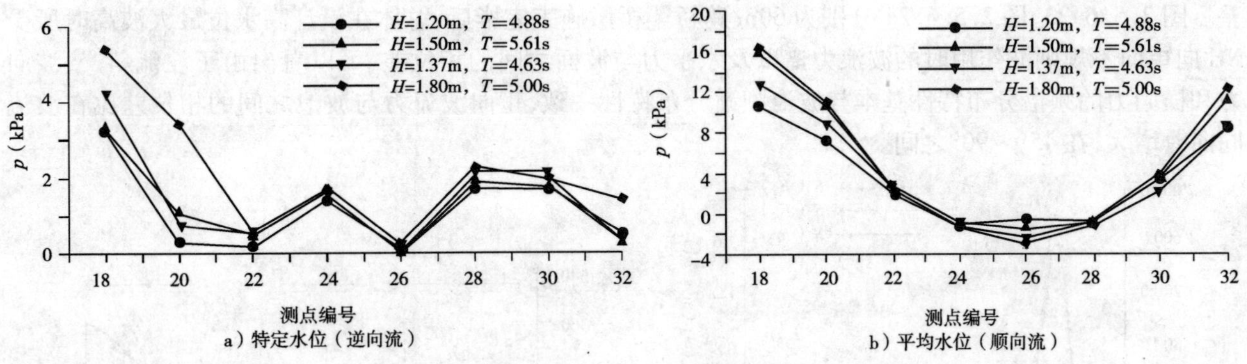

图 2.5.6.20　水平力最大时侧壁低层测点的压力分布

由浮托力最大时的测点压力分布结果可以看出，相对于波流方向，前侧低层点压力较大。比较平均高水位和设计高水位工况下水平力、浮托力最大和最小时的承台点压力分布，可以看出单向不规则波的试验结果大于多向不规则波，这与上述 60G1 工况承台与桩基整体结构合力结果一致。

70G1 工况试验时的测点布置如前图 2.5.6.17，其中 *A*1 ~ *A*8、*B*1 ~ *B*8 位于承台底部；*C*1 ~ *C*8、*D*1 ~ *D*4 位于承台侧壁。由不同波流工况下各测点压力最大值的分布可以看出，在特定水位和平均水位时，底部各测点压力最大值有较大差别，底部点压力值在拍击力作用瞬间可以达到 900kPa 以上，侧壁同样受拍击力作用，点压力值可以达到 90kPa 以上；在平均高水位和设计高水位时，基本无拍击力作用，垂向力为单纯浮托力，底部点压力分布较为均匀，最大不超过 30kPa，侧壁值最大不超过 50kPa。在套箱和桩基总体合力达到最大时的平均水位最大波高工况下，浮托力达到最大值时，底部点压力分布很不均匀。

3. 施工阶段二的试验结果分析

承台及桥墩柱施工完毕的施工阶段分别对应于 50m 跨桥梁基础试验的 50G5、60m 跨的 60G2 及 70m 跨的 70G3 工况，其坐标定义分别与上述施工阶段之一的对应工况相同。

(1) 水动力的时域特性

由 50G5 工况试验结果可以看出，E 向多向不规则波波浪力一般大于单向不规则波波浪力，其原因是 E 向波浪多向不规则波受流的影响小于单向不规则波；SE 向多向不规则波波浪力一般小于单向不规则波波浪力，因为 SE 向波浪单向不规则波基本不受流的影响。而流对多向不规则波有些影响，但总体上讲，差别不很显著。由于不同水位时的水流流速不同，试验结果表明，波流力并不完全随水位升高而增大，比如设计高水位时的波流力小于平均高水位时，但 50 年一遇高水位时的波流力仍为最大，为总体结构荷载的控制水位，该水位下在单向不规则波 SE 向最大波高作用时出现的最大合力为 2 335.5kN。考虑桩基影响时，承台及以上结构所受波流力试验结果显示，与总体结构试验结果类似，50 年一遇高水位下单向不规则波 SE 向最大波高作用时波流力达到最大，其值为 1 707.1kN。

由 60G2 工况试验结果可以看出，单向不规则波一般大于多向不规则波的试验结果。最大波流力发生在平均高水位单向不规则波 NE 向、$H_{1/3}$ = 4.63m 作用时，最大水平力、最大合力分别为 2 408kN、2 885kN。考虑桩基影响时，承台及以上结构所受波流力试验结果显示，平均高水位单向不规则波 NE 向、$H_{1/3}$ = 4.63m 作用时的最大水平力、最大合力分别为 1 294kN、1 322kN，与总体结构试验结果类似。

由 70G3 工况试验结果可以看出，总体结构最大受力出现在 50 年一遇高水位最大波高作用时，最大外海力、最大合力分别为 2 563.7kN、3 020.6kN。考虑桩基影响时，承台及以上结构所受波流力试验结果显示，50 年一遇高水位最大波高时的最大外海力、最大合力分别为 1 505.9kN、2 741.8kN，与总体结构试验结果类似。

(2) 水动力的频域特性

图 2.5.6.21、图 2.5.6.22 分别为 60m 跨桥梁桥墩施工完毕后，总体在设计高水位最大波高时所受波流同向的波浪力谱以及水平力与波面之间的相位差。从图中可以看出桥墩总体受力的频域特性与群桩试验工况受力相似，波向力的频率分布与波浪的频率分布基本一致，但与波面有大约 45°左右的相位

差。图 2.5.6.23、图 2.5.6.24 分别为 60m 跨桥梁桥墩施工完毕后，总体在设计高水位最大波高时所受 NE 向单向不规则波作用时的波浪力谱以及水平力与波面之间的相位差，可以看出由于波流斜交，波向力和横向力的频谱分布特性基本与波浪频谱分布特性一致，正向波流力与波浪之间的相位差比在波流同向时增大，在 45° ~90°之间。

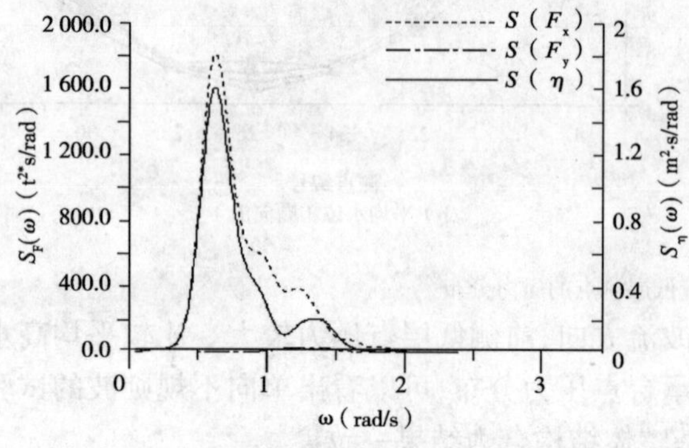

图 2.5.6.21　桥墩总体波流力谱和对应波浪频谱（设计高水位最大波高、波流同向时）

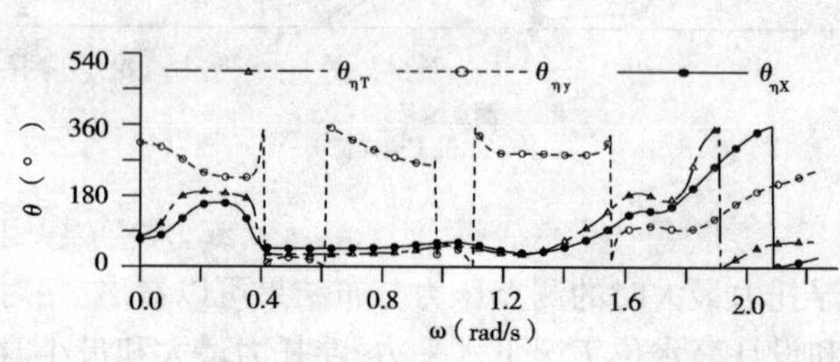

图 2.5.6.22　桥墩总体波流力与波面相位差（设计高水位最大波高、波流同向时）

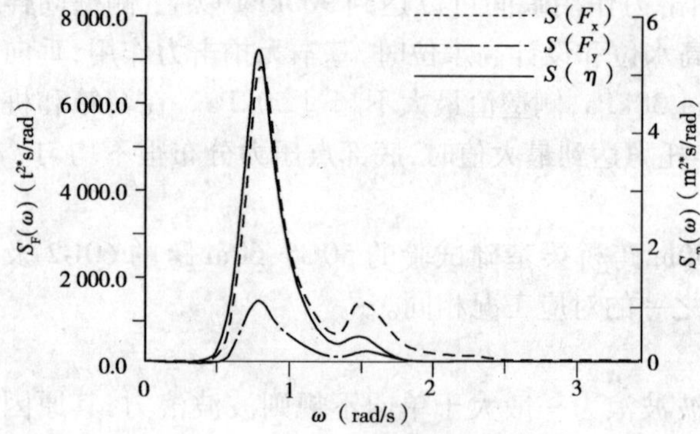

图 2.5.6.23　桥墩总体波流力谱和对应波浪频谱（设计高水位最大波高、波流斜交时）

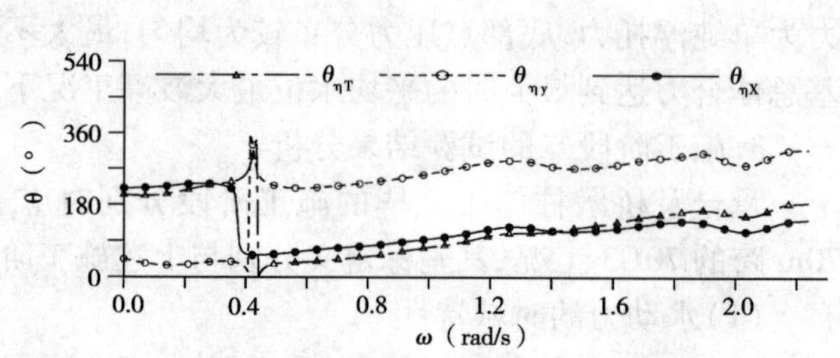

图 2.5.6.24　桥墩总体波流力与波面相位差（设计高水位最大波高、波流斜交时）

以下给出了 70G3 同步试验的频域分析结果，图 2.5.6.25a）为底部桩基各斜桩外海向力与波面相位差；图 2.5.6.25b）为桥墩总体、桩基总体及承台上部结构的外海向力与波面相位差。结果表明，在主频附近，不同组成部分所受外海向力与波面的相位差在 45° ~90°之间。

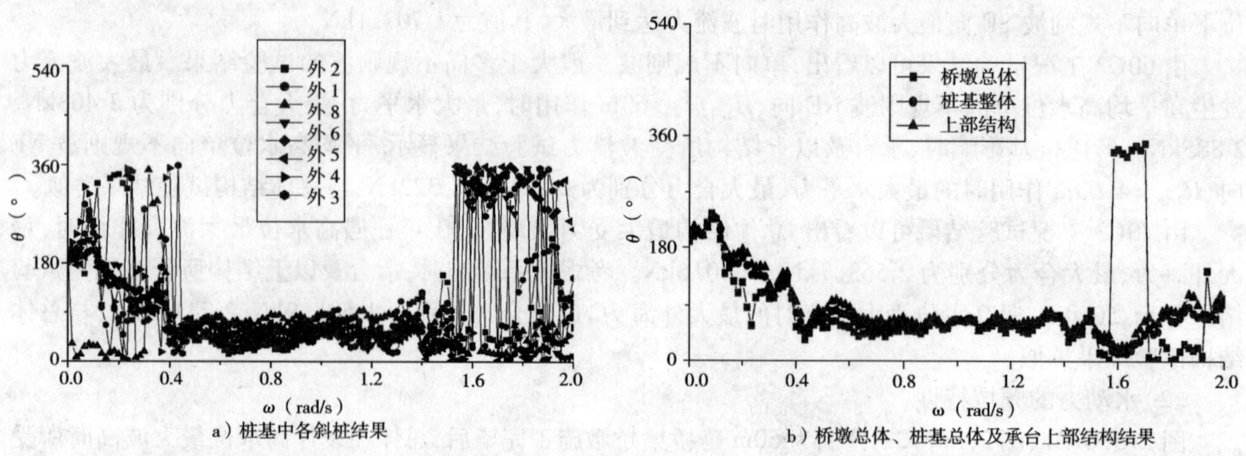

图 2.5.6.25　不同组成部分外海向力与波面相位差（50 年一遇高水位最大波高时）

第6章　跨海大桥风作用及其计算方法

风影响是跨海桥梁设计中的关键性问题。针对不同的区段、不同的桥梁、不同的施工方法，需要考虑的抗风问题各有不同。解决桥梁抗风设计问题的方法主要有根据规范计算和试验研究两种。设计过程中，针对不同问题、在桥梁设计的不同阶段，可以采用不同的计算分析方法和试验手段进行研究。

跨海大桥需要经受海上恶劣环境的考验，风影响是其中最为显著的问题之一。在热带风暴、台风等强风的影响下，跨海桥梁的抗风设计需要更加深入和细致的考虑，同时结合各种桥梁不同的施工特点，桥梁施工过程中的抗风问题也需要深入考虑。

本章内容将首先对桥梁抗风设计进行概述，然后结合东海大桥，详细给出海上风环境研究及通航孔、辅通航孔、非通航孔等桥梁的施工和使用中的抗风设计。

6.1　桥梁抗风设计概述

风对桥梁的作用受到风的自然特性、结构的动力特性以及风与结构的相互作用三方面的制约。因此，桥梁抗风设计首先必须研究风环境特点，确定相应的设计风参数，才能开展后续结构响应的研究。

6.1.1　风环境

风产生的根本原因是太阳对地球大气的加热不均匀，导致大气中热力与动力现象的时空不均匀性，使相同高度上两点之间产生压差，从而迫使空气流动形成了风。研究桥梁风工程，需要了解自然风的一般规律，了解桥址处的风气候特点，预计桥梁运营寿命期间可能遭遇的极端风环境。

从工程的抗风设计角度，可以把自然风分解成不随时间变化的平均风和随时间变化的脉动风两部分的叠加，分别考虑它们对桥梁的作用。

1. 平均风特性

平均风特性包括场地基本风速，风速沿高度分布的规律以及平均风速的攻角、风向等。

（1）场地基本风速的确定

基本风速是反映结构物所在地的气候特点的一个参数，定义基本风速涉及地面粗糙度标准、高度标准、重现期与时距标准4个因素的选取。《公路桥梁抗风设计规范》（以下简称《桥梁抗风规范》）的规定："当桥梁所在地区的气象台站具有足够的连续风速观测数据时，可采用当地气象台站年最大风速的概率分布类型，由10min平均年最大风速推算100年重现期的数学期望值作为基本风速。""当桥梁所在地区缺乏风速观测资料时，可利用《公路桥规》中的全国基本风压分布图，将桥位所在地区的基本风压换算为基本风速。"

（2）风速随高速变化的规律、地面粗糙度的影响

基本风速是在标准高度时的风速，当研究的桥梁构件高于10m时，必须解决从基本风速换算到任意高度风速的问题。在边界层内，风速是由地表向上逐渐增加的。在竖平面，风速沿高度变化的曲线称为风速廓线。一个场地的风速廓线的具体形状与该场地的地表粗糙度有很大关系，研究提出的风速廓线有对数型和指数型两种，它们都只在离地面一定高度范围近似成立。目前我国桥梁规范采用的是指数型，即有：

$$\frac{V_{Z_2}}{V_{Z_1}}=\left(\frac{Z_2}{Z_1}\right)^{\alpha} \tag{2.6.1.1}$$

式中：V_{Z_1}——Z_1 处的风速(m/s)；

V_{Z_2}——Z_2 处的风速(m/s)；

α——考虑地表粗糙程度的无量纲幂指数。

地表粗糙程度系数在规范中有详细说明，不再赘述。

(3)基本风压和基本风速的换算关系

在《公路桥涵设计通用规范》中为了便于直接计算风的静荷载，绘出的不是基本风速 V_J，而是基本风压 q。由伯努利方程可知：

$$q=\frac{1}{2}\rho V_J^2 \tag{2.6.1.2}$$

于是：$V_J=\sqrt{\frac{2q}{\rho}}$，带入空气密度 $\rho=1.266\text{kg/m}^3$，后有 $V_J=\sqrt{1.6q}$。即国际单位制下的风速、风压换算公式。

需要说明的是，世界各国的抗风规范中大多直接给出基本风速，我国在《公路桥梁抗风设计规范》(JTG/T D60-01—2004)中已经给出了基本风速。

2. 风的脉动分量

风的脉动分量使结构承受随时间变化的荷载，影响疲劳寿命和使用舒适；在某些情况下会引起共振，产生灾害后果；它还会改变结构在平稳流中表现的气动力特征。表征风脉动分量的参数有紊流强度、紊流积分尺度、脉动速度的功率谱与互谱等。这里不再详细介绍，可参考有关文献。

6.1.2 风对桥梁的作用

风影响是跨海桥梁设计中的关键性问题。针对不同的区段、不同的桥梁、不同的施工方法，需要考虑的抗风问题各有不同。解决桥梁抗风设计问题的方法主要有根据规范计算和试验研究两种方法，设计过程中，针对不同问题、在桥梁设计的不同阶段，可以采用不同的计算分析方法和试验手段进行研究。

1. 静力风荷载

平均风产生的静荷载简称静力风荷载。这是因为风是流动的，平均风的作用会使处于风场中的结构产生一定的静力变形，气流作用等同于一个静荷载。静风荷载可分解为升力、阻力和升力矩三个分量。

处于风场中的桥梁断面，在忽略其自身振动的条件下，可以视为风场中固定不动的一个刚体。来流经过这一刚体时，必然会发生绕流现象，使得流线分布发生改变。在桥梁断面表面那些流动较快的点上，压强将小于流动较慢点上的对应值，对桥梁断面上下表面压强差的面积分，就是桥梁所受的升力荷载，这个力也可以直接由节段模型风洞试验测得。同理，桥梁断面前后表面的压强差的面积分，则是桥梁所受的风阻力荷载，也就是通常所说的风荷载。此外，由于升力与阻力的合力作用点往往与桥梁断面的形心不一致，于是还会产生对形心的扭矩。因此整个断面的风荷载包含升力、阻力与扭矩三个分量。对于三个分量的计算需要借助三分力系数实现。确定断面三分力系数是静风荷载计算的主要工作。

三分力可以根据需要由体轴或风轴表示。以桥梁主梁为例(图 2.6.1.1)，作用在主梁的风荷载按风轴可表示为：

$$F_D=\frac{1}{2}\rho V^2 C_{FD} H \tag{2.6.1.3}$$

$$F_L=\frac{1}{2}\rho V^2 C_{FL} H \tag{2.6.1.4}$$

$$M_T=\frac{1}{2}\rho V^2 C_{MT} H \tag{2.6.1.5}$$

式中：F_D、F_L、M_T——风轴坐标系下的阻力、升力、扭矩；

C_{FD}、C_{FL}、C_{MT}——风轴坐标系下的阻力系数、升力系数和扭矩系数；

ρ——空气密度；

V——来流风速；

H——桥梁全宽。

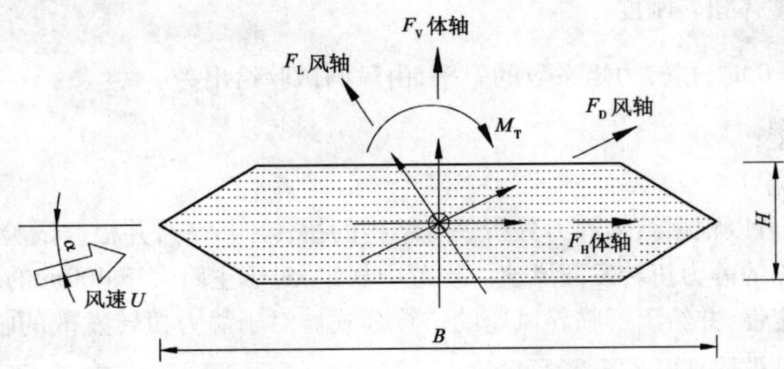

图2.6.1.1　作用在主梁上的风荷载

按体轴可表示为

$$F_H = \frac{1}{2}\rho V^2 C_{FH} H \tag{2.6.1.6}$$

$$F_V = \frac{1}{2}\rho V^2 C_{FV} H \tag{2.6.1.7}$$

$$M_T = \frac{1}{2}\rho V^2 C_{MT} H \tag{2.6.1.8}$$

式中：F_H、F_V、M_T——体轴轴坐标系下的阻力、升力、扭矩；

C_{FH}、C_{FV}、C_{MT}——体轴坐标系下的阻力系数、升力系数和扭矩系数；

ρ、V、H含义同前。

断面三分力系数与断面的形状、风的攻角等有关。规范中给出了常见形状的三分力系数，对于特殊形状，需要通过风洞试验或数值计算实现。考虑到自然风的攻角一般小于±5°，因此，一般要求测出三分力系数在±5°之间的变化曲线。另外，三分力系数受到气体黏性影响，模型尺寸对三分力系数的准确性也有显著影响，对于大跨径桥梁进行大比例试验是非常必要的。

2. 静风稳定性

静力扭转发散，即静风荷载下的非下线性扭转发散，是指结构在给定风速作用下，主梁发生弯曲和扭转，一方面改变了结构刚度，另一方面改变了静风荷载大小，并反过来增大结构的变形，最终导致结构失稳。

过去，人们普遍认为大跨径桥梁的颤振临界风速一般都低于静力失稳的发散风速。但是，1967年日本东京大学Hirai教授就在悬索桥的全桥模型风洞试验中观察到了静力扭转发散的现象，同济大学风洞实验室在对汕头礐石大桥的风洞试验中，也发现了斜拉桥由静风引起的弯扭失稳现象。大跨径桥梁空气静力失稳现象已引起了国内外学者的重视，并相继对一些桥梁的空气静力稳定性进行了分析计算，对静风失稳机理等进行了深入的研究。

静风失稳的机理研究表明：大跨度桥梁的失稳一般从初始平衡状态开始，随着风速的增加，结构发生扭转变形，导致风与结构的有效攻角发生改变，并引起作用于结构上的静风荷载也发生改变。当升力荷载由负逐渐变正时，相应主梁由向下位移逐渐转为向上位移，结构切线刚度由大变小风速继续增加，结构扭转变形不断增大，升力荷载急剧增加，结构迅速向上运动。随着结构迅速的向上运动，导致结构的部分区域发生明显的软化，此时，结构发生空气静力失稳。

大跨径桥梁的结构的静力扭转发散风速可以表示为:

$$V_c = \sqrt{\frac{2K_\alpha}{\rho B^2 \left.\frac{\mathrm{d}C_M}{\mathrm{d}\alpha}\right|_{\alpha=0}}} \tag{2.6.1.9}$$

式中: K_α——结构的整体扭转刚度;

$\left.\frac{\mathrm{d}C_M}{\mathrm{d}\alpha}\right|_{\alpha=0}$——攻角 $\alpha=0$ 时,扭转力矩系数的斜率,由风洞试验给出;

ρ——空气密度;

B——桥梁全宽。

对于大跨径桥梁,可以根据结构静力分析获得结构的扭转刚度 K_α,并根据试验得到的三分力系数,利用上面公式获得结构的静力扭转发散风速。规范中规定,对于主跨大于400m 的斜拉桥和600m 的悬索桥应计算其静力稳定性,并给出了临界风速的估算公式。对于静力扭转发散的临界风速至少应为两倍的按桥面高度设计基准风速。

3. 颤振

浸没在气流中的弹性体本身发生变形或振动,那么这种变形或振动相当于气体边界条件的改变,从而引起气流力的变化,气流力的变化又会使弹性体产生新的变形或振动,这种气流力与结构相互作用的现象称为气动弹性现象。从本章开始我们研究气动弹性现象,也称气动弹性力学。气动力不稳定是一种典型的气动弹性现象。气流中的结构在某种力的作用下挠曲振动,这种初始挠曲又相继引起一系列具有振荡或发散特点的挠曲,这就是我们所说的气动弹性不稳定。一切气动弹性不稳定现象都必含有因物体运动而作用在物体上的气动力,这种气动力就是自激力。桥梁结构的驰振与颤振是两种最主要的气动弹性不稳定现象,并可能造成严重的灾难性后果。驰振与颤振研究的内容包括确定气动自激力,预测发生驰振、颤振的临界风速与临界状态,找出提高气动稳定性的措施。

颤振(Flutter)最先发现于薄的机翼,是扭转发散振动或弯扭复合的发散振动,也是动力不稳定性的表现。著名的旧塔科马桥事故,就是一种典型的由颤振不稳定引发的灾害。就桥梁结构而言,塔柱、吊杆与拉索有可能出现驰振现象,较宽的桥面扭转效应显著,应保证颤振稳定性。

颤振是一种危险性自激发散振动,当其达到临界风速时,振动的桥梁通过气流的反馈作用不断吸取能量从而使振幅逐步增大直至最后使结构破坏。

桥梁抗风研究过程中,在没有进行风洞试验之前,需要对桥梁的颤振稳定性进行合理的估算。因此对于桥梁颤振临界风速的近似计算成为我们估算桥梁颤振稳定性的第一个步骤。《公路桥梁抗风设计规范》中对跨径 200 m 以上的桥梁给出了颤振临界风速的估算公式:

$$V_{cr} = \eta_s \eta_\alpha V_{co} \tag{2.6.1.10}$$

$$V_{co} = T_{ho}^{-1} f_t B \tag{2.6.1.11}$$

$$T_{ho}^{-1} = \frac{\pi\left[1 + (\varepsilon - 0.5)\sqrt{\left(\frac{r}{b}\right)0.72\mu}\right]}{\varepsilon} \tag{2.6.1.12}$$

式中:μ——桥梁与空气的密度比,$\mu = \frac{m}{\pi\rho b^2}$,悬索桥应包含缆索的质量;

η_s——折减系数,可按表 2.6.1.1 取用;

η_α——攻角效应折减系数,可按表 2.6.1.1 取用;

ε——ε 扭弯频率比,$\varepsilon = f_t/f_b = \omega_t/\omega_b$;

$\frac{r}{b}$——桥梁断面的惯性半径比。

主要断面颤振临界风速估算形状折减和攻角折减系数　　表2.6.1.1

截面形式		形状系数 η_s			攻角效应系数 η_α
		阻尼比			
		0.005	0.01	0.02	
	平板	1	1	1	—
	钝头形	0.50	0.55	0.60	0.80
	带挑臂	0.68	0.69	0.72	0.70
	带斜腹板	0.62	0.68	0.90	0.70
	带风嘴	0.60	0.65	0.75	0.80
	带导流	0.80	0.80	0.80	0.80
	开口板梁	0.35	0.37	0.50	0.85

桥梁颤振临界风速估算有一个参考标准，即颤振检验风速，桥梁的颤振临界风速必须大于这个检验风速。因此在风攻角 $-3°\leqslant\alpha\leqslant+3°$ 范围内的桥梁颤振临界风速应满足以下颤振设计表达式

$$V_{cr}\geqslant[V_{cr}] \tag{2.6.1.13}$$

对于跨径大于200 m的桥梁的颤振检验风速，规范中对其按下式确定：

$$[V_{cr}]=K\mu_f V_d \tag{2.6.1.14}$$

式中：$[V_{cr}]$——颤振检验风速（m/s）；

V_d——设计基准风速（m/s）；

μ_f——考虑风速的脉动影响及水平相关特性的无量纲修正系数，可按表2.6.1.2规定选用。

K——考虑风洞试验误差及设计、施工中不确定因素的综合安全系数，规范取 $K=1.2$。

风速脉动修正系数 μ_f　　表2.6.1.2

跨径（m）/ 地表类别	100	200	300	400	500	650	800	1 000	1 200	1 500
A	1.30	1.27	1.26	1.24	1.23	1.22	1.21	1.20	1.20	1.29
B	1.36	1.33	1.31	1.29	1.28	1.27	1.26	1.25	1.24	1.22
C	1.43	1.39	1.37	1.35	1.33	1.31	1.30	1.28	1.27	1.25
D	1.49	1.44	1.42	1.40	1.38	1.36	1.35	1.33	1.31	1.29

4.驰振

驰振（Galloping）是细长物体因气流自激作用产生的一种纯弯曲大幅振动，理论上是发散的，即不稳定的。这种振动最先发现于结冰的电线，振动激发的波在两根电杆之间快速传递，犹如快马奔腾，振幅可达电线直径的10倍，因此称为驰振。

当气流经过一个在垂直气流方向上处于微振动状态的细长物体时，即使气流是攻角与风速都不变的定常流，物体与气流之间的相对攻角也在不停的随时间变化。相对攻角的变化必然导致三分力的变化，三分力的这一变化部分形成了动力荷载，即气动自激力。由于按相对攻角变化建立的气动自激力理论，忽略了物体周围非定常流场的存在，仍将气流看作是定常的，因此这种理论称为准定常理论，相应的气动力称为准定常力。经验证明，在静态条件下所得到的三分力系数随攻角变化的曲线，已经足以作为建立驰振现象的理论基础，也就是说，驰振基本是由准定常力控制的。

因此，规范中对驰振的解释为：对于非圆形的边长比在一定范围内的类似矩形断面的钝体结构及构件，由于升力曲线的负斜率效应，微幅振动的结构能够从风流中不断吸取能量，当达到临界风速时，结构吸收的能量将克服结构阻尼所消耗的能量，形成一种发散的横风向单自由度弯曲自激振动。

规范中规定，对宽高比 $B/H<4$ 的钢主梁、斜拉桥、悬索桥的钢质桥塔应验算其自立状态下的驰振稳定性。而以驰振力系数 $C'_L+C_H<0$ 为检验驰振稳定性的基本标准，并规定，驰振临界风速 V_{cg} 应满足 $V_{cg}\geq 1.2V_d$，V_d 为桥面高度设计基准风速。

5. 抖振

抖振是一种限幅振动，由于它发生频度高，可能会引起结构的疲劳。过大的抖振振幅会引起人感不适，甚至危及桥上高速行车的安全。

桥梁的抖振是指在紊流场作用下的随机振动。结构的抖振现象可大致分为三类，即有结构物自身尾流引起的抖振、其他结构物特征紊流引起的抖振和自然风中的脉动成分引起的抖振。在这三者之中，大气中脉动风引起的抖振响应占主要地位，因而通常所说的桥梁抖振分析理论主要是针对大气紊流引起的抖振。

脉动风和平均风同时作用于结构上，平均风产生的气动阻尼和气动刚度将使结构的表观阻尼和频率随风速而变化。因此，抖振分析中应考虑平均风的影响。桥梁抖振响应是一个十分复杂的现象。当紊流风绕过运动的桥梁时，由于紊流成分和运动分量之间的相互作用，各类风致振动之间的相互干扰，再加上运动分量的气动耦合和各阶振型的耦合等复杂因素，精确计算抖振响应是很困难的。一般来说，桥梁的抖振主要来自竖向弯曲振型的贡献。斜拉桥在悬臂施工阶段还要注意侧向弯曲抖振。从工程抗风的角度，可以近似地忽略耦合和相互作用，单独地分析几个基本振型（竖向弯曲，扭转和侧向弯曲）的抖振响应。

桥梁抖振分析目前一般采用同时考虑抖振力和自激力作用的频域分析方法。自激力项由风洞试验实测断面的气动导数得到；抖振力项则按准定常假定由风洞三分力试验测得的空气力系数与攻角的关系曲线中求得，再通过气动导纳函数考虑非定常效应，最后由风速谱按随机振动理论估算抖振响应的根方差。

鉴于目前用于抖振分析的脉动风参数比较粗略，通过忽略一些次要的因素可以得出类似于地震反应谱理论的抖振反应谱实用计算方法，用以估算桥梁抖振反应的根方差。

桥梁抖振反应谱可采用实用计算公式进行计算，这里不再赘述。

6. 涡振

涡激振动是大跨度桥梁在低风速下很容易出现的一种风致振动现象，涡激振动带有自激性质，但振动的结构反过来会对涡脱形成某种反馈作用，使得涡振振幅受到限制，因此涡激共振是一种带有自激性质的风致限幅振动。尽管涡激振动不像颤振、驰振一样是发散的毁灭性的振动，但由于是低风速下常容易发生振动，且振幅之大足以影响安全，因而在施工或成桥阶段避免涡激共振或限制其振幅在可接受范围之内具有十分重要的意义。

根据 Strouhal 的研究，流体绕过圆柱体后，在尾流中将出现交替脱落的漩涡，并且涡脱频率、风速及圆柱体直径之间存在以下关系：

$$S_t=\frac{fd}{v} \tag{2.6.1.15}$$

式中：f——漩涡脱落频率；

d——圆柱体直径；

v——风速；

S_t——Strouhal 数。

从涡激共振的表现形式来看，它是一种带有自激性质的强迫振动。涡激共振有以下 5 个方面的特征：

（1）是一种较低风速下发生的有限振幅振动；

（2）只在某一风速区间内发生；

（3）最大振幅对阻尼有很大的依赖性；

(4)涡激响应对断面形状的微小变化很敏感;

(5)涡激振动可以激起弯曲振动,也可以激起扭转振动。

总体上看,对涡振的控制措施,包括以下三类:

(1)结构措施:主要是通过提高结构刚度从而提高结构的固有频率达到提高涡振临界风速的目的。

(2)气动措施:主要有增加平板隔流、增加风嘴、增设导流板等。

(3)阻尼措施:主要是添加阻尼器等。这样能提高结构阻尼、缩短风速锁定区,且能显著降低振幅,但其造价昂贵且不易维护。

工程设计中需要关注涡振的锁定风速和振幅,规范中给出了常用构件的涡振发生风速和振幅的估算方法,对于复杂结构需要进行风洞试验确定。

规范中用限定涡振允许振幅的方法考虑涡振的影响,对竖向涡激共振和扭转涡激共振分别给出了允许涡振振幅。

7. 拉索振动

拉索是斜拉桥的关键构件,考虑到拉索的柔性、相对较小的质量及较低的阻尼,在风荷载、风雨共同作用及车辆荷载等活载作用下拉索极易发生振动。拉索振动可分为两大类:风致振动与非风致振动。风致振动包括涡激共振、尾流驰振、驰振、风雨激振等;非风致振动主要指参数振动和内共振。拉索的大幅振动容易引起锚固端的疲劳,或者损坏拉索端部的腐蚀保护系统,缩短拉索的使用寿命,严重时甚至要紧急封闭交通。拉索振动已成为大跨径斜拉桥亟待解决的关键问题之一,也引起了国内外学者越来越多的关注。

(1)拉索的涡激共振

一般拉索的小振幅风致振动可以用涡激共振机理来解释。圆形截面的斯托拉哈数等于0.2,其漩涡脱落频率随风速而线性变化。当涡频与拉索某一阶的横向振动频率相一致时会发生涡激共振,此时的风速即为临界风速。由于拉索振动频率对漩涡脱落的反馈作用,涡频在接近临界风速的一定风速范围内被拉索频率所"锁定",使发生涡激共振的风速范围扩大。一般观察到的涡激共振大都是四阶或五阶的振型。

由于斜拉索各根拉索的索力、直径和长度都是不同的,其振动频率也是各不相同的。因此,在不同的风速条件下,风会激起不同部位的拉索振动。

(2)拉索雨振和尾流驰振

下雨时,雨水沿斜拉桥拉索流下时的水道改变了原来的截面形状,从圆形异化为类似于结冰电缆的三角形。在一定的临界风速下,拉索会出现驰振。

在并排拉索的斜拉桥中,处在前排拉索尾流区的后排拉索如果正好位于不稳定的驰振区,后排(下风侧)拉索会比前排(迎风侧)拉索发生更大的风致振动。这是一种尾流驰振的机理。

(3)拉索的参数共振

当斜拉桥主梁受到各种外界的激励,桥面以总体的弯曲基频发生振动时,将使下端与桥面相连接的拉索以同样的频率随之纵向振动。当桥面的振动频率和拉索的横向振动频率满足倍数条件时会发生拉索的参数共振。对较长的拉索,微小的桥面振动会激起大振幅的拉索横向振动。

抑制拉索振动较简单的方法是采用阻尼橡胶垫圈减振器。必要时,也可以安装汽车阻尼器或者减振缆索来达到抑制振幅的目的。

8. 行车风安全

汽车在行驶过程中如果受到侧风的作用,可能发生侧滑、侧倾等安全问题。尤其在超大型桥上行驶的汽车,由于桥面高程、结构绕流加速等因素,使得风对汽车安全行驶的影响问题变得突出。侧风引起的汽车安全事故时有报道。从已有的事故看,桥梁行车风安全事故常常在以下三种情况下发生:

①山谷高墩桥梁。山谷区域风环境比较复杂,且随着高度增加,风速较地面有所提高,容易引起行车风安全事故。

②跨海大桥。海域比较宽阔,风力较陆地区域强劲,且常常有局部特殊气象,司机难以防备,容易造

成行车风安全事故。

③缆索承重桥梁的局部区域。缆索承重桥的局部桥面位置,如斜拉桥、悬索桥桥面靠近索塔位置、拱桥桥面靠近主拱肋的位置等。由于索塔、拱肋等形成的遮挡,造成桥面局部位置的风环境恶化,容易引发行车风安全事故。图 2.6.1.2 给出了几个行车风安全问题造成事故的例子。

目前,国内外对桥上侧风对行车安全的影响问题仍处于研究阶段,尚未形成统一的判别标准,需要针对具体问题,综合应用理论分析、流场计算或风洞试验等研究过程确定。

对侧风的控制可以通过管理措施、工程措施等多种方法达到。添加风障提高桥梁行车风安全性能的最为有效的工程措施之一,图 2.6.1.3 是法国 Milleo 大桥设置的风障。通过在桥梁风安全敏感区域添加各种形式的风障,能够改善桥面风环境,达到降低行车风安全事故的发生率的目的。但设置风障将引起部分工程费用,并且对大桥的景观有所影响。是否添加风障、添加什么形式的风障,对大桥业主来说是个复杂的决策问题,必须有一套能够考虑各方面影响的系统决策方法辅助决策。国内已有学者提出了风险评估的决策方法,可供参考,具体可参见有关文献。

图 2.6.1.2　行车风安全事故图

图 2.6.1.3　法国 Milleo 桥风障

总体看来,风对桥梁结构的影响包括风稳定性、风荷载、风振疲劳、风振舒适性等几个方面,其分类、现象、破坏特点等可参见表 2.6.1.3。

风对桥梁结构的作用

表 2.6.1.3

<table>
<tr><th>分 类</th><th colspan="4">现　　象</th><th>破 坏 特 点</th></tr>
<tr><td rowspan="3">静力作用</td><td colspan="4">静力风荷载产生的内力和变形</td><td>强度破坏或过大变形</td></tr>
<tr><td colspan="2" rowspan="2">静力失稳</td><td colspan="2">扭转发散</td><td>扭转变形破坏</td></tr>
<tr><td colspan="2">横向屈曲</td><td>横向失稳破坏</td></tr>
<tr><td rowspan="5">动力作用</td><td colspan="2">抖振(紊流风影响)</td><td colspan="2" rowspan="2">有限振幅振动</td><td rowspan="2">结构或构件疲劳
人感不适,行车不安全</td></tr>
<tr><td rowspan="4">自激振动</td><td>涡激共振</td></tr>
<tr><td>驰振</td><td rowspan="2">单自由度振动</td><td rowspan="3">发散振动</td><td rowspan="3">结构毁灭性破坏</td></tr>
<tr><td>扭转颤振</td></tr>
<tr><td>弯扭耦合颤振</td><td>二自由度振动</td></tr>
</table>

6.1.3　抗风设计的荷载组合

在通用规范中,风荷载作为可变荷载考虑,在确定了设计基本风速后,即可确定设计风荷载标准值。在短期效应组合中,风荷载按标准值乘以 0.75 的组合系数得到频遇值,参与组合;在长期组合中,风荷载按标准值乘以 0.75 的组合系数得到准永久值参与组合。

与其他荷载不同的是,施工阶段的风荷载(亦即施工阶段的设计风速),有其自身的确定方法。可按下式计算:

$$V_{sd} = \eta V_d \tag{2.6.1.16}$$

式中:V_{sd}——不同重现期下的设计风速;

V_d——设计风速；

η——风速重现期系数，可按表 2.6.1.4 取用。

风速重现期系数　　表 2.6.1.4

重现期(年)	5	10	20	30	50	100
η	0.78	0.84	0.88	0.92	0.95	1

当桥梁地表以上的结构的施工期少于 3 年时，可采用不低于 5 年的重现期风速；当施工期多于 3 年或桥梁位于台风多发地区时，可根据实际情况适当提高风速重现期系数值。

以上是风荷载的基本组合方法，在海洋环境中采用特殊施工方法时，还可以根据需要设置特殊的荷载组合形式。

6.1.4　抗风设计基本流程

《公路桥梁抗风设计指南》给出了可以综合考虑各种风影响的抗风设计工作流程（图 2.6.1.4），可供设计参考。

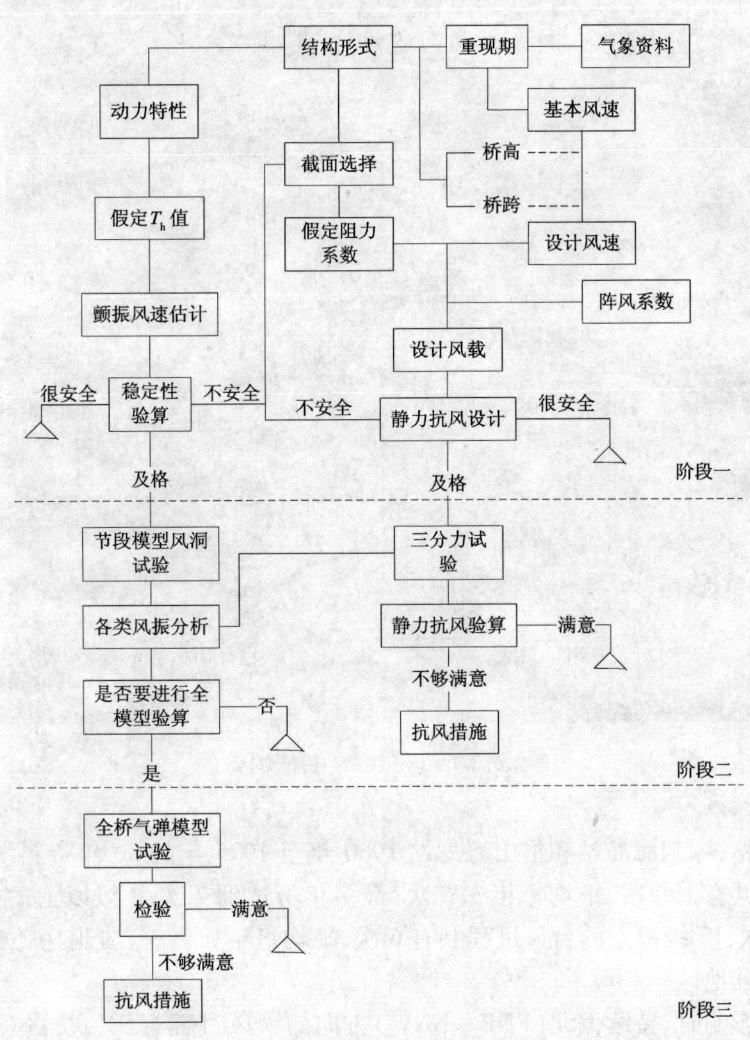

图 2.6.1.4　桥梁抗风设计流程

6.2　东海大桥桥位边界层风特性研究

东海大桥主航道桥位于北亚热带西缘的东亚季风盛行区，受季风影响冬冷夏热、四季分明、降水充沛、气候变化复杂，夏季受台风直接影响，冬季受寒潮大风影响很大。在桥位附近分布有多个气象水文观测站，为此，选取桥位北面的大戢山海洋站、东北面的嵊泗海岛站、南面的岱山海岛站和小洋山海岛站等四个与桥位相邻的风速测站，作为东海大桥主航道桥风特性分析的采样测站，并结合有关规范确定桥位边界层风特性参数。

6.2.1 桥位测站风速统计

东海大桥主航道桥桥位相邻测站风速统计分析主要选用大戢山海洋站、嵊泗海岛站和岱山海岛站20多年风速实测记录资料以及大戢山海洋站和小洋山海岛站4年风频风向实测记录资料。上述2个风速测站与东海大桥主航道桥的相对位置如图2.6.2.1所示。本节着重对热带气旋、风频风向和期望风速进行统计分析。

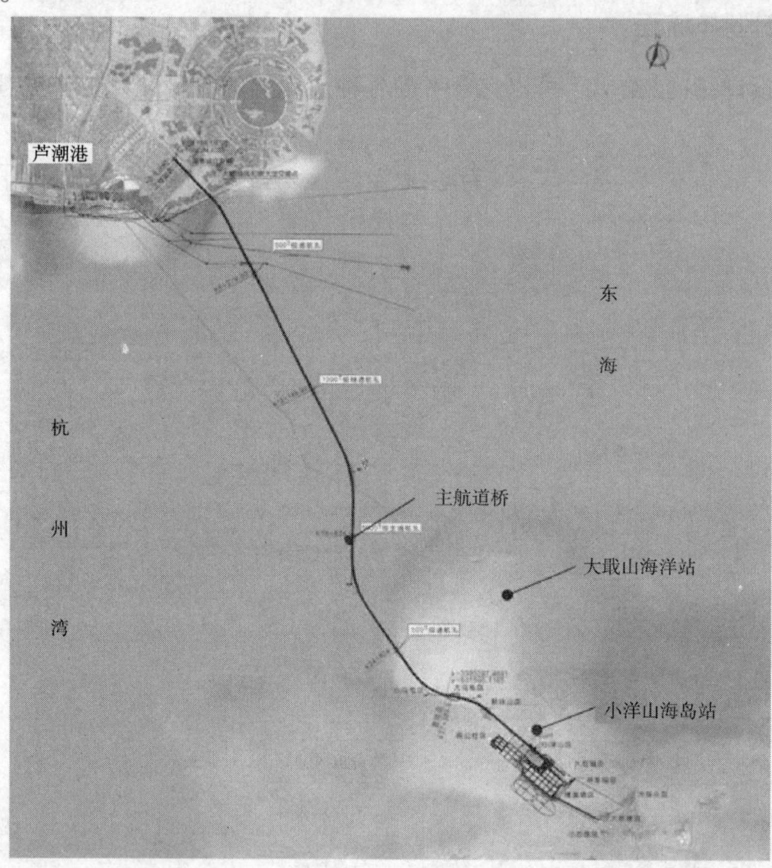

图2.6.2.1　风速测站与桥位海区

1. 桥位热带气旋

根据大戢山海洋站、嵊泗海岛站和岱山海岛站1960年至1995年的36年资料统计，桥位出现7级以上的热带气旋过程共有129次，平均每年3.6次，最多年份达到7次；8级以上的热带气旋过程共有89次，平均每年2.5次；12级以上的台风过程共有6次，平均每年0.2次。影响桥位的热带气旋频度和风力明显高于上海大陆地区。

桥位受热带气旋影响时，持续偏北（ENE ~ NNW）方向的大风过程有91次，占总数的70%；风向持续在偏南（ESE ~ WSW）方位的大风过程有28次，占总数的22%；其余10次大风过程交替出现在偏东和偏西方向，占总数的8%。由此可见，影响桥位的热带气旋主导风向为南北方向，接近于主航道桥轴线方向。

大风持续时间与影响桥位的热带气旋强度、移动方向和移动速度有关。其中，50%影响桥位的大风过程持续时间在6 ~ 12h；28%影响桥位的大风过程持续时间在18 ~ 36h；21%影响桥位的大风过程持续时间在 42h 以上，最长大风过程持续时间达 96h。

2. 桥位风频风速

根据大戢山海洋站和小洋山海岛站连续 4 年（1997 年至 2001 年）资料统计，两个测站 16 个风向 10m 高度处平均风速、最大风速及其发生频率如表 2.6.2.1 和图 2.6.2.2、图 2.6.2.3 所示。大戢山站常风向为 NNE ~ NE，发生频率为 27.5%；次常风向为 SE ~ SSE，发生频率为 19.5%；实测最大风速 28.4m/s，风向 NNE。小洋山站常风向为 N ~ NNE，发生频率为 25.2%；次常风向为 ESE ~ SE，发生频率为 23.8%；实测最大风速 24.8m/s，风向 WNW。

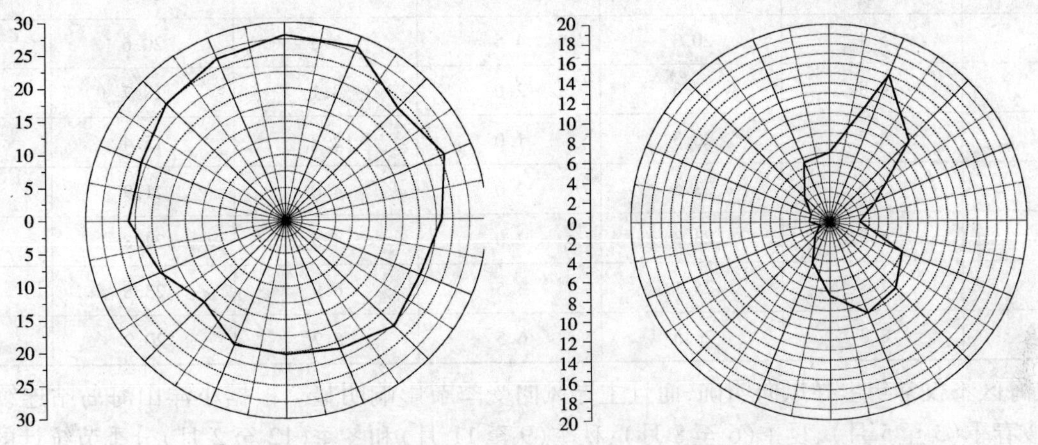

图 2.6.2.2　大戢山海洋站风速风频玫瑰图

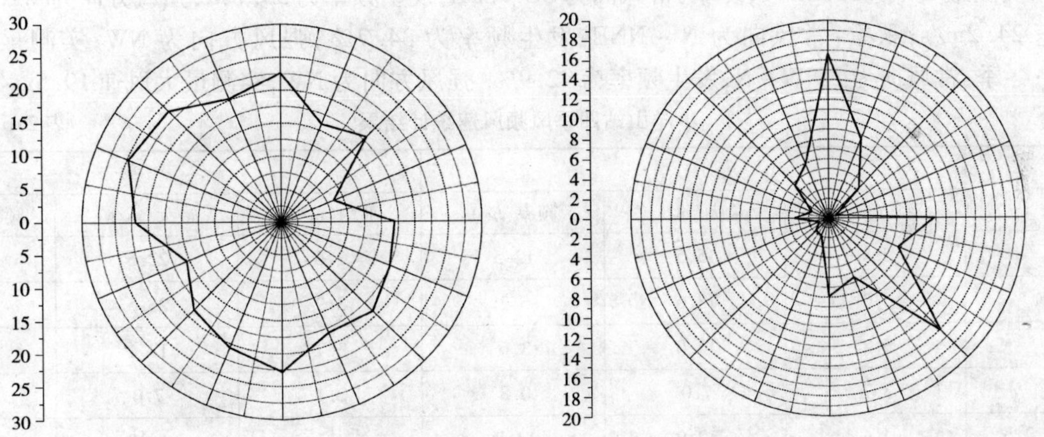

图 2.6.2.3　小洋山海岛站风速风频玫瑰图

大戢山站和小洋山站风频风速统计结果　　表 2.6.2.1

风向	大戢山海洋站			小洋山海岛站		
	平均风速（m/s）	最大风速（m/s）	发生频率（%）	平均风速（m/s）	最大风速（m/s）	发生频率（%）
N	7.3	28.1	7.0	5.1	22.6	16.6
NNE	7.3	28.4	16.0	4.6	16.0	8.6
NE	6.9	23.8	11.5	4.5	18.1	4.3
ENE	5.6	25.7	5.0	2.8	8.5	0.8
E	5.3	23.3	3.0	3.8	16.9	10.8
ESE	5.8	21.7	8.0	3.7	17.5	7.7

续上表

风向	大戢山海洋站			小洋山海岛站		
	平均风速（m/s）	最大风速（m/s）	发生频率（%）	平均风速（m/s）	最大风速（m/s）	发生频率（%）
SE	6.6	22.7	9.5	4.3	19.2	16.1
SSE	6.7	21.1	10.0	5.1	18.2	6.5
S	6.3	20.3	7.5	4.5	22.8	7.9
SSW	5.4	20.3	4.5	3.5	20.6	1.9
SW	4.8	17.3	2.0	3.1	18.7	1.8
WSW	4.7	20.3	1.0	2.8	15.4	1.0
W	5.0	23.5	2.0	4.0	21.9	3.4
WNW	6.8	23.3	2.0	4.5	24.8	1.8
NW	7.8	25.1	3.5	6.9	23.8	4.7
NNW	8.8	26.5	6.5	5.7	20.2	5.9

桥位海区不仅常年主导风向明确，而且主导风向受季节影响明显。根据小洋山海岛站连续4年资料统计，按春季(3至5月)、夏季(6至8月)、秋季(9至11月)和冬季(12至2月)分季节统计的平均风速、最大风速和发生频率如表2.6.2.2所示。其中，春季：常风向为SE～SSE，发生频率为30.8%，强风方向为S，实测最大风速22.8m/s；夏季：常风向为SE～SSE，发生频率为35.7%，强风方向为WNW，实测最大风速24.2m/s；秋季：常风向为N～NNE，发生频率为34.7%，强风方向为NW，实测最大风速20.3m/s；冬季：常风向为NNW～N，发生频率为42.9%，强风方向为NW，实测最大风速19.5m/s。

小洋山站四季风频风速统计结果　　表2.6.2.2

风向	春季			冬季		
	平均(m/s)	最大(m/s)	频率(%)	平均(m/s)	最大(m/s)	频率(%)
N	5.8	15.5	12.5	3.6	22.5	4.2
NNE	5.0	13.6	6.2	3.9	23.5	4.4
NE	5.2	14.0	3.6	3.7	18.1	3.6
ENE	3.7	7.0	0.8	2.1	7.0	0.6
E	4.6	12.9	11.8	3.1	16.0	12.7
ESE	4.3	8.7	7.4	3.1	14.3	9.0
SE	5.6	14.3	22.0	3.2	19.2	24.9
SSE	7.1	18.2	8.8	3.7	18.1	10.8
S	5.7	22.8	8.5	4.0	16.7	14.2
SSW	4.3	12.7	1.8	3.1	20.6	3.3
SW	3.4	13.7	2.1	3.0	18.7	2.8
WSW	4.4	9.3	1.0	2.4	15.4	1.5
W	5.0	13.0	3.5	3.4	21.9	3.0
WNW	5.6	15.7	1.8	3.2	24.2	1.4
NW	6.8	14.8	3.6	4.1	23.8	1.9
NNW	8.0	18.9	4.6	4.8	18.6	1.5

小洋山站四季风频风速统计结果(续) 表2.6.2.3

风向	春季			冬季		
	平均(m/s)	最大(m/s)	频率(%)	平均(m/s)	最大(m/s)	频率(%)
N	6.3	20.0	19.4	4.0	17.2	30.8
NNE	5.4	15.1	15.3	3.0	11.8	8.4
NE	5.1	13.2	6.5	4.0	13.7	3.6
ENE	3.2	8.5	0.9	2.0	6.1	0.9
E	4.0	16.9	8.6	4.0	11.4	10.0
ESE	4.2	17.5	9.5	3.0	9.4	4.8
SE	4.5	13.7	9.7	4.0	12.0	7.6
SSE	5.4	12.4	4.6	3.0	11.3	1.7
S	4.6	14.1	5.8	4.0	13.9	2.9
SSW	4.2	10.7	1.8	2.0	10.6	0.8
SW	3.4	11.5	1.4	2.0	7.8	1.0
WSW	3.1	10.9	0.7	1.0	10.7	0.8
W	4.8	15.1	2.8	3.0	16.8	4.3
WNW	5.4	14.8	1.5	4.0	18.1	2.5
NW	9.3	20.3	5.6	6.0	19.5	7.6
NNW	7.4	20.2	5.8	5.0	17.1	12.1

3. 桥位期望风速

根据桥位附近大戢山海洋站、嵊泗海岛站和岱山海岛站长期风速统计资料(20年以上),选用适合于我国风速统计分析的极值Ⅰ型分布概率模型,可以确定出桥位不同重现期的设计期望风速如表2.6.2.4所示。表中不同高度处的期望风速采用指数律模型换算,并取幂指数$\alpha = 0.10$。

相邻测站期望风速统计结果 表2.6.2.4

离地高度	25年一遇	50年一遇	100年一遇	200年一遇
10m	35.54	38.89	42.16	45.42
20m	38.09	41.68	45.18	48.68
30m	39.67	43.41	47.05	50.70
40m	40.83	44.67	48.43	52.18
50m	41.75	45.68	49.52	53.36

6.2.2 规范方法风速确定

根据原交通部《公路桥涵设计通用规范》(JTJ 021—89)中的全国基本风压分布图,东海大桥主航道桥桥位位于定海与嵊泗1 200Pa等压线和宁波与上海800Pa等压线之间,由于主航道桥系外海海区桥梁,为了安全起见,采用我国东部沿海地区的最大风压值1 200Pa,即标准高度20m、平均时距10min、重现期100年的期望风压值为1 200Pa,取空气密度1.225kg/m³,可以推算出相应高度处的风速期望值为:

$$V_1 = \sqrt{\frac{2W_1}{\rho}} = 44.26\text{m/s} \tag{2.6.2.1}$$

上述规范中规定的标准场地的幂指数为$\alpha_1 = 0.14$、边界层厚度$\delta_1 = 550$m。参照“东海大桥初步设计工程气象、水文分析报告”中的建议,东海大桥海上桥位场地幂指数应取0.10,由此确定边界层厚度为$\delta = 450$m、粗糙度指数$z_0 = 0.005$m。按指数率方法和梯度风速相等的原理可以推算出主航道桥桥位10m高度处的基本风速为:

$$V_{10}=V_1\left(\frac{\delta_1}{z_1}\right)^{a1}\left(\frac{z_{10}}{\delta}\right)^{a}=44.26\times\left(\frac{550}{20}\right)^{0.14}\left(\frac{10}{450}\right)^{0.10}=48.1\text{m/s} \tag{2.6.2.2}$$

比较按桥位附近风速测站统计分析得到的设计基本风速 42.16m/s 和全国基本风压图确定的设计基本风速 48.1m/s,不难发现,两者相差 14%。为了安全起见,东海大桥主航道桥桥位区基本风速确定为 48.1m/s,施工阶段基本风速按 10 年重现期 0.84 倍折减。

6.2.3 风特性参数确定

根据上述设计基本风速和有关规范的规定,东海大桥主航道桥桥位风特性参数确定如下:

(1)桥位设计基准风速

$$V_d=V_{10}\left(\frac{z}{z_{10}}\right)^{a} \tag{2.6.2.3}$$

式中:z——离开水面的高度;

z_{10}——表示标准高度,即 $z_{10}=10\text{m}$;

V_{10}——10m 高度处基本风速,即 $V_{10}=48.1\text{m/s}$;

a——幂指数,取 $a=0.10$。

(2)桥位设计阵风风速

$$V_g=G_vV_d \tag{2.6.2.4}$$

式中:G_v——阵风风速系数,取 $G_v=1.38$;

V_d——不同高度处的设计基准风速。

(3)桥面高度紊流强度

$$I_u:I_v:I_w=1:0.88:0.5 \tag{2.6.2.5}$$

式中:I_u——顺风向紊流强度,取 $I_u=0.08$;

I_v——横风向紊流强度,取 $I_v=0.88I_u=0.07$;

I_w——竖向紊流强度,取 $I_w=0.5I_u=0.04$。

(4)脉动风功率谱密度

$$\frac{nS_u(n)}{u_*^2}=\frac{200f}{(1+50f)^{\frac{5}{3}}} \tag{2.6.2.6}$$

$$\frac{nS_w(n)}{u_*^2}=\frac{6f}{(1+4f)^2} \tag{2.6.2.7}$$

式中:$S_u(n)$——脉动风水平分量功率谱密度;

$S_w(n)$——脉动风竖直分量功率谱密度;

n——脉动风频率;

f——折算频率,$f=nz/V(z)$;

u_*——剪切速度。

(5)脉动风空间相关性

$$Coh_{ij}(f)=\exp\left(-\lambda_{ij}\frac{fr_j}{V}\right) \tag{2.6.2.8}$$

式中:i——脉动风分量($i=u,v,w$);

j——空间相关方向($j=x,y,z$);

r_j——空间两点之间的距离;

λ_{ij}——无量纲衰减因子,取值范围为 7~21,一般取 $\lambda_{ij}=7$;

f——折算频率。

6.3　主通航孔抗风设计

6.3.1　概述

东海大桥设有通航道桥4处，其中主通航孔桥为中跨420m单索面结合梁斜拉桥，这是我国第一座真正意义上在外海建造的跨海斜拉桥，也是位于我国东南沿海最大风速区的桥梁。上海位于东南沿海地区，具有海洋性气候的基本特征，虽然上海大陆台风型气候的显著性要比其他沿海城市(例如香港)低得多，但是夏季受台风直接和间接影响仍然很大，特别是工程区域位于海岛与大陆之间的宽阔外海海面上，除了龙卷风之外，台风和寒潮所引起的大风直接影响到期望风速的确定。此外，我国虽然在斜拉桥建设及抗风研究方面积累了一些经验，但对于最大风速区的宽阔外海海面上施工建设斜拉桥尚无实践先例，而且本桥又采用了单索面布置，使结构扭频降低，颤振稳定性下降。因此，对东海大桥主航道桥—斜拉桥结构进行抗风性能特别是颤振稳定性研究，以确保大桥在施工过程中和建成运营后的抗风稳定性、安全性和适用性，是一项十分重要的课题。

东海大桥主航道桥设在离芦潮港约18.5～19.3km处的外海海域中，基本上为南北走向。主航道桥采用跨径73m+132m+420m+132m+73m=830m的五跨双塔单索面结合箱梁斜拉桥，在主塔墩、边墩及辅助墩处均设置2个纵向活动支座，形成具有抗扭支承的纵向全飘浮体系。主梁采用单箱三室截面，桥面宽度33m，箱梁底宽20m，梁高4.0m，梁上索距8m，横梁间距4m；桥塔采用倒Y形式，塔高148m，桥面以上部分塔高100m，为适应单索面拉索锚固，上塔柱收缩成一个单柱，为单箱双室截面，拉索在两个室内分开锚固，塔上索距2.0m；拉索采用高强度镀锌平行钢丝束，冷铸锚，间隔1.9m双排布置，最大和最小拉索规格分别为211ϕ7mm和109ϕ7mm。

东海大桥主航道桥抗风性能主要包括静风荷载和动风荷载作用下的结构性能。其中，静风荷载性能必须考虑静风稳定性—静力扭转发散、静风强度—静风荷载组合、静风刚度—静风结构位移；动风荷载性能必须考虑动风稳定性—颤振发散、动风强度—动风荷载组合、动风刚度—抖振和涡振结构位移。

主航道桥抗风设计及试验研究内容可以归纳为下列八个方面，如图2.6.3.1所示：

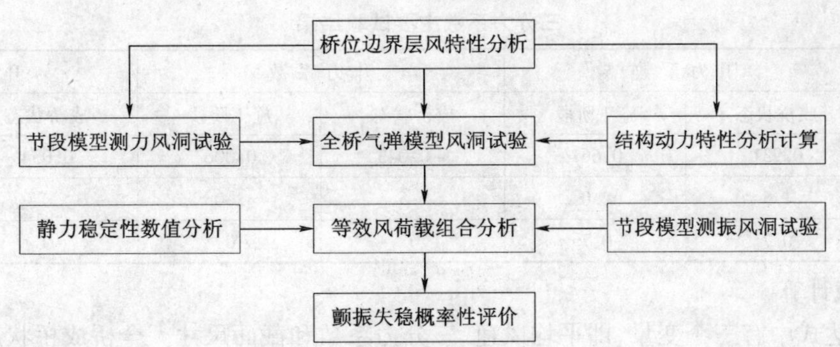

图2.6.3.1　主航道桥抗风设计研究工作流程

(1)桥位边界层风特性分析；
(2)节段模型测力风洞试验；
(3)结构动力特性分析计算；
(4)节段模型测振风洞试验；
(5)静风稳定性数值分析；
(6)全桥气弹模型风洞试验；
(7)等效风荷载组合分析；
(8)颤振失稳概率性评价。

本节主要介绍设计计算部分,科研部分可参阅相关研究报告。

6.3.2 等效风荷载组合分析

当桥梁结构的刚度较大时,结构基本保持静止不动,风对结构的作用只相当于静力作用,相应的风荷载可以用阵风风速引起的阵风等效静力风荷载来表示;而当桥梁结构的刚度较小时,结构振动很容易被激发,这种风对结构的作用不仅具有静力作用,而且具有动力特性或动风荷载。动力风荷载可以采用抖振位移响应等效的方法用抖振等效静力风荷载来代替实际动力风荷载,而抖振等效静力风荷载近似采用一阶对称模态荷载和一阶反对称模态荷载来表示。由于静力计算方法和手段已经比较成熟,根据两种最不利等效风荷载组合——阵风等效静力风荷载和抖振等效静力风荷载,可以对成桥状态和施工阶段的结构内力进行分析计算。

1. 静风荷载分析计算

(1)三分力系数定义

基于风轴定义三分力系数,三分力表示见式(2.6.1.3)、(2.6.1.4)、(2.6.1.5)。

(2)设计风速确定

采用桥位附近两个气象站(大戢山海洋站和小洋山海岛站)风速观测记录资料,可以确定出桥位10m高度处、100年一遇、10min平均时距的设计基本风速为42.2m/s;按《公路桥涵设计通用规范》全国基本风压分布图结合海面上幂指数取 $a=0.10$,可计算得到的相应风速为48.1m/s。为了安全起见,采用公桥规规定的设计基本风速 $V_{10}=48.1\text{m/s}$,相应桥面高度处的设计基准风速 $V_c=56.9\text{m/s}$;施工阶段的设计风速按10年重现期考虑,折减系数取0.84,设计基本风速和设计基准风速分别为40.4m/s和47.8m/s。

(3)三分力系数

为了得到主梁的静力三分力系数,对主梁进行了节段模型测力风洞试验。1:70主梁测力节段模型分别模拟了结合箱梁施工阶段(无桥面栏杆)和成桥状态(有桥面栏杆)共两种截面形式。主梁的三分力系数试验结果见表2.6.3.1。为了简化起见,成桥状态桥塔断面平面内和平面外的阻力系数均取 $C_D=C_L=1.5$,施工阶段取 $C_D=C_L=2.0$;成桥状态和施工阶段拉索的阻力系数均取 $C_D=0.7$。用于静风荷载分析计算的主梁、桥塔和拉索断面的静力三分力系数如表2.6.3.1所示。

三分力系数主要试验结果 表2.6.3.1

结构构件	阻力系数		升力系数		升力矩系数	
	成桥状态	施工阶段	成桥状态	施工阶段	成桥状态	施工阶段
主梁	0.931	0.661	-0.043	0.006	0.054	0.076
桥塔	1.5	2.0	1.5	2.0	0	0
拉索	0.7	0.7	0	0	0	0

(4)静风荷载计算

静风荷载表达式中有三个变量,即平均风速、三分力系数和截面尺寸。全桥成桥状态主梁静力风荷载三个分量,即静风竖向力、静风水平力和静风扭矩分别为:

$$\overline{W}_y^d=\overline{W}_{y0}^d a_{y0}^d(x)=\frac{1}{2}\rho V_c^2 BC_y=-2.814\text{kN/m} \tag{2.6.3.1}$$

$$\overline{W}_z^d=\overline{W}_{z0}^d a_{z0}^d(x)=\frac{1}{2}\rho V_c^2 BC_z=7.385\text{kN/m} \tag{2.6.3.2}$$

$$\overline{W}_\theta^d=\overline{W}_{\theta0}^d a_{\theta0}^d(x)=\frac{1}{2}\rho V_c^2 BC_\theta=116.614\text{kN/m} \tag{2.6.3.3}$$

施工阶段包括最大单悬臂状态和最大双悬臂状态的主梁静力风荷载三个分量可以表示为:

$$\overline{W}_y^d=\overline{W}_{y0}^d a_{y0}^d(x)=\frac{1}{2}\rho V_c^2 BC_y=0.277\text{kN/m} \tag{2.6.3.4}$$

$$\overline{W}_{z}^{d}=\overline{W}_{z0}^{d}a_{z0}^{d}(x)=\frac{1}{2}\rho U_{c}^{2}BC_{z}=3.700\text{kN/m} \tag{2.6.3.5}$$

$$\overline{W}_{\theta}^{d}=\overline{W}_{\theta0}^{d}a_{\theta0}^{d}(x)=\frac{1}{2}\rho U_{c}^{2}BC_{\theta}=115.825\text{kN/m} \tag{2.6.3.6}$$

式中：$\overline{W}_{y0}^{d}$、$\overline{W}_{z0}^{d}$、$\overline{W}_{\theta0}^{d}$——主梁静力风荷载的竖向、水平和扭转分量的最大值；

a_{y0}^{d}、a_{z0}^{d}、$a_{\theta0}^{d}$——主梁静力风荷载的竖向、水平和扭转分量的分布形式，且 $a_{y0}^{d}=a_{z0}^{d}=a_{\theta0}^{d}=1$；

C_y、C_z、C_θ——体轴方向的主梁断面三分力系数，0度攻角下的数值与风轴方向的一致。

由于平均风速和桥塔断面沿高度方向是变化的，因此采用塔顶高度的平均风速 V_t 和断面尺寸 B_D 和 B_L 来表示桥塔静力风荷载两个分量，即平面内阻力分量 $\overline{W}_z(y)$ 和平面外阻力分量 $\overline{W}_x(y)$，全桥成桥状态桥塔静力风荷载为：

$$\overline{W}_{z}^{p}(z)=\overline{W}_{z0}^{p}a_{z0}^{p}(z)=\frac{1}{2}\rho V_{t}^{2}B_{D}C_{D}\left(\frac{z}{z_{t}}\right)^{2a}\frac{B_{D}(z)}{B_{D}}=29.45\left(\frac{z}{z_{t}}\right)^{0.2}\frac{B_{D}(z)}{B_{D}}(\text{kN/m}) \tag{2.6.3.7}$$

$$\overline{W}_{x}^{p}(z)=\overline{W}_{x0}^{p}a_{x0}^{p}(z)=\frac{1}{2}\rho V_{t}^{2}B_{L}C_{L}\left(\frac{z}{z_{t}}\right)^{2a}\frac{B_{L}(z)}{B_{L}}=25.77\left(\frac{z}{z_{t}}\right)^{0.2}\frac{B_{L}(z)}{B_{L}}(\text{kN/m}) \tag{2.6.3.8}$$

施工阶段包括最大单悬臂状态、最大双悬臂状态和桥塔自立状态的桥塔静力风荷载为：

$$\overline{W}_{z}^{p}(z)=\overline{W}_{z0}^{p}a_{z0}^{p}(z)=\frac{1}{2}\rho V_{t}^{2}B_{D}C_{D}\left(\frac{z}{z_{t}}\right)^{2a}\frac{B_{D}(z)}{B_{D}}=39.27\left(\frac{z}{z_{t}}\right)^{0.2}\frac{B_{D}(z)}{B_{D}}(\text{kN/m}) \tag{2.6.3.9}$$

$$\overline{W}_{x}^{p}(z)=\overline{W}_{x0}^{p}a_{x0}^{p}(z)=\frac{1}{2}\rho V_{t}^{2}B_{L}C_{L}\left(\frac{z}{z_{t}}\right)^{2a}\frac{B_{L}(z)}{B_{L}}=34.46\left(\frac{z}{z_{t}}\right)^{0.2}\frac{B_{L}(z)}{B_{L}}(\text{kN/m}) \tag{2.6.3.10}$$

式中：$\overline{W}_{z0}^{p}$、$\overline{W}_{x0}^{p}$——表示桥塔静力风荷载两个分量的塔顶值；

a_{z0}^{p}、a_{x0}^{p}——表示桥塔静力风荷载两个分量的分布形式，且 $a_{z0}^{p}(z)=\left(\frac{z}{z_t}\right)^{0.2}\frac{B_D(z)}{B_D}$ 和 $a_{x0}^{p}(z)=\left(\frac{z}{z_t}\right)^{0.2}\frac{B_L(z)}{B_L}$；

C_D、C_L——桥塔平面内和平面外阻力系数。

在拉索静力风荷载计算中，为了简化平均风速沿高度变化的影响，采用桥面高度与塔顶高度的平均值 $H=0.5\times(54+155)=104.5\text{m}$，作为拉索平均风速计算的基准高度，由此可以确定全桥成桥状态拉索静力风荷载为：

$$\overline{W}_{z}^{c}(z)=\overline{W}_{z0}^{a}a_{z0}^{c}(x)=\frac{1}{2}\rho V_{H}^{2}D_{m}C_{D}\frac{D_{c}}{D_{m}}=0.167\frac{D_{c}}{D_{m}}(\text{kN/m}) \tag{2.6.3.11}$$

施工阶段包括最大单悬臂状态和最大双悬臂状态的拉索静力风荷载为：

$$\overline{W}_{z}^{c}(z)=\overline{W}_{z0}^{a}a_{z0}^{c}(x)=\frac{1}{2}\rho V_{H}^{2}D_{m}C_{D}\frac{D_{c}}{D_{m}}=0.167\frac{D_{c}}{D_{m}}(\text{kN/m}) \tag{2.6.3.12}$$

式中：$\overline{W}_{z0}^{a}$——拉索静力风荷载的最大值；

a_{z0}^{c}——拉索静力风荷载的修正系数，且 $a_{z0}^{c}(z)=\frac{D_c}{D}$；

C_D——拉索阻力系数；

D_m——最大拉索外径；

D_c——计算拉索外径。

2. 阵风等效静力风荷载

当结构刚度或阻尼很大时，脉动风荷载引起的结构振动将十分微弱，因而结构振动效应可忽略不计。此时，可用阵风荷载来代替等效静力风荷载。阵风等效静力风荷载是指平均时距为1～3s时的阵风风速引起的风荷载。在设计基准风速的基础上，考虑平均风速因时距缩小而提高的阵风风速系数，可按下式计算：

$$V_g=G_uV_c \tag{2.6.3.13}$$

式中：G_u——阵风风速系数，取为1.38；

V_g——阵风风速。

以阻力为例，由阵风引起的等效风荷载计算如下：

$$
\begin{aligned}
F_D &= \frac{1}{2}\rho(G_u V^2)BC_D = \frac{1}{2}\rho[V+(G_u-1)V]^2 BC_D \\
&= \frac{1}{2}\rho V^2 BC_D + \left[\frac{1}{2}\rho \cdot 2V^2 \cdot (G_u-1)BC_D + \frac{1}{2}\rho V^2(G_u-1)^2 BC_D\right] \qquad (2.6.3.14) \\
&\approx \overline{P} + P_c
\end{aligned}
$$

式中：$\overline{P}$——静力风荷载即平均风荷载；

P_c——阵风引起的等效静力风荷载。

通常情况下，一般直接给出桥梁结构的阵风等效风荷载，而没有必要求出阵风引起的等效静力风荷载后再与静力风荷载叠加得到阵风等效风荷载。

6.3.3 静风稳定性数值分析

东海大桥主航道桥静风稳定性数值分析考虑三种结构状态：施工过程中的最大双悬臂状态、最大单悬臂状态和施工完成后的全桥成桥状态。本项研究的主要内容是采用计入三分力效应的非线性有限元分析方法，通过全过程跟踪计算出三种结构状态在结构恒载和静风荷载共同作用下的最大竖向位移、最大侧向位移和最大扭转变形随风速的变化规律。

静风稳定性数值分析是在大型有限元分析软件ANSYS的基础上完成的。为了计入三分力效应，对ANSYS软件进行了二次开发，使其具有分析结构静风稳定性的功能。

1. 数值分析模型

东海大桥主航道桥静风稳定性数值分析采用离散结构的有限元方法，主梁、桥塔和桥墩结构离散为空间梁单元，斜拉索采用空间杆单元模拟。由于采用倒Y型桥塔、单索面以及主梁为带悬臂的闭口箱形断面，其约束扭转刚度相比自由扭转刚度而言较小，因此主梁采用单脊梁式力学模型，并通过刚性横梁同双排索面相连形成"鱼骨式"模型。

有限元计算模型的总体坐标系以顺桥向为x轴，以横桥向为z轴，以竖向为y轴。全桥跨径布置为73m+132m+420m+132m+73m=830m，主跨塔梁连接处横桥向、竖向的线位移约束和扭转角位移约束以及边墩和辅助墩的墩顶与主梁连接处设置的横桥向、竖向的线位移约束和扭转角位移约束，均为主从约束；主塔、边墩和辅助墩底部的三个线位移和三个角位移均被刚性约束。

全桥成桥状态下的三维有限元静风稳定性数值分析模型如图2.6.3.2所示。

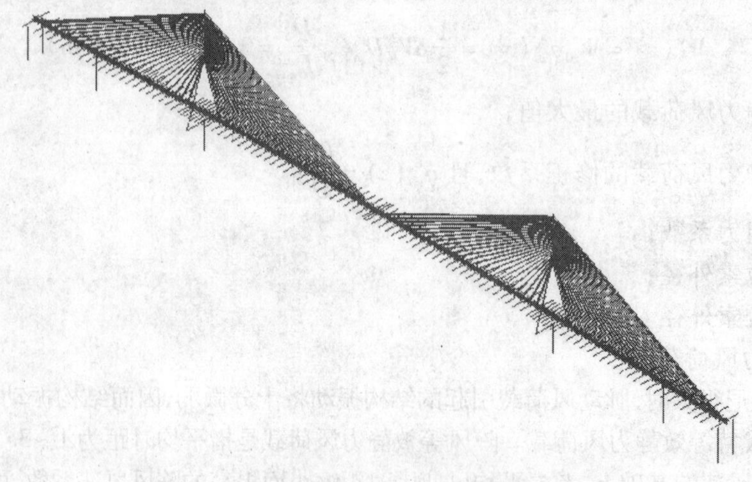

图2.6.3.2 全桥成桥状态静风稳定性数值分析模型

为了研究东海大桥主航道桥在施工阶段的静风稳定性能，针对桥梁结构施工全过程的不同阶段，包括最大单悬臂状态和最大双悬臂状态，分别建立了独立的空间梁系结构有限元计算模型。东海大桥主航道桥施工阶段最大单悬臂状态和最大双悬臂状态下的三维有限元静风稳定性数值分析模型如图 2.6.3.3和图 2.6.3.4 所示。

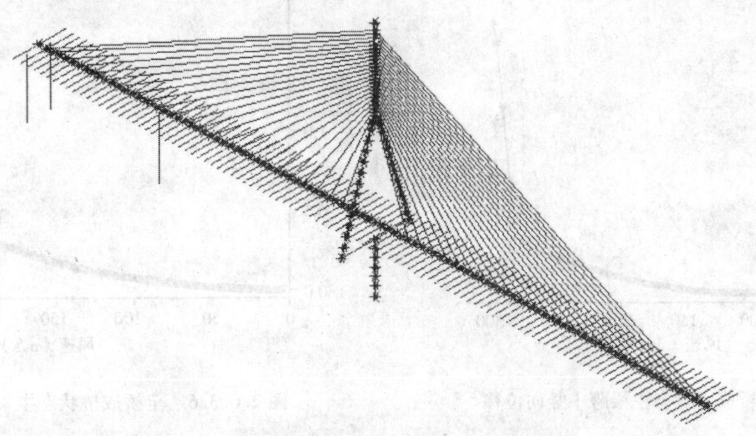

图 2.6.3.3　最大单悬臂状态静风稳定性数值分析模型

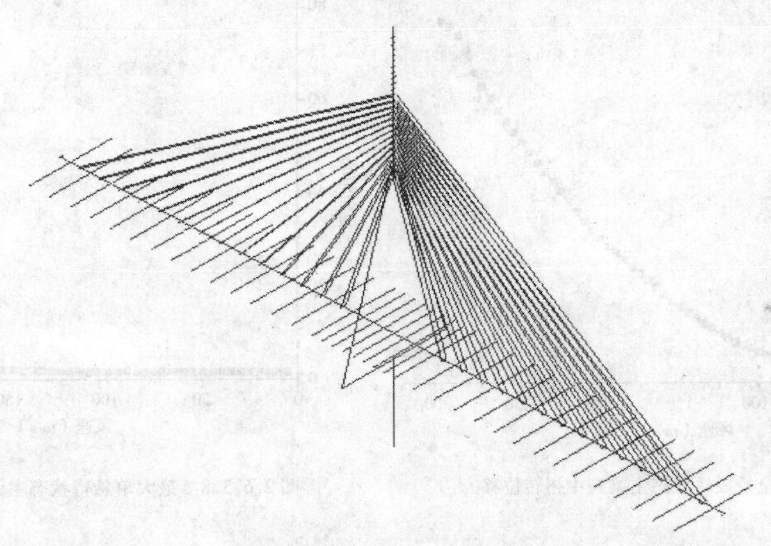

图 2.6.3.4　最大双悬臂状态静风稳定性数值分析模型

2. 全桥成桥状态计算结果

东海大桥主航道桥全桥成桥状态的静风稳定性数值分析以风速为零、结构只承受恒载为初始状态，以 5m/s 为级差逐级增加风速，计算各级风速下桥梁结构在静风力和恒载共同作用下的竖向、侧向和扭转位移。全桥成桥状态主梁跨中竖向位移、侧向位移和扭转位移随风速变化的规律如图 2.6.3.5、图 2.6.3.6和图 2.6.3.7 所示。

从图中可以看到：当风速较低时，主梁各方向的位移都较小，随着风速的增加，主梁跨中的侧向和扭转位移都逐渐增大，而竖向位移的增加仍非常缓慢；当风速增大到 140m/s 后，跨中竖向位移开始加速增长，直到风速增大到 280m/s，竖向位移出现发散，表明结构已经在静风力和恒载共同作用下丧失稳定性，此时结构侧向位移也有发散的趋势。分析结果表明结构的静风稳定性安全储备很大。

3. 最大单悬臂状态计算结果

东海大桥主航道桥施工阶段最大单悬臂状态的静风稳定性数值分析以风速为零、结构只承受恒载为初始状态，以 5m/s 为级差逐级增加风速，计算各级风速下桥梁结构在静风力和恒载共同作用下的竖向、侧向和扭转位移。最大单悬臂状态主梁悬臂端的竖向位移、侧向位移和扭转位移随风速变化的规律如图 2.6.3.8、图 2.6.3.9 和图 2.6.3.10 所示。

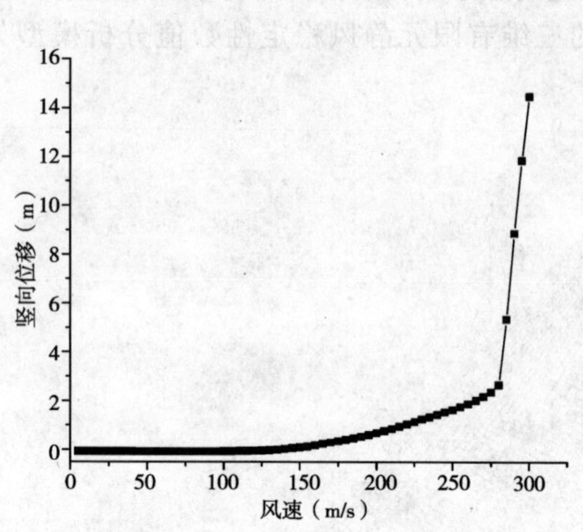

图 2.6.3.5　全桥成桥状态主梁跨中竖向位移

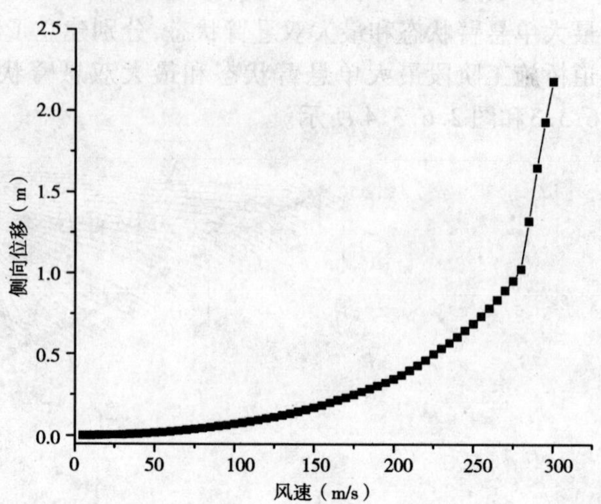

图 2.6.3.6　全桥成桥状态主梁跨中侧向位移

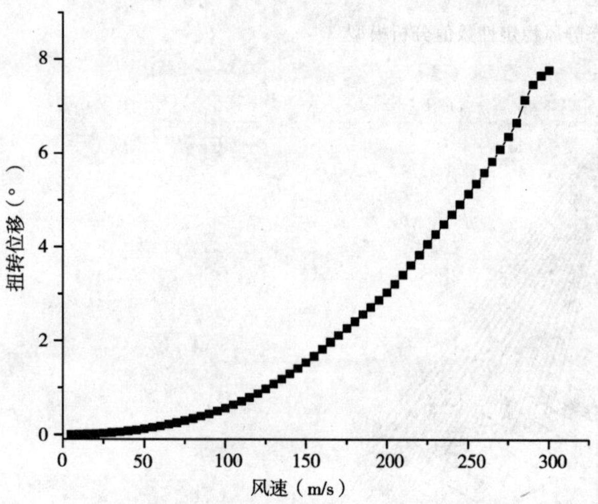

图 2.6.3.7　全桥成桥状态主梁跨中扭转位移

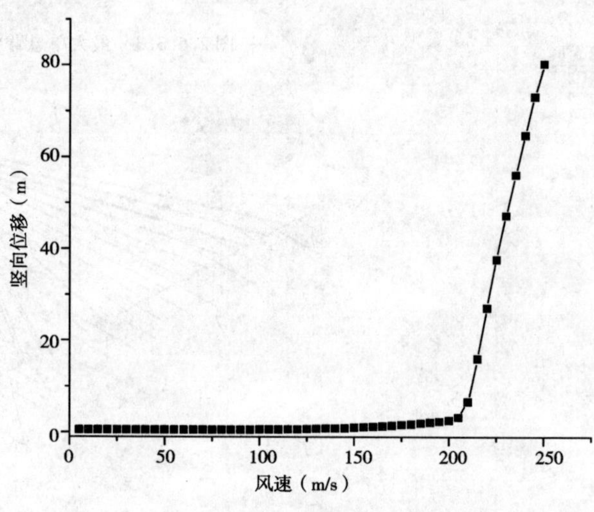

图 2.6.3.8　最大单悬臂状态主梁悬臂端竖向位移

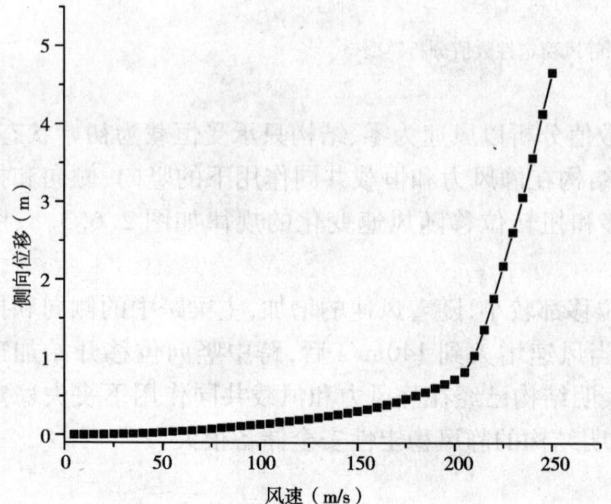

图 2.6.3.9　最大单悬臂状态主梁悬臂端侧向位移

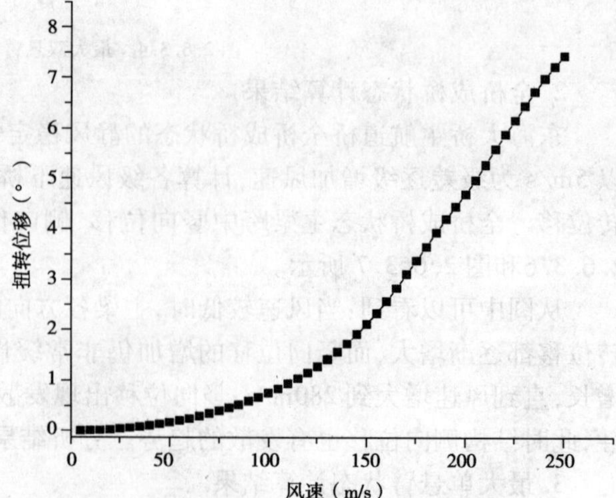

图 2.6.3.10　最大单悬臂状态主梁悬臂端扭转位移

从图中可以看到：当风速较低时，主梁各方向的位移都较小；随着风速的增加，主梁跨中的侧向和扭转位移都逐渐增大；而竖向位移在风速增大到200m/s后，开始加速增长直至发散，表明结构已经在静风力和恒载共同作用下丧失稳定性，此时结构的侧向位移也出现了比较明显的发散趋势。分析结果表明结构的静风稳定性安全储备很大。

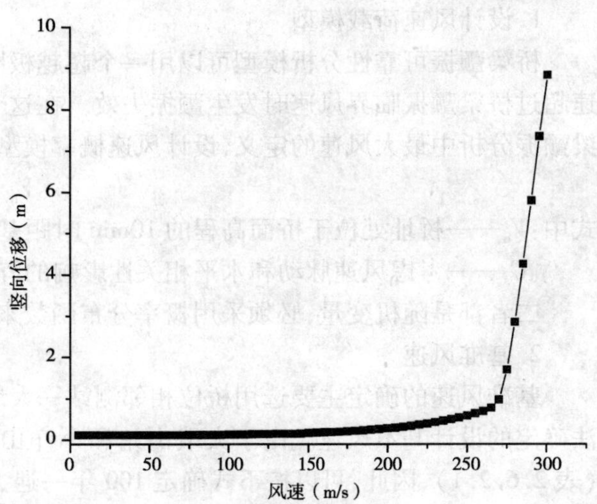

图2.6.3.11　最大双悬臂状态主梁悬臂端竖向位移

4. 最大双悬臂状态计算结果

东海大桥主航道桥施工阶段最大双悬臂状态的静风稳定性数值分析以风速为零、结构只承受恒载为初始状态，以5m/s为级差逐级增加风速，计算各级风速下桥梁结构在静风力和恒载共同作用下的竖向、侧向和扭转位移。最大双悬臂状态主梁悬臂端的竖向位移、侧向位移和扭转位移随风速变化的规律如图2.6.3.11、图2.6.3.12和图2.6.3.13所示。

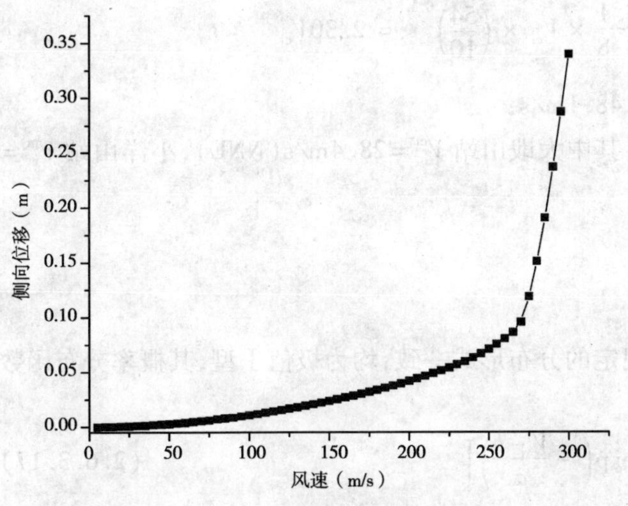

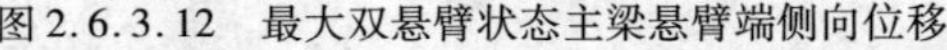
图2.6.3.12　最大双悬臂状态主梁悬臂端侧向位移

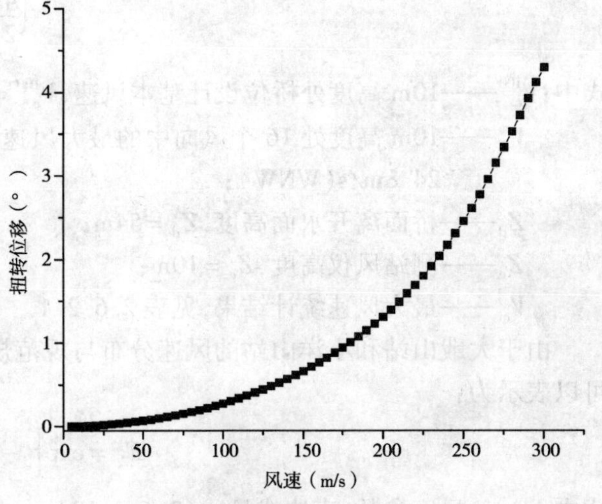

图2.6.3.13　最大双悬臂状态主梁悬臂端扭转位移

从图中可以看到：当风速较低时，主梁各方向的位移都较小，随着风速的增加，主梁跨中的侧向和扭转位移都逐渐增大；而竖向位移在风速增大到270m/s后，开始加速增长直至发散，表明结构已经在静风力和恒载共同作用下丧失稳定性，此时结构的侧向位移也出现了比较明显的发散趋势。分析结果表明结构的静风稳定性安全储备很大。

从上述静风稳定性数值分析结果可以看到，东海大桥主航道桥无论是在施工阶段还是在全桥成桥状态，其静风失稳临界风速都远大于相应状态的颤振临界风速。因此，东海大桥主航道桥的静风稳定性很高，不控制抗风稳定性设计。

6.3.4　颤振失稳概率性评价

东海大桥主航道桥颤振临界风速是衡量桥梁颤振稳定性的重要指标，而颤振临界风速既可通过风洞试验直接测定（例如节段模型或全桥模型风洞试验），也可采用基于节段模型试验参数的理论计算来确定。由于在确定颤振临界风速过程中所用的理论假设、试验条件等有其局限性或不确定性，有些是在缺乏完整资料背景下主观假定的经验值，所以采用概率可靠性分析方法来确定桥梁颤振失效概率就比仅给出一个颤振临界风速更为合理。

1. 设计风速荷载模型

桥梁颤振可靠性分析模型可以用一个超越极限状态问题来表达，当在给定重现期内桥址处期望风速超过桥梁颤振临界风速时发生颤振失效。在这个极限状态问题中期望风速显然是随机变量，根据桥梁颤振分析中最大风速的定义，设计风速概率模型可以表达为：

$$V_m = G_s V_b \tag{2.6.3.15}$$

式中：V_b——桥址处位于桥面高程的10min时距基准风速，可根据现有的风速记录来确定；

G_s——考虑风速脉动和水平相关性影响的阵风因子。

二者都是随机变量，必须采用概率分布函数来描述。

2. 基准风速

基准风速的确定主要选用桥位相邻测站—大戢山海洋站和小洋山海岛站风速统计资料及按规范方法确定的设计基本风速。由于大戢山站和小洋山站均提供了10m高度处16个风向的最大平均风速（表2.6.2.1），因此，可以按下式确定100年一遇、10min平均、桥面高度处的基准风速。

$$V_b^{100} = \frac{V_c^{100}}{V_c^m} \cdot V_{ci}\left(\frac{Z_d}{Z_c}\right)^a = \begin{cases} \frac{48.1}{28.4} \times V_{ci} \times \left(\frac{54}{10}\right)^{0.1} = 2.00V_{ci} \\ \frac{48.1}{24.8} \times V_{ci} \times \left(\frac{54}{10}\right)^{0.1} = 2.30V_{ci} \end{cases} \tag{2.6.3.16}$$

式中：V_c^{100}——10m高度处桥位设计基本风速，$V_c^{100}=48.1\text{m/s}$；

V_c^m——10m高度处16个风向中的最大风速，其中大戢山站 $V_c^m=28.4\text{m/s}$（NNE），小洋山站 $V_c^m=24.8\text{m/s}$（WNW）；

Z_d——桥面离开水面高度，$Z_d=54\text{m}$；

Z_c——测站风仪高度，$Z_c=10\text{m}$；

V_{ci}——最大风速统计结果，见表2.6.2.1。

由于大戢山站和小洋山站的风速分布与规范规定的分布形式一致，均为极值Ⅰ型，其概率分布函数可以表示为：

$$F_V = \exp\left[-\exp\left(-\frac{V-b}{a}\right)\right] \tag{2.6.3.17}$$

式中：a——尺度参数，表达式见式（2.6.3.18）；

b——位置参数，表达式见式（2.6.3.19）。

$$a = \frac{\sqrt{b}}{\pi}\sigma = 0.7797\sigma \tag{2.6.3.18}$$

$$b = \mu - a\gamma = \mu - \frac{\sqrt{b}}{\pi}\gamma\sigma = \mu - 0.45\sigma \tag{2.6.3.19}$$

将百年一遇基准风速值 V_b^{100} 及相应的保证率 $P=F(V_b^{100})=0.99$ 代入极值Ⅰ型分布函数，可得：

$$V_b^{100} = 4.60a + b = 3.14\sigma + \mu = \left(3.14\frac{\sigma}{\mu}+1\right)\mu \tag{2.6.3.20}$$

假定风速方差 σ 和均值 μ 的比值——风速偏差系数 $\delta=\sigma/\mu=0.3$，则可求得均值 μ 和方差 σ：

$$\mu = 0.515V_b^{100} \tag{2.6.3.21}$$

$$\sigma = 0.3\mu = 0.155V_b^{100} \tag{2.6.3.22}$$

按照上述计算步骤和计算公式，可以计算出大戢山站和小洋山站用于东海大桥主航道桥桥面高度基准风速计算的极值Ⅰ型分布参数 a 和 b、均值 μ、方差 σ、100年重现期的期望风速 V_b^{100} 以及各风向相对发生频度 P，其结果如表2.6.3.2和表2.6.3.3所示。

大戢山站基准风速统计参数　　表2.6.3.2

序　号	风向	a(m/s)	b(m/s)	μ(m/s)	σ(m/s)	V_b^{100}(m/s)	P
1	N	6.79	25.02	28.94	8.71	56.2	0.070
2	NNE	6.86	25.29	29.25	8.80	56.8	0.160
3	NE	5.75	21.19	24.51	7.38	47.6	0.115
4	ENE	6.21	22.89	26.47	7.97	51.4	0.050
5	E	5.63	20.75	24.00	7.22	46.6	0.030
6	ESE	5.25	19.32	22.35	6.73	43.4	0.080
7	SE	5.49	20.21	23.38	7.04	45.4	0.095
8	SSE	5.10	18.79	21.73	6.54	42.2	0.100
9	S	4.91	18.08	20.91	6.29	40.6	0.075
10	SSW	4.91	18.08	20.91	6.29	40.6	0.045
11	SW	4.18	15.41	17.82	5.36	34.6	0.020
12	WSW	4.91	18.08	20.91	6.29	40.6	0.010
13	W	5.68	20.93	24.21	7.29	47.0	0.020
14	WNW	5.63	20.75	24.00	7.22	46.6	0.020
15	NW	6.07	22.35	25.85	7.78	50.2	0.035
16	NNW	6.41	23.60	27.30	8.22	53.0	0.065

小洋山站基准风速统计参数　　表2.6.3.3

序　号	风向	a(m/s)	b(m/s)	μ(m/s)	σ(m/s)	V_b^{100}(m/s)	P
1	N	6.28	23.14	26.77	8.06	52.0	0.166
2	NNE	4.45	16.39	18.95	5.70	36.8	0.086
3	NE	5.03	18.54	21.44	6.45	41.6	0.043
4	ENE	2.36	8.70	10.07	3.03	19.6	0.008
5	E	4.70	17.31	20.02	6.02	38.9	0.108
6	ESE	4.86	17.92	20.73	6.24	40.3	0.077
7	SE	5.34	19.66	22.74	6.84	44.2	0.161
8	SSE	5.06	18.64	21.56	6.49	41.9	0.065
9	S	6.34	23.35	27.01	8.13	52.4	0.079
10	SSW	5.73	21.10	24.40	7.34	47.4	0.019
11	SW	5.20	19.15	22.15	6.67	43.0	0.018
12	WSW	4.28	15.77	18.24	5.49	35.4	0.010
13	W	6.09	22.43	25.94	7.81	50.4	0.034
14	WNW	6.89	25.40	29.38	8.84	57.0	0.018
15	NW	6.62	24.37	28.19	8.48	54.7	0.047
16	NNW	5.61	20.69	23.93	7.20	46.5	0.059

3. 阵风因子

弹性系统的线性响应一般可以表述为

$$R(t)=\overline{R}+g(t)\sigma_{\mathrm{R}} \tag{2.6.3.23}$$

式中：$\overline{R}$——平均响应；

σ_{R}——均方根响应；

$g(t)$——随时间变化的无量纲系数。

根据这个通式可将风压峰值 P_{max} 表示为：

$$P_{max} = \overline{P} + g\sigma_P = (1 + g\sigma_p/\overline{P})\overline{P} \tag{2.6.3.24}$$

式中，g 和 σ_P 由下列公式确定：

$$g = \sqrt{2\ln(n_0 T)} + \frac{0.5772}{\sqrt{2\ln(n_0 T)}} \tag{2.6.3.25}$$

$$\sigma_P = \left[\int_0^{\infty} S_P(f)\,df\right]^{1/2}$$

$$n_0 = \left[\int_0^{\infty} S_P(f)\,df\right]^{1/2} \Big/ \sigma_P \tag{2.6.3.26a}$$

$$S_P(f) = \left(\frac{2\overline{P}}{V_b}\right)^2 S_u(f) \int_0^l \int_0^l e^{-\frac{\lambda f}{V_b}|x_1 - x_2|} dx_1 dx_2 \tag{2.6.3.26b}$$

式中：$S_u(f)$——顺风向脉动风谱；

λ——顺风向脉动风沿跨径方向的互相关系数。

从式(2.6.3.24)可定义阵风风压系数为：

$$G_P = 1 + g\sigma_P/\overline{P} \tag{2.6.3.27}$$

又根据风速 V 和动压 P 的关系，$P = \rho V_2/2$，可得阵风因子 G_s 如下：

$$G_s = \sqrt{G_P} = \sqrt{1 + g\sigma_P/\overline{P}} \tag{2.6.3.28}$$

从以上式子可以看到，阵风因子同很多变量相关，如平均风速、脉动风的风谱和相关性、地表粗糙度、桥面高程和跨径等，因此其统计特性非常复杂。表2.6.3.4列出了日本和中国适合于最小粗糙度地区的阵风因子，这些数值都是在假定桥梁高度为40m、$V = 40$m/s 和 $\lambda = 7$ 的前提下获得的，不过日本采用了 Hino 风谱而中国采用了 Kaimal 风谱。

阵风因子计算结果 表2.6.3.4

跨径(m)	200	300	400	500	650	800	1000
日本规范	1.21	1.19	1.18	1.17	1.16	1.15	1.14
中国指南	1.27	1.25	1.24	1.23	1.22	1.21	1.20
相对误差	5.0	5.0	5.1	5.1	5.2	5.2	5.3

根据以上的比较结果和一般经验，并参照中国指南的规定，可以把阵风因子表达为一个正态分布的随机变量 G_s，其统计特性为：

$$E[G_s] = \mu_G = 1.238 \tag{2.6.3.29}$$

$$\sigma[G_s] = \sigma_G = 0.06\mu_G = 0.074 \tag{2.6.3.30}$$

4. 临界风速抗力模型

在桥梁颤振概率分析的极限状态方程中，结构抗力变量就是实际结构的颤振临界风速，实桥颤振临界风速的不确定性主要来自于结构特性和风场特性，因此，实桥的颤振临界风速 V_{cr} 可用两个独立的随机变量来表示

$$V_{cr} = C_w V_e \tag{2.6.3.31}$$

式中：V_e——计入了结构特性中不确定因素的基本临界风速；

C_w——计入了风场特性中不确定因素的临界风速修正系数。

5. 基本临界风速

基本临界风速是指通过节段模型风洞试验或全桥模型风洞试验确定的颤振临界风速，由于结构特性中不确定因素的存在，基本临界风速是一个随机变量，必须用概率分布函数来表示。结构特性中的不确定因素包括质量、刚度、阻尼和气动外形等，可能来源于材料性能、制造工艺和数学抽象等各个方面，

并且对结构的动力特性和临界风速都会产生影响。由于动力特性本身可以在风洞试验或理论计算中进行调整,因此本文着重考虑这些不确定因素对临界风速的影响。

为了简化起见,基本临界风速选用一个对数正态分布随机变量来表示,其统计特性可偏于安全地取为:

$$E[V_e]=\mu_{ve} \tag{2.6.3.32}$$

$$\sigma[V_e]=\sigma_{V_e}=0.10\mu_{V_e} \tag{2.6.3.33}$$

6. 风速修正系数

风速修正系数用来修正实桥风环境模拟中的各种不确定性。这些需要模拟的风环境特性既包括平均风特性又包括脉动风特性,比如平均风剖面、紊流强度、紊流积分尺度、脉动风谱和紊流空间相关性等。所有这些风特性都有自己的随机特征,在统计特性上既可能相互独立也可能相关性很强。

模型试验和实桥测试的比较结果表明,由模型到实桥的风速修正系数变化较大,且没有一个明确的结果。为了简化计算起见,假定风速修正系数的均值为1.0、方差为均值的5%,并且服从最基本的正态分布,即:

$$E[C_w]=\mu_c=1.0 \tag{2.6.3.34}$$

$$\sigma[C_w]=\sigma_c=0.05 \tag{2.6.3.35}$$

7. 颤振失效概率计算

由于结构可靠性理论的分析方法已发展得相当成熟,所以一旦相关参数的随机性或不确定性的模型建立起来以后,相应的可靠性指标计算就非常直接了。

在随机风速作用下的桥梁颤振可靠性分析中,实桥的极限状态函数可以表示成临界风速 V_{cr}减去期望风速 V_m,即:

$$f(V_{cr},V_m)=V_{cr}-V_m \tag{2.6.3.36}$$

将式(2.6.3.15)和(2.6.3.31)代入上式,就可发现安全域度函数 M(本身也是一个随机变量)依赖于基本变量 $X=(C_w,V_e,G_s,V_b)$ 的统计特性,即:

$$M=f(X)=C_wV_e-G_sV_b \tag{2.6.3.37}$$

桥梁颤振失效概率可按下式计算:

$$P_F=(M\leqslant 0)=\int_{M\leqslant 0} f_x(x)\,dx \tag{2.6.3.38}$$

式中 $f_x(x)$ 是基本变量的联合概率密度函数。因为直接通过这个积分公式来计算失效概率比较困难,所以这里将应用基于一次二阶矩理论的方法来计算失效概率,其中包括中心点法、验算点法以及推广验算点法。

表2.6.3.5列出了东海大桥主航道桥颤振失稳概率性评价中用到的四个基本变量的统计特性,由于桥梁基本为南北走向,因此分别采用大戢山站和小洋山站偏西(W)和偏东风向的基准风速变量的相关参数。采用中心点法和推广验算点法进行可靠性数值分析,可以得到颤振可靠性指标 β 和颤振失效概率 P_f 如表2.6.3.6所示。不难发现,推广验算点法的分析结果最为精确和安全,而中心点法的结果则较为粗略,并偏于危险,因而不应在桥梁颤振可靠性分析中使用。

基本随机变量的均值和均方差　　表2.6.3.5

风　况	μ_c	σ_c	μ_{V_e}	σ_{V_e}	μ_G	σ_G	μ_{V_b}	σ_{V_b}
大戢山偏西	1.00	0.05	90.2	9.02	1.238	0.074	24.21	7.29
大戢山偏东	1.00	0.05	90.2	9.02	1.238	0.074	24.00	7.22
小洋山偏西	1.00	0.05	90.2	9.02	1.238	0.074	25.94	7.81
小洋山偏东	1.00	0.05	90.2	9.02	1.238	0.074	20.02	6.02

概率性评价数值计算结果　表 2.6.3.6

风　况	中心点法		推广验算点法	
	β	P_f	β	P_f
大戢山偏西	5.324	5.09×10E-8	4.036	2.72×10E-5
大戢山偏东	5.354	4.31×10E-8	4.053	2.53×10E-5
小洋山偏西	5.079	1.90×10E-7	3.909	4.64×10E-5
小洋山偏东	5.980	1.12×10E-9	4.426	4.81×10E-6

表 2.6.3.6 中的分析结果仅考虑了垂直于桥轴线（南北方向）方向的偏西和偏东风向，如果计入全部 16 个方向上的设计基准风速及其相对发生频率的影响，则东海大桥主航道桥颤振失效概率应按下式计算：

$$P_F = \sum_{i=1}^{16} P_i P_{fi} = \sum_{i=1}^{16} P_i P_{fi}\{V_{b_i} = V_{bi}\cos\theta_i\} \tag{2.6.3.39}$$

式中：P_{fi}——风向 i 对应基准风速 $V_{bi}\cos\theta_i$ 的失效概率；

P_i——风向 i 发生最大风速的频率；

θ_i——风向同正交于桥梁轴线方向的水平锐角。

基于大戢山站和小洋山站风速统计结果，计入全部 16 个风向上的设计基准风速及其相对发生频率影响后，东海大桥主航道桥的颤振概率性评价计算结果为

大戢山站：$P_F = 3.82\times10^{-6}/a, \beta = 4.475$；

小洋山站：$P_F = 3.79\times10^{-6}/a, \beta = 4.477$。

6.4　辅通航孔箱梁抗风设计

东海大桥辅通航孔为大跨径预应力混凝土连续梁桥，施工和使用期间的抗风问题并不突出，基本不用进行专门的抗风设计，只需根据规范要求，确定风荷载，并与其他荷载参与规范规定的荷载组合即可。这里不再赘述。

6.5　非辅通航孔连续箱梁抗风设计

东海大桥非通航孔为多跨连续梁桥，根据所处海域环境不同，采用了整孔吊装、顶推等多种不同的施工方法。抗风问题并不控制非通航孔连续箱梁的设计，只需根据规范要求，确定风荷载，并于其他荷载参与规范规定的荷载组合即可。

需要说明的是，根据施工方法的不同，可能需要对特殊的施工工况设计考虑风作用的特殊荷载组合，对施工过程中施工机具的安全性进行验算。例如，在整孔吊装施工过程（图 2.6.5.1）的计算中，在计算施工机具的安全性时，可能需要考虑风荷载的影响。

图 2.6.5.1　整孔吊装过程

第7章　跨海大桥地震作用及其计算方法

地震是跨海大桥设计过程中必须考虑的灾害事件。本章首先介绍了桥梁结构抗震设计的基本原则及地震力计算理论和计算方法,然后给出了桥梁抗震设计的基本方法。跨海大桥结构中可能包括大跨径桥梁和多跨梁桥,其抗震设计的基本特点是根据不同的结构形式和重要程度分别研究制定抗震性能标准。本章以东海大桥为例,介绍了跨海大桥的地震作用设计方法,给出了主桥、辅通航孔桥、引桥的抗震性能研究。

7.1　抗震设防原则

7.1.1　抗震设防标准

确定桥梁工程的抗震设防标准,实际上就是确定桥址场地地震作用概率水平。

桥梁抗震的目标是减轻桥梁工程的地震破坏,保障人民生命财产的安全,减少经济损失。因此,既要使震前用于抗震设防的经济投入不超过我国当前的经济能力,又要使地震中经过抗震设计的桥梁的破坏程度限制在人们可以承受的范围内。换言之,需要在经济与安全之间进行合理平衡,这是桥梁抗震设防的合理安全度原则。

基于合理安全度原则,确定桥梁工程的抗震设防标准时,一般应考虑以下三方面因素:

(1)根据桥梁的重要性程度确定该结构的设计基准期;

(2)地震破坏后,桥梁结构功能丧失可能引起次生灾害的损失;

(3)建设单位所能承担抗震防灾的最大经济能力。

目前,世界各国普遍趋向于采用多级设防的抗震设计思想,"小震不坏,中震可修,大震不倒"的三级设防思想已被广泛接受。这一抗震设计思想常表示为以下三个要求:在小震(多遇地震)作用下,结构物不需修理,仍可正常使用;在中震(偶遇地震)作用下,结构物无重大损坏,经修复后仍可继续使用;在大震(罕遇地震)作用下,结构物可能产生重大破坏,但不致倒塌。

从概率统计意义上说,小震是发生机会较多的地震,因此,可将小震定义为烈度概率密度曲线上的峰值所对应的烈度,即众值烈度地震,如图2.7.1.1所示。根据大量数据分析,确认我国地震的概率分布符合极值III型,当基准设计期为50年时,众值烈度的超越概率为63.2%。中震烈度,一般情况下可采用中国地震烈度区划图所规定的基本烈度,它在50年内的超越概率大体为10%。罕遇烈度在50年内的超越概率约为2%~3%。由烈度概率分布分析可知,基本烈度与众值烈度相差约为1.55度,而基本烈度与罕遇烈度相差大致为1度。例如,图2.7.1.1中,当基本烈度为8度时,其众值烈度为6.45度,罕遇烈度为9度。

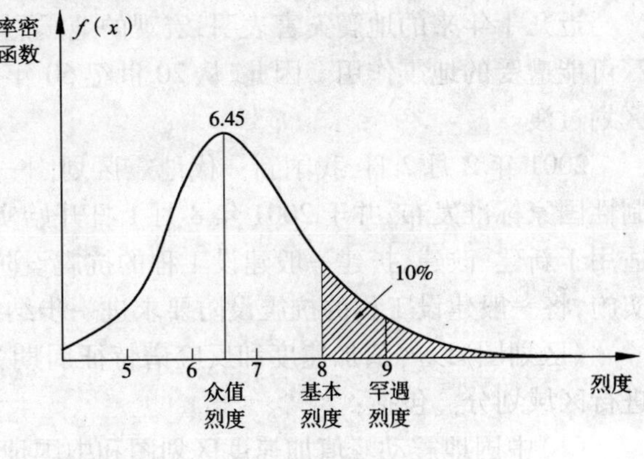

图2.7.1.1　三种烈度关系示意

所谓地震超越概率,是指一定场地在未来一定时间内遭遇到大于或等于给定地震的概率,常以年超越概率或设计基准期超越概率表示。预期地震出现概率的另一种表达方式是重现期。地震重现期是指一定场地重复出现大于或等于给定地震的平均时间间隔。

地震重现期 T 与设计基准期 T_0 内超越概率 P 之间的换算关系为：

$$T=\frac{T_0}{\ln(1-P)} \tag{2.7.1.1}$$

例如，基本烈度对应的概率水平为50年10%超越概率，其重现期为475年。

我国现行《公路工程抗震设计规范》采用的是单一水准的抗震设防思想，设计地震的概率水准为50年超越概率10%。而我国在编的《城市桥梁抗震设计规范》则采用了三级设防思想，根据桥梁在交通网络上的重要性以及承担交通量的多寡采用不同的抗震设防标准。如：对于大跨度桥梁，偶遇地震和罕遇地震的概率水准分别为采用100年超越概率10%和100年超越概率2%；对于交通网络上枢纽位置的桥梁、城市中六车道以上桥梁，多遇地震、偶遇地震和罕遇地震的概率水准分别为50年63%、50年10%、50年2%；对于城市快速干道、高架桥，多遇地震、偶遇地震和罕遇地震的概率水准分别为50年63%、50年10%、50年5%。

7.1.2 抗震设防要求

1998年3月1日开始实施的《防震减灾法》规定，"新建、扩建、改建建设工程，必须达到抗震设防要求"。抗震设防要求是指国务院地震行政主管部门对建设工程制定的、必须达到的、抗御地震破坏的准则和技术指标。它是综合考虑地震环境、工程的重要程度、允许的风险水平及要达到的安全目标和国家经济承受能力等因素的基础上确定的，主要以地震烈度或地震动参数表述。

1. 现行《公路工程抗震设计规范》的设防要求

我国现行的《公路工程抗震设计规范》采用单一水准的抗震设防思想，仅进行基本烈度（中震）下的抗震验算。基本烈度为中国地震烈度区划图（1977年）确定的烈度。该规范适用的7、8和9度地区，相应的地震动最大加速度设计值分别取为0.1g、0.2g和0.4g（g为重力加速度，$g=9.81\text{m/s}^2$）。另外，根据路线等级和构造物的重要性，以及修复（抢修）的难易程度，采用重要性修正系数 C_i 对构造物的地震作用进行修正。重要性修正系数的取值如表2.7.1.1所示，表中抗震重点工程指特大桥、大桥、隧道和破坏后修复（抢修）困难的路基、中桥和挡土墙等工程。

重要性修正系数 C_i 表2.7.1.1

路线等级及构造物	重要性修正系数 C_i
高速公路和一级公路上的抗震重点工程	1.7
高速公路和一级公路上的一般工程，二级公路上的抗震重点工程，二、三级公路上桥梁的梁端支座	1.3
二级公路的一般工程、三级公路上的抗震重点工程、四级公路上桥梁的梁端支座	1.0
三级公路的一般工程、四级公路上抗震重点工程	0.6

2. 新发布的《中国地震动参数区划图》

近几十年来的地震灾害表明，宏观的地震烈度含义已越来越不清晰，而且也不能合理地描述不同地区可能遭受的地震作用。因此，从20世纪60年代起，各国抗震设计规范都在从烈度区划向地震动参数区划过渡。

2001年2月2日，我国新一代地震区划图——《中国地震动参数区划图》（简称《区划图》）作为强制性国家标准发布，并于2001年8月1日开始实施。该图作为有关地震安全的全文强制性国家标准，适用于新建、改建、扩建一般建设工程的抗震设防，以及编制社会经济发展和国土规划。这一区划图的实施，将一般建设工程的抗震设防要求进一步纳入了法制化、标准化管理轨道。

《区划图》以峰值加速度和反应谱特征周期为技术指标对国土按照可能遭受地震影响的危险程度进行区域划分。包括：

（1）中国地震动峰值加速度区划图和中国地震动反应谱特征周期区划图，设防水准为50年超越概率10%，场地条件为平坦稳定的一般（中硬）场地；

(2)地震动反应谱特征周期调整表,采用四类场地划分。

现行有关技术标准中涉及地震基本烈度概念的,应逐步修正。在技术标准等尚未修订(包括局部修订)之前,可以参照下述方法确定:

(1)抗震设计验算直接采用《区划图》提供的地震动参数;

(2)当涉及地基处理、构造措施或其他防震减灾措施时,地震基本烈度数值可由《区划图》查取地震动峰值加速度确定,也可根据需要做更细致的划分。

下列工程或地区的抗震设防要求不应直接采用该《区划图》,需做专门研究:

(1)抗震设防要求高于本地震动参数区划图抗震设防要求的重大工程、可能发生严重次生灾害的工程、核电站和其他有特殊要求的核设施建设工程;

(2)位于地震动参数区划分界线附近的新建、扩建、改建建设工程;

(3)复杂工程地质条件区域的大城市、大型厂矿企业、长距离生命线工程及新建开发区等。

跨海大桥属于长距离生命线工程,其设防要求应进行专门研究。

3. 重大建设工程的设防要求

《防震减灾法》规定,“重大建设工程和可能发生严重次生灾害的建设工程,必须进行地震安全性评价,并根据地震安全性评价的结果,确定抗震设防要求,进行抗震设防”。

地震安全性评价是指对具体建设工程地区或场址周围的地震地质、地球物理、地震活动性、地形变化等进行研究,采用地震危险性概率分析方法,按照工程应采用的风险概率水准,科学地给出相应的工程规划和设计所需的有关抗震设防要求的地震动参数和基础资料。

地震安全性工作的主要内容,包括地震烈度复核、设计地震动参数的确定(加速度、设计反应谱、地震动时程曲线)、地震小区划、场区及周围地震地质稳定性评价、场区地震灾害预测等。

经授权的评审机构审定通过后,按照分级负责的原则,由相应的县级以上人民政府负责管理地震工作的部门或者机构根据审定的结果,综合工程的类别和重要程度确定建设工程抗震设防要求。设防要求一旦确定就具有法定效力。

7.2　抗震计算的地震力理论

地震力理论也称地震作用理论,研究地震时地面运动对结构物产生的动态效果。桥梁结构的抗震计算必须以地震场地运动为依据。可惜由于实际强震记录的不足,这个关键问题还未能很好解决,因此仍然是结构抗震设计计算中最薄弱的环节。目前的解决办法是,根据桥址区地质构造情况、地震历史资料、场地情况,并参考一些地面运动的记录来确定作为设计依据的地震参数。

由于地震动过程本身带有随机过程的性质,设计计算中所用的地震动参数具有不确定性,所以发展了两种地震力理论:一种是以地震运动为确定过程的确定性地震力理论;另一种是以地震运动为随机过程的概率性地震力理论。目前,概率性地震力理论还不十分成熟,要应用于工程实践中还有待于进一步研究。世界各国的桥梁抗震设计规范中普遍采用的是确定性地震力理论。

近一个世纪以来,逐步建立并发展起来的确定性地震力计算方法主要有静力法、动力反应谱法和动态时程分析法。

7.2.1　静力法

静力法是早期采用的分析方法,假定结构物与地震动具有相同的振动,把结构物在地面运动加速度 $\ddot{\delta}_g$ 作用下产生的惯性力视作静力作用于结构物上做抗震计算。惯性力的计算公式为:

$$F = M\ddot{\delta}_g \tag{2.7.2.1}$$

式中:M——结构物的质量。

由于静力法忽略了结构的动力特性这一重要因素,把地震加速度看作是结构地震破坏的单一因素,因而有很大的局限性，只适用于刚度很大的结构，如重力式桥台等。

7.2.2 动力反应谱法

动力反应谱法同时考虑了地面运动和结构的动力特性，比静力法有很大的进步。

1. 反应谱的概念

反应谱的基本概念，可以通过如图 2.7.2.1 所示的单质点振子的地震响应来阐明。单自由度振子的质量、刚度和阻尼系数分别表示为 m、k 和 c，其基底受到地面运动加速度为 $\ddot{\delta}_g$ 的地震作用。

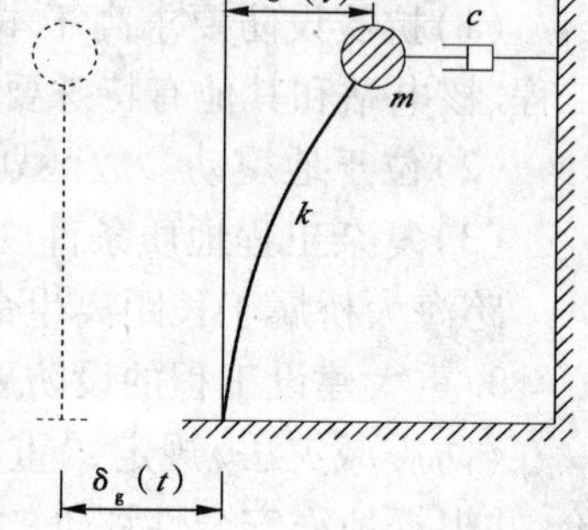

图 2.7.2.1 单质点振子的力学图式

单自由度振子的地震振动方程为：

$$m(\ddot{\delta}_g + \ddot{\delta}) + c\dot{\delta} + k\delta = 0 \tag{2.7.2.2}$$

进一步可以表示成如下形式：

$$\ddot{\delta} + 2\xi\omega\dot{\delta} + \omega^2\delta = -\ddot{\delta}_g \tag{2.7.2.3}$$

式中：ξ——阻尼比，$\xi = \frac{c}{2\sqrt{km}}$；

ω——无阻尼圆频率，$\omega = \sqrt{\frac{k}{m}}$。

上述振动方程的解可以用杜哈美（Duhamel）积分公式来表示：

$$\delta(t) = \frac{1}{\omega_d}\int_0^t e^{-\xi\omega(t-\tau)}\ddot{\delta}_g \sin[\omega_d(t-\tau)]d\tau \tag{2.7.2.4}$$

式中：ω_d——有阻尼圆频率，取 $\omega_d = \omega\sqrt{1-\xi^2}$。

由于工程结构的阻尼比一般很小，所以 $\omega_d \approx \omega$。此外，相位差 α 也可以忽略不计。这样，对式(2.7.2.4)分别求一次和两次导数，可得单自由度振子地震作用下的相对速度和绝对加速度反应的积分公式：

$$\dot{\delta}(t) = -\int_0^t e^{-\xi\omega(t-\tau)}\ddot{\delta}_g \cos[\omega_d(t-\tau)]d\tau \tag{2.7.2.5}$$

$$\ddot{\delta}(t) = \ddot{\delta}_g(t) = \omega\int_0^t e^{-\xi\omega(t-\tau)}\ddot{\delta}_g \sin[\omega_d(t-\tau)]d\tau \tag{2.7.2.6}$$

由于地震加速度 $\ddot{\delta}_g$ 是不规则的函数，上述积分公式难以直接求积，一般要通过数值积分的办法来求得反应的时间变化规律，即时程曲线。

如图 2.7.2.2 所示，对于不同周期和阻尼比的单自由度体系，在选定的地震加速度 $\ddot{\delta}_g$ 输入下，可以获得一系列的相对位移 δ、相对速度 $\dot{\delta}$ 和绝对加速度 $\ddot{\delta}_g + \ddot{\delta}$ 的反应时程曲线，并可从中找到它们的最大值。以不同单自由度体系的周期 T_i 为横坐标，以不同阻尼比 ξ 为参数，就能绘出最大相对位移、最大相对速度和最大绝对加速度的谱曲线，分别称为相对位移反应谱、拟相对速度反应谱和拟加速度反应谱（分别简称为位移反应谱、速度反应谱和加速度反应谱），并用符号记为 SD、PSV 和 PSA，这三条反应谱曲线合起来简称为反应谱。在相对速度和加速度反应谱前面加上"拟"字，表示忽略小阻尼比的影响。

比较式(2.7.2.5)、(2.7.2.6)可见，在忽略小阻尼比的影响情况下，有：

$$PSA = \omega^2 SD \tag{2.7.2.7}$$

从式(2.7.2.4)、(2.7.2.5)、(2.7.2.6)中还可以看出，反应谱具有以下两条基本特性：

(1)绝对刚性结构($\omega = \infty$)：$SD = 0$，$SV = 0$，$SA = \ddot{\delta}_{g,max}$；

(2)无限柔性结构($\omega = 0$)：$SD = \delta_{g,max}$，$SV = \dot{\delta}_{g,max}$，$SA = 0$。

2. 规范反应谱

一个场地记录到的地震动与多种因素有关，比如与场地条件、震中距、震源深度、震级、震源机制和传播路径等。由于诸多随机因素的影响,使得由不同记录得到的加速度反应谱具有很大的随机性。只有在大量地震加速度记录输入后绘制得到众多反应谱曲线的基础上,再经过平均与光滑化之后,才可以得到供设计使用的规范反应谱曲线(如图2.7.2.2所示)。

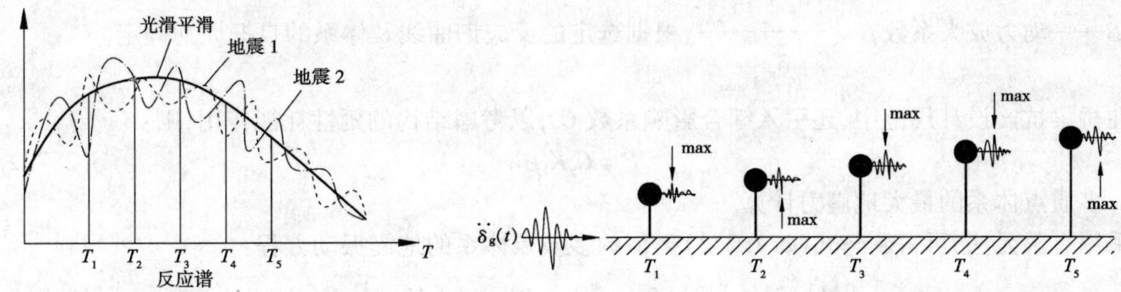

图2.7.2.2　反应谱概念

工程抗震设计中使用的反应谱常表示为动力放大系数的形式,称为标准化反应谱。动力放大系数(常用β表示)的定义为:

$$\beta(\omega,\xi)=\frac{PSA(\omega,\xi)}{\ddot{\delta}_{g,max}}=\frac{\left|\ddot{\delta}+\ddot{\delta}_g\right|_{max}}{\ddot{\delta}_{g,max}} \tag{2.7.2.8}$$

我国现行《公路工程抗震设计规范》所采用的反应谱曲线,是在对1 050多条国内外地震加速度记录反应谱进行统计分析的基础上,针对四类不同场地条件给出的,如图2.7.2.3所示。图中的反应谱就是以动力放大系数的形式给出的。

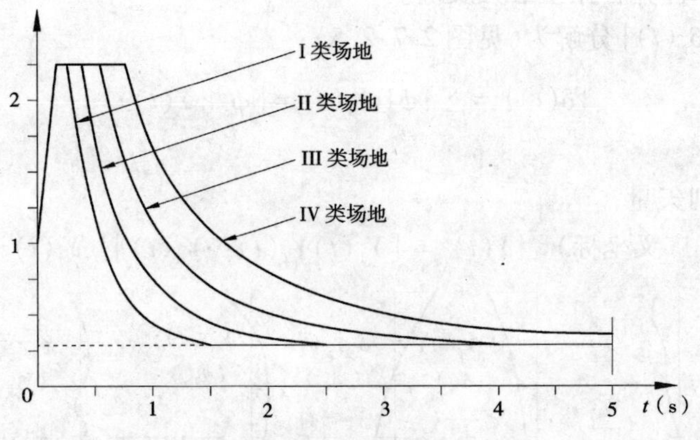

图2.7.2.3　规范反应谱曲线

需要指出的是,阻尼比是影响反应谱值的一个重要参数,规范反应谱曲线是取阻尼比为5%时绘出的,当结构阻尼比与5%明显不同时,就应该考虑进行修正。但规范没有给出阻尼比不同时的修正公式。

3. 单质点体系的最大地震力计算

对于如图2.7.2.4所示单质点体系,其最大地震力为:

$$\begin{aligned}P&=M\left|\ddot{\delta}_g+\ddot{\delta}\right|_{max}\\&=Mg\frac{\left|\ddot{\delta}_g\right|_{max}}{g}\frac{\left|\ddot{\delta}_g+\ddot{\delta}\right|_{max}}{\left|\ddot{\delta}_g\right|_{max}}\\&=K_h\beta W\end{aligned} \tag{2.7.2.9}$$

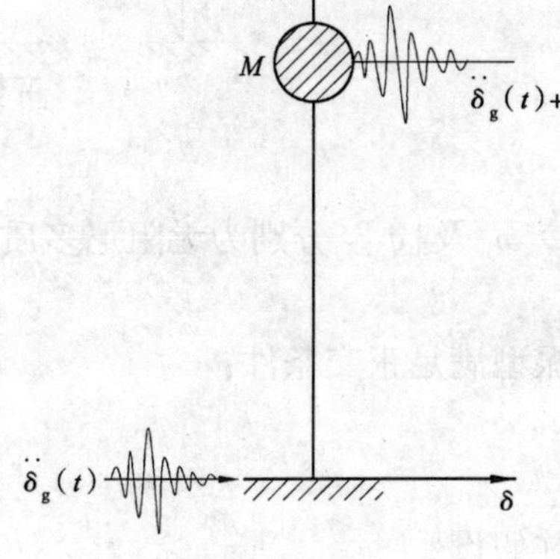

图2.7.2.4　单质点体系示意

式中:g——重力加速度;

W——体系的总重量;

K_h——水平地震系数 $K_h=\dfrac{\left|\ddot{\delta}_g\right|_{max}}{g}$，根据抗震设防要求采用，如按烈度 7 度设防取 0.1；

β——动力放大系数 $\beta=\dfrac{\left|\ddot{\delta}_g+\ddot{\delta}\right|_{max}}{\left|\ddot{\delta}_g\right|_{max}}$，根据选定的反应谱曲线及体系的自振周期确定。

在桥梁抗震设计规范中，还引入综合影响系数 C_z，以考虑结构的延性耗能作用，则：

$$P=C_zK_h\beta W \tag{2.7.2.10}$$

4. 多质点体系的最大地震力计算

采用有限元法，可得到与式(2.7.2.2)类似的多质点体系的地震振动方程：

$$[M]\{\ddot{\delta}\}+[C]\{\dot{\delta}\}+[K]\{\delta\}=-[M]\{I\}\ddot{\delta}_g(t) \tag{2.7.2.11}$$

式中：$[M]$——n 质点体系的质量矩阵；

$[C]$——体系的阻尼矩阵；

$[K]$——体系的刚度矩阵；

$\{\delta\}$——质点对地面的相对位移矢量，为时间 t 的函数；

$\{I\}$——列阵，如仅考虑纵桥向地震动的作用，则对应于纵桥向自由度取 1，其余为 0；

$\ddot{\delta}_g(t)$——地面地震动时程。

这一联立微分方程组通常可用振型分解法求解，即利用振型的正交性，将联立微分方程组分解成一系列相互独立的振动方程，于是将多质点体系的复杂振动分解为各个振型的独立振动，从而可以采用单质点体系的反应谱理论来计算各振型最大反应。

将质点位移列矢量$\{\delta_g(t)\}$分解为(见图 2.7.2.5)：

$$\{\delta(t)\}=\sum_{i=1}^{n}\{\phi\}_iY_i(t)=[\phi]\{Y(t)\} \tag{2.7.2.12}$$

式中：$[\phi]$——振型矩阵；

$\{\phi\}_i$——第 i 振型列矢量；

$\{Y(t)\}$——振型坐标(广义坐标)，$\{Y(t)=[Y_1(t)Y_2(t)\cdots Y_n(t)]^T, Y_i(t)\}$ 是不同的时间函数。

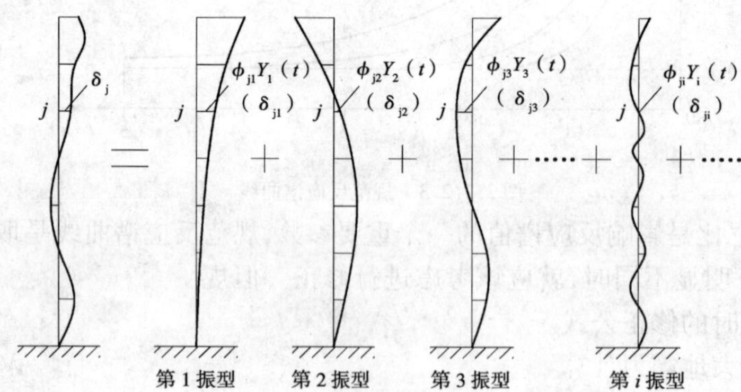

图 2.7.2.5　振型分解示意

令 ω_i 及$\{\phi\}_i$ 分别为无阻尼多质点体系的第 i 阶圆频率及其相应的振型，则有：

$$[K]\{\phi\}_i=\omega_i^2[M]\{\phi\}_i \tag{2.7.2.13}$$

振型满足正交条件：

$$\{\phi\}_j^T[M]\{\phi\}_i=0 \qquad (i\neq j)$$

$$\{\phi\}_j^T[K]\{\phi\}_i=0 \qquad (i\neq j)$$

并假设：

$$\{\phi\}_j^T[C]\{\phi\}_i=0 \qquad (i\neq j)$$

将式(2.7.2.12)代入(2.7.2.11),再以矩阵$\{\phi\}^{T}$左乘,并利用振型的正交条件,可得下列几个独立的振动方程:

$$\{\phi\}_j^T[M]\{\phi\}_j\ddot{Y}_i(t)+\{\phi\}_i^T[C]\{\phi\}_iY(t)+\{\phi\}_i^T[K]\{\phi\}_iY_i(t)=-\{\phi\}_i^T[M]\{I\}\ddot{\delta}_g(t) \tag{2.7.2.14}$$

上式两边再同时除以$\{\phi\}_i^T[M]\{\phi\}_i$,则有:

$$\ddot{Y}_i(t)+2\xi_i\omega_i\dot{Y}_i(t)+\omega_i^2Y_i(t)=-\gamma_i\ddot{\delta}_g(t) \tag{2.7.2.15}$$

式中:γ_i——第i振型的振型参与系数$\gamma_i=\dfrac{\{\phi\}_i^T[M]\{I\}}{\{\phi\}_i^T[M]\{\phi\}_j}$。

第i振型第j质点的位移为$\delta_{ij}(t)=\phi_{ji}Y_i(T)$,代入式(2.7.2.15),有:

$$\ddot{\delta}_{ji}(t)+2\xi_i\omega_i\dot{\delta}_{jt}(t)+\omega_i^2\delta_{ji}(t)=-\gamma_i\phi_{ji}\ddot{\delta}_g(t) \tag{2.7.2.16}$$

上式与单质点体系的地震振动方程(2.7.2.3)相比,仅在右端项多了常数因子$\gamma_i\phi_{ji}$。由此可以推得,第j质点纵桥向,由第i振型引起的最大地震力为:

$$P_{ji}=K_h\beta\gamma_i\phi_{ji}W_j \tag{2.7.2.17}$$

需要注意的是,各个振型所引起的反应最大值不一定同时发生,因此不能直接求代数和,必须考虑不同振型最大反应值的组合问题。

目前,振型组合问题已经得到了较好的解决。国内外学者提出了多种反应谱组合方法,应用较为广泛的是基于随机振动理论提出的各种组合方案,如CQC、SRSS方法等。

CQC方法的表达式为:

$$R_{max}=\sqrt{\sum_{i=1}^{n}\sum_{j=1}^{n}\rho_{ij}R_{i,max}R_{j,max}} \tag{2.7.2.18}$$

式中:ρ_{ij}——模态组合系数。

对于所考虑的结构,若地震动可看成宽带随机过程,则白噪声下的ρ_{ij}值是实际情况的一个良好近似,此时:

$$\rho_{ij}=\frac{8\sqrt{\xi_i\xi_j}(\xi_i+\gamma\xi_j)\gamma^{3/2}}{(1+\gamma^2)^2+4\xi_i\xi_j\gamma(1+\gamma^2)+4(\xi_i^2+\xi_j^2)\gamma^2} \tag{2.7.2.19}$$

其中$\gamma=\omega_j/\omega_i$,若采用等阻尼比,即$\xi_i=\xi_j=\xi$,则:

$$\rho_{ij}=\frac{8\xi^2(1+\gamma)\gamma^{3/2}}{(1+\gamma^2)^2+4\xi^2\gamma(1+\gamma)^2} \tag{2.7.2.20}$$

体系的自振周期相隔越远,则ρ_{ij}值越小。如当:

$$\gamma>\frac{\xi+0.2}{0.2} \tag{2.7.2.21}$$

则$\rho_{ij}<0.1$,便可认为ρ_{ij}近似为零,则可采用SRSS方法,即:

$$R_{max}=\sqrt{\sum_{i=1}^{n}R_{i,max}^2} \tag{2.7.2.22}$$

在多方向地震动作用下,利用反应谱方法计算结构的地震反应时,还涉及到空间组合问题,即各个方向输入引起的地震反应的组合。目前主要还是采用经验方法组合,如:

(1)各分量反应最大值绝对值之和(SUM),给出反应最大值的上限估计值;

(2)各分量反应最大值平方和的平方根(SRSS);

(3)各分量反应最大值中的最大者加上其他分量最大值乘以一个小于1的系数。

一般来说,梁式桥等中小跨度桥梁一般可采用SRSS方法组合,这也是我国现行桥梁规范采用的组合方法;大跨度桥梁一般可采用CQC方法组合。

反应谱方法通过反应谱概念巧妙地将动力问题静力化,概念简单、计算方便,可以用较少的计算量获得结构的最大反应值。目前世界各国规范都把它作为一种基本的分析手段。

但是,反应谱方法也存在一些缺陷。如:反应谱只是弹性范围内的概念,当结构在强烈地震下进入塑性工作阶段时即不能直接应用;另一方面,地震作用是一个时间过程,但反应谱方法只能得到最大反应,不能反映结构在地震动过程中的经历,也不能反映地震动持续时间的影响;对多振型反应谱法,还存在振型组合问题等。此外,基于弹性反应谱理论的现行规范设计方法,还往往使设计者只重视结构强度,而忽略了结构所应具有的非弹性变形能力即延性。

7.2.3 动态时程分析法

动态时程分析法是随着强震记录的增多和计算机技术的广泛应用而发展起来的,是公认的精细分析方法。目前,大多数国家除对常用的中小跨度桥梁仍采用反应谱方法计算外,对重要、复杂、大跨的桥梁抗震计算都建议采用动态时程分析法。

动态时程分析法从选定合适的地震动输入(地震动加速度时程)出发,采用多节点多自由度的结构有限元动力计算模型建立地震振动方程,然后采用逐步积分法对方程进行求解,计算地震过程中每一瞬时结构的位移、速度和加速度反应,从而分析出结构在地震作用下弹性和非弹性阶段的内力变化以及构件逐步开裂、损坏直至倒塌的全过程。

根据分析是否考虑结构的非线性行为,动态时程分析方法可分为线性动力时程分析和非线性动力时程分析两种。但不管是哪一种,计算过程都相当冗繁,须借助专用计算程序完成。其执行步骤如下:

(1)将振动时程分为一系列相等或不相等的微 h 间间隔 Δt;

(2)假定在 Δt 时间间隔内,位移、速度和加速度按一定规律变化(有常加速度、线性加速度、Newmark-β 法或 Wilson-θ 法等);

(3)求解 $t+\Delta t$ 时刻结构的地震反应。$t+\Delta t$ 时刻结构的动力平衡方程可以表示为如下的增量形式:

$$[K_D](\Delta\delta)_{t+\Delta t}=\{\Delta F_D\} \tag{2.7.2.23}$$

式中:$[K_D]$——结构等效动力刚度;

$\{\Delta F_D\}$——结构等效荷载向量。

动态时程分析法可以精确地考虑地基和结构的相互作用、地震时程相位差及不同地震时程多分量多点输入,结构的各种复杂非线性因素(包括几何、材料、边界连接条件非线性)以及分块阻尼等问题。此外,动态时程分析法可以使桥梁的抗震设计从单一的强度保证转入强度、变形(延性)的双重保证,同时使桥梁工程师更清楚结构地震动力破坏的机理和正确提高桥梁抗震能力的途径。

7.3 抗震设计方法

7.3.1 抗震设计一般要求

基于历次的桥梁震害教训和当前公认的理论认识,一般来说,在进行抗震设计时,应尽量符合下列一些要求:

(1)选择桥位时,应尽量避开抗震危险地段,充分利用抗震有利地段

桥梁工程抗震设防的主要对象是构造地震,而构造地震与地质构造密切相关。在发震断层及其邻近地段,不仅地震烈度高,而且强烈地震往往还会引起地表错动,对桥梁工程有极大的破坏作用,应尽量避开。

除了地质构造条件以外,局部的工程地质、水文地质、地基土质、地形等场地条件对桥梁工程的震害也有很大影响。地震时可能发生大规模滑坡、崩塌等的不良地质地段,也应尽量避开。

(2)避免或减轻在地震作用下因地基变形或地基失效造成的破坏

地震作用会使土的力学性质发生变化,特别是使一些土的承载能力降低。如松散的饱和砂土液化,会造成地基失效,使桥梁基础产生位移和下沉,严重的会导致桥梁垮塌。另外,地基变形的影响也不容

忽视。

一般来说,最好避开地震时可能发生地基失效的松软场地,选择坚硬场地。基岩、坚实的碎石类地基、硬黏土地基是理想的桥址场地;而饱和松散粉细砂、人工填土和极软的黏土地基或不稳定的坡地及其影响可及的场地都是抗震不利地段。

在地基稳定的条件下,还应考虑结构与地基的振动特性,力求避免共振影响;在软弱地基上,设计时应采用深基础,并重视基础的抗震设计。

(3)本着减轻震害和便于修复(抢修)的原则,合理确定设计方案

桥梁的方案设计是一个带有全局性的问题。桥梁抗震设计的目的在于尽量减轻结构震害,保证桥梁一旦遭到破坏后能够尽快地恢复交通。因此,地震区的桥梁工程在确定设计方案时,应充分考虑减轻震害和便于修复(抢修)。

抗震结构体系一般应符合下列要求:

①应具有明确的计算简图和合理的地震作用传递途径;

②最好具有多道抗震防线,这样在地震动过程中,一道防线破坏后尚有第二道防线可以防止因支座或部分结构构件破坏而导致整个体系丧失抗震能力或对重力荷载的承载能力;

③应具有合理的刚度和承载力分布;

④应具备足够的承载能力、良好的变形能力和耗能能力。

(4)提高结构与构件的强度和延性,避免脆性破坏

桥梁结构的地震破坏源于地震动引起的结构振动,因此抗震设计要力图使从地基传入结构的振动能量为最小,并使结构具有适当的强度、刚度和延性,以防止不能容忍的破坏。刚度的选择有助于控制结构变形;强度与延性则是决定结构抗震能力的两个重要参数。

桥梁墩柱应具有足够的延性,以利用塑性铰耗能。但要充分发挥预期塑性铰部位的延性能力,必须防止墩柱发生脆性的剪切破坏,还要最大限度地防止脆性构件和不希望发生非弹性变形的构件发生破坏。

钢结构构件还应避免局部或总体失稳。

(5)加强桥梁结构的整体性

强烈地震时,地震荷载通过桥梁各个组成部分之间的相互连接来传递,并依靠各个组成部分本身的强度和刚度以及它们之间的连接作用来承担。刚度和强度不足的部分,以及连接薄弱的部位往往首先发生破坏,有时还会因此引起桥梁结构的整体破坏。

震害调查表明:桥梁上、下部构造之间的连接部位,墩台与承台、基桩与承台、墩柱与盖梁之间的连接部位,八字翼墙与桥台台身之间的连接部位等,都是震害大量发生的部位。这些部位,都应加强抗震设计。

(6)在设计中提出保证施工质量的要求和措施

施工质量对桥梁工程的抗震性能也有很大的影响,一次强烈地震往往可以充分暴露施工质量方面存在的问题。因此,在抗震设计中要明确提出保证施工质量的要求和措施。

桥梁工程在其使用期内,要承受多种荷载,包括永久荷载、可变荷载和偶然荷载三大类。地震是桥梁工程的一种偶然荷载,在使用期内不一定会出现,但一旦出现,对结构的影响很大。桥梁工程必须要确保运行功能,即满足永久荷载和可变荷载的要求,这是静力设计的目标;另一方面,保证桥梁工程在地震下的安全性也非常重要,因此要进行抗震设计。目前,桥梁工程的抗震设计一般配合静力设计进行,但贯穿桥梁结构设计的全过程。

与静力设计一样,桥梁工程的抗震设计也是一项综合性的工作。桥梁抗震设计的任务,是选择合理的结构形式,并为结构提供较强的抗震能力。具体来说,包括以下三个方面:

①正确选择能够有效地抵抗地震作用的结构形式;

②合理地分配结构的刚度、质量和阻尼等动力参数,以便最大限度地利用构件和材料的承载和变形

能力；

③正确估计地震可能对结构造成的破坏，以便通过结构、构造和其他抗震措施，使损失控制在限定的范围内。

本节首先介绍桥梁工程抗震设计的流程，然后对流程中的关键步骤进行具体介绍，包括抗震概念设计、地震反应分析、抗震性能验算以及抗震构造设计等。

7.3.2 抗震设计流程

目前，世界各国普遍趋向于采用多级设防的抗震设计思想，如“小震不坏，中震可修，大震不倒”的三级设防思想就已被广泛接受。我国在编的《城市桥梁抗震设计规范》就采用了上述三级设防思想。但是，我国现行《公路工程抗震设计规范》（现正在修订）采用的仍是单一水准的抗震设防思想。

不管是采用多级设防还是单一水准的设防，桥梁工程的抗震设计一般都要包括五大部分，即抗震设防标准选定、抗震概念设计、地震反应分析、抗震性能验算以及抗震构造设计，如图 2.7.3.1 所示。图中，虚框中的部分（地震反应分析和抗震性能验算）工作量最大，也最为复杂。如果采用三级设防的抗震设计思想，虚框中的部分就要做三个循环，即对应于每一个设防水准，进行一次地震反应分析，并进行相应的抗震性能验算，直到结构的抗震性能满足要求。

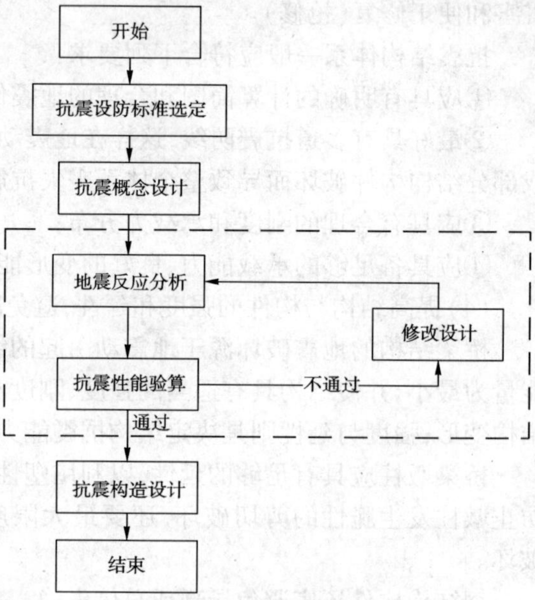

图 2.7.3.1 桥梁工程抗震设计流程

关于抗震设防标准的选定，可参见前述相关内容。

7.3.3 抗震概念设计

地震作用是一种不规则的循环往复荷载，且具有很强的随机性，桥梁结构的地震破坏机理十分复杂。目前，人们对地震动和结构地震破坏的认识尚不充分，因此，要进行精确的抗震设计很困难。

20 世纪 70 年代以来，人们在总结地震灾害经验中提出了“概念设计”（Conceptual Design）的思想，并认为它比“数值设计”（Numerical Design）更为重要。抗震“概念设计”是从概念上，特别是从结构总体上考虑抗震的工程决策；“数值设计”主要是地震作用计算、构件强度验算、结构和支座变形验算等。这两者是相辅相成的。作为一个正确合理的抗震设计，必须重视抗震概念设计，灵活而又合理地运用抗震设计思想，不能陷入盲目的计算工作。

抗震概念设计是指根据地震灾害和工程经验等获得的基本设计原则和设计思想，正确地解决结构总体方案、材料使用和细部构造问题，以达到合理抗震设计的目的。合理的抗震设计，要求设计出来的结构，在强度、刚度和延性等指标上有最佳的组合，使结构能够经济地实现抗震设防的目标。

应当指出，强调概念设计重要，并非不重视数值计算，而是为了给抗震计算创造有利条件，使计算分析结果更能反映地震时结构反应的实际情况。

桥梁抗震概念设计阶段的主要任务是选择良好的抗震结构体系（主要根据桥梁结构抗震设计的一般要求进行）。对于采用延性抗震概念设计的桥梁，还包括延性类型选择和塑性耗能机制选择。

从抗震的角度来看，理想的桥梁结构体系布置应是：

(1)从几何线形上看：直桥，而且各墩高度相差不大。弯桥或斜桥会使地震反应复杂化，而墩高不等则导致桥墩刚度不等，从而造成地震惯性力的分配不均匀，对整体结构的抗震不利。

(2)从结构布局上看：上部结构是连续的，伸缩缝尽可能少；桥梁保持小跨径；在多个桥墩上布置弹性支座；各个桥墩的强度和刚度在各个方向都相同；基础是建造在坚硬的场地上。

在实际工程中，由于各种限制条件（如功能要求、路线走向以及桥址地质条件等），理想的抗震体系很难达到。尽管如此，在抗震概念设计阶段，仍应当考虑使桥梁结构尽可能地服从上述原则要求。

7.3.4　地震反应分析

进行地震反应分析，正确预测地震对桥梁结构的影响是进行桥梁抗震设计的基础。

桥梁结构的地震反应分析是一个抗震动力学问题。动力学问题都具有三个要素，即输入（激励）、系统、输出（反应）。求解动力学问题，就是已知两个要素求解第三个要素，如图2.7.3.2所示。

图2.7.3.2　动力学问题三要素

对于桥梁结构的地震反应分析，所研究的桥梁结构可看作一个系统，采用有限元法时，往往把结构处理为由许许多多离散单元在各节点处连接起来的一个集合体；而把地震地面运动看成是对系统的输入；系统的输出即是地震反应。这样，地震反应分析就是已知地震输入和结构系统求地震反应的问题。因此，桥梁结构的地震反应分析要解决三个关键问题：

(1)确定合适的地震输入；

(2)建立结构系统的数学模型及振动方程：一般采用有限元方法将结构离散化，建立桥梁结构力学模型，然后确定各离散单元的力学特性，最终建立相应的地震振动方程；

(3)选择合适的方法求解地震振动方程得到地震反应。

除了可以简化为单质点体系的规则桥梁以外，桥梁结构的地震反应分析一般比较烦琐，通常都要借助于专用程序进行。

对于桥梁结构的地震反应分析，常用的有两种方法，即反应谱法和时程分析法。

反应谱方法比较简单，它巧妙地将动力问题静力化，易为工程师所接受。但是，反应谱方法一般只适用于线弹性地震反应分析，而且对于复杂桥梁，一般只能作为估算手段。对于可以简化为单质点体系的规则桥梁，反应谱分析比较简单，手算即可解决。对于非规则桥梁，用反应谱方法进行地震反应分析时，过程比较繁琐，一般需借助计算程序进行计算。有两个问题比较关键，一是计算的频率阶数要足够多，否则会低估结构的反应；二是要采用合适的振型组合方法。采用时程分析法，可以对桥梁结构进行线性或非线性地震反应分析。地震振动方程是二阶常系数（线性）或变系数（非线性）的微分方程，右端项输入的地震加速度时程是不规则的、难以用确定的函数式表达的一组以 Δt 为时间间隔的数字记录。解这种方程的最有效方法是数值逐步积分法。逐步积分法把反应的时程划分为很多短的时段，建立每个时段的增量平衡方程，然后对每一个时段按照线性体系来计算其反应。这个线性体系的特性是时段开始时刻的特性，时段结束时的特性根据变形及应力状态修正。这样，非线性分析就近似为一系列变化的线性体系的分析。时程分析的过程相当冗繁，一般都需要借助于专用程序进行计算。另外，一条地震动时程只是地震这一随机事件的一个样本，因此，从理论上说，采用时程法进行地震反应分析时，需要输入多条地震动时程进行分析，然后取平均值。

1. 地震输入的确定

(1)地震动输入

地震动输入是进行结构地震反应分析的依据。结构的地震反应以及破坏与否，除和结构的动力特性、弹塑性变形性质、变形能力有关外，还和地震动的特性（幅值、频谱特性和持续时间）密切相关。

在确定性地震反应分析中，一般采用两种地震动输入，即地震加速度反应谱和地震动加速度时程。

采用反应谱法进行地震反应分析时，一般采用地震加速度反应谱作为地震输入。反应谱的选取比较简单，一般根据场地条件和设防标准，依据规范选取。如果做过场地地震安全性评价，则可以选取场地的设计反应谱作为输入。

采用动态时程法进行地震反应分析时，一般采用地震动加速度时程作为地震输入。目前，在抗震设计中,地震动加速度时程的选择主要有三种方法,即直接利用强震记录、采用人工地震加速度时程和规范标准化地震加速度时程。选择加速度时程时,必须把握住三个特征,即加速度峰值的大小、波形和强震持续时间。

在选择强震记录时,除了最大峰值加速度应符合桥梁所在地区的设防要求外,场地条件也应尽量接近,也就是该地震波的主要周期应尽量接近于桥址场地的卓越周期。对于强震持续时间,原则上应采用持续时间较长的地震记录。如果能获得桥址场地附近同类地质条件下的强震记录,则是最佳选择,应优先采用。

人工地震加速度时程是根据随机振动理论产生的符合所需统计特征(加速度峰值、频谱特性、持续时间)的地震加速度时程。生成人工地震加速度时程可以有两条途径,一是以规范设计反应谱为目标拟合而成;二是对建桥桥址场地进行地震安全性评价,以提供场地的人工地震加速度时程。

需要特别指出的是,采用地震加速度时程进行地震反应分析时,一般要选取多组地震加速度时程以供比较分析,如美国 AASHTO 规范规定为 5 组。

(2)地震动输入方式

地震动的输入方式直接关系到地震反应分析的结果,要根据实际情况慎重选取。

在地震反应分析中,地震动一般分别沿两个最不利方向——纵桥向和横桥向输入,而且纵桥向或横桥向地震力验算是分别进行的,不考虑正交地震力的合成。关于竖向地震输入,我国铁路工程和公路工程抗震设计规范都规定,只有位于烈度为 9 度区的悬臂结构应考虑竖向地震力作用,其地震力系数为水平向的 0.5 倍 。但需要指出的是,拱桥对于竖向地震动非常敏感,一般都应考虑。

地震动的输入方式又可分为同步、不同步多点输入。对于中、小桥梁,可假设所有支承点上的水平地面运动都是相同的,因而进行同步输入。对于长度(或单跨跨度)很大的桥梁,各支承点可能位于显著不同的场地土上,由此导致各支承处输入地震动的不同,在地震反应分析中就要考虑多支承不同激励,简称多点激振。即使场地土情况变化不大,也可能因地震动沿桥纵轴向先后到达的时间差,引起各支承处输入地震时程的相位差,简称行波效应。欧洲规范指出,当存在地质不连续或明显的不同地貌特征,或桥长大于 600m 时,要考虑地震运动的空间变化性。又如桥梁墩台具有深基础时(如桩基),在基础不同深度上的地震时程可能不同,要进行多点不同步输入。

2. 地震振动方程及结构力学模型的建立

在桥梁结构的地震反应分析中,一般采用有限元模型(FEM)对原型结构的受力特性进行数学描述,即将结构离散为一系列相互关联的数学单元,然后建立地震振动方程进行地震反应分析。

(1)地震振动方程的建立

多质点体系的地震振动方程为

$$[M]\{\ddot{\delta}\}+[C]\{\dot{\delta}\}+[K]\{\delta\}=-[M]\{I\}\ddot{\delta}_g(t) \tag{2.7.3.1}$$

式中:$[M]$——n 质点体系的质量矩阵;

$[C]$——体系的阻尼矩阵;

$[K]$——体系的刚度矩阵;

$\{\delta\}$——质点对地面的相对位移矢量,为时间 t 的函数;

$\{I\}$——列阵,如仅考虑纵桥向地震动的作用,则对应于纵桥向自由度取 1,其余为 0;

$\delta_g(t)$——地面地震动时程。

结构总刚度矩阵由各单元刚度矩阵经坐标变换集合而成。如假定结构单元的恢复力特性是线性的,则单元刚度矩阵为弹性刚度矩阵,对应的地震反应分析为线性地震反应分析。但是,在强震作用下,桥梁结构的构件将会进入塑性工作阶段,要模拟结构进入塑性时逐步开裂、损坏甚至倒塌的全过程,结构构件的恢复力模型应假定为非线性的,则刚度矩阵将是变系数的,所对应的地震反应分析为非线性的地震反应分析。桥梁结构的非线性,除了构件材料的物理非线性(恢复力与位移的非线性关系)外,还有支承连接条件的非线性,大跨度桥梁在大变形状态下还有几何非线性问题。

结构总质量矩阵由各单元质量矩阵经坐标变换集合而成。严格来说，单元质量矩阵应与单元刚度矩阵一样，采用有限元方法推导得到，这种质量矩阵称为一致质量矩阵（具有非零非对角元素）。但在实际的结构动力分析中，一般都采用集中（堆聚）质量矩阵，即直接将整个单元的质量人为地集中（堆聚）在单元节点上，这样得到的质量矩阵为对角矩阵。分析比较表明，采用集中质量矩阵计算结构动力特性的结果，并不比采用一致质量矩阵时差（与试验值相比），有时甚至还更好些，但相应计算工作量少。

大部分的桥梁结构是均质的，可以认为阻尼不引起振型耦合，这样的阻尼即我们通常所说的比例阻尼。比例阻尼一般采用瑞利阻尼假设，即结构阻尼矩阵可由结构质量矩阵和刚度矩阵线性组合而得：

$$[C] = a_0[M] + a_1[K] \tag{2.7.3.2}$$

此时，阻尼矩阵具有正交性，即：

$$\{\phi\}_j^{\mathrm{T}}[C]\{\phi\}_i = 0 \quad (i \neq j) \tag{2.7.3.3}$$

式中：$\{\phi\}_i$——结构的第 i 阶振型矢量；

$\{\phi\}_j$——结构的第 j 阶振型矢量。

由式(2.7.3.2)可得：

$$\xi_n = \frac{a_0}{2\omega_n} + \frac{a_1\omega_n}{2} \tag{2.7.3.4}$$

因此，根据瑞利阻尼假定，阻尼比和频率的关系可由图2.7.3.3表示。

一般情况下，可以认为控制频率 ω_n，ω_m 的阻尼比相等，即 $\xi_m = \xi_n = \xi$，代入式(2.7.3.4)，可得：

$$\begin{Bmatrix} a_0 \\ a_1 \end{Bmatrix} = \frac{2\xi}{\omega_n + \omega_m}\begin{Bmatrix} \omega_n\omega_m \\ 1 \end{Bmatrix} \tag{2.7.3.5}$$

可见，确定结构的阻尼矩阵，关键在于确定结构的振型阻尼比 ξ，以及两阶控制频率 ω_n、ω_m。对于混凝土梁式桥，振型阻尼比 ξ 一般取5%，ω_n 一般取基频频率，ω_m 则可取后几阶对结构振动贡献大的振型的频率。

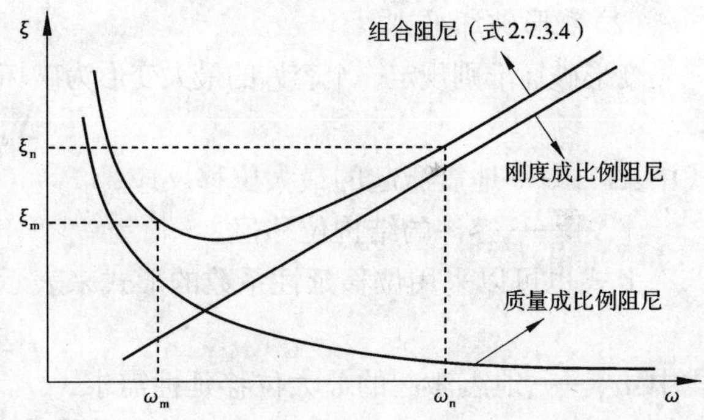

图2.7.3.3　阻尼比和频率的关系（瑞利阻尼假定）

(2)动力计算模型的建立

采用有限元模型描述桥梁结构的力学特性时，必须将结构离散化，这包括结构本身（上部结构、下部结构）的单元划分、支承连接部位的特殊处理、墩台基底支承的边界处理等。对于城市高架桥，有时还要考虑后续结构的影响。

为了真实地模拟结构的力学特性，所建立的计算模型必须如实地反映结构构件的几何、材料特性，以及各构件的边界条件。其中，上部结构、下部结构及其连接部分的各种构件根据要求不同都有不同的建模要求和技巧，详细请参见《桥梁抗震》（叶爱君，人民交通出版社）。

7.3.5　抗震验算

桥梁结构地震反应分析的最终目的是正确地估计地震可能对结构造成的破坏，以便通过结构构造和其他抗震措施，将损失控制在限定的范围内。因此，恰当而有效的抗震能力验算是桥梁结构抗震设计的一个重要组成部分。

桥梁结构的大部分质量都集中在上部结构，因而，地震惯性力也主要集中在上部结构。上部结构的地震惯性力一般通过支座传递给墩柱，再由墩柱传递给基础，进而传递给地基。一般来说，上部结构的设计主要由恒载、活载、温度荷载等控制。而墩柱在地震作用下将会受到较大剪力和弯矩作用，一般由地震反应控制设计。因此，墩柱以及保持上、下部连接可靠的支座等连接构件，是桥梁抗震验算的主要部分。

大量震害资料也表明：桥梁震害主要产生于下部结构，上部结构的破坏也往往是由于下部结构的破坏或大变形引起的。桥梁结构中普遍采用的钢筋混凝土墩柱，其破坏形式主要有剪切破坏和弯曲破坏。比较高柔的桥墩，多为弯曲型破坏；而矮粗的桥墩，多为剪切破坏；介于两者之间的，为混合型。此外，桥梁支座的震害也极为普遍，破坏形式主要是支座锚固螺栓拔出、剪断，活动支座脱落，以及支座本身构造上的破坏等。

因此，在桥梁结构的抗震验算中，不仅要验算墩柱的抗弯能力和抗剪强度，还要验算支座等连接构件能否有效工作。

1. 结构破坏准则

迄今为止，人们已提出了许多结构地震破坏准则，主要有强度破坏准则、变形破坏准则、能量破坏准则、变形和能量双重破坏准则以及基于性能的破坏准则。其中，能量破坏准则、变形和能量双重破坏准则以及基于性能的破坏准则需要进一步研究才能用于桥梁的抗震设计，目前比较实用的是强度破坏准则和延性破坏准则。

(1)强度破坏准则

强度破坏准则概念简单、应用方便，是应用最广的传统的破坏准则。其表达式为：

$$S_d \leqslant R_d \tag{2.7.3.6}$$

式中：S_d——地震激起的最大内力；

R_d——结构的抗力。

对桥梁抗震设计而言，单一的强度破坏准则一般不能完全适用。因为在结构抗震设计时，通常允许结构在预期的强地震动作用下发生弹塑性变形，于是强度破坏准则不再适用，必须同时考虑变形破坏准则。强度破坏准则适用于非延性破坏模式和非延性构件，以及不允许发生非弹性变形的构件。

(2)变形破坏准则

变形破坏准则规定一个容许的最大变形为破坏界限值，并要求结构的最大位移反应不超过这个限值，即

$$\Delta_{max} \leqslant [\Delta] \tag{2.7.3.7}$$

式中：Δ_{max}——地震激起的最大位移反应；

$[\Delta]$——容许的结构位移值。

上式也可以采用位移延性系数的形式来表示，即：

$$\mu_\Delta \leqslant [\mu_\Delta] \tag{2.7.3.8}$$

式中：μ_Δ——地震激起的最大位移延性需求；

$[\mu_\Delta]$——容许的结构位移延性系数。

对结构抗震设计而言，采用变形破坏准则有其合理性，因为地震动对于结构是一种外加的强迫运动。因此，在各国现行的桥梁抗震设计规范中，基本上直接或间接地采用了变形破坏准则。

2. 钢筋混凝土墩柱的抗弯能力验算

钢筋混凝土墩柱的抗弯能力验算包括抗弯强度验算和延性能力验算。

抗弯强度验算采用强度破坏准则进行，要求地震作用下墩柱的最大弯矩小于墩柱的抗弯强度。我国现行的《公路工程抗震设计规范》规定，强度验算按现行公路桥涵设计规范进行。

如果允许墩柱出现非弹性变形，则应采用延性破坏准则验算墩柱的延性能力。根据延性破坏准则，结构是否破坏取决于塑性变形的大小。对于规则桥梁，可直接验算墩柱的位移延性，详见第5章。对于复杂桥梁，可根据墩柱可能发生的最大塑性转角和墩柱的最大容许塑性转角(参见第5章)的相对大小判断墩柱的安全性。通过非线性时程反应分析，可以知道桥梁墩柱是否屈服，以及屈服后将会发生多大的塑性转角。如果桥梁墩柱未屈服，则表明墩柱不会发生弯曲破坏，是安全的。如果桥梁墩柱已经屈服，则要进一步计算墩柱截面的塑性转角是否小于允许值。

3. 钢筋混凝土墩柱的抗剪强度验算

钢筋混凝土墩柱的抗剪强度采用强度破坏准则进行验算，即要求地震引起的墩柱最大剪力小于墩

柱的抗剪强度。

我国现行的《公路工程抗震设计规范》没有对钢筋混凝土墩柱的抗剪设计做出特别的规定，而现行公路桥涵设计规范中的抗剪强度计算公式只适用于梁。因此，对于钢筋混凝土墩柱的抗剪强度计算，我国目前尚无规范可循。

下面介绍美国 Caltrans 抗震设计规范推荐的计算公式。

(1)钢筋混凝土墩柱的名义抗剪强度

钢筋混凝土墩柱的名义抗剪强度可以认为由混凝土提供的抗剪强度 V_c 和横向钢筋提供的抗剪强度 V_s 组成，即：

$$V_n = V_c + V_s \tag{2.7.3.9}$$

(2)混凝土提供的抗剪强度

计算混凝土提供的剪切强度 V_c 时，需同时考虑弯曲变形和轴向荷载的影响，按下式计算：

$$V_c = v_c A_e \tag{2.7.3.10}$$

式中：A_e——有效剪切面积，$A_e = 0.8A_g$；

A_g——立柱横截面的毛面积；

v_c——名义剪应力。

塑性铰区域内：

$$v_c = 2c_1c_2\sqrt{f'_c} \leqslant 0.33\sqrt{f'_c}\,(\text{MPa}) \tag{2.7.3.11}$$

塑性铰区域外：

$$v_c = 0.5c_2\sqrt{f'_c} \leqslant 0.33\sqrt{f'_c}\,(\text{MPa}) \tag{2.7.3.12}$$

式中：f'_c——混凝土圆柱体抗压强度($0.85R$，R 为强度等级)；

c_1、c_2——系数，按式(2.7.3.13)、式(2.7.3.14)计算。

$$0.025 \leqslant c_1 = \frac{\rho_s f_{yh}}{12.5} + 0.305 - 0.083\mu_d \leqslant 0.25 \tag{2.7.3.13}$$

$$c_2 = 1 + \frac{P_c}{13.8A_g} \leqslant 1.5 \tag{2.7.3.14}$$

式中：ρ_s——箍筋或螺旋钢筋的配箍率；

f_{yh}——箍筋的屈服应力；

P_c——立柱受到的轴压力；

μ_d——立柱的位移延性，取沿顺桥向和横桥向位移延性的大值。

c_1，c_2 系数与立柱位移延性系数和轴压力的关系见图 2.7.3.4。

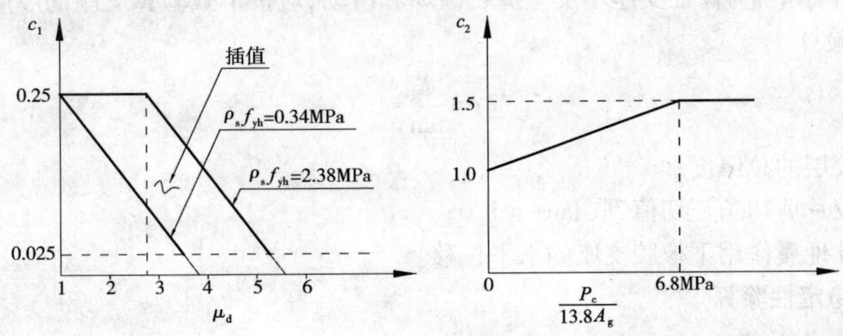

图 2.7.3.4　系数 c_1、c_2 与立柱位移延性系数和轴压力的关系

(3)箍筋提供的抗剪强度

螺旋箍筋提供的抗剪强度为：

$$V_s = \frac{\pi}{2}A_v f_{yh} D'/s \tag{2.7.3.15}$$

矩形箍筋提供的抗剪强度为：

$$V_s = A_v f_{yh} d/s \tag{2.7.3.16}$$

式中：A_v——同一截面上箍筋的总面积；

s——箍筋的间距；

f_{yh}——箍筋的抗拉设计强度；

d——沿计算方向立柱的宽度；

D'——螺旋钢筋或圆形箍筋的直径。

另外，箍筋提供的抗剪能力 V 还应满足下式：

$$V_s \leqslant 0.67\sqrt{f'_c}A_e \tag{2.7.3.17}$$

4. 墩柱抗剪强度检算

要避免发生脆性剪切破坏，钢筋混凝土桥墩的抗剪强度验算应按下式进行检算：

$$V_{co} \leqslant \phi V_n \tag{2.7.3.18}$$

式中：V_{co}——墩柱可能承受的最大地震剪力；

ϕ——抗剪强度折减系数 $\phi = 0.85$；

V_n——墩柱的名义抗剪强度。

需要强调的是，采用延性设计思想设计的桥梁结构，墩柱的抗剪强度验算必须采用能力设计原理进行，即 V_{co} 根据塑性铰处截面可能达到的最大弯曲强度计算。

在桥梁钢筋混凝土墩柱中，沿墩高方向所受剪力不断变化，抗剪强度也不均匀。一般来说，从墩顶到墩底，墩柱所受的剪力不断增大，到墩底截面达到最大值。而墩柱的抗剪强度变化规律并不完全类似。如前所述，剪切强度由混凝土和横向钢筋共同提供，其中，混凝土提供的剪切强度，在塑性铰区以外较大，而在塑性铰区内要根据延性水平折减；至于横向钢筋提供的剪力，由于塑性铰区内横向钢筋的布置加密，因而比塑性铰区外要大。可见，当墩柱未形成塑性铰时，潜在塑性铰区内的抗剪强度比塑性铰区以外大很多。这就有可能造成塑性铰区以外先发生剪切破坏，就像在历次大地震中常见的那样，剪切破坏常常发生在墩柱中部。因此，在进行抗震验算时，为了确保整个墩柱不发生剪切破坏，对塑性铰区内外截面都要进行抗剪强度验算。

5. 支座的抗震验算

橡胶支座是桥梁结构中普遍采用的支座形式，而板式橡胶支座和和盆式支座的使用又最为普遍。因此，本节仅讨论这两种支座的抗震验算。

(1) 板式橡胶支座

在设计地震作用下，为保证支座不发生剪切破坏和滑动，应按下式验算支座的厚度和抗滑性：

①支座厚度验算

$$\sum t \geqslant \frac{X_0}{\tan\gamma} = X_0 \tag{2.7.3.19}$$

式中：$\sum t$——橡胶层的总厚度；

$\tan\gamma$——橡胶片剪切角正切值，取 $\tan\gamma = 1.0$；

X_0——设计地震作用下橡胶支座的水平位移。

②支座抗滑稳定性验算

$$\mu_d R_d \geqslant E_{hzb} \tag{2.7.3.20}$$

式中：μ_d——支座的摩阻系数，橡胶支座与混凝土表面的动摩阻系数采用 0.15，与钢板的动摩阻系数采用 0.10；

R_d——上部结构重力在支座上产生的反力；

E_{hzb}——设计地震作用下橡胶支座的水平地震力。

(2)盆式支座

设计地震作用下,盆式支座的抗震验算,可按下列规定进行:

①活动盆式支座

$$X_0 \leqslant X_{max} \tag{2.7.3.21}$$

式中:X_0——设计地震作用下支座的水平滑动位移;

X_{max}——支座容许滑动的水平位移。

②固定盆式支座

$$E_{hzd} \leqslant X_{max} \tag{2.7.3.22}$$

式中:E_{hzd}——设计地震作用下支座的水平地震力;

X_{max}——支座的水平抗力。

需要强调的是,对设置在延性桥墩上的板式橡胶支座或固定盆式支座,应采用能力设计原理进行抗震验算,即支座的最大水平地震力根据塑性铰处截面可能达到的最大弯曲强度计算。

7.3.6　抗震构造设计

桥梁结构的抗震构造设计一般包括两个方面,即墩(台)与梁的连接构造设计和墩柱的构造设计。本节只介绍墩(台)与梁的连接构造设计。

在历次破坏性地震中,由于连接构造的设计缺陷引起的落梁震害极为常见。实际上,在随机发生的地震作用下,桥梁梁、墩之间的相对位移是很难准确预测的,因此要避免落梁震害比较困难。在实际抗震设计中,世界各国普遍采用构造措施防止落梁震害,包括两个方面:限制支承连接部位的支承面最小宽度;在相邻梁之间安装纵向约束装置。

各国规范都规定,简支梁梁端至墩、台帽或盖梁边缘应有一定的距离(如图2.7.3.5所示)。日本新桥梁抗震设计规范的最小距离 a(cm)的取值为:$a=70+0.5L$,而我国现行《公路工程抗震设计规范》的取值为:$a=50+0.5L$,式中 L 是梁的计算跨径(m)。另外,我国规范规定,挂梁与悬臂之间的搭接长度 a 不应小于60cm。可见,对于40m以下跨径的桥梁,我国规范关于 a 的取值偏小。

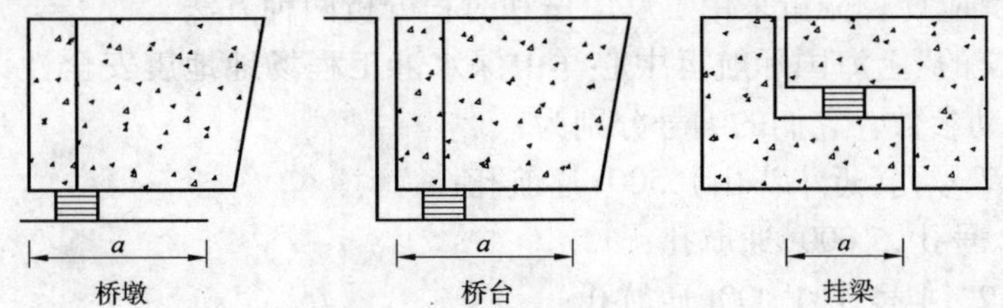

图2.7.3.5　梁端最小边缘距

需要指出的是,斜桥与曲线梁桥的梁端较易发生落梁,需要特别重视在梁端至墩、台帽或盖梁边缘之间的距离设置。

另一方面,为了防止落梁震害,在抗震设计中,应根据具体情况采用合理、有效的纵向约束装置。约束装置应具有足够的强度,同时不应妨碍支座的变形。图2.7.3.5、图2.7.3.6为两种典型的纵向约束装置:拉杆式和挡块式。在梁与梁之间、梁与桥台胸墙之间,应加装橡胶垫或其他弹性衬垫,以缓和冲击作用和限制梁的位移。

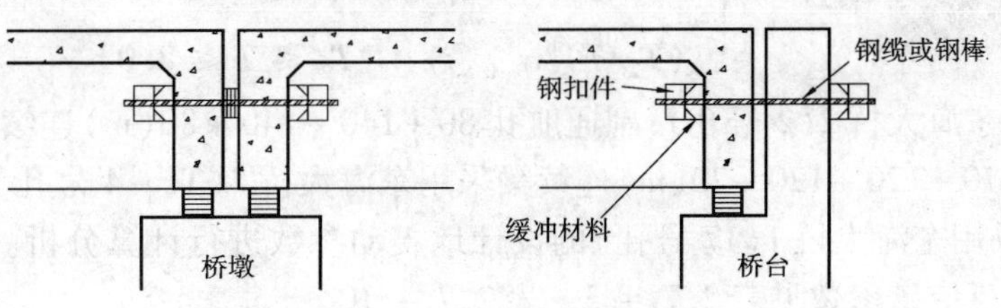

图2.7.3.6　拉杆式约束装置

7.4 东海大桥抗震总体设计

7.4.1 设防标准及性能目标

东海大桥的结构抗震性能研究采用了二水准设防、二阶段设计的抗震设计思想,第一水准相当于设计地震,第二水准相当于罕遇地震。前者控制强度,后者控制位移。根据震后结构的修复难易程度及相应的经济损失所决定的风险程度,对主通航孔桥和副通航孔桥、非通航孔桥采用了不同的设防水准(见表2.7.4.1),相应的性能目标见表2.7.4.2。

东海大桥抗震设防水准　　表2.7.4.1

	主通航孔桥	副通航孔桥、非通航孔桥
水准 I	100 年超越概率 10% (相当于重现期 950 年)	50 年超越概率 10% (相当于重现期 475 年)
水准 II	100 年超越概率 2% (相当于重现期 4 950 年)	50 年超越概率 2% (相当于重现期 2 450 年)

东海大桥结构抗震性能目标　　表2.7.4.2

	主通航孔桥	副通航孔桥、非通航孔桥
水准 I	主塔保持弹性,$\sigma_a \leqslant [\sigma_a]$;桩基保持弹性;边墩混凝土容许进入塑性;支座保持正常工作状态	桥墩混凝土容许进入塑性支座保持正常工作状态桩基保持弹性
水准 II	主塔应满足极限状态的强度要求,边墩应具有足够的延性以满足变形要求,保证不倒塌支座容许剪坏	桥墩应具有足够的延性以满足变形要求,保证不倒塌支座容许剪坏

7.4.2 地震输入及地震动参数

东海大桥的地震反应计算分析采用了反应谱和时程分析两种方法。

由上海地震局提交的“上海国际航运中心洋山深水港工程场地地震安全性评价”报告中给出了四个场地(钻孔)的地震动参数。它们的编号分别为:

(1)东海大桥 1:17 号孔(近小洋山),500t 通航孔;

(2)东海大桥 2:2 号孔,5 000t 通航孔;

(3)东海大桥 3:T2 -4 号孔,1 000t 通航孔;

(4)东海大桥 4:T1 -4 号孔(近芦潮港),500t 通航孔。

“安评报告”中给出的第一部分参数为基岩地震动参数,分四个场地(钻孔)和两个方向(水平和垂直)给出;第二部分为地表设计加速度反应谱(5%阻尼比)。

通过土层反应分析,得到了4(钻孔场地)×9(超越概率)×2(方向)×6(随机时程)共432 条地表加速度时程。把6 条随机时程作为一组,标定给出地表加速度反应谱,表示形式为:

$$\alpha(j)=\begin{cases}(C_1+C_2T)\alpha_{\max}(j) & 0\leqslant T\leqslant T_1\\ \alpha_{\max}(j) & T_1\leqslant T\leqslant T_2\\ (T_2/T)^{R}\alpha_{\max}(j) & T_2\leqslant T\leqslant 8.0\end{cases}$$

主通航孔桥采用东海大桥 2(2 号孔);副通航孔 80 + 140 + 140 + 80(m)连续梁采用东海大桥 3(T2 -4 号孔);副通航孔 70 + 120 + 120 + 70(m)连续梁采用东海大桥 4(T1 -4 号孔);副通航孔 90 + 160 + 160 + 90(m)连续梁采用东海大桥 1(17 号孔)的设计地震动参数进行计算分析。各个孔号相应设计概率的地表水平加速度反应谱参数见表 2.7.4.3 ~ 表 2.7.4.10。

此外,上海市地震局还给出了沿桩长不同深度的典型土层中的地震动参数。

东海大桥1(17号孔)地表水平向加速度反应谱参数　表2.7.4.3

概　率	PGA	α_{max}	C_1	C_2	T_1(s)	T_2(s)	R
50年	0.813 4	0.211 7	0.392 0	1.737 1	0.350 0	0.825 0	1.285 0
50年2%	1.583 0	0.445 0	0.362 0	1.343 2	0.475 0	0.890 0	1.300 0

东海大桥1(17号孔)地表竖向加速度反应谱参数　表2.7.4.4

概　率	PGA	α_{max}	C_1	C_2	T_1(s)	T_2(s)	R
50年	0.449 4	0.119 7	0.383 0	6.170 0	0.100 0	0.320 0	0.860 0
50年2%	0.781 5	0.226 9	0.351 0	6.490 0	0.100 0	0.315 0	0.820 0

东海大桥2(2号孔)地表水平向加速度反应谱参数　表2.7.4.5

概　率	PGA	α_{max}	C_1	C_2	T_1(s)	T_2(s)	R
100年	1.203 7	0.361 7	0.339 0	1.322 0	0.500 0	0.810 0	1.415 0
100年	1.955 7	0.597 7	0.333 0	1.334 0	0.500 0	1.005 0	1.475 0

东海大桥2(2号孔)地表竖向加速度反应谱参数　表2.7.4.6

概　率	PGA	α_{max}	C_1	C_2	T_1(s)	T_2(s)	R
100年	0.702 3	0.165 5	0.432 0	5.680 0	0.100 0	0.335 0	0.855 0
100年	1.198 0	0.308 1	0.396 0	6.040 0	0.100 0	0.310 0	0.830 0

东海大桥3(T2－4号孔)地表水平向加速度反应谱参数　表2.7.4.7

概　率	PGA	α_{max}	C_1	C_2	T_1(s)	T_2(s)	R
50年10%	0.974 6	0.271 5	0.366 0	1.625 6	0.390 0	0.680 0	1.310 0
50年2%	1.815 7	0.551 2	0.336 0	1.328 0	0.500 0	0.820 0	1.425 0

东海大桥3(T2－4号孔)地表竖向加速度反应谱参数　表2.7.4.8

概　率	PGA	α_{max}	C_1	C_2	T_1(s)	T_2(s)	R
50年	0.489 1	0.118 5	0.421 0	5.790 0	0.100 0	0.390 0	0.905 0
50年2%	0.953 7	0.224 3	0.433 0	5.670 0	0.100 0	0.420 0	0.910 0

东海大桥4(T1－4号孔)地表水平向加速度反应谱参数　表2.7.4.9

概　率	PGA	α_{max}	C_1	C_2	T_1(s)	T_2(s)	R
50年	1.007 3	0.254 9	0.403 0	1.957 4	0.305 0	0.740 0	1.275 0
50年2%	1.787 8	0.517 2	0.352 0	1.580 5	0.410 0	0.880 0	1.375 0

东海大桥4(T1－4号孔)地表竖向加速度反应谱参数　表2.7.4.10

概　率	PGA	α_{max}	C_1	C_2	T_1(s)	T_2(s)	R
50年	0.556 6	0.132 9	0.427 0	5.730 0	0.100 0	0.340 0	0.890 0
50年2%	1.046 8	0.263 8	0.404 0	5.960 0	0.100 0	0.335 0	0.875 0

7.4.3　研究思路及技术路线

针对东海大桥的特点,结构抗震性能分析研究的过程见图2.7.4.1。

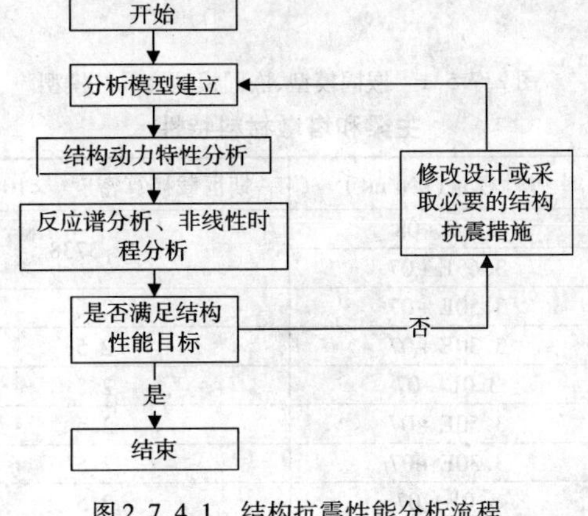

图2.7.4.1　结构抗震性能分析流程

7.5 东海大桥主桥结构抗震性能研究

7.5.1 概述

东海大桥工程是一个特大型的桥梁工程，投资很大，而且在政治经济上具有非常重要的地位，一旦在地震中遭到破坏，可能导致的生命财产以及间接经济损失将会非常巨大。因此，确保其抗震安全性具有非常重要的意义。

东海大桥工程的主航孔桥为主跨420m的双塔单索面半漂浮体系结合梁斜拉桥，跨径组合为73 + 132 + 420 + 132 + 73(m)，桥面宽度33m，倒Y形钢筋混凝土桥塔，承台以上塔高147.9m，加劲梁为单箱三室钢箱梁加28cm厚钢筋混凝土桥面，梁高4m。从前面的分析可知，各种桥型性能要求有所差异，因此需对各种典型桥型分别进行抗震性能的研究。

7.5.2 动力计算图式的建立

根据桥梁结构的总体构造布置并考虑相邻联的影响，建立结构动力特性和地震反应分析的三维有限元分析模型(如图2.7.5.1所示)。其中，主梁、塔、边墩和辅助墩用梁单元模拟(材料和截面特性分别见表2.7.5.1和表2.7.5.2)；斜拉索用桁架单元模拟，但考虑垂度效应和恒载引起的几何刚度的影响(材料和截面特性见表2.7.5.3)；桥梁基础也采用梁单元模拟，斜拉桥主塔基础按并桩处理，其余各墩位的桩基则按实际构造布置。另外，考虑到桥位的冲刷情况及桩的嵌固深度，斜拉桥主塔桩基的固结点高程为 -32m，辅助墩桩基的固结点高程为 -29m，其余桥墩位置以高程 -21m处桩底固结。边界条件的处理见表2.7.5.4。

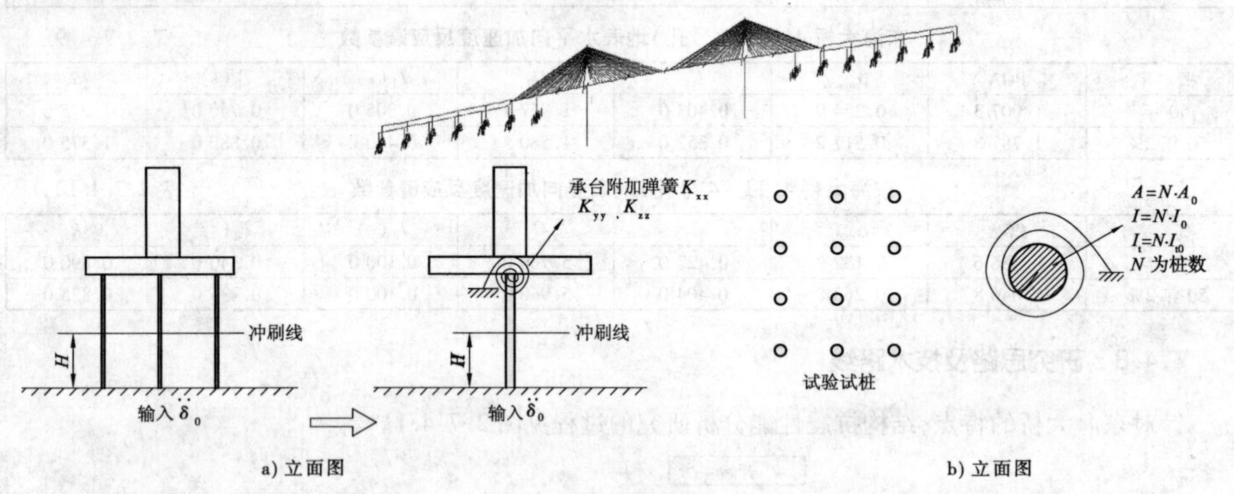

图2.7.5.1 嵌固模型、嵌固模型之并桩模型

主梁和塔墩材料特性 表2.7.5.1

构件			弹性模量(kN/m²)	一期恒载换算密度(×10³kg/m³)	二期恒载线密度(×10³kg/m)
斜拉桥	主梁	钢箱	2.1E+08	12.3738	12.0
		混凝土桥面板	3.65E+07		
	主塔		3.50E+07	2.6	
	边墩、辅助墩		3.30E+07	2.5	
	承台、桩		3.0E+07	2.5	
连续梁	主梁		3.50E+07	2.5	6.0
	桥墩		3.30E+07	2.5	
	承台、桩		3.0E+07	2.5	

主梁和塔墩截面特性　　表 2.7.5.2

构　件			面积 (m^2)	抗扭惯矩 J (m^4)	抗弯惯矩 I_2 (m^4)	抗弯惯矩 I_3 (m^4)
斜拉桥	主梁(换算值)		3.0710	10.295	230.66	6.0020
	主塔	上塔柱	30.470	248.25	2.382E+02	1.522E+02
		中塔柱	24.440	107.55	1.601E+02	4.656E+01
		下塔柱	380.361	7.263E+03	2.029E+03	7.189E+04
			79.6290	2.317E+03	7.612E+02	7.545E+03
	辅助墩		18.223	121.59	189.13	51.879
	边墩		14.903	56.417	24.336	84.622
	辅助墩承台		502.595	3.079E+04	3.847E+04	1.134E+04
	边墩承台		291.986	8438.41	2683.97	2.008E+04
	主墩并桩		186.531	145.73	72.865	72.865
	辅助墩桩		4.9087	3.8350	1.9175	1.9175
	边墩桩		1.7670	0.4970	0.2485	0.2485
连续梁	主梁		10.045	36.439	141.830	23.485
	桥墩	PM328	11.703	34.262	35.337	17.893
		PM329	14.903	56.417	84.622	24.336
	桩		1.7670	0.4970	0.2485	0.2485

注:斜拉桥:主梁 2 轴为竖向;主塔 2 轴为横桥向;边墩 2 轴为横桥向;辅助墩 2 轴为纵桥向。

连续梁:主梁 2 轴为竖向;桥墩 2 轴为纵桥向。

拉索材料和截面特性　　表 2.7.5.3

编　号	弹性模量(kN/m^2)	密度($\times 10^3 kg/m^3$)	面积(m^2)
C24～C20,C24′～C20′	2.0E+0.8	8.4	0.017 164
C19～C15,C19′～C15′			0.016 240
C14～C11,C14′～C11′			0.013 932
C10～C8,C10′～C8′			0.012 546
C7～C5,C7′～C5′			0.011 622
C4～C1,C4′～C1′			0.009 776

注:斜拉索编号 C24′为边跨远离桥塔的斜拉索;C24 为中跨远离桥塔的斜拉索。

边界与连接条件　　表 2.7.5.4

位　置		自由度 x	y	z	θ_x	θ_y	θ_z
斜拉桥	主塔的桩底	1	1	1	1	1	1
	主塔与主梁	0	1	1	1	0	0
	边墩、辅助墩与主梁	0	1	1	1	0	0
	边墩、辅助墩的桩底	1	1	1	1	1	1
连续梁	两中墩与主梁	1	1	1	1	0	1
	其余墩与主梁	0	1	1	1	0	0
	桥墩的桩底	1	1	1	1	1	1

表中:x 为纵桥向,y 为横桥向,z 为竖向。“0”表示自由,“1”表示互相约束或固结。

7.5.3 动力特性分析

表2.7.5.5列出了结构的前20阶动力特性。

动力特性表　　表2.7.5.5

振型阶数	频率(Hz)	振型特征	振型阶数	频率(Hz)	振型特征
1	0.158 00	主梁纵飘	11	0.626 20	塔梁对称侧弯
2	0.359 98	主梁一阶对称竖弯	12	0.628 01	主塔反向纵弯、主梁对称竖弯
3	0.393 42	主梁一阶对称侧弯	13	0.665 58	主塔同向纵弯、主梁反对称竖弯
4	0.496 67	两端连续梁固定墩同向纵弯	14	0.804 63	主梁对称竖弯
5	0.496 67	两端连续梁固定墩反向纵弯	15	0.870 55	主塔扭转
6	0.499 85	主梁一阶反对称竖弯	16	0.870 55	主塔扭转
7	0.547 50	主梁一阶对称扭转	17	0.926 58	辅助墩同向纵弯
8	0.563 65	塔梁反对称侧弯	18	0.985 36	主梁反对称侧弯
9	0.598 47	双幅连续梁固定墩相对横向对称轴反向纵弯	19	0.991 12	主梁反对称竖弯
10	0.598 47	双幅连续梁固定墩相对横向对称轴反向纵弯	20	1.058 7	塔梁对称侧弯

7.5.4 反应谱分析

根据东海大桥结构抗震研究工作大纲,对主跨420m的斜拉桥进行抗震性能研究时,采用100年超越概率10%(简称P1)和100年超越概率2%(简称P2)两种概率水平、阻尼比为3%的反应谱进行计算分析。场地安评报告中对应2号孔位提供的有地表加速度反应谱(图2.7.5.2a)和地下20m处加速度反应谱(图2.7.5.2b),考虑约10m的冲刷深度,桩身出土位置相当于位于土下10m,如采用地表加速度反应谱和地下20m处加速度反应谱都欠合理,所以在计算中采用地表和地下20m处加速度反应谱的平均值。

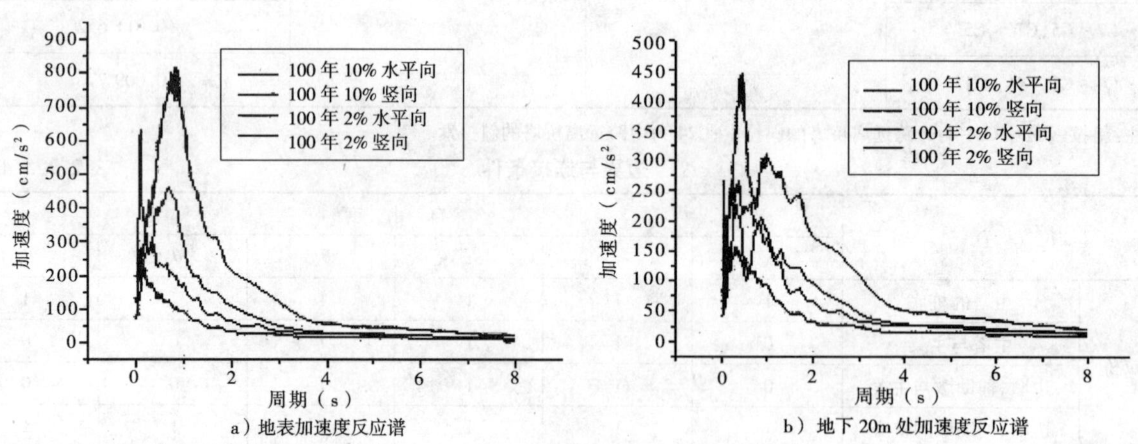

图2.7.5.2　加速度反应谱

地震输入组合为纵向+竖向和横向+竖向,计算采取前300阶进行组合,振型组合方式为CQC。计算结果汇于表2.7.5.6~表2.7.5.9。

控制截面的内力最大值(纵向+竖向)　表2.7.5.6

墩号	截面位置		动轴力(kN)	纵桥向剪力(kN)	纵桥向弯矩(kN·m)
主塔	塔底(2.8.0)	P1	4.250E+04	2.100E+04	7.673E+05
		P2	7.668E+04	4.114E+04	1.414E+06
	中塔柱底(43.8)	P1	1.624E+04	4.014E+03	2.740E+05
		P2	3.062E+04	7.396E+03	5.149E+05
	中塔柱顶(102.3)	P1	1.169E+04	4.167E+03	9.899E+04
		P2	2.260E+04	7.968E+03	1.901E+05
	上塔柱底(102.3)	P1	2.131E+04	8.423E+03	1.976E+05
		P2	4.121E+04	1.612E+04	3.794E+05
	承台底(-2.0)	P1	5.436E+04	3.830E+04	9.749E+05
		P2	1.001E+05	7.612E+04	1.832E+06
辅助墩	墩底(5.5)	P1	1.121E+04	4.436E+03	1.006E+05
		P2	2.126E+04	9.030E+03	2.036E+05
	承台底(-0.5)	P1	1.310E+04	1.073E+04	1.531E+05
		P2	2.547E+04	2.201E+04	3.118E+05
边墩	墩底(4.7)	P1	7.722E+03	3.336E+03	8.262E+04
		P2	1.500E+04	5.223E+03	1.291E+05
	承台底(0.0)	P1	1.643E+04	9.627E+03	2.002E+05
		P2	3.390E+04	1.633E+04	3.173E+05

注:括号内的数值为截面所处的高程。

控制点的水平位移最大值(纵向+竖向)　表2.7.5.7

概率水准	主塔(m)	辅助墩(m)	边墩(m)	主桥与引桥间
P1	2.447E-01	9.181E-02	6.819E-02	
P2	4.482E-01	1.882E-01	1.067E-01	

控制截面的内力最大值(横向+竖向)　表2.7.5.8

墩号	截面位置		动轴力(kN)	横桥向剪力(kN)	横桥向弯矩(kN·m)
主塔	塔底(2.8.0)	P1	4.024E+04	3.229E+04	2.039E+06
		P2	7.202E+04	6.691E+04	4.162E+06
	中塔柱底(43.8)	P1	3.570E+04	3.541E+03	5.856E+04
		P2	7.002E+04	6.618E+03	1.105E+05
	中塔柱顶(102.3)	P1	3.253E+04	3.431E+03	8.106E+04
		P2	6.423E+04	6.550E+03	1.557E+05
	上塔柱底(102.3)	P1	1.601E+04	1.093E+04	3.604E+05
		P2	3.112E+04	2.161E+04	7.098E+05
	承台底(-2.0)	P1	5.261E+04	4.677E+04	2.433E+06
		P2	9.659E+04	9.643E+04	4.982E+06

续上表

墩号	截面位置		动轴力(kN)	横桥向剪力(kN)	横桥向弯矩(kN·m)
辅助墩	墩底(5.5)	P1	9.063E+03	1.098E+04	4.383E+05
		P2	1.739E+04	2.110E+04	8.170E+05
	承台底(-0.5)	P1	1.130E+04	1.295E+04	4.868E+05
		P2	2.231E+04	2.595E+04	9.198E+05
边墩	墩底(4.7)	P1	1.225E+04	9.680E+03	2.332E+05
		P2	2.323E+04	1.780E+04	4.292E+05
	承台底(0.0)	P1	1.618E+04	2.200E+04	7.413E+05
		P2	3.349E+04	4.011E+04	1.365E+06

注:括号内的数值为截面所处的高程。

控制点的水平位移最大值(横向+竖向) 表2.7.5.9

概率水准	主塔(m)	辅助墩(m)	边墩(m)
P1	1.611E-01	7.651E-02	4.809E-02
P2	3.251E-01	1.530E-01	8.763E-02

7.5.5 时程反应分析

时程计算考虑纵向滑动支座的非线性性能,滑板支座恢复力模型见图2.7.5.3。水平方向的弹性刚度(可移动的方向)为:

$$K=\frac{fN}{x_y} \tag{2.7.5.1}$$

式中:f——滑动摩擦系数;

N——支座所承担的上部结构恒载;

x_y——屈服位移。

在动力计算模型中,主梁处理为脊骨梁,梁与墩之间通过非线性支座单元连接。时程计算的地震动输入根据场地安评报告提供的地表加速度时程,考虑到地震动的随机性以及基础的嵌固点,我们对每种概率水准提供的地表、地下20m处共12条时程都进行了计算,同时考虑了结构的分块阻尼。

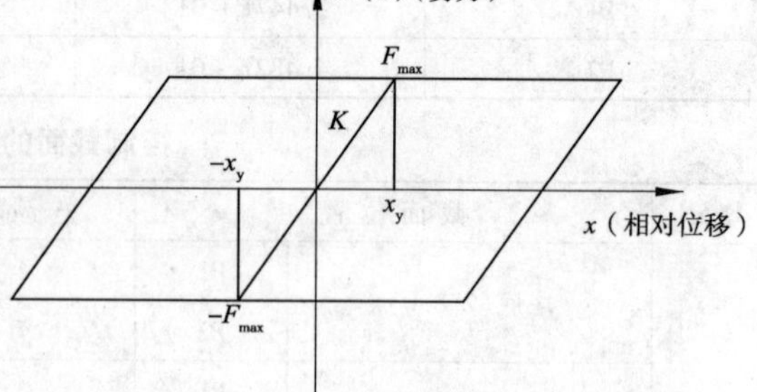

图2.7.5.3 滑板支座恢复力模型

根据斜拉桥未调索时一次落架的静力计算结果为截面验算依据,得出的总体结构性能状况为:

(1)纵桥向:在P1和P2概率水准下,对地表、地下20m的12条地震动加速度时程结果的平均值进行截面验算,结构处于弹性状态。

(2)横桥向:在P1和P2概率水准下,按地表、地下20m的12条地震动加速度时程结果的平均值并根据截面的配筋情况(见相关构造章节)进行截面验算,主塔结构依然保持弹性状态,而边墩和辅助墩结构则进入了弹塑性状态;按最大弯矩及对应时刻的动、静轴力组合进行截面验算,边墩和辅助墩在P1概率水准下处于弹性状态,在P2概率水准下,两构件还是进入了弹塑性状态,但通过考虑墩柱的弹塑性的非线形时程分析得出,两墩柱截面的塑性角满足要求。

表2.7.5.10~表2.7.5.14的计算结果为地表和地下20m处12条时程的平均值。

控制截面的内力最大值(纵向+竖向) 表2.7.5.10

墩号	截面位置		动轴力(kN)	纵桥向剪力(kN)	纵桥向弯矩(kN·m)
主塔	塔底(8.0)	P1	2.266E+04	1.798E+04	6.634E+05
		P2	4.331E+04	3.537E+04	1.288E+06
	中塔柱底(43.8)	P1	8.113E+03	4.007E+03	8.865E+04
		P2	1.763E+04	6.606E+03	5.696E+05
	中塔柱顶(102.3)	P1	8.113E+03	4.007E+03	8.865E+04
		P2	1.609E+04	8.645E+03	1.836E+05
	上塔柱底(102.3)	P1	1.537E+04	8.107E+03	1.772E+05
		P2	3.061E+04	1.730E+04	3.668E+05
	承台底(-2.0)	P1	2.948E+04	3.246E+04	8.548E+05
		P2	5.534E+04	6.584E+04	1.636E+06
辅助墩	墩底(5.5)	P1	7.056E+03	3.052E+03	7.056E+04
		P2	1.385E+04	6.384E+03	1.453E+05
	承台底(-0.5)	P1	7.999E+03	7.213E+03	1.043E+05
		P2	1.526E+04	1.583E+04	2.207E+05
边墩	墩底(4.7)	P1	1.930E+03	1.519E+03	3.718E+04
		P2	3.534E+03	3.210E+03	7.883E+04
	承台底(0.0)	P1	3.952E+03	5.574E+03	9.353E+04
		P2	7.665E+03	1.118E+04	1.980E+05

注:截面位置后括号内的数值为截面所处的高程。

控制点的水平位移最大值(纵向+竖向) 表2.7.5.11

概率水准	P1	P2	概率水准	P1	P2
主塔(m)	2.063E-01	4.443E-01	主桥与引桥间	1.675E-01	4.167E-01
辅助墩(m)	6.107E-02	1.348E-01	引桥与边墩	6.175E-02	1.505E-01
边墩(m)	2.781E-02	5.816E-02	主桥与边墩	1.700E-01	3.758E-01

注:计算结果为地表和地下20m处12条时程的平均值。

控制截面的内力最大值(横向+竖向) 表2.7.5.12

墩号	截面位置		动轴力(kN)	纵桥向剪力(kN)	纵桥向弯矩(kN·m)
主塔	塔底(8.0)	P1	2.145E+04	3.201E+04	2.069E+06
		P2	3.787E+04	6.494E+04	3.910E+06
	中塔柱底(43.8)	P1	2.878E+04	2.427E+03	3.977E+04
		P2	5.285E+04	4.758E+03	7.731E+04
	中塔柱顶(102.3)	P1	2.666E+04	2.920E+03	5.824E+04
		P2	4.891E+04	5.057E+03	1.048E+05
	上塔柱底(102.3)	P1	6.842E+03	9.447E+03	3.003E+05
		P2	1.249E+04	1.709E+04	5.388E+05
	承台底(-2.0)	P1	3.012E+04	4.669E+04	2.473E+06
		P2	5.389E+04	9.226E+04	4.713E+06

续上表

墩号	截面位置		动轴力(kN)	纵桥向剪力(kN)	纵桥向弯矩(kN·m)
辅助墩	墩底(5.5)	P1	4.114E+03	8.493E+03	3.185E+05
		P2			***
	承台底(-0.5)	P1	5.412E+03	1.163E+04	3.657E+05
		P2	1.012E+04	2.466E+04	7.270E+05
边墩	墩底(4.7)	P1	8.169E+03	7.082E+03	1.717E+05
		P2			***
	承台底(0.0)	P1	4.350E+03	1.580E+04	5.453E+05
		P2	8.048E+03	2.596E+04	8.738E+05

注:括号内的数值为截面所处的高程,***表示该截面已经屈服。

控制点的水平位移最大值(横向+竖向) 表2.7.5.13

概率水准	主塔(m)	辅助墩(m)	边墩(m)
P1	1.544E-01	7.033E-02	3.432E-02
P2	2.879E-01	1.453E-01	7.112E-02

控制点的塑性转角(横向+竖向,P2概率) 表2.7.5.14

概率水准	最大塑性转角	允许塑性转角
辅助墩(5.5)	1.133E-03	1.652E-02
边墩(4.7)	6.988E-04	1.083E-02

注:括号内的数值为截面所处的高程。

7.6 东海大桥辅航道桥结构抗震性能研究

7.6.1 计算模型

建模时考虑相邻联的影响,左右分别增加5×70(m)一联的连续梁,墩号P412~P417,P421~P426各为5×70(m)预应力连续梁的引桥,墩号P417~P419为90+160+160+90(m)预应力连续梁的副航道桥。两幅桥上部桥面中间分离,相隔1m,通过承台将基础连接在一起。因此结构的动力计算模型为两幅桥面,并考虑了桥面纵坡,如图2.7.6.1所示。

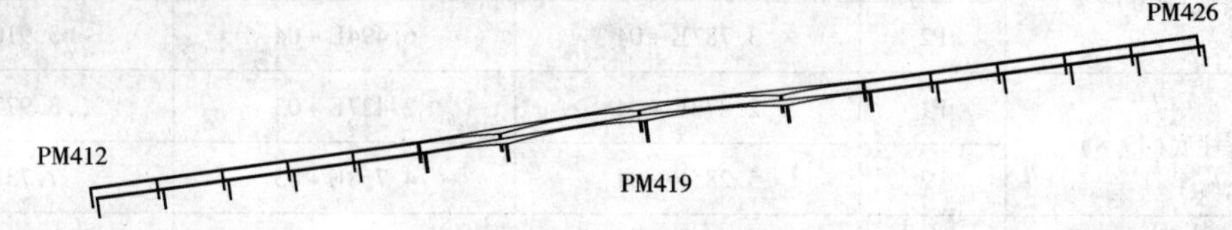

图2.7.6.1 全桥动力计算分析模型

支座情况为:PM414、PM415、PM419、PM423、PM424上为固定支座,其余均为纵向滑动支座。

支座模拟时,固定支座处理为主梁和墩顶除了竖向转角自由,其余自由度完全主从;纵向滑动支座处理为主梁和墩顶纵向位移和竖向转角自由,其余自由度主从。另外,主梁和墩顶之间如有多个支座,在模型中均合并为一个,取其并联模式,详见后面的时程分析。

桩基础的模拟为6弹簧刚度模型,仍按静力的 m 法计算,但 m 系数考虑动力影响提高2~3倍,结果如表2.7.6.1所示。

桩基等效弹簧刚度　　表2.7.6.1

对应墩号	竖向（kN/m）	顺桥向（kN/m）	横桥向（kN/m）	绕竖向（kN/rad）	绕顺桥向（kN/rad）	绕横桥向（kN/rad）
PM412 ~ M414	0.2197E+08	0.4791E+06	0.7381E+06	0.2758E+08	0.1510E+10	0.1708E+09
PM415	0.2213E+08	0.4836E+06	0.7442E+06	0.2790E+08	0.1522E+10	0.1717E+09
PM416	0.2232E+08	0.4898E+06	0.7524E+06	0.2837E+08	0.1535E+10	0.1729E+09
PM426	0.2081E+08	0.4467E+06	0.6870E+06	0.2520E+08	0.1424E+10	0.1639E+09
PM417	1.9090E+07	8.1680E+05	5.1210E+05	5.1230E+07	1.7790E+08	1.0790E+09
PM418	4.3960E+07	5.2470E+05	5.6380E+05	1.1450E+08	1.0690E+09	6.1030E+09
PM419	4.3960E+07	5.2450E+05	5.6360E+05	1.1440E+08	1.0690E+09	6.1030E+09
PM420	4.3960E+07	5.2340E+05	5.6300E+05	1.1430E+08	1.0690E+09	6.1030E+09
PM421	1.9170E+07	8.1670E+05	5.1280E+05	5.1710E+07	1.7800E+08	1.1030E+09
PM422 ~ M423	0.2136E+08	0.4498E+06	0.6935E+06	0.2500E+08	0.1466E+10	0.1655E+09
PM424 ~ M425	0.2107E+08	0.4514E+06	0.6938E+06	0.2542E+08	0.1443E+10	0.1652E+09

动力分析时不考虑预应力的影响，抗震设防标准为50年10%和50年2%。前者验算强度，后者验算位移。

7.6.2　动力特性

表2.7.6.2列出了结构的前10阶频率和周期。

动力特性表　　表2.7.6.2

振型顺序	周期(s)	振型描述
1	2.633	主桥纵向振动，主梁竖向弯曲
2	1.983	主桥主梁竖向振动（两幅桥交错）
3	1.884	PM422 ~ PM426引桥纵向振动，梁竖向弯曲
4	1.852	PM412 ~ PM416引桥纵向振动，梁竖向弯曲
5	1.779	主桥主梁竖向振动（两幅桥一致）
6	1.598	主桥对称横桥向振动
7	1.513	主桥主梁竖向、横桥向同时振动
8	1.336	PM422 ~ PM426引桥纵向振动，梁竖向振动很小
9	1.327	PM412 ~ PM416引桥纵向振动，梁竖向振动很小
10	1.209	主桥主梁竖向、横桥向同时振动，竖向振动为主

7.6.3　反应谱分析

反应谱计算采用场地安评报告中1号孔位的地表加速度反应谱，如图2.7.6.2所示，地面水平向加速度50年10%（$P1$）为0.0829g、竖向为0.0458g；50年2%（$P2$）为0.1613g、竖向为0.0796g主要计算结果，包括控制位置处的最大位移、控制截面内力、承台中心内力最大值、主梁和墩顶横向位移最大值等见表2.7.6.3 ~ 表2.7.6.7。

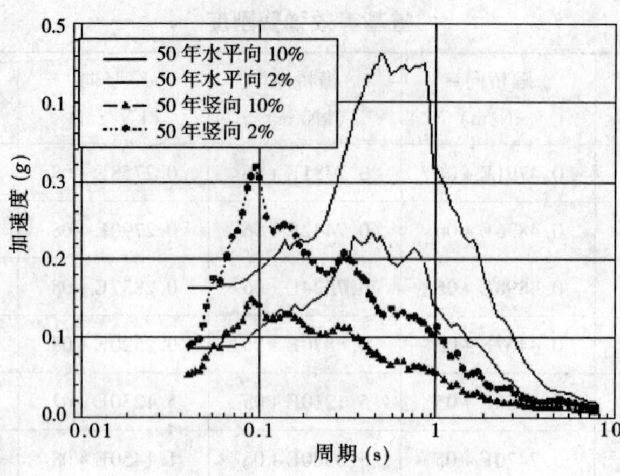

图2.7.6.2　地表加速度反应谱

控制位置处的位移最大值(纵向+竖向)　　表2.7.6.3

墩　号	位　置		纵桥向位移(mm)
PM417	墩顶与主梁	P1	77
		P2	186
PM418	墩顶与主梁	P1	85
		P2	205
PM419	主梁	P1	71
		P2	173
PM420	墩顶与主梁	P1	85
		P2	205
PM421	墩顶与主梁	P1	77
		P2	186

控制截面的内力最大值(横向+竖向)　　表2.7.6.4

墩号	截面位置		动轴力 P(kN)	剪力 Q(kN)	弯矩 M(kN·m)
PM417	墩底	P1	2 143.5	4 854.9	95 740.0
		P2	4 295.3	11 315.5	223 084.0
	墩底	P1	1 737.1	4 393.3	4 420.1
		P2	3 442.2	10 222.0	9 929.1
PM418	墩底	P1	4 592.3	6 501.4	145 424.8
		P2	8 803.5	15 614.8	349 088.1
	墩顶	P1	3 910.5	5 758.6	40 449.4
		P2	7 498.9	13 818.1	96 835.5
PM419	墩底	P1	5 095.4	11 800.5	272 825.9
		P2	9 764.0	28 599.4	660 861.5
	墩顶	P1	4 476.4	10 639.6	60 906.2
		P2	8 587.0	25 763.3	147 295.2
PM420	墩底	P1	4 594.2	6 499.4	145 150.9
		P2	8 805.9	15 620.0	348 721.3
	墩顶	P1	3 910.9	5 745.5	40 460.3
		P2	7 498.1	13 801.2	96 892.3

续上表

墩号	截面位置		动轴力 P(kN)	剪力 Q(kN)	弯矩 M(kN·m)
PM421	墩底	P1	2 149.8	4 788.9	94 682.9
		P2	4 304.1	11 122.3	220 028.5
	墩顶	P1	1 745.2	4 334.8	4 175.2
		P2	3 455.7	10 053.9	9 461.8

承台中心内力最大值(纵向+竖向)　　表2.7.6.5

墩号	概率水准	动轴力 P(kN)	剪力 Q(kN)	弯矩 M(kN·m)
PM417	P1	6 320.585	6 258.552	42 924.017 6
	P2	12 926.887	13 631.478	92 950.364 0
PM418	P1	15 551.339	19 400.498	55 395.703 0
	P2	30 491.843	45 039.493	128 591.668 7
PM419	P1	15 079.856	25 842.245	511 910.681 7
	P2	28 977.260	62 888.975	1 242 659.091
PM420	P1	15 570.880	19 366.079	55 295.698 1
	P2	30 529.851	44 964.235	128 372.771 2
PM421	P1	6 326.330	6 262.766	42 964.136 7
	P2	12 928.522	13 634.939	92 999.423 3

承台中心内力最大值(横向+竖向)　　表2.7.6.6

墩号	概率水准	动轴力 P(kN)	剪力 Q(kN)	弯矩 M(kN·m)
PM417	P1	5 985.459	11 192.102	215 675.408 9
	P2	12 039.049	25 967.451	502 659.872 8
PM418	P1	14 927.753	18 981.902	330 780.026 8
	P2	28 771.355	45 466.297	794 094.170 2
PM419	P1	15 080.006	32 207.562	627 528.668 3
	P2	28 977.453	77 918.707	1 520 268.628
PM420	P1	14 948.063	19 088.736	330 286.572 9
	P2	28 811.567	45 719.037	793 548.366 8
PM421	P1	5 990.132	11 042.445	213 485.714 2
	P2	12 038.046	25 518.021	496 024.904 7

主梁、墩顶横向位移最大值(mm)(横向+竖向)　　表2.7.6.7

概率水准	PM417		PM418		PM419		PM420		PM421	
	主梁	墩顶	主梁	墩顶	主梁	墩顶	主梁	墩顶	主梁	墩顶
P1	32.313	29.974	42.190	40.320	74.661	70.794	42.443	40.586	31.840	29.535
P2	75.401	69.934	101.204	96.682	180.832	171.420	101.817	97.322	74.051	68.678

7.6.4　时程分析

时程计算考虑纵向滑动支座的非线性性能，水平方向的弹性刚度(可移动的方向)计算公式同式(2.7.5.1)。

在动力计算模型中，主梁处理为脊骨梁，梁与墩之间通过非线性支座单元连接，因此，我们将墩顶的实际支座合并为一个，采用并联形式，N 为多个支座所受恒载竖向反力之和。

时程计算的地震动输入根据场地安评报告提供的地表加速度时程,考虑到地震动的随机性,我们对每种概率水准提供的6条时程都进行了计算,取其平均值作为时程计算的结果。结果汇于表2.7.6.8~表2.7.6.13。

控制截面的内力最大值(纵向+竖向P2) 表2.7.6.8

墩　号	截面位置	动轴力 P(kN)	剪力 Q(kN)	弯矩 M(kN·m)
PM419	墩底	13 448.2	19 181.7	364 665.3

控制位置处的位移最大值(纵向+竖向P2) 表2.7.6.9

墩　号	位　置	纵桥向位移(mm)	塑性转角(rad)
PM417	墩顶与主梁	142.8	
PM418	墩顶与主梁	152.2	
PM419	主梁	101.2	1.5E-6
PM420	墩顶与主梁	142.6	
PM421	墩顶与主梁	131.3	

控制截面的内力最大值(横向+竖向P2) 表2.7.6.10

墩　号	截面位置	动轴力 P(kN)	剪力 Q(kN)	弯矩 M(kN·m)
PM417	墩底	3 092.4	8 261.1	151 147.5
PM418	墩底	6 185.5	16 829.7	386 745.0
PM419	墩底	7 730.9	27 015.5	625 476.4
PM420	墩底	6 184.0	16 867.6	392 248.0
PM421	墩底	3 177.5	8 099.6	151 285.1

承台中心内力最大值(纵向+竖向P2) 表2.7.6.11

墩　号	动轴力 P(kN)	剪力 Q(kN)	弯矩 M(kN·m)
PM417	17 449.2	11 948.2	98 065.8
PM418	40 431.6	33 098.0	238 265.3
PM419	44 763.1	39 385.5	834 294.4
PM420	41 322.5	32 765.2	233 292.4
PM421	16 293.4	12 097.1	96 447.9

承台中心内力最大值(横向+竖向P2) 表2.7.6.12

墩　号	动轴力 P(kN)	剪力 Q(kN)	弯矩 M(kN·m)
PM417	7 235.7	23 014.7	347 420.2
PM418	19 128.8	47 361.9	871 740.5
PM419	22 236.0	73 395.5	1 410 640.0
PM420	19 110.9	48 135.2	882 127.0
PM421	7 544.5	22 803.9	348 272.6

主梁、墩顶横向位移最大值(mm)(横向+竖向) 表2.7.6.13

概率水准	PM417		PM418		PM419		PM420		PM421	
	主梁	墩顶	主梁	墩顶	主梁	墩顶	主梁	墩顶	主梁	墩顶
P2	86.2	78.9	107.1	101.6	171.5	162.1	108.7	103.1	85.2	78.1
塑性转角(rad)	0.008		0		4E-6		0		0.00793	

7.6.5 需求与能力

根据反应谱和时程计算结果及墩底截面的配筋图，计算出不同概率水准下墩柱截面抗弯能力，见表2.7.6.14～表2.7.6.16。由于反应谱的结果是弹性的，没有考虑延性的作用，因此表中"按规范计算"为对超过能力的计算结果乘以综合影响系数 $C_z=0.33$。

墩底纵向弯矩需求、能力表　　表2.7.6.14

墩号	概率水准	需求					能力（恒载与动轴力）M（kN·m）
		反应谱		按规范计算	时程		
		动轴力 P（kN）	弯矩 M（kN·m）	弯矩 M（kN·m）	动轴力 P（kN）	弯矩 M（kN·m）	
PM419	P1	5 070.1	223 178.5	73 648.9	—	—	323 000.0
	P2	9 700.4	541 610.5	178 731.5	13 448.2	364 665.3	

墩底横向弯矩需求、能力表　　表2.7.6.15

墩号	概率水准	需求					能力（恒载与动轴力）M（kN·m）
		反应谱		按规范计算	时程		
		动轴力 P（kN）	弯矩 M（kN·m）	弯矩 M（kN·m）	动轴力 P（kN）	弯矩 M（kN·m）	
PM417	P1	2 143.5	95 740.0	31 594.2	—	—	109 600.0
	P2	4 295.3	223 084.0	73 617.7	3 092.4	151 147.5	
PM418	P1	4 592.3	145 424.8	47 990.2	—	—	486 000.0
	P2	8 803.5	349 088.1	115 199.1	6 185.5	386 745.0	
PM419	P1	5 095.4	272 825.9	90 032.5	—	—	512 900.0
	P2	9 764.0	660 861.5	218 084.3	7 730.9	625 476.4	
PM420	P1	4 594.2	145 150.9	47 899.8	—	—	486 000.0
	P2	8 805.9	348 721.3	115 078.0	6 184.0	392 248.0	
PM421	P1	2 149.8	94 682.9	31 245.4	—	—	109 600.0
	P2	4 304.1	220 028.5	72 609.44	3 177.5	151 285.1	

P2概率墩柱塑性转角　　表2.7.6.16

P2 概率	横桥向			纵桥向
墩号	PM417	PM419	PM421	PM419
最大塑性转角 θ_0	0.008	4E-06	0.0079	1.5E-06
容许塑性转角$[\theta_0]$	0.014 7	0.006 7	0.014 7	0.022 7

7.6.6 小结

通过上述分析可知：

（1）纵向输入：反应谱的计算结果表明固定墩在P2概率已屈服，但如前所述，该值偏大；从时程分析的结果看，需求与能力非常接近，塑性变形需求很小，满足性能要求。

（2）横向输入：P1概率无论反应谱还是时程都不屈服；P2概率的计算结果表明部分墩柱已经屈服，但从数值来看，超过能力并不很大。

（3）根据墩柱截面配筋，在P2概率下对墩柱进行弹塑性时程计算结果表明，承台中心和墩底的弯矩都减小了，这是由于墩底屈服，截面弯矩即保持弹性最大值，故而传递给承台的弯矩也减小了。另外，墩柱虽然屈服了，但是发生的最大塑性转角却小于容许的塑性转角，表明变形是满足要求的。

(4)建议横桥向设置挡块,防止因支座破坏可能引起的落梁震害发生。

7.7 东海大桥引桥抗震性能研究

7.7.1 引桥部分计算区段的选择原则

东海大桥起始于上海浦东南汇区的芦潮港,跨越杭州湾北部海域,在浙江省嵊泗县崎岖列岛中大乌龟岛登陆,全长约31km。其中引桥部分总长约23km,结构全部为预应力混凝土连续梁桥,孔径布置有7×50(m)、5×59(m)、6×59(m)、5×60(m)、6×60(m)、5×70(m)等多种形式。桥位的河床平坦、地层分布比较均匀,全部采用桩基础。除岸上引桥采用ϕ1 200mmPHC 打入桩以外,海上引桥全部采用ϕ1 500钢管桩。桩长变化不大,低墩45m左右,中、高墩约55~60m。承台底面高程基本都为0.0m。由于大桥立面设有纵坡故墩高有所变化,变化范围约30m。在此基础上我们选取了15联连续梁桥进行了详细的计算分析,选择的原则是:

(1)对每一种孔径布置都选择一联计算;

(2)根据墩高的不同,将引桥分为低墩区和中高墩区。低墩区的平均墩高9~10m,包括大乌龟岛上接地的8孔50m顶推连续梁桥;中高墩区的墩高10~30m。

具体选取的计算桥段见表2.7.7.1。

引桥部分抗震性能汇总　　表2.7.7.1

	墩　号	孔径布置	墩高(m)
低墩	PM80~PM87	7×50m低桩承台	10.0
	PM94~PM101	7×50m高桩承台	9.634(平均)
	PM111~PM116	5×59m	9.036(平均)
	PM126~PM132	6×59m	9.048(平均)
	PM132~PM138	6×59m(双幅)	9.681(平均)
	PM193~PM198	5×60m	9.356(平均)
	PM215~PM221	6×60m	9.202(平均)
	PM303~PM308	5×70m	9.752(平均)
	PM313~PM318	5×70m(双幅)	9.627(平均)
	大乌龟岛桥	8×50m(双幅)	
中高墩	PM138~PM144	6×59m(双幅中墩)	10.2~20.02
	PM227~PM233	6×59m(双幅中墩)	9.8~17.5
	PM233~PM239	6×60m(双幅高墩)	17.5~28.53
	PM318~PM323	5×70m(双幅中墩)	9.8~18.6
	PM323~PM328	5×70m(双幅高墩)	18.6~25.7

7.7.2 连续梁桥低、中高墩桥抗震分析小结

对东海大桥连续梁桥低、中高墩桥和大乌龟岛桥共15座桥进行抗震分析,基本结论如下:

(1)在50年10%的地震作用下

在纵向输入时,无论是低墩、中墩或高墩,它们的固定墩均处于弹性工作状态;支座(单个)的水平剪力在100~160t之间;桩基强度验算结果,除低墩的个别联外(如7×50m低桩承台),其余部分低墩及中、高墩的桩基强度均满足要求。

在横向输入时,无论是低墩、中墩或高墩,桥墩均处于弹性工作状态;低墩上支座(单个)的水平剪

力在150~200t,中、高墩上支座(单个)的水平剪力在200~400t之间;桩的强度均不能满足要求。

(2)在50年2%的地震作用下

在纵向输入时,除低墩的5×60m、6×60m,中墩的6×59m、6×60m,高墩的5×70m连续梁的桥墩强度满足要求外,其余联内固定墩绝大部分都已屈服,个别联的固定墩强度的需求和能力接近。低墩有部分桩基强度超过,中高墩桩基强度全部超过;

在横向输入时,低墩墩底截面的需求和能力非常接近,但中墩和高墩的墩底截面均已屈服;桩基强度全部超过;

为保证墩柱具有足够的延性变形能力,应配有足够的箍筋,并满足规范构造要求。

(3)建议的抗震措施

鉴于以上分析结果,可认为引桥部分的薄弱环节是桩基础。基础是一项隐蔽工程,一旦出现问题,检修非常困难,在地震作用下应该是重点保护对象。考虑到地震输入的随机性,建议的减震措施如下:

①纵向:第一,加大支座的摩擦系数,以分担固定墩的水平力。第二,把原来的PHC桩全部改为钢管桩。第三,把固定墩上的固定支座改成活动支座,但在活动支座上并联一个弹塑性减震装置,竖向反力由活动支座承受,水平力由弹塑性减震装置承受。该减震装置的设计要求应具有较大的初始刚度,以使活动支座即使滑开,但在温变、制动力等水平力的作用下,墩梁仍然保持相对固定,但在强大的水平力的作用下,减震装置屈服,使水平力大幅度减小,起到保护桥墩和桩基的效果。该装置可采用U形钢环或铅芯橡胶支座等。

②横向:根据桩的横向能力,估算支座剪力,设计支座挡板(抗剪面积或材料),使在桩基达到极限强度之前支座在横向就已经剪坏。同时在上部梁体下设置挡块,伸到墩顶的凹陷处,在挡块和墩顶间留足够的空间(该空间的大小可由上下支座板的最大错动距离而定),使支座一旦剪坏,梁体在横向自由滑动,当滑动距离超过预留空间时,挡块和桥墩会发生碰撞,但此时梁体对墩的碰撞速度及碰撞力将会减小很多,对桥墩的冲击作用不会很大,桥墩和桩的受力将会大大减小,从而起到保护作用,同时设置挡块避免落梁震害的发生。对于东海大桥,根据桩的能力反算得到的支座最大水平力如表2.7.7.2。

根据桩的能力反算支座的最大水平力　　表2.7.7.2

类　型		单个支座最大横向剪力(t)	支座设计吨位(t)
低墩	7×50m	140	1 400(中),600(边)
	5×59m	160	1 600(中),700(边)
	6×59m	160	1 600(中),700(边)
	5×60m	140	1 600(中),700(边)
中墩	70m	125	1 750(中),900(边)
	60m(1000墩通航孔)	62.5	1 600(中),700(边)
	60m(500墩通航孔)	112.5	1 600(中),700(边)
高墩	60m	120	1 600(中),700(边)
	70m	144	1 750(中),900(边)

第8章 跨海大桥船撞作用及其计算方法

船撞问题是影响跨海大桥安全的重要作用之一。船撞桥事故发生时不但可能造成桥梁的重大损伤,直至倒塌,而且可能造成对船舶及其乘客的严重伤害。跨海大桥线路长、跨越水域面积大,而且海洋船舶较内河船舶吨位大,因此,跨海大桥需要比其他桥梁更加全面和细致地考虑船撞问题。

目前,我国船撞桥相关设计理论尚不完善,将规范条文直接应用在跨海的大桥设计中可能并不合适,往往需要进行专项研究,并且有时需要将设计手段和管理手段结合起来考虑跨海大桥的防船撞对策问题。

8.1 典型船撞桥事故

随着交通运输事业的发展,跨越通航江河、海湾、海峡的大型桥梁越来越多,同时船舶的数量、吨位和航速也在不断增加,船舶撞击桥梁导致桥塌船毁的重大海损事故也日益增多,并呈不断增加的趋势。据统计,国际上在1960~1991年期间有记录的严重撞船事故有29起(见表2.8.1.1),共撞毁15个桥墩,45孔桥梁坍落,死亡297人。在国内,武汉长江大桥建桥至今已发生撞桥事故70多次,南京长江大桥从1968~1995年共发生重大撞桥事故25起。

部分严重撞船事故一览表 表2.8.1.1

桥名	国名	被撞年份	破坏情况
塞纹铁路桥	英国	1960	引桥桥墩撞毁
里奇满—圣拉斐尔桥	美国	1961 1965	缓冲系统及桥墩横系梁破坏
外交叉桥	美国	1963	缓冲系统和桥墩严重破坏
马拉开波桥	委内瑞拉	1964	桥墩曾被撞毁两次
切萨皮克湾隧道桥	美国	1967 1970 1972	一跨垮塌,五跨严重损坏 一跨倒塌,五跨严重破坏 一跨垮塌,五跨严重破坏
西门桥	澳大利亚	1970	箱梁被撞垮
西迪尼·兰尼尔桥	美国	1972	三跨垮塌
蓬恰特雷恩湖桥	美国	1974	四跨倒塌,曾九次被撞
塔斯曼桥	澳大利亚	1975	三跨垮塌,二墩撞毁
旧金山—奥克兰湾桥	美国	1977	引桥桥墩撞毁
西西雅图桥	美国	1978	
第二海峡铁路桥	加拿大	1979	边跨(85m)落水,修理时间5个月
弗雷泽桥	加拿大	1975	130m的主跨垮塌
霍普山桥	美国	1974	主墩严重损伤
格兰德海峡桥	加拿大	1975	主墩被撞毁
温哥华港铁路桥	加拿大	1968	二个墩被连续撞毁
索苏恩特桥	挪威	1963	边墩被撞毁

续上表

桥　名	国　名	被撞年份	破坏情况
曼查克口桥	美国	1976	三跨垮塌
伯拉德湾桥	加拿大	1979	边墩撞毁
阿尔摩桥	瑞典	1980	拱座撞毁,钢管拱倒塌
密苏里河第 59 号桥	美国	1983	主墩被撞毁
廷斯塔特桥	瑞典	1977	梁端落水
波の上桥	日本	1983	三跨严重破坏
伏尔加河铁路桥	前苏联	1984	桥梁撞垮,四节列车落水,240 多人死亡

通过对瑞典阿尔摩桥和美国空中通道桥等大量被撞垮的桥梁进行调查后得知,几乎所有的桥梁均未设置防撞保护系统,即使少数桥梁有防护系统,也因设计防护能力不足而未能抵抗住船舶的撞击。

从概念上讲,当撞击力大于桥墩的承载能力时,桥梁的抗冲击能力不能由桥墩来提供,原因如下:

(1)桥墩的刚度较大,不可能产生较大的塑性变形来吸收撞击动能;

(2)为了桥梁上部结构的安全,不允许桥墩有较大的位移;

(3)肇事船只的船头刚度不论多大,变形量也只能由船头钢板的压扁长度提供,不可能产生较大的变形,由此其本身吸收的撞击动能与总的撞击动能相比是较小的。

由此可见,桥梁不设防护系统时,船舶直接与墩身接触后,由于二者的刚度均较大,变形量较小,不能吸收撞击动能,因而将产生极大的撞击力,造成船毁桥塌事件。

从国内外统计的船舶撞击桥梁导致桥塌船毁的重大海损事故资料分析,造成撞船事故的原因较多,其中人为操纵失误居第一位,设备故障居第二位,由于恶劣气候造成的事故占第三位。可见,船舶碰撞桥墩的事故是不能单靠航道管理部门通过控制完全避免的。

8.2　跨海大桥防船撞设计方法

船撞桥是典型的偶然作用,其设计的基本理念是基于风险方法展开的。包括船撞概率研究、船撞力研究、船撞响应计算分析、防撞措施研究等。其中船撞响应研究可以基于静力或动力分析方法进行,设计中多采用静力方法,即将船撞作用转化为静力作用,与其他荷载一起,参与上、下部结构的验算。这里不再介绍船撞响应计算,重点介绍船撞概率、船撞荷载和防撞设施设计。

8.2.1　船撞概率计算方法

1. 碰撞概率计算的总体思路

从逻辑关系上,可以这样考虑船舶-桥梁碰撞事件:首先,一艘船舶航行在一条导致与桥梁发生碰撞的航迹线上;其次,这艘船舶沿着这条航迹线的运动在到达桥梁之前没有得到制止。这样就需要确定:(1)一艘船舶在导致碰撞的航迹线上航行的概率 P_G;(2)航行在导致碰撞航迹线上的船舶最终碰撞到桥梁的概率(因为在导致碰撞航迹线上航行的船舶由于人为控制等,并不必然撞击桥梁)。考虑 T 年的时间段,则碰撞发生的期望数可以表示为(2.8.2.1)、(2.8.2.2):

$$v(T)=\sum_{i=1}^{n}v_i(T) \tag{2.8.2.1}$$

$$v_i(T)=N_iP_{G,i}P_{C,i} \tag{2.8.2.2}$$

式中：T——设计考虑的年限;

N_i——T 年内通过桥梁某一类别 i 的船只的数量;

$v(T)$——T 年内桥梁遭受碰撞的期望数;

$v_i(T)$——T 年内第 i 类船舶撞击桥梁的期望数;

$v_i(T)P_{G,i}$——一艘第 i 类船舶航行在一条航碰撞迹线上的概率；

$v_i(T)P_{C,i}$——航行在一条航碰撞迹线上的一艘第 i 类船舶碰撞到桥梁的概率。

将船舶分组，应考虑到对分析结果要求的精度和所需结果的分类。通常，船舶分组应考虑如下的船舶特性：吃水深度，以便将在碰撞前就搁浅的船舶剔除；桥梁净空，以便估计船舶与桥梁上部结构的碰撞概率；碰撞荷载特性，以便对后来的碰撞损伤程度进行估计；危险品船只，以便估计环境污染的危险性；当地的航行习惯，以便计算 $P_{G,i}$；船舶标准，以便计算 $P_{C,i}$。

2. 几何概率的计算

一艘船舶在一条碰撞航迹线行驶的概率 P_G 依赖于很多因素，通常以下列资料为基础计算：船舶航行路线、通过数量和船舶特性；航线横向船舶分布；桥梁的几何界限；河床（海床）构成的天然保护；人工防护措施。根据已有的事故调查，下列事故情况通常是重要的：

(1) 按正常程序通过的船舶，因人为错误或技术失灵而在桥梁附近面临碰撞的风险；

(2) 船舶未能按正常的航线航行（游荡船只）以及锚碇或系泊失效、推进力不足，导航设备故障，或遇到流冰等情况，而使船舶漂向桥梁（漂移船只）；

(3) 由于多重相遇的情况，使桥梁附近的船只作躲避运动；

(4) 在桥梁附近有弯曲的航道，船只未能正确改变航线。

对于多数桥梁，仅考虑第一种情况就已经够了。但对于长度很大的桥梁，航道之外也有桥跨存在，此时考虑第二种情况是合理的。至于第三和第四种情况可以进行个案分析，或将这两种情况合并到碰撞概率 P_C 中考虑。

在第一种情况中，对于一条直线航道，若航线清楚，则船只的横向分布可以近似合理地用正态分布描述，见图 2.8.2.1。正态分布的模型参数（均值和标准差）可以在实际水道上直接用雷达观测获得，也可以参照情况类似河道（海峡）的观测资料确定。图 2.8.2.2 是丹麦大海带桥东航道所做雷达观测分析结果的一个例子，可见正态分布可以较好地描述实际的横向分布情况。

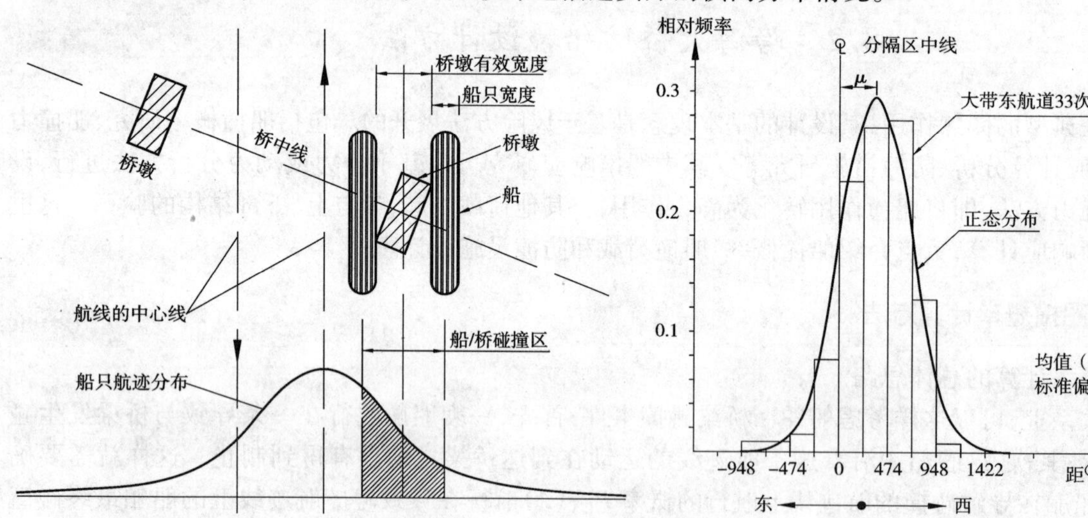

图 2.8.2.1　第一种情况碰撞几何概率的定义　　图 2.8.2.2　从雷达观测资料中得到的船只航迹线横向分布图示例

根据对历史上船－桥碰撞资料的研究，ASSHTO 指导规范采用正态分布来描述桥梁附近船只的航迹线。均值位置 μ 假定是航道中心线，标准差 σ 假定为船只的长度。对于双向通航的情况，均值位置 μ 分别取上行航道的中心线和下行航线的中心线。

关于标准差 σ 的取值是有争议的。日本的备赞濑户海峡和丹麦大带海峡的观测资料（见图 2.8.2.2）表明，标准差 σ 可能达到一艘典型大船长度的两倍。典型大船定义为船只尺寸分布的 95%。但是井上和黑田等人曾对双向通航的分布提出一个经验公式。他们的结论和上面恰好相反，船只航迹线仍然是正态的，但均值和标准差按下式计算：

$$\mu = aW \tag{2.8.2.3}$$

$$\sigma = 0.105W \tag{2.8.2.4}$$

式中：W——航道宽度；

a——若航道配有中线标志则取 $a=0.2$，否则 $a=0.1$。

图2.8.2.3图解说明双向通航时与第一种情况有关的横向分布假定。

在第二种情况中，"漂移船只"的航迹线的横向分布可以按船只可能脱开的位置以及风、水流等情况确定。可以通过当地有关管理部门找到当地违反规则的程度，并以此为基础确定出"游荡船只"的航迹线的横向分布。在缺少具体的资料时，可以假定沿桥梁轴线方向均匀分布，分布密度可以假定为水道上总船只数目的1%～5%。

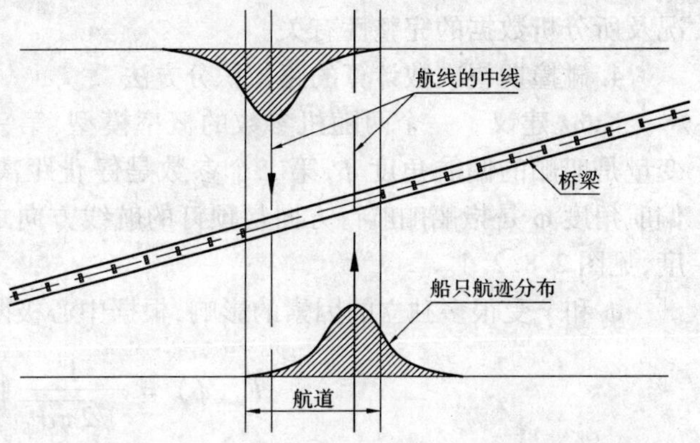

图2.8.2.3　双向通航时与第一种情况有关的横向分布假定

3. 碰撞概率计算

碰撞概率 P_C 是未能躲避航线上障碍物的概率。当地的 P_C 可以通过对桥梁区域内船舶事故的观测资料的分析确定。当缺乏足够的资料时，可采用船舶搁浅和船舶与船舶碰撞的资料来确定 P_C 的值。

自1970年以来，相关人员对 P_C 的取值进行了较多的研究。Fujii 和 MacDuff 在这方面进行了基本的研究工作，其他人的研究多是以此二人的研究工作为基础的。一些研究结果则是根据特定水道的搁浅或碰撞的统计资料。也有人探讨根据其他水道已有的 P_C 值的研究结果，经过环境和导航方面的修正用于该特定水道。表2.8.2.1是一些主要的研究结果。

船舶撞击桥梁可能导致的损失　　表2.8.2.1

研 究 者	研 究 对 象	P_C 的评估结果
Fujii	日本海峡海洋平台	(1.0－6.3)×10E－4
Matsui	10条海峡的搁浅	(0.8－4.3)×10E－4
MacDuff	Dover 海峡上的搁浅	搁浅:1.4×10E－4 船－船碰撞:(5.2－3.2)×10E－4
CAP咨询公司	丹麦大海带桥	0.4×10E－4
茂盛公司	澳大利亚塔斯曼桥	(0.7－1.0)×10E－4
COWI公司	美国日照桥	0.5×10E－4
格林纳	美国佛罗里达州日照桥 美国科伊桥 美国马里兰州麦姆桥 美国佛罗里达州丹波桥	轮船:1.3×10E－4;驳船:2.0×10E－4 轮船:1.0×10E－4;驳船:2.0×10E－4 轮船:1.0×10E－4;驳船:2.0×10E－4 轮船:1.3×10E－4;驳船:4.1×10E－4
摩吉斯基公司 （评估美国密西西比河上的桥梁）	Vicksburg 桥 Huey P. Long 桥 Greater New Orleans 桥	5.4×10E－4 2.5×10E－4 1.3×10E－4
COWI公司	Gibaratar 海峡连线	搁浅:2.2×10E－4 船－船碰撞:1.2×10E－4 船－桥碰撞:0.6×10E－4
COWI公司	丹麦大海带桥	有领航员:1.1×10E－4 无有领航员:3.2×10E－4

当对某一特定水道进行 P_C 值评估，或对不同水道的 P_C 值进行比较时，应当考虑到一系列的影响因素。这些可能的影响因素主要是能见度、风、水流、冰、船型、船只的尺寸和速度、船只装载情况、船只标准和船只装备、船上领航员、交通密度、碰撞目标的可检测性、航标、折弯航道、航道跨度、VTS 系统等。这些因素影响的研究还很不深入，一些研究结果之间互相矛盾，可能与分析的具体情况及所分析数据的完整性有关。

4. 碰撞期望次数计算的路径积分方法

Kunz 建议了一个两随机参数的概率模型，第一个随机变量是船舶的偏航角度 ϕ，第二个参数是停止距离参数 x。偏航角度 ϕ 是指船舶航行方向与预订的航线方向之间的角度，见图 2.8.2.4。

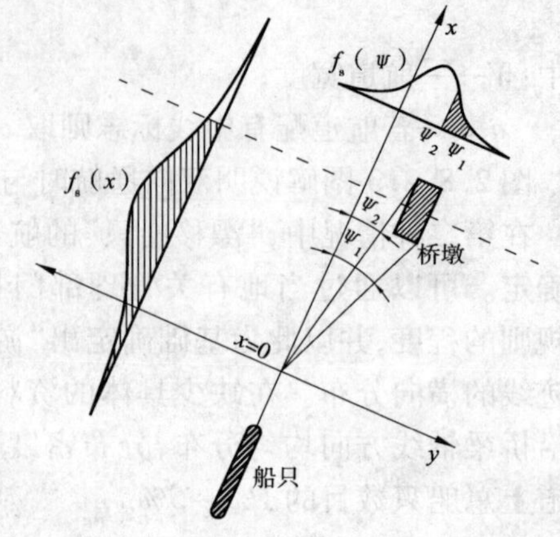

图 2.8.2.4　Kunz 建议的一个两随机参数的概率模型

ϕ 和 x 受很多独立的因素的影响，根据中心极限定理，可假定其为正态分布的随机变量，即：

$$F_\phi(\phi) = \frac{1}{\sqrt{2\pi}\sigma_\phi}\int_{-\infty}^{\phi}\exp\left\{\frac{(\phi-\mu_\phi)^2}{2\sigma_\phi^2}\right\}d\phi \tag{2.8.2.5}$$

$$F_x(x) = \frac{1}{\sqrt{2\pi}\sigma_x}\int_{-\infty}^{x}\exp\left\{\frac{(x-\mu_x)^2}{2\sigma_x^2}\right\}dx \tag{2.8.2.6}$$

通过计算 F_ϕ 和 F_x（对每一个船舶航运线的位置），就可以计算出沿着航行跨径，船舶撞击指定物体或绕过指定物体或在撞击发生前被停止的概率。此概率模型与船舶相对桥墩的位置有关。概率模型的数学表达式为：

$$P_{\text{collison}}(T) = nT\int\lambda(s)W_1(s)W_2(s)ds \tag{2.8.2.7}$$

式中：$P_{\text{collison}}(T)$——在指定时间 T 内至少发生一次撞击的概率；

n——T 内通航船只的数目；

$W_1(s)$——一条撞击航迹的概率，$W_1(s) = F_\phi(\phi_1) - F_\phi(\phi_2)$；

$W_2(s)$——撞击前事故未得到制止的概率，$W_2(s) = 1 - F_x(s)$；

$\lambda(s)$——船舶每航行单位距离发生失效的概率。

ϕ 的分布可以根据观测到的撞击事故来校核，需要的观测数据是船舶航行的路径以及撞击发生的位置。对多数情况，ϕ 的均值 $\mu_\phi = 0$，方差 $\sigma_\phi = 0$。如果由于风力、水流等因素导致对预定航行跨径的系统性偏离，则需要重新确定 μ_ϕ。如果关于 μ_ϕ 和 σ_ϕ 的统计资料不足，则需要考虑它所有可能的取值范围。

5. AASHTO 规范中关于船舶撞击桥梁概率计算方法

在 AASHTO 船撞设计规范中，几何概率的计算方法与 8.2.1 节中介绍的正态概率分布法完全相同。

从统计观点来看，数据库中数据点的数目很少，但确定模型参数仍然基于历史上桥梁船撞事故资料。68.3% 的撞击发生在平均值的标准差 σ 之内，95.5% 的撞击发生在 2σ 之内，99.7% 的撞击发生在 3σ 之内。指导规范推荐计算 P_G 时，$\sigma = LOA$，同时不对距船只航行路线的中心线 3σ 以上的桥梁构件进行分析。

在美国，虽然驳船事故的发生相对频繁，但有关驳船事故分布的研究已发表的很少。规范推荐对于驳船同样使用 $\sigma = LOA$，其中 LOA 为包括牵引船的驳船全部长度。

在 AASHTO 船撞设计规范中，不对船舶碰撞桥梁风险原因进行分类，而是给出了一个统一的碰撞概率的计算方法：

$$P_C = BR \cdot R_B R_C R_{XC} R_D \tag{2.8.2.8}$$

式中：BR——碰撞的基准率；

R_B——桥梁位置的修正系数(根据桥梁是否位于航道转弯处或附近以及转弯的角度);

R_C——桥下水流方向与船舶平行程度的修正系数;

R_{XC}——垂直作用于船舶的横流修正系数;

R_D——航道中船舶通航密度修正系数(根据桥梁处船舶相互交会、掠过或超越的频率)。

式(2.8.2.8)中各参数的取值情况见表 2.8.2.2。

碰撞的基准概率和修正系数　　表 2.8.2.2

项　目	对 P_C 定量影响
基准概率 BR	船舶:0.6×10E-4;驳船:1.2×10E-4
桥梁位置系数 R_B	直线区:1.0;过渡区:$R_B=1+\theta/90°$;转折区:$R_B=1+\theta/45°$
顺流系数 R_C	$R_C=1+V_C/10$,V_C 的单位为 kNots
横流系数 R_{XC}	$R_{XC}=1+V_{XC}$,V_{XC}的单位为 kNots
R_D	低密度:1.0;平均密度:1.3;高密度:1.6

8.2.2　船撞力计算方法

船撞力问题是船撞桥设计的核心问题之一,船撞桥的力学研究涉及到船型、船舶结构、撞击速度、撞击角度、桥梁结构、航道水深等多种因素。大量的船撞桥事故调查分析以及模型试验表明,问题的焦点集中在船舶的撞击动能、船撞力、船舶结构的形变势能、桥墩防撞装置的吸能能力等方面。根据 1959 年美国远洋局的合同,米诺斯基(V. U. Minorsky)针对核动力军舰的设计、核电站的防护以及其他海洋结构物的防撞保护问题,研究了 26 件船船碰撞事件,得出了变形的钢体积和吸收冲击能之间的一种线性关系,即著名的米诺斯基曲线。米诺斯基理论于 1975 年公开发表,并已为众多的试验所证实,成为国际公认的船舶撞击桥梁的分析基础。

此后,德国学者沃辛(G. Wosin)在 1967—1976 年期间,针对保护核动力船的反应堆不受其他船舶撞击而作了若干次相同的高能动力船撞击模型试验。模型比例为 1:12 和 1:715,进而充实和发展了米诺斯基理论,并将其应用于船撞桥的分析之中。日本、意大利、英国等也曾作过相关的动力模型试验。在我国,南京理工大学的陈泽宏等也曾对船舶撞击大桥桥墩进行过模型试验。阿姆达(Amdahl)、杨和考德威尔等人提出了基于直接计算的船舶撞击数学模型,并不断补充修正,可以给出较简便并达到适当精度的船撞力,该方法在丹麦大海带桥的设计中得到了较好的应用。各国规范中也都提出了不同的船撞力计算模型。

近代非线性有限元动态计算技术以及计算机硬件技术的迅速发展推动了船撞桥数值仿真方法的研究。通过建立船舶结构和桥墩结构的有限元模型,进行船撞桥过程的仿真模拟,可以得到船舶结构破坏、船撞力、能量传递以及桥墩应力及损伤等有关信息,可以更加快捷方便地研究船撞力问题,使得大型桥梁研究和提出符合其结构特征的船撞力模型成为可能。

在设计阶段,对船撞力问题可以采用利用规范公式估算的方法确定,如果发现船撞问题控制设计,可以开展有针对性的科研工作深入研究。本节将重点给出国内外主要规范对船撞桥力的相关规范建议计算方法。

1. Woisin 建议方法

Woisin 根据大尺寸物理模型试验,总结出的散装货船对刚性桥墩的关于时间平均的有效撞击力的经验公式为:

$$F=0.88\sqrt{DWT} \tag{2.8.2.9}$$

式中:F——碰撞力(MN);

DWT——船舶的载质量(t)。

式(2.8.2.9)计算得到的单位为 MN,它所依赖的试验资料来自于 40 000t 以上的散装货轮与刚性墙壁的碰撞试验，碰撞速度约为16节（约为8m/s），因此在式（2.8.2.9）没有重要的速度参数。这是该式的一个严重缺陷。

2. AASHTO 建议方法

在制定1991年版的AASHTO“桥梁船舶撞击设计指南”时，Woisin教授对他提出的公式重新进行了考虑和修订，因此1991年版的AASHTO“桥梁船舶撞击设计指南”给出的船艏正碰设计船舶撞击力的计算公式为：

$$F = 0.122\ \sqrt{DWT}V \tag{2.8.2.10}$$

式中：F——碰撞力（MN）；

DWT——船舶的载重吨位；

V——船舶的撞击速度（m/s）。

船舶撞击力受众多复杂因素的影响，有很大的离散性。在式（2.8.2.9）和（2.8.2.10）中，采用的是50%分位上的值。

3. IABSE 建议方法

1993年，在对丹麦大海带桥的船舶撞击问题的研究中，Peterson教授通过一系列数值计算的分析结果，给出了计算500DWT至300000DWT船舶船头正碰撞击力的经验公式：

$$F = \begin{cases} F_0 \overline{L}\sqrt{\overline{E}_{imp} + (0.5-\overline{L})\overline{L}^{1.6}} & \text{当}\overline{E}_{imp} \geqslant \overline{L}^{2.6}\text{时} \\ 2.24F_0\sqrt{\overline{E}_{imp}\overline{L}} & \text{当}\overline{E}_{imp} < \overline{L}^{2.6}\text{时} \end{cases} \tag{2.8.2.11}$$

$$\overline{L} = L_{pp}/275$$

$$\overline{E}_{imp} = E_{imp}/(1425\text{MN}\cdot\text{m}) \tag{2.8.2.12}$$

$$E_{imp} = \frac{1}{2}m_x V_0^2$$

式中：F——船艏最大撞击荷载（MN）；

F_0——参考撞击荷载，取210MN；

E_{imp}——塑性变形吸收的能量；

L_{pp}——船舶的长度（m）；

m_x——沿船舶方向运动时等于船舶质量乘以1.05（106kg）；

V_0——船舶初始速度（m/s）。

4. 欧洲统一规范建议方法

1999年欧洲统一规范 Eurocode 1 的2.7分册规定，在桥梁的船撞设计中，应选用某种统计意义下的设计代表船舶，并按下式来计算船舶撞击力：

$$F = V\ \sqrt{KM} \tag{2.8.2.13}$$

式中：V——碰撞体在撞击时速度；

K——碰撞体的等效刚度；

M——碰撞体的质量。

同时规定，对于内陆航道船舶，取 $V=3\text{m/s}$，$K=5\text{MN/m}$；对于远洋船舶，取 $V=3\text{m/s}$，$K=15\text{MN/m}$。

5. 挪威公共道路局建议方法

挪威公共道路局规定公共道路系统桥梁和浮桥斜坡的碰撞荷载如下：

$$F = 3.5\ \sqrt[3]{DWT} \tag{2.8.2.14}$$

式中：F——碰撞力（MN）；

DWT——船舶的载质量（t）。

6. 中国铁路规范建议方法

我国现行的《铁路桥涵设计基本规范》中规定的设计船舶撞击力的计算公式为：

$$F = \gamma V \sqrt{\frac{W}{c_1 + c_2}} \sin a \tag{2.8.2.15}$$

式中：F——设计船舶撞击力(kN)；

γ——动能折减系数($s/\sqrt{m}$)，当正向撞击时γ取0.3，当斜向撞击时γ取0.2；

W——船舶重力(kN)；

c_1——船舶的弹性变形系数；

c_2——被撞桥梁构件的弹性变形系数，在无资料时《铁路桥涵设计基本规范》建议$c_1 + c_2$取0.0005m/kN。

7.中国公路85规范建议方法

原交通部颁布的《公路桥涵设计通用规范》(JTJ 023—85)中建议通航河流中的桥梁墩台所受的船只撞击力如无实际资料时，可按漂流物撞击力计算：

$$P = WV/(gT) \tag{2.8.2.16}$$

式中：P——漂流物撞击力；

W——漂流物重力；

V——水流速度；

T——撞击时间，无实际资料时可按1s取用。

8.中国公路04规范建议方法

原交通部颁布的《公路桥涵设计通用规范》(2004)中船撞力相关规定如下：

位于通航河流或有漂流物的河流中的桥梁墩台，设计时考虑船舶或漂流物的撞击作用，其撞击作用标准值可按下列规定采用或计算：

(1)当缺乏实际调查资料时，内河上船舶撞击作用标准值可按规范中表4.2.2-1取用(表格略)，四、五、六、七级航道内的钢筋混凝土桩墩，顺桥向撞击作用可按表所列数值的50%考虑。

(2)当缺乏实际调查资料时，海轮撞击作用的标准值可按规范中表4.4.2-2或下表2.8.2.3采用。

海轮撞击作用的标准值　　表2.8.2.3

船舶吨级 DWT(t)	3 000	5 000	7 500	10 000	20 000	30 000	40 000	50 000
横桥向撞击作用(kN)	19 600	25 400	31 000	35 800	50 700	62 100	71 700	80 200
顺桥向撞击作用(kN)	9 800	12 700	15 500	17 900	25 350	31 050	35 850	40 100

(3)可能遭受大型船舶撞击作用的桥墩，应根据桥墩的自身抗撞击能力、桥墩的位置和外形、水流流速、水位变化、通航船舶的类型和碰撞速度等因素作桥墩防撞设施的设计。当设有与墩台分开的防撞击的防护结构时，桥墩可不计船舶的撞击作用。

(4)撞击力标准值可按下式计算：

$$F = WV/(gT) \tag{2.8.2.17}$$

式中：W——漂流物重力；

V——水流速度；

T——撞击时间，无实际资料时可按1s取用。

(5)撞击点假定为计算通航水位线以上2m的桥墩宽度或长度的中点。海轮船舶撞击作用点需视实际情况而定。漂流物的撞击作用点假定在计算通航水位线上桥墩宽度的中点。

详细的防撞设施设计和计算参见本书第六篇《防撞设施设计》。

第三篇

结 构 设 计

第1章 概 述

1.1 总体概述

东海大桥是上海国际航运中心集装箱深水港必不可少的配套工程，直接为港区大量集装箱陆路集疏运需求和港区供水、供电、通信等诸多工程服务。

东海大桥起始于上海市浦东新区南汇县的芦潮港，跨越杭州湾北部海域，在浙江省嵊泗县崎岖列岛中大乌龟岛登陆，沿大乌龟岛、颗珠山岛至小洋山港区一期交接点。东海大桥桥轴线平面如图3.1.1.1所示。

东海大桥全长32.5km，可分为三部分：约3.7km的陆上段（包括与沪芦高速连接的路桥连接段1.45km和芦潮港新老海堤间陆上段2.26km），新海堤至大乌龟岛之间约25.3km的海上段，大乌龟岛至小洋山岛之间约3.5km的港桥连接段。

1.2 设计条件

1.2.1 地形地貌

东海大桥北端芦潮港为沙泥滩地，现在围海造地，属潮坪地貌。桥区海域海势稳定，海床地形较为平坦，天然水深一般在8.0～12.0m左右，高程为-7.5～-12.5m，中日海底光缆和电缆在该海域通过。近岸浅水区水深为0.0～5.0m（长度约500m）。大桥东侧所经岛屿及南端小洋山为一系列面积狭小的岛屿，呈鸡爪形地貌。各岛一般基岩裸露，植被稀少，地形陡峭，少平地，岸线曲折，多海湾岬角，岸线为抗冲刷侵蚀能力强的基岩海岸。各岛在地势相对低凹地段一般存在20～40cm的覆盖层，相应的植被较发育。沿岸海蚀地貌如海蚀洞、海沟等较发育。

1.2.2 气象条件

洋山海区位于北亚热带南缘的东亚季风盛行区，受季风影响冬冷夏热，四季分明，降水充沛，气候变化复杂。本区多年平均气温为15.8℃，历年最高气温为37.5℃，历年最低气温为-7.9℃；多年平均降水量为1 100.0mm，历年最大降水量为1 603.9mm，历年过程最大降水量为434.6mm。本区全年多为偏北和偏南向风，大风风向主要集中在偏北和东南偏南方位。本区雾类分布为：陆岸区以辐射雾、锋面雾为主，海区以锋面雾、平流雾居多。本区雷暴日在3～11月份均有出现，主要集中在夏秋季节（6～8月），多年平均雷暴日18～26d，最多雷暴日为40d。本区相对湿度的年变化不大，年平均相对湿度为80%，最大月平均相对湿度为86%（出现在6月份），最小月平均相对湿度为72%（出现在12月份）。根据1960～1995年资料统计，本区在每年5～11月份可能受到热带风暴的影响，其中7～9月是热带风暴活动最频繁的季节，占全年影响总数的78%。根据1986～1990年寒潮过程资料统计，本海区寒潮共出现18次，年平均3.6次，最多年份达5次；年内以12月份和1月份出现寒潮过程次数为最多。

1.2.3 水文条件

东海大桥工程位于东海大陆架内缘的杭州湾口北侧海区，介于大戢山和滩浒岛之间。本海区的潮

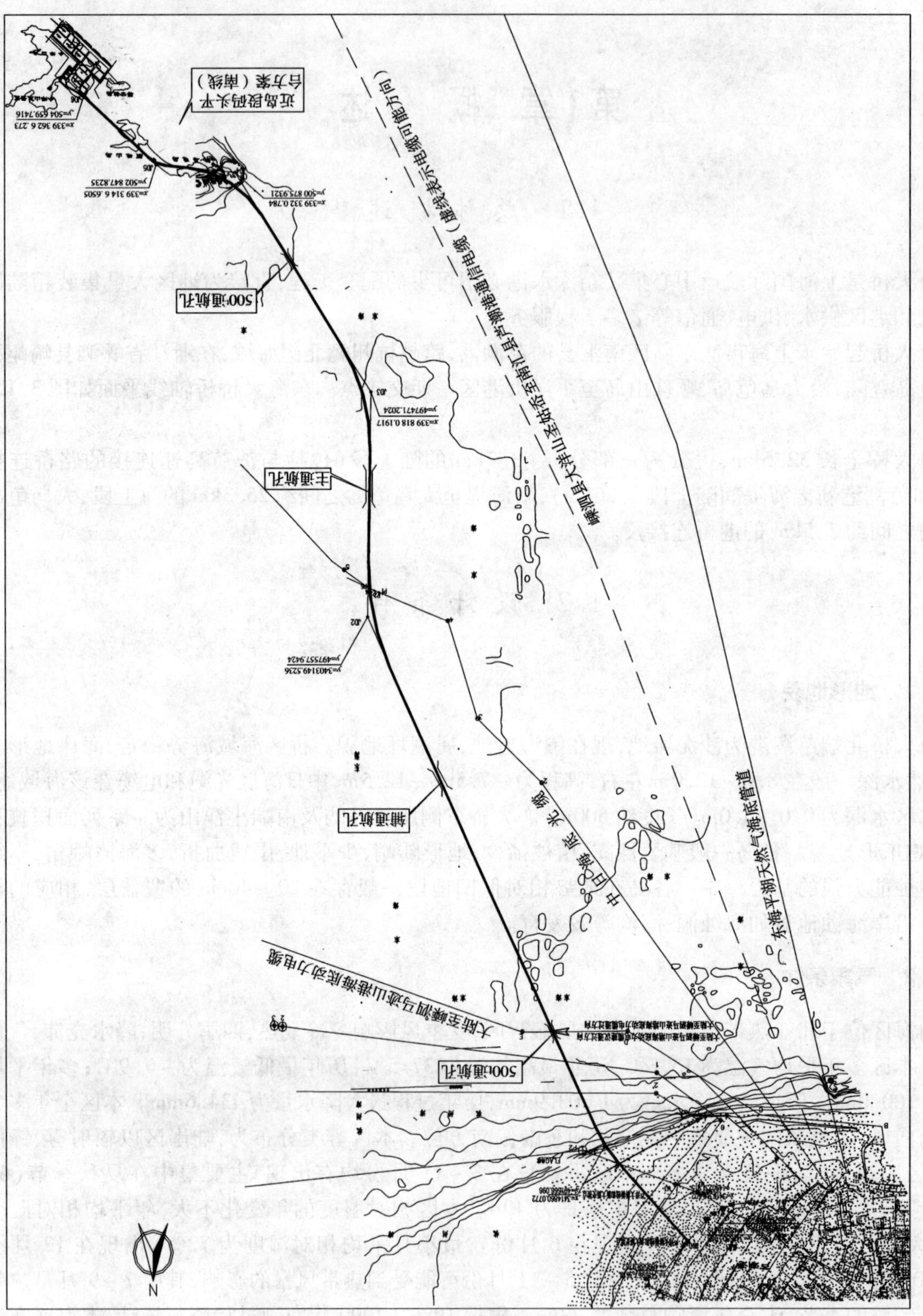

图 3.1.1.1　东海大桥桥轴线平面

汐主要受东海前进潮波控制，以 M_2 分潮起支配作用。本海区潮汐类型属非正规半日浅海潮型。大桥区海域潮汐日夜不等现象较为明显，一般从春分至秋分时段内夜潮大于日潮，从秋分至翌年春分日潮大于夜潮。

该海区海图水深一般仅为7.0～8.0m。桥区偏北侧有长江口的铜沙、九段沙、横沙浅滩；东北向海域开敞；东侧有马鞍群岛及嵊泗列岛；东南向和南向有大衢山、岱山岛和舟山群岛大小1 600余座，这些岛屿对该海区起到屏障作用，外海长周期的涌浪不能直接传入；SW向和W向为漫长的杭州湾南岸岸线。NNE向（包含N、NE向）水域开敞，为该海区的强浪向，长江口铜沙浅滩区可消耗部分波能，引起波浪破碎。

据有关文献分析，杭州湾有北、中、南三股潮流，涨潮时三股潮流在张网山—王盘山之间会集向湾顶进，落潮时则反之。东海大桥位于杭州湾北侧芦潮港至崎岖群岛海区，由于受地形和长江口径流影响，从外海传入的潮波发生变形，涨、落潮流历时和流速不等，潮流运动基本形态为每天两涨两落，具有明显的往复流特性。

桥区附近海区表层水温变化范围一般在3.7～29.7℃之间，年平均水温为12.4℃。本海区盐度变化主要受制于长江、钱塘江径流冲淡水系和外海高盐水的消长变化，盐度总体分布为由西向东逐渐增加。

工程海区的泥沙来源主要为长江口扩散泥沙和潮流带来的海域泥沙，后者最初来源也为长江口扩散泥沙。由于近岸流系尤其是沿岸流强度的季节性变化，长江口冲淡水的入海路径呈季节性摆动，即夏季呈偏东向、冬季呈偏东南向的格局，因而就直接进入工程海区的扩散泥沙而言夏季较冬季少。

本区为高含沙量海区，含沙量平面分布总态势为西高东低、南高北低，桥区北侧近陆岸处和桥区南侧近岛岸处的含沙量高于桥区中段。

本海区最常见的底质沉积物为黏土质粉沙，其主要分布于离陆岛稍远的海域或小海湾处。粉沙和细沙出现在岛屿区，且一般紧贴岛屿，其来源主要为岛屿风化剥落。亚黏土为过渡沉积物类型，分布范围一般介于上述两种沉积物之间。

1.2.4　工程地质条件

陆上段表面地层为冲填土，下面为淤泥层。淤泥层下主要为粉细砂层。

海上段桥区基岩埋藏较深，基岩面高程由北向南逐渐抬高，芦潮港一侧高程为-230.0m，中段为-210.0m，小乌龟岛一侧为-160.0m。第四系堆积层厚度为160.0～220.0m，层位相对稳定。下部为早～中更新世（Q_1～Q_2）堆积的杂色黏土、粉质黏土、中粗砂、碎砾石灰黏性土等；中部为晚更新世（Q_3）堆积的灰黄～灰色粉质黏土、砂质粉土、粉细砂等；上部为全新世（Q_4）堆积的灰黄～灰色粉质黏土、淤泥质粉质黏土、黏性土灰砂、砂夹黏性土、砂质粉土、粉细砂等；表部为现代（Q_R）堆积的灰黄色淤泥。

港桥连接段区晚更新世（Q_3）以前堆积土层已被冲刷掉，现堆积的土层为全新世（Q_4）堆积的灰黄～灰色粉细砂、粉砂夹粉质黏土、淤泥质黏土、淤泥质粉质黏土和现代（Q_R）堆积的灰黄色淤泥。在口门中部，基岩埋藏较深。

1.2.5　航道和通航条件

东海大桥位于杭州湾口东北部，舟山群岛西侧。舟山群岛岛屿星罗棋布，其间形成众多通航水道。目前，由上海港经由舟山群岛及杭州湾海口通往浙江、福建沿海航线分为国际远洋航线、外航线、中航线和内航线四条。

依据相关文件的要求，主通航孔采用5 000t级、单孔双向通航原则；辅通航孔采用1 000t级、双孔单向通航原则。同时在设置主、辅通航孔的基础上，根据桥区船舶通航状况，应按多孔通航原则，增设两个500t级船舶双孔单向的通航孔，以满足小型船舶及渔船的通航要求。主、辅通航孔设置的桥轴线法线与水流主流向的夹角不大于15°，同时保证通航孔内无海底通信光缆和电力电缆。

1.2.6 地震设防条件

经区域地震地质研究及场区安全性评价专题研究鉴定,本工程场地处于地震活动相对较弱的地区,有史以来无地震破坏的记录,历史和现代地震对场区最高影响烈度为5度,场址区未发现活动断层。

1.3 设计概要

1.3.1 总体设计

穿越桥区水域航线主要由申甬客班轮航线(内航线)、芦潮港至嵊泗车客渡航线、北岸小型船舶通航区以及深水港区集装箱船通航区组成,通航等级要求不高。全桥设5 000t级主通航跨1个,辅通航跨3个。

东海大桥是上海国际航运中心洋山深水港的陆岛联系通道,从南汇芦潮港地区的老防汛大堤K0+006.500(-1号墩)至小洋山港区一期交接点K31+047.929(487号墩),全长31.054 429km。整个工程分三大区域,即陆上段的桥梁工程、跨海段的桥梁工程和港区连接段的海堤、开山道路与颗珠山大桥工程。

东海大桥陆上段工程范围为芦潮港新老大堤之间2.264km长度的桥梁,以及用于对过往大桥社会车辆实施收费的设施。考虑到上海市规划部门对区域路网的规划要求,陆上段桥梁预留了与规划海港新城南立交的接口,同时增设了辅道。东海大桥陆上段区域是规划中的芦潮港海港新城的一部分。芦潮港海港新城是上海国际航运中心洋山深水港的三大组成部分之一(港、桥、城),是一个以航运市场及物流中心为主,集临海加工、集疏运仓储、金融服务、居住和旅游业等功能的海港新城,作为洋山深水港区的后方陆域基地。

东海大桥海上段工程范围为芦潮港至嵊泗县崎岖列岛的大乌龟岛之间的海上段(K2+257.500~K27+579.000),总长25 321.5m,用于保障大桥正常运营的交通监控、通信、养护等管理系统等工程。其分成非通航孔、辅通航孔和主通航孔三大段。跨海段的平面线形设计主要根据海上桥位进行,桥线走向考虑了与海流的夹角、航道位置走向,并兼顾路线最短、减少投资等因素。跨海段全线共有6个转点,小乌龟岛近岛受岛链地形和近岛通航孔的影响,转角较大(69°32′42″)。根据设计标准,除设置半径800m、300m的平曲线和长100m的缓和曲线外,其余4个转点转角均较小(小于37°),平曲线半径为2 500~5 000m,不设置缓和曲线和超高。

东海大桥港桥连接段工程的范围是从大乌龟岛登陆点到小洋山西侧之间的区段,全长为3.468 93km。该区桥堤结合,结构形式多样,包括海堤工程、开山路工程、颗珠山工程。

大桥标准桥宽31.5m,分上下行双幅桥面,采用双向六车道加紧急停车带的高速公路标准,设计行车速度80km/h。道路设计平曲线半径一般大于3 000m,不小于1 000m,竖曲线最小半径大于6 000m。桥梁设计纵坡一般为3%,最小为3‰,设计横坡采用1.5%。

为了防止海床冲刷对结构的不利影响,一般非通航孔桥墩的冲刷保护采用联锁块软体排护底或抛石护底;通航孔桥墩的冲刷保护采用先铺设联锁块软体排护底,上部再抛设1.0m厚块石;小乌龟岛附近约3km范围桥墩和颗珠山大桥桥墩的冲刷保护采取与通航孔相同的保护措施。

1.3.2 设计荷载

设计荷载等级为汽车—超20级、挂车—120,并按全桥集装箱重车满布,车辆轴距为10m进行计算复核。大桥设计基准期为100年,按地震烈度7度进行抗震设防。通航跨桥设计最高通航水位按历史最高潮位4.02m,非通航段桥设计水位采用100年一遇水位3.73m。设计风速采用100年一遇10m高处风速42m/s。

1.3.3 设计单位

洋山深水港区一期工程和东海大桥一期工程的预可行性研究工作和可行性研究工作由交通部第三航务工程勘察设计院和上海市政工程设计研究院共同完成。东海大桥工程的初步设计文件和东海大桥的施工图设计任务由交通部第三航务工程勘测设计院、中铁大桥勘测设计院和上海市政工程设计研究院三家联合完成。工程设计历时4年。东海大桥工程施工图由上海市政工程设计研究院总体设计,第三航务工程勘察设计院、中铁大桥勘测设计院、交通部第三航务工程勘察设计院共同参与设计完成。

第2章 总体设计

2.1 总体设计原则

东海大桥的总体设计主要确定大桥的建设标准、建设规模和工程内容,并根据相关的规划要求确定起讫点、合理桥位和桥线设计等。东海大桥总体设计的基本原则为:

(1)符合《东海大桥工程初步设计》的总体原则;

(2)符合芦潮港海港新城及其洋山深水港的总体规划;

(3)满足交通需求,确保大桥交通安全、快捷地与周围路网衔接;

(4)充分考虑景观及经济因素,因地制宜、节省工程投资。

2.2 交通量预测及分析

2.2.1 交通量预测

东海大桥是上海国际航运中心洋山深水港的陆岛联系通道,承担规划期内(2020年)港区的公路集装箱疏运量和铁路集装箱到达芦潮港后至洋山深水港区的公路转运量。因此,大桥预测交通量是在洋山深水港区规划陆路集装箱疏运量和洋山港区规划人口规模、通勤客货流量等目标参数的基础上,参照不同车辆的运输特性而获得的。

1. 洋山港区规划集疏运规模

根据洋山深水港区的总体规划,洋山岛海域可开发深水泊位岸线约10km,未来建设深水泊位30多个,总规划人口约10 000人,港区规划建成年限为2020年。洋山深水港区规划集装箱集疏运量见表3.2.2.1。

洋山深水港区规划集装箱集疏运量(万TEU) 表3.2.2.1

年份		2005年	2010年	2020年
集装箱吞吐量		220	550	1 340
集疏运总量		165	420	1 045
其他	近洋	13	25	60
	沿海	30	50	85
	长江	12	55	150
	铁路	10	20	55
	公路	100	270	695

交通量的预测年限采用2005~2020年,共15年。考虑到2020年以前港区泊位已全部规划建成,港区吞吐量预测已按码头泊位的最大能力考虑,2020年以后,集疏运量基本不会再增长。

2. 相关参数的确定

(1)大桥交通组成

洋山深水港区货物的吞吐和集疏运方式都是以集装箱形式进行的,大桥交通的主体是集装箱卡车

(集疏运车辆),同时辅以一定量的大中型客、货车和少量的小客车承担港区日常客、货流的需求(非集疏运车辆)。

非集疏运交通规模的确定依据港区规划人口规模,按人均出行次数和车均载客数等进行估算。人均出行次数是城市交通规划调查的一项重要统计参数,具有一定的规律性。大城市的数字为2.0~2.5万人次/d,即2020年港区每日出行人次约2.0~2.5万人次。大中小客车载客,每车平均15~20人,则客车1 200~1 500辆/d,再考虑相当客车50%的货车,合计2 000~2 500辆/d,同时适当考虑一定观光旅游,总计社会车辆2 500辆/d左右。而2020年集装箱卡车车辆近16 000辆/d。2005~2020年,港区规模是逐步发展的,而这一发展过程和发展速度与港区吞吐量和集疏运量的发展应该是一致的。因此这一期间,集疏运量与非集疏运交通的比例统一为85%:15%。

大桥交通的组成比例为:集装箱卡车85%,社会车流量占15%(其中大中型客货车10%、小客车5%)。这一比例用以计算大桥各年度的交通量及大桥车道通行能力。

(2)港区运输工具的特点

集装箱卡车是目前集装箱港口陆上集运输的主要运输工具,是一种三轴半挂式货车,挂车通常可载20ft(1ft=0.304 8m)标准集装箱(TEU)2个或40ft集装箱1个,满载车辆全长约17m。通过对有关集装箱码头生产作业情况的调查分析,确定集卡拖挂车平均装箱率为1.8TEU/辆。

在计划经济模式下,我国货运车辆的空驶率相当高,约近50%。随着近十几年来市场经济体制的不断深入,专业运输企业大量涌现,运输效率与经济性不断提高,货运车辆的空驶率呈逐年下降趋势。据初步调查,目前上海港各主要装卸区集装箱运输的车辆空驶率约为20%~30%,相信随着上海集装箱物流系统建设的不断完善,空驶率将不断降低,逐步与国际接轨。同时考虑到东海大桥属超长桥,可考虑在大桥建成的若干年内(2005~2010年)集卡空驶率取20%,2010年以后取10%。

另外,从上海港集装箱运输生产情况看,存在一定的不均匀性。综合有关数据分析,月度不均匀性尚好,其不均匀系数在1.05左右;而每月的日不均匀性相对较高一些,一般在1.30左右。从设计日交通量的经济合理性考虑,不应取年中最大日,应考虑取年较大月中的较中上水平,故日不均匀系数取1.15。

洋山港区地处外海远离大陆,日常作业不可避免地受恶劣气候影响,港区的年生产作业天数暂定315d。而大桥车辆通行不同于港口作业,集装箱的中转运输不直接受码头船舶作业条件的限制,大桥车辆通行对气候条件的要求远低于港口作业,因此大桥年运营天数大于港口作业天数。综合该地区有关气象资料,大桥每年交通运营天数按340d计,即月均28~29d。

综上所述,东海大桥预测年设计日交通量见表3.2.2.2。

东海大桥各预测年设计日交通量　　表3.2.2.2

年　份	2005年	2010年	2020年
混合交通量(辆/d)	3 172	7 429	19 215
集装箱车(辆/d)	2 696	6 315	16 333
大中型客货车(辆/d)	317	743	1 921
小客车(辆/d)	159	371	960
标准交通辆(pcu/d)	11 578	27 116	70 134

2.2.2　交通能力分析

1. 车道车辆通行能力和集装箱集疏运能力

$$N=S\times(V/C)\times f/\mathrm{PHF} \tag{3.2.2.1}$$

式中:N——每车道设计车辆通行能力(辆/d);

S——每车道车辆可能通过能力,取$S=2\,000$辆小客车/h;

V/C——设计服务水平系数,取二级,$V/C=0.68$;

f——车型修正系数,$f=1/\sum E_i\cdot P_i$;

PHF——高峰小时流量比，取 PHF = 10.5%。

高峰小时流量比（PHF）在目前一般道路上实测均比较低（8% ~9%），其主要原因是这些道路的交通状况已过饱和，处于较低的服务水平状态，高峰小时时段拉长；同时为减缓阻塞多采取了一些交通管制，人为地使流量均布。根据东海大桥的功能和使用性质，大桥基本上为港区专用通道，大桥每日交通的时段不均匀性较高，有别于一般城市道路和公路，故高峰小时流量比取 10.5%。

集装箱卡车为大型重载货车，其通行对道路的纵向线型较敏感。据初步调查，目前港口集装箱平均每标箱质量多在 8 ~10t/TEU，按国标每标箱最大质量可达 20 ~24t/TEU。按每辆集卡带 2 个标箱计，平均 18t/辆，最重达 40 ~48t/辆；加上平均 24 ~28t/辆的车辆自重，最重达 46 ~56t/辆。

目前集卡车辆的最大功率，国内的东风牌和解放牌的功率为 118 ~195kW，而进口车辆 VOLVO 的功率为 188 ~280kW。一般运输企业多用国产车拖带平均重箱（24 ~28t/辆），个别特重箱（46 ~56t/辆）采用进口车。其总重/千瓦比的平均值在 170 ~240kg/kW，均属于特重型货车。此种特重车在特定纵坡段，即 2% 坡度坡长大于 1 200m 或 3% 纵坡坡长位于 400 ~1 200m 段，特重车的小客车折算系数应取 4 ~5。另外，根据城市道路交通规划设计规范的规定，一般路段内集卡拖挂车的小客车折算系数取 4。

根据东海大桥的纵断面设计，大桥各主、辅通航孔与非通航孔之间的坡段条件与上述相似，同时考虑到国内集卡车辆的实际车况和交通状况，大桥全线取集卡拖挂车的小客车折算系数 $E_T = 4$，其他中型车 $E_R = 2$。

由此大桥每车道车辆设计通行能力，在此基础上可计算每车道的集装箱集疏运能力 $T_0 = 138.5 \times 10^4$TEU/年。

$$T_0 = \{d \times N \times n \times 12/(M \times D)\}(1-\mu)k \qquad (3.2.2.2)$$

式中：T_0——每车道集装箱集疏运能力（TEU/年）；

N——每车道车辆通行能力（辆/d）；

d——集卡车辆比例，取 85%；

M——月不均匀系数；

D——日不均匀系数；

N——月作业天数；

μ——空载率；

k——车辆装箱数。

根据前述计算的每车道年集装箱集疏运能力，考虑双向交通的不均匀性，可以确定大桥在不同规模时的年集装箱集疏运能力，即双向四车道取 504×10^4TEU/年，双向六车道取 756×10^4TEU/年。以上参数均为设计集疏运能力，即在一定设计交通服务水平下的集疏运能力。

2. 东海大桥的建设规模

东海大桥应满足洋山深水港区近期（2005 年）、中期（2010 年）和远期（2020 年）的规划预测陆路集疏运量要求。由港区的集装箱陆路集疏运量的预测情况分析，至 2020 年，洋山深水港区陆路集装箱集疏运量为 750×10^4TEU。根据前述计算的大桥集装箱集疏运能力分析，东海大桥工程应具备双向六车道的建设规模，其各年度大桥运营情况见表 3.2.2.3。

各年度大桥运营情况

表 3.2.2.3

年　份		2005 年	2010 年	2020 年
预测交通量（辆/d）		3 172	7 429	19 215
规划集疏运量（$\times 10^4$TEU/年）		110	290	750
大桥（六车道）	设计通行能力（辆/d）	19 365	19 365	19 365
	设计集疏运能力（$\times 10^4$TEU/年）	672	756	756
达到设计通行能力的程度		0.16	0.39	0.99
V/C 比值（服务水平系数）		0.11	0.26	0.67
交通服务水平		一级	一级	二级

2.3 工程规模

东海大桥是上海国际航运中心洋山深水港的陆岛联系通道,起点为上海南汇区芦潮港镇以东约4km的老防汛大堤,经新大堤跨杭州湾,至舟山群岛西北崎岖列岛的小洋山岛,全长31.054 43km。其分为芦潮港新老大堤之间2.264km的陆上段,新大堤至小洋山岛前沿小乌龟岛之间全长25.321 5km的跨海段,以及从小乌龟岛到小洋山岛之间3.468 93km的近岛段三部分。

2.3.1 陆上段

东海大桥陆上段位于芦潮港镇以东约4km的新老防汛大堤之间的围垦滩涂内,北端跨老大堤后连接沪芦高速公路,与上海市域高速公路网相接。

东海大桥陆上段区域是规划中的芦潮港海港新城的一部分。芦潮港海港新城是上海国际航运中心洋山深水港的三大组成部分之一(港、桥、城),是一个以航运市场及物流中心为主,集临海加工、集疏运仓储、金融服务、居住及旅游等综合功能的海港新城,作为洋山深水港区的后方陆域基地。新城规划总占地面积达150km^2,规划人口35万人,位于芦潮港老镇东侧,以连接洋山深水港和上海市高速公路网的东海大桥和沪芦高速公路为界。新城分东侧商住区和西侧产业区两大组团,城市的基本形象与结构以21世纪新兴港口城市的功能来考虑和发展的。一个直径达2.5km的巨大圆形港湾形成城市独一无二的特色,城市用地与交通以该港湾为中心向四周扩散发展,环形路和放射路形成了城市道路网的主体骨架。其中两条放射性的城市主干道R1和R2连接了新城东侧商住区和西侧产业区及芦潮港老镇,分别与东海大桥和沪芦高速公路相交,形成该区域的南北两大立交枢纽。

海港新城城市主干道R1与东海大桥陆上段相交点,分别距老大堤约900m,距新大堤约1.4km,规划的海港新城南立交基本覆盖了大桥陆上段全线。

2.3.2 跨海段

东海大桥跨海段起自芦潮港新大堤北侧(桩号K2+257.50),即海港新城南立交南侧,跨海域至小洋山岛前沿的小乌龟岛,连接大陆与港岛。

跨海段除桥梁主体外,还包括依托桥梁工程的港区给水工程、输配电工程和通信工程,以及大桥其他附属工程,包括交通监控系统、交通管理设施、电器照明及大桥养护管理设施等。

2.3.3 港桥连接段

作为洋山深水港区重要配套工程,在小乌龟岛登陆后,经大乌龟岛、颗珠山、小城子山、小洋山再到港区,其中港桥连接段工程的范围从小乌龟岛登陆点到小城子山西侧之间的区段,全长3.468 93km。

该区桥堤结合,结构形式多样,包括海堤工程、开山路工程、颗珠山工程。具体分段如下:

(1)海堤工程:小乌龟岛到大乌龟岛之间的海堤,长度为479m;大乌龟岛至颗珠山之间的海堤,长度为1 220m。

(2)开山路工程:小乌龟岛段长度94m;大乌龟岛段长度827m和颗珠山段长度234m。

(3)颗珠山工程:包括主桥和引桥工程,跨越颗珠山与小城子山之间的深槽水域,长度约1 575m。

2.4 大桥路线设计

桥位和轴线直接关系到大桥的建设规模、建设难度以及大桥对海潮、船舶通行影响的程度,其线路主要考虑下列原则:

(1)在满足桥梁轴线与水流关系及道路线形前提下,大桥长度尽可能较短;

(2)大桥通航孔桥轴线的法线与涨、落潮流主流方向的夹角不宜过大；

(3)与芦潮港陆域的道路网规划及洋山深水港区规划相协调；

(4)对现有海底的管线和光缆等影响较小；

(5)近岛段桥线尽可能充分利用现有岛屿，减少跨海桥梁长度，以降低工程造价。

2.4.1 平面线形

东海大桥芦潮港陆上的起点和方向，依据海港新城总体规划确定；小乌龟岛终点及走向，则由近岛段岛链地形决定。跨海段的平面线形设计主要根据海上桥位进行，桥线走向考虑了与海流的夹角、航道位置走向，并兼顾路线最短、减少投资等因素。跨海段全线共有6个转点，小乌龟岛近岛受岛链地形和近岛通航孔的影响，转角较大(69°32′42″)。根据设计标准，除设置半径800m、300m的平曲线和长100m的缓和曲线外，其余4个转点转角均较小(小于37°)，平曲线半径为2 500～5 000m，不设置缓和曲线和超高。故大桥全线线形平顺，标准较高，平曲线要素见表3.2.4.1。

平曲线要素

表3.2.4.1

交点编号	交点坐标		偏角	圆曲线 R(m)	缓和曲线长(m)	曲线总长(m)	直线总长(m)	桩号	
	X(m)	Y(m)						直缓(直圆)	缓直(圆直)
0	3 416 958.799 6	489 589.890 5						K0 +000.000	
1	3 414 865.305 1	491 663.465 7	-18°01′04″	3 000		943.426	2 470.958	K2 +470.958	K3 +414.384
2	3 403 149.523 6	497 557.942 4	-27°42′28″	5 000		2 417.980	11 406.289	K14 +820.673	K17 +238.653
3	3 398 180.191 7	497 471.202 4	36°01′01″	4 000		2 514.455	2436.641	K19 +675.294	K22 +189.749
4	3 393 513.282 2	500 741.060 9	15°14′49″	2 500		665.279	4 063.475	K26 +253.223	K26 +918.502
5	3 391 151.686 0	503 581.981 5	69°10′55″	800	200	1 065.966	2 757.646	K29 +676.149	K30 +742.115
6	3 391 707.210 4	504 566.022 2	-69°32′42″	300	200	464.137	268.757	K31 +010.872	K31 +475.009
7	3 391 525.063 9	504 782.336 5					23.579	K31 +498.588	

2.4.2 纵断面

东海大桥除起点芦潮港新大堤和终点小乌龟岛外，跨海段全线有四个通航孔为竖向控制点，非通航孔与各通航孔高差在15.0～35.0m之间。

大桥设计标准为高速公路，设计车速80km/h。根据《公路工程技术标准》(JTJ 001—97)最大纵坡可取至5%，但实际上这是针对小客车为主的交通而言的。东海大桥交通绝大多数是集装箱拖挂车，根据调查其拖载效率在170～240kg/kW之间，属于重型车辆。运用大纵坡虽可有效缩短坡长，但长大纵坡对重型车辆的行驶影响很大，对车道通行能力也会产生很大的影响。根据相关研究资料表明，坡度4%～5%、坡长400～700m的长大坡，重载车辆的小客车折算系数达5～6；坡度3%，坡长在400～800m左右的，其当量系数为4。因此，综合以上因素，从提高大桥交通运输质量和适当控制坡长以及大桥高度考虑，大桥纵坡不宜过大，也不能太小，取定为3%。非通航孔段纵坡需考虑纵向排水条件，全线均设置不小于3‰的排水纵坡。

全线纵坡线形按设计标准的一般值以上取用，最大纵坡坡长超过800m时，设置缓和坡段，其缓和坡段纵坡为5‰。大桥纵断面线形参数见表3.2.4.2。

大桥纵断面线形参数　　　　表 3.2.4.2

项　　目	单　　位	规范值(一般值)	选　用　值
最大纵坡	%	5	3
最小纵坡	%	—	3
最大坡长	m	1 100	888
最小坡长	m	200	200
凸形竖曲线最小半径	m	4 500	6 000
凹形竖曲线最小半径	m	3 000	6 000
竖曲线最小半径	m	70	120

2.4.3　横断面

东海大桥道路等级为高速公路,设计车速 80km/h,双向六车道规模,两侧设置连续应急停车带,为两座分离式上下行独立桥,净间距 1.0m,总宽为 31.5m。标准道路横断面如图 3.2.4.1 所示,大桥标准横断面如图 3.2.4.2 所示。

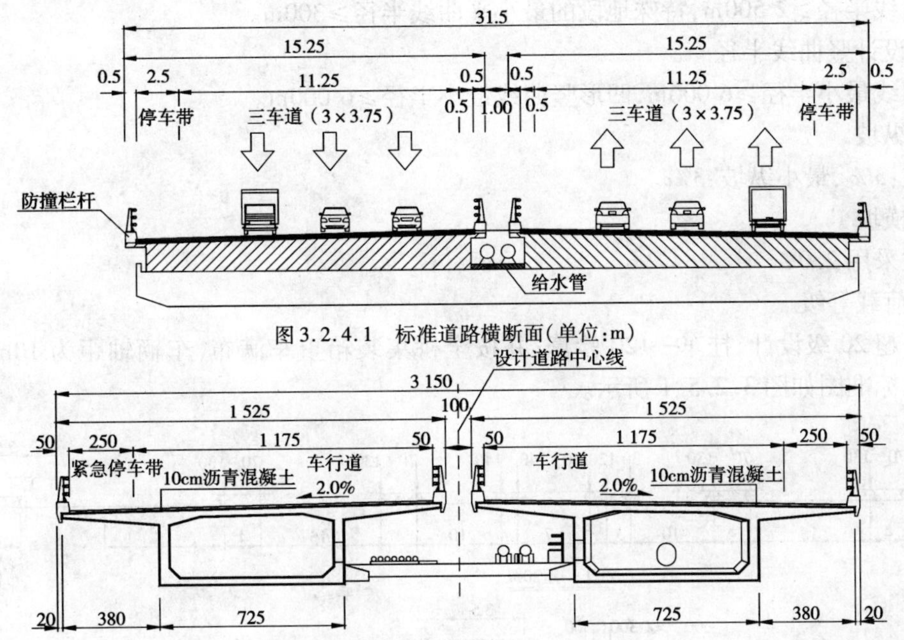

图 3.2.4.1　标准道路横断面(单位:m)

图 3.2.4.2　标准桥梁横断面(单位:cm)

两座分离式上下行独立桥之间,每隔约 2km 设置横向连接段,其长度为 30m,供管理养护车辆及紧急状态下救援车辆掉头使用,正常情况下封闭。

主通航孔采用斜拉桥,桥梁结构布置需要,中间带要求较宽,导致大桥标准段与主通航孔段中央分隔带宽度的不同,需设置宽度过渡段。中央分隔带变宽度过渡段可设在平曲线处,通过调整上下行两座桥的平曲线半径来实现。根据规范要求并综合考虑,宽度过渡段设置长 280m 的反向曲线,平面圆曲线半径 $R = 11\ 000$m。主通航孔桥梁横断面如图 3.2.4.3 所示。

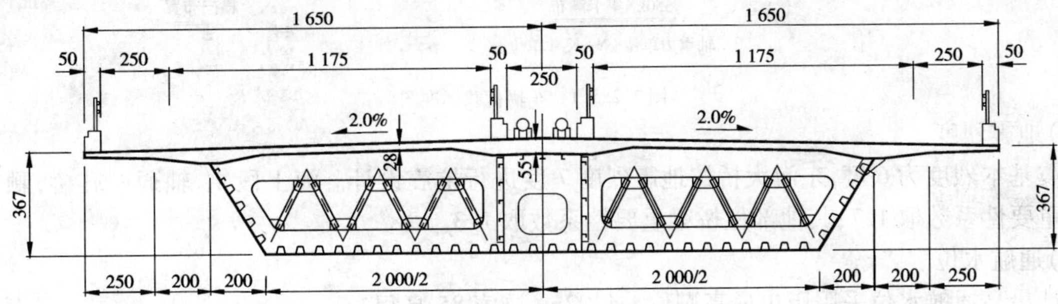

图 3.2.4.3　主通航孔斜拉桥横断面(单位:cm)

2.5 设计技术标准和技术指标

(1)道路等级

东海大桥作为港区对外集疏运专用通道,为连接陆岛间特大型桥梁,具有全封闭控制出入、汽车专用公路的特征,根据《公路工程技术标准》(JTJ 001—97),按高速公路标准控制设计,双向六车道,桥梁标准段宽度为31.5m。

(2)设计车速

东海大桥的交通绝大多数为港区集疏运的集装箱卡车,且桥长达30多公里伸入外海,受海洋气候影响较大。通过相关专题研究分析,其七级以上风力对高速行驶车辆(车速≥100km/h)的侧向稳定性产生影响,大桥设计车速不宜过高。其设计行车速度为80km/h。

(3)道路设计平曲线半径

最小平曲线半径≥2 500m,特殊地段的最小平曲线半径≥300m。

(4)道路设计竖曲线半径

凸形竖曲线最小半径≥6 000m,凹形竖曲线最小半径≥6 000m。

(5)设计纵坡

最大纵坡:3%,最小纵坡:3‰。

(6)设计横坡

桥面横坡采用2.0%。

(7)车辆荷载等级

按汽车—超20级设计,挂车—120验算;并按全桥集装箱重车满布,车辆轴距为10m进行计算复核。车辆荷载标准图如图3.2.5.1所示。

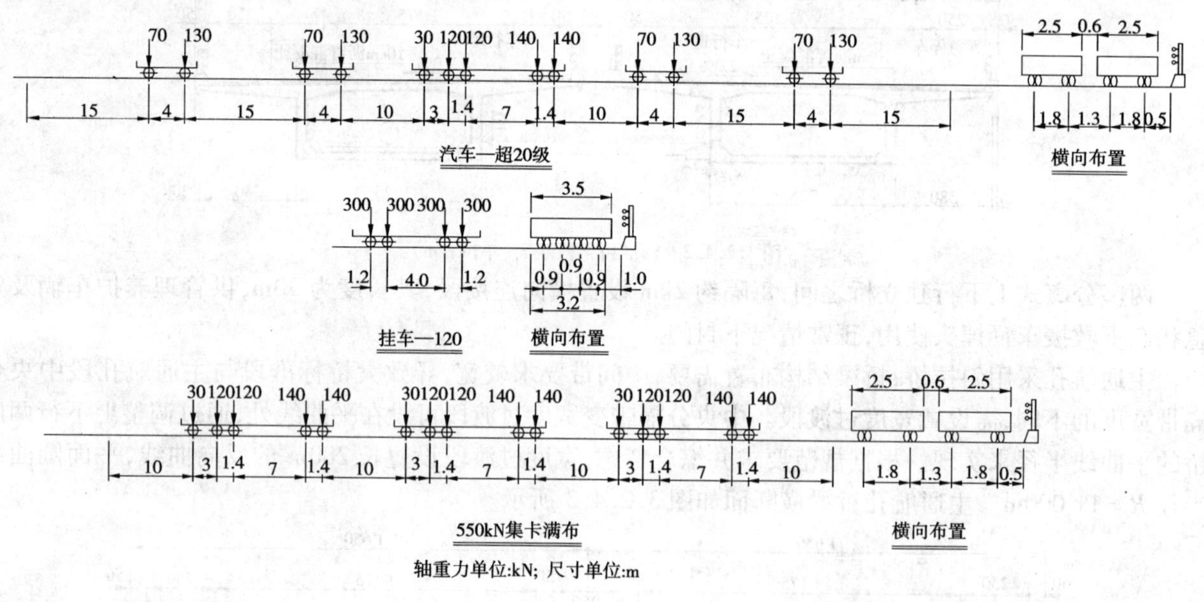

图3.2.5.1 车辆荷载标准图

(8)地震烈度

地震基本烈度为6度,东海大桥按地震烈度7度进行抗震设计。海上段主、辅通航孔桥,颗珠山大桥主桥重要性系数取1.7;其他部位桥梁重要性系数取1.3。

(9)通航水位

设计最高通航水位采用历史最高潮位+4.02m(国家85高程)。

(10)通航标准

东海大桥海上段共设4处通航孔：

①5 000t级主通航孔1处，通航孔中心桩号K18 + 634.000，跨径为73m + 132m + 420m + 132m + 73m = 830m，通航净空为300m × 40m(单孔双向)。

②1 000t级辅通航孔1处，通航孔中心桩号K12 + 149.000，桥梁跨径为80m + 140m + 140m + 80m = 440m，通航净空为100m × 25m(双孔单向)。

③500t级辅通航孔2处，芦潮港侧通航孔中心桩号K6 + 279.000，跨径为70m + 120m + 120m + 70m = 380m，通航净空为56m × 17.5m(双孔单向)；小乌龟岛侧通航孔中心桩号K24 + 829.000，桥梁跨径为90m + 160m + 160m + 90m = 500m。通航净空为143.2m × 17.5m(双孔单向)。

以上通航净宽是指桥梁轴线法线方向与水流主流向的交角小于5°时的净宽值，当超过5°时应加大净宽尺寸。

(11)设计水位

非通航孔桥设计水位采用100年一遇水位，其设计水位见表3.2.5.1。

设计水位　表3.2.5.1

潮　位	海上段	港桥连接段	潮　位	海上段	港桥连接段
平均水位(m)	0.23	0.18	50年一遇高水位(m)	3.62	3.35
设计高水位(m)	2.48	2.15	100年一遇高水位(m)	3.73	3.45

注：高程为国家85高程。

结构计算按50年一遇水位加上50年一遇 $H_{1\%}$ 波浪作用进行设计，并按100年一遇水位加上100年一遇 $H_{1\%}$ 波浪作用进行校核。

(12)风

成桥状态桥面无车，取100年一遇10m高度处设计风速 $v_{10} = 42m/s$；

成桥状态桥面有车，取10m高度最大设计风速 $v_{10} = 25m/s$；

施工状态，取20年一遇10m高度处设计风速 $v_{10} = 35.5m/s$。

(13)设计基准期

设计基准期取100年。

2.6　设计依据的规范和标准

2.6.1　主要规范和标准

(1)《公路工程技术标准》JTJ 001—97

(2)《公路路线设计规范》JTJ 011—94

(3)《公路路线勘测规程》JTJ 061—99

(4)《公路路基设计规范》JTJ 013—95

(5)《公路沥青路面设计规范》JTJ 014—97

(6)《公路排水设计规范》JTJ 018—97

(7)《公路软土地基路堤设计与施工技术规范》JTJ 017—96

(8)《公路工程质量检验评定标准》JTJ 071—98

(9)《公路桥涵设计通用规范》JTJ 021—89

(10)《公路桥位勘察设计规范》JTJ 062—91

(11)《公路钢筋混凝土及预应力混凝土桥涵设计规范》JTJ 023—85

(12)《公路桥涵地基与基础设计规范》JTJ 024—85

(13)《公路桥涵钢结构及木结构设计规范》JTJ 025—85
(14)《公路工程抗震设计规范》JTJ 004—89
(15)《公路斜拉桥设计规范》试行 JTJ 027—96
(16)《海港水文规范》JTJ 213—98
(17)《海港总平面设计规范》JTJ 211—99
(18)《防波堤设计与施工规范》JTJ 298—98
(19)《港口工程地基规范》JTJ 250—98
(20)《港区工程灌注桩设计与施工规程》JTJ 248—2001
(21)《港区工程嵌岩桩设计与施工规程》JTJ 285—2001
(22)《港口工程桩基规范》JTJ 254—98
(23)《港口工程混凝土结构防腐蚀技术规范》JTJ 275—2000
(24)《通航海轮桥梁通航标准》JTJ 311—97
(25)《高速公路交通安全设施设计与施工技术规范》JTJ 074—94

2.6.2 参考规范和标准

(1)《铁路桥涵设计规范》TB 10002.1—99 ~ TB 10002.5—99
(2)《钢桥、混凝土桥及结合桥》BS 5400
(3)《美国公路桥梁设计规范》(AASHTO),1994
(4)《公路桥梁抗风设计指南》,1996
(5)《钢结构焊接规范》(美国国家标准)ANSI/AWSD 1.1—98
(6)《桥梁焊接规范》(美国国家标准)ANSI/AASHTO 1.5—96

2.7 基础冲刷深度分析

2.7.1 冲刷深度分析

本工程的基础冲刷深度由三部分组成,即海床自然演变冲淤、海床的一般冲刷深度和局部冲刷深度。

根据水文资料分析,本海区潮汐类型属非正规半日浅海潮型,每个潮汐日有两次涨潮过程和两次落潮过程;本海区的潮流运动形式基本为往复类型,桥位中部也呈现一定的旋转性。

1. 海床演变冲淤

杭州湾是典型的喇叭形河口海湾,湾口断面宽约 100km。历史上杭州湾北岸演变总趋势表现为东淤北退,近百年来由于海塘工程的不断加强,北岸坍退现象基本得到控制,并从冲刷型转化为冲淤缓慢型海岸。

根据杭州湾口附近 1960 年、1976 年和 1989 年三次全测图资料综合分析,杭州湾海床总趋势呈微淤状,其自然回淤率约 1 ~ 5cm/年。根据 1996 年、1998 年、2000 年和 2001 年桥区近岸海域的水下地形图 9m 深槽和 -5m 等深线对比分析,以及 1921 ~ 1928 年、1931 年、1973 ~ 1976 年、1989 年的海图及 2001 年的桥区水下地形图对比分析,大桥桥线所在海域 80 年间都是以淤积为主,自然回淤率为 1.7 ~ 7.5cm/年,与杭州湾海床的自然回淤率较吻合。2001 年测图反映的冲刷是由人为的海岸边界改变所致,虽然大桥北段的平面变化较大,但垂向变化较小,大桥工程设计采用 2001 年的测图,可不再考虑海床的自然冲刷深度;大桥南段,主要是近岛段,虽然海床呈现较大幅度的淤积,但由于大小乌龟山、颗珠山、小洋山等岛屿间的大堤建设,必将加强大桥南段的涨潮流。根据大桥南段地质资料和有关潮流数学模型分析结果,大桥里程 K24 +000 至小乌龟山段的自然冲刷深度为 4.0m;K22 +000 ~ K24 +000 段的自然冲刷深度为2.0~3.0m。

2.一般冲刷深度

由于建桥压缩水流过水断面而在桥位海床全断面发生一般冲刷。根据水力学的连续性原理，桥下最大垂线水深 h_p(m)与桥下断面的平均单宽流量 q_{max}[$m^3/(s \cdot m)$]之间的关系为：

$$h_p = q_{max}/v_Z \tag{3.2.7.1}$$

式中：v_Z——一般冲刷停止时的平均流速，也称为冲止流速。

桥位处平均高潮位时阻水面积比约为9.6%，平均低潮位时阻水面积比约为8.5%。本海区实测垂线平均涨潮最大流速为151~192cm/s，落潮流最大流速为150~180cm/s，而海底流速一般在100cm/s左右，且在一个潮汐周期中流速也是变化的。桥址处地质资料表明，海底表层土质为3~6m左右的淤泥，下面有6~13m左右的淤泥质黏土，再下面是两层粉质黏土。有较厚淤泥的长期存在也说明海床较为稳定，而黏性土又不易被冲刷，加上海底流速较小，所以其一般冲刷不大，按1.0m考虑。

3.局部冲刷深度

基础的局部冲刷深度与基础的结构布置、形状尺寸、规模大小和基础处的水文、地质有密切关系。本工程基础均采用高桩承台结构和圆形基础，对减小桥墩的局部冲刷是有利的。

(1)根据《公路桥位勘测设计规范》中局部冲刷攻势进行估算，一般非通航孔局部冲刷深度为2.0~4.0m左右，通航孔局部冲刷深度为4.0~6.0m左右，近小乌龟岛的非通航孔局部冲刷深度为4.0~6.0m左右。

(2)根据国外对圆形桩周围的局部冲刷深度进行的大量研究和模型试验资料可知，在单桩条件下，局部冲刷深度为桩径的2倍。在两根桩条件下，当水流方向平行于桩连线，桩距为桩径的2.5倍时，单桩冲刷量最大，为桩径的1.1倍；而当桩距为桩径的5倍时，流向角与桩连线是45°角时，单桩冲刷量最大，可达桩径的1.2倍。

桥位相邻的两组桩群，冲刷时两者之间存在相互作用，较安全可取单桩局部冲刷深度。结合本工程的地质、水流情况，基础的局部冲刷深度可取2倍桩径。

2.7.2 杭州湾和长江口冲刷情况

杭州湾和长江口地区单座引桥长度近1km或大于1km的码头工程相当多，如杭州湾口南岸的宁波北仑十万吨级矿石码头引桥长度951m，宁波协和二十万吨级原油码头引桥长度约1 250m，杭州湾北岸的金山石化热电煤码头、化工码头引桥长度达1.5km以上，长江口的宝钢码头引桥长约1.5km，石洞口电厂煤码头引桥长度达1.3km等。这些工程引桥基础均采用高桩承台结构，在设计中一般均考虑2~3倍桩径的冲刷深度，从使用情况来看，基本没有发生过问题；同时，为了进一步了解桥梁基础的冲刷情况，专门进行宝钢原料码头引桥、北仑港十万吨级矿石中转码头引桥和上海石化热电厂煤码头引桥三个工程建桥前后地形资料的对比分析工作，大部分冲刷深度在2m左右，个别地段冲刷深度达4m左右。本工程的水流条件和表层土质情况与上述三项工程相类似，这三项工程建桥后反映的冲刷情况对本工程考虑冲刷深度有一定的参考作用。

2.7.3 冲刷深度结论

通过对本工程基础冲刷深度的分析以及对杭州湾和长江口基础冲刷情况的调查，并考虑东海大桥的重要性因素，基础设计中冲刷深度考虑如下。

(1)海上段

一般非通航孔桥墩：4.0~6.0m；

通航孔桥墩：8.0~10.0m；

近小乌龟岛段(约3km)：6.0~8.0m。

(2)港桥连接段

颗珠山大桥主桥中心线以东桥墩:6.0~8.0m;
颗珠山大桥主桥中心线以西桥墩:4.0~6.0m。

2.7.4 防冲刷的工程措施

为了防止海床冲刷对结构的不利影响,设计拟分区段采用工程措施:

(1)一般非通航孔桥墩的冲刷保护

采用联锁块软体排护底或抛石护底,护底范围为顺桥向两侧各15m,垂直桥轴线方向两侧各30m。

由于基础结构设计中已考虑冲刷深度6m,这部分护底措施暂不实施。在建桥和使用过程中,加强对桥墩冲刷情况的测量,若没有明显的冲刷情况(<3m),就不一定实施,以减少工程投资。

(2)通航孔桥墩的冲刷保护

先铺设联锁块软体排护底,上部再抛设1.0m厚块石,保护范围为顺桥向两侧各25m,垂直桥轴线方向两侧各50m。这部分保护措施在工程实施中同步进行。

(3)小乌龟岛附近约3km范围桥墩的冲刷保护

采取与通航孔相同的保护措施,保护范围为桥轴线上游侧100m,下游侧50m。这部分保护措施在工程实施中同步进行。

(4)颗珠山大桥桥墩的冲刷保护

采取与通航孔相同的保护措施。主跨中心线以东桥墩保护措施在工程实施中同步进行,主跨中心线以西桥墩同海上段非通航孔。

第3章　范围与标段划分

3.1　设计范围

东海大桥从南汇芦潮港地区的老防汛大堤 K0 - 006.500(- 1 号墩)至小洋山港区一期交接点 K31 + 047.929(PM487),全长 31.054 429km。整个工程分三大区域,即陆上段的桥梁工程、跨海段的桥梁工程和港区连接段的海堤、开山道路与颗珠山大桥工程。具体范围划分如下。

芦潮港新老大堤之间的陆上段(K0 - 006.500 ~ K2 + 257.500)总长 2 264m,用于对过往大桥的社会车辆实施收费的设施,同时兼顾上海区域路网的规划要求。陆上段桥梁设计预留了与规划海港新城南立交的接口,并增设了辅道。

芦潮港至嵊泗县崎岖列岛的大乌龟岛之间的海上段(K2 + 257.500 ~ K27 + 579.000)总长 25 321.5m,用于保障大桥正常营运的交通监控、通信、养护等管理系统等工程。

大乌龟岛 ~ 颗珠山岛 ~ 小洋山港区一期交接点港桥连接段(K27 + 579.000 ~ K31 + 047.929)总长约 3 468.929m,用于与港区连接的海堤、开山道路和颗珠山大桥工程。

3.2　工程标段划分

东海大桥工程标段分类见表 3.3.2.1。

工程标段里程桩号和桥梁跨径组合　　表 3.3.2.1

标段	桩　号	跨 径 组 合	长度(km)	工程内容
第Ⅰ标段	K0 - 006.5 ~ K3 + 552 K0 - 006.5 ~ K2 + 952	[2 × 28m + 25 × 30m + 8 × 28m + 2 × 30m + 2 × 32m + 37 × 30m] + [44.5m + 25 × 50m] = 3 558.5m	3.56	28 ~ 50m 跨 102 孔
第Ⅱ标段	K3 + 552 ~ K6 + 089 K6 + 469 ~ K11 + 929 K12 + 369 ~ K15 + 069	43 × 59m + 91 × 60m + 45 × 60m = 10 697m	10.70	60m 跨 179 孔
第Ⅲ标段	K15 + 069 ~ K18 + 219 K19 + 049 ~ K24 + 579 K25 + 079 ~ K27 + 179 K25 + 179 ~ K27 + 579	45 × 70m + 79 × 70m + 30 × 70m + 8 × 50m = 11 180m	11.18	70m 跨 154 孔 50m 跨 8 孔
第Ⅳ标段	K6 + 089 ~ K6 + 469 K11 + 929 ~ K12 + 369 K24 + 579 ~ K25 + 079	(500t 级) 70m + 120m + 120m + 70m = 380m (1 000t 级) 80m + 140m + 140m + 80m = 440m (500t 级) 90m + 160m + 160m + 90m = 500m	1.32	三个辅通航孔 12 孔
第Ⅴ标段	K18 + 219 ~ K19 + 049	73m + 132m + 420m + 132m + 73m = 830m	0.83	主通航斜拉桥 5 孔
第Ⅶ标段	K29 + 387.929 ~ K31 + 047.929	7 × 50m(西引桥) + 50m + 139m + 332m + 139m + 50m + 12 × 50m(东引桥) = 1 345m	1.35	50m 跨 19 孔 斜拉桥 5 孔
第Ⅷ标段	K27 + 579.00 ~ K29 + 387.929		1.81	路堤与开山道路

第4章　陆上段桥梁设计
——5×30m预应力混凝土连续箱梁桥设计

陆上段桥梁起讫桩号K0－006.500(PM－1)～K2＋257.500(PM075),跨径布置为(5×28m)＋(5×30m)×5＋(4×28m)＋(4×29m)＋(4×30m)＋(5×30m)×3＋(6×30m)×2＋(5×30m)×2,桥梁结构总长2 264m,桥面高程在12.0～17.0m之间,分为上、下行两座独立桥梁。

主线标准断面:主线为六车道加紧急停车道,标准桥宽31.5m。采用双幅分离形式,单幅宽度15.25m。单幅为预应力混凝土单箱双室等高度箱梁结构,梁高1.6m。

收费站处断面:在主线标准断面的基础上,加入收费站桥梁,桥面总宽达47.95m,采用三幅桥面形式。收费站箱梁最宽处17.45m,最窄处9.5m。在横断面布置时,仍采用箱梁结构形式,其箱梁悬臂板长度调整为2.0m,以适应9.5m桥宽断面。匝道标准宽度分7.75m和9.5m两种形式。匝道弯桥跨径以20m为主,多跨一联箱梁连续结构。桥梁在跨越横向干道R1道路时,利用道路的中央分隔带设置桥墩。

桥梁下部结构基础采用管柱桩,沿标准桥宽中心线布置Y形桥墩。在桥梁变宽处,根据具体墩位宽度情况,增添墩柱,使桥墩从视觉上尽可能整齐和统一。

30m跨径的五跨一联预应力混凝土单箱双室连续箱梁采用满樘支架法现浇施工。

桩基设计结合了工程特点,考虑快速施工、质量保证等因素,基础采用防腐能力较佳的ϕ600mmPHC管桩。根据地质报告资料,以$⑦_{1-2}$灰黄色粉砂层作为桩基持力层,桩长约34m。标准桥墩承台横宽7.2m,纵宽4.8m;而制动墩为了增加其纵向抗推刚度,承台纵宽增至6.0m。承台厚度根据桩的平面布置情况分1.5m和2.0m两种类型。

标准桥墩沿左右分离的桥梁中心线布置,采用花瓶板式墩身,左右桥墩墩中心间距为16.25m。桥墩顺桥向宽度根据支座布置及支座吨位尺寸要求在顶部加宽。

箱梁、墩身和承台均采用高性能混凝土,现浇施工工艺。

5×30m连续梁桥总体布置如图3.4.1所示。

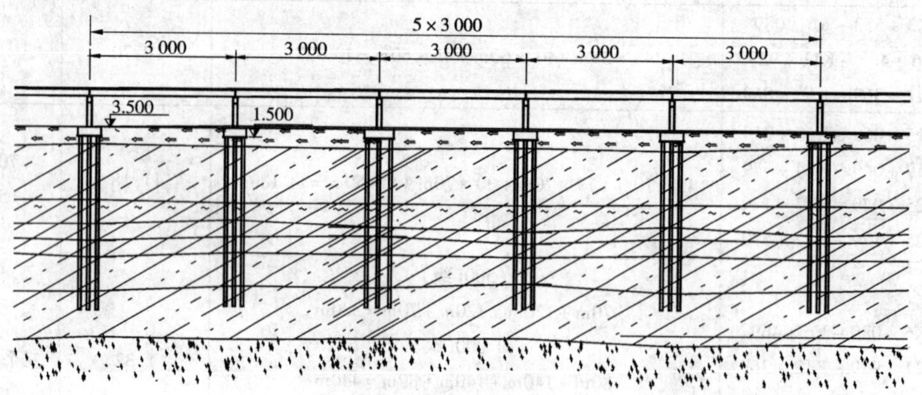

图3.4.1　5×30m连续梁桥总体布置图(尺寸单位:cm;高程单位:m)

4.1　上部结构构造

4.1.1　桥跨布置及箱梁构造尺寸

五跨一联等高度预应力混凝土连续箱梁桥的横断面为两个分离式的单箱双室箱形截面。桥面横向布置宽度为0.5m(防撞护栏)+2.5m(紧急停车带)+11.75m(行车道)+0.5m(防撞护栏)+1.0m(中央隔离带)+0.5m(防撞护栏)+11.75m(行车道)+2.5m(紧急停车带)+0.5m(防撞护栏),桥面全宽31.5m,并设置2.0%双向横坡。桥梁横断面布置如图3.4.1.1所示。

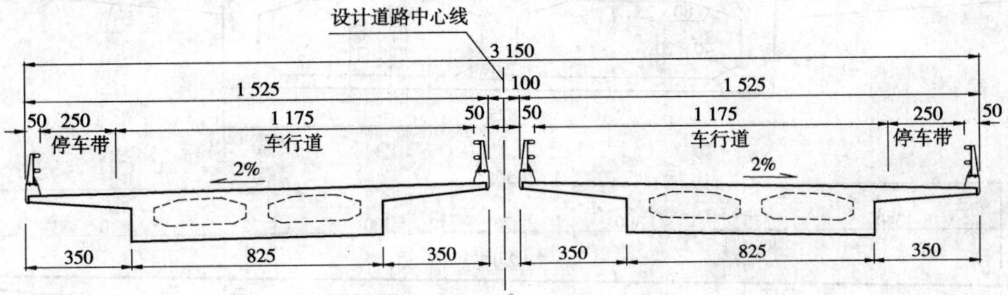

图3.4.1.1　桥梁横断面布置(单位:cm)

五跨一联等高度预应力混凝土连续箱梁,采用单箱双室直腹板箱形截面,梁高1.6m,高跨比1/18.75。全桥设置11道横隔梁,边墩横隔梁宽1.3m,中墩横隔梁宽2.0m,每一跨跨中设置0.3m宽的中横隔梁,所有横隔梁均设置120cm×73cm人孔。纵桥向每隔5.0m间距在每道腹板内设置ϕ8cm通气孔,而每跨箱梁底板设置8个ϕ10cm泄水孔。箱梁顶板厚度均为25cm,跨中底板厚22cm,近支点处底板厚50cm,跨中腹板厚40cm,近支点处腹板厚75cm,其变化段长度为500cm。顶板与横隔梁连接处设置25cm×25cm倒角的刚度顺接,详见图3.4.1.2、图3.4.1.3。

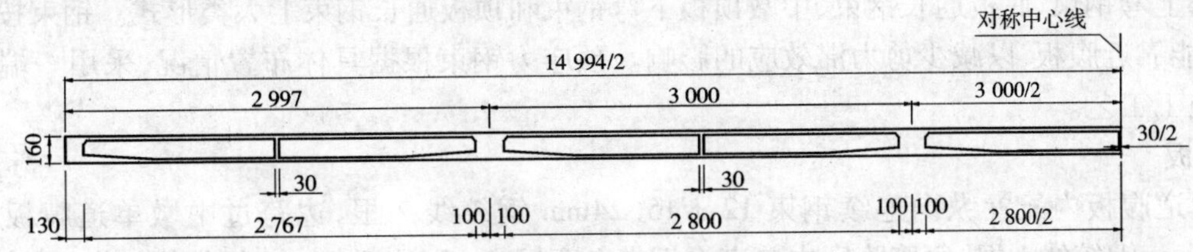

图3.4.1.2　桥梁立面布置(单位:cm)

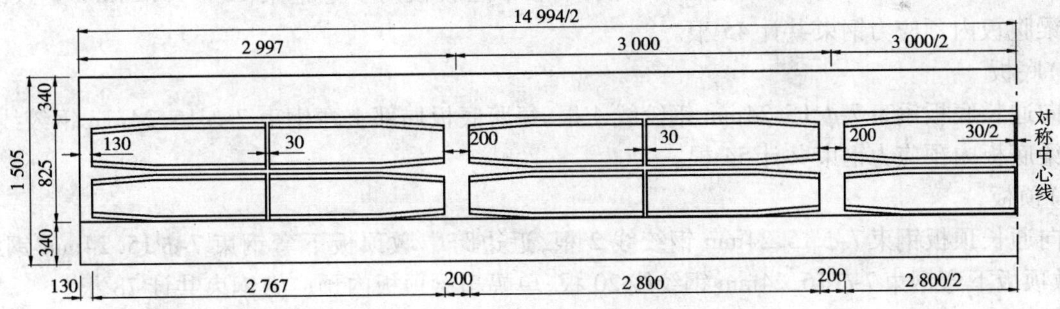

图3.4.1.3　桥梁平面布置(单位:cm)

单幅箱梁横断面采用单箱双室直腹板箱形截面,箱梁顶板宽15.25m,底板宽8.25m,宽跨比1/3.64,中心处梁高1.6m。其箱梁顶、底板均设置2.0%的单向横坡。箱梁两侧悬臂板长度为3.5m,其宽跨比1/8.57,悬臂板端部厚度20cm,根部厚度50cm,高跨比1/7。

箱梁跨中截面的顶板厚度25cm,底板厚度22cm,腹板厚度40cm。箱梁支点截面的顶板厚度25cm,底板厚度50cm,腹板厚度75cm。箱梁内底板与腹板连接处设置40cm×20cm下倒角,顶板与腹板连接处设置80cm×25cm上倒角,详见图3.4.1.4。

箱梁采用强度等级为C50的高性能混凝土。

4.1.2　预应力筋的布置

箱梁采用纵向和横向预应力体系。预应力筋采用ϕ^j15.24mm高强度低松弛钢绞线束,其标准强度R_y^b=1 860MPa,锚下控制应力$\sigma_k=0.75R_y^b$=1 395MPa。

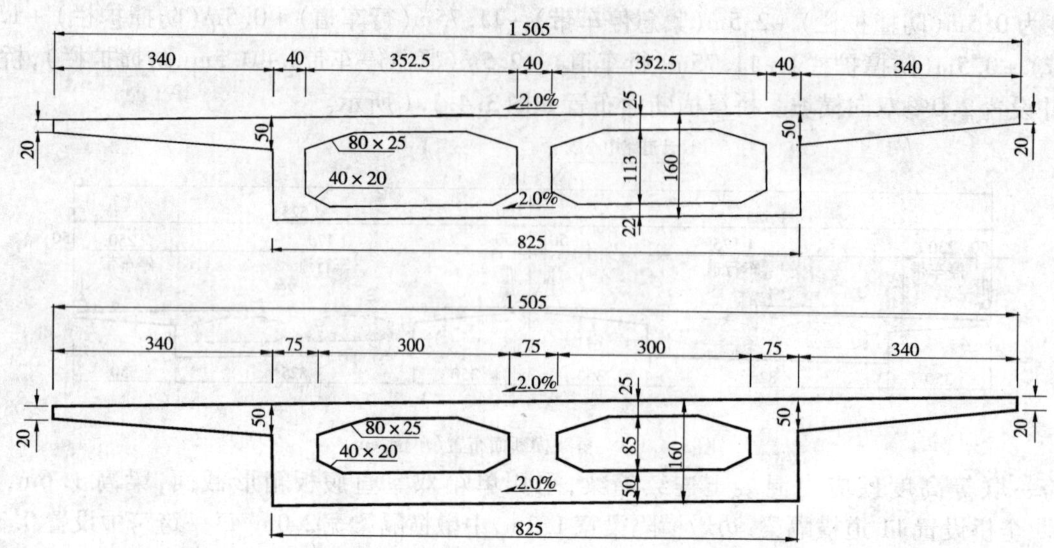

图 3.4.1.4 箱梁横断面构造尺寸(单位:cm)

1. 纵向预应力筋

箱梁纵向预应力筋主要为腹板内的连续钢束、中墩处腹板下弯短钢束、每跨跨中腹板上弯钢束、每跨底板局部上弯钢束、底板通长钢束、中墩顶板下弯钢束和顶板通长钢束七大类形式。钢束按箱梁对称布置,尽可能靠近腹板,以减少剪力滞效应的影响。预应力钢束根据具体布置情况,采用一端张拉和两端张拉的施工工艺。

(1)腹板

箱梁单道腹板内配置纵向连续钢束 12-ϕ^j15.24mm 钢绞线 2 根,边跨过中墩单道腹板内短钢束 12-ϕ^j15.24mm 钢绞线 1 根,每跨跨区内单道腹板内上弯钢束 12-ϕ^j15.24mm 钢绞线 1 根,近边跨中墩单道腹板内下弯钢束 12-ϕ^j15.24mm 钢绞线 1 根,中墩单道腹板内下弯钢束 12-ϕ^j15.24mm 钢绞线 2 根,单幅箱梁腹板内预应力钢束共计 45 根。

(2)底板

纵向通长底板钢束 7-ϕ^j15.24mm 钢绞线 4 根,每跨底板局部上弯钢束 7-ϕ^j15.24mm 钢绞线 10 根,单幅箱梁底板内预应力钢束共计 54 根。

(3)顶板

纵向通长顶板钢束 7-ϕ^j15.24mm 钢绞线 2 根,近边跨中墩顶板下弯钢束 7-ϕ^j15.24mm 钢绞线 18 根,中墩顶板下弯钢束 7-ϕ^j15.24mm 钢绞线 20 根,单幅箱梁顶板内预应力钢束共计 78 根。

纵向预应力钢束布置详见图 3.4.1.5,其钢束断面如图 3.4.1.6 所示。

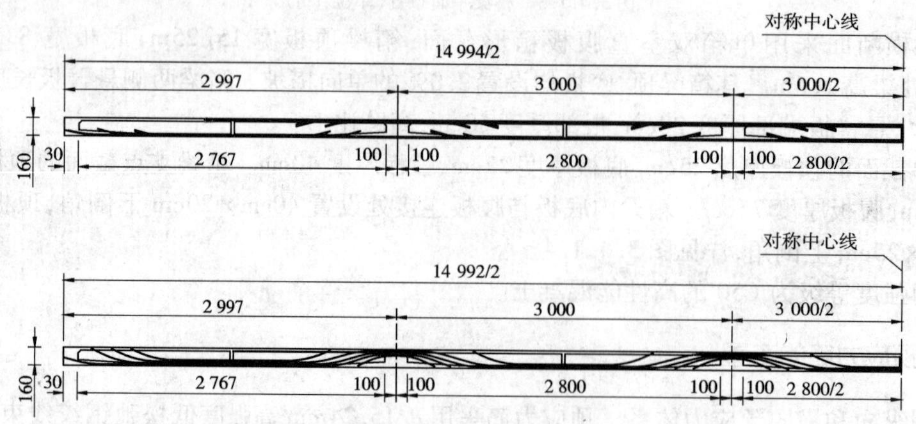

图 3.4.1.5 5×30m 连续箱梁纵向预应力筋布置(单位:cm)

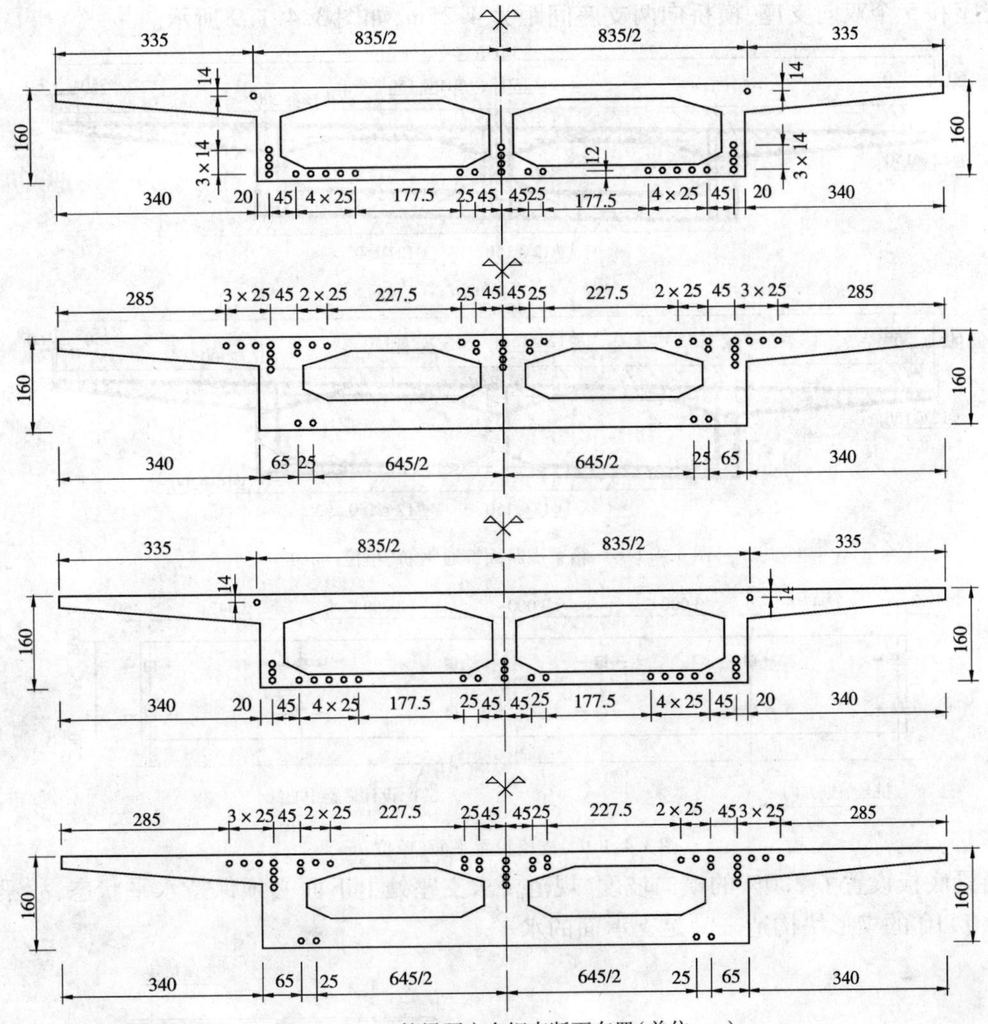

图 3.4.1.6　箱梁预应力钢束断面布置(单位:cm)

2. 横向预应力筋

单幅箱梁顶板横向预应力筋采用3-ϕ^{j}15.24mm 钢绞线束,扁锚体系,如图3.4.1.7 所示。纵桥向除梁端部分采用0.4m 间距外,其他均为0.5m 间距,单幅一联其横向预应力钢束合计 311 根。预应力钢束采用两端张拉施工工艺。

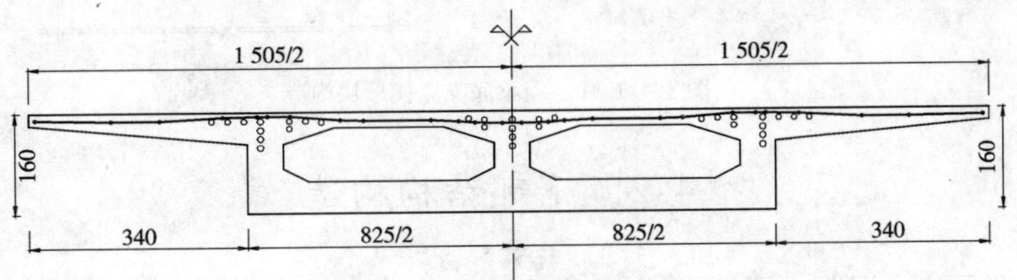

图 3.4.1.7　箱梁横向预应力钢束布置(单位:cm)

4.1.3　普通钢筋构造

箱梁的普通钢筋采用 II 级较小直径钢筋,一般为ϕ12mm 和ϕ16mm。单幅箱梁横向钢筋采用 15cm 间距,而纵向钢筋间距为 20cm。箱梁外围纵向钢筋和腹板箍筋采用ϕ16mm 钢筋,其他则采用ϕ12mm 钢筋。单道腹板跨中截面采用封闭双肢箍筋,支点截面呈三肢箍。箱梁横断面配筋如图 3.4.1.8 所示。

4.1.4.　支座设置构造

单幅五跨一联等高度预应力混凝土连续箱梁桥,均采用盆式橡胶支座,全桥设置 2 个固定支座,

6 个单向支座和 5 个双向支座，横桥向两支座间距为 4.25m，如图 3.4.1.9 所示。

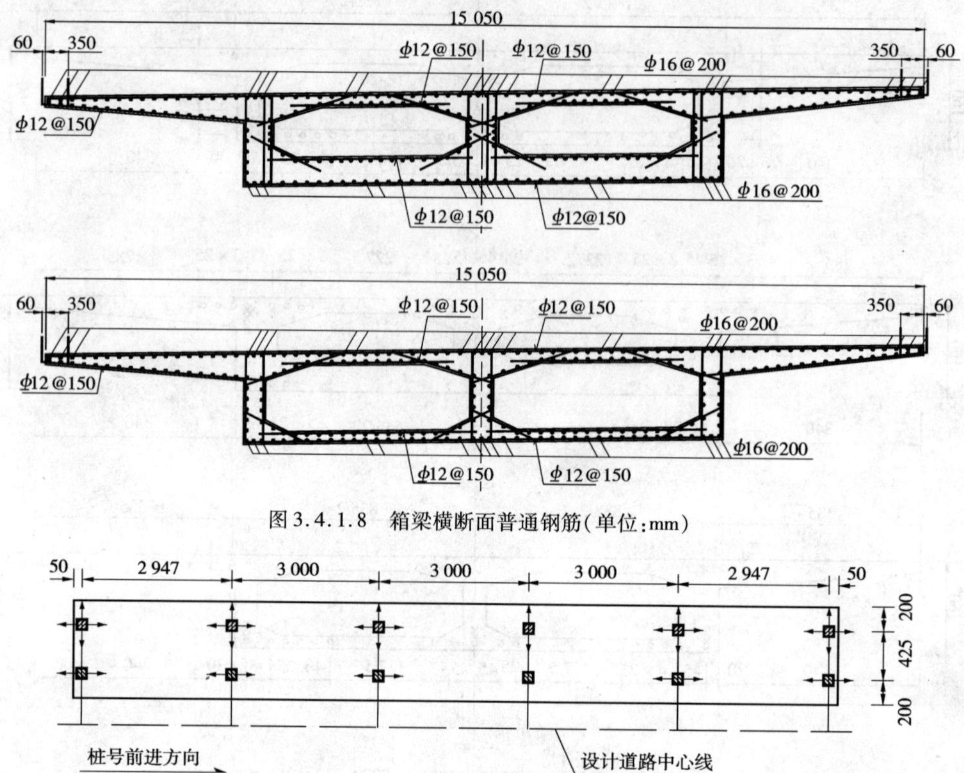

图 3.4.1.8　箱梁横断面普通钢筋(单位:mm)

50 | 2 947 | 3 000 | 3 000 | 3 000 | 2 947 | 50

200 | 425 | 200

桩号前进方向

设计道路中心线

图 3.4.1.9　支座设置平面(单位:cm)

由于箱梁底板设置了 2.0% 的横向坡度，规范要求支座处上下面必须保持水平状态，故梁底构造中采用图 3.4.1.10 的楔形块构造来满足支承面的水平。

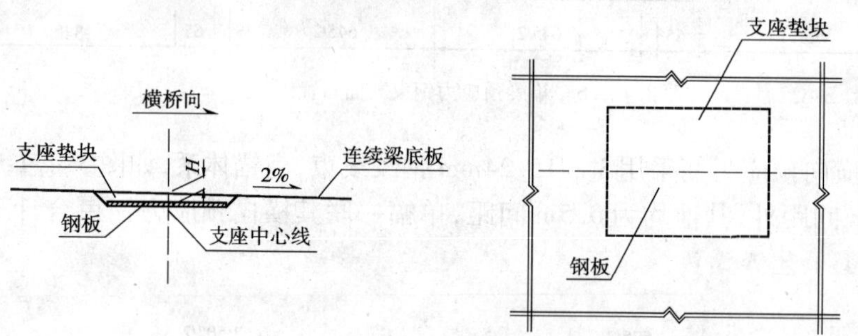

图 3.4.1.10　箱梁底支座楔形块构造

4.2　下部结构构造

标准五跨一联预应力混凝土梁桥，桥墩分成边墩、中墩和制动墩三种类型。设置固定支座的桥墩称之为制动墩，它必须提供足够的基础刚度和墩身强度，来承受车辆荷载的水平制动力。

4.2.1　桥墩墩身构造和配筋

桥墩墩身采用强度等级为 C40 的高性能混凝土，采用支架现浇施工工艺。

1. 边墩

边墩采用花瓶形独柱墩形式。为了解决纵桥向设置两个支座的需要，墩身采用足够的纵向宽度。墩身底部截面尺寸为 400cm × 205cm，墩顶为了放置横向支座，其截面尺寸为 625cm × 205cm，高度 0.8m，两截面过渡段高度 3.5m，并采用 $R = 60.07$m 圆曲线顺接。墩身截面四周采用 20cm × 20cm 的倒角，墩身中间两侧设置宽120～230cm、深20cm的凹槽,以增加桥墩美观性。边墩墩身构造如图3.4.2.1所示。

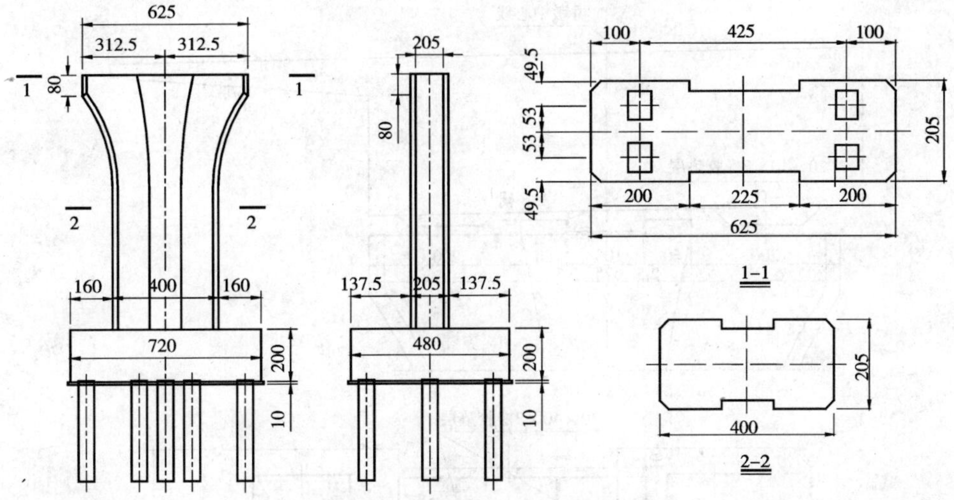

图3.4.2.1　边墩墩身构造(单位:cm)

2. 中墩

中墩采用花瓶形独柱墩形式。纵桥向仅设置单个支座,其墩身纵向尺寸较边墩小。墩身底部截面尺寸为400cm×145cm,墩顶为了放置横向支座其截面尺寸为625cm×145cm,高度0.8m,两截面过渡段高度3.5m,采用$R=60.07$m圆曲线顺接。墩身截面四周采用20cm×20cm的倒角,墩身中间两侧设置宽120～230cm、深20cm的凹槽,以增加桥墩美观性。中墩墩身构造如图3.4.2.2所示。

制动墩墩身构造与中墩墩身构造相同。

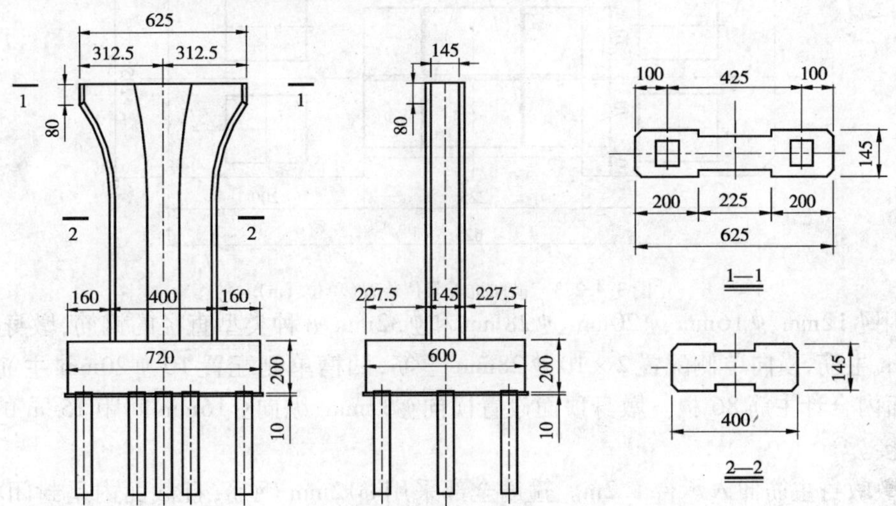

图3.4.2.2　中墩墩身构造(单位:cm)

3. 桥墩限位抗震挡块

箱梁在桥墩处横梁的下方设置横向混凝土挡块,中横梁处设置横宽100cm、纵宽85cm、高度27.3cm混凝土挡块;边横梁处设置横宽100cm、纵宽70cm、高度27.3cm混凝土挡块。与之相应,中墩墩顶两侧设置横宽60cm、纵宽85cm、高度20cm混凝土挡块;边墩墩顶两侧设置横宽60cm、纵宽70cm、高度20cm混凝土挡块。箱梁挡块与桥墩挡块之间存在25mm的缝隙,内置20cm×40cm×2cm橡胶垫层,保证挡块间的弹性缓冲碰撞,形成抗震限位,如图3.4.2.3所示。

4. 墩身配筋

墩身为下部结构的重要受力构件,中墩采用ϕ12mm、ϕ16mm、ϕ20mm、ϕ28mm和ϕ32mm五种类型直径的钢筋,墩身截面纵向单侧配置9 ϕ28mm主筋,横向单侧配置2×10 ϕ32mm主筋,凹槽单侧配置10 ϕ20mm主筋,主筋间距约15cm,墩身截面内合计主筋78根。墩身顶面设置横向ϕ32mm、纵向

ϕ16mm间距 15cm 的钢筋网,并与墩身主筋相焊接。

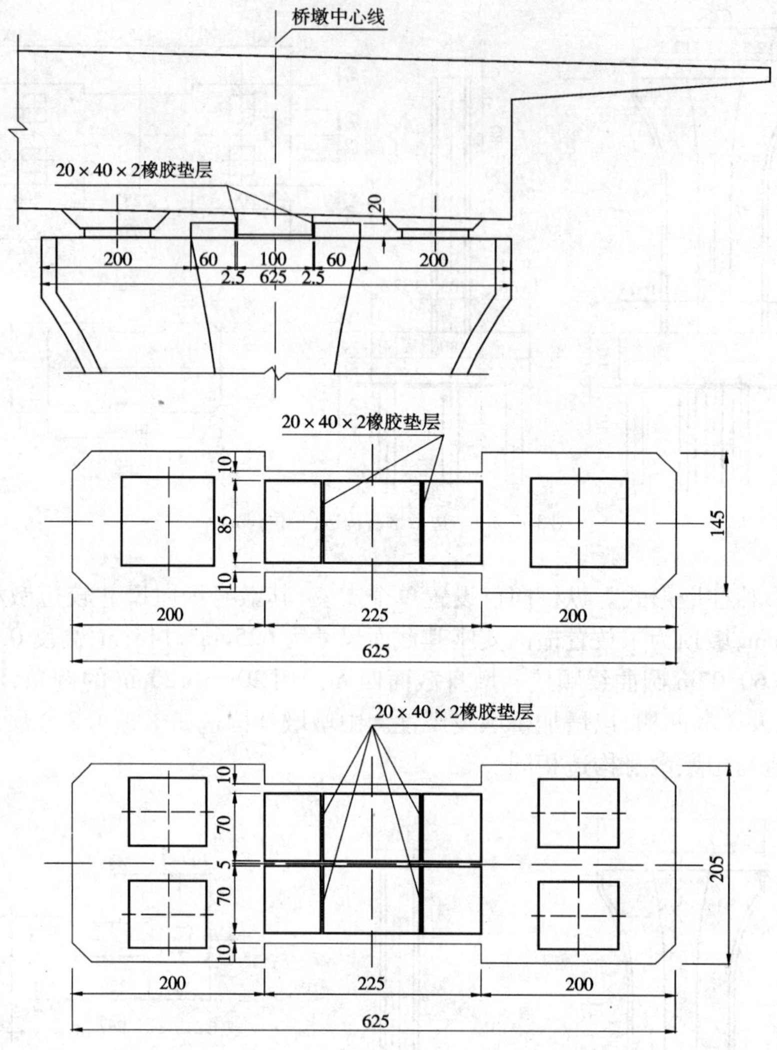

图 3.4.2.3　横向抗震限位装置(单位:cm)

边墩墩采用ϕ12mm、ϕ16mm、ϕ20mm、ϕ28mm 和ϕ32mm 五种类型直径的钢筋,墩身截面纵向单侧配置 13 ϕ28mm 主筋,横向单侧配置 2×10 ϕ28mm 主筋,凹槽单侧配置 10 ϕ20mm 主筋,主筋间距约 15cm,墩身截面内合计主筋 86 根。墩身顶面设置横向ϕ32mm、纵向ϕ16mm 间距 15cm 的钢筋网,并与墩身主筋相焊接。

边墩和中墩墩身主筋伸入承台 1.2m。箍筋全部采用 ϕ12mm 钢筋,且截面内呈封闭状。为满足抗震构造要求,墩身承台面上部和墩顶下部各 1.5m 区间的箍筋间距进行加密,箍筋间距为 10cm,其余箍筋间距均为 20cm。墩身截面内箍筋肢数的设置单侧应不多于 4 根主筋,配筋如图 3.4.2.4 所示。

4.2.2　基础构造

桩基采用防腐性能较好的 PHC 管桩,采用强度等级 C80 的高性能混凝土。工厂预制、养护、运输、吊装,然后各节段锤击焊接成型。

承台采用强度等级 C25 混凝土,采用基坑明开挖支模现浇施工工艺。

1. 制动墩基础

为了增加桥墩纵桥向抗推刚度,采用了增大纵向管桩间距的方法。制动墩桩基采用 11ϕ600mmPHC 管桩,顺桥向桩距 2.4m,横桥向外侧桩距 2.0m,内侧桩距 3.0m,如图 3.4.2.5 所示。桥墩承台截面尺寸为 600cm×720cm,承台高 200cm,下设置 10cm 素混凝土垫层。

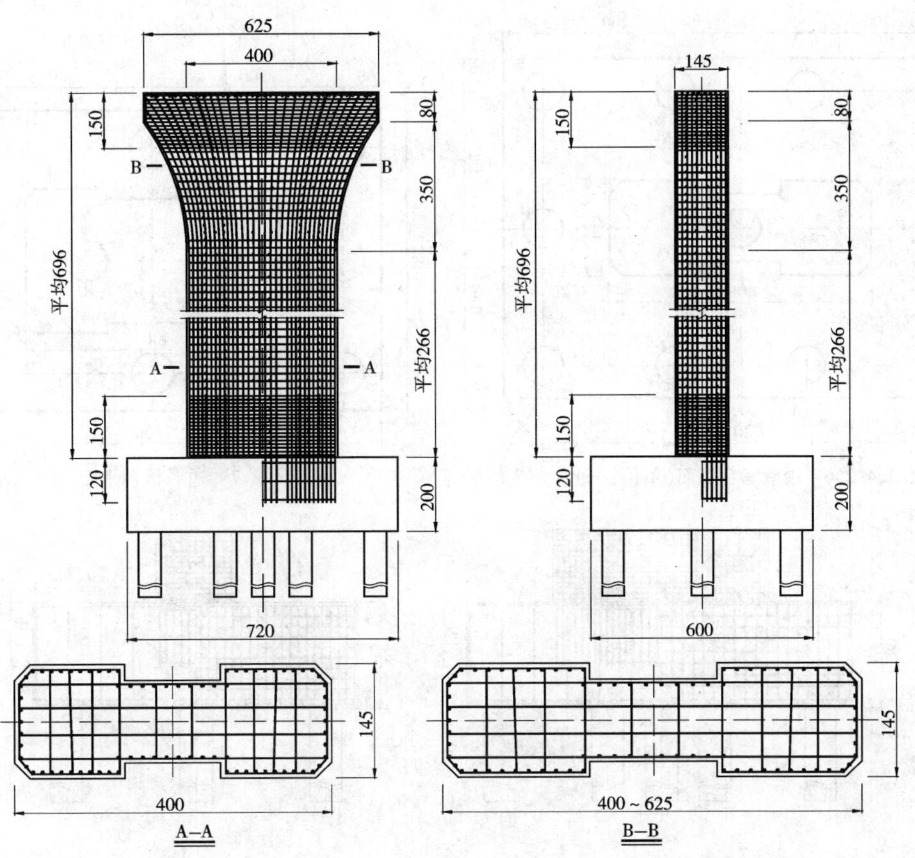

图 3.4.2.4　墩身普通钢筋布置(单位:cm)

2. 中墩基础

中墩桩基采用 11ϕ600mmPHC 管桩，顺桥向桩距 1.8m，横桥向外侧桩距 2.0m，内侧桩距 3.0m，如图 3.4.2.6所示。桥墩承台截面尺寸为 480cm×720cm，承台高 200cm，下设置 10cm 素混凝土垫层。

3. 边墩基础

边墩桩基采用 10ϕ600mmPHC 管桩，顺桥向桩距 1.8m，横桥向外侧桩距 3.0m，内侧桩距 2.0m，如图 3.4.2.7所示。桥墩承台截面尺寸为 480cm×720cm，承台高 2.0m，下设置 10cm 素混凝土垫层。

4. 承台配筋

承台为下部结构的重要受力构件，采用 ϕ8mm、ϕ12mm、ϕ16mm、ϕ28mm 和 ϕ32mm 五种类型直径的钢筋。

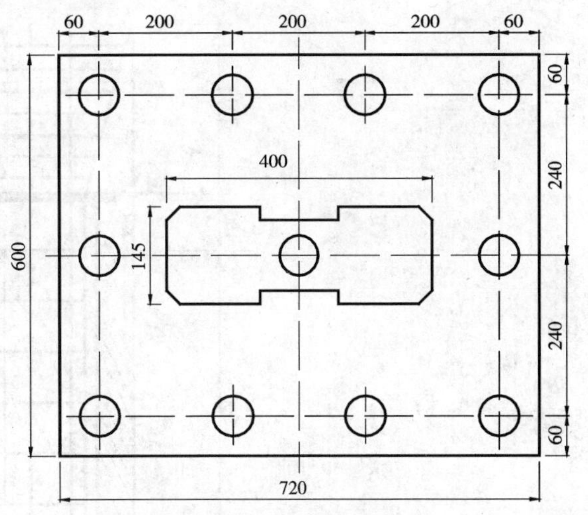

图 3.4.2.5　制动墩承台平面(单位:cm)

ϕ600mmPHC 管桩桩顶设置 ϕ8mm 间距 20cm 的钢筋网片，承台底部纵向配置 2 ϕ32mm 间距 20cm 的钢筋，横向配置 ϕ28mm 间距 15cm 的钢筋；承台顶部配置纵向 ϕ16mm 间距 20cm 的钢筋，横向配置 ϕ16mm间距 15cm 的钢筋。承台侧面配置 ϕ12mm 间距 20cm 的封闭钢筋。为了保证承台顶层钢筋的定位，顶低层钢筋网间设置 ϕ16mm 间距 60cm 的竖向支撑钢筋。承台配筋如图 3.4.2.8 所示。

5. 管桩与承台的连接构造

为了保证 ϕ600mmPHC 管桩与承台的有效连接，管桩伸入承台 15cm，管桩顶部设置 ϕ12mm 间距 10cm 钢筋网片，同时在管桩内径设置喇叭形钢筋笼，采用 10 ϕ16mm 钢筋，并在管桩内浇筑 C50 混凝土，其深度不小于 1.5m，喇叭形钢筋置于承台内，如图 3.4.2.9 所示。

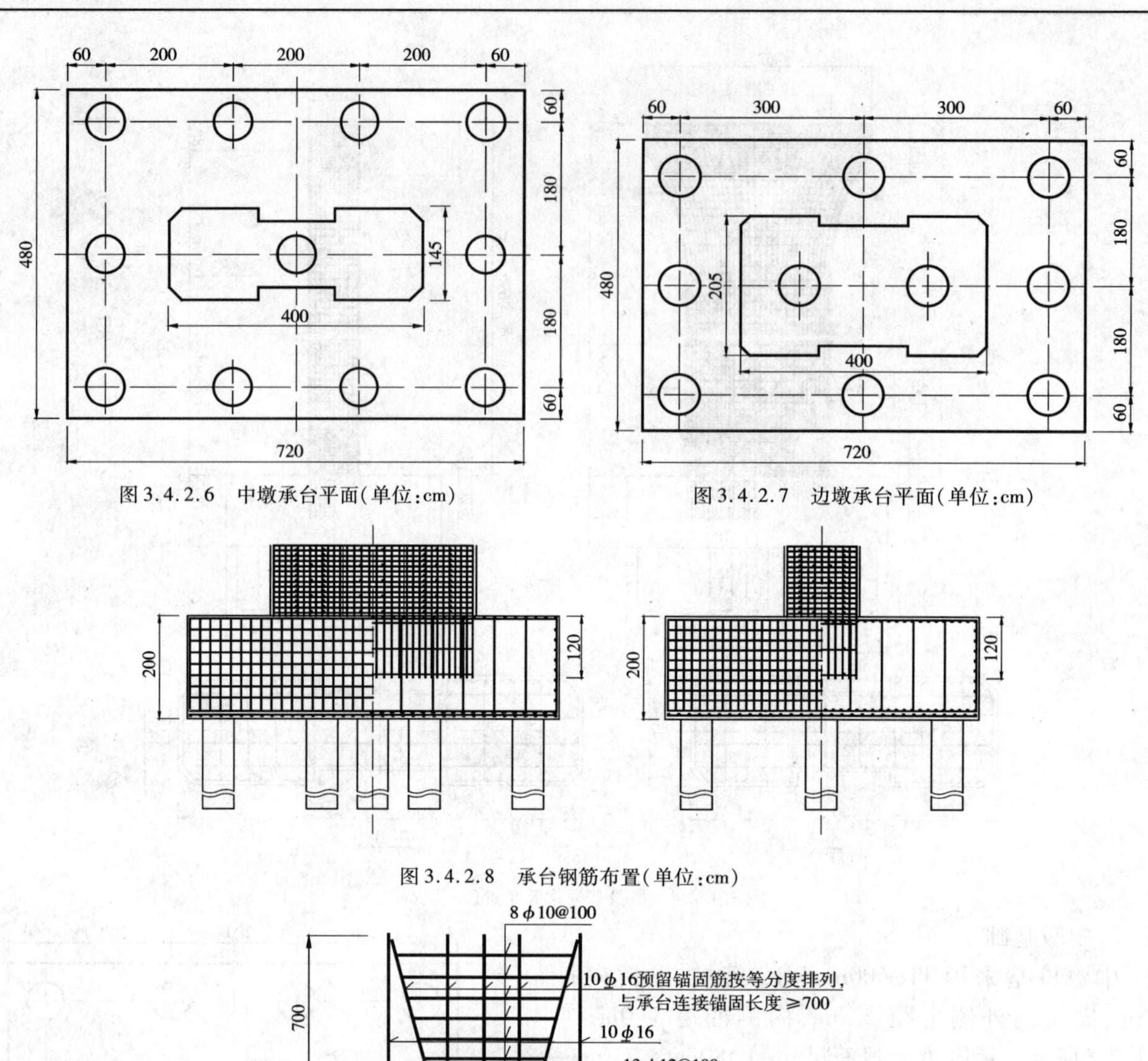

图3.4.2.6　中墩承台平面(单位:cm)

图3.4.2.7　边墩承台平面(单位:cm)

图3.4.2.8　承台钢筋布置(单位:cm)

8 φ10@100

10 φ16预留锚固筋按等分度排列,与承台连接锚固长度≥700

10 φ16

13 φ12@100

C50现浇混凝土

φ10@150

φ370圆形薄挡板

700

150

2 000

图3.4.2.9　管桩与承台连接构造(单位:mm)

6. 管桩底板构造

PHC管桩采用预制打入施工工艺,为了保证管桩顺利到达设计高程,其下节管桩桩底一般需安装十字形、开口型或圆锥型的钢桩尖。根据陆上段桥位地质资料,管桩采用开口型钢桩尖,其构造如图3.4.2.10所示。

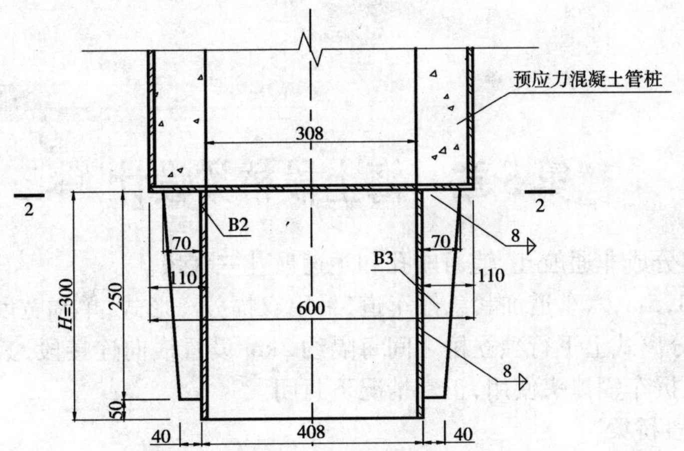

图3.4.2.10　管桩开口型钢桩尖构造示意(单位:mm)

第5章 海上段桥梁设计

东海大桥海上段其分成非通航孔、辅通航孔和主通航孔三大段。

标准桥面宽度为31.5m，六车道加紧急停车道，采用双幅分离形式，单幅宽度15.25m。考虑到跨海桥梁的具体特点，两座分离式上下行独立桥之间每隔约2km设置横向连接段，其长度为30m，供管理养护车辆及紧急状态下救援车辆掉头使用，正常情况下封闭。

(1)非通航孔海上段桥梁

根据东海大桥的总体线形布置，非通航孔海上段桥梁长度23 171.5m，具体布置如下：

①K2 +257.50(PM075) ~ K6 +089.00(PM144)，跨径布置为(44.5m +4 ×50m) +(7 ×50m) ×3 +(5 ×59m) ×5 +(6 ×59m) ×3，桥梁结构总长3 831.5m，分为上、下行两座独立桥梁，以五跨、六跨和七跨组成一联结构；

②K6 +469.00(PM148) ~ K11 +929.00(PM239)，跨径布置为(6 ×60m) ×5 +(5 ×60m) ×5 +(6 ×60m) ×6，桥梁结构总长5 460m，分为上、下行两座独立桥梁，以五跨、六跨组成一联结构；

③K12 +369.00(PM243) ~ K18 +219.00(PM333)，跨径布置为(6 ×60m) ×5 +(5 ×60m) ×3 +(5 ×70m) ×9，桥梁结构总长5850m，分为上、下行两座独立桥梁，以五跨、六跨组成一联结构；

④K19 +049.00(PM337) ~ K24 +579.00(PM416)，跨径布置为(5 ×70m) ×7 +(4 ×70m) +(5 ×70m) ×8，桥梁结构总长5 530m，分为上、下行两座独立桥梁，以四跨、五跨组成一联结构；

⑤K25 +079.00(PM420) ~ K27 +579.00(PM458)，跨径布置为(5 ×70m) ×6 +(8 ×50m)，桥梁结构总长2 500m，分为上、下行两座独立桥梁，以五跨、八跨组成一联结构。

根据不同的水深和河床高程，采用三种施工工艺方法，即近芦潮港侧50m跨连续梁采用移动支架逐跨现浇施工；近大乌龟岛侧8跨50m连续梁采用逐段现浇顶推施工；中间段59m、60m和70m跨径采用整孔节段预制吊装就位、墩顶现浇节段由简支变连续梁的施工方法。

(2)辅通航孔海上段桥梁

根据东海大桥的总体线形布置，辅通航孔海上段桥梁长度1 320m，具体布置如下：

①K6 +089.00(PM144) ~ K6 +469.00(PM148)

两个500t级辅通航孔跨径布置为70m +120m +120m +70m =380m，通航孔通航净宽56m、净高17.5m，最高通航水位 +4.02m。变高度四跨预应力连续箱梁桥分上、下行两座桥梁分离布置，单幅桥宽15.25m。

②K11 +929.00(PM239) ~ K12 +369.00(PM243)

两个1 000t级辅通航孔跨径布置为80m +140m +140m +80m =440m，通航孔通航净宽100m、净高25m，最高通航水位 +4.02m。变高度四跨预应力连续箱梁桥分上、下行两座桥梁分离布置，单幅桥宽15.25m。

③K24 +579.00(PM417) ~ K25 +079.00(PM421)

辅通航孔跨径布置为90m +160m +160m +90m =500m，通航孔通航净宽143.2m、净高17.5m，最高通航水位 +4.02m。变高度四跨预应力连续箱梁桥分上、下行两座桥梁分离布置，单幅桥宽15.25m。

(3)主通航孔海上段桥梁

K18 +219.00(PM333) ~ K19 +049.00(PM337)，5 000t级主通航孔桥跨径布置为73m +132m +420m +132m +73m =830m，采用双塔单索面钢箱—混凝土结合梁斜拉桥。通航孔净高40m，桥面宽33m(比标准桥宽多1.5m)。加劲梁采用节段拼装的施工方法。

5.1　7×50m预应力混凝土连续箱梁桥设计

50m跨径的七跨一联预应力混凝土单箱单室连续箱梁桥上部结构采用逐跨支架法现浇施工。

桩基设计结合了工程特点，考虑桩基地域位置、施工等因素，基础采用防腐能力较佳的ϕ1 200mmPHC管桩和ϕ160cm钻孔灌注桩。根据地质报告资料，PHC管桩以$⑦_{2-1}$灰黄色粉砂层作为桩基持力层，其管桩桩长约38m；钻孔桩以$⑦_3$灰黄色粉砂层作为桩基持力层，其钻孔桩桩长约64m。根据桩的平面布置情况，近外海方向采用PHC管桩。承台采用ϕ10m直径的圆形截面，承台厚度3.0m，外置混凝土套箱，下设0.8m厚封底混凝土。

标准桥墩沿左右分离的桥梁中心线布置，采用花瓶形墩身，左右桥墩墩中心距为16.25m。桥墩顺桥向宽度根据支座布置及支座吨位尺寸要求在顶部加宽。

箱梁、墩身和承台均采用高性能混凝土。PHC管桩采用预制打入施工法，钻孔桩采用钻机成孔现浇水下混凝土；承台采用套箱现浇施工；墩身采用预制成型和支架现浇两种施工方法；墩座采用现浇施工。

7×50m连续梁桥总体布置如图3.5.1.1所示。

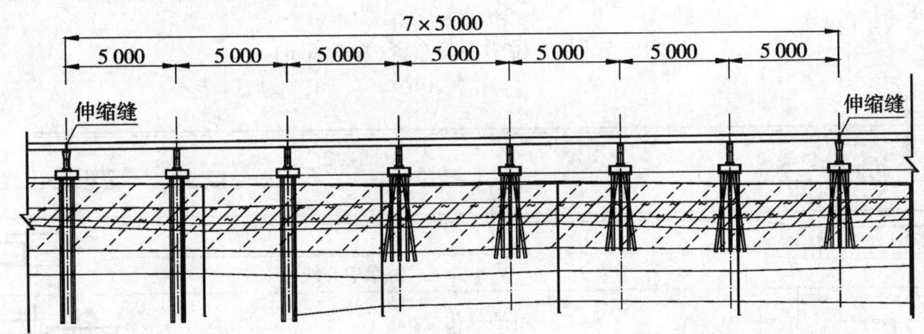

图3.5.1.1　7×50m连续梁桥总体布置(单位:cm)

5.1.1　上部结构构造

1.桥跨布置及箱梁构造尺寸

七跨一联的等高度预应力混凝土连续箱梁桥的横断面为两个分离式的单箱单室箱形截面。桥面横向布置宽度为0.5m(防撞护栏)+2.5m(紧急停车带)+11.75m(行车道)+0.5m(防撞护栏)+1.0m(中央隔离带)+0.5m(防撞护栏)+11.75m(行车道)+2.5m(紧急停车带)+0.5m(防撞护栏)，桥面全宽31.5m，并设置2.0%双向横坡。桥梁横断面布置如图3.5.1.2所示。

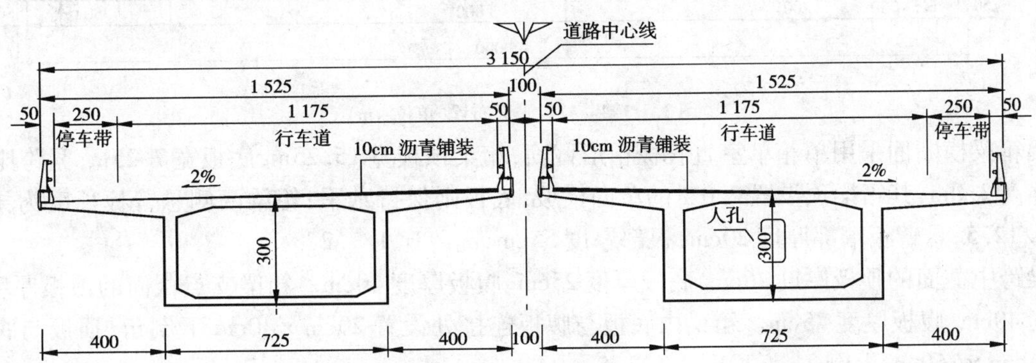

图3.5.1.2　桥梁横断面布置(单位:cm)

单幅七跨一联等高度预应力混凝土连续箱梁，采用单箱单室直腹板箱形截面，梁高3.0m，高跨比1/16.7。全桥设置8道横隔梁，端横隔梁宽0.9m，中横隔梁宽1.0m，所有横隔梁内均设置100cm×

80cm 人孔。纵桥向每隔 2.0m 间距在每道腹板内设置 ϕ5cm 通气孔，近外侧腹板箱梁底板处每隔 2.0m 间距设置 ϕ5cm 泄水孔。箱梁顶板厚度 26cm，跨中底板厚 25cm，近支点处底板厚 40cm，跨中腹板厚 40cm，近支点处腹板厚 75cm，其变化段长度为 200cm；支点截面其边支点处长度为 4.75m，中支点处两侧长度各为 6.0m。横隔梁与顶板、底板连接处均设置 25cm×29cm 倒角的刚度顺接。采用逐跨施工的连续箱梁，其施工节段分界线距中支点长度 10m，为跨径的 1/5，详见图 3.5.1.3、图 3.5.1.4。

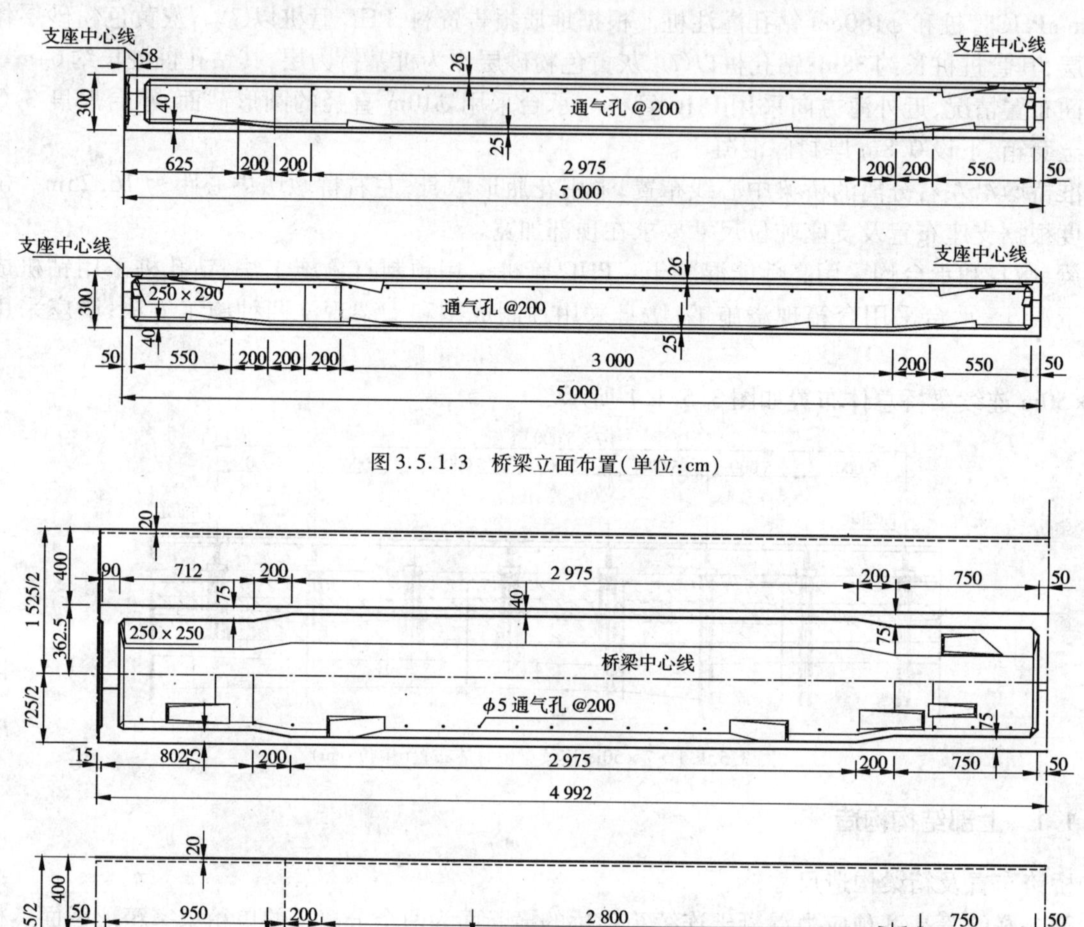

图 3.5.1.3 桥梁立面布置(单位:cm)

图 3.5.1.4 桥梁平面布置(单位:cm)

单幅箱梁横断面采用单箱单室直腹板箱形截面，箱梁顶板宽 15.25m，底板宽 7.25m，宽跨比 1/6.9，中心处梁高 3.0m，其箱梁顶设置 2.0% 的单向横坡，底板则保持水平；箱梁两侧悬臂板长度为 4.0m，其宽跨比 1/12.5，悬臂板端部厚度 20cm，根部厚度 55cm，高跨比 1/7.27。

箱梁跨中截面的顶板厚度 26cm，底板厚度 25cm，腹板厚度 40cm。箱梁支点截面的顶板厚度 26cm，底板厚度 40cm，腹板厚度 75cm。箱梁内底板与腹板连接处设置 20cm×40cm 下倒角，顶板与腹板连接处设置 29cm×150cm 上倒角，详见图 3.5.1.5。

箱梁采用强度等级为 C50 的高性能混凝土。

2. 预应力筋的布置

箱梁采用纵向和横向双向预应力体系。预应力筋采用 ϕ^j15.24mm 高强度低松弛钢绞线束，其标准

强度 $R_y^b = 1\ 860\text{MPa}$，锚下控制应力 $\sigma_k = 0.75R_y^b = 1\ 395\text{MPa}$。

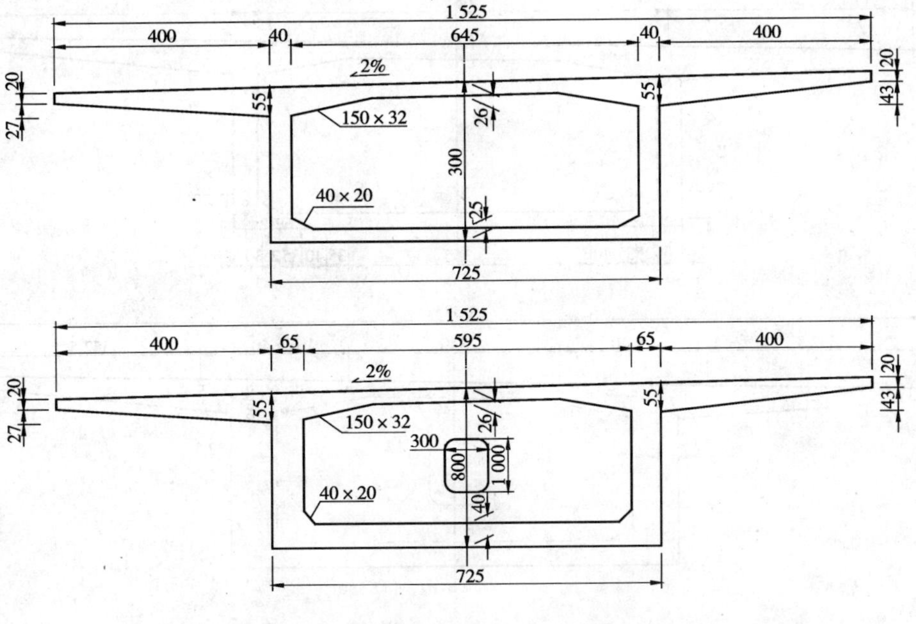

图 3.5.1.5　箱梁横断面构造尺寸(单位:cm)

(1)纵向预应力筋

箱梁纵向预应力筋主要分为腹板连续钢束、每跨底板局部上弯钢束、底板连续钢束、中墩墩顶局部下弯钢束和墩顶箱梁翼缘板直线束五大类形式。由于采用逐跨施工工艺，每跨距中墩支座中心线10.0m处设置为逐跨施工阶段的分界线，布置在腹板和底板内的连续钢束须设置配套的连接器。钢束按箱梁断面对称布置，并尽可能靠近腹板，以减少剪力滞效应。预应力钢束根据具体布置情况采用一端张拉和两端张拉的施工工艺。

①腹板

箱梁单侧腹板内配置纵向连续 15-ϕ^j15.24mm 钢绞线 4 根，并在连续梁逐跨施工阶段分界线设置相应的锚具连接器。单幅箱梁腹板内预应力钢束共计 8 根。

②底板

底板加腋处设置纵向通长 15-ϕ^j15.24mm 钢绞线 2 根，并在连续梁逐跨施工阶段分界线设置相应的锚具连接器。边跨底板局部上弯短钢束 12-ϕ^j15.24mm 钢绞线 12 根，中跨底板局部上弯短钢束 12-ϕ^j15.24mm钢绞线 8 根。单幅箱梁底板内预应力钢束共计 66 根。

③顶板

近边跨中支座处顶板设置局部下弯钢束 12-ϕ^j15.24mm 钢绞线 10 根，中支座处顶板设置局部下弯钢束 12-ϕ^j15.24mm 钢绞线 8 根，同时中支座箱梁翼缘板根部配置直线形 12-ϕ^j15.24mm 钢绞线 6 根。单幅箱梁顶板内预应力钢束共计 88 根。

纵向预应力钢束布置详见图 3.5.1.6，其钢束断面如图 3.5.1.7 所示。

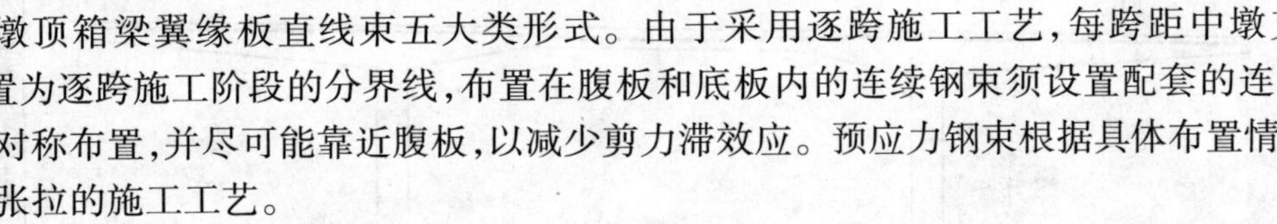

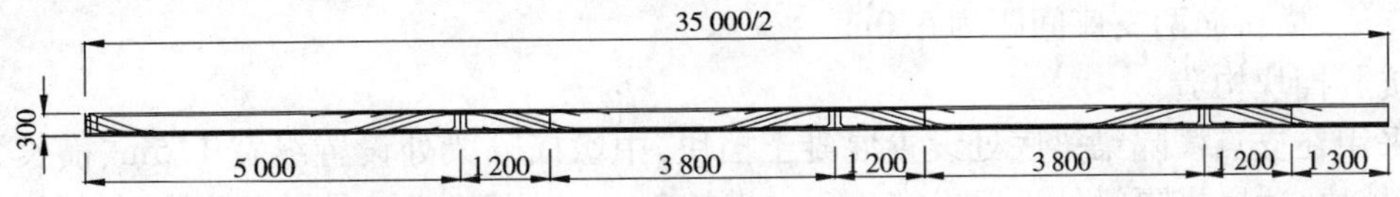

图 3.5.1.6　7×50m 连续箱梁纵向预应力筋布置(单位:cm)

(2)横向预应力筋

单幅箱梁顶板横向预应力筋，采用 3-ϕ^j15.24mm 钢绞线束，扁锚体系，如图 3.5.1.8 所示。纵桥向横向预应力钢束间距为 0.5m，单幅一联合计 701 根。预应力钢束采用一端交替张拉施工工艺。

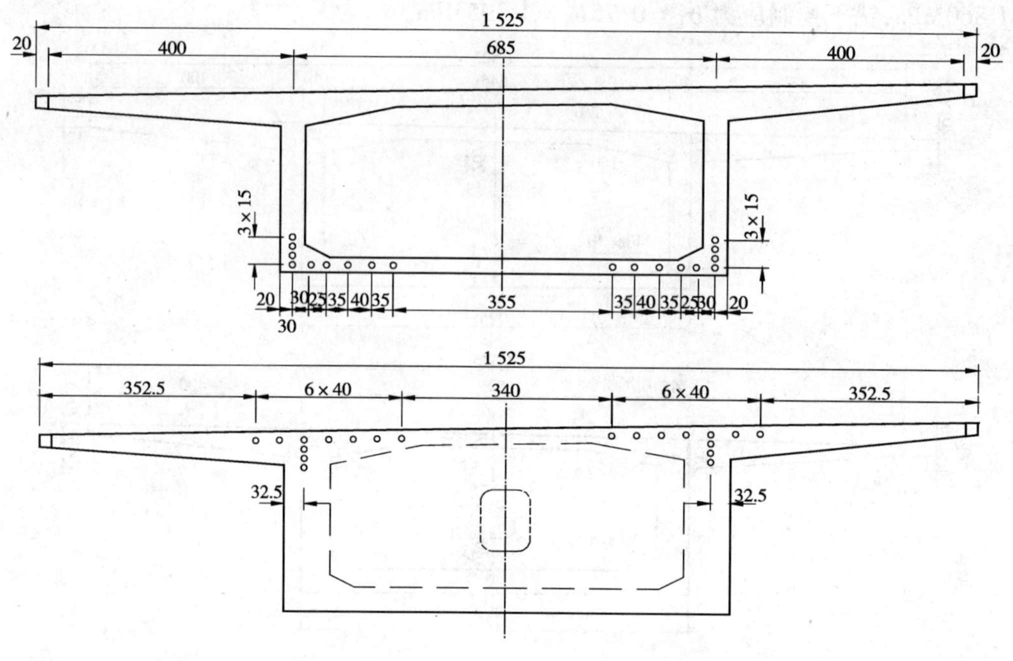

图 3.5.1.7　箱梁预应力钢束横断面布置(单位:cm)

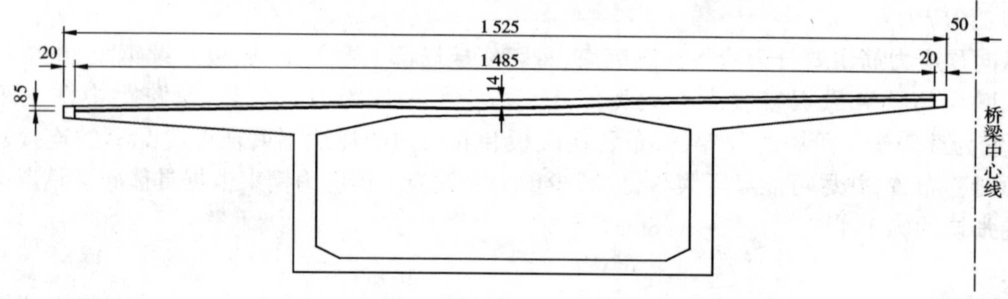

图 3.5.1.8　箱梁横向预应力钢束布置(单位:cm)

3. 普通钢筋构造

箱梁的普通钢筋采用常规 II 级配筋方法,钢筋直径一般为ϕ12～22mm。单幅箱梁横向钢筋采用15cm 间距,而纵向钢筋间距为20cm。箱梁顶板底层和箱内顶板加腋横向钢筋采用ϕ22mm;箱梁底板底层横向钢筋采用ϕ20mm;箱梁底板顶层和箱内底板加腋横向钢筋采用ϕ18mm;箱梁顶板顶层横向钢筋采用ϕ16mm;悬臂板下侧横向钢筋采用ϕ14mm;纵向钢筋全部采用ϕ16mm。厚度75cm 的腹板采用四肢封闭箍,其余则采用双肢封闭箍,箍筋直径为ϕ18mm,且为了增加箱梁抗剪能力,腹板内侧增设ϕ22mm单肢箍筋。顶板、底板和腹板上下钢筋网之间设置ϕ8mm 拉筋,间距 60cm。箱梁横断面配筋如图 3.5.1.9 所示。

4. 支座设置构造

单幅七跨一联等高度预应力连续箱梁桥,采用球形钢支座,全桥设置一个固定支座,8 个单向支座和 7 个双向支座,横桥向两支座间距为 5.0m。

5. 箱梁抗震挡块构造

箱梁中采用在支点横隔梁梁底处设置混凝土挡块,中墩横隔梁处设置纵宽 1.5m、横长 2.4m、高度 0.8m 混凝土挡块,边墩横隔梁处设置纵宽 0.9m、横长 2.4m、高度 0.8m 混凝土挡块,与桥墩的横向限位挡块共同组成横向抗震装置,如图 3.5.1.10 所示。

5.1.2　下部结构构造

50m 跨径非通航孔桥梁全部为上、下行独立桥梁,基础、墩身和上部结构呈分离状态。

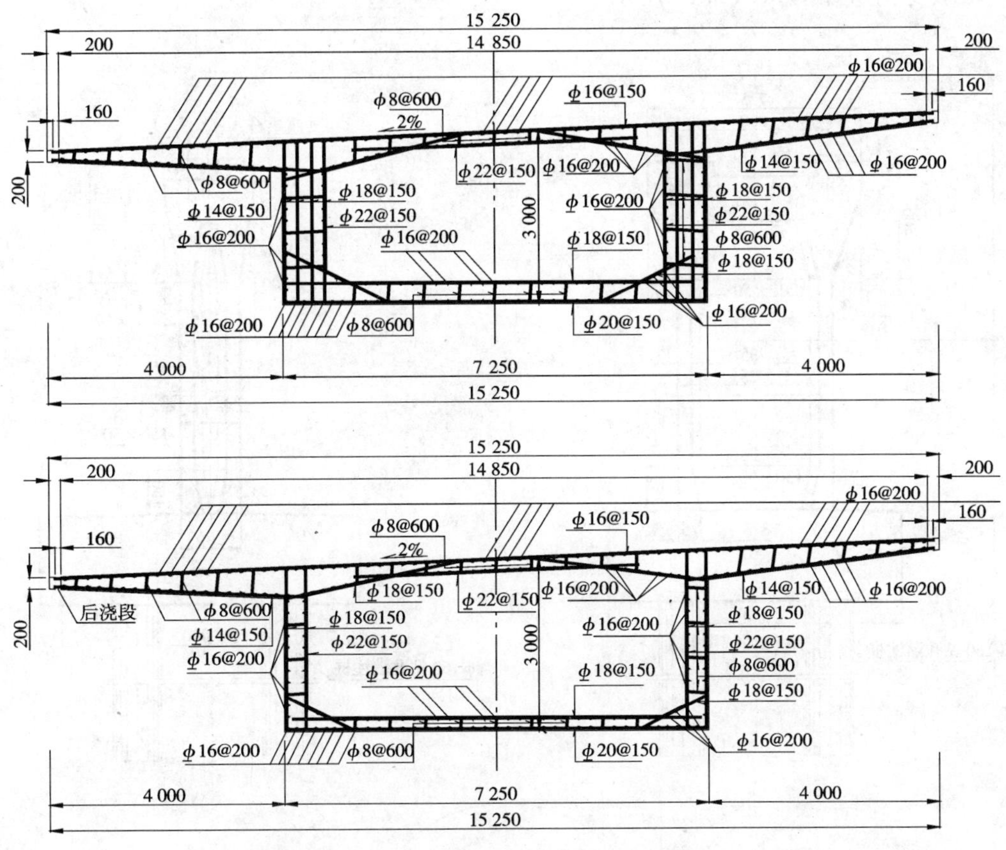

图3.5.1.9　箱梁横断面普通钢筋(单位:mm)

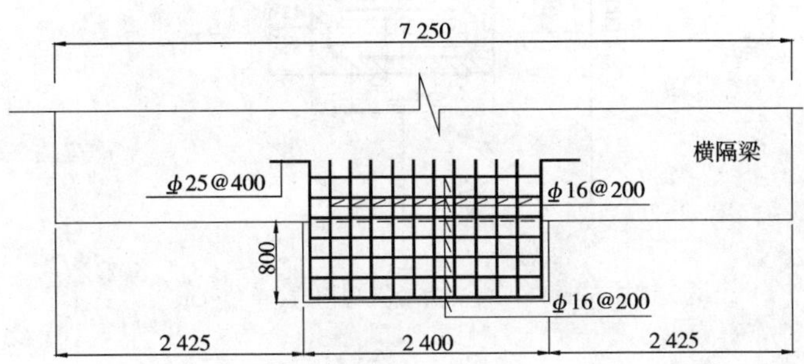

图3.5.1.10　箱梁横向抗震挡块构造(单位:mm)

1. 桥墩构造和配筋

桥墩墩身和墩座采用强度等级为C40的高性能混凝土,墩身采用预制安装和支架现浇两种施工方法,墩座采用现浇施工工艺。

(1)现浇边墩

现浇边墩采用花瓶形单箱单室薄壁墩,分成墩身与墩帽两部分。为了保证纵桥向设置两排支座的需要,其墩帽应有足够的纵向宽度。墩身截面尺寸为525cm×200cm,墩身壁厚45cm,墩身箱形截面内侧设置30cm×30cm的倒角,外侧四周采用$R=30$cm圆弧线,以增加桥墩美观性。墩壁与墩帽连接处设置200cm×50cm内倒角,墩壁与承台面连接处设置150cm×30cm内倒角。墩帽上截面为了横向放置支座,其截面尺寸为725cm×300cm,高度1.0m,下截面与墩身截面直线顺接,两截面过渡段高度3.0m。墩帽设置封头顶板厚2.0m,内设置60cm×100cm人孔,待墩柱施工完毕加人孔盖板封闭。同时,墩帽顶面为了配合箱梁横向抗震挡块,设置横长275cm、深度50cm的凹槽。在距墩帽顶板底面50cm处墩壁对称设置一对ϕ10cm通气孔。

现浇边墩墩身构造如图 3.5.1.11 所示。

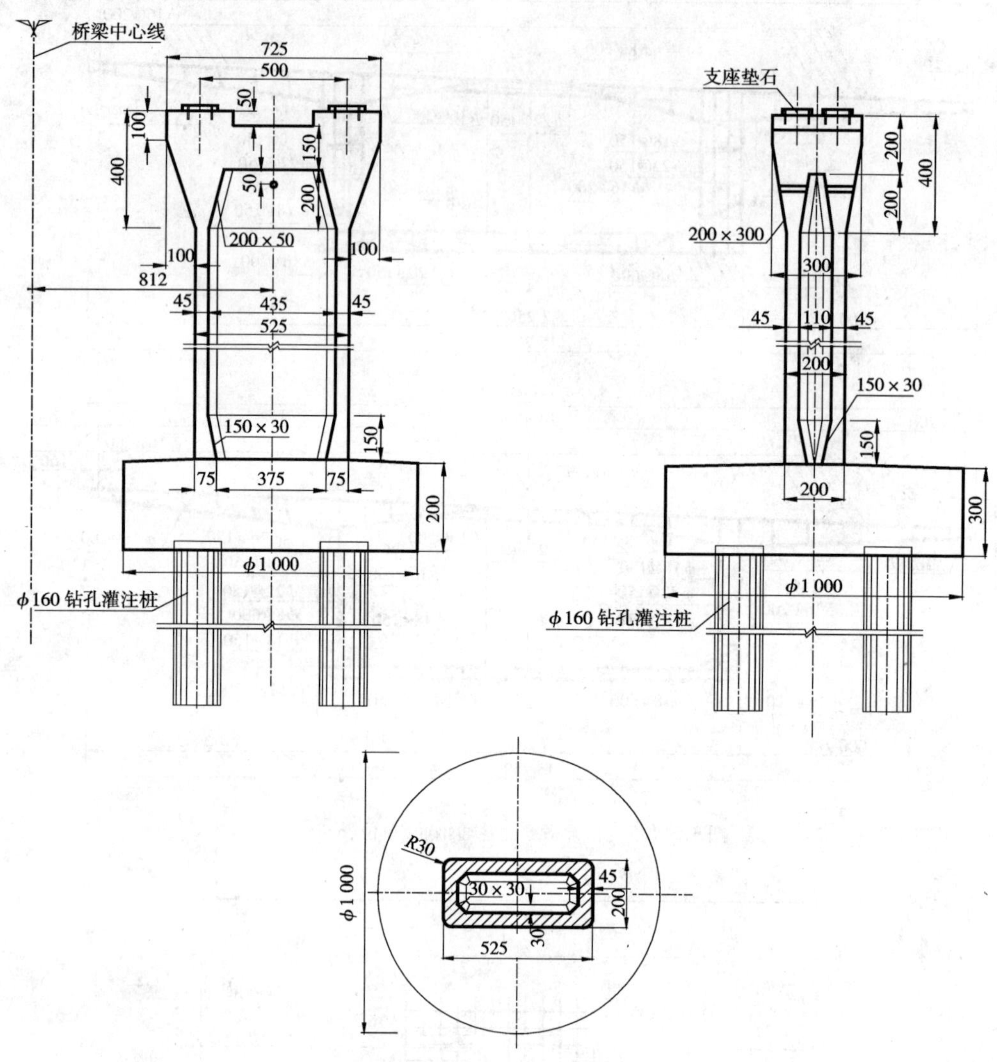

图 3.5.1.11　现浇边墩墩身构造(单位:cm)

(2)现浇中墩

现浇中墩采用花瓶形单箱单室薄壁墩,分成墩身与墩帽两部分。墩身截面尺寸为 525cm×200cm,墩身壁厚 45cm,墩身箱形截面内侧设置 30cm×30cm 的倒角,外侧四周采用 $R=30$cm 圆弧线,以增加桥墩美观性。墩壁与墩帽连接处设置 200cm×50cm 内倒角,墩壁与承台面连接处设置 150cm×30cm 内倒角。墩帽上截面尺寸为 725cm×200cm,高度 1.0m,下截面与墩身截面直线顺接,两截面过渡段高度 3.0m。墩帽设置封头顶板厚 2.0m,内设置 60cm×100cm 人孔,待墩柱施工完毕加人孔盖板封闭。同时,墩帽顶面为了配合箱梁横向抗震挡块,设置横长 275cm、深度 50cm 的凹槽。在距墩帽顶板底面 50cm 处墩壁对称设置一对 φ10cm 通气孔。

现浇中墩墩身构造如图 3.5.1.12 所示。

(3)预制边墩

边墩墩柱为预制段结构,预制墩柱下底面距离承台面(高程 +3.0m)的高度为 70cm。采用花瓶形单箱单室薄壁墩,分成墩身与墩帽两部分。为了保证纵桥向设置两排支座的需要,其墩帽应有足够的纵向宽度。墩身截面尺寸为 525cm×220cm,墩身壁厚 45cm,墩身箱形截面内侧设置 30cm×30cm 的倒角,外侧四周采用 $R=30$cm 圆弧线,以增加桥墩美观性。墩壁与墩帽连接处设置 200cm×50cm 内倒角。

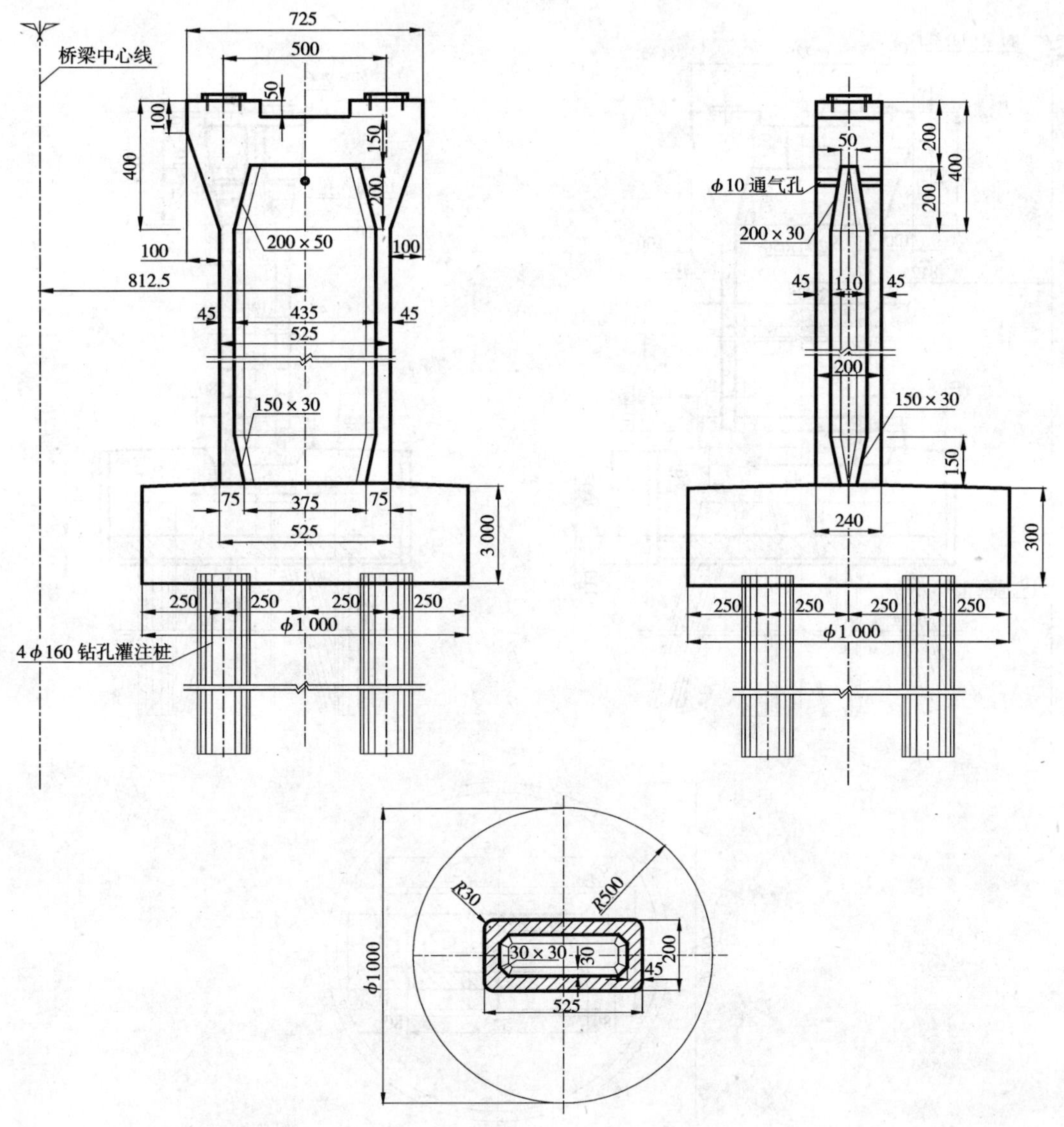

图 3.5.1.12　现浇中墩墩身构造(单位:cm)

墩帽上截面为了横向放置支座其截面尺寸为 725cm×320cm,高度 1.0m,下截面与墩身截面直线顺接,两截面过渡段高度 3.0m。墩帽设置封头顶板厚 2.0m,内设置 60cm×100cm 人孔,待墩柱施工完毕加人孔盖板封闭。同时,墩帽顶面为了配合箱梁横向抗震挡块,设置横长 275cm、深度 50cm 的凹槽。在距墩帽顶板底面 50cm 处墩壁对称设置一对 ϕ10cm 通气孔。

为保证预制墩柱与承台间有效连接性,设置高度 1.7m 的墩座,其中墩座伸入承台 50cm 深度。墩座顶面尺寸 340cm×645cm,承台面尺寸 380cm×685cm。

预制边墩墩身构造如图 3.5.1.13 所示。

(4)预制中墩

中墩墩柱为预制段结构,预制墩柱下底面距离承台面(高程 +3.0m)的高度为 70cm。采用花瓶形单箱单室薄壁墩,分成墩身与墩帽两部分。墩身截面尺寸为 525cm×200cm,墩身壁厚 45cm,墩身箱形截面内侧设置 30cm×30cm 的倒角,外侧四周采用 $R=30$cm 圆弧线,以增加桥墩美观性。墩壁与墩帽连接处设置 200cm×50cm 内倒角。墩帽上截面尺寸为 725cm×200cm,高度 1.0m,下截面与墩身截面直线顺接,两截面过渡段高度 3.0m。墩帽设置封头顶板厚 2.0m,内设置 60cm×100cm 人孔,待墩柱施工完毕加人孔盖板封闭。同时,墩帽顶面为了配合箱梁横向抗震挡块,设置横长 275cm、深度 50cm 的凹槽。在距墩帽顶板底面 50cm 处墩壁对称设置一对 ϕ10cm 通气孔。

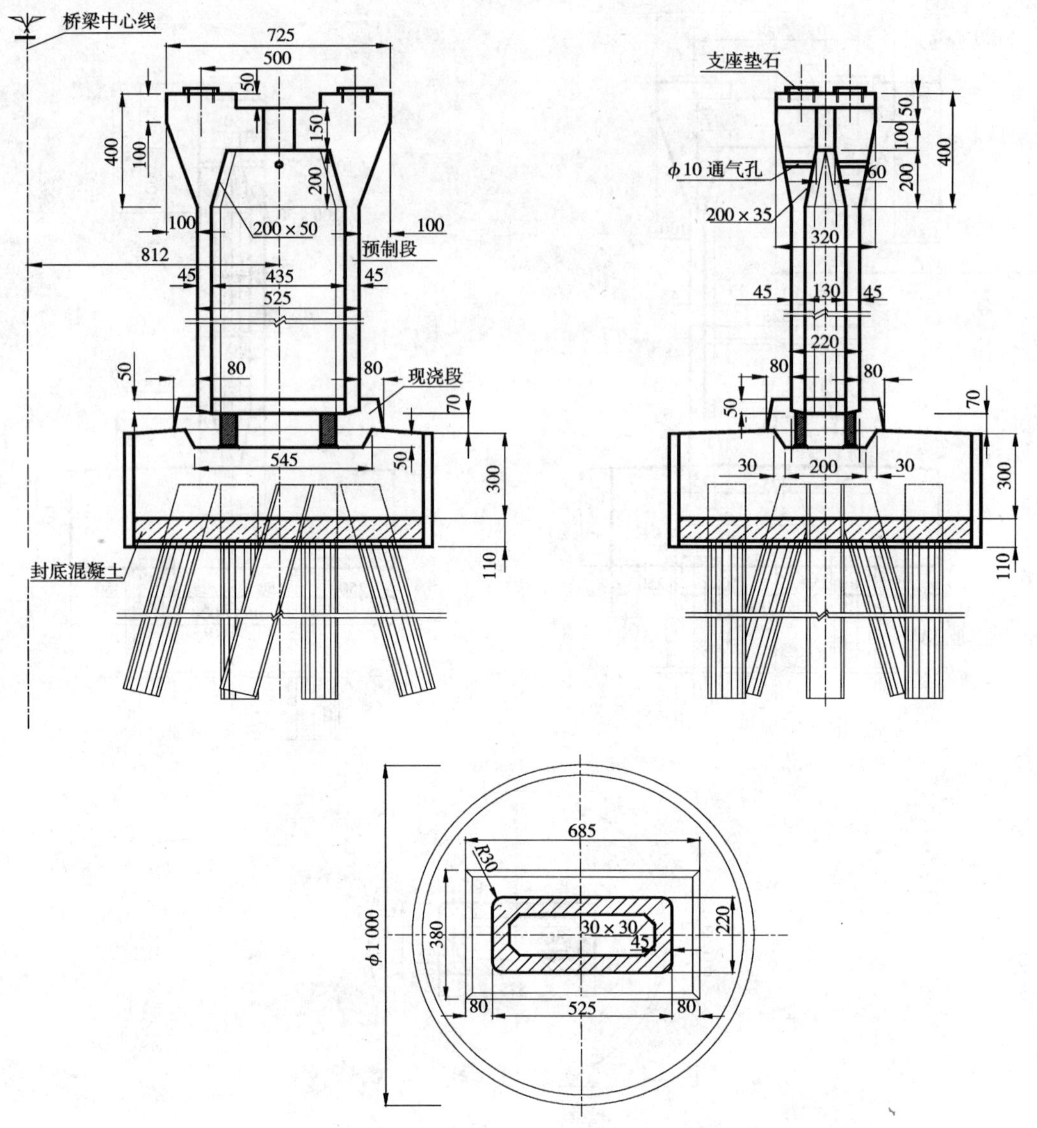

图 3.5.1.13　预制边墩墩身构造(单位:cm)

为保证预制墩柱与承台间有效连接性,设置高度 1.7m 的墩座,其中墩座伸入承台 50cm 深度。墩座顶面尺寸 320cm×645cm,承台面尺寸 360cm×685cm。

预制中墩墩身构造如图 3.5.1.14 所示。

(5)桥墩限位抗震挡块

充分利用桥墩刚度,在桥墩墩柱顶面设置 50cm 深、横向 2.75m 长的凹槽,以利于箱梁横隔梁下抗震挡块的嵌入,满足桥梁横向抗震的要求。两者横向缝隙中设置 20cm×40cm×2cm 橡胶垫层,以保证挡块间弹性缓冲碰撞。

(6)预制墩柱竖向调整构造

为了保证预制墩身安装时与承台的竖直精度要求,近墩壁内侧的预制墩身下端外伸 4 根 50cm×30cm 矩形状短柱,柱高 115cm,端部预埋 50cm×30cm×1cm 钢板,下置扁平千斤顶设备进行预制墩身的微调整,以达到墩身竖向的精度要求,然后浇筑墩座,以达到墩身与承台的固结。调整装置构造如图 3.5.1.15 所示。

(7)墩身配筋

墩柱外壁混凝土净保护层最小为 7cm,内壁混凝土净保护层最小为 4cm。

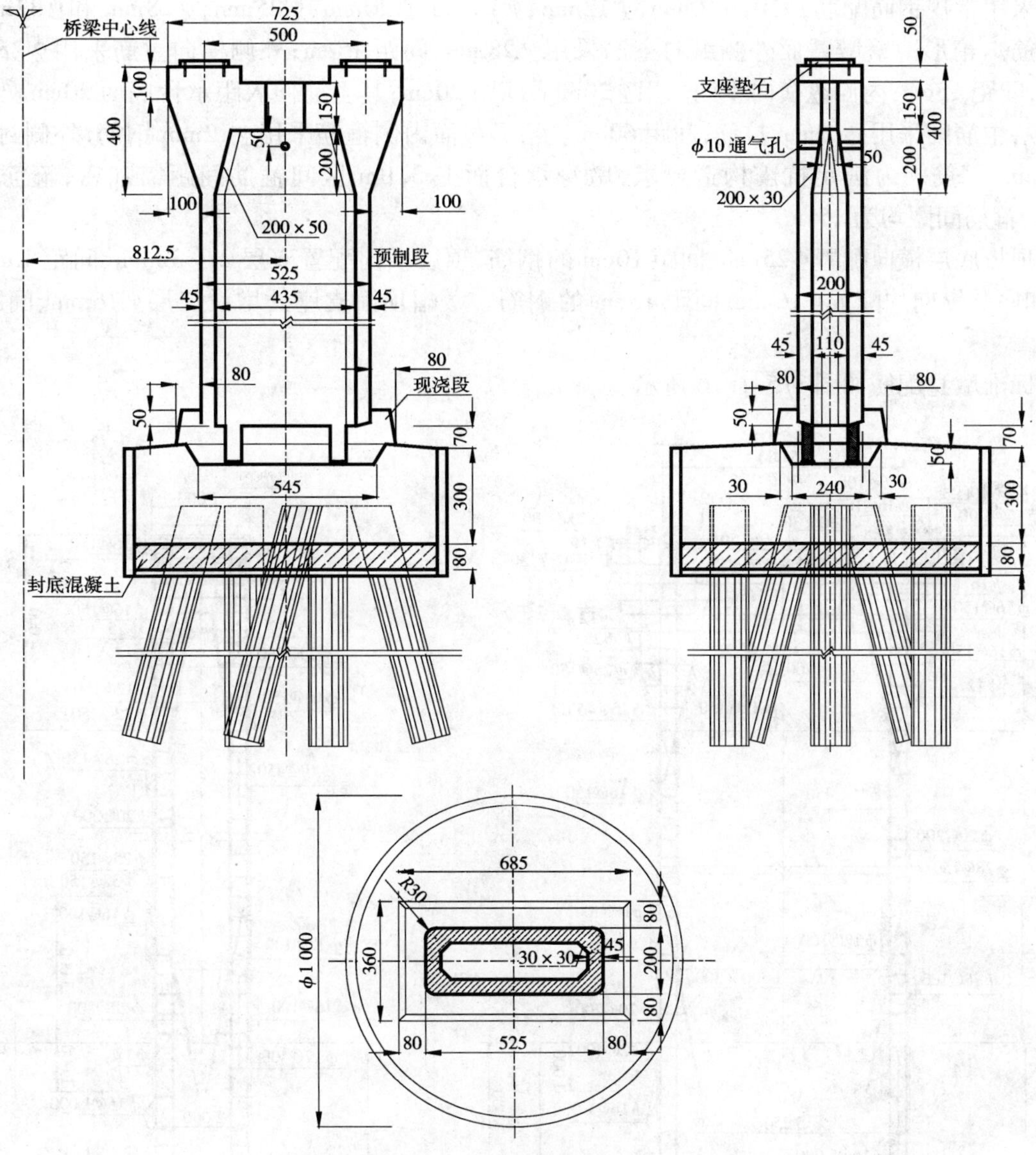

图 3.5.1.14 预制型中墩墩身构造(单位:cm)

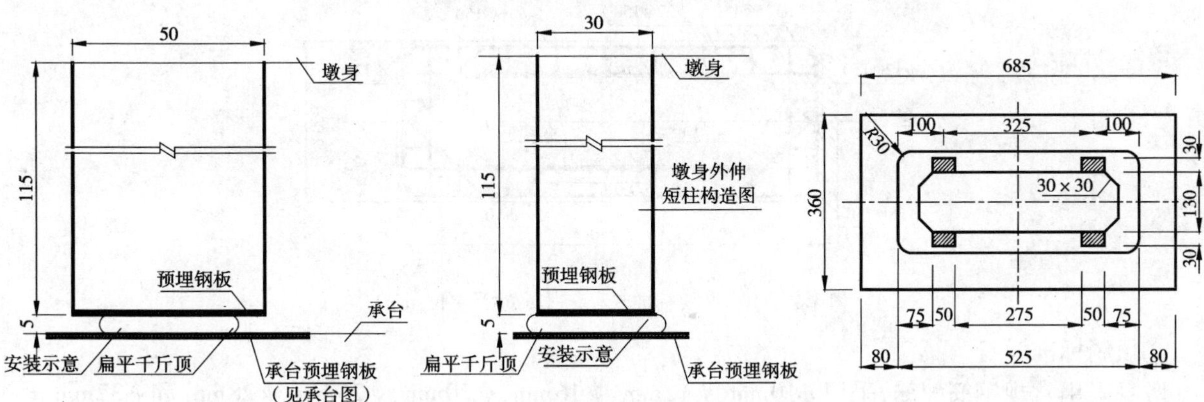

图 3.5.1.15 预制墩竖向调整装置(单位:cm)

①现浇标准墩身

墩身采用常规钢筋配筋，采用 ϕ10mm、ϕ12mm、ϕ16mm、ϕ20mm、ϕ25mm、ϕ28mm 和 ϕ32mm 七类直径的钢筋。箱形薄壁墩截面外侧纵向主筋采用 ϕ28mm，间距 15cm；外侧横向主筋采用 ϕ25mm（或 ϕ32mm），间距 15cm；内侧纵横向主筋采用 ϕ20mm，间距 20cm；其主筋伸入距承台底面 20cm 处。墩壁内层和外层主筋间采用 ϕ10mm 拉筋，间距 60cm。箱形截面内侧箍筋采用 ϕ12mm 钢筋，外侧封闭箍筋采用 ϕ16mm 钢筋。为满足抗震构造要求，墩身承台面上 3.0m 区间箍筋间距需加密，箍筋间距为 10cm，其余箍筋间距均为 15cm。

墩帽顶板底层横向配置 ϕ25mm、间距 10cm 的钢筋，顶层横向配置双层 2 ϕ32mm、间距 15cm 的钢筋，顶层和底层纵向均配置 ϕ16mm、间距 15cm 的钢筋。墩帽顶面支座处增设三层 ϕ16mm、间距 15cm 钢筋网片。

现浇标准墩身配筋如图 3.5.1.16 所示。

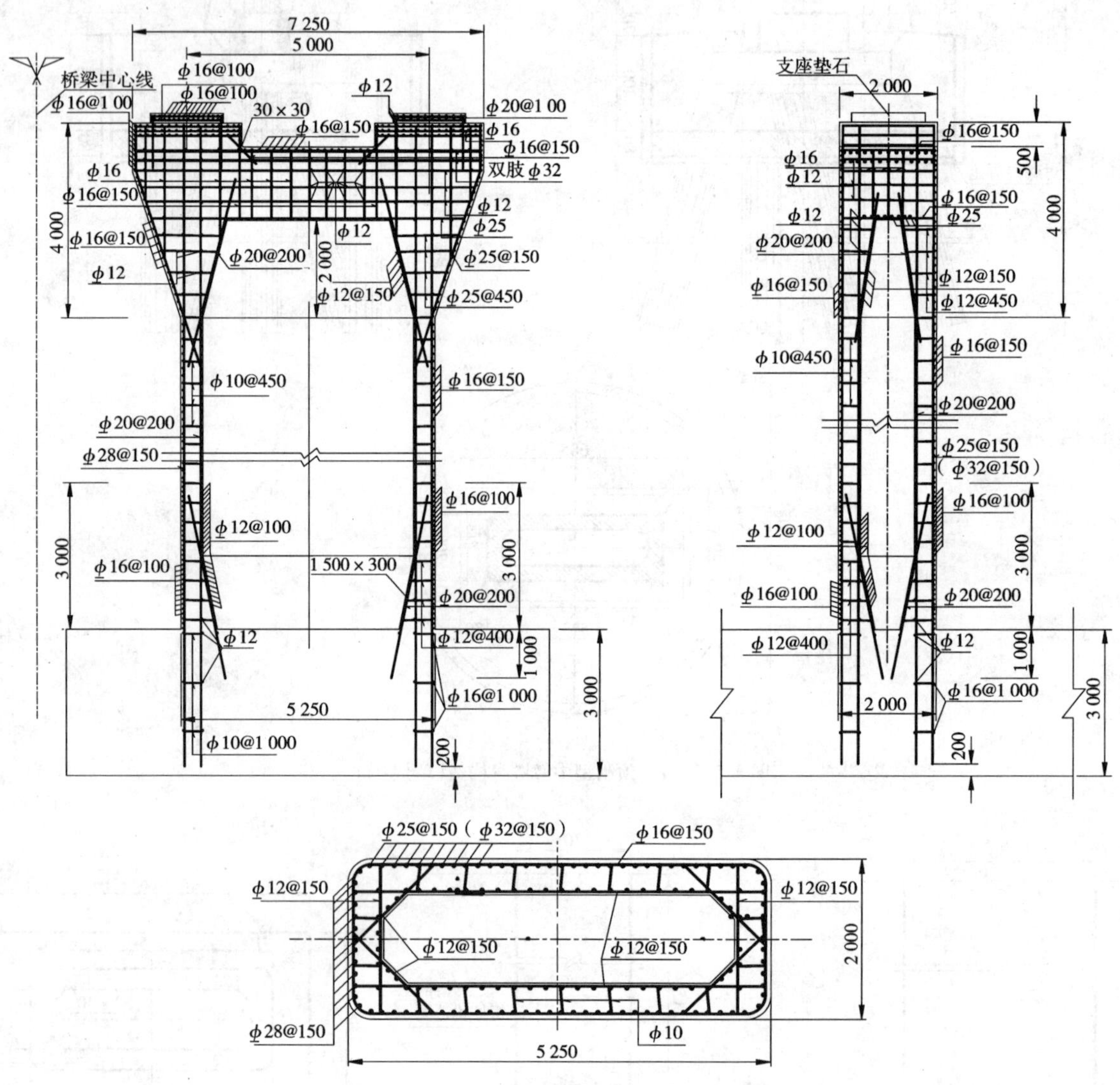

图 3.5.1.16　现浇标准墩墩身钢筋布置（单位：mm）

②预制标准墩身

墩身采用常规钢筋配筋，采用 ϕ10mm、ϕ12mm、ϕ16mm、ϕ20mm、ϕ25mm、ϕ28mm 和 ϕ32mm 七类直径的钢筋。箱形薄壁墩截面外侧纵向主筋采用 ϕ28mm，间距 15cm；外侧横向主筋采用 ϕ25mm（或 ϕ32mm），间距 15cm；内侧纵横向主筋采用 ϕ20mm，间距 20cm；其主筋底部预留了 110cm 长度。墩壁内

层和外层主筋间采用 ϕ10mm 拉筋，间距 60cm。箱形截面内侧箍筋采用ϕ12mm 钢筋，外侧封闭箍筋采用ϕ16mm 钢筋。为满足抗震构造要求，墩身下底面上 3.0m 区间箍筋间距需加密，箍筋间距为 10cm，其余箍筋间距均为 15cm。

墩帽顶板底层横向配置ϕ25mm、间距 10cm 的钢筋，顶层横向配置双层 2 ϕ32mm、间距 15cm 的钢筋，顶层和底层纵向均配置ϕ16mm、间距 15cm 的钢筋。墩帽顶面支座处增设三层ϕ16mm、间距 15cm 钢筋网片。

预制型标准墩身配筋如图 3.5.1.17 所示。

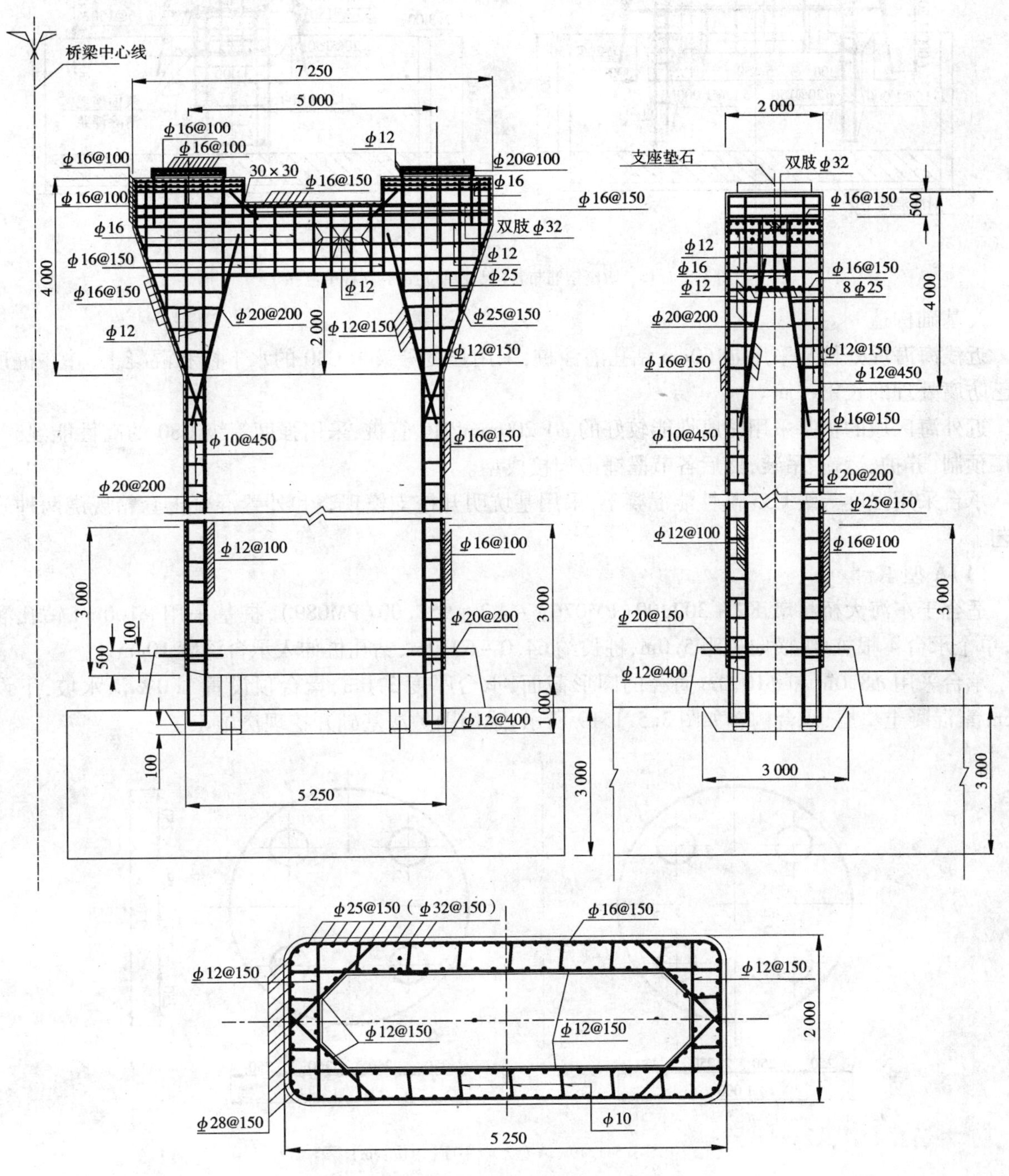

图 3.5.1.17　预制墩墩身钢筋布置(单位:mm)

预制型墩身与承台间设置墩座，墩座内设置与箱形薄壁墩截面对应的内外壁主筋，伸入至承台底面 20cm 处，并与预制墩身预留主筋相焊接；墩座四周设置ϕ20mm、间距 15cm 的钢筋，其主筋伸入承台 100cm。墩座顶面纵横向配置ϕ16mm 钢筋，间距 15cm；与预制墩身底面接触处，纵横向配置ϕ16mm钢筋，间距 15cm。1.2m 高度墩座设置ϕ16mm、间距 15cm 的水平分布钢筋，如图 3.5.1.18 所示。

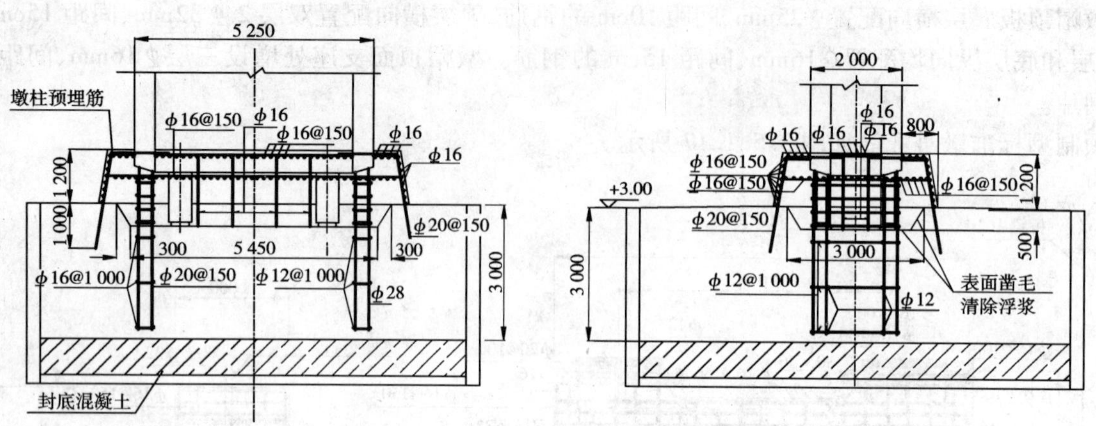

图 3.5.1.18　墩座钢筋布置(尺寸单位:mm;高程单位:m)

2. 基础构造

近浅海海堤处桩基采用ϕ160cm 钻孔灌注桩，采用强度等级为 C30 的水下掺和混凝土，并在桩顶埋置已防腐处理的长钢护筒。

近外海区域的桩基采用防腐性能较好的ϕ1 200mmPHC 管桩，采用强度等级 C80 的高性能混凝土。工厂预制、养护、运输、吊装，然后各节段锤击焊接成型。

承台采用强度等级 C35 高性能混凝土，采用基坑明开挖支模现浇和外置混凝土套箱现浇两种施工工艺。

(1)A 型承台

适合于东海大桥桥墩 K2 + 302.00(PM076) ~ K2 + 952.00(PM089)，桩基采用ϕ160cm 钻孔灌注桩，单个承台 4 根桩，纵横向桩距 5.0m，桩长约 64.0 ~ 69.0m，钻孔桩伸入承台深度 10cm。

承台采用ϕ8.0m 和ϕ10.0m 直径的圆形截面，承台厚度 3.0m，承台顶设置 1.0% 泛水坡，下设置 15cm 素混凝土垫层，承台构造如图 3.5.1.19 所示，采用围护法基础开挖现浇施工工艺。

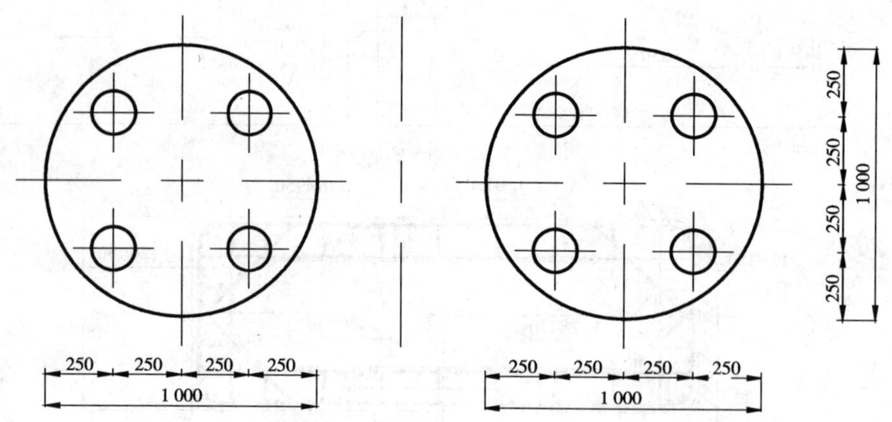

图 3.5.1.19　A 型承台平面(单位:cm)

(2)B 型承台

适合于东海大桥桥墩 K3 + 002.00(PM090) ~ K3 + 002.00(PM100)，单个承台桩基采用 9ϕ120mmPHC 管桩，沿圆周均匀布置 8 根，圆心布置 1 根。横桥向两侧各 2 根和圆心 1 根采用 5:1斜桩，斜桩与横桥向呈35°或45°水平夹角；其余均采用直桩，桩长约37.0～41.0m。为保证PHC管桩与承台的有效连接，管桩伸入承台1.2m。

承台采用直径ϕ10.0m的圆形截面，承台高度3.0m，承台顶设置1.0%泛水坡。施工采用预制成型的钢筋混凝土套箱，其高度为3.65m，套箱封底混凝土厚95cm。其承台构造如图3.5.1.20所示。

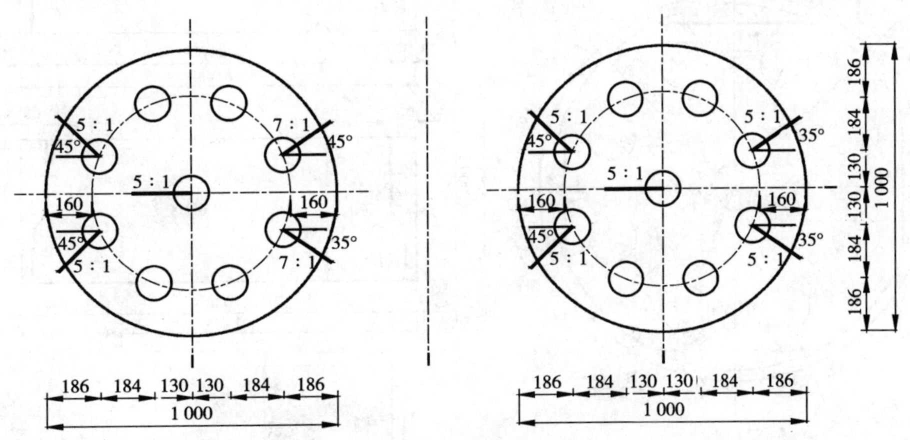

图3.5.1.20　B型承台平面（单位：cm）

（3）预制混凝土套箱构造

水中施工承台采用了预制混凝土套箱，套箱为圆环形截面，标准壁厚30cm，高度3.65m。为满足吊装运输的要求，套箱顶部纵向两侧长度422cm进行壁厚加宽，其端部最大壁厚为80cm；横向两侧长度356cm进行壁厚加宽，其端部最大壁厚65cm；加宽段高度为185cm，其与标准壁厚直线顺接。

套箱壁加厚内侧距离顶面94cm处预埋6块1 000mm×1 500mm×30mm钢板，纵向两侧各2块，间距为240cm，该钢板作为吊装运输的受力吊点。套箱内侧距离底面55cm处沿圆周预埋10块钢板，其中300mm×740mm×20mm钢板6块，450mm×600mm×20mm钢板4块。该预埋钢板方便施工构件的临时连接，有效进行95cm厚度的混凝土封底。

预制混凝土套箱构造如图3.5.1.21所示。

（4）承台配筋

①钻孔灌注桩承台配筋

承台为下部结构的重要受力构件，采用ϕ16mm、ϕ20mm、ϕ22mm、ϕ28mm和ϕ32mm五种类型直径的钢筋。

承台底部配置上下两层钢筋网，其间距为12cm，上下层纵向均配置ϕ32mm主筋，间距15cm，上下层横向均配置ϕ28mm主筋，间距15cm；承台顶部配置纵横向ϕ16mm主筋，间距15cm；承台圆周侧面配置ϕ16mm、间距15cm的钢筋，并与承台顶底主筋相焊接；沿承台高度方向配置ϕ16mm、间距15cm水平分布钢筋；为了保证承台顶层钢筋的定位，顶底层主筋间设置ϕ16mm、间距60cm的竖向支撑钢筋；承台高度中间位置配置一层ϕ22mm、纵横向间距20cm的钢筋网。钻孔灌注桩承台配筋如图3.5.1.22所示。

②PHC管桩承台配筋

混凝土套箱内承台为下部结构的重要受力构件，采用ϕ12mm、ϕ16mm、ϕ28mm和ϕ32mm四种类型直径的钢筋。

距承台底面7.5cm处纵横向配置ϕ12mm、间距10cm的钢筋网片。由于管桩沿承台中心圆周分布，其主筋的配置呈井字形布置。承台底部配置了上中下三层钢筋网，其间距为9cm，下层沿外侧圆周配置5ϕ28mm、间距15cm的钢筋，并配置一道井字形主筋，单侧均为8根双肢ϕ32mm、间距15cm；圆周处管桩与承台周边配置5ϕ16mm、间距20cm的主筋，呈径向布置；中层配置一道井字形主筋，单侧均为8ϕ28mm、间距15cm；上层沿纵桥向配置两个X形主筋，单侧为8ϕ32mm、间距15cm。

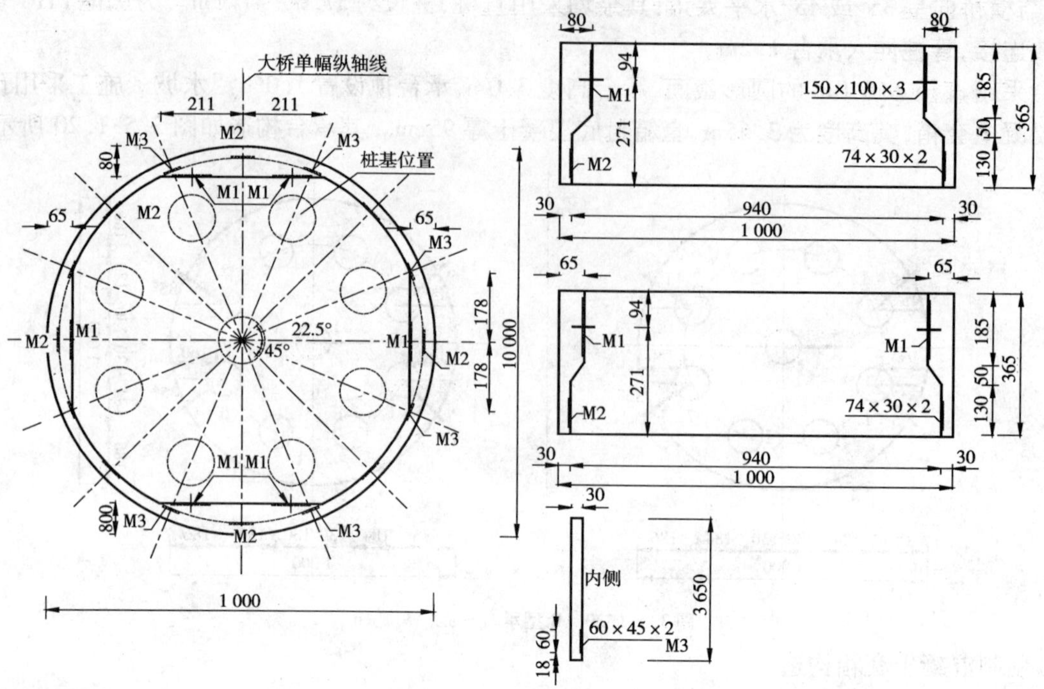

图 3.5.1.21　预制混凝土套箱构造(单位:mm)

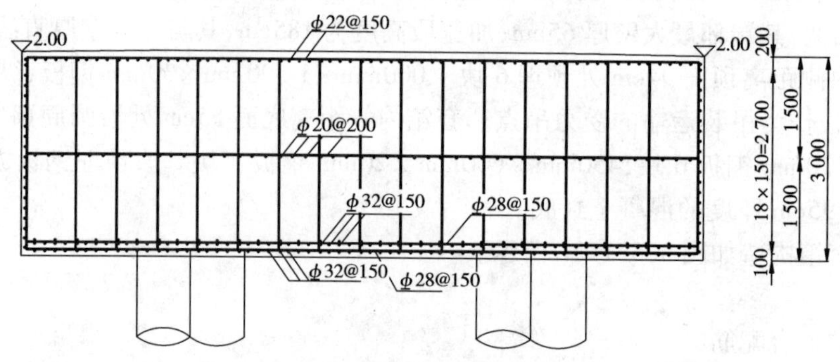

图 3.5.1.22　钻孔灌注桩承台钢筋布置(尺寸单位:mm;高程单位:m)

预制混凝土套箱内承台分两次浇筑,承台高度 1.0m 处设置为混凝土分界面,该面下 5cm 处纵横向配置ϕ16mm、间距 15cm 的钢筋;在管桩处设置两道井字形加强筋,单侧均为 3 ϕ16mm、间距 10cm。管桩顶面纵横向配置ϕ16mm、间距 15cm 的钢筋网,且沿中心桩与圆周桩之间配置ϕ16mm、间距 15cm 的环形状钢筋网。

墩身安装槽面以下 5cm 处和墩身四周承台顶层纵横向均配置ϕ16mm、间距 15cm 的钢筋网。承台圆周侧面配置ϕ16mm、间距 20cm 钢筋;沿承台高度方向配置ϕ16mm、间距 20cm 水平分布钢筋;为了保证承台顶层钢筋的定位,顶底层主筋间设置 16mm、间距 60cm 的竖向支撑钢筋。

PHC 管桩承台配筋如图 3.5.1.23 所示。

(5)钻孔桩与承台的连接构造

ϕ160cm 钻孔灌注桩伸入承台 10cm,其主筋呈 15°喇叭形伸入承台 150cm,并配置 10cm 间距的ϕ10mm 螺旋钢筋,如图 3.5.1.24 所示。

为有利于钻孔桩施工应埋设已防腐处理的长钢护筒,钢护筒材质采用 Q235,壁厚不小于 10mm,且护筒入土深度不小于 4.0m。

(6)管桩与承台的连接构造

为了保证 ϕ1 200mmPHC 管桩与承台的有效连接,管桩伸入承台 120cm。同时,为保证斜管桩的有

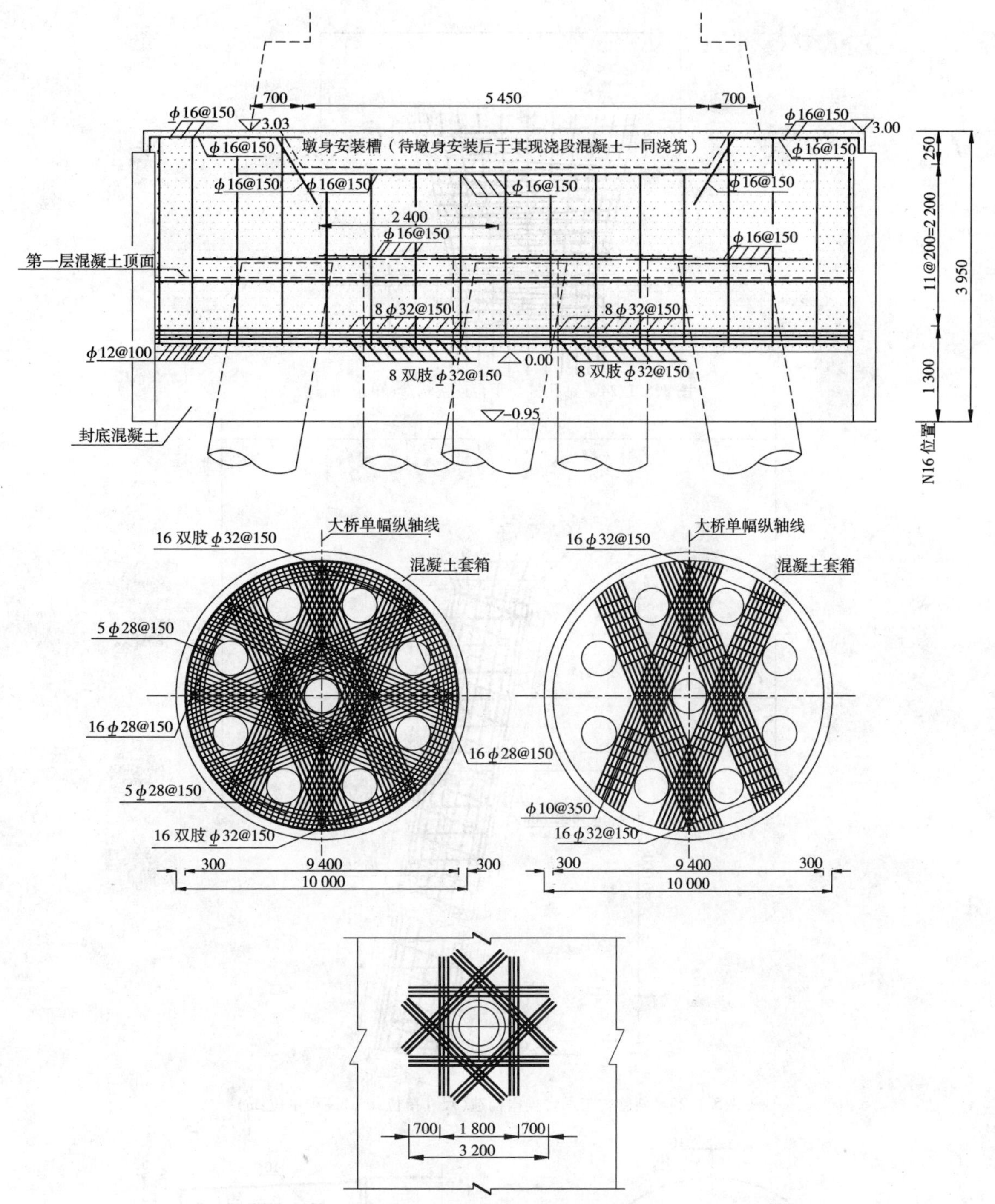

图 3.5.1.23 PHC 管桩承台钢筋布置(尺寸单位:mm;高程单位:m)

效受力,斜管桩做切除三角形的处理,使管桩顶平面保持水平。在管桩内径设置喇叭形钢筋笼,主筋采用 16 ϕ20mm,管内圆周均匀分布,并配置 ϕ8mm、间距 20cm 的螺旋箍筋;管桩顶部设置一层ϕ16mm、间距 10cm 的钢筋网,管桩填芯采用 C30 混凝土,其深度为 20.0m,如图 3.5.1.25 所示。

(7)管桩底部构造

ϕ1 200mmPHC 管桩采用预制打入施工法,为了保证管桩顺利到达设计高程,其下节管桩桩底一般需安装十字形、开口型或圆锥型的钢桩尖。根据海上段桥位地质资料,管桩采用开口型钢桩尖,其构造如图 3.5.1.26 所示。

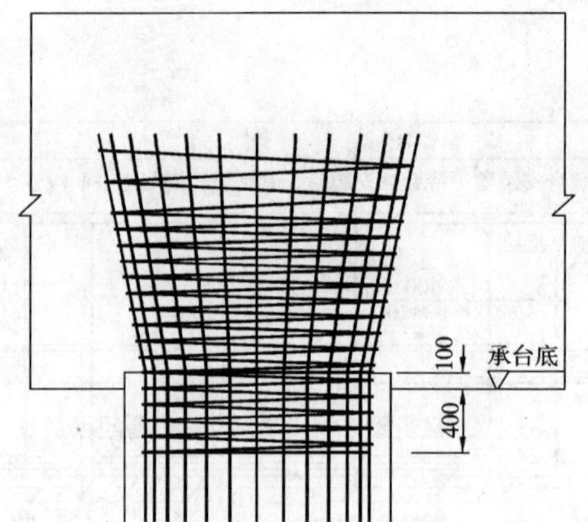

图 3.5.1.24　钻孔桩与承台连接构造(单位:mm)

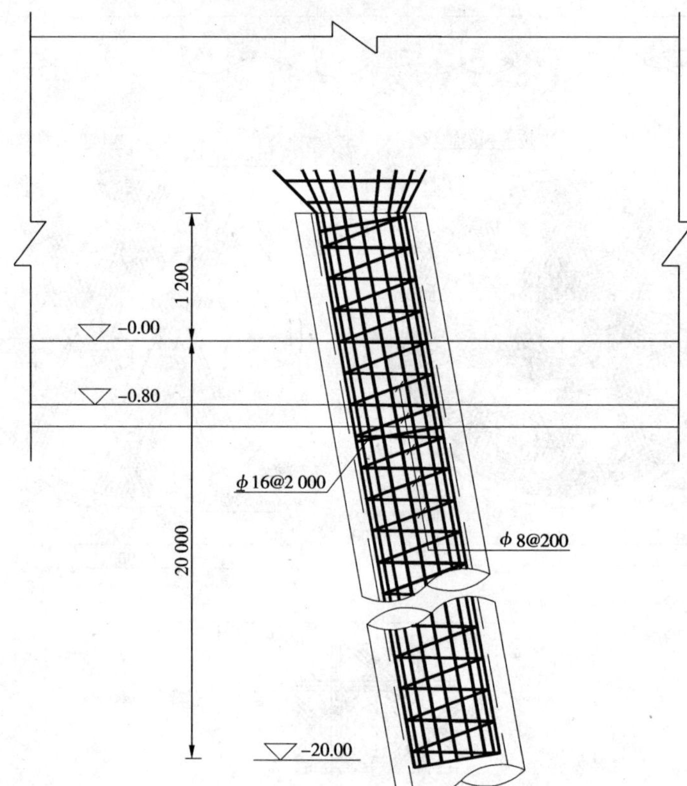

图 3.5.1.25　斜管桩与承台连接构造(尺寸单位:mm;高程单位:m)

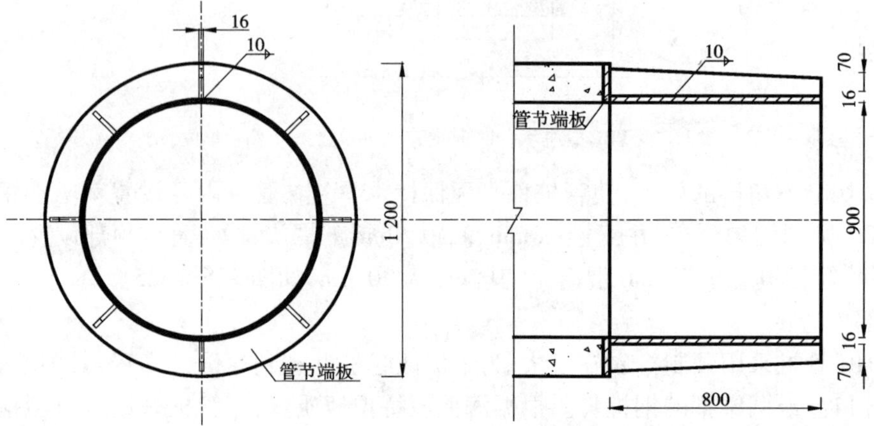

图 3.5.1.26　管桩开口型钢桩尖构造示意(单位:mm)

5.2　6×60m预应力混凝土连续箱梁桥设计

60m跨径的六跨一联预应力混凝土单箱单室连续箱梁桥上部结构，采用预制梁整孔吊装架设，现浇墩顶连接段采用简支变连续的施工工艺。

桩基设计结合了工程特点，根据桩基区域地质、水域环境、施工条件等因素，基础采用防腐能力较佳的ϕ1 200mmPHC管桩和ϕ1 500mm钢管桩。依据地质报告资料，PHC管桩以$⑦_{1\text{-}2}$草黄色砂质粉土层作为桩基持力层，其管桩桩长约38.0～58.0m；钢管桩以$⑦_2$灰黄色粉砂层作为桩基持力层，其钢管桩桩长约53.0～70.0m。所采用的三种形式的承台，一部分为ϕ1 000cm或ϕ1 100cm直径的圆形截面，承台厚度为3.0m和3.5m，外置混凝土套箱，下设95cm厚封底混凝土；另外部分为菱形端矩形截面2 785cm×1 020cm，承台厚度350cm，外置混凝土套箱，下设95cm厚封底混凝土。

标准桥墩沿左右分离的桥梁中心线布置，采用花瓶形墩身，左右桥墩墩中心距为16.25m。桥墩顺桥向宽度根据支座布置及支座吨位尺寸要求在顶部适当加宽。

箱梁、墩身和承台均采用高性能混凝土。PHC管桩和钢管桩采用预制打入法；承台采用预制混凝土套箱现浇施工；墩身采用预制成型、运输和吊装就位的施工方法；墩座采用现浇施工。

6×60m连续梁桥总体布置如图3.5.2.1所示。

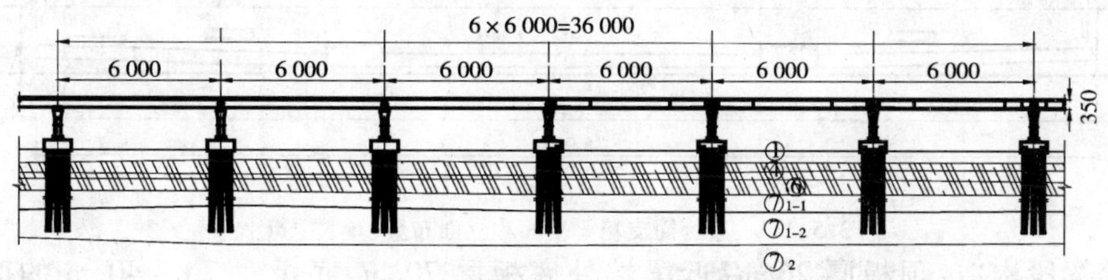

图3.5.2.1　6×60m连续梁桥总体布置(单位：cm)

5.2.1　上部结构构造

1.桥跨布置及箱梁构造尺寸

六跨一联的等高度预应力混凝土连续箱梁桥的横断面为两个分离式单箱单室箱形截面。桥面横向布置宽度为0.5m(防撞护栏)+2.5m(紧急停车带)+11.75m(行车道)+0.5m(防撞护栏)+1.0m(中央隔离带)+0.5m(防撞护栏)+11.75m(行车道)+2.5m(紧急停车带)+0.5m(防撞护栏)，桥面全宽31.5m，并设置2.0%双向横坡。桥梁横断面布置如图3.5.2.2所示。

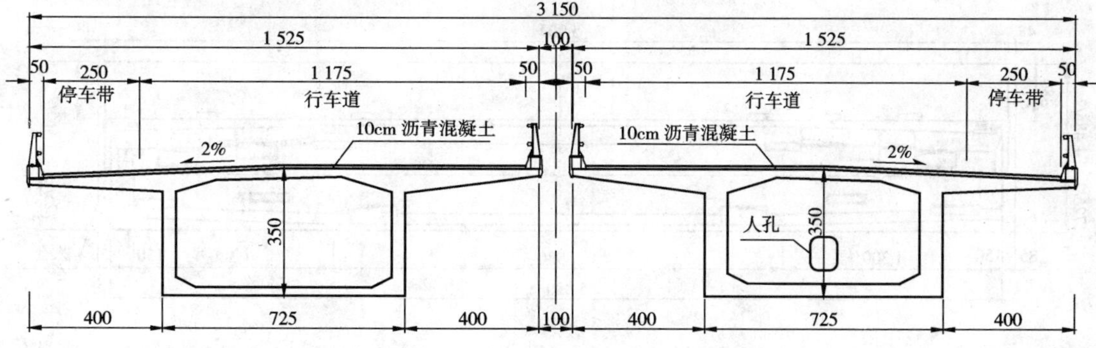

图3.5.2.2　桥梁横断面布置(单位：cm)

单幅六跨一联等高度预应力混凝土连续箱梁，采用单箱单室直腹板箱形截面，梁高3.5m，高跨比1/17.1。全桥设置7道支点横隔梁，边墩横隔梁宽1.1m，中墩横隔梁宽1.7m，所有横隔梁内均设置80cm×100cm人孔。纵桥向每隔2.0m间距在每道腹板和底板内设置ϕ5cm通气孔。连续梁桥采用单孔箱梁整体吊装，由简支变连续的施工方法，每跨简支箱梁距梁端部不小于5.0m处设置起吊点，中墩处简支箱梁距梁端1.2m处设置临时支座构造，中墩墩顶现浇段长度为96cm。

边跨简支箱梁段构造：顶板厚26cm；边支点梁端处底板厚55cm，跨中底板厚25cm，其变化段长度为350cm；近中支点梁端处底板厚70cm，底板厚70～40cm的变化段长度为150cm，底板厚度40～25cm的变化段长度为1 300cm。边支点梁端处腹板厚70cm，跨中腹板厚40cm，其变化段长度为1 110cm；近中支点梁端处腹板厚80cm，跨中腹板厚40cm，其变化段长度为1 300cm。横隔梁与顶板连接处设置30cm×50cm倒角。

边跨简支箱梁构造如图3.5.2.3所示。

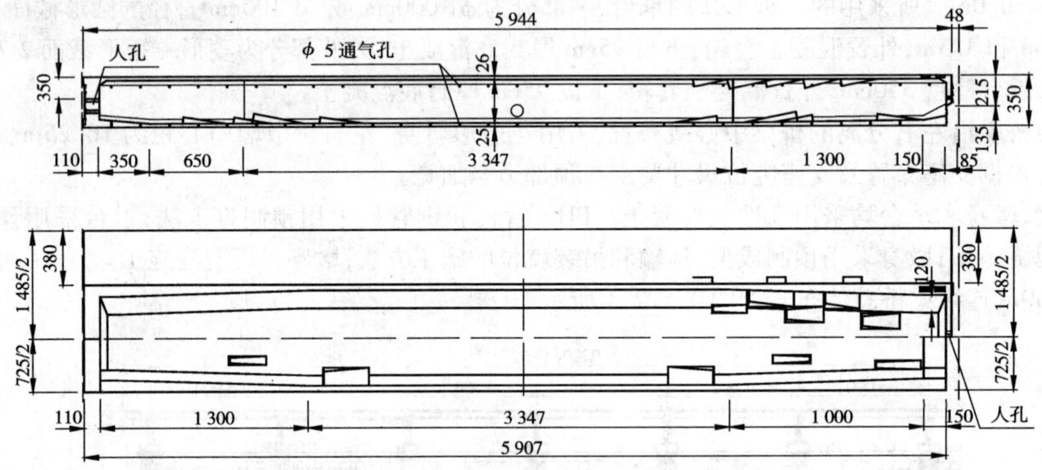

图3.5.2.3 边跨简支箱梁平面和立面布置(单位:cm)

中跨简支箱梁段构造：顶板厚26cm；近梁端处底板厚70cm，底板厚70～40cm的变化段长度为150cm，底板厚度40～25cm的变化段长度为1 300cm。近梁端处腹板厚80cm，跨中腹板厚40cm，其变化段长度为1 300cm。横隔梁与顶板连接处设置30cm×50cm倒角。

中跨简支箱梁构造如图3.5.2.4所示。

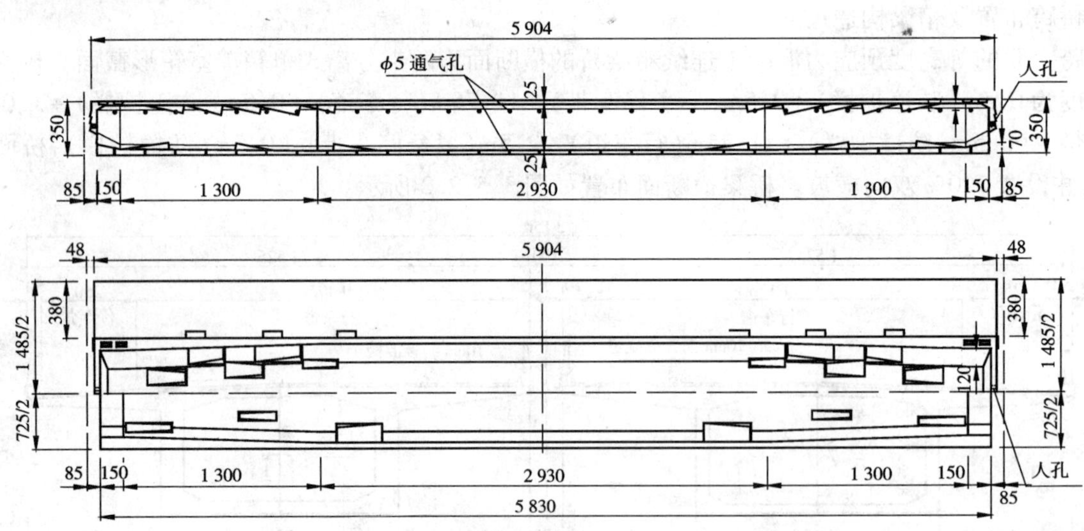

图3.5.2.4 中跨简支箱梁平面和立面布置(单位:cm)

单幅箱梁横断面采用单箱单室直腹板箱形截面，箱梁顶板宽1 525cm，底板宽725cm，宽跨比1/8.3，中心处梁高3.5cm，其箱梁顶面设置2.0%的单向横坡，底板则保持水平；箱梁两侧悬臂板长度为4.0m，其宽跨比1/15，悬臂板端部厚度20cm，根部厚度55cm，高跨比1/7.27。

箱梁跨中截面的顶板厚度26cm，底板厚度25cm，腹板厚度40cm。箱梁边支点处截面的顶板厚度

56cm、底板厚度55cm、腹板厚度70cm。箱梁中支点处截面的顶板厚度56cm,底板厚度70cm,腹板厚度80cm。箱梁内底板与腹板连接处设置30cm×70cm下倒角,顶板与腹板连接处设置30cm×120cm上倒角。箱梁横断面见图3.5.2.5。

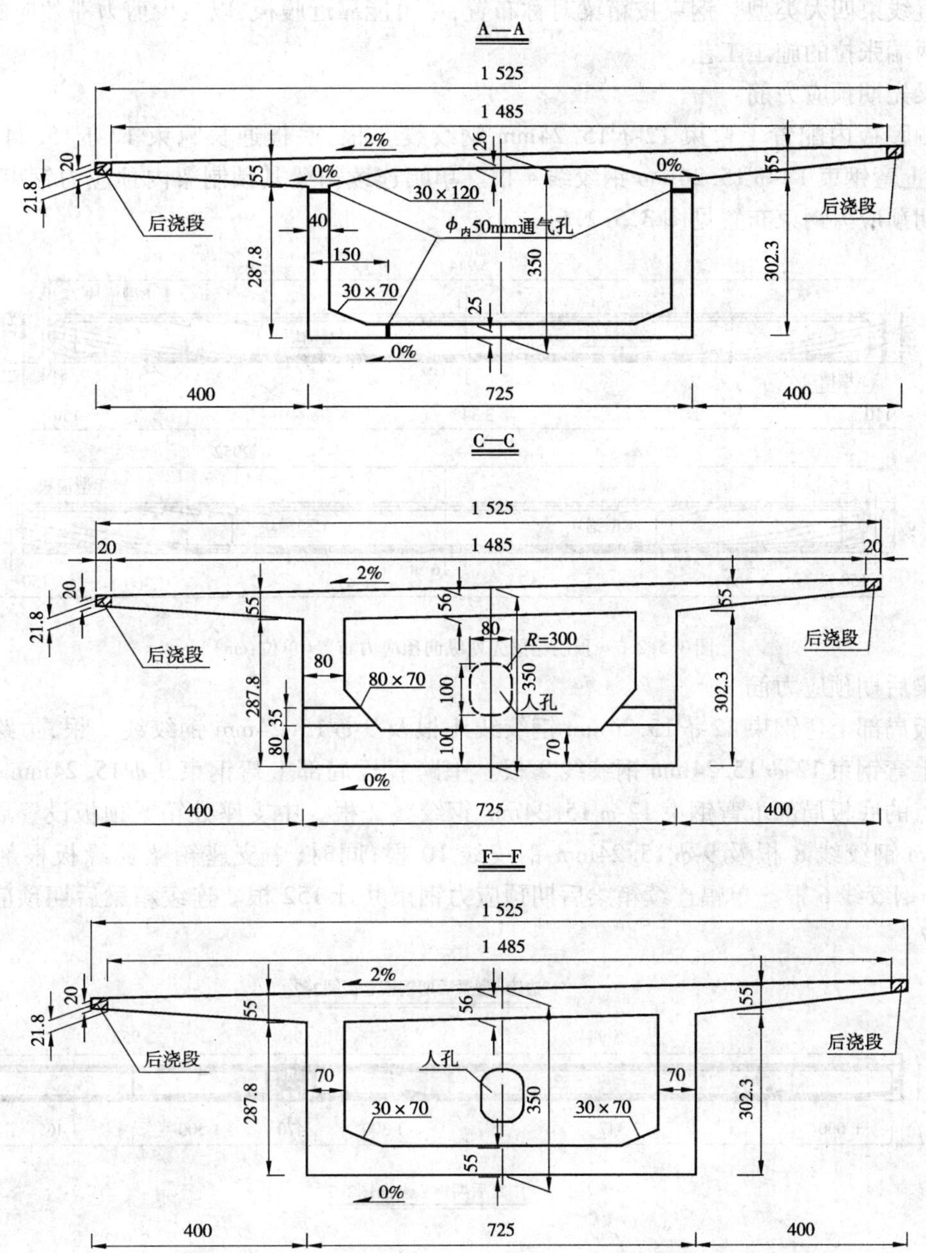

图3.5.2.5 箱梁横断面构造尺寸(单位:cm)

位于道路平曲线内的箱梁可以通过调整两侧翼缘板的长度来实施,而箱梁的腹板仍保持直线。

箱梁采用强度等级为C50的高性能混凝土。

2. 预应力筋的布置

箱梁采用纵向和横向双向预应力体系。纵横向预应力筋采用$\phi^{j}15.24$mm高强度低松弛钢绞线束,其标准强度$R_y^b = 1\,860$MPa,锚下控制应力$\sigma_k = 0.78R_y^b = 1\,450.8$MPa。竖向预应力筋采用32mm JL750级精轧螺纹钢筋,其标准强度$R_y^b = 750$MPa,张拉控制应力$\sigma_k = 0.9R_y^b = 675$MPa。预应力筋张拉必须待混凝土达到100%设计强度和15d龄期才可进行。

(1)纵向预应力筋

箱梁纵向预应力筋主要分为预制梁先期钢束——腹板上弯束、跨中局部底板上弯束和底板直束三大类型;连续梁后期钢束——跨中局部底板上弯束、中支点箱梁底板交叉束、中支点箱梁顶板下弯束和悬臂板局部直线束四大类型。钢束按箱梁对称布置,尽可能靠近腹板,以减少剪力滞效应的影响。预应力钢束采用两端张拉的施工工艺。

①预制梁先期预应力筋

箱梁单侧腹板内配置上弯束 12-ϕ^j15.24mm 钢绞线 8 根,底板通长直束 12-ϕ^j15.24mm 钢绞线 2 根,底板局部上弯钢束 12-ϕ^j15.24mm 钢绞线 4 根。单幅连续箱梁其预制梁内预应力钢束共计 132 根。预制箱梁先期预应力钢束布置见图 3.5.2.6。

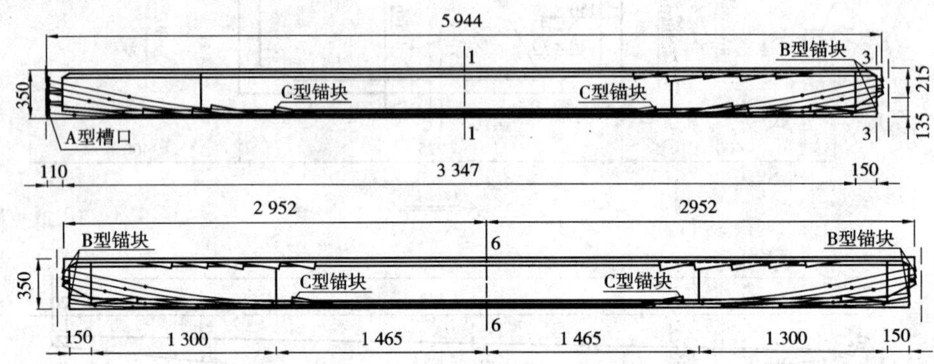

图 3.5.2.6 预制箱梁先期纵向预应力布置(单位:cm)

②连续梁后期预应力筋

边跨底板局部上弯钢束 12-ϕ^j15.24mm 钢绞线 4 根及 9-ϕ^j15.24mm 钢绞线 2 根,边跨通过中支点的底板局部上弯钢束 12-ϕ^j15.24mm 钢绞线 2 根。中跨底板局部上弯钢束 9-ϕ^j15.24mm 钢绞线 2 根,通过两中支点的底板局部上弯钢束 12-ϕ^j15.24mm 钢绞线 2 根。中支座处箱梁顶板设置局部下弯钢束 12-ϕ^j15.24mm 钢绞线 8 根及 9-ϕ^j15.24mm 钢绞线 10 根;同时,中支座箱梁翼缘板根部配置直线形 9-ϕ^j15.24mm钢绞线 6 根。单幅连续箱梁后期预应力钢束共计 152 根。连续箱梁后期预应力钢束布置见图 3.5.2.7。

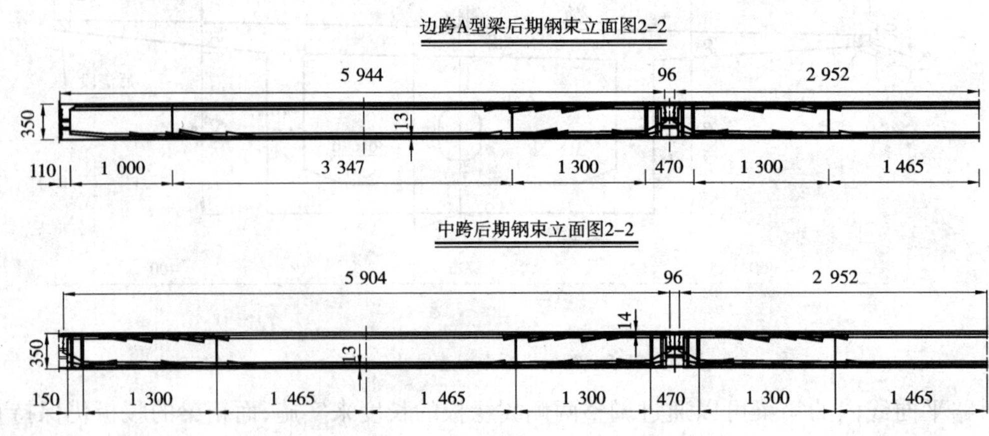

图 3.5.2.7 连续箱梁后期纵向预应力布置(单位:cm)

连续箱梁钢束横断面如图 3.5.2.8 所示。

(2)横向预应力筋

单幅箱梁顶板横向预应力筋,采用 3-ϕ^j15.24mm 钢绞线束,扁锚体系,如图 3.5.2.9 所示。横向预应力钢束除预制梁梁端采用 40cm 间距外,其余均采用 50cm 间距,单幅一联合计 727 根。预应力钢束采用一端交替张拉施工工艺。

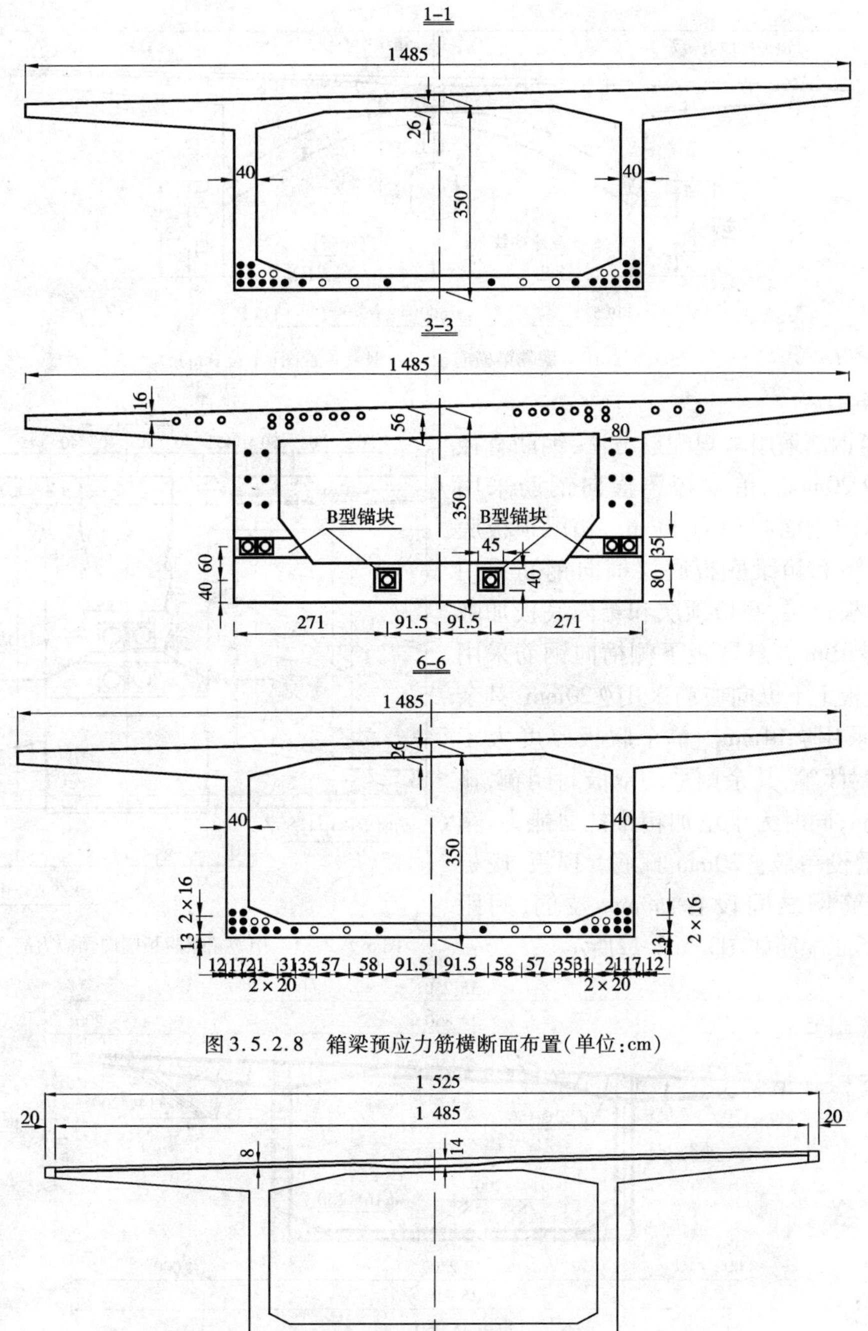

图 3.5.2.8　箱梁预应力筋横断面布置(单位:cm)

图 3.5.2.9　箱梁横向预应力钢束布置(单位:cm)

连续箱梁现浇 96cm 宽的中横隔梁内配置两排横向预应力弯束,每排 12-ϕ^j15.24mm 钢绞线 2 根,其间距为 31cm;预制边梁 110cm 宽端横隔梁内配置一排横向预应力弯束,一排 12-ϕ^j15.24mm 钢绞线 2 根,其间距为 31cm;构造如图 3.5.2.10 所示。单幅连续梁横隔梁预应力钢束合计 24 根。横向预应力筋采用两端张拉的施工工艺。

(3)竖向预应力筋

连续箱梁在各中墩现浇横隔梁两侧 2.0m 范围内,每侧腹板中配置 2 组间距 100cm 的 32mm JL750 级精轧螺纹粗钢筋,2 根间距 16cm 的竖向预应力筋为一组,单幅连续梁粗钢筋共计 80 根。预应力筋采用一端两次反复张拉的施工工艺。竖向钢筋上锚垫板距离梁顶面 15cm,下锚垫板距离梁底面 17cm。其构造如图 3.5.2.11 所示。

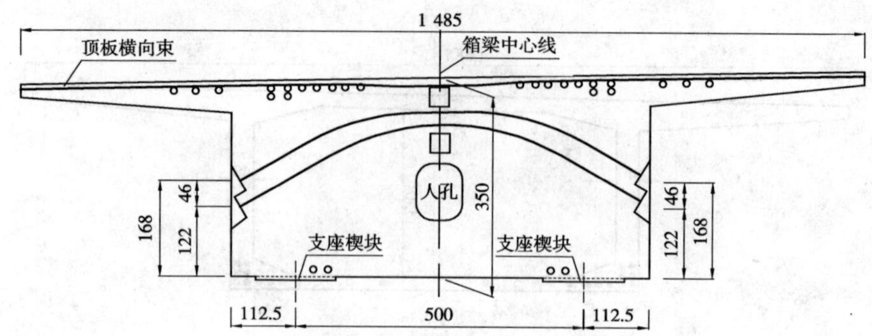

图 3.5.2.10 横隔梁横向预应力钢束布置图(单位:cm)

3. 普通钢筋构造

箱梁的普通钢筋采用常规配筋方法,钢筋直径一般为 $\phi10 \sim \phi20$mm。单幅箱梁横向钢筋采用15cm 间距,而纵向钢筋间距为 20cm。箱梁顶板底层、箱内顶板加腋和箱梁底板底层横向钢筋采用 $\phi20$mm;箱梁顶板顶层、底板顶层和箱内底板加腋横向钢筋采用 $\phi16$mm;悬臂板下侧横向钢筋采用 $\phi14$mm。箱梁腹板上下纵向主筋采用 $\phi20$mm;其余纵向钢筋全部采用 $\phi14$mm。单个腹板厚度大于40cm 采用四肢封闭箍,其余则采用双肢封闭箍,箍筋直径为 $\phi16$mm,同时为了增加箱梁抗剪能力,箱梁腹板内壁侧增设单肢 $\phi20$mm 箍筋。顶板、底板和腹板上下钢筋网之间设置 $\phi8$mm 拉筋,间距60cm。箱梁横断面配筋如图3.5.2.12所示。

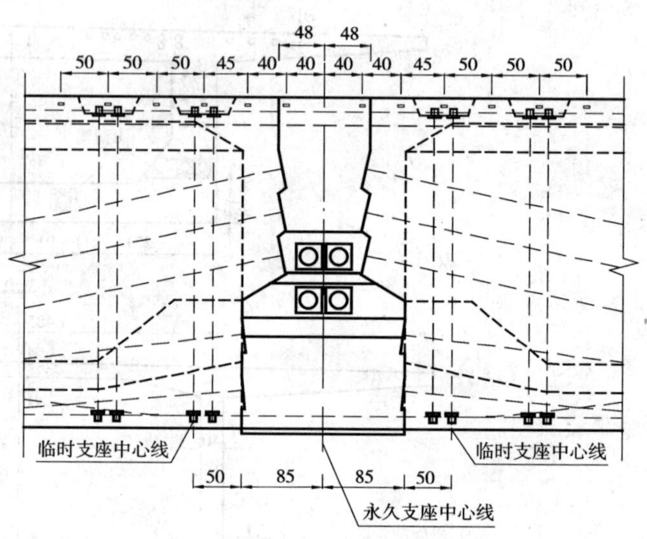

图 3.5.2.11 中墩箱梁腹板竖向预应力筋布置(单位:cm)

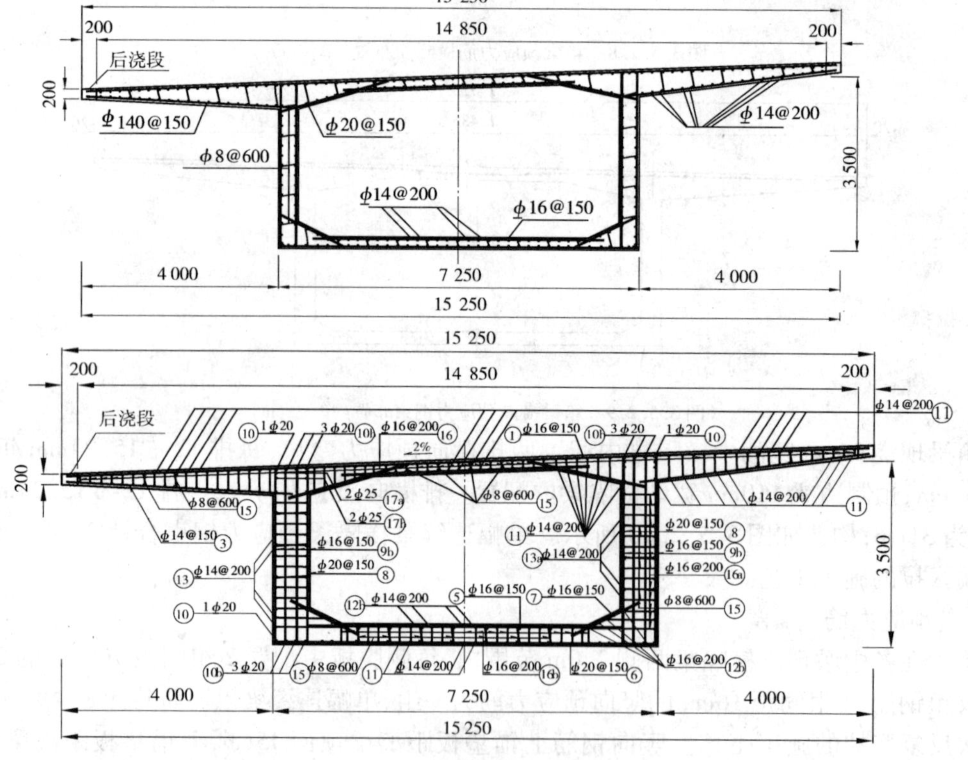

图 3.5.2.12 箱梁横断面普通钢筋布置(单位:mm)

简支变连续在其现浇的96cm宽横隔梁中设置了合拢段劲型钢结构支撑体系，改善连接处混凝土的受力。

4. 支座设置构造

单幅六跨一联简支变连续的等高度预应力连续箱梁桥，采用球形钢支座，单幅桥梁设置1个固定支座、7个单向支座和6个双向支座，横桥向两支座间距为5.0m。

由于该桥采用简支变连续的施工工艺，需采用临时支座与永久支座转换的形式。

5. 箱梁抗震挡块构造

箱梁在支点横隔梁梁底处设置混凝土挡块，中墩横隔梁处设置纵宽1.5m、横长2.4m、高度0.8m混凝土挡块，边墩横隔梁处设置纵宽0.9m、横长2.4m、高度0.8m混凝土挡块，与桥墩的横向限位挡块共同组成横向抗震装置，如图3.5.2.13所示。

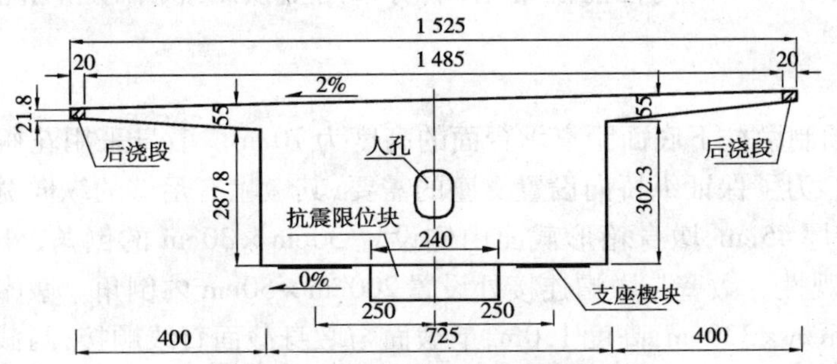

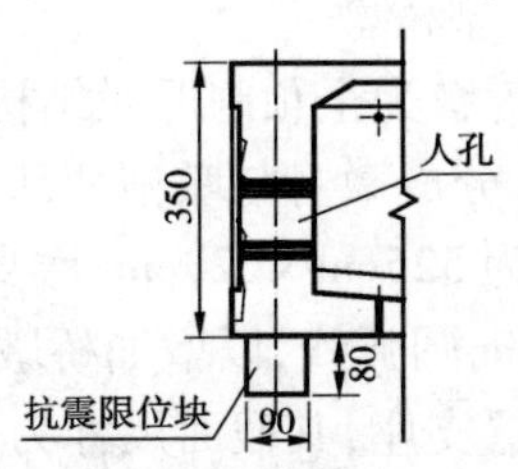

图3.5.2.13　箱梁横向抗震挡块(单位:cm)

6. 箱梁梁底楔形块构造

桥梁结构受道路竖曲线的影响产生单孔箱梁的纵坡，而规范要求支座处上下面必须保持水平状态，故支座处梁底采用如图3.5.2.14所示楔形块构造，以满足支承面的水平要求。支座中心线处的垫层高度6cm，纵横向平面尺寸为120cm×120cm，支座接触面纵坡为0%。

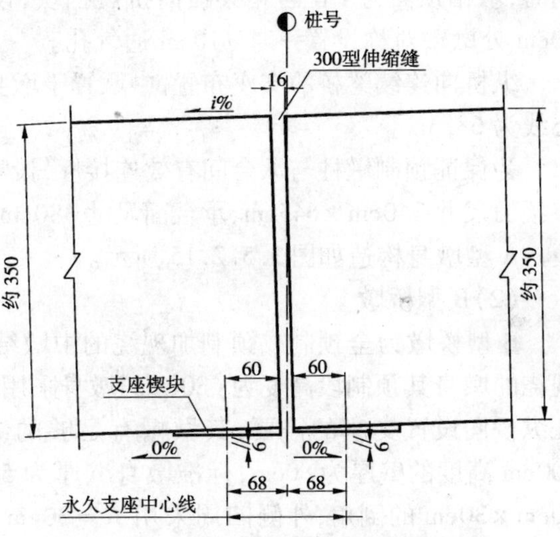

图3.5.2.14　支座处楔形块构造(单位:cm)

5.2.2　下部结构构造

60m跨径非通航孔桥梁为上、下行独立桥梁，墩身和上部结构呈分离状态，基础则根据其地质资料、水文环境和施工条件等因素确定分离或整体式的类型。

60m跨径K3+552.00(PM101)~K15+069.00(PM288)的桥墩类型汇总见表3.5.2.1。

60m跨径桥墩基础类型汇总　　表3.5.2.1

墩　号	桥墩类型	预制情况	墩属性
PM102~PM137 PM155~PM227 PM255~PM287	A型	全预制	低墩
PM138、PM139 PM153、PM154 PM228、PM229 PM253、PM254	B型	全预制	中墩

续上表

墩　号	桥墩类型	预制情况	墩属性
PM140 ~ PM143 PM149 ~ PM152 PM230 ~ PM233 PM249 ~ PM252	B 型	预制 + 现浇	中墩
PM234 ~ PM238 PM244 ~ PM248	C 型	预制 + 现浇	高墩

1. 桥墩构造和配筋

桥墩墩身和墩座采用强度等级为 C40 的高性能混凝土，墩身采用全预制或预制加现浇的施工方法，墩座采用现浇施工工艺。

(1) A 型桥墩

A 型桥墩为全预制低墩结构，预制墩柱下底面距离承台面的高度为 70cm。墩身采用花瓶形单箱单室薄壁墩，分成墩身与墩帽两部分。为了保证纵桥向设置支座的需要，其墩帽有足够的纵向宽度。墩身截面尺寸为 525cm × 220cm，墩身壁厚 45cm，墩身箱形截面内侧设置 30cm × 30cm 的倒角，外侧四周采用 R = 30cm 圆弧线，以增加桥墩美观性。墩壁与墩帽连接处设置 200cm × 50cm 内倒角。墩帽上截面为了横向放置支座，其截面尺寸为 725cm × 320cm，高度 1.0m，下截面与墩身截面直线顺接，两截面过渡段高度 3.0m。墩帽设置封头顶板厚 2.0m，内设置 60cm × 100cm 人孔，待墩柱施工完毕加人孔盖板封闭。同时，墩帽顶面为了配合箱梁横向抗震挡块，设置横长 275cm、深度 50cm 的凹槽。在距墩帽顶板底面 50cm 处墩壁对称设置一对 ϕ10cm 通气孔。

纵桥向连续梁桥的支座布置，中墩置于墩身中心线，边墩布置两排支座，其支座中心线距离墩身中心线为 68cm。

为保证预制墩柱与承台间有效连接性，设置高度 1.7m 的墩座，其中墩座伸入承台 50cm 深度。墩座顶面尺寸 340cm × 645cm，承台面尺寸 380cm × 685cm。

A 型墩身构造如图 3.5.2.15 所示。

(2) B 型桥墩

B 型桥墩为全预制或预制加现浇的中墩结构，预制墩柱下底面距离承台面的高度为 70cm，预制加现浇的墩身其预制段高度为 680cm。墩身采用花瓶形单箱单室薄壁墩，分成墩身与墩帽两部分，为了保证纵桥向设置支座的需要，其墩帽有足够的纵向宽度。墩身截面尺寸为 525cm × 280cm，墩身下部 100cm 高度的壁厚为 80cm，标准墩身壁厚为 50cm，墩壁过渡段高度 100cm。墩身箱形截面内侧设置 30cm × 30cm 的倒角，外侧四周采用 R = 30cm 圆弧线，以增加桥墩美观性。墩壁与墩帽连接处设置 200cm × 50cm 内倒角。墩帽上截面为了横向放置支座，其截面尺寸为 725cm × 320cm，高度 1.0m，下截面与墩身截面直线顺接，两截面过渡段高度 3.0m。墩帽设置封头顶板厚 2.0m，内设置 60cm × 100cm 人孔，待墩柱施工完毕加人孔盖板封闭。同时，墩帽顶面为了配合箱梁横向抗震挡块，设置横长 275cm、深度 50cm 的凹槽。墩壁在高程 +12.5m 以上每隔 500cm 对称设置一对 ϕ10cm 通气孔，纵横墩壁交叉错位布置。

纵桥向连续梁桥的支座布置，中墩置于墩身中心线，边墩布置两排支座，其支座中心线距离墩身中心线为 68cm。

为保证预制墩柱与承台间有效连接性，设置高度 1.7m 的墩座，其中墩座伸入承台 50cm 深度。墩座顶面尺寸 400cm × 645cm，承台面尺寸 440cm × 685cm。

B 型墩身构造如图 3.5.2.16 所示。

(3) C 型桥墩

C 型桥墩为预制加现浇的高墩结构，预制墩柱下底面距离承台面的高度为 70cm，其预制段高度为

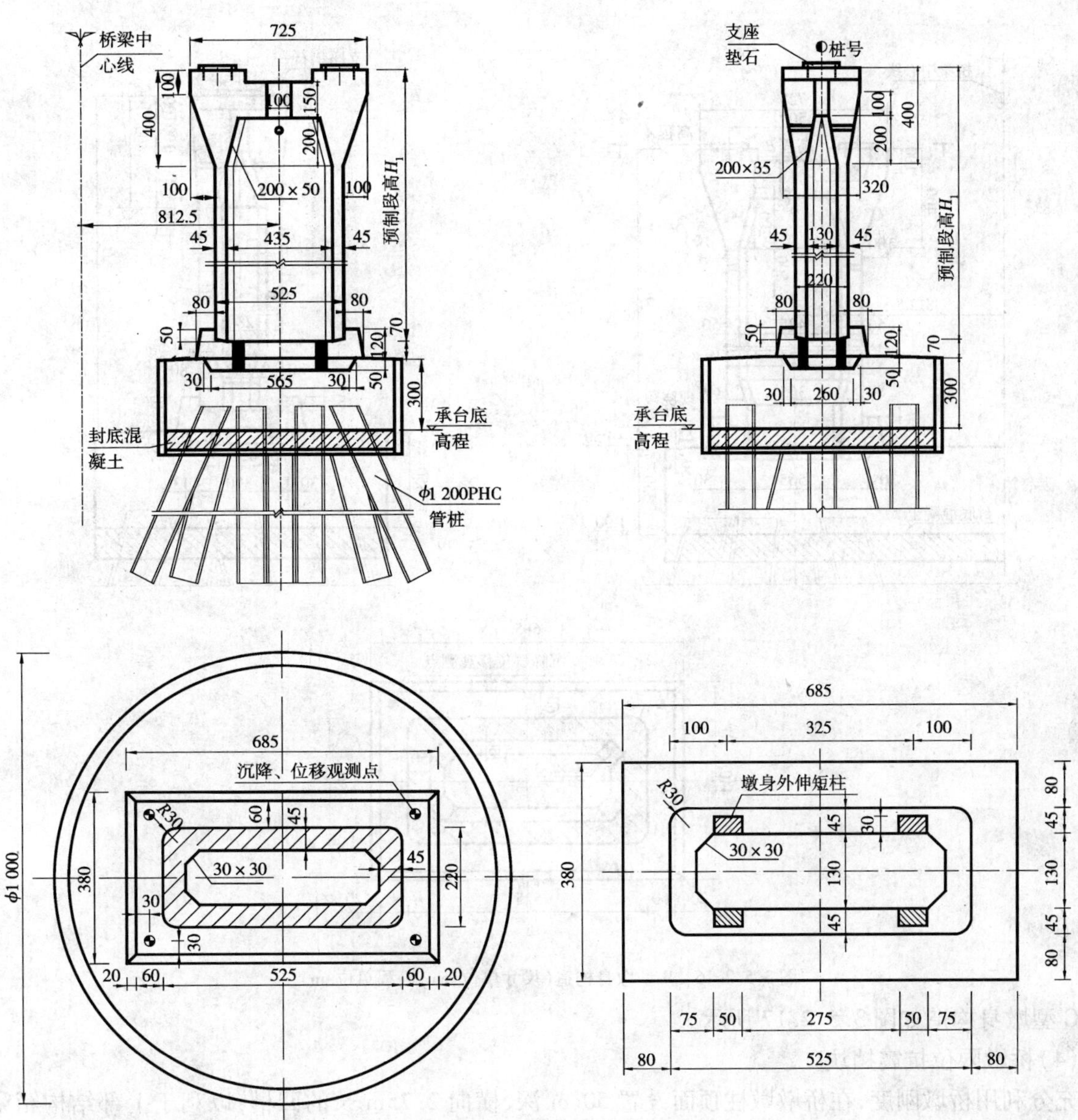

图 3.5.2.15　A 型墩身构造(单位:cm)

680cm,剩余墩高则为现浇。墩柱采用花瓶形单箱单室薄壁墩,分成墩身与墩帽两部分。为了保证纵桥向设置支座的需要,其墩身与墩帽纵向宽度相同。墩身截面尺寸为 525cm×340cm,高程 +13.0m 以下墩身壁厚 80cm,以上墩身壁厚则为 50cm,墩壁过渡段高度 100cm,墩身箱形截面内侧设置 30cm×30cm 的倒角,外侧四周采用 $R=30$cm 圆弧线,以增加桥墩美观性。墩壁与墩帽连接处设置 200cm×50cm 内倒角。墩帽上截面为了横向放置支座,其截面尺寸为 725cm×340cm,高度 1.0m,下截面与墩身截面直线顺接,两截面过渡段高度 3.0m,墩帽设置封头顶板厚 2.0m。同时,墩帽顶面为了配合箱梁横向抗震挡块,设置横长 275cm、深度 50cm 的凹槽。墩壁在高程 +12.5m 以上每隔 500cm 对称设置一对 ϕ10cm 通气孔,在纵横墩壁上交叉错位布置。

纵桥向连续梁桥的支座布置,中墩上置于墩身中心线,边墩上布置两排支座,其支座中心线距离墩身中心线为 68cm。

为保证墩身与承台间有效连接性,设置高度 1.7m 的墩座,其中墩座伸入承台 50cm 深度。墩座顶面尺寸 460cm×645cm,底面尺寸 500cm×685cm。

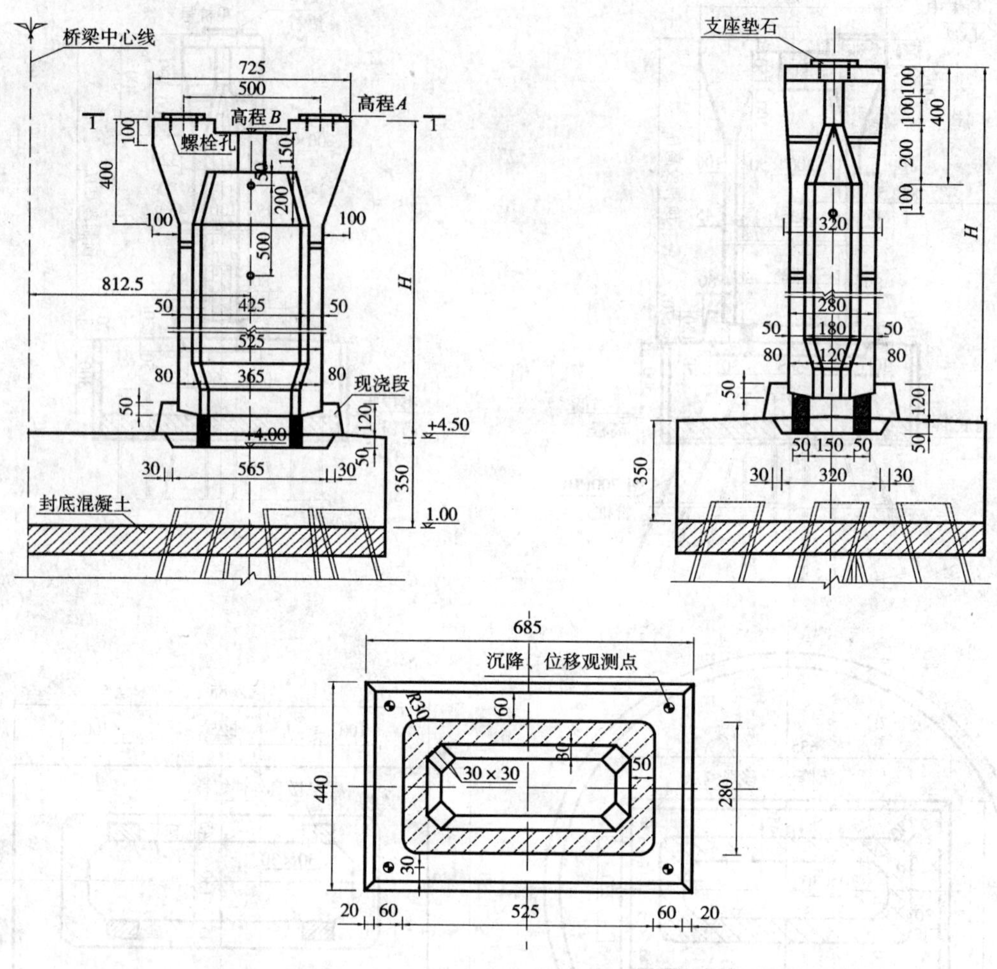

图 3.5.2.16　B 型墩身构造(尺寸单位:cm;高程单位:m)

C 型墩身构造如图 3.5.2.17 所示。

(4)桥墩限位抗震挡块

充分利用桥墩刚度,在桥墩墩柱顶面设置 50cm 深、横向 2.75m 长的凹槽,以利于上部结构箱梁横隔梁抗震挡块的嵌入,满足桥梁横向抗震的要求。两者横向缝隙中设置 20cm×40cm×2cm 橡胶垫层,以保证挡块间弹性缓冲碰撞。

(5)预制墩柱竖向调整构造

为了保证预制墩身安装时与承台的竖直精度要求,横向近四角处墩壁中心的预制墩身下端外伸 4 根 50cm×40cm 矩形状短柱,柱高 115cm,端部预埋 500mm×400mm×10mm 钢板,下置扁平千斤顶设备进行预制墩身的微调整,以达到墩身竖向的精度要求,然后浇筑墩座,以达到墩身与承台的固结。调整装置构造如图 3.5.2.18 所示。

(6)墩身配筋

桥墩墩身为下部结构的重要受力构件,采用了预应力筋和普通钢筋混合配筋。竖向预应力钢筋采用 32mm JL750 级精轧螺纹钢筋,其标准强度 $R_b^y=750\text{MPa}$,张拉控制应力 $\sigma_k=0.9R_y^b=675\text{MPa}$。根据桥墩类型的受力情况,低墩墩身不配置竖向预应力筋,中墩和高墩墩身配置竖向预应力筋。

①预应力筋

整体预制的中墩墩身箱形薄壁墩沿壁厚中心纵桥向 45cm、横桥向 30cm 或 40cm 间距布置 32mm JL750 级精轧螺纹粗钢筋,纵桥向单侧预应力筋 5 根,横桥向单侧预应力筋 10 根,墩身预应力筋合计 30

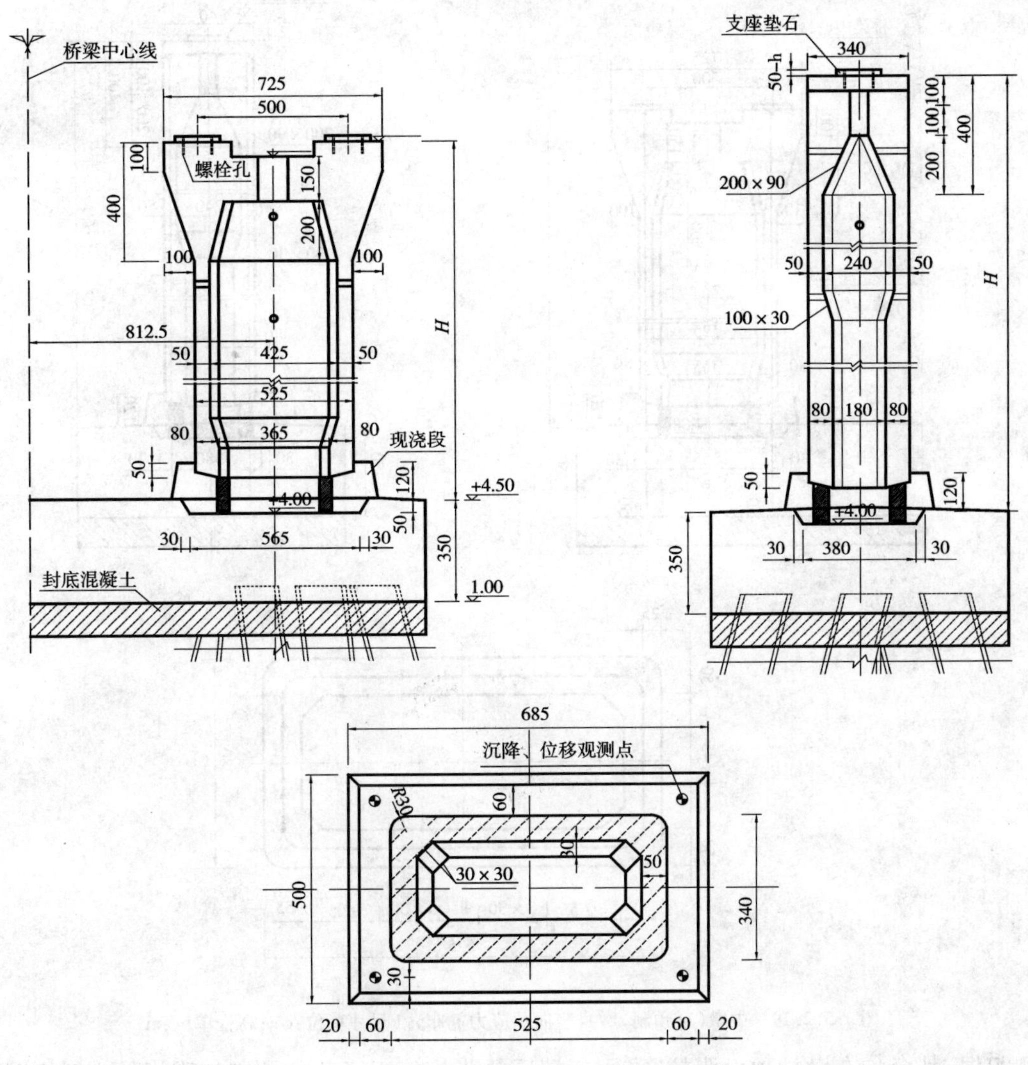

图 3.5.2.17　C 型墩身构造（尺寸单位：cm；高程单位：m）

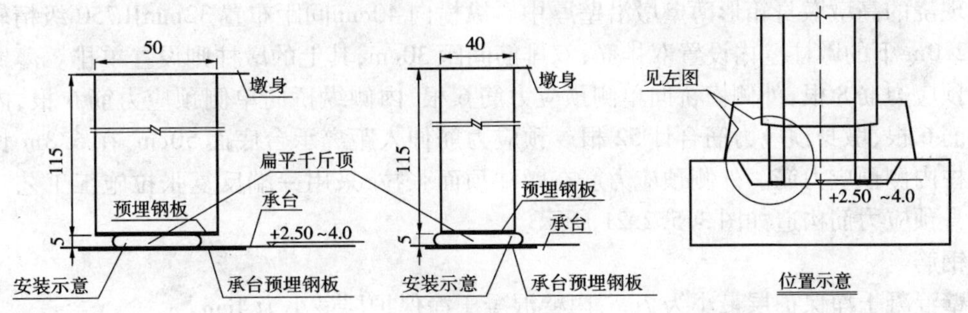

图 3.5.2.18　预制墩竖向调整装置（尺寸单位：cm；高程单位：m）

根。预应力筋伸入距离承台底面 50cm，在墩柱顶面张拉，采用一端反复张拉施工工艺。整体预制的中墩墩身预应力筋构造如图 3.5.2.19 所示。

预制加现浇的中墩墩身箱形薄壁墩沿壁厚中心纵桥向 45cm、横桥向 30cm 或 40cm 间距布置 32mm JL750 级精轧螺纹粗钢筋，纵桥向单侧预应力筋 5 根，横桥向单侧预应力筋 10 根，墩身预应力筋合计 30 根。预应力筋伸入距离承台底面 50cm，在 6.8m 长度预制段处先张拉一部分预应力筋，横向单侧 3 根，

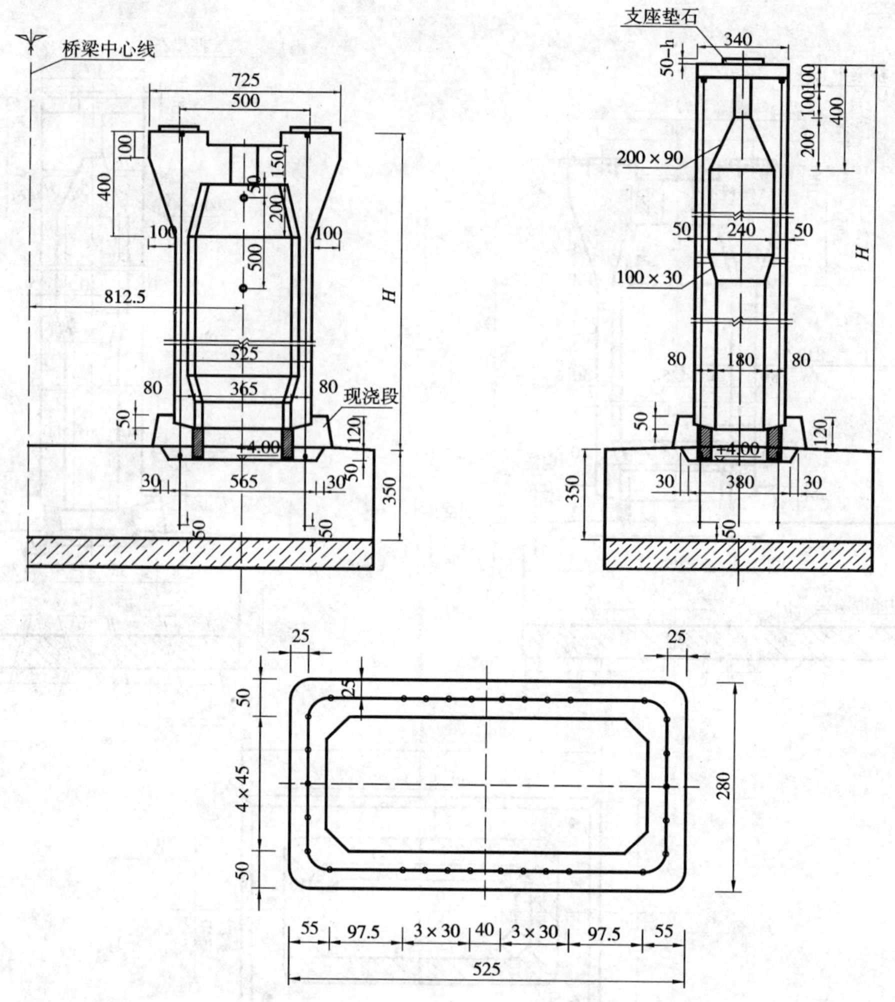

图 3.5.2.19 中墩(全预制)墩身竖向预应力筋布置(尺寸单位:cm;高程单位:m)

纵向单侧4根,其余均在墩柱顶面张拉,采用一端反复张拉施工工艺。预制加现浇的中墩墩身预应力筋构造如图3.5.2.20所示。

预制加现浇的高墩墩身箱形薄壁墩沿壁厚中心纵横向40cm间距布置32mmJL750级精轧螺纹粗钢筋,高程+12.0m下的墩柱壁内设置双排筋,双排筋间距30cm,其上的墩柱则设置单排。薄壁墩柱外侧纵桥向单侧预应力筋8根,外侧横桥向单侧预应力筋6根,内侧纵桥向单侧预应力筋6根,内侧横桥向单侧预应力筋6根,墩身预应力筋合计52根。预应力筋伸入距离承台底面50cm,在6.8m长度预制段处先张拉墩柱内侧预应力筋。外侧预应力筋在墩柱顶面张拉,采用一端反复张拉施工工艺。预制加现浇的高墩墩身预应力筋构造如图3.5.2.21所示。

②普通钢筋

墩柱外壁混凝土净保护层最小为7cm,内壁混凝土净保护层最小为4cm。

预制加现浇的中墩墩身的配筋采用常规钢筋,采用ϕ10mm、ϕ12mm、ϕ16mm、ϕ20mm、ϕ25mm和ϕ28mm六种类型直径的钢筋。墩身预制段高度680cm,预制段墩柱标准截面配筋与现浇段墩柱标准截面配筋相同,预制段主筋底部预留110cm,顶部预留100cm。

箱形薄壁墩截面内外侧纵横向主筋均采用ϕ20mm,间距15cm。墩壁内层和外层主筋间壁厚80cm段采用ϕ12mm拉筋,壁厚50cm段采用ϕ10mm拉筋,间距45cm。箱形截面内侧箍筋采用ϕ12mm钢筋,外侧封闭箍筋采用ϕ16mm钢筋。为满足抗震构造要求,预制段底部3.0m区间箍筋间距需加密,其箍筋间距为10cm,其余箍筋间距均为15cm。

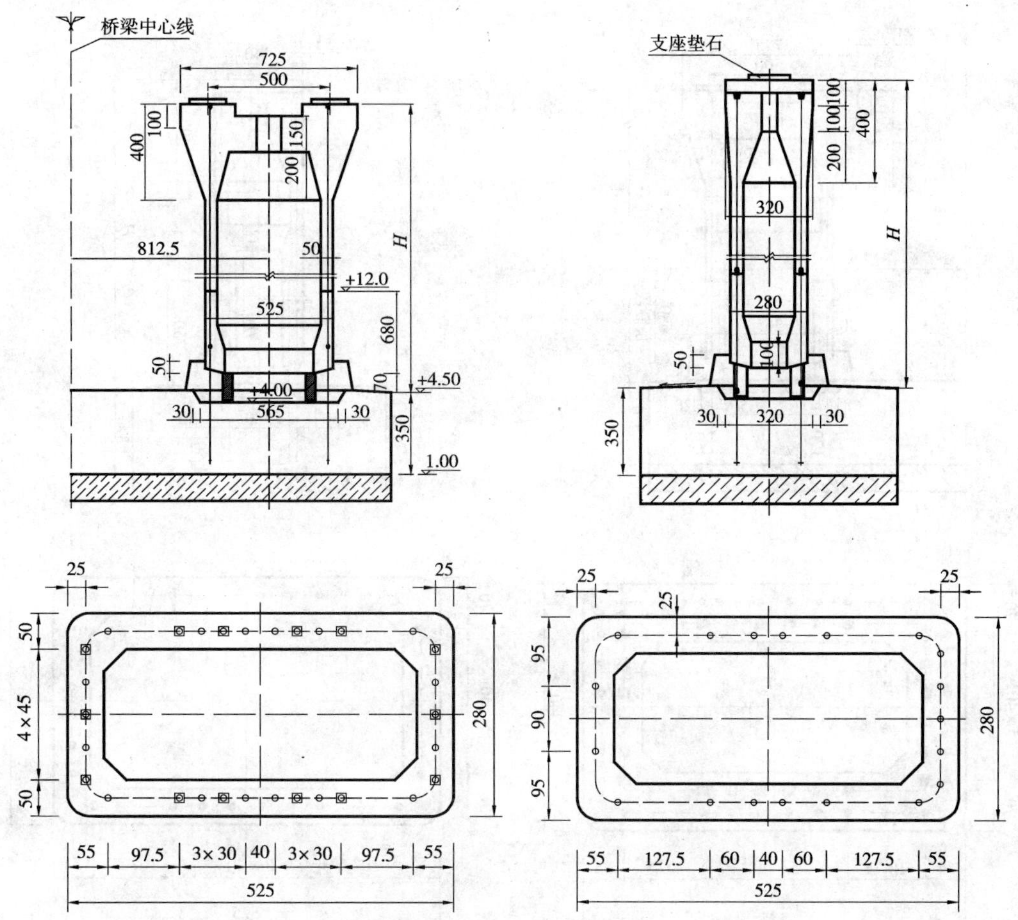

图3.5.2.20　中墩(预制＋现浇)墩身竖向预应力筋布置(尺寸单位:mm;高程单位:m)

墩帽顶板底层横向配置φ25mm、间距15cm的钢筋,底层纵向配置φ16mm、间距15cm的钢筋;顶层横向配置双肢φ28mm、间距15cm的钢筋,顶层纵向配置φ16mm、间距15cm的钢筋,顶层设置两层钢筋网,间距为20cm。墩柱顶面支座处增设三层φ16mm、间距15cm钢筋网片。

预制加现浇中墩墩身配筋如图3.5.2.22所示。

预制段墩身与承台间设置墩座,墩座内设置与箱形薄壁墩截面对应的内外壁主筋,伸入至承台底面20cm处,并与预制段墩身预留主筋相焊接;墩座四周设置φ16mm、间距15cm的钢筋,其主筋伸入承台100cm。墩座顶面纵横向配置φ16mm、间距15cm的钢筋;与预制段墩身底面接触处,纵横向配置φ16mm、间距15cm的钢筋。1.2m高度墩座设置φ16mm、间距15cm的水平分布钢筋,如图3.5.2.23所示。

2. 基础构造

非通航孔段60m跨径简支变连续的预应力箱梁桥在跨海大桥中数量较多,其下部基础桩基采用φ1 200mmPHC管桩和φ1 500mm钢管桩两种形式(根据桩基区域地质、水域环境、施工条件等因素确定其形式)。

设计采用防腐性能较好的φ1 200mmPHC管桩及强度等级C80的高性能混凝土。管桩由工厂预制、养护、运输、吊装,然后各节段锤击焊接成型,采用直桩和斜桩相结合。

设计采用打入式φ1 500mm钢管桩,材料采用Q345c。为了保证钢管桩的耐久性,钢管桩表面进行Sa2.5级喷砂除锈处理。在极端低潮位高程下70cm至桩顶段钢管表面,进行725L—H53—9环氧重防腐涂料的刮涂,距桩顶140cm范围涂层厚度100μm,其余范围涂层厚度为1 100μm。并采用临时牺牲阳极法,在极端低潮位高程下70cm处安装4块250mm×100mm×35mm钢板,使之焊接于钢管四周。

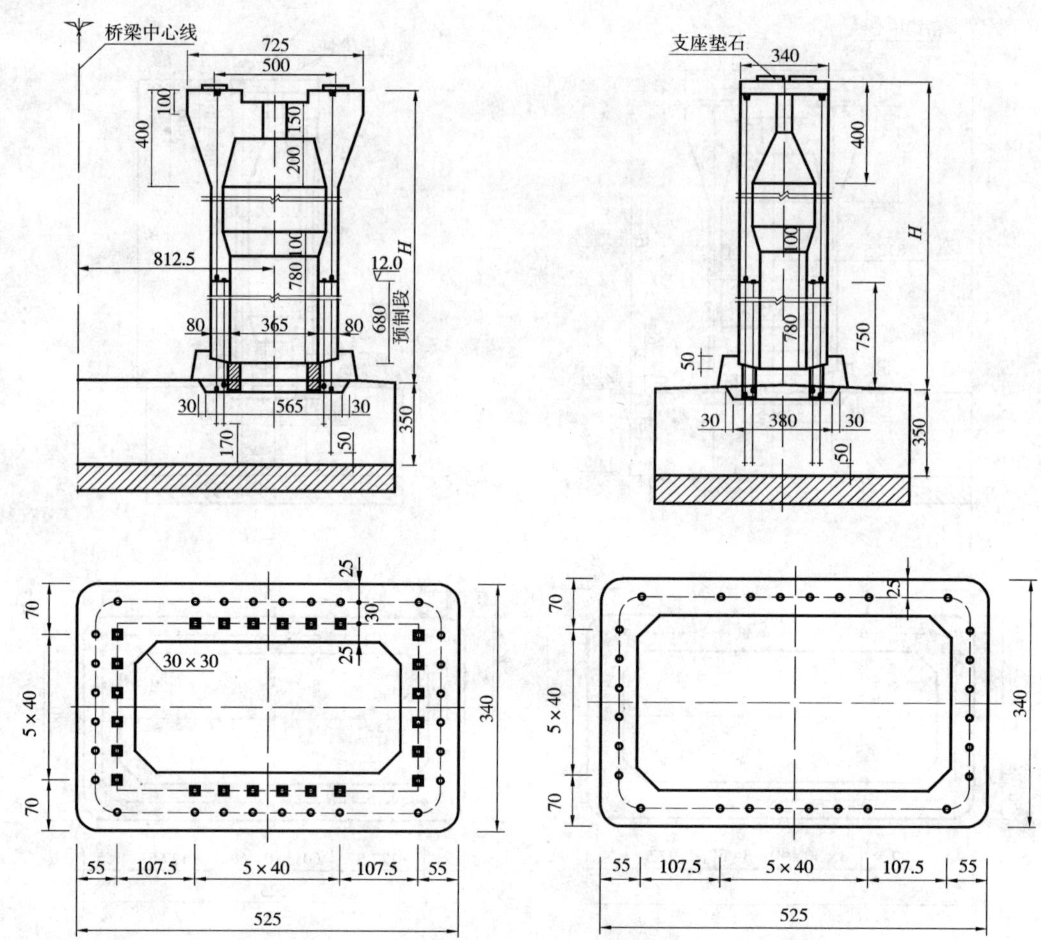

图3.5.2.21 高墩墩身竖向预应力筋布置(单位:cm)

承台采用C35高性能混凝土,采用外置预制混凝土套箱现浇的施工工艺。

60m跨径的基础类型[K3+552.00(PM101)~K15+069.00(PM288)]汇总见表3.5.2.2。

60m跨径桥墩基础类型汇总

表3.5.2.2

墩 号	桩 型	承台尺寸	单承台桩数(根)	桩长(m)
PM101~PM136 PM156~PM227 PM255~PM287	ϕ1 200mmPHC管桩	低墩承台 ϕ1 000cm	10	38.0~58.0
PM110~PM137 PM155~PM227 PM255~PM283	ϕ1 500mm钢管桩	低墩承台 ϕ1 000cm	7	53.0~70.0
PM284~PM287	ϕ1 500mm钢管桩	低墩承台 ϕ1 100cm	8	56.0~57.0
PM138~PM143 PM149~PM154 PM228~PM233 PM249~PM254	ϕ1 500mm钢管桩	中墩承台 2 785cm×1 020cm	16	53.0~57.0
PM234~PM238 PM244~PM248	ϕ1 500mm钢管桩	高墩承台 2 785cm×1 020cm	18	56.0~58.0

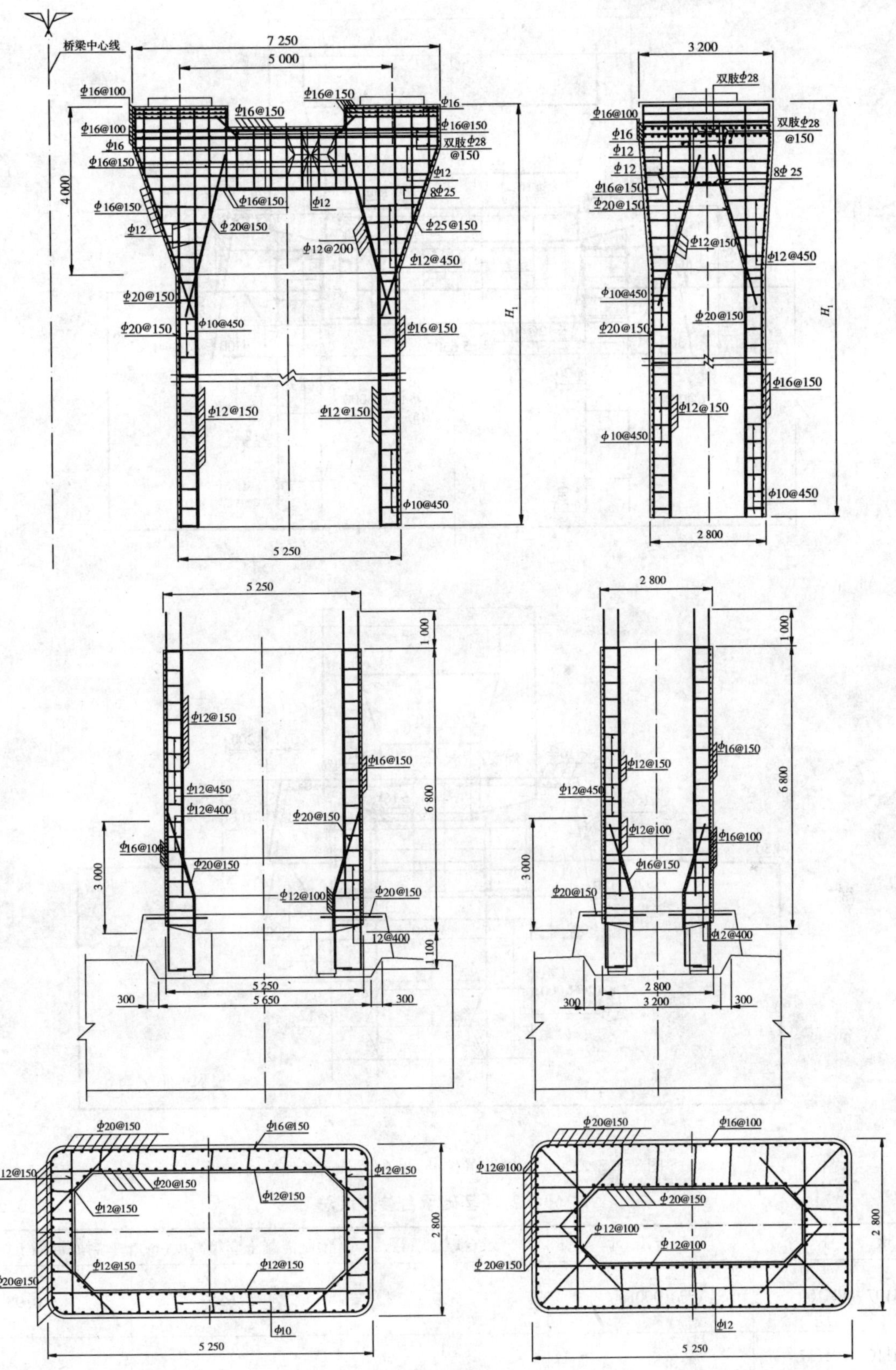

图 3.5.2.22　中墩墩身钢筋布置(单位:mm)

60m 跨径的承台尺寸[K3 +552.00(PM101) ~ K15 +069.00(PM288)]汇总见表 3.5.2.3。

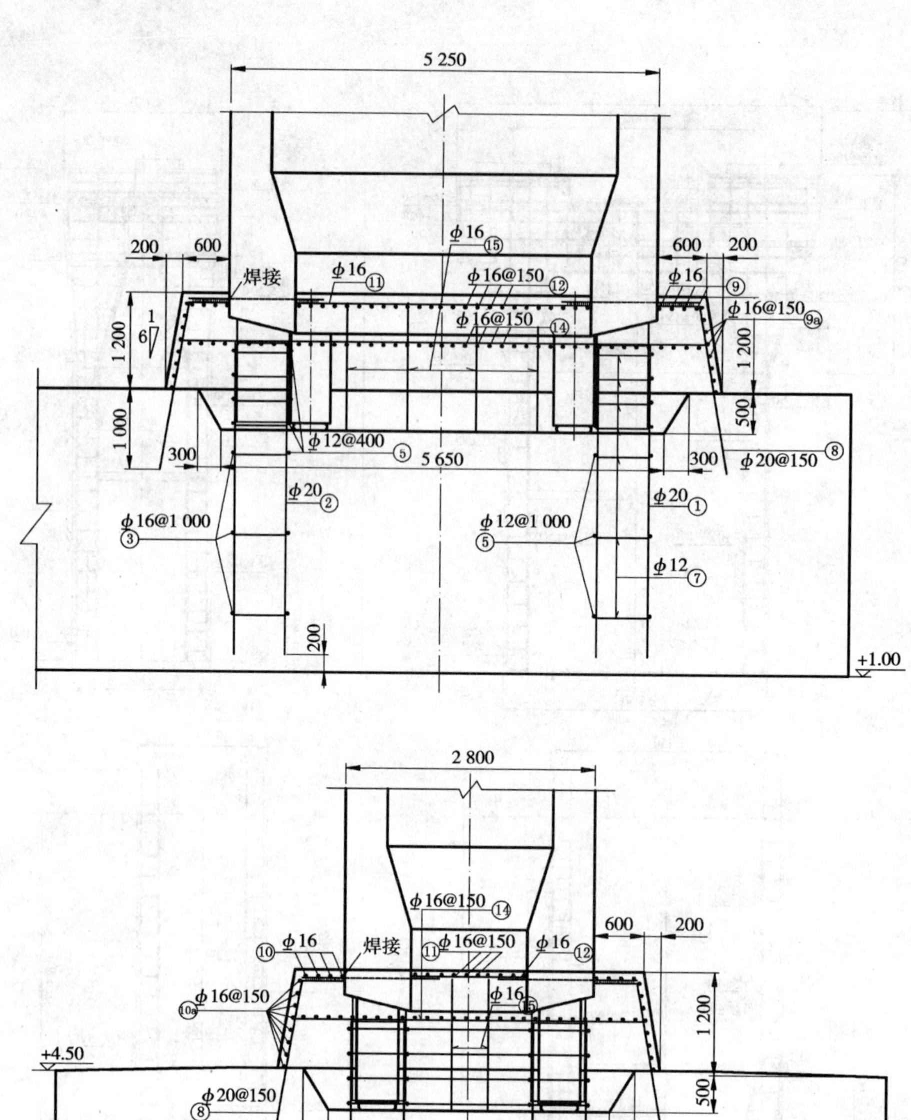

图 3.5.2.23　墩座钢筋布置(尺寸单位:mm;高程单位:m)

60m 跨径基础承台参数汇总　　表 3.5.2.3

墩　号	承台尺寸	承台厚度(m)	预制混凝土套箱高度(m)	封底混凝土厚度(m)
PM107 ~ PM109	φ1 000cm	3.0	3.65	0.95
PM110 ~ PM137 PM155 ~ PM227 PM255 ~ PM283	φ1 000cm	3.5	4.15	0.95
PM284 ~ PM287	φ1 100cm	3.5	4.15	0.95

续上表

墩　号	承台尺寸	承台厚度(m)	预制混凝土套箱高度(m)	封底混凝土厚度(m)
PM138～PM143 PM149～PM154 PM228～PM233 PM249～PM254	2 785cm×1 020cm	3.5	4.35	0.95
PM234～PM238 PM244～PM248	2 785cm×1 020cm	3.5	4.35	0.95

(1)A型承台

其用于东海大桥低墩承台PM101～PM136、PM156～PM227和PM255～PM287。单个承台桩基采用10ϕ1 200mmPHC管桩,沿圆周均匀布置8根,中间横向布置2根。横桥向两外侧各3根桩采用5:1斜桩,斜桩与横桥线呈15°、35°和45°不等水平夹角;其余均采用直桩,桩长约38.0～58.0m。为保证PHC管桩与承台的有效连接,管桩伸入承台1.2m。

承台采用直径ϕ10.0m的圆形截面,承台高度3.0m和3.5m,承台顶设置1.0%泛水坡。施工采用预制成型的钢筋混凝土套箱,其高度为3.65m和4.15m,套箱封底混凝土厚95cm。承台构造如图3.5.2.24所示。

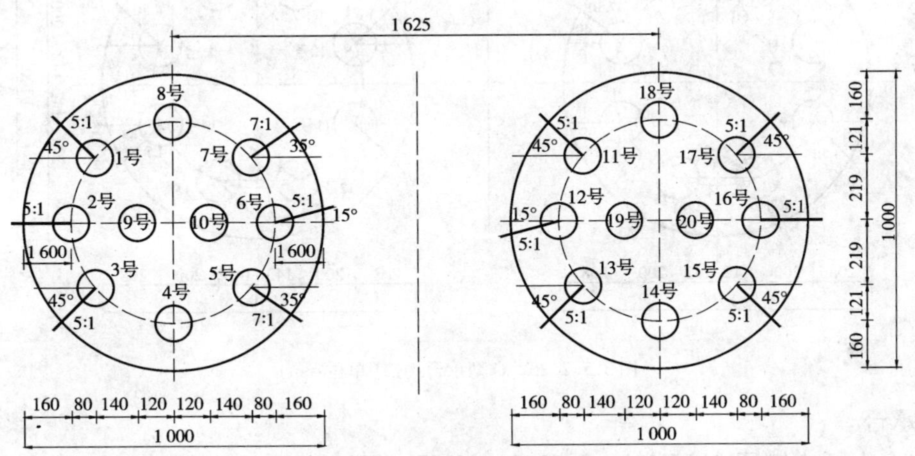

图3.5.2.24　A型承台构造(单位:cm)

(2)B型承台

其用于东海大桥低墩承台PM110～PM137、PM155～PM227、PM255～PM283。单个承台桩基采用7ϕ1 500mm钢管桩,沿圆周均匀布置6根,圆心布置1根。横桥向两侧各2根桩采用4.5:1斜桩,纵桥向3根桩采用5:1斜桩,斜桩与横桥线呈35°、40°和45°不等水平夹角,桩长约53.0～70.0m。为保证钢管桩与承台的有效连接,钢管桩伸入承台1.5m。

承台采用直径ϕ10.0m的圆形截面,承台高度3.5m,承台顶设置1.0%泛水坡。施工采用预制成型的钢筋混凝土套箱,其高度为4.15m,套箱封底混凝土厚95cm。承台构造如图3.5.2.25所示。

(3)C型承台

其用于东海大桥低墩承台PM284～PM287。单个承台桩基采用8ϕ1 500mm钢管桩,沿圆周均匀布置。为了钢管桩抵抗纵横向水平力,全部采用斜桩方式,外侧桩为4.5:1和7.5:1;斜桩与横桥线呈35°和45°不等水平夹角,桩长约56.0～57.0m。为保证钢管桩与承台的有效连接,钢管桩伸入承台1.5m。

承台采用直径ϕ11.0m的圆形截面,承台高度3.5m,承台顶设置1.0%泛水坡。施工采用预制成型的钢筋混凝土套箱,其高度为4.15m,套箱封底混凝土厚95cm。承台构造如图3.5.2.26所示。

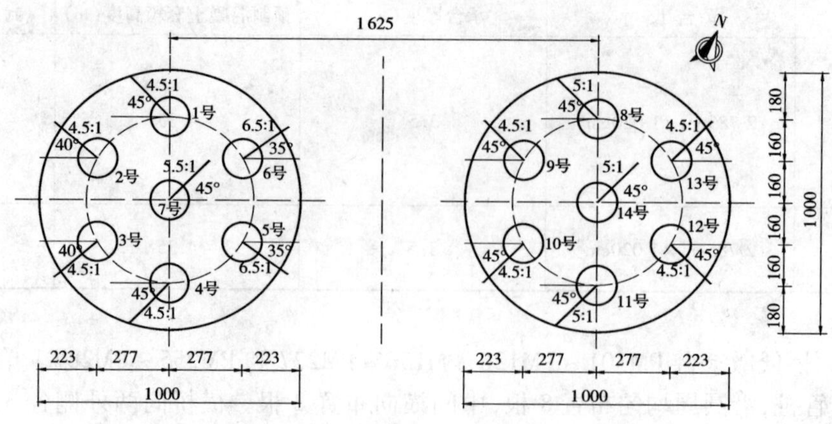

图 3.5.2.25　B 型承台构造(单位:cm)

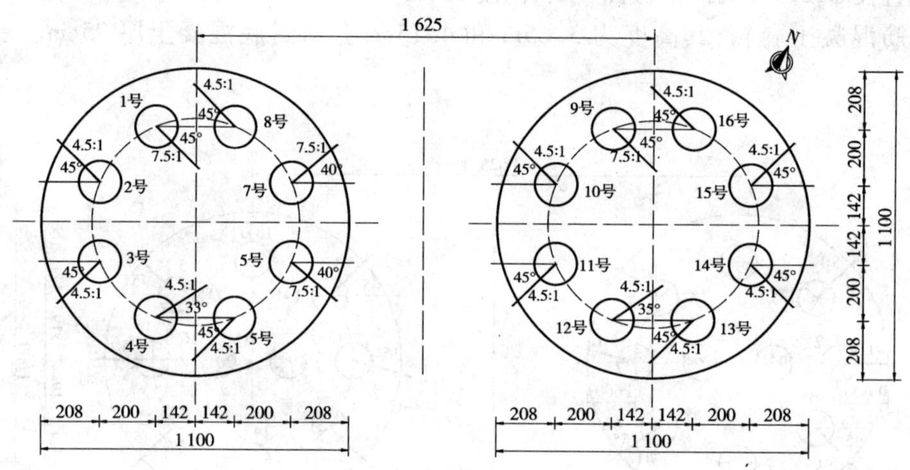

图 3.5.2.26　C 型承台构造(单位:cm)

(4)D 型承台

其用于东海大桥中墩承台 PM138 ~ PM143、PM149 ~ PM154、PM228 ~ PM233、PM249 ~ PM254。整体承台桩基采用 16ϕ1 500mm 钢管桩,纵桥向桩距 3.3m,横桥向桩距 2.3m 和 3.2m。为了钢管桩抵抗纵横向水平力,全部采用斜桩方式,外侧桩为 4.5:1和 8:1,内侧桩为 8:1;斜桩与横桥线呈 15°、25°、40°和 45°不等水平夹角,桩长约 53.0 ~ 57.0m。为保证钢管桩与承台的有效连接,钢管桩伸入承台 1.5m。

承台采用六边形,平面外形尺寸为 2 785cm × 1 020cm,横向斜边线呈 55°,承台周边设置 R = 180cm 圆弧线,承台高度 3.5m,承台顶设置 1.0% 泛水坡。施工采用预制成型的钢筋混凝土套箱,其高度为 4.35m,套箱封底混凝土厚 95cm。承台构造如图 3.5.2.27 所示。

(5)E 型承台

其用于东海大桥高墩承台 PM234 ~ PM238、PM244 ~ PM248。整体承台桩基采用 18ϕ1 500mm 钢管桩,纵桥向桩距 3.3m,横桥向桩距 2.3m 和 3.2m。为了钢管桩抵抗纵横向水平力,全部采用斜桩方式,外侧桩为 4.5:1和 8:1,内侧桩为 6:1;斜桩与横桥线呈 15°、35°、40°和 45°不等水平夹角,桩长约 56.0 ~ 58.0m。为保证钢管桩与承台的有效连接,钢管桩伸入承台 1.5m。

承台采用六边形,平面外形尺寸为 2 785cm × 1 020cm,横向斜边线呈 55°,承台周边设置 R = 180cm 圆弧线,承台高度 3.5m,承台顶设置 1.0% 泛水坡。施工采用预制成型的钢筋混凝土套箱,其高度为 4.35m,套箱封底混凝土厚 95cm。承台构造如图 3.5.2.28 所示。

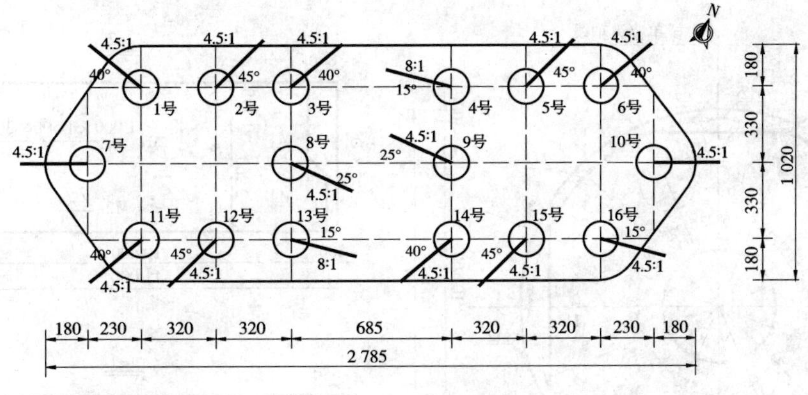

图3.5.2.27　D型承台构造(单位:cm)

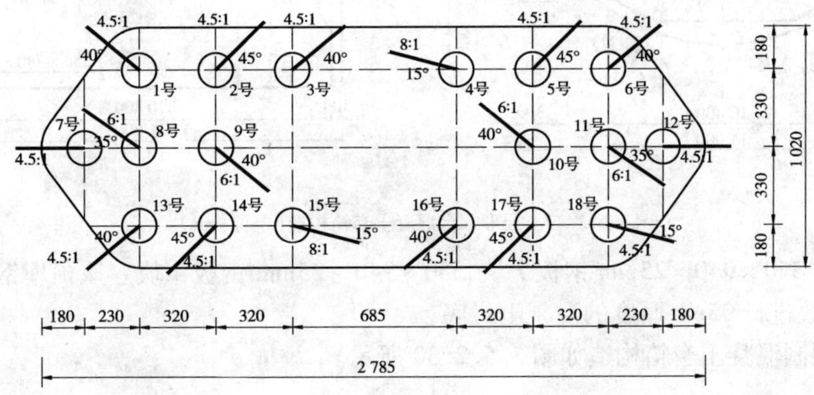

图3.5.2.28　E型承台构造(单位:cm)

(6)预制混凝土套箱构造

①圆形承台套箱

承台施工采用了预制混凝土套箱。套箱为圆环形截面,标准壁厚30cm,高度4.15m。为满足吊装运输的要求,套箱顶部横向两侧长度422cm进行壁厚加宽,其端部最大壁厚为80cm;纵向两侧长度356cm进行壁厚加宽,其端部最大壁厚65cm;加宽段高度为210cm,与标准壁厚直线顺接,其过渡段长度为50cm。

套箱壁加厚内侧距离顶面119cm处预埋6块1 000mm×1 500mm×30mm钢板,横向两侧各2块,其间距270cm。6块钢板作为混凝土套箱整体吊装运输受力的6个吊点。套箱内侧距离底面18cm处沿圆周预埋10块钢板,其中350mm×740mm×25mm钢板4块,450mm×600mm×25mm钢板6块。该预埋钢板可方便施工构件的临时连接,有效进行95cm厚度的混凝土封底。

预制混凝土套箱构造如图3.5.2.29所示。

②六边形承台套箱

承台施工采用了预制混凝土套箱。套箱为六边形平面,考虑到承台尺寸较大,其混凝土套箱分两段制作,横桥向两侧中间设置长150cm带楔口的连接板。套箱标准壁厚30cm,高度4.35m。为满足吊装运输的要求,半个套箱顶部横向两侧设置四道契形混凝土块,长度120cm、壁厚65cm,其横向间距为295cm,加宽段高度为210cm,与标准壁厚直线顺接,其过渡段长度为50cm;近中心线连接板的加宽段高度为318cm。菱形端部和两斜边中点设置壁厚加宽,加宽段高度为210cm,与标准壁厚直线顺接,其过渡段长度为50cm。

半个预制混凝土套箱,箱壁加厚内侧距离顶面119cm处预埋9块1 000mm×1 500mm ×30mm和2块600mm×1 500mm×30mm钢板;近中心线处套箱壁加厚内侧距离顶面150cm处预埋2块1 000mm×300mm×25mm钢板。该钢板作为吊装运输受力的若干个吊点。套箱内侧距离底面65cm处沿圆周预

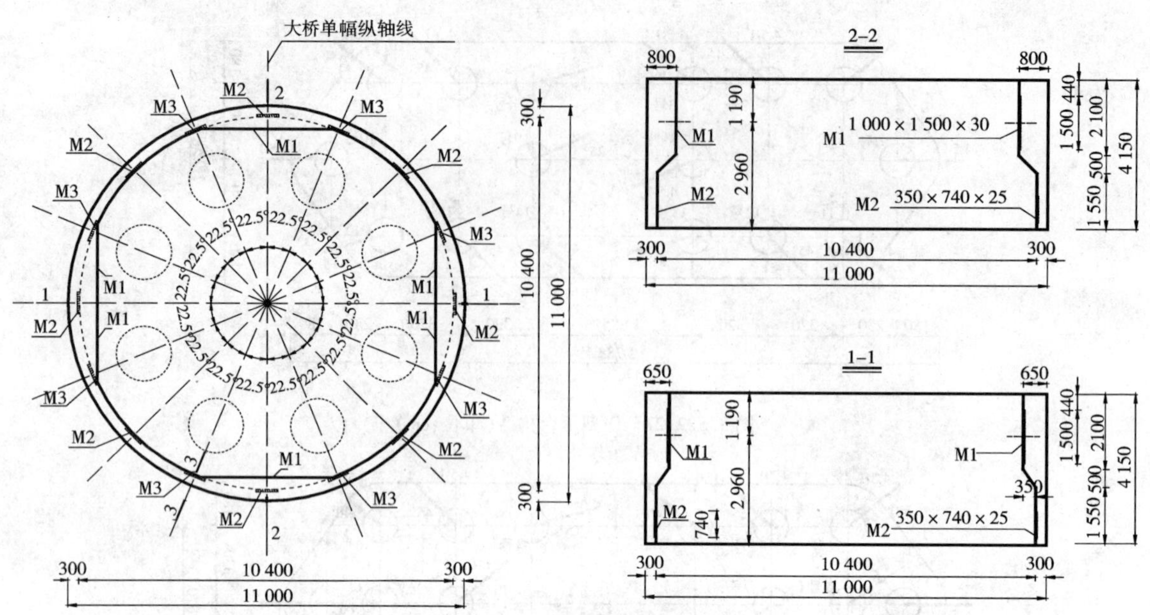

图 3.5.2.29 圆形承台混凝土套箱构造(单位:mm)

埋 11 块钢板,其中 350×940×25mm 钢板 7 块,550×940×25mm 钢板 4 块。该预埋钢板可方便施工构件的临时连接,有效进行 95cm 厚度的混凝土封底。

六边形承台预制混凝土套箱构造如图 3.5.2.30 所示。

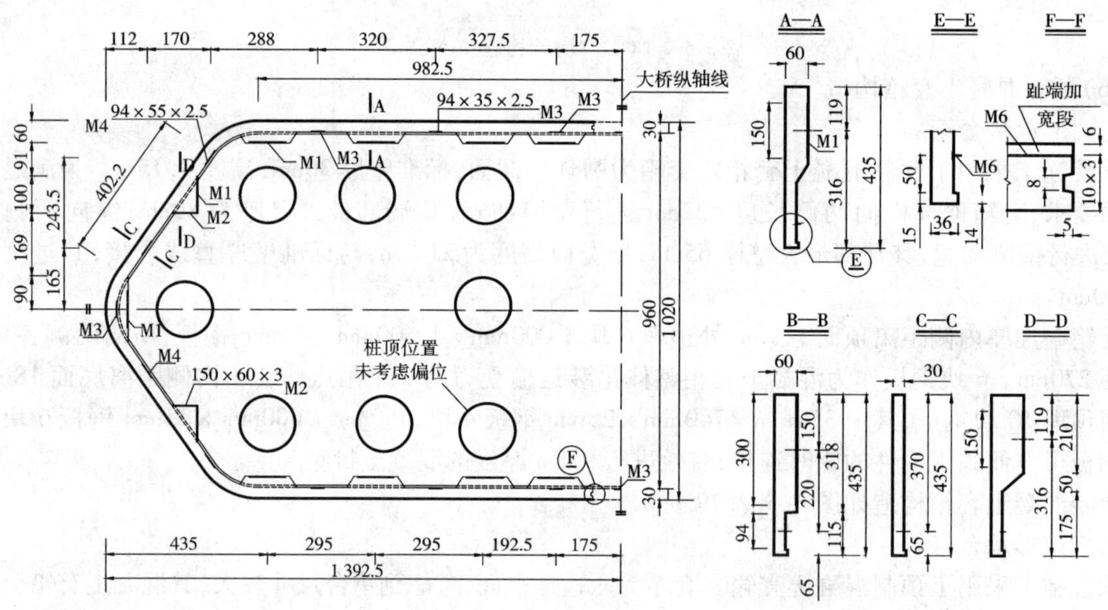

图 3.5.2.30 六边形承台混凝土套箱构造(单位:cm)

(7)承台配筋

①圆形承台

混凝土套箱内承台为下部结构的重要受力构件,采用ϕ12mm、ϕ16mm、ϕ25mm、ϕ28mm 和ϕ32mm 五种类型直径的钢筋。

距承台底面 7.5cm 处纵横向配置ϕ12mm、间距 10cm 的钢筋网片。由于钢管桩沿承台中心圆周分布,其主筋的配置呈环形、X 字形和纵桥向布置。承台底部配置了上下两层钢筋网,其间距为 9cm,下层沿外侧圆周配置5 ϕ28mm、间距15cm的主筋，横桥向配置两道X字形主筋，单侧为8根ϕ25mm间距15cm；并配置两道纵桥向主筋，单侧为9根双肢ϕ32mm，间距15cm；圆周处钢管桩与承台周边配置7 ϕ16mm、间距20cm的主筋，呈径向布置；上层配置两道纵桥向主筋，单侧为9根双肢ϕ32mm，间距15cm；其余纵横向配置ϕ12mm、间距35cm的钢筋。

预制混凝土套箱内承台分两次浇筑，承台高度1.0m处设置为混凝土分界面，该面下50cm处纵横向配置ϕ16mm、间距15cm的钢筋；在钢管桩处设置两道井字形加强筋，单侧均为3 ϕ16mm，间距10cm。钢管桩顶面纵横向配置ϕ16mm、间距15cm的钢筋网。

墩身安装槽面以下5cm处和墩身四周承台顶层纵横向均配置ϕ16mm、间距15cm的钢筋网。承台圆周侧面配置ϕ16mm、间距20cm钢筋；沿承台高度方向配置ϕ16mm、间距20cm水平分布钢筋；为了保证承台顶层钢筋的定位，顶底层主筋间设置ϕ16mm、间距60cm的竖向支撑钢筋。

钢管桩圆形承台配筋如图3.5.2.31所示。

②六边形承台

混凝土套箱内承台为下部结构的重要受力构件，采用ϕ12mm、ϕ16mm、ϕ20mm、ϕ25mm和ϕ28mm五种类型直径的钢筋。

距承台底面7.5cm处纵横向配置一层ϕ12mm、间距10cm的钢筋网。承台底部配置了上下两层钢筋网，其间距为9cm。下层纵桥向配置双肢ϕ28mm、间距15cm钢筋，钢管桩间纵桥向配置ϕ28mm、间距15cm钢筋；横桥向配置ϕ25mm、间距15cm钢筋，钢管桩间横桥向配置ϕ25mm、间距15cm钢筋。上层纵桥向配置两层ϕ28mm、间距15cm钢筋，钢管桩间纵桥向配置ϕ28mm、间距15cm钢筋；横桥向配置ϕ25mm、间距15cm钢筋，钢管桩间横桥向配置ϕ25mm、间距15cm钢筋。

预制混凝土套箱内承台分两次浇筑，承台高度1.25m处设置为混凝土分界面，该面下50cm处纵横向配置ϕ16mm、间距15cm的钢筋；在钢管桩处设置两道井字形加强筋，单侧均为3 ϕ20mm，间距10cm。钢管桩顶面纵横向配置ϕ16mm、间距15cm的钢筋网。

墩身安装槽面以下5cm处，纵横向配置ϕ20mm、间距15cm的钢筋网；墩身承台顶层纵向配置ϕ28mm、间距15cm钢筋，横向配置ϕ20mm、间距15cm钢筋。承台圆周侧面配置ϕ16mm、间距20cm钢筋；沿承台高度方向配置ϕ16mm、间距20cm水平分布钢筋；为了保证承台顶层钢筋的定位，顶底层主筋间设置ϕ16mm、间距60cm的竖向支撑钢筋。

钢管桩六边形承台配筋如图3.5.2.32所示。

(8)桩与承台的连接构造

①PHC管桩与承台连接

ϕ1 200mmPHC管桩采用预制打入施工法。为了保证管桩与承台的有效连接，管桩伸入承台120cm。同时，为保证斜管桩的有效受力，斜管桩顶面做切除三角形的处理，使管桩顶平面保持水平。在管桩内径设置喇叭形钢筋笼，主筋采用16 ϕ20mm，管内圆周均匀分布，并配置ϕ8mm、间距20cm的螺旋箍筋。管桩填芯采用C30混凝土，其深度为20.0m，如图3.5.2.33所示。

②钢管桩与承台连接

ϕ1 500mm钢管桩采用斜桩打入施工法，钢管桩伸入承台1.5m，桩顶面作切角处理，以保持管顶面水平；同时在钢管内设置喇叭形钢筋笼使桩顶加强，配置28 ϕ25mm主筋，管内圆周均匀分布，并配置ϕ16mm、间距20cm的圆形箍筋。桩内设置封头底板，管内浇筑C30填芯混凝土，其垂直深度为4.5m，如图3.5.2.34所示。

(9)管桩底部构造

ϕ1 200mmPHC管桩采用预制打入施工法，为了保证管桩顺利到达设计高程，其下节管桩桩底一般需安装十字形、开口型或圆锥型的钢桩尖。根据海上段桥位地质资料，管桩采用开口型钢桩尖，其构造如图3.5.2.35所示。

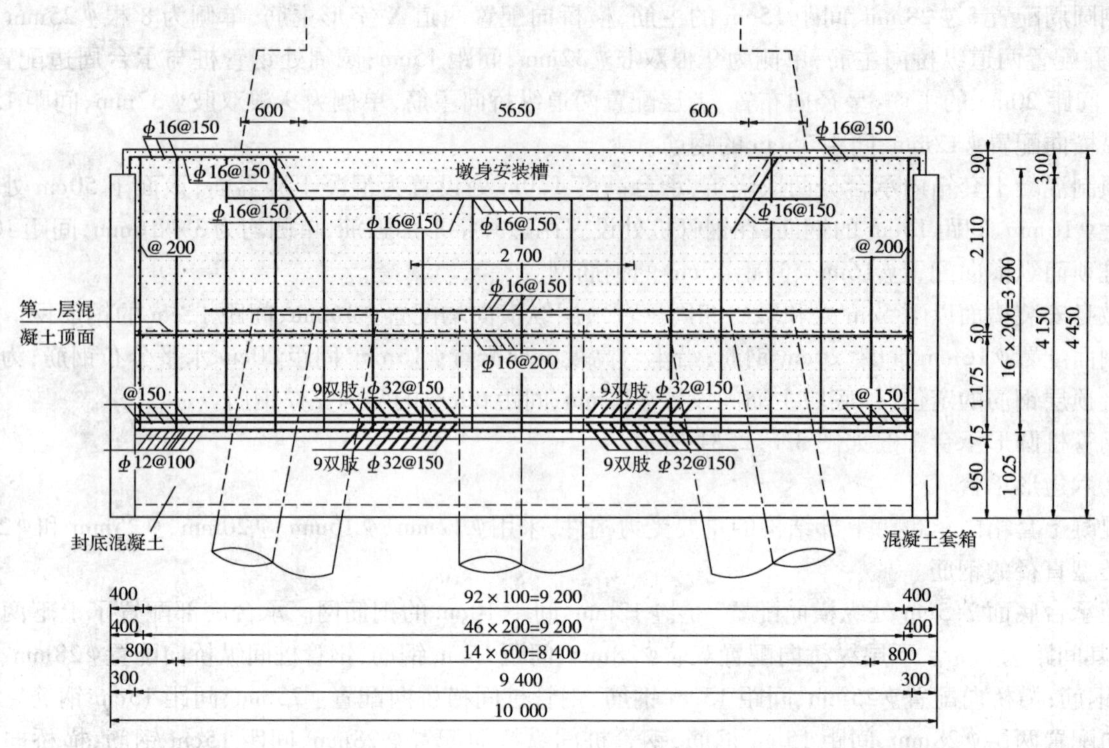

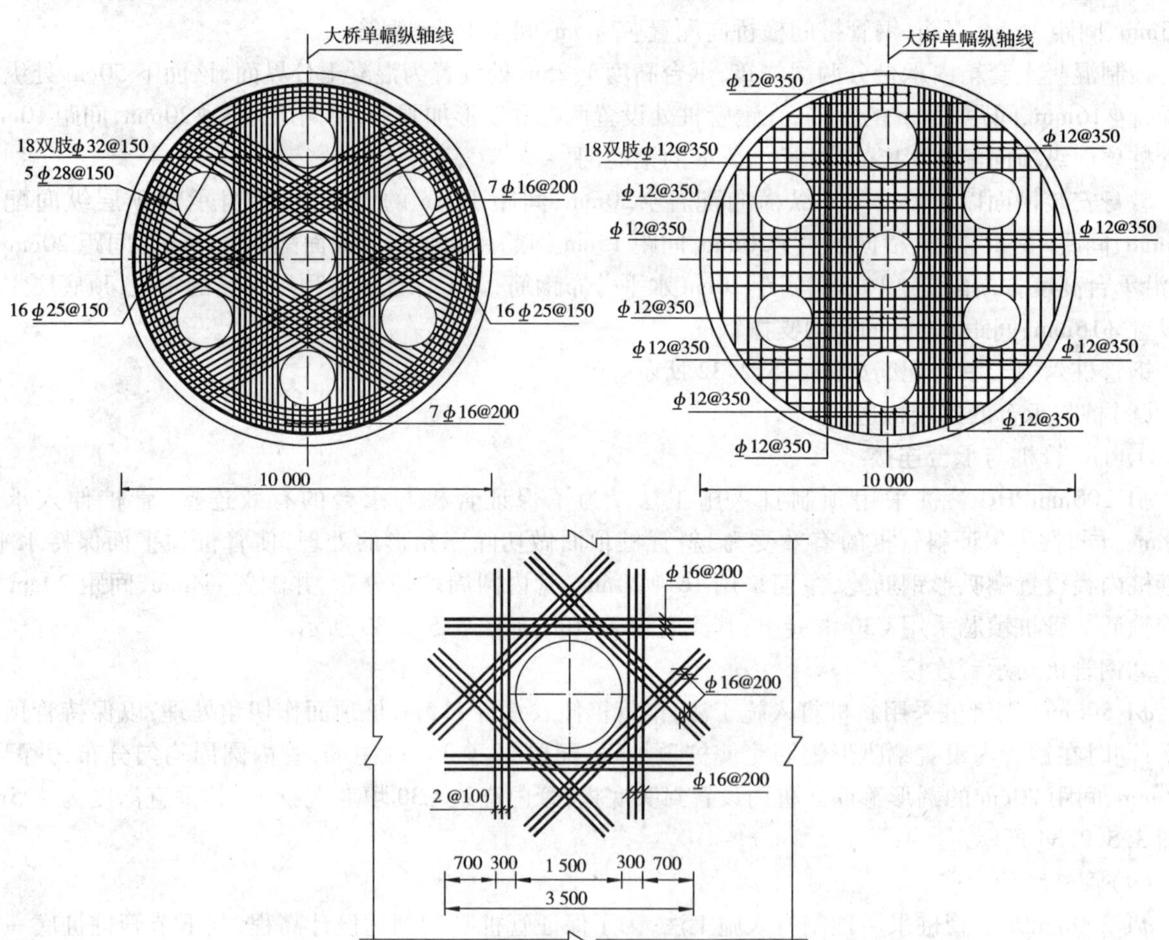

图 3.5.2.31　管桩圆形承台钢筋布置(单位:mm)

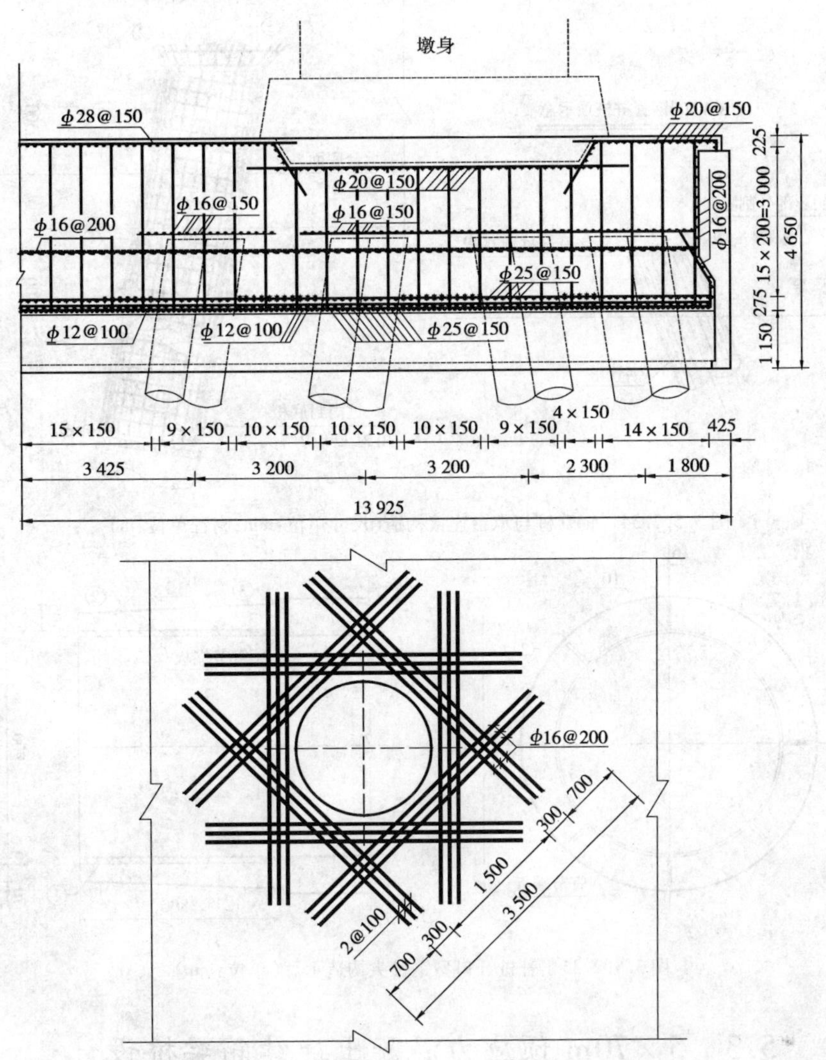

图 3.5.2.32　管桩六边形承台钢筋布置(单位:mm)

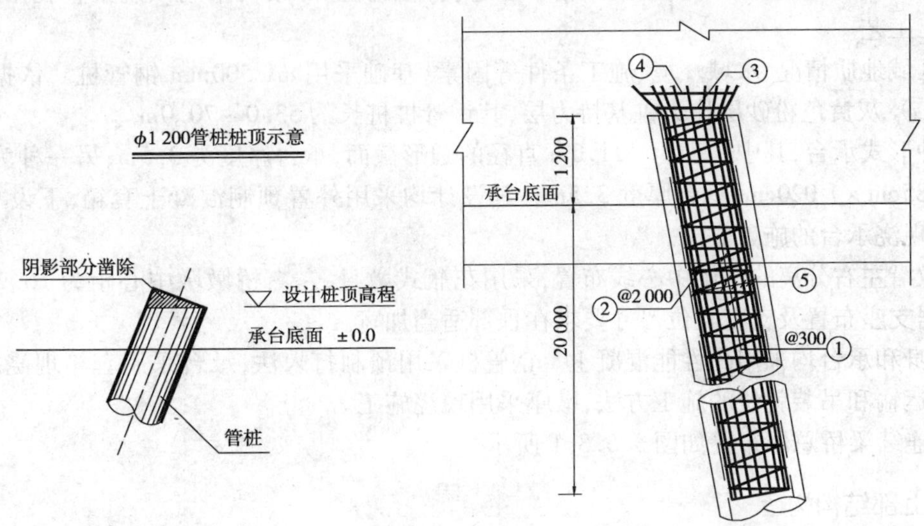

图 3.5.2.33　管桩与承台连接构造(尺寸单位:mm;高程单位:m)

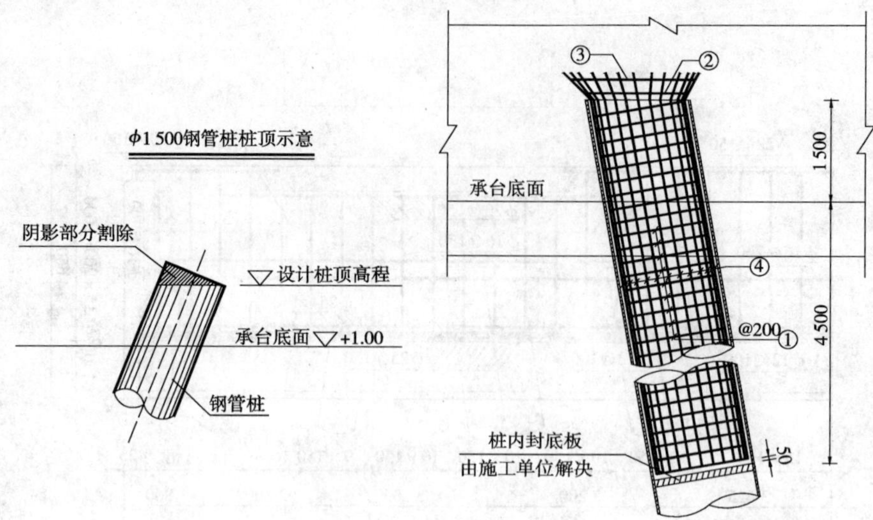

图 3.5.2.34 钢管桩与承台连接构造(尺寸单位:mm;高程单位:m)

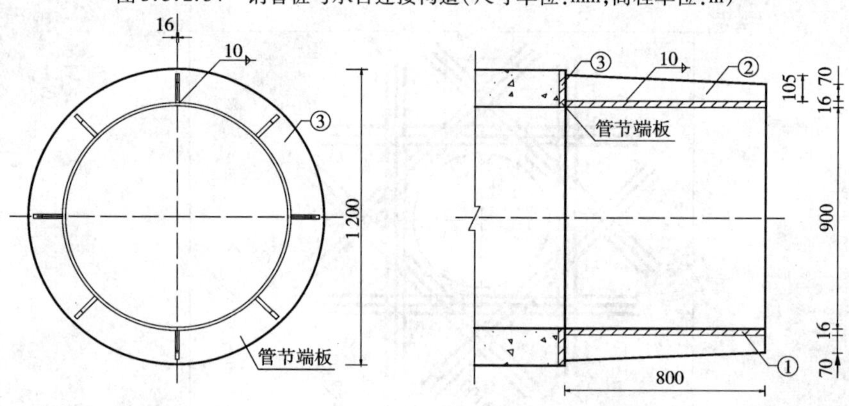

图 3.5.2.35 管桩开口型钢桩尖构造示意(单位:mm)

5.3 5×70m 预应力混凝土连续箱梁桥设计

70m 跨径的五跨一联预应力混凝土单箱单室连续箱梁桥上部结构采用预制梁整孔吊装架设,简支变连续的施工工艺。

根据该区域地质情况、水域环境、施工条件等因素,基础采用 φ1 500mm 钢管桩。依据地质报告资料,钢管桩以$⑦_2$灰黄色粉砂层作为桩基持力层,其钢管桩桩长约 53.0～70.0m。

采用两种形式承台,其中一种为 φ11.0m 直径的圆形截面,承台厚度为 3.5m;另一种为六边形平面外形尺寸 2 785cm×1 020cm,承台厚度 3.5m。其设计均采用外置预制混凝土套箱,下设 95cm 厚封底混凝土,采用现浇承台的施工方法。

标准桥墩沿左右分离的桥梁中心线布置,采用花瓶式墩身,左右桥墩墩中心距为 16.25m。桥墩顺桥向宽度根据支座布置及支座吨位尺寸要求在顶部适当加宽。

箱梁、墩身和承台均采用高性能混凝土。钢管桩采用预制打入法,承台采用套箱现浇施工,墩身采用预制成型、运输和吊装就位的施工方法,墩座采用现浇施工。

5×70m 连续梁桥总体布置如图 3.5.3.1 所示。

5.3.1 上部结构构造

1. 桥跨布置及箱梁构造尺寸

五跨一联的等高度预应力混凝土连续箱梁桥的横断面为两个分离式单箱单室箱形截面。桥面横向布置宽度为 0.5m(防撞护栏) +2.5m(紧急停车带) +11.75m(行车道) +0.5m(防撞护栏) +1.0m(中央隔离带) +0.5m(防撞护栏) +11.75m(行车道) +2.5m(紧急停车带) +0.5m(防撞护栏),桥面全宽 31.5m,并设置 2.0% 双向横坡。桥梁横断面布置如图 3.5.3.2 所示。

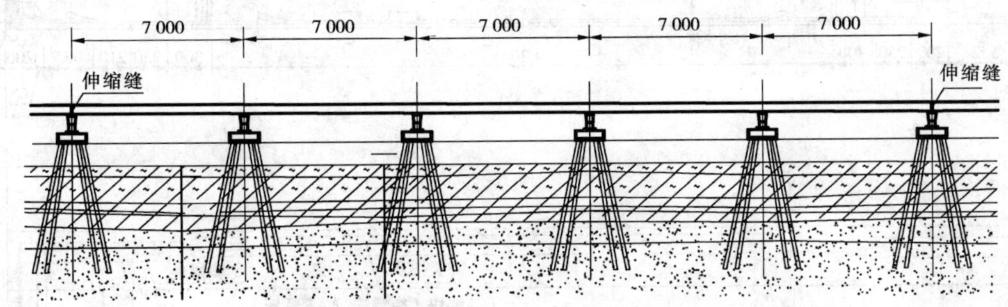

图 3.5.3.1　5×70m 连续梁桥总体布置(单位:cm)

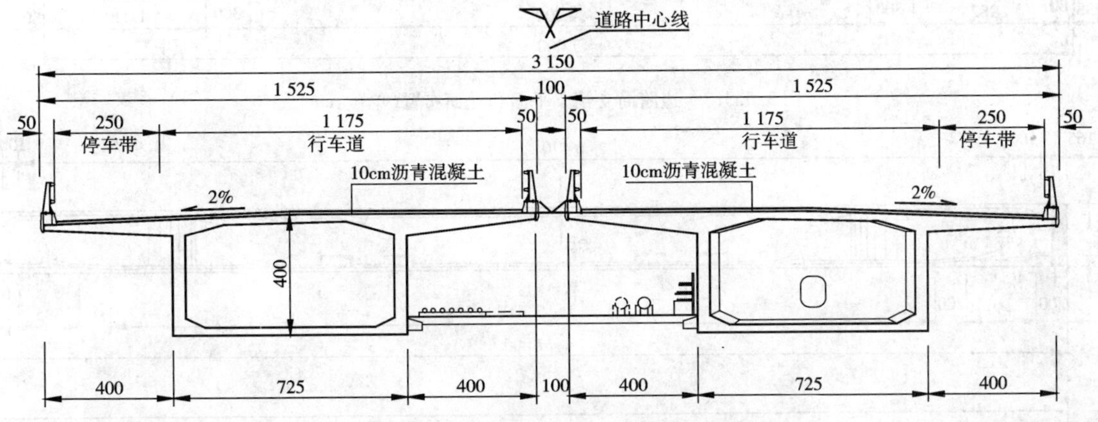

图 3.5.3.2　桥梁横断面布置(单位:cm)

单幅五跨一联等高度预应力混凝土连续箱梁,采用单箱单室直腹板箱形截面,梁高 4.0m,高跨比 1/17.5。全桥设置 6 道支点横隔梁,边墩横隔梁宽 0.8m,中墩横隔梁宽 1.6m,所有横隔梁内均设置 150cm×120cm 人孔。纵桥向每隔 2.0m 间距在每道腹板设置 ϕ5cm 通气孔,每跨箱梁底板厚度变化处近腹板设置 ϕ8cm 泄水孔。连续梁桥采用单孔箱梁整体吊装,由简支变连续的施工方法,每跨简支箱梁距梁端部不小于 5.0m 处设置起吊点,中墩处简支箱梁距梁端 1.2m 处设置临时支座构造,中墩墩顶现浇段顶板处长度 80cm,底板处长度 200cm。

边跨简支箱梁段的顶板厚 26cm,边支点梁端底板厚 40cm,其长度为 642cm,底板厚 40～25cm 的变化段长度为 200cm,跨中底板厚 25cm;中支点梁端底板厚 70cm,其长度为 200cm,底板厚 70～40cm 的变化段长度为 65cm,底板厚度 40cm 长度为 385cm,底板厚度 40～25cm 的变化段长度为 200cm。边支点梁端腹板厚 70cm,其长度为 1 092cm,腹板厚 70～40cm 的变化段长度为 300cm,跨中腹板厚度 40cm;中支点梁端腹板厚 70cm,其长度为 1 100cm,腹板厚 70～40cm 的变化段长度为 300cm。中支点梁端顶板板厚 70cm,其长度为 165cm,顶板厚 70～26cm 的变化段长度为 100cm。边墩横隔梁与顶板连接处设置 25cm×25cm 上倒角,与底板连接处设置 40cm×60cm 下倒角。中墩横隔梁与顶底板连接处设置 25cm×12.7cm 倒角。

边跨简支箱梁构造如图 3.5.3.3 所示。

中跨简支箱梁段的梁端处底板厚 70cm,其长度为 200cm,底板厚 70～40cm 的变化段长度为 65cm,底板厚度 40cm 长度为 385cm,底板厚度 40～25cm 的变化段长度为 200cm,跨中底板厚 25cm。梁端处腹板厚 70cm,其长度为 1 100cm,腹板厚 70～40cm 的变化段长度为 300cm,跨中腹板厚度 40cm。中支点梁端顶板板厚 70cm,其长度为 165cm,顶板厚 70～26cm 的变化段长度为 100cm,跨中顶板厚 26cm。中墩横隔梁与顶底板连接处设置 25cm×12.7cm 倒角。

中跨简支箱梁构造如图 3.5.3.4 所示。

单幅箱梁横断面采用单箱单室直腹板箱形截面,箱梁顶板宽 15.25m,底板宽 7.25m,宽跨比

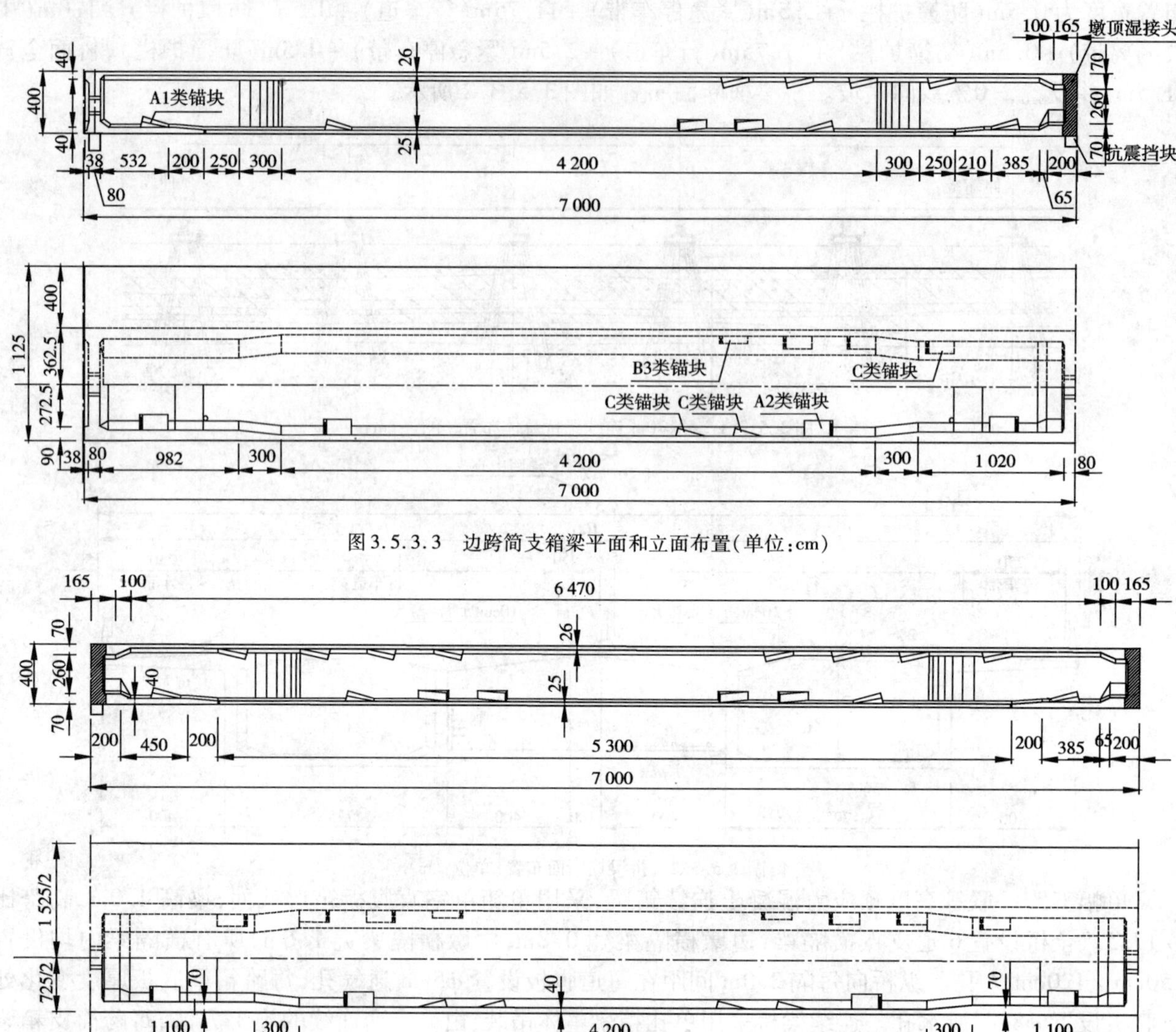

图 3.5.3.3　边跨简支箱梁平面和立面布置(单位:cm)

图 3.5.3.4　中跨简支箱梁平面和立面布置(单位:cm)

1/9.66,中心处梁高 4.0m,其箱梁顶面设置 2.0% 的单向横坡,底板则保持水平;箱梁两侧悬臂板长度为 4.0m,其宽跨比 1/17.5,悬臂板端部厚度 20cm,根部厚度 55cm,高跨比 1/7.27。

箱梁跨中截面的顶板厚度 26cm,底板厚度 25cm,腹板厚度 40cm。箱梁边支点处截面的顶板厚度 51cm,底板厚度 40cm,腹板厚度 70cm。箱梁中支点处截面的顶板厚度 70cm,底板厚度 70cm,腹板厚度 70cm。箱梁内底板与腹板连接处设置 20cm×60cm 下倒角,顶板与腹板连接处设置 29cm×120cm 上倒角。箱梁横断面尺寸见图 3.5.3.5。

位于道路平曲线内的箱梁可以通过调整两侧翼缘板的长度来实施,而箱梁的腹板仍保持直线。

箱梁采用强度等级为 C50 的高性能混凝土。

2. 预应力筋的布置

箱梁采用纵向和横向双向预应力体系。纵横向预应力筋采用 ϕ^j15.24mm 高强度低松弛钢绞线束,其标准强度 $R_y^b = 1\,860$MPa,锚下控制应力 $\sigma_k = 0.78R_y^b = 1\,450.8$MPa。竖向预应力筋采用 32mm JL750 级精轧螺纹钢筋,其标准强度 $\sigma_y^b = 750$MPa,张拉控制应力 $\sigma_k = 0.9R_y^b = 675$MPa。预应力筋张拉必须待混凝土达到 100% 设计强度和 15d 龄期才可进行。

(1)纵向预应力筋

箱梁纵向预应力筋主要分为预制梁先期钢束——腹板上弯束、跨中局部底板上弯束和底板直束三

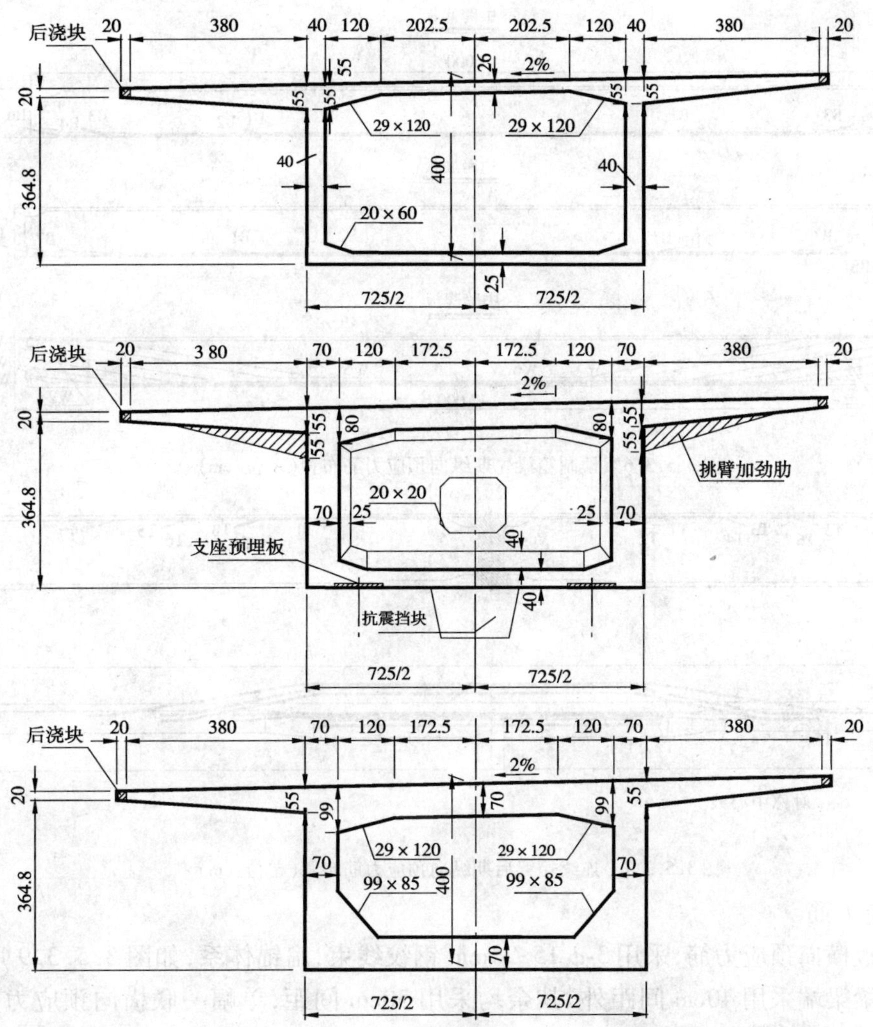

图3.5.3.5　箱梁横断面构造尺寸(单位:cm)

大类型;连续梁后期钢束——跨中局部底板上弯束、中支点箱梁底板交叉束、中支点箱梁顶板下弯束和中支点箱梁腹板下弯束四大类型。钢束按箱梁对称布置,尽可能靠近腹板,以减少剪力滞效应的影响。预应力钢束采用一端或两端张拉的施工工艺。

①预制梁先期预应力筋

箱梁单侧腹板内配置上弯钢束 17-ϕ^{j}15.24mm 钢绞线 4 根,底板通长直束 17-ϕ^{j}15.24mm 钢绞线 2 根,底板局部上弯钢束 12-ϕ^{j}15.24mm 钢绞线 4 根和 17-ϕ^{j}15.24mm 钢绞线 4 根。单幅连续箱梁其预制梁内预应力钢束共计 90 根。预制梁先期预应力钢束布置见图 3.5.3.6。

②连续梁后期预应力筋

边跨通过中支点的底板局部上弯钢束 12-ϕ^{j}15.24mm 钢绞线 10 根。中跨通过两中支点的底板局部上弯钢束 12-ϕ^{j}15.24mm 钢绞线 8 根。中支座处箱梁顶板设置局部下弯钢束 12-ϕ^{j}15.24mm 钢绞线 14 根,中支座处箱梁腹板设置局部下弯钢束 17-ϕ^{j}15.24mm 钢绞线 4 根。单幅连续箱梁后期预应力钢束共计 116 根。连续梁后期预应力钢束布置见图 3.5.3.7。

连续箱梁钢束横断面如图 3.5.3.8 所示。

考虑到材料、施工工艺等不确定因素,为确保结构的安全性,简支变连续预应力箱梁桥设置体外预应力束作安全储备,每跨设置四根直线型采用 PE 注油性蜡镀锌 12-ϕ^{j}15.24mm 钢绞线,其孔道和锚具进行了预埋,张拉锚固均在箱梁横隔梁上。

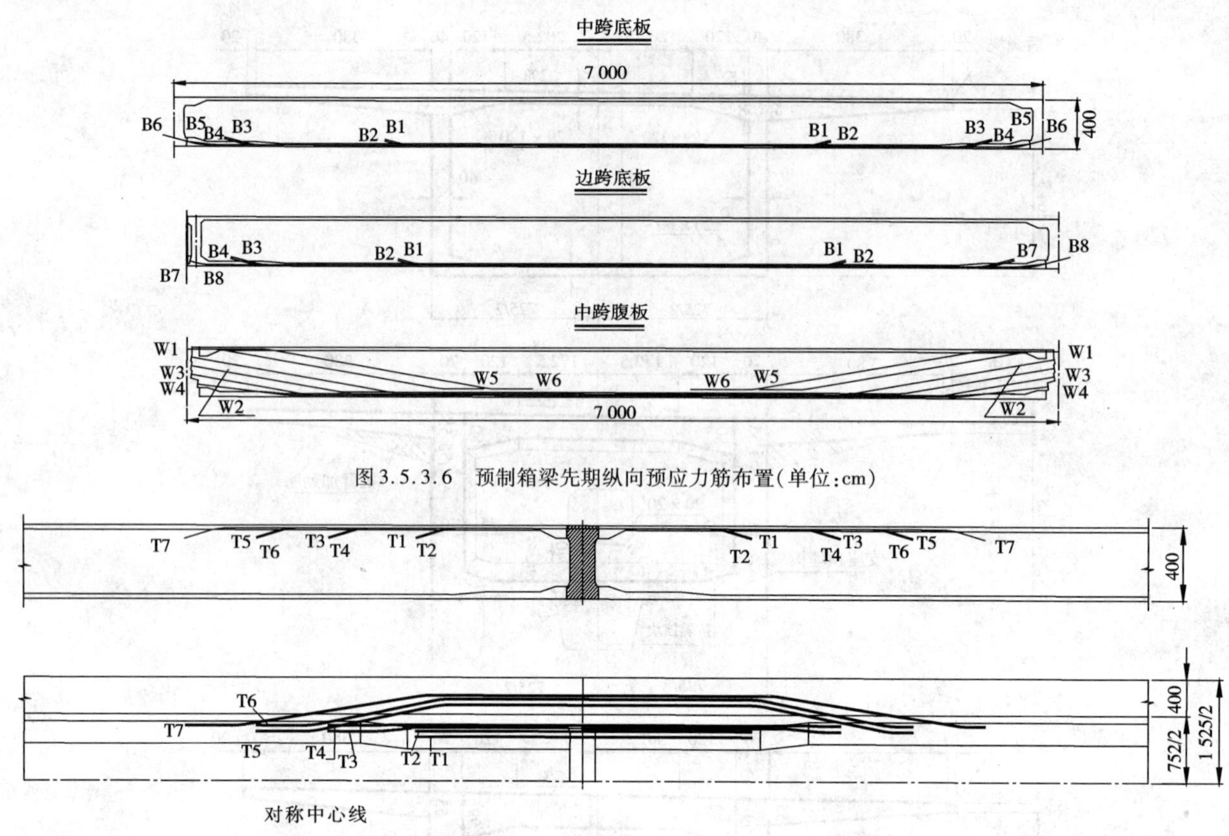

图 3.5.3.6　预制箱梁先期纵向预应力筋布置(单位:cm)

图 3.5.3.7　连续箱梁后期纵向预应力筋布置(单位:cm)

(2)横向预应力筋

单幅箱梁顶板横向预应力筋,采用 3-ϕ^j15.24mm 钢绞线束,扁锚体系,如图 3.5.3.9 所示。横向预应力钢束除预制梁梁端采用 40cm 间距外,其余均采用 50cm 间距,单幅一联横向预应力钢束合计 701 根。预应力钢束采用一端交替张拉施工工艺。

连续箱梁中墩横隔梁内配置两排曲线预应力钢束,每排 3-ϕ^j15.24mm 钢绞线 2 根,其间距为 140cm,构造如图 3.5.3.10 所示。连续箱梁端横隔梁内配置三排曲线预应力钢束,每排 3-ϕ^j15.24mm 钢绞线 2 根,其间距为 24cm,构造如图 3.5.3.11 所示。单幅连续梁横隔梁预应力钢束合计 28 根。预应力筋采用扁锚体系,一端固定一端张拉的施工工艺。

(3)竖向预应力筋

连续箱梁各中墩现浇横隔梁两侧 2.3m 范围内,箱梁每侧腹板中配置 2 组间距 78cm 的 32mm JL750 级精轧螺纹粗钢筋,2 根间距 17cm 的竖向预应力筋为一组,单幅连续梁粗钢筋共计 32 根。预应力筋采用一端两次反复张拉的施工工艺。竖向钢筋上锚垫板距离梁顶面 18cm,下锚垫板距离梁底面 17cm。其构造如图 3.5.3.12 所示。

3. 普通钢筋构造

箱梁的普通钢筋采用常规配筋方法,钢筋直径一般为 ϕ10 ~ ϕ20mm。单幅箱梁横向钢筋采用 15cm 间距,而纵向钢筋间距为 20cm。箱梁顶板底层、箱内顶板加腋和箱梁底板底层横向钢筋采用 ϕ20mm;箱梁顶板顶层、底板顶层和箱内底板加腋横向钢筋采用 ϕ16mm;悬臂板下侧横向钢筋采用 ϕ14mm。箱梁腹板顶部纵向主筋采用 ϕ14mm,底部纵向主筋采用 ϕ20mm。底板上下纵向主筋采用 ϕ20mm,其余纵向钢筋全部采用 ϕ14mm。单个腹板厚度大于 40cm 采用四肢封闭箍,其余则采用双肢封闭箍,箍筋直径为 ϕ16mm,同时为了增加箱梁抗剪能力,箱梁腹板内壁侧增设单肢 ϕ20mm 箍筋。顶板、底板和腹板上下钢筋网之间设置 ϕ8mm 拉筋,间距 60cm。箱梁横断面配筋如图 3.5.3.13 所示。

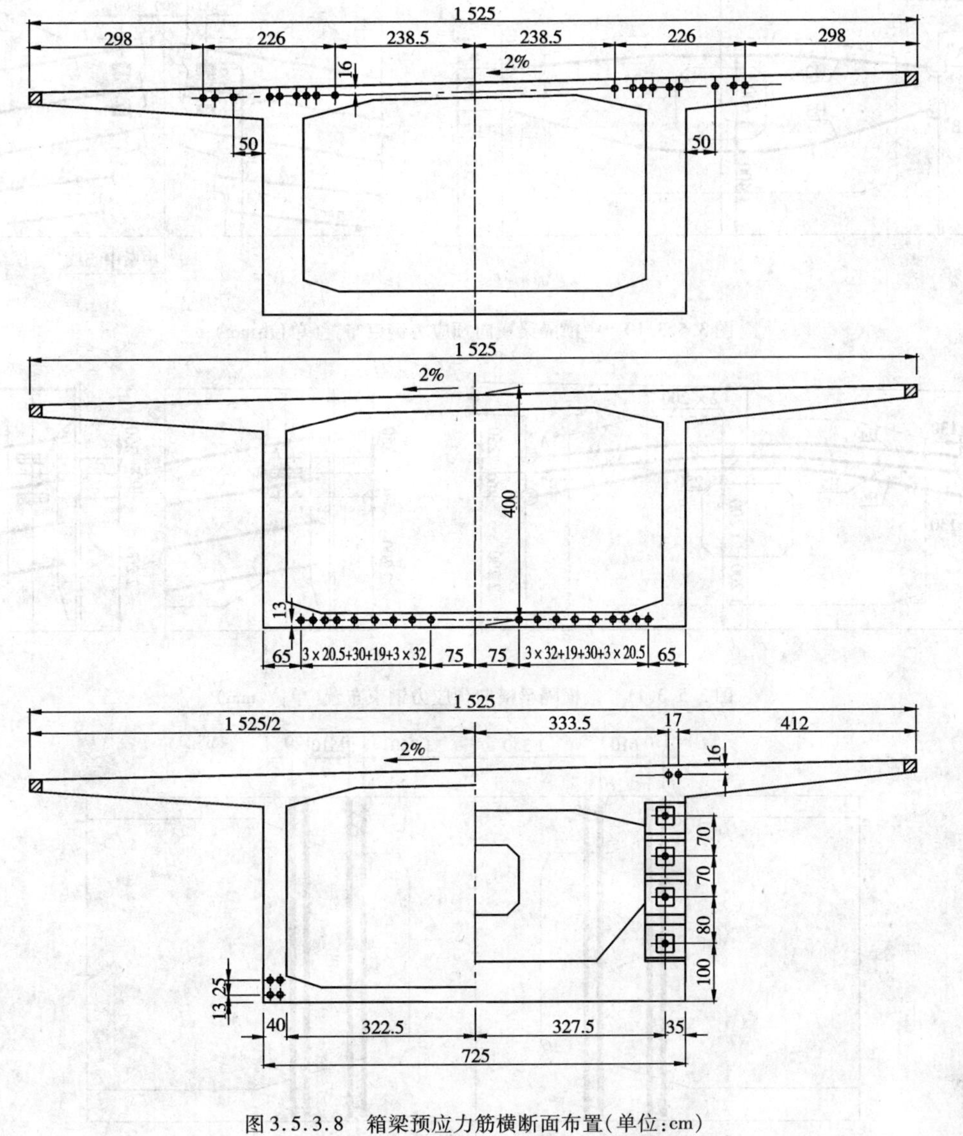

图 3.5.3.8　箱梁预应力筋横断面布置(单位:cm)

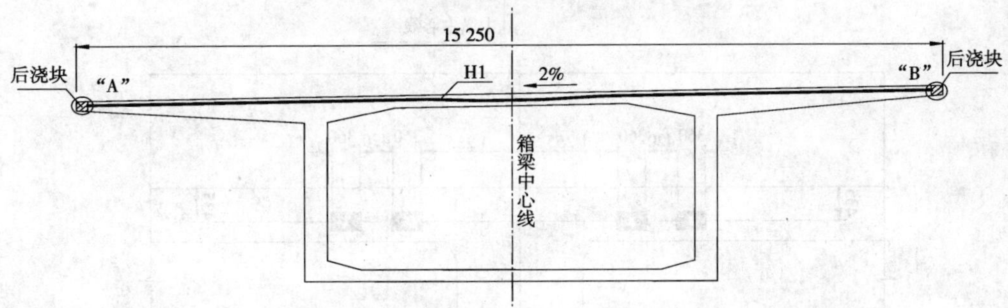

图 3.5.3.9　箱梁横向预应力钢束布置(单位:mm)

考虑临时支承点和吊点的需要,预制梁端部单侧腹板内设置 2 ϕ25mm 斜钢筋,以满足抗剪需要。

4. 支座设置构造

单幅五跨一联简支变连续的等高度预应力连续箱梁桥,采用球形钢支座,单幅桥梁设置 2 个 LQZ17500GD 固定支座,6 个 LQZ17500DX 单向支座和 4 个 LQZ9000DX 单向支座,横桥向两支座间距为 5.0m。

由于该桥采用简支变连续的施工工艺,需有临时支座与永久支座转换的过程。

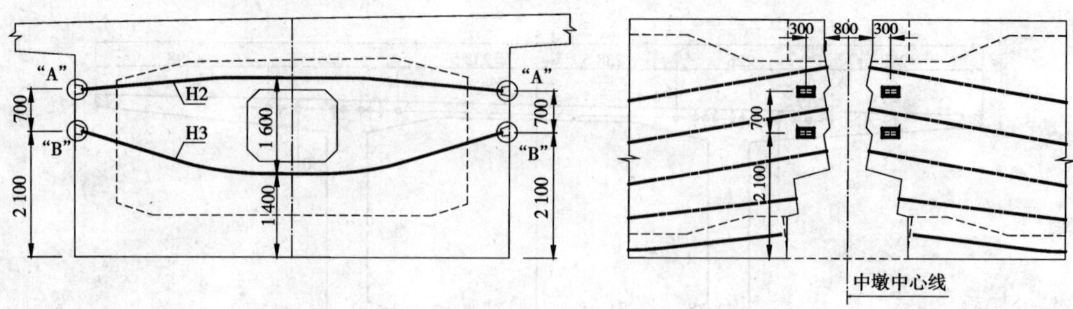

图 3.5.3.10　中横隔梁横向预应力钢束布置(单位:mm)

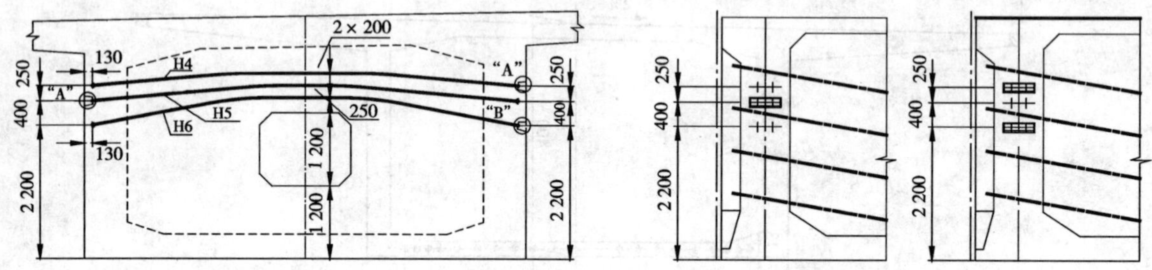

图 3.5.3.11　端横隔梁横向预应力钢束布置(单位:mm)

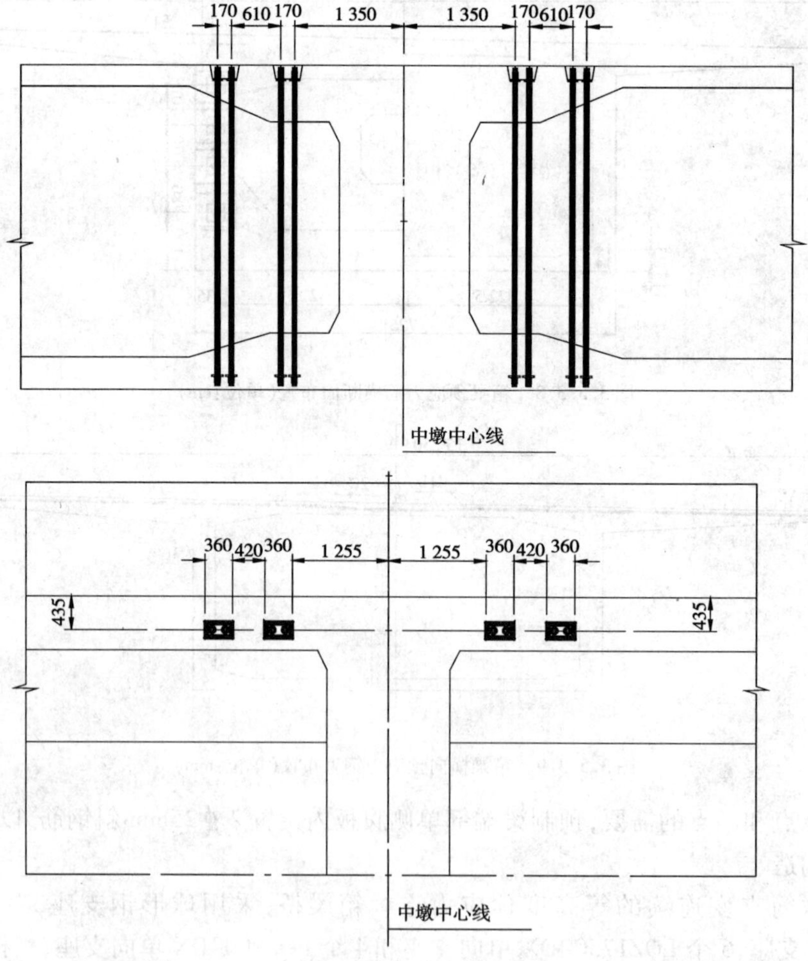

图 3.5.3.12　中墩箱梁腹板竖向预应力筋布置(单位:mm)

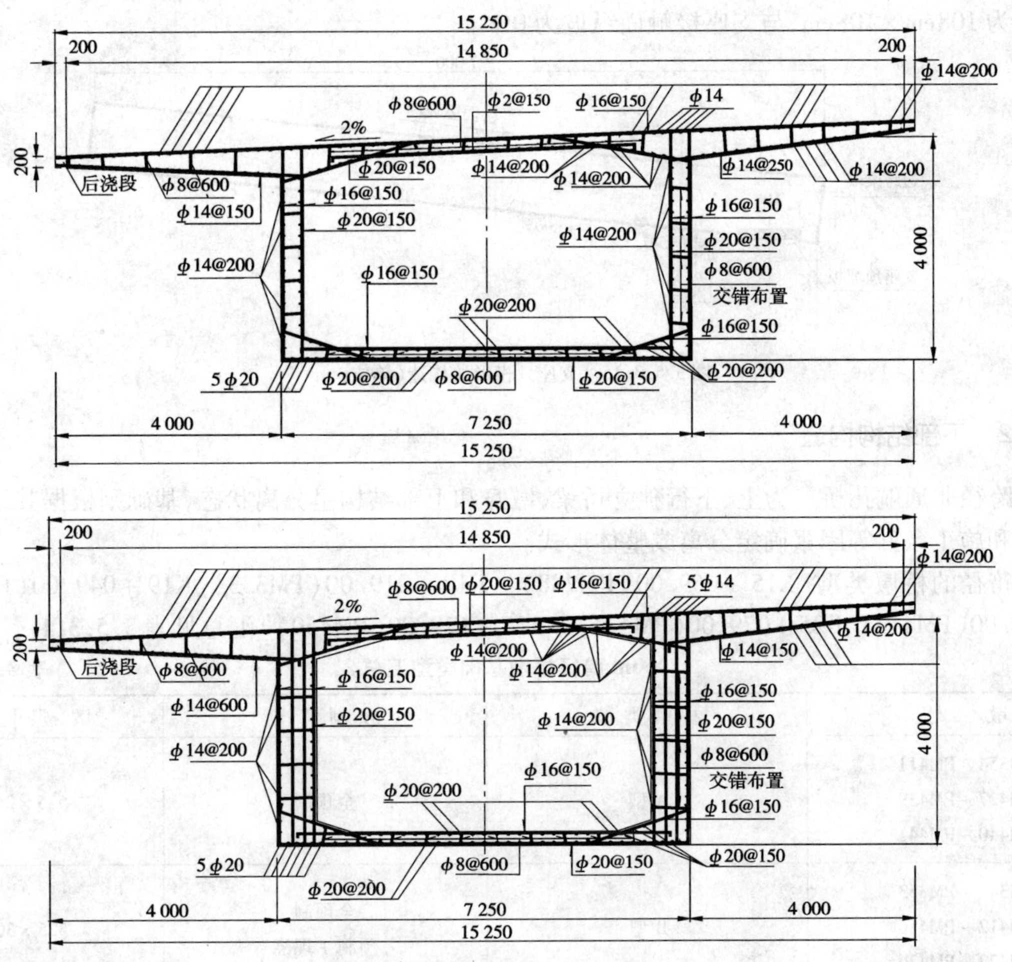

图 3.5.3.13　箱梁横断面普通钢筋布置(单位:mm)

5. 箱梁抗震挡块构造

箱梁在支点横隔梁梁底处设置混凝土挡块,中墩横隔梁处设置纵宽1.5m、横长2.4m、高度0.7m混凝土挡块,边墩横隔梁处设置纵宽0.9m、横长2.4m、高度0.7m混凝土挡块,与桥墩的横向限位挡块共同组成横向抗震装置,如图3.5.3.14所示。

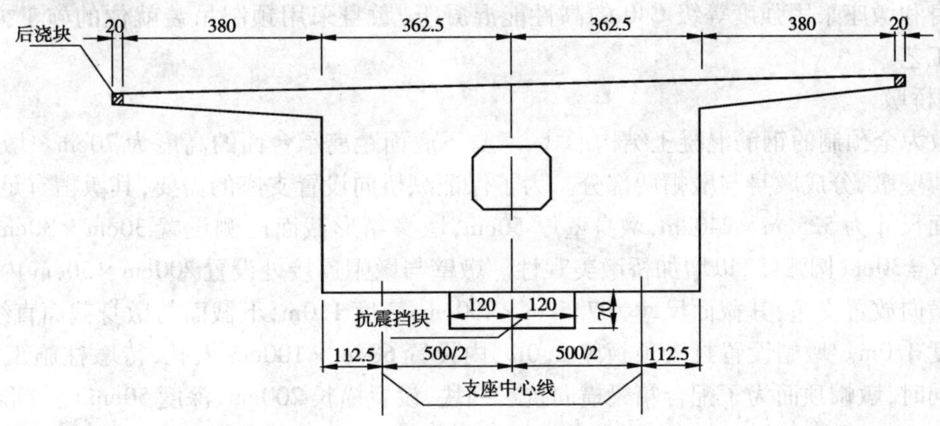

图 3.5.3.14　箱梁横向抗震挡块构造(单位:cm)

6. 箱梁梁底楔形块构造

桥梁结构受道路竖曲线的影响产生单孔箱梁的纵坡,而规范要求支座处上下面必须保持水平状态,故支座处梁底采用图3.5.3.15的楔形块构造,以满足支承面的水平。支座中心线处预埋钢板,纵横向平面尺寸为 108cm ×108cm,与支座接触面纵坡为 0% 。

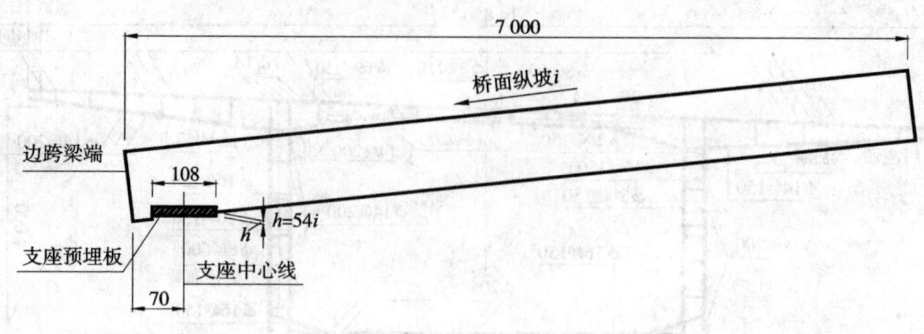

图 3.5.3.15　支座处楔形块构造(单位:cm)

5.3.2　下部结构构造

70m 跨径非通航孔桥梁为上、下行独立桥梁,墩身和上部结构呈分离状态,基础则根据其地质资料、水文环境和施工条件等因素确定分离或整体形式。

70m 跨径的桥墩类型[K15 +069.00(PM288)~K18 +219.00(PM333)、K19 +049.00(PM337)~K24 +579.00(PM417)、K25 +079.00(PM421)~K27 +179.00(PM450)]汇总见表 3.5.3.1。

60m 跨径桥墩基础类型汇总　　表 3.5.3.1

墩　　号	桥墩类型	预制情况	墩身尺寸(cm)
PM354 ~ PM411 PM427 ~ PM439 PM440 ~ PM441	A 型	全预制	525 ×240
PM349 ~ PM353 PM412 ~ PM416 PM422 ~ PM426	B 型	全预制 预制 + 现浇	525 ×300
PM343 ~ PM348	C 型	预制 + 现浇	525 ×360
PM329 ~ PM333 PM338 ~ PM342	D 型	预制 + 现浇	725 ×360

1. 桥墩构造和配筋

桥墩墩身和墩座采用强度等级 C40 的高性能混凝土,墩身采用预制吊装就位的施工方法,墩座采用现浇施工工艺。

(1) A 型桥墩

A 型桥墩为全预制的钢筋混凝土结构形式,墩身下底面距离承台面的高度为 70cm。墩身采用花瓶形单箱单室薄壁墩,分成墩身与墩帽两部分。为了保证纵桥向设置支座的需要,其墩帽有足够的纵向宽度。墩身截面尺寸为 525cm ×240cm,墩身壁厚 50cm,墩身箱形截面内侧设置 30cm ×30cm 的倒角,外侧四周采用 $R=30$cm 圆弧线,以增加桥墩美观性。墩壁与墩帽连接处设置 200cm ×50cm 内倒角。墩帽上截面为了横向放置支座,其截面尺寸为 725cm ×400cm,高度 1.0m,下截面与墩身截面直线顺接,两截面过渡段高度 3.0m。墩帽设置封头顶板厚 2.0m,内设置 60cm ×100cm 人孔,待墩柱施工完毕加人孔盖板封闭。同时,墩帽顶面为了配合箱梁横向抗震挡块,设置横长 200cm、深度 50cm 的契形凹槽。墩柱壁竖向设置 ϕ10cm 通气孔和 ϕ5cm 泄水孔。

纵桥向连续梁桥的支座布置,中墩置于墩身中心线,边墩布置两排支座,其支座中心线距离墩身中心线为 68cm。

为保证预制墩柱与承台间有效连接性,设置高度 1.7m 的墩座,其中墩座伸入承台 50cm 深度。墩座顶面尺寸 360cm ×645cm,承台面尺寸 400cm ×685cm。

A 型墩身构造如图 3.5.3.16 所示。

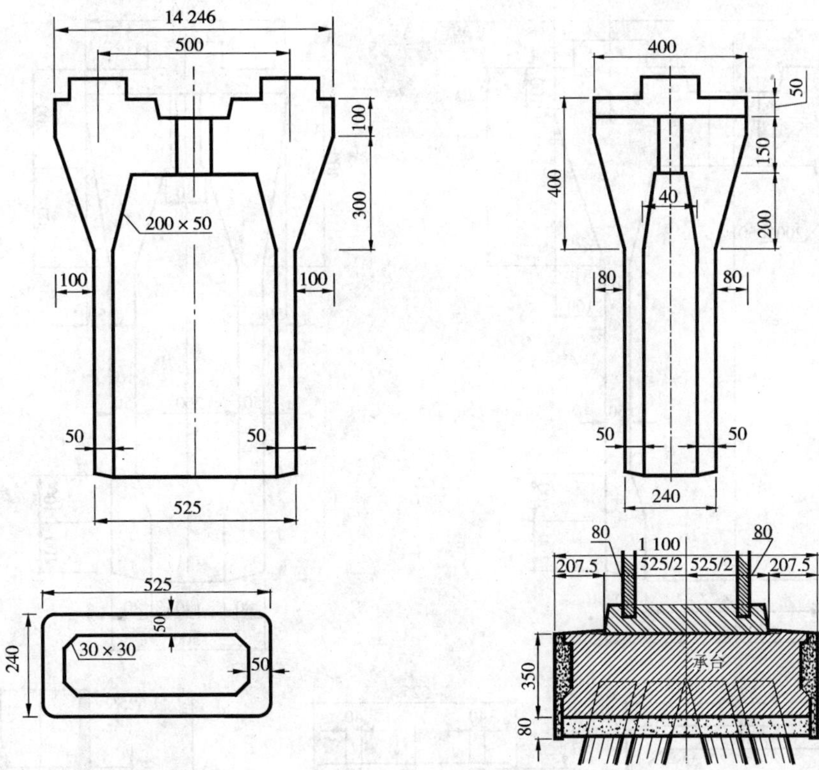

图 3.5.3.16　A 型桥墩构造(单位:cm)

(2)B 型桥墩

B 型桥墩为全预制的钢筋混凝土或预制加现浇的预应力混凝土结构形式,墩身下底面距离承台面的高度为 70cm。墩身采用花瓶形单箱单室薄壁墩,分成墩身与墩帽两部分。为了保证纵桥向设置支座的需要,其墩帽有足够的纵向宽度。墩身截面尺寸为 525cm×300cm,墩身下部 100cm 高度的壁厚为 80cm,标准墩身壁厚为 50cm,墩壁过渡段高度 100cm。墩身箱形截面内侧设置 30cm×30cm 的倒角,外侧四周采用 $R=30$cm 圆弧线,以增加桥墩美观性。墩壁与墩帽连接处设置 200cm×50cm 内倒角。墩帽上截面为了横向放置支座,其截面尺寸为 725cm×400cm,高度 1.0m,下截面与墩身截面直线顺接,两截面过渡段高度 3.0m。墩帽设置封头顶板厚 2.0m,内设置 60cm×100cm 人孔,待墩柱施工完毕加人孔盖板封闭。同时,墩帽顶面为了配合箱梁横向抗震挡块,设置横长 200cm、深度 50cm 的凹槽。墩壁在高程 +12.5m 以上每隔 500cm 对称设置一对 ϕ10cm 通气孔,纵横墩壁交叉错位布置。

纵桥向连续梁桥的支座布置,中墩置于墩身中心线,边墩布置两排支座,其支座中心线距离墩身中心线为 68cm。

为保证预制墩柱与承台间有效连接性,设置高度 1.7m 的墩座,其中墩座伸入承台 50cm 深度。墩座顶面尺寸 420cm×645cm,承台面尺寸 460cm×685cm。

B 型墩身构造如图 3.5.3.17 所示。

(3)C 型桥墩

C 型桥墩为预制加现浇的预应力混凝土结构形式,墩身下底面距离承台面的高度为 70cm,其预制段高度为 760cm。墩身采用花瓶形单箱单室薄壁墩,分成墩身与墩帽两部分。为了保证纵桥向设置支座的需要,其墩帽有足够的纵向宽度。墩身截面尺寸为 525cm×360cm,高程 +13.0m 以下墩身壁厚为 80cm,以上墩身壁厚则为 50cm,墩壁过渡段高度 100cm。墩身箱形截面内侧设置 30cm×30cm 的倒角,外侧四周采用 $R=30$cm 圆弧线,以增加桥墩美观性。墩壁与墩帽连接处设置 200cm×50cm 内倒角。墩帽上截面为了横向放置支座其截面尺寸为 725cm×400cm,高度 1.0m,下截面与墩身截面直线顺接,两

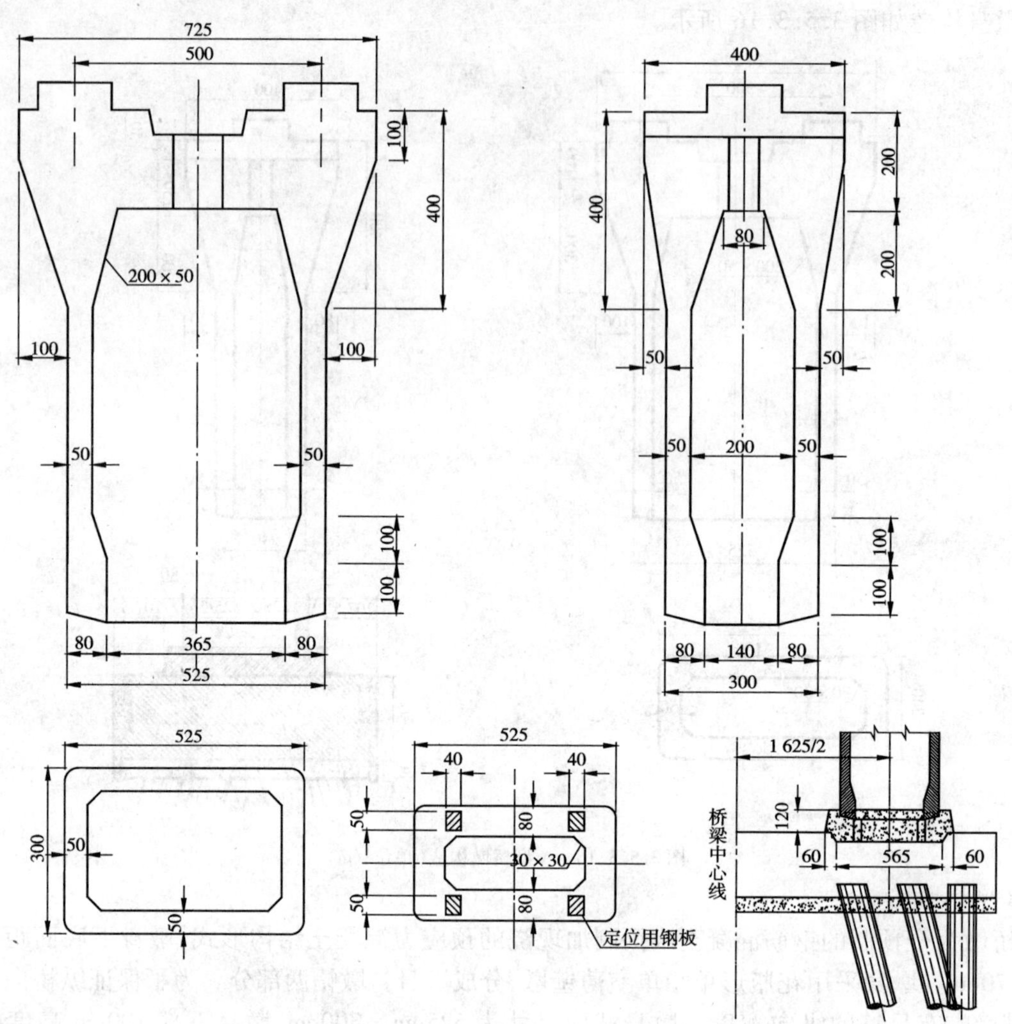

图 3.5.3.17　B 型桥墩构造(单位:cm)

截面过渡段高度 3.0m。墩帽设置封头顶板厚 2.0m,内设置 60cm×100cm 人孔,待墩柱施工完毕加人孔盖板封闭。同时墩帽顶面为了配合箱梁横向抗震挡块,设置横长 200cm、深度 50cm 的凹槽。墩壁在高程 +12.5m 以上每隔 500cm 对称设置一对 ϕ10cm 通气孔,在纵横墩壁上交叉错位布置。

纵桥向连续梁桥的支座布置,中墩置于墩身中心线,边墩布置两排支座,其支座中心线距离墩身中心线为 78cm。

为保证预制墩柱与承台间有效连接性,设置高度 1.7m 的墩座,其中墩座伸入承台 50cm 深度。墩座顶面尺寸 480cm×645cm,承台面尺寸 520cm×685cm。

C 型墩身构造如图 3.5.3.18 所示。

(4)D 型桥墩

D 型桥墩为预制加现浇的预应力混凝土结构形式,墩身下底面距离承台面的高度为 70cm,其预制段高度为 760cm。墩身采用直柱形单箱单室薄壁墩,分成墩身与墩帽两部分。墩身截面尺寸为725cm×360cm,墩身壁厚 80cm。墩身箱形截面内侧设置 30cm×30cm 的倒角,外侧四周采用 R = 30cm 圆弧线,以增加桥墩美观性。墩壁与墩帽连接处设置 200cm×50cm 内倒角。墩帽上截面为了横向放置支座,其截面尺寸为 725cm×400cm,高度 2.0m。墩帽设置封头顶板厚 2.0m,内设置 60cm×100cm 人孔,待墩柱施工完毕加人孔盖板封闭。同时,墩帽顶面为了配合箱梁横向抗震挡块,设置横长 200cm、深度 50cm 的凹槽。墩壁在高程 +12.5m 以上每隔 500cm 对称设置一对 ϕ10cm 通气孔,纵横墩壁交叉错位布置。

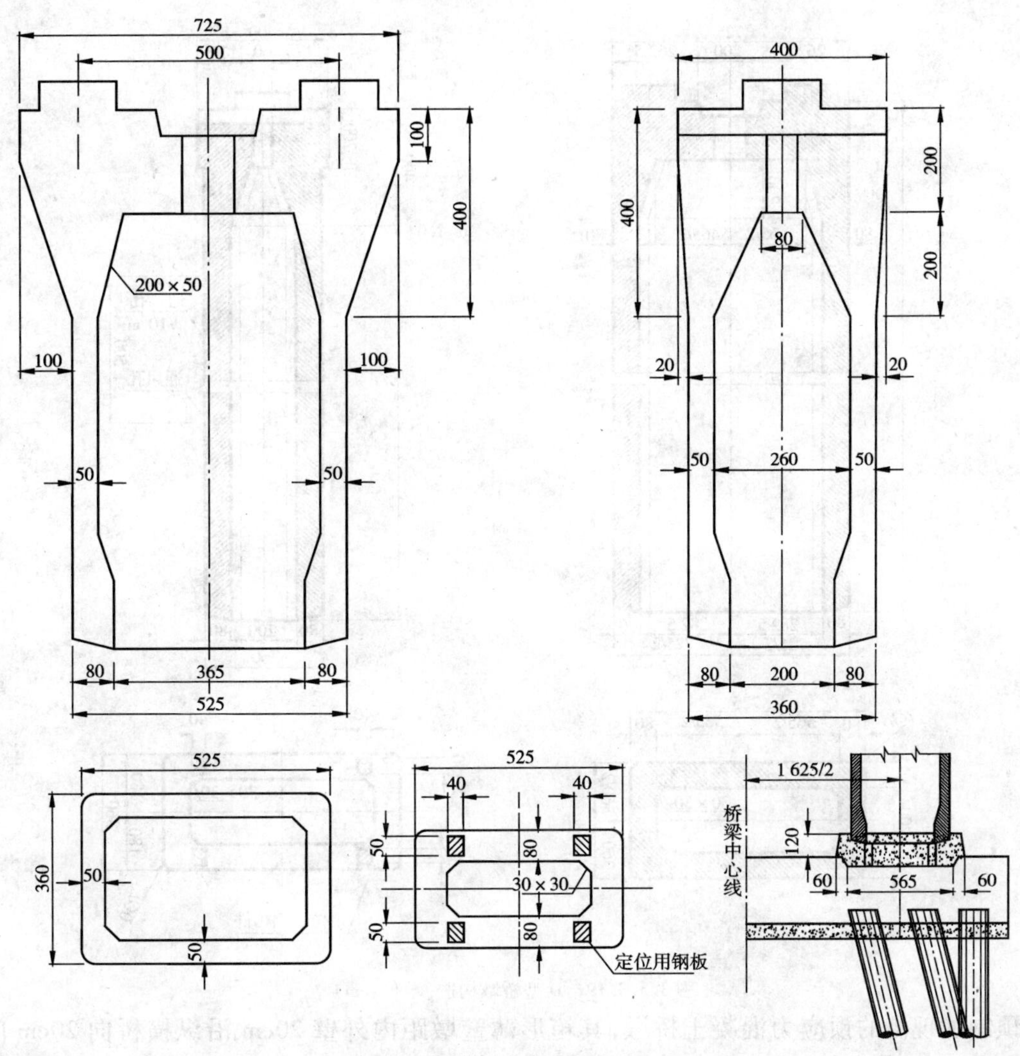

图 3.5.3.18　C 型桥墩构造(单位:cm)

为保证预制墩柱与承台间有效连接性,设置高度 1.7m 的墩座,其中墩座伸入承台 50cm 深度。墩座顶面尺寸 480cm×645cm,承台面尺寸 520cm×685cm。

D 型墩身构造如图 3.5.3.19 所示。

(5)桥墩限位抗震挡块

充分利用桥墩刚度,在桥墩墩柱顶面设置 50cm 深,横向 2.0m 长的契形凹槽,以利于上部结构箱梁横隔梁抗震挡块的嵌入,满足桥梁横向抗震的要求。两者横向缝隙中设置 20cm×40cm×2cm 橡胶垫层,保证挡块间弹性缓冲碰撞。

(6)墩身配筋

桥墩墩身为下部结构的重要受力构件,采用了预应力筋和普通钢筋混合配筋。竖向预应力钢筋采用 32mm JL750 级精轧螺纹钢筋,其标准强度 $R_y^b=750\text{MPa}$,张拉控制应力 $\sigma_k=0.9R_y^b=750\text{MPa}$。根据桥墩各类型结构的受力情况,预制加现浇的墩身配置竖向预应力筋。

①预应力筋

B 型预制加现浇的预应力混凝土桥墩,其箱形薄壁墩距外壁 20cm,沿纵桥向 35cm 间距,横桥向 20cm 间距布置 32mm JL750 级精轧螺纹粗钢筋,纵桥向单侧预应力筋 6 根,横桥向单侧预应力筋 12 根,墩身预应力筋合计 36 根。预应力筋伸入距离承台底面 100cm 和 175cm 处,在预制段处全部张拉,其中横向单侧 7 根,纵向单侧 2 根在预制段端面锚固,其余加连接器并在墩柱顶面张拉锚固,采用一端反复张拉施工工艺。B 型桥墩墩身预应力筋构造如图 3.5.3.20 所示。

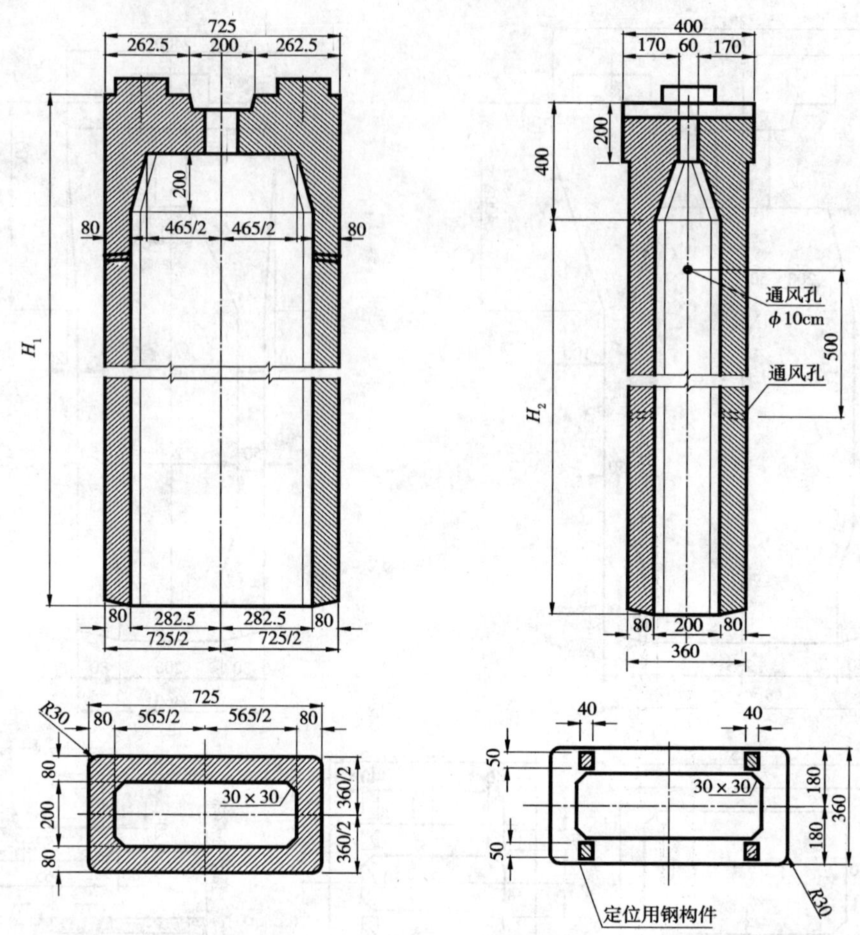

图 3.5.3.19　D 型桥墩构造(单位:cm)

C 型预制加现浇的预应力混凝土桥墩,其箱形薄壁墩距内外壁 20cm 沿纵横桥向 20cm 间距布置 32mm JL750 级精轧螺纹粗钢筋,预制段墩柱壁内设置双排,双排筋间距 30cm。薄壁墩柱外侧纵桥向单侧预应力筋 8 根,外侧横桥向单侧预应力筋 10 根,内侧纵桥向单侧预应力筋 6 根,内侧横桥向单侧预应力筋 8 根,墩身预应力筋合计 64 根。预应力筋伸入距离承台底面 100cm 和 175cm,在预制段顶面墩柱内侧预应力筋张拉并锚固,外侧预应力筋则在墩柱顶面张拉锚固,采用一端反复张拉施工工艺。C 型桥墩墩身预应力筋构造如图 3.5.3.21 所示。

D 型预制加现浇的预应力混凝土桥墩,其箱形薄壁墩距内外壁 20cm 沿纵横桥向 20cm 间距布置 32mm JL750 级精轧螺纹粗钢筋,预制段加部分现浇的墩柱壁内设置双排筋,双排筋间距 30cm。薄壁墩柱外侧纵桥向单侧预应力筋 8 根,外侧横桥向单侧预应力筋 10 根,内侧纵桥向单侧预应力筋 8 根,内侧横桥向单侧预应力筋 10 根,墩身预应力筋合计 72 根。预应力筋伸入距离承台底面 100cm 和 175cm 处,在预制段顶面张拉预应力筋 32 根,其中外侧纵桥向单侧 4 根,外侧横桥向单侧 8 根,内侧横桥向单侧 4 根。预制段面处以张拉的预应力筋设置连接器,并现浇一段墩柱,张拉锚固墩柱内侧预应力筋,外侧预应力筋则在墩柱顶面张拉锚固,采用一端反复张拉施工工艺。D 型桥墩墩身预应力筋构造如图 3.5.3.22所示。

②普通钢筋

墩柱外壁混凝土净保护层最小为 7cm,内壁混凝土净保护层最小为 4cm。

B 型预制加现浇的预应力混凝土桥墩,其墩身采用常规钢筋配筋,采用 ϕ10mm、ϕ12mm、ϕ16mm、ϕ20mm 和 ϕ25mm 五种类型直径的钢筋。箱形薄壁墩截面内外侧纵横向主筋均采用 ϕ20mm,间距 15cm,其主筋底部预留了 110cm 长度。墩壁内层和外层主筋间采用 ϕ12mm、间距 45cm 的拉

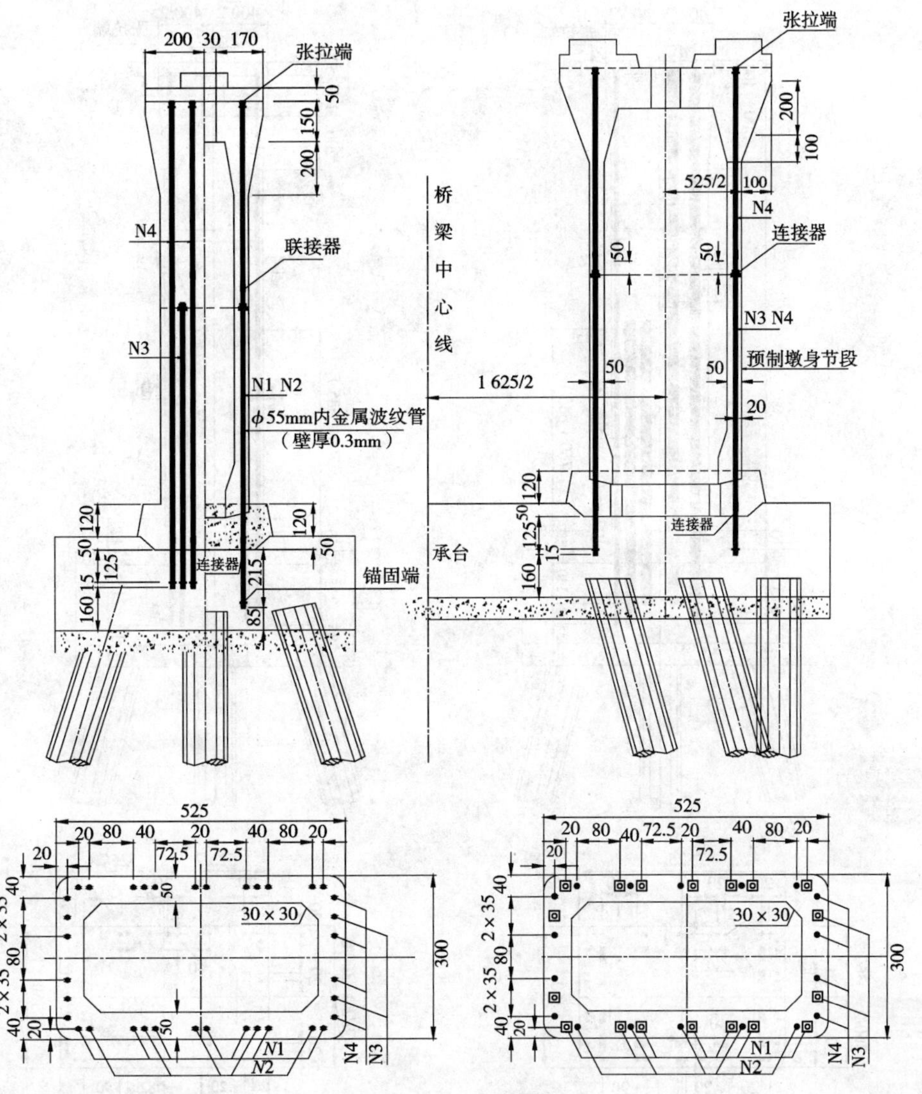

图 3.5.3.20　B 型桥墩墩身竖向预应力筋布置(单位:cm)

筋。箱形截面内侧箍筋采用ϕ12mm 钢筋,外侧封闭箍筋采用ϕ16mm 钢筋,为满足抗震构造要求,预制段底部 3.0m 区间箍筋间距需加密,其箍筋间距为 10cm,其余箍筋间距均为 15cm。为了有利于预制墩身与墩座混凝土的有效连接,预制墩身底部沿墩壁设置三层间距 15cm 的水平短钢筋,内外壁预留长度均为 50cm。

墩帽顶板底层横向配置ϕ25mm、间距 10cm 的钢筋,底层纵向配置ϕ16mm、间距 15cm 的钢筋;顶层横向配置双肢ϕ25mm、间距 15cm 的钢筋,顶层纵向配置ϕ16mm、间距 15cm 的钢筋,顶层设置两层钢筋网,间距为 20cm。墩柱顶面支座处增设三层ϕ16mm、间距 15cm 钢筋网片。

B 型桥墩墩身配筋如图 3.5.3.23 所示。

D 型预制加现浇的预应力混凝土桥墩,其墩身采用常规钢筋配筋,采用ϕ10mm、ϕ12mm、ϕ16mm、ϕ20mm 和ϕ25mm 五种类型直径的钢筋。箱形薄壁墩截面内外侧纵横向主筋均采用ϕ20mm,间距 15cm,其主筋底部预留了 110cm 长度。墩壁内层和外层主筋间采用ϕ12mm、间距 45cm 的拉筋。箱形截面内侧箍筋采用ϕ12mm 钢筋,外侧封闭箍筋采用ϕ16mm 钢筋,为满足抗震构造要求,预制段底部3.0m区间箍筋间距需加密,其箍筋间距为 10cm,其余箍筋间距均为 15cm。为了有利于预制墩身与墩座混凝土的有效连接,预制墩身底部沿墩壁设置三层间距 15cm 的水平短钢筋,内外壁预留长度均为 50cm。

墩帽顶板顶层横向配置ϕ25mm、间距 15cm 的钢筋,顶层纵向配置ϕ20mm、间距 15cm 的钢筋;底层

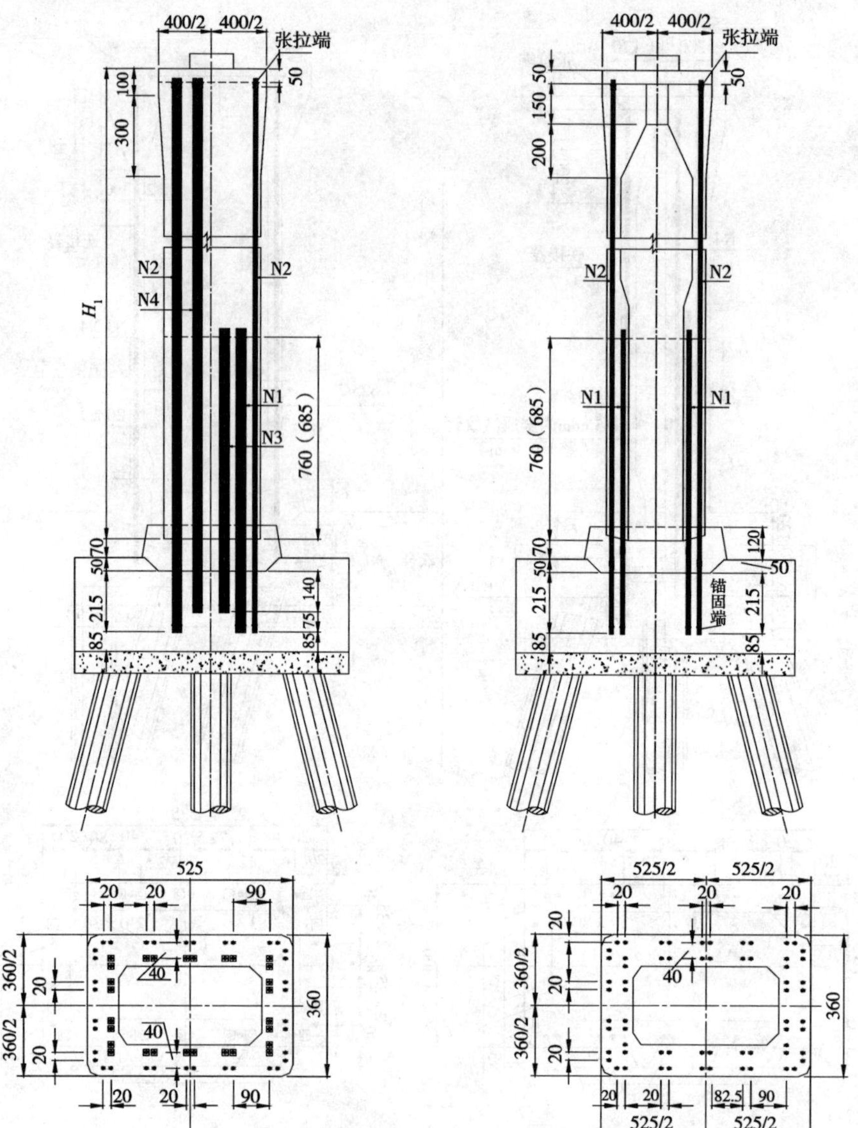

图 3.5.3.21　C 型桥墩墩身竖向预应力筋布置（单位：cm）

横向配置ϕ25mm、间距 15cm 的钢筋，底层纵向配置ϕ20mm、间距 15cm 的钢筋，底层设置两层钢筋网，间距为 20cm。墩柱顶面支座处增设三层ϕ16mm、间距 15cm 钢筋网片。

D 型桥墩墩身配筋如图 3.5.3.24 所示。

预制段墩身与承台间设置墩座，墩座内设置与箱形薄壁墩截面对应的内外壁主筋，伸入承台 280cm，并与预制段墩身预留主筋相焊接；墩座四周设置ϕ16mm、间距 15cm 的钢筋，其主筋伸入承台 100cm，如图 3.5.3.25 所示。

2. 基础构造

非通航孔段 70m 跨径简支变连续的预应力混凝土连续箱梁桥主要集中在近大乌龟岛侧的海域，根据桩基区域地质情况、水域环境、施工条件等因素，近大乌龟岛地质岩面较浅而采用 ϕ200cm 和 ϕ250cm 钻孔灌注桩，外海域采用 ϕ1 500mm 钢管桩。

设计采用打入式 ϕ1 500mm 钢管桩，材料采用 Q345c。为了保证钢管桩的耐久性，钢管桩表面进行 Sa2.5 级喷砂除锈处理。在极端低潮位高程下 70cm 至桩顶段钢管表面进行 725L—H53—9 环氧重防腐涂料的刮涂，距桩顶 140cm 范围涂层厚度 100μm，其余范围涂层厚度为 1 100μm。并采用临时牺牲阳极法，在极端低潮位高程下 70cm 处安装 4 块 250mm × 100mm × 35mm 钢板，使之焊接于钢管四周。

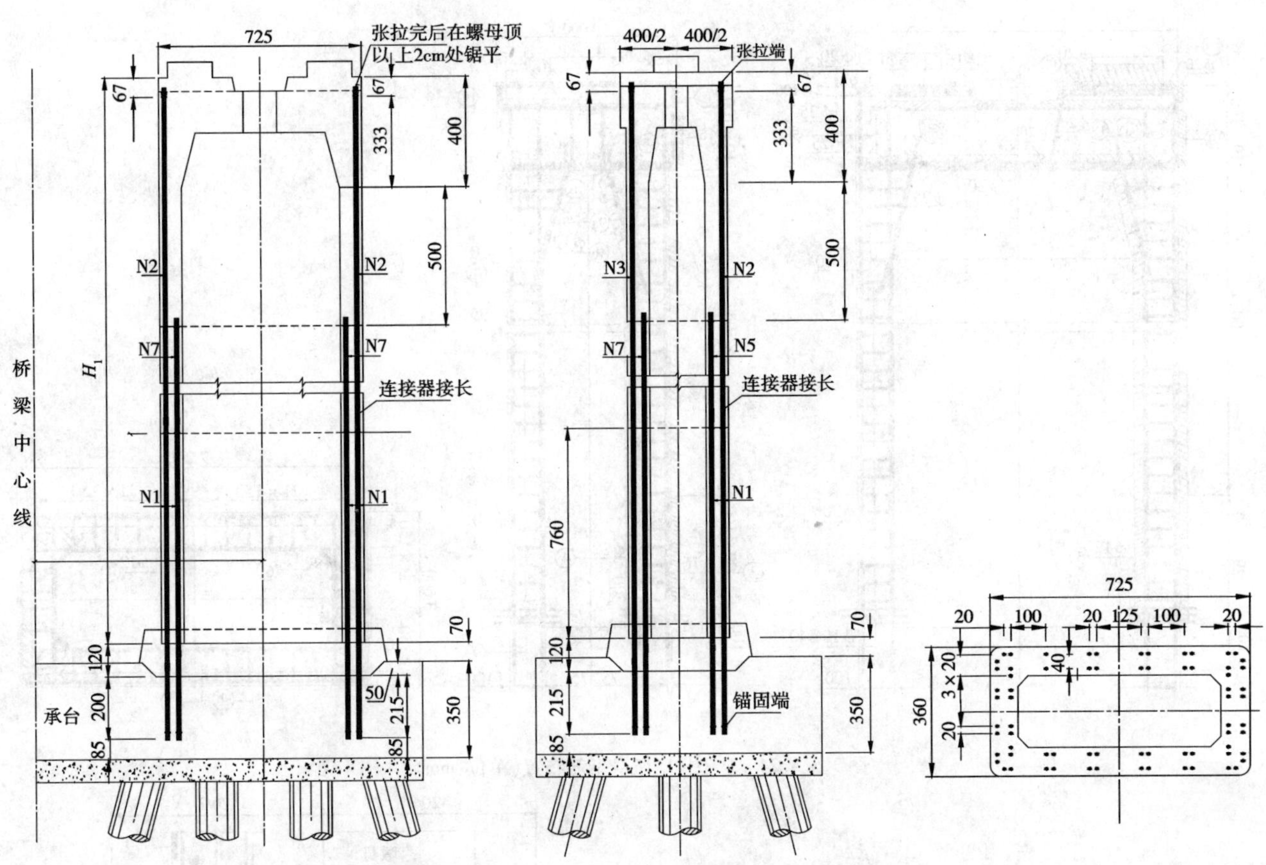

图 3.5.3.22　D 型桥墩墩身竖向预应力筋布置(单位:cm)

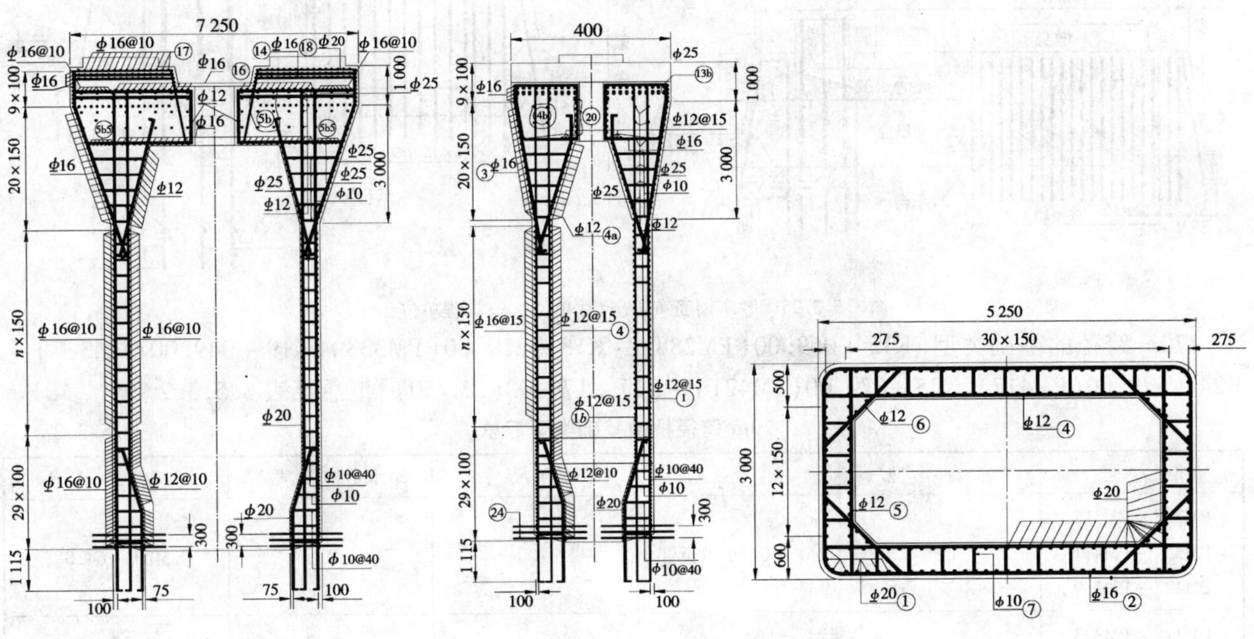

图 3.5.3.23　B 型桥墩墩身钢筋布置(单位:mm)

采用 ϕ200cm 或 ϕ250cm 钻孔灌注桩,钻机钻孔成型,桩顶预埋已防腐处理的长钢护筒,并浇筑强度等级 C30 水下掺和混凝土。

承台采用强度等级 C40 高性能混凝土,采用外置预制混凝土套箱现浇的施工工艺。

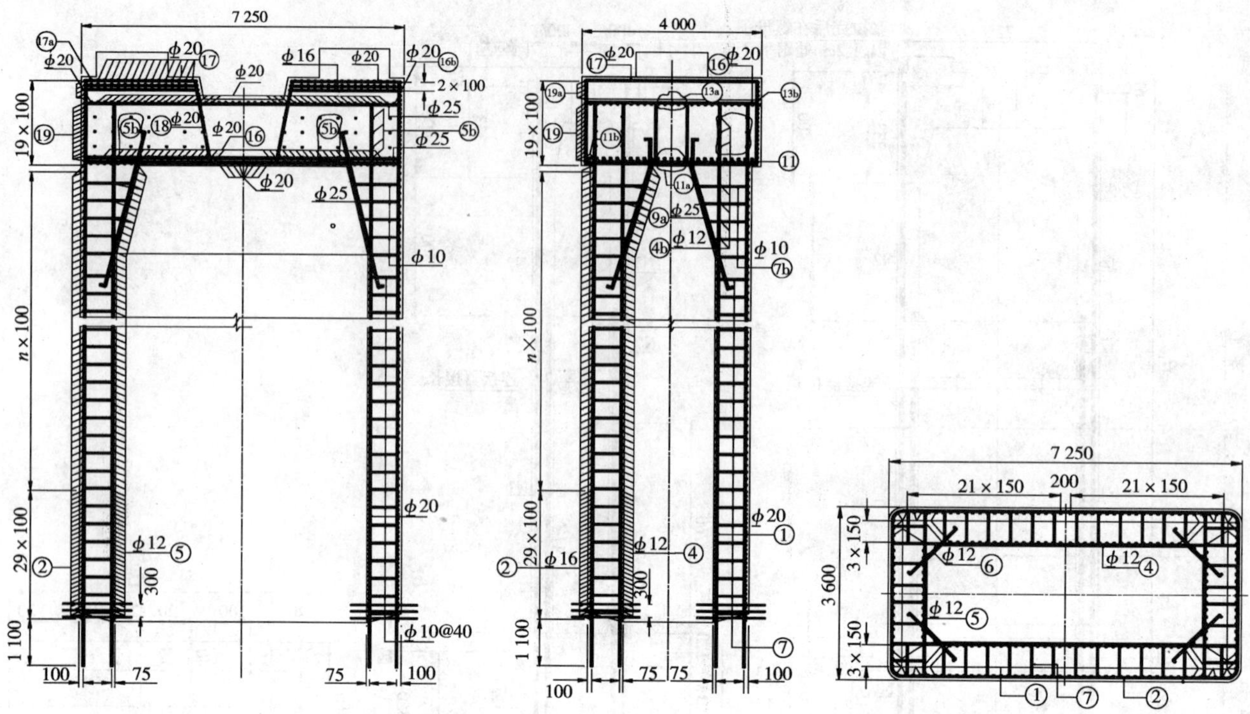

图3.5.3.24 D型桥墩墩身钢筋布置(单位:mm)

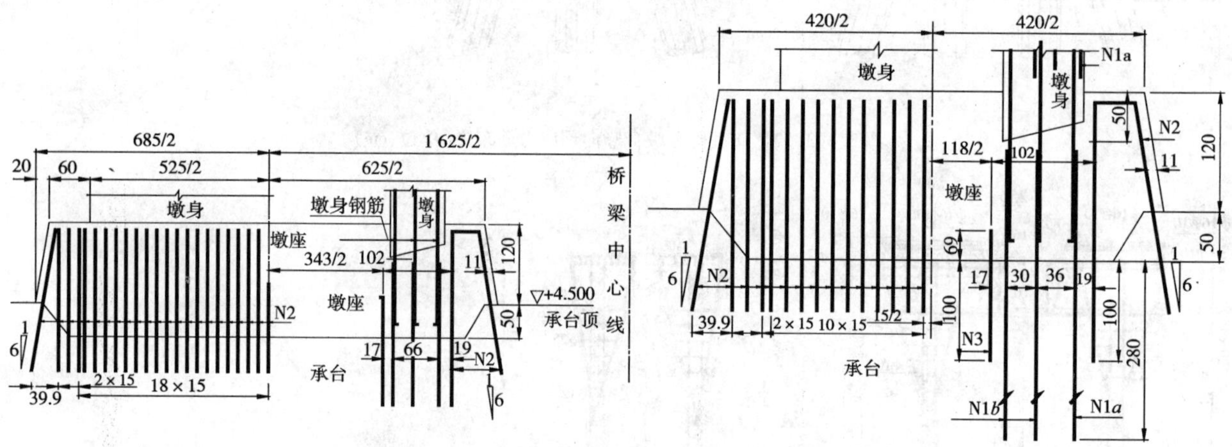

图3.5.3.25 墩座钢筋布置(尺寸单位:cm;高程单位:m)

70m跨径的基础类型[K15+069.00(PM288)~K18+219.00(PM333)、K19+049.00(PM337)~K24+579.00(PM417)、K25+079.00(PM421)~K27+179.00(PM450)]汇总见表3.5.3.2。

70m跨径桥墩基础类型汇总

表3.5.3.2

墩 号	承台类型	桩类型	承台尺寸	单承台桩数(根)	桩长(m)
PM288~PM317 PM354~PM411 PM427~PM439	低墩	φ1 500mm钢管桩	φ1 100cm	8	50.0~64.0
PM318~PM323 PM349~PM353	中墩	φ1 500mm钢管桩	2 785cm×1 020cm	18	54.0~58.0
PM324~PM327 PM343~PM348 PM412~PM417 PM421~PM426	高墩	φ1 500mm钢管桩	2 785cm×1 020cm	20	58.0~65.0

续上表

墩 号	承台类型	桩类型	承台尺寸	单承台桩数(根)	桩长(m)
PM329 ~ PM333 PM338 ~ PM342		ϕ1 500mm 钢管桩	3 050cm × 1 020cm	22	60.0 ~ 61.0
PM440 ~ PM441		ϕ1 500mm 钢管桩	2 785cm × 1 020cm	22	66.0 ~ 68.0
PM442 ~ PM443 PM448 ~ PM450		ϕ200cm 钻孔桩	1 220cm × 1 220cm	9	27.0 ~ 74.0
PM444 PM446 ~ PM447		ϕ250cm 钻孔桩	2 540cm × 1 520cm	15	31.0 ~ 53.0
PM445		ϕ300cm 钻孔桩	1 300cm × 1 300cm	4	27.5

(1)A 型承台

其用于东海大桥低墩承台 PM288 ~ PM317、PM354 ~ PM411、PM427 ~ PM439。分离式单个承台桩基采用 8ϕ1 500mm 钢管桩,钢管桩沿圆周均匀布置。为了钢管桩抵抗纵横向水平力,全部采用斜桩方式,钢管桩斜率为 4.5∶1 ~ 7∶1;斜桩与横桥线呈 30° ~ 45°不等的水平夹角,桩长约 50.0 ~ 64.0m。为保证钢管桩与承台的有效连接,钢管桩伸入承台 1.5m。

承台采用直径 ϕ11.0m 的圆形截面,承台高度 3.5m,承台顶设置 1.5% 泛水坡。施工采用预制成型的钢筋混凝土套箱,其高度为 4.15m,套箱封底混凝土厚 95cm。其承台构造如图 3.5.3.26 所示。

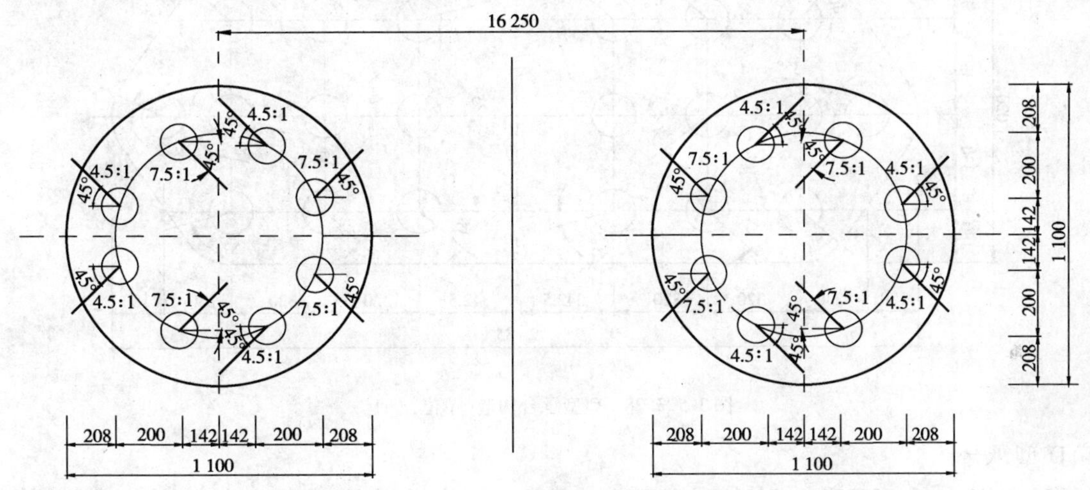

图 3.5.3.26 A 型承台构造(单位:cm)

(2)B 型承台

其用于东海大桥中墩承台 PM318 ~ PM323、PM349 ~ PM353。整体式承台桩基采用 18ϕ 1 500mm 钢管桩,纵桥向桩距 3.3m,横桥向桩距2.3m和 3.2m。为了钢管桩抵抗纵横向水平力,全部采用斜桩方式,外侧桩斜率为 4∶1和 6.5∶1,内侧桩斜率为 4∶1;斜桩与横桥线呈 13° ~ 45°不等的水平夹角,桩长约 54.0 ~ 58.0m。为保证钢管桩与承台的有效连接,钢管桩伸入承台 1.5m。

承台采用六边形,平面外形尺寸为 2 785cm × 1 020cm,横向斜边线呈 55°,承台周边设置 R = 180cm 圆弧线,承台高度 3.5m,承台顶设置 1.0% 泛水坡。施工采用预制成型的钢筋混凝土套箱,其高度为 4.35m,套箱封底混凝土厚 95cm。其承台构造如图3.5.3.27所示。

(3)C 型承台

其用于东海大桥高墩承台 PM324 ~ PM327、PM343 ~ PM348、PM412 ~ PM417、PM421 ~ PM426。整体式承台桩基采用 20ϕ1 500mm 钢管桩,纵桥向桩距 3.3m,横桥向桩距 2.3m 和 3.2m。为了钢管桩抵抗纵横向水平力,全部采用斜桩方式,外侧桩斜率为 4∶1和 6.5∶1,内侧桩斜率为 4∶1;斜桩与横桥线呈 13° ~ 45°不等的水平夹角,桩长约 52.0 ~ 62.0m。为保证钢管桩与承台的有效连接,钢管桩伸入承台 1.5m。

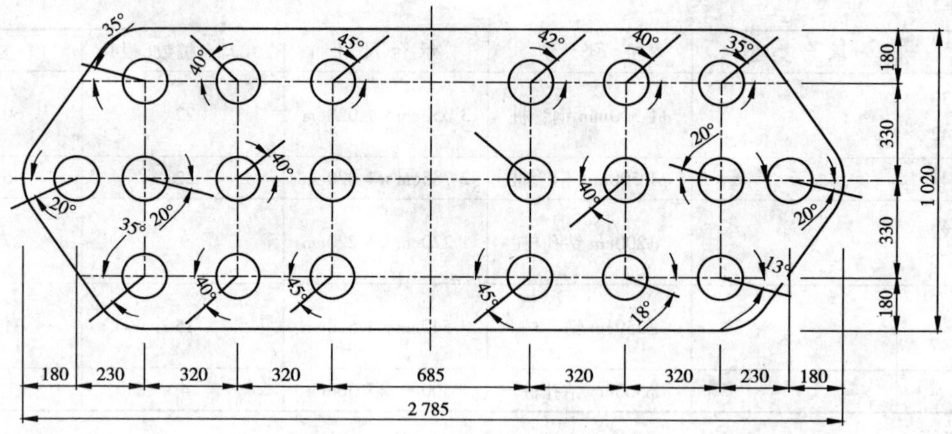

图 3.5.3.27　B 型承台构造(单位:cm)

承台采用六边形,平面外形尺寸为 2 785cm × 1 020cm,横向斜边线呈 55°,承台周边设置 R = 180cm 圆弧线,承台高度 3.5m,承台顶设置 1.0% 泛水坡。施工采用预制成型的钢筋混凝土套箱,其高度为 4.35m,套箱封底混凝土厚 95cm。其承台构造如图 3.5.3.28 所示。

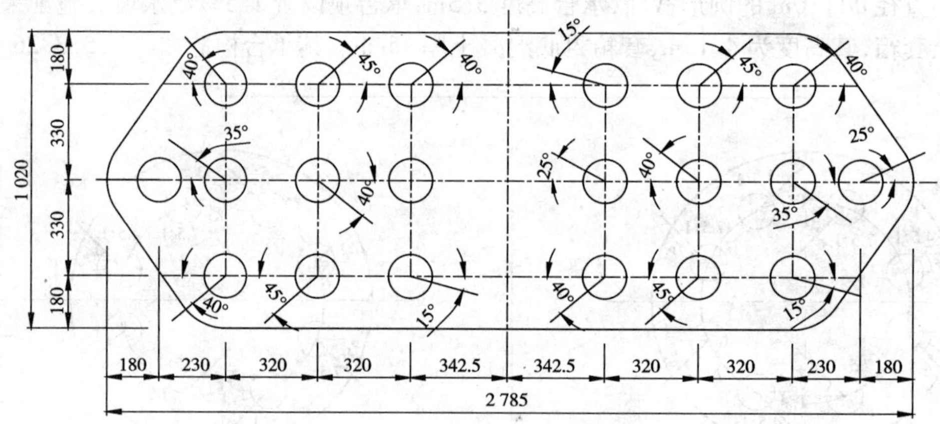

图 3.5.3.28　C 型承台构造(单位:cm)

(4)D 型承台

其用于东海大桥 PM329 ~ PM333、PM338 ~ PM342。该桥墩处左右分离墩中心线距离分别为 1 625cm、1 675cm、1 725cm 和 1 775cm。整体式承台桩基采用 22ϕ1 500mm 钢管桩,纵桥向桩距 3.3m,横桥向桩距 2.3m 和 3.2m。为了钢管桩抵抗纵横向水平力,全部采用斜桩方式,外侧桩斜率为 4∶1 和 6.5∶1,内侧桩斜率为 4∶1;斜桩与横桥线呈 13° ~ 45°不等的水平夹角,桩长约 60.0 ~ 61.0m。为保证钢管桩与承台的有效连接,钢管桩伸入承台 1.5m。

承台采用六边形,平面外形尺寸为 2 885cm、2 935cm、2 985cm、3 035cm × 1 020cm,横向斜边线呈 65°,承台四周边设置 R = 250cm 圆弧线,横向中心线两端部设置 R = 400cm 圆弧线。承台高度 3.5m,承台顶设置 1.0% 泛水坡。施工采用预制成型的钢筋混凝土套箱,其高度为 4.35m,套箱封底混凝土厚 95cm。其承台构造如图 3.5.3.29 所示。

(5)E 型承台

其用于东海大桥 PM440 ~ PM441。整体式承台桩基采用 22ϕ1 500mm 钢管桩,纵桥向桩距 3.3m,横桥向桩距 2.3m 和 3.2m。为了钢管桩抵抗纵横向水平力,除 2 根采用直桩外,其余均采用斜桩方式,外侧桩斜率为 4.5∶1 和 4.8∶1,内侧桩斜率为 4.5∶1 和 4.8∶1;斜桩与横桥线呈 15° ~ 45°不等的水平夹角,桩长约 66.0 ~ 68.0m。为保证钢管桩与承台的有效连接,钢管桩伸入承台 1.5m。

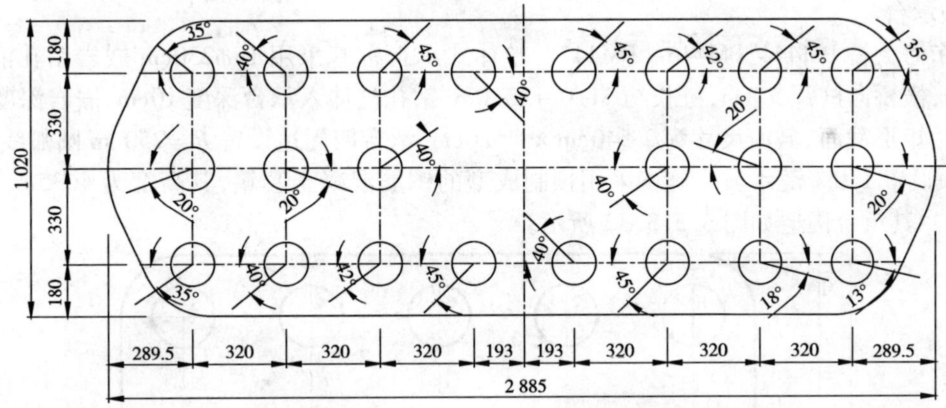

图 3.5.3.29　D 型承台构造(单位:cm)

承台采用六边形,平面外形尺寸为 2 892cm ×1 020cm,横向斜边线呈 55°,承台周边设置 $R = 180$cm 圆弧线,承台高度 3.5m,承台顶设置 1.0% 泛水坡。施工采用预制成型的钢筋混凝土套箱,其高度为 4.35m,套箱封底混凝土厚 95cm。其承台构造如图 3.5.3.30 所示。

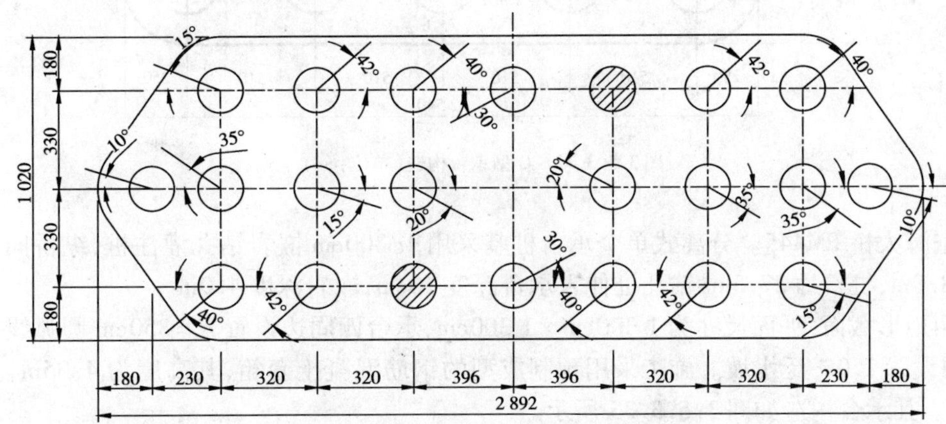

图 3.5.3.30　E 型承台构造(单位:cm)

(6)F 型承台

其用于东海大桥 PM442 ~ PM443、PM448 ~ PM450。分离式单个承台桩基采用 9ϕ200cm 嵌岩钻孔灌注桩,纵桥向桩距 4.1m,横桥向桩距 4.1m,桩长约 27.0 ~ 74.0m,钻孔桩伸入承台深度 10cm,嵌岩深度 4.0 ~ 5.0m。

承台采用矩形截面,平面尺寸为 1 220cm ×1 220cm,承台四周边设置 $R = 200$cm 圆弧线。承台高度 3.5m,承台顶设置 1.0% 泛水坡。施工采用预制成型的钢筋混凝土套箱,其高度为 4.35m,套箱封底混凝土厚 95cm。其承台构造如图 3.5.3.31 所示。

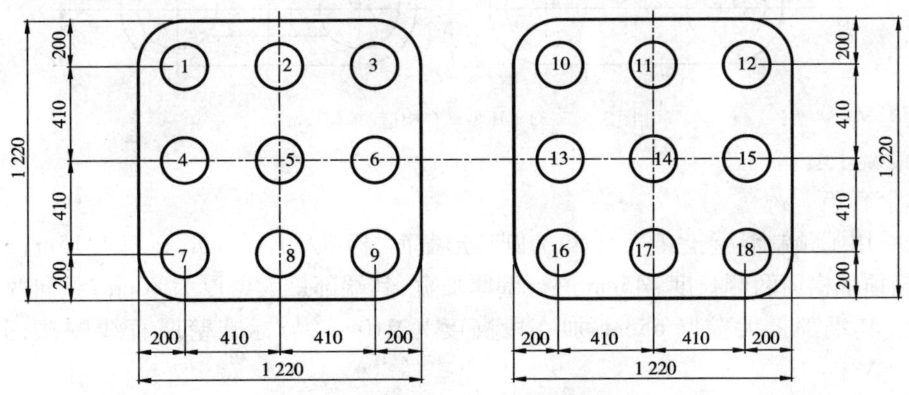

图 3.5.3.31　F 型承台构造(单位:cm)

(7)G 型承台

其用于东海大桥 PM444、PM446 ~ PM447。整体式承台桩基采用 15ϕ250cm 嵌岩钻孔灌注桩，纵桥向桩距 5.1m，横桥向桩距 5.1m，桩长约 31.0 ~ 53.0m，钻孔桩伸入承台深度 10cm，嵌岩深度 4.0m。

承台采用矩形截面，截面尺寸为 2 540cm × 1 520cm，承台四周边设置 R = 250cm 圆弧线。承台高度 3.5m，承台顶设置 1.0% 泛水坡。施工采用预制成型的钢筋混凝土套箱，其高度为 4.35m，套箱封底混凝土厚 95cm。其承台构造如图 3.5.3.32 所示。

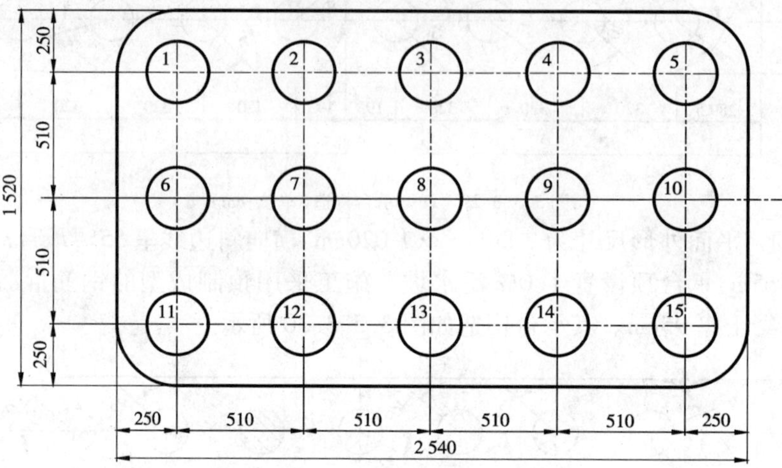

图 3.5.3.32　G 型承台构造(单位:cm)

(8)H 型承台

其用于东海大桥 PM445。分离式单个承台桩基采用 4ϕ300cm 嵌岩钻孔灌注桩，纵桥向桩距 8.0m，横桥向桩距 8.0m，桩长约 27.5m，钻孔桩伸入承台深度 10cm，嵌岩深度 4.0m。

承台采用矩形截面，平面尺寸为 1 300cm × 1 300cm，承台四周边设置 R = 350cm 圆弧线。承台高度 4.0m，承台顶设置 1.0% 泛水坡。施工采用预制成型的钢筋混凝土套箱，其高度为 4.35m，套箱封底混凝土厚 95cm。其承台构造如图 3.5.3.33 所示。

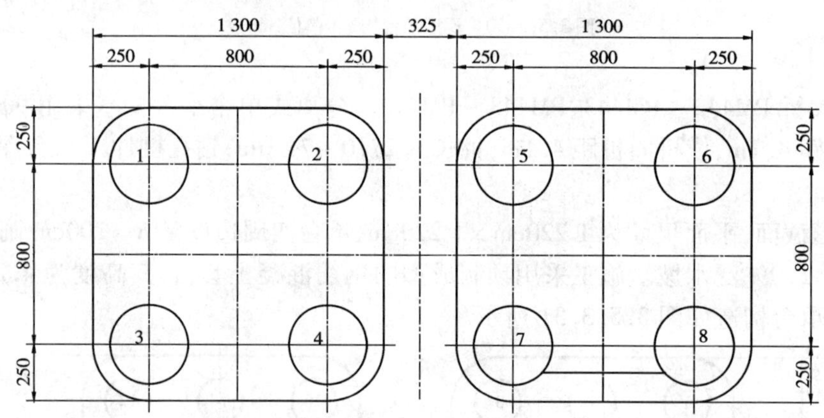

图 3.5.3.33　H 型承台构造(单位:cm)

(9)预制混凝土套箱构造

①圆形承台套箱

承台施工采用了预制混凝土套箱，套箱为圆环形截面，标准壁厚 30cm，高度 4.15m。为满足吊装运输的要求，套箱顶部横向两侧长度 445cm 进行壁厚加宽，其端部最大壁厚为 80cm；纵向两侧长度 375cm 进行壁厚加宽，其端部最大壁厚 65cm；加宽段高度为 210cm，与标准壁厚直线顺接，其过渡段高度为 50cm。

套箱加厚壁内侧距离顶面 119cm 处预埋 6 块 1 000mm × 1 500mm × 30mm 钢板，横向两侧各 2 块，其间距237cm,6块钢板作为混凝土套箱整体吊装运输受力的6个吊点。套箱内侧距离底面18cm处沿圆周均匀预埋12块钢板,其中350mm×740mm×25mm钢板4块,450mm×600mm×25mm钢板8块。该预埋钢板方便施工构件的临时连接,有效进行95cm厚度的混凝土封底。

预制混凝土套箱构造如图3.5.3.34所示。

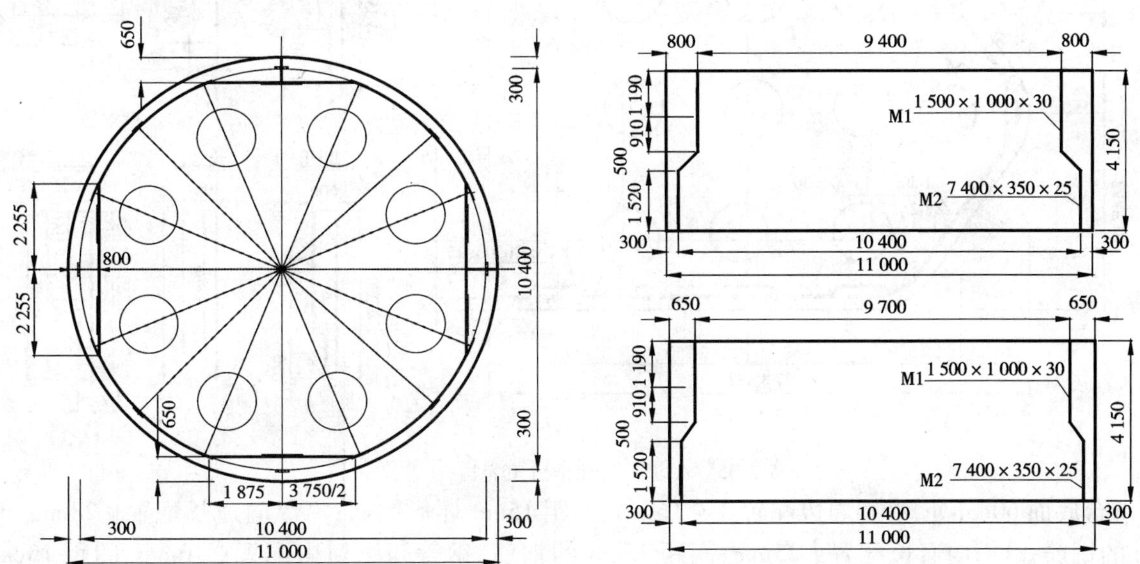

图3.5.3.34　圆形承台混凝土套箱构造(单位:mm)

②六边形承台套箱

承台施工采用了预制混凝土套箱。套箱为六边形状平面,考虑到承台尺寸较大,其混凝土套箱分两段制作、吊装,横桥向两侧中间设置长150cm带楔口的连接板。套箱标准壁厚30cm,高度4.35m。为满足吊装运输的要求,半个套箱顶部横向两侧设置4道长度120cm进行壁厚加宽,其宽度为65cm,横向间距为295cm,加宽段高度为210cm,与标准壁厚直线顺接,其过渡段高度为50cm。近中心线连接板的加宽段高度为318cm。菱形端部和两斜边中点设置壁厚加宽,加宽段高度为210cm,与标准壁厚直线顺接,其过渡段高度为50cm。

半个预制混凝土套箱,箱壁加厚内侧距离顶面119cm处预埋9块1 000mm ×1 500mm ×30mm和2块600mm×1 500mm×30mm钢板;近中心线处套箱壁加厚内侧距离顶面150cm处预埋2块1 000mm×300mm×25mm钢板。这些钢板作为吊装运输受力的若干个吊点。套箱内侧距离底面65cm处沿圆周均匀预埋11块钢板,其中350mm×940mm× 25mm钢板7块,550mm×940mm×25mm钢板4块。该预埋钢板方便施工构件的临时连接,有效进行95cm厚度的混凝土封底。

六边形承台预制混凝土套箱构造如图3.5.3.35所示。

(10)承台配筋

①圆形承台

混凝土套箱内承台为下部结构的重要受力构件,采用ϕ12mm、ϕ16mm、ϕ25mm、ϕ28mm和ϕ32mm 5种直径类型的钢筋。沿承台高度方向设置了底面四层,中间和顶面各一层的钢筋网。

由于钢管桩沿承台中心圆周均匀分布,其主筋的配置呈环形、X字形和纵桥向布置。底面第一层钢筋设置在距承台底面10cm处,沿圆周边配置3ϕ16mm、间距15cm环形钢筋,纵横向配置ϕ12mm、间距10cm的钢筋网。底面第二层钢筋设置在距承台底面22cm处,沿圆周边配置3ϕ16mm、间距15cm环形钢筋;沿纵向通长配置ϕ32mm、间距15cm的钢筋,沿横向通长配置ϕ25mm、间距15cm的钢筋,钢管间纵横向配置ϕ16mm、间距15cm的钢筋。底面第三层钢筋设置在距承台底面40cm处,沿圆周边配置3ϕ16mm、间距15cm环形钢筋;采用X型通长配置ϕ28mm、间距15cm的钢筋。底面第四层钢筋设置

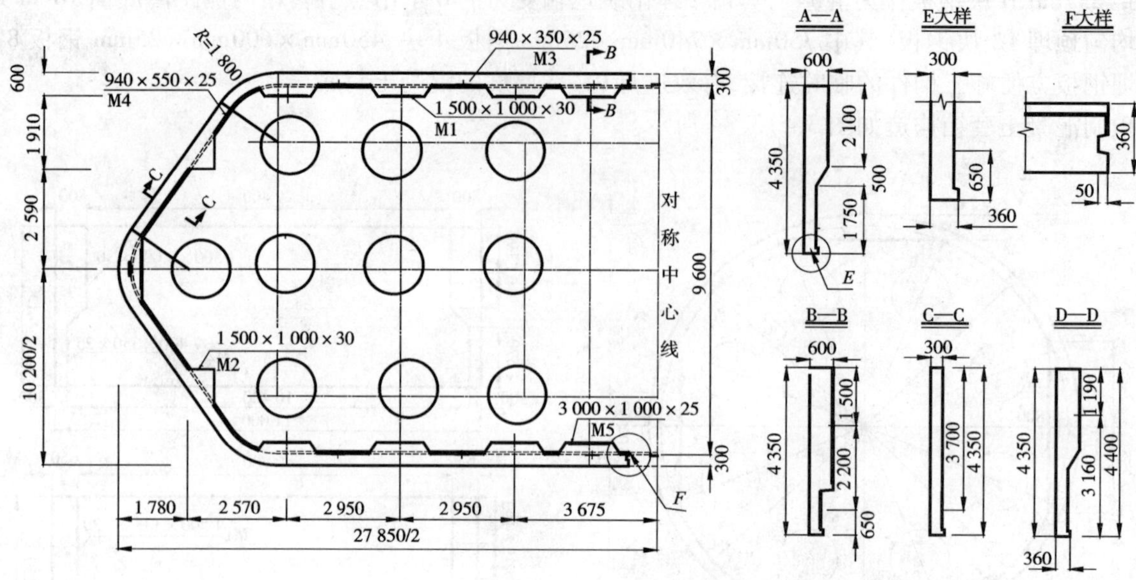

图 3.5.3.35　六边形承台混凝土套箱构造(单位:mm)

在距承台底面 60cm 处,沿圆周边配置 3 ϕ16mm、间距 15cm 环形钢筋;沿纵向通长配置ϕ28mm、间距 15cm 的钢筋,沿横向通长配置ϕ25mm、间距 15cm 的钢筋,钢管间纵横向配置ϕ16mm、间距 15cm 的钢筋。

距承台底面 160cm 配置中间层钢筋,纵横向设置ϕ16mm、间距 15cm 的钢筋。伸入承台的钢管桩周围设置单层 8 ϕ16mm 加强筋,竖向间距 15cm,且每根钢管桩顶面纵横向配置ϕ16mm、间距 15cm 的钢筋网。

墩身安装槽面和墩身四周承台面以下 8cm 处配置顶层钢筋,纵横向均设置ϕ16mm、间距 15cm 的钢筋。承台圆周侧面配置ϕ16mm、间距 15cm 钢筋;沿承台高度方向配置ϕ16mm、间距 15cm 水平环形分布钢筋;为了保证承台顶层钢筋的定位,顶底层主筋间设置ϕ16mm、间距 60cm 的竖向支撑钢筋。

钢管桩圆形承台配筋如图 3.5.3.36 所示。

②六边形承台

混凝土套箱内承台为下部结构的重要受力构件,采用ϕ12mm、ϕ16mm、ϕ22mm 和ϕ25mm 四种类型直径的钢筋。沿承台高度方向设置了底面三层、中间和顶面各一层的钢筋网。

底面第一层钢筋设置在距承台底面 11cm 处,纵横向配置ϕ12mm、间距 10cm 的钢筋网。底面第二层钢筋设置在距承台底面 26cm 处,纵向配置ϕ25mm、间距 15cm 的钢筋,横向配置ϕ22mm、间距 15cm 的钢筋。底面第三层钢筋设置在距承台底面 41cm 处,纵向配置ϕ25mm、间距 15cm 的钢筋,横向配置ϕ22mm、间距 15cm 的钢筋。

距承台底面 188cm 配置中间层钢筋,纵横向设置ϕ16mm、间距 15cm 的钢筋。伸入承台的钢管桩周围设置单层 8 ϕ16mm 和局部短筋的加强钢筋,竖向间距 15cm。且每根钢管桩顶面纵横向配置ϕ16mm、间距 15cm 的钢筋网。

墩身安装槽面和墩身四周承台面以下 11cm 处配置顶层钢筋,墩身安装槽面纵横向设置ϕ16mm、间距 15cm 的钢筋;墩身四周承台面纵向配置ϕ25mm、间距 15cm 的钢筋,横向配置ϕ16mm、间距 15cm 的钢筋。承台侧面配置ϕ16mm、间距 15cm 钢筋;沿承台高度方向配置ϕ16mm、间距 15cm 水平分布钢筋;为了保证承台顶层钢筋的定位,顶底层主筋间设置ϕ16mm、间距 60cm 的竖向支撑钢筋。

钢管桩六边形承台配筋如图 3.5.3.37 所示

③矩形承台

混凝土套箱内承台为下部结构的重要受力构件,采用ϕ12mm、ϕ16mm 和ϕ25mm 三种类型直径的钢筋。沿承台高度方向设置了底面三层,顶面一层的钢筋网。

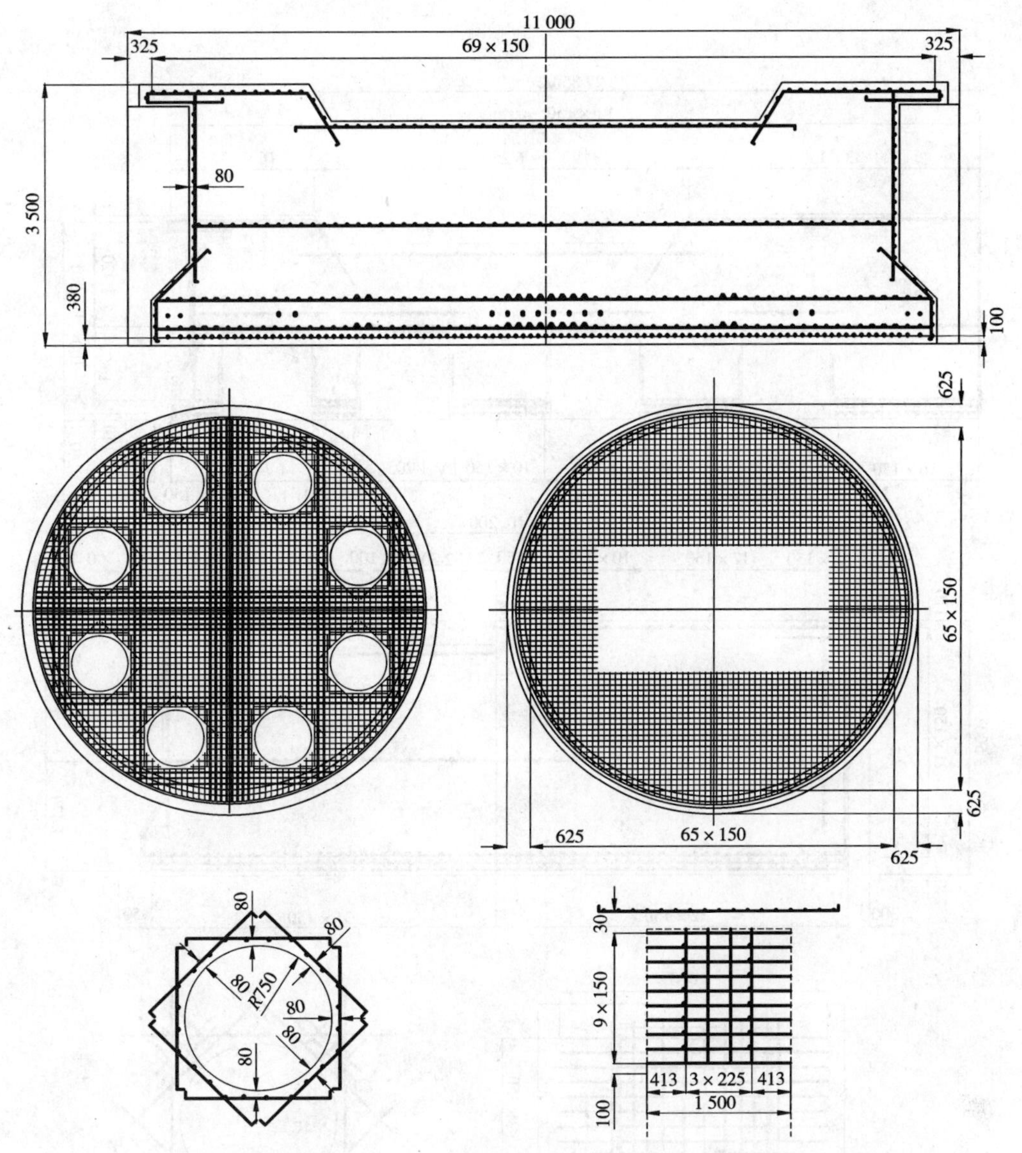

图3.5.3.36　圆形承台钢筋布置(单位:mm)

底面第一层钢筋设置在距承台底面18cm处,纵横向配置ϕ12mm、间距10cm的钢筋网。底面第二层钢筋设置在距承台底面33cm处,纵横向配置双肢ϕ25mm、间距15cm的钢筋。底面第三层钢筋设置在距承台底面48cm处,纵横向配置双肢ϕ25mm、间距15cm的钢筋。

承台顶面以下12cm处配置顶层钢筋,纵横向配置ϕ16mm、间距15cm的钢筋。沿承台高度方向配置ϕ16mm、间距15cm水平分布钢筋;为了保证承台顶层钢筋的定位,顶底层主筋间设置ϕ16mm、间距60cm的竖向支撑钢筋。

钻孔灌注桩矩形承台配筋如图3.5.3.38所示。

(11)嵌岩钻孔灌注桩配筋

近大乌龟岛桩基采用嵌岩钻孔灌注桩,其嵌岩深度为4.0~5.0m。ϕ200cm桩配置三层主筋。如图3.5.3.39所示,外层和中层均采用44ϕ32mm钢筋,主筋伸入至距桩底45cm处;内层采用36ϕ32mm钢筋,根据其桩身受力要求在桩深某处截断,各主筋均匀分布于圆周上。桩内设置ϕ28mm、间距200cm的圆环加强筋和ϕ32mm、间距200cm的三角形拉筋。采用桩底处间距20cm和桩顶处间距15cm的ϕ12mm螺旋箍筋。桩内设置外径ϕ60mm壁厚3.5mm的无缝钢管作为检测混凝土质量的超声波检测管,四根圆周均匀分布。

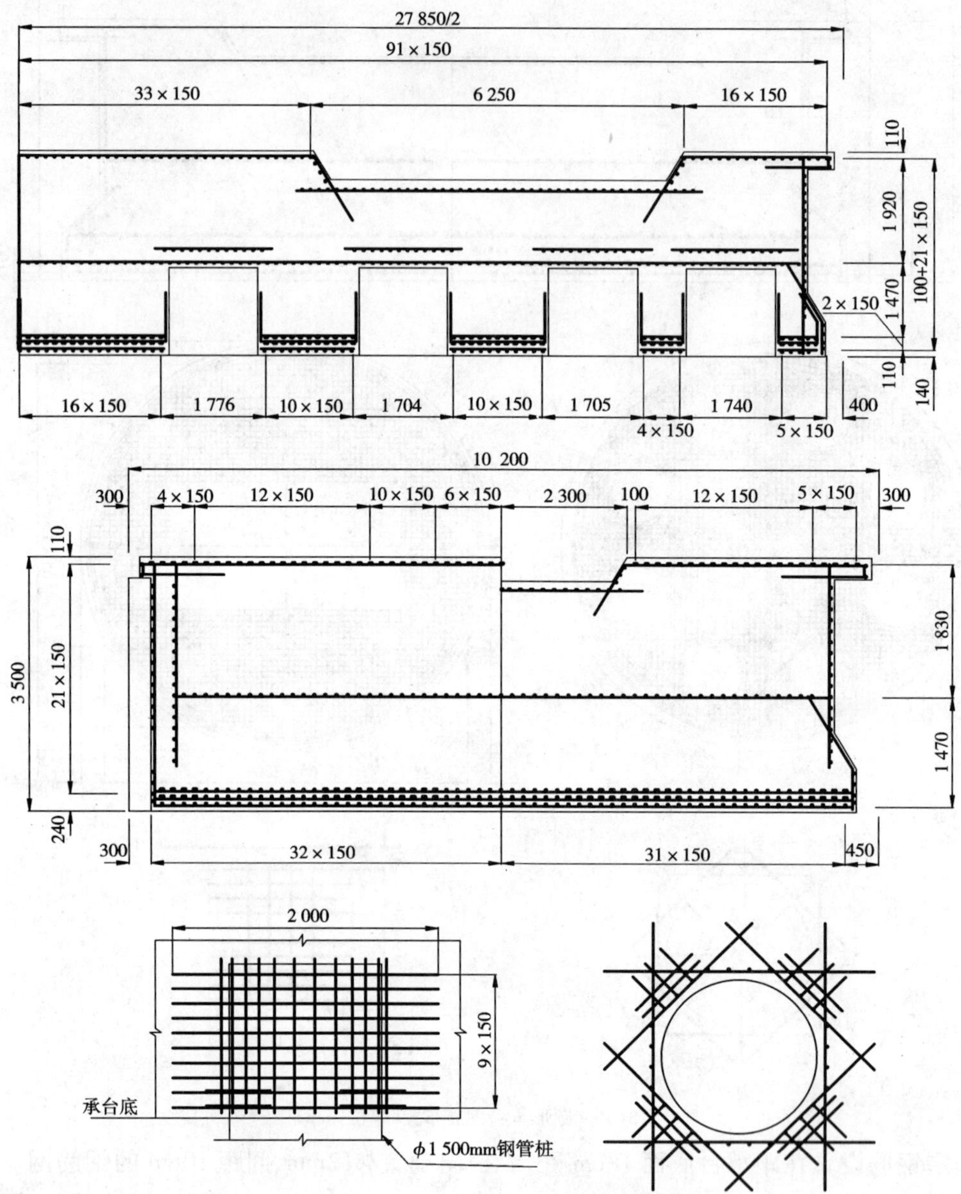

图 3.5.3.37　六边形承台钢筋布置(单位:mm)

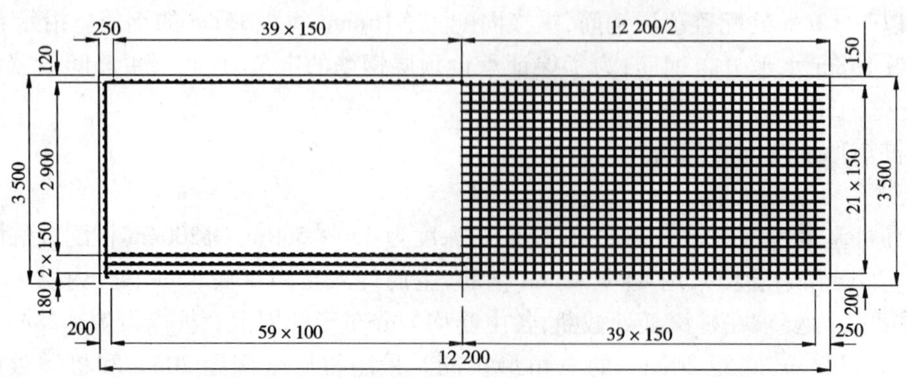

图 3.5.3.38　矩形承台钢筋布置(单位:mm)

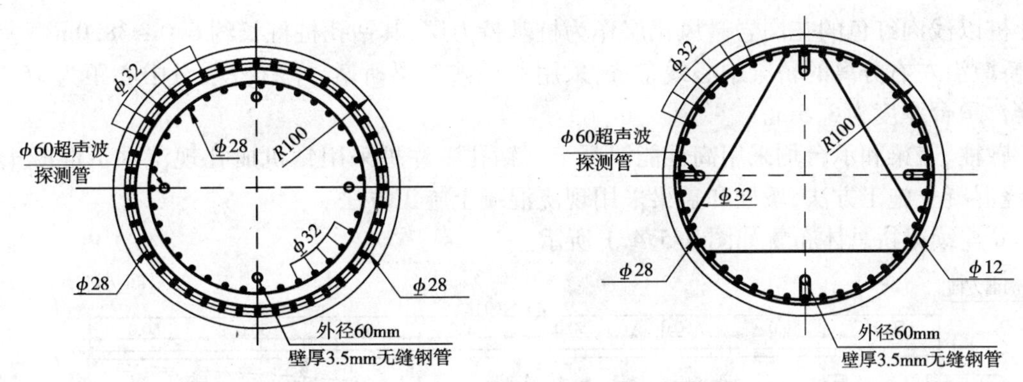

图 3.5.3.39　φ200cm 钻孔灌注桩钢筋布置(单位:mm)

(12)桩与承台的连接构造

①钢管桩与承台连接

φ1 500mm 钢管桩采用斜桩打入施工法,钢管桩伸入承台 1.5m,桩顶面作切角处理,以保持管顶面水平;同时在钢管内设置喇叭形钢筋笼使桩顶加强,配置 28 φ25mm 主筋,沿管内圆周均匀分布,并配置 φ16mm、间距 20cm 的圆形箍筋。桩内设置封头底板,管内浇筑 C30 填芯混凝土,其沿管桩长度为 7.0m,如图 3.5.3.40 所示。

②钻孔灌注桩与承台连接

φ200cm、φ250cm 和 φ300cm 钻孔灌注桩伸入承台各 15cm,其主筋按斜率 5:1 喇叭形伸入承台 150cm,并配置 10cm 间距的 φ10mm 螺旋钢筋,如图 3.5.3.41 所示。

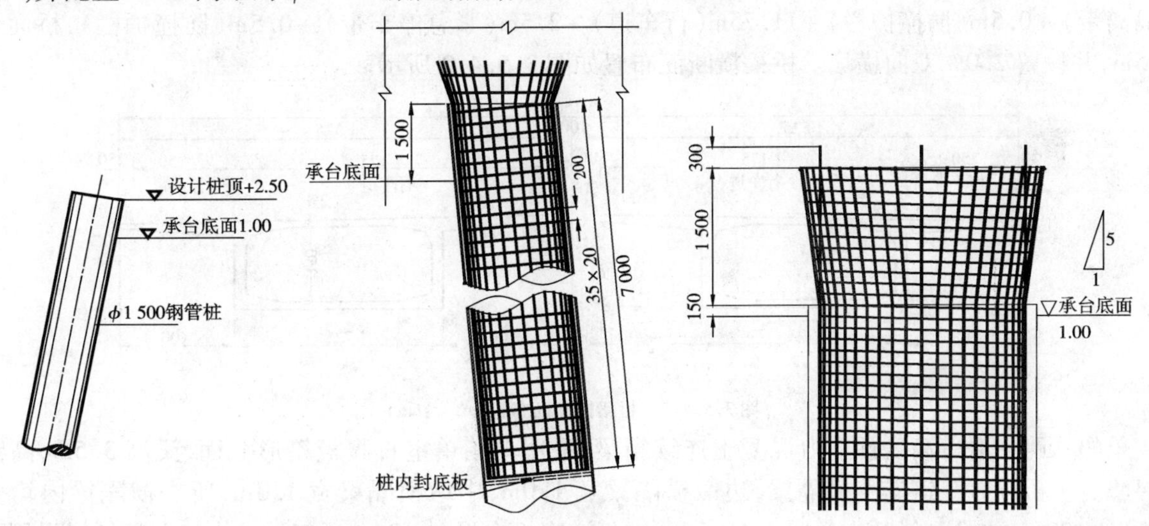

图 3.5.3.40　钢管桩与承台连接构造(单位:mm;高程单位:m)　　图 3.5.3.41　钻孔灌注桩与承台连接构造(尺寸单位:mm;高程单位:m)

为了利于钻孔桩施工埋设已防腐处理的钢护筒,钢护筒材质采用 Q235,壁厚不小于 10mm,且护筒嵌岩深度不小于 0.5m。

5.4　8×50m 预应力混凝土连续箱梁桥设计

东海大桥海上段桥梁与大乌龟岛相连接的 K27+579.00 桥台中心线处地面高程为 -8.45 ~ +22.26m。其中心线左右岩面线落差较大,岩面高程在 -31.3 ~ +10.0m 之间。依据大桥竖曲线的高程必须局部整平大乌龟岩面,且桥梁结构一侧临岛,一侧临海,施工难度较大,同时该桥梁位于 $R=2\ 500$m 的平曲线上,故 50m 跨径的八跨一联预应力混凝土单箱单室连续箱梁桥上部结构采用顶推施工法。

根据该区域地质情况、水域环境、施工条件等因素,基础采用 φ200cm 嵌岩钻孔桩。依据地质报告资料，钻孔桩以浅肉红色的花岗岩微风化层作为桩基持力层，其钻孔桩桩长约 6.0 ~ 38.0m。

标准桥墩沿左右分离的桥梁中心线布置，采用双柱式盖梁桥墩，左右桥墩墩中心距为 16.25m。采用矩形承台，承台厚度为 3.5m。

箱梁、墩柱、盖梁和承台均采用高性能混凝土。钻孔灌注桩采用钻机成孔现浇水下混凝土；承台采用套箱现浇混凝土施工方法，墩柱和盖梁采用现浇混凝土施工方法。

8 × 50m 连续梁桥总体布置如图 3.5.4.1 所示。

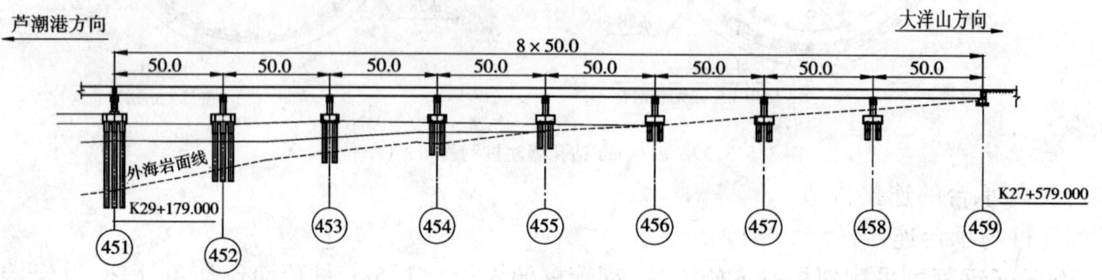

图 3.5.4.1　8 × 50m 连续梁桥总体布置（单位：m）

5.4.1　上部结构构造

1. 桥跨布置及箱梁构造尺寸

八跨一联的等高度预应力混凝土连续箱梁桥的横断面为两个分离式单箱单室箱形截面。桥面横向布置宽度为 0.5m（防撞护栏）+ 2.5m（紧急停车带）+ 11.75m（行车道）+ 0.5m（防撞护栏）+ 1.0m（中央隔离带）+ 0.5m（防撞护栏）+ 11.75m（行车道）+ 2.5m（紧急停车带）+ 0.5m（防撞护栏），桥面全宽 31.5m，并设置 2.0% 双向横坡。桥梁横断面布置如图 3.5.4.2 所示。

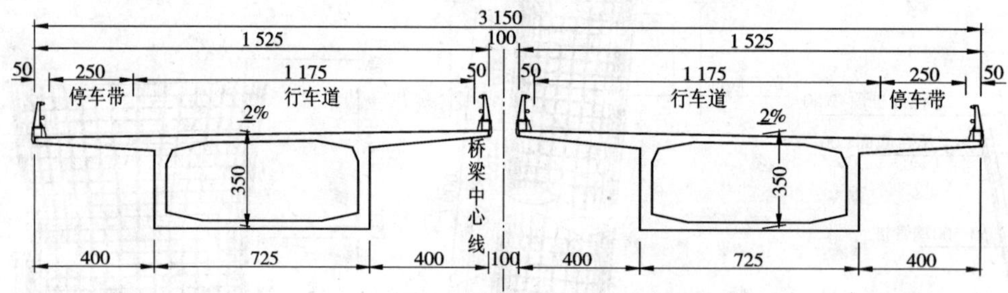

图 3.5.4.2　桥梁横断面布置（单位：cm）

单幅八跨一联等高度预应力混凝土连续箱梁，采用单箱单室直腹板箱形截面，梁高 3.5m，高跨比 1/14.3。全桥设置 9 道支点横隔梁，边墩横隔梁宽 1.0m，中墩横隔梁宽 1.3m，所有横隔梁内均设置 120cm × 120cm 人孔。纵桥向每隔 1.5m 间距在每道腹板内设置 ϕ8cm 通气孔。由于单幅桥梁采用顶推法施工，其施工作业面在大乌龟岛，即桥台位置，故单幅桥梁分成 17 个预制节段，分别为边墩段、边跨跨中段、近边墩的中墩墩顶段、中跨跨中段和中墩墩顶段五类预制段。

①边墩预制段构造

预制段长度 1 240cm，箱梁近支点处顶板厚 40cm，其长度为 125cm；顶板厚 40 ~ 28cm 的变化段长度为 135cm；顶板厚 28cm 的长度为 980cm。近支点处底板厚 50cm，其长度为 125cm；底板厚 50 ~ 30cm 的变化段长度为 135cm；底板厚 30cm 的长度为 980cm。近支点处腹板厚 60cm，其长度为 260cm；腹板厚 60 ~ 50cm 的变化段长度为 100cm；腹板厚 50cm 的长度为 730cm；腹板厚 50 ~ 40cm 的变化段长度 150cm。

②中墩预制段构造

预制段长度为 2 500cm，两侧对称设置。箱梁近支点处顶板厚 40cm，其长度为 65cm；顶板厚 40 ~ 28cm 的变化段长度为 285cm；顶板厚 28cm 的长度为 900cm。近支点处底板厚 50cm，其长度为 65cm；底板厚 50 ~ 30cm 的变化段长度为 285cm；底板厚 30cm 的长度为 900cm。近支点处腹板厚 60cm，其长度为 250cm；腹板厚 60 ~ 50cm 的变化段长度为 100cm；腹板厚 50cm 的长度为 750cm；腹板厚 50 ~ 40cm 的变化段长度为 150cm。

③边跨跨中和中跨跨中预制段构造

边跨跨中和中跨跨中预制段长度均为 2 500cm，箱梁为等截面等高度，其顶板厚度 28cm，底板厚 30cm，腹板厚度 40cm，详见图 3.5.4.3 所示。

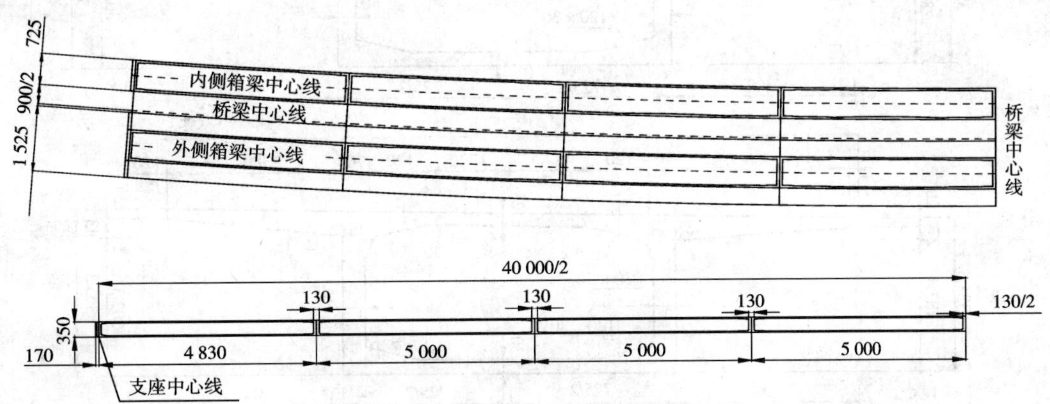

图 3.5.4.3　桥梁立面和平面布置(单位:cm)

所有预制节段在箱梁底板均设置 40cm × 40cm 顶推拉杆预留孔。为便于顶推过程中脱内模及减轻顶推的箱梁自重，箱梁的横隔梁均采用两次浇筑法，即横隔板上留有 40cm × 40cm 进灰孔，待顶推梁全部到位后再浇筑隔板混凝土。

单幅箱梁横断面采用单箱单室直腹板箱形截面，箱梁顶板宽 1 525cm，底板宽 725 cm，宽跨比 1/6.9，中心处梁高 3.5m，其箱梁顶设置 2.0% 的单向横坡，而底板则保持水平；箱梁两侧悬臂板长度为 4.0m，其宽跨比 1/12.5，悬臂板端部厚度 20cm，根部厚度 55cm，高跨比 1/7.27。

箱梁跨中截面的顶板厚度 28cm，底板厚度 30cm，腹板厚度 40cm。箱梁支点截面的顶板厚度 40cm，底板厚度 40cm，腹板厚度 60cm。箱梁过渡截面的顶板厚度 28cm、底板厚度 30cm，腹板厚度 50cm。箱梁内底板与腹板连接处设置 120cm × 30cm 下倒角，顶板与腹板连接处设置 20cm × 50cm 和 120cm × 27cm 双上倒角，详见图 3.5.4.4 所示。

箱梁采用强度等级为 C50 的高性能混凝土。

2. 预应力筋的布置

箱梁采用三向预应力体系。纵横向预应力筋采用 ϕ^j15.24mm 高强度低松弛 270 级钢绞线束，其标准强度 $R_y^b = 1\,860$MPa，锚下控制应力 $\sigma_k = 0.75R_y^b = 1\,395$MPa。纵向顶板和底板通长预应力筋和竖向预应力筋采用 32mm JL750 级精轧螺纹钢筋，其标准强度 $R_y^b = 750$MPa，张拉控制应力 $\sigma_k = 0.8R_y^b = 600$MPa。

(1)纵向预应力筋

箱梁纵向预应力筋主要分为顶推施工中的顶板和底板纵向连续筋、成桥后期的中墩墩顶顶板下弯钢束和每跨底板局部上弯钢束三类形式。预应力筋按箱梁对称布置，尽可能靠近腹板，以减少剪力滞效应的影响。

顶推施工中的顶底板纵向连续预应力筋采用 32mmJL750 级精轧螺纹粗钢筋，悬臂板根部处设置两排，其余顶板和底板处各设置一排，顶板预应力筋小计 62 根，底板预应力筋小计 40 根。每一预制节段的预应力筋采用一端反复张拉的施工工艺，连接断面处设置预应力筋连接器，以保持顶板和底板纵向预应力筋的连续。

成桥后期的预应力筋均采用 12-ϕ^j15.24mm 钢绞线，采用两端张拉的施工工艺。边跨箱梁底板局部上弯钢束 12 根，中跨箱梁底板局部上弯钢束 8 根。中墩墩顶顶板下弯钢束 8 根。单幅箱梁顶底板预应力钢束合计 128 根。

纵向预应力筋布置详见图 3.5.4.5，其预应力筋断面如图 3.5.4.6 所示。

连续箱梁桥采用顶推法施工，其曲线形导梁长度 37.5m，为主跨跨径的 0.75，采用变截面钢板梁，

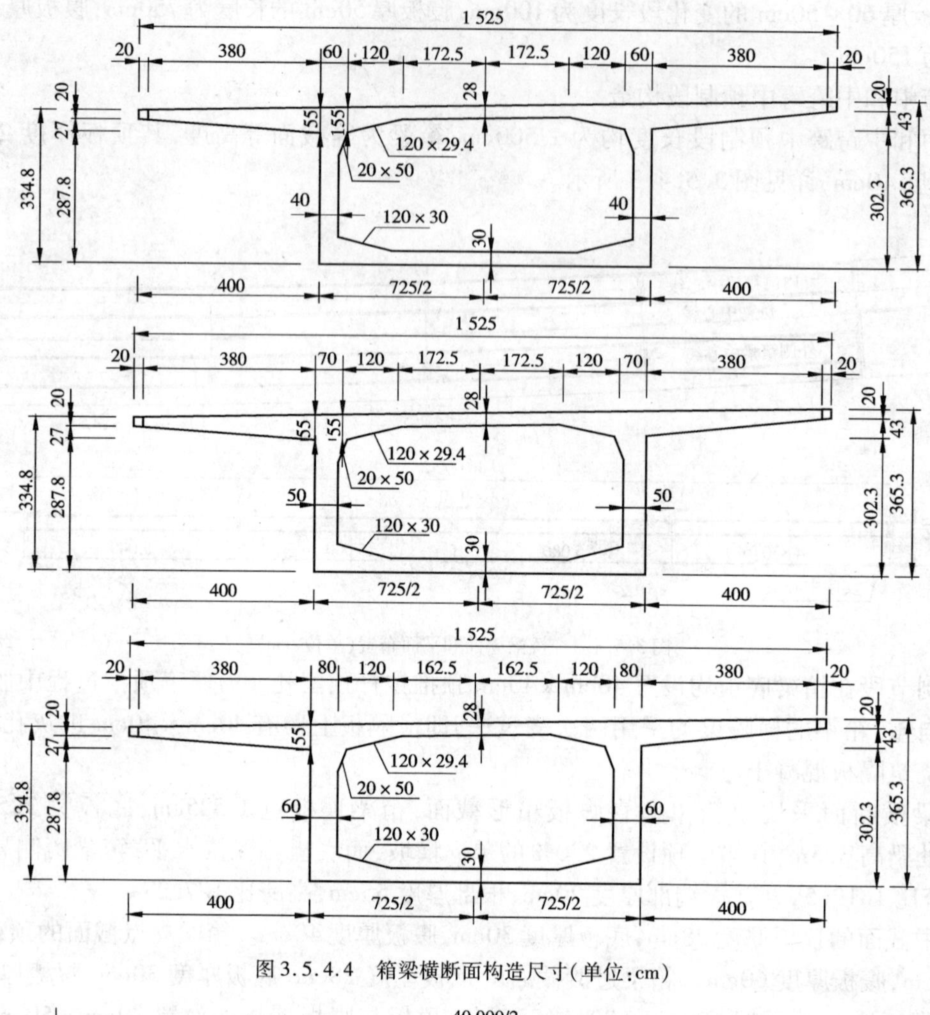

图 3.5.4.4 箱梁横断面构造尺寸(单位:cm)

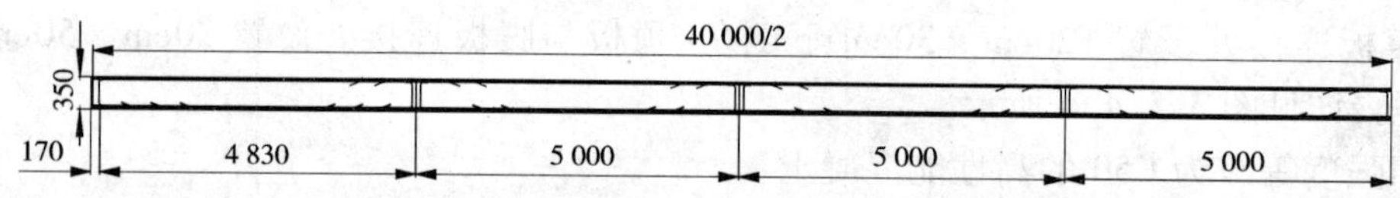

图 3.5.4.5 连续箱梁纵向预应力筋布置(单位:cm)

其单幅导梁重力为 905kN。导梁中心线距箱梁腹板外侧面 34cm,为了使钢导梁与混凝土箱梁有效连接,顶板处腹板两侧各设置 4 根预应力筋,底板处腹板两侧各设置 6 根预应力筋,如图 3.5.4.7 所示,进行张拉锚固,待连续梁顶推施工完毕,拆除钢导梁,除底板处腹板内侧各 3 根预应力筋外的剩余粗钢筋进行重新张拉锚固。

(2)横向预应力筋

单幅箱梁顶板横向预应力筋,采用 3-ϕ^j15.24mm 钢绞线束,扁锚体系,如图 3.5.4.8 所示。纵桥向其横向预应力钢束的间距为 0.5m。单幅连续梁桥的横向预应力钢束合计 800 根。横向预应力钢束采用一端交替张拉施工工艺。

(3)竖向预应力筋

箱梁腹板竖向预应力筋采用 32mm JL750 级精轧螺纹粗钢筋,竖向预应力筋的纵桥向间距为 50cm。50 ~ 60cm 厚的腹板内布置 2 根粗钢筋,距离腹板内外侧面 12cm;40cm 厚腹板内布置 1 根粗钢筋,位于其腹板中间。预应力筋采用一端两次反复张拉的施工工艺。竖向钢筋上锚垫板距离梁顶面 18cm,下锚垫板距离梁底面 19.5cm,其构造如图 3.5.4.9 所示。

3. 普通钢筋构造

箱梁的普通钢筋采用常规配筋方法,钢筋直径一般为 ϕ10 ~ ϕ20mm。单幅箱梁纵横向钢筋间距均

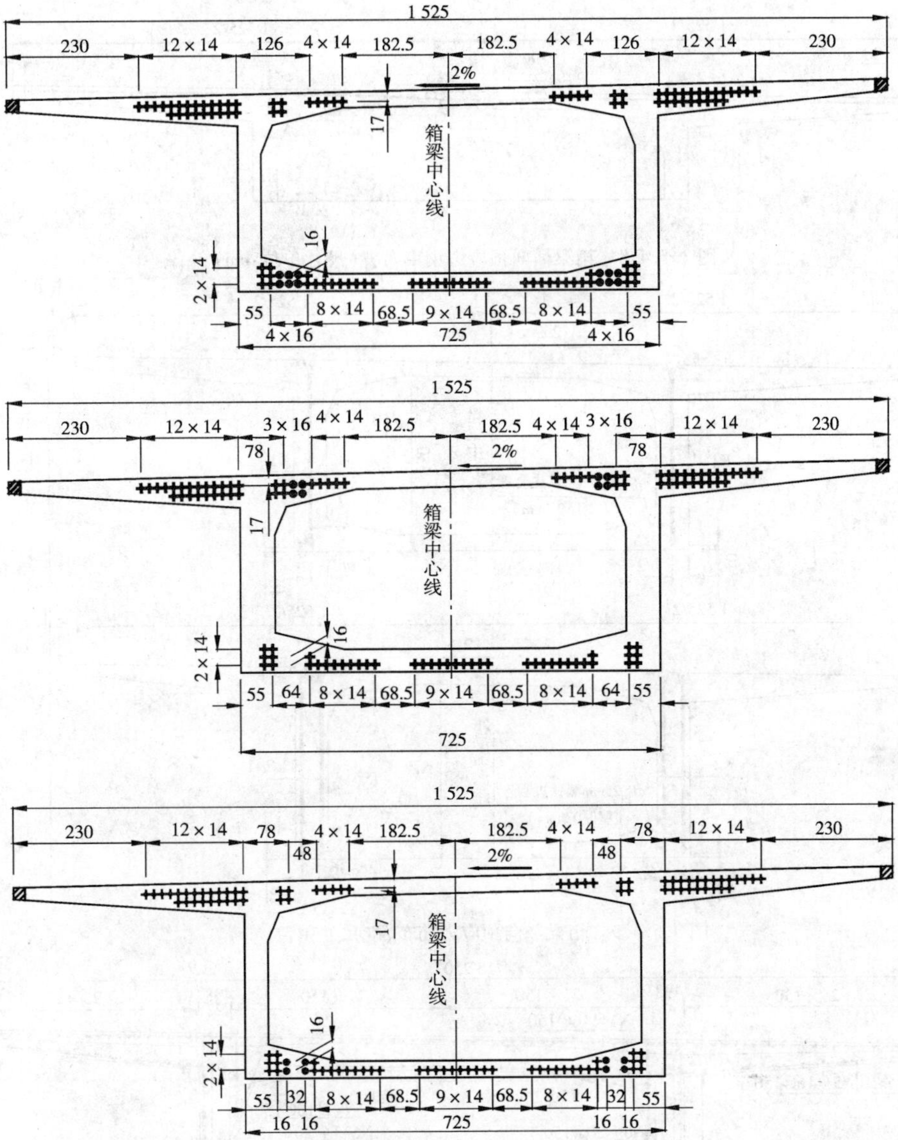

图 3.5.4.6　箱梁预应力筋横断面布置(单位:cm)

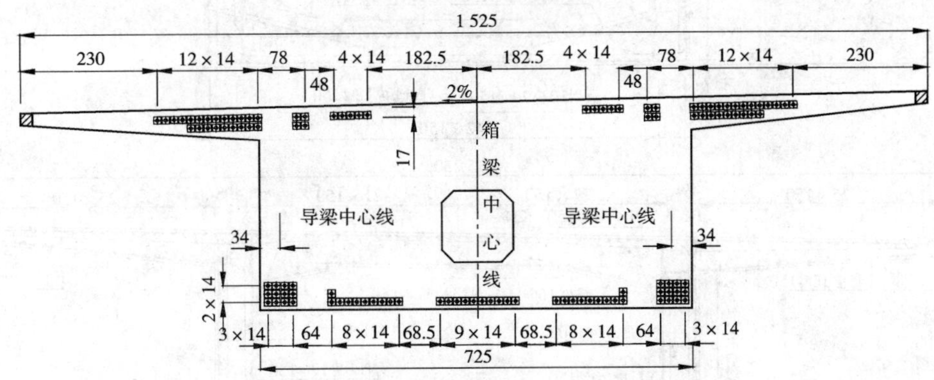

图 3.5.4.7　钢导梁与箱梁结合面的预应力筋布置(单位:cm)

采用 15cm。箱梁底板底层和箱内底板加腋横向钢筋的直径为ϕ20mm;箱梁底板顶层、顶板顶层、顶板底层、箱内顶板加腋和悬臂板下侧横向钢筋均采用ϕ16mm。箱梁内纵向钢筋均采用ϕ12mm 钢筋。单个腹板采用封闭箍筋,其钢筋直径为ϕ20mm,且在腹板内侧增加ϕ20mm 单肢箍筋。顶板、底板和腹板上下钢筋网之间设置 ϕ10mm 拉筋,间距 30cm。箱梁横断面配筋如图 3.5.4.10 所示。

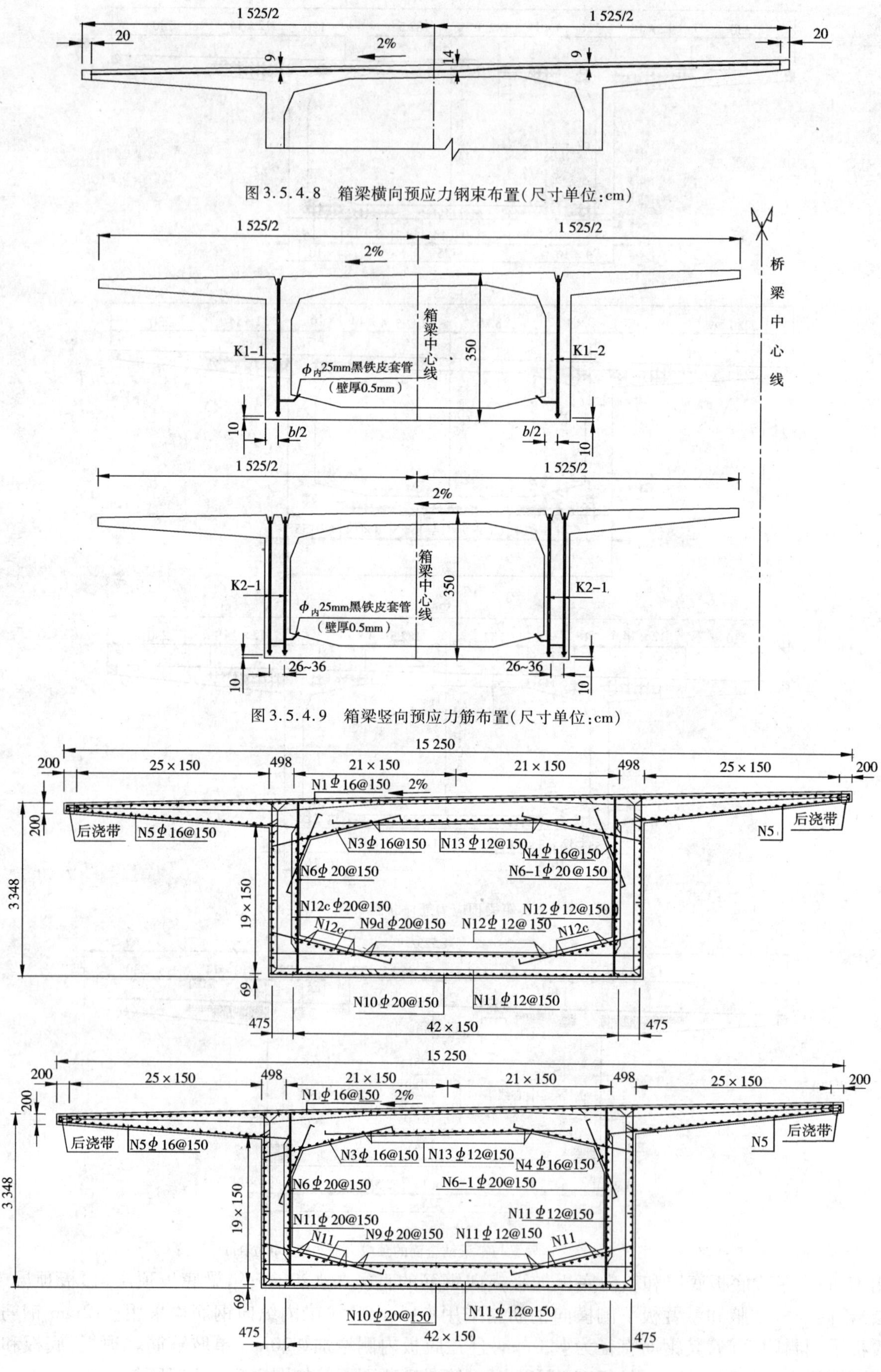

图 3.5.4.8　箱梁横向预应力钢束布置(尺寸单位:cm)

图 3.5.4.9　箱梁竖向预应力筋布置(尺寸单位:cm)

图 3.5.4.10　箱梁横断面普通钢筋布置(单位:mm)

4. 支座设置构造

单幅八跨一联等高度预应力混凝土连续箱梁桥，采用耐海洋大气的球形钢支座，单幅桥梁设置2个LQZ12500GD固定支座，12个LQZ12500DX单向支座，4个LQZ6000DX单向支座。中墩处箱梁横向支座间距为615cm，边墩处箱梁横向支座间距为645cm。

5.4.2　下部结构构造

桥墩盖梁、墩柱、墩座和承台均采用强度等级为C40的高性能混凝土，现浇施工工艺。

1. 桥墩构造和配筋

(1)边墩

采用双柱加盖梁的结构形式，横向两墩柱间距为5.6m，其墩柱为矩形截面，纵向宽240cm，横向宽200cm，外侧四周采用$R=30$cm圆弧线，以增加桥墩美观性。L型盖梁宽度280cm，横向长度920cm，接70m梁侧高度200cm，接顶推连续梁侧高度220cm，横向两侧设置宽80cm、高120m的抗震挡块。墩柱底设置1.2m高的墩座，墩座顶面尺寸920cm×400cm，与承台面的尺寸960cm×440cm，其构造如图3.5.4.11所示。

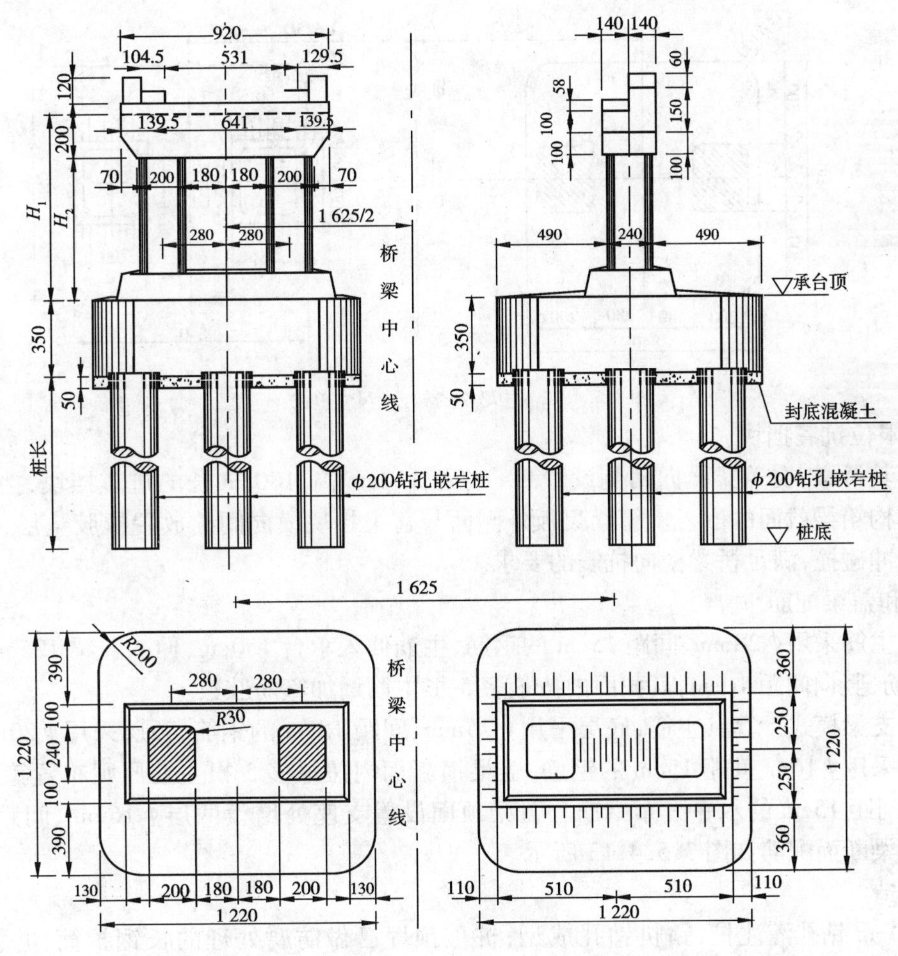

图3.5.4.11　边墩墩身构造(单位:cm)

(2)中墩

采用双柱加盖梁的结构形式，横向两墩柱间距为5.6m，其墩柱为矩形截面，纵向宽240cm，横向宽200cm，外侧四周采用$R=30$cm圆弧线，以增加桥墩可视性。盖梁宽度280cm，横向长度920cm，高度2.0m，横向两侧设置宽80cm，高120cm的抗震挡块。其构造如图3.5.4.12所示。

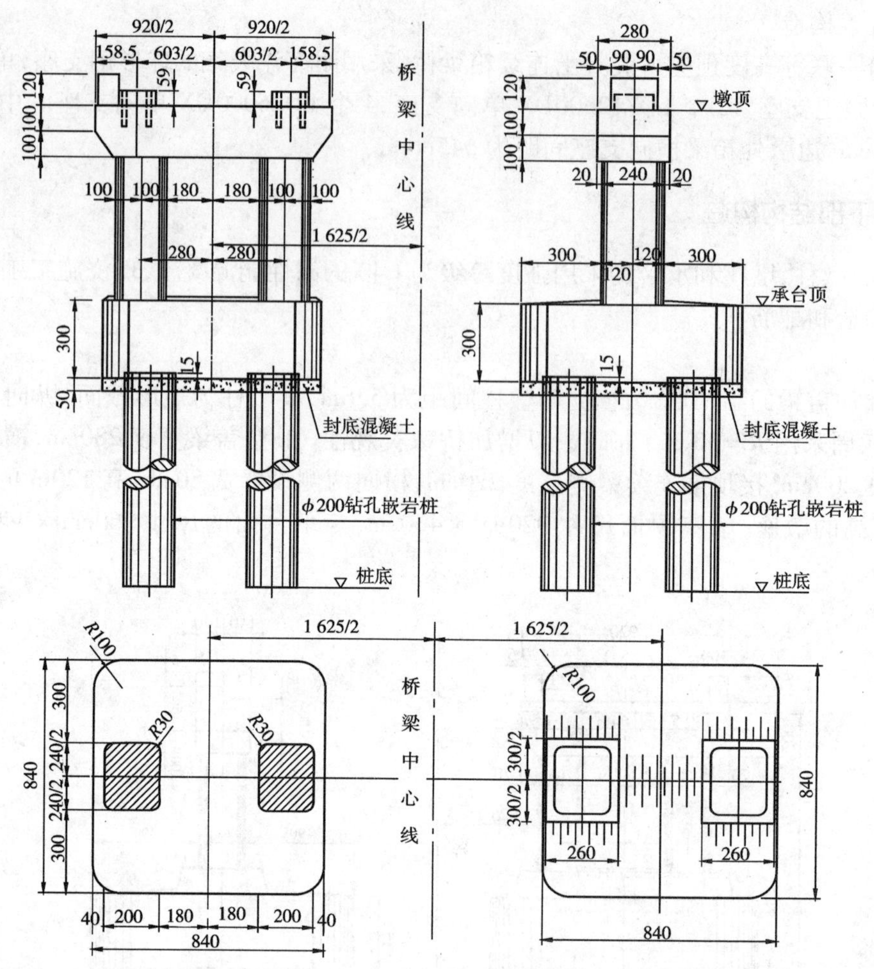

图 3.5.4.12　中墩墩身构造(尺寸单位:cm)

(3)桥墩限位抗震挡块

充分利用其桥墩,在盖梁横向两侧设置 80cm 宽、120cm 高、180cm 长的抗震挡块,挡块净距 7.4m,以利于上部结构箱梁截面的嵌入。箱梁腹板外侧面与盖梁挡块横向间隙放置橡胶垫层,以保证结构横向间的弹性缓冲碰撞,满足桥梁横向抗震的要求。

(4)墩柱和盖梁配筋

矩形墩柱主筋采用ϕ28mm、间距 15cm 的钢筋,主筋伸入承台 150cm,伸入盖梁 125cm;封闭箍筋采用ϕ12mm 钢筋,竖向间距 10cm,其截面内按最多 5 根主筋增加箍筋肢数。

盖梁按简支梁模式计算其主筋,底层采用ϕ25mm、间距 15cm 的钢筋,顶层采用ϕ20mm、间距 15cm 的钢筋。箍筋采用ϕ16m、间距 15cm 的钢筋,盖梁横断面内按最多 5 根主筋原则布置箍筋。盖梁侧面配置ϕ16mm、间距 15cm 的水平分布钢筋。盖梁顶面设置支座处增设两层ϕ16mm、间距 15cm 钢筋网片。墩柱和帽梁断面配筋如图 3.5.4.13 所示。

2. 基础构造

采用 ϕ200cm 钻孔灌注桩,钻机钻孔成型,桩顶预埋已做防腐处理的长钢护筒,并浇筑强度等级 C30 水下掺和混凝土。

承台采用强度等级 C40 高性能混凝土,采用外置预制混凝土套箱现浇混凝土的施工工艺。

(1)中墩承台

中墩单个承台桩基采用 4ϕ200cm 嵌岩钻孔灌注桩,桩长约 6.0~20.5m,顺桥向桩距 4.8m,横桥向桩距 4.8m。承台截面尺寸为 840cm×840cm,四周设置 R=100cm 圆弧线,承台厚 300cm,下设置 50cm 封底混凝土,承台顶面设置泛水坡。其构造如图 3.5.4.14 所示。

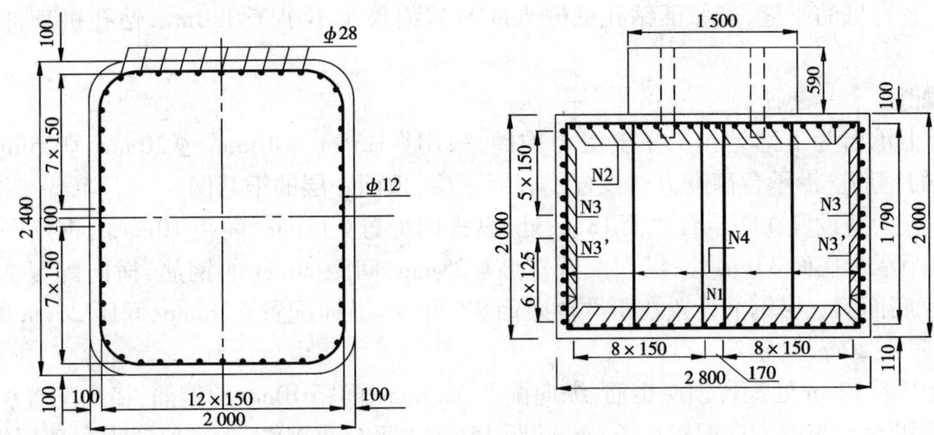

图 3.5.4.13 墩柱和帽梁构造钢筋布置(单位:mm)

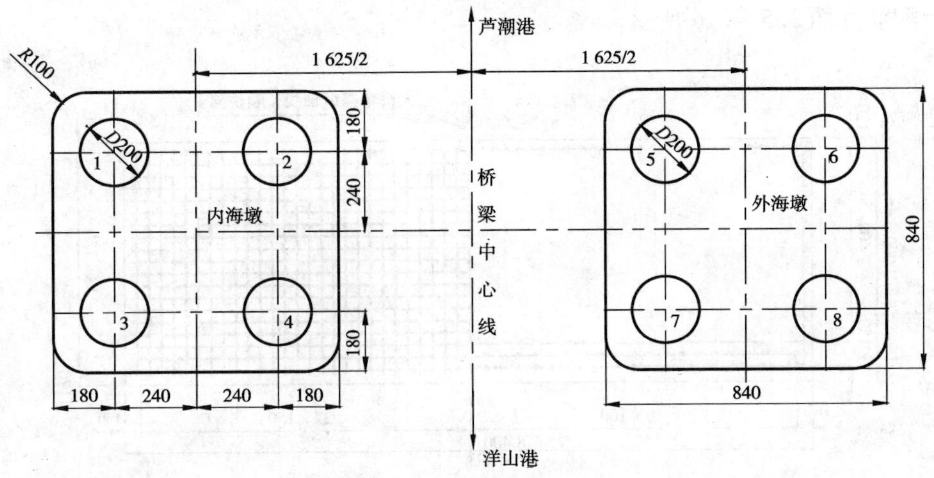

图 3.5.4.14 中墩承台构造(单位:cm)

为了保证嵌岩桩的质量,需保证钻孔桩嵌入新鲜岩面最小不小于 3.0m。

(2)边墩承台

边墩单个承台桩基采用9φ200cm 嵌岩钻孔灌注桩,桩长约 18.0 ~ 38.0m,顺桥向桩距 4.1m,横桥向桩距 4.1m。承台截面尺寸为 1 220cm × 1 220cm,四周设置 $R = 200$cm 圆弧线,承台厚 350cm,下设置 50cm 封底混凝土,承台顶面设置泛水坡。其构造如图 3.5.4.15 所示。

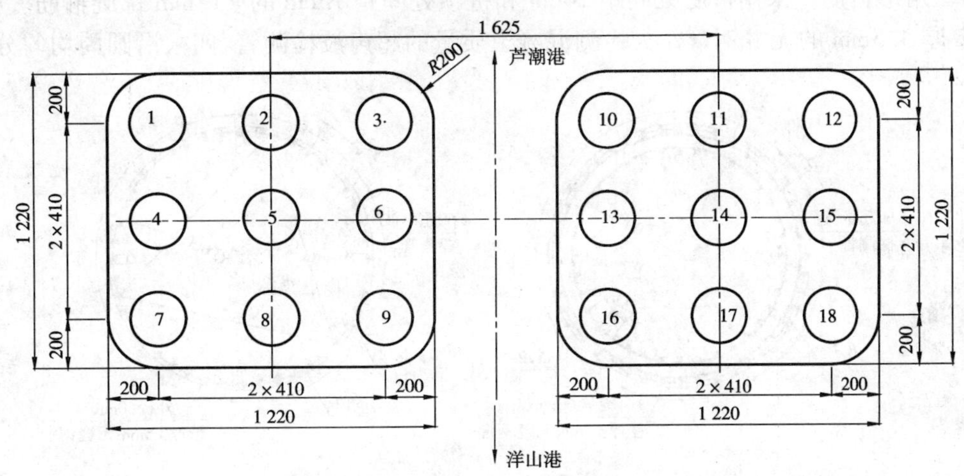

图 3.5.4.15 边墩承台构造(尺寸单位:cm)

为了保证嵌岩桩的质量，需保证钻孔桩嵌入新鲜岩面最小不小于3.0m。钻孔桩顶部设置的长钢套筒。

(3)承台配筋

钢筋混凝土承台为下部结构的重要受力构件，采用ϕ12mm、ϕ16mm、ϕ20mm、ϕ25mm和ϕ28mm 5种类型直径的钢筋。沿承台高度方向设置了底面三层，顶面一层的钢筋网。

底面第一层钢筋设置在距承台底面18cm处，纵横向配置ϕ12mm、间距10cm的钢筋网。底面第二层钢筋设置在距承台底面33cm处，纵向配置双肢ϕ28mm、间距20cm的钢筋，横向配置ϕ20mm、间距20cm的钢筋。底面第三层钢筋设置在距承台底面48cm处，纵向配置ϕ28mm、间距20cm的钢筋，横向配置ϕ20mm、间距20cm的钢筋。

承台顶面以下12cm处配置顶层钢筋，纵向配置ϕ25mm、间距10cm的钢筋，横向配置ϕ16mm、间距10cm的钢筋。沿承台高度方向配置ϕ16mm、间距15cm水平分布钢筋；为了保证承台顶层钢筋的定位，顶底层主筋间设置ϕ16mm、间距60cm的竖向支撑钢筋。

矩形承台配筋如图3.5.4.16所示。

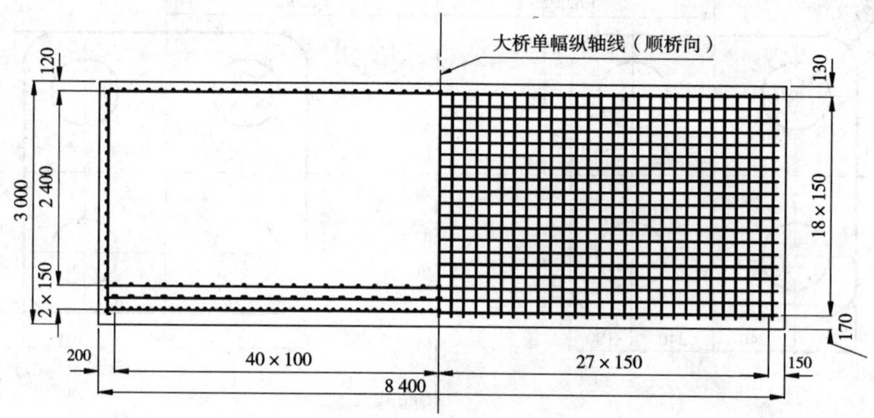

图3.5.4.16　矩形承台钢筋布置(单位:mm)

(4)嵌岩钻孔灌注桩配筋

近大乌龟岛桩基采用嵌岩钻孔灌注桩ϕ200cm桩配置三层主筋，如图3.5.4.17所示，外层和中层均采用44 ϕ32mm钢筋，主筋伸入至距桩底45cm处；内层采用36 ϕ32mm钢筋，根据其桩身受力要求在桩深某处截断，各主筋均匀分布于圆周上。桩内设置ϕ32mm、间距200cm的圆环加强筋和ϕ32mm、间距200cm的三角形拉筋。采用桩底处间距20cm和桩顶处间距15cm的ϕ12mm螺旋箍筋。桩内设置外径ϕ60mm壁厚3.5mm的无缝钢管作为检测混凝土质量的超声波检测管，四根沿圆周均匀分布。

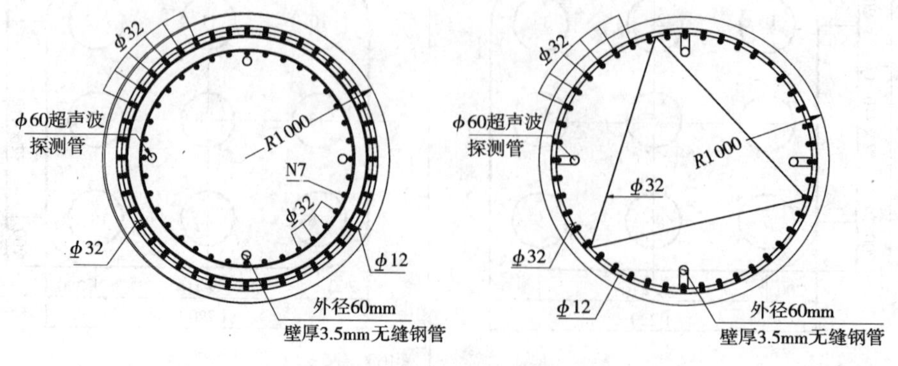

图3.5.4.17　ϕ200cm钻孔灌注桩钢筋布置(单位:mm)

5.5　500t级辅通航孔70m+120m+120m+70m连续梁桥设计

根据东海大桥总体布置要求，在靠芦潮港侧布置2个500t级辅通航孔，其通航净宽56m、净高17.5m，最高通航水位+4.02m。起讫桩号为K6+089.0(PM144)~K6+469.0(PM148)，跨径布置70m+120m+120m+70m=380m。

桥梁采用变高度四跨预应力混凝土连续箱梁结构形式，分上、下行两座桥梁分离布置，左右桥梁中心线距离16.25m，单幅桥宽15.25m，采用单箱单室箱形截面。中墩墩身采用直柱式单箱双室薄壁墩，矩形截面承台，其承台厚度4.0m，外置混凝土套箱，下设100cm厚封底混凝土。三个中墩承台外均设置了防撞设置，以避免船撞击桥墩导致桥梁垮塌事故。边墩墩身采用花瓶形单箱单室薄壁墩，矩形截面承台，其承台厚度350cm，外置混凝土套箱，下设1.0m厚封底混凝土。

根据地质报告资料，边墩桩基采用ϕ1 500mm钢管桩，以⑦$_{2\text{-}2}$灰黄色粉砂层作为桩基持力层，考虑到外海区域桥墩受力情况，钢管桩采用斜桩形式。中墩桩基采用ϕ250cm钻孔灌注桩，顶部设置ϕ2 700mm长钢护筒，以⑨灰色含砾粉细砂层作为桩基持力层。

钢管桩采用打入法，钻孔桩采用钻机成孔现浇水下混凝土；承台采用套箱现浇混凝土施工方法；墩身和墩座采用支架现浇施工方法；箱梁采用挂篮悬臂浇筑施工工艺。

70m+120m+120m+70m变高度连续箱梁桥总体布置如图3.5.5.1所示。

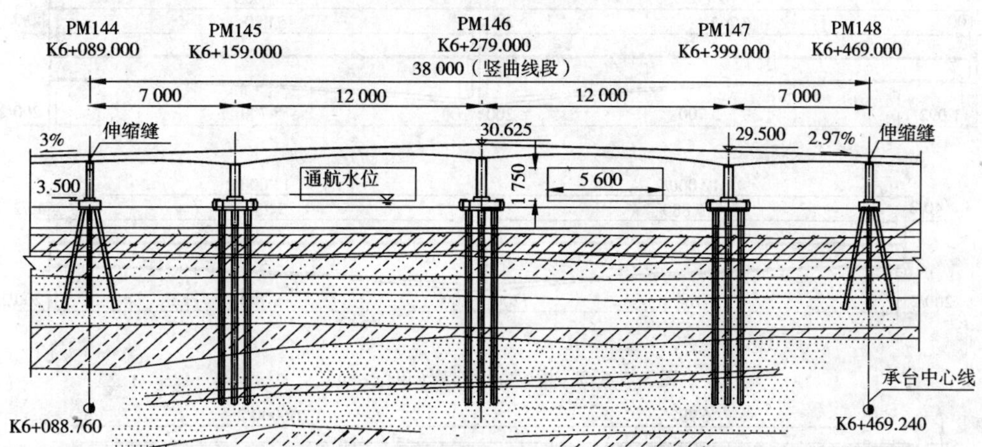

图3.5.5.1　70m+120m+120m+70m连续梁桥总体布置(尺寸单位:cm;高程单位:m)

5.5.1　上部结构构造

1.桥跨布置及箱梁构造尺寸

芦潮港侧500t级辅通航孔为四跨变截面预应力混凝土连续箱梁桥，边中跨径之比为0.583。桥梁横断面为两个分离式的单箱单室箱形截面。桥面横向布置宽度为0.5m(防撞护栏)+2.5m(紧急停车带)+11.75m(行车道)+0.5m(防撞护栏)+1.0m(中央隔离带)+0.5m(防撞护栏)+11.75m(行车道)+2.5m(紧急停车带)+0.5m(防撞护栏)，桥面全宽31.5m，并设置2.0%双向横坡。桥梁横断面布置如图3.5.5.2所示。

单幅四跨一联变高度预应力混凝土连续箱梁，采用单箱单室直腹板箱形截面，中支点梁高7.0m，高跨比1/17.1；边支点梁高3.5m，中跨跨中梁高3.5m，高跨比1/34.3，梁底面线采用二次抛物线线形，其曲线段水平长度为57.0m。全桥设置7道横隔梁，边墩横隔梁宽100cm，中墩横隔梁宽200cm，两个中跨跨中各设置40cm宽的横隔板，所有横隔梁内均设置腰圆形70cm×130cm的人孔。纵桥向每隔2.0m在箱梁两侧腹板内设置ϕ5cm通气孔，中墩箱梁底板内最低处设置ϕ10cm泄水孔。

边跨至中墩的底板厚度分布为：边支点处厚65~30cm，过渡段长度为4.42m；中部厚30cm，长度为

29.0m;中墩支点处厚 30 ~ 80cm,过渡段长度为 34.5m。中跨底板厚度的分布为:中墩支点处厚 80 ~ 30cm,过渡段长度为 34.5m,跨中段厚 30cm,长度为 23.5m。边跨至中墩的腹板厚度分布为:边支点处厚 40 ~ 70cm,过渡长度为 4.42m;边跨中部厚 40cm,长度为 24.5m;中部厚 40 ~ 70cm 的过渡段长度为 16.5m;中间厚 70cm 长度为 11.5m;中墩支点处厚 70 ~ 110cm,过渡段长度为 11.0m。中跨腹板厚度的分布为:中墩支点处厚 110 ~ 70cm,过渡段长度为 11.0m;中间厚 70cm,长度为 11.5m;中部厚 70 ~ 40cm,过渡段长度为 16.5m;跨中中部厚 40cm,长度为 19.0m。中墩横隔梁与顶板设置 29cm × 100cm 倒角,其他横隔梁与顶板设置 29cm × 40cm 倒角,详见图 3.5.5.3、图 3.5.5.4 所示。

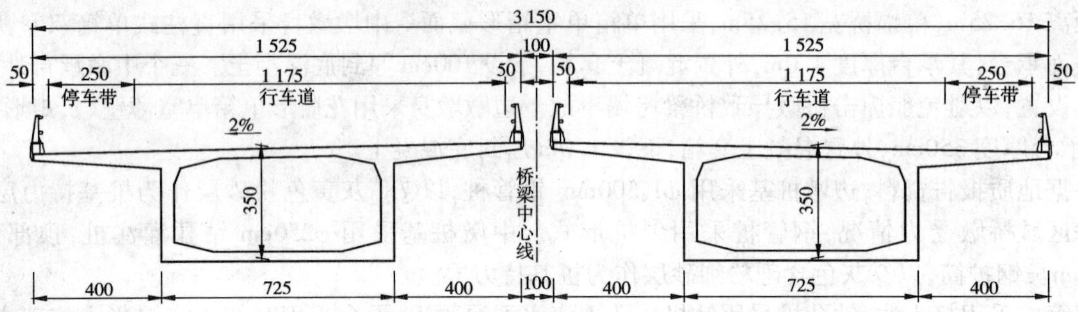

图 3.5.5.2　桥梁横断面布置(单位:cm)

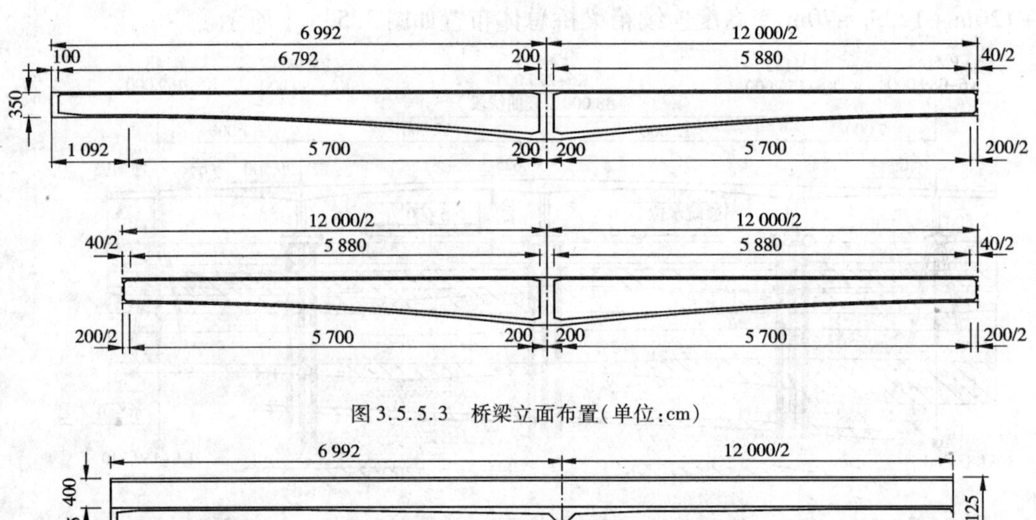

图 3.5.5.3　桥梁立面布置(单位:cm)

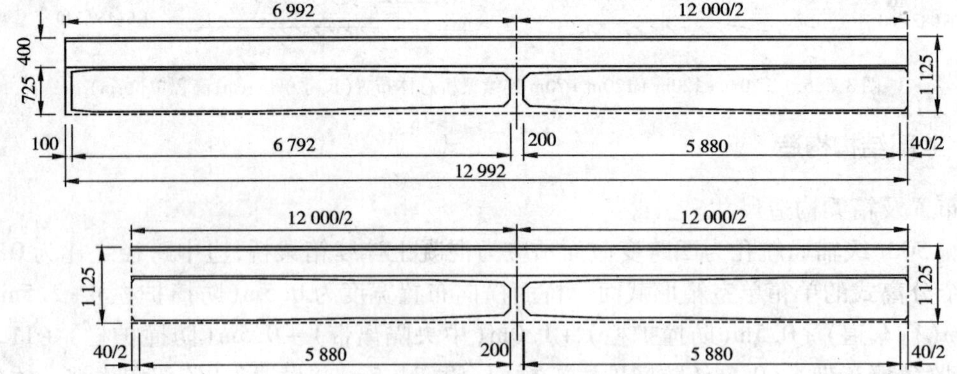

图 3.5.5.4　桥梁平面布置(单位:cm)

单幅箱梁横断面采用单箱单室直腹板箱形截面,箱梁顶板宽 15.25m,底板宽 7.25m,宽跨比 1/16.55,箱梁顶板设置 2.0% 的单向横坡,梁底则保持水平;箱梁两侧悬臂板长度为 4.0m,其宽跨比 1/30,悬臂板端部厚度 20cm,根部厚度 55cm,高跨比 1/7.27。

箱梁中跨跨中截面的顶板厚度 26cm,底板厚度 30cm,腹板厚度 40cm。箱梁中墩支点截面的顶板厚度 26cm,底板厚度 80cm,腹板厚度 110cm。箱梁边墩支点截面的顶板厚度 26cm,底板厚度 65cm,腹板厚度 70cm。箱梁内底板与腹板连接处设置 30cm × 60cm 下倒角,顶板与腹板连接处设置 30cm ×

120cm 上倒角，详见图 3.5.5.5 所示。

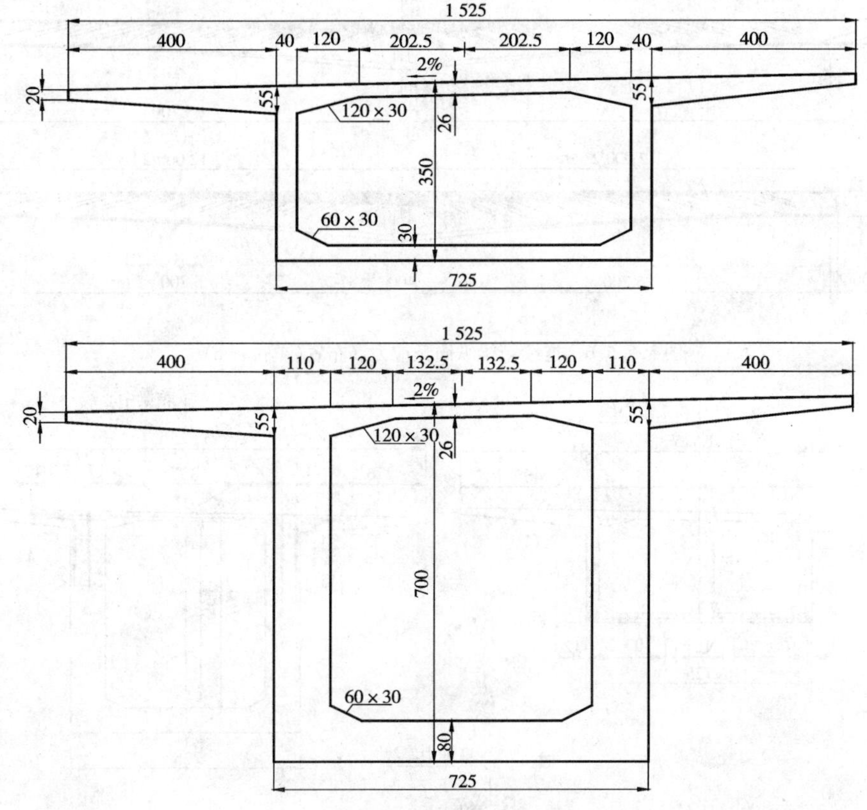

图 3.5.5.5　箱梁横断面构造尺寸（单位：cm）

箱梁采用强度等级为 C50 的高性能混凝土。

2. 预应力筋的布置

箱梁采用三向预应力体系。纵横向预应力筋采用 ϕ^j15.24mm 高强度低松弛 270 级钢绞线束，其标准强度 $R_y^b = 1\,860$MPa，锚下控制应力 $\sigma_k = 0.75R_y^b = 1\,395$MPa。竖向预应力钢筋采用 32mm JL750 级精轧螺纹钢筋，其标准强度 $R_y^b = 750$MPa，张拉控制应力 $\sigma_k = 0.9R_y^b = 675$MPa。

(1) 纵向预应力筋

箱梁纵向预应力筋主要分为悬臂施工腹板下弯束、悬臂施工顶板直线束、边跨合拢段底板上弯钢束、边跨合拢段顶板下弯钢束、跨中合拢段顶板下弯钢束、跨中合拢段底板上弯钢束和跨中合拢腹板上弯钢束七大类形式。每个箱梁节段采用悬臂挂篮施工，张拉 4 根腹板下弯束和 2 根顶板钢束。预应力钢束按箱梁对称布置，以尽可能靠近腹板，减少剪力滞效应的影响。预应力钢束采用两端张拉的施工工艺。

①腹板

单个悬臂施工箱梁两道腹板内配置腹板下弯钢束 9-ϕ^j15.24mm 钢绞线 52 根，全桥合计 156 根。中跨单个合拢段腹板上弯钢束 12-ϕ^j15.24mm 钢绞线 2 根，单幅桥梁合计 4 根。

②顶板

单个悬臂施工箱梁顶板直线形钢束 12-ϕ^j15.24mm 钢绞线 30 根，单幅桥梁合计 90 根。单个中跨合拢段顶板下弯钢束 9-ϕ^j15.24mm 钢绞线 4 根，单幅桥梁合计 8 根。单个边跨合拢段顶板下弯钢束 9-ϕ^j15.24mm钢绞线 4 根，单幅桥梁合计 8 根。

③底板

单个边跨合拢段底板上弯钢束 12-ϕ^j15.24mm 钢绞线 16 根，单幅桥梁合计 32 根。单个中跨合拢段底板上弯钢束 12-ϕ^j15.24mm 钢绞线 32 根，单幅桥梁合计 64 根。

纵向预应力钢束布置详见图 3.5.5.6 所示，其钢束断面如图 3.5.5.7 所示。

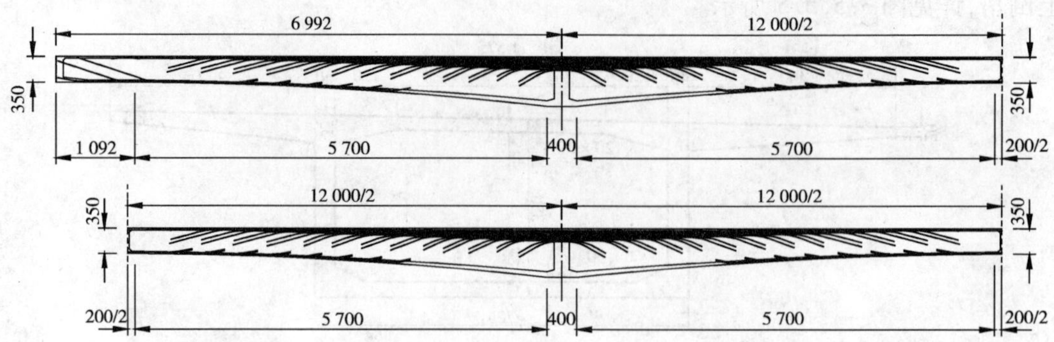

图 3.5.5.6　连续箱梁纵向预应力筋布置(单位:cm)

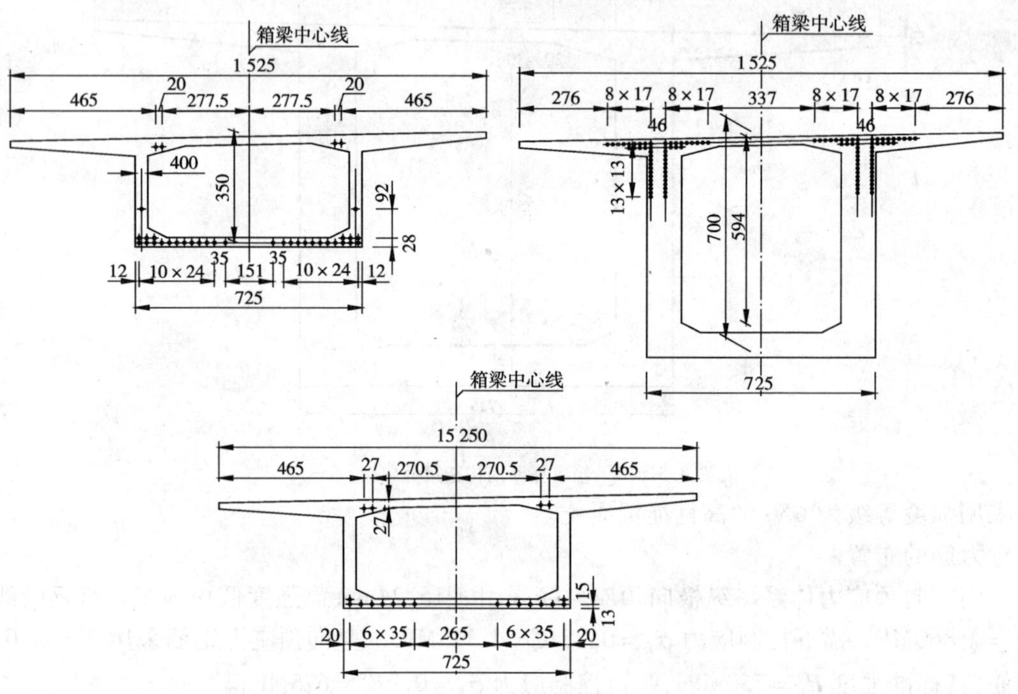

图 3.5.5.7　箱梁预应力钢束断面布置(单位:cm)

(2)横向预应力筋

单幅箱梁顶板横向预应力筋,采用 3-ϕ^{j}15.24mm 钢绞线束,扁锚体系,如图 3.5.5.8 所示。纵桥向钢束除连续梁梁端的部分采用0.4m 间距外,其他均为0.5m 间距,单幅桥梁的横向预应力钢束合计766根。横向预应力钢束采用两端张拉施工工艺。

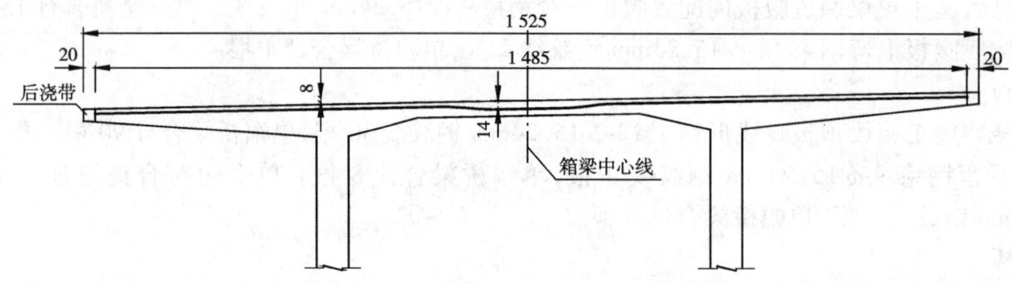

图 3.5.5.8　箱梁横向预应力钢束布置(尺寸单位:cm)

中墩处连续箱梁 2.0m 宽横隔梁在距离顶板 250cm 配置两排横向预应力筋,其间距为 15cm,每排

32mm JL785 级精轧螺纹粗钢筋 12 根，单幅桥梁合计 72 根，如图 3.5.5.9 所示。预应力筋采用一端两次反复张拉的施工工艺。

(3)竖向预应力筋

箱梁腹板竖向预应力筋采用 32mm JL785 级精轧螺纹粗钢筋，粗钢筋位于腹板中间，其纵桥向间距为 50cm，单幅桥梁合计 1 670 根。预应力筋采用一端两次反复张拉的施工工艺。竖向钢筋上锚垫板距离梁顶面 12cm，下锚垫板距离梁底面 20 ~ 40cm，其构造如图3.5.5.10 所示。

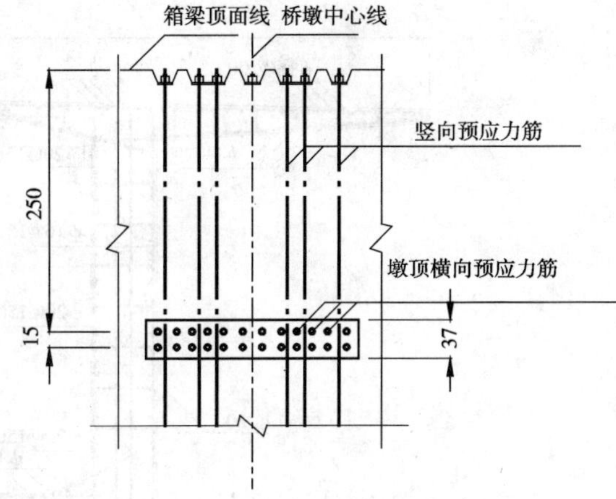

图 3.5.5.9　中墩横隔梁横向预应力筋布置(单位:cm)

3. 普通钢筋构造

箱梁的普通钢筋采用常规配筋方法，钢筋直径一般为 II 级ϕ12 ~ ϕ22mm。单幅箱梁横向钢筋采用 15cm 间距，而纵向钢筋间距为 20cm。箱梁顶板底层、底板顶层、底板底层和箱内加腋横向钢筋的直径均为ϕ20mm；箱梁顶板顶层和悬臂板下侧横向采用ϕ16mm 钢筋。箱梁腹板内上下纵向主钢筋为ϕ22mm；箱梁顶板顶层、底板底层纵向采用ϕ16mm 钢筋，其余纵向钢筋均采用ϕ14mm。单个腹板厚度大于 55cm 采用四肢封闭箍，其余则采用双肢封闭箍，其钢筋直径为ϕ16mm。同时为了增加箱梁抗剪能力，在箱梁腹板内侧增设单肢ϕ20mm 箍筋。顶板、底板和腹板上下钢筋网之间设置 ϕ8mm 拉筋，间距 60cm。箱梁横断面配筋如图 3.5.5.11。

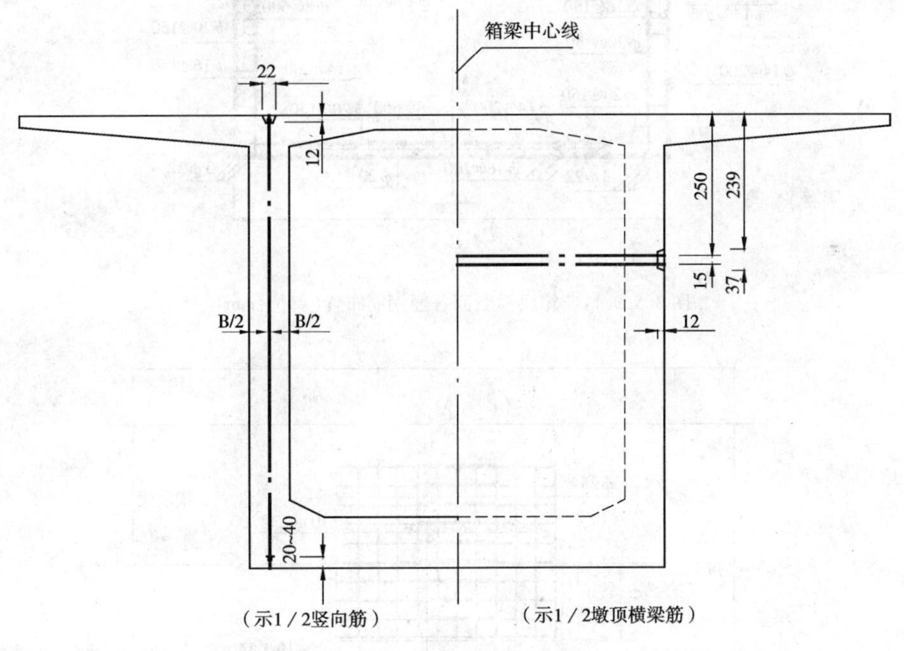

图 3.5.5.10　竖向预应力筋布置(单位:cm)

4. 支座设置构造

单幅四跨一联变截面预应力混凝土连续箱梁桥，采用球形钢支座，全桥设置 1 个固定支座，5 个单向支座和 4 个多向支座，横桥向两支座间距为 5.0m。

5. 箱梁抗震挡块构造

箱梁在支点横隔梁梁底处设置混凝土挡块，中墩横隔梁处设置纵宽 170cm、横长 240cm、高度 80cm 混凝土挡块，边墩横隔梁处设置纵宽 90cm、横长 240cm、高度 80cm 混凝土挡块，与桥墩的横向限位挡块共同组成横向抗震装置。单幅箱梁横桥向两支座间距为 5.0m，如图 3.5.5.12 所示。

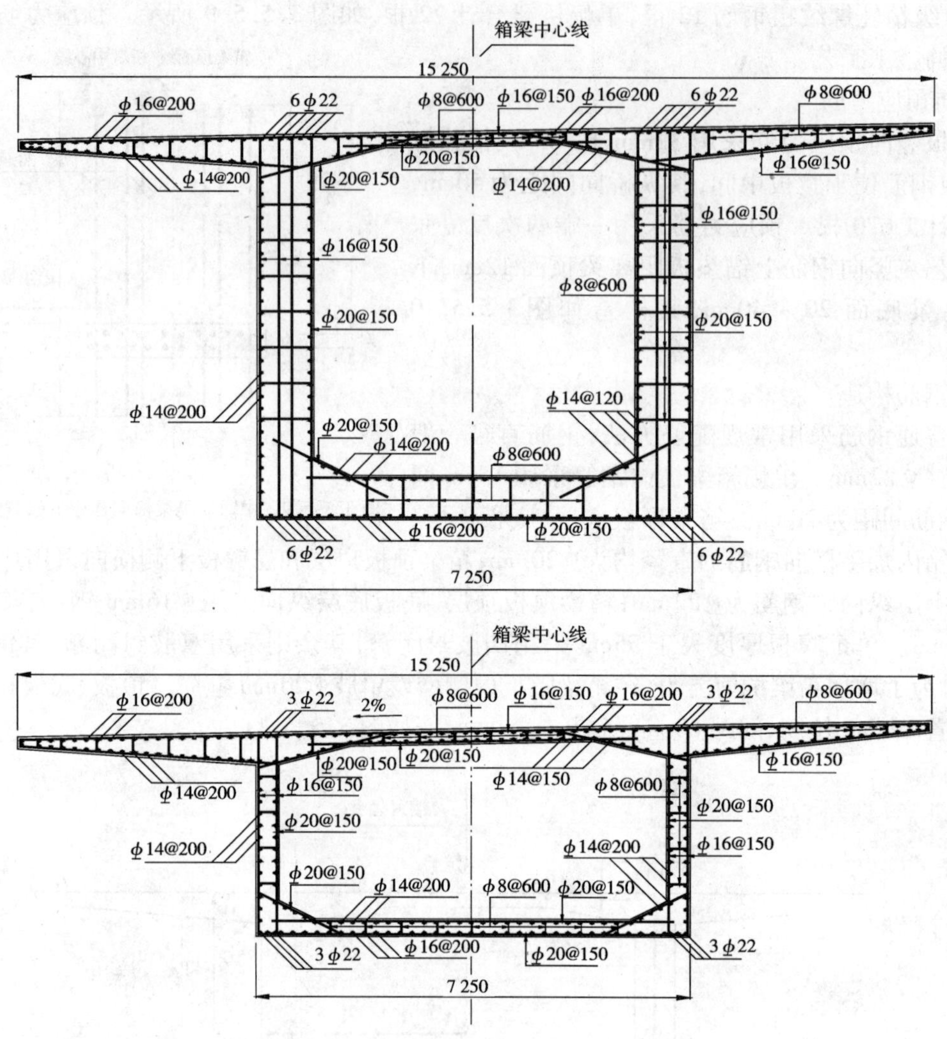

图 3.5.5.11　箱梁横断面普通钢筋布置(单位:mm)

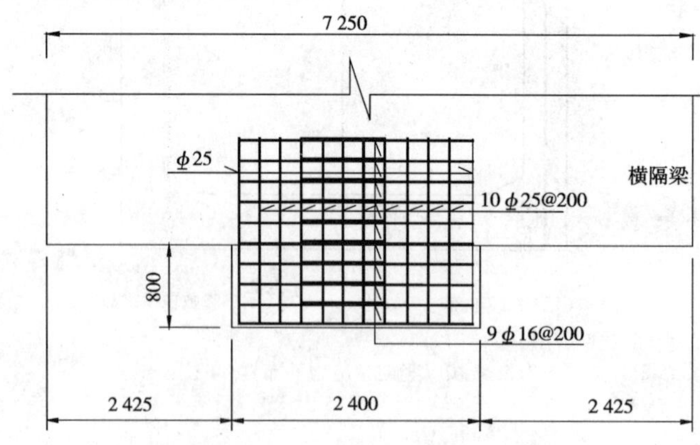

图 3.5.5.12　箱梁横向抗震挡块构造(单位:mm)

5.5.2　下部结构构造

大跨径预应力混凝土连续梁桥基础采用整体性,墩身和上部结构成分离状态。

1. 桥墩构造和配筋

桥墩墩身采用强度等级为 C40 的高性能混凝土,采用支架现浇施工工艺。

（1）边墩

边墩采用花瓶形单箱单室薄壁墩，分成墩身与墩帽两部分。为了保证纵桥向设置两排支座的需要，其墩身有足够的纵向宽度。墩身截面尺寸为525cm×340cm，高程+13.0m以下墩身壁厚80cm，以上墩身壁厚则为50cm，墩壁过渡段高度100cm；墩身箱形截面内侧设置30cm×30cm的倒角，外侧四周采用$R=30$cm圆弧线，以增加桥墩美观性。墩壁与墩帽连接处设置200cm×50cm内倒角。墩帽上截面为了横向放置支座，其截面尺寸为725cm×340cm，高度100cm，下截面与墩身截面直线顺接，两截面过渡段高度300cm，墩帽设置封头顶板厚150cm。同时墩帽顶面为了配合箱梁横向抗震挡块，设置横长275cm、深度50cm的凹槽。

为保证墩身与承台间有效连接性，设置高度1.2m的墩座，顶面尺寸460cm×645cm，底面尺寸500cm×685cm。墩壁在高程+12.5m以上每隔500cm对称设置一对ϕ10cm通气孔，在纵横墩壁上交叉错位布置。其边墩墩身构造如图3.5.5.13所示。

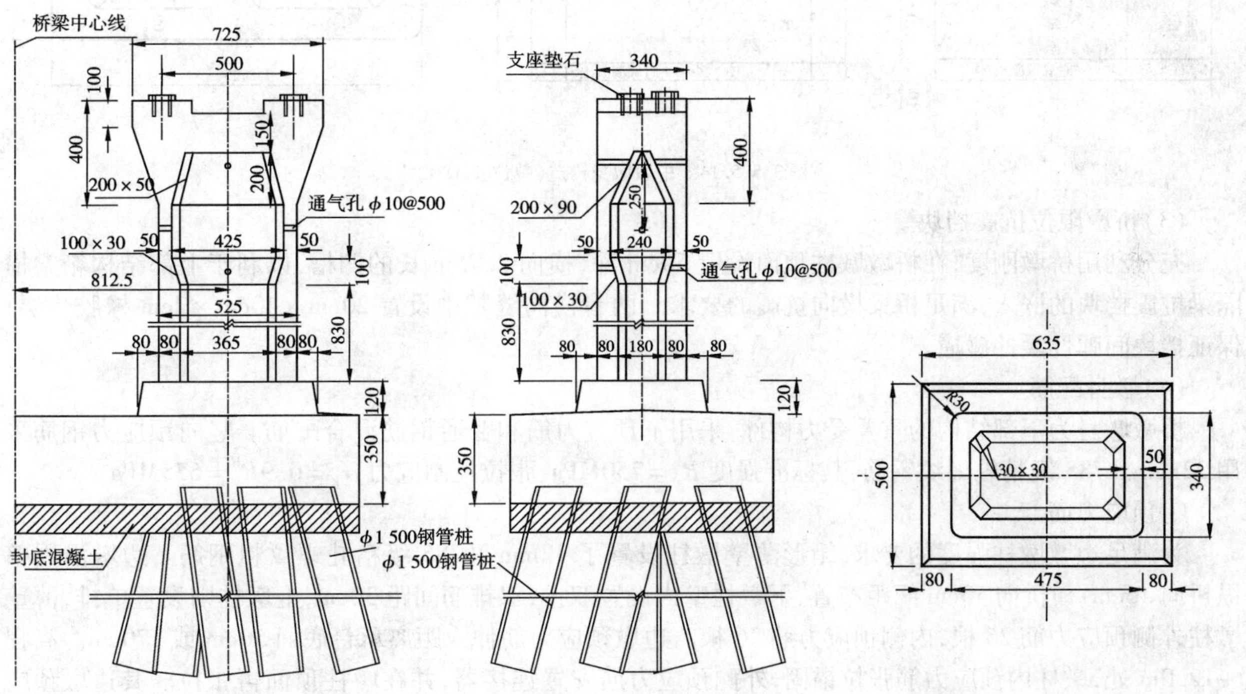

图3.5.5.13　边墩墩身构造（单位：cm）

边墩沿桥纵向考虑支座布置时，由于两侧桥型不同，反力必不相同。为了有利于桥墩受力，保证桥墩弯矩平衡，接大跨度连续梁侧支座中心偏离墩中心线0.87m，接60m跨径连续梁侧支座中心偏离中心线0.44m。一般采用调整桥墩中心线桩号的方法，使桥梁里程桩号与桥墩中心线桩号产生偏差值，边墩偏差值为24cm。

（2）中墩

中墩采用直柱形单箱双室薄壁墩。墩柱截面尺寸为725cm×400cm，高程+13.0m以下墩柱外壁厚90cm，以上墩柱外壁厚则为60cm，墩壁过渡段高度100cm，墩柱内壁厚度均为30cm；墩柱箱形截面内侧设置30cm×30cm的倒角，外侧四周采用$R=30$cm圆弧线，以增加桥墩美观性。墩柱顶面设置厚300cm顶板，顶板与墩壁连接处设置200cm×30cm内倒角。同时墩柱顶面为了配合箱梁横向抗震挡块，设置横长275cm、深度50cm的凹槽。

为保证墩柱与承台间有效连接性，设置高度1.9m的墩座，截面尺寸700cm×925cm。墩壁在高程+12.5m以上每隔500cm对称设置一对ϕ10cm通气孔，纵横墩壁交叉错位布置。其中墩墩柱构造如图3.5.5.14所示。

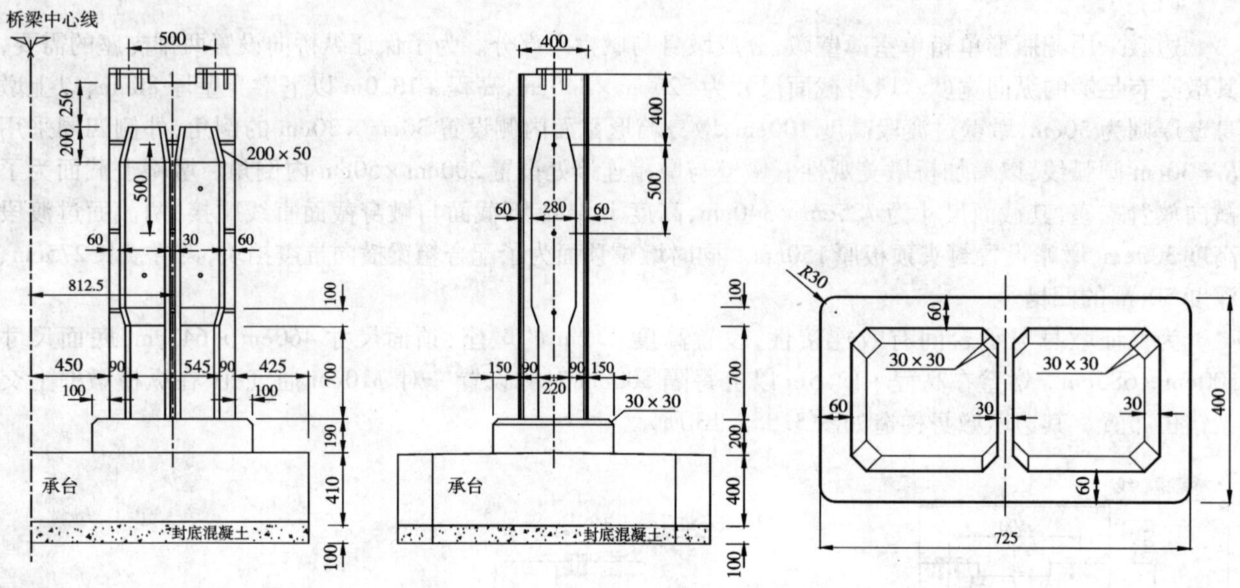

图 3.5.5.14　中墩墩身构造(单位:cm)

(3)桥墩限位抗震挡块

充分利用桥墩刚度,在桥墩墩柱顶面设置50cm 深,横向 2.75m 长的凹槽,以利于上部结构箱梁横隔梁抗震挡块的嵌入,满足桥梁横向抗震的要求。两者横向缝隙中设置 20cm×40cm×2cm 橡胶垫层,保证挡块间弹性缓冲碰撞。

(4)墩身配筋

桥墩墩身为下部结构的重要受力构件,采用了预应力筋和普通钢筋混合配筋。竖向预应力钢筋采用 32mm JL785 级精轧螺纹钢筋,其标准强度 $R_y^b=750\text{MPa}$,张拉控制应力 $\sigma_k=0.9R_y^b=675\text{MPa}$。

①预应力筋

为满足边墩墩柱强度的要求,箱形薄壁墩柱设置了 32mm JL785 级精轧螺纹粗钢筋。边墩沿周壁纵桥向 46cm、横桥向 50cm 间距布置,下墩柱壁内设置双排,双排筋间距 30cm,上墩柱则设置单排,薄壁墩柱外侧预应力筋 26 根,内侧预应力筋 26 根。边墩预应力筋伸入距离承台底面 50cm 或 170cm。高程 +12.0m 处,墩柱内预应力筋张拉锚固,外侧预应力筋安置连接器,并在墩柱顶面再张拉。其边墩预应力筋构造如图 3.5.5.15 所示。

为满足中墩墩柱强度的要求,箱形薄壁墩柱设置了 32mm JL785 级精轧螺纹粗钢筋。中墩沿周壁纵横向 40cm 间距布置,下墩柱壁内设置双排筋,双排筋间距 30cm,上墩柱则设置单排筋,薄壁墩柱外侧预应力筋 42 根,内侧预应力筋 34 根。中墩预应力筋伸入距离承台底面 100cm。高程 +12.0m 处,墩柱内预应力筋张拉锚固,外侧预应力筋安置连接器,并在墩柱顶面再张拉。中墩预应力筋构造如图 3.5.5.16所示。

②普通钢筋

墩柱外壁混凝土净保护层最小为 7cm,内壁混凝土净保护层最小为 4cm。

边墩采用常规钢筋配筋,采用 ϕ10mm、ϕ12mm、ϕ16mm、ϕ20mm 和 ϕ28mm5 种类型直径的钢筋。箱形薄壁墩内外侧竖向主筋采用ϕ20mm 钢筋,间距 15cm,伸入距承台底面 20cm 处。墩壁内层和外层主筋间壁厚 80cm 段采用ϕ12mm 拉筋,壁厚 50cm 段采用 ϕ10mm 拉筋,间距 45cm。箱形截面内侧箍筋采用ϕ12mm 钢筋,外侧封闭箍筋采用ϕ16mm 钢筋,为满足抗震构造要求,墩柱墩座台面上 3.0m 区间箍筋间距需加密,箍筋间距为 10cm,其余箍筋间距均为 15cm。

墩柱顶板底层横向配置ϕ28mm、间距 10cm 的钢筋,顶层横向配置 2 ϕ28mm 间距 15cm 的钢筋,顶层和底层纵向均配置ϕ16mm、间距 15cm 的钢筋。墩柱顶面支座处增设三层ϕ16mm、间距 15cm 钢筋网

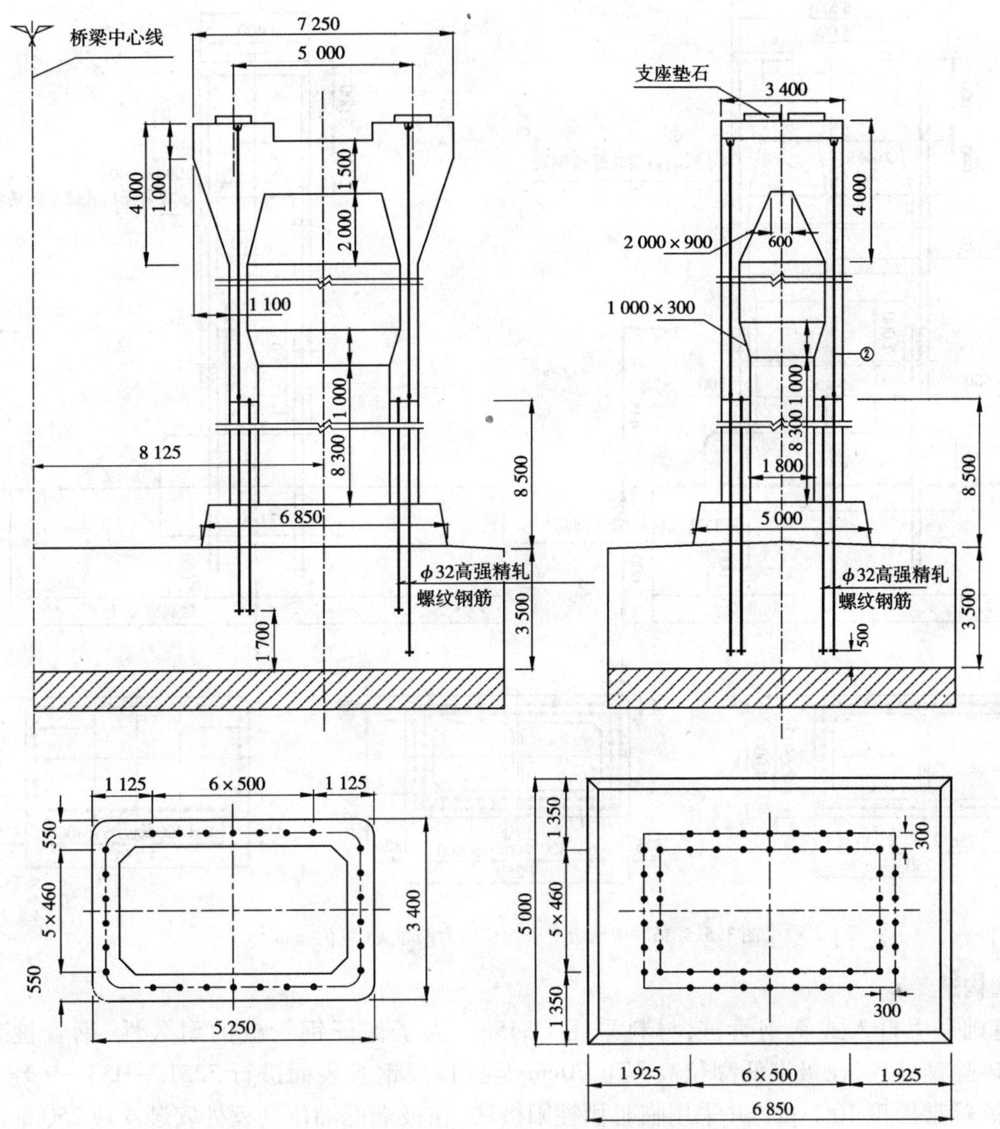

图3.5.5.15　边墩墩身竖向预应力筋布置(单位:mm)

片。边墩墩身配筋如图3.5.5.17所示。

墩座顶面纵横向均采用ϕ20mm钢筋,间距15cm,伸入承台1.2m深度。1.2m高度墩座设置ϕ16mm、间距15cm的水平分布钢筋。

中墩采用常规钢筋配筋,采用ϕ10mm、ϕ12mm、ϕ16mm、ϕ20mm和ϕ32mm5种类型直径的钢筋。箱形薄壁墩内外侧竖向主筋采用ϕ20mm钢筋,间距15cm,伸入距承台底面20cm处。墩壁内层和外层主筋间壁厚90cm段采用ϕ12mm拉筋,壁厚60cm段采用ϕ10mm拉筋,间距45cm。箱形截面内侧箍筋采用ϕ12mm钢筋,外侧封闭箍筋采用ϕ16mm钢筋,为满足抗震构造要求,墩柱墩座台面上3.0m区间箍筋间距需加密,箍筋间距为10cm,其余箍筋间距均为15cm。

墩柱顶板底层横向配置ϕ32mm、间距15cm的钢筋,顶板底层纵向配置2 ϕ32mm、间距15cm的钢筋;顶层横向配置2 ϕ32mm、间距15cm的钢筋,顶层纵向配置ϕ16mm、间距15cm的钢筋。墩柱顶面支座处增设三层ϕ16mm、间距15cm钢筋网片。中墩墩身配筋如图3.5.5.18所示。

墩座顶面纵横向均采用ϕ20mm钢筋,间距15cm,伸入承台1.2m深度。1.9m高度墩座设置ϕ16mm、间距15cm的水平分布钢筋。

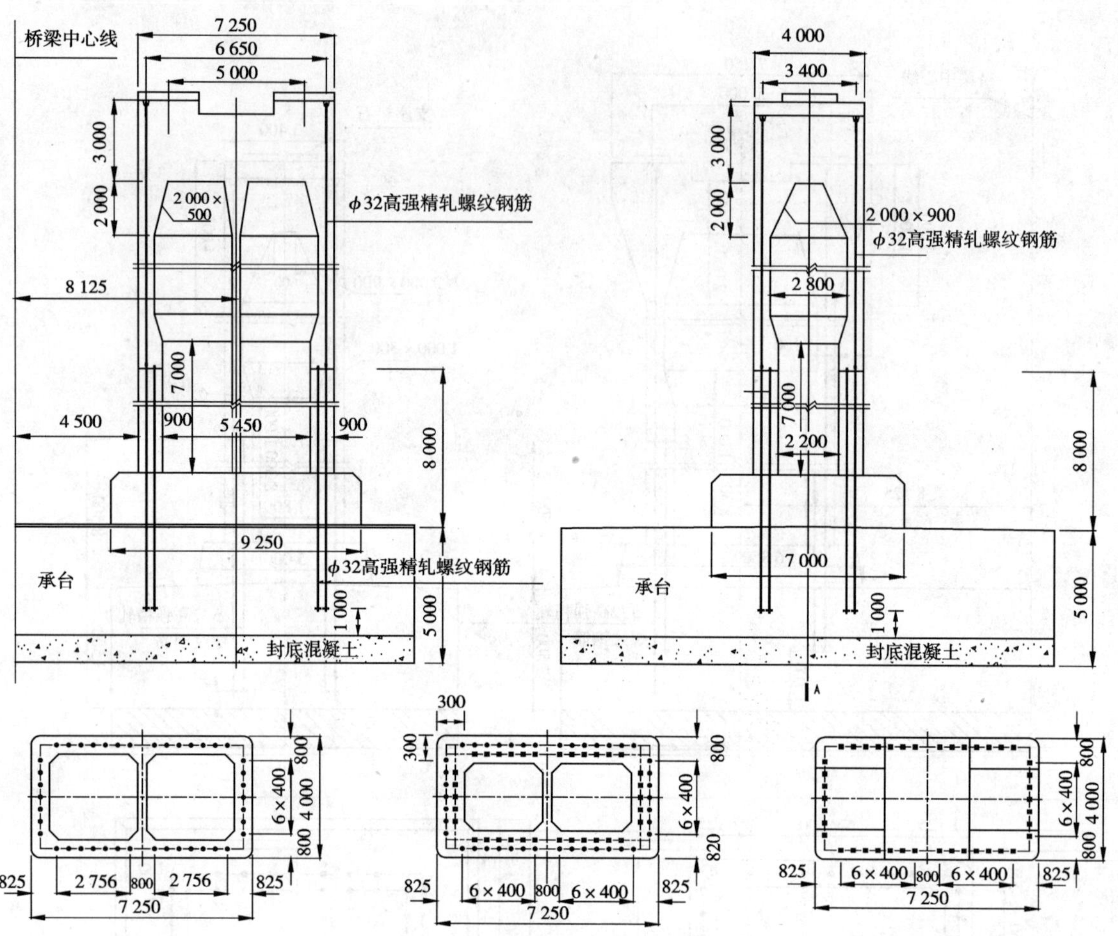

图3.5.5.16 中墩墩身竖向预应力筋布置(单位:mm)

2. 基础构造

边墩基础采用打入式斜钢管桩,材料采用Q345c。为了保证钢管桩的耐久性,钢管桩表面进行Sa2.5级喷砂除锈处理,在极端低潮位高程下70cm至桩顶段钢管表面进行725L—H53—9环氧重防腐涂料的刮涂,涂层厚度100μm。并采用临时牺牲阳极法,在极端低潮位高程处安装4块250mm×100mm×35mm钢板,使之焊接于钢管四周。

中墩基础采用钻孔灌注桩,采用强度等级为C30的水下掺和混凝土,并在桩顶埋置已防腐处理的长钢护筒。

(1)中墩

中墩桩基采用12ϕ250cm钻孔灌注桩,桩长105m,顺桥向桩距6.5m,外侧桩横桥向桩距7.4m和8.85m,内侧桩横桥向桩距8.4m和6.85m。钻孔桩桩顶设置ϕ2 700mm长钢护筒,钻孔和浇筑混凝土的需要,其深度由埋置淤泥层厚度决定。

矩形承台平面尺寸为3 200cm×1 800cm,四周设置200cm×200cm倒角,承台厚400cm,下设置100cm封底混凝土。其构造如图3.5.5.19所示。

(2)边墩

边墩桩基采用18ϕ1 500mm钢管桩,顺桥向桩距3.3m,外侧桩横桥向桩距3.2m,内侧桩横桥向桩距2.3m和3.2m。为了钢管桩抵抗纵横向水平力,全部采用了斜桩方式,其外侧为4.5:1和8:1,内侧为6:1,斜桩与横桥线呈15°、40°和45°不等水平夹角。同时为保证钢管与承台的有效连接,钢管伸入承台150cm。

矩形承台平面尺寸为2 785cm×1 020cm,四周设置150cm×150cm倒角,承台厚350cm,下设置100cm封底混凝土。承台顶面设置不同纵横向坡度的散水坡,其构造如图3.5.5.20所示。

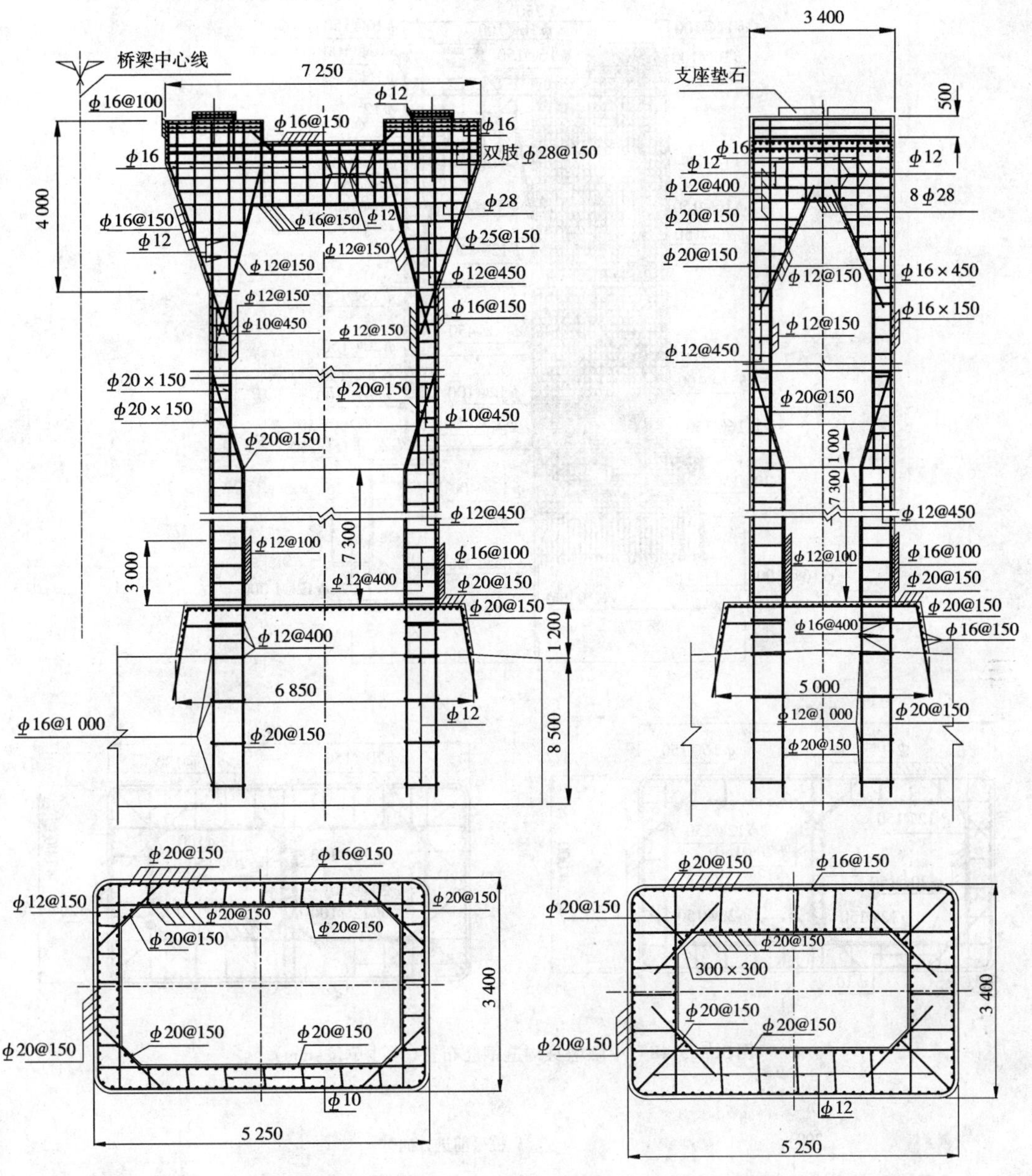

图3.5.5.17　边墩墩身构造钢筋布置(单位:mm)

(3)承台冷却水管构造

由于桥墩承台平面尺寸和高度较大,属于大体积混凝土,在浇筑混凝土中会产生大量的水化热,影响混凝土养护的质量,因此采取混凝土内掺加适当粉煤灰、控制水泥用量、降低混凝土的入模温度等有效方法,并在承台内设置冷却管进行混凝土的"内散外蓄"养生。根据承台构造尺寸,布设三层冷却管沿承台高度均匀布置,采用ϕ25mm黑铁管,呈连续U形状,平面纵横向间距1.0m。承台立面冷却水管布置如图3.5.5.21所示。浇筑混凝土时采用中间孔道进水,两侧出水,进行长时间的通水冷却,并控制出水口的温度和流量。

(4)钢管桩与承台的连接构造

ϕ1 500mm钢管桩采用斜桩打入施工法,钢管桩伸入承台1.5m,管桩顶部切角处理,以保持管顶面水平;同时在钢管内设置喇叭形钢筋笼使桩顶加强,配置28 ϕ25mm主筋,采用ϕ12mm、间距20cm的圆形箍筋。管内浇筑C30填芯混凝土,其垂直深度为5.5m,如图3.5.5.22所示。

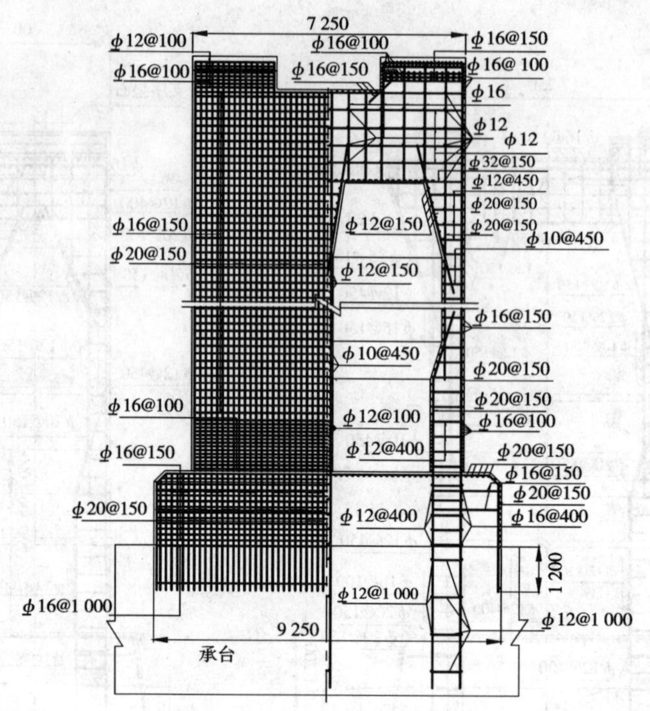

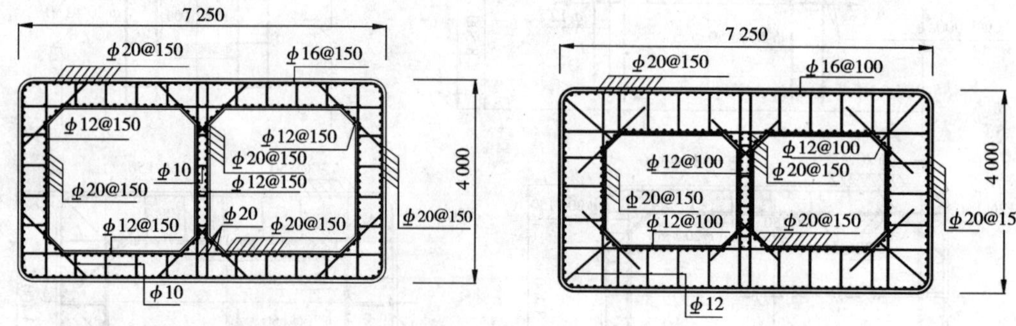

图3.5.5.18　中墩墩身构造钢筋布置(尺寸单位:mm)

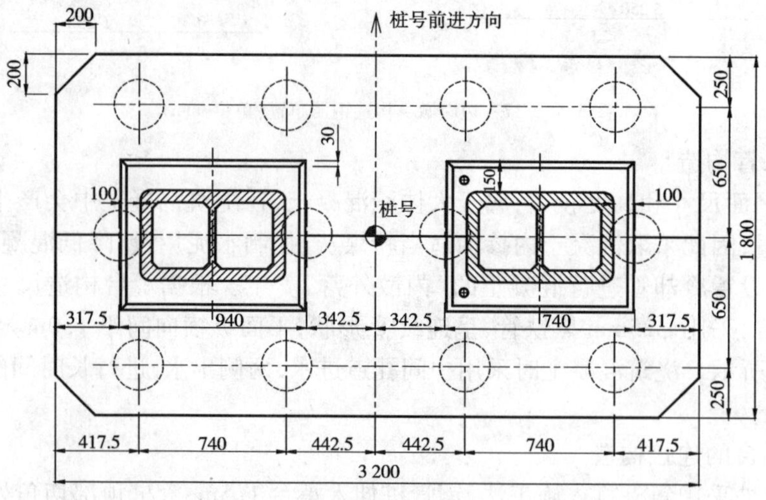

图3.5.5.19　中墩承台构造(尺寸单位:cm)

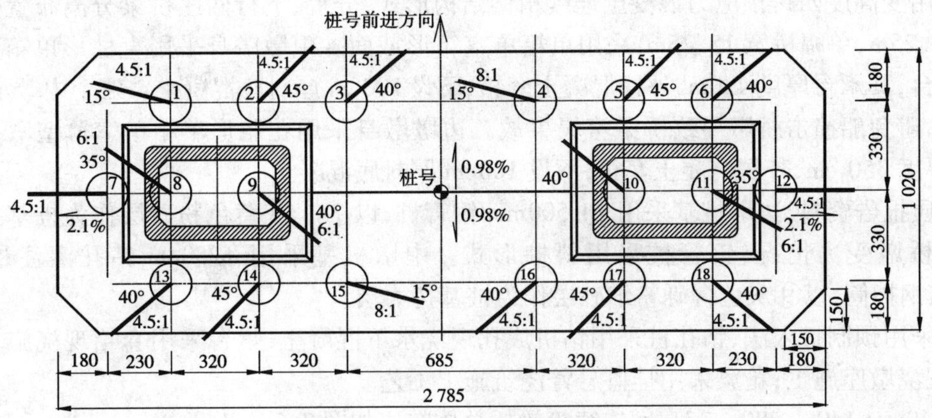

图3.5.5.20　边墩承台构造(单位:mm)

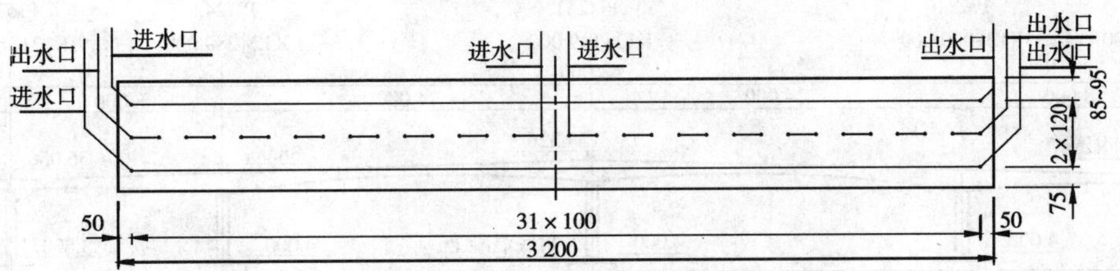

图3.5.5.21　承台冷却水管立面布置(单位:cm)

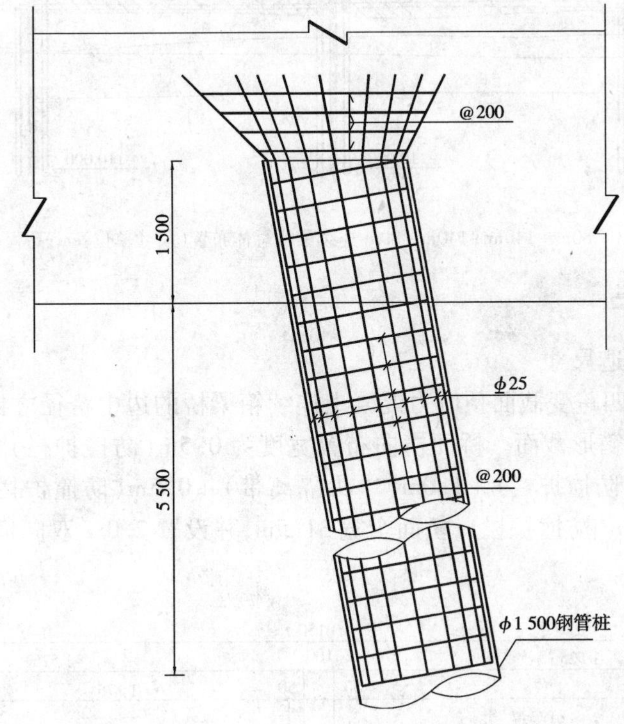

图3.5.5.22　钢管斜桩与承台连接构造(单位:mm)

5.6　1 000t级辅通航孔80m + 140m + 140m + 80m连续梁桥设计

根据东海大桥总体布置要求,布置2个1 000t级副通航孔,其通航净宽100m、净高25m,最高通航水位+4.02m。起讫桩号为K11 +929.00(PM239) ~ K12 +369.00(PM243),跨径布置为80m + 140m + 140m + 80m = 440m。

桥梁采用变高度四跨预应力混凝土连续箱梁结构形式，分上、下行两座桥梁分离布置，左右桥梁中心线距离16.25m，单幅桥宽15.25m，采用单箱单室箱形截面。中墩墩身采用直柱形单箱双室薄壁墩，矩形截面承台，其承台厚度4.0m，外置混凝土套箱，下设100cm厚封底混凝土。三个中墩承台外均设置了防撞设施，避免船撞击桥墩导致桥梁垮塌事故。边墩墩身采用花瓶形单箱单室薄壁墩，矩形截面承台，其承台厚度350 cm，外置混凝土套箱，下设100cm厚封底混凝土。

依据地质报告资料，边墩桩基采用ϕ1 500mm钢管桩，以⑦$_{2-2}$灰黄色粉砂层作为桩基持力层，考虑到外海区域桥墩受力情况，钢管桩采用斜桩形式。中墩桩基采用ϕ250cm钻孔灌注桩，上部设置ϕ2 700mm长钢护筒，以⑨灰色含砾粉细砂层作为桩基持力层。

钢管桩采用预制打入法，钻孔桩采用钻机成孔现浇水下混凝土；承台采用套箱现浇施工；墩身采用预制成型，现浇墩座施工；箱梁采用挂篮悬臂浇筑施工工艺。

80m + 140m + 140m + 80m变高度连续箱梁桥总体布置如图3.5.6.1所示。

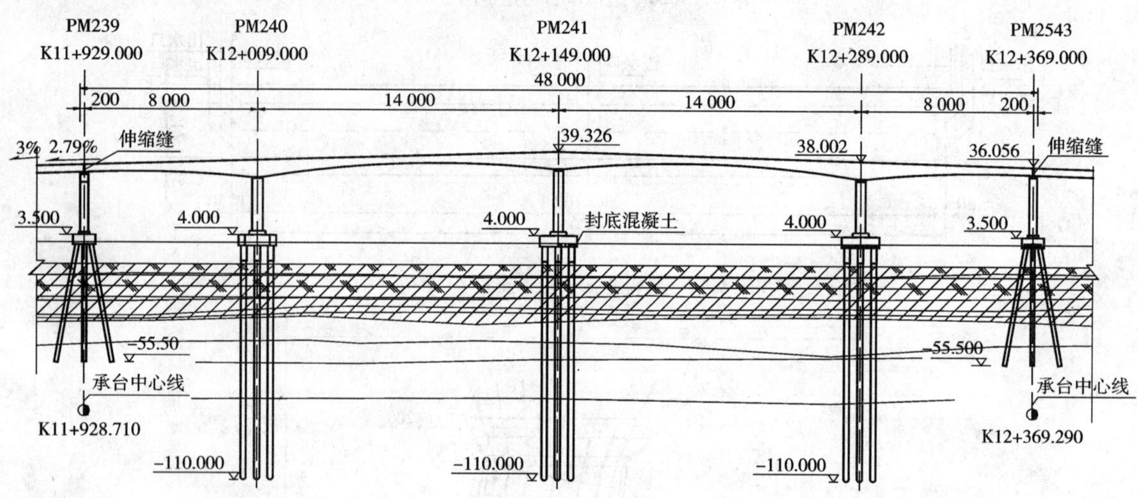

图3.5.6.1 80m + 140m + 140m + 80m连续梁桥总体布置（尺寸单位：cm；高程单位：m）

5.6.1 上部结构构造

1. 桥跨布置及箱梁构造尺寸

1 000t级辅通航孔为四跨变截面预应力混凝土连续箱梁桥的边中跨径之比为0.571。桥梁横断面为两个分离式的单箱单室箱形截面。桥面横向布置宽度为0.5m（防撞护栏）+2.5m（紧急停车带）+11.75m（行车道）+0.5m（防撞护栏）+1.0m（中央隔离带）+0.5m（防撞护栏）+11.75m（行车道）+2.5m（紧急停车带）+0.5m（防撞护栏），桥面全宽31.5m，并设置2.0%双向横坡。桥梁横断面布置如图3.5.6.2所示。

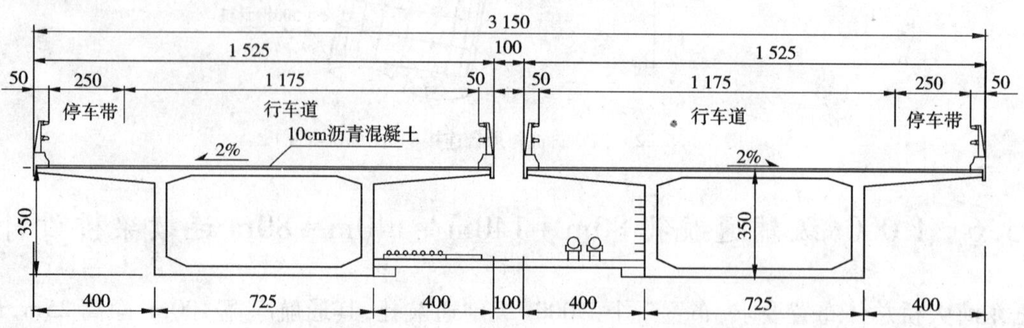

图3.5.6.2 桥梁横断面布置（单位：cm）

单幅四跨一联的变高度预应力混凝土连续箱梁，采用单箱单室直腹板箱形截面，中支点梁高8.0m，高跨比1/17.5，边支点梁高3.5m，中跨跨中梁高3.5m，高跨比1/40，梁底面线采用二次抛物线线形，边跨的曲线段长度为74.92m，中跨两侧曲线段长度为67.0m。全桥设置7道横隔梁，边墩横隔梁宽100cm，中墩横隔梁宽200cm，两个中跨跨中各设置40cm宽的横隔板，所有横隔梁内均设置腰圆形70cm×130cm的人孔。纵桥向每隔2.0m在箱梁两侧腹板内设置ϕ5cm通气孔，中墩箱梁底板最低处设置ϕ10cm泄水孔。

边跨至中墩的底板厚度分布为：边支点处厚65～30cm，过渡段长度为4.42m；中部厚30cm，长度为41.5m；中墩支点处厚30～90cm，过渡段长度为32.0m。中跨底板厚度分布为：中墩支点处厚30～90cm，过渡段长度为32.0m，跨中段厚30cm，长度为36.0m。边跨至中墩的腹板厚度分布为：边支点处厚40～70cm，过渡段长度为4.42m；边跨中部厚40cm，过渡段长度为15.5m；中部厚40～70cm，过渡段长度为38.0m；中间厚70cm，长度为10.0m；中墩支点处厚70～110cm，过渡段长度10.0m。中跨腹板厚度的分布为：中墩支点处厚110～70cm，过渡段长度为10.0m；中间厚70cm，长度为10.0m；中部厚70～40cm，过渡段长度为38.0m；跨中中部厚40cm，长度为10.0m。中墩横隔梁与顶板设置29cm×100cm倒角，其他横隔梁与顶板设置29cm×40cm倒角。详见图3.5.6.3、图3.5.6.4。

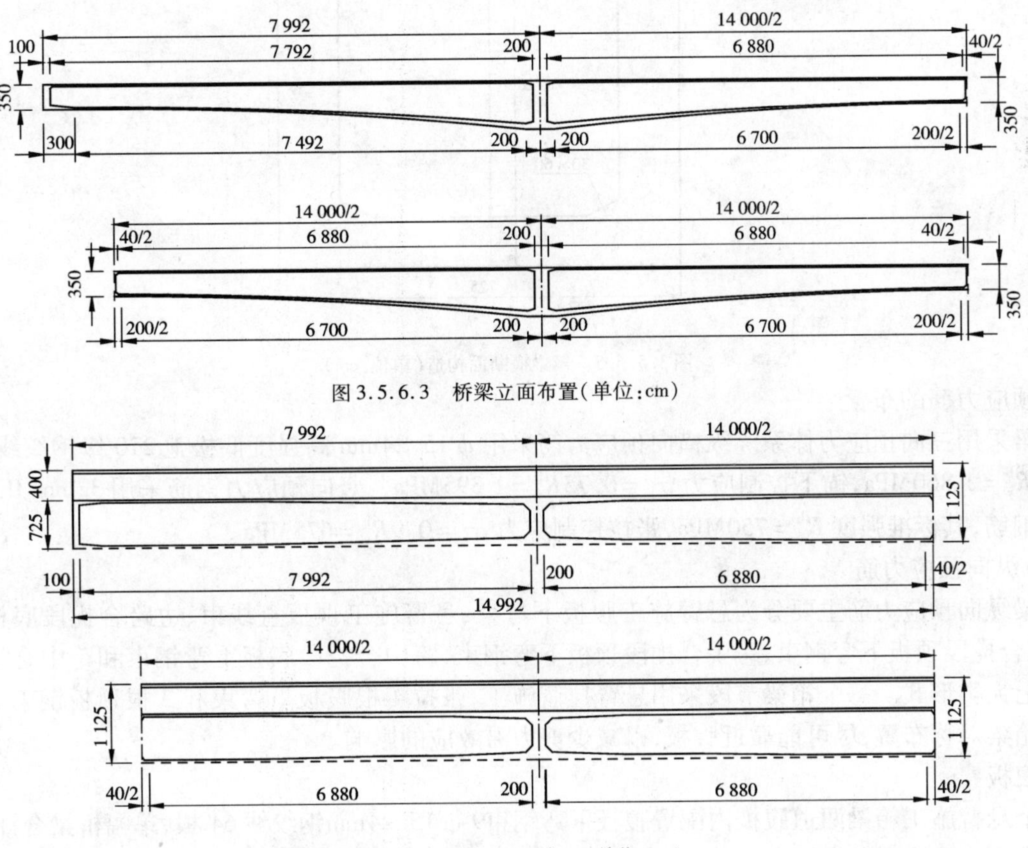

图3.5.6.3 桥梁立面布置（单位：cm）

图3.5.6.4 桥梁立面布置（单位：cm）

单幅箱梁横断面采用单箱单室直腹板箱形截面，箱梁顶板宽1 525cm，底板宽725 cm，宽跨比1/19.31，箱梁顶板设置2.0%的单向横坡，梁底则保持水平；箱梁两侧悬臂板长度为4.0m，其宽跨比1/35，悬臂板端部厚度20cm，根部厚度55cm，高跨比1/7.27。

箱梁中跨跨中截面的顶板厚度26cm，底板厚度30cm、腹板厚度40cm。箱梁中墩支点截面的顶板厚度26cm，底板厚度90cm，腹板厚度110cm。箱梁边墩支点截面的顶板厚度26cm，底板厚度65cm，腹板厚度70cm。箱梁内底板与腹板连接处设置30cm×60cm下倒角，顶板与腹板连接处设置29cm×120cm上倒角。详见图3.5.6.5。

箱梁采用强度等级为C50的高性能混凝土。

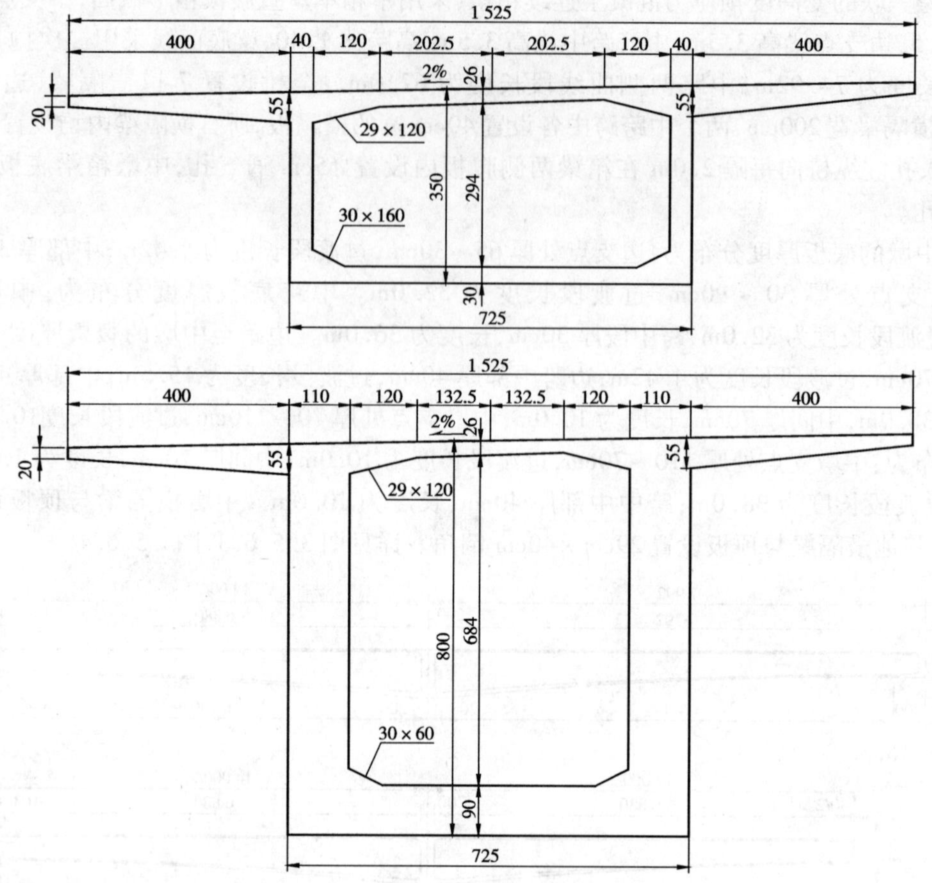

图 3.5.6.5　箱梁横断面构造(单位:cm)

2. 预应力筋的布置

箱梁采用三向预应力体系。纵横向预应力筋采用 $\phi^{j}15.24$mm 高强度低松弛 270 级钢绞线束,其标准强度 $R_{y}^{b}=1\ 860$MPa,锚下控制应力 $\sigma_{k}=0.75R_{y}^{b}=1\ 395$MPa。竖向预应力钢筋采用 32mm JL750 级精轧螺纹钢筋,其标准强度 $R_{y}^{b}=750$MPa,张拉控制应力 $\sigma_{k}=0.9R_{y}^{b}=675$MPa。

(1)纵向预应力筋

箱梁纵向预应力筋主要分为悬臂施工腹板下弯束、悬臂施工顶板直线束、边跨合拢段底板上弯钢束、边跨合拢段顶板下弯钢束、跨中合拢段顶板下弯钢束、跨中合拢段底板上弯钢束和跨中合拢腹板上弯钢束七大类形式。每个箱梁节段采用悬臂挂篮施工,张拉 4 根腹板下弯束和 2 根顶板钢束。预应力钢束按箱梁对称布置,尽可能靠近腹板,以减少剪力滞效应的影响。

①腹板

单个悬臂施工箱梁两道腹板内配置腹板下弯钢束9-$\phi^{j}15.24$mm钢绞线 64 根,单幅桥梁合计 192 根。中跨单个合拢段腹板上弯钢束 12-$\phi^{j}15.24$mm 钢绞线 2 根,单幅桥梁合计 4 根。

②顶板

单个悬臂施工箱梁顶板直线形钢束 12-$\phi^{j}15.24$mm 钢绞线 36 根,单幅桥梁合计 108 根。单个中跨合拢段顶板下弯钢束 9-$\phi^{j}15.24$mm 钢绞线 4 根,单幅桥梁合计 8 根。单个边跨合拢段顶板下弯钢束 9-$\phi^{j}15.24$mm钢绞线 4 根,单幅桥梁合计 8 根。

③底板

单个边跨合拢段底板上弯钢束 12-$\phi^{j}15.24$mm 钢绞线 18 根,单幅桥梁合计 36 根。单个中跨合拢段底板上弯钢束 12-$\phi^{j}15.24$mm 钢绞线 34 根,单幅桥梁合计 68 根。

纵向预应力钢束布置详见图 3.5.6.6,其钢束断面如图 3.5.6.7 所示。

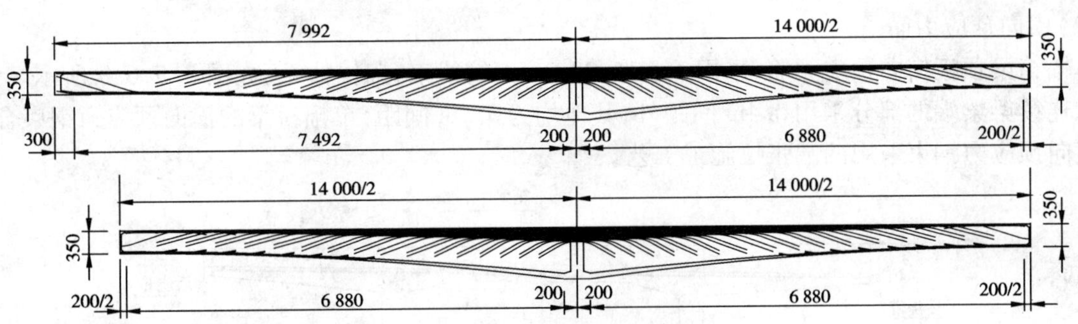

图 3.5.6.6　连续箱梁纵向预应力筋布置(单位:cm)

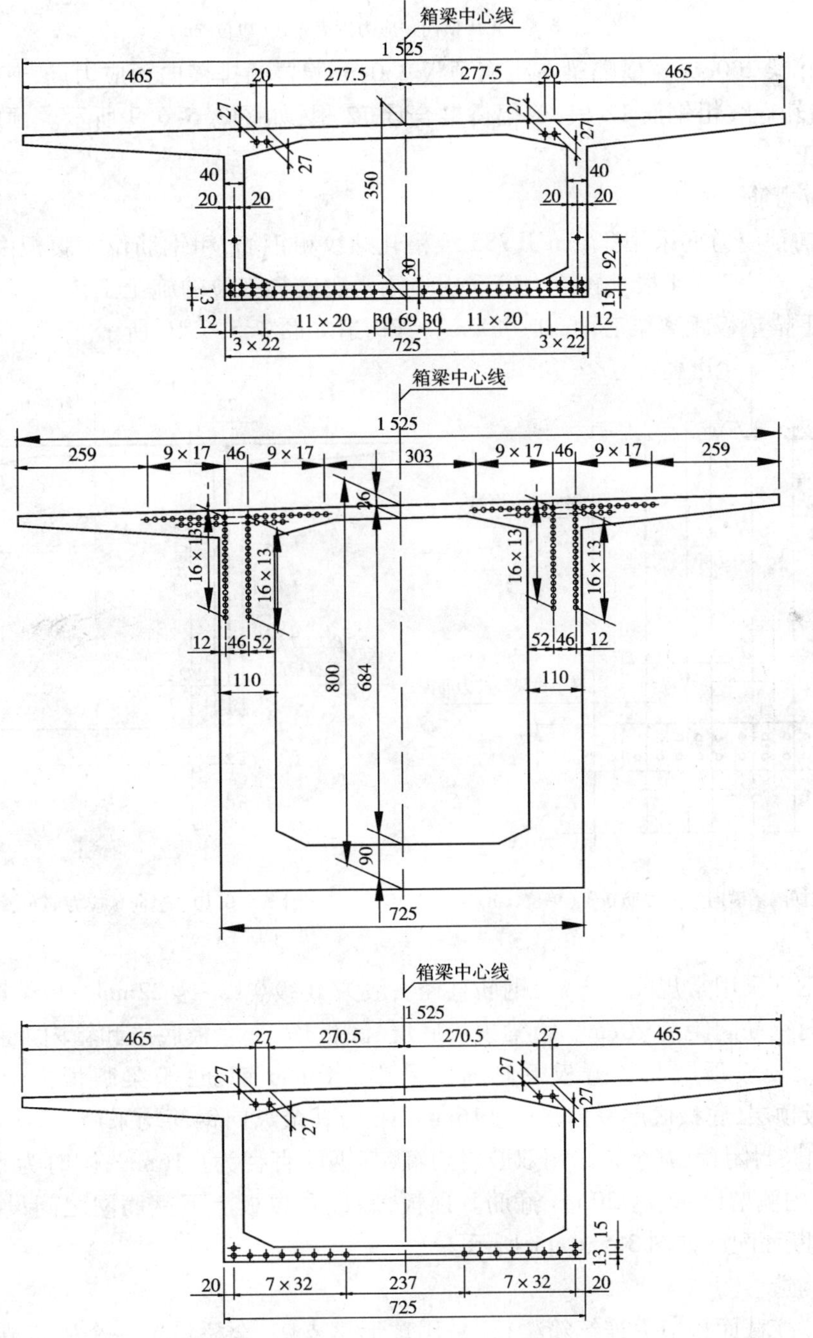

图 3.5.6.7　箱梁预应力钢束断面布置(单位:cm)

(2)横向预应力筋

单幅箱梁顶板横向预应力筋,采用3-ϕ^j15.24mm 钢绞线束,扁锚体系,如图3.5.6.8所示。纵桥向钢束除连续梁梁端的部分采用0.4m间距外,其他均为0.5m间距,单幅桥梁的横向预应力钢束合计886根。横向预应力钢束采用两端张拉施工工艺。

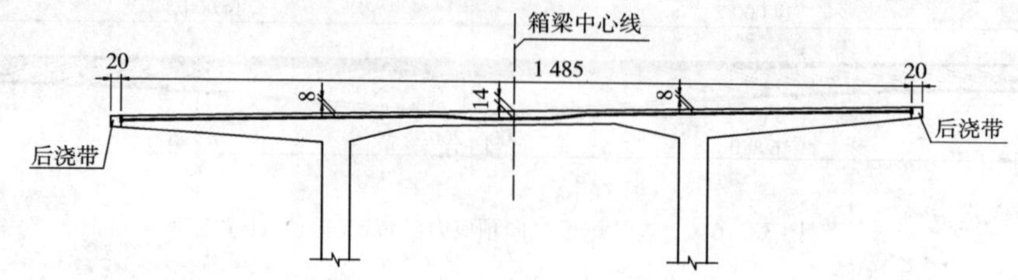

图3.5.6.8　箱梁横向预应力钢束布置(单位:cm)

中墩处连续箱梁200cm宽横隔梁在距离顶板250cm配置两排横向预应力筋,其间距为15cm,每排32mm JL785级精轧螺纹粗钢筋12根,单幅桥梁合计72根,如图3.5.6.9所示。预应力筋采用一端两次反复张拉的施工工艺。

(3)竖向预应力筋

箱梁腹板竖向预应力筋采用32mm JL785级精轧螺纹粗钢筋,粗钢筋位于腹板中间,其纵桥向间距为50cm,单幅桥梁合计2 054根。预应力筋采用一端两次反复张拉的施工工艺。竖向钢筋上锚垫板距离梁顶面12cm,下锚垫板距离梁底面20~40cm。其构造如图3.5.6.10所示。

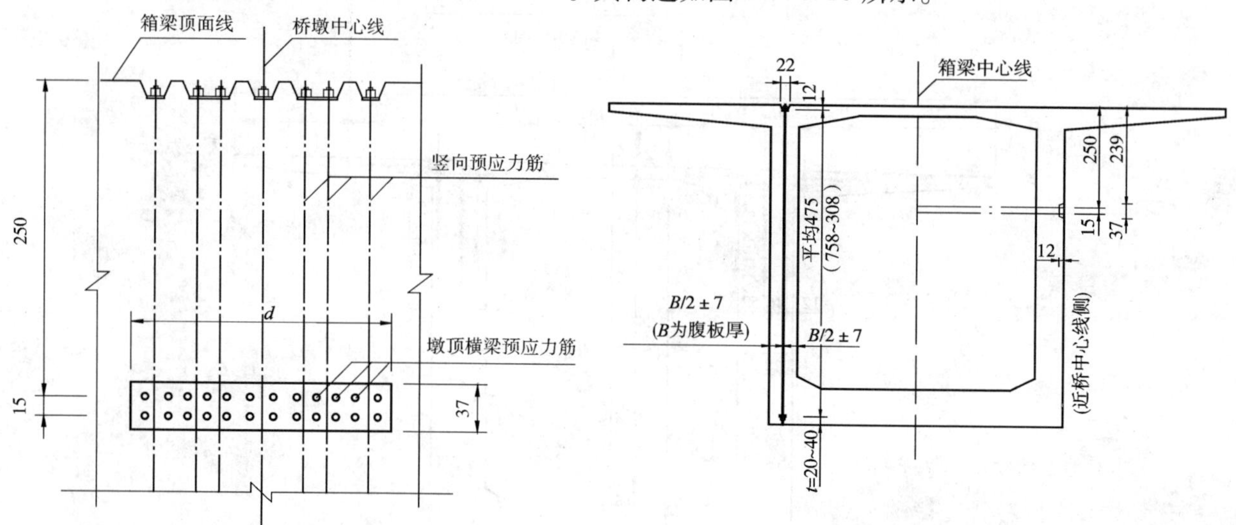

图3.5.6.9　中墩横隔梁横向预应力筋布置(单位:cm)

图3.5.6.10　竖向预应力筋布置(单位:cm)

3.普通钢筋构造

箱梁的普通钢筋采用常规配筋方法,钢筋直径一般为II级ϕ12~ϕ22mm。单幅箱梁横向钢筋采用15cm间距,而纵向钢筋间距为20cm。箱梁顶板底层、底板顶层、底板底层和箱内加腋横向钢筋的直径均为ϕ20mm;箱梁顶板顶层和悬臂板下侧横向采用ϕ16mm钢筋;箱梁腹板内上下纵向主钢筋为ϕ22mm;箱梁顶板顶层、底板底层纵向采用ϕ16mm钢筋,其余纵向钢筋均采用ϕ14mm。单个腹板厚度大于55cm采用四肢封闭箍,其余则采用双肢封闭箍,其钢筋直径为ϕ16mm;同时为了增加箱梁的抗剪能力,在箱梁腹板内侧增设单肢ϕ20mm箍筋。顶板、底板和腹板上下钢筋网之间设置ϕ8mm拉筋,间距60cm。箱梁横断面配筋如图3.5.6.11所示。

4.支座设置构造

单幅四跨一联变截面预应力连续箱梁桥,采用球形钢支座,全桥设置一个固定支座,5个单向支座和4个多向支座,横桥向两支座间距为5.0m。

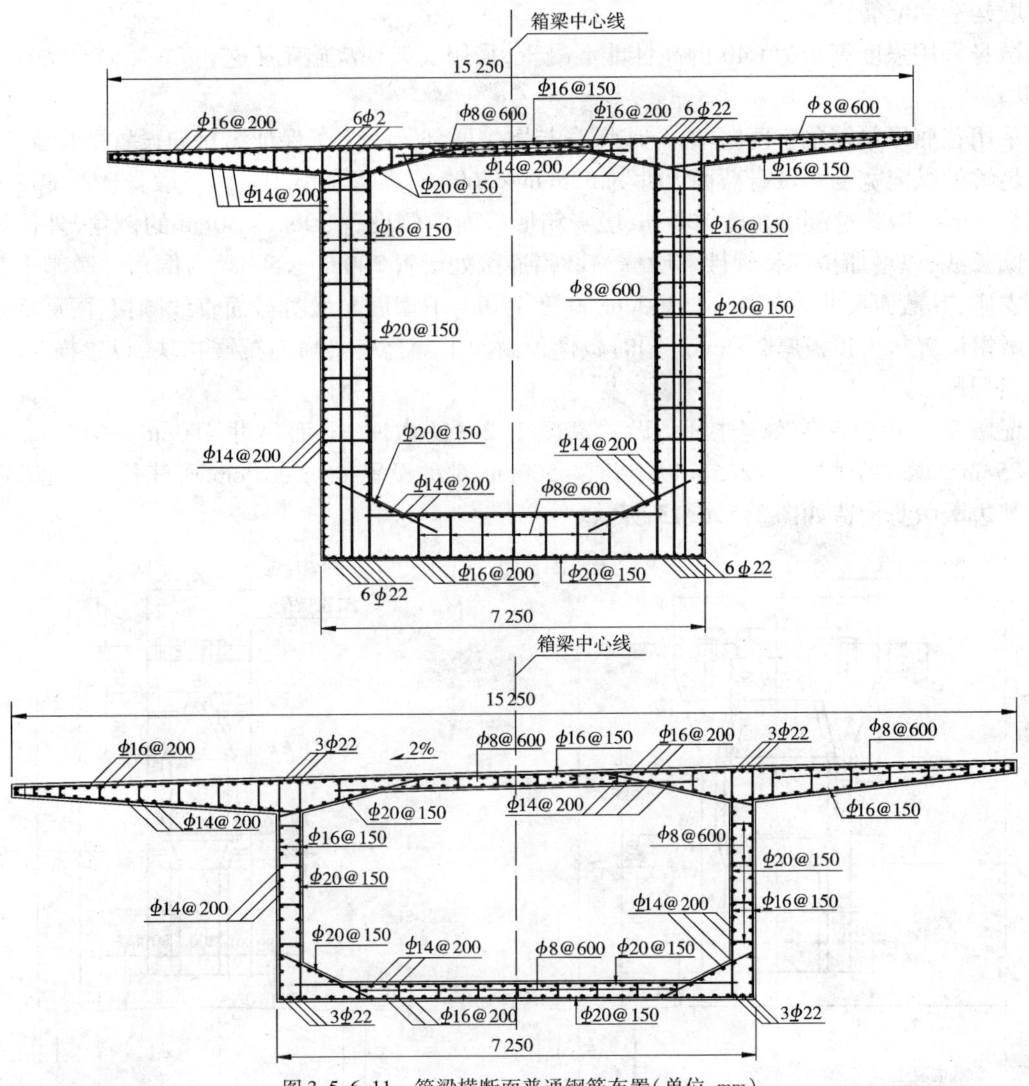

图 3.5.6.11　箱梁横断面普通钢筋布置（单位：mm）

5. 箱梁抗震挡块构造

箱梁在支点横隔梁梁底处设置混凝土挡块，中墩横隔梁处设置纵宽 170cm、横长 240cm、高度 80cm 混凝土挡块，边墩横隔梁处设置纵宽 90cm、横长 240cm、高度 80cm 混凝土挡块，与桥墩的横向限位挡块共同组成横向抗震装置，如图 3.5.6.12 所示。

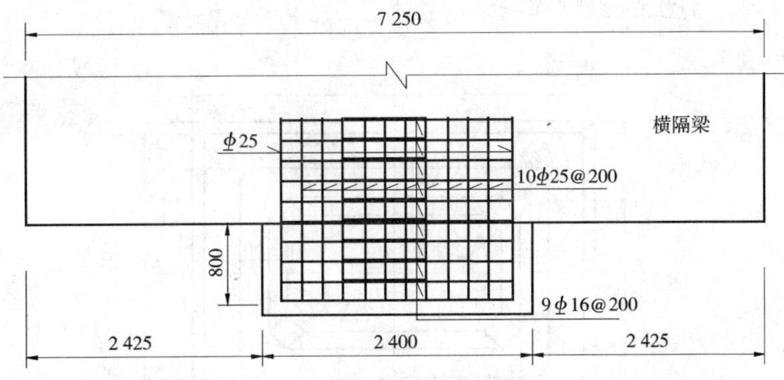

图 3.5.6.12　箱梁横向抗震挡块构造（单位：mm）

5.6.2　下部结构构造

大跨径连续梁桥其基础必须保持整体性，墩身和上部结构可成分离状态。

1. 桥墩构造和配筋

桥墩墩身采用强度等级为 C40 的高性能混凝土，采用支架现浇施工工艺。

(1)边墩

边墩采用花瓶形单箱单室薄壁墩，分成墩身与墩帽两部分。为了保证纵桥向设置两排支座的需要，其墩身有足够的纵向宽度。墩身截面尺寸为 525cm×360cm，高程 +13.0m 以下墩身壁厚 80cm，以上墩身壁厚则为 50cm，墩壁过渡段高度 100cm；墩身箱形截面内侧设置 30cm×30cm 的倒角，外侧四周采用 $R=30$cm 圆弧线，以增加桥墩美观性。墩壁与墩帽连接处设置 200cm×50cm 内倒角。墩帽上截面为了横向放置支座，其截面尺寸为 725cm×360cm，高度 1.0m，下截面与墩身截面直线顺接，两截面过渡段高度 3.0m，墩帽设置封头顶板厚 200cm。同时墩帽顶面为了配合箱梁横向抗震挡块，设置横长 275cm、深度 50cm 的凹槽。

为保证墩身与承台间有效连接性，设置高度 1.2m 的墩座，顶面尺寸 480cm×645cm，底面尺寸 520cm×685cm。墩壁在高程 +12.5m 以上每隔 500cm 对称设置一对 ϕ10cm 通气孔，纵横墩壁交叉错位布置。其边墩墩身构造如图 3.5.6.13 所示。

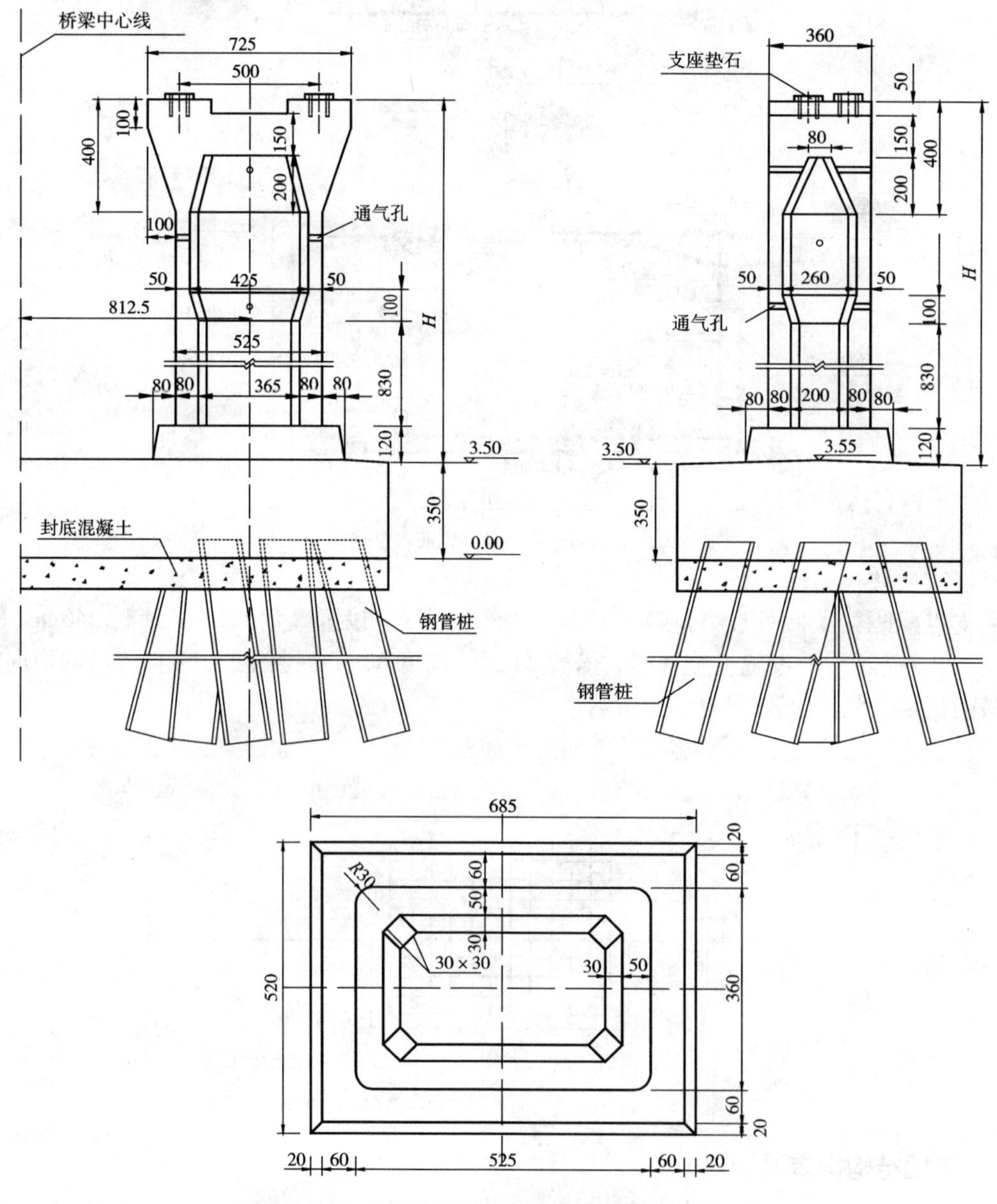

图 3.5.6.13 边墩墩身构造(尺寸单位:cm;高程单位:m)

边墩沿桥纵向考虑支座布置时，由于两侧桥型不同，反力必不相同。为了有利于桥墩受力，保证桥墩弯矩平衡，接大跨度连续梁侧支座中心偏离墩中心线 0.92m，接 60m 跨径连续梁侧支座中心偏离墩中心线 0.39m。一般采用调整桥墩中心线桩号的方法，使桥梁里程桩号与桥墩中心线桩号产生偏差值，边墩偏差值为 29cm。

(2)中墩

中墩采用直柱形单箱双室薄壁墩。墩柱截面尺寸为 725cm × 450cm，高程 +13.0m 以下墩柱外壁厚 90cm，以上墩柱外壁厚则为 60cm，墩壁过渡段高度 100cm，墩柱内壁厚度均为 30cm；墩柱箱形截面内侧设置 30cm × 30cm 的倒角，外侧四周采用 $R = 30$cm 圆弧线，以增加桥墩美观性。墩柱顶面设置厚 350cm 顶板，顶板与墩壁连接处设置 200cm × 30cm 内倒角。同时墩柱顶面为了配合箱梁横向抗震挡块，设置横长 275cm、深度 50cm 的凹槽。

为保证墩柱与承台间有效连接性，设置高度 2.0m 的墩座，截面尺寸 750cm × 925cm。墩壁在高程 +12.5m 以上每隔 500cm 对称设置一对 ϕ10cm 通气孔，纵横墩壁交叉错位布置。其中墩墩柱构造如图 3.5.6.14 所示。

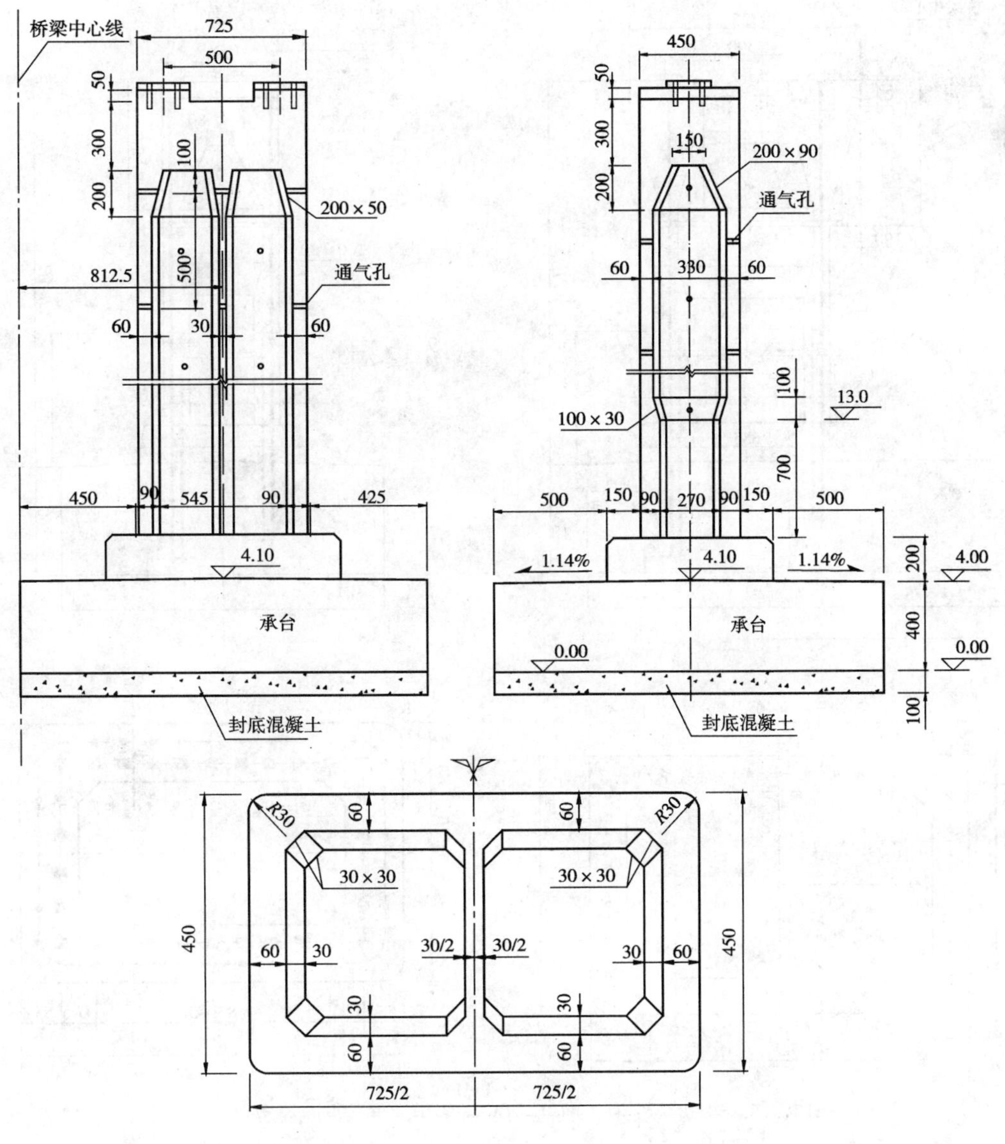

图 3.5.6.14　中墩墩身构造(尺寸单位:cm;高程单位:m)

(3)桥墩限位抗震挡块

充分利用桥墩刚度,在桥墩墩柱顶面设置50cm深、横向2.75m长的凹槽,以利于上部结构箱梁横隔梁抗震挡块的嵌入,满足桥梁横向抗震的要求。两者横向缝隙中设置20cm×40cm×2cm橡胶垫层,以保证挡块间弹性缓冲碰撞。

(4)墩身配筋

桥墩墩身为下部结构的重要受力构件,采用了预应力筋和普通钢筋混合配筋。竖向预应力钢筋采用32mm JL785级精轧螺纹钢筋,其标准强度 $R_y^b = 750\text{MPa}$,张拉控制应力 $\sigma_k = 0.9R_y^b = 675\text{MPa}$。

①预应力筋

为满足边墩墩柱强度的要求,箱形薄壁墩柱设置了32mm JL785级精轧螺纹粗钢筋。边墩沿周壁纵桥向50cm、横桥向40cm间距布置,下墩柱壁内设置双排筋,双排筋间距30cm,上墩柱则设置单排,薄壁墩柱外侧预应力筋30根,内侧预应力筋30根。边墩预应力筋伸入距离承台底面50cm或170cm。高程+12.0m处,墩柱内预应力筋张拉锚固,外侧预应力筋安置连接器,并在墩柱顶面再张拉。其边墩预应力筋构造如图3.5.6.15所示。

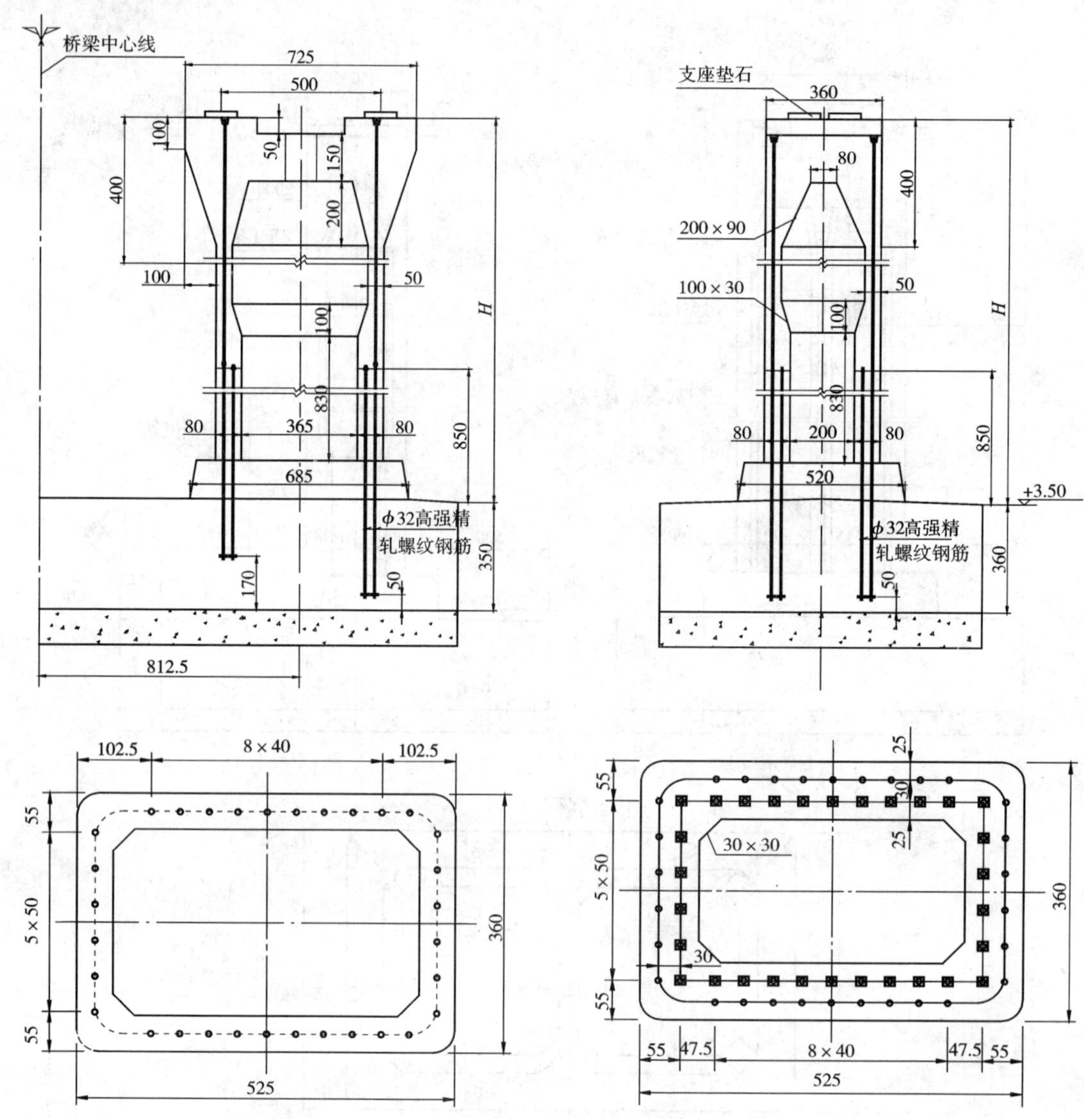

图3.5.6.15 边墩墩身竖向预应力筋布置(尺寸单位:cm;高程单位:m)

为满足中墩墩柱强度的要求,箱形薄壁墩柱设置了32mm JL785级精轧螺纹粗钢筋。中墩沿周壁纵横向40cm间距布置,下墩柱壁内设置双排,双排筋间距30cm,上墩柱则设置单排,薄壁墩柱外侧预应力筋44根,内侧预应力筋36根。中墩预应力筋伸入距离承台底面100cm处。高程+12.0m处,墩柱内预应力筋张拉锚固,外侧预应力筋安置连接器,并在墩柱顶面再张拉。中墩预应力筋构造如图3.5.6.16所示。

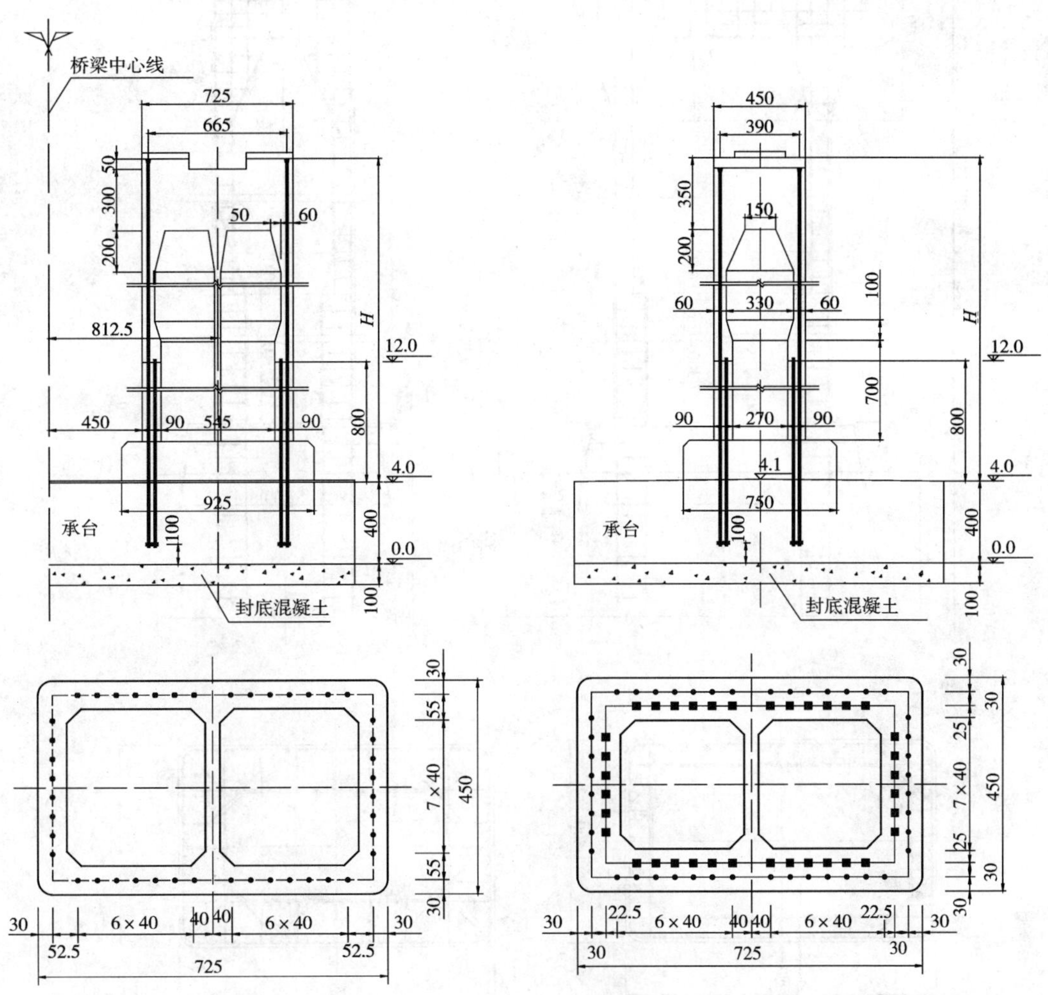

图3.5.6.16　中墩墩身竖向预应力筋布置(单位:cm)

②普通钢筋

墩柱外壁混凝土净保护层最小为7cm,内壁混凝土净保护层最小为4cm。

边墩采用常规钢筋配筋,采用ϕ10mm、ϕ12mm、ϕ16mm、ϕ20mm和ϕ28mm5种类型直径的钢筋。箱形薄壁墩内外侧竖向主筋采用ϕ20mm钢筋,间距15cm,伸入距承台底面20cm处。墩壁内层和外层主筋间壁厚80cm段采用ϕ12mm拉筋,壁厚50cm段采用ϕ10mm拉筋,间距45cm。箱形截面内侧箍筋采用ϕ12mm钢筋,外侧封闭箍筋采用ϕ16mm钢筋。为满足抗震构造要求,墩柱墩座台面上3.0m区间箍筋间距需加密,箍筋间距为10cm,其余箍筋间距均为15cm。

墩柱顶板底层横向配置ϕ28mm、间距10cm的钢筋,顶层横向配置2ϕ28mm、间距15cm的钢筋,顶层和底层纵向均配置ϕ16mm、间距15cm的钢筋。墩柱顶面支座处增设三层ϕ16mm、间距15cm钢筋网片。边墩墩身配筋如图3.5.6.17所示。

墩座顶面纵横向均采用ϕ20mm钢筋,间距15cm,伸入承台1.0m深度。1.2m高度墩座设置ϕ16mm、间距15cm的水平分布钢筋。

中墩采用常规钢筋配筋,采用ϕ10mm、ϕ12mm、ϕ16mm、ϕ20mm和ϕ32mm5种类型直径的钢筋。箱形薄壁墩内外侧竖向主筋采用ϕ20mm钢筋,间距15cm,伸入距承台底面20cm处。墩壁内层和外层

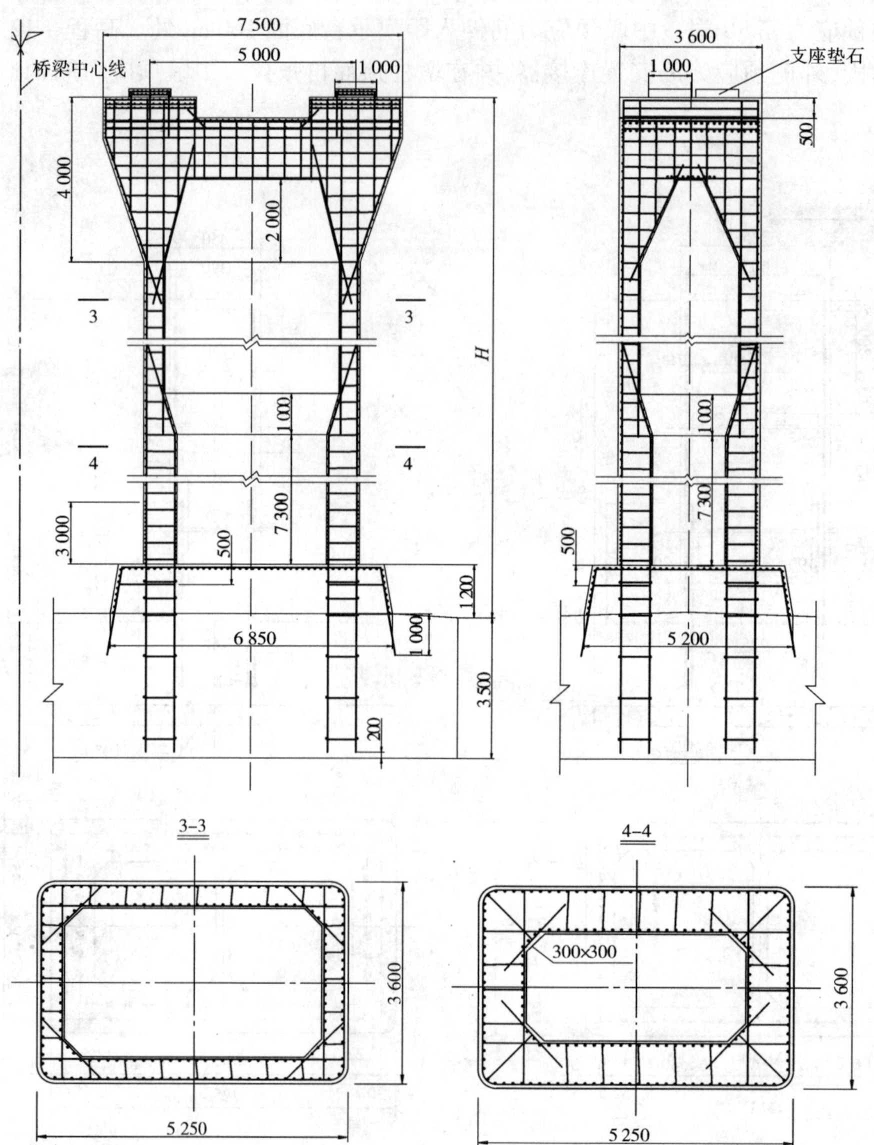

图 3.5.6.17 边墩墩身构造钢筋布置(单位:mm)

主筋间壁厚 90cm 段采用ϕ 12mm 拉筋,壁厚 60cm 段采用 ϕ10mm 拉筋,间距 45cm。箱形截面内侧箍筋采用ϕ 12mm 钢筋,外侧封闭箍筋采用ϕ 16mm 钢筋。为满足抗震构造要求,墩柱墩座台面上 3.0m 区间箍筋间距需加密,箍筋间距为 10cm,其余箍筋间距均为 15cm。

墩柱顶板底层横向配置ϕ 32mm、间距 15cm 的钢筋,顶板底层纵向配置 2 ϕ 32mm、间距 15cm 的钢筋;顶层横向配置 2 ϕ 32mm、间距 15cm 的钢筋,顶层纵向配置ϕ 16mm、间距 15cm 的钢筋。墩柱顶面支座处增设三层ϕ 16mm、间距 15cm 钢筋网片。中墩墩身配筋如图 3.5.6.18 所示。

墩座顶面纵横向均采用ϕ 20mm 钢筋,间距 15cm,伸入承台 1.2m 深度。2.0m 高度墩座设置ϕ 16mm、间距 15cm 的水平分布钢筋。

2. 基础构造

边墩基础采用打入式斜钢管桩,材料采用 Q345c。为了保证钢管桩的耐久性,钢管桩表面进行 Sa2.5级喷砂除锈处理,在极端低潮位高程下 70cm 至桩顶段钢管表面进行 725L—H53—9 环氧重防腐涂料的刮涂,涂层厚度 100μm。并采用临时牺牲阳极法,在极端低潮位高程处安装 4 块 250mm × 100mm × 35mm 钢板,使之焊接于钢管四周。

中墩基础采用钻孔灌注桩,采用强度等级为 C30 的水下掺和混凝土,并在桩顶埋置已防腐处理的长钢护筒。

(1)中墩

中墩桩基采用14ϕ250cm钻孔灌注桩,桩长110m,顺桥向桩距6.25m,外侧桩横桥向桩距6.75m,内侧桩横桥向桩距6.75m和9.5m。钻孔桩桩顶设置ϕ270cm长钢护筒,其深度由埋置淤泥层厚度决定。

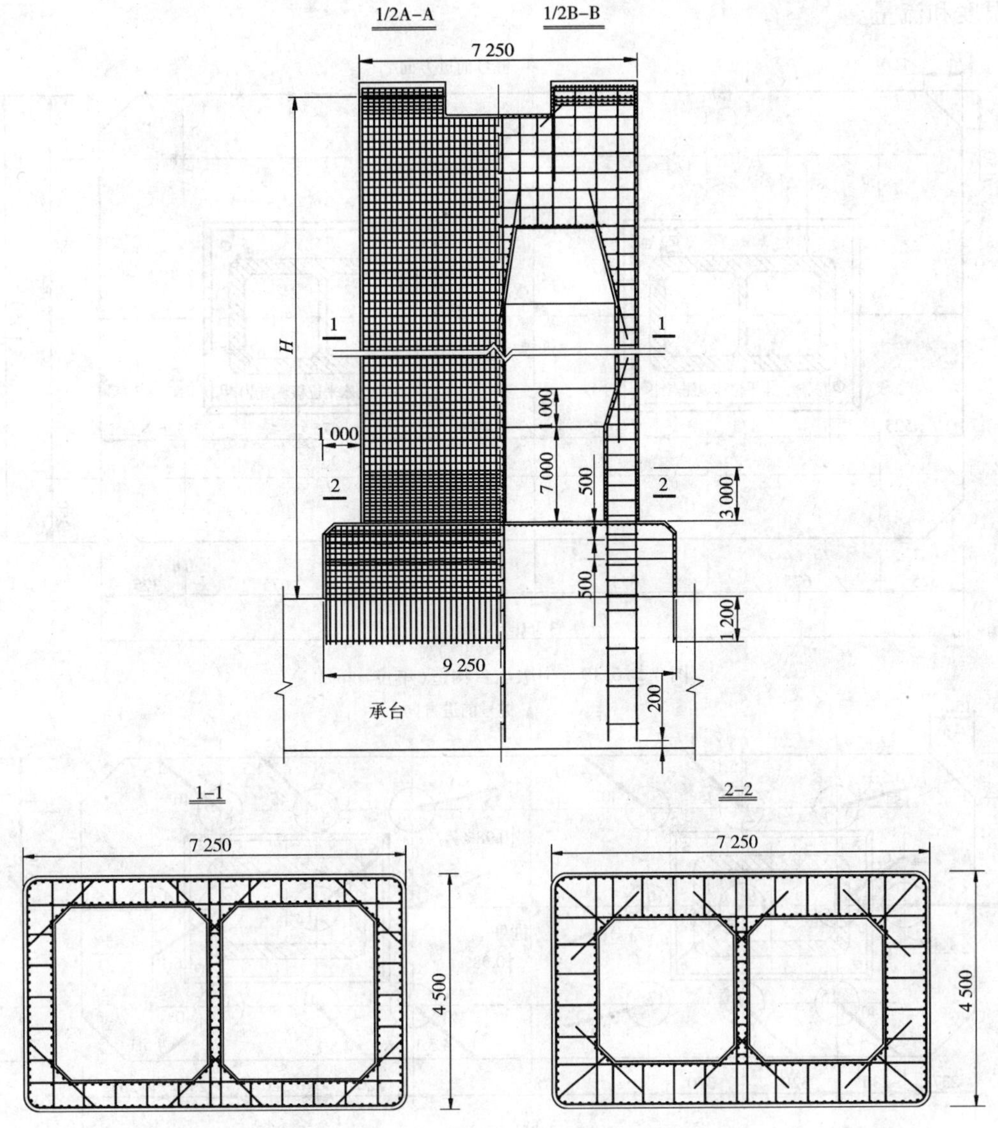

图3.5.6.18 中墩墩身构造钢筋布置(单位:mm)

矩形承台平面尺寸为3 350cm×1 750cm,四周设置150cm×150cm倒角,承台厚4.0m,下设置1.0m封底混凝土。其构造如图3.5.6.19所示。

(2)边墩

边墩桩基采用20ϕ1 500mm钢管桩,顺桥向桩距3.3m,外侧桩横桥向桩距3.2m,内侧桩横桥向桩距2.3m和3.2m。为了钢管桩抵抗纵横向水平力,全部采用了斜桩方式,其外侧为4.5:1,内侧6:1和8:1,斜桩与横桥线呈15°、25°、40°和45°不等水平夹角。同时,为保证钢管与承台的有效连接,钢管伸入承台1.5m。

矩形承台平面尺寸为3 000cm×1 020cm,四周设置150cm×150cm倒角,承台厚350cm,下设置100cm封底混凝土。承台顶面设置不同纵横向坡度的散水坡,其构造如图3.5.6.20所示。

(3)承台冷却水管构造

由于桥墩承台平面尺寸和高度较大,属于大体积混凝土,在浇筑混凝土中会产生大量的水化热,影响混凝土养护的质量,因此采取混凝土内掺加适当粉煤灰、控制水泥用量、降低混凝土的入模温度等有效方法,并在承台内设置冷却管进行混凝土的"内散外蓄"养生。根据承台构造尺寸,布设三层冷却管沿承台高度均匀布置,采用 ϕ25mm 黑铁管,呈连续 U 形状,平面纵横向间距 1.0m。承台立面冷却水管布置如图 3.5.6.21 所示。浇筑混凝土时采用中间孔道进水,两侧出水,进行长时间的通水冷却,并控制出水口的温度和流量。

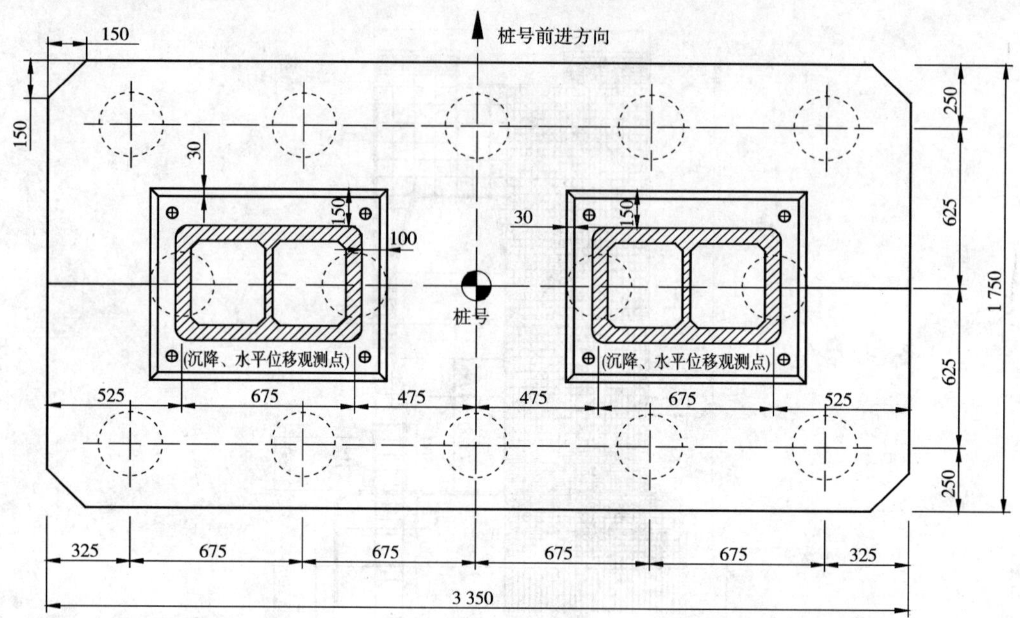

图 3.5.6.19 中墩承台构造(单位:cm)

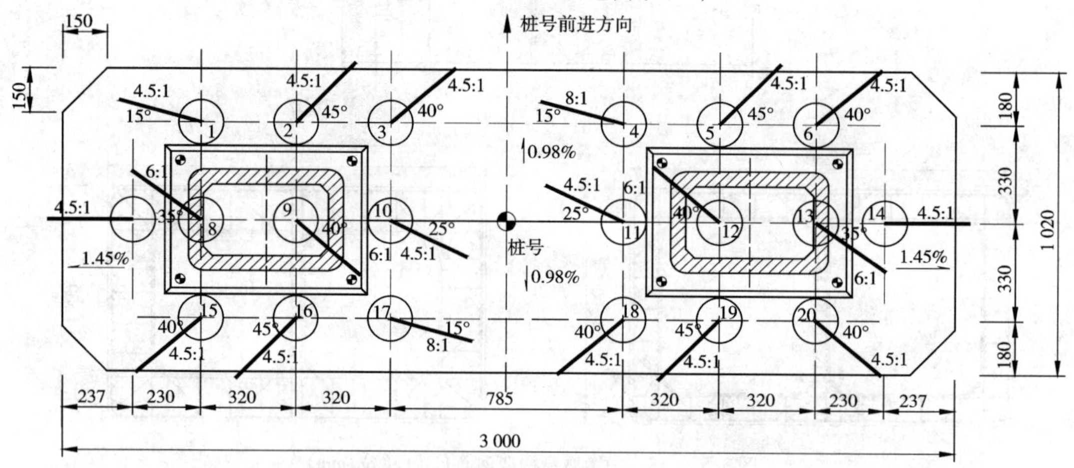

图 3.5.6.20 边墩承台构造(单位:cm)

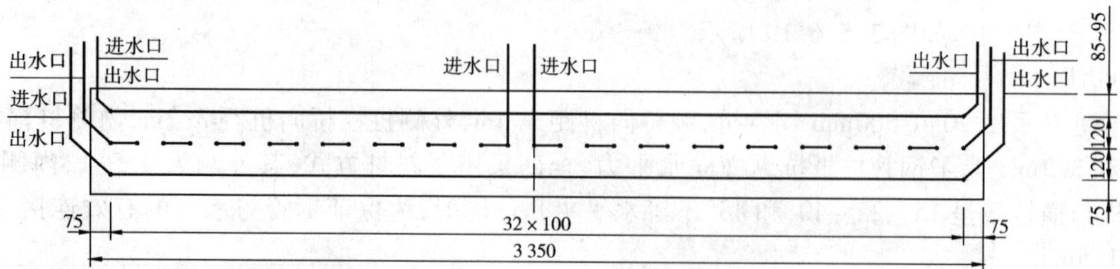

图 3.5.6.21 承台冷却水管立面布置(单位:cm)

(4)钢管桩与承台的连接构造

ϕ1 500mm 钢管桩采用斜桩打入施工法,钢管桩伸入承台 150cm,管桩顶部切角处理,以保持管顶面水平;同时在钢管内设置喇叭形钢筋笼使桩顶加强,配置 28 ϕ25mm 主筋,采用 ϕ12mm、间距 20cm 的圆形箍筋。管内浇筑 C30 填芯混凝土，其垂直深度为 5.5m，如图 3.5.6.22 所示。

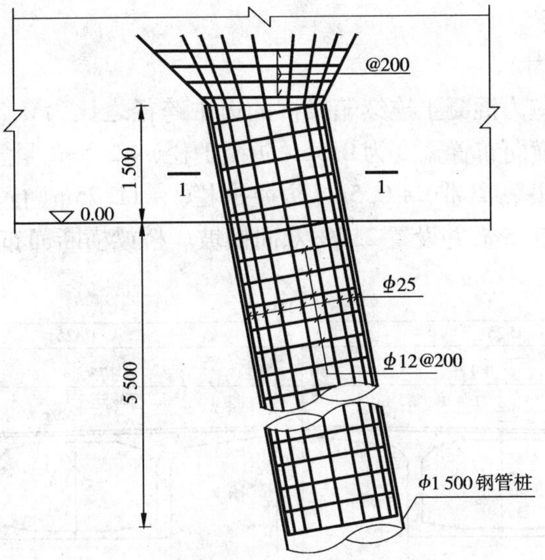

图 3.5.6.22　钢管斜桩与承台连接构造（单位：mm）

5.7　辅通航孔 90m + 160m + 160m + 90m 连续梁桥设计

根据东海大桥总体布置要求，近大乌龟岛处布置一个辅航道，2 个 1 000t 级的通航孔，其通航净宽 143.2m、净高 17.5m，最高通航水位 +4.02m。起讫桩号为 K24 + 579.00（PM416）~ K25 + 079.00（PM420），跨径布置为 90m + 160m + 160m + 90m = 500m。

桥梁采用变高度四跨预应力混凝土连续箱梁结构形式，分上、下行两座桥梁分离布置，左右桥梁中心线距离 16.25m，单幅桥宽 15.25m，采用单箱单室箱形截面。中墩墩身采用直柱形单箱双室薄壁墩，矩形截面承台，其承台厚度 400cm，外置混凝土套箱，下设 100cm 厚封底混凝土。3 个中墩承台外均设置了防撞设置，避免船撞击桥墩导致桥梁垮塌事故。边墩墩身采用花瓶形单箱单室薄壁墩，矩形截面承台，其承台厚度 3.5m，外置混凝土套箱，下设 100cm 厚封底混凝土。

依据地质报告资料，边墩桩基采用 ϕ1 500mm 钢管桩，以⑦$_{2-2}$灰黄色粉砂层作为桩基持力层，考虑到外海区域桥墩受力情况，钢管桩采用斜桩形式。中墩桩基采用 ϕ250cm 钻孔灌注桩，上部设置 ϕ2 700mm长钢护筒，以⑨灰色含砾粉细砂层作为桩基持力层。

钢管桩采用打入法，钻孔桩采用钻机成孔现浇水下混凝土；承台采用套箱现浇施工；墩身采用预制成型，现浇墩座施工；箱梁采用挂篮悬臂浇筑施工工艺。

90m + 160m + 160m + 90m 变高度连续箱梁桥总体布置如图 3.5.7.1 所示。

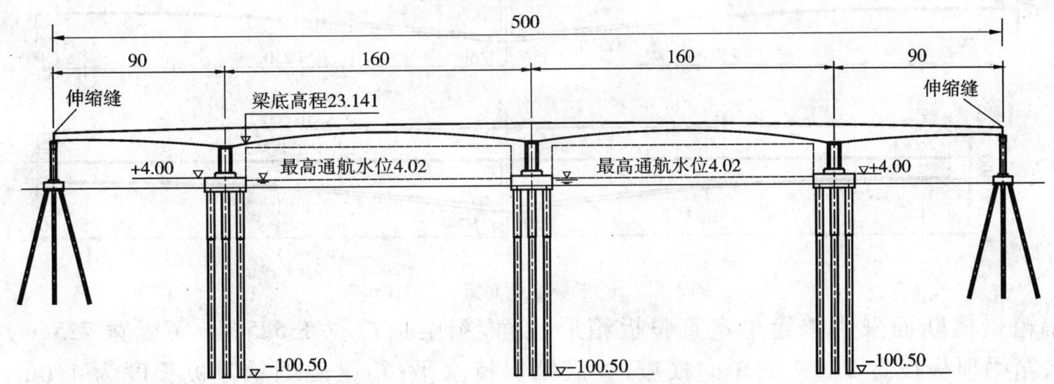

图 3.5.7.1　90m + 160m + 160m + 90m 连续梁桥总体布置（尺寸单位：m；高程单位：m）

5.7.1 上部结构构造

1. 桥跨布置及箱梁构造尺寸

辅通航孔为四跨变截面预应力混凝土连续箱梁桥的边中跨径之比为0.563。桥梁横断面为两个分离式的单箱单室箱形截面。桥面横向布置宽度为0.5m(防撞护栏)+2.5m(紧急停车带)+11.75m(行车道)+0.5m(防撞护栏)+1.0m(中央隔离带)+0.5m(防撞护栏)+11.75m(行车道)+2.5m(紧急停车带)+0.5m(防撞护栏),桥面全宽31.5m,并设置2.0%双向横坡。桥梁横断面布置如图3.5.7.2所示。

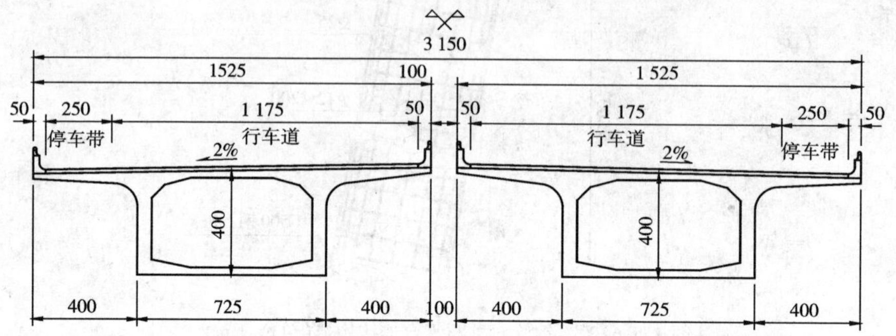

图3.5.7.2 桥梁横断面布置(单位:cm)

单幅四跨一联的变高度预应力混凝土连续箱梁,采用单箱单室直腹板箱形截面,中支点梁高9.5m,高跨比1/16.84,边支点梁高4.0m,中跨跨中梁高4.0m,高跨比1/40。梁底面线采用$R=480.591$m圆曲线线形,边跨的圆曲线长度为72.5m,中跨两侧圆曲线长度为72.5m,中跨跨中设置10m的直线段。全桥设置5道横隔梁,边墩横隔梁宽100cm,其内设置150cm×120cm的人孔;中墩横隔梁宽200cm,其内设置150cm×180cm的人孔。纵桥向每隔2.0m在箱梁两侧腹板内设置ϕ8cm通气孔,中墩箱梁梁底最低处设置ϕ10cm泄水孔。

边跨至中墩的底板厚度分布为:边支点处厚30~50cm,过渡段长度为3.3m;中部厚30cm,长度为11.62m;中墩支点处厚30~130cm,过渡段长度为72.5m。中跨底板厚度分布为:中墩支点处厚30~130cm,过渡段长度为72.5m;跨中段厚30cm,长度为5.0m。边跨至中墩的腹板厚度分布为:边支点处厚55~70cm,过渡长度为3.3m;边跨中部厚55cm,长度为23.62m;中部厚55~82cm,过渡段长度为12.0m;中间厚82cm,长度为45.0m;厚100~82cm中墩支点处,过渡段长度为6.0m。中跨腹板厚度的分布为:中墩支点处厚100~82cm,过渡段长度为6.0m;中间厚85cm,长度为45.0m;中部厚55~82cm,过渡段长度为12.0m;跨中中部厚55cm,长度为17.0m。边墩横隔梁与顶底板连接处设置160cm×15cm倒角,其余均为20cm×20cm倒角。详见图3.5.7.3、图3.5.7.4。

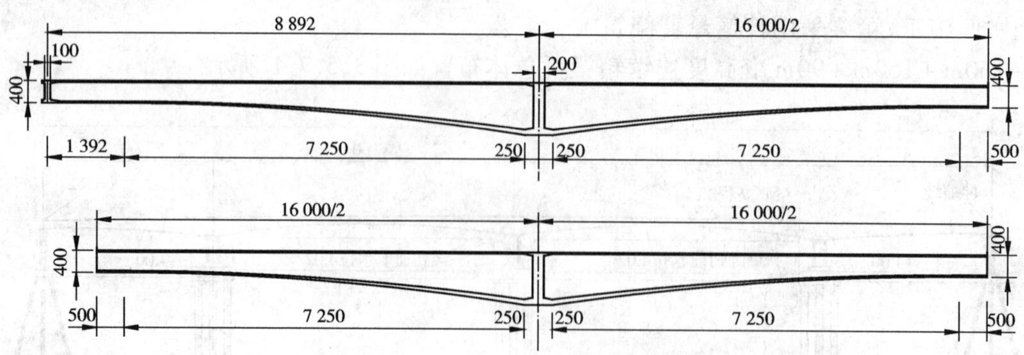

图3.5.7.3 桥梁立面布置(单位:cm)

单幅箱梁横断面采用单箱单室直腹板箱形截面,箱梁顶板宽1 525cm,底板宽725cm,宽跨比1/22.07,箱梁顶板设置2.0%的单向横坡,梁底则保持水平;箱梁两侧悬臂板长度为4.0m,宽跨比1/40,悬臂板端部厚度20cm,根部厚度55cm,高跨比1/7.27,为增加视觉效果,悬臂板与腹板连接处设

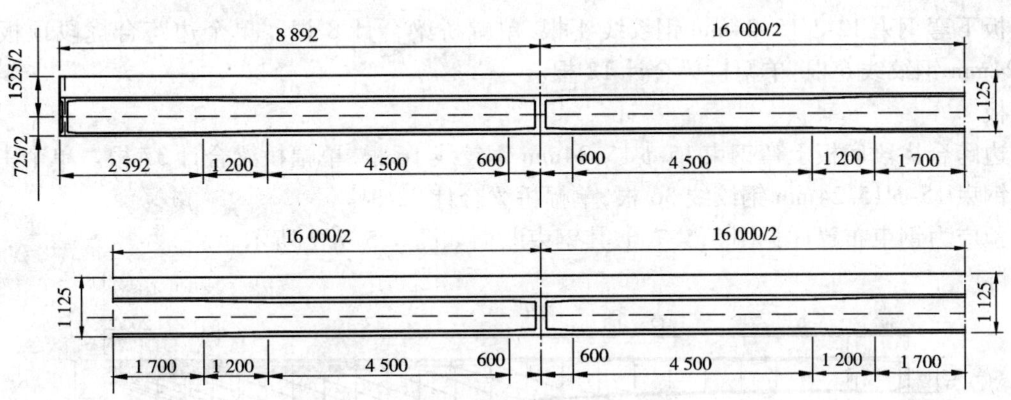

图 3.5.7.4　桥梁平面布置(单位:cm)

置 $R=90$cm 的圆弧。

箱梁中跨跨中截面的顶板厚度 28cm,底板厚度 30cm,腹板厚度 55cm。箱梁中墩支点截面的顶板厚度 28cm,底板厚度 100cm,腹板厚度 100cm。箱梁边墩支点截面的顶板厚度 28cm,底板厚度 50cm,腹板厚度 70cm。箱梁内底板与腹板连接处设置 150cm ×30cm 下倒角,顶板与腹板连接处设置 100cm × 25cm 和 100cm ×29cm 双上倒角。详见图 3.5.7.5。

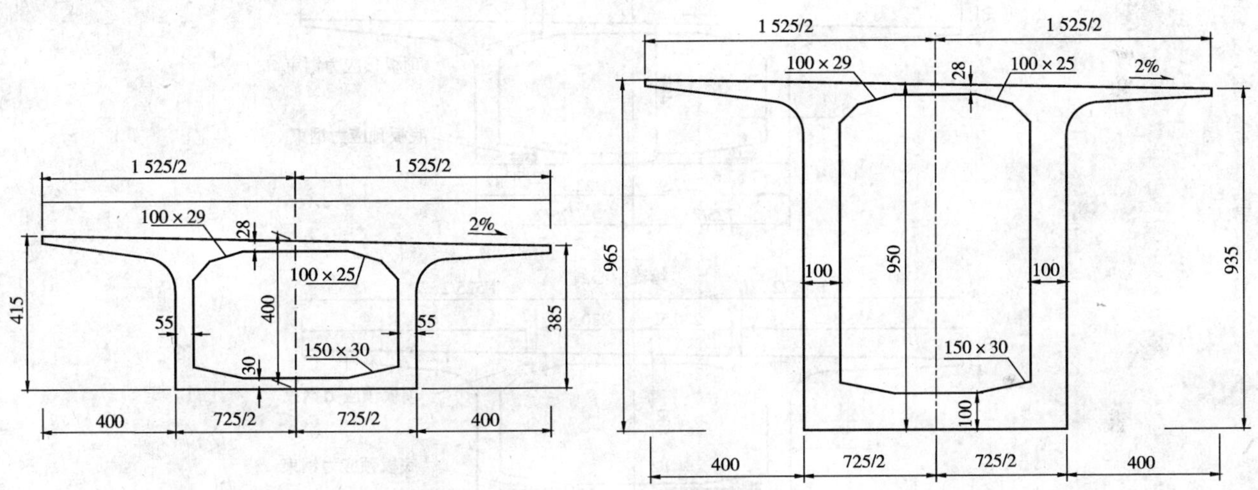

图 3.5.7.5　箱梁横断面构造(单位:cm)

箱梁采用强度等级为 C50 的高性能混凝土。

2. 预应力筋的布置

箱梁采用三向预应力体系。纵横向预应力筋采用 $\phi^{j}15.24$mm 高强度低松弛 270 级钢绞线束,其标准强度 $R_y^b=1\ 860$MPa,锚下控制应力 $\sigma_k=0.75R_y^b=1\ 395$MPa。竖向预应力钢筋采用 32mm JL750 级精轧螺纹钢筋,其标准强度 $R_y^b=750$MPa,张拉控制应力 $\sigma_k=0.9R_y^b=675$MPa。

(1)纵向预应力筋

箱梁纵向预应力筋主要分为悬臂施工腹板下弯束、悬臂施工顶板直线束、边跨合拢段底板上弯钢束、边跨合拢段顶板下弯钢束、跨中合拢段顶板下弯钢束、跨中合拢段底板上弯钢束六大类形式。每个箱梁节段采用悬臂挂篮施工,张拉 2 根腹板下弯束和 2 根或 4 根顶板钢束。预应力钢束按箱梁对称布置,尽可能靠近腹板,以减少剪力滞效应的影响。

①腹板

单个悬臂施工箱梁两道腹板内配置腹板下弯钢束 12-$\phi^{j}15.24$mm 钢绞线 28 根,单幅桥梁合计 84 根。

②顶板

单个悬臂施工箱梁顶板直线形钢束 19-$\phi^{j}15.24$mm 钢绞线 58 根,单幅桥梁合计 174 根。单个中跨合拢段顶板下弯钢束 12-ϕ^j15.24mm 钢绞线 4 根，单幅桥梁合计 8 根。单个边跨合拢段顶板下弯钢束 12-ϕ^j15.24mm 钢绞线 6 根，单幅桥梁合计 12 根。

③底板

单个边跨合拢段底板上弯钢束 15-ϕ^j15.24mm 钢绞线 16 根，单幅桥梁合计 32 根。单个中跨合拢段底板上弯钢束 15-ϕ^j15.24mm 钢绞线 36 根，单幅桥梁合计 72 根。

纵向预应力钢束布置详见图 3.5.7.6，其钢束断面如图 3.5.7.7 所示。

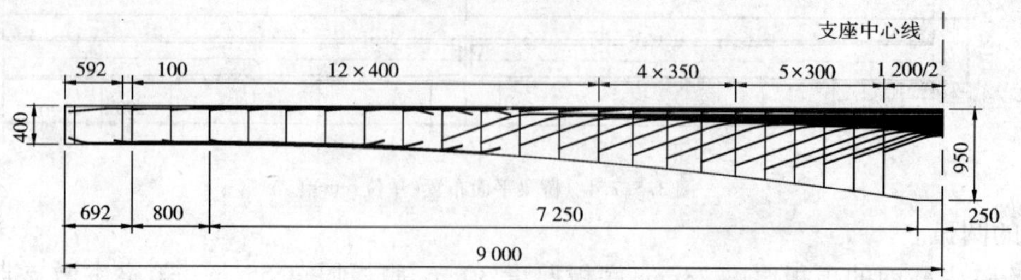

图 3.5.7.6 连续箱梁纵向预应力筋布置（单位：cm）

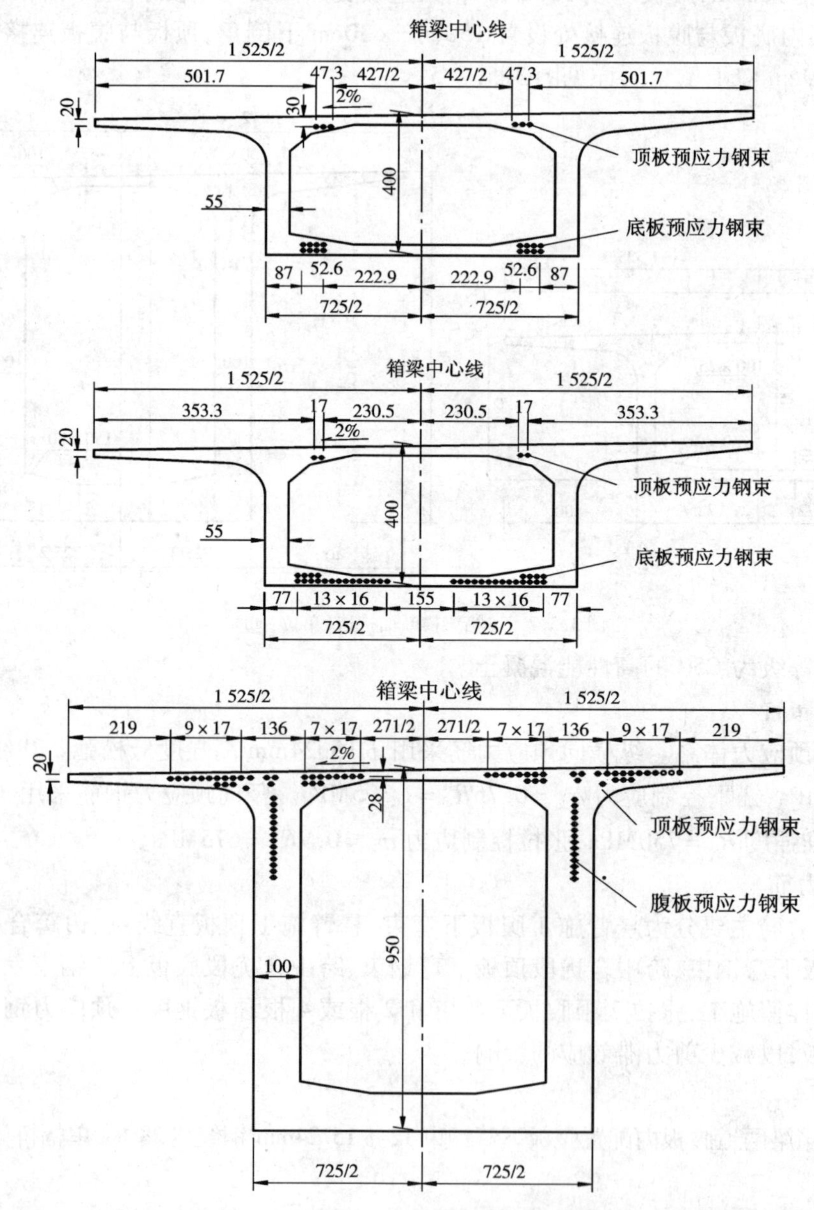

图 3.5.7.7 箱梁预应力钢束断面布置（单位：cm）

(2)横向预应力筋

单幅箱梁顶板横向预应力筋，采用3-ϕ^j15.24mm钢绞线束，扁锚体系，如图3.5.7.8所示。纵桥向钢束间距为0.5m，单幅桥梁的横向预应力钢束合计1 000根。横向预应力筋采用一端交替张拉施工工艺。

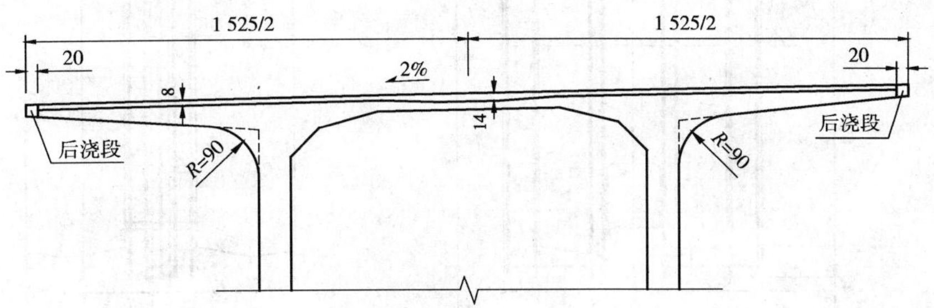

图3.5.7.8　箱梁横向预应力钢束布置(单位:cm)

中墩处连续箱梁200cm厚横隔梁配置了横向预应力钢束，采用4-ϕ^j15.24mm钢绞线，扁锚体系，梁高方向设置了六排钢束，纵桥向间距40cm，如图3.5.7.9所示。单个中横隔梁的横向预应力钢束24根，单幅桥梁合计72根，预应力筋采用两端张拉的施工工艺。

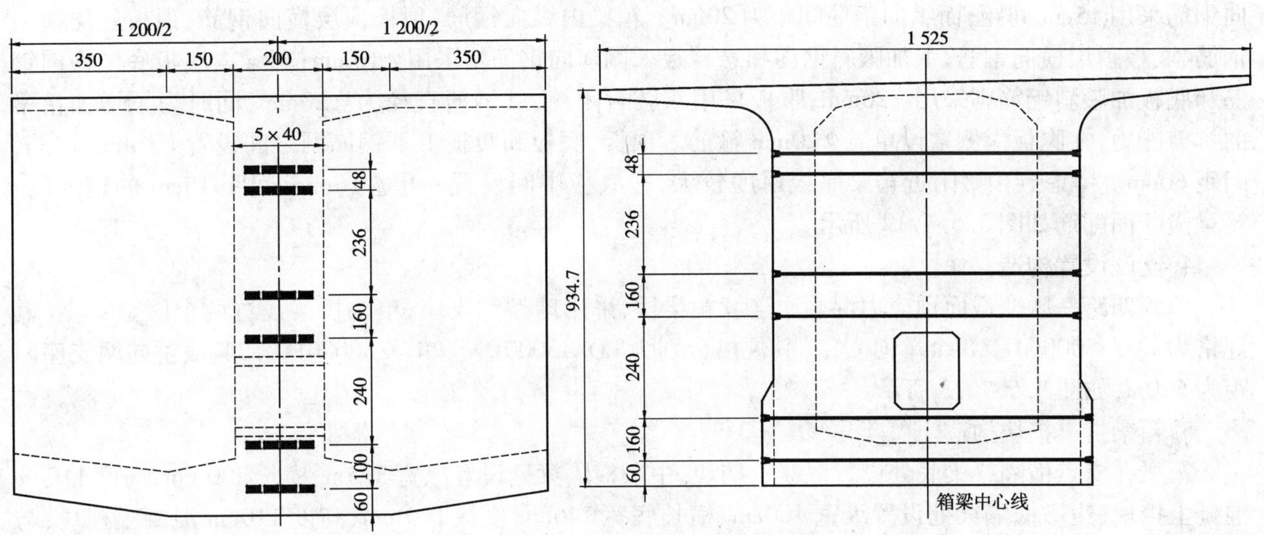

图3.5.7.9　中墩横隔梁横向预应力钢束布置(单位:cm)

(3)竖向预应力筋

箱梁腹板竖向预应力筋采用25mm JL750级精轧螺纹粗钢筋，每道腹板内布置两根粗钢筋，内外侧粗钢筋距离腹板侧面均为12cm，其纵桥向间距为50cm，单幅桥梁合计3 912根。预应力筋采用一端两次反复张拉的施工工艺。竖向钢筋上锚垫板距离梁顶面18cm，下锚垫板距离梁底面19.5cm，其构造如图3.5.7.10所示。

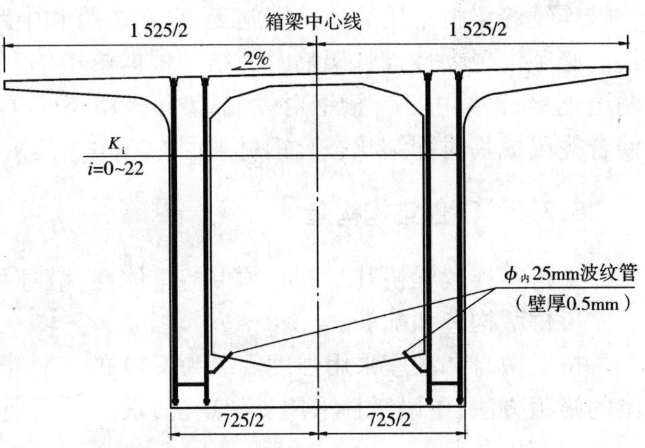

图3.5.7.10　箱梁竖向预应力筋布置(单位:cm)

中墩处连续箱梁200cm厚横隔梁内配置竖向预应力筋，采用32mm JL785级精轧螺纹粗钢筋，其纵桥向间距为40cm，横桥向设置了8根钢筋。单个中横隔梁的竖向预应力钢筋40根，单幅桥梁合计120根。预应力筋采用一端两次反复张拉的施工工艺。竖向钢筋上锚垫板距离梁顶面 18cm,下锚垫板距离梁底面 50cm,其构造如图 3.5.7.11 所示。

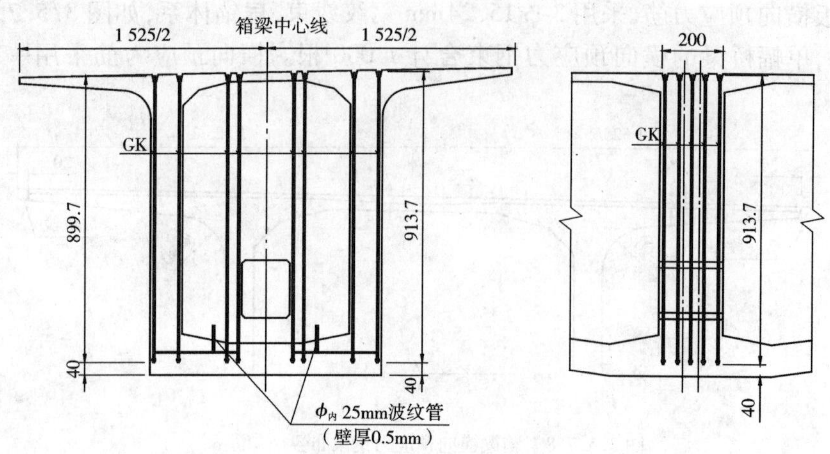

图 3.5.7.11　中墩横隔梁竖向预应力筋布置(单位:cm)

3. 普通钢筋构造

箱梁的普通钢筋采用常规配筋方法,钢筋直径采用 II 级 ϕ16mm 和 ϕ22mm 两大类型。单幅箱梁横向钢筋采用 15cm 间距,而纵向钢筋间距为 20cm。箱梁内纵向钢筋、顶板顶层横向钢筋、顶板底层横向钢筋、底板顶层横向钢筋、上加腋斜钢筋和悬臂板下侧横向钢筋均采用 ϕ16mm;箱梁内底板底层横向钢筋和底板加腋斜钢筋则采用 ϕ20mm;腹板采用双肢封闭箍,其钢筋直径为 ϕ20mm,同时为了增加箱梁的抗剪能力,在腹板内侧增设单肢 ϕ20mm 箍筋。顶板、底板和腹板上下钢筋网之间设置 ϕ16mm 拉筋,间距 60cm。考虑到中墩附近箱梁底板厚度较大,在底板中间设置一层 ϕ16mm、间距 15cm 的钢筋网。箱梁横断面配筋如图 3.5.7.12 所示。

4. 支座设置构造

单幅四跨一联变截面预应力混凝土连续箱梁桥,采用球型钢支座;单幅桥梁设置两个固定支座(其规格为 LQZ45000GD),8 个单向支座(其规格分别为 LQZ45000DX 和 LQZ50000DX),其横桥向两支座间距为 5.0m,如图 3.5.7.13 所示。

5. 箱梁抗震挡块构造

箱梁在支点横隔梁梁底处设置混凝土挡块,中墩横隔梁处设置纵宽 3.5m、横长 220 cm、高度 110cm 混凝土挡块,边墩横隔梁处设置纵宽 100cm、横长底宽 146cm 顶宽 190 cm、高度 110cm 混凝土挡块,与桥墩的横向限位挡块共同组成横向抗震装置。单幅箱梁横桥向两支座间距为 5.0m,如图 3.5.7.14 所示。

6. 箱梁合拢段劲性骨架构造

连续箱梁桥采用悬臂挂篮施工,存在边跨和中跨合拢段,其合拢段长度均为 2.0m,合拢段混凝土浇筑前必须设置劲性钢骨架临时固结。根据单箱单室箱形截面的特点,箱内设置四道钢梁,箱外顶板设置两道钢梁,钢梁由 32a 槽钢对焊成 22cm × 15.8cm 的矩形截面,其加劲钢梁两端与箱梁预埋钢板焊接,使合拢段成临时固结状态。钢材采用 Q235b。其构造如图 3.5.7.15 所示。

5.7.2　下部结构构造

大跨径连续梁桥其基础必须保持整体性,墩身和上部结构可成分离状态。

1. 桥墩构造和配筋

桥墩墩身和墩座采用强度等级为 C40 的高性能混凝土。边墩墩身采用预制场预制、运输、吊装就位的施工方法,中墩墩柱采用支架现浇,墩座采用现浇施工工艺。

(1)边墩

边墩墩柱为预制段结构,预制墩柱下底面距离承台面高度为 70cm。采用花瓶形单箱单室薄壁墩,

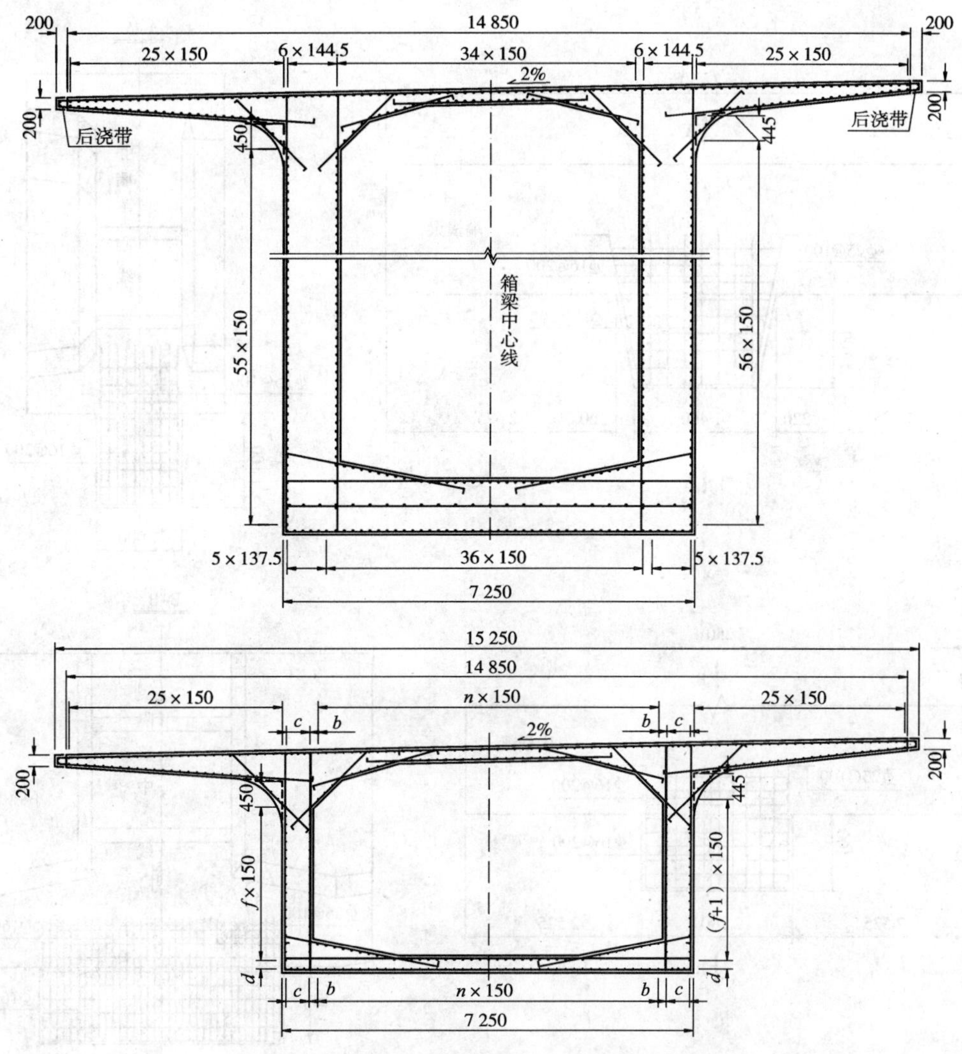

图3.5.7.12　箱梁横断面普通钢筋布置(单位:mm)

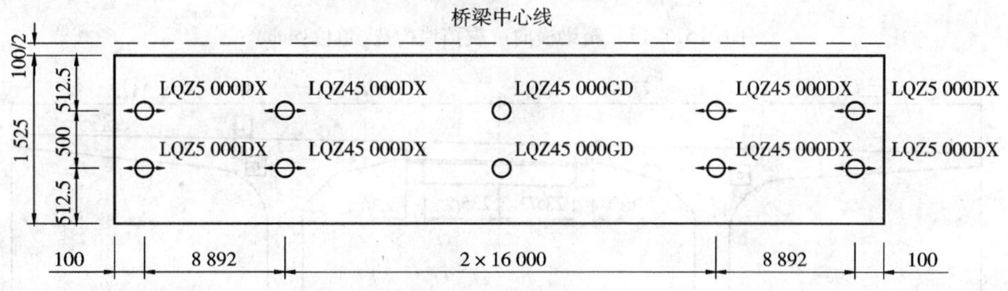

图3.5.7.13　连续梁桥支座布置图(单位:cm)

分成墩身与墩帽两部分。为了保证纵桥向设置两排支座的需要,其墩身有足够的纵向宽度。墩身截面尺寸为525cm×360cm,高程+13.0m以下墩身壁厚80cm,以上墩身壁厚则为50cm,墩壁过渡段高度100cm,墩身箱形截面内侧设置30cm×30cm的倒角,外侧四周采用$R=30$cm圆弧线,以增加桥墩美观性。墩壁与墩帽连接处设置200cm×50cm内倒角。墩帽上截面为了横向放置支座,其截面尺寸为725cm×400cm,高度1.0m,下截面与墩身截面直线顺接,两截面过渡段高度3.0m,墩帽设置封头顶板厚2.0m。同时墩帽顶面为了配合箱梁横向抗震挡块,设置横长200cm、深度50cm的契状凹槽。墩壁在高程+12.5m以上每隔500cm对称设置一对ϕ10cm通气孔,纵横墩壁交叉错位布置。

为保证预制墩柱与承台间有效连接性,设置高度1.7m的墩座,其中墩座伸入承台50cm深度。墩

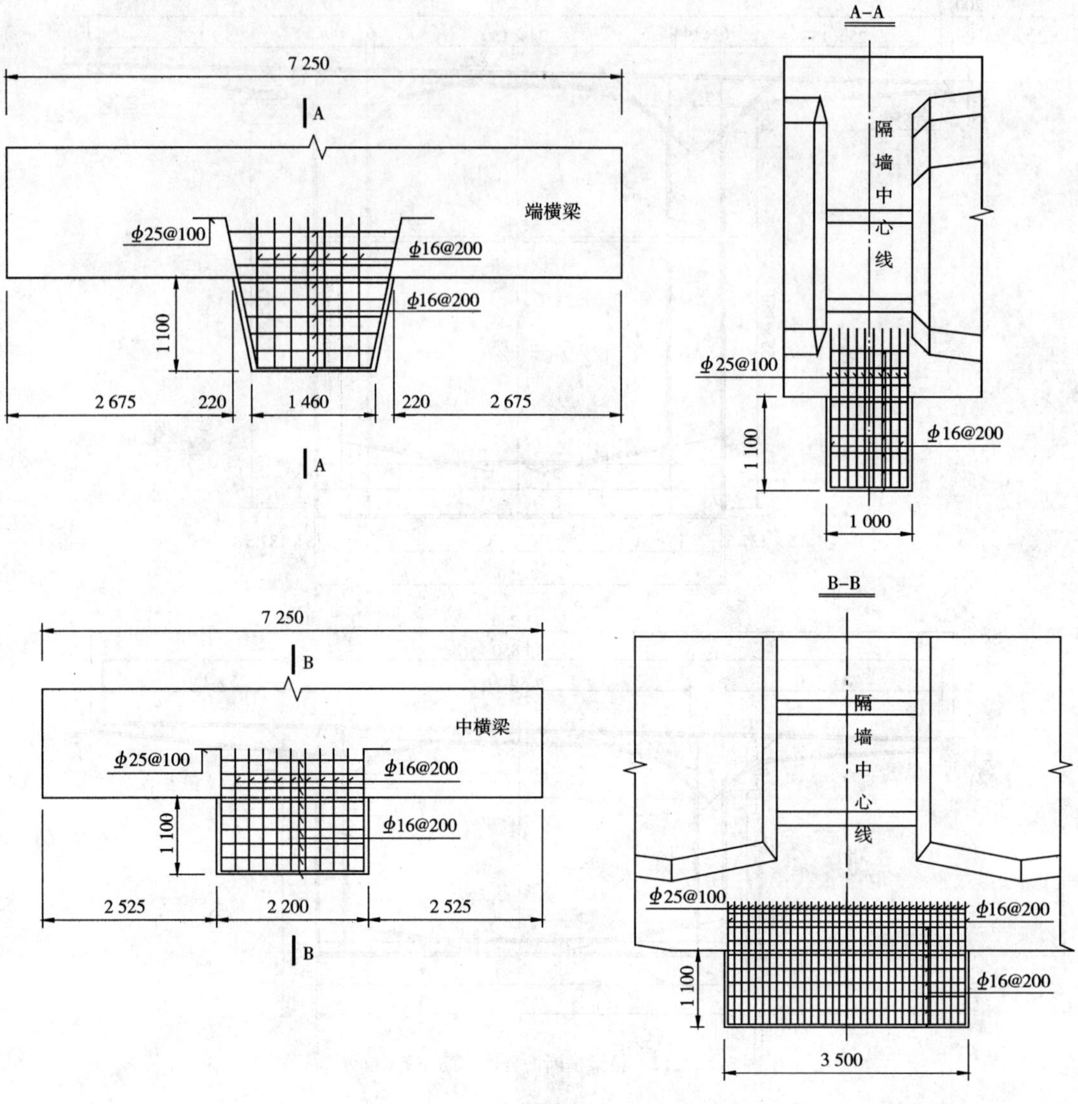

图 3.5.7.14　箱梁横向抗震挡块构造(单位:mm)

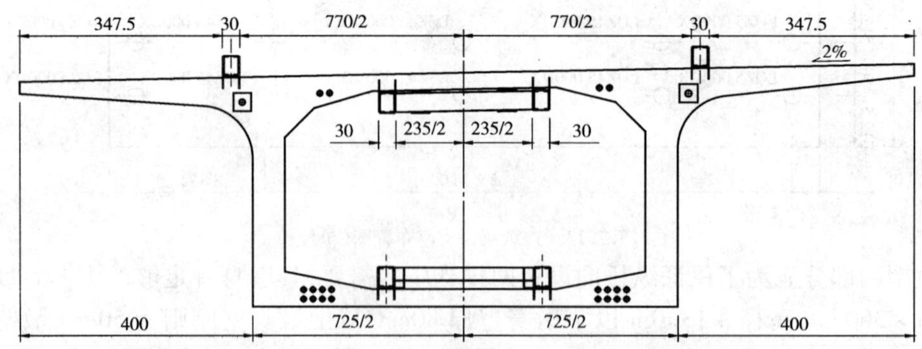

图 3.5.7.15　箱梁合拢段劲性骨架示意(单位:cm)

座顶面尺寸 480cm×645cm,承台面尺寸 520cm×685cm。

边墩沿桥纵向考虑支座布置时,由于两侧桥型不同,反力必不相同。为了有利于桥墩受力,保证桥墩弯矩平衡,接大跨度连续梁侧支座中心偏离墩中心线 1.28m,接 70m 跨径连续梁侧支座中心偏离中心线 0.58m。

边墩墩身构造如图 3.5.7.16 所示。

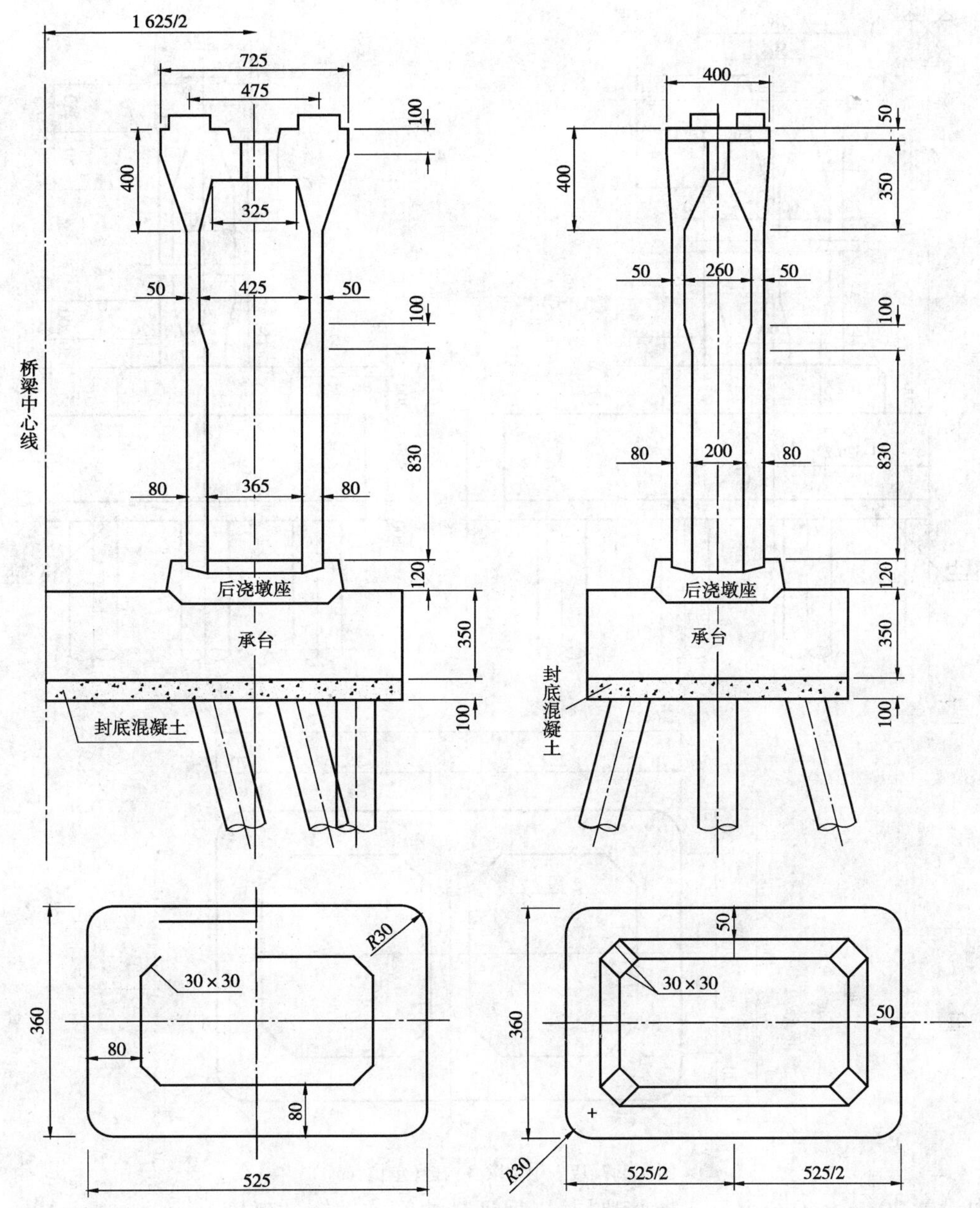

图3.5.7.16　边墩墩身构造(单位:cm)

(2)中墩

中墩采用直柱形单箱双室薄壁墩,分成墩柱和墩帽两部分。墩柱截面尺寸为725cm×460cm,箱形截面内侧设置50cm×50cm的倒角,外侧四周采用$R=50$cm圆弧线,以增加桥墩美观性。下墩柱高度150cm,其外壁厚120cm,内壁厚160cm;标准段截面外壁厚70cm,内壁厚60cm,其墩壁过渡段高度200cm。墩帽截面尺寸为780cm×500cm,厚度250cm,实体墩帽与墩壁连接处设置300cm×100cm内倒角。同时墩帽顶面为了配合箱梁横向抗震挡块,设置横长230cm、深度50cm的凹槽。墩壁在高程+12.5m以上每隔500cm对称设置一对ϕ10cm通气孔,在纵横墩壁上交叉错位布置。

为保证墩柱与承台间有效连接性,设置高度250cm的墩座,截面尺寸1 165cm×900cm。其中墩墩身构造如图3.5.7.17所示。

(3)桥墩限位抗震挡块

充分利用桥墩刚度,在边墩墩身顶面设置横长200cm、深度50cm的锲状凹槽,在中墩墩帽顶面设置横长230cm、深度50cm的凹槽,以利于上部结构横隔梁抗震块的嵌入,满足桥梁横向抗震的要求。两者

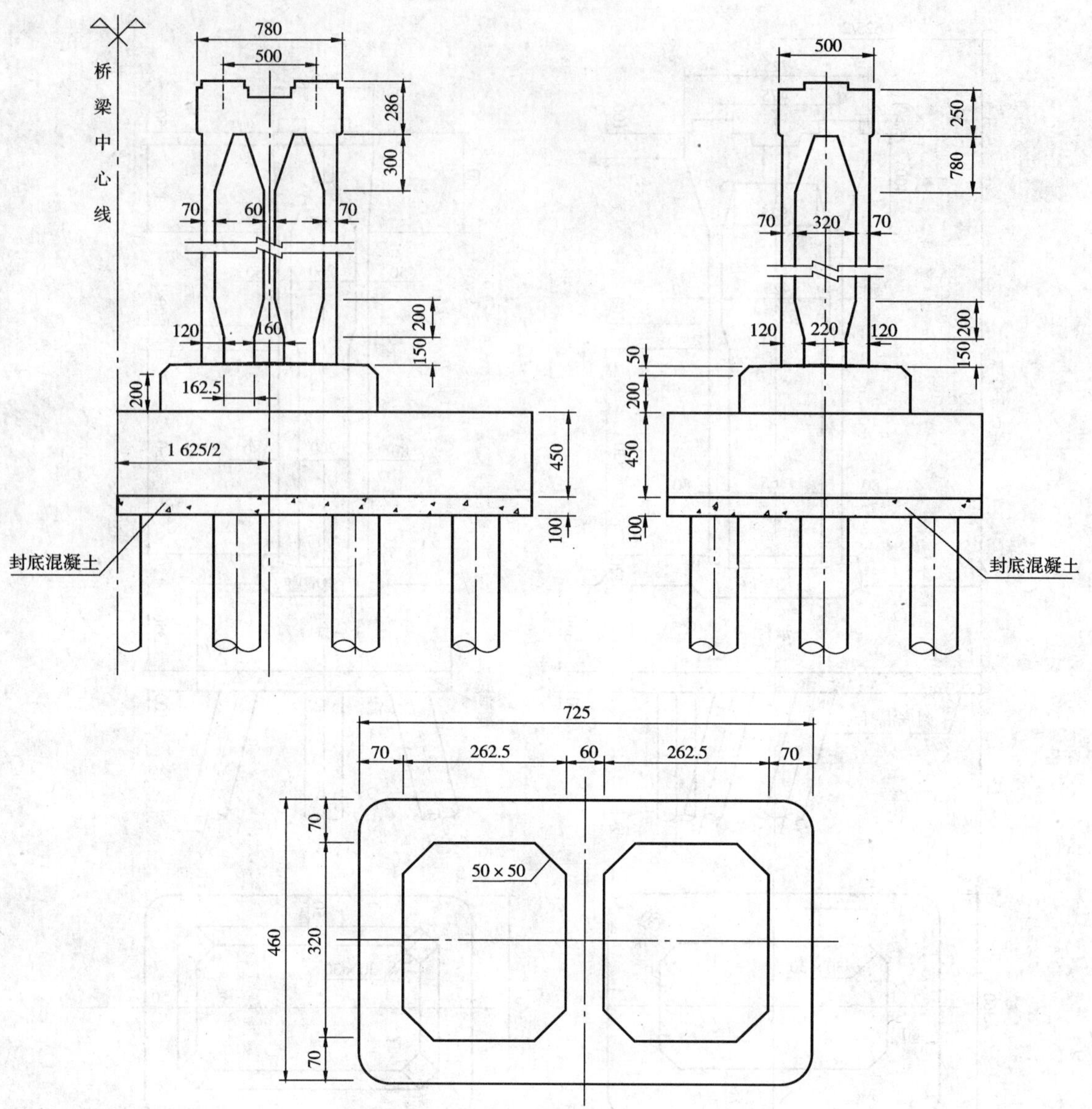

图 3.5.7.17　中墩墩身构造(单位:cm)

横向缝隙中设置 20cm×40cm×2cm 橡胶垫层,以保证挡块间弹性缓冲碰撞。

(4)墩身配筋

桥墩墩身为下部结构的重要受力构件,采用了预应力筋和普通钢筋混合配筋。竖向预应力钢筋采用 32mm JL785 级精轧螺纹钢筋,其标准强度 $R_y^b=750\text{MPa}$,张拉控制应力 $\sigma_k=0.9R_y^b=675\text{MPa}$。

①预应力筋

为满足边墩墩身强度的要求,箱形薄壁墩柱设置了 32mm JL785 级精轧螺纹粗钢筋。20cm 间距的两根粗钢筋为一组,其沿周壁纵桥向 80cm、横桥向 110cm 间距布置。高程 +12.8m 下墩身壁内设置双排筋,双排筋间距 40cm,其上墩身壁内则设置单排筋。薄壁墩身外侧预应力筋 36 根,内侧预应力筋 28 根。边墩预应力筋伸入距离承台底面 100cm 或 175cm。墩柱内侧预应力筋在高程 +12.8m 处张拉锚固,外侧预应力筋在墩帽顶面张拉锚固。其边墩预应力筋构造如图 3.5.7.18 所示。

②普通钢筋

墩柱外壁混凝土净保护层最小为 7cm,内壁混凝土净保护层最小为 4cm。

边墩预制墩身采用常规钢筋配筋,采用 ϕ10mm、ϕ12mm、ϕ16mm、ϕ20mm 和 ϕ25mm5 种类型直径的钢筋。箱形薄壁墩外侧竖向主筋采用 ϕ25mm,内侧竖向主筋采用 ϕ20mm,间距均为 15cm,墩身底预

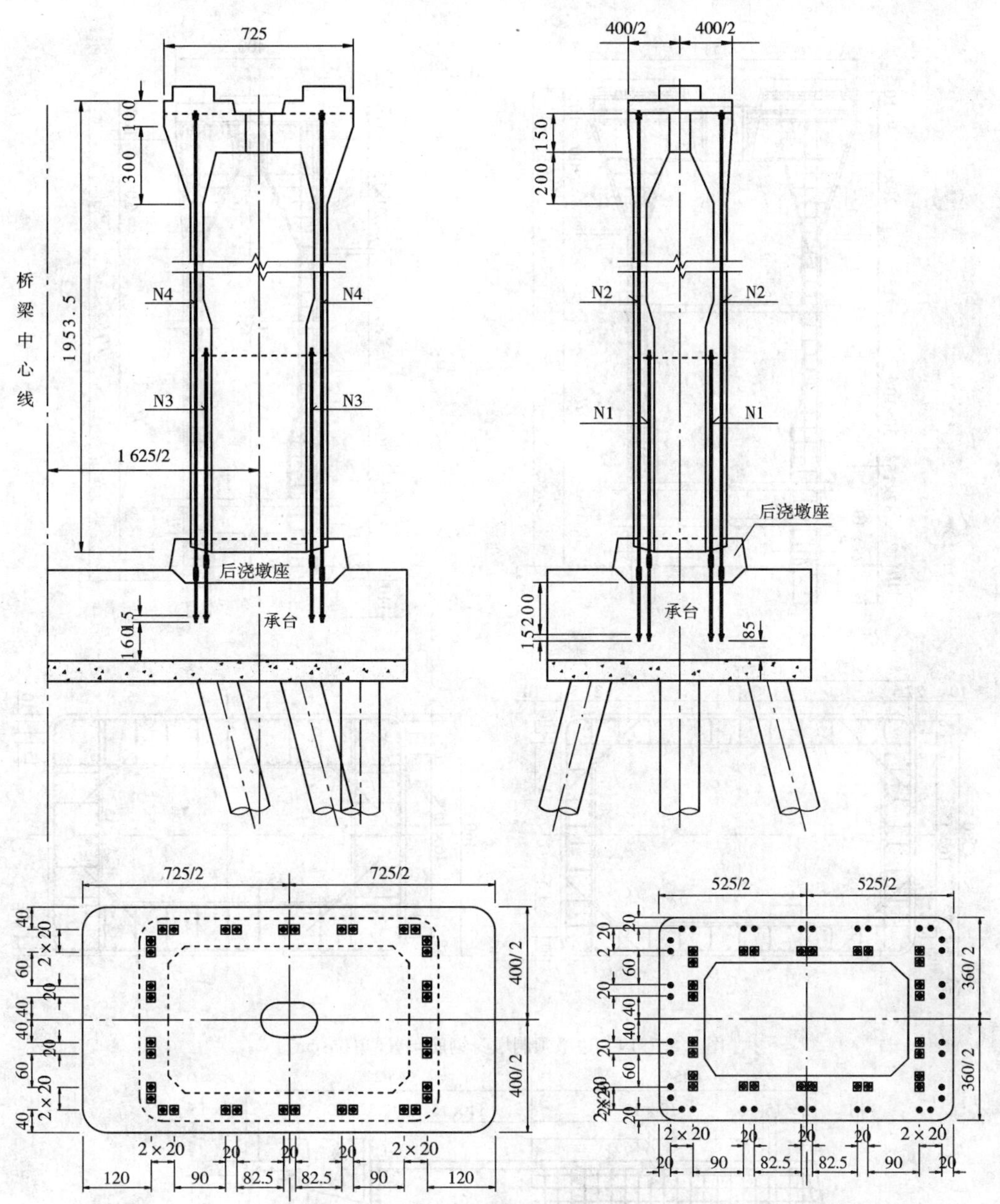

图 3.5.7.18　边墩墩身竖向预应力筋布置(尺寸单位:cm)

留长度 110cm。墩壁内层和外层主筋间采用ϕ12mm 拉筋,间距 45cm。箱形截面内侧箍筋采用ϕ12mm 钢筋,外侧封闭箍筋采用ϕ16mm 钢筋。为满足抗震构造要求,预制墩身下 3.0m 区间箍筋间距加密,箍筋间距为 10cm。墩身壁厚变化段的 3.0m 区段箍筋间距为 10cm,其余箍筋间距均为 15cm。

墩帽顶板底层横向配置ϕ25mm、间距 10cm 的钢筋,顶层横向配置 2 ϕ25mm、间距 15cm 的钢筋两层,顶层和底层纵向均配置ϕ16mm、间距 15cm 的钢筋。墩柱顶面支座处增设三层ϕ16mm、间距 15cm 钢筋网片。边墩墩身配筋如图 3.5.7.19 所示。

边墩墩座预埋入承台的 2 ϕ20mm、钢筋间距 15cm,与预制墩身壁内主筋和焊接。顶面纵横向采用ϕ16mm 钢筋,间距 15cm;与预制墩身底面接触处,纵横向采用ϕ16mm 钢筋,间距 15cm。1.2m 高度墩座设置ϕ16mm、间距 15cm 的水平分布钢筋,如图 3.5.7.20 所示。

中墩采用常规钢筋配筋,采用 ϕ10mm、ϕ12mm、ϕ16mm、ϕ20mm 和ϕ25mm5 种类型直径的钢筋。箱形薄壁墩内外侧竖向主筋采用ϕ25mm 钢筋,间距 15cm,主筋预留长度 680cm。墩壁内层和外层主筋间采用 ϕ10mm 拉筋,间距 45cm。箱形截面内侧箍筋采用ϕ12mm 钢筋,外侧封闭箍筋采用ϕ16mm 钢筋。

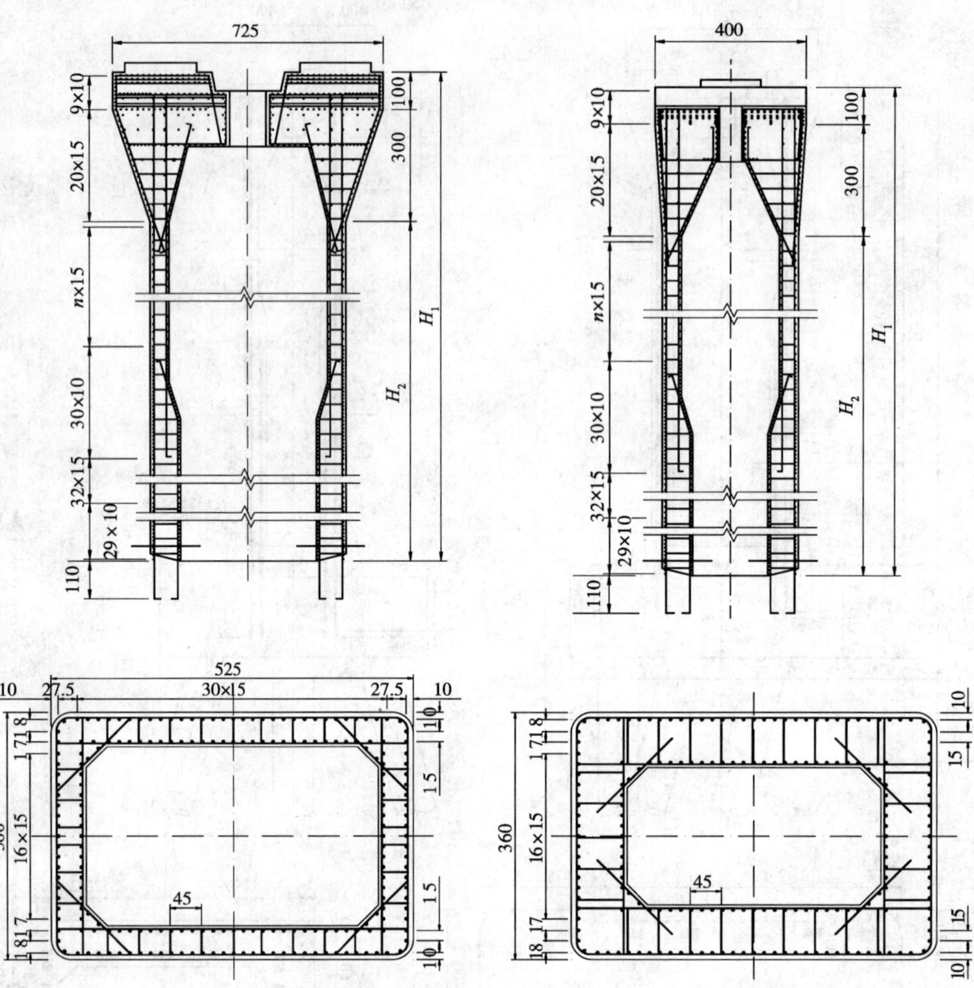

图 3.5.7.19　边墩预制墩身钢筋布置(单位:cm)

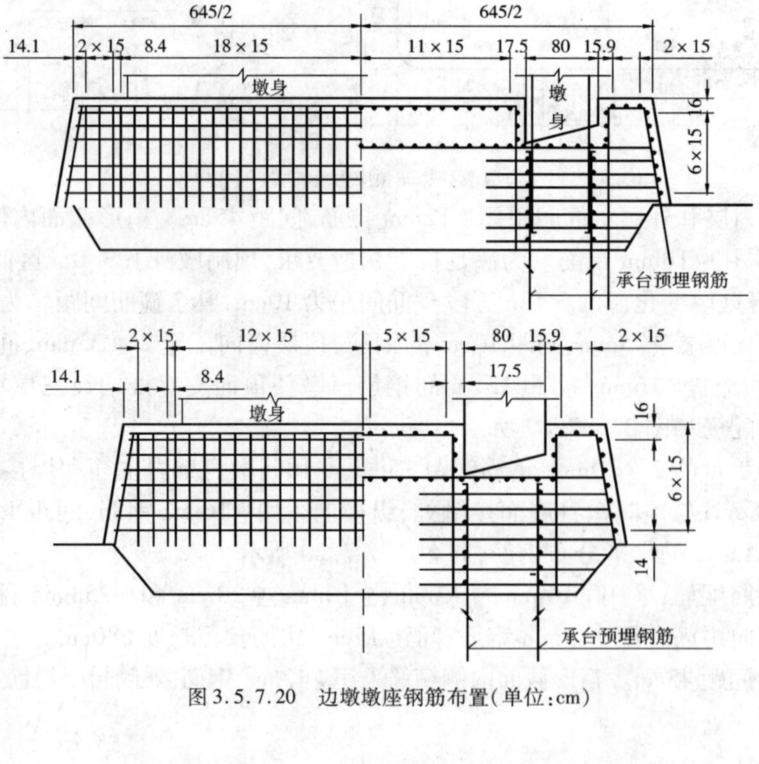

645/2
14.1　2×15　8.4　18×15　11×15　17.5　80　15.9　2×15
墩身
6×15
16
承台预埋钢筋

2×15　12×15　5×15　80　15.9　2×15
14.1　8.4　17.5
墩身
16
6×15
14
承台预埋钢筋

图 3.5.7.20　边墩墩座钢筋布置(单位:cm)

为满足抗震构造要求，墩柱墩座台面上3.0m区间箍筋间距加密，箍筋间距为10cm，其余箍筋间距均为15cm。

墩帽底层设置两层钢筋网，上下层钢筋间距15cm，下层横向ϕ20mm、间距15cm钢筋，下层纵向ϕ25mm、间距15cm钢筋，上层横向ϕ25mm、间距15cm钢筋，上层纵向ϕ20mm、间距15cm钢筋；顶层设置两层钢筋网，上下层钢筋间距15cm，上下层横向ϕ25mm、间距15cm钢筋，上下层纵向ϕ16mm、间距15cm钢筋。墩帽顶面支座处增设二层ϕ16mm间距、15cm钢筋网片。中墩墩身配筋如图3.5.7.21所示。

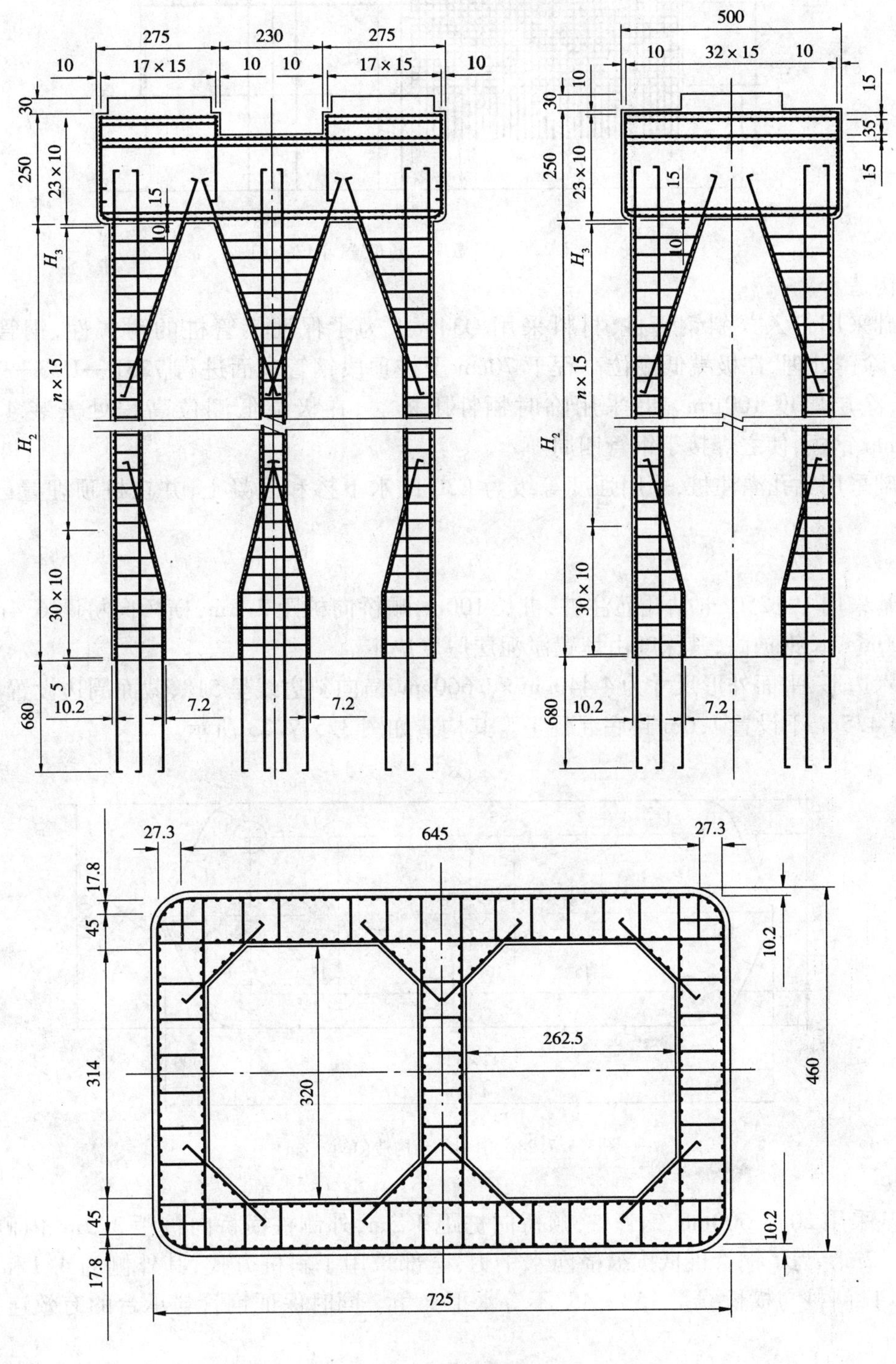

图3.5.7.21　中墩墩身钢筋布置(单位:cm)

墩座顶面纵横向均采用ϕ20mm 钢筋,间距 15cm,伸入承台 100cm 深度。墩座倒角处设置纵横向采用ϕ12mm 钢筋,间距 15cm。2.5m 高度墩座设置ϕ16mm、间距 15cm 的水平分布钢筋。墩座配筋如图 3.5.7.22 所示。

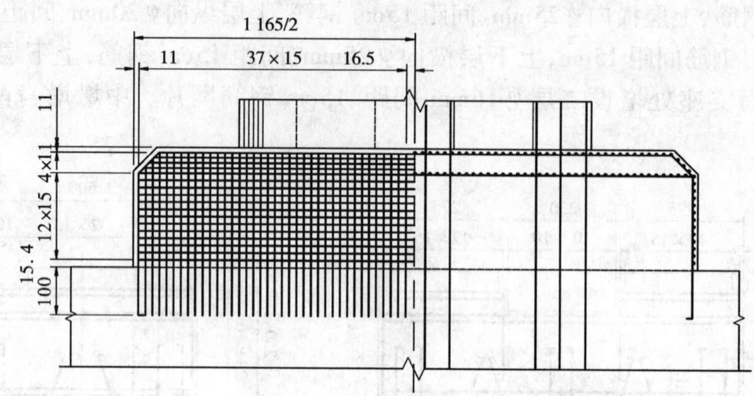

图 3.5.7.22　中墩墩座钢筋布置(单位:cm)

2. 基础构造

边墩基础采用打入式斜钢管桩,材料采用 Q345c。为了保证钢管桩的耐久性,钢管桩表面进行 Sa2.5级喷砂除锈处理,在极端低潮位高程下 70cm 至桩顶段钢管表面进行 725L—H53—9 环氧重防腐涂料的刮涂,涂层厚度 100μm。并采用临时牺牲阳极法,在极端低潮位高程处安装 4 块 250mm × 100mm × 35mm 钢板,使之焊接于钢管四周。

中墩基础采用钻孔灌注桩,采用强度等级为 C30 的水下掺和混凝土,并在桩顶埋置已防腐处理的长钢护筒。

(1)中墩

中墩桩基采用 19ϕ250cm 钻孔灌注桩,桩长 100m,顺桥向桩距 5.8m,横桥向桩距 6.4m。钻孔桩桩顶设置 ϕ2700mm 长钢护筒,其深度由埋置淤泥层厚度决定。

承台为六边形,平面外形尺寸为 4 440cm × 1 660cm,横向斜边线呈 51°,截面周边设置 R = 180cm 圆弧线,承台厚 4.5m,下设置 1.0m 封底混凝土。其构造如图 3.5.7.23 所示。

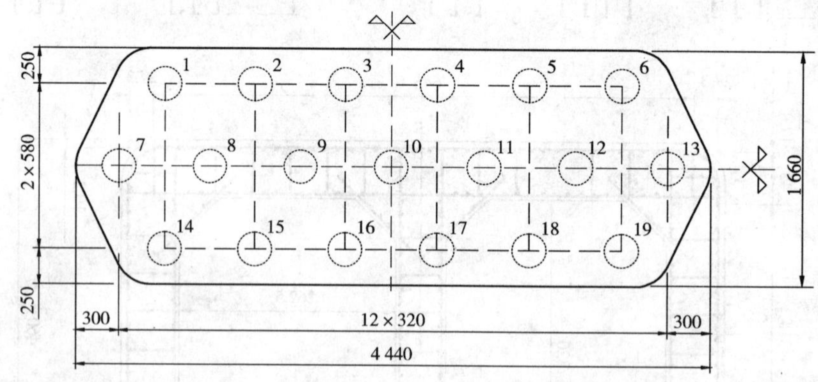

图 3.5.7.23　中墩承台构造(单位:cm)

(2)边墩

边墩桩基采用 20ϕ1 500mm 钢管桩,顺桥向桩距 3.3m,外侧桩横桥向桩距 3.2m,内侧桩横桥向桩距 2.3m 和 3.2m。为了钢管桩抵抗纵横向水平力,全部采用了斜桩方式,其外侧为 4:1 和 6.5:1,内侧 4:1、5:1和 6:1,斜桩与横桥线呈 15° ~ 45°不等水平夹角。同时保证钢管与承台的有效连接,钢管伸入承台 1.5m。

承台为六边形,平面外形尺寸为 2 785cm × 1 020cm,横向斜边线呈 55°,截面周边设置 R = 180cm 圆弧线,承台厚 350cm,下设置 100cm 封底混凝土。其构造如图 3.5.7.24 所示。

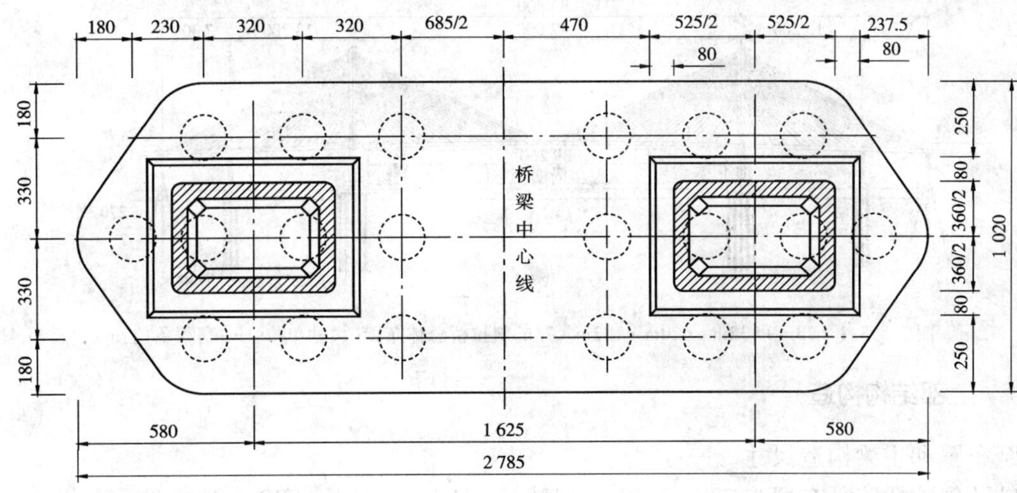

图3.5.7.24　边墩承台构造(单位:cm)

(3)钢管桩与承台的连接构造

ϕ1 500mm 钢管桩采用斜桩打入施工法,钢管桩伸入承台1.5m,管桩顶部做切角处理,以保持管顶面水平;同时在钢管内设置喇叭形钢筋笼使桩顶加强,配置28 ϕ25mm 主筋,采用ϕ12mm、间距20cm的圆形箍筋。管内浇筑C30填芯混凝土,其垂直深度为5.5m,如图3.5.7.25所示。

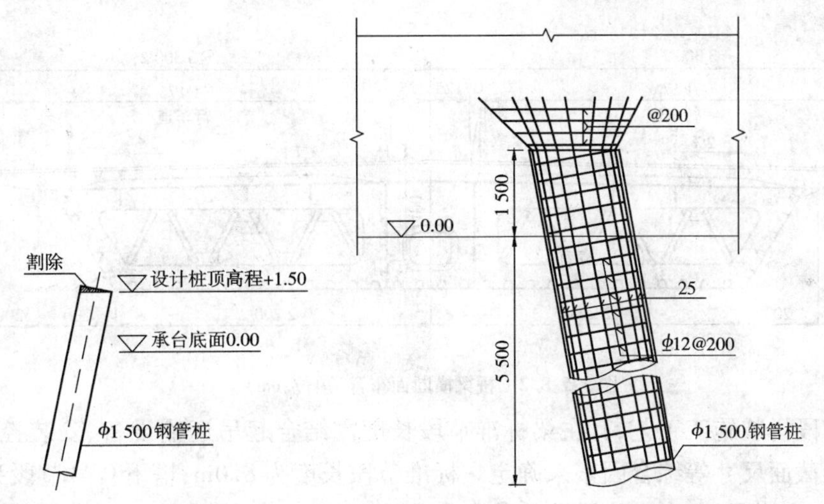

图3.5.7.25　钢管斜桩与承台连接构造(尺寸单位:cm;高程单位:m)

5.8　主通航孔73m+132m+420m+132m+73m斜拉桥设计

东海大桥主通航孔为5 000t级航道,设计净空高度40m,设计最高通航水位+4.02m,其通航孔范围内梁底高程不得低于+44.02m。主通航孔采用单孔双向通航布置,通航净宽不小于321m,考虑主墩基础及防撞设施的宽度影响,主孔跨径应在400m以上。结合主、边跨合理比值及斜拉索布置和主梁构造等结构设计特点,主通航孔斜拉桥跨径布置为73m+132m+420m+132m+73m,全长830m,布置在K18+219.00(PM333)~K19+049.00(PM338)之间,为双塔单索面钢箱—混凝土结合梁斜拉桥,如图3.5.8.1所示,桥面宽33m(比标准桥宽加大1.5m)。结合梁采用节段拼装的施工方法。

结合斜拉桥的特点,桩基设计中边墩采用ϕ1 500mm钢管桩,辅助墩和主墩均采用ϕ250cm钻孔灌注桩,⑦$_2$层为桩基持力层。

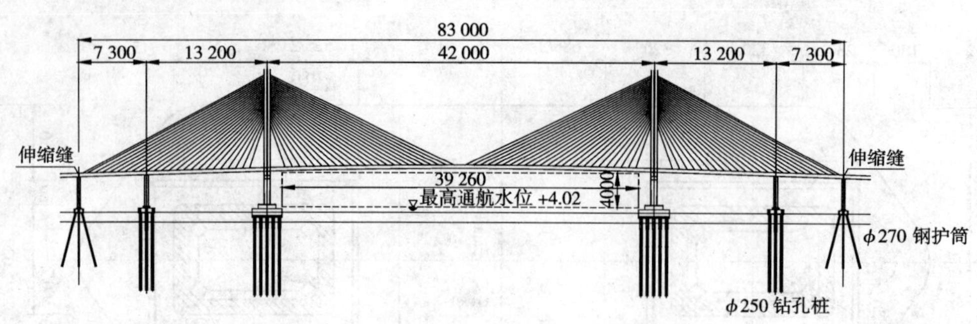

图 3.5.8.1　73m + 132m + 420m + 132m + 73m 斜拉桥总体布置(尺寸单位:cm;高程单位:m)

5.8.1　上部结构构造

1. 桥跨布置和主梁构造尺寸

主通航孔斜拉桥跨径布置为 73m + 132m + 420m + 132m + 73m = 830m,边中跨径比为 0.488,边跨设置一个辅助墩,辅助墩距边墩的距离与边跨之比为 0.356。

桥面宽度按六车道 + 紧急停车带的高速公路标准设计。综合考虑斜拉索的锚固与管线要求,桥面布置为 0.5m(防撞护栏)+2.5m(紧急停车带)+11.75m(行车道)+0.5m(防撞护栏)+2.5m(中央分隔带)+0.5m(防撞护栏)+11.75m(行车道)+2.5m(紧急停车带)+0.5m(防撞护栏),桥面全宽 33m,并设置 2.0% 双向横坡。桥梁横断面为单箱三室钢—混凝土结合箱形截面,其布置如图 3.5.8.2 所示。

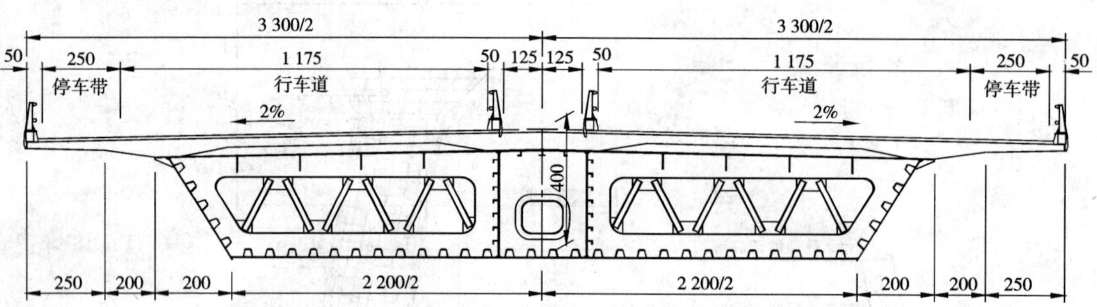

图 3.5.8.2　桥梁横断面布置(单位:cm)

结合梁采用节段拼装施工工艺,其主梁标准节段长度需结合起吊运输设备、安装控制要求、顶板预应力配置以及主梁截面尺寸等综合因素来确定。标准节段长度为 8.0m,塔下 0 号节段为减轻吊装质量共分为 8 个长 5.0m 的节段,2 个边跨梁端其节段长度为 6.58m,全桥共分 107 个节段。主梁混凝土桥面板除在节段两端各预留 0.5m 宽接缝外,在预制场进行全断面制作。主梁运抵桥位吊装后,拼接钢主梁部分,然后现浇混凝土桥面板接缝,最后浇筑两侧 50cm 宽的悬臂板端部后浇段混凝土。

钢 – 混凝土结合主梁采用单箱三室箱形截面,顶板宽 33.0m,底板宽 20.0m,宽跨比 1/20,中心线处梁高 4.0m,其箱梁顶设置 2.0% 双向横坡,而底板则保持水平;箱梁两侧悬臂板长各为 4.5m,悬臂板端部厚度 20cm,根部厚度 55cm,高跨比 1/8.18。箱梁分钢梁和混凝土桥面板两部分。

钢主梁中心线处梁高 3.45m,底板宽 20.0m,顶板全宽 24.8m,斜腹板倾角为 57.75°,两侧斜腹板板厚 16mm,中间直腹板板厚 24mm,底板板厚 16mm。斜腹板和底板均采用 U 形加劲肋,肋厚 8mm,肋间距 700mm;直腹板采用 L 形加劲肋,肋厚 12mm,肋间距 512mm;两侧钢斜腹板顶面宽 80cm 和中腹板顶宽 360cm 设置了主梁面板,板厚 24mm,中腹板处主梁面板采用 L 形加劲肋,肋厚 12mm,肋间距 700mm。

箱梁顺桥向每 4m 设置一道横隔板。横隔梁面板厚 24mm,直腹板与斜腹板之间面板采用 I 形加劲肋,肋厚 10mm,肋间距 2 000mm。横隔梁两侧挖空,采用桁架形式以利过桥管线的布置,桁架采用工字梁斜撑加劲,工字梁顶底板厚 12mm,腹板厚 10mm。主梁钢材均采用 Q345qD。主梁构造图如图 3.5.8.3 所示。

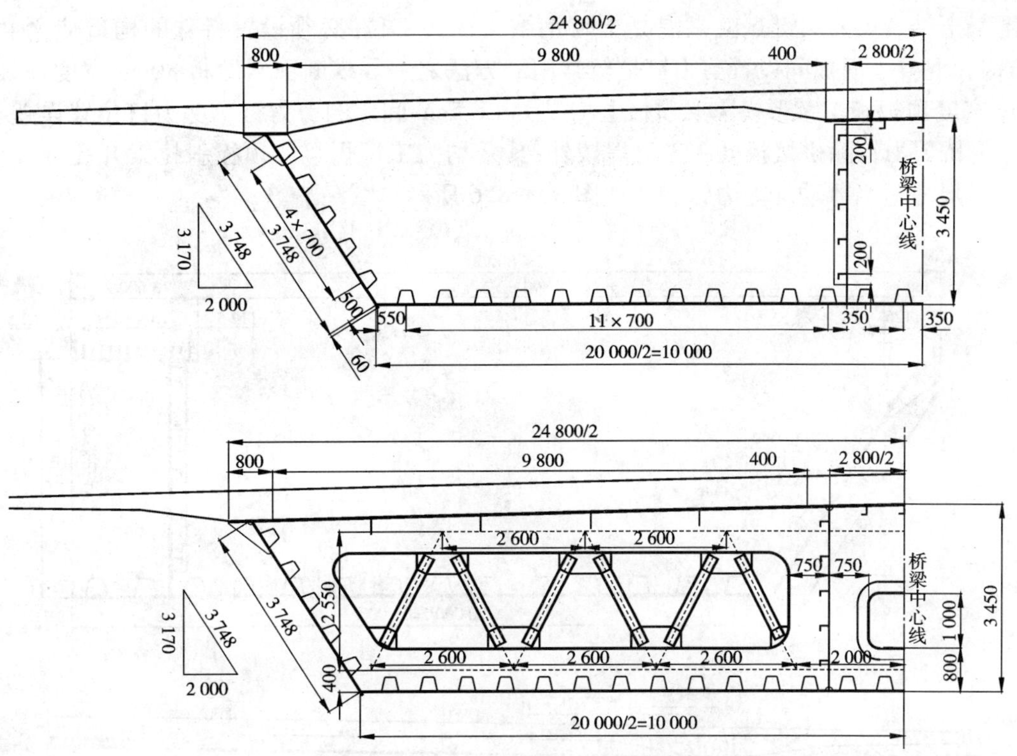

图3.5.8.3　结合梁断面构造(单位:mm)

主梁横断面混凝土桥面板其边腹板顶80cm宽和中箱直腹板360cm宽的厚度均为55cm,边箱跨中顶板厚度28cm,长度680cm,两边板厚变化段长度150cm。悬臂板端部厚度20cm,中部板厚30cm,其变化长度250cm,中部板厚至根部的变化长度为200cm。混凝土桥面板如图3.5.8.4所示。主梁纵桥向设置多道钢横隔梁,如图3.5.8.5所示,纵向混凝土桥面板在钢横梁处板厚均增至550mm,以方便钢结构部分与混凝土桥面板的连接。除相邻主梁节段间混凝土板现浇接缝采用C60微膨胀混凝土外,其余混凝土强度等级均为C60。

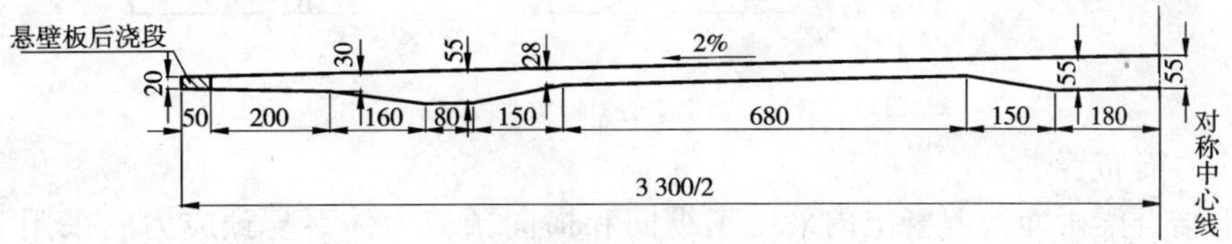

图3.5.8.4　混凝土桥面板构造尺寸(单位:cm)

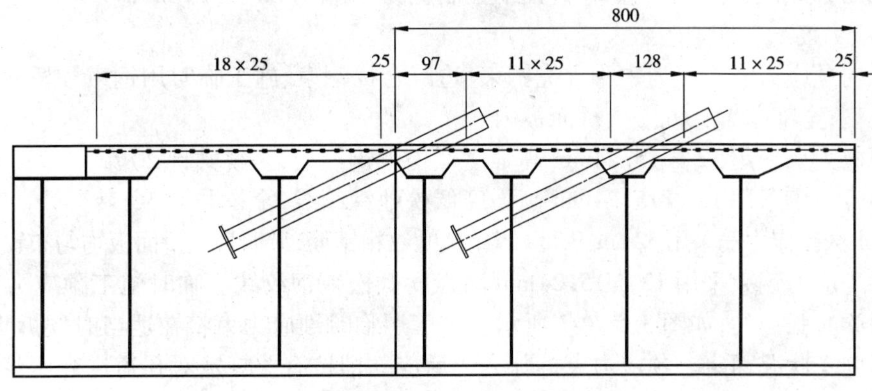

图3.5.8.5　纵桥向钢横隔梁构造(单位:cm)

钢—混凝土结合梁其关键点就是混凝土与钢结构连接部位,必须设置特殊的构造使之共同受力。目前,钢结构和混凝土面板间设置剪力钉是较常用的方法之一。横断面斜腹板80cm宽度顶板、中腹板箱梁360cm宽度顶板和工字形横隔梁顶板上均设置12.5cm间距的剪力钉。剪力钉位置误差要求控制在±3mm。全桥剪力钉除拼接板处在工地焊接外,其余均为工厂焊接。顶板斜拉索开孔处其剪力钉可根据开孔实际尺寸适当挪动。剪力钉构造如图3.5.8.6所示。

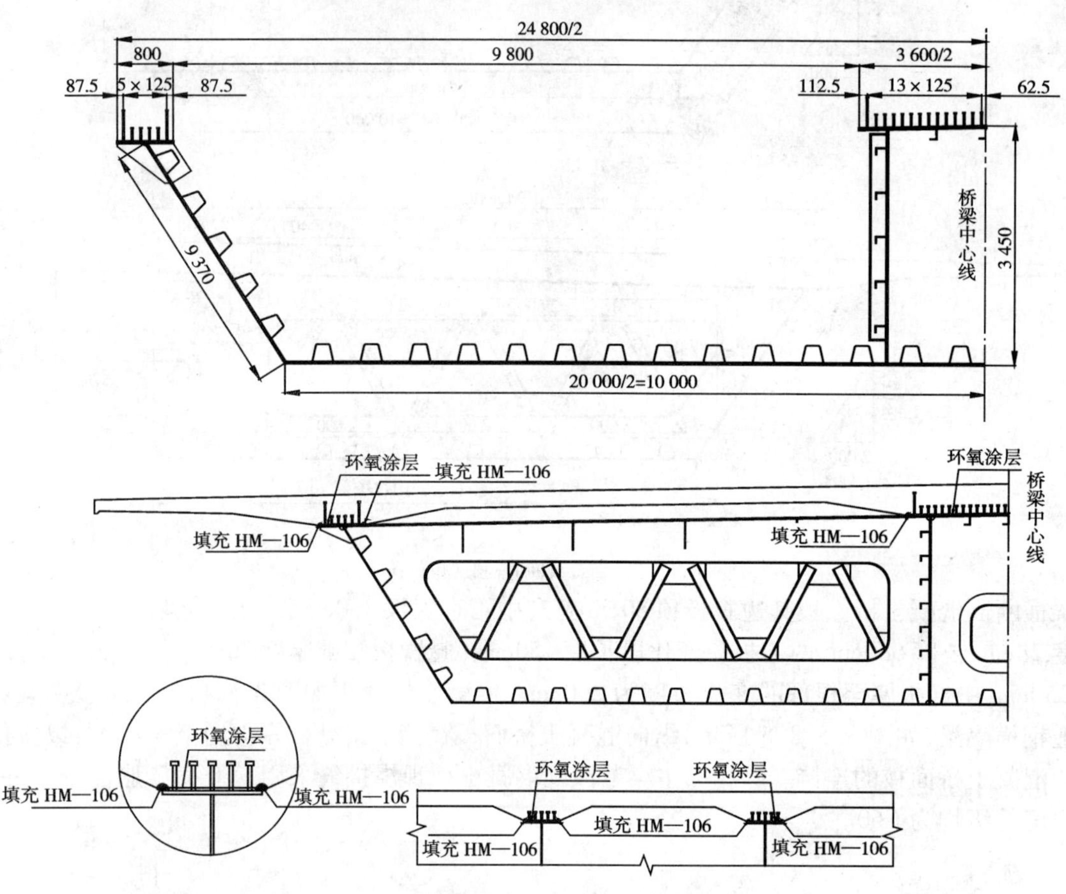

图3.5.8.6　钢主梁剪力钉构造(单位:mm)

2. 主梁预应力筋布置

钢-混凝土结合梁桥面板混凝土内采用了纵向和横向预应力体系。预应力筋采用ϕ^j15.24mm高强度低松弛钢绞线束,其标准强度$R_y^b=1\ 860$MPa,锚下控制应力$\sigma_k=0.75R_y^b=1\ 395$MPa。32mm JL750级精轧螺纹粗钢筋,标准强度$R_y^b=750$MPa,锚下控制应力$\sigma_k=0.9R_y^b=675$MPa。

(1)纵向预应力筋

结合箱梁纵向预应力筋主要为中跨合拢钢束、边跨合拢钢束、施工临时用钢束和桥面板纵向精轧螺纹粗钢筋四大类型,全部布置在混凝土桥面板内。

中跨合拢预应力束采用12-ϕ^j15.24mm高强度低松弛钢绞线,全桥共计20束。

边跨合拢预应力束采用12-ϕ^j15.24mm高强度低松弛钢绞线,全桥共计56束。

悬拼施工用永久预应力筋采用32mm JL750级精轧螺纹粗钢筋,沿混凝土桥面板均匀布置合计28根。

施工用临时预应力钢束采用12-ϕ^j15.24mm高强度低松弛钢绞线。临时施工预应力束是在悬臂拼装0号和1号主梁时张拉的,如图3.5.8.7所示。施工用临时预应力束将在适当时候拆除,拆除的具体时间将根据实际施工状况而定。预应力束拆除完毕后应立即按有关规定对孔道进行压浆等处理。

(2)横向预应力筋

结合梁混凝土桥面板横向配置预应力筋,采用3-ϕ^j15.24mm高强度低松弛钢绞线束,夹片式扁锚

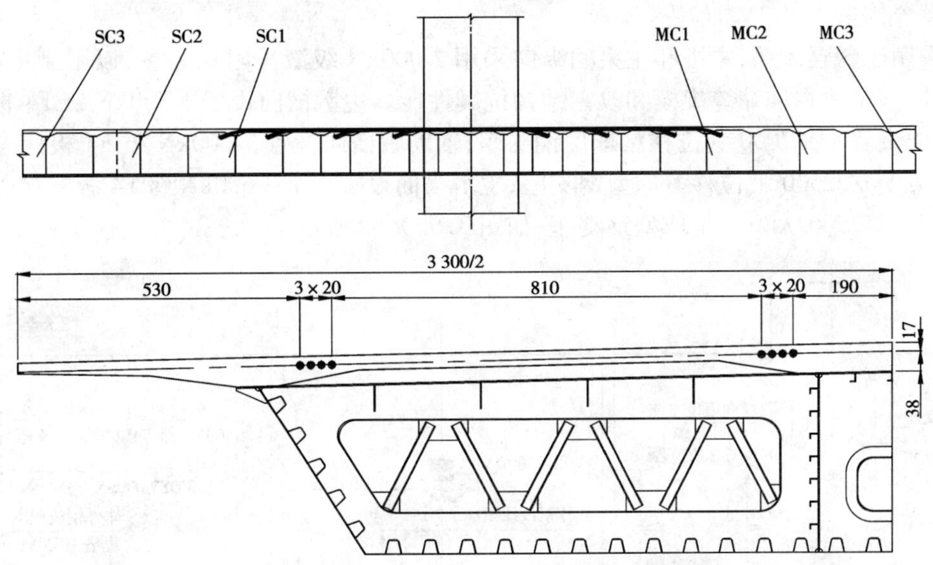

图 3.5.8.7　施工临时用纵向预应力钢束布置(单位:cm)

体系。横向受到斜拉索套筒的限制,横向钢束以尽可能靠近钢套筒边缘布置,其纵桥向钢束间距采用 25cm,如图 3.5.8.8 所示。预应力钢束采用两端张拉施工工艺。

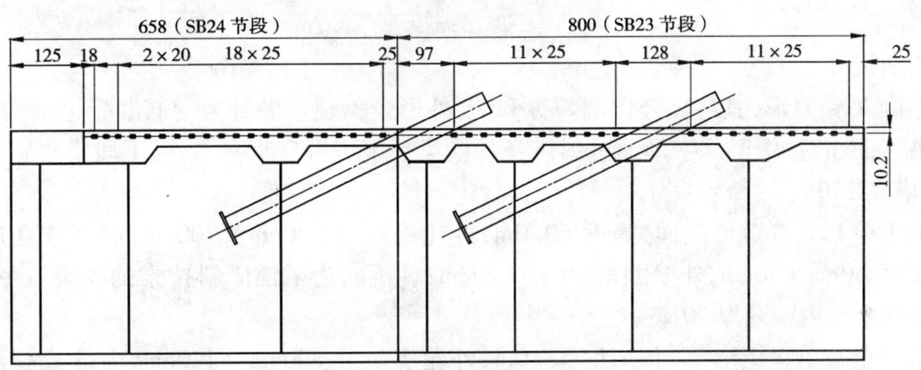

图 3.5.8.8　混凝土桥面板横向预应力钢束布置(单位:cm)

3. 普通钢筋构造

结合梁混凝土桥面板其普通钢筋采用ϕ16mm 和ϕ20mm 两种直径的Ⅱ级钢筋。斜腹板和直腹板顶部 55cm 厚桥面板中配置四层钢筋,横向钢筋采用 15cm 间距,而纵向钢筋间距为 10～15cm。除斜腹板顶部处纵向钢筋为ϕ20mm 外,其余均采用ϕ16mm 钢筋。考虑到纵桥向混凝土桥面板的湿接头,其纵向钢筋均采用腰圆形封闭筋形式。混凝土桥面板横断面配筋如图 3.5.8.9 所示。

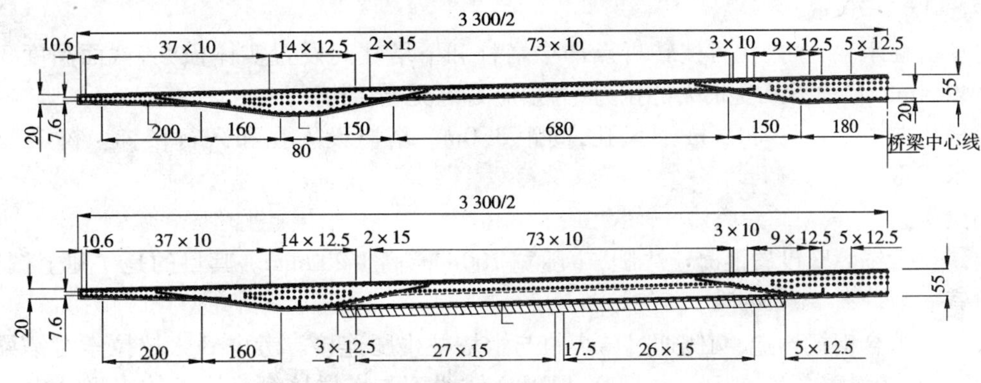

图 3.5.8.9　混凝土桥面板普通钢筋布置(单位:cm)

4. 支座设置构造

斜拉桥采用半飘浮体系，主塔和主梁间纵向采用 2 000kN 级液压阻尼装置，以限制主梁纵向位移、改善行车条件，减少梁端伸缩缝规模和改善结构抗震性能。边墩横向设置 1 500kN 级 F4 板式橡胶支座限位装置，竖向设置 LQZ7000 大位移量球型钢支座；辅助墩横向设置 3 600kN 级 F4 板式橡胶支座限位装置，竖向设置 LQZ22500 大位移量球型钢支座；主塔横向设置 2 个 3 600kN 级 F4 板式橡胶支座限位装置，竖向设置 LQZ17500 大位移量球型钢支座，如图 3.5.8.10 所示。

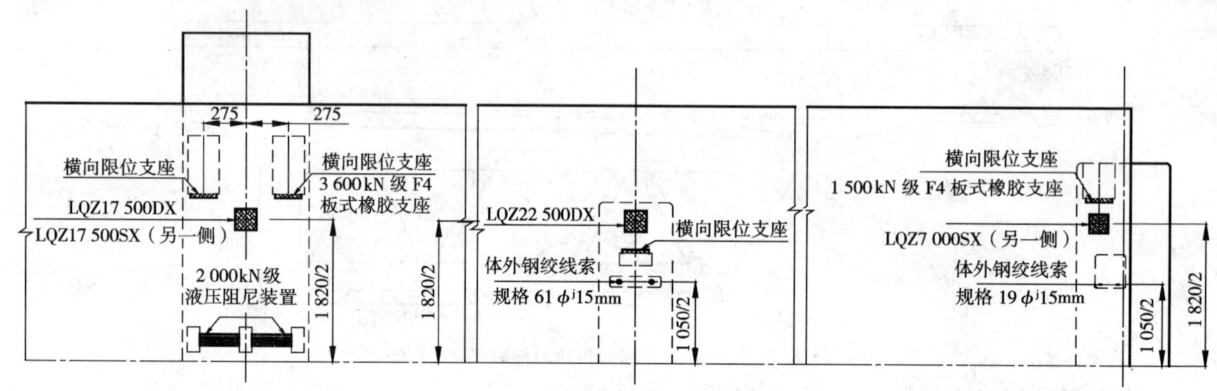

图 3.5.8.10 支座平面布置(单位：cm)

5.8.2 桥塔结构构造

1. 桥塔构造尺寸

桥塔采用倒 Y 钻石形，其各部分比例匀称和谐，外形较美观。塔身为钢筋混凝土结构，倒 Y 形上塔身最适应中央索面布置，中段八字形通过斜塔身处横梁平衡了塔身水平力，经下段实腹宽肩式墩身与基础连成整体，塔高 150m。

上塔柱采用单箱双室矩形截面，高度 60.0m，外轮廓尺寸 800cm × 700cm，内部成孔尺寸 520cm × 235cm，内壁倒角 30cm × 30cm，外壁倒角 40cm × 40cm；顺桥向为了锚固斜拉索的需要其壁厚 140cm，横桥向外壁壁厚 80cm，内壁壁厚 70cm。

中塔柱采用单箱单室矩形截面，高度 58.0m，外轮廓尺寸 800cm × 420cm，内部成孔尺寸 520cm × 180cm，倒角尺寸 400cm × 400mm，顺桥向壁厚 140cm，横桥向壁厚 120cm。

下塔柱采用单箱双室矩形截面，高度 32.0m，为满足钻石形状，其截面从上往下横向宽度逐渐减小，纵横向内外壁厚度也逐渐改变。塔底处截面外轮廓尺寸 800cm × 2 800cm，外侧倒角尺寸 200cm × 100cm，内部成孔尺寸 500cm × 1 065cm，内侧倒角尺寸 50cm × 100cm；顺桥向壁厚 150cm，横桥向外壁壁厚 250cm，内壁壁厚 170cm。斜塔身下侧处截面外轮廓尺寸 800cm × 3 014cm，外侧倒角尺寸 148.2cm × 74cm，内部成孔尺寸 600cm × 1 322cm，内侧倒角尺寸 50cm × 100cm，顺桥向壁厚 100cm；横桥向外壁壁厚 150cm，内壁壁厚 70cm。

为了平衡塔柱水平分力，在斜柱转折点即中塔柱和下塔柱间设置实体横梁，截面高度 3.0m，宽度 8.0m，长度 49.4m。横梁需承受很大的拉力，为预应力混凝土结构。

桥塔沿横桥向外壁设置 ϕ10cm 通风孔，间距 3.0m。塔内设人孔和人行楼梯。桥塔构造图如图 3.5.8.11所示。

2. 钢锚梁构造

桥塔内斜拉索锚固区设置混凝土牛腿，牛腿宽 700mm，高 1 200mm。其目的是牛腿上搁置钢锚梁，以锚固斜拉索。

钢锚梁采用组合钢板构造，两侧通过剪力钉与上塔柱牛腿连接。考虑到张拉拉索时锚梁要发生移动，因此锚梁两侧距塔壁各留有 50mm 距离，以保证锚梁不与塔柱接触。拉索的水平分力由钢锚梁承担，减弱了对混凝土塔柱的直接影响。

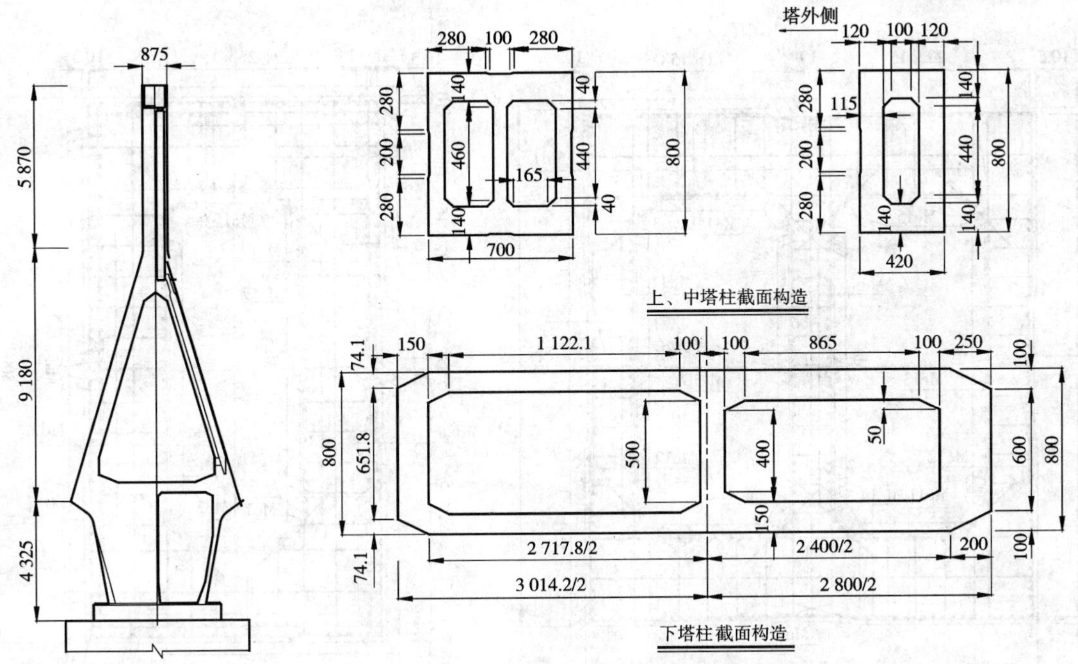

图3.5.8.11　桥塔构造(单位:cm)

钢锚梁顶板、底板和腹板板厚均为32mm,加劲板板厚12mm,斜拉索承压板板厚40mm。主塔采用C50级混凝土,钢锚梁钢材采用Q345qD,如图3.5.8.12所示。

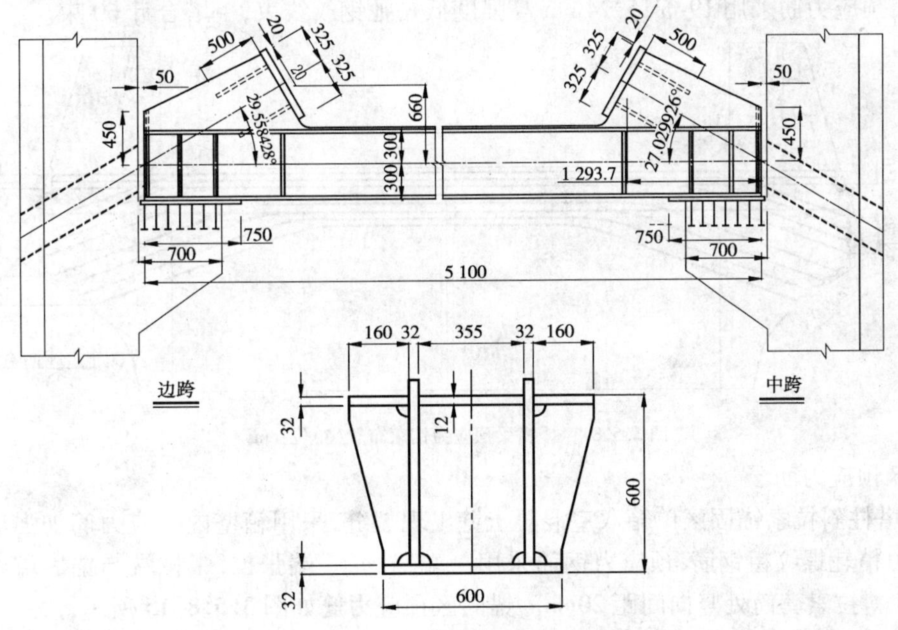

图3.5.8.12　钢锚梁构造示意(单位:mm)

3. 普通钢筋构造

桥塔普通钢筋采用ϕ12mm、ϕ16mm、ϕ25mm和ϕ32mm4种类型直径的Ⅱ级钢筋。中塔柱外壁侧配置双层ϕ32mm主钢筋,上塔柱外壁侧配置单层ϕ32mm主钢筋,塔柱内壁侧和上塔柱内壁均配置单层ϕ25mm主钢筋,间距均为15cm;倒角斜钢筋采用ϕ12mm钢筋,封闭箍筋采用ϕ16mm钢筋,塔柱主筋间拉筋采用ϕ16mm钢筋,竖向间距为15cm。塔柱横断面配筋如图3.5.8.13所示。

4. 预应力筋构造

(1)横梁预应力筋

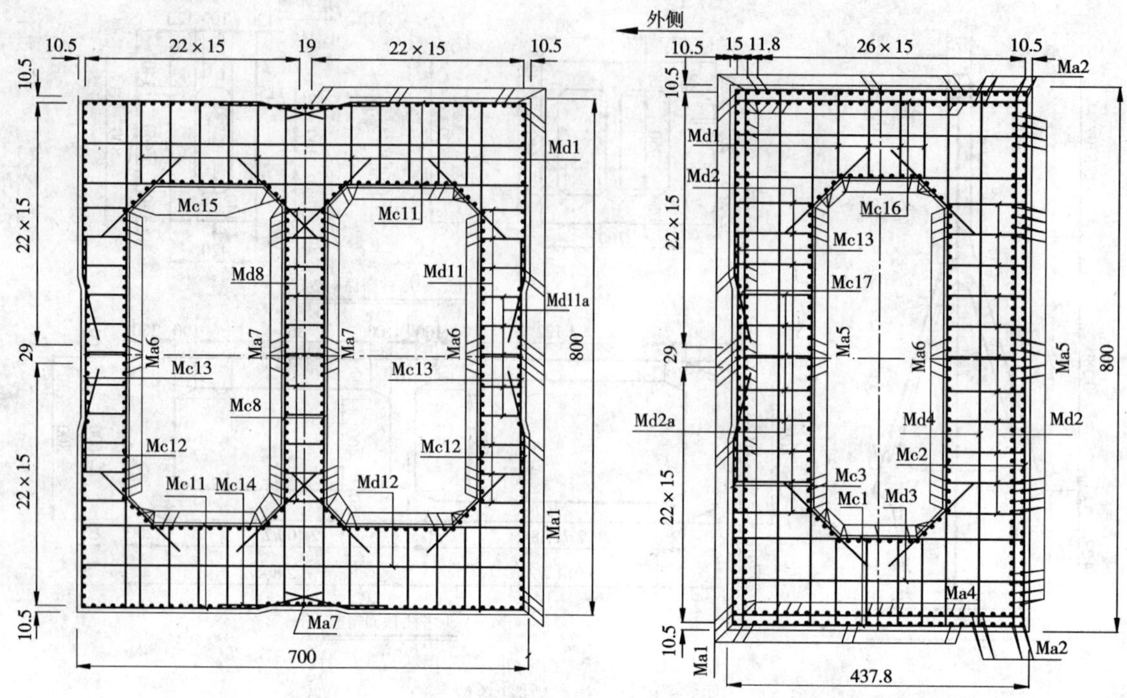

图 3.5.8.13 桥塔断面普通钢筋布置(单位:cm)

考虑到桥塔下横梁处的横向拉力较大,需配置横向预应力筋,布置在横梁两侧和上缘,如图 3.5.8.14所示,预应力筋采用 19-ϕ^{j}15.24mm 高强度低松弛钢绞线束,单塔合计 60 束。

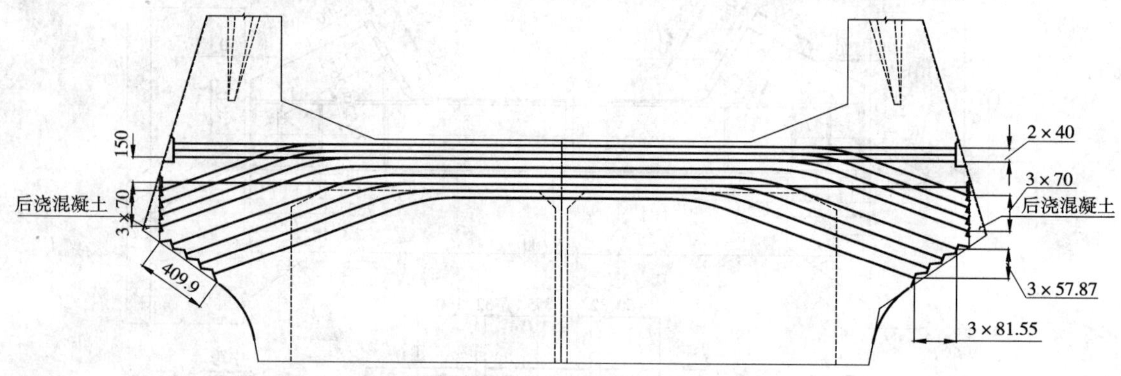

图 3.5.8.14 横梁预应力钢束布置(单位:cm)

(2)锚固区预应力筋

为防止上塔柱斜拉索锚固区单箱双室混凝土壁出现裂缝,采用箱壁内预应力筋加强法,采用 32mm JL750 级预应力精轧螺纹粗钢筋,预应力钢筋采用一端锚固、一端张拉,张拉端与锚固端在相邻索区应反向布置,塔柱斜拉索套筒处竖向间距 20cm。锚固区预应力筋如图 3.5.8.15 所示。

5.8.3 斜拉索体系

斜拉索采用热挤压 PE 平行钢丝束,钢丝采用 ϕ7mm 镀锌高强钢丝,钢丝抗拉强度≥1 670MPa,屈服强度≥1 410MPa,伸长率≥4%,弹性模量为 $1.95\times10^5\sim2.10\times10^5$MPa。本桥斜拉索护套采用双层,内层为黑色高密度聚乙烯,外层为彩色高密度聚乙烯。两层聚乙烯之间应具有良好的机械性能及耐候性能,双层护套一次成型,如图 3.5.8.16 所示。

斜拉索锚具均采用张拉端冷铸锚锚具。锚具由锚杯、锚板、锚固螺母、连接筒、后盖、密封盖及冷铸锚填料等部分组合而成。

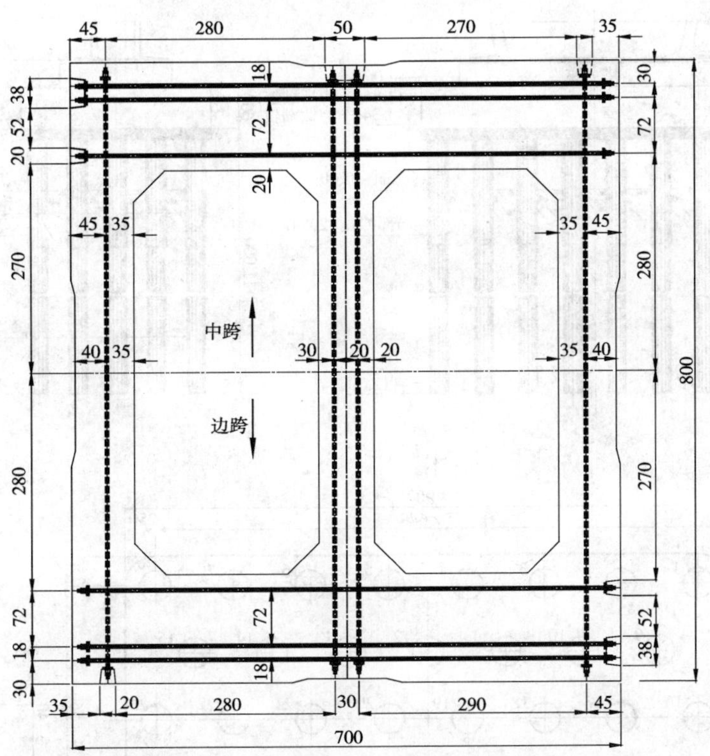

图 3.5.8.15　锚固区预应力筋布置(单位:cm)

成品索由冷铸锚具、斜拉索体等组装而成。每一根成品索出厂前须预张拉,张拉力为标准破断荷载的 0.55,预张拉后冷铸锚中锚板回缩值不得大于 6mm。

全桥共有 96 对斜拉索,主梁拉索的索距为 8m,桥塔拉索的索距为 2.1m。

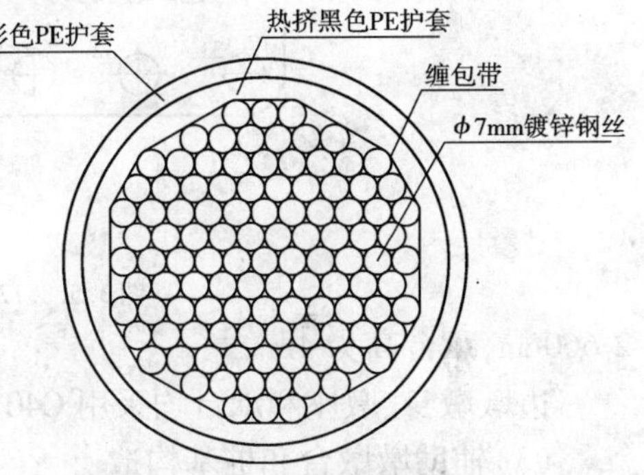

图 3.5.8.16　斜拉索横断面

5.8.4　下部结构构造

1. 桥墩构造尺寸

(1) 主墩墩台和桩基构造

主墩墩座平面尺寸为 1 600cm×3 600cm,高 500cm,墩座与其上约 2.0m 高的塔身应同时一次浇筑混凝土。其承台平面尺寸 2 740cm×4 980cm,高 600cm。主墩桩基采用 38ϕ250cm 钻孔灌注桩,顺桥向桩距 5.6m,横桥向桩距 6.4m。考虑到海水腐蚀的因素,灌注桩外侧采用 ϕ2 700mm 钢护筒加以保护。基础如图 3.5.8.17 所示。

墩座和承台均采用高性能 C40 混凝土,灌注桩采用水下 C30 掺和混凝土。

三角形防撞体顺桥向长 31.4m,横桥向长 20.27m,高 11m,采用 C40 高性能混凝土浇筑。其与承台采用橡胶护舷弹性连接。防撞体下采用 ϕ1 300mm 钢管桩基,壁厚 20mm,材质 Q345C,顺桥向桩距 3.5m,横桥向桩距 4.4m。

(2) 边墩墩台和桩基构造

边墩采用空心墩形式,截面外轮廓尺寸为 490cm×885cm,内部成孔尺寸为 350cm×343cm,倒角尺寸为 30cm×30cm。墩外壁壁厚 70cm,内壁壁厚 60cm。墩帽高 4m,使两个分离墩连成整体。桥墩顶部向下 2m 为实心墩,使传力路径较为合理。为了保证桥墩弯矩平衡,所以接 70m 连续梁侧支座中心偏离墩中心线 1.65m,接斜拉桥侧支座中心偏离墩中心线 1.55m。墩座截面尺寸为 650cm×1 045cm,墩座高 1.2m。边墩墩身断面尺寸见图 3.5.8.18。

边墩采用现浇施工,墩身底部 1.5m 高段应与墩座同时浇筑。边墩承台截面尺寸为 1 020cm×

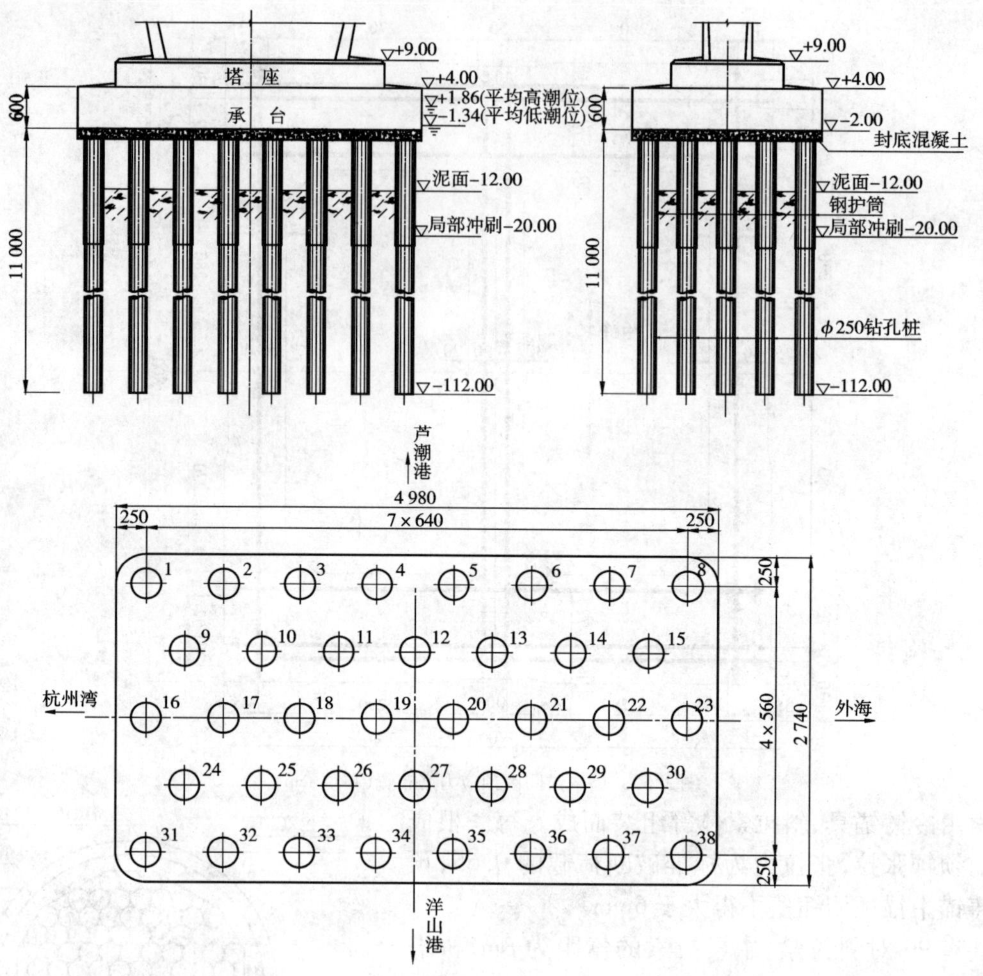

图 3.5.8.17　主墩基础构造（尺寸单位：cm；高程单位：m）

2 660cm，承台高为 4m。

边墩墩身、墩座和承台均采用 C40 高性能混凝土浇筑。

（3）辅助墩墩台和桩基构造

辅助墩采用空心墩形式，截面外轮廓尺寸为 460cm×665cm，内部成孔尺寸为 320cm×525 cm，倒角尺寸为 30cm×30cm。墩壁壁厚 70cm。桥墩顶部向下 2.5m 为实心墩，使传力路径较为合理。考虑到辅助墩处会产生拉力，因此辅助墩应设置成拉力墩，故采用体外索将桥墩与梁体连接，桥墩墩底 3m 为实心作为体外索的锚梁。墩座截面尺寸为 850cm×2450 cm，墩座高为 200cm。

辅助墩墩身断面尺寸见图 3.5.8.19。

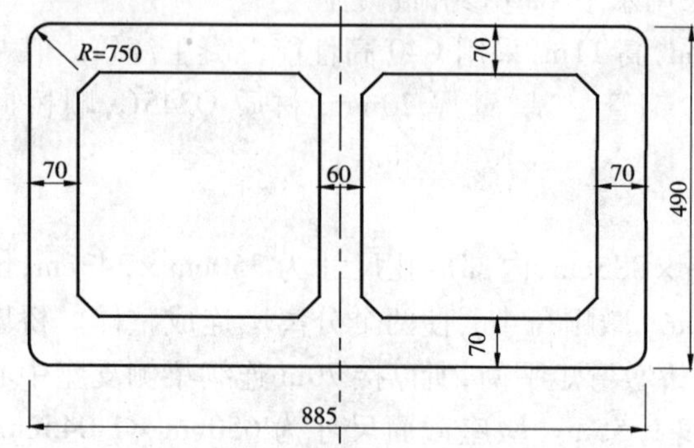

图 3.5.8.18　边墩断面构造（单位：cm）

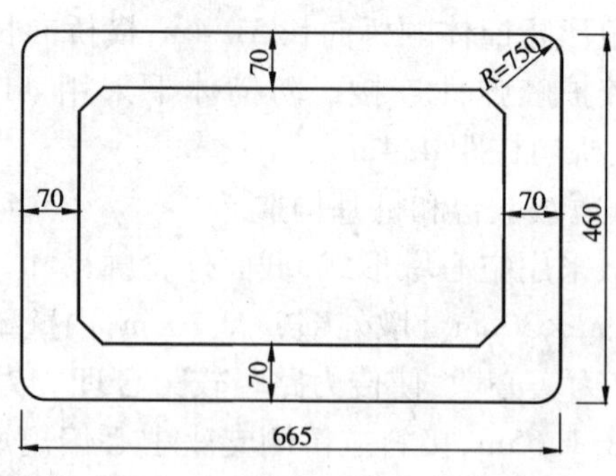

图 3.5.8.19　辅助墩断面构造（单位：cm）

辅助墩采用现浇施工，墩身底部 1.5m 高段应与墩座同时浇筑。

辅助墩承台截面尺寸为 1 660cm×3 060cm，承台高为 4m。辅助墩桩基采用 14ϕ250cm 钻孔灌注桩，顺桥向桩距 5.8m，横桥向桩距 6.4m。考虑到海水腐蚀的因素，灌注桩外侧采用 ϕ270cm 钢护筒加以保护，如图 3.5.8.20 所示。

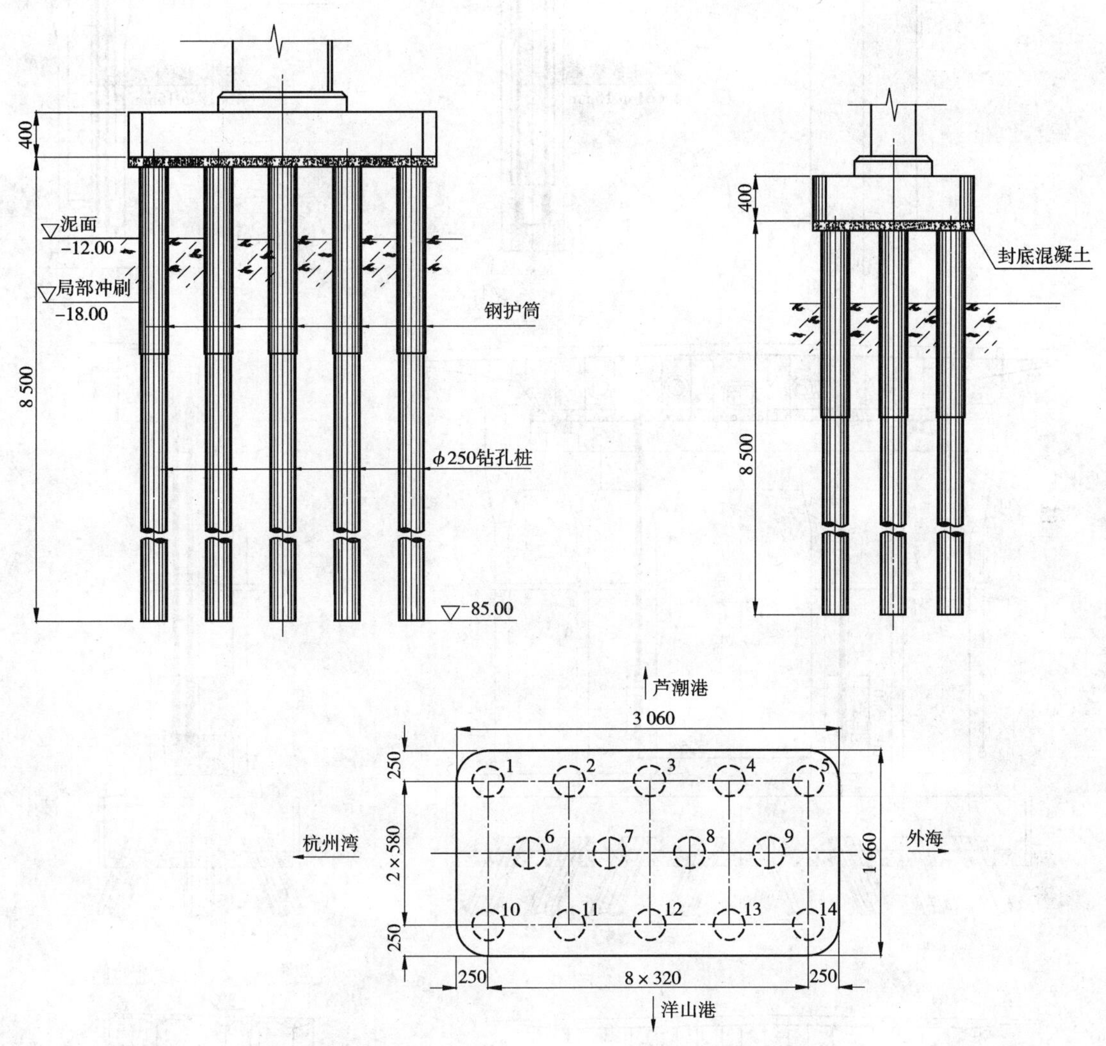

图 3.5.8.20　辅助墩承台基础构造(尺寸单位:cm;高程单位:m)

辅助墩墩身、墩座和承台均采用 C40 高性能混凝土浇筑，灌注桩采用水下 C30 掺和混凝土。

2. 桥墩预应力筋的布置

边墩和辅助墩竖向预应力筋采用 32mm JL750 级精轧螺纹粗钢筋，标准强度 $R_y^b=750$MPa，每根张拉控制力 $N_k=543$kN。钢束锚固螺母高度不得大于 72mm，钢束张拉端工作长度为 100mm，否则，钢束长度应作相应调整。预应力粗钢筋采用一端张拉，张拉端位于粗钢筋上端，每延米张拉伸长量为 3.38mm。

边墩和辅助墩中的体外钢绞线拉索采用 1 770MPa 镀锌钢绞线，应力疲劳幅 200MPa。镀锌钢绞线外包 PE 注油性蜡，导管内填充聚氨酯泡沫，最外侧采用双层 HDPE 外套管。体外拉索在墩底单端张拉。

为了克服边墩和辅助墩的支座拉力，在墩身和主梁间设置体外钢绞线拉索，边墩设置了 4 束 19ϕ^j15mm 体外钢绞线拉索，张拉力合计 700t；辅助墩设置了 4 束 61ϕ^j15mm 体外钢绞线拉索，张拉力合计 1 900t，如图 3.5.8.21 所示。

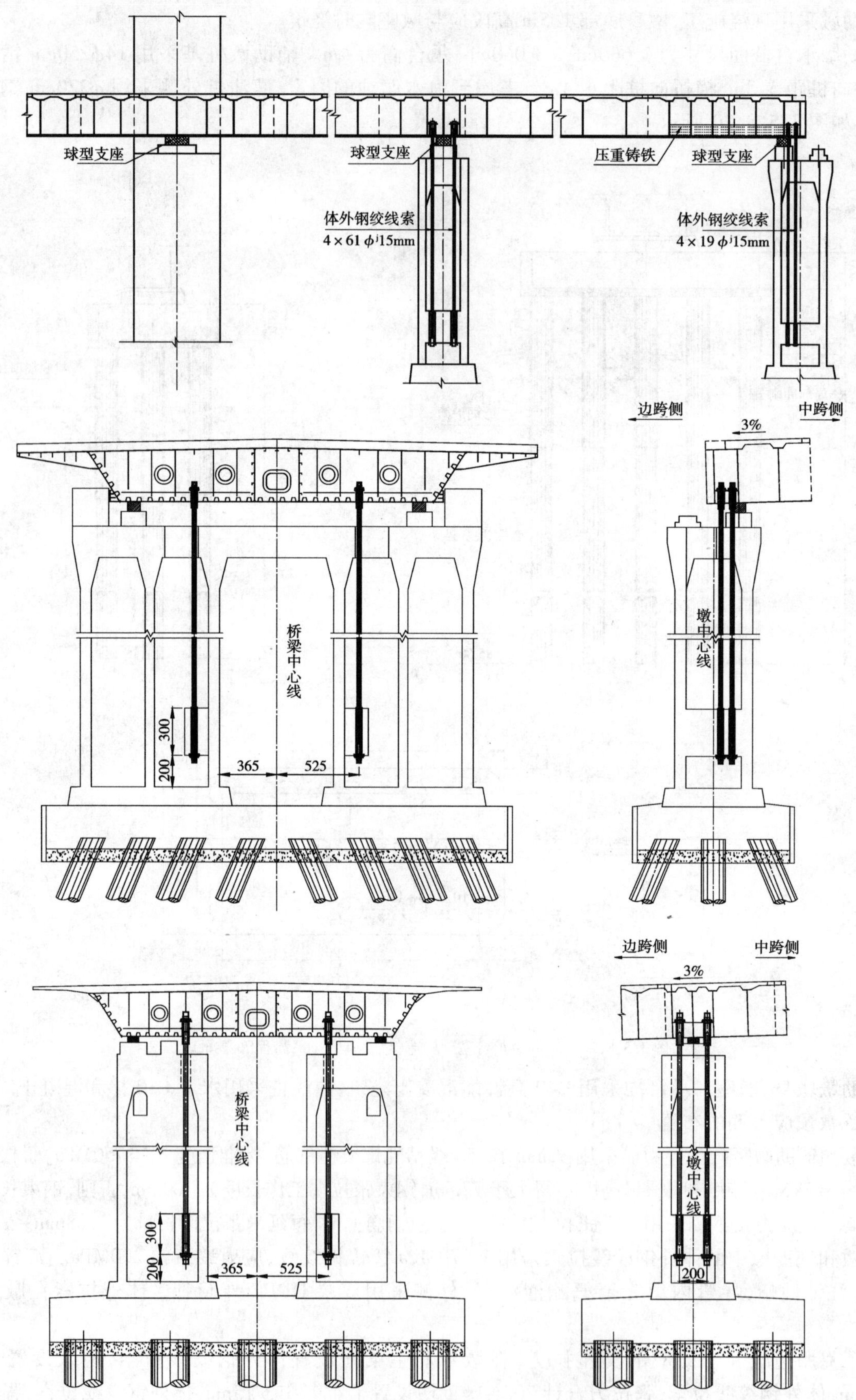

图 3.5.8.21　辅助墩边墩的体外钢绞线拉索布置(单位:cm)

第 6 章　港桥连接段桥梁设计

作为洋山深水港区重要配套工程，在大乌龟岛登陆后，经颗珠山、小洋山再到港区，其中港桥连接段工程的范围从大乌龟岛登陆点到小洋山西侧之间的区段，全长为 3.468 93km。

该区段桥堤结合，结构形式多样，包括海堤工程、开山路工程、海上桥梁工程。具体分段如下：

(1)海堤工程：大乌龟岛 K27 +940.000 至颗珠山 K29 +160.000 之间的海堤，长度为 1 220m。

(2)开山路工程：大乌龟岛段 K27 +579.000 ~ K27 +940.000 其长度为 361m；颗珠山段 K29 +160.000 ~ K29 +387.929，其长度 227.93m。

(3)颗珠山工程：包括主桥和引桥工程，跨越颗珠山与小洋山之间的深槽水域，K29 +387.929 ~ K31 +047.929，其长度为 1 660m。

6.1　7 ×50m 预应力混凝土连续箱梁桥设计

根据东海大桥的总体线形布置，桩号 K29 +387.929 为颗珠山大桥西引桥 7 ×50m 预应力混凝土连续梁桥。其与大乌龟岛的桥台连接，其岩面线 -9.0 ~ -43.0m 落差较大，桥梁结构一侧临岛，一侧临海；同时该桥梁位于 R =2 588.018m 的平曲线上，形成岛与主桥的连接。该桥采用连续梁逐跨施工工艺。

大乌龟岛与颗珠山岛之间的岩面线落差较大，桥墩基础采用 ϕ150cm 嵌岩灌注桩，其持力层为 VI_2 浅肉红或浅灰白色花岗岩中等 ~ 微风化层，各桥墩桩长不一。近大乌龟岛桥台则采用了重力式扩大基础。

承台厚度根据桩的平面布置情况和施工工艺方法，封底混凝土厚 50cm，承台高 3.0m。标准桥墩沿桥梁中心线左右分离，采用箱形墩身截面，左右墩间距 16.75m，承台和墩身均采用现浇混凝土施工工艺。

7 ×50m 连续梁桥总体布置如图 3.6.1.1 所示。

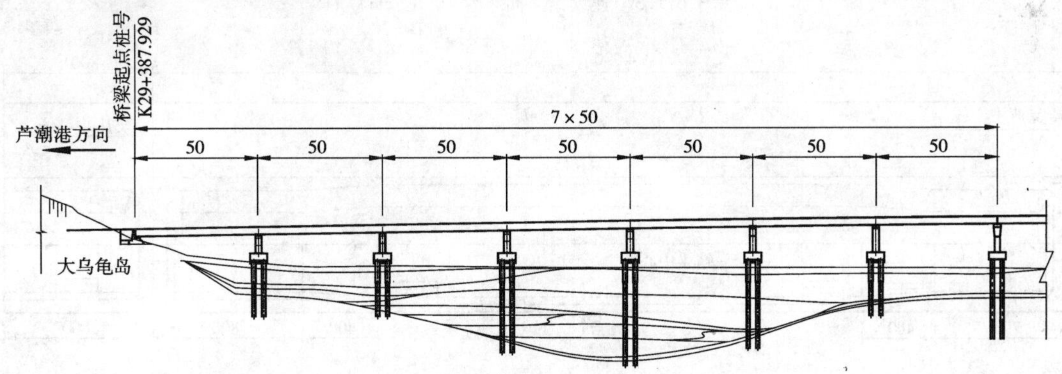

图 3.6.1.1　7 ×50m 连续梁桥总体布置(单位:m)

6.1.1　上部结构构造

1. 桥跨布置及箱梁主要构造尺寸

七跨一联的等高度预应力混凝土连续箱梁桥的横断面为两个分离式单箱单室箱形截面。桥面横向布置宽度为 0.5m(防撞护栏) +2.5m(紧急停车带) +11.75m(行车道) +0.5m(防撞护栏) +1.5m(中央隔离带) +0.5m(防撞护栏) +11.75m(行车道) +2.5m(紧急停车带) +0.5m(防撞护栏)，桥面全宽 32.0m，并设置 2.0% 双向横坡。桥梁横断面布置如图 3.6.1.2 所示。

七跨一联等高度预应力混凝土连续箱梁，采用单箱单室箱形截面，梁高 3.0m，高跨比 1/16.7。全

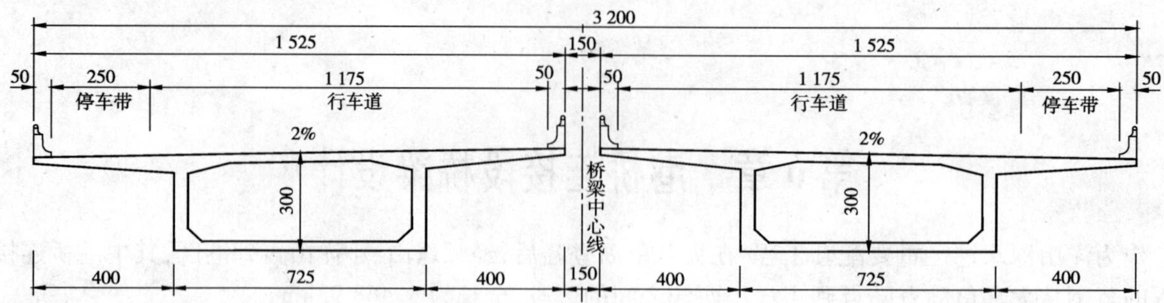

图 3.6.1.2　桥梁横断面布置(单位:cm)

桥仅在支点处设置 1.5m 宽度的横隔梁,所有横隔梁内均设置 180cm × 100cm 人孔。纵桥向每隔 3.0m 间距在每道腹板内设置 ϕ8cm 通气孔,而每跨箱梁底板近支座 2.5m 处各设置 4 个 ϕ8cm 通风孔。箱梁顶板厚度为 28cm,跨中底板厚 18cm,腹板厚 40cm;近支点处 8.0m 长度范围内底板厚 45cm,腹板厚 70cm,其变化段长度则为 400cm,顶板与横隔梁连接处设置 30cm × 80cm 的倒角。逐跨施工连续梁施工分界线距支座的长度为 8.0m,为跨径的 1/6.25。详见图 3.6.1.3、图 3.6.1.4。

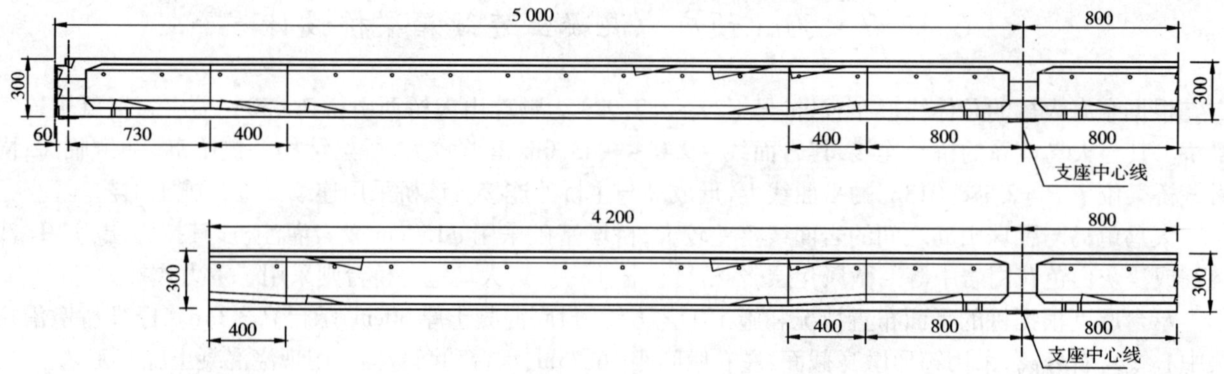

图 3.6.1.3　连续梁立面布置(单位:cm)

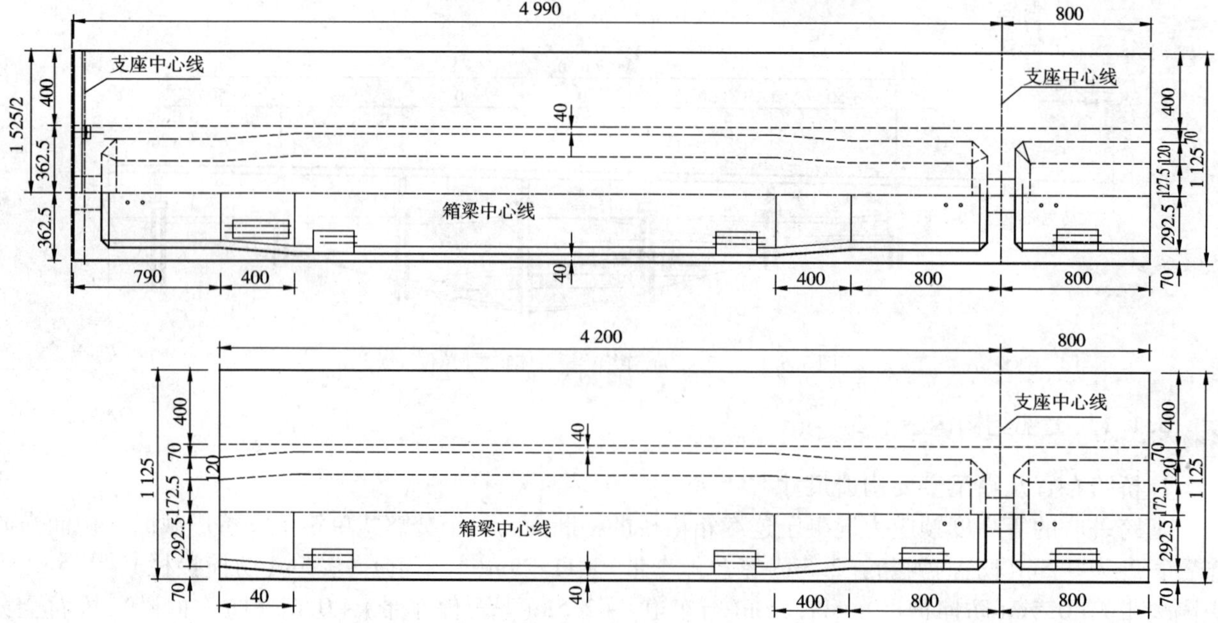

图 3.6.1.4　桥梁平面布置(单位:cm)

单幅箱梁横断面采用单箱单室直腹板箱形截面，箱梁顶板宽15.25m，底板宽7.25m，宽跨比1/6.9，中心处梁高3.0m，其箱梁顶设成2.0%的单向横坡，而底板则保持水平；箱梁两侧悬臂板长度为4.0m，其宽跨比1/12.5，悬臂板端部厚度20cm，根部厚度55cm，高跨比1/7.27，其中箱梁悬臂端部设置20cm的后浇段。

箱梁跨中截面的顶板厚度28cm，底板厚度28cm，腹板厚度40cm。箱梁支点截面的顶板厚度28cm，底板厚度45cm，腹板厚度70cm。箱梁内底板与腹板连接处设置40cm×40cm下倒角，顶板与腹板连接处设置120cm×30cm上倒角。详见图3.6.1.5。

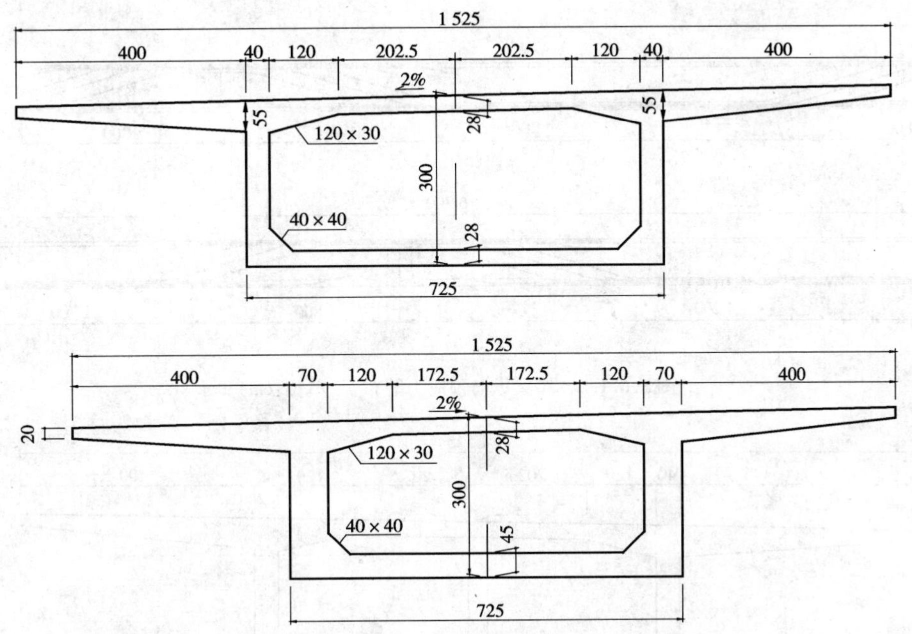

图3.6.1.5　箱梁横断面构造尺寸(单位:cm)

箱梁采用强度等级C50的高性能混凝土。

2.预应力筋的布置

箱梁采用双向预应力体系。纵横向预应力筋均采用ϕ^{j}15.24mm高强度低松弛270级钢绞线束，标准强度$R_{y}^{b}=1\ 860$MPa。连续梁中支座处横梁采用每束90根ϕ5mm高强度钢丝，其标准强度$R_{y}^{b}=$ 750MPa。预应力筋锚下控制应力为$\sigma_{k}=0.75R_{y}^{b}$。

(1)纵向预应力筋

箱梁纵向预应力筋主要分为腹板连续钢束、每跨底板局部上弯钢束、底板通长连续钢束、中墩墩顶局部下弯钢束和墩顶箱梁翼缘板直线束五大类形式。由于采用逐跨施工工艺，每跨距中墩支座中心线8.0m处设置了逐跨施工阶段的分界线，其纵向腹板和底板连续钢束须设置配套的连接器。钢束按箱梁对称布置，尽可能靠近腹板，以减少剪力滞效应的影响。

①腹板

箱梁单侧腹板内配置纵向连续19-ϕ^{j}15.24mm钢绞线3根，并在连续梁逐跨施工阶段分界线设置相应的锚具连接器。单幅箱梁腹板内预应力钢束共计6根。

②底板

底板加腋处设置纵向通长19-ϕ^{j}15.24mm钢绞线2根，并在连续梁逐跨施工阶段分界线设置相应的锚具连接器。边跨底板局部上弯短钢束12-ϕ^{j}15.24mm钢绞线12根，中跨底板局部上弯短钢束12-ϕ^{j}15.24mm钢绞线8根。单幅箱梁底板内预应力钢束共计66根。

③顶板

边中支座处顶板设置局部下弯钢束12-ϕ^{j}15.24mm钢绞线10根，中支座处顶板设置局部下弯钢束

12-ϕ^j15.24mm 钢绞线 8 根，同时中支座箱梁翼缘板根部配置直线形 12-ϕ^j15.24mm 钢绞线 6 根。单幅箱梁顶板内预应力钢束共计 102 根。

纵向预应力筋布置详见图 3.6.1.6，其横断面如图 3.6.1.7 所示。

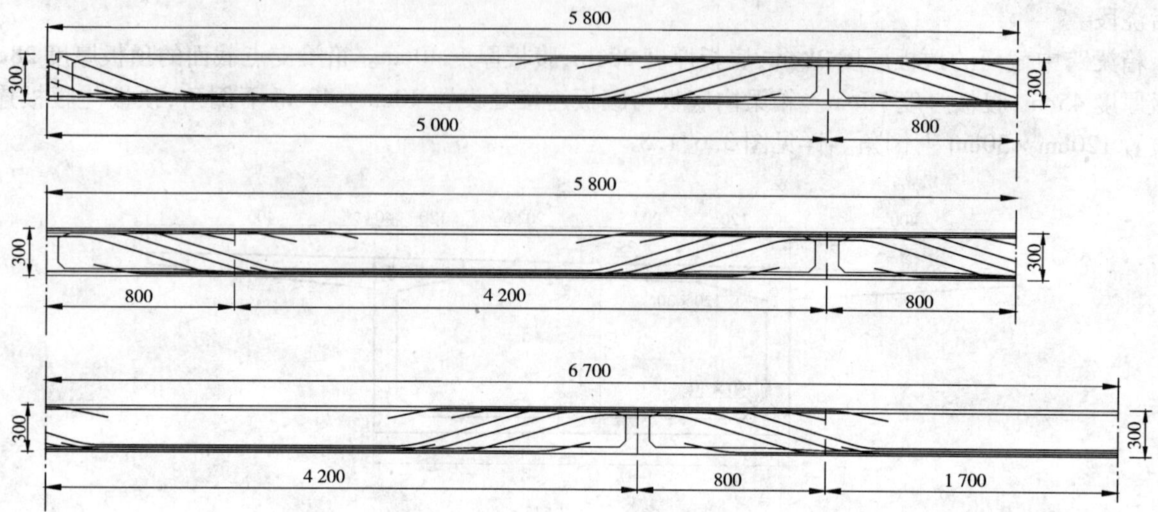

图 3.6.1.6　箱梁纵向预应力筋布置（单位：cm）

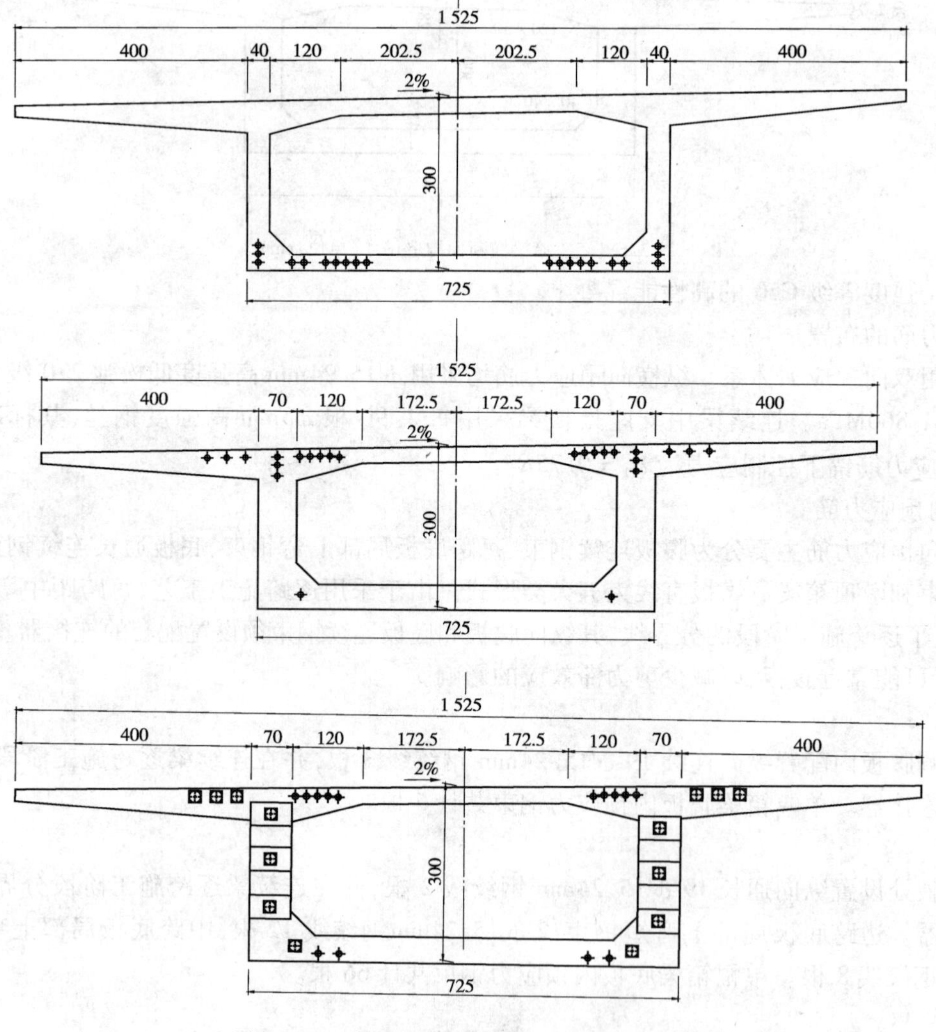

图 3.6.1.7　箱梁预应力筋横断面布置（单位：cm）

(2)横向预应力筋

单幅箱梁桥面板横向配置预应力筋,采用 3-ϕ^{j}15.24mm 钢绞线束,扁锚体系,如图 3.6.1.8 所示。横向预应力钢束间距 0.5m,单幅桥梁合计 701 根。横向预应力钢束采用一端交替张拉施工工艺。

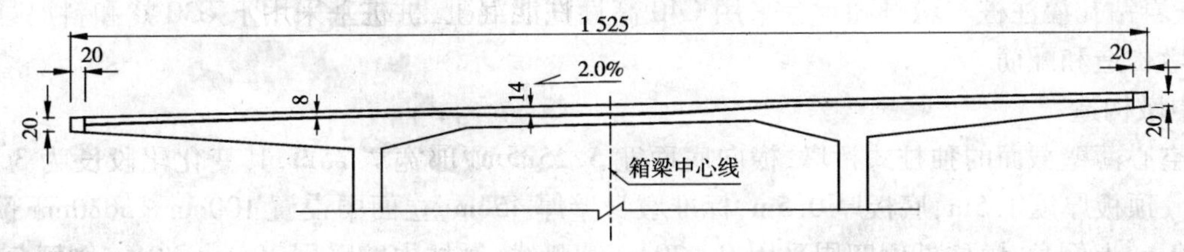

图 3.6.1.8　箱梁桥面板预应力筋布置(单位:cm)

箱梁中横梁根据受力需要,横向配置直线型两排各 4 束高强钢丝,每束 90 根 ϕ5mm 高强钢丝,采用 DM5A—90 型墩头锚,如图 3.6.1.9 所示,其基本受力在横隔梁截面形心处。单幅桥梁其横隔梁预应力钢丝合计 48 根。

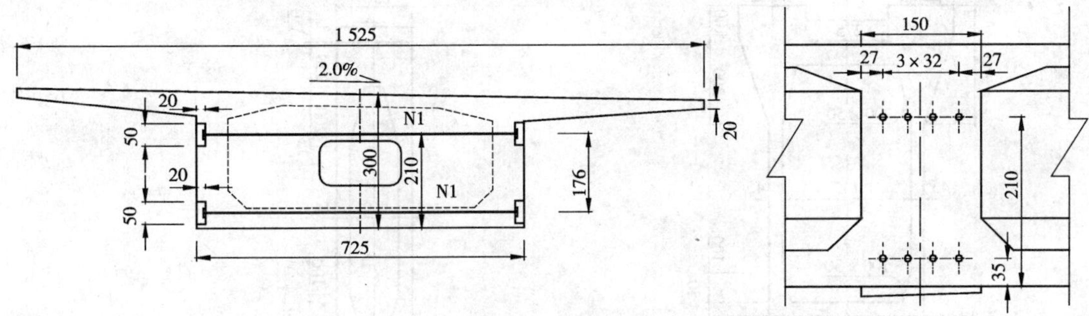

图 3.6.1.9　箱梁中横隔梁预应力筋布置(单位:cm)

3. 普通钢筋构造

箱梁的普通钢筋采用常规配筋方法,钢筋直径采用ϕ12mm、ϕ16mm 和ϕ20mm3 种类型直径的钢筋。单幅箱梁横向钢筋和纵向钢筋均采用 15cm 间距。箱梁顶板顶层和顶板底层横向钢筋、顶板加腋横向钢筋和腹板内壁单肢箍筋均采用ϕ20mm;其他横向钢筋和纵向钢筋则采用ϕ16mm。内外侧钢筋网之间设置直径ϕ12mm 拉筋,间距 45cm。箱梁横断面配筋如图 3.6.1.10 所示。

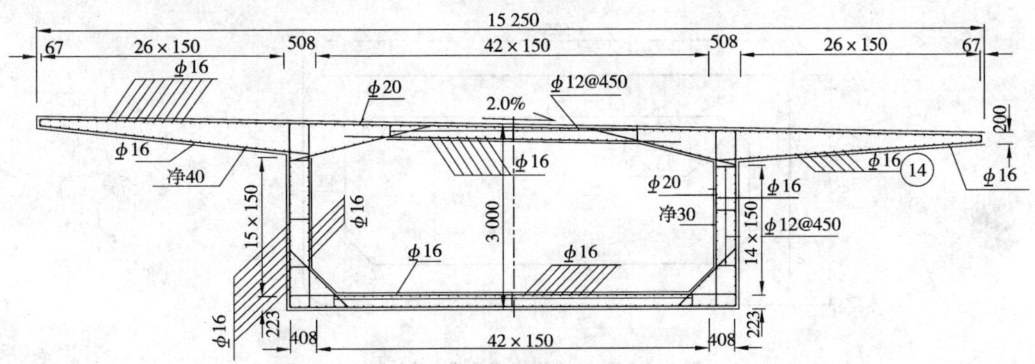

图 3.6.1.10　箱梁横断面普通钢筋布置(单位:mm)

横隔梁普通钢筋全部采用ϕ20mm 钢筋,间距 10cm,断面内配置四肢封闭箍筋。

4. 支座设置构造

单幅七跨一联等高度预应力连续箱梁桥,箱梁横向支座间距为 500cm,采用 LQZ 系列球型钢支座,全桥设置 2 个固定支座,14 个单向支座。

6.1.2 下部结构构造

该区段桥墩墩身采用现浇法施工，矩形承台采用套箱加封底混凝土现浇施工工艺；基础采用 ϕ150cm 嵌岩钻孔灌注桩。墩身和承台采用 C40 高性能混凝土，桩基采用水下 C30 掺和料混凝土。

1. 桥墩构造和配筋

(1)中墩构造

矩形空心薄壁截面的独柱式桥墩，横向底面宽 5.25m，顶部宽 7.25m，其变化段长度为 3.0m，纵向宽度 2.5m，顶板厚度 1.5m，底板厚 0.5m，标准墩身壁厚 45cm，立面中设置 100cm×30cm 下倒角，设置 200cm×50cm 上倒角；墩柱外侧四周采用 $R=30$cm 圆弧线，墩柱内壁采用 30cm×30cm 倒角。为充分利用其桥墩刚度，在墩柱顶部设置 50cm 高、2.75m 横宽的凹槽，以利于上部结构箱梁横梁处抗震挡块截面的嵌入，满足桥梁横向抗震的要求。其构造如图 3.6.1.11 所示。

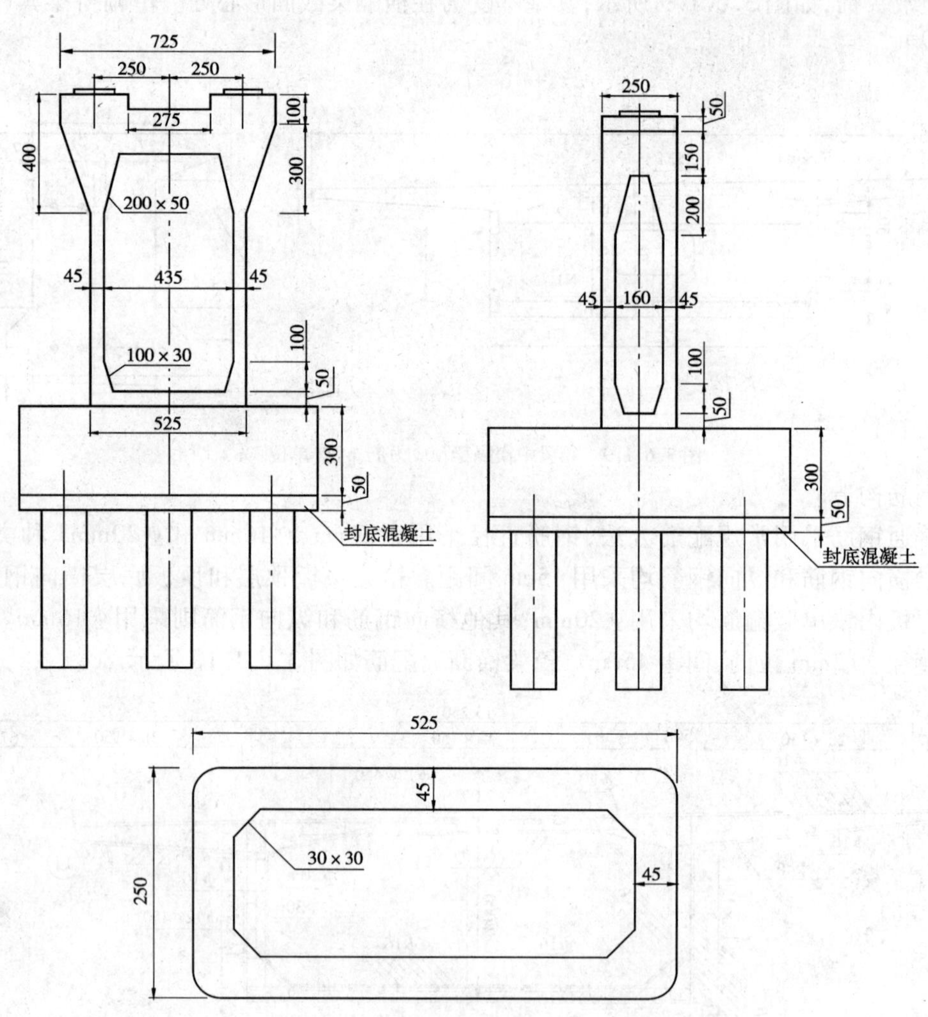

图 3.6.1.11 中墩墩身构造(单位：cm)

(2)墩柱配筋

矩形截面空心薄壁墩柱外侧横向主筋采用 ϕ25mm，纵向主筋采用 ϕ28mm，主筋间距 15cm；内侧纵横向主筋采用 ϕ20mm，其主筋间距 20cm。所有主筋均伸入承台，其伸入长度为 250cm。箍筋采用 ϕ16mm封闭钢筋，距承台顶面 2.5m 范围内间距 10cm，其余均为 20cm 间距，其截面内按最多 5 根主筋布置箍筋。垫石和墩顶处各设置两层钢筋网片。墩柱断面配筋如图 3.6.1.12 所示。

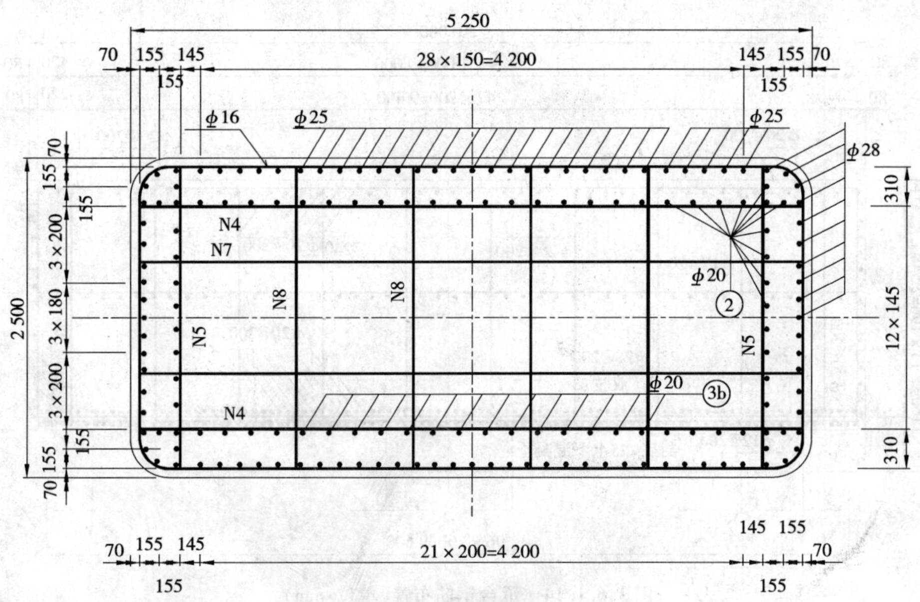

图3.6.1.12　墩柱构造钢筋布置(单位:mm)

2.基础构造

(1)承台构造

中墩桩基采用5ϕ150cm嵌岩钻孔灌注桩,桩长13.15~46.65m,顺桥向桩距2.0m,横桥向桩距3.5m。承台平面尺寸为1 000cm×700cm,四周设置$R=100$cm圆弧线,承台厚3.0m,下设置0.5m封底混凝土。其构造如图3.6.1.13所示。

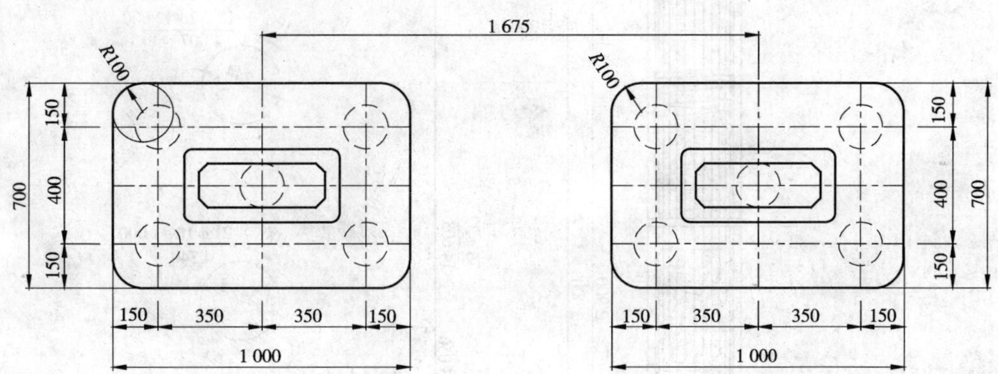

图3.6.1.13　中墩承台平面构造(单位:cm)

为了保证嵌岩桩的质量,需保证钻孔桩嵌入新鲜岩面最小不小于3.0m。钻孔桩顶部设置ϕ1 700mm的长钢套筒。

(2)承台配筋

钻孔桩桩顶设置ϕ12mm、间距12cm的钢筋网片,承台底部设置双层ϕ28mm主筋,间距20cm;承台顶部则设置ϕ20mm主筋,间距20cm;顶层与垫层主筋单面焊接成型。承台侧面配置ϕ20mm封闭主筋,间距20cm。3.0m厚承台中部配置了ϕ12mm、间距20cm的加强钢筋网片,同时为了保证承台顶层钢筋的定位,设置ϕ20mm、间距60cm的竖向支撑钢筋。承台立面配筋如图3.6.1.14所示。

(3)嵌岩钻孔灌注桩配筋

ϕ150cm嵌岩钻孔灌注桩配置36根ϕ32mm直径主筋,主筋呈喇叭形伸入承台、其伸入长度为150cm,且所有主筋伸入距桩底10cm处,考虑到主筋成型刚度问题需设置12根ϕ20mm加强筋,间距200cm。伸入承台主筋处设置10cm间距的螺旋形箍筋,在基岩面上下100cm范围内设置间距10cm的ϕ10mm圆形箍筋,其余则采用上部间距10cm、下部间距20cm的螺旋形箍筋。钻孔桩配筋如图3.6.1.15所示。

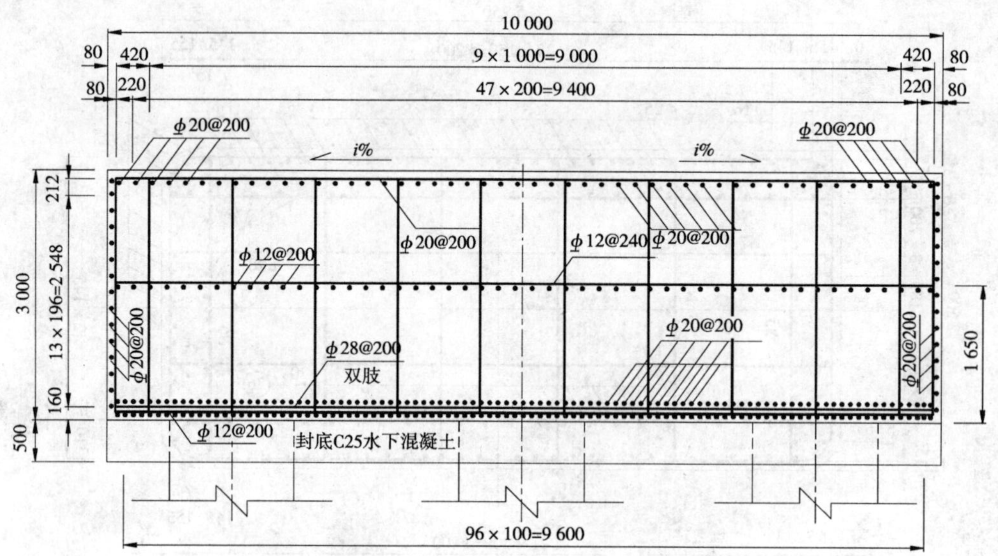

图 3.6.1.14　承台钢筋布置(单位:mm)

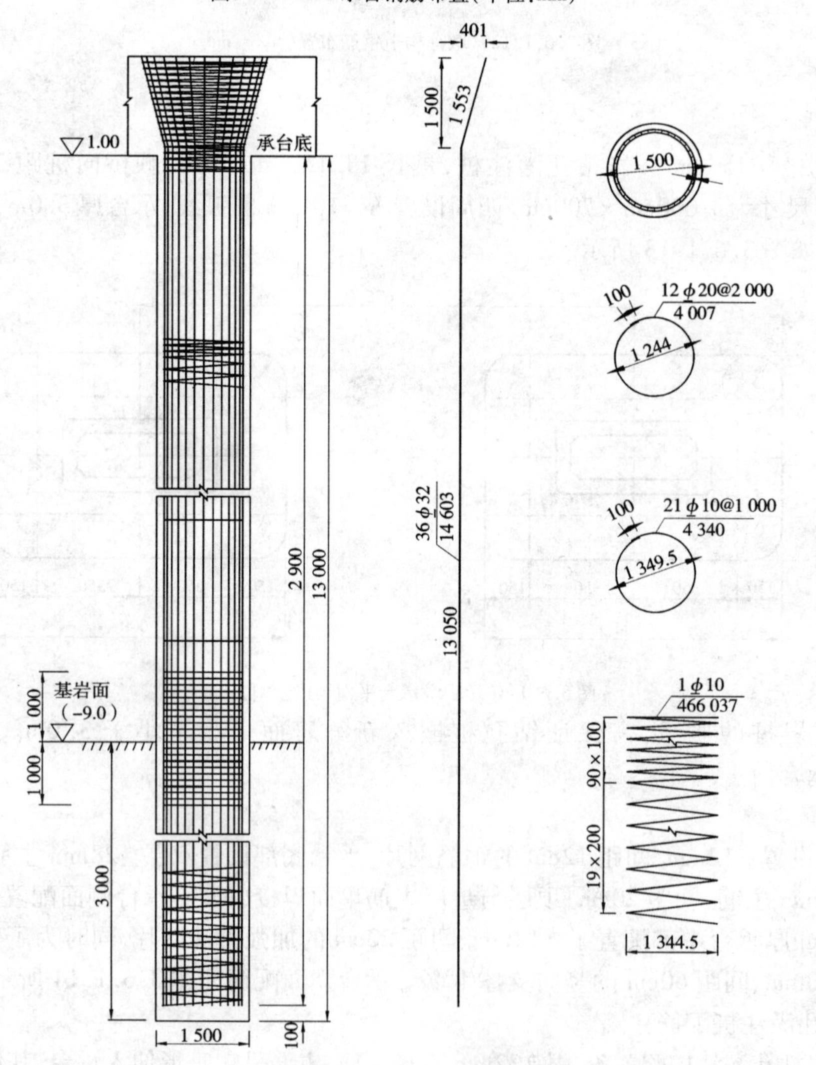

图 3.6.1.15　嵌岩钻孔灌注桩钢筋布置(尺寸单位:mm;高程单位:m)

采用超声波法检测桩身混凝土的质量,故设置了 3 根 ϕ50mm 传声管,并将传声管牢固绑扎在钢筋笼内侧,检测完后采用 40MPa 砂浆填充管内。

6.2　颗珠山斜拉桥设计

颗珠山岛至港区小洋山岛之间岩面线高程为 -9.0 ~ -43.0m,其高差较大,为有效减少桥梁基础施工难度,保障大型船舶停靠港区码头,主孔跨径控制在 300m 以上,无通航要求。路线纵断面高程设计根据百年一遇设计高水位 + 百年一遇设计波浪波峰面高程 + 富余高度 1.0m + 支座及其垫块高度 + 桥梁上部结构高度确定路线控制点设计高程。结合主、边跨合理比值及斜拉索布置和主梁构造等结构设计特点,颗珠山斜拉桥跨径布置为 49.13m + 139m + 332m + 139m + 49.13m,全长 708.26m,其中两边跨为预应力混凝土简支箱梁,桥梁布置在 K29 + 738.799(PM470) ~ K30 + 447.059(PM475)之间,为双塔双索面钢梁—混凝土结合梁斜拉桥,如图 3.6.2.1 所示。

西侧边墩基础采用 ϕ150cm 嵌岩灌注桩,其余则采用 ϕ250cm 嵌岩灌注桩。其持力层为 VI_2 浅肉红或浅灰白色花岗岩中等 ~ 微风化层,各桥墩桩长不一。承台厚度根据桩的平面布置情况和施工工艺方法,封底混凝土厚 50cm,边墩承台厚 300cm,主墩承台厚 480cm。承台和墩身均采用混凝土现浇施工工艺。

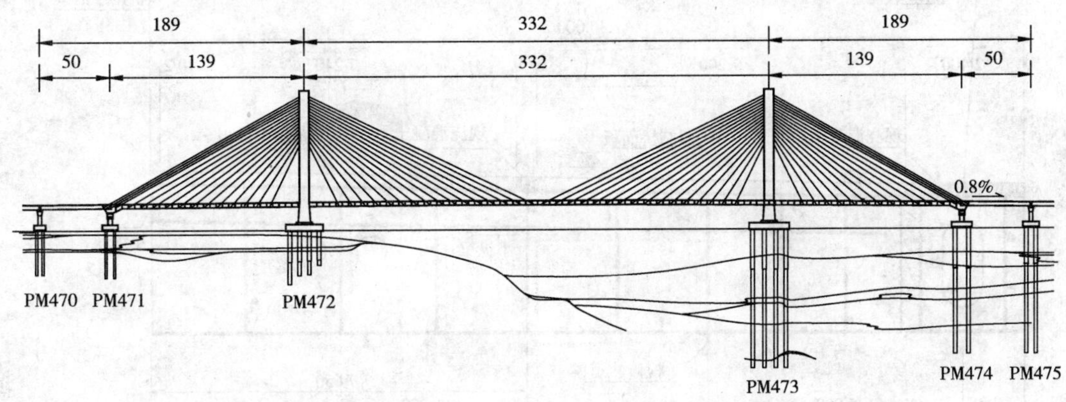

图 3.6.2.1　颗珠山斜拉桥总体布置(单位:m)

6.2.1　上部结构构造

1. 桥跨布置和主梁构造尺寸

颗珠山大桥为双塔双索面钢梁—混凝土结合梁斜拉桥,无通航要求。跨径布置为 139m + 332m + 139m,全长 610m。桥面宽度按六车道 + 紧急停车带的高速公路标准设计。综合考虑斜拉索的锚固与管线要求,桥面布置为 1.5m(拉索区) + 0.5m(防撞护栏) + 2.5m(紧急停车带) + 11.75m(行车道) + 0.5m(防撞护栏) + 1.5m(中央分隔带) + 0.5m(防撞护栏) + 11.75m(行车道) + 2.5m(紧急停车带) + 0.5m(防撞护栏) + 1.5m(拉索区),桥面全宽为 35.0m。如图 3.6.2.2 所示。

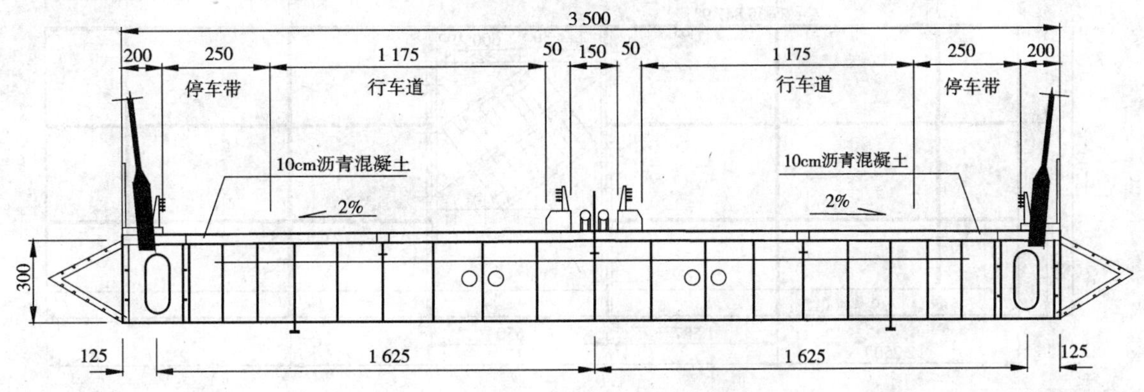

图 3.6.2.2　斜拉桥横断面布置(单位:cm)

在主塔墩及锚墩处均设置竖向支座。主塔和主梁间纵向采用液压阻尼装置，以限制主梁纵向位移及改善行车条件，减少梁端伸缩缝规模，改善结构抗震性能。

主桥位于颗珠山岛至港区小洋山岛之间，属于外海范畴，具有施工环境条件恶劣，施工工期紧，运营要求高等制约因素，主梁结构优先采用钢—混凝土结合梁。

主梁标准节段长度结合起吊运输设备、安装控制要求、顶板预应力配置以及主梁截面尺寸综合确定为9.0m。主塔下0号段为3个长13.5m的节段，边墩处梁端节段长16.52m，靠近跨中节段长8.0m，跨中合拢节段长5.5m，全桥共分65个节段。钢主梁在预制厂制作完成后运抵桥位吊装，钢主梁节段间全部采用拴接，再焊接钢横梁，拴接小纵梁，接着安装混凝土预制板和现浇钢主梁上混凝土板，最后浇筑混凝土预制板横向和纵向现浇缝。

钢主梁、横梁、小纵梁、混凝土预制板、钢主梁上混凝土板和横纵向混凝土现浇缝之间的构造如图3.6.2.3所示。

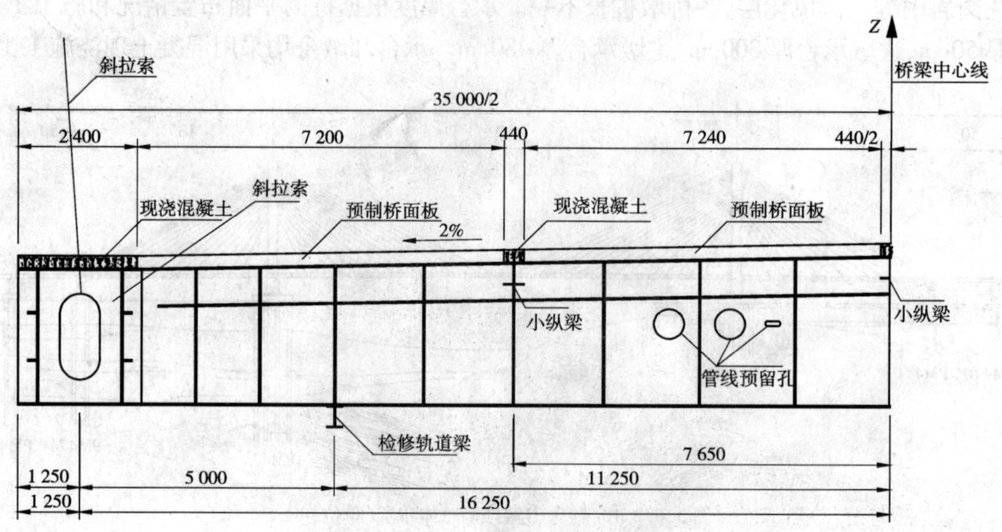

图3.6.2.3　结合梁横断面构造(单位:mm)

钢主梁标准节段长度9.0m，纵桥向4.5m设置钢横梁，之间再设置一道竖向加劲板，钢腹板上设置两道水平加劲板，其立面构造如图3.6.2.4所示。钢主梁内净高2 700mm，净宽1 700mm，主梁全宽2 500mm。顶板厚25mm，腹板厚20～30mm，底板厚35～50mm，横隔板板厚25mm，主梁腹板水平加劲肋板厚20mm，竖向加劲肋板厚25mm，主梁底板纵向加劲肋板厚25mm，钢主梁节段间采用螺栓连接。主梁标准断面及横隔板断面见图3.6.2.5。

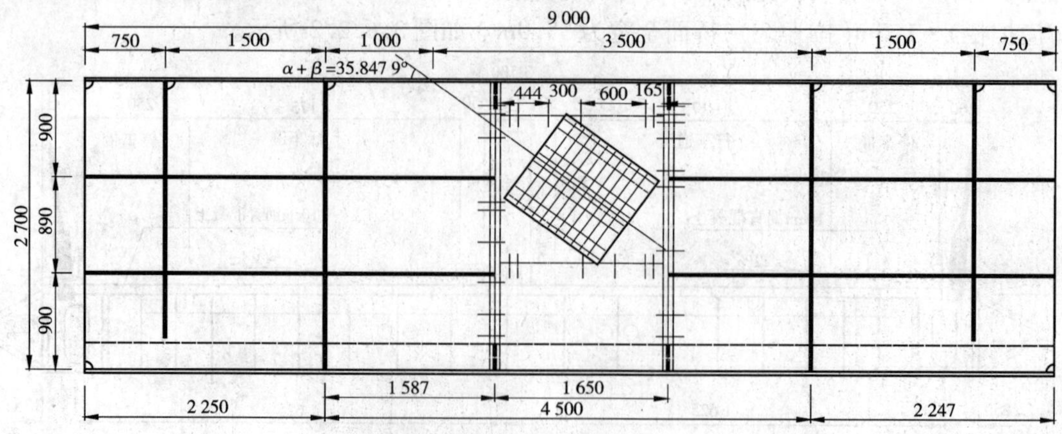

图3.6.2.4　标准节段钢主梁立面构造(单位:mm)

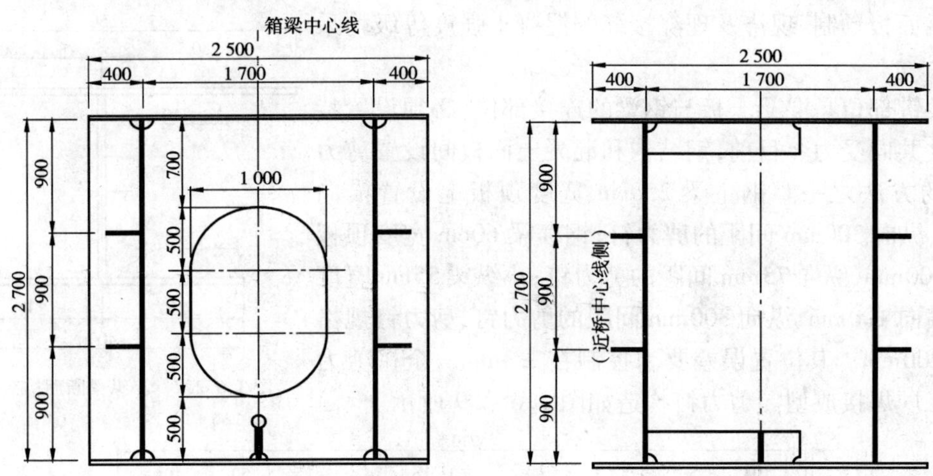

图3.6.2.5　主梁标准断面和横隔板构造(单位:mm)

边墩处钢主梁考虑到密索区锚固的要求,边墩处16.52m长钢主梁节段梁高由2.7m加高至6.52m。

钢横梁纵向4.5m间距设置一道,其长度30.0m,采用工字形截面。横梁端部高2 700mm,跨中高3 000mm,横梁宽600mm。工字梁顶板厚25mm,腹板厚16mm,底板厚30~40mm。工字梁竖向加劲肋板厚16mm或20mm,间隔式设置,其间距为1.50~1.96m不等。横向水平加劲板厚12mm,如图3.6.2.6所示。

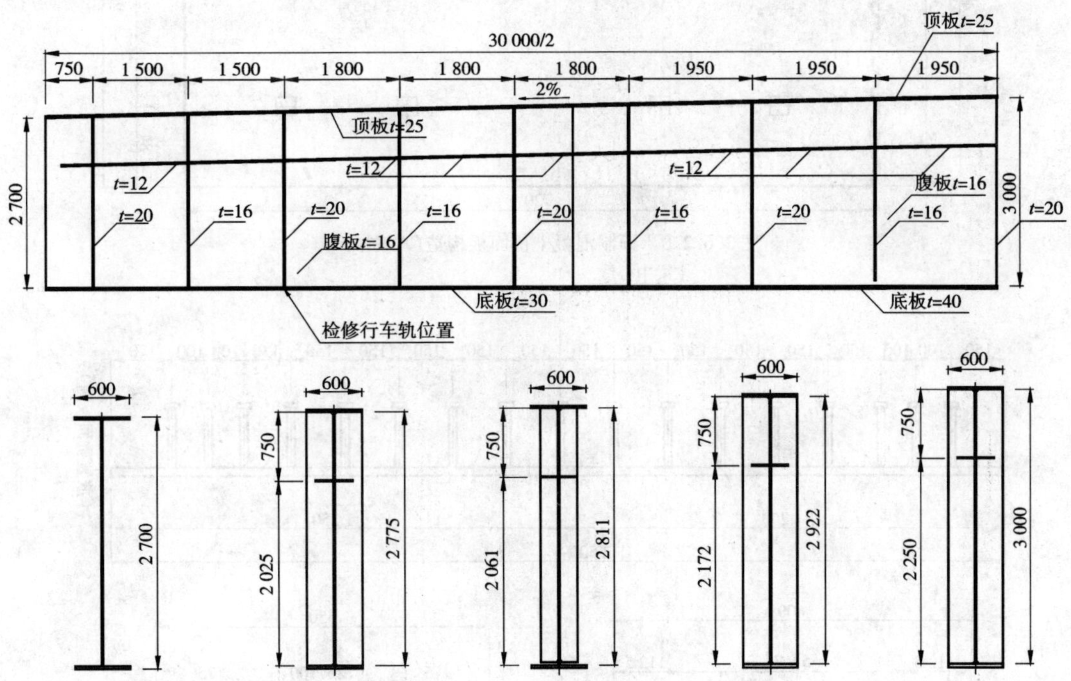

图3.6.2.6　钢横梁构造(单位:mm)

钢主梁间设三道小纵梁,小纵梁采用工字形截面。顶板、底板和腹板的板厚均为12mm,顶板宽550mm,底板宽400mm,梁高净400mm,如图3.6.2.7所示。

钢主梁、钢横梁、小纵梁和各种加劲肋钢材均采用Q345qD。

与钢梁结合成一体的混凝土桥面板全宽3 500cm,厚26cm,由预制板、现浇板和现浇缝三部分组成。预制混凝土桥面板边板尺寸为403cm×720cm。中板尺寸为403cm×724cm。钢主梁上部采用现浇桥面板,其宽度为240cm。钢横梁和小纵梁上则采用现浇混凝土桥面板缝,纵缝宽度44cm,横缝宽度47cm。预制混凝土桥面板构造如图3.6.2.8所示。预制板设置4个吊点,同时为了堆放预制板的需要,设置临时8个堆放支承点,其纵向一侧设置凹凸形锯齿,齿深75mm。

混凝土桥面板预制、现浇及现浇接缝的混凝土强度等级均采用 C60。

结合梁关键部位是混凝土板与钢梁的连接部位，必须设置特殊的构造使之共同受力。目前，钢结构和混凝土面板间设置剪力钉是较常用的方法之一。钢主梁 250cm 宽度顶板上设置横向 100～150mm、纵向 300mm 间距的剪力钉；钢横梁 60cm 宽度顶板上设置横向 300mm、纵向 75mm 间距的剪力钉；小纵梁 55cm 宽度顶板上设置横向 100mm、纵向 300mm 间距的剪力钉，剪力钉规格为 ϕ22mm × 200mm。其位置误差要求控制在 ±3mm。全桥剪力钉全部采用工厂焊接成型。剪力钉构造如图 3.6.2.9 所示。

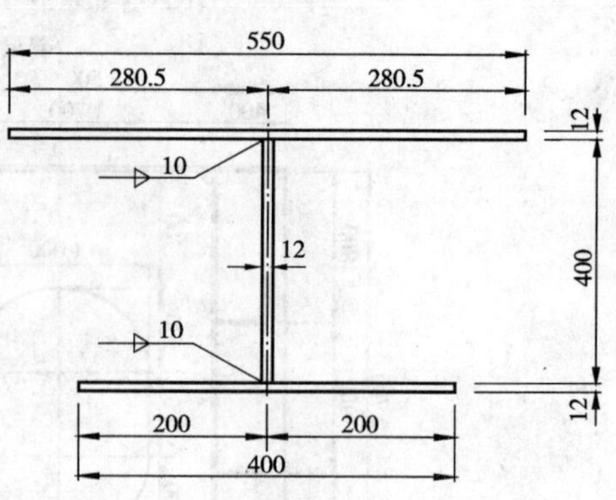

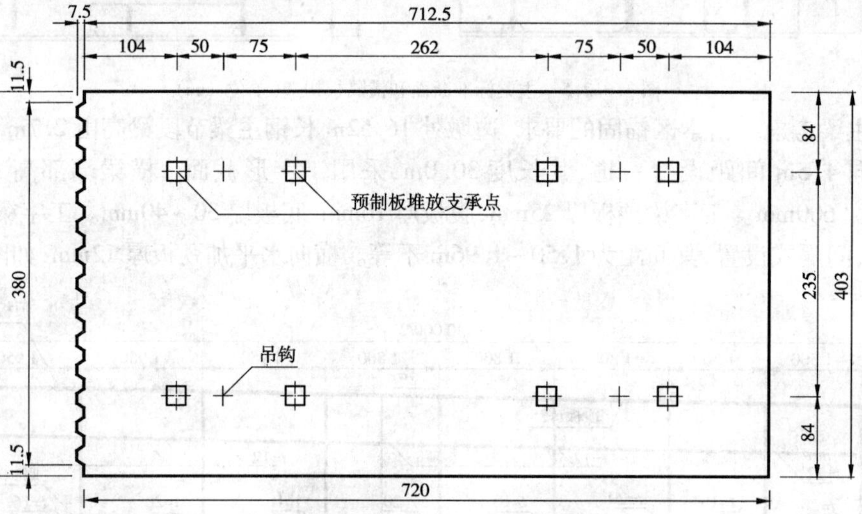

图 3.6.2.7　小纵梁断面构造(单位：mm)

图 3.6.2.8　预制混凝土桥面板构造(单位：cm)

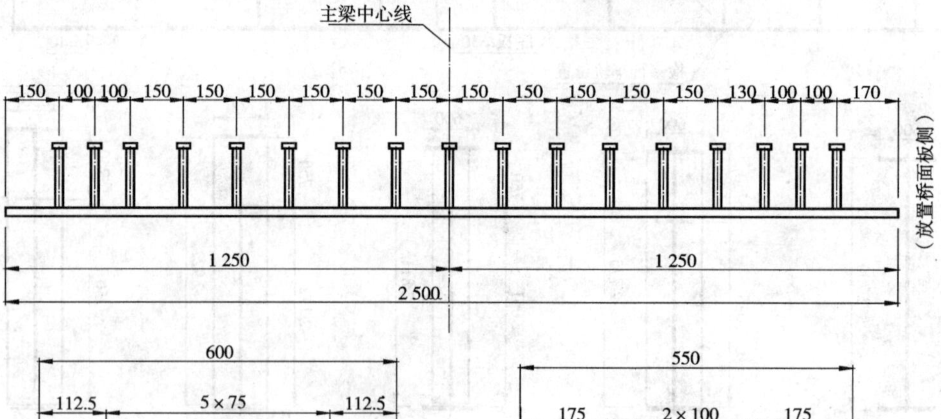

图 3.6.2.9　主梁、横梁与小纵梁剪力钉构造(单位：mm)

2. 主梁预应力筋布置

钢梁—混凝土结合梁桥面板混凝土内采用了纵向和横向预应力体系。预应力筋采用 $\phi^j15.24$mm 高强度低松弛钢绞线束，其标准强度 $R_y^b = 1\,860$MPa，锚下控制应力 $\sigma_k = 0.75R_y^b = 1\,395$MPa。

(1)纵向预应力筋

结合梁混凝土桥面板的纵向预应力钢束主要布置边跨和中跨跨中区域，全部设置在混凝土桥面板内，钢束横断面布置如图3.6.2.10所示。

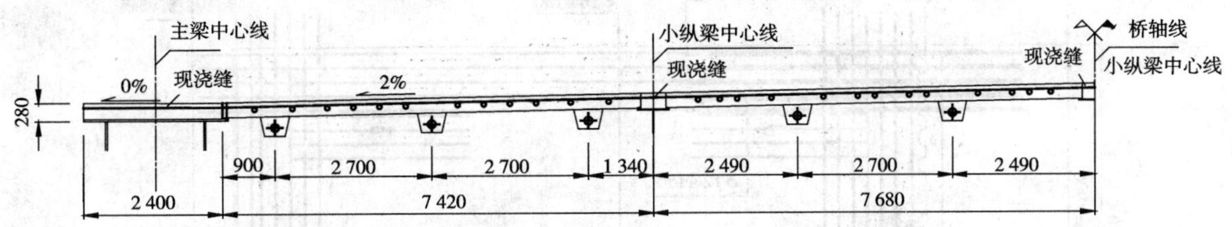

图3.6.2.10 混凝土桥面板预应力钢束断面布置(单位：mm)

边跨区域预应力钢束布置在边跨92m长度区域内，钢束长度根据受力要求确定，一端呈阶梯形锚固，采用7-$\phi^j15.24$mm高强度低松弛钢绞线束，全桥共计102束。

中跨跨中区域预应力钢束布置在中跨238m长度区域内，钢束长度根据受力要求确定，呈阶梯形锚固，采用7-$\phi^j15.24$mm高强度低松弛钢绞线束，全桥共计84束。

全桥共设置了4束备用孔道，施工完毕后对孔道进行压浆等处理。

(2)横向预应力筋

混凝土桥面板横向配置预应力筋，采用3-$\phi^j15.24$mm高强度低松弛钢绞线束，夹片式扁锚体系。横向受到斜拉索套筒的限制，横向钢束以尽可能靠近钢套筒边缘布置，其纵桥向钢束间距采用90cm，如图3.6.2.11所示。预应力筋采用两端张拉施工工艺。

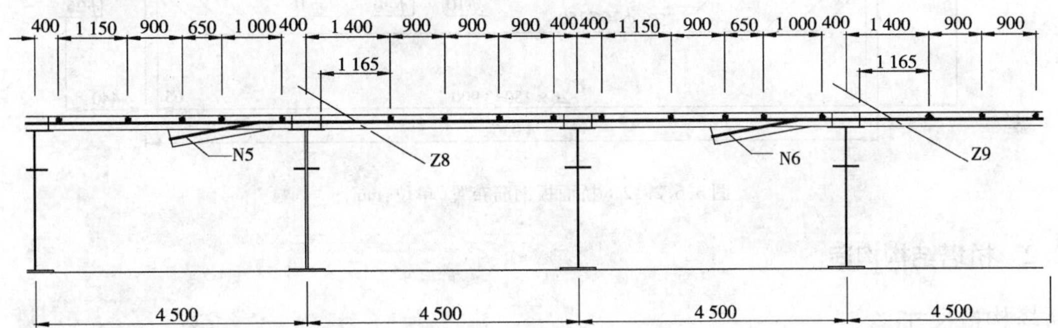

图3.6.2.11 桥面板横向预应力钢束布置(单位：mm)

在主塔两侧纵桥向各18m范围内不布置横向预应力钢束。横向预应力钢束采用直线线形设置。全桥横向预应力钢绞线共为530束。

3. 普通钢筋构造

主梁混凝土桥面板其普通钢筋采用ϕ12mm、ϕ16mm、ϕ20mm和ϕ25mm四种直径的Ⅱ级钢筋。纵桥向桥面板上下层均采用ϕ25mm直径钢筋，横桥向桥面板顶层采用ϕ20mm直径钢筋，底层则采用ϕ16mm直径钢筋，主筋间距均为15cm。考虑到预制板临时支承点的需要，板顶设置负弯矩受力钢筋，钢筋直径ϕ12mm，纵桥向间距15cm，与桥面板主筋绑焊。混凝土桥面板配筋如图3.6.2.12所示。

4. 支座设置构造

斜拉桥采用半飘浮体系，边墩竖向设置LQZ7000大位移量球型钢支座；主塔横向设置限位装置，竖向设置LQZ17500大位移量球型钢支座。

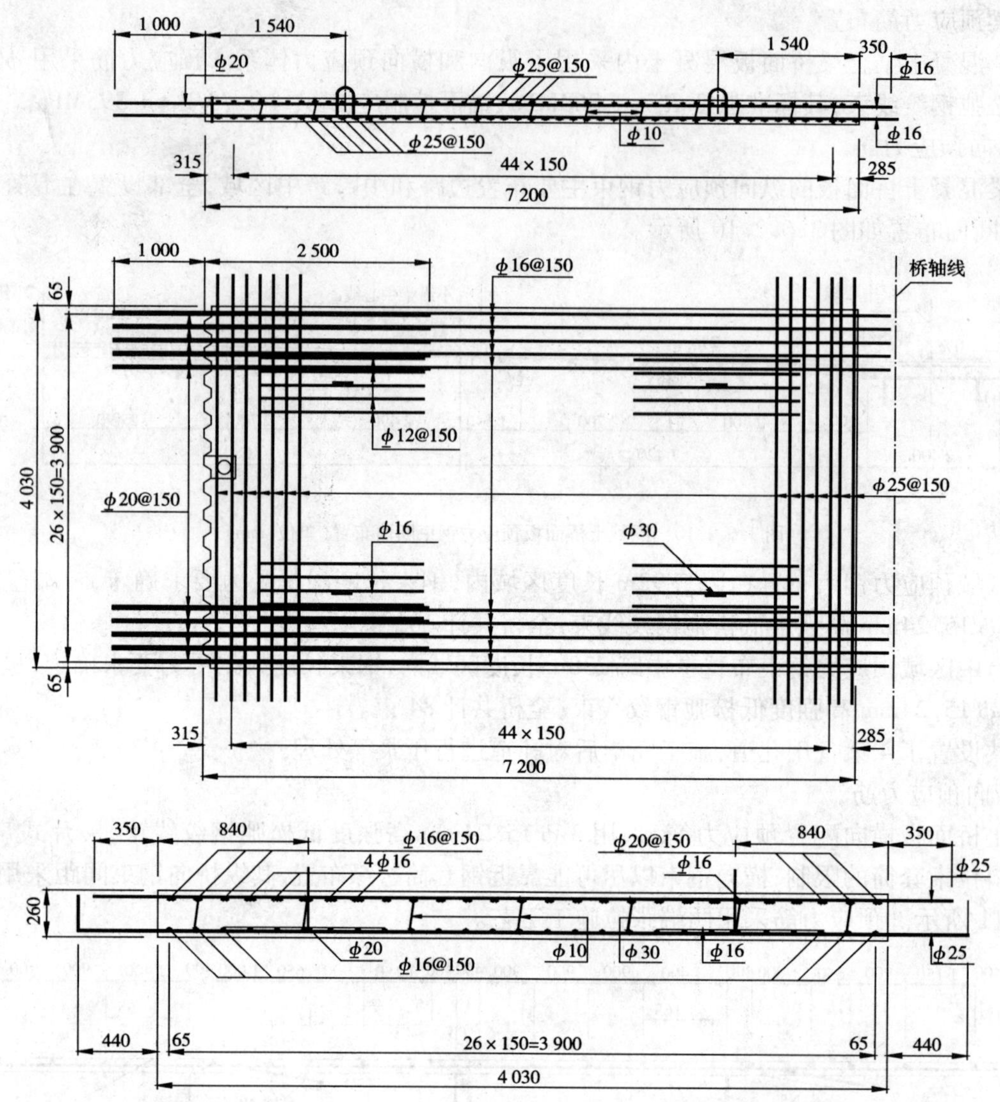

图 3.6.2.12　桥面板钢筋布置(单位:mm)

6.2.2　桥塔结构构造

1. 桥塔构造尺寸

桥塔采用外观较简洁的 H 形,塔身为钢筋混凝土结构,主塔高 98.5m,其中上塔柱高 38.2m,中塔柱高 46.8m,下塔柱高 10.5m,塔座高度 3.0m。鉴于斜拉索对主塔产生内倾覆力,上塔柱设置了三根钢横撑。塔柱截面尺寸由塔顶的 600cm×450cm 过渡到塔底的 850cm×550cm,塔柱纵向 1:45.84,横向 1:114.6。

上塔柱采用八边菱形状单箱单室截面,塔高 38.2m,等截面直线段塔身,截面外轮廓尺寸 600cm×450cm,内轮廓尺寸 480cm×330cm,壁厚 60cm。近三根钢横撑处的塔柱壁厚为 120cm。

中塔柱采用八边菱形状单箱单室截面,塔高 46.8m,塔身为渐变段,截面外轮廓尺寸由 600cm×450cm 过渡到 804cm×532cm,内轮廓尺寸由 480cm×330cm 过渡到 664.2cm×371.7cm,顺桥向壁厚 700cm,横桥向壁厚 80cm。

下塔柱采用八边菱形状单箱三室截面,塔高 10.5m,塔身为渐变段,截面外轮廓尺寸由 804.2cm×531.7cm 过渡到 850cm×550cm,内轮廓尺寸由单室的 284cm×372cm 过渡到中室的 330cm×390cm 和边室的 130cm×390cm,顺桥向壁厚 70cm,横桥向壁厚 80cm。

塔座采用渐变型实心矩形截面,塔座高度 3.0m,顶面尺寸 800cm×1 100cm,底面尺寸 1 200cm×

1 500cm。

两个下塔柱之间用横梁连接，横梁高 5.5m，采用空心框架式结构，上壁厚 50cm，侧壁厚 60cm。

桥塔塔顶放置三道横撑，横撑间距 4.1m，横撑钢管外径 ϕ1 800mm，壁厚 30mm，纵横向加劲肋板厚均为 20mm，与混凝土桥塔采用焊钉连接。

桥塔构造如图 3.6.2.13 所示。

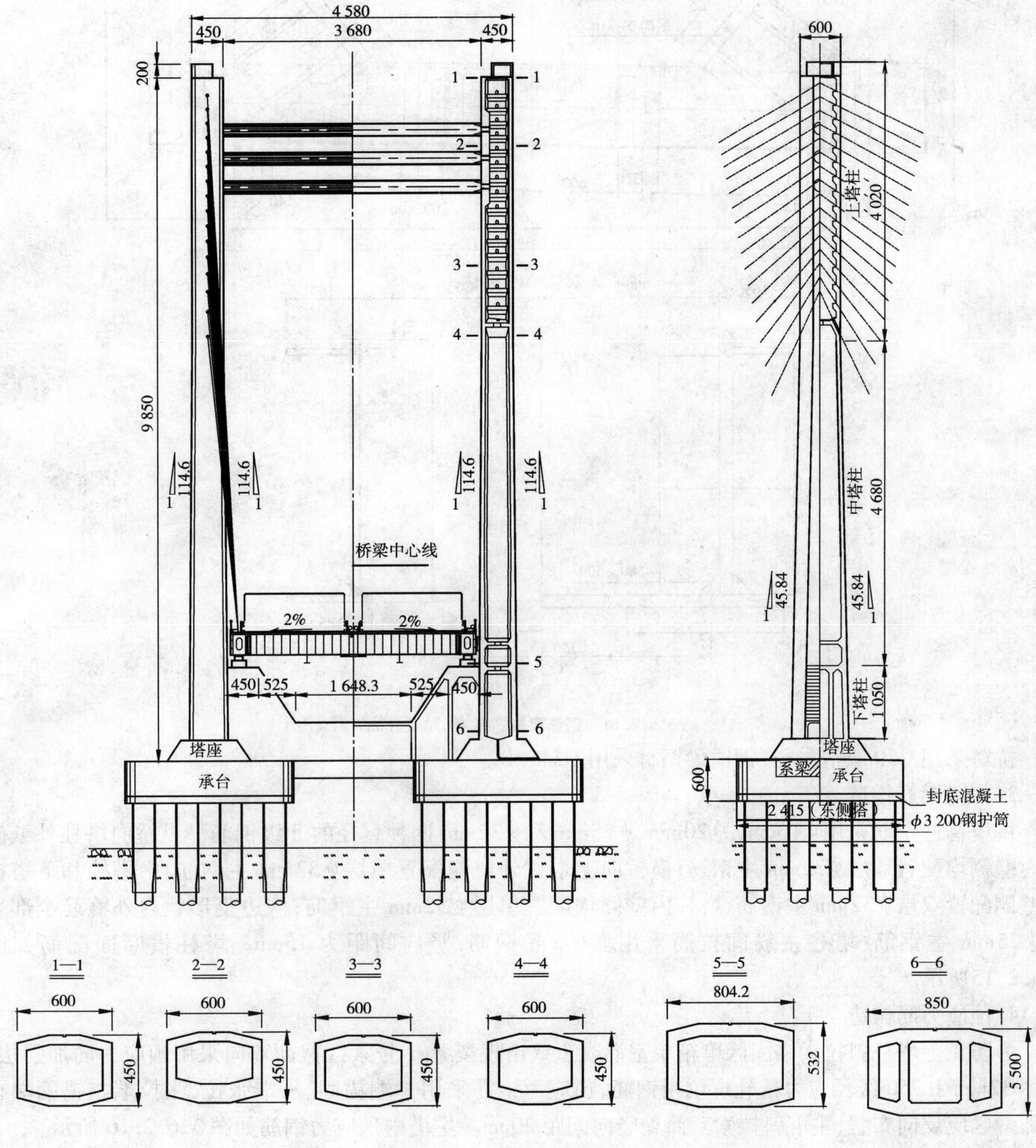

图 3.6.2.13　桥塔构造（单位：cm）

2. 钢锚梁构造

桥塔内斜拉索锚固区设置混凝土牛腿，牛腿宽 500mm，高 1 000 ~ 1 200mm，其目的是牛腿上搁置钢锚梁，以锚固斜拉索。

钢锚梁采用组合钢板构造，两侧加劲钢板与上塔柱牛腿预埋钢板连接，考虑到张拉拉索时锚梁要发生移动，因此锚梁两侧距塔壁各留有 65mm 距离，以保证锚梁不与塔柱接触。拉索的水平分力由钢锚梁承担，减弱了对混凝土塔柱的直接影响。

钢锚梁腹板中段厚 20mm，边段厚 30mm，翼缘板厚 16mm，腹板加劲板厚 40mm，各纵横向加劲板厚 20mm，斜拉索承压板板厚 40mm，如图 3.6.2.14 所示。

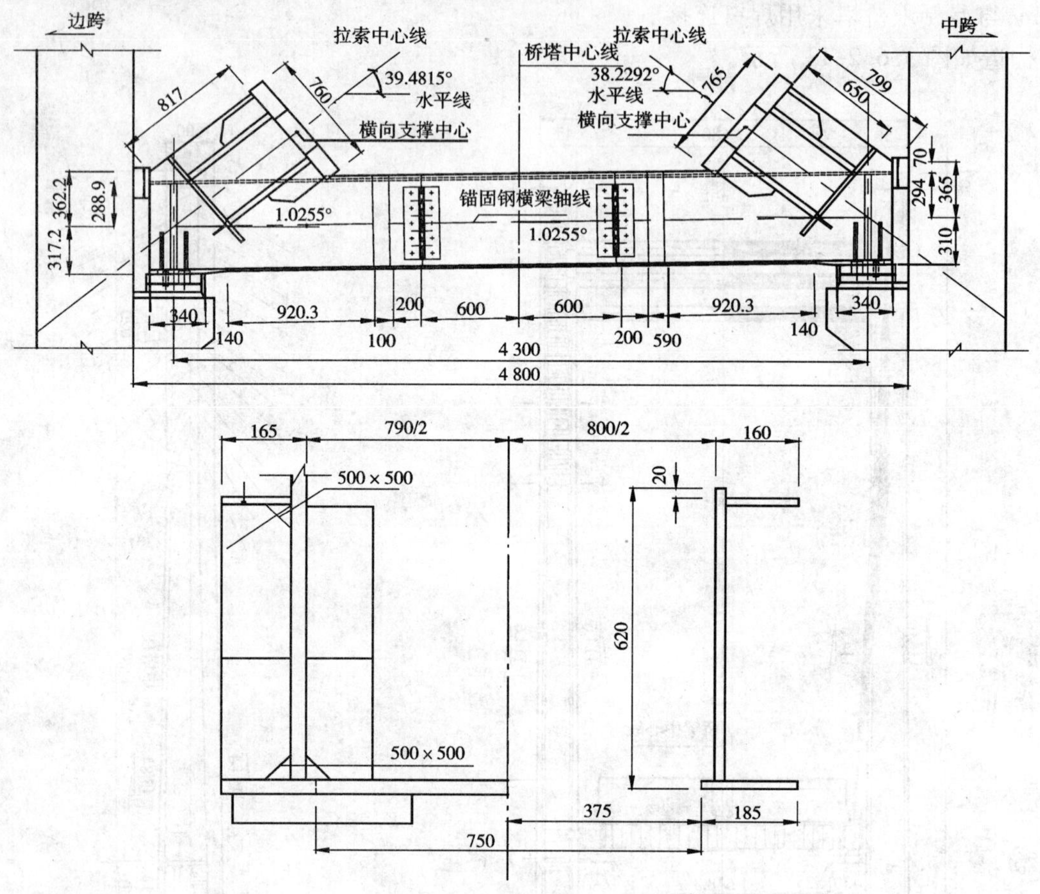

图 3.6.2.14 钢锚梁构造示意(单位:mm)

桥塔采用 C50 级混凝土，钢锚梁钢材采用 Q345qD。

3. 普通钢筋构造

桥塔普通钢筋采用 ϕ16mm、ϕ20mm、ϕ25mm 和 ϕ32mm 四种直径的Ⅱ级钢筋。纵桥向塔柱外壁侧和内壁侧均配置双层 ϕ32mm 主钢筋；横桥向上塔柱外壁侧配置单层 ϕ32mm 主钢筋，中塔柱和下塔柱外壁侧配置双层 ϕ32mm 主钢筋，塔柱内壁侧均配置单层 ϕ32mm 主钢筋；八边菱形状内外箍筋全部采用 ϕ25mm 主钢筋；塔柱主筋间拉筋采用 ϕ16mm 钢筋，竖向间距为 15cm。塔柱横断面配筋如图 3.6.2.15所示。

4. 预应力筋构造

为防止上塔柱斜拉索锚固区单箱单室混凝土壁出现裂缝，1 号索区截面双向采用预应力筋加强法，采用 32mm JL750 级预应力精轧螺纹粗钢筋，预应力钢筋采用一端锚固、一端张拉，张拉端与锚固端在相邻索区应反向布置，主塔斜拉索套筒处竖向间距 20cm。主塔内预应力钢筋如图 3.6.2.16 所示。

横撑区索塔受顺桥向作用，横桥向需用预应力筋加强。预应力钢束采用 270 级 ϕ^j15.24mm 低松弛钢绞线，规格为 12-ϕ^j15.24mm 和 9-ϕ^j15.24mm 两种类型，预应力钢筋采用一端锚固、一端张拉，张拉端与锚固端在相邻索区应反向布置。

6.2.3 斜拉索体系构造

斜拉索采用热挤 PE 平行钢丝束，钢丝采用 ϕ7mm 镀锌高强钢丝，钢丝抗拉强度≥1 670MPa，屈服

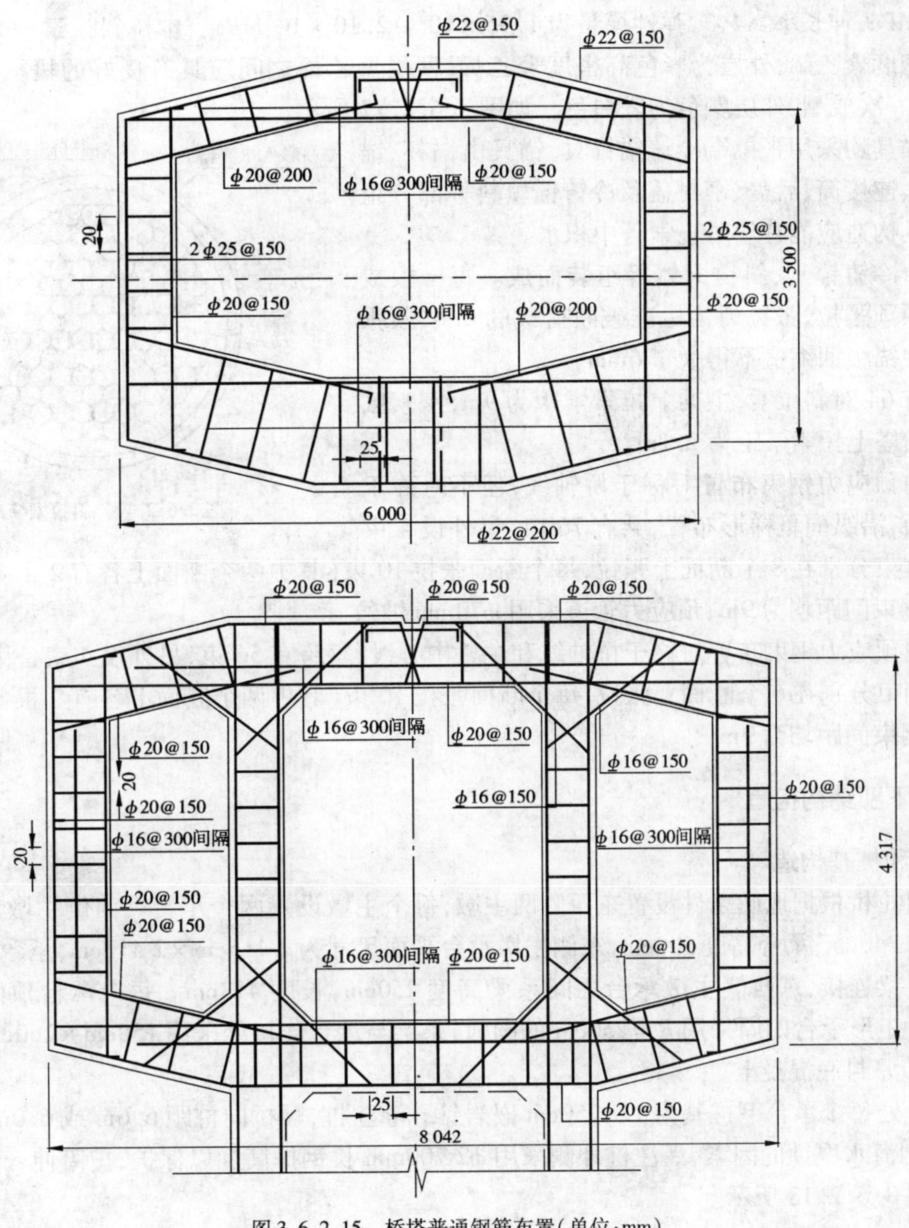

图3.6.2.15　桥塔普通钢筋布置(单位:mm)

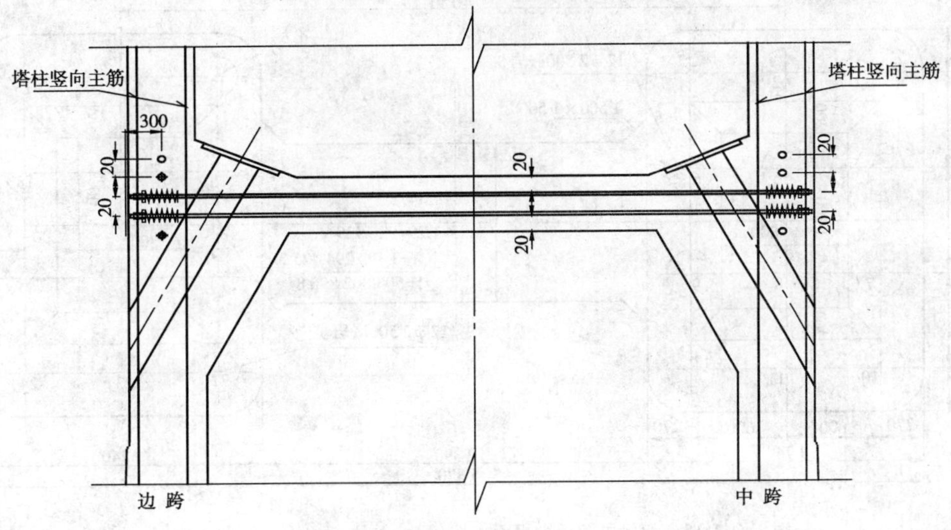

图3.6.2.16　桥塔预应力筋布置(单位:cm)

强度≥1 410MPa，伸长率≥4%，弹性模量为$1.95\times10^5\sim2.10\times10^5$MPa。本桥斜拉索护套采用双层，内层为黑色高密度聚乙烯，外层为彩色高密度聚乙烯，两层聚乙烯之间应具有良好的机械性能及耐候性能，双层护套一次成型，外层颜色为乳白色。如图3.6.2.17所示。

斜拉索锚具均采用张拉端冷铸锚锚具，锚具由锚杯、锚板、锚固螺母、连接筒、后盖、密封盖及冷铸锚填料等部分组合而成。锚具构造应能有效防止索管中积水。

成品索由冷铸锚具、斜拉索体等组装而成。每一根成品索出厂前须预张拉，张拉力为标准破断荷载的0.6，预张拉后冷铸锚中锚板回缩值不得大于6mm。

全桥共有64对斜拉索，主梁上拉索索距为9m，密索区索距为3m，索塔上拉索索距为2.1m。

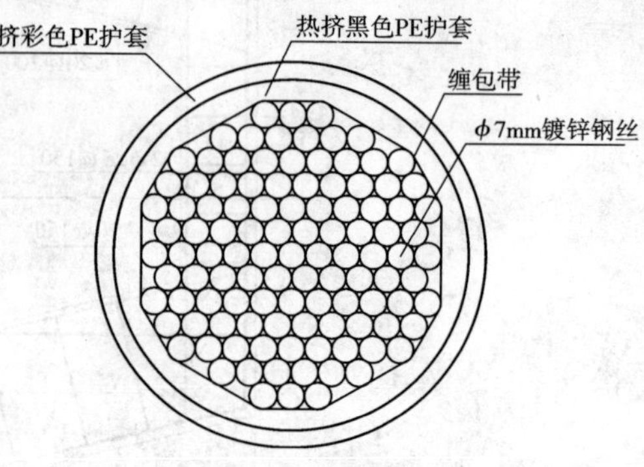

图3.6.2.17　斜拉索横断面

中跨纵向预应力钢束布置对称于桥轴线，但不对称于主桥中点断面，沿纵向呈梯形布置，共有76束，另外设4束备用钢束。钢束分别在8个断面上张拉，每个断面张拉10束(其中两个断面上各有2根备用钢束，故只张拉8束)，钢束间距均为9m，预应力管道采用ϕ70mm波纹管。

边跨纵向预应力钢束布置对称于桥轴线和主桥中心线，每跨有56束，另外设4束备用钢束，全桥共有112束。钢束分别在6个断面上张拉，每个断面张拉10束(其中两个断面上各有2根备用钢束，故只张拉8束)，钢束间距均为9m。

6.2.4　下部结构构造

(1)主墩和桩基构造

颗珠山斜拉桥根据地质条件设置东西侧两主墩，每个主墩设置两个承台。西侧主墩承台平面尺寸为2 400cm×1740cm，承台高度500cm，东侧主墩承台平面尺寸为2 415cm×2 415cm，承台高度5.0m，两承台之间用系梁连接，东西侧主墩承台之间系梁高度250cm，长度413cm。每个承台顶面纵桥向设置1.0%散水坡，矩形承台四周采用$R=250$cm的圆弧，系梁与承台连接处采用150cm×150cm倒角。承台底采用100cm厚封底混凝土。

西侧主墩处每个承台下桩基为12ϕ250cm嵌岩钻孔灌注桩，顺桥向桩距6.6m或6.0m，横桥向桩距6.0m。考虑到海水腐蚀的因素，灌注桩外侧采用ϕ2 700mm长钢护筒加以保护，护筒伸入岩面线。承台平面布置如图3.6.2.18所示。

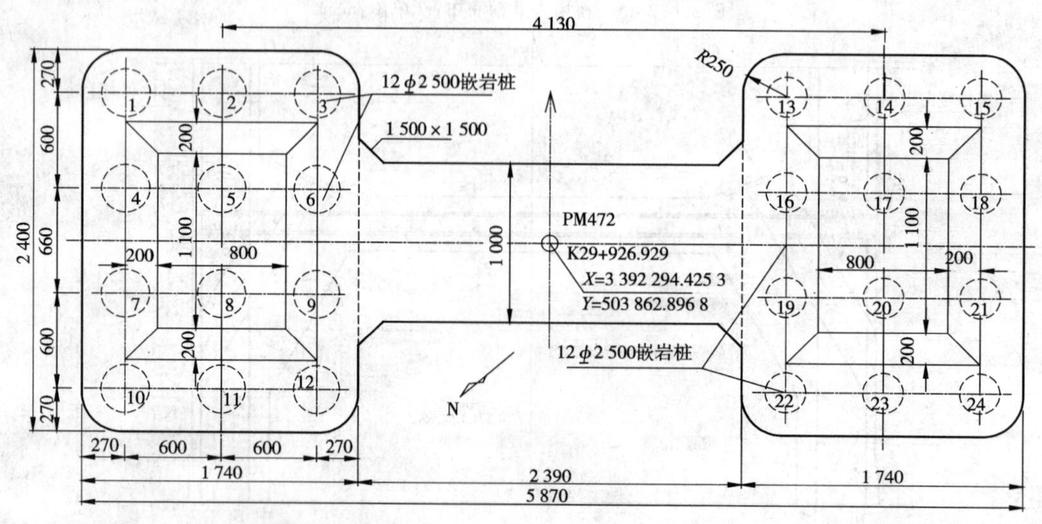

图3.6.2.18　西侧主墩承台平面构造(尺寸单位：cm)

东侧主墩处每个承台下桩基为14ϕ250cm嵌岩钻孔灌注桩,顺桥向桩距6.25m,横桥向桩距6.25m。考虑到海水腐蚀和该主墩地质岩面高程较深的因素,灌注桩外侧采用ϕ3 200mm长钢护筒加以保护,护筒长度不小于49.0m。承台平面布置如图3.6.2.19所示。

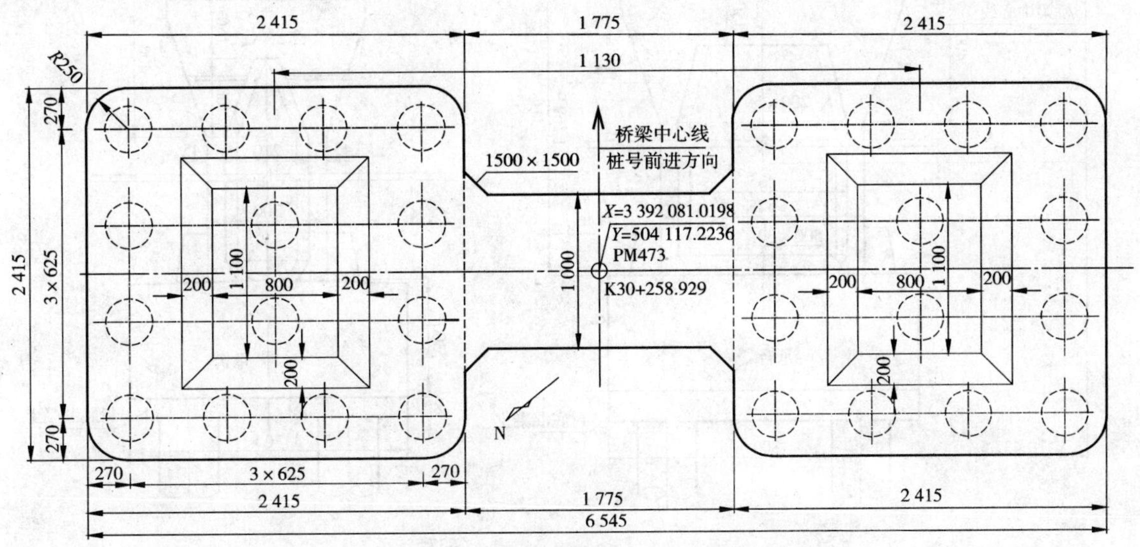

图3.6.2.19　东侧主墩承台平面构造(单位:cm)

墩座和承台采用高性能C40混凝土,灌注桩采用水下C30掺和混凝土。

(2)边墩和桩基构造

边墩采用双分离式空心墩,花瓶式单箱单室薄壁墩,分成墩身和墩帽两部分。其墩身截面尺寸为525cm×300cm,墩柱壁厚45cm,墩柱箱形截面内侧设置30cm×30cm的倒角,外侧四周采用$R=30$cm圆弧线,与墩帽连接处设置50cm×200cm横向内倒角,75cm×200cm纵向内倒角。墩帽上截面为放置横向支座其尺寸为725cm×500cm,高度100cm,下截面与墩身截面接顺,两截面过渡段高度3.0m,墩帽板厚150cm;墩柱壁顶部设置ϕ10cm通气孔。为了使墩身与承台有效固结,墩身与承台设置50×30cm倒角,并在墩身外侧设置高度1.2m墩座,其顶面尺寸为645cm×420cm,底面尺寸为685cm×460cm。其构造如图3.6.2.20所示。

边墩沿桥纵向考虑支座布置时,由于两侧桥型不同,故反力必不相同。为了利于桥墩受力,保证桥墩弯矩平衡,接连续梁侧支座中心偏离墩中心线1.55m,接斜拉桥过渡孔侧支座中心偏离中心线1.32m。

鉴于外海区域地质岩面高程的深浅,西侧边墩采用分离式承台,单个承台截面尺寸为700cm×800cm,承台高度3.0m;东侧边墩采用整体式承台,承台截面尺寸1 190cm×2 865cm,承台高度3.0m。边墩承台外侧四周采用$R=150$cm圆弧线,并设置80cm厚的封底混凝土。

西侧边墩每个承台下桩基为4ϕ150cm嵌岩钻孔灌注桩,顺桥向桩距为4.0m,横桥向桩距为5.0m。考虑到海水腐蚀的因素,灌注桩外侧采用ϕ1 700mm长钢护筒加以保护,护筒伸入岩面线。承台平面布置如图3.6.2.21所示。

东侧边墩整体承台下桩基为8ϕ250cm嵌岩钻孔灌注桩,顺桥向桩距6.5m,横桥向桩距6.5m,中桩距10.25m。考虑到海水腐蚀的因素,灌注桩外侧采用ϕ3 200mm长钢护筒加以保护,护筒长度不小于48.3m。承台平面布置如图3.6.2.22所示。

承台采用高性能C40混凝土,灌注桩采用水下C30掺和混凝土。

(3)锚墩和桩基构造

锚墩采用双墩柱加盖梁形式,墩柱为空心薄壁墩,墩柱标准截面尺寸为525cm×300cm,横向内侧和纵向墩柱壁厚50cm,横向外侧墩柱壁厚100cm,墩柱箱形截面内侧设置30cm×30cm的倒角,外侧四周

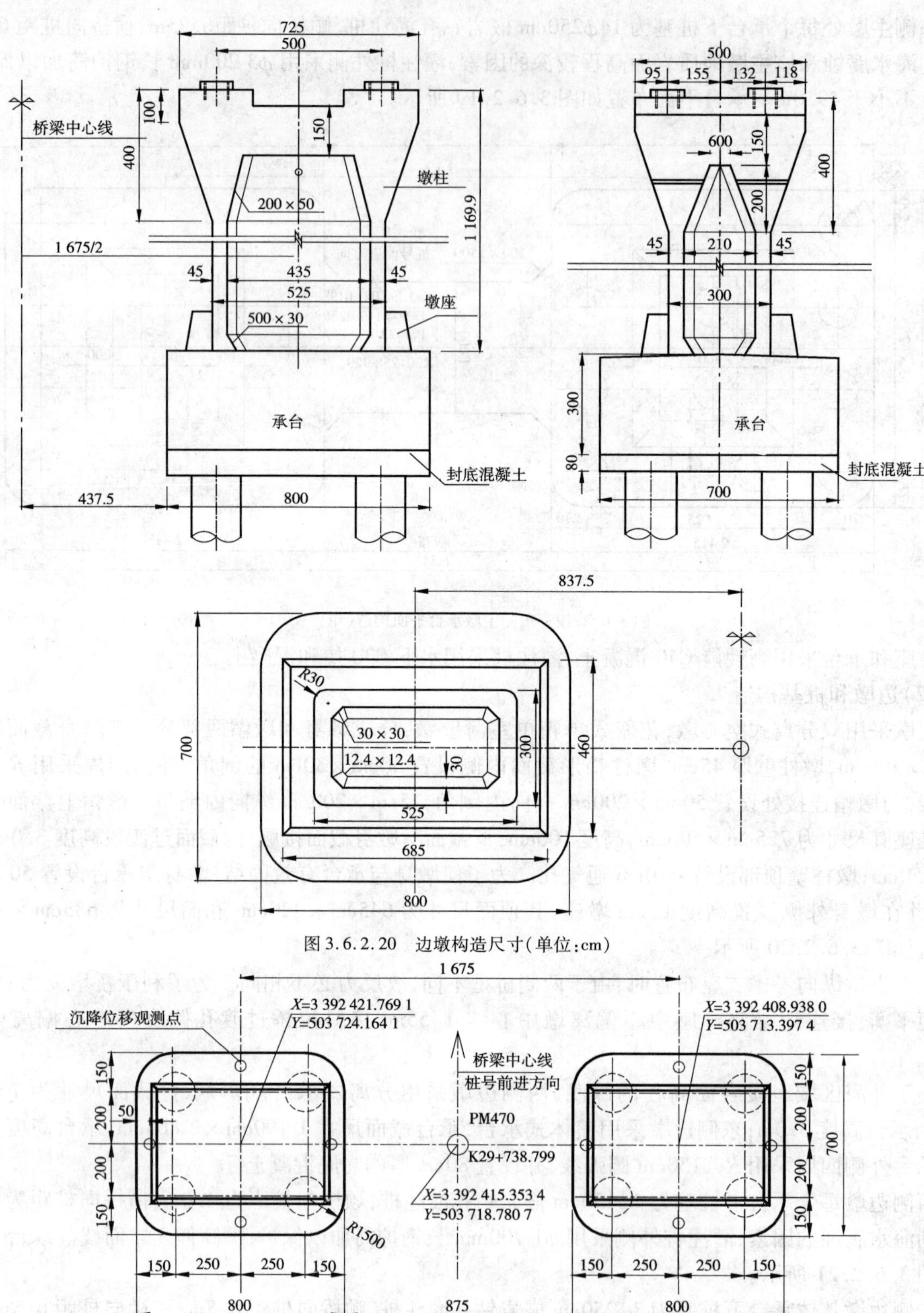

图3.6.2.20 边墩构造尺寸(单位:cm)

图3.6.2.21 西侧边墩承台平面构造(单位:cm)

采用 $R=30\text{cm}$ 圆弧线,横向墩壁与盖梁连接处均设置 50cm×150cm 倒角。墩柱壁顶部设置 $\phi10\text{cm}$ 通气孔。

双悬臂盖梁长度35.0m,其6.0m长的悬臂段采用矩形实心断面,截面宽度3.5m,高度1.8~3.5m;墩柱中间采用矩形空心梁断面,截面尺寸为350cm×350cm,壁厚50cm,截面内部设置25cm×25cm的倒角。盖梁底板设置 $\phi10\text{cm}$ 通气孔。

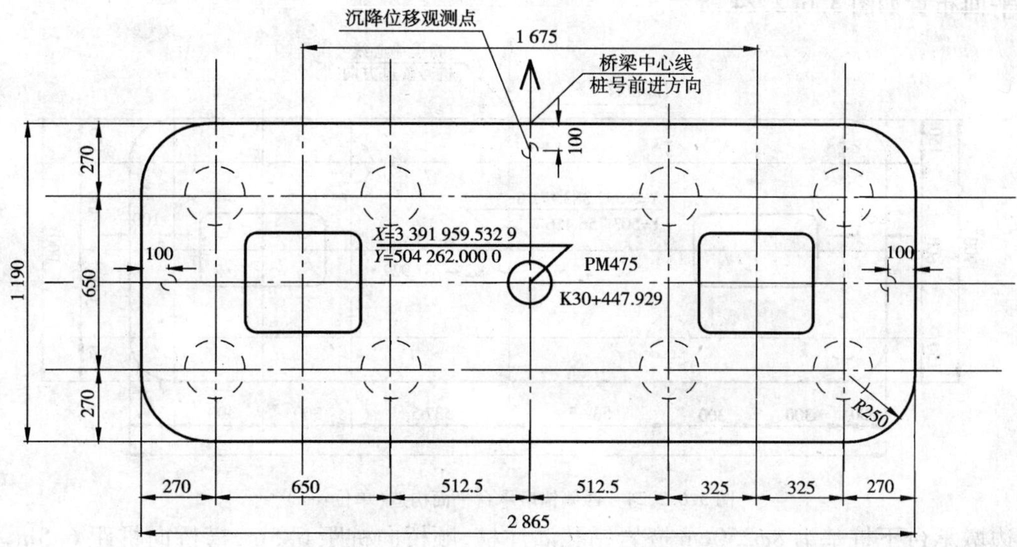

图3.6.2.22 东侧边墩承台平面构造(单位:cm)

为了使墩柱与承台有效固结,墩柱与承台设置50cm×30cm内倒角,并在墩身外侧设置高度1.2m墩座,其顶面尺寸为645cm×420cm,底面尺寸为685cm×460cm。其构造如图3.6.2.23所示。

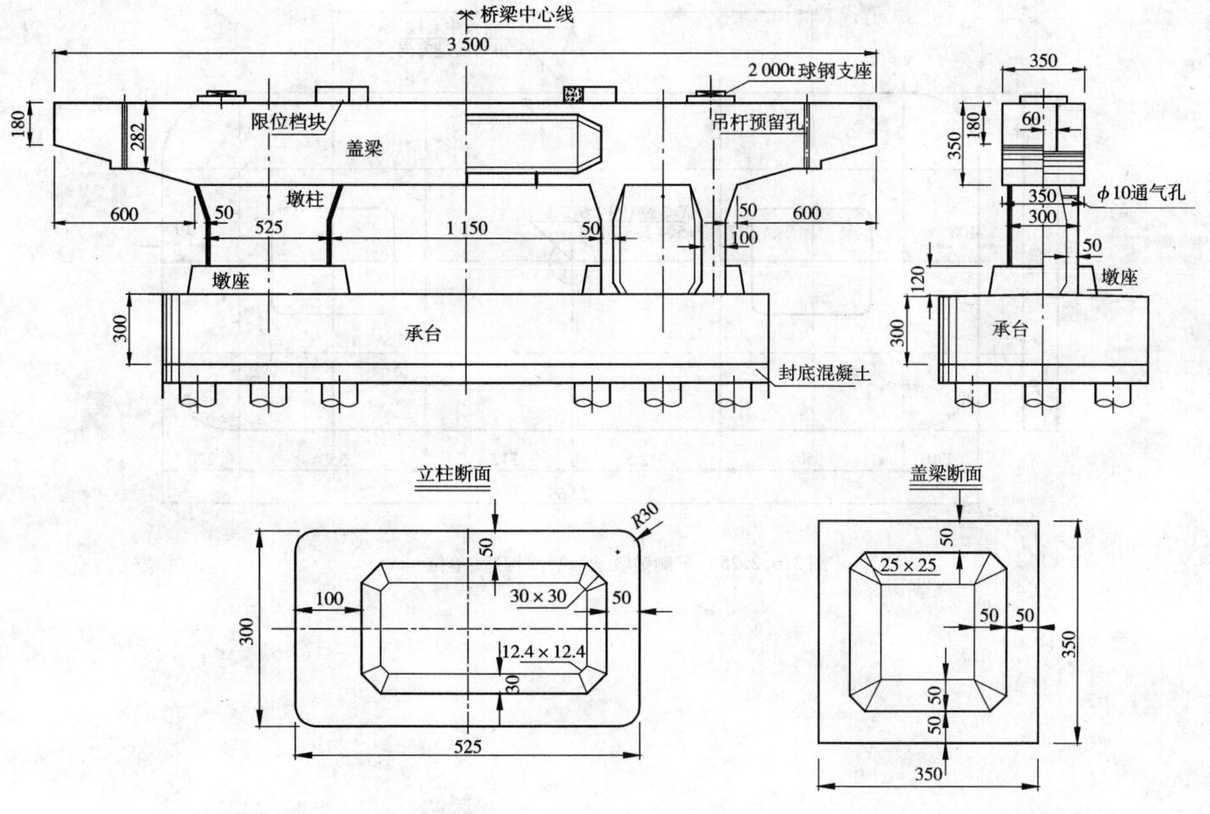

图3.6.2.23 锚墩构造尺寸(单位:cm)

鉴于外海区域地质岩面高程的深浅,锚墩采用整体式承台。西侧承台截面尺寸为900cm×2 575cm,承台高300cm,承台外侧四周采用$R=150$cm圆弧线;东侧承台截面尺寸为1 190cm×2 575cm,承台高300cm,承台外侧四周采用$R=250$cm圆弧线。承台底设置80cm厚的封底混凝土。

西侧边墩处承台下桩基为10ϕ150cm嵌岩钻孔灌注桩,呈梅花形布置,顺桥向桩距为3.0m,横桥向桩距为3.0m。考虑到海水腐蚀的因素,灌注桩外侧采用ϕ1 700mm长钢护筒加以保护,护筒伸入岩面线。承台平面布置如图 3.6.2.24 所示。

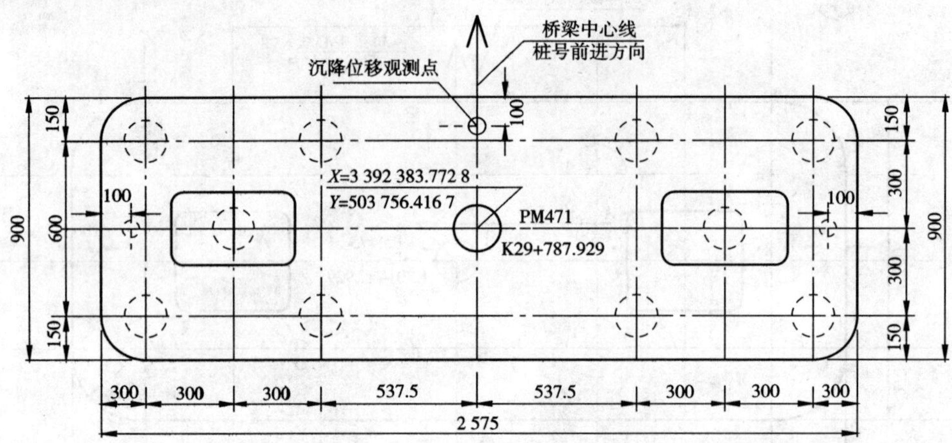

图 3.6.2.24　西侧锚墩承台平面构造(单位:cm)

东侧边墩承台下桩基为 8ϕ250cm 嵌岩钻孔灌注桩,顺桥向桩距 6.5m,横桥向桩距 6.5m,中间桩距 10.25m。考虑到海水腐蚀的因素,灌注桩外侧采用 ϕ3 200mm 钢护筒加以保护,护筒长度不小于 48.3m。承台平面布置如图 3.6.2.25 所示。

承台均采用高性能 C40 混凝土,灌注桩采用水下 C30 掺和混凝土。

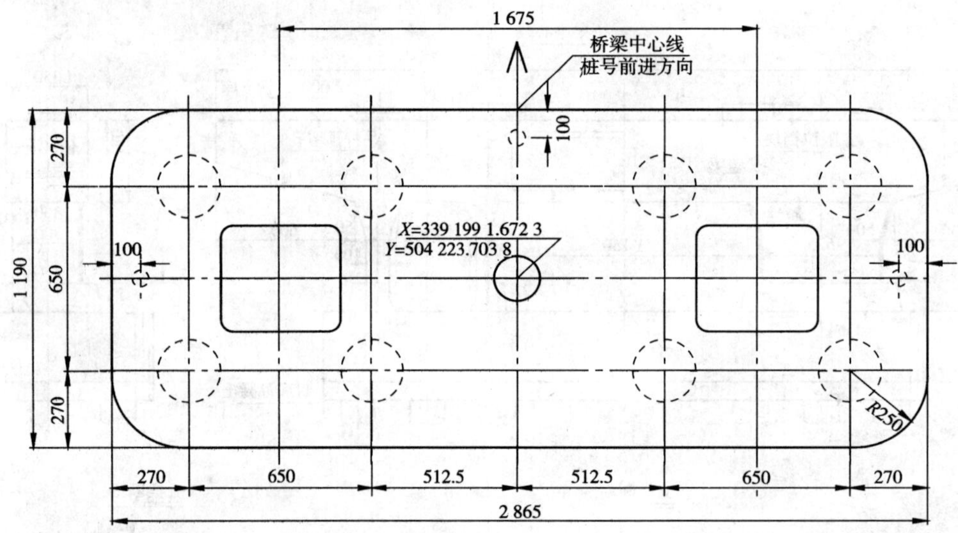

图 3.6.2.25　东侧锚墩承台平面构造(单位:cm)

第四篇

结 构 计 算

第1章　概　述

1.1　概　述

东海大桥起始于上海浦东南汇区的芦潮港，跨越杭州湾北部海域，在浙江省嵊泗县崎岖列岛中大乌龟岛登陆，沿大乌龟岛、颗珠山岛至小洋山港区一期交接点。

东海大桥是上海国际航运中心集装箱深水港必不可少的配套工程，直接为港区大量集装箱陆路集疏运需求和港区供水、供电、通信等工程服务。

1.2　工程规模

东海大桥从南汇芦潮港地区的老防汛大堤至小洋山港区一期交接点，全长31.054km，其中芦潮港新老大堤之间的陆上段总长2.264km；新大堤至小洋山岛前沿小乌龟岛之间的跨海段长25.321km；小乌龟岛到小洋山岛之间的近岛段长3.469km。

1.3　工程标段划分

东海大桥工程标段里程桩号和桥梁跨径组合情况见表4.1.3.1。

工程标段里程桩号和桥梁跨径组合　　表4.1.3.1

标　段	桩　号	跨径组合	长度(km)	工程内容
第Ⅰ标段	K0－006.5～K3＋552 K0－006.5～K2＋952	(陆上段)[2×28m＋25×30m＋8×28m＋2×30m＋2×32m＋37×30m]＋(海上段)[44.5m＋25×50m]＝3 558.5m	3.56	28m、30m、32m跨为等截面预应力连续箱梁(满堂支架现浇施工)；50m跨为预应力混凝土连续箱梁(移动模架逐跨施工)；28～50m跨共102孔
第Ⅱ标段	K3＋552～K6＋089 K6＋469～K11＋929 K12＋369～K15＋069	43×59m＋91×60m＋45×60m＝10 697m	10.70	60m跨为等截面预应力连续箱梁(先简支后连续施工)，共179孔
第Ⅲ标段	K15＋069～K18＋219 K19＋049～K24＋579 K25＋079～K27＋179 K25＋179～K27＋579	45×70m＋79×70m＋30×70m＋8×50m＝11 180m	11.18	70m跨为等截面预应力连续箱梁(先简支后连续施工)，共154孔；50m跨为等截面预应力连续箱梁(顶推施工)，共8孔
第Ⅳ标段	K6＋089～K6＋469 K11＋929～K12＋369 K24＋579～K25＋079	(500t级)70m＋120m＋120m＋70m＝380m (1 000t级)80m＋140m＋140m＋80m＝440m (500t级)90m＋160m＋160m＋90m＝500m	1.32	3个辅通航孔为四跨变截面预应力连续箱梁(悬臂浇筑施工)，共12孔
第Ⅴ标段	K18＋219～K19＋049	73m＋132m＋420m＋132m＋73m＝830m	0.83	主通航孔为单索面钢—混凝土结合箱梁斜拉桥，共5孔

续上表

标 段	桩 号	跨 径 组 合	长度(km)	工 程 内 容
第 VII 标段	K29 + 387.929 ~ K31 + 047.929	7 × 50m(西引桥) + 50m + 139m + 332m + 139m + 50m + 12 × 50m(东引桥) = 1 345m	1.35	50m 跨为预应力混凝土简支箱梁，共 19 孔；斜拉桥为双索面钢—混凝土结合梁，共 5 孔
第 VIII 标段	K27 + 579.00 ~ K29 + 387.929		1.81	路堤与开山道路

1.4 技术标准

(1)道路为港区对外集疏运专用通道，按高速公路标准控制设计，双向六车道。

(2)设计行车速度 80km/h。

(3)车辆荷载等级：按原汽车—超 20 设计，原挂车—120 验算；并按全桥集装箱重车满布，车辆轴距为 10m 进行计算复核，荷载折减和分布按《公路桥涵设计通用规范》(JTG D60—2004)确定(图 4.1.4.1)。

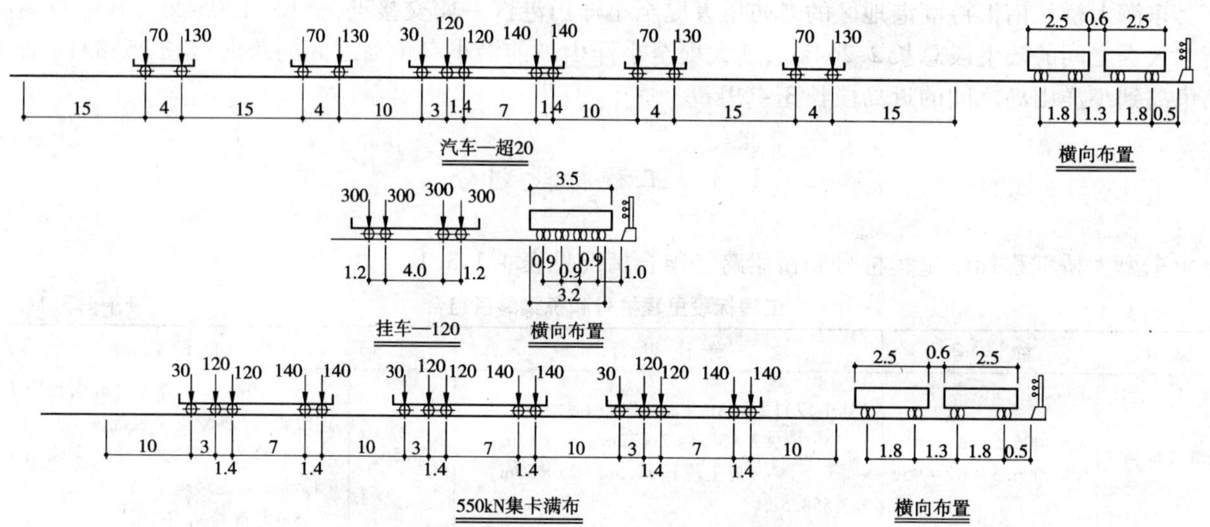

图 4.1.4.1 车辆荷载示意(尺寸单位：m，荷载单位：kN)

(4)地震烈度：地震基本烈度为 6 度，大桥按地震烈度 7 度进行抗震设计。海上段主、辅通航孔桥、颗珠山大桥主桥重要性系数取 1.7，其他部位桥梁重要性系数取 1.3。

(5)通航水位：设计最高通航水位采用历史最高潮位 4.02m(国家 85 高程)。

(6)通航标准：东海大桥海上段设 4 处通航孔，分别如下所述。

5 000t 级主通航孔一处，通航孔中心桩号 K18 + 634，为单索面钢—混凝土结合箱梁斜拉桥，桥梁跨径为 73m + 132m + 420m + 132m + 73m = 830m；

1 000t 级辅通航孔一处，通航孔中心桩号 K12 + 149，为四跨变截面预应力连续箱梁(悬臂浇筑施工)，桥梁跨径为 80m + 140m + 140m + 80m = 440m；

500t 级辅通航孔两处，芦潮港侧通航孔中心桩号 K6 + 279，为四跨变截面预应力连续箱梁(悬臂浇筑施工)，桥梁跨径为 70m + 120m + 120m + 70m = 380m；小乌龟岛侧通航孔中心桩号 K24 + 829，为四跨变截面预应力连续箱梁(悬臂浇筑施工)，桥梁跨径为 90m + 160m + 160m + 90m = 500m。

(7)设计水位(表 4.1.4.1)

设计水位 表4.1.4.1

潮位	海上段	港桥连接段	潮位	海上段	港桥连接段
平均水位(m)	0.23	0.18	50年一遇高水位(m)	3.62	3.35
设计高水位(m)	2.48	2.15	100年一遇高水位(m)	3.73	3.45

注:上表高程为国家85高程。

(8)结构计算按50年一遇水位加上50年一遇$H_{1\%}$波浪作用进行设计,按100年一遇水位加上100年一遇$H_{1\%}$波浪作用进行校核。

(9)风

成桥状态桥面无车100年一遇10m高度处设计风速$V_{10m}=42m/s$;成桥状态桥面有车10m高度最大设计风速$V_{10m}=25m/s$;施工状态取20年一遇10m高度处设计风速$V_{10m}=35.5m/s$。

(10)道路设计平曲线半径:最小半径≥2 500m。

(11)道路设计竖曲线半径:凸曲线最小半径≥5 000m,凹曲线最小半径≥4 500m。

(12)桥面最大纵坡:3%;最小纵坡:3‰。

(13)桥面横坡:2.0%。

(14)设计基准期:100年。

(15)过桥管线:水管、电力电缆、通信电缆等。

1.5 设计规范

(1)《公路工程技术标准》(JTJ 001—97)

(2)《公路路线设计规范》(JTJ 011—94)

(3)《公路勘测规程》(JTJ 061—99)

(4)《公路路基设计规范》(JTJ 013—95)

(5)《公路沥青路面设计规范》(JTJ 014—97)

(6)《公路排水设计规范》(JTJ 018—97)

(7)《公路软土地基路堤设计与施工技术规范》(JTJ 017—96)

(8)《公路工程质量检验评定标准》(JTJ 071—98)

(9)《公路桥涵设计通用规范》(JTJ 021—89)

(10)《公路桥位勘测设计规范》(JTJ 062—91)

(11)《公路钢筋混凝土及预应力混凝土桥涵设计规范》(JTJ 023—85)

(12)《公路桥涵地基与基础设计规范》(JTJ 024—85)

(13)《公路桥涵钢结构及木结构设计规范》(JTJ 025—86)

(14)《公路工程抗震设计规范》(JTJ 004—89)

(15)《公路斜拉桥设计规范(试行)》(JTJ 027—96)

(16)《海港水文规范》(JTJ 213—98)

(17)《海港总平面设计规范》(JTJ 211—99)

(18)《防波堤设计与施工规范》(JTJ 298—98)

(19)《港口工程地基规范》(JTJ 250—98)

(20)《港口工程灌注桩设计与施工规程》(JTJ 248—2001)

(21)《港口工程嵌岩桩设计与施工规程》(JTJ 285—2000)

(22)《港口工程桩基规范》(JTJ 254—98)

(23)《港口工程混凝土结构防腐蚀技术规范》(JTJ 275—2000)

(24)《通航海轮桥梁通航标准》(JTJ 311—97)

(25)《高速公路交通安全设施设计及施工技术规范》(JTJ 074—94)

以及国内外相关规范及条文说明,如:

(1)《铁路桥涵设计基本规范》(TB 10002.1—99)

(2)《铁路桥梁钢结构设计规范》(TB 10002.2—99)

(3)《铁路桥涵钢筋混凝土和预应力混凝土结构设计规范》(TB 10002.3—99)

(4)《铁路桥涵混凝土和砌体结构设计规范》(TB 1002.4—99)

(5)《铁路桥涵地基和基础设计规范》(TB 10002.5—99)

(6)《钢桥、混凝土桥及结合桥》(BS5400)

(7)《美国公路桥梁设计规范》(AASHO)(1994)

(8)《公路桥梁抗风设计指南》(1996)

(9)《美国国家标准钢结构焊接规范》(ANSI/AWSD1.1—98)

(10)《美国国家标准桥梁焊接规范》(ANSI/AASHTO1.5—96)

1.6 本篇主要内容

为体现东海大桥的整体工程,本篇根据结构类型和施工方法的不同,选取有代表性的7种桥型进行详细的计算分析,这7种桥型分别为:

(1)30m跨等截面预应力连续箱梁桥(满堂支架现浇施工)。

(2)7×50m预应力混凝土连续箱梁桥(移动模架逐孔施工)。

(3)60m跨等截面预应力连续箱梁桥(先简支后连续施工)。

(4)90m+160m+160m+90m四跨变截面预应力连续箱梁桥(悬臂浇筑施工)。

(5)50m跨等截面预应力连续箱梁桥(顶推施工)。

(6)73m+132m+420m+132m+73m单索面钢—混凝土结合箱梁斜拉桥。

(7)139m+332m+139m双索面钢—混凝土结合梁斜拉桥。

第 2 章　支架现浇施工 30m 等截面预应力连续箱梁桥计算

30m 跨径的五跨一联预应力混凝土单箱双室连续箱梁上部结构采用满堂支架现浇施工。

五跨一联的等高度预应力混凝土连续箱梁,跨径布置为 5×30m,横向由两分离的单箱组成。桥面布置为 0.5m(防撞护栏)+2.5m(紧急停车带)+11.75m(行车道)+0.5(防撞护栏)+1.0m(中央隔离带)+0.5m(防撞护栏)+11.75m(行车道)+2.5m(紧急停车带)+0.5m(防撞护栏),桥面全宽 31.5m。

基础采用 ϕ600mmPHC 管桩。标准桥墩承台横宽 7.2m,纵宽 4.8m,而制动墩为了增加其纵向抗推刚度,承台纵宽增至 6.0m。

标准桥墩沿左右分离的桥梁中心线布置,采用花瓶板式墩身,左右桥墩墩间距为 16.25m。

箱梁、墩身和承台均采用高性能混凝土,现浇施工工艺。

5×30m 连续梁桥总体布置如图 4.2.0.1 所示,横断面布置如图 4.2.0.2 所示。

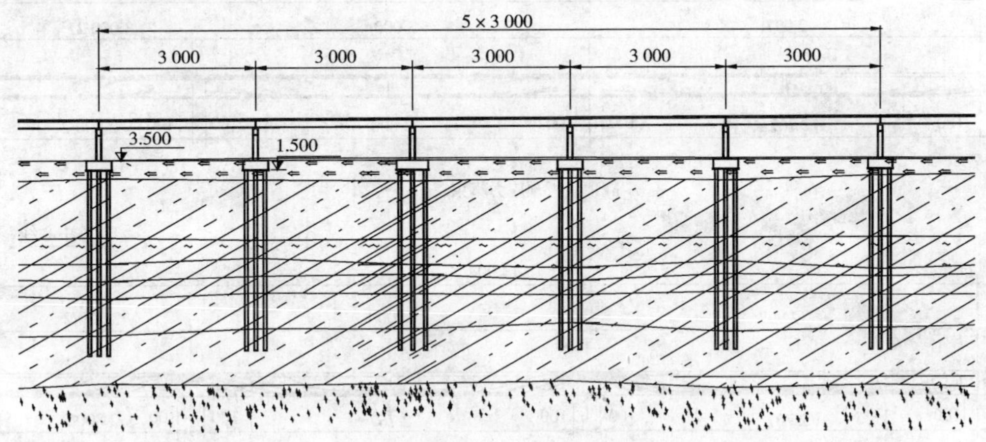

图 4.2.0.1　5×30m 连续梁桥总体布置(尺寸单位:cm,高程单位:m)

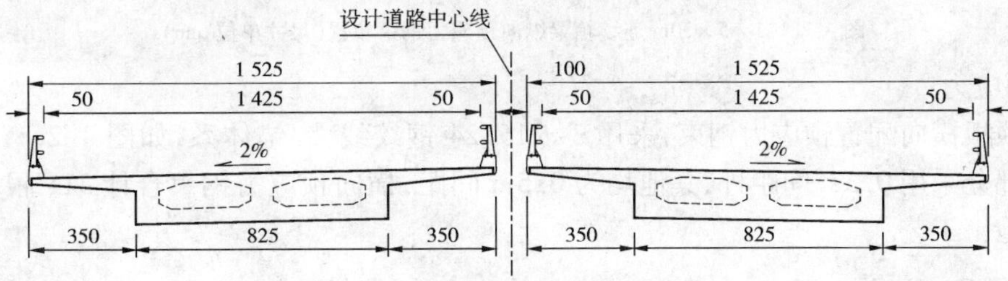

图 4.2.0.2　桥梁横断面布置(尺寸单位:cm)

2.1　上 部 结 构

2.1.1　上部结构构造要点

箱梁横断面采用单箱双室直腹板箱形截面,箱梁顶底板均设成 2.0% 的单向横坡,单幅桥箱梁顶板宽 1 525cm,底板宽 825cm,梁中心高 160cm,高跨比 1/18.75。两翼悬臂长 350cm,悬臂端部厚度为 20cm,悬臂根部厚度为 50cm。顶板厚度为 25cm,底板厚度跨中区段为 22cm,腹板厚度跨中区段为

40cm，在箱梁支座中心线两侧各 1.0m 范围内腹板厚度为 75cm，底板厚度为 50cm，并设置 5.0m 的腹板、底板厚度过渡段。箱内上承托尺寸为 25cm×80cm，下承托尺寸为 20cm×40cm。箱梁中支点处横隔板厚 2m，边支点处横隔板厚 1.3m，并在横隔板内设置人孔。

箱梁在纵向和横向均匀布置预应力筋。预应力钢束采用 $\phi^{j}15.24$mm 高强度低松弛钢绞线，其标准强度 $R_{y}^{b}=1\ 860$MPa，锚下控制应力 $\sigma_{k}=0.75R_{y}^{b}=1\ 395$MPa。

(1)纵向预应力

腹板：箱梁三道腹板内配置纵向连续 12-$\phi^{j}15.24$ 钢绞线 6 根，边跨过中墩腹板短钢束 12-$\phi^{j}15.24$ 钢绞线 6 根，每跨跨区内腹板配置上弯钢束 12-$\phi^{j}15.24$ 钢绞线 15 根，中墩腹板内下弯钢束 12-$\phi^{j}15.24$ 钢绞线 18 根，单幅箱梁腹板内预应力钢束共计 45 根。

底板：纵向通长底板钢束 7-$\phi^{j}15.24$ 钢绞线 4 根，每跨底板短钢束 7-$\phi^{j}15.24$ 钢绞线 52 根，单幅箱梁底板内预应力钢束共计 56 根。

顶板：纵向通长顶板钢束 7-$\phi^{j}15.24$ 钢绞线 2 根，中墩墩顶顶板钢束 7-$\phi^{j}15.24$ 钢绞线 76 根，单幅箱梁顶板内预应力钢束共计 78 根。

纵向预应力钢束布置详如图 4.2.1.1 所示，其钢束断面如图 4.2.1.2 所示。

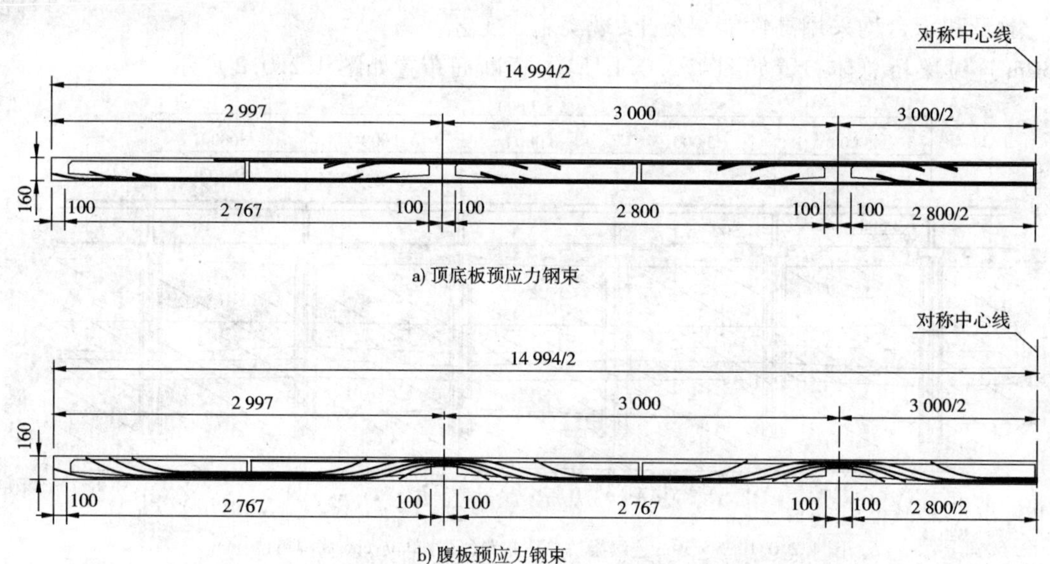

图 4.2.1.1　5×30m 连续箱梁纵向预应力钢束布置(尺寸单位：cm)

(2)横向预应力

单幅箱梁顶板横向配置预应力钢束，采用 3-$\phi^{j}15.24$ 钢绞线，扁锚体系，如图 4.2.1.3 所示。纵桥向钢束除梁端部分采用 0.3m 间距外，其他均为 0.5m 间距，横向预应力钢束合计 311 根。预应力钢束采用两端张拉施工工艺。

2.1.2　主要计算参数

1. 主要材料

(1)混凝土

主梁采用 C50 高性能混凝土，其主要力学性能如下：

压弯弹性模量　$E=3.5\times10^{4}$MPa；

抗压设计强度　28.5MPa；

抗拉设计强度　2.45MPa。

(2)预应力钢筋

预应力筋纵向和横向采用 $\phi^{j}15.24$ 低松弛钢绞线，其主要力学性能如下：

压弯弹性模量　$E = 1.9 \times 10^5$MPa；

抗拉标准强度　$R_y^b = 1\ 860$MPa；

张拉控制应力　$\sigma_k = 1\ 395$MPa。

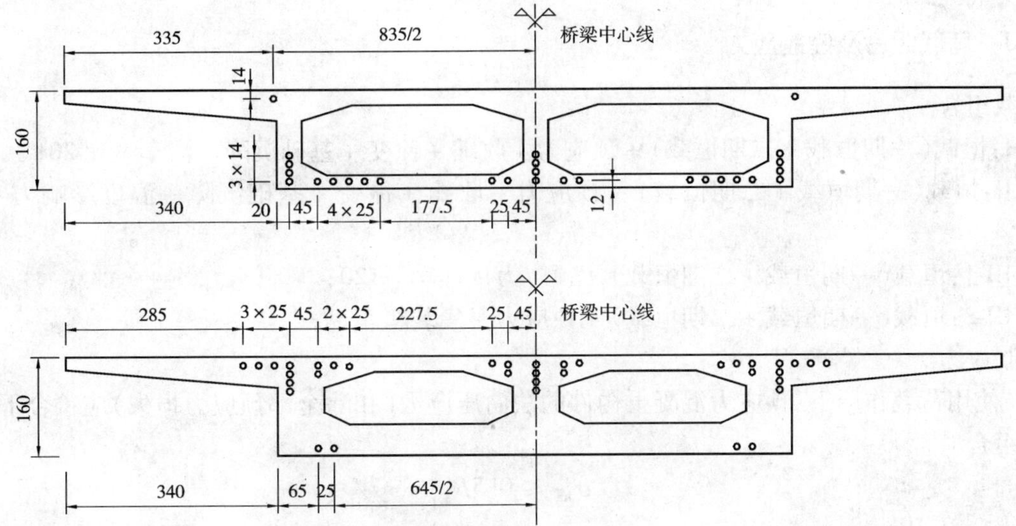

图4.2.1.2　箱梁预应力钢束断面布置(尺寸单位:cm)

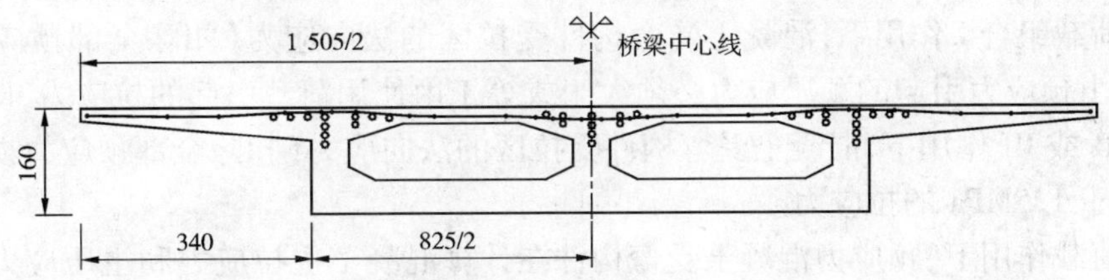

图4.2.1.3　箱梁横向预应力钢束布置(尺寸单位:cm)

(3)普通钢筋

普通钢筋采用热轧Ⅰ、Ⅱ级钢筋，其主要力学性能如下：

压弯弹性模量　$E = 2.0 \times 10^5$MPa；

Ⅰ级钢筋　抗拉设计强度　340MPa；

Ⅱ级钢　筋抗拉设计强度　240MPa。

2. 荷载

(1)恒载

一期恒载：预应力混凝土 $\gamma = 26$kN/m^3；

二期恒载：沥青混凝土100mm，$\gamma = 23$kN/m^3；混凝土栏杆7kN/m/侧；管线11kN/m/半桥。

二期恒载合计：120kN/m/全桥。

(2)汽车荷载

半桥三车道＋紧急停车带，按四车道汽车—超20计算，挂车—120验算，并以集装箱拖挂车重车密集型排列(前后车辆轴距10m)进行校验。

按照《公路工程技术标准》(JTJ 001—97)的规定对多车道进行折减，取值如表4.2.1.1所示。

横向折减系数　表4.2.1.1

横向布载车道数	1	2	3	4
横向折减系数	1.0	1.0	0.78	0.67

主桥横向四车道控制，车道折减系数0.67。

(3)基础不均匀沉降

基础不均匀沉降按1cm计。

(4)温度影响力

考虑桥面板的局部升降温±5℃。

2.1.3 荷载组合及控制应力

1. 荷载组合

组合I:恒载(一期恒载+二期恒载)+预应力+收缩+徐变+基础沉降+汽车—超20;

组合II:恒载(一期恒载+二期恒载)+预应力+收缩+徐变+基础沉降+温度影响力+汽车—超20;

组合III-1:恒载(一期恒载+二期恒载)+预应力+挂车—120;

组合III-2:恒载(一期恒载+二期恒载)+预应力+集装箱车辆;

2. 控制应力

(1)在使用荷载作用下,预应力混凝土构件的法向压应力(扣除全部预应力损失)应符合下列规定:

荷载组合I

$$\sigma_{ha} \leqslant 0.5R_a^b$$

荷载组合II、III

$$\sigma_{ha} \leqslant 0.6R_a^b$$

(2)在设计荷载组合I作用下,混凝土受弯构件受拉区的法向应力(扣除全部预应力损失)应符合其截面受拉边缘由预应力引起的预压应力必须大于或等于由使用荷载引起的拉应力,即$\sigma_h \geqslant \sigma$。

(3)在组合II或III作用下,混凝土受弯构件受拉区的法向应力(扣除全部预应力损失)在截面受拉边缘可以出现小于1.5MPa的拉应力。

(4)在使用荷载作用下,预应力混凝土受弯构件在计算混凝土主拉应力和主压应力时,应符合下列规定:

荷载组合I

$$\sigma_{zl} \leqslant 0.8R_l^b$$

$$\sigma_{za} \leqslant 0.6R_a^b$$

荷载组合II、III

$$\sigma_{zl} \leqslant 0.9R_l^b$$

$$\sigma_{za} \leqslant 0.65R_a^b$$

(5)在使用荷载作用下,构件中预应力钢筋的应力(扣除全部预应力损失)应符合下列规定:

荷载组合I

钢丝、钢绞线　$\sigma_y \leqslant 0.65R_y^b$

冷拉粗钢筋　$\sigma_y \leqslant 0.8R_y^b$

荷载组合II、III

钢丝、钢绞线　$\sigma_y \leqslant 0.7R_y^b$

冷拉粗钢筋　$\sigma_y \leqslant 0.85R_y^b$

(6)施工阶段控制应力

施工阶段构件在预加应力及构件重力作用下,截面边缘混凝土的法向应力应符合下列规定:

压应力　$\sigma_{ha} \leqslant 0.75R_a^{b'}$

拉应力　预拉区不配非预应力钢筋时　$\sigma_{hl} \leqslant 0.70R_l^{b'}$

拉应力　预拉区配置非预应力钢筋时　$\sigma_{hl} \leqslant 1.15R_l^{b'}$

以上公式中的$R_a^{b'}$和$R_l^{b'}$为制造、运输、安装阶段混凝土的抗压标准强度和抗拉标准强度。

2.1.4　计算模型及考虑的因素

1. 计算模型

5×30m 等高度预应力混凝土连续箱梁的结构计算模型见图4.2.1.4。

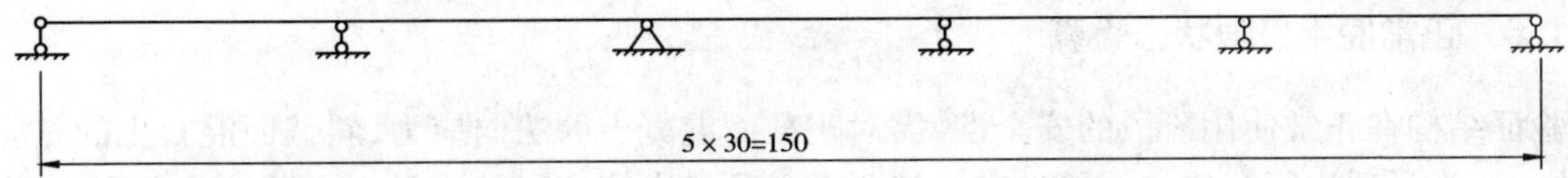

图4.2.1.4　5×30m 等高度预应力混凝土连续梁计算模型(尺寸单位:m)

2. 混凝土徐变、收缩影响

根据结构施工步骤,按每一节段混凝土加载龄期、构造尺寸和荷载变化过程分别考虑徐变、收缩影响。使用阶段混凝土徐变、收缩影响从施工阶段连续计算求得。

3. 计算工况划分

本桥采用满堂支架现浇施工,施工阶段计算按照一次落架模拟。

2.1.5　施工阶段验算

为验证结构施工阶段受力的可靠性,应对连续梁在施工阶段的混凝土正应力进行计算,截面最大应力应控制在规范容许范围之内。

由于采用满堂支架现浇施工方法,因此施工阶段计算按照一次落架模拟,施工阶段应力只用验算考虑桥面系施工前的状态,施工阶段应力见图4.2.1.5。

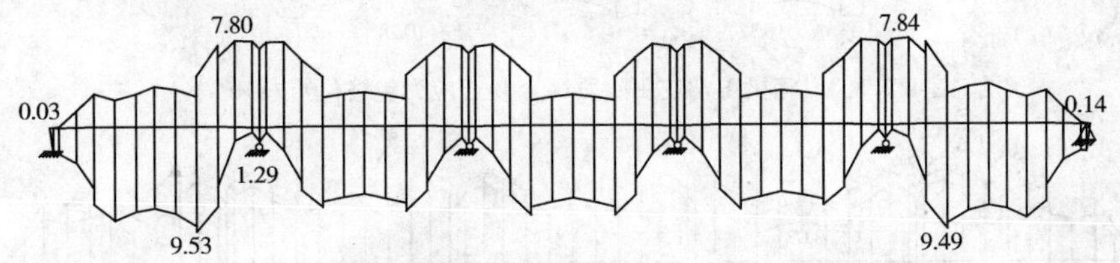

图4.2.1.5　施工阶段应力(单位:MPa)

施工阶段箱梁混凝土应力包络为0.03~9.53MPa,最大压应力发生在左边跨跨中偏中支点处,全桥未出现拉应力。

施工阶段应力满足规范要求(施工阶段压应力及拉应力容许值分别为21MPa和-2.76MPa)。

成桥初期阶段即考虑桥面系施工后的阶段,考虑收缩徐变3年后即成桥后期阶段,应力见图4.2.1.6。

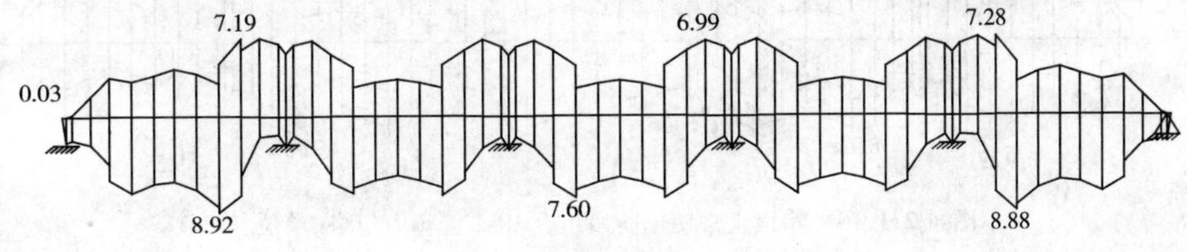

a) 成桥初期箱梁上下缘应力

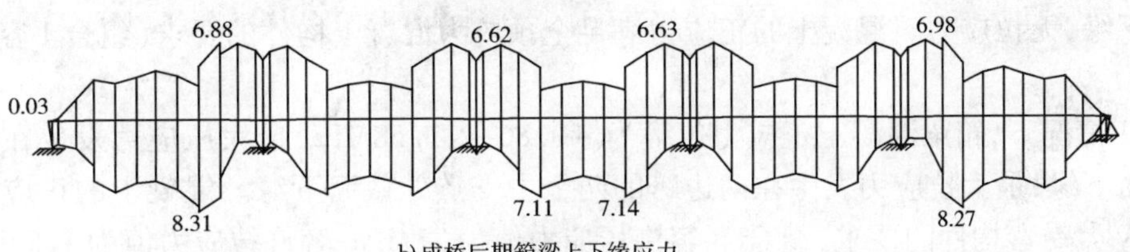

b) 成桥后期箱梁上下缘应力

图4.2.1.6　成桥初期和后期箱梁上下缘应力(单位:MPa)

成桥初期混凝土应力包络为0.03～8.92MPa,成桥后期箱梁混凝土应力包络为0.03～8.31MPa,最大压应力均发生在左边跨跨中偏中支点处,不出现拉应力。

根据规范要求,恒载作用下混凝土不允许出现拉应力,计算结果表明,成桥阶段恒载作用下混凝土应力满足规范要求。

2.1.6 正常使用极限状态验算

为验证结构在正常使用阶段的安全性,需对正截面混凝土的法向应力、斜截面混凝土的主应力进行验算。同时,为了适应行车快速、平稳、安全的要求以及考虑挠度对结构受力和振动的影响,还应满足规范对上部结构挠度的限定。

1. 正应力验算

正常使用阶段箱梁上下缘正应力包络见图4.2.1.7～图4.2.1.10。

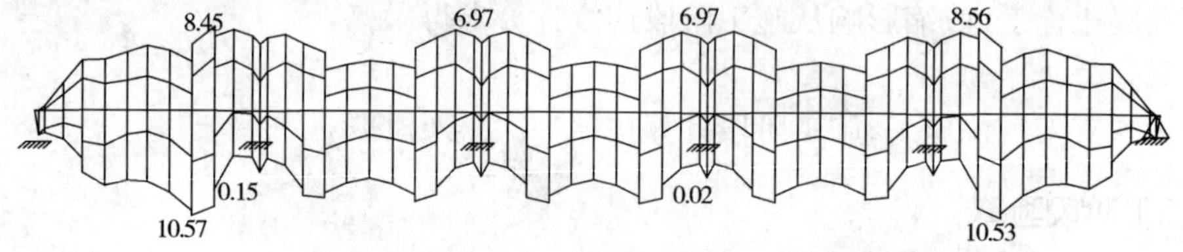

图4.2.1.7 箱梁正常使用阶段组合I正应力包络(单位:MPa)

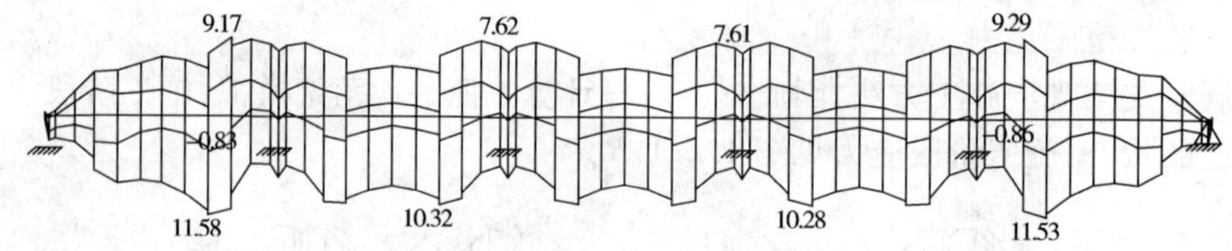

图4.2.1.8 箱梁正常使用阶段组合II正应力包络(单位:MPa)

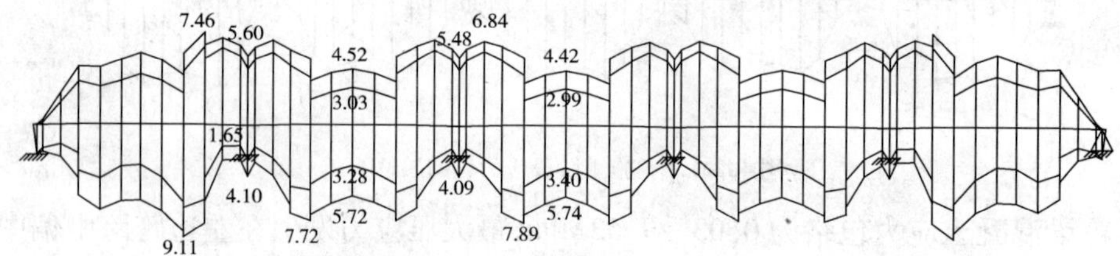

图4.2.1.9 箱梁正常使用阶段组合III－1正应力包络(单位:MPa)

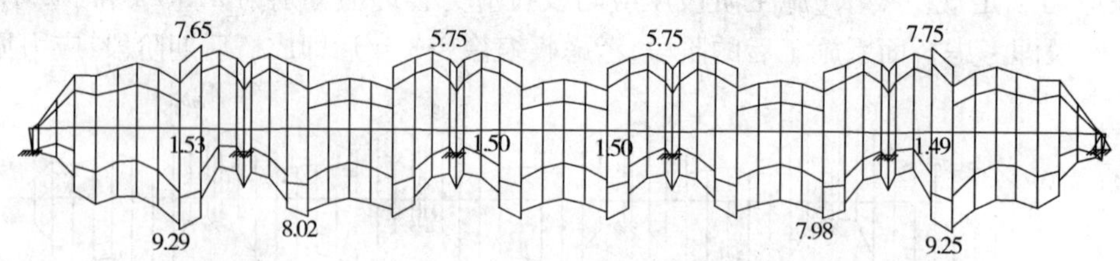

图4.2.1.10 箱梁正常使用阶段组合III-2正应力包络(单位:MPa)

在组合I情况下,箱梁混凝土正应力包络为0.02～10.57MPa,最大压应力发生在左边跨跨中偏中支点处截面下缘,无拉应力。混凝土的正应力满足全预应力混凝土构件的要求(组合I容许压应力值为17.5MPa)。

在组合II情况下,箱梁混凝土正应力包络为－0.86～11.58MPa,最大压应力发生在左边跨跨中偏中支点处截面下缘,最大拉应力发生在两边跨的两个中支点处截面下缘。混凝土的正应力满足部分预应力混凝土A类受弯构件的要求(组合II容许压应力值为21MPa,容许拉应力值为1.5MPa)。

在组合III-1(挂车组合)情况下,箱梁混凝土正应力包络为1.65～9.11MPa,最大压应力发生在左边跨跨中偏中支点处截面下缘,无拉应力。混凝土的正应力满足全预应力混凝土构件的要求(组合 III 容许压应力值为 21MPa。)

在组合 III-2(集装箱组合)情况下,箱梁混凝土正应力包络为 1.49 ~ 9.29MPa,最大压应力发生在左边跨跨中偏中支点处截面下缘,无拉应力。混凝土的正应力满足全预应力混凝土构件的要求(组合 III 容许压应力值为 21MPa。)

2. 主应力验算

主应力验算包括混凝土主拉应力和主压应力验算,对前者进行验算主要为了保证主梁斜截面具有与正截面同等的抗裂安全度,而验算后者则是保证混凝土在沿主压应力方向破坏时也具有足够的安全度。

正常使用阶段箱梁上下缘主应力包络见图 4.2.1.11 ~ 图 4.2.1.14。

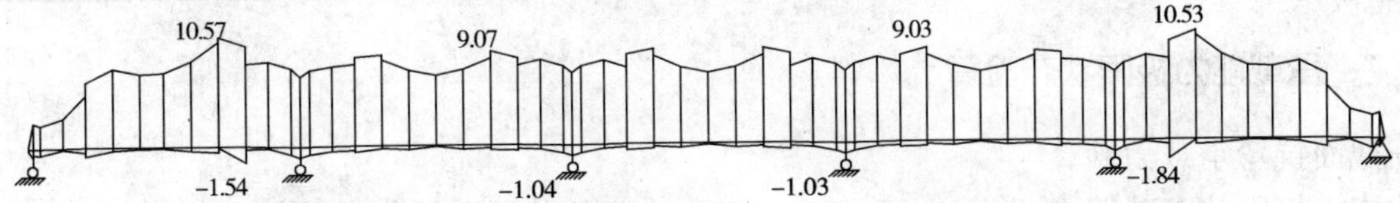

图 4.2.1.11 箱梁正常使用阶段组合 I 主应力包络图(单位:MPa)

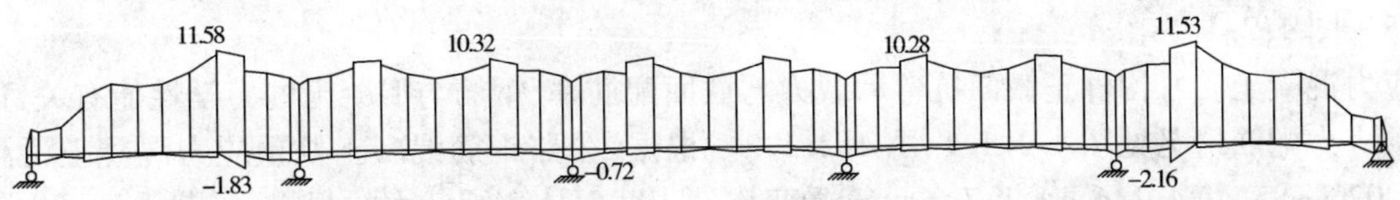

图 4.2.1.12 箱梁正常使用阶段组合 II 主应力包络图(单位:MPa)

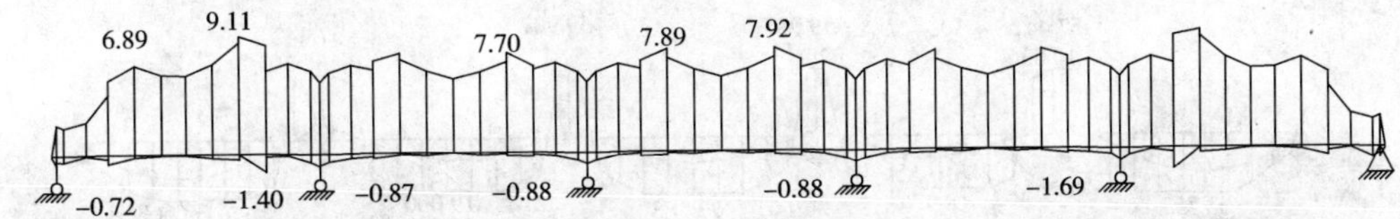

图 4.2.1.13 箱梁正常使用阶段组合 III-1 主应力包络图(单位:MPa)

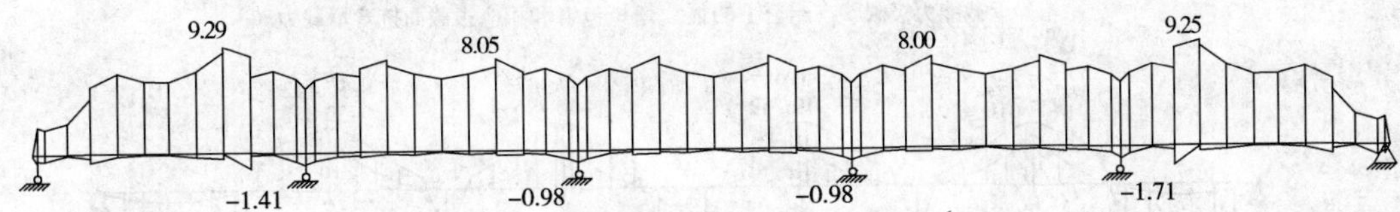

图 4.2.1.14 箱梁正常使用阶段组合 III-2 主应力包络图(单位:MPa)

在组合 I 情况下,箱梁混凝土主应力包络为 -1.84 ~ 10.57MPa,最大主压应力出现在左边跨跨中偏中支点处截面,最大主拉应力出现在右边跨跨中偏中支点处截面,混凝土的主应力满足预应力混凝土受弯构件的要求(组合 I 容许主压应力值为 21MPa,受弯构件容许主拉应力值为 -2.40MPa)。

在组合 II 情况下,箱梁混凝土主应力包络为 -2.16 ~ 11.58MPa,最大主压应力出现在左边跨跨中偏中支点处截面,最大主拉应力出现在右边跨跨中偏中支点处截面,混凝土的主应力满足预应力混凝土受弯构件的要求(组合 II 容许主压应力值为 22.75MPa,受弯构件容许主拉应力值为 -2.70MPa)。

在组合 III-1(挂车组合)情况下,箱梁混凝土主应力包络为 -1.69 ~ 9.11MPa,最大主压应力出现在左边跨跨中偏中支点处截面,最大主拉应力出现在右边跨跨中偏中支点处截面,混凝土的主应力满足预应力混凝土受弯构件的要求(组合 III 容许主压应力值为 22.75MPa,受弯构件容许主拉应力值为 -2.70MPa)。

在组合 III-2(集装箱组合)情况下,箱梁混凝土主应力包络为 -1.71 ~ 9.29MPa,最大主压应力出现在左边跨跨中偏中支点处截面,最大主拉应力出现在右边跨跨中偏中支点处截面,混凝土的主应力满足预应力混凝土受弯构件的要求(组合 III 容许主压应力值为 22.75MPa,受弯构件容许主拉应力值为

-2.70MPa)。

3. 刚度验算

根据规范要求对箱梁的刚度即可变作用中的汽车挠度进行验算,计算结果见表 4.2.1.2,箱梁的刚度满足规范要求。

跨中截面汽车荷载变形验算(尺寸单位:mm)　　　表 4.2.1.2

项目 位置	最大向上位移	最大向下位移	容 许 值	是 否 满 足
第一跨跨中	2.6	6.6	50	满足
第一跨跨中	3.3	5.2	50	满足
第一跨跨中	2.8	5.4	50	满足

2.1.7 承载能力极限状态验算

1. 正截面抗弯承载力验算

承载能力极限状态验算中,荷载进行最不利组合时应考虑各自的荷载分项安全系数,见规范《公路钢筋混凝土及预应力混凝土桥涵设计规范》(JTJ 023—85)第 4.1.2 条的规定。组合内力计算结果见图 4.2.1.15 ~ 图 4.2.1.18。

预应力混凝土受弯构件正截面抗弯承载力与截面配筋率、钢筋与混凝土的力学性能有关,连续梁上部结构预应力配筋情况见图 4.2.1.1、图 4.2.1.2。根据《公路钢筋混凝土及预应力混凝土桥涵设计规范》(JTJ 023—85)第 4.1.6 ~ 4.1.7 条计算受弯构件正截面抗弯承载力的规定(承载力计算中仅考虑预应力筋的抗力),计算结果见图 4.2.1.15 ~ 图 4.2.1.18 和表 4.2.1.3,截面承载力满足受力要求。

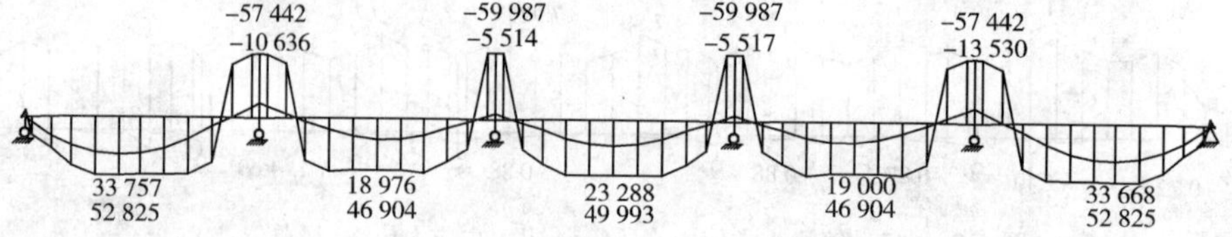

a) 箱梁承载能力极限状态组合 I 的最大弯矩包络和相应正截面抗弯承载力

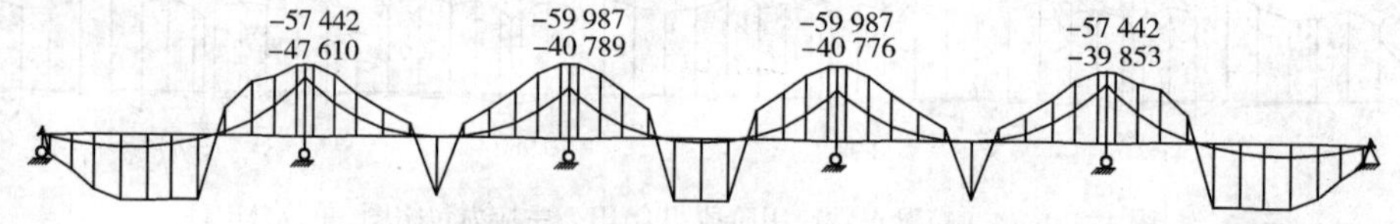

b) 箱梁承载能力极限状态组合 I 的最小弯矩包络和相应正截面抗弯承载力

图 4.2.1.15　箱梁承载能力极限状态组合 I 的弯矩包络和相应正截面抗弯承载力(单位:kN·m)

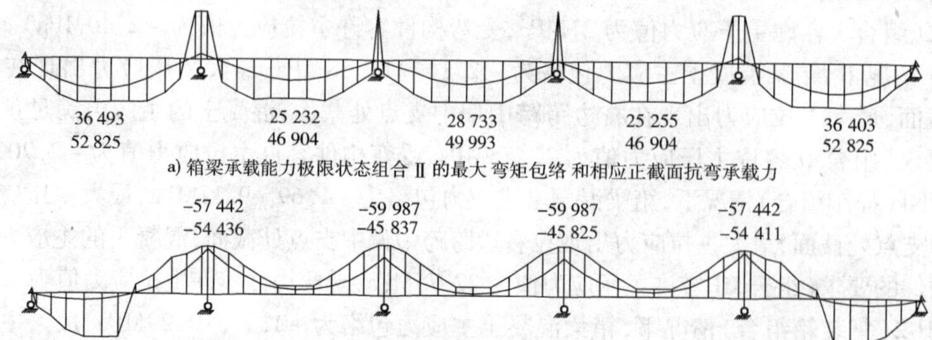

a) 箱梁承载能力极限状态组合 Ⅱ 的最大弯矩包络和相应正截面抗弯承载力

b) 箱梁承载能力极限状态组合 Ⅱ 的最小弯矩包络和相应正截面抗弯承载力

图 4.2.1.16　箱梁承载能力极限状态组合 Ⅱ 的弯矩包络和相应正截面抗弯承载力(单位:kN·m)

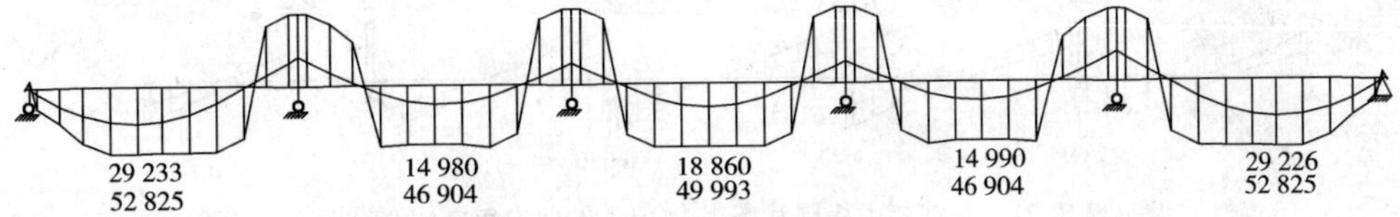

a) 箱梁承载能力极限状态组合 Ⅲ-1 的最大弯矩包络和相应正截面抗弯承载力

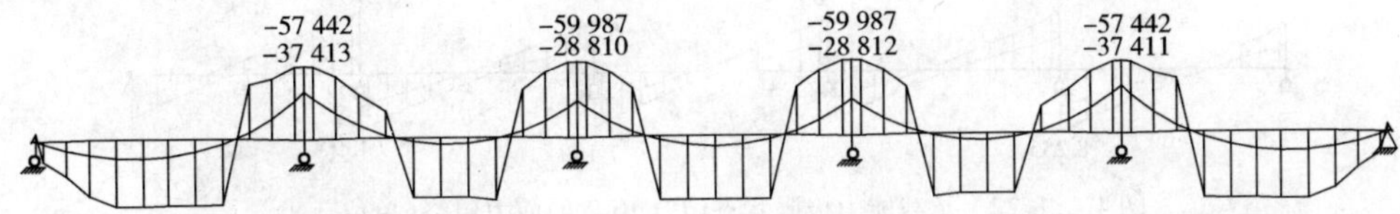

b) 箱梁承载能力极限状态组合 Ⅲ-1 的最小弯矩包络和相应正截面抗弯承载力

图 4.2.1.17 箱梁承载能力极限状态组合 III-1 的弯矩包络和相应正截面抗弯承载力(单位:kN·m)

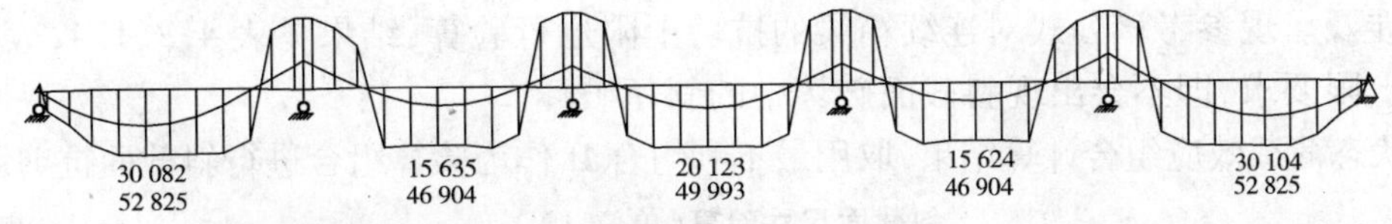

a) 箱梁承载能力极限状态组合 Ⅲ-2 的最大弯矩包络和相应正截面抗弯承载力

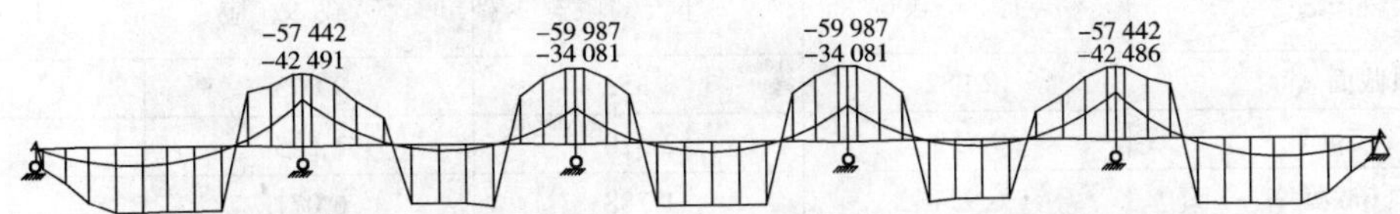

b) 箱梁承载能力极限状态组合 Ⅲ-2 的最小弯矩包络和相应正截面抗弯承载力

图 4.2.1.18 箱梁承载能力极限状态组合 III-2 的弯矩包络和相应正截面抗弯承载力(单位:kN·m)

箱梁正截面抗弯承载力验算(单位:弯矩 kN·m) 表 4.2.1.3

项目 \ 计算截面		第1跨跨中	第2跨跨中	第3跨跨中	第1中支点	第2中支点
组合 I	荷载效应	33 757	18 976	23 288	-47 610	-40 789
组合 II	荷载效应	36 493	25 232	28 733	-54 436	-45 837
组合 III-1	荷载效应	29 233	14 980	18 860	-37 413	-28 810
组合 III-2	荷载效应	30 082	15 635	20 123	-42 491	-34 081
	截面承载力	52 825	46 904	49 993	-57 442	-59 987
是否满足		满足	满足	满足	满足	满足

2. 斜截面抗剪承载力验算

(1)各种荷载组合情况下的剪力包络图见图 4.2.1.19～图 4.2.1.22。

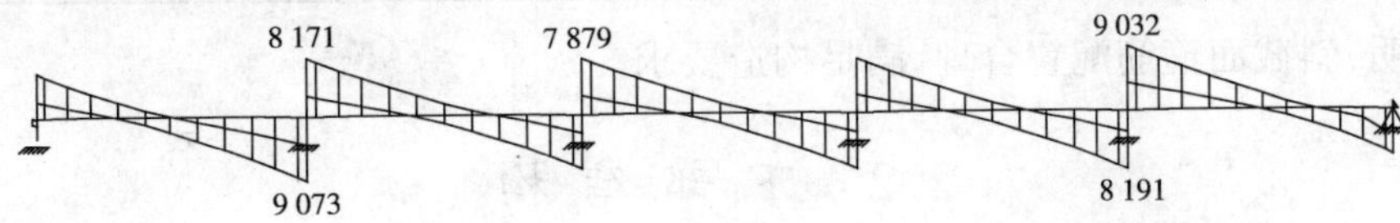

图 4.2.1.19 承载能力极限状态组合 I 的剪力包络(单位:kN)

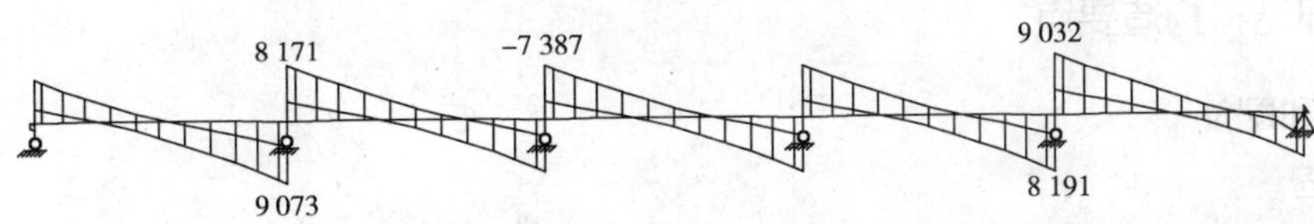

图 4.2.1.20 承载能力极限状态组合 II 的剪力包络(单位:kN)

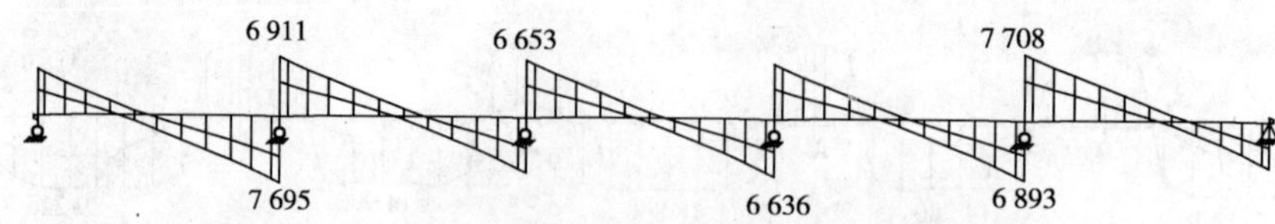

图 4.2.1.21　承载能力极限状态组合 III-1 的剪力包络(单位:kN)

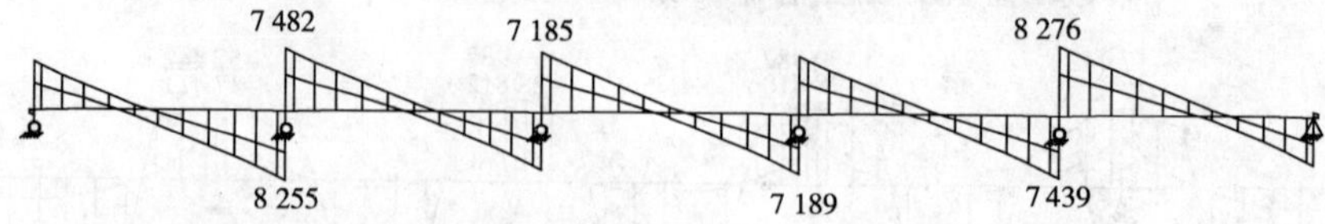

图 4.2.1.22　承载能力极限状态组合 III-2 的剪力包络(单位:kN)

(2)抗剪上限验算

现行公路桥梁设计规范对抗剪截面尺寸的验算公式 $0.051\sqrt{R}bh_0$ 只局限于等高度简支梁,对连续梁的情况未有涉及。现参考该公式对连续箱梁的抗剪上限进行验算,结果见表 4.2.1.4,表明截面均满足斜截面尺寸上限要求,即不会出现斜截面破坏中的斜压破坏。

根据极限状态荷载效应组合计算结果,取用最不利组合 II 作为验算组合进行斜截面抗剪承载力验算。

斜截面尺寸验算(单位:kN)　　表 4.2.1.4

位置 \ 项目	上　限	下　限	荷 载 效 应	尺寸是否满足
墩顶截面	12 982	3 352	9 073	满足
距墩顶 3.5m 处	9 953	2 570	7 245	满足
距墩顶 6m 处	6 924	1 788	6 071	满足

(3)箍筋配置

根据《公路钢筋混凝土及预应力混凝土桥涵设计规范》(JTJ 023—85)第 5.2.18 条:对于受弯构件,在按使用荷载作用下计算的混凝土主拉应力 $\sigma_{zl} \leqslant 0.5R_l^b = 1.5\text{MPa}$(组合 I)或 $\sigma_{zl} \leqslant 0.55R_l^b = 1.65\text{MPa}$(组合 II 或组合 III)的梁段,箍筋仅按构造要求设置;混凝土主拉应力 $\sigma_{zl} > 0.5R_l^b$(组合 I)或 $\sigma_{zl} > 0.55R_l^b$(组合 II 或组合 III)的梁段,其箍筋间距 S_k 可按下式计算:

$$S_k = \psi \frac{R_{gk}A_k}{\sigma_{zl}b} \tag{4.2.1.1}$$

箱梁斜截面钢筋(箍筋)的验算结果见表 4.2.1.5。

箱梁斜截面钢筋(箍筋)验算　　表 4.2.1.5

位　置	组　合	主拉应力最值(MPa)	实际 S_k(cm)	要求 S_k(cm)	是否满足
距中支点 0 ~ 600(cm)	组合 I	≤1.84	15	19.6	满足
	组合 II	≤1.04	15	25	满足
其他位置	组合 I	≤2.16	15	18.6	满足
	组合 II	≤0.72	15	25	满足

计算结果表明,斜截面箍筋配置合理,满足构造要求。

2.2　下 部 结 构

2.2.1　下部结构构造要点

1. 桥墩构造和配筋

(1)桥墩构造

本联连续梁位于陆上段,下部桥墩采用花瓶独柱墩形式,纵桥向设置单排支座,墩柱底部截面尺寸为400cm×145cm,墩顶截面为了放置横向支座其尺寸为625cm×145cm,高度为80cm,两截面过渡段高度为350cm,采用$R=60.07$m圆曲线。墩身构造见图4.2.2.1。

(2)墩身配筋

墩身采用ϕ12mm、ϕ16mm、ϕ20mm、ϕ28mm和ϕ32mm 5种直径钢筋,墩身截面纵向单侧配置9ϕ28mm主筋,横向单侧配置2×10ϕ32mm主筋,凹槽单侧配置10ϕ20mm主筋,主筋间距约15cm,墩身截面内合计主筋78根。墩身顶面设置横向ϕ32mm、纵向ϕ16mm的钢筋网,并与墩身主筋相焊接。

墩身主筋伸入承台1.2m。箍筋全部采用ϕ12mm直径钢筋,且截面内成封闭状。为满足抗震构造要求,对墩身承台面上和墩顶下各1.5m区间的箍筋间距进行加密,箍筋间距为10cm,其余箍筋间距均为20cm。墩身截面内单侧箍筋肢数的设置应不多于4根主筋,配筋见图4.2.2.2。

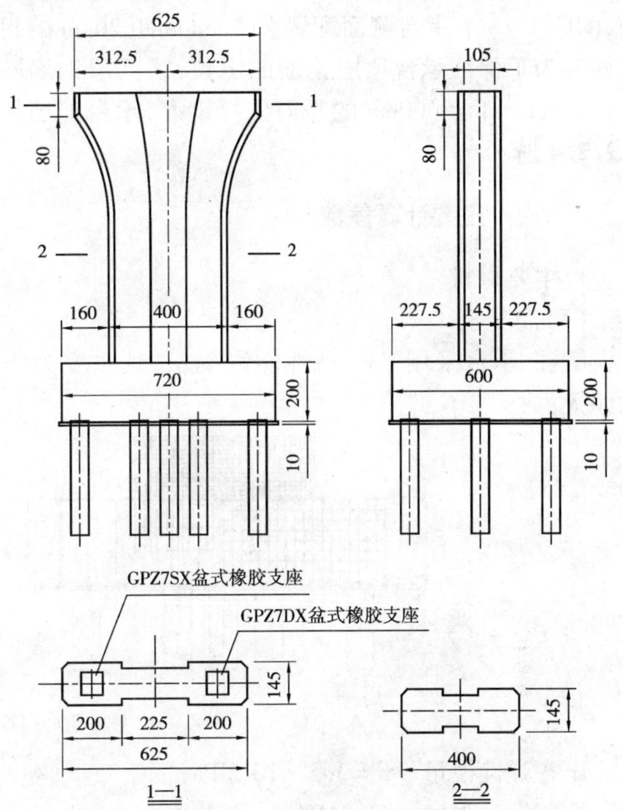

图4.2.2.1　墩身构造(尺寸单位:cm)

2.基础构造和配筋

(1)基础构造

制动墩桩基采用11根直径600mm的PHC管桩,顺桥向桩距2.4m,横桥向桩距2.0m内侧桩距3.0m,制动墩承台平面示意见图4.2.2.3。

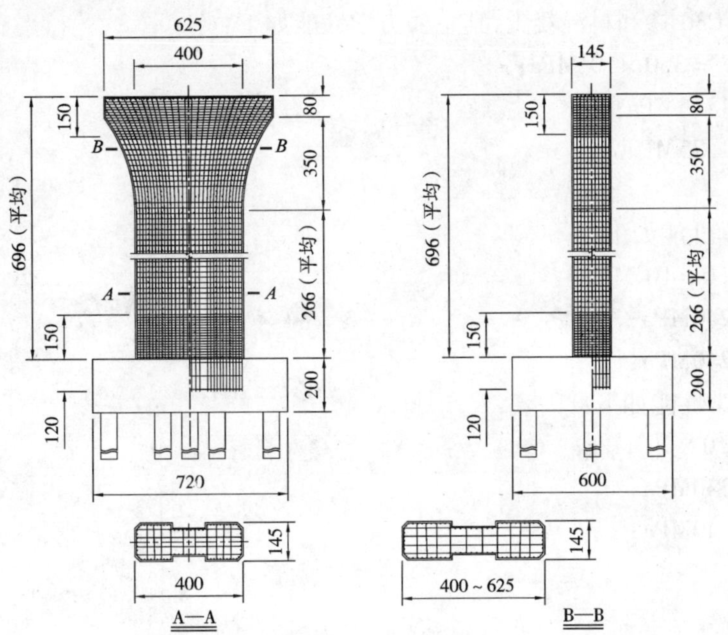

图4.2.2.2　墩身钢筋布置示意(尺寸单位:cm)

(2)承台配筋

桥墩承台截面尺寸为600cm×720cm,承台高200cm。

ϕ600mmPHC管桩桩顶设置ϕ8mm间距20cm的钢筋网片,承台底部纵向配置2ϕ32mm主筋,间距

20cm,横向配置ϕ28mm 主筋,间距 15cm;承台顶部均匀配置纵向ϕ16mm 主筋,间距 20cm,横向配置ϕ16mm 主筋,间距 15cm。承台侧面配置ϕ12mm 间距 20cm 的封闭主筋。为了保证承台顶层钢筋的定位,顶低层钢筋网间设置ϕ16mm 间距 60cm 的竖向支撑钢筋,承台配筋如图 4.2.2.4 所示。

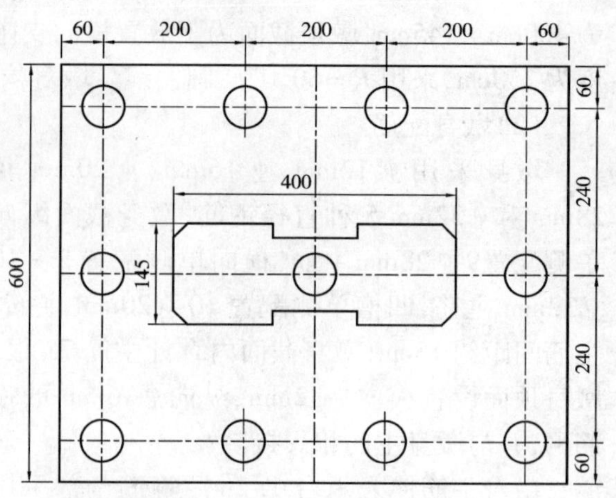

图 4.2.2.3　制动墩承台平面示意(尺寸单位:cm)

2.2.2　主要计算参数

1. 主要材料

(1)混凝土

墩柱、承台采用 C40 高性能混凝土,其主要力学性能如下:

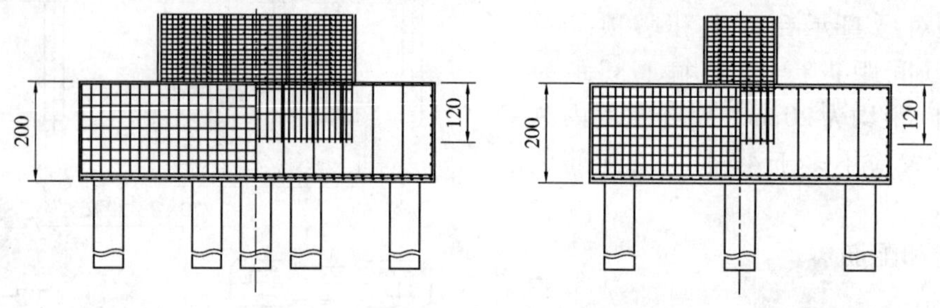

图 4.2.2.4　承台钢筋布置示意(尺寸单位:cm)

压弯弹性模量　$E = 3.3 \times 10^4$MPa;

抗压设计强度　23.0MPa;

抗拉设计强度　2.15MPa;

钻孔桩采用水下 C30 掺和料混凝土,其主要力学性能如下:

压弯弹性模量　$E = 3.0 \times 10^4$MPa;

抗压设计强度　17.5MPa;

抗拉设计强度　1.75MPa。

(2)普通钢筋

I 级钢筋主要力学性能如下:

弹性模量　$E = 2.0 \times 10^5$MPa;

抗压设计强度　240MPa;

抗拉设计强度　240MPa;

II 级钢筋主要力学性能如下:

弹性模量　$E = 2.0 \times 10^5$MPa;

抗压设计强度　340MPa;

抗拉设计强度　340MPa;

2. 作用

(1)永久作用

上、下部结构永久作用。

(2)基本可变作用

半桥三车道 + 紧急停车带,按四车道汽车—超 20 计算,挂车—120 验算,并以集装箱拖挂车重车密集型排列(前后车辆轴距 10m)进行校验。

(3)其他可变作用

①汽车制动力

根据《公路桥涵设计通用规范》(JTJ 021—89)第 2.3.9 条计算。

②风作用力

根据《公路桥梁抗风设计规范》(JTG/T D60-01—2004)第 4.3 条计算。

3. 基础计算荷载组合

基础受到的荷载主要包括结构自重、车辆荷载、风荷载、制动力、温度力、支座摩阻力等,根据《公路桥涵设计通用规范》(JTJ 021—89),荷载组合考虑了表 4.2.2.1 所示的几类。

下部结构荷载组合类型　　表 4.2.2.1

组 合 类 型	荷　载
组合 I	永久荷载,车辆(汽车—超 20)
组合 II-1	永久荷载,车辆(汽车—超 20),风(25m/s),纵向力(摩阻力或制动力)
组合 II-2	永久荷载,风(42m/s),纵向力(摩阻力或温度力)
组合 III	永久荷载,车辆(集卡重车密排或挂车—120)

2.2.3　桥墩计算

取受力最不利的固定墩 PML23 进行计算。

作用在 PML23 墩的作用有:上、下部的永久作用,车辆荷载,制动力,风荷载;由于本联结构位于陆上段,故不计波浪力、水流力和船撞力,荷载效应计算如下:

1. 纵向制动力

根据《公路桥涵设计通用规范》(JTJ 021—89)第 2.3.9 条,当桥涵为一车道或双向二车道时,汽车制动力为布置在一联长度内的一行汽车车队总重力的 10%,但不得小于一辆重车的 30%,东海大桥半桥按单向四车道考虑,应为上述规定数值的 $4 \times 0.67 = 2.68$ 倍。

一行列车的 10%:$2080 \times 0.1 = 208\text{kN}$

一辆重车的 30%:$550 \times 0.3 = 165\text{kN}$

故制动力取用 $P = 208 \times 2.68 = 557\text{kN}$,由 PML23 固定墩承受,作用位置取支座的底座面上,由此在 PML23 墩底产生的弯矩 $M = 3\,576\text{kN} \cdot \text{m}$。

2. 横桥向风力

横桥向风力作用于主梁及墩上。

(1)桥梁各构件基准高度的取定

主梁取跨中截面形心距设计常水位(或海平面)的高度;桥墩取自设计常水位(或海平面)以上高度的 65% 高度处。

(2)桥梁各构件的设计基准风速

将上述确定的各构件基准高度处的风速作为各构件的设计基准风速,其与设计基本风速有如下关系:

$$V_{\text{d}} = K_1 V_{10} \tag{4.2.2.1}$$

式中:K_1——风速高度修正系数,按《公路桥梁抗风设计规范》(JTG/T D60-01—2004)第 3.2.5 条中的 A 类地表粗糙度取值;

V_{10}——桥址处地面或水面以上 10m 高度处,一百年一遇 10min 年平均最大风速(设计基本风速)。

设计时考虑两种风速:桥面无车的设计基本风速:$V_{10} = 42\text{m/s}$;桥面有车的最大设计基本风速:$V_{10} = 25\text{m/s}$。

(3)静阵风风速

静阵风风速按《公路桥梁抗风设计规范》(JTG/T D60-01—2004)第 4.2 条计算:

$$V_g = G_V V_d \tag{4.2.2.2}$$

式中：G_V——静阵风系数，按《公路桥梁抗风设计规范》(JTG/T D60-01—2004)表4.2.1取值。

(4)静阵风荷载 F_H

根据《公路桥梁抗风设计规范》(JTG/T D60-01—2004)第4.3条，在横桥向风力作用下，主梁单位长度上的横向静阵风荷载计算如下：

$$F_H = \frac{1}{2}\rho V_g^2 C_H H \tag{4.2.2.3}$$

式中：ρ——空气密度，取 $\rho = 1.25\text{kg/m}^3$；

V_g——桥面高度处的静阵风风速(m/s)；

C_H——主梁的阻力系数，按《公路桥梁抗风设计规范》(JTG/T D60-01—2004)第4.3.2条计算；

H——主梁的投影高度(m)，为计入栏杆的实体高度。

作用于桥墩的静力风载按《公路桥梁抗风设计规范》(JTG/T D60-01—2004)第4.4条计算：

$$F_H = \frac{1}{2}\rho V_g^2 C_H A_n \tag{4.2.2.4}$$

式中：C_H——桥墩阻力系数，参见《公路桥梁抗风设计规范》(JTG/T D60-01—2004)第4.4.2条表4.4.2；

A_n——桥墩顺风向投影面积(m^2)。

上部结构迎风面考虑主梁高1.6m，栏杆高1.4m。PML23桥墩承受30m长的上部结构风力，考虑两种设计基本风速：桥面无车的设计基本风速 $V_{10} = 42\text{m/s}$ 和桥面有车的最大设计基本风速 $V_{10} = 25\text{m/s}$。

根据《公路桥梁抗风设计规范》(JTG/T D60-01—2004)第4.3条计算主梁30m长度上的横向静阵风荷载为 P 及对墩身底弯矩为 M 如下：

$$V_{10} = 42\text{m/s}, P = 128\text{kN}, M = 1\,016\text{kN}\cdot\text{m}$$

$$V_{10} = 25\text{m/s}, P = 45\text{kN}, M = 360\text{kN}\cdot\text{m}$$

桥墩承受墩身迎风面积的风力。桥墩宽1.45m，高6.415m，根据《公路桥梁抗风设计规范》(JTG/T D60-01—2004)第4.4条计算风作用效应如下：

$$V_{10} = 42\text{m/s}, P = 62\text{kN}, M = 274\text{kN}\cdot\text{m}$$

$$V_{10} = 25\text{m/s}, P = 22\text{kN}, M = 97\text{kN}\cdot\text{m}$$

桥墩横桥向风力计算见表4.2.2.2。

PML23 桥墩横桥向风力 表4.2.2.2

位 置	$V_{10} = 42\text{m/s}$		$V_{10} = 25\text{m/s}$	
	水平风力(kN)	对墩身底弯矩(kN·m)	水平风力(kN)	对墩身底弯矩(kN·m)
梁	128	1 017	45	360
墩	62	274	22	97
合计	190	1 291	67	457

3. 竖向力

计算桥墩受力时，竖向力包括上部结构重力、桥墩重力和上部结构传下的车辆荷载，由于挂车荷载不是控制荷载，所以本次车辆荷载考虑了汽车—超20和集装箱车。竖向力计算结果见表4.2.2.3。

PML23 桥墩竖向力 表4.2.2.3

荷 载	上部结构重力	桥 墩 重 力	汽车—超20	集 装 箱 车
桥墩底竖向力(kN)	8 953	980	1 925	2 262

4. 荷载组合

计算桥墩底截面荷载组合时考虑了4种不同组合，结果见表4.2.2.4。

PML23 桥墩底荷载组合　　表4.2.2.4

项　目	荷载类别	竖向力	水平力(kN)		弯矩(kN·m)	
		(kN)	顺桥向	横桥向	顺桥向	横桥向
恒载	上部结构反力(1)	8 953	—	—	—	—
	桥墩重量(2)	980	—	—	—	—
	合计(3)=(1)+(2)	9 933	—	—	—	—
基本可变荷载	汽车—超20反力(4)	1 925	—	—	—	—
	集装箱车反力(5)	2 262	—	—	—	—
其他可变荷载	汽车制动力(6)	—	557	—	3 576	—
	风压力(V=25m/s)(7)	—	—	67	—	457
	风压力(V=42m/s)(8)	—	—	190	—	1 291
承载能力极限状态组合	组合I(9)=1.2×(3)+1.4×(4)	14 615	—	—	—	—
	组合II-1(10)=1.1×(3)+1.3×(4)+1.3×(6)+1.3×(7)	13 429	724.1	87	4 649	594
	组合II-2(11)=1.1×(3)+1.3×(8)	10 926	—	247	—	1 678
	组合III(12)=1.2×(3)+1.1×(5)	14 408	—	—	—	—

5.截面承载力计算

根据《公路钢筋混凝土及预应力混凝土桥涵设计规范》(JTJ 023—85)第4.1.16条,钢筋混凝土矩形截面偏心受压构件的正截面抗压承载力按下式计算:

$$N_j \leqslant \frac{\gamma_b}{\gamma_c} R_a bx + \frac{\gamma_b}{\gamma_s}(R'_g A'_g - \sigma_g A_g) \tag{4.2.2.5}$$

中性轴位置按下式确定:

$$R_a bx\left(e - h_0 + \frac{x}{2}\right) = \sigma_g A_g e \mp R'_g A'_g e' \tag{4.2.2.6}$$

当$\xi = \frac{x}{h_0} \leqslant \xi_{jg}$时,构件属于大偏心受压,上式中$\sigma_g = R_g$,当$\xi < \xi_{jg}$时,构件属于小偏心受压,$\sigma_g = 0.003E_g\left(\frac{0.9}{\xi} - 1\right) \leqslant R_g$。

根据表4.2.2.4,承载能力极限状态中控制截面设计的组合有:

(1)组合II-1,顺桥向最不利偏压构件;

(2)组合II-2,横桥向最不利偏压构件;

桥墩配筋见图4.2.2.2。根据截面配筋及荷载情况计算截面承载力,结果见表4.2.2.5,桥墩底截面承载力远大于荷载效应组合,结构安全。

桥墩底截面承载力　　表4.2.2.5

荷载类别	竖向力(kN)	弯矩(kN·m)		承载力(轴力)(kN)
		顺桥向	横桥向	
组合II-1	13 429	4 649	—	38 500
组合II-2	10 926	—	1 678	87 200

2.2.4　桩基础计算

根据《公路桥涵地基与基础设计规范》(JTJ 024—85)附录六计算桩基础,本联桩基础为PHC管桩,计算其单桩容许承载力。

1. 承台底荷载效应计算

承台底受到的荷载包括：上、下部的永久作用、车辆荷载、制动力和风荷载。承台底受力的计算过程同桥墩，计算结果见表4.2.2.6。

PML23 承台底荷载组合 表4.2.2.6

项　目	荷 载 类 别	竖向力	水平力(kN)		弯矩(kN·m)	
		(kN)	顺桥向	横桥向	顺桥向	横桥向
恒载	上部结构反力(1)	8 953	—	—	—	—
	桥墩及承台重量(2)	3 140	—	—	—	—
	合计(3)=(1)+(2)	12 093	—	—	—	—
基本可变荷载	汽车—超20反力(4)	1 925	—	—	—	—
	集装箱车反力(5)	2 262	—	—	—	—
其他可变荷载	汽车制动力(6)	—	557	—	4 690	—
	风压力($V=25$m/s)(7)	—	—	67	—	592
	风压力($V=42$m/s)(8)	—	—	190	—	1 672
正常使用极限状态组合	组合 I(9)=(3)+(4)	14 018	—	—	—	—
	组合 II-1(10)=(3)+(4)+(6)+(7)	14 018	557	67	4 690	592
	组合 II-2(11)=(3)+(8)	12 093	—	190	—	1 672
	组合 III(12)=(3)+(5)	14 355	—	—	—	—

2. 正常使用阶段桩顶荷载计算

根据桩布置情况(图4.2.2.3)和地质情况，采用《公路桥涵地基与基础设计规范》(JTJ 024—85)附录六 m 法计算正常使用极限状态的桩顶荷载，结果见表4.2.2.7。

PML23 基础由正常使用组合效应产生的桩顶竖向力 表4.2.2.7

桩　号	组合 I(kN)	组合 II-1(kN)	组合 II-2(kN)	组合 III(kN)
1	1 274	747	976	1 305
2	1 274	773	1 050	1 305
3	1 274	799	1 124	1 305
4	1 274	825	1 198	1 305
5	1 274	1 267	1 013	1 305
6	1 274	1 324	1 142	1 305
7	1 274	1 348	1 243	1 305
8	1 274	1 695	976	1 305
9	1 274	1 721	1 050	1 305
10	1 274	1 747	1 124	1 305
11	1 274	1 773	1 198	1 305

组合 II-1 中各桩的受力最不均匀，最大的11号桩为1 773kN，最小的1号桩仅747kN，这是因为桩顶受到了两个方向的力矩作用，因此在桩群的角点上受力不均匀。

3. 单桩容许承载力计算

根据东海大桥工程地质勘察报告提供的工程地质纵断面及各土层物理力学性能，基础土层分布情况见表4.2.2.8。按《公路桥涵地基与基础设计规范》(JTJ 024—85)第4.3.2条，计算得PML23PHC管桩的单桩容许承载力[P]=2 341kN，具体计算过程见表4.2.2.8。

PML23 基础单桩容许承载力计算表　　表 4.2.2.8

PML23 桥墩	土层编号	名　称	层底高程 (m)	厚度 (m)	影响系数 α_1 和 α	桩周极限摩阻力 (kPa)	桩周容许承载力 (kN)	桩尖极限阻力 (kPa)	桩尖容许承载力 (kN)	单桩容许承载力 (kN)
承台底高程 1.5m			1.5							
	①	灰褐色淤泥	−0.84	2.34		0	0.00			
	②$_1$	灰色砂质粉土	−12.14	11.3	1.1	15	175.72			
	④$_1$	灰色淤泥质黏土	−16.74	4.6	0.6	30	78.04			
	⑤$_1$	灰色粉质黏土	−21.34	4.6	0.6	45	117.06			
桩底高程 −33.35m	⑥	暗绿色粉质黏土	−22.44	1.1	0.6	65	40.43			
	⑦$_{1-1}$	草黄色砂质粉土	−29.94	7.5	1.1	85	660.91			
	⑦$_{1-2}$	灰黄色粉砂	−33.35	3.41	1.1	95	335.85	6 000	933.05	
合计				34.85			1 408.01		933.05	2 341

根据地质情况计算得单桩容许承载力$[P]$ = 2 341kN，对组合 II 和组合 III 需考虑作用组合提高系数 1.25，桩顶最不利内力见表 4.2.2.7，同时考虑 1/2 桩身重力，结果见表 4.2.2.9，桩的受力是安全的。

PML23 基础单桩容许承载力验算　　表 4.2.2.9

项　目	组合 I	组合 II-1	组合 II-2	组合 III
最不利荷载值(kN)	1 556	2 005	1 475	1 588
容许值(kN)	2 341	2 926	2 926	2 926

2.2.5　承台计算

根据《公路钢筋混凝土及预应力混凝土桥涵设计规范》(JTG D62—2004)第 8.5 节进行承台计算，内容包括承台抗弯承载力验算、抗剪承载力验算、冲切承载力验算以及局部承压承载力验算。

取固定墩(PML23)下的承台进行验算。

1. 承台抗弯承载力验算

PML23 承台外排桩中心距墩身边缘为 1.675m，小于承台高度 2m，因此承台短悬臂按“撑杆—系杆体系”计算撑杆的抗压承载力和系杆的抗拉承载力。

(1)撑杆的抗压承载力

计算公式：

$$\gamma_0 D_{id} \leqslant t b_s f_{cd,s} \tag{4.2.2.7}$$

$$f_{cd,s} = \frac{f_{cu,k}}{1.43 + 304\varepsilon_1} \leqslant 0.48 f_{cu,k} \tag{4.2.2.8}$$

$$\varepsilon_1 = \left(\frac{T_{id}}{A_s E_s} + 0.002\right)\cot^2\theta_i \tag{4.2.2.9}$$

$$t = b\sin\theta_i + h_a\cos\theta_i \tag{4.2.2.10}$$

$$h_a = s + 6d \tag{4.2.2.11}$$

式中：D_{id}——撑杆压力设计值，$D_{id} = N_{id}/\sin\theta$，其中 N_{id} 为承台悬臂下面“i”排桩内该排桩的根数乘以该排桩中最大单桩竖向力设计值；

$f_{cd,s}$——撑杆混凝土轴心抗压强度设计值；

t——撑杆计算高度；

b_s——撑杆计算宽度，当桩中心距不大于三倍桩直径时，取承台全宽；

b——桩的支撑宽度，圆形截面取直径的 0.8 倍；

$f_{cu,k}$——边长150mm的混凝土立方体抗压强度标准值，本桥为40MPa；

T_{id}——与撑杆相应的系杆拉力设计值，$T_{id}=N_{id}/\tan\theta$；

A_s——在撑杆计算宽度 b_s 范围内系杆钢筋截面面积；

s——系杆钢筋的顶层钢筋中心至承台底的距离；

d——系杆钢筋直径，当采用不同直径的钢筋时，d 取用加权平均值；

θ——撑杆压力线与系杆压力线的夹角，$\theta=\tan^{-1}\left(\dfrac{h_0}{a+x_1}\right)$，$h_0$ 为承台有效高度，a 为撑杆压力线在承台顶面的作用点至桥墩边缘的距离，取 $a=0.15h_0$，x_1 为桩中心至桥墩边缘的距离。

表4.2.2.10示出了PML23承台的撑杆抗压承载力计算，计算结果表明，PML23承台的撑杆抗压承载力满足要求。

PML23承台的撑杆抗压计算 表4.2.2.10

项　目	单　位	数　值
结构重要性系数 γ_0		1.1
撑杆压力设计值 D_d	kN	13 610
撑杆计算高度 t	m	0.579
撑杆计算宽度 b_s	m	7.2
撑杆轴心抗压设计强度 $f_{cd,s}$	MPa	16.93
横桥向截面配筋		74 Φ 32(HRB335)
撑杆抗压承载力	kN	70 578

(2)系杆的抗拉承载力

根据JTG D62—2004第8.5.3条计算系杆抗力承载力，计算公式为：

$$\gamma_0 T_{id} \leqslant f_{sd}A_s \tag{4.2.2.12}$$

计算过程见表4.2.2.11，从计算结果可知，系杆抗拉承载力满足规范要求。

PML23承台的系杆抗拉计算 表4.2.2.11

项　目	单　位	数　值
结构重要性系数 γ_0		1.1
系杆拉力设计值 T_d	kN	8 984
系杆钢筋抗拉设计强度 f_{sd}	MPa	280
横桥向截面配筋		74 Φ 32mm(HRB335)
系杆抗拉承载力	kN	16 663

根据拉杆和撑杆的计算结果，认为PML23承台的抗弯承载力满足要求。

2. 承台抗剪承载力验算

根据JTG D62—2004第8.5.4条计算承台的斜截面抗剪承载力，计算公式为：

$$\gamma_0 V_d \leqslant \frac{0.9\times10^{-4}(2+0.6P)\ \sqrt{f_{cu,k}}}{m}b_s h_0 \tag{4.2.2.13}$$

式中：V_d——由承台悬臂下面桩的竖向力设计值产生的计算斜截面以外各排桩最大剪力设计值的总和，取其中最大一根桩的设计值乘以该排桩的根数；

P——斜截面内纵向受拉钢筋的配筋百分率，$P=100\rho$，当 $P>2.5$ 时，取 $P=2.5$；

m——剪跨比，$m=a_{xi}/h_0$ 或 $m=a_{yi}/h_0$，a_{xi} 和 a_{yi} 分别为沿 x 轴和 y 轴桥墩边缘至计算斜截面外侧第 i 排桩边缘的距离；当 $m<0.5$ 时，取 $m=0.5$。

计算过程见表4.2.2.12，从计算结果可知，承台斜截面抗剪承载力满足要求。

PML23 承台斜截面抗剪计算　　表4.2.2.12

项　目	单　位	数　值
结构重要性系数 γ_0		1.1
剪力设计值 V_d	kN	8 510
配筋率 P		0.447
剪跨比 m		0.776
承台计算宽度 b_s	m	7.2
承台有效高度 h_0	m	1.849
抗剪承载力	kN	22 150

3.承台冲切承载力验算

(1)桥墩向下冲切

根据规范 JTG D62—2004 第8.5.5条,计算公式为:

$$\gamma_0 F_{1d} \leqslant 0.6 f_{td} h_0 [2\alpha_{px}(b_y + a_y) + 2\alpha_{py}(b_x + a_x)] \tag{4.2.2.14}$$

$$\alpha_{px} = \frac{1.2}{\lambda_x + 0.2} \qquad \alpha_{py} = \frac{1.2}{\lambda_y + 0.2} \tag{4.2.2.15}$$

式中:F_{1d}——作用于冲切破坏锥体上的冲切力设计值,取桥墩竖向力设计值减去锥体范围内桩的反力设计值;

b_x、b_y——桥墩作用面积的边长;

a_x、a_y——冲跨,桥墩边缘到桩边缘的水平距离,其值不应大于 h_0;

λ_x、λ_y——冲跨比,$\lambda_x = a_x/h_0$,$\lambda_y = a_y/h_0$,当 $a_x < 0.2h_0$ 或 $a_y < 0.2h_0$ 时,取 $a_x = 0.2h_0$ 或 $a_y = 0.2h_0$。

将直径0.6m的圆形截面桩换算为边长0.48m的方形截面桩,计算过程见表4.2.2.13,由计算结果可知,桥墩冲切承载力满足要求。

PML23 桥墩冲切计算　　表4.2.2.13

项　目	单　位	数　值
结构重要性系数 γ_0		1.1
冲切力设计值 F_{1d}	kN	14 526
混凝土轴心抗拉设计强度 f_{td}	MPa	1.65
截面有效高度 h_0	m	1.849
a_x	m	1.435
b_x	m	1.45
a_y	m	0.76
b_y	m	4
冲切承载力	kN	42 170

(2)角桩向上冲切

根据规范 JTG D62—2004 第8.5.5条,计算公式为:

$$\gamma_0 F_{1d} \leqslant 0.6 f_{td} h_0 \left[\alpha'_{px}\left(b_y + \frac{a_y}{2}\right) + \alpha'_{py}\left(b_x + \frac{a_x}{2}\right)\right] \tag{4.2.2.16}$$

$$\alpha'_{px} = \frac{0.8}{\lambda_x + 0.2} \qquad \alpha'_{py} = \frac{0.8}{\lambda_y + 0.2} \tag{4.2.2.17}$$

式中:F_{1d}——角桩竖向力设计值;

b_x、b_y——承台边缘至桩内边缘的水平距离;

a_x、a_y——冲跨,为桩边缘至相应桥墩边缘的水平距离,其值不应大于 h_0;

λ_x、λ_y——冲跨比，$\lambda_x = a_x/h_0$，$\lambda_y = a_y/h_0$；当 $a_x < 0.2h_0$ 或 $a_y < 0.2h_0$ 时，取 $a_x = 0.2h_0$ 或 $a_y = 0.2h_0$。

计算过程见表4.2.2.14，计算结果可知，角桩冲切承载力满足要求。

PML23 承台角桩的冲切计算 表4.2.2.14

项　目	单　位	数　值
结构重要性系数 γ_0		1.1
角桩竖向力设计值 F_{1d}	kN	2 128
混凝土轴心抗拉设计强度 f_{td}	MPa	1.65
截面有效高度 h_0	m	1.849
a_x	m	1.435
b_x	m	0.84
a_y	m	0.76
b_y	m	0.84
冲切承载力	kN	5 563

第 3 章　支架现浇施工 50m 预应力混凝土连续箱梁桥计算

本联为 50m 跨径的七跨一联预应力混凝土单箱单室连续箱梁桥，上部结构采用逐跨支架法现浇施工。

七跨等高度预应力混凝土连续箱梁，跨径布置为 7×50m，横向由两分离的单箱组成。桥面布置为 0.5m（防撞护栏）+2.5m（紧急停车带）+11.75m（行车道）+0.5m（防撞护栏）+1.0m（中央隔离带）+0.5m（防撞护栏）+11.75m（行车道）+2.5m（紧急停车带）+0.5m（防撞护栏），桥面全宽 31.5m。

桥墩基础采用 ϕ1 500mm 嵌岩灌注桩。桥墩沿桥梁中心线左右分离，采用箱形墩身截面，左右墩间距 16.75m，承台和墩身均采用混凝土现浇施工工艺。

桥跨布置及横断面布置见图 4.3.0.1、图 4.3.0.2。

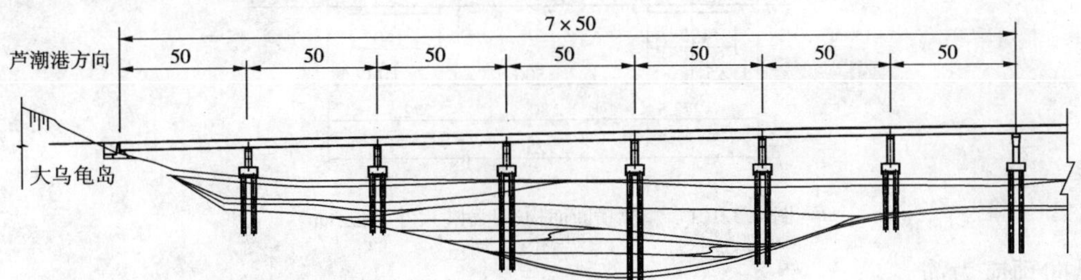

图 4.3.0.1　7×50m 连续梁桥总体布置（尺寸单位：m）

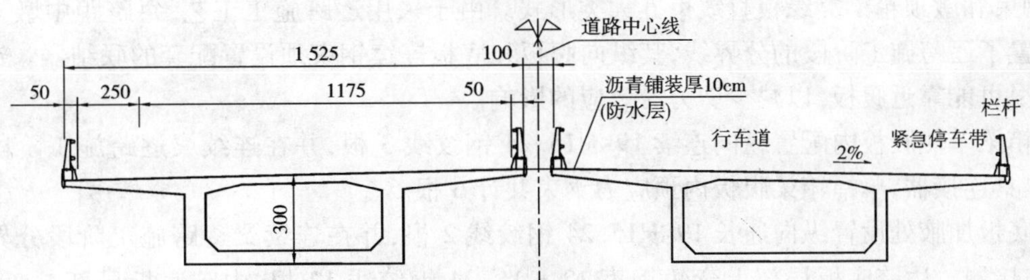

图 4.3.0.2　桥梁横断面布置（尺寸单位：cm）

3.1　上　部　结　构

3.1.1　上部结构构造要点

1. 桥跨布置及箱梁构造尺寸

箱梁横断面采用单箱单室直腹板箱形截面，箱梁顶板设成 2.0% 的单向横坡，底板横向水平，单幅桥箱梁顶板宽 1 525cm，底板宽 725cm，梁中心高 300cm，高跨比 1/16.7。两翼悬臂长 400cm，悬臂端部厚度 20cm，悬臂根部厚度 55cm。顶板厚度为 28cm，底板厚度跨中区段为 28cm，腹板厚度跨中区段为 40cm，在箱梁支座中心线两侧各 8.0m 范围内腹板厚度为 70cm，底板厚度为 45cm，并设置 4.0m 的腹板、底板厚度过渡段。箱梁横断面布置见图 4.3.1.1。

2. 预应力筋的布置

箱梁采用纵向和横向两向预应力体系。预应力钢束采用 ϕ^j15.24mm 高强度低松弛钢绞线，其标准

强度 $R_y^b = 1\ 860\text{MPa}$，锚下控制应力 $\sigma_k = 0.75R_y^b = 1\ 395\text{MPa}$。

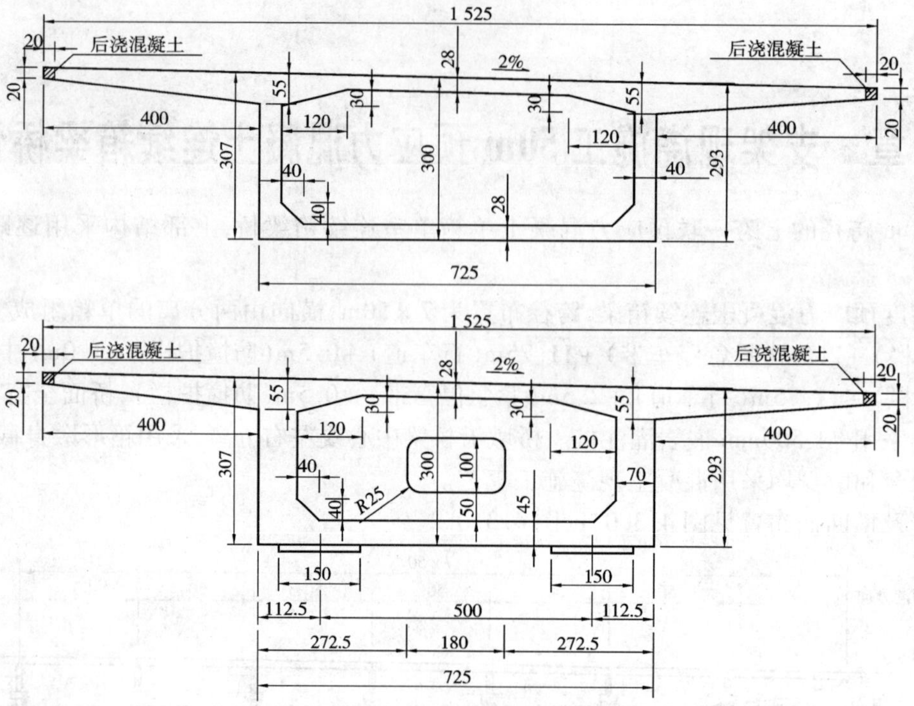

图 4.3.1.1 箱梁横断面构造尺寸(尺寸单位:cm)

(1)纵向预应力筋

箱梁纵向预应力筋主要分为腹板连续钢束、每跨底板局部上弯钢束、底板通长连续钢束、中墩墩顶局部下弯钢束和墩顶箱梁翼缘板直线束五大类形式。由于采用逐跨施工工艺，每跨距中墩支座中心线8.0m处设置了逐跨施工阶段的分界线，其纵向腹板和底板连续钢束须设置配套的联结器。钢束按箱梁对称布置，尽可能靠近腹板，以减少剪力滞效应的影响。

腹板:箱梁单侧腹板内配置纵向连续 19-ϕ^j15.24 钢绞线 3 根，并在连续梁逐跨施工阶段分界线设置相应的锚具连接器，单幅箱梁腹板内预应力钢束共计 6 根。

底板:底板加腋处设置纵向通长 19-ϕ^j15.24 钢绞线 2 根，并在连续梁逐跨施工阶段分界线设置相应的锚具连接器。边跨底板局部上弯短钢束 12-ϕ^j15.24 钢绞线 12 根，中跨底板局部上弯短钢束 12-ϕ^j15.24 钢绞线 8 根。单幅箱梁底板内预应力钢束共计 66 根。

顶板:边中支座处顶板设置局部下弯钢束 12-ϕ^j15.24 钢绞线 10 根，中支座处顶板设置局部下弯钢束 12-ϕ^j15.24 钢绞线 8 根，同时中支座箱梁翼缘板根部配置直线形 12-ϕ^j15.24 钢绞线 6 根。单幅箱梁顶板内预应力钢束共计 88 根。

纵向预应力钢束布置详见图 4.3.1.2，其钢束断面见图 4.3.1.3。

(2)横向预应力筋

单幅箱梁顶板横向配置预应力钢束，采用 3-ϕ^j15.24 钢绞线，扁锚体系，如图 4.3.1.4 所示。纵桥向横向预应力钢束间距为 0.5m，单幅一联合计 701 根。预应力钢束采用一端交替张拉施工工艺。

3.1.2 主要计算参数

主要计算参数同本篇 2.1.2。

3.1.3 荷载组合及控制应力

荷载组合及控制应力同本篇 2.1.3。

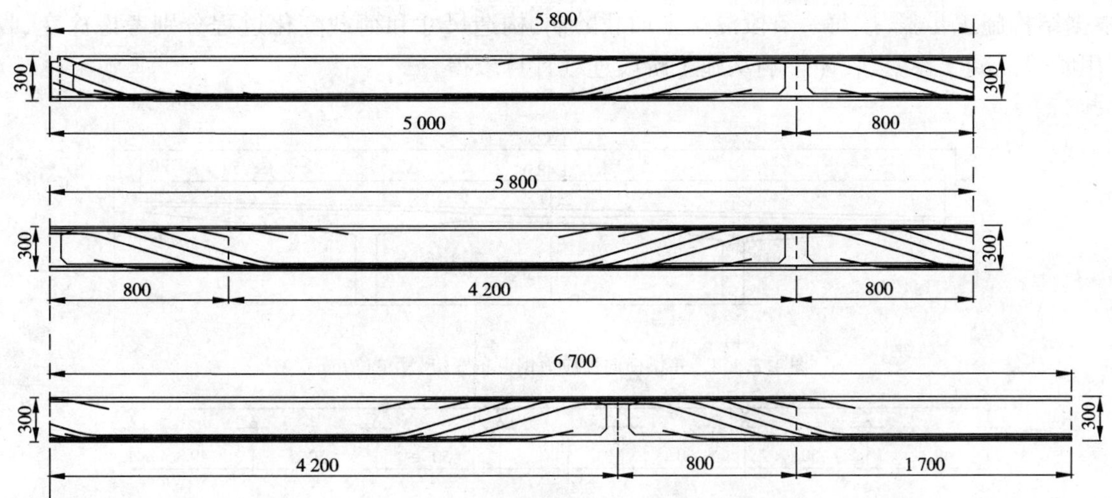

图4.3.1.2　7×50m连续箱梁纵向预应力筋布置(尺寸单位:cm)

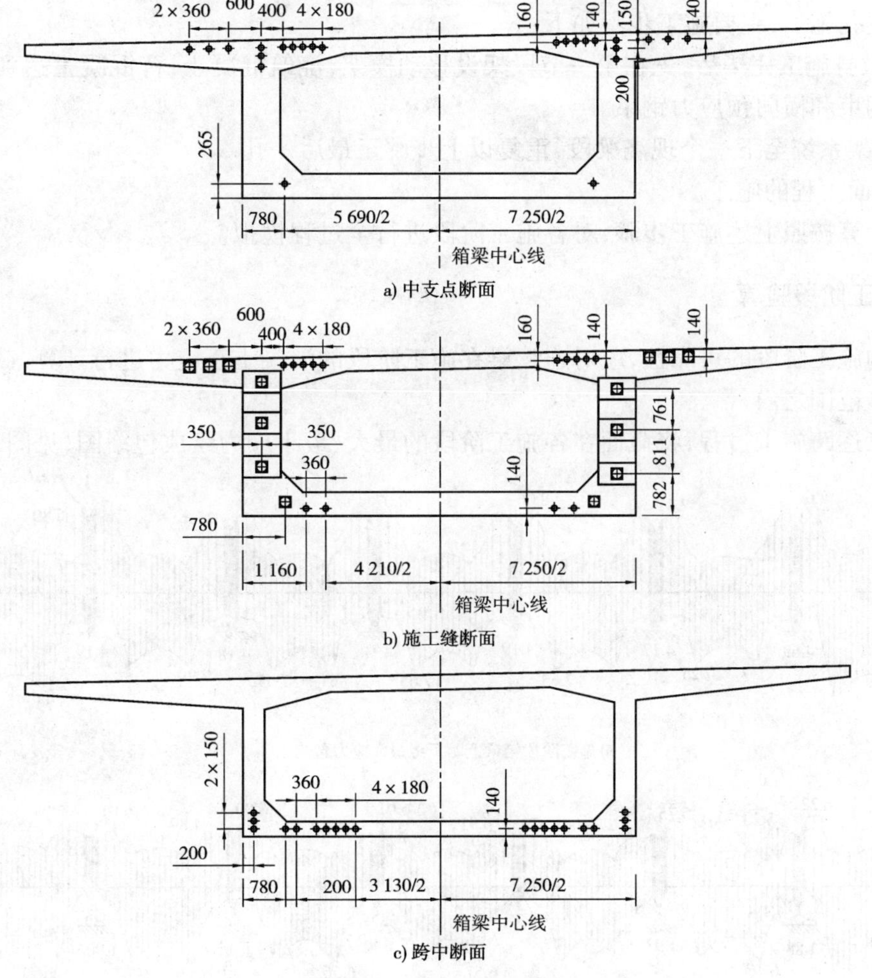

图4.3.1.3　箱梁预应力钢束横断面布置(尺寸单位:cm)

3.1.4　计算模型及考虑的因素

1. 计算模型

本桥为7×50m等高度预应力混凝土连续箱梁,结构的计算模型见图4.3.1.5。

2. 混凝土徐变、收缩影响

根据结构施工步骤，按每一节段混凝土加载龄期、构造尺寸和荷载变化过程分别考虑徐变、收缩影响；使用阶段混凝土徐变、收缩影响从施工阶段连续计算求得。

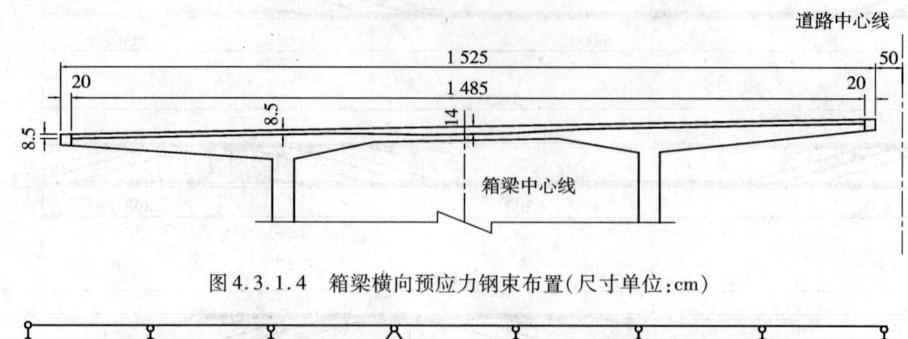

图 4.3.1.4　箱梁横向预应力钢束布置(尺寸单位:cm)

图 4.3.1.5　7×50m 等高度预应力混凝土连续梁计算模型(尺寸单位:m)

3. 计算工况划分

本桥采用逐孔施工，主要施工步骤如下：

(1)基础、墩身施工完毕后，先在第一节段架设移动模架，浇筑混凝土，待混凝土达到设计强度后张拉纵向预应力钢束和横向预应力钢束。

(2)移动模架系统至下一个现浇梁段，重复以上步骤至最后一孔。

(3)进行桥面工程的施工。

施工阶段计算按照上述施工步骤，对各施工阶段进行全过程模拟。

3.1.5　施工阶段验算

为验证结构施工阶段的可靠性，应对连续梁在施工阶段的混凝土正应力进行计算，截面最大应力应控制在规范容许范围之内。

模拟连续梁逐跨施工过程，将截面在各施工阶段的最大、最小应力绘成包络图，见图 4.3.1.6。

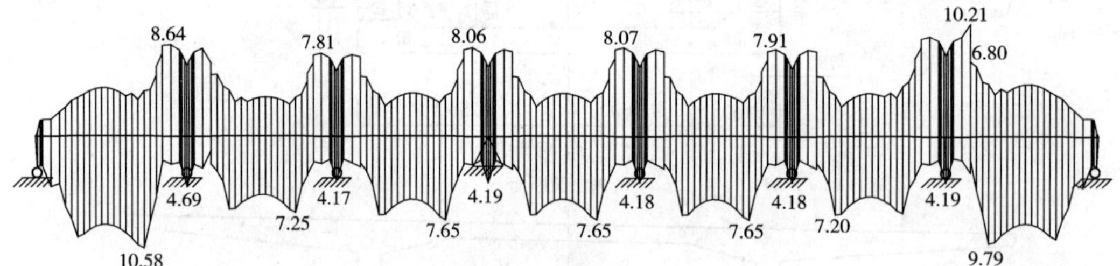

a) 施工阶段箱梁上、下缘最大应力包络

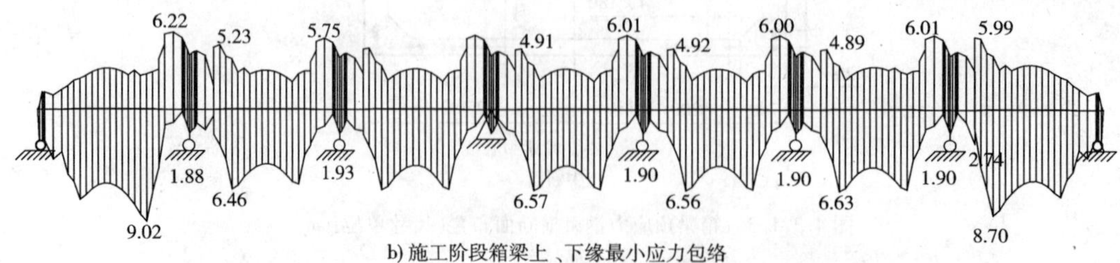

b) 施工阶段箱梁上、下缘最小应力包络

图 4.3.1.6　施工阶段箱梁上、下缘最大、最小应力包络(单位:MPa)

施工阶段箱梁混凝土最大压应力为 10.58MPa，最大压应力发生在第二跨施工完毕、相应预应力钢束张拉完毕后的阶段，位置在第一跨距 2 号墩 14m 处下缘。施工阶段箱梁混凝土不出现拉应力。施工阶段应力满足规范要求(施工阶段压应力及拉应力容许值分别为 21MPa 和 -2.93MPa)。

成桥初期阶段即考虑桥面系施工后的阶段应力见图 4.3.1.7,考虑收缩徐变 3 年后即成桥后期阶段应力见图 4.3.1.8。

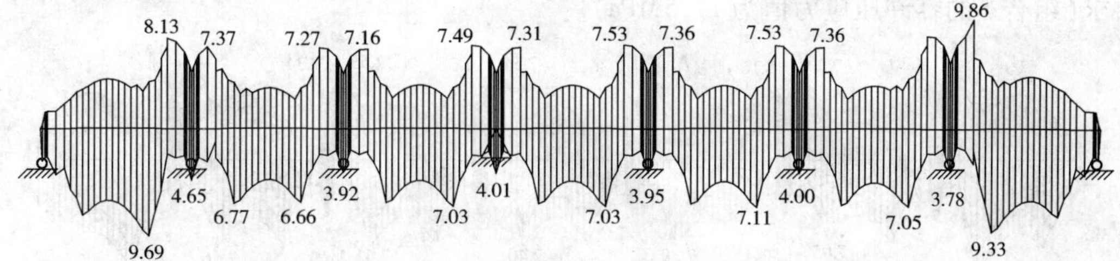

图 4.3.1.7　成桥初期箱梁上、下缘应力包络(单位:MPa)

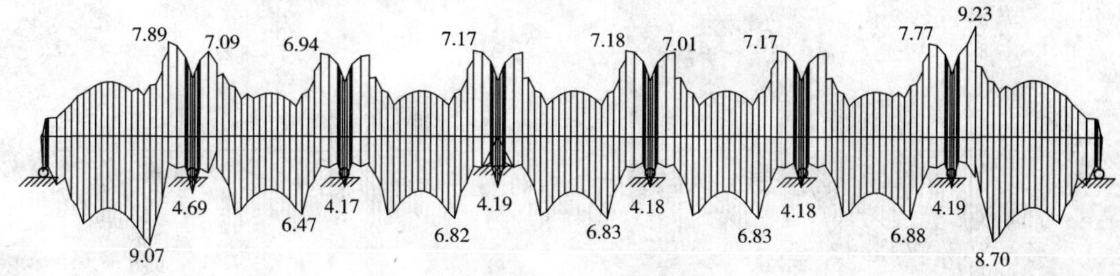

图 4.3.1.8　成桥后期箱梁上、下缘应力包络(单位:MPa)

成桥初期箱梁混凝土最大压应力为 9.86MPa,成桥后期箱梁混凝土最大压应力为 9.23MPa,最大压应力发生在第七跨距 7 号墩 8m 处上缘,不出现拉应力。

根据规范要求,恒载作用下混凝土不允许出现拉应力,计算结果表明,本桥成桥阶段恒载作用下混凝土应力满足规范要求。

3.1.6　正常使用极限状态验算

为验证结构在正常使用阶段的安全性,需对正截面混凝土的法向应力、斜截面混凝土的主应力进行验算。同时,为了适应行车快速、平稳、安全的要求以及考虑挠度对结构受力和振动的影响,还应满足规范对上部结构挠度的限定。

1. 正应力验算

正常使用阶段考虑最不利荷载组合后箱梁上、下缘正应力包络见图 4.3.1.9 ~ 图 4.3.1.12。

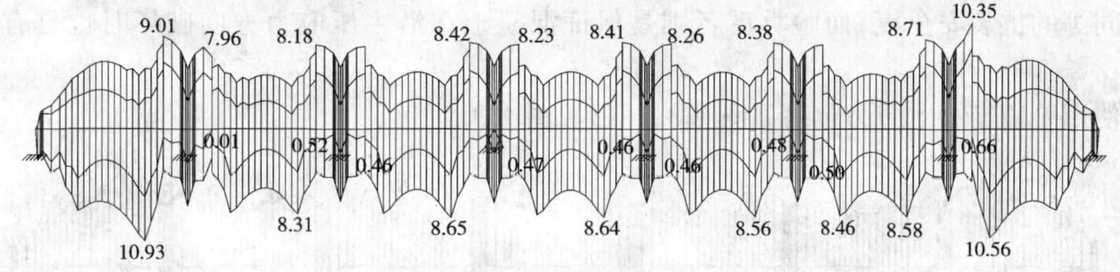

图 4.3.1.9　箱梁正常使用阶段组合 I 正应力包络(单位:MPa)

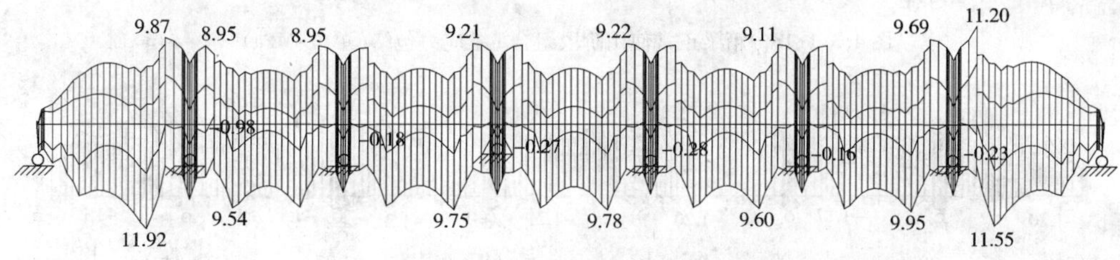

图 4.3.1.10　箱梁正常使用阶段组合 II 正应力包络(单位:MPa)

在组合Ⅰ情况下，箱梁混凝土正应力包络为0.01～10.93MPa，最大压应力出现在第一跨距2号墩14m处下缘，最小压应力出现在第二跨距2号墩8m处下缘。混凝土的正应力满足预应力混凝土受弯构件的要求（组合Ⅰ的容许压应力值为17.5MPa）。

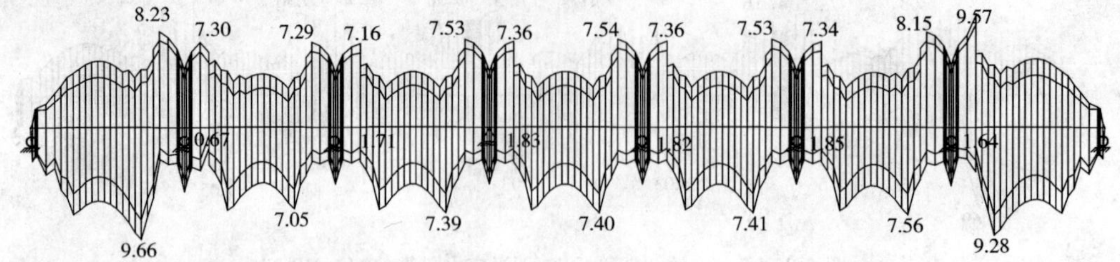

图4.3.1.11　箱梁正常使用阶段组合Ⅲ-1（挂车）正应力包络（单位：MPa）

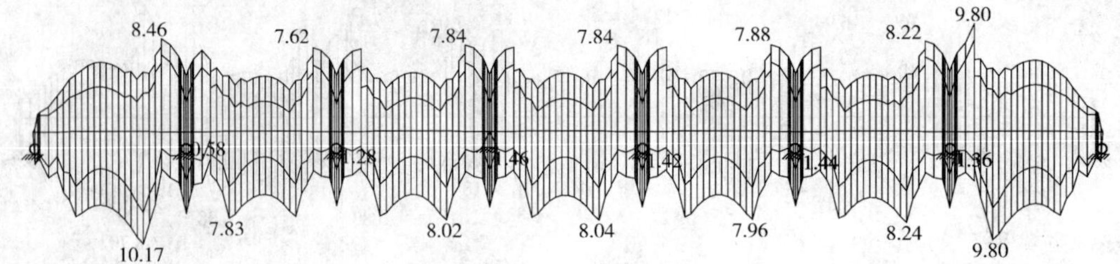

图4.3.1.12　箱梁正常使用阶段组合Ⅲ-2（集装箱车）正应力包络（单位：MPa）

在组合Ⅱ情况下，箱梁混凝土正应力包络为－0.98～11.92MPa，最大压应力出现在第一跨距2号墩14m处下缘，最大拉应力出现在第二跨距2号墩8m处下缘。混凝土的正应力满足预应力混凝土受弯构件的要求（组合Ⅱ的容许压应力值为21.0MPa，容许拉应力值为1.5MPa）。

在组合Ⅲ-1（挂车组合）情况下，箱梁混凝土正应力包络为0.67～9.66MPa，最大压应力出现在第一跨距2号墩14m处下缘，无拉应力。混凝土的压应力满足全预应力混凝土构件的要求（组合Ⅲ的容许压应力值为21.0MPa）。

在组合Ⅲ-2（集装箱车组合）情况下，箱梁混凝土正应力包络为0.58～10.17MPa，最大压应力出现在第一跨距2号墩14m处下缘，无拉应力。混凝土的压应力满足全预应力混凝土构件的要求（组合Ⅲ的容许压应力值为21.0MPa）。

2. 主应力验算

主应力验算包括混凝土主拉应力和主压应力验算，对前者进行验算主要为了保证主梁斜截面具有与正截面同等的抗裂安全度，而验算后者则是保证混凝土在沿主压应力方向破坏时也具有足够的安全度。

正常使用阶段箱梁主应力包络见图4.3.1.13～图4.3.1.16。

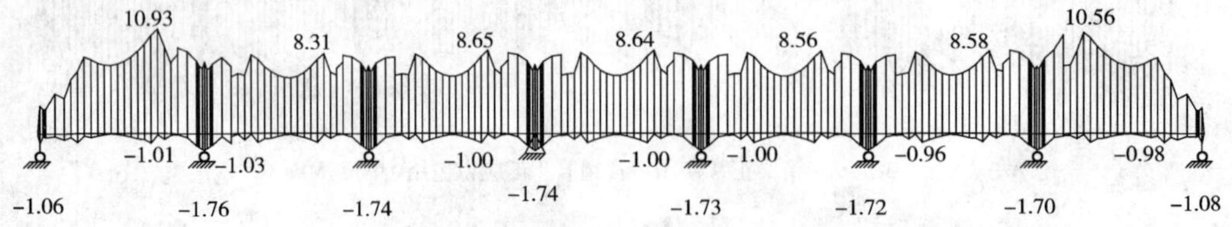

图4.3.1.13　箱梁正常使用阶段组合Ⅰ主应力包络（单位：MPa）

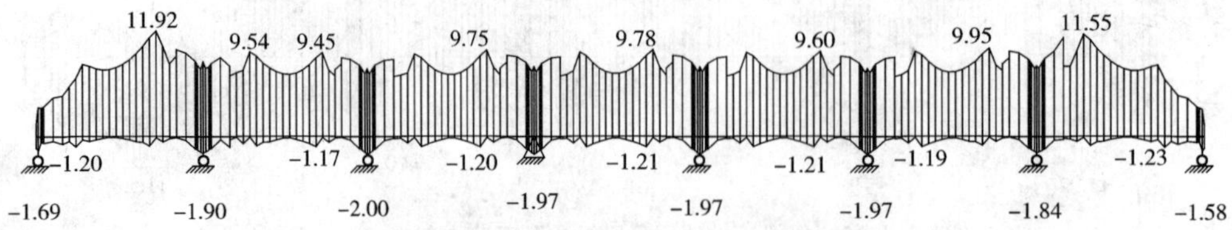

图4.3.1.14　箱梁正常使用阶段组合Ⅱ主应力包络（单位：MPa）

在组合I情况下，箱梁混凝土主应力包络为-1.76~10.93MPa，最大主压应力出现在第一跨距2号墩14m处截面，最大主拉应力出现在2号墩墩顶截面。混凝土的主应力满足预应力混凝土受弯构件的要求（组合I容许主压应力值为21.0MPa，容许主拉应力值为-2.40MPa）。

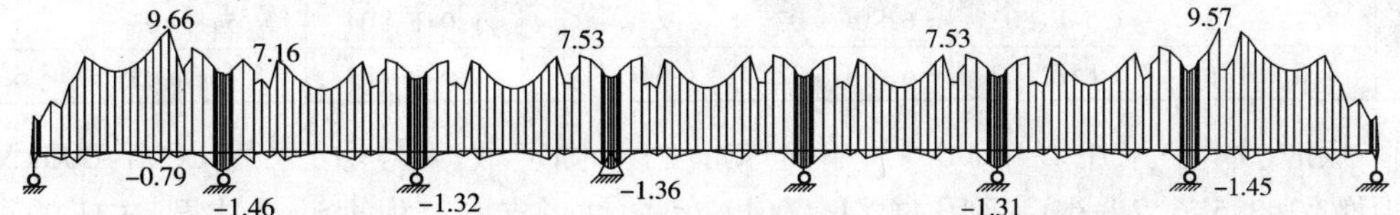

图4.3.1.15　箱梁正常使用阶段组合III-1（挂车）主应力包络（单位：MPa）

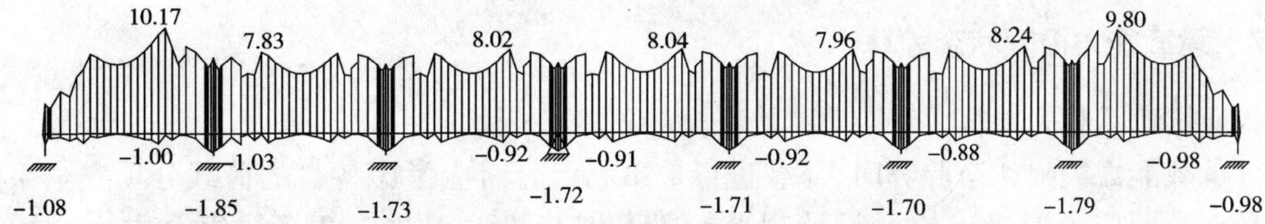

图4.3.1.16　箱梁正常使用阶段组合III-2（集装箱车）主应力包络（单位：MPa）

在组合II情况下，箱梁混凝土主应力包络为-2.00~11.92MPa，最大主压应力出现在第一跨距2号墩14m处截面，最大主拉应力出现在3号墩墩顶截面。混凝土的主应力满足预应力混凝土受弯构件的要求（组合II容许主压应力值为22.75MPa，容许主拉应力值为-2.70MPa）。

在组合III-1（挂车组合）情况下，箱梁混凝土主应力包络为-1.46~9.66MPa，最大主压应力出现在第一跨距2号墩14m处截面，最大主拉应力出现在2号墩墩顶截面。混凝土的主应力满足预应力混凝土受弯构件的要求（组合III容许主压应力值为22.75MPa，容许主拉应力值为-2.70MPa）。

在组合III-2（集装箱车组合）情况下，箱梁混凝土主应力包络为-1.85~10.17MPa，最大主压应力出现在第一跨距2号墩14m处截面，最大主拉应力出现在2号墩墩顶截面。混凝土的主应力满足预应力混凝土受弯构件的要求（集装箱组合I容许主压应力值为22.75MPa，容许主拉应力值为-2.70MPa）。

3. 刚度验算

根据规范要求对箱梁的刚度即可变作用中的汽车荷载挠度进行验算，计算结果见表4.3.1.1。

跨中截面汽车荷载挠度验算表（尺寸单位：mm）　　表4.3.1.1

项目 位置	最大向上位移	最大向下位移	容许值	是否满足
第一跨	3.4	9.2	82.2	满足
第二跨	4.6	7.2	83.3	满足
第三跨	4.0	7.4	83.3	满足
第四跨	4.1	7.3	83.3	满足

计算结果表明，箱梁的刚度满足规范要求。

4. 支座反力验算

根据上部结构计算结果，支座反力值摘录如表4.3.1.2所示。

箱梁一个支座受力表（单位：kN）　　表4.3.1.2

墩台号	重力	汽车	挂车	集装箱	组合I	组合III	集装箱组合I
1	4.02E+03	9.10E+02	6.30E+02	1.03E+03	4.93E+03	4.65E+03	5.05E+03
2	8.95E+03	1.54E+03	6.90E+02	2.25E+03	1.05E+04	9.64E+03	1.12E+04
3	8.45E+03	1.49E+03	6.85E+02	2.16E+03	9.94E+03	9.14E+03	1.06E+04
4	8.50E+03	1.51E+03	6.85E+02	2.21E+03	1.00E+04	9.19E+03	1.07E+04
5	8.50E+03	1.51E+03	6.85E+02	2.21E+03	1.00E+04	9.19E+03	1.07E+04

续上表

墩台号	重力	汽车	挂车	集装箱	组合 I	组合 III	集装箱组合 I
6	8.50E+03	1.49E+03	6.85E+02	2.16E+03	9.99E+03	9.19E+03	1.07E+04
7	8.85E+03	1.54E+03	6.90E+02	2.25E+03	1.04E+04	9.54E+03	1.11E+04
8	4.07E+03	8.85E+02	6.40E+02	1.04E+03	4.95E+03	4.71E+03	5.10E+03

边墩(1号和8号墩)采用LQZ6000kN单向球形支座,固定墩(4号墩)采用LQZ14000kN固定球形支座,其他中墩(2、3、5、6、7号墩)采用LQZ14000kN单向球形支座。根据计算结果,支座的承载力均满足要求。

3.1.7 承载能力极限状态验算

1. 正截面抗弯承载力验算

在进行承载能力极限状态验算时,荷载进行最不利组合时应考虑各自的荷载分项安全系数,见《公路钢筋混凝土及预应力混凝土桥涵设计规范》(JTJ 023—85)第4.1.2条。组合内力计算结果见图4.3.1.17~图4.3.1.20。

预应力混凝土受弯构件正截面抗弯承载力与截面配筋率、钢筋与混凝土的力学性能有关,连续梁上部结构预应力配筋情况见图4.3.1.2、图4.3.1.3。根据《公路钢筋混凝土及预应力混凝土桥涵设计规范》(JTJ 023—85)第4.1.6、第4.1.7条计算受弯构件正截面抗弯承载力(计算中仅考虑预应力钢束的抗力),计算结果见图4.3.1.17~图4.3.1.20和表4.3.1.3。

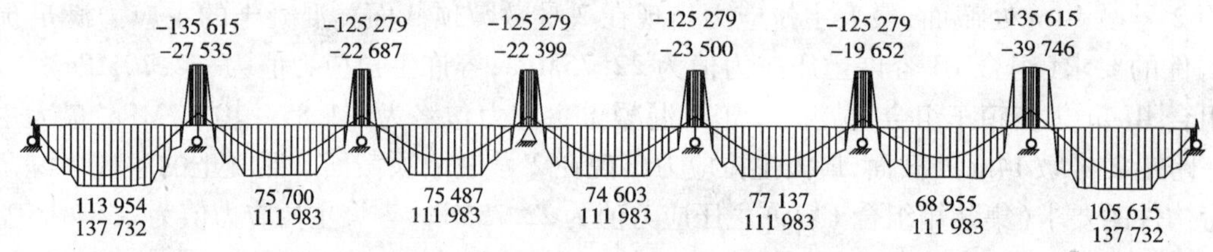

a) 箱梁承载能力极限状态组合 I 最大弯矩包络和相应正截面抗弯承载力

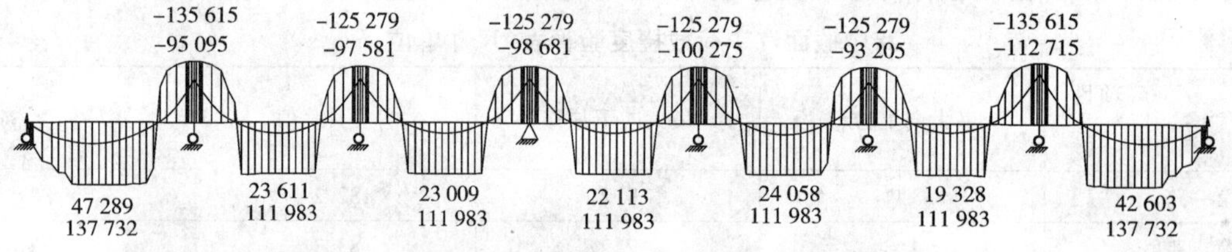

b) 箱梁承载能力极限状态组合 I 最小弯矩包络和相应正截面抗弯承载力

图4.3.1.17 箱梁承载能力极限状态组合 I 弯矩包络和相应正截面抗弯承载力(单位:kN·m)

箱梁正截面抗弯承载力验算(单位:弯矩 kN·m) 表4.3.1.3

项目 \ 计算截面		第1跨跨中	第2跨跨中	第3跨跨中	第4跨跨中	2号墩墩顶	3号墩墩顶	4号墩墩顶
组合 I	荷载效应	113 954	75 700	76 487	74 603	-95 095	-97 581	-98 681
	截面承载力	137 732	111 983	111 983	111 983	-135 615	-125 279	-125 279
组合 II	荷载效应	116 838	87 399	86 935	86 904	-111 142	-109 049	-111 846
	截面承载力	137 732	111 983	111 983	111 983	-135 615	-125 279	-125 279
组合 III-1	荷载效应	89 617	52 120	56 907	54 611	-92 711	-77 067	-80 761
	截面承载力	137 732	111 983	111 983	111 983	-135 615	-125 279	-125 279
组合 III-2	荷载效应	96 644	57 288	63 315	60 803	-110 961	-94 858	-99 724
	截面承载力	137 732	111 983	111 983	111 983	-135 615	-125 279	-125 279
是否满足		满足	满足	满足	满足	满足	满足	满足

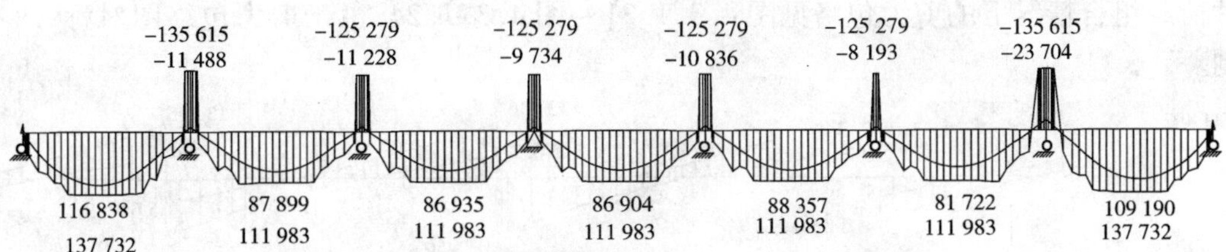

a) 箱梁承载能力极限状态组合 II 最大弯矩包络和相应正截面抗弯承载力

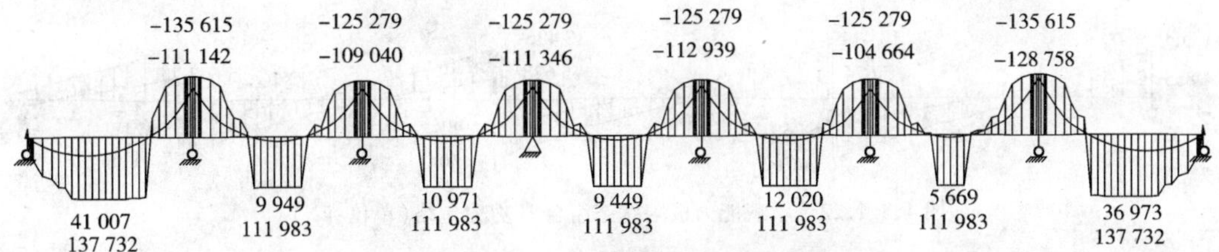

b) 箱梁承载能力极限状态组合 II 最小弯矩包络和相应正截面抗弯承载力

图 4.3.1.18　箱梁承载能力极限状态组合 II 弯矩包络和相应正截面抗弯承载力(单位:kN・m)

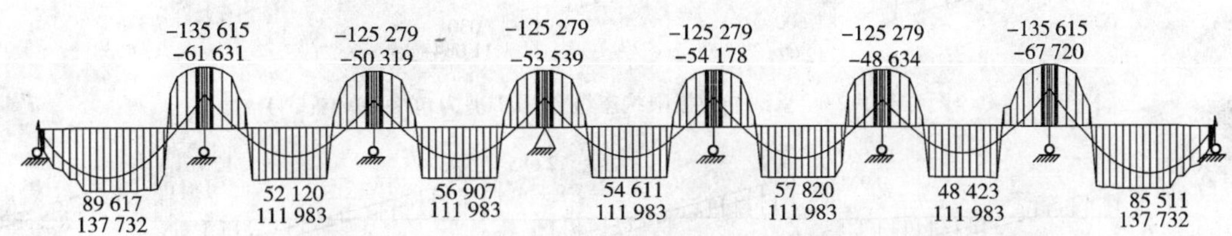

a) 箱梁承载能力极限状态组合 III–1 最大弯矩包络和相应正截面抗弯承载力

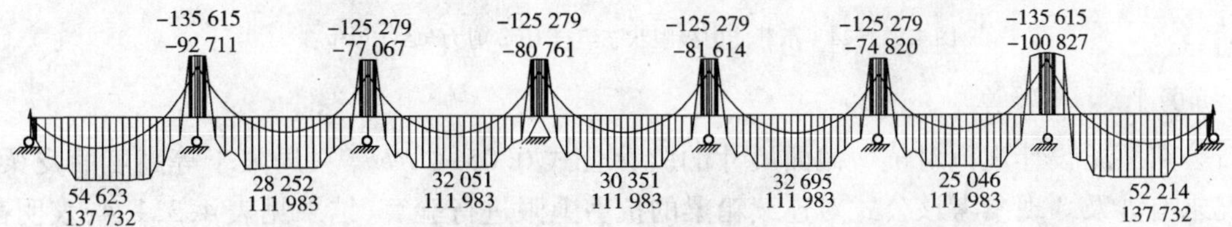

b) 箱梁承载能力极限状态组合 III–1 最小弯矩包络和相应正截面抗弯承载力

图 4.3.1.19　箱梁承载能力极限状态组合 III－1 弯矩包络和相应正截面抗弯承载力(单位:kN・m)

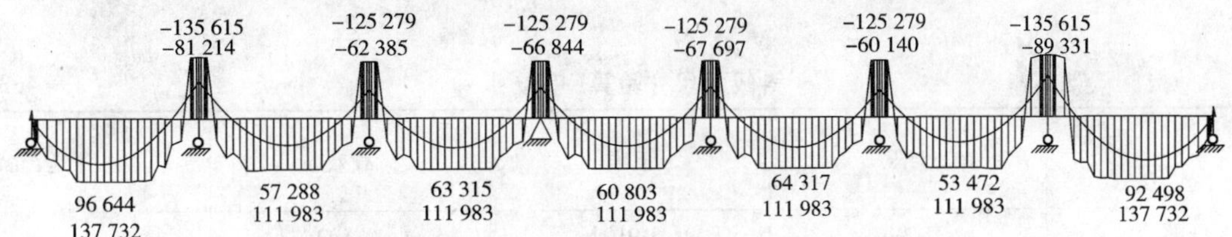

a) 箱梁承载能力极限状态组合 III–2 最大弯矩包络和相应正截面抗弯承载力

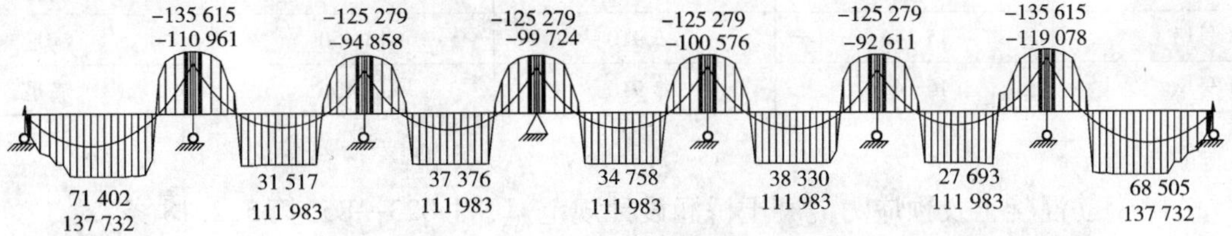

b) 箱梁承载能力极限状态组合 III–2 最小弯矩包络和相应正截面抗弯承载力

图 4.3.1.20　箱梁承载能力极限状态组合 III-2 弯矩包络和相应正截面抗弯承载力(单位:kN・m)

计算结果表明,全梁正截面抗弯极限承载力均满足规范要求。

2. 斜截面抗剪承载力验算

(1)承载能力极限状态下的剪力计算

各种荷载组合情况下的剪力包络见图4.3.1.21～图4.3.1.24，由于剪力包络图对称，取一半结构进行绘制。

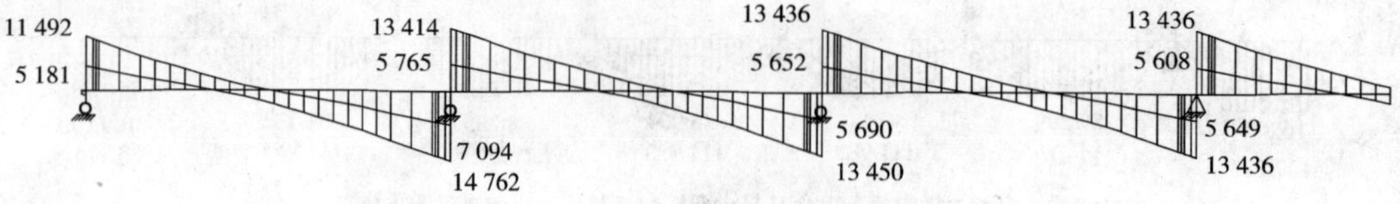

图4.3.1.21 承载能力极限状态组合 I 剪力包络（单位：kN）

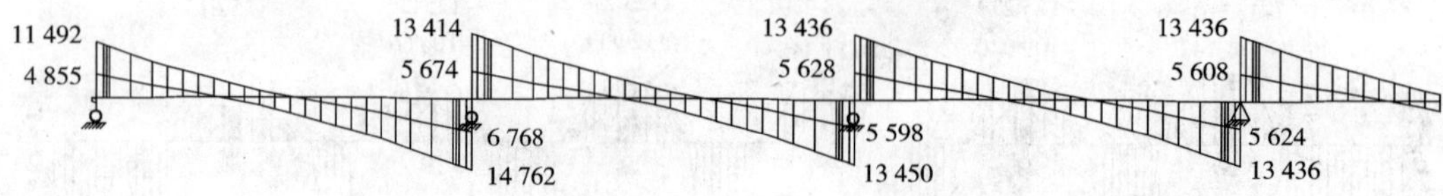

图4.3.1.22 承载能力极限状态组合 II 剪力包络（单位：kN）

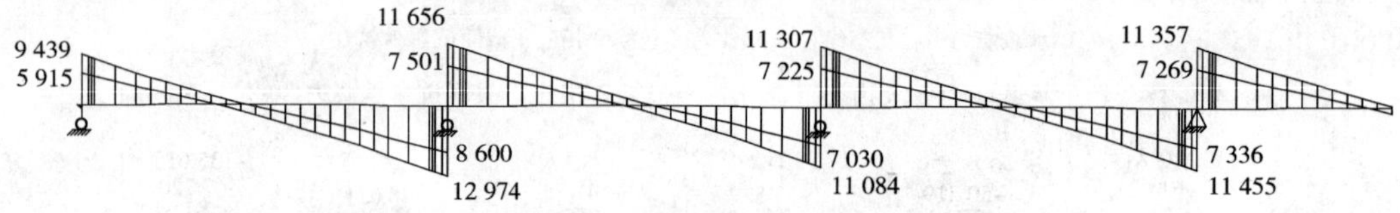

图4.3.1.23 承载能力极限状态组合 III-1 剪力包络（单位：kN）

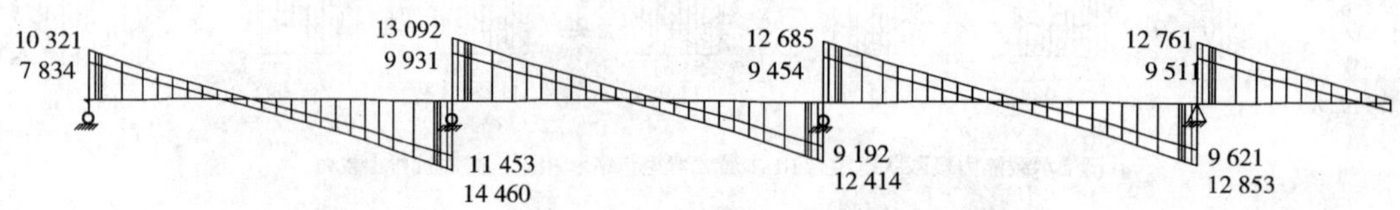

图4.3.1.24 承载能力极限状态组合 III-2 剪力包络（单位：kN）

(2)抗剪上、下限验算

现行公路桥梁设计规范对抗剪截面尺寸的验算公式 $0.051\sqrt{R}bh_0$ 只局限于等高度简支梁，对连续梁的情况未有涉及。现参考该公式对连续箱梁的抗剪上限进行验算，结果见表4.3.1.4，表明截面均满足斜截面尺寸上限要求，即不会出现斜截面破坏中的斜压破坏。

根据极限状态荷载效应组合计算结果，取用最不利组合 II 作为验算组合进行斜截面抗剪承载力验算。

斜截面尺寸验算（单位：kN） 表4.3.1.4

项目 位置	上限	下限	荷载效应	尺寸是否满足
1号墩	15 146	3 910	11 492	满足
2号墩	15 146	3 910	14 762	满足
3号墩	15 146	3 910	13 450	满足
4号墩	15 146	3 910	13 436	满足

(3)箍筋配置

根据《公路钢筋混凝土及预应力混凝土桥涵设计规范》(JTJ 023—85)第5.2.18条：对于受弯构件，在按使用荷载作用下计算的混凝土主拉应力 $\sigma_{zl} \leqslant 0.5R_l^b = 1.5\text{MPa}$（组合 I）或 $\sigma_{zl} \leqslant 0.55R_l^b = 1.65\text{MPa}$（组合 II 或组合 III）的梁段，箍筋仅按构造要求设置；混凝土主拉应力 $\sigma_{zl} > 0.5R_l^b$（组合 I）或 $\sigma_{zl} > 0.55R_l^b$（组合 II 或组合 III）的梁段，其箍筋间距 S_k 可按下式计算：

$$S_k = \psi \frac{R_{gk}A_k}{\sigma_{zl}b} \tag{4.3.1.1}$$

据此计算箍筋间距，与设计箍筋间距进行比较，来检验箍筋配置的合理性。

由表4.3.1.5计算结果表明，斜截面箍筋配置合理，满足构造要求。

箱梁斜截面钢筋（箍筋）验算　　表4.3.1.5

位　置	组　合	主拉应力最值 见图4.3.1.13~图4.3.1.16 （MPa）	实际配置 S_k（cm）	计算要求 S_k（cm）	是否满足
1号墩8m范围内	组合Ⅰ	≤1.06	15	可按构造	满足
	组合Ⅱ	≤1.69	15	23	满足
2号墩8m范围内	组合Ⅰ	≤1.76	15	20	满足
	组合Ⅱ	≤1.90	15	20	满足
3号墩8m范围内	组合Ⅰ	≤1.74	15	20	满足
	组合Ⅱ	≤2.00	15	19	满足
4号墩8m范围内	组合Ⅰ	≤1.73	15	20	满足
	组合Ⅱ	≤1.98	15	19	满足

3.2　下部结构

3.2.1　下部结构构造要点

1. 桥墩构造和配筋

(1)中墩构造

中墩为矩形空心薄壁截面的独柱式桥墩，横向底面宽525cm、顶部宽725cm，其变化段长度为300cm，纵向宽度250cm，顶板厚度150cm，底板厚50cm，标准墩身壁厚45cm，立面中设置100cm×30cm下倒角，设置200cm×50cm上倒角；墩柱外侧四周采用$R=30$cm圆弧线，墩柱内壁采用30cm×30cm倒角。为充分利用其桥墩刚度，在墩柱顶部设置50cm高、275cm横宽的凹槽，以利于上部结构箱梁横梁处抗震挡块截面的嵌入，满足桥梁横向抗震的要求，其构造如图4.3.2.1所示。

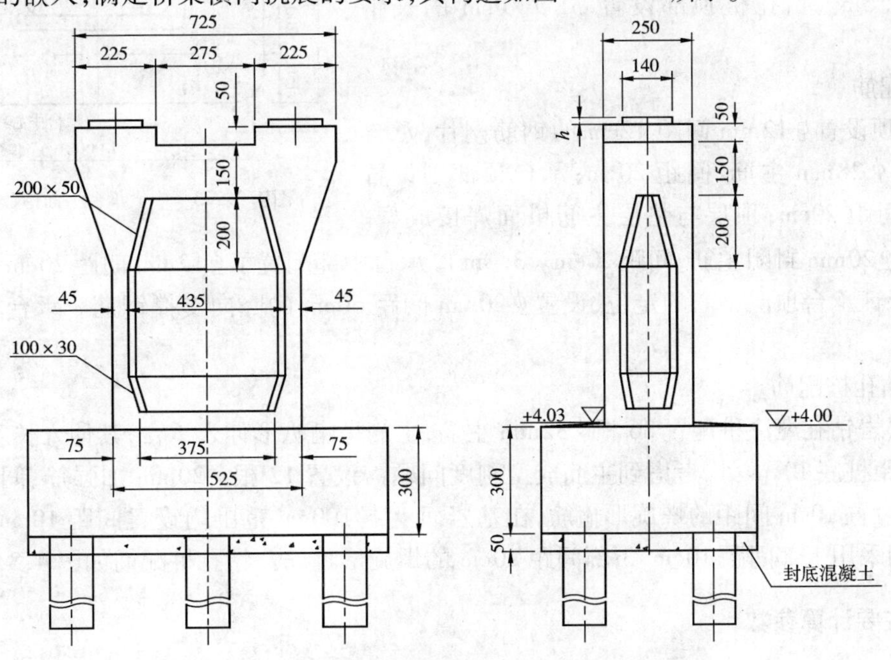

图4.3.2.1　中墩墩身构造（尺寸单位：cm，高程单位：m）

(2)墩柱配筋

矩形截面空心薄壁墩柱外侧横向主筋采用ϕ25mm,纵向主筋采用ϕ28mm,主筋间距15cm;内侧纵横向主筋采用ϕ20mm,其主筋间距20cm。所有主筋均伸入承台,其伸入长度为250cm;箍筋采用ϕ16mm封闭钢筋,距承台顶面2.5m范围内间距10cm,其余均为20cm间距,其截面内按最多5根主筋布置箍筋。垫石和墩顶处各设置两层钢筋网片。墩柱断面配筋如图4.3.2.2所示。

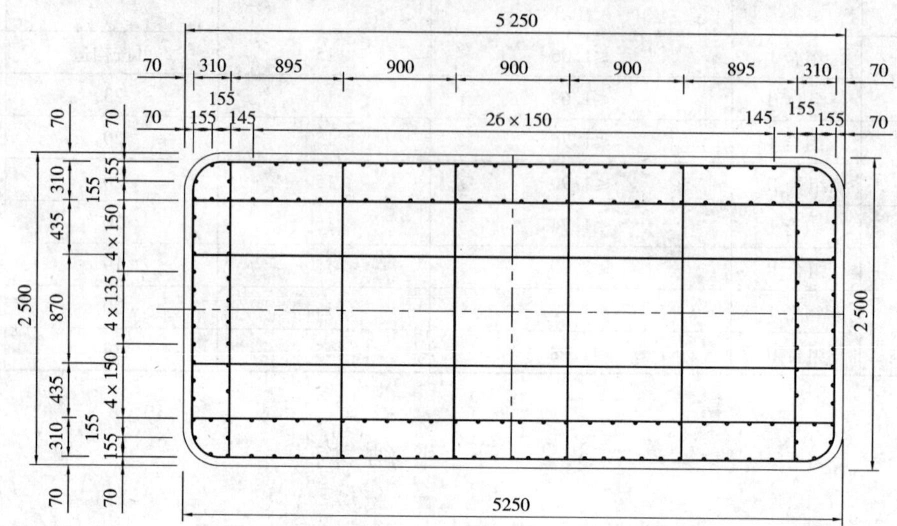

图4.3.2.2 墩柱钢筋布置示意(尺寸单位:mm)

2.基础构造

(1)基础构造

中墩桩基采用5ϕ150cm嵌岩钻孔灌注桩,桩长13.15~46.65m,顺桥向桩距2.0m,横桥向桩距3.5m。承台截面尺寸为10.0×7.0m,四周设置R=100cm圆弧线,承台厚3.0m,下设置0.5m封底混凝土,其构造如图4.3.2.3所示。

为了保证嵌岩桩的质量,需保证钻孔桩嵌入新鲜岩面最小不小于3.0m。钻孔桩顶部设置ϕ1 700mm的长钢套筒。

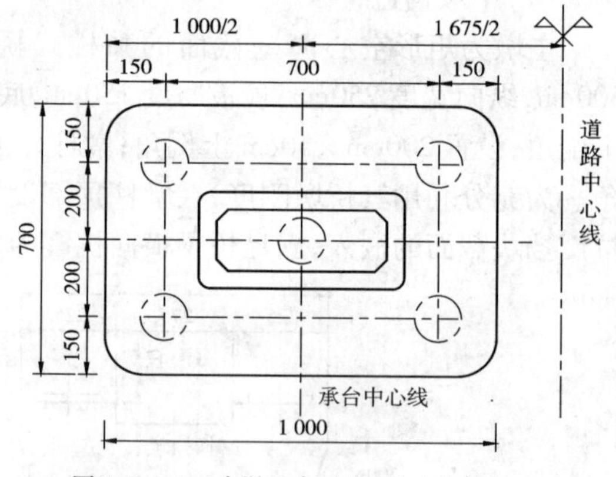

图4.3.2.3 中墩承台平面(尺寸单位:cm)

(2)承台配筋

钻孔桩桩顶设置ϕ12mm间距12cm的钢筋网片,承台底部设置双层ϕ28mm主筋,间距20cm;承台顶部则设置ϕ20mm主筋,间距20cm;顶层与垫层主筋单面焊接成型。承台侧面配置ϕ20mm封闭主筋,间距20cm。3.0m厚承台中部配置了ϕ12mm间距20cm的加强钢筋网片,同时为了保证承台顶层钢筋的定位,设置ϕ20mm间距60cm的竖向支撑钢筋。承台立面配筋如图4.3.2.4所示。

(3)嵌岩钻孔桩配筋

ϕ150cm嵌岩钻孔灌注桩配置36根ϕ32mm主筋,主筋呈喇叭形伸入承台,其伸入长度为150cm,且所有主筋伸入距桩底10cm处,考虑到主筋成型刚度问题需设置12根ϕ20mm加强筋,间距200cm。伸入承台主筋处设置10cm间距的螺旋形箍筋,在基岩面上下100cm范围内设置间距10cm的ϕ10mm圆形箍筋,其余则采用上部间距10cm、下部间距20cm的螺旋形箍筋。钻孔桩配筋如图4.3.2.5所示。

3.2.2 主要计算参数

1.主要材料同本篇2.2.2中1.。

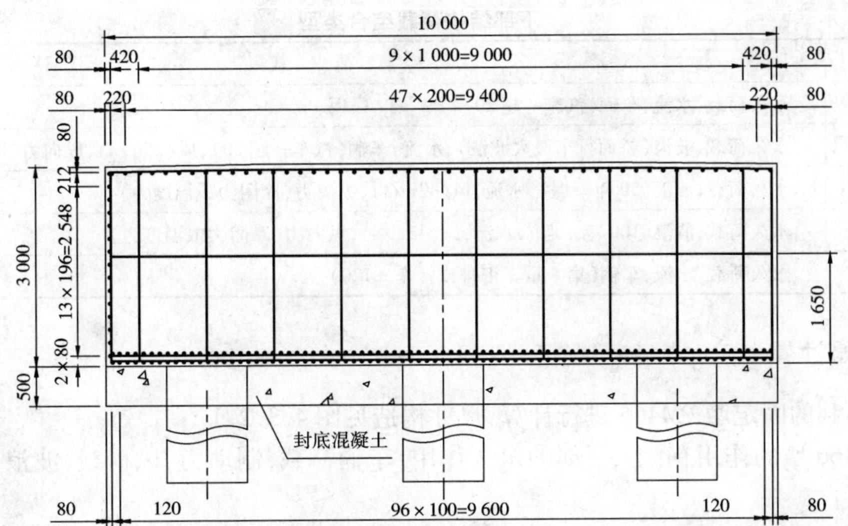

图4.3.2.4　承台钢筋布置(尺寸单位:mm)

2. 作用

(1)永久作用

上、下部结构永久作用。

(2)基本可变作用

半桥三车道+紧急停车带,按四车道汽车—超20计算,挂车—120验算,并以集装箱拖挂车重车密集型排列(前后车辆轴距10m)进行校验。

水流力:水流力作为海洋工程中的经常作用力,将之纳入基本可变荷载而非其他可变荷载,根据规范JTJ 021—89第2.3.9条进行计算。

(3)其他可变作用

①汽车制动力

根据《公路桥涵设计通用规范》(JTJ 021—89)第2.3.9条计算。

②风作用力

根据《公路桥梁抗风设计规范》(JTG/T D60-01—2004)第4.3条计算。

③波浪力

波浪荷载应考虑可能的不同水位和可能的最大流速,按照《海港水文规范》(JTJ 213—98)第8.3条进行波浪力计算。

(4)偶然作用

本联连续梁位于港桥连接段,不通航,故不考虑船舶撞击力作用。

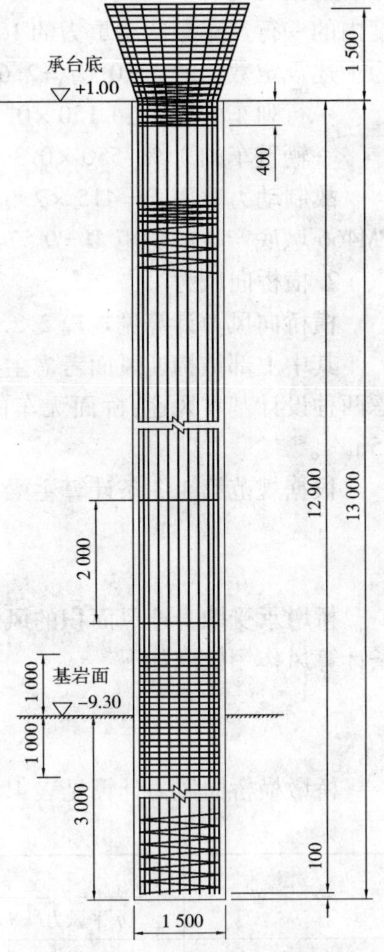

图4.3.2.5　嵌岩钻孔桩钢筋布置(尺寸单位:mm,高程单位:m)

3. 基础计算荷载组合

荷载主要包括结构自重、波浪力、水流力、车辆荷载、风荷载、制动力、温度力、支座摩阻力等,根据《公路桥涵设计通用规范》(JTJ 021—89),荷载组合考虑了表4.3.2.1所示的几类。

水流力作为海洋工程中的经常作用力,将之纳入基本可变荷载而非其他可变荷载参加荷载组合。波浪、水流均考虑可能出现的不利水位进行组合。

下部结构荷载组合类型　　表4.3.2.1

组合类型	荷载
组合I	永久荷载,水流,车辆(汽车—超20)
组合II-1	永久荷载,波浪(桥面行车最大波浪),水流,车辆(汽车—超20),风(25m/s),纵向力(摩阻力或制动力)
组合II-2	永久荷载,波浪(50年一遇),水流,风(42m/s),纵向力(摩阻力或温度力)
组合II-3	永久荷载,波浪(100年一遇),水流,风(42m/s),纵向力(摩阻力或温度力)
组合III	永久荷载,水流,车辆(集卡重车密排或挂车—120)

3.2.3 桥墩计算

取受力最不利的固定墩PM466进行计算,尺寸构造见图4.3.2.1。

作用在PM466墩的作用有:上、下部的永久作用,车辆荷载,制动力,风荷载,波浪力和水流力。荷载效应计算如下:

1.纵向制动力计算

根据规范JTJ 021—89第2.3.9条,当桥涵为一车道或双向二车道时,汽车制动力为布置在一联长度内的一行汽车车队总重力的10%,但不得小于一辆重车的30%,东海大桥半桥按单向四车道考虑,应为上述规定数值的$4\times0.67=2.68$倍。

一行列车的10%:$4\ 150\times0.1=415$kN

一辆重车的30%:$550\times0.3=165$kN

故制动力取用$P=415\times2.68=1\ 112$kN,由固定支座承受,作用位置取支座的底座面上。由此,在PM466墩底产生的弯矩$M=9\ 574$kN·m

2.横桥向风力

横桥向风力计算见本篇2.2.3中2.相关内容。

其中上部结构迎风面考虑主梁高3m,栏杆高1.4m。PM466桥墩承受50m长的上部结构风力,考虑两种设计基本风速:桥面无车的设计基本风速$V_{10}=42$m/s和桥面有车的最大设计基本风速$V_{10}=25$m/s。

根据规范第4.3条计算主梁50m长度上的横向静阵风荷载P及对墩身底弯矩M如下:

$$V_{10}=42\text{m/s},P=884\text{kN},M=10\ 144\text{kN}\cdot\text{m}$$

$$V_{10}=25\text{m/s},P=313\text{kN},M=3\ 594\text{kN}\cdot\text{m}$$

桥墩承受墩身迎风面积的风力,桥墩宽2.5m,高8.608m。根据规范JTG/T D60-01—2004第4.4条计算风作用效应如下:

$$V_{10}=42\text{m/s},P=64\text{kN},M=274\text{kN}\cdot\text{m}$$

$$V_{10}=25\text{m/s},P=23\text{kN},M=97\text{kN}\cdot\text{m}$$

桥墩横桥向风力计算见表4.3.2.2。

PM466桥墩横桥向风力　　表4.3.2.2

位置	$V_{10}=42$m/s		$V_{10}=25$m/s	
	水平风力(kN)	对墩身底弯矩(kN·m)	水平风力(kN)	对墩身底弯矩(kN·m)
梁	884	10 144	313	3 594
墩	64	274	23	97
合计	948	10 418	336	3 691

3.横桥向波浪力计算

(1)波浪力由速度分力P_D和惯性分力P_I组成,作用于构件高度Z_1至Z_2区段上的最大速度分力P_{Dmax}和最大惯性分力P_{Imax}可按《海港水文规范》(JTJ 213—98)式8.3.2-1~式8.3.2-4计算,公式如下:

$$P_{\mathrm{Dmax}} = C_{\mathrm{D}} \frac{\gamma D H^2}{2} K_1 \tag{4.3.2.1}$$

$$P_{\mathrm{Imax}} = C_{\mathrm{M}} \frac{\gamma A H}{2} K_2 \tag{4.3.2.2}$$

$$K_1 = \frac{\frac{4\pi Z_2}{L} - \frac{4\pi Z_1}{L} + \mathrm{sh}\frac{4\pi Z_2}{L} - \mathrm{sh}\frac{4\pi Z_1}{L}}{8\mathrm{sh}\frac{4\pi d}{L}} \tag{4.3.2.3}$$

$$K_2 = \frac{\mathrm{sh}\frac{2\pi Z_2}{L} - \mathrm{sh}\frac{2\pi Z_1}{L}}{\mathrm{ch}\frac{2\pi d}{L}} \tag{4.3.2.4}$$

上述式中：C_{D}——速度力系数，对圆形断面取 1.2，对方形或长宽比小于 1.5 的矩形断面取 2.0；

C_{M}——惯性力系数，对圆形断面取 2.0，对方形或长宽比小于 1.5 的矩形断面取 2.2；

γ——水的密度；

D——构件直径或宽度；

A——构件断面积；

H、L——波高和波长。

（2）P_{Dmax} 和 P_{Imax} 对 Z_1 断面的力矩 M_{Dmax} 和 M_{Imax} 按规范 JTJ 213—98 中式 8.3.2-5 ~ 式 8.3.2-8 计算：

$$M_{\mathrm{Dmax}} = C_{\mathrm{D}} \frac{\gamma D H^2 L}{2\pi} K_3 \tag{4.3.2.5}$$

$$M_{\mathrm{Imax}} = C_{\mathrm{M}} \frac{\gamma A H L}{4\pi} K_4 \tag{4.3.2.6}$$

$$K_3 = \frac{1}{\mathrm{sh}\frac{4\pi d}{L}}\left[\frac{\pi^2 (Z_2 - Z_1)^2}{4L^2} + \frac{\pi (Z_2 - Z_1)}{8L}\mathrm{sh}\frac{3\pi Z_2}{L} - \frac{1}{32}\left(\mathrm{ch}\frac{4\pi Z_2}{L} - \mathrm{ch}\frac{4\pi Z_1}{L}\right)\right] \tag{4.3.2.7}$$

$$K_4 = \frac{1}{\mathrm{ch}\frac{2\pi d}{L}}\left[\frac{2\pi (Z_2 - Z_1)}{L}\mathrm{sh}\frac{2\pi 2_2}{L} - \left(\mathrm{ch}\frac{2\pi Z_2}{L} - \mathrm{ch}\frac{2\pi Z_1}{L}\right)\right] \tag{4.3.2.8}$$

（3）由于最大速度分力 P_{Dmax} 和最大惯性分力 P_{Imax} 并非同时发生，因此波浪力不可将两个力单纯叠加，可按规范 JTJ 213—98 第 8.3.4 条计算：

当 $P_{\mathrm{Dmax}} \leqslant 0.5 P_{\mathrm{Imax}}$ 时，最大波浪力 $P_{\max} = P_{\mathrm{Imax}}$；最大力矩 $M_{\max} = M_{\mathrm{Imax}}$；

当 $P_{\mathrm{Dmax}} > 0.5 P_{\mathrm{Imax}}$ 时，最大波浪力可取 $P_{\max} = P_{\mathrm{Dmax}}\left(1 + 0.25\frac{P_{\mathrm{Imax}}^2}{P_{\mathrm{Dmax}}^2}\right)$，最大力矩 $M_{\max} = M_{\mathrm{Dmax}}\left(1 + 0.25\frac{M_{\mathrm{Imax}}^2}{M_{\mathrm{Dmax}}^2}\right)$。

计算时考虑 3 种工况：

桥面行车最大波浪，水位 2.15m，累积频率为 1% 的波高 $H_{1\%} = 3.11\mathrm{m}$，波长 $L = 50.6\mathrm{m}$；

50 年一遇波浪，水位 3.35m，累积频率为 1% 的波高 $H_{1\%} = 3.6\mathrm{m}$，波长 $L = 55.4\mathrm{m}$；

100 年一遇波浪，水位 3.45m，累积频率为 1% 的波高 $H_{1\%} = 3.87\mathrm{m}$，波长 $L = 57\mathrm{m}$。根据上述公式，波浪力计算结果见表 4.3.2.3。

PM466 桥墩横桥向波浪力　　表 4.3.2.3

工　况	水平波浪力(kN)	对墩身底弯矩(kN·m)	工　况	水平波浪力(kN)	对墩身底弯矩(kN·m)
桥面行车最大波浪	7	1	100 年一遇波浪	56	69
50 年一遇波浪	41	44			

4. 水流力

根据规范 JTJ 021—89 第 2.3.10 条计算水流力,计算公式为:

$$P = KA\frac{\gamma V^2}{2g} \tag{4.3.2.9}$$

式中:K——桥墩形状系数,按规范表 3.3.10 取用,对于矩形墩取 1.3;

A——桥墩阻水面积,算至一般冲刷线处;

γ——水的密度;

V——设计流速;

g——重力加速度 9.81m/s^2。

由于桥梁的水位低于承台顶高程 4.0m,故此处水流力为 0。

5. 竖向力

计算桥墩受力时,竖向力包括上部结构重力、桥墩重力和上部结构传下的车辆荷载,由于挂车荷载不是控制荷载,所以本次车辆荷载考虑了汽车—超 20 和集装箱车。竖向力计算结果见表 4.3.2.4。

PM466 桥墩竖向力　　表 4.3.2.4

荷　载	上部结构重力	桥墩重力	汽车—超 20	集装箱车
桥墩底竖向力(kN)	17 010	3 070	2 626	3 837

6. 荷载组合

计算桥墩底截面荷载组合时考虑了 5 种不同组合,结果见表 4.3.2.5。

PM466 桥墩底荷载组合　　表 4.3.2.5

项　目	荷载类别	竖向力(kN)	水平力(kN)		弯矩(kN·m)	
			顺桥向	横桥向	顺桥向	横桥向
恒载	上部结构反力(1)	17 010	—	—	—	—
	桥墩重量(2)	3 070	—	—	—	—
	合计(3) = (1) + (2)	20 080	—	—	—	—
基本可变荷载	汽—超 20 反力(4)	2 626	—	—	—	—
	集装箱车反力(5)	3 837	—	—	—	—
其他可变荷载	汽车制动力(6)	—	1 112	—	9 574	—
	风压力(V=25m/s)(7)	—	—	336	—	3 691
	风压力(V=42m/s)(8)	—	—	948	—	10 418
	波浪力(桥面行车最大波浪)(9)	—	—	7	—	1
	波浪力(50 年一遇)(10)	—	—	41	—	44
	波浪力(100 年一遇)(11)	—	—	56	—	69
承载能力极限状态组合	组合 I(12) = 1.2 × (3) + 1.4 × (4)	27 772	—	—	—	—
	组合 II-1(13) = 1.1 × (3) + 1.3 × (4) + 1.3 × (6) + 1.3 × (7) + 1.3 × (9)	25 502	1 446	446	12 446	4 800
	组合 II-2(14) = 1.1 × (3) + 1.3 × (8) + 1.3 × (10)	22 088	—	1 286	—	13 601
	组合 II-3(15) = 1.1 × (3) + 1.3 × (8) + 1.3 × (11)	22 088	—	1 305	—	13 633
	组合 III(16) = 1.2 × (3) + 1.1 × (5)	28 317	—	—	—	—

7. 截面承载力计算

根据《公路钢筋混凝土及预应力混凝土桥涵设计规范》(JTJ 023—85)第4.1.16条,钢筋混凝土矩形截面偏心受压构件的正截面抗压承载力按下式计算:

$$N_j \leqslant \frac{\gamma_b}{\gamma_c} R_a bx + \frac{\gamma_b}{\gamma_s}(R'_g A'_g - \sigma_g A_g) \tag{4.3.2.10}$$

中性轴位置按下式确定:

$$R_a bx\left(e - h_0 + \frac{x}{2}\right) = \sigma_g A_g e \mp R'_g A'_g e' \tag{4.3.2.11}$$

当 $\xi = \frac{x}{h_0} \leqslant \xi_{jg}$ 时,构件属于大偏心受压,上式中 $\sigma_g = R_g$,当 $\xi > \xi_{jg}$ 时,构件属于小偏心受压,$\sigma_g = 0.003E_g\left(\frac{0.9}{\xi} - 1\right) \leqslant R_g$。

根据《公路钢筋混凝土及预应力混凝土桥涵设计规范》(JTJ 023—85)第4.1.3条,钢筋混凝土矩形截面轴心受压构件的正截面抗压承载力按下式计算:

$$N_j \leqslant \varphi\gamma_b\left(\frac{1}{\gamma_c} R_a A + \frac{1}{\gamma_s} R'_g A'_g\right) \tag{4.3.2.12}$$

式中:φ——钢筋混凝土构件的纵向弯曲系数,按规范表4.1.3采用。

根据表4.3.2.5,承载能力极限状态中控制截面设计的组合有:

(1)组合II-1,顺桥向最不利偏压构件。

(2)组合II-3,横桥向最不利偏压构件。

(3)组合III,最不利轴压构件。

桥墩配筋见图4.3.2.2。根据截面配筋及荷载情况计算截面承载力,结果见表4.3.2.6,桥墩底截面承载力远大于荷载效应组合,结构安全。

桥墩底截面承载力　　表4.3.2.6

荷载类别	竖向力(kN)	弯矩(kN·m)		承载力(轴力)(kN)
		顺桥向	横桥向	
组合II-1	25 502	12 446	—	1.20E+05
组合II-3	22 088	—	13 633	1.97E+05
组合III	28 317	—	—	2.50E+05

3.2.4　桩基础计算

根据《公路桥涵地基与基础设计规范》(JTJ 024—85)附录六计算桩基础,桩基础计算包括单桩容许承载力计算、桥墩基础群桩受力分析及桩的承载力验算。

1. 单桩容许承载力计算

取PM466桥墩下基础进行计算。PM466桥墩及桩基础的布置见图4.3.2.3,基础为钻孔嵌岩桩。

根据东海大桥工程地质勘察报告提供的工程地质纵断面及各土层物理力学性能,桩基础嵌入中等风化花岗岩2.94m,其桩端极限阻力标准值为12MPa。按《公路桥涵地基与基础设计规范》第4.3.4条,计算PM466钻孔嵌岩桩的单桩容许承载力[P] = 13 802kN。

为求单桩荷载值,首先应求出承台底的各种荷载效应。

2. 承台底荷载效应计算

承台底荷载包括:上、下部的永久作用,车辆荷载,制动力,风荷载,波浪力和水流力。计算过程同桥墩计算,计算结果见表4.3.2.7。

PM466 承台底荷载组合　　表 4.3.2.7

项　目	荷 载 类 别	竖向力(kN)	水平力(kN)		弯矩(kN·m)	
			顺桥向	横桥向	顺桥向	横桥向
恒载	上部结构反力(1)	17 010	—	—	—	—
	桥墩重量(2)	3 070	—	—	—	—
	承台重量(3)	5 250	—	—	—	—
	合计(4) = (1) + (2) + (3)	25 330	—	—	—	—
基本可变荷载	汽车—超 20 反力(5)	2 626	—	—	—	—
	集装箱车反力(6)	3 837	—	—	—	—
	水流力(桥面行车最大水位)(7)	—	—	8	—	5
	水流力(50 年一遇水位)(8)	—	—	16	—	20
	水流力(100 年一遇水位)(9)	—	—	16	—	22
其他可变荷载	汽车制动力(10)	—	1 112	—	12 910	—
	风压力(V=25m/s)(11)	—	—	344	—	4 757
	风压力(V=42m/s)(12)	—	—	971	—	13 426
	波浪力(桥面行车最大波浪)(13)	—	—	843	—	1 390
	波浪力(50 年一遇)(14)	—	—	805	—	1 313
	波浪力(100 年一遇)(15)	—	—	848	—	1 398
承载能力极限状态组合	组合 I(16) = 1.2 × (4) + 1.4 × (5)	34 072	—	—	—	—
	组合 II-1(17) = 1.1 × (4) + 1.3 × (5) + 1.3 × (7) + 1.3 × (10) + 1.3 × (11) + 1.3 × (13)	31 277	1 446	1 554	16 783	7 998
	组合 II-2 (18) = 1.1 × (4) + 1.3 × (8) + 1.3 × (12) + 1.3 × (14)	27 863	—	2 330	—	19 187
	组合 II-3 (19) = 1.1 × (4) + 1.3 × (9) + 1.3 × (12) + 1.3 × (15)	27 863	—	2 386	—	19 300
	组合 III(20) = 1.2 × (4) + 1.1 × (6)	34 617	—	—	—	—
正常使用极限状态组合	组合 I(21) = (4) + (5)	27 956	—	—	—	—
	组合 II-1(22) = (4) + (5) + (7) + (10) + (11) + (13)	27 956	1 112	1 195	12 910	6 152
	组合 II-2(23) = (4) + (8) + (12) + (14)	25 330	—	1 792	—	14 759
	组合 II-3(24) = (4) + (9) + (12) + (15)	25 330	—	1 835	—	14 846
	组合 III(25) = (4) + (6)	29 167	—	—	—	—

注:①表中承载能力极限状态组合用于计算桩身截面承载力,正常使用极限状态组合用于计算单桩承载力;

②作用在桩身上的外荷载,除了承台底的作用力外,桩本身还受到水流和波浪力的作用。

3. 桩身波浪力

按照《海港水文规范》(JTJ 213—98)第 8.3 条进行波流力计算,计算过程同桥墩波浪力,不同点是在计算桩身波浪力时要考虑群桩系数 K,K 的取值查规范第 8.3.5 条。桩身波浪力计算结果见表 4.3.2.8。

PM466 桩身横桥向波浪力　　表 4.3.2.8

工　况	水平波浪力(kN)	局部冲刷线处桩身弯矩(kN·m)
桥面行车最大波浪	45	−167
50 年一遇波浪	45	−164
100 年一遇波浪	81	−294

4. 桩身水流力

根据规范 JTJ 021—89 第 2.3.10 条计算水流力，计算公式为：

$$P = KA\frac{\gamma V^2}{2g} \tag{4.3.2.13}$$

式中：K——桥墩形状系数，按规范表 3.3.10 取用，对于矩形墩取 1.3；

A——桥墩阻水面积，算至一般冲刷线处；

γ——水的密度；

V——设计流速；

g——重力加速度 9.81m/s^2。

由于桥面行车最大流速、50 年一遇流速和 100 年一遇流速均为 1.2m/s，故水流力均相同。计算得水平力 $P=4$kN，局部冲刷线处弯矩 $M=-21$kN·m。

5. 正常使用阶段桩顶荷载计算

由承台底荷载组合结果可知，正常使用极限状态控制设计的组合为组合 I、组合 II-1、组合 II-3 和组合 III。

根据桩布置情况（图 4.3.2.3）和地质情况，采用规范 JTJ 024—85 附录六 m 法计算正常使用极限状态的桩顶荷载，结果见表 4.3.2.9。

PM419 基础由正常使用组合 I 作用效应产生的单桩竖向力　　表 4.3.2.9

桩　号	组合 I	组合 II-1	组合 II-3	组合 III
1	5 591	8 094	3 229	5 833
2	5 591	1 185	3 229	5 833
3	5 591	9 998	6 903	5 833
4	5 591	3 089	6 903	5 833
5	5 591	5 591	5 066	5 833

结果表明，组合 II-1 中各桩的受力很不均匀，最大的 3 号桩为 9 998kN，最小的 2 号桩仅 1 185kN，这是因为桩顶受到了两个方向的力矩作用，因此在桩群的角点上受力不均匀。

6. 单桩容许承载力验算

根据地质情况及基础嵌入岩层深度（$h=2.94$m）计算得单桩容许承载力$[P]=13\,802$kN，对组合 II 和组合 III 需考虑作用组合提高系数 1.25。局部冲刷线以上的全部桩身重力和局部冲刷线以下的 1/2 桩身重力作为外力考虑，结果见表 4.3.2.10，桩的受力是安全的。

PM419 基础单桩容许承载力计算表　　表 4.3.2.10

项　目	组合 I	组合 II-1	组合 II-3	组合 III
最不利荷载值(kN)	6 479	10 886	7 791	6 721
容许值(kN)	13 802	17 253	17 253	17 253

7. 承载能力极限状态桩身受力分析

桩身受力分析遵循《公路桥涵地基与基础设计规范》的 m 法进行计算，桩侧土的比例系数根据地质钻探资料查取规范相应表格得到，计算中视桩顶承台为刚性体，不计变形。

根据表 4.3.2.7 承台底承载能力极限状态组合情况，考虑最不利荷载组合 II-1、组合 II-3 和组合 III，并考虑群桩效应，按 m 法计算得到桩顶截面（高程 1.0m）内力见表 4.3.2.11 ~ 表 4.3.2.13。

PM466 桩基组合 II-1 的内力　　表 4.3.2.11

承台底内力	N_x	N_y	N_z	M_x	M_y
	1 554	1 446	31 277	16 783	−7 998
桩顶内力					
1	311	291	9 508	−2 175	1 867
2	311	291	526	−2 175	1 867
3	311	291	11 980	−2 175	1 867
4	311	291	3 003	−2 175	1 867
5	311	291	6 255	−2 175	1 867

PM466 桩基组合 II-3 的内力　　表 4.3.2.12

承台底内力	N_x	N_y	N_z	M_x	M_y
	2 386	0	27 863	0	−19 300
桩顶内力					
1	477	0	3 184	0	2 827
2	477	0	3 184	0	2 827
3	477	0	7 961	0	2 827
4	477	0	7 961	0	2 827
5	477	0	5 573	0	2 827

PM466 桩基组合 III 的内力　　表 4.3.2.13

承台底内力	N_x	N_y	N_z	M_x	M_y
	0	0	29 167	0	0
桩顶内力					
1	0	0	5 833	0	0
2	0	0	5 833	0	0
3	0	0	5 833	0	0
4	0	0	5 833	0	0
5	0	0	5 833	0	0

注:①N_x 为横桥向水平力,N_y 为顺桥向水平力,N_z 为竖向力,M_x 为顺桥向弯矩,M_y 为横桥向弯矩;桩身局部冲刷线内力中的 N_z 已包括局部冲刷线以上的桩身重力;

②N 单位 kN,M 单位 kN · m。

表 4.3.2.14 和图 4.3.2.6 分别用数值和图形给出 PM466 墩桩基中受力最不利的 2 号钻孔灌注桩在组合 II-1 作用下的弯矩分布情况(轴力最小,弯矩最大)。

2 号钻孔嵌岩桩组合 II-1 弯矩　　表 4.3.2.14

深　度	弯　矩		
z	M_x	M_y	M
0.0	−2 175.0	1 867.0	2 866.4
3.4	−727.4	824.3	1 099.4
6.7	721.0	−462.0	856.3
8.1	1 256.0	−929.0	1 562.2
9.4	1 588.0	−1 229.0	2 008.0
10.7	1 651.0	−1 307.0	2 105.7
12.1	1 482.0	−1 191.0	1 901.3

续上表

深　度	弯　矩		
z	M_x	M_y	M
13.4	1 170.0	−951.5	1 508.1
14.7	811.3	−667.2	1 050.4
16.1	480.5	−401.1	625.9
17.4	221.7	−190.3	292.2
18.8	48.3	−47.2	67.5
20.1	−48.2	33.8	58.9
21.4	−86.6	67.3	109.7
22.8	−86.6	69.2	110.8
24.1	−62.3	51.2	80.7
25.5	−22.4	20.9	30.6
26.8	10.1	−3.1	10.6
28.1	10.2	−3.2	10.7
29.5	10.2	−3.2	10.7
30.8	10.3	−3.3	10.8
32.2	10.4	−3.3	10.9
33.5	10.4	−3.4	11.0

注：表中 M 为 M_x 和 M_y 的组合弯矩。

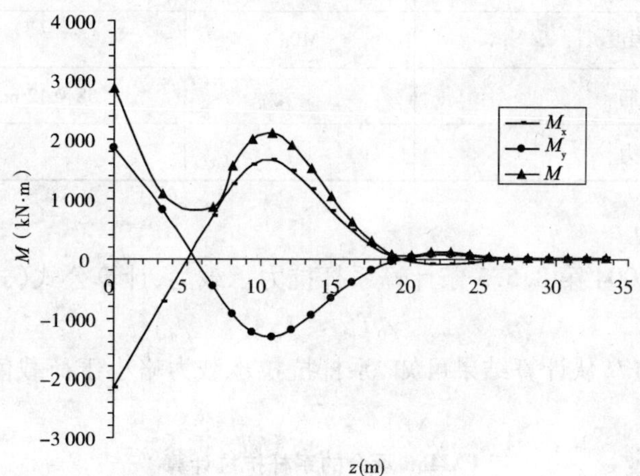

图 4.3.2.6　3 号钻孔嵌岩桩组合 II-1 弯矩分布

8. 钻孔桩桩身截面承载力验算

钻孔桩直径 1.5m，配置 36 根直径 32mm 的 II 级钢筋，采用 C30 水下混凝土，根据圆截面偏心受压构件进行承载力验算，控制截面为桩顶处，控制荷载组合为 II-1，结果见表 4.3.2.15。

钻孔桩桩身截面承载力验算　　表 4.3.2.15

计 算 内 容	单　位	PM466 号桥墩
		2 号桩
设计轴力 N	kN	526
设计弯矩 M	kN · m	2 866
承载力（轴力）N_j	kN	848

结果表明，钻孔灌注桩的截面承载力满足要求。

3.2.5 承台计算

根据《公路钢筋混凝土及预应力混凝土桥涵设计规范》(JTG D62—2004)第8.5节进行承台计算，内容包括承台抗弯承载力验算、抗剪承载力验算、冲切承载力验算以及局部承压承载力验算。

取固定墩(PM466)下的承台进行验算。

1. 承台抗弯承载力验算

PM466承台外排桩中心距墩身边缘为1.5m，小于承台高度3m，因此承台短悬臂按"撑杆—系杆体系"计算撑杆的抗压承载力和系杆的抗拉承载力。

(1)撑杆的抗压承载力

计算公式见式4.2.2.7～4.2.2.11。

表4.3.2.16示出了PM466承台的撑杆抗压承载力计算，计算结果表明，PM466承台的撑杆抗压承载力满足要求。

PM466承台的撑杆抗压计算 表4.3.2.16

项　目	单　位	数　值
结构重要性系数 γ_0		1.1
撑杆压力设计值 D_d	kN	26 310
撑杆计算高度 t	m	1.212
撑杆计算宽度 b_s	m	7.0
撑杆轴心抗压设计强度 $f_{cd,s}$	MPa	19.2
横桥向截面配筋		58 Φ 12mm 和 58 Φ 28mm(HRB335)
撑杆抗压承载力	kN	122 200

(2)系杆的抗拉承载力

根据规范JTG D62—2004第8.5.3条计算系杆抗力承载力，计算公式(式4.2.2.12)如下：

$$\gamma_0 T_{id} \leqslant f_{sd} A_s$$

计算过程见表4.3.2.17，从计算结果可知，系杆抗拉承载力略小于荷载值，差1%，可以认为满足规范要求。

PM466承台的系杆抗拉计算 表4.3.2.17

项　目	单　位	数　值
结构重要性系数 γ_0		1.1
系杆拉力设计值 T_d	kN	10 870
系杆钢筋抗拉设计强度 f_{sd}	MPa	280
横桥向截面配筋		58 Φ 12mm 和 58 Φ 28mm(HRB335)
系杆抗拉承载力	kN	11 840

根据拉杆和撑杆的计算结果，认为PM466承台的抗弯承载力满足要求。

2. 承台抗剪承载力验算

根据《公路钢筋混凝土及预应力混凝土桥涵设计规范》(JTG D62—2004)第8.5.4条计算承台的斜截面抗剪承载力，计算公式同式4.2.2.12。

计算过程见表4.3.2.18，从计算结果可知，承台斜截面抗剪承载力满足要求。

PM466 承台斜截面抗剪计算　表4.3.2.18

项　目	单　位	数　值
结构重要性系数 γ_0		1.1
剪力设计值 V_d	kN	23 960
配筋率 P		0.21
剪跨比 m		0.5
承台计算宽度 b_s	m	7
承台有效高度 h_0	m	2.88
抗剪承载力	kN	48 790

3. 承台冲切承载力验算

(1)桥墩向下冲切

根据规范 JTG D62—2004 第8.5.5条,计算公式同式4.2.2.14和式4.2.2.15。

将直径1.5m的圆形截面桩换算为边长1.2m的方形截面桩,计算过程见表4.3.2.19,由计算结果可知,桥墩冲切承载力满足要求。

PM419 桥墩冲切计算　表4.3.2.19

项　目	单　位	数　值
结构重要性系数 γ_0		1.1
冲切力设计值 F_{1d}	kN	19 247
混凝土轴心抗拉设计强度 f_{td}	MPa	1.65
截面有效高度 h_0	m	2.88
a_x,a_y	m	0.576
b_x	m	5.25
b_y	m	2.5
冲切承载力	kN	152 300

(2)角桩向上冲切

根据规范(JTG D62—2004)第8.5.5条,计算公式同式4.2.2.16和式4.2.2.17。

计算过程见表4.3.2.20,根据计算结果可知,角桩冲切承载力满足要求。

PM466 承台角桩的冲切计算　表4.3.2.20

项　目	单　位	数　值
结构重要性系数 γ_0		1.1
角桩竖向力设计值 F_{1d}	kN	11 980
混凝土轴心抗拉设计强度 f_{td}	MPa	1.65
截面有效高度 h_0	m	2.88
a_x、a_y	m	0.576
b_x、b_y	m	2.25
冲切承载力	kN	28 950

第4章　预制整跨吊装施工60m等截面预应力连续箱梁桥计算

60m跨径的六跨一联预应力混凝土单箱单室连续箱梁桥上部结构采用预制梁整跨吊装架设，现浇墩顶连接段由简支变连续的施工工艺。

六跨等高度预应力混凝土连续箱梁，跨径布置为6×60m，横向由两分离的单箱组成。桥面布置为0.5m（防撞护栏）+2.5m（紧急停车带）+11.75m（行车道）+0.5m（防撞护栏）+1.0m（中央隔离带）+0.5m（防撞护栏）+11.75m（行车道）+2.5m（紧急停车带）+0.5m（防撞护栏），桥面全宽31.5m。

基础采用ϕ150cm钢管桩。桥墩沿左右分离的桥梁中心线布置，采用花瓶式墩身，左右桥墩墩中心距为16.25m。圆形承台，直径10.0m，承台厚度3.5m。

箱梁、墩身和承台均采用高性能混凝土。钢管桩采用预制打入法；承台采用预制混凝土套箱现浇施工；墩身采用预制成型、运输和吊装就位的施工方法；墩座采用现浇施工。

6×60m连续梁桥总体布置如图4.4.0.1所示，桥梁横断面布置见图4.4.0.2。

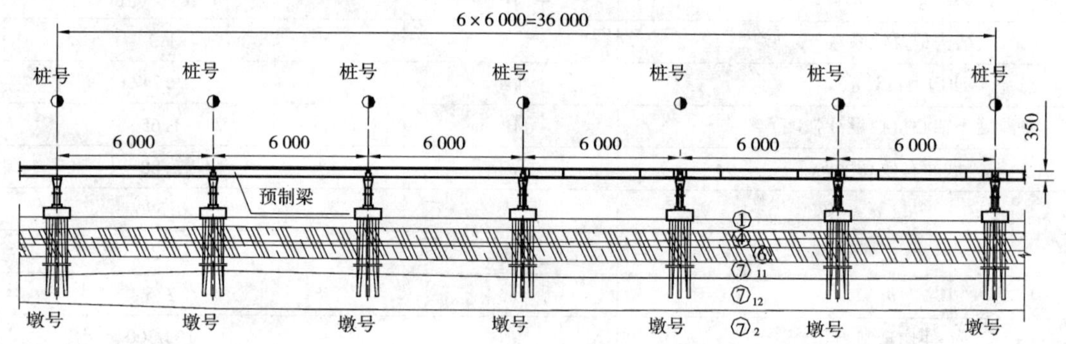

图4.4.0.1　6×60m连续梁桥总体布置（尺寸单位：cm）

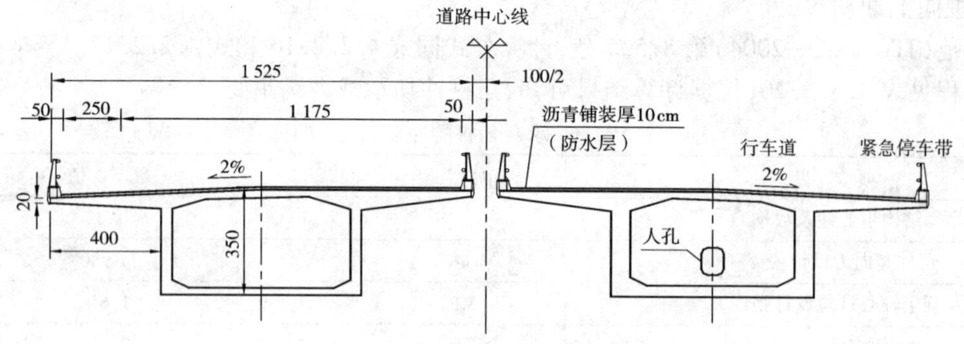

图4.4.0.2　桥梁横断面布置（尺寸单位：cm）

4.1　上部结构

4.1.1　上部结构构造要点

1. 桥跨布置及箱梁构造尺寸

箱梁横断面采用单箱单室直腹板箱形截面，箱梁顶板设成2.0%的单向横坡，底板横向水平，单幅桥箱梁顶板宽为1 525cm，底板宽为725cm，梁中心高为350cm，高跨比1/17.1。两翼悬臂长400cm，悬臂端部厚度为 20cm，悬臂根部厚度为 55cm。顶板厚度为 26cm，底板厚度跨中区段为 25cm，腹板厚度跨中区段为 40cm，在箱梁支座中心线两侧各 2.35m 范围内腹板厚度为 80cm，设置 13.0m 的腹板厚度过渡段，在箱梁支座中心线两侧各 0.85m 范围内底板厚度为 70cm，并设置 1.5m 的底板厚度过渡段。箱内上承托尺寸为 120cm×30cm，下承托尺寸为 70cm×30cm。箱梁中支点处横隔板厚为 1.7m，边支点处横隔板厚为 1.1m，并在横隔板内设置人孔。

箱梁横断面布置见图 4.4.1.1。

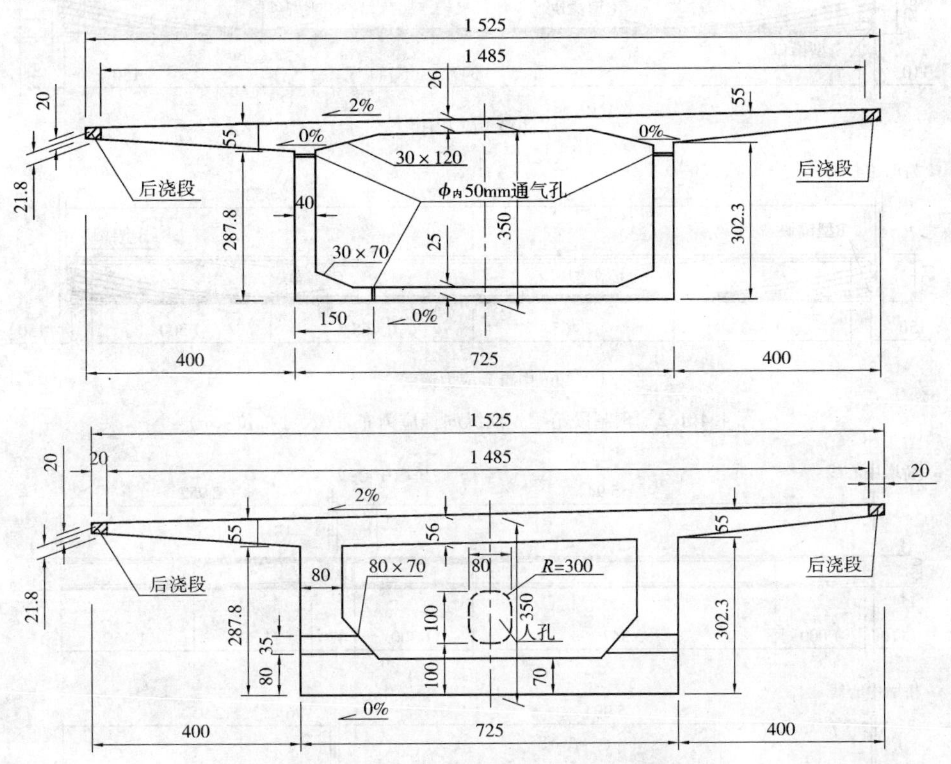

图 4.4.1.1　箱梁横断面构造尺寸（尺寸单位：cm）

2. 预应力钢束的布置

箱梁整体采用纵向和横向两向预应力体系，此外，在中墩现浇横隔梁两侧 2.0m 范围配置竖向预应力。纵横向预应力钢束采用 $\phi^j15.24$ 高强度低松弛钢绞线，其标准强度 $R_y^b=1\ 860$MPa，锚下控制应力 $\sigma_k=0.75R_y^b=1\ 395$MPa。竖向预应力钢束采用 32mmJL750 级精轧螺纹钢筋，其标准强度 $R_y^b=750$MPa，张拉控制应力 $\sigma_k=0.9R_y^b=675$MPa。预应力钢束张拉必须待混凝土达到 100% 设计强度和 15d 龄期才可进行。

（1）纵向预应力钢束

箱梁纵向预应力钢束主要分为预制梁先期钢束和连续梁后期钢束，预制梁先期钢束分为腹板上弯束、跨中局部底板上弯束和底板直束三大类型；连续梁后期钢束分为跨中局部底板上弯束、中支点箱梁底板交叉束、中支点箱梁顶板下弯束和悬臂板局部直线束四大类型。钢束按箱梁对称布置，尽可能靠近腹板，减少剪力滞效应的影响。预应力钢束采用两端张拉的施工工艺。

预制梁先期预应力钢束：箱梁单侧腹板内配置上弯束 12-$\phi^j15.24$ 钢绞线 8 根，底板通长直束 12-$\phi^j15.24$ 钢绞线 2 根，底板局部上弯钢束 12-$\phi^j15.24$ 钢绞线 4 根。单幅连续箱梁其预制梁内预应力钢束共计 132 根，预制梁先期预应力钢束布置见图 4.4.1.2。

连续梁后期预应力钢束：边跨底板局部上弯钢束 12-$\phi^j15.24$ 钢绞线 4 根和 9-$\phi^j15.24$ 钢绞线 2 根，边跨通过中支点的底板局部上弯钢束 12-$\phi^j15.24$ 钢绞线 2 根。中跨底板局部上弯钢束 9-$\phi^j15.24$ 钢绞线 2 根，通过两中支点的底板局部上弯钢束 12-$\phi^j15.24$ 钢绞线 2 根。中支座处箱梁顶板设置局部下弯钢束 12-ϕ^{j}15.24 钢绞线 8 根和 9-ϕ^{j}15.24 钢绞线 10 根；同时中支座箱梁翼缘板根部配置直线形 9-ϕ^{j}15.24钢绞线 6 根。单幅连续箱梁后期预应力钢束共计 152 根。连续梁后期预应力钢束布置见图 4.4.1.3。

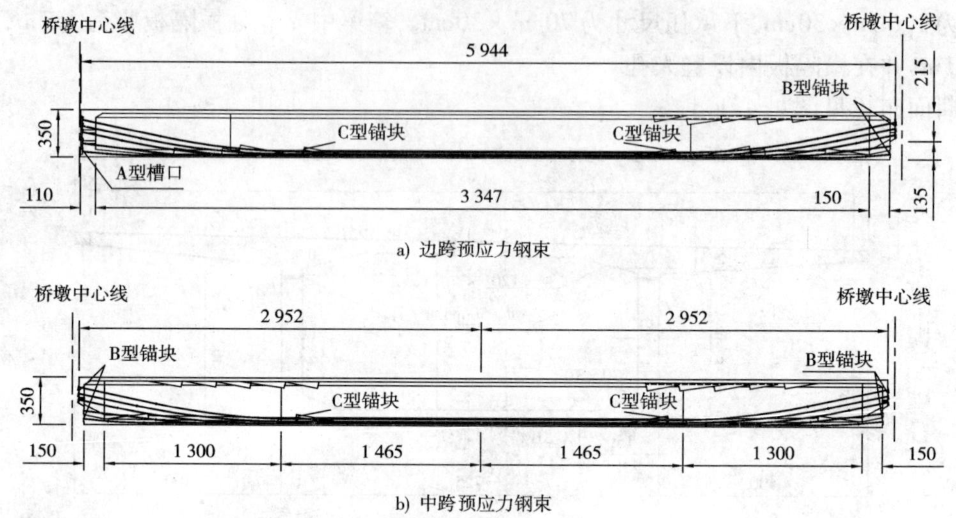

a) 边跨预应力钢束

b) 中跨预应力钢束

图 4.4.1.2　预制段箱梁先期纵向预应力布置(尺寸单位:cm)

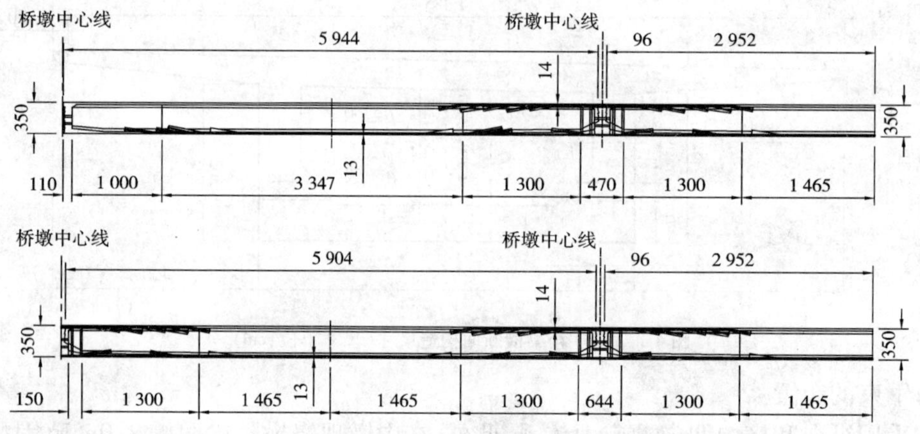

图 4.4.1.3　连续箱梁后期纵向预应力布置(尺寸单位:cm)

连续箱梁钢束横断面见图 4.4.1.4。

(2)横向预应力钢束

单幅箱梁顶板横向配置预应力钢束，采用 3-ϕ^{j}15.24 钢绞线，扁锚体系，如图 4.4.1.5 所示。横向预应力钢束除预制梁梁端采用 40cm 间距外，其余均采用 50cm 间距，单幅一联合计 727 根。预应力钢束采用一端交替张拉施工工艺。

(3)竖向预应力钢束

简支变连续箱梁结构在各中墩现浇横隔梁两侧 2.0m 范围，箱梁单侧腹板内配置 2 组间距 100cm 的 32mmJL750 级精轧螺纹粗钢筋，2 根间距 16cm 的竖向预应力钢束为一组，单幅连续梁粗钢筋共计 80 根。预应力钢束采用一端两次反复张拉的施工工艺。竖向钢筋上锚垫板距离梁顶面 15cm，下锚垫板距离梁底面 17cm，其构造如图 4.4.1.6 所示。

4.1.2　主要计算参数

1. 主要材料

(1)混凝土

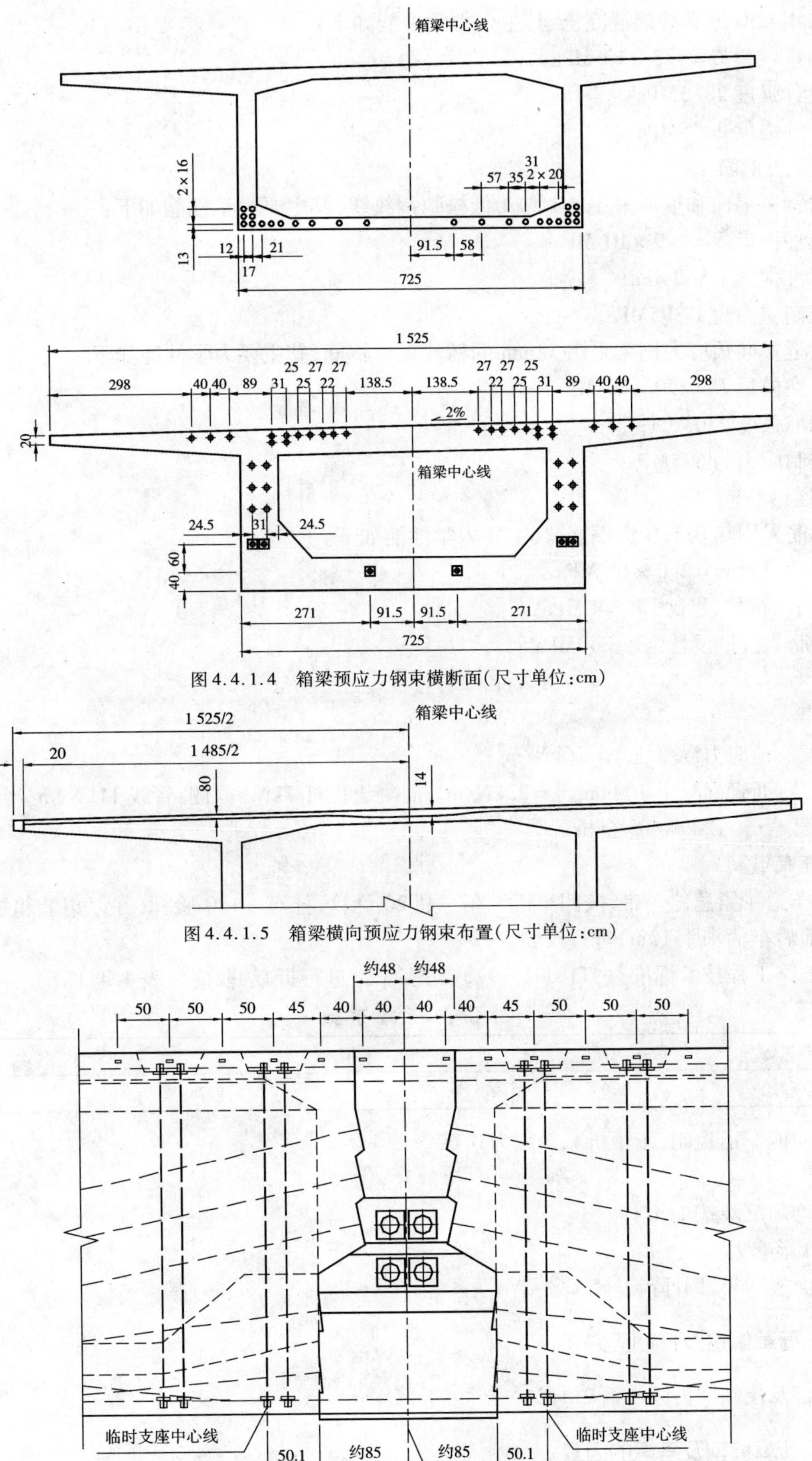

图4.4.1.4　箱梁预应力钢束横断面(尺寸单位:cm)

图4.4.1.5　箱梁横向预应力钢束布置(尺寸单位:cm)

图4.4.1.6　中墩箱梁腹板竖向预应力钢束布置(尺寸单位:cm)

主梁采用C50级高性能混凝土,其主要力学性能如下:

压弯弹性模量 $E=3.5\times10^4$MPa;

抗压设计强度28.5MPa;

抗拉设计强度2.45MPa。

(2)预应力钢筋

预应力钢束纵向和横向采用 ϕ^j15.24低松弛钢绞线,其主要力学性能如下:

压弯弹性模量 $E=1.9\times10^5$MPa;

抗拉标准强度1 860MPa;

张拉控制应力为1 395MPa。

墩顶附近竖向预应力钢束采用32mm的精轧螺纹钢筋,其主要力学性能如下:

压弯弹性模量 $E=2.0\times10^5$MPa;

抗拉标准强度750MPa;

张拉控制应力为675MPa。

(3)普通钢筋

普通钢筋采用热轧I、II级钢筋,其主要力学性能如下:

压弯弹性模量 $E=2.0\times10^5$MPa;

I级钢筋　抗拉设计强度340MPa;

II级钢筋　抗拉设计强度240MPa。

2. 荷载

(1)恒载

一期恒载:预应力混凝土 $\gamma=26$kN/m³;

二期恒载:沥青混凝土100mm,$\gamma=23$kN/m³;混凝土栏杆7kN/m/侧;管线11kN/m/半桥。

二期恒载合计:120kN/m/全桥。

(2)汽车荷载

半桥三车道+紧急停车带,按四车道汽车—超20计算,挂车—120验算,并以集装箱拖挂车重车密集型排列(前后车辆轴距10m)进行校验。

按照《公路工程技术标准》(JTJ 001—97),对多车道进行折减,取值如表4.4.1.1所示。

横向折减系数　　表4.4.1.1

横向布载车道数	1	2	3	4
横向折减系数	1.0	1.0	0.78	0.67

主桥横向四车道控制,车道折减系数为0.67。

(3)基础不均匀沉降

基础不均匀沉降按1cm计。

(4)温度影响力

考虑桥面板的局部升降温±5℃。

4.1.3　荷载组合及控制应力

荷载组合及控制应力同本篇2.1.3。

4.1.4　计算模型及考虑的因素

1. 计算模型

6×60m等高度预应力混凝土连续箱梁的结构计算模型见图4.4.1.7。

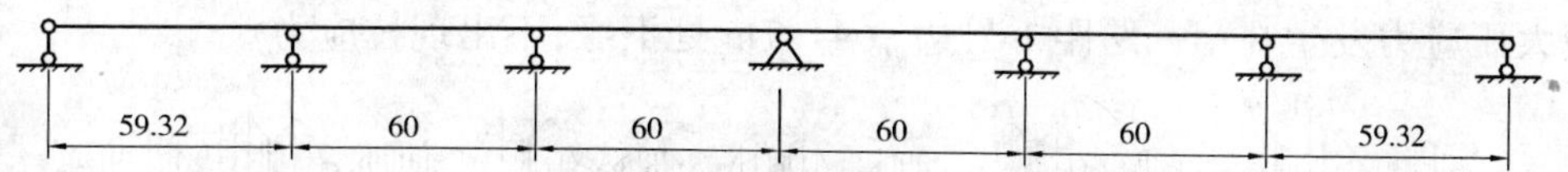

图4.4.1.7 6×60m等高度预应力混凝土连续梁计算模型(尺寸单位:m)

2. 混凝土徐变、收缩影响

根据结构施工步骤,按每一阶段混凝土加载龄期、构造尺寸和荷载变化过程分别考虑徐变、收缩的影响。使用阶段混凝土徐变、收缩影响从施工阶段连续计算求得。

3. 计算工况划分

本桥采用先简支后连续施工,主要施工步骤如下:

(1)基础、墩身施工完毕后,浮运预制梁至架设位置,逐孔吊装就位。

(2)浇筑近边跨3孔梁湿接段,待现浇段达到设计强度85%后,张拉相应的顶板后期钢束。

(3)浇筑固定墩上的湿接段,连成一联,待现浇段达到设计强度的85%后,张拉顶板后期钢束及全联底板后期钢束。

(4)落梁,完成体系转换。

(5)进行桥面工程施工。

施工阶段计算按照上述施工步骤,对各施工阶段进行全过程模拟。

4.1.5 施工阶段验算

为验证结构施工阶段受力的可靠性,应对连续梁在施工阶段的混凝土正应力进行计算,截面最大应力应控制在规范容许范围之内。

模拟连续梁施工过程,将截面在各施工阶段的最大、最小应力绘成包络图,见图4.4.1.8。

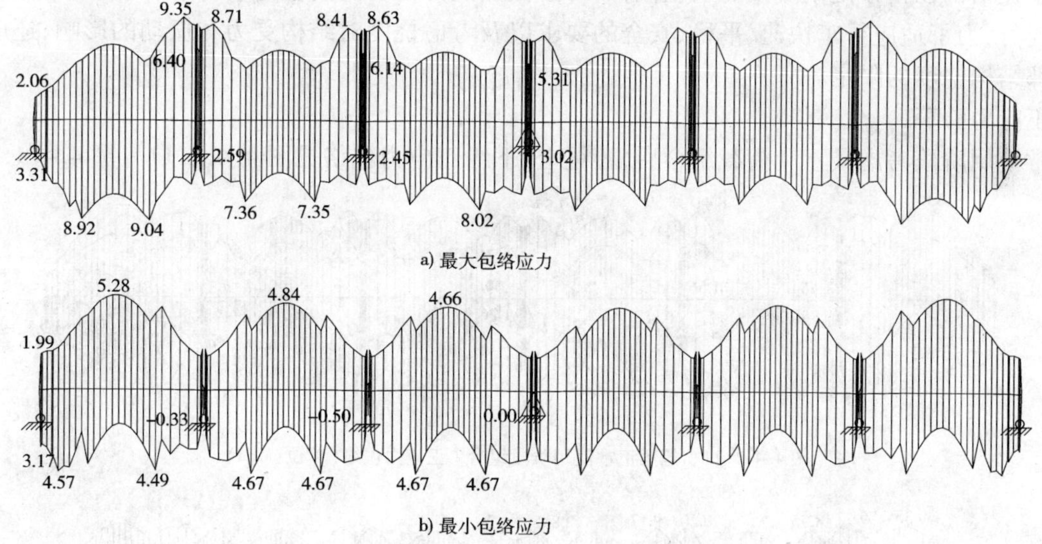

图4.4.1.8 施工阶段最大、最小应力包络(单位:MPa)

施工阶段箱梁混凝土最大压应力为9.35MPa,最大压应力发生在全桥合龙及全部预应力钢束张拉完毕的阶段,位置在第一跨距2号墩5.48m处上缘;最大拉应力为-0.50MPa,发生在全桥合龙时,4号墩墩顶顶板预应力钢束张拉完毕的阶段,位置在第三跨距3号墩0.48m处下缘。

施工阶段应力满足规范要求(施工阶段压应力及拉应力容许值分别为22.3MPa和-2.93MPa)。

成桥初期阶段即考虑桥面系施工后的阶段应力见图4.4.1.9,考虑收缩徐变3年后即成桥后期阶段应力见图4.4.1.10。

成桥初期箱梁混凝土应力包络为2.01~8.29MPa,成桥后期箱梁混凝土应力包络为1.99~

7.76MPa,最大压应力发生在第一跨距1号边墩41.7m处下缘,不出现拉应力。

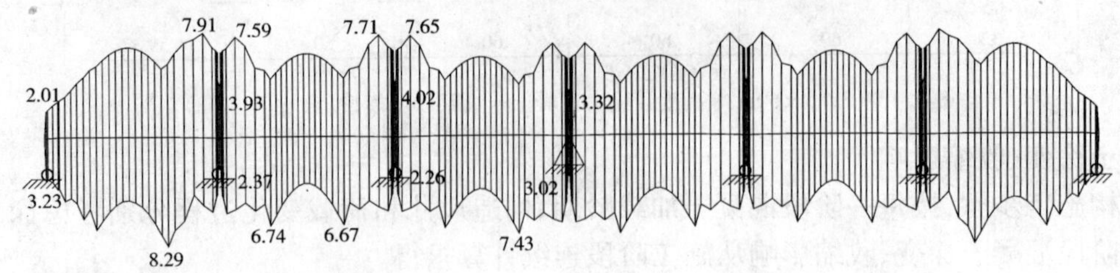

图4.4.1.9　成桥初期箱梁上、下缘应力(单位:MPa)

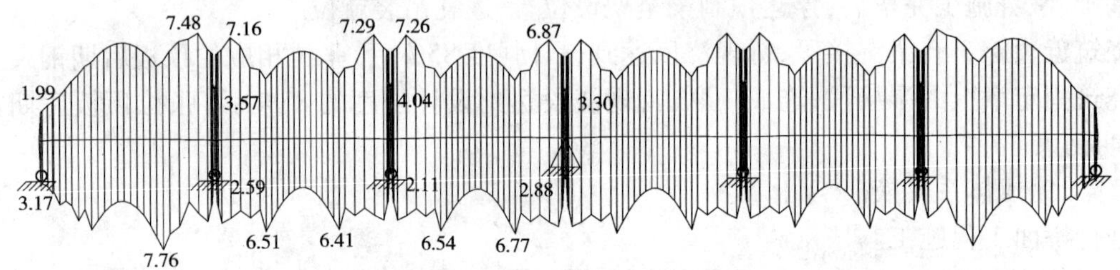

图4.4.1.10　成桥后期箱梁上、下缘应力(单位:MPa)

根据规范要求,恒载作用下混凝土不允许出现拉应力,计算结果表明,成桥阶段恒载作用下混凝土应力满足规范要求。

4.1.6　正常使用极限状态验算

为验证结构在正常使用阶段的安全性,需对正截面混凝土的法向应力、斜截面混凝土的主应力进行验算。同时,为了适应行车快速、平稳、安全的要求以及考虑挠度对结构受力和振动的影响,还应满足规范对上部结构挠度的限定。

1. 正应力验算

正常使用阶段考虑最不利荷载组合后,箱梁上、下缘正应力包络见图4.4.1.11～图4.4.1.14。

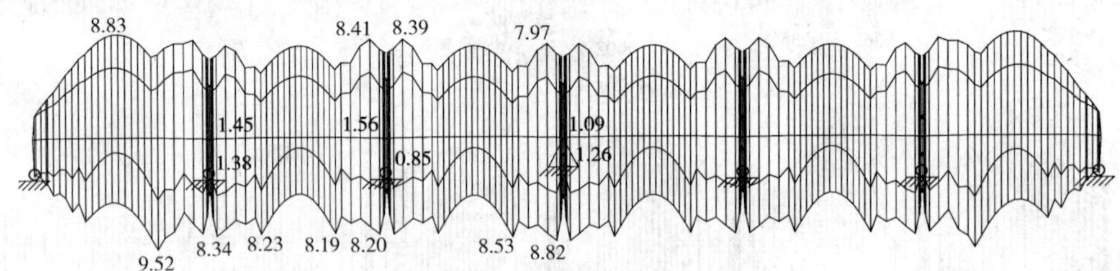

图4.4.1.11　箱梁正常使用阶段组合Ⅰ正应力包络(单位:MPa)

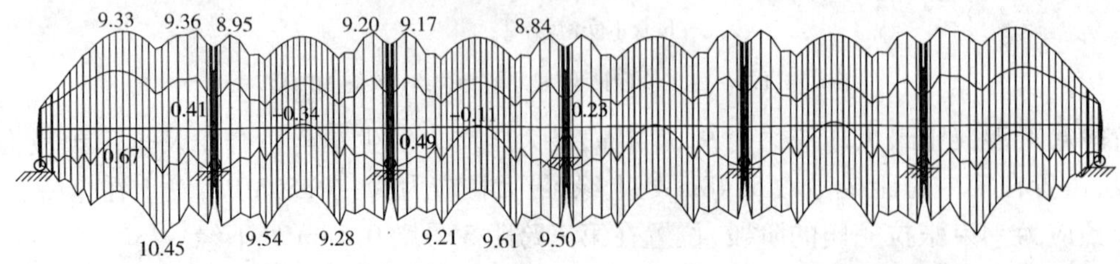

图4.4.1.12　箱梁正常使用阶段组合Ⅱ正应力包络(单位:MPa)

在组合Ⅰ情况下,箱梁混凝土正应力包络为0.85～9.52MPa,最大压应力出现在第一跨距1号边墩41.7m处下缘,无拉应力。混凝土的压应力满足全预应力混凝土构件的要求(组合Ⅰ的容许压应力值为17.5MPa)。

在组合II情况下，箱梁混凝土正应力包络为-0.34～10.45MPa，最大压应力出现在第一跨距1号边墩41.7m处下缘，最大拉应力出现在第二跨距2号墩31.0m处下缘。混凝土的正应力满足预应力混凝土受弯构件的要求（组合II的容许压应力值为21.0MPa，容许拉应力值为1.5MPa）。

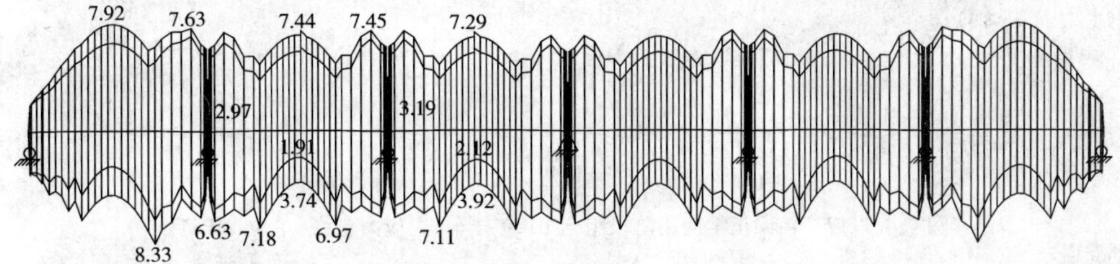

图4.4.1.13　箱梁正常使用阶段组合III-1（挂车）正应力包络（单位：MPa）

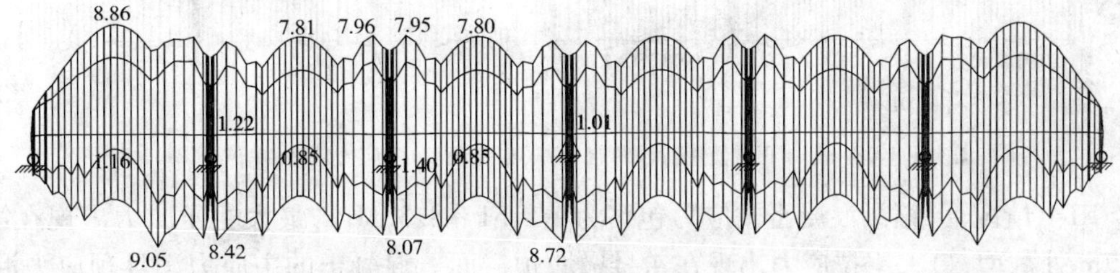

图4.4.1.14　箱梁正常使用阶段组合III-2（集装箱车）正应力包络（单位：MPa）

在组合III-1（挂车组合）情况下，箱梁混凝土正应力包络为1.91～8.33MPa，最大压应力出现在第一跨距1号边墩41.7m处下缘，无拉应力。混凝土的压应力满足全预应力混凝土构件的要求（组合III的容许压应力值为21.0MPa）。

在组合III-2（集装箱车组合）情况下，箱梁混凝土正应力包络为0.85～9.05MPa，最大压应力出现在第一跨距1号边墩41.7m处下缘，无拉应力。混凝土的压应力满足全预应力混凝土构件的要求（组合III的容许压应力值为21.0MPa）。

2. 主应力验算

主应力验算包括混凝土主拉应力和主压应力验算，对前者进行验算主要为了保证主梁斜截面具有与正截面同等的抗裂安全度，而验算后者则是保证混凝土在沿主压应力方向破坏时也具有足够的安全度。

正常使用阶段箱梁主应力包络见图4.4.1.15～图4.4.1.18。

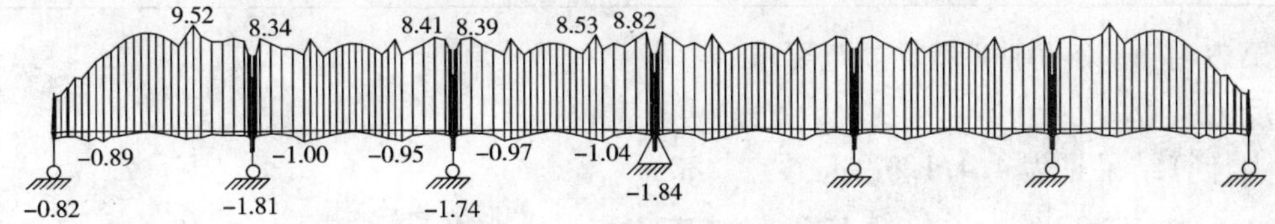

图4.4.1.15　箱梁正常使用阶段组合I主应力包络（单位：MPa）

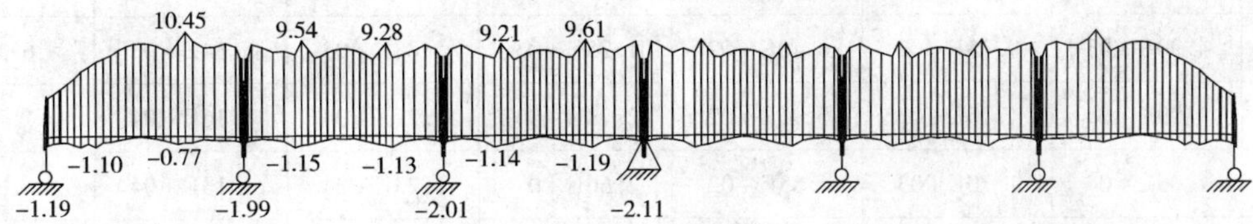

图4.4.1.16　箱梁正常使用阶段组合II主应力包络（单位：MPa）

在组合I情况下，箱梁混凝土主应力包络为-1.84～9.52MPa，最大主压应力出现在第一跨距1号边墩41.7m处截面，最大主拉应力出现在4号墩墩顶截面。混凝土的主应力满足预应力混凝土受弯构件的要求（组合I容许主压应力值为21.0MPa，容许主拉应力值为-2.40MPa）。

在组合Ⅱ情况下,箱梁混凝土主应力包络为-2.11~10.45MPa,最大主压应力出现在第一跨距1号边墩41.7m处截面,最大主拉应力出现在4号墩墩顶截面。混凝土的主应力满足预应力混凝土受弯构件的要求(组合Ⅱ容许主压应力值为22.75MPa,容许主拉应力值为-2.70MPa)。

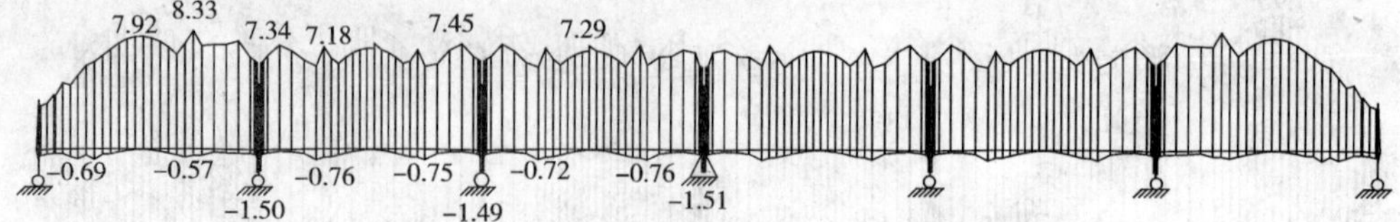

图4.4.1.17 箱梁正常使用阶段组合Ⅲ-1(挂车)主应力包络(单位:MPa)

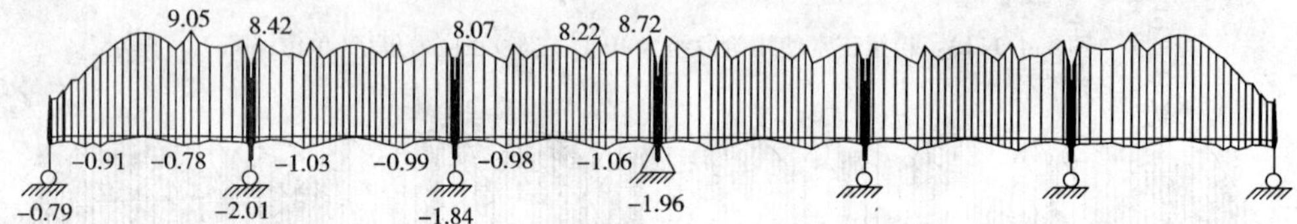

图4.4.1.18 箱梁正常使用阶段组合Ⅲ-2(集装箱车)主应力包络(单位:MPa)

在组合Ⅲ-1情况下,箱梁混凝土主应力包络为-1.51~8.33MPa,最大主压应力出现在第一跨距1号边墩41.7m处截面,最大主拉应力出现在4号墩墩顶截面。混凝土的主应力满足预应力混凝土受弯构件的要求(组合Ⅲ容许主压应力值为22.75MPa,容许主拉应力值为-2.70MPa)。

在组合Ⅲ-2情况下,箱梁混凝土主应力包络为-2.01~9.05MPa,最大主压应力出现在第一跨距1号边墩41.7m处截面,最大主拉应力出现在2号墩墩顶截面。混凝土的主应力满足预应力混凝土受弯构件的要求(组合Ⅲ容许主压应力值为22.75MPa,容许主拉应力值为-2.70MPa)。

3.刚度验算

根据规范要求对箱梁的刚度即可变作用中的汽车挠度进行验算,计算结果见表4.4.1.2。

跨中截面汽车荷载变形验算(尺寸单位:mm) 表4.4.1.2

项目 / 位置	最大竖向位移	最小竖向位移	容许值	是否满足
第一跨	4.8	-12.9	98.9	满足
第二跨	6.6	-9.9	100	满足
第三跨	5.8	-10.3	100	满足

计算结果表明,箱梁的刚度满足规范要求。

4.支座反力验算

支座反力计算结果见表4.4.1.3。

箱梁一个支座受力(单位:kN) 表4.4.1.3

墩台号	重力	汽车	挂车	集装箱	汽车组合	挂车组合	集装箱车组合
1号	4.90E+03	9.75E+02	6.40E+02	1.25E+03	5.88E+03	5.54E+03	6.15E+03
2号	1.09E+04	1.76E+03	6.95E+02	2.78E+03	1.27E+04	1.16E+04	1.37E+04
3号	1.06E+04	1.70E+03	6.85E+02	2.66E+03	1.23E+04	1.13E+04	1.33E+04
4号	1.08E+04	1.73E+03	6.85E+02	2.74E+03	1.25E+04	1.14E+04	1.35E+04

边墩(1号和7号墩)采用LQZ7000kN单向球形支座,固定墩(4号墩)采用LQZ16000kN固定球形支座,其他中墩(2、3、5、6号墩)采用LQZ16000kN单向球形支座。根据计算结果,支座的承载力均满足要求。

4.1.7　承载能力极限状态验算

1. 截面内力计算

在进行承载能力极限状态计算时，各种最不利荷载要进行组合，并考虑各自的荷载分项安全系数；根据《公路钢筋混凝土及预应力混凝土桥涵设计规范》(JTJ 023—85)第 4.1.2 条，本桥考虑了 3 种组合，由于挂车效应比集装箱车小得多，所以组合 III 考虑的是集装箱组合。组合内力结果见图 4.4.1.19 ~图 4.4.1.21(弯矩单位 kN · m，剪力单位 kN)。

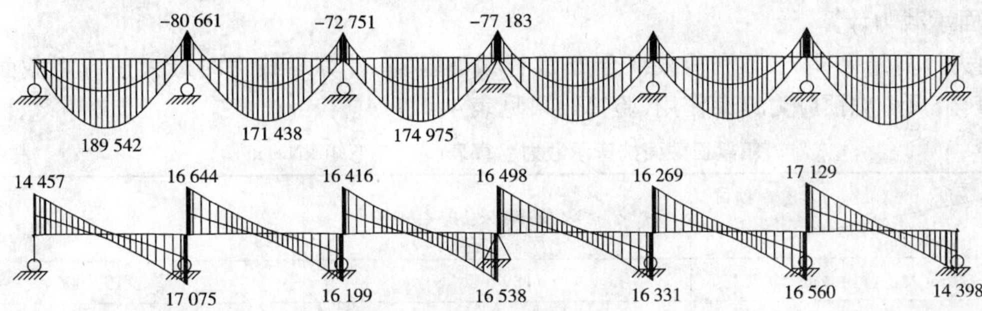

图 4.4.1.19　箱梁承载能力极限状态组合 I 弯矩、剪力包络

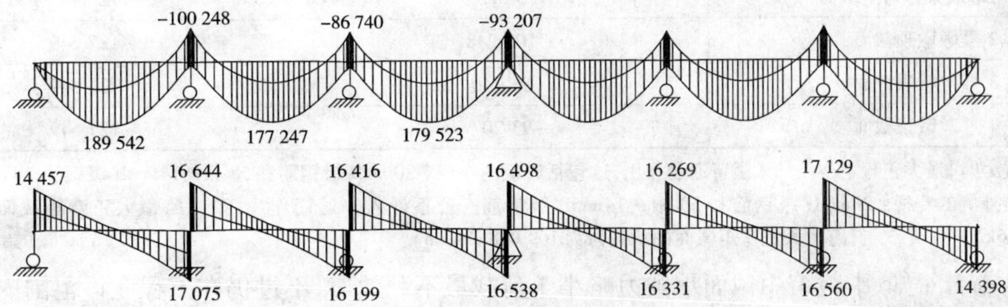

图 4.4.1.20　箱梁承载能力极限状态组合 II 弯矩、剪力包络

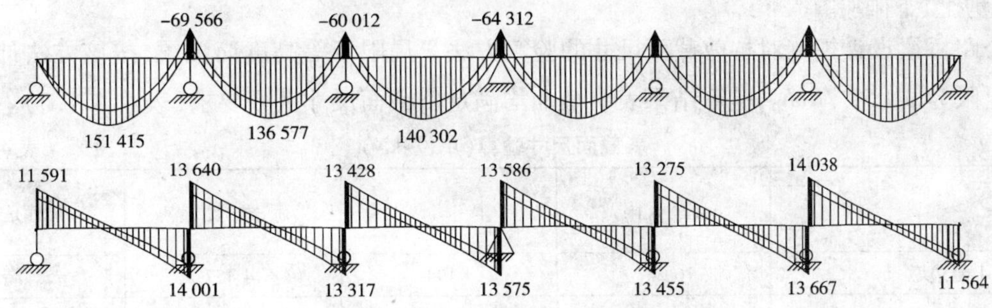

图 4.4.1.21　箱梁承载能力极限状态组合 III(集装箱)弯矩、剪力包络

2. 正截面抗弯承载力验算

预应力混凝土受弯构件正截面抗弯承载力与截面配筋率、钢筋和混凝土的力学性能有关。连续梁上部结构预应力配筋情况见图 4.4.1.2 ~图 4.4.1.4。根据规范 JTJ 023—85 第 4.1.6、4.1.7 条计算受弯构件正截面抗弯承载力。

(1)验算位置

取前三跨最大正弯矩处截面和负弯矩最大的 2、3、4 号墩墩顶截面进行正截面抗弯承载力验算。

(2)顶、底板有效分布宽度

根据《公路钢筋混凝土及预应力混凝土桥涵设计规范》(JTJ 023—85)第 3.2.2 条，计算箱梁受压区有效分布宽度，结果如下。

第一跨正弯矩区：16.016m

第二跨正弯矩区:12m

第三跨正弯矩区:12m

2 号墩墩顶负弯矩区:8.352m

3 号墩墩顶负弯矩区:8.4m

4 号墩墩顶负弯矩区:8.4m

因此,在计算箱梁正截面抗弯承载力时,第一跨正弯矩区和墩顶负弯矩区可按全截面计算,第二跨和第三跨正弯矩区顶板只可考虑部分参与受力,宽度为 12m。

(3)截面承载力计算

根据内力计算结果,取最不利荷载组合 II 进行截面验算,计算承载力时最大正弯矩截面均计入普通筋作用,其余只考虑预应力钢束作用,验算结果见表 4.4.1.4。

箱梁正截面抗弯承载力验算表(单位:弯矩 kN·m)　　表 4.4.1.4

项目 计算截面	荷载效应	截面承载力
第一跨最大正弯矩截面	189 542	197 006
第二跨最大正弯矩截面	177 247	172 949
第三跨最大正弯矩截面	179 523	172 949
2 号墩墩顶截面	-100 248	-127 649
3 号墩墩顶截面	-86 740	-127 649
4 号墩墩顶截面	-93 207	-127 649

注:计算抗力时,最大正弯矩截面计入了普通筋作用,这包括底板内 6 根Φ 20mmII 级钢筋和 58 根Φ 14mmII 级钢筋,以及顶板有效宽度内最外侧的 6 根Φ 20mmII 级钢筋和 53 根Φ 14mmII 级钢筋。若不计入普通筋作用,第一跨最大正弯矩截面的承载力为 187 286kN·m,第二、三跨最大正弯矩截面的承载力为 169 088kN·m。

由表 4.4.1.4 知,中跨跨中截面承载力略小于荷载最不利效应,不过仍在工程允许范围内。

3. 斜截面抗剪承载力验算

(1)抗剪上、下限验算

现行公路桥梁设计规范对抗剪截面尺寸的验算方法只局限于等高度简支梁,按该方法计算连续箱梁的抗剪上限为 $0.051\sqrt{R}bh_0$,验算结果表明截面均满足斜截面尺寸上限要求(表 4.4.1.5)。

斜截面尺寸验算(单位:kN)　　表 4.4.1.5

项目 位置	上　限	下　限	荷载效应	尺寸是否满足
1 号边墩	16 247	4 194	14 457	满足
第一跨距 1 号边墩 2.25m 处	16 020	4 136	13 153	满足
第一跨距 1 号边墩 10.499m 处	9 717	2 508	8 983	满足
第一跨距 2 号墩 2.35m 处	19 001	4 905	13 885	满足
第一跨距 2 号墩 15.35m 处	9 717	2 508	8 711	满足
2 号墩	19 445	5 020	16 644	满足
第二跨距 2 号墩 2.35m 处	19 001	4 905	15 205	满足
第二跨距 2 号墩 15.35m 处	9 717	2 508	8 625	满足

(2)箍筋配置

根据《公路钢筋混凝土及预应力混凝土桥涵设计规范》(JTJ 023—85)第 5.2.18 条:对于受弯构件,在按使用荷载作用下计算的混凝土主拉应力 $\sigma_{zl} \leqslant 0.5R_l^b = 1.5\text{MPa}$(组合 I)或 $\sigma_{zl} \leqslant 0.55R_l^b = 1.65\text{MPa}$(组合 II 或组合 III)的梁段,箍筋仅按构造要求设置;混凝土主拉应力 $\sigma_{zl} > 0.5R_l^b$(组合 I)或 σ_{zl}

$>0.55R_1^b$(组合II或组合III)的梁段,其箍筋间距 S_k 可按下式计算:

$$S_k = \psi \frac{R_{gk}A_k}{\sigma_{zl}b} \qquad (4.4.1.1)$$

据此计算箍筋间距,与设计箍筋间距进行比较,来检验箍筋配置的合理性(表4.4.1.6)。

箱梁斜截面钢筋(箍筋)验算 表4.4.1.6

位　置	组　合	主拉应力最值(MPa)	实际 S_k(cm)	要求 S_k(cm)	是否满足
2号墩左右175cm范围内	组合I	≤1.81	15	18.9	满足
	组合II	≤1.99	15	18.9	满足
3号墩左右175cm范围内	组合I	≤1.73	15	19.8	满足
	组合II	≤2.01	15	18.7	满足
4号墩左右175cm范围内	组合I	≤1.84	15	18.6	满足
	组合II	≤2.11	15	17.8	满足
其余	组合I	≤1.50	15	20	满足
	组合II	≤1.65	15	20	满足

计算结果表明,斜截面箍筋配置合理,满足构造要求。

4.2　下部结构

4.2.1　下部结构构造要点

本联6×60m简支变连续施工的连续梁里程范围为K7+549.00~K7+909.00,桥墩编号为PM166~PM172。桥墩墩帽和墩身为预制吊装就位施工工艺,墩座和承台采用现浇施工工艺。

1. 桥墩构造和配筋

(1)桥墩构造

桥墩为全预制低墩结构,预制墩柱下底面距离承台面的高度为70cm。墩身采用花瓶式单箱单室薄壁墩,分成墩身与墩帽两部分,为了保证纵桥向设置支座的需要,其墩帽纵向宽度足够。墩身截面尺寸为525cm×220cm,墩身壁厚为45cm,墩身箱形截面内侧设置30cm×30cm的倒角,外侧四周采用 $R=30$cm圆弧线,以增加桥墩美观性。墩壁与墩帽连接处设置200cm×50cm内倒角。墩帽上截面为了横向放置支座,其截面尺寸为725cm×320cm,高度为100cm;下截面与墩身截面直线顺接,两截面过渡段高度为300cm。墩帽设置封头顶板厚为200cm,内设置60cm×100cm的人孔,待墩柱施工完毕加人孔盖板封闭。

为保证预制墩柱与承台间有效连接性,设置高度170cm的墩座,其中墩座伸入承台50cm深度。墩座顶面尺寸为340cm×645cm,承台面尺寸为380cm×685cm。

墩身构造如图4.4.2.1所示。

(2)墩柱配筋

箱形薄壁墩截面内外侧纵横向主筋均采用ϕ20mm间距15cm。墩壁内层和外层主筋间壁厚80cm段采用ϕ12mm拉筋,壁厚50cm段采用ϕ10mm拉筋,间距45cm。箱形截面内侧箍筋采用ϕ12mm钢筋,外侧封闭箍筋采用ϕ16mm钢筋,为满足抗震构造要求,预制段底部3.0m区间箍筋间距需加密,其箍筋间距为10cm,其余箍筋间距均为15cm。

墩帽顶板底层横向配置ϕ25mm间距15cm的钢筋,底层纵向配置ϕ16mm间距15cm的钢筋;顶层横向配置双肢ϕ28mm间距15cm的钢筋,顶层纵向配置ϕ16mm间距15cm的钢筋,顶层设置两层钢筋网,间距为20cm。墩柱顶面支座处增设三层ϕ16mm间距15cm钢筋网片。

预制中墩墩身配筋如图 4.4.2.2 所示。

预制段墩身与承台间设置墩座，墩座内设置与箱形薄壁墩截面对应的内外壁主筋，伸入至承台底面 20cm 处，并与预制段墩身预留主筋相焊接；墩座四周设置 ϕ 16mm 间距 15cm 的钢筋，其主筋伸入承台 100cm。墩座顶面纵横向配置 ϕ 16mm 间距 15cm 的钢筋；与预制段墩身底面接触处，纵横向配置 ϕ 16mm间距 15cm 的钢筋。1.2m 高度墩座设置 ϕ 16mm 间距 15cm 的水平分布钢筋，如图 4.4.2.3 所示。

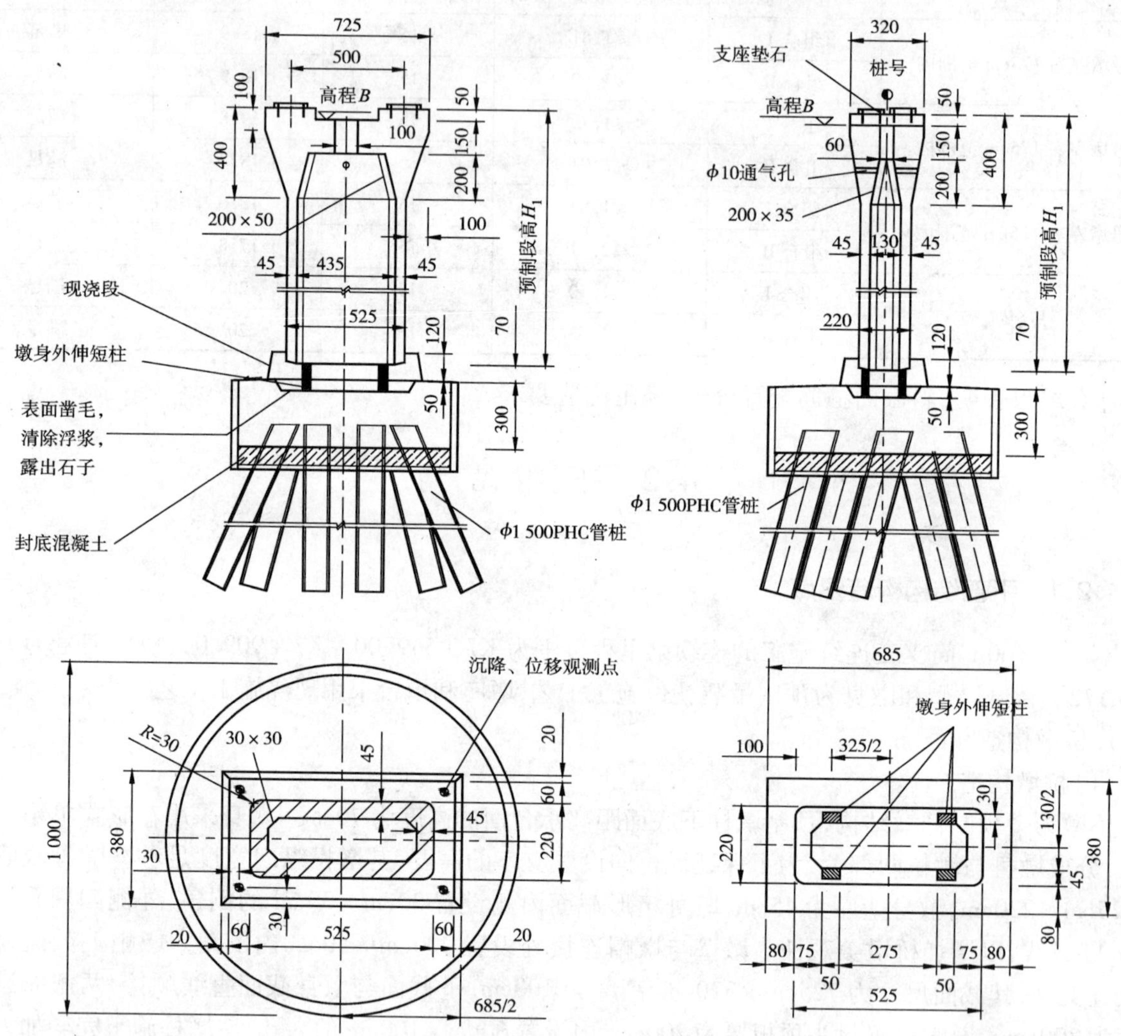

图 4.4.2.1　墩身构造示意（尺寸单位：cm）

2. 基础构造

桩基础采用 ϕ1 500mm 钢管桩，桩长 53 ~55m，单个承台 7 根斜桩，斜率有 4.5:1、5:1、5.5:1和 6.5:1四种。

采用圆形承台，直径 10.0m，承台厚度 3.5m。施工采用钢筋混凝土套箱，高度 4.15m，内侧设置 6 块预埋钢板，作为吊装运输的吊点，套箱封底混凝土 95cm 厚。基础构造如图 4.4.2.4 所示。

4.2.2　主要计算参数

1. 主要材料

(1)混凝土

墩柱、承台采用 C40 高性能混凝土，其主要力学性能如下：

压弯弹性模量 $E = 3.3 \times 10^4$ MPa；

抗压设计强度 23.0MPa；

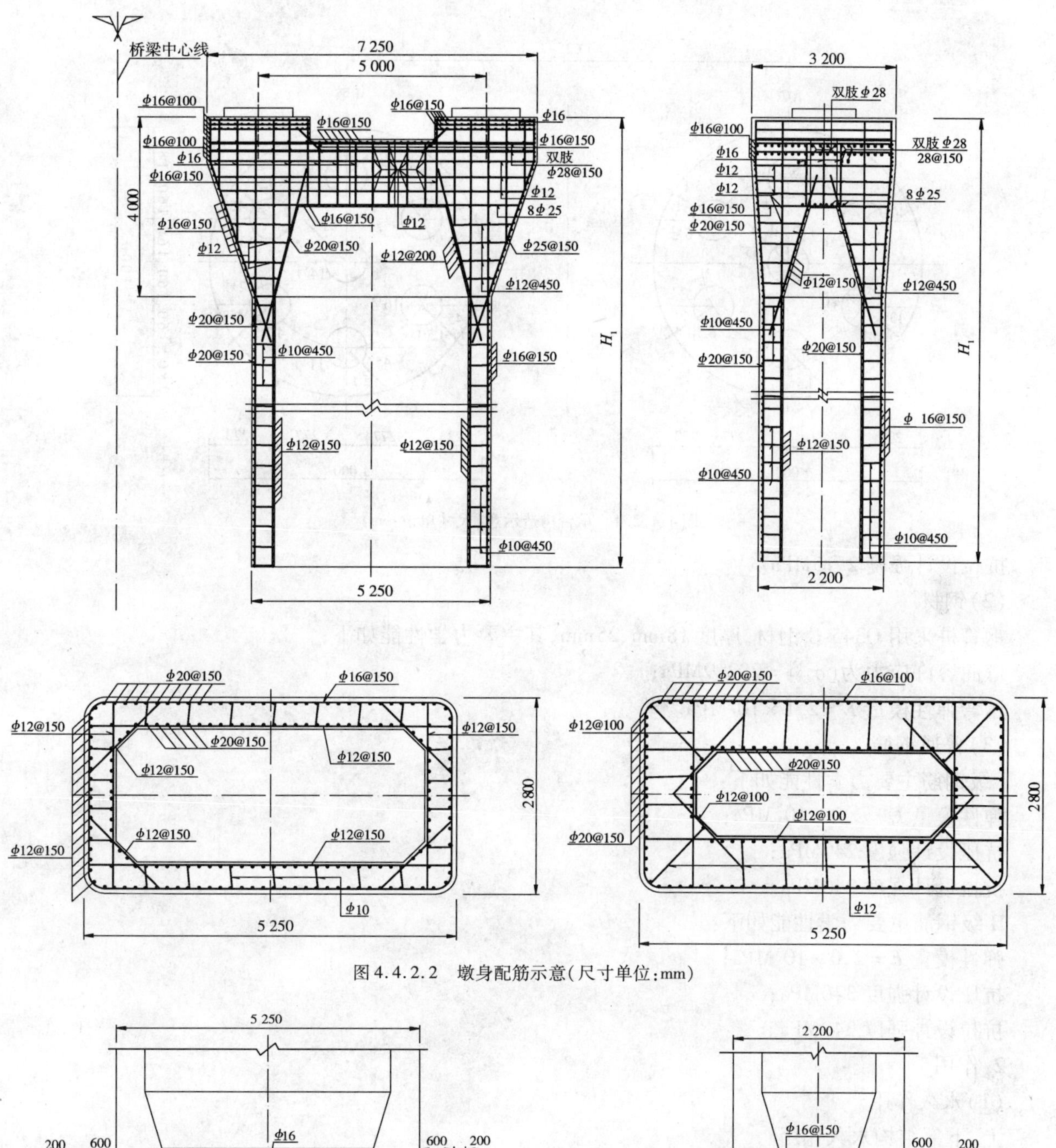

图 4.4.2.2 墩身配筋示意(尺寸单位:mm)

图 4.4.2.3 墩座配筋示意(尺寸单位:mm)

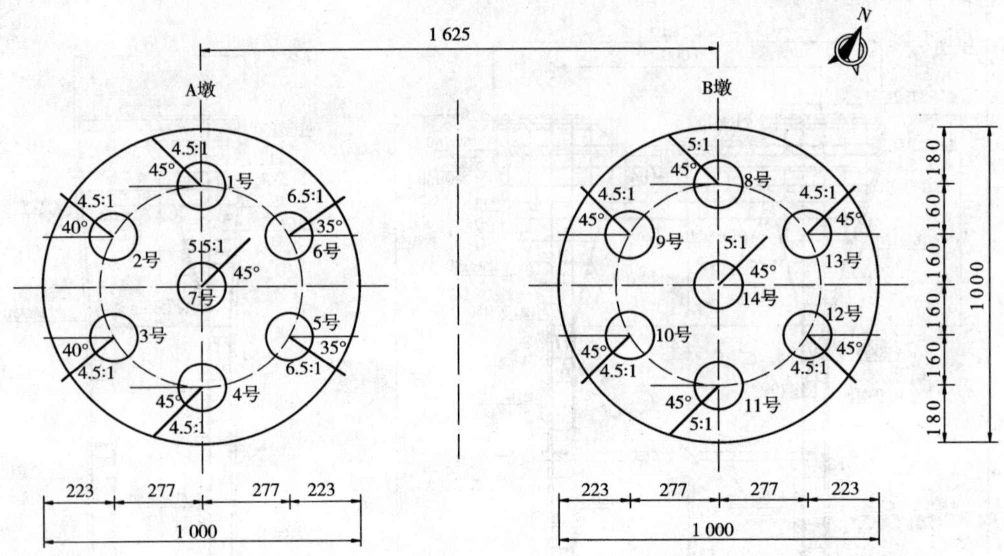

图 4.4.2.4　承台构造示意(尺寸单位:cm)

抗拉设计强度 2.15MPa。

(2)钢材

钢管桩采用 Q345-C 钢材,厚度 18mm、25mm,其主要力学性能如下:

弯曲容许应力为$[\sigma_w]=202.9$MPa;

压弯弹性模量 $E=2.1\times10^5$MPa。

(3)普通钢筋

I 级钢筋主要力学性能如下:

弹性模量 $E=2.0\times10^5$MPa;

抗压设计强度 240MPa;

抗拉设计强度 240MPa。

II 级钢筋主要力学性能如下:

弹性模量 $E=2.0\times10^5$MPa;

抗压设计强度 340MPa;

抗拉设计强度 340MPa。

2. 作用

(1)永久作用

上、下部结构永久作用。

(2)基本可变作用

半桥三车道 + 紧急停车带,按四车道汽车—超 20 计算,挂车—120 验算,并以集装箱拖挂车重车密集型排列(前后车辆轴距 10m)进行校验。

水流力作为海洋工程中的经常作用力,将之纳入基本可变荷载而非其他可变荷载,根据《公路桥涵设计通用规范》(JTJ 021—89)第 2.3.9 条进行计算。

(3)其他可变作用

①汽车制动力

根据《公路桥涵设计通用规范》(JTJ 021—89)第 2.3.9 条计算。

②风作用力

根据《公路桥梁抗风设计规范》(JTG/T D60-01—2004)第 4.3 条计算。

③波浪力

波浪荷载应考虑可能的不同水位和可能的最大流速，按照《海港水文规范》(JTJ 213—98)第8.3条进行波浪力计算。

④水流力

根据《公路桥涵设计通用规范》(JTJ 021—89)第2.3.10条计算水流力。

(4)偶然作用

本联连续梁位于非通航段，不考虑船舶撞击力作用。

3.基础计算荷载组合

荷载主要包括结构自重、波浪力、水流力、车辆荷载、风荷载、制动力、温度力、支座摩阻力等，根据《公路桥涵设计通用规范》(JTJ 021—89)，荷载组合考虑了表4.4.2.1所示的几类。

下部结构荷载组合类型　　表4.4.2.1

组合类型	荷载
组合I	永久荷载，水流，车辆(汽车—超20)
组合II-1	永久荷载，波浪(桥面行车最大波浪)，水流，车辆(汽车—超20)，风(25m/s)，纵向力(摩阻力或制动力)
组合II-2	永久荷载，波浪(50年一遇)，水流，风(42m/s)，纵向力(摩阻力或温度力)
组合II-3	永久荷载，波浪(100年一遇)，水流，风(42m/s)，纵向力(摩阻力或温度力)
组合III	永久荷载，水流，车辆(集卡重车密排或挂车—120)

水流力作为海洋工程中的经常作用力，将之纳入基本可变荷载而非其他可变荷载参加荷载组合。波浪、水流均考虑可能出现的不利水位进行组合。

4.2.3　桥墩计算

取受力最不利的固定墩PM169进行计算，尺寸构造见图4.4.2.1。

作用在PM169墩的作用有：上、下部的永久作用，车辆荷载，制动力和风荷载。荷载效应计算如下：

1.竖向力

计算桥墩受力时，竖向力包括上部结构重力、桥墩重力和上部结构传下的车辆荷载，由于挂车荷载不是控制荷载，所以本次车辆荷载考虑了汽车—超20和集装箱车。竖向力计算结果见表4.4.2.2。

PM169桥墩竖向力　　表4.4.2.2

荷载	上部结构重力	桥墩重力	汽车—超20	集装箱车
桥墩底竖向力(kN)	21 500	2 005	3 007	4 763

2.纵向制动力计算

根据规范JTJ 021—89第2.3.9条，当桥涵为一车道或双向二车道时，汽车制动力为布置在一联长度内的一行汽车车队总重力的10%，但不得小于一辆重车的30%，东海大桥半桥按单向四车道考虑，应为上述规定数值的$4\times0.67=2.68$倍。

一行列车的10%：$4\ 280\times0.1=428$kN

一辆重车的30%：$550\times0.3=165$kN

故制动力取用$P=428\times2.68=1\ 147$kN，由固定支座承受，作用位置取支座的底座面上。由此，在PM169墩座顶产生的弯矩$M=8\ 033$kN·m

3.横桥向风力

横桥向风力计算见本篇2.2.3中2.相关内容。

其中，上部结构迎风面考虑主梁高3.5m，栏杆高1.4m。PM169桥墩承受60m长的上部结构风力，考虑两种设计基本风速：桥面无车的设计基本风速$V_{10}=42$m/s和桥面有车的最大设计基本风速$V_{10}=$

25m/s。

根据规范4.3条计算主梁60m长度上的横向静阵风荷载为P及对墩座顶弯矩为M如下：

$$V_{10}=42\text{m/s}, P=1\ 215\text{kN}, M=10\ 790\text{kN}\cdot\text{m}$$

$$V_{10}=25\text{m/s}, P=430\text{kN}, M=3\ 823\text{kN}\cdot\text{m}$$

桥墩承受墩身迎风面积的风力。桥墩宽2.2m，高8.608m，根据规范JTG/T D60-01—2004第4.4条计算风作用效应如下：

$$V_{10}=42\text{m/s}, P=55\text{kN}, M=128\text{kN}\cdot\text{m}$$

$$V_{10}=25\text{m/s}, P=19\text{kN}, M=45\text{kN}\cdot\text{m}$$

桥墩横桥向风力计算见表4.4.2.3。

PM169 桥墩横桥向风力 表4.4.2.3

位 置	$V_{10}=42$m/s		$V_{10}=25$m/s	
	水平风力(kN)	对墩座顶弯矩(kN·m)	水平风力(kN)	对墩座顶弯矩(kN·m)
梁	1 215	10 790	430	3 823
墩	55	128	19	45
合计	1 270	10 918	449	3 868

4. 荷载组合

计算桥墩的墩座顶截面荷载组合时考虑了4种不同组合，结果见表4.4.2.4。

PM169 桥墩的墩座顶截面荷载组合 表4.4.2.4

荷 载 类 别	竖向力(kN)	水平力(kN)		弯距(kN·m)	
		顺桥向	横桥向	顺桥向	横桥向
上部结构反力(1)	21 500	—	—	—	—
桥墩重量(2)	2 005	—	—	—	—
合计(3)=(1)+(2)	23 505	—	—	—	—
汽车—超20反力(4)	3 007	—	—	—	—
集装箱车反力(5)	4 763	—	—	—	—
汽车制动力(6)	—	1 147	—	8 033	—
风压力(V=25m/s)(7)	—	—	449	—	3 868
风压力(V=42m/s)(8)	—	—	1 270	—	10 918
组合I(9)=1.2×(3)+1.4×(4)	32 416	—	—	—	—
组合II-1(10)=1.1×(3)+1.3×(4)+1.3×(6)+1.3×(7)	29 765	1 491	584	10 443	5 028
组合II-2(11)=1.1×(3)+1.3×(8)	25 856	—	1 651	—	14 193
组合III(12)=1.2×(3)+1.1×(5)	33 445	—	—	—	—

5. 截面承载力计算

根据《公路钢筋混凝土及预应力混凝土桥涵设计规范》(JTJ 023—85)第4.1.16条，钢筋混凝土矩形截面偏心受压构件的正截面抗压承载力按式(4.3.2.10)计算，即：

$$N_j \leqslant \frac{\gamma_b}{\gamma_c}R_a bx + \frac{\gamma_b}{\gamma_s}(R'_g A'_g - \sigma_g A_g)$$

中性轴位置按式(4.3.2.11)确定，即

$$R_a bx\left(e - h_0 + \frac{x}{2}\right) = \sigma_g A_g e \mp R'_g A'_g e'$$

当$\xi=\frac{x}{h_0}\leqslant\xi_{jg}$时，构件属于大偏心受压，上式中$\sigma_g=R_g$，当$\xi>\xi_{jg}$时，构件属于小偏心受压，$\sigma_g=0.003E_g\left(\frac{0.9}{\xi}-1\right)\leqslant R_g$。

根据《公路钢筋混凝土及预应力混凝土桥涵设计规范》(JTJ 023—85)第4.1.3条，钢筋混凝土矩形截面轴心受压构件的正截面抗压承载力按式4.3.2.12计算，即：

$$N_j\leqslant\varphi\gamma_b\left(\frac{1}{\gamma_c}R_aA+\frac{1}{\gamma_s}R'_gA'_g\right)$$

式中：φ——钢筋混凝土构件的纵向弯曲系数，按规范表4.1.3采用。

根据表4.4.2.4，承载能力极限状态中控制截面设计的组合有：

(1)组合II-1，顺桥向最不利偏压构件。

(2)组合II-2，横桥向最不利偏压构件。

(3)组合III，最不利轴压构件。

桥墩配筋见图4.4.2.2。根据截面配筋及荷载情况计算承载力，结果见表4.4.2.5，墩座顶截面承载力远大于荷载效应组合，结构安全。

PM169桥墩墩座顶截面承载力验算　　表4.4.2.5

荷载类别	竖向力(kN)	弯矩(kN·m)		承载力(轴力)(kN)
		顺桥向	横桥向	
组合II-1	29 765	10 443	—	89 500
组合II-2	25 856	—	14 193	90 700
组合III	33 445	—	—	128 000

4.2.4　桩基础计算

根据《公路桥涵地基与基础设计规范》(JTJ 024—85)附录六计算桩基础，桩基础计算包括单桩容许承载力计算、桥墩基础群桩受力分析及桩身应力验算。

1.单桩容许承载力计算

取PM169桥墩下基础进行计算。PM169桥墩桩基础的布置见图4.4.2.4，钢管桩基础。

根据东海大桥工程地质勘察报告提供的工程地质纵断面及各土层物理力学性能，基础土层分布情况见表4.4.2.6。按《公路桥涵地基与基础设计规范》第4.3.2条，计算得PM169钢管桩的单桩容许承载力$[P]$=11 190kN，具体计算过程见表4.4.2.6。

PM169钢管桩单桩容许承载力　　表4.4.2.6

PM169桥墩	土层编号	名称	高程(m)	厚度(m)	影响系数α_1、α	桩周极限摩阻力(kPa)	桩周容许承载力(kN)	桩尖极限阻力(kPa)	桩尖容许承载力(kN)	单桩容许承载力(kN)
钻孔编号：I67；局部冲刷高程：-15.1m；桩底高程：-51.5m			-15.1							
	④	灰色淤泥质黏土	-23.1	8	0.6	10	113.10			
	⑤	灰色黏土	-25.2	2.1	0.6	30	89.06			
	$⑦_1$	草黄色沙质粉土	-36.1	10.9	1.0	65	1 669.36			
	$⑦_{2-1}$	草黄～灰黄色粉沙	-46.6	10.5	1.0	80	1 979.20			
	$⑦_{2-2}$	灰黄色粉沙	-51.5	4.9	1.0	100	1 154.54	7 000	6 185.01	
合计				36.4			5 005.26		6 185.01	11 190

2. 承台底荷载效应计算

为求单桩的最不利荷载效应值,首先应求出承台底的各种荷载效应。

承台底荷载包括:上、下部的永久作用,车辆荷载,制动力,风荷载,波浪力和水流力。

(1)纵向制动力计算

计算过程同桥墩,制动力取用 $P=1\ 147\text{kN}$,承台底截面弯矩 $M=13\ 423\text{kN}\cdot\text{m}$。

(2)风荷载计算

计算过程同桥墩,计算结果见表 4.4.2.7。

PM419 承台底横桥向风力 表 4.4.2.7

位置	$V_{10}=42\text{m/s}$		$V_{10}=25\text{m/s}$	
	水平风力(kN)	承台底弯矩(kN·m)	水平风力(kN)	承台底弯矩(kN·m)
梁	1 215	16 500	430	5 846
墩	84	592	30	210
合计	1 299	17 092	460	6 056

(3)波浪力

波浪力计算同本篇 3.2.3 中 3. 横桥向波浪力计算。

计算时考虑三种工况:

①桥面行车最大波浪,水位 2.48m,累积频率为 1% 的波高 $H_{1\%}=3.74\text{m}$,波长 $L=51.6\text{m}$;

②50 年一遇波浪,水位 3.63m,累积频率为 1% 的波高 $H_{1\%}=5.89\text{m}$,波长 $L=76.8\text{m}$;

③100 年一遇波浪,水位 3.73m,累积频率为 1% 的波高 $H_{1\%}=6.39\text{m}$,波长 $L=82.7\text{m}$

计算结果见表 4.4.2.8。

PM169 承台底波浪力 表 4.4.2.8

工况	P_{Dmax}(kN)	M_{Dmax}(kN·m)	P_{Imax}(kN)	M_{Imax}(kN·m)	水平波浪力(kN)	对承台底弯矩(kN·m)
桥面行车最大波浪	111	221	650	651	650	651
50 年一遇波浪	167	318	1 244	2 270	1 244	2 270
100 年一遇波浪	192	363	1 252	2 276	1 252	2 276

(4)水流力

根据规范 JTJ 021—89 第 2.3.10 条计算水流力,计算公式见式 4.3.2.9。

水流力计算结果见表 4.4.2.9。

PM169 承台底水流力计算 表 4.4.2.9

	设计水位	50 年一遇	100 年一遇		设计水位	50 年一遇	100 年一遇
水位(m)	2.48	3.63	3.73	K	0.8	0.8	0.8
$A(\text{m}^2)$	14.8	26.3	27.3	$F(\text{kN})$	19	25	26
$V(\text{m/s})$	1.77	1.52	1.52	$M(\text{kN}\cdot\text{m})$	14	34	36
$\gamma(\text{kN/m}^3)$	10.045	10.045	10.045				

(5)承台底荷载组合

承台底截面荷载组合时考虑了 5 种不同组合,计算结果见表 4.4.2.10。

PM169 承台底荷载组合　　　　表4.4.2.10

项　目	荷载类别	竖向力(kN)	水平力(kN)		弯矩(kN·m)	
			顺桥向	横桥向	顺桥向	横桥向
恒载	上部结构反力(1)	21 500	—	—	—	—
	桥墩和墩座重量(2)	2 730	—	—	—	—
	承台重量(3)	6 872	—	—	—	—
	合计(4)=(1)+(2)+(3)	31 102	—	—	—	—
基本可变荷载	汽车—超20反力(5)	3 007	—	—	—	—
	集装箱车反力(6)	4 763	—	—	—	—
	水流力(桥面行车最大水位)(7)	—	—	19	—	14
	水流力(50年一遇水位)(8)	—	—	25	—	34
	水流力(100年一遇水位)(9)	—	—	26	—	36
其他可变荷载	汽车制动力(10)	—	1 147	—	13 423	—
	风压力($V=25$m/s)(11)	—	—	460	—	6 056
	风压力($V=42$m/s)(12)	—	—	1 299	—	17 092
	波浪力(桥面行车最大波浪)(13)	—	—	650	—	651
	波浪力(50年一遇)(14)	—	—	1 244	—	2 270
	波浪力(100年一遇)(15)	—	—	1 252	—	2 276
正常使用极限状态组合	组合I(16)=(4)+(5)	3 4109	—	—	—	—
	组合II-1(17)=(4)+(5)+(7)+(10)+(11)+(13)	34 109	1 147	1 129	13 423	6 721
	组合II-2(18)=(4)+(8)+(12)+(14)	31 102	—	2 568	—	19 396
	组合II-3(19)=(4)+(9)+(12)+(15)	31 102	—	2 577	—	19 404
	组合III(20)=(4)+(6)	35 865	—	—	—	—

作用在桩身上的外荷载，除了承台底的作用力，桩本身还受到水流和波浪力的作用。

(6)桩身波浪力

按照《海港水文规范》(JTJ 213—98)第8.3条进行波流力计算，计算过程同承台波浪力，不同点是在计算桩身波浪力时要考虑群桩系数K，K的取值参见规范8.3.5条。桩身波浪力计算结果见表4.4.2.11。

PM169 桩身横桥向波浪力　　　　表4.4.2.11

工　况	水平波浪力(kN)	局部冲刷线处桩身弯矩(kN·m)
桥面行车最大波浪	78	777
50年一遇波浪	109	989
100年一遇波浪	116	1 039

(7)桩身水流力

根据规范JTJ 021—89第2.3.10条计算水流力，计算过程同承台波浪力，桩身水流力计算结果见表4.4.2.12。

PM419 桩身横桥向水流力　　　　表4.4.2.12

工　况	流速(m/s)	水流力(kN)	局部冲刷线处桩身弯矩(kN·m)
桥面行车最大水位	1.85	27	310
50年一遇水位	1.6	20	228
100年一遇水位	1.6	20	228

3. 正常使用阶段桩顶荷载计算

由承台底荷载组合结果可知,正常使用极限状态控制设计的组合为组合 I、组合 II-1 、组合 II-3。

根据桩布置情况(图 4.4.2.4)和地质情况,采用规范 JTJ 024—85 附录六 m 法计算正常使用极限状态的桩顶荷载,结果见表 4.4.2.13。

PM169 基础由正常使用组合作用效应产生的单桩桩顶竖向力 表 4.4.2.13

桩号	组合 I(kN)	组合 II-1(kN)	组合 II-3(kN)	桩号	组合 I(kN)	组合 II-1(kN)	组合 II-3(kN)
1	4 391	2 046	2 724	5	6 039	8 862	8 253
2	4 315	1 969	1 704	6	4 982	4 668	6 953
3	5 138	5 969	2 700	7	5 104	5 111	6 148
4	4 873	6 208	3 279				

由于本联下部结构的桩是斜桩,且斜率都不尽相同,导致即使在竖向力作用下,各桩受力也不均匀。在上述最不利的 3 种组合中,承受竖向力最大的桩号是 5 号桩,最小的是 2 号桩。

4. 单桩容许承载力验算

根据地质情况计算的单桩容许承载力 $[P]$ = 11 190kN,对组合 II 需考虑作用组合提高系数 1.25。局部冲刷线以上的全部桩身重力和局部冲刷线以下的 1/2 桩身重力作为外力考虑,结果见表 4.4.2.14,桩的受力是安全的。

PM419 基础单桩容许承载力计算表 表 4.4.2.14

项　　目	组合 I	组合 II-1	组合 II-3
最不利荷载值(kN)	6.321E +03	9.144 +03	8.535E +03
容许值(kN)	1.119E +04	1.399E +04	1.399E +04

5. 桩身受力分析

桩身受力分析遵循《公路桥涵地基与基础设计规范》的 m 法进行计算,桩侧土的比例系数根据地质钻探资料查取规范相应表格得到,计算中视桩顶承台为刚性体,不计变形。

根据表 4.4.2.10 承台底正常使用极限状态组合情况以及桩身承受的波浪力和水流力,考虑最不利荷载组合 II-1 和组合 II-3,按 m 法计算得到桩顶截面内力见表 4.4.2.15。

PM169 正常使用极限状态桩顶内力 表 4.4.2.15

承载能力极限状态组合 II-1						承载能力极限状态组合 II-3					
承台底内力	N_x	N_y	N_z	M_x	M_y	承台底内力	N_x	N_y	N_z	M_x	M_y
	1 129	1 147	34 109	13 423	−6 721		2 577	0	31 102	0	−19 404
桩顶内力(0.0m)						桩顶内力(0.0m)					
1	87	98	2 046	−1012	984	1	134	69	2 724	−855	1 426
2	93	111	1 969	−1 169	1 052	2	133	71	1 704	−874	1 419
3	129	90	5 969	−926	1 546	3	141	56	2 700	−702	1 530
4	136	79	6 208	−791	1 611	4	144	53	3 279	−673	1 556
5	102	52	8 862	−418	1 219	5	121	43	8 253	−541	1 292
6	80	73	4 668	−662	903	6	116	66	6 953	−813	1 225
7	88	86	5 111	−815	1 000	7	121	67	6 148	−822	1 281

注:①N_x 为横桥向水平力,N_y 为顺桥向水平力,N_z 为竖向力,M_x 为顺桥向弯矩,M_y 为横桥向弯矩;

②N 单位为 kN,M 单位为 kN · m。

表 4.4.2.16 和图 4.4.2.5 分别用数值和图形给出了 PM169 桥墩桩基中受力最不利的 2 号钻孔灌注桩在最不利组合 II-1 和组合 II-3 作用下的弯矩分布情况(轴力最小,弯矩最大),最大弯矩在距桩顶 20.29m 处。

2 号桩桩身弯矩　　表 4.4.2.16

Z(m)	组合 II-1			组合 II-3		
	M_x(kN·M)	M_y(kN·m)	M(kN·m)	M_x(kN·M)	M_y(kN·m)	M(kN·m)
0.00	−1 169.00	1 052.00	1 572.66	−874.00	1 419.00	1 666.56
8.25	−238.35	−245.00	341.81	−268.00	−295.00	398.56
16.49	692.30	−1 542.00	1 690.28	338.00	−2 009.00	2 037.23
18.39	1 400.00	−2 362.00	2 745.73	913.50	−2 872.00	3 013.78
20.29	1 751.00	−2 693.00	3 212.20	1 222.00	−3 180.00	3 406.71
22.19	1 684.00	−2 466.00	2 986.14	1 212.00	−2 863.00	3 108.97
24.09	1 325.00	−1 874.00	2 295.10	974.50	−2 149.00	2 359.63
25.98	860.70	−1 178.00	1 458.93	644.90	−1 334.00	1 481.71
27.88	442.40	−581.30	730.50	338.90	−647.50	730.83
29.78	152.50	−185.70	240.29	121.30	−200.10	234.00
31.78	−1.52	10.39	10.50	1.40	15.47	15.53
33.78	−38.06	44.20	58.33	−30.91	46.59	55.91
35.78	−10.21	−0.21	10.21	−11.95	−6.49	13.60
37.78	−0.16	0.24	0.29	−0.09	0.27	0.29
39.78	−0.25	0.39	0.46	−0.16	0.45	0.48
41.78	−0.35	0.54	0.64	−0.22	0.63	0.67
43.78	−0.44	0.69	0.82	−0.28	0.81	0.86
45.78	−0.53	0.84	0.99	−0.34	0.99	1.05
47.78	−0.63	0.99	1.17	−0.41	1.17	1.24
49.78	−0.72	1.14	1.35	−0.47	1.35	1.43
51.78	−0.81	1.29	1.52	−0.53	1.53	1.62
53.78	−0.90	1.44	1.70	−0.60	1.71	1.81

注：表中 M 为 M_x 和 M_y 的组合弯矩。

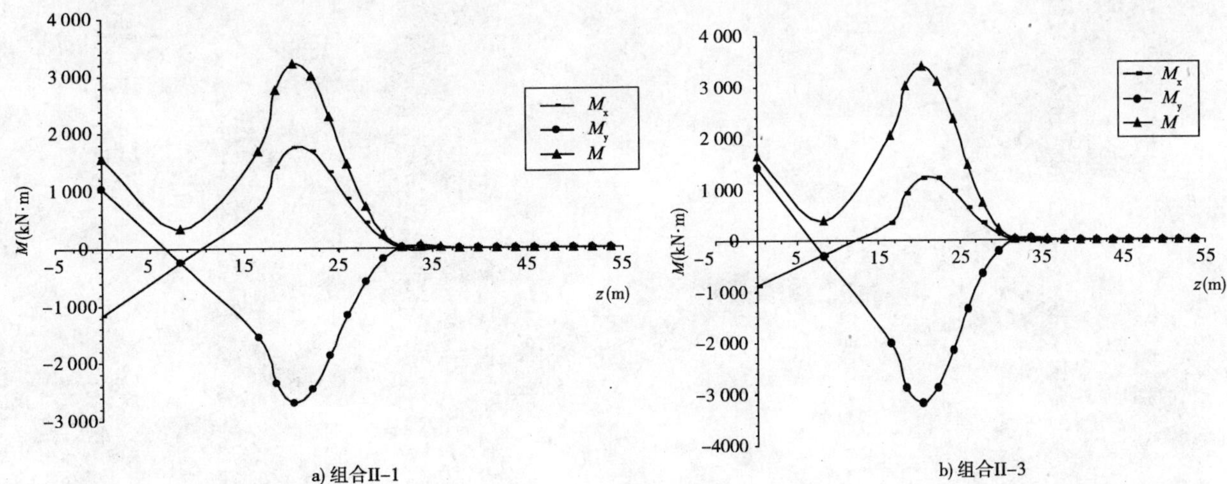

图 4.4.2.5　2 号桩桩身弯矩分布

6. 钢管桩桩身应力验算

钢管桩直径 1.5m，最大弯矩处钢板厚 25mm，用容许应力法求钢管的应力：

$$\sigma = \frac{N}{A} \pm \frac{M}{W}$$

计算结果列于表4.4.2.17。

组合II情况下钢材容许弯曲应力为253.6MPa,钢管桩应力满足要求。

2号桩应力验算 表4.4.2.17

工　况	N(kN)	A(m²)	M(kN·m)	W(m³)	σ_{max}(MPa)	σ_{min}(MPa)
组合II-1	2.13E+03	0.115 846	3 212.20	0.042 019	94.85	-58.04
组合II-3	1.87E+03	0.115 846	3 406.71	0.042 019	97.19	-64.96

第5章　悬臂浇筑施工90m + 160m + 160m + 90m 四跨变截面预应力连续箱梁桥计算

根据东海大桥总体布置要求，近大乌龟岛处布置一个辅航道，两个1 000t级的通航孔，其通航净宽143.2m、净高17.5m，最高通航水位为+4.02m。起讫桩号为K24 + 579.00（PM416）~ K25 + 079.00（PM420），跨径布置为90m + 160m + 160m + 90m = 500m。

桥梁采用四跨变截面预应力混凝土连续箱梁结构，横向由两分离的单箱组成。桥面布置为0.5m（防撞护栏）+2.5m（紧急停车带）+11.75m（行车道）+0.5m（防撞护栏）+1.0m（中央隔离带）+0.5m（防撞护栏）+11.75m（行车道）+2.5m（紧急停车带）+0.5m（防撞护栏），桥面全宽31.5m。

中墩墩身采用直柱式单箱双室薄壁墩，菱形端矩形截面承台，其承台厚度4.5m。3个中墩承台外均设置了防撞设施，避免船撞击桥墩导致桥梁垮塌事故。边墩墩身采用花瓶式单箱单室薄壁墩，矩形截面承台，其承台厚度3.5m。

边墩桩基采用ϕ1 500mm钢管桩，中墩桩基采用ϕ250cm钻孔灌注桩。钢管桩采用预制打入法，钻孔桩采用钻机成孔现浇水下混凝土；承台采用套箱现浇施工；墩身采用预制成型，现浇墩座施工；箱梁采用挂篮悬臂浇筑施工工艺。

90m + 160m + 160m + 90m变高度连续箱梁桥总体布置如图4.5.0.1所示，横断面布置如图4.5.0.2所示。

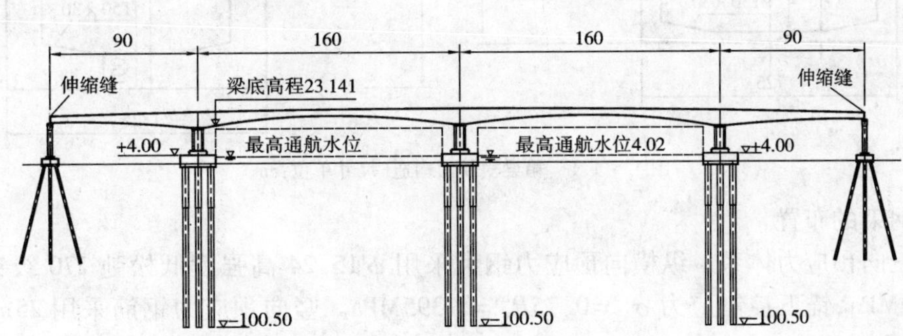

图4.5.0.1　辅通航孔总体布置（尺寸单位：cm，高程单位：m）

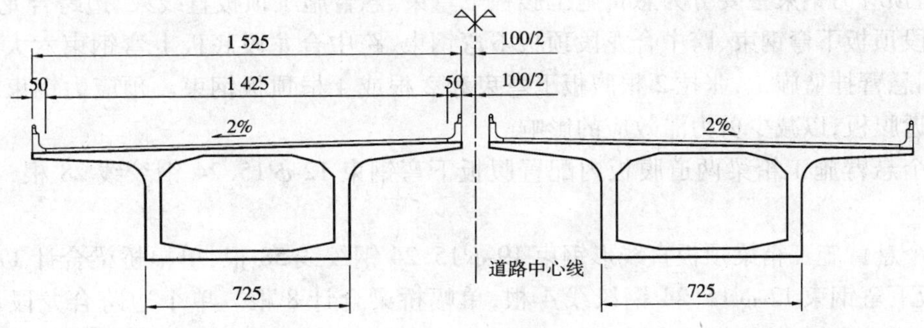

图4.5.0.2　桥梁横断面布置（尺寸单位：cm）

5.1 上部结构

5.1.1 上部结构构造要点

1. 桥跨布置及箱梁构造尺寸

梁部结构采用单箱单室直腹板箱形截面，端支座处梁高 400cm，中墩箱中心处梁高为 950cm，高跨比 1/16.84，中孔跨中处梁高 400cm，高跨比 1/40。梁底采用 $R=480.591$m 的圆曲线平滑过渡。两中孔跨中范围各有 10m 直线段，两边孔各有 14.92m 直线段。梁顶位于半径为 $R=8\ 400$m 的竖曲线上。

箱梁顶板宽 1 525cm，两翼悬臂长 400cm。全联顶板厚 28cm，底板厚由箱梁根部的 100cm 按圆曲线变化至合龙段的 30cm。腹板厚度从跨中向桥墩 17m 为 55cm，中间 12m 过渡带变到 82cm，再向桥墩 45m 为 82cm，经 3.5m 过渡到 100cm 直至梁的根部。两翼悬臂端有 20cm 后浇带。

90m + 160m + 160m + 90m 变高度连续箱梁桥总体布置如图 4.5.0.1 所示，桥梁横断面布置如图 4.5.0.2所示，箱梁横断面布置如图 4.5.1.1 所示。

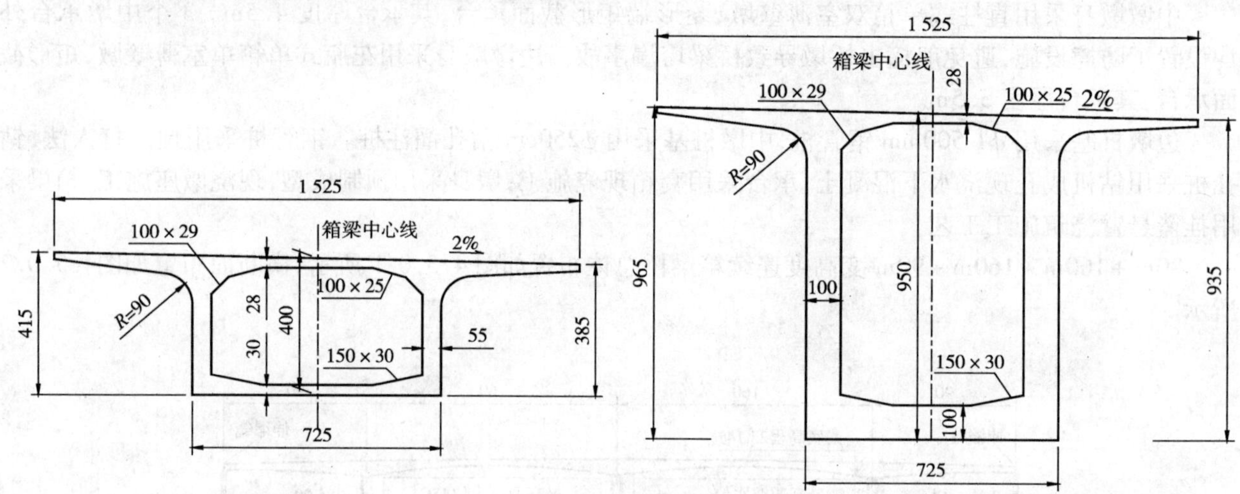

图 4.5.1.1 箱梁横断面构造(尺寸单位:cm)

2. 预应力钢束的布置

箱梁采用三向预应力体系。纵横向预应力钢束采用 $\phi^j15.24$ 高强度低松弛 270 级钢绞线，其标准强度 $R_y^b=1\ 860$MPa，锚下控制应力 $\sigma_k=0.75R_y^b=1\ 395$MPa。竖向预应力钢筋采用 25mm、32mmJL250 级精轧螺纹钢筋，其标准强度 $R_y^b=750$MPa，张拉控制应力 $\sigma_k=0.9R_y^b=675$MPa。

(1)纵向预应力钢束

箱梁纵向预应力钢束主要分为悬臂施工腹板下弯束、悬臂施工顶板直线束、边跨合龙段底板上弯钢束、边跨合龙段顶板下弯钢束、跨中合龙段顶板下弯钢束、跨中合龙段底板上弯钢束六大类形式。每个箱梁节段采用悬臂挂篮施工，张拉 2 根腹板下弯束和 2 根或 4 根顶板钢束。预应力钢束按箱梁对称布置，尽可能靠近腹板，以减少剪力滞效应的影响。

腹板：单个悬臂施工箱梁两道腹板内配置腹板下弯钢束 12-$\phi^j15.24$ 钢绞线 28 根，单幅桥梁合计 84 根。

顶板：单个悬臂施工箱梁顶板直线形钢束 19-$\phi^j15.24$ 钢绞线 58 根，单幅桥梁合计 174 根。单个中跨合龙段顶板下弯钢束 12-$\phi^j15.24$ 钢绞线 4 根，单幅桥梁合计 8 根。单个边跨合龙段顶板下弯钢束 12-$\phi^j15.24$ 钢绞线 6 根，单幅桥梁合计 12 根。

底板：单个边跨合龙段底板上弯钢束 15-$\phi^j15.24$ 钢绞线 16 根，单幅桥梁合计 32 根。单个中跨合龙段底板上弯钢束 15-$\phi^j15.24$ 钢绞线 36 根，单幅桥梁合计 72 根。

纵向预应力钢束布置详见图 4.5.1.2 所示，其钢束断面如图 4.5.1.3 所示。

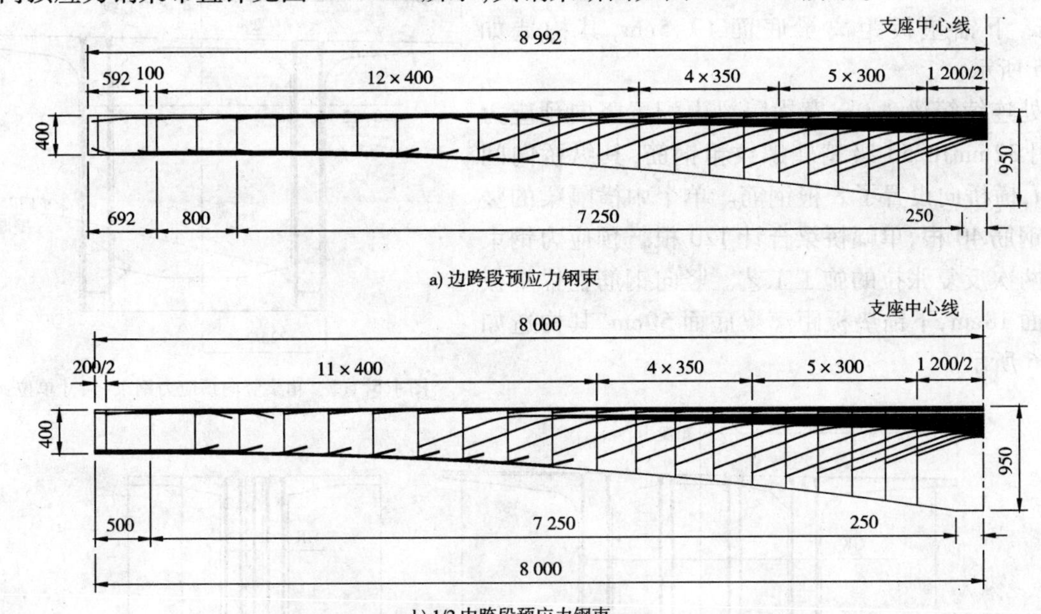

图 4.5.1.2　连续箱梁纵向预应力钢束(尺寸单位:cm)

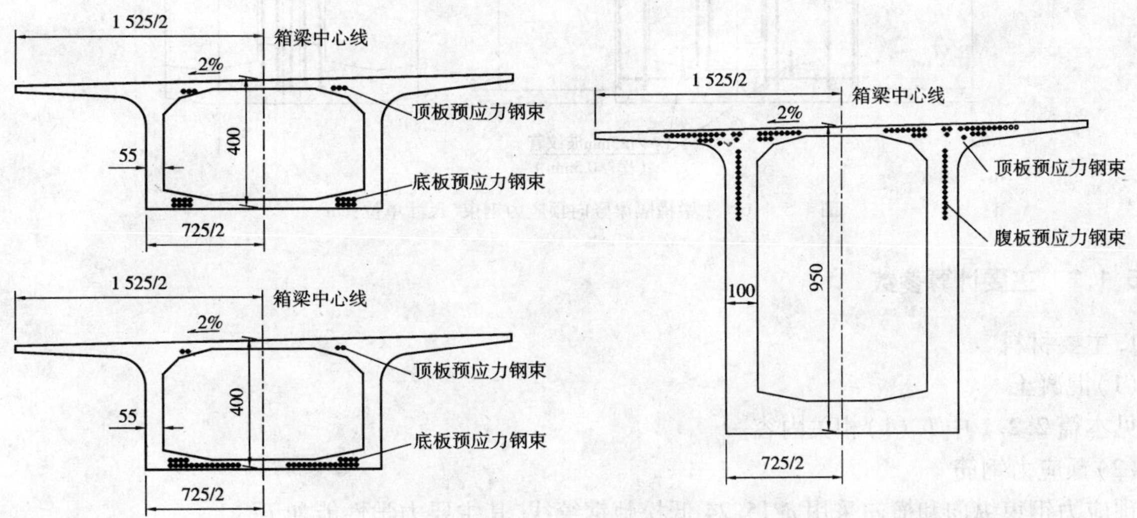

图 4.5.1.3　箱梁预应力钢束断面(尺寸单位:cm)

(2)横向预应力钢束

单幅箱梁顶板横向配置预应力钢束，采用 3-ϕ^{j}15.24 钢绞线，扁锚体系，如图 4.5.1.4 所示。纵桥向钢束间距为 0.5m，单幅桥梁的横向预应力钢束合计 1 000 根。预应力钢束采用一端交替张拉施工工艺。

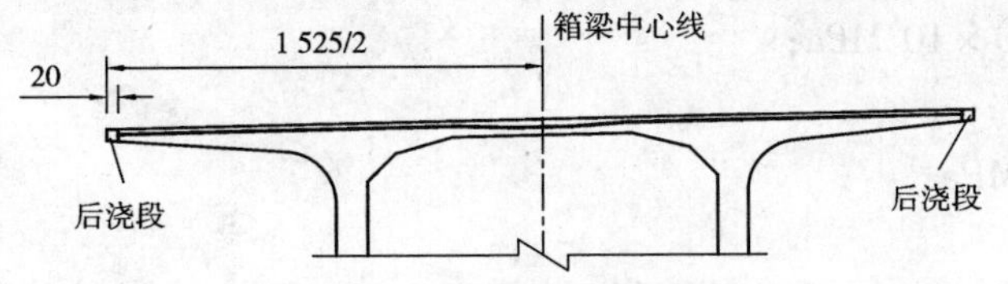

图 4.5.1.4　箱梁横向预应力钢束(尺寸单位:cm)

(3)竖向预应力钢束

箱梁腹板竖向预应力钢束采用 25mmJL750 级精轧螺纹粗钢筋，每道腹板内布置两根粗钢筋，内外侧粗钢筋距离腹板侧面均为 12cm，其纵桥向间距为 50cm，单幅桥梁合计 3 912 根。预应力钢束采用一端两次反复张拉的施工工艺。竖向钢筋上锚垫板距离梁顶面 18cm，下锚垫板距离梁底面 19.5cm，其构造如图4.5.1.5 所示。

中墩处连续箱梁 2.0m 宽横隔梁内配置竖向预应力钢束，采用 32mmJL250 级精轧螺纹粗钢筋，其纵桥向间距为 40cm，横桥向设置了 8 根钢筋。单个中横隔梁的竖向预应力钢筋 40 根，单幅桥梁合计 120 根。预应力钢束采用一端两次反复张拉的施工工艺。竖向钢筋上锚垫板距离梁顶面 18cm，下锚垫板距离梁底面 50cm，其构造如图 4.5.1.6 所示。

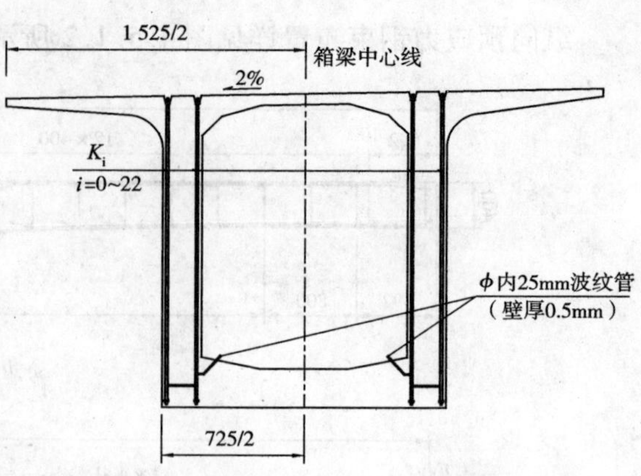

图 4.5.1.5　箱梁竖向预应力钢束(尺寸单位:cm)

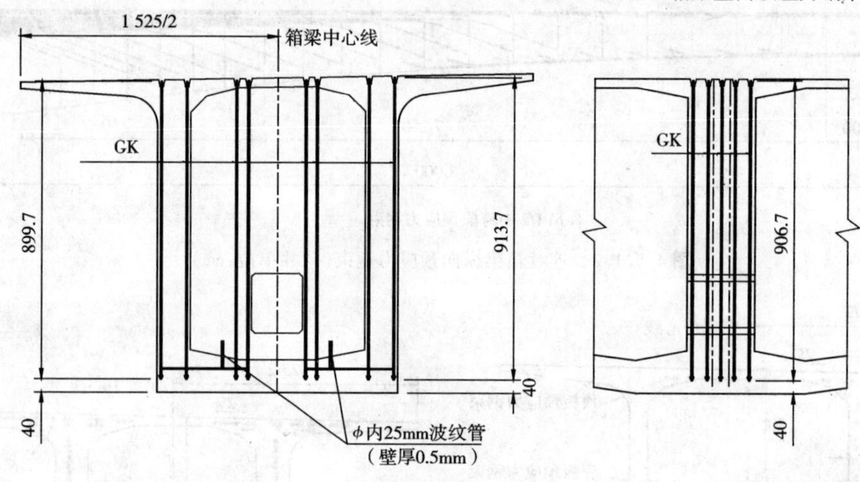

图 4.5.1.6　中墩横隔梁竖向预应力钢束(尺寸单位:cm)

5.1.2　主要计算参数

1. 主要材料

(1)混凝土

见本篇 2.2.1 中 1.(1)相关内容。

(2)预应力钢筋

预应力钢束纵向和横向采用 ϕ^j15.24 低松弛钢绞线，其主要力学性能如下：

压弯弹性模量 $E = 1.9 \times 10^5$MPa；

抗拉标准强度 1 860MPa；

张拉控制应力为 1 395MPa。

竖向预应力钢束采用 25mm 32mm 的精轧螺纹钢筋，其主要力学性能如下：

压弯弹性模量 $E = 2.0 \times 10^5$MPa；

抗拉标准强度 750MPa；

张拉控制应力为 675MPa；

(3)普通钢筋

见本篇 2.2.2 中 1.(3)相关内容。

2. 荷载

(1)恒载

一期恒载：预应力混凝土 $\gamma = 26\text{kN/m}^3$；

二期恒载：沥青混凝土 100mm，$\gamma = 23\text{kN/m}^3$；

混凝土栏杆 7kN/m/侧;管线 11kN/m/半桥。

二期恒载合计:120kN/m/全桥。

(2)施工荷载

悬浇挂篮及模板重量按 700kN 计算,合龙吊架及模板重量按每悬臂端 150kN 计算。

(3)活载

半桥三车道 + 紧急停车带,按四车道汽车—超 20 计算,挂车—120 验算,并以集装箱拖挂车重车密集型排列(前后车辆轴距 10m)进行校验。

①按照《公路工程技术标准》(JTJ 001—97),对多车道进行折减,取值如表 4.5.1.1 所示。

横向折减系数　　表 4.5.1.1

横向布载车道数	1	2	3	4
横向折减系数	1.0	1.0	0.78	0.67

主桥横向四车道控制,车道折减系数 0.67。

②按照《公路工程技术标准》(JTJ 001—97),计算跨径大于等于 150m 时,应考虑计算荷载效应的纵向折减,取值如表 4.5.1.2 所示。

纵向折减系数　　表 4.5.1.2

计算跨径(m)	纵向折减系数	计算跨径(m)	纵向折减系数	计算跨径(m)	纵向折减系数	计算跨径(m)	纵向折减系数
$L<150$	1.0	$600\leqslant L<800$	0.95	$400\leqslant L<600$	0.96	$L\geqslant 1\,000$	0.93
$150\leqslant L<400$	0.97	$800\leqslant L<1\,000$	0.94				

本桥主跨径 160m,纵向折减取 0.97。

③考虑车辆的偏载情况,考虑偏载系数 1.15。

(4)基础不均匀沉降

基础不均匀沉降按 3cm 计。

(5)温度影响力

桥面板的局部升降温 ±5℃。

5.1.3　荷载组合及控制应力

荷载组合及控制应力同本篇 2.1.3。

5.1.4　计算模型及考虑的因素

1. 计算模型

90m + 160m + 160m + 90m 四跨变截面预应力混凝土连续箱梁的结构计算模型见图 4.5.1.7。

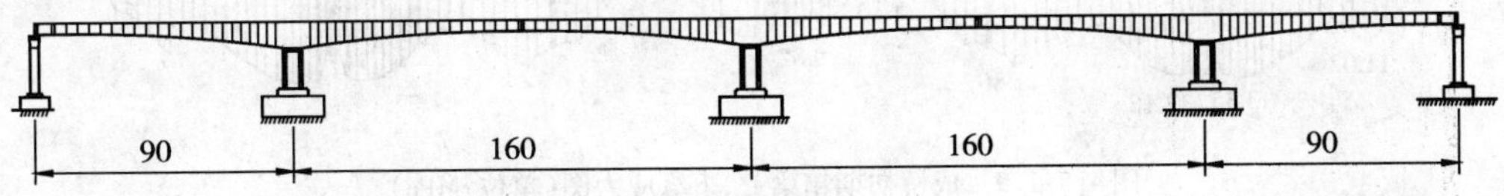

图 4.5.1.7　四跨变截面预应力混凝土连续梁计算模型(尺寸单位:m)

2. 混凝土徐变、收缩影响

根据结构施工步骤,按每一节段混凝土加载龄期、构造尺寸和荷载变化过程分别考虑徐变、收缩影响。使用阶段混凝土徐变、收缩影响从施工阶段连续计算求得。

3. 计算工况划分

全桥节段施工分 0 ~ 20 号节段、合龙段,边跨增加 S21 号非对称悬浇段及支架现浇段。0 号段长 12m,1 ~ 5 号节段长度均为 3m,6 ~ 9 号节段长度均为 3.5m,20 号节段长度均为 4m,合龙段长 2m,边孔

S21 号节段长 4m，边墩支架现浇段长 5.92m，边跨合龙段长 1m。

利用墩旁支架浇筑 0 号节段混凝土，之后用挂篮逐节段对称浇筑 1～20 号节段，中跨跨中合龙，再移挂篮浇筑 S21 号节段，同时利用支架现浇边跨梁端直线段，最后进行边跨 1m 段的合龙施工。

全桥合龙完成后，进行桥面工程的施工。

施工阶段计算按照上述施工步骤，对各施工阶段进行全过程模拟。

5.1.5 施工阶段验算

为验证结构施工阶段的可靠性，应对连续梁在施工阶段的混凝土正应力进行计算，截面最大应力应控制在规范容许范围之内。

模拟连续梁逐跨施工过程，将截面在各施工阶段的最大、最小应力绘成包络图，见图 4.5.1.8。

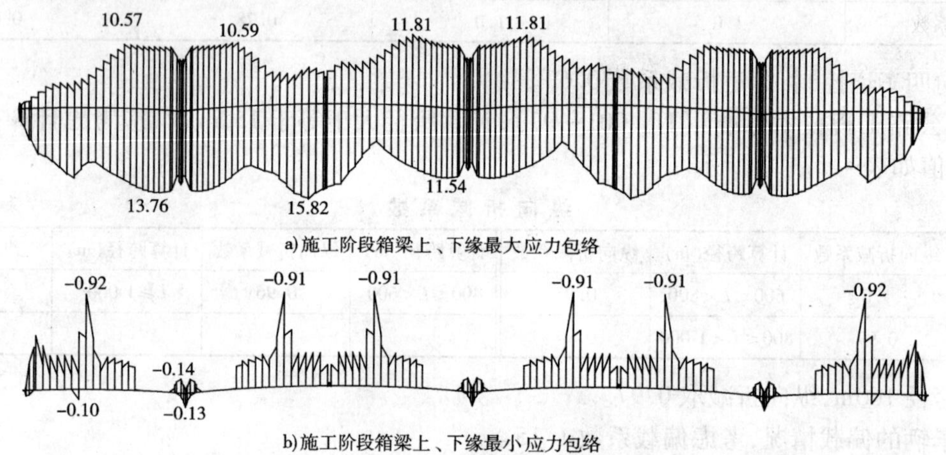

图 4.5.1.8 施工阶段箱梁上、下缘最大、最小应力包络(单位:MPa)

施工阶段箱梁混凝土最大压应力为 15.82MPa，最大压应力发生在浇筑边跨合龙段时，位置为中跨跨中附近截面下缘。施工阶段箱梁混凝土最大拉应力为 0.92MPa，最大拉应力位置为距中墩 55m 处截面下缘，发生在下一段梁预应力钢束张拉完成后。施工阶段应力满足规范要求(施工阶段压应力及拉应力容许值分别为 21MPa 和 -2.93MPa)。

成桥初期和后期阶段应力见图 4.5.1.9、图 4.5.1.10。箱梁成桥初期阶段即考虑桥面系施工后的阶段，成桥后期阶段即考虑徐变 3 年后的阶段。

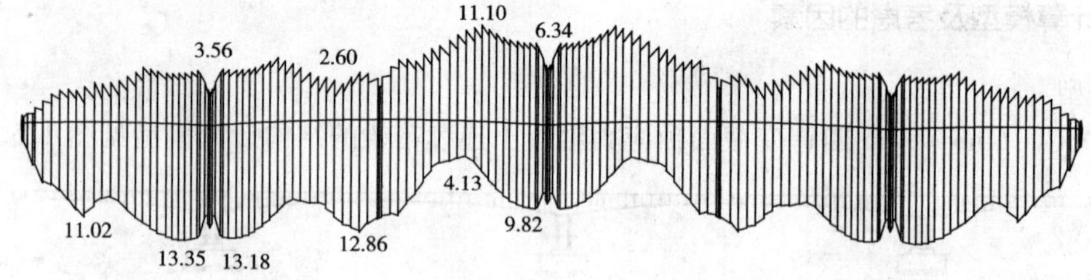

图 4.5.1.9 成桥初期箱梁上、下缘应力图(单位:MPa)

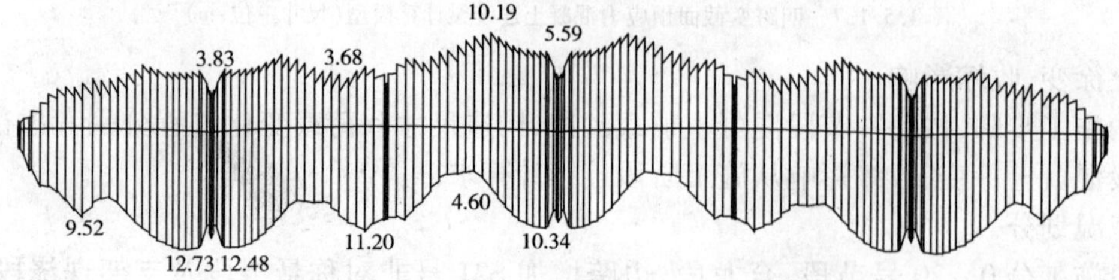

图 4.5.1.10 成桥后期箱梁上、下缘应力(单位:MPa)

成桥初期箱梁混凝土应力包络为 4.13 ~ 13.35MPa，成桥后期箱梁混凝土应力包络为 4.60 ~ 12.73MPa，最大压应力发生在中跨跨中附近截面下缘，不出现拉应力。

成桥阶段恒载作用下混凝土应力满足规范要求（恒载作用下混凝土不允许出现拉应力）。

5.1.6　正常使用极限状态验算

为验证结构在正常使用阶段的安全性，需对正截面混凝土的法向应力、斜截面混凝土的主应力进行验算。同时，为了适应行车快速、平稳、安全的要求以及考虑挠度对结构受力和振动的影响，还应满足规范对上部结构挠度的限定。

1. 正应力验算

正常使用阶段考虑最不利荷载组合后箱梁上、下缘正应力包络见图 4.5.1.11 ~ 图 4.5.1.14。

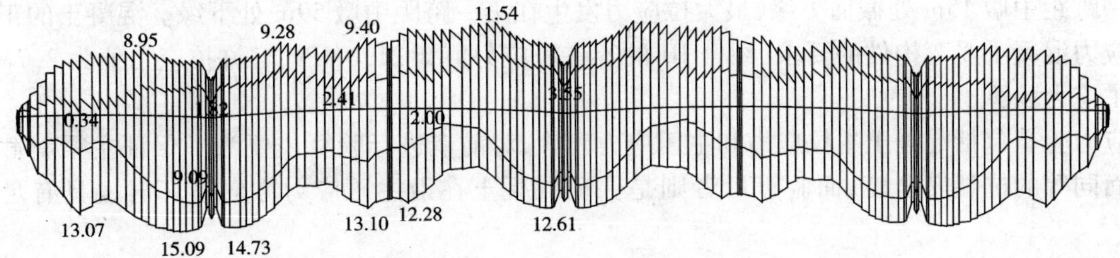

图 4.5.1.11　箱梁正常使用阶段组合 I 正应力包络（单位：MPa）

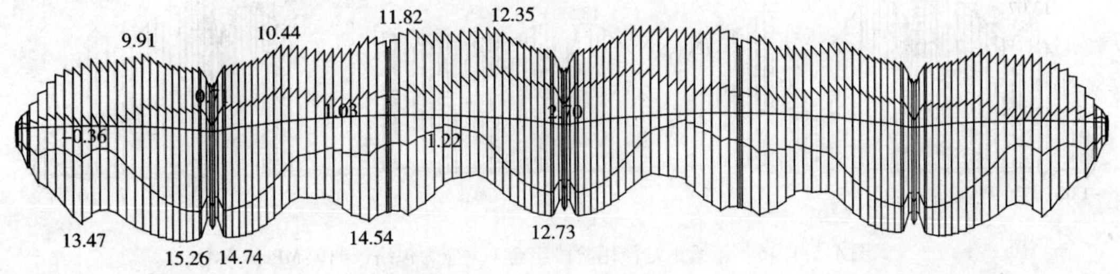

图 4.5.1.12　箱梁正常使用阶段组合 II 正应力包络（单位：MPa）

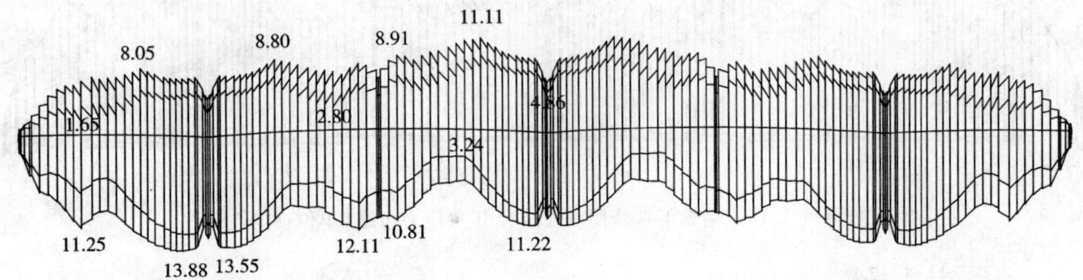

图 4.5.1.13　箱梁正常使用阶段组合 III-1（挂车）正应力包络（单位：MPa）

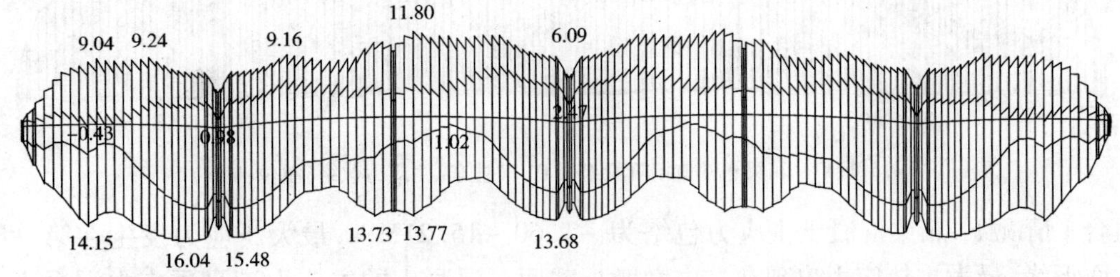

图 4.5.1.14　箱梁正常使用阶段组合 III-2（集装箱车）正应力包络（单位：MPa）

在组合 I 情况下，箱梁混凝土正应力包络为 0.34 ~ 15.09MPa，最大压应力发生在第一跨距中墩 15m 处截面下缘，无拉应力。混凝土的压应力满足全预应力混凝土构件的要求(组合 I 的容许压应力值为 17.5MPa)。

在组合 II 情况下，箱梁混凝土正应力包络为 -0.36 ~ 15.26MPa，最大压应力发生在第一跨距中墩 15m 处截面下缘，最大压应力发生在第一跨距中墩 59m 处上缘。混凝土的正应力满足预应力混凝土受弯构件的要求(组合 II 的容许压应力值为 21.0MPa，容许拉应力值为 2.7MPa)。

在组合 III-1(挂车组合)情况下，箱梁混凝土正应力包络为 1.65 ~ 13.88MPa，最大压应力发生在第一跨距中墩 15m 处截面下缘，无拉应力。混凝土的压应力满足全预应力混凝土构件的要求(组合 III 的容许压应力值为 21.0MPa)。

在组合 III-2(集装箱车组合)情况下，箱梁混凝土正应力包络为 -0.43 ~ 16.04MPa，最大压应力发生在第一跨距中墩 15m 处截面下缘，最大拉应力发生在第一跨距中墩 59m 处下缘。混凝土的正压应力满足预应力混凝土受弯构件的要求(组合 III 的容许压应力值为 21.0MPa，容许拉应力值为 2.7MPa)。

2. 主应力验算

主应力验算包括混凝土主拉应力和主压应力验算，对前者进行验算主要为了保证主梁斜截面具有与正截面同等的抗裂安全度，而验算后者则是保证混凝土在沿主压应力方向破坏时也具有足够的安全度。

正常使用阶段箱梁主应力包络见图 4.5.1.15 ~ 图 4.5.1.18。

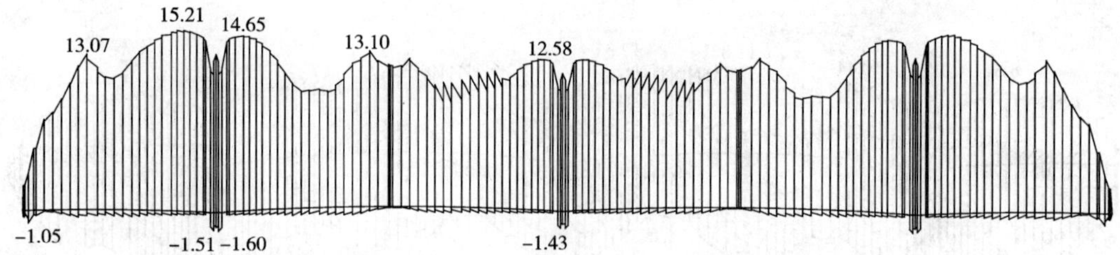

图 4.5.1.15 箱梁正常使用阶段组合 I 主应力包络(单位：MPa)

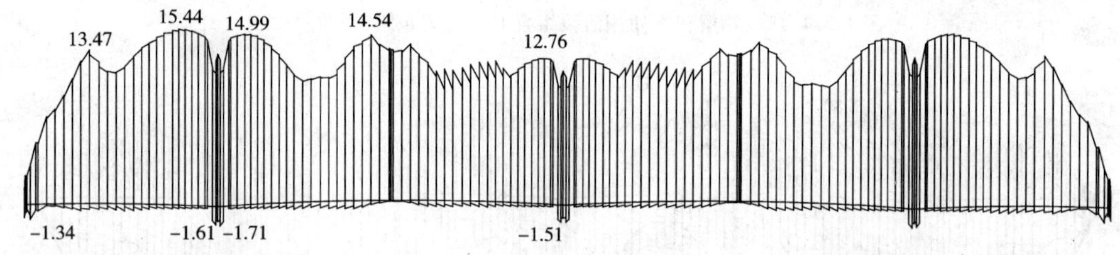

图 4.5.1.16 箱梁正常使用阶段组合 II 主应力包络(单位：MPa)

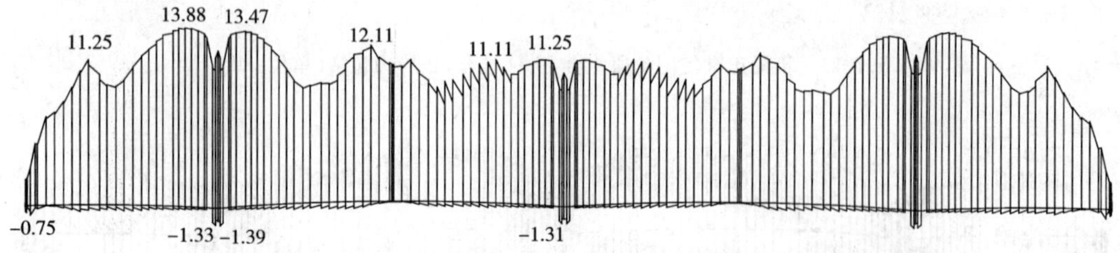

图 4.5.1.17 箱梁正常使用阶段组合 III-1(挂车)主应力包络(单位：MPa)

在组合 I 情况下，箱梁混凝土主应力包络为 -1.60 ~ 15.21MPa，最大压应力发生在第一跨距中墩 15m 处截面下缘，最大主拉应力出现在左中墩墩顶截面。混凝土的主应力满足预应力混凝土受弯构件的要求(组合 I 容许主压应力值为 21.0MPa，容许主拉应力值为 -2.40MPa)。

在组合 II 情况下，箱梁混凝土主应力包络为 -1.71 ~ 15.44MPa，最大压应力发生在第一跨距中墩

15m 处截面下缘，最大主拉应力出现在左中墩墩顶截面。混凝土的主应力满足预应力混凝土受弯构件的要求（组合 II 容许主压应力值为 22.75MPa，容许主拉应力值为 -2.70MPa）。

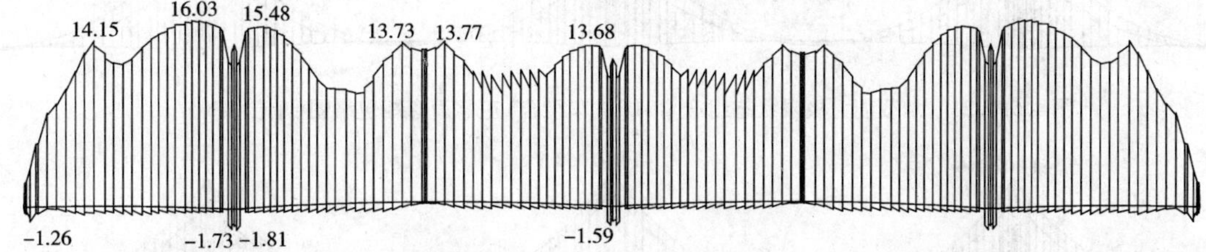

图 4.5.1.18　箱梁正常使用阶段组合 III-2（集装箱车）主应力包络（单位：MPa）

在组合 III-1（挂车组合）情况下，箱梁混凝土主应力包络为 -1.39 ~ 13.88MPa，最大压应力发生在第一跨距中墩 15m 处截面下缘，最大主拉应力出现在左中墩墩顶截面。混凝土的主应力满足预应力混凝土受弯构件的要求（组合 III 容许主压应力值为 22.75MPa，容许主拉应力值为 -2.70MPa）。

在组合 III-2（集装箱车组合）情况下，箱梁混凝土主应力包络为 -1.81 ~ 16.03MPa，最大压应力发生在第一跨距中墩 15m 处截面下缘，最大主拉应力出现在左中墩墩顶截面。混凝土的主应力满足预应力混凝土受弯构件的要求（组合 III 容许主压应力值为 22.75MPa，容许主拉应力值为 -2.70MPa）。

3. 刚度验算

根据规范要求对箱梁的刚度即可变作用中的汽车挠度进行验算，计算结果见表 4.5.1.3。

计算结果表明，箱梁的刚度满足规范要求。

跨中截面汽车荷载变形验算（尺寸单位：mm）　　表 4.5.1.3

项目 位置	最大竖向位移	最小竖向位移	容许值	是否满足
边跨	22.6	-23.1	150	满足
中跨	71.5	-46.4	267	满足

5.1.7　承载能力极限状态验算

1. 正截面抗弯承载力验算

在进行承载能力极限状态验算时，荷载进行最不利组合时应考虑各自的荷载分项安全系数，见《公路钢筋混凝土及预应力混凝土桥涵设计规范》（JTJ 023—85）第 4.1.2 条。组合内力计算结果见图 4.5.1.19 ~ 图 4.5.1.22。

预应力混凝土受弯构件正截面抗弯承载力与截面配筋率、钢筋和混凝土的力学性能有关，连续梁上部结构预应力配筋情况见图 4.5.1.2、图 4.5.1.3。根据规范 JTJ 023—85 第 4.1.6 ~ 4.1.7 条计算受弯构件正截面抗弯承载力（承载力计算中仅考虑预应力钢束的抗力），计算结果见表 4.5.1.4。

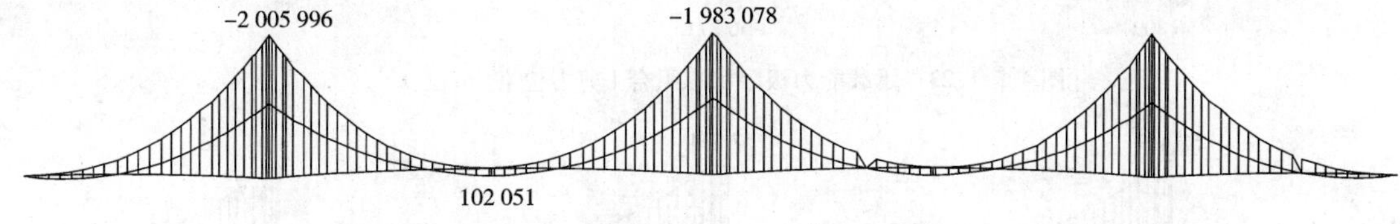

图 4.5.1.19　承载能力极限状态组合 I 正截面弯矩包络图（单位：kN · m）

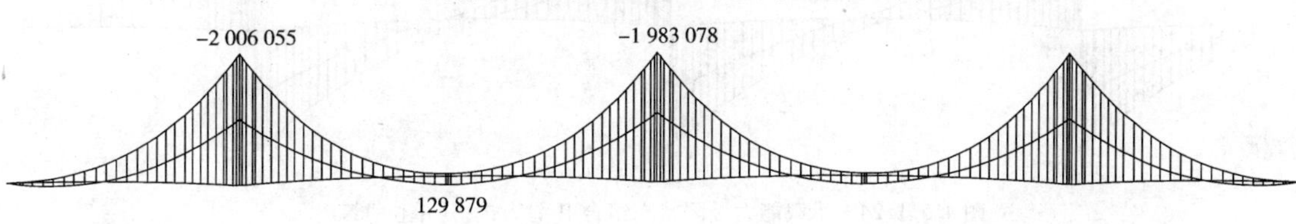

图 4.5.1.20　承载能力极限状态组合 II 正截面弯矩包络图（单位：kN · m）

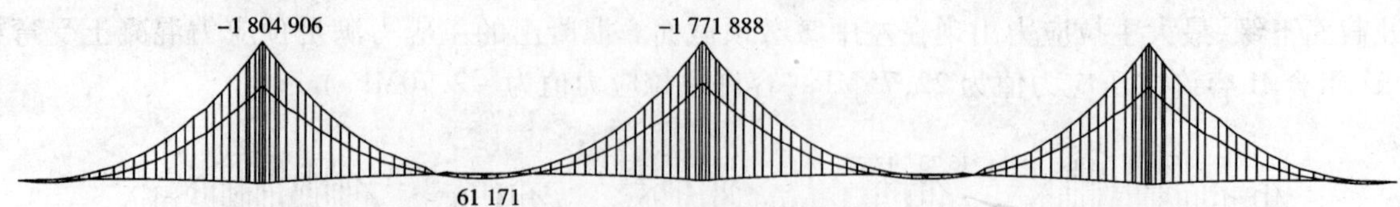

图 4.5.1.21　承载能力极限状态组合 III-1(挂车组合)正截面弯矩包络图(单位:kN·m)

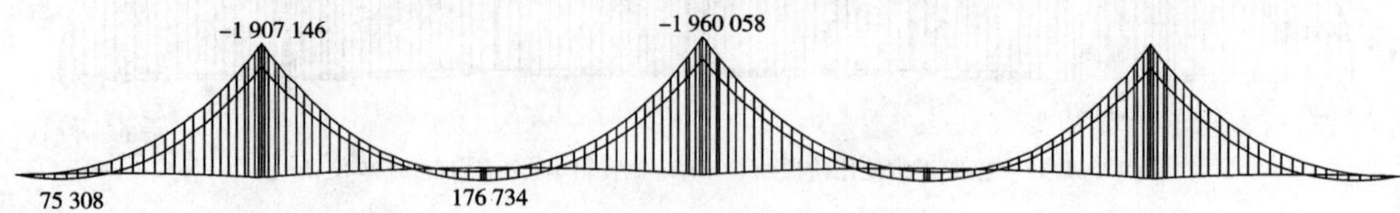

图 4.5.1.22　承载能力极限状态组合 III-2(集装箱车组合)弯矩包络图(单位:kN·m)

箱梁正截面抗弯承载力验算表(单位:弯矩 kN·m)　　表 4.5.1.4

项目 \ 计算截面		第二跨最大正弯矩截面	2 号墩墩顶截面	3 号墩墩顶截面
组合 I	荷载效应	102 051	-2 005 996	-1 983 078
	截面承载力	322 911	-2 006 665	-2 006 665
组合 II	荷载效应	129 879	-2 006 055	-1 983 078
	截面承载力	322 911	-2 006 665	-2 006 665
组合 III-1	荷载效应	61 171	-1 804 906	-1 771 888
	截面承载力	322 911	-2 006 665	-2 006 665
组合 III-2 组合 I	荷载效应	176 734	-1 907 146	-1 960 058
	截面承载力	322 911	-2 006 665	-2 006 665
是否满足		满足	满足	满足

结果表明,各种荷载组合情况下,荷载效应均小于截面承载力,说明正截面抗弯承载力满足规范要求。

2. 斜截面抗剪承载力验算

(1)承载能力极限状态下的剪力计算

各种荷载组合下的剪力包络见图 4.5.1.23 ~ 图 4.5.1.26。

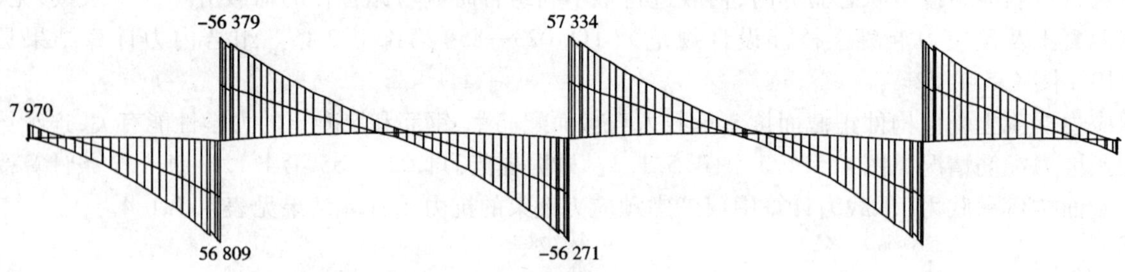

图 4.5.1.23　承载能力极限状态组合 I 剪力包络(单位:kN)

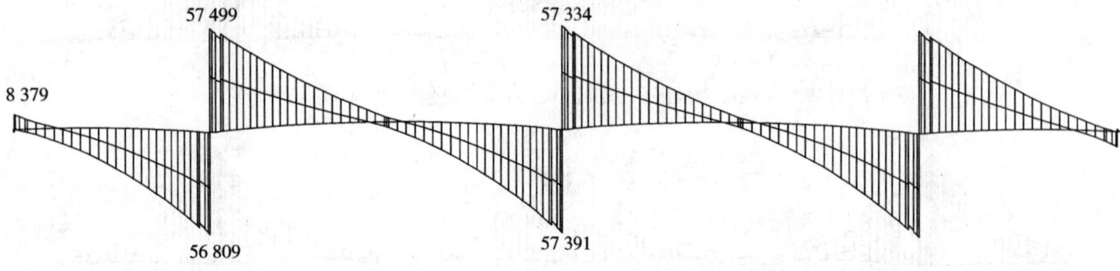

图 4.5.1.24　承载能力极限状态组合 II 剪力包络(单位:kN)

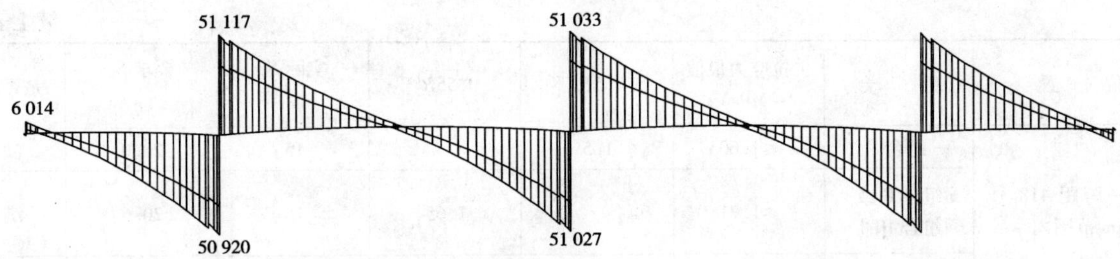

图 4.5.1.25　承载能力极限状态组合 III-1 剪力包络(单位:kN)

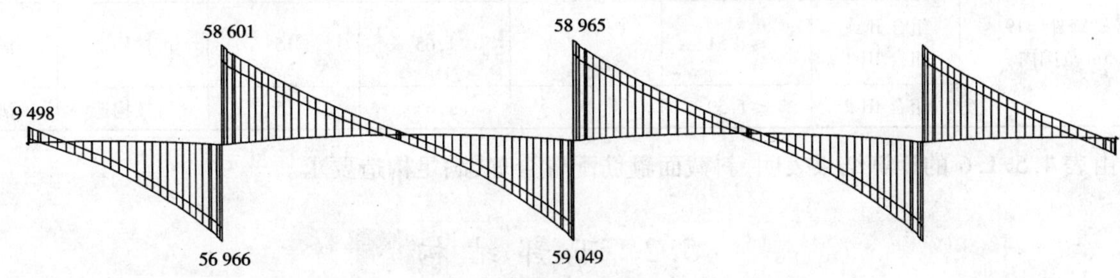

图 4.5.1.26　承载能力极限状态组合 III-2 剪力包络(单位:kN)

(2)抗剪上、下限验算

根据《公路钢筋混凝土及预应力混凝土桥涵设计规范》(JTJ 023—85)第 4.1.12 条和第 4.1.12 条,计算连续箱梁的抗剪上下限见表 4.5.1.5。

斜截面尺寸验算(单位:kN)　　表 4.5.1.5

位置＼项目	上　限	下　限	荷 载 效 应	尺寸是否满足
第一跨距 417 号墩 3.3m 处	14 281	3 687	9 498	满足
第二跨距 418 号墩 2.5m 处	61 667	15 920	58 601	满足
第三跨距 419 号墩 1.5m 处	61 667	15 920	59 049	满足

注:表中的斜截面荷载效应考虑最不利荷载组合,即承载能力极限状态组合 III-2(集装箱车组合)。

计算结果表明截面均满足斜截面尺寸上下限要求。

(3)箍筋配置

根据《公路钢筋混凝土及预应力混凝土桥涵设计规范》(JTJ 023—85)第 5.2.18 条:对于受弯构件,在按使用荷载作用下计算的混凝土主拉应力 $\sigma_{zl} \leqslant 0.5R_l^b = 1.5$MPa(组合 I)或 $\sigma_{zl} \leqslant 0.55R_l^b = 1.65$MPa(组合 II 或组合 III)的梁段,箍筋仅按构造要求设置;混凝土主拉应力 $\sigma_{zl} > 0.5R_l^b$(组合 I)或 $\sigma_{zl} > 0.55R_l^b$(组合 II 或组合 III)的梁段,其箍筋间距 S_k 可按下式计算:

$$S_k = \psi \frac{R_{gk}A_k}{\sigma_{zl}b} \tag{4.5.1.1}$$

据此计算箍筋间距,与设计箍筋间距进行比较,来检验箍筋配置的合理性,计算结果见表 4.5.1.6。

箱梁斜截面钢筋(箍筋)验算　　表 4.5.1.6

位　置	组　合	主拉应力最值(MPa)	$0.5R_l^b$	$0.55R_l^b$	实际 S_k (cm)	要求 S_k (cm)	是否满足
第一跨距 417 号墩 3.3m 范围内	组合 I	≤1.05	1.5		15	可按构造	满足
	组合 II 或组合 III-1	≤1.34		1.65	15	可按构造	满足
	组合 III-2	≤1.26		1.65	15	可按构造	满足

续上表

位　置	组　合	主拉应力最值（MPa）	$0.5R_l^b$	$0.55R_l^b$	实际 S_k（cm）	要求 S_k（cm）	是否满足
第一跨距 418 号墩 2.5m 范围内	组合 I	≤1.60	1.5		15	20.0	满足
	组合 II 或组合 III-1	≤1.71		1.65	15	20.6	满足
	组合 III-2	≤1.81		1.65	15	19.5	满足
第三跨距 419 号墩 1.5m 范围内	组合 I	≤1.43	1.5		15	可按构造	满足
	组合 II 或组合 III-1	≤1.51		1.65	15	可按构造	满足
	组合 III-2	≤1.59		1.65	15	可按构造	满足

由表 4.5.1.6 的计算结果表明，斜截面箍筋配置合理，满足构造要求。

5.2 下部结构

5.2.1 下部结构构造要点

1. 桥墩构造和配筋

(1) 中墩构造

中墩采用直柱式单箱双室薄壁墩，分成墩柱和墩帽两部分。墩柱截面尺寸为 725cm×460cm，箱形截面内侧设置 50cm×50cm 的倒角，外侧四周采用 $R=50$cm 圆弧线，以增加桥墩美观性。下墩柱高度 150cm，其外壁厚 120cm，内壁厚 160cm；标准段截面外壁厚 70cm，内壁厚 60cm，其墩壁过渡段高度 200cm。墩帽截面尺寸为 780cm×500cm，厚度 250cm，实体墩帽与墩壁连接处设置 300cm×100cm 内倒角。

为保证墩柱与承台间的有效连接性，设置高度 2.5m 的墩座，截面尺寸为 1 165cm×900cm。其中墩身构造如图 4.5.2.1 所示。

(2) 墩身配筋

中墩采用常规配筋，采用 ϕ10mm、ϕ12mm、ϕ16mm、ϕ20mm 和 ϕ25mm 五种类型直径的钢筋。箱形薄壁墩内外侧竖向主筋采用 ϕ25mm 钢筋，间距 15cm，主筋预留长度 680cm。墩壁内层和外层主筋间采用 ϕ10mm 拉筋，间距 45cm。箱形截面内侧箍筋采用 ϕ12mm 钢筋，外侧封闭箍筋采用 ϕ16mm 钢筋，为满足抗震构造要求，墩柱墩座台面上 3.0m 区间箍筋间距加密，箍筋间距为 10cm，其余箍筋间距均为 15cm。

墩帽底层设置两层钢筋网，上下层钢筋间距 15cm，下层横向 ϕ20mm 间距 15cm 钢筋，下层纵向 ϕ25mm 间距 15cm 钢筋，上层横向 ϕ25mm 间距 15cm 钢筋，上层纵向 ϕ20mm 间距 15cm 钢筋；顶层设置两层钢筋网，上下层钢筋间距 15cm，上下层横向 ϕ25mm 间距 15cm 钢筋，上下层纵向 ϕ16mm 间距 15cm 钢筋。墩帽顶面支座处增设两层 ϕ16mm 间距 15cm 钢筋网片。中墩墩身配筋如图 4.5.2.2 所示。

墩座顶面纵横向均采用 ϕ20mm 钢筋，间距 15cm，伸入承台 1.0m 深度。墩座倒角处设置纵横向采用 ϕ12mm 钢筋，间距 15cm。2.5m 高度墩座设置 ϕ16mm 间距 15cm 的水平分布钢筋。墩座配筋如图 4.5.2.3 所示。

2. 基础构造

中墩桩基采用 19ϕ250cm 钻孔灌注桩，桩长 100m，顺桥向桩距 5.8m，横桥向桩距 6.4m。

承台为菱形端、矩形体，截面尺寸为 44.4cm × 16.6cm，横向斜边线呈 51°，截面周边设置 $R = 180$cm 圆弧线，承台厚 4.5m，下设置 1.0m 封底混凝土，其构造如图 4.5.2.4 所示。

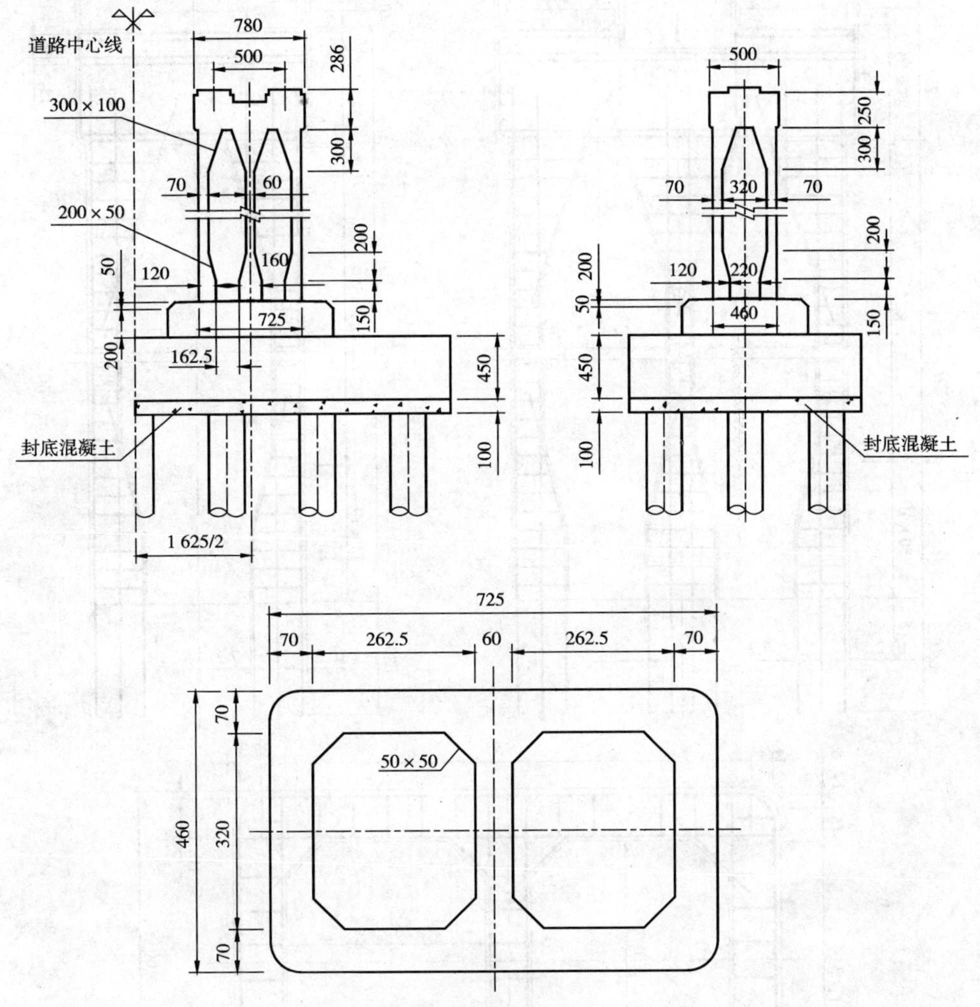

图 4.5.2.1　中墩墩身构造（尺寸单位：cm）

5.2.2　主要计算参数

1. 主要材料

主要材料同本篇 2.2.2 中 1. 相关内容。

2. 作用

(1) 永久作用

上、下部结构永久作用。

(2) 基本可变作用

半桥三车道 + 紧急停车带，按四车道汽车—超 20 级计算，挂车—120 级验算，并以集装箱拖挂车重车密集型排列（前后车辆轴距 10m）进行校验。

水流力作为海洋工程中的经常作用力，将之纳入基本可变荷载而非其他可变荷载。根据《公路桥涵设计通用规范》（JTJ 021—89）第 2.3.9 条进行计算。

(3) 其他可变作用

①汽车制动力

根据《公路桥涵设计通用规范》（JTJ 021—89）第 2.3.9 条计算。

②风作用力

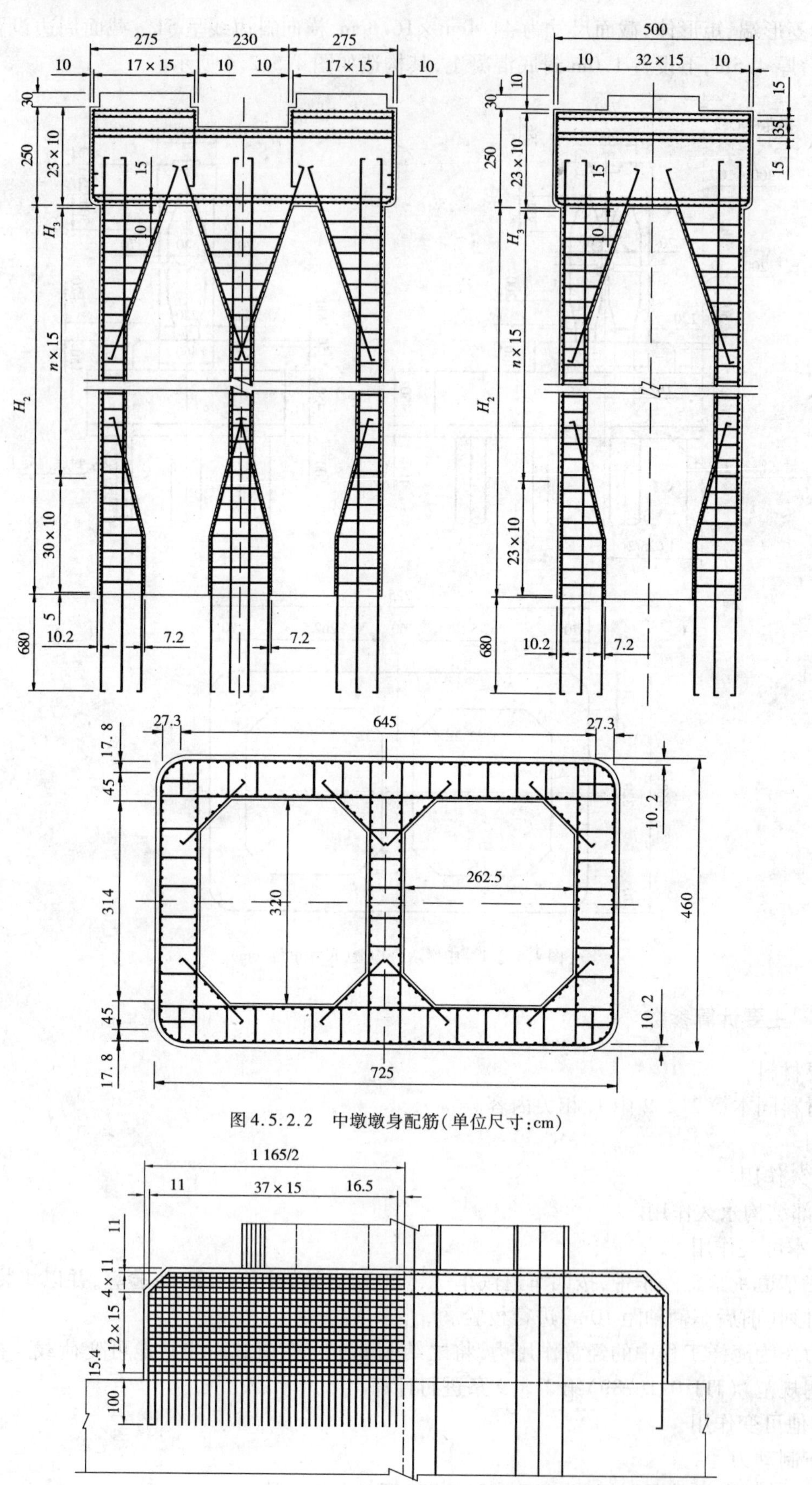

图4.5.2.2　中墩墩身配筋(单位尺寸:cm)

图4.5.2.3　中墩墩座配筋(尺寸单位:cm)

根据《公路桥梁抗风设计规范》(JTG/T D60-01—2004)第4.3条计算。

③波浪力

波浪荷载应考虑可能的不同水位和可能的最大流速,按照《海港水文规范》(JTJ 213—98)第8.3条进行波浪计算。

④水流力

根据《公路桥涵设计通用规范》(JTJ 021—89)第2.3.10条计算水流力。

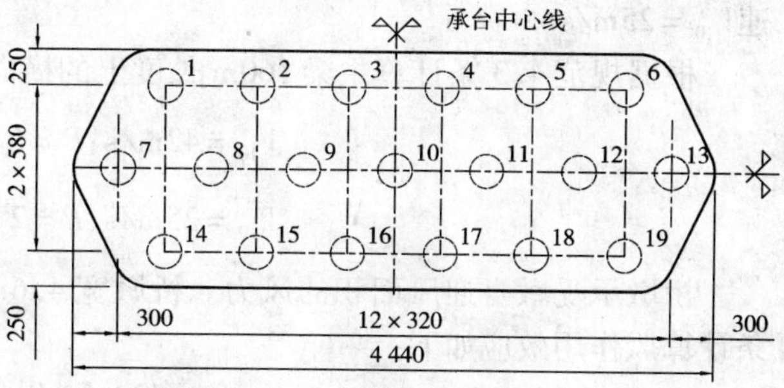

图4.5.2.4 中墩承台平面(单位:cm)

(4)偶然作用

本联连续梁为500t级辅通航孔,要考虑船舶撞击力作用。500t级通航孔主墩按500t级防撞(撞击速度,取 $V=4.0\mathrm{m/s}$),船舶撞击力按《美国公路桥梁设计规范》(AASHTO 1994)中式(3.14.8-1)计算。

3. 基础计算荷载组合

荷载主要包括结构自重、波浪力、水流力、车辆荷载、风荷载、制动力、温度力、支座摩阻力、船舶撞击力等,根据《公路桥涵设计通用规范》(JTJ 021—89),荷载组合考虑了表4.5.2.1所示的几类。

下部结构荷载组合类型　　表4.5.2.1

组合类型	荷载
组合 I	永久荷载,水流,车辆(汽车—超20)
组合 II-1	永久荷载,波浪(桥面行车最大波浪),水流,车辆(汽车—超20),风(25m/s),纵向力(摩阻力或制动力)
组合 II-2	永久荷载,波浪(50年一遇),水流,风(42m/s),纵向力(摩阻力或温度力)
组合 II-3	永久荷载,波浪(100年一遇),水流,风(42m/s),纵向力(摩阻力或温度力)
组合 III	永久荷载,水流,车辆(集卡重车密排或挂车—120)
组合 IV	永久荷载,水流,车辆(汽车—超20),船撞力

水流力作为海洋工程中的经常作用力,将之纳入基本可变荷载而非其他可变荷载参加荷载组合。波浪、水流均考虑可能出现的不利水位进行组合。

5.2.3 桥墩计算

取受力最不利的固定墩PM419进行计算,其尺寸构造见图4.5.2.1。

作用在PM419墩的作用有:上、下部的永久作用,车辆荷载,制动力,风荷载,波浪力,水流力以及船撞力。荷载效应计算如下:

1. 纵向制动力

根据规范JTJ 021—89第2.3.9条,当桥涵为一车道或双向二车道时,汽车制动力为布置在一联长度内的一行汽车车队总重力的10%,但不得小于一辆重车的30%,东海大桥半桥按单向四车道考虑,应为上述规定数值的 $4\times0.67=2.68$ 倍。

一行列车的10%:$5\,750\times0.1=575\mathrm{kN}$

一辆重车的30%:$550\times0.3=165\mathrm{kN}$

故制动力取用 $P=575\times2.68=1\,541\mathrm{kN}$,由固定支座承受,作用位置取支座的底座面上。由此,在PM419墩座顶截面产生的弯矩 $M=1\,541\times16.421=25\,305\mathrm{kN\cdot m}$

2. 横桥向风力

横桥向风力计算参见2.2.3中2.相关内容。

其中,上部结构迎风面考虑主梁高,栏杆高考虑1.4m。PM419桥墩承受160m长的上部结构风力,考虑两种设计基本风速:桥面无车的设计基本风速 $V_{10}=42\mathrm{m/s}$ 和桥面有车的最大设计基本风速$V_{10}=25m/s$。

根据规范4.3条计算主梁160m长度上的横向静阵风荷载P及对墩座顶弯矩M为：

$$V_{10}=42m/s;P=6\ 181kN,M=131\ 927kN\cdot m$$

$$V_{10}=25m/s,P=2\ 190kN,M=46\ 743kN\cdot m$$

桥墩承受墩身迎风面积的风力。桥墩宽4.6m，高16.061m，根据《公路桥梁抗风设计规范》第4.4条计算风作用效应如下：

$$V_{10}=42m/s,P=289kN,M=2\ 336kN\cdot m$$

$$V_{10}=25m/s,P=102kN,M=828kN\cdot m$$

桥墩横桥向风力计算见表4.5.2.2。

PM419桥墩横桥向风力　　表4.5.2.2

位　置	$V_{10}=42m/s$		$V_{10}=25m/s$	
	水平风力(kN)	墩座顶弯矩(kN·m)	水平风力(kN)	墩座顶弯矩(kN·m)
梁	6 181	131 927	2 190	46 743
墩	289	2 336	102	828
合计	6 470	134 263	2 292	47 571

3.横桥向波浪力计算

横桥向波浪力计算时考虑3种工况：

①行车最大波浪，水位2.48m，累积频率为1%的波高$H_{1\%}=4.37m$，波长$L=51.8m$；

②50年一遇波浪，水位3.63m，累积频率为1%的波高$H_{1\%}=6.56m$，波长$L=77.9m$；

③100年一遇波浪，水位3.73m，累积频率为1%的波高$H_{1\%}=6.62m$，波长$L=84.6m$。

由于墩座顶高程7.0m，高出水位很多，因此波浪力对墩的作用可以不计。

4.水流力

由于本联桥的水位低于承台顶高程4.5m，故墩座顶截面水流力为0。

5.船撞力

根据《美国公路桥梁设计规范》(AASHTO 1994)3.14.14.1条，撞击位置在设计高水位处(2.48m)，位于墩座顶截面以下，因此墩座顶截面船撞力为0。

6.竖向力

计算桥墩受力时，竖向力包括上部结构重力、桥墩重力和上部结构传下的车辆荷载，由于挂车荷载不是控制荷载，所以本次车辆荷载考虑了汽车—超20和集装箱车。竖向力计算结果见表4.5.2.3。

PM419桥墩竖向力　　表4.5.2.3

荷　载	上部结构重力	桥墩重力	汽车—超20	集装箱车
桥墩底竖向力(kN)	86 930	9 515	5 867	11 435

7.荷载组合

计算墩座顶截面荷载组合时考虑了5种不同组合，结果见表4.5.2.4。

PM419墩座顶荷载组合　　表4.5.2.4

项　目	荷载类别	竖向力(kN)	水平力(kN)		弯矩(kN·m)	
			顺桥向	横桥向	顺桥向	横桥向
恒载	上部结构反力(1)	86 930	—	—	—	—
	桥墩重量(2)	9 515	—	—	—	—
	合计(3)=(1)+(2)	96 445	—	—	—	—

续上表

项　目	荷载类别	竖向力(kN)	水平力(kN)		弯矩(kN·m)	
			顺桥向	横桥向	顺桥向	横桥向
基本可变荷载	汽车—超20反力(4)	5 867	—	—	—	—
	集装箱车反力(5)	11 435	—	—	—	—
其他可变荷载	汽车制动力(6)	—	1 541	—	25 305	—
	风压力($V=25$m/s)(7)	—	—	2 292	—	47 571
	风压力($V=42$m/s)(8)	—	—	6 470	—	134 263
承载能力极限状态组合	组合 I(9) = 1.2×(3) +1.4×(4)	123 948	—	—	—	—
	组合 II-1(10) = 1.1×(3) +1.3×(4) +1.3×(6) +1.3×(7)	113 717	2 003	2 980	32 897	61 842
	组合 II-2(11) = 1.1×(3) +1.3×(8)	106 090	—	8 411	—	174 542
	组合 II-3(12) = 1.1×(3) +1.3×(8)	106 090	—	8 411	—	174 542
	组合 III(13) = 1.2×(3) +1.1×(5)	128 313	—	—	—	—

8. 截面承载力计算

根据《公路钢筋混凝土及预应力混凝土桥涵设计规范》(JTJ 023—85)第4.1.16条,钢筋混凝土矩形截面偏心受压构件的正截面抗压承载力按式4.3.2.10计算,即

$$N_j \leqslant \frac{\gamma_b}{\gamma_c} R_a b x + \frac{\gamma_b}{\gamma_s}(R'_g A'_g - \sigma_g A_g)$$

中性轴位置按式4.3.2.11确定,即

$$R_a b x\left(e - h_0 + \frac{x}{2}\right) = \sigma_g A_g e \mp R'_g A'_g e'$$

当$\xi = \frac{x}{h_0} \leqslant \xi_{jg}$时,构件属于大偏心受压,上式中$\sigma_g = R_g$,当$\xi > \xi_{jg}$时,构件属于小偏心受压,$\sigma_g = 0.003E_g\left(\frac{0.9}{\xi} - 1\right) \leqslant R_g$。

根据《公路钢筋混凝土及预应力混凝土桥涵设计规范》(JTJ 023—85)第4.1.3条,钢筋混凝土矩形截面轴心受压构件的正截面抗压承载力按式4.3.2.12计算,即

$$N_j \leqslant \varphi \gamma_b \left(\frac{1}{\gamma_c} R_a A + \frac{1}{\gamma_s} R'_g A'_g\right)$$

根据表4.5.1.12,承载能力极限状态中控制截面设计的组合有:

(1)组合 II-1,顺桥向最不利偏压构件。

(2)组合 II-2,横桥向最不利偏压构件。

(3)组合 III,最不利轴压构件。

桥墩配筋见图4.5.2.2。根据截面配筋及荷载情况计算承载力,结果见表4.5.2.5,墩座顶截面承载力远大于荷载效应组合,结构安全。

墩座顶截面承载力　　表4.5.2.5

荷载类别	竖向力(kN)	弯矩(kN·m)		承载力(轴力)(kN)
		顺桥向	横桥向	
组合 II-1	113 717	32 897	—	4.45E+05
组合 II-2	106 090	—	174 542	2.95E+05
组合 III	128 313	—	—	5.31E+05

5.2.4 桩基础计算

根据《公路桥涵地基与基础设计规范》(JTJ 024—85)附录六计算桩基础,桩基础计算包括单桩容许承载力计算、桥墩基础群桩受力分析及桩身截面的承载力验算。

1. 单桩容许承载力计算

取PM419桥墩下基础进行计算,PM419桥墩及桩基础的布置见图4.5.2.4,基础为钻孔灌注摩擦桩。

根据东海大桥工程地质勘察报告提供的工程地质纵断面及各土层物理力学性能,基础土层分布情况见表4.5.2.6。按《公路桥涵地基与基础设计规范》第4.3.2条,计算得PM419摩擦桩的单桩容许承载力[P]=37 510kN,具体计算过程见表4.5.2.6~表4.5.2.8。

PM419基础桩周容许承载力计算 表4.5.2.6

PM419桥墩	土层编号	名称	高程(m)	厚度(m)	桩周极限摩阻力(kPa)	桩周容许承载力(kN)
钻孔编号ZK75						
局部冲刷高程-18.5m			-18.5			
	③1	淤泥质粉质黏土	-18.67	0.17	5	3.34
	④1	淤泥质黏土	-27.17	8.5	5	166.90
	⑥1	粉质黏土	-31.57	4.4	48	829.38
	⑦1	砂质粉土	-37.67	6.1	56	1 341.46
	⑦2-1	粉细砂	-43.67	6	80	1 884.96
桩底高程-100.5m	⑦2-2	粉细砂	-100.5	56.83	100	22 317.09
				82		26 543

PM419基础桩底容许承载力计算 表4.5.2.7

桥墩号	PM419
钻孔号	ZK75
局部冲刷线高程(m)	-18.50
桩底高程(m)	-100.50
桩尖的埋置深度h(m)	40.00
随深度的修正系数k_2	2.50
容许承载力[σ_0](kPa)	3 000
局部冲刷线下桩长l(m)	82.00
桩径d(m)	2.50
l/d	32.80
修正系数λ	0.85
土的容重γ_2	19.23
清底系数m_0	0.55
极限承载力[σ_R](kPa)	4 468
桩底容许反力(kN)	10 967

PM419基础单桩容许承载力计算 表4.5.2.8

桩 径	桩周容许承载力	桩底容许承载力	单桩容许承载力
d(m)	(kN)	(kN)	(kN)
2.50	26 543	10 967	37 510

2. 承台底荷载效应计算

为求单桩的最不利荷载效应值，首先应求出承台底的各种荷载效应。

承台底荷载包括：上、下部的永久作用，车辆荷载，制动力，风荷载，波浪力，水流力和船撞力。

(1)车辆荷载

由于下部结构的承台不是独立承台，它将左右两幅桥的下部连成了整体，因此在计算车辆荷载时，应考虑其偏心引起的横向弯矩。最不利荷载偏载情况见图4.5.2.5。

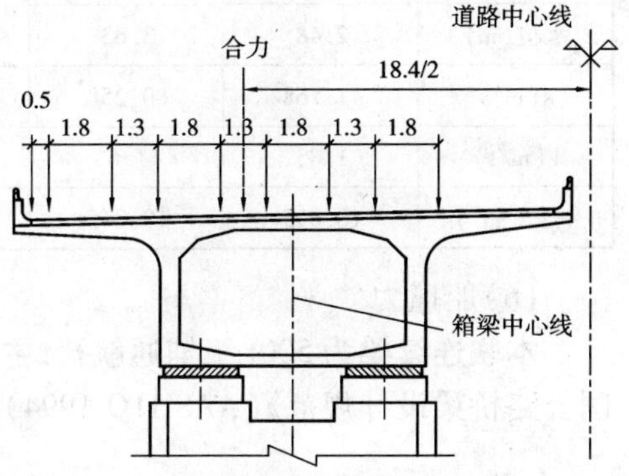

图4.5.2.5　车辆偏载布置(尺寸单位：m)

汽车—超20在承台底产生的效应为：

竖向力 $P=11\ 734\text{kN}$；横向偏心弯矩 $M=\dfrac{11\ 734}{2}\times18.4=107\ 953\text{kN}\cdot\text{m}$

集装箱车在承台底产生的效应为：

竖向力 $P=22\ 870\text{kN}$；横向偏心弯矩 $M=\dfrac{22\ 870}{2}\times18.4=210\ 404\text{kN}\cdot\text{m}$

(2)纵向制动力计算

计算过程同桥墩，制动力取用 $P=575\times4=1\ 541\text{kN}$，承台底截面弯矩 $M=1\ 541\times20.921=32\ 239\text{kN}\cdot\text{m}$。

(3)风荷载计算

计算过程同桥墩，计算结果见表4.5.2.9。

PM419 承台底横桥向风力　　表4.5.2.9

位　置	$V_{10}=42\text{m/s}$		$V_{10}=25\text{m/s}$	
	水平风力(kN)	承台底弯矩(kN·m)	水平风力(kN)	承台底弯矩(kN·m)
梁	6 181	175 192	2 190	62 072
墩	411	6 201	146	2 197
合计	6 592	181 393	2 336	64 269

(4)波浪力

波浪力计算同本篇3.2.3的横桥向波浪力计算。

计算时考虑3种工况：

①桥面行车最大波浪，水位2.48m，累积频率为1%的波高 $H_{1\%}=4.37\text{m}$，波长 $L=51.8\text{m}$；

②50年一遇波浪，水位3.63m，累积频率为1%的波高 $H_{1\%}=6.56\text{m}$，波长 $L=77.9\text{m}$

③100年一遇波浪，水位3.73m，累积频率为1%的波高 $H_{1\%}=6.62\text{m}$，波长 $L=84.6\text{m}$。

计算结果见表4.5.2.10。

PM419 承台底波浪力　　表4.5.2.10

工　况	P_{Dmax} (kN)	M_{Dmax} (kN·m)	P_{Imax} (kN)	M_{Imax} (kN·m)	水平波浪力 (kN)	对承台底弯矩 (kN·m)
桥面行车最大波浪	285	475	3 225	5 095	3 225	5 095
50年一遇波浪	1 058	2 420	8 845	21 258	8 845	21 258
100年一遇波浪	1 010	2 319	9 038	21 729	9 038	21 729

(5)水流力

根据规范JTJ 021—89第2.3.10条计算水流力，计算见式4.3.2.9。

水流力计算结果见表4.5.2.11。

PM419 承台底水流力计算　　表4.5.2.11

项　目	设计水位	50年一遇	100年一遇	项　目	设计水位	50年一遇	100年一遇
水位(m)	2.48	3.63	3.73	K	0.7	0.7	0.7
A(m^2)	41.168	60.258	61.918	F (kN)	51	55	57
V(m/s)	1.85	1.6	1.6	M(kN·m)	64	104	110
γ(kN/m^3)	10.045	10.045	10.045				

(6)船撞力

本联连续梁为500t级辅通航孔，主墩按500t级防撞(撞击速度，取$V=4.0$m/s)，船舶撞击力按《美国公路桥梁设计规范》(AASHTO 1994)中式(3.14.8-1)计算：

$$P_s = 1.2 \times 10^5 V \sqrt{DWT} \tag{4.5.2.10}$$

式中：P_s——等效静船只冲击力(N)；

DWT——船只载重量(t)；

V——船只撞击速度，取$V=4.0$m/s。

根据AASHTO(1994)第3.14.14.1条，撞击位置在设计高水位2.48m处，计算结果见表4.5.2.12。

PM419 承台底船舶撞击力计算　　表4.5.2.12

碰撞模式	碰撞速度(m/s)	船撞力(kN)	承台底弯矩(kN·m)
墩首正撞	4.0	10 733	26 618

(7)承台底荷载组合

承台底截面荷载组合时考虑了6种不同组合，计算结果见表4.5.2.13。

PM419 承台底荷载组合　　表4.5.2.13

项　目	荷载类别	竖向力(kN)	水平力(kN)		弯矩(kN·m)	
			顺桥向	横桥向	顺桥向	横桥向
恒载	上部结构反力(1)	173 860	—	—	—	—
	桥墩重量(2)	19 030	—	—	—	—
	承台重量(3)	76 500	—	—	—	—
	合计(4)=(1)+(2)+(3)	269 390	—	—	—	—
基本可变荷载	汽车—超20反力(5)	11 734	—	—	—	107 953
	集装箱车反力(6)	22 870	—	—	—	210 404
	水流力(桥面行车最大水位)(7)	—	—	51	—	64
	水流力(50年一遇)(8)	—	—	55	—	104
	水流力(100年一遇)(9)	—	—	57	—	110
其他可变荷载	汽车制动力(10)	—	1 541	—	32 239	—
	风压力($V=25$m/s)(11)	—	—	2 336	—	64 269
	风压力($V=42$m/s)(12)	—	—	6 592	—	181 393
	波浪力(桥面行车最大波浪)(13)	—	—	3 225	—	5 095
	波浪力(50年一遇)(14)	—	—	8 845	—	21 258
	波浪力(100年一遇)(15)	—	—	9 038	—	21 279
偶然荷载	船撞力(16)	—	—	10 733	—	26 618

续上表

项　目	荷载类别	竖向力(kN)	水平力(kN)		弯矩(kN·m)	
			顺桥向	横桥向	顺桥向	横桥向
承载能力极限状态组合	组合I(17)=1.2×(4)+1.4×(5)	339 696	—	—	—	151 134
	组合II-1(18)=1.1×(4)+1.3×(5)+1.3×(7)+1.3×(10)+1.3×(11)+1.3×(13)	311 583	2 003	7 296	41 911	230 595
	组合II-2 (19)=1.1×(4)+1.3×(8)+1.3×(12)+1.3×(14)	296 329	—	20 140	—	263 582
	组合II-3 (20)=1.1×(4)+1.3×(9)+1.3×(12)+1.3×(15)	296 329	—	20 393	—	263 617
	组合III(21)=1.2×(4)+1.1×(6)	348 425	—	—	—	231 444
	组合IV(22)=1.1×(4)+1.3×(16)	296 329	—	13 953	—	34 603
正常使用极限状态组合	组合I(23)=(4)+(5)	281 124	—	—	—	107 953
	组合II-1(24)=(4)+(5)+(7)+(10)+(11)+(13)	281 124	1 541	5 612	32 239	177 381
	组合II-2(25)=(4)+(8)+(12)+(14)	269 390	—	15 492	—	202 755
	组合II-3(26)=(4)+(9)+(12)+(15)	269 390	—	15 687	—	202 782
	组合III(27)=(4)+(6)	292 260	—	—	—	210 404
	组合IV(28)=(4)+(16)	269 390	—	10 733	—	26 618

注:表中承载能力极限状态组合用于计算桩身截面承载力,正常使用极限状态组合用于计算单桩承载力。

作用在桩身上的外荷载,除了承台底的作用力,桩本身还受到水流和波浪力的作用。

(8)桩身波浪力

按照《海港水文规范》(JTJ 213—98)第8.3条进行波流力计算,计算过程同桥墩及承台波浪力,不同点是在计算桩身波浪力时要考虑群桩系数K,K的取值查规范8.3.5条。桩身波浪力计算结果见表4.5.2.14。

PM419桩身横桥向波浪力　　表4.5.2.14

工　况	水平波浪力(kN)	局部冲刷线处桩身弯矩(kN·m)
桥面行车最大波浪	194	-2 301
50年一遇波浪	276	-2 946
100年一遇波浪	277	-2 902

(9)桩身水流力

根据规范JTJ 021—89第2.3.10条计算水流力,桩身水流力计算结果见表4.5.2.15。

PM419桩身横桥向水流力　　表4.5.2.15

工　况	流速(m/s)	水流力(kN)	局部冲刷线处桩身弯矩(kN·m)
桥面行车最大水位	1.85	49	-485
50年一遇水位	1.6	37	-343
100年一遇水位	1.6	37	-343

3.正常使用阶段桩顶荷载计算

由承台底荷载组合结果可知,正常使用极限状态控制设计的组合为组合I、组合II-1、组合II-3和组合III。

根据桩布置情况(桩基编号见图4.5.2.4)和地质情况,采用规范JTJ 024—85附录六 m 法计算正常使用极限状态的桩顶荷载,结果见表4.5.2.16。

PM419基础由正常使用组合作用效应产生的单桩竖向力 表4.5.2.16

桩号	组合I(kN)	组合II-1(kN)	组合II-3(kN)	组合III(kN)
1	1.413E+04	1.433E+04	1.155E+04	1.408E+04
2	1.440E+04	1.496E+04	1.260E+04	1.460E+04
3	1.466E+04	1.560E+04	1.365E+04	1.512E+04
4	1.493E+04	1.623E+04	1.470E+04	1.564E+04
5	1.520E+04	1.687E+04	1.575E+04	1.616E+04
6	1.546E+04	1.750E+04	1.680E+04	1.668E+04
7	1.400E+04	1.289E+04	1.103E+04	1.382E+04
8	1.426E+04	1.353E+04	1.208E+04	1.434E+04
9	1.453E+04	1.416E+04	1.313E+04	1.486E+04
10	1.480E+04	1.480E+04	1.418E+04	1.538E+04
11	1.506E+04	1.543E+04	1.523E+04	1.590E+04
12	1.533E+04	1.607E+04	1.628E+04	1.642E+04
13	1.560E+04	1.670E+04	1.733E+04	1.694E+04
14	1.413E+04	1.209E+04	1.155E+04	1.408E+04
15	1.440E+04	1.273E+04	1.260E+04	1.460E+04
16	1.466E+04	1.336E+04	1.365E+04	1.512E+04
17	1.493E+04	1.400E+04	1.470E+04	1.564E+04
18	1.520E+04	1.463E+04	1.575E+04	1.616E+04
19	1.546E+04	1.526E+04	1.680E+04	1.668E+04

结果表明,组合II-1中各桩的受力最不均匀,6号桩的最大为1.750E+04kN,14号桩的最小为1.209E+04kN,这是因为桩顶受到了两个方向的力矩作用,因此在桩群的角点上受力不均匀。

4.单桩容许承载力验算

根据地质情况计算得单桩容许承载力[P]=37 510kN,对组合II和组合III需考虑作用组合提高系数1.25。局部冲刷线以上的全部桩身重力和局部冲刷线以下的1/2桩身重力作为外力考虑,结果见表4.5.2.17,桩的受力是安全的。

PM419基础单桩容许承载力计算 表4.5.2.17

项目	组合I	组合II-1	组合II-3	组合III
最不利荷载值(kN)	2.287E+04	2.477E+04	2.460E+04	2.421E+04
容许值(kN)	3.751E+04	4.689E+04	4.689E+04	4.689E+04

5.承载能力极限状态桩身受力分析

桩身受力分析按《公路桥涵地基与基础设计规范》的 m 法进行计算,桩侧土的比例系数根据地质钻探资料查取规范相应表格得到,计算中视桩顶承台为刚性体,不计变形。

根据表4.5.2.13承台底承载能力极限状态组合情况,考虑最不利荷载组合II-1和组合II-3,按 m 法计算得到桩顶截面内力见表4.5.2.18。

PM419 承载能力极限状态桩顶内力　　表 4.5.2.18

承载能力极限状态组合 II-1						承载能力极限状态组合 II-3					
承台底内力	N_x	N_y	N_z	M_x	M_y	承台底内力	N_x	N_y	N_z	M_x	M_y
	7 296	2 003	311 583	41 911	−230 595		20 393	0	296 329	0	−263 617
桩顶内力(0.0m)						桩顶内力(0.0m)					
1	384	105	15 790	−2 031	5 371	1	1 073	0	12 180	0	15 100
2	384	105	16 610	−2 031	5 371	2	1 073	0	13 550	0	15 100
3	384	105	17 440	−2 031	5 371	3	1 073	0	14 910	0	15 100
4	384	105	18 260	−2 031	5 371	4	1 073	0	16 280	0	15 100
5	384	105	19 090	−2 031	5 371	5	1 073	0	17 640	0	15 100
6	384	105	19 910	−2 031	5 371	6	1 073	0	19 010	0	15 100
7	384	105	13 920	−2 031	5 371	7	1 073	0	11 500	0	15 100
8	384	105	14 750	−2 031	5 371	8	1 073	0	12 870	0	15 100
9	384	105	15 570	−2 031	5 371	9	1 073	0	14 230	0	15 100
10	384	105	16 400	−2 031	5 371	10	1 073	0	15 600	0	15 100
11	384	105	17 220	−2 031	5 371	11	1 073	0	16 960	0	15 100
12	384	105	18 050	−2 031	5 371	12	1 073	0	18 330	0	15 100
13	384	105	18 870	−2 031	5 371	13	1 073	0	19 690	0	15 100
14	384	105	12 880	−2 031	5 371	14	1 073	0	12 180	0	15 100
15	384	105	13 710	−2 031	5 371	15	1 073	0	13 550	0	15 100
16	384	105	14 530	−2 031	5 371	16	1 073	0	14 910	0	15 100
17	384	105	15 360	−2 031	5 371	17	1 073	0	16 280	0	15 100
18	384	105	16 180	−2 031	5 371	18	1 073	0	17 640	0	15 100
19	384	105	17 010	−2 031	5 371	19	1 073	0	19 010	0	15 100

注:①N_x 为横桥向水平力,N_y 为顺桥向水平力,N_z 为竖向力,M_x 为顺桥向弯矩 M_y 为横桥向弯矩;
②N 单位为 kN,M 单位为 kN · m。

表 4.5.2.19 和图 4.5.2.6 分别用数值和图形给出了 PM419 桥墩桩基中受力最不利的 7 号钻孔灌注桩在最不利组合 II-3 作用下的弯矩分布情况(轴力最小,弯矩最大)。

7 号桩组合 II-3 弯矩　表 4.5.2.19

z(m)	M_y(kN · m)	z(m)	M_y(kN · m)
0.0	15 100.0	59.3	3.0
9.3	3 065.5	63.3	3.3
18.5	−8 969.0	67.4	3.5
22.6	−13 120.0	71.5	3.8
26.7	−11 120.0	75.6	4.1
30.7	−5 860.0	79.6	4.4
34.8	−1 587.0	83.7	4.7
38.9	173.7	87.8	5.0
43.0	100.4	91.9	5.3
47.0	−405.4	95.9	5.6
51.1	2.4	100.0	5.9
55.2	2.7		

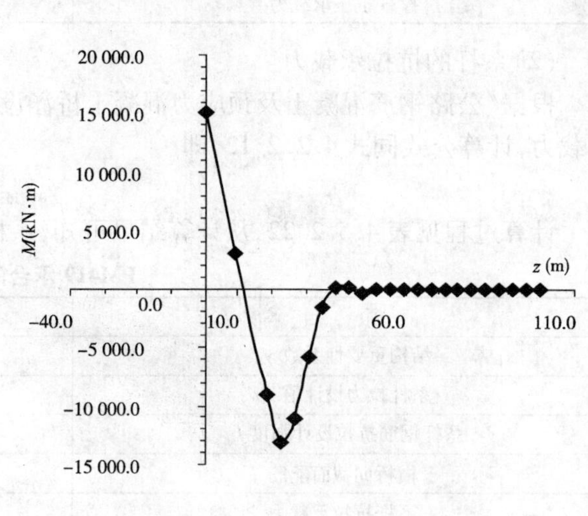

图 4.5.2.6　7 号桩组合 II-3 桩身弯矩分布

6. 钻孔桩桩身截面承载力验算

钻孔桩直径2.5m，配置45根直径32mm的II级钢筋，采用C30水下混凝土，根据圆截面偏心受压构件进行承载力验算，控制截面为桩顶处，控制荷载组合为II-3，结果列出在表4.5.2.20中。

钻孔桩桩身截面承载力验算 表4.5.2.20

计算内容	单位	PM419号桥墩
		3号桩
设计轴力 N	kN	11 500
设计弯矩 M	kN·m	15 100
极限承载力 N_R	kN	15 000

承载力验算结果表明，钻孔灌注桩的配筋是安全的。

5.2.5 承台计算

根据《公路钢筋混凝土及预应力混凝土桥涵设计规范》(JTG D62—2004)第8.5节进行承台计算，内容包括承台抗弯承载力验算、抗剪承载力验算、冲切承载力验算以及局部承压承载力验算。

取固定墩(PM419)下的承台进行验算。

1. 承台抗弯承载力验算

PM419承台外排桩中心距墩身边缘为1.3m，小于承台高度4.5m，因此承台短悬臂按“撑杆—系杆体系”计算撑杆的抗压承载力和系杆的抗拉承载力。

(1)撑杆的抗压承载力

计算公式见式4.2.2.7~4.2.2.11。

表4.5.2.21示出了PM419承台的撑杆抗压承载力计算，计算结果表明，PM419承台的撑杆抗压承载力满足要求。

PM419承台的撑杆抗压计算 表4.5.2.21

项目	单位	数值
结构重要性系数 γ_0		1.1
撑杆压力设计值 D_d	kN	42 750
撑杆计算高度 t	m	2.135
撑杆计算宽度 b_s	m	37.52
撑杆轴心抗压设计强度 $f_{cd,s}$	MPa	19.2
横桥向截面配筋		374 ϕ 12mm和1494 ϕ 22mm(HRB335)
撑杆抗压承载力	kN	1 538 020

(2)系杆的抗拉承载力

根据《公路钢筋混凝土及预应力混凝土桥涵设计规范》(JTG D62—2004)第8.5.3条计算系杆抗力承载力，计算公式同式4.2.2.12，即

$$\gamma_0 T_{id} \leqslant f_{sd} A_s$$

计算过程见表4.5.2.22，从计算结果可知，系杆抗拉承载力远大于荷载值，满足规范要求。

PM419承台的系杆抗拉计算 表4.5.2.22

项目	单位	数值
结构重要性系数 γ_0		1.1
系杆拉力设计值 T_d	kN	46 640
系杆钢筋抗拉设计强度 f_{sd}	MPa	280
横桥向截面配筋		374 ϕ 12mm和1494 ϕ 22mm(HRB335)
系杆抗拉承载力	kN	170 860

根据拉杆和撑杆的计算结果，PM419承台的抗弯承载力满足要求。

2. 承台抗剪承载力验算

根据《公路钢筋混凝土及预应力混凝土桥涵设计规范》(JTG D62—2004)第8.5.4条计算承台的斜截面抗剪承载力，计算公式同式4.2.2.13。

计算过程见表4.5.2.23，从计算结果可知，承台斜截面抗剪承载力满足要求。

PM419承台斜截面抗剪计算　　表4.5.2.23

项　目	单　位	数　值
结构重要性系数 γ_0		1.1
剪力设计值 V_d	kN	119 460
配筋率 p		0.397
剪跨比 m		0.5
承台计算宽度 b_s	m	37.52
承台有效高度 h_0	m	4.092
抗剪承载力	kN	391 200

3. 承台冲切承载力验算

(1)桥墩向下冲切

根据规范JTG D62—2004第8.5.5条，计算公式同式4.2.2.14和式4.2.2.15。

将直径2.5m的圆形截面桩换算为边长2.0m的方形截面桩，计算过程见表4.5.2.24，计算结果可知，桥墩冲切承载力满足要求。

PM419桥墩冲切计算　　表4.5.2.24

项　目	单　位	数　值
结构重要性系数 γ_0		1.1
冲切力设计值 F_{1d}	kN	90 468
混凝土轴心抗拉设计强度 f_{td}	MPa	1.65
截面有效高度 h_0	m	4.092
a_x，a_y	m	0.818 4
b_x	m	9
b_y	m	11.65
冲切承载力	kN	541 700

(2)角桩向上冲切

根据规范JTG D62—2004第8.5.5条，计算公式同式4.2.2.16和式4.2.2.17。

计算过程见表4.5.2.25，计算结果可知，角桩冲切承载力满足要求。

PM419承台角桩的冲切计算　　表4.5.2.25

项　目	单　位	数　值
结构重要性系数 γ_0		1.1
角桩竖向力设计值 F_{1d}	kN	19 910
混凝土轴心抗拉设计强度 f_{td}	MPa	1.65
截面有效高度 h_0	m	4.092
a_x、a_y	m	0.818 4
b_x、b_y	m	3.5
冲切承载力	kN	63 350

第6章 顶推施工50m等截面预应力连续箱梁桥计算

东海大桥8×50m预应力混凝土连续箱梁位于大乌龟岛附近,其一侧临岛,一侧临海,桥位处为陡峭斜坡,施工难度较大,经比选确定该桥梁采用顶推法施工。

桥梁横向由两分离的单箱组成。桥面布置为0.5m(防撞护栏)+2.5m(紧急停车带)+11.75m(行车道)+0.5m(防撞护栏)+1.0m(中央隔离带)+0.5m(防撞护栏)+11.75m(行车道)+2.5m(紧急停车带)+0.5m(防撞护栏),桥面全宽31.5m。

基础采用ϕ200cm嵌岩钻孔桩;桥墩采用双柱式盖梁桥墩,左右桥墩墩中心距为16.25m;矩形承台,承台厚度为3.0m。钻孔桩采用钻机成孔现浇水下混凝土;承台采用套箱现浇施工,墩柱和盖梁采用现浇施工。

8×50m连续梁桥总体布置如图4.6.0.1所示,桥梁横断面布置如图4.6.0.2所示。

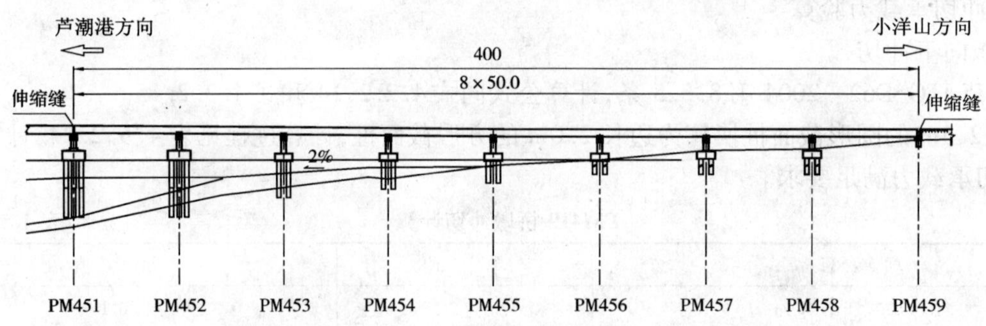

图4.6.0.1 8×50m连续梁桥总体布置(尺寸单位:m)

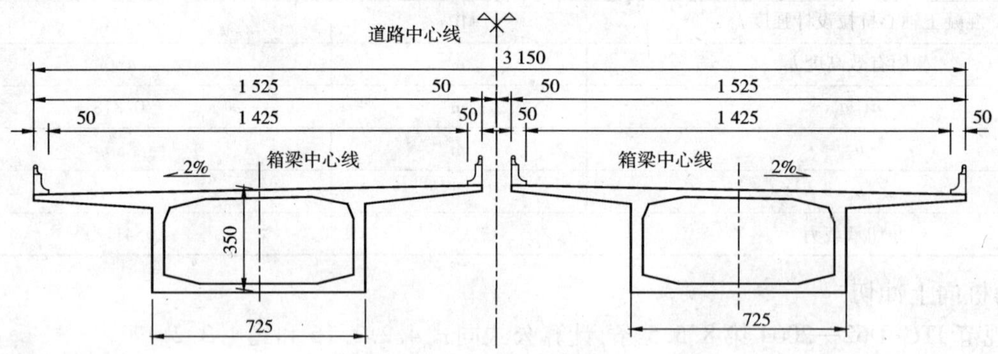

图4.6.0.2 桥梁横断面布置(尺寸单位:cm)

6.1 上部结构

6.1.1 上部结构构造要点

1.桥跨布置及箱梁构造尺寸

梁部结构采用350cm等高的单箱单室直腹板箱形截面,高跨比1/14.3,箱梁在墩顶共设置9道横隔板,边墩横隔板厚100cm,中墩横隔板厚130cm,横隔板设置120cm×120cm进人孔。桥梁横断面为双幅,每幅箱梁顶板宽1 525cm,两翼悬臂长400cm。顶推时顶板宽1 485cm,待箱梁全部顶推到位后,顶板两端各有 20cm 后浇封锚。顶板厚 28cm，在距离横隔板 2.65m 时变化为 40cm。底板宽 725cm，厚 30cm，在距离横隔板 2.65m 时变化为 40cm。腹板厚 40cm，在距离横隔板 10.9m 时变化为 50，距离横隔板 2.65m 时变化为 60cm。为便于顶推过程中脱内模及减轻顶推梁自重，箱梁的中隔板均为二次浇筑，中隔板上留有 40cm×40cm 进灰孔，待顶推梁全部到位后再浇筑隔板混凝土。导梁为曲线形，导梁长 37.5m，是主跨的 0.75 倍，一幅导梁重 905kN。

箱梁主要尺寸见图 4.6.1.1。

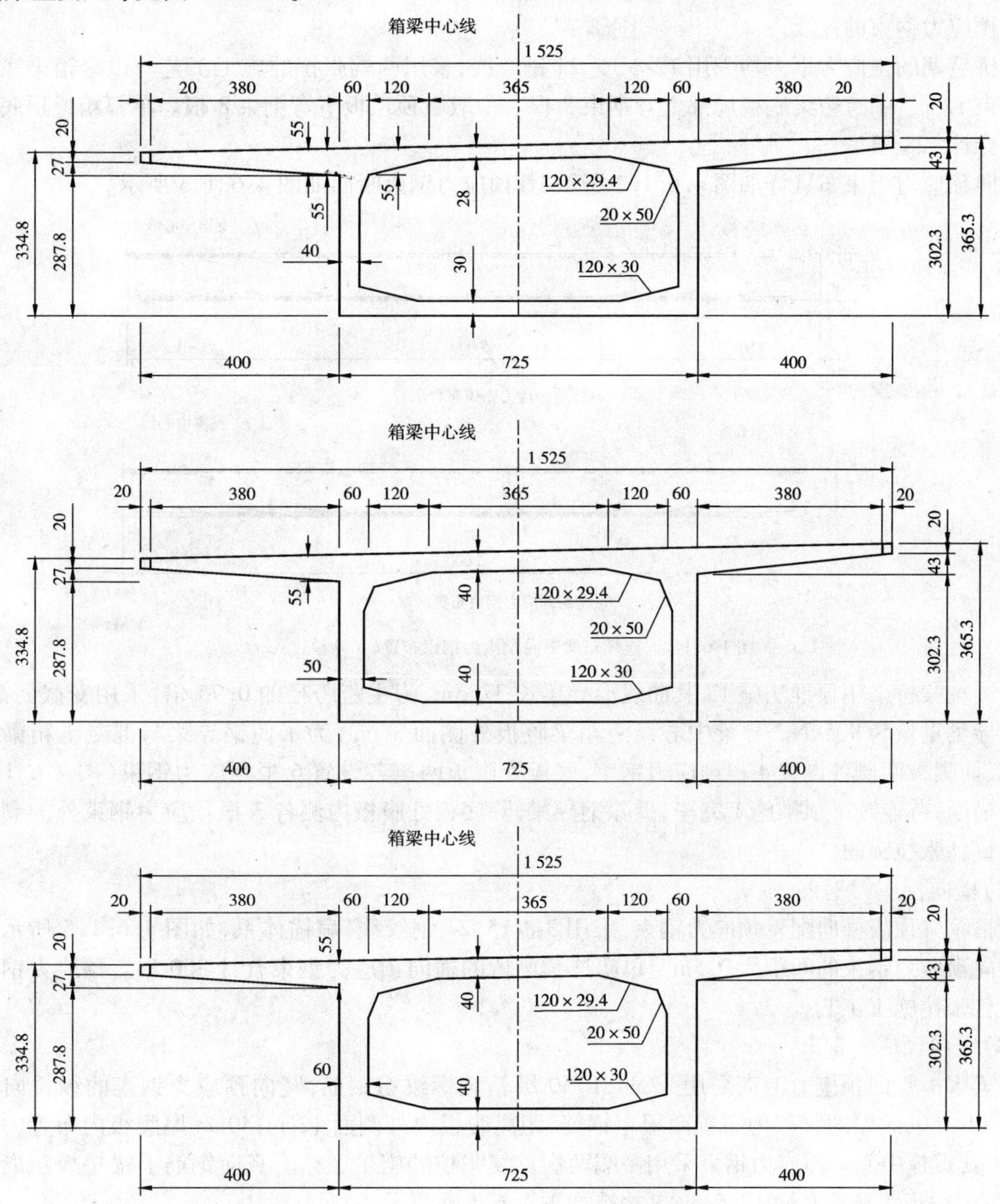

图 4.6.1.1　箱梁横断面构造尺寸(尺寸单位:cm)

2. 预应力钢束的布置

箱梁采用三向预应力体系。纵横向预应力钢束采用 ϕ^j15.24 高强度低松弛 270 级钢绞线，其标准强度 $R_y^b=1\,860$MPa，锚下控制应力 $\sigma_k=0.75R_y^b=1\,395$MPa。纵向顶板和底板通长预应力钢束和竖向预应力钢束采用 32mmJL750 级精轧螺纹钢筋，其标准强度 $R_y^b=750$MPa，张拉控制应力 $\sigma_k=0.8R_y^b=600$MPa。

(1)纵向预应力钢束

箱梁纵向预应力钢束主要分为顶推施工中的顶板和底板纵向连续筋、成桥后期的中墩墩顶顶板下弯钢束和每跨底板局部上弯钢束三类形式。预应力钢束按箱梁对称布置,尽可能靠近腹板,减少剪力滞效应的影响。

顶推施工中的顶底板预应力钢束:顶底板纵向连续筋采用32mm精轧螺纹粗钢筋,悬臂板根部处设置两排,其余顶板和底板处各设置一排,顶板预应力钢束计62根,底板预应力钢束计40根。每一预制节段的预应力钢束采用一端反复张拉的施工工艺,连接断面处设置预应力钢束联结器,以保持顶板和底板纵向预应力钢束的连续。

成桥后期的预应力钢束均采用12-ϕ^j15.24钢绞线,采用两端张拉的施工工艺。边跨箱梁底板局部上弯钢束12根,中跨箱梁底板局部上弯钢束8根。中墩墩顶顶板下弯钢束8根。单幅箱梁顶底板预应力钢束合计128根。

纵向预应力钢束布置详如图4.6.1.2所示,其预应力钢束断面如图4.6.1.3所示。

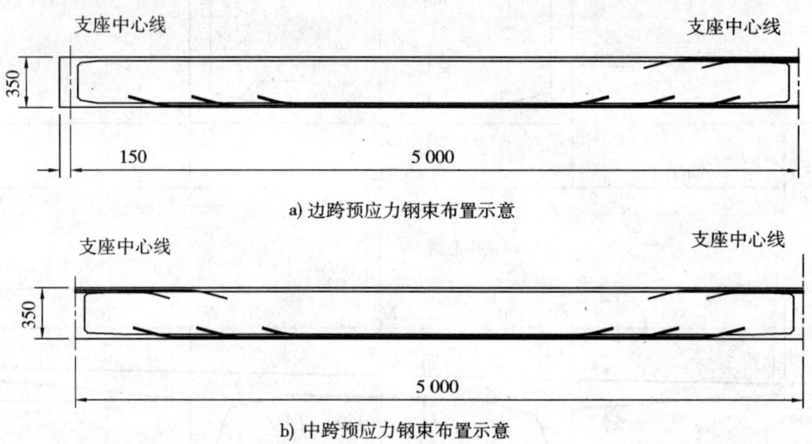

图4.6.1.2　连续箱梁纵向预应力钢束布置(尺寸单位:cm)

连续箱梁桥采用顶推法施工,其曲线形导梁长37.5m,为主跨跨径的0.75倍,采用变截面钢板梁,其单幅导梁重量为905kN。导梁中心线距箱梁腹板外侧面34cm,为了使钢导梁与混凝土箱梁有效连接,顶板处腹板两侧各设置4根预应力钢束,底板处腹板两侧各设置6根预应力钢束(图4.6.1.4),进行张拉锚固,待连续梁顶推施工完毕,拆除钢导梁,除底板处腹板内侧各3根预应力钢束外的剩余粗钢筋进行重新张拉锚固。

(2)横向预应力钢束

单幅箱梁顶板横向配置预应力钢束,采用3-ϕ^j15.24钢绞线,扁锚体系,如图4.6.1.5所示。纵桥向其横向预应力钢束的间距为0.5m。单幅连续梁桥的横向预应力钢束合计800根。预应力钢束采用一端交替张拉施工工艺。

(3)竖向预应力钢束

箱梁腹板竖向预应力钢束采用32mmJL750级精轧螺纹粗钢筋,竖向预应力钢束的纵桥向间距为50cm。50~60cm厚的腹板内布置两根粗钢筋,距离腹板内外侧面12cm;40cm厚腹板内布置一根粗钢筋,位于其腹板中间。预应力钢束采用一端两次反复张拉的施工工艺。竖向钢筋上锚垫板距离梁顶面18cm,下锚垫板距离梁底面19.5cm,其构造如图4.6.1.6所示。

6.1.2　主要计算参数

(1)混凝土

主梁采用C50级高性能混凝土,其主要力学性能如下:

压弯弹性模量 $E=3.5\times10^4$MPa;

抗压设计强度28.5MPa;

抗拉设计强度2.45MPa。

(2)预应力钢筋

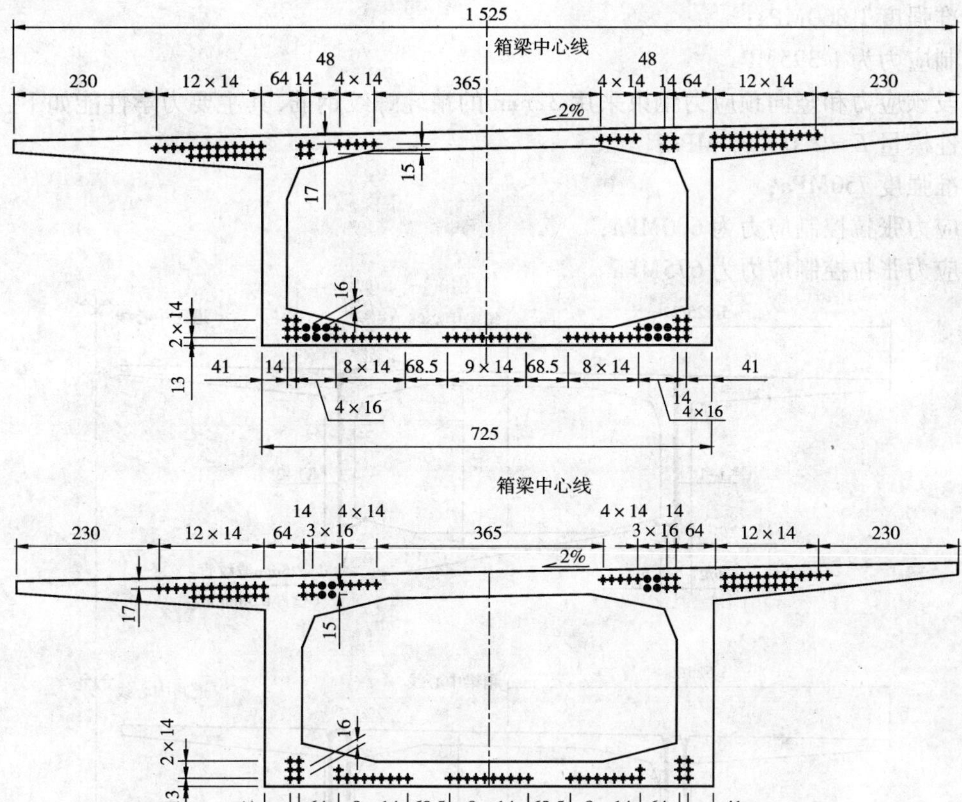

图4.6.1.3　箱梁预应力钢束横断面(尺寸单位:cm)

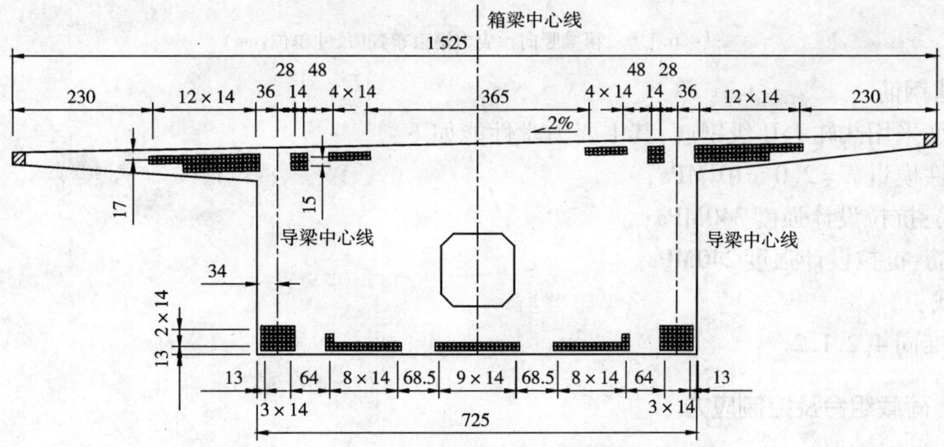

图4.6.1.4　钢导梁与箱梁结合面的预应力钢束(尺寸单位:cm)

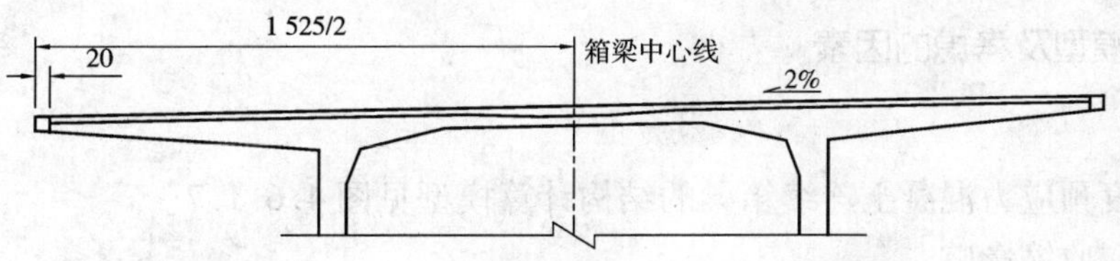

图4.6.1.5　箱梁横向预应力钢束布置(尺寸单位:cm)

预应力钢束纵向和横向采用 $\phi^j 15.24$ 低松弛钢绞线，其主要力学性能如下：
压弯弹性模量 $E = 1.9 \times 10^5$MPa；
抗拉标准强度 1 860MPa；
张拉控制应力为 1 395MPa。
顶推阶段预应力和竖向预应力钢束采用 32mm 的精轧螺纹钢筋，其主要力学性能如下：
压弯弹性模量 $E = 2.0 \times 10^5$MPa；
抗拉标准强度 750MPa；
顶推预应力张拉控制应力为 600MPa；
竖向预应力张拉控制应力为 675MPa。

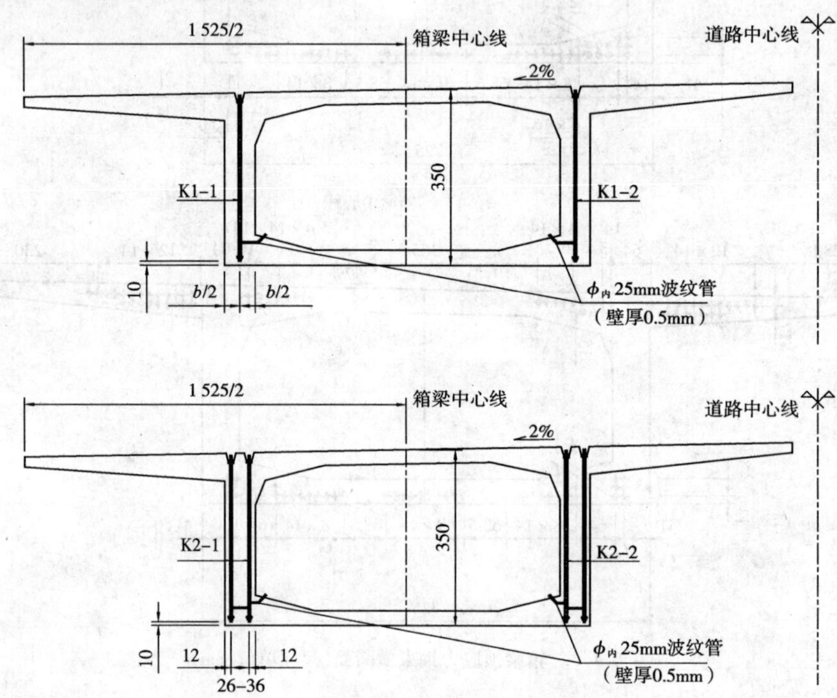

图 4.6.1.6　箱梁竖向预应力钢束布置（尺寸单位：cm）

(3) 普通钢筋

普通钢筋采用热轧 I、II 级钢筋，其主要力学性能如下：
压弯弹性模量 $E = 2.0 \times 10^5$MPa；
I 级钢筋：抗拉设计强度 340MPa；
II 级钢筋：抗拉设计强度 240MPa。

(4) 荷载

荷载标准同 4.2.1.2。

6.1.3　荷载组合及控制应力

荷载组合及控制应力同 2.1.3 中相关规定。

6.1.4　计算模型及考虑的因素

1. 计算模型

8 ×50m 等高度预应力混凝土连续箱梁的结构计算模型见图 4.6.1.7。

2. 混凝土徐变、收缩影响

根据结构施工步骤，按每一节段混凝土加载龄期、构造尺寸和荷载变化过程分别考虑徐变、收缩影响。使用阶段混凝土徐变、收缩影响从施工阶段连续计算求得。

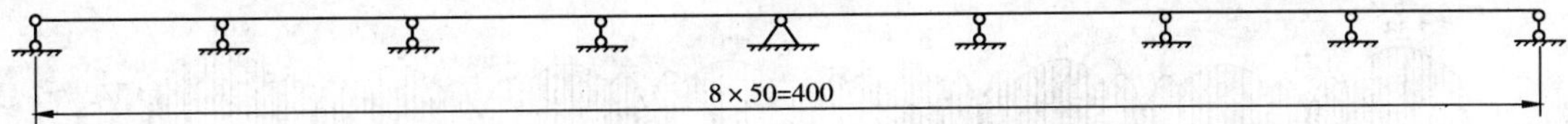

图4.6.1.7　8×50m等高度预应力混凝土连续梁计算模型(尺寸单位:m)

3.计算工况划分

连续箱梁采用顶推法施工,箱梁顶推梁块件长度为12.5m+15×25m+12.5m=400m,其主要施工步骤如下:

(1)基础、墩身施工完毕后,平整颗珠山侧桥台前30m段岩面,安装墩旁托架。在第二跨跨中搭设一临时墩。

(2)在预制平台上浇筑第一节段,待混凝土强度达到80%时张拉全部纵向预应力粗钢筋,同时安装导梁,张拉顶板和腹板预应力钢束。

(3)顶推已浇筑梁体及导梁前移37.5m。

(4)第二节段梁体浇筑及预应力钢束张拉。

(5)顶推已浇筑梁体及导梁前移25m。

(6)重复步骤(4)和(5),循环进行25m梁段浇筑及顶推施工直至梁体前端顶推到设计位置。

(7)在膺架上现浇最后12.5m长的梁段。

(8)拆除顶推导梁、预制平台、墩旁托架和临时墩;起顶梁体,安装正式支座,落梁。

(9)进行纵向预应力钢绞线的张拉。

(10)进行桥面工程的施工。

施工阶段计算按照上述施工步骤,对各施工阶段进行全过程模拟。

6.1.5　施工阶段验算

为验证结构施工阶段受力的可靠性,应对连续梁在施工阶段的混凝土正应力进行计算,截面最大应力应控制在规范容许范围之内。

模拟连续梁顶推施工过程,将截面在各施工阶段的最大、最小应力绘成包络图,见图4.6.1.8。

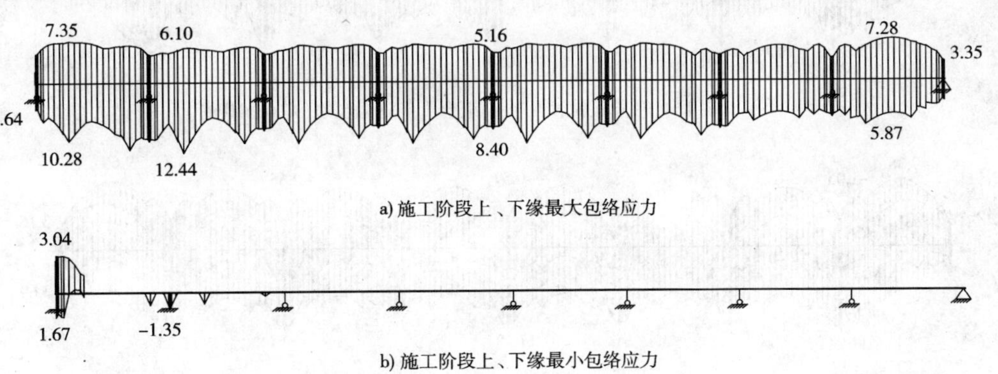

图4.6.1.8　施工阶段箱梁上、下缘最大最小应力包络(单位:MPa)

施工阶段箱梁混凝土压应力包络为3.35~12.44MPa,最大压应力位置在第二跨的1/4跨附近,时间发生在梁体移动到要浇筑15号梁段时。最大拉应力为-1.35MPa,在第一中支点截面上缘,时间发生在梁体移动到要浇筑最后9m梁段时。

施工阶段应力满足规范要求(施工阶段压应力及拉应力容许值分别为21MPa和-2.76MPa)。

成桥初期阶段即考虑桥面系施工后的阶段应力见图4.6.1.9,考虑收缩徐变3年后即成桥后期阶段应力见图4.6.1.10。

成桥初期箱梁混凝土应力包络为1.71~8.89MPa,成桥后期箱梁混凝土应力包络为1.72~

8.39MPa,最大压应力发生在第一中支点截面下缘,不出现拉应力。

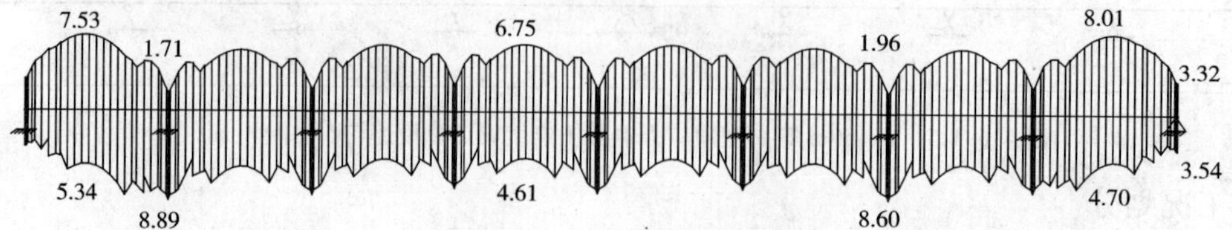

图4.6.1.9 成桥初期箱梁上下缘应力(单位:MPa)

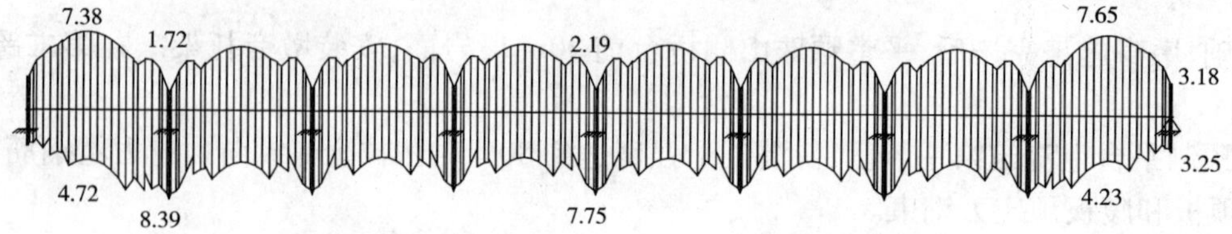

图4.6.1.10 成桥后期箱梁上下缘应力(单位:MPa)

根据规范要求,恒载作用下混凝土不允许出现拉应力,计算结果表明,成桥阶段恒载作用下混凝土应力满足规范要求。

6.1.6 正常使用极限状态验算

为验证结构在正常使用阶段的安全性,需对正截面混凝土的法向应力、斜截面混凝土的主应力进行验算。同时,为了适应行车快速、平稳、安全的要求以及考虑挠度对结构受力和振动的影响,还应满足规范对上部结构挠度的限定。

1. 正应力验算

正常使用阶段考虑最不利荷载组合后箱梁上、下缘正应力包络见图4.6.1.11~4.6.1.14。

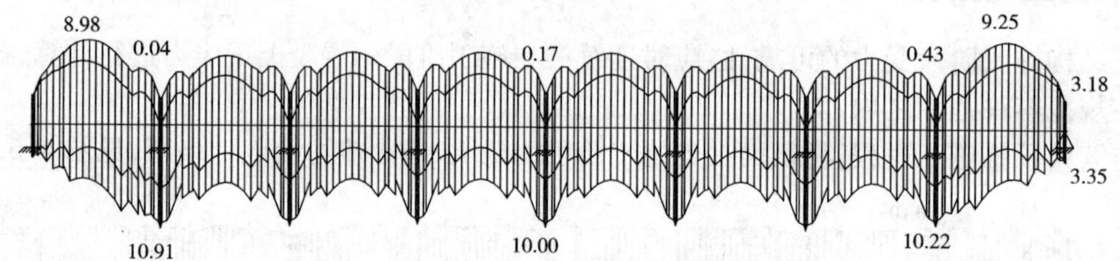

图4.6.1.11 箱梁正常使用阶段组合 I 正应力包络(单位:MPa)

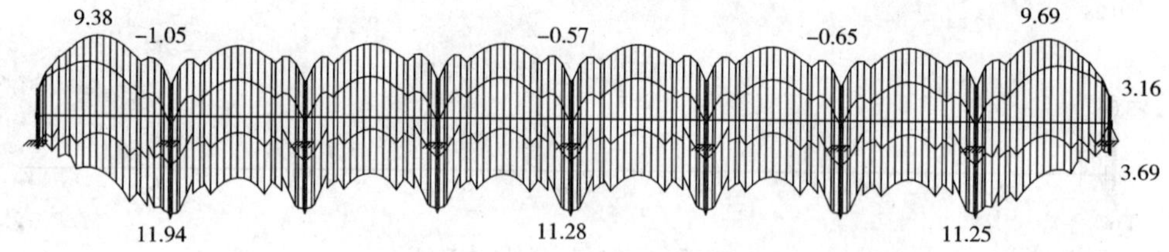

图4.6.1.12 箱梁正常使用阶段组合 II 正应力包络(单位:MPa)

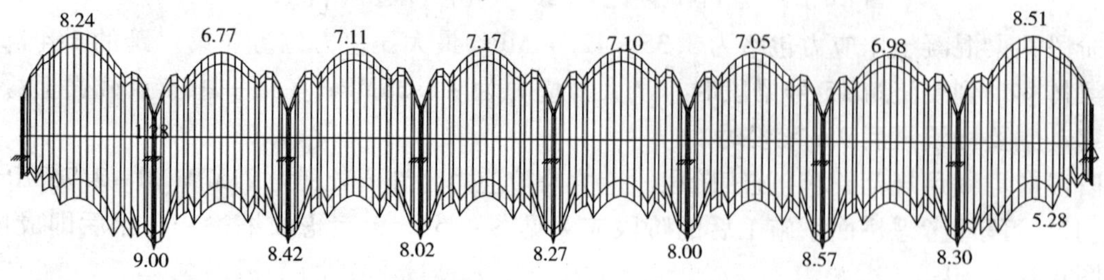

图4.6.1.13 箱梁正常使用阶段组合 III-1(挂车)正应力包络(单位:MPa)

在组合 I 情况下，箱梁混凝土正应力包络为 0.04 ~ 10.91MPa，最大、最小压应力均出现在第一中支点截面，无拉应力。混凝土的正应力满足全预应力混凝土构件的要求（组合 I 容许压应力值为 17.5MPa）。

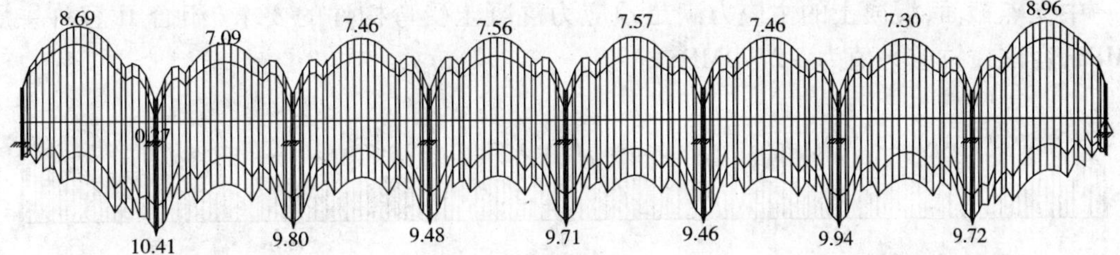

图 4.6.1.14　箱梁正常使用阶段组合 III-2（集装箱车）正应力包络（单位：MPa）

在组合 II 情况下，箱梁混凝土正应力包络为 -1.05 ~ 11.94MPa，最大压应力和最大拉应力分别发生在第一中支点截面下缘和上缘。混凝土的正应力满足部分预应力混凝土 A 类受弯构件的要求（组合 II 容许压应力值为 21MPa，容许拉应力值为 1.5MPa）。

在组合 III-1（挂车组合）情况下，箱梁混凝土正应力包络为 1.28 ~ 9.00MPa，最大、最小压应力分别发生在第一中支点截面下缘和上缘，无拉应力。混凝土的正应力满足全预应力混凝土构件的要求（组合 III 的容许压应力值为 21.0MPa）。

在组合 III-2（集装箱车组合）情况下，箱梁混凝土正应力包络为 0.27 ~ 10.41MPa，最大、最小压应力分别发生在第一中支点截面下缘和上缘，无拉应力。混凝土的正应力满足全预应力混凝土构件的要求（组合 III 的容许压应力值为 21.0MPa）。

2. 主应力验算

主应力验算包括混凝土主拉应力和主压应力验算，对前者进行验算主要为了保证主梁斜截面具有与正截面同等的抗裂安全度，而验算后者则是保证混凝土在沿主压应力方向破坏时也具有足够的安全度。

正常使用阶段箱梁主应力包络见图 4.6.1.15 ~ 图 4.6.1.18。

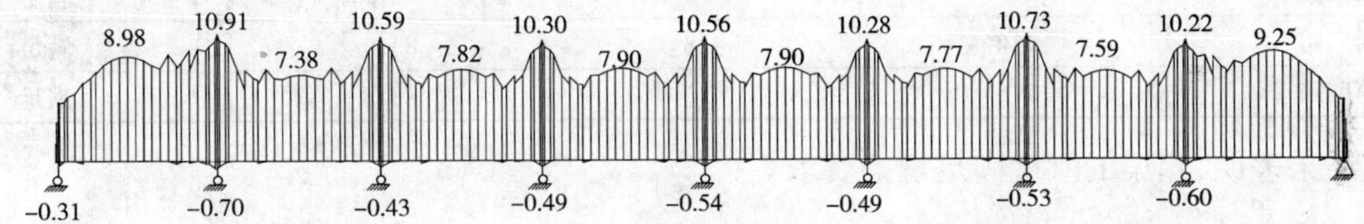

图 4.6.1.15　箱梁正常使用阶段组合 I 主应力包络（单位：MPa）

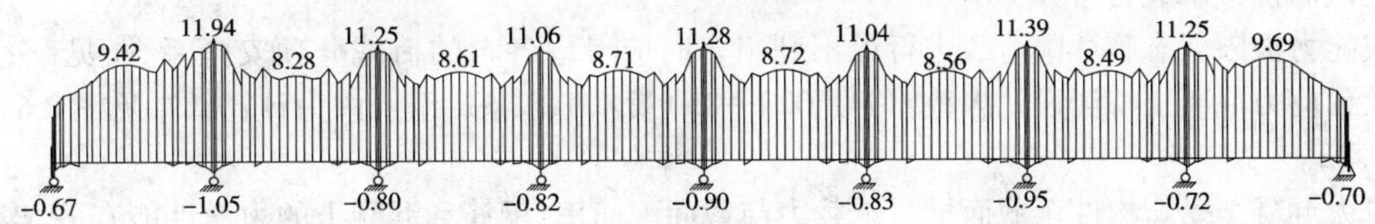

图 4.6.1.16　箱梁正常使用阶段组合 II 主应力包络（单位：MPa）

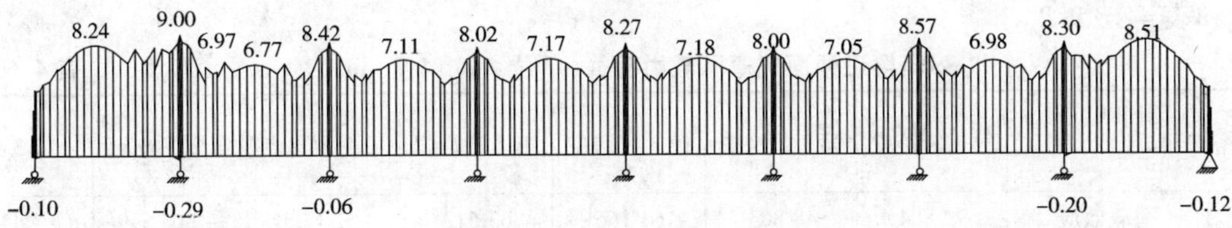

图 4.6.1.17　箱梁正常使用阶段组合 III-1（挂车）主应力包络（单位：MPa）

在组合 I 情况下，箱梁混凝土主应力包络为 -0.70 ~ 10.91MPa，最大主压应力和最大主拉应力均出现在第一中支点截面，混凝土的主应力满足预应力混凝土受弯构件的要求（组合 I 容许主压应力值为

21.0MPa,容许主拉应力值为 -2.40MPa)。

在组合 II 情况下,箱梁混凝土主应力包络为 -1.05 ~ 11.94MPa,最大主压应力和最大主拉应力均出现在第一中支点截面,混凝土的主应力满足预应力混凝土受弯构件的要求(组合 II 容许主压应力值为 22.75MPa,容许主拉应力值为 -2.70MPa)。

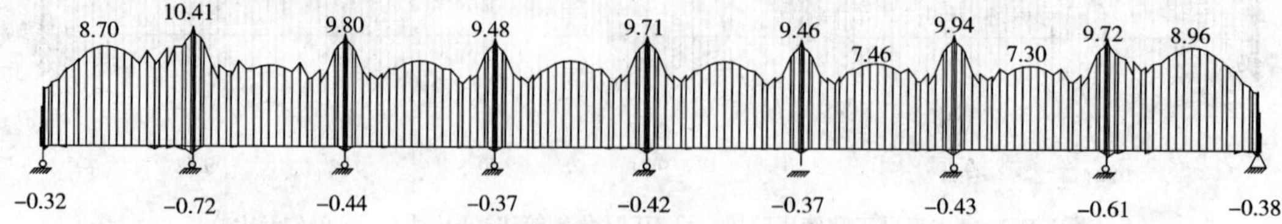

图 4.6.1.18 箱梁正常使用阶段组合 III-2(集装箱车)主应力包络(单位:MPa)

在组合 III-1(挂车组合)情况下,箱梁混凝土主应力包络为 -0.29 ~ 9.00MPa,最大主压应力和最大主拉应力均出现在第一中支点截面,混凝土的主应力满足预应力混凝土受弯构件的要求(组合 III 容许主压应力值为 22.75MPa,容许主拉应力值为 -2.70MPa)。

在组合 III-2(集装箱车组合)情况下,箱梁混凝土主应力包络为 -0.72 ~ 10.41MPa,最大主压应力和最大主拉应力均出现在第一中支点截面,混凝土的主应力满足预应力混凝土受弯构件的要求(组合 III 容许主压应力值为 22.75MPa,容许主拉应力值为 -2.70MPa)。

3. 刚度验算

根据规范要求对箱梁的刚度即可变作用中的汽车挠度进行验算,计算结果见表 4.6.1.1。

跨中截面汽车荷载挠度验算(尺寸单位:mm) 表 4.6.1.1

位置 \ 项目	最大向上位移	最大向下位移	容 许 值	是否满足
第一跨	2.1	5.8	83.3	满足
第二跨	2.9	4.6	83.3	满足
第三跨	2.6	4.8	83.3	满足
第四跨	2.6	4.7	83.3	满足

计算结果表明,箱梁的刚度满足规范要求。

6.1.7 承载能力极限状态验算

1. 正截面抗弯承载力验算

承载能力极限状态验算中荷载进行最不利组合时应考虑各自的荷载分项安全系数,见《公路钢筋混凝土及预应力混凝土桥涵设计规范》(JTJ 023—85)第 4.1.2 条。组合内力计算结果见图4.6.1.19 ~ 图 4.6.1.22。

预应力混凝土受弯构件正截面抗弯承载力与截面配筋率、钢筋和混凝土的力学性能有关,连续梁上部结构预应力配筋情况见图 4.6.1.2、图 4.6.1.3。根据规范 JTJ 023—85 第 4.1.6、4.1.7 条计算受弯构件正截面抗弯承载力(承载力计算中仅考虑预应力钢束的抗力),计算结果见图 4.6.1.19 ~ 图 4.6.1.22和表 4.6.1.2。

箱梁正截面抗弯承载力验算(单位:弯矩 kN·m) 表 4.6.1.2

项目 \ 计算截面		第 1 跨跨中	第 2 跨跨中	第 3 跨跨中	第 4 跨跨中	第 1 中支点	第 2 中支点	第 3 中支点
组合 I	荷载效应	91 884	48 803	64 166	63 512	-133 257	-116 599	-118 611
	截面承载力	155 101	149 521	149 521	149 521	-143 600	-143 600	-143 600
组合 II	荷载效应	100 743	66 684	79 518	79 369	-160 477	-131 186	-134 729
	截面承载力	155 101	149 521	149 521	149 521	-143 600	-143 600	-143 600

续上表

项目 \ 计算截面		第 1 跨跨中	第 2 跨跨中	第 3 跨跨中	第 4 跨跨中	第 1 中支点	第 2 中支点	第 3 中支点
组合 III-1	荷载效应	77 159	36 050	49 705	48 742	−114 040	−85 713	−86 082
	截面承载力	155 101	149 521	149 521	149 521	−143 600	−143 600	−143 600
组合 III-2	荷载效应	84 123	41 506	55 936	54 768	−131 536	−102 797	−104 150
	截面承载力	155 101	149 521	149 521	149 521	−143 600	−143 600	−143 600
是否满足		满足	满足	满足	满足	满足	满足	满足

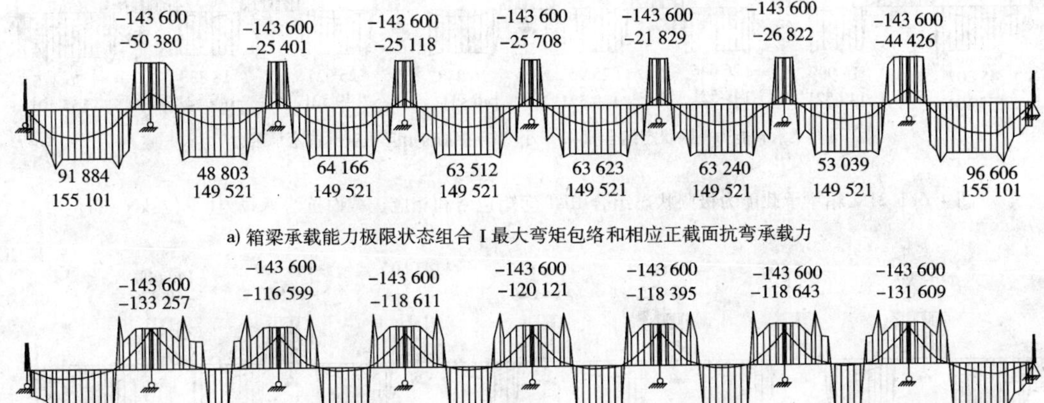

a) 箱梁承载能力极限状态组合 I 最大弯矩包络和相应正截面抗弯承载力

b) 箱梁承载能力极限状态组合 I 最小弯矩包络和相应正截面抗弯承载力

图 4.6.1.19　箱梁承载能力极限状态组合 I 弯矩包络和相应正截面抗弯承载力(单位:kN · m)

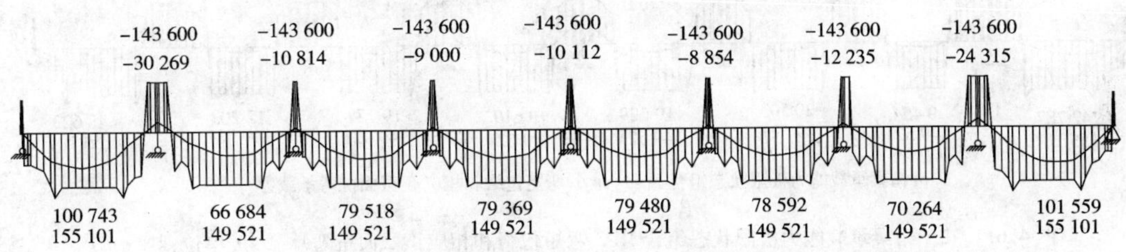

a) 箱梁承载能力极限状态组合 Ⅱ 最大弯矩包络 和相应 正截面抗弯承载力

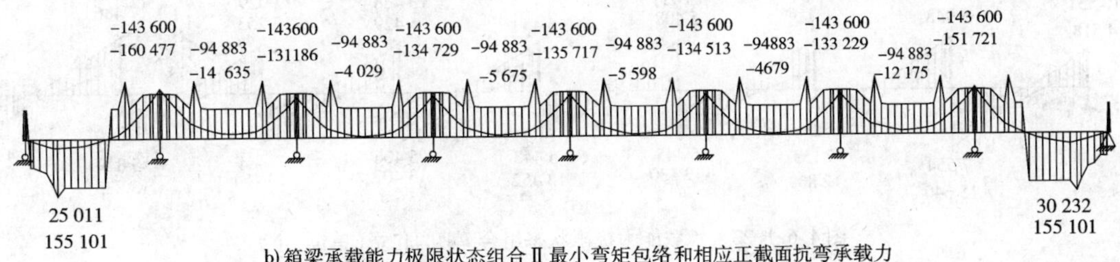

b) 箱梁承载能力极限状态组合 Ⅱ 最小弯矩包络和相应正截面抗弯承载力

图 4.6.1.20　箱梁承载能力极限状态组合 II 弯矩包络和相应正截面抗弯承载力(单位:kN · m)

承载能力极限状态组合 II 荷载效应在第一中支点处大于截面承载力,若考虑支座宽度和梁高对弯矩折减的影响,截面受力满足要求。

2. 斜截面抗剪承载力验算

(1) 承载能力极限状态下的剪力计算

各种荷载组合情况下的剪力包络见图 4.6.1.23 ~ 图 4.6.1.26。

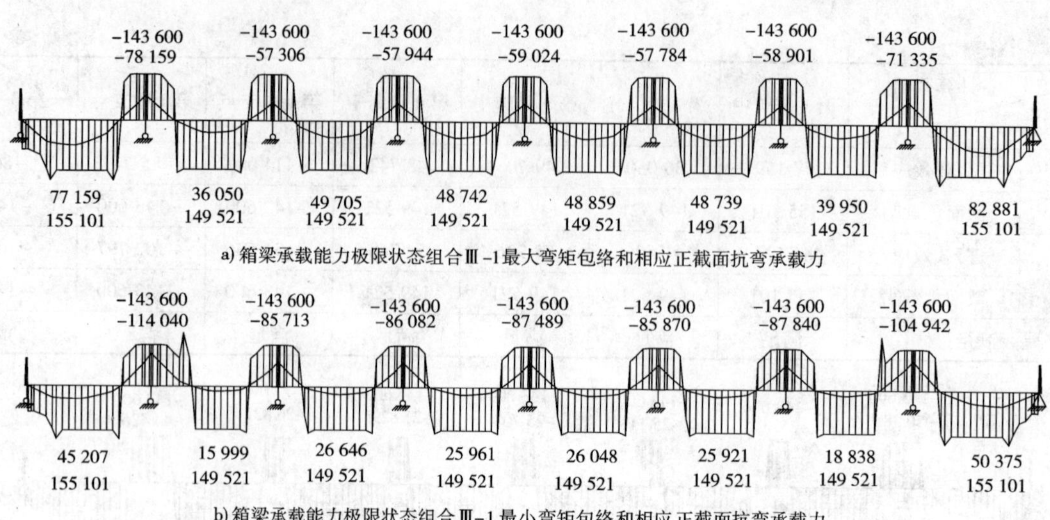

a) 箱梁承载能力极限状态组合Ⅲ-1最大弯矩包络和相应正截面抗弯承载力

b) 箱梁承载能力极限状态组合Ⅲ-1最小弯矩包络和相应正截面抗弯承载力

图 4.6.1.21　箱梁承载能力极限状态组合 III-1 弯矩包络和相应正截面抗弯承载力(单位:kN·m)

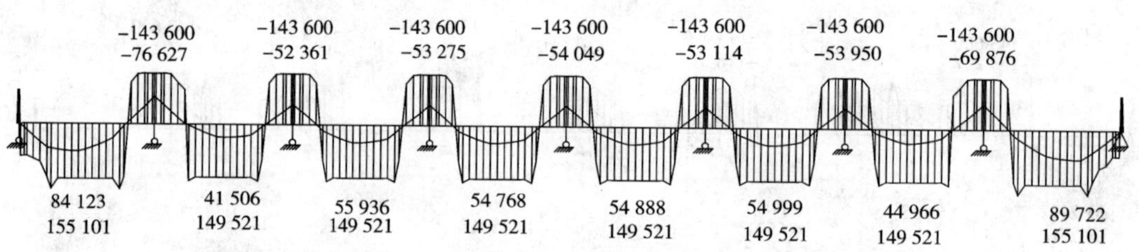

a) 箱梁承载能力极限状态组合Ⅲ-2 最大弯矩包络和相应正截面抗弯承载力

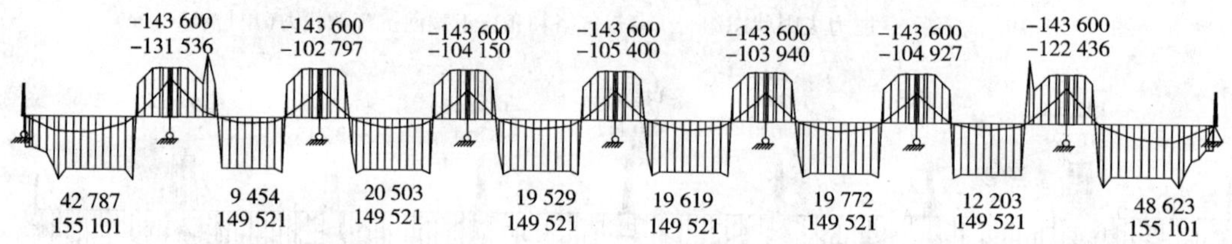

b) 箱梁承载能力极限状态组合 Ⅲ-2　最小弯矩包络和相应正截面抗弯承载力

图 4.6.1.22　箱梁承载能力极限状态组合 III-2 弯矩包络和相应正截面抗弯承载力(单位:kN·m)

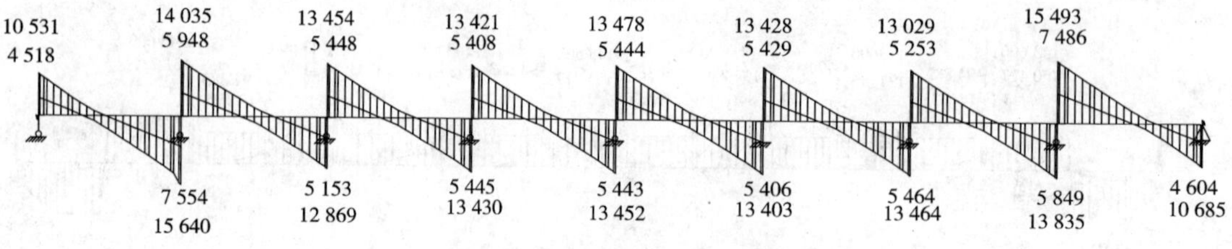

图 4.6.1.23　承载能力极限状态组合 I 剪力包络(单位:kN)

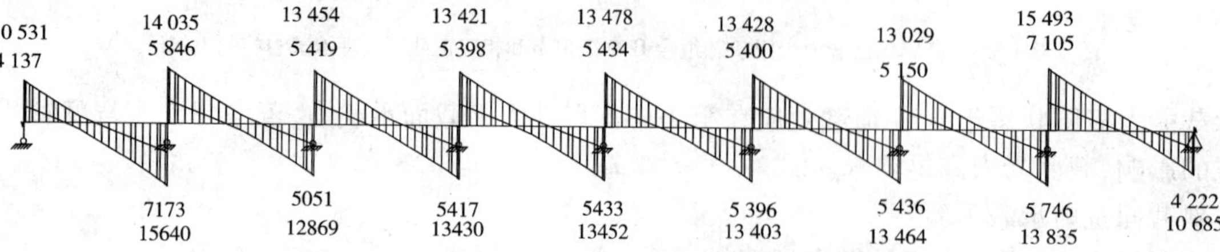

图 4.6.1.24　承载能力极限状态组合 II 剪力包络(单位:kN)

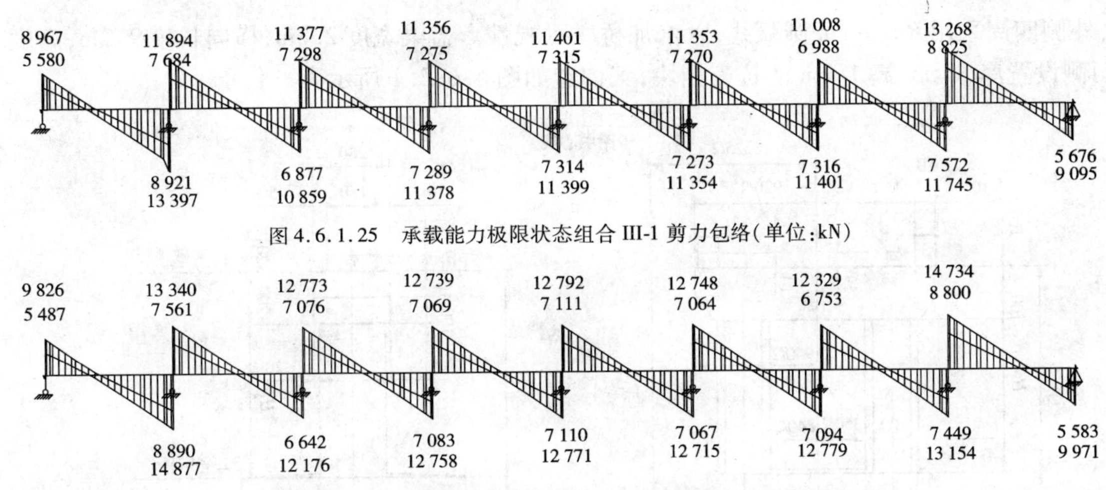

图 4.6.1.25　承载能力极限状态组合 III-1 剪力包络(单位:kN)

图 4.6.1.26　承载能力极限状态组合 III-2 剪力包络(单位:kN)

(2)抗剪上限验算

现行公路桥梁设计规范对抗剪截面尺寸的验算公式 $0.051\sqrt{R}bh_0$ 只局限于等高度简支梁,对连续梁的情况未有涉及。现参考该公式对连续箱梁的抗剪上限进行验算,结果见表 4.6.1.3,表明截面均满足斜截面尺寸上限要求,即不会出现斜截面破坏中的斜压破坏。

根据极限状态荷载效应组合计算结果,取用最不利组合 II 作为验算组合进行斜截面抗剪承载力验算。

斜截面尺寸验算(单位:kN)　　表 4.6.1.3

项目 / 位置	上　限	荷 载 效 应	尺寸是否满足
1 号墩	13 632	10 531	满足
2 号墩	14 997	15 640	满足
3 号墩	14 997	13 454	满足
4 号墩	14 997	13 430	满足
5 号墩	14 997	13 478	满足

(3)箍筋配置

根据《公路钢筋混凝土及预应力混凝土桥涵设计规范》(JTJ 023—85)第 5.2.18 条:对于受弯构件,在按使用荷载作用下计算的混凝土主拉应力 $\sigma_{z1} \leqslant 0.5R_1^b = 1.5\text{MPa}$(组合 I)或 $\sigma_{z1} \leqslant 0.55R_1^b = 1.65\text{MPa}$(组合 II 或组合 III)的梁段,箍筋仅按构造要求设置;混凝土主拉应力 $\sigma_{z1} > 0.5R_1^b$(组合 I)或 $\sigma_{z1} > 0.55R_1^b$(组合 II 或组合 III)的梁段,其箍筋间距 S_k 可按下式计算:

$$S_k = \psi \frac{R_{gk}A_k}{\sigma_{z1}b} \tag{4.6.1.1}$$

由图 4.6.1.15 ~ 图 4.6.1.18 可知,组合 I 最大主拉应力为 -0.7MPa,组合 II 和组合 III 的最大主拉应力为 -1.05MPa。因此,箍筋按构造要求设置即可。

构造要求箍筋间距小于 25cm,而全桥箍筋间距为 15cm,因此斜截面箍筋配置合理,满足构造要求。

6.2 下 部 结 构

6.2.1　下部结构构造要点

1. 桥墩构造和配筋

(1)中墩构造

采用双柱加盖梁的结构形式,横向两墩柱间距为 5.6m,其墩柱为矩形截面,纵向宽 2.4m,横向宽

2.0m，外侧四周采用 $R=30$cm 圆弧线，以增加桥墩可视性。盖梁宽度 2.8m，横向长度 9.2m，高度2.0m，横向两侧设置厚 80cm、高 1.2m 的抗震挡块，其构造如图 4.6.2.1 所示。

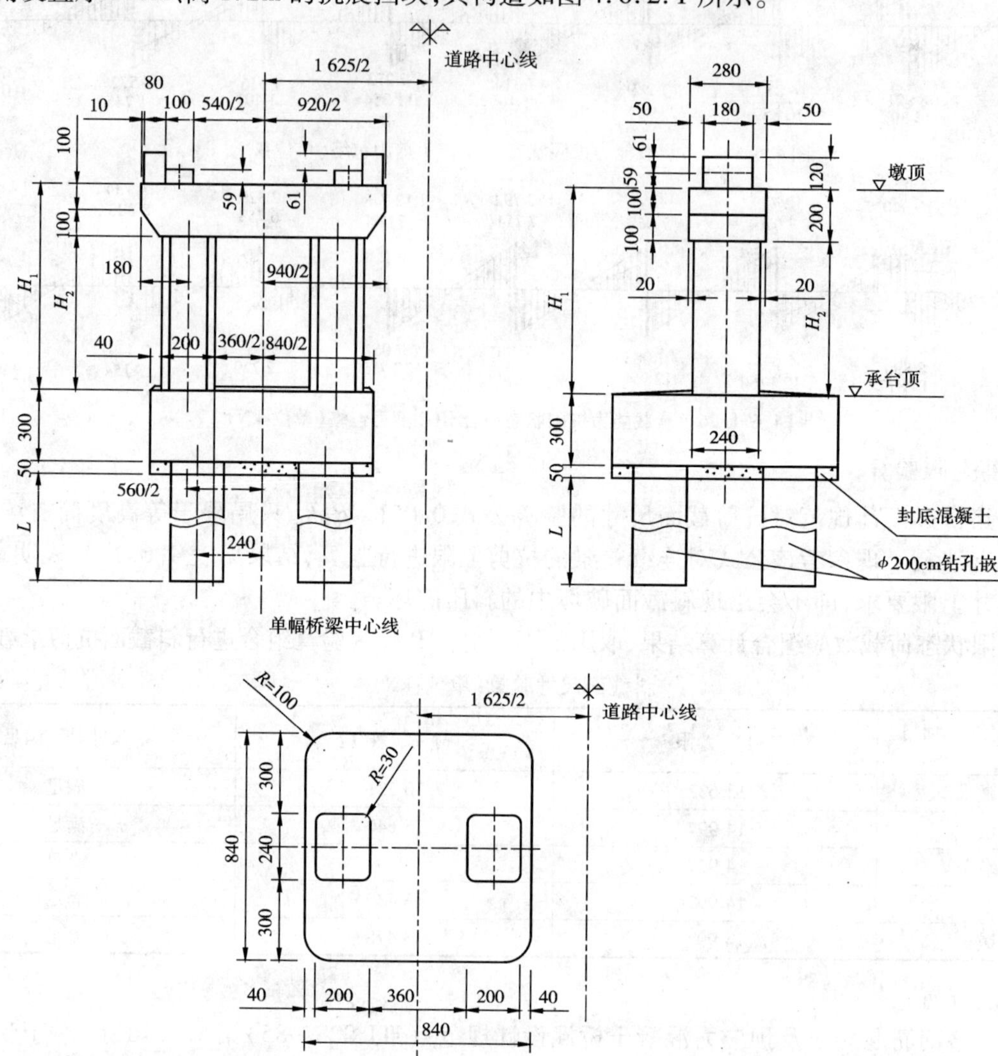

图 4.6.2.1　中墩墩身构造（尺寸单位：cm）

（2）墩柱配筋

矩形墩柱主筋采用 ϕ 28mm 间距 15cm 的钢筋，主筋伸入承台 150cm，伸入盖梁 125cm；封闭箍筋采用 ϕ 12mm 钢筋，竖向间距 10cm，其截面内按最多 5 根主筋增加箍筋肢数（图 4.6.2.2）。

2. 基础构造

（1）基础构造

中墩单个承台桩基采用 4ϕ200cm 嵌岩钻孔灌注桩，桩长约 6.0～20.5m，顺桥向桩距 4.8m，横桥向桩距 4.8m。承台截面尺寸为 8.4m×8.4m，四周设置 $R=100$cm 圆弧线，承台厚 3.0m，下设置 0.5m封底混凝土，承台顶面设置泛水坡，其构造如图 4.6.2.3 所示。

为了保证嵌岩桩的质量，需保证钻孔桩嵌入新鲜岩面最小不小于 3.0m。

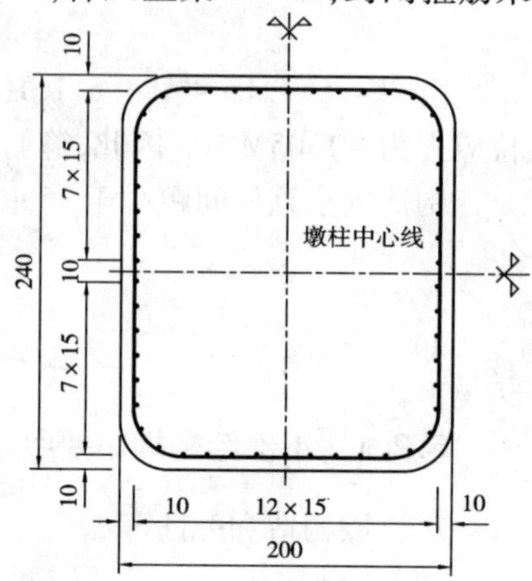

图 4.6.2.2　墩柱配筋（尺寸单位：cm）

（2）承台配筋

钢筋混凝土承台为下部结构的重要受力构件，采用 ϕ 12mm、

ϕ16mm、ϕ20mm、ϕ25mm 和ϕ25mm 五种类型直径的钢筋，沿承台高度方向设置了底面三层，顶面一层的钢筋网。

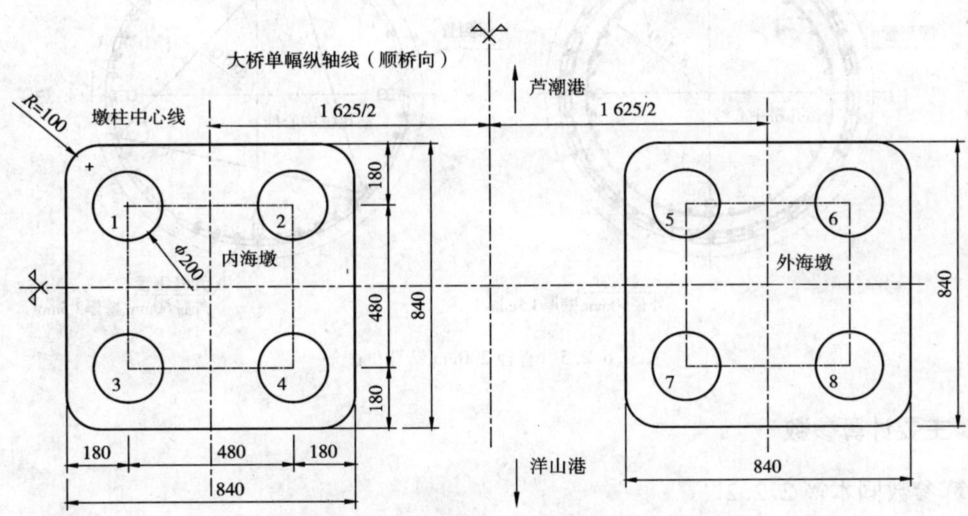

图4.6.2.3　中墩承台平面（尺寸单位：cm）

底面第一层钢筋设置在距承台底面18cm处，纵横向配置ϕ12mm间距10cm的钢筋网。底面第二层钢筋设置在距承台底面33cm处，纵向配置双肢ϕ28mm间距20cm的钢筋，横向配置ϕ20mm间距20cm的钢筋。底面第三层钢筋设置在距承台底面48cm处，纵向配置ϕ28mm间距20cm的钢筋，横向配置ϕ20mm间距20cm的钢筋。

承台顶面以下12cm处配置顶层钢筋，纵向配置ϕ25mm间距10cm的钢筋，横向配置ϕ16mm间距10cm的钢筋。沿承台高度方向配置ϕ16mm间距15cm水平分布钢筋；为了保证承台顶层钢筋的定位，顶底层主筋间设置ϕ16mm间距60cm的竖向支撑钢筋。

矩形承台配筋如图4.6.2.4所示。

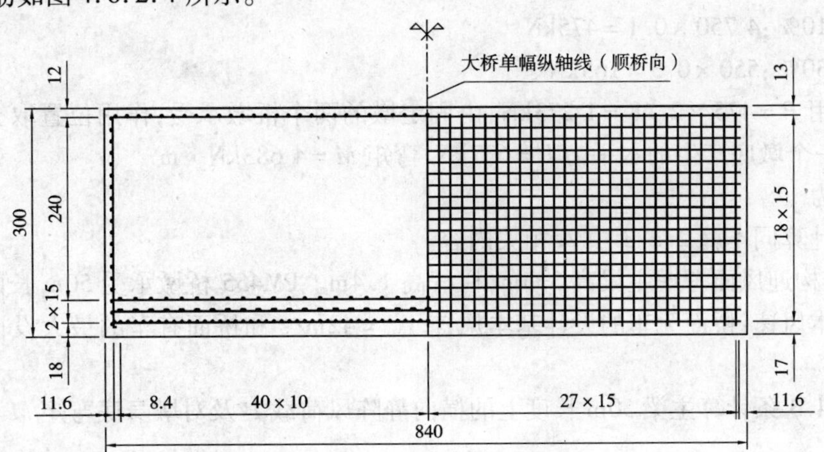

图4.6.2.4　矩形承台配筋（尺寸单位：cm）

(3)嵌岩钻孔桩配筋

近大乌龟岛桩基采用嵌岩钻孔灌注桩，ϕ200cm桩配置3层主筋，如图4.6.2.5所示，外层和中层均采用44 ϕ32mm钢筋，主筋伸入至距桩底45cm处；内层采用36 ϕ32mm钢筋，根据其桩身受力要求在桩深某处截断，各主筋均匀分布于圆周上。桩内设置ϕ32mm间距200cm的圆环加强筋和ϕ32mm间距200cm的三角形拉筋。采用桩底处间距20cm和桩顶处间距15cm的ϕ12mm螺旋箍筋。桩内设置外径ϕ60mm壁厚3.5mm的无缝钢管作为检测混凝土质量的超声波检测管，4根沿圆周均匀分布。

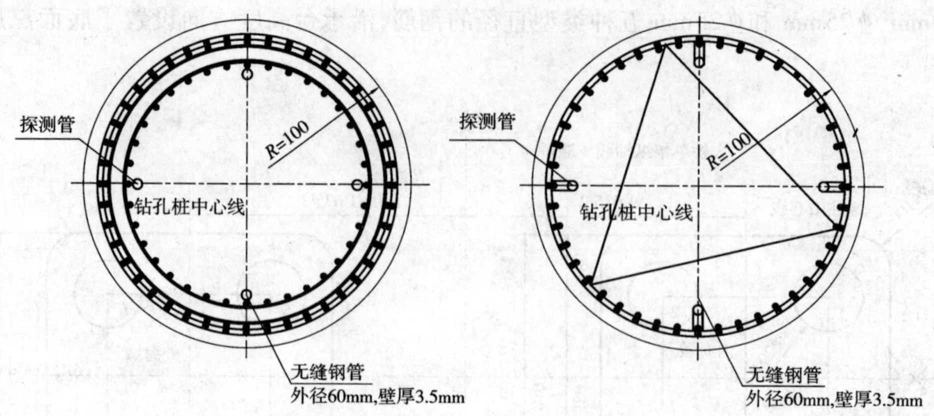

图 4.6.2.5 直径 200cm 钻孔桩配筋

6.2.2 主要计算参数

主要计算参数同本篇 2.2.2。

6.2.3 桥墩计算

取受力最不利的固定墩 PM455 进行计算。

作用在 PM455 墩的作用有:上、下部的永久作用,车辆荷载,制动力,风荷载;由于该墩位于岛上,故不计波浪力和水流力,荷载效应计算如下:

1. 纵向制动力

根据规范 JTJ 021—89 第 2.3.9 条,当桥涵为一车道或双向二车道时,汽车制动力为布置在一联长度内的一行汽车车队总重力的 10%,但不得小于一辆重车的 30%,东海大桥半桥按单向四车道考虑,应为上述规定数值的 4×0.67=2.68 倍。

一行列车的 10%:4 750×0.1=475kN

一辆重车的 30%:550×0.3=165kN

故制动力取用 $P=475\times2.68=1\ 273$kN,由固定墩的两个桥墩承受,作用位置取支座的底座面上。由此,在 PM455 一个墩底产生的水平力 $P=637$kN,弯矩 $M=4\ 683$kN·m

2. 横桥向风力

横桥向风力计算同本篇 2.2.3 中 2. 相关内容。

其中,上部结构迎风面考虑主梁高 3.5m,栏杆高 1.4m。PM455 桥墩承受 50m 长的上部结构风力,考虑两种设计基本风速:桥面无车的设计基本风速 $V_{10}=42$m/s 和桥面有车的最大设计基本风速 $V_{10}=25$m/s。

根据规范第 4.3 条计算主梁 50m 长度上的横向静阵风荷载 P 及对墩身底弯矩 M 为:

$$V_{10}=42\text{m/s}, P=498\text{kN}, M=4\ 810\text{kN}\cdot\text{m}$$

$$V_{10}=25\text{m/s}, P=176\text{kN}, M=1\ 704\text{kN}\cdot\text{m}$$

桥墩承受墩身迎风面积的风力。桥墩宽 2.4m,高 8.608m,根据《公路桥梁抗风设计规范》第 4.4 条计算风作用效应如下:

$$V_{10}=42\text{m/s}, P=74\text{kN}, M=218\text{kN}\cdot\text{m}$$

$$V_{10}=25\text{m/s}, P=26\text{kN}, M=77\text{kN}\cdot\text{m}$$

桥墩横桥向风力计算见表 4.6.2.1。

PM455 桥墩横桥向风力　　表4.6.2.1

位　置	$V_{10}=42\mathrm{m/s}$		$V_{10}=25\mathrm{m/s}$	
	水平风力(kN)	对墩身底弯矩(kN·m)	水平风力(kN)	对墩身底弯矩(kN·m)
梁	498	4 810	176	1 704
墩	74	218	26	77
合计	572	5 028	202	1 781

3. 竖向力及车辆偏载

由于本联下部结构桥墩横向为分离式结构，在计算车辆荷载时，应考虑其偏心引起的墩柱受力不均匀。最不利荷载偏载情况为3车道，见图4.6.2.6。

汽车—超20级偏载情况下，两个桥墩的轴力分布为71kN和2 202kN；集装箱车偏载情况下，两个桥墩的轴力分布为103kN和3 204kN。

计算桥墩受力时，取竖向力小的不利桥墩，上部结构重力、桥墩重力及车辆荷载见表4.6.2.2。

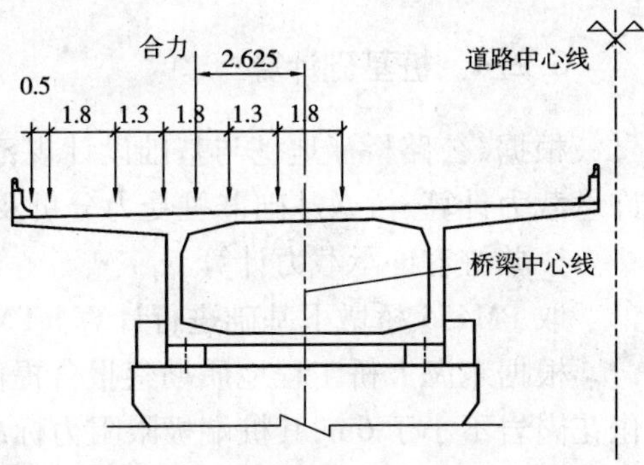

图4.6.2.6　车辆偏载情况(尺寸单位:m)

PM455 桥墩竖向力　　表4.6.2.2

荷　载	上部结构重力	桥墩重力	汽车—超20	集装箱车
桥墩底竖向力(kN)	8 600	1 256	71	103

4. 荷载组合

计算桥墩底截面荷载组合时考虑了4种不同组合，结果见表4.6.2.3。

PM455 桥墩底荷载组合　　表4.6.2.3

项　目	荷载类别	竖向力(kN)	水平力(kN)		弯矩(kN·m)	
			顺桥向	横桥向	顺桥向	横桥向
恒载	上部结构反力(1)	8 600	—	—	—	—
	桥墩重量(2)	1 256	—	—	—	—
	合计(3)=(1)+(2)	9 856	—	—	—	—
基本可变荷载	汽车—超20反力(4)	71	—	—	—	—
	集装箱车反力(5)	103	—	—	—	—
其他可变荷载	汽车制动力(6)	—	637	—	4 683	—
	风压力($V=25\mathrm{m/s}$)(7)	—	—	101	—	891
	风压力($V=42\mathrm{m/s}$)(8)	—	—	286	—	2 514
承载能力极限状态组合	组合 I(9)=1.2×(3)+1.4×(4)	11 927	—	—	—	—
	组合 II-1(10)=1.1×(3)+1.3×(4)+1.3×(6)+1.3×(7)	10 933	828	131	6 088	1 158
	组合 II-2(11)=1.1×(3)+1.3×(8)	10 841	—	372	—	3 268
	组合 III(12)=1.2×(3)+1.1×(5)	11 941	—	—	—	—

5. 截面承载力计算

截面承载力计算同本篇2.2.3中5.相关内容。

根据表4.6.2.3，承载能力极限状态中控制截面设计的组合有：

(1)组合 II-1，顺桥向最不利偏压构件；

(2)组合 II-2，横桥向最不利偏压构件。

桥墩配筋如图4.6.2.2所示。根据截面配筋及荷载情况计算承载力，结果见表4.6.2.4，桥墩底截面承载力远大于荷载效应组合,结构安全。

桥墩底截面承载力　　表4.6.2.4

荷载类别	竖向力(kN)	弯距(kN·m)		承载力(轴力)(kN)
		顺桥向	横桥向	
组合 II-1	10 933	6 088	—	5.00E+04
组合 II-2	10 841	—	3 268	6.31E+04

6.2.4 桩基础计算

根据《公路桥涵地基与基础设计规范》(JTJ 024—85)附录六计算桩基础,桩基础计算包括单桩容许承载力计算、桥墩基础群桩受力分析及桩的承载力验算。

1. 单桩容许承载力计算

取PM455桥墩下基础进行计算。PM455桥墩及桩基础的布置见图4.6.2.3,基础为钻孔嵌岩桩。

根据东海大桥工程地质勘察报告提供的工程地质纵断面及各土层物理力学性能,桩基础嵌入微风化花岗岩不小于6m,其桩端极限阻力标准值为60MPa。按《公路桥涵地基与基础设计规范》(JTJ 024—85)第4.3.4条,计算PM455钻孔嵌岩桩的单桩容许承载力$[P]=147\ 780$kN。

为求单桩荷载值,首先应求出承台底的各种荷载效应。

2. 承台底荷载效应计算

承台底荷载包括:上、下部的永久作用,车辆荷载,制动力和风荷载。计算过程同桥墩,计算结果见表4.6.2.5。

PM455承台底荷载组合　　表4.6.2.5

项目	荷载类别	竖向力(kN)	水平力(kN)		弯矩(kN·m)	
			顺桥向	横桥向	顺桥向	横桥向
恒载	上部结构反力(1)	17 200	—	—	—	—
	桥墩重量(2)	2 511	—	—	—	—
	承台重量(3)	5 275	—	—	—	—
	合计(4)=(1)+(2)+(3)	24 986	—	—	—	—
基本可变荷载	汽车—超20反力(5)	2 273	—	—	—	5 967
	集装箱车反力(6)	3 307	—	—	—	8 681
其他可变荷载	汽车制动力(7)	—	1 273	—	9 367	—
	风压力($V=25$m/s)(8)	—	—	379	—	3 486
	风压力($V=42$m/s)(9)	—	—	1 070	—	9 839
承载能力极限状态组合	组合I(10)=1.2×(4)+1.4×(5)	33 165	—	—	—	8 353.8
	组合II-1(11)=1.1×(4)+1.3×(5)+1.3×(7)	30 440	1 655	493	12 177	12 289
	组合II-2(12)=1.1×(4)+1.3×(8)	27 485	—	1 391	—	12 791
	组合III(13)=1.2×(4)+1.1×(6)	33 621	—	—	—	9 549.1
正常使用极限状态组合	组合I(14)=(4)+(5)	27 259	—	—	—	5 967
	组合II-1(15)=(4)+(5)+(7)	27 259	1 273	379	9 367	9 453
	组合II-2(16)=(4)+(8)	24 986	—	1 070	—	9 839
	组合III(17)=(4)+(6)	28 293	—	—	—	8 681

注:表中承载能力极限状态组合用于计算桩身截面承载力,正常使用极限状态组合用于计算单桩承载力。

3. 正常使用阶段桩顶荷载计算

根据桩布置情况和地质情况,采用规范JTJ 024—85附录六m法计算正常使用极限状态的桩顶荷载,结果见表 4.6.2.6。

PM455 基础由正常使用组合效应产生的桩顶竖向力　　表 4.6.2.6

桩　号	组合 I(kN)	组合 II-1(kN)	组合 II-2(kN)	组合 III(kN)
1	6 264	7 420	5 206	6 271
2	7 366	9 260	7 287	7 875
3	6 264	4 369	5 206	6 271
4	7 366	6 209	7 287	7 875

组合 II-1 中各桩的受力最不均匀,最大的 2 号桩为 9 260kN,最小的 3 号桩仅 4 369kN,这是因为桩顶受到了两个方向的力矩作用,因此在桩群的角点上受力不均匀。

4. 单桩容许承载力验算

根据地质情况及基础嵌入岩层深度($h=6$m)计算得单桩容许承载力$[P]=147\ 780$kN,对组合 II 和组合 III 需考虑作用组合提高系数 1.25。局部冲刷线以上的全部桩身重力和局部冲刷线以下的 1/2 桩身重力作为外力考虑,结果见表 4.6.2.7,单桩承载力远大于荷载效应。

PM455 基础单桩容许承载力计算　　表 4.6.2.7

项　目	组合 I	组合 II-1	组合 II-2	组合 III
最不利荷载值(kN)	7 783	9 677	7 704	8 292
容许值(kN)	147 780	184 725	184 725	184 725

5. 承载能力极限状态桩身受力分析

桩身受力分析遵循按照 JTJ 024—85 的 m 法进行计算,桩侧土的比例系数根据地质钻探资料查取规范相应表格得到,计算中视桩顶承台为刚性体,不计变形。

根据表 4.6.2.5 承台底承载能力极限状态组合情况,考虑最不利荷载组合 II-1,按 m 法计算得到桩顶截面内力见表 4.6.2.8。

PM466 桩基组合 II-1 的桩顶内力　　表 4.6.2.8

承台底内力	N_x	N_y	N_z	M_x	M_y
	493	1 655	30 440	12 177	−12 289
桩顶内力					
1	123	414	8 397	−216	−202
2	123	414	10 790	−216	−202
3	123	414	4 431	−216	−202
4	123	414	6 823	−216	−202

注:①N_x 为横桥向水平力,N_y 为顺桥向水平力,N_z 为竖向力,M_x 为顺桥向弯矩,M_y 为横桥向弯矩;
②N 单位为 kN,M 单位为 kN · m。

表 4.6.2.9 和图 4.6.2.7 分别用数值和图形给出 PM455 桩基中受力最不利的 3 号钻孔灌注桩在组合 II-1 作用下的弯矩分布情况(轴力最小,弯矩最大)。

3 号桩组合 II-1 弯矩表　　表 4.6.2.9

Z(m)	M_x(kN · m)	M_y(kN · m)	M(kN · m)
0.0	−215.9	−202.3	295.9
0.6	129.9	−271.3	300.8
1.1	475.7	−340.4	584.9
2.2	769.8	−341.3	842.1
3.2	339.4	−121.4	360.5

续上表

Z(m)	M_x(kN·m)	M_y(kN·m)	M(kN·m)
4.3	7.2	7.0	10.0
5.3	-38.8	16.3	42.1
6.4	10.7	-10.5	14.9
7.4	10.6	-10.5	14.9
8.5	10.6	-10.5	14.9
9.5	10.6	-10.5	14.9

注:表中 M 为 M_x 和 M_y 的组合弯矩。

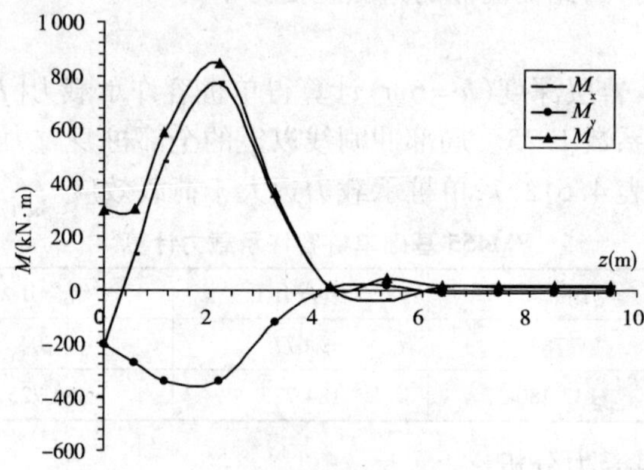

图4.6.2.7 3号桩组合II-1桩身弯矩分布

6. 钻孔桩桩身截面承载力验算

钻孔桩直径2m,配置88根直径32mm的II级钢筋,采用C30水下混凝土,根据圆截面偏心受压构件进行承载力验算,控制截面为桩顶以下2.2m处,结果列于表4.6.2.10。

钻孔桩桩身截面承载力验算　　表4.6.2.10

计算内容	单　位	PM466号桥墩
		3号桩
设计轴力 N	kN	4 574
设计弯矩 M	kN·m	842
极限承载力 N_j	kN	47 600

注:表中设计轴力已包括2.2m以上的桩身重力。

承载力验算结果表明,钻孔灌注桩桩身承载力满足要求。

6.2.5　承台计算

根据《公路钢筋混凝土及预应力混凝土桥涵设计规范》(JTG D62—2004)第8.5节进行承台计算,内容包括承台抗弯承载力验算、抗剪承载力验算、冲切承载力验算以及局部承压承载力验算。

取固定墩(PM455)下的承台进行验算。

1. 承台抗弯承载力验算

PM455承台外排桩中心距墩身边缘为1.2m,小于承台高度3m,因此承台短悬臂按"撑杆—系杆体系"计算撑杆的抗压承载力和系杆的抗拉承载力。

(1)撑杆的抗压承载力

计算公式见式4.2.2.7~4.2.2.11。

表4.6.2.11示出了PM455承台的撑杆抗压承载力计算,计算结果表明,PM455承台的撑杆抗压承载力满足要求。

PM455 承台的撑杆抗压计算 表4.6.2.11

项 目	单 位	数 值
结构重要性系数 γ_0		1.1
撑杆压力设计值 D_d	kN	25 160
撑杆计算高度 t	m	1.694
撑杆计算宽度 b_s	m	8.4
撑杆轴心抗压设计强度 $f_{cd,s}$	MPa	19.2
横桥向截面配筋		83 Φ12mm 和 123 Φ28mm(HRB335)
撑杆抗压承载力	kN	273 300

(2)系杆的抗拉承载力

根据规范 JTG D62—2004 第8.5.3条计算系杆抗力承载力,计算公式同式4.2.2.12,即

$$\gamma_0 T_{id} \leqslant f_{sd} A_s$$

计算过程见表4.6.2.12,从计算结果可知,系杆抗拉承载力远大于荷载值,满足规范要求。

PM455 承台的系杆抗拉计算 表4.6.2.12

项 目	单 位	数 值
结构重要性系数 γ_0		1.1
系杆拉力设计值 T_d	kN	12 930
系杆钢筋抗拉设计强度 f_{sd}	MPa	280
横桥向截面配筋		83 Φ12mm 和 123 Φ28mm(HRB335)
系杆抗拉承载力	kN	23 834

根据拉杆和撑杆的计算结果,PM455 承台的抗弯承载力满足要求。

2. 承台抗剪承载力验算

根据《公路钢筋混凝土及预应力混凝土桥涵设计规范》(JTG D62—2004)第8.5.4条计算承台的斜截面抗剪承载力,计算公式同式4.2.2.13。

计算过程见表4.6.2.13,从计算结果可知,承台斜截面抗剪承载力满足要求。

PM455 承台斜截面抗剪计算 表4.6.2.13

项 目	单 位	数 值
结构重要性系数 γ_0		1.1
剪力设计值 V_d	kN	21 580
配筋率 p		0.38
剪跨比 m		0.5
承台计算宽度 b_s	m	8.4
承台有效高度 h_0	m	2.67
抗剪承载力	kN	56 890

3. 承台冲切承载力验算

(1)桥墩向下冲切

根据规范 JTG D62—2004 第8.5.5条,承台冲切承载力计算公式同式4.2.2.14和式4.2.2.15。

将直径2m的圆形截面桩换算为边长1.6m的方形截面桩,计算过程见表4.6.2.14,计算结果可知,桥墩冲切承载力满足要求。

PM455 桥墩冲切计算 表 4.6.2.14

项　目	单　位	数　值
结构重要性系数 γ_0		1.1
冲切力设计值 F_{1d}	kN	10 933
混凝土轴心抗拉设计强度 f_{td}	MPa	1.65
截面有效高度 h_0	m	2.67
a_x, a_y	m	0.534
b_x	m	2.4
b_y	m	2
冲切承载力	kN	86 720

(2)角桩向上冲切

根据规范 JTG D62—2004 第 8.5.5 条,计算公式同式 4.2.2.16 和式 4.2.2.17。

计算过程见表 4.6.2.15,计算结果可知,角桩冲切承载力满足要求。

PM455 承台角桩的冲切计算 表 4.6.2.15

项　目	单　位	数　值
结构重要性系数 γ_0		1.1
角桩竖向力设计值 F_{1d}	kN	10 790
混凝土轴心抗拉设计强度 f_{td}	MPa	1.65
截面有效高度 h_0	m	2.67
a_x, a_y	m	0.534
b_x, b_y	m	2.6
冲切承载力	kN	30 310

第7章　单索面钢—混凝土结合箱梁斜拉桥计算

东海大桥主通航孔为5 000t级航道，设计净空高度40m，设计最高通航水位+4.02m，其通航孔范围内梁底高程不得低于+44.02m。主通航孔采用单孔双向通航布置，通航净宽不小于321m，考虑主墩基础及防撞设施的宽度影响，主孔跨径应在400m以上。结合主、边跨合理比值及斜拉索布置和主梁构造等结构设计特点，主通航孔斜拉桥跨径布置为73m+132m+420m+132m+73m，全长830m，布置在K18+219.00(PM333)~K19+049.00(PM338)之间，为双塔单索面钢箱—混凝土结合梁斜拉桥，如图4.7.0.1所示。加劲梁采用节段拼装的施工方法。

桥面宽度按六车道+紧急停车带的高速公路标准设计，综合考虑斜拉索的锚固与管线要求，桥面布置为0.5m(防撞护栏)+2.5m(紧急停车带)+11.75m(行车道)+0.5m(防撞护栏)+2.5m(中央分隔带)+0.5m(防撞护栏)+11.75m(行车道)+2.5m(紧急停车带)+0.5m(防撞护栏)，桥面全宽33m，并设置2.0%双向横坡。桥梁横断面为单箱三室钢—混凝土结合箱形截面，其布置如图4.7.0.2所示。

结合斜拉桥的特点，桩基设计中边墩采用ϕ1.5m钢管桩，辅助墩和主墩均采用ϕ2.5m钻孔灌注桩。

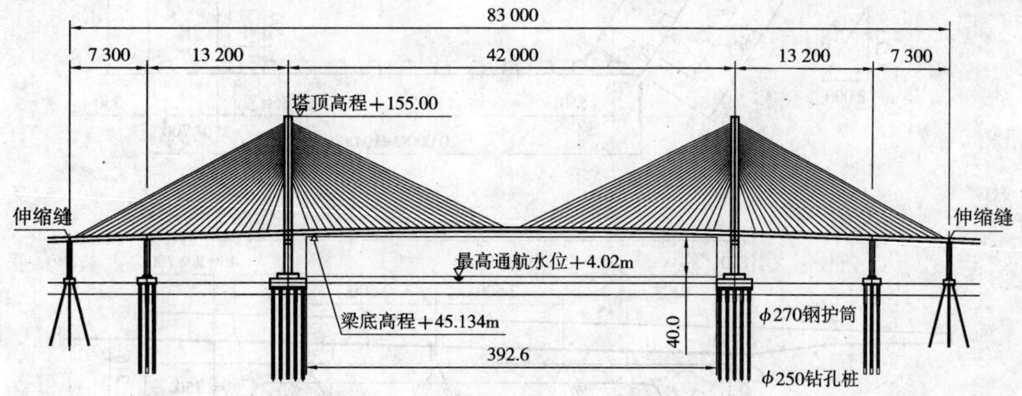

图4.7.0.1　72m+132m+420m+132m+73m斜拉桥总体布置(尺寸单位:cm)

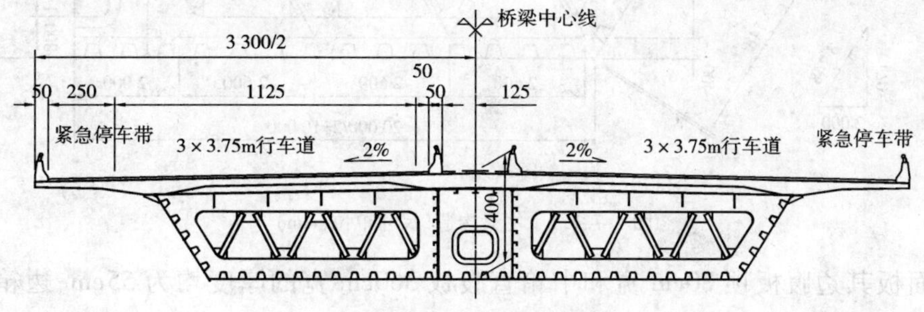

图4.7.0.2　桥梁横断面布置(尺寸单位:cm)

7.1　主梁和拉索

7.1.1　结构构造要点

1. 主梁构造尺寸

主梁采用节段拼装施工工艺，其标准节段长度为8.0m，塔下0号节段为减轻吊装重量共分为8个长5.0m的节段,两个边跨梁端其节段长度为6.58m,全桥共分107个节段。主梁混凝土桥面板除在节段两端各预留0.5m宽接缝外,在预制场进行全断面制作。主梁运抵桥位吊装后,拼接钢主梁部分,然后现浇混凝土桥面板接缝,最后浇筑两侧50cm宽的悬臂板端部后浇段混凝土。

钢—混凝土结合主梁采用单箱三室箱形截面,顶板宽33.0m,底板宽20.0m,宽跨比1/20,中心线处梁高4.0m,其箱梁顶设置2.0%双向横坡,而底板则保持水平;箱梁两侧悬臂板长各为4.5m,悬臂板端部厚度20cm,根部厚度55cm,高跨比1/8.18。箱梁分钢梁和混凝土桥面板两部分。

钢主梁中心线处梁高3.45m,底板宽20.0m,顶板全宽24.8m,斜腹板倾角为57.75°,两侧斜腹板板厚16mm,中间直腹板板厚24mm,底板板厚16mm。斜腹板和底板均采用U形加劲肋,肋厚8mm,肋间距700mm;直腹板采用L形加劲肋,肋厚12mm,肋间距512mm;两侧钢斜腹板顶面宽800mm和中腹板顶宽3 600mm设置了主梁面板,板厚24mm,中腹板处主梁面板采用L形加劲肋,肋厚12mm,肋间距700mm。主梁构造图如图4.7.1.1所示。

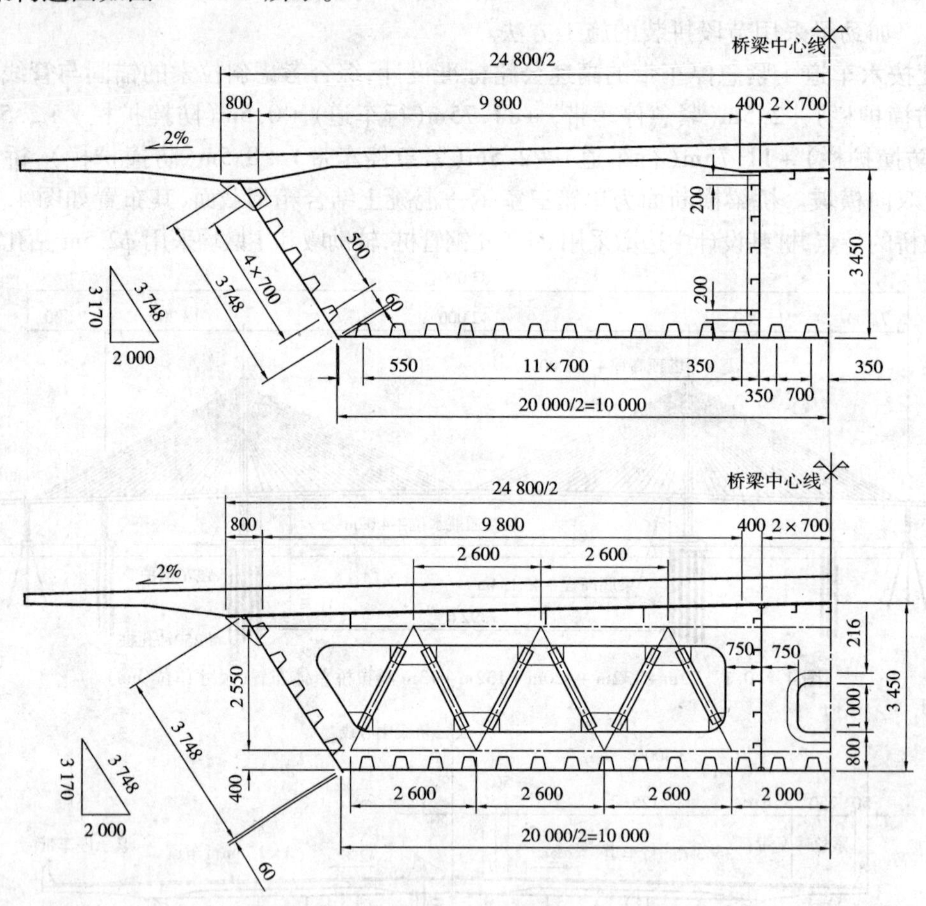

图4.7.1.1 主梁构造(尺寸单位:mm)

混凝土桥面板其边腹板顶80cm宽和中箱直腹板360cm宽的厚度均为55cm,边箱跨中顶板厚度28cm,长度680cm,两边板厚变化段长度150cm。悬臂板端部厚度20cm,中部板厚30cm,其变化长度250cm,中部板厚至根部的变化长度为200cm。混凝土桥面板如图4.7.1.2所示。

2. 主梁预应力钢束布置

钢—混凝土结合梁桥面板混凝土内采用了纵向和横向预应力体系。预应力钢束采用$\phi^{j}15.24$mm高强度低松弛钢绞线和直径32mm精轧螺纹粗钢筋。钢绞线标准强度$R_y^b=1\ 860$MPa,锚下控制应力$\sigma_k=0.75R_y^b=1\ 395$MPa,精轧螺纹粗钢筋标准强度$R_y^b=750$MPa,锚下控制应力$\sigma_k=0.9R_y^b=675$MPa。

(1)纵向预应力钢束

钢—混凝土结合箱梁纵向预应力主要为中跨合龙钢束、边跨合龙钢束、施工临时用钢束和桥面板纵向精轧螺纹粗钢筋四大类型，全部布置在混凝土桥面板内。

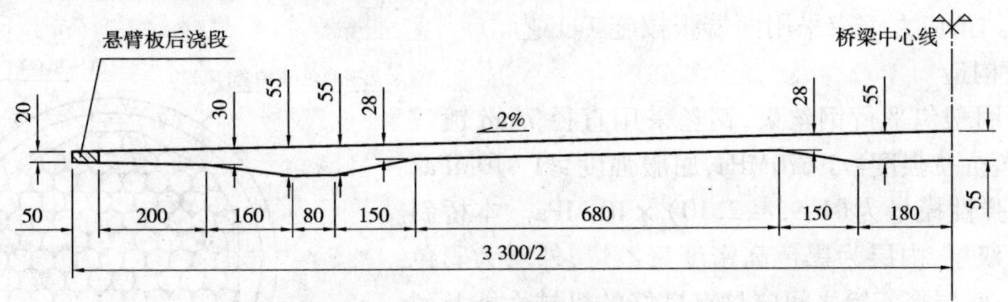

图 4.7.1.2　混凝土桥面板构造（尺寸单位：cm）

中跨合龙预应力束采用12-ϕ^j15.24 高强度低松弛钢绞线，全桥共计20束。

边跨合龙预应力束采用12-ϕ^j15.24 高强度低松弛钢绞线，全桥共计56束。

悬拼施工用永久预应力钢束采用直径32mm预应力精轧螺纹粗钢筋，沿混凝土桥面板均匀布置合计28根。

施工用临时预应力钢束采用12-ϕ^j15.24 高强度低松弛钢绞线。临时施工预应力束是在悬臂拼装0号和1号主梁时张拉，如图4.7.1.3所示。施工用临时预应力束将在适当时候拆除，拆除的具体时间将根据实际施工状况而定。预应力束拆除完毕后应立即按有关规定对孔道进行压浆等处理。

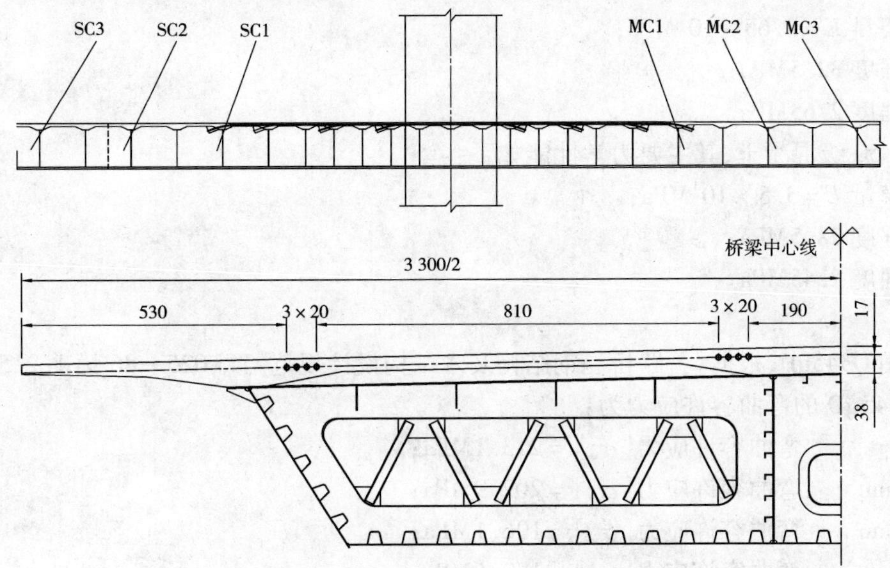

图 4.7.1.3　施工临时用纵向预应力钢束（尺寸单位：cm）

(2)横向预应力钢束

主梁混凝土桥面板横向配置预应力钢束，采用3-ϕ^j15.24 高强度低松弛钢绞线，夹片式扁锚体系。

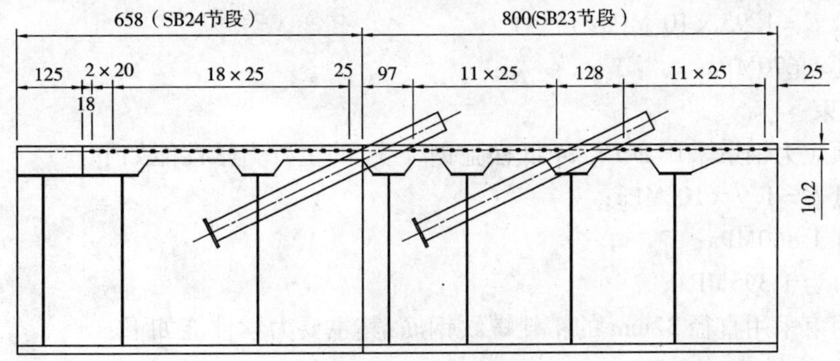

图 4.7.1.4　混凝土桥面板横向预应力钢束布置（尺寸单位：cm）

横向受到斜拉索套筒的限制，横向钢束尽可能靠近钢套筒边缘布置，其纵桥向钢束间距采用25cm，如图4.7.1.4所示。预应力钢束采用两端张拉施工工艺。

3. 斜拉索构造

斜拉索采用塑包平行钢丝束，钢丝采用直径7mm镀锌高强钢丝，钢丝抗拉强度≥1 670MPa，屈服强度≥1 410MPa，伸长率≥4%，弹性模量为$(1.95-2.10)\times10^5$MPa。本桥斜拉索护套采用双层，内层为黑色高密度聚乙烯，外层为彩色高密度聚乙烯，两层聚乙烯之间应具有良好的机械性能及耐候性能，双层护套一次成型，如图4.7.1.5所示。

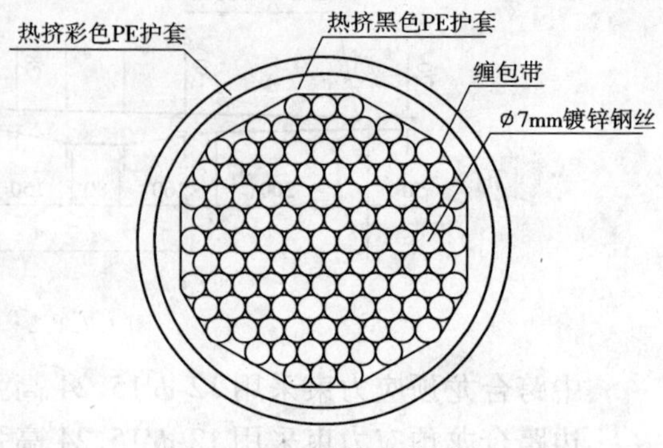

图4.7.1.5　斜拉索横断面

全桥共有96对斜拉索，主梁拉索索距为8m，主塔拉索索距为2.1m。

7.1.2　主要计算参数

1. 主要材料

(1)混凝土

混凝土桥面板采用C60级混凝土，其主要力学性能如下：

压弯弹性模量$E=3.65\times10^4$MPa；

抗压设计强度32.5MPa；

抗拉设计强度2.65MPa。

桥塔采用C50级混凝土，其主要力学性能如下：

压弯弹性模量$E=3.5\times10^4$MPa；

抗压设计强度28.5MPa；

抗拉设计强度2.45MPa。

(2)钢材

钢箱梁采用Q345qD，根据《公路桥涵钢结构及木结构设计规范》JTJ 025—86第1.2.5条，考虑钢材厚度的影响，Q345qD的弯曲容许应力为：

$t\leq16$mm　　弯曲容许应力$[\sigma_w]=213.1$MPa；

$t=17\sim25$mm　　弯曲容许应力$[\sigma_w]=202.9$MPa；

$t=26\sim36$mm　　弯曲容许应力$[\sigma_w]=196.1$MPa；

$t=38\sim50$mm　　弯曲容许应力$[\sigma_w]=182.6$MPa；

压弯弹性模量$E=2.1\times10^5$MPa

(3)斜拉索

斜拉索采用直径7mm低松弛镀锌高强钢丝，其主要力学性能如下：

压弯弹性模量$E=1.95\times10^5$MPa；

抗拉标准强度1 670MPa。

(4)预应力钢束

纵向和横向预应力钢束采用$\phi^j15.24$低松弛钢绞线，其主要力学性能如下：

压弯弹性模量$E=1.9\times10^5$MPa；

抗拉标准强度1 860MPa；

张拉控制应力为1 395MPa。

悬拼预应力钢束采用直径32mm的精轧螺纹钢筋，其主要力学性能如下：

压弯弹性模量$E=2.0\times10^5$MPa；

抗拉标准强度750MPa；

张拉控制应力为675MPa。

2. 荷载

(1)恒载

一期恒载:预应力混凝土 $\gamma = 26kN/m^3$;钢构件 $\gamma = 78.5kN/m^3$;

二期恒载:沥青混凝土100mm,$\gamma = 23kN/m^3$;

混凝土栏杆7kN/m/侧;管线11kN/m/半桥。

二期恒载合计:120kN/m/全桥。

(2)施工荷载

施工吊机重量为93t。

(3)活载

全桥六车道+两条紧急停车带,按八车道汽车—超20计算,挂车—120验算,并以集装箱拖挂车重车密集型排列(前后车辆轴距10m)进行校验。

①按照《公路工程技术标准》(JTJ 001—97)的规定,对多车道进行折减,取值见表4.7.1.1。

横向折减系数　　表4.7.1.1

横向布载车道数	1	2	3	4	5	6	7	8
横向折减系数	1.0	1.0	0.78	0.67	0.6	0.55	0.52	0.5

主桥横向八车道控制,车道折减系数0.5。

②按照《公路工程技术标准》(JTJ 001—97)的规定,计算跨径大于等于150m时,应考虑计算荷载效应的纵向折减,取值如表4.7.1.2所示。

纵向折减系数　　表4.7.1.2

计算跨径(m)	纵向折减系数	计算跨径(m)	纵向折减系数
$L<150$	1.0	$600\leqslant L<800$	0.95
$150\leqslant L<400$	0.97	$800\leqslant L<1\,000$	0.94
$400\leqslant L<600$	0.96	$L\geqslant 1\,000$	0.93

本桥主跨径420m,纵向折减取0.96。

③考虑车辆的偏载情况,取偏载系数为1.15。

(4)基础不均匀沉降

主塔墩40mm,其他墩20mm。

(5)制动力

按照《公路桥涵设计通用规范》(JTJ 021—89)第2.3.9条取用。

(6)温度影响力

取该桥多年平均气温16±5℃作为合龙温度,温度变化考虑以下几种情况:

体系整体升降温±25℃;

拉索与主梁、桥塔温差±15℃;

桥面板局部温差±15℃;

塔身左右侧温差±5℃。

(7)风力

成桥状态下桥面无车的设计基本风速:$V_{10}=42m/s$;

成桥状态下桥面有车的最大设计基本风速:$V_{10}=25m/s$;

根据《公路桥梁抗风设计规范》(JTG/T D60-01—2004)第4.3条计算。

7.1.3　荷载组合及控制应力

1. 荷载组合

集装箱挂车密布排列荷载和挂车—120 一样,作为荷载组合 III 考虑,且控制设计,因此进行使用阶段应力验算时,考虑了如下 4 种组合。

组合 I:恒载(一期恒载 + 二期恒载) + 预应力 + 收缩 + 徐变 + 基础沉降 + 汽车—超 20;

组合 II-1:恒载(一期恒载 + 二期恒载) + 预应力 + 收缩 + 徐变 + 基础沉降 + 汽车—超 20 + 制动力 + 温度影响力 + 风荷载(25m/s);

组合 II-2:恒载(一期恒载 + 二期恒载) + 预应力 + 收缩 + 徐变 + 基础沉降 + 温度影响力 + 风荷载(42m/s);

组合 III:恒载(一期恒载 + 二期恒载) + 预应力 + 集装箱车辆。

2. 控制应力

(1)在使用荷载作用下,预应力混凝土构件的法向压应力(扣除全部预应力损失)应符合下列规定:

荷载组合 I　$\sigma_{ha} \leqslant 0.5R_a^b$

荷载组合 II、III　$\sigma_{ha} \leqslant 0.6R_a^b$

(2)在设计荷载组合 I 作用下,混凝土受弯构件受拉区的法向应力(扣除全部预应力损失)应符合其截面受拉边缘由预应力引起的预压应力必须大于或等于由使用荷载引起的拉应力,即 $\sigma_h \geqslant \sigma$。

(3)在组合 II 或 III 作用下,混凝土受弯构件受拉区的法向应力(扣除全部预应力损失)在截面受拉边缘可以出现小于 1.5MPa 的拉应力。

(4)在使用荷载作用下,预应力混凝土受弯构件在计算混凝土主拉应力和主压应力时,应符合下列规定:

荷载组合 I　$\sigma_{zl} \leqslant 0.8R_l^b$

$\sigma_{za} \leqslant 0.6R_a^b$

荷载组合 II、III　$\sigma_{zl} \leqslant 0.9R_l^b$

$\sigma_{za} \leqslant 0.65R_a^b$

(5)在使用荷载作用下,构件中预应力钢筋的应力(扣除全部预应力损失)应符合下列规定:

荷载组合 I

钢丝、钢绞线　$\sigma_y \leqslant 0.65R_y^b$

冷拉粗钢筋　$\sigma_y \leqslant 0.8R_y^b$

荷载组合 II、III

钢丝、钢绞线　$\sigma_y \leqslant 0.7R_y^b$

冷拉粗钢筋　$\sigma_y \leqslant 0.85R_y^b$

(6)施工阶段控制应力

施工阶段构件在预加应力及构件重力作用下,截面边缘混凝土的法向应力应符合下列规定:

压应力:　$\sigma_{ha} \leqslant 0.75R_a^{b'}$

拉应力:预拉区不配非预应力钢筋时　$\sigma_{hl} \leqslant 0.70R_l^{b'}$

预拉区配置非预应力钢筋时　$\sigma_{hl} \leqslant 1.15R_l^{b'}$

以上公式中的 $R_a^{b'}$ 和 $R_l^{b'}$ 为制造、运输、安装阶段混凝土的抗压标准强度和抗拉标准强度。

(7)斜拉索　运营时　$\sigma_y \leqslant 0.45R_y^b$

施工时　$\sigma_y \leqslant 0.54R_y^b$

(8)钢结构

容许应力提高系数　组合 I　1.0

组合 II、III　1.25

7.1.4 计算模型及考虑的因素

1. 计算模型

本桥为 73m + 132m + 420m + 132m + 73m = 830m 的双塔单索面结合梁斜拉桥，半漂浮体系，扇形索面布置，其结构的计算模型见图 4.7.1.6。

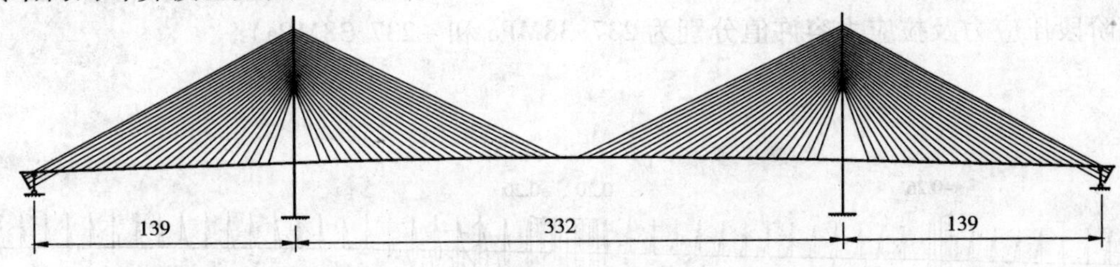

图 4.7.1.6　主航道斜拉桥计算模型(尺寸单位：m)

2. 混凝土徐变、收缩影响

根据结构施工步骤，按每一节段混凝土加载龄期、构造尺寸和荷载变化过程分别考虑徐变、收缩影响。使用阶段混凝土徐变、收缩影响从施工阶段连续计算求得。

3. 计算工况划分

(1) 考虑主桥从两个主塔先对称悬臂分阶段施工，塔梁临时固结。首先安装墩顶 BO、SB0-1、SB0-2、SB1、MB0-1、MB0-2、MB1 段主梁，对称张拉 SC1、MC1 斜拉索，现浇接缝混凝土；张拉临时预应力钢束；利用吊机安装 SB2 和 MB2 号块主梁，对称张拉 SC2、MC2 斜拉索，现浇接缝混凝土；继续对称悬臂施工直至 SB13、MB13 号节段施工完成。

(2) 边跨 SB15 号节段在托架上施工。安装 SB14、MB14 号钢梁，对称张拉 SC14、MC14 号拉索，现浇接缝混凝土，使辅助墩合龙。

(3) 继续对称安装直至 SB22、MB22 号梁段完成，主梁边跨合龙，张拉边跨板内纵向预应力钢束，中跨继续悬臂施工。

(4) 中跨合龙，放松塔梁临时固结措施，张拉中跨合龙段桥面板内纵向预应力钢束。

最后调整索力及完成桥面系施工。

施工阶段计算按照上述施工步骤，对各施工阶段进行全过程模拟。

4. 索力调整

根据结构施工形成过程，以塔的偏心矩较小、主梁弯矩小、索力相对均匀 3 个条件为目标，确定初始索力。在计算过程中，每根斜拉索在对应梁段的架设过程中进行一次初张拉，其后仅在二期荷载施加前进行一次调整，其余阶段不再作任何索力调整。

7.1.5　施工阶段验算

主梁(钢梁与混凝土顶板)施工阶段(考虑恒载和施工荷载)应力包络见图 4.7.1.7、图 4.7.1.8。

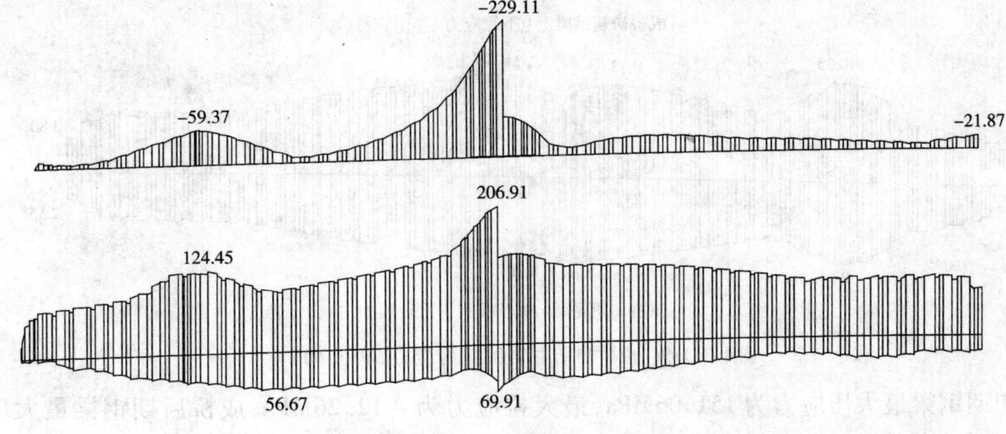

图 4.7.1.7　施工阶段钢梁最大拉、压应力包络(单位：MPa)

施工阶段钢梁应力包络为 -229.1 ~ 206.91MPa，最大压应力发生在中跨挂篮加载中跨合龙段时，位置在主墩截面的上缘。最大拉应力发生在辅助墩合龙时，主墩截面的下缘。施工阶段应力满足规范要求（施工阶段压应力及拉应力容许值分别为 237.38MPa 和 -237.38MPa）。

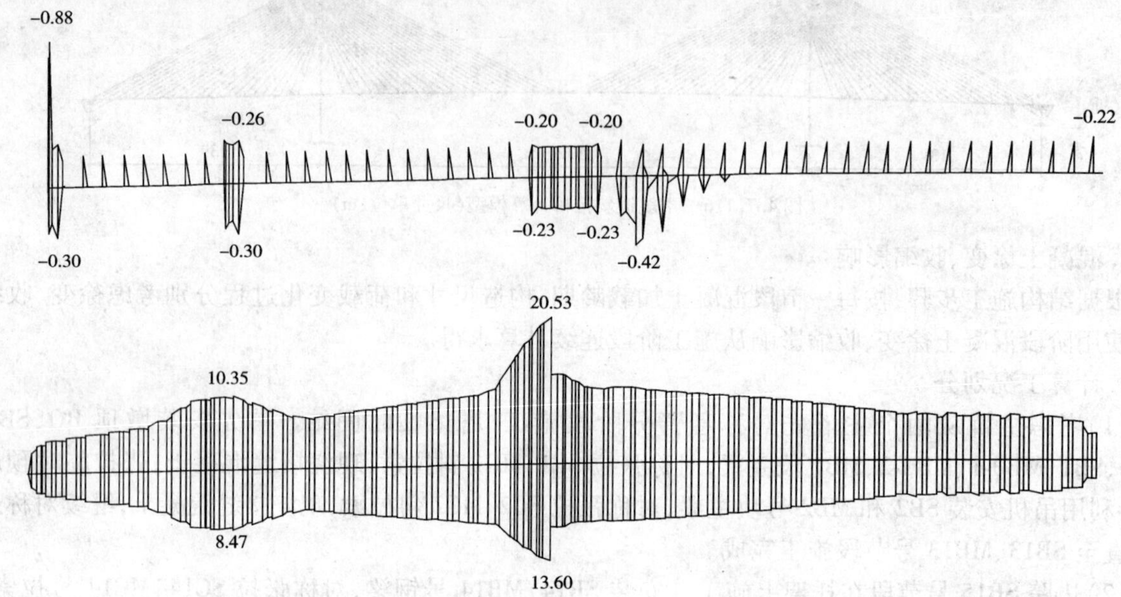

图 4.7.1.8　施工阶段桥面板最大拉、压应力包络（单位：MPa）

施工阶段混凝土板应力包络为 -0.88 ~ 20.53MPa。最大压应力发生在边跨合龙以后并且张拉完斜拉索 SC23 和 MC23，位置在主墩截面的上缘；最大拉应力发生在成桥以后，边跨支座截面的下缘。施工阶段应力满足规范要求（施工阶段压应力及拉应力容许值分别为 31.5MPa 和 -2.38MPa）。

7.1.6　成桥初期、后期结构恒载受力状态验算

结构成桥初期阶段即考虑桥面系施工完成后的阶段，成桥后期阶段即考虑成桥 3 年后的阶段。主梁（钢梁与混凝土顶板）成桥初期和后期阶段恒载应力见图 4.7.1.9、图 4.7.1.10。

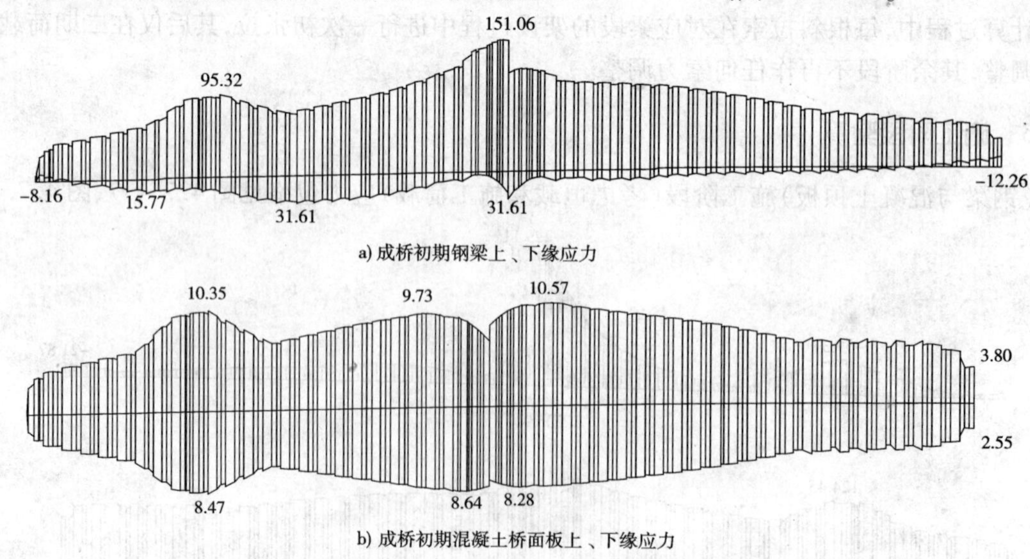

a) 成桥初期钢梁上、下缘应力

b) 成桥初期混凝土桥面板上、下缘应力

图 4.7.1.9　成桥初期主梁上、下缘应力（单位：MPa）

成桥初期钢梁最大压应力为 151.06MPa，最大拉应力为 -12.26MPa；成桥后期钢梁最大压应力为 161.94MPa，最大拉应力为 -22.49MPa。最大压应力均出现在主塔下截面上缘，最大拉应力都出现在跨中截面下缘。成桥阶段应力满足规范要求（成桥阶段压应力容许值为 202.9MPa）。

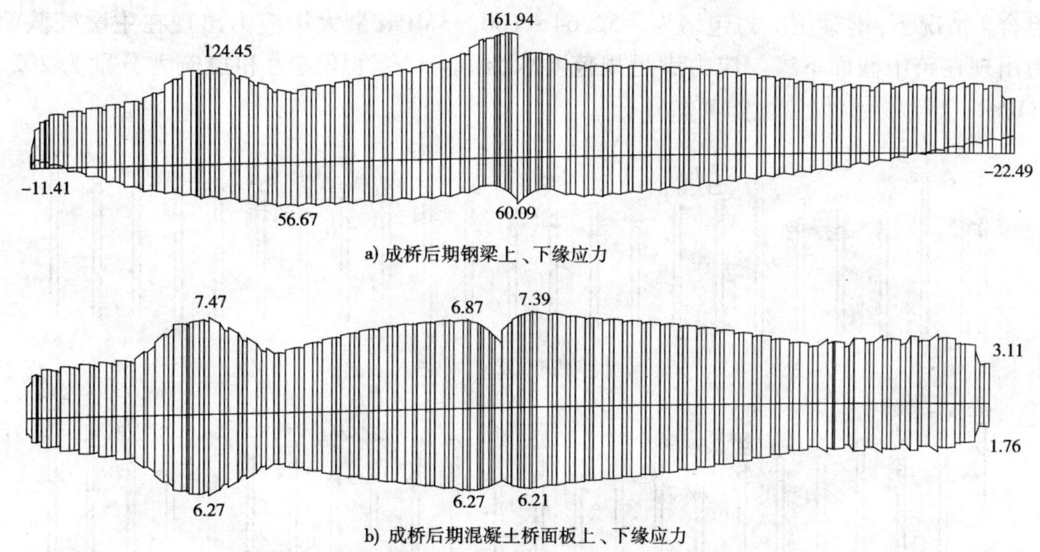

a) 成桥后期钢梁上、下缘应力

b) 成桥后期混凝土桥面板上、下缘应力

图4.7.1.10　成桥后期主梁上、下缘应力(单位:MPa)

成桥初期混凝土板最大压应力为10.57MPa,不出现拉应力;成桥后期最大压应力为7.47MPa,不出现拉应力。成桥初期最大压应力均出现在MC1与MC2号索之间截面的上缘,成桥后期最大压应力均出现在辅助墩顶截面的上缘。成桥阶段应力满足规范要求(成桥阶段压应力容许值为21MPa,不容许出现拉应力)。

成桥阶段恒载作用下主梁应力满足规范要求(恒载作用下混凝土不允许出现拉应力)。

7.1.7　使用阶段结构受力状态验算

正常使用阶段,活载考虑集装箱拖挂车重车密集型排列的最不利加载;温度变化考虑体系升降温±25℃,拉索与主梁、桥塔温差±15℃,塔身左右侧温差±5℃,结合梁内钢梁与混凝土桥面板的局部温差±15℃;风荷载考虑与活载组合的风力1和不与活载组合的风力2。

将各种荷载进行4种组合(见本文第4.7.1.3条),进行正应力验算。

1. 组合工况I

正常使用阶段组合工况I主梁上、下缘正应力包络见图4.7.1.11,斜拉索应力包络见图4.7.1.12。

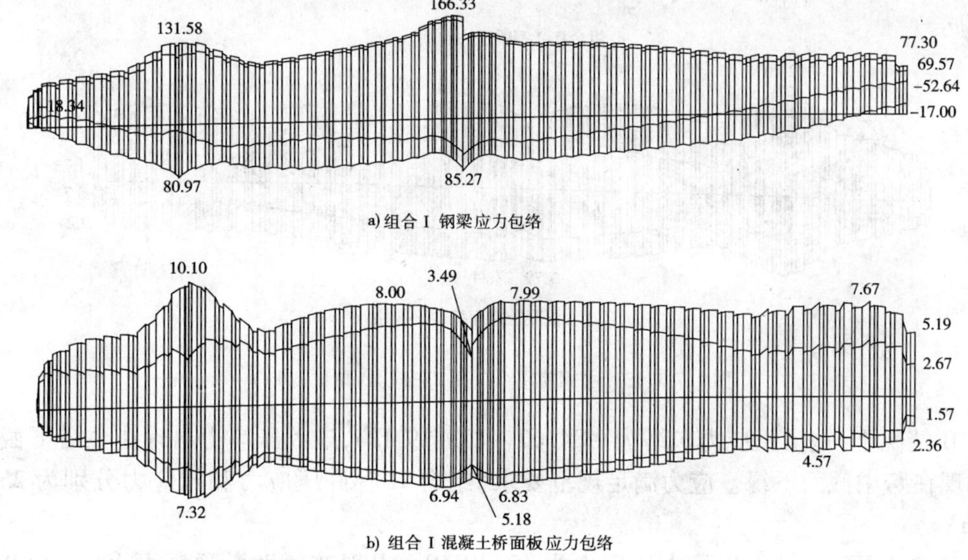

a) 组合 I 钢梁应力包络

b) 组合 I 混凝土桥面板应力包络

图4.7.1.11　主梁使用组合I正应力(单位:MPa)

在组合Ⅰ情况下，钢梁正应力包络为 -52.64～166.33MPa，最大压应力出现在主墩处截面上缘，最大拉应力出现在跨中截面下缘。应力满足规范要求（组合Ⅰ容许压应力和拉应力分别为202.9MPa和 -202.9MPa）。

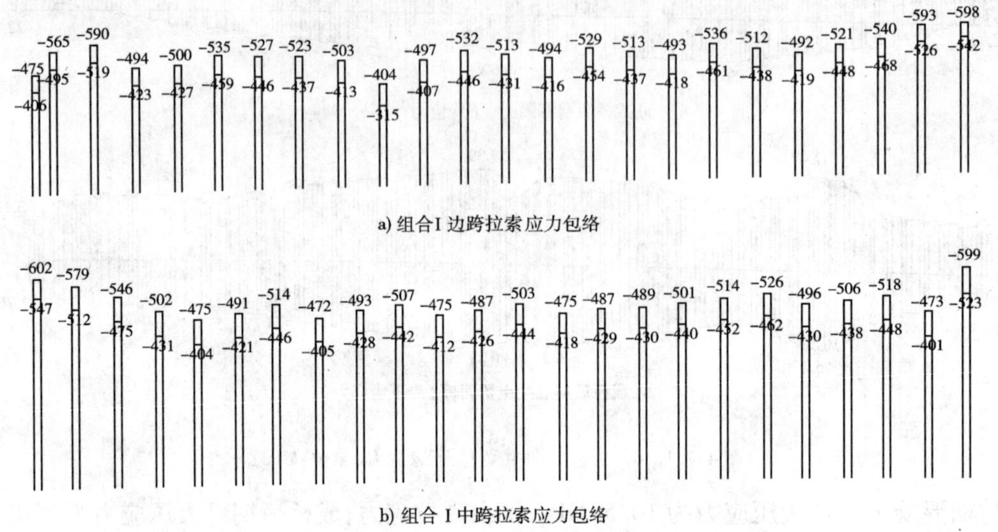

a) 组合Ⅰ边跨拉索应力包络

b) 组合Ⅰ中跨拉索应力包络

图4.7.1.12　斜拉索使用组合Ⅰ正应力（单位：MPa）

在组合Ⅰ情况下，混凝土板最大压应力为10.10MPa，出现在辅助墩顶截面上缘，不出现拉应力。应力满足规范要求（组合Ⅰ容许压应力值为21.0MPa）。

在组合Ⅱ情况下，斜拉索正应力包络为 -300～-632MPa，最大拉应力出现在第MC1号索；MC1号索应力幅最大，为202MPa。应力满足规范要求（组合Ⅱ容许拉应力值为835MPa）。

2. 组合工况Ⅱ

正常使用阶段组合工况Ⅱ主梁上、下缘正应力包络见图4.7.1.13，斜拉索应力包络见图4.7.1.14。

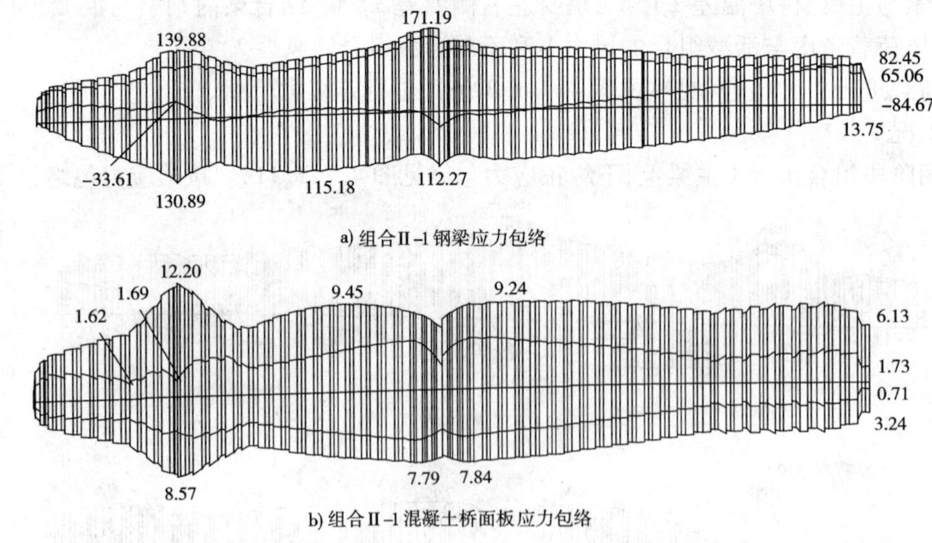

a) 组合Ⅱ-1钢梁应力包络

b) 组合Ⅱ-1混凝土桥面板应力包络

图4.7.1.13　主梁使用组合Ⅱ-1正应力（单位：MPa）

在组合Ⅱ情况下，钢梁正应力包络为 -84.67～171.19MPa，最大压应力出现在主塔下截面上缘，最大拉应力出现在跨中截面下缘。应力满足规范要求（组合Ⅱ容许压应力和拉应力分别为253.6MPa和 -253.6MPa）。

在组合Ⅱ情况下，混凝土板最大压应力为12.20MPa，出现在辅助墩顶截面上缘，不出现拉应力。

应力满足规范要求(组合 II 容许压应力值为 25.2MPa)。

在组合 II 情况下,斜拉索正应力包络为 -295 ~ -617MPa,最大拉应力出现在第 MC1 号索;SC13 号索应力幅最大,为 133MPa。应力满足规范要求(组合 II 容许拉应力值为 835MPa)。

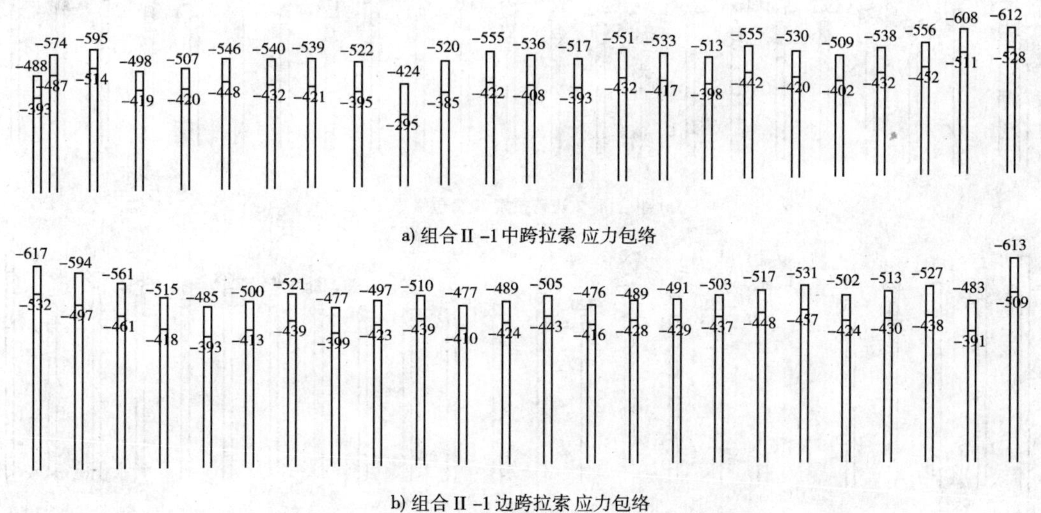

a) 组合 II -1 中跨拉索 应力包络

b) 组合 II -1 边跨拉索 应力包络

图 4.7.1.14　斜拉索使用组合 II-1 正应力

3. 组合工况 II-2

正常使用阶段组合工况 II-2 主梁上、下缘正应力包络见图 4.7.1.15,斜拉索应力包络见图4.7.1.16。

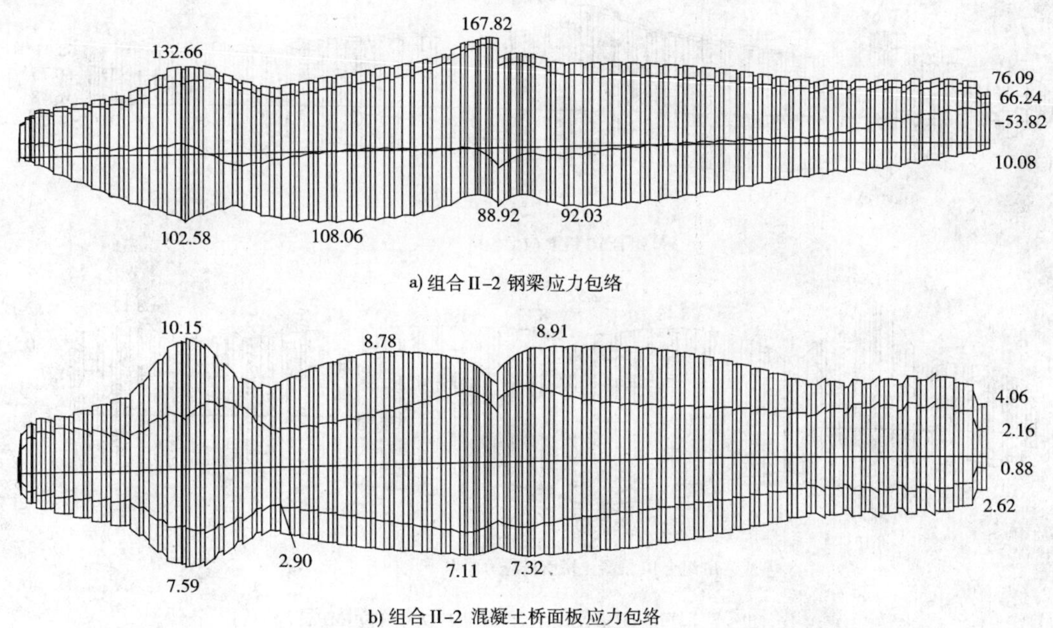

a) 组合 II–2 钢梁应力包络

b) 组合 II–2 混凝土桥面板应力包络

图 4.7.1.15　主梁使用组合 II-2 正应力(单位:MPa)

在组合 II-2 情况下,钢梁正应力包络为 -53.82 ~ 167.82MPa,最大压应力出现在主塔下截面上缘,最大拉应力出现在跨中截面下缘。应力满足规范要求(组合 II 容许压应力和拉应力分别为 253.6MPa 和 -253.6MPa)。

在组合 II-2 情况下,混凝土板最大压应力为 10.15MPa,出现在辅助墩顶截面上缘,不出现拉应力。应力满足规范要求(组合 II 容许压应力值为 25.2MPa)。

在组合 II-2 情况下,斜拉索正应力包络为 -307 ~ -592MPa,最大拉应力出现在第 MC1 号索。SC12、SC13 号索应力幅最大,为 82MPa。应力满足规范要求(组合 II 容许拉应力值为 835MPa)。

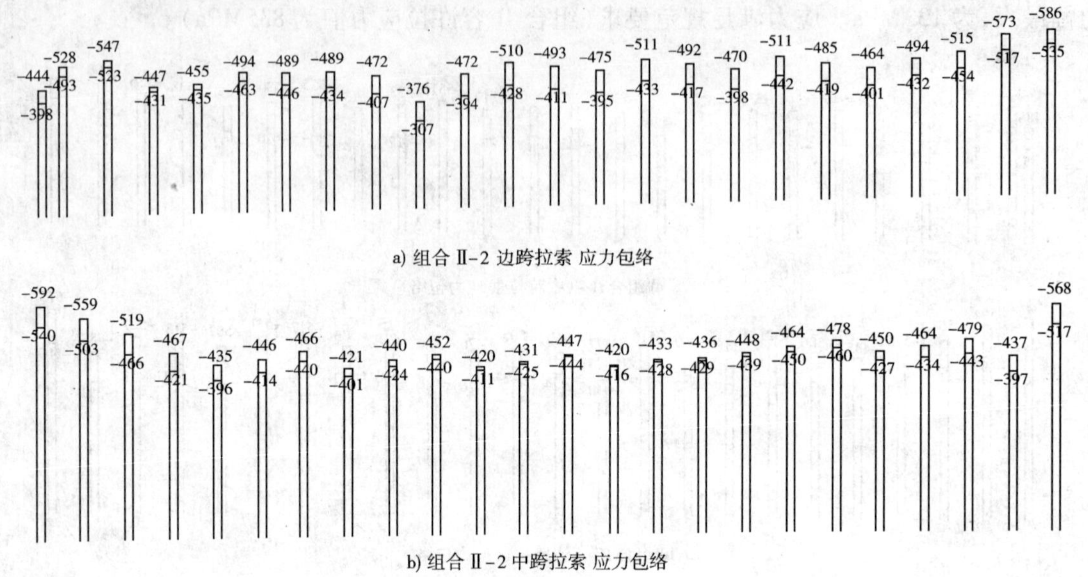

a) 组合 Ⅱ-2 边跨拉索 应力包络

b) 组合 Ⅱ-2 中跨拉索 应力包络

图 4.7.1.16　斜拉索使用组合 II-2 正应力

4. 组合工况 III

正常使用阶段组合工况 III 主梁上、下缘正应力包络见图 4.7.1.17,斜拉索应力包络见图 4.7.1.18。

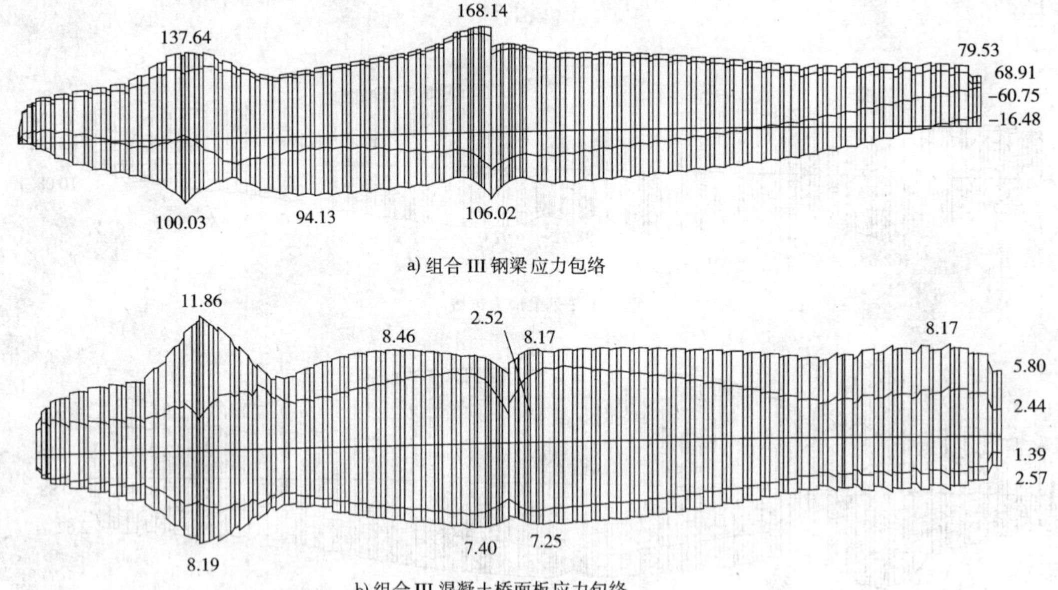

a) 组合 III 钢梁应力包络

b) 组合 III 混凝土桥面板应力包络

图 4.7.1.17　主梁使用组合 III 正应力(单位:MPa)

在组合 III 情况下,钢梁正应力包络为 -60.75 ~ 168.14MPa,最大压应力出现在主塔下截面上缘,最大拉应力出现在跨中截面下缘。应力满足规范要求(组合Ⅳ容许压应力和拉应力分别为 253.6MPa 和 -253.6MPa)。

在组合 III 情况下,混凝土板最大压应力为 11.86MPa,出现在辅助墩顶截面上缘,不出现拉应力。应力满足规范要求(组合 IV 容许压应力值为 25.2MPa)。

在组合 III 情况下,斜拉索正应力包络为 -312 ~ -620MPa,最大拉应力分别出现在第 MC1、MC24 号索。SC16 号有最大应力幅为 141MPa。应力满足规范要求(组合 III 容许拉应力值为 835MPa)。

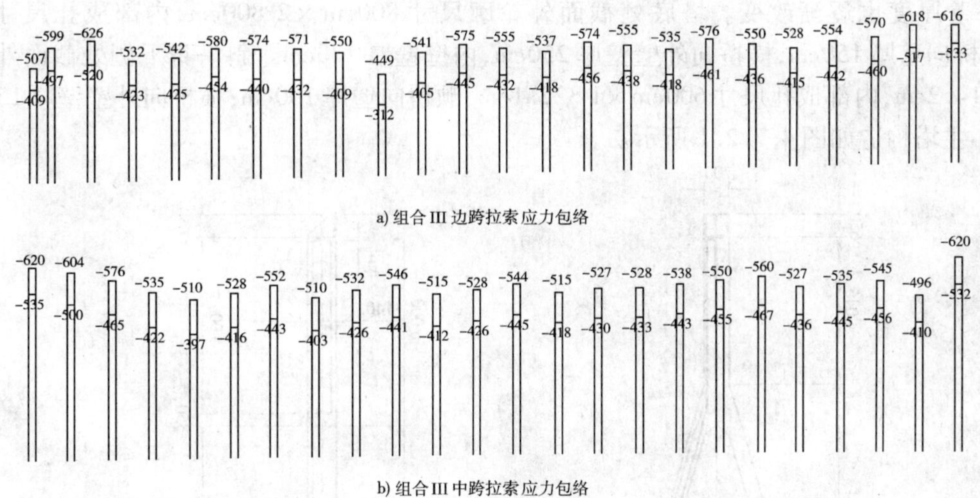

a) 组合 III 边跨拉索应力包络

b) 组合 III 中跨拉索应力包络

图 4.7.1.18　斜拉索使用组合 III 正应力

7.1.8　刚度验算

1. 主梁主要节点活载位移

主梁主要节点活载位移(汽车—超 20 级静荷载)值见表 4.7.1.3。

主梁主要节点活载位移(尺寸单位:mm)　　表 4.7.1.3

位置 \ 项目	最大向上位移	最大向下位移
中跨跨中	17.2	234.1
主墩至辅助墩范围	45.4	51.7
辅助墩至边墩范围	11.8	16.4

2. 结构刚度验算

根据规范要求,对斜拉桥主梁的刚度进行验算,结果见表 4.7.1.4。

计算结果表明,主梁的刚度满足规范要求。

跨中截面汽车荷载变形验算(尺寸单位:mm)　　表 4.7.1.4

位置 \ 项目	活载	容许值	是否满足
中跨跨中	251.3	700	满足

注:活载变形指荷载在桥跨范围内移动产生正负挠度的最大绝对值之和。

7.2　桥塔及基础

7.2.1　结构构造要点

1. 主塔构造

主塔采用倒 Y 钻石形,塔身为钢筋混凝土结构,主塔高 150m。

上塔柱采用单箱双室矩形截面,高度 60.0m,外轮廓尺寸 800cm×700cm,内部成孔尺寸 520cm×235cm,顺桥向为了锚固斜拉索的需要其壁厚为 140cm,横桥向外壁壁厚 80cm,内壁壁厚 70cm。

中塔柱采用单箱单室矩形截面,高度 55.0m,外轮廓尺寸 800cm×420cm,内部成孔尺寸 520cm×180cm,顺桥向壁厚 140cm,横桥向壁厚 120cm。

下塔柱采用单箱双室矩形截面,高度 35.0m,为满足钻石形状,其截面从上往下横向宽度逐渐减小,纵横向内外壁厚度也逐渐改变。塔底处截面外轮廓尺寸 800cm ×2 800cm，内部成孔尺寸 500cm ×1 065cm，顺桥向壁厚 150cm，横桥向外壁壁厚 250cm，内壁壁厚 170cm。斜塔身下侧处截面外轮廓尺寸 800cm ×3 014.2cm，内部成孔尺寸 600cm ×1 322.1cm，顺桥向壁厚 100cm，横桥向外壁壁厚 150cm，内壁壁厚 70cm。主塔构造如图 4.7.2.1 所示。

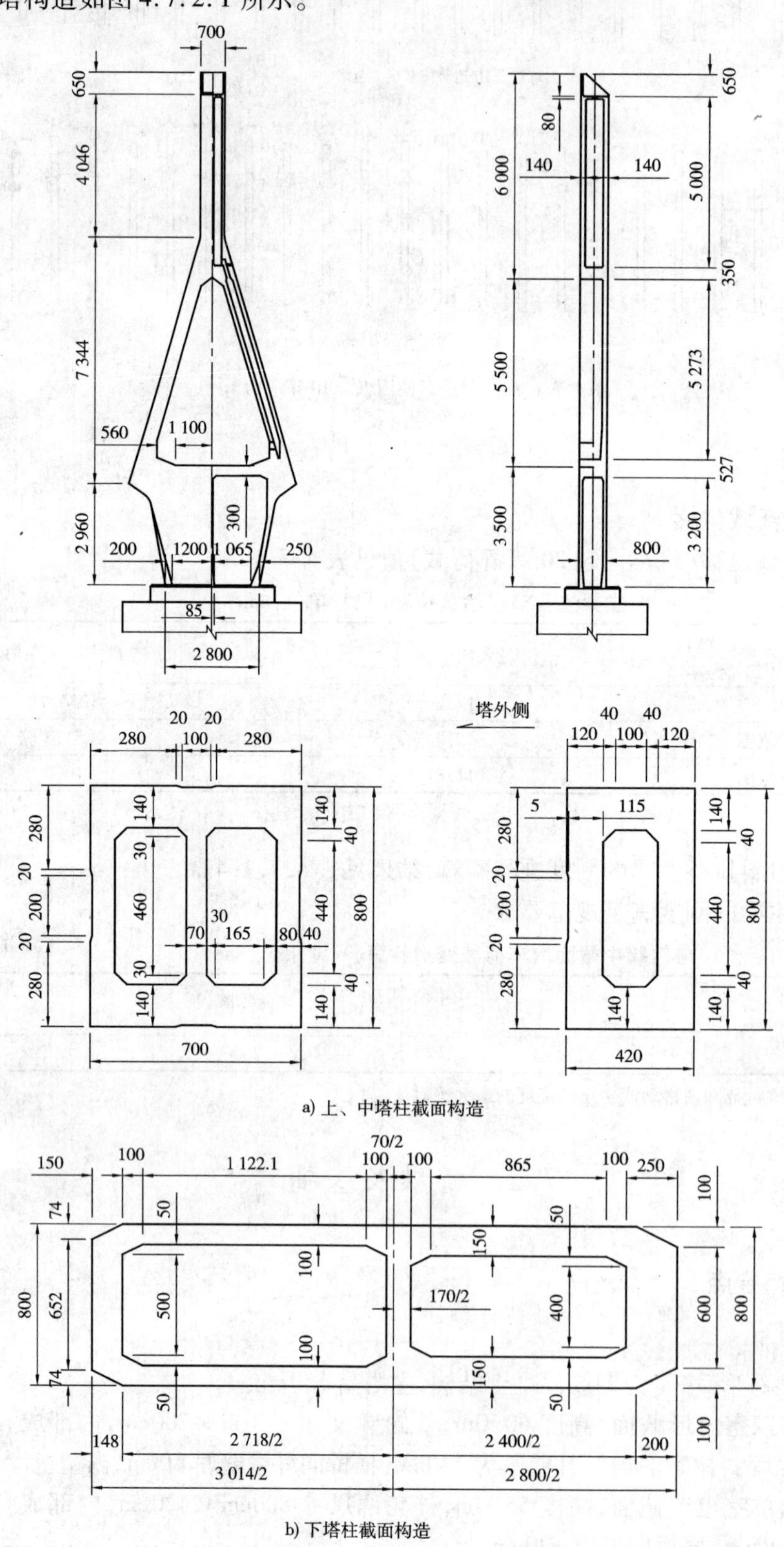

a) 上、中塔柱截面构造

b) 下塔柱截面构造

图 4.7.2.1 主塔构造(尺寸单位:cm)

2. 主塔钢筋构造

主塔普通钢筋采用ϕ 12mm、ϕ 16mm、ϕ 25mm 和ϕ 32mm 四种类型直径的 II 级钢筋。中塔柱外壁侧配置双层ϕ 32mm 主钢筋，上塔柱外壁侧配置单层ϕ 32mm 主钢筋，中塔柱内壁侧和上塔柱内壁均配置单层ϕ 25mm 主钢筋，间距均为 15cm；倒角斜钢筋采用ϕ 12mm 钢筋，封闭箍筋采用ϕ 16mm 钢筋，塔柱主筋间拉筋采用ϕ 16mm 钢筋，竖向间距为 15cm。塔柱横断面配筋如图 4.7.2.2 所示。

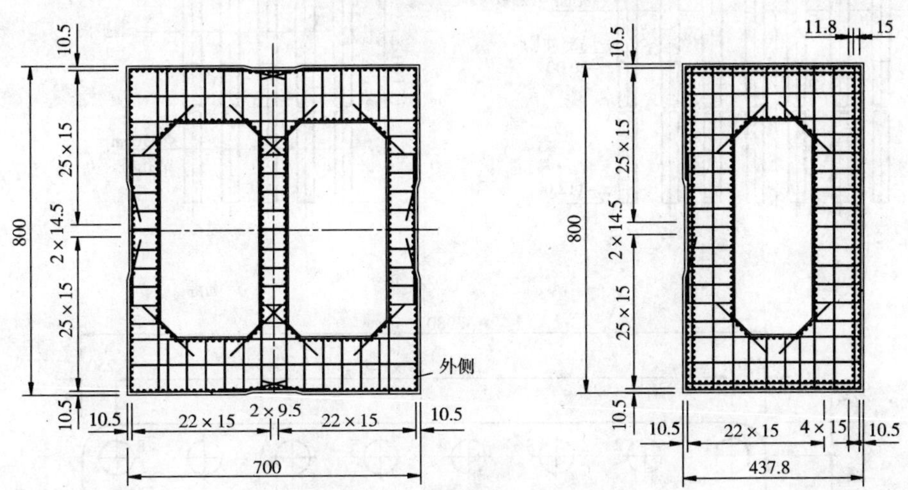

图 4.7.2.2　主塔普通钢筋(尺寸单位:cm)

3. 基础构造

主墩墩座截面尺寸 1 600cm × 3 600cm，高 5m。承台截面尺寸 2 740cm × 4 980cm，高 6m。主墩桩基采用 38ϕ2 500mm 钻孔灌注桩，顺桥向桩距 5.6m，横桥向桩距 6.4m。基础如图 4.7.2.3 所示。

墩座和承台均采用高性能 C40 混凝土，灌注桩采用水下 C30 掺和混凝土。

7.2.2　桥塔

1. 荷载组合

正常使用极限状态和承载能力极限状态考虑了 4 种最不利组合。

组合 I：恒载(一期恒载 + 二期恒载) + 预应力 + 拉索索力 + 收缩 + 徐变 + 基础沉降 + 汽车—超 20；

组合 II-1：恒载(一期恒载 + 二期恒载) + 预应力 + 拉索索力 + 收缩 + 徐变 + 基础沉降 + 汽车—超 20 + 纵向制动力 + 温度影响力 + 纵向风荷载(25m/s)；

组合 II-2：恒载(一期恒载 + 二期恒载) + 预应力 + 拉索索力 + 收缩 + 徐变 + 基础沉降 + 温度影响力 + 纵向风荷载(42m/s)；

组合 III：恒载(一期恒载 + 二期恒载) + 预应力 + 拉索索力 + 集装箱车辆。

2. 成桥初期及后期应力

成桥初期、成桥后期混凝土应力如图 4.7.2.4 所示。

成桥初期混凝土应力值见表 4.7.2.1。

成桥初期应力值(单位:MPa)　　表 4.7.2.1

截　面	边跨侧压应力	中跨侧压应力	容许压应力值	是否满足
上塔柱	6.16	6.13	17.50	满足
中塔柱	7.41	5.64	17.50	满足
下塔柱	6.33	5.16	17.50	满足

成桥后期混凝土应力值见表 4.7.2.2。

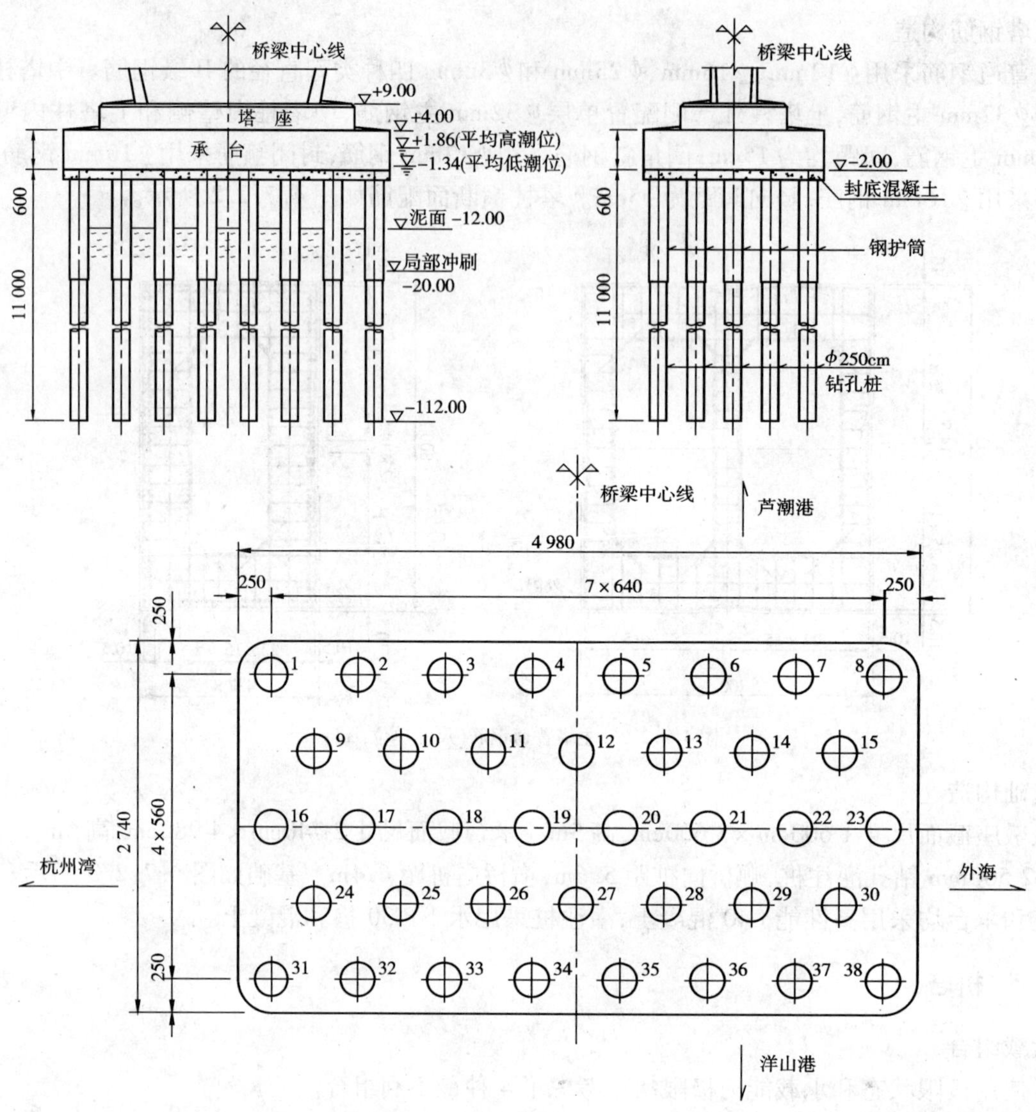

图 4.7.2.3　主墩基础布置(尺寸单位:cm,高程单位:m)

成桥后期应力值(单位:MPa)　　表 4.7.2.2

截　面	边跨侧压应力	中跨侧压应力	容许压应力值	是否满足
上塔柱	5.89	6.28	17.50	满足
中塔柱	6.05	7.01	17.50	满足
下塔柱	5.44	6.03	17.50	满足

计算结果表明,桥塔在成桥初期和成桥后期混凝土应力均满足规范要求。

3. 使用阶段应力

由于桥塔受到拉索竖向分力的作用、轴向永久受压,同时桥梁位于海洋环境中,对其抗裂性也有更高的要求,故使用阶段各工况采用预应力混凝土构件应力验算方法。

使用阶段各工况混凝土应力包络如图 4.7.2.5 所示。

使用阶段混凝土应力包络值见表 4.7.2.3。

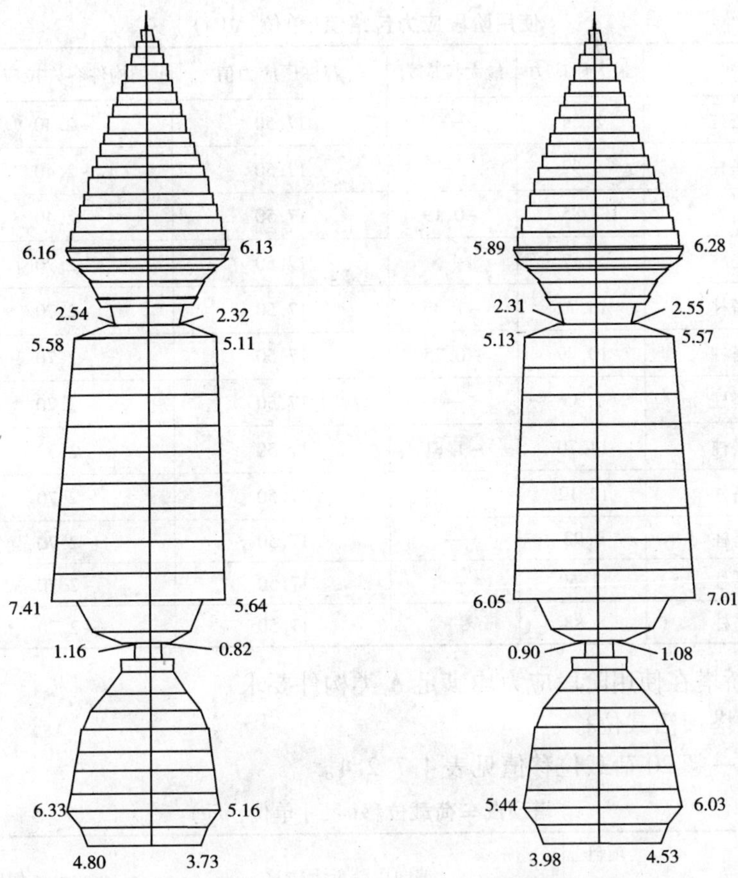

图4.7.2.4　桥塔成桥初期、成桥后期正应力(单位:MPa)

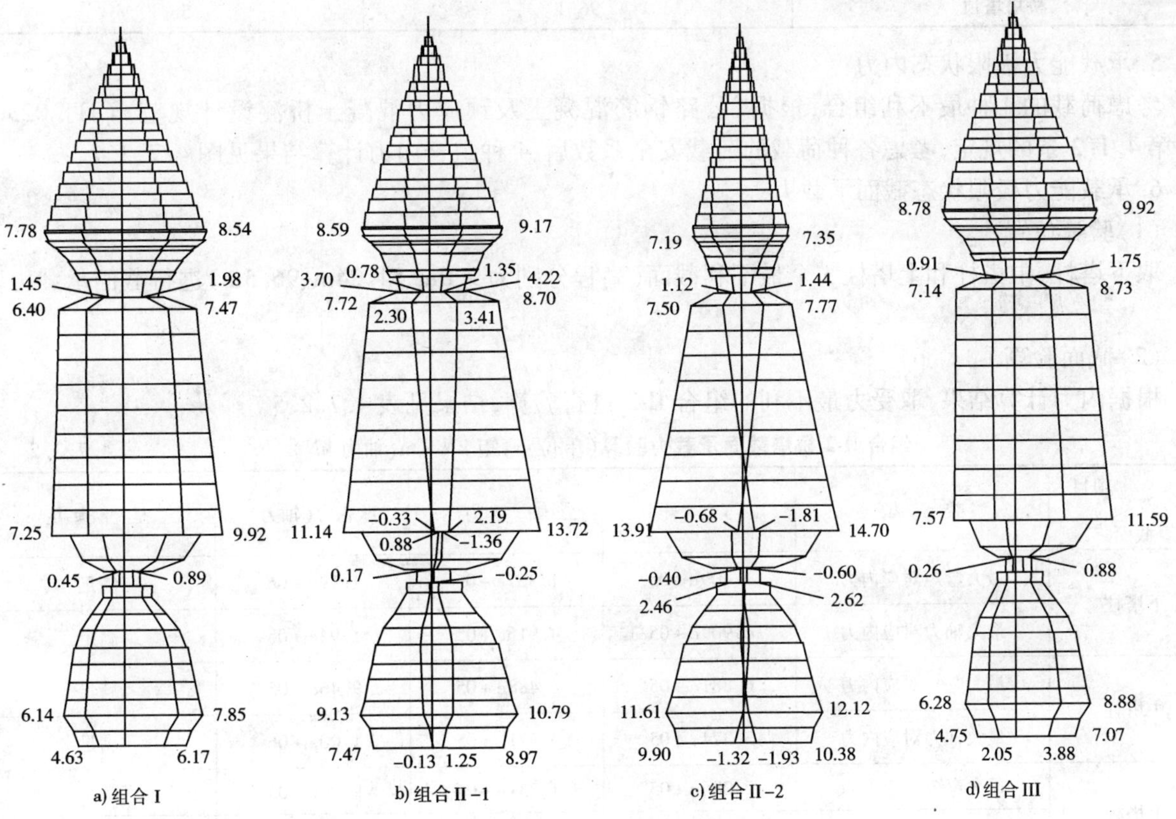

图4.7.2.5　桥塔使用阶段应力包络(单位:MPa)

使用阶段应力包络值(单位:MPa) 表4.7.2.3

截面		最大压应力	最大拉应力	容许压应力值	A类构件容许拉应力值	是否满足
组合I	上塔柱	8.54	—	17.50	-2.40	满足
	中塔柱	9.92	—	17.50	-2.40	满足
	下塔柱	7.85	-0.19	17.50	-2.40	满足
组合II-1	上塔柱	9.17	—	17.50	-2.70	满足
	中塔柱	13.72	-1.36	17.50	-2.70	满足
	下塔柱	10.79	-0.25	17.50	-2.70	满足
组合II-2	上塔柱	7.35	—	17.50	-2.70	满足
	中塔柱	14.70	-1.81	17.50	-2.70	满足
	下塔柱	12.12	-1.93	17.50	-2.70	满足
组合III	上塔柱	9.92	—	17.50	-2.70	满足
	中塔柱	11.59	—	17.50	-2.70	满足
	下塔柱	8.88	—	17.50	-2.70	满足

计算结果表明,桥塔在使用阶段应力均满足A类构件要求。

4.使用阶段桥塔塔顶活载位移

桥塔塔顶的汽车—超20荷载位移值见表4.7.2.4。

塔顶汽车荷载位移(尺寸单位:mm) 表4.7.2.4

项目 / 位置	偏向中跨最大位移	偏向边跨最大位移
桥塔塔顶	96.4	56.1

5.承载能力极限状态内力

考虑荷载的4种最不利组合,根据《公路钢筋混凝土及预应力混凝土桥涵设计规范》(JTJ 023—85)第4.1.2条的规定,考虑各种荷载的荷载安全系数后,4种组合内力计算结果见图4.7.2.6。

6.承载能力极限状态截面承载力

(1)验算位置

取下塔柱、中塔柱和上塔柱3个最不利截面(高程分别为9.0m、51.24m、96.5m)进行截面承载力验算。

(2)截面验算

根据内力计算结果,取受力最不利的组合II-2进行验算,结果见表4.7.2.5。

组合II-2桥塔截面承载力验算(单位:弯矩kN·m,轴力kN) 表4.7.2.5

项目 / 计算截面	类型	弯矩	轴力	承载力(轴力)	是否满足
下塔柱	最大弯矩对应内力	1.409e+05	1.367e+05	1.19e+06	满足
	最大轴力对应内力	4.909e+05	4.915e+05	1.94e+06	满足
中塔柱	最大弯矩对应内力	6.881e+05	6.488e+05	9.46e+05	满足
	最大轴力对应内力	3.374e+05	3.371e+05	1.00e+06	满足
上塔柱	最大弯矩对应内力	2.086e+05	1.731e+05	9.04e+05	满足
	最大轴力对应内力	2.772e+05	2.774e+05	9.48e+05	满足

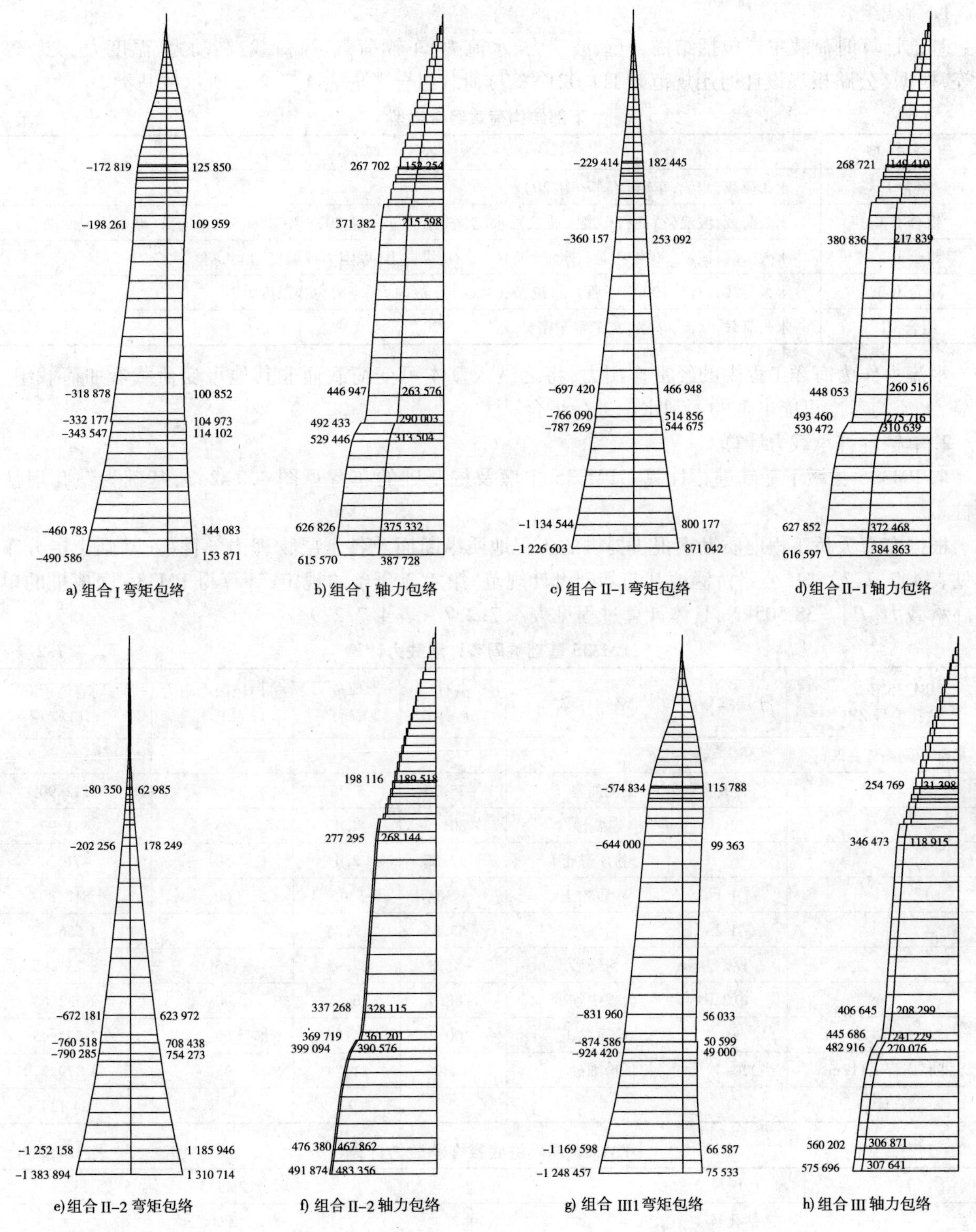

图 4.7.2.6　桥塔承载能力极限状态弯矩、轴力包络(弯矩单位:kN · m,轴力单位:kN)

计算结果表明,承载能力极限状态桥塔截面承载力满足规范要求。

7.2.3　桩基础计算

根据《公路桥涵地基与基础设计规范》(JTJ 024—85)附录六计算桩基础,桩基础计算包括单桩容许承载力计算、桥墩基础群桩受力分析及桩的截面承载力验算。

1. 荷载组合

基础计算时荷载主要包括结构自重、波浪力、水流力、车辆荷载、风荷载、制动力、温度力、支座摩阻力等,根据《公路桥涵设计通用规范》(JTJ 021—89)荷载组合考虑表4.7.2.6所示的几类。

下部结构荷载组合类型 表4.7.2.6

组合类型	荷载
组合I	永久荷载,水流,车辆(汽车—超20)
组合II-1	永久荷载,波浪(桥面行车最大波浪),水流,车辆(汽车—超20),风(25m/s),纵向力(摩阻力或制动力)
组合II-2	永久荷载,波浪(50年一遇),水流,风(42m/s),纵向力(摩阻力或温度力)
组合II-3	永久荷载,波浪(100年一遇),水流,风(42m/s),纵向力(摩阻力或温度力)
组合III	永久荷载,水流,车辆(集卡重车密排或挂车—120)

水流力作为海洋工程中的经常作用力,将之纳入基本可变荷载而非其他可变荷载参加荷载组合。波浪、水流均考虑可能出现的不利水位进行组合。

2. 单桩容许承载力计算

取PM335主墩下基础进行计算。PM335主墩及桩基础的布置见图4.7.2.3,基础为钻孔灌注摩擦桩。

根据东海大桥工程地质勘察报告提供的工程地质纵断面及各土层物理力学性能,基础土层分布情况见表4.7.2.7。按《公路桥涵地基与基础设计规范》第4.3.2条的规定,计算得PM335摩擦桩的单桩容许承载力$[P]$ = 38 505kN,具体计算过程见表4.7.2.7~表4.7.2.9。

PM335基础桩周容许承载力计算 表4.7.2.7

PM335桥墩 钻孔编号ZZ1	土层编号	名称	高程 (m)	厚度 (m)	桩周极限摩阻力 (kPa)	桩周容许承载力 (kN)
局部冲刷高程 -20m			-20			
	④1	淤泥质黏土	-25.75	5.75	5	112.90
	⑤1	黏土	-30.15	4.4	25	431.97
	⑥	粉质黏土	-32.55	2.4	50	471.24
	⑦1-1	砂质粉土	-36	3.45	60	812.89
	⑦1-2	粉细砂	-53.85	17.85	65	4 556.29
	⑦2	粉细砂	-81.8	27.95	75	8 231.95
	⑨2	含砾中细砂	-88.4	6.6	90	2 332.63
	⑩	粉质黏土	-100.26	11.86	60	2 794.45
桩底高程 -112m	11-1	粉细砂	-112	11.74	95	4 379.77
合计				92		24 124

PM335基础桩底容许承载力计算 表4.7.2.8

桥墩号	PM335
钻孔号	ZZ1
局部冲刷线高程(m)	-20.00
桩底高程(m)	-112.00
桩尖的埋置深度h(m)	40.00
随深度的修正系数k_2	2.50
容许承载力$[\sigma_0]$(kPa)	4 500.00
局部冲刷线下桩长l(m)	92.00

续上表

桩径 d(m)	2.50
l/d	36.80
修正系数 λ	0.85
土的容重 γ_2	19.10
清底系数 m_0	0.55
极限承载力$[\sigma_R]$(kPa)	5 859
桩底容许反力(kN)	14 381

PM335 基础单桩容许承载力计算　表 4.7.2.9

桩　　径	桩周容许承载力	桩底容许承载力	单桩容许承载力
d(m)	(kN)	(kN)	(kN)
2.50	24 124	14 381	38 505

为求单桩荷载值,首先应求出承台底的各种荷载效应。

3. 承台底荷载效应计算

承台底荷载包括:上、下部的永久作用、车辆荷载、制动力、风荷载、波浪力和水流力,由于主墩的防撞采用筑岛的措施,所以在主墩基础计算中不考虑船只撞击力。荷载效应计算如下:

(1)结构重力

由结构重力在承台底产生的竖向力 $P=487\ 200$kN,水平力 $H=533$kN,产生的顺桥向弯矩 $M=62\ 160$kN·m。

(2)车辆荷载

汽车—超 20 在承台底产生的最大顺桥向弯矩 $M=225\ 130$kN·m,与此弯矩对应的竖向力 $P=13\ 487$kN,水平力 $H=2\ 202$kN。

集装箱车在承台底产生的最大顺桥向弯矩 $M=445\ 739$kN·m,与此弯矩对应的竖向力 $P=30\ 435$kN,水平力 $H=4\ 448$kN。

(3)纵向制动力计算

根据规范 JTJ 021—89 第 2.3.9 条,当桥涵为一车道或双向二车道时,汽车制动力为布置在一联长度内的一行汽车车队总重力的 10%,但不得小于一辆重车的 30%,东海大桥半桥按单向 4 车道考虑,应为上述规定数值的 $4\times0.67=2.68$ 倍。

一行列车的 10%:$9\ 150\times0.1=915$kN

一辆重车的 30%:$550\times0.3=165$kN

故制动力取用 $P=915\times4\times0.67=2\ 451$kN,由两个主墩柱承受,作用位置取桥面上。由此,在 PM335 承台底产生的弯矩 $M=62\ 352$kN·m,水平力 $P=1\ 226$kN。

(4)横桥向风力

横桥向风力作用于主梁及墩上。

①桥梁各构件基准高度的取定

主梁取跨中截面形心距设计常水位(或海平面)的高度;

斜拉索:斜拉索形心距设计常水位(或海平面)的高度;

主塔:自设计常水位(或海平面)以上高度的 65% 高度处。

②桥梁各构件的设计基准风速

上述确定的各构件基准高度处的风速作为各构件的设计基准风速,其与设计基本风速有如下关系(式 4.2.2.1):

$$V_d = K_1 V_{10}$$

设计时考虑两种风速:桥面无车的设计基本风速 $V_{10}=42\text{m/s}$;桥面有车的最大设计基本风速 $V_{10}=25\text{m/s}$。

③静阵风风速

静阵风风速按规范 JTG/T D60-01—2004 第 4.2 条计算,即前式 4.2.2.2:

$$V_g = G_V V_d$$

式中:G_V——静阵风系数,按规范 JTG/T D60-01—2004 表 7.2.1 取值。

④静阵风荷载

根据规范 JTG/T D60-01—2004 第 4.3 条,在横桥向风力作用下,主梁单位长度上的横向静阵风荷载计算如下(式 4.2.2.3):

$$F_H = \frac{1}{2}\rho V_g^2 C_H H$$

作用于主塔和拉索上的静力风载按规范 JTG/T D60-01—2004 第 4.4 条计算(式 4.2.2.4):

$$F_H = \frac{1}{2}\rho V_g^2 C_H A_n$$

式中:C_H——主塔和斜拉索阻力系数,主塔参见规范 JTG/T D60-01—2004 第 4.4.2 条表 4.4.2,斜拉索取用 0.7;

A_n——主塔取顺风向投影面积(m^2),斜拉索取为其直径乘以其投影高度。

上部结构迎风面考虑主梁和栏杆高。PM335 承台承受 235.5m 长的上部结构风力,考虑两种设计基本风速:桥面无车的设计基本风速 $V_{10}=42\text{m/s}$ 和桥面有车的最大设计基本风速 $V_{10}=25\text{m/s}$。

根据规范 JTG/T D60-01—2004 第 4.3 条计算主梁横向静阵风荷载 P 及对承台底弯矩 M 如下:

$$V_{10} = 42\text{m/s}, P = 10\ 668\text{kN}, M = 574\ 997\text{kN}\cdot\text{m}$$

$$V_{10} = 25\text{m/s}, P = 3\ 780\text{kN}, M = 203\ 726\text{kN}\cdot\text{m}$$

主塔承受塔身迎风面积的风力。上塔柱宽 8m,高 60m;中塔柱宽 8m,高 55m;下塔柱宽 8m,高 35m。根据规范 JTG/T D60-01—2004 第 4.4 条计算风作用效应如下:

$$V_{10} = 42\text{m/s}, P = 7\ 679\text{kN}, M = 806\ 332\text{kN}\cdot\text{m}$$

$$V_{10} = 25\text{m/s}, P = 3\ 669\text{kN}, M = 385\ 267\text{kN}\cdot\text{m}$$

斜拉索迎风面为其直径与投影高度的乘积,边跨和中跨索的一半迎风面由主墩承受,其风荷载效应如下:

$$V_{10} = 42\text{m/s}, P = 2\ 367\text{kN}, M = 288\ 776\text{kN}\cdot\text{m}$$

$$V_{10} = 25\text{m/s}, P = 839\text{kN}, M = 102\ 316\text{kN}\cdot\text{m}$$

承台底横桥向风力计算见表 4.7.2.10。

PM335 承台底横桥向风力 表 4.7.2.10

位　置	$V_{10}=25\text{m/s}$		$V_{10}=42\text{m/s}$	
	水平风力(kN)	对承台底弯矩(kN·m)	水平风力(kN)	对承台底弯矩(kN·m)
梁	3 780	203 726	10 668	574 997
塔	3 669	385 267	7 679	806 332
索	839	102 316	2 367	288 776
合计	8 288	691 309	20 714	1 670 105

(5)横桥向波浪力计算

参见本篇 3.2.3 桥墩计算中相关横桥向波浪力计算。

计算时考虑三种工况：

①桥面行车最大波浪，水位2.48m，累积频率为1%的波高 $H_{1\%}$ =4.38m，波长 L=51.8m；

②50年一遇波浪，水位3.63m，累积频率为1%的波高 $H_{1\%}$ =6.43m，波长 L=77.3m；

③100年一遇波浪，水位3.73m，累积频率为1%的波高 $H_{1\%}$ =6.73m，波长 L=83.7m 根据上述公式，波浪力计算结果见表4.7.2.11。

PM335 承台横桥向波浪力　　表4.7.2.11

工　况	水平波浪力(kN)	对承台底弯矩(kN·m)
桥面行车最大波浪	5 811	15 986
50年一遇波浪	13 909	49 688
100年一遇波浪	15 911	57 765

(6)水流力

根据规范 JTJ 021—89 第2.3.10条计算水流力，计算公式见式4.3.2.9，即

$$P = KA\frac{\gamma V^2}{2g}$$

水流力计算结果见表4.7.2.12。

PM335 承台横桥向水流力　　表4.7.2.12

	设计水位	50年一遇	100年一遇
水位(m)	2.48	3.63	3.73
A(m^2)	123	154	157
V(m/s)	1.81	1.58	1.58
γ(kN/m^3)	10.045	10.045	10.045
K	1.3	1.3	1.3
F(kN)	268	257	261
M(kN·m)	632	768	796

4.荷载组合

计算承台底截面荷载组合时考虑了5种不同组合，结果见表4.7.2.13。

PM335 承台底内力组合　　表4.7.2.13

项　目	荷载类别	竖向力(kN)	水平力(kN)		弯矩(kN·m)	
			顺桥向	横桥向	顺桥向	横桥向
恒载	结构重力(1)	487 200	533	—	62 160	—
基本可变荷载	汽车—超20(2)	13 487	2 202	—	225 130	—
	集装箱车(3)	30 435	4 448	—	445 739	—
	水流力(桥面行车最大水位)(4)	—	—	268	—	632
	水流力(50年一遇)(5)	—	—	257	—	768
	水流力(100年一遇)(6)	—	—	261	—	769
其他可变荷载	汽车制动力(7)	—	1 226	—	62 352	—
	风压力(V=25m/s)(8)	—	—	8 288	—	691 309
	风压力(V=42m/s)(9)	—	—	20 714	—	1 670 105
	波浪力(桥面行车最大波浪)(10)	—	—	5 811	—	15 986
	波浪力(50年一遇)(11)	—	—	13 909	—	49 688
	波浪力(100年一遇)(12)	—	—	15 911	—	57 765

续上表

项目	荷载类别	竖向力(kN)	水平力(kN)		弯矩(kN·m)	
			顺桥向	横桥向	顺桥向	横桥向
承载能力极限状态组合	组合 I(14) = 1.2×(1) + 1.4×(2)	603 522	3 722	—	389 775	—
	组合 II-1(15) = 1.1×(1) + 1.3×(2) + 1.3×(4) + 1.3×(7) + 1.3×(8) + 1.3×(10)	553 453	5 042	18 677	442 103	920 305
	组合 II-2(16) = 1.1×(1) + 1.3×(5) + 1.3×(9) + 1.3×(11)	535 920	586	45 344	68 376	2 236 730
	组合 II-3(17) = 1.1×(1) + 1.3×(6) + 1.3×(9) + 1.3×(12)	535 920	586	47 952	68 376	2 247 231
	组合 III(18) = 1.2×(1) + 1.1×(3)	618 118	5 532	—	564 905	—
正常使用极限状态组合	组合 I(20) = (1) + (2)	500 687	2 735	—	287 290	—
	组合 II-1(21) = (1) + (2) + (4) + (7) + (8) + (10)	500 687	3 961	14 367	349 642	707 927
	组合 II-2(22) = (1) + (5) + (9) + (11)	487 200	533	34 880	62 160	1 720 561
	组合 II-3(23) = (1) + (6) + (9) + (12)	487 200	533	36 886	62 160	1 728 639
	组合 III(24) = (1) + (3)	517 635	4 981	—	507 899	—

注：表中承载能力极限状态组合用于计算桩身截面承载力，正常使用极限状态组合用于计算单桩承载力。

作用在桩身上的外荷载，除了承台底的作用力，桩本身还受到水流和波浪力的作用。

(1)桩身波浪力

按照《海港水文规范》(JTJ 213—98)第 8.3 条进行波流力计算，计算过程同桥墩波浪力，不同点是在计算桩身波浪力时要考虑群桩系数 K，K 的取值查规范第 8.3.5 条。桩身波浪力计算结果见表4.7.2.14。

PM335 桩身横桥向波浪力 表 4.7.2.14

工况	水平波浪力(kN)	局部冲刷线处桩身弯矩(kN·m)
桥面行车最大波浪	141	1 612
50 年一遇波浪	213	2 196
100 年一遇波浪	224	2 276

(2)桩身水流力

桩身水流力计算结果见表 4.7.2.15。

PM335 桩身横桥向水流力 表 4.7.2.15

工况	水平波浪力(kN)	局部冲刷线处桩身弯矩(kN·m)
设计高水位	40	564
50 年一遇水位	31	430
100 年一遇水位	31	430

5. 正常使用阶段桩顶荷载计算

由承台底荷载组合结果可知，正常使用极限状态控制设计的组合为组合 I、组合 II-1、组合 II-3、组合 III。

根据桩布置情况(桩基编号见图 4.7.2.3)和地质情况，采用规范 JTJ 024—85 附录六 m 法计算正常使用极限状态的桩顶荷载，结果见表 4.7.2.16。

PM335 基础由正常使用组合作用效应产生的单桩竖向力　　表 4.7.2.16

桩　号	组合 I	组合 II-1	组合 II-3	组合 III
1	11 710	8 639	5 812	11 020
2	11 710	9 413	7 724	11 020
3	11 710	10 190	9 637	11 020
4	11 710	10 960	11 550	11 020
5	11 710	11 740	13 460	11 020
6	11 710	12 510	15 380	11 020
7	11 710	13 290	17 290	11 020
8	11 710	14 060	19 200	11 020
9	12 440	9 939	6 925	12 320
10	12 440	10 710	8 838	12 320
11	12 440	11 490	10 750	12 320
12	12 440	12 260	12 660	12 320
13	12 440	13 040	14 580	12 320
14	12 440	13 810	16 490	12 320
15	12 440	14 590	18 400	12 320
16	13 180	10 460	6 126	13 620
17	13 180	11 240	8 039	13 620
18	13 180	12 010	9 952	13 620
19	13 180	12 790	11 860	13 620
20	13 180	13 560	13 780	13 620
21	13 180	14 340	15 690	13 620
22	13 180	15 110	17 600	13 620
23	13 180	15 890	19 520	13 620
24	13 910	11 760	7 239	14 920
25	13 910	12 540	9 152	14 920
26	13 910	13 310	11 070	14 920
27	13 910	14 090	12 980	14 920
28	13 910	14 860	14 890	14 920
29	13 910	15 640	16 800	14 920
30	13 910	16 410	18 720	14 920
31	14 640	12 290	6 440	16 230
32	14 640	13 070	8 353	16 230
33	14 640	13 840	10 270	16 230
34	14 640	14 610	12 180	16 230
35	14 640	15 390	14 090	16 230
36	14 640	16 160	16 000	16 230
37	14 640	16 940	17 920	16 230
38	14 640	17 710	19 830	16 230

结果表明，组合 II-3 中各桩的受力最不均匀，最大的 38 号桩为 19 830N，最小的 1 号桩仅 5 812kN，这是因为桩顶受到了两个方向的力矩作用，因此在桩群的角点上受力不均匀。

6. 单桩容许承载力验算

根据地质情况计算得单桩容许承载力[P] = 38 505kN，对组合 II 和组合 III 需考虑作用组合提高系数 1.25。局部冲刷线以上的全部桩身重力和局部冲刷线以下的 1/2 桩身重力合计 7 854kN 作为外力考虑，结果见表 4.7.2.17，桩的受力是安全的。

PM335 基础单桩容许承载力计算 表 4.7.2.17

项　目	组合 I	组合 II-1	组合 II-3	组合 III
最不利荷载值(kN)	22 494	25 564	27 684	24 084
容许值(kN)	38 505	48 131	48 131	48 131

7. 承载能力极限状态桩身受力分析

桩身受力分析按照《公路桥涵地基与基础设计规范》(JTJ 024—85)的 m 法进行计算，桩侧土的比例系数根据地质钻探资料查取规范相应表格得到，计算中视桩顶承台为刚性体，不计变形。

根据表 4.7.2.13 承台底承载能力极限状态组合情况，考虑最不利荷载组合 II-3，按 m 法计算得到桩顶截面内力见表 4.7.2.18。

PM335 承载能力极限状态桩顶内力 表 4.7.2.18

承载能力极限状态组合 II-3					
承台底内力	N_x	N_y	N_z	M_x	M_y
	47 952	586	535 920	68 376	-2 247 231
桩 顶 内 力					
1	1 262	15	5 054	-187	17 090
2	1 262	15	7 540	-187	17 090
3	1 262	15	10 030	-187	17 090
4	1 262	15	12 510	-187	17 090
5	1 262	15	15 000	-187	17 090
6	1 262	15	17 490	-187	17 090
7	1 262	15	19 970	-187	17 090
8	1 262	15	22 460	-187	17 090
9	1 262	15	6 470	-187	17 090
10	1 262	15	8 957	-187	17 090
11	1 262	15	11 440	-187	17 090
12	1 262	15	13 930	-187	17 090
13	1 262	15	16 420	-187	17 090
14	1 262	15	18 900	-187	17 090
15	1 262	15	21 390	-187	17 090
16	1 262	15	5 399	-187	17 090
17	1 262	15	7 886	-187	17 090
18	1 262	15	10 370	-187	17 090
19	1 262	15	12 860	-187	17 090
20	1 262	15	15 350	-187	17 090
21	1 262	15	17 830	-187	17 090
22	1 262	15	20 320	-187	17 090
23	1 262	15	22 810	-187	17 090
24	1 262	15	6 815	-187	17 090

续上表

承载能力极限状态组合 II-3					
承台底内力	N_x	N_y	N_z	M_x	M_y
	47 952	586	535 920	68 376	−2 247 231
桩 顶 内 力					
25	1 262	15	9 302	−187	17 090
26	1 262	15	11 790	−187	17 090
27	1 262	15	14 280	−187	17 090
28	1 262	15	16 760	−187	17 090
29	1 262	15	19 250	−187	17 090
30	1 262	15	21 740	−187	17 090
31	1 262	15	5 745	−187	17 090
32	1 262	15	8 232	−187	17 090
33	1 262	15	10 720	−187	17 090
34	1 262	15	13 210	−187	17 090
35	1 262	15	15 690	−187	17 090
36	1 262	15	18 180	−187	17 090
37	1 262	15	20 670	−187	17 090
38	1 262	15	23 150	−187	17 090

注：①N_x 为横桥向水平力，N_y 为顺桥向水平力，N_z 为竖向力，N_x 为顺桥向弯矩，M_y 为横桥向弯矩；

②N 单位为 kN，M 单位为 kN · m。

表4.7.2.19和图4.7.2.7分别为用数值和图形给出了PM335桩基中受力最不利的1号钻孔灌注桩在最不利组合II-3作用下的弯矩分布情况（轴力最小，弯矩最大）。

1号桩组合 II-3 弯矩（单位：kN · m）　　表4.7.2.19

z(m)	M_x	M_y	M
0	−186.9	17 096	17 097
9	−187	18 448	18 449
18	−187	19 800	19 801
20	−155	16 670	16 671
25	−71	7 937	7 937
30	−10	1 349	1 349
35	9	−851	851
40	4	−417	417
45	−4	431	431
50	0	3	3
55	0	1	1
60	0	−1	1
65	0	−3	3
70	0	−5	5
75	0	−7	7
80	0	−9	9
85	0	−11	11
90	0	−13	13
95	0	−14	14
100	0	−16	16
105	0	−18	18
110	0	−20	20

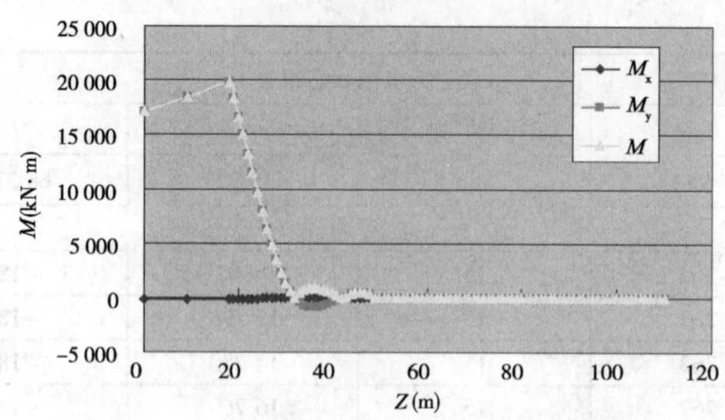

图 4.7.2.7　1 号桩组合 II-3 桩身弯矩分布

8. 钻孔桩桩身截面承载力验算

钻孔桩直径 2.5m，配置 100 根直径 32mm 的 II 级钢筋，采用 C30 水下混凝土，根据圆截面偏心受压构件进行截面承载力验算，控制截面为距桩顶 18m 处，控制荷载组合为 II－3，结果列出见表 4.7.2.20。

钻孔桩桩身截面承载力验算　　表 4.7.2.20

计算内容	单　位	PM335 号桥墩
		1 号桩
设计轴力 N	kN	7 484
设计弯矩 M	kN · m	19 801
极限承载力 N_j	kN	10 400

验算结果表明，钻孔灌注桩身截面承载力满足要求。

7.2.4　承台计算

根据《公路钢筋混凝土及预应力混凝土桥涵设计规范》(JTG D62—2004)第 8.5 节进行承台计算，内容包括承台抗弯承载力验算、抗剪承载力验算、冲切承载力验算以及局部承压承载力验算。

取主塔(PM335)下的承台进行验算。

1. 承台抗弯承载力验算

PM335 承台外排桩中心距墩身边缘为 3.2m，小于承台高度 5m，因此承台短悬臂按"撑杆—系杆体系"计算撑杆的抗压承载力和系杆的抗拉承载力。

(1)撑杆的抗压承载力

计算公式见式 4.2.2.7 ~ 式 4.2.2.11。

表 4.7.2.21 示出了 PM335 承台的撑杆抗压承载力计算，计算结果表明，PM335 承台的撑杆抗压承载力满足要求。

PM335 承台的撑杆抗压计算　　表 4.7.2.21

项　目	单　位	数　值
结构重要性系数 γ_0		1.1
撑杆压力设计值 D_d	kN	2.307×10^5
撑杆计算高度 t	m	2.068
撑杆计算宽度 b_s	m	49.8
撑杆轴心抗压设计强度 $f_{cd,s}$	MPa	19.2
横桥向截面配筋	m^2	1.347 7
撑杆抗压承载力	kN	1.978×10^6

(2)系杆的抗拉承载力

根据规范 JTG D62—2004 第8.5.3条计算系杆抗力承载力,公式为(式4.2.2.12):

$$\gamma_0 T_{id} \leqslant f_{sd} A_s$$

计算过程见表4.7.2.22,由计算结果可知,系杆抗拉承载力远大于荷载值,满足规范要求。

PM335 承台的系杆抗拉计算　　表4.7.2.22

项　目	单　位	数　值
结构重要性系数 γ_0		1.1
系杆拉力设计值 T_d	kN	4.222×10^4
系杆钢筋抗拉设计强度 f_{sd}	MPa	280
横桥向截面配筋	m^2	1.347 7
系杆抗拉承载力	kN	3.774×10^5

根据拉杆和撑杆的计算结果,认为 PM335 承台的抗弯承载力满足要求。

2.承台抗剪承载力验算

根据规范 JTG D62—2004 第8.5.4条计算承台的斜截面抗剪承载力,公式同式4.2.2.13:

计算过程见表4.7.2.23,从计算结果可知,承台斜截面抗剪承载力满足要求。

PM335 承台斜截面抗剪计算　　表4.7.2.23

项　目	单　位	数　值
结构重要性系数 γ_0		1.1
剪力设计值 V_d	kN	1.852×10^5
配筋率 p		0.501
剪跨比 m		0.5
承台计算宽度 b_s	m	49.8
承台有效高度 h_0	m	5.4
抗剪承载力	kN	7.043×10^5

3.承台冲切承载力验算

(1)桥墩向下冲切

根据规范 JTG D62—2004 第8.5.5条,计算公式同式4.2.2.14和式4.2.2.15。

将直径2.5m的圆形截面桩换算为边长2.0m的方形截面桩,计算过程见表4.7.2.24,计算结果可知,桥墩冲切承载力满足要求。

PM335 桥墩冲切计算　　表4.7.2.24

项　目	单　位	数　值
结构重要性系数 γ_0		1.1
冲切力设计值 F_{1d}	kN	3.103×10^5
混凝土轴心抗拉设计强度 f_{td}	MPa	1.65
截面有效高度 h_0	m	5.4
a_x	m	3.4
a_y	m	2.2
b_x	m	36
b_y	m	16
冲切承载力	kN	1.636×10^6

(2)角桩向上冲切

根据规范 JTG D62—2004 第 8.5.5 条,计算公式同式 4.2.2.16 和式 4.2.2.17。

计算过程见表 4.7.2.25,计算结果可知,角桩冲切承载力满足要求。

PM335 承台角桩的冲切计算 表 4.7.2.25

项　目	单　位	
结构重要性系数 γ_0		1.1
角桩竖向力设计值 F_{1d}	kN	2.315×10^4
混凝土轴心抗拉设计强度 f_{td}	MPa	1.65
截面有效高度 h_0	m	5.4
a_x,a_y	m	3.4,2.2
b_x,b_y	m	3.5
冲切承载力	kN	6.033×10^4

第8章　双索面钢—混凝土结合梁斜拉桥计算

颗珠山斜拉桥跨径布置为139m＋332m＋139m，为双塔双索面钢—混凝土结合梁斜拉桥，如图4.8.0.1所示。桥面布置为1.5m（拉索区）＋0.5m（防撞护栏）＋2.5m（紧急停车带）＋11.75m（行车道）＋0.5m（防撞护栏）＋1.5m（中央分隔带）＋0.5m（防撞护栏）＋11.75m（行车道）＋2.5m（紧急停车带）＋0.5m（防撞护栏）＋1.5m（拉索区），桥面全宽为35.0m，如图4.8.0.2所示。主桥采用钢梁节段和钢横梁拼装的施工工艺。

西侧边墩基础采用ϕ1 500mm嵌岩灌注桩，其余则采用ϕ2 500mm嵌岩灌注桩，其持力层为Ⅵ2浅肉红或浅灰白色花岗岩中等～微风化层，各桥墩桩长不一。承台厚度根据桩的平面布置情况和施工工艺方法，封底混凝土厚0.5m，边墩承台厚3.0m，主墩承台厚5.0m。承台和墩身均采用混凝土现浇施工工艺。

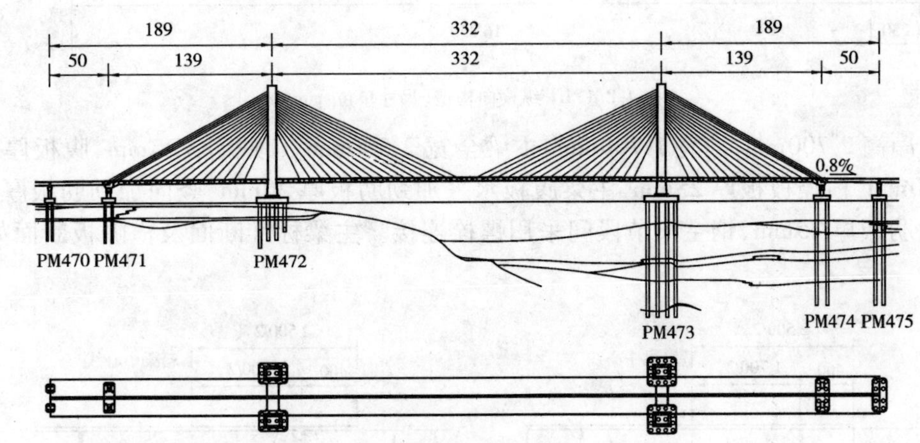

图4.8.0.1　斜拉桥总体布置（尺寸单位：m）

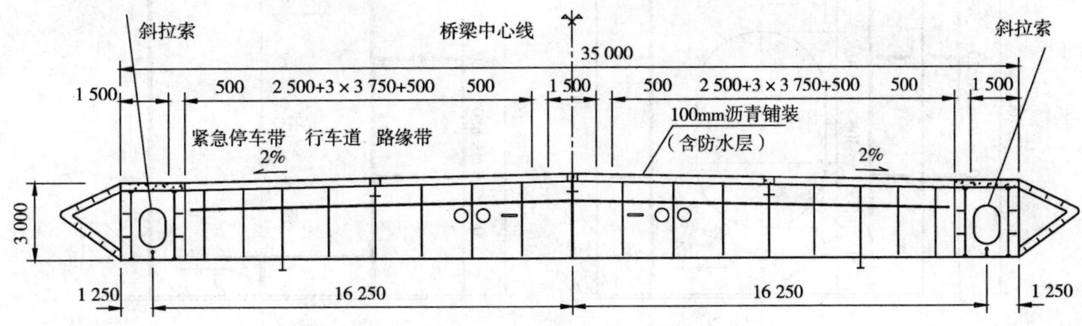

图4.8.0.2　斜拉桥横断面布置（尺寸单位：mm）

8.1　主梁与拉索

8.1.1　结构构造要点

1. 主梁构造尺寸

主梁标准节段长度9.0m，主塔下0号段为3个长13.5m的节段，边墩处梁端节段长16.52m，靠近跨中节段长8.0m，跨中合龙节段长5.5m，全桥共分65个节段。钢主梁在预制厂制作完成后运抵桥位吊装，钢主梁节段间全部采用拴接，再焊接钢横梁，拴接小纵梁，接着安装混凝土预制板和现浇钢主梁上混凝土板，最后浇筑混凝土预制板横向和纵向现浇缝。

钢主梁、横梁、小纵梁、混凝土预制板、钢主梁上混凝土板和横纵向混凝土现浇缝之间的构造如图4.8.1.1所示。

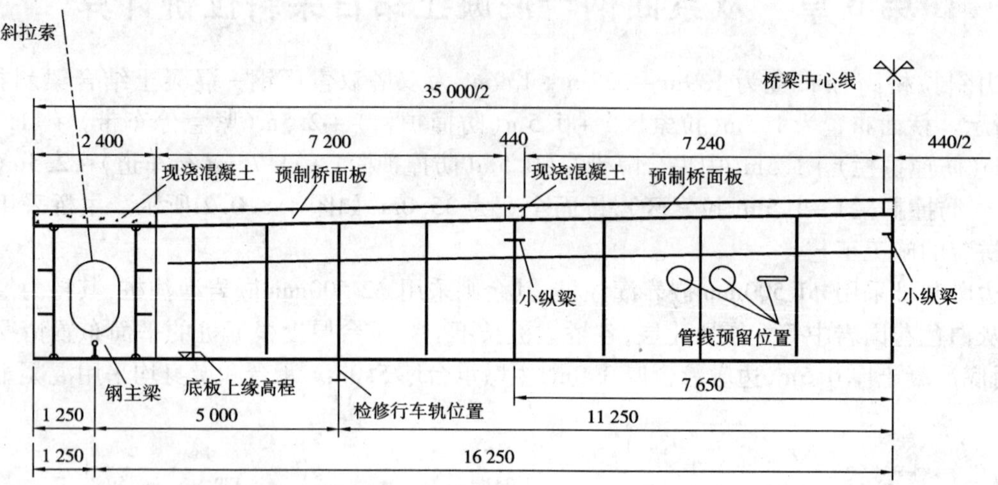

图 4.8.1.1　纵横向构造(尺寸单位:mm)

钢主梁内净高2 700mm，净宽1 700mm，主梁全宽2 500mm。顶板厚25mm，腹板厚20～30mm，底板厚35～50mm，横隔板板厚25mm，主梁腹板水平加劲肋板厚20mm，竖向加劲肋板厚25mm，主梁底板纵向加劲肋板厚25mm，钢主梁节段间采用螺栓连接。主梁标准断面及横隔板断面如图4.8.1.2所示。

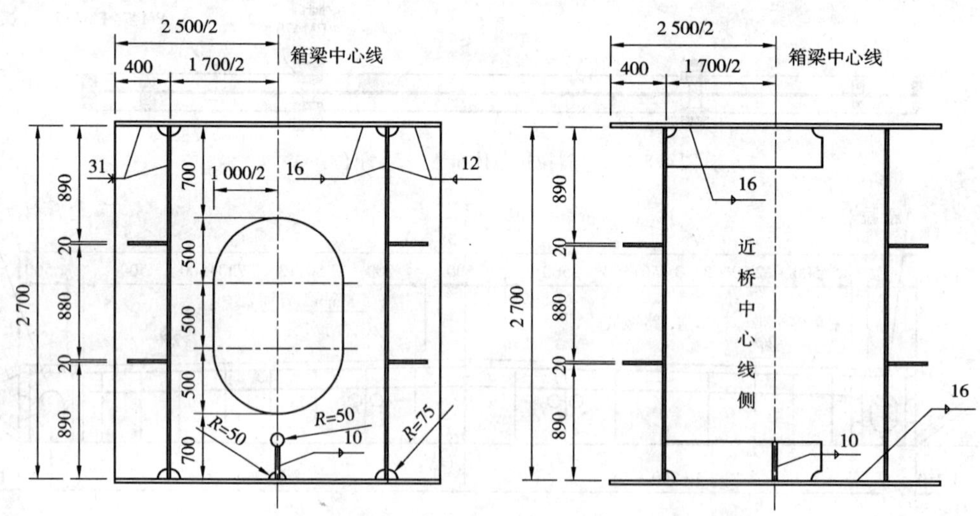

图 4.8.1.2　主梁标准和横隔板断面(尺寸单位:mm)

钢横梁纵向4.5m间距设置一道，其长度30.0m，采用工字形截面，横梁端部高2 700mm，跨中高3 000mm，横梁宽600mm，工字梁顶板厚25mm，腹板厚16mm，底板厚30～40mm。工字梁竖向加劲肋板厚16mm或20mm，间隔式设置，其间距为1.50～1.96m不等。横向水平加劲板厚12mm，如图4.8.1.3所示。

钢主梁间设三道小纵梁，小纵梁采用工字形截面，顶板、底板和腹板的板厚均为12mm，顶板宽550mm，底板宽400mm，梁净高400mm，如图4.8.1.4所示。

钢主梁、钢横梁、小纵梁和各种加劲肋钢材均采用Q345qD。

与钢梁结合成一体的混凝土桥面板全宽35m，厚26cm，由预制板、现浇板和现浇缝3部分组成。预制混凝土桥面板边板尺寸为403cm×720cm，中板尺寸为403cm×724cm，钢主梁上部采用现浇桥面板，其宽度为240cm，钢横梁和小纵梁上则采用现浇混凝土桥面板缝，纵缝宽度44cm，横缝宽度47cm。预制混凝土桥面板构造如图4.8.1.5所示。

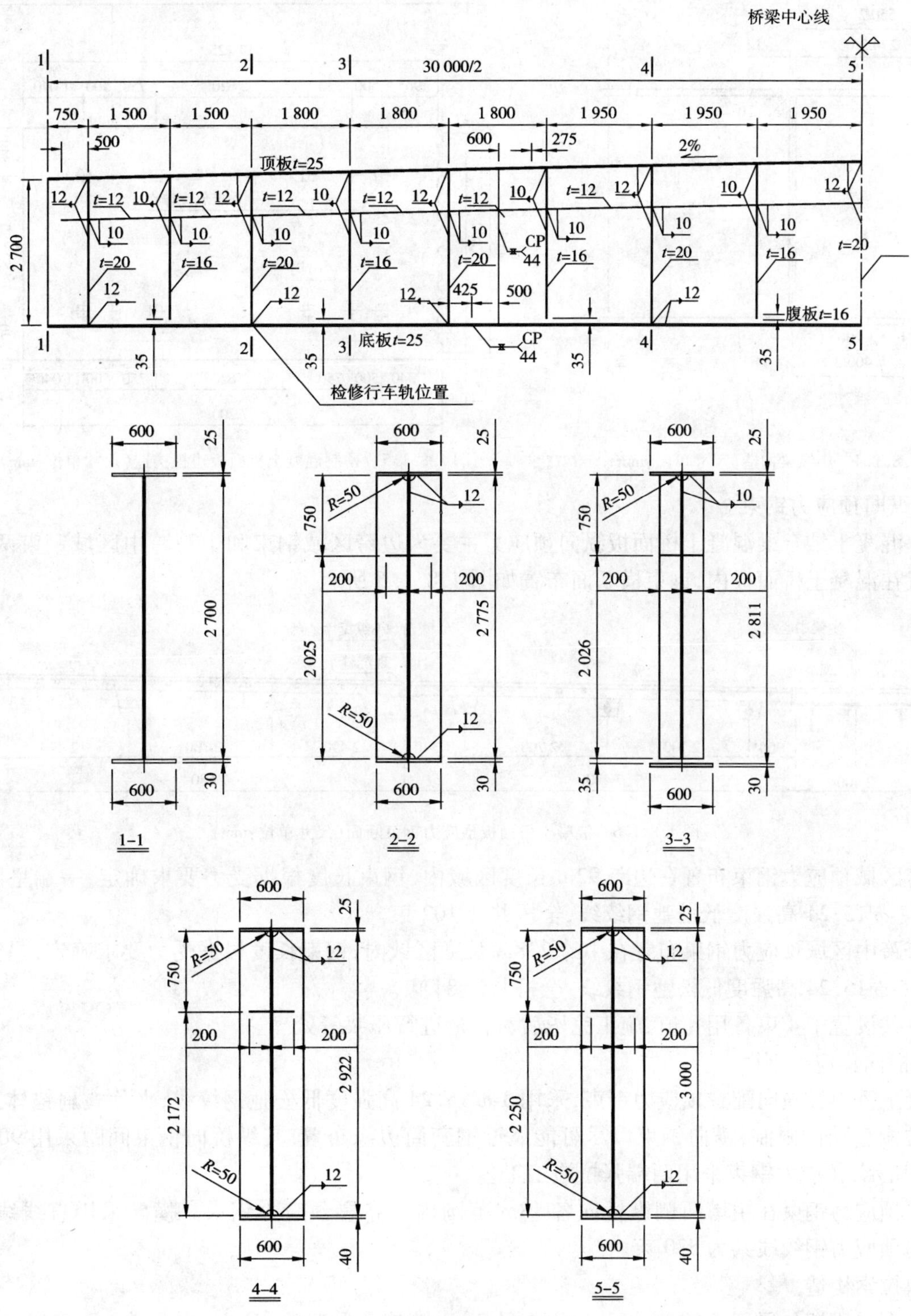

图4.8.1.3 钢横梁构造(尺寸单位:mm)

混凝土桥面板预制、现浇及现浇接缝的混凝土强度等级均采用C60。

2. 主梁预应力钢束布置

钢梁—混凝土结合梁桥面板混凝土内采用了纵向和横向预应力体系。预应力钢束采用ϕ^j15.24mm高强度低松弛钢绞线，其标准强度$R_y^b = 1\,860$MPa，锚下控制应力$\sigma_k = 0.075R_y^b = 1\,395$MPa。

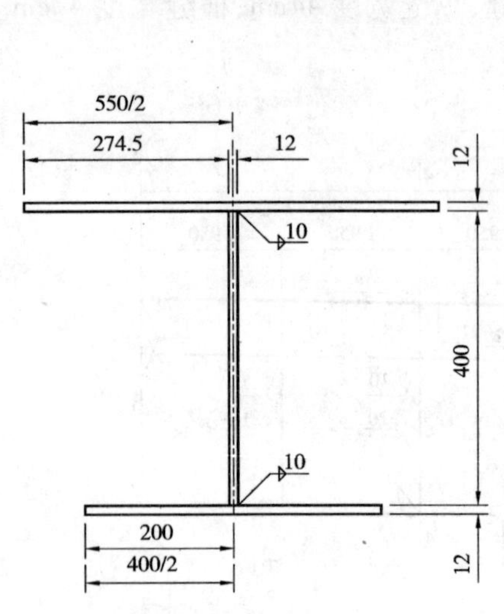

图4.8.1.4　小纵梁构造(尺寸单位:mm)

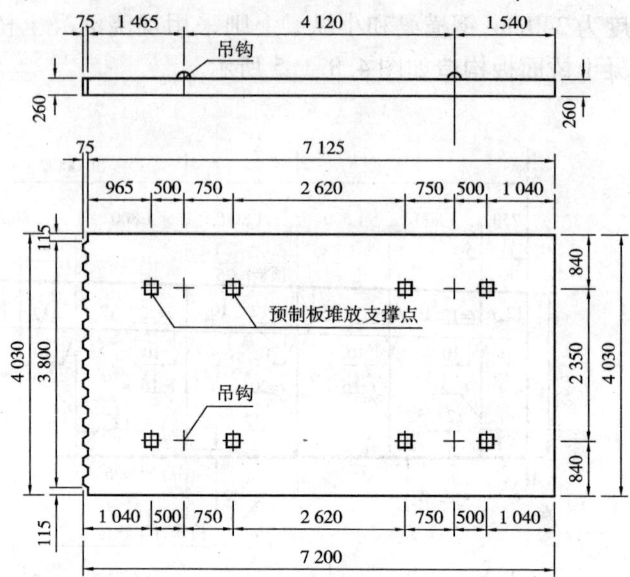

图4.8.1.5　预制混凝土桥面板边板构造(尺寸单位:mm)

(1)纵向预应力钢束

钢—混凝土结合梁混凝土桥面板纵向预应力主要为边跨区域钢束和中跨跨中区域钢束两大类型，全部布置在混凝土桥面板内，钢束横断面布置如图4.8.1.6所示。

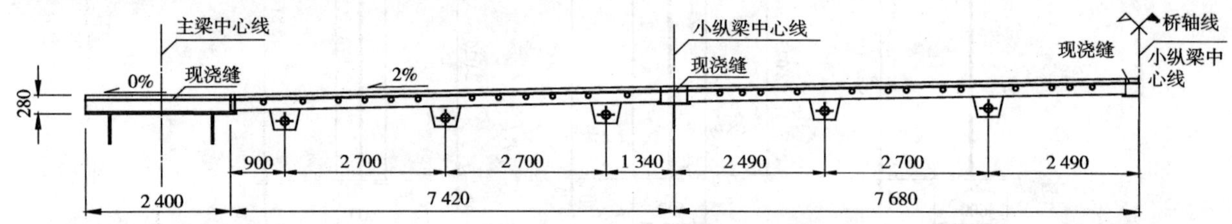

图4.8.1.6　混凝土桥面板预应力钢束断面(尺寸单位:mm)

边跨区域预应力钢束布置在边跨92m长度区域内，钢束长度根据受力要求确定，一端呈阶梯形锚固，采用7-ϕ^j15.24高强度低松弛钢绞线，全桥共计102束。

中跨跨中区域预应力钢束布置在中跨238m长度区域内，钢束长度根据受力要求确定，呈阶梯形锚固，采用7-ϕ^j15.24高强度低松弛钢绞线，全桥共计84束。

全桥共设置了4束备用孔道，施工完毕后对孔道进行压浆等处理。

(2)横向预应力钢束

混凝土桥面板横向配置预应力钢束，采用3-ϕ^j15.24高强度低松弛钢绞线，夹片式扁锚体系。横向受到斜拉索套筒的限制，横向钢束以尽可能靠近钢套筒边缘布置，其纵桥向钢束间距采用90cm，如图4.8.1.7所示，预应力钢束采用两端张拉施工工艺。

横向预应力钢束在主塔两侧纵桥向各18m范围内不布置预应力钢束。横向采用直线线形设置。全桥横向预应力钢绞线共为530束。

3.斜拉索构造

斜拉索采用塑包平行钢丝束，钢丝采用直径7mm镀锌高强钢丝，钢丝抗拉强度≥1 670MPa，屈服强度≥1 410MPa，伸长率≥4%，弹性模量为(1.95～2.10)×10^5MPa。本桥斜拉索护套采用双层，内层为黑色高密度聚乙烯，外层为彩色高密度聚乙烯，两层聚乙烯之间应具有良好的机械性能及耐候性能，双层护套一次成型，外层颜色为乳白色，如图4.8.1.8所示。

全桥共有 64 对斜拉索，主梁上拉索索距为 9m，密索区索距为 3m，索塔上拉索索距为 2.1m。

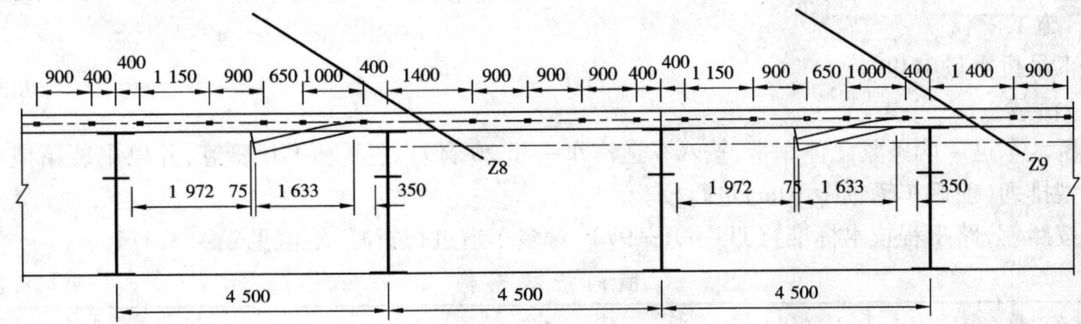

图 4.8.1.7　桥面板横向预应力钢束布置（尺寸单位：mm）

8.1.2　主要计算参数

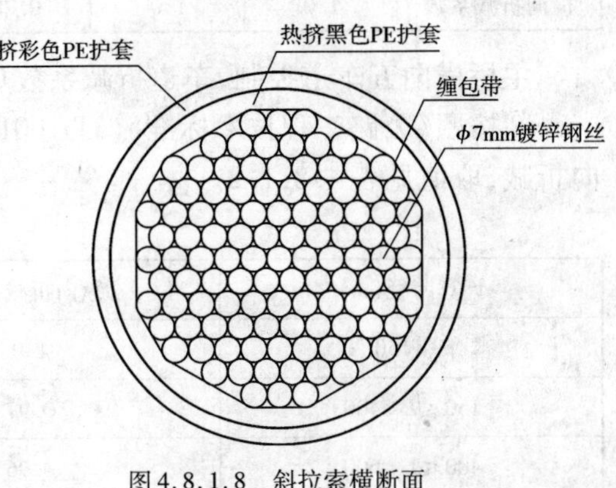

图 4.8.1.8　斜拉索横断面

1. 主要材料

(1) 混凝土

混凝土桥面板采用 C60 级混凝土，其主要力学性能如下：

压弯弹性模量 $E = 3.65 \times 10^4$ MPa；

抗压设计强度 32.5MPa；

抗拉设计强度 2.65MPa。

桥塔采用 C50 级混凝土，其主要力学性能如下：

压弯弹性模量 $E = 3.5 \times 10^4$ MPa；

抗压设计强度 28.5MPa；

抗拉设计强度 2.45MPa。

(2) 钢材

钢箱梁采用 Q345qD，根据《公路桥涵钢结构及木结构设计规范》(JTJ 025—85) 第 1.2.5 条，考虑钢材厚度的影响，Q345qD 的弯曲容许应力为：

$t \leqslant 16$mm　　弯曲容许应力 $[\sigma_W] = 213.1$MPa；

$t = 17 \sim 25$mm　弯曲容许应力 $[\sigma_W] = 202.9$MPa；

$t = 26 \sim 36$mm　弯曲容许应力 $[\sigma_W] = 196.1$MPa；

$t = 38 \sim 50$mm　弯曲容许应力 $[\sigma_W] = 182.6$MPa；

压弯弹性模量 $E = 2.1 \times 10^5$ MPa

(3) 斜拉索

斜拉索采用直径 7mm 低松弛镀锌高强钢丝，其主要力学性能如下：

压弯弹性模量 $E = 1.95 \times 10^5$ MPa；

抗拉标准强度 1 670MPa。

(4) 预应力钢束

纵向和横向预应力钢束采用 $\phi^j 15.24$ 低松弛钢绞线，其主要力学性能如下：

压弯弹性模量 $E = 1.9 \times 10^5$ MPa；

抗拉标准强度 1 860MPa；

张拉控制应力为 1 395MPa。

2. 荷载

(1) 恒载

一期恒载：预应力混凝土 $\gamma = 26$kN/m^3；钢构件 $\gamma = 78.5$kN/m^3；

二期恒载:考虑10cm沥青混凝土桥面铺装和栏杆、水管等附加荷载,全桥取用1 305kN/m。

(2)施工荷载

施工吊机重量160t。

(3)活载

全桥六车道+两条紧急停车带,按八车道汽车—超20计算,挂车—120验算,并以集装箱拖挂车重车密集型排列(前后车辆轴距10m)进行校验。

①按照《公路工程技术标准》(JTJ 001—97),对多车道进行折减,取值见表4.8.1.1。

横向折减系数

表4.8.1.1

横向布载车道数	1	2	3	4	5	6	7	8
横向折减系数	1.0	1.0	0.78	0.67	0.6	0.55	0.52	0.5

主桥横向五车道控制,车道折减系数0.6。

②按照《公路工程技术标准》(JTJ 001—97)计算跨径大于等于150m时,应考虑计算荷载效应的纵向折减,取值见表4.8.1.2。

纵向折减系数

表4.8.1.2

计算跨径(m)	纵向折减系数	计算跨径(m)	纵向折减系数
$L<150$	1.0	$600\leqslant L<800$	0.95
$150\leqslant L<400$	0.97	$800\leqslant L<1\,000$	0.94
$400\leqslant L<600$	0.96	$L\geqslant 1\,000$	0.93

本桥主跨径332m,纵向折减取0.97。

③考虑车辆的偏载情况,考虑偏载系数1.15。

(4)基础不均匀沉降

基础不均匀沉降按2cm计。

(5)制动力

按照《公路桥涵设计通用规范》(JTJ 021—89)第2.3.9条取用。

(6)温度影响力

取该桥多年平均气温15.8℃作为合龙温度,温度变化考虑以下几种情况:

体系升温22℃,体系降温24℃;

拉索与主梁、索塔温差±15℃;

塔身左右侧温差±5℃;

结合梁的钢梁与混凝土桥面板之间的局部温差±10℃。

(7)风力

成桥状态下桥面无车的设计基本风速:$V_{10}=42\text{m/s}$;

成桥状态下桥面有车的最大设计基本风速:$V_{10}=25\text{m/s}$;

风力根据《公路桥梁抗风设计规范》第4.3条计算。

8.1.3 荷载组合及控制应力

同本篇7.1.3内容。

8.1.4 计算模型及考虑的因素

1. 计算模型

本桥为139m+332m+139m的双塔双索面结合梁斜拉桥,结构的几何模型和计算模型见图4.8.1.9。

2. 混凝土徐变、收缩影响

根据结构施工步骤,按每一节段混凝土加载龄期、构造尺寸和荷载变化过程分别考虑徐变、收缩影响。使用阶段混凝土徐变、收缩影响从施工阶段连续计算求得。

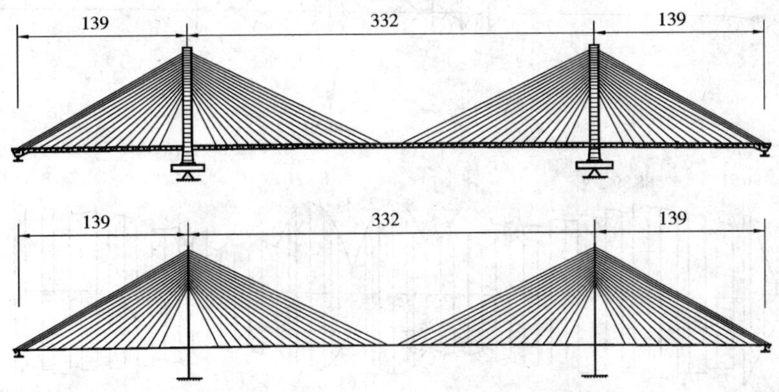

图 4.8.1.9 颗珠山大桥几何模型和计算模型

3. 计算工况划分

(1)考虑主桥从两个主塔先对称悬臂分阶段施工,塔梁临时固结。首先安装墩顶0号、1号块钢梁,对称张拉B1、Z1斜拉索,安装预制桥面板及现浇接缝混凝土;利用吊机安装2号块钢梁,对称张拉B2、Z2斜拉索,安装预制桥面板及现浇接缝混凝土;继续对称悬臂施工直至12号节段施工完成。施工荷载以总重1 600kN控制。

(2)主梁边跨合龙,张拉边跨板内纵向预应力钢束,中跨继续悬臂施工。

(3)中跨合龙,放松塔梁临时固结措施,张拉中跨合龙段桥面板内纵向预应力钢束。

最后调整索力及完成桥面系施工。

施工阶段计算按照上述施工步骤,对各施工阶段进行全过程模拟。

4. 索力调整

根据结构施工形成过程,以塔的偏心矩较小、主梁弯矩小、索力相对均匀3个条件为目标,确定初始索力。在计算过程中,每根斜拉索在对应梁段的架设过程中进行一次初张拉,其后仅在二期荷载施加前进行一次调整,其余阶段不再作任何索力调整。

8.1.5 施工阶段验算

主梁(钢梁与混凝土顶板)施工阶段(考虑恒载和施工荷载)应力包络见图4.8.1.10~4.8.1.13,斜拉索应力包络见图4.8.1.14。

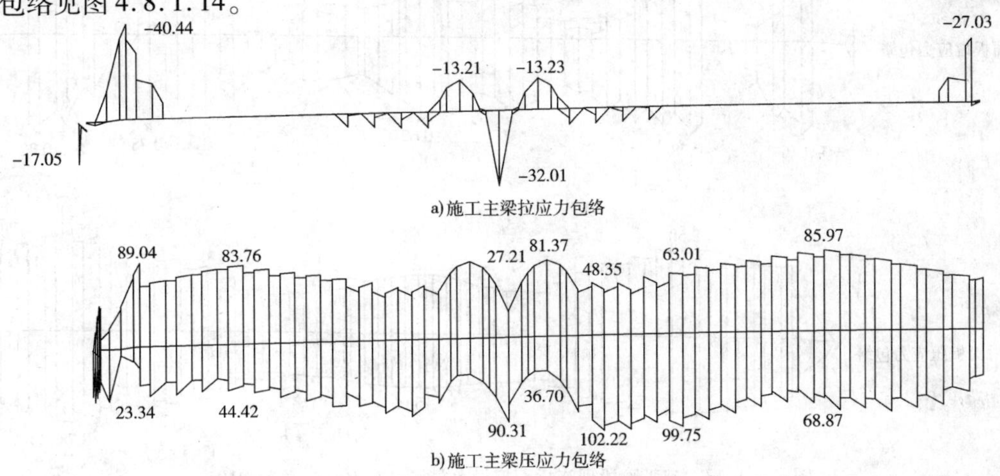

图 4.8.1.10 施工阶段钢梁最大拉、压应力包络(单位:MPa)

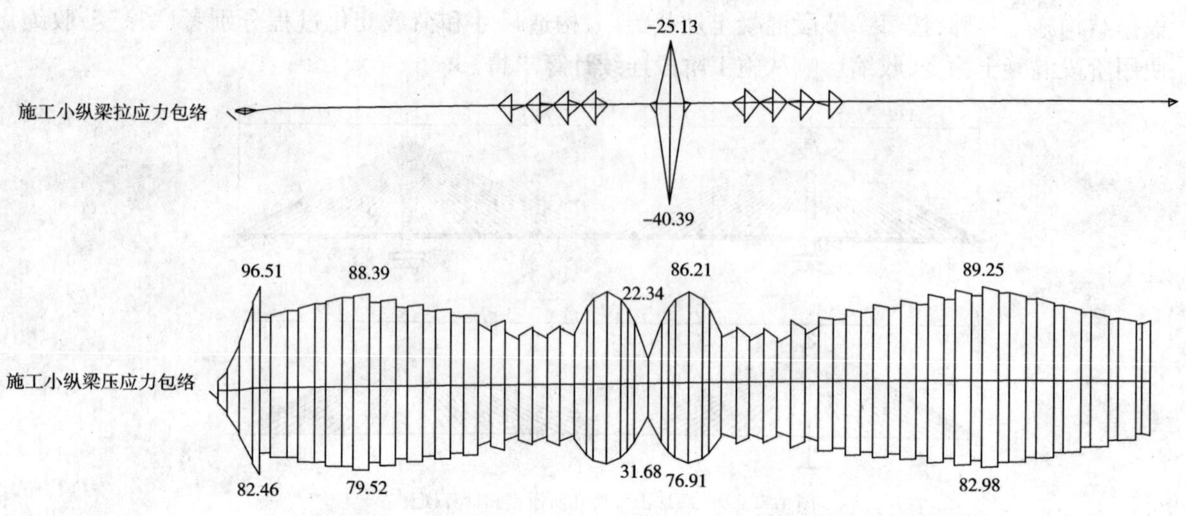

图 4.8.1.11　施工阶段小纵梁最大拉、压应力包络(单位:MPa)

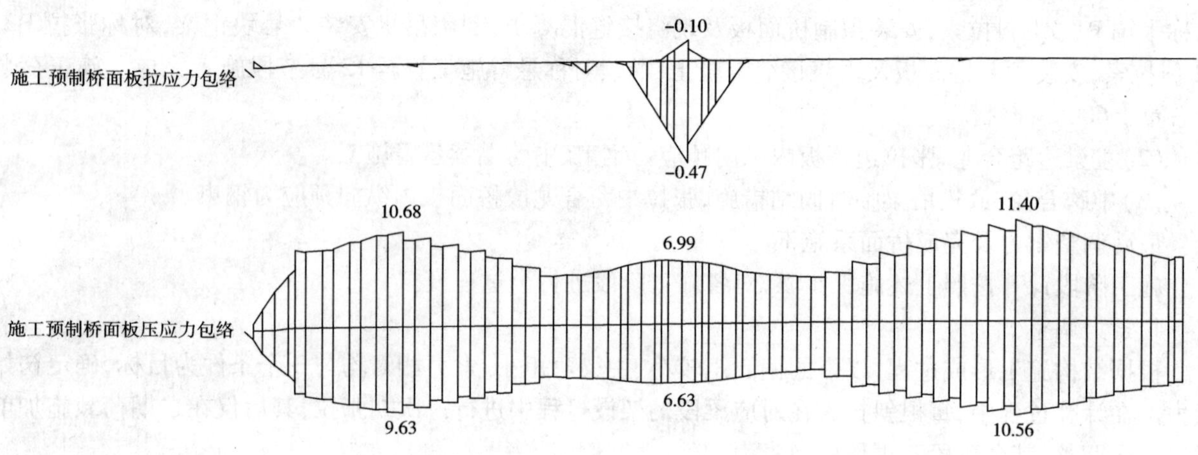

图 4.8.1.12　施工阶段预制桥面板最大拉、压应力包络(单位:MPa)

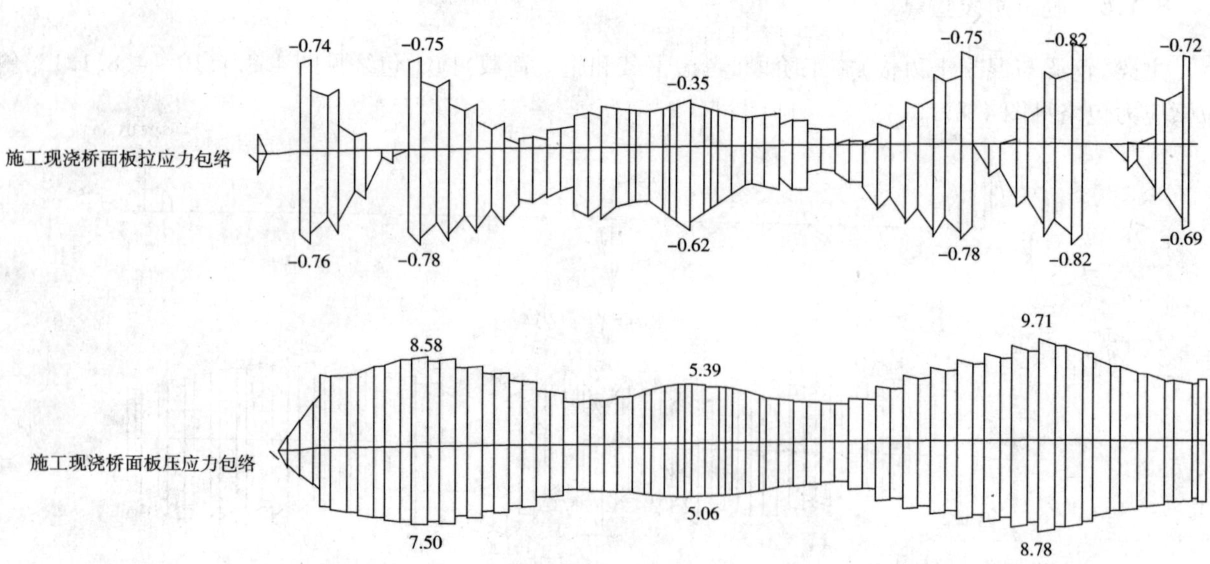

图 4.8.1.13　施工阶段现浇桥面板最大拉、压应力包络(单位:MPa)

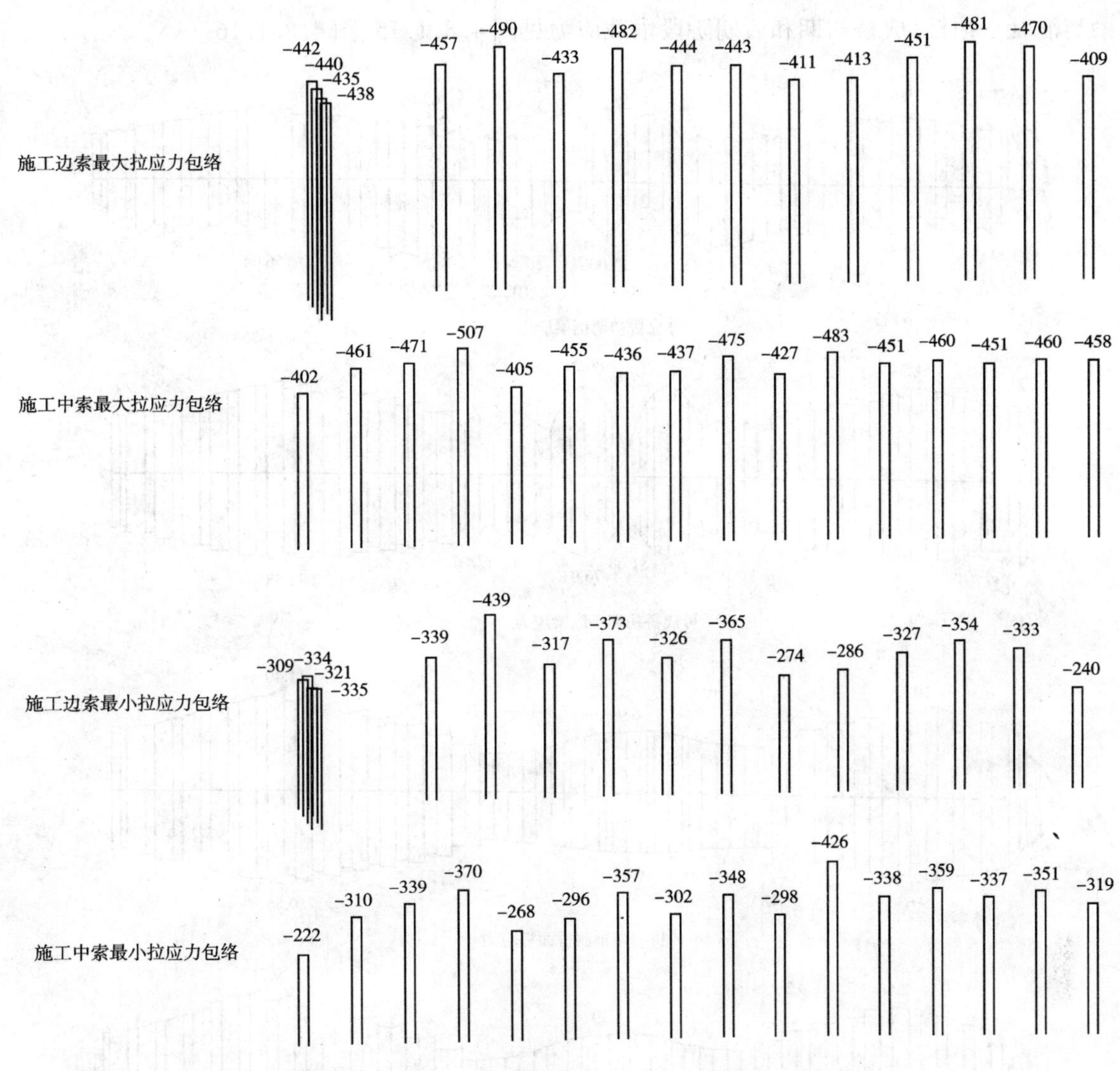

图4.8.1.14　施工阶段斜拉索最大、最小应力包络(单位:MPa)

施工阶段钢梁应力包络为－40.44～102.22MPa,最大压应力发生在全桥合龙、铺装完成后,位置在Z2号索梁锚固截面的下缘。最大拉应力发生在边跨钢梁合龙时,近边墩截面的下缘。施工阶段应力满足规范要求(施工阶段压应力及拉应力容许值分别为237.38MPa和－237.38MPa)。

施工阶段钢小纵梁应力包络为－40.39～89.25MPa,最大压应力发生在全桥合龙、铺装完成后,位置在Z9与Z10号索之间截面的上缘。最大拉应力发生在张拉2号索时,中墩截面的上缘。施工阶段应力满足规范要求(施工阶段压应力及拉应力容许值分别为277.03MPa和－277.03MPa)。

施工阶段预制混凝土板应力包络为－40.39～89.25MPa,最大压应力发生在全桥合龙、铺装完成后,位置在Z9与Z10号索之间截面的上缘。最大拉应力发生在张拉2号索时,中墩截面的上缘。施工阶段应力满足规范要求(施工阶段压应力及拉应力容许值分别为31.5MPa和－2.38MPa)。

施工阶段现浇混凝土板应力包络为－0.82～9.71MPa,最大压应力发生在全桥合龙、铺装完成后,位置在Z9与Z10号索之间截面的上缘。最大拉应力位于Z12号索梁锚固截面的上缘,发生在边跨钢梁合龙时。施工阶段应力满足规范要求(施工阶段压应力及拉应力容许值分别为31.5MPa和－2.38MPa)。

施工阶段斜拉索应力包络为－222～－507MPa,最大拉应力出现在第Z4号索。施工阶段应力满足规范要求(施工阶段拉应力容许值为759MPa)。

结构成桥初期阶段即考虑桥面系施工完成后的阶段,成桥后期阶段即考虑成桥3年后的阶段。主梁(钢梁与混凝土顶板)成桥初期和后期阶段恒载应力见图4.8.1.15、图4.8.1.16。

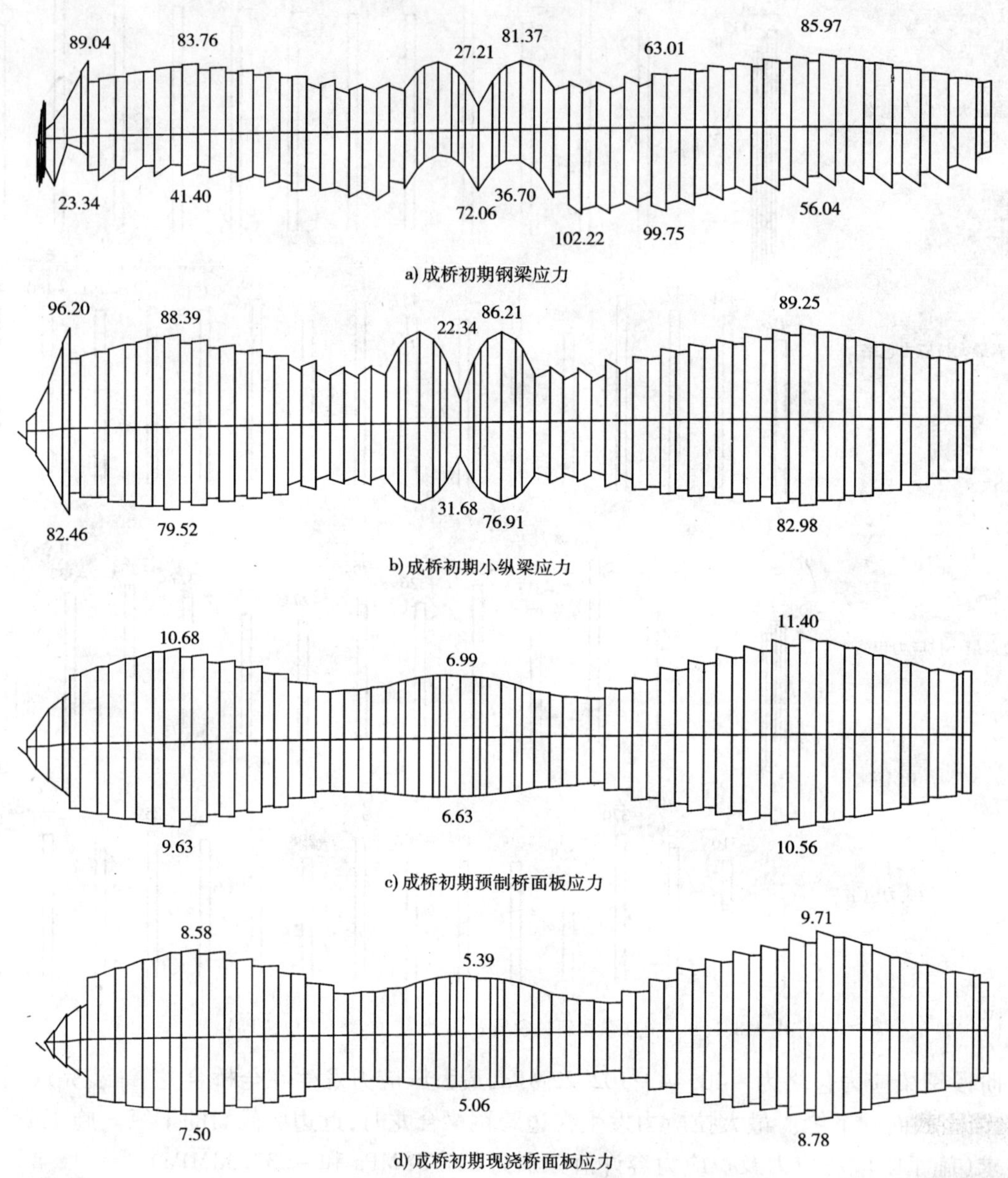

a) 成桥初期钢梁应力

b) 成桥初期小纵梁应力

c) 成桥初期预制桥面板应力

d) 成桥初期现浇桥面板应力

图4.8.1.15　成桥初期主梁上下缘应力(单位:MPa)

成桥初期钢梁最大压应力为102.22MPa,不出现拉应力;成桥后期钢梁最大压应力为130.61MPa,不出现拉应力。最大压应力均出现在Z2号索梁锚固截面下缘。成桥阶段应力满足规范要求(成桥阶段压应力容许值为182.6MPa)。

成桥初期钢小纵梁最大压应力为96.20MPa,不出现拉应力,最大压应力出现在近边墩截面上缘;成桥后期钢小纵梁最大压应力为130.25MPa,不出现拉应力;最大压应力出现在Z9与Z10号索之间截面的上缘。成桥阶段应力满足规范要求(成桥阶段压应力容许值为213.1MPa)。

成桥初期预制混凝土板最大压应力为11.40MPa,不出现拉应力;成桥后期最大压应力为8.52MPa,不出现拉应力。最大压应力均出现在Z9与Z10号索之间截面的上缘。成桥阶段应力满足规范要求(成桥阶段压应力容许值为21.0MPa,不容许出现拉应力)。

成桥初期现浇混凝土板最大压应力为9.71MPa,不出现拉应力;成桥后期最大压应力为6.54MPa,不出现拉应力。最大压应力均出现在Z9与Z10号索之间截面的上缘。成桥阶段应力满足规范要求(成桥阶段压应力容许值为21.0MPa,不容许出现拉应力)。

成桥阶段恒载作用下主梁应力满足规范要求(恒载作用下混凝土不允许出现拉应力)。

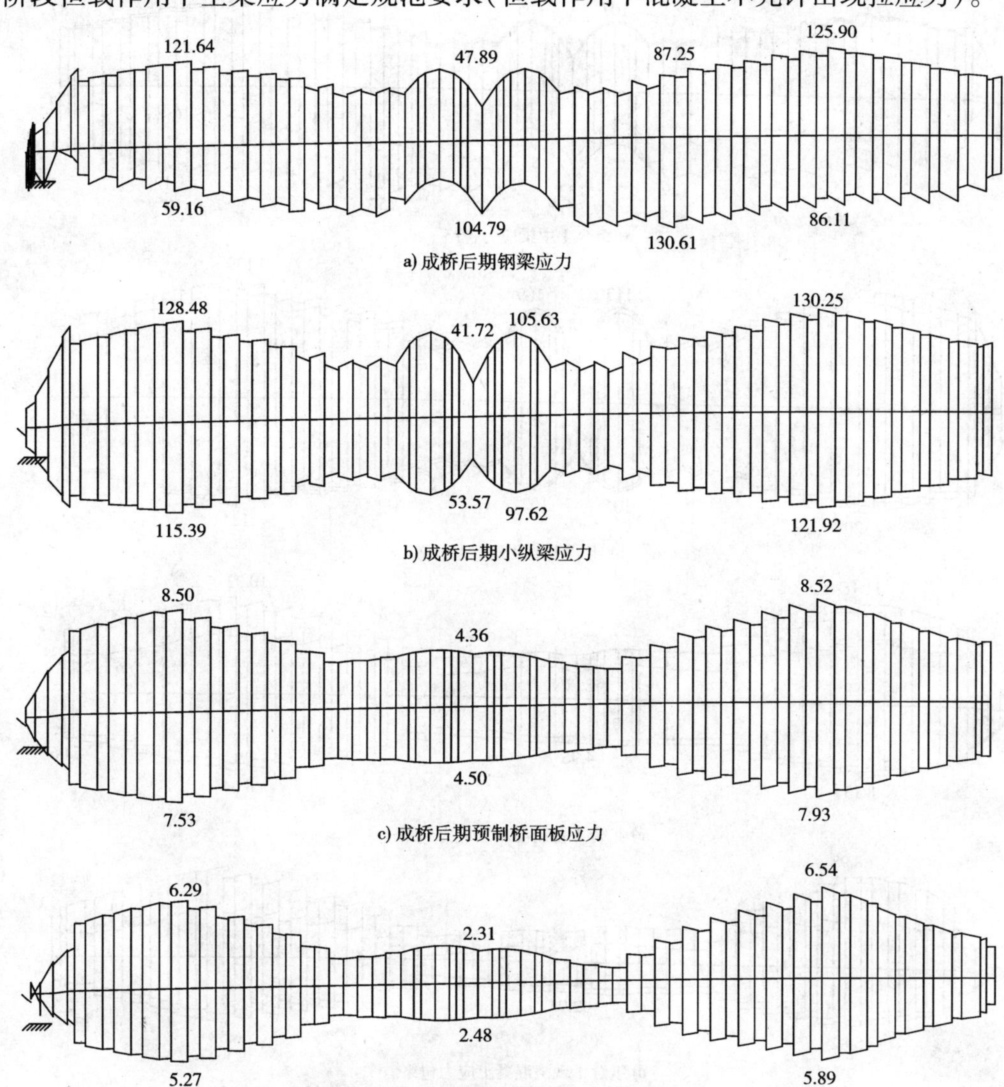

a) 成桥后期钢梁应力

b) 成桥后期小纵梁应力

c) 成桥后期预制桥面板应力

d) 成桥后期现浇桥面板应力

图4.8.1.16　成桥后期主梁上下缘应力(单位:MPa)

8.1.6　使用阶段主梁及拉索应力验算

为验证结构在正常使用阶段的安全性,需对混凝土、钢梁和斜拉索的应力进行验算。同时,为了适应行车快速、平稳、安全的要求以及考虑挠度对结构受力和振动的影响,还应满足规范对上部结构挠度的限定。

1. 组合Ⅰ

正常使用阶段组合Ⅰ主梁上、下缘正应力包络见图4.8.1.17,斜拉索应力包络见图4.8.1.18。

在组合Ⅰ情况下,钢梁正应力包络为 -11 ~ 157MPa,最大压应力出现在Z5号索梁锚固截面下缘,最大拉应力出现在B10与B11号索之间截面下缘。应力满足规范要求(组合Ⅰ容许压应力和拉应力分别为196.1MPa和 -196.1MPa)。

在组合Ⅰ情况下,钢小纵梁最大压应力为139MPa,出现在Z9与Z10号索之间截面的上缘,不出现拉应力。应力满足规范要求(组合Ⅰ容许压应力为213.1MPa)。

在组合Ⅰ情况下,预制混凝土板最大压应力为11.18MPa,出现在B9与B10号索之间截面的上缘,不出现拉应力。应力满足规范要求(组合Ⅰ容许压应力值为21.0MPa)。

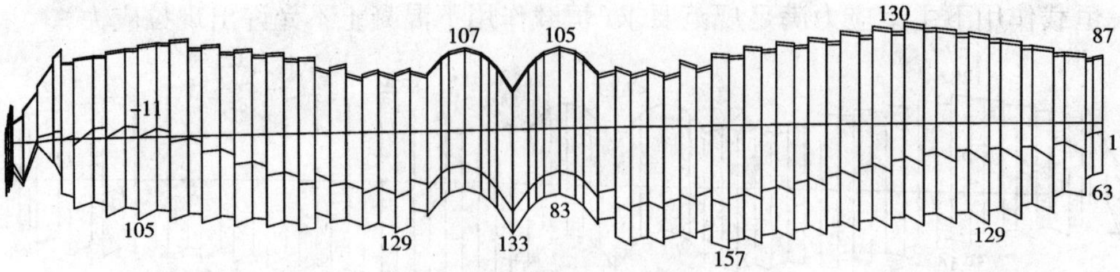

a) 组合Ⅰ主梁应力包络

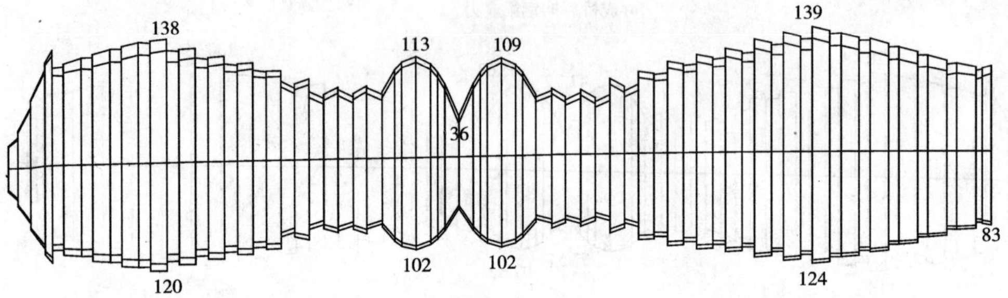

b) 组合Ⅰ小纵梁应力包络

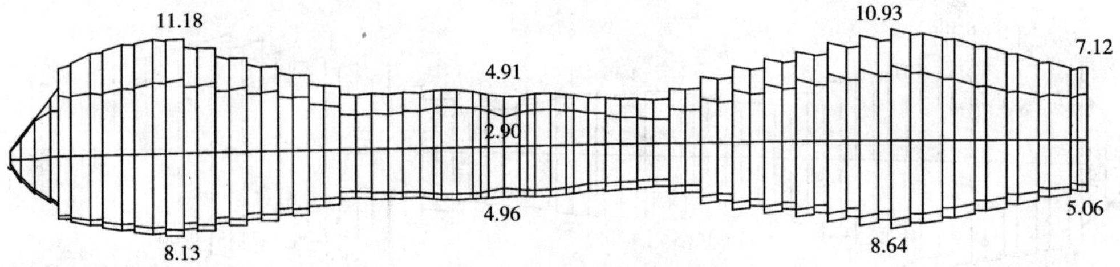

c) 组合Ⅰ预制混凝土应力包络

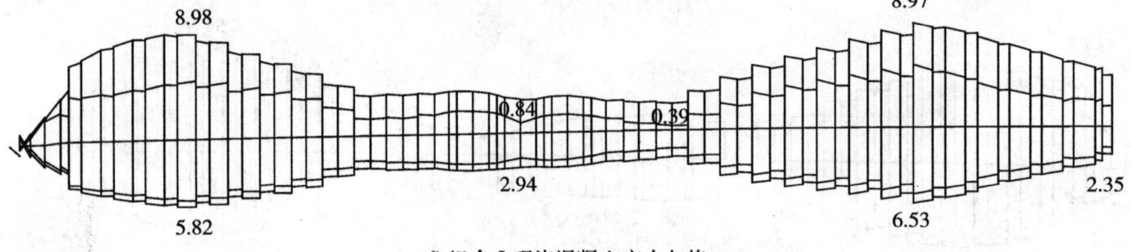

d) 组合Ⅰ现浇混凝土应力包络

图 4.8.1.17　主梁正常使用阶段组合Ⅰ应力包络(单位:MPa)

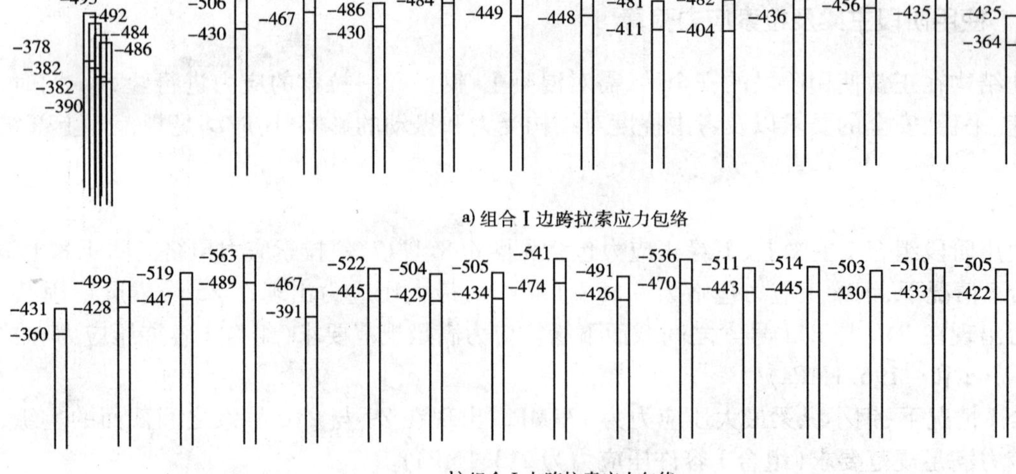

a) 组合Ⅰ边跨拉索应力包络

b) 组合Ⅰ中跨拉索应力包络

图 4.8.1.18　斜拉索正常使用阶段组合Ⅰ应力包络

在组合 I 情况下，现浇混凝土板最大压应力为 8.98MPa，出现在 B9 与 B10 号索之间截面的上缘，无拉应力。应力满足规范要求（组合 I 容许压应力值为 21.0MPa）。

在组合 I 情况下，斜拉索包络拉应力为 360～563MPa，最大拉应力出现在 Z5 号索；B16 号索应力幅最大，为 117MPa。应力满足规范要求（组合 I 容许拉应力值为 752MPa）。

2. 组合 II-1

正常使用阶段组合 II-1 主梁上、下缘正应力包络见图 4.8.1.19，斜拉索应力包络见图 4.8.1.20。

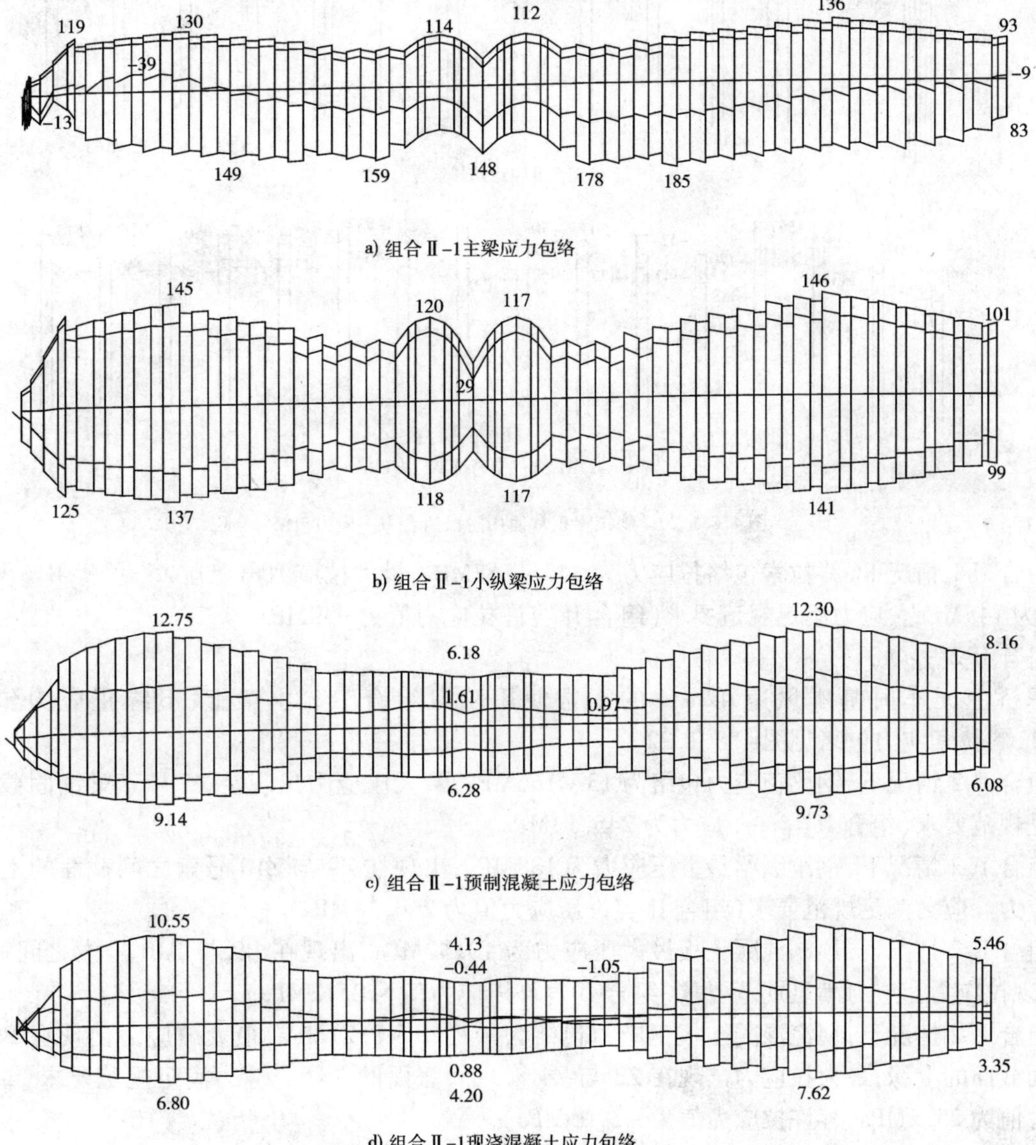

图 4.8.1.19　主梁正常使用阶段组合 II-1 应力包络（单位：MPa）

在组合 II-1 情况下，钢梁正应力包络为 －39～185MPa，最大压应力出现在 Z5 号索梁锚固截面下缘，最大拉应力出现在 B10 与 B11 号索之间截面下缘。应力满足规范要求（组合 II 容许压应力和拉应力分别为 245.13MPa 和 －245.13MPa）。

在组合 II-1 情况下，钢小纵梁最大压应力为 146MPa，出现在 Z9 与 Z10 号索之间截面的上缘，不出现拉应力。应力满足规范要求（组合 II 容许压应力值为 266.38MPa）。

在组合 II-1 情况下，预制混凝土板最大压应力为 12.75MPa，出现在 B9 与 B10 号索之间截面的上缘,不出现拉应力。应力满足规范要求(组合 II 容许压应力值为 25.2MPa)。

在组合 II-1 情况下,现浇混凝土板正应力包络为 -1.05 ~ 10.55MPa,最大压应力出现在 B9 与 B10 号索之间截面的上缘,最大拉应力出现在 Z3 与 Z4 索之间截面的上缘。应力满足规范要求(组合 II 容许压应力值为 25.2MPa,容许拉应力值为 3.06MPa)。

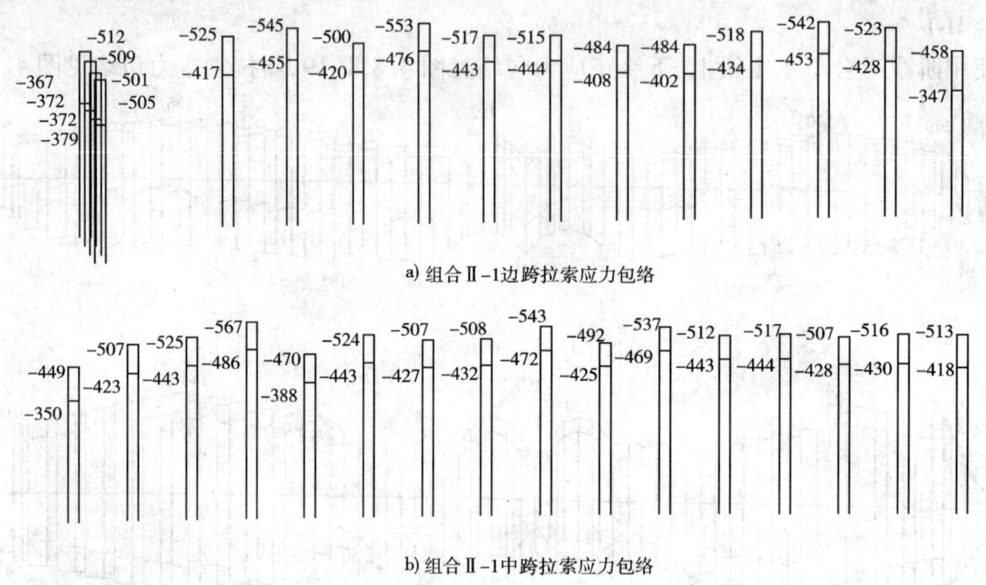

图 4.8.1.20 斜拉索正常使用阶段组合 II-1 应力包络

在组合 II-1 情况下,斜拉索包络拉应力为 347 ~ 567MPa,最大拉应力出现在 Z5 号索;B16 号索应力幅最大,为 145MPa。应力满足规范要求(组合 II 容许拉应力值为 939MPa)。

3. 组合 II-2

考虑桥上无车时基本风速 42m/s 的正常使用阶段组合 II-2 主梁上、下缘正应力包络见图 4.8.1.21,斜拉索应力包络见图 4.8.1.22。

在组合 II-2 情况下,钢梁正应力包络为 13 ~ 166MPa,最大压应力出现在 Z5 号索梁锚固截面下缘。应力满足规范要求(组合 II 容许压应力为 245.13MPa)。

在组合 II-2 情况下,钢小纵梁最大压应力为 138MPa,出现在 Z9 与 Z10 号索之间截面的上下缘,不出现拉应力。应力满足规范要求(组合 II 容许压应力值为 266.38MPa)。

在组合 II-2 情况下,预制混凝土板最大压应力为 10.42MPa,出现在 B9 与 B10 号索之间截面的上缘,不出现拉应力。应力满足规范要求(组合 II 容许压应力值为 25.2MPa)。

在组合 II-2 情况下,现浇混凝土板正应力包络为 -1.26 ~ 8.21MPa,最大压应力出现在 B9 与 B10 号索之间截面的上缘,最大拉应力出现在 Z3 与 Z4 索之间截面的上缘。应力满足规范要求(组合 II 容许压应力值为 25.2MPa,容许拉应力值为 -3.06MPa)。

在组合 II-1 情况下,斜拉索包络拉应力为 349 ~ 502MPa,最大拉应力出现在 Z5 号索。应力满足规范要求(组合 II 容许拉应力值为 939MPa)。

4. 组合 III

考虑集装箱车组合的正常使用阶段组合 III 主梁上、下缘正应力包络见图 4.8.1.23,斜拉索应力包络见图 4.8.1.24。

在组合 III 情况下,钢梁正应力包络为 -40 ~ 180MPa,最大压应力出现在 Z5 号索梁锚固截面下缘,最大拉应力出现在 B10 与 B11 号索之间截面下缘。应力满足规范要求(组合 III 容许拉压应力为 245.13MPa)。

在组合 III 情况下,钢小纵梁最大压应力为 143MPa,出现在 Z9 与 Z10 号索之间截面的上缘,不出现拉应力。应力满足规范要求(组合 III 容许压应力值为 266.38MPa)。

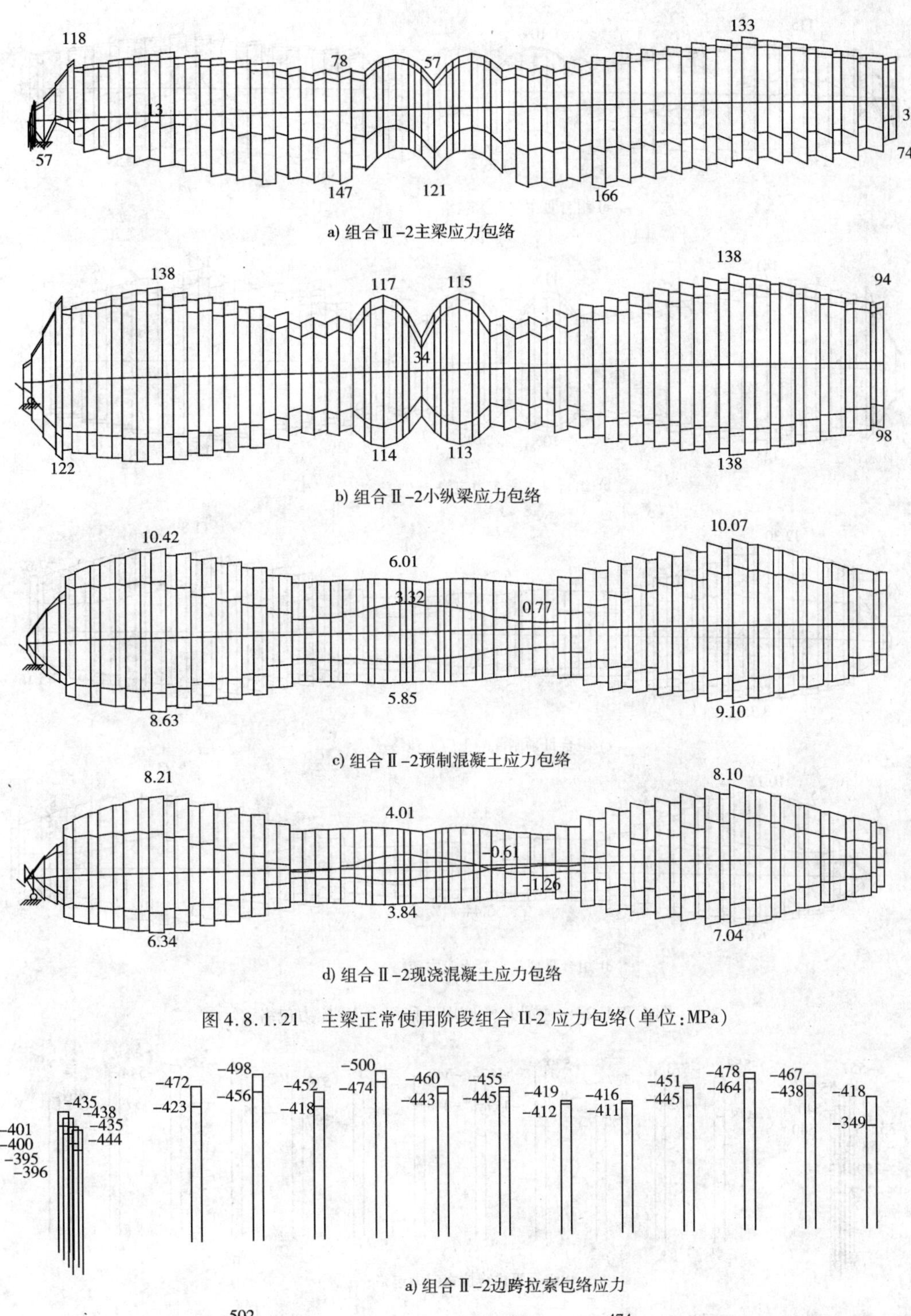

a) 组合Ⅱ-2主梁应力包络

b) 组合Ⅱ-2小纵梁应力包络

c) 组合Ⅱ-2预制混凝土应力包络

d) 组合Ⅱ-2现浇混凝土应力包络

图 4.8.1.21　主梁正常使用阶段组合 II-2 应力包络(单位:MPa)

a) 组合Ⅱ-2边跨拉索包络应力

-408 -350 -455 -428 -466 -448 -502 -492 -401 -395 -454 -449 -437 -432 -440 -435 -477 -474 -429 -426 -474 -472 -450 -447 -456 -451 -445 -438 -453 -444 -449 -438

b) 组合Ⅱ-2中跨拉索包络应力

图 4.8.1.22　斜拉索正常使用阶段组合 II-2 应力包络(单位:MPa)

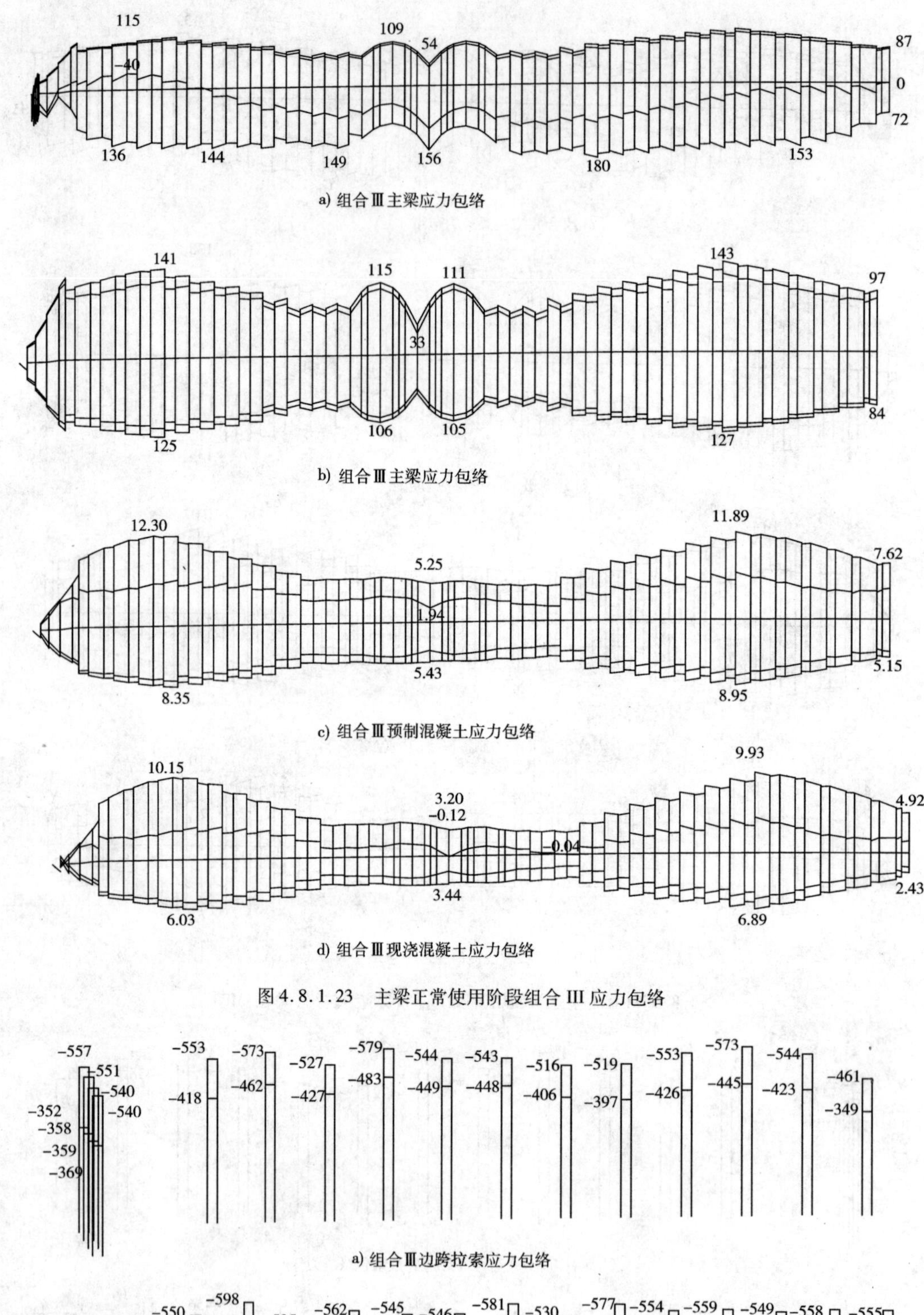

a) 组合Ⅲ主梁应力包络

b) 组合Ⅲ主梁应力包络

c) 组合Ⅲ预制混凝土应力包络

d) 组合Ⅲ现浇混凝土应力包络

图 4.8.1.23　主梁正常使用阶段组合 III 应力包络

a) 组合Ⅲ边跨拉索应力包络

b) 组合Ⅲ中跨拉索应力包络

图 4.8.1.24　斜拉索正常使用阶段组合 III 应力包络

在组合 III 情况下，预制混凝土板最大压应力为12.30MPa，出现在 B9 与 B10 号索之间截面的上缘，不出现拉应力。应力满足规范要求（组合 III 容许压应力值为25.2MPa）。

在组合 III 情况下，现浇混凝土板正应力包络为 -0.12 ~ 10.15MPa，最大压应力出现在 B9 与 B10 号索之间截面的上缘，最大拉应力出现在中墩顶截面上缘。应力满足规范要求（组合 III 容许压应力值为25.2MPa，容许拉应力值为 -3.06MPa）。

在组合 III 情况下，斜拉索包络拉应力为349 ~ 598MPa，最大拉应力出现在 Z5 号索；B16 号索应力幅最大，为205MPa。应力满足规范要求（组合 III 容许拉应力值为939MPa）。

8.1.7　横梁应力验算

采用空间有限元程序 ANSYS 对恒载及活载作用下钢横梁的受力性能进行了分析，计算中考虑工况如下。

工况一：拼装钢箱梁、钢横梁以及小纵梁；

工况二：安装预制桥面板；

工况三：现浇桥面板；

工况四：张拉桥面板中预应力；

工况五：加二期恒载；

工况六：加活载。

建模分析中主要考虑以下几个因素：

(1)采用空间有限元模型，钢板采用板单元，混凝土桥面板采用实体单元，桥面板中预应力索采用杆单元。

(2)取全桥的四分之一跨建模（桥塔到桥台）。

(3)忽略普通钢筋影响。

(4)混凝土弹性模量为 3.65×10^4MPa，泊松比为0.176；钢弹性模量为 2.1×10^5MPa，泊松比为0.3。

(5)混凝土容重为26kN/m^3，钢容重为78.5kN/m^3，二期恒载：10cm 桥面沥青混凝土铺装容重为24kN/m^2；单侧栏杆分布力为10.3kN/m。

(6)活载按集装箱拖挂车重车密集型排列（前后车辆轴距10m）。

模型共划分节点6.23万个，单元7.45万个，其中板单元3.51万个，实体单元2.59万个，杆单元1.05万个，见图4.8.1.25、图4.8.1.26，图中采用单位：mm，MPa，N。应力以拉为正，压为负。

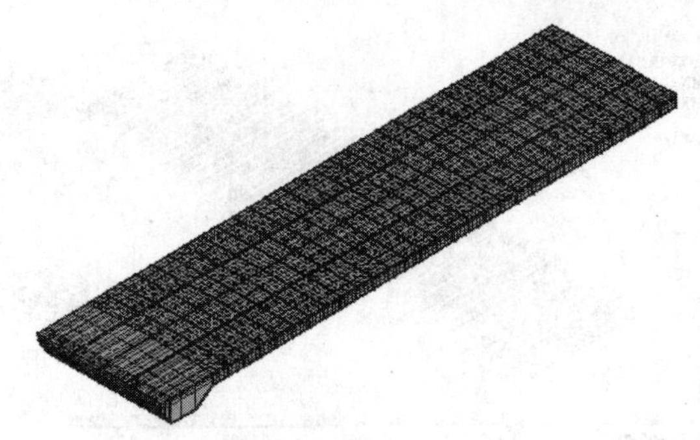

图4.8.1.25　结构有限元分析模型（包括板单元、实体单元和杆单元）

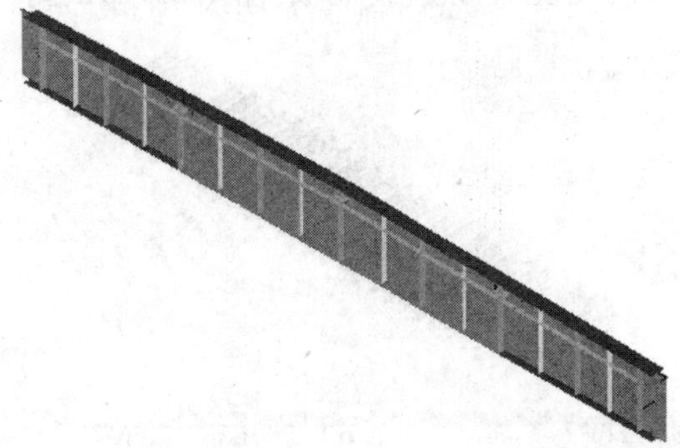

图4.8.1.26　单片钢横梁模型（图中不同颜色表示不同板厚）

分析结果如下：

在施工阶段，钢横梁中最大主拉应力为53.5MPa，最大主压应力为 -73.5MPa，最不利钢横梁为桥塔下钢横梁，最大主拉应力位于该横梁中部下缘，最大主压应力位于该横梁和纵向钢箱梁焊接处局部范围内。

活载作用下，最不利钢横梁为桥塔下钢横梁，该横梁中最大主拉应力为127MPa，位于该横梁中部下缘，最大主压应力为 -148MPa，位于该横梁和纵向钢箱梁焊接处局部范围内；其他钢横梁中最大主拉应力为115MPa，最大主压应力为 -83MPa。

计算结果表明，钢横梁应力满足规范要求（30mm 厚钢板规范容许拉应力 196.1MPa，25mm 厚钢板容许压应力 -202.9MPa）。

（1）工况一：拼装钢箱梁、钢横梁以及小纵梁（图 4.8.1.27、图 4.8.1.28）

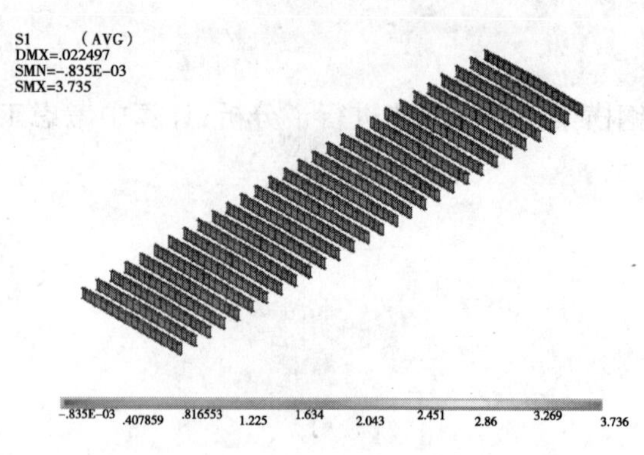

图 4.8.1.27　横梁主拉应力

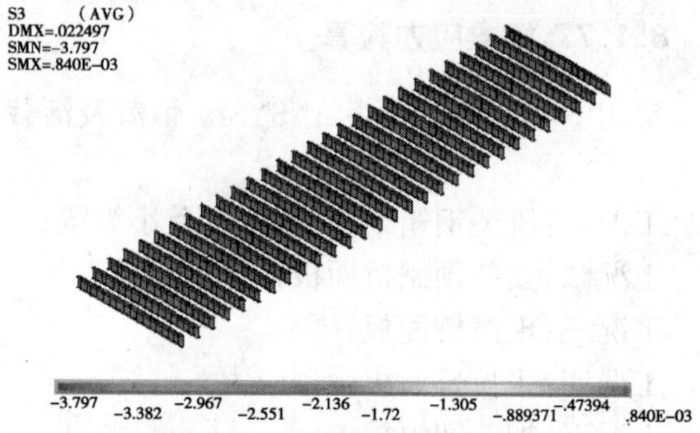

S3 (AVG)
DMX=.022497
SMN=-3.797
SMX=.840E-03
-3.797 -3.382 -2.967 -2.551 -2.136 -1.72 -1.305 -.889371 -.47394 .840E-03

图 4.8.1.28　横梁主压应力

（2）工况二：安装预制桥面板（图 4.8.1.29、图 4.8.1.30）

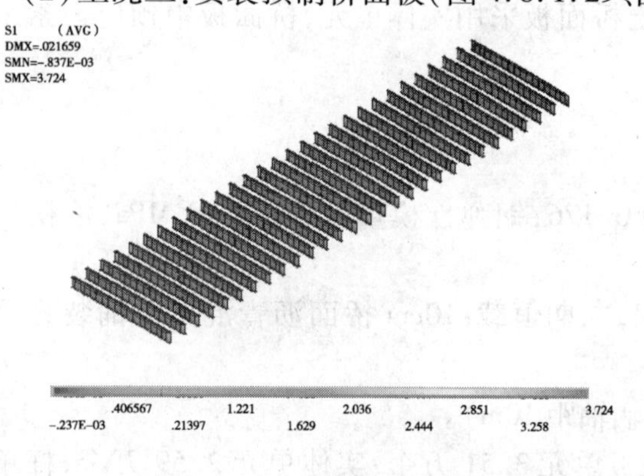

图 4.8.1.29　横梁主拉应力

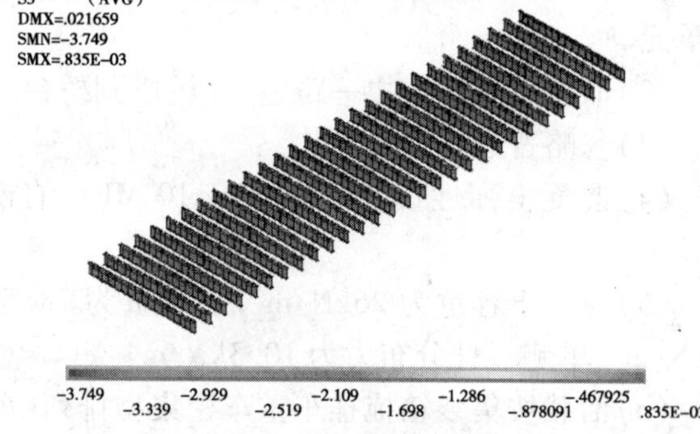

图 4.8.1.30　横梁主压应力

（3）工况三：现浇桥面板（图 4.8.1.31、图 4.8.1.32）

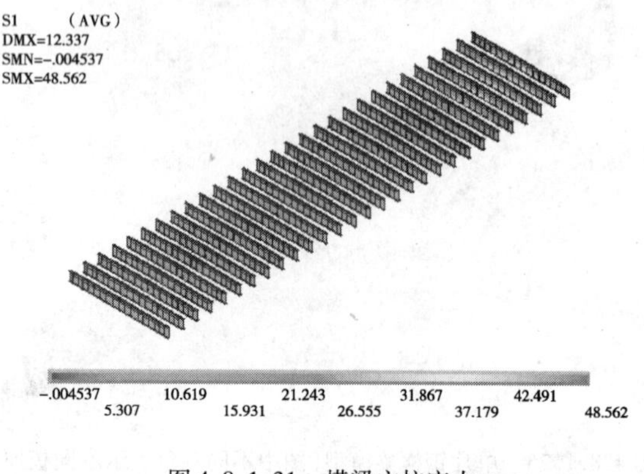

图 4.8.1.31　横梁主拉应力

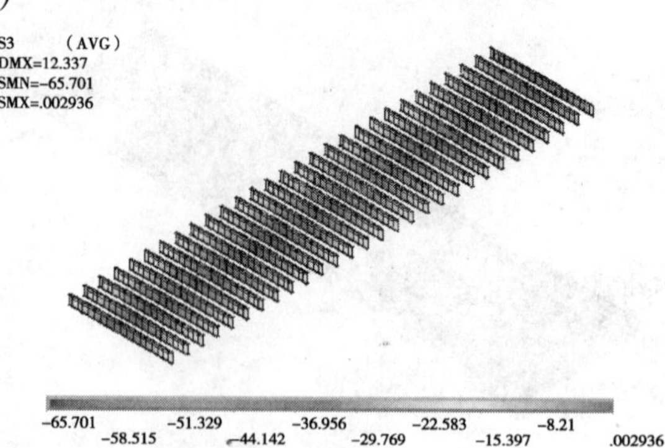

图 4.8.1.32　横梁主压应力

（4）工况四：张拉桥面板中预应力（图 4.8.1.33、图 4.8.1.34）

（5）工况五：施加二期恒载（图 4.8.1.35、图 4.8.1.36）

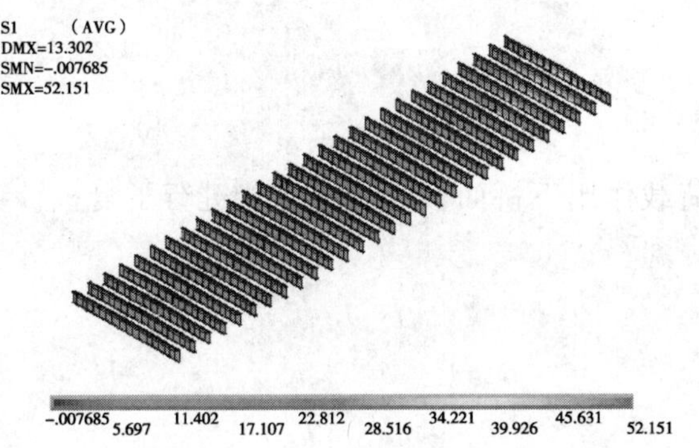

图4.8.1.33　横梁主拉应力

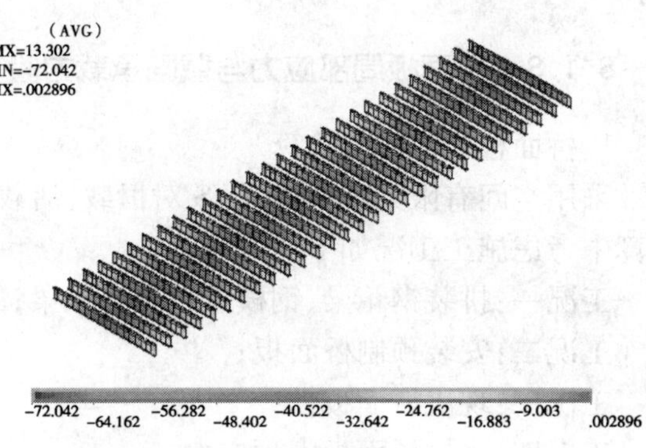

图4.8.1.34　横梁主压应力

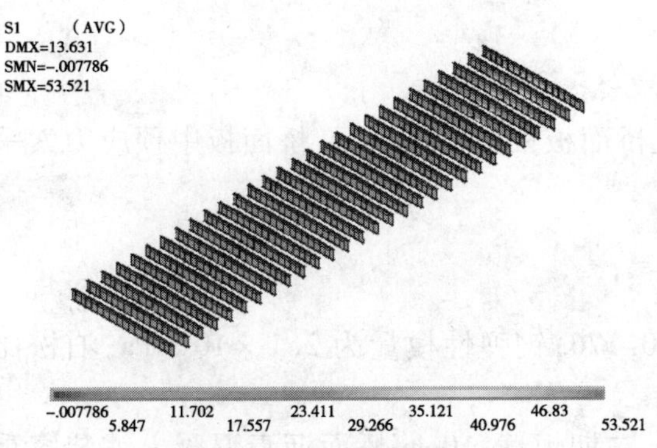

图4.8.1.35　横梁主拉应力

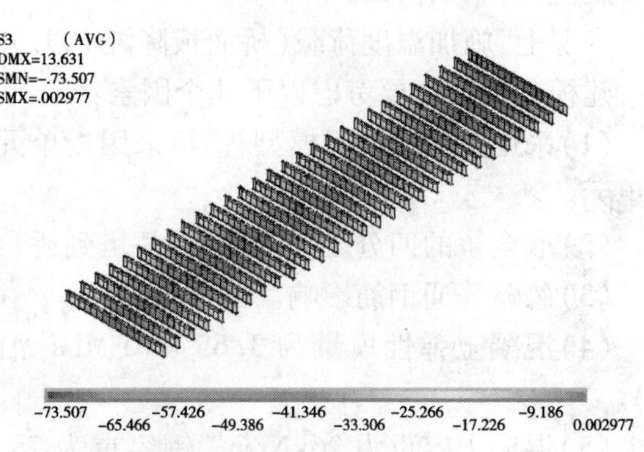

图4.8.1.36　横梁主压应力

(6)工况六:施加活载(图4.8.1.37～图4.8.1.40)

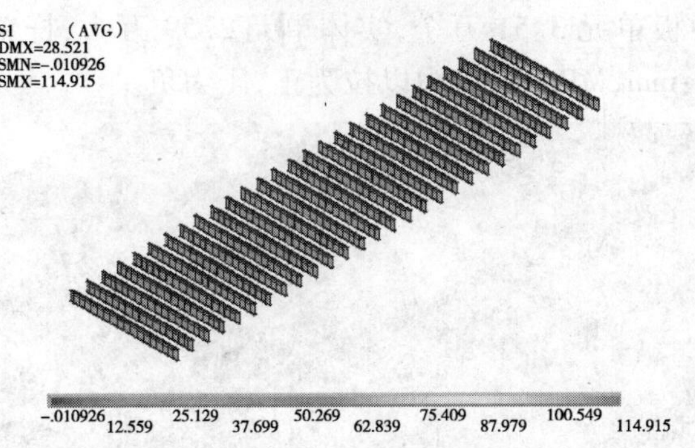

图4.8.1.37　横梁主拉应力(不包括桥塔下横梁)

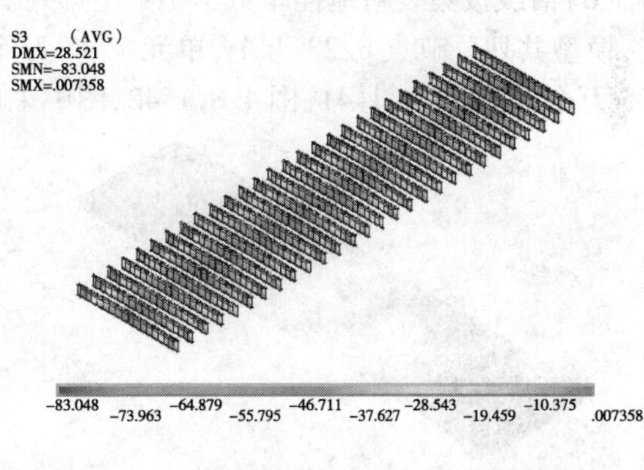

图4.8.1.38　横梁主压应力(不包括桥塔下横梁)

S1 (AVG)
DMX=26.114
SMN=-.007149
SMX=127.105

-.007149 13.896 27.799 41.702 55.604 69.507 83.41 97.313 111.216 127.105

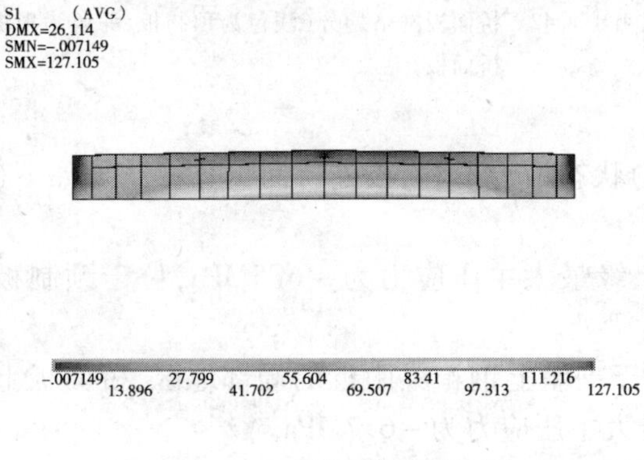

图4.8.1.39　桥塔下横梁主拉应力

S3 (AVG)
DMX=25.114
SMN=-146.435
SMX=.00700

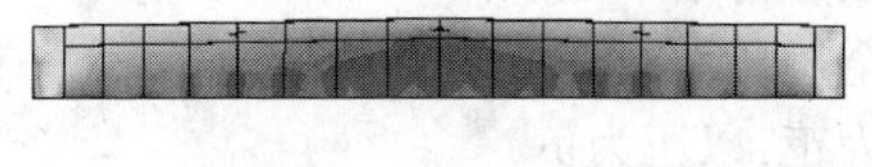

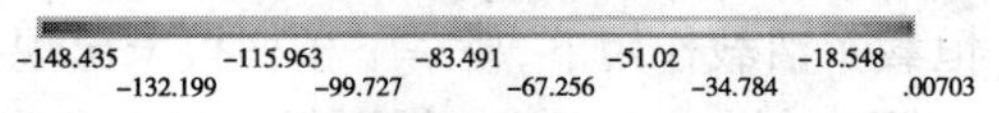

图4.8.1.40　桥塔下横梁主压应力

8.1.8 桥面板局部应力与截面承载力验算

1. 桥面板局部应力验算

采用空间有限元程序 ANSYS 对恒载、活载及温度荷载作用下桥面板的受力性能进行了复核计算，计算中考虑施工工况如下。

工况一：拼装钢箱梁、钢横梁以及小纵梁；

工况二：安装预制桥面板；

工况三：现浇桥面板；

工况四：张拉桥面板中预应力；

工况五：施加二期恒载；

工况六：施加活载；

工况七：施加温度荷载（桥面板降温 10℃）。

建模分析中主要考虑以下几个因素：

(1)采用空间有限元模型，钢板采用板单元，混凝土桥面板采用实体单元，桥面板中预应力索采用杆单元。

(2)取全桥的四分之一跨建模（桥塔到桥台）。

(3)忽略普通钢筋影响。

(4)混凝土弹性模量为 3.65×10^{4}MPa，泊松比为 0.176；钢弹性模量为 2.1×10^{5}MPa；泊松比为 0.3。

(5)混凝土容重为 26kN/m^3，钢容重为 78.5kN/m^3，二期恒载：10cm 桥面沥青混凝土铺装容重为 24kN/m^2；单侧栏杆分布力为 10.3kN/m。

(6)活载按集装箱拖挂车重车密集型排列。

模型共划分节点 6.23 万个，单元 7.45 万个，其中板单元 3.51 万个，实体单元 2.59 万个，杆单元 1.05 万个，见图 4.8.1.41、图 4.8.1.42，图中采用单位：mm，MPa，N，应力以拉为正，压为负。

图 4.8.1.41 结构有限元分析模型（包括板单元、实体单元和杆单元）

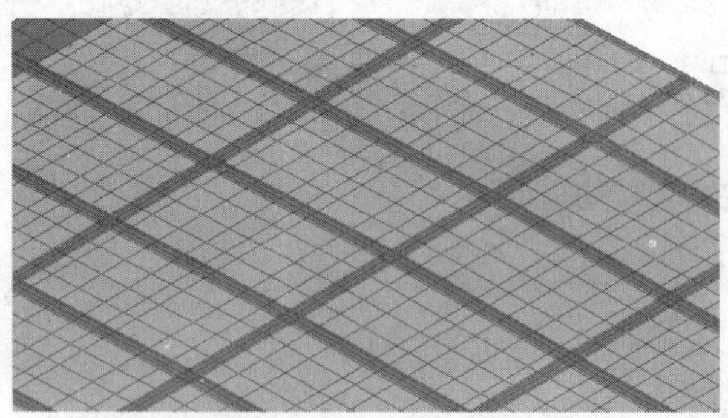

图 4.8.1.42 桥面板网格划分（浅色为预制板，深色为现浇桥面板）

模型分析结果如下：

从全桥桥面板分析结果来看，边跨桥塔下桥面板应力状态最为不利，该处桥面板分析结果如下（应力以拉为正，以压为负）。

恒载作用下，桥塔下桥面板未出现拉应力，桥面板上缘最大主压应力为 -6.5MPa，位于预制板跨中；下缘最大主压应力为 -6.4MPa，位于预制板靠近钢横梁处。

恒载 + 活载作用下，桥塔下桥面板未出现拉应力，位于支座上钢箱梁附近的局部地区，桥面板上缘最大主压应力为 -6.5MPa，桥面板下缘未出现拉应力，最大主压应力为 -6.7MPa。

恒载 + 活载 + 温度荷载作用下，桥塔下桥面板的上缘出现 2.0MPa 的主拉应力，位于支座上钢箱梁附近的局部地区，桥面板上缘最大主压应力为 -6.9MPa，桥面板下缘最大主拉应力为 0.3MPa，最大主

压应力为 -6.7MPa。

各荷载工况下,桥塔下桥面板内主拉应力和主压应力值列于表4.8.1.3。

边跨最不利桥面板主拉、主压应力值(以拉为正)　　表4.8.1.3

位　置	荷　载	桥面板上缘				桥面板下缘			
		主拉应力		主压应力		主拉应力		主压应力	
		Min	Max	Min	Max	Min	Max	Min	Max
桥塔下桥面板	恒载	—	—	-6.5	-4.9	—	—	-6.4	-4.7
	恒载+活载	—	—	-6.5	-3.5	—	—	-6.7	-4.1
	恒+活+温度	—	2.0	-6.9	-3.3	—	0.3	-6.7	-3.9

计算结果表明,桥面板局部应力满足预应力混凝土构件的规范要求(组合Ⅱ容许压应力值为25.2MPa,容许主拉应力值为3.06MPa)。

(1)工况五:恒载作用(图4.8.1.43~4.8.1.46)

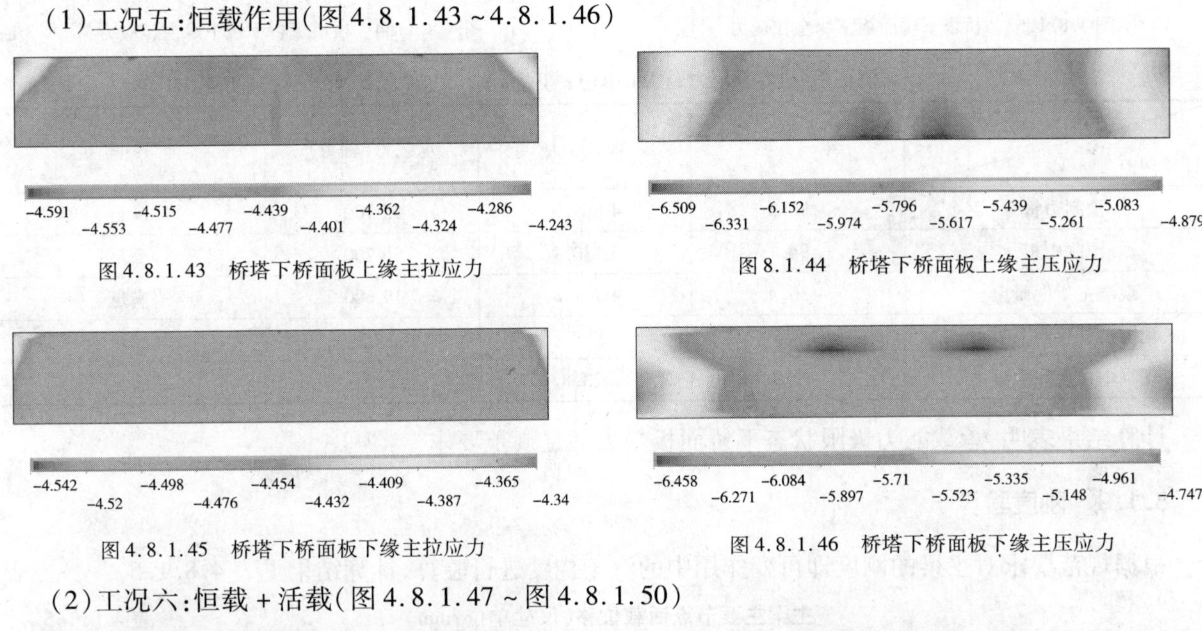

图4.8.1.43　桥塔下桥面板上缘主拉应力

图8.1.44　桥塔下桥面板上缘主压应力

图4.8.1.45　桥塔下桥面板下缘主拉应力

图4.8.1.46　桥塔下桥面板下缘主压应力

(2)工况六:恒载+活载(图4.8.1.47~图4.8.1.50)

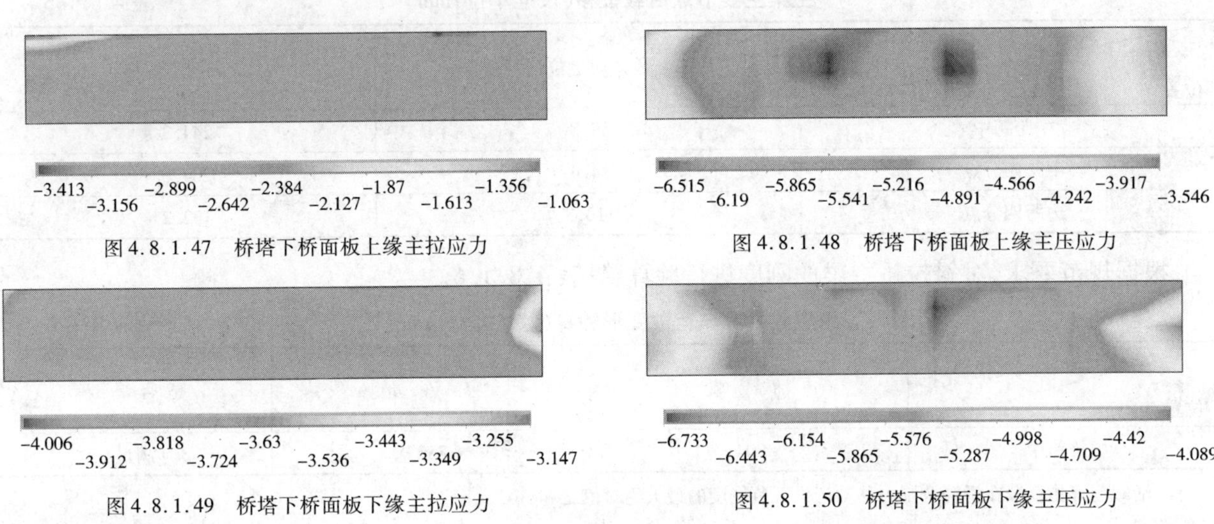

图4.8.1.47　桥塔下桥面板上缘主拉应力

图4.8.1.48　桥塔下桥面板上缘主压应力

图4.8.1.49　桥塔下桥面板下缘主拉应力

图4.8.1.50　桥塔下桥面板下缘主压应力

(3)工况七:恒载+活载+温度(桥面板降温10℃)(图4.8.1.51~图4.8.1.54)

2.桥面板截面承载力验算

取受力不利的桥塔下钢筋混凝土桥面板进行承载能力极限状态截面承载力验算,取最不利组合(考虑恒载、活载和温度变化),计算结果见表4.8.1.4。

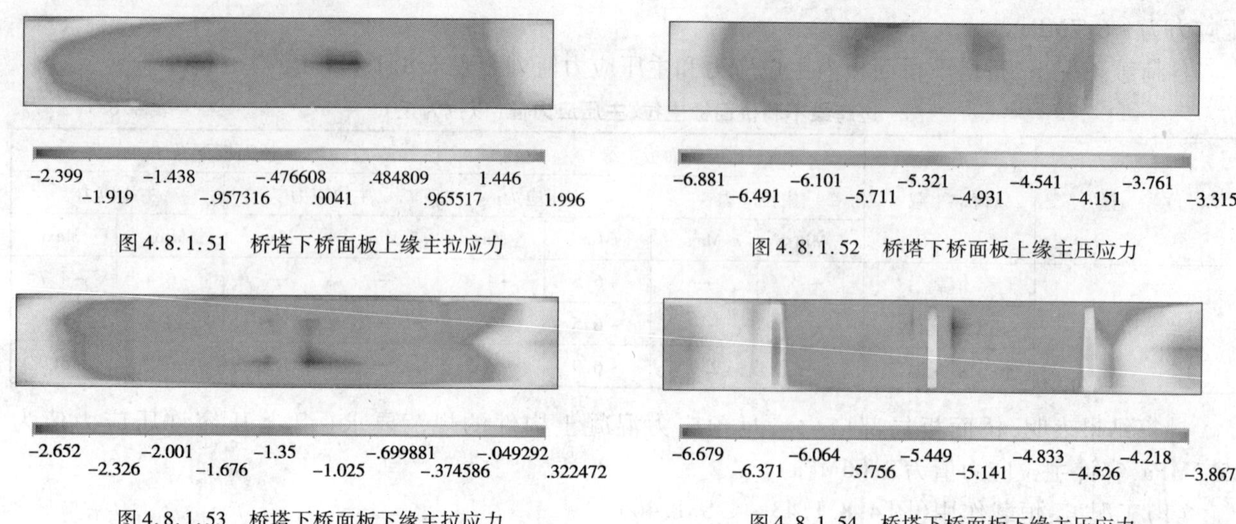

图 4.8.1.51　桥塔下桥面板上缘主拉应力

图 4.8.1.52　桥塔下桥面板上缘主压应力

图 4.8.1.53　桥塔下桥面板下缘主拉应力

图 4.8.1.54　桥塔下桥面板下缘主压应力

桥面板截面承载力验算(单位:弯矩 kN·m,轴力 kN)　　表 4.8.1.4

项目 计算截面	弯　矩	轴　力	承载力(轴力)	是否满足
预制边板	-96.3	4 869.5	55 700	满足
预制中板	-94.1	5 730.1	56 200	满足
现浇主梁混凝土	-30.4	4 701.3	19 600	满足
现浇边中板间混凝土	-7.5	37.8	906	满足
现浇中板之间混凝土	-7.0	223.8	2 720	满足

计算结果表明,承载能力极限状态下桥面板受力满足规范要求。

8.1.9　刚度验算

根据规范要求对主梁的刚度即可变作用中的汽车挠度进行验算,计算结果见表 4.8.1.5。

主梁主要节点活载位移(尺寸单位:mm)　　表 4.8.1.5

项目 位置	最大向上位移	最大向下位移
中跨跨中	59.8	244.3
中跨四分点	84.4	204.0
边跨四分点	110.8	132.2

根据规范要求,对斜拉桥主梁的刚度进行验算,见表 4.8.1.6。

跨中截面汽车荷载变形验算(尺寸单位:mm)　　表 4.8.1.6

项目 位置	活　载	容许值	是否满足
中跨跨中	304	830	满足

注:活载变形指荷载在桥跨范围内移动产生正负挠度的最大绝对值之和

计算结果表明,主梁的刚度满足规范要求。

8.1.10　支座反力验算

一个支座受力计算结果见下表 4.8.1.7。

一个支座受力(单位:kN)　　表 4.8.1.7

墩 台 号	重 力	汽 车	集装箱	组合 I	组合 III
锚墩	1.310E+04	2.45E+03	3.94E+03	1.555E+04	1.704E+04
主墩	6.16E+03	1.37E+03	1.77E+03	7.53E+03	7.93E+03

锚墩采用竖向承载力为 20 000kN 的活动支座,主墩采用竖向承载力为 12 000kN 的活动支座,根据计算结果,支座的承载力均满足要求。

8.2 桥塔及基础

8.2.1 结构构造要点

1. 主塔构造

主塔采用外观较简洁的 H 形,塔身为钢筋混凝土结构,主塔高 98.5m,其中上塔柱高 38.2m,中塔柱高 46.8m,下塔柱高 10.5m,塔座高度 3.0m。鉴于斜拉索对主塔产生内倾覆力,上塔柱设置了 3 根钢横撑。塔柱截面尺寸由塔顶的 600cm×450cm 过渡到塔底的 850cm×550cm,塔柱纵向 1∶45.84,横向 1∶114.6。

上塔柱采用八边菱形状单箱单室截面,塔高 38.2m,等截面直线段塔身,截面外轮廓尺寸 600cm×450cm,内轮廓尺寸 480cm×330cm,壁厚 60cm。近 3 根钢横撑处的塔柱壁厚为 120cm。

中塔柱采用八边菱形状单箱单室截面,塔高 46.8m,塔身为渐变段,截面外轮廓尺寸由 600cm×450cm 过渡到 804.2cm×531.7cm,内轮廓尺寸由 480cm×330cm 过渡到 664.2cm×371.7cm,顺桥向壁厚 70cm,横桥向壁厚 80cm。

下塔柱采用八边菱形状单箱三室截面,塔高 10.5m,塔身为渐变段,截面外轮廓尺寸由 804.2cm×531.7cm 过渡到 850cm×550cm,内轮廓尺寸由单室的 284.2cm×371.7cm 过渡到中室的 330cm×390cm 和边室的 130cm×390cm,顺桥向壁厚 70cm,横桥向壁厚 80cm。

塔座采用渐变型实心矩形截面,塔座高度 3.0m,顶面尺寸 800cm×1 100cm,底面尺寸 1 200cm×1 500cm。

两个下塔柱之间用横梁连接,横梁高 5.5m,采用空心框架式结构,上壁厚 50cm,侧壁厚 60cm。

主塔塔顶放置 3 道横撑,横撑间距 4.1m,横撑钢管外径 ϕ1 800mm,壁厚 30mm,纵横向加劲肋板厚均为 20mm,与混凝土桥塔采用焊钉连接。

主塔构造如图 4.8.2.1 所示。

2. 主塔钢筋构造

主塔普通钢筋采用ϕ16mm、ϕ20mm、ϕ25mm 和ϕ32mm 4 种直径的 II 级钢筋。纵桥向塔柱外壁侧和内壁侧均配置双层ϕ32mm 主钢筋;横桥向上塔柱外壁侧配置单层ϕ32mm 主钢筋,中塔柱和下塔柱外壁侧配置双层ϕ32mm 主钢筋,塔柱内壁侧均配置单层ϕ32mm 主钢筋;八边菱形状内外箍筋全部采用ϕ25mm 主钢筋;塔柱主筋间拉筋采用ϕ16mm 钢筋,竖向间距为 15cm。塔柱横断面配筋如图4.8.2.2 所示。

3. 基础构造

颗珠山斜拉桥根据地质条件设置东西侧两主墩,每个主墩设置两个承台。西侧主墩承台平面尺寸为 24.0m×17.4m,承台高度 5m,东侧主墩承台平面尺寸为 24.15m×24.15m,承台高度 5.0m,两承台之间用系梁连接,东西侧主墩承台之间系梁高度 2.5m,长度 4.13m。

西侧主墩处每个承台下桩基为 12ϕ2 500mm 嵌岩钻孔灌注桩,顺桥向桩距 6.6m 或 6.0m,横桥向桩距 6.0m。承台平面布置如图 4.8.2.3 所示。

东侧主墩处每个承台下桩基为 14ϕ2 500mm 嵌岩钻孔灌注桩，顺桥向桩距 6.25m，横桥向桩距 6.25m。承台平面布置如图 4.8.2.4 所示。

墩座和承台采用高性能 C40 混凝土，灌注桩采用水下 C30 掺和混凝土。

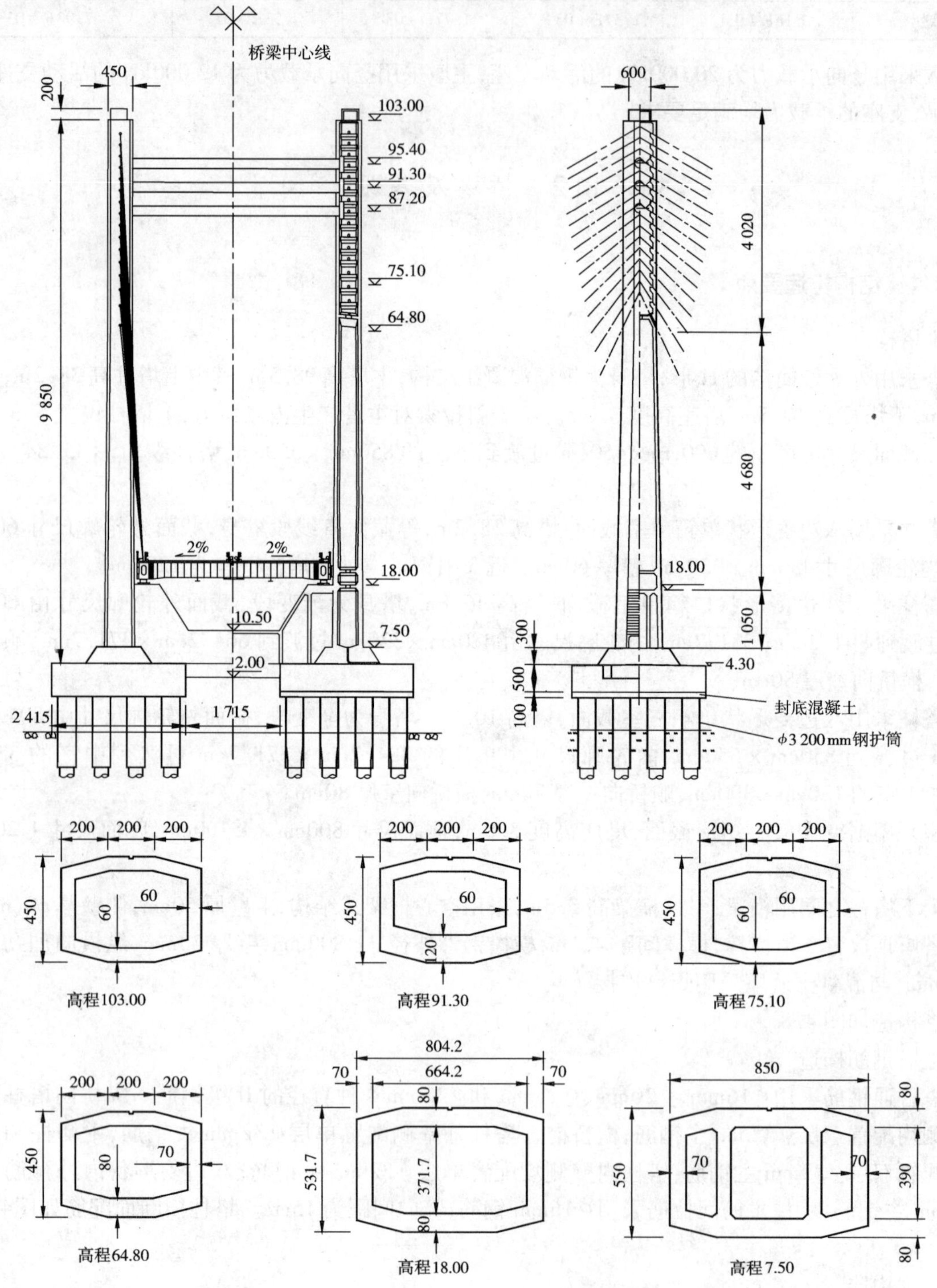

图 4.8.2.1　主塔构造示意(尺寸单位:cm,高程单位:m)

8.2.2　桥塔

1. 荷载组合

(1)施工阶段

桥塔施工阶段考虑风荷载作用时取两个最不利工况进行验算:裸塔阶段和最大悬臂阶段。

裸塔阶段考虑塔自重和横向风荷载(35.5m/s)作用。

最大悬臂阶段考虑此时结构自重、施工荷载和横向风荷载(35.5m/s)作用,分别验算其施工阶段应力是否满足要求。

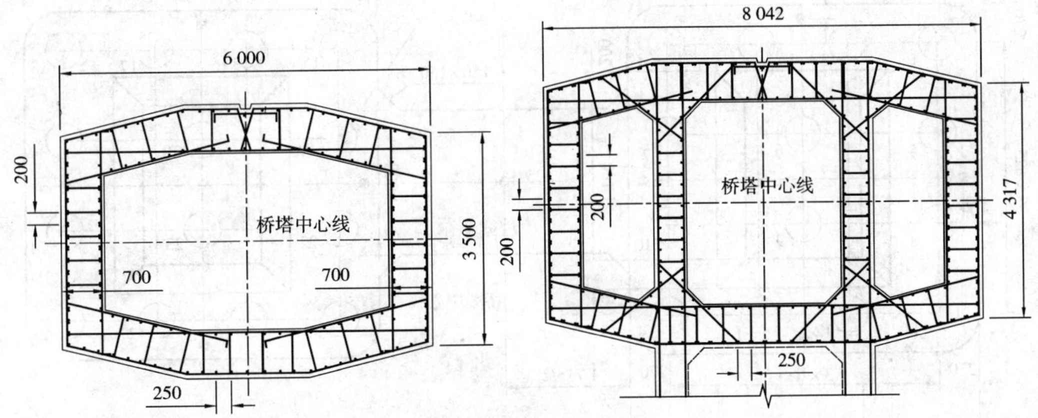

图4.8.2.2　主塔普通钢筋(尺寸单位:cm)

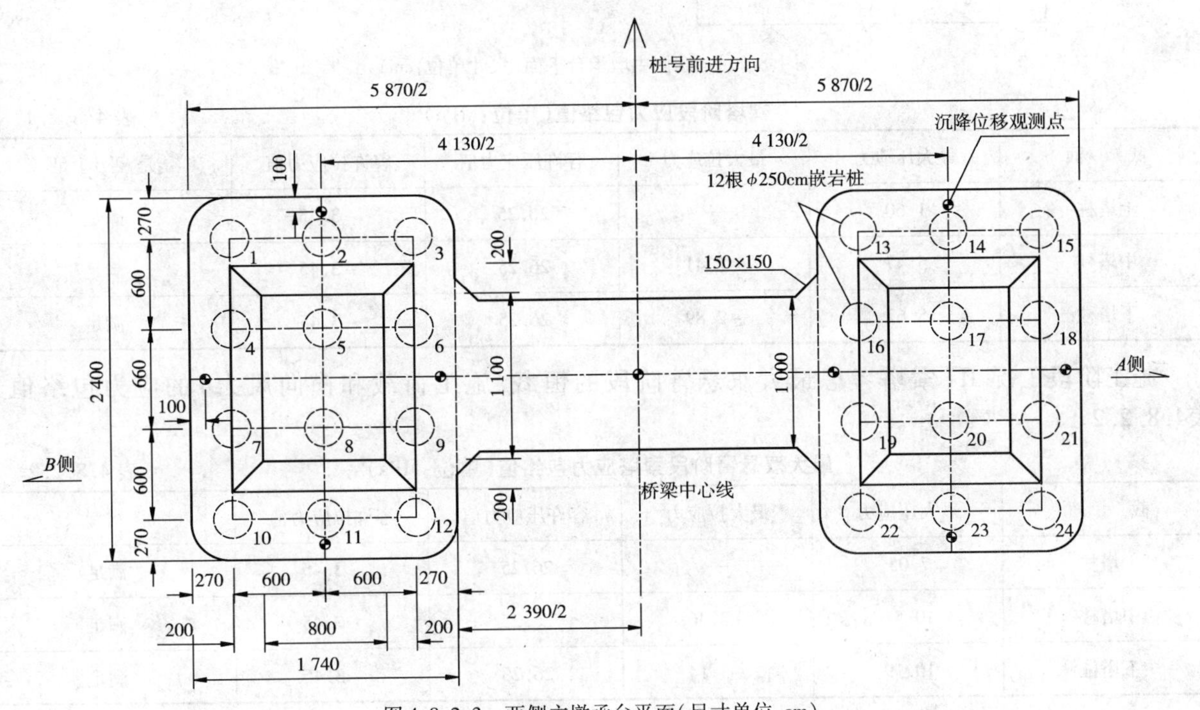

图4.8.2.3　西侧主墩承台平面(尺寸单位:cm)

(2)正常使用极限状态和承载能力极限状态

正常使用极限状态和承载能力极限状态考虑如四种最不利组合。

组合I:恒载(一期恒载+二期恒载)+预应力+拉索索力+收缩+徐变+基础沉降+汽车—超20;

组合II-1:恒载(一期恒载+二期恒载)+预应力+拉索索力+收缩+徐变+基础沉降+汽车—超20+纵向制动力+温度影响力+纵向风荷载(25m/s);

组合II-2:恒载(一期恒载+二期恒载)+预应力+拉索索力+收缩+徐变+基础沉降+温度影响力+纵向风荷载(42m/s);

组合III:恒载(一期恒载+二期恒载)+预应力+拉索索力+集装箱车辆。

2.施工阶段应力

施工阶段工况I(索塔考虑裸塔阶段的恒载和横向风力)混凝土应力包络值见表4.8.2.1。

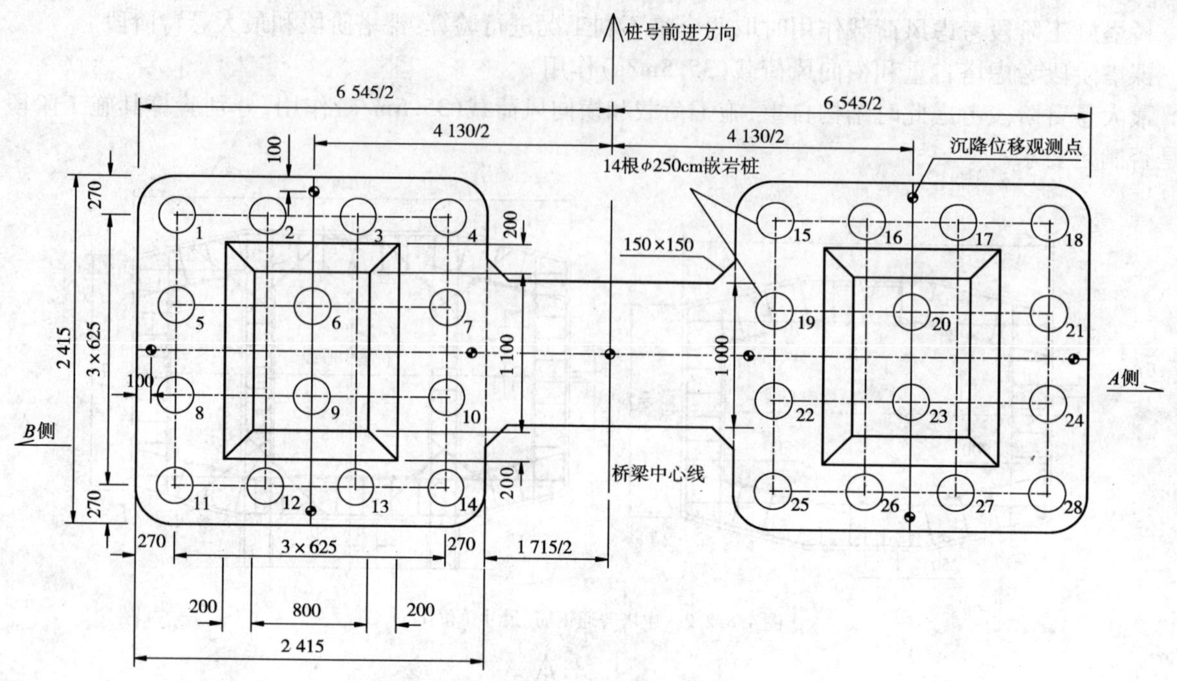

图 4.8.2.4　东侧主墩承台平面(尺寸单位:cm)

裸塔阶段应力包络值(单位:MPa)　　表 4.8.2.1

截　面	最大压应力	最大拉应力	容许压应力值	容许拉应力值	是否满足
上塔柱	1.60	—	26.25	-3.45	满足
中塔柱	5.47	-2.41	26.25	-3.45	满足
下塔柱	5.67	-2.89	26.25	-3.45	满足

施工阶段工况 II(索塔考虑最大双悬臂阶段的恒载、施工荷载和横向风力)的应力包络值见表4.8.2.2。

最大双悬臂阶段索塔应力包络值(单位:MPa)　　表 4.8.2.2

截　面	最大压应力	最大拉应力	容许压应力值	容许拉应力值	是否满足
上塔柱	7.05	—	26.25	-3.45	满足
中塔柱	10.51	-2.36	26.25	-3.45	满足
下塔柱	10.19	-3.14	26.25	-3.45	满足

计算结果表明,索塔在施工阶段应力均满足规范要求

3. 成桥初期及后期应力

成桥初期、成桥后期混凝土应力如图 4.8.2.5 所示。

成桥初期混凝土应力值见表 4.8.2.3。

成桥初期应力值(单位:MPa)　　表 4.8.2.3

截　面	边跨侧压应力	中跨侧压应力	容许压应力值	是否满足
上塔柱	8.70	8.23	17.50	满足
中塔柱	6.96	6.42	17.50	满足
下塔柱	5.73	5.20	17.50	满足

成桥后期混凝土应力值见表4.8.2.4。

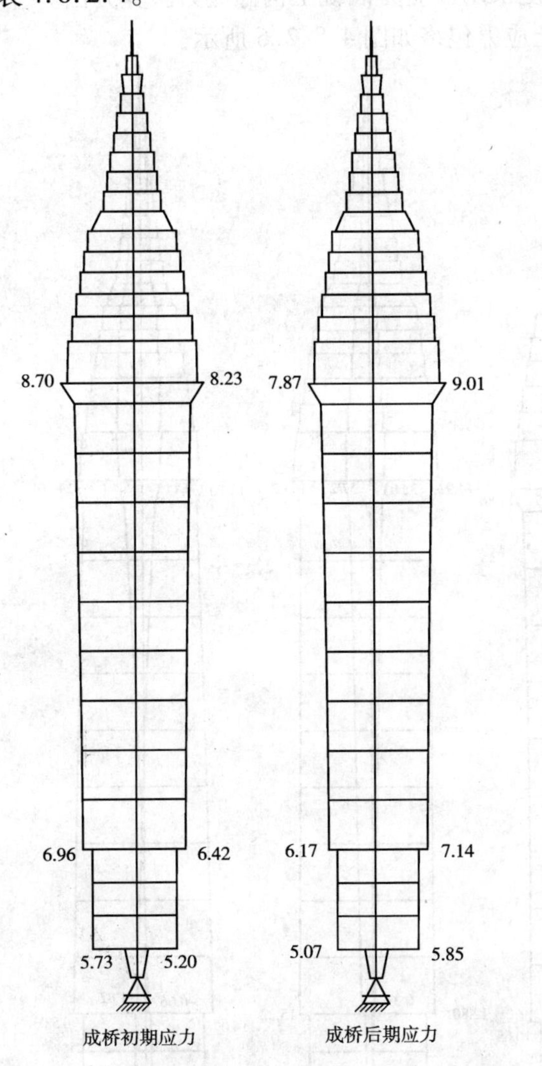

图4.8.2.5　桥塔成桥初期、成桥后期正应力(单位:MPa)

成桥后期应力值(单位:MPa)　　表4.8.2.4

截　面	边跨侧压应力	中跨侧压应力	容许压应力值	是否满足
上塔柱	7.87	9.01	17.50	满足
中塔柱	6.17	7.14	17.50	满足
下塔柱	5.07	5.85	17.50	满足

计算结果表明,桥塔在成桥初期和成桥后期混凝土应力均满足规范要求。

4.使用阶段应力

按照《公路桥涵设计通用规范》(JTJ 021—89)第2.1.2条共组合成以下4种最不利组合。

组合I:恒载(一期恒载+二期恒载)+预应力+斜拉索索力+收缩+徐变+汽车;

组合II-1:恒载(一期恒载+二期恒载)+预应力+斜拉索索力+收缩+徐变+汽车+温度影响力+制动力+纵向风力(25m/s);

组合II-2:恒载(一期恒载+二期恒载)+预应力+斜拉索索力+收缩+徐变+温度影响力+纵向风力2(42m/s)

组合III:恒载(一期恒载+二期恒载)+预应力+斜拉索索力+集装箱车。

由于桥塔受到拉索竖向分力的作用、轴向永久受压,同时桥梁位于海洋环境中,对其抗裂性也有更高的要求，故使用阶段各工况采用预应力混凝土构件应力验算方法。

使用阶段各工况混凝土应力包络如图 4.8.2.6 所示。

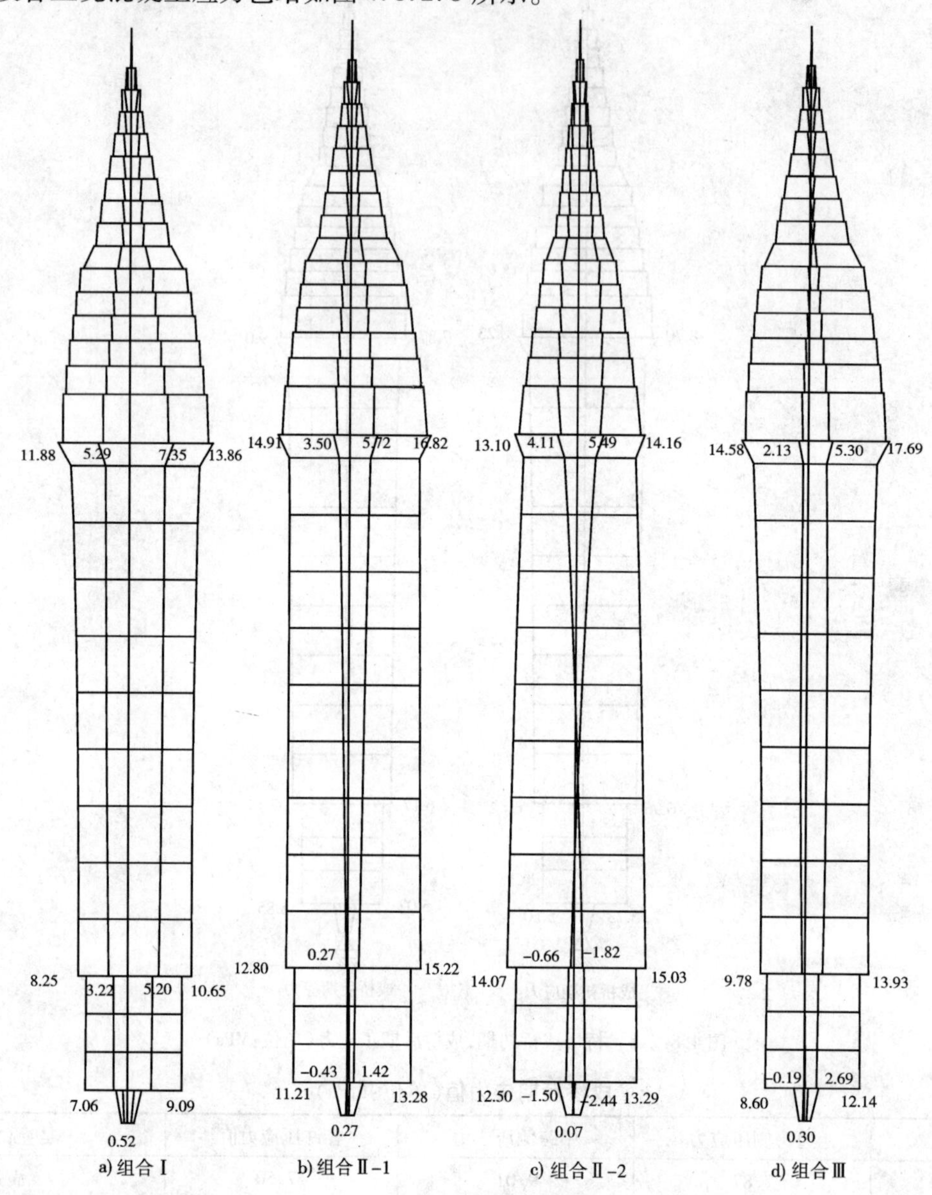

图 4.8.2.6　桥塔使用阶段应力包络（单位：MPa）

使用阶段混凝土应力包络值见表 4.8.2.5。

使用阶段工况 I 应力包络值（单位：MPa）　　表 4.8.2.5

截面		最大压应力	最大拉应力	容许压应力值	A 类构件容许拉应力值	是否满足
组合 I	上塔柱	13.86		17.50	-2.40	满足
	中塔柱	10.65	—	17.50	-2.40	满足
	下塔柱	9.09	-0.19	17.50	-2.40	满足
组合 II-1	上塔柱	16.82	—	17.50	-2.70	满足
	中塔柱	15.22	—	17.50	-2.70	满足
	下塔柱	13.28	-0.43	17.50	-2.70	满足
组合 II-2	上塔柱	14.16	—	17.50	-2.70	满足
	中塔柱	15.03	-1.82	17.50	-2.70	满足
	下塔柱	13.29	-2.44	17.50	-2.70	满足

续上表

截　面		最大压应力	最大拉应力	容许压应力值	A 类构件容许拉应力值	是否满足
组合 III	上塔柱	17.69	—	17.50	-2.70	满足
	中塔柱	13.93	—	17.50	-2.70	满足
	下塔柱	12.14	-0.19	17.50	-2.70	满足

计算结果表明，桥塔在使用阶段应力均满足 A 类构件要求

5. 使用阶段桥塔塔顶活载位移

桥塔塔顶的汽车—超 20 级荷载位移值见表 4.8.2.6。

塔顶汽车荷载位移(尺寸单位:mm)　　表 4.8.2.6

项目 / 位置	偏向中跨最大位移	偏向边跨最大位移
桥塔塔顶	88.7	70.0

6. 承载能力极限状态内力

考虑荷载的 4 种最不利组合，根据《公路钢筋混凝土及预应力混凝土桥涵设计规范》(JTJ 023—85)第 4.1.2 条，考虑各种荷载的荷载安全系数后，4 种组合内力计算结果见图 4.8.2.7(弯矩单位：kN · m，轴力单位：kN)。

7. 承载能力极限状态截面承载力

(1)验算位置

取上塔柱、中塔柱和下塔柱 3 个最不利截面(高程分别为 64.8m、18m、7.5m)进行截面承载力验算。

(2)截面验算

根据内力计算结果，取受力最不利的组合 II-1 进行验算，结果见表 4.8.2.7。

组合 II-1 桥塔截面承载力验算(单位:弯矩 kN · m，轴力 kN)　　表 4.8.2.7

项目 / 计算截面	类　型	弯　矩	轴　力	承载力(轴力)	是否满足
上塔柱	最大弯矩对应轴力	125 358	107 433	157 000	满足
	最大轴力对应弯矩	4 403	129 756	234 000	满足
中塔柱	最大弯矩对应轴力	307 277	133 676	203 000	满足
	最大轴力对应弯矩	18 290	153 683	377 000	满足
下塔柱	最大弯矩对应轴力	358 637	148 870	265 000	满足
	最大轴力对应弯矩	15 413	171 397	514 000	满足

计算结果表明，承载能力极限状态桥塔截面承载力满足规范要求。

8.2.3　桩基础计算

根据《公路桥涵地基与基础设计规范》(JTJ 024—85)附录六计算桩基础，桩基础计算包括单桩容许承载力计算、桥墩基础群桩受力分析及桩身截面承载力验算。

1. 荷载组合

基础计算时荷载主要包括结构自重、波浪力、水流力、车辆荷载、风荷载、制动力、温度力、支座摩阻力等，根据《公路桥涵设计通用规范》(JTJ 021—89)荷载组合考虑了表 4.8.2.8 所示的几类：

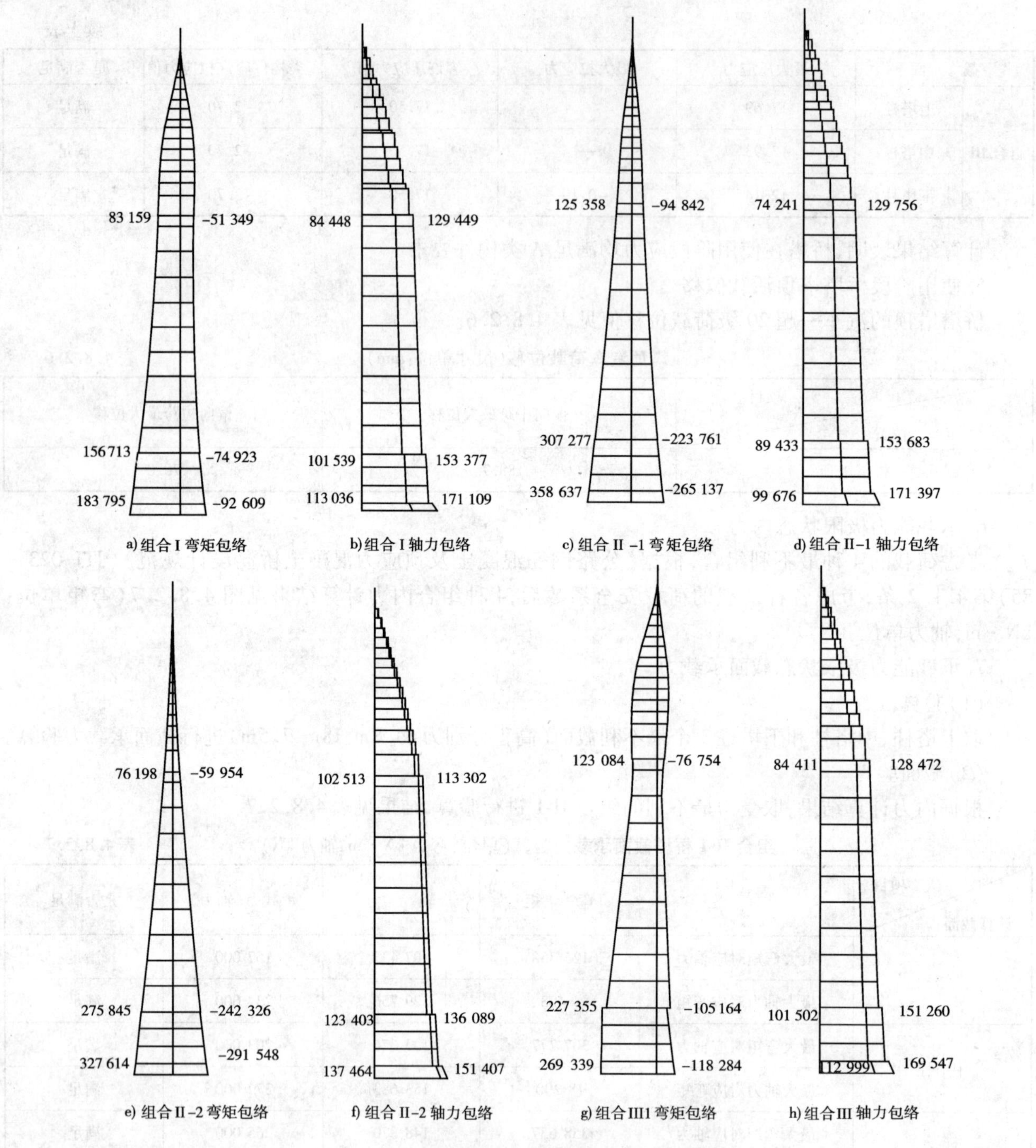

图 4.8.2.7　索塔承载能力极限状态弯矩、轴力包络

下部结构荷载组合类型　　表 4.8.2.8

组合类型	荷载
组合 I	永久荷载，水流，车辆（汽车—超 20）
组合 II-1	永久荷载，波浪（桥面行车最大波浪），水流，车辆（汽车—超 20），风（25m/s），纵向力（摩阻力或制动力）
组合 II-2	永久荷载，波浪（50 年一遇），水流，风（42m/s），纵向力（摩阻力或温度力）
组合 II-3	永久荷载，波浪（100 年一遇），水流，风（42m/s），纵向力（摩阻力或温度力）
组合 III	永久荷载，水流，车辆（集卡重车密排或挂车—120）

水流力作为海洋工程中的经常作用力，将之纳入基本可变荷载而非其他可变荷载参加荷载组合。波浪、水流均考虑可能出现的不利水位进行组合。

2. 单桩容许承载力计算

取 PM472 主墩下基础进行计算。PM472 主墩及桩基础的布置见图 4.8.2.3，基础为钻孔嵌岩桩。

根据东海大桥工程地质勘察报告提供的工程地质纵断面及各土层物理力学性能，桩基础嵌入微风化花岗岩不小于 2.5m，其桩端极限阻力标准值 60MPa。按《公路桥涵地基与基础设计规范》第 4.3.4 条，计算 PM472 钻孔嵌岩桩的单桩容许承载力 $[P]$ = 147 780kN。

为求单桩荷载值，首先应求出承台底的各种荷载效应。

3. 承台底荷载效应计算

承台底荷载包括：上、下部的永久作用，车辆荷载，制动力，风荷载，波浪力和水流力。荷载效应计算如下：

(1) 结构重力

由结构重力在承台底产生的竖向力 P = 203 608kN，水平力 H = 31kN，产生的顺桥向弯矩 M = 15 590kN · m。

(2) 车辆荷载

汽车—超 20 在承台底产生的最大顺桥向弯矩 M = 133 096kN · m，与此弯矩对应的竖向力 P = 5 313kN，水平力 H = 1 763kN。

集装箱车在承台底产生的最大顺桥向弯矩 M = 256 322kN · m，与此弯矩对应的竖向力 P = 11 932kN，水平力 H = 3 548kN。

(3) 纵向制动力计算

根据规范 JTJ 021—89 第 2.3.9 条，当桥涵为一车道或双向二车道时，汽车制动力为布置在一联长度内的一行汽车车队总重力的 10%，但不得小于一辆重车的 30%，东海大桥半桥按单向 4 车道考虑，应为上述规定数值的 $4 \times 0.67 = 2.68$ 倍。

一行列车的 10%：$6\ 950 \times 0.1 = 695$kN

一辆重车的 30%：$550 \times 0.3 = 165$kN

故制动力取用 $P = 695 \times 2.68 = 1\ 863$kN，由 4 个主墩柱承受，作用位置取桥面上。由此，在 PM472 承台底产生的弯矩 M = 11 005kN · m，水平力 P = 466kN。

(4) 横桥向风力

横桥向风力作用于主梁及墩上。

①桥梁各构件基准高度的取定

主梁取跨中截面形心距设计常水位（或海平面）的高度；

斜拉索：斜拉索形心距设计常水位（或海平面）的高度；

主塔：自设计常水位（或海平面）以上高度的 65% 高度处。

②桥梁各构件的设计基准风速 V_d 距设计常水位

上述确定的各构件基准高度处的风速作为各构件的设计基准风速，其与设计基本风速有如下关系（式 4.2.2.1）：

设计时考虑两种风速：桥面无车的设计基本风速：V_{10} = 42m/s；桥面有车的最大设计基本风速：V_{10} = 25m/s。

(5) 静阵风风速

静阵风风速按规范 JTG/T D60-01—2004 第 4.2 条计算，即式 4.2.2.2：

$$V_g = G_V d_d$$

(6) 静阵风荷载

根据规范 JTG/T D60-01—2004 第 4.3 条，在横桥向风力作用下，主梁单位长度上的横向静阵风荷载计算见式 4.2.2.3 和式 4.2.2.4。

上部结构迎风面考虑主梁和栏杆高。PM472 承台承受 235.5m 长的上部结构风力，考虑两种设计基本风速：桥面无车的设计基本风速 $V_{10}=42\text{m/s}$ 和桥面有车的最大设计基本风速 $V_{10}=25\text{m/s}$。

根据规范 JTG/T D60-01—2004 第4.3条计算主梁横向静阵风荷载 P 及对承台底弯矩 M 如下：

$$V_{10}=42\text{m/s}, P=3\ 320\text{kN}, M=75\ 468\text{kN}\cdot\text{m}$$

$$V_{10}=25\text{m/s}, P=1\ 176\text{kN}, M=26\ 739\text{kN}\cdot\text{m}$$

主塔承受塔身迎风面积的风力。上塔柱宽6m，高4.02m；中下塔柱宽6～8.5m，高57.3m。根据规范 JTG/T D60-01—2004 第4.4条计算风作用效应如下：

$$V_{10}=42\text{m/s}, P=3\ 329\text{kN}, M=229\ 094\text{kN}\cdot\text{m}$$

$$V_{10}=25\text{m/s}, P=1\ 180\text{kN}, M=81\ 170\text{kN}\cdot\text{m}$$

斜拉索迎风面为其直径与投影高度的乘积，边跨和中跨索的一半迎风面由主墩承受，其风荷载效应如下：

$$V_{10}=42\text{m/s}, P=540\text{kN}, M=26\ 709\text{kN}\cdot\text{m}$$

$$V_{10}=25\text{m/s}, P=191\text{kN}, M=9\ 463\text{kN}\cdot\text{m}$$

承台底横桥向风力计算见表4.8.2.9。

PM472 承台底横桥向风力表 表4.8.2.9

位置	$V_{10}=42\text{m/s}$		$V_{10}=25\text{m/s}$	
	水平风力(kN)	对承台底弯矩(kN·m)	水平风力(kN)	对承台底弯矩(kN·m)
梁	3 320	75 468	1 176	26 739
塔	3 329	229 094	1 180	81 170
索	540	26 709	191	9 463
合计	7 189	331 271	2 547	117 372

(7)横桥向波浪力计算

参见本篇3.2.3桥墩计算中相关内容。

计算时考虑三种工况：

①桥面行车最大波浪，水位2.15m，累积频率为1%的波高 $H_{1\%}=3.11\text{m}$，波长 $L=50.6\text{m}$；

②50年一遇波浪，水位3.35m，累积频率为1%的波高 $H_{1\%}=3.6\text{m}$，波长 $L=55.4\text{m}$；

③100年一遇波浪，水位3.45m，累积频率为1%的波高 $H_{1\%}=3.87\text{m}$，波长 $L=57\text{m}$ 根据上述公式，波浪力计算结果见表4.8.2.10。

PM472 承台横桥向波浪力 表4.8.2.10

工况	水平波浪力(kN)	对承台底弯矩(kN·m)
桥面行车最大波浪	2 203	3 323
50年一遇波浪	3 570	8 454
100年一遇波浪	3 863	9 439

(8)水流力

根据规范 JTJ 021—89 第2.3.10条计算水流力，公式为：

$$P=KA\frac{\gamma V^2}{2g} \tag{4.8.2.2}$$

式中：K——桥墩形状系数，按规范表3.3.10取用，对于矩形墩取1.3；

A——桥墩阻水面积，算至一般冲刷线处；

γ——水的密度；

V——设计流速；

g——重力加速度9.81m/s²。

水流力计算结果见表4.8.2.11。

PM472 承台横桥向水流力　　表4.8.2.11

	设计水位	50年一遇	100年一遇
水位(m)	2.15	3.35	3.45
$A(m^2)$	63.6	92.4	94.8
V(m/s)	1.2	1.2	1.2
$\gamma(kN/m^3)$	10.045	10.045	10.045
K	1.3	1.3	1.3
F(kN)	61	89	91
M(kN·m)	88	190	201

4. 荷载组合

计算承台底截面荷载组合时考虑了5种不同组合,结果见表4.8.2.12。

PM472 承台底内力组合　　表4.8.2.12

项　目	荷载类别	竖向力(kN)	水平力(kN)		弯距(kN·m)	
			顺桥向	横桥向	顺桥向	横桥向
恒载	结构重力(1)	203 608	31	—	15 590	—
基本可变荷载	汽车—超20(2)	5 313	1 763	—	133 096	—
	集装箱车(3)	11 932	3 548	—	256 322	—
	水流力(桥面行车最大水位)(4)	—	—	61	—	88
	水流力(50年一遇)(5)	—	—	89	—	190
	水流力(100年一遇)(6)	—	—	91	—	201
其他可变荷载	汽车制动力(7)	—	466	—	11 005	—
	风压力(V=25m/s)(8)	—	—	2 547	—	117 372
	风压力(V=42m/s)(9)	—	—	7 189	—	331 271
	波浪力(桥面行车最大波浪)(10)	—	—	2 203	—	3 323
	波浪力(50年一遇)(11)	—	—	3 570	—	8 454
	波浪力(100年一遇)(12)	—	—	3 863	—	9 439
承载能力极限状态组合	组合I(13)=1.2×(1)+1.4×(2)	251 768	2 505	—	205 042	—
	组合II-1(14)=1.1×(1)+1.3×(2)+1.3×(4)+1.3×(7)+1.3×(8)+1.3×(10)	230 876	2 932	6 254	204 480	157 018
	组合II-2(15)=1.1×(1)+1.3×(5)+1.3×(9)+1.3×(11)	223 969	34.1	14 102	17 149	441 890
	组合II-3(16)=1.1×(1)+1.3×(6)+1.3×(9)+1.3×(12)	223 969	34.1	14 486	17 149	443 184
	组合III(17)=1.2×(1)+1.1×(3)	257 455	3 940	—	300 662	—
正常使用极限状态组合	组合I(18)=(1)+(2)	208 921	1794	—	148 686	—
	组合II-1(19)=(1)+(2)+(4)+(7)+(8)+(10)	208 921	2 260	4 811	159 691	120 783
	组合II-2(20)=(1)+(5)+(9)+(11)	203 608	31	10 848	15 590	339 915
	组合II-3(21)=(1)+(6)+(9)+(12)	203 608	31	11 143	15 590	340 911
	组合III(22)=(1)+(3)	215 540	3 579	—	271 912	—

注:表中承载能力极限状态组合用于计算桩身截面承载力,正常使用极限状态组合用于计算单桩承载力。

作用在桩身上的外荷载,除了承台底的作用力,桩本身还受到水流和波浪力的作用。

(1)桩身波浪力

按照《海港水文规范》(JTJ 213—98)第8.3条进行波流力计算,计算过程同桥墩波浪力,不同点是在计算桩身波浪力时要考虑群桩系数 K,K 的取值查规范8.3.5条。桩身波浪力计算结果见表4.8.2.13。

PM472 桩身横桥向波浪力　　表4.8.2.13

工　况	水平波浪力(kN)	局部冲刷线处桩身弯矩(kN·m)
桥面行车最大波浪	9	85
50年一遇波浪	11	110
100年一遇波浪	11	112

(2)桩身水流力

由于桥面行车最大流速、50年一遇流速和100年一遇流速均为1.2m/s,故水流力均相同。计算得水平力 $P=5\text{kN}$,局部冲刷线处弯矩 $M=39\text{kN}\cdot\text{m}$。

5. 正常使用阶段桩顶荷载计算

由承台底荷载组合结果可知,正常使用极限状态控制设计的组合为组合I、组合II-1、组合II-3和组合III。

根据桩布置情况(桩基编号见图4.8.2.3)和地质情况,采用规范JTJ 024—85附录六 m 法计算正常使用极限状态的桩顶荷载,结果见表4.8.2.14。

PM472 基础由正常使用组合作用效应产生的单桩竖向力　　表4.8.2.14

桩　号	组合I	组合II-1	组合II-3	组合III
1	20 010	17 010	8 196	22 760
2	20 010	20 370	17 220	22 760
3	20 010	23 730	26 240	22 760
4	18 330	15 100	8 035	19 660
5	18 330	18 460	17 060	19 660
6	18 330	21 820	26 080	19 660
7	16 490	13 000	7 858	16 260
8	16 490	16 360	16 880	16 260
9	16 490	19 720	25 900	16 260
10	14 810	11 090	7 696	13 160
11	14 810	14 450	16 720	13 160
12	14 810	17 810	25 740	13 160

结果表明,组合II-3中各桩的受力最不均匀,最大的3号桩为26 240kN,最小的10号桩仅为7 696kN,这是因为桩顶受到了两个方向的力矩作用,因此在桩群的角点上受力不均匀。

6. 单桩容许承载力验算

根据地质情况及基础嵌入微风化岩层深度($h=2.5\text{m}$)计算得单桩容许承载力$[P]=147\ 780\text{kN}$,对组合II和组合III需考虑作用组合提高系数1.25。局部冲刷线以上的全部桩身重力和局部冲刷线以下的1/2桩身重力作为外力考虑,结果见表4.8.2.15,桩的受力是安全的。

PM472 基础单桩容许承载力计算表　　表4.8.2.15

项　目	组合I	组合II-1	组合II-3	组合III
最不利荷载值(kN)	22 998	26 718	29 228	25 748
容许值(kN)	147 780	184 725	184 725	184 725

7. 承载能力极限状态桩身受力分析

桩身受力分析按照《公路桥涵地基与基础设计规范》(JTJ 024—85)的 m 法进行计算,桩侧土的比例系数根据地质钻探资料查取规范相应表格得到,计算中视桩顶承台为刚性体,不计变形。

根据表4.8.2.12 承台底承载能力极限状态组合情况,考虑最不利荷载组合 II-3 和组合 III,按 m 法计算得到桩顶截面内力见表4.8.2.16。

PM472 承载能力极限状态桩顶内力　　表4.8.2.16

承载能力极限状态组合 II-3						承载能力极限状态组合 III					
承台底内力	N_x	N_y	N_z	M_x	M_y	承台底内力	N_x	N_y	N_z	M_x	M_y
	14 486	34	223 969	17 149	−443 184		0	3 940	257 455	300 662	0
桩顶内力						桩顶内力					
1	120 7	3	7 211	−8	9 978	1	0	328	26 760	−2 704	0
2	1 207	3	18 940	−8	9 978	2	0	328	26 760	−2 704	0
3	1 207	3	30 670	−8	9 978	3	0	328	26 760	−2 704	0
4	1 207	3	7 034	−8	9 978	4	0	328	23 340	−2 704	0
5	1 207	3	18 760	−8	9 978	5	0	328	23 340	−2 704	0
6	1 207	3	30 490	−8	9 978	6	0	328	23 340	−2 704	0
7	1 207	3	6 839	−8	9 978	7	0	328	19 570	−2 704	0
8	1 207	3	18 570	−8	9 978	8	0	328	19 570	−2 704	0
9	1 207	3	30 290	−8	9 978	9	0	328	19 570	−2 704	0
10	1 207	3	6 662	−8	9 978	10	0	328	16 150	−2 704	0
11	1 207	3	18 390	−8	9 978	11	0	328	16 150	−2 704	0
12	1 207	3	30 120	−8	9 978	12	0	328	16 150	−2 704	0

注:①N_x 为横桥向水平力,N_y 为顺桥向水平力,N_z 为竖向力,M_x 为顺桥向弯矩,M_y 为横桥向弯矩;
②N 单位 kN,M 单位 kN·m。

表4.8.2.17 和图4.8.2.8 分别用数值和图形给出了 PM472 桩基中受力最不利的10号钻孔灌注桩在最不利组合 II-3 作用下的弯矩分布情况(轴力最小,弯矩最大)。

10 号桩组合 II-3 弯矩　　表4.8.2.17

z	M_x	M_y	M	z	M_x	M_y	M
0	−8.5	9978	9978	24.4	3.9	−1336	1336
4.3	3.8	4690	4690	25.9	1.7	−722	722
8.6	16.0	−599	599	27.5	0.2	−270	270
10.2	20.5	−2464	2464	29.1	−0.8	31	31
11.8	23.6	−3975	3975	30.7	−1.2	205	205
13.3	24.9	−4943	4943	32.2	−1.3	281	281
14.9	24.1	−5322	5322	33.8	−1.2	287	287
16.5	21.8	−5177	5177	35.4	−0.9	245	245
18.1	18.3	−4636	4636	37.0	−0.5	170	170
19.6	14.4	−3849	3849	38.5	0.1	83	83
21.2	10.4	−2964	2964	40.1	0.4	46	46
22.8	6.9	−2098	2098				

8. 钻孔桩桩身截面承载力验算

钻孔桩直径2.5m,配置60根直径32mm的II级钢筋,采用C30水下混凝土,根据圆截面偏心受压构件进行截面承载力验算,控制截面为桩顶处,控制荷载组合为II-3,结果列出在表4.8.2.18中。

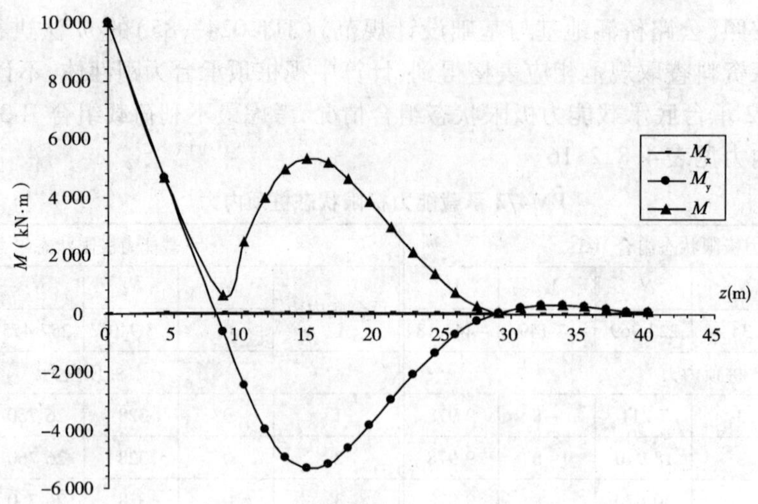

图4.8.2.8 10号桩组合II-3桩身弯矩分布

钻孔桩桩身截面承载力验算 表4.8.2.18

计算内容	单位	PM472号桥墩
		10号桩
设计轴力 N	kN	6 662
设计弯矩 M	kN·m	9 978
极限承载力 N_J	kN	15 300

验算结果表明，钻孔灌注桩身截面承载力满足要求。

8.2.4 承台计算

根据《公路钢筋混凝土及预应力混凝土桥涵设计规范》（JTG D62—2004）第8.5节进行承台计算，内容包括承台抗弯承载力验算、抗剪承载力验算、冲切承载力验算以及局部承压承载力验算。

取主塔（PM472）下的承台进行验算。

1. 承台抗弯承载力验算

PM472承台外排桩中心距墩身边缘为1.8m，小于承台高度5m，因此承台短悬臂按"撑杆—系杆体系"计算撑杆的抗压承载力和系杆的抗拉承载力。

（1）撑杆的抗压承载力

计算公式同式4.2.2.7～式4.2.2.11。

表4.8.2.19示出了PM472承台的撑杆抗压承载力计算，计算结果表明，PM472承台的撑杆抗压承载力满足要求。

PM472承台的撑杆抗压计算 4.8.2.19

项目	单位	数值
结构重要性系数 γ_0		1.1
撑杆压力设计值 D_d	kN	104 886
撑杆计算高度 t	m	2.216
撑杆计算宽度 b_s	m	17.4
撑杆轴心抗压设计强度 $f_{cd,s}$	MPa	19.2
横桥向截面配筋		575 Φ 32mm（HRB335）
撑杆抗压承载力	kN	740 321

(2)系杆的抗拉承载力

根据规范 JTG D62—2004 第8.5.3条计算系杆抗力承载力,公式为(式4.2.2.12):

$$\gamma_0 T_{\rm id} \leqslant f_{\rm sd} A_{\rm s}$$

计算过程见表4.8.2.20,从计算结果可知,系杆抗拉承载力远大于荷载值,满足规范要求。

PM472 承台的系杆抗拉计算　　表4.8.2.20

项　目	单　位	数　值
结构重要性系数 γ_0		1.1
系杆拉力设计值 T_d	kN	50 352
系杆钢筋抗拉设计强度 f_{sd}	MPa	280
横桥向截面配筋		575 Φ 32mm(HRB335)
系杆抗拉承载力	kN	129 483

根据拉杆和撑杆的计算结果,认为 PM472 承台的抗弯承载力满足要求。

2. 承台抗剪承载力验算

根据《公路钢筋混凝土及预应力混凝土桥涵设计规范》(JTG D62—2004)第8.5.4条计算承台的斜截面抗剪承载力,公式同式4.2.2.13。

计算过程见表4.8.2.21,从计算结果可知,承台斜截面抗剪承载力满足要求。

PM472 承台斜截面抗剪计算　　表4.8.2.21

项　目	单　位	数　值
结构重要性系数 γ_0		1.1
剪力设计值 V_d	kN	92 010
配筋率 p		0.272
剪跨比 m		0.5
承台计算宽度 b_s	m	17.4
承台有效高度 h_0	m	4.53
抗剪承载力	kN	194 100

3. 承台冲切承载力验算

(1)桥墩向下冲切

根据规范 JTG D62—2004 第8.5.5条,计算公式同式4.2.2.14 和式4.2.2.15。

将直径2.5m的圆形截面桩换算为边长2.0m的方形截面桩,计算过程见表4.8.2.22,计算结果可知,桥墩冲切承载力满足要求。

PM472 桥墩冲切计算　　表4.8.2.22

项　目	单　位	数　值
结构重要性系数 γ_0		1.1
冲切力设计值 F_{1d}	kN	46 206
混凝土轴心抗拉设计强度 f_{td}	MPa	1.65
截面有效高度 h_0	m	4.53
a_x, a_y	m	0.906
b_x	m	15
b_y	m	12
冲切承载力	kN	775 300

(2)角桩向上冲切

根据规范 JTG D62—2004 第 8.5.5 条,计算公式同式 4.2.2.16 和式 4.2.2.17。

计算过程见表 4.8.2.23,计算结果可知,角桩冲切承载力满足要求。

PM472 承台角桩的冲切计算 表 4.8.2.23

项　目	单　位	数　值
结构重要性系数 γ_0		1.1
角桩竖向力设计值 F_{1d}	kN	30 670
混凝土轴心抗拉设计强度 f_{td}	MPa	1.65
截面有效高度 h_0	m	4.53
a_x、a_y	m	0.906
b_x、b_y	m	3.7
冲切承载力	kN	74 500

第五篇

耐久性设计与防护技术应用

第1章　概　述

桥梁结构常采用钢或混凝土材料。这些材料在自然环境下使用时,必然会发生腐蚀和老化反应,这种作用往往是随着使用时间的延长而逐渐加剧,最终导致材料失效、结构报废,严重者还会招致重大人身安全事故。

材料腐蚀的危害性极大。世界工业发达国家的调查表明,每年因腐蚀造成的经济损失占其国民经济总产值的2%~4%。我国亦是如此,虽然至今还未见关于全国性腐蚀损失方面的调查报告,但各工业部门陆续开展的行业性调查表明,其损失也是十分惊人的。如原机械工业部于20世纪80年代对全国机、电、仪产品开展的腐蚀损失调查表明,其因腐蚀原因引起的经济损失为人民币70亿元/年。另外,该工业部门针对全国29个省、市的400余家企业的调查结果显示,这些企业由于腐蚀造成的经济损失达人民币116亿元/年。

工程建设中防腐蚀、提高耐久性始终是一个重要课题。桥梁结构暴露在各种自然环境或有化学、物理侵蚀的环境下,由于防腐蚀处理不当,降低了使用寿命,甚至造成桥梁毁坏、倒塌,人员伤亡,社会影响恶劣,经济损失巨大,在国内、外均有较多的实例。

鉴于沿海混凝土结构耐久性不足所带来的巨大经济损失和资源浪费,发达国家和地区为混凝土结构耐久性投入了大量的科研经费并积极采取应对措施。

腐蚀的情况十分复杂,影响因素很多,特别是我国地域辽阔,海岸线长,大气环境和海洋环境差别很大,桥梁结构物所使用的材料的破坏行为规律也大相径庭。然而研究表明,通过改善工况条件,或者利用现有的防护知识,科学地进行防护设计,合理选用材料和采用适当的防护措施,缓解腐蚀破坏,延长结构的使用寿命,减少腐蚀造成的损失是完全可以做到的。

东海大桥结构耐久性设计技术及其应用主要分成三部分,分别是海洋环境中钢筋混凝土结构、斜拉桥的钢结构、打入海水中的钢管桩的耐久性设计技术及其应用。人们对金属材料的腐蚀特性往往比较了解与重视,并进行了大量的理论研究,在长期的实践中积累了很多有效的防腐经验。而对被认为耐久性较好的混凝土材料,尤其是在海洋环境中钢筋混凝土结构遭到腐蚀破损的研究起步较晚。虽然国内外对海洋环境中的混凝土结构的耐久性已有较多研究和认识,但可以认为,这个问题仍是当前困扰土建基础设施的世界性难题。我国的桥梁结构耐久性已成为一个突出的问题,过去大多数沿海工程结构中只满足规范对结构强度计算上的安全度的需要,而忽视了结构耐久性的设计。结构中常采用普通混凝土,而没有针对性的防腐蚀措施。结构耐久性不足,必然造成结构的使用寿命短,从而造成巨大的经济损失与浪费。而我国海洋环境下的公路桥梁在耐久性设计与施工等方面至今仍无完整系统的规范、标准与指南。因此,有必要在吸取国内外成功经验与教训的基础上,根据我国的国情,在结构设计、工程材料的选用、施工质量的控制要求、维护与运行检测要求等方面,进行混凝土结构耐久性技术研究,并采取提高结构耐久性的有效工程措施,以达到“大桥设计基准期100年”的建设目标。

东海大桥在外海环境中对工程结构耐久性设计与施工的实践,有助于提高我国在混凝土结构耐久性设计、施工与运营维护、检测等方面的水平,积累经验,缩短与先进国家的差距,供我国众多在建跨海大桥以借鉴,建造出高耐久、长寿命的桥梁,造福后人。

第2章　混凝土结构耐久性设计与防护技术应用

钢筋混凝土结构破损是由多种因素造成的,尤其是海洋环境中的钢筋混凝土结构,其中必有一个最主要因素。

东海大桥钢筋混凝土结构占全桥工程总量的90%以上,为达到使用寿命的要求,需寻找到钢筋混凝土结构破损的主要原因,并给予充分解决,为此进行了大量的调查研究、理论分析和科学试验,从而形成了一套系统的、科学的、有效的钢筋混凝土结构耐久性设计方法与防腐技术。

2.1　海洋环境中混凝土结构腐蚀破损情况调查

钢筋混凝土结构的腐蚀破损是目前国内外都没有很好解决的难题,在海洋环境和其他氯盐污染环境中尤为严重,其造成的损失,已使包括美、英等经济发达国家在内的沿海国家和地区不堪重负。

据报道,美国混凝土基础建设工程每年造价为6万亿美元,但由于钢筋的严重腐蚀破坏,今后每年用于维修和重建的费用将高达3 000亿美元;1969年和1978年,美国用于公路桥面板修补费用分别达26亿美元和63亿美元;在美国公路系统总共约60万座桥梁中,有25万座桥梁已遭受不同程度的破坏,其中有的使用年限不足20年。美国全年由于混凝土中钢筋锈蚀所造成的损失为280亿美元,并且还呈逐年增加的趋势。

20世纪60年代建造的旧金山海湾(San Mateo-Hayward)跨海大桥,处于浪溅区的预应力横梁,由于养护不良产生微裂缝,导致钢筋锈蚀,使用不到20年,于1980年就不得不进行耗资巨大的修补。

英国1979年调查显示,36%的混凝土结构物需要重建或改建。1980年,英国建筑方面的维修费用占建筑总费用的2/3。英格兰中环线,1972年花费2 800万英镑建设的11座钢筋混凝土高架桥,使用2年即发现钢筋锈蚀与混凝土开裂,至1989年的15年间,修补费用已高达4 500万英镑,是造价的1.6倍。

1962~1964年,Gjirv对挪威700座沿海钢筋混凝土结构物进行了调查。在调查的结构物中,有60%为立柱梁板式钢筋混凝土码头,2/3的结构物使用年限在20~50年之间。结果表明,处于浪溅区的立柱断面损失率大于30%的占总数的14%,断面损失率为10%~30%的占24%,有20%的梁和板发生严重的钢筋锈蚀破损。其中,奥斯陆港一座使用60年的码头需要拆除。事实上,该码头在使用10年时,在其梁类构件上就出现锈裂,当年开始修补;使用20年时,面板广泛破坏,有的甚至达到必须更换的程度,以后陆续进行了多次修补,使用60年时所有的梁都已修补过。

在荷兰,专家协会对使用年限从3~63年的64座海滨混凝土建筑物,如泄水闸、突堤码头、顺岸码头和浮码头等进行调查发现,腐蚀的产生与使用时间和保护层厚度有关。

以色列于1976~1980年对阿希道得、埃特拉和海法港进行调查。阿希道得港码头大多在7~8年内广泛地出现早期腐蚀迹象。分析原因认为,这是保护层厚度不足与施工不当引起的。若保护层为均匀的50mm,则至少在15年内可防止出现腐蚀。海法港客货两用码头的钢筋混凝土桩,使用27年发现水上部分已遭到严重腐蚀。埃特拉港在使用了15年的预应力面板上,发现有20%的混凝土保护层已剥落,在剥落的范围内,所有的预应力钢绞线均已完全腐蚀。调查还认为,预应力构件的腐蚀开裂是严重破坏的信号,它标志着该构件的使用寿命已大大降低。

日本运输省对103座混凝土海港码头进行调查发现,使用年限大于20年的码头,都出现了顺筋裂缝。

澳大利亚对62座沿海混凝土结构调查发现，许多耐久性问题是与浪溅区的钢筋锈蚀异常严重有关，特别是昆士兰使用20年以上的混凝土桩帽。

我国在土木工程建设中，存在着片面强调节约原材料而忽视耐久性的现象。建设部门过分强调工程建设的造价，而忽视了维修费用。在建造过程中，缺乏科学的监理，在使用过程中，又缺乏合理的管理维护措施，导致钢筋混凝土结构的腐蚀破损现象十分严重，特别是在海洋环境中使用的工程结构物，其被海水侵蚀损坏的状况更是触目惊心，见图5.2.1.1。

图5.2.1.1　受海水侵蚀损坏的混凝土结构大桥

20世纪60年代，我国的吴绍章等对华南、华东地区27座海港的钢筋混凝土结构物进行了调查，发现钢筋锈蚀导致结构破坏的占74%；1981年对华南18座使用了7~25年的海港钢筋混凝土码头调查发现，钢筋锈蚀导致结构破坏的占89%。1984年对浙江地区沿海22个水工建筑物的967个构件调查表明，锈蚀破损的构件占55.6%。据2000年的有关资料报道，未按《海港钢筋混凝土结构防腐蚀技术规定》(JTJ 275—2000)设计、施工的华南地区海港码头，一般建成5年后就发生腐蚀锈裂，10年后处于浪溅区腐蚀严重部位，普遍发生大面积锈裂，混凝土严重破坏；按《海港钢筋混凝土结构防腐蚀技术规定》(JTJ 275—2000)设计、施工的码头，腐蚀程度相对较轻，但也出现了不少腐蚀裂缝。

童保全等在1984年调查浙江沿海使用7~10年的22座钢筋混凝土水闸，发现因钢筋锈蚀导致混凝土顺筋胀裂、剥落甚至钢筋锈断的构件占56%。

1985年对连云港第1、2号码头调查发现，一半以上的纵梁发生钢筋混凝土锈蚀破损。1956年建成的湛江港一区老码头是我国自行设计和施工的第一座万吨级码头，但使用仅8年，在1963年对其进行调查时已发现梁板混凝土发生顺筋裂缝，主筋截面积损失率达40%；虽然次年进行了修复，但在使用20年后发现，钢筋锈蚀又十分严重，面板底面的混凝土因钢筋锈蚀而大面积脱落，面板底面露筋的剥落率达89%，锈蚀横梁的根数占调查横梁总数的91%，到1988年钢筋的锈蚀已严重威胁码头的安全，因此决定拆除钢筋混凝土的上部结构，改建钢板桩码头。1999年，对湛江港一区南突堤的6个泊位再次调查，发现钢筋混凝土大部分有严重顺筋裂缝，最大裂缝宽度大于20mm，对码头的安全造成严重的威胁。

1993年对宁波港北仑港区10万吨级卸矿码头调查表明，码头使用仅12年，局部腐蚀破损严重处主筋截面积损失率已达26%~38%，ϕ12的箍筋已锈断，部分构件整个底面钢筋外露。1999年对宁波港北仑港区2.5万吨级装矿码头上部构件调查发现，码头运行近20年，上部构件已发生明显腐蚀破损，腐蚀破损严重处，主筋截面积损失率达19%~62%，ϕ8~12的钢筋部分已锈断。2001年对宁波港全局26座海港码头调查时又发现，其使用10年左右的宁波国际集装箱码头1~6号泊位各类上部构件均已出现了裂缝、脱空、脱落、露筋和锈斑等形式的腐蚀破损，且部分构件的裂缝发生率达100%，说明腐蚀破损相当严重。

综上所述，国内外暴露于海洋环境中的钢筋混凝土结构，短的使用不到5年，就发生腐蚀破损，严重影响了混凝土结构的耐久性。

国内外的工程调查以及研究结果表明，海洋环境是最为恶劣的环境之一。在海洋环境下混凝土结构的腐蚀状况要比其他环境严重得多，而影响混凝土结构耐久性的诸多原因中，钢筋锈蚀是主要的原因。在此，列举混凝土结构物遭受海水侵蚀损坏的案例，借以说明跨海桥梁混凝土结构受海水侵蚀损坏的风险。

2.2 典型结构现场调研与分析

为了进一步了解海洋环境中钢筋混凝土结构长期使用情况，以及所采用的耐久性技术措施的效果如何，我们以靠近东海跨海大桥所处海域的上海石化原油码头、上海石化热电总厂输煤码头、宁波港北仑港区20万吨级卸矿码头(2号泊位)和珠海海燕大桥为例，进行调研资料分析。

2.2.1 上海石化原油码头

1.码头概况及所处自然条件

上海石化原油码头位于杭州湾北岸陈山海域，系采用钢管桩为基础的墩式引桥结构，始建于1975年，是我国第一座大型外海钢结构原油码头。建成至今，对混凝土结构未采取任何防腐蚀措施。码头由工作平台、靠船墩、系缆墩、人行桥墩和人行桥等水工建筑物组成，有关参数见表5.2.2.1。

各墩体建筑物尺寸及设计参数 表5.2.2.1

名 称	长×宽×高(m)	高程范围(m)	施工方法	混凝土设计标号	主筋保护层厚度
工作平台	24×14.5×3	+6.5～+9.5	现浇	250～300	50mm
靠船墩	20×18×3	+4.5～+7.5	现浇	300～400	50mm
系缆墩	9×8×2.5	+5.0～+7.5	现浇	250～300	50mm
人行桥墩	5×5×2.5	+6.34～+8.84	现浇	250～300	侧40mm，其余50mm

杭州湾为强潮河口湾，潮汐类型为浅海半日潮，日潮不等现象明显，潮汐特征参数见表5.2.2.2(以吴淞零点为基准面)。该海域属亚热带季风湿润气候，季风显著，四季分明，气候温和，湿润多雨，平均气温15.8℃，全年以东南风最多，东南偏东风次之。海水对混凝土具有弱腐蚀性，水质状况见表5.2.2.3。

杭州湾潮位状况表 表5.2.2.2

实测最高潮位	实测最低潮位	平均高潮位	平均低潮位	最大潮差	平均潮差
+5.54m(1997.8.19)	-4.01m(1 930.9.24)	+2.52m	-2.12m	7.57m	4.65m

水质状况 表5.2.2.3

pH值	Ca硬度($CaCO_3$)	Cl^-浓度	游离氧含量	铁离子浓度	化学耗氧量(100℃,10min)	电阻率
7.8～8.1	2 000～2 500mg/L	5 602～5 864mg/L	0～0.13mg/L	35～90mg/L	3～11mg/L	40～100Ω·cm

2.外观调查结果

现场调查发现，在墩台上存在混凝土表面开裂、露筋、脱空和锈斑四种主要破坏形式。为了评判墩台的腐蚀损坏程度，参考有关文献、资料，以及码头构件的具体情况，将混凝土的破坏状况分为四级，具体见表5.2.2.4。检测结果见表5.2.2.5，典型破坏情况见图5.2.2.1与图5.2.2.2。由表5.2.2.5可见，混凝土墩台整体腐蚀破坏程度较轻，只有少量的局部开裂、露筋、脱空和锈斑等。

混凝土破坏状况分级标准　　表5.2.2.4

等　级	破坏状况	破坏状况描述
Ⅰ级	严重破坏	保护层普遍剥落，钢筋外露或大量严重的顺筋裂缝（占构件布筋方向长度的50%以上，裂缝宽度大于3mm）
Ⅱ级	一般破坏	构件较普遍出现顺筋裂缝（占构件布筋方向长度的20%～50%，裂缝宽度为1～3mm）
Ⅲ级	轻度破坏	构件小面积有锈斑、露筋及脱空，出现较短顺筋裂缝，裂缝宽度为0.3～1.0mm
Ⅳ级	基本完好	构件只有少量锈斑、露筋及脱空，出现很短很细的顺筋裂缝，裂缝宽度小于0.3mm

混凝土墩台腐蚀损坏程度评定结果　　表5.2.2.5

构件名称	工作平台	系缆墩	靠船墩	人行桥墩	引桥墩
破坏状况分级	Ⅲ～Ⅳ级	Ⅲ～Ⅳ级	Ⅲ～Ⅳ级	Ⅲ～Ⅳ级	Ⅲ～Ⅳ级

注：未见严重破坏与一般破坏墩台。

图5.2.2.1　靠船墩东南侧露筋情况

图5.2.2.2　引桥中墩南侧面情况

3. 保护层厚度检测

应用混凝土保护层厚度测定仪和钻取芯样方式抽测了7座混凝土墩台的保护层厚度。结果表明混凝土保护层完好处，厚度一般在60mm左右；只有少量破坏处，保护层厚度小于35mm，未满足50mm的设计要求，说明混凝土施工质量整体较好，同时也说明混凝土保护层厚度是影响钢筋混凝土结构耐久性的重要因素。

4. 裂缝宽度与深度检测

通过裂缝卡和钻芯取样方式，抽测混凝土裂缝宽度与深度，抽测结果表明：

①缝宽度在0.2～2.0mm之间，多数裂缝的宽度小于0.5mm；

②多数裂缝深度在10～40mm之间，尚未达到钢筋或即使已达到钢筋但钢筋尚未锈蚀，说明裂缝并非钢筋锈蚀膨胀引起。

5. 混凝土中氯离子含量

选取部分工作平台、靠船墩、系缆墩以及人行桥墩，钻取芯样，剔除0～5mm受外界影响较大的最表层混凝土后，依据《水运工程混凝土试验规程》（JTJ 270—98）标准，分层测定混凝土中游离氯离子含量及分布，结果见表5.2.2.6。由表5.2.2.6知：

①除锈蚀破坏处，氯离子含量总体较低，且多分布在5～20mm的表层范围内，内部及钢筋周围氯离子含量很少，远低于有关文献介绍的致使钢筋锈蚀的氯离子临界浓度，此即为钢筋混凝土墩台整体破坏较轻的原因；

②混凝土中氯离子含量与取样位置有显著关系，尤其是高程，当高程达 +7.0m 以上时，表层氯离子含量已很少，但朝向对氯离子的分布影响不明显；

③锈蚀破坏处氯离子含量明显较高，说明混凝土局部脱落、露筋等破坏主要是由于氯离子侵蚀，诱使钢筋锈蚀膨胀引起。

综上所述，上海石化原油码头运行近 30 年，其钢筋混凝土墩台总体状况尚好，只有少量的钢筋混凝土破坏现象。混凝土的局部脱落、露筋等腐蚀破坏主要是由于保护层局部较薄，氯离子渗入到一定程度，致使钢筋锈蚀膨胀引起。保护层厚度是影响钢筋混凝土结构耐久性的重要因素。

混凝土中游离氯离子含量分布情况 表 5.2.2.6

墩台名称	取样部位	高程(m)	游离氯离子含量平均值(%)				
			5～20mm	20～35mm	35～50mm	50～65mm	备注
2 号工作平台	东侧	9.2	0.022 0	0.017 0	0.015 0	0.013 0	完好处
	南侧	7.5	0.019 4	0.016 0	0.015 7	0.012 5	完好处
	西侧	8.0	0.021 0	0.017 7	0.013 5	0.009 4	完好处
8 号人行桥墩	东侧	7.0	0.028 8	0.020 5	0.020 0	0.015 8	完好处
	南侧	8.3	0.029 3	0.021 1	0.021 0	0.017 6	完好处
	西侧	7.1	0.037 0	0.021 2	0.019 3	0.018 5	完好处
1 号靠船墩	东侧	6.8	0.499 3	0.318 8	0.194 3	0.131 3	锈蚀破坏处
	南侧	5.5	0.906 5	0.619 1	0.370 4	0.147 8	锈蚀破坏处
	西侧	5.6	0.087 9	0.067 0	0.044 8	—	完好处
2 号靠船墩	东侧	6.1	0.124 8	0.079 1	0.072 3	—	完好处
	南侧	5.0	0.196 3	0.124 2	0.077 5	0.030 2	完好处
	西侧	5.7	0.205 6	0.097 7	0.058 6	—	完好处
4 号靠船墩	东侧	5.5	0.126 7	0.053 8	0.036 9	0.023 8	完好处
	南侧	6.8	0.143 1	0.076 4	0.031 6	0.021 6	完好处
	西侧	5.0	0.079 4	0.045 4	0.032 5	0.024 6	完好处
1 号系缆墩	东侧	5.8	0.181 1	0.098 7	0.044 4	0.021 8	完好处
	南侧	5.5	0.220 6	0.051 0	0.012 1	0.007 9	完好处
	西侧	5.4	0.152 2	0.090 0	0.046 8	—	完好处
4 号系缆墩	东侧	6.7	0.074 3	0.060 4	0.027 6	0.020 6	完好处
	南侧	6.4	0.179 1	0.116 9	0.039 4	0.031 4	完好处
	西侧	5.8	0.221 6	0.054 0	0.008 1	—	完好处
7 号系缆墩	东侧	5.3	0.285 2	0.089 3	0.039 8	0.017 7	完好处
	南侧	5.4	0.097 9	0.020 4	0.008 0	0.004 0	完好处
	西侧	6.0	0.095 2	0.041 2	0.011 6	—	完好处

2.2.2 上海石化热电总厂输煤码头

1. 码头概况及自然条件

码头始建于 1989 年，1991 年正式开港投运。码头采用钢管桩基础的高桩梁板结构，排架间距为 7m，下横梁之间设水平撑。码头由引桥部分、码头部分和东、西系缆等组成。码头部分又分三段，东、西段各长 74m，中间段长 67m，总长为 215m，宽度为 20m，轨道间距为 14m，泊位总长度为 285m，桩基为 ϕ1 000的钢管桩。码头部分各主要水工混凝土结构尺寸与设计参数见表 5.2.2.7。码头建成至今，未采取任何防腐蚀保护措施。

码头部分各主要水工构件设计参数　　表 5.2.2.7

构件名称	数量	尺寸(m)	高程范围(m)	施工方法	设计标号	保护层厚度(mm)
横梁	32 根	2.5(1.6)×1.5(2.2)×20	+5.50 ~ +9.20	现浇	300	底 120，侧 100
轨道梁	58 根	1.0×1.6×5.5	+6.99 ~ +8.55	预制	300 ~ 400	底 100，侧 70
纵梁	28 根	0.8×1.6×5.5	+6.99 ~ +8.55	预制	300	70
剪刀撑	58 根	—	+5.65 ~ +6.65	预制	300	90
水平撑	116 根	1.0×1.0×5.5	+5.65 ~ +6.65	预制	300	90

2. 外观调查结果

调查表明，码头各类上部构件均出现混凝土保护层脱落露筋、脱空或层裂、锈斑和表层露砂或麻面等多种破坏形式或缺陷，但总体腐蚀破损较轻。此外，调查还发现，横梁除了存在腐蚀破损外，还有少数构件存在明显的混凝土施工缺陷。需要说明的是，破坏一般出现在保护层偏薄、偏筋露筋等存在施工缺陷的部位。调查统计结果见表 5.2.2.8，典型破损情况见图 5.2.2.3 ~ 图 5.2.2.6。

码头各类上部构件破损状况统计　　表 5.2.2.8

名称及部位	脱落露筋、脱空或层裂			锈斑	表面露砂或麻面等		等级评定
	块数	面积(m^2)	发生率(%)	块数	块数	面积(m^2)	
海侧剪刀撑	33	2.205	51.7	238	0	0	Ⅳ ~ Ⅲ
岸侧剪刀撑	32	1.097 5	37.9	232	2	1.0	Ⅳ ~ Ⅲ
水平撑	8	0.2875	6.8	551	0	0	Ⅳ
轨道梁	0	0	0	77	0	0	Ⅳ
纵梁	0	0	0	19	0	0	Ⅳ
横梁	612	16.351	96	600	21	4.39	Ⅳ ~ Ⅲ

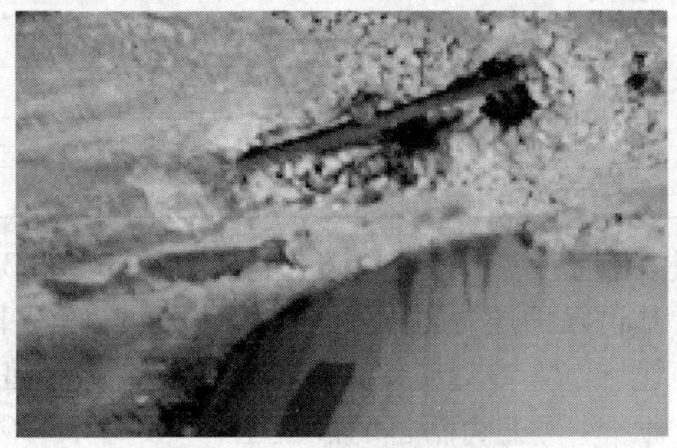
图 5.2.2.3　第 26 号横梁底面的施工缺陷(1)

图 5.2.2.4　第 26 号横梁底面的施工缺陷(2)

图 5.2.2.5　第 14 跨海侧剪刀撑底面

图 5.2.2.6　第 15 跨海侧剪刀撑底面

3. 保护层厚度

调查表明，除局部缺陷及破坏处，码头各类构件平均保护层厚度虽未完全达到设计值，但基本满足《海港工程混凝土结构防腐蚀技术规范》(JTJ 275—2000)要求，结果见表 5.2.2.9。

混凝土保护层厚度检测结果　　表5.2.2.9

构件名称及部位		保护层厚度(mm)		
		设计值	测量值范围	测量平均值
第6跨海侧水平撑北侧面		90	50~70	58
第6号横梁底面		120	露筋	露筋
第7号上横梁侧面破坏处		100	7~11	8
第6跨海侧剪刀撑	南侧面	90	50~100	65
	底面破坏处	90	5~11	8
第6跨海侧轨道梁北侧面		70	50~70	63
第6跨纵梁		70	55~70	63
第25跨3号水平撑南北侧面		90	80	80
第25跨岸剪刀撑	南侧面	90	55~70	65
	底面破坏处	90	10	10
第25跨岸侧轨道梁北侧面		70	60~80	70
第25跨纵梁南侧面		70	55~70	65
第25跨纵梁北侧面		70	55~70	65
第25号横梁底面		120	露筋	露筋
第26号(下)横梁西侧面		100	80~90	85

4. 碳化深度

碳化深度检测结果见表5.2.2.10。

混凝土碳化深度检测结果　　表5.2.2.10

项　目	水平撑	剪刀撑	纵　梁	轨道梁	横　梁
测点数	32	29	24	53	51
碳化深度范围(mm)	1~6	1~7.5	0.5~8	0.5~10	1.5~9
平均碳化深度(mm)	2.9	2.9	3.7	4.1	4.3

由表5.2.2.10知,在码头各类构件中,局部最大碳化深度达10mm,平均碳化深度在2.9~4.3mm之间,小于各类构件平均保护层厚度,说明碳化尚不足以引起保护层完好处钢筋发生锈蚀破坏。事实上,碳化引起的钢筋锈蚀破坏问题,大多数是由于混凝土质量低劣、混凝土保护层不密实和太薄引起的。通常,大气中结构混凝土的碳化是一个缓慢的过程。据文献介绍,正确制备的混凝土,一般每年的碳化速度小于1mm。按码头运行12年(1991年投产,2003年检测)计算,每年的平均碳化深度为0.24~0.36mm,在正常碳化范围内。

5. 混凝土破损处情况抽测

混凝土破损处钢筋锈蚀情况、保护层厚度与氯离子含量抽测结果见表5.2.2.11。

混凝土破损处钢筋锈蚀情况、保护层厚度与氯离子含量抽测结果　　表5.2.2.11

构件名称及部位	钢筋直径(mm)			钢筋截面损失率(%)	保护层厚度(mm)	氯离子含量(%)
	原始值	剩余值	平均剩余值			
第6跨海侧剪刀撑底面	12	9~11	10	30.6	5~11	0.530
第6号横梁底面	12	9~10	9.3	39.9	0	—
第7号上横梁	14	12~14	1.3	13.8	7~11	0.650
第25跨岸侧剪刀撑底面	12	10~11	10.5	23.4	10	0.437
第25号横梁底面	22	20~21	20.5	13.2	0	—
第25跨岸侧轨道梁北侧面	14	12~13	12.5	20.3	27~28	0.370

由表5.2.2.11可以看出,抽测部位破损处钢筋截面损失率在13.2% ~39.9%之间,保护层在0~28mm之间,氯离子含量在0.370% ~0.650%之间。

6. 氯离子含量

混凝土中氯离子含量检测结果见表5.2.2.12,从表中检测数据可以看出:

混凝土中游离氯离子含量分布情况 表5.2.2.12

取样构件及部位		取样高程(m)	游离氯离子含量(%)				
			0~20mm	20~40mm	40~60mm	60~80mm	80~100mm
第6跨海侧水平撑*	北侧面	+6.50	0.198 6	0.040 7	0.009 0	0.006 5	0.005 5
		+5.90	0.324 9	0.138 6	0.011 7	0.006 9	0.006 4
第6跨海侧剪刀撑*	南侧面	+5.80	0.161 9	0.061 7	0.026 5	0.008 2	0.007 0
		+6.40	0.117 6	0.048 7	0.014 5	0.005 7	0.004 7
第6跨海侧轨道梁	北侧面	+7.19	0.103 2	0.094 1	0.058 9	0.024 7	0.018 1
		+7.69	0.083 2	0.057 5	0.026 8	0.013 4	0.010 1
		+7.95	0.058 4	0.041 1	0.015 2	0.009 4	0.007 3
第6跨纵梁	南侧面西端	+7.34	0.176 7	0.055 3	0.018 11	—	—
		+7.64	0.214 0	0.061 6	0.013 3	—	—
		7.83	0.016 0	0.082 6	0.060 1	0.019 8	—
	北侧面东端	+7.34	0.074 5	0.078 0	0.017 6	0.011 5	0.014 9
		+7.64	—	0.059 1	0.011 9	0.012 6	—
		+7.83	0.1124	0.054 2	—	—	—
第7号(上)横梁	西侧面	+6.96	0.318 5	0.117 0	0.010 4	0.005 2	—
		+7.80	0.331 6	0.016 2	0.006 8	0.006 7	—
		+8.05	0.113 7	0.004 9	0.008 9	0.001 4	—
第7号(下)横梁	西侧面	+5.91	0.311 6	0.019 1	0.007 5	0.004 7	0.005 1
		+6.15	0.281 6	0.096 1	0.009 2	0.012 0	
		+6.26	0.309 5	0.022 0	0.007 2	0.007 3	0.007 6
第25跨岸侧水平撑	南侧面	+6.10	0.294 8	0.044 2	0.009 4	—	—
		+5.59	0.367 6	0.278 8	0.042 2	0.018 9	—
第25跨岸侧剪刀撑	南侧面	+5.82	0.249 9	0.117 7	0.026 1	—	—
		+6.32	0.293 2	0.165 6	0.044 1	—	—
	北侧面	+6.26	0.093 4	0.043 1	0.011 1	—	—
第25跨岸侧轨道梁	南侧面	+7.58	0.194 7	0.061 6	—	—	—
		+7.82	0.127 9	0.046 9	0.010 9	0.011 9	0.007 7
	北侧面	+7.22	0.115 9	0.050 5	0.022 6	—	—
		+7.44	0.067 6	0.034 6	0.016 7	—	—
		+7.91	0.092 8	0.047 9	0.015 0	—	—
第25跨纵梁	南侧面东端	+7.27	0.070 9	0.021 8	—	—	—
		+7.73	0.066 8	0.013 9	0.013 2	—	—
	北侧面西端	+7.15	0.131 7	0.040 4	0.016 8	0.012 9	
		+7.42	0.098 7	0.050 3	0.012 4	0.009 9	
		+7.67	0.105 9	0.035 0	0.008 7	—	—

注:*代表相对于混凝土的氯离子含量,其余代表相对于砂浆的氯离子含量。

(1)混凝土中氯离子含量随深度的增加而降低;

(2)混凝土中氯离子含量一般集中在表层0~20mm范围内;

(3)钢筋周围(40~100mm范围)氯离子含量远小于致使钢筋锈蚀的临界氯离子含量;

(4)混凝土中氯离子含量与取样点的高程有显著关系。

由钢筋周围氯离子含量、保护层厚度、碳化深度以及局部破损处情况抽测,可以看出,氯离子侵蚀是引起钢筋锈蚀的主要原因,局部偏筋致使保护层偏薄是引起钢筋周围氯离子过早富集的主要原因。氯离子一般分布在0~20mm范围内的表层,因此,保护层较薄的钢筋发生腐蚀破坏是必然的。从而也说明,保护层对防止钢筋发生锈蚀破坏具有重要意义。在氯离子渗透性相同的条件下,保护层越厚,氯离子通过混凝土到达钢筋需要的时间越长,致使钢筋发生锈蚀破坏的时间越长;保护层越薄,氯离子通过混凝土到达钢筋需要的时间越短,致使钢筋发生锈蚀破坏的时间越短,钢筋越早发生腐蚀破坏。

2.2.3 宁波港北仑港区20万吨级卸矿码头(2号泊位)

1.码头概况及自然条件

宁波港北仑港区位于甬江口外金塘水道南岸的北仑山和毛礁岛附近,是一座开敞式深水海港。其20万吨级卸矿码头(简称2号泊位)系后期扩建工程,建于1994~1996年,主要货种为铁矿石。码头系高桩梁板结构,设计高潮位为+3.56m,设计低潮位为+0.68m,平均潮位+2.13m。依据《海港工程混凝土结构防腐蚀技术规范》(JTJ 275—2000)中关于区域划分知,该码头各类主要上部构件(横梁、轨道梁、纵梁、斜撑等)全部位于浪溅区,桩帽位于潮差区,这是海洋环境中钢筋混凝土腐蚀破坏最为严重的部位。为了提高结构的耐久性,码头在建造的同时,就设计采用H55型混凝土专用涂料对其上部结构进行了封闭保护处理,设计涂层干膜厚度为300μm。

北仑港区内潮汐性质属不规则半日潮,潮流为不规则半日浅海分潮流,表现为每天东西向往复流,以落潮流为主。波浪属风浪与涌浪的混合浪,出现风成浪的频率为88.9%,常浪向为西北偏北,强浪向为东北偏北。海水水质为东海近岸海水性质,水质指标参数见表5.2.2.13。

水质状况 表5.2.2.13

pH值	盐度	Cl^-浓度	化学耗氧量(100℃,10min)	电阻率
7.25	24.88‰	16 768mg/L	2.58~4.37mg/L	30.30Ω·cm

2.外观调查结果

2号泊位各类构件外观损坏情况见表5.2.2.14。典型破坏情况见图5.2.2.7、图5.2.2.8。

2号泊位上部构件破损状况统计 表5.2.2.14

破损类型		轨道梁	纵梁	横梁	斜撑	桩帽
裂缝	总条数	15	20	78	33	3
	总长度(m)	6.8	19.6	47.9	42.6	2.2
	发生裂缝构件数(件)	6	15	35	23	1
	平均单件缝长(m/件)	1.13	1.31	1.37	1.85	2.20
	发生率(%)	7	16	25	22	<1
脱空或脱落	总块数	483	74	179	124	182
	总面积(m^2)	30.2	1.3	4.2	3.4	8.9
	发生构件数(件)	66	27	54	46	75
	平均单件脱空面积(m^2/件)	0.46	0.05	0.08	0.07	0.12
	发生率(%)	72	29	38	44	39

续上表

破损类型		轨道梁	纵梁	横梁	斜撑	桩帽
涂层层间脱落	总块数	2	148	0	1	421
	面积(m^2)	0.04	3.7	0	0.01	50.2
	发生构件数(件)	2	49	0	1	108
	平均单件脱落面积(m^2/件)	0.02	0.08	0	0.01	0.46
	发生率(%)	2	53	0	1	56
锈斑	总块数	526	451	1035	456	76
	发生构件数(件)	65	81	137	88	44
	发生率(%)	71	88	92	84	23
调查构件数(件)		92	92	141	105	188+3
基本完好构件数(件)		9+(25)	2+(63)	4+(83)	9+(54)	3+(83)
破损率(%)		63	29	38	40	25

图5.2.2.7 轨道梁底面(1)

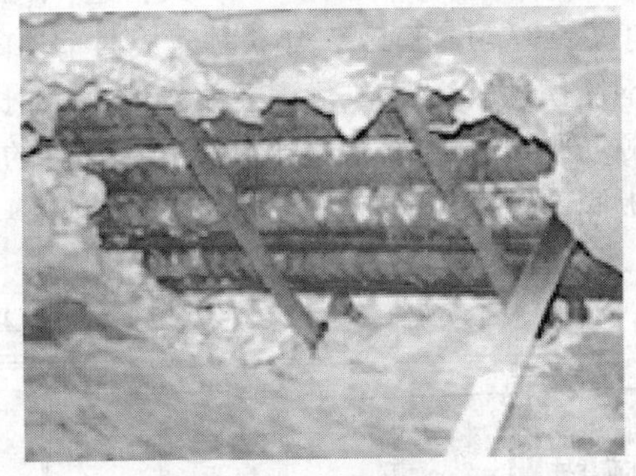

图5.2.2.8 轨道梁底面(2)

由表5.2.2.14可以看出,2号泊位各类上部构件均出现了不同程度的腐蚀破坏,其中轨道梁的破损程度最严重,水平撑与横梁居中且相当,桩帽和纵梁较轻。但桩帽与纵梁的表面涂层破损与混凝土边角掉落情况较为严重,水平撑与横梁类构件的底面和棱角处顺筋裂缝、锈斑现象严重。

此外还发现:

(1)轨道梁类构件底面存在大量的偏筋现象,抽测其保护层厚度不足10mm,呈现大面积剥落乃至露筋现象,部分箍筋已锈断,同时存在明显的"狗洞"现象。

(2)海、陆两侧的轨道梁与桩帽两类构件的表面防腐蚀涂层,粉化失色与局部脱落现象严重。

3. 保护层厚度、钢筋锈蚀和氯离子含量抽测

保护层厚度与钢筋锈蚀情况见表5.2.2.15。

保护层厚度与钢筋锈蚀情况抽测

表5.2.2.15

测点部位与表面状况		最小保护层(mm)		主筋锈蚀情况			箍筋锈蚀情况		
		主筋	箍筋	原始直径	剩余直径	截面损失	原始直径	剩余直径	截面损失
第8~9跨轨道梁底面与侧面下部开裂、锈胀脱空	底面	29~35	9~17	30mm	24.7mm	33%	—	—	—
		32(平均)	32(平均)		28.8mm	8%	—	—	—
	侧面	—	81	—	—	—	16	11.1mm	51%
				—	—	—		12.6mm	38%

由表5.2.2.15知,测区内轨道梁底面的保护层厚度与现行规范要求的65mm差距太大,构件预制时偏筋严重,虽然有涂层保护,但在投入运营近5年时就出现广泛的锈胀开裂和脱空现象。氯离子含量抽测表明,主筋附近氯离子含量已达0.4%,箍筋附近氯离子含量已达0.8%。

综上所述，宁波港北仑港区20万吨级卸矿码头，尤其是轨道梁，虽然只运营5年，并且采用H55型涂层封闭处理，但已发生严重的腐蚀破坏，需进行必要的维修处理(2002年已对其轨道梁进行了维修加固处理)。分析认为氯离子侵蚀是导致海工钢筋混凝土腐蚀破坏的主要原因。但导致氯离子过早侵蚀钢筋的主要原因是：

(1)保护层厚度显著不足，抽测处仅为13～32mm，偏筋露筋现象严重，尤其是箍筋首先锈胀，可见施工质量较差；

(2)涂层封闭效果差。300μm厚的涂层，即使涂装于钢表面，在海洋环境中，通常也有4年左右的使用寿命，何况尚有一定保护层厚度的混凝土保护层，可见涂层质量的均匀性不佳，封闭效果不理想。或者因施工原因造成其局部缺陷和针孔较为严重所致。因此，不提高混凝土密实性、均匀性和满足一定的保护层厚度，单靠涂层封闭保护，难以达到设计要求。

2.2.4 广东省珠海海燕大桥

广东省珠海海燕大桥是一座跨海桥梁，全长336m。上部结构为11孔28m简支预制后张预应力空心板梁，桥面宽为净8m+2×3m人行道，下部结构为预应力混凝土盖梁排架桩基础(见图5.2.2.9)。该桥于1993年开工，1995年5月建成通车。由于长期受海水海风侵袭等因素影响，仅运营6年，就发现该桥钢筋锈蚀较为严重，尤其是受海水侵蚀、长期处于昼夜潮涨潮落干湿交替状态下的墩柱部位产生大量的顺筋胀裂缝，部分混凝土剥离。从剥落的混凝土保护层位置可见，箍筋、主筋均锈蚀严重，预应力大空心板底部钢筋亦存在不同程度的锈蚀现象。

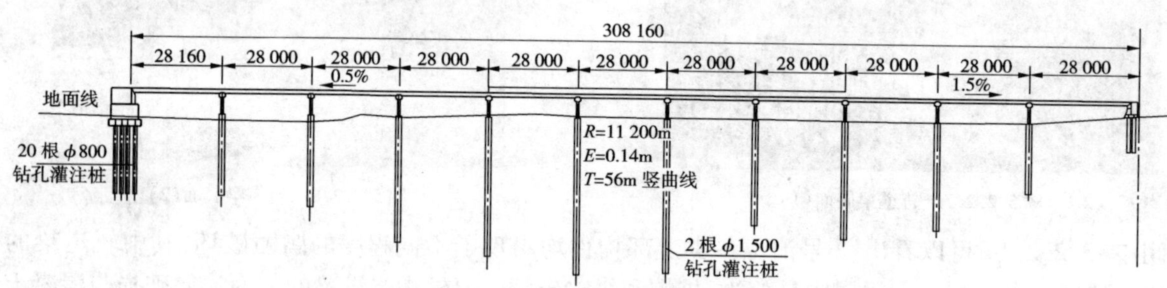

图5.2.2.9 珠海海燕大桥全桥立面(尺寸单位：mm)

经对墩柱混凝土强度、碳化深度及缺陷检测表明：

(1)钻芯法取样试验，抗压强度40～57.4MPa，混凝土强度满足设计标准；

(2)用超声波检测，结构内部信号较强(4km/s左右)，混凝土较密实；表面信号较弱，存在缺陷。超声波检测布点见图5.2.2.10。

(3)从碳化深度检测结果看，保护层完好部位碳化深度不大，在0.5～8.0mm之间，说明混凝土碳化深度属正常范围，碳化不是引起钢筋锈蚀的主要原因。

该桥处于海洋环境中，海水氯离子含量(1 524mg/L)和硫酸根离子含量(227.1mg/L)明显较高。造成墩柱开裂的主要原因是海水中氯离子侵入混凝土，使钢筋周围氯离子含量超过钢筋致锈的临界值，在一定湿度及足够的氧作用下，引起钢筋锈蚀，锈蚀的产物体积增大而使混凝土胀裂，导致墩柱承载能力下降33%左右。海燕大桥墩柱腐蚀破坏属典型的海水腐蚀破坏。从检测结果分析，造成这种情况的主要原因是原设计采用普通混凝土且混凝土保护层不足2cm，而施工时钢筋偏位，混凝土保护层偏小，钢筋没有涂抹保护层，缩短了氯离子和硫酸根离子的路程，使钢筋过早锈蚀。

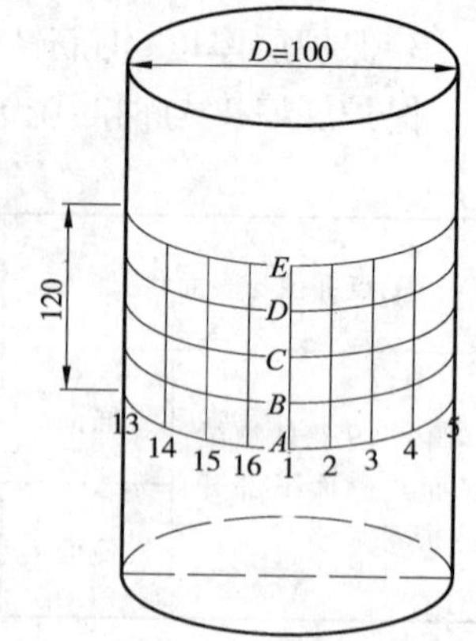

图5.2.2.10 超声波检测布点情况(尺寸单位：mm)

2.2.5　调查结果分析

对上述四个工程实例进行对比分析知：

(1)上海石化原油码头建于1975年,上海石化热电总厂输煤码头建于1989年,宁波港北仑港区20万吨级卸矿码头建于1994年。其中上海石化原油码头采用高桩墩式结构,每个墩台侧面均安装有预制镶面板;上海石化热电总厂输煤码头与宁波港北仑港区20万吨级卸矿码头均采用高桩梁板结构;广东省珠海海燕大桥建于1995年,桥梁上部结构采用预制PC空心板梁,钻孔灌注桩基础,钢筋混凝土排架墩。

(2)上海石化的两座码头均未采用其他必要的防腐保护措施,宁波港北仑港区20万吨级卸矿码头进行了H55型涂层封闭处理。

(3)调查发现,4个工程均采用普通混凝土,并且在运营过程均已出现不同程度的腐蚀破坏,且氯离子侵蚀致使钢筋锈蚀,是导致钢筋混凝土破坏的首要原因。

(4)从破坏程度看,运营时间最短,且采取H55型涂层封闭处理的宁波港北仑港区20万吨级卸矿码头破坏最为严重;上海石化热电总厂输煤码头现浇横梁破坏程度相对较为严重。对比分析认为,混凝土施工质量差,保护层厚度偏薄是导致过早遭受氯离子侵蚀而发生腐蚀破坏的主要原因。此外,码头结构形式和施工方式,对耐久性也有一定的影响,一般采用安装有预制镶面板墩式结构较耐久,预制件较现浇耐久性好,但并非完全绝对,只有施工质量才是决定耐久性的关键因素。

上述工程调查结果启示我们,提高混凝土结构耐久性的关键是注重工程设计、施工质量。如果不重视工程施工质量,不注重提高混凝土抗渗性、密实性、均匀性,不能确保一定的保护层厚度要求,仅靠采取其他措施,其工程的耐久性是很难满足的。

2.3　海洋环境中混凝土结构腐蚀机理

2.3.1　钢筋混凝土腐蚀原因

影响混凝土耐久性的因素有混凝土结构的内在因素和外在环境因素两个方面。特别是在海洋环境下,钢筋混凝土的破坏因素主要有:钢筋锈蚀作用、碳化作用、冻融循环作用、碱—集料反应、溶蚀作用、盐类侵蚀作用、酸碱腐蚀作用及冲击磨损等机械破坏作用。

大量研究结果表明,在海水环境中,桥梁的主要破坏原因是钢筋锈蚀作用、盐类侵蚀作用、冻融循环作用以及碱—集料反应。对海工混凝土使用寿命起决定性作用的是海水中氯离子侵蚀引起的钢筋锈蚀作用。这是因为在海水中,相对于硫酸盐腐蚀而言,氯离子的离子半径远小于硫酸根离子,其渗透速率远大于硫酸根离子的渗透速率,且渗入混凝土中的氯离子将先于硫酸根离子与胶凝材料中的铝酸三钙组分反应生成Friedel盐(氯铝酸钙水化物),即抑制了硫酸盐与水泥胶凝体系中铝酸三钙的反应。

对于混凝土中的碱—集料反应破坏,可通过选择低碱含量的水泥和矿物掺和料来避免。

对于混凝土结构冻融循环破坏,因东海大桥工程所处环境长年温度在0℃以上,基本不存在冻融情况。

2.3.2　钢筋混凝土腐蚀机理

1. 钢筋的腐蚀过程

钢筋的腐蚀过程是一个电化学反应过程。

混凝土孔隙中的水分通常以饱和的氢氧化钙溶液形式存在,其中溶液中还含有少量氢氧化钠和氢氧化钾,pH值约为12.5。在这样强碱性的环境中,钢筋表面形成钝化膜,它是厚度为20~60μm的水化氧化物($n\mathrm{Fe_2O_3} \cdot m\mathrm{H_2O}$),起到阻止钢筋进一步腐蚀的作用。因此,施工质量良好、没有裂缝的钢筋混凝土结构，即使处在海洋环境中，钢筋基本上也能不发生锈蚀。但是，当由于各种原因，钢筋表面的钝化膜受到破坏，成为活化态时，钢筋就容易腐蚀。

呈活化态的钢筋表面所进行的腐蚀反应的电化学机理是，当钢筋表面有水分存在时，发生铁电离的阳极反应和溶解态氧还原的阴极反应，相互以等速度进行。其反应式如下：

阳极反应：

$$3Fe + 4H_2O = Fe_3O_4 + 8H^+ + 8e^-$$

$$2Fe + 3H_2O = Fe_2O_3 + 6H^+ + 6e^-$$

$$Fe + H_2O = HFeO_2^- + 3H^+ + 2e^-$$

$$Fe = Fe^{2+} + 2e^-$$

阴极反应取决于可能得到的氧和钢筋表面附近的 pH 值，最可能的反应是：

$$2H_2O + O_2 + 4e^- = 4OH^-$$

$$2H^- + 2e^- = H_2$$

腐蚀过程的全反应是阳极反应和阴极反应的组合，在钢筋表面析出氢氧化亚铁，该化合物被溶解氧化后生成氢氧化铁 $Fe(OH)_3$，并进一步生成 $nFe_2O_3 \cdot mH_2O$（红锈），一部分氧化不完全的变成 Fe_3O_4（黑锈），在钢筋表面形成锈层。红锈体积可大到原来体积的四倍，黑锈体积可大到原来的二倍。铁锈体积膨胀，对周围混凝土产生压力，将使外层混凝土产生拉力并沿钢筋方向开裂，进而使保护层成片脱落，而裂缝及保护层的剥落又进一步导致更剧烈的腐蚀。

大量研究表明，钢筋锈蚀有三个必要条件：

(1)钢筋钝化膜被破坏；

(2)足够低的电阻率，使得电解液腐蚀电池形成；

(3)有足够的水分和氧气通过混凝土保护层到达钢筋表面。

只有以上三个条件同时满足时，钢筋才会锈蚀。而钢筋混凝土破坏的先决条件和首要条件就是钢筋钝化膜的破坏。

造成钢筋钝化膜破坏，引起钢筋锈蚀的主要原因有：

(1)混凝土碳化使混凝土 pH 值下降达到中性化，从而破坏钢筋钝化膜，引起钢筋锈蚀；

(2)氯离子侵蚀作用破坏钢筋钝化膜，引起钢筋锈蚀。

2. 混凝土碳化引起钢筋腐蚀的机理

通常情况下，混凝土孔隙中充满着水泥水化时产生的 $Ca(OH)_2$ 过饱和溶液，混凝土具有很强的碱度，pH 值一般均在 12.5 以上。钢筋在此碱性环境中，表面有一层致密的碱性钝化膜而处于惰性状态。但是，当外界酸性物质侵入并与 $Ca(OH)_2$ 作用，混凝土的碱度下降。当混凝土 pH 值降到 11.5 以下时，钝化膜开始破坏，失去保护钢筋的作用，若空气和水分进入，钢筋开始锈蚀。

大气中的 CO_2 可与混凝土中的游离 $Ca(OH)_2$ 及 C-S-H 等水化物反应。碳化反应的热力学表明，反应达到平衡时 pH 值为 8.3，混凝土中性化。钝化膜失去高碱性的保护而开始消失，钢筋开始锈蚀。

3. 氯离子引起钢筋锈蚀的机理

氯离子可以通过以下途径进入混凝土：

(1)作为混凝土的组分；

(2)通过扩散作用；

(3)在干湿条件下通过毛细管吸入；

(4)在水压力的作用下渗透。

由于氯离子半径相对很小，电负性强，因而其吸附性和扩散穿透力强。氯离子是一种钢筋活化剂，即使在混凝土保护层未被中性化的情况下也会破坏钢筋钝化膜而引起锈蚀。

同时氯离子到达钢筋表面有不均匀性，特别是氯离子作用于钢筋局部区域时，形成大阴极小阳极腐蚀而导致钢筋坑蚀。钢筋坑蚀深度可达到平均深度的10倍左右，因而危害会更大。

氯离子的存在还增强了混凝土的导电性，即降低了电阻率，易于电解液腐蚀电池的生成使得锈蚀更易发生。钢筋锈蚀开始后，阳极区的氯离子浓度增加以平衡铁离子，从而进一步增加腐蚀面积和锈蚀速度。另外，混凝土由于膨胀腐蚀和钢筋锈蚀而产生裂缝，这些裂缝又为侵蚀介质的进入提供通道，从而进一步加剧了钢筋的锈蚀。

在海洋环境下，虽然碳化也同样可破坏钢筋钝化膜，导致钢筋锈蚀和结构破坏，但 Cl^- 渗透引起的钢筋钝化膜活化速度要远远大于混凝土碳化。海洋环境中的混凝土结构物碳化深度一般较小。据 Sirivivatnanon 和 Driscol(1996)报道，澳大利亚 Wollongong 的海水游泳池暴露于大气区的混凝土60年后的碳化深度仅为10mm，杭州湾地区宁波北仑油码头和嘉兴电厂运煤码头约10年暴露于大气区的混凝土碳化深度仅为3mm左右，而处于湿度较大环境下的混凝土结构(如水下区、潮差区和水位变动区)，其碳化深度要更小。所以，对于混凝土保护层超过10mm的海洋环境下的混凝土构件，由混凝土碳化而引起的钢筋锈蚀相对于氯离子而言，其作用可忽略。于是，海洋环境下钢筋锈蚀的决定因素是 Cl^- 渗透。

4. 施工质量差和运营管理不当

施工质量差和运营管理不当是影响钢筋混凝土结构长期耐久性的重要因素。

钢筋混凝土工程施工质量重要性是不言而喻的，大量已建工程实践表明，钢筋过早出现腐蚀破坏，大多与混凝土质量欠佳有关。施工质量差的主要表现有：保护层厚度达不到设计要求、偏筋露筋、蜂窝麻面及“狗洞”、水灰比偏大、工程施工质量不均匀(有的构件不同部位，混凝土强度就有较大的差别)，尤其是存在多而密的收缩裂缝、温差裂缝和施工冷缝，有些裂缝很深，甚至有贯穿现象等，上述施工缺陷的存在，不仅使得外界有害物质更易侵入混凝土，引起钢筋混凝土过早发生腐蚀破坏，影响耐久性，而且可能影响结构的安全运营。在此，仅以混凝土保护层厚度达不到设计标准和施工质量的要求为例，加以说明施工质量差的危害。混凝土保护层若达不到设计标准和施工质量要求，其危害主要表现在以下几个方面：

(1)引起钢筋的过早腐蚀，造成结构强度、刚度和延性的降低；

(2)降低钢筋与混凝土的黏结力和混凝土的耐火极限；

(3)降低结构的设计承载能力，减少结构的安全储备。

因此，由混凝土质量差而引发的混凝土结构的耐久性问题已越来越受到人们的重视。

混凝土结构裂缝危害极大，其成因复杂而繁多，甚至多种因素相互影响，但每一条裂缝均有其产生的一种或几种主要原因。典型的混凝土裂缝有如下几种：

(1)荷载引起的裂缝

混凝土在常规静、动荷载及次应力下产生的裂缝称荷载裂缝，归纳起来主要有直接应力裂缝和次应力裂缝两种。

荷载裂缝特征依荷载不同而呈现不同的特点。这类裂缝多出现在受拉区、受剪区或振动严重部位。但必须指出，如果受压区出现起皮或有沿受压方向的短裂缝，往往是结构达到承载力极限的标志，是结构破坏的前兆，其原因往往是截面尺寸偏小。

(2)温度变化引起的裂缝

混凝土具有热胀冷缩性质。当外部环境或结构内部温度发生变化时，混凝土将发生变形，若变形遭到约束，则在结构内将产生应力，当应力超过混凝土抗拉强度时即产生温度裂缝。

混凝土硬化期间水泥放出大量水化热，内部温度不断上升，在表面引起拉应力。后期在降温过程中，由于受到基础或老混凝土的约束，又会在混凝土内部出现拉应力。气温的降低也会在混凝土表面引起很大的拉应力。当拉应力超出混凝土的抗拉强度时，即会出现裂缝。在某些大跨径桥梁中，温度应力可以达到甚至超出活载应力。温度裂缝区别其他裂缝最主要特征是将随温度变化而扩张或合拢。

(3)收缩引起的裂缝

在实际工程中,混凝土因收缩而引起的裂缝是最常见的。其中,塑性收缩和缩水收缩(干缩)是发生混凝土体积变形的主要原因,另外还有自生收缩和碳化收缩。

①塑性收缩

在混凝土浇筑后4~5h,水泥水化反应激烈,分子链逐渐形成,出现泌水现象并伴随着水分的急剧蒸发,混凝土失水收缩,同时骨料因自重下沉。由于此时混凝土尚未硬化,故称为塑性收缩。塑性收缩所产生量级很大,可达1%左右。在骨料下沉过程中若受到钢筋阻挡,便形成沿钢筋方向的裂缝。在构件竖向变截面处如T梁、箱梁腹板与顶底板交接处,因硬化前沉实不均匀将发生表面的顺腹板方向裂缝。为减小混凝土塑性收缩,施工时应控制水灰比,避免过长时间的搅拌,下料不宜太快,振捣要密实,竖向变截面处宜分层浇筑。

②缩水收缩(干缩)

混凝土结硬以后,随着表层水分逐步蒸发,湿度逐步降低,混凝土体积减小,称为缩水收缩(干缩)。因混凝土表层水分损失快,内部损失慢,因此产生表面收缩大、内部收缩小的不均匀收缩,表面收缩变形受到内部混凝土的约束,致使表面混凝土承受拉力,当表面混凝土承受拉力超过其抗拉强度时,便产生收缩裂缝。混凝土硬化后的收缩主要就是缩水收缩。如配筋率较大的构件(超过3%),钢筋对混凝土收缩的约束比较明显,混凝土表面容易出现龟裂裂纹。

③自生收缩

自生收缩是混凝土在硬化过程中,由水泥水化反应的生成物和反应物的体积差别造成的。这种收缩与外界湿度无关,且可以是正的(即收缩,如普通硅酸盐水泥混凝土),也可以是负的(即膨胀,如矿渣水泥混凝土与粉煤灰水泥混凝土)。

④碳化收缩

大气中的二氧化碳与水泥的水化物发生化学反应引起的收缩变形。碳化收缩只有在湿度50%左右才能发生,且随二氧化碳的浓度的增加而加快。碳化收缩一般不作计算。

混凝土收缩裂缝的特点是大部分属表面裂缝,裂缝宽度较细,且纵横交错,成龟裂状,形状没有任何规律。

(4)钢筋锈蚀引起的裂缝

由于混凝土质量较差或保护层厚度不足,混凝土保护层受二氧化碳侵蚀碳化至钢筋表面,使钢筋周围混凝土碱度降低,或由于氯化物侵入,钢筋周围氯离子含量较高,均可引起钢筋表面氧化膜破坏,钢筋中铁离子与侵入到混凝土中的氧气和水分发生锈蚀反应,其锈蚀物体积比原来增长约2~4倍,从而对周围混凝土产生膨胀应力,导致保护层混凝土开裂、剥离,沿钢筋纵向产生裂缝,并有锈迹渗到混凝土表面。锈蚀使得钢筋有效断面面积减小,钢筋与混凝土之间的握裹力减小,结构承载力下降,并将诱发其他形式的裂缝,加剧钢筋锈蚀,导致结构破坏。

要防止钢筋锈蚀,设计时应根据规范要求控制裂缝宽度、采用足够的保护层厚度(当然保护层亦不能太厚,否则构件有效高度减小,受力时将加大裂缝宽度);施工时应控制混凝土的水灰比,加强振捣,保证混凝土的密实性,防止氧气侵入,同时严格控制含氯盐的外加剂用量,沿海地区或其他存在腐蚀性强的空气、地下水地区尤其应慎重。

(5)冻胀引起的裂缝

大气气温低于0℃时,吸水饱和的混凝土出现冰冻,游离的水转变成冰,体积膨胀9%,因而混凝土产生膨胀应力;同时混凝土凝胶孔中的过冷水(结冰温度在-78℃以下)在微观结构中迁移和重分布引起渗透压,使混凝土中膨胀力加大,混凝土强度降低,并导致裂缝出现。尤其是混凝土初凝时受冻最严重,成龄后混凝土强度损失可达30%~50%。冬季施工时对预应力孔道灌浆后若不采取保温措施也可能发生沿管道方向的冻胀裂缝。

温度低于0℃和混凝土吸水饱和是发生冻胀破坏的必要条件。混凝土中骨料空隙多、吸水性强、骨料中含泥土等杂质过多、混凝土水灰比偏大、振捣不密实、养护不力使混凝土早期受冻等,均可能导致混凝土冻胀裂缝。冬季施工时，采用电气加热法、暖棚法、地下蓄热法、蒸汽加热法养护以及在混凝土拌和水中掺入防冻剂（但氯盐不宜使用），可保证混凝土在低温或负温条件下硬化。

施工质量差一般与采用的施工工艺有关。过去我国港口建筑物基本上都采用现场拌和，人工浇捣，施工中人为因素占重要地位。而人为因素对施工质量来说，是波动最大，最不可靠的影响因素。现在随着我国混凝土施工工艺水平的进一步提高，大型工程一般均采用商品混凝土，泵送混凝土浇注工艺，可大大减少人为因素的不利干扰，提高混凝土的施工质量。另外，混凝土施工质量差还与我国过去工程施工的质量监督制度不健全有关。我国工程质量的监督和管理，过去基本上是由工程单位自己负责，结果往往遭受种种不良干预，监理岗位形同虚设。随着我国监理制度的健全，由于监督和管理力度不够所造成的施工质量问题，有所改善。

近年来，随着我国经济的高速发展，许多已建钢筋混凝土结构的设计要求，已难以满足经济发展的需要，车辆超载、过载、超限现象较为普遍和严重，而在日常运营过程中，又不注重管理调度，造成桥梁结构上更早地出现应力裂缝，从而进一步加速了钢筋混凝土结构过早的腐蚀破损，严重的甚至会造成桥塌、车毁人亡的重大事故。

2.4　混凝土结构耐久性设计构思

2.4.1　总体要求

外海桥梁的设计使用寿命一般要求 100 ~ 120 年以上。要在海洋环境中达到 100 年以上的使用寿命是一项难度非常大的工作，用传统的、简单的材料和工艺无法实现，原因是结构在潮湿条件下暴露的时间很长。

大量工程实践表明，除因受力产生的混凝土结构裂缝外，非受力因素产生的裂缝或缺陷也是很常见的。这些裂缝或缺陷将削弱混凝土对钢筋的保护能力。因此，合理设计并采取相应的施工工艺措施对工程质量进行恰当的控制，以保证混凝土结构的整体耐久性能是至关重要的。

桥梁建成通车后的长期运营过程中，会受到气候、环境等自然因素和日益增加的交通量的影响而逐渐老化。故对交通运输有着重大影响的外海桥梁须及时计划进行长期的监测、养护和维修工作。

综上所述，对外海桥梁的耐久性措施必须贯穿到设计、施工、监测和维护的整个动态过程进行考虑，明确设计、施工要求，建立完善和可靠的监测、检测、养护和维修机制，以确保规定的桥梁设计使用寿命。为达到这个目标，结构耐久性设计要满足如下的总体要求（也是耐久性的主要控制因素）：

（1）要有好的设计，在设计中对不同的结构构件按各自所处的局部或微观环境确定退化机理，并以此选择合适的布局和构造；

（2）选择合适的材料和性能；

（3）可靠的施工质量，以确保完成的结构能达到在设计中假定的施工质量；

（4）在运营阶段要有适当的维护。

外海桥梁完全暴露在海水或海洋大气中，周期性的干湿循环会在结构表面形成浓度相当高的侵蚀性氯化物、硫酸盐和镁盐。因此，采用先进的混凝土结构设计的理念和技术并应用到外海桥梁工程中是十分重要的。这些理念和技术的基本方法是：将暴露环境定义为一系列相关的暴露等级，然后以这些等级为基础来制定策略，在设计和规范中统一使用。对每个暴露等级要确定相关的退化机理，并相应地制定策略。

要尽可能的使用多级防护措施，使防护结构有一定的冗余，以确保结构的耐久性。多级防护措施由两个或多个防护屏障组成，其中每个屏障要能防止或减缓侵蚀性物质从环境扩散到结构表面，对于混凝土结构还要阻止或减缓这些侵蚀性物质向内部的传输，防止或延缓随后可能发生的钝化活化机理。

2.4.2 耐久性设计原则

在外海桥梁的耐久性设计中,设计方法按如下原则制定:

(1)量化地定义设计使用寿命,使得其在设计过程中具有可操作性,在施工过程中能够得到控制,在把桥梁向业主移交时可以得到验证,并且在今后结构的使用和维护中可以进行更新。

(2)按可更换性,将结构构件分为两大类,即永久性构件和可更换构件,这两种构件的耐久性要求是不同的。

(3)按照结构构件所处的环境条件,又分为大气区、浪溅区、潮差区、水下区及泥下区等部分。

(4)根据环境条件基本参数,以及类似工程的经验,对各区环境的侵蚀性进行评估,为确定影响结构构件耐久性和使用寿命的蜕化机理提供依据。

(5)针对威胁结构构件耐久性和使用寿命的蜕化机理,选择结构构造和材料性能。

(6)采用分阶段、多级屏障保护措施。

(7)提出如何在施工中达到所要求质量的方法。

(8)以“诞生证”的形式制定出如何验证完工结构使用寿命的方法,并根据实际量测的数据,掌握结构实际使用寿命,为制定合理的维护计划提供依据。

(9)对关键的结构构件在设计中要充分考虑其在运营期间的可接近性、可检查性、可养护性和可维修性。

1. 构件的分类及其设计使用寿命

在设计之前对构件进行分类,确定不同构件的设计使用寿命是必需的。一方面,可帮助评估投资效益;另一方面也为结构设计提供了依据。确定结构的设计使用寿命应综合考虑结构的重要性、结构所处的环境条件、检查维护的难易程度、所采用结构的经济合理性等诸多方面因素。外海桥梁结构组成可大致分为以下两类,见表 5.2.4.1。

构件的分类与设计使用寿命 表 5.2.4.1

构件分类	永久性构件	非永久性构件
构件	基础、承台、桥塔、桥墩、主梁、主拱、锚碇、主缆、索鞍等	斜拉索、吊杆、支座、伸缩缝、排水系统、防撞栏杆、桥墩防撞设施、路面结构层等
设计使用寿命	100 年以上	可更换或维修达到 100 年以上

(1)永久性构件

这类构件是不可更换的或难以更换的。这类构件应按设计使用寿命(一般 100 年以上)进行,一次性建造,设计寿命在正常的养护和维护条件下应能满足 100 年以上的寿命要求。如基础、承台、桥塔、桥墩、主梁、主拱、锚碇、主缆、索鞍等不可或难以更换的混凝土和钢结构。

(2)非永久性构件

这类构件是可更换或需要更换的。这类构件在大桥设计使用寿命期内,在现有技术条件下,一次性的建造难以满足 100 年使用寿命的要求或者成本太高,可以在桥梁寿命期内更换,如:斜拉索、吊杆、支座、伸缩缝、排水系统、防撞栏杆、路面耐磨层等。这类构件的使用寿命,要根据现有的工艺技术水平、经济条件,按照满足使用要求并同时兼顾未来发展趋势,综合考虑性价比,经过技术和经济的充分比选使其更换周期最经济合理来确定。

2. 构件的暴露部位划分

根据《海港工程混凝土结构防腐蚀技术规范》(JTJ 275—2000)有关条文规定,海水环境结构部位划分为大气区、浪溅区、水位变动区及水下区,如图 5.2.4.1 所示。

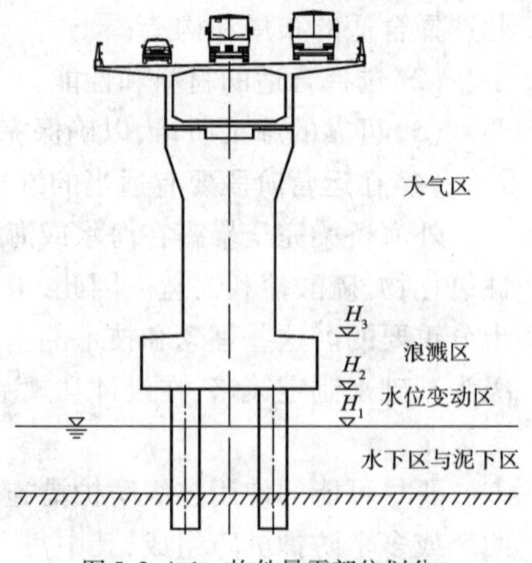

图 5.2.4.1 构件暴露部位划分

在无掩护条件下，各区具体划分办法按表 5.2.4.2 进行。

海水环境结构部位划分　　表 5.2.4.2

划分类别	大气区	浪溅区	水位变动区	水下区
按港工设计水位	设计高水位加（η_0 +1.0m）以上	大气区下界至设计高水位减 η_0 之间	浪溅区下界至设计低水位减 1.0m 之间	水位变动区以下
按天文潮潮位	最高天文潮位加 0.7 倍百年一遇有效波高 $H_{1/3}$ 以上	大气区下界至最高天文潮位减百年一遇有效波高 $H_{1/3}$ 之间	浪溅区下界至最低天文潮位减 0.2 倍百年一遇有效波高 $H_{1/3}$ 之间	水位变动区以下

注：η_0 为设计高水位时的设计重现期 $H_{1\%}$ 波峰面高度。

根据国内外海工混凝土的实践经验，混凝土结构中钢筋腐蚀最严重的是浪溅区，依次是水位变动区、大气区、水下区。长期处于水下的混凝土结构由于缺乏供氧条件，钢筋腐蚀极为缓慢。因此，在设计外海混凝土桥梁时应根据各构件所处的环境条件，有针对性地采取不同的防腐蚀要求和措施。

2.4.3　耐久性设计要点

混凝土构件在海洋环境下存在腐蚀现象。从工程的抽检结果来看，在一般环境下，有 40% 左右的钢筋混凝土结构已碳化至钢筋表面，在潮湿环境下 90% 的混凝土结构的钢筋已经锈蚀，普通混凝土的工程使用寿命大约为 40 年。

各种对混凝土耐久性有较大影响的因素中，威胁混凝土结构的最主要形式是氯化物导致的钢筋腐蚀。防止或减缓氯化物侵蚀难度较大，因为它需要以下各方面的结合：

(1)整体的结构和耐久性设计，根据具体情况，确保结构在最大程度上易于接近、观察、维修和更换。

(2)适当的结构和钢筋布置及详细设计，以控制和限制裂缝的宽度。

(3)合适的混凝土配料设计。

(4)非常可靠的施工操作程序，满足要求的现场施工质量。

(5)在初期结构设计阶段考虑一个有计划的、系统的运行和维护方案。

(6)必须将维护和检修作为结构设计和营运的一部分，才可能实现 100 年的使用寿命。为了及时发现潜在的损坏，并设计最佳的防止损害扩大的方法，必须对结构进行系统的检修，通常是在损坏开始前就采取措施。这反过来要求在检修中考虑有害物质的传递和导致的损耗机制，并定期对这些参数进行有选择的测试。

考虑外海桥梁的特点，在设计过程中主要研究了以下几个方面的混凝土防腐蚀技术措施：

1. 提高混凝土中钢筋的保护层厚度

试验显示，即使是低水灰比、高质量的混凝土，暴露于有氯盐存在的环境中，混凝土表面 12mm 深度内的氯离子含量远远超过 25～50mm 深度范围内的氯离子的含量。因此在海洋环境中的工程，混凝土保护层的厚度应比一般的混凝土保护层厚度要大一些，同时还要考虑施工偏差的因素。

除了满足桥梁设计规范中确定的最小混凝土保护层外，还应满足《海港工程混凝土结构防腐蚀技术规范》(JTJ 275—2000)中对混凝土及预应力混凝土的最小保护层厚度的要求(见表 5.2.4.3 和表 5.2.4.4)，并可参考各国对近海混凝土结构保护层厚度的建议(见表 5.2.4.5)。

钢筋混凝土保护层最小厚度(mm)　　表 5.2.4.3

建筑物所处地区	大气区	浪溅区	水位变动区	水下区
北方	50	50	50	30
南方	50	65	50	30

注：①混凝土保护层厚度系指主筋表面与混凝土表面的最小距离；

②表中数值系箍筋直径为 6mm 时主钢筋的保护层厚度，当箍筋直径超过 6mm 时，保护层厚度应按表中规定增加 5mm；

③位于浪溅区的码头面板、桩等细薄构件的混凝土保护层可取用 50mm；

④南方地区系指历年最冷月月平均气温大于 0℃ 的地区。

预应力混凝土保护层最小厚度(mm)　　表5.2.4.4

所在部位	大　气　区	浪　溅　区	水位变动区	水　下　区
保护层厚度	75	90	75	75

注:①构件厚度系指规定保护层最小厚度方向上的构件尺寸;
②后张法预应力筋保护层厚度系指预留孔道壁面至构件表面的最小距离;
③采用特殊工艺制作的构件,经充分技术论证,对钢筋的防腐蚀作用确有保证时,保护层厚度可适当减小;
④有效预应力小于400MPa的预应力筋的保护层厚度,按表中钢筋混凝土保护层最小厚度执行,但不宜小于1.5倍主筋直径;
⑤当预制构件厚度小于500mm时,预应力筋的保护层最小厚度为2.5倍预应力筋直径,但不得小于50mm。

各国对近海混凝土结构保护层厚度的建议(mm)　　表5.2.4.5

编号及编者	名　称	钢筋保护层(C)建议厚度
(美)ACI-357-84	《离岸固定式混凝土结构设计施工指南》	下部浪溅区:C≥65
国际预应力混凝土学会	《海洋工程混凝土结构设计与施工建议》	下部浪溅区:C≥65
(英)BS6235-82	《离岸固定式混凝土结构实施规范》	上部:C≥50;下部浪溅区:C≥75
(日)西川和广	《日本海沿岸混凝土桥的盐害对策》	上部:C≥50;下部:C≥70
瑞典	《高性能混凝土结构设计手册》	下部浪溅区:使用寿命100年C≥60;使用寿命50年C≥45
瑞典—丹麦	《厄勒海峡工程设计》	结构在100年使用寿命内不允许钢筋锈蚀。 上部:C≥50;下部浪溅区:C≥75

2. 控制混凝土的水灰比

通常,混凝土的水灰比越接近最低水灰比,混凝土的密实性越高,混凝土的抗腐蚀性能越好。在《海港工程混凝土结构防腐蚀技术规范》(JTJ 275—2000)中,除了对水灰比有严格要求外,还要求控制混凝土的胶凝材料总量。

3. 阻锈剂

阻锈剂能有效阻止或延缓氯离子对钢筋钝化膜的破坏。阻锈剂的掺量应综合氯化物的预期含量、生产厂家的建议等多方面的因素确定。掺入阻锈剂的混凝土的搅拌时间应当适当延长。另外,以亚硝酸钙$Ca(NO_2)_2$为基础的阻锈剂会降低混凝土的电阻率,加快钢筋开始锈蚀后的锈蚀速率。

4. 应用环氧涂层钢筋

环氧涂层钢筋就是一种在普通钢筋表面静电喷涂一层环氧树脂薄膜的钢筋,涂层厚度一般在0.15~0.30mm之间。涂层的作用是隔离钢筋与腐蚀介质的接触,以达到防腐的目的。在钢筋表面涂层控制良好的情况下,涂层钢筋能有效地延缓钢筋锈蚀的开始时间(一般可延缓10~15年),但环氧涂层钢筋对施工的要求相对较高。

涂有环氧树脂的钢筋几十年前就已经是可买得到的商品,尽管其在欧洲的使用有限。20世纪70年代中期,环氧树脂涂层的钢筋就已经在北美使用。但近几年来对这种技术一直褒贬不一。

弯曲时不可避免出现的微小裂缝、涂层中出现的小孔、修补部位防护能力的降低等都使环氧树脂涂层钢筋的吸引力降低。环氧涂层减小了将来使用阴极保护的可能性,这就造成一旦有腐蚀发生,除了更换损坏的构件外没有其他的办法。北美和中东的工程实践已经对该方法发出了严峻的挑战。在这些工程中,按照传统的环氧涂层程序,对每根直钢筋进行涂层,然后截至一定的长度,再把它们弯曲成所需形状,钢筋的腐蚀情况见图5.2.4.2。

5. 热镀锌钢筋(HDG)

在某些特殊的工程中提出了采用热镀锌(HDG)钢筋,并做了测试。

在侵蚀性强的环境中,有关HDG钢筋性能的实践经验还不多。但试验已表明,和碳钢钢筋相比,HDG钢筋对氯化物引起的腐蚀也许有较高的阈域。然而,这种方法的防护能力取决于铁—锌接触面上的反应。一般认为,如果HDG钢筋暴露在氯化物侵蚀环境中,点蚀风险会增大。

6. 混凝土表面涂层

图5.2.4.2　中东地区受到严重腐蚀的涂有环氧树脂的钢筋

通常为在已施工好的混凝土表面及时涂上防腐材料，也包括在大管桩或PHC桩表面包覆特殊材料（如玻璃钢等）。

作为多阶段保护措施中的一个组成部分（一个屏障），可以对混凝土表面进行涂层，这样的涂层具有以下作用：

（1）混凝土表面涂层是降低氯离子渗透速率和降低混凝土碳化速率的有效辅助措施，但涂层一般易老化，能起到保护作用的年限较短，通常在10～20年不等；

（2）涂料中还有一种渗透性的涂料（如硅烷浸渍涂料、水泥基结晶型涂料等），它除了有一般涂料的作用外，还具有渗透性，在涂层施工时可以渗透进入混凝土一定的深度范围，并与混凝土发生化学反应，以达到封闭混凝土内毛细孔或表面微裂缝的作用，从而达到降低氯离子渗透率的作用。

7. 阴极保护

阴极保护方法是通过电化学方法强迫保护钢筋。这种技术方法要求较为复杂，目前在国际一些重大工程中有应用，如丹麦—瑞典厄勒海峡工程中也作了准备进行阴极保护的准备工作（该措施作为储备措施，尚未起用）。

外加电流在钢筋上提供一个永久的负的电化学势位，强制它成为阴极，阳极是可以在表面（外加电流系统）或者周围传导电流的介质如海水（牺牲阳极或外加电流系统）等。

阴极保护技术（见图5.2.4.3）提供了一种可靠度很高的防护措施，可根据具体情况防止或阻止氯化物引起的钢筋腐蚀。任何一种阴极防护措施都要求在被保护钢筋的界定区域内电流（金属）连续。

在施工和运营开始时建立阴极保护系统，与结构中出现腐蚀时再安装相比，价格更便宜、更易安装、运营费用更少，并且钢筋发生腐蚀时，混凝土的抗腐蚀能力已经损耗掉了。

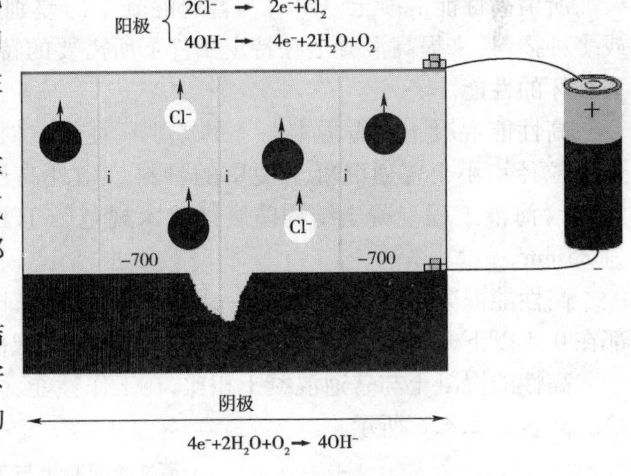

图5.2.4.3　阴极防护原理

在潮差区和永久性水下区域采用牺牲阳极保护钢筋。这种装置简便，只要初始系统的性能满意，则只需每隔相对较长的时间（几年）进行检查即可。典型的是以锌或铝或它们的混合物作为阳极，在损耗后应进行更换。典型的设计是基于5～8年更换一次。在大贝尔特连线西桥中，该系统被用来保护沉箱以及沉箱和桥墩之间的水下施工缝，见图5.2.4.4。

在大气区和浪溅区主要考虑使用外加电流的惰性阳极。该系统要求在混凝土表面上或者表层内部布置分布式的惰性阳极，安装时要小心地与钢筋绝缘，避免产生短路，然后用能完全控制电量的变压器

(整流器)来提供电量。该系统要求在施工阶段付出相当多的努力,确保安装正确,在大桥的整个使用寿命中进行监测,对电器设备进行维护。如果不小心加大电量,则不正确的电量输出将消除或降低防护效应,或者破坏系统、混凝土及钢筋。

如果预计要使用外加电流系统,则该系统或者可以在开始时就施加电流,或者让系统一直处于休眠状态,直到测试或腐蚀传感器预示腐蚀初始阶段即将结束,腐蚀可能开始时再提供电流。

图5.2.4.4 大海带桥的西桥桥墩的沉箱上使用的牺牲阳极法

对于大气区部分,主要还是通过采用高性能混凝土和增大混凝土保护层厚度提高耐久性,作为多级防护系统的一部分,可以考虑混凝土涂层方案。

对于浪溅区和潮差区部分,除采用高性能混凝土和涂层之外,建议采用外加电流阴极保护方法。这一系统可以分阶段实施,在设计和施工时保证保护区段的钢筋的电联通性,预留通电接口,为日后安装阴极保护装置做好准备,当监测显示钢筋有可能发生腐蚀时,再在最合适的时间安装整体或局部的阴极防护。这样做的好处如下:

(1)可以得益于将来阴极保护技术的发展;

(2)延迟对阴极保护的投资,也许永远都不需要;

(3)可以节省阴极保护单元的运营和维护费用。

8. 高性能混凝土

对于混凝土结构的耐久性而言,防止钢筋的锈蚀是最主要的内容。因此在保证混凝土强度这一基本性能的同时,提高混凝土耐久性尤为重要。而高性能混凝土在这方面具有独特的优势。高性能混凝土是以高耐久性为目标发展起来的,而高耐久性则突出表现在混凝土材料低渗透、低缺陷、高密实等方面。

所谓高性能混凝土(HPC)与普通混凝土的差别在于通过掺入粉煤灰、高炉矿渣、微硅粉中的一种或多种掺料,来提高混凝土在特定条件下所需要的特定性能,如高弹性模量、低渗透性以及抵抗某些类型破坏的性能。

高性能混凝土与普通混凝土的差别还在于它对骨料的要求比较高。其骨料必须仔细选择,一般最大粒径均小于普通混凝土使用的骨料。国外高性能混凝土的骨料最大粒径一般介于10~14mm之间,《海港工程混凝土结构防腐蚀技术规范》(JTJ 275—2000)规定高性能混凝土的骨料最大粒径为25mm。

高性能混凝土材料组分的另一特点是其低水灰比和使用高效减水剂。高性能混凝土的水灰比一般都在0.4以下,《海港工程混凝土结构防腐蚀技术规范》(JTJ 275—2000)规定水灰比 $W/C \leq 0.35$。

高性能混凝土与普通混凝土相比,在工作性能、力学性能、耐久性等方面均有明显的优点,二者比较情况如表5.2.4.6所示。

高性能混凝土与普通混凝土比较 表5.2.4.6

项　目	普通混凝土	高性能混凝土
工作性能	坍落度与用水量有关,新拌料一般较黏	坍落度大,新拌料松
	可能产生离析泌水现象	不离析,不泌水,易于施工
	坍落度损失大	坍落度损失小,适宜泵送
力学性能	28d强度满足设计要求	28d强度满足设计要求,后期仍稳定持续增长
		其他力学性能,如抗折、劈拉等可得到优化

续上表

项　目	普通混凝土	高性能混凝土
耐久性	中等	混凝土密实，故抗离子渗透性能可提高一个数量级
		相应的抗冻、抗碳化等性能也可提高，抗硫酸盐腐蚀性能好，并具有抑制碱—集料反应的能力

高性能混凝土是以高耐久性为目标而发展起来的，而高耐久性则突出体现在混凝土材料低渗透、低缺陷、高密实等方面。根据费克第二定律，只要知道混凝土保护层厚度，腐蚀介质在混凝土表面的浓度和钢筋—混凝土表面允许的临界浓度，就可以计算腐蚀介质由外界扩散至钢筋表面并达到临界浓度所需的时间。

在海洋环境下，一般考虑钢筋混凝土构件中钢筋与混凝土界面的极限 Cl^- 含量为 $[Cl^-]/[OH^-] \geq 0.6$，代入保护层厚度，可计算其耐久年限。

根据上述评判海工混凝土寿命的基本模型，以及外海大桥的环境特点，采取优化措施和适当的参数选取，为保证混凝土寿命 100 年，必须控制混凝土的 Cl^- 扩散系数在 $10^{-12} \sim 10^{-14} m^2/s$ 数量级。

9. 在特殊暴露区使用不锈钢钢筋（SSR）

该技术正在迅速成为人们首选的高度可靠的方法，它能确保钢筋即使在十分严重的腐蚀条件下，也有较高的抵抗氯化物腐蚀的能力。目前，工程界已经认可碳素钢筋和不锈钢钢筋可以混合使用。如果经过仔细的构造设计，尤其是对 SSR 和碳钢之间结合位置的仔细考虑，那么不锈钢和碳钢浇筑到混凝土中是可以相互金属接触而不会产生电化学腐蚀的，这样就可避免或消除电化学腐蚀。

最近，在很多著名桥梁的中外层钢筋设计时都运用了该技术，如香港的深圳西部通道大桥和昂船洲大桥及 Abu Dhabi 的 Sheik Zayed 大桥等。

延伸进墨西哥海湾中 2.2km 长的栈桥，采用的是质量普通的不锈钢钢筋，至今已有 70 年的历史。该工程是显示不锈钢在氯化物含量很高的严酷环境中真实性能的最好实例。在钢筋处测得的氯化物浓度是普通碳钢开始腐蚀的一般阈域的 20～30 倍，但仍没有发生任何腐蚀。即使该栈桥交通繁忙，到目前为止也从未进行过任何维护和修补。临近的另一个较短的栈桥在 35 年前建成，使用的是碳钢钢筋，使用了十年后，腐蚀的程度是如此严重，以至于只得把它摧毁。

SSR 便于应用，除了可以和碳钢钢筋混合浇筑在碱性混凝土中之外，还由于两种钢筋在除抗腐蚀能力以外的其他方面都很相似。不锈钢钢筋可以一对一地替换碳钢钢筋，因为现在有与碳钢钢筋尺寸和强度完全相同的不锈钢钢筋。只有另外一个特性不同，即不锈钢的延性远高于碳钢。就是由于这一原因，在抗震结构的设计中也在考虑采用不锈钢钢筋。

10. 非金属类筋（杆、板、纤维）

许多种类的非金属材料可以作为混凝土结构可选择的或辅助性筋。用某些种类的非金属材料（如纤维）作为辅助筋会使结构中的应力分布更加均匀，从而降低形成裂缝的风险。但是，由于其价格相对较高，施工过程复杂，所以这些材料很少在工程中使用。

2.4.4　结构与构造措施

（1）合理选择桥梁构件截面形式，避免采用多肋薄壁结构，宜采用表面积相对较小的大箱梁截面。桥梁构件截面不同形式见图 5.2.4.5。

（2）应尽量采用整体性、连续性好的结构形式，以减少接缝数量，提高结构耐久性。

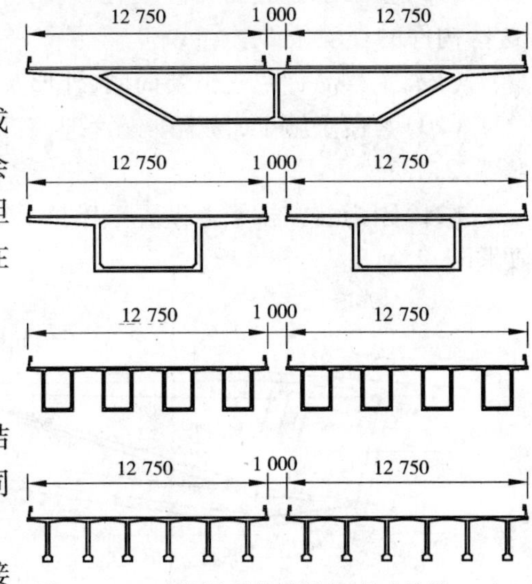

图 5.2.4.5　桥梁构件截面形式（尺寸单位：mm）

(3)选择合理的结构尺寸,控制混凝土结构的裂缝宽度,适当提高构造筋的配筋率并合理布置,控制裂缝的分布和大小。

(4)外海桥梁工程规模浩大,环境条件差,宜尽量选用大型预制构件海上整体拼装技术,以减少海上工作量,有利于施工质量的控制及加快工程进度。

(5)各构件形状应简单、平顺,截面尺寸变化处,均采用渐变,尽量避免棱角和刚度突变,减少应力集中。

(6)由于侵蚀性物质在边缘和转角处从多个面渗入,早期蜕化的风险较高,因此,构件转角尽可能采用圆形倒角,以减少或消除结构转角效应,见图5.2.4.6。

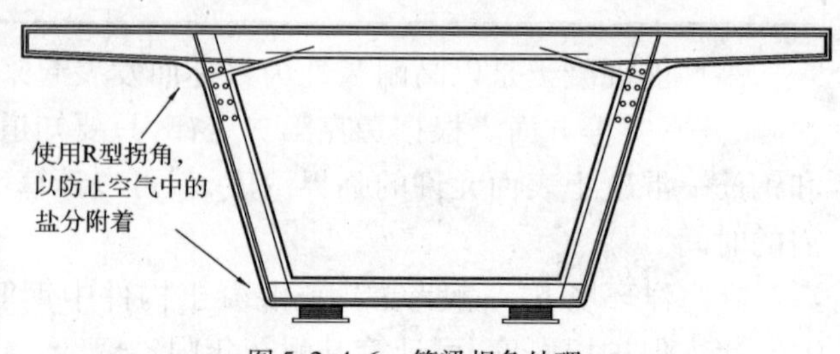

图5.2.4.6　箱梁拐角处理

(7)在受力复杂部位适当掺入钢纤维或聚丙烯纤维等增韧材料,如桥梁伸缩装置两端与主梁连接部分的混凝土。

(8)混凝土封闭箱梁内应利于排水,避免过高的局部潮湿和水汽积聚;并应设置足够的通风孔,防止箱梁内外温度差过大,引起混凝土结构拉应力增大而开裂。

(9)桥梁截面不宜过小,尺寸的拟定原则,应便于施工,易于成型,各部位形状、尺寸、钢筋和预应力钢筋(钢绞线)位置不得影响混凝土的浇筑、振捣和施工质量的保证,例如,箱形截面构件的腹板、顶板、底板的厚度及钢筋、预应力束管道的保护层厚度等。

(10)所有构件应易于接近,易于检查和维修。应设置检修平台、检修梯、通道、电梯和配备检修车、养护行车、吊篮等设备,以便于养护人员检查、维修。如墩柱、主梁、塔柱内做成空心(包括进出孔、隔板开孔),其尺寸应便于施工、养护人员及设备通过。

(11)应处理好构件的连接部位的设计,使结构由于变形引起的约束最小。

(12)构件中主要受力钢筋和构造钢筋宜构成闭合钢筋笼,以增加结构的坚固和耐久性。

(13)对支座和预应力锚固等集中力作用的暴露部位,应使劈裂拉应力标准值不超过抗拉强度标准值。否则应从防腐蚀角度出发,采取特殊的防护措施。

(14)墩柱等构件施工缝应尽量不设置在水位变动区或浪溅区,否则应对施工缝作仔细处理。

(15)主梁与支座底缘宜设置在浪溅区以上,并留有安全距离,防止受浪花飞溅。

(16)外海桥梁主梁应优先采用全预应力混凝土结构,构件不允许出现拉应力。

(17)桥面铺装内应设耐久性好的防水层,防止主梁顶面积水、受潮。

(18)桥墩承台底面和桩顶为弯、压弯构件,结构有裂缝,应尽量避开浪溅区和水位变动区,以改善这些构件的环境条件。

(19)主梁品种及规格要简明,外形及截面尺寸应标准化、模数化、便于施工。

(20)为便于施工,易于维修管理,有助于延长桥梁使用寿命,可比较采用体外预应力钢束方案,见图5.2.4.7。

(21)因为要在桥墩上设置千斤顶,更换支座,所以,桥墩宽度设计时要留有一定的操作空间余地,见图5.2.4.8。

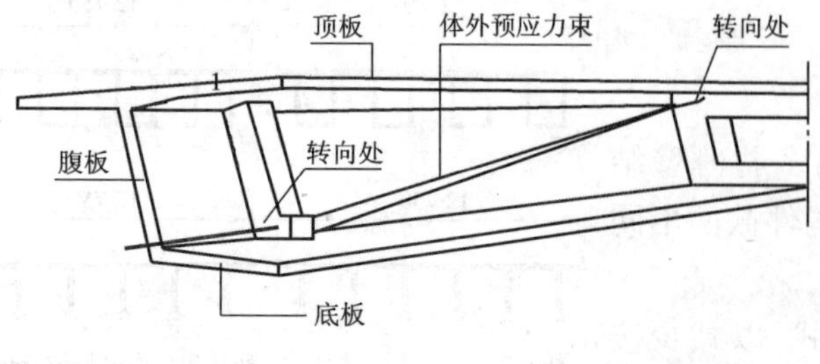

图5.2.4.7　体外预应力钢束布置示意

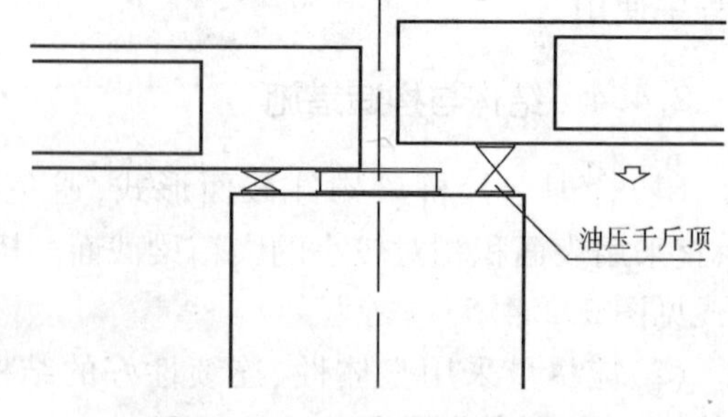

图5.2.4.8　千斤顶更换支座示意

(22)预留钢筋(件)长期暴露在海洋大气环境中,极易生锈腐蚀,应采取临时防腐措施。

(23)桥台台帽、桥墩顶面、承台顶面等容易积水部位,均应设置大于15%的坡面,以尽快排水。

(24)为防止桥面污水浸润梁体表面,竖向泄水管下端应伸出翼板一定长度,翼板端部设滴水檐,并做好伸缩缝处的防渗、漏水构造等措施。

(25)浇筑在混凝土构件中并暴露在外的临时或永久性的钢铁件,应与混凝土的任何配筋绝缘,以防止形成腐蚀通道。

2.4.5　全寿命经济分析法(LCCA)

美国联邦公路局(FHWA)于1994年发布《关于实施全寿命经济分析法的政策声明》指明:"凡联邦和与地方联合管理的基础建设项目的投资评估,均执行全寿命经济分析法(LCCA)"。

LCCA法是一项重要的投资评估和经济分析技术,它要求一个工程立项时首先对其投资及合理性进行评估。全部投资应包括初期投资和进一步投资两部分:第一部分是建设时的设计、施工等相关费用;第二部分是保证结构寿命期所必需的维修费用。即:寿命期全部投资=初期投资+后期维修投资,这两项花费的分配要合理。

采用LCCA法项目评估的目的与标准是在保证工程寿命期的前提下,全部投资最省,实现技术可靠、经济合理。实行LCCA法的目的就是为了减少后期投资、提高项目质量与性能。使投资方、设计方、工程承包方和运行管理部门,都立足于"全寿命",各尽其职,各负其责,提出技术可靠、经济合理的方案,并对多种方案进行优化比较,选出最佳方案。LCCA法是一个使长期效益最大化的有效办法。虽然我国全面实施该方法的条件尚未成熟,但提高对此方面的认识是十分重要的,避免走"眼前少花钱,尔后花大钱"的老路,LCCA法对提高我国结构耐久性措施的研究具有重要的指导意义。

2.5　混凝土结构耐久性设计方案

2.5.1　自然条件与基本资料

1.地形、地貌

拟建东海大桥西端芦潮港为沙泥滩地,现在围海造地,属潮滩地貌。桥区海域,海势稳定,海床较为平坦,水深一般在8~12m之间,高程-7.5~-12.5m。近岸浅水区水深为0~5m(长度约为500m)。大桥东侧所经地域及东端小洋山为一系列面积狭小的岛屿,呈鸡爪型地貌。

2.气象特征

本区位于北亚热带南缘,东亚季风盛行区,受季风影响冬冷夏热,四季分明,降水充沛,气候变化复杂。

(1)气温

多年平均气温15.8℃;历年最高气温37.5℃;历年最低气温-7.9℃;最热月平均气温27.0℃;最冷月平均气温6.0℃。

(2)降水

平均降水日数134d/年。

(3)降雪

平均降雪日数5d/年。

(4)风况

实测最大风速35.0m/s(风向NNE);风力≥7级大风日数65.8d/年;风力≥8级大风日数30d/年;风力≥9级大风日数约为3d/年。

(5)雾况

平均有雾日30~50d/年;最多有雾日60d/年;最少有雾日20d/年。

(6)雷暴

平均雷暴日18~26d/年;最多雷暴日40d/年。

(7)热带气旋

7级以上,平均每年3.6次,最多达7次;8级以上,平均每年2.4次;9级以上的台风过程有6次,平均每6年一次。

(8)寒潮

年平均3.6次,最多5次;最大积雪厚度近岸带15cm,海岛端10cm。

3.水文特征

(1)潮汐

本海区的潮汐主要受东海前进潮波控制,以M_2分潮起支配作用。潮型判别系数$(H_{K1}+H_{O1})/M_2<0.5$,浅水判别系数$H_{M4}/H_{M2}=0.04$,因此,本海区潮汐类型属非正规半日浅海潮型。

依据桥区北侧芦潮港水文站和桥区南侧小洋山(观音山)站潮位资料综合分析,桥区潮汐特征值见表5.2.5.1。

桥区潮汐特征值 表5.2.5.1

潮汐特征值	芦潮港测站(1978~1994年)	小洋山测站(1997.8~2001.12)
平均海平面(m)	0.23	0.18
平均高潮位(m)	1.86	1.52
平均低潮位(m)	-1.34	-1.23
最大潮差(m)	5.14	5.03
平均潮差(m)	3.20	2.75
平均涨潮历时	5h26min	5h51min
平均落潮历时	7h	6h34min

(2)水温

桥区附近海区表层水温变化范围一般在3.7~29.7℃之间,年平均水温为12.4℃。水温季节性变化为夏季和初秋水温高于其他季节,冬季及初春最低,其中全年最高月水温为20.4℃(八月),最低月平均水温为4.6℃(二月),见表5.2.5.2。

大戢山站多年表层水温统计 表5.2.5.2

项　目	一月	二月	三月	四月	五月	六月	七月	八月	九月	十月	十一月	十二月
最大(℃)	11.00	9.10	11.6	17.5	22.1	26.3	29.6	29.7	27.5	23.8	21.8	15.20
最小(℃)	3.70	3.90	5.4	10.0	14.5	19.9	23.4	24.5	21.6	16.5	10.1	6.40
平均(℃)	5.05	4.6	6.4	9.7	13.4	16.7	19.6	20.4	18.6	15.6	11.8	7.3

注:资料年限为1979,1981~1982年。

(3)盐度

本海区盐度变化主要受制于长江、钱塘江径流和外海高盐水的消长变化,盐度总体分布为由西向东逐渐增加,见表5.2.5.3。

大戢山站多年表层盐度统计 表5.2.5.3

项　目	一月	二月	三月	四月	五月	六月	七月	八月	九月	十月	十一月	十二月
最大(‰)	30.97	31.82	28.86	28.93	27.23	27.85	23.81	29.97	30.95	25.26	31.99	29.57
最小(‰)	14.83	16.86	12.83	8.53	9.07	4.59	3.4	6.25	4.06	5.2	6.59	9.83
平均(‰)	18.25	18.81	17.1	15.02	15.36	15.26	10.86	13.07	11.26	9.80	13.85	15.91

注:资料年限为1979,1981~1982年。

2.5.2　耐久性设计方案

本工程的上部结构均位于大气区，下部桥墩的大部分和承台均位于浪溅区，桩基位于水位变动区及水下、泥下区。本工程建设规模浩大，工程主材涉及钢结构和混凝土结构，腐蚀环境包括大气区、浪溅区、水位变动区和水下区各个区段，防腐设计应针对不同建材和不同腐蚀环境区别对待，见表5.2.5.4。

防腐区段的划分　　表5.2.5.4

高程(m)	区段划分	高程(m)	区段划分
▽6.99	大气区	▽-3.94	水位变动区
▽-0.22	浪溅区	—	水下区

1.下部结构

下部结构主要包括桥墩、承台和桩基，大部分位于海水侵蚀强烈的浪溅区和水位变动区。为了达到100年的结构使用年限，对可能选择的PHC管桩、PHC桩、钢管桩、钻孔灌注桩、承台和桥墩墩柱分别进行耐久性设计，选择适合本工程特点的耐久性设计方案。

(1)预应力混凝土管桩的防腐措施

下面从提高混凝土的自身性能方面和辅助防腐手段方面来阐述预应力混凝土管桩(即PHC桩)的防腐蚀措施。

①采用高性能混凝土

根据采用高性能混凝土来实现大桥防腐目的的思路和高性能混凝土技术的发展情况，结合大桥桥区的环境特点，设计了两种高性能混凝土方案。

高性能混凝土A：掺加矿渣微粉和粉煤灰为主的优质矿物掺和料，主要原材料有：525号硅酸盐水泥、优质矿粉和粉煤灰、中砂、碎石(粒径控制在5~25mm)、新型高效减水剂。

高性能混凝土B：掺加微硅粉和矿渣微粉及粉煤灰，主要掺和料：微硅粉和磨细矿渣粉、粉煤灰。

两种高性能混凝土的控制指标均以强度等级作为基本控制指标，以耐久性(如Cl^-扩散系数等)作为主要控制指标，同时考虑设计方案的经济性和施工的可操作性。两种高性能混凝土的比较见表5.2.5.5。

两种高性能混凝土比较　　表5.2.5.5

项　目	主要技术措施	技术优缺点比较	经济指标
高性能混凝土A	混凝土掺料主要为矿粉及粉煤灰。控制不同部位的抗氯离子试验电量值	混凝土中所采用的掺和料矿渣粉和粉煤灰均可在当地采购，且有品质保证，掺和料对施工的影响不大，且国内施工队伍有一定的施工经验。费用增加较少	增加费用约20~40元/m^3
高性能混凝土B	混凝土掺料主要为微硅粉及矿渣粉。控制不同部位的抗氯离子试验电量值	所用掺和料除矿渣粉可当地采购外，微硅粉需外购，且掺加微硅粉对施工要求较高，同时对施工影响也较大，国内施工队伍在这方面的施工经验也较少。费用增加较多	增加费用约92~106元/m^3

高性能混凝土方案A、B所采用的掺和料粉煤灰和矿渣微粉可较大比例取代水泥用量。其中高性能混凝土方案A所采用的掺和料为粉煤灰和矿渣微粉。这种方案的外掺活性矿物材料的掺量范围较普通混凝土可取代水泥用量50%~70%，较普通混凝土的成本而言，成本增加在10%范围内。对施工工艺而言，可将几种材料预先加工混合作为混凝土的基本组分，以独立筒仓计量，对混凝土的施工工艺影响不大，且目前大部分商品混凝土生产企业都有使用粉煤灰等外掺料的经验，因此在施工上是不存在问题的。

在外掺活性材料的供应方面，高性能混凝土方案A设计中采用的外掺混合材料是以品质优良的粉煤灰和矿渣粉资源为主，辅以少量改性材料的混合型矿物外加剂产品，因此对原材料的要求较严格。在上海地区目前优质粉煤灰的年产量约为50万t，优质矿粉的年产量约20万t，此外，在上海周边地区江浙一带也有充沛的资源，因此外掺料基本可做到就地或就近取材。

对于外掺活性材料的品质,在混凝土配方中可提出严格的界定,在实际操作中严格控制,配以生产厂家的生产经验和质保体系,也是可以保证的。

对于高性能混凝土方案B的掺和料除采用方案A中的掺和料外,还有微硅粉,微硅粉可向生产厂家购买,其品质是有保证的。在国内的海洋环境下的工程中使用微硅粉的案例不多,但在国外一些大型跨海大桥中多有应用,如北欧的一些工程,另外在香港青马大桥中也应用了微硅粉混凝土。

下面以C60普通混凝土和C60高性能混凝土为例,对二者的性能进行比较,见表5.2.5.6。

C60普通混凝土和C60高性能混凝土比较 表5.2.5.6

项　目	C60普通混凝土	C60高性能混凝土
工作性能	坍落度为130mm,新拌料较黏	坍落度为180mm,新拌料松
	有离析泌水现象	不离析,不泌水,易于施工
	1h坍落度损失为50%	1h坍落度无损失
力学性能	$R_7=54.5$MPa,$R_{28}=68.9$MPa $R_{60}=73.7$MPa	$R_7=53.3$MPa,$R_{28}=73.1$MPa $R_{60}=79.8$MPa
	劈拉强度4.75MPa,抗折强度8.6MPa,弹性模量31GPa	劈拉强度4.98MPa,抗折强度9.4MPa,弹性模量39GPa
耐久性	抗渗等级S12,渗水高度32mm	抗渗等级S20,渗水高度37mm
	人工加速碳化28d 3.5mm	人工加速碳化28d小于1mm
	人工加速冻融试验50次,质量、强度损失大于2%~3%	人工加速冻融试验50次,质量、强度损失1%~2%

由于微硅粉价格较高,且可能需要部分进口,因此方案B的价格可能要高于方案A。无论采用哪一种高性能混凝土方案,均需通过试验获得氯离子渗透率或混凝土的抗氯离子渗透电量值,通过这些指标推算混凝土的使用年限,只有符合使用年限要求的混凝土配合比方案才能被采用。

由于PHC管桩的保护层厚度受限制,应在保证使用寿命100年要求的前提下,按其实际保护层厚度,确定满足耐久性要求并满足施工的可能性的混凝土配合比及相关控制指标。设计建议混凝土采用高性能混凝土(B类)。高性能混凝土的掺和料采用微硅粉+矿渣微粉+粉煤灰+高效减水剂,要求水胶比≤0.35,混凝土配合比要求按100年标准设计。按此要求制作的PHC管桩的质量将远高于目前港口工程技术规范中按50年使用寿命设计的PHC管桩。

②辅助措施

由于PHC管桩自身结构及生产工艺的限制,增加混凝土保护层厚度较难实现,而且也不适宜采用涂层钢筋和阴极保护,因此辅助措施宜考虑在桩体外侧,采用隔离保护或包覆耐腐蚀的材料等措施来提高预应力混凝土管桩的耐腐蚀性能。在本工程中考虑采取辅助措施如下:

方案一:桩基混凝土表面包覆防腐材料

PHC管桩在泥面以上部分的外露表面包覆玻璃钢(纤维增强复合材料)增加其防腐性能,从而延长其使用年限,该措施还可解决PHC管桩的接头部位的防腐问题。这是目前海港工程最常用的PHC管桩防腐措施。

以往工程PHC管桩水下区玻璃钢包覆厚度一般为1mm,考虑本工程使用寿命为100年,远大于海港码头的使用寿命。本工程辅助措施方案一采用在PHC管桩外表面包覆玻璃钢(纤维增强复合材料),厚度都取2.5mm,PHC管桩包覆范围从冲刷泥面下2m至承台底,不仅可以防止接头处可能的腐蚀,也可以防止海水侵入PHC管桩在沉桩中可能出现的为数极少的微裂缝引起的腐蚀。当然,实际工程中也有由于玻璃钢包覆质量不高而影响使用效果的情况,但在质量有保证的情况下其防腐效果是理想的,也不乏工程实例。本工程如果采用此方法,从材料选择、包覆工艺等方面加强质量控制,应能保证其施工质量。

另外,在管桩外壁包覆玻璃钢(纤维增强复合材料)之前涂覆规范推荐的异丁烯三乙氧基硅烷浸渍材料。这种憎水性的浸渍涂料渗透到混凝土中的毛细孔中，由于它与已水化的水泥发生化学反应，反应物使毛细孔壁憎水化，使水和水携带的氯化物都难以渗入混凝土，从而达到延缓氯离子向混凝土内部扩散的进程。

PHC 管桩在嵌固点以上桩内灌注混凝土，并在桩顶下一定深度范围内布设钢筋笼。

采用高性能混凝土的预应力混凝土管桩使用年限按 50 年计（实际按前文要求配置的混凝土预计保护效果应远超过 50 年），再采用硅烷浸渍涂料预计延长使用 20 年，包覆玻璃钢的保护效果为 30 ~ 40 年，以 30 年计。这样，PHC 管桩在理论上可以满足 100 年使用寿命的要求。

方案二：桩体混凝土表面涂防腐涂料

一般的防腐涂料使用年限较短，通常为 10 ~ 20 年，而对水位变动区进行大规模重新涂装也比较困难。据介绍，在美国旧金山圣马特奥大桥拓宽工程中使用了一种聚氨酯类涂料（目前国内某代理机构代理的 XTW 系列涂料就是其所用涂料），其“设计年限为 75 年”，而且据介绍，其保护年限可以更长。该类涂料在美国圣马特奥大桥工程中已使用了 300 多万平方米。因此辅助措施方案二的涂料暂考虑采用 XTW 系列涂料。

XTW 系列涂料设计使用寿命按 50 年计（须进一步落实），采用高性能混凝土制作的预应力混凝土管桩使用年限至少也为 50 年，累计可满足 100 年使用寿命的要求。

方案三：混凝土管桩外套钢套管

PHC 管桩在水位变动区可外套采取防腐措施的钢套管，在钢套管与桩之间的间隙压注高强砂浆，以此作为其水位变动区的防腐措施。

从桩顶到水下区上部一定范围内（设计暂按 5m 长考虑）的 PHC 管桩，在其外侧套一直径1 300mm、壁厚 14mm 的钢管，保证钢管壁与 PHC 管桩壁之间有 30mm 以上的空隙，在空隙内高压灌注掺有阻锈剂的微膨胀环氧砂浆。该钢管不作为结构受力构件，在使用期内完全腐蚀。钢管外壁除锈并涂覆使用寿命达 15 年以上的涂料。防腐涂料的保护年限、钢管的保护年限及混凝土桩的自身使用年限累积，在理论上是可以满足 100 年使用寿命的要求的。

方案四：混凝土管桩上接钢管桩

水位变动区采用钢管桩替代预应力混凝土管桩，钢管桩直径 1.2m，与混凝土管桩的钢端板设加强板焊接牢固，桩内灌注钢筋混凝土至嵌固点。由于预应力混凝土管桩的端部没有预压应力，实施该方案需要加长管桩端部的钢板箍，由通常的 40cm 加长至 1m，并适当加厚钢板。

钢管桩长度为 5m，处于水位变动区的钢管桩的防腐措施参见 3.3.2“钢管桩防腐措施”，推荐采用热喷铝金属涂层（250μm）+ 封闭涂料 + 重防腐涂料，预留腐蚀量，可以满足 100 年使用寿命的要求的。

方案五：上接非标预应力混凝土管桩

水位变动区采用非标的预应力混凝土管桩替代常规的预应力混凝土管桩，该段管桩应加大钢筋保护层厚度，至少达到 7.5cm，外径宜与常规管桩一致，便于接头处理。非标管桩与常规管桩的拼接可采用钢接头，双面焊接。

上部预应力混凝土管桩直接按照 100 年标准配置高性能混凝土，接头采用铝金属涂层（250μm）+ 封闭涂料 + 重防腐涂料保护，确保接头安全。

预应力混凝土管桩辅助防腐方案技术经济比较见表 5.2.5.7。

预应力混凝土管桩辅助防腐方案技术经济比较　表 5.2.5.7

方　案	主要技术措施	技术优缺点比较	经 济 指 标
方案一	浸渍涂料 + 包覆玻璃钢，桩芯灌注钢筋混凝土	有机硅烷浸渍材料在国外已有 10 ~ 20 年的使用历史，效果良好，在国外一般商业保证年限最长为 30 年，玻璃钢使用寿命 30 年，工程经验比较丰富，加上混凝土自身的使用年限能够达到 100 年使用寿命	约 170 元/m^2

续上表

方 案	主要技术措施	技术优缺点比较	经 济 指 标
方案二	桩体表面涂涂料	一般涂料的保护年限均有限，XTW 系列涂料的性能尚需进一步了解和研究，如情况确实，则为施工方便、效果良好的措施	约 255 元/m^2
方案三	外套钢套管，在钢套管与管桩之间灌注砂浆(掺阻锈剂)	施工较复杂，尚无施工经验，但在施工工艺及施工质量有保证的前提下，防腐效果是可靠的	约 570 元/m^2
方案四	上部接钢管桩	钢管桩自身防腐措施也比较复杂，尚无实际工程经验，但防腐效果可靠	约 720 元/m^2
方案五	上部接非标预应力混凝土管桩，该管桩钢筋保护层厚度不小于 7.5cm	目前没有非标预应力混凝土管桩的制作经验和制作设备，须改造或新建现有制作设备。处于水下区的接头须慎重处理	比较难预测，约 200 元/m^2

综上所述，对 PHC 管桩采用防腐措施如下：

①桩身采用高性能混凝土，控制电通量小于 600，箍筋净保护层厚度大于 50mm；

②上、下节桩接缝放在桩身弯矩较小处；

③纤维增强复合层包覆防护，距桩顶下 1.0m 至局部冲刷线以下 4m，桩接头两侧各 0.75m 采用包覆防护，包覆层总厚度 2.5mm；

④桩内混凝土填芯至冲刷线以下 8 倍桩径。

(2)钻孔灌注桩

由于钻孔灌注桩的混凝土靠自重压密，因此其密实性难以与经过振捣密实的混凝土相比，为增加钻孔灌注桩的防腐性能，可适当增大钢筋保护层的厚度(至少为 75mm)，并在灌注桩上部采用掺和料混凝土提高混凝土的密实度。

另外，保留施工用钢护筒作为钻孔灌注桩桩顶以下一定范围的一道防腐屏障，并对钢护筒外表面采取适当的涂料防腐措施。如钢护筒的壁厚按 16mm 计，则钢护筒在水位变动区至少可保护 80 年左右，这样它和防腐涂料二者累计可保护钻孔灌注桩 90 年左右，加上钻孔灌注桩自身的耐久性，整个钻孔灌注桩的耐久性远大于 100 年。

(3)承台与墩柱

根据腐蚀区域的划分，承台及墩柱结构主要位于浪溅区，将遭受比较强烈的腐蚀作用。有两种方案可供选择：

方案一：高性能混凝土 + 加大保护层厚度

在实施该方案时，考虑采用适当的混凝土保护层厚度，保护层厚度可参考《海港工程混凝土结构防腐蚀技术规范》(JTJ 275—2000)中的有关规定，并根据费克定律来确定一个适合实际需要的保护层厚度。本工程钢筋保护层厚度应不小于 80mm。

大桥的承台和墩柱高性能混凝土设计采用 A 类，即掺加矿渣微粉和粉煤灰为主的优质矿物掺和料。

考虑到处于浪溅区的承台和墩柱承受循环荷载及受冲蚀作用，可采用纤维(钢纤维或合成纤维)对混凝土加以改性，提高混凝土的耐磨性和耐疲劳性，同时还可有效控制这部分混凝土表面在施工期产生的微裂缝(如温度应力裂缝及干缩裂缝等)，从而改善整体耐久性能。该措施可作为备用措施。

方案二：采取高性能混凝土 + 涂层钢筋 + 防腐涂料

与方案一相同，承台、墩柱采用高性能混凝土并适当加大、严格控制钢筋的保护层厚度。

承台和墩柱的钢筋采用环氧涂层钢筋，涂层厚度不小于 0.2mm。

由于施工条件的限制，防腐涂料涂覆于承台、墩柱四周及承台顶部。

经分析，方案二由于采用涂层钢筋，对于工程量巨大的承台及墩柱混凝土来讲，完全保证施工质量可能比较困难，且需增加工程投资，因此，设计建议采用方案一。

在承台顶面设置排水坡，减少积水。

下部结构外层钢筋最小保护层厚度见表5.2.5.8。

下部结构外层钢筋最小保护层厚度　　表5.2.5.8

序　号	部　位	混凝土强度等级	外层钢筋最小保护层厚度(mm)
1	海上墩柱	C40 高性能混凝土	70
2	陆上段现浇墩柱	C40 掺和料混凝土	55
3	承台(包括套箱)	C40 高性能混凝土	80
4	PHC 桩	C80 高强度混凝土	50
5	钻孔灌注桩	C30 水下掺和料混凝土	75

2. 上部结构

上部结构位于海洋大气区，腐蚀强度相对较弱。针对不同的结构材料设计采用不同的防腐措施。

100年的防腐总体设计要求原则上适用于结构的所有部位。但是，一些特殊部位，目前的技术与材料水平不能达到100年使用年限的要求。在大桥使用期内要求进行几次更新来达到防腐总体设计要求。如桥面铺装、支座、伸缩接缝、检查吊机架、机械设备、照明等部件的使用寿命可以期望在25～50年。

(1)预应力混凝土箱梁

预应力混凝土箱梁位于大气区(包括斜拉桥主塔)，腐蚀作用相对较弱。预应力混凝土箱梁采用高性能混凝土和加大保护层厚度等措施保证耐久性。外层钢筋最小保护层厚度见表5.2.5.9。

大气区混凝土结构外层钢筋最小保护层厚度　　表5.2.5.9

<table>
<tr><th>序　号</th><th colspan="2">部　位</th><th>混凝土强度等级</th><th>外层钢筋最小保护层厚度(mm)</th></tr>
<tr><td rowspan="2">1</td><td rowspan="2">海上连续箱梁</td><td>预制</td><td>C50 高性能混凝土</td><td rowspan="3">箱梁预应力束70
普通钢筋40</td></tr>
<tr><td>现浇</td><td>C50 高性能混凝土</td></tr>
<tr><td>2</td><td colspan="2">结合梁混凝土顶板</td><td>C60 高性能混凝土</td></tr>
<tr><td>3</td><td colspan="2">斜拉桥主塔</td><td>C50 高性能混凝土</td><td>70</td></tr>
<tr><td>4</td><td colspan="2">陆上段现浇箱梁</td><td>C50 高性能混凝土</td><td>30</td></tr>
<tr><td>5</td><td colspan="2">防撞墙</td><td>C40 掺和料混凝土</td><td>30</td></tr>
</table>

在永久荷载作用下，上部结构的设计是考虑桥面的混凝土中不产生拉应力，当施加活载时，只出现非常细的、分布均匀的裂缝。

在混凝土箱梁内的所有低点设置排水孔，防止箱内积水。

上部结构防腐蚀的关键问题是防止含氯水进入预应力管道或接触锚具产生腐蚀。施工的质量，特别是预应力管道的灌浆质量是影响整个结构寿命的关键。本桥采用真空压浆工艺，以使管道内水泥浆更加饱满。真空压浆工艺通过1:1足尺试验后确定。

(2)结合梁混凝土顶板

主通航孔与颗珠山大桥采用钢—混凝土结合梁。与一般由单一材料组成的结构型式相比，结合梁这种由两种或两种以上不同材料的组合结构，其耐久性设计不单包括了多种单一材料的耐久性设计技术，更重要的是要求解决两种不同材料结合界面的耐久性设计难题。

对于由钢箱结构与混凝土板结合的主梁形式，结合界面是薄弱环节。结合界面的腐蚀，主要由以下原因导致：

①混凝土面板产生裂纹，雨水逐步侵入结合面；

②混凝土板与钢梁接触面封闭不严密，水汽、盐雾等侵蚀结合界面。

因此,除提高混凝土自身抗腐蚀能力外,关键之一是提高混凝土板的性能,使之具备良好的抗渗、防裂、抗冲击能力,确保对有害物的屏蔽;其二,针对结合界面封闭不严密的现象,改进构造细节并采取辅助措施,确保结合部位的密封性能;其三,提高结合部位的钢结构本身的耐蚀能力;其四,确保剪力钉完好。

钢箱内设抽湿设备(控制相对湿度 RH50% 以下),桥面板两侧设滴水檐,防止雨水顺流,保持箱内干燥。

2.5.3 耐久性检测与维护

大桥除了采取合适的综合防腐措施及重视桥梁结构的日常养护外,同时应注重防腐监控。防腐监控是结构检测的一种重要的补充手段,其目的是通过预防手段来维护结构。通过对比检测结果、防腐监控或其他非破坏性试验,寻求最佳措施来调整营运和维修策略。东海大桥除对桥梁结构进行无损防腐监控外,另拟在大乌龟山设置长期暴露试验站,摆放模拟桥梁结构的试件,定期取样试验,以全面掌握实际桥梁结构的腐蚀情况。

上部结构箱梁采用体内预应力,体内预应力系统不能目测其钢缆的腐蚀状况,腐蚀会在毫无察觉的情况下发生,引起毫无征兆的倒塌事故。但体内预应力系统的一个优点是混凝土本身就形成了一层保护层。虽然不能目测到钢筋的情况,但应用非金属导管及无线电和其他无损探测技术可实现对它的检查。射线也可用于检查金属导管中的钢筋,但远不及无线电方便,并且存在安全隐患。另一种措施是将锚具区布置成能够检查到锚具端部的形式,这是一种常用的方法。

所有的上部结构提供用于检查、维护和修理的入口。入口及通道的尺寸和强度满足人员、设备和更换部件的要求,并符合目前的安全标准。

采用可折叠检修车对混凝土主梁外表面进行检查与维护,在混凝土主梁中预留孔道以便安装升降机,供检查与维护墩身之用。

在主通航孔桥与颗珠山大桥两座斜拉桥梁底安装检修行车,可对主梁外表面和混凝土桥面板进行全面的检查与维护。主塔内部设置电梯与步梯供维护人员上下,以检查混凝土质量。塔顶预埋挂钩吊放升降吊篮,检查人员可以全面维护混凝土主塔外表面。

2.6 高性能海工混凝土技术

近年来,人们已经逐步认识到,作为一种结构体系,混凝土仍然具有耐久性这一优点。混凝土结构特别适合用于不利的环境。然而这并不能保证混凝土永久具备其耐久性,大量的工程实例和广泛的研究实验,使人们了解了混凝土的长期性能退化是有众多因素造成的。因此,耐久性设计现在已经达到和按强度设计同等重要的地位。

混凝土的耐久性不能机械地从混凝土结构耐久性中分离出来。混凝土结构耐久性设计,不仅仅是混凝土的耐久性设计,而是混凝土结构的综合设计。从结构物所处的环境、结构的形式出发,选择合适的材料、正确的施工方式以及合适的后期检测养护与维修措施。混凝土结构耐久性设计是一个全方位的设计,其应用应贯穿整个结构使用寿命期。

2.6.1 混凝土使用寿命预测的原理

1. 混凝土使用寿命的定义

混凝土使用寿命的定义和评估,是进行混凝土耐久性方案设计的基础,尤其对于应用于海洋环境的混凝土(我们称之为高性能海工混凝土)。只有在准确预测结构或构件的使用寿命的基础上,才能够科学、经济、合理地确定各种防腐方案,并制定质量控制体系。因而对混凝土使用寿命的定义应从技术性、功能性、经济性这三个方面考虑。

第二届 CEB/RILEM 混凝土结构耐久性国际会议提出了使用寿命的 3 种定义。Maage 等认为,可用多种方法定义使用寿命。他们提出的定义是:从施工开始至加筋处的氯离子达到使混凝土初始裂缝出现的浓度的这一段时间。他们还将海洋结构的使用寿命分为两个阶段,即初始阶段和扩展阶段,且只研究前者。

无论如何定义,使用寿命包含的因素有特定的环境、一定的破坏准则、以概率术语表达等。

2. 费克第二定律对氯离子在混凝土中扩散的理论描述

一般认为,氯离子是通过扩散进入混凝土内部的,扩散是一个缓慢的过程。当混凝土接触氯盐溶液,在混凝土表面与混凝土内部孔隙溶液之间会存在一个浓度梯度,从而产生扩散作用。表面浓度与孔隙溶液之间浓度要谋求达到平衡,浓度梯度便是扩散的驱动力。

扩散是氯离子等其他小粒子自发混合,并由高浓度向低浓度迁移的过程。一般认为,氯离子在混凝土中的扩散遵循费克定律,即自由离子的扩散取决于浓度梯度。费克第一定律表示了它们之间的关系:

$$F = -D\frac{\partial C}{\partial x} \tag{5.2.6.1}$$

式中:F——离子流;

D——扩散系数;

C——x 处孔隙溶液的氯离子浓度;

x——混凝土深度。

在已浇筑完毕的混凝土块体中,氯离子浓度随时间是会变化的,可以建立这样一个关系式:

$$\frac{\partial C}{\partial t} = -\frac{\partial F}{\partial x} \tag{5.2.6.2}$$

式中:t——时间。

将 F 代入上式,便得到以下的微分方程:

$$\frac{\partial C}{\partial t} = -D\frac{\partial^2 C}{\partial^2 x} \tag{5.2.6.3}$$

这便是建立在由氯离子浓度梯度引起扩散基础上的费克第二定律。

我们可以设定相关的边界条件,求解这一微分方程,得到费克第二定律中氯离子扩散系数 D 的计算方法。

$$C_x = C_s\left(1 - \mathrm{erf}\frac{x}{2\sqrt{D_t}}\right) \tag{5.2.6.4}$$

该方程是半无限固体的方程,边界条件为 $t=0$ 时,$C_x=0, 0<x<\infty$;$x=0$ 时,$C_x=C_s, 0<t<\infty$。当 C_x、C_s、x 和 t 已知时便可由非稳定态条件费克第二定律的求解来计算扩散系数 D。

长期以来,人们均采用经典的费克第二定律扩散模型计算混凝土结构的使用寿命,直至 1992 年才认识到这一计算模型过高地估计了氯离子的侵入,预测的使用寿命与实际情况并不完全吻合。在以后的运用中,人们根据工程的实际使用环境,均对费克第二定律进行了修正。

2.6.2　海工混凝土使用寿命的确定

国际标准 ISO2394—1998“结构可靠性总原则”中,关于结构设计的时间概念定义了“设计基准期”和“设计工作寿命”。因此对海工混凝土使用寿命的确定,结构设计的时间是第一要素。

海工混凝土结构使用寿命的确定是建立在钢筋锈蚀过程的预测的基础上。

要满足确定的使用年限,需对海洋环境下的钢筋混凝土使用寿命进行预测。海水中氯离子渗透造成的钢筋腐蚀是钢筋混凝土使用寿命的决定性因素。

一般地,混凝土钢筋发生锈蚀的过程如图 5.2.6.1 所示。

图中，钢筋锈蚀过程可以分成三个阶段：

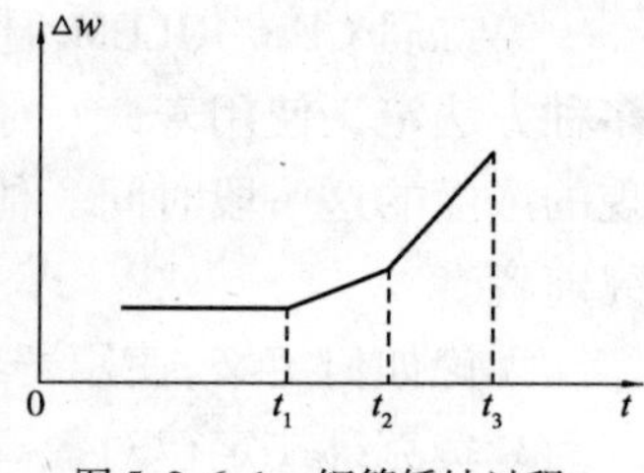

图 5.2.6.1 钢筋锈蚀过程

$0 \sim t_1$ 阶段：碳化前沿达到钢筋表面或侵蚀介质在钢筋—混凝土表面达到临界值，但钢筋钝化膜未发生破裂。这一阶段的主要腐蚀是介质在混凝土中扩散及在钢筋—混凝土表面积累。

$t_1 \sim t_2$ 阶段：介质浓度超过临界值，发生局部腐蚀，腐蚀产物积累导致混凝土局部发生开裂，也即由钢筋表面的钝化膜发生局部破裂至混凝土发生局部开裂的时间。

$t_2 \sim t_3$ 阶段：钢筋大面积腐蚀，混凝土大面积开裂，钢筋腐蚀加速，导致钢筋截面迅速减小，以至使结构性能降至安全允许范围外。

严格意义上，真正的使用寿命应是处于 $t_1 \sim t_2$ 时间段的某一点 T，寿命预测应当是 T 的预测。Gowripalan et al.（2000）等研究指出，在钢筋表面浓度超过临界值时，钢筋开始锈蚀，但钢筋混凝土结构还可以安全使用；从钢筋开始锈蚀到锈蚀膨胀导致混凝土开裂仍然有一段时间，而如果到钢筋锈蚀达到令结构安全性受到威胁（有文献指出，这是指钢筋锈蚀截面损失超过 2% 的时刻）的时间将更长。但是大多数的高性能混凝土使用寿命预测模型，为保险起见将 T 近似地认为等于 t_1，即使用寿命 $T = 0 \sim t_1$ 时段。

东海大桥工程设计使用寿命就定义为，在设计基准期内钢筋不发生锈蚀，即钢筋表面的氯离子浓度不超过设计氯离子临界浓度，即钢筋锈蚀过程图 5.2.6.1 所示的 $0 \sim t_1$ 时间段。

2.6.3 高性能海工混凝土寿命预测评估方法及适用性

1. 海工混凝土使用寿命预测的常用方法

以往，人们对混凝土使用寿命预测通常采用一些相对简易的判别方式进行，这些方法只能给出一个大概值，如：

（1）根据经验预测：常用方法是基于试验或由具有丰富现场经验的专家判断，如现行的《海港工程混凝土结构防腐蚀技术规范》（JTJ 275—2000）。

（2）基于性能比较的预测：已知一种混凝土具有一定时间的耐久性，那么处于相同环境下的相同材料（如混凝土材料）应具有同样的寿命。

（3）快速试验：假设快速试验与长期试验具有相同的机理且混凝土劣化按相同速率进行，则快速试验系数 k 可以表达为：

$$k = v_{st}/v_1$$

式中：v_{st}——快速试验时混凝土的劣化速率；

v_1——长期试验时混凝土的劣化速率。

（4）随机过程方法：用随机概念进行使用寿命预测的方法，在结构可靠度设计时应用较多 。

2. 费克第二定律在海工混凝土使用寿命预测中的应用

费克第二定律是首次应用于东海大桥混凝土使用寿命预测中。由于东海大桥所处的环境，其混凝土使用寿命最主要的影响因素是氯离子浓度梯度引起的扩散，这样便可满足应用费克第二定律的条件。相对于海工混凝土使用寿命预测的常用方法，它更便于量化分析。

（1）混凝土中氯离子扩散系数的测试和取值

要应用费克第二定律，需对混凝土中氯离子扩散系数进行测试以便于取值。

氯离子在混凝土中的迁徙，一般可以用扩散（基于浓度梯度）、渗入（基于液体压力差，一般是水）、虹吸（毛细管压力）等来描述，而实际的混凝土中氯离子运动是上述三种运动形式的复合体。理想的氯离子在混凝土的渗透模型应该对此作综合考虑，但是实际应用模型通常采用描述纯扩散的费克第二定律来代替：

$$C(x,t) = C_s - (C_s - C_0)\mathrm{erf}\left(\frac{x}{2\sqrt{D_{eff}t}}\right) \tag{5.2.6.5}$$

同时以表观扩散系数 D_a 代替有效氯离子扩散系数 D_{eff}，以考虑所有迁徙机制的影响。因此，从理论上说表观扩散系数 D_a 和有效氯离子扩散系数 D_{eff} 的主要区别在于，有效氯离子扩散系数 D_{eff} 描述的是混凝土孔溶液中自由氯离子的扩散；而表观扩散系数 D_a 则是综合描述了氯离子在混凝土中的迁徙，只不过将几种影响因素用一个变量来描述而已。表观扩散系数 D_a 和有效氯离子扩散系数 D_{eff} 之间的关系理论上可以表示为：

$$D_{eff} = kD_a \tag{5.2.6.6}$$

式中：k——介于 0 ~ 1 之间的系数，表示液体压力差、毛细管压力、化学吸附等不同因素对 D_a 的影响。

关于氯离子扩散系数的测定方法，目前主要存在两种，即稳态测试方法和非稳态测试方法（或者浸泡试验）。

①稳态测试方法

试验方法一般是：在混凝土薄片两侧分别放置一个容器，内装 NaCl 溶液和 NaOH 溶液（或水溶液），测定容器内 Cl^- 浓度的变化，用费克第二定律可以求得 D_{eff}（一般称为扩散槽法）。或使用类似装置，但采用通电加速的方法测试混凝土的电导率，用 Nernst-Einstein 和 Nernst-Plank 方程求得 D_{eff}（一般称为电导率法），如 AASHTO T277、ASTM C1202 等。

②非稳态测试方法

试验方法一般是：将混凝土试块密封只留一面暴露，浸泡于一定浓度的 NaCl 溶液或人工模拟海水中一定时间，测定并分析氯离子浓度随混凝土深度的变化曲线，用费克第二定律回归得出 D_a，如 AASHTO T259、Nordtest NTBuild 443 等。

Branz 等的研究结果表明，同一条件相同试块用稳态测试方法得到的 D_{eff} 一般比用非稳态测试方法得到的 D_a 在数值上要小 1 ~ 2 个数量级，如图 5.2.6.2 所示。

然而，海工混凝土使用寿命的预测中的 D_{eff} 与上述意义的 D_{eff} 仍然存在差异。海工混凝土使用寿命的预测中的 D_{eff} 表示的是在考虑了化学吸附、应力状态、环境因素影响等多种因素下的氯离子在混凝土中的有效迁徙，因此其数值介于稳态测试的 D_{eff} 和非稳态测试方法得到的 D_a 之间。

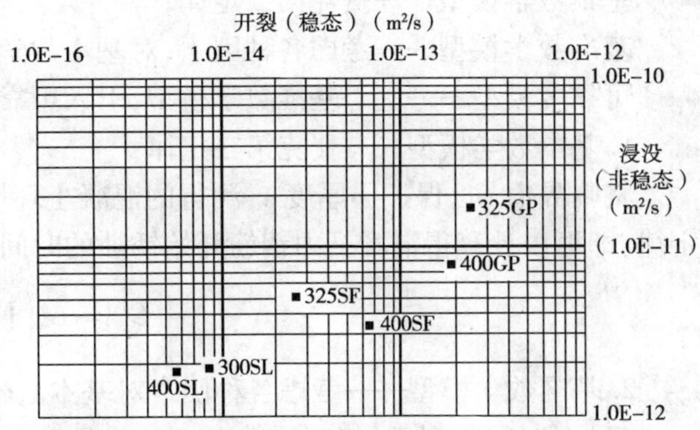

图 5.2.6.2　稳态与非稳态测试方法得到的 D_{eff} 值

稳态测试方法中的氯离子扩散系数的测试无法考虑混凝土在整个使用寿命期间因胶凝材料的成熟、环境变化等引起的性能变化，但是作为一种快速检测方法，其在工程施工期间作为混凝土质量控制手段还是可取的。而非稳态测试方法中的氯离子浓度曲线法，则可以用于评估混凝土使用寿命预测、抗氯离子性能评估以及工程使用状况的长期观测。因而，在本方案中，以氯离子稳态测试方法作为混凝土质量控制手段，以氯离子非稳态测试方法作为工程质量评估和长期使用性能观测手段。

(2) 对费克第二定律的修正

用于海洋环境下的混凝土的使用寿命一般可以定义为从混凝土开始服役到氯离子引起钢筋锈蚀、结构失效的时间。氯离子在混凝土中的扩散目前较为公认的数学模型是以费克第二定律为基础的理论模型。但实际上费克第二定律中存在以下假设：

①扩散介质为均匀介质；

②扩散过程中 Cl^- 不会与扩散介质发生化学或物理反应导致其损失；

③扩散过程是稳定的。

这显然与实际情况有较大差异，因此以经典的费克第二定律扩散模型做混凝土使用寿命的预测并不符合实际情况。使用时，要考虑使用时间、氯离子在混凝土中吸附、应力状态、裂缝、环境温度等方面

对 Cl^- 在混凝土中扩散的影响,对费克第二定律进行必要的修正。

3. 基于可靠度的预测方法

利用可靠度方法建立混凝土使用寿命预测模型的研究至今尚不多见,Prezzi 等对此提出了一系列模型。

(1)假定混凝土为均质、各向同性材料且在混凝土与扩散介质之间无化学反应发生。

(2)氯离子在混凝土中迁移满足费克第二定律:

$$C(x,t) = C_0 + (C_s - C_0)\operatorname{erf}\frac{x}{2\sqrt{D_t}}$$

(3)假设扩散系数为随机函数,其极限状态函数为:$g(D) = C_T - C(D)$,其中 $C(D)$ 为 t 时间、距表面 x 处混凝土中的氯离子的浓度。

如果 $g(D) > 0$,则说明构件处于安全状态,反之亦然。则破坏概率为:

$$P_f = P(C > C_T) = \phi[-\ln(D_T - \lambda_D)/\xi_D] \tag{5.2.6.7}$$

式中:λ_D、ξ_D——对数分布参数;

$\phi(x)$——CDF 的标准正态分布;

D_T——扩散系数临界值。

根据上述各式可以求出在指定破坏概率的条件下混凝土的使用寿命 t。

2.6.4 海工混凝土使用寿命预测系统(MCSLPS)

MCSLPS 海工混凝土使用寿命预测系统的数学模型由三个计算模型组成,分别为:

基本数学模型——费克第二定律;

基准数学模型——考虑各种因素,对基本数学模型进行必要的修正;

可靠度模型——基于基准数学模型,引入可靠度概念。

1. 基本数学模型——费克第二定律

将临界值 C_x,保护层厚度 x,测得的混凝土环境氯离子浓度 C_0 和氯离子扩散系数 D 代入费克第二定律,即可以计算得混凝土内钢筋开始锈蚀的时间 t,即混凝土使用寿命。

$$C_x = C_s\left(1 - \operatorname{erf}\frac{x}{2\sqrt{D_t}}\right)$$

2. 基准数学模型——考虑各种因素对基本数学模型进行必要的修正

(1)对时间的修正(修正系数 k_1)

混凝土暴露时间对扩散系数 D_a 是有影响的。氯离子在混凝土中的扩散系数并不是恒定的,其扩散系数 D_a 随混凝土在氯盐中暴露时间的增长而逐渐减小,并且对于 5~10 年后的 D_a 测试数值要比早期(如60d)的扩散系数小得多。国外文献资料也证实了上述观点,如 Gjorv et al.(1994)发现混凝土试块在海水中浸泡三年的氯离子扩散系数 D_a 值要远远小于其在同等条件下浸泡一年的氯离子扩散系数,Dhiretal.(1991),Maage(2000),P. B. Bbamforth(1999)等也证实了这一点。

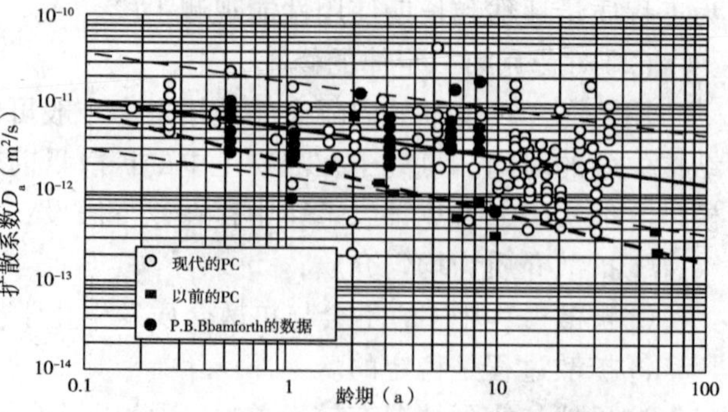

图 5.2.6.3 海洋环境下普通混凝土(OPC)D_a 值随时间的变化

P. B. Bbamforth 通过总结分析,公开发表的试验数据和他在英国海岸 8 年的试验观察结果如图 5.2.6.3、图 5.2.6.4、图 5.2.6.5 所示。认为 D_a 与暴露时间 t 关系可以表示为:

$$D_a(t) = at^n \tag{5.2.6.8}$$

式中:a——D_a 在时间为 1 年时的值;

n——$\lg D_a$ 和 $\lg t$ 的关系曲线的斜率。

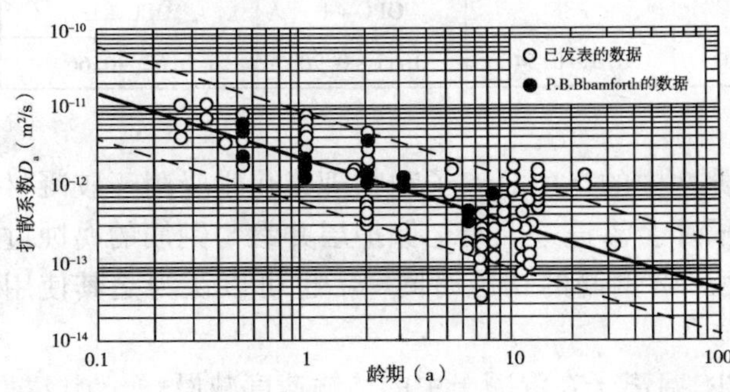

图 5.2.6.4　海洋环境下掺加粉煤灰的混凝土（PFA）的 D_a 值随时间的变化

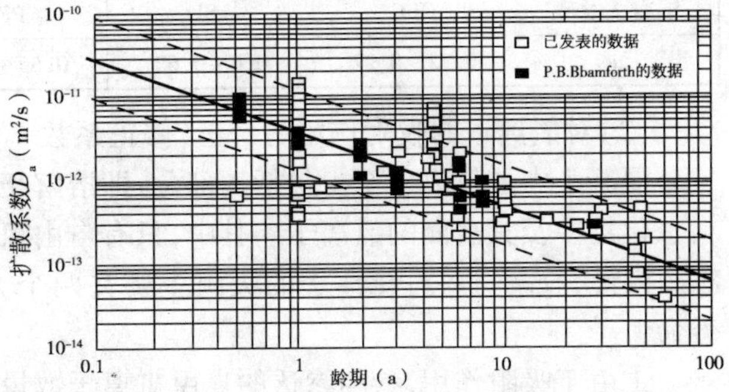

图 5.2.6.5　海洋环境下掺加矿渣的混凝土（PSL）的 D_a 值随时间的变化

回归分析上述图线，得到参数值如表 5.2.6.1 所示。

不同品质混凝土 a、n 值　　表 5.2.6.1

项　目	a	n	项　目	a	n
普通混凝土（OPC）	4.92E－12	－0.264	矿渣混凝土（PSL）	2.34E－12	－0.621
粉煤灰混凝土（PFA）	2.34E－12	－0.699			

Maage 则进一步建议 D_a 与暴露时间 t 关系可以表示为：

$$D_a(t_{e2}) = D_a(t_{e1})(t_{e1}/t_{e2})^a \tag{5.2.6.9}$$

式中：$D_a(t_{e2})$——基于浓度曲线法的 t_{e2} 时刻推算值；

$D_a(t_{e1})$——基于浓度曲线法的 t_{e1} 时刻实测值；

a——系数。

Caoetal.（1999）、Gowripalan et al.（2000）等的研究结果表明 Maage 的经验公式是可行的。

作为对关系曲线的进一步验证和公式参数的确定，我们测试了混凝土在海水浸泡环境下 28～365d 的 D_a 值，并对数据进行了回归分析，如图 5.2.6.6 所示。

图 5.2.6.6 的结果显示，D_a 与暴露时间 t 的变化曲线与 P. B. Bbamforth 和 Maage 等的结果相吻合，即 D_a 随时间 t 的推移有降低的趋势。对于 D_a 变化发展的长期趋势，国外的文献对此也有相关的论述，目前已有的数据表明，混凝土即使在浸泡 30～50 年后其氯离子扩散系数仍然有降低的趋势。

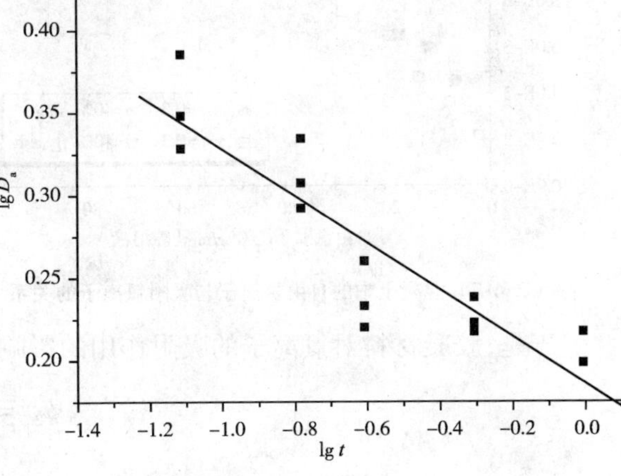

图 5.2.6.6　试验室测试早期氯离子扩散系数的回归曲线

根据试验室整理的氯离子扩散系数回归曲线，设暴露时间 t 对扩散系数 D_a 影响的时间修正系数为 k_1，则：

$$k_1 = \left(\frac{t_{e1}}{t_{e2}}\right)a \tag{5.2.6.10}$$

式中：a——$\lg D_a$ 和 $\lg t$ 的关系曲线的斜率，称之衰减指数，不同品质混凝土的衰减指数见表 5.2.6.2；

t_{e1}——暴露起始时间；

t_{e2}——稳定时间。

衰减指数 a 的取值 表 5.2.6.2

混凝土类型	OPC	PSL	PFA	PSF	OPC + I	OPC + Ⅱ
a	0.22 ~ 0.27	0.6 ~ 0.62	0.65 ~ 0.70	0.5 ~ 0.54	0.65 ~ 0.70	0.62 ~ 0.66

(2)对氯离子的吸附作用的修正(修正系数 k_2)

混凝土中的氯离子至少包括两部分,即溶解于孔隙水中的自由氯离子和物理或化学吸附于胶凝材料水化物中及其表面的氯离子。其中,只有自由氯离子才会渗透过混凝土保护层并参与钢筋的腐蚀过程。因此,胶凝材料对氯离子的吸附主要在两个方面影响钢筋的锈蚀时间——也可以认为是其使用寿命:

①由于吸附作用,参与渗透的自由氯离子数量减少,氯离子在混凝土中的传输速度减慢;

②降低钢筋表面氯离子浓度。

L. O. Nilsson 等发现混凝土中总氯离子浓度(total chloride concentration)、结合氯离子浓度(bound chloride concentration)、自由氯离子浓度(free chloride concentration)之间的关系为:

$$C_t = C_b + w_e C_f$$

典型关系如图 5.2.6.7 所示。

则有效氯离子扩散系数就可以表示为:

$$D_{eff} = \frac{D_c}{1 + \frac{1}{w_e}\frac{\partial C_b}{\partial C_f}} \tag{5.2.6.11}$$

式中:w_e——孔隙水含量。

基于上述公式,并根据不同的吸附原理以修正 D_a 值,如图 5.2.6.8 所示。

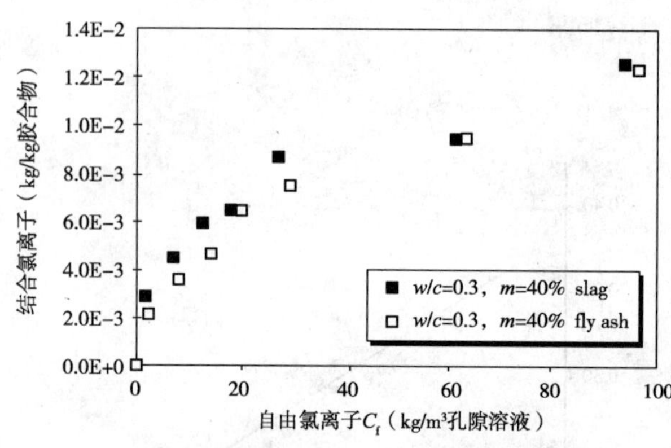

图 5.2.6.7 混凝土中的自由氯离子与吸附氯离子的关系

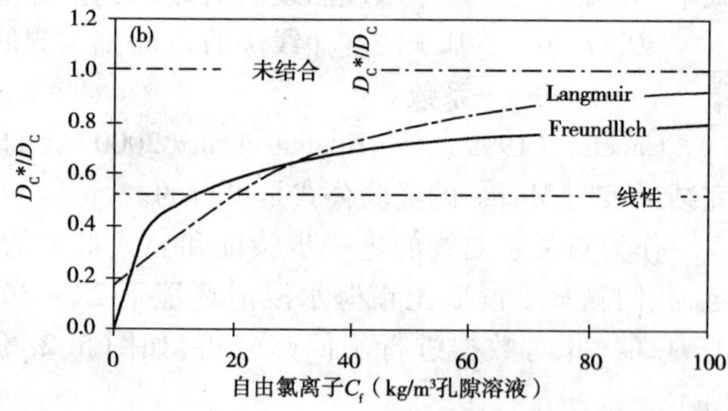

图 5.2.6.8 孔隙溶液 Cl^- 浓度为 2.5kg/m³ 时的 D_a 值修正

于是,胶凝材料对氯离子的吸附作用的影响,其修正系数 k_2 可表示为:

$$k_2 = \frac{1}{1 + \frac{1}{w_e}\frac{\partial C_b}{\partial C_f}} \tag{5.2.6.12}$$

并给出不同品质混凝土吸附修正系数 k_2 的取值,见表 5.2.6.3。

吸附修正系数 k_2 的取值 表 5.2.6.3

混凝土类型	OPC	PSL	PFA	PSF	OPC + Ⅰ	OPC + Ⅱ
k_2	0.70 ~ 0.90	0.60 ~ 0.70	0.60 ~ 0.70	0.70 ~ 0.80	0.60 ~ 0.70	0.60 ~ 0.70

(3)混凝土内应力和裂缝的修正(修正系数 k_3)

不同的混凝土应力状态将在多方面影响氯离子在混凝土中的运动。在使用寿命预测模型中,可以用对 D_a 值的修正来考虑其对使用寿命的影响。Gowripalanetal.(2000),Mehta and Monteiro(1993)等研究了混凝土在不同压应力状态下氯离子扩散系数的变化。V. Sirivivatnanon et al.(2000)非线性回归了混凝土的氯离子扩散系数和压应力状态的关系：

$$D_c^{\sigma} = D_c^0[1 - 1.42(f_c/f'_c) + 1.69(f_c/f'_c)^2] \tag{5.2.6.13}$$

式中：D_c^{σ}——某压应力状态下混凝土的氯离子扩散系数；

D_c^0——无压应力时混凝土的氯离子扩散系数；

f_c/f'_c——混凝土压应力与抗压强度的比值。

而对于处于拉应力状态下的混凝土氯离子扩散系数，则可以直接线性修正其 D_a 值。

Rostam(1996)首先提出混凝土开裂会影响氯离子扩散进入混凝土中的速率，进而影响其使用寿命(service life,SL)。

由于在裂缝部位，氯离子的扩散不再是半无限的一维扩散。裂缝中将充满盐水，在裂缝面上也将存在扩散现象。因此，裂缝区域混凝土的氯离子扩散系数将有所增大。很多研究结果显示，邻近裂缝区域的钢筋表面的氯离子浓度相比较于无裂缝区域有所增加。UNSW/CSRIO 的一个联合研究组研究了海水环境下微观和宏观裂缝对混凝土抗氯离子渗透性能的影响，其结果验证了上述观点，如图 5.2.6.9 和图 5.2.6.10 所示。

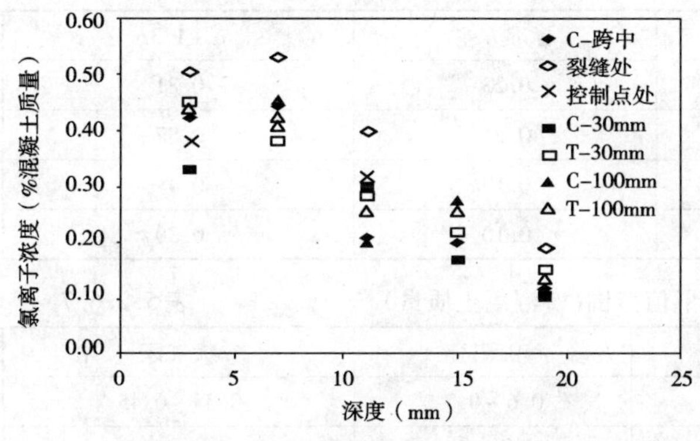

图 5.2.6.9　混凝土裂缝对氯离子扩散的影响

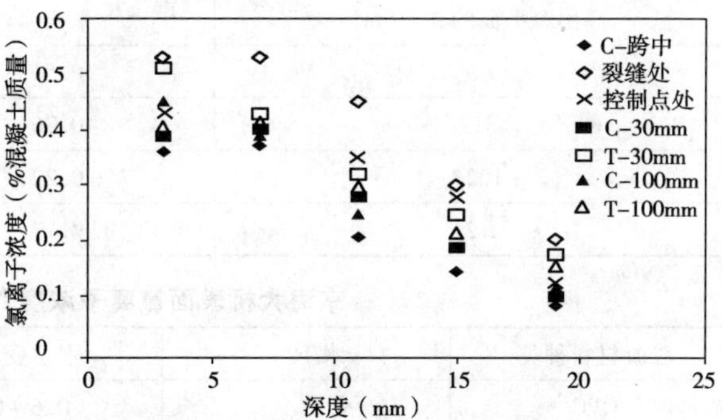

图 5.2.6.10　混凝土裂缝对氯离子扩散的影响

大多数的使用寿命预测模型并没有考虑到混凝土裂缝影响，特别是微裂缝。对于实际的模型而言，裂缝的影响可以通过线性修正氯离子扩散系数 D_a 来确定，也可线性修正混凝土表面氯离子浓度 C_s。

考虑到内应力和裂缝修正的复杂性，V. Sirivivatnanon et al.(2000)等给出了线性修正的经验公式：

$$D_c^* = kD_c \tag{5.2.6.14}$$

式中：k——与混凝土内应力状态、裂缝宽度、裂缝分布等有关的参数。

于是，混凝土应力和裂缝对 D_a 的影响的修正系数 $k_3 = \theta$，并依据线性修正的经验公式，给出混凝土在拉应力和压应力下，有无裂缝状态的 θ 值，见表 5.2.6.4。

应力和裂缝修正参数 k_3 的取值　　表 5.2.6.4

混凝土状态	拉应力	压应力
有裂缝	1.2~1.3	1.0~1.1
无裂缝	1.0~1.1	0.8~0.9

(4)对环境温度的修正(修正系数 k_4)

关于环境温度对于腐蚀速率的影响，国内外已有共识，即一般来说腐蚀速率随环境温度的升高而增大。由于氯离子渗透研究的难度和时间上的要求，关于环境温度对海洋环境下氯离子在混凝土中渗透的影响的讨论并不多。但是 Evardsen 和 Mohr 等在比较年平均温度分别在 10℃和 30℃左右的北欧地区和中东地区的海工混凝土时，发现不同环境温度下氯离子的有效扩散系数 D_a 差别明显，如北欧地区海工混凝土的有效氯离子扩散系数($10^{-12}m^2/s$)只有同期中东地区相同混凝土的 1/4。

根据类比法，我们取环境温度对 D_a 的影响的修正系数为 k_4，则 $k_4 = \xi$，并给出其在不同温度条件下的值，见表 5.2.6.5。

温度修正参数 k_4 的取值 表5.2.6.5

温度(℃)	<5	5~15	15~25	25~35	>35
k_4	0.60	0.6~0.8	0.8~1.2	1.2~2.0	—

于是,在对基本数学模型——费克第二定律进行必要的修正的基础上得到基准数学模型为:

$$t = \frac{x^2}{2k_1k_2k_3k_4D_a}\left[\operatorname{erf}^{-1}\left(\frac{C_s - C_c}{C_s - C_i}\right)\right]^{-2} \tag{5.2.6.15}$$

式中:C_c——钢筋锈蚀临界氯离子浓度,表5.2.6.8给出了锈蚀危险性与氯离子浓度的关系,供结构在不同使用要求下选用;

C_i——混凝土初始氯离子浓度。

根据国外的桥梁在海洋环境中不同海平面高度的混凝土表面氯离子浓度的统计资料(见表5.2.6.6),结合东海大桥结构所处的海洋环境,给出不同品质混凝土的表面氯离子浓度值,见表5.2.6.7。

挪威 Gimsφystraumen 大桥不同海平面高度处混凝土表面氯离子浓度 表5.2.6.6

高出海平面的高度(m)	平均值	标准方差	$\mu+1.3\sigma$
03	0.51	0.23	0.81
312	0.36	0.24	0.87
1224	0.22	0.19	0.47
>24	0.17	0.10	0.30

东海大桥表面氯离子浓度 C_s 的取值范围(%混凝土质量) 表5.2.6.7

胶凝材料种类	水下区	水位变动区	浪溅区	大气区
OPC	—	0.6~0.7	0.6~0.7	0.35~0.45
PSL	—	0.7~0.9	0.7~0.9	0.45~0.55
PFA	—	0.7~0.9	0.7~0.9	0.45~0.55
PSF	—	0.6~0.7	0.6~0.7	0.45~0.55
OPC+Ⅰ	—	0.7~0.9	0.7~0.9	0.45~0.55
OPC+Ⅱ	—	0.7~0.9	0.7~0.9	0.45~0.55

锈蚀危险性与氯离子浓度的关系(%混凝土质量) 表5.2.6.8

Cl^-浓度,占胶凝材料质量(%)	Cl^-浓度,占混凝土质量(假定胶凝材料440kg/m³)(%)	锈蚀危险性
>2.0	>0.36	肯定
1.0~2.0	0.18~0.36	很可能
0.4~1.0	0.07~0.18	可能
<0.4	<0.07	可忽略

混凝土材料在进料时,我们可以对水泥、掺和料等氯离子含量预先提出使用要求,这便是混凝土初始氯离子浓度。

3.可靠度模型——基于基准数学模型引入可靠度概念

在采用概率统计方法进行结构工作寿命的设计计算时,结构可靠度 Z 可以表示为:计算抵抗"破坏"的抗力与环境荷载和作用 F 之间的差值,即结构可靠度 Z 定义为极限状态函数 $Z=R-F$。结构失效的概率 P_f 定义为最大目标概率 P_{target}(取决于安全度的要求),表示为:

$$P_f = P\{Z < 0\} < P_{target}$$

对于正态分布,失效概率可以表达为:

$$P_f = \Phi(-\mu_z/\sigma_z) = \Phi(-\beta)$$

其中的 β 即为可靠度指数，表示结构安全、适用和耐久的程度。

在海洋环境中，结构"失效"的状态定义为在保护层深度处 Cl^- 浓度达到引起钢筋锈蚀的临界 Cl^- 浓度。因此抵抗"破坏"的抗力就是混凝土保护层厚度 X_{cover}，而环境荷载和作用 F 即是氯离子在混凝土中的迁移。

对于实际工程而言，氯离子扩散系数 D_a 和保护层厚度是具有统计分布特性的变量，它们对混凝土使用寿命预测影响较大（见图 5.2.6.11）。

根据上述定义，混凝土破坏的概率 P_f，可以表达为：

$$P_f = P\{X_{cover} - X_{crit} < 0\} \tag{5.2.6.16}$$

式中：X_{cover}——混凝土保护层厚度；

X_{crit}——氯离子浓度等于临界浓度时对应的混凝土深度，可以用基准数学模型求得。

X_{cover} 服从正态分布 $N(\mu X_{cover}, \sigma X_{cover})$，$X_{crit}$ 服从正态分布 $N(\mu X_{ctit}, \sigma X_{crit})$，且 μX_{ctit} 和 σX_{crit} 可分别表示为：

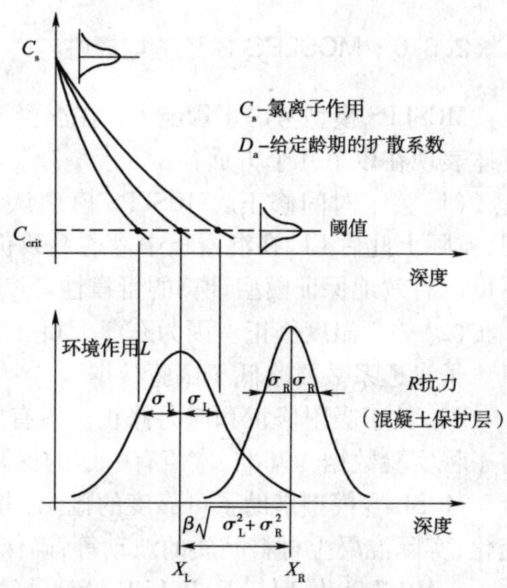

图 5.2.6.11　氯离子扩散系数 D_a 和保护层厚度对混凝土使用寿命预测的影响

$$\mu X_{crit} = 2\sqrt{\mu_{D_{eff}}}\,\mathrm{erf}^{-1}\left(\frac{C_s - C_c}{C_s - C_I}\right) \tag{5.2.6.17}$$

$$\sigma_{X_{crit}} = \frac{\partial X_{crit}}{\partial D_{eff}}\sigma_{D_a} = \sqrt{\frac{t}{D_{eff}}}\,\mathrm{erf}^{-1}\left(\frac{C_s - C_c}{C_s - C_I}\right)\sigma_{D_a} \tag{5.2.6.18}$$

$$\mu_{D_{eff}} = k_1 k_2 k_3 k_4 \mu_{D_a} \tag{5.2.6.19}$$

则破坏概率 P_f 为：

$$P_f = \Phi\left(\frac{\mu_{X_{cover}} - \mu_{X_{crit}}}{\sqrt{\sigma_{X_{cover}}^2 + \sigma_{X_{crit}}^2}}\right) = \Phi(-\beta) \tag{5.2.6.20}$$

于是，给定可靠度指数就可以推算出其使用寿命，或者推算给定时刻的混凝土的破坏概率。

2.6.5　MCSLPS 系统的开发及其应用

MCSLPS 海工混凝土使用寿命预测系统是建立在上述的理论基础之上，利用计算机对所建立的数学模型进行数值解的计算。MCSLPS 的核心程序是用 Visual C + + 高级编程语言编写的，其人机界面风格则是类似于 Windows 界面风格，人机交互简便易学易用。MCSLPS 海工混凝土使用寿命预测系统经过数次更新，目前的最新版本为 V1.2。

MCSLPS 系统的主要界面如图 5.2.6.12 所示。

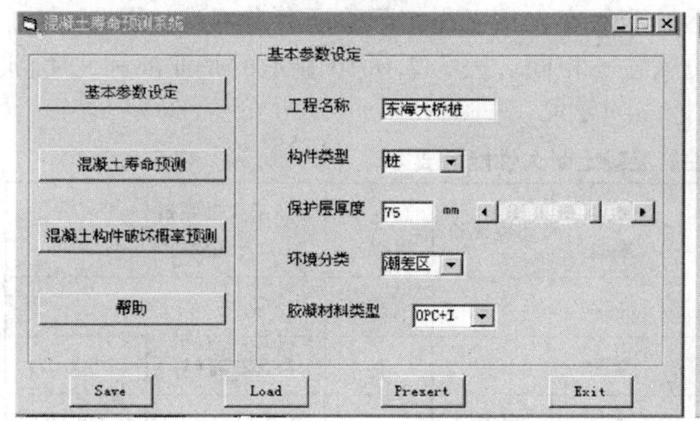

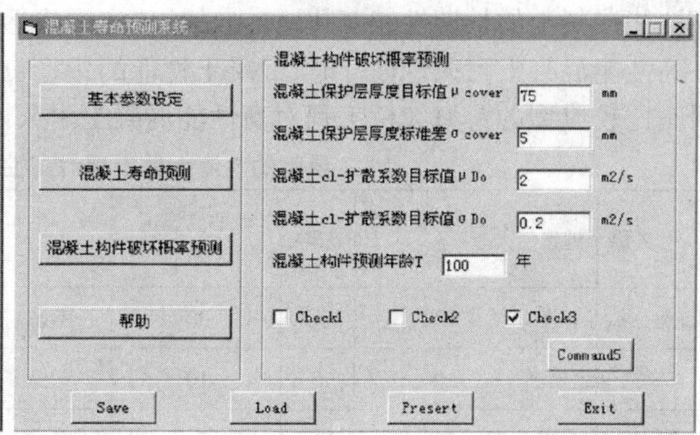

图 5.2.6.12　MCSLPS V1.0 用户界面

2.6.6 MCSLPS 模型的可靠性

MCSLPS 模型考虑了影响 Cl^- 在混凝土中渗透的各个要素，但在参数取值方面，具有很大的保证性，具体表现在以下几个方面：

（1）关于时间修正。MCSLPS 模型认为 10 年后 Cl^- 在混凝土中渗透趋于稳定，然而，前述资料表明，实际上此后 Cl^- 在混凝土中渗透系数仍有降低。因此，模型取 10 年后混凝土氯离子扩散系数为下界可以有效地保证模型计算的可靠性。

（2）关于温度修正。因为东海大桥工程年平均温度为 15.8℃，较试验室温度（20℃）低，故实际的氯离子渗透系数要略低于试验数据。

（3）关于吸附修正和应力修正。掺有复合掺和材料的混凝土对 Cl^- 的吸附较大，但模型取值仍以已有工程实验数据为基准，取值有一定的保险系数。应力修正也类似。

MCSLPS 模型借助了可靠度的概念，考虑了实际工程可变因素，如实际工程中混凝土保护层厚度的变化、实际混凝土材料品质的波动等，确保在一定保证概率（95%）下的结构使用寿命。

1. MCSLPS 模型与 N. P. LEE 模型计算结果的比较

将上节方案部分的各种构件的参数和环境参数分别输入 MCSLPS 模型与 N. P. LEE 模型计算其使用寿命，其结果如表 5.2.6.9 所示。

MCSLPS 模型与 N. P. LEE 模型计算所得的使用寿命 表 5.2.6.9

构件名称	环境分区	混凝土保护层厚度（mm）	Cl^- 扩散系数 D_a（$10^{-12}m^2/s$）	MCSLP 模型预测结果（年）	N. P. LEE 模型预测结果（年）
桩	潮差区	75	3.0	92	119
承台	浪溅区	90	2.5 或 3.0	129 或 107	171
墩柱	浪溅区	70	2.0	103	130
墩柱	大气区	50	2.0	110	132
墩柱内侧	按大气区计算	40	2.0	99	133
箱梁	大气区	40	1.5	119	178

从表中可以看出，二者预测的各构件使用寿命均接近或超过 100 年。但 MCSLPS 模型的计算结果均要较 N. P. LEE 模型的计算结果小，主要是因为 MCSLP 模型应用了可靠度的概念。因此这至少可以说明：

第一，本方案从使用寿命的角度来说是安全可靠的；

第二，MCSLPS 模型是安全可靠的。

2. 与国内外实际工程的对比

在海工工程中用高性能混凝土改善混凝土结构的整体耐久性也不过是最近 20 年才开始的，而对于高性能混凝土的长期性能变化，特别是抗氯离子渗透性能的变化的工程实际验证存在困难。因此，在海工高性能混凝土耐久性设计时，混凝土性能的指标也就各不相同。表 5.2.6.10 显示的是亚洲和北美洲两座比较典型的跨海大桥工程对高性能混凝土耐久性能的要求。

典型的跨海大桥工程对高性能混凝土耐久性能的要求 表 5.2.6.10

工程名称	地区	设计使用寿命（年）	冻融	年平均温度（℃）	碱—集料反应	收缩及裂缝	环境评价	高性能混凝土	氯离子扩散系数（10^{-12} m^2/s）	电量 C
工程一	亚洲	120	无	30	考虑	考虑	严酷	有	<2.0 左右（84d）	
工程二	北美洲	100	有	10	考虑	考虑	严酷	有	<0.5 左右（1a）	<1 000（1a）
东海大桥	上海	100	无	15.8	考虑	考虑	中等	有	<2.0 左右（90d）	<1 000（28d）

工程一对混凝土抗氯离子性能要求主要通过28d、56d、84d的混凝土中氯离子浓度曲线分布来限制，氯离子浓度界限曲线如图5.2.6.13所示，而由浓度曲线回归计算等效氯离子浓度见图5.2.6.14、图5.2.6.15和图5.2.6.16。

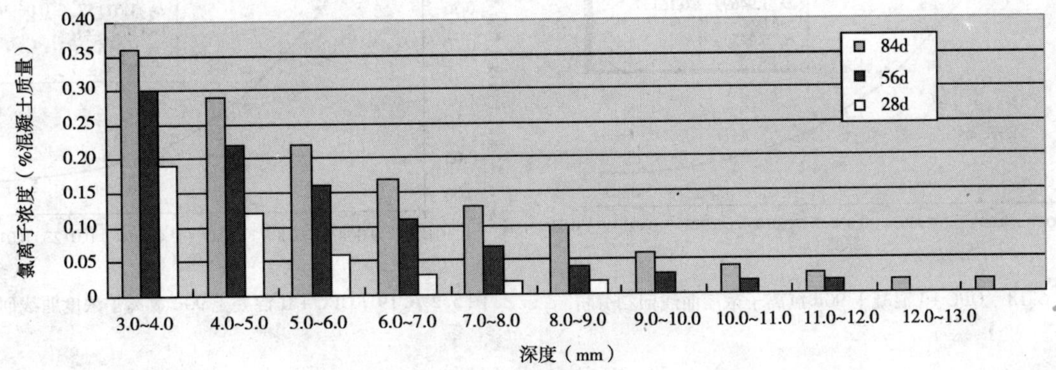

图5.2.6.13　工程一中大桥混凝土氯离子浓度界限曲线

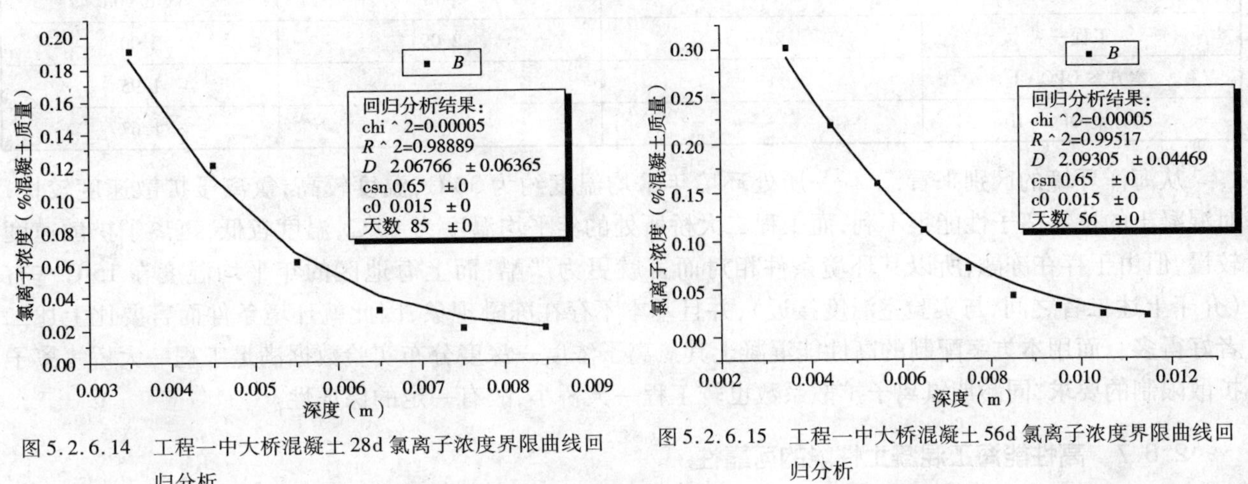

图5.2.6.14　工程一中大桥混凝土28d氯离子浓度界限曲线回归分析

图5.2.6.15　工程一中大桥混凝土56d氯离子浓度界限曲线回归分析

本方案所用到的两种混凝土90d氯离子试验浓度曲线如图5.2.6.17所示，而由浓度曲线回归计算的等效氯离子浓度见图5.2.6.18和图5.2.6.19。

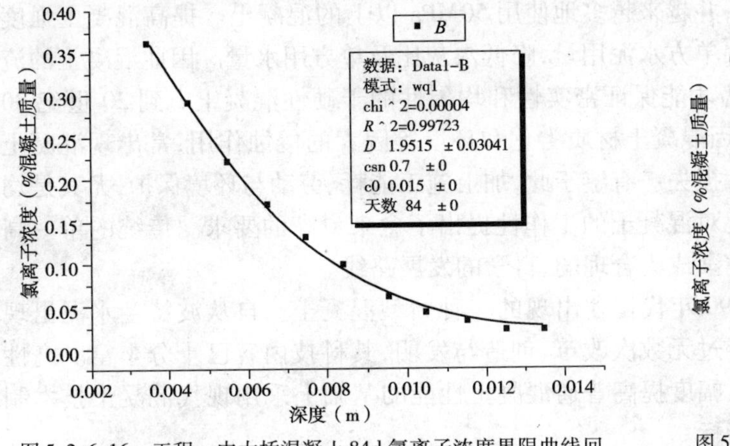

图5.2.6.16　工程一中大桥混凝土84d氯离子浓度界限曲线回归分析

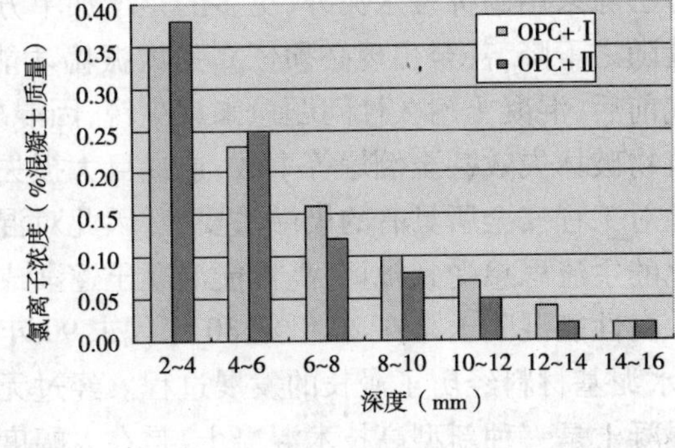

图5.2.6.17　OPC+Ⅰ和OPC+Ⅱ型混凝土90d氯离子浓度曲线

比较上述二图各深度的氯离子浓度，可以发现本方案的OPC+Ⅰ和OPC+Ⅱ型混凝土的氯离子浓度曲线均符合工程一大桥中的氯离子浓度界限曲线的要求，其换算氯离子扩散系数对比如表5.2.6.11所示。

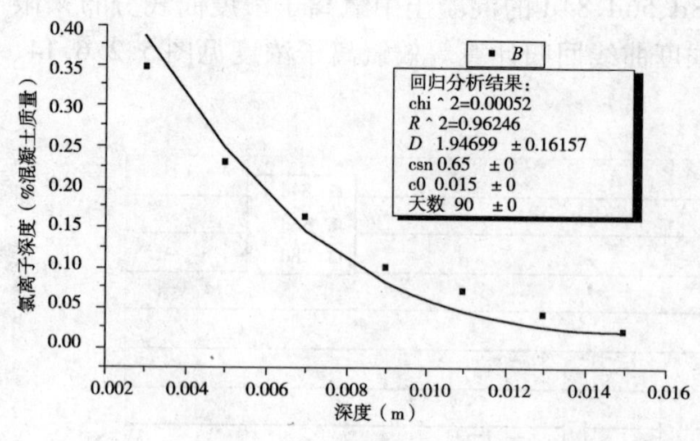

图5.2.6.18 OPC+I混凝土90d氯离子浓度曲线回归分析

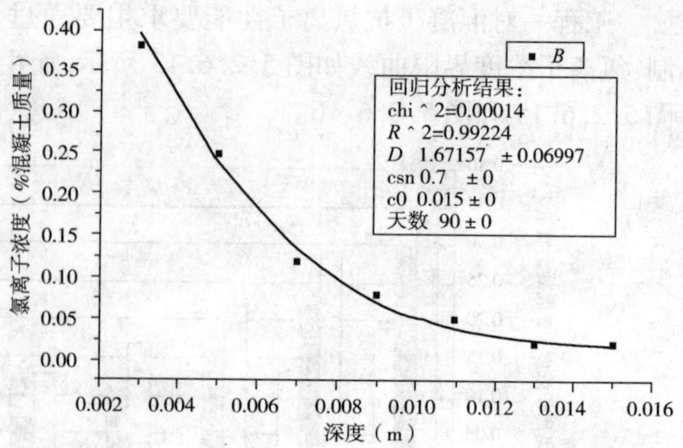

图5.2.6.19 OPC+II混凝土90d氯离子浓度曲线回归分析

换算氯离子扩散系数对比（单位：10^{-12} m^2/s） 表5.2.6.11

项　目	28d	56d	84d/90d
工程一	2.07	2.09	2.00
本方案OPC+I	—	—	1.95
本方案OPC+II	—	—	1.67

从海洋环境的区别来看，工程一所处环境年平均温度约为30℃，温度较高，氯离子扩散速度较快，对混凝土的抗氯离子性能很不利；而工程二大桥所处的年平均温度为10℃，温度较低，氯离子扩散速度较慢，但由于存在冻融，所以其环境条件相对而言就更为严酷；而上海地区的年平均温度在15℃左右（介于上述二者之间，与实验室温度接近），并且基本不存在冻融现象，因此就环境条件而言要比上述二者好得多。而用本方案配制的高性能混凝土其氯离子浓度—深度分布实验数据满足工程一大桥氯离子扩散限制的要求，同龄期氯离子扩散系数也较工程一大桥小，故有一定的保证性。

2.6.7 高性能海工混凝土性能的可靠性

近百年来，水泥与水泥基材料的总的发展趋势是不断提高强度。尤其是近50年来，片面追求强度而忽视其他性能的倾向造成水泥生产向大幅度增加细度和硅酸三钙、铝酸三钙的含量发展，水泥标号或28d胶砂抗压强度从30MPa猛增到60MPa，并越来越多地使用50MPa以上的混凝土。提高混凝土强度的方法除采用高标号水泥外，更多的是增加单方水泥用量，降低水灰比及单方用水量。因此混凝土的流动性随之下降，甚至出现必须依靠强力振捣才能保证密实性和均匀性的干硬性混凝土。到20世纪80年代前后，混凝土耐久性问题愈来愈尖锐，因混凝土材质劣化和环境等因素的侵蚀作用，常出现混凝土建筑物破坏失效甚至倒塌等事故，造成巨大损失。有鉴于此，加上施工能耗、劳动与环境保护，尤其是均匀性对工程安全所具有的极端重要性，因此对混凝土的工作性提出了愈来愈高的要求。传统的单一高强化的主流思想受到批评，高性能混凝土逐渐成为合理的、科学的发展路线。

高性能混凝土是在20世纪80年代末90年代初才出现的一种新型混凝土。自从波特兰水泥出现后，水泥基材料经历了漫长的发展过程。经过无数次改革、创造与发明，其科技内容已十分丰富。高性能混凝土是一种新型高技术混凝土，是在大幅度提高普通混凝土性能的基础上采用现代混凝土技术制作的混凝土，它以耐久性作为设计的主要指标。

而就用于海工环境下的建筑材料而言，自1849年以来，水泥基混凝土材料广泛用于包括灯塔在内的各类建在沿海的混凝土构筑物。在严酷的含盐分的海水、海风作用下，有的能够长期保持耐久性，使用至今依然完好。但也有大量的混凝土构筑物因为混凝土品质劣化，发生崩溃、瓦解、破坏等，如二战后美国等国家建设的桥梁、海港工程及一些沿海建筑物等。这引起了工程界和学术界的极大关注。近20

年来,通过对海洋环境下混凝土材料性能的广泛研究和不断的工程应用实践,人们发现根据海洋环境下的特殊要求并有针对性地开发出的高性能混凝土可以有效提供对钢筋的保护,或者说高性能混凝土的出现几乎是传统钢筋混凝土结构应用于海洋环境的最佳选择。

1. 高性能混凝土的物理力学性能

(1)混凝土的抗压强度

以下三张图列举了三个系列混凝土的抗压强度发展趋势,其中图5.2.6.20、图5.2.6.21、图5.2.6.22的胶凝材料总量分别为370kg/m³,400kg/m³,470kg/m³。根据《混凝土力学性能试验方法》(GBJ 81—85)的方法,测试混凝土3d、7d、14d、28d、60d、90d的抗压强度,其中,OPC代表胶凝材料全部用硅酸盐52.5II型水泥;OPC + I 表示胶凝材料为硅酸盐水泥和高性能海工混凝土专用掺和材料I型,其比例为4∶6;OPC + II 表示胶凝材料为硅酸盐水泥和高性能海工混凝土专用掺和材料II型,其比例为4∶6。

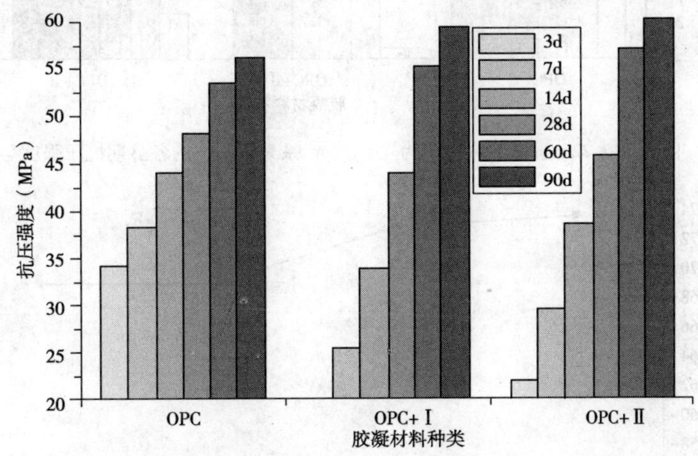

图5.2.6.20　胶凝材料总量为370kg/m³系列混凝土的各龄期抗压强度

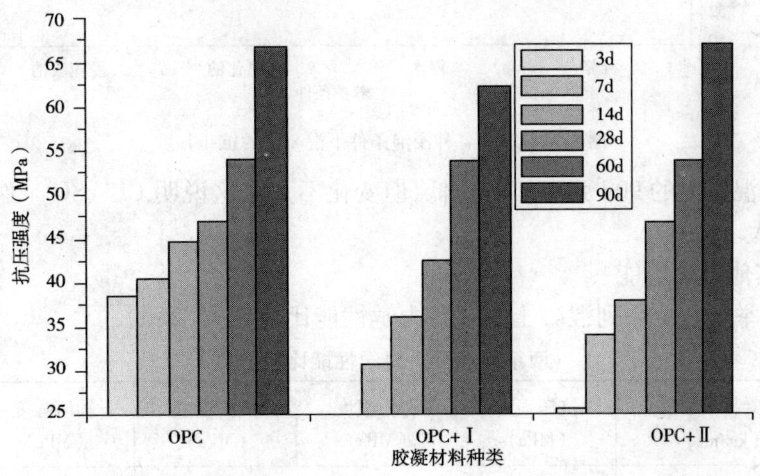

图5.2.6.21　胶凝材料总量为400kg/m³系列混凝土的各龄期抗压强度

从试验结果分析,各强度等级的掺Ⅰ型、Ⅱ型掺和料的混凝土的早期强度较等胶凝材料用量的水泥混凝土略低,但28d强度已和等胶凝材料用量的水泥混凝土持平,60d、90d强度几乎超过了普通混凝土。

掺有掺和材料的混凝土的早期强度较普通混凝土略低,强度发展慢,但28d强度可满足设计强度等级要求,在后期强度仍有增长。

(2)混凝土在腐蚀环境下的抗压强度

图5.2.6.23说明了C50混凝土在拆模后,在水、3.0% NaCl溶液、3.0% Na_2SO_4 溶液浸泡下,与标准

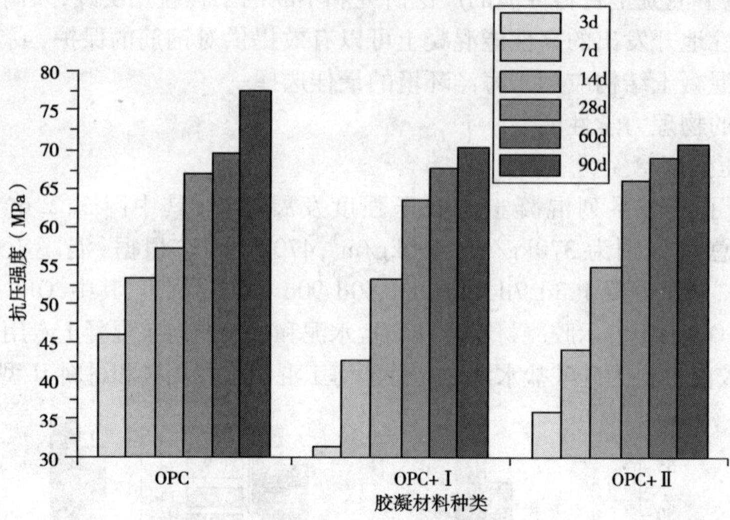

图 5.2.6.22 胶凝材料总量为 470kg/m³ 系列混凝土的各龄期抗压强度

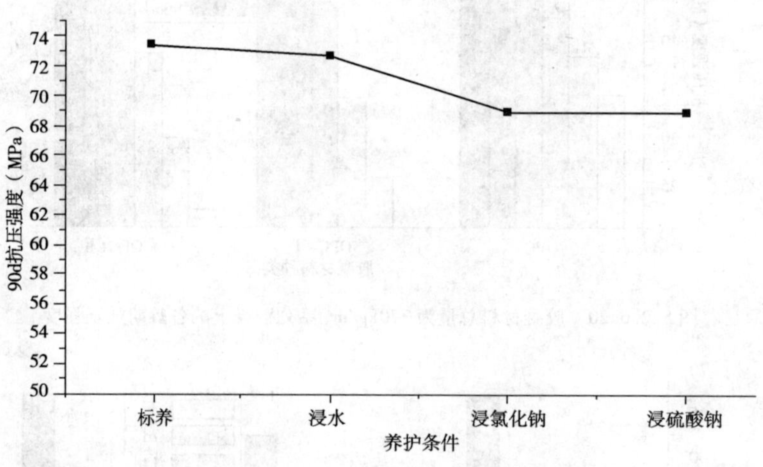

图 5.2.6.23 各种浸泡条件下混凝土的抗压强度

养护的混凝土相比，混凝土的 90d 强度略有降低，但变化不大。这说明 Cl^-、SO_4^{2-} 腐蚀环境对混凝土的力学性能的影响不大。

(3)混凝土的其他力学性能

表 5.2.6.12 列举了两个系列混凝土的一些力学性能比较数据(28d)。

两系列混凝土力学性能比较数据 表 5.2.6.12

混凝土种类	胶凝材料总量（kg/m³）	抗压强度（MPa）	劈拉强度（MPa）	抗折强度（MPa）	轴压强度（MPa）	弹性模量（10^4MPa）
OPC	350	43.3	4.0	7.4	29.4	3.35
OPC + I		38.7	3.9	7.7	26.7	3.27
OPC + II		41.0	4.1	7.6	28.9	3.55
OPC	450	58.5	4.0	9.0	32.2	3.69
OPC + I		52.4	3.9	8.7	31.3	3.65
OPC + II		66.7	4.5	9.9	32.9	4.13

表中结果说明，高性能海工混凝土的各种力学性能 28d 结果与等胶凝材料用量的水泥混凝土结果区别不大。

(4)混凝土的收缩

与等胶凝材料用量的水泥混凝土相比(如图5.2.6.24所示),掺有Ⅰ型和Ⅱ型高性能海工混凝土专用掺和料的混凝土收缩有所降低,且水胶比对混凝土的收缩影响较大。胶凝材料用量较少的混凝土因水胶比较大,故收缩也较大,且水胶比越小,掺和料对于收缩的抑制作用越明显。

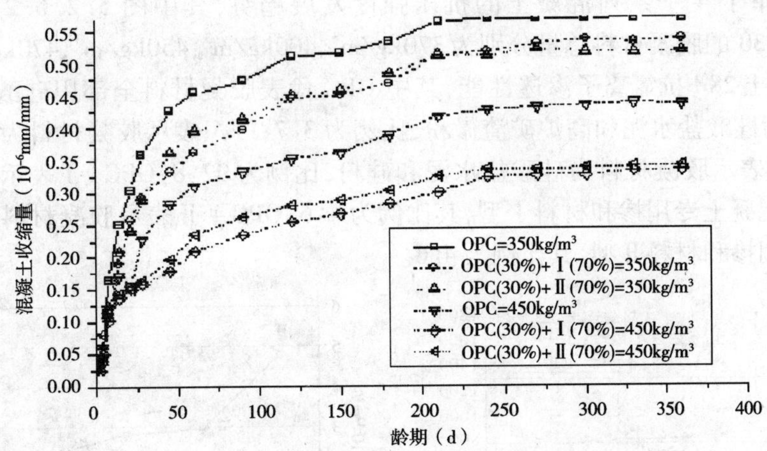

图5.2.6.24 各龄期混凝土的收缩量

2. 高性能海工混凝土的耐久性能

(1)混凝土的抗渗、抗冻和抗碳化性能(表5.2.6.13)

混凝土的抗渗、抗冻和抗碳化性能 表5.2.6.13

胶凝材料品种	水胶比	胶凝材料用量	抗渗性能		抗冻性能(100次)		抗碳化性能	
			最大渗水压力(MPa)	渗水高度(mm)	质量损失(%)	相对动弹性模量损失(%)	碳化深度(mm)	碳化后混凝土强度损失(%)
OPC(100%)	0.32	470kg	2.5	20.5	0.7	7.2	0.20	0.50
OPC(40%)+Ⅰ(60%)			2.5	6.6	0.5	6.8	0.17	0.38
OPC(40%)+Ⅱ(60%)			2.5	5.4	0.4	6.4	0.14	0.37

表5.2.6.13表明,掺有海工混凝土专用掺和材料的混凝土可有效改善混凝土的抗渗、抗冻和抗碳化性能,与基准混凝土相比,其耐久性能有所提高。

(2)掺有Ⅰ型和Ⅱ型高性能混凝土掺和材料的水泥的抗硫酸盐性能

参照《尿酸》(GB 2440—81),对基准水泥、掺有Ⅰ型和Ⅱ型高性能混凝土掺和材料的水泥的抗硫酸盐性能进行测试,结果如图5.2.6.25所示。

试验结果说明,高性能海工混凝土专用掺和材料可有效改善基体的抗硫酸盐侵蚀性能。

(3)掺有Ⅰ型和Ⅱ型高性能混凝土掺和材料的水泥的抑制碱—集料反应性能

参照CECS48:93,对基准水泥、掺有Ⅰ型和Ⅱ型高性能混凝土掺和材料的水泥的抑制碱—集料反应性能测试结果如图5.2.6.26所示。

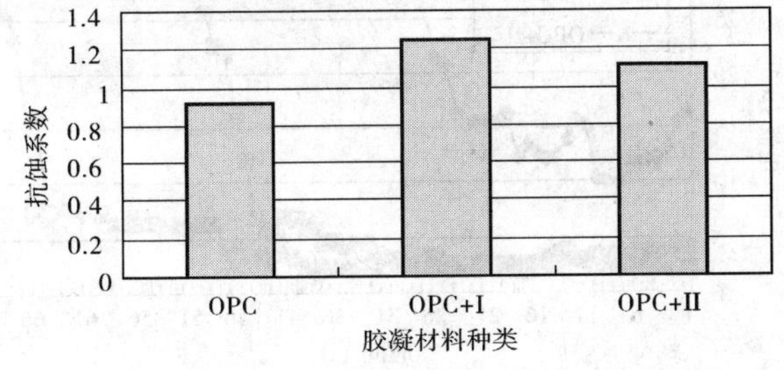

图5.2.6.25 不同胶凝材料抗硫酸盐性能比较

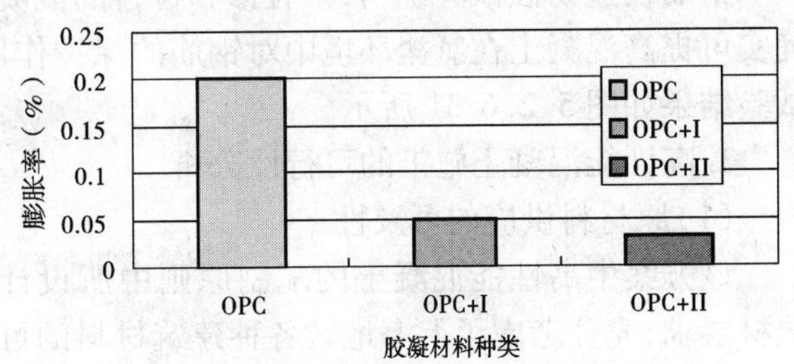

图5.2.6.26 胶凝材料抑制碱—集料反应性能

试验结果说明,高性能海工混凝土专用掺和材料可有效抑制碱—集料反应。

(4)高性能海工混凝土的耐氯离子渗透性能

①抗氯离子渗透性能

以下4张图列举了4个系列混凝土的抗压强度发展趋势,其中图5.2.6.27、图5.2.6.28、图5.2.6.29、图5.2.6.30的胶凝材料总量分别为370kg/m^3,400kg/m^3,450kg/m^3,470kg/m^3。通过NEL法和电量法,测试混凝土28d抗氯离子渗透性能,其中OPC代表胶凝材料全部用硅酸盐52.5Ⅱ型水泥,PSL表示胶凝材料为硅酸盐水泥和高炉矿渣微粉,比例为3:7;PFA表示胶凝材料为硅酸盐水泥和粉煤灰,比例为7:3;PSF表示胶凝材料为硅酸盐水泥和硅粉,比例为92:8;OPC+Ⅰ表示胶凝材料为硅酸盐水泥和高性能海工混凝土专用掺和材料Ⅰ型,其比例为4:6;OPC+Ⅱ表示胶凝材料为硅酸盐水泥和高性能海工混凝土专用掺和材料Ⅱ型,其比例为4:6。

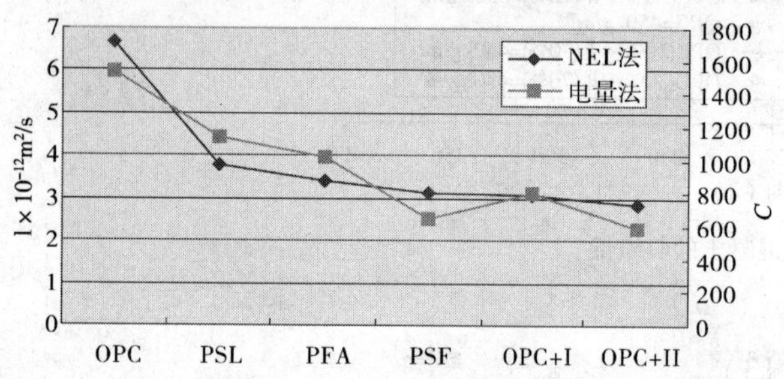

图5.2.6.27 胶凝材料总量为370kg/m^{3}测试混凝土28d抗氯离子渗透性能

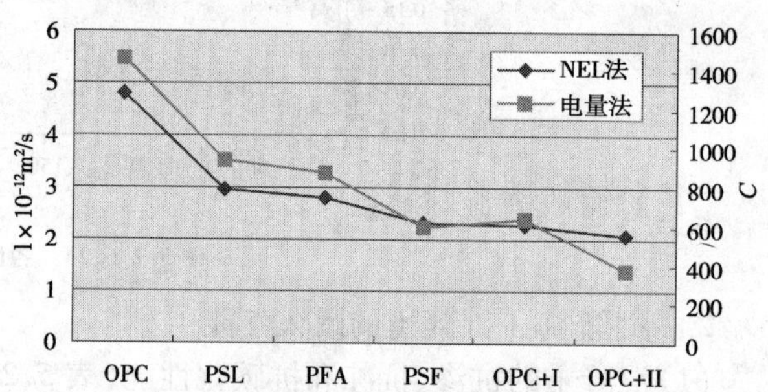

图5.2.6.28 胶凝材料总量为400kg/m^{3}测试混凝土28d抗氯离子渗透性能

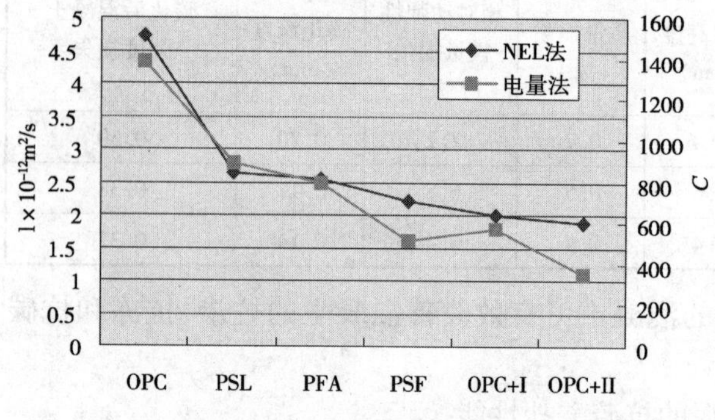

图5.2.6.29 胶凝材料总量为450kg/m^{3}测试混凝土28d抗氯离子渗透性能

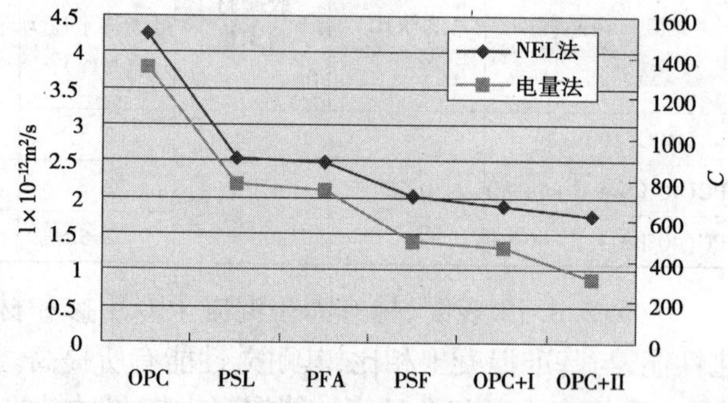

图5.2.6.30 胶凝材料总量为470kg/m^{3}测试混凝土28d抗氯离子渗透性能

图中趋势说明了,与纯水泥混凝土相比,掺有Ⅰ型和Ⅱ型高性能海工混凝土专用掺和料的混凝土的氯离子扩散系数和通过电量可大大降低。相对于单掺矿粉、粉煤灰和硅粉的混凝土,复合掺和材料对混凝土抗氯离子渗透性能的改善也较为显著。

②钢筋快速锈蚀试验

钢筋快速锈蚀试验说明,掺有掺和材料的混凝土确实可提高混凝土在氯盐环境中对钢筋的保护作用。试验结果如图5.2.6.31所示。

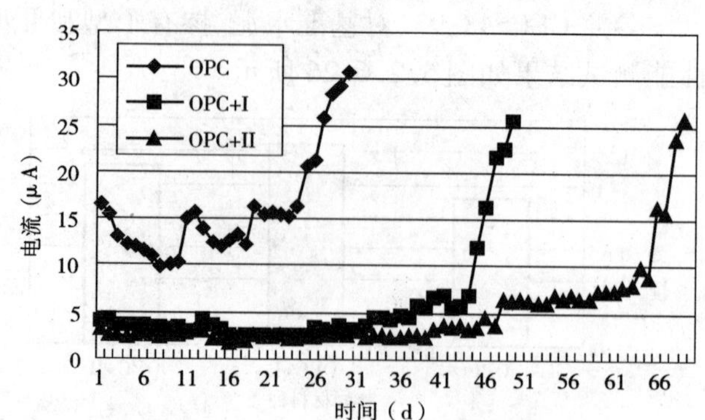

图5.2.6.31 恒电压钢筋快速锈蚀试验结果

3.高性能混凝土施工的可行性分析

(1)原材料供应的可及性

该方案中高性能混凝土的配制原则中所设计的选材要求,充分考虑了上海地区各种建筑材料的可及性,保证工程进展对原材料的要求。

在高性能混凝土各种原材料中,高性能海工混凝土专用掺和材料是区别于普通混凝土的特殊材料。高性能海工混凝土专用掺和料以高炉矿渣微粉、粉煤灰等材料为主要基材，而矿渣微粉、粉煤灰等材料在上海地区已有广泛应用，这些材料资源丰富，质量可以保证。以高炉矿渣微粉为例，上海宝钢集团高炉水渣的年产量可达270万t，其中目前有约60万t可磨成高炉矿渣微粉，二期即将上马，届时年产量可达120万t。粉煤灰资源更是丰富。高性能海工混凝土专用掺和料的年生产量足以满足东海大桥施工的需要。

另一方面，采用高性能混凝土专用掺和料作为混凝土的单一掺和料，对于混凝土预制构件生产单位，商品混凝土生产单位以及搅拌船等施工作业方式无较大变化，避免混凝土组分过多而造成原材料计量难以控制，且对生产施工造成不便的现象。

(2)混凝土材料施工的可操作性

混凝土材料的施工性能是确保新拌混凝土不离析、不分层、易于施工的重要条件。高性能混凝土一方面采用活性矿物外掺材料，从而达到致密混凝土结构体系；另一方面，在高效减水剂的作用下减低混凝土体系的水胶比，从而获得低渗透、低缺陷、高耐久的混凝土。

混凝土在低水胶比条件下确保一定的流动度，达到施工的和易性要求，关键在于混凝土高效减水剂的选用。本方案在试验研究中选用了聚羧酸系新型高效减水剂，与传统萘系高效减水剂相比，其减水率高，砂浆减水率可达20%以上，混凝土减水率则在30%左右。此外，该减水剂也可避免萘系引起的混凝土结构过于团黏而施工性能不佳的问题。可在保证混凝土体系和易性的前提下大大降低混凝土的单方用水量，减小缺陷出现的可能性。

(3)高性能海工混凝土实际应用的可能性

为了解高性能海工混凝土实际工程应用的可能性，选择一家预制构件厂进行了中试，分别采用高性能海工混凝土Ⅰ型和Ⅱ型，以及选用新型聚羧酸高效减水剂进行了港工用预制梁的浇筑。

中试混凝土配合比和材料性能测试数据如下表5.2.6.14所示(混凝土设计强度等级C45)。

中试混凝土配合比和材料性能测试数据　　表5.2.6.14

编　号	每立方混凝土中材料用量(kg/m^3)						坍落度(mm)	抗压强度(MPa)		抗氯离子渗透性能	
	水	水泥	专用掺和料	砂	石	外加剂		3d	28d	NEL法($1\times10^{-12}m^2/s$)	电量法(C)
Ⅰ型预制	135 (0.29)	188 (40%)	282 (60%)	663	1 129	1.0% 胶材	80	33.3	54.6	1.3	690
Ⅱ型预制	140 (0.30)	188 (40%)	282 (60%)	659	1 121	1.0% 胶材	70	39.1	58.9	1.0	635
Ⅰ型现浇	146 (0.31)	188 (40%)	282 (60%)	660	1 124	1.0% 胶材	160	31.0	55.7	1.5	770
Ⅱ型现浇	150 (0.32)	188 (40%)	282 (60%)	659	1 121	1.0% 胶材	150	33.5	57.9	1.2	710

中试试验结果说明，采用高性能海工混凝土专用掺和料，并配以新型聚羧酸高效减水剂，所配制的混凝土材料力学性能可满足设计要求，施工性能优越，且具有较好的耐久性能。假设构件处于浪溅区，保护层厚度为50mm，则以上四组混凝土所制备的构件可满足105~165年的使用寿命。

该中试构件用于芦潮港交通船码头工程。

4. 高性能海工混凝土的经济性

高性能海工混凝土在保证混凝土低渗透、低缺陷、高耐久性以及满足宏观流动性、施工性和物理力学性能要求的同时，充分考虑了混凝土材料的经济性。根据测算，高性能海工混凝土专用掺和料Ⅰ型的产品价格约为240元/t,高性能海工混凝土专用掺和料Ⅱ型的产品价格约为580元/t,而聚羧酸高效减水剂的单价约为6 500元/t,其中Ⅰ型较水泥约低100元/t,Ⅱ型较水泥约高200元/t,而高效减水剂的单价比目前常用的萘系高效要高约2 000元/t。综合分析,与目前上海常用的商品混凝土售价相比较,采用高性能海工混凝土专用掺和料Ⅰ型,材料成本略有增加,为20元/m^3左右,当采用高性能海工混凝土专用掺和材料Ⅱ型,材料成本增加至80元/m^3左右。

对于混凝土外保护涂层,采用硅烷类混凝土外保护涂层,其材料成本约20元/m^2左右。

2.6.8 高性能海工混凝土工程的质量保证体系

高性能海工混凝土工程耐久性设计是一项系统工程。为保证整个设计的系统性、完整性、规范性、科学性和可行性,必然需要一个完善的整体设计思路和框架。因此,在设计过程中我们遵循了一个以预先质量控制与评估(PreQC&QA),耐久性方案设计(Design link to SLP)和质量控制与评估(QC&QA)的设计思想,如图5.2.6.32所示。

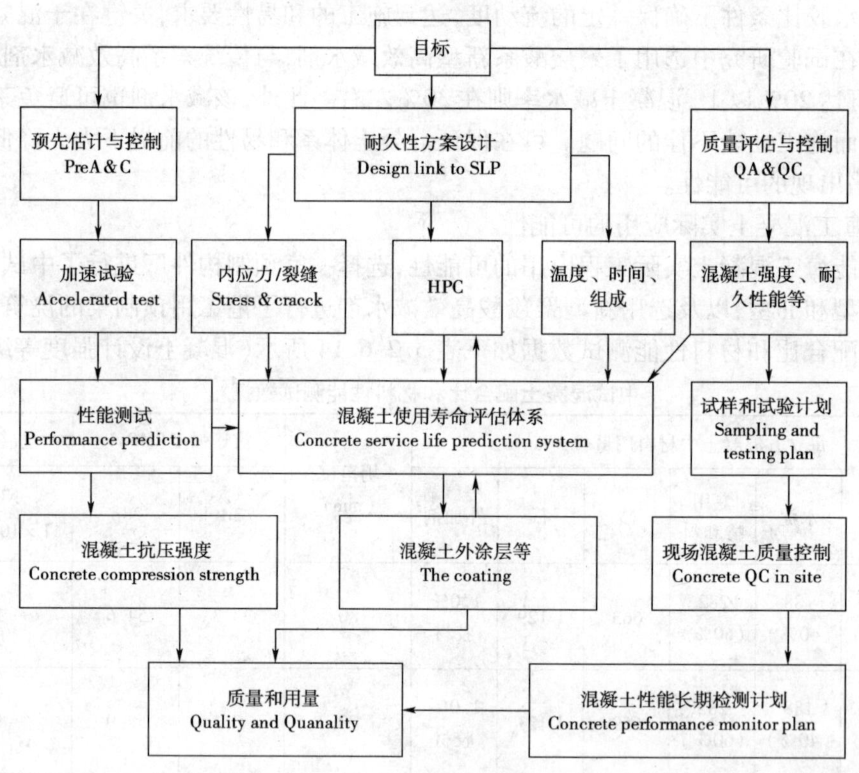

图5.2.6.32 高性能海工混凝土工程实施质量保证流程

为确保混凝土结构耐久性的目标,须从图中所示三大环节进行控制,即:

(1)预先质量控制与评估(PreQC&QA),是在了解工程背景、使用环境以及混凝土材料在海洋环境中的性能特点的基础上,通过对材料性能的试验研究,建立混凝土结构耐久性设计的数据和依据,并预测混凝土结构的实际使用性能。

(2)耐久性方案设计(Design link to SLP),充分考虑各种可变因素对钢筋混凝土结构使用寿命的影响,如环境温度、混凝土内应力、裂缝等,以建立使用寿命预测系统,为耐久性方案的设计提供指导和依据。再以使用寿命预测系统为基础,制定有针对性的耐久性解决方案。

(3)质量控制与评估(QC&QA),是指在方案的实施过程中如何控制各方面的质量以及如何对已完成部分的质量进行评估的过程。在质量控制与评估环节中,主要需要确立各种质量控制措施和实施标准,建立各种性能试验的评价体系,保证混凝土性能符合方案设计要求。

2.7　混凝土结构耐久性防护技术及其应用

2.7.1　钢筋混凝土综合防腐方案

1.各种防腐措施的评述

国内外相关科研和长期工程实践调研显示，当前较为成熟的提高海洋钢筋混凝土工程耐久性的对策主要有：

(1)增加混凝土保护层厚度。这是提高钢筋混凝土使用寿命的最为直接、简单而且经济有效的方法，但是保护层厚度并不能不受限制地任意增加。当保护层厚度过厚时，混凝土材料本身的脆性和收缩将会导致混凝土保护层开裂，反而削弱其对钢筋的保护作用。

(2)钢筋混凝土构件外涂层。完好的混凝土外涂层能阻绝腐蚀性介质，从而延长混凝土和钢筋混凝土的寿命。但外涂层本身会在环境的作用下逐渐劣化而丧失其功效，其老化问题急需解决。

(3)钢筋表面使用致密材料涂覆，如环氧涂层钢筋。虽然环氧涂层钢筋在美国有较多应用，在英国也被接受和采用，但涂刷环氧树脂钢筋的造价是普通钢筋的两倍，并且环氧树脂钢筋会将钢筋与混凝土之间的握裹力降低35%，这将使钢筋混凝土结构的整体力学性能有所降低；再者，工程实践发现，如果涂层施工质量要求不严造成环氧涂层破损，钢筋的点蚀将更为严重，会导致钢筋混凝土结构整体耐久性下降。因此不推荐使用该项措施。

(4)混凝土中掺加钢筋腐蚀抑制剂——阻锈剂。腐蚀抑制剂可以通过提高氯离子产生腐蚀的临界值来稳定钢筋表面的氧化物保护膜，从而延长混凝土和钢筋混凝土的寿命。但只有在钢筋表面附近的腐蚀抑制剂含量达到一定量级，才能起到抑制腐蚀的效果，对于达到同等耐久性能的混凝土，其使用将使混凝土的成本大为增加。因此不推荐使用该项措施。

(5)混凝土中钢筋使用外加电流阴极保护。外加电流阴极保护是一种通过引入一个外加直流电源(电子源)到内置钢筋表面来控制电化学腐蚀过程的方法。在正常操作条件下，它具有双重作用：一是阴极保护过程，促进羟基离子的形成，使钢筋周围的混凝土重新碱化；二是使钢筋充负电荷，从而排斥氯离子。只要系统设计、制造、安装、使用得当，外加电流阴极保护系统将延长使用寿命20～50年。但是，外加电流阴极保护系统的制造、安装和维护费用过于昂贵且稳定性不高。因此不推荐使用该项措施。

(6)高性能混凝土。其技术途径是用高性能的优质水泥、级配良好的优质骨料、优质混凝土掺和料和新型高效减水剂，在优化级配的基础上，形成低水胶比、低缺陷、高耐久的混凝土材料。高性能混凝土具有高耐久性，特别具有高的抗氯离子渗透性，同时还具有高强度、高工作性及高尺寸稳定性。高性能混凝土的力学性能和耐久性性能远远优于传统混凝土，其主要原因在于低水灰比、高效减水剂以及高性能掺和材料的使用，使得混凝土基相密实度相对提高以及水泥颗粒的解聚和粒径范围的扩大所获得良好的微观结构。

2.综合防腐措施提出的原因及基本方案

改善混凝土和钢筋混凝土结构耐久性常需采取根本措施和补充措施。根本措施是从材质本身的性能出发，提高混凝土材料本身的耐久性能，即采用高性能混凝土，再找出破坏作用的主次先后，对主因和导因对症施治，并根据具体情况采取除高性能混凝土以外的补充措施。二者的有机结合就是综合防腐措施。

海洋环境下的钢筋混凝土结构的耐久性方案的设计应该遵循的基本方案是：首先，混凝土结构耐久性基本措施是采用高性能混凝土；同时，依据混凝土构件所处结构部位及使用环境条件，采用必要的补充防腐措施，如采用混凝土保护涂层等。在保证施工质量和原材料品质的前提下，混凝土结构的耐久性将可以达到设计要求。

对于具体工程而言,耐久性方案的设计必须考虑当地的实际情况——如原材料的可及性、施工应用的可行性以及经济的合理性等,也就是说应该采取有针对性的、因地制宜的综合防腐方案。

2.7.2 钢筋混凝土结构工程综合防腐措施

1. 依据和目标

海工混凝土工程的耐久性设计是一个全新的而且极富挑战性的课题。近年来,国内外有关海工混凝土工程耐久性的相关技术规范或规程虽然大多已经制定,但是仍需在诸多方面予以改进和完善。为确保东海大桥设计使用寿命100年的目标,本方案的制订参照和借鉴了许多国内外的相关规范和规程,例如:

《海港工程混凝土结构防腐蚀技术规范》(JTJ 275—2000)、《水运工程混凝土施工规范》(JTJ 268—96)、《水运工程混凝土质量控制标准》(JTJ 268—96)等国内现行规范和规程,以及 European Standard EN206:1997 'Concrete-Performance, Production and Cnformity', NZS 3101:1995: 'Concrete Structures Standard', British Standard BS8500, ASTM C1202-96/D1411-82/C1152-97, AASHTO T277/T299 等国外现行规范和规程。

同时,本方案也建立在科研和试验工作的基础之上。

2. 综合防腐措施

针对东海大桥所处海洋环境特点和设计寿命要求,提出东海大桥混凝土结构耐久性综合防腐方案,其内容为:

大桥主结构以采用高性能混凝土为基本措施,涉及混凝土钻孔桩、承台、墩柱和箱梁等。对于混凝土结构保护层相对较小且位于浪溅区或潮差区等的薄弱环节,采用混凝土外部保护涂层。

根据设计院提出的东海大桥主要部位构件的强度等级要求、构件的施工工艺和环境条件,对各部位混凝土提出具体的耐久性方案如下:

(1)钻孔桩

钻孔桩的具体设计见表5.2.7.1。

钻孔桩设计参数　　表5.2.7.1

工程部位		钻孔桩	备注
环境部位		泥污区和水位变动区	
混凝土设计强度等级		C30水下混凝土	
混凝土设计保护层厚度(mm)		75	
预测寿命对构件受力情况的估计		存在受拉区,有裂纹	
防腐方案		钢护筒(Q235, $t = 16$mm)+高性能混凝土(大掺量掺和料混凝土)	
关于高性能混凝土	胶凝材料类型	硅酸盐水泥Ⅱ型+Ⅰ型高性能海工混凝土专用掺和料或粉煤灰	建议比例:35%水泥+65%掺和料
	最小胶凝物质用量(kg/m^3)	380	
	最大水胶比	0.40	
混凝土氯离子扩散系数(m^2/s)		≤3.0E-12	浓度曲线法(90d)
混凝土抗氯离子渗透性(C)		≤1100	电量法
混凝土寿命预测(年)		约124	92+32

钻孔桩外部采用钢护筒,其壁厚为16mm,以0.5mm/年的锈蚀速率计,可推迟氯离子向混凝土中渗透32年,故实际上32年龄期的混凝土的Cl^-扩散系数将小于3.0E-12 m^2/s,若以Cl^-扩散系数2.0E

-12 m^2/s 计算，钢筋混凝土抵抗氯离子的时间为92年。

如果不能采取必要的施工措施使得潮差区的桩身混凝土中的初始 Cl^- 浓度小于0.06%（在施工过程中须避免海水中 Cl^- 的引入），建议在此部位的混凝土中掺加钢筋阻锈剂。

(2)承台

根据设计院要求，承台混凝土的设计强度等级可为C35，其混凝土 Cl^- 扩散系数要求可为3.0E-12 m^2/s，则可按表5.2.7.2实施。

承台设计参数　　表5.2.7.2

工程部位		承台	备注
环境部位		浪溅区	
混凝土设计强度等级		混凝土预制外壳C30/内芯C30	
混凝土设计保护层厚度(mm)		90	
预测寿命对构件受力情况的估计		存在受拉区，无裂纹	
防腐方案		高性能混凝土	
关于高性能混凝土	胶凝材料类型	套箱：硅酸盐水泥Ⅱ型+Ⅰ型高性能海工混凝土专用掺和料 内芯：硅酸盐水泥Ⅱ型+Ⅰ型高性能海工混凝土专用掺和料	建议比例：40%水泥+60%掺和料
	最小胶凝物质用量(kg/m^3)	≥400	
	最大水胶比	≤0.38	
混凝土氯离子扩散系数(m^2/s)		≤2.5E-12(外壳)/2.5E-12(内芯)	浓度曲线法(90d)
混凝土抗氯离子渗透性(C)		≤1 100	电量法
混凝土寿命预测(年)	混凝土预制外壳	约107	
	现浇混凝土内芯顶面	约107	

辅通航孔钢套箱内的现浇承台混凝土也可参照上述方案。

(3)预应力混凝土箱梁

箱梁的具体设计见表5.2.7.3。

箱梁设计参数　　表5.2.7.3

工程部位		箱梁	备注
环境部位		大气区	
混凝土设计强度等级		C50	
混凝土设计保护层厚度(mm)		40	
预测寿命对构件受力情况的估计		不存在受拉区，无裂纹	
防腐方案		高性能混凝土	
关于高性能混凝土	胶凝材料类型	硅酸盐水泥Ⅱ型+Ⅱ型高性能海工混凝土专用掺和料	建议比例：40%水泥+60%掺和料
	最小胶凝物质用量(kg/m^3)	≥470	
	最大水胶比	≤0.32	
混凝土氯离子扩散系数(m^2/s)		≤1.5E-12	浓度曲线法(90d)
混凝土抗氯离子渗透性(C)		≤800	电量法
混凝土寿命预测(年)		约132	

若非通航孔混凝土设计强度等级改为C50,则上表中最小胶凝材料用量可调整为460kg/m³,最大水胶比调整为0.32,其他要求指标不变。

(4)墩柱

墩柱的具体设计见表5.2.7.4、表5.2.7.5、表5.2.7.6。

墩柱设计参数一

表5.2.7.4

工程部位		墩柱	备注
环境部位		大气区	
混凝土设计强度等级		C40	
混凝土设计保护层厚度(mm)		50	
预测寿命对构件受力情况的估计		存在受拉区,有裂纹	
防腐方案		高性能混凝土	
关于高性能混凝土	胶凝材料类型	硅酸盐水泥Ⅱ型+Ⅱ型高性能海工混凝土专用掺和料	建议比例:40%水泥+60%掺和料
	最小胶凝物质用量(kg/m³)	≥430	
	最大水胶比	≤0.35	
混凝土氯离子扩散系数(m²/s)		≤2.0E-12	浓度曲线法(90d)
混凝土抗氯离子渗透性(C)		≤900	电量法
混凝土寿命预测(年)		约110	

墩柱设计参数二

表5.2.7.5

工程部位		墩柱	备注
环境部位		浪溅区	
混凝土设计强度等级		C40	
混凝土设计保护层厚度(mm)		70	
预测寿命对构件受力情况的估计		存在受拉区,有裂纹	
防腐方案		高性能混凝土+混凝土外部硅烷类涂层	
关于高性能混凝土	胶凝材料类型	硅酸盐水泥Ⅱ型+Ⅱ型高性能海工混凝土专用掺和料	建议比例:40%水泥+60%掺和料
	最小胶凝物质用量(kg/m³)	≥430	
	最大水胶比	≤0.35	
混凝土氯离子扩散系数(m²/s)		≤2.0E-12	浓度曲线法(90d)
混凝土抗氯离子渗透性(C)		≤900	电量法
混凝土寿命预测(年)		约118	103+15

墩柱外部采用硅烷类涂层,考虑其老化年限为15年,即可在混凝土103年预测寿命的基础上加15年。

墩柱设计参数三　表5.2.7.6

工程部位		墩柱内测	备　注
环境部位		大气区	
混凝土设计强度等级		C40	
混凝土设计保护层厚度(mm)		40	
预测寿命对构件受力情况的估计		无受拉区,无裂纹	
防腐方案		高性能混凝土＋混凝土外部硅烷类涂层	
关于高性能混凝土	胶凝材料类型	硅酸盐水泥Ⅱ型＋Ⅱ型高性能海工混凝土专用掺和料	建议比例:40%水泥＋60%掺和料
	最小胶凝物质用量(kg/m^3)	≥430	
	最大水胶比	≤0.35	
混凝土氯离子扩散系数(m^2/s)		≤2.0E－12	浓度曲线法(90d)
混凝土抗氯离子渗透性(C)		≤900	电量法
混凝土寿命预测(年)		约114	99＋15

墩柱外部采用硅烷类涂层,考虑其老化年限为15年,即可在混凝土99年预测寿命的基础上加15年。

当墩柱设计强度等级改为C40时,上表中胶凝材料用量可调整为:$440kg/m^3$,最大水胶比为0.35,其他指标要求不变。

由于墩柱是极为重要的承重构件,且在桥梁的使用期间基本上是不可更换的,因此为了保证结构的整体耐久性,在浪溅区的墩柱外涂刷保护涂层以延长其使用寿命,提高保证结构耐久性的保证率。

(5)其他部位混凝土

对于其他部位混凝土,如墩柱与承台、墩柱间现浇接缝等,可依据混凝土设计强度等级和使用条件,采用高性能混凝土方案来提高混凝土结构的耐久性。另外,对于处于大气区和水下区的混凝土构件,一般不需考虑防腐涂层等补充措施;而对于处于浪溅区和水位变动区的混凝土构件则应适当考虑。

(6)东海大桥钢筋混凝土结构工程综合防腐措施的特点

此综合防腐措施具有四个特点:

首先,该方案具有可靠性,对于每种构件形式而言,其使用寿命均可达到100年的设计要求;

其次,该方案是一套弹性可调节体系,具有一定的适应性。方案可根据工程耐用寿命要求以及具体的设计施工而变化,如在构件保护层厚度不能达到耐久性要求时,可施以构件外涂层,提高构件的耐渗透性能,从而保证其寿命;

再者,该方案具有一定的经济性,较环氧涂层钢筋、阴极保护等方案,投资节省;

最后,国内外已有一定的工程实例采用与该方案相近的保护体系,如丹麦大贝尔特海峡工程、香港青马大桥等,均取得较好的效果。

2.7.3　高性能海工混凝土材料要求

高性能混凝土作为主要工程材料,不仅是重要的结构材料,更应该成为阻止Cl^-向钢筋表面积聚的屏障,其重要性不言而喻。因此,混凝土的质量和耐久性将关系到整个大桥混凝土结构的耐久年限。《海港工程混凝土结构防腐蚀技术规范》(JTJ 275—2000)中对高性能混凝土的原材料、配合比、施工等都作了规定,关于东海大桥高性能混凝土耐久性设计的通用要求可按照规范要求进行。此外,根据项目组高性能混凝土专题研究的成果,对东海大桥用混凝土的原材料、混凝土性能、施工等方面提出以下要求:

1.混凝土原材料要求

(1)水泥

宜选用硅酸盐 52.5Ⅱ型水泥,其质量必须符合《硅酸盐水泥、普通硅酸盐水泥》(GB 175—1999)的要求,水泥中的 Cl^- 含量应小于0.03%,碱含量小于0.6%。

在确定最终水泥品种之前,应做水泥与所使用的辅掺材料、外加剂等之间的复配试验,以选用匹配性能优良的水泥。

(2)掺和材料

掺和材料主要以矿渣(微粉)、粉煤灰、硅灰等活性矿物掺和料等原材料复合并深加工而成。将各种矿物外掺材料以一定比例深加工形成一种辅掺材料,具有以下优势:第一,便于原材料质量控制;第二,便于混凝土生产和施工;第三,经深加工后,复合掺和材料的交互叠加效应将更为突出和明显,对于混凝土性能尤其是耐 Cl^- 渗透性能的改善大有裨益。针对上海地区海洋环境的特点和资源情况,在大量试验研究,优化掺和材料组成以及工艺的基础上,形成用于高性能海工混凝土的专用掺和材料Ⅰ型和Ⅱ型。产品中试取得很好效果,目前产品已经申请发明专利。高性能海工混凝土专用掺和料物理化学指标如表5.2.7.7所示。

高性能海工混凝土专用掺和料物理化学指标 表5.2.7.7

序号	项目名称		单位	指标	
				Ⅰ型专用掺和料	Ⅱ型专用掺和料
1	密度		g/cm^3	≥2.8	≥2.7
2	比表面积		m^2/kg	≥450	≥600
3	流动度比		%	≥105	≥100
4	活性指数	1d	%	≥35	≥40
5		7d	%	≥75	≥80
6		28d	%	≥95	≥105
7	氯离子		%	≤0.02	≤0.02
8	烧失量		%	≤2.0	≤2.0
9	中位径		μm	≤10	≤7
10	氧化镁		%	≤13.0	≤13.0
11	三氧化硫		%	≤4.0	≤4.0
12	含水率		%	≤1.0	≤1.0

(3)细骨料

中砂的品质符合《水运工程混凝土施工规范》(JTJ 268—96)及《海港工程混凝土结构防腐蚀技术规范》(JTJ 275—2000)之规定,细度模数2.6~3.0,符合Ⅱ区颗粒级配。砂中 Cl^- 含量≤0.03%,含泥量≤2.0%,泥块含量≤0.5%,不得使用海砂、山砂及风化严重和多孔砂,严禁使用活性细骨料。

(4)粗骨料

碎石的品质符合《水运工程混凝土施工规范》(JTJ 268—96)及《海港工程混凝土结构防腐蚀技术规范》(JTJ 275—2000)之规定,粒径5~25mm且级配良好。石中 Cl^- 含量≤0.03%,含泥量≤0.5%,泥块含量≤0.3%,针片状含量≤8%。严禁使用碱活性集料。

(5)混凝土拌和用水

混凝土拌和用水,应使用不含有影响水泥正常凝结、硬化或促使钢筋锈蚀的物质(Cl^- 含量 $<$ 200mg/L)的饮用水,其品质符合《水运工程混凝土施工规范》(JTJ 268—96)的要求。

(6)外加剂

选用新型优质高效减水剂,其质量应符合《混凝土外加剂》(GB 8076—1997)之要求:氯离子含量小于0.02%,砂浆减水率20%以上,并且与水泥、掺和料等胶凝材料的匹配性能良好。建议使用聚羧酸类混凝土高效减水剂。

2.混凝土性能要求

总体而言,混凝土需满足工作性能优良、体系密实、无宏观缺陷、强度符合设计要求,同时兼具经济性、质量稳定性。在原材料达到上述要求的基础上,为衡量混凝土的质量或者说控制其最终质量,混凝土的各项指标除必须满足现行行业标准《水运工程混凝土质量控制标准》(JTJ 269—96)的要求外,还应在下列方面满足要求:

(1)工作性能

预制构件用混凝土坍落度:6±2cm;现浇混凝土坍落度:14±2cm。同时要求混凝土拌和物具有良好的坍落度经时保持性、均匀性、保水性能。

(2)力学性能

混凝土强度等级符合设计要求,并保证一定的富余。

(3)常规耐久性能

抗渗等级≥W12;抗冻等级≥F300。

(4)抗氯离子渗透性能

按照《水运工程混凝土施工规范》(JTJ 268—96)附录B《混凝土抗氯离子渗透性标准试验方法》,或者参照ASTM C1202方法,6h通过电量要求如表5.2.7.8所示。

参照浓度曲线法(90d)或NEL法快速检测混凝土中氯离子渗透性方法,混凝土中氯离子扩散系数D_a要求如表5.2.7.8所示。

海工混凝土氯离子扩散系数和电量要求　　表5.2.7.8

混凝土构件类型	氯离子渗透系数 D_a	电　量(C)
桩	$\leqslant 3.0\times10^{-12}m^2/s$	≤1 100C
承台	≤2.5或$\leqslant 3.0\times10^{-12}m^2/s$(C45或C35)	≤1 000C或1 100C
箱梁	$\leqslant 1.5\times10^{-12}m^2/s$	≤800C
墩柱	$\leqslant 2.0\times10^{-12}m^2/s$	≤900C
其他	$\leqslant 2.0\times10^{-12}m^2/s$	≤900C

注:表中D_a为90d浓度曲线法;C为28d电量法测试数据。

3.混凝土结构设计和施工等方面的要求

研究及工程调研表明,不均匀沉降、混凝土自身收缩、温度效应等引起的拉应力导致的裂缝以及其他原因引起的混凝土缺陷,将严重削弱钢筋混凝土保护层对钢筋的保护能力。因此,应通过合理设计和采取相应的施工措施对其进行恰当控制,以保证混凝土结构的整体耐久性能。

为此,工程设计及施工工程中,应参照《水运工程混凝土施工规范》(JTJ 268—96)、《海港工程混凝土结构防腐蚀技术规范》(JTJ 275—2000)等规范对结构、构造、施工等方面的要求。同时,在设计时应充分考虑混凝土拉应力限制和最大裂缝宽度(最大裂缝宽度≤0.1~0.15mm)限制;施工中,应确保保护层厚度达到设计要求以及混凝土振捣的密实程度。

4.混凝土补充保护措施

外涂层的主要作用是在混凝土外表面或表面形成一层保护层,以阻止水和其他水溶性腐蚀介质进入混凝土,从而延长混凝土的使用寿命或者推迟腐蚀介质向混凝土渗透的时间。目前此类产品主要有有机硅烷浸渍型和水泥基渗透结晶型外涂层等。

水泥基渗透结晶型混凝土外涂层,品质符合《水泥基渗透结晶型防水材料》(GB 18445—2001)的要求。关于有机硅烷浸渍型混凝土外涂层,国内还没有制定相应的技术规范,但《海港工程混凝土结构防腐蚀技术规范》(JTJ 275—2000)中对其使用作了较为一般的规定。同时,该技术规范对水泥基渗透结晶型混凝土外涂层的使用也作了一些规定。高性能混凝土外涂层对混凝土性能的改善效果要求如表5.2.7.9所示。

高性能混凝土外涂层对混凝土的性能的改善效果要求　　表5.2.7.9

试验项目	规定
吸水率(%)	≤1.5
人工快速老化3 000h后吸水率(%)	≤2.0
氯离子扩散系数(10E－12m/s^2,NEL法)	≤1.5
抗氯离子渗透性(C,ASTM C1202)	≤800
混凝土中钢筋快速锈蚀时间(d)	≥60

2.7.4　高性能海工混凝土质量控制

使用寿命达100年的跨海大桥工程在中国内地还是首次。为保证100的使用寿命,东海大桥工程大范围地推行了高性能海工混凝土技术。国内外已建高耐久性、长使用寿命的海上大桥,如丹麦大贝尔特海峡工程、香港青马大桥、厄勒海峡工程等对于高性能海工混凝土均制定了仅供各自工程使用的技术标准。为了加强东海大桥高性能海工混凝土工程技术管理和质量控制的需要,保证东海大桥高性能混凝土的设计要求,需要对高性能海工混凝土原材料、配合比、生产、施工等方面制定严格的要求和技术指标。以下对东海大桥高性能混凝土质量控制的特点进行简单阐述。

1. 原材料质量要求和控制技术

高性能海工混凝土必须控制一定的掺和料比例,为确保外掺材料的掺量、组分比例以及复合胶凝材料的质量,要求使用硅酸盐Ⅱ或Ⅰ型水泥。陆上部分混凝土的环境条件相对较好,可适当降低复合掺和材料的用量,故可使用普通硅酸盐水泥。

为了保证海洋环境下混凝土结构的耐久性,通常需掺加一定量的矿物活性掺和料以提高混凝土的抗氯离子渗透能力,且由于多元矿物掺和料之间的交互叠加效应,则多主张采用复合胶凝材料体系。多种掺和料经复合深加工后形成一种成品形式的掺和料,不仅有利于多元掺和材料交互叠加效应的发挥,充分改善混凝土的密实程度和耐久性能,更有利于混凝土生产施工和生产质量控制。

高性能海工混凝土要求优良的工作性能、密实性能和耐久性能,同时由于掺加大量的海工专用掺和料,因此需要配合使用高性能减水剂,如聚羧酸盐类高效减水剂。在选用外加剂前,需进行外加剂和胶凝材料的相容性试验。

2. 混凝土配合比

高性能海工混凝土配合比设计应在保证强度的基础上,以确保混凝土的耐久性为主要目标。为了获得耐久性能良好的混凝土,应确保混凝土的密实程度。东海大桥工程主要通过混凝土最大水胶比限值、胶凝材料最小用量限值和高性能海工混凝土专用掺和料掺量来规范混凝土配合比设计,使其可以满足混凝土耐久性的要求。

水胶比是影响混凝土密实性的最主要因素,为获得耐久性良好的混凝土,必须根据环境条件及混凝土在建筑物中所处部位,规定水胶比的最大允许值。

3. 混凝土质量指标体系

混凝土浇筑时的坍落度以满足施工要求为限,同时为适应海上施工的特殊情况,要求加强对混凝土拌和物的坍落度保持时间或坍落度损失的控制。

混凝土本身的抗氯离子渗透能力通过规定混凝土初始氯离子含量、混凝土电通量、混凝土初始氯离子扩散系数来进行规范和验收。

由于东海大桥的使用寿命为100年,必须采用高性能混凝土,因而其抗渗、抗冻等级和碳化深度作为参考性指标也要相应提高。

混凝土保护层厚度对于钢筋的防腐蚀极为重要。因此,为防止海洋环境中建筑物过早地发生钢筋腐蚀损坏,除了要求混凝土保护层的良好质量外,尚应规定混凝土保护层的最小厚度值。钢筋混凝土、预应力混凝土中钢筋、预应力筋的混凝土保护层厚度在设计中已作出规定,但为保证耐久性,在施工这一环节必须注意采取必要措施严加控制,因此要特别作出规定。混凝土保护层垫块宜采用水灰比不大于0.40的砂浆或细石混凝土制作,其形状宜采用渗透路径较长且易于固定的工字形或锥形,其绑扎固定的铁丝不得伸入混凝土保护层中。为保证钢筋的混凝土保护层最小厚度值,垫块尺寸不允许负偏差,正偏差不得大于5mm。

4. 混凝土生产和施工质量控制

为确保混凝土质量,特别是其耐久性能,对其原材料的质量波动须加强控制。

混凝土普通性能的控制和检验可以参照国家相关行业标准。混凝土耐久性指标除应在前期工作中加强控制和检验外,在施工过程中也必须规定相应的检测和控制措施。

必须特别注意混凝土缺陷、裂缝等损伤的防止和处理。

为防止因称量误差导致混凝土的质量波动过大,引起混凝土质量失控,规定了称量误差允许范围。建议严格执行用料必须有见证的检验制度。

高性能混凝土的拌和物一般较为黏稠,为保证搅拌均匀,按建议的程序投料,并适当延长搅拌时间。

养护质量对确保高性能海工混凝土质量十分关键,特别是抗氯离子渗透性能影响十分明显。大量试验与应用证实,如果养护不够,高性能混凝土的潜在高性能优势不仅不能充分发挥,而且会转化为劣势,其强度和耐久性甚至比普通混凝土还低劣,尤其在气温低时更是如此。因此,在整个养护期间,尤其是终凝以后、拆模以前的养护初期,应确保高性能混凝土处于有利于硬化及强度增长的温度和湿度环境中,并保证有足够的养护时间。

2.7.5　高性能海工混凝土的应用

高性能海工混凝土就是针对混凝土结构在海洋环境中的使用特点,通过合理的配制技术,形成耐久性能、施工性能、物理力学性能以及相关性能俱佳的混凝土材料。高性能海工混凝土的突出特点表现在其高耐久和耐腐蚀性能方面,尤其是混凝土抵抗氯离子侵蚀的性能方面。

高性能海工混凝土与普通混凝土在原材料、配合比以及生产和施工工艺等方面有所差别,具体表现在:

(1)高性能海工混凝土胶凝材料的原材料除水泥外,还要掺入至少一种矿物细掺料,并保证一定的胶凝材料用量,从而使得混凝土微结构得以优化,孔隙结构得以改善;

(2)高性能海工混凝土通过高性能混凝土减水剂的合理使用,降低混凝土单方用水量,有利于形成混凝土致密结构;

(3)高性能海工混凝土在保证其良好的施工性能和物理力学性能的同时,最大化地提高其耐久性能,尤其是抵抗海洋环境中的氯离子侵蚀作用。

东海大桥工程混凝土主体结构采用高性能混凝土技术。结合工程实际,解决高性能混凝土在东海大桥工程中的应用技术难点是本节研究的主要内容。

根据东海大桥混凝土结构的特点和高性能混凝土的内在本质,在工程实际应用过程中,需要解决的技术难点包括以下三个方面:

(1)高性能混凝土在超长超大型箱梁应用中的收缩变形控制;

(2)高性能混凝土在大体积承台混凝土应用中的温度控制;

(3)高性能混凝土在钻孔灌注桩应用中的和易性控制。

以下将就上述三个方面展开一系列研究和讨论,总结高性能混凝土应用技术的特点和解决方案。

1. 高性能混凝土在超长超大型箱梁中的应用

东海大桥箱梁分为60m、70m预制箱梁(主要是海上段),30m、50m现浇箱梁(主要是陆上段和近海段),均采用C50高性能混凝土。预制箱梁的底模、内模和外模均采用整体钢模板,在混凝土台座上预制,预制场先张拉部分纵向预应力束和桥面横向预应力束,箱梁安装就位后全部张拉。现浇箱梁则采用支架式浇筑和移动模架浇筑。

箱梁混凝土在结构上属薄壁框架结构,但由于采用高性能高强混凝土,同时又具有大体积混凝土特点,如何控制其收缩变形是技术关键。

由于粉煤灰、矿渣微粉等工业废渣类材料在高性能混凝土中的大量掺入,这种混凝土的收缩变形性能可能与普通混凝土有所不同。而混凝土的收缩变形性能对于东海大桥超长超大型箱梁的各项性能有密切的影响。以下将就高性能混凝土的收缩变形性能进行研究。

箱梁用混凝土强度等级较高(C50 以上),其配合比中总胶凝材料用量较高(一般在 450/kg/m^3 以上),并辅以高效减水剂,水灰比很低(一般在 0.35 以下)。主要参数为:

混凝土坍落度:180 ~ 200mm;

强度等级:可配制 C60 ~ C100 的混凝土,本研究着重于 C80;

混凝土耐久性能:抗氯离子渗透系数在 $1.5\times10^{-12}m^2/s$ 以下。

(1)试验用原材料及其物理化学性能

①水泥。试验中采用了嘉新 P. I52.5 号,有关性能参数见表 5.2.7.10。

水泥物理化学分析 表 5.2.7.10

物理分析	密度(g/cm^3)	细度 0.08mm 筛余(%)	比表面积(m^2/kg)	凝结时间(h)		标准稠度用水量(%)	安定性	抗折强度(MPa)			抗压强度(MPa)		
				初凝	终凝			3d	7d	28d	3d	7d	28d
P. I	3.12	1.00	427	1:45	3:18	26.00	合格	6.3	8.6	10.0	33.1	58.9	67.9

化学分析	化学组成(%)								
	SiO_2	Al_2O_3	Fe_2O_3	CaO	SO_3	K_2O	Na_2O	MgO	LOSS
P. I	21.48	5.44	3.15	63.40	2.02	0.75	0.44	1.12	2.19

②磨细矿渣(矿渣微粉)。磨细矿渣(矿渣微粉)的有关性能参数见表 5.2.7.11。

磨细矿渣(矿渣微粉)物理化学分析 表 5.2.7.11

物理分析	流动度比(%)	比表面积(勃氏法)(m^2/kg)	7d 活性指数(%)	28d 活性指数(%)	密度(g/cm^3)	
试验结果	102	470	77	98	2.91	
化学分析	化学组成(%)					
	SiO_2	Al_2O_3	Fe_2O_3	CaO	SO_3	MgO
试验结果	31.0	14.2	2.08	40.95	0.89	7.75

③粉煤灰。粉煤灰的有关性能参数见表 5.2.7.12。

粉煤灰的物理化学分析 表 5.2.7.12

物理分析	45μm 筛余(%)	需水量比(%)	活性指数(28d 抗压强度比)(%)	含水率(%)	烧失量(%)	SO_3(%)	密度(g/cm^3)
试验结果	10.5	101	26.4	0.2	1.98	0.83	2.1

化学分析	化学组成(%)							
	SiO_2	Al_2O_3	Fe_2O_3	CaO	SO_3	K_2O	Na_2O	MgO
试验结果	51.04	32.86	8.26	3.35	0.83	0.50	0.31	0.36

④硅粉。硅粉的有关性能参数见表 5.2.7.13。

硅粉的物理化学分析 表 5.2.7.13

物理分析	45μm 筛余(%)	比表面积(勃氏法)(m^2/kg)	活性指数(%)	含水率(%)	烧失量(%)	SiO_2 含量(%)
试验结果	1.0	18 000	103	0.9	2.4	92

⑤粗集料。混凝土配制试验用石为5～25mm连续级配碎石。

⑥细集料。混凝土配制试验用砂检验结果见表5.2.7.14。

砂检验结果　　表5.2.7.14

项目	表面密度（kg/m³）	堆积密度（kg/m³）	空隙率（%）	含泥量（%）	累计筛余（%）							细度模数 μ_f
					10.0	5.00	2.50	1.25	0.63	0.315	0.16	
试验结果	2 632	1 538	41.6	1.0	0	1	6	14	48	84	94	2.4

⑦减水剂。试验采用的减水剂为LEX-9H聚羧酸盐类高性能混凝土减水剂，其性能指标见表5.2.7.15。

混凝土高效减水剂掺入混凝土中的性能试验结果　　表5.2.7.15

检验项目		GB 8076—1997高效减水剂规定值		试验结果
		一等品	合格品	LEX-9H
减水率（%）	不小于	12	10	27
泌水率（%）	不大于	90	95	27
含气量（%）		≤3.0	≤4.0	2.9
凝结时间之差（min）	初凝	-90～+120		+17
	终凝			+15
抗压强度比（%）	1d	140	130	193
	3d	130	120	183
	7d	125	115	173
	28d	120	110	150
收缩率比（%）	不大于	135		99
对钢筋锈蚀作用		钝化		钝化

注：试验LEX-9H外加剂掺量0.8%。

⑧拌和用水。拌和用水为可饮用水。

（2）试验方法

新拌混凝土性能参照《普通混凝土拌合物性能试验方法标准》（GB/T 50080—2002）。

混凝土抗压强度、轴心抗压强度及静力受压弹性模量试验参照《普通混凝土力学性能试验方法标准》（GB/T 50081—2002）。

混凝土收缩、徐变试验参照《普通混凝土耐久性试验方法》（GBJ 82—85）。

混凝土电通量采用ASTM C 1202混凝土直流电量法渗透性能评价。试验仪器采用清华大学改进的ASTM C 1202电量法测试仪。通过量测混凝土试件在60V直流电压下通电6h通过的电量，以评价混凝土的渗透性。

混凝土的氯离子扩散系数参照NT BUILD 443"CONCRETE, HARDENED: ACCELERATED CHLORIDE PENETRATION"《硬化混凝土加速氯离子渗透测试方法》。

（3）混凝土配合比设计

试验用混凝土配合比参照东海大桥C50箱梁高性能混凝土配合比，其中高性能海工混凝土专用掺和料Ⅱ型（主材为矿粉、粉煤灰和硅灰等），掺量达胶凝材料总用量的60%，混凝土配合比见表5.2.7.16。

试验用混凝土配合比　　表5.2.7.16

原材料	总胶凝材料用量	水泥	高性能海工混凝土专用掺和料	砂	石	水	外加剂	水胶比	砂率	备　注
kg/m³	460	184	276	713	1 071	156	4.6	0.34	40%	和易性良好

(4)混凝土性能测试结果

①新拌混凝土性能(见表5.2.7.17)。

新拌混凝土性能试验结果　　表5.2.7.17

混凝土流动性能(mm)						混凝土凝结时间(h:min)	
出机坍落度	30min坍落度	60min坍落度	90min坍落度	120min坍落度	出机坍流性能	初凝时间	终凝时间
220	220	200	180	160	520	9:10	11:40

②混凝土抗压强度(见表5.2.7.18)。

混凝土抗压强度试验结果　　表5.2.7.18

龄期(d)	7	28	60	90	180	一年
强度(MPa)	46.4	63.0	68.9	78.2	78.9	81.4

③混凝土收缩性能(见表5.2.7.19)。

各龄期混凝土收缩值　　表5.2.7.19

龄期(d)	1	3	7	14	28	45	60	90	120
收缩值(10E-6)	41	103	171	230	199	328	352	373	394
龄期	150d	180d	210d	240d	270d	300d	330d	360d	长龄期
收缩值(10E-6)	423	443	454	463	473	486	499	506	—

④混凝土弹性模量(见表5.2.7.20)。

28d混凝土轴压强度和弹性模量　　表5.2.7.20

龄期(d)	28
轴压强度(MPa)	49.7
弹性模量(10^4MPa)	2.82

⑤混凝土徐变(见表5.2.7.21)。

混凝土徐变量　　表5.2.7.21

龄期(d)	1	3	7	14	28	45	60	90	120
徐变度($C_t\times10^{-6}mm^2/N$)	6.000	7.750	10.083	12.417	15.500	17.584	18.834	20.917	23.000
徐变系数(ϕ)	0.190	0.245	0.319	0.393	0.491	0.557	0.596	0.662	0.728
龄期(d)	150	180	210	240	270	300	330	360	长龄期
徐变度($C_t\times10^{-6}mm^2/N$)	24.334	25.334	26.334	27.334	28.334	28.834	29.167	29.500	—
徐变系数(ϕ)	0.770	0.802	0.834	0.865	0.897	0.913	0.923	0.934	—

⑥混凝土耐久性能指标(见表5.2.7.22)。

混凝土耐久性指标测试结果　　表5.2.7.22

性能	混凝土电通量(C)28d	混凝土氯离子扩散系数(10E-12 m^2/s)28d+90d
结果	898	1.34

(5)试验结果分析

根据上述结果,C50高性能混凝土采用了占胶凝材料总量60%的复合掺和材料,水泥单方用量仅为184kg/m^3。

新拌混凝土性能均可满足泵送要求,出机坍落度为220mm,2h最大坍落度损失为60mm,混凝土流动性能很好，扩展度可达520mm左右，混凝土黏聚性、保水性等和易性能也较好。

从混凝土抗压强度发展角度看，其28d抗压强度均能满足设计强度等级要求，且在60d至一年龄期内仍有稳定的增长。

高性能混凝土的特点是其突出的耐久性能，根据试验结果，混凝土28d电通量均小于1 000C，氯离子扩散系数小于$1.5\times10^{-12}m^2/s$，根据ASTM C1202判定标准，该类混凝土可判为"优"。这与混凝土配合比中大量使用细粉料，以及细粉料与高性能混凝土减水剂的合理匹配有关。

图5.2.7.1和图5.2.7.2分别为高性能混凝土的收缩变形曲线和徐变度变化曲线。从图中可见，大掺量掺和料混凝土的收缩变形以及徐变变形的趋势与普通混凝土类似，但是其早期收缩和徐变增长较快，后期增长平缓。混凝土极限收缩量为500×10^{-6}左右，徐变度为$30\times10^{-6}mm^2/N$左右。

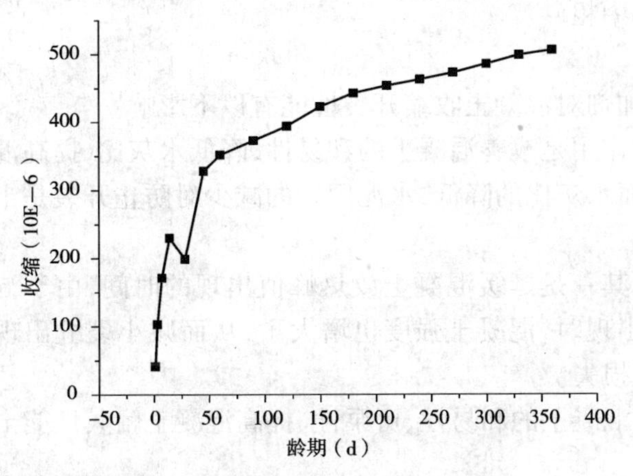

图5.2.7.1　高性能混凝土的收缩变形曲线

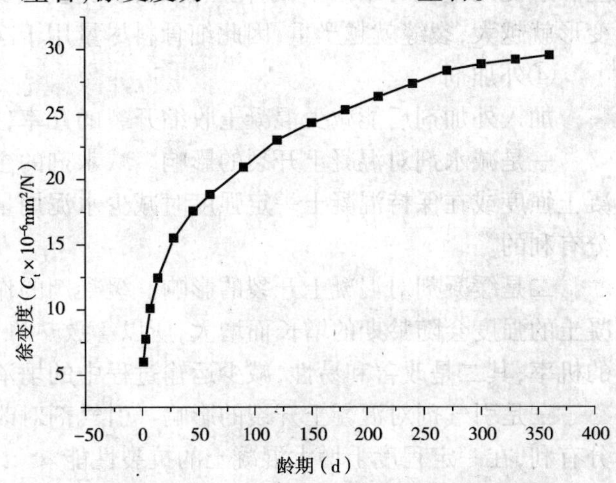

图5.2.7.2　高性能混凝土的徐变度变化曲线

2.高性能混凝土在承台中的应用

东海大桥的承台量多体大，属大体积混凝土施工。关于大体积混凝土的施工详见有关章节。就东海大桥承台施工的普遍性而言，最主要的还是控制承台混凝土浇筑时由温差和收缩引起的材料型裂缝。为了防止开裂，就要最大限度地降低温差和减小混凝土的收缩。

(1)防止裂缝的具体措施

①优选原材料

由于温差主要是由水化热产生的，所以为了减小温差就要尽量降低水化热；为了降低水化热，要尽量采取早期水化热低的水泥；由于水泥的水化热是矿物成分与细度的函数，要降低水泥的水化热，主要是选择适宜的矿物组成和调整水泥的细度模数。硅酸盐水泥的矿物组成主要有：C_3S、C_2S、C_3A和C_4AF。试验表明：水泥中铝酸三钙(C_3A)和硅酸三钙(C_3S)含量高，水化热就较高。所以，为了降低水泥的水化热，必须减小熟料中C_3A和C_3S的含量。在施工中一般采用中热硅酸盐水泥和低热矿渣水泥。

另外，在不影响水泥活性的情况下，要尽量使水泥的细度减小，因为水泥的细度会影响水化热的放热速率。试验表明，比表面积每增加$100cm^2/g$，1d的水化热增加17～21J/g，7d和20d均增加4～12J/g。

②掺加粉煤灰等低水化热的掺和料

为了减少水泥用量，降低水化热并提高和易性，我们可以把部分水泥用粉煤灰代替，掺入粉煤灰主要有以下作用：第一，粉煤灰中含有大量的硅、铝氧化物，其中二氧化硅含量40%～60%，三氧化二铝含量17%～35%，这些硅铝氧化物能够与水泥的水化产物进行二次反应，可以取代部分水泥，从而减少水泥用量，降低混凝土的热胀；第二，粉煤灰颗粒较细，能够参加二次反应的界面相应增加，在混凝土中分散更加均匀；第三，粉煤灰的火山灰反应进一步改善了混凝土内部的孔结构，使混凝土中总的孔隙率降低,孔结构进一步细化,分布更加合理,硬化后的混凝土更加致密,相应收缩值也减小。

值得一提的是,粉煤灰的比重较水泥小,混凝土振捣时比重小的粉煤灰容易浮在混凝土的表面,使上部混凝土中的掺和料较多,强度较低,表面容易产生塑性收缩裂缝。因此,粉煤灰的掺量不宜过多,在工程中我们应根据具体情况确定粉煤灰的掺量。

③骨料

尽量增大粗骨料的粒径,因为粗骨料粒径越大,级配越好,孔隙率越小,总表面积越小,每立方米的水泥砂浆用量和水泥用量就越小,水化热就随之降低,对防止裂缝的产生有利。

宜采用级配良好的中砂和中粗砂,最好用中粗砂,因为其孔隙率小,总表面积小,这样混凝土的用水量和水泥用量就可以减少,水化热就低,裂缝就减少;另一方面,要控制砂子的含泥量,含泥量越大,收缩变形就越大,裂缝就越严重,因此细骨料尽量用干净的中粗砂。

④外加剂

加入外加剂后能减少混凝土收缩开裂的几率,外加剂对混凝土收缩开裂性能有以下影响:

一是减水剂对混凝土开裂的影响。减水剂的主要作用是改善混凝土的和易性,降低水灰比,提高混凝土强度或在保持混凝土一定强度时减少水泥用量,而水灰比的降低,水泥用量的减少对防止开裂是十分有利的。

二是缓凝剂对混凝土开裂的影响。缓凝剂的作用其一是延缓混凝土放热峰值出现的时间,由于混凝土的强度会随龄期的增长而增大,所以等放热峰值出现时,混凝土强度也增大了,从而减小裂缝出现的机率;其二是改善和易性,减少运输过程中的坍落度损失。

三是引气剂对混凝土开裂的影响。引气剂对改善混凝土的和易性、可泵性、提高混凝土耐久性能十分有利,在一定程度上增大混凝土的抗裂性能。

值得注意的是:外加剂不能掺量过大,否则会产生负面效应。在《混凝土外加剂》(GB 8076—1977)中规定,掺有外加剂的混凝土,28d 的收缩比不得大于 135%,即掺有外加剂的混凝土收缩比基准混凝土的收缩不得大于 35%。

(2)采用合理的施工方法

①混凝土的拌制

在混凝土拌制过程中,要准确控制原材料用量,同时严格控制混凝土出机坍落度。要尽量降低混凝土拌和物出机口温度,拌和物可采取以下两种降温措施:一是送冷风对拌和物进行冷却;二是加冰拌和。一般使新拌混凝土的温度控制在 6℃左右。

②混凝土浇筑、拆模

混凝土浇筑过程要对施工质量进行严格控制。浇筑过程中要进行振捣方可密实,振捣时间应均匀一致,以表面泛浆为宜,间距要均匀,以振捣力波及范围重叠二分之一为宜,浇筑完毕后,表面要压实、抹平,以防止表面开裂。另外,混凝土要求分层浇筑,分层流水振捣,同时要保证上层混凝土在下层初凝前结合紧密,避免纵向施工缝,提高结构整体性和抗剪性能。

浇筑时间尽量避开在太阳辐射较强的时间。若由于工程需要在夏季施工,则应尽量避开正午高温时段,将浇筑尽量安排在夜间进行。

混凝土拆模时间要严格控制。在强度达到设计强度的 75% 以上,混凝土中心与表面最低温度控制在 25℃以内,预计拆模后混凝土表面温降不超过 9℃时方可拆模。

③做好表面隔热保护

大体积混凝土的温度裂缝,主要是由内外过大的温差引起的。混凝土浇筑后,表面散热较内部快,会形成内外温差,表面收缩受到内部约束而产生拉应力。这种拉应力通常很小,不至于超过混凝土的抗拉强度而产生裂缝。但是如果此时受到冷空气的袭击,或者过分通风散热,表面温度骤降就很容易导致裂缝的产生,所以在混凝土在拆模后(特别是低温季节),应立即采取表面保护,防止表面降温过大而引起裂缝。另外,当日平均气温在 2 ~ 3d 内连续下降不小于 6 ~ 8℃时,28d 龄期内的混凝土表面必须进行表面保护。

④养护

混凝土浇筑完毕后，应及时洒水养护以保持混凝土表面湿润，这样既能减少外界高温倒灌，又能防止干缩裂缝的发生，促进混凝土强度的稳定增长。一般地，在浇筑完毕后12～18h内应立即开始养护，连续养护时间不少于28d或设计龄期。

⑤通水冷却

若是在高温季节施工，则要在初期通制冷水来降低混凝土最高温度峰值。注意，通水时间不能过长，因为时间过长会造成降温幅度过大而引起较大的温度应力。为了减小内外温差，还应在夏末秋初进行中期通水冷却，中期通水一般采用河水，通水历时两个月左右。后期通水是使混凝土柱状块达到接缝灌浆温度的必要措施，一般采用通河水和制冷水相结合的方案。

(3)现场模拟试验结果

①试验方法

采用与计算相同的混凝土配合比制作试验用混凝土构件，构件型式参照墩身。室外测构件温度变化情况，同时比较不同保温措施、不同龄期、不同天气状况、不同拆模时间的温度变化情况及不同养护、不同保温情况对混凝土裂缝情况的影响。

②温控监测结果(见表5.2.7.23、表5.2.7.24、表5.2.7.25和图5.2.7.3)

木模外未加保温材料温度记录表(测点4)　　表5.2.7.23

日　期	11	12	13	14	15	16	17	18	19	20	21	22	23
表面温度(℃)	9	11	17	22	22	21	20	17	15	12	11	11	11
最高温度(℃)	9	14	26	36	37	34	31	27	19	20	17	17	16
温差	0	3	9	14	15	13	11	10	4	8	6	6	5
备注	模板为木模，模板外未采取保温措施。表面温度指的是外模内侧处，最高温度指的是所测混凝土温度的最高点处。该测点在18日拆除一侧模板												

木模外喷聚氨酯保温材料记录表(测点1)　　表5.2.7.24

日　期	11	12	13	14	15	16	17	18	19	20	21	22	23
表面温度(℃)	10	11	20	35	36	34	29	25	21	17	15	14	14
最高温度(℃)	10	13	26	43	48	44	39	34	29	25	21	19	17
温差	0	2	6	8	12	10	10	11	8	8	7	5	3
备注	模板为木模，模板在混凝土浇筑完成后的第48h，在模板喷5cm的聚氨酯保温材料保温												

试验时的气温情况　　表5.2.7.25

日　期	11	12	13	14	15	16	17	18	19	20	21	22	23
最高温度(℃)	12	12	11	11	9	11	10	10	5	6	10	10	16
最低温度(℃)	8	5	4	4	1	2	5	2	0	-2	1	2	6
平均温度(℃)	10	8.5	7.5	7.5	5	6.5	7.5	6	2.5	2	5.5	6	11

③结果分析

未在木模外喷保温材料的中心温度最高点出现在混凝土浇筑完成后的第4天(12月15日)，此时中心温度为37℃，混凝土表面温度为22℃(外模内侧)，内外温差为15℃，该温差为内外温差的最大值，温升值为27℃。

在木模外喷保温材料的混凝土的中心温度达48℃，此时混凝土表面温度为36℃(外模内侧)，内外温差为12℃，同时此时的内外温差也为最大值，温升值为38℃。

无论喷保温材料还是未喷保温材料，内外温差均未超过15℃，喷保温材料的降温速度较缓，内外温差曲线也较缓，混凝土未发生开裂现象。

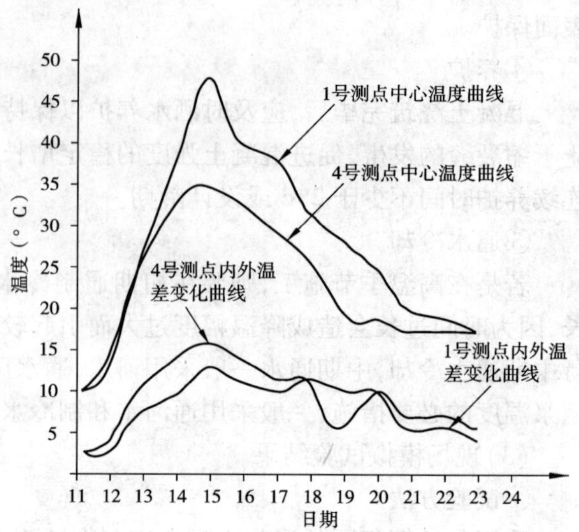

图5.2.7.3 温度变化情况曲线

3. 高性能混凝土在钻孔灌注桩中的应用

东海大桥桩基采用钻孔灌注桩，海上浇筑。通常采用拌和船拌机，由拌和船上的布料杆直接将混凝土输送至桩孔上集料斗，再由导管送入孔内，输送水平距离和垂直距离约38m，浇筑时间6～10h。为防止海上浇筑时出现故障不能及时送料，混凝土坍落度损失过大，无法正常浇筑而导致断桩，要求混凝土在静停1～2h后仍能正常浇筑，集料斗内混凝土坍落度损失不能过大。

（1）试验原材料和配合比

试验用原材料和混凝土配合比见表5.2.7.26。

试验用原材料和混凝土配合比　　表5.2.7.26

材料名称		规格		生产单位		相关技术指标		
水泥		52.5硅酸盐P.I		嘉兴港辉水泥厂		比表面积360～410m²/kg，28d抗压强度51～63MPa		
高性能混凝土专用掺和料		I型		上海宝田新型建材有限公司		比表面积600～750m²/kg，28d活性指数110%～140%		
砂		中砂		闽江砂		细度模数2.4～2.9，含泥量0.2%～1.0%		
碎石		5～25mm		浙江舟山		连续级配、针片状小于10%，含泥量小于0.5%		
外加剂		LEX-9H		上海诚城建材有限公司		聚羧酸盐类，高效早强减水剂		
混凝土配合比	材料	水泥	掺和料	水	砂	石	外加剂	砂率
	配合比	1.00	1.50	0.88	4.31	5.95	0.9%	42%
	每立方米材料用量	126	294	162	763	1 054	3.78	水胶比
								0.39

（2）试验结果

①新拌混凝土性能。混凝土出机后，静停于混凝土装料斗内，分别测试30min、60min、90min、120min的坍落度，以测试静停后混凝土坍落度经时损失，试验结果见表5.2.7.27。

新拌混凝土性能　　表5.2.7.27

出机坍落度	30min坍落度	60min坍落度	90min坍落度	120min坍落度	出机坍流性能
210	200	200	180	160	500

②混凝土物理力学性能和耐久性能（见表5.2.7.28）。

混凝土物理力学性能和耐久性能　　表5.2.7.28

性能指标		龄期(d)	单位	检验结果
含气量		—	%	3.7
凝结时间	初凝时间	—	h : min	16:30
	终凝时间	—	h : min	20:40
抗压强度		3	MPa	23.5
		7	MPa	41.0
		28	MPa	42.6
电通量		28	C	1 535
混凝土氯离子扩散系数		28+90	$10^{-12}m^2/s$	1.77

③结果分析。从上述试验结果可以看出,高性能混凝土在满足混凝土力学性能和耐久性性能的基础上,静停2h后的坍落度损失不超过60mm,仍能满足钻孔灌注桩施工要求。

2.7.6　高性能海工混凝土质量评估

1. 目的和意义

高性能海工混凝土结构已逐步从科研走向工程实践,以满足大型海洋工程超长寿命的服役需要。然而,高耐久海洋工程除了设计、工程施工外,工程实施过程中的质量控制、质量控制参数的选取以及相应的耐久性评估体系也是确保工程结构安全使用、达到预期设计服役寿命的关键。

全面了解东海大桥工程的施工质量、施工工艺水平、服役寿命满足程度、工程运转健康状态等将为大桥的后续维护奠定必要的技术基础,对国内其他在建和计划建设的跨海桥梁工程的开展具有一定的指导作用,填补我国在该领域内的空白。

2. 高性能海工混凝土施工技术和施工工艺调查及分析

针对东海大桥混凝土工程的特点,主要选取下列几个具有代表性的混凝土施工技术和工艺进行总结和分析。

(1)钻孔灌注桩混凝土

海上钻孔灌注桩工程以七标段和四标段为主,其钻孔灌注桩工程量分别为69 087m^3和36 460m^3。

①混凝土浇筑

采用两艘120型拌和船拌机,搅拌机为强制式,拌和时间不少于130s。由拌和船上的布料杆直接将混凝土输送至孔上的导管中,输送水平距离和垂直距离约38m,浇筑时间6~10h,自密实混凝土。

②混凝土养护

钻孔灌注桩外围为钢护筒,厚度为16mm,不采取养护措施。

(2)超长超大混凝土箱梁混凝土

①混凝土浇筑

海上现浇箱梁混凝土浇筑由一艘拌和船拌制混凝土,拌和时间不少于130s,由拌和船布料杆将混凝土输送至箱梁顶面,再由1台输送泵将混凝土输送至指定地点,垂直距离20~30m,水平距离10~160m,浇筑时间5~8h,采用插入式振捣器捣实,薄层连续浇筑,每层浇筑厚度小于30cm。

陆上预制箱梁混凝土浇筑由不少于6台搅拌运输车代替搅拌船,其他与海上浇筑类似。

②混凝土养护

西引桥采用木模,具有较好的保温效果;东引桥采用钢模,在其外喷聚胺酯保温材料进行保温,西引桥浇筑完成后,覆盖一层塑料布进行保湿养生,待混凝土终凝后,撤去塑料布,覆盖两层湿土工布,专人定期洒水养生,模板拆除后,在其表面喷养护剂。在箱梁内埋设传感器监测温度,内外温差小于15℃。

东引桥工期较紧,采用蒸汽养生,使用4t蒸汽锅炉。设一根ϕ133mm总管达到施工处,设三根ϕ75mm分管,箱内一根,每间隔50cm设一3mm喷汽孔;箱顶二根,每间隔1m设一根长15m的4分管,该管每间隔50cm设一3mm喷汽孔。升温速度每小时不大于10℃,降温每小时不大于3℃,静养6~10h,蒸养62~72h,降温12~15h,强度达到后继续养生不少于15d。

(3)墩柱及超高桥塔混凝土

①混凝土浇筑

采用两台强制式搅拌机90型、60型拌和机拌制混凝土,每小时理论生产混凝土100m^3。拌和时间不少于130s,采用混凝土输送车输送,达到平台后采用一台60型输送泵输入墩身顶面,设串筒下料,自由高度小于2m,浇筑时间3~8h,薄层连续浇筑,插入式振捣器捣实。

②混凝土养护

在模板外喷聚胺酯保温材料保温,混凝土浇筑完成后在混凝土的表面覆盖湿麻袋与土工布,专人养生,用淡水定期洒水,埋设温度传感器监测温度,降温达到规定要求后拆除模板,模板拆除后立即喷养护剂,养护喷完后围挂两层土工布外包一层塑料布,进行保温保湿,养护期不少于15d。没有采用蒸汽养生。

(4)承台及大体积主桥承台

①混凝土浇筑

引桥采用两台强制式搅拌机90型、60型拌和机拌制混凝土,每小时理论生产100m³。主桥除采用上述搅拌机外,还使用混凝土拌和船辅助生产,拌和时间不少于130s。采用混凝土输送车输送,达到平台后使用两台60型输送泵输入承台中,引桥浇筑时间6~10h,主桥浇筑时间12~24h,薄层连续浇筑,插入式振捣器捣实。每层厚度不超过30cm。

②混凝土养护

承台浇筑收浆完成后,在混凝土的表面覆盖若干层麻袋及土工布保温保湿,承台外侧喷聚胺酯保温材料进行保温。在混凝土内部设冷却水管降温,中间埋温度传感器,使用电脑监测温度,内外温差应小于25℃,混凝土表面盖麻袋与土工布,再盖一层塑料布与三色布保温保湿,表面保持1~2cm的水,防止承台失水。冬季施工时合理安排工期,在0℃与入模温度低于5℃时停止施工,选择在气温较高的天气施工,保温保湿措施同上。养生水采用淡水,养护期不少于15d。

3. 高性能海工混凝土性能数据收集和统计分析

(1)高性能混凝土的配合比设计原则

为满足高性能海工混凝土的性能和配制上的基本要求,必须从以下几个方面进行混凝土的配合比设计和混凝土配制:

①选用优质、适用和经济合理的原材料,并控制原材料的质量波动,以保证混凝土的性能和经济性;

②使用粉煤灰、硅粉和磨细矿渣(矿粉)等活性矿物材料作为掺和料,并保证一定的掺量,大幅度提高混凝土的内部结构致密性,降低混凝土渗透性,增加耐久性能;

③选择合理的粗骨料最大粒径和粒径范围;

④使用高性能混凝土减水剂,并与水泥等胶凝材料之间具有较好的相容性,能保证混凝土拌和物有良好的工作性,降低用水量;

⑤降低混凝土水胶比。低水胶比是保证混凝土高耐久性与较高强度的前提条件之一。研究表明,HPC的水胶比高于0.45时,不可能在严酷环境中具有耐久性。HPC的水胶比通常介于0.26~0.40之间;

⑥保证一定的胶凝材料用量。

(2)混凝土配合比设计参数

根据东海大桥混凝土结构耐久性设计方案,其混凝土性能要求见表5.2.7.29。

混凝土性能要求 表5.2.7.29

项目	桩	承台	墩身	下塔柱	中上塔柱	箱梁	桥面板	桥面板湿接缝
最小胶凝材料用量(kg/m³)	420	440	440	460	460	460	440	440
最大水胶比	0.40	0.35	0.35	0.33	0.35	0.33	0.33	0.35
混凝土强度等级	C30	C40	C40	C50	C50	C50	C60	C60
电通量(C)	≤2 000	≤1 000	≤1 000	≤1 000	≤2 000	≤1 000	≤1 000	≤1 000
Cl⁻扩散系数($10^{-12}m/s^2$)	≤2.5	≤1.5	≤1.5	≤1.5	≤2.5	≤1.5	≤1.5	≤1.5

各标段混凝土配合比设计较为类似,表5.2.7.30为七标段混凝土配合比设计参数。

混凝土配合比设计参数 表5.2.7.30

项目	桩	引桥承台	主墩承台	引桥墩身	主桥下塔柱	中上塔柱	箱梁	桥面板	桥面板湿接缝
胶凝材料用量（kg/m^3）	420	440	420	440	460	480	460	490	427+53(膨)
掺和材料种类和用量（kg/m^3）	Ⅰ型 294	Ⅰ型 308	Ⅰ型 294	Ⅱ型 264	Ⅱ型 276	Ⅰ型 288	Ⅰ型 276	Ⅱ型 294	Ⅰ型 171
水胶比	0.38	0.35	0.35	0.35	0.33	0.35	0.33	0.32	0.34
7d强度(MPa)	39.9	33.1	33.1	36.1	31.4(R3)	49.4	36.7	44.6	62.3
28d强度(MPa)	55.4	50.4	50.4	54.4	58.8	70.5	58.8	67.1	69.5
28d弹性模量（10^4MPa）							4.0		
电通量(C)	1 276	841	841	699	782	1343	886	924	798
Cl^-扩散系数（$10^{-12}m/s^2$）	1.89	1.26	1.26	1.18	0.93		1.18	1.03	1.10

(3)高性能海工混凝土物理力学性能、耐久性能统计

表5.2.7.31所示为高性能海工混凝土物理力学性能、耐久性能统计(平均值)。

各构件高性能海工混凝土物理力学性能、耐久性能统计 表5.2.7.31

项目	桩	承台	墩身	主桥下塔柱	中上塔柱	箱梁	桥面板	桥面板湿接缝
28d强度(MPa)	52.7	62.1	64.5	69.3	68.5	67.5	72.3	70.1
电通量(C)	1 644	924	807	822	1 456	731	874	905
Cl^-扩散系数（$10^{-12}m/s^2$）	1.77	1.21	1.14	1.18	0.93	1.08	1.11	1.20

(4)混凝土结构实体性能参数的采集

①结构实体取样范围和数量(见表5.2.7.32)

结构实体取样范围和数量 表5.2.7.32

标段	构件编号	环境条件分类	芯样编号
东海大桥Ⅲ标	459A箱梁	大气区(海上)	1号、2号、3号
	450A墩柱	浪溅区	4号、5号
	450A承台	水位变动区	6号
	445-3桩	水位变动区	7号
东海大桥Ⅶ标	472左幅承台	大气区	8号、9号、10号
	试验墩柱	大气区	11号、12号
	PM470-471右幅过渡孔现浇箱梁	大气区	13号、14号
东海大桥Ⅱ标	253A承台	浪溅区	1号、2号、3号
	箱梁	大气区	4号、5号、6号

②试验结果(见表5.2.7.33)

结构实体取样混凝土性能试验结果　　表5.2.7.33

标　段	构件编号	环境条件分类	混凝土抗压强度(MPa)	电通量(C)	氯离子扩散系数($10^{-12}m^2/s$)
东海大桥Ⅲ标	459A 箱梁	大气区(海上)	72.1	599	0.75
	450A 墩柱	浪溅区	68.9	731	1.06
	450A 承台	水位变动区	56.5	834	1.11
	445-3 桩	水位变动区	51.6	1046	1.54
东海大桥Ⅶ标	472 左幅承台	大气区	68.4	918	1.31
	试验墩柱	大气区	67.9	566	0.88
	PM470-471 右幅过渡孔现浇箱梁	大气区	69.0	472	0.70
东海大桥Ⅱ标	253A 承台	浪溅区	59.6	396	0.62
	箱梁	大气区	68.7	227	0.53

③结果分析

从试验结果可以发现,东海大桥实体结构混凝土的抗压强度均高于设计要求。这是因为高性能混凝土抗压强度在28d以后还有较大幅度的增长。

东海大桥实体结构混凝土的电通量和氯离子扩散系数较设计要求低。这是因为混凝土电通量与混凝土的龄期有密切关联,混凝土龄期越长,混凝土密实程度越高,其电通量相应就会越低;混凝土氯离子扩散系数也有随龄期的延长而降低的趋势,这与试验室研究结果相吻合。

4.同条件模拟试验的数据采集——暴露场试验

在东海大桥桥址附近设立高性能海工混凝土海水暴露试验场。在暴露场中放置了各种不同配合比的混凝土试块和构件,暴露条件分别模拟浪溅区、潮差区和大气区的环境状况。

(1)暴露场试验设计

①试验用试件

以C40墩柱、C50箱梁等两种混凝土配合比为依据,采用现场搅拌站预拌混凝土,成型100mm×100mm×100mm试块(或者150mm×150mm×150mm试块),各制作39组,分别做28d抗压强度、28d电通量试验以及龄期为3个月、半年、1年、1.5年、3年、5年、7年、10年、15年、20年、25年、30年的混凝土抗压强度、电通量、氯离子扩散系数试验。

②小型钢筋混凝土构件

以C40墩柱、C50箱梁等两种混凝土配合比为依据,采用现场搅拌站预拌混凝土,制作如图5.2.7.4所示的钢筋混凝土构件各5个。构件表面和底面钢筋保护层厚度为7cm,箍筋在外侧,主筋靠内侧,侧面钢筋保护层厚度如图5.2.7.4所示。构件高30cm,长54cm,宽20cm。

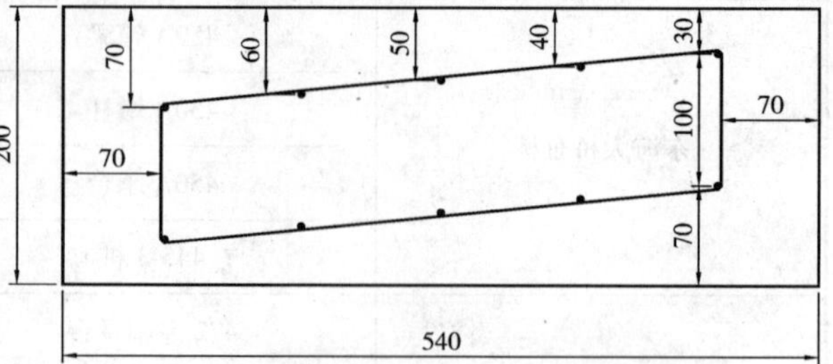

图5.2.7.4　钢筋混凝土构件(尺寸单位:mm)

(2)暴露场地设计

海边暴露场尺寸约为长4m、宽3m、高1.5m,四周用砖砌筑(面向海的一边砌镂空砖墙,并在其前0.5m左右砌挡墙一面),底板为100mm厚现浇混凝土底板。

其他暴露场可以考虑设置在海上承台上,混凝土试块或者构件用尼龙绳、网等固定。

(3)暴露场试验结果

暴露场试块试验结果如表5.2.7.34所示。

暴露场试块试验结果　　表5.2.7.34

环境条件分区	试件编号	暴露场地	暴露时间(d)	混凝土强度等级	混凝土抗压强度(MPa)	电通量(C)	氯离子扩散系数($10^{-12}m/s^2$)
大气区	1	颗珠山岛	150	C50	72.2	426	0.52
水位变动区	2	颗珠山岛	150	C40	67.5	507	0.68
浪溅区	3	K108墩台	120	C40	65.8	529	0.81

(4)结果分析

从表5.2.7.34中试验结果可以看出，高性能混凝土在东海大桥实际工况的暴露条件下，暴露120~150d后，混凝土抗压强度较标准养护条件下的混凝土高，其电通量和氯离子扩散系数较28d标准养护状态下的混凝土小。

2.7.7　混凝土裂缝状况和控制技术

1. 箱梁裂缝情况

东海大桥60、70m预制箱梁自2003年7月18日开始浇筑第一片(试验段，自然浇水养护)。在养护过程中，发现箱梁有不同程度的混凝土裂缝发生。裂缝的发生部位一般为箱梁腹板、顶板、翼缘板部位，尤其以箱梁顶板裂缝居多。

从裂缝的分布和走向看，箱梁裂缝大部分垂直于箱梁纵轴，其在箱梁腹板、顶板部位的分布较为均匀。裂缝间隔约为2~4m，宽度一般在0.15mm以下，深度约为2~4cm。

从养护方式来看，采取蒸汽养护的箱梁，其裂缝数量明显较少，宽度和深度也较小。裂缝主要出现于箱梁箱内顶板底面，垂直于箱梁纵轴线，间距约为4~6m。在箱梁的两个端部裂缝较少，但有时会出现纵向裂缝，裂缝短且接近于端部洞口。

2. 箱梁混凝土配比和生产情况

(1)箱梁混凝土配合比设计(见表5.2.7.35、表5.2.7.36、表5.2.7.37)

箱梁混凝土原材料　　表5.2.7.35

	材料名称	规格	生产单位
原材料情况	水泥	52.5硅酸盐P.Ⅰ	嘉新
	高性能海工混凝土专用掺和料	Ⅱ型	上海宝田新型建材有限公司
	河砂	中砂	闽江
	机制砂	符合GB/T 14684—2001 Ⅱ类砂要求	
	石	碎石5~10mm	大洋山长坑
	石	碎石10~20mm	大洋山长坑
	外加剂	LEX-9H	上海诚城建材有限公司

箱梁混凝土配合比　　表5.2.7.36

	材料	水泥	高性能海工混凝土专用掺和料	水	砂		石		外加剂	砂率
					河砂	机制	5~10mm	10~20mm		
混凝土配合比	配合比	1.00	1.50	0.80	1.84	1.84	1.84	3.68	占胶凝材料总质量的1.0%	40%
	每立方米混凝土材料用量(kg)	192	288	153	353	353	353	707	4.8	水胶比 0.32

箱梁混凝土性能检验结果

表 5.2.7.37

	性能指标		单位	龄期(d)	检验结果	备　注
混凝土性能检验结果	坍落度		mm	—	185	—
	含气量		%	—	3.9	—
	凝结时间	初凝时间	h: min	—	7:55	—
		终凝时间	h: min	—	10:55	—
	抗压强度		MPa	48h	63.7	蒸养
			MPa	3	30.6	—
			MPa	7	45.6	—
			MPa	28	69.0	—
	电通量		C	28	775	—
	混凝土氯离子扩散系数		$10^{-12}m/s^2$	28 +90	0.74	—
	混凝土抗冻性能	强度损失率	%	28	7.1	—
		质量损失率	%	28	0.06	—
	混凝土抗渗性能	混凝土抗渗标号		28	$S>12$	
		混凝土平均渗水高度	mm	28	12.7	$H=1.2$MPa
	混凝土抗碳化性能	混凝土平均碳化深度	mm	28	2.2	碳化时间 28d
	混凝土收缩性能	收缩值	10^{-6}	1	19	—
				3	40	
				7	74	
				14	113	
				28	143	
				45	170	
				60	192	
				90	236	

(2)混凝土生产情况

混凝土搅拌时间要求:夏季 120s,春、秋季 150s,冬季 180s;

坍落度控制:底板 200 ~220mm,腹板和顶板 180 ~200mm,混凝土运输车 180 ~200mm;

混凝土浇筑时间控制:一般为 8 ~12h;

浇筑顺序:先底板,后腹板,最后顶面。

预制场设于沈家湾岛上露天场地,海岛上风速较大,冬季温度较低,养护时混凝土水分损失速度较快,容易产生表面裂缝。

(3)现场混凝土早期强度增长(见表 5.2.7.38)

现场混凝土早期强度增长

表 5.2.7.38

养 护 方 式	R2	R3	R4	R5	R6	R7
自然养护(环境温度大于 35℃,夏季)	23.5	31.3	45.2	47.0	53.3	54.2
蒸汽养护 36h 后自然养护(冬季)	30.2	—	—	46.7	54.2	54.9

(4)梁体温度监测

最高温度为 75℃(环境温度为 30℃,混凝土入模温度为 35℃),最高温度出现时间为 24 ~37h,70℃以上的峰值温度持续时间为 23h 左右。从高温区分布状况看,在混凝土较厚的断面,梁体温度峰值较高。沿厚度方向,最大温度梯度为 26.5℃。

梁体混凝土温度变化情况如图 5.2.7.5 所示。

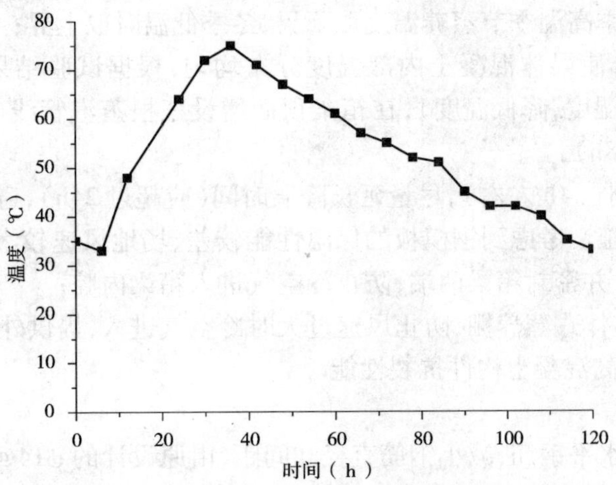

图5.2.7.5　梁体混凝土温度变化情况

(5)梁体纵向收缩测试

现场测试梁体纵向收缩,其结果见表5.2.7.39。

梁体纵向收缩　　　　表5.2.7.39

测试断面	顶板(mm)	底板(mm)
边跨边	0	0
边跨中	1.048	0.754

从测试结果看,箱梁顶、底板在收缩量上存在一定差异,顶板的收缩量明显大于底板,混凝土开裂的概率较大。边跨边截面基本未收缩,这可能与端部牛腿约束较强有关。

3.裂缝原因分析

从裂缝的走向、分布、形状等分析,可以认为箱梁裂缝主要为表面收缩性裂缝。由于箱梁底板约束要大于顶板,端部约束大于中部,因此就导致了箱梁顶板混凝土裂缝多于底板,中部多于端部的状况。

从混凝土强度的增长情况看,自然养护条件下(夏季)混凝土早期强度明显较低(R3强度仅为设计强度的50%~60%),早期强度增长缓慢,这与高性能海工混凝土掺和料用量较大有关。由于早期强度较低,混凝土本身的抗裂性能较差。

箱梁梁体温度测试结果表明,箱体核心最高温度可达70℃,沿厚度方向最大温度梯度可达26.5℃。在温度应力的作用下,混凝土裂缝产生的概率进一步加大。若能采取措施减小箱梁内外温差,就有可能降低裂缝产生的可能性。

综上所述,箱梁混凝土裂缝产生的主要原因在于,混凝土早期收缩较大的情况下,由于混凝土早期强度较低,混凝土收缩应力超过混凝土抗拉强度,导致裂缝产生。同时在水化温升的情况下,温度应力的作用进一步加剧了混凝土裂缝的生长。

4.箱梁混凝土裂缝控制对策

从上述分析可以看出,导致箱梁混凝土开裂的主导因素是混凝土收缩、温差以及构件本身的抗裂性能。箱梁混凝土裂缝的控制措施如下:

(1)调整混凝土配合比,降低混凝土收缩值和水化热

具体措施为:

①降低胶凝材料用量(夏季为440kg/m^3,春、秋季为450kg/m^3,冬季为460kg/m^3);

②采用缓凝型外加剂,调整外加剂掺量,延长混凝土凝结时间,推迟混凝土水化热峰值的出现时间。

(2)采取蒸养工艺,控制内外温差

具体措施为:

①根据环境温度确定蒸养温度,采用40~60℃左右低温,其目的在于保持混凝土表面湿度、控制混

凝土表面温度和梯度。夏季高温季节蒸养温度取下界,冬季低温时取上界;

②合理布置蒸汽管线,使梁体混凝土内部温度分布均匀;根据试验结果,适当减少梁内蒸汽管线(高温时仅喷射水雾,保持湿度,降低温度),在箱梁顶面增设三根蒸汽管线(蒸汽温度可以适当调高至65℃,且通气时间延长至48h);

③缩短升温时间(控制在4h左右),尽量延长降温时间(应超过24h),避免温度骤降;

④采取外模板保温措施。考虑到钢模板的保温性能较差、场地风速较大、温度较低等实际情况,应在外模板外喷涂保温材料,并密封箱梁两端,防止冷空气进入箱梁内腔;

⑤改进蒸养棚,采用整体式蒸养棚,防止风速过大时冷空气进入,提供外部保温效果。

(3)调整箱梁配筋,提高混凝土构件抗裂性能

具体措施为:

①调整箱梁顶面纵向水平钢筋,减小钢筋直径和间距,由原设计的ϕ14@140变更为ϕ12@100;

②箱梁腹板纵向水平钢筋由原设计的ϕ14@200变更为ϕ12@150。

在东海大桥的施工过程中,通过上述对策的实施,混凝土裂缝基本被消除。

2.7.8 其他裂缝情况

东海大桥预制承台套箱在海上安装就位后,在浇筑第一层填芯混凝土后,也有部分存在混凝土裂缝,其裂缝主要为水平方向,裂缝宽度一般在0.2mm以下,深度约4~8cm。调查分析认为,其主要原因是:在浇筑第一层填芯混凝土后(填芯混凝土浇筑厚度控制在1.0m左右,施工时海水为低潮位)海水开始涨潮,高潮位时水位高于填芯混凝土层顶面,由于没有采取适当的外保温措施,且内部填芯混凝土水化热正处于峰值,内外温差较大,从而导致预制承台套箱出现裂缝。因此,在海水高潮位时采取适当外保温措施是消除此类裂缝的关键。

东海大桥墩柱在生产的初期也有部分存在混凝土裂缝。该类裂缝主要出现在墩柱底部中间位置,距离底部约1~2m,裂缝宽度一般在0.2mm以下,深度约2~4cm。调查分析认为,其主要原因是混凝土收缩受到墩柱下部的较强约束而开裂。因此,在混凝土墩柱下部增设抗裂钢筋,提高构件本身抗裂性能是消除此类裂缝的关键。

第3章 钢结构耐久性设计与防护技术应用

3.1 钢结构腐蚀原因

金属腐蚀就是指金属材料或其制品在周围环境的作用下，逐渐产生损坏或变质的现象，也即在外界环境中由于金属表面或界面上进行的化学或电化学反应，金属形成化合物或转入离子状态的过程。

3.1.1 自然环境的影响

大气中除空气与水汽外，还有很多污染杂质，如 CO_2、SO_2、H_2S、氯化物、盐粒子、灰尘等。尽管这些杂质在空气中的含量很低，但它们对钢结构的腐蚀及危害却是不容忽视的，特别是 SO_2 的影响。Cl^- 可使钢结构表面的钝化膜破坏，各种非金属氧化物溶于水中成为酸，可增加薄层水膜电解质的导电性，加速钢结构的腐蚀。

桥下水面的常年蒸发增加了钢结构周围的环境湿度，并促使酸性气体及盐粒溶解成为较强的电解质，加速钢结构的电化学腐蚀。一般地，随着大气相对湿度的增加，腐蚀急剧增加。

大气中的尘埃可吸附腐蚀性气体，使其浓度大于空气中的浓度。尘埃沉积或附着在钢结构表面上，形成特有的缝隙，在一定电解质溶液中使缝隙的局部范围产生腐蚀。一年四季气候变化，昼夜温差、日晒雨淋、风吹、积雪、大雾等影响，反复干湿交替，这些都在无形中加速了钢结构的腐蚀过程。

3.1.2 受结构本身的影响

缝隙宽度在0.025~0.1mm范围内的金属与金属之间的连接处(如螺栓连接部位、焊接部位等)，是发生缝隙腐蚀的敏感区域。腐蚀介质进入缝隙内，产生闭塞电池效应，缝隙内外腐蚀介质浓度不一致使浓度极化，内部氧浓度低于外部而成为阳极区，腐蚀集中在缝隙周围。腐蚀产物的累积和腐蚀介质的继续侵入使得缝隙腐蚀向纵深发展。

在金属与混凝土之间的连接处(如钢梁与混凝土桥面板的连接部位、桥梁伸缩缝处等)，由于混凝土中的钢筋处于碱性环境中(pH值在12~13间)，钢筋处于钝化状态，而混凝土外的钢材未能钝化。介质pH值的差异造成混凝土内外钢材的电位差，形成"活化—钝化电池"，产生很大的腐蚀电流，混凝土外的钢材使阳极遭受腐蚀。

3.1.3 钢结构的腐蚀机理

钢结构在水和空气中氧侵蚀的作用下，产生电化学反应。电化学腐蚀的阴极是氧去极化作用的过程，阳极是金属腐蚀的过程，即：在阳极，铁释放电子 e^-，$Fe \longrightarrow Fe^{2+} + 2e^-$；在阴极，水中的溶解氧吸收来自阳极的电子而产生氢氧根离子 OH^-，$O_2 + 2H_2O + 4e^- \longrightarrow 4OH^-$。电子由阳极不断流向阴极，产生腐蚀电流，在钢结构表面生成氢氧化亚铁薄膜，再与水、氧结合生成氢氧化铁：

$$2Fe + 2H_2O + O_2 \longrightarrow 2Fe(OH)_2, 4Fe(OH)_2 + 2H_2O + O_2 \longrightarrow 4Fe(OH_3)$$

钢结构的主要腐蚀形态可分为全面腐蚀与局部腐蚀。全面腐蚀常被称为均匀腐蚀；局部腐蚀可分为点蚀、缝隙腐蚀、应力腐蚀、疲劳腐蚀、电偶腐蚀等。

3.1.4 钢结构耐久性设计构思

目前，钢材是在海洋环境工程设施中采用的主要建筑材料之一。就本工程而言，采用钢材的结构主要有主通航孔桥及颗珠山大桥两座斜拉桥的上部钢梁和非通航孔约 5 000 根钢管桩基础等。若不采取防腐措施,钢材自身在海洋环境下的耐久性能是极其脆弱的,海洋工程钢结构必须采取防腐措施才能达到一定的设计使用年限的要求。

海洋工程钢结构的防腐是一个复杂的问题。同一地点的结构,在不同的部位,如大气区、浪溅区、水位变动区、水下区、泥下区的腐蚀情况是不一样的;即使在同一部位,由于不同季节的气温等条件的变化,腐蚀情况也会有所不同。

表 5.3.1.1 中所列数据反映出碳素钢在不同的环境区域的单面年平均腐蚀速度。

碳素钢的单面年平均腐蚀速度 表 5.3.1.1

部　位	V(mm/年)	部　位	V(mm/年)
大气区	0.05~0.10	水位变动区、水下区	0.12~0.20
浪溅区	0.20~0.50	泥下区	0.05

钢结构的防腐必须具体问题具体分析,必须结合当地条件,采取合适的、科学有效的措施。

目前,海洋工程钢结构常采取的一种防腐措施是机械隔离,即采用某种材料包覆在待保护材料表面,使之与海水、氧气等产生腐蚀的物质隔离以达到防腐蚀的目的。其防腐涂料施工简单,成本较低,但一般易老化,通常年限在 10~20 年左右。据了解,近期也有使用年限更长的涂料投入使用。包覆材料种类较多,通常采用有着良好附着性、耐蚀性、抗渗性的材料,如氯化橡胶、丙烯酸、聚氨酯、环氧粉末、环氧沥青等。另外,用树脂与玻璃丝布交替涂刷、缠绕在结构表面或采用聚乙烯材料包覆在结构表面亦可达到防腐的目的,它具有质轻高强、耐蚀性好、绝缘性高的优点。聚乙烯也是可用的防腐材料之一,这种材料经过一定的处理手段后包覆于钢结构之上,经加热收缩后,将其箍紧,形成一个有机体封闭系统,从而起到对结构的保护作用。

金属喷涂是另一种隔离方法,一般包括喷涂金属层和封闭涂层。金属层一般为锌、铝或锌铝合金。该措施是采用火焰喷涂方法或电弧喷涂方法将熔融金属锌、铝或其合金喷射到处理后的钢结构表面,在其表面形成一层致密、均匀的薄层。这层金属涂层一方面对结构起到机械封闭的作用,另一方面也起到局部牺牲阳极的保护作用。

除了上述的隔离措施外,阴极保护是根据腐蚀微电池原理人为提高待保护材料电位来达到保护目的。阴极保护措施一般适用于水下部位,对水位变动区也有一定的保护作用。这种防腐措施不但能控制金属的均匀腐蚀、局部腐蚀,而且能有效抑制晶间腐蚀、应力腐蚀、疲劳腐蚀等由电解质引起的其他腐蚀行为。阴极保护措施技术可靠、控制效果好、使用年限长。对于不同的部位,阴极保护的效率如表5.3.1.2 所示。

阴极保护效率 *P* 表 5.3.1.2

部　位	P(%)	部　位	P(%)
平均潮位以上	$0 \leqslant P \leqslant 40$	设计低水位以下	$P \geqslant 90$
平均潮位至设计低水位	$40 \leqslant P < 90$		

阴极保护措施是目前对水下区及泥下区钢结构进行保护时应用最广泛、最成熟有效的措施。另外,如果阴极保护手段与涂料配合使用,则一方面能在阴极保护系统建立前对钢结构采取有效保护,另一方面能减少保护电流密度,提高电流分散度,使钢结构表面的电位分布更均匀,从而有效地减缓水下钢结构的腐蚀。

阴极保护手段分为牺牲阳极阴极保护法和外加电流阴极保护法。阴极保护的两种方法都能达到保护目的,各有其优缺点:牺牲阳极方法不需外加电源,稳定性高,不会产生过保护现象,在较长时间内基本不用维修,但初期投入大;外加电流法需要有外接电源,设备须管理、维护,初期投资少些,但维护费用较高。两种阴极保护方式的优缺点比较见表 5.3.1.3。

两种阴极保护方式比较　　表5.3.1.3

外加电流阴极保护	牺牲阳极阴极保护
需提供电源	不需要电源
维护管理要求较高	管理要求不高
控制不善能导致过保护	不会产生过保护
施工安装复杂要求严格	施工安装较简单
在恶劣的环境中更容易受外力损坏	不易受外力损坏
会影响附近钢结构增加腐蚀	不会影响附近钢结构的腐蚀
严格要求钢结构连接成一体	阳极可直接焊在钢结构上
正、负极的连接必须正确	不可能连接错误
使用范围广泛，如海水、淡水、河水、土中均可采用	在高电阻率的介质环境中如淡水、土中不宜采用
只需较少的辅助阳极可对大型钢结构提供有效保护	对大型钢结构要安装大量的阳极
可利用自动恒电位仪自动控制保护电位	由于驱动电压受限制，较难提供较大的保护电流，而且保护电位不能自控制

当然，如果条件允许，将耐海水特种钢材用于海洋工程钢结构也可以达到耐久性的要求，但是这种措施的费用较高。

3.2　钢管桩防腐蚀技术及其应用

3.2.1　概述

东海大桥工程打入钢管桩有5 337根，占全桥工程桩的绝大多数。大桥的使用年限能否达到100年以上，主要取决于钢管桩的有效使用年限。而钢管桩的有效使用年限又取决于桩体的抗防腐性能、防腐蚀技术措施及其防护效果，所以对钢管桩进行有效的防腐蚀处理具有十分重要的意义。

海水和海洋大气是自然界中数量最大且具有强烈腐蚀性的天然电解质，常年工作在海洋环境中的金属设施，尤其像东海大桥这种的固定式钢质结构，其腐蚀问题更为突出。一般说来，根据环境条件和腐蚀特点的不同，海洋环境中的固定式钢质结构可分为五大腐蚀区：海上大气区、浪溅区、水位变动区(潮差区)、水下区(全浸区)和泥下区。这些区域的腐蚀条件、腐蚀特征和腐蚀速率如图5.3.2.1所示。由图5.3.2.1可以看出，固定式金属结构在海洋中的腐蚀有三个峰值：第一个腐蚀峰值在浪溅区，因为这里海水飞溅、干湿交替、盐分高、温度高，所以该区是腐蚀最强烈的区域，最高年腐蚀率可达1.2mm/年以上；第二个腐蚀峰值在低于平均低潮线几十厘米的水下区，甚至在平均低潮线以下1.0~1.5m的位置，因为这里与水位变动区组成了氧浓差电池，该部位因相对乏氧呈阳极而遭受严重的腐蚀，最高年腐蚀率可达1.0mm/年以上；第三个腐蚀峰值是在泥下区界面以下几十厘米处，因为这里与水下区形成氧浓差电池，再加上硫酸还原菌的作用，腐蚀也比较严重。

3.2.2　海洋钢结构防护措施

目前，根据海洋钢质结构的腐蚀机制，国内外采取的减缓其腐蚀的主要方法是涂层和阴极保护。具体说来，对海洋固定式钢结构的大气区、浪溅区、潮差区进行涂层和包覆层保护，对全浸区和泥下区进行涂层和阴极保护技术联合保护，或者单独采用阴极保护技术进行防蚀。

所谓涂层防蚀技术，就是在金属界面上涂装一层足够厚的，可以长久隔离电解质的，或者说可以增加腐蚀系统回路电阻的非金属或金属材料的一项技术。实际上，不管质量和性能如何，所有涂层都存在漏点和缺陷，这种缺陷是在涂覆、运输、安装过程中形成的。除此之外，涂层在服役过程中也会老化，若受到外力撞击，会导致涂层从金属表面剥离下来，严重而彻底地将钢结构暴露于海洋环境。虽然钢结构

腐蚀率	海洋区域	环境条件	腐蚀特点	平均腐蚀率（mm/a）
	大气区	风带来细小的海盐颗粒	海盐粒子加速腐蚀，但随距离而不同	0.05 ~0.2
平均高潮线	浪溅区	潮湿，充分充气表面无生物玷污	飞溅、干湿交替、日照，腐蚀最严重	0.2 ~0.5
	水位变动区	周期沉浸，供氧充足	钢和水线以下区组成氧浓差电池，本区受保护	0.1 ~0.3
平均低潮线	水下区	在浅水区海水通常为氧所饱和	腐蚀随深度变化，浅水区腐蚀较重，阴极区往往形成石灰层水垢，生物因素影响大	0.1 ~0.3
海底面	泥下区	常有细菌（硫酸盐还原菌）	泥浆通常有腐蚀性，有可能形成泥浆海水腐蚀电池	0.03 ~0.07

图 5.3.2.1　固定式钢质结构腐蚀区域示意

绝大多数面积可以得到保护，但涂层缺陷或剥离处的腐蚀速率较高，它仍有可能导致钢结构破损，影响其耐久性。因此，在涂层服役期间，应注意维护和定期更新。

所谓阴极保护技术就是向被保护钢结构通一直流电，当电位负移至某一个值以后，被保护钢结构腐蚀系统中的驱动电位 $\Delta E = 0$，这样钢结构的腐蚀就得到了有效抑制。

随着科学技术的发展，海洋固定式钢结构防腐蚀技术也在不断的更新换代。20 世纪 70 年代以来，尤其是进入 90 年代之后，人们对金属防腐蚀技术的认识与重视有了明显的提高，金属防腐蚀技术日趋走向科学化、规范化、法制化。当前，在我国海洋固定式钢质结构涂层防腐领域中，环氧重防腐涂料和熔结环氧涂层——环氧粉末体系占有主导地位，但会逐渐地与多层涂层体系分享市场。在阴极保护领域中，20 世纪 70 年代研制成功了铝合金牺牲阳极，这种牺牲阳极具有工作电位稳定、电流效率高、消耗率低、电容量高、寿命长和工作面溶解均匀等特点，几乎独占了海洋固定式钢结构阴极保护市场。

3.2.3　东海大桥钢管桩防腐蚀方案

1. 技术指标

根据相关技术规范、东海大桥技术要求、海域条件和国内工程实例，确定东海大桥钢管桩防腐蚀方案的技术指标如下：

(1) 有效保护期≥100 年，分 35 年、35 年、30 年三期保护，每期更换一次牺牲阳极，即本文中的防腐蚀方案有效保护期为 35 年；

(2) 在有效保护期内，钢管的电极电位自始至终负于 $-0.85V$(CSE)；

(3) 在有效保护期内，钢管桩的保护度≥90%，年腐蚀率为 0 ~0.03mm/年；

(4) 在有效保护期内，钢管桩不存在集中局部腐蚀现象；

(5) 在有效保护期内，潮差段涂层耐盐雾、耐老化、耐湿热，抗震性和附着力强，不产生大面积剥离，最后自然破损率低于 30%；

(6) 在有效保护期内，方案提供的防腐蚀系统对海域无污染，对钢管桩的机械强度无副作用。

2. 防腐蚀方案

由于固定式钢质结构在海洋中各腐蚀区域的腐蚀条件和腐蚀特征有所不同，所以防腐蚀方法也不尽一致。根据国内外科学技术资料介绍，以及国内外相关技术规范的规定，通常将海洋固定式钢质结构划分为两大区域进行保护，即分为水上防蚀区和水下防蚀区。水上防蚀区包括大气区、浪溅区、部分水位变动区，也就是平均潮水线以上各腐蚀区，该区由于不浸水或者浸水率低，一般以涂漆和被覆材料为主进行保护；水下防蚀区包括部分水位变动区、水下区和泥下区，也就是平均潮水线以下各腐蚀区，该区域由于浸水率达60%～100%，所以宜单独采用阴极保护技术（含牺牲阳极保护和外加电流保护）进行保护，或者采用阴极保护技术和涂料联合保护，迄今前者越来越广泛地得到应用。

东海大桥钢管桩属于海洋中固定式钢质结构，工作在浪溅区、水位变动区、水下区和泥下区等四大腐蚀区。为了确保东海大桥100年以上的有效使用年限，钢管桩壁厚除考虑能满足受力要求并考虑预留一定厚度的腐蚀余量作为钢管桩耐久性的基本措施外，还应采取其他有效的防腐蚀措施。本工程的钢管桩基础，除阴极保护和桩顶至水位变动区以下1.5m范围内灌注钢筋混凝土外，还分区段考虑了以下几种防腐蚀方案：

(1)方案一

钢管桩采用综合防腐措施如下：

措施一：钢管桩计算壁厚为18mm，分区段预留钢桩腐蚀壁厚，桩顶下30m范围壁厚25mm，其余部分壁厚18mm。

措施二：桩顶下7m范围机械包覆玻璃纤维增强复合层，厚度2.5mm，设计寿命40年。

措施三：桩顶下15m范围采用海工防腐涂料涂层系统，厚度250μm，设计使用寿命10年。

措施四：钢管桩采用牺牲阳极阴极保护措施，牺牲阳极考虑35年更换一次。

措施五：管桩上部25m填充混凝土，构造配筋。

水位变动区包覆纤维增强复合层设计使用寿命按40年计，钢材腐蚀速度在考虑阴极保护的作用下（保护效率按40%）不超过0.12mm/年，60年腐蚀量为7.2mm，钢管桩计算壁厚为16mm，可以满足耐久性要求。

水下区重防腐蚀涂层系统使用寿命按10年计，钢材腐蚀速度在考虑阴极保护的作用下（保护效率按80%）不超过0.04mm/年，90年腐蚀量为3.6mm，钢管桩计算厚度为18mm，可以满足耐久性要求。

泥下区钢材腐蚀速度在考虑阴极保护作用下（保护效率按80%）不超过0.01mm/年，100年腐蚀量为1.0mm，钢管桩计算壁厚为18mm，可以满足耐久性要求。

上述分析的钢材腐蚀速度均基于平均腐蚀速度考虑，对于钢材的局部腐蚀，尤其是超过时间（水位变动区达到60年，水下区达到90年）的坑蚀、点蚀情况而言是存在风险的。因此，设计采用"措施五"填充桩芯混凝土作为补充措施，确保桩基使用的耐久性。另外，经比较计算，填充混凝土的钢管桩与未填充混凝土的钢管桩相比，承台的最大位移可减小45%，并且填充混凝土的钢管桩防撞击性能也将大幅度提高。

(2)方案二

钢桩采用电弧喷铝(260μm)＋玻璃被覆层(2000μm)＋封闭面漆涂层（超厚浆环氧沥青400μm）的联合防腐蚀方法。该方法具有以下特点：

①钢管桩喷砂除锈后进行电弧喷涂铝合金金属涂层260μm，铝涂层与钢桩之间具有很高的涂层结合力；

②铝涂层均匀覆盖在钢桩表面，在海洋大气、潮差和海水环境下牺牲阳极保护电流辐射距离短，保护效果充分，铝涂层自腐蚀速率低，防腐蚀寿命长久；

③玻璃钢树脂（如不饱和树脂）直接涂装在喷铝表面，玻璃纤维丝布与玻璃钢树脂交替涂覆，形成"五油四布"的玻璃钢防腐蚀涂层，它不仅具有相当长的防腐蚀寿命，而且能推迟铝涂层与海洋腐蚀环境接触时间，从而推迟铝涂层的自腐蚀和阴极保护发生时间；

④封闭环氧沥青面漆具有耐大气和耐海水及其冲刷的性能。

(3)方案三

①水位变动区（钢管桩顶端至高程－2.5m）采用以下保护措施：

高效铝合金牺牲阳极的阴极保护法＋重防护涂层＋桩内混凝土填芯＋预留钢管桩腐蚀量，其中：

阳极块使用寿命≥35年，施工期临时阳极块使用寿命≥2年；

重防护涂层：725—H53—9环氧重防腐涂料，涂层厚度1 100μm；

桩内混凝土填芯，桩顶7m范围内填充混凝土；

预留钢管桩腐蚀量为7mm。

②水中及泥土区采用以下保护措施：

高效铝合金牺牲阳极的阴极保护法+预留钢管桩腐蚀量，其中：

阳极块使用寿命≥35年，施工期临时阳极块使用寿命≥2年；

预留钢管桩腐蚀量为2~7mm。

钢管桩在水位变动区的不同防腐方案技术经济比较见表5.3.2.1。

水位变动区钢管桩防腐方案技术经济比较

表5.3.2.1

方案	主要技术措施	技术优缺点比较	经济指标
方案一	水位变动区： 玻璃钢被覆层(40年)+预留腐蚀量(60年) 水中及泥土区： 海工防腐涂层(250μm，寿命10年)+阴极保护(35年更换)+预留腐蚀量(腐蚀速度0.04mm/年，90年需3.6mm以上)	有成熟施工经验；阳极块寿命35年，100年需二次更换阳极块	约230元/m²
方案二	水位变动区： 电弧喷铝(260μm)+玻璃钢被覆层(2 000μm)+封闭面漆涂层(超厚浆环氧沥青400μm) 水下区： 电弧喷铝(200μm)+玻璃钢被覆层(2 000μm) 泥下区： 预留腐蚀量(2mm)	有成熟施工经验；以后维修，可外加阳极，约20年一次，共二次，施工相对较复杂	约400元/m²
方案三	水位变动区： 牺牲阳极的阴极保护法(35年更换)+重防护涂层(1 100μm，寿命10年)+桩内混凝土填芯+预留腐蚀量(7mm) 水中及泥土区： 牺牲阳极的阴极保护法(35年更换)+预留腐蚀量	有成熟施工经验；阳极块寿命35年，100年需二次更换阳极块	约312元/m²

综合技术、经济、操作性等比较，推荐钢管桩采用方案三的技术措施。

3. 被覆水泥层与涂料联合保护

根据东海大桥钢管桩结构设计，钢管桩自桩顶(高程+2.50m)起，下延至高程+1.00段(浪溅区和部分水位变动区)，即长度为1.5m浪溅区涂装厚度为100μm的725—H53—9环氧重防腐蚀涂料，并被覆在水泥承台中。实际上，本区段采用的是涂料与被覆水泥层进行双重保护。

4. 涂料与牺牲阳极联合保护

东海大桥钢管桩高程+1.00~-3.50m(或-4.50m)段为水位变动区，采用的防腐蚀措施是：刮涂涂料725—H53—9环氧重防腐涂料三道，涂膜总厚度为1 100μm，详见图5.3.2.2。施加与水下区同样的高效铝合金牺牲阳极保护。

(1)牺牲阳极保护

东海大桥钢管桩水下区和泥下区单独采用高效铝合金牺牲阳极进行保护。这种保护法可借助于高效铝合金牺牲阳极与被保护的钢管桩间的电位差值，产生通向被保护钢管桩表面的直流电，使钢管桩表面电极电位向负向移动，当电极电位达到某一值后，被保护的钢管桩表面的腐蚀得到有效抑制，或者基本上不再发生腐蚀。电化学腐蚀理论和近几十年的国内外工程实践经验表明，海洋固定式钢质结构水下防蚀区单一采用牺牲阳极保护是有效的，年腐蚀率可大幅度降低至0~0.03mm/年。在我国，自1980年起，这项技术已经得到了越来越广泛的应用，并取得了预期的效果，例如：

西沙群岛钢板桩码头，于1980年安装了铝合金牺牲阳极，至今钢管桩电位仍负于-0.85V(CSE)，桩体无任何锈迹，保护度达94%~97%；

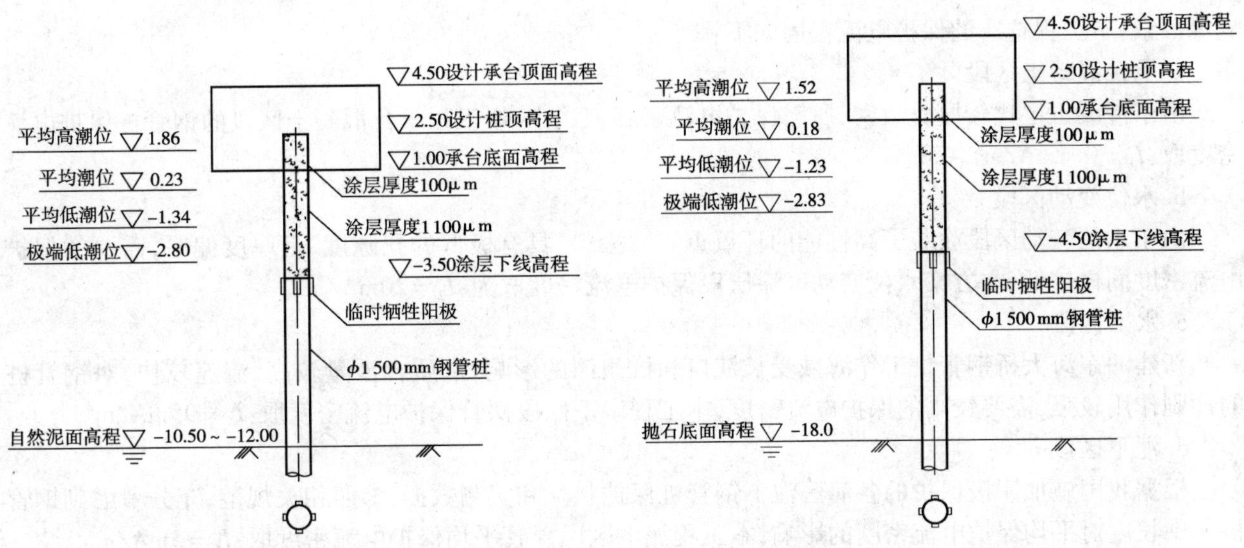

图 5.3.2.2　钢桩涂装及临时牺牲阳极位置(高程单位:m)

山东省黄岛钢管桩码头,于 1989 年安装了铝合金牺牲阳极保护,至今钢管桩电位负于 −1.00V(CSE),桩体无任何锈迹,测量桩体壁厚基本上保持初始状态,防蚀效果完全达到了设计要求。

根据东海大桥钢管桩的实际工作条件和技术要求,参照相关技术规范和国内外工程实例,决定东海大桥钢管桩水下防蚀区(除部分潮差段之外)单一采用牺牲阳极保护,不进行任何涂装。制定的牺牲阳极保护方案如下:

①工况条件

海域:上海芦潮港至小洋山岛;

水质:淡海水,盐度为 8.904‰～29.563‰,电阻率为 37.7～93.0Ω·cm,可见度为零;

含沙量:1.30～10.828kg/m^3;

流速:设计流速为 2m/s;

潮汐特征:桥区潮汐特征值列入表 5.3.2.2。

桥区潮汐特征值　表 5.3.2.2

潮汐特征值	芦潮港站(1978～1994)	小洋山测站(1997.8～2001.12)
平均海面值	0.23	0.18
平均高潮值	1.86	1.52
平均低潮值	−1.34	−1.23
最大潮差	5.14	5.03
平均潮差	3.20	2.75

冲刷深度:芦潮港至大乌龟岛段冲刷深度为 3～5m,颗珠山至小洋山岛段冲刷深度为 6～8m;

泥面高程:芦潮港至大乌龟岛钢管桩段泥面高程 −8.6～−12.5m,颗珠山至小洋山岛段泥面高程 −18.5～−19.9m。

②保护规模

东海大桥钢管桩的具体参数如下:

材质:Q345C(16Mn 钢);桩顶高程:+2.50m;桩长:56～77m;直径:ϕ 1 500mm;桩数:5 338 根;保护总面积:1 462 248m^2。

③保护电流密度

根据被保护的钢管桩材质、表面状态、涂层质量与厚度、工作海域特点、有效保护年限和外界条件影响等因素，本工程选取的保护电流密度如下：

a. 承台混凝土区段

由于混凝土层比较厚且致密，所需保护电流密度相当小，本工程承台混凝土区段的钢管桩保护电流密度取：$I_1 = 0.1\text{mA/m}^2$。

b. 水位变动区段

由于水位变动区段涂装了高性能的环氧重防蚀涂料，具有极低的孔隙度，且厚度偏厚，需要的保护电流密度同样较低，本方案水位变动区涂层段保护电流密度取为：$I_2 = 20\text{mA/m}^2$。

c. 水下区段

新建的东海大桥钢管桩工作海域受长江口和杭州湾的影响，水质含沙量较高，流速较快，对钢管桩的冲刷作用较强，需要较高的保护电流密度，本工程水下区段裸管保护电流密度取：$I_3 = 95\text{mA/m}^2$。

d. 泥下区段

根据我国施加阴极保护的各海区泥下钢管桩保护状况和实测数据，参照相关规范，充分考虑到钢管桩泥中长度对平均保护电流密度的影响，本工程泥下区段裸管平均保护电流密度取：$I_4 = 5\text{mA/m}^2$。

④保护电流

经详细计算，东海大桥原设计5 319根钢管桩，总计需要保护电流：$I = 35\ 829\text{A}$。除此之外，施工过程增补19根钢管桩，加长4根桩，钢质模板331套未拆除，总计需要增加保护电流约3 000A，即该项工程实需保护电流38 800A以上。

⑤阳极材质

铝合金牺牲阳极材料具有质量轻、相对密度小、电化当量大、工作电位够负且稳定、电流效率高、可自调节发生电流大小、可设计成长寿命阳极等优点，在实际海洋工程中得到了广泛的应用。

针对本工程被保护的钢管桩工作海域的水质情况，本工程选用Al-Zn-In-Mg-Ti高效铝合金牺牲阳极，这种材料是在20世纪末“八五”计划期间和90年代后期受秦山核电公司委托研制出来的新型高效产品，不仅适用于全海水工程，而且适用于水质盐度在32‰~4.18‰之间的海域工程，其性能明显优于《铝—锌—铟系合金牺牲阳极》(GB 4948—2002)规定的常规各类铝阳极，尤其是在淡海水海域，该材料的适用性更为突出。

针对东海大桥海域工况条件，室内研制出的适用于东海大桥海域的高效铝合金牺牲阳极电化学性能列入表5.3.2.3。

高效铝合金牺牲阳极电化学性能　　表5.3.2.3

阳极种类	开路电位(-V,SCE)	工作电位(-V,SCE)	实际电容量(Ah/kg)	电流效率(%)	溶解性能(见图5.3.2.3)
高效铝阳极	1.109	1.097	2628	92.5	溶解均匀

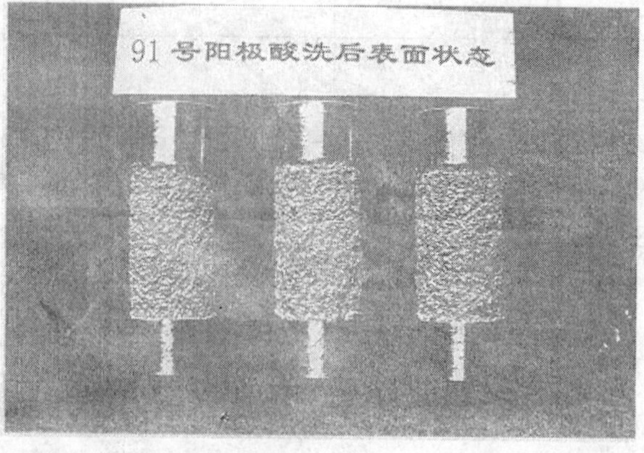

图5.3.2.3　阳极表面溶解照片

⑥阳极规格

考虑到牺牲阳极有效防蚀年限、保护范围的需要、方便安装与更换等多方面因素，本方案选定的阳极规格为：

阳极尺寸：1 450mm × (180 + 210) mm × 200mm；

阳极重量：157kg/支；

阳极净重：145kg/支；

⑦阳极发生电流

根据阳极驱动电位、阳极接水电阻、欧姆定律求得单支阳极发生电流为：$I_f = 2.196$A/支。

⑧阳极有效年限

根据单支阳极净重、发生电流和阳极的消耗率求得本方案选用的牺牲阳极有效保护年限 t = 35.27a。

⑨阳极数量

根据被保护的钢管桩等钢结构所需要的保护电流和单支阳极发生电流，求得东海大桥钢板桩防腐蚀工程阳极总用量 N = 17 865 支。

⑩阳极配置

东海大桥 5 338 根钢管桩和近 4.5 万 m^2 的钢质模板需 157kg/支级高效铝合金牺牲阳极 17 685 支，总重量为 2 776 545kg，其中单桩安装 3 支阳极的钢管桩有 4 030 根，安装 4 支阳极的钢管桩有 1 095 根，安装 5 支阳极的钢管桩有 89 根，安装 6 支阳极的钢管桩有 89 根，安装 7 支阳极的钢管桩有 26 根，详见图 5.3.2.4。

⑪阳极安装

采用水下焊接法安装牺牲阳极。由于钢管桩的材质为 Q345C 高强锰钢，为了预防焊缝产生微裂纹，确保焊接质量，原设计采用水下局部排水二氧化碳保护半自动焊安装固定阳极。但是，东海大桥海域水流较急，流速多在 1m/s 以上，流向不定，时有涡流出现，涨潮和退潮期间无法进行水下作业，只能借助于涨平潮和退平潮期间进行水下焊装阳极，而且平潮时间又非常短。在这种极差的工况条件下，按照原制定的水下局部排水焊，很难使排水罩稳定，也很难在焊接一条焊缝（每支阳极四条焊缝）期间做到一次性排水，一次性定位，需要反复多次排水和多次起弧，方可焊好一条焊缝，这样既影响了焊缝质量，又严重地影响了工程进度。经国内外技术资料查询、现场实际操作考核以及请专家论证与评审等，决定遵循美国 AWSD3.6—93 和 AWSD1.1—2000 标准，引进英国 Hydroweld FS 焊条和工艺，将原“水下局部排水二氧化碳保护半自动焊”改为“水下湿法焊接”。

英国 Hydroweld 成立于 1987 年。该公司为了提高水下湿法焊接质量和声誉，一直致力于研究和发展水下湿法焊接材料、工艺和技术培训。作为一项尖端科研成果，Hydroweld FS 湿法焊条具有独一无二的使用特性，能够快速产出高质量、全方位的水下湿法焊接焊缝。可以说，自从 FS 焊条上市以来，人们对水下湿法焊接有了新的看法：水下湿法焊接质量可以和陆上焊接质量相媲美。具体说来，FS 焊条具有如下优点：

适用于中碳钢、锰钢水下湿法手工电弧焊；

增强性金红石药皮不仅具有防潮和绝缘性能，而且在起弧期间产生一种气体将水局部排干，进而减缓了快速冷却；

容易起弧和再起弧，通常不易断弧；

电弧清晰可见、平和且可维持；

金属熔敷效率高；

焊根和侧边圆滑过渡，成型优良；

焊缝无裂纹；

焊道波纹精致美观，自行脱渣；

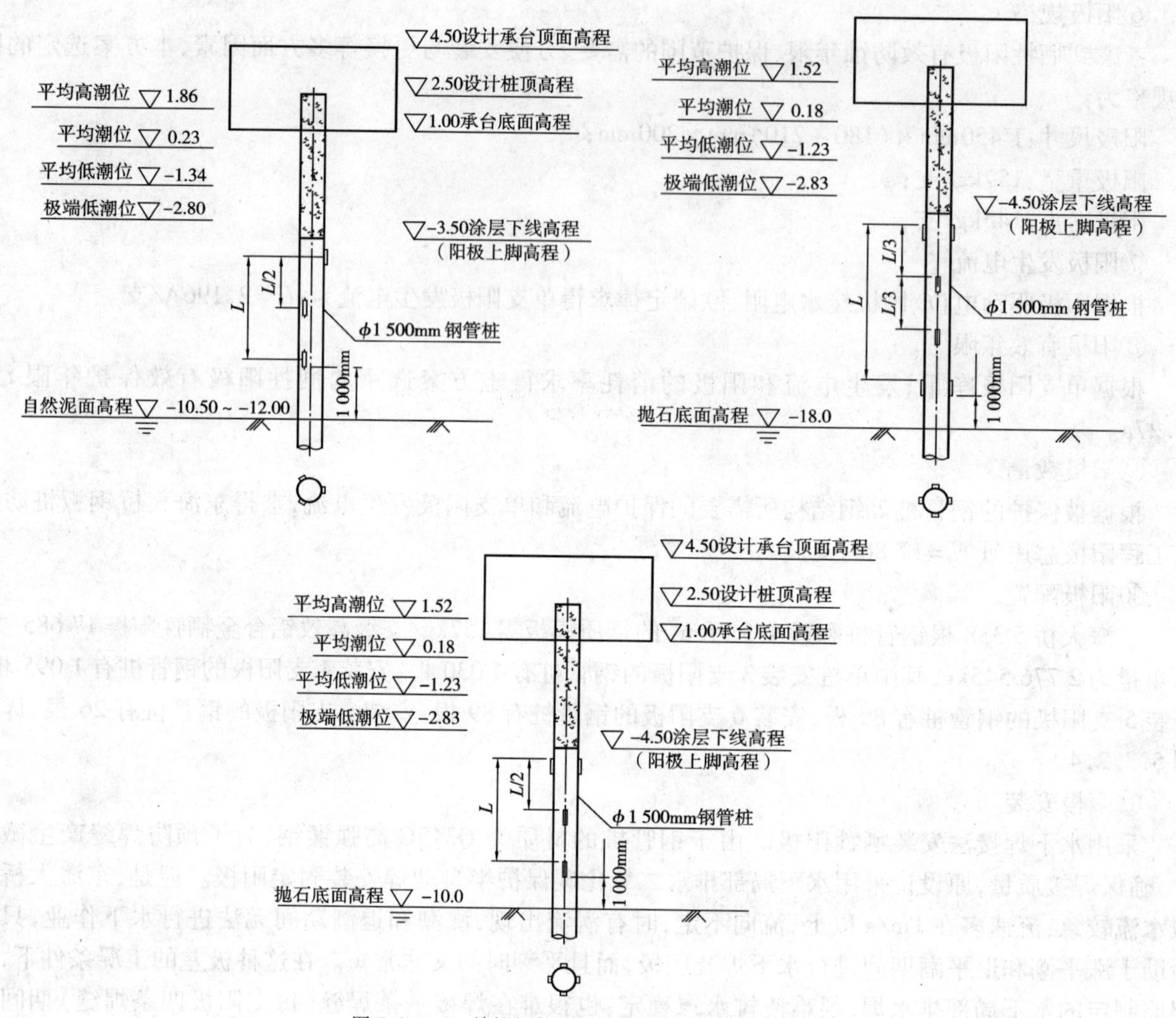

图 5.3.2.4　单桩牺牲阳极安装位置（高程单位：m）

机械性能可全面满足美国焊接学会制定的 AWS D3.6M—1999 标准 A 级焊缝要求。

为了确保东海大桥钢管桩防腐蚀工程质量，取英国 Hydroweld FS 焊条，牌号为 E6013，规格为 ϕ4 × 350，于2004 年 3 月 12 日在大治河入海口进行现场水下 3 ~ 4m 湿法角焊和平板对接焊工艺试验，试验结果如下：

①焊接方法、工艺参数及施工条件

天气：多云，北风 5 ~ 6 级；

焊接水深：3 ~ 4m；

焊接设备：Inverter ZX7—500；

焊接方法：手工电弧焊（SMAW）；

焊接工艺参数如下：

焊接电流：160 ~ 170A；

焊接电压：38 ~ 42V；

焊接速度：120mm/min；

极性：直流正接（DCSP）。

②工艺试验结果

角焊缝质量检验结果：见图 5.3.2.5 和图 5.3.2.6；

焊缝外观检查：焊缝成型良好，未见表面裂纹、气孔和夹渣；

磁粉检查:未发现表面裂纹;

图 5.3.2.5　进口焊条(E6013)角焊缝宏观金相(X7)A 剖面

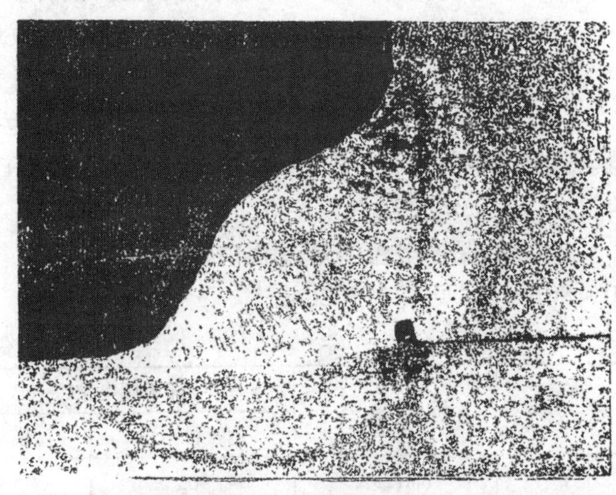

图 5.3.2.6　进口焊条(E6013)角焊缝宏观金相(X7)B 剖面

宏观金相检查:角焊缝经线切割取样、平磨、抛光、腐蚀,在 LEICAGZ6 金相显微镜下观察金相(结果见图 5.3.2.5 和图 5.3.2.6),全面满足了 AWS D3.6—9.3 和 AWS D1.1—2000 所规定的技术要求;

平板对接焊缝质量检验结果如下:

焊缝外观检查:焊缝成型良好,未见表面裂纹、气孔、夹渣和咬边等缺陷,详见图 5.3.2.7;

磁粉检查:未见表面裂纹;

X 光检查:平板对接焊缝 X 光检查结果表面,板厚 8mm 的两块平板对接试板为Ⅰ级焊缝,板厚 12mm 的两块平板对接试板为Ⅱ级焊缝,内部质量均合格;

图 5.3.2.7　平板对接焊接缝外观

拉伸性能试验:根据美国 ASME IX 标准进行拉伸试验,试验结果是拉伸强度为 537.5MPa;

弯曲性能试验:根据美国 AWS D1.1—2000 标准进行弯曲试验,试验结果是弯曲角度大于 20°,符合 C 级焊缝工艺评定标准。

根据上述试验结果,经专家评审,认为东海大桥钢管桩防腐水下焊接阳极工程,引进英国焊材和工艺进行水下湿法焊装毛重 157kg/支级牺牲阳极是可行的,其工程质量能够满足原设计制定的技术要求。现在,东海大桥工程实践证明,国内首次引进的英国焊材和水下湿法焊接工艺既保证了工程质量,又保证了工程进度。2003 年执行原工艺,仅完成 501 支阳极焊装任务,2004 年改进工艺后完成 8 016 支,2005 年完成 9 168 支,焊缝质量全面达到了设计要求。

为了在国内全面推广应用水下湿法焊接技术,中船重工七二五研究所进行了仿英焊材与工艺研究。经一年多的努力,终于研制成功了可与 FS 水下焊条相媲美的新型焊材与工艺,并在国内申请了专利(专利号为:200510018074.9)。

为了使钢管桩的阴极保护电位分布更加均匀,本工程在承台内部采用钢筋将每座承台内的所有钢管桩电性联接成为一体,并拆除了除套箱钢质模板之外的一切其他钢构件。

2. 保护效果检测与分析

(1)保护电位测量

自 2004 年 7 月起至 2005 年 12 月初施工期间,借助于高内阻值($R>10\text{M}\Omega$)数字万用表和便携式铜——饱和硫酸铜参比电极(CSE),对东海大桥 331 座承台中的钢管桩保护电位进行了测量,从测量结果中可以看出,全工程 331 座承台钢管桩最正保护电位为 -0.938V(CSE,下同),最负电位高达

-1.022V,均达到了设计要求,并处于良好的保护状态,其中:

①保护电位为-0.938~-0.950V 的承台数量为42座,占全工程12.69%;

②保护电位为-0.950~1.022V 的承台数量为289座,占全工程87.31%以上。

钢管桩保护电位处于-0.938~-0.950V 范围内的有42座承台,基本上都是涨平潮时测得的数据。退平潮时,钢管桩保护电位普遍达到-0.960V以上,处于最佳保护状态。

(2)保护电位随潮汐变化

钢管桩保护电位测量过程中发现,涨平潮测得的钢管桩保护电位明显正于退平潮的电位,大约正50~80mV,详见表5.3.2.4。

钢管桩保护电位测量　　表5.3.2.4

序　号	桥墩编号	涨平潮电位(-mV)		退平潮电位	电位差(mV)
		钢管桩电位	模板电位	钢管桩电位	
1	PM129A	905	906	960	$\Delta V=55$
2	PM129B	885	890	962	$\Delta V=77$
3	PM130A	931	928	983	$\Delta V=52$
4	PM130B	915	918	975	$\Delta V=60$
5	PM131B	917	915	975	$\Delta V=58$

从表5.3.2.4可以看出,涨平潮期间钢管桩电位与承台套箱钢质模板等电位,说明没有拆除的承台套箱钢质模板与钢管桩电性连接在一起,同样进入了牺牲阳极保护系统的保护范围,并明显地影响钢管桩保护电位的负向极化。为了减小钢质模板的影响,确保钢管桩防蚀效果,决定在原防腐蚀设计方案的基础上,追加910支阳极。其结果为退平潮时钢管桩的保护电位稍有负移,而涨平潮时(钢质模板进入保护状态)钢管桩的保护电位比追加阳极之前负移明显,详见表5.3.2.5。

追加阳极后钢管桩保护电位测量　　表5.3.2.5

序号	墩号	潮汐	钢管桩保护电位(-mV)						平均值
			1	2	3	4	5	6	
1	PM130	退平潮	988	983	986	988	987	966	983
		涨平潮	939	943	940	947	944	9946	943
		ΔV	49	40	46	41	43	20	40
2	PM132	退平潮	965	964	963	968	973	967	967
		涨平潮	943	945	944	938	940	941	942
		ΔV	22	19	19	20	33	36	25
3	PM133	退平潮	977	978	980	985	985	988	982
		涨平潮	939	940	941	948	953	955	946
		ΔV	38	38	39	37	32	33	36
4	PM137	退平潮	978	996	997	975	979	976	983
		涨平潮	948	946	963	968	953	959	956
		ΔV	30	50	34	7	26	17	27
5	PM169	退平潮	978	988	988	997	996	997	991
		涨平潮	947	948	951	951	949	947	949
		ΔV	31	40	37	46	47	50	42

为了进一步测定钢管桩保护电位随潮汐的变化情况,以及钢质模板对钢管桩保护电位的影响程度,借助于保护电位数据采集设备对钢管桩的保护电位进行了24h监控。

说明:PM483墩,20h连续检测两个潮汐的电位变化,采样间隔为5min。

从表中数据可以看出:

钢管桩保护电位随潮汐变化呈方波形变化，说明钢质模板的影响是客观存在的，追加910支阳极之后，降低了涨平潮与退平潮间的电位差值，其差值减少到20～50mV左右。随着牺牲阳极服役时间的加长，因丛生在钢管桩上的海生物的繁殖和阴极沉积膜的生成，该差值还会进一步缩小。因此，钢质模板对牺牲阳极保护系统的最终保护效果和有效保护年限不会产生明显的影响。

涨潮期间，钢质模板一旦浸入海水，钢管桩保护电位就发生正向突变，由－960mV（相对海水氯化银电极，下同）正移到－920mV，这显然是钢质模板进入保护系统，使被保护面积发生突变——增加所致，随后保护电位继续正移，但正移的幅度很小，只有10mV左右，这是受钢质模板的影响，钢管桩保护发生去极化过程。

相反，退潮期间，钢质模板一旦露出水面，钢管桩保护电位就发生负向突变，由－910mV负移到－950mV，这是钢质模板露出水面使被保护面积发生突变——减少所致，随后钢管桩保护电位继续负移，负移幅度也很小，约有20mV左右，这是因为随着退潮，钢桩外露面积越来越小，被保护面积逐渐在减少，钢管桩保护继续进行阴极极化，保护电位越来越负。

平潮期与涨潮期和退潮期水流流速差异很大，但钢管桩保护电位并未发生明显的变化，说明海水流速对钢管桩的保护电位影响不大。

3.涂层保护状况

2002年10月，开始对水位变动区段（潮差段）进行涂装725L—H53—9环氧重防腐蚀涂料和焊装建造期防蚀用的铝合金牺牲阳极，截至2004年8月涂装工程和沉桩工程全部结束。经过涂装施工现场和实海的跟踪观察，到目前为止，未发现任何钢桩和桩段存在涂层变色、粉化和应力开裂等破损现象，更不存在涂层大面积破损和剥离现象，涂层附着牢固，颜色光亮，无任何返锈现象，全面达到了设计要求。

3.2.4　钢管桩防腐蚀技术评价

（1）东海大桥钢管桩防腐蚀工程选用的涂料性能良好、附着力强、无任何返锈和剥离现象。

（2）工程选用的铝合金阳极是高效的，表面溶解均匀，电化学性能稳定。

（3）钢管桩全部处于良好的保护状态，有87%以上的钢管桩保护电位负于－0.950V，余下近13%的钢管桩保护电位也接近于－0.950V，达到－0.938～－0.950V。随着时间的推移，钢管桩的保护电位还会向负向极化。

（4）承台套箱钢质模板未拆除，与钢管桩电性连接在一起，对钢管桩的保护电位产生一定的影响，即涨平潮海水浸没钢质模板之后，钢管桩保护电位将正移20～40mV左右，但对牺牲阳极保护系统的最终保护效果不会产生明显的影响。

（5）施加牺牲阳极保护之后的钢管桩可见段未发现一丝锈迹，防蚀效果良好。

（6）工程引进英国Hydroweld公司研制的水下湿法焊接工艺，选用该公司生产制造的FS焊条，不但解决了高强度钢水下湿法焊接易产生微裂纹的问题，而且大大提高了工效，使工程质量和进度均得到了保证。

（7）结合工程实际情况，成功地仿制出了TS208型焊材，其性能完全可以与英国的FS焊条相媲美。

3.3　钢结构电弧喷铝防腐技术及其应用

3.3.1　概述

对于海洋环境下钢桥的防腐方法，目前世界各国采用最多的是涂装防腐涂料，如油性涂料、水溶性涂料、氯化橡胶、环氧沥青、乙烯系涂料等，特别是无机富锌底漆上再涂厚膜涂料的方法在国外应用较多，这些传统的防腐方法多为3～15年。采用现代电弧喷铝技术的铝复合涂层防腐寿命可以达到50年。

东海大桥投资规模巨大,设计使用寿命为100年,选择先进、长效的高新防腐蚀技术至关重要,在火焰喷铝技术上改进创造的电弧喷铝防腐体系,即在喷砂除锈Sa3级、电弧喷铝的基础上加上封闭漆、中间漆、面漆组合而成的防腐体系,是目前最为长效安全、经济实用的技术,是理想的选择方案。

3.3.2 钢结构电弧喷铝防腐技术

1. 电弧喷铝防腐技术工艺原理

电弧喷铝防腐技术是将铝作为金属涂层材料,以电弧为热源将喷涂材料铝丝加热,使受热的铝丝形成熔融或半熔融状态的细微颗粒,在高速气流的吹动下,这些颗粒高速冲击并沉积在钢结构基体的表面上,形成铝金属防腐涂层的一种高效防腐技术。电弧喷涂技术属于热喷涂技术中比较普遍使用的一种长效防腐技术。

(1)金属铝涂层的形成

电弧喷涂时,铝丝材料的粒子被热源加热到熔融态,在外加气体或焰流本身的推力下,雾化并高速喷射向基体表面,铝材料的粒子与基体发生猛烈碰撞而变形、展平沉积于基体表面,同时急冷而快速凝固,颗粒逐层沉积而堆积成涂层。

(2)电弧喷铝涂层的结构特点

电弧喷涂涂层形成过程决定了涂层的结构特点,喷涂层是由无数变形粒子相互交错呈波浪式堆叠在一起的层状组织结构,涂层中颗粒与颗粒之间不可避免地存在一些孔隙和空洞,并伴有氧化物夹杂。涂层剖面典型的结构如图5.3.3.1所示,其特点为:

①呈层状;

②含有氧化物夹杂;

③含有孔隙或气孔。

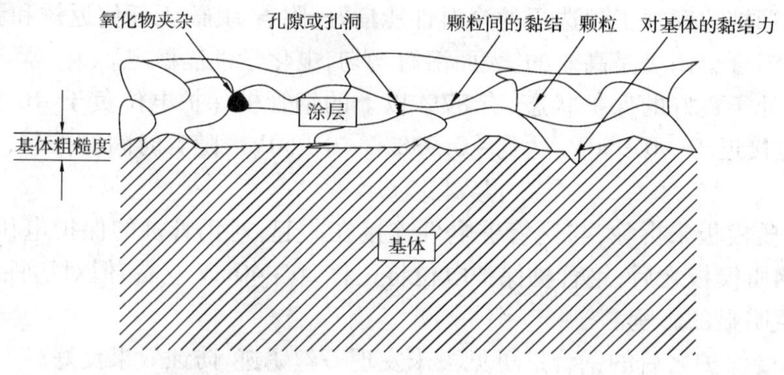

图5.3.3.1 典型的涂层剖面

(3)电弧喷铝涂层的结合机理

涂层的结合包括涂层与基体的结合和涂层内部的结合。涂层与基体表面的黏结力称为结合力,涂层内部的黏结力称为内聚力。涂层中颗粒与基体之间的结合以及颗粒之间的结合机理,目前尚无定论,通常认为有以下几种方式。

①机械结合

碰撞成扁平状并随基体表面起伏的颗粒和凹凸不平的表面相互嵌合,并以颗粒的机械联锁而形成的结合(抛锚效应)。一般来说,涂层与基体的结合以机械结合为主。

②冶金——化学结合

这是当涂层和基体表面发生冶金反应,如出现扩散和合金化时的一种结合类型。当喷涂后进行重熔即喷焊时,喷焊层与基体的结合主要是冶金结合。

③物理结合

颗粒与基体表面间由范德华力或次价键形成的结合。

(4)涂层的残余应力

当熔融颗粒碰撞基体表面时,在产生变形的同时受到激冷而凝固,从而产生收缩应力。涂层的外层受拉,基体(有时也包括涂层)的内层则产生压应力。涂层中的这种残余应力是由喷涂条件及喷涂材料与基体材料的物理性质的差异造成的。它影响涂层的质量、限制涂层的厚度。工艺上要采取措施以消除或减小涂层的残余应力。

(5)电弧喷铝涂层的性能

①化学成分

铝材在熔化和喷射过程中,会与周围介质发生作用生成氧化物、氮化物,并在高温下会发生分解,因而涂层的成分与铝丝的成分是有一定的差异的,这在一定程度上影响着涂层的性能。

②孔隙度

电弧喷铝涂层中不可避免地存在着孔隙,孔隙度的大小与颗粒的温度和速度以及喷涂距离和喷涂角度等喷涂参数有关。温度及速度都低的电弧喷铝涂层的孔隙度一般达到百分之几或更高,而高温的等离子喷涂涂层及高速的超音速火焰喷涂涂层则孔隙度较低,最低可达0.5%以下。

③硬度

由于电弧喷铝涂层在形成时的激冷和高速撞击,涂层晶粒细化以及晶格产生畸变使涂层得到强化,因而涂层的硬度比一般材料的硬度要高一些。

④结合强度

电弧喷铝涂层与基体的结合主要依靠与基体粗糙表面的机械咬合(抛锚效应)。基材表面的清洁程度、铝材的颗粒温度和颗粒撞击基体的速度以及涂层中残余应力的大小均会影响涂层与基体的结合强度。

⑤冷热疲劳性能

对于一些在冷热循环状态下使用的工件,其涂层的抗冷热疲劳(或称热震)性能至关重要。如若该涂层的抗热震性能不好,则工件在使用过程中涂层便会很快开裂甚至剥落。涂层抗热震性能的好坏主要取决于铝材料与基体材料的热膨胀系数差异的大小和涂层与基体材料结合的强弱。

(6)电弧喷铝技术工艺

如图5.3.3.2所示,两根送入的通电金属丝相交时产生电弧,由电弧热熔化的金属丝被压缩空气雾化成颗粒,喷射到工件表面形成涂层,这种喷涂方法比线材火焰喷涂具有更高的喷涂效率和更好的涂层质量,电弧喷涂效率可达60ks/h。

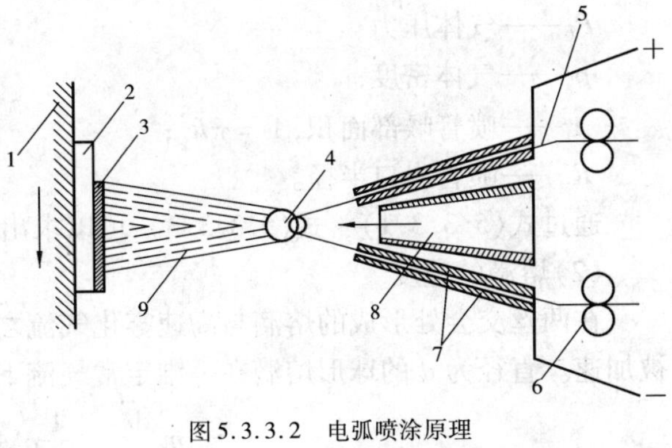

图5.3.3.2　电弧喷涂原理

1-工件移动部分;2-基体;3-涂层;4-电弧;5-喷涂线材;6-送线轮;7-导电管;8-压缩气体;9-喷涂束

(7)电弧喷铝防腐技术使用的主要设备

施工类:大小功率空压机、喷砂机、电弧喷铝设备、高压无气喷涂机、空气净化装置、油水分离器、干燥机、发电机等。

检测类:粗糙度检测仪、膜厚检测仪、涂料黏度计、干湿温度计、搅拌机、附着力测试仪、防爆报警仪等。

试验室设备:多种磨损试验机、三用冲击试验机、扫描电子显微镜、红外高温自动检测系统(日本)、多种金相显微镜、多种硬度计、5592万能材料试验机等。

2.电弧喷铝关键技术参数

熔滴速度是电弧喷涂涂层性能的主要影响因素之一。有人基于空气动力学和二相流流体力学理论建立了高速电弧喷涂雾化气流和熔滴速度的数学模型,并进行了数值模拟;同时用试验方法测试了气流速度及Al熔滴在不同喷涂距离处的平均速度,数值计算结果与试验数据基本吻合。结果表明,雾化气流的速度在距喷嘴一定距离内将保持初始速度（约 650m/s），然后随喷涂距离的增大而衰减。Al 熔滴的最大速度在 0.3m 喷涂距离之内均超过音速。

（1）雾化气流速度

高速电弧喷涂熔滴的速度是由雾化气流的速度决定的。从喷枪喷出的超音速气流可以看作单相自由射流，且其径向速度很小，故可用轴向速度近似描述雾化气流的速度分布：

$$\mu = \mu_0\left[1 + \left(\frac{x}{\lambda}\right)^{15}\right]^{-0.033} \tag{5.3.3.1}$$

式中：μ——轴向气流速度；

μ_0——喷枪出口处轴向气流初始速度，见式（5.3.3.2）；

x——轴向距离；

λ——与气流速度衰减有关的常数，且 $\lambda = a\sqrt{A_e}$；

a——与气体动力学黏度有关的经验常数，取 $a = 10.5$；

A_e——喷管出口面积，$A_e = \pi R_0^2$；

R_0——喷管出口半径。

初始速度 μ_0 由下式给出：

$$\mu_0 = \frac{J_g}{\rho_g \times A_g} \tag{5.3.3.2}$$

其中：

$$J_g = A_t \frac{P_0}{\sqrt{RT_0}}\sqrt{\gamma\left(\frac{2}{\gamma+1}\right)^{\frac{\gamma+1}{\gamma-1}}} \tag{5.3.3.3}$$

式中：J_g——气体流量，见式（5.3.3.3）；

R——气体常数；

T_0——出口处气体温度；

γ——气体比热容；

P_0——气体压力；

ρ_g——气体密度；

A_t——喷管喉部面积，$A_t = \pi R_t^2$；

R_t——喷管出口半径。

通过式（5.3.3.1）~式（5.3.3.3），可以求出雾化气体速度沿轴向的分布。

（2）熔滴的速度

在两丝交会处形成的熔滴与高速雾化气流之间存在着速度差异，因此熔滴在气流拖曳力的作用下被加速。直径为 d 的球形熔滴在一维定常气流下的运动可由牛顿第二定律的形式给出：

$$m\frac{dv}{dt} = \frac{1}{2}\rho_g A_t \mid \mu - v \mid (\mu - v) \tag{5.3.3.4}$$

化简得：

$$\frac{dv}{dt} = \frac{3}{4}\frac{\rho_g}{d\rho_d} C_D \mid \mu - v \mid (\mu - v) \tag{5.3.3.5}$$

式中：v——直径为 d 的熔滴速度；

ρ_g——气体密度；

ρ_d——熔滴密度；

C_D——拖曳系数。

式（5.3.3.5）即为合金熔滴的运动方程。该方程忽略了时变与附加质量的影响，即熔滴运动仅由气流的拖曳力决定。

研究表明：

①用建立的高速电弧喷涂雾化气流和熔滴速度分布的数学模型进行数值模拟，计算结果与试验数据基本吻合；

②雾化气流的速度在距喷管出口一定距离内将保持初始的超音速，然后随喷涂距离的增大而衰减；

③熔滴在雾化飞行过程中经历了先加速后减速的过程。小熔滴能在较短的距离内被加速到最大速度；达到最大速度之后，小熔滴由于惯性力较小而迅速减速，而大熔滴则因较大的惯性力而减速不明显；

④Al 熔滴的最大速度在 0.3m 喷涂距离之内均超过音速。

(3)其他重要参数的经验数值

外海环境下钢桥等基体表面喷砂除锈要求 Sa3 级，气体压力约在 0.5 ~ 0.60MPa；钢砂大小在 0.5 ~ 2.0mm，粗糙度为 Rz25 ~ 100μm。

电弧喷涂时喷枪与钢梁等基体表面应成直角方向，喷涂角度大于 60°，无法垂直的部位斜度不宜小于 45°；距离大致保持在 150 ~ 200mm 范围内，喷枪均匀移动速度在 300 ~ 400mm/s；雾化气体压力应保持在 0.5 ~ 0.6MPa；铝丝线材直径规格在 ϕ2.0 ~ 3.0mm，输送速度为 1 ~ 4m/min。

喷涂铝层采用分层喷涂，前一层与后一层的喷涂方向必须是 90°和 45°交叉，以保证涂层的均匀与高黏结性。喷铝完成后涂层表面粗糙度大多在 Rz30 ~ 95μm 之间。

3. 电弧喷铝的特点

一般钢结构电弧喷铝防腐涂层是在喷砂除锈 Sa3 级、电弧喷铝的基础上加上环氧封闭漆、聚胺酯面漆中间漆、聚胺酯面漆组合而成的长效防腐涂层体系(使用寿命可达 50 年)。其中，金属涂层起阴极保护和机械屏蔽作用；封闭涂层可有效渗透覆盖的金属涂层表面孔隙，将钢铁、金属涂层和防腐介质分隔开，起保护作用，并承上启下，与面漆良好结合；面漆涂层对整个涂层进行保护并有美化外观的作用。

金属覆盖层保护涂层体系的总体寿命通常比分别使用的金属覆盖层以及适当的漆膜或熔结粉末涂层的寿命之和要长得多。两种涂层间存在协同作用，即金属覆盖层的存在减轻了油漆涂层底部的锈蚀，同时漆膜又保护金属覆盖层免于过早腐蚀。电弧喷铝防腐复合涂层体系能够产生最佳协同效应，比单一涂层拥有更长久的耐腐蚀寿命。其显著的特点如下：

(1)防腐寿命长

目前电弧喷铝长效防腐涂层体系自身的耐蚀寿命达 50 年以上，是重防腐油漆的 4 ~ 5 倍，热浸镀锌的 2 ~ 3 倍，玻璃钢涂层的 2 ~ 3 倍。因此，电弧喷涂防腐技术使钢结构构件的使用寿命由 10 ~ 15 年提高到 50 年以上。

(2)与金属基体的结合力强

电弧喷铝技术最主要的特点是在不需要提高工件表面温度、或不用贵重金属打底层的情况下，能够获得高结合强度的涂层。电弧喷涂层与基体以机械热镶嵌和微冶金结合共同作用，涂层表现出较高的结合力，是火焰喷涂的 3 倍，大大超过了国家标准，在所有防腐涂层里结合力最高。

(3)生产效率高

与氧—乙炔火焰喷涂相比，电弧喷铝为双丝送入，单机生产效率提高了 3 ~ 4 倍。

(4)涂层质量好

电弧喷铝加热丝材的方式为电弧加热，丝材熔化温度高，融化均匀，喷涂致密，涂层质量稳定，对工件的热应力没有影响，而氧—乙炔火焰喷涂为火焰加热，丝材熔化温度低，存在氧化、碳化等隐患，影响涂层质量。

(5)可修复性强

钢结构构件在加工、起吊、运输、安装过程中，涂层易被碰坏、划伤，电弧喷铝技术可以进行修复，保证了防腐体系的完整性和有效性；而热浸锌及玻璃钢等重防腐技术本身无法进行修补，只能用喷涂或其他方法修复，势必增加设备投资。

(6)电弧喷铝涂层对钢铁基体有双重保护作用

一方面,经过封闭处理的涂层可以起到物理覆盖作用,将钢铁与空气和水等腐蚀介质隔离开来,从而起到防护作用;另一方面,当涂层有孔隙、裂纹或损坏时,由于铝的电化学性能比较活泼,电极电位比钢低,构成腐蚀电池时,铝是负极,铁是正极,铝失去电子,变成离子进入电解质溶液中而被腐蚀,其自由电子流向钢铁,使钢铁极化而受到保护。

(7)普遍适应性好

电弧喷铝技术可根据不同的腐蚀环境选用相应的耐蚀材料,工艺系统具有普遍适应性。

4. 钢结构电弧喷铝涂层质量检测

钢结构电弧喷铝涂层质量的检测,包括外观检查、涂层厚度检测、结合性能检测、耐腐蚀性检测、密度或孔隙率检测、扩散层检测等。本文在此只作简述,具体请参考《热喷涂铝层及铝合金涂层试验方法》(GB 9796—88)。涂层厚度检测主要采用磁性测厚仪;结合性能检测主要采用切割试验法或拉力试验法;耐腐蚀性检测主要采用中性盐雾试验法或盐水浸渍试验法;密度或孔隙率检测主要采取称量法;扩散层检测主要采用显微镜观测法。

现在钢结构工程的设计与施工,均采用质量终身制,政府对于钢结构(例如桥梁)的设计与制造提出了明确的寿命要求。因此,不管钢结构采取何种防腐技术进行防护处理,在其制作或维护过程中,都必须进行专业性的严格质量检测与监督。对于每一道防腐施工工序,必须提出明确的质量技术规范,例如钢结构预处理时的喷砂等级或手工预处理等级、防腐施工的环境要求、油漆的施工工艺规定、厚度现场抽样检测、涂层的结合性能抽样测量、抽样进行模拟环境下的腐蚀实验、涂层外观检查等,均需要专人负责。

5. 钢结构电弧喷铝防腐技术综合效益分析

根据联合国及其他国际机构的最新研究成果,电弧喷铝涂层的耐腐蚀性与环境的关系见表5.3.3.1。表中显示,即使在腐蚀性最强的高盐海洋环境下,铝层达200μm以上的复合铝涂层的防腐寿命也能达到30~50年以上的水平。

电弧喷铝涂层在各种环境下的腐蚀危险及腐蚀速率 表5.3.3.1

编号	腐蚀性种类	腐蚀危险	腐蚀速率铝的平均度损失(μm/a)
C1	室内:干燥	很低	≤0.1
C2	室内:偶尔结露	低	0.1~0.7
	室外:内陆乡村		
C3	室内:高湿度、轻微空气污染	中	0.7~2
	室外:内陆城市		
C4	室外:工业发达的内陆或位于海滨的城市	高	2~4
C5	室外:高湿度工业区高盐度海滨	很高	4~8

注:作为初步近似,视某一特定环境中的所有金属铝表面的腐蚀都以相同的速率进行。钢铁腐蚀一般比铝快10~40倍,高氯环境中的腐蚀速率通常较高。铝覆盖层腐蚀速率随时间呈非线性变化。

电弧喷涂长效防腐复合涂层,是指电弧喷涂金属涂层外加封闭涂层的复合涂层。电弧喷涂金属涂层主要有电弧喷涂铝、锌及其合金涂层;封闭涂层包括封闭底层、封闭中间层和封闭面层。电弧喷涂长效防腐复合涂层对钢铁基体的防腐原理是物理屏蔽和阴极保护联合作用。封闭涂层的主要作用是物理隔离各种腐蚀介质对金属喷涂层和钢铁基体的侵蚀;电弧喷涂金属涂层对钢铁基体提供阴极保护作用。荷兰热浸镀研究所的试验表明,喷铝或锌后封闭处理所形成的复合涂层,其耐蚀性比喷锌或铝涂层和封闭涂层两者单独耐蚀寿命值之和要高出50%~130%,这种效应被称为最佳协同效应(Synergy Effect),已得到国际公认。由此可得到电弧喷涂长效防腐复合涂层的寿命推算公式为:复合涂层防腐寿命=(喷铝涂层寿命+封闭涂层寿命)×(1.5~2.3),由此计算出的电弧喷铝复合涂层的防腐寿命为50~80年。

许多国家的大量试验研究应用结果也证明,电弧喷铝是钢结构优良的长效防腐技术,喷涂铝涂层+封闭涂层的复合涂层比单纯的喷涂层具有更长的防护年限,封闭的喷铝复合涂层在海洋、工业大气中可以达到50年以上防腐寿命。

6. 电弧喷铝与火焰喷涂及电弧喷锌的优劣比较

（1）电弧喷铝与火焰喷涂的优劣比较

电弧喷铝熔粒温度高，与线材火焰喷涂相比，涂层特性具有以下优点：

①结合强度高

熔粒温度高，粒子变形量大，从而提高了涂层结合强度，电弧喷铝还可以在钢基材界面上产生微区的扩散结合组织。

②元素含量减少

高温的电弧热源，使得元素蒸发量和在氧化气氛中烧损量增大，因而涂层中元素减少量比火焰喷涂层更甚。

③热效率高

火焰喷涂燃烧火焰产生的热量大部分散失到大气和冷却系统中，热能的利用率只有5%～15%；电弧喷铝是将电直接转化为热来熔化金属，热能利用率高达60%～70%。

④生产率高

对于喷涂同种金属线材，电弧喷铝的喷涂速率一般是火焰喷涂的3倍以上。

⑤喷涂成本低

火焰喷涂所消耗的燃料价格是耗电价格的数十倍，电弧喷铝的施工成本比火焰喷涂要降低30%以上。

（2）电弧喷铝与电弧喷锌的优劣比较

①锌层是一种牺牲阳极材料，因此喷锌涂层的防腐速率比喷铝涂层高，其耐蚀期与厚度成正比，要达到长效防蚀，喷锌涂层应有一定厚度。

②锌的密度（$7.09g/cm^3$）比铝的（$2.7g/cm^3$）高2.6倍，因此喷涂相同厚度的涂层，锌的消耗量是铝的2.6倍。国外资料报道，喷涂等效涂层厚度的情况下，锌比铝涂层成本贵一倍。

③喷锌所形成的ZnO粉尘对人体呼吸道有危害。

④喷锌时由于空气中CO含量不足，不能形成稳定的$ZnCO_3$保护膜，而易形成疏松的$Zn(OH)_2$，在锌涂层上产生许多“白锈”，使锌涂层腐蚀速率加快，腐蚀率高。

⑤喷锌、喷铝涂层腐蚀速率与其使用环境介质的pH值密切相关。一般来说，喷锌涂层用于弱碱性条件下为好，喷铝涂层最好用于中性或酸性条件下。

⑥铝层对含Cl^-离子的空气和水具有良好的耐蚀性，在海洋大气中腐蚀区带比锌层有明显的稳定性和优越性。例如在50℃、3%食盐水中，与钢铁组合的锌、铝层的腐蚀量为：锌层腐蚀量（$10^{-2}g/cm^2$）浸渍3d约3.2、浸渍7d约5.5、浸渍14d约9.9；铝层腐蚀量（$10^{-2}g/cm^2$）浸渍3d约2.5、浸渍7d约2.5、浸渍14d约2.5。

⑦铝是一种活性很强的金属，很容易与氧结合。喷涂过程中，铝变成负电性更强的活化状态，能更好地对钢铁基体起阴极保护作用。

喷锌涂层是国外应用最早的一种金属保护涂层，20世纪60年代以前，长效防护大部分采用喷锌涂层。不过，随着喷涂技术的不断发展，喷铝涂层安全环保、普适高效、耐腐蚀性强、低成本等优点，使得喷锌正被逐渐取代。目前，国际上大型钢铁构件广泛采用喷铝长效防护涂层。

7. 电弧喷铝技术与普通涂层防腐技术工艺的效益比较

（1）经济效益

钢铁在大气和水介质中会发生电化学腐蚀，在没有保护的情况下，碳钢的平均腐蚀速度比锌高5～20倍，比铝高40～100倍。采用普通的油漆防护时，由于油漆与钢铁基体的黏附强度低、耐冲刷和颗粒磨损能力低、使用过程中老化变质等原因，往往容易造成局部涂层损失脱落而使钢铁基体锈蚀，导致油漆层大面积起泡脱落，致使短期内防护失效。

电弧喷涂防腐涂层是由金属涂层、封闭涂层及面漆形成的长效防腐涂层体系。其中,金属涂层起阴极保护和机械屏蔽作用;封闭涂层将钢铁、金属涂层和腐蚀介质分隔开,起保护作用;面漆涂层对整个涂层进行保护并有美化外观的作用。复合涂层体系能够产生最佳协同效应,比单一涂层拥有更长久的耐腐蚀寿命。世界各国有大量应用实例证明,电弧喷涂复合涂层防腐蚀寿命可达到30年以上,即使30年以后的维护,也仅需在电弧喷涂层上刷封闭涂料,无需重新喷砂除锈和电弧喷涂。其防腐寿命在普通油漆防腐的三倍以上,而年均防腐费用仅为重防腐方法的1/4。

由于涂层失效而在防护期(30年)内重新施工所造成的损失是很大的,例如长江葛洲坝工程的过船闸闸门及提升闸门用的大型龙门吊车的钢结构、升船机的钢结构等。原用油漆防腐2~3年大修一次,在每次大修期间,每天减少20艘船的通航能力,共减少近1 200艘船只通航能力,平均每年为400~600艘,直接损失与间接损失都极大。因此三峡工程中的重要水工闸门、黄柏河大桥和下牢溪大桥等采用热喷涂 Al 涂层进行防护。

表5.3.3.2是电弧喷铝防腐体系与普通涂层防腐体系在成本费用和使用年限等方面的效益比较。

电弧喷铝与普通涂层的效益比较 表5.3.3.2

防腐工艺	施工部位	施工单价(元/m^2)	使用年限	说明
普通涂层工艺: 喷砂除锈 Sa2.5级+水性无机富锌底漆80μm+环氧封闭漆30μm+环氧中间漆50μm+聚胺酯面漆80μm	钢箱梁外表面	80	5年左右	按照每五年一个维修周期,在30年使用过程中每平方米追加的维护费用约为:①直接费480元;②间接费90元
电弧喷铝工艺: 喷砂除锈 Sa3级+电弧喷涂200μm+环氧防锈漆30μm+环氧中间漆30μm+聚胺酯面漆80μm	钢箱梁外表面	120	30年以上	施工时比普通涂层每平方米追加费用40元;但在后期维修投入费用中比普通涂层每平方米最少节约500元以上

总之,与普通油漆涂层防腐技术相比,电弧喷铝长效防腐技术具有很高的性价比。

(2)社会效益

电弧喷铝防腐涂层体系在海洋大气环境下不但具有众多优异的耐蚀性能,还有耗能少、成本低等优点,是十分经济的热喷涂方法。在防腐领域,电弧喷铝是最有效、最经济的长效防腐技术,在钢铁构件大面积长效防腐蚀工程中发挥了重要作用。

20世纪80年代,美国、德国等一些工业发达国家的电弧喷涂技术得到了较快的发展,涂层质量大大提高,促进了电弧喷涂技术在工业中的广泛应用。我国钢铁产量位居世界前列,但由于对钢结构的防护不当,每年被腐蚀掉的钢铁几乎占总产量的1/3,造成极大的浪费。传统的钢结构防腐以涂刷油漆为主,不仅防腐效果差,维护成本高,对环境也造成了严重污染。运用电弧喷铝技术,成为当前解决钢构件防腐蚀问题最为有效的途径。随着电弧喷铝技术在国内日益受到重视,它正得到越来越广泛的应用,并在实际应用中创造着巨大的经济效益和社会效益。

当然,应用热喷涂技术施工时,存在着一定的噪声和粉尘。对于钢结构工厂制作时的环保要求相当严格,而目前对于野外的安装或旧钢结构后期维护施工时基本没有高的要求,只是必须加强对施工人员的防护。

3.3.3 钢结构电弧喷铝技术的应用

钢结构电弧喷铝技术是国内第一次在外海桥梁钢结构建设中采用,施工面积近10万 m^2。具体实施的部位是在钢梁与大气接触的外表面,见表5.3.3.3,而在不与大气接触的箱内,考虑到箱内是封闭的,则在箱内安装除湿机后便不再应用电弧喷铝涂层防腐而改用环氧富锌漆、环氧沥青漆表面涂装,以减小投资费用(见表5.3.3.4)。

钢主梁(含风嘴)箱外表面与钢横梁表面涂装方案　　表5.3.3.3

序　号	设计要求	设计值	备　注
1	表面净化处理	无油、干燥	GB 11373
2	除锈等级	Sa3	GB 8923
3	表面粗糙度	Rz25 ~ 100μm	GB 11373
4	电弧喷铝	200μm	GB/T 3190
5	环氧封闭漆	30μm	高强螺栓摩擦面不涂
6	环氧云铁中间漆	50μm	高强螺栓摩擦面不涂
7	可覆脂肪族聚氨酯面漆	2 × 40μm	高强螺栓摩擦面不涂
8	总干膜厚度	360μm	

钢主梁(含风嘴)箱内表面涂装方案　　表5.3.3.4

序　号	设计要求	设计值	备　注
1	表面净化处理	无油、干燥	GB 11373
2	除锈等级	Sa2.5	GB 8923
3	表面粗糙度	Rz25 ~ 100μm	GB 11373
4	环氧富锌漆	60μm	高强螺栓摩擦面不涂
5	环氧沥青漆	80μm	高强螺栓摩擦面不涂
6	总干膜厚度	140μm	

1. 东海大桥的钢结构防腐体系及规范标准

(1)钢主梁外侧表面、钢横梁小纵梁外表面、风嘴外表面、主塔间钢横梁外表面、预制桥面下钢板外表面、拉索套管外表面等部位的防腐工艺体系及规范要求：

①表面净化处理，要求无油、干燥，达到《热喷涂金属件表面预处理通则》(GB/T 11373—89)标准；

②喷砂除锈 Sa3 级，粗糙度 Rz25 ~ 100μm，达到《涂装前钢材表面锈蚀等级和除锈等级》(GB/T 8923—88)标准。

(2)电弧喷铝，膜厚 200 + 20μm ~ 200 - 40μm。国内《铁路钢桥保护涂装》(TB/T 1527—1995)、《海港工程钢结构防腐涂装》(JTJ 230—89)等相关行业标准喷金属涂层的膜厚公差均在 ± 25%；涂层附着力要求达到 12MPa 标准(国标要求为 9.8MPa)。

(3)环氧封闭漆 1 道(30μm)→环氧中间漆 1 道(50μm)→钢结构加工厂内涂装聚氨酯面漆 2 道(80μm)。

(4)钢结构安装现场拼装焊接等部位按原工艺进行补涂。

2. 钢主梁内表面等部位的防腐涂装工艺体系

钢主梁内表面、钢主梁内锚箱表面、主塔内锚固钢横梁、主塔间钢横梁内侧表面、风嘴内表面、塔内附属结构、拉索套管内表面等部位因配备了除湿装置，采用普通的防腐涂装工艺体系。

3. 高强螺栓摩擦面防腐工艺体系要求

(1)除锈级别 Sa3 级；

(2)电弧喷铝 200 + 20μm ~ 200 - 40μm；

(3)高强螺栓摩擦面喷铝后的摩阻系数要大于 0.5，喷涂范围应在实际摩擦面边线的基础上扩大 5cm，摩擦面喷铝层要进行包扎保护，终拧完成后，对栓接点外露的铝涂层清洗后封孔，然后按钢主梁与锚箱、钢主梁节段现场连接、塔上锚固钢横梁等不同部位的防腐涂装工艺要求对钢结构进行防腐涂装；

(4)高强螺栓摩擦面喷铝后的摩阻系数的控制要求：每段梁制作喷铝的同时，制作批量同种材质试板在同样的工况条件下喷铝完成后，送实验室进行摩阻系数实验；同时采用 223 数字型表面粗糙度测量仪、108 液压型附着力测量仪进行数据收集对比检测。东海大桥工程首次采用此种方法对高强螺栓摩擦面摩阻系数进行重点控制和检测。

3.3.4 钢梁结构防腐工程的关键技术

1. 表面净化处理

喷砂除锈前,首先检查钢梁及其他钢结构表面的外观,对表面的焊瘤、飞溅物、针孔、飞边和毛刺突兀、焊渣等进行打磨清理;将锋利的边角处理成半径2mm以上的圆角;用清洁剂或溶剂等清洗除去钢梁等基体表面的油垢、油脂、可溶性盐、锈、氧化皮及其他污物。表面处理质量达到干燥、无灰尘、无油脂、无污垢、无锈斑及其他污染(包括可溶性盐类)的要求,符合《热喷涂金属件表面预处理通则》(GB/T 11373—89)的规定。

对钢梁等钢结构的表面处理包括车间底漆前或预涂前及二次涂装前的表面处理。

2. 喷砂除锈

喷砂除锈是关系钢梁及其他钢结构防腐涂装效果的主要因素之一。为了达到Sa3级的喷砂除锈标准,喷砂磨料采用带棱角钢砂。砂粒大小在0.5~2.0mm之间,含水率小于1%,并清洁干净。符合《热喷涂金属件表面预处理通则》(GB/T 11373—89)规定(回收砂要清洁、晒干、筛选)。

喷砂施工前先进行喷砂除锈实验,确定合适的喷砂距离、喷砂角度和气体压力等。

喷砂使用的压缩空气必须保持清洁和干燥,空压机要配备除湿、除油净化设备,喷砂过程中保持喷砂气体压力稳定,大致在0.5~0.60MPa。

喷砂距离大致保持在100~200mm范围内,根据基体表面的硬度的大小相应地调整距离的大小,硬度大的距离相对近些。

喷砂角度应保持在70°~80°最佳喷砂水平。基体粗糙度应随喷砂角度的增大而增大,为达到Rz25~100μm的粗糙度的要求,应在基体表面达到Sa3级清洁度以后,相应延长适当的喷砂时间。

喷砂除锈Sa3级要求粗糙度为Rz25~100μm,钢砂颗粒0.5~2.0mm大小,达到《涂装前钢材表面锈蚀等级和除锈等级》(GB 8923—88)标准。

喷砂环境要求相对湿度小于或等于80%,室外禁止在雨雪、结露等天气作业。喷砂环境温度高于5℃,基面实际温度高于露点温度5℃。

喷砂时,喷砂用的高压管应尽可能拉直,并经常检查喷嘴的磨损程度,当喷嘴的磨损量超过起始内径的20%时,要及时更换,不得继续使用。

对于钢梁等结构表面的非喷砂部位,在喷砂时应采取措施加以保护,避免喷砂时磨料的飞溅造成非喷涂部位的损伤。

喷砂除锈应达到如下效果:无锈迹、无污垢、无氧化皮、无油垢油脂、无灰尘及其他污染物,基体表面呈现均匀的灰白色金属光泽,表面粗糙度达到Rz25~100μm。

喷砂质量检测采用223数字型表面粗糙度测量仪。东海大桥工程首次引进和采用此种检测设备,以往国内仅采用目测和试纸贴片法。

3. 电弧喷铝(厚度200+20μm~200-40μm)

钢梁等钢结构基体表面喷砂处理后要尽快进行电弧喷铝施工,避免二次污染,间隔时间最好不要超过12h,电弧喷铝施工在车间内完成。

在钢梁等钢结构基体表面正式喷铝之前,应在喷铝基体表面选择1~5m^2的钢面板作喷铝实验评定,以确定电弧电压、工作电流、雾化气体压力、喷涂距离、喷涂角度和速度、送丝速度、移动速度等工艺参数,作为正式施工时的参数依据。

喷铝应该在基体表面清洁干燥、无灰尘、无油脂、无污垢的情况下进行,钢梁等基体表面温度至少比露点温度高3℃以上。

钢梁等钢结构基体表面喷铝在车间内进行,室外喷涂严禁在雨雪或结露等天气下进行。

喷涂用的线状铝丝,质量要求应符合标准,供货厂家要通过ISO9000认证,铝的纯度大于99.5%(由供货厂家提供质检报告及质量担保),线材直径规格为ϕ2.0~3.0,表面光滑干净,无刮屑、缺口、严重扭弯和扭结，无氧化皮、油脂或其他污染物。材料按《变形铝及铝合金牌号及化学成分》（GB/T 3190—96）标准执行。

电弧喷涂时喷枪与钢梁等基体表面应成直角，喷涂角度大于60°，无法垂直的部位斜度不宜小于45°；距离大致保持在150～200mm范围内，喷枪均匀移动速度在300～400mm/s，铝丝的输送速度为1～4m/min。

喷涂铝层采用分层喷涂，前一层与后一层的喷涂方向必须是90°和45°交叉，以保证涂层的均匀性与高黏结性。喷铝完成后涂层表面粗糙度一般在Rz30～90μm之间。

喷铝过程中，要注意钢结构表面的温度情况，电弧喷涂过程中基体表面温度不得超过200℃，如果温度过高，要停止喷涂，待其适当冷却。喷涂气温5℃ $< t <$ 35℃，湿度小于80%。

电弧喷涂电压24～34V，电流100～300A。在保证电弧稳定燃烧的前提下，电弧电压适当控制在较低水平，以防止涂层质量降低和减少电源浪费。根据铝丝的直径与供丝速度，调节电弧电流。为提高喷涂效率、减小气孔率与氧化物含量、提高涂层质量，喷涂时可保持高工作电流水平。

雾化气体压力应保持在0.5～0.6MPa。配备空气滤清器等除油、除湿净化设备，确保所用气体干燥且不含油气。保证正常的气体压力对铝层的膜厚公差及附着力的控制十分重要。

钢结构加工厂内电弧喷涂防腐施工时应预留焊接部位，每侧预留宽度50mm，并用胶带纸粘贴保护。安装现场对钢构件焊缝部位及破损部位应采用与非焊缝部位相同的防腐方法进行。

4. 铝层质量检测

铝层质量检测包括外观检查、厚度检查和涂层结合强度（附着力）检测。

外观检查要求铝层颗粒细密、厚薄均匀，不得有固体杂质、气泡、孔洞、裂缝等。

厚度检查要求铝层厚度在200 + 20μm～200 - 40μm之间，满足东海大桥工程标准要求。涂层厚度使用磁性测厚仪检测，测量部位随机。

结合强度检测按照《热喷涂锌及锌合金涂层试验方法》（GB/T 9794—88）、《热喷涂抗拉结合强度的测定》（GB/T 8642—86）标准与东海大桥工程标准规定进行，涂层结合力应不低于12MPa（国标要求大于9.8MPa）。结合强度检测的一种方法是，采用与施工中完全一样的表面预处理工艺、喷涂工艺和质量控制要求，在施工现场对预先准备的结合力试件（一组3件）进行喷涂，经粘接后到实验室做拉伸实验；另一种方法是，现场直接采用108液压型附着力测量仪进行检测，东海大桥工程首次引进和采用此种检测设备。

5. 喷涂环氧封闭漆和聚胺酯面漆

喷铝（涂层多孔隙）后，要及时刷涂封闭底漆。

钢梁等基体表面喷铝后，要在基体表面尚有余温时进行喷涂封闭底漆，因此喷涂底漆准备工作要提前完成，时间间隔不得超过5h。

喷涂油漆施工开始前的工艺参数实验，应和喷砂、喷铝准备工作同时有序展开，在喷砂、喷铝的实验样板（1～5m^2）的基础上，进行环氧封闭底漆、环氧中间漆、聚氨酯面漆等喷涂实验，确定喷涂距离、喷涂角度和速度等工艺参数，作为正式喷涂施工中工艺参数的依据。同时，要通过试验准确把握涂料配置及搅拌的程度、涂料样品的各种技术指标及涂层间隔时间。注意油漆的熟化期和混合使用期，施工时一定要达到熟化期才能使用。

喷涂封闭漆时，电弧喷涂层表面不得有污染物和水汽等。封闭漆涂装应在露点温度3℃以上，相对湿度85%以下进行，雨雪天气应停止施工。封闭涂装应先进行手工预涂，涂刷所有焊缝、边角、死角及不易喷涂的部位，以保证这些部位有足够的膜厚（梁段的对接焊缝处每侧50mm范围内待拼装完成后涂装），然后采用高压无气喷涂设备进行喷涂。

封闭漆喷涂以后，应有一定的固化时间，以保证涂层干实、无漏漆、无流挂、无鼓泡、无污染杂质，厚度、附着力符合要求。

两道面漆均应在钢结构制作厂内施工完成，以避免新旧涂层层间结合力薄弱的现象。

压缩气体不能含有油气，而且要干燥，气体压力稳定（大致在0.50～0.60MPa），喷涂距离大致保持在70～200mm范围内。

喷涂时喷枪与钢梁等基体表面应成直角，无法垂直的部位斜度不宜小于45℃；喷枪均匀移动，速度在300～400mm/s之间。

6. 漆层质量要求与检测

漆层质量检测包括外观检查、厚度检查和涂层结合强度（黏合力）检测等。

环氧封闭底漆、环氧中间漆、可复涂聚胺酯面漆要求平整、均匀、清洁，漆膜无气泡、裂纹，无流挂、脱落、漏漆等缺陷。面漆颜色与比色卡相一致。

附着力检验依据《色漆和清漆漆膜的划格实验》（GB/T 9286—88）进行。采用机械切割方法，在漆膜上用单面刀片划间隔为1mm的方格，切割面积6mm×6mm，然后用软毛刷沿格阵两对角线方向轻轻地往复各刷5次。观察划格区域涂层脱落情况，按标准要求评判合格与否。封闭涂层附着力须达到1级以上。结合力1级为切口交叉处涂层有少许薄片分离，但划格区域影响面积明显不大于5%；结合力0级为最高，即切割边缘完全平滑，无一格脱落。整体涂层附着力须达到优良级别。

涂层厚度使用磁性测厚仪检测。涂层厚度检测数量按照每$100m^2$抽检10个点，部位随机。

3.3.5 钢结构电弧喷铝防腐工程的施工质量与安全管理

质量与安全是工程施工的两大关键因素。只有在安全的前提下高质量地完成施工作业，才能保证电弧喷铝涂层达到理想的防腐效果，进而推动电弧喷铝技术的应用与发展。、

东海大桥的钢结构电弧喷铝防腐工程施工中质量与安全管理要点如下：

（1）建立规范严格的质量与安全保证组织体系；

（2）严格控制每一道工序的质量与安全程序；

（3）对于影响铝涂层质量的铝线材质量、钢砂质量、喷砂工序与施工车间动力装备，同样要给予足够的支持，要进行严格的质量安全达标检查；

（4）对工人进行充分的设备操作技能与组织协作培训，并进行系统的质量安全意识培训，做好工人、设备持久交替作业的准备工作和有序管理；

（5）严格进行每道涂层的质量检查并严格控制后续涂装工作的衔接；

（6）严格执行防火、防爆、防毒、防中电的安全管理措施；

（7）配备齐全的劳动保护措施，每日进行规范简洁的安全与自我保护教育，切实保障职工的人身安全与施工的安全。

3.3.6 主要施工检测设备说明

电弧喷铝设备由整流电源、控制装置、喷枪、金属丝盘架等送丝装置、压缩空气供给系统等组成。

1. 整流电源

电弧喷铝虽然可以采用一般的弧焊整流电源，但由于该电源在特性上有很大的局限性，因此它已被外特性、动特性更适合喷涂的专用电源所代替。

基于电弧喷铝过程中金属丝“熔化——雾化”过程的特殊性，在弧长以很高频率波动和送丝速率发生变化的情况下，为了保持电弧稳定，要求电弧电流能够跟随弧长的微小变化迅速的增减。即当弧长变小时，电流能迅速上升到足够大，加速金属丝的熔化而恢复弧长；当弧长变大时，电流又能迅速减小，以减小金属的熔化量而恢复弧长。根据这样的要求，电源应是平特性或略带上升的外特性，动特性应有足够大的电流上升速率，平直或略带上升的外特性比陡降外特性有强得多的电流自调节能力。

2. 电弧喷枪

电弧喷枪是进行电弧喷铝的主要工具，电弧喷涂技术的进步是与喷枪的改进和发展分不开的。两根金属丝在送丝滚轮的带动下，通过导丝管和导电嘴成一定角度汇交于一点。在导电嘴上紧固接电片，

通过电缆软线联接电源,金属丝与导电嘴接触而带电。引入的压缩空气通过空气喷嘴形成高速气流雾化熔化的金属。由导电嘴、空气喷嘴、绝缘块和弧光罩等组成的雾化头是喷枪的关键部分。最早的雾化头结构仅由导电嘴和空气喷射管组成,称为敞开式喷嘴。这种喷嘴结构虽然简单,但对熔化金属的雾化效果不好,喷出的颗粒比较粗大。目前采用的雾化头结构,使用空气帽将电弧区适当封闭,并分成两路雾化气流,通过辅助的二次雾化气流对电弧适当压缩,称为封闭式喷嘴。这种结构增加了弧区的压力,相应提高了空气流的喷射速度和电弧温度,加强了对熔化金属的雾化效果,使喷出的颗粒更加细微。

按驱动金属丝的动力源不同,电弧喷枪分为电动式(由电动机驱动)、空气马达式(由空气马达驱动)、气动涡轮式(由气动涡轮驱动)。电动式适于固定式喷枪;空气马达式适于手持式喷枪。按推动金属丝的方式不同,分为推式、拉式及推拉式。推式是由喷枪外的动力装置将金属丝推向喷枪;拉式是由喷枪上的动力带动金属丝;推拉式由两种推动方式组成。推式结构可减轻喷枪重量,但推丝距离受到限制(见图 5.3.3.3)。

3. 高压无气喷涂装置

高压无气喷涂法利用压缩空气或电能,驱动高压无气喷涂机的喷涂设备。高压泵分为双组分喷涂式、静电喷涂式和电动式等。其中,双组分喷涂式主要用于环氧、聚氨酯等,将涂料从涂料桶中吸入机内增压,通过高压喷枪或高压静电喷枪的特殊喷嘴喷出,使涂料高度雾化成细密的雾状微粒,喷涂到基体上,经自干或烘干后形成漆膜(见图 5.3.3.4)。

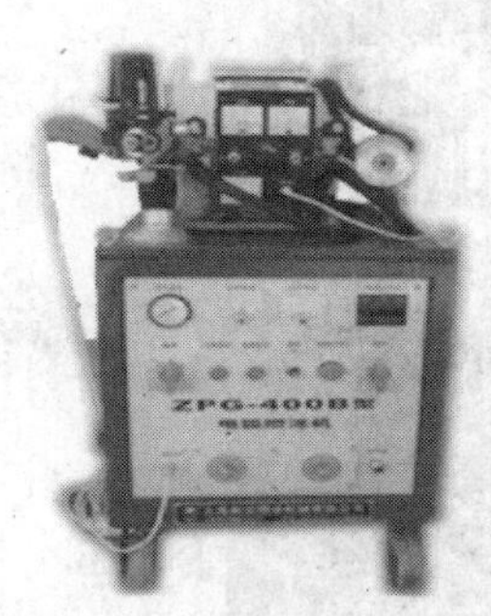

图 5.3.3.3　电弧喷枪

图 5.3.3.4　高压无气喷涂装置

4. 磁性测厚仪

MPOR 磁性测厚仪是一款同时具备电涡流感应和电磁场感应的双制式金属涂层测厚仪(见图 5.3.3.5),测量部位随机,测量数据准确,可与电子测厚仪并用(见图 5.3.3.6)。

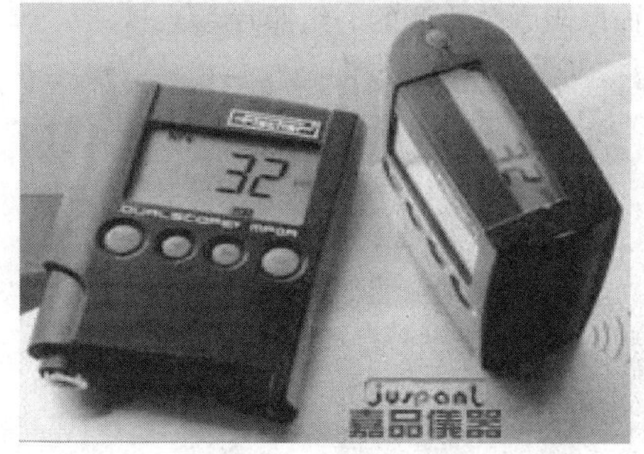

图 5.3.3.5　磁性测厚仪

图 5.3.3.6　电子测厚仪

5.223 数字型表面粗糙度测量仪

此仪器操作简便,测试结果准确。在测量粗糙表面的粗糙度时,通过显示器准确显示凹部的峰值高度,量程为0~1 000μm。东海大桥工程首次引进和采用此种检测设备进行喷砂质量检测,克服了目测和试纸贴片法的模糊性,使检测结果更清晰可靠,质量控制更完善(见图5.3.3.7)。

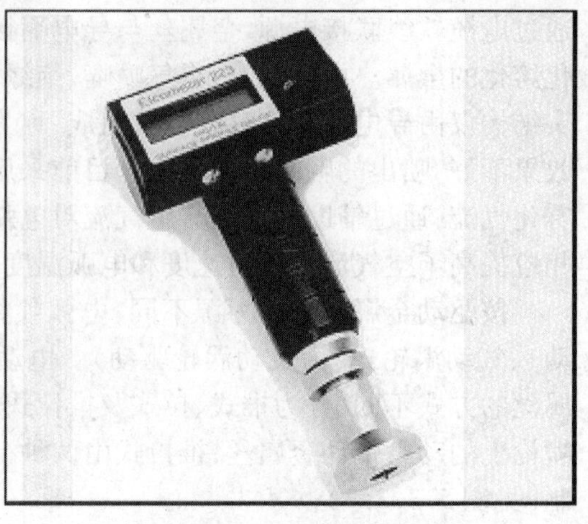

图5.3.3.7　223 数字型表面粗糙度测量仪

6.108 液压型附着力测量仪

108 液压型附着力测量仪是一种用来测量金属涂层附着力的先进测量仪器,性能可靠,操作简单。测量原理是测量仪固定在与涂层相粘接的圆形锻模上,转动测量仪上的手柄来增加压力,该压力可使圆形锻模脱离所测基体,此时所显示和记录在刻度盘上的力的数值即为附着力,测量范围0~25MPa。东海大桥工程首次引进和采用此种检测设备直接在现场进行铝层附着力的质量检测,克服了国内仅采用到试验室做拉伸实验方法的局限性,使检测结果更客观真实,质量控制更彻底(见图5.3.3.8)。试验室拉伸设备5592万能材料试验机如图5.3.3.9所示。

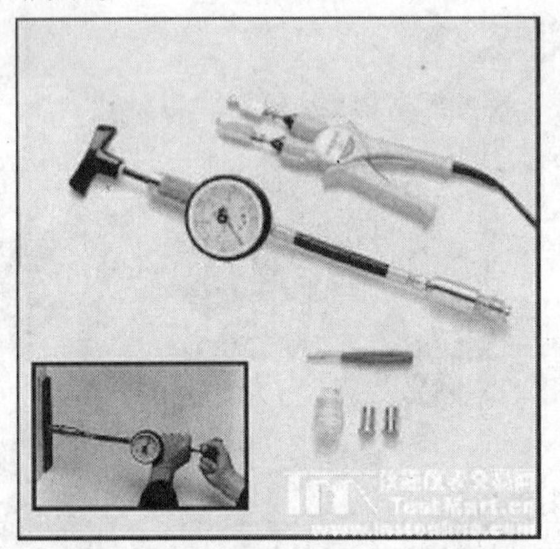

图5.3.3.8　108 液压型附着力测量仪

图5.3.3.9　5592 万能材料试验机

7.高强螺栓摩擦面摩阻系数检测仪

每段梁制作喷铝的同时,制作批量同种材质试板,在同样的工况条件下喷铝完成后,送实验室进行摩阻系数实验;同时采用223 数字型表面粗糙度测量仪、108 液压型附着力测量仪进行数据收集对比检测。东海大桥工程首次采用上述方法对高强螺栓摩擦面摩阻系数进行重点控制和检测(见图5.3.3.10)。图5.3.3.11 所示的是正在对高强螺栓摩擦面摩阻系数检测的一组照片。

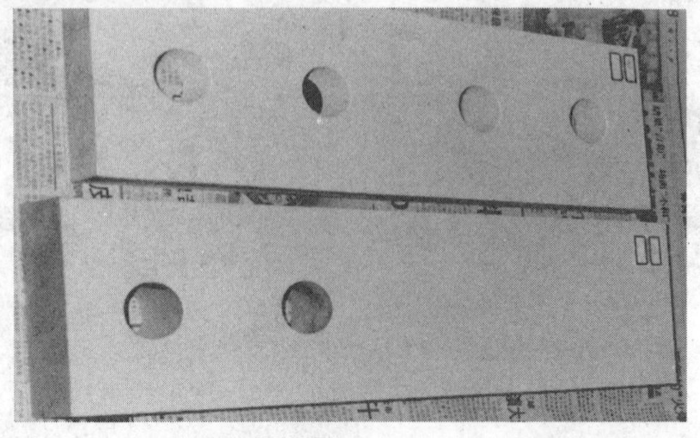

图5.3.3.10　试板在喷铝完成后送试验室进行摩阻系数实验

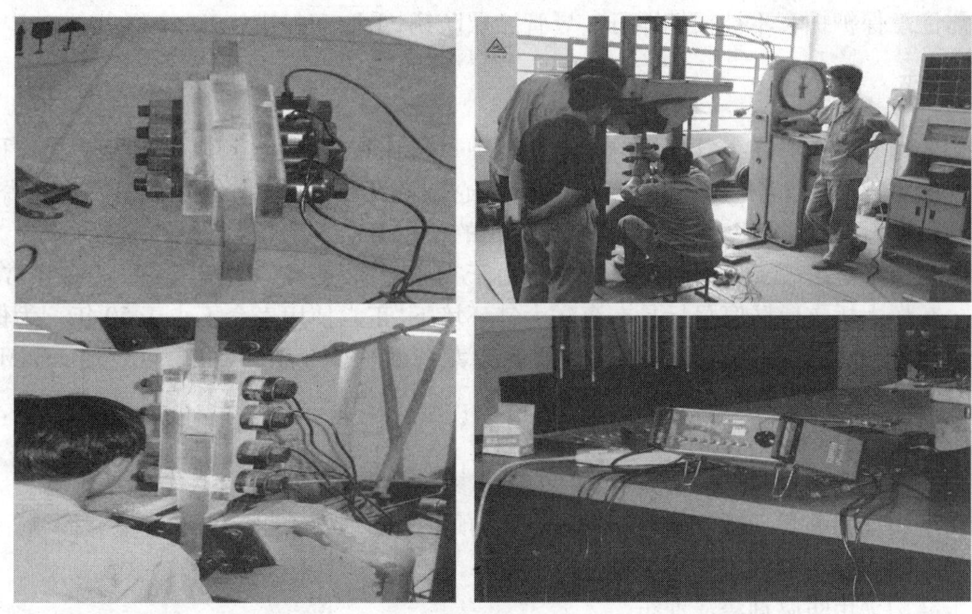

图 5.3.3.11　高强螺栓摩擦面摩阻系数检测

3.3.7　钢梁结构后期防腐维护建议

电弧喷涂铝层可以延长桥梁的大修周期，降低桥梁维护费用。其使用寿命在 30 ~ 50 年以上，一般情况下在涂层防腐寿命期内不需对其进行维护。

在大桥使用过程中，如果发生涂层损害现象，可以直接对损害部位进行修补，不会影响整体防腐质量。若需要进一步延长覆盖层的使用寿命，应在任何锈蚀发生前进行维修，最好在还残存 20 ~ 30μm 厚的金属覆盖层时即着手进行。这样，可以赋予维修后的金属覆盖层 + 保护涂层的体系比单纯漆膜更长的总寿命。

3.3.8　对电弧喷涂技术的展望

经过几十年的不断发展创新，电弧喷涂技术已经发展成为一种高效、节能、节材的长效防腐技术，得到日益广泛的应用，并成为最受重视的热喷涂技术之一。电弧喷铝防腐技术，作为防护周期长、保护性能强、操作方便、普遍适用的钢结构热喷涂防腐技术之一，已经发展成为金属热喷涂技术中应用最广泛的一种，在众多重大工程建设中，成为钢结构长效防腐的主流应用技术。上海东海大桥钢结构电弧喷铝防腐技术在国内原有技术的基础上进行了大幅度提升和创新，第一次在外海桥梁结构中大面积（近 10 万 m^2）采用电弧喷铝防腐技术，并取得巨大成功。东海大桥首次将涂层的附着力和膜厚公差等方面的标准规范进行创新和提高的成功经验，对未来桥梁的建设及钢结构防腐施工有积极的意义。

我国已经进入工业化快速发展的阶段，各方面基本建设如火如荼，钢结构也日益在工程建设中得到广泛应用。为了有效地保护钢结构建筑，保证建筑物的安全与使用寿命，已经比较成熟且不断创新的长效、高效防腐技术——电弧喷铝防腐技术，必将迎来更加辉煌的发展前景。

3.4　其他构件的防腐措施

3.4.1　斜拉索

斜拉索的防腐采取多层防护体系。国内外已有较为成熟的经验和切实可行的措施，如斜拉索的钢丝选用镀锌钢丝，单根拉索外裹热挤高密度聚乙烯护套等。这些防腐措施在斜拉索生产过程中已完成，在施工中只需注意保护护套不被损坏即可。导管涂层防锈,采取密封措施,防止积水。

3.4.2 支座

试验测得普通碳钢在海洋大气环境的年平均腐蚀量虽比在海水中轻,但也十分严重。我国台湾澎湖大桥因腐蚀严重仅使用17年就被迫推倒重建,北仑港码头引桥1981年建成,1987年就开始修复。因此,支座主材必须选用耐蚀钢才能保证支座有较长的使用寿命。

东海大桥构造上考虑了支座的可更换措施。由于支座较多,若支座寿命太短,势必经常更换,维护工作量很大。东海大桥支座防腐目标是在海洋大气环境下,正常使用寿命不小于50年。为保证支座使用功能和寿命需要,支座主体设计中采用三重防腐方案:"耐候钢(有09CuPCrNiA、15CrCuMn、ZG20Mn三种)+金属喷涂+重防腐涂装"。

平面、球面摩擦副均采用耐海水腐蚀的不锈钢。

锚栓和支座上下部连接件采用达克罗、真空粉末渗锌技术。

内部密封结构采用高弹性改性聚氨酯材料,通过预压缩随动性密封对支座主滑移面、硅酯进行完全密封。

外部防尘结构采用防腐剂浸渍油布。

支座、接缝、减振设备等的更换,通过专门的通道或附安全吊带的拉环和有眼螺栓进行维修操作。

3.4.3 伸缩缝、栏杆

伸缩缝主体、栏杆涂装正常使用年限要求大于20年,采用热浸镀锌防腐措施。热浸镀锌是将被镀金属浸在熔融的锌液中,使被镀金属表面形成一种合金层、互熔层共存的镀锌层的物理、化学过程。它是世界各国公认的一种经济实用的材料保护工艺。热浸镀锌层厚度大于80μm。伸缩缝、栏杆防腐措施见表5.3.4.1。

伸缩缝、栏杆防腐措施

表5.3.4.1

序号	设计要求	设计值	备注
1	表面酸洗处理	清除氧化层,露出钢结构本色	GB 11373
2	热浸镀锌	80μm(镀覆量570g/cm^2)	GB/T 13912—2002
3	总干膜厚度	80μm	—

第六篇

防撞设施设计

第1章 概 述

东海大桥从上海南汇芦潮港起至浙江嵊泗大乌龟岛登陆，横跨海域宽度达25km。该海域是长江流域的大小船舶驶往浙江杭州湾的主要通道。

大桥设计时，根据不同船型的习惯航道设置了4个通航孔，其中1个满足5 000t级船舶通行的主通航孔，另3个分别是满足1 000t级船舶和500t级船舶通行的辅通航孔，其余的桥孔均不允许船舶通行。

东海大桥建成后，水面增加了很多桥墩，通航条件无疑将受到影响，通航孔内航道与水流流向夹角较大，容易发生船舶撞桥事故。东海大桥是洋山深水港的生命线，地位非常重要，一旦发生桥塌船毁事故，后果不堪设想。同时，随着经济的发展，此海域船舶会越来越多，船舶撞击桥墩的概率也会越来越大。因此，必须考虑采取必要的防撞措施，避免船舶直接撞击桥墩，并使桥墩具有一定的防撞能力。

采用何种防撞措施，应根据桥墩的自身抗撞能力、桥墩的位置和结构形式、通航船舶的类型和碰撞速度、以及桥区水文地质情况等因素予以考虑，设计时一般应遵循以下原则：

(1)对碰撞船舶进行消能缓冲，使船舶不能直接撞击桥墩，或使船舶撞击力控制在安全范围内。

(2)防护设施的构造形式和几何形状的设计须使船只损伤最小，以避免造成航道堵塞或环境污染。

(3)应保证桥梁下部结构在船撞时不发生严重损伤，防止船艏凸出部分直接撞击塔柱或墩身。

(4)防护设施不能影响航道的通行，占用航道范围应尽量少。

(5)根据桥墩承台的水平承载能力，适当考虑其承受由防护系统传递来的一定量残余撞击力，以使设计更经济合理。

(6)在一定条件下，允许防护系统破坏，但破坏后应便于迅速修复。

国内外桥梁界经过多年的研究和实践，提出了多种类型的防撞设施，但其都是基于能量吸收、动量缓冲的基本原理而设计的，各种防撞设施都有其特点和使用条件。具体来说，防撞设施可分为两大类。一类为分离式，其特点为：在桥墩之外另设防撞设施，桥墩不直接受力，如桩群方式、重力方式、薄壳筑砂围堰方式、人工岛方式、锚系浮体方式等，一般用于水浅、地质情况较好的场合。另一类为附着式，其特点为：力经过缓冲后直接作用在桥墩上，如护舷方式、绳索变形方式、缓冲材料设施方式、缓冲设施工程方式及固定或浮式套箱防撞设施等，一般使用在航道较窄、水较深的场合，通常建造费用较省，土建工程量不大。

作为跨海大桥，工程防撞结构设计应满足以下三个条件：

(1)结构可靠性——防撞结构应能够吸收或消减船舶碰撞能量，使船舶不能直接撞击桥墩，或使船舶撞击力控制在安全范围内，保证桥墩的安全。

(2)环境适应性——防撞设施应能承受海上波浪、潮差、潮流的作用，并且有抗腐蚀的能力。

(3)施工可行性——防护设施应采用便于在海上安装施工和快速修复的结构形式。

东海大桥依据不同的通航等级，采用了两种防撞设施。5 000t级的主通航孔采用分离式防撞设施；1 000t级和500t级的辅通航孔采用附着式防撞设施。

东海大桥的防撞设施设计经过了反复对比考虑。对附着式防撞设施，原设计采用常规的设计思路，即在桥墩承台施工完毕，装上橡胶缓冲装置便完毕。原设计没有与桥墩承台施工方法紧密结合、一并考虑，导致施工工期延长，工程造价高。实际上海上承台混凝土浇筑需要采用钢套箱施工工艺，如将钢套箱设计成具有防撞功能的设施，那么在承台混凝土浇筑时其为一个施工钢套箱，成桥之后其又是一个防撞设施。这样，既能缩短施工时间，减少海上作业风险，又能降低工程造价。

因此，设计人员改变了设计思路，将防撞设施充分与施工临时设施相结合，并考虑海洋环境的特点，设计出了具有消能功能的防撞钢套箱。图6.1.1为两座辅通航孔桥主墩的防撞钢套箱。

这种新型结构，在桥墩承台施工期间具备钢套箱的功能，保证了承台混凝土海上施工时的干式环境。其内壁又是承台混凝土浇筑时的模板；在桥墩承台施工完成，钢套箱又演变成一个防撞设施，节约了大量的模板装拆工序，还可降低船舶对桥墩的撞击力。在钢套箱外侧壁开设了大量的空洞，其可降低波浪对桥墩承台作用的能量，减小波浪对承台桩基的作用力。

图6.1.1　开孔防撞钢套箱结构形式

主通航孔分离式防撞设施原先设计在主墩承台旁，横桥向离承台边2m处单独设置一个防撞墩。每个防撞墩由25根ϕ1 500mm、长44m钢管桩与11m厚的混凝土承台组成，见图6.1.2。其刚度较大，防撞能力可满足5 000t级船舶的撞击要求。在发生船撞事故时，防撞墩将承担绝大部分船舶撞击力，而主墩则承担防撞墩未消耗的剩余撞击力。这种防撞墩能抵御较大船舶的撞击，但一经损毁，修复难度和修复代价则比较大。

由于防撞墩的混凝土承台采用与主墩承台类似的施工方法，在海中施工这样的防撞墩施工设施投入巨大，工程费用昂贵，主通航孔4个防撞墩的工程投资达2亿。考虑到东海大桥整个工程投资控制的要求，需对防撞墩结构及施工方法进行重新研究。

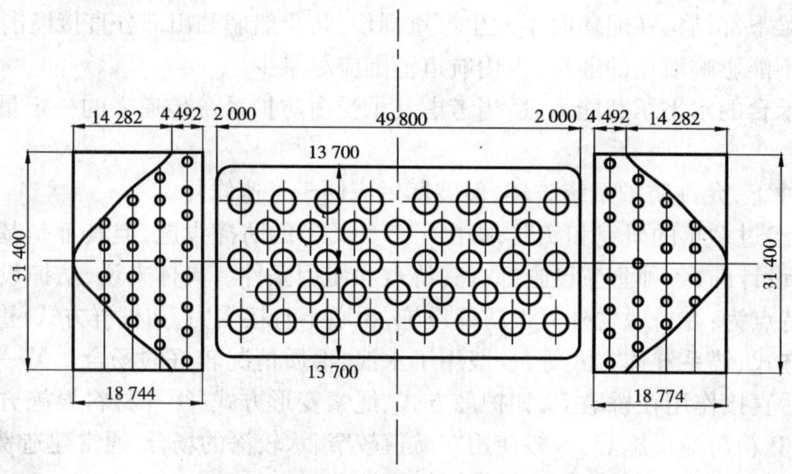

图6.1.2　原主通航孔防撞墩平面布置(mm)

考虑到大桥非通航孔承台的混凝土套箱施工方法，把原来的一个防撞体分解为3个小防撞体(即承台)加系梁连接的形式。这种形式的防撞墩与主墩承台之间有一定距离(较近的承台中心距主墩承台24.5m)，在发生船舶碰撞事故时，船舶首先与防撞墩相撞，在对防撞墩破坏后，才有可能与主墩发生碰撞，见图6.1.3。这种防撞墩的结构是钢管桩加混凝土承台和系梁，施工简单，造价远低于独立式防撞墩，修复也方便。

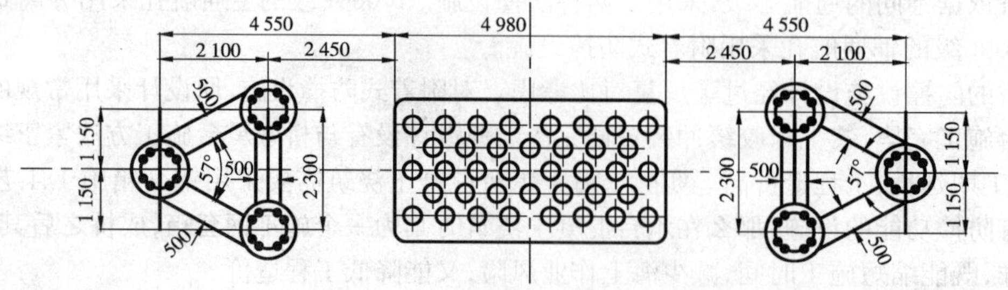

图6.1.3　分体式防撞墩平面布置(尺寸单位：cm)

第2章　防撞标准

2.1　通航船型和设计船型

在全桥范围内布置4个通航孔，其中5 000t级主通航孔的通航净空已部分满足10 000t级船舶在一定水深条件的航行要求，本设计中防撞设计船型等级按通航船型的最大等级考虑，即：5 000t级主通航孔按10 000t级考虑，1 000t级辅通航孔按1 000t级考虑，500t级辅通航孔按500t级考虑。

2.2　设计碰撞速度

桥区最大涨潮流速为1.4～1.86m/s，流向为257°～298°，最大落潮流速为1.59～1.80m/s，流向为93°～119°。船舶与水流应保持一定的相对速度，才能保证舵效。桥区水流流速较大，且流向与航线方向夹角较大，这给船舶操纵带来了不利的影响。因此应对过桥船舶，特别是在顺流航行时进行严格的监控，以避免船舶与桥墩的碰撞。

航运部门希望过桥控制航速大一点，以保证舵效。例如，《武汉长江大桥安全管理办法》对船舶最小过桥航速规定如下："上水不得小于8km/h，洪水期下水不得小于14km/h"。有资料称："下水方向的船速，当通过桥梁时，宜为水流流速的3倍左右，以便于控制航向，不至于随波逐流，撞击桥梁。"但从桥墩的安全性看，又希望控制航速小一点，特别是当桥跨与有效通航宽度接近时，由于桥墩边缘贴近设计航道边缘，当船长意识到有撞击的可能时，采取措施的余地已经很少了。

据调查，在受限制的水域，船只在狭窄的航道内须以3～4m/s减速航行。双向航道通航孔净宽小于等于$3.5 \sim 5.0L_D$，或单向航道通航孔净宽小于等于$1.6L_D$时（L_D为设计船型总长），即为受限制的水域。东海大桥主通航孔按5 000t级双向航道考虑，净宽300m，小于$3.5L_D = 3.5 \times 120 = 420$m；辅通航孔净宽100m，小于$1.6L_D = 1.6 \times 70 = 112$m。因此，取限制通航速度为4m/s（约8节），相当于流速的2.5倍左右。由于桥区水流运动方式为典型的往复流，因此对比较大的船舶，可以根据涨落潮方向和流速情况进行调度，控制船舶过桥航速。

船舶碰撞桥墩按两种情况考虑：一种是航行中由于误操作或气候恶劣等原因碰撞桥墩；另一种是船舶在大桥上游完全失控，漂流而下撞击桥墩，因此应分别进行计算。

2.2.1　船舶航行时碰撞桥墩

根据《美国公路桥梁设计规范》（AASHTO 1994）的规定，设计撞击速度取值如下：航道边缘处取限制通航速度，距航道边缘3倍船长处取年平均水流速度，二者之间按直线过渡。

东海大桥主、辅通航孔的桥墩边缘接近航道边缘，因此取设计碰撞速度为4m/s。

2.2.2　船舶漂流时撞击桥墩

通航孔水流流速为1.4～1.86m/s，考虑到船舶漂流时可能有风的影响，取漂流流速为2.0m/s，作为设计碰撞速度。这种情况下的速度较前一种情况小，但由于碰撞时有可能横向撞击桥墩，因此具有较大的附加水体质量。

2.3 设计碰撞荷载

两物相撞，撞击力取决于刚度小的一方。传统的计算方法，大多基于船舶撞击刚性桥墩的情况，因此撞击力由船体刚度决定。当研究刚性桥墩的安全性时，该计算值为船舶撞击可能产生的最大撞击力，这是评估桥墩是否采用防护系统的重要依据。实际上，桥墩防护系统的保护对象不仅仅是桥墩本身，而且还要求避免船舶破坏而造成人员伤亡、环境污染、航道堵塞等损失，因此合理的防护系统应该使其刚度小于船体的刚度，以达到牺牲防护系统、保全船舶和桥墩的目的，在这种情况下，实际的撞击力只能根据防护系统的具体形式来进行计算。在此先计算没有防护系统情况下的撞击力，这是防撞设计的重要依据之一。

船舶碰撞理论的研究和发展在经历了米诺斯基（V. U. Minorsky）理论、沃辛碰撞（G. Wosin）理论、汉斯—德鲁彻（Heins-Drucher）理论之后，延伸出很多种计算船撞力的半经验公式和方法，计算的结果也不尽相同，但直至今天，还没得出一个完美的船撞力计算公式。因此，桥梁设计人员往往根据不同的规范计算船撞力，并作出判断。常用的船撞力计算公式有下列三种。

（1）我国《公路桥涵设计通用规范》（JTG D60—2004）规定，漂流物撞击力可按式（6.2.3.1）估算：

$$F = \frac{WV}{gT} \tag{6.2.3.1}$$

式中：F ——漂流物撞击力（kN）；

W——漂流物重力（kN），应根据河流中漂流物情况，按实际调查确定；

V——水流速度（m/s）；

T——撞击时间（s），应根据实际资料估计，在无实际资料时，可用1s；

g——重力加速度，$g=9.81(\mathrm{m/s^2})$。

引入船的质量和速度后，船就相当于漂流物的一种，仅计算船舶正撞力时可采用这个公式。但公式是一个力学冲量公式，在没按实际情况折减前，算出的是一个理论上的最大正撞力，规范允许撞击时间 T 在无实际资料时为1s，但这一时间对小船偏大，对大船偏小。

（2）我国《铁路桥涵设计基本规范》（TB 10002.1—2005）规定，墩台承受船只或排筏的撞击力可按式（6.2.3.2）计算：

$$F = \gamma v \sin\alpha \sqrt{\frac{W}{C_1 + C_2}} \tag{6.2.3.2}$$

式中：F——撞击力（kN）；

γ——动能折减系数（$\mathrm{s}/\sqrt{\mathrm{m}}$），当船只或排筏斜向撞击墩台（指船只或排筏驶近方向与撞击点处墩台面法线方向不一致）时可采用0.2，正向撞击（指船只或排筏驶近方向与撞击点处墩台面法线方向一致）时可采用0.3；

v——船只或排筏撞击墩台时的速度（m/s）；

α——船只或排筏驶近方向与墩台撞击点处切线所成的夹角，应根据具体情况确定，如用困难，可采用 $\alpha=20°$；

W——船只或排筏重力（kN）；

C_1、C_2——船只或排筏的弹性变形系数和墩台圬工的弹性变形系数，缺乏资料时可假定 $C_1+C_2=0.0005\mathrm{m/kN}$。

该公式考虑到船舶撞击时的能量耗散，采用了动能折减经验系数 γ，弹性变形系数在无实际资料时假定得过大。

（3）按《美国公路桥梁设计规范》（AASHTO 1994）中式（3.14.8-1）计算，即按式（6.2.3.3）计算：

①墩首正撞（横桥方向）

$$P_S = 1.2 \times 105\sqrt{DWT} \tag{6.2.3.3}$$

式中：P_S——等效静船只冲击力(N)；

DWT——船只载重量(10kN)，重力加速度取 $g = 10\text{m/s}^2$。

②墩侧斜撞(顺桥方向)

根据《美国公路桥梁设计规范》(AASHTO 1994)第3.14.14条，“垂直于航道中心线方向，施加设计撞击力的50%，”故侧撞力取为50% P_S。美国规范公式是将多个变量用一个常数代替，故仅适用于某一个弹性系数的船头和桥墩。也就是说，不同情况下的能量耗散系数，不同船种的载重量与排水量之比例，船头、桥墩和防撞装置的刚柔程度，以及附连水系数等不能逐个加以考虑，只能简约为一个常量1.2。

第3章 辅通航孔桥墩附着式防撞设施设计

辅通航孔桥附着式防撞墩的设计最主要的问题是确定作用荷载,这里的作用荷载是指船撞力和波浪力。确定了船撞力和波浪力后,其他荷载均按设计规范选用,然后对防撞设施和桥墩结构进行安全验算。关于结构本身的受力验算方法已经相当成熟,这里就不作介绍。

3.1 防撞设施构造

东海大桥辅通航孔有3座桥梁采用钢套箱式的防撞设施,其构造基本相似,以140m跨径的连续梁桥为例进行说明。

东海大桥140m跨径的连续梁桥离海岸12km处,其跨径布置为80m+140m+140m+80m,为双向通航孔。共设3个防撞主墩,桥墩编号分别为PM240墩、PM241墩及PM242墩。每个桥墩承台长39.7m、宽21.7m、高5.0m,并与14根桩径为2.5m,长109m的钻孔灌注桩相连。PM240墩、PM241墩和PM242墩防撞设施的构造见图6.3.1.1。

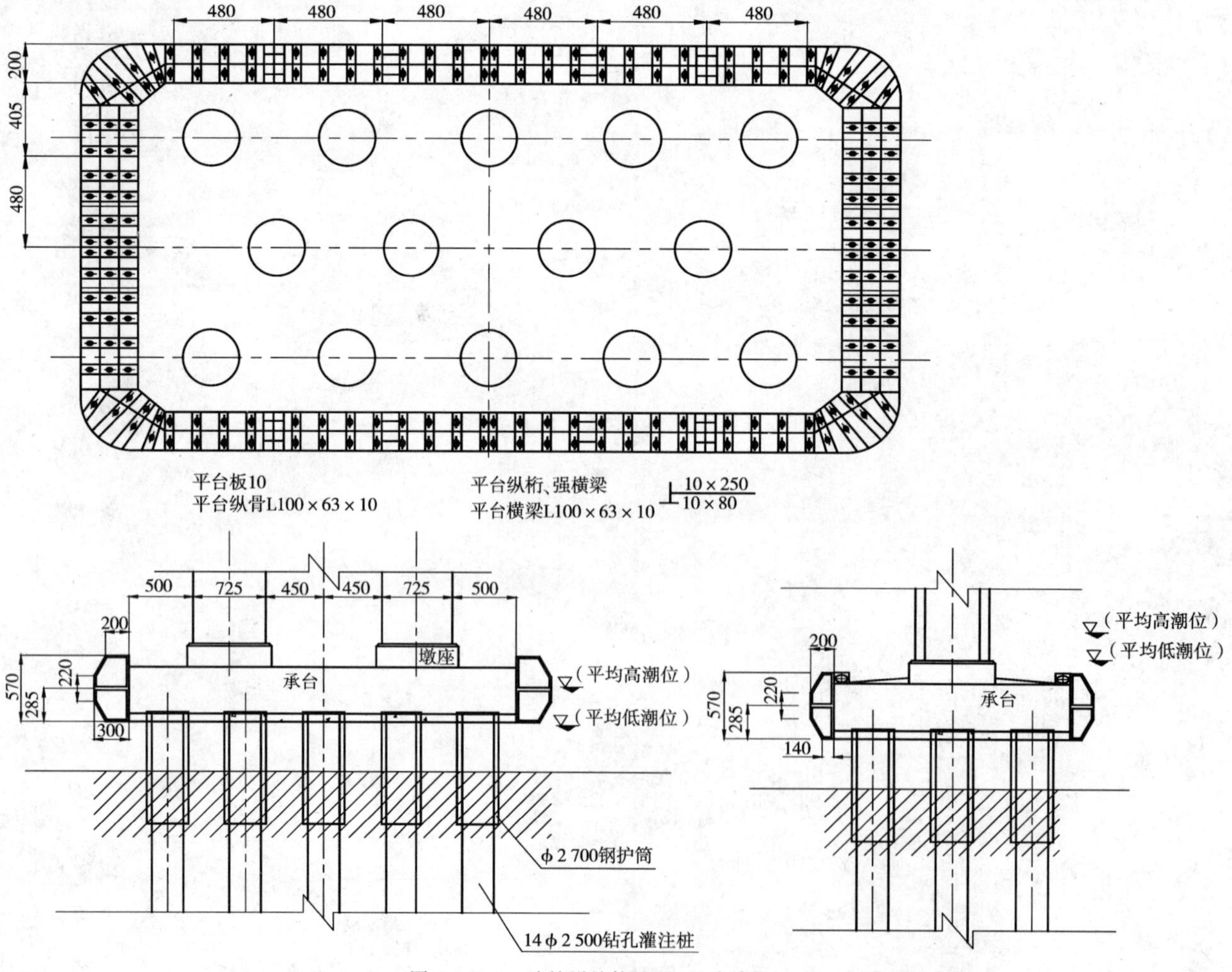

图6.3.1.1 防撞设施构造图(尺寸单位:cm)

防撞设施的外型总尺寸:长 39.7m,宽 21.7m,高 5.7m。

钢套箱由底篮、侧板、支撑支承系统三大部分组成。

3.1.1　套箱底篮

套箱底篮由底篮主桁、次桁、平联、钢底板及桩周框架组成。

1. 底篮主桁

底篮主桁分两种形式,主桁 1 长 33.2m,主桁 2、3 长 33.5m。两种主桁上下弦杆统一采用双肢[16b。主桁 1 两端 3.6m 长范围内上下弦杆做加强处理,主桁 2、3 两端 4.25m 长范围内的上下弦杆也做加强处理。主桁斜杆采用双肢∠90×10;竖杆除支点处采用 4×∠75×10 外,其余竖杆均采用双肢[10a。弦杆、竖杆、斜杆间通过 10mm 厚的节点板连接。桁架片布置考虑了单桩小于 10cm 的平面偏差,当实测钢护筒的平面偏差大于 10cm 时,则底篮主桁架布置须加以调整。

2. 次桁

底篮次桁分为 4 种:次桁 1、2、3 的上下弦杆统一采用双肢[14a,斜杆采用双肢∠75×10,竖杆采用双肢[8;次桁 4 上下弦杆统一采用双肢[16b,并做加强处理,次桁 4 斜杆采用双肢∠90×10,除支座处竖杆采用 4×∠75×8 外,其余竖杆采用双肢[10;弦杆、竖杆、斜杆间通过 8mm 厚节点板连接。

3. 平联

平联均为单根[14a,与次桁的上、下弦杆连接。

4. 钢底板

钢底板厚 8mm,与底篮桁架片下弦杆及下平联间断焊接。

5. 桩周框架

桩周框架采用双肢[14a,与桩周主次桁片的上下弦杆焊接。

3.1.2　套箱侧板

套箱侧板由侧板桁片、钢柱、侧板内支撑钢管、面板及面板加劲肋组成,侧板厚 1m,高 6.5m。

1. 侧板桁片

侧板桁片分水平和竖向两种。水平向桁片通长无断点(只在钢柱位置断开),高度方向共设 8 排,水平向桁片的弦杆采用双肢[10,竖杆及斜杆采用双肢[8;弦杆、竖杆及斜杆间通过节点板连接,其中侧板下面两排桁架片的节点板为 22mm 厚钢板,上面 6 排桁片的节点板厚均为 10mm。

竖向桁片与水平桁片正交,形成桁片框架。竖向桁片在水平桁片弦杆处断开,并直接与之焊接。竖向桁片的弦杆采用双肢[10,斜杆统一采用双肢[8(用在倒角处)或∠63×8;竖向桁片的弦杆、竖杆及斜杆与水平桁片间仍通过节点板连接,节点板厚 10mm。

2. 钢柱

套箱侧板上的钢柱分两种:一种是长 6.5m 吊装钢柱,顶部设吊装连接器,连接器传力板厚 6cm,钢板上开直径为 150mm 的销孔,销孔内安放吊装承重销;另一种是长 1.0m 支点钢柱,用作内支撑的支点。

3. 侧板内支撑钢管

侧板内支撑钢管直径 60cm,共 4 根,壁厚均为 12mm,设在侧板内四根吊装钢柱之间,支撑钢管在支点钢柱处断开并与之焊接。

4. 面板及面板加劲肋

侧板的面板分内外两层,钢板厚度均为 6mm,与侧板桁架片焊接成整体,钢面板上设[8a 加劲条。

3.1.3　支撑支承系统

1. 支撑系统

支撑系统分结构支撑和临时支撑两部分。结构支撑是指套箱上口,四面侧板间的支撑连接体系,由主支撑钢管圈及支撑钢管组成,主钢管圈由壁厚为14mm的ϕ800mm钢管加工制作;支撑钢管直径60cm,壁厚12mm,其中顺桥向的支撑钢管也因结构受力需要,作为套箱整体吊装的水平支撑,用以平衡顺桥向水平分力。套箱就位后进行侧向限位,确保平面方向稳定的支撑为临时支撑,临时支撑位于钢护筒与套箱侧板之间,设支撑型钢和伸缩装置,以便套箱就位后快速支撑就位。套箱就位后,结构支撑与基桩间设置临时支撑(ϕ300mm钢管)。

2. 支承系统

支承系统由倒挂牛腿和反压牛腿组成。倒挂牛腿采用钢板加工,分为倒挂钢板和牛腿两部分,倒挂钢板厚22mm;牛腿用20mm厚钢板加工,牛腿支撑面(用于支撑底篮主桁的钢板面)作喷砂防锈处理。反压牛腿与倒挂牛腿对应设置,设在底篮桁架片上面,用20mm厚钢板加工,与钢护筒和底篮桁片焊接,反压牛腿与倒挂牛腿一起对套箱竖向限位。

3.1.4 底板与侧板的连接

套箱侧板与底板间用螺栓连接。即将底篮主(次)桁架端头用[20b加强槽钢连接,通过槽钢将侧板下面两层桁片间用$d=20$mm的高强螺栓连接起来,形成侧包底的套箱结构形式。

3.2 船舶撞击力确定

辅通航孔桥附着式防撞墩的设计通常按设计规范来确定船舶撞击力,并依此确定为桥墩结构验算的外荷载,验算桥墩被船舶撞击之后的安全度。

东海大桥辅通航孔桥墩的撞击力,采用《美国公路桥梁设计规范》(AASHTO 1994)提供的公式确定的船舶撞击力。但在考虑采用施工钢套箱桥作为防撞设施后,其船舶撞击力对桥墩的影响究竟如何,规范提供的计算公式已无法分析了。

为对东海大桥防撞设施的抗撞能力有一个较为正确的判断,由上海船舶研究所和国际路桥集团组成的科技攻关组,用三维船舶运动瞬态方程组模拟船舶的碰撞,通过数值分析确定船舶的撞击力;并与按规范计算所得的撞击力进行比较,验算桥墩抵抗船舶撞击的能力。

3.3 三维船舶运动瞬态方程及船舶撞击力

船舶对桥墩的碰撞可视为船舶相互之间碰撞的特例。船舶运动瞬态方程组是建立在船舶碰撞机理和船舶运动方程理论基础上的。为了研究船舶与桥墩的碰撞,需要分析碰撞的动力过程。

3.3.1 碰撞机理

两艘船舶在碰撞时,速度发生突然改变,同时两艘船舶的结构也发生变化。弱的结构将挠曲变形、压坏、穿透或撕裂。船舶碰撞时将发生动能的消失,根据能量转换的观点,一部分失去的动能消耗于船舶的运动和碰撞冲击时周围水的运动,另一部分动能由结构的弹性和塑性变形或结构撕裂所吸收。

碰撞时结构的响应通常归为问题的内部机理。这个问题的解包括能量吸收能力和结构碰撞冲击抗力的计算。这是一个非线性动力问题,其包括弹性和塑性变形,结构的崩溃和破裂,以及迅速改变的边界条件。

船舶和周围水运动的预报是属于外部机理的问题。由于两艘碰撞船和周围水之间相互关系是复杂的,故外部机理问题也是复杂的。碰撞时外部和内部之间也是同时发生相互影响的。

1. 内部机理

两相撞船舶的结构响应能简要地描述如下:当被撞船A和碰撞船B发生碰撞时,撞击力F是两船接触区域刚度的函数，如被撞船 A 的结构是弱的，它的局部结构将变形、破坏和穿透。接触区域的几何形状将改变，这又将引起撞击力大小的变化；同时，碰撞船的局部结构也可能发生变形、破坏或穿透。在结构变形的每一时刻必须满足平衡、相容条件，满足力和位移边界条件，应力—应变关系也要满足弹性和塑性理论。由于船舶结构的复杂性和方程组的复杂性，求解方程组是极其困难的。因此碰撞研究通常采用数值分析方法和近似理论方法。

然而，在结构承受大位移、大应变，以及屈服和破裂时，弹塑性材料的多维本构方程是模糊的，甚至有些静态问题也是比较模糊的。还有其他一些不确定的问题，如塑性屈服结构上切力的传递、弹塑性问题的收敛性、结构的动荷疲劳等。因此，数值分析方法不可能得到实际船舶碰撞问题的精确数值解，很多学者研究了多种简化方法，以求得到理想情况下的数值解。

船舶碰撞结构分析的近似方法，是将结构看成是一些已知响应的简单构件的组合，这些构件的响应可应用理论分析方法或经验公式计算。通过计算可得到标准的船艏、船侧结构准静的"冲击力—穿透"和"能量吸收—穿透"的特性。与数值计算、试验结果相比较，这些近似方法具有合理的一致性，能够满足一般工程设计需要。

2. 外部机理

碰撞时船舶的外部和内部是相互影响的，碰撞过程模拟提供了求解问题的最好方法。Smiechen 的碰撞模拟过程是一真正的瞬态过程。但它仅包括中心直角碰撞。Dritte 提出的方法适用于两艘航行船舶之间一般的碰撞情况，倾角可有任意数值，碰撞位置可在船侧的任何位置，然而这个过程不是真正的瞬态过程，因而导出的运动方程是用 Fourier 级数展开求解的，在计算开始前必须知道整个力—时间历程。Patersen 的研究只涉及一般的过程，模拟船舶在碰撞时的运动。

3.3.2　碰撞过程模拟

假定撞击力是已知的穿透函数，问题处理为一、二维问题。设计人员将碰撞模拟扩展到三维空间，以更合理地分析船舶的三维空间碰撞过程。

碰撞过程的模拟如图 6.3.3.1 所示，它是一个迭代过程，可以归纳为以下几步：

(1)碰撞冲击时间 τ 未知，进行损坏区域荷载——凹陷特性的拟静力模拟。

(2)已知非线性弹簧的力——凹陷性能，进行外部机理的动载时间积分，得到碰撞时间 τ_0 的第一次估算。

(3)用 τ_0 和碰撞船舶的速度作为基础，进行非线性动载内部机理的时间积分，得到估算的碰撞时间 τ_i。求解得到改进的 τ_0 估算值。

(4)比较 τ_0 和 τ_i，如得到合理的一致性则停止迭代，如不是就进入新的迭代，返回(2)重复进行迭代。本阶段不仅要比较碰撞时间，而且要比较局部损坏和能量吸收的差别。

外部机理的动载分析，通过建立运动方程得到瞬态力平衡关系，并得到撞击力和能量的变化关系。

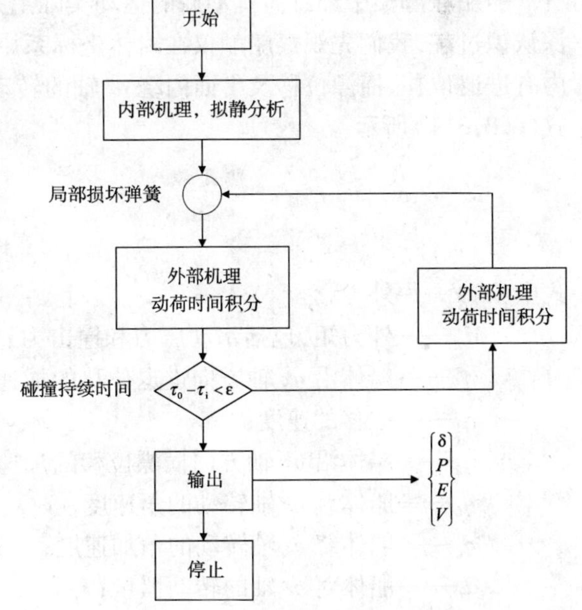

图 6.3.3.1　船舶之间碰撞的求解过程

3.3.3　碰撞理论

1. 船舶运动方程

在波浪中受到碰撞扰动后，作为一个刚体的船舶可产生围绕其原始平衡位置的 6 个自由度的运动。船舶在运动中位移可由相对其基点的 3 个线位移（进退、横漂、升沉）和绕基点的 3 个角位移（横摇、纵摇、首摇)表示。6个自由度的线位移和角位移的表现形式见图6.3.3.2。

由于实际上,海浪作用情况复杂得多,船舶在海浪中的运动往往是多种简单运动的叠加,也就是说,船舶各个自由度的运动是相互间耦合的。例如,船舶的纵摇和升沉运动往往是伴随发生,这是由于船在升沉运动时会产生一个纵倾力矩,使船同时发生纵摇,反之亦然,即所谓耦合作用。

在建立船舶运动方程时需建立起一个坐标系,假定船舶有侧向对称性,o-xyz 坐标系的原点 o 设在船舶的对称轴上,是一个惯性坐标系(大地参考坐标系),ox 轴指向船头,oy 轴指向船侧,oz 轴指向地心。同时,在船舶的重心处再建立起一个附体坐标系(o-xyz),船舶的重心即附体坐标系的原点。ox 轴、oy 轴、oz 轴与惯性坐标系三轴平行。附体坐标系的原点 o 也同样设在船舶的对称轴上,离惯性坐标系原点 o 的距离分别为 x_G、x_g。船舶运动方程的坐标系统设置见图6.3.3.3。

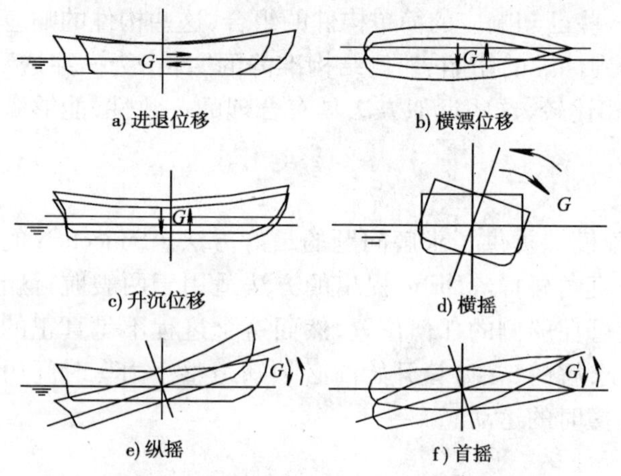

图6.3.3.2　船舶6个自由度的线位移和角位移

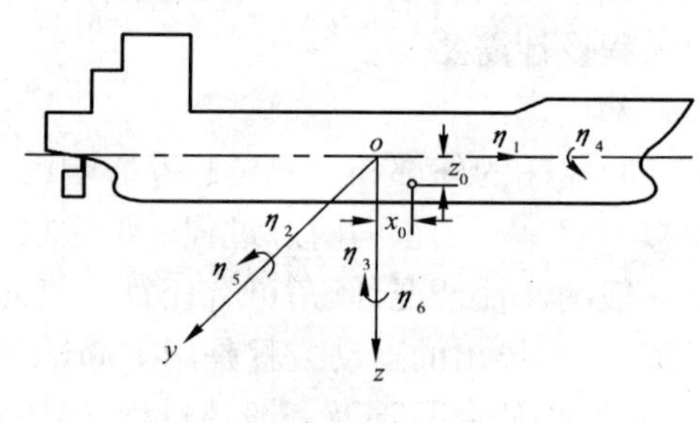

图6.3.3.3　船舶运动方程的坐标系统

船舶的运动由下面符号表示:η_1 为进退位移;η_2 为横漂位移;η_3 为升沉位移;η_4 为横摇角位移;η_5 为纵摇角位移;η_6 为首摇角位移。

船舶在海浪中经碰撞扰动后的运动实际上是三维空间运动,为了能对船舶空间运动有一个逐步加深认识过程,我们先观察船舶仅在附体坐标系中 x、y 平面内的运动。在附体坐标系中,船舶在 xy 平面内有进退位移、横漂位移及平面内绕 oz 轴的转动,如此便可得到简单形式的船舶平面运动基本方程,即式(6.3.3.1)所示:

$$\begin{aligned} X &= m(\ddot{\eta}_1 - \dot{\eta}_2\dot{\eta}_6) \\ Y &= m(\ddot{\eta}_2 + \dot{\eta}_1\dot{\eta}_6) \\ M_Z &= I_6\ddot{\eta}_6 \end{aligned} \tag{6.3.3.1}$$

式中:X、Y——外力;

M_Z——外力矩,包括水动压力和撞击力;

$\ddot{\eta}_1$——船体沿 ox 轴方向进退位移的加速度;

$\dot{\eta}_1$——位移的速度;

$\ddot{\eta}_2$——船体沿 oy 轴方向横漂位移的加速度;

$\dot{\eta}_6$——船体绕 oz 轴转动的角速度;

$\ddot{\eta}_6$——船体绕 oz 轴转动的角加速度;

I_6——船体对 oz 轴的转动惯量;

m——船体质量。

根据理论力学的计算公式,向心惯性力是质点质量与线速度及角速度的乘积。$m\dot{\eta}_2\dot{\eta}_6$ 是沿 ox 轴的向心惯性力分量,力的方向与 $m\ddot{\eta}_1$ 力的方向相反;$m\dot{\eta}_1\dot{\eta}_6$ 是沿 oy 轴的向心惯性力分量,力的方向与 $m\ddot{\eta}_2$ 力的方向相同。根据刚体绕固定轴转动的动力学理论,外力对 oz 轴的转矩 M_Z 应等于转动惯量 I_6 与角加速度 $\ddot{\eta}_6$ 的乘积。

从式(6.3.3.1)可见船舶平面运动基本方程符合 $F = ma$ 的牛顿第二定律。

接着把船舶放到 $o\text{-}xy$ 平面惯性坐标系中来观察,又得到另一种船舶平面运动基本方程表达式,即式(6.3.3.2)所示:

$$
\begin{aligned}
X &= m(\ddot{\eta}_1 - \dot{\eta}_2\dot{\eta}_6 - x_G\dot{\eta}_6^2) \\
Y &= m(\ddot{\eta}_2 + \dot{\eta}_1\dot{\eta}_6 + x_G\ddot{\eta}_6^2) \\
M_Z &= I_6\ddot{\eta}_6 + mx_G(\ddot{\eta}_2 + \dot{\eta}_1\dot{\eta}_6)
\end{aligned}
\tag{6.3.3.2}
$$

与式(6.3.3.1)相比,式(6.3.3.2)有如下区别:

在 ox 轴方向增加了 $mx_G\dot{\eta}_6^2$ 一项,这是船舶首摇时,在惯性坐标系中其重心对原点 o 作旋转运动,$x_G\dot{\eta}_6$ 即重心作旋转运动时的切向线速度,再乘以角速度 $\dot{\eta}_6$。即在沿 ox 轴方向产生向心惯性力,力的方向指向原点 o,为负值。

在 oy 轴方向增加了 $mx_G\ddot{\eta}_6$ 一项,这是船舶首摇时,在惯性坐标系中其重心沿 oy 轴方向有运动趋势,$x_G\ddot{\eta}_6$ 即为线加速度。即在沿 y 轴方向产生一个力,力的方向指向 y 轴方向,为正值。

对 oz 轴来说,除了船舶自身对附体坐标系 oz 轴有转矩 $I_6\ddot{\eta}_6$ 外,还增加 $mx_G\ddot{\eta}_2$ 和 $mx_G\dot{\eta}_1\dot{\eta}_6$ 两项转矩。其中 $m\ddot{\eta}_2$ 是附体坐标系中沿 oy 轴方向的力;$m\dot{\eta}_1\dot{\eta}_6$ 是沿 oy 轴的向心惯性力分量。

按如此推理,由平面到空间,便可得到 6 个自由度的船舶运动方程,也可得到船舶受到 6 个方向的力,即为防撞设施受到的力:

$$
\begin{aligned}
X &= m[\ddot{\eta}_1 + \dot{\eta}_5\dot{\eta}_3 - \dot{\eta}_6\dot{\eta}_2 - x_G(\dot{\eta}_5^2 + \dot{\eta}_6^2) + z_G(\dot{\eta}_4\dot{\eta}_6 + \ddot{\eta}_5)] \\
Y &= m[\ddot{\eta}_2 + \dot{\eta}_6\dot{\eta}_1 - \dot{\eta}_4\dot{\eta}_3 - z_G(\dot{\eta}_5\dot{\eta}_6 - \ddot{\eta}_4) + x_G(\dot{\eta}_4\dot{\eta}_5 + \ddot{\eta}_6)] \\
Z &= m[\ddot{\eta}_3 + \dot{\eta}_4\dot{\eta}_2 - \dot{\eta}_5\dot{\eta}_1 - z_G(\dot{\eta}_4^2 + \dot{\eta}_5^2) + x_G(\dot{\eta}_4\dot{\eta}_5 - \ddot{\eta}_5)] \\
M_X &= I_4\ddot{\eta}_4 + (I_6 - I_5)\dot{\eta}_5\dot{\eta}_6 - I_{46}\ddot{\eta}_6 - I_{46}\dot{\eta}_4\dot{\eta}_5 - mz_G(\ddot{\eta}_2 + \dot{\eta}_6\dot{\eta}_1 - \dot{\eta}_4\dot{\eta}_3) \\
M_Y &= I_5\ddot{\eta}_5 + (I_4 - I_6)\dot{\eta}_6\dot{\eta}_4 + m[z_G(\ddot{\eta}_1 + \dot{\eta}_5\dot{\eta}_3 - \dot{\eta}_6\dot{\eta}_2) - x_G(\ddot{\eta}_3 + \dot{\eta}_4\dot{\eta}_2 - \dot{\eta}_5\dot{\eta}_1)] \\
M_Z &= I_6\ddot{\eta}_6 + (I_5 - I_4)\dot{\eta}_4\dot{\eta}_5 - I_{46}\ddot{\eta}_4 - I_{46}\dot{\eta}_4\dot{\eta}_6 + mz_G(\ddot{\eta}_2 + \dot{\eta}_6\dot{\eta}_1 - \ddot{\eta}_4\dot{\eta}_3)
\end{aligned}
\tag{6.3.3.3}
$$

式中: m——船舶的质量;

I_4、I_5、I_6——惯性矩;

I_{46}——是惯性积;

X、Y、Z——外力;

M_X、M_Y、M_Z——是外力矩。

考虑到船体常有细长的特点,假定在船体的相当部分,波浪流动主要局限于横截面内,从而把围绕船体的三维流动简化为绕各横截面的二维流动。在求得二维流动情况下各横截面的波浪作用力后,再沿船长方向叠加(积分),以求得船体总的波浪作用力。即把船体沿船舶纵方向划分成若干个等截面切片,每一切片的波浪流动是二维的,这就相当于无限长柱体在流场中的绕流问题。各切片的流体动力问题可独立求解,最终沿船长方向叠加。

采用上述切片理论,求解瞬态运动的水动压力,代入式(6.3.3.3)后,得到采用矩阵形式表示的碰撞瞬态运动方程式:

$$
\begin{aligned}
&[M]\{\ddot{x}(t_0 + \Delta t)\} + [C(t_0)]\{\dot{x}(t_0 + \Delta t)\} \\
&= \int_0^{t_0}[R(\tau)]\{\dot{x}(t_0 - \tau) - \dot{x}_0\}\mathrm{d}\tau + \{X_c(t_0 + \Delta t)\}
\end{aligned}
\tag{6.3.3.4}
$$

式中:$\{x\}$——船舶的广义位移矢量;

$[M]$——船舶和附连水质量矩阵;

$[C(t_0)]$——时间 t_0 时的阻尼矩阵;

$[R(\tau)]$——水动力和水动力矩;

$[X_c]$——撞击力矢量。

为了求解式(6.3.3.4),首先要决定包含在$[M]$、$[C(t_0)]$矩阵中的附连水质量和阻尼。其可通过船舶剖面的二维附连水质量和阻尼沿船长的积分求得。这里采用刘易士方法,同时假定船舶两端的附连水质量为零,积分得到整艘船舶的附连水质量和阻尼。

2. 碰撞模拟

船舶碰撞接触点的位置称为碰撞点,假设所有的变形发生在碰撞点的周围,用6根非线性弹簧描述这一区域的变形。每艘船用3根弹簧表示,弹簧变形产生的力和撞击力平衡,因此每一弹簧的变形力就代表了这一弹簧方向上碰撞产生的力。计算这一组力的大小就可分析船舶碰撞时的受力情况。

模拟从船舶接触的瞬时开始,作用的力为撞击力和水动压力。将方程式(6.3.3.4)扩展为12个自由度,这个方程可用来得到碰撞的数学模型。如在时间t_0的撞击力已知,在时间$t_0+\Delta t$以后的力可用式(6.3.3.5)表示:

$$\{X_c(t_0+\Delta t)\} = \{X_c(t_0)\} - [K]\{\Delta x\} \tag{6.3.3.5}$$

式中:$\{\Delta x\}$——广义位移的瞬态增量;

$[K]$——时间t_0时的弹簧刚度矩阵。

碰撞时船舶结构的变形力是由结构的弯曲、撕裂、材料崩溃引起的,这些力在某一瞬时是与实际穿透有关的。撞击力的增量为作用在碰撞点的弹簧力和弹簧力增量的函数,即:

$$\{\Delta X_c\}^T = f(\Delta x, F, \Delta F) \tag{6.3.3.6}$$

撞击力还必须在碰撞点平衡,因此有另外3个方程:

$$[T]_A\begin{bmatrix}\Delta N_1\\ \Delta N_2\\ \Delta N_3\end{bmatrix} + [T]_B\begin{bmatrix}\Delta N_4\\ \Delta N_5\\ \Delta N_6\end{bmatrix} = 0 \tag{6.3.3.7}$$

式中:$[T]_A$、$[T_B]$——两船局部坐标系中的方向矩阵,弹簧力的增量可表达为:

$$\Delta F_i = k_i \Delta S_i \tag{6.3.3.8}$$

式中:ΔS_i——弹簧的变形增量;

k_i——弹簧刚度。

将式(6.3.3.7)、式(6.3.3.8)代入式(6.3.3.6),于是可以得到一组方程:

$$[K]\{\Delta x\} = \{\Delta X_c\} \tag{6.3.3.9}$$

式中$[K]$就是方程式(6.3.3.5)中的$[K]$,将式(6.3.3.5)代入式(6.3.3.4),得到:

$$[M]\{\ddot{x}(t_0+\Delta t)\} + [C(t_0)]\{\dot{x}(t_0+\Delta t\} + [k(t_0)]\{\Delta x\} = \int_0^{t_0}[R(t)]\{\dot{x}(t_0-\tau) - \dot{x}_0\}d\tau + \{\ddot{x}(t_0)\} \tag{6.3.3.10}$$

为了求解式(6.3.3.10),假定在一个时间步内的加速度是线性变化的,采用时间积分求解加速度增量、速度和位移增量,同时求解碰撞点的位移增量及弹簧变形增量。新的弹簧力可由下式计算:

$$F_i^{new} = F_i + \Delta S_i k_i \quad (i = 1 \sim 6) \tag{6.3.3.11}$$

新的变形能可由式(6.3.3.12)得到:

$$F_i^{new} = E_i + F_i\Delta S_i + \frac{k_i}{2}(\Delta S_i)^2 \quad (i = 1 \sim 6) \tag{6.3.3.12}$$

3.3.4 桥墩船舶撞击力计算

根据上述的碰撞机理,用三维船舶运动瞬态方程组模拟船舶的碰撞,并编制三维船舶碰撞分析程序。采用程序计算船舶与桥墩的碰撞(桥墩没有速度,具有大的质量和刚度)。模拟船舶在不同速度下与桥墩的碰撞,得到各种情况下的撞击力。

对钢结构损坏区域的力—变形特性的计算采用 Gerard 方法。这是一种航空、汽车、海上结构都可接受的估算结构破坏荷载的近似模型。按照 Gerard 方法可估算最大崩溃强度。

$$\sigma_c = \sigma_0 \beta_g \left(\frac{nt^2}{A} \sqrt{\frac{E}{\sigma_y}} \right)^m \tag{6.3.3.13}$$

于是,总的崩溃荷载为:

$$P_C = \sigma_c A \tag{6.3.3.14}$$

式中:σ_y——屈服应力;

σ_0——压缩应力;

E——钢的杨氏弹性模量;

β_g、m——取决于截面和边界的尺度值;

n——所考虑的横截面切口和折边的数目;

t——所考虑的横截面的平均厚度;

A——横截面积。

式(6.3.3.14)得到的最大崩溃荷载与试验结果比较,误差一般为10%。Gerard 方法给出相对保守的结果,航空和船舶设计工业的应用表明,Gerard 方法是适用的,特别对事故设计荷载的评估,反映了可能发生的最大载荷的大小。因此,该方法计算船舶对桥墩的撞击力是偏于安全的。

3.3.5　实船碰撞计算

利用上述船舶碰撞动力学理论,进行东海大桥辅通航孔桥梁主墩的船舶碰撞计算,确定船舶撞击力和防撞设施的性能。以东海大桥140m 跨径连续梁桥为例进行计算。

采用三维船舶运动瞬态方程组模拟船舶的碰撞计算时,防撞钢套箱被撞截面的结构刚度按设计图给出的钢结构尺寸计算,船舶撞击部的结构刚度按选择的代表船型,由专业船舶设计人员提供。

桥址所在区域的水位高度为(以国家85 高程计):平均海平面0.23m、平均高潮位1.86m、平均低潮位-1.34m、设计高水位2.48m。

1.1 000t 级沿海货船对桥墩防撞设施的撞击力计算

对桥墩防撞设施的撞击力计算时,选择1 000t 级沿海货船的代表船型进行船舶撞击力计算。经了解与统计,选择1 000t 沿海货船的代表船型的有关数据如下:

船总长65.23m,两柱间长59.23m,型宽10.8m,型深5.35m,结构吃水4.5m,船舶排水量1 930t。

事实上,东海大桥通航区域内经常过往船舶的吨位很少达到1 000t 级。而依据1 000t 级沿海货船代表船型的排水量,船舶的质量已达到1 930t,这样计算是偏于安全的。

在计算船舶撞击力之前,选择3 种典型的水位,表示船舶在不同的吃水深度行驶时对桥墩承台的碰撞。这3 种水位高度分别是:平均高潮位1.86m、平均低潮位-1.34m、设计高水位2.48m。采用质量为1 930t 的船舶,对防撞钢套箱进行碰撞数值分析。

图6.3.3.4 是3 种潮位下代表船型横桥向与防撞设施碰撞的情景,图6.3.3.5 是3 种潮位下代表船型顺桥向与防撞设施碰撞的情景。计算结果见表6.3.3.1 ~ 表6.3.3.9。

平均高潮位1.86m 时船舶和桥轴线成90°的碰撞计算结果　　表6.3.3.1

船重	船速(m/s)	1	2	2.5	3	3.5	4	4.5	5
1 930t	最大撞击力(MN)	3.76	4.89	5.89	6.41	8.22	9.82	11.2	12.7
	船艏损坏长度(m)	0.267	0.348	0.594	0.972	1.16	1.31	1.43	1.57
	设施损坏长度(m)	0.273	0.873	1.04	1.12	1.38	1.65	1.93	2.21
	船舶纵向变形能(MJ)	0.50	0.852	2.24	4.56	5.91	7.23	8.57	10.1
	设施变形能(MJ)	0.51	3.2	4.09	4.56	6.49	8.97	11.9	15.2
	总能量(MJ)	1.01	4.05	6.33	9.12	12.4	16.2	20.5	25.3
	碰撞持续时间(s)	0.85	1.05	1.15	1.25	1.25	1.25	1.25	1.25

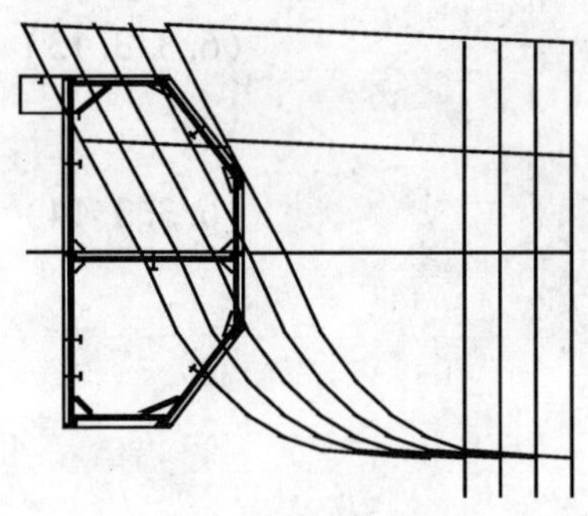

平均高潮位 1.86m 时，代表船型横桥向与桥墩防撞设施碰撞（以船艏中部为撞击点）

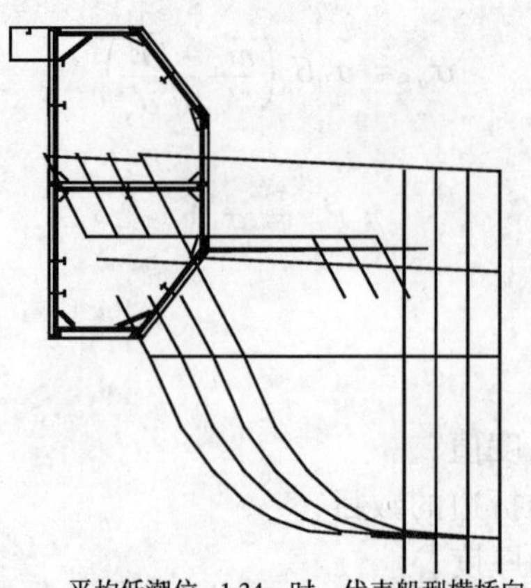

平均低潮位 -1.34m 时，代表船型横桥向与桥墩防撞设施碰撞（以船艏上部为撞击点）

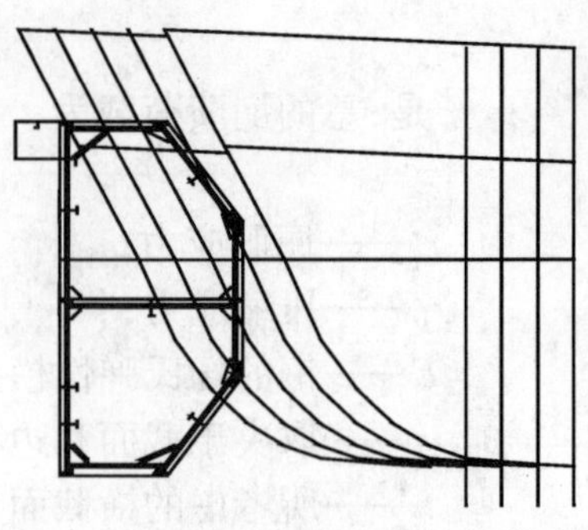

设计高水位 2.48m 时，代表船型横桥向与桥墩防撞设施碰撞（以船艏中下部为撞击点）

图 6.3.3.4　3 种潮位下代表船型横桥向碰撞的情景

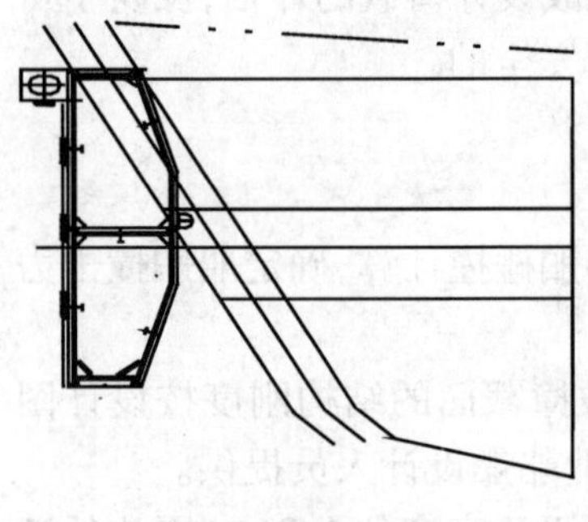

平均高潮位 1.86m 时，代表船型顺桥向与桥墩防撞设施碰撞（以船艏中部为撞击点）

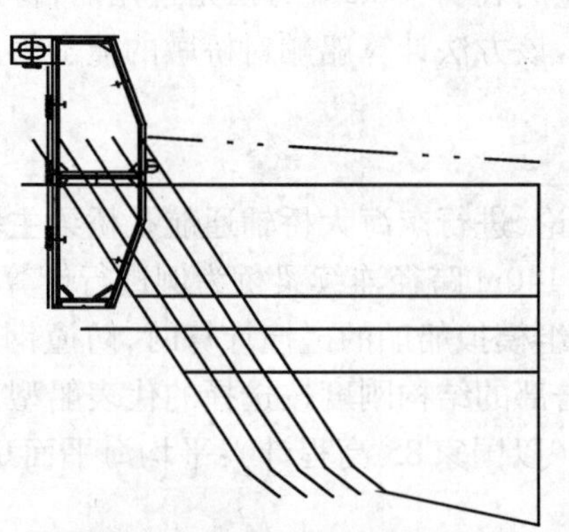

平均低潮位 -1.34m 时，代表船型顺桥向与桥墩防撞设施碰撞（以船艏上部为撞击点）

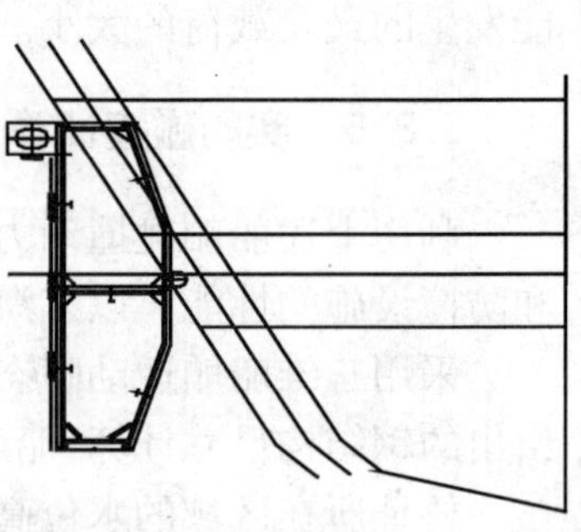

设计高水位 2.48m 时，代表船型顺桥向与桥墩防撞设施碰撞（以船首中下部为撞击点）

图 6.3.3.5　3 种潮位下代表船型顺桥向碰撞的情景

平均高潮位 1.86m 时船舶和桥轴线成 70° 的碰撞计算结果　　表 6.3.3.2

船重	船速(m/s)	1	2	2.5	3	3.5	4	4.5	5
1 930t	船艏最大撞击力(MN)(70°方向合力)	3.70	5.18	5.88	6.39	8.24	9.83	11.1	12.3
	横桥向最大撞击力(MN)	3.48	4.80	5.54	6.13	7.84	9.39	10.6	11.8
	顺桥向最大撞击力(MN)	1.26	1.95	1.97	1.80	2.54	2.91	3.21	3.47
	船艏损坏长度(m)	0.263	0.369	0.589	0.961	1.16	1.31	1.42	1.53
	设施损坏长度(m)	0.252	0.804	0.990	1.08	1.33	1.57	1.81	2.05
	船舶纵向变形能(MJ)	0.48	0.95	2.21	4.49	5.94	7.25	8.41	9.68
	设施变形能(MJ)	0.53	3.1	4.11	4.62	6.46	8.95	12.09	15.63
	总能量(MJ)	1.01	4.05	6.33	9.12	12.4	16.2	20.5	25.3
	碰撞持续时间(s)	0.9	1.0	1.1	1.2	1.25	1.25	1.25	1.25

平均高潮位 1.86m 时船舶和桥轴线成 60° 的碰撞计算结果　　表 6.3.3.3

船重	船速(m/s)	1	2	2.5	3	3.5	4	4.5	5
1 930t	船艏最大碰撞(MN)(60°方向合力)	3.64	5.45	5.81	6.30	7.57	8.99	10.4	11.6
	横桥向最大撞击力(MN)	3.15	4.64	5.03	5.48	6.79	8.06	9.26	10.3
	顺桥向最大撞击力(MN)	1.82	2.86	2.91	3.11	3.35	3.98	4.70	5.34
	船艏损坏长度(m)	0.258	0.388	0.538	0.892	1.10	1.23	1.36	1.47

续上表

船重	船速(m/s)	1	2	2.5	3	3.5	4	4.5	5
1 930t	设施损坏长度(m)	0.228	0.680	0.914	0.980	1.17	1.36	1.54	1.74
	船舶纵向变形能(MJ)	0.469	1.05	1.91	4.04	5.80	6.50	7.76	8.94
	设施变形能(MJ)	0.54	3.00	4.42	5.08	6.60	9.70	12.6	16.1
	总能量(MJ)	1.01	4.05	6.33	9.12	12.4	16.2	20.5	25.3
	碰撞持续时间(s)	0.9	1.02	1.1	1.2	1.25	1.3	1.3	1.3

平均低潮位 -1.34m 时船舶和桥轴线成 90°的碰撞计算结果　表 6.3.3.4

船重	船速(m/s)	1	2	2.5	3	3.5	4	4.5	5
1 930t	最大撞击力(MN)	3.45	4.88	5.80	6.28	7.33	8.50	9.49	10.4
	船艏损坏长度(m)	0.245	0.347	0.532	0.876	1.08	1.19	1.28	1.36
	设施损坏长度(m)	0.323	0.961	1.194	1.313	1.60	1.97	2.36	2.76
	船舶纵向变形能(MJ)	0.42	0.84	1.88	3.95	5.29	6.1	6.9	7.7
	设施变形能(MJ)	0.59	3.21	4.45	5.17	7.11	10.1	13.6	17.6
	总能量(MJ)	1.01	4.05	6.33	9.12	12.4	16.2	20.5	25.3
	碰撞持续时间(s)	0.9	1.15	1.2	1.25	1.35	1.35	1.35	1.40

平均低潮位 -1.34m 时船舶和桥轴线成 70°的碰撞计算结果　表 6.3.3.5

船重	船速(m/s)	1	2	2.5	3	3.5	4	4.5	5
1 930t	船艏最大撞击力(MN)(70°方向合力)	3.54	4.96	5.82	6.27	7.43	8.58	9.82	10.7
	横桥向最大撞击力(MN)	3.33	4.66	5.55	6.06	7.13	8.26	9.25	10.1
	顺桥向最大撞击力(MN)	1.20	1.70	1.76	1.61	2.09	2.32	3.42	3.53
	船艏损坏长度(m)	0.252	0.353	0.547	0.873	1.09	1.19	1.30	1.37
	设施损坏长度(m)	0.293	0.905	1.13	1.26	1.54	1.89	2.26	2.6
	船舶纵向变形能(MJ)	0.44	0.88	1.96	3.94	5.38	6.19	7.25	7.88
	设施变形能(MJ)	0.57	3.15	4.37	5.16	7.02	9.97	13.3	17.37
	总能量(MJ)	1.01	4.05	6.33	9.12	12.4	16.2	20.5	25.3
	碰撞持续时间(s)	0.9	1.1	1.15	1.25	1.3	1.35	1.35	1.35

平均低潮位 -1.34m 时船舶和桥轴线成 60°的碰撞计算结果　表 6.3.3.6

船重	船速(m/s)	1	2	2.5	3	3.5	4	4.5	5
1 930t	船艏最大撞击力(MN)(60°方向合力)	3.51	5.21	5.84	6.26	7.20	8.24	9.31	10.1
	横桥向最大撞击力(MN)	3.04	4.47	5.07	5.53	6.40	7.38	8.24	9.04
	顺桥向最大撞击力(MN)	1.75	2.68	2.90	2.93	3.30	3.67	4.34	4.50
	船艏损坏长度(m)	0.25	0.37	0.56	0.86	1.07	1.16	1.25	1.33
	设施损坏长度(m)	0.27	0.82	1.01	1.13	1.35	1.61	1.89	2.16
	船舶纵向变形能(MJ)	0.43	0.97	2.01	3.88	5.2	5.9	6.7	7.5
	设施变形能(MJ)	0.58	3.08	4.32	5.24	7.2	10.3	13.8	17.6
	总能量(MJ)	1.01	4.05	6.33	9.12	12.4	16.2	20.5	25.3
	碰撞持续时间(s)	0.95	1.05	1.15	1.25	1.3	1.35	1.4	1.4

设计高水位 2.48m 时船舶和桥轴线成 90°的碰撞计算结果 表 6.3.3.7

船重	船速(m/s)	1	2	2.5	3	3.5	4	4.5	5
1 930t	最大撞击力(MN)	2.91	4.81	5.87	6.39	8.16	9.78	11.2	12.6
	船艏损坏长度(m)	0.21	0.34	0.58	0.96	1.16	1.30	1.43	1.56
	设施损坏长度(m)	0.52	1.15	1.34	1.41	1.67	1.95	2.23	2.51
	船舶纵向变形能(MJ)	0.30	0.82	2.15	4.47	5.9	7.2	8.5	10.1
	设施变形能(MJ)	0.71	3.23	4.18	4.65	6.5	9.0	12.0	15.2
	总能量(MJ)	1.01	4.05	6.33	9.12	12.4	16.2	20.5	25.3
	碰撞持续时间(s)	0.85	1.05	1.15	1.25	1.25	1.25	1.25	1.25

设计高水位 2.48m 时船舶和桥轴线成 70°的碰撞计算结果 表 6.3.3.8

船重	船速(m/s)	1	2	2.5	3	3.5	4	4.5	5
1 930t	船艏最大撞击力(MN)(70°方向合力)	2.87	4.94	5.83	6.35	8.03	9.62	10.9	12.1
	横桥向最大撞击力(MN)	2.70	4.60	5.48	5.98	7.57	9.16	10.1	11.6
	顺桥向最大撞击力(MN)	0.97	1.8	2.02	2.14	2.65	2.94	3.26	3.44
	船艏损坏长度(m)	0.204	0.351	0.55	0.933	1.14	1.29	1.40	1.51
	设施损坏长度(m)	0.491	1.07	1.28	1.35	1.59	1.82	2.07	2.30
	船舶纵向变形能(MJ)	0.29	0.87	2.0	4.32	5.8	7.0	8.2	9.45
	设施变形能(MJ)	0.72	3.18	4.33	4.79	6.6	9.2	12.3	15.84
	总能量(MJ)	1.01	4.05	6.33	9.12	12.4	16.2	20.5	25.3
	碰撞持续时间(s)	1.15	1.2	1.25	1.3	1.3	1.3	1.3	1.3

设计高水位 2.48m 时船舶和桥轴线成 60°的碰撞计算结果 表 6.3.3.9

船重	船速(m/s)	1	2	2.5	3	3.5	4	4.5	5
1 930t	船艏最大撞击力(MN)(60°方向合力)	2.82	5.09	5.76	6.25	8.20	8.76	10.2	11.4
	横桥向最大撞击力(MN)	2.44	4.32	4.98	5.48	7.02	7.87	9.10	10.1
	顺桥向最大撞击力(MN)	1.41	2.69	2.89	3.01	4.24	3.85	4.61	5.29
	船艏损坏长度(m)	0.2	0.362	0.505	0.848	1.08	1.21	1.34	1.45
	设施损坏长度(m)	0.45	0.961	1.2	1.28	1.43	1.63	1.81	2.01
	船舶纵向变形能(MJ)	0.28	0.92	1.72	3.78	5.29	6.33	7.7	8.8
	设施变形能(MJ)	0.73	3.13	4.61	5.34	7.09	9.88	12.6	16.5
	总能量(MJ)	1.01	4.05	6.33	9.12	12.4	16.2	20.5	25.3
	碰撞持续时间(s)	1.15	1.2	1.25	1.25	1.35	1.35	1.4	1.35

2. 计算结果分析

从以上计算结果可见，防撞设施在遭受船舶碰撞时可使桥墩避免和船舶直接接触，撞击力也有相当的降低。不同潮位(水位)情况下撞击力数值有些变化，但相差不大，在平均低潮位时稍低。在非直角碰撞时，横桥向的撞击力可能降低，但合力不一定减少，基本上变化不大。

图 6.3.3.6 为船舶在不同航速和不同撞击角度下，撞击力与碰撞速度的关系曲线。图中表明无论船舶以什么角度与桥墩发生碰撞，都是速度越高，撞击力越大，显然船舶在通过桥孔时，限制其航速是很有必要的。

把船撞速度 4.0m/s 和船撞速度 5.0m/s 时设施的撞击力和损伤汇总于表 6.3.3.10。

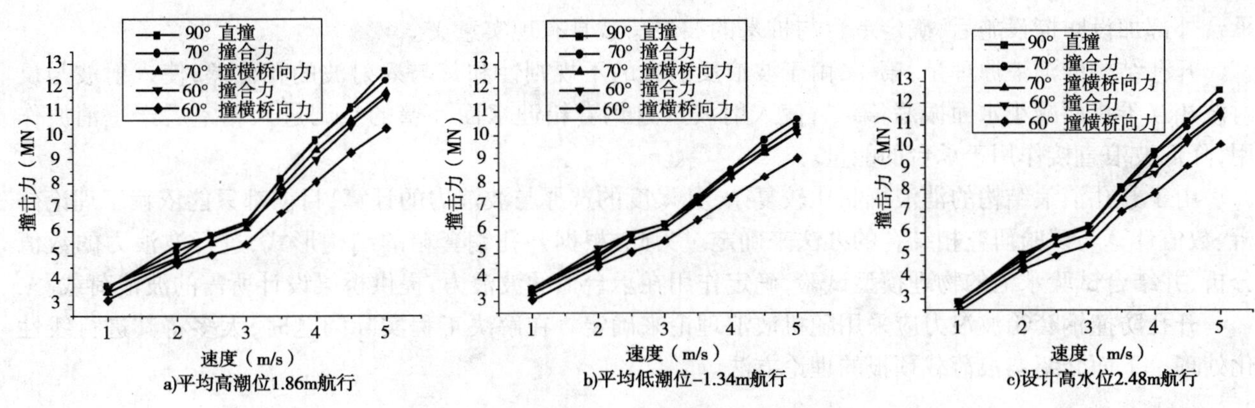

图6.3.3.6　船舶撞击力与碰撞速度的关系曲线

各种水位各撞击角度受1 000t货船碰撞时设施的撞击力和损伤　　表6.3.3.10

船撞速度(m/s)	撞击角度	潮位(m)	最大撞击力(MN)	设施损坏长度(m)	船首损坏长度(m)
4.0	90°	1.86	9.82	1.65	1.31
		-1.34	8.50	1.97	1.19
		2.48	9.78	1.95	1.30
	70°	1.86	9.83	1.57	1.31
		-1.34	8.58	1.89	1.19
		2.48	9.62	1.82	1.29
	60°	1.86	8.99	1.36	1.23
		-1.34	8.24	1.61	1.16
		2.48	8.76	1.63	1.21
5.0	90°	1.86	12.7	2.21	1.57
		-1.34	10.4	2.76	1.36
		2.48	12.6	2.51	1.56
	70°	1.86	12.3	2.05	1.53
		-1.34	10.7	2.65	1.39
		2.48	12.1	2.30	1.51
	60°	1.86	11.6	1.74	1.47
		-1.34	10.1	2.16	1.33
		2.48	11.4	2.01	1.45

从表6.3.3.10中可见，当船撞速度为4.0m/s时，最大撞击力为9.83MN，约为983t，当船撞速度达到5.0m/s时，最大撞击力为12.83MN，约为1 283t。而桥墩按1 000t级设计防撞，撞击速度$v=4.0$m/s时，按《美国公路桥梁设计规范》(AASHTO 1994)计算，可以求得与墩首正撞时的撞击力为15.20MN(约1 520t)，墩侧斜撞时的撞击力为7.60MN(约760t)。该撞击力直接作用在桥墩上。两者相比，按船舶运动方程计算的船撞力，远远小于按规范计算得到的与墩首正撞时的撞击力15.20MN(约1 520t)。

3.4　开孔防撞钢套箱的波浪力

由于在桥墩四周加设了开孔防撞钢套箱，显然，相比原先的桥墩承台增大了迎浪表面积。桥墩承台所受的波浪力由防撞设施传递给承台，防撞设施改变了承台受波浪作用的几何形状，这必将引起承台所受的波浪力改变。同时防撞设施迎水面采用开孔结构形式，这是一种较为新型的消浪结构。可见桥梁承台外部加设防撞设施后,确定承台与桩基的波浪荷载具有现实意义。

开孔结构的消浪原理是:第一,由于波浪反射波的不规则性和其与入射波的相位差,使入射波与反射波相互干扰而减小水面振荡;第二,使入射波透过钢套箱迎水面外壁的空洞进入箱室后产生消波作用,降低波浪直接作用于承台的能量。

由于开孔消浪结构的消浪机制比较复杂,其尺度的选择与波浪力的计算,目前都只能依赖于理论分析、数值计算与试验研究相结合的办法来确定。为此,根据开孔钢套箱的结构形式,进行波浪力的数值分析,并结合试验水池的物理模型试验,确定作用在承台上的波浪力,提供桥梁设计所需的波浪荷载。

开孔防撞钢套箱波浪力应采用随机波浪理论来确定。在解决工程实际问题时,大多将其进行线性化处理。下面介绍波浪荷载预报的理论方法。

3.4.1 波浪荷载预报——短期预报

波浪荷载预报的目的,以规则波的波浪荷载响应为基础,通过理论计算确定在给定时间内海况的波浪荷载变化特性。波浪荷载的短期预报的时间范围为半小时到数小时。

波浪荷载的预报是建立在三维线性势流理论和波浪荷载理论基础上,通过应用随机过程理论实现的。由于波浪荷载理论有线性与非线性之分,这里仅按线性波浪载荷进行简单论述,更详细的波浪荷载预报理论可参阅有关的专业书籍与论文。

短期海浪可视为均值为零的平稳正态随机过程,此时海洋结构物对波浪的响应,可看作线性时不变系统。由随机过程理论可知,随机波浪产生的物体波浪力响应也是随机变量,它可以用能量谱密度函数表达,根据经典的概率统计理论,在激励谱(对应于波浪谱)和响应谱(对应于波浪力谱)之间,有简单关系:

$$S_r(\omega) = H(\omega)S_w(\omega) \tag{6.3.4.1}$$

式中:$S_r(\omega)$——为波浪力响应谱,也就是波浪荷载(具体可以是垂向波浪弯矩与剪力,水平波浪弯矩与剪力,扭矩,水动压力等);

$S_w(\omega)$——波浪谱,也称海浪谱密度;

$H(\omega)$——传递函数(又称频率响应函数)的模。

$H(\omega)$也称振幅响应算子——RAO(Response—Amplitude Operators)。其也可表示为规则波单位波幅作用力。式(6.3.4.1)是一个非常有用的关系式,只要知道传递函数,就不难由已知波浪谱求得波浪力响应谱。

1. 波浪谱 $S_w(\omega)$

防撞钢套箱构件尺寸比波浪的波长小得多,因此在分析波浪随机过程模型时,不考虑它们对波浪流场造成的影响。这里采用线性 Airy 波浪理论。波面升高表达为余弦函数,与土木工程专业人员运用公式的习惯不同,船舶专业人员习惯把微幅线性波的波面方程采用复数形式表示:

$$\eta(x,t) = \frac{1}{2}H\exp[i(\omega t - kx)] \tag{6.3.4.2}$$

式中:H——波高;

ω——波浪圆频率。

为了与土木工程专业人员运用的波面方程公式统一起来,下面列出土木工程专业人员习惯运用的波面方程公式:

$$\eta(x,t) = \frac{1}{2}H\cos(\omega t - kx) \tag{6.3.4.3}$$

式中:k——波数,$k = 2\pi/L$,L是波长;

ω——波浪圆频率。

微幅线性波的传播速度 C 为:

$$C = \frac{gT}{2\pi}\text{th}kd \tag{6.3.4.4}$$

式中:d——水深。

当水深无限大时,即 $d\to\infty$ 时,$\text{th}kd\to 1$,则 $C=\frac{gT}{2\pi}$。

周期波的波长、波速、波周期、波数、波浪圆频率之间有关系式:$L=CT$、$k=\frac{2\pi}{CT}=\frac{\omega^2}{g}$。

于是波面方程又可演变为:

$$\eta(x,t) = \frac{1}{2}H\cos(\omega t - kx) = \frac{1}{2}H\cos\left(\omega t - \frac{\omega^2}{g}x\right) \tag{6.3.4.5}$$

我们采用函数幂级数展开式:

$$\exp(x) = 1 + x + \frac{1}{2!}x^2 + \cdots + \frac{1}{n!}x^n + \cdots(-\infty < x < +\infty) \tag{6.3.4.6}$$

$$\cos(x) = 1 - \frac{1}{2!}x^2 + \frac{1}{4!}x^4 + \cdots + (-1)^n\frac{x^{2n+1}}{(2n+1)!} + \cdots(-\infty < x < +\infty) \tag{6.3.4.7}$$

略去高次项,便得到:

$$\cos\left(\omega t - \frac{\omega^2}{g}x\right)^2 = 1 - \frac{1}{2}\left(\omega t - \frac{\omega^2}{g}x\right)^2$$

$$\exp\left[i\left(\omega t - \frac{\omega^2}{g}x\right)\right] = 1 + \left[i\left(\omega t - \frac{\omega^2}{g}x\right)\right] + \frac{1}{2}\left[i^2\left(\omega t - \frac{\omega^2}{g}x\right)^2\right] \tag{6.3.4.8}$$

取实部 $i=\sqrt{-1}$,便得到:

$$\exp\left[i\left(\omega t - \frac{\omega^2}{g}x\right)\right] = 1 - \frac{1}{2}\left(\omega t - \frac{\omega^2}{g}x\right)^2 \tag{6.3.4.9}$$

对比余弦函数,二者相等。于是波面方程可有3种形式表示:

$$\eta(x,t) = \frac{1}{2}H\cos(\omega t - kx) = \frac{1}{2}H\cos\left(\omega t - \frac{\omega^2}{g}x\right) = \frac{1}{2}H\exp\left[i\left(\omega t - \frac{\omega^2}{g}x\right)\right] \tag{6.3.4.10}$$

在工程实践中对波高、周期等进行统计分析时,通常采用具有某种统计特征值的波来代表波浪,且往往采用部分大波的平均值。我国采用部分大波的平均值主要包括最大波(H_{max})、十分之一大波($H_{1/10}$)、三分之一大波($H_{1/3}$有效波法)。最常用的是有效波。另外也有采用超值累积率法表示波高,常用 $H_{1\%}$、$H_{5\%}$、$H_{13\%}$ 来表示。$H_{1\%}$ 是指波列中超过此波高的概率为1%,其他波高可以以此类推。

有效波高或最大波高的概率密度函数,是通过对一定时间内累积起来的实测资料,采用验算方法分析而获得的。即从每年内不同方向的波浪资料中分别抽出一个有效波高的极值,构成年有效波高极值序列,将 N 个极值资料由大到小依次排列,从而算出各个排列顺序波高出现的累积概率。由计算获得各波高的经验累积概率,可以绘成累积概率曲线。

实际海洋波浪引起的海面水质点运动,不是单一方向传播的规则波,而是一种复杂随机运动的不规则波。20世纪50年代,国际上运用无线电噪音理论应用于海浪,从此利用谱以及随机过程描述海浪,成为了主要的研究途径。在认为海浪随机过程具有平稳正态过程,而且具有各态历经特性的假定下,可以将水质点波浪运动分解为许多不同频率、波幅和波向的规则波的合成。观测表明,海洋波面升高运动的幅值服从雷利分布,由于波幅与波浪力之间有线性传递关系,故波浪力同样服从雷利分布。

海浪由不同频率的波浪分量组成,其运动能量在不同频率的分布,表明了海浪的频率组成特征,其可由海浪谱来描述。国内外已提出大量的海浪谱,有些已渐趋陈旧,这里主要介绍目前较常用的P-M谱,又称单参数谱。

P-M谱是根据北大西洋的实测资料,通过筛选挑出属于充分成长的54个谱,并采用风速修正系数对谱峰附近进行修正,修正后的谱曲线趋于一致,取其平均曲线,用 ω 表示的有因次谱公式为:

$$S_{\omega}(\omega) = \frac{0.78}{\omega^2}\exp\left(-\frac{3.11}{\omega^4 H_S^2}\right) \tag{6.3.4.11}$$

这就是 Pierson—Moskowitz 提出的船舶与海洋工程常用的海浪谱(P-M 谱)函数表达式。

P-M 谱为经验谱,由于所依据的资料比较充分,分析方法比较合理,使用也较方便,而且可以直接积分,使其在海洋工程和船舶工程中得到广泛应用。但另一方面,P-M 经验谱中仅包括 H_s 一个参数,不足以表征复杂的海浪情况。

在第 15 届国际拖曳水池会议上对其修改后,采用下列形式的谱公式:

$$S_{\omega}(\omega) = \frac{A}{\omega^5}\exp\left(-\frac{B}{\omega^4}\right) \tag{6.3.4.12}$$

$$A = \frac{173H_s^2}{T_{0.1}^4} \tag{6.3.4.13}$$

$$B = \frac{691}{T_{0.1}^4} \tag{6.3.4.14}$$

式中:H_s——短期观测的有效波高;

$T_{0.1}$——由谱矩计算的平均周期。

H_s、$T_{0.1}$决定了谱能量的分布与强度,所以总是用 H_S 和 $T_{0.1}$ 表征海域的不规则波浪统计特点,对应不同的重返周期,短期海况参数有不同的数值。

其中 $H_s = 4.0H_{1/3}\sqrt{m_0}$,$T_{0.1} = \frac{2\pi}{\bar{\omega}}$。$m_0$ 为方差谱(也是波浪频谱)的零阶矩,$\bar{\omega}$ 是谱重心处的频率,m_1 为谱的一阶矩。

事实上,修改后的 P-M 谱公式,同时考虑了波高和周期两个因素,已属二参数谱。

2. 传递函数 $H(\omega)$

由于海洋结构物的形状不同,所采用的波浪理论也将有所选择,防撞钢套箱作为一个海洋构筑物,已不属小尺寸构件,要确定其传递函数是相当复杂的,很难用一个函数表达式来表示,往往需借助商业软件进行计算。为了对传递函数有个概念性的了解,这里举一个能用函数表达式表示传递函数的实例,以便对传递函数的含义有所理解。

实例是一根直立在海中的桩柱,在海洋构筑物中属小尺寸构件,可采用莫里森(Morison)公式研究波浪作用于直立桩柱的波浪力。

由线性 Airy 波浪理论,可以得到水质点的水平速度 V_h、竖向速度 V_v 分别为:

$$V_h = \omega\frac{\mathrm{ch}[k(z+d)]}{\mathrm{sh}(kd)}\frac{H}{2}\cos(kx-\omega t) \tag{6.3.4.15}$$

$$V_v = \omega\frac{\mathrm{sh}[k(z+d)]}{\mathrm{sh}(kd)}\frac{H}{2}\sin(kx-\omega t) \tag{6.3.4.16}$$

水质点的水平加速度 $\dot{V}_h$ 及竖向加速度 $\dot{V}_v$ 分别为:

$$\dot{V}_h = \omega^2\frac{\mathrm{ch}[k(z+d)]}{\mathrm{sh}(kd)}\frac{H}{2}\sin(kx-\omega t) \tag{6.3.4.17}$$

$$\dot{V}_v = -\omega^2\frac{\mathrm{sh}[k(z+d)]}{\mathrm{sh}(kd)}\frac{H}{2}\cos(kx-\omega t) \tag{6.3.4.18}$$

在这里 z 轴垂直向上,$z=0$ 为平均水位海平面。

由 Morison 方程可以得到桩柱上单位面积上的波浪力计算式:

$$F_w = \frac{1}{2}\rho_s C_D D|V|V + \rho_s C_M\frac{\pi D^2}{4}\dot{V} \tag{6.3.4.19}$$

式中:ρ_s——海水的密度;

D——桩柱的直径；

C_D——阻力系数；

C_M——惯性力系数。

从上面的公式可知，波浪力由阻力和惯性力两部分组成。阻力是由于海水流过桩柱时的速度引起的，惯性力是由海水的加速度引起的。由于 Morison 方程中的阻力项是非线性的，这给具体计算带来了极大困难。为了能在工程中采用谱分析的方法，往往对阻力项采用拟线性化的近似，即：

$$|V|V = \sigma_v\sqrt{\frac{8}{\pi}}V \tag{6.3.4.20}$$

其中 σ_v 是速度的均方根值，在平稳随机过程条件下可以用下式计算：

$$\sigma_v^2 = \int_0^{\infty}\omega^2\frac{\mathrm{ch}^2 kz}{\mathrm{sh}^2 kd}S_w(\omega)\,\mathrm{d}\omega \tag{6.3.4.21}$$

这样，Morison 方程可以线性化为：

$$F_w = \frac{1}{2}\rho_s C_D D\sigma_v\sqrt{\frac{8}{\pi}}V + \rho_s C_M\frac{\pi D^2}{4}\dot{V} \tag{6.3.4.22}$$

考虑水平方向波浪力，将式(6.3.4.15)和式(6.3.4.17)代入式(6.3.4.22)可以得到：

$$F_w = \frac{1}{2}\rho_s C_D D\sigma_v\sqrt{\frac{8}{\pi}}\omega\frac{\mathrm{ch}[k(z+d)]}{\mathrm{sh}(kd)}\frac{H}{2}\cos(kx-\omega t) + \rho_s C_M\frac{\pi D^2}{4}\omega^2\frac{\mathrm{ch}[k(z+d)]}{\mathrm{sh}(kd)}\frac{H}{2}\sin(kx-\omega x) \tag{6.3.4.23}$$

当考虑不规则波浪场时，只要把波面方程 $\eta(t) = \frac{1}{2}H\cos(\omega t - kx)$ 看成是无穷多个不同幅值和频率的规则波叠加的结果，那么以上公式也同样适用。也就是说当波浪视为平稳随机过程，用 Morison 方程计算的波浪力也是平稳随机过程。这样便可以对力函数 F_w 进行谱分析。

因为力函数 F_w 的相关函数 $R_{FF}(\tau)$ 为：

$$R_{FF}(\tau) = \lim_{T\to\infty}\frac{1}{2T}\int_{-T}^{T}F_w(t)F_w(t+\tau)\,\mathrm{d}t \tag{6.3.4.24}$$

把式(6.3.4.23)代入式(6.3.4.24)得：

$$\begin{aligned}R_{FF}(\tau) = \lim_{T\to\infty}\frac{1}{2T}\int_{-T}^{T}\Big\{&\Big[\frac{1}{2}\rho_s C_D D\sigma_v\sqrt{\frac{8}{\pi}}\omega\frac{\mathrm{ch}[k(z+d)]}{\mathrm{sh}(kd)}\frac{H}{2}\Big]^2\cos(kx-\omega t)\cos[kx-\omega(t+\tau)] + \\ &\Big[\rho_s C_M\frac{\pi D^2}{4}\omega^2\frac{\mathrm{ch}[k(z+d)]}{\mathrm{sh}(kd)}\frac{H}{2}\Big]^2\sin(kx-\omega t)\sin[kx-\omega(t+\tau)]\Big\}\mathrm{d}t\end{aligned} \tag{6.3.4.25}$$

把与时间 t 无关的函数项提出积分号之外，得：

$$\begin{aligned}R_{FF}(\tau) = &\Big\{\frac{1}{2}\rho_s C_D D\sigma_v\sqrt{\frac{8}{\pi}}\omega\frac{\mathrm{ch}[k(z+d)]}{\mathrm{sh}(kd)}\Big\}^2\lim_{T\to\infty}\frac{1}{2T}\int_{-T}^{T}\frac{H}{2}\cos(kx-\omega t)\frac{H}{2}\cos[kx-\omega(t+\tau)]\,\mathrm{d}t + \\ &\Big\{\rho_s C_M\frac{\pi D^2}{4}\omega^2\frac{\mathrm{ch}[k(z+d)]}{\mathrm{sh}(kd)}\Big\}^2\lim_{T\to\infty}\frac{1}{2T}\int_{-T}^{T}\frac{H}{2}\cos\Big(kx-\omega\Big(t+\frac{T}{4}\Big)\Big)\frac{H}{2}\cos\Big[kx-\omega\Big(t+\tau+\frac{T}{4}\Big)\Big]\mathrm{d}t\end{aligned} \tag{6.3.4.26}$$

式(6.3.4.26)中 T 为波周期，有：

$$\sin(kx-\omega t) = \cos\Big[kx-\omega\Big(t+\frac{T}{4}\Big)\Big],\ \sin[kx-\omega(t+\tau)] = \cos\Big[kx-\omega\Big(t+\tau+\frac{T}{4}\Big)\Big]$$

考虑到以下二项函数式均可表示为波面方程 η 的相关函数 $R_{\eta\eta}(\tau)$：

$$\lim_{T\to\infty}\frac{1}{2T}\int_{-T}^{T}\frac{H}{2}\cos(kx-\omega t)\frac{H}{2}\cos[kx-\omega(t+\tau)]\,\mathrm{d}t = R_{\eta\eta}(\tau) \tag{6.3.4.27}$$

$$\lim_{T\to\infty}\frac{1}{2T}\int_{-T}^{T}\frac{H}{2}\cos\Big[kx-\omega\Big(t+\frac{T}{4}\Big)\Big]\frac{H}{2}\cos\Big[kx-\omega\Big(t+\tau+\frac{T}{4}\Big)\Big]\mathrm{d}t = R_{\eta\eta}(\tau) \tag{6.3.4.28}$$

把式(6.3.4.27)和式(6.3.4.28)以$R_{\eta\eta}(\tau)$形式表示,代入式(6.3.4.26)得:

$$R_{FF}(\tau)=\left[\frac{1}{2}\rho_s C_D D\sigma_v\sqrt{\frac{8}{\pi}}\omega\frac{\mathrm{ch}k(z+d)}{\mathrm{sh}(kd)}\right]^2 R_{\eta\eta}(\tau)+\left[\rho_s C_M\frac{\pi D^2}{4}\omega^2\frac{\mathrm{ch}k(z+d)}{\mathrm{sh}(kd)}\right]^2 R_{\eta\eta}(\tau)$$

$$=\left\{\left[\frac{1}{2}\rho_s C_D D\sigma_v\sqrt{\frac{8}{\pi}}\omega\frac{\mathrm{ch}k(z+d)}{\mathrm{sh}(kd)}\right]^2+\left[\rho_s C_M\frac{\pi D^2}{4}\omega^2\frac{\mathrm{ch}k(z+d)}{\mathrm{sh}(kd)}\right]^2\right\}R_{\eta\eta}(\tau) \tag{6.3.4.29}$$

所以通过对波浪力的自相关函数$R_{FF}(\tau)$进行Fourier变换,可以得到波浪力响应谱$S_r(\omega)$,即波浪荷载:

$$S_r(\omega)=\frac{1}{2\pi}\int_{-\omega}^{\omega}R_{FF}(\tau)e^{-i\omega t}\mathrm{d}t$$

$$=\left\{\left[\frac{1}{2}\rho_s C_D D\sigma_v\sqrt{\frac{8}{\pi}}\omega\frac{\mathrm{ch}[k(z+d)]}{\mathrm{sh}(kd)}\right]^2+\left[\rho_s C_M\frac{\pi D^2}{4}\omega^2\frac{\mathrm{ch}[k(z+d)]}{\mathrm{sh}(kd)}\right]^2\right\}^{1/2}$$

$$=|H(\omega)|^2 S_w(\omega) \tag{6.3.4.30}$$

其中$H(\omega)$为波浪力传递函数:

$$H(\omega)=\left\{\left[\frac{1}{2}\rho_s C_D D\sigma_v\sqrt{\frac{8}{\pi}}\omega\frac{\mathrm{ch}[k(z+d)]}{\mathrm{sh}(kd)}\right]^2+\left[\rho_s C_M\frac{\pi D^2}{4}\omega^2\frac{\mathrm{ch}[k(z+d)]}{\mathrm{sh}(kd)}\right]^2\right\}^{1/2} \tag{6.3.4.31}$$

3. 波浪动力荷载统计预报即波浪力响应谱$S_r(\omega)$

如前所述,考虑到海浪可能从各个方向传播,需要计算各个波浪方向上波浪力传递函数。实际计算将360°(或180°)方向分成若干等份计算,例如,每10°浪向为一个计算位置,波浪频率计算则一般从$\omega=0.1$到$\omega=1.5$,每0.05为一个计算步,覆盖了海域所有可能的短波和长波。

设随机波浪力幅值为A_F,它应服从雷利分布,其概率密度函数:

$$f(A_F)=\frac{A_F}{2\pi\sigma^2}e^{-A_F^2/2\sigma^2} \tag{6.3.4.32}$$

式中:σ——随机波浪力方差。

幅值超过某一定值x_1的超越概率:

$$P(X>x_1)=e^{-x_1^2/2\sigma^2} \tag{6.3.4.33}$$

称大于某定值$x_{1/n}$的随机变量的平均值为最大$1/n$平均值,可由下式计算:

$$\bar{x}_{1/n}=\frac{\int_{x_{1/n}}^{\infty}xf(x)\mathrm{d}x}{\int_{x_{1/n}}^{\infty}f(x)\mathrm{d}x} \tag{6.3.4.34}$$

通过传递函数从波浪谱求得波浪力响应谱后,可以从其响应谱求得零阶谱矩,即波浪力方差:

$$\sigma^2=m_0=\int_0^{\infty}S_r(\omega)\mathrm{d}\omega \tag{6.3.4.35}$$

代入以上各式可得到波浪力$1/n$最大平均值。

常用的不同超越概率的短期预报值为1/3、1/10、3/100和1/100最大平均值,其对应的超越概率列于表6.3.4.1。

$1/n$最大平均值的超越概率 表6.3.4.1

超越概率 Prob-Q(x)	最大平均值	超越概率 Prob-Q(x)	最大平均值
0.135	$H_{1/3}$又记为H_s	0.011 4	$H_{3/100}$
0.039	$H_{1/10}$	0.003 8	$H_{1/100}$

随机波浪的统计分析理论与计算方法已经是成熟的经典理论和技术,但一般形状3维物体上的波

浪力计算则是近年才发展出来的新技术。

东海大桥波浪力计算是采用挪威船级社研制的海洋工程荷载与结构分析软件系统 SESAM 完成的，其中桥墩、承台等物体湿表面模型采用 PATRAN - PRE 程序，传递函数计算采用 WADAM 程序，短期统计预报采用 POSTRESP 程序。SESAM 程序系统是国际上唯一完整的海洋波浪诱导荷载运动响应及统计计算的商品化程序，为国内外各海洋石油公司、船舶工业企业和研究设计单位广泛采用。

3.4.2　连续梁桥主墩承台和钢套箱防撞设施波浪力计算

以 140m 跨径的辅通航孔桥为例，对连续梁桥主墩承台和钢套箱防撞设施进行波浪力计算，其他跨径带有钢套箱防撞设施的桥墩波浪力计算方法相同。

桥墩承台的波浪力计算分为两部分：一是作用在不设钢套箱防撞设施的承台；二是作用在设钢套箱防撞设施的承台，在设钢套箱防撞设施承台的波浪力计算中还要区分开孔的钢套箱防撞设施和不开孔的钢套箱防撞设施，以判别不同结构所受的波浪力的大小区别。

取 3 种潮位（承台吃水），分别对上述两部分的波浪力进行计算，它们是：极端高水位 3.63m，对应的承台吃水为 4.63m；设计高水位 2.48m，对应的承台吃水为 3.48m；平均高水位 1.86m，对应的承台吃水为 2.86m

防撞设施的尺度为：总长 39.7m（不包括护舷），总宽 21.7m（不包括护舷），型深 5.7m。

防撞设施外表面有开孔，这部分面积的缺失对波浪力有减弱作用，按面积等效在计算模型上开孔，计算有孔后表面的波浪力。

为了进行比较，计算一个极端高潮位时的无开孔防撞设施的波浪力，考察开孔的效果。综合以上对象和状态，本计算包括的项目如表 6.3.4.2 所列。

计算状态与内容　　表 6.3.4.2

编号	桥　墩	结构对象	模　型	吃水深度（m）	计　算　1	计　算　2
1	140 桥墩	承台	M-1	4.63	传递函数 1-1	短期预报
2				3.48	传递函数 1-2	短期预报
3				2.86	传递函数 1-3	
4		承台 + 开孔防撞设施	M-2	4.63	传递函数 1-4	短期预报
5				3.48	传递函数 1-5	短期预报
6				2.86	传递函数 1-6	
7		承台 + 无孔防撞设施	M-3	4.63	传递函数 1-7	

由于缺少潮位 1.86m（相当于吃水深度 2.86m）时的海况统计数据，无法进行该潮位的短期预报计算，仅计算到传递函数以供比较。由于波浪力随吃水深度而增大，显然 2.86m 吃水深度时的波浪力不是控制荷载，故可不做短期预报的比较。

1. 坐标系和方向角

在承台上建立参考坐标系，其原点位于承台底面中心，x 轴沿承台长边方向，y 轴沿短边方向，z 轴垂直向上。在承台坐标系中定义波浪方向，规定逆 x 轴为 0°波向角，在 x-y 平面内按右手规则绕 z 正向为正角。

在实际地理环境中，桥轴线与正北方向成 35°夹角，承台长轴与正北夹角 55°，地理方位与承台计算坐标轴的关系见图 6.3.4.1。

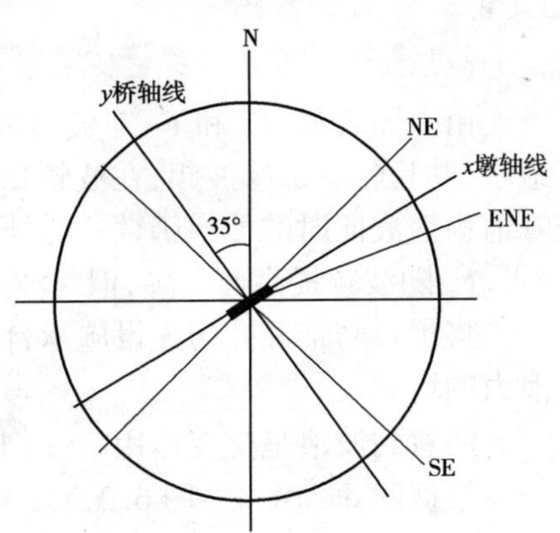

图 6.3.4.1　坐标系与地理方位关系

2. 承台计算模型

承台外部可能接触波浪的表面称为湿表面，将湿表面切分成四边形和三角形平面网格，表示承台的外部形状，如图 6.3.4.2 所示，其称为板格模型。程序将计算波浪在每一个板格上的流体动压力,合成后得到总波浪力。

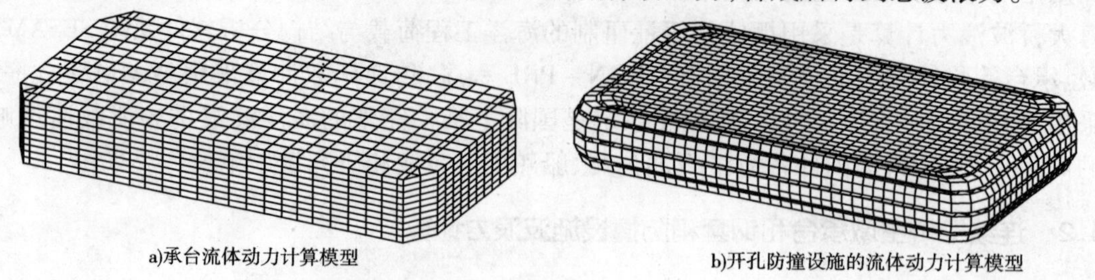

a)承台流体动力计算模型　　b)开孔防撞设施的流体动力计算模型

图 6.3.4.2　单独承台和开孔钢套箱防撞设施流体动力计算模型

3. 传递函数 $H(\omega)$ 计算

在表 6.3.4.2 所列的 7 个计算状态中,每个计算状态的波浪作用在承台时,在坐标系中都有 3 个力分量 F_x、F_y 和 F_z,其中 F_x 沿承台长轴,F_y 沿桥轴线,F_z 向上。

承台和防撞设施上的波浪力 F_x、F_y 及 F_z 随波向、波频而变化,计算考虑 28 个波频和 19 个波向,从承台长轴方向为 0°起,每 10°为一个计算浪向,到 180°止。

计算得到与 7 个计算状态对应的 7 组传递函数曲线,每组给出 F_x、F_y 和 F_z 3 个分量的传递函数曲线图,每 1 个曲线图中有 19 条曲线对应 19 个波向,见图 6.3.4.3 ~ 图 6.3.4.9。图中水平坐标单位为圆频率(rad/s),纵坐标是波浪力(N)。

传递函数 $H(\omega)$ 也是规则波单位波幅的作用力,相当于波幅 1m(波高 2m)的规则波产生的波浪力。所以这里仍然沿用力的符号 F_x、F_y 和 F_z。

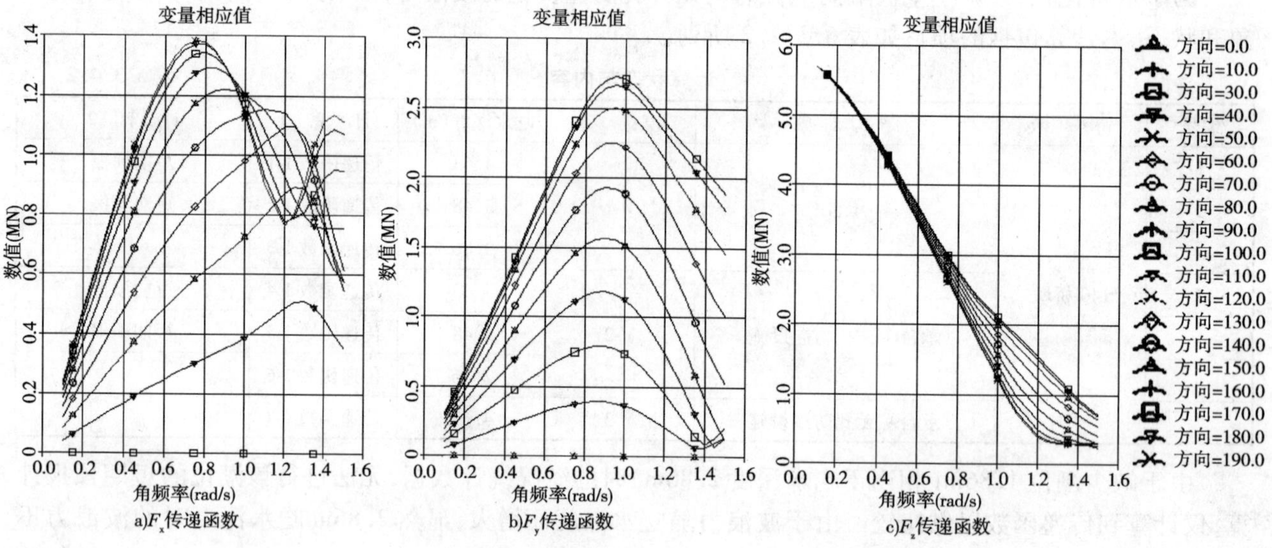

a)F_x传递函数　　b)F_y传递函数　　c)F_z传递函数

图 6.3.4.3　承台吃水深度为 4.63m 时三个方向的传递函数

由上图可见,F_x 和 F_y 对波浪的方向较敏感,0°纵浪时 F_x 最大而 F_y 最小,90°侧浪时 F_y 最大而 F_x 最小,并且各有敏感波频,在波频 0.7 附近 F_x 出现峰值,在波频 1.0 附近 F_y 出现峰值。每一条曲线的峰值为该波向时的传递函数。此外,F_x 和 F_y 都随吃水深度增加而增大。

F_z 随波频提高而下降,但对波向不敏感。

将承台与带开孔防撞设施承台的波浪力传递函数比较,可以看出防撞设施并没有造成 F_x 和 F_y 波浪力的增大。

注意到波浪是交变作用的,以上计算的响应变量幅值,是在一个周期中出现的正、负最大值。

根据图 6.3.4.4 ~ 图 6.3.4.9 中的曲线,摘录各种波浪方向对象的最大传递函数列于表 6.3.4.3 ~ 表 6.3.4.9 中,其值相当于波幅 1m(波高 2m)的规则波产生的波浪力。

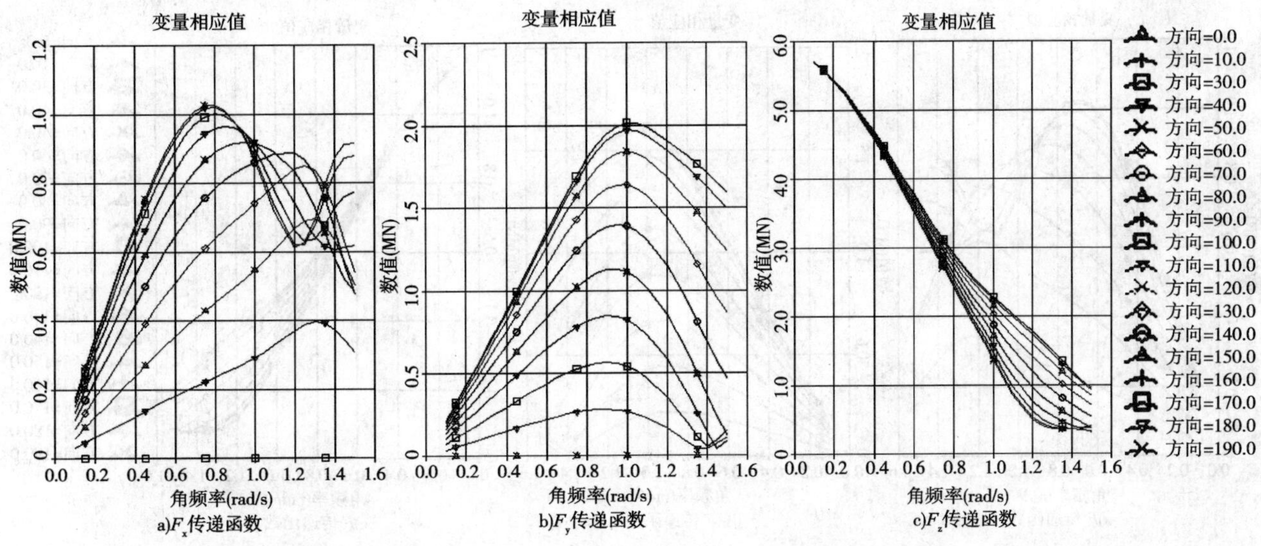

图6.3.4.4　承台吃水深度为3.48m时三个方向的传递函数

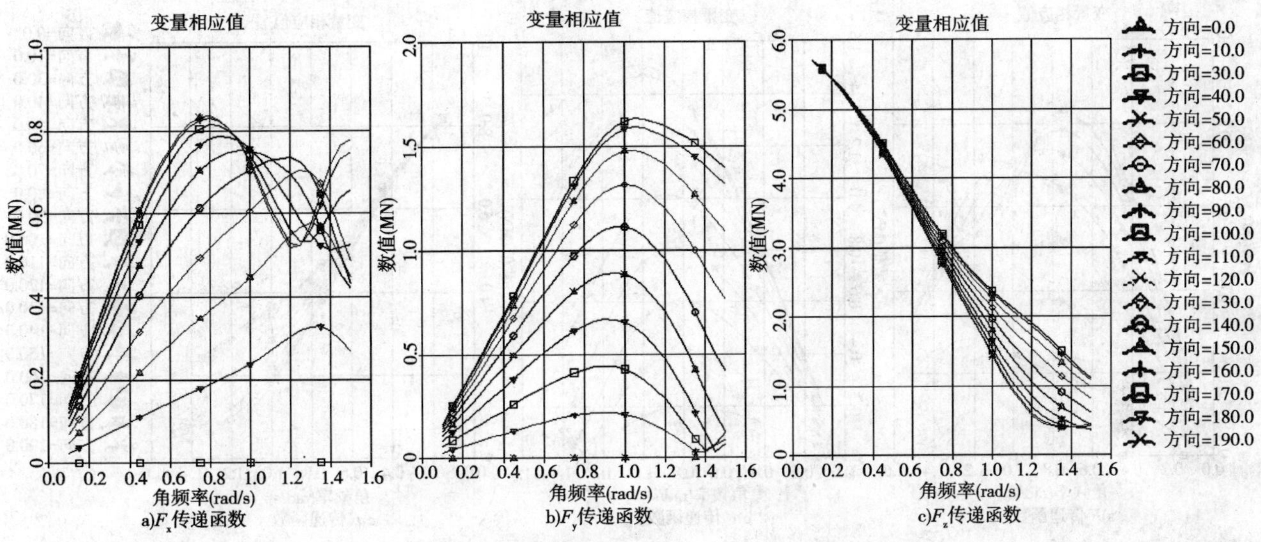

图6.3.4.5　承台吃水深度为2.86m时三个方向的传递函数

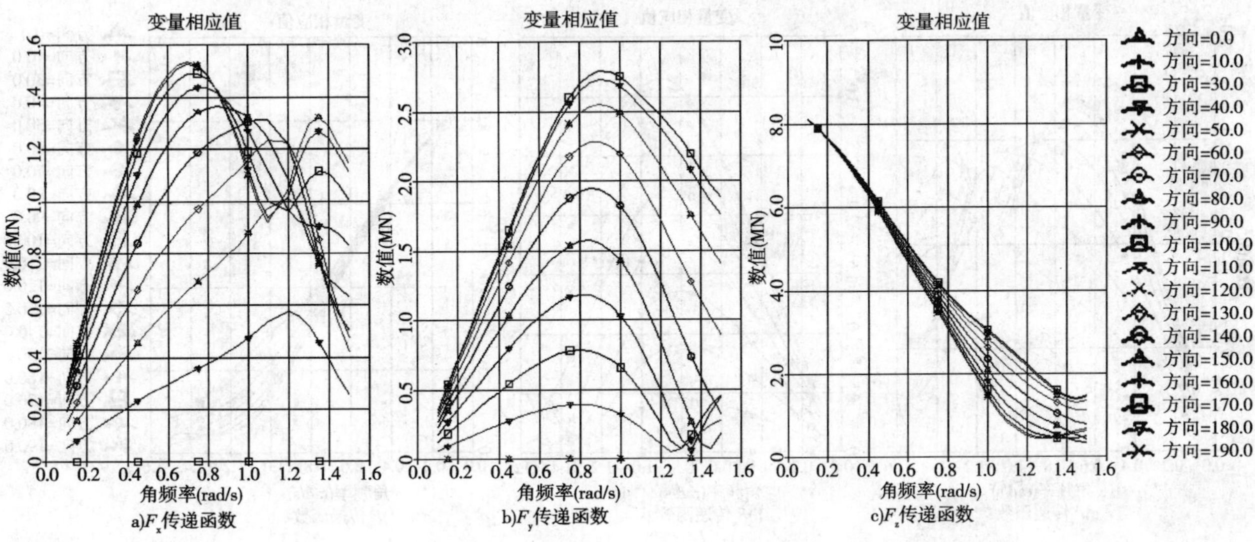

图6.3.4.6　承台安装开孔防撞设施吃水深度为4.63m时三个方向的传递函数

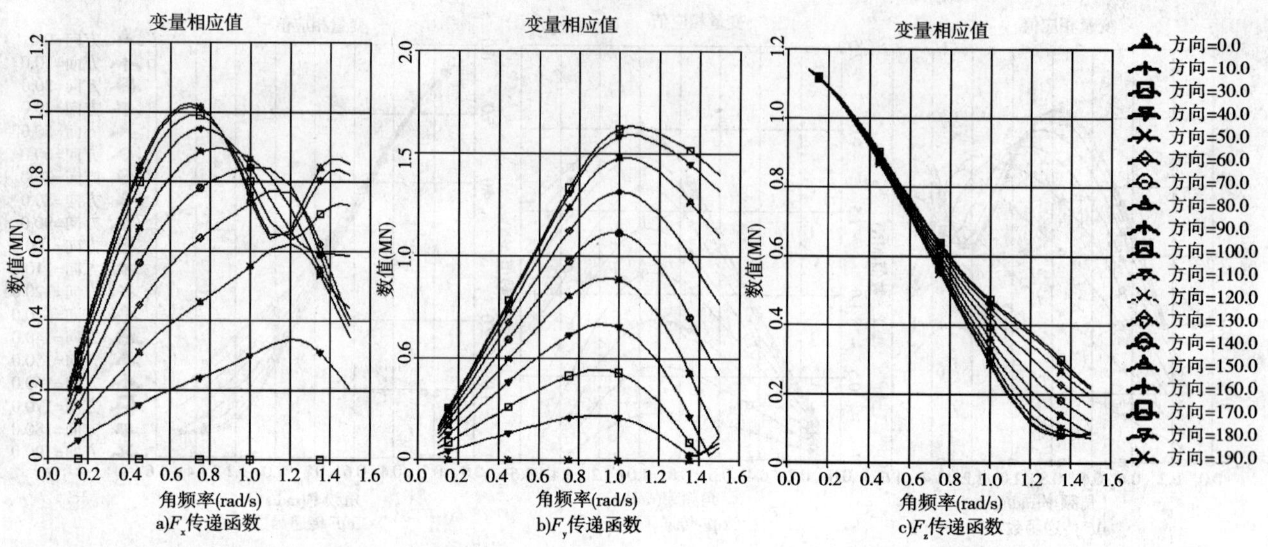

图 6.3.4.7 承台安装开孔防撞设施吃水深度为 3.48m 时三个方向的传递函数

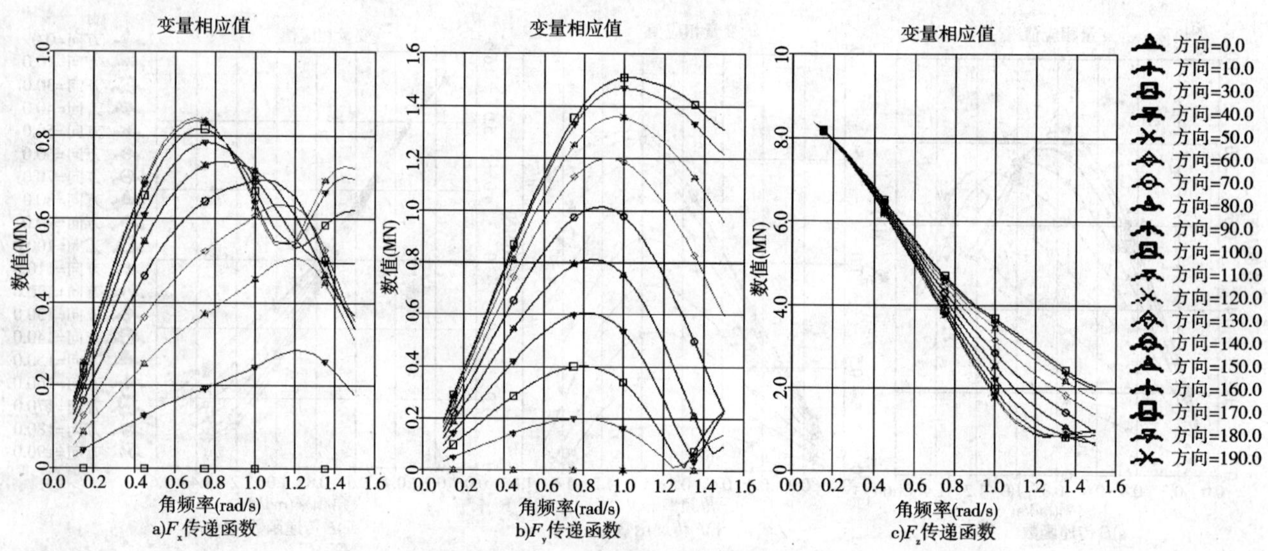

图 6.3.4.8 承台安装开孔防撞设施吃水深度为 2.86m 时三个方向的传递函数

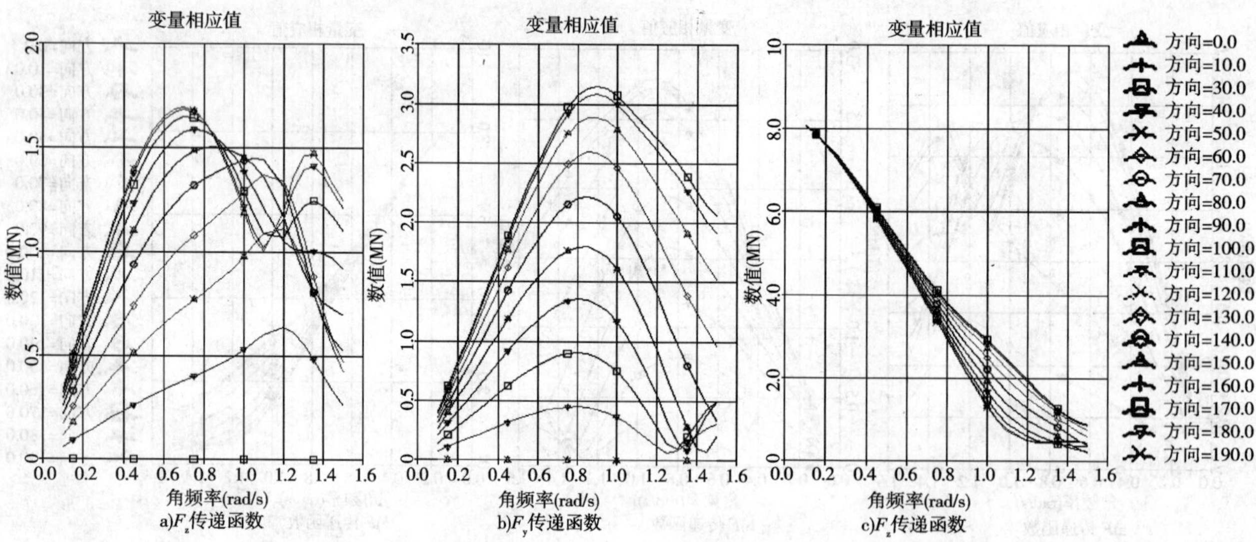

图 6.3.4.9 承台安装无孔防撞设施吃水深度为 4.63m 时三个方向的传递函数

极端高水位 3.63m 单独承台波浪力传递函数(波幅 1m)　　表 6.3.4.3

承台吃水深度(m)	波向(°)	F_x(MN)		F_y(MN)		F_z(MN)	
		波频	传递函数	波频	传递函数	波频	传递函数
4.63	180	0.76	1.39	—	0	0.2	5.45
	170	0.77	1.38	0.86	0.4	1.4	0.3 ~ 0.95
	160	0.79	1.35	0.87	0.8		
	150	0.82	1.30	0.88	1.2		
	140	0.88	1.22	0.89	1.6		
	130	1.1	1.16	0.9	1.9		
	120	1.23	1.10	0.92	2.24		
	110	1.25	0.89	0.93	2.5		
	100	1.29	0.51	0.94	2.65		
	90	—	0	0.95	2.75		

设计高水位 2.48m 单独承台波浪力传递函数(波幅 1m)　　表 6.3.4.4

承台吃水深度(m)	波向(°)	F_x(MN)		F_y(MN)		F_z(MN)	
		波频	传递函数	波频	传递函数	波频	传递函数
3.48	180	0.77	1.025	—	0	0.2	5.35
	170	0.79	1.02	0.87	0.28	1.4	0.3 ~ 1.2
	160	0.81	1.0	0.91	0.56		
	150	0.83	0.97	0.92	0.83		
	140	0.97	0.92	0.94	1.13		
	130	1.18	0.89	0.98	1.40		
	120	1.24	0.86	0.99	1.64		
	110	1.3	0.69	1.0	1.85		
	100	1.32	0.4	1.0	1.95		
	90	—	0	1.02	2.01		

平均高水位 1.86m 单独承台波浪力传递函数(波幅 1m)　　表 6.3.4.5

承台吃水深度(m)	波向(°)	F_x(MN)		F_y(MN)		F_z(MN)	
		波频	传递函数	波频	传递函数	波频	传递函数
2.86	180	0.78	0.83	—	0	0.2	5.45
	170	0.79	0.82	0.88	0.22	1.4	0.4 ~ 1.4
	160	0.81	0.815	0.90	0.45		
	150	0.83	0.79	0.91	0.70		
	140	0.97	0.76	0.93	0.88		
	130	1.20	0.73	0.98	1.1		
	120	1.25	0.70	1.01	1.3		
	110	1.32	0.57	1.02	1.48		
	100	1.34	0.33	1.03	1.58		
	90	—	0	1.04	1.64		

极端高水位3.63m 防撞设施开孔波浪力传递函数(波幅1m) 表6.3.4.6

承台吃水深度(m)	波向(°)	F_x(MN)		F_y(MN)		F_z(MN)	
		波频	传递函数	波频	传递函数	波频	传递函数
4.63	180	0.7	1.53	—	0	0.2	7.7
	170	0.71	1.525	0.78	0.42	1.4	0.3~1.5
	160	0.72	1.49	0.8	0.78		
	150	0.74	1.43	0.82	1.18		
	140	0.82	1.37	0.83	1.56		
	130	1.05	1.32	0.84	1.94		
	120	1.13	1.23	0.86	2.27		
	110	1.15	0.99	0.88	2.53		
	100	1.2	0.58	0.89	2.72		
	90	—	0	0.90	2.78		

设计高水位2.48m 防撞设施开孔波浪力传递函数(波幅1m) 表6.3.4.7

承台吃水深度(m)	波向(°)	F_x(MN)		F_y(MN)		F_z(MN)	
		波频	传递函数	波频	传递函数	波频	传递函数
3.48	180	0.69	1.02	—	0	0.2	8.0
	170	0.71	1.01	0.78	0.23	1.4	0.8~2.2
	160	0.73	0.99	0.8	0.5		
	150	0.75	0.96	0.81	0.74		
	140	0.82	0.9	0.83	1.0		
	130	1.04	0.83	0.87	1.24		
	120	1.12	0.78	0.92	1.48		
	110	1.2	0.61	0.96	1.67		
	100	1.21	0.36	0.97	1.81		
	90	—	0	0.98	1.87		

平均高水位1.86m 防撞设施开孔波浪力传递函数(波幅1m) 表6.3.4.8

承台吃水深度(m)	波向(°)	F_x(MN)		F_y(MN)		F_z(MN)	
		波频	传递函数	波频	传递函数	波频	传递函数
2.86	180	0.7	0.835	—	0	0.2	7.9
	170	0.72	0.83	0.8	0.2	1.4	0.8~2.2
	160	0.74	0.815	0.8	0.4		
	150	0.75	0.79	0.81	0.6		
	140	0.82	0.73	0.83	0.81		
	130	1.06	0.69	0.88	1.01		
	120	1.12	0.63	0.92	1.2		
	110	1.2	0.5	0.97	1.37		
	100	1.2	0.28	1.0	1.48		
	90	—	0	1.02	1.52		

承台带防撞设施不开孔波浪力传递函数(波幅 1m)　　表 6.3.4.9

承台吃水深度(m)	波向(°)	F_x(MN)		F_y(MN)		F_z(MN)	
		波频	传递函数	波频	传递函数	波频	传递函数
4.63	180	0.7	1.7	—	0	0.2	7.7
	170	0.7	1.69	0.8	0.45	1.4	0.1 ~ 1.1
	160	0.72	1.65	0.8	0.9		
	150	0.74	1.58	0.8	1.35		
	140	0.82	1.5	0.82	1.8		
	130	1.06	1.46	0.84	2.22		
	120	1.1	1.37	0.85	2.6		
	110	1.2	1.10	0.86	2.88		
	100	1.2	0.68	0.9	3.1		
	90	—	0	0.9	3.18		

4. 波浪谱 $S_w(\omega)$

要计算波浪谱 $S_w(\omega)$，需要收集波浪要素的观察资料，根据已知的海域海况 50 年一遇的统计数据，如表 6.3.4.10 所列。

海浪统计数据　　表 6.3.4.10

潮位(m)	承台吃水深度(m)	波浪地理方向	波向角(°)	$H_{1\%}$(m)	$H_{1/3}$(m)	T(s)	波浪谱代号
2.48	3.48	NNE	32.5	4.37	2.89	6.01	S1
		ENE	12.5	2.8	1.85	5.0	略
		SE	80	2.8	1.85	5.0	S2
3.63	4.63	NNE	32.5	6.56	4.337	7.76	S3
		ENE	12.5	4.49	2.969	8.7	略
		SE	80	4.48	2.962	6.26	S4

采用 P-M 谱，由参数 H_s 和 T_0 决定波浪谱曲线，对应表 6.3.4.10 的吃水深度和波向共有 4 个波浪谱，计算结果列于图 6.3.4.10 和图 6.3.4.11。

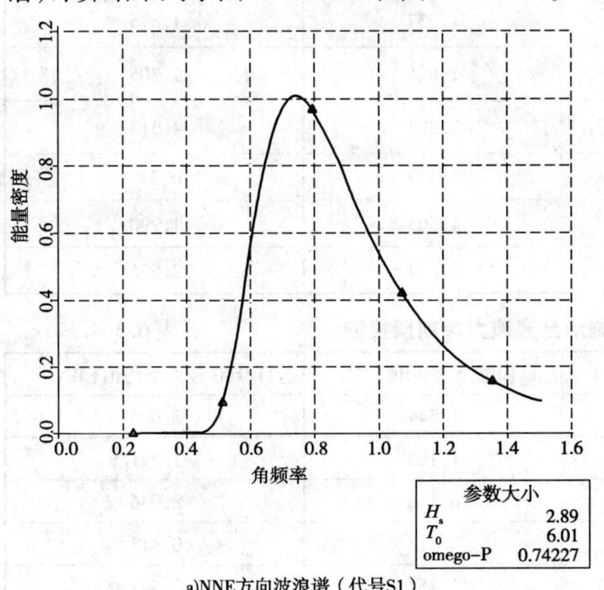

a)NNE方向波浪谱（代号S1）

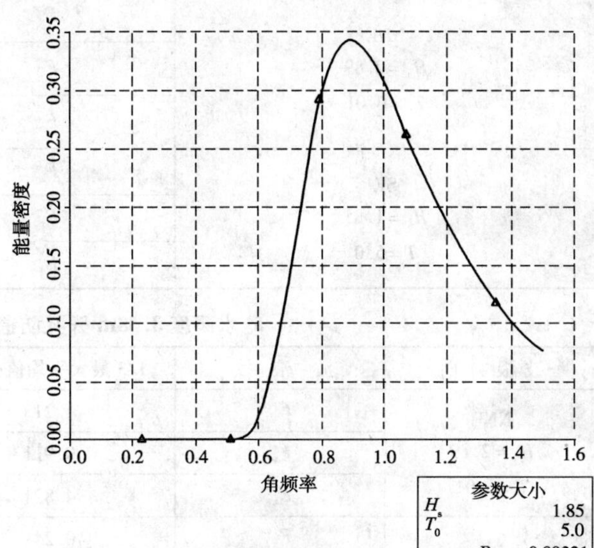

b)SE方向波浪谱（代号S2）

图 6.3.4.10　潮位 2.48m、承台吃水深度 3.48m 两个方向波浪谱

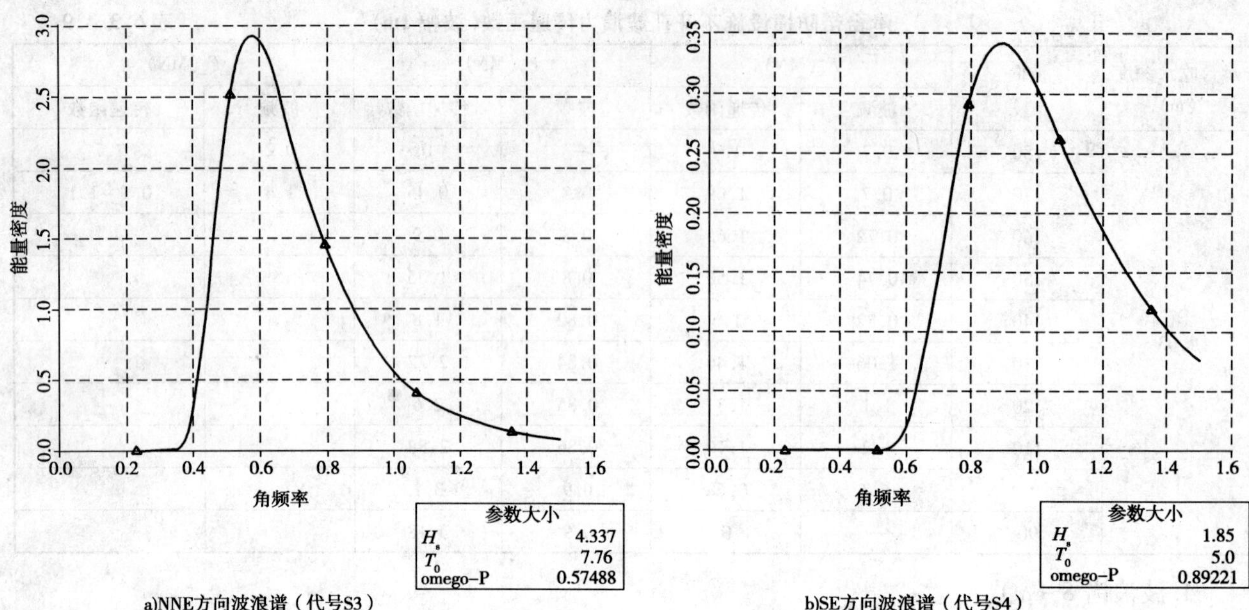

图 6.3.4.11　潮位 3.63m、承台吃水 4.63m 两个方向波浪谱

5. 短期预报特征值

对照图 6.3.4.1，从表 6.3.4.10 中可以看出 NNE 方向波高较大，与承台纵轴夹角约 30°，可以产生较大的纵向波浪力 F_x 和侧向波浪力 F_y，应计算其短期预报。ENE 方向波高甚小于 NE 方向，且与承台纵轴夹角更小，其侧向波浪载荷肯定小于 NE 方向波，因此不必计算其短期预报。SE 方向波高虽小于 NE 方向，但其以 80°方向作用于承台，将产生较大的承台侧向波浪力，亦应对其进行短期预报计算，因此实际应计算 4 个状态的短期预报。

对于每一个波浪谱，由对应的 F_x、F_y 和 F_z 传递函数计算得到 3 个响应谱，本计算总共有 12 个响应谱，具体的计算所得的 12 个响应谱，这里不再一一列出。对每一个响应谱进行谱矩积分计算，可以得到波浪力短期预报特征值，列于表 6.3.4.11 ~ 表 6.3.4.16。

吃水深度 3.48m 单独承台波浪力短期预报值　　表 6.3.4.11

波浪方向	波浪力	1/3 最大平均值(MN)	1/10 最大平均值(MN)	1/100 最大平均值(MN)
NNE H_s=2.89 T=6.01		F_x	1.237	1.575
		F_y	1.026	1.306
		F_z	3.390	4.314
SE H_s=1.85 T=5.0		F_x	0.257	0.327
		F_y	1.563	1.990
		F_z	2.024	2.576

吃水深度 3.48m 开孔防撞设施承台波浪力短期预报值　　表 6.3.4.12

波浪方向	波浪力	1/3 最大平均值(MN)	1/10 最大平均值(MN)	1/100 最大平均值(MN)
NNE H_s=2.89 T=6.01	F_x	1.213	1.544	2.025
	F_y	0.911	1.160	1.521
	F_z	4.821	6.136	8.046
SE H_s=1.85 T=5.0	F_x	0.248	0.315	0.413
	F_y	1.454	1.851	2.427
	F_z	3.156	4.017	5.267

吃水深度3.48m开孔防撞设施与对单独承台波浪力之比值　表6.3.4.13

波浪方向	波浪力	1/3最大平均值(MN)	1/10最大平均值(MN)	1/100最大平均值(MN)
NNE $H_s=2.89$ $T=6.01$	F_x	0.981	0.980	0.981
	F_y	0.888	0.888	0.888
	F_z	1.422	1.422	1.422
SE $H_s=1.85$ $T=5.0$	F_x	0.965	0.963	0.963
	F_y	0.930	0.930	0.930
	F_z	1.559	1.559	1.559

吃水深度4.6mm单独承台波浪力短期预报值　表6.3.4.14

波浪方向	波浪力	1/3最大平均值(MN)	1/10最大平均值(MN)	1/100最大平均值(MN)
NNE $H_s=4.337$ $t=7.76$	F_x	2.449	3.118	4.088
	F_y	2.073	2.639	3.460
	F_z	6.719	8.532	11.121
SE $H_s=2.962$ $T=6.26$	F_x	0.493	0.628	0.823
	F_y	3.362	4.280	5.612
	F_z	4.004	5.096	6.682

吃水深度4.63m、开孔防撞设施承台波浪力短期预报值　表6.3.4.15

波浪方向	波浪力	1/3最大平均值(MN)	1/10最大平均值(MN)	1/100最大平均值(MN)
NNE $H_s=4.337$ $T=7.76$	F_x	2.799	3.562	4.671
	F_y	2.169	2.761	3.620
	F_z	9.168	11.67	15.30
SE $H_s=2.962$ $T=6.26$	F_x	0.580	0.737	0.967
	F_y	3.553	4.523	5.930
	F_z	5.619	7.152	9.378

吃水深度4.63m、开孔防撞设施波浪力与单独承台波浪力之比值　表6.3.4.16

波浪方向	波浪力	1/3最大平均值(MN)	1/10最大平均值(MN)	1/100最大平均值(MN)
NNE $H_s=4.337$ $T=7.76$	F_x	1.143	1.142	1.143
	F_y	1.046	1.046	1.046
	F_z	1.364	1.368	1.376
SE $H_s=2.962$ $T=6.26$	F_x	1.176	1.174	1.175
	F_y	1.057	1.057	1.057
	F_z	1.403	1.403	1.403

3.4.3 结论

(1)承台和承台防撞设施系统受到的纵向波浪力 F_x，在NNE浪向上最大；侧向波浪力 F_y 在SE浪向上最大。

(2)随吃水深度增加，波浪力增大。

(3)在3.48m吃水深度时，开孔防撞设施有减小水平波浪荷载的作用，其 F_x 为无防撞设施承台 F_x 的96%～98%，F_y 为无防撞设施承台 F_y 的89%～93%。

(4)在4.63m吃水深度时，开孔防撞设施引起波浪力的少量增大，其 F_x 为无防撞设施承台 F_x 的114%～118%，F_y 为无防撞设施承台 F_y 的105%～106%。

(5)加装了防撞设施后，垂向波浪荷载比单独承台增大，3.48m吃水深度时，F_z 增大到承台 F_z 的

142% ~156%,4.63m 吃水深度时,增加到136% ~140%。

(6)50 年一遇 1/100 最大平均波浪荷载值:

单独承台 $F_x = 4.088$MN,$F_y = 5.612$MN,$F_z = 11.12$MN;

带防撞设施的承台 $F_x = 4.671$MN,$F_y = 5.930$MN,$F_z = 15.30$MN。

(7)开孔钢套箱防撞设施的 F_x、F_y、F_z 比不开孔的钢套箱防撞设施低,显然钢套箱开孔之后具有消能功效。

3.4.4 物理模型试验

正如前面所述,由于开孔消浪结构的消浪机制比较复杂,需要与试验研究相结合的办法来确定作用在开孔钢套箱上的波浪力。

试验工作由上海船舶运输科学研究所在试验水池中完成。试验仅对开孔钢套箱防撞设施和裸承台两个结构进行。在试验水池中模拟了在各种海况条件下各个方向的波浪力。图 6.3.4.12 为现场试验的照片。由于试验经费的原因,没有做不开孔钢套箱防撞设施波浪力的试验。所以就试验手段而言,开孔钢套箱防撞设施消浪效果究竟有大影响,在这里无法得出,有待以后的工程进一步解决。

图 6.3.4.12 开孔钢套箱防撞设施波浪力试验

具体的试验内容在这里不作赘述,仅交代试验结论。

1.规则波试验结果分析

在平均高水位(1.86m),波浪沿承台轴线(长轴)方向,加开孔钢套箱时承受的波浪力 F_x 与裸承台状态相当。z 方向(垂向)波浪力 F_z 增加约 20% 左右;波浪沿桥轴线方向,加开孔钢套箱时承受的波浪力 F_y 比裸承台降低约 15% 左右,z 方向波浪力增加约 31% 左右。

在校核高水位(3.73m)时,波浪沿承台轴线(长轴)方向,加开孔钢套箱时承受的波浪力 F_x 与裸承台状态相当。z 方向(垂向)波浪力 F_z 增加约 28%;波浪沿桥轴线方向,加开孔钢套箱时承受的波浪力 F_y 比裸承台增加约 8%,z 方向波浪力增加约 37%。

对于给定波浪频率,波浪力与波高基本呈线性关系。

2.不规则波试验结果分析

裸承台与加开孔钢套箱后承台承受的波浪力关系,类似于相同水位时规则波试验。水平方向的波浪力大小(F_x、F_y)与波浪方向有关,最大波浪力发生于桥轴线方向,即波浪方向与承台轴线垂直时。

承台在加开孔防护箱后垂向力增大明显,增大约 30% ~40%。

根据桥区的波浪统计分析资料,在校核高水位(3.73m)时,100 年一遇的最大波浪(有效波高 $H_{1/3} = 4.72$m,$H_{1/100} = 6.64$m)的方向为 NNE,接近于本次试验中的波浪方向与承台轴线为 30°状态,水平方向的最大波浪力约 5.27MN(527t),垂向最大波浪力约 16.10MN(1 610t)。

3.结论

从试验结果分析中可以看到,波浪力的大小仅按开孔钢套箱防撞设施和裸承台进行比较,在 y、z 方向开孔钢套箱防撞设施受到的波浪力明显较裸承台大,表明了迎浪面积增大,波浪力也相应增大。证明开孔钢套箱确实具有消能效果。

第4章　主通航孔桥墩分离式防撞设施设计

4.1　分离式防撞墩设计概况

主通航孔斜拉桥主墩的防撞设施采用分离式防撞墩结构，在主墩的横桥方向两侧设置防撞墩（防撞岛）。每个防撞墩由3个小防撞体组成，每个小防撞体由8根直径为1.5m的钢管桩和其上端预制混凝土套箱承台构成，3个小防撞体之间通过4×2.5m的系梁联结成整体。承台及系梁的外表面设置橡胶护舷或其他消能装置，以减少船舶对防撞墩的损害。图6.4.1.1为防撞墩布置形式。

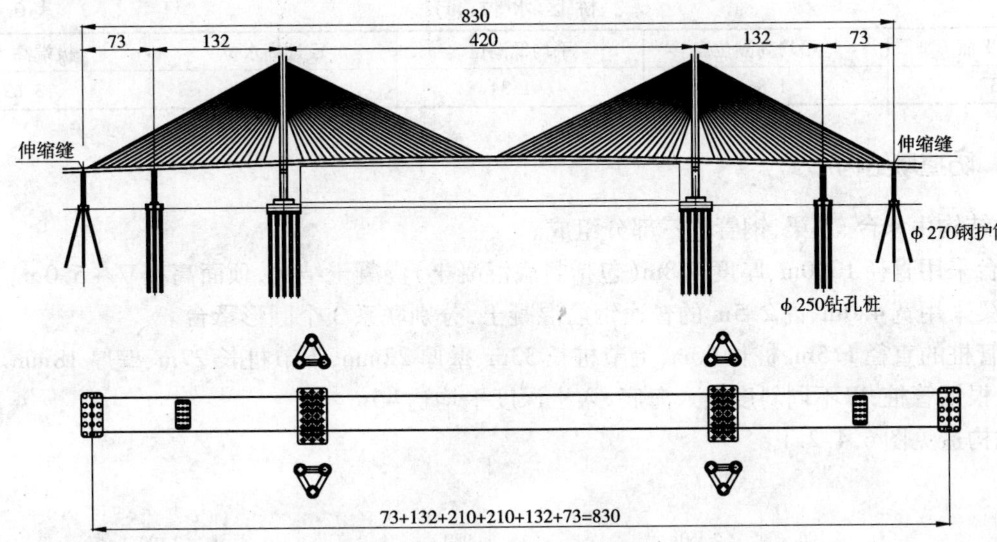

图6.4.1.1　防撞墩布置形式（尺寸单位：m）

主通航孔原设计的防撞墩结构，改变为由3个小防撞体通过系梁联结成的防撞墩体系，是基于以下几个因素：

(1)主通航孔的通航等级为5 000t，考虑到该海域偶尔会出现万吨级船舶，针对其可能发生船撞事故，故将主墩的防撞等级设定为10 000t。但这种事故发生的频率是非常低的。

(2)原先计划设置的4个防撞墩工程投资将达2亿，显然这一投资额是巨大的，并且海上施工时间也较长。

(3)采用3个小防撞体通过系梁联结成的防撞墩结构，能充分利用非通航孔承台的混凝土套箱施工技术，采用现有的施工设备，实施快速施工。

(4)3个小防撞体联结成的防撞墩结构尽管抵抗船撞能力比原设计的防撞墩弱，但在船舶撞击后能极大地消耗船舶的撞击能量，直至其被完全撞击崩溃。防撞墩与主墩承台之间还有一定距离，可充分起到缓冲作用。因此，船舶再向主墩方向移动时的撞击能量已相当微弱了。

(5)防撞墩采用钢管桩基础，保证其取得相对柔性的合适刚度，从而减小船撞力。船舶撞击后，防撞墩发生一定位移后才能与主墩承台接触，防撞墩消耗后剩余的一小部分船撞力可充分利用既有主墩的承载力抵抗。这样设计大大减小防撞墩的规模。

(6)修复被完全撞击崩溃的防撞墩甚至重新修建，其工程费用也不会超过2千万。相比一次性投入2个亿，其先期的投资将极大地降低。

由于采用的防撞墩结构与原设计有较大区别，为此，通过理论研究与物理模型试验相结合的方法，确定其抵抗船舶撞击能力，以及防撞墩在被撞之后崩溃的程度，以判断主墩能否满足防撞要求，以及能否确保主墩结构安全。

4.2 防撞墩设计

4.2.1 桥墩基础设计抗撞力

桥墩的船舶撞击力根据《美国公路桥梁设计规范》(AASHTO 1994)的规定，主墩按 10 000t 级防撞，撞击速度 v =4.0m/s，墩首正撞时的撞击力约为 48MN(4 800t)，墩侧斜撞时的撞击力约为 24MN(2 400t)。

4.2.2 桥区水位

防撞墩所处海域的水位见表 6.4.2.1。

桥 区 水 位(m)　　表 6.4.2.1

平均海平面	平均高潮位	平均低潮位	设计高水位	极端高水位
0.23	1.86	-1.34	2.48	3.62

4.2.3 防撞墩结构形式

防撞墩结构由承台、系梁、钢管桩三部分组成。

(1)承台采用直径 10.0m、厚度 5.8m(包括封底混凝土)混凝土结构，顶面高程▽ +5.0m。

(2)系梁采用宽 4.0m、高 2.5m 的普通钢筋混凝土，分别联系 3 个圆形承台。

(3)钢管桩的直径 1.5m、桩长 60m，上节桩长 33m、壁厚 22mm，下节桩长 27m、壁厚 18mm。每个承台下布置 8 根钢管桩，以不同斜度插入海底，入土深度平均达 45m。

防撞墩构造见图 6.4.2.1。

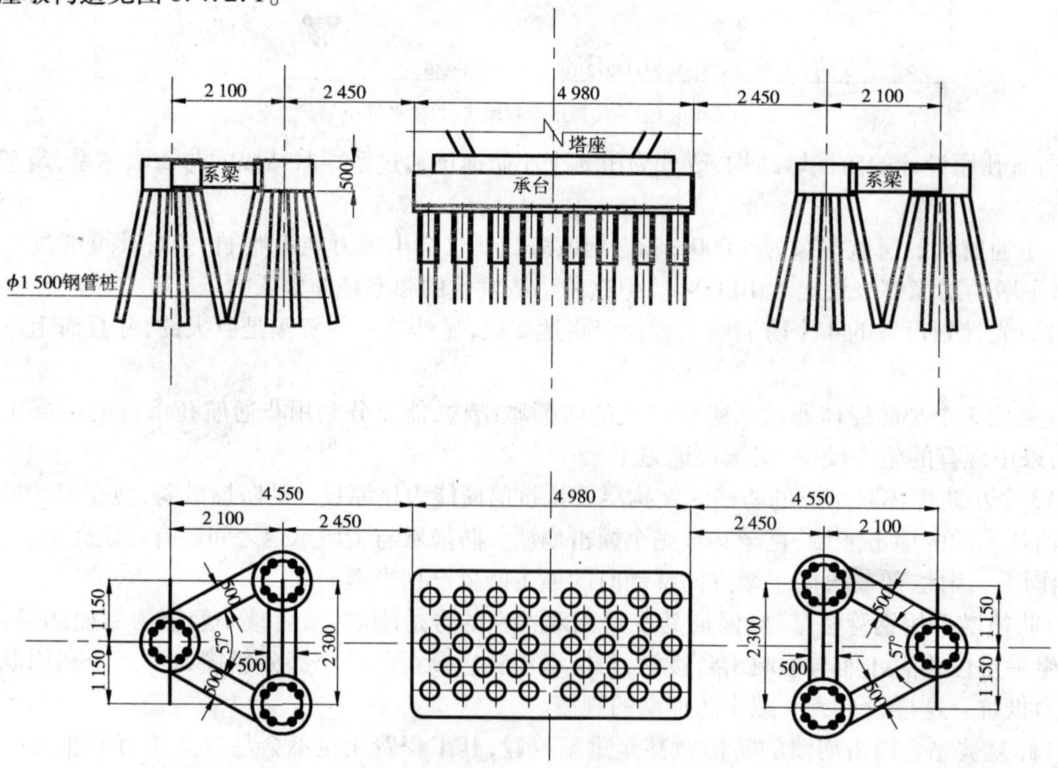

图 6.4.2.1　防撞墩构造与布置(尺寸单位:cm)

4.2.4　防撞墩布置

在满足运营荷载的条件下，按顺桥向设计撞击力小于运营荷载，横桥向设计撞击力大于运营荷载，桥墩本身只能承担约75%的横桥向船撞力。如果要求防撞墩承担全部的船撞力，则防撞墩的规模还要大于主墩，所以考虑采用分解船撞力的方案。

横桥向是主要撞击方向，是设计的重点。故在斜拉桥主墩的横桥向两侧加设防撞墩。防撞墩的平面布置为3个分离式承台加系梁连接形式，3个承台布置呈三角形，每个承台间距为23m，见图6.4.2.1。防撞墩与主墩承台之间设置一定距离（较近的防撞体承台中心距主塔墩承台24.5m）。顺桥向撞击力小于运营荷载，故不控制设计。

4.3　防撞效果数值模拟分析

通过建立万吨级船舶有限元模型和独立防撞墩有限元模型，采用瞬态有限元分析软件（MSC. DYTRAN）进行船舶碰撞仿真分析。对船舶与防撞墩的变形（大位移、大变形），局部损坏（曲屈、材料撕裂）过程进行模拟，分析防撞墩消能特性、破坏过程，对防撞墩的实际抗撞效果进行研究，同时获得相关技术参数。

数值模拟主要工况：①万吨级货船满载、高水位、正面撞击防撞墩；②万吨级货船满载、中水位、正面撞击防撞墩；③万吨级货船满载、高水位、斜撞防撞墩系梁。

通过上述船舶碰撞的模拟计算，获得船舶撞击时间历程、能量消耗历程和防撞墩变形破坏过程，分析船舶球首撞击钢管桩对防撞功能的影响。

4.3.1　计算状态

以一艘10 000DWT多用途船作为撞击船，船艏建有球鼻，船舶向桥墩的独立式防撞体（防撞岛）航行，碰撞速度为4m/s，船舶吃水7.8m。

该船主尺度为：

(1)满载排水量Δ=15 556t；两柱间长L=128.00m；

(2)结构吃水T=7.80m；型深D=11.00m；

(3)型宽B=22.40m。

数值模拟主要工况有三个：

(1)工况一：万吨级满载、高水位、正面撞击防撞墩；

(2)工况二：万吨级满载、中水位、正面撞击防撞墩；

(3)工况三：万吨级满载、高水位、斜撞防撞墩系梁。

4.3.2　计算模型

1. 船舶模型

采用10 000DWT多用途船结构模型，全船船体有限元模型共有44 151个单元。其中船艏部分详细建立了各类板架和骨架的有限元模型，如外板、各层甲板和平台、横舱壁、强弱横框架的腹板、中纵舱壁、其他纵舱壁，以及纵框架的腹板等，它们都用弹塑性板壳单元建立。同时在碰撞接触区域采用精细有限元网格，最小单元尺寸约为150mm×150mm。整个船艏有限元模型共有30 374个单元。船体后部不参与碰撞变形，采用刚性板壳单元模拟。

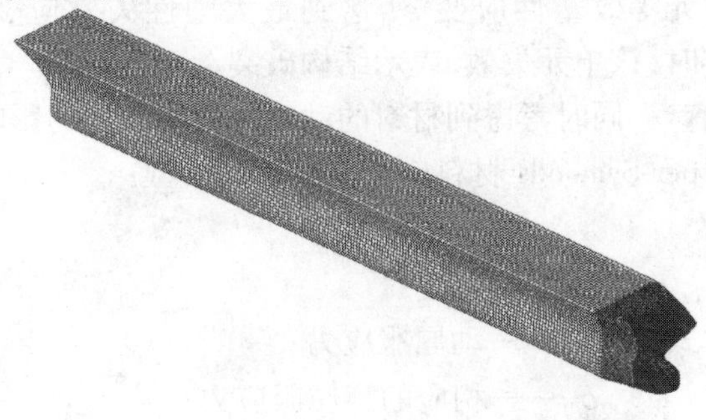

图6.4.3.1　整船有限元模型

整船有限元模型见图6.4.3.1，船艏有限元模型见图6.4.3.2和图6.4.3.3。

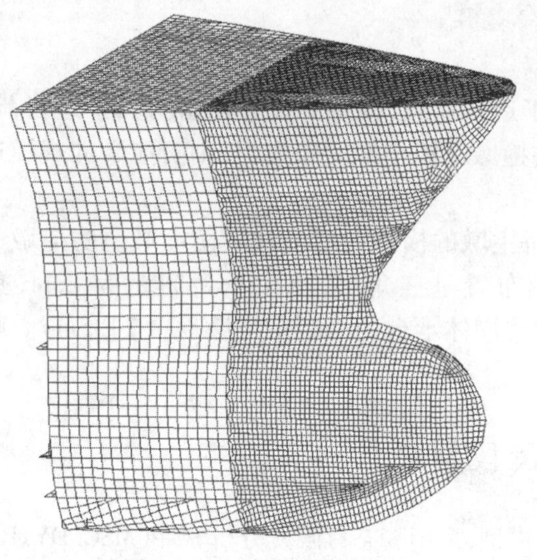

图 6.4.3.2　船艏有限元模型

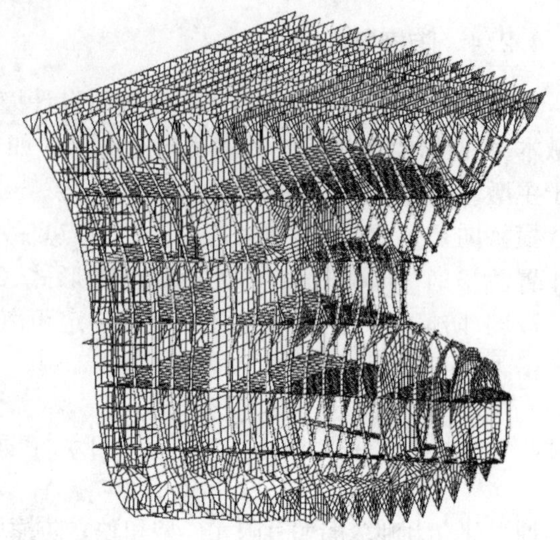

图 6.4.3.3　船艏有限元模型(去掉外板)

碰撞开始时,船艏和船体被赋予沿船舶纵向 4m/s 的初速度。

2. 防撞墩结构模型

建立防撞墩的有限元模型,在防撞墩的钢管桩底部,采用非线性弹簧模拟桩与泥土的作用。防撞墩有限元模型中共有 77 255 个单元,见图 6.4.3.4。

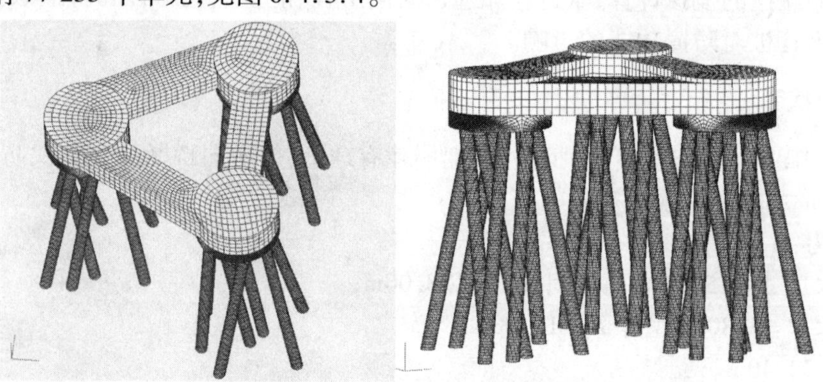

图 6.4.3.4　防撞体有限元模型

3. 船艏及防撞体的材料模型

船艏材料为普碳钢,防撞墩钢管桩采用高强度钢,其材料模型均采用理想弹塑性材料,见图6.4.3.5。弹性模量 $E=2.1\times10^{11}$ Pa,密度 $\rho=7\ 850.0\text{kg/m}^3$,泊松比 $\mu=0.3$,普碳钢的屈服应力 $\sigma_y=2.35\times10^8$Pa,高强度钢的屈服应力 $\sigma_y=3.45\times10^8$Pa。材料破裂失效准则取为:当单元等效塑性应变 ε_{eff} 达到最大塑性失效应变 $\varepsilon_{max}=0.35$ 时,该单元失效,表示结构破裂。

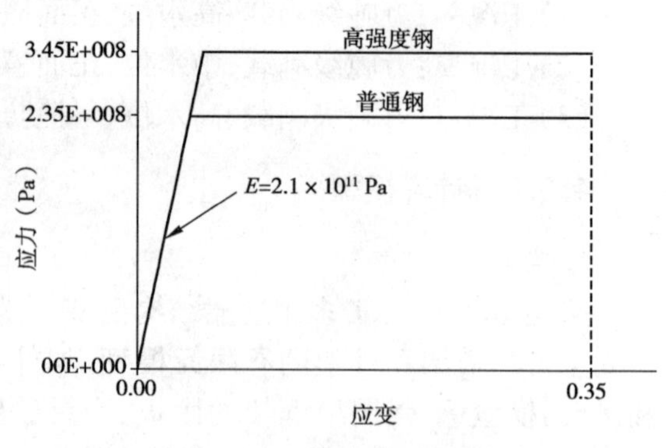

图 6.4.3.5　船艏材料模型图

同时考虑到材料的动力特性对碰撞的影响,引入 Cowper-Symonds 材料应变率敏感性模型:

$$\sigma'_0/\sigma_0 = 1 + (\dot{\varepsilon}/D)^{1/q} \tag{6.4.3.1}$$

式中:σ'_0——动屈服应力;

σ_0——相应的静屈服应力;

D、q——两个常数,对于船用低碳钢,取 $D=40.4$,$q=5$。

4.4 计算结果

4.4.1 工况一计算结果

1. 碰撞相对位置

万吨级船舶满载时的吃水深度为7.8m,高水位、正面撞击防撞墩。船和防撞墩的相对位置见图6.4.4.1。

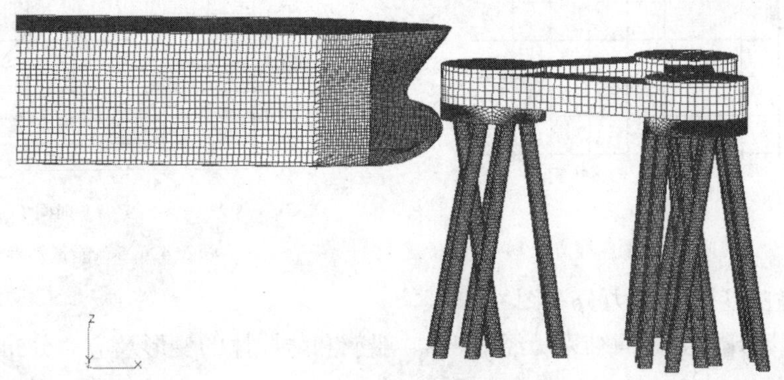

图6.4.4.1　船和防撞装置相对位置示意

2. 碰撞计算主要结果

碰撞计算主要结果列于表6.4.4.1。表中定义结构物相对于原始状态最大的水平压溃变形为撞深。

碰撞计算主要结果　表6.4.4.1

内　容	数　值	内　容	数　值
碰撞起止时间(s)	2.41	船与防撞墩最大撞击力(MN)	40.0
船艏最大撞深(m)	5.93	碰撞初始动能(MJ)	128.9
防撞墩最大位移(m)	0.5	船艏变形吸收能量(MJ)	94.1
整船位移(m)	6.18	防撞墩变形吸收的能量(MJ)	13.1

3. 碰撞计算结果时间历程曲线

(1)位移时间历程。船艏及防撞墩位移随时间的变化曲线见图6.4.4.2。

(2)碰撞速度时间历程。船的水平速度随时间变化曲线见图6.4.4.3。

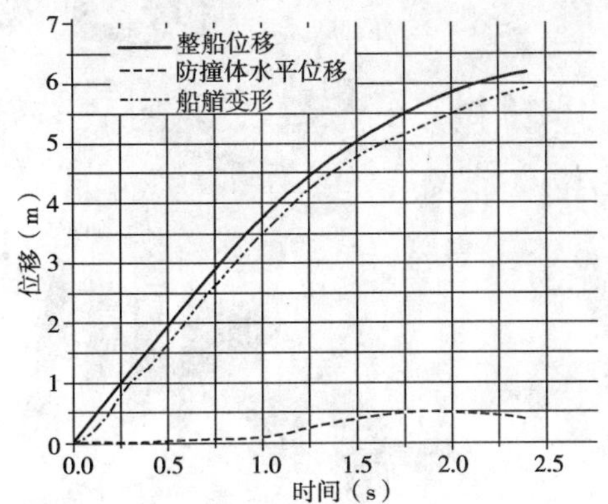

图6.4.4.2　船艏及防撞墩变形的时间历程

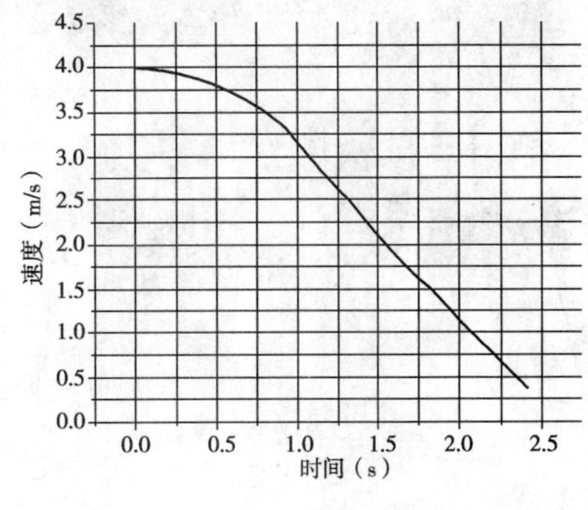

图6.4.4.3　船水平速度随时间变化曲线

(3)撞击力时间历程。船艏和防撞墩之间撞击力的时间历程见图6.4.4.4。

(4)能量转换时间历程曲线。散货船动能和散货船船艏变形能之间的能量转换随时间的变化历程见图6.4.4.5。

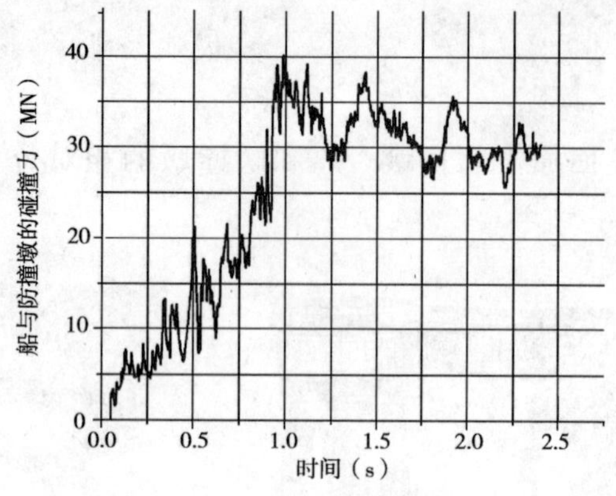

图6.4.4.4　撞击力时间历程(顺船撞方向)

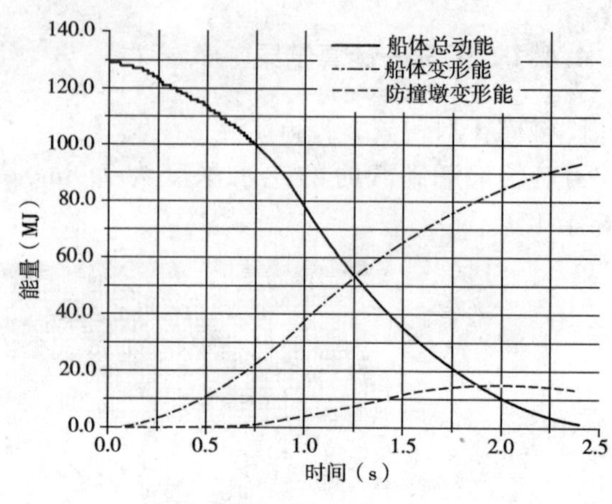

图6.4.4.5　能量转换时间历程

4.船艏和防撞墩的变形及应力分布图

从船艏接触防撞墩开始到碰撞结束历经2.41s。船艏和防撞体的变形及应力分布图见图6.4.4.6～图6.4.4.9。

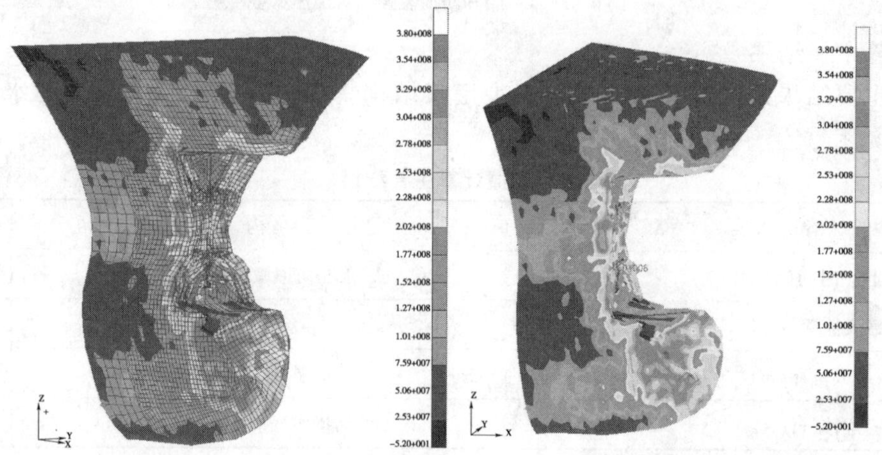

图6.4.4.6　碰撞结束时(2.41s)船艏变形及应力分布

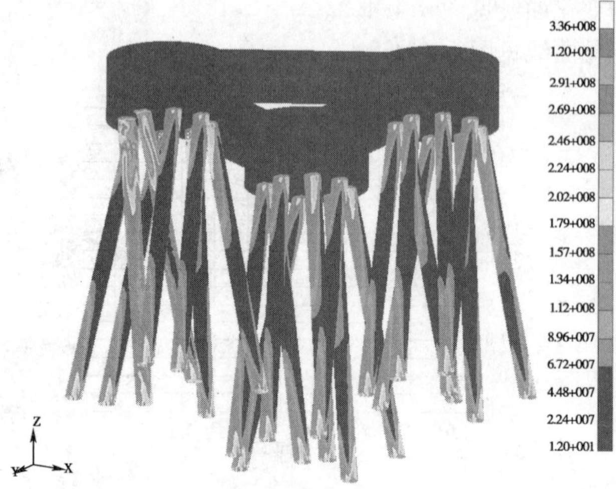

图6.4.4.7　碰撞结束时(2.41s)防撞墩应力分布

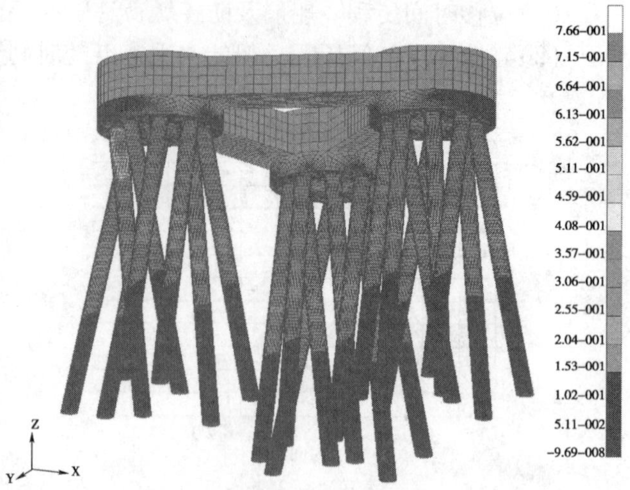

图6.4.4.8　碰撞结束时(2.41s)防撞墩总的变形

4.4.2　工况二计算结果

1. 碰撞相对位置

万吨级船舶满载吃水深度取为7.8m，中水位、正面撞击防撞墩。船和防撞墩的相对位置见图6.4.4.10。

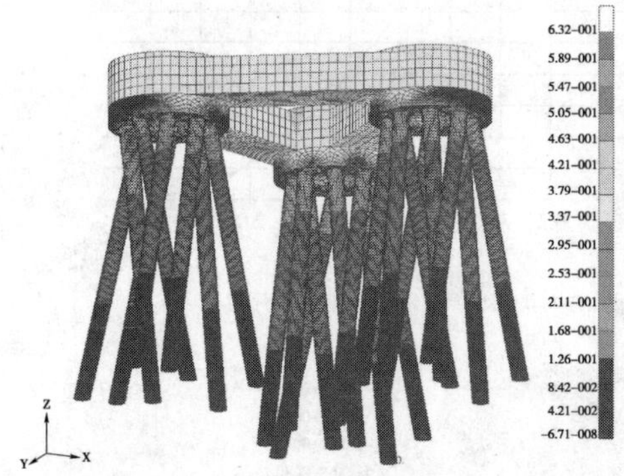

图6.4.4.9　碰撞结束时(2.41s)防撞墩水平变形　　　图6.4.4.10　船和防撞墩相对位置

2. 碰撞计算主要结果

碰撞计算主要结果列于表6.4.4.2。表中定义结构物相对于原始状态最大的水平压溃变形为撞深。

碰撞计算主要结果　　　表6.4.4.2

内　容	数　值	内　容	数　值
碰撞用时(s)	2.41	船与防撞墩最大撞击力(MN)	40.0
船艏最大撞深(m)	5.52	碰撞初始动能(MJ)	128.9
防撞墩最大位移(m)	0.5	船艏变形吸收能量(MJ)	86.5
整船位移(m)	6.38	防撞墩变形吸收的能量(MJ)	17.8

3. 碰撞计算结果时间历程曲线

(1)位移时间历程。船艏及防撞墩位移随时间的变化曲线见图6.4.4.11。

(2)碰撞速度时间历程。船的水平速度随时间变化曲线见图6.4.4.12。

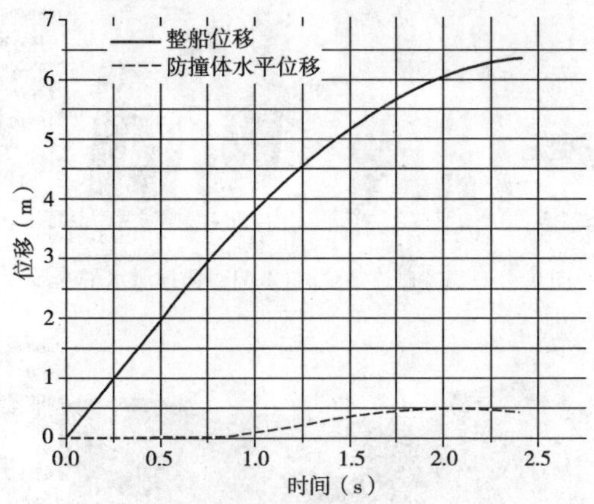

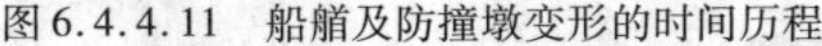

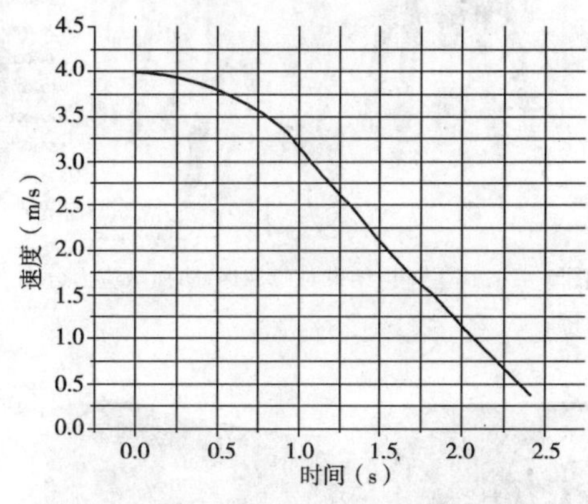

图6.4.4.11　船艏及防撞墩变形的时间历程　　　图6.4.4.12　船水平速度随时间变化曲线

(3)撞击力时间历程。船艏和防撞墩之间撞击力的时间历程见图6.4.4.13。

(4)能量转换时间历程曲线。散货船动能和散货船船艏变形能之间的能量转换随时间的变化历程，见图6.4.4.14。

4. 船艏和防撞墩的变形及应力分布图

从船艏接触防护装置开始到碰撞结束历经2.41s。船艏和防撞墩的变形及应力分布图见图6.4.4.15～图6.4.4.19。

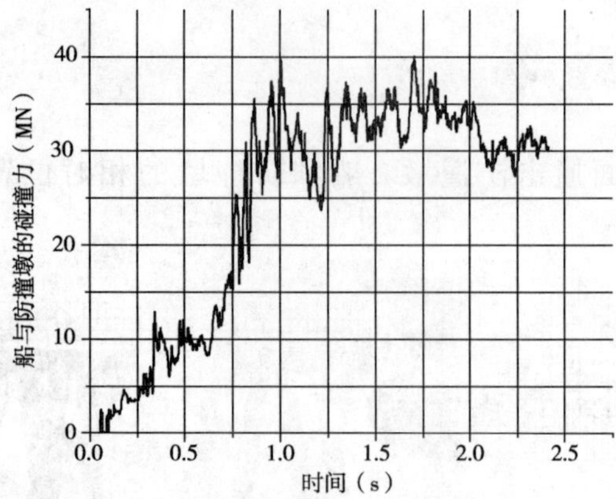

图 6.4.4.13　撞击力时间历程(顺船撞方向)

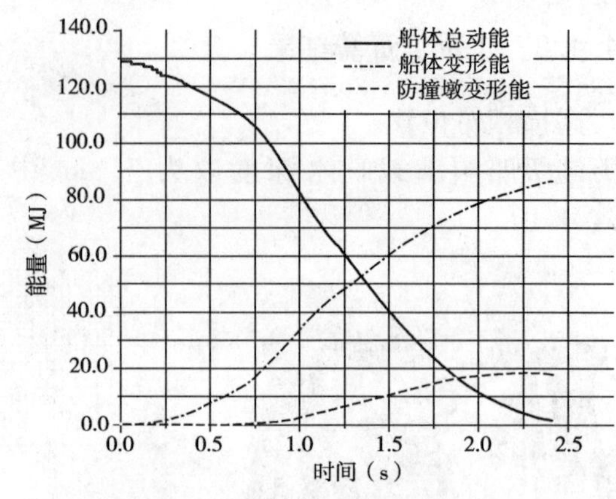

图 6.4.4.14　能量转换时间历程

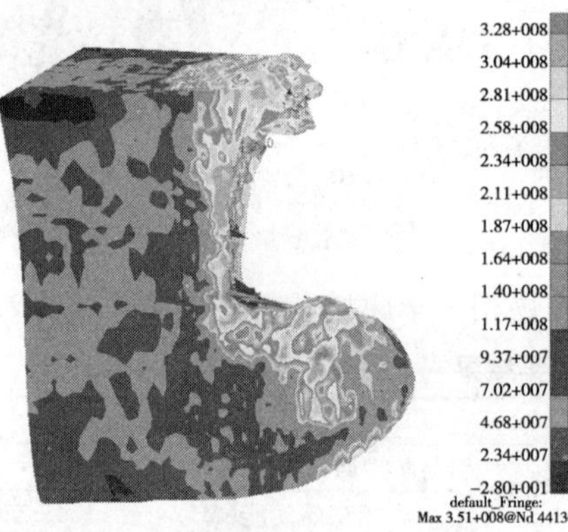

图 6.4.4.15　碰撞结束时(2.41s)船艏变形及应力分布

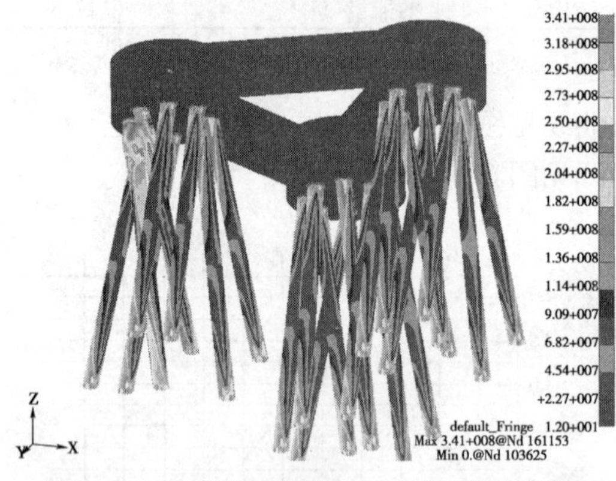

图 6.4.4.16　碰撞结束时(2.41s)防撞墩应力分布

图 6.4.4.17　碰撞结束时(2.41s)防撞墩水平变形

图 6.4.4.18　碰撞结束时(2.41s)船和防撞墩应力分布

图 6.4.4.19　碰撞结束时(2.41s)船和防撞墩应力分布

4.4.3　工况三计算结果

1. 碰撞相对位置

万吨级船舶满载吃水深度取为7.8m，高水位、斜撞防撞墩系梁，见图6.4.4.20。

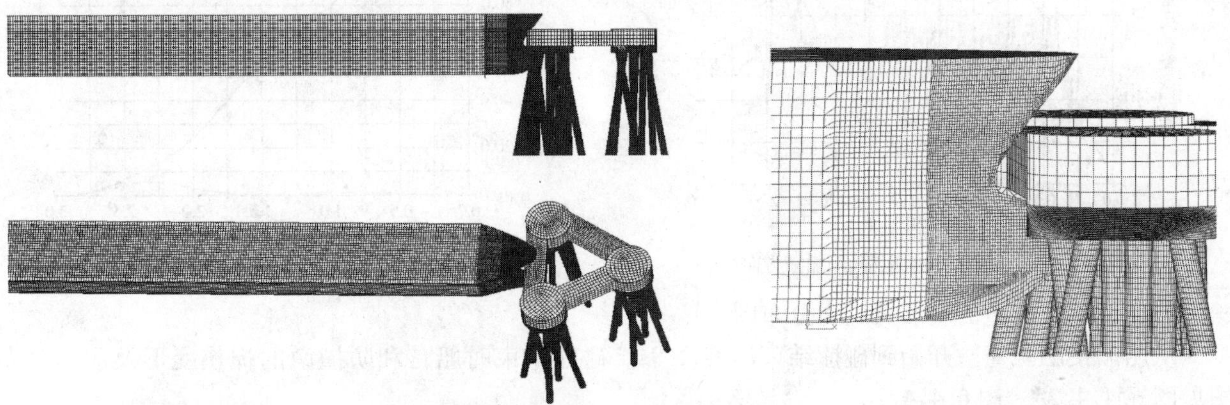

图6.4.4.20　船和防撞装置相对位置图

2. 碰撞计算主要结果

碰撞计算主要结果列于表6.4.4.3。表中定义结构物相对于原始状态最大的水平压溃变形为撞深。

碰撞计算主要结果　　表6.4.4.3

内　容	数　值	内　容	数　值
碰撞起止时间(s)	2.9	船与防撞墩最大撞击力(MN)	30.0
船艏最大撞深(m)	6.25	碰撞初始动能(MJ)	128.9
防撞墩最大位移(m)	0.38	船艏变形吸收能量(MJ)	110.5
整船位移(m)	7.13	防撞墩变形吸收的能量(MJ)	1.61

3. 碰撞计算结果时间历程曲线

(1)位移时间历程。船艏及防撞墩位移随时间的变化曲线见图6.4.4.21。

(2)碰撞速度时间历程。船的水平速度随时间变化曲线见图6.4.4.22。

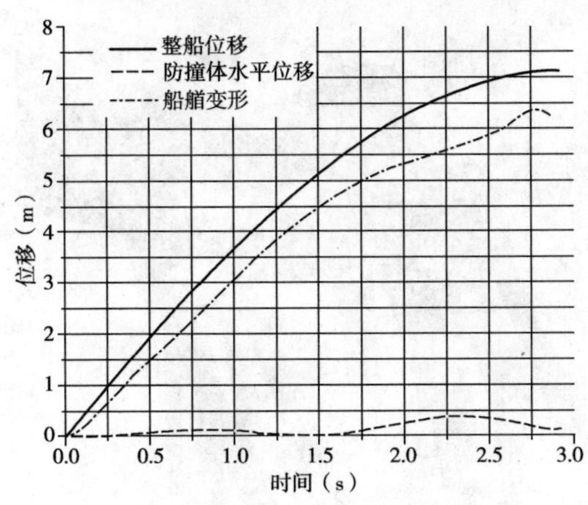

图6.4.4.21　船艏及防撞墩变形的时间历程

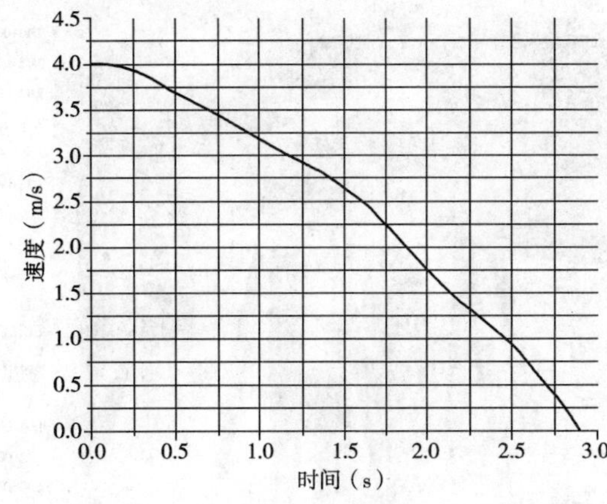

图6.4.4.22　船水平速度随时间变化曲线

(3)撞击力时间历程。船艏和防撞墩之间撞击力的时间历程见图6.4.4.23。

(4)能量转换时间历程曲线。散货船动能和散货船船艏变形能之间的能量转换随时间的变化历程见图6.4.4.24。

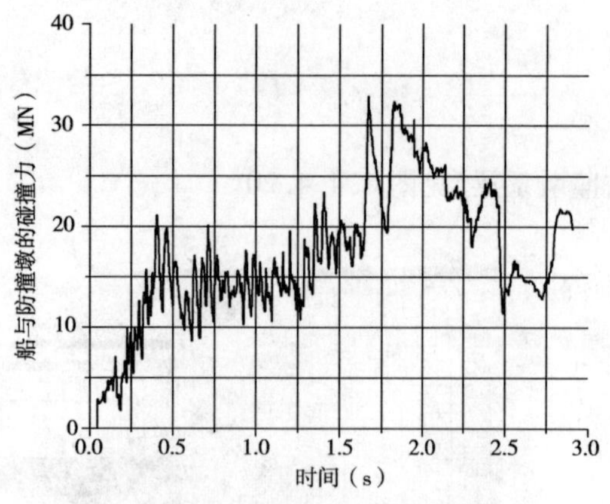

图 6.4.4.23　撞击力时间历程(顺船撞方向)

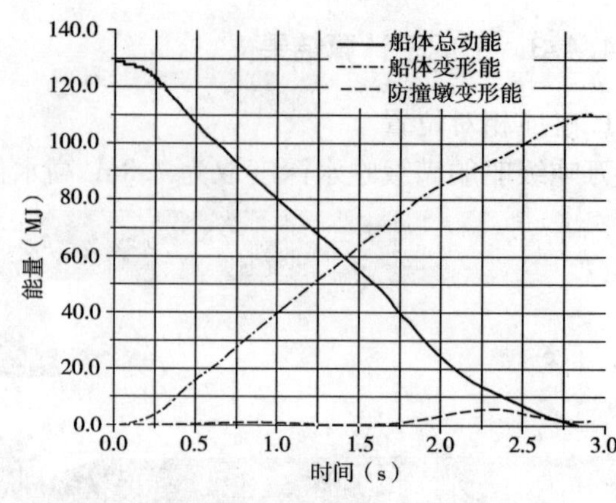

图 6.4.4.24　能量转换时间历程

4. 船艏和防撞墩的变形及应力分布图

从船艏接触防撞墩开始到碰撞结束历经 2.9s。碰撞结束时船首和防撞墩的损伤变形及应力分布图见图 6.4.4.25～图 6.4.4.28。

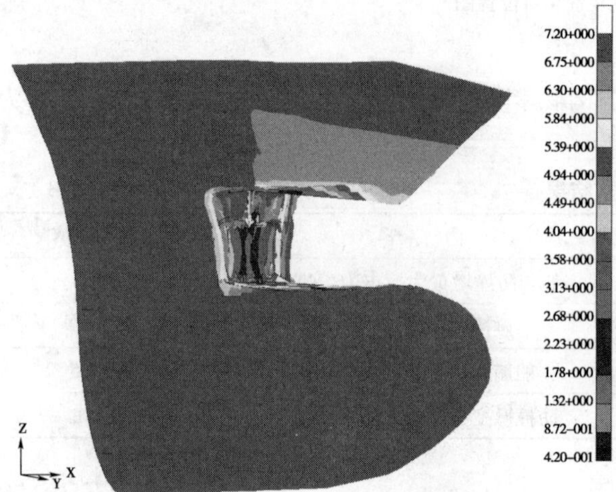

图 6.4.4.25　碰撞结束时(2.9s)船艏变形

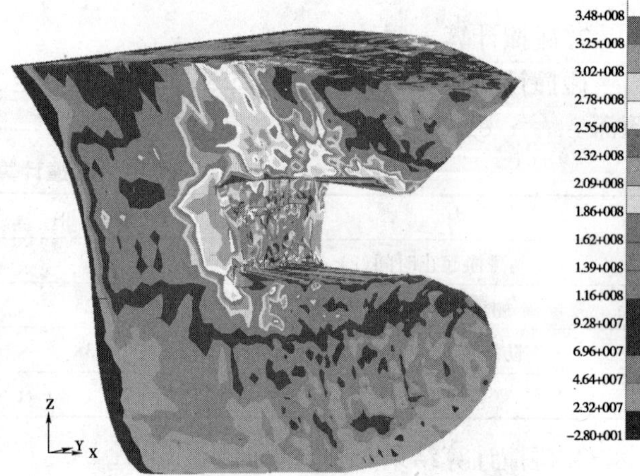

图 6.4.4.26　碰撞结束时(2.9s)船艏变形

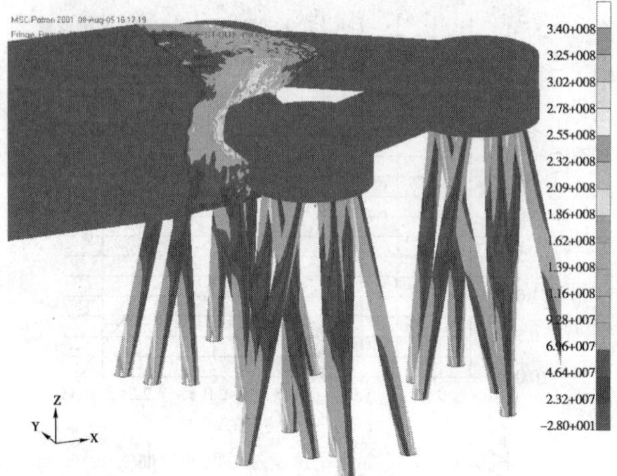

图 6.4.4.27　碰撞结束时(2.9s)船和防撞墩应力分布

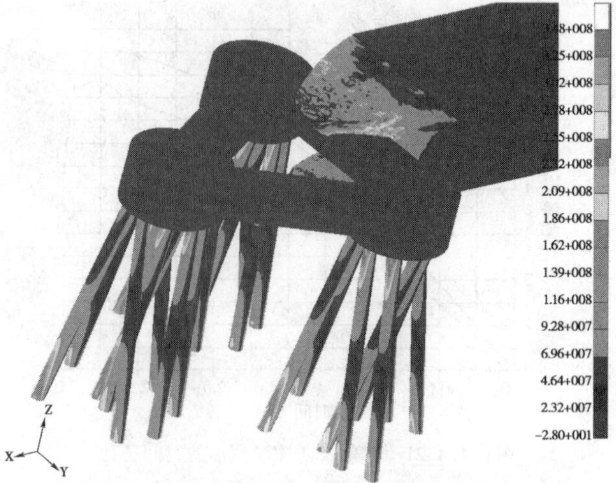

图 6.4.4.28　碰撞结束时(2.9s)船和防撞墩应力分布

4.5　数值计算结果分析

(1)船舶正面撞击防撞墩过程中,船舶破损消耗大部分能量,钢管桩局部屈服,部分钢管桩出现少量的上拔、下插。

(2)在三个工况作用下,防撞墩能够满足承受额定的设计撞击力(撞击速度 $v=4.0\text{m/s}$,墩首撞击力约48MN(4 800t)。整体抗撞能力满足要求。但防撞墩已被破坏,需进行修复。

4.6　防撞设施物理模型试验

为了验证数值分析的结果,根据防撞墩布置的尺寸,进行了缩尺模型试验,模型试验在水池中进行。图6.4.6.1所示的是模型试验的一组照片。试验的具体内容这里不作赘述,对模型试验的数据采集分析后,给出分析结果。

图6.4.6.1　模型试验

(1)船舶以给定的速度(4.0m/s)撞击防撞墩,防撞墩受到的撞击力大小与撞击方向有关。最大撞击力发生在船舶正撞防撞墩方向上。共分三种工况:船舶平行于桥墩方向撞击外侧的小防撞体,x 方向受力约43.4MN(4 340t),y 方向受力较小,合力约43.5MN(4 350t);船舶垂直于桥墩方向撞击桥墩左侧或右侧的小防撞体,y 方向受力约42.8MN(4 280t),x 方向受力相对较小,合力约43.3MN(4 330t);船舶垂直于系梁撞击,防撞墩 x 方向及 y 方向的受力分别小于正撞防撞墩的 x 方向及 y 方向的力,合力约33.26MN(3 326t)。船舶平行于桥墩或垂直于桥墩方向斜撞系梁的撞击力小于船舶垂直于系梁的撞击力。

(2)防撞墩撞击变形试验结果表明,防撞墩的钢管桩在受到船舶正撞的撞击作用下,钢管桩变形超过了钢管桩的弹性变形范围,虽未断裂,但部分钢管桩产生了永久变形。从试验结果及试验现象观测,每个承台的8根钢管桩斜插于海底,各根钢管桩的斜率不同,再由系梁将3个小防撞体联结在一起,在系梁不断裂的情况下,具有较强的抗撞能力,表明钢管桩的斜率分配比较合理。

(3)船舶撞击防撞墩后的运行轨迹测量结果表明:船舶垂直于桥墩方向,以船艏撞击桥墩左侧或右侧的小防撞体后,有可能出现船艏继续向桥墩与防撞墩之间的间隙内移动,船艏或船侧可能会碰到桥墩。但此时的船速已降低,并且是侧撞状态,撞击力将会减小。一般地说,出现这种撞击现象的概率较小。其他的撞击方向,船舶撞击到分离式防撞墩后,能改变船舶的移动方向,遍离桥墩。分离式防撞墩能发挥防撞作用。

4.7 结　论

从数值分析和模型试验结果中可以看出,得到的成果基本相同。由 3 个承台组成的防撞墩能抵御 48MN(4 800t)的船撞力。数值分析的结果表明,船舶以 $v=4.0\text{m/s}$ 速度撞击防撞墩,防撞墩发生的最大位移为 0.5m,但防撞墩还未彻底崩溃(除非船舶以更大速度对防撞墩进行撞击)。此时,船舶的撞击能量大部分已消耗,对主墩的威胁大大减小。

防撞墩采用由 3 个小防撞体通过系梁联结成整体的结构形式简单,环境适应、施工快速、经济合理。在目前国内尚未建立系统的防撞设计理论与实践情况下,不失为一次有益的尝试,为以后海上桥梁防撞设计积累了宝贵经验。

第5章　防撞护栏设计

5.1　概　　述

防撞护栏是东海大桥安全设施的重要组成部分,设置这种设施的主要目的:一是防止失控车辆突破、下穿或翻越桥梁掉入海中,并防止行进中的车辆冲破护栏驶入相向车道;二是使失控车辆的损伤破坏下降到最小限度,并使车辆恢复到正常行驶方向。

东海大桥交通的主流是集装箱卡车,并伴有一定量大中型客、货车和小客车等社会车辆。经过统计,集装箱车辆占 85%、社会车辆占 15%。因此,东海大桥防撞护栏结构设计必须同时兼顾集装箱车辆和社会车辆。

防撞护栏分刚性护栏、半刚性护栏和柔性护栏三类。刚性护栏是一种基本不变形的护栏结构,刚度较撞击物大,消能功能差,易造成撞击物的反弹;半刚性护栏是一种连续的梁柱结构,具有一定的刚度和柔性,除了以较高的强度抵抗车辆的冲撞外,还应以合理的断面形状吸收碰撞能量和改变碰撞车辆的运动方向,回复到正常的行驶方向,防止车辆冲击桥外;柔性护栏是一种具有较大缓冲能力的韧性结构,缆索护栏是柔性护栏的典型形式,它是一种以多根预施张力的缆索固定于立柱上的结构,主要依靠张紧缆索的弹性来吸收或消耗碰撞能量。

原交通部颁布的《高速公路交通安全设施设计及施工技术规范》(JTJ 074—94)规定:设置于桥梁上的护栏,按防撞等级划分为 PL1、PL2、PL3 三级,每一种防撞等级的桥梁护栏应避免在相应设计条件下的失控车辆超出。

国内目前的规范还是以给出碰撞力作为设计的依据。而根据碰撞力的结果进行设计,往往会使得护栏的设计偏于刚性。

东海大桥的防撞护栏结构形式选择半刚性护栏,要求既能防止集卡撞到护栏翻出桥面,又要阻止小车穿过护栏, 结构要有较好的延展性,吸收撞击所产生的能量,避免车辆反弹。

5.2　防撞护栏设计原则

防撞护栏是为了保证桥上行驶的车辆发生交通意外时,能将损失控制在一定的范围内。因此,确定护栏碰撞条件的一般原则是:

(1)满足当前公路交通实际情况,确保失控车辆(原 JTJ 074—94 规定不大于 85%)不会越出、冲断或下穿护栏;

(2)“以人为本”,降低事故的严重度及减少二次事故的发生;

(3)经济实用;车辆碰撞护栏是小概率交通事件,护栏碰撞条件的确定应考虑经济承受能力。

5.3　防撞护栏设计参数

5.3.1　碰撞车辆的质量

1. 牵引车、半挂车

目前常用集装箱车辆由牵引车和半挂车组成,称为一个车列。经过分析,实际运营的集装箱拖挂车载荷情况见表6.5.3.1。

实际运营集装箱车荷载情况　　表6.5.3.1

牵引车重(t)	半挂车重(t)	额定装载(t)	列车总重(t)	备注
6.3	3.9	20	10.2	车辆较多
6.95	5.5	30	12.45	车辆较多
9.04	7.5	40	16.53	车辆较少

2.集装箱

根据国际集装箱委员会的规定,集装箱有20ft①40ft和45ft 3种尺寸。20ft空箱自重约2.3t,满载后总重≯30.48t;40ft(含45ft)空箱自重约3.8t,满载后总重≯30.48t。事实上集装箱均超过额定载质量。经 过大量的统计,在大桥上一周内通过的集装箱总数达41584个,其中20ft集装箱量达25 145个、40/45ft集装箱量达16 439个。20ft和40/45ft集装箱量占全部集装箱量的比例分别为60.5%和39.5%。

20ft空箱占全部20ft集装箱的20.8%、占全部集装箱量的12.6%;40/45ft空箱占全部40/45ft集装箱的16.2%、占全部集装箱量的6.4%。

在25 145个集装箱中,20ft集装箱仅有1%的箱量达到额定载质量,最大质量为38t;在16 439个集装箱中,40/45ft集装箱中仅有1%的箱量达到额定载质量,最大质量为39t。

3.等效40ft集装箱

为了简化分析,一般可以将20ft集装箱的数量和载重等效换算为40ft集装箱。综合考虑集装箱车辆的空载率为10%,拖一只20ft集装箱的概率为5%,根据统计数据,可以确定出20ft集装箱与40ft集装箱的换算系数为1.8。把20ft集装箱换算为等效40ft集装箱的装载质量和相应箱量;再与原来40/45ft集装箱统计数据合并,就可以得到40ft集装箱的统计结果,如表6.5.3.2所示。

等效40ft集装箱装载质量统计　　表6.5.3.2

吨位(t)	箱量	比例(%)	累计(%)	吨位(t)	箱量	比例(%)	累计(%)
3.0	0.0	0.00	0.00	27.0	671.0	2.21	73.99
4.0	2660.0	8.75	8.75	28.0	461.0	1.52	75.50
5.0	996.0	3.28	12.02	28.8	293.9	0.97	76.47
5.4	2905.0	9.55	21.58	29.0	494.0	1.62	78.10
6.0	214.0	0.70	22.28	30.0	426.0	1.40	79.50
7.0	386.0	1.27	23.55	30.6	290.6	0.96	80.45
7.2	455.6	1.50	25.05	31.0	119.0	0.39	80.84
8.0	606.0	1.99	27.04	32.0	27.0	0.09	80.93
9.0	1427.9	4.70	31.74	32.4	505.6	1.66	82.59
10.0	862.0	2.83	34.57	33.0	4.0	0.01	82.61
10.8	648.3	2.13	36.70	34.0	3.0	0.01	82.62
11.0	775.0	2.55	39.25	34.2	592.8	1.95	84.57
12.0	831.0	2.73	41.98	35.0	1.0	0.00	84.57
12.6	496.7	1.63	43.62	36.0	915.1	3.01	87.58
13.0	673.0	2.21	45.83	37.0	1.0	0.00	87.58
14.0	684.0	2.25	48.08	37.8	702.8	2.31	89.89
14.4	430.6	1.42	49.50	38.0	0.0	0.00	89.89

① 1ft=0.3048m。

续上表

吨位(t)	箱量	比例(%)	累计(%)	吨位(t)	箱量	比例(%)	累计(%)
15.0	558.0	1.83	51.33	39.0	2.0	0.01	89.90
16.0	472.0	1.55	52.88	39.6	697.8	2.29	92.20
16.2	370.0	1.22	54.10	41.4	1094.4	3.60	95.79
17.0	413.0	1.36	55.46	43.2	698.9	2.30	98.09
18.0	700.0	2.30	57.76	45.0	238.9	0.79	98.88
19.0	375.0	1.23	58.99	46.8	84.4	0.28	99.16
19.8	268.3	0.88	59.87	48.6	88.3	0.29	99.45
20.0	404.0	1.33	61.20	50.4	109.4	0.36	99.81
21.0	325.0	1.07	62.27	52.2	32.2	0.11	99.91
21.6	252.2	0.83	63.10	54.0	22.8	0.07	99.99
22.0	388.0	1.28	64.38	55.8	1.7	0.01	99.99
23.0	336.0	1.10	65.48	57.6	0.0	0.00	99.99
23.4	262.2	0.86	66.34	59.4	1.7	0.01	100.00
24.0	584.0	1.92	68.27	61.2	0.0	0.00	100.00
25.0	484.0	1.59	69.86	63.0	0.0	0.00	100.00
25.2	219.4	0.72	70.68	68.4	0.6	0.00	100.00
26.0	366.0	1.20	71.78	70.2	0.0	0.0	100.00

从表 6.5.3.2 中可以得出下列统计结果：

等效 40ft 集装箱总量为 16 439 + 25 145/1.8 = 30 409 个。

等效 40ft 集装箱空箱量为 18.3%。

全部 30 409 个等效 40ft 集装箱中仅有 1% 的箱量达到或超过 45t，最大质量为 68.4t。

4. 碰撞车辆的质量确定

集装箱车列的总质量为牵引车、半挂车和集装箱质量三者之和。目前，上海道路上行驶的集装箱牵引车主要有两种：四轮双驱动的牵引车约 7t，六轮四驱动的牵引车约 9t，取两者平均值 8t 作为集装箱牵引车的质量；典型 40ft 集装箱半挂车的质量取 5.5t。同时，将表 6.5.3.2 中的集装箱吨位加上牵引车重 8t 和半挂车重 5.5t 就可以得到等效 40ft 集装箱车列质量的分布曲线如图 6.5.3.1 所示。表 6.5.3.3 分别给出了集装箱车辆和全部交通量在不同保证率下的集装箱列车质量。

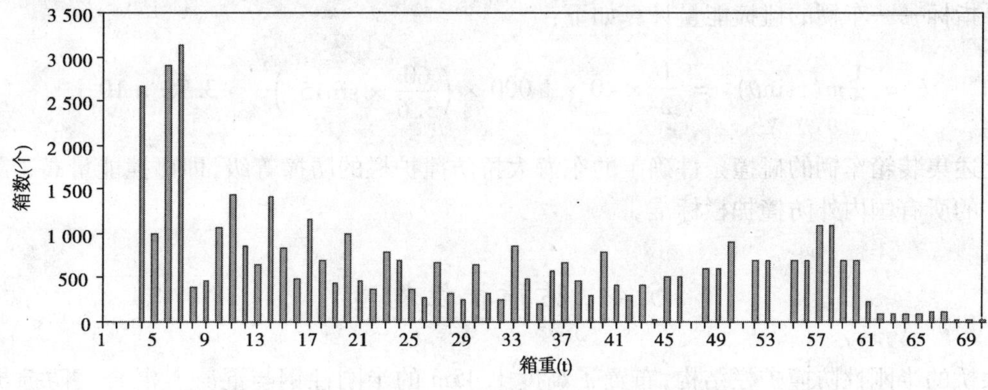

图 6.5.3.1　等效 40ft 集装箱车列车质量分布曲线

不同保证率下的集装箱车列质量 表6.5.3.3

质量(t)	54.9	52.5	50.5	45.5	42.5	40.5	37.5	35.1
集装箱车辆保证率(%)	95.8	89.9	87.6	80.9	78.1	74.0	68.3	63.1
全部交通量保证率(%)	96.4	91.9	89.5	83.8	81.4	77.9	73.1	69.6

确定防撞护栏的碰撞条件既要考虑车辆发生事故的严重性,又要考虑车辆发生事故的概率。由于驾驶员的职业化程度,以及集装箱车辆行驶速度较慢,驾驶员有较多的反应时间采取紧急避让措施,防止或减轻车辆冲击护栏的事故严重程度,因此东海大桥防撞护栏的集装箱车列碰撞质量采用40t,对应的集装箱车辆保证率为74%、全部交通量保证率为78%。值得注意的是,40t的碰撞车辆质量已经高于欧盟防撞护栏设计规定(EN 1317—1998)中拖挂车的最大质量38t和美国防撞护栏设计规定(NCHRP350)中拖挂车的最大质量36t。

5.3.2 车辆碰撞速度

车辆碰撞速度主要取决于行车速度,驾驶员的制动措施、路况、车况等也会影响车辆的碰撞速度。

目前常用集装箱车辆的最高速度一般在90km/h左右,欧美等少数国家高速公路较发达,集装箱车辆速度略高于我国,高速公路的最高速度可到200km/h。EN 1317—1998规定的拖挂车碰撞车速65km/h,NCHRP350、AASHTO(1993)考虑的拖挂车碰撞车速80km/h。日本护栏设置标准(2000版)按行车车速的0.8倍作为碰撞速度。

东海大桥作为港区专用道路,按高速公路标准设计,设计车速80km/h。JTJ 074—94认为,碰撞速度为设计车速的80%,按此原则碰撞速度取60km/h。

5.3.3 车辆碰撞角度

车辆碰撞角度是指失控车辆冲击方向与防撞护栏纵轴所成的夹角,它与道路等级、车辆种类、行驶速度和车辆在车道上的位置有关。国外主要通过事故现场调查或野外观测获得车辆越出路外的角度来确定。根据国外事故现场统计分析,碰撞角度小于10°的事故占80%、小于15°的事故占90%、最大碰撞角度为25°;另外小型车的碰撞角度一般为15°~30°,大型车的碰撞角度为10°~25°。国内高速公路的事故调查也有类似的结论。此外,在欧盟的EN 1317—1998规范中规定的重型货车碰撞角度为8°~15°,美国AASHTO规范规定的拖挂车碰撞角度为15°,日本护栏设置标准(2000年版)规定的碰撞角度为15°,我国原JTJ 074—94规范规定的碰撞角度也是15°。

由于东海大桥是洋山深水港区专用桥梁,集装箱车辆的交通量占85%,而在一定的车行道宽度范围内,车辆越长、与防撞护栏的碰撞角度就越小,因此,偏于安全地取集装箱车辆的碰撞角度$\theta=15°$。

根据东海大桥集装箱车辆的碰撞条件——车辆质量、碰撞速度和碰撞角度,可以计算衡量防撞护栏等级的重要指标——车辆的碰撞能量计算如下:

$$E=\frac{1}{2}m(v\sin\theta)^2=\frac{1}{2}\times 40\times 1\,000\times\left(\frac{60}{3.6}\times\sin 15°\right)^2=3.72\times 10^5\text{J} \qquad (6.5.3.1)$$

根据上述集装箱车辆的碰撞条件确定的东海大桥防撞护栏的防撞等级,即碰撞能量高于除法国38t拖挂车之外的所有国内外防撞护栏标准。

5.4 防撞护栏构造

东海大桥的半刚性防撞护栏结构,布置了高度1.45m的半刚性钢与混凝土混合式防撞护栏,主要由钢筋混凝土基座、薄壁钢箱立柱和薄壁钢管横梁等三部分组成,见图6.5.4.1。

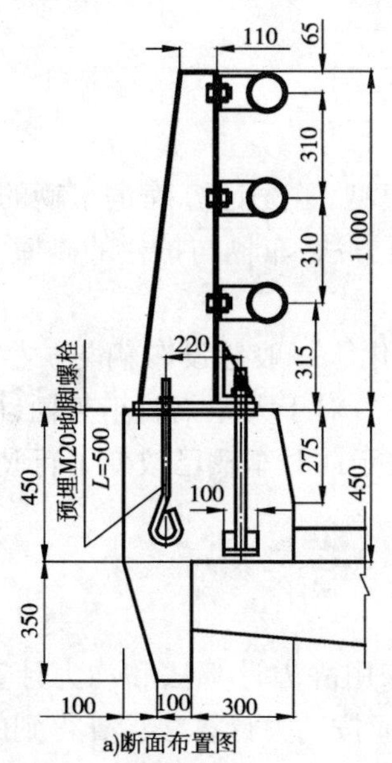

图6.5.4.1　东海大桥防撞护栏(尺寸单位:mm)

5.4.1　钢筋混凝土基座

桥面以上护栏基座高度为0.45m,基座下部0.175m高度范围内横桥向宽度为0.50m,上部0.275m高度范围内基座外侧不变,内侧渐变至顶部宽0.45m。混凝土强度等级为C40。防撞护栏基座采用钢筋混凝土结构,有利于提高护栏整体刚度,有利于有效阻挡集装箱大型车辆冲断护栏和社会小型汽车下穿护栏,还有利于护栏与混凝土结构桥面的连接。

5.4.2　薄壁钢箱立柱

钢立柱高度为1.0m,横断面由U型钢与钢平板组合成薄壁矩形断面,立柱底部矩形断面横桥向宽度为0.23m、顺桥向宽度为0.08m;顶部矩形断面横桥向宽度为0.11m、顺桥向宽度不变。钢箱壁厚6mm,钢材等级为Q345qC。立柱间距3m。防撞护栏立柱采用薄壁钢箱结构有利于提高护栏整体强度和韧性,有利于吸收和消耗碰撞能量,并减轻车辆冲撞损伤,还有利于减小横桥向迎风面积。

5.4.3　薄壁钢管横梁

在立柱上部均匀布置了3根横梁,其中,最低一道横梁距离桥面的高度为0.765m,然后每隔0.310m布置一道横梁。横梁采用ϕ114mm的薄壁钢梁,壁厚8mm,钢材等级为Q345qC。防撞护栏横梁采用薄壁钢管结构,有利于提高护栏整体韧性和延性,有利于降低最大冲击力,还有利于避免失控车辆的回弹。

5.4.4　结构构造特点

东海大桥的防撞护栏是针对大量的集装箱车辆设计的,具有如下特点:

(1)护栏高度大:由于集装箱车辆重心较高,为了防止车辆翻越桥梁,东海大桥护栏高度应比一般桥梁护栏高度1.2m有所增加。

(2)基座高度大:由于护栏高度增加后,小客车碰撞护栏造成下穿的可能性增大,因此必须适当提高护栏基座高度。

(3)横梁要求高:既要防止集装箱大型车辆冲断横梁翻出桥面,又要阻止社会小型汽车下穿横梁或被横梁弹回,横梁必须具有足够的强度和韧性,以及合理的刚度。

5.5 碰撞作用分析

研究车辆碰撞护栏最常用的方法,就是建立车辆护栏碰撞力学模型,首先计算确定车辆的碰撞力,然后将该碰撞力施加到护栏上,分析结构受力和变形。对于这种分析方法,车辆与护栏的碰撞力计算正确与否十分关键,只有在碰撞力确定后才能进行结构受力分析。

车辆碰撞护栏时,碰撞力是沿着护栏而移动的,并随着时间而变化。一般假设车辆与护栏碰撞时,其平均值达到最大时,车辆与护栏的接触长度就是碰撞力的作用范围。对于大型集装箱车辆,最大碰撞力有可能出现在失控车辆改变方向后车辆的尾部与护栏碰撞时,但由于此时车辆已改变了行驶方向,车辆越出桥外的危险性降低了,所以,计算时一般取初始最大碰撞力。

5.5.1 碰撞力计算

根据车辆碰撞护栏作用计算方法的不同,碰撞力计算可以分别采用静力计算法和动力计算法。其中,按静力计算法计算得到的碰撞力只能用于碰撞作用的静力计算,而按动力计算法计算得到的碰撞力只能用于碰撞作用的动力计算,此两种计算方法中的计算是完全不同的。

1. 静力计算法

我国原 JTJ 074—94 规范规定的碰撞力计算就是采用静力计算法。基于该方法的车辆与护栏碰撞计算模型如图 6.5.5.1 所示。该计算模型描述了车辆与护栏呈一定的碰撞角度斜向接触开始,到车辆冲撞护栏后转向到顺着护栏滑行一定距离而终止的运动轨迹。

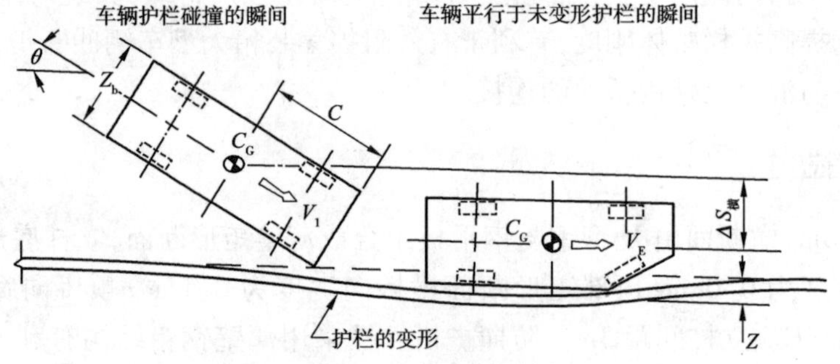

图 6.5.5.1 车辆与护栏碰撞的静力计算模型

车辆碰撞护栏的碰撞力静力计算满足下列基本假定:

(1)从车辆碰撞护栏起到车辆改变方向平行于护栏止,车辆的纵向和横向加速度不变;

(2)车辆在竖向和转动方向上的加速度可忽略;

(3)车辆改变方向平行于护栏时的横向速度分量为零;

(4)车辆改变方向时不发生绊阻;

(5)车辆碰撞护栏过程中其相对自身的重心位置不变;

(6)车辆近似为质点运动;

(7)车辆与护栏、车轮及道路间的摩擦力忽略不计;

(8)护栏是连续的。

设车辆的横向位移为 ΔS,即:

$$\Delta S = C\sin\theta - Z_b(1 - \cos\theta)/2 + Z \tag{6.5.5.1}$$

式中:C——车辆重心距前端距离(m);

Z_b——车辆宽度(m);

θ——车辆的碰撞角度(°);

Z——护栏的横向变形(m),且 $Z = 0.3 \sim 0.6$m。

车辆横向移动 ΔS 所需的时间 Δt 为：

$$\Delta t = \frac{\Delta S}{\frac{1}{2}\Delta v} = \frac{C\sin\theta - Z_b(1-\cos\theta)/2 + Z}{\frac{1}{2}v\sin\theta} \tag{6.5.5.2}$$

式中：Δv——车辆横向平均速度(m/s)；

v——车辆碰撞速度(m/s)。

由此可以确定车辆横向平均加速度 a 为：

$$a = \frac{v\sin\theta}{\Delta t} = \frac{v^2\sin^2\theta}{2[C\sin\theta - Z_b(1-\cos\theta)/2 + Z]} \tag{6.5.5.3}$$

根据牛顿第二定律可得平均碰撞力 F 为：

$$F = ma = \frac{mv^2\sin\theta}{2[C\sin\theta - Z_b(1-\cos\theta)/2 + Z]} \tag{6.5.5.4}$$

式中：m——碰撞车辆质量(kg)。

假设车辆和护栏的刚度可理想化为线性弹簧，那么，碰撞力与时间的关系曲线为正弦函数，所以车辆横向最大加速度 a_{max} 为：

$$a_{max} = \frac{\pi}{2}a \tag{6.5.5.5}$$

车辆最大碰撞力 F_{max} 为：

$$F_{max} = \frac{\pi nv^2\sin^2\theta}{4[C\sin\theta - Z_b(1-\cos\theta)/2 + Z]} \tag{6.5.5.6}$$

式中，最大碰撞力 F_{max} 的单位为 N。

东海大桥防撞护栏计算中的碰撞车辆以集装箱车辆为准，车辆质量取 $m = 40\times10^3$kg；碰撞速度取 $v = 60$km/h $= 16.67$m/s；碰撞角度取 $\theta = 15°$；车辆宽度取 $Z_b = 2.48$m；车辆重心按牵引车后轴来取时为 $C = 5.076$m(四轮双驱动)或 $C = 5.176$m(六轮四驱动)，按集装箱形心来取时为 $C = 9.251$m(四轮双驱动)或 $C = 9.351$m(六轮四驱动)；金属制护栏横梁的横向变形分别取 $Z = 0.3$m 和 $Z = 0.6$m。采用公式(6.5.5.6)可以计算出不同情况下东海大桥防撞护栏的最大碰撞力如表 6.5.5.1 所示，其极大值为 $F_{max} = 372$kN。

按静力法计算的最大碰撞力(kN)　　表 6.5.5.1

横向变形(m)	$C = 5.076$m	$C = 5.176$m	$C = 9.251$m	$C = 9.351$m
$Z = 0.3$	372	366	221	218
$Z = 0.6$	313	308	198	196

2. 动力计算法

除了采用静力法进行车辆碰撞护栏的碰撞力计算之外，还可以采用车辆—护栏连续系统模型(如图 6.5.5.2 所示)进行动力法计算。动力计算模型是将防撞护栏的变形特征用弹簧刚度 k_1 表示，将碰撞车辆的局部变形用弹簧刚度 k_2 表示，并用车辆质点与护栏质点的相对位移 y 作为唯一自由度，从而建立串连弹簧单自由度振动方程。

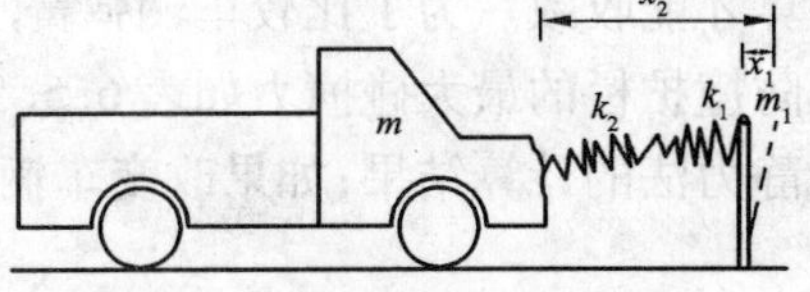

图 6.5.5.2　车辆碰撞护栏的动力计算模型

车辆碰撞护栏的碰撞力动力计算满足下列基本假定：

(1)护栏在碰撞过程中的变形可用弹簧刚度 k_1 表示，且 $F_{max} = k_1 Z$；

(2)车辆本身近似为刚体，在碰撞过程中车体的局部变形可以用刚度为 k_2 的塑性弹簧代替；

(3)车辆和护栏的阻尼作用忽略不计；

(4)车辆和护栏、车轮及道路间的摩擦力忽略不计；

(5)仅考虑车辆质点与护栏质点之间的相对位移。

根据结构动力学原理,可以建立单自由度系统振动方程如下:

$$m\ddot{y} + C\dot{y} + ky = f(t) \tag{6.5.5.7}$$

式中:m——车辆质量(kg);

C——结构阻尼,且取 $C \equiv 0$;

y、$\dot{y}$、$\ddot{y}$——车辆位移、车辆速度和车辆加速度;

$f(t)$——外荷载,在碰撞计算中 $f(t) \equiv 0$;

k——系统刚度,根据弹簧串联工作原理可得:

$$k = \frac{k_1 k_2}{k_1 + k_2} \tag{6.5.5.8}$$

因此式(6.5.5.7)可以简化为:

$$m\ddot{y} + ky = 0 \tag{6.5.5.9}$$

不难求得车辆与护栏的相对位移 y 如下:

$$y = A\sin\left(\sqrt{\frac{k}{m}}t\right) + B\cos\left(\sqrt{\frac{k}{m}}t\right) \tag{6.5.5.10}$$

式中:A、B——积分常数,可以根据初始条件 $t=0$ 时,$y=0$ 和 $\dot{y}=v\sin\theta$ 时,分别求得 $A=\frac{v\sin\theta}{\sqrt{\frac{k}{m}}}$,$B=0$。

代入式(6.5.5.10),得到:

$$y = \frac{v\sin\theta}{\sqrt{\frac{k}{m}}}\sin\left(\sqrt{\frac{k}{m}}t\right) \tag{6.5.5.11}$$

最大相对位移:

$$y_{\max} = \frac{v\sin\theta}{\sqrt{\frac{k}{m}}} \tag{6.5.5.12}$$

最大碰撞力:

$$F_{\max} = ky_{\max} = \sqrt{km}v\sin\theta \tag{6.5.5.13}$$

东海大桥防撞护栏计算中的碰撞车辆以集装箱车辆为准,车辆质量取 $m=40\times10^3$kg;碰撞速度取 $v=60$km/h $=16.67$m/s;碰撞角度取 $\theta=15°$;车辆弹簧刚度 $k_{20}=(0.049\theta^2+0.14\theta)m=526$kN/m;护栏弹簧刚度取 $k_1=F_{\max}/Z$,护栏变形 Z 分别取0.3m和0.6m,而 $F_{\max}$ 本身是未知的,因此必须通过迭代计算才能收敛。为了比较车辆弹簧刚度 k_2 的影响,采用公式(6.5.5.13)分别计算不同情况下,东海大桥防撞护栏的最大碰撞力如表6.5.5.2所示。计算结果表明,最大碰撞力 $F_{\max}$ 位于552~487kN,大于按静力法的计算结果;如果改变车辆弹簧刚度±20%,其最大碰撞力 $F_{\max}$ 的变化幅度在±10%之内。

按动力法计算的最大碰撞力(kN) 表6.5.5.2

横向变形	$k_2=1.2k_{20}$	$k_2=1.1k_{20}$	$k_2=k_{20}$	$k_2=0.9k_{20}$	$k_2=0.8k_{20}$
$Z=0.3$m	597	575	552	527	500
$Z=0.6$m	522	505	487	468	447

5.5.2 结构受力分析

东海大桥车辆碰撞护栏的结构计算模型中包括防撞护栏和桥梁上部结构,其中桥梁上部结构选用非通航孔标准跨径70m的预应力混凝土连续箱梁,标准横断面见图6.5.5.3。车辆最大碰撞力采用上述静力法和动力法计算结果，车辆碰撞部位选在上部结构刚度较小的跨中附近。考虑到碰撞反应的局部性特点和非线性分析的计算工作量，分别采用整体结构和局部结构两种结构计算模型进行护栏受力变形分析及箱梁受力分析。

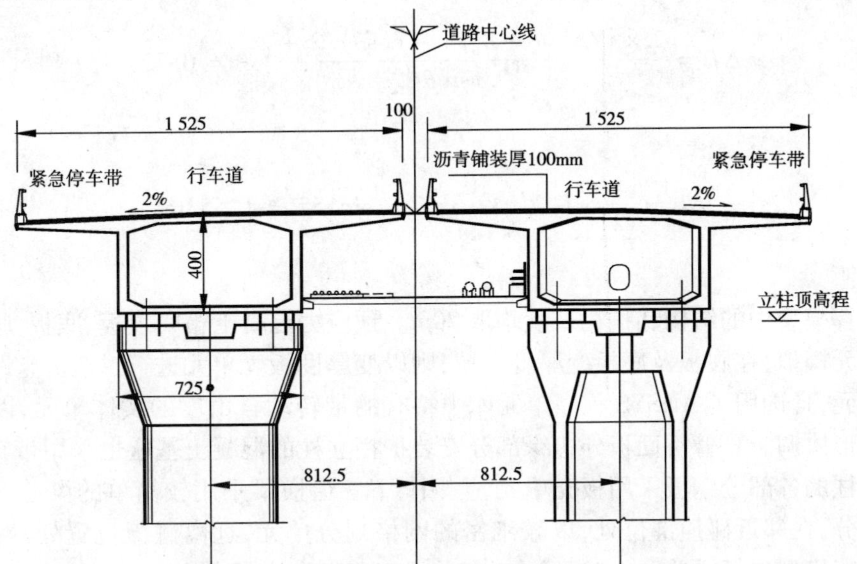

图6.5.5.3　预应力混凝土连续箱梁标准横断面(尺寸单位:cm)

1.计算模型

对于刚性护栏，原交通部颁布的《高速公路交通安全设施设计及施工技术规范》(JTJ 074—94)规范建议应力分布采用半正弦曲线，但对于金属制半刚性护栏的接触应力未作具体规定。考虑到刚性接触时的应力分布比弹性或弹塑性接触时的应力分布更不利于结构受力，因此，碰撞接触应力分布偏于安全地按刚性接触应力分布，如图6.5.5.4所示，由此可以确定出按静力法和动力法计算的最大碰撞力和平均碰撞力如下：

静力法：
$$F_{max}=372\text{kN}\approx400\text{kN},F_{mean}=\frac{2}{\pi}F_{max}\approx250\text{kN}\tag{6.5.5.14}$$

动力法：
$$F_{max}=552\text{kN}\approx550\text{kN},F_{mean}=\frac{2}{\pi}F_{max}\approx350\text{kN}\tag{6.5.5.15}$$

根据原JTJ 074—94规范的规定，作用于防撞护栏上的碰撞荷载应均匀分布于护栏的横梁上，由于东海大桥防撞护栏设计有三道圆柱形横梁，因此作用在每根横梁上的最大碰撞力 P_{max} 和平均碰撞力 P_{mean} 分别为：

$$P_{max}=\frac{1}{3}F_{max}\tag{6.5.5.16}$$

$$P_{mean}=\frac{1}{3}F_{mean}\tag{6.5.5.17}$$

防撞护栏横梁碰撞力计算模型如图6.5.5.5所示。

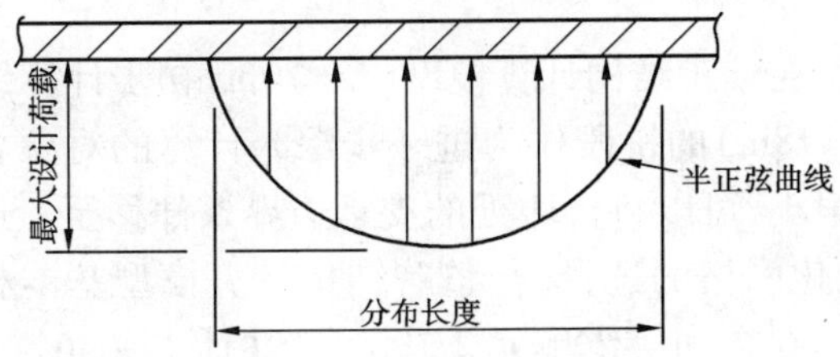

图6.5.5.4　车辆碰撞力分布特性

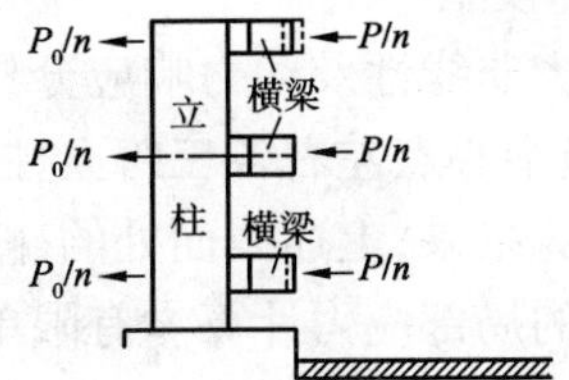

图6.5.5.5　防撞护栏横梁受力分布

车辆碰撞护栏时，碰撞力是沿着护栏碰撞面运动的，并随时间变化。原JTJ 074—94规范中规定：车辆与护栏碰撞时，其作用力达到最大值时，车辆与护栏的接触长度 ΔL 就是碰撞力的作用范围，即：

$$\Delta L = \frac{1}{2}\Delta T v \sin\theta \tag{6.5.5.18}$$

式中:ΔT 表示车辆碰撞作用的平均时间,且

$$\Delta T = \frac{2 \times [C\sin\theta - Z_b(1-\cos\theta)/2 + Z]}{v\sin\theta} = 0.72\text{s} \tag{6.5.5.19}$$

因此

$$\Delta L = \frac{1}{2} \times 0.72 \times 16.67 \times \sin 15^\circ = 1.553\text{m} \tag{6.5.5.20}$$

(1)整跨模型

整跨结构计算模型中的结构和护栏长度均取70m。预应力混凝土箱梁顶板、底板、腹板及悬臂板均采用有限板壳单元模拟,在腹板及底板变厚度区域,则以变厚度板壳单元进行过渡。整跨结构两端加强部分采用实体单元,且选用了 ANSYS 程序单元库中特有的带转动自由度的实体单元,以保证实体元与板壳元之间的变形协调。悬臂桥面板外边缘部分安装护栏立柱的混凝土基座也采用带转动自由度的实体单元。组成立柱的各部分钢板采用板壳单元,上、中、下三道横梁采用较简单的梁单元模拟。各类单元采用非均匀划分,在邻近碰撞部位处,以较细密的网格划分单元,远离碰撞位置处,网格密度分段降低。整跨结构计算模型包括梁单元4 338个,板壳单元29 600个和实体单元7 934个,共计58 692个节点。计算总质量2 228.9t。整跨结构计算模型如图6.5.5.6所示,立柱横梁局部放大示意图如图6.5.5.7所示,各类材料力学性能如表6.5.5.3所示。

材料力学性能参数　　表6.5.5.3

材料型号	弹性模量(MPa)	泊松比	密度(kg/m³)	屈服应力(MPa)	抗拉强度(MPa)	抗压强度(MPa)
Q345qC 结构钢	2.10×10^5	0.3	7 850	345	345 ~ 500	—
C40 高强混凝土	3.45×10^4	0.2	2 500	—	2.60	28

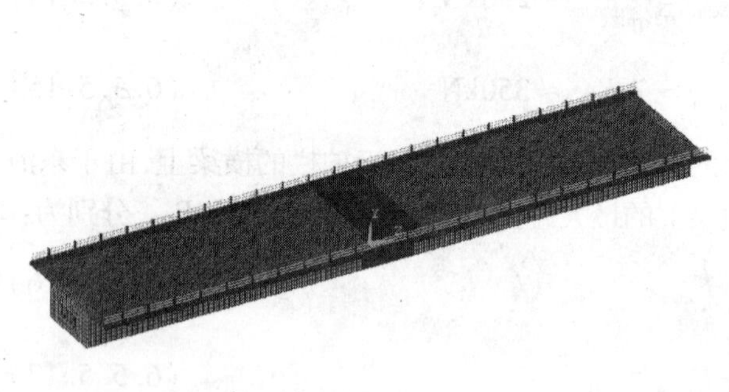

图6.5.5.6　整跨结构计算模型

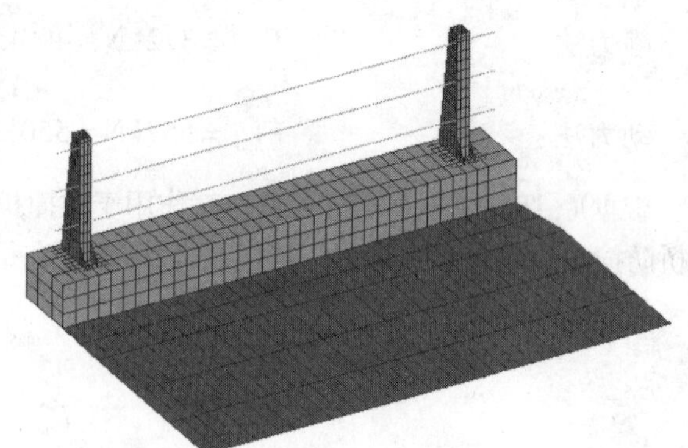

图6.5.5.7　立柱和横梁局部放大示意

(2)局部模型

为了减少非线性及动力响应分析的计算工作量,在整跨结构计算模型($L=70$m)初步计算结果的基础上,取碰撞中心点左右各三跨立柱($L=2\times3\times3=18$m)的桥段作为进一步深入计算的对象。根据整跨结构的计算结果,上述截面处的碰撞响应位移已很小,可以将桥墩处的支承边界条件移至上述截面进行碰撞响应的局部应力计算。有限单元类型及离散化网格的选择,与整跨结构计算模型基本相同。局部结构计算模型包括梁单元1 122个,板壳单元13 386个和实体单元2 196个,共计17 636个节点,局部结构计算模型如图6.5.5.8所示。

2. 计算结果

东海大桥车辆碰撞力作用下的防撞护栏和桥面结构计算,采用通用结构分析软件 ANSYS。为了尽

可能兼顾各种力学计算模型的特性，分别进行了线性材料的结构静力分析、线性材料的结构动力分析和非线性材料的结构静力分析。其中线性材料的结构静力分析分别比较了整体结构计算模型和局部结构计算模型，而线性材料的结构动力分析和非线性材料的结构静力分析均采用局部结构计算模型。

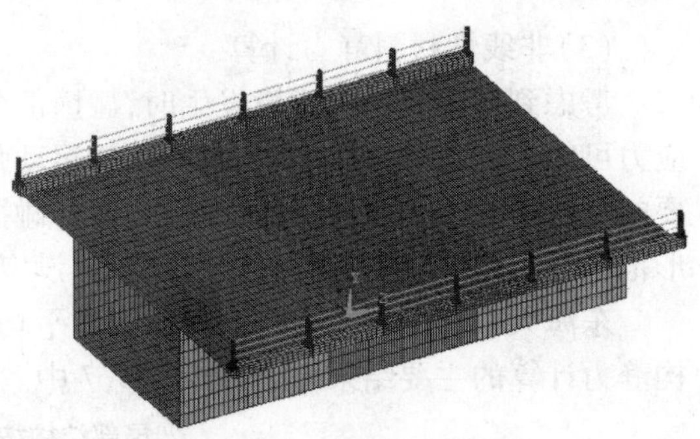

图6.5.5.8　局部结构计算模型

(1)线性材料静力计算

东海大桥防撞护栏在最大碰撞力和平均碰撞力作用下，采用整跨结构计算模型图6.5.5.6，按线性材料的结构静力计算的主要结果列于表6.5.5.4中。

整跨结构按线性材料的静力计算结果　　表6.5.5.4

碰撞位置		水平变形(mm)		主应力(MPa)			
		横梁	立柱	横梁	立柱	基座	桥面板
立柱断面	最大值	52.3	25.3	376	1 216	57.6	9.70
	平均值	32.7	15.8	235	760	35.6	6.06
横梁跨中	最大值	120.3	18.1	954	2 333	42.1	7.81
	平均值	75.2	11.3	596	1 458	26.3	4.88

采用局部结构计算模型图6.5.5.8，按线性材料的结构静力计算的主要结果列于表6.5.5.5中。比较表6.5.5.4和表6.5.5.5中的计算结果可以发现，变形计算结果的相对误差不足3%，应力计算结果的相对误差不到1%。因此，由于碰撞作用的局部特性，只要适当调整边界条件，完全可以采用局部结果计算模型图6.5.5.8来进行碰撞作用结构应力和变形计算，从而大大降低计算工作量，提高计算效率，后续的线性材料动力计算和非线性材料静力计算均采用局部结构计算模型。

局部结构按线性材料的静力计算结果　　表6.5.5.5

碰撞位置		水平变形(mm)		主应力(MPa)			
		横梁	立柱	横梁	立柱	基座	桥面板
立柱断面	最大值	52.3	24.8	376	1 210	56.6	9.62
	平均值	32.7	15.5	235	756	35.4	6.01
横梁跨中	最大值	120.0	17.8	954	2 333	42.1	7.79
	平均值	75.0	11.1	596	1 458	26.3	4.87

(2)线性材料动力计算

根据原JTJ 074—94规范的有关规定，车辆碰撞力的时间变化规律可取：

$$F(x,t) = F_{\max}(x)\sin\frac{\pi t}{\Delta T} \tag{6.5.5.21}$$

东海大桥防撞护栏在动力碰撞力式(6.5.5.21)作用下，采用局部结构计算模型，按线性材料结构动力计算的主要结果列于表6.5.5.6中。

局部结构按线性材料的动力计算结果　　表6.5.5.6

碰撞位置		水平变形(mm)		主应力(MPa)			
		横梁	立柱	横梁	立柱	基座	桥面板
立柱断面	最大值	71.0	33.4	510	1 640	76.7	13.0
	平均值	45.2	21.3	325	1 044	48.8	8.28
横梁跨中	最大值	161.8	24.0	1 291	3 154	56.9	10.5
	平均值	103.0	15.3	822	2 008	36.2	6.68

(3)非线性材料静力计算

考虑到车辆与护栏碰撞发生时,碰撞部分附近的横梁和立柱将经受较大的变形和应力,其中钢结构应力可能已经达到屈服极限,因此选择运动强化型弹塑性材料模型来描述材料的应力—应变关系是必要的。由于碰撞响应的局部性特点,离开碰撞点一定距离后,应力水平将迅速降低,材料处于线弹性变形范围内。因此,根据前面的计算结果,设定碰撞中心左右各6m范围内的结构材料具有非线性特性。

东海大桥防撞护栏在最大碰撞力和平均碰撞力作用下,采用局部结构计算模型,按非线性材料的结构静力计算的主要结果列于表6.5.5.7中。

局部结构按非线性材料的静力计算结果 表6.5.5.7

碰撞位置		水平变形(mm)		主应力(MPa)			
		横梁	立柱	横梁	立柱	基座	桥面板
立柱断面	最大值	188.4	53.4	476	≥500	50.7	8.91
	平均值	111.5	31.6	312	421	31.7	5.57
横梁跨中	最大值	657.6	32.1	≥500	≥500	40.2	7.81
	平均值	389.1	19.0	≥500	≥500	25.1	4.88

5.5.3 计算结果分析

现对线性材料的静力计算结果、线性材料的动力计算结果和非线性材料的静力计算结果分析如下。

1.线性材料静力计算结果分析

根据线性材料的静力计算结果可以得出下列结论:

(1)护栏变形:按线性材料的结构静力计算所得到的立柱和横梁变形都很小,而且远小于原JTJ 074—94规范所规定的金属制半刚性护栏变形量$Z=0.3\sim0.6$m。

(2)最大主应力位置:立柱分别在碰撞立柱断面时的底部和碰撞横梁跨中时的横梁支架处出现最大主应力;基座位于立柱连接处;桥面板的最大主应力位于基座底面内侧截面上,而不是悬臂板端部。

(3)最大主应力数值:护栏钢结构部分的主应力大于屈服极限345MPa后,对于线性材料的计算,其主应力数值已无实际意义,只是名义应力;护栏混凝土结构部分的拉应力大于抗拉强度2.60MPa、压应力大于抗压强度28MPa后,也只是名义应力,但可以通过钢筋来抵抗主应力。因此,按非线性材料进行结构计算是非常必要的。

(4)构件受力比较:钢结构立柱的受力要大于钢结构横梁;混凝土结构基座的受力要大于混凝土结构桥面板。因此,初步判定防撞护栏的设计起到了碰撞后桥梁主体结构不至于发生严重损坏的作用。

2.线性材料动力计算结果分析

根据线性材料的动力计算结果可以得出下列结论:

(1)响应时程规律:从结构变形和应力响应时程曲线来看,碰撞力达到瞬时峰值($t=\Delta T/2$)时,结构变形和应力也基本上达到最大值,没有滞后现象。

(2)准静态响应:由于原JTJ 074—94规范所规定的碰撞力持续时间较长($\Delta T=0.72$s),结构响应基本上类似于准静态响应,仅当碰撞作用结束后,结构响应才呈现瞬态自由振动特征。因此,静力计算应基本上能反映碰撞作用特点。

(3)静动力响应比较:将动力法计算得到的响应平均值——表6.5.5.6中的数值乘以$2/\pi$,与最大碰撞力作用下的静力法计算结果(表6.5.5.7中的数值)相比较可以发现,静力法计算结果更偏于安全,变形值和主应力偏大16%~19%;动力法计算得到的响应平均值与最大碰撞力作用下的静力法计算结果的比值,可以定义为动力放大系数,变形值和主应力的动力放大系数在1.32~1.36。因此,静力计算完全可以代替动力计算。

3.非线性材料静力计算结果分析

根据非线性材料的静力计算结果可以得出下列结论：

(1)护栏变形：按非线性材料的结构静力计算所得的护栏横梁变形大小，已与原JTJ 074—94规范规定的数值和金属制护栏变形经验值($Z=0.3\sim0.6$m)基本一致。

(2)横梁受力：横梁内应力水平很高，已经超过了钢材料的屈服极限，且有可能超过材料的抗拉应变极限，造成横梁拉断。因此，必须采用更加精确的方法计算最大横梁应变。

(3)立柱受力：立柱与横梁和立柱与基座连接截面上某些点的应力超过了钢材料的屈服极限。但是，高应力区域较小，应力衰减很快，不至于引起整个截面完全破坏。

(4)基座受力：基座应力很高，超过了混凝土材料的屈服极限，因此，必须加强基座配筋共同参与受力。

(5)桥面板受力：尽管桥面板在护栏基座下方局部范围的素混凝土平均主应力达到了5~6MPa，但是，对于钢筋混凝土结构，只要配筋合理则可以控制钢筋应力小于应力限值，即使造成混凝土局部开裂，也不会造成结构破坏。

5.6 碰撞过程数值仿真分析

半刚性护栏的设计是一个相当复杂的问题。从车辆撞击半刚性护栏的过程看，这是一个典型的大位移、大转动、大应变、未知约束、强非线性问题。在这一复杂的撞击过程中，车辆与半刚性护栏之间的接触区域及其大小，随车辆与护栏的相对运动而不断发生变化，不断变化的接触产生不断变化的接触力与摩擦力，从而导致半刚性护栏和车体结构发生大小与部位都不断变化的大变形；而这种大变形又反过来引发新的接触问题，并改变接触力与摩擦力的大小和方向、影响车辆的运动轨迹。同时，护栏和车辆都要在碰撞的极短时间内完成弹塑性大变形，而这种大变形往往可以使材料达到塑性屈服，因此半刚性护栏的弹塑性大变形、车体结构弹塑性大变形、材料应变率效应和惯性效应、车辆与半刚性护栏间的接触与摩擦等非线性因素，都将影响车辆与半刚性护栏的碰撞机理。为了得到更加合理的碰撞计算结果，特别是钢结构护栏的最大应变，采用动态数值模拟技术，进行车辆碰撞护栏全过程的数值仿真分析。

5.6.1 仿真分析对象

车辆碰撞护栏的计算机数值仿真分析必须借助专门的分析软件，确定具体的仿真分析对象——碰撞车辆和被碰结构，然后进行不同工作条件的碰撞全过程仿真分析，最终确定出护栏和桥面结构的变形和受力。

1. 分析软件

东海大桥车辆碰撞护栏的数值仿真分析采用法国ESI-GROUP公司开发的PAM-CRASH软件，该软件主要用于车辆安全性仿真分析(Automotive Application)和道路防护装置安全性设计(Roadside Safety Feature Design)等，在国外特别是欧洲国家具有良好的信誉，特别适合于车辆与护栏的中低速碰撞仿真。

2. 碰撞车辆

碰撞车辆采用40ft集装箱列车，长16m、宽2.48m、高3.95m。集装箱车辆由六轮四驱动牵引车和40ft半挂车组成，共有5根车轴，从牵引车前保险杠到第一根车轴的距离为1.5m，以后4根轴的轴距分别为3.0m、1.4m、7.0m和1.4m，第五根轴至半挂车尾端的距离为1.7m，即集装箱列车长度为$L=1.5\text{m}+3.0\text{m}+1.4\text{m}+7.0\text{m}+1.4\text{m}+1.7\text{m}=16\text{m}$。碰撞车辆的离散化数值仿真模型如图6.5.6.1所示。

3. 桥梁结构

考虑到碰撞车辆模型车身很长($L=16$m)，在与护栏碰撞过程既可能发生牵引车冲撞护栏，也可能导致半挂车第二次碰撞，因此，作为桥梁结构的护栏和桥面板计算长度宜比碰撞力作用计算中采用的计算长度适当增加。为此，在建立桥梁结构离散化数值仿真模型时，选用8个立柱之间的护栏和桥面板，

模型桥梁结构长 $S = 8 \times 3 = 24\text{m}$。护栏立柱的间距外形、护栏横梁的间距和外形等都进行了严格的模拟，但忽略了立柱与横梁之间的连接支架。桥梁结构的离散化数值仿真模型如图 6.5.6.2 所示。

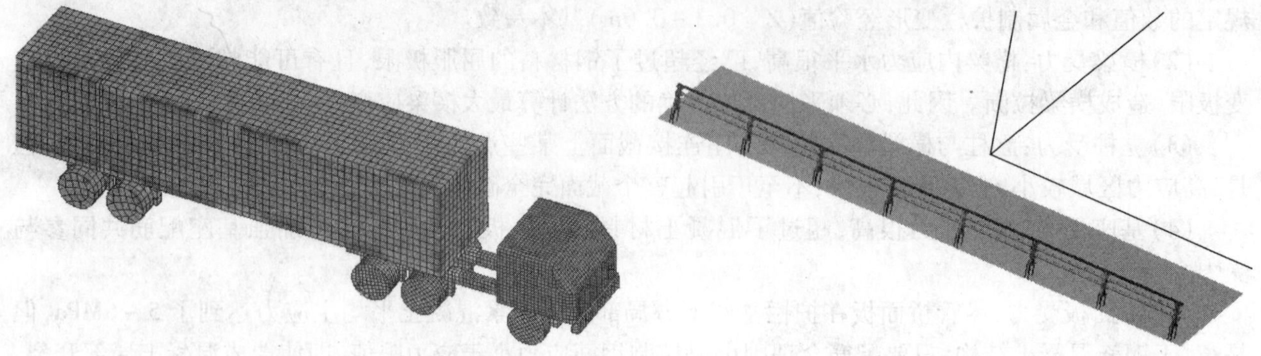

图 6.5.6.1　碰撞车辆离散化数值仿真模型　　图 6.5.6.2　桥梁结构离散化数值仿真模型

5.6.2　仿真分析条件

选定了专门的仿真分析软件 PAM-CRASH，确定了具体的仿真分析对象——车辆和桥梁结构以后，还必须具备一定的仿真分析条件，其中包括车辆和桥梁结构离散化有限元模型、车辆和护栏材料本构关系、位移边界条件、碰撞初始条件和碰撞模拟状况等。

1. 有限元划分

碰撞车辆有限元划分时，必须考虑下列因素：

(1)车轮滚动效果；

(2)车架支承作用；

(3)鞍座铰结构模拟撞车后牵引车摆头及引导效果；

(4)牵引车导出后的集装箱挂车回摆对护栏的二次碰撞。

碰撞车辆有限元建模过程中整车网格尺寸一般比较均匀，单元尺寸为 100～200mm，总共划分出 13 854个车辆模型单元和 11 016 个车辆模型节点，如图 6.5.6.1 所示。

桥梁结构有限元划分主要精确处理护栏模型和车辆横梁的接触界面模型。其中，三根横梁的单元划分都较密，单元边长只有 15mm；立柱单元划分稍稀，立柱根部与护栏基座之间以焊接单元模拟，并作刚体组处理(不考虑立柱底部与基座连接螺栓的断裂)；桥面板部分的单元划分相对较稀。总共划分出 30 946 个护栏和桥面板模型单元和 33 248 个护栏和桥面板模型节点。

2. 材料本构关系

桥面板和护栏基座混凝土结构均作为线弹性材料，取 C40 混凝土弹性模量 $E_h = 3.54 \times 10^4\text{MPa}$。当桥面板和护栏基座内的混凝土拉应力大于 2.60MPa 和压应力大于 28MPa 时，从理论上讲混凝土材料将进入非线性工作状态，甚至开裂或被压溃，但在数值仿真分析中假定：桥面板中施加了足够大的预应力。护栏基座中配置了足够多的钢筋，可以保证混凝土处于线弹性工作阶段。

钢结构护栏(包括横梁和立柱)作为弹塑性材料，当横梁和立柱内的钢结构应力小于 345MPa 时，取线弹性模量 $E_g = 2.1 \times 10^5\text{MPa}$；当钢结构应力大于 345MPa 时，按应力—应变标准硬化规律取值弹性模量，其中应变为 1 时的应力为 10 000MPa。

车辆可能碰撞部位的钢结构材料作为弹塑性材料，当车体碰撞部位的钢结构应力小于 210MPa 时，取线弹性模量 $E_g = 2.1 \times 10^5\text{MPa}$；当钢结构应力大于 210MPa 时，按应力—应变标准硬化规律取值弹性模量，其中应变为 1 时的应力为 10 000MPa。

3. 碰撞过程模拟

车辆碰撞过程模拟包括下列几个方面：

(1)初始条件：碰撞车辆质量取 $m = 40\text{t}$ 或 $m = 40\ 000\text{kg}$；碰撞初始车速取 $v = 60\text{km/h}$ 或 $v =$

16.67m/s；碰撞初始角度取 $\theta = 15°$。

(2)车辆性能：滑动摩擦系数取0.75，滚动摩擦不计，车辆处于无制动状态，撞车时车辆转向轮转角为零度。

(3)计算步长：低速撞击问题的碰撞结构仅发生局部性的变形、凹陷、穿入等，计算步长可由最小单元长度 $d_{min} = 15mm$ 确定，即 $\Delta t = v/d_{min} = 0.0009 \sim 0.001s$。

(4)持续时间：根据原JTJ 074—94规范确定的碰撞持续时间为 $\Delta T = 0.72s$，而根据多次试验结果表明 $\Delta T = 3s$ 才能模拟车辆二次碰撞护栏的全过程。

(5)碰撞步骤：取碰撞持续时间 $\Delta T = 3s$，碰撞计算步长 $\Delta t = 0.001s$，可以确定出碰撞过程计算步骤 $N = \Delta T/\Delta t = 3000$ 步，车辆碰撞护栏的主要碰撞步骤模拟如图6.5.6.3所示。

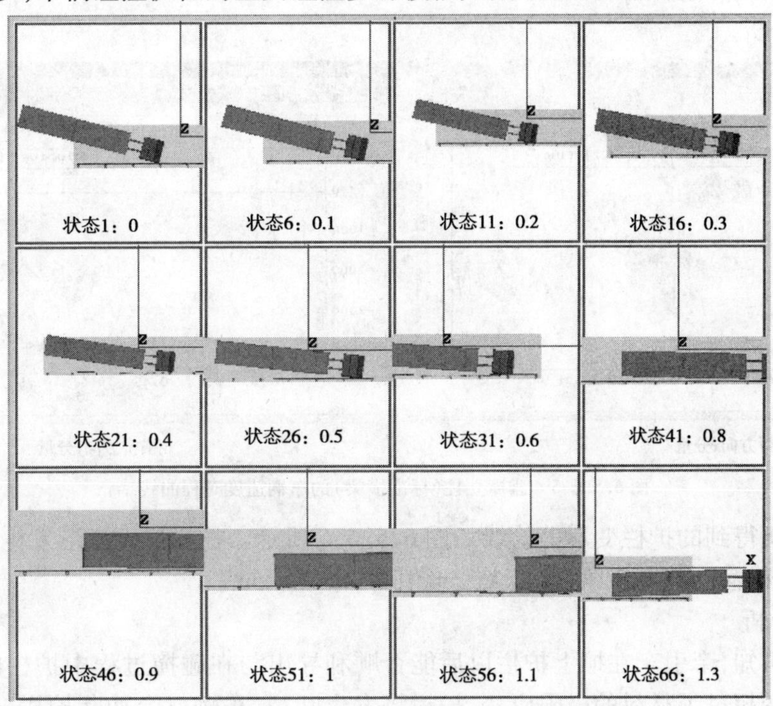

图6.5.6.3 车辆撞击护栏主要步骤模拟

(6)碰撞工况：车辆碰撞仿真分析共分如下4个工况：

工况一(标准横梁栏杆，碰撞立柱)：护栏全部横梁直径114mm，初始碰撞位置在立柱处的横梁上；

工况二(标准横梁栏杆，碰撞横梁)：护栏全部横梁直径114mm，初始碰撞位置在横梁跨中；

工况三(大直径横梁栏杆，碰撞立柱)：护栏上横梁直径改为121mm，初始碰撞位置在立柱断面；

工况四(大直径横梁栏杆，碰撞横梁)：护栏上横梁直径改为121mm，初始碰撞位置在横梁跨中。

5.6.3 仿真分析结果

东海大桥车辆碰撞护栏的数据仿真分析采用PAM-CRASH软件，对4种不同的碰撞工况进行了分析。

1.碰撞立柱(标准横梁)

护栏全部横梁直径为 $\phi 114mm$，初始碰撞位置在立柱断面的数值仿真分析及其结果如下：

(1)碰撞力分析

数值仿真分析所得到的碰撞(接触)力时程曲线如图6.5.6.4所示。在整个碰撞过程中，最大碰撞力并未出现在牵引车刚刚撞上护栏的时刻($t = 0$)，而是发生在牵引车与护栏接触且相擦一段时间 $t = 0.15s$ 左右，牵引车最大碰撞力为 $F_{max} = 345kN$；在 $t = 0.53s$ 以后，碰撞力减小到零，表明牵引车在与护栏碰擦一段时间($\Delta t = 0.53s$)后与护栏分离，只要在这个过程中护栏不发生断裂，牵引车就可以安全地沿护栏导出；当 $t = 0.90s$ 时，集装箱半挂车开始与护栏接触，且相擦一段时间($\Delta t = 0.10s$)，即当 $t = 1.00s$

时,集装箱半挂车达到最大碰撞力 F_{max} = 340kN;整个集装箱列车与护栏的碰撞作用在 $\Delta t = 1.2s$ 左右完成。

(2)车辆速度分析

数值仿真分析所得到的车辆速度时程曲线如图6.5.6.5所示。在碰撞过程中,车辆速度顺桥方向的分量从牵引车与护栏刚接触时的 v_x = 16 100mm/s 下降到碰撞结束时的 v_x = 14 100mm/s,下降了约12%;车辆速度横桥方向的分量从牵引车与护栏刚接触时的 v_y = −4 300mm/s 上升到碰撞结束时的 v_y = 0,并且继而反向。

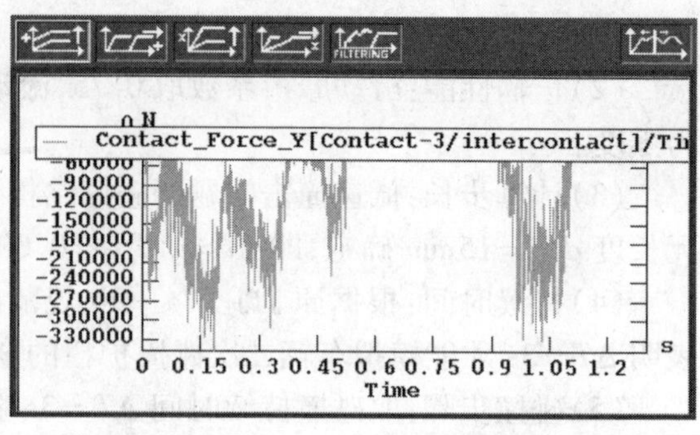

图6.5.6.4 碰撞立柱(标准横梁)的碰撞力时程曲线

(3)护栏变形分析

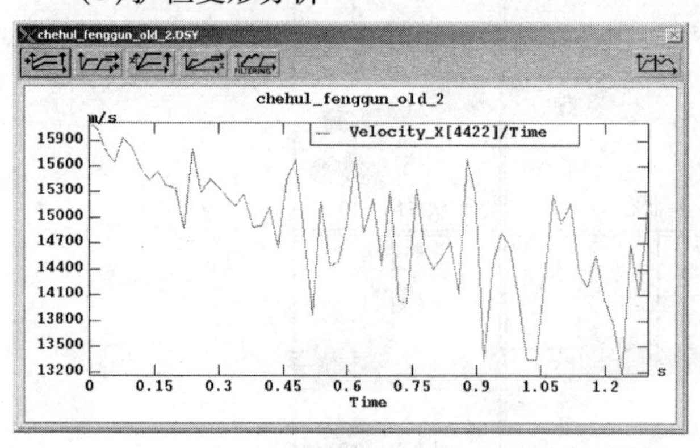

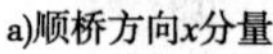
a)顺桥方向x分量

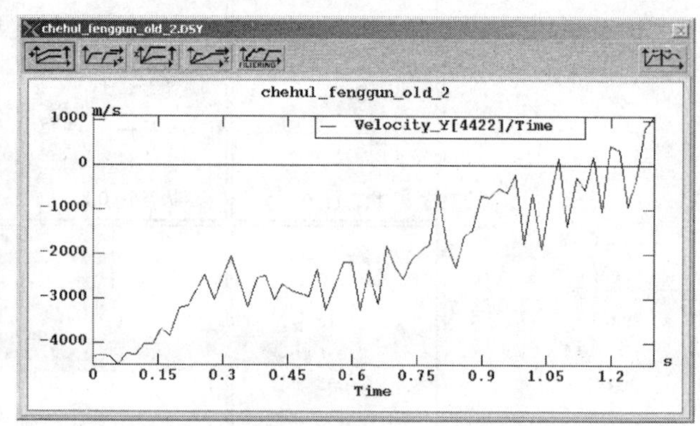

b)横桥方向y分量

图6.5.6.5 碰撞立柱(标准横梁)的车辆速度时程曲线

数值仿真分析所得到的护栏变形等值线如图6.5.6.6所示。护栏最大变形发生在牵引车碰撞发生后,集装箱半挂车所碰撞到的上横梁上,最大变形值为 $Z = 205$mm。

(4)护栏应变分析

由碰撞力分析可知,牵引车在撞上护栏以后能否顺利导出与在碰撞过程中护栏的应变大小有直接关系。如果护栏应变超过了材料的极限应变,护栏将发生断裂,车辆就会冲断护栏,造成严重后果。数值仿真分析所得到的护栏应变等值线图如图6.5.6.7所示。护栏最大应变发生在牵引车碰撞的这根立柱的上横梁支架上,支架最大应变值为 $\varepsilon = 0.23$,上横梁最大应变为 $\varepsilon = 0.06$,均小于材料极限应变 $\varepsilon_j = 0.33$。因此,可以认为由钢材极限应变控制的护栏断裂破坏可以避免。

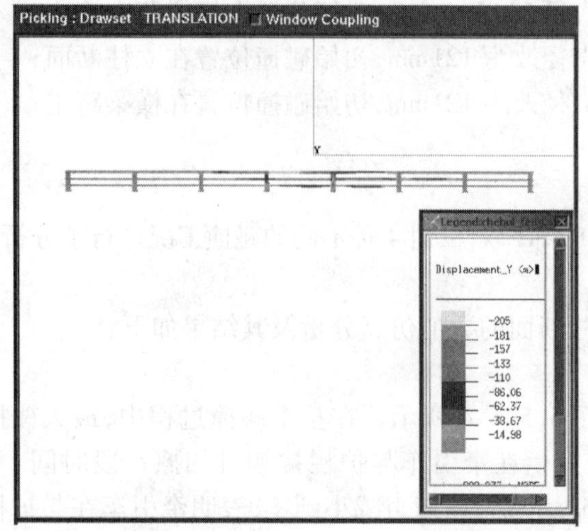

图6.5.6.6 碰撞立柱(标准横梁)的护栏变形等值线

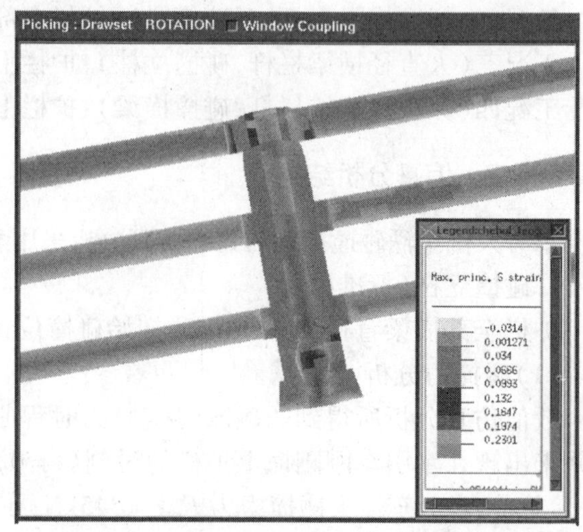

图6.5.6.7 碰撞立柱(标准横梁)的护栏应变等值线

2. 碰撞横梁(标准横梁)

护栏全部横梁直径为 $\phi114$,初始碰撞位置在横梁跨中的数值仿真分析结果及其分析如下:

(1)碰撞力分析

数值仿真分析所得到的碰撞(接触)力时程曲线如图6.5.6.8所示。在整个碰撞过程中,最大碰撞力发生在牵引车与横梁碰撞过程中($t=0.25\text{s}$),牵引车最大碰撞力为 $F_{max}=360\text{kN}$;在 $t=0.60\text{s}$ 以后,碰撞力减小到零,同样表明牵引车在与护栏碰擦一段时间($\Delta t=0.60\text{s}$)后与护栏分离;当 $t=1.05\text{s}$ 时,集装箱半挂车开始与护栏接触,且相擦一段时间($\Delta t=0.05\text{s}$),即当 $t=1.10\text{s}$ 时,集装箱半挂车达到最大碰撞力 $F_{max}=350\text{kN}$;整个集装箱列车与护栏的碰撞作用在 $t=1.35\text{s}$ 左右完成。

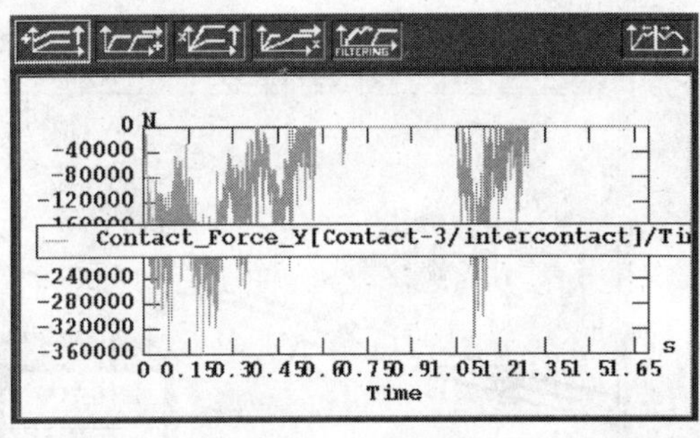

图 6.5.6.8　碰撞横梁(标准横梁)的碰撞力时程曲线

(2)车辆速度分析

数值仿真分析所得到的车辆速度时程曲线如图 6.5.6.9 所示。在碰撞过程中,车辆速度顺桥方向的分量从牵引车与护栏刚接触时的 $v_x=16\ 100\text{mm/s}$ 下降到碰撞结束时的 $v_x=14\ 500\text{mm/s}$,下降了约10%;车辆速度横桥方向的分量从牵引车与护栏刚接触时的 $v_y=-4\ 300\text{mm/s}$ 上升到碰撞结束时的 $v_y=0$,并且继而反向。

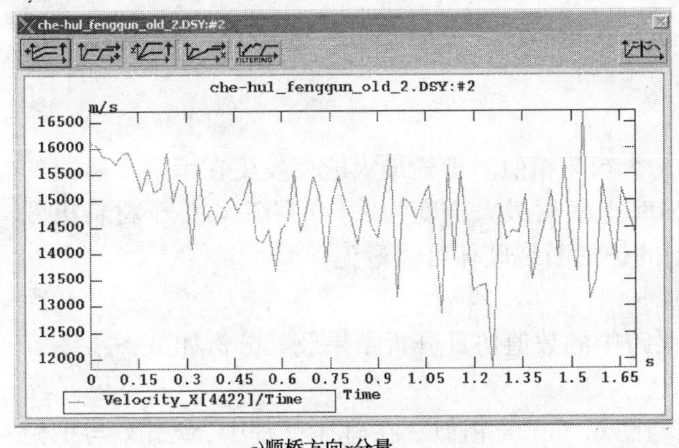

a)顺桥方向x分量

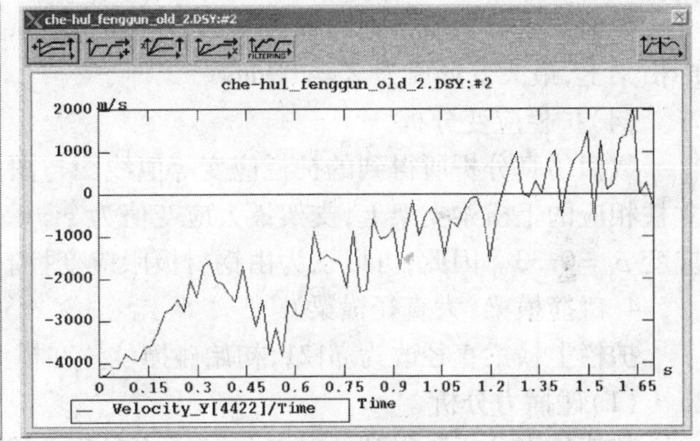

b)横桥方向y分量

图 6.5.6.9　碰撞横梁(标准横梁)的车辆速度时程曲线

(3)护栏变形分析

数据仿真分析所得到的护栏变形等值线如图 6.5.6.10 所示。护栏最大变形发生在牵引车碰撞位置的中横梁上,最大变形值为 $Z=149\text{mm}$。

(4)护栏应变分析

数值仿真分析所得到的护栏应变等值线如图 6.5.6.11 所示。护栏最大应变发生在牵引车碰撞位置之后的第一根立柱的上横梁支架上,支架最大应变值为 $\varepsilon=0.23$,中横梁最大应变为 $\varepsilon=0.03$,均小于材料极限应变 $\varepsilon_j=0.33$。因此,可以认为由钢材极限应变控制的护栏断裂破坏可以避免。

3. 碰撞立柱(大直径横梁)

护栏上横梁直径改为 $\phi121$,初始碰撞位置在立柱断面上的数值仿真分析结果及其分析如下:

(1)碰撞力分析

数值仿真分析所得到的碰撞(接触)力时程曲线与图 6.5.6.4 相似。在碰撞过程中,最大碰撞力发生在 $t=0.05\text{s}$ 或牵引车与护栏撞击时,最大碰撞力为 $F_{max}=490\text{kN}$;集装箱半挂车与护栏碰撞时($t=1.00\text{s}$),最大碰撞力 $F_{max}=490\text{kN}$。

(2)车辆速度分析

数值仿真分析所得到的车辆速度时程曲线与图 6.5.6.5 相似。在碰撞过程中,车辆速度顺桥方向的分量从 v_x = 16 100mm/s 下降到 v_x = 14 100mm/s,下降了约 12%;车辆速度横桥方向的分量从 v_y = -4 300mm/s上升到 v_y = 0,并且继而反向。

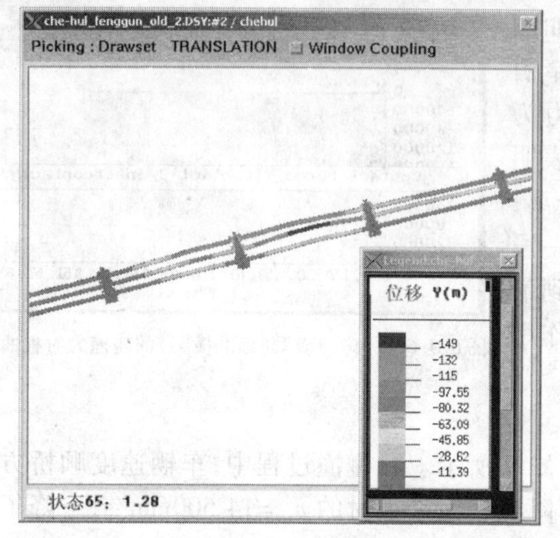

图 6.5.6.10 碰撞横梁(标准横梁)的护栏变形等值线

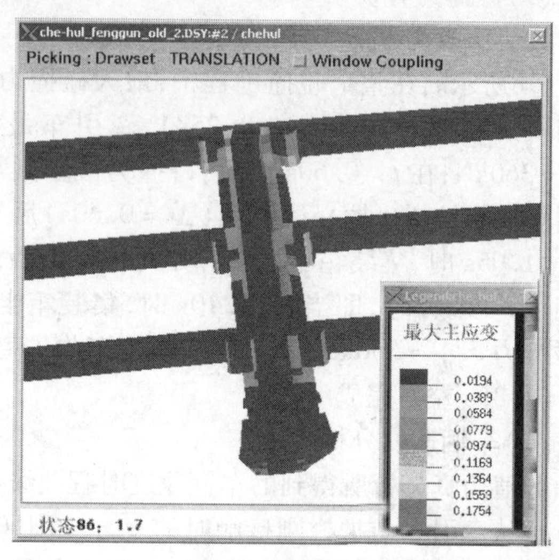

图 6.5.6.11 碰撞横梁(标准横梁)的护栏应变等值线

(3)护栏变形分析

数值仿真分析所得到的护栏变形等值线与图 6.5.6.6 相似。护栏最大变形发生在牵引车碰撞到的中横梁上,最大变形值为 Z = 209mm。

(4)护栏应变分析

数值仿真分析所得到的护栏应变等值线图与图 6.5.6.7 相似。护栏最大应变发生在牵引车碰撞的立柱相应的上横梁支架上,支架最大应变值为 ε = 0.18,上横梁最大应变为 ε = 0.003,均小于材料极限应变 ε_j = 0.33。因此,可以认为由钢材极限应变控制的护栏断裂破坏可以避免。

4. 碰撞横梁(大直径横梁)

护栏上横梁直径改为 ϕ121,初始碰撞位置在横梁跨中的数值仿真分析结果及其分析如下:

(1)碰撞力分析

数值仿真分析所得到的碰撞(接触)力时程曲线与图 6.5.6.8 相似。在碰撞过程中,牵引车与护栏撞击时(t = 0.05s)最大碰撞力为 F_{max} = 500kN;最大碰撞力发生在 t = 1.05s 集装箱半挂车与护栏碰撞时,最大碰撞力 F_{max} = 600kN。

(2)车辆速度分析

数值仿真分析所得到的车辆速度时程曲线与图 6.5.6.9 相似。在碰撞过程中,车辆速度顺桥方向的分量从 v_x = 16 100mm/s 下降到 v_x = 13 600 mm/s,下降了约 16%;车辆速度横桥方向的分量从 v_y = -4 300mm/s 上升到 v_y = 0,并且继而反向。

(3)护栏变形分析

数据仿真分析所得到的护栏变形等值线与图 6.5.6.10 相似。护栏最大变形发生在牵引车碰撞到的中横梁上,最大变形值为 Z = 147mm。

(4)护栏应变分析

数值仿真分析所得到的护栏应变等值线与图 6.5.6.11 相似。护栏最大应变发生在牵引车碰撞位置之后的第一根立柱的上横梁支架上,支架最大应变值为 ε = 0.18,上横梁最大应变为 ε = 0.005,均小于材料极限应变 ε_j = 0.33。因此,可以认为由钢材极限应变控制的护栏断裂破坏可以避免。

5.6.4 仿真分析结论

从上述 4 种工况的车辆碰撞护栏数值仿真计算结果分析中,可以得出下列主要结论:

1. 数值结果比较

4种工况下的仿真分析结果可以汇总如表6.5.6.1所示。大直径横梁的车辆与护栏的最大碰撞力大于标准横梁，而最大变形和最大应变相差不大，由此可以基本否定大直径横梁方案，维持原设计的直径为$\phi114$的标准横梁。在标准横梁护栏的碰撞中，碰撞横梁跨中时的最大碰撞力大于碰撞立柱时的最大碰撞力，但最大变形和最大应变结果与之相反。

车辆碰撞护栏数值仿真分析结果汇总　　表6.5.6.1

碰撞工况	最大碰撞力(kN)		车速变化	最大变形		最大应变	
	牵引车	半挂车	顺桥方向	数值(mm)	位置	数值	位置
工况一	345	340	-12%	205	上横梁	0.23	上横梁支架
工况二	360	350	-10%	149	中横梁	0.18	上横梁支架
工况三	490	480	-12%	209	中横梁	0.18	上横梁支架
工况四	500	600	-16%	147	中横梁	0.18	上横梁支架

2. 碰撞力比较

根据数值仿真分析得到的碰撞力时程曲线可以分别求得最大碰撞力、平均碰撞力和碰撞力持续时间如下：

车辆碰撞立柱：$F_{max}=345kN$，$F_{mean}=78.4kN$，$\Delta T=0.53s$

车辆碰撞横梁：$F_{max}=360kN$，$F_{mean}=42.1kN$，$\Delta T=0.60s$

与前述碰撞力静力法计算结果相比，瞬时峰值基本一致（静力法$F_{max}=372kN$），平均值远小于静力法结果（$F_{mean}=237kN$），碰撞持续时间稍短于静力法结果（$\Delta T=0.72s$）。

3. 车辆倾覆风险

在碰撞过程中，集装箱半挂车仅产生了很小的侧倾角，并很快得以恢复，因此可以认为在碰撞过程中不会发生集装箱列车的倾覆风险。

4. 护栏安全性

牵引车撞击护栏后发生摆头，在此过程中护栏横梁和立柱的最大应变均小于材料极限应变，因此，护栏不会发生断裂，并能顺利导出牵引车；再经受集装箱半挂车的二次碰撞后，最大应变仍小于材料极限应变，护栏安全性是有保证的。

5.7　防撞护栏设计结论

东海大桥主要承担集装箱车辆的通行运输任务，由于集装箱车辆箱体高、车身长、吨位重、惯性大，国内外现有的防撞护栏都无法满足集装箱车辆的碰撞设计要求。针对这一特定要求，提出了多种防撞护栏设计计算方法，主要包括护栏结构设计原理、集装箱车辆碰撞条件、碰撞力作用简化计算和碰撞过程数值仿真分析等。经过比较可以得出以下几点结论：

(1)根据东海大桥交通组成的特点，刚性护栏虽然具有很大的刚度，能够有效地阻止集装箱车辆越出桥外，但过大的刚性一方面会对失控车辆造成很大的损伤，另一方面会将过大的车辆撞击力传递给桥面结构，造成桥面板破坏。柔性护栏的缆索不利于抵抗集装箱车辆，在碰撞过程中易冲断。因此，拟选用国际上使用最广泛的半刚性护栏。

(2)根据现有规范中的静力法和碰撞设计条件，计算出东海大桥防撞护栏的最大碰撞力为$F_{mean}=372kN$、平均碰撞力为$F_{mean}=237kN$；根据结构动力学基本原理，推导建立了单自由度双串连弹簧车辆碰撞力动力学计算模型，动力法计算得到的东海大桥防撞护栏的最大碰撞力为$F_{max}=552kN$，平均碰撞力为$F_{mean}=351kN$。

(3)对采用整跨结构计算模型和局部结构计算模型的线性材料静力计算结果进行分析和比较，结果表明由于碰撞作用的局部特性，只要适当调整边界条件，完全可以采用局部结果的计算模型来进行碰撞作用结构应力和变形分析，从而大大降低计算工作量、提高计算效率。在此基础上，线性材料动力计算和非线性材料静力计算均采用局部结构计算模型。

（4）对采用局部结构计算模型的线性材料静力计算结果、线性材料动力计算结果，以及非线性材料静力计算结果进行分析和比较，在护栏变形计算上存在较大的差别，其中非线性材料静力计算结果最大，也最合理；在护栏构件受力方面，由于碰撞造成的横梁和立柱的应力很大，虽然三种方法数值不等，但都已经超过了材料的弹性极限，只能作为名义应力；在充分考虑材料性能和碰撞特点等方面，非线性材料静力计算是三种方法中最精确的方法。

（5）碰撞过程数值仿真分析表明，集装箱车辆碰撞护栏从牵引车接触护栏开始，随后牵引紧贴护栏滑动并发生摆头，一直到牵引车导出，完成第一次碰撞，最大碰撞力一般出现在该阶段；然后，集装箱半挂车再第二次撞上护栏，半挂车紧贴护栏滑动，再次发生牵引车摆头，一直到半挂车导出，结束整个车辆碰撞过程。

（6）数值仿真受力计算结果表明，护栏最大变形一般发生在中横梁或上横梁上，最大变形值小于规范规定的下限值 $y = 0.3\text{m}$；护栏最大应变一般发生在立柱与中横梁或上横梁的连接点上，最大应变值为 0.18 ~ 0.23，小于钢材的极限应变 0.33；并且否定了上横梁改用 $\phi121$ 大直径钢管的比较方案。

（7）东海大桥防撞护栏结构在集装箱车辆的碰撞作用下，护栏构件——横梁和立柱会产生很大的应力和变形，其中碰撞应力将导致构件应力屈服，碰撞变形将导致构件塑性变形，但是不会造成车辆翻越护栏的重大事故，至多需要事后修复被撞护栏构件。

第七篇

工程控制网布设与工程测量

第1章 概 述

东海大桥全长约32.5km,其中陆上段(芦潮港新老大堤之间)约3.9km,跨海段(芦潮港至小洋山之间)约25km,港桥连接段约3.6km。大桥宽度为31.5m。工程位于舟山群岛西北部的崎岖列岛、长江口与杭州湾的汇合处至上海市南汇区芦潮港沿线,行政区划隶属于上海市和浙江省。在大桥的起始端已具备国家统一设定的平面基准和高程基准,但海上和海岛无国家统一的平面和高程基准,根据工程规划设计和施工建设的需要,大陆上已知的大地测量基准(包括国家统一平面基准和高程基准)只能单向传递到洋山港区小洋山等岛屿,无法进行双向数据传递,使测量精度的保证带来了困难。

目前,国际上的GPS定位技术已得到了广泛的运用,采用GPS定位技术在确定某一点的坐标精度确实相当高,但在确定某一点的高程误差却比较大,不能满足工程精度的要求。针对这一特点,工程技术人员利用地面及海洋重力、DTM数据、最新地球重力场模型和GPS水准的实测数据等资料,采用确定大地水准面的严密理论和计算方法,确定了测区范围内的似大地水准面模型,从而利用大地高和高程异常求得海岛区域的正常高,使长距离跨海高程传递技术获得成功,保证工程控制网的布设取得较高的精度。

另外,海上沉桩受海浪颠簸干扰,打桩船始终无法静止进行沉桩施工,工程技术人员采用GPS精密动态定位技术,解决了在远离岸线的茫茫大海上的沉桩的工程测量难题,保证了沉桩的定位准确。

1.1 GPS全球定位系统及其工作原理

GPS即全球定位系统(Global Positioning System)是美国从20世纪70年代开始研制,于1994年全面建成,具有在海、陆、空进行全方位实时三维导航与定位能力的新一代卫星导航与定位系统。经我国测绘等部门近10年的使用表明,GPS以全天候、高精度、自动化、高效益等显著特点,赢得广大测绘工作者的信赖,并成功地应用于大地测量、工程测量、航空摄影测量、运载工具导航和管制、地壳运动监测、工程变形监测、资源勘察、地球动力学等多种学科,从而给测绘领域带来一场深刻的技术革命。全球定位系统是美国第二代卫星导航系统,是在子午仪卫星导航系统的基础上发展起来的,它采纳了子午仪系统的成功经验。和子午仪系统一样,全球定位系统由空间部分、地面监控部分和用户接收机三大部分组成。按目前的方案,全球定位系统的空间部分使用24颗高度约2.02万km的卫星组成卫星星座。21+3颗卫星均为近圆形轨道,运行周期约为11h58min,分布在六个轨道面上(每轨道面4颗),轨道倾角为55°。卫星的分布使得在全球的任何地方、任何时间都可观测到4颗以上的卫星,并能保持良好定位计算精度的几何图形(DOP)。

在工程测量方面,应用GPS静态相对定位技术,布设精密工程控制网,用于城市和矿区油田地面沉降监测、大坝变形监测、高层建筑变形监测、隧道贯通测量等精密工程。加密测图控制点,应用GPS实时动态定位技术(简称RTK)测绘各种比例尺地形图和用于施工放样,而用于工程测量,成为建立城市与工程控制网的主要手段。

GPS定位的基本原理是利用几何和物理的基本原理,根据空间分布卫星及卫星与地面点间的距离,交会出地面点的位置。即通过卫星不间断地发送自身的星历参数和时间信息,用户接收到这些信息后,经过计算求出接收机的三维位置、三维方向,以及运动速度和时间信息。

1.2 GPS 定位系统的基本特点

GPS 定位系统在工程测量方面具有如下基本特点：

1. 定位精度高

一般认为，GPS 相对定位精度在 50km 以内误差是全程长度的 10^{-6}，即 5cm。在 100 ~ 500km 范围内误差是全程长度的 10^{-7}，在 1 000km 范围内误差是全程长度的 10^{-9}。在 300 ~ 1 500m 工程精密定位中，1h 以上观测的解，其平面位置误差小于 1mm，与 ME-5000 电磁波测距仪测得的边长比较，其边长校差最大为 0.5mm，校差中误差为 0.3mm。

2. 观测时间短

随着 GPS 系统的不断完善和软件的不断更新，目前 20km 以内相对静态定位，仅需 15 ~ 20min；快速静态相对定位测量时，当每个流动站与基准站相距在 15km 以内时，流动站观测时间只需 1 ~ 2min，然后可随时定位，每站观测只需几秒钟。

3. 测站间无须通视

GPS 测量不要求测站之间互相通视，只需测站上空开阔即可，因此可节省大量的造标费用。由于无需点间通视，点位位置可根据需要，可稀可密，使选点工作甚为灵活，也可省去经典大地网中的传算点、过渡点的测量工作。

4. 可提供三维坐标

经典大地测量将平面与高程采用不同方法分别施测。GPS 可同时精确测定测站点的三维坐标。目前 GPS 水准可满足四等水准测量的精度。

5. 操作简便

随着 GPS 接收机不断改进和自动化程度越来越高，有的已达“傻瓜化”的程度；接收机的体积越来越小，重量越来越轻，极大地减轻测量工作者的工作紧张程度和劳动强度，使野外工作变得轻松愉快。

6. 全天候作业及功能多、应用广

目前 GPS 观测可在一天 24h 内的任何时间进行，不受阴天黑夜、起雾刮风、下雨下雪等气候的影响。GPS 系统不仅可用于测量、导航，还可用于测速、测时。

第2章　工程控制网的布设

工程控制网的布设是跨海大桥工程实施首项工作。它是大桥各部件的施工测量和结构放样的依据，也是确保全桥施工测量质量的核心部分。该项目第一个难点是距离较长，且长宽比过大（桥梁长20多公里，桥面宽仅几十米）；第二个难点是工作场地在海上，环境恶劣，控制点的造标成本必须考虑，既要考虑控制网的网形，又要考虑成本以及海上作业的安全问题。因此控制网采用分级布设、分步实施的原则，即分两级设计、三个阶段布设。

2.1　工程控制网布设依据及要求

2.1.1　原则及依据

工程控制网布设首先应满足如下原则：

（1）测量精度上满足工程建设各阶段施工对平面和高程控制的要求。

（2）密度上满足工程质量控制管理及施工单位方便运用常规仪器进行工程放样。

（3）技术先进、经济合理，确保控制测量成果的正确与可靠。

（4）根据跨海大桥工程的进展情况采用分级布设、逐级加密布设控制网。

利用GPS全球卫星定位系统进行跨海大桥工程控制网的布设，应满足下列技术规范或规程：

（1）《城市测量规范》（CJJ 8—99）；

（2）《公路勘测规范》（JTJ 061—99）；

（3）《全球定位系统城市测量技术规程》（CJJ 73—97）；

（4）《国家一、二等水准测量规范》（GB 12897—91）；

（5）《国家三、四等水准测量规范》（GB 12898—91）。

2.1.2　工程控制测量要求

依据工程不同阶段实施的需要，确定控制测量要满足以下要求：

（1）平面坐标采用1954北京坐标系，3°带，东经122°中央子午线；

（2）高程系统采用1985国家高程基准，$H^{国家} = H^{吴淞} - 1.610$（m）。

（3）精度要求：

①GPS测量的控制点平面点位为±5mm、GPS大地高中误差为±8mm。

②水准测量（二等）每公里偶然中误差M_Δ为±1.0mm；每公里全中误差M_w为±2.0mm；海岛高程传递为三等水准精度。

③高差不符值的限差为$\pm 15\sqrt{K}$ mm。

2.2　平面控制测量

在大桥全线范围内建立起一张平面控制网有两大难点，一是桥梁距离较长，且长宽比过大（桥梁长32.5km、桥面宽仅31.5m）；二是工作场地在海上，控制点的造标成本必须考虑，既要考虑控制网的网形，又要考虑成本以及海上作业的安全问题。因此控制网采用分级布设、分步实施的原则，即分两级设计、三个阶段布设。

2.2.1 平面控制网建立

平面控制网的精度往往由若干个基岩点自身的精度来保证的。陆地上为了大桥工程实施的需要设置了两个基岩点，即图7.2.2.1中的芦洋基1（编号LYJ1）和芦洋基2（编号LYJ2）。由国家设置的基岩点向本工程设置的两点基岩点进行一等水准引测，使得本工程设置的两点基岩点具有稳固、高精度的高程数据，作为控制网的高程起算点。

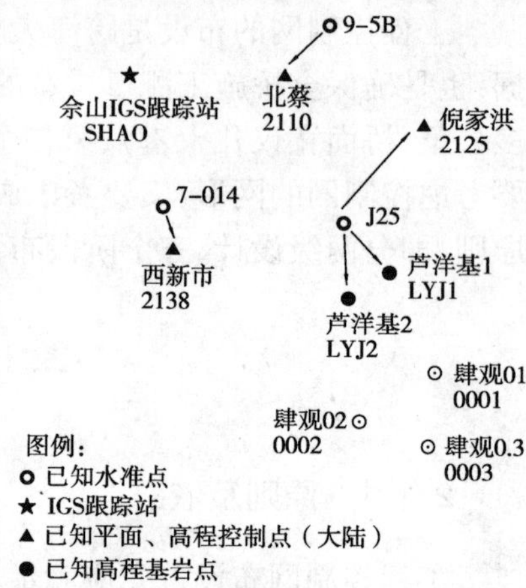

图7.2.2.1 控制网点位分布及已知三角点水准接测示意图

在此基础上，运用高精度GPS静态相对定位技术，在包括以上两个基岩点及已有的国家GPS*A*、*B*级网和岛屿地区选择的点位进行联测，求得岛屿地区的最少一个点的平面坐标和大地高。陆地GPS点可选5或6个一、二等水准点，最好是基岩点，点距20～30km，基本上均匀分布。这些水准点的高程必须是近1～2年水准观测的成果，如果没有，应进行二等水准进行联测。同时在岛上选1或2个GPS点，验潮站点包括在内。选定或利用的点位如图7.2.2.1中所示。大陆部分有佘山、西新市、北蔡、倪家洪和芦洋基1（编号LYJ1）、芦洋基2（编号LYJ2），海岛部分是肆观01（编号0001）、肆观02（编号0002）和肆观03（编号0003）。通过地面及海洋重力（范围：29.5°N～31.5°N、121°E～123°E、中心位置31°N、121.5°E）DTM数据、最新地球重力场模型和GPS水准的实测数据等资料，采用确定大地水准面的严密理论和计算方法，确定测区范围内的似大地水准面模型，从而运用大地高和高程异常求得岛屿测区的正常高（水准高）。

按照两级设计、三阶段布设的基本原则，根据现场的条件和施工进展的状况逐步加设控制点，建立东海大桥的控制网。整个大桥平面和高程控制网由下述控制点构成。

芦潮港岸上4点：LYJ1、LYJ2、LY01、LY04。

小洋山岛上3点：0001、0002、0003。

大乌龟岛、小乌龟岛及颗珠山上各1点上：LY35、LY33、LY36。

海上*A*、*B*、*C*三组试桩平台上各1点：LY12、LY21、LY30。

桥墩已竣工的承台上：每隔1km左右承台顶上一个点。

1. 两级设计

首级控制网为由已有高等级陆上平面和高程控制点成果，引至东海大桥工程所在的芦潮港两个基岩点LYJ1、LYJ2和岛屿端的小洋山0001、0002、0003共5个点位所组成，见图7.2.2.2。

加密控制网为由首级控制网所得的成果加密布设其余控制点点位平面坐标所组成。因加密控制网控制点的设立、设定受施工进度的制约，为了保证大桥控制测量（主要是高程成果）的可靠性，加密控制网的建立应分步实施。

2. 三阶段布网

全桥测量控制网分以下三个阶段测设完成。

第一阶段：根据陆上施工的需要，在首级控制网的基础上，芦潮港陆域新大堤侧再加密两个控制点，完成以下各控制点的测设，见图7.2.2.3。

芦潮港岸上4个控制点，编号分别是LYJ1、LYJ2、LY01、LY04。小洋山岛上3个控制点，编号分别是0001、0002、0003。

第二阶段：为海上工程施工的需要，再加密几个控制点，完成以下各控制点的测设，见图7.2.2.4。

小乌龟岛、大乌龟岛及颗珠山上各1个点，编号分别是LY33、LY35、LY36；海上*A*、*B*、*C*三组试桩平台上各1个点，编号分别是LY12、LY21、LY30。

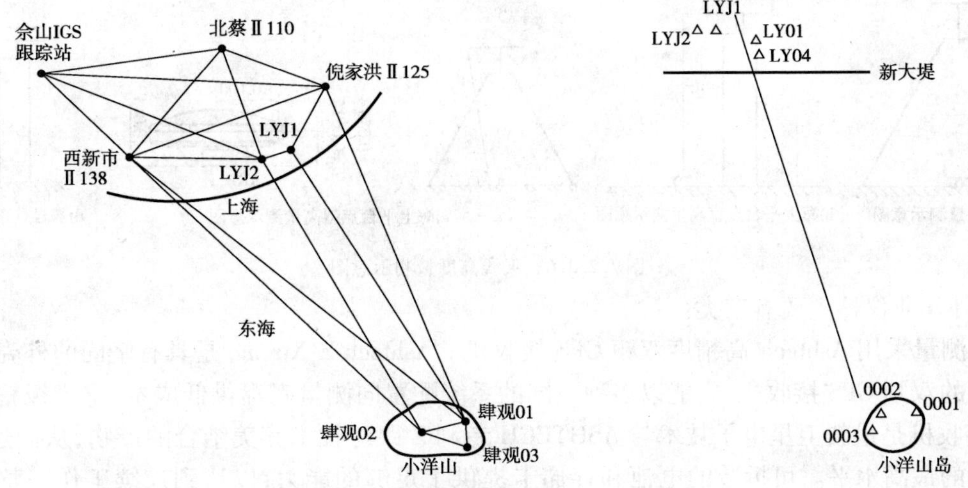

图 7.2.2.2　东海大桥首级控制网示意图　　图 7.2.2.3　东海大桥第一阶段控制网

第三阶段：逐步完成大桥全线 34 个点的测设，见图 7.2.2.5。

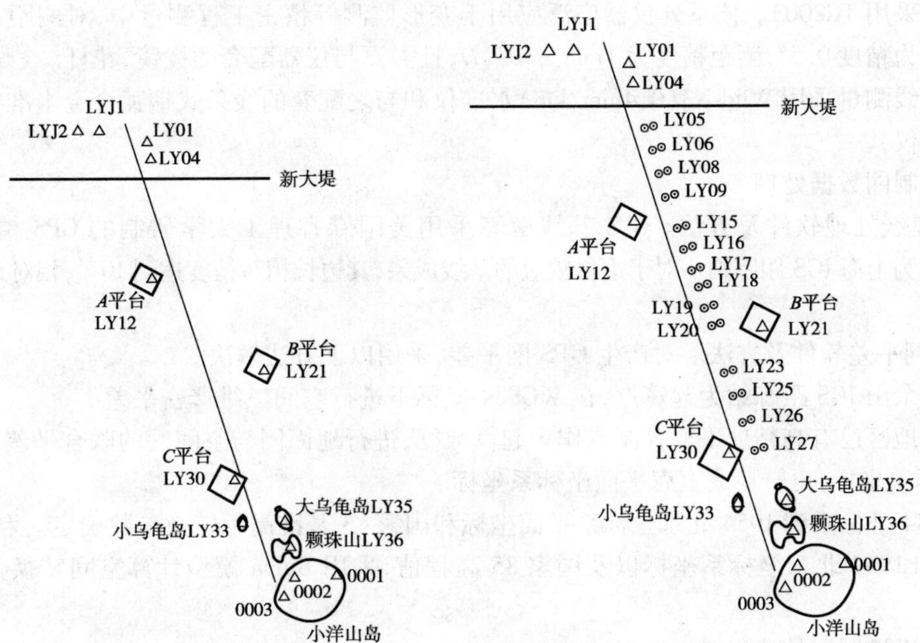

图 7.2.2.4　东海大桥第二阶段控制网　　图 7.2.2.5　东海大桥第三阶段控制网

34 个承台上的控制点按承台竣工进度逐步分期测设完成。由于本阶段测量控制点的布设依赖于已建的桥墩墩台，所以为了保证测量控制成果的可靠性，选取 20 个桥墩承台点首先施工。

2.2.2　平面控制网施测计算

1. 首级平面控制网

在野外作业应满足如下要求：

(1) 采用各控制点同步安置 GPS 接收机同步观测。

(2) 时段长为 72h，即连续观测 3 天 3 夜。

(3) 采样历元间隔为 30s。

(4) 在天线每隔 120°处量测天线高，量取读记至毫米。观测的前、中、后量取三次。各控制点天线高度量测见图 7.2.2.6。

(5) 外业工作结束后，将观测数据汇总刻录光盘备数据处理用。

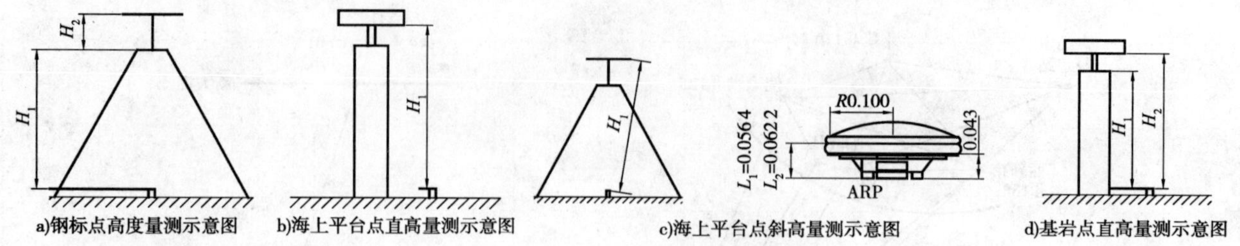

图 7.2.2.6 天线高度量测示意图

(6)野外作业仪器主要有三类:

①GPS 测量采用 Ashtech 高精度双频 GPS 接收机。Ashtech Z-Xtreme 是具有坚固的外壳、能适应各类气候条件的双频 GPS 接收机,它能以多种不同的系统配置向测量者提供低成本、毫米级精度的定位。Z-Xtreme 接收机是最新卫星电子技术与 ASHTECH 专利 Z 跟踪技术完美结合的产物,从而达到 GPS 信号商业用途的最高水平。可拆装的电池和存储卡提供了足够的能力,以达到连续工作一整天的目的。各种组件完整地集成在一个适应各类气候、抗撞击的高强度塑装套盒内。对于东海大桥海上多变的气候有很强的适应能力,可以满足其野外作业的要求。

②全站仪采用 TC2003。该系列仪器广泛应用于变形监测等精密工程测量中,对测距、测角有严格的要求。测角为精度 0.5″,测距精度为 $1\text{mm} \pm 10^{-6}D$,且需要与仪器配套的棱镜、花杆。

③水准路线测量采用 Wild N3(0.4mm/km)水准仪和与之配套的线条式铟瓦合金水准标尺(或同精度的电子水准仪)。

2. 首级控制网数据处理

(1)GPS 基线处理软件及方法。GPS 基线解算采用美国麻省理工大学研制的 GPS 精密处理软件 GAMIT;起算点为上海 IGS 跟踪站。对于边长较短的基线成果,其边长相对精度达到 10^{-7},相对点位精度达到毫米级。

(2)GPS 网平差软件及方法。对产生 GPS 网平差,采用以下方法解决。

①以上海佘山 IGS 跟踪站为起算点,在 WGS84 坐标下进行空间三维严密平差。

②以大陆地区已有高精度平面控制点作为起算数据,进行地面网与空间网的联合平差,求得各点的 1954 北京坐标系坐标,再转换成上海平面坐标系坐标。

(3)WGS84 坐标系到 1954 北京坐标系平面坐标和国家 85 基准高程转换参数确定。利用公共点的 WGS84 坐标和 1954 北京坐标系坐标以及国家 85 高程值,采用 Bursa 模型计算空间转换其参数,用于 RTK 定位作业。

3. 加密平面控制网的建立

按照常规 GPS 测量方法,采用 GPS 技术静态观测模式,时段长 4h,其他均按首级控制相同的要求布测,以首级平面控制点为起算点,建立加密控制网。

4. 加密平面控制网的数据分析

从前九次加密测量数据中,可以得到每次观测成果值与前一次观测成果值坐标分量之间的差值,见表 7.2.2.1。

各次观测成果坐标分量之间差值 表 7.2.2.1

点　号	次数 / 坐标量	1	2	3	4	5	6	7	8	9
A 平台 LY12	Δ*X*	0	0	−8	−8	+9	0	+2	−17	+25
	Δ*Y*	0	0	+7	−12	+19	−4	+4	+2	+3
B 平台 LY21	Δ*X*	0	0	0	0	0	−3	0	0	+2
	Δ*Y*	0	0	0	0	0	−7	+6	0	+2

续上表

点　号	次数 / 坐标量	1	2	3	4	5	6	7	8	9
C平台 LY30	ΔX	0	0	+2	+9	+10	-9	-2	-5	-3
	ΔY	0	0	-3	0	-1	-1	-3	+9	-16
小乌龟岛 LY33	ΔX	0	+9	-4	+2	+3	+27	+6	+2	0
	ΔY	0	+5	-8	+11	-1	-10	-4	+7	0
大乌龟岛新设点 LY35	ΔX	0	0	0	0	0	+36	+1	-4	0
	ΔY	0	0	0	0	0	-2	+3	+3	0
颗珠山 LY36	ΔX	0	0	0	0	0	+50	0	-5	+3
	ΔY	0	0	0	0	0	0	0	+1	-10
备注	位移量ΔX:正值为向北位移负值为向南位移									
	位移量ΔY:正值为向东位移负值为向西位移									

根据上表内容可以发现这些测量数据的一些特性:观测数据有正有负,正、负数值出现的概率大致相同;绝对值较小的误差比绝对值较大的误差出现的概率大;误差的绝对值都有一定的限值,或者说,超过一定限值的误差其出现的概率为零。

在测量过程中,根据观测误差对观测结果的影响性质,可将观测误差分为系统误差和偶然误差两种。对表7.2.2.1结果的特性分析,可以看出这些观测数据符合偶然误差的特性,所以,在观测成果中,其偶然误差是占主要的,系统误差是占次要的,观测的成果是稳定可靠的。

产生上述两种误差的主要原因概括起来有以下三方面:

(1)外界条件。外界条件有大海上的潮汐、风力、温度、大气折光等因素的影响,这些是误差的主要来源。随着温度的高低、湿度的大小、潮汐的强弱以及大气折光的不同,他们对观测的影响也随之不同,因而在这些客观环境下进行观测,就必然使观测的结果产生误差。

(2)观测者。由于观测者的感觉器官的鉴别能力有一定的局限性,在仪器的架设、量取仪器高、读取数据等方面都会产生误差。

(3)测量仪器。测量工作通常是利用测量仪器进行的,由于每一种仪器只具有一定限度的精密度,因而使观测值的精度受到一定的限制。例如,虽然量取仪器高所使用的钢尺其精度达到毫米级,但是无论我们怎么运用测量手段或者计算方法,都会产生一定的误差;而且在同一个点上,可能采用不同的GPS接收机进行观测,因而在量取和观测中也会带来误差。

第3章 跨海高程传递

东海大桥横跨上海市和浙江省两个地区,大桥于上海东南海岸的芦潮港与之东偏南约150°的小洋山之间的海面上建造。因工程的前期控制要纵跨整个东海大桥的工程范围内,需将大陆芦潮港一端的高程传递到远离大陆(约36km)的小洋山岛上。小洋山岛在海上是一座孤岛,与陆地中间无任何可利用设施布置固定的高程控制点,利用常规的跨河水准方法将无法进行项目的高程控制传递,所以要将高程采用非常规方式传递到海岛,就必须要在技术上有所突破。

工程建设初期,海岛上的高程由于受各种因素的限制,验潮数据只有不到一年的积累,利用这些数据所计算出的海岛的高程远远不能满足工程对测量高程控制精度的要求。虽然利用GPS可以较高精度地测定点位高度,即大地高 H,但GPS所测高度的参考面是地球椭球体面,而工程建设需要测定的高度是相对似大地水准面的高度,即水准高 $H_{正常}$(似大地水准面的定义在下面章节介绍)。这二者所采用的参考面不是同一曲面,它们既不平行也不重合,所获取的高程数据不相一致。所以根据GPS技术在国内外的发展动态,结合东海大桥的特殊性和地理特点(天空开阔,利于GPS观测取得较好质量的数据),提出了利用GPS技术结合重力大地测量进行高程传递的方案。

3.1 重力测量高程传递理论简介

在大地测量中进行高程传递都必须定义高程系统的参考面。目前,在地球重力场及地球形状的基本理论中介绍了大地水准面和似大地水准面。它们都要以地球重力场位理论为基础,通过解算相应大地测量边值问题来确定。根据计算理论的不同,所选择的参考面也不同。

3.1.1 大地水准面

大地水准面是作为测定正高的基准面,它是代表地球形状的一个封闭重力等位面。需要在Stokes(斯托克斯)理论框架下求解。

Stokes(斯托克斯)定律指出,如果一个物体绕固定轴以等角速度旋转,那么该物体的水准面形状和其总质量就可以唯一地确定该物体在水准面的外部和面上任一点的重力位和重力,而与物体内部的质量分布无关。

由Stokes(斯托克斯)理论确定的大地水准面,要求移去高出大地水准面外的地形质量至大地水准面内部,并要求移动质量的时候不改变地球的总质量、质心位置和大地水准面的形状。这就需要在应用Stokes(斯托克斯)计算公式前,事先对地壳密度进行调整并进行重力值归算。

因此,以大地水准面为参考面测定的正高,从理论上讲它是不能精确确定的。这是Stokes(斯托克斯)理论本身存在的理论和实用上的缺陷。

3.1.2 似大地水准面

似大地水准面是由Molodensky(莫洛金斯基)提出的。它抛开了大地水准面的概念,从确定地球真正(自然)形状出发,引入似地形表面的概念。这个面在理论上不需要重力归算和调整地壳密度便可严密确定。地面点沿垂线向下量取至该面的距离为正常高,所得的点形成的连续曲面就称之为似大地水准面。大地水准面与似大地水准面的图形表达见图7.3.1.1。

Molodensky(莫洛金斯基)理论虽然近乎完美,但其代价是"丢失"了大地水准面这一具有重要地球物理意义的物理面。似大地水准面纯属几何面，它不是水准面，只是用以计算的辅助面。无明显的物理意义，难以用于地球物理、地质、海洋等地学领域。我国规定采用的高程系统是正常高系统，参考面是似大地水准面，这个曲面与参考椭球面之间的差距ζ称为高程异常，因而在具体实施中确定似大地水准面就是求地面点的高程异常ζ。

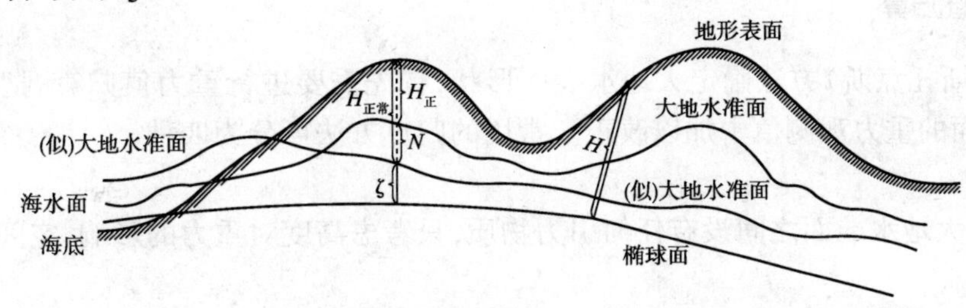

图7.3.1.1　大地水准面与似大地水准面

3.1.3　似大地水准面与大地水准面的转换

似大地水准面是人为定义的一个几何曲面，只作为正常高系统的参考面。大地水准面是一个与平均海水面密合的重力等位面，是地球重力场在地球表面的几何表现，不仅是地球形状的代表，也反映地球内部不同空间尺度的物质分布规律。大地水准面是正高系统的参考面，正高系统目前仍被一些西方国家所采用，未来全球高程基准的统一也可能以精密全球大地水准面为参考面，采用正高系统。

随着大地测量学和相关地球学科的互动发展的不断深入，在确定大地水准面的同时可确定似大地水准面，在二者之间可建立起转换关系。

在大地坐标系中，一个点的位置除了用坐标表示，还要附加另一参数——大地高H。对于用大地水准面或似大地水准面为参考面，大地高H同正常高$H_{正常}$及正高$H_{正}$有如下关系：

$$\left.\begin{aligned} H &= H_{正常} + \zeta \\ H &= H_{正} + N \end{aligned}\right\} \tag{7.3.1.1}$$

由式(7.3.1.1)得

$$N - \zeta = H_{正常} - H_{正} \tag{7.3.1.2}$$

式中：N——大地水准面的差距，即该点的大地水准面的高；

ζ——高程异常。

根据正高和正常高的定义：

$$H_{正} = \frac{c}{\bar{g}}, H_{正常} = \frac{c}{\bar{\gamma}} \tag{7.3.1.3}$$

式中：c——地球位基数；

$\bar{g}$——地面点沿重力线到大地水准面之间的平均重力值；

$\bar{\gamma}$——似地球表面上，与地面点对应的某一点沿正常重力线到参考椭球面之间的平均正常重力值。

由式(7.3.1.3)中的两式削去c，得

$$H_{正常} - H_{正} = \frac{\bar{g} - \bar{\gamma}}{\bar{\gamma}} \cdot H_{正} \tag{7.3.1.4}$$

由式(7.3.1.2)得

$$N - \zeta = \frac{\bar{g} - \bar{\gamma}}{\bar{\gamma}} \cdot H_{正} \tag{7.3.1.5}$$

式(7.3.1.5)就是大地水准面与似大地水准面之间的转化关系式。这二者之间转换的主要困难是

难以严密地求出 $\bar{g}$,它涉及地球内部密度问题。

可以证明,大地水准面与似大地水准面在海洋面上是重合的,两者差距为零。大地水准面和似大地水准面是一致的。在平原地区,两者差距在厘米级,而在山区可能差到数米。

3.1.4 重力值归算

根据 Stokesy(斯托克斯)方法确定大地水准面形状,首先需要进行重力值归算,把对地球调整的影响计算出来,在地面的重力观测值中加以改正。常用的归算方法可分为四种。

1. 空间改正

认为观测点与大地水准面之间没有任何引力物质,只考虑高度对重力的影响,空间重力异常的表达式为:

$$\Delta g_{空} = g - \gamma + \delta g_1 \tag{7.3.1.6}$$

式中:g——地面点的重力值;

γ——为参考椭球面上与地面点对应点的正常重力值;

δg_1——纯空间归算的重力改正,具体计算可参阅相关专业书籍。

2. 布格改正

法国的大地测量学家布格(Bouguer)认为,空间重力值归算不考虑测点至大地水准面之间的地壳质量对重力的影响是不合理的,并提出将中间层作为一等厚度的无限水平板,作层间改正,把对空间改正与层间改正之和称为布格改正。因此,布格改正的实质就是移去测点至大地水准面之间的质量,将这部分质量对测点的重力影响进行改正,并将地球表面的重力值归算到大地水准面上。布格重力异常表达式为:

$$\Delta g_{布} = g - \gamma + \delta g_1 + \delta g_2 = \Delta g_{空} + \delta g_2 \tag{7.3.1.7}$$

式中:δg_2——地形质量的引力改正,具体计算可参阅相关专业书籍。

3. 地形改正

布格改正是将地面当作平面,消除的是测点以下层间质量的影响,实际地面都是起伏不平的,这对布格改正的精确性是有影响的,地形起伏愈大,这种影响就越大。在海洋靠近大陆的部分,由于海底地形急剧变化其影响更大。这种由测点周围地形起伏部分质量所产生的影响称为局部地形改正。

局部地形改正加上层间改正和空间改正就称为地形改正。地形改正后的重力异常表达式为:

$$\Delta g_{地} = g - \gamma + \delta g_1 + \delta g_2 + \delta g_3 = \Delta g_{空} + \delta g_2 + \delta g_3 \tag{7.3.1.8}$$

由式(7.3.2.7)知道,$\Delta g_{布} = g - \gamma + \delta g_1 + \delta g_2 = \Delta g_{空} + \delta g_2$,式(7.3.1.8)也可表达成:

$$\Delta g_{地} = g - \gamma + \delta g_1 + \delta g_2 + \delta g_3 = \Delta g_{布} + \delta g_3 \tag{7.3.1.9}$$

式中:δg_3——局部地形改正,具体计算可参阅相关专业书籍。

以上所述的地形改正为不完全地形改正,如果顾及整个地球的地形影响,则称为完全地形改正。此时,在离观测点较远的区域要考虑地球曲率的影响。

4. 均衡改正

按照地壳均衡学说,认为地面高山的形成是它下面的物质变稀、质量有亏损,海洋的形成是它下面的物质变稠、质量有盈余。高出大地水准面的物质量应该等于它下面地球内部物质变稀亏损的量;海洋地区海水相对地壳密度减少的质量应该等于海底下面物质变稠盈余的量。这说明大地水准面以下的地壳质量和大地水准面以上的地形质量之间存在着某种补偿关系。

按均衡改正 δg_4 的计算公式(具体计算可参阅相关专业书籍)求得 δg_4 后,便可得到均衡异常的表达式:

$$\Delta g_{均} = g - \gamma + \delta g_1 + \delta g_2 + \delta g_3 + \delta g_4 = \Delta g_{空} + \delta g_2 + \delta g_3 + \delta g_4 = \Delta g_{布} + \delta g_3 + \delta g_4 \tag{7.3.1.10}$$

上述四种方法，无论哪一种归算方法都使大地水准面发生变化，产生间接影响。根据众多学者研究之后，认为应用 Stokesy（斯托克斯）理论计算大地水准面形状时，用经过空间改正的重力是比较适宜的。在实际应用中，加局部地形改正的空间归算是用重力测量法研究大地水准面形状理想的归算方法。当然布格改正和均衡改正也有其用途。在不同地区的应用可根据实际掌握的现场资料情况进行重力值归算。

3.1.5　Stokesy（斯托克斯）公式

经过重力值归算，便可按 Stokesy（斯托克斯）公式计算大地水准面上一点沿椭球法线到正常椭球面的距离 N。N 称为该点的大地水准面差距，也即该点的大地水准面高。Stokesy（斯托克斯）公式的一般表达式见下式：

$$N = \frac{R}{4\pi\bar{r}}\int_0^{2\pi}\int_0^{\pi}\Delta g S(\psi)\sin\psi \mathrm{d}\psi \mathrm{d}A \tag{7.3.1.11}$$

式中：R——地球的平均半径；

$\bar{r}$——球面上正常重力的平均值；

Δg——球面上重力异常函数；

ψ——计算点到面元的极距（球面距）；

A——计算点到面元方向的方位角；

$S(\psi)$——Stokesy 函数，由下式表示：

$$S(\psi) = \csc\frac{\psi}{2} - 6\sin\frac{\psi}{2} + 1 - 5\cos\psi - 3\cos\psi\ln\left(\sin\frac{\psi}{2} + \sin^2\frac{\psi}{2}\right) \tag{7.3.1.12}$$

3.2　GPS 结合重力测量的高程传递理论方法

根据 GPS 技术结合重力测量实现高程传递理论，要在东海大桥区域建立局部范围高精度、高分辨率的似大地水准面，首先需要收集在东海大桥区域国家已有的高分辨率地形资料和重力资料，建立重力场计算模型，依据这些资料进行重力计算，进行局部重力和地形资料改善，推算东海大桥区域局部范围内的大地水准面，再进行大地水准面与似大地水准面的转化。为获取更高精度的似大地水准面，与 GPS 大地水准面进行拟合获得最终的似大地水准面，实现长距离跨海高程的传递，将大陆上的高程基准按照工程高程传递的精度要求传递到小洋山岛上。由于该技术为新技术，在我国应用无先例和无完整的技术规范（规定），所以，在大桥施工后期墩台成型后，再利用传统的测距三角高程法进行复测检核。

3.2.1　需要利用的资料

在东海大桥区域内，能获得到的分辨率较高的资料有以下几种。

1. 重力测量资料

陆域地区（范围：28°N ~ 34°N、119°E ~ 125°E）2′.5 × 2′.5 加密重力测量资料；

海域地区（范围：28°N ~ 34°N、122°E ~ 125°E）5′ × 5′布格重力异常资料。

2. 地形资料

范围为 28°N ~ 34°N、119°E ~ 125°E 的 30″ × 30″数字高程模型，简称 DEM（Digital Elevation Model）与 2′.5 × 2′.5 格网平均高；分辨率为 5′ × 5′的范围为 28°N ~ 34°N、122°E ~ 125°E 的水深资料；以及

1:2 000,1:5 000数字高程(含水深)模型。

范围为28°N ~34°N、119°E ~125°E 的30″×30″格网地形改正和均衡改正成果,为此经过计算可获得2′.5×2′.5 格网地形改正和均衡改正成果。

3. 重力场模型及测量成果

采用美国最新的高阶重力场模型(EGM96,360 阶次),布测的 GPS 水准点共计 7 点。水准测量成果采用陆地 GPS 网点的正常高。

3.2.2　区域似大地水准面确定方案

根据该地区的资料的特点以及对该地区似大地水准面高精度的要求(跨海约 30km 达到三等水准测量的精度 ±8.2cm),采用以下方案:

充分利用该地区所收集的重力测量资料、地形资料、重力场模型及水准测量成果,采用重力法(Stokesy 原理)及移去恢复技术,完成该地区分辨率为2′.5×2′.5(相当于5km×3km)的高精度的区域似大地水准面成果,以达到长距离传递高程的目的。

根据陆地与海洋区域重力资料的不同,采用以下三种方法进行处理:

(1)陆地地区使用加密重力测量资料计算平均重力异常;海区使用由重力场模型计算的平均重力异常。

(2)陆地与海区均使用加密重力测量资料计算平均重力异常;重力资料空白的海区,使用由重力场模型计算的平均重力异常。

(3)陆地与海区均使用加密重力测量资料,海洋地区还使用了5′×5′平均布格重力异常。

为此在东海大桥区域内,对高分辨率格网进行地形与均衡改正进行了重力归算、对2′.5 格网进行平均空间异常的计算。

3.2.3　区域似大地水准面数学模型

1. 高分辨率格网地形改正 δg_{TC} 及均衡改正 δg_{IS} 的计算

确定高分辨率格网地形改正 δg_{TC} 及均衡改正 δg_{IS},是研究地球重力场精细结构(基本格网平均空间异常)及精化大地水准面的基本工作。它的分辨率与计算精度对平均空间异常确定以及大地水准面精化等计算项目有重要影响。

由式(7.3.1.10)知道,地形均衡重力异常表达为:

$$\Delta g_{均} = g - \gamma + \delta g_1 + \delta g_2 + \delta g_3 + \delta g_4 = \Delta g_{空} + \delta g_2 + \delta g_3 + \delta g_4 = \Delta g_{布} + \delta g_3 + \delta g_4$$

为与实际工程中习惯表达方式一致,将式(7.3.1.10)改写成如下形式:

$$\Delta g_{均} = g - \gamma + \delta g_1 + \delta g_2 + \delta g_{TC} + \delta g_{IS} = \Delta g_{布} + \delta g_{TC} + \delta g_{IS} \tag{7.3.2.1}$$

式中:δg_{TC}——局部地形改正;

δg_{IS}——均衡改正。

(1)局部地形改正 δg_{TC} 的计算

采用谱方法进行地形改正的计算公式为:

$$\delta g_{TC} = G\rho \iint_S \frac{1}{l}\left\{1 - \left[1 + \left(\frac{\Delta h}{l}\right)^2\right]^{-\frac{1}{2}}\right\} dx dy \tag{7.3.2.2}$$

式中:G——牛顿万有引力常数,或简称引力常数;

ρ——地壳密度;

l——计算点到流动点的平面距离;

Δh——计算点到流动点的高差。

如果$\frac{\Delta h}{l} \leqslant 1$,那么$\left[1+\left(\frac{\Delta h}{l}\right)^2\right]^{-\frac{1}{2}}$以 Taylor 级数展开为:

$$\left[1+\left(\frac{\Delta h}{l}\right)^2\right]^{-\frac{1}{2}} = 1-\frac{1}{2}\left(\frac{\Delta h}{l}\right)^2+\frac{1\times 3}{2\times 4}\left(\frac{\Delta h}{l}\right)^4+\frac{1\times 3\times 5}{2\times 4\times 6}\left(\frac{\Delta h}{l}\right)^6+\cdots \tag{7.3.2.3}$$

因此,顾及 Taylor 级数展开式二阶项的地形改正的计算公式为:

$$\delta g_{\mathrm{TC}} = \frac{1}{2}G\rho\iint_S \frac{\Delta h}{l^3}\mathrm{d}x\mathrm{d}y - \frac{3}{8}G\rho\iint_S \frac{\Delta h^4}{l^5}\mathrm{d}x\mathrm{d}y = \delta g_{\mathrm{TC}_1}+\delta g_{\mathrm{TC}_2} \tag{7.3.2.4}$$

式(7.3.2.4)的二维快速 Fourier 变换(FFT)技术计算地形改正的谱表达式为:

$$\delta g_{\mathrm{TC}_1} = \frac{1}{2}G\rho\{F_2^{-1}[H_2R_1]-2h_{\mathrm{P}}F_2^{-1}[H_1R_1]+h_{\mathrm{P}}^2F_2^{-1}[H_0R_1]\} \tag{7.3.2.5}$$

$$\delta g_{\mathrm{TC}_2} = -\frac{3}{8}G\rho\{F_2^{-1}[H_4R_2]-4h_{\mathrm{P}}F_2^{-1}[H_3R_2]+6h_{\mathrm{P}}^2F_2^{-1}[H_2R_2]-4h_{\mathrm{P}}^3F_2^{-1}[H_1R_2]+h_{\mathrm{P}}^4F_2^{-1}[H_0R_2]\} \tag{7.3.2.6}$$

式中: F_2^{-1}——表示二维 Fourier 变换逆算子,$H_{\mathrm{k}}=F_2[h^{\mathrm{k}}]$,$k=0,1,2,3,4$;

F_2——二维 Fourier 变换算子,$R_{\mathrm{k}}=F_2\left[\frac{1}{l^{2\mathrm{k}+1}}\right]$,$k=1,2$,$l$ 为两点间平面距离;

H——高程;

δg_{TC_1}——地形改正顾及 Taylor 级数一阶项的谱表达式;

δg_{TC_2}——地形改正顾及 Taylor 级数二阶项的谱表达式。

(2)谱方法确定均衡改正 δg_{IS}

采用爱黎—海斯卡涅均衡模型,对原始的三重积分表达式在平均抵偿根厚度 d_0 处展开为 Taylor 级数,并取至级数一阶项后,其二重平面积分表达式为:

$$\delta g_{\mathrm{IS}}(x,y) = G\Delta\rho\iint_S d(x,y)\left[\frac{d_0}{r_0^3}+\frac{r_0^2-3d_0^2}{r_0^5}(T-d_0)\right]\mathrm{d}x\mathrm{d}y+\frac{1}{2}G\Delta\rho\iint_S d^2(x,y)\frac{r_0^2-3d_0^2}{r_0^5}\mathrm{d}x\mathrm{d}y \tag{7.3.2.7}$$

式中:$\Delta\rho$——抵偿密度;

T——抵偿深度;

$d(x,y)$——流动点实际抵偿厚度;

d_0——平均抵偿根厚度;

r_0——$[(x-x_{\mathrm{p}})^2+(y-y_{\mathrm{p}})^2+d_0^2]^{1/2}$。

式(7.3.2.7)可用二维快速 Fourier 变换(FFT)技术计算,其谱表达式为:

$$\delta g_{\mathrm{IS}} = G\Delta\rho F_2^{-1}\{[D_1R_1]\}+\frac{1}{2}G\Delta\rho F_2^{-1}\{[D_2R_2]\} \tag{7.3.2.8}$$

式中:$R_1=F_2(r_1)$

$R_2=F_2(r_2)$

$r_1=\frac{d_0}{r_0^3}+\frac{r_0^3-3d_0^2}{r_0^5}(T_0-d_0)$

$r_2=\frac{r_0^2-3d_0^2}{r_0^5}$

$D_1=F_2(d)$

$D_2=F_2(d^2)$

2. 平均空间异常的计算

(1)2′.5 格网均衡异常(Δg_{IS})的计算

采用一次多项式移动拟合法，可以获得较好的拟合效果。移动拟合法是一种局部函数拟合法，永远以待定点为中心，用它周围的已知数据定义一个函数，应用时首先将坐标原点移动到待定点中，平移后数据点 i 的坐标为：

$$X_i = x_i - x_p, Y_i = y_i - y_p$$

移动拟合法的内插模型为：

$$\Delta g = a + bX_i + cY_i \tag{7.3.2.9}$$

根据待定点周围的已知点，组成误差方程式，按最小二乘法求解待定系数，对待定点 p，$X_i=0$，$Y_i=0$ 故待定点的拟合值(均衡异常)为：

$$\Delta g_p = a \tag{7.3.2.10}$$

(2)计算 2′.5 格网平均空间异常

由 2′.5 格网均衡异常，采用恢复法获得 2′.5 格网平均空间异常：

$$\Delta g_f = \Delta g_{IS} - \delta g_{布} - \delta g_{TC} - \delta g_{IS} \tag{7.3.2.11}$$

其中，$\delta g_{布}$、δg_{TC}、δg_{IS} 为 2′.5 格网平均层间改正、局部地形改正及均衡改正。

3. 重力大地水准面的确定

经对局部区域进行重力归算后，在 Stokes 理论基础上，采用 remove ~ restore 方法，完成大地水准面的计算。大地水准面的计算公式为：

$$N = \frac{R}{4\pi r}\int \Delta g_{res} S(\psi)\,d\rho + N_M$$

或

$$N = \frac{R}{4\pi r}\int_0^{2\pi}\int_0^{\pi} \Delta g_{res} S(\psi)\sin\psi\,d\psi\,dA + N_M \tag{7.3.2.12}$$

式中：Δg_{res}——剩余空间异常(实际值与按重力场模型计算的模型值的差值)；

N_M——按模型计算的大地水准面。

$S(\psi)$——Stokes 函数；

$$S(\psi) = \frac{1}{s} - 6s - 4 + 10s^2 - 3(1 - 2s^2)\ln(s + s^2)$$

式中，$s=\sin(\psi/2)$，ψ 为球面距离。

4. 重力大地水准面高转为似大地水准面高

由式(7.3.1.5)改写成

$$\zeta = N - \frac{\bar{g} - \bar{\gamma}}{\bar{\gamma}} \cdot H_{正} \tag{7.3.2.13}$$

式中：N——大地水准面高；

ζ——高程异常。

5. GPS 水准计算 GPS 大地水准面

采用的计算公式为：

$$N_{GPS} = h - H \tag{7.3.2.14}$$

式中：h——为 GPS 大地高，可由 GPS 定位给出；

H——正常高，由水准测量获得。

6. 最终似大地水准面的确定

由于重力大地水准面使用的平均椭球同 GPS 水准使用椭球(WGS84)不一致，加上重力基准等因素的影响，使得 GPS 水准与重力大地水准面在同一点上存在一定的差异，对此一般习惯于采用多项式拟合法完成系统改正计算，并获得最终的似大地水准面结果及有关的精度信息。

(1)系统改正参数的计算

采用平面(一次多项式)拟合计算：

$$\Delta N_i = a_0 + a_1 \Delta B_i + a_2 \Delta L_i \tag{7.3.2.15}$$

式中：ΔN_i——为 i 号GPS水准点的GPS水准结果与重力大地水准面差异；

ΔB_i、ΔL_i——为 i 号GPS水准点的重心坐标。

对上式采用3个以上的GPS水准点组成误差方程、法方程，计算出改正系数 a_0、a_1、a_2。

(2)对重力大地水准面的系统改正计算

采用公式为：

$$N_{ij} = NG_{ij} + a_0 + a_1 \Delta B_{ij} + a_2 \Delta L_{ij} \tag{7.3.2.16}$$

式中：NG_{ij}——为系统改正前的重力大地水准面结果；

ΔB_{ij}、ΔL_{ij}——分别为格网点(i,j)的重心坐标；

N_{ij}——为经过系统改正后的最终大地水准面结果。

(3)似大地水准面与GPS大地水准面的拟合

似大地水准面与GPS大地水准面两者存在着一定的差异，主要是两种大地水准面存在着垂直偏差和水平倾斜。运用二次多项式将两种大地水准面的差异通过最小二乘法进行拟合纠正。其数学表达式：

$$\Delta N = a_0 + a_1(\lambda - \lambda_m) + a_2(\phi - \phi_m) + a_3(\lambda - \lambda_m)^2 + a_4(\phi - \phi_m)^2 \tag{7.3.2.17}$$

式中：ΔN——GPS水准大地水准面与重力大地水准面之差，亦即 $\Delta N = N_{GPS} - N_G$；

a_0、a_1、a_2、…、a_{14}——拟合系数；

φ、λ——GPS水准点的大地坐标；

ϕ_m、λ_m——拟合区的中心纬度和经度；

φ_m、λ_m——拟合区的平均坐标。

对于任意一个GPS点，其高程可通过以下计算求得：

$$h_i = H_i - (N_i + \Delta N_i) \tag{7.3.2.18}$$

式中：h_i——GPS待定点的高程；

H_i——控制点GPS大地高；

N_i——控制点似大地水准面高；

ΔN_i——控制点改正项。

3.3　跨海高程传递实施

3.3.1　首级高程控制测量

在首级控制网布设时，将已经获得具有稳固、高精度两个基岩点(编号LYJ1和LYJ2)作为控制网的高程起算点，同时利用高精度GPS静态相对定位技术，对上述两个基岩点及其他已有的国家GPSA、B级网和洋山地区的点位进行联测，求得小洋山地区的最少一个点的平面坐标和大地高。

3.3.2　GPS加密高程控制测量

根据二级设计、三阶段布网的原则，进行控制点加密。对于加密控制的高程传递，采用GPS技术静态观测模式，时段长为4h，其他均按首级控制一样的要求布测。高程以首级高程控制测量成果为起算成果，按照平面拟合的方式获得加密点的高程。

3.3.3　跨河水准加密高程测量

当大桥承台施工到可以利用跨海水准进行高程传递时，利用微倾螺旋法，觇牌上下微动法及三角高程方法等，在大桥每1~2km左右，进行跨河水准测量。在跨河水准测量过程中，顾及跨河水准测量的技术要求,视线高度离开水面须大于4 $\sqrt{L}$m,其中,L 为跨距。这样,大桥所建承台,有些地方在涨潮和落潮时都无法满足跨河水准对视线高要求。为了满足大桥施工对高程要达到三等精密水准的精度要求,施测时按照二等精密水准的方法进行,整个测量工作先后进行了四次。通过四次观测可以看出,使用传统的跨河水准方法进行高程传递成果稳定可靠的,其成果比较见表 7.3.3.1。

各控制点四次观测高程数据比较 表 7.3.3.1

点名 / 次数	LY12(A 平台)	LY21(B 平台)	LY30(C 平台)	LY33(小乌龟)	LY35(大乌龟)
	跨海水准高程(m)	跨海水准高程(m)	跨海水准高程(m)	跨海水准高程(m)	跨海水准高程(m)
1	6.209	6.133	6.807	21.689	38.769
2	6.184	6.133	6.830	21.678	38.779
3	6.190	6.116	6.812	—	38.776
4	6.186	6.121	6.839	—	38.779
平均值	6.192	6.126	6.822	21.684	38.775

3.3.4 跨海高程传递成果比较及精度分析

1.首级高程控制

首级控制主要是利用 GPS 结合重力测量传递高程,自 2001 年的初测到 2002 年、2003 年的复测,对其成果进行比较,相差最大为 +36mm。按照三等精密水准测量的精度要求,检测已测测段高差之差的限差为小于或等于 20 $\sqrt{L}$mm,即:约 36km 的跨距,允许相差 120mm,可以证明单纯 GPS 结合重力测量所获得的高程满足三等水准测量的要求。同时根据通过 72h 的 GPS 结合重力测量,计算出小洋山控制点(编号 0001)的 GPS 高程,计算得到小洋山控制点(编号 0001)与芦潮港的基岩点(编号 LYJ2)高差为:

$$\Delta H^{G} = H^{LYJ2} - H^{0001} = -9.352\text{m}$$

而根据后期进行的跨海水准路线测量计算得到由芦潮港的基岩点 LYJ1 测到小洋山上 0001 点的水准高差为:

$$\Delta H^{水} = H^{LYJ2} - H^{0001水} = -9.433\text{m}$$

2.加密高程控制

利用首级控制高程对加密控制点拟合出的 A、B、C 平台等点的高程,经过后期的跨海水准路线测量检验,也满足三等水准测量的要求。GPS 观测成果与跨海水准观测成果两者比较见表 7.3.3.2。

加密控制点得到的高程数据比较 表 7.3.3.2

点　　号	GPS 观测成果	跨海水准观测成果	差值 ΔH(m)
LY12(A 平台)	6.210	6.192	+0.018
LY21(B 平台)	6.136	6.126	+0.010
LY30(C 平台)	6.825	6.822	+0.003
LY33(小乌龟)	21.662	21.684	-0.018
LY35(大乌龟)	38.758	38.775	-0.017

3.GPS 结合重力测量成果与跨河水准测量成果的综合分析

如果把 GPS 拟合高程、GPS 结合重力测量计算高程及跨河水准高程认为是同等水准测量,则它应满足三等精度水准的不同测段的限差,即

$$\Delta H \leqslant 20\sqrt{L}(\text{mm})$$

式中:L——跨距或水准路线长(m)。

(1)首级控制

$$\Delta H^{G} - \Delta H^{水} = +81\text{mm} \leqslant 20\sqrt{36} = 120\text{mm}$$

(2)加密控制

各加密控制点 GPS 观测成果与跨海水准观测成果比较见表 7.3.3.3。

各加密控制点 GPS 观测成果与跨海水准观测成果比较 表 7.3.3.3

点 号	对应测量点号	距离(km)	GPS 高差(m)	水准高差(m)	高差之差(m)	允许误差(m)
芦洋基2	LYJ2	10.7	−0.648	−0.666	+0.018	±0.065
A 平台	LY12	8.5	−0.074	−0.066	−0.008	±0.058
B 平台	LY21	7.4	+0.689	+0.696	−0.007	±0.054
C 平台	LY30	2.3	+14.837	+14.862	−0.025	±0.030
小乌龟岛	LY33	1.3	+17.096	+17.091	+0.005	±0.023
大乌龟岛	LY35	3.7	−22.548	−22.565	+0.017	±0.019
肆观 001	0001					

从表 7.3.3.3 数据说明,无论是 GPS 拟合高程或 GPS 结合重力测量计算高程,还是跨河水准高程,都可以满足大桥施工对高程控制的要求。

(3)精度估算

GPS 拟合测量与跨河水准测量之差的差值计算中误差见表 7.3.3.4。

各控制点 GPS 拟合测量与跨河水准测量之差的差值计算中误差 表 7.3.3.4

水准点号	对应测量点号	距离(km)	GPS 高差(m)	水准高差(m)	高差之差(m)
芦洋基2	LYJ2	10.7	−0.648	−0.666	+0.018
A 平台	LY12	8.5	−0.074	−0.066	−0.008
B 平台	LY21	7.4	+0.689	+0.696	−0.007
C 平台	LY30	2.3	+14.837	+14.862	−0.025
小乌龟岛	LY33	1.3	+17.096	+17.091	+0.005
大乌龟岛	LY35	3.7	−22.548	−22.565	+0.017
肆观 001	0001				

根据表 7.3.3.4 数据,使用 GPS 结合重力或 GPS 平面拟合的方法传递高程,与传统的跨河水准方法相比,使用 GPS 的方法传递高程的观测中误差为:

$$\Delta = \pm\sqrt{\sum(\Delta H_i)/n} = \pm 0.006\text{m}$$

第4章 海上GPS-RTK沉桩动态定位

4.1 GPS-RTK沉桩动态定位技术的理论依据及特点

GPS-RTK定位技术是基于载波相位观测值的实时动态定位技术,能实时获得达到厘米级精度的流动测站的三维坐标,通过坐标转换参数将定位结果定义到施工坐标系。

在RTK作业模式下,参考站设置在已知坐标的控制点上,通过UHF无线电数据链将参考站坐标、卫星观测值、卫星跟踪状态及接收机状态的信息传送给流动站。流动站在采集卫星观测值的同时,接收来自参考站的信息,在系统内实时求解载波相位的整周未知数。通过参考站和流动站两台接收机的相对定位,确定流动站所在位置相对参考站的基线向量及其精度。在整周未知数解固定后,即可进行每个观测历元的实时定位。只要能保持5颗或5颗以上有效卫星相位观测值和适当的几何图形(GDOP≤7),流动站便可实时输出厘米级定位坐标。

RTK定位时,流动站接收机根据接收到的数据,经过机载软件进行数据处理后,得到的流动站在WGS84坐标系统下的实时坐标。为了使流动站的定位结果转换到施工坐标系统,必须确定WGS84坐标系统与指定施工坐标的转换参数,并输入流动站配置文件中。

RTK测量方式采用快速初始整周数解算方式,其定位精度和可靠性都低于静态测量方式。RTK定位误差主要有:GPS信号的自身误差、GPS信号的传播误差、GPS接收机的噪声、对中误差。另外,如果参考站与流动站之间的无线电传送受到干扰,也会进一步影响定位的精度和可靠性。

在上述各项误差中,GPS信号的传播误差包括电离层和对流层的时延误差以及由参考和流动站测站环境引起多路径误差。当流动站离参考站的距离增大时,参考站和流动站上空的电离层条件差异加大,使得不能通过差分处理方式很好地消除GPS信号的传播误差。从RTK定位精度指标(水平:$2\text{cm}+D\times10^{-6}$,高程:$2\text{cm}+2D\times10^{-6}$,$D$为RTK作用距离)可以看出,随着流动站离参考站的距离增大,RTK定位误差也在成比例增加。

当太阳发生耀斑引起地磁爆时,流动站与参考站的传播误差随两者的距离加大而迅速加大,在此种情况下可能引起GPS接收机初始化速度变慢,甚至导致GPS接收机在解算初始整周数时出现错误,从而产生所谓的初始整周数的假锁。

GPS测量打桩定位的基本原理,是由打桩船上的3个GPS流动站接收卫星信号和参考站的改正信号初始化后,将WGS84经、纬度用7参数(3个平移参数、3个旋转参数和1个尺度参数)转换成工程需要的北京54坐标和国家85高程,确定打桩的空间位置,从而确定桩位。因此,GPS测量仪器及系统主要由设置在打桩船上的流动站及设置在控制网点上的参考站两部分组成。

为使GPS-RTK沉桩动态定位技术得以实施,还需在沉桩期间进行控制网布设。首级施工测量控制网布设在大桥南、北两岸及海域A、B、C三组测量平台上;制作网点同时作为GPS测量定位参考站。各参考站相距为7~10km,中间无控制点。一般打桩船上布设的GPS流动仪器接受参考站卫星信号的最佳距离为不超过10km,在此距离内GPS在RTK(实时动态相位差分模式)测量方式下的工作稳定性和精度能符合设计要求。但是实际使用中由于大面积海水对电波的吸收、风流对电波的干扰等种种原因,出现初始化时间长、假锁几率大及稳定性差等许多不利因素,致使打桩工作时间及工作效率受到限制。为此,实际作业根据不同的施工区域对测量平台上的参考站进行选择使用,使打桩船上设置的GPS流动仪离最近参考站不超过5km;并且对打桩船上的3台流动接收仪分别设置不同频率,并研制了"GPS

远距离沉桩定位系统”，根据定位系统软件的显示来判断参考站是否正常工作。

为了东海大桥沉桩工程需要，研制的“GPS 远距离沉桩定位系统”（以下简称“系统”）的基本原理是：首先以 GPS 作为基本定位仪器对打桩船进行定位，在此基础上，配合辅助测量设备对施沉桩的桩位进行精确定位，以提高系统的定位精度。它具有如下几个主要功能：

（1）“系统”能实现离岸（或离 GPS 参考台）20km 左右的工作距离，常年有效工作距离在 10km 以上。

（2）“系统”工作的坐标系统可根据需要进行坐标系统的转换。如平面为北京 54 系统，高程为当地大地水准面系统；或平面和高程均为独立的坐标系统等。具体视施工区域中设计给定的坐标系统而定。

（3）实现定位过程中数据的自动化处理，即沉桩定位过程中的桩中心平面位置的定位、桩顶高程的控制及贯入度的计算等一系列实时定位信息的处理，均由该“系统”自行完成。

（4）定位过程将原来的由岸上测量人员指挥移船操作，改为由移船操作人员直接根据计算机屏幕的显示或提示自行完成移船定位操作，减少定位过程的中间环节，提高移船定位操作的直观性和便利性。

计算机屏幕能同时以图像及数字的形式，反映出施沉桩的设计位置及该桩的主要设计参数（包括设计的桩中心坐标、桩顶高程、平面扭角、倾斜度等），以及停锤标准（包括高程控制标准和贯入度控制标准）和当前施沉桩的实时位置及主要实时参数（如桩中心坐标偏差、桩顶高程偏差、平面扭角偏差、实时倾斜度、实时贯入度等），便于操作人员进行对照比较，调整船位、准确定位。

（5）“系统”具有较高的定位精度。根据理论估算，“系统”的平面定位精度可达 5cm 以内，满足《公路桥涵施工技术规范》（JTJ 041—2000）对相应条件下沉桩定位容许偏位的要求。

（6）沉桩结束后，计算机将能提供一份标准格式的沉桩记录表。

4.2　沉桩定位原理

4.2.1　GPS 坐标系统与实时船体坐标系统

1. GPS 坐标系统

GPS 坐标系统（即 WGS84 坐标系统），是原点在地心的空间三维直角坐标系。WGS84 坐标系统中的点位一般采用直角坐标（X_G，Y_G，Z_G）或大地坐标（B_G，L_G，H_G）表示，其中 B、L、H 分别为大地纬度、经度和大地高程。WGS84 坐标系的参考椭球其长半径为 6 378 137m，扁率为 1/298.257 223 563。

在“系统”中，由 GPS 实时测量得到的未经转换的 GPS 天线的位置是以 WGS84 坐标系统的大地坐标形式表示的。

2. 地方坐标系统

与 WGS84 坐标系统的定义相同，但原点和坐标轴的方向与 WGS84 系统不同。地方坐标系统中的点位一般采用直角坐标（X_D，Y_D，Z_D）或大地坐标（B_D，L_D，H_D）表示，其中 B、L、H 分别为大地纬度、经度和大地高程。

“系统”的地方坐标系统，一般采用我国 54 国家坐标系统，即北京 54 系统。北京 54 系统与 WGS84 坐标系统之间在一定区域具有固定的关系，可通过严密的数学公式建立两者之间的关系，并可作相互转换。北京 54 坐标系统的参考椭球其长半径为 6 378 245m，扁率为 1/298.3。

大多数实时测量的 GPS 接收机可以将所测的点位坐标转换为地方坐标系统的坐标后输出，但有部分 GPS 接收机不能直接输出地方坐标系统的坐标。在“GPS 远距离沉桩定位系统”中，对 GPS 仪器的选型注意到了这一点，选择能直接输出地方坐标系坐标的 GPS 仪器，否则应在“GPS 远距离沉桩定位系统”软件中加以解决。

3. 工程坐标系统

工程坐标系统一般采用二维平面直角坐标系统，工程坐标系统中的点位坐标以(X_P,Y_P)表示。工程坐标系统的原点可根据工程的需要设定。“系统”中的工程坐标系统大多数是直接由地方坐标系统的大地坐标按高斯投影方法得到，少数情况下，如工程坐标系为独立的坐标系统，则需要进行平面坐标的转换。一般情况下，设计部门会给出工程坐标系统与地方坐标系统之间的固定联系，可通过严密的数学公式建立两者之间的相互转换关系。

工程坐标系统的高程系统由设计指定，可以是当地理论水准面，也可以是独立的高程基准面。设高程值为H_P，则工程坐标系统中的点位还可以采用二维直角坐标加高程(X_P,Y_P,H_P)来表示。但H_P一般不参与坐标转换，而直接由观测结果换算得到。

工程坐标系统是桩位设计所依据的坐标系统，也是施工所依据的坐标系统。在“系统”中，大多数实时测量的GPS接收机输出的定位结果已经是转换为工程坐标系统的坐标和高程H_p，少数因保密需要而建立的独立坐标系统除外。

4. 实时船体坐标系统

实时船体坐标系统是建立在船体上的二维平面直角坐标系统，实时船体坐标系统中的点位采用二维直角坐标(X_C,Y_C)表示。实时船体坐标系统的X轴定义为船体的中轴线，方向由船头指向船尾。理想情况下，桩的中心点是处于x轴线上的；坐标原点为X轴与GPS2及GPS3两天线连线在坐标系平面上的交点C_0；Y轴与船甲板平面平行；实时船体坐标系的平面高程，定义于安装在船上的两台棱镜测距仪的位置上，所构成的实时船体坐标系统的原点为C_0，$-X_C Y_C$为左手坐标系统。

实时船体坐标系统是建立在运动的船体之上的“瞬间”坐标系统，与其他几种坐标系统不同，实时船体坐标系平面的位置会随船体位置的变化而变化。影响实时船体坐标系统位置和方向的因素包括船体位置、扭角、船体高度、船体在波浪作用下的纵向俯仰及横向摇摆等。所有这些变化因素均可由安装在船上的三台GPS仪器的观测值来推求，见图7.4.2.1。

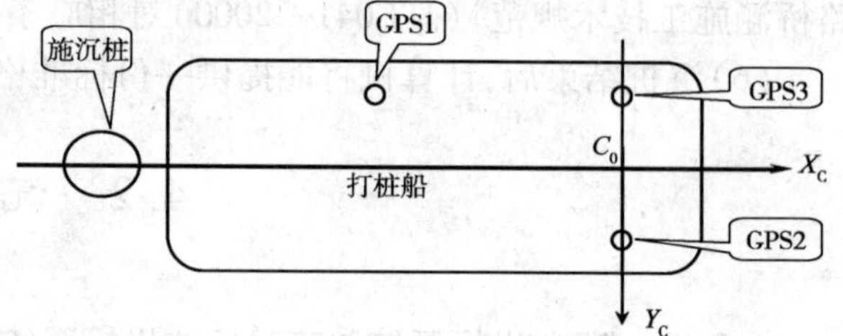

图7.4.2.1　实时船体坐标系示意图

实时船体坐标系统是表达与船体固联的有关点位之间相互关系的中间坐标系统。固定安装在船体上的GPS天线、测距仪及桩架的旋转中心等点位在实时船体坐标系中的坐标，可在一定条件下通过采用普通的测量手段事先测定，并可根据船体的倾斜和摇摆量等计算出点位的坐标改正，再将这些点表示在船体坐标系统中，参与后续的坐标转换过程。这是建立实时船体坐标系的优点之一。建立实时船体坐标系的另一个优点是：方便了因潮高变化所引起的船体坐标系原点至桩顶设计高程之间距离变化量的计算工作。

5. 标准船体坐标系统

标准船体坐标系统是实时船体坐标系统的一个特例，即标准船体坐标系统是当船体中轴线的高度与方向与设计桩顶高程和扭角方向相同，同时船体处于水平状态时的实时船体坐标系统。因此，标准船体坐标系统也是二维平面直角坐标系统，系统中的点位采用二维直角坐标(X_B,Y_B)表示。标准船体坐标系统与实时船体坐标系统之间的坐标轴方向相同，标准船体坐标系统的原点处于实时船体坐标系统原点的垂直线上。两坐标系统之间的关系取决于船体的纵倾、横倾和高程。

6. 坐标系统的转换

由于桩体设计位置、GPS实时测量结果、固定安装在船上的测距仪位置、实时测定的桩体位置及其在屏幕上的位置显示等都是在不同的坐标系统中表达的，因此建立上述各坐标系统之间的相互转换关系是必需的。

坐标系统之间的转换关系是一组反映两个坐标系统的坐标分量之间换算关系的数学公式。大多数的坐标转换关系可以由转换矩阵来表示。下面分别说明之。

(1)GPS坐标系统与地方坐标系统的转换(TRGD)

GPS 坐标系统与地方坐标系统的转换,也即通常的 WGS84 系统至北京 54 系统的转换,简写为 TRGD 转换。TRGD 的转换关系可按布尔莎模型进行。

在 TRGD 的坐标系统转换关系式中,共有 3 个平移参数(ΔX_D,ΔY_D,ΔZ_D)、3 个旋转参数(ω_X,ω_Y,ω_Z)和 1 个尺度参数 ρ,共 7 个参数,这些参数一般在施工区域的 GPS 网的平差结果中给出,并可作为工程参数提供给“系统”的数据处理软件,作为“系统”进行 TRGD 的转换的参数依据。

(2)地方坐标系统与工程坐标系统的转换关系(简写为 TRDP)

地方坐标系统转换为工程坐标系统的过程可分解为以下 3 个过程:

①将直角坐标(X_D,Y_D,Z_D)转换为大地坐标(B_D,L_D,H_D)(简写为 TRDP-A)

②将大地坐标(B_D,L_D,H_D)进行高斯投影计算,转换为平面坐标加高程的坐标形式(x_D,y_D,H_D)(简写为 TRDP-B),此处 x_D,y_D 是平面二维直角坐标系统中的坐标。

③将(x_D,y_D)转换为工程坐标系统的坐标(X_P,Y_P)(简写为 TRDP-C),(x_D,y_D)和(X_P,Y_P)都是平面直角坐标系统中的坐标,可采用平面坐标转换公式进行计算。

TRDP-C 中的两个平移参数(ΔX_P,ΔY_P)和一个旋转参数(αDP)一般由设计给出,并作为工程参数提供给“系统”软件。这 3 个参数也可能同时为 0,此时,工程坐标系统与地方坐标系统的原点及轴线在平面上重合。

(3)实时船体坐标系统与标准船体坐标系统的转换关系(简写为 TRCB)

根据定义,这两个坐标系统之间的关系取决于船体的纵倾、横倾和船体的高程。两者之间的关系如图 7.4.2.2 所示。

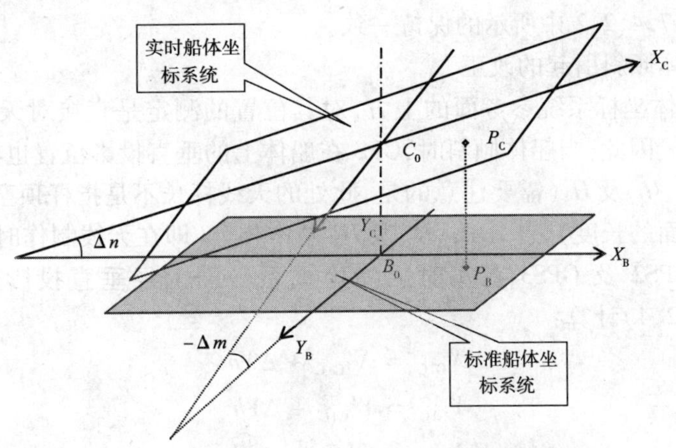

图 7.4.2.2　实时船体坐标系统与标准船体坐标系统的关系

在图 7.4.2.2 中,两坐标系统的 X 轴夹角为 Δn,并取船体俯倾时为正。两坐标系统 Y 轴的夹角为 Δm,取船体右侧低倾时为正,图 7.4.2.2 中的侧倾角为负。Δn 与 Δm 由三台 GPS 的实时高差观测值来组合求解。

实时船体坐标系统中的一点 P_C(X_C,Y_C)沿垂线方向投影到标准船体坐标系统的 P_B(X_B,Y_B)上。两坐标系统中的坐标可按一定关系进行转换。

(4)标准船体坐标系统与工程坐标系统的转换(简写为 TRBP)

标准船体坐标系统与工程坐标系统都是平面直角坐标系统,将(X_B,Y_B)转换为(X_P,Y_P)的计算公式与 TRDP-C 转换公式类似。不同的是公式中的两个平移参数(ΔX_P,ΔY_P)和一个旋转参数(αDP)需要根据 GPS 实时定位结果计算。

4.2.2　实时船体坐标系中的桩中心位置

1. GPS 与实时船体坐标系统的关系计算

为实现 GPS 对船体的控制,须确定 GPS 天线在实时船体坐标系中的坐标。GPS 天线相对于船体的关系是固联的,这一关系不随船体的运动而改变。

在本“系统”中,是利用三台 GPS 仪器对船体位置实施控制的,如图 7.4.2.1 所示。

2. 船体纵倾与横倾角计算

船体的纵、横向倾角由安装在船上的三台 GPS 高程观测值经计算得到。需要注意的是,计算前应首先将三台 GPS 的高程观测值归算到实时船体坐标系平面上的高程值 H_{CC},即将三台 GPS 天线的实时高程减去仪器安装高度后,得到的三台 GPS 天线在实时船体坐标系平面上的高程 H_{G1C}、H_{G2C}及 H_{G3C}。这里,仪器的安装高度是指 GPS 天线的高度位置至实时船体坐标系平面的距离。

其中,船体的纵倾角 Δn 由 GPS1 和 GPS3 的高程观测归算值经推算解得;船体的横倾角 Δm 由 GPS2 和 GPS3 的高程观测归算值经推算解得。船体的纵、横向倾斜量分别按公式(7.4.2.1)和公式(7.4.2.2)计算:

$$\Delta n = \arctan \frac{H_{G3C} - H_{G1C}}{S_{G1,G3}} \approx \frac{H_{G3C} - H_{G1C}}{S_{G1,G3}} \tag{7.4.2.1}$$

$$\Delta m = \arctan \frac{H_{G2C} - H_{G3C}}{S_{G2,G3}} \approx \frac{H_{G2C} - H_{G3C}}{S_{G2,G3}} \tag{7.4.2.2}$$

式中:$S_{G1,G3}$——GPS1 至 GPS3 之间的距离;

$S_{G2,G3}$——GPS2 至 GPS3 之间的距离。

实时船体坐标系的纵横倾斜量 Δn 及 Δm 的单位以弧度计。另需注意,按上两式计算的 Δn 及 Δm 之值的“±”符号已与图 7.4.2.2 中所示的保持一致。

3. GPS 位置由于船体倾斜引起的改正

由于 GPS 安装在船体坐标系统参考面的上方,对其位置的测定是直接对天线上端进行的,而不是天线在船体上的投影点。因此,当船体倾斜时,GPS 在船体上的垂直投影位置也将相应地改变。设三台 GPS 天线杆长分别为 H_1、H_2 及 H_3(需要注意的是,此处的天线杆长不是指杆顶至杆底的长度,而是指杆顶至实时船体坐标系平面的长度),且有 H_1、H_2 及 H_3 基本相等(即在天线制作时,将其垂直投影长度设定为一样),则 GPS1、GPS2 及 GPS3 在实时船体坐标系平面上经垂直投影改正后的坐标按公式(7.4.2.3)和公式(7.4.2.4)计算:

$$\begin{aligned} X_{G1C} &= X'_{G1C} + \Delta Xh \\ Y_{G1C} &= Y'_{G1C} + \Delta Yh \\ X_{G2C} &= X'_{G2C} + \Delta Xh \\ Y_{G2C} &= Y'_{G2C} + \Delta Yh \\ X_{G3C} &= X'_{G3C} + \Delta Xh \\ Y_{G3C} &= X'_{G3C} + \Delta Yh \end{aligned} \tag{7.4.2.3}$$

$$\begin{aligned} \Delta Xh &= -\Delta n \times H \\ \Delta Yh &= -\Delta m \times H \\ H &= \frac{H_1 + H_2 + H_3}{3} \end{aligned} \tag{7.4.2.4}$$

式中,X'_{G1C}、Y'_{G1C},X'_{G2C}、Y'_{G2C},X'_{G3C}、Y'_{G3C}分别为当船体处于水平状态时,对船上对三台 GPS 天线顶端的量测坐标,属实时船体坐标系的坐标。

4. 船体扭角的计算

船体扭角与桩身扭角有着直接的关系。实践中是通过控制船体扭角来控制桩身扭角的。

设计部门给出的桩身扭角,通常是指桩中轴线在水平面上的投影与指定桩的纵向或横向排架轴线之间的夹角。由于同一根桩相对于纵向或横向排架轴线的夹角一般不同,因此往往造成同一根桩的扭角值不唯一,给“系统”的程序化计算带来不便。为此,需统一扭角的起算方向,使桩身的扭角值唯一。

如图 7.4.2.3 所示，“系统”中对桩身扭角 F_Z 的定义统一描述为：工程坐标系的纵轴（X_P）与实时船体坐标系的纵轴（X_C）间的夹角，方向由 X_P 指向 X_C，取值范围为 0 ~ 360°（但不等于 360°）。

为方便计算，在“系统”设计中考虑使 GPS1 与 GPS3 安装位置的连线与实时船体坐标系的纵轴（X_C）保持平行。这样，由 GPS1 与 GPS3 两台仪器测得的经转换到工程坐标系后的方位角即为船体的实时扭角，同时也是桩身的实时扭角。F_Z 的计算按公式(7.4.2.5)和公式(7.4.2.6)得出：

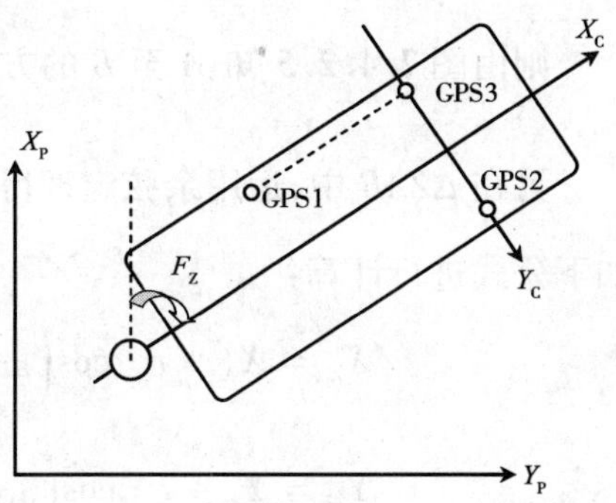

图 7.4.2.3　桩身扭角定义示意图

$$F_Z = 180 - 90\operatorname{sgn}(\Delta Y_{G1,G3P}) - \arctan\left(\frac{\Delta X_{G1,G3P}}{\Delta Y_{G1,G3P}}\right) \tag{7.4.2.5}$$

式中：sgn——符号函数，即 sgn(X) 取 X 的正、负号。

$$\Delta X_{G1,G3P} = X_{G3P} - X_{G1P}$$

$$\Delta Y_{G1,G3P} = Y_{G3P} - Y_{G1P} + 10^{-25} \tag{7.4.2.6}$$

式中，X_{G1P}、Y_{G1P}，X_{G3P}、Y_{G3P}分别为 GPS1 及 GPS3 的实时观测值经转换至工程坐标系中的平面坐标。

5. 实时船体坐标系中桩中心位置的计算

桩中心在实时船体坐标系中的坐标，取决于桩的横截面和桩的倾斜坡度。桩的倾斜坡度有直、俯和仰三种情况，下面分别讨论之。

对于如图 7.4.2.4 所示，将两台测距仪按平行于 X_C 轴方向且与 X_C 轴对称的位置安置，坐标为（X_{d1}，Y_{d1}）和（X_{d2}，Y_{d2}），两测距仪间的距离约为常用桩的半径。另设两测距仪至桩表面的测点分别为 A、B 两点，测得距离分别为 L_1，L_2。则测点 A、B 坐标可分别按公式(7.4.2.7)和公式(7.4.2.8)两式进行：

$$X_A = X_{d1} - L_1$$
$$Y_A = Y_{d1} \tag{7.4.2.7}$$

$$X_B = X_{d2} - L_2$$
$$Y_B = Y_{d2} \tag{7.4.2.8}$$

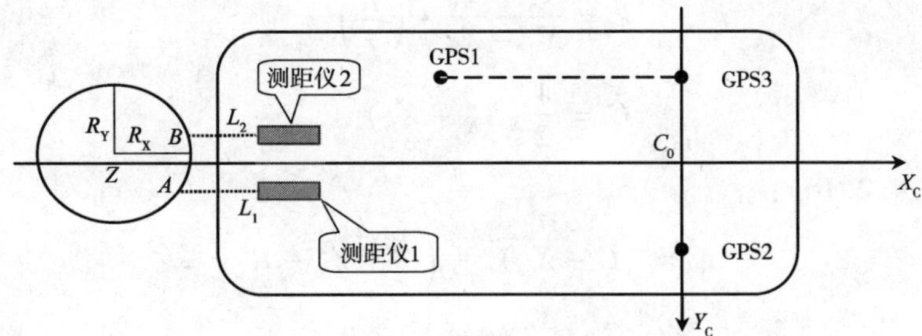

图 7.4.2.4　实时船体坐标系中的圆桩定位示意图

另设桩中心位置 Z 沿 X_C 轴和 Y_C 轴方向到桩表面的距离分别为 R_X、R_Y，桩的半径为 r（且有 $r = R_Y$），Z 为桩中心位置。

①直桩的桩中心坐标：

令

$$\Delta X_{AB} = X_B - X_A$$
$$\Delta Y_{AB} = Y_B - Y_A \tag{7.4.2.9}$$

$$S_{AB} = \sqrt{\Delta X_{AB}^2 + \Delta Y_{AB}^2} \tag{7.4.2.10}$$

则由图7.4.2.5知:A至B的方位角为$\arctan\dfrac{\Delta Y_{AB}}{\Delta X_{AB}+10^{-25}}$

另在ΔZAB中,运用余弦定理得:$\angle ZAB=\arctan\dfrac{S_{AB}}{2r}$。故桩中心$Z$的坐标可按如下公式进行计算:

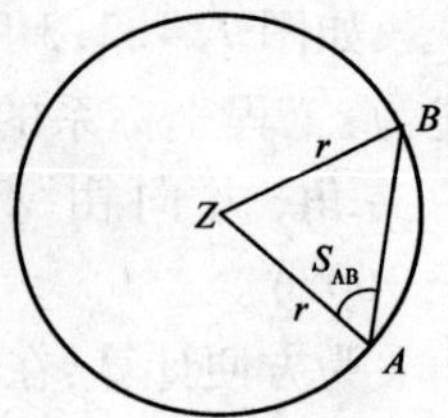

图7.4.2.5 直圆桩桩中的计算分析

$$X_Z = X_A + r\cdot\cos\left(\arctan\frac{\Delta Y_{AB}}{\Delta X_{AB}+10^{-25}} - \arccos\frac{S_{AB}}{2r}\right)$$
$$Y_Z = Y_A + r\cdot\cos\left(\arctan\frac{\Delta Y_{AB}}{\Delta X_{AB}+10^{-25}} - \arccos\frac{S_{AB}}{2r}\right) \tag{7.4.2.11}$$

②斜桩的桩中心坐标:

圆桩斜桩的水平截面为一椭圆,其短半径与桩半径r相同,长半径与桩的倾斜坡度有关,计算按公式(7.4.2.12)得出:

$$R_x = R = r\cdot\sqrt{\frac{1}{n^2}+1} \tag{7.4.2.12}$$

式中:n——桩的实时坡度。

斜桩情况下的桩中心坐标的计算公式(7.4.2.13)和公式(7.4.2.14)推算如下:

由椭圆方程得:

$$\frac{(X_Z-X_A)^2}{R^2}+\frac{(Y_Z-Y_A)^2}{r^2}=1$$
$$\frac{(X_Z-X_B)^2}{R^2}+\frac{(Y_Z-Y_B)^2}{r^2}=1 \tag{7.4.2.13}$$

或

$$(X_Z-X_A)^2+\frac{(X_Z-Y_A)^2}{r^2}\cdot R^2=R^2$$
$$(X_Z-X_B)^2+\frac{(X_Z-Y_B)^2}{r^2}\cdot R^2=R^2 \tag{7.4.2.14}$$

经对上述计算公式联解、整理之后,令:

$$k=\frac{X_A-Y_B}{X_B-X_A}\cdot\left(\frac{R}{r}\right)^2$$
$$C=\frac{1}{2}(X_A+X_B) \tag{7.4.2.15}$$

得到下列公式(7.4.2.16):

$$t_0=(C-X_A)^2+\left(\frac{R}{r}\right)^2Y_A^2-R^2$$
$$t_1=2k(C-X_A)^2-2\left(\frac{R}{r}\right)^2Y_A \tag{7.4.2.16}$$
$$t_0=k^2+\left(\frac{R}{r}\right)^2$$

按上述公式计算整理得到桩中心坐标计算式(7.4.2.17):

$$Y_{Z1}=\sqrt{-\frac{t_0}{t_2}}\qquad X_{Z1}=kY_{Z1}+C$$
$$Y_{Z2}=\sqrt{-\frac{t_0}{t_2}}\qquad X_{Z2}=kY_{Z2}+C \tag{7.4.2.17}$$

将得到两组对称的(X_{Z1},Y_{Z1})及(X_{Z2},Y_{Z2})。解的物理意义如图7.4.2.6所示。

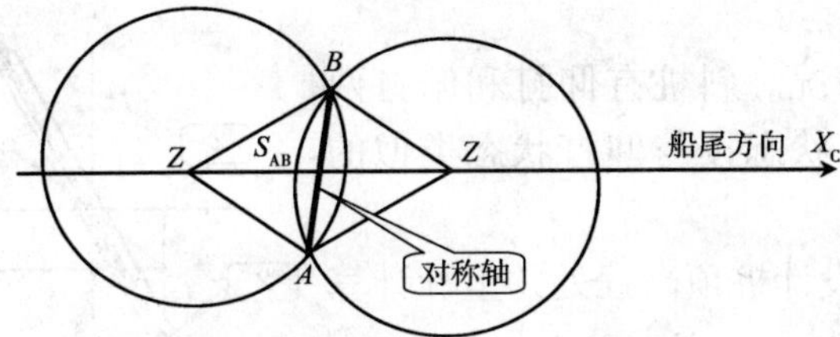

图7.4.2.6　圆桩桩中两组解分析

显然,由图7.4.2.6得知,在上述的两组解中,应取 X_{Z1} 或 X_{Z2} 中小于 X_A 或 X_B 中较小的一组解作为最终解。

4.2.3　桩顶设计高程处中心位置在实时船体坐标系统中的坐标

1. 桩中心在实时船体坐标平面上的高程计算

前面讨论了桩中心在实时船体坐标系平面上的坐标计算公式。我们知道,一般情况下,桩中心坐标在不同的高程上是变化的(直桩情况除外)。因此,桩中心在实时船体坐标系中的坐标显然不能直接用于定位计算,而必须将其归算到设计高程上的坐标。为此,首先需要计算桩中心在实时船体坐标系平面上的高程,然后根据桩的倾斜坡度计算桩在设计高程处的实时船体坐标系坐标,最后根据坐标转换公式,将其转换到标准船体坐标系上的坐标。

如图7.4.2.7所示,设 Z_C 为桩中心在实时船体坐标系平面上的点,Z 为桩中心在设计高程上的位置(即在标准船体坐标系中的位置);G_1、G_2、G_3 分别为通过对GPS1、GPS2、GPS3天线投影至实时船体坐标系平面上的位置。投影后的GPS1、GPS2、GPS3的高程分别为 H_{G1C}、H_{G2C} 和 H_{G3C}(H_{G1C}、H_{G2C} 和 H_{G3C} 为格式化后的GPS实时观测高程减去天线杆长度),则 Z_C 点的高程 H_{ZC} 可按式(7.4.2.18)进行计算:

$$H_{ZC} = H_{C_0} + X_{ZC} \cdot \tan\Delta n \tag{7.4.2.18}$$

式中:Δn——按公式(7.4.2.1)计算。

H_{C_0} 按如下公式计算:

$$H_{C_0} = \frac{H_{G2C} + H_{G3C}}{2} \tag{7.4.2.19}$$

H_{C_0} 实际为实时船体坐标系原点 C_0 的高程。

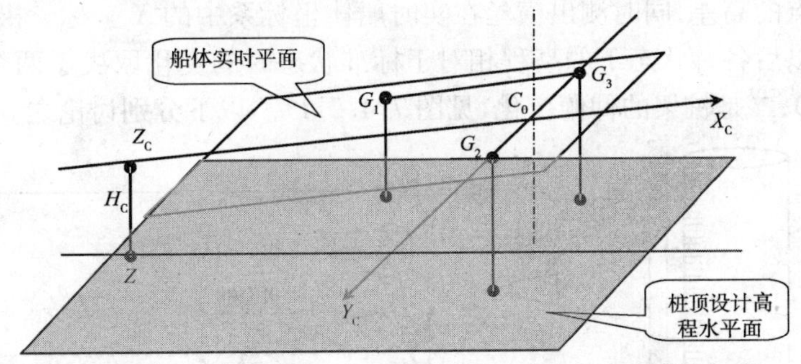

图7.4.2.7　桩中心在实时船体坐标平面上的高程计算示意图

2. 桩中心在设计高程处坐标计算

(1)直桩

直桩情况下,桩中心轴坐标处处相等。因此得到如下公式:

$$X_{ZC} = X_Z$$
$$Y_{ZC} = Y_Z \tag{7.4.2.20}$$

式中:X_{ZC}、Y_{ZC}——桩中心在设计桩顶高程处的坐标,也即桩中心在实时船体坐标系中的坐标经沿桩中心轴线投影到设计桩顶高程后在实时船体坐标系中的坐标。

(2)斜桩情况下

图7.4.2.8所示为斜桩情况。斜桩有仰打和俯打两种情况,图中为仰打状态,俯打状态按与仰打状态类似的计算方法处理。

在仰打情况下,桩中心在设计桩顶高程处的坐标计算公式如下:

$$\begin{aligned} X_{ZC} &= X_Z - (H_{ZC} - H_Z) \cdot P_C \\ Y_{ZC} &= Y_Z \end{aligned} \quad (7.4.2.21)$$

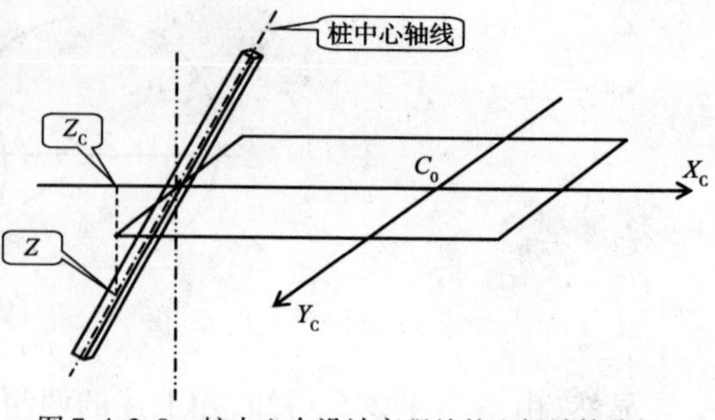

图7.4.2.8　桩中心在设计高程处的坐标计算分析

在俯打情况下,桩中心在设计桩顶高程处的坐标可按如下公式计算:

$$\begin{aligned} X_{ZC} &= X_Z + (H_{ZC} - H_Z) \cdot P_C \\ Y_{ZC} &= Y_Z \end{aligned} \quad (7.4.2.22)$$

式中:P_C——沉桩时的实时坡度,$P_C = 1/n$。

4.2.4　桩顶高程测定

1.测高系统及其工作原理

桩顶高程的测定是整个沉桩定位控制的一个重要内容。通过对桩顶高程的实时测定,不仅可以知道桩在施打过程中的实时桩顶高程,同时也为沉桩贯入度的计算提供了一个必要参数。由于"GPS远距离沉桩定位系统"实际上是定位数据的自动化处理系统,并且是适应于远海的沉桩定位系统,因此,常规沉桩定位中的水准仪或经纬仪的高程控制方法均不能适用。为此,需要在系统中加设一个桩顶高程的测定系统(简称"测高系统"),来监测在整个沉桩过程中桩顶高程的变化情况。测高系统的观测值以数字的形式输入系统软件中进行统一处理,并将处理结果实时地反映在计算机屏幕上。

如图7.4.2.9所示,在下龙口的开孔窗中间置一水平横丝,通过摄像机观测画在桩身上的画线在横丝上的读数,推算出桩顶高程。因此,水平横丝实时高是推算桩顶高程的一个主要依据。水平横丝实时高的获得是由GPS的实时高来推定的。

2.横丝高程的计算

在打桩船处于平稳状态(起算时的标准状态)时,测出横丝相对于三台GPS天线的高差,并换算至与实时船体坐标系零点的高差,同时测出横丝在实时船体坐标系中的X坐标。摄像机的安装高度与横丝高程一致。横丝在以后各种状态下的高程相对于标准状态时的变化取决于两个因素:一是船体的纵向倾斜,见图7.4.2.10;二是桩架的仰俯变化,见图7.4.2.11。以下分别讨论之。

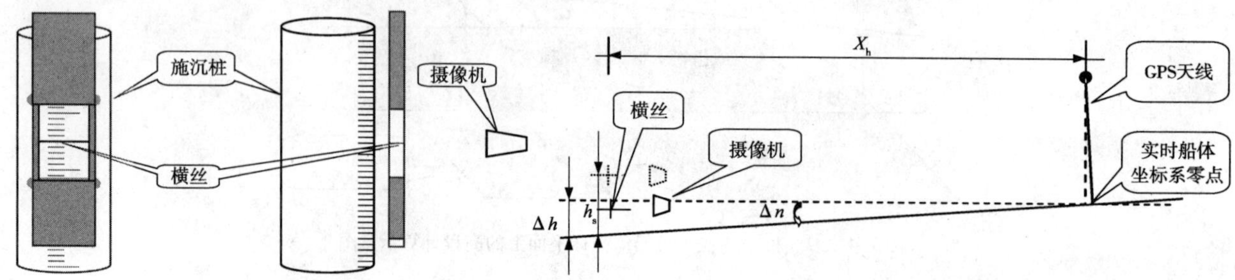

图7.4.2.9　测高系统工作原理示意图　　图7.4.2.10　船体纵向倾斜时横丝高程变化的示意图

(1)船体纵向倾斜时横丝高程的计算

船体纵向倾斜时横丝高程的计算可按如下公式计算:

$$H_h = H_{C_0} + h_s - X_h \cdot \tan\Delta n \quad (7.4.2.23)$$

式中:H_h——横丝实时高程;

H_{C_0}——实时船体坐标系零点高程；

h_s——横丝与实时船体坐标系零点的高差；

X_h——横丝在实时船体坐标系中的纵坐标；

Δn——船体的纵向倾斜。

显然，式(7.4.2.23)也可作为直桩横丝高程的计算。

(2)桩架倾斜时横丝高程的计算

桩架倾斜分仰沉桩和俯沉桩两种情况，由图7.4.2.11可分别推出桩在仰、俯打两种情况下横丝高程的计算公式：

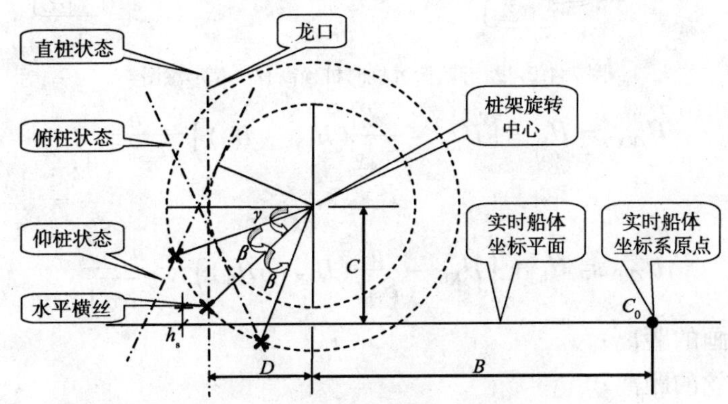

图7.4.2.11　沉桩架倾斜时横丝高程变化示意图

①仰桩情况下横丝高程按公式(7.4.2.24)计算：

$$H_{\gamma Y} = H_h + R\sin\gamma - R\sin(\gamma - \beta) \tag{7.4.2.24}$$

②俯桩情况下横丝高程按公式(7.4.2.25)计算：

$$H_{\gamma F} = H_h + R\sin\gamma - R\sin(\gamma - \beta) \tag{7.4.2.25}$$

式中：H_h——直桩时的横丝高程，由式(7.4.2.23)得；

$$R = \sqrt{(C - h_s)^2 + D^2}, \gamma = \arctan\frac{C - h_s}{D}, \beta = \arctan\frac{1}{n}$$

D——桩架旋转中心至龙口水平横丝的水平距离；

C——桩架旋转中心至实时船体坐标平面的垂直距；

n——桩身的倾斜坡度比。

3. 桩顶高程

在获得水平横丝实时高程的基础上，桩顶处的刻画高程可根据桩身刻画在横丝上的读数，同时考虑横丝至桩身刻画视线倾斜的改正来推求。

需要注意的是，桩顶高程是指在桩顶横截面上处于最低位置处的高程。因此，一般情况下，桩顶高程并非在桩横截面的中心。桩顶高程在横截面中心位置的情况仅限于直桩情况。对于仰沉桩，桩顶高程应指桩顶部分靠船内侧边缘的高程。对于俯沉桩，桩顶高程是指桩顶部分靠船外侧边缘的高程，如图7.4.2.12所示。

因此，桩顶高程的推算涉及两个内容：一是桩顶刻画处高程的推算；二是桩顶高程的推算。

(1)桩顶刻画处的高程推算

为方便计算，规定桩身刻画由桩顶至桩尖方向，即桩顶处的刻画为“0”。替打上的刻画在桩顶处为“0”，向下为“+”，向上为“-”，同时设刻画在横丝上的读数为 H_{ZD}，桩顶刻画处的高程为 H_{ZK}，则直、仰和俯三种情况下 H_{ZK} 的计算公式分别为：

①直桩情况：

$$H_{ZK} = H_h + H_{KD} \tag{7.4.2.26}$$

②仰打情况：

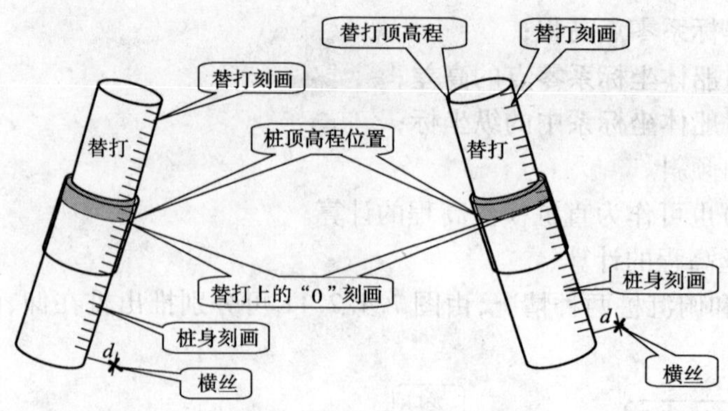

图 7.4.2.12 仰、俯沉桩时桩顶高程推算示意图

$$H_{ZKY} = H_h + \left(H_{KD} - \frac{d}{S_{ShY}}(H_{hY} - H_S)\right)\frac{n}{\sqrt{n^2+1}} \tag{7.4.2.27}$$

③俯打情况：

$$H_{ZKF} = H_h + \left(H_{KD} - \frac{d}{S_{ShF}}(H_{hF} - H_S)\right)\frac{n}{\sqrt{n^2+1}} \tag{7.4.2.28}$$

式中：d——横丝至桩刻画的距离；

S_{Sh}——摄像机至横丝的距离；

H_S——摄像机的实时高。

(2)桩顶高程的推算

显然，在直桩和仰桩情况下，桩顶高程的计算同式(7.4.2.26)和式(7.4.2.27)一致。俯打情况下，桩顶高程按下式计算：

$$H_{ZF} = H_{ZKF} - \frac{\phi}{\sqrt{n^2+1}} \tag{7.4.2.29}$$

式中：ϕ——桩的直径或边长。

(3)贯入度计算

①锤击计数器。在桩顶高程已测定的情况下，若能同时测定出沉桩时的锤击数，则沉桩的实时贯入度就能方便地计算出来。为此，"系统"设计了一个专用的锤击计数器。锤击计数器能将打桩锤的每一击的锤击声进行计数，并将计数值报"系统"主机。对于现场的其他噪声干扰信号该计数器并不敏感，即计数器不会因干扰而误触发。锤击计数器由模拟输入放大电路、数字触发电路以及单片机处理电路等三外部分组成。

②贯入度的计算。在沉桩过程中，贯入度的计算是以每一阵为单位的，即计算每一阵的平均贯入度。根据《港口工程桩基规范》(JTJ 254—98)，一阵一般设定为 10 锤。这样，若已知该阵开锤前后的桩顶高程分别为 H_{ZD1} 和 H_{ZD2}，则该阵的平均贯入度(G_{rd})可按如下公式计算：

$$G_{rd} = \frac{H_{ZD1} - H_{ZD2}}{10} \tag{7.4.2.30}$$

4.3 "GPS 远距离沉桩定位系统"的可靠性

4.3.1 测试内容及方法

GPS 远距离沉桩定位系统中桩顶高程的实时测定采用的是摄像机测高系统。摄像机测高系统在定位系统进行定位的同时，可实时测定施沉桩的桩顶高程。该测高系统在东海大桥工程的桩基施工时进行了测试。测试方法为：在沉桩过程中，将该测高系统的实时测定成果与岸上同时进行的全站仪三角高程的测定成果进行比较。测试内容包括每阵贯入度和竣工桩顶高程。

在一根桩的施打过程中,开始时以每米设为一阵,当桩顶接近设计高程时设0.1～0.5m为一阵。系统软件根据由测高系统测定的每阵下沉量和该阵的锤击数,自动计算该阵的平均贯入度、桩顶高程及桩尖高程,并生成相应的沉桩记录表。

陆上采用 Leica702 全站仪(2″、2mm + 2×10^{-6}mm)按常规三角高程测量方法测定放沉桩的桩顶高程。阵的确定方式同上,同时手工记录并计算每阵的桩顶高程、下沉量、平均贯入度及桩尖高程等。由于测试桩离岸有数百米至一千米左右的距离,所以在使用全站仪进行三角高程测量时,应考虑气象及地球曲率影响的二差改正和竖盘指标差的改正。

4.3.2　测试情况

由于沉桩施工区域远离岸边(800～1 000m),陆上全站仪的操作人员听到的每阵次的锤击数和船上自动记录每阵次的锤击数之间有时会有1～3锤的出入,由此引起每阵平均贯入度有时有微小的差别。但通过该工程不同墩台的13根桩的比测结果来看,该系统采用打桩船上自动生成的打桩记录表格中的每阵贯入度和陆上采用全站仪按常规水上沉桩观测记录的打桩记录表格中相应的每阵贯入度基本一致。测高系统测定的桩顶高程和陆上全站仪测的结果误差均能满足《公路桥涵施工技术规范》(JTJ 041—2000)相应的要求。

测试结果表明:"系统"具有较高的定位精度,"系统"能满足《公路桥涵施工技术规范》(JTJ 041—2000)对相应条件下沉桩定位容许偏位的要求。

4.3.3　GPS 测量定位系统与常规测量定位手段对比

通过对东海大桥全部打桩施工检验,其中对56个距岸较近的桩位,同时采用 GPS 定位系统和常规测量仪器(全站仪、经纬仪)进行了定位对比测试。测试结果(偏差)见表7.4.3.1及表7.4.3.2,对比测试结果包含了常规测量定位方法的误差。

东海大桥桩位平面对比数据　　表7.4.3.1

桩　号	X(cm)	Y(cm)	总偏差(cm)	桩　号	X(cm)	Y(cm)	总偏差(cm)
15	6.6	0.2	6.6	A6	9.3	-1.5	9.4
16	6.0	4.6	7.5	A9	2.9	0.9	3.0
14	-4.2	-12.2	12.9	A8	4.5	-12.9	13.7
17	6.1	1.3	6.3	A3	0.6	4.1	4.1
18	3.3	1.1	3.4	A2	7.9	-5.8	9.8
10	5.0	7.3	8.8	A4	0.8	-1.9	2.0
A7	5.4	4.0	6.7	均值	4.2	-0.3	7.3
B11	4.4	7.2	8.5				

东海大桥桩位高程对比数据　　表7.4.3.2

桩　号	全站仪测值(m)	系统测值(m)	差值(cm)	桩　号	全站仪测值(m)	系统测值(m)	差值(cm)
92B16	5.237	5.202	-3.5	92A5	3.734	3.784	5
92B14	1.599	1.444	-15.5	92A9	4.668	4.749	8.1
92B17	4.293	4.241	-5.2	92A1	1.546	1.49	-5.6
92B18	3.687	3.757	7	92A4	1.572	1.552	-2
92B10	5.533	5.317	-21.6	92A2	4.029	4.184	15.5
92B12	4.478	4.618	14	92A3	1.862	1.943	8.1
92A7	5.659	5.624	-3.5	93B16	2.689	2.674	-1.5
92A6	3.363	3.36	-0.3				
均值							-0.10

第5章 墩身、箱梁安装施工测量

常规桥梁的建造一般使用全站仪、水准仪和经纬仪就可以满足施工测量的需要。但是跨海桥梁由于在海面上施工受风浪等的影响，控制点的布置不可能像陆地上那么容易布置。东海大桥非通航段施工测量有较多难点，一是测量控制点相对较少，分布范围受限制；二是首级和加密控制点距离分布较远，平均1km一个控制点，必须进行控制点的再加密；三是海上作业处，控制点受风浪、阳光等环境因素影响较大，控制点的维护工作难度较大。

针对上述的施工难点，通过增加平面和高程的控制点并同时在常规测量仪器不能满足海上施工测量需要的情况下，选择采用GPS技术测定控制点位置。

5.1 技术依据

《建设工程质量管理条例》国务院2000第279号令；

《公路工程质量管理办法》交通部交公路发(1999)90号；

《公路工程竣工验收办法》交通部交公路发(1995)1081号；

《公路桥涵施工技术规范》(JTJ 041—2000)；

《公路工程质量检验评定标准》(JTJ 071—98)；

《公路全球定位系统(GPS)测量规范》(JTJ/T 066—98)；

《公路勘测规范》(JTJ 061—99)；

《东海大桥工程质量检验评定标准》；

《东海大桥工程施工测量技术管理办法》。

5.2 墩身、箱梁安装施工控制网建立

5.2.1 精度要求

平面精度应满足三等GPS控制测量，水准点的精度按《公路勘测规范》(JTJ 061—99)三等水准要求应符合 $\pm 15\sqrt{L}$(mm)，L为线路长度(km)。

5.2.2 点位选取

为了长期保存点位，控制点一般应设置具有中心标志(中心标志顶面用精细十字线刻成中心点)的标石，精确标志点位；点的标石和标志必须稳定、坚固，注意点位的保护，减少无谓的破坏。考虑到控制点的稳定需要时间，拟控制点测设在控制点选择、埋设后一周进行。

5.2.3 建立控制网

平面控制网的布设应符合因地制宜、技术先进、经济合理、确保质量的原则。路线平面控制网是桥梁平面控制测量的主控制网，沿线各种工点平面控制网应联系于主控制网，主控制网宜全线贯通，统一平差。

1. 墩身、箱梁安装施工控制网平面控制测量

根据全桥首级及加密控制网在施工区域里每隔1km左右的一个三维测量控制点上，采用导线测量

方法测定测量点。在非通航段内按工作面划分为：PM100～PM143、PM149～PM239、PM243～PM288。考虑到海上施工的特殊性，采用GPS技术布设控制网。

施工控制网布设加密平均密度为300～400m，精度应满足国家GPS测量四等要求。利用GPS相对静态定位方法，每个点观测时间为40～60min，然后进行基线向量的解算和网平差。GPS网的观测数据经平差计算得到北京54坐标系统的坐标。图7.5.2.1为控制点加密图形示意图。

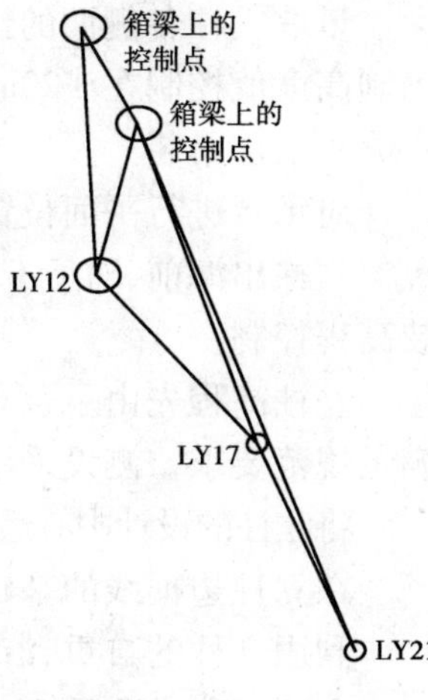

箱梁上的控制点
箱梁上的控制点
LY12
LY17
LY21

图7.5.2.1 控制点加密示意图

2. 高程控制测量网

根据全桥首级及加密控制网在施工区域里每隔1km左右的一个三维测量控制点，采用下列两个方案进行高程加密。

方案一：在承台数量不够，且不连续的情况下，采用莱卡TC702全站仪进行四等三角高程施测。

方案二：在承台数量满足的情况下，水准点拟以每跨59～60m进行水准点加密，使用莱卡NA2型水准仪进行测量，水准点间距为120m左右，精度达到《公路勘测规范》(JTJ 061—99)四等水准要求。

5.2.4 施工测量实施

1. 施工测量流程

桥梁结构施工测量流程见图7.5.2.2。

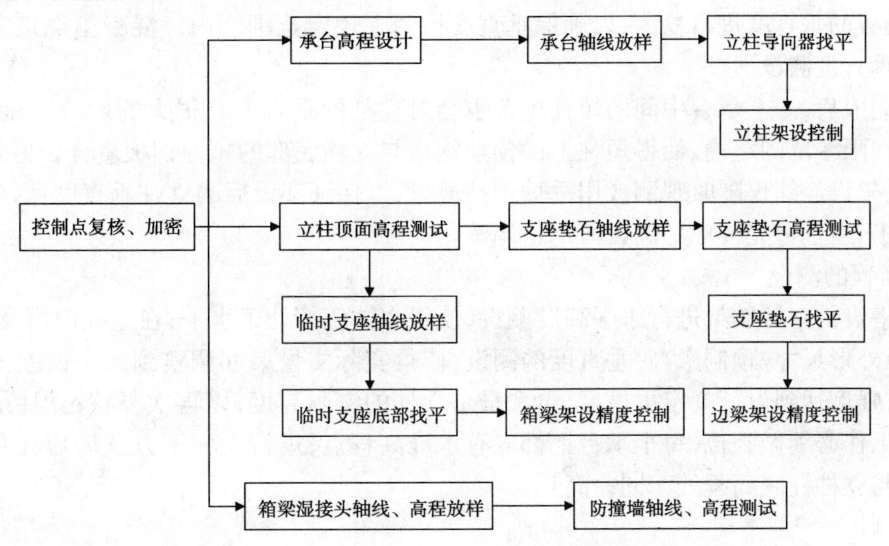

图7.5.2.2 桥梁结构施工测量流程

2. 墩柱预制时测量方法

墩身立内模之前，用水准仪测设底模的绝对高程，使得预制墩柱四角处同一平面高程偏差控制在+2～-5mm之间。

钢模板拼装前，先用2m直尺检验一下其表面平整度，确保模板表面平整度达到≤1mm的规范要求。拼装前钢模板的外形尺寸(长，宽，肋高)也同时进行检验，满足《公路桥涵施工技术规范》(JTJ 041—2000)要求(长和宽≤1mm，肋高±5mm)。

内模拼装成型时，务必控制好其垂直度，使用一台全站仪观测，或者在风比较小的情况下，用两只三角垂球挂设，垂直度值不超过5mm。

模板拼装、钢筋绑扎后，外模的拼装同上述过程控制。

在混凝土浇捣之后、收水作业之前，进行墩台高度复核，立柱预制高度采用钢卷尺倒挂的方法测设。

在墩柱四侧对应混凝土的收水作业面分别做出标志点，以便及时进行混凝土用量的控制，防止引起立柱预制高度偏差过大。

量取立柱各侧面的预制高度，取其高度平均值作为立柱的实际高度。根据公路桥梁规范要求，立柱预制高度值控制在 ±20mm 之间。

3. 墩柱吊装

对承台进行平面位置和高程的复核，满足要求方可进行下一步施工测量。

立柱出海前，对所有的立柱进行一次相对高度测量，拟在每根立柱的底部标好高度值，以便海上吊装高程控制。

立柱高程先由承台导向装置的顶面高程来调节承台设计高程与实测高程的差值，使立柱顶面高程满足规范要求。测设采用水准仪。

将立柱的设计中心运用坐标法定位在承台上，确定立柱的位置，用墨线在承台上弹出立柱的边框线。

在立柱边框线的基础上，向外 1cm 的位置再弹一条墨线，作为导向装置安装的边线。

利用立柱的自重，沿着导向装置滑落，确保定位满足精度要求。

立柱定位准确后，立柱垂直度可用全站仪竖丝标定。如发生垂直度超出规范要求，需进行立柱底部铺设薄钢板调整。

4. 立柱垂直度和高程的控制

(1)立柱垂直度的测设

预制场内立柱预制的胎架平整与否直接会影响立柱的垂直度，所以必须对胎架的平整度进行严格控制。由于胎架的下方都设有底模调节段，可进行上下调整。在立柱的内外模支撑完毕后、混凝土浇筑前，还应对钢模板的垂直度进行复测，以确保垂直度控制在规定范围之内。混凝土浇筑完毕后，仍要对成品立柱进行垂直度测设。

上述工作完成后，海上承台中间的短柱施工也会对立柱的垂直度有很大的影响。短柱上钢板的平整度必须控制在限差范围之内，使得短柱上的预埋钢板与立柱底部的预埋钢板重合。另外，在架设立柱之前，在承台上架设经纬仪随时观测或用垂球倒挂测设，以保证架设后的立柱垂直度良好。如发生垂直度超出规范要求，需进行立柱底部铺设薄钢板调整。

(2)立柱高程的测设

在预制场搭设的立柱胎架进行水平高度测设，使得立柱底部处于水平；在立柱内模及外模拼装成功之后，进行模板外形尺寸、预制墩高、垂直度的测设，使得实际丈量尺寸调整到最小误差范围之内；等混凝土浇筑完成，强度达到设计规定拆模后，再次量出立柱的实际高度，以再次复核；立柱吊装之前，海上的水准点引放工作必须做到位，每个承台上都应有水准高程点；进行立柱下方预埋短柱高程的测设，使短柱柱顶高程与立柱柱底高程处于同一高程。

5. 箱梁预制

箱梁立模之前，测设底模的绝对高程，使预制箱梁四角同一平面高程偏差控制在 +2 ~ −5mm 之间。

钢模板拼装前，先用 2m 直尺检验一下其表面平整度，确保模板表面平整度达到 ≤1mm 的规范要求，拼装前钢模板的外形尺寸（长、宽、肋高）也同时进行检验，满足《公路桥涵施工技术规范》(JTJ 041—2000)要求（长和宽 ≤1mm，肋高 ±5mm）。

侧模拼装成型时，测量外模与底模的内包尺寸，调整误差到 ±5mm 以内。

内模组拼完成后测量其外包尺寸，调整误差到 ±5mm 以内。

在混凝土浇捣之后收水作业之前，进行箱梁顶高程复核，根据公路桥梁规范要求，箱梁顶面高程值控制在 ±20mm 之间。

在箱梁预制前后，张拉台座及中段台座侧面设置沉降观测点，以便进行箱梁外形的变形观测。

6. 箱梁吊装

应对预制场生产的每根箱梁进行编号，并进行截面尺寸和箱梁高度的校核，重新确定基座顶面高程（即梁底高程）。在安装好的基座上放线，安装导向装置，保证箱梁定位满足设计和规范要求。

第八篇

主通航孔桥梁施工

第1章　概　　述

东海大桥主通航孔斜拉桥位于全桥的中心,施工作业属深水区域。该桥是整个工程中的最关键节点工程,如在规定的工期内完不成施工任务,则将影响全线的通车和洋山深水港的开港。因而,该桥的施工方案必须紧紧围绕这一时间节点,且必须保证大桥的工程质量。

主通航孔斜拉桥长830m、宽33m,跨径布置:73+132+420+132+73(m);主塔为倒Y形钢筋混凝土结构,塔高150m(图8.1.1)。该桥主梁为钢—混凝土箱形结合梁,单箱三室结构,由开口钢梁、预应力混凝土桥面板及斜拉索锚固箱组成。梁高4m、宽33m,其底板、腹板为钢结构,材料选用Q345qD,顶板采用C60高性能混凝土,见图8.1.2。这是钢—混凝土箱形结合梁在国内外第一次用于斜拉桥,这种结合梁在东海大桥上的成功应用,必将促进结合梁斜拉桥结构形式的发展。

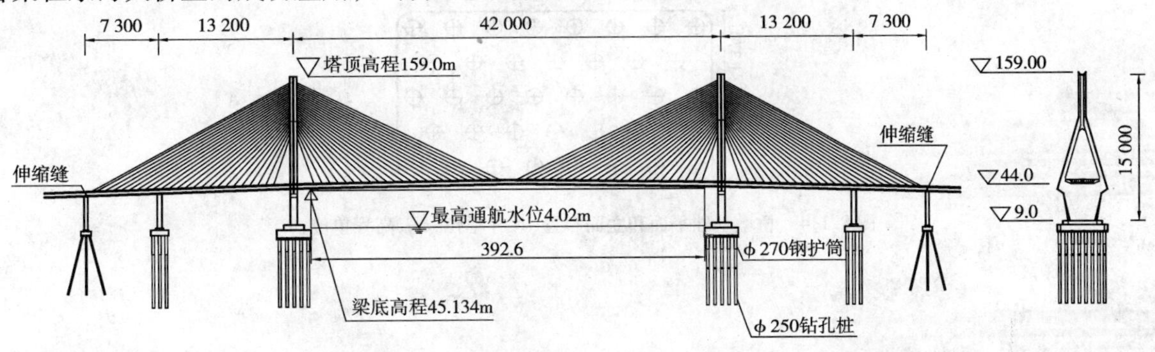

图8.1.1　主通航孔斜拉桥立面及横断面布置(尺寸单位:cm,高程单位:m)

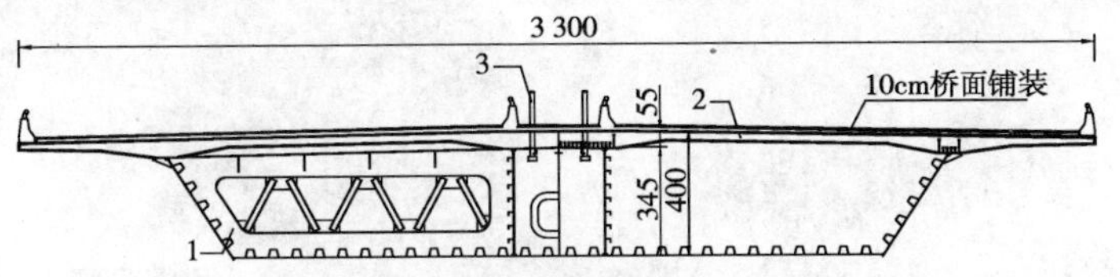

1-开口钢箱梁;2-预应力混凝土桥面板;3-斜拉索锚固箱

图8.1.2　结合梁横断面布置(尺寸单位:cm)

全桥共设24对192根斜拉索,斜拉索采用PPWS预制成品索,最长MC24号索为226.983m,重约19.4t,斜拉索最大受力为5 270kN。图8.1.3所示为建成的主通航孔斜拉桥的雄姿。

图8.1.3　建成后的主通航孔斜拉桥的雄姿

主通航孔桥梁的下部结构包括承台与桩基础,共有6个桥墩,两个边墩采用钢管桩,两个主墩和两个辅助墩均采用钻孔灌注桩。边墩的施工方法与非通航段桥梁桥墩的施工方法相同,辅助墩和主墩的施工方法相同,这里仅详细介绍主墩的施工方法。

一个主墩承台的平面尺寸为49.6m×27.4m,厚度为6m,承台底高程-2.00m,封底混凝土厚度为1.5m。基础为38根钻孔桩,桩径2.5m,桩长110m,桩底高程-112.00m。桥墩基础平面和立面布置见图8.1.4。

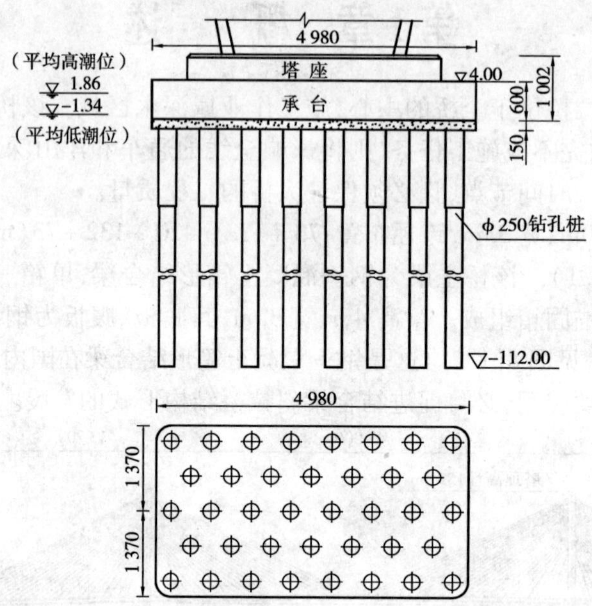

图8.1.4 桥墩基础平面和立面布置(尺寸单位:cm,高程单位:m)

第2章　主通航孔桥梁施工环境及条件

2.1　地质条件

桥墩区域为潮坪地貌,海底地势较为平缓,海床底高程为 -11.0 ~ -12.25m。110m 深钻孔桩所穿过的地层,上部为全新世 Q_4 堆积的灰黄~灰色粉质黏土、淤泥质粉质黏土、黏土等;中部为上更新世 Q_3 堆积的灰黄~灰色粉质黏土、砂质粉土、粉细砂、含砾中粗砂等;下部为中更新世 Q_2 堆积的粉质黏土、粉细砂、含砾中粗砂、粉质黏土、粉细砂等。地质勘探土层分布见表 8.2.1.1。

主通航孔斜拉桥地质勘探土层分布　　表 8.2.1.1

土层层号	地层名称	层厚(m)	土层描述	标贯击数
$③_1$	淤泥质粉质黏土	5.4	夹较多薄层砂,土质极软	
$④_1$	淤泥质黏土	9.8	夹少量薄层砂,水平层理发育	
$⑤_1$	黏土	5.4	局部有粉细砂夹层	
⑥	粉质黏土	2	含氧化铁斑,下部变为砂质粉土	
$⑦_{1-1}$	砂质粉土	5.6	土质不均,局部夹少量薄层黏性土	28.5
$⑦_{1-2}$	粉细砂	10.2	夹薄层粉质黏土,局部含 $\phi2$ ~ 5cm 砾石	39.3
$⑦_2$	粉细砂	32.5	局部含少量 $\phi1$ ~ 5cm 砾石,下部夹薄层粉质黏土及粉土	61.1
⑨	含砾中粗砂	8.4	夹较多薄层粉砂,含有 5cm 厚的半腐木材	62.2
⑩	粉质黏土	11.4	夹粉土,局部为坚硬状态,下部含有 40mm 砾石	37
$⑪_{1-1}$	粉细砂	13.3	夹少量粉质黏土及粉土	70.4

影响成孔的主要地层有如下三种。

$⑦_2$ 层粉细砂标贯击数大于 60,相当密实,且该层厚度达 32 ~ 33m,是全孔钻进耗时最多的地层。须严格控制泥浆的含砂率,减少孔内沉渣厚度。

⑩层粉质黏土局部呈坚硬状态,下部有粒径达 40mm 的卵砾石,且埋置深度较深。

$⑪_{1-1}$层含砾粉细砂,标贯击数基本上都在 60 ~ 80,桩端进入该层 10m 以上。

2.2　海况水文条件

2.2.1　潮流和潮位

最大涨潮流速在 1.85 ~ 2.31m/s 之间,最大落潮流速在 1.85 ~ 2.41m/s 之间。平均海平面 0.23 ~ 0.30m,平均高潮位 1.66 ~ 1.86m,平均低潮位 -1.34 ~ 1.11m,最大潮差 4.70 ~ 5.14m,平均潮差2.77 ~ 3.20m。

2.2.2　风和波浪要素

桥区不同重现期最大风速值见表 8.2.2.1。海浪波高要素见表 8.2.2.2。

桥区不同重现期最大风速(m/s) 表8.2.2.1

重现期 / 高度(m)	25年一遇	50年一遇	100年一遇	200年一遇
10	35.54	38.94	42.16	45.42
20	38.09	41.68	45.18	48.68
30	39.68	43.41	47.05	50.70
40	40.83	44.67	48.43	52.18
50	41.75	45.68	49.52	53.36

注:表中风速为10min平均最大风速值。

主通航孔区域海浪波高主要要素值(摘录) 表8.2.2.2

频率	水位	波向	$H_{1\%}$	$H_{5\%}$	$H_{13\%}$	H(m)	T(s)	L(m)	C(m/s)
100年一遇	高	NNE	5.72	4.82	4.14	2.75	9.10	97.9	10.8
50年一遇	高	NNE	5.56	4.68	4.02	2.67	8.43	87.8	10.4
20年一遇	高	NE	5.30	4.45	3.92	2.52	7.50	76.3	10.0
20年一遇	高	NNF	5.15	4.32	3.69	2.43	7.51	75.5	10.1
50年一遇	平均	SE	4.17	3.59	2.97	1.94	6.55	57.4	8.8
20年一遇	平均	SE	3.98	3.30	2.79	1.80	6.30	54.3	8.6

2.2.3 气象自然条件

(1)主桥区日最高气温:37.5℃,日最低气温-5℃,历年最低气温-7.9℃,多年平均气温15.8℃,最冷月平均气温-6℃。

(2)降水日数为134d/a,其中大雨的日数为25d/a,暴雨日数3d/a,降雪日数5d/a。

(3)雾况:多年平均雾日数为30~50d,集中在3~5月、12月份。平均延时3h占69%,3~6h占26.5%,延时6~12h占9.4%。

(4)雷暴:在3~11月份出现,集中在6~8月份,平均雷暴日为18~26d,最多为40d。

(5)热带气旋:5~11月份可能受热带气旋的影响,其中7~9月份占全年的78%。

2.3 施工作业条件

根据桥区自然环境条件及施工作业特点分析,影响桥区施工作业的不利自然条件因素可分为不利气象因素和不利水文因素。不利气象因素主要有大风、雾、大雨、雷暴以及高温和严寒天气条件等;不利水文因素主要为波浪或较长周期的涌浪,潮位与海流对施工作业影响相对较小。

桥区正常施工作业的标准要求如下:

大风 风力≤6级(风速≤13.8m/s);

雾 能见度≥500m;

降水 日降水量<25mm;

气温 日最高气温<32℃,日最低气温>-3℃(达到这些温度标准时,同时应采取相应工程措施);

波浪 施工船舶定位及安装作业要求满足$H_{1/10}$≤0.8m或T≤6s,船舶航行及墩台施工作业要求满足$H_{1/10}$≤1.2m或T≤6s。

考虑到本海区不利气象因素与不利水文因素可能同时出现，如大风与大浪、大雨与雷暴等，特别是受台风影响时本海区大风、大雨、大浪更是相伴而生，如果仅仅把各个影响因素进行简单的累加统计是不合适的，为此需要对各影响因素进行叠合统计，并剔除其中同时出现的延时。

根据以上标准要求进行统计，本海区可施工作业日数如下：

影响船舶定位、安装施工作业日数为185d，相应可作业日数为180d；

影响船舶航行及墩台施工作业日数为125d，相应可作业日数为240d。

第3章 斜拉桥下部结构施工

主通航孔桥位离陆地有18km水路,海上运输路线较长。风、浪、流、雾等恶劣的海洋环境严重地制约了施工的正常开展。要在全年较少的有效施工作业时间内按期高质量地完成主通航孔下部结构的施工任务,首先必须在桥墩区域建立一个大型的海上施工作业平台,把海上施工的劣势转化成等同于陆上施工的优势,从而提高海上施工的有效作业时间。

3.1 技术现状和基础施工难点

3.1.1 基础施工技术现状

1. 深水区桥墩常用形式

目前国内外深水区大型桥墩基础较为常用的形式有沉井基础和钻孔灌注桩基础两种。

(1)沉井基础分为浮运钢沉井基础和混凝土沉井基础,它需要一个较厚的高承载力的土层作为持力层。若在软土地基上,由于该基础需埋深较深,且施工难度大、工期长、成本高,故在东海大桥上不宜采用。

(2)钻孔灌注桩基础又分为围堰钻孔桩基础和吊箱围堰钻孔桩基础。国内外有许多成功应用的范例。

围堰钻孔桩深水基础,一般采用双壁钢围堰,也有采用钢筋混凝土围堰的。该种基础在国内多座著名桥梁的基础中曾采用过,例如武汉军山长江大桥、鄂黄长江大桥、南京长江二桥等。但是采用这种技术需具备一定的条件,双壁钢围堰成功与否的关键在于其着床时的稳定性。双壁钢围堰需嵌入软土层一定的深度,因而围堰高度较大,除基础用钢量较大外,本身的自重及防水封底混凝土重力也将作为额外荷载永久地施加在桩基上。这对持力层承载力不高的软土地基来说是很不经济的。另一方面,围堰基础也加剧了桥墩处海流对海床的冲刷。此外,为减小封底混凝土和围堰对群桩的影响,必须将两者隔开,施工难度很大,工期也并不合适。综上分析可以看出,围堰钻孔桩基础不适用于东海大桥深水区软土地基。

吊箱围堰钻孔桩基础的优点主要是围堰高度大大减小,封底混凝土厚度减薄、用量减少,作用在工程桩基上的荷载也减少许多,同时可减小水流引起的桥基局部冲刷。武汉白沙大桥、润扬大桥、南京三桥及苏通大桥等均采用这一形式的承台基础。东海大桥主通航孔设计选用了高桩承台桥墩基础方案,吊箱围堰钻孔桩基础施工方法似乎成了该工程唯一可供选择的施工方法。

2. 常用的吊箱围堰施工方法分析

吊箱围堰常用的一种施工方法是利用钻孔灌注桩的钢护筒作为支撑,来搭设施工平台,进行钻孔灌注桩的施工,然后再进行吊箱围堰的拼装就位及进行封底混凝土和承台混凝土的施工。这种方法的优点是施工投资费用省,充分利用了工程桩的钢护筒作为支撑立柱。但这种方法要有先决的条件:一是钢护筒打设定位要精确方便,否则造成钢护筒之间的各横向连接构件的长短不一致,极大地增加海上作业的时间;二是要有平稳的水文条件和大型打桩设备,还要具有充裕的施工时间。东海大桥海流急(3m/s)、风浪大、有效作业天数少、工期紧、打桩定位较为困难,显然不宜采用上述方法。

另一种方法是先打设若干辅助桩,搭设施工平台(由于精度要求低,故打设可较快),然后进行钢护筒精确导向打设,其后进行钻孔灌注桩的施工,再后进行吊箱的拼装就位、封底混凝土的浇注和承台混凝土的施工等一系列工序。这是一套安全、成熟的深水区高桩承台传统施工方法,曾在国内许多大桥工程上得到应用。其缺点是施工周期较长，施工投入费用相对较高。

3. 高桩承台基础施工难点

根据东海大桥工程特点，主塔墩较合理的施工方案是吊箱围堰技术方案。与常规吊箱围堰方案相比，东海大桥承台基础施工有以下难点：

（1）东海大桥主桥区域海况水文自然条件比大江内河恶劣得多，有效作业天数较少，而工期又非常紧，这是一个突出的矛盾；

（2）施工区域浪大流急，浪高可达5.7m，海上施工必须具有能抗风浪的大型施工设备，而施工期间大型的打桩设备紧缺，施工全线铺开后要长时期租借大型设备也不太现实，且施工成本也高，故利用钢护筒桩搭设施工平台方案在工期上是难以保障的；

（3）施工区域在远离陆地的海上，常用设备材料堆放、储存、工人的住宿、发电设备安置、混凝土搅拌站的建立等都需要临时施工平台，应避免材料、设备、人员的长距离往返运输。

上述难点都对临时施工平台的设计提出了严格的要求，即临时施工平台必须要有足够的结构安全度以满足抵抗20年一遇的风浪和大量堆载的要求，同时也要有足够大的面积来满足承台基础全面施工的要求。

3.1.2　蜂窝式自浮钢套箱施工技术

从吊箱围堰技术方案的高桩施工平台方案到蜂窝式自浮钢套箱的实施方案，其演变过程是对大海海况恶劣条件和施工难度逐步认识的一个过程，也是在技术方面根据高桩平台基础施工的特点逐步完善并最终突破传统的施工工艺框架的创新过程。

根据海况的自然条件和常规的施工技术分析，同时考虑材料的供应、生活设施等因素，桥塔钻孔灌注桩高桩承台基础总体拟定了吊箱围堰的施工方法，并初定采用打设辅助桩、搭设施工操作平台的技术方案，部分实现变海上施工为陆上施工。

1. 高桩平台方案

按陆域施工的惯例，项目开工后首先进行施工区域场地布置和施工设施的搭建工作。为实现变海上施工为陆上施工，大型海上施工平台的建设就成了前期开工首项重要的工作，也是总工期计划中的关键工作。

根据施工现场的海况条件和项目施工要求，以及抗20年一遇风浪标准的要求，进行了高桩平台方案技术推演和图纸设计，同时制订了吊箱承台的施工工艺，即在指定海域打设辅助钢管桩，桩与桩之间焊接横向联系构件形成格构共同受力，然后在其上架设工作平台，以满足材料堆放、混凝土搅拌站设置、生活设施布置及钻孔灌注桩钢护筒的埋设、多台钻机布置的要求。桩基完成之后需拆除承台范围内的钢平台安装吊箱围堰，以满足承台混凝土施工空间的要求。该方案在施工阶段要经历临时平台搭设、部分拆除、辅助桩拔除以及承台套箱的拼装、下沉等几个复杂的海上施工过程。

为满足上述多方面的功能要求，临时海上平台方案的平面尺寸选为：117.9m×54.4m，平台高程为9.02m。平面布置和剖面见图8.3.1.1、图8.3.1.2、图8.3.1.3。海上平台需打设ϕ1 000～ϕ1 200mm辅助钢管桩237根，桩用钢量为4 627.6t，上部平台用钢量为3 180t，一个平台总用钢量为7 808t，其焊接工作量是可想而知的。

然而，由于施工海域海况恶劣，海上施工时间的不确定性，高桩平台方案按常规施工工期推算大概需5个月，与工期计划4个月内完成桩基施工相比有一个月的延期。为减少工期延误，应继续探索其他的施工方案，目的只有一个，即有效地减少海上施工作业，缩短平台搭设工期。

2. 导管架平台方案

通过对高桩平台方案的分析，为缩短平台搭设时间、减少海上施工作业量、降低海上施工安全隐患，决定借鉴海上油井导管架平台的结构构造和施工工艺（图8.3.1.4、图8.3.1.5），从而提出了导管架施工平台设计方案。该方案将平台分为四个区域，即搅拌站区域、生活设施区域、材料堆场区域和承台施工区域。生活区和搅拌区分别由2组26.4m×18m×19.8m高的导管架组成(图8.3.1.6)。

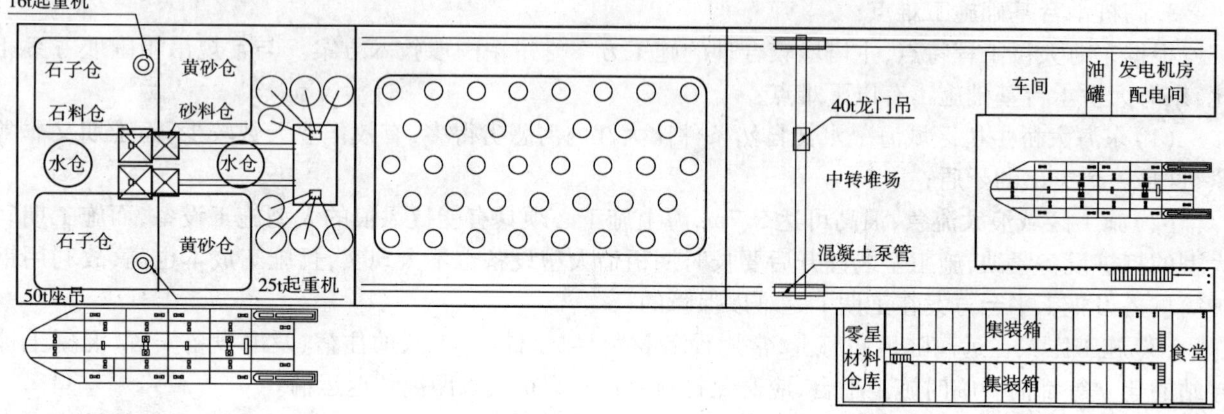

图8.3.1.1　高桩平台总体布置

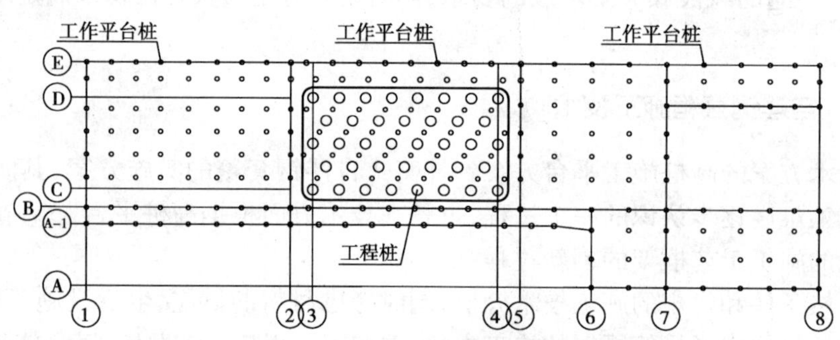

图8.3.1.2　高桩平台锚固桩平面布置

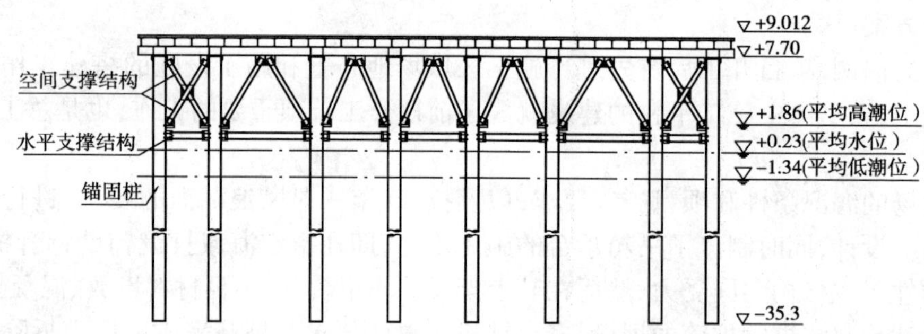

图8.3.1.3　锚固桩基加固及支撑结构(高程单位:m)

图8.3.1.4　海上钻井平台图

图8.3.1.5　海上特种平台

导管架平台的搭设采用组合装配工艺，由导管架、钢管辅助桩及上部甲板平台三部分组成。根据平台的形式、工程灌注桩的布置、加工制作能力及海上施工吊装工作船的能力，事先将平台划分成若干个导管架和工作平台块，然后在现场安装形成整体。在导管内打设固定的钢管桩(图8.3.1.7)，搁置并组合工作平台块形成整体施工作业平台。

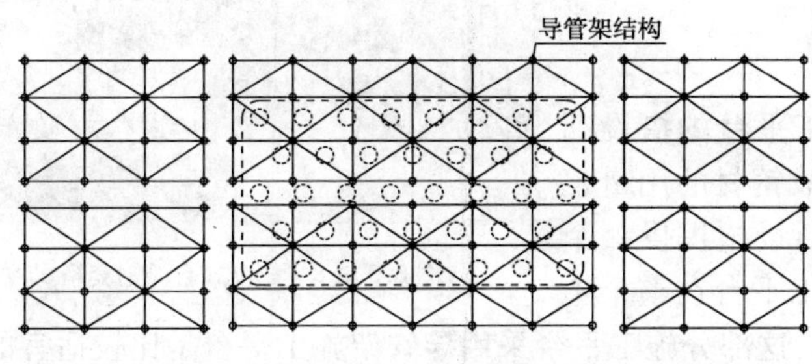

图8.3.1.6　导管架结构平面布置

图8.3.1.7　导管架锚固桩打设

该方案把大量海上现场焊接的工作转变成陆上工厂加工，成型后的导管架可整体运输、吊装、沉放，大大缩短了吊装时间，同时也增加了结构的安全度。此外，固定桩在导管架中插入和打设也省去了单桩的测量定位时间。因而，该方案能显著缩短平台搭设的周期，保证了钻孔灌注桩的施工工期，其优点是显而易见的。

但在进行承台施工时，采用导管架方案就暴露出许多不足，甚至比高桩平台方案更麻烦。在钻孔灌注桩施工完成后，导管架平台的承台施工范围内的构件必须拆除，然而空间格构式的导管架拆除是很困难的，特别是其水下的部分，这是因为不仅要解除导管架的上部结构，同时需解除导管架与固定桩之间的注浆固结，这肯定要占用较长的工期，此外，海上进行主墩承台围堰套箱的安装，也需要经过套箱下降固定、止水封底混凝土浇注后，才能进行承台混凝土的施工。按照上述工艺流程并经工期推演，光拆除导管架、安装套箱这几道工序就需安排2、3个月的时间。

由此可见，在主墩承台区域内，采用常规导管架平台技术仍然避免不了“拆除”这道工序。

3. 蜂窝式自浮钢套箱平台方案的提出

高桩平台方案和导管架平台方案，均有海上拆除部分结构这道工序，这严重影响了承台基础的施工周期。若在钻孔桩施工完毕后，马上进入承台混凝土的施工，则可节约2、3个月的工期。

技术人员从集装船的载货功能中受到启发，货舱是承台混凝土施工的良好空间，船甲板可充分用于施工设备的布置。船舶装货是先船舱后甲板，而高桩承台施工是先桩基后承台。为此，技术人员在货舱内安装38根ϕ2 900mm导管，它的顶面与船甲板焊接，底面与船底焊接。导管与海水、甲板完全贯通。这种设计使钻孔灌注桩工程得以实施，钻孔所用的钢护筒可以从导管插入到海底，保证了钻孔灌注桩的施工空间。桩基施工完毕后，割除承台施工区域船舱内的侧向舱壁及38根钻孔桩的导管和钢护筒，打开甲板，便成为承台混凝土施工的操作空间。这样完全避免了拆除钢平台、安装钢套箱的繁琐工序，实现了桩基、承台的连续施工。这就是主墩施工平台按钢浮箱设计的最初设想。

当然，仅提供钢浮箱还无法进行桩基、承台的施工。钢浮箱在海上随波浪的运动会上下左右摇摆不定，根本无法进行混凝土施工。另外，钢浮箱顶面的高程是保证工程结构高程正确的关键。确保钢浮箱顶面的高程正确稳定，也是需要解决的问题。

技术人员在承台施工区域的船舱四周再拼接出几个船舱，这几个船舱沿承台四周完全贯通成为压水舱，通过压水量的大小来调节钢浮箱的高程；其与承台施工的船舱完全隔离，而压水舱在承台混凝土施工期间完全把海水隔离，也起到养护混凝土的作用。

在压水舱的四周安装44根ϕ1 100mm导管，其上下分别与甲板和船底焊接，导管的位置就是定位钢管桩的位置。钢浮箱在现场一旦就位，就在导管内快速插打定位钢管桩，并进入海底一定深度。此时的钢浮箱还能上下浮动，通过压水舱水量的调节确定钢浮箱顶面的高程。该高程一旦确定，就把钢浮箱与定位钢管桩牢牢地焊接成一体。这样，一个巨大的施工平台就被固定在主墩承台施工的区域内，将桩基、承台的海上施工变成陆地施工的设想成为现实。

由于钢浮箱中间布置了 38 根导向管,四周布置了 44 根导向管,形如一个蜂窝,技术人员称这个施工平台为蜂窝式钢浮套箱平台。图 8.3.1.8 所示为蜂窝式自浮钢套箱结构形状。

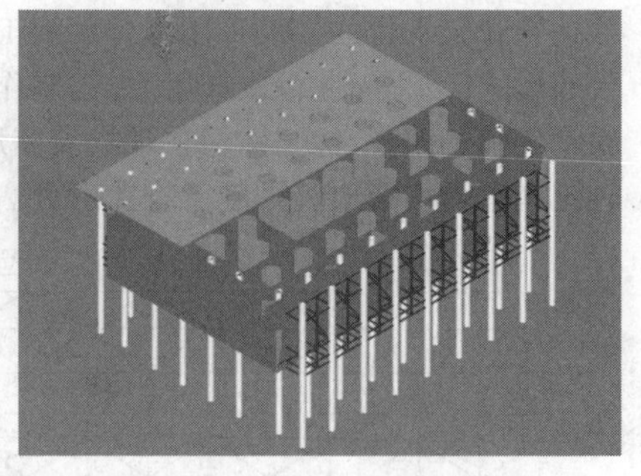

图 8.3.1.8　蜂窝式自浮钢套箱

3.1.3　主墩承台组合式施工平台

蜂窝式自浮钢套箱解决了桩基、承台的施工平台的搭设问题,但其完全按照造船的构造及工艺要求制作,故钢材的用量也是较大的。若再为材料的堆放、施工人员的生活设施提供一个平台,显然很不经济。况且,堆料和生活设施施工平台在整个施工期间是相对永久的结构,故从工期的角度考虑,这部分施工平台采用导管架施工平台是比较适宜的。

技术人员结合导管架施工平台和蜂窝式自浮钢套箱方案各自的优点,将两种方案合理的组合,形成主墩基础施工特有的导管架结合蜂窝式自浮钢套箱施工平台,见图 8.3.1.9。组合平台的中间施工区域采用蜂窝式自浮钢套箱,为钻孔灌注桩和承台施工作业面;导管架平台为两端材料供应区、混凝土搅拌站和钢筋笼制作加工场和生活设施区。

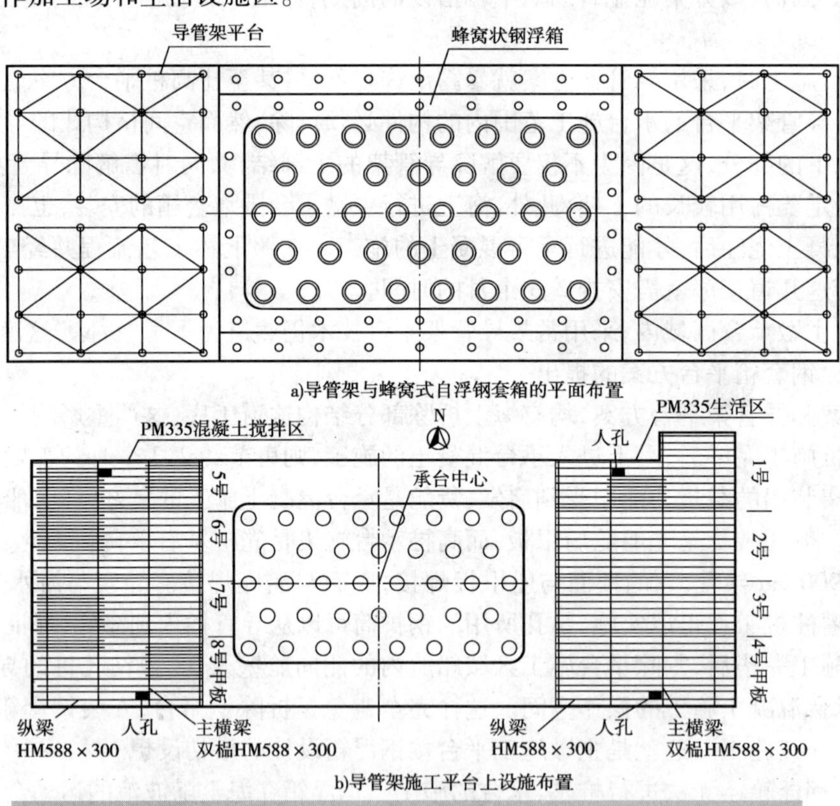

c)导管架施工平台与蜂窝式自浮钢套箱的海上实景

图 8.3.1.9　蜂窝式钢浮箱与导管架组合平台

具体实施时，首先在承台的两侧将预制好的导管架沉放至海底，施打定位桩，形成海上平台后，安排人员入住、发电、部分材料堆放。先期完成的导管架施工平台，可以通过设置限位装置，帮助蜂窝式自浮钢套箱精确定位，即导管架施工平台也能起到定位作用。

3.2 导管架施工平台设计

3.2.1 导管架结构受力原理

导管架施工平台是借鉴了海洋石油钻井平台的一种临时施工结构，属于固定式刚性支撑施工平台。导管架是一种通过定位钢管桩支撑于海底、浸泡在海水中的空间结构。它由不同大小的导管组成，导管与钢管桩之间用砂浆填充。导管架承受波浪、潮流的水平力，起到整体稳定作用；钢管桩是整个平台的承重构件，直接承受上部结构传来的竖向荷载，并最终把所有荷载传给地基。

3.2.2 设计荷载

固定式导管架施工平台在建造、安装和使用期间所承受的荷载，按性质通常可划分为使用荷载、环境荷载和施工荷载三类。

1. 使用荷载

使用荷载是指导管架平台安装后，整个使用期间平台承受的固定荷载和活动荷载。

(1)固定荷载，包括导管架平台的自重、平台长期堆载（按 $40\mathrm{kN/m^2}$ 计，包括发电机、搅拌站等），以及永久性的外部静水压力及作用于水下部分的浮力。

(2)活动荷载，包括可变荷载、动力荷载。

①可变荷载：考虑150t履带吊车在平台区域内的吊装作业；

②动力荷载：工作船对导管架平台的冲击、各种动力机械（如发电机等）循环荷载。

对使用荷载进行分类主要是为导管架构件的强度和稳定设计提供最不利的荷载组合。为计算方便，通常采用动力放大系数把动荷载处理为等效静荷载。

2. 环境荷载

环境荷载是指风荷载、波浪荷载、海流荷载、地震荷载。考虑到导管架施工平台为临时施工设施，使用时间仅为两年，可不考虑地震荷载的作用。

(1)风荷载

平台伸出水面的上部结构处于空旷的海面上，风力作为侧向荷载作用于平台结构上，使平台位移、摇动或疲劳。风荷载是平台设计必须考虑的环境荷载之一，按《公路桥涵设计通用规范》(JTG D60—2004)中提供的公式计算：

$$F_{\mathrm{wh}} = k_0 k_1 k_3 W_{\mathrm{d}} A_{\mathrm{wh}} \tag{8.3.2.1}$$

(2)波浪荷载

海水受海风的作用和气压变化等影响，发生向上、向下、向前和向后方向运动，形成了海面波浪。导管架平台处于开敞的海域，直接遭受波浪袭击，波浪荷载是一项主要的环境荷载。海浪在静水面附近波动最大、最活跃，因此静水面附近的波浪力也就最大。减小静水面区段的结构尺寸，可减小受力作用，导管架结构便是一个减小波浪力作用的较好结构形式。

导管架结构是一种杆系结构，其横向尺寸 D 与波长 L 之比小于0.2时，可按小尺度结构物受波浪作用来考虑。

波浪荷载与波高、波周期、水深、结构物尺寸及形状等多种因素有关。导管架所处的海域会出现不同的波高、不同的波向，应根据导管架使用阶段的不同选取相应的波要素。

导管架结构波浪荷载的具体计算方法和理论见本书的相关章节。

(3)海流荷载

海流通常指潮流和余流两部分。潮流是由天体运动造成潮汐涨落而产生的周期性海水水平运动。余流是指水文、气象等因素引起的海水流动。

海流与波浪相比,水质点的运动速度及周期随时间变化缓慢得多,因此,在计算海流对结构物作用力时,可把海流看成稳定流动,认为它们对结构物的作用力仅是阻力。

当只考虑海流作用时,对圆形构件单位长度上的海流荷载 f_L 可由下式计算:

$$f_L = \frac{1}{2} C_d \frac{\gamma}{g} A u_c^2 \tag{8.3.2.2}$$

式中:f_L——海流力(kN/m);

u_c——设计海流速度(m/s);

C_d——水流力系数,可参照我国现行《海上固定平台入级与建造规范》中的建议,取0.6~1.2;

γ——海水重度(kN/m^2);

g——重力加速度(m/s^2);

A——单位长度构件在与流向垂直平面上的投影面积(m^2)。

实际上海流往往与波浪同时出现,二者联合作用在导管架平台腿柱上。通常分别进行波浪力和海流力计算,然后进行矢量相加。

(4)环境荷载设计参数和设计重现期标准取值

水深10.80m:高潮位(20年一遇)3.48m;低潮位(20年一遇)-2.86m;

流速(静力计算):v_f = 247cm/s;$v_{0.2H}$ = 239cm/s;$v_{0.4H}$ = 206cm/s;$v_{0.6H}$ = 174cm/s;$v_{0.8H}$ = 141cm/s;v_B = 123cm/s;

流速(稳性计算):v_t = 75cm/s;

波浪(静力计算):波高5.71m,周期7.5s,风速35.54m/s;波高4.00m,周期7.5s,风速20.00m/s;

波浪(稳性计算):波高1.5m,周期5.0s。

3.施工荷载

施工荷载是指导管架构件在制造、装船、运输和安装过程中经受的荷载,主要有下列几项。

(1)吊装荷载

在开敞海域中进行导管架吊装,对吊点和直接与吊点相连接的构件进行静力计算应乘以不小于2.0的荷载系数。

(2)装运荷载

导管架结构一般采用驳船装运至海域现场,应计算驳船甲板的支承力和航运阻力,以选择合适的船舶。

(3)下水力和扶直力

导管架结构如采用浮吊整体下水,要考虑整个下水过程中每一瞬间结构的质量、浮力、流体阻力、惯性力的作用,以保证导管架入水位置的准确和安全。

(4)安装时海底泥面支承力

安装时导管架能支承于海床泥面的能力是相当低的。为使结构基本上在海床面上保持水平,并达到设计高程,直至把支承钢管桩打入海底,必须根据导管架有效质量和海底泥面的强度,计算泥面对导管架的支承力,以便决定是否需要设防沉板。

施工荷载是在施工作业时出现的临时荷载。在海洋环境条件下安装导管架,应根据结构自重和相应的环境荷载进行适当的组合,对结构的强度和稳定进行校核。施工荷载一般不作为结构设计荷载,通常采取临时性措施加以处理。

3.2.3 荷载组合

根据平台的不同设计项目或不同阶段结构的受力要求,荷载组合可分为施工荷载组合、使用荷载组合、环境荷载组合以及使用荷载与环境荷载共同作用下的荷载组合。对于一个平台结构设计，荷载组合可达到数十种，甚至更多。但最基本的，起控制作用的荷载组合有下列四种：

（1）一般环境荷载、固定荷载和相应的最大活荷载组合；

（2）一般环境荷载、固定荷载和相应的最小活荷载组合；

（3）极端环境荷载、固定荷载和相应的最大活荷载组合；

（4）极端环境荷载、固定荷载和相应的最小活荷载组合。

3.2.4　导管架构件尺寸确定

一个主墩承台施工区域安装 4 个导管架，每个导管架的主体由 16 根 ϕ1 000mm 的导管组成，在每根导管内打入长 47m、ϕ900mm 的钢管桩。导管架上的甲板采用梁板式结构，在岸上分块加工制作，承重桁架采用 HM588 × 300（mm）、主梁为 HM588 × 300（mm）、次梁为 I12mm、面板为 δ = 10mm 钢板，见图 8.3.2.1。

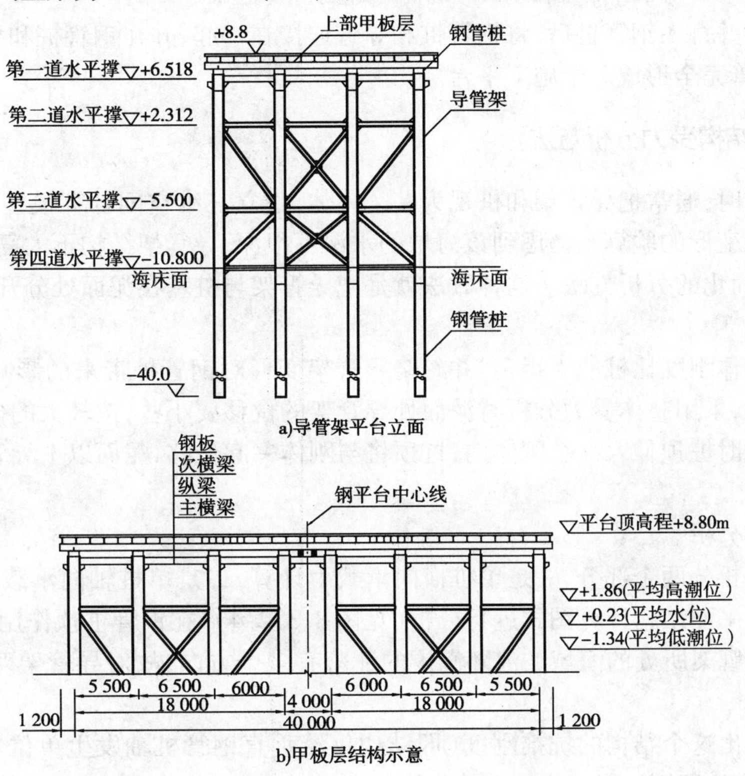

图 8.3.2.1　导管架平台布置（尺寸单位：mm，高程单位：m）

每个导管架长 26.4m，宽 18m，高 19.2m，自重约 285t。在 16 根导管之间采用四道 ϕ400mm 的水平撑和若干 ϕ400mm、ϕ328mm 的斜撑连接成整体，见图 8.3.2.2。

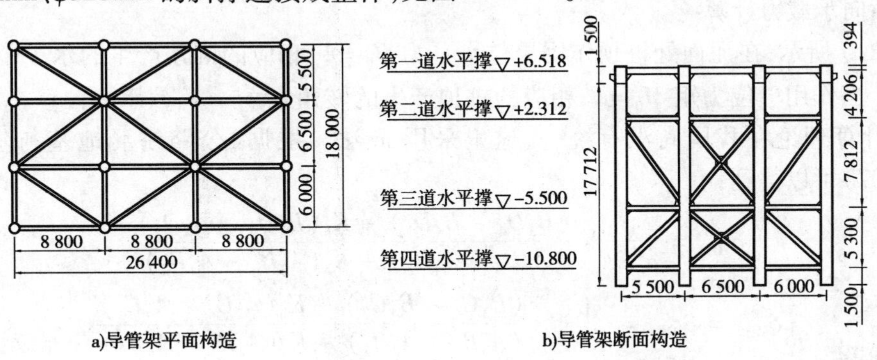

图 8.3.2.2　导管架结构示意（尺寸单位：mm，高程单位：m）

在导管架底部1.5m处设置防沉板，以加大承载面积防止导管架在自重作用下产生过大的下沉量，见图8.3.2.3。

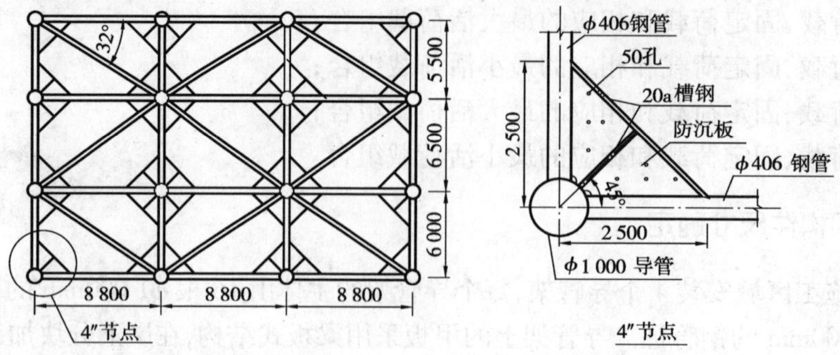

图8.3.2.3 防沉板布置(尺寸单位:mm)

导管架安装完毕并打入钢管桩后，将钢管桩和导管连接在一起，并在钢管桩和导管之间进行压浆处理，使得钢管桩和导管完全形成一个施工平台。

3.2.5 导管架结构受力分析方法

在进行结构分析时，通常把导管架和桩视为一个整体，建立三维空间计算模型，应用结构分析软件对其进行结构强度与变形的验算。考虑到该海域的水深不很深，导管架结构不太复杂，在满足施工安全的前提下，可以采用简化的分析方法。这种方法就是把导管架与桩基在泥面处分开，分别单独对导管架和桩进行分析。

假定导管架的整体刚度比桩的大得多，并忽略导管架变形对钢管桩带来的影响。这种假定对结构是偏保守的。事实上，采用整体受力分析时泥面处导管架的位移要小些，按较大的位移数值对结构进行控制是偏安全的。此时桩顶伸入一个刚体内，桩顶将与刚体一起位移，泥面以上导管架受到的荷载可以换算到桩顶处。

1. 钢管桩的受力分析

钢管桩的受力分析分两个部分，一是单桩横向承载力计算，二是单桩轴向承载力计算。依据假定，把空间导管架结构按平面结构计算图式进行分析(见图8.3.2.4)，在钢管桩顶作用着竖向力P、水平力H和弯矩M。由于导管架所处的海域波浪随潮汐的涨落有多个方向，故对导管架两个立面均应进行受力分析。

现在只需分别求出这个结构的抗推刚度(即结构仅沿垂直钢管桩轴发生单位水平位移$\Delta_H=1$时，需要的水平力J_C)和抗弯刚度(即结构发生单位转角$\varphi_M=1$、$\Delta_H=0$时，需要的弯矩S_C)，根据荷载组合最不利工况下的水平力和弯矩，便容易地求出钢管桩在泥面处的位移和转角。

为了能对钢管桩受力分析有一个清楚的了解，以下先对单根钢管桩受力分析进行介绍。

(1)单桩横向承载力计算

如图8.3.2.5所示，在泥面处桩顶作用单位水平力$H_0=1$，相应的桩顶产生的水平位移$x_0=\delta_{MH}^{(0)}$、转角$\varphi_0=-\delta_{MH}^{(0)}$。当作用单位力矩$M_0=1$，相应的桩顶产生的转角$\varphi_0=-\delta_{MM}^{(0)}$、水平位移$x_0=\delta_{HM}^{(0)}$。单桩承受水平荷载的计算理论在我国尚没有统一，这里采用m法。根据《公路桥涵地基与基础设计规范》(JTG D63—2007)可以得到：

$$\delta_{HH}^{(0)}=\frac{1}{a^3EI}\times\frac{(B_3D_4-B_4D_3)+K_h(B_2D_4-B_4D_2)}{(A_3B_4-A_4B_3)+K_h(A_2B_4-A_4B_2)} \tag{8.3.2.3}$$

$$\delta_{MH}^{(0)}=\delta_{HM}^{(0)}=\frac{1}{a^2EI}\times\frac{(B_3C_4-B_4C_3)+K_h(A_2C_4-A_4C_2)}{(A_3B_4-A_4B_3)+K_h(A_2B_4-A_4B_2)} \tag{8.3.2.4}$$

$$\delta_{MM}^{(0)}=\frac{1}{aEI}\times\frac{(A_3C_4-A_4C_3)+K_h(A_2C_4-A_4C_2)}{(A_3B_4-A_4B_3)+K_h(A_2B_4-A_4B_2)} \tag{8.3.2.5}$$

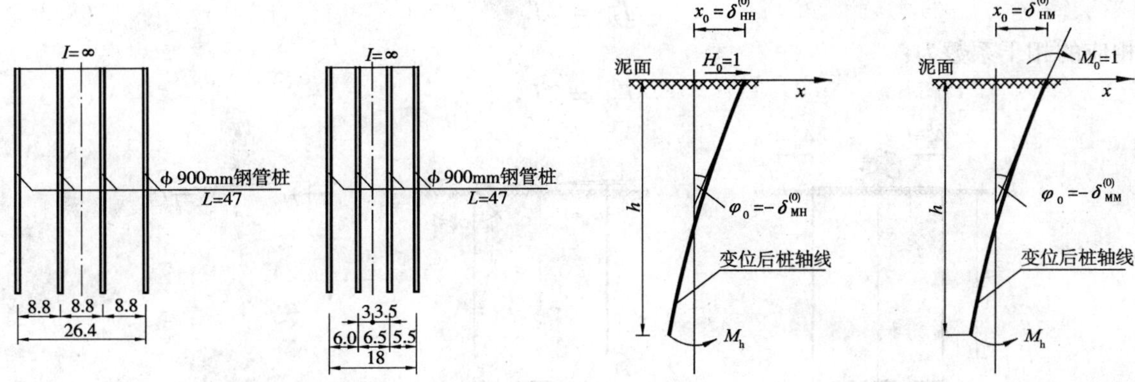

图 8.3.2.4　钢管桩结构计算图式(尺寸单位:m)　　　图 8.3.2.5　桩底支承在非岩石类土中

根据弹性结构的位移互等定理,单位水平力 H_0 作用产生的转角 φ_0 等于单位力矩 M_0 作用产生的水平位移 x_0,因此可以得出 $\delta_{\mathrm{MH}}^{(0)}=\delta_{\mathrm{HM}}^{(0)}$。以上公式中的系数可根据《公路桥涵地基与基础设计规范》的第 P.0.8 条查用。

由式(8.3.2.3)、式(8.3.2.4)、式(8.3.2.5)可反求单根钢管桩顶的抗推刚度 $J_{单}^{\mathrm{C}}$、抗弯刚度 $S_{单}^{\mathrm{C}}$ 及相干系数 $T_{单}^{\mathrm{C}}$(即钢管桩顶单位水平位移 $\Delta_{\mathrm{H}}^{0}=1$ 时,桩顶产生的弯矩或钢管桩顶发生单位转角 $\varphi_{\mathrm{M}}^{0}=1$ 时,桩顶产生的水平力),符号 $J_{单}^{\mathrm{C}}$、$S_{单}^{\mathrm{C}}$、$T_{单}^{\mathrm{C}}$ 的下标表示的是单根桩。

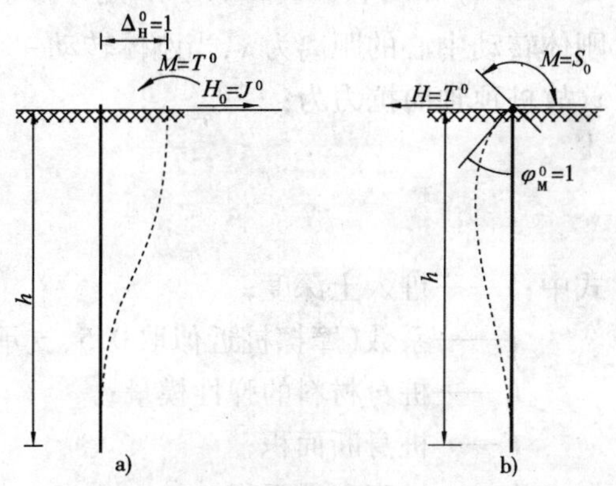

图 8.3.2.6　桩顶发生单位位移或单位转角时桩的变位示意

如图 8.3.2.6a)所示,当强迫桩顶位移 $\Delta_{\mathrm{H}}^{0}=1$ 时,可列出下列方程组:

$$
\begin{aligned}
\delta_{\mathrm{HH}}^{(0)}H_{(单)}+\delta_{\mathrm{HM}}^{(0)}M_{(单)}&=1\\
\delta_{\mathrm{MH}}^{(0)}H_{(单)}+\delta_{\mathrm{MM}}^{(0)}M_{(单)}&=0
\end{aligned}
\tag{8.3.2.6}
$$

解式(8.3.2.6)得:

$$H_{(单)}=\frac{\delta_{\mathrm{MM}}^{(0)}}{\delta_{\mathrm{HH}}^{(0)}\delta_{\mathrm{MM}}^{(0)}-(\delta_{\mathrm{HM}}^{(0)})^2}=J_{单}^{\mathrm{C}}\tag{8.3.2.7}$$

$$M_{(单)}=\frac{\delta_{\mathrm{HM}}^{(0)}}{\delta_{\mathrm{HH}}^{(0)}\delta_{\mathrm{MM}}^{(0)}-(\delta_{\mathrm{HM}}^{(0)})^2}=T_{单}^{\mathrm{C}}\tag{8.3.2.8}$$

如图 8.3.2.6b)所示,当强迫桩顶转动 $\varphi_{\mathrm{M}}^{0}=1$ 时,可列出下列方程组:

$$
\begin{aligned}
\delta_{\mathrm{HH}}^{(0)}H_{(单)}+\delta_{\mathrm{HM}}^{(0)}M_{(单)}&=0\\
\delta_{\mathrm{MH}}^{(0)}H_{(单)}+\delta_{\mathrm{MM}}^{(0)}M_{(单)}&=1
\end{aligned}
\tag{8.3.2.9}
$$

解式(8.3.2.9)得:

$$M_{(单)}=\frac{\delta_{\mathrm{MM}}^{(0)}}{\delta_{\mathrm{HH}}^{(0)}\delta_{\mathrm{MM}}^{(0)}-(\delta_{\mathrm{MH}}^{(0)})^2}=S_{单}^{\mathrm{C}}\tag{8.3.2.10}$$

$$H_{(单)}=\frac{\delta_{\mathrm{MH}}^{(0)}}{\delta_{\mathrm{HH}}^{(0)}\delta_{\mathrm{MM}}^{(0)}-(\delta_{\mathrm{MH}}^{(0)})^2}=T_{单}^{\mathrm{C}}\tag{8.3.2.11}$$

从式(8.3.2.8)和式(8.3.2.11)中可以看到,相干系数 $T_{单}^{\mathrm{C}}$ 是相同的。

现在已经求得了单根钢管桩顶的抗推刚度 $J_{单}^{\mathrm{C}}$ 和抗弯刚度 $S_{单}^{\mathrm{C}}$,再来对双排钢管桩的受力进行分析,如图 8.3.2.7 所示。当双排钢管桩结构发生单位水平位移 $\Delta_{\mathrm{H}}^{0}=1$ 时[如图 8.3.2.7a)所示],显见双排桩结构的抗推刚度 $J_{双}^{\mathrm{C}}$ 等于单排桩的抗推刚度 $J_{单}^{\mathrm{C}}$ 之和,即:

$$J_{双}^{C} = 2J_{单}^{C} \tag{8.3.2.12}$$

相应的相干系数为：

$$T_{双}^{C} = 2T_{单}^{C} \tag{8.3.2.13}$$

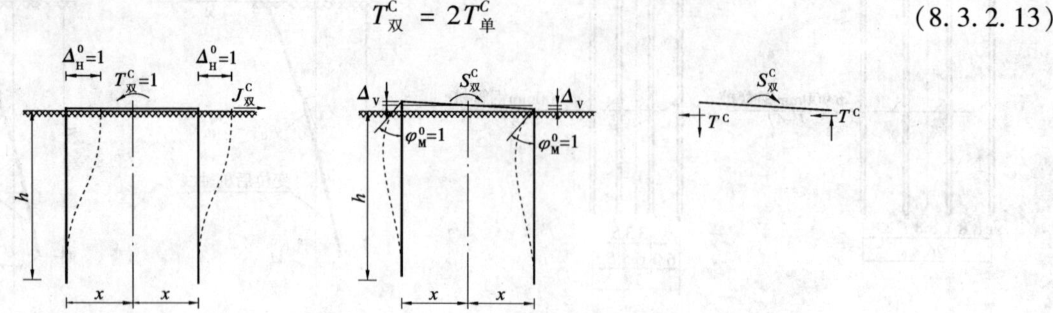

图 8.3.2.7　双排桩的抗推刚度 $J_{双}^{C}$ 和抗弯刚度 $S_{双}^{C}$ 计算图式

在求双排桩结构抗弯刚度时，应考虑导管架作为刚体转动时在桩轴方向产生的抵抗作用。如图 8.3.2.7b）和图 8.3.2.7c）所示，刚体发生单位转角 $\varphi_{M}^{0}=1$ 时，桩顶产生的轴向变形为 Δ_{V}。因钢管桩离刚体转动中心的距离为 x，当刚体转动一个 $\varphi_{M}^{0}=1$ 的角度时，钢管桩顶处产生的线位移是 $\Delta_{V}=\varphi_{M}^{0}\times x=x$，故桩顶轴向抗力为：

$$V = \frac{x}{\dfrac{\xi h}{EF}+\dfrac{1}{C_0F_0}} \tag{8.3.2.14}$$

式中：h——桩入土深度；

ξ——系数（摩擦桩近似取 0.5，支承桩取 1）；

E——桩身材料的弹性模量；

F——桩身断面积；

F_0——桩底支承面积；

C_0——桩底竖向地基系数；

x——双排桩间距之半。

从公式（8.3.2.14）可见，桩顶产生的轴向变形有两部分组成，一是桩身的弹性压缩变形，二是桩底地基土沉降变形。于是考虑桩顶轴向抗力的影响后，双排桩的抗弯刚度为：

$$S_{双}^{C} = 2S_{单}^{C} + 2\frac{1}{\dfrac{\xi h}{EF}+\dfrac{1}{C_0F_0}}x^2 \tag{8.3.2.15}$$

等式右边第一项为单桩的抗弯刚度，第二项为由桩顶轴向抗力产生的附加抗弯刚度。

同理，四排钢管桩结构的抗推刚度 $J_{四}^{C}$、相干系数 $T_{四}^{C}$ 和抗弯刚度 $S_{四}^{C}$ 为：

$$J_{四}^{C} = 4J_{单}^{C} \tag{8.3.2.16}$$

$$T_{四}^{C} = 4T_{单}^{C} \tag{8.3.2.17}$$

$$S_{四}^{C} = 4S_{单}^{C} + \frac{1}{\dfrac{\xi h}{EF}+\dfrac{1}{C_0F_0}}\sum_{i=1}^{4}x_i^2 \tag{8.3.2.18}$$

式中：x_i——四排钢管桩结构中心至各桩的距离，见图 8.3.2.8。

求得四排钢管桩结构的抗推刚度 $J_{四}^{C}$、相干系数 $T_{四}^{C}$ 和抗弯刚度 $S_{四}^{C}$ 之后，则求结构的变形就变得很容易了。依据换算到四排钢管顶的最不利荷载组合的水平力 $H_{组合}$ 和弯矩 $M_{组合}$，可以列出下面的方程组，求得桩基的水平位移 Δ 和转角 φ。

$$\begin{cases} J_{四}^{C}\Delta + T_{四}^{C}\varphi = H_{组合} \\ T_{四}^{C}\Delta + S_{四}^{C}\varphi = M_{组合} \end{cases} \tag{8.3.2.19}$$

依据换算到四排钢管顶的最不利荷载组合的水平力 $H_{组合}$ 和弯矩 $M_{组合}$，还需进行钢管桩的强度验算，只需把这些力值分配到每根桩上，同时考虑钢管桩受到的竖向力，按钢结构规范进行材料强度、构件稳定验算。

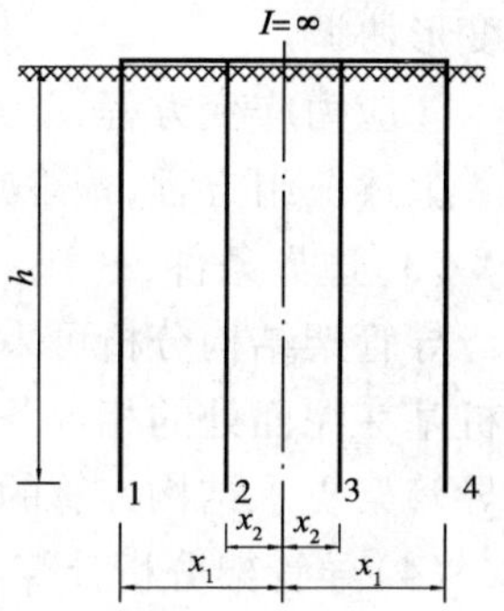

图8.3.2.8　四排钢管桩结构布置

(2)单桩轴向承载力计算

根据《建筑桩基技术规范》中土的物理指标与承载力参数之间的经验关系，确定钢管桩顶轴向极限承载力标准值的公式为：

$$Q_{UK}=Q_{SK}+Q_{PK}=\lambda_s\mu\sum q_{sik}l_i+\lambda_p q_{pk}A_p \qquad (8.3.2.20)$$

式中：Q_{UK}——单桩顶轴向极限承载力标准值；

Q_{SK}、Q_{PK}——分别为单桩总极限侧阻力和总极限端阻力标准值；

q_{sik}——桩侧第 i 层土极限侧阻力标准值；

q_{pk}——极限端阻力标准值；

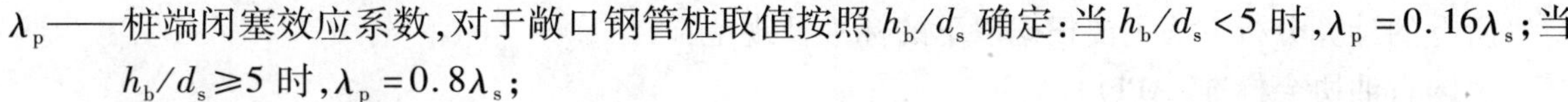

λ_p——桩端闭塞效应系数，对于敞口钢管桩取值按照 h_b/d_s 确定：当 $h_b/d_s<5$ 时，$\lambda_p=0.16\lambda_s$；当 $h_b/d_s\geqslant5$ 时，$\lambda_p=0.8\lambda_s$；

h_b——桩端进入持力层深度；

d_s——钢管桩外直径(m)；

μ——钢管周长；

l_i——桩穿越第 i 层土的厚度；

λ_s——侧阻挤土效应系数，对于闭口钢管桩 $\lambda_s=1$，对于 ϕ900mm 敞口钢管桩 $\lambda_s=0.82$；

A_p——桩端面积。

根据最不利荷载组合，只要每根钢管桩顶受到的轴向力小于单桩顶轴向极限承载力标准值，单桩轴向承载力就满足施工期间的受力要求。

2. 导管架结构总体受力分析计算

导管架结构总体受力分析一般应包括结构静力分析和结构动力分析。工程中通常将静力分析作为结构设计依据。考虑到导管架在施工期间还和主墩承台施工的钢套箱相连接成一个大型平台，因此不再单独进行一个导管架的结构动力分析，导管架作为空间框架结构采用有限元分析法进行整体静力分析。

(1)结构计算模型的建立

导管架结构是一个杆系结构，结点一般选在杆件的交叉点。根据计算需要，集中荷载作用点和杆件截面突变点也可以作为结点。

连接两个结点的构件，视为一个单元。由于导管架结构的结点一般用来传递轴力、弯矩和剪力，因此在计算中一般取构件为梁单元。

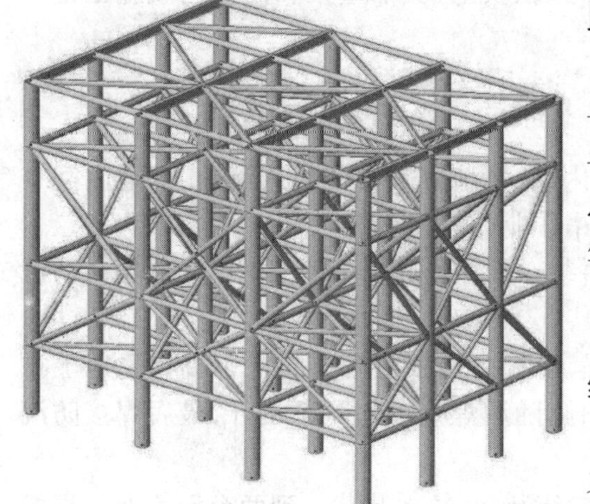

图8.3.2.9　导管架计算模型

在结点和单元确定之后，应选取适当的坐标系对结点和单元进行描述。通常采用两种坐标系统，即结构坐标系统与单元坐标系统。结构坐标系统是以空间任一点0为坐标原点，并符合右手法则。单元坐标系统是用于表示局部构件的坐标系统。导管架计算模型见图8.3.2.9。

(2)基本方程

采用有限元法分析导管架结构要建立大量的方程，但归纳起来可分为以下三组方程。

①结点静力平衡方程：作用于每个结点的外力与杆端内力相平衡。

②变形协调方程：交汇于一个结点的各单元，在外力作用下变形后，仍保持交汇于一点，整个结构各结点都必须满

足变形协调。

③应力应变方程:单元的结点力与结点位移呈线性关系。

上述三组方程,最终归结为从已知的外力、外变形求解杆端力和结点位移。

(3)边界条件

导管架结构分析可采用“结构—桩—土壤”相互作用方法,它反映了线弹性的导管架结构与非线性的桩基在泥面处的相容条件。若采用简化分析方法,将在泥面处求得的桩基的水平位移 Δ 和转角 φ 作为导管架支承结构计算的边界条件。

(4)导管架分析计算内容包括:

①结构站位静力分析;

②就位时稳定性及防沉板强度校核;

③局部杆件波浪拍击分析。

所有的计算分析方法主要根据以下的标准及规范:

美国石油协会标准(API);

美国钢结构设计规范(AISC);

挪威船级社规范(DNV)。

(5)分析结果

①静力分析结果

从各杆件的应力校核结果得出,在波、流、风的水平荷载及上部结构重力和导管架自重作用下,导管架结构所有杆件强度满足设计要求,节点满足荷载强度的要求。

从桩的检查结果可以看出,在泥面至泥面下 1.2m 内,桩的应力已经超出钢材的设计容许应力。为保证泥面下钢管桩受力的安全,需在钢管桩与导管间保证灌浆强度,使钢管桩与导管连接成一个整体,否则需要加强泥面附近钢管桩的强度。

②稳性分析结果

稳性分析结果表明:所有杆件强度满足设计要求,结点也满足强度要求。

3.3 导管架平台施工

导管架平台施工采用装配式工艺,平台由导管架、钢管桩及上部结构三部分组成。先根据平台形式、平台钢管桩布置形式及起吊能力划成若干个导管架,在工厂制作经海上运输到现场后起吊安装形成整体。随后,在导管内打设钢管桩并与导管固定连接,上面布置纵横主、次承重梁和面板构成施工钢平台,最后导管与钢管桩之间用砂浆填充。

3.3.1 导管架制作和运输

选择导管架的制作场地应考虑将来导管架的运输条件,因此,场地宜紧靠江边或海边,场地内需有大型起重设施,或者大型浮吊可以进入场地进行导管架的起吊作业。

导管架制作顺序:钢管卷制、联系杆件下料加工→单片拼装→单片连成整个框架→纵向联系→防沉板焊接→走道板焊接→吊点设置。

为了满足起重设备的起重能力,导管架按纵向分为四榀,每榀由四根主管支持。单榀在平地上拼装,四个单榀制作完成后在运输驳船上用龙门吊配合拼成整体,随后焊接纵向联系构件,最后焊接防沉板和走道板,安装扶梯、平台、护舷和带缆桩等附属结构。

运输船为两艘大型平板驳(5 000t 级,75.0m×24.0m),轮流装运,每次装载一到两个导管架。平板驳用两艘 2640HP 拖轮拖到现场浮吊旁,见图 8.3.3.1。

a)导管架海上运输

b)导管架在现场浮吊旁就位待吊

图8.3.3.1　导管架运输

3.3.2　导管架沉放安装

每个导管架自重为285t,选用350t浮吊进行起吊安装施工,并用浮吊配打桩锤进行导管内的钢管桩施打。另外,施工现场配一艘1670HP拖轮和一艘80t浮吊协助导管架的下沉安装作业。

1. 安装准备工作

计算表明,导管架即使全部断面承受5级海流作用,受到浪高为1.5m的波浪作用,靠其自重也完全可以稳定。

根据施工海域的涨落潮、平潮和涌浪等现场海况,初步拟定导管架沉放时间应避开涨落潮流速最快时间段,当流速降到1.5m/s以下后进行下沉安装。

2. 导管架安装的测量定位

导管架安装定位采用GPSRTK实时定位控制系统。先用RTK实时定位控制系统将浮吊精确定位(浮吊的位置偏差控制在10cm以内),然后在导管架四个顶角钢管上安装四根GPS天线,四根天线连在总线上,总线通过一根有线连到操作电脑上,用电脑对整个导管架的方位、高程和倾斜度进行动态控制。现场GPS操作站设置在浮吊上,通过软件计算,RTK直接反映的是导管架底部位置偏差的数据。测量系统布置见图8.3.3.2。

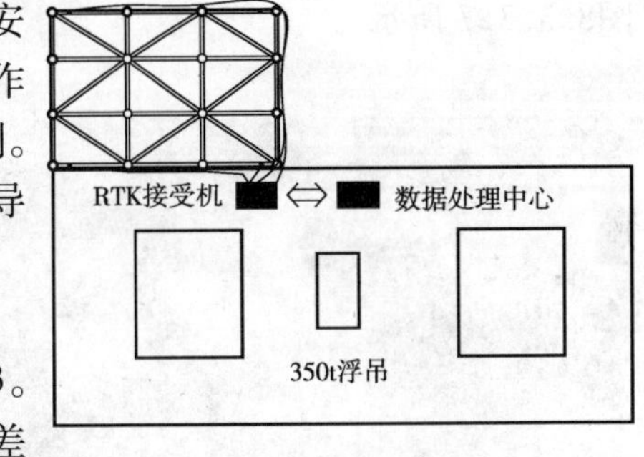

图8.3.3.2　测量系统布置示意

3. 导管架的下沉安装

导管架的下沉安装是紧贴着浮吊一侧进行的,见图8.3.3.3。同时,通过工程驳船上的控制钢丝绳和浮吊进行导管架的平面偏差和垂直度控制。工程驳船和浮吊上的所有调节钢丝绳可以对导管架姿态进行全方位的控制和调整(包括平面和立面的偏位控制和调整)。导管架安装平面示意如图8.3.3.4所示。

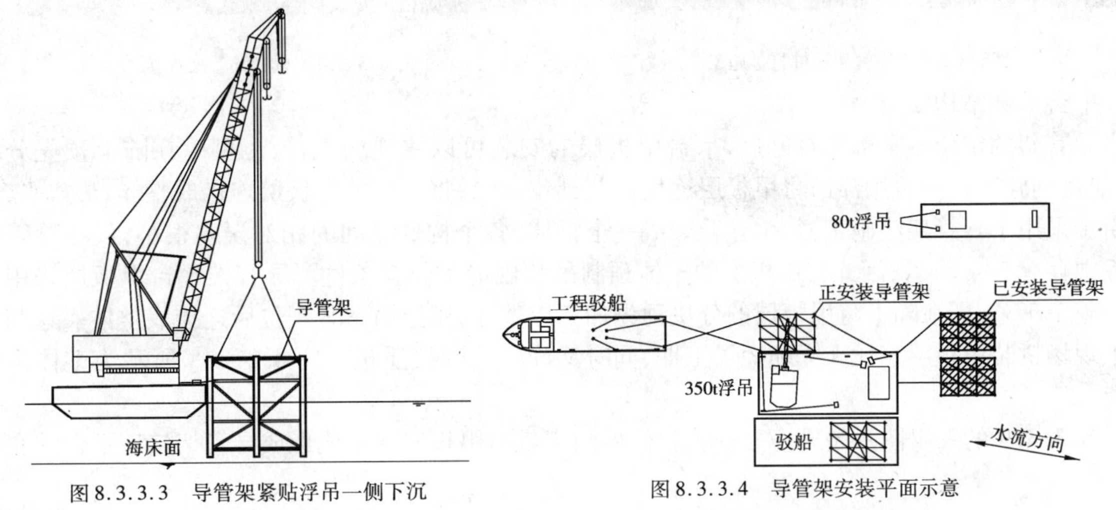

图8.3.3.3　导管架紧贴浮吊一侧下沉

图8.3.3.4　导管架安装平面示意

350t 浮吊事先进行抛锚定位,工程驳船在距离导管架安装位置的正前方约 100m 处抛锚定位。为了尽量减少水流力及波浪力对导管架沉放的影响,浮吊及运输船长度方向应与水流方向一致。

图 8.3.3.5 所示是采用 350t 浮吊在海上进行起吊、安装导管架施工作业的一组现场照片。

图 8.3.3.5　导管架海上安装实景

4. 钢管桩的施打

导管架各自沉放到位后,即开始钢管桩的打设工作,钢管桩直径 900mm,长度 47m。导管内钢管桩全部由 350t 浮吊配合打桩锤进行施工,如图 8.3.3.6 所示。

5. 连接和桩顶整平

沉桩结束后及时焊接钢管桩与导管的连接板,随后将钢管桩顶部割平至同一高程,焊桩帽。同时在桩和导管之间空隙内立刻进行压浆作业,以使钢管桩与导管架连成一体。桩和导管架连接如图8.3.3.7 所示。

图 8.3.3.6　导管架插桩打桩施工

图 8.3.3.7　桩和导管架连接

6. 平台上部结构安装

当导管架的定位桩全部施打好后,平台甲板层的安装可以在现场进行,也可以在陆上预先分块加工,用船运到施工现场后用浮吊将甲板层逐块吊装到位,然后将分块的甲板层连接成整体,形成平台。

由于采用了导管架法施工,每个导管架成一个整体,各个构件之间的相对误差很小,仅在导管架制作过程中存有 5cm 误差,因此为甲板层的整体预制吊装创造了前提条件。导管架平台甲板层采用整体吊装的施工工艺,即在陆上将甲板层的分块预先加工成整体,用浮吊吊装到位后连接成整体。这与常规的海上现场拼装甲板层相比大大缩短了工期,同时又确保了焊接质量。图 8.3.3.8 所示为整体吊装甲板层。

图 8.3.3.9 的一组图片是导管架安装就位后的实景与甲板安装完成形成导管架施工平台的实景。

图8.3.3.8　整体吊装甲板层形成平台

a)两个导管架安装就位

b)一侧导管架平台安装完成

图8.3.3.9　海上实施导管架施工的实景

3.4　蜂窝式自浮钢套箱平台设计

3.4.1　蜂窝式自浮钢套箱的功能

蜂窝式自浮钢套箱把钻孔灌注桩施工、主墩承台施工、大体积承台混凝土养护,三个施工阶段,十多道工序有机地综合在一个套箱设施上,使钻孔灌注桩、承台混凝土浇筑及其混凝土养护都能如同陆上施工一样。它必须具备下面所述的功能:

(1)具有承台施工套箱的功能;

(2)具有操作平台的功能,满足110t吊机行走,100t钻孔灌注桩机械施工等要求;

(3)具有工程桩钢护筒打入精确定位功能;

(4)具有满足工厂制作后在海上拖航自浮的功能;

(5)具有沉浮、高度自动调节的功能;

(6)具有套箱在承台施工时封底止水的功能;

(7)具有浮箱自行锚泊和作为平台被靠驳的功能;

(8)具有与工程钢护筒桩连接固定、力系转换的功能。

为便于文字叙述,下文把"蜂窝式自浮钢套箱"简称为"钢套箱"。

3.4.2　设计步骤

(1)钢套箱制作完成之后,依靠拖轮带运由海路至安装现场,在未固定前要承受海上风浪的作用,所以它应拥有钢质海船的所有特性,满足纵横总刚度和稳性等要求;箱体结构的设计应满足中国船级社

《钢质海船入级与建造规范》(2001 年版)规定。

(2)根据钢套箱在就位时的荷载工况条件,按 20 年一遇的波浪要素,对箱体结构进行复核验算,不足的部位进行结构加强处理。

(3)为了满足钢套箱功能的使用要求,对相关附属设施的布置,箱体使用期间的止水系统、力系转换系统、水位调节系统及锚泊、靠驳附件等,均需完善其功能设计。

3.4.3 钢套箱构造设计

1. 钢套箱总体尺寸和构造的确定

钢套箱尺寸的确定主要依据主墩承台的外形平面尺寸(49.8m×27.4m),并考虑浮箱在水中定位时可能产生的误差。为给随后施工校准预留足够的空间,特将内箱体各边向外放宽 20cm,故内箱体尺寸确定为 50.2m×27.8m。

由于承台底高程为 -2.50m,钢套箱在自浮状态时箱内底高程必须高于 -2.00m,以便于钢套箱定位后注水下沉,因此钢套箱需具有足够的浮力。为此在内箱体四周及底板下,设计了尺寸分别为 2m、3m、1.5m 的密闭空腔,从而外箱体尺寸最终确定为 54.20m×33.84m。

在箱体高度的确定方面,考虑了 50 年一遇的海浪高度,防止承台混凝土施工过程中海水侵入,同时也考虑到承台两侧已搭设了导管架平台。为了能使两个导管架平台与钢套箱甲板连成整体,特将箱体定位后的甲板高程设计为 8.8m,从而箱体高度定为 12.8m。

综合考虑各方面因素,双层底钢套箱外形尺寸最终定为:54.20m×33.84m×12.80m。钢套箱构造布置见图 8.3.4.1。

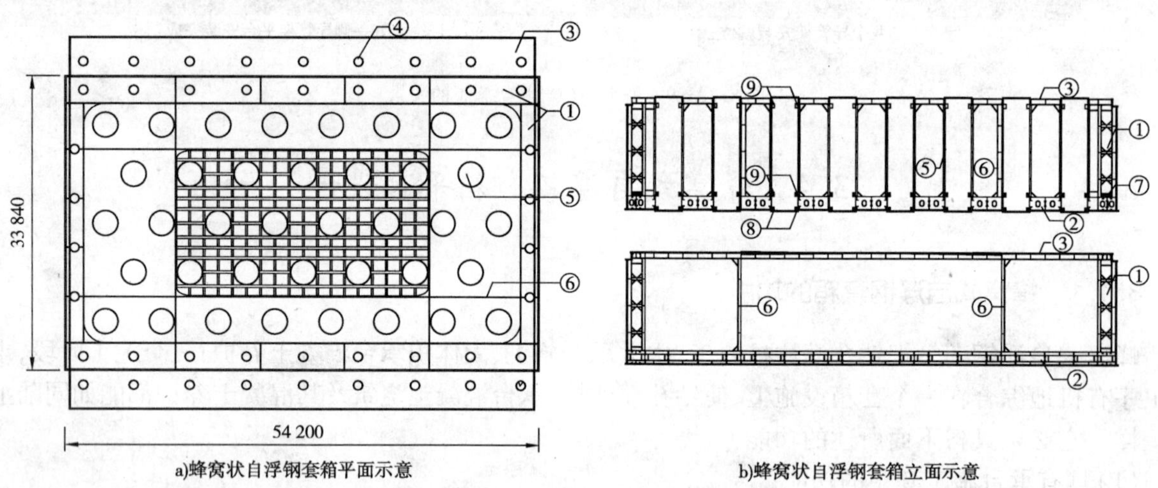

图 8.3.4.1 钢套箱构造布置(尺寸单位:mm)

①-双壁或单壁围壁;②-双层或单层底板;③-甲板操作层;④-辅助桩导管及支架;⑤-钢护桩导管;⑥-分仓加劲肋板;⑦-水位差调节系统;⑧-钢护筒导管气囊止水系统;⑨-箱体固定力系转换系统;⑩-定位锚舶系统

在钢套箱定位、固定以及钢护筒打设过程中,为保证施工平台的稳定,箱体必须锚固在海床上。因此,在箱体 3m 舱两侧设计了导管架结构,布置了 44 根互相联系的辅助锚固定位导管,导管采用 ϕ1 000mm钢管材料,以满足 ϕ900mm 定位钢管桩的施打。其中沿双壁围堰四周布置 26 根辅助锚固定位桩,在箱体两侧辅助桁架结构中布置 18 根辅助锚固定位桩。

在承台施工范围内布置 38 根 ϕ2 900mm 导管,作为钻孔灌注桩钢护筒的导向架和定位架,以克服海上钢护筒施打平面偏位大、垂直度不能保证的缺点,并保证 ϕ2 700mm 钻孔灌注桩钢护筒的埋设要求。

2. 钢套箱的主要结构构造

钢套箱的主要结构分为:甲板、四周双壁围堰、双层底板、悬挑部位 44 根辅助桩及其桁架、导管、38 根工程桩钢护筒导管、四道纵横向分仓隔板等几大部分。

(1)密闭双层底板

双层底板厚1 500mm,与原设计封底混凝土同厚度。内、外底板为厚10mm的钢板,由纵横桁梁分隔板及肋骨组成,在内镶嵌着38个ϕ2 900mm工程桩钢护筒导管。

底板是钢套箱重要的受力部件,在各阶段都发挥着至关重要的作用,特别是在力系转换以后的承台施工阶段。把底板设计成双层底,除结构上刚度要求外,也是承台大体积混凝土浇筑保温及封底止水的要求。密闭双层底内部结构见图8.3.4.2。

(2)双壁围堰结构

顺桥向壁厚为2m,横桥向壁厚为3m;钢板外壁为10mm,内壁为8mm;其中@3m间距布置纵桁,@1.6m间距布置垂桁,@0.6m间距布置扶强材。在双壁的中间隔6.4m均布置着26根辅助桩导管。

为满足钢套箱的纵横刚度要求,采用双壁形成的密闭舱,并作为钢套箱沉浮调节的平衡舱。双壁舱室分为了20个密闭舱室,在浮运阶段,可以通过注水来调节箱体平衡。双壁舱室内布置有连同阀门的开关及水泵。承台施工时,钢套箱的内舱主要功能是保证承台支模的精确度,故箱体壁内侧均比承台放大了20cm。

双壁结构设置了人孔,方便了钢套箱的维护、改建及拆除等工作。同时,密闭的双壁舱室也为承台混凝土的养护提供了良好的保护作用。钢套箱侧壁结构见图8.3.4.3。

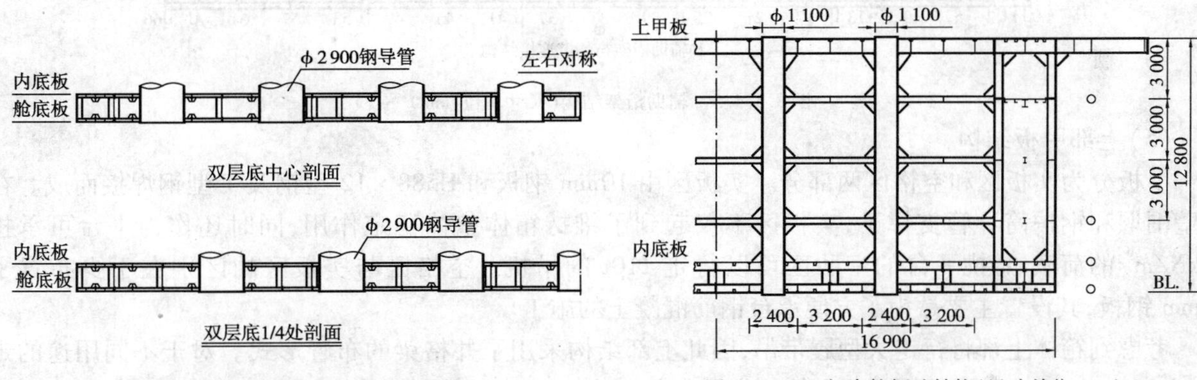

图8.3.4.2　密闭双层底内部结构

图8.3.4.3　钢套箱侧壁结构(尺寸单位:mm)

(3)灌注桩钢护筒导管和辅助定位桩导管

沿箱体结构纵向的两侧,各设有两排18根锚固定位桩导管;横向的两侧各设4根锚固定位桩导管,总共设置了44根导管,锚固定位桩导管为ϕ1 200×12(mm)焊接钢管。在箱体中间的承台施工区域设有38根灌注桩钢护筒导管。钢护筒导管为ϕ2 900×12(mm)焊接钢管(图8.3.4.4)。所有的导管皆长12.9m,上下开口,与双层底板和甲板层焊接固定,其在箱体结构中作为垂直支撑杆件受力,形成了蜂窝式整体结构体系。正是由于以上构造布置,才赋予了钢套箱许多传统套箱所没有的新功能,介绍如下。

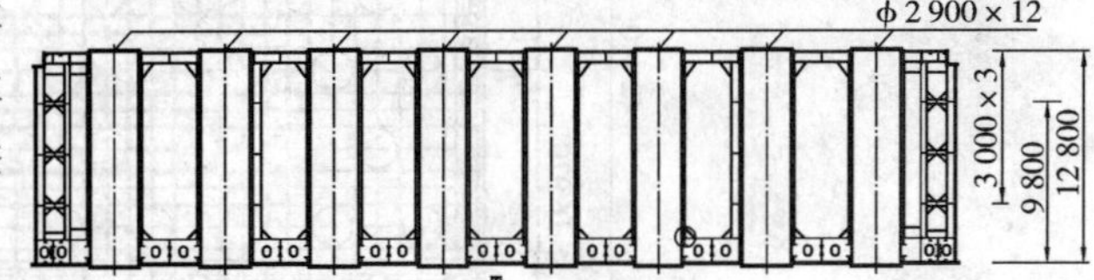

图8.3.4.4　灌注桩钢护筒导管结构(尺寸单位:mm)

①锚固定位桩和灌注桩钢护筒准确导向功能

导管起到了定位桩的导向架作用,简化了打桩的测量定位,方便了打桩施工。此外钢套箱就位后就在其四周导管内打下了锚固定位桩,定位桩便成为箱体下沉的竖向滑轨。在箱体就位固定后,可以同时打设38根灌注桩钢护筒进入海底泥面,无需进行桩基的测量定位。

②封底止水功能

导管与钢护筒之间存在100mm左右的间隙。在双层底下部放入止水气囊,填充少量止水砂浆后,就能达到围堰封底止水的功能,可节约大量的封底混凝土材料。

③力系转换的传递功能

钢套箱压水下沉至设计高程后,通过设在甲板层导管上部的上传力节点板与锚固定位桩固定,就完成了钻孔桩施工阶段箱体垂直拉力的传递。利用布置在双层底部导管上的传力节点板与灌注桩钢护筒的连接,完成了承台混凝土施工阶段套箱与灌注桩之间的支承力的传递。

(4)辅助桁架结构

钢套箱在纵向两侧各18根锚固桩导管之间,采用ϕ325mm、ϕ402mm的钢管所组成的辅助桁架将其连接。设置辅助桁架能改善钢套箱在钢管桩锚固期间的整体受力,更利于上部机械走道的受力分布。由于位于钢套箱最外侧,辅助桁架通过加固改善后,就变成了靠船上人的平台,同时能防止钢套箱外侧结构受撞击,并起到碎浪的作用。辅助桁架结构见图8.3.4.5。

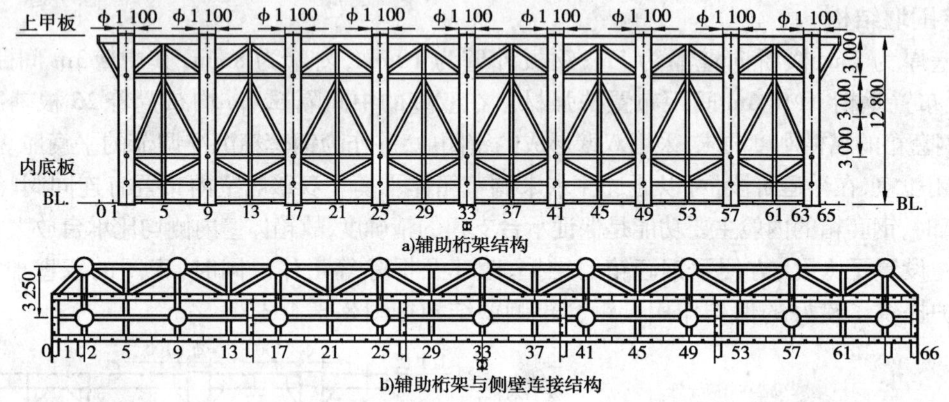

图8.3.4.5 辅助桁架结构(尺寸单位:mm)

(5)上部甲板结构

甲板分为实板区和空格区两部分。实板区由10mm钢板和H588×12型钢及T型钢焊接而成。在双壁围堰和钢护筒导管支撑下,实板区不仅起到了维持箱体整体稳定作用,同时还作为平台可承担50kN/m² 的荷载,悬挑平台的密肋区可以行走110t的吊机。空格区与实板区的区别在于少布置了10mm钢板,其设置主要是为了方便承台钢筋混凝土的施工。

考虑到箱体上部将行走大型履带吊,因此上部结构采用了井格梁的布置形式。对于不同用途的走道,上铺设9~10mm厚的钢板。在箱体中间部位不布置钢板,以方便箱体内的施工及材料的吊运。甲板的布置见图8.3.4.6。

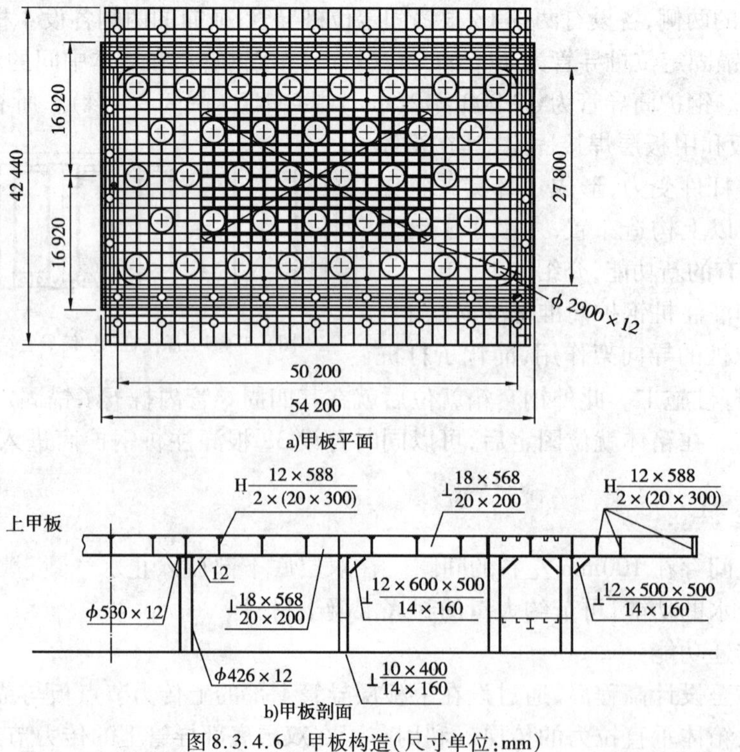

图8.3.4.6 甲板构造(尺寸单位:mm)

(6)辅助结构

①水位平衡的连通阀门及抽水设施

水位平衡的连通阀门及抽水设施的功能,是平衡海水潮涨潮落时对浮箱受力的影响,同时作为浮箱上浮、下降时调节吃水深度的设施。通过在密封舱内的进水和排水,钢套箱利用其自身浮力,升降自如地下沉至设计高程。水位平衡的连通阀门及抽水设施布置见图 8.3.4.7。

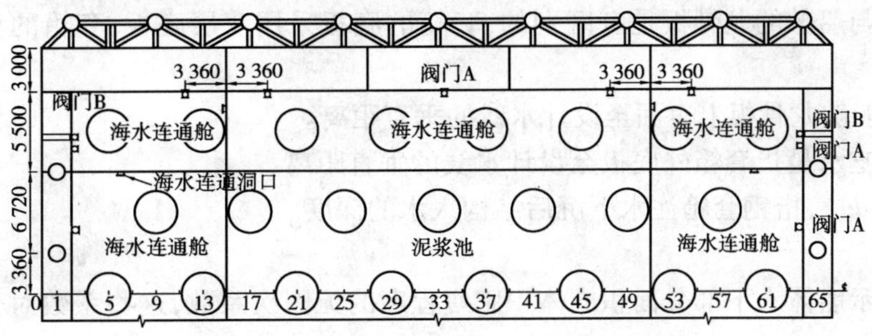

图 8.3.4.7　钢套箱连通阀门布置(尺寸单位:mm)

②定位锚泊设施

在拖航过程中钢套箱在某些施工区需要锚泊,故在箱体上配备了发电机和 4 台 10t 重的锚机,使之具备了自行锚泊的功能。另外,在外挑的辅助桩导管及桁架上,设置橡胶防撞护舷及上人的扶梯,使之具备平台码头的功能。定位锚泊设施布置见图 8.3.4.8。

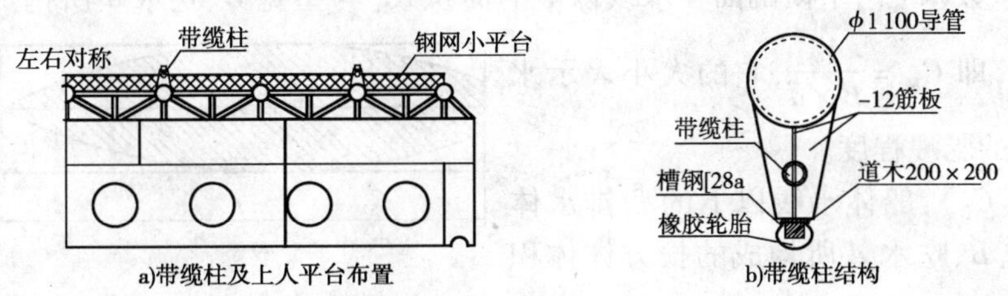

图 8.3.4.8　定位锚泊设施

3.4.4　船体几何要素

钢套箱的设计是按船舶设计规范进行的,这里仍采用船舶专业的术语,以保持与船舶设计规范的统一性。船体几何要素包括船体主尺度、船形系数和尺度比,是表示船体大小、形状、肥瘦程度的几何参数,这些参数对于船舶设计、建造、使用和分析航行性能十分有用。由于钢套箱是桥梁施工时的一个临时设施,仅在制造厂出坞时航行一段时间,因而,这里仅对与钢套箱有关的船舶设计部分理论进行一些说明,更全面的船舶设计理论可参考船舶专业的有关书籍。

1. 船体主尺度

船舶的大小可由船长、型宽、型深和吃水等主尺度来度量,这些特征尺度的定义如下。

(1)船长(L),通常选用的船长有三种,即总长、垂线间长和设计水线长。

总长(L_{OA}):自船首最前端至船尾最后端的水平距离。

垂线间长(L_{PP}):首垂线与尾垂线之间的水平距离。首垂线是通过设计水线与首柱前缘的交点所作的垂线;尾垂线一般在舵柱的后缘,如无舵柱,则取在舵杆的中心线上。一般情况下,如无特别说明,习惯上所说的船长指的就是垂线间长。

设计水线长(L_{WL}):设计水线在首柱前缘和尾柱后缘之间的距离。

钢套箱与船舶的外形是有很大区别的,所用的板材全部都是直线板材,且没用船舵,因而对钢套箱的长度仅定义为总长(L_{OA}),其长度的大小与设计水线长(L_{WL})相同。

(2)型宽(B),指船体两侧型表面(不包括船体外板厚度)之间垂直于中线面的水平距离,一般指中横剖面设计水线处的宽度。

钢套箱的型宽是指最外侧边板(不包括外板厚度)之间的距离。

(3)最大船宽(B_m),包括外板和伸出两舷的永久性固定突出物如护舷材、舷伸甲板等在内,并垂直于中线面的最大水平距离。

钢套箱的最大宽度为钢箱顶面所铺钢板的宽度。

(4)型深(D),在上甲板边线最低点处,自龙骨板上表面至上甲板边线的垂直距离。

钢套箱的底板与船舶的龙骨板是有区别的,套箱的底板采用双层底板,套箱的型深确定为套箱的高度。

(5)吃水(d),船舶龙骨板上表面至设计水线的垂直距离。

钢套箱的设计吃水是指套箱外底板至设计水线的垂直距离。

(6)结构吃水(d_m),指钢套箱注水下沉后结构入水的深度。

2. 船型系数

船型系数是表示船体水下部分面积或体积肥瘦程度的无因次系数,这些系数对分析船型和船性能等有很大的用处。

(1)水线面系数(C_{wp}),与基平面相平行的任一水线的面积 A_w 与由船长 L、型宽 B 所构成的矩形面积之比[图 8.3.4.9a)],即 $C_{wp}=\dfrac{A_w}{L\times B}$,它的大小表示水线面的肥瘦程度。通常情况下 C_{wp} 指设计水线面系数。

(2)中横剖面系数(C_M),中横剖面在水线以下的面积 A_M 与型宽 B、吃水 d 所构成的长方体体积之比[图 8.3.4.9b)],即 $C_M=\dfrac{A_M}{B\times d}$,它的大小表示水线以下的中横剖面的肥瘦程度。

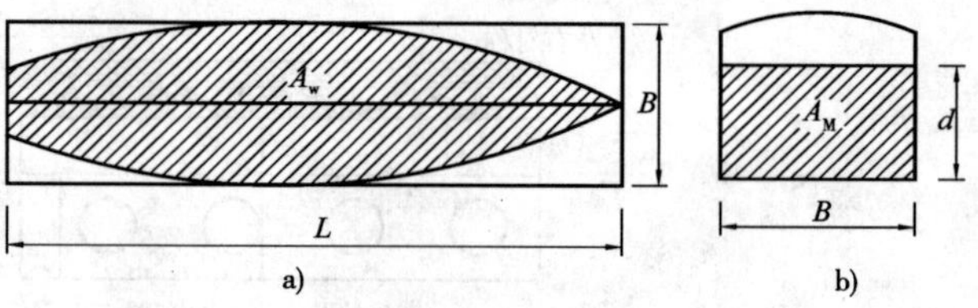

图 8.3.4.9　水线面系数和中横剖面系数

(3)方形系数(C_B),船体水线以下的型排水体积 V 与船长 L、型宽 B、吃水 d 所构成的长方体体积之比,即 $C_B=\dfrac{V}{L\times B\times d}$,它的大小表示船体水下体积的肥瘦程度。

3.4.5　钢套箱构件尺寸制订

钢套箱是一次性使用,为保证拖航安全性,除局部箱体结构需要加强外,其余箱体结构构件全按最低值选取,部分构件尺寸按沿海航区作折减。

箱体外底板和舷侧板的材料采用 ZC—A 一般强度结构钢,其余全部采用 Q235—A 普通碳素结构钢。焊接材料按规范要求选用。

浮箱建造结束后,需按规范规定进行焊缝探伤、拍片及舱室水密、气密试验。边舱增设透气管和测深口。

钢套箱体主尺度要素见表 8.3.4.1。

钢套箱主尺度要素　　表 8.3.4.1

总长 L_{OA} (m)	设计水线长 L_{WL} (m)	型宽 B (m)	最大宽度 B_m (m)	型深 D (m)	吃水 d (m)	结构吃水 d_m (m)	肋距 S (m)
54.20	54.20	33.8	42.40	12.80	1.847	4.52	0.6/0.8

钢套箱各构件可划分为双层底、舷侧、套箱首部和尾部、内舱纵横舱壁、边舱纵横舱壁、支柱(导管)、舷边桁架、边舱平台等几大部分,全部由板材和骨架焊接而成。依据表 8.3.4.1 中的主要尺度要素,《钢质海船入级与建造规范》(作者:中国船级社)对钢套箱板材的最小厚度的要求都给出了计算公

式，对骨架布置的间距要求、焊结成骨架型材的高度和用材的厚度以及型材的剖面模数，都提出了基本要求和计算公式。根据《钢质海船入级与建造规范》各项条文的规定，钢套箱各构件的尺寸见表8.3.4.2。

钢套箱各种构件尺寸　　表 8.3.4.2

区域	板　材		骨　材		
	名称	板厚(mm)	名称	截面形式	材料规格(mm)
双层底	中桁材	10	外底纵桁	⊥	12×400/16×180
	旁桁材	10	外底横材	⊥	12×400/16×180
	外底板	10	内底纵桁	⊥	14×400/16×180
	内底板	10	内底横材	⊥	14×400/16×180
	水密肋板	10	外底纵骨	∟	160×100×12
	实肋板	9	内底纵骨	∟	180×110×12
舷侧	舷侧外板	10	强肋骨	⊥	12×400/16×160
	舷顶列板	12	普通肋骨	∟	160×100×12
			舷侧纵桁	⊥	12×400/16×160
甲板	甲板边板	12	甲板纵桁(开口内)	H	12×588/2(20×300)
	甲板板	9	甲板纵桁(开口外)	H	12×588/2(20×300)
			强横梁(开口内)	I	18×548/2(20×200)
			强横梁(开口外)	⊥	18×568/20×200
			甲板纵骨	∟	180×110×12
首、尾	底板	10	强垂桁	⊥	16×400/18×200
	舷侧外板	10	水平桁材	⊥	16×400/18×200
			肋骨	∟	180×110×12
内舱纵横舱壁	下列板	9	扶强材	∟	140×90×8
	其余板	9	水平桁	⊥	10×400/14×160
			垂桁	⊥	10×400/14×160
边舱纵横舱壁	壁板	9	水平桁	⊥	12×400/16×160
			撑材	⊥	12×400/16×160
			垂桁		双拼 28 槽钢
			扶强材	∟	160×100×12
支柱(导管)			内导管	O	2900×12
			垂桁	⊥	14×300/18×100
			导管与舱壁处	⊥	14×450/18×100
			水平桁	⊥	14×300/18×100
			外导管	O	1100×12
舷边桁架	甲板板	9	纵向桁架	H	12×588/2(20×300)
			横向桁架	⊥	18×568/20×200
			水平撑	O	402×12
			垂/斜撑	O	325×10
边舱平台	平台板	9	纵骨	∟	140×90×8
			纵桁		双拼 28 槽钢
			强横梁	⊥	12×308/14×160

3.4.6 钢套箱箱体梁弯曲强度计算

1. 最小中剖面模数规范值

按《钢质海船入级与建造规范》第 2.2.5.1 条规定，船中最小剖面模数 W_0 应不小于按式(8.3.4.1)计算所得之值：

$$W_0 = CL^2B(C_b + 0.7) \quad (cm^3) \tag{8.3.4.1}$$

式中：C——船长系数，按《钢质海船入级与建造规范》第 2.2.3.1 条选取，当船长 $L<90m$ 时，$C=0.0412L+4=6.233$；

C_b——方形系数，按《钢质海船入级与建造规范》第 2.2.3.1 条选取，$C_b \approx 1.0$；

L——船长，m，取 $L=54.2m$；

B——船宽，m，取 $B=42.40m$。

计入船中最小剖面模数 W_0 的纵向连续构件尺寸应在船中 0.4L 区域内保持不变。但在特殊情况下，考虑到船舶种类、船型和装载条件，且不降低船舶的装载适应性，纵向连续构件尺寸可向船中 0.4L 区域的两端逐渐减小。

依据钢套箱的尺寸要素，计算其最小中剖面模数规范值为：

$$W_0 = 6.233 \times 54.2 \times 42.40 \times (1.0 + 0.7) = 13\ 191.72(cm^3)$$

2. 最小中剖面惯性矩

按《钢质海船入级与建造规范》第 2.2.5.2 条规定，船中剖面对水平中和轴的惯性 I 矩应不小于按式(8.3.4.2)计算所得值：

$$I = 3W_0L \quad (cm^4) \tag{8.3.4.2}$$

式中：W_0——按第 2.2.5.1 条规定计算所得的船中最小剖面模数(cm^3)，$W_0=13\ 191.7cm^3$；

L——船长(m)，取 $L=54.2m$。

则：$I_0=3\times1\ 319\ 172\times54.2=214\ 497\ 367=21\ 450(cm^4)$。

3. 中剖面模数实际值

钢套箱内所有的材料对结构基线的截面几何特性的计算见表 8.3.4.3。

钢套箱中剖面垂向惯性矩计算 表 8.3.4.3

序号	构件名称	规格(mm)	截面积 $A(cm^2)$	距基线 $x(m)$	静矩 $A\times x(cm^3)$	惯矩 $I_G(cm^4)$	自惯矩 $I_{ZG}(cm^4)$
1	竖龙骨	10×1 800/2	90	0.75	68	51	34
2	内底	10×16 900	1 690	1.5	2 535	3803	1
3	外船底	10×16 900	1 690	-0.010	-17	-0.17	-1
4	顶列板	12×900	108	12.35	1 334	16 472	7
5	舷侧板	10×11 900	1 190	5.95	7 081	42 129	14 043
6	甲板边板	12×3 200	384	12.80	4 915	62 915	—
7	甲板板	9×5 300	477	12.80	6 106	78 152	—
8	边纵舱壁	9×11 300	1 017	7.15	7 272	51 992	10 822
9	内舱纵壁	9×11 300	1 017	7.15	7 272	51 992	10 822
10	旁桁材	4/10×1 500	150	0.75	452	336	113
11	内底纵桁	5/14×400/16×180	424	1.26	534	673	4
12	外底纵桁	5/12×400/16×180	384	0.22	85	19	7
13	内底纵骨	13L180×110×12	438	1.44	631	908	—

续上表

序号	构件名称	规格(mm)	截面积 $A(cm^2)$	距基线 $x(m)$	静矩 $A \times x(cm^3)$	惯矩 $I_G(cm^4)$	自惯矩 $I_{ZG}(cm^4)$
14	外底纵骨	13L160×100×12	390	0.12	47	6	—
15	舷侧纵桁	3/12×400/16×160	221	6.80	1501	10 210	2
16	甲板纵骨	4L180×110×12	135	12.46	1682	20 959	—
17	甲板纵桁	6H12×588/2×(20×300)	1155	12.58	14 530	182 786	146
18	边舱壁纵桁	3/12×400/16×160	221	6.80	1501	10 210	2
19	内舱壁纵桁	3/10×400/14×160	187	6.80	1272	8 647	—
	合计		10 978		58 801	542 260	36 002

箱体梁中和轴惯性矩为：

$$e = \frac{\sum_{i=1}^{n} A_i \overline{x}_i}{\sum_{i=1}^{n} A_i} = 58\ 801/10\ 978 = 5.36(\mathrm{m})$$

$$I = 2(I_G + I - e^2 A) = 2 \times (542\ 260 + 36\ 002 - 5.36^2 \times 10\ 978) = 525\ 737(\mathrm{cm}^4)$$

水平中和轴距基线 $Z_B = 5.36\mathrm{m}$，水平中和轴距甲板边线 $Z_D = 7.44\mathrm{m}$，箱底甲板处的剖面模数分别为：

$$W_B = I/Z_B = 525\ 737/5.36 = 98\ 085(\mathrm{cm}^3) > 13\ 191.7(\mathrm{cm}^3)$$

$$W_D = I/Z_D = 525\ 737/7.44 = 70\ 664(\mathrm{cm}^3) > 13\ 191.7(\mathrm{cm}^3)$$

均满足规范对船中最小剖面模数和对船中剖面惯性矩的要求。

3.4.7　钢套箱浮性计算

钢套箱漂浮在海上一定的水平位置，可以把它看作是在平衡状态下的浮体。这时，作用在钢套箱的力有本身的重力和静水压力。

钢套箱的形状为矩形，在水中受到的水平压力互相抵消，箱底受到的垂直力形成一个向上合力，此合力就是支持钢套箱漂浮于一定水平位置的浮力。

根据阿基米德定律，物体在水中所受到的浮力等于物体所排开水的质量。因此钢套箱所受到的浮力就等于钢套箱所排开的水质量(通常称为排水量)。可写为：

$$D = \gamma \cdot V \tag{8.3.4.3}$$

式中：D——钢套箱排水量(t)；

V——钢套箱排水体积(m^3)；

γ——海水的重度($10\mathrm{kN/m}^3$)，海水的重度取 1.025($10\mathrm{kN/m}^3$)。

钢套箱自重形成一个垂直向下的合力 P，其作用点 G 称为钢套箱的重心，浮力 D 的作用点称为钢套箱的浮心，也就是钢套箱排水体积的形心，见图 8.3.4.10。从图中可以看到，钢套箱漂浮于一定位置时的平衡条件必然是，重力 P 与浮力 D 的大小相等、方向相反且重心 G 和浮心 B 在同一铅垂线上。

重心和浮心高度之间的关系通常是重心 G 在浮心 B 之上，即 $Z_G > Z_B$。

(1)钢套箱质量和重心位置的计算

钢套箱总质量是箱体各板材和构件质量的总和，若已知各构件的质量 P_i，则钢套箱总质量 P 可按下式计算求得：

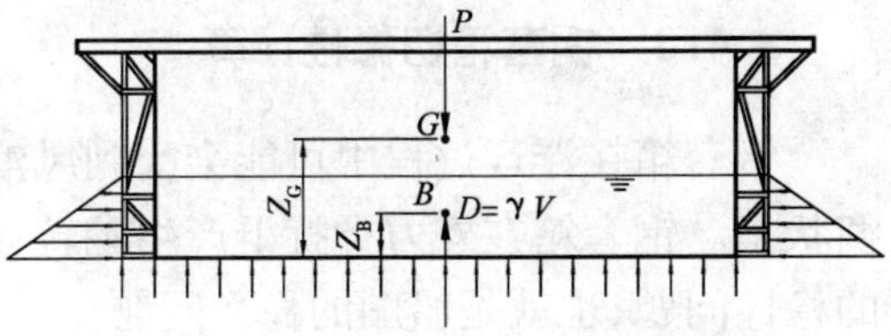

图 8.3.4.10　钢套箱重力和浮力的作用点

$$P = P_1 + P_2 + P_3 + \cdots + P_n = \sum_{i=1}^{n} P_i \tag{8.3.4.4}$$

式中：n——组成钢套箱总质量的各质量项目数。

若已知各项质量 P_i 的重心位置（坐标值为 x_i、y_i、z_i），则钢套箱的重心位置（X_G、Y_G、Z_G）可按下式计算求得：

$$X_G = \frac{\sum_{i=1}^{n} P_i x_i}{\sum_{i=1}^{n} P_i};y_G = \frac{\sum_{i=1}^{n} P_i y_i}{\sum_{i=1}^{n} P_i};Z_G = \frac{\sum_{i=1}^{n} P_i z_i}{\sum_{i=1}^{n} P_i} \tag{8.3.4.5}$$

由于钢套箱的对称性，把坐标系原点设在对称轴的交点，可使得 X_G 和 Y_G 的坐标为零，按式（8.3.4.5）计算得到钢套箱重心的垂向坐标 $Z_G = 6.28\text{m}$。

（2）排水量和浮心位置的计算

钢套箱排水量和浮心位置的计算是依据船舶设计方法进行的。船舶排水量和浮心位置的计算根据型线图及型值表来进行，通常有垂向沿吃水方向计算和纵向沿船长方向计算两种。这里仅介绍垂向计算法，即根据水线面计算排水体积和浮心位置。

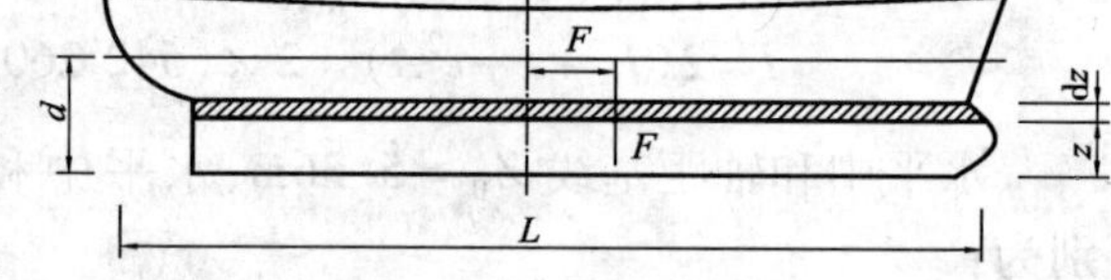

图 8.3.4.11　船舶正浮状态

首先计算船舶各水线面面积等有关数据，然后将水线面沿吃水方向积分来计算排水体积和浮心位置。图8.3.4.11 所示为船舶吃水 d 时的正浮状态。在离基平面 z 处，取高度为 d_z 的一层薄层进行分析。该薄层的微体积 $\text{d}V = A_w \text{d}z$，将其沿垂向 z 从 0 到 d 进行积分，便得船舶在吃水 d 时的排水体积计算式：

$$V = \int_0^d A_w \text{d}z \tag{8.3.4.6}$$

式中：A_w——离基面 z 处的水线面面积。

在船舶设计中水线面计算通常包括面积 A_w、漂心纵向坐标 x_F 和水线面系数 C_{wp} 计算三项。船舶一般在沿船长方向是对称的，而在船宽和船高方向均为不对称，在进行水线面计算时往往要进行数值积分。而钢套箱除在高度方向不对称外其余都是对称的，且外形都是直线形的。在对钢套箱的水线面计算时，只需把平面坐标系设在钢套箱对称中心，水线面的漂心纵向坐标 x_F 就是坐标原点，因而只需求钢套箱的垂向浮心坐标。

排水体积 V 对基平面 xoy 的静矩和浮心垂向坐标按以下公式计算：

$$M_{xoy} = \int_0^d z A_w \text{d}z \tag{8.3.4.7}$$

$$z_B = \frac{M_{xoy}}{V} = \frac{\int_0^d z A_w \text{d}z}{\int_0^d A_w \text{d}z} \tag{8.3.4.8}$$

船舶的浮心位置是随着吃水深度的不同而变化的，而钢套箱在浮运期间吃水深度不变，因而钢套箱的浮心垂向坐标是个定值。钢套箱的设计吃水 $d = 1.847(\text{m})$，浮心垂向坐标 $z_B = 0.923\,5(\text{m})$。

3.4.8　钢套箱初稳性计算

钢套箱在浮运过程中可能会受到风浪等各种外力的干扰而发生倾斜，这样就破坏了原来正浮的平衡状态。钢套箱在外力干扰下产生翻转，当外力消失后会不会回复到原来的平衡状态？这就是钢套箱的稳性问题，也就是船舶的稳性问题。

钢套箱在外力（倾斜力矩）作用下产生倾斜，其浮心和重心不再位于同一铅垂线上，因而浮力和重力形成一个力偶促使钢套箱回到原来位置[图8.3.4.12a)所示],这个力偶称为回复力矩,通常以 M_R 表示。若回复力矩 M_R 是负值,则该力矩将使钢套箱进一步倾斜[图8.3.4.12b)所示]。

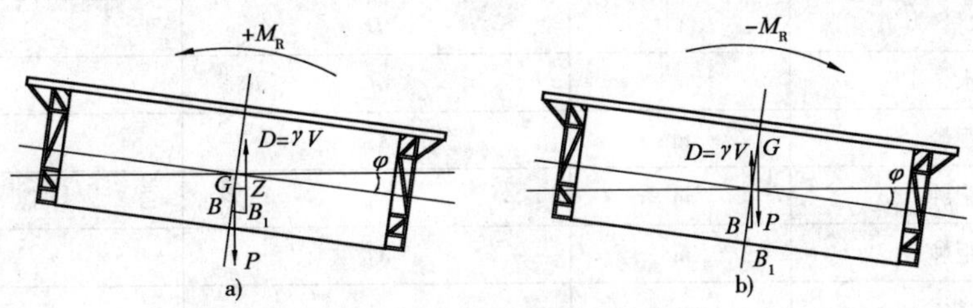

图8.3.4.12　钢套箱受到的倾斜力矩

对在海上航行的船舶而言,造成船舶离开原来平衡位置的倾斜力矩的大小,取决于风浪等外界条件。促使船舶回复到原来平衡位置的是回复力矩,其大小取决于排水量、重心高度及浮心移动的距离等因素。因此,在倾斜力矩和回复力矩这一对矛盾中,前者是外因,后者是内因。可见,回复力矩的大小是船舶稳性的一个重要标志。故在分析稳性问题时,应着重研究船舶倾斜后产生的回复力矩。

根据《船舶静力学》书中介绍的初稳性公式,在钢套箱(在浮运时,甲板上没有重物)横倾某一小角度 φ 时,重心位置 G 保持不变,而浮心则从 B 点移至 B_1 点[图8.3.4.13a)所示]。此时,重力 P 的作用 G 点和浮力 D 的作用点 B_1 不在同一铅垂线上,因而产生了一个回复力矩 M_R,即:

$$M_R = D\,\overline{GZ} = D\,\overline{GM}\sin\varphi \tag{8.3.4.9}$$

式中:$\overline{GZ}$——回复力臂;

$\overline{GM}$——横稳性高,亦称初稳性高。

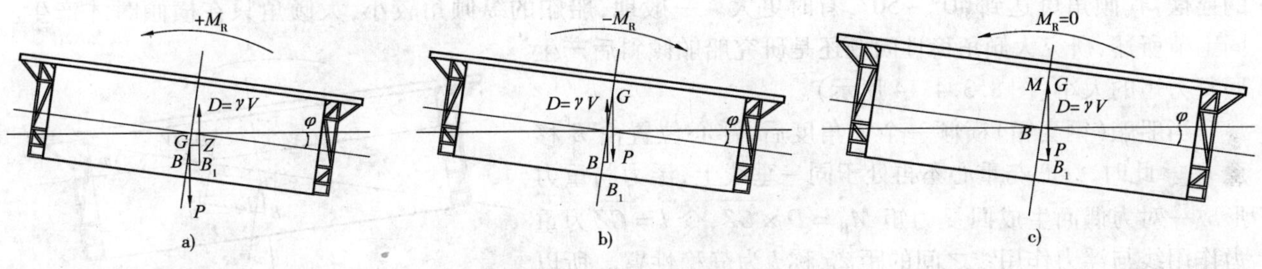

图8.3.4.13　重心与稳心的关系

式(8.3.4.9)即为初稳性公式。

从回复力矩 M_R 和横倾方向(或稳心 M 和重心 G 的相对位置)之间的关系,可以判断钢套箱平衡状态的稳定性能。

(1)重心 G 在稳心 M 之下,M_R 的方向与横倾方向相反,则钢套箱能回复至原来的平衡状态,称为稳定平衡[图8.3.4.13a)所示]。此时,$\overline{GM}$和 M_R 都为正值。

(2)重心 G 在稳心 M 之上,M_R 的方向与横倾方向相同,则钢套箱将继续倾侧,称为不稳定平衡[图8.3.4.13b)所示]。此时GM和 M_R 都为负值。

(3)重心 G 和稳心 M 重合,$\overline{GM}=0$,$M_R=0$,钢套箱可平衡于任意位置,称为中性平衡或随意平衡[图8.3.4.13c)所示]。

船舶在水面上的平衡状态不外乎上述三种情况,钢套箱在设计时必须满足上述第一种状况,不然在运输钢套箱时,其稳性得不到保证。

在使用过程中,船舶的装载情况是千变万化的,不可能一一加以计算。为了保证船舶的安全使用,必须对几种典型的装载情况进行初稳性和浮态计算。对钢套箱来说,只需考虑空载(不加压载水)出港,且利用钢套箱结构的对称性,坐标原点设在结构的对称点上,对钢套箱的初稳性和浮态的计算见表8.3.4.4。

钢套箱的初稳性和浮态计算 表 8.3.4.4

序号	项　目	单　位	公式及符号	数　值
1	排水量	t	D	2 980.00
2	吃水	m	d	1.847
3	重心距舯	m	X_G	0
4	浮心距舯	m	X_B	0
5	漂心距舯	m	X_F	0
6	艏吃水	m	d	1.847
7	艉吃水	m	d	1.847
8	重心高	m	Z_G	6.280
9	浮心高	m	Z_B	0.9235
10	横稳心距基线	m	$Z_M = Z_B + \overline{BM}$	45.217
11	初稳性高	m	$\overline{GM} = (Z_M - Z_G)$	38.937

注：表中仅列出钢套箱横倾方向的计算结果。

根据《国际航行海船法定检验技术规则》(1999)，初稳性高度$\overline{GM}$不应小于 0.15m，从表中得到$\overline{GM}$=38.937m 满足要求。

3.4.9 钢套箱大倾角稳性计算

船舶的初稳性公式仅适用于倾角 10°～15°之范围。在海上航行的船舶遇到风浪往往发生大角度的摇摆，其倾角可达到 40°～50°，有时更大。一般地，船舶的纵倾角较小，大倾角只在横倾时才产生。同上节所述，研究大倾角稳性问题还是研究船舶倾斜后产生回复力矩的大小（图 8.3.4.14 所示）。

当船舶（钢套箱）横倾一个大角度后，浮心位置由 B 移至 B_φ。此时，浮心与重心不再处于同一垂线上，浮力与重力形成一对力偶而生成回复力矩 $M_R = D \times \overline{GZ}$，令 $l = \overline{GZ}$ 为重力作用线与浮力作用线之间的距离，称 l 为静稳性臂。所以在大倾角稳性中回复力矩 $M_R = D \times l$。

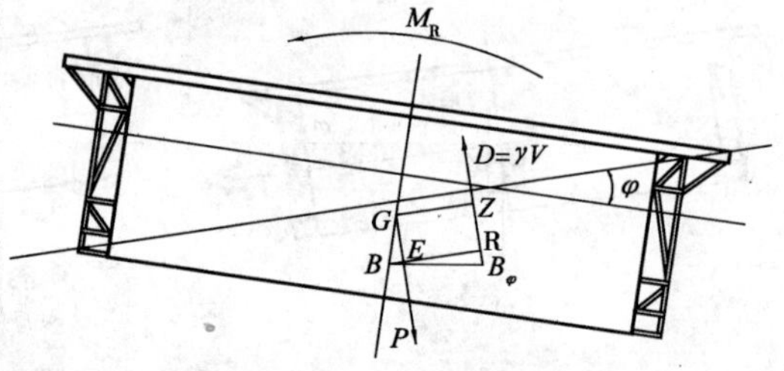

图 8.3.4.14 大角度横倾

对于一定的船舶，静稳性臂随排水量、重心位置及横倾角而变，如果排水量和重心位置一定，则静稳性臂 l 是横倾角 φ 的函数。显然 $l = \overline{BR} - \overline{BE}$，$\overline{BR}$是浮心水平方向移动的距离，它的数值完全由排水体积的形状所决定，故称形状稳性臂 l_b；$\overline{BE} = \overline{BG}\sin\varphi$，它的数值主要由重心的位置所决定，故称重力稳性臂 l_g。这样就有 $l = l_b - l_g$。

在船舶静力学中是采用静稳性曲线来表示静稳性臂 l（或回复力矩 M_R）随横倾角 φ 变动的规律。静稳性曲线的计算方法有两种：等排水量法与变排水量法。这里引用变排水量法，给出的静稳性曲线的计算公式是：

$$l = l_s - (Z_G - Z_S)\sin\varphi \tag{8.3.4.10}$$

式中：l_s——假定重心 Z_S 到浮力作用线的距离，可根据排水量，从稳性横截面曲线图上查得；

Z_G——实际重心高度；

Z_S——假定重心高度。

由于钢套箱任一横截面的高度是不变的，假定重心设在钢套箱的底面，因而重心高度 $Z_S = 0$。

在钢套箱的排水量 D = 2 980.0t、重心高度 Z_G = 6.28m 时，钢套箱的静稳性曲线计算见表 8.3.4.5。由于静稳性曲线是反对称图形，表中仅列出图形的一半数据。

静稳性曲线计算　　表8.3.4.5

φ	°	0°	10°	20°	30°	40°	50°	60°
l_s	m	0	8.651	11.147	11.276	10.016	8.900	6.468
$(Z_G-Z_S)\sin\varphi$	m	0	1.091	2.148	2.148	4.037	4.811	5.439
$l=l_s-(Z_G-Z_S)\sin\varphi$	m	0	7.560	8.999	8.136	5.979	4.089	1.029

从表中可以得到，钢套箱的最大静稳性臂 $l=8.999$(m)，最大静稳性臂 l 对应角 $\varphi=20°$，回复力矩 $M_R=2\,980.0\times8.999=268\,170.2$(kN·m)。根据《国际航行海船法定检验技术规则》(1999)，静稳性曲线计算中，横倾角 $\varphi=30°$处的最大静稳性臂 l 不应小于0.2m。显然，钢套箱满足规则要求。

以上所研究的船舶稳性问题都属于静稳性范畴。静稳性曲线计算中所求的都是在不同横倾角时的最大静稳性臂 l，而最小倾覆力臂(也就是最小倾覆力矩)往往需要进行动稳性曲线计算才能获得。从船舶原理的专业书籍中可以了解到，动稳性曲线是对静稳性曲线积分的曲线。利用这一特征，有了静稳性曲线 l，就可以用近似对 l 曲线求面积方法得到出动稳性曲线 l_d，$l_d=\int_0^{\varphi} l\mathrm{d}\varphi$。动稳性曲线 l_d 也称为动稳性臂。

具体计算是采用梯形法，采用的近似计算公式如下：

$$l_d=\sum_{i=1}^{n}\frac{1}{2}(l_{i-1}+l_i)\times\frac{\pi}{180}\times10 \tag{8.3.4.11}$$

式中：l_i——静稳性曲线在不同横倾角时静稳性臂的长度。

经过整理，把常数项提到$\sum$符号外面，便得到下面的表达式：

$$l_d=0.087\,3\sum_{i=1}^{n}l_{i-1}+l_i \tag{8.3.4.12}$$

在钢套箱的排水量 $D=2980.0$t、重心高度 $Z_G=6.28$m 时，钢套箱的动稳性曲线计算见表8.3.4.6。动稳性曲线是正对称图形，表中仅列出图形的一半数据。

动稳性曲线计算　　表8.3.4.6

φ	°	0	10	20	30	40	50	60
l	m	0	8.651	11.147	11.276	10.016	8.900	6.468
$\sum_{i=1}^{n}l_{i-1}+l_i$	m	0	7.560	24.119	41.254	55.369	65.437	70.555
$l_d=0.0873\sum_{i=1}^{n}l_{i-1}+l_i$	m	0	0.660	2.106	3.601	4.834	5.713	6.159

依据已求得的静稳性曲线数据作出曲线图，对其进行积分便得到动稳性曲线，见图8.3.4.15。

$\varphi=1\text{rad}=57.3°$时，在动稳性曲线上采用作图法便可求出最小倾覆力臂 l_q。具体的作法是：过 A 点作曲线之切线 AL，再从 A 点沿水平方向量取 $\varphi=57.3°$的长度，作 θ 轴的垂线并交动稳性曲线于 Q 点，则 Q 点到过 A 点水平线的距离便是最小倾覆力臂 l_q。图8.3.4.15b)中 BQ 线段的长度就是钢套箱的最小倾覆力臂 $l_q=2.42$m。

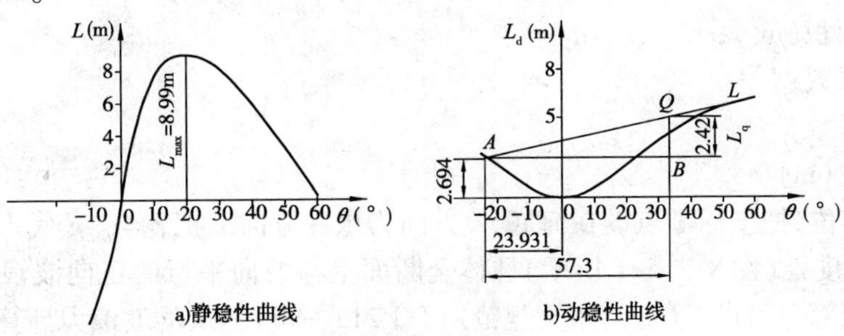

图8.3.4.15　稳性曲线

3.4.10 钢套箱稳性衡准计算

稳性衡准数 K 是对船舶稳性最基本、最重要的要求之一，《国际航行海船法定检验技术规则》(1999)对各类船舶的稳性衡准数 K 作了相应的规定：

$$K = \frac{l_q}{l_f} \geqslant 1 \tag{8.3.4.13}$$

式中：l_q——最小倾覆力臂，$l_q = 2.42\text{m}$；

l_f——风倾力臂(m)，按式(8.3.4.14)计算。

$$l_f = \frac{PA_fZ_f}{9810\ D} = 0.0775 \tag{8.3.4.14}$$

式中：P——单位面积风压，取697.3Pa；

A_f——船舶受风面积，取593.653m^2；

Z_f——受风面积中心至水线的距离，取5.477m。

钢套箱稳性衡准数 $K = 2.42/0.0775 = 31.22$，满足规则要求。

3.5 钢套箱上作用的荷载

在整个施工期间，钢套箱除了要承受自身的重力荷载外，还要承受该施工区域的波浪力、水流力及风力等的作用。

3.5.1 钢套箱定位桩的水平波浪力

以往，我国的桥梁基本上位于内地江河，在进行桥梁结构验算时，根据桥梁设计规范仅考虑水流的作用力，很少考虑波浪的作用。而对于跨海桥梁，波浪作用力的影响是不可忽略的。钢套箱定位桩在钻孔灌注桩、承台尚未完成时将承担其全部荷载。钢套箱定位桩有两种形式，一是44根 ϕ1000mm、长25m的钢管桩；二是38根 ϕ2 700mm、长35m的钢管桩。在这期间的安全度是要给予充分考虑的。

由第二篇的波浪力计算理论可知，钢套箱的定位桩 $D/L \leqslant 0.2$，属于小尺度结构物的波力计算，能应用莫里森方程计算作用在结构物上的波浪力。根据莫里森方程可得，整个桩柱水平波浪力为：

$$F = \int_{-d}^{\eta} dF = \int_{-d}^{\eta}\left(\frac{1}{2}C_D\rho D\mu\mid\mu\mid + C_M\rho A\frac{\partial\mu}{\partial t}\right)\text{d}z \tag{8.3.5.1}$$

式中：F——作用在桩柱上的总波浪力(kN)；

μ——水质点速度水平分量(m/s)；

$\frac{\partial\mu}{\partial t}$——水质点加速度水平分量($\text{m/s}^2$)；

ρ——水的密度(t/m^3)，$\rho = \gamma/g$，γ 是水的重度，g 是重力加速度；

D——桩柱直径(m)；

A——桩柱截面积(m^2)；

C_D——速度力系数；

C_M——惯性力系数；

η——瞬时水位(m)。

我们将坐标系移位，把坐标零点设在海底，Z 方向为水深方向。把 $\rho = \gamma/g$ 代入莫里森方程，便得到作用于海底以上 z 高度处(图8.3.5.1所示)柱体全断面上与波向平行的正向波浪力计算公式，它由速度分力和惯性分力两部分组成。《海港水文规范》(JTJ 213—98)提供的波浪力计算公式为：

$$F = P_D + P_I = \frac{1}{2}\frac{\gamma}{g}C_DD\mu\mid\mu\mid + \frac{r}{g}C_MA\frac{\partial\mu}{\partial t} \tag{8.3.5.2}$$

式中：P_D——波浪力的速度分力（kN/m）；

P_I——波浪力的惯性分力（kN/m）。

《海港水文规范》（JTJ 213—98）提供的水质点轨道运动的水平速度（m/s）和水平加速度的计算公式分别为：

水质点速度水平分量

$$\mu = \frac{\pi H}{T}\frac{\mathrm{ch}\frac{2\pi z}{L}}{\mathrm{sh}\frac{2\pi d}{L}}\cos\omega t \tag{8.3.5.3}$$

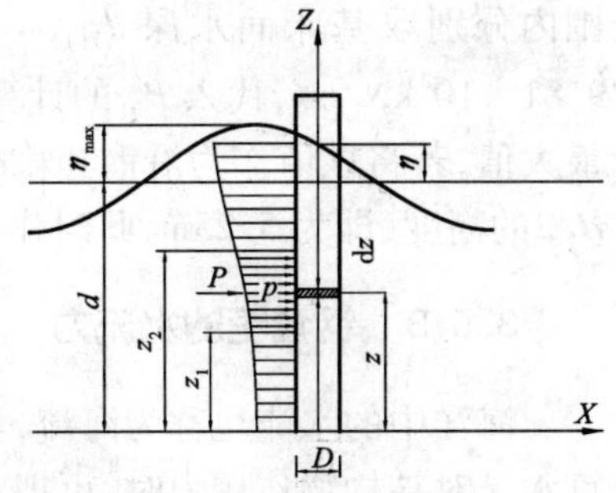

图8.3.5.1　作用在水底面以上高度 z 处柱体全断面正向波浪力

水质点加速度水平分量

$$\frac{\partial\mu}{\partial t} = -\frac{2\pi^2 H}{T^2}\frac{\mathrm{ch}\frac{2\pi z}{L}}{\mathrm{sh}\frac{2\pi d}{L}}\sin\omega t \tag{8.3.5.4}$$

根据波浪力速度分力 P_D 和波浪力惯性分力 P_I 的计算式，可确定钢套箱桩柱上所作用的波浪力。需要说明的是，关于静水面以上的波峰高度 η_{max} 的数值，《海港水文规范》（JTJ 213—98）中并没有采用艾利波理论，而是选用了二阶斯托克斯波理论和椭圆余弦波理论进行计算，最后采用了两种理论计算的平均值，并提供了 η_{max} 的计算表。详细的作用于桩上的波浪力可参阅《海港水文规范》（JTJ 213—98）。

大量的计算发现，波浪力的速度分力 P_D 占总水平波浪力的比例很小，而波浪力的惯性分力 P_I 占的比重较大。在《海港水文规范》中指出，当 $P_{Dmax} \leqslant 0.5P_{Imax}$ 时，正向水平最大总波浪力 $P_{max} = P_{Imax}$，此时相位为 $\omega t = 270°$。为了简化计算，可以忽略波浪力的速度分力 P_D，仅考虑波浪力的惯性分力 P_I，采用的相位为 $\omega t = 270°$。

例如：水深 $d = 10$m，钢套箱吃水4.0m，波周期 $T = 7.5$s，波长 $L = 75.1$m，波高 $H = 2.5$m，桩径 $\phi = 1000$mm，桩的入土深度为5m，水的重度取 $\gamma = 9.81 \times 10^3$kN/m^3。根据这些波要素，并且当 $\omega t = 0$ 时，以 $H/d = 0.25$ 在《海港水文规范》（JTJ 213—98）的图8.3.2-1中查得 $\eta_{max}/H = 0.64$，故 $\eta_{max} = 0.64 \times 2.5 = 1.6$m；而当 $\omega t = 270°$ 时，$\eta = \eta_{max} - H/2 = 1.6 - 2.5/2 = 0.35$m。取泥面以上桩柱高度中的5个点（$z_1 = 0$、$z_2 = 6$m、$z_3 = 9$m、$z_4 = 9.5$m、$z_5 = d + \eta = 10 + 0.35 = 10.35$m），分别计算波浪力惯性分力 P_I，将这5个点的数据代入水质点加速度水平分量的计算公式，得到的结果再分别代入波浪力的惯性分力 P_I 的计算公式，最后得到5个点上的惯性分力分别为：$P_I(z=0) = 1.33$kN/m；$P_I(z=10) = 1.82$kN/m；$P_I(z=10.35) = 1.84$kN/m；$P_I(z=9) = 1.67$kN/m；$P_I(z=9.5) = 1.7$kN/m。取5个点的计算结果较大者 $P_I(z=9.5) = 1.7$kN/m 作为沿桩的高度方向分布的波浪力。

3.5.2　钢套箱的波浪力

钢套箱为矩形截面，长54.2m，宽42.2m，已不属小尺度结构物的波浪力计算问题，按莫里森公式计算钢套箱上的波浪力已不合适。计算桩与钢套箱为一体的矩形面上的波浪力，目前还没有成熟的计算公式可供应用。这里借用《海港水文规范》附录K“方形或矩形柱体上波浪力的计算方法”来确定作用在钢套箱上的波浪力。基床面水深为 d_1 处的波浪力 P_{d_1}（kN/m）的计算公式为：

$$P_{d_1} = \gamma HL\left[0.68\frac{b}{d_1}\left(\frac{\pi}{8}\mathrm{th}\frac{2\pi d}{L}\right) - 0.388\left(\frac{b}{L}\right)^{\frac{2}{3}}\left(1 + \frac{H}{d_1}\right)\right] \tag{8.3.5.5}$$

该式的边界条件是假定钢套箱的群桩是刚体并与海底固结，忽略了桩的变形影响。按该式计算获得的波浪力显然比实际状况大，在设计上是偏保守的。

例如：钢套箱吃水4.5m，水深 $d = 10$m，钢套箱的迎波浪面的宽度 $b = 42.4$m，在钢套箱吃水深度范围内分别取基床面水深 $d_{1(1)}=5.5\text{m}$, $d_{1(2)}=6\text{m}$, $d_{1(3)}=6.5\text{m}$, $d_{1(4)}=7\text{m}$, $H=1.5\text{m}$, $L=75.1\text{m}$, $\gamma=9.81\times10^3\text{kN/m}^3$,代入 P_{d1} 的计算公式。计算结果表明,取 $d_{1(3)}=6.5\text{m}$ 时的 $P_{d1}=935.9\text{kN/m}$ 为其中的最大值,若将该值作为沿钢套箱高度方向的分布荷载,钢套箱上波浪力作用的高度取吃水深度 4.5m 加 $H/2$ 的高度,即为 5.25m,此时作用在钢套箱上的总波浪力为 $935.9\times5.25=4913.5\text{kN}$。

3.5.3 钢套箱的水流力

海洋中的水流也称为海流,与波浪相比水质点的运动速度及周期随时间变化缓慢得多,因此,在计算水流对结构物作用力时,可把水流看成稳定流动,认为它们对结构物的作用力仅有阻力。

根据《公路桥涵设计通用规范》(JTG D60—2004)第 4.3.8 条规定,作用在结构物上的水流力按下式计算:

$$F_w = KA\frac{\gamma V^2}{2g} \tag{8.3.5.6}$$

式中:F_w——水流力(kN);

K——结构物的形状系数(圆形取 0.8,方形取 1.5,矩形取 1.1 ~ 1.45);

A——结构物的阻水面积(m^2)(此时的吃水深度应考虑静水吃水深度加 $1/2\eta_{max}$);

γ——水的重力密度(kN/m^3);

V——设计流速(m/s);

g——重力加速度,$g=9.81\text{m/s}^2$。

3.5.4 风荷载作用

钢套箱在施工期间处于宽阔的海域,作用在其上的风荷载一般按下式计算:

$$F_{wh} = K\cdot K_z\cdot\beta_z\cdot P_0\cdot A \tag{8.3.5.7}$$

式中:F_{wh}——作用于结构物上的风荷载(kN);

A——受风作用的轮廓面积(m^2);

K——风载体型系数,封闭式方型体取 0.8;

K_z——风压高度变化系数,如取 10m 高度的风速,系数可取 1;

β_z——z 高度处的风振系数,钢套箱是临时结构,施工期间可取 1;

P_0——基本风压值(kN/m^2),可按 $P_0=0.613v^2$(Pa)。v 是 z 高度为 10m 处的风速(m/s),取 $v=35.54\text{m/s}$,此时有:

$$P_0=0.613v^2=0.613\times35.54^2=0.774\,3\text{kN/m}^2$$

3.5.5 波流合力

波流合力的计算是比较复杂的。由于水流和波浪的相互作用和影响,其作用的效应与波浪、水流分别单独作用的效应存在一定的差别。工程上一般给出无流时的波浪要素以及流速、流向,因此较正确的计算方法应考虑波、流合成后的波浪要素。在这一点上,国内有关研究已有一定的深度,如假定莫里森方程依然适用于波和流共存场中垂直桩柱正向波流力的计算,且认为:

(1)桩柱表面是光滑的;

(2)波流共存情况下水动力系数 C_D、C_M 沿水深是常数;

(3)在波流场中,水质点的波动速度与加速度采用线性波浪理论进行计算;

(4)在波流共存场中,水质点的运动速度与加速度为波、流各自产生的速度与加速度的矢量和。

需要指出的是,此时的波浪应是与水流相互作用变形后的波。根据这些规定,考虑波流共存时,当波与流相顺或相逆的状况下，作用在单位高度圆形直桩上的正向波流力可按下列公式计算：

$$P(z,t) = K_D | u(z,t) + u_c | [u(z,t) + u_c] + K_M \frac{\partial u(z,t)}{\partial t} \tag{8.3.5.8}$$

$$K_D = \frac{\gamma}{2g} D C_D \tag{8.3.5.9}$$

$$K_M = \frac{\pi\gamma}{4g} D^2 C_M \tag{8.3.5.10}$$

$$u(z,t) = \frac{\omega_r H}{2} \frac{\mathrm{ch}}{\mathrm{sh}} \frac{kz}{kd} \cos\omega t \tag{8.3.5.11}$$

$$\frac{\partial u(z,t)}{\partial u} = -\frac{\omega_r^2 H \mathrm{ch} kz}{2 \mathrm{sh} kd} \sin\omega t \tag{8.3.5.12}$$

$$\omega_r = \omega - ku \tag{8.3.5.13}$$

上述式中：$P(z,t)$——作用于桩柱断面上的正向波流力(kN/m)；

$u(z,t)$——水质点轨道运动的水平速度(m/s)；

$\frac{\partial u(z,t)}{\partial t}$——水质点轨道运动的水平加速度($m/s^2$)；

u_c——水流流速(m/s)；

C_D、C_M——速度力系数和惯性力系数，其值可从《海港水文规范》(JTJ 213—98)的图8.4.1中查得；

其余符号意义同前。

公式的使用与前面所求的F(正向波浪力)的方法相似，在此不再赘述。如求作用于整个桩柱上的总波流力，计算不少于5个点的波流力，包括$z=0$、d和$d+\eta$三点，然后用分段求和法求得总力。波面在静水面以上的高度η值应按下式计算：

$$\eta = \eta_{max} \cos\omega t \tag{8.3.5.14}$$

式中：η_{max}——按《海港水文规范》(JTJ 213—98)的图8.3.2-1确定。

在计算波流力时，系数C_D、C_M的取值与纯粹波浪力计算是不同的。按照波流合成方法计算的结果，一般略小于分别计算纯粹波浪力与水流力然后叠加的结果。个别情况也有相反的，经分析这与波浪作用的方向有关。

在实际的设计工作中，从偏安全的角度考虑，取分别计算纯粹波浪力与水流力然后叠加的结果。

3.6　钢套箱结构验算

3.6.1　计算工况

把钢套箱在现场整个施工期间的受力状态分成五种工况，每一种工况钢套箱的受力状态分述如下。

(1)工况一：在把钢浮套套箱拖至现场海域及抛锚定位时，钢套箱还处于自浮状态，假定锚链在海浪作用下不会断开，把锚链对钢套箱的作用力作为外力，分析在水流和波浪作用下及在锚链力作用下箱体的强度。

自浮状态的钢套箱自重3 200t，吃水深度$d_m \approx 4.5$m，锚重10t×4只，抛锚角度45°，锚链对钢套箱产生的抓力为150kN。此时的海况要素及作用在钢套箱的外力见表8.3.6.1和表8.3.6.2。

工况一要素

表8.3.6.1

海况要素	波高H (m)	波长L (m)	波周期T (s)	水深d (m)	水流速v (m/s)	水流夹角α (°)	平台吃水d_m (m)
	1.5	75.1	7.5	10	2.7	20	4.5

工况一作用在钢套箱的外力 表8.3.6.2

序号	作用部件	力值
1	钢套箱侧壁上平均每米波浪水平力(kN/m)	935.9
2	钢套箱侧壁上总波浪水平力(kN)	4 913.5
3	钢套箱侧壁上水流力(kN)	1 691.3
4	钢套箱侧壁上波流合力(kN)	6 604.8
5	风荷载(kN/m²)	0.774 3
6	钢套箱自重(t)	3 200
7	甲板上荷载质量(t/m²)	1.5
8	每只锚链抓力(kN)共4只	150×4

(2)工况二:钢套箱基本就位,箱体四周的导管内插打44根 $\phi 1\ 000 \times 20$(mm)钢桩后取消定位锚,进行套箱与边桩强度分析。钢桩与套箱内预留的导管进行焊接,为达到与钢套箱体固定的目的,导管与钢桩之间100mm间隙充灌水泥浆,使钢桩与导管形成整体。

为了使钢套箱的顶面高程与两侧的导管架施工平台的顶面高程保持一致,在钢套箱就位时需在箱体四周的密封舱里进行压水和抽水,用以调整钢套箱的顶面高程;同时,在钢套箱尚未拖至现场时,潮位还无法确定,钢套箱设计时的吃水深度是个不定值。故暂且分如下两种状况考虑。

第一种状况:钢套箱吃水深度考虑4.00m;钢边桩 $\phi 1\ 000 \times 20$(mm)入土5m;

第二种状况:钢套箱吃水深度考虑5.86m;钢边桩 $\phi 1\ 000 \times 20$(mm)入土5m。

工况二第一种状况的海况要素及作用在钢套箱的外力,见表8.3.6.3和表8.3.6.4。

工况二第一种状况的海况要素 表8.3.6.3

海况要素	波高 H (m)	波长 L (m)	波周期 T (s)	水深 d (m)	水流速 v (m/s)	水流夹角 α (°)	平台吃水 d_m (m)
	2.5	75.1	7.5	10	2.7	20	4.0

工况二第一种状况作用在钢套箱的外力 表8.3.6.4

序号	作用部件	力值
1	钢套箱侧壁上平均每米波浪水平力(kN/m)	1 629.7
2	钢套箱侧壁上总波浪水平力(kN)	8 556.2
3	钢套箱侧壁上水流力(kN)	1 503.4
4	钢套箱侧壁上波流合力(kN)	10 059.6
5	桩柱($D=1$m)平均每米波浪力(kN/m)	1.764
6	桩柱($D=1$m)平均每米水流力(kN/m)	7.472
7	桩柱($D=1$m)平均每米波流合力(kN/m)	9.236
8	风荷载(kN/m²)	0.774 3
9	钢套箱重(t)	3 200
10	甲板上荷载质量(t/m²)	1.5

工况二第二种状况的海况要素及作用在钢套箱的外力见表8.3.6.5和表8.3.6.6。

工况二第二种状况的海况要素 表8.3.6.5

海况要素	波高 H (m)	波长 L (m)	波周期 T (s)	水深 d (m)	水流速 v (m/s)	水流夹角 α (°)	平台吃水 d_m (m)
	2.5	75.1	7.5	11.8	2.7	20	5.86

工况二第二种状况作用在钢套箱的外力　　表8.3.6.6

序　号	作用部件	力　值
1	钢套箱侧壁上平均每米波浪水平力(kN/m)	1 429.4
2	钢套箱侧壁上总波浪水平力(kN)	10 163.0
3	钢套箱侧壁上水流力(kN)	2 202.5
4	钢套箱侧壁上波流合力(kN)	12 365.5
5	桩柱($D=1$m)平均每米波浪力(kN/m)	1.421
6	桩柱($D=1$m)平均每米水流力(kN/m)	7.472
7	桩柱($D=1$m)平均每米波流合力(kN/m)	8.893
11	风荷载(kN/m^2)	0.774 3
12	钢套箱重(t)	3 200
13	甲板上荷载质量(t/m^2)	1.5

(3)工况三:钢套箱就位后,提供了钻机的作业面,在开钻前需在钢套箱内预留的38个ϕ2 900×12(mm)导管内打入38根ϕ2 700×16(mm)钻孔钢护筒。此时钢套箱由38根钢护筒与44根边桩共同定位。将ϕ2 900mm导管与ϕ2 700mm钢护筒的100mm之间的间隙充灌水泥浆。按这个工况进行钢套箱总体结构强度分析。

钢套箱的吃水深度暂且分如下两种状况考虑。

第一种状况:钢套箱的吃水深度为4m,44根ϕ1 000×20(mm)边桩入土5m处和38根ϕ2 700×16(mm)钻孔钢护筒入土15m,此时甲板上堆放了机械、材料等,甲板上作用的均布荷载以40kN/m^{2}考虑。

第二种状况:钢套箱的吃水深度为5.86m。

工况三第一种状况的海况要素及作用在钢套箱的外力,见表8.3.6.7和表8.3.6.8。

工况三第一种状况的海况要素　　表8.3.6.7

海况要素	波高 H (m)	波长 L (m)	波周期 T (s)	水深 d (m)	水流速 v (m/s)	水流夹角 α (°)	平台吃水 d_m (m)
	5.57	75.1	7.5	10	2.7	20	4.0

工况三第一种状况作用在钢套箱的外力　　表8.3.6.8

序　号	作用部件	力值
1	钢套箱侧壁上平均每米波浪水平力(kN/m)	3 697.4
2	钢套箱侧壁上总波浪水平力(kN)	25 086.0
3	钢套箱侧壁上水流力(kN)	1 503.4
4	钢套箱侧壁上波流合力(kN)	26 589.4
5	桩柱($D=1$m)平均每米波浪力(kN/m)	3.912
6	桩柱($D=1$m)平均每米水流力(kN/m)	7.472
7	桩柱($D=1$m)平均每米波流合力(kN/m)	11.384
8	桩柱($D=2.7$m)平均每米波浪力(kN/m)	28.52
9	桩柱($D=2.7$m)平均每米水流力(kN/m)	20.18
10	桩柱($D=2.7$m)平均每米波流合力(kN/m)	48.7
11	风荷载(kN/m^2)	0.7743
12	钢套箱重(t)	3200
13	甲板上荷载质量(t/m^2)	4.0

工况三第二种状况的海况要素及作用在钢套箱的外力见表 8.3.6.9 和表 8.3.6.10。

工况三第二种状况的海况要素　　表 8.3.6.9

海况要素	波高 H（m）	波长 L（m）	波周期 T（s）	水深 d（m）	水流速 v（m/s）	水流夹角 α（°）	平台吃水 d_m（m）
	5.57	75.1	7.5	11.86	2.7	20	5.86

工况三第二种状况作用在钢套箱的外力　　表 8.3.6.10

序号	作用部件	力值
1	钢套箱侧壁上平均每米波浪水平力（kN/m）	3 320.0
2	钢套箱侧壁上总波浪水平力（kN）	28 702.0
3	钢套箱侧壁上水流力（kN）	2 202.5
4	钢套箱侧壁上波流合力（kN）	30 904.5
5	桩柱（D = 1m）平均每米波浪力（kN/m）	3.166
6	桩柱（D = 1m）平均每米水流力（kN/m）	7.472
7	桩柱（D = 1m）平均每米波流合力（kN/m）	10.638
8	桩柱（D = 2.7m）平均每米波浪力（kN/m）	23.08
9	桩柱（D = 2.7m）平均每米水流力（kN/m）	20.18
10	桩柱（D = 2.7m）平均每米波流合力（kN/m）	43.26
11	风荷载（kN/m^2）	0.774 3
12	钢套箱重（t）	3 200
13	甲板上荷载质量（t/m^2）	4.0

（4）工况四：38 根 ϕ2 500mm 灌注桩全部完成，箱体内的舱壁和 ϕ2 900 × 12（mm）导管全部割除，形成舱内浇灌 6m 深、体积达 8 200m^3 混凝土的空间，钢套箱结构的受力体系进行了转换，承台混凝土的重力、钢套箱的部分自重由 38 根灌注桩承担，44 根边桩承担钢套箱部分自重。此时，钢套箱的内舱壁起到浇筑承台的模板功能，并受到浇筑混凝土侧压力的作用。

舱壁的侧压力按模板侧压力的计算公式确定。《建筑施工手册》推荐使用下列两式计算新浇筑的混凝土作用于模板的最大侧压力，并取其中的较小值。

$$F = 0.22\gamma_c t_0 \beta_1 \beta_2 v^{1/2} \tag{8.3.6.1}$$

$$F = \gamma_c H \tag{8.3.6.2}$$

式中：F——新浇筑混凝土对模板的最大侧压力（kN/m^2）；

γ_c——混凝土的重力密度（kN/m^3），取 25kN/m^3；

t_0——新浇混凝土的初凝时间（h），可按实测确定[当缺乏试验资料时可采用 $t_0 = 200/(T+15)$]；

T——混凝土的温度（℃），取 25℃；

v——混凝土的浇筑速度（m/h），取 3m/h；

H——混凝土侧压力计算位置处至新浇筑混凝土顶面的总高度（m），取 6m；

β_1——外加剂影响修正系数，不掺外加剂时取 1.0，掺具有缓凝作用的外加剂时取 1.2；

β_2——混凝土坍落度影响修正系数，当坍落度小于 30mm 时取 0.85；坍落度在 50 ~ 90mm 时取 1.0；坍落度在 110 ~ 150mm 时取 1.15。

将各系数值代入式（8.3.6.1）、式（8.3.6.2）得：

$$F = 0.22\gamma_c t_0 \beta_1 \beta_2 v^{\frac{1}{2}} = 0.22 \times 25 \times \left(\frac{200}{15+15}\right) \times 1.2 \times 1.15 \times \sqrt{3} = 90(kN/m^2)$$

$$F = \gamma_c H = 25 \times 6 = 150(kN/m^2)$$

为了满足浇筑承台混凝土的需要，上甲板开口长 28.8m、宽 16.8m，但纵桁、肋骨保持不变，此时要考虑围堰四壁变形量。

在此种工况条件下，对钢套箱进行总体结构强度分析。

钢套箱的吃水深度暂且分以下两种状况考虑。

第一种状况：钢套箱的吃水深度为 4m，44 根 ϕ1 000×20（mm）边桩入土 5m 和 38 根 ϕ2 700×16（mm）钻孔钢护筒入土 15m，此时在作业平台上堆放了机械、材料等，按平台上作用均布荷载 40kN/m^2 考虑；

第二种状况：钢套箱的吃水深度为 5.86m。

工况四第一种状况的海况要素及作用在钢套箱的外力，见表 8.3.6.11 和表 8.3.6.12。

工况四第一种状况的海况要素　　表 8.3.6.11

海况要素	波高 H（m）	波长 L（m）	波周期 T（s）	水深 d（m）	水流速 v（m/s）	水流夹角 α（°）	平台吃水 d_m（m）
	5.57	75.1	7.5	10	2.7	20	4.0

工况四第一种状况作用在钢套箱的外力　　表 8.3.6.12

序　号	作用部件	力　值
1	钢套箱侧壁上平均每米波浪水平力（kN/m）	3 697.4
2	钢套箱侧壁上总波浪水平力（kN）	25 086.0
3	钢套箱侧壁上水流力（kN）	1 503.4
4	钢套箱侧壁上波流合力（kN）	26 589.4
5	桩柱（D=1m）平均每米波浪力（kN/m）	3.912
6	桩柱（D=1m）平均每米水流力（kN/m）	7.472
7	桩柱（D=1m）平均每米波流合力（kN/m）	11.384
8	桩柱（D=2.7m）平均每米波浪力（kN/m）	28.52
9	桩柱（D=2.7m）平均每米水流力（kN/m）	20.18
10	桩柱（D=2.7m）平均每米波流合力（kN/m）	48.7
11	钢套箱内壁混凝土侧压力（kN/m^2）	90
11	风荷载（kN/m^2）	0.774 3
12	钢套箱重（t）	3 200
13	甲板上荷载质量（t/m^2）	4.0

工况四第二种状况的海况要素及作用在钢套箱的外力见表 8.3.6.13 和表 8.3.6.14。

工况四第二种状况的海况要素　　表 8.3.6.13

海况要素	波高 H（m）	波长 L（m）	波周期 T（s）	水深 d（m）	水流速 v（m/s）	水流夹角 α（°）	平台吃水 d_m（m）
	5.57	75.1	7.5	11.86	2.7	20	5.86

工况四第二种状况作用在钢套箱的外力　　表 8.3.6.14

序　号	作用部件	力　值
1	钢套箱侧壁上平均每米波浪水平力（kN/m）	3 320.0
2	钢套箱侧壁上总波浪水平力（kN）	28 702.0
3	钢套箱侧壁上水流力（kN）	2 202.5
4	钢套箱侧壁上波流合力（kN）	30 904.5
5	桩柱（D=1m）平均每米波浪力（kN/m）	3.166
6	桩柱（D=1m）平均每米水流力（kN/m）	7.472

续上表

序　号	作用部件	力　值
7	桩柱($D=1$m)平均每米波流合力(kN/m)	10.638
8	桩柱($D=2.7$m)平均每米波浪力(kN/m)	23.08
9	桩柱($D=2.7$m)平均每米水流力(kN/m)	20.18
10	桩柱($D=2.7$m)平均每米波流合力(kN/m)	43.26
11	钢套箱内壁混凝土侧压力(kN/m^2)	90
12	风荷载(kN/m^2)	0.774 3
13	钢套箱重(t)	3 200
14	甲板上荷载质量(t/m^2)	4.0

(5)工况五:主墩承台的混凝土已浇筑完成,在箱体内的舱壁和38根ϕ2 900×12(mm)导管全部割除,钢套箱结构已完成了体系转换,钢套箱与38根钻孔灌注桩形成连接,承台混凝土的重力已由38根钻孔灌注桩来承担,44根边桩也承担部分钢套箱的重力。甲板上的施工机械和工程材料已大部分撤离。钢套箱为主墩后续工程提供了一个操作平台,为此需要在套箱内再增加6根支柱(15号、33号、51号),保留甲板下3.08m高的纵横舱壁。

在这种工况条件下验算侧向密封舱,甲板的变形和钢套箱结构在海中波流力作用下的整体安全性。

海况要素与工况三相同,套箱的上甲板开口长28.8m、宽16.8m,纵桁和横梁保持不变。

根据钢套箱吃水深度和水深的不同,分为如下两种状况考虑。

第一种状况:钢套箱吃水4m,水深按10m考虑,平台上的均布荷载按0.2t/m^{2}考虑;

第二种状况:钢套箱吃水5.86m,水深按11.86m考虑,平台上的均布荷载按0.2t/m^{2}考虑。

工况五第一种状况的海况要素及作用在钢套箱的外力,见表8.3.6.15和表8.3.6.16。

工况五第一种状况的海况要素　　表8.3.6.15

海况要素	波高 H (m)	波长 L (m)	波周期 T (s)	水深 d (m)	水流速 v (m/s)	水流夹角 α (°)	平台吃水 d_m (m)
	5.57	75.1	7.5	10	2.7	20	4.0

工况五第一种状况作用在钢套箱的外力　　表8.3.6.16

序　号	作用部件	力　值
1	钢套箱侧壁上平均每米波浪水平力(kN/m)	3 697.4
2	钢套箱侧壁上总波浪水平力(kN)	25 086.0
3	钢套箱侧壁上水流力(kN)	1 503.4
4	钢套箱侧壁上波流合力(kN)	26 589.4
5	桩柱($D=1$m)平均每米波浪力(kN/m)	3.912
6	桩柱($D=1$m)平均每米水流力(kN/m)	7.472
7	桩柱($D=1$m)平均每米波流合力(kN/m)	11.384
8	桩柱($D=2.7$m)平均每米波浪力(kN/m)	28.52
9	桩柱($D=2.7$m)平均每米水流力(kN/m)	20.18
10	桩柱($D=2.7$m)平均每米波流合力(kN/m)	48.7
11	风荷载(kN/m^2)	0.774 3
12	钢套箱重(t)	3 200
13	甲板上荷载质量(t/m^2)	0.2

工况五第二种状况的海况要素及作用在钢套箱的外力,见表8.3.6.17和表8.3.6.18。

工况五第二种状况的海况要素　　表8.3.6.17

海况要素	波高 H (m)	波长 L (m)	波周期 T (s)	水深 d (m)	水流速 v (m/s)	水流夹角 α (°)	平台吃水 d_m (m)
	5.57	75.1	7.5	11.86	2.7	20	5.86

工况五第二种状况作用在钢套箱的外力　　表8.3.6.18

序号	作用部件	力值
1	钢套箱侧壁上平均每米波浪水平力(kN/m)	3 320.0
2	钢套箱侧壁上总波浪水平力(kN)	28 702.0
3	钢套箱侧壁上水流力(kN)	2 202.5
4	钢套箱侧壁上波流合力(kN)	30 904.5
5	桩柱($D=1$m)平均每米波浪力(kN/m)	3.166
6	桩柱($D=1$m)平均每米水流力(kN/m)	7.472
7	桩柱($D=1$m)平均每米波流合力(kN/m)	10.638
8	桩柱($D=2.7$m)平均每米波浪力(kN/m)	23.08
9	桩柱($D=2.7$m)平均每米水流力(kN/m)	20.18
10	桩柱($D=2.7$m)平均每米波流合力(kN/m)	43.26
11	风荷载(kN/m^2)	0.77 43
12	钢套箱重(t)	3 200
13	甲板上荷载质量(t/m^2)	0.2

3.6.2　钢套箱结构受力分析

1. 数学模型的主要参数

(1)坐标系定义

在钢套箱上设定坐标系,以上甲板几何中心为坐标原点,沿船长方向指向船首为方向,上甲板为 xoy 面,按右手法则定义 z 轴。

(2)主要参数

钢套箱结构计算主要由MSC/PATRAN2001和MSC/NASTRAN2001完成。根据所提供的钢套箱和构件的结构图,采用分组有限元模型建模技术。

钢套箱板材大部分采用四节点的板壳单元模拟,只有 ϕ2 900×12(mm)导管和甲板相连接的部分采用三节点板壳单元模拟。边桩和 ϕ2 700×16(mm)的内桩采用梁单元模拟。对于钢套箱的强横梁、纵桁、强肋骨用两节点梁单元模拟,而且采用了偏心梁的设置,非常接近真实连接情况的板梁布置。

钢套箱的边界条件为桩与海底固端相连,不考虑桩受力之后桩土共同作用的影响,这在设计上是偏安全的。

本项分析的规模和主要参数为(例如钢套箱在工况二时的数据):钢套箱结构有限元模型包括节点数12 919个;有限元模型的单元数28 289个;有限元模型的总自由度73 953。钢套箱结构整体及部分构件有限元模型见图8.3.6.1,典型边界条件见图8.3.6.2。

2. 计算结果

根据提供的结构数据和前面提到的工况条件,有限元计算得到的不同工况下的应力和相应的位移见表8.3.6.19~表8.3.6.26。

工　况　一　　表8.3.6.19

工况一	最大应力(MPa)	最大位移(mm)
板件	3.47	0.22

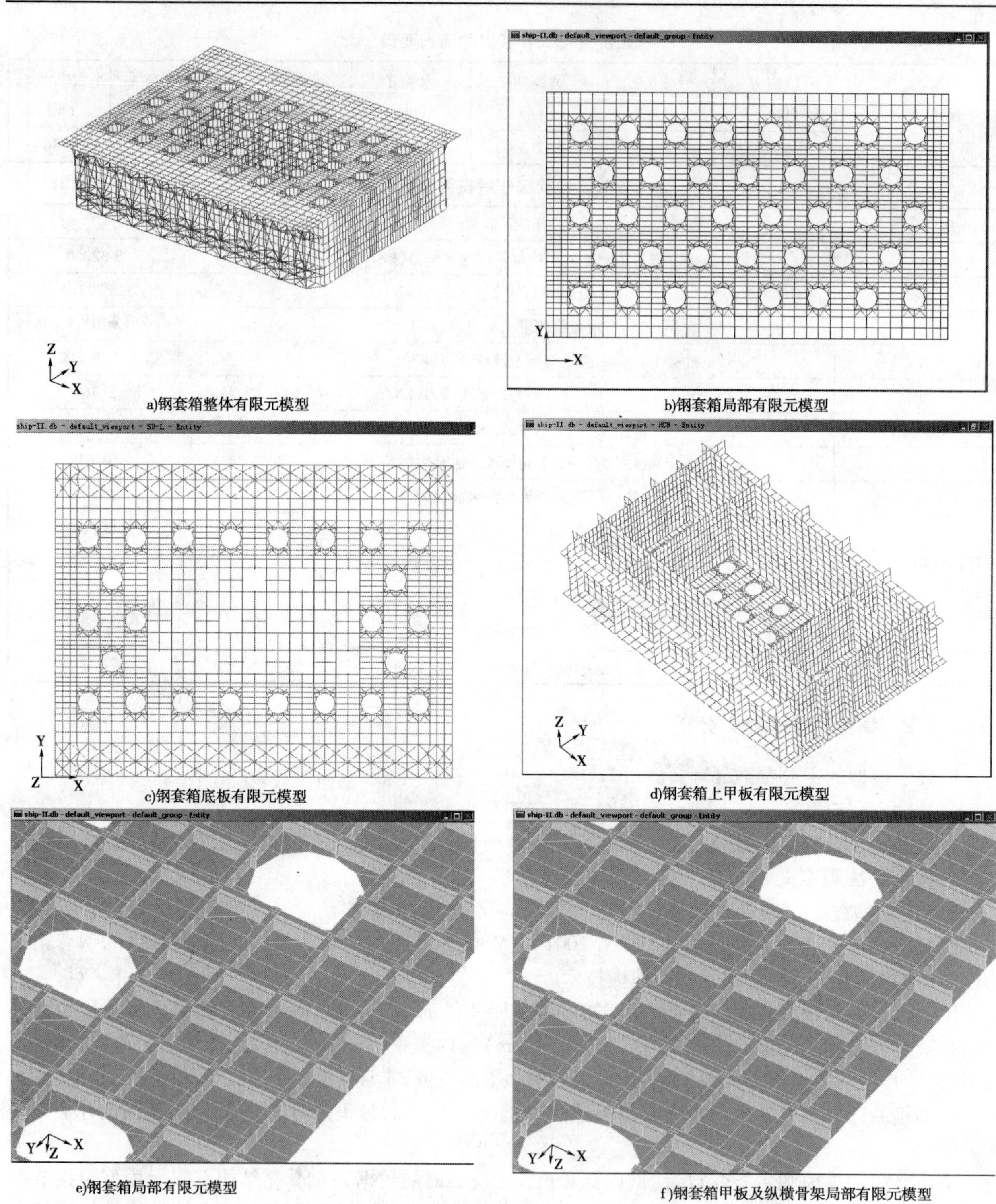

图 8.3.6.1　钢套箱整体及部分构件有限元模型

工况二(第一种状况)　　表 8.3.6.20

工况二第一种状况	桩　柱		板　件	
	44 根边桩	尾部纵桁	尾板	底板
最大应力(MPa)	118	75	18.9	55
最大位移(mm)	29.5			

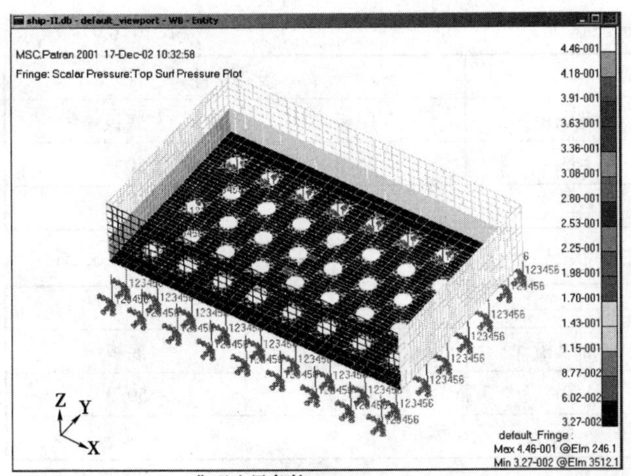

a)典型边界条件

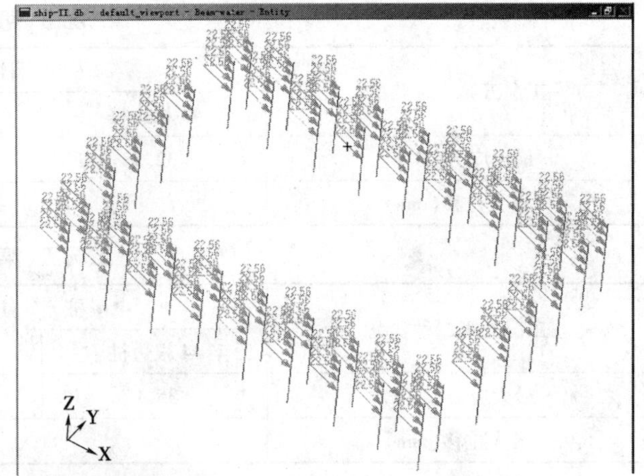

b)典型桩柱承受的波浪力

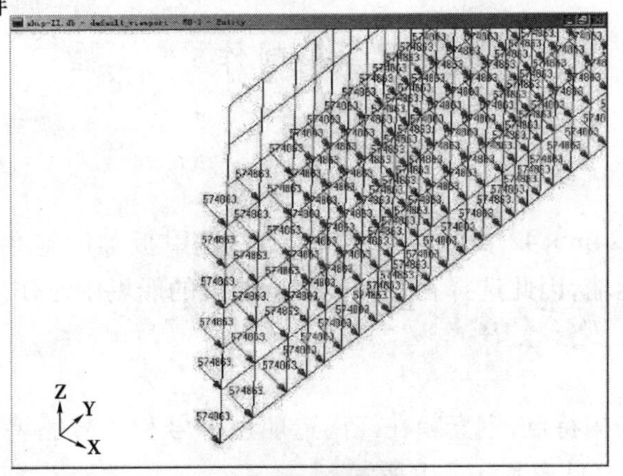

c)典型侧面受波浪力

图 8.3.6.2　典型边界条件及承受的波浪力

工况二(第二种状况)　　表 8.3.6.21

工况二第二种状况	桩　柱		板　件	
	44 根边桩	尾部肋骨	尾板	底板
最大应力(MPa)	135	73.2	23.8	70.2
最大位移(mm)	34.9			

工况三(第一种状况)　　表 8.3.6.22

工况三第一种状况	桩　柱			板　件	
	44 根边桩	38 根内桩	尾部纵桁	尾板	底板
最大应力(MPa)	132	140	162	30.3	45.4
最大位移(mm)	41				

工况三(第二种状况)　　表 8.3.6.23

工况三第二种状况	桩　柱			板　件	
	44 根边桩	38 根内桩	尾部纵桁	尾板	底板
最大应力(MPa)	154	167	160	36	60.2
最大位移(mm)	44.3				

工　况　四　　表 8.3.6.24

工　况　四	板　件	工　况　四	板　件
最大应力(MPa)	55	最大位移(mm)	12.4

工况五(第一种状况)　　表 8.3.6.25

工况五第一种状况	桩柱		板件	
	44 根边桩	尾部纵桁	尾板	底板
最大应力(MPa)	32.5	163	26.3	50.3
最大位移(mm)	16.3			

工况五(第二种状况)　　表 8.3.6.26

工况五第二种状况	桩柱		板件	
	44 根边桩	尾部纵桁	尾板	底板
最大应力(MPa)	35.1	159	34.3	50.3
最大位移(mm)	16.2			

3.7 钢套箱制作

3.7.1 制作场地选择

钢套箱外形平面尺寸为 54.24m×42.40m×12.80m。自重、甲板等设施共计约 3 000t。钢套箱的制作场地应考虑将来钢套箱的运输,因此选择在上海江南造船厂的船坞中制作。

3.7.2 总体制作方案

根据钢套箱的设计要求和结构特点,钢套箱在江南造船厂 1 号和 3 号船坞内制造。总体结构分为 58 个节段和若干散件,节段的划分见表 8.3.7.1 所示。

钢套箱结构节段的划分　　表 8.3.7.1

分段部位	节段号	节段数量
双层底	201～214	14 个
艏艉	401～408	8 个
舷侧	301P～308P,301S～308S	16 个
甲板	101～114,115P～117P,115S～117S	20 个
舷侧导管	L26	散装
舱壁	F15、F51、1.12、圆弧板	散装

钢套箱制造采用"零件拼装→分散组装→船坞总装"的工艺流程。板材下料后,首先在加工车间进行边缘加工、零件轧制、加工成型工作,然后根据车间施工布置转移到生产平台,安排合理的施工工装设施,进行节段拼装、焊接及节段检验。节段成型后转移到船坞进行总体合拢。钢套箱整体施工完成后,进行最终检验,包括尺寸验收、焊接检验及密闭性试验。待检验合格后,出坞靠泊码头,安装附属设施。最后由驳船拖运出海,运输至施工现场。钢套箱制造、拼装,船坞总装的工艺流程见图 8.3.7.1。

3.7.3 放样、下料及加工

1. 放样

按照施工设计图纸及施工工艺的要求,采用计算机进行放样,以确定各个零部件的精确尺寸和钢管相贯线。按放样尺寸,做出各种角度样板和下料样板。绘制零件草图、编制数控程序和编套料图以及钢管相贯线图,供下料使用。

2. 下料

平直构件可采用门式切割下料,不规则板采用数控或半自动切割下料。钢管相贯线采用相贯线切

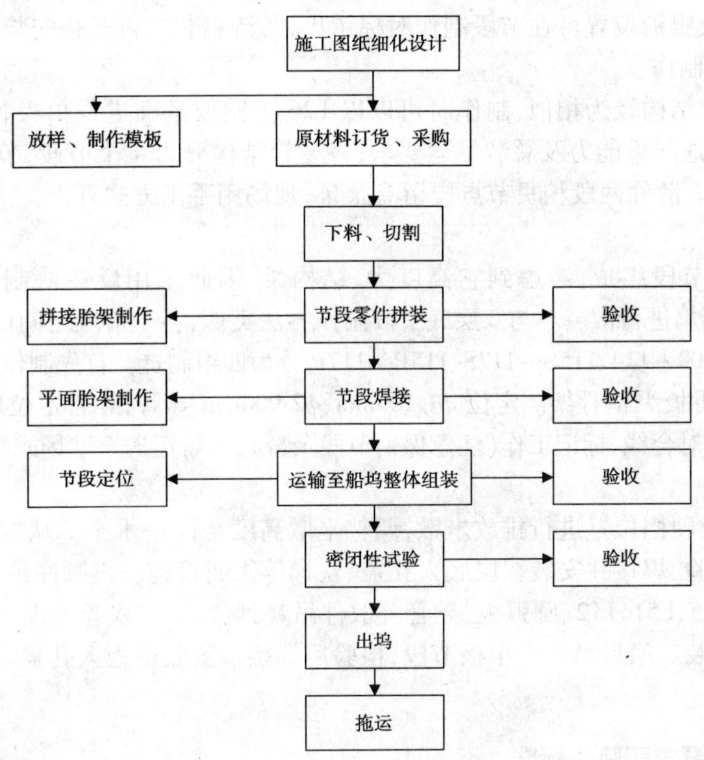

图8.3.7.1　钢套箱制造、拼装及船坞总装的工艺流程

割机下料，也可采用样板手工下料。

3. 加工

(1)钢导管的制作

ϕ2 900mm钢导管直缝下料，加工边缘，然后每节一个单元在三芯辊轮上卷制成型(注意保证圆弧曲率)。相贯线采用相贯线切割机或手工火焰切割加工，需现场定尺的相贯线采用手工火焰切割。

ϕ1 200mm钢导管制作时可以以L26为胎架基准进行单榀管结构拼装，注意保证中心线位置。根据场地起重能力及总装吊运要求，将导管结构分为4个节段，节段之间的连接管以散件提供，留待总装定位。注意散件两段相贯节点留有余量，现场用手工方式开出。

(2)双层底节段制作

双层底分为14个节段，制作时可根据场地情况进行连体组装，一般可将201~207作为一组，208~214作为另一组，节段之间采用搭焊方式临时固定，做到一个连体节段组之间无余量制作。首先制作平面胎架，以舱底板为基准进行正造。骨材及桁材先焊于舱板上，以平面板单元进行节段组装，以提高装焊效率。ϕ2 900mm导管需拼板成管形，导管长度方向以原材料宽度为基准尺寸进行划分，一般定2 600mm宽度为一节，每节最多允许拼两条纵缝，节与节连接时纵缝应错开至少300mm。双层底节段制作完成后，分拆各个节段进行编号、划分对合线，注意不同组的节段应留有节段余量。然后运送至船坞或堆场，准备进行总装。

(3)艏艉节段制作

艏(艉)节段由于高度较大，适宜采用侧卧式制造。每段共有4个节段组成，可安排生产场地两个一组或四个一组进行连体制造。以F2(F64)水密舱为基准面铺设水平胎架，画出钢套箱纵向中心线。各个水密舱板、实肋板的骨材可在组装车间装焊形成板单元，节段组装均以板单元形式供货安装，对于ϕ1 100mm导管及其连接板可以散件形式在节段组装时提供。节段成型后应保留对合线，留出节段余量，待总装定位使用。

(4)舷侧节段制作

舷侧节段结构与艏艉节段类似。应注意舷侧节段与舷侧导管之间有穿管连接，制作时要保证节段中心线的定位。穿管及腹板位置可在节段制作时标示出,留待总装时再开孔安装穿管。

(5)舷侧导管节段制作

舷侧导管与导管架结构较为相似,制作时可以以 L26 为胎架基准进行单榀管结构拼装(注意保证中心线位置)。根据场地起重能力及总装吊运要求,将导管结构分为 4 个节段,节段之间的连接管以散件提供,留待总装定位。散件两段相贯节点应留有余量,现场用手工方式开出。

(6)甲板节段制作

上甲板共有 20 个节段组成,考虑到它高度大、结构柔,因此采用反造法制造。下部导管可只留 1 500mm,余下长度到船坞进行散装。与双层底节段制作方法类似,各个节段之间以搭焊方式进行连体组装。一般按 101 ~ 107、108 ~ 114、115S ~ 117S、115P ~ 117P 分为四组制造。首先制作平面胎架,以上甲板为基准面首先定位、安装甲板纵横骨架。定位 ϕ1 100mm、ϕ2 900mm 导管,导管定位应加斜撑撑住,防止歪斜。节段完成后进行划对合线、标记工作(注意保留节段余量),然后运送至堆场或船坞进行总装。

(7)船坞总装

根据钢套箱形体及硬档位置进行排放坐墩,调整坐墩高度至同一水平。从艉到艏先安放双层底节段,切割节段余量后检验、焊接并安装双层底人孔盖、扶梯等附属设施。再顺序吊装艉部节段、两侧舷侧节段及艏部节段,将 F15、F51、L12、圆弧板、导管等散件吊装到位,定位检验及焊接。继续吊装两侧舷侧导管节段,散件固定安装。最后吊装上甲板节段,检验后焊接。安装甲板人孔盖、扶梯等附属设施,完成结构制造。

3.7.4 技术质量要求和验收标准

钢套箱要在东海中使用和拖运,它不同于一般的施工设施,为此我们在制订制作标准和验收标准时,有选择地参照了钢质海船的标准,执行中也考虑了钢套箱一次性使用的特性,在保证安全前提下,对某些验收指标进行了适当修正。

1. 制作规范与标准

钢套箱的制作与验收主要依据下列规范、标准:

中国船级社《钢质海船入级与建造规范》(2001 年版);

GB/T 985—88《气焊、手工电弧焊及气体保护焊缝坡口的基本形成和尺寸》;

GB 986—88《埋弧焊焊缝坡口的基本形式和尺寸》;

GB/T 3559—1994《船舶钢焊缝手工超声波探伤工艺和质量分级》;

GB/T 3558—1994《船舶钢焊缝射线照相工艺和质量分级》;

GB/T 3177—1994《船舶钢焊缝射线照相和超声波检查规则》;

GB 11628—89《船用人孔盖》;

GB 3892—1983《船用钢质直梯》。

2. 验收标准

钢套箱的验收主要包括以下三部分内容。

(1)外形几何尺寸

钢套箱按海船结构制造,其制作精度应符合中国船级社《钢质海船入级与建造规范》的制造要求。具体的精度要求有如下:

船长(L)　±50mm;

型宽(B)　±10mm;

型深(D)　±15mm;

基线扰度　±15mm;

顶面对角线差　±25mm;

底面对角线差　±25mm。

（2）焊接检验

焊接检验分为外观检验和无损检测两部分，主要为无损检测。射线探伤与超声波探伤适合范围及探伤等级按表 8.3.7.2 执行。

射线探伤与超声波探伤等级　　表 8.3.7.2

探伤种类	探 伤 部 位	探 伤 比 例	探 伤 等 级
X 射线	艏艉外板、F2 舱板、F64 舱板、双层底内纵横水密舱板对接焊缝	5%	Ⅱ
	ϕ2 900、ϕ1 100 导管本体对接焊缝（内底 3000mm 长度范围）	5%	Ⅱ
超声波	舱底版、舷侧外板、甲板（δ12mm 范围）对接缝	10%	Ⅱ
	甲板（除 δ12mm 范围）对接缝 L19 水密舱板对接缝	10%	Ⅱ
磁粉	ϕ2 900、ϕ1 100 导管舱底板、内底板封板的角焊缝	100%	Ⅱ
	艏艉外板与舱底板角焊缝	100%	Ⅱ
	舷侧外板与舱底板角焊缝	20%	Ⅱ

（3）密闭性试验

钢套箱整体制造、焊接检验工作结束后，要进行密闭性试验。所有密封舱进行充气试验，另选取两个密封舱进行水压试验，试验要求如表 8.3.7.3 所示。

钢套箱密闭性试验　　表 8.3.7.3

项　目	位　置	数　量	试 验 要 求
充气试验	双层底	49	试验压力不小于 0.02MPa，保持 15min，检查压力无明显下降后降至 0.014MPa，涂肥皂水进行渗漏检查
	上部舷侧	14	
	上部艏艉	10	
水压试验	211 节段的 L12 舱与 L19 舱之间，208、209 节段的 L12 舱与 L19 舱之间，L4 与 F27、F39 之间	3	加水至空气管顶高度保持 15min，检查有关结构和焊缝

3.8　钢套箱施工

在海上进行钢套箱的施工是一个全新的工艺，没有成功的施工实例可供参考。针对工程的实际情况，反复仔细考虑了每个可能发生的施工过程，进行排列优化，对每个工况都进行受力计算，以确保工程施工的安全，最终形成了完整的钢套箱施工工艺，高效、安全地完成了两个钢套箱的定位及固定施工。

从钢套箱的拖运直至在现场形成施工平台共分成四个工艺步骤十个工序流程。形成平台后，经历三个施工应用阶段，直至完成它全部的功能使命。具体工艺流程见图 8.3.8.1。

3.8.1　钢套箱运输

钢套箱在船坞制作完成后，利用本身的浮力进行拖运（钢套箱内不加水），用拖轮吊拖到施工现场，拖运前必须取得海事部门同意。根据计算，钢套箱在浮运时吃水深度为 1.96m 左右。

根据设计要求，钢套箱可在中浪状态下拖运。为了保证运输安全，应选择在海况较好的天气进行钢套箱的拖运工作。

计算表明，当钢套箱自浮工况下的吃水深度在 1.96m 时，在 1.5m/s 水流作用下，长边（54.0m）迎流时的水流力约为 150kN，短边（33.8m）迎流时的水流力约为 90kN。经计算，钢套箱在浮运状态时稳性衡准数 $K=31$，完全符合海况拖运要求。

钢套箱的临时锚泊，可依靠箱体上自备的 4 个 10t 锚进行。钢套箱的拖运由三船拖轮来完成，成自浮状前进。到施工现场海域后，由拖轮协助将钢套箱临时靠泊在 350t 浮吊边上。

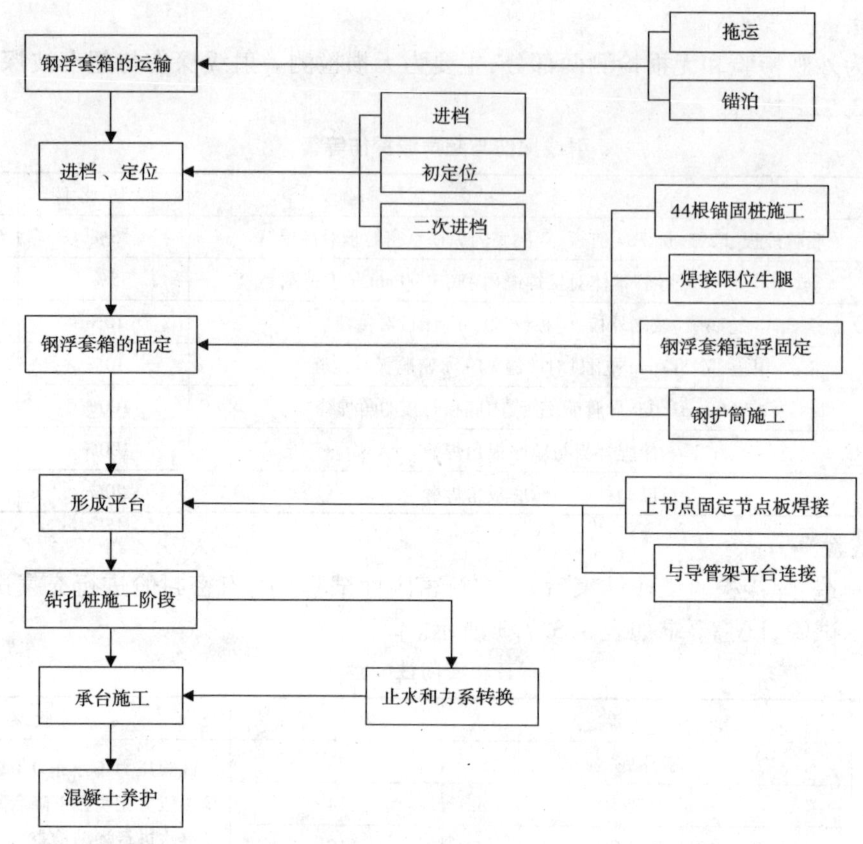

图 8.3.8.1 钢套箱工艺流程

钢套箱在运输过程中的工况见图 8.3.8.2。

a)拖轮带缆拖运

b)拖轮顶推钢套箱靠驳

c)与350t浮吊靠驳完成

图 8.3.8.2 钢套箱在运输过程中的实景

3.8.2 钢套箱进档

利用 350t 浮吊协助进行钢套箱的进档施工。钢套箱的进档选择在低平潮前 2h 进行(此时施工海域落潮流速比涨潮流速小,出现涌浪的概率较小),由南往北进档。

350t 浮吊事先在施工海域通过 GPS 锚泊定位(6 点锚泊)。浮吊锚泊在离钢平台约 100m 处,中间为钢套箱靠泊时用的水域。浮吊的两根锚缆直接系在两边的导管架上(图 8.3.8.3),在钢套箱靠泊过程中始终保持松弛。然后,施工人员测量流速,当流速小于 1m/s 时,绞动 350t 浮吊的锚缆,将钢套箱缓慢的推进预留好的空当中。为了能保证钢套箱顺利进档,在两边导管架平台上各布置了一台 5t 卷扬机(配 4 车滑轮组),通过绞动卷扬机配合 350t 浮吊将钢套箱完全绞到预留位置。钢套箱的进档过程如图 8.3.8.4 所示。

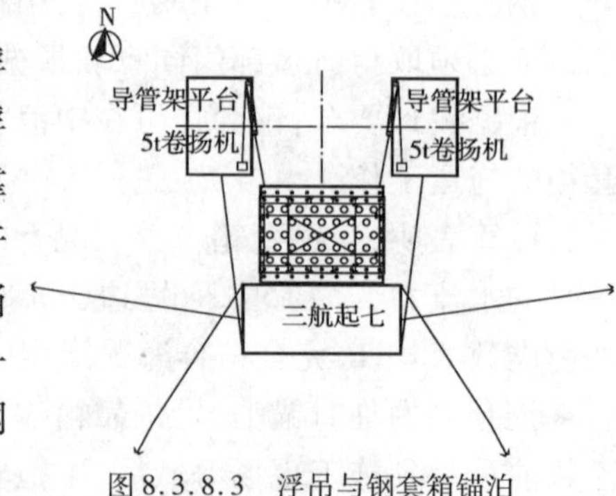

图 8.3.8.3 浮吊与钢套箱锚泊

a)钢套箱对准档位　b)钢套箱进入档位　c)钢套箱就位完成平面示意

图8.3.8.4　钢套箱进档

3.8.3　钢套箱定位

钢套箱的定位根据施工顺序可以分为初定位和二次定位两个施工工序。

1. 钢套箱初定位

(1)限位装置的安装

初定位通过限位装置来实施。在钢套箱进档之前，事先在两端的导管架平台侧面安装限位装置。限位装置主体结构采用钢结构支架，支架外端安装D型橡胶护舷，以缓冲钢套箱对限位装置的冲击。限位装置根据导管架实测平面位差，调整水平撑杆的长度，由工厂预制后现场安装。限位装置设在导管架第二层水平支撑位置(高程+2.312m)，与钢套箱每边均留有10cm的间隙，即钢套箱外包尺寸为33.8m×54.2m，限位装置安装好后内净尺寸为34m×54.4m。为了使钢套箱进档施工方便和安全可靠，西侧限位和北侧角限位安装时采用固结形式，东侧限位架的护舷在进档前可以调节伸缩，进档时留有60cm的间隙，以保证套箱进档。进档后，将护舷推出50cm，使套箱与护舷留10cm间隙后焊接固定。因此，钢套箱进档时限位装置的内净尺寸为34m×54.9m。限位护舷的构造见图8.3.8.5。

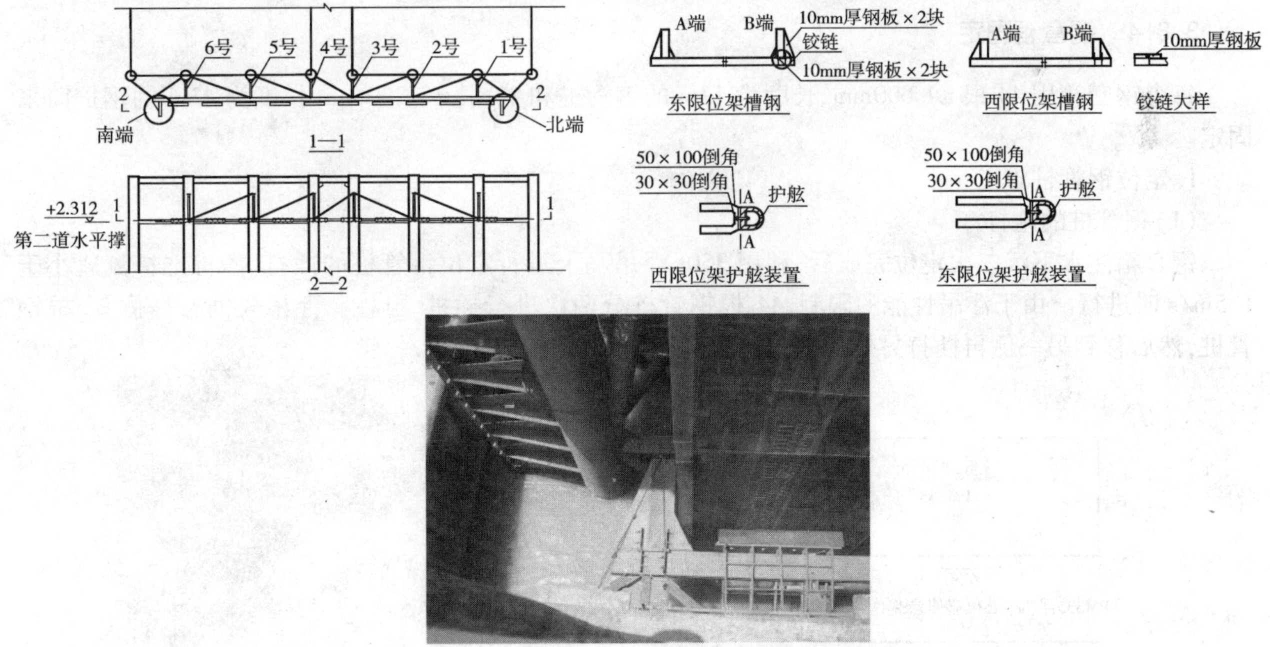

图8.3.8.5　限位装置

(2)钢套箱的初定位

钢套箱完全进档后，马上将南侧角限位翻下，同时将东侧限位装置推出50cm进行焊接。此时，钢套箱的平面位置已经初步固定，但相对设计定位中心点仍可以向四个方向各有10cm的调节量，垂直方向则可随着潮水的涨落而上下移动。钢套箱的初定位完成。

2. 钢套箱二次定位

二次定位也可以称作精定位。除进一步调正钢套箱的平面中心线位置外,还要调正其平面的水平度,同时要让定位桩打设到设计高程。

(1)注水下沉

打开钢套箱的进水阀门(进水量 400 ~ 800m³/h),使各进水仓进水,到钢套箱下沉 1.28m(吃水为 3.28m)时,关闭进水阀门。测量钢套箱的甲板顶面是否达到基本水平位置,然后继续用水泵往各进水仓内加水,加水量为 6 053t,箱内各进水仓的水深度为 5.29m,钢套箱下沉了 3.89m,此时,钢套箱吃水深度达 5.86m,箱顶甲板高程在平均高潮位 +1.86m 时达到施工平台设计要求的高程。钢套箱注水下沉如图 8.3.8.6 所示。

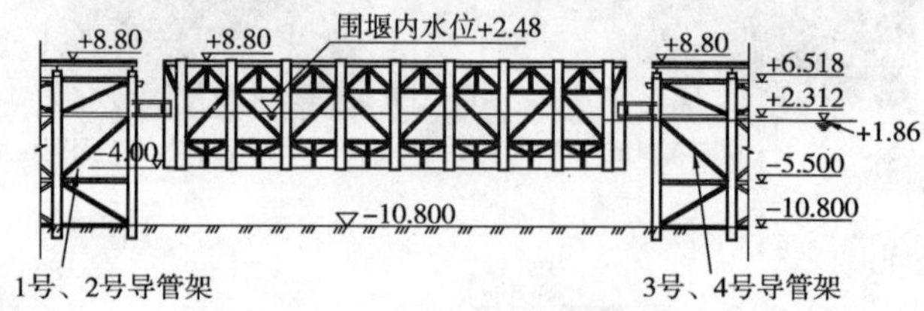

图 8.3.8.6 钢套箱注水下沉(高程单位:m)

钢套箱在制作时外四角及套箱内舱均画好吃水标注线。注水时,测量员每隔半小时观察各舱的吃水深度,并测量钢套箱 4 个角点的高差。通过各仓的进水量来保证钢套箱注水后的水平度,必要时用水泵调整舱内的水位,控制四角高差不大于 5cm。

(2)精确定位

钢套箱调正水平度后,测量人员测量控制点的精确位置,并在限位护舷和钢套箱的间隙之间填塞木板,使得整个钢套箱的定位误差均在 50mm 之内。然后打入定位桩,进行精定位固定。但由于在随后打锚固桩过程中对钢套箱产生了挤推作用,使得钢套箱的最终位置产生了大于 50mm 的偏差。锚固桩全部完成后,主墩 PM335、PM336 两个钢套箱实际误差值见图 8.3.8.7(箭头表示钢套箱位移的方向)。

在制定钢套箱定位工艺方案时,考虑到了这一类误差值发生的可能性,所以在钢套箱设计时,四周均放大了 200mm。图 8.3.8.7 所示的误差值均在方案允许调整的范围以内,不影响工程承台的精确定位。

3.8.4 钢套箱固定

每个钢套箱用 44 根 ϕ1 000mm、长度为 47m 的钢管桩和 38 根 ϕ2 700mm,长度为 43m 的钢护筒来固定。

1. 定位钢管桩施工

(1)钢管桩的施打

钢套箱注水下沉二次定位完成后,利用 350t 浮吊马上进行定位钢管桩的插打,插桩选择流速小于 1.5m/s 时进行。由于浮吊性能的限制,44 根钢管桩分两次进行插桩、打桩。浮吊先插打一侧 22 根钢管桩,然后移到另一侧再插打另外的 22 根钢管桩,见图 8.3.8.8。

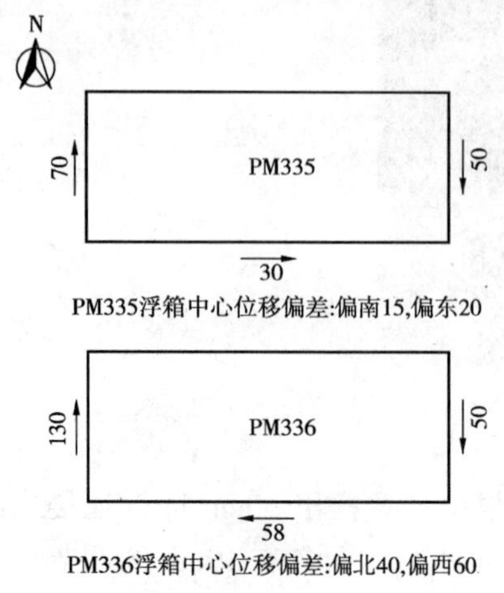

图 8.3.8.7 钢套箱施工的实际偏差(尺寸单位:mm)

图 8.3.8.8 锚固桩施打

定位桩施打过程中,因受到潮水的水流力作用,钢套箱会发生倾斜而产生平面偏位。因此,在定位桩施打过程中要不断测量四角,根据测量数据在相应的舱内注水,控制四角四差不大于100mm,以保证钢套箱始终处于基本垂直状态,从而保证定位桩的垂直度,使钢套箱在此过程中能上下自由浮动。

(2)焊接钢套箱高程限位牛腿

定位钢管桩施打后,测量人员通过导管架平台上的测量控制点,用水准仪在每根钢管桩+8.8m处画出标记,电焊工以此标记为基准在钢管桩上焊接限位牛腿。限位牛腿是钢管桩与钢套箱焊接时的高程限位措施(图8.3.8.9),使钢套箱只有下沉的可能,上浮的高程设置在+8.8m。每根钢管桩上焊接2只牛腿,每只牛腿抗浮能力为560kN,共设置88只牛腿,总抗浮能力为560×88=49 280kN。88个限位牛腿要求在两个相邻高平潮间全部完成焊接工作(约6h),否则在海水涨潮时会导致钢套箱不均匀受力,造成钢套箱损坏和个别桩限位牛腿破坏现象的产生。

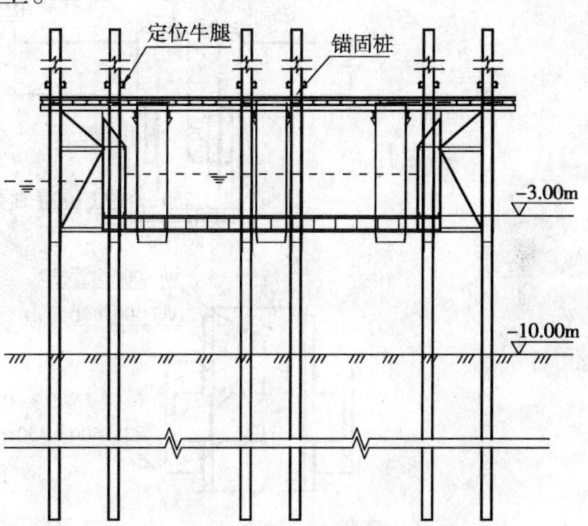

图8.3.8.9　限位牛腿

2.钢套箱起浮与固定

钢套箱的固定是利用其自身的浮力和潮水的涨落进行施工的,整个过程约需要10h。施工现场海域最高潮位+2.50m(黄海高程),最低潮位-1.50m,最大潮差约4m。钢套箱自重吃水约2.0m,总排水面积1 556m^2,长期提供浮力舱面积411m^2。

当限位牛腿全部焊接好后,在涨潮前3h将进水阀门全部打开,排出压载水,使钢套箱上浮0.5m,此时钢套箱吃水深度为5.36m,压水舱内平均水深4.35m,抽水量780t。在钢套箱达到水平平衡后关闭所有阀门(同时备好水泵,必要时用水泵继续向外排水,保证钢套箱浮力)。随着潮水的上涨,钢套箱继续上浮,保证在高平潮前2h钢套箱顶住定位钢管桩的限位牛腿(图8.3.8.10),然后马上进行定位钢管桩与钢套套箱的连接固定。此时,钢套箱吃水深度又恢复到5.86m,受到的浮力为$[(54.2\times33.8)-(1/4\times2.9^2)]\times5.86\times1.025\times10=9\ 496.80$kN,钢套箱自重3 200t,舱内抽水780t后剩余水重约5 273t,钢套箱还受到浮力10 230kN,由钢管桩的限位装置传递给44根定位钢管桩承担,每根桩受到上拔力232kN。

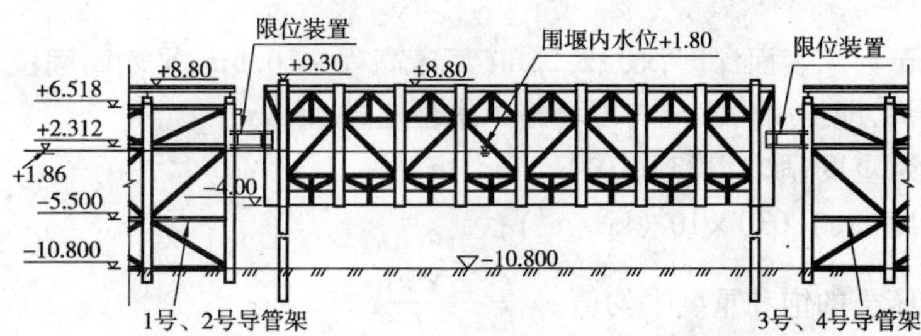

图8.3.8.10　钢套箱顶住定位钢管桩的限位牛腿(高程单位:m)

根据现场潮水情况,通过水泵的进水和排水控制钢套箱在高平潮+2.5m时的最大浮力为40 140kN

(全部牛腿允许抗浮力为49 280kN)。同时,在一个潮汐的间隙内,利用钢套箱靠浮力顶住限位牛腿的3h,选择对称布置的10根钢管桩,用连接板形式与钢套箱焊接。每根钢管桩上焊接4套连接板(共40套连接板,可承担约16 000kN的重力)。此时钢套箱与钢管桩连接,不再随水位的变动而上下浮动,在钢套箱处于低潮位 -1.5m时,浮力大幅减小,钢套箱自重抵消浮力之后,约有823t质量通过连接板传递到定位钢管桩上。高平潮过后,随着潮位的下落,将剩余的136块连接板全部焊接完成,总共可以承担70 400kN的重力。即使水位在钢套箱底以下、不再提供浮力,定位钢管桩的承载力也能保证在钢套箱上进行下一个阶段的钢护筒的作业。同时,在落潮过程中要时刻注意钢套箱内外的水位差,当水位差接近0时将所有阀门全部打开,使钢套箱自由进水,让钢套箱受到的浮力相对减小。锚固桩和钢套箱的具体连接结构见图8.3.8.11。

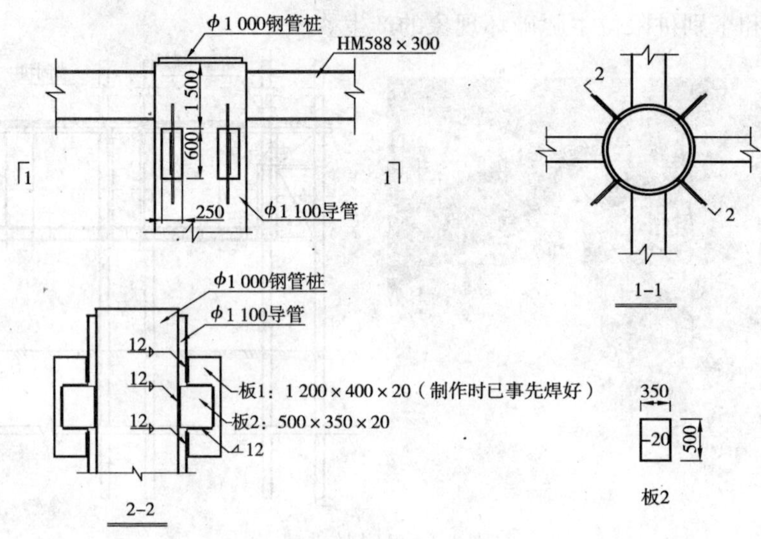

图8.3.8.11 锚固桩和钢套箱连接(尺寸单位:mm)

3.钢护筒施工

钢护筒对钢套箱起着固定作用。钢护筒进入海底泥面以下一定的深度,也具备抗波浪能力和支承钢套箱自重及甲板上施工荷载的能力,这也极大地提高了钢套箱的承载力。

钢护筒是钻孔灌注桩工艺必需的施工设施,它在钻孔桩施工时隔离海水,保证孔口不坍塌,并保证孔内水位高出施工现场水位,形成一定的水头压力,以保护孔壁免于坍塌。在实际操作时,既要保证高潮位时有3m左右的水头压力,又要保证低水位时钢护筒内泥浆不反窜孔。钢套箱就位后,主墩承台要施工38根ϕ2 500mm的钻孔灌注桩,为布置38根钢护筒提供开敞的施工作业面。钢护筒在钢套箱施工阶段起到了一物两用的效果。

钢护筒顶端应高于最高水位1~1.5m,埋置深度应以能隔开流塑状地层为主要原则。此外,具体埋置深度还应满足下式,但安全系数应大于2。

$$L = \frac{(h + H)\gamma_w - H\gamma_0}{\gamma_d - \gamma_w} \tag{8.3.8.1}$$

式中:H——施工水位至河床表面深度,取12.26m(河床高程 -10.5m,平均高潮位1.76m);

h——护筒内水头,即护筒内水位与现场施工水位之差,取2m;

γ_w——护筒内泥浆重度,取1.133×10^4(kN/m^3);

γ_0——海水的重度,取1.030×10^4(kN/m^3);

γ_d——护筒外海床土的饱和重度平均值,$\gamma_d = \frac{\sum\gamma_{id}l_i}{\sum l_i}$;

γ_{id}——几种不同土层的饱和重度(kN/m^3);

l_i——每种不同土的层厚(m)。

由上式计算所得的数据乘以安全系数,即为钢护筒埋置深度。考虑到钢护筒还要承担钢套箱的荷载,并应具有固定功能,最终钢护筒的入土深度取为 23m。护筒底高程为 -34.0m,顶高程为 +9.0m,总长度为 43m。

依据实际受力情况与振动锤作业需求,钢护筒用厚 16mm 的钢板圈制而成 ϕ2 700mm 的钢管。每根钢护筒重 46t。钢护筒在岸上分节加工,分节长度为 25m(下节) + 18m(上节)。钢护筒顶部和底部各 1m 范围用 12mm 厚钢板作加强箍。护筒连接采用坡口焊,以减少护筒振埋时的阻力。每节钢护筒内设置 3 道内支撑,保证钢护筒在吊装和运输过程中不致变形。

钢护筒运至施工现场后,单点起吊,下口插入钢套箱的 ϕ2 900mm 导管内,割除护筒内支撑,将钢护筒下放到海床。

钢护筒插打采用 350t 浮吊进行,浮吊先插打一侧的 23 根钢护筒,然后移到另一侧进行剩余 15 根的插打。钢护筒采用浮吊悬挂 150kW 振动锤进行施工,第一节钢护筒下振约 3m 后,起吊第二节钢护筒与其对接(图 8.3.8.12);对接要求接口偏差控制在 3mm 以内,焊接质量必须满足规范要求。钢护筒焊接完成后,继续下沉直至达到设计高程。

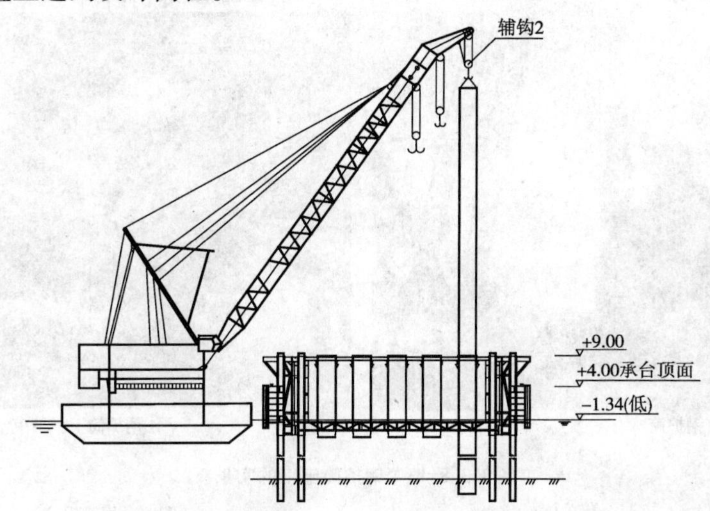

图 8.3.8.12　第一节钢护筒下振后第二节进行对接(高程单位:m)

钢护筒的振埋施工应选在余流阶段进行,以减少水流对护筒埋设垂直度的影响。150kW 振动锤施工时,钢护筒顶端应加设一个圆锥形替打,以保证振动力均匀地作用在钢护筒管壁四周。图 8.3.8.13 所示为钢护筒施工的实景。

钢护筒打设好后,用连接板将钢护筒和钢套箱的 ϕ2 900mm 导管连接固定,以提高钢套箱的支承能力。每根钢护筒有 4 块连接板,共 152 块连接板,每块连接板可承受约 800kN 竖向荷载。钢护筒和钢套箱连接见图 8.3.8.14。

4. 钢套箱与两侧导管架平台的连接

钢护筒打设完成并与钢套箱连接后,进行钢套箱与导管架平台的连接。钢套箱与导管架平台的连接形式采用纵横梁搁置在钢套箱预留的支承凹口边上,焊接固定后,在上面铺设甲板。

至此,钢套箱的固定作业全部完成。这个 5 000m^2 海上施工平台形成后,便可安排钻机钢护筒位置进行钻孔灌注桩的施工(图 8.3.8.15)。

3.8.5　钢套箱止水和力系转换

在钢套箱的 ϕ2 900mm 导管和 ϕ2 700mm 工程桩钢护筒之间存在一条 10cm 的海水通道。另外,要进行承台混凝土的施工,其桩顶设计高程以上的钢套箱的 38 根 ϕ2 900mm 导管和护筒及工程桩的充盈部分必须切除。所以,在切除导管和工程桩之前必须完成两项工作:一是导管和钢护筒之间海水通道的堵漏;二是钢套箱的导管和双层底板及护筒之间传力途径的转换。

图 8.3.8.13　钢护筒施工的实景

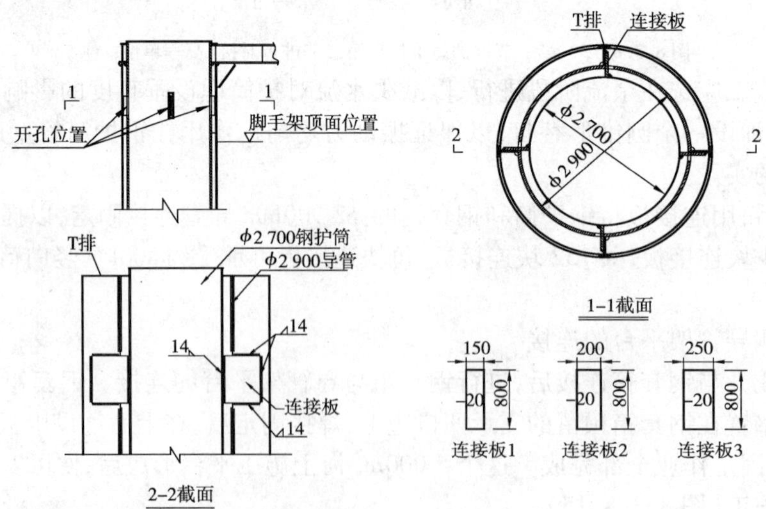

图 8.3.8.14　钢护筒和钢套箱连接(尺寸单位:mm)

1. 钢套箱止水

关于钢套箱的止水,曾进行过多种技术方案的研究,例如:采用棉纱黄油由潜水员下水封堵空隙后浇砂浆方案;采用铁质楔形块下抛堵口后浇不离析细石混凝土方案等。

钢护筒施工中的偏差及钢套箱导管加工制作的误差,造成其两者间的海水通道并非理想化的同心圆。理论上四周间隙应在 10cm,而实际上有的间隙最小的只有 2cm 左右,另一边最大的间隙达 15cm。

通过多个方案的比较研究，最后采用了气囊封堵、上部填充砂浆的方案，完成了PM335、PM336墩共计76根工程桩的止水堵漏工作。

气囊要在深水中封堵管壁间隙，必须承担较大的水压和气压。在气囊材料的选择上，普通橡胶管是无法满足要求的，最终选择了高强度膜结构材料来制作气囊。

气囊采用法拉利1002/8100材料制作，在厂内做成长11.5m、直径20cm的带状密闭气囊，配好气门、气管及气管夹头等配套附件。在气囊上等距离布置10个吊环，吊环也采用法拉利1002/8100材料制作，并用PVC快干胶与气囊黏结（图8.3.8.16）。

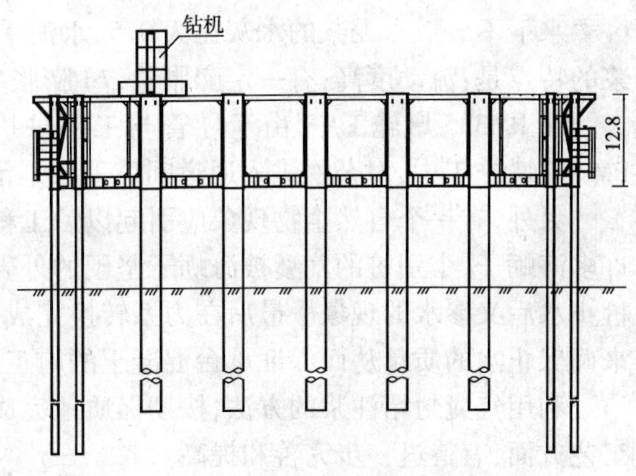

图8.3.8.15　钢护筒下沉完成后安置钻机

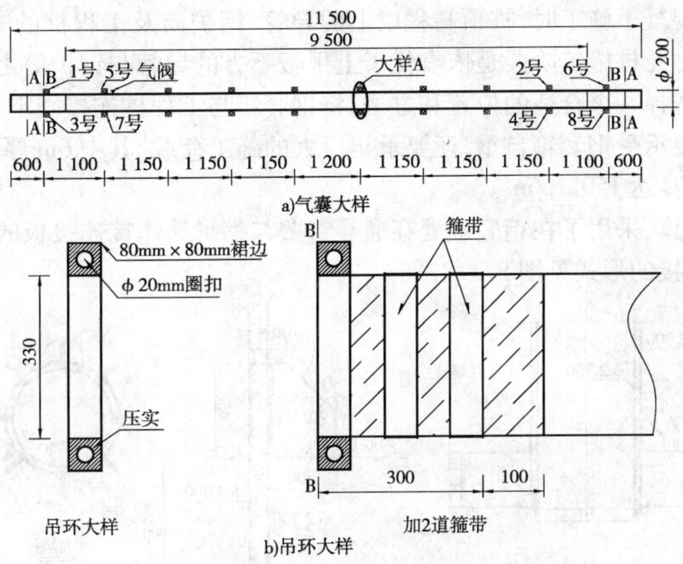

图8.3.8.16　气囊（尺寸单位：mm）

施工步骤是：首先在钢套箱的导管内壁上放置气囊，然后进行充气封堵，灌注水下不分散水泥浆。

气囊安装宜选择潮汐低平潮时进行，用刻度铅丝控制下放的深度，将气囊放到指定位置。气囊最终充气压力为0.20MPa，利用空压机保持气囊内气压至少48h，以防气囊漏气而起不了支托水泥浆的作用。气囊的安装见图8.3.8.17。

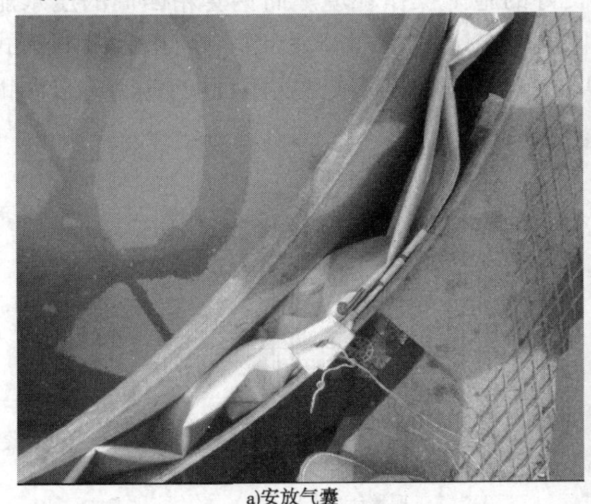

a)安放气囊

b)气囊充气

图8.3.8.17　气囊安装

水下不分散水泥浆的水灰比为0.5，水泥采用42.5级水泥，外加剂(HLC-IV)掺量为9%。该水泥浆的特点是：流动度高；有一定膨胀量，7d膨胀率为0.025%；终凝时间为16.5h。

在PM335墩施工中，由于导管与工程桩护筒之间杂物难以清理，给堵漏施工带来许多麻烦；在PM336墩施工中，对杂物进入通道间隙采取了预防措施，使堵漏工作顺利了很多。

另外，有一个自然生物现象应引起以后工程的重视。由于在海域施工，导管和钢护筒都附着生长了许多海蛎子，个别桩的气囊被海蛎子坚硬的外壳刺破，给施工带来了麻烦，在堵漏工作中也出现了个别桩止水后又渗水的现象。最后在力系转换完成后，在导管与工程桩间隙之间焊一圈6mm厚封水钢板，来确保止水的质量从而保证承台混凝土的施工质量。

利用气囊封堵注浆的方法，按期保质地完成了工程的止水任务，但在止水的节点设计、材料选择及工艺方面，有待进一步完善和提高。

2. 承台施工阶段力系转换

如前所述，在承台混凝土施工时，桩顶高程以上的导管、钢护筒及工程桩的充盈部分都要切除。而钢套箱平台的荷载，在钻孔桩施工阶段是依靠位于上甲板下方的导管与钢护筒之间的连接板来传递的。所以在切除之前，必须选择一个合适的位置和方法，将钢套箱与工程桩连接固定。这一力系转换工作是至关重要的，因为不仅要承受钢套箱自重，还要承担巨大的施工荷载，其中6m厚承台混凝土和0.5m厚垫层混凝土的均布荷载高达150kN/m^2。

通过严格的分析计算，采用了在箱底板处穿通导管壁与钢护筒焊接连接板的技术，来完成这一十分重要的力系转换。其连接的形式见图8.3.8.18。

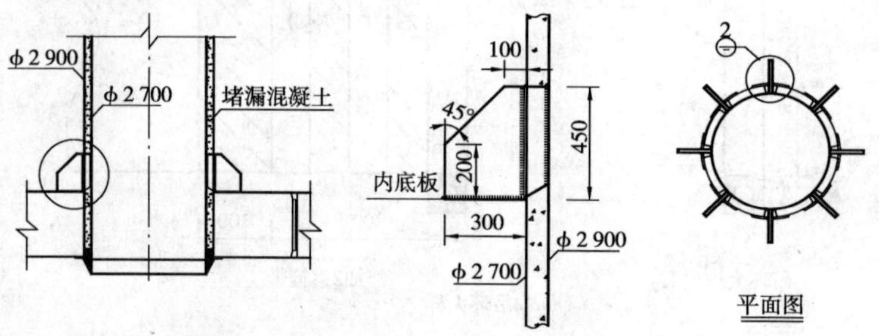

图8.3.8.18　导管壁与工程钢护筒焊接连接板(尺寸单位:mm)

其操作工艺步骤：在ϕ2 900mm导管上开槽→凿去填充砂浆→在工程桩钢护筒上焊接钢板→将该钢板与双层底焊接→加焊其他钢板。焊接质量都要检验记录，确保满足设计要求。

力系转换完成后，割除在承台施工区域范围内所有妨碍混凝土浇筑的导管和钢护筒，形成一个50.2m×27.8m×11.0m的干式空间，为承台施工提供良好的施工操作环境。而钢套箱四周的压水舱将改变原先的功能，在承台混凝土浇筑完成后起到蓄热保温的作用，见图8.3.8.19。至此，涉及蜂窝式自浮钢套箱的全部工作基本结束。PM335墩承台在2003年11月20日完成。实践证明，蜂窝式自浮钢套

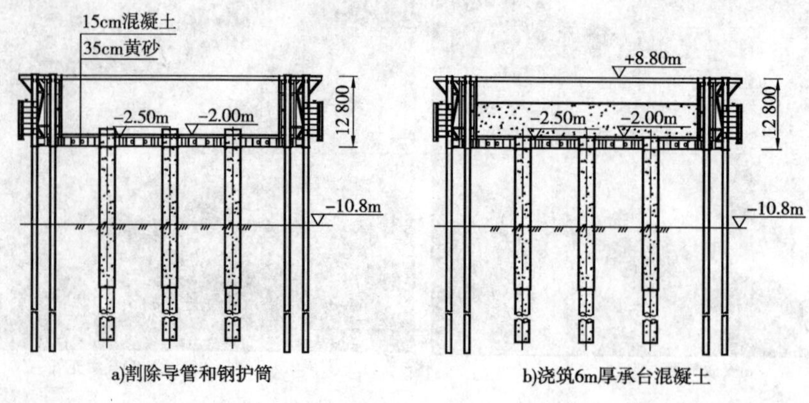

图8.3.8.19　用钢套箱设施进行承台混凝土施工(尺寸单位:mm,高程单位:m)

箱技术,在承台基础全过程施工中,是非常成功并且安全可靠的。它对传统的承台施工技术进行了有机地整合,省去了临时施工操作平台的搭设、拆除以及传统承台套箱的海上拼装、下沉、固定等工序,有效地缩短了承台基础的施工周期。

3.9　大直径钻孔灌注桩施工

海上组合式施工平台就位固定后,钻孔灌注桩所需的38根钢护筒已全部安装完毕,不但为钻孔灌注桩和承台施工提供了强大的支承力,还为钻孔灌注桩施工的全面铺开提供了宽敞的作业面。整个施工面上可以安排四台钻机同时施工,这极大地提高了施工速度,为提前完成钻孔灌注桩工程创造了有利条件。

主墩承台采用 ϕ2 500mm 大口径钻孔灌注桩,桩长110m,桩底高程 -112.00m,为增加桩端承载力,在桩底设压浆构造进行压浆补强。主墩钻孔灌注桩参数见表8.3.9.1。

主墩钻孔灌注桩参数表　　表8.3.9.1

墩　号		里程桩号	桩顶高程(m)	桩底高程(m)	桩长(m)	桩　数
PM335	主墩	K18 +424	-2.00	-112.00	110	38
PM336	主墩	K18 +844	-2.00	-112.00	110	38

本工程主墩钻孔灌注桩的钢筋笼为整体式,总长度为118.55m,桩底高程为 -111.55m,顶高程为 +7.00m(其中 +7.00 ~ -1.00m 范围为送笼);主筋直径为32mm,根数从24 ~ 120根不等,采用两根并列的束筋形式,主筋间距最小仅为86mm,桩顶部分主筋设计在内侧,形成内外双层钢筋笼形式;加强筋直径为28mm,每2m设置一道;螺旋筋直径为12mm;钢筋笼内设4根 ϕ60mm 无缝钢管,兼作声测管道和桩端压浆管道。钢筋笼总质量为52.4t。桩顶双层钢筋笼见图8.3.9.1。

图8.3.9.1　桩顶双层钢筋笼实景

钻孔灌注桩钻进过程中,穿透了多种不同的土层。各土层的特性参数见表8.3.9.2。

不同土层的特性参数　　表8.3.9.2

土层编号	土层名称	土层厚度(m)	土粒的相对密度 Δ	饱和土的空隙 e	$\gamma_d = \frac{\Delta + e}{1 + e}\gamma_0$ (kN/m³)
③$_1$	淤泥质粉质黏土	4.66	2.70	1.417	1.703
④$_1$	淤泥质黏土	8.59	2.70	1.494	1.682
⑤$_1$	黏土	6.67	2.70	1.213	1.768
⑥	粉质黏土	2.21	2.70	0.787	1.951

注:土粒的相对密度 Δ 为:砂土平均取2.65;黏性土平均取2.70;

γ_0 为水的重度,取10 300kN/m^3;

γ_d 为护筒外海床土的饱和重度平均值。

3.9.1　施工工艺和设备选择

根据地质资料,结合钻孔灌注桩口径大、钻孔深及海上作业的特点,施工中采用气举反循环的成孔工艺,钢筋主筋采用直螺纹套筒机械连接工艺,以及平台搅拌站拌制混凝土(水上搅拌船作备用)、导管法水下灌注混凝土的成桩工艺。

1. 设备选择

钻机的扭矩是影响工程施工进度的关键因素，根据本工程的地层情况和钻孔深度，选配郑州 QJ—250 型钻机（底盘直径 ϕ3 000mm，扭矩 120kN · m，额定功率 135kW）。钻头选用防斜梳齿钻头，并通过加厚钻头钢板、增强联系和支撑、增加合金块数量的方法提高钻头的稳定性、刚度和耐磨性能。为有效防止钻孔倾斜，特别将钻头翼板上的合金块加工成与翼板呈 75° ~ 80°。

钻杆设计采用双壁大通径高强度抗扭气举钻杆，直径 273mm，双壁总厚度达 35mm，气室通径加大至 10mm，每节钻杆设 2 个剪力销。钻杆扭矩达210kN · m，可以满足成孔要求。

由于钻孔桩直径大、孔道深，故混凝土导管特制钻杆应有足够的强度、刚度和良好的密封性。选择导管的要求为：内径 ϕ300mm、壁厚 7mm，并要求每节导管平直、内壁光滑、不变形。导管设计粗芽丝扣连接，以增强抗拉能力。混凝土导管特制钻杆见图 8.3.9.2。

图 8.3.9.2　混凝土导管特制钻杆

2. 气举反循环减压钻进成孔工艺

钻孔采用反循环钻孔方式。其工作原理是：利用砂石泵（空压机）的抽吸（气体上升）作用，在钻杆柱内腔造成负压状态，在大气压力作用下，处在钻杆与孔壁之间环状空间中的钻孔冲洗液流向孔底；同时，回转装置带动钻杆、钻头回转钻切割岩土，钻下来的岩土钻渣与流向孔底的冲洗液混合形成混合液；混合液经钻头水口被吸入钻杆柱内腔，随即上升到出水控制阀经排渣管排入地面泥浆循环系统；混合液在地面进行渣液分离处理，分离后性能符合要求的冲洗液可继续注入孔内，形成反循环钻进成孔工艺。

由于钻杆内孔断面积比钻杆与孔壁间的环状过水面积小得多，因此，冲洗液在钻杆内腔能获得很大的上返速度（通常达到 2 ~ 3m/s，是正循环冲洗液上返速度的 40 倍以上），从而提高了排除孔内钻渣的能力，有利于保持孔内清洁，减小岩屑在孔底重复破碎的机会，大幅度提高了钻进成孔的效率，并可减少上返泥浆的钻渣处理时间，始终保持钻孔内泥浆的性能。

反循环回转法成孔的优点是排除钻渣连续性好、速度快、功效较高。该工艺是超深、超大直径钻孔灌注桩施工的理想选择，并且不受地域、地层等因素的影响。

（1）配重块质量确定

为有效保证钻孔垂直度、防止钻孔倾斜，同时提高钻进效率，采用加配重块“减压悬吊钻进”的方法，在钻进成孔过程中使钻杆始终保持受拉状态。

配重块质量的确定主要考虑的因素有：钻机扭矩和钻具强度、钻孔直径、地层强度及期望的钻进效率等。根据钻机扭矩和钻孔直径，配重块可加大到 20t 左右。考虑到地质条件较好，计算决定配重块质量选用 10t，这样既能保证有较高的钻进效率，又能获得较低的合金磨损程度。

钻进过程中可以通过卷扬机适当控制钻压，卷扬机减压量一般为钻具总质量的 30% 左右，在软弱地层中可适当加大减压量，减压量通过安装在卷扬机钢丝绳上的拉力计控制。

（2）钻进参数

根据地质情况以及钻进工况，确定反循环钻进参数见表 8.3.9.3。

反循环钻进参数　　表 8.3.9.3

钻进参数 / 地层或工况	钻压（kPa）	钻进速度	转速（rpm）	目　　的
开孔时	5 ~ 15	慢	慢，8 ~ 12 转	确保中心对中，保证开孔垂直
钢护筒底口	5 ~ 15	慢	慢，8 ~ 12 转	防止破坏与地层的融结，造成泥浆反窜或钻头倒挂
粉土、黏土	5 ~ 15	慢	快，18 转	保证钻孔直径、防止缩孔，防止糊钻
砂土	10 ~ 25	快	慢，8 ~ 12 转	避免钻头摆动扩孔

3. 泥浆配置

(1)泥浆用水选用

为防止海水中的氯离子对钢筋的弱腐蚀,对混凝土用水和成孔泥浆用水都有严格要求,泥浆用水的氯离子含量必须控制在1 200mg/L以内。

PM336墩试桩施工时,泥浆用水采用淡水。由于淡水运输受天气和海况影响较大,平台上又无储水场地,导致成孔施工延误多达3d,严重制约了工程进度,也不利于孔位安全。

工程桩开工前,在平台打取水井,深度66m,抽取$⑦_2$层中的地下承压水,经检测井水中氯离子含量约为1 800mg/L。按2份淡水、3份井水勾兑后氯离子含量小于1 100mg/L。为检测泥浆性能,对海水、井水和淡水三种泥浆用水分别按配方配置泥浆进行试验、对比,结果如表8.3.9.4所示。

三种用水配置泥浆试验成果对比表　　表8.3.9.4

方　案	水　质	氯离子含量	试验结果
方案一	海水	13 000mg/L	静置10min泥浆开始有沉淀,8h悬浮颗粒大量沉淀,24h完全分离
方案二	勾兑后井水	1 100mg/L	静置12h泥浆无沉淀,24h悬浮颗粒沉淀开始,48h沉淀明显
方案三	淡水	<200mg/L	48h内基本不沉淀

根据试验结果并综合成本及钻孔施工对泥浆的要求,决定采用方案二。钻孔施工中,通过定期检测,严格控制泥浆中的氯离子含量。

(2)泥浆配置方案

由于黏土层较厚,在钢护筒内进行自然造浆。采用反循环钻进,直接把护筒内的钻渣抽出孔外,出护筒后根据泥浆性能在砂质黏土层或粉细砂层中利用反循环进行人工造浆,同时加入纯碱对膨润土进行钠化改良。纯碱具有充分分解膨润土、增加pH值、提供成孔所需的碱性环境、有效减少沉淀速度和沉渣厚度的作用。根据经验和试验结果,本工程中添加优质纯碱量为膨润土量的1.8%~4%较为合适,掺量较常规泥浆高,聚丙烯酰胺根据泥浆黏度情况酌情掺加。每立方米泥浆配制比例见表8.3.9.5。

泥浆配制比例　　表8.3.9.5

水(kg)	膨润土(kg)	纯碱(kg)
1 000	80~100	2~3.6

钻进过程中,泥浆相对密度控制在1.10~1.25,使泥浆具有一定的液柱压力,以达到平衡孔壁外围地层压力、稳定孔壁、满足反循环施工工艺的要求;黏度控制在18~25s,以满足钻进护壁和二次清孔的要求;pH值维持在8~9,使泥浆处于碱性状态,提高黏土的分散度。

(3)隔离海水措施

由试验得知,海水对泥浆质量有极大的负面作用,同时孔内泥浆中氯离子含量过多还会腐蚀钢筋。因此,在施工过程中采取了以下几条措施对海水进行隔离。

①严禁使用海水直接造浆。开孔前将钢护筒内的海水抽干,并注入淡水进行置换。

②优质泥浆护壁。钻进时不断补充优质泥浆,使之在孔壁上形成较好的泥皮,以保证孔壁免于坍塌。本工程为摩擦桩,故泥皮厚度以2~3mm为最佳(泥皮过厚不仅易造成泥皮剥落,而且会影响桩基承载力)。严格控制泥浆比重不得大于1.25,同时保证泥浆黏度,使之维持在18~25s之间,以19.5s为最佳。砂层中钻进时泥浆护壁困难、泥皮不易形成,故要求适当减低钻速,控制进尺。

③控制水头高度。钢护筒内水头高度以保持比海水最高潮位高出3m为宜,水头过低易造成黏土层缩径或塌孔现象,过高则易将砂层压穿,形成窜水通道,导致泥浆损失和海水混窜。

④防止孔壁泥皮破坏。钻具提升、下放以及钢筋笼下放过程中,应尽量使钻头和钢筋笼居于孔位中心,防止刮擦孔壁。

(4)泥浆循环系统

施工平台场地狭小,无法布置较长的多级沉淀池,因此只能充分利用墩位中的钢护筒和有限的平台空间进行布置。护筒埋设好后,用ϕ300mm的钢管将各桩的护筒每四个一组串联起来,作为泥浆循环系统,在平台上每个机台处设置1个除渣过滤装置,即泥浆浆渣分离系统,形成一个完整的泥浆循环系统。泥浆经钻头吸入钻杆后,沿钻杆内腔、主动钻杆、出水控制阀,经泥浆浆渣分离系统后,流回至其他的护筒内,再经连通钢管、各护筒分级沉淀,最后流回至施工的钻孔内,形成一个完整的循环,如此反复直至钻孔至设计的深度。

粗颗粒沉淀桶上设计4mm间隙的筛网,将大于4mm的渣粒从泥浆中完全分离出来;过滤后的泥浆再通过旋流除渣器进行悬流处理,将5mm以下的砂砾分离出来。通过沉淀桶和旋流除渣器后的泥浆相对密度可以降至1.15以下,砂率减低至2%~3%。旋流除渣器一般只在砂层中钻进以及清孔时开启。

同时,为克服风浪对淡水运输的影响,将钢套箱的密封舱改造为淡水仓和泥浆池,用以存放按配方勾兑后的泥浆用水及配置完成的泥浆。

3.9.2 钢筋笼制作

1.钢筋笼连接工艺比较

由于本工程主筋直径大、数量多、间距密,桩顶部又为内外双层钢筋笼,采用传统的焊接连接工艺显然无法完成,故决定采取机械连接。

试桩钢筋笼采用挤压套筒连接,连接工艺比较复杂,耗时较多,不利于钻孔安全,故工程桩钢筋笼改用直螺纹套筒连接,取得了较为明显的效果。现将两种连接工艺的优劣进行比较,结果如表8.3.9.6所示。

挤压套筒与直螺纹套筒连接工艺比较　　表8.3.9.6

工　艺	制作工艺	对钢筋笼要求	施工难度	耗　时
挤压套筒	先挤压一头,主筋对齐后挤压另一头	主筋长度一致,间距统一,接头断面平整无毛刺,主筋间距应保证挤压机操作空间	主筋必须切割至同一长度;钢筋笼对位困难;主筋过密,挤压操作困难	57h
直螺纹	对主筋两头车螺纹,主筋对齐后拧套筒连接	主筋长度无要求,间距必须严格一致,接头断面平整无毛刺,必须对钢筋笼进行预拼装	钢筋笼要预拼装;主筋应严格一一对应,间距严格统一	10~12h

从表8.3.9.6可以看出,对于结构复杂、主筋数量较多、间距较小的钢筋笼,直螺纹套筒机械连接具有较为明显的优势。

2.制作钢筋笼

钢筋笼分段采用卡板成型法拼装制作、直螺纹套筒机械连接、双机抬吊、孔口手拉葫芦微调对接下笼的施工工艺。

(1)分节长度的确定

钢筋笼为整体式,总长度118.55m,总质量达52.4t,直螺纹接头共504个,顶部设计有双层钢筋笼形式,主筋数量最多为120根,并存在束筋布置形式。结构复杂的钢筋笼必然占用大量的孔口对接时间,且内笼在孔口对接较为困难,存在一定的危险性。

经过多次方案论证,决定钢筋笼分节长度为24m,分5节制作;钢筋定长为12m,将下笼时的直螺纹接头数减少为240个。这样,仅拧直螺纹套筒的时间就压缩了50%以上,不但提高了下笼效率和钢筋笼垂直度,保证了钢筋笼下放时的孔位安全,而且避免了内笼的孔口对接工作,确保作业安全。直螺纹套筒构造见图8.3.9.3。

(2)卡板台座生产工艺

钢筋笼在自重作用下即会产生较大的变形,这给钢筋笼制作带来了很大的困难,而且直螺纹连接工艺对主筋间距和位置要求极为严格。为此,本工程专门设计了卡板台座用于加工和堆放钢筋笼,有效地消除了钢筋笼的自重变形,同时有效控制主筋间距和位置,保证制作质量,见图8.3.9.4。

图8.3.9.3　直螺纹套筒

图8.3.9.4　钢筋笼在卡板台座上施工

台座总长度36m，卡板根据加强筋间距每2m铺设一道，用经纬仪布设，保证两节钢筋笼能在台座上对接拼装。卡板上根据主筋直径和间距布设限位以固定主筋，随后安装加强筋，最后安装其余主筋和螺旋筋。

(3)拼装技术

直螺纹套筒长90mm，其中10mm为考虑主筋对接间隙而设，故要求两节钢筋笼所有对接的主筋必须严格对齐，误差不得大于10mm；另外，两根主筋的直线度偏差若大于1%，则直螺纹套筒施拧将极为困难。主筋直线度偏差由卡板控制，而主筋对齐必须通过预拼装技术在制作时实现。

当第一节24m钢筋笼制作完成后，直接将下节笼的上半节12m钢筋笼进行预拼装对接，该12m钢筋笼全部制作完成后再解除直螺纹连接；随后将第一节钢筋笼吊走，并将12m钢筋笼吊至台座端部完成第二节钢筋笼的制作。解除预拼装前在每节钢筋笼上标出一根对位钢筋，确保孔口每根主筋能顺利对接。运用预拼装技术制作钢筋笼的优点在于：克服钢筋长度偏差，克服钢筋笼主筋平面偏差，保证孔口对接顺利。

3.9.3　钢筋笼孔口安装

钢筋笼采用三点吊，吊装设备为两台履带式双机抬吊，见图8.3.9.5。为克服吊机进行孔口对接的困难，特别设计了钢筋笼固定架，挂4个20t手拉葫芦，用以悬挂已完成下放的钢筋笼。用手拉葫芦微调下节钢筋笼，使其与吊机吊住的上节钢筋笼的所有主筋完全对中。用固定架对接钢筋笼使孔口安装更为简便易行，见图8.3.9.6。

图8.3.9.5　钢筋笼吊装

图8.3.9.6　钢筋笼利用固定架微调

钢筋笼自重较大，很容易偏于孔位一侧，故可能造成钢筋笼中心偏差超过规范要求。为此，在笼顶部(设计桩顶高程以上)安装 8 块钢板垫块以确保钢筋笼中心位置,垫块宽度根据钢护筒偏位情况确定。

3.9.4 抗渗混凝土设计与施工

1. 混凝土配合比

混凝土不仅要满足大口径、超深钻孔桩浇筑时间长的要求,还应满足设计要求的强度、电通量、氯离子渗透系数等各项指标。

混凝土按 C35 设计。根据计算,在配合比中添加适量粉煤灰,以提高混凝土泵送性能,增加胶凝体含量,提高混凝土的耐久性;添加矿粉以代替部分粉煤灰,克服粉煤灰水化能力的不足,同时亦可弥补混凝土的耐久性损失并增加混凝土的密实度。混凝土配合比见表 8.3.9.7。

混凝土配合比　　表 8.3.9.7

原材料	水泥	水	砂	石	粉煤灰	矿粉	外加剂
			中砂	5~25mm			P621
每 m^3 用量(kg)	220	195	680	1 000	90	150	1.85
初凝时间	10 时 40 分	终凝时间			13 时 20 分	Cl^- 含量	<0.06%

设计坍落度 180 ± 30mm,混凝土 28d 强度 44.7MPa,电通量 1 115C,氯离子渗透系数 1.85×10^{-2} m^2/s。

2. 混凝土灌注

考虑充盈系数和钢护筒内的扩孔效应,本工程单桩混凝土方量一般可达 570 ~ 600m^3。混凝土由设置在平台上的搅拌站供应,同时配备一艘搅拌船作为备用,两个拌站混凝土总产量均超过 1 200m^3。

《公路施工手册—桥涵》(人民交通出版社)提供的初灌量计算公式为:

$$V \geqslant \frac{\pi d^2}{4}h_1 + \frac{\pi D^2}{4}h_2 \tag{8.3.9.1}$$

式中:d——导管内径,取 $d=0.3$m;

D——井孔直径,取 $D=2.5$m;

h_1——井孔混凝土面达到首批灌注高度时,导管内混凝土所需的高度,取 $h_1=45.9$m;

h_2——导管初次埋置深度,取 $h_2=1.9$m。

将以上系数值代入式(8.3.9.1)得:

$$V \geqslant \frac{\pi d^2}{4}h_1 + \frac{\pi D^2}{4}h_2 = 12.56\text{m}^3$$

混凝土初灌量不应小于 13m^3,采用双料斗接力灌注。由于钻孔桩桩径较大,为保证初灌混凝土能较为顺利地铺满桩底,在拌制混凝土前先搅拌 1 ~ 2m^3 水泥砂浆,利用砂浆较好的流动性来确保初灌成功。

混凝土灌注过程中应严格控制导管埋深。由于孔深较大,混凝土顶面沉渣必定很厚,故导管埋深不得小于 2m;最大埋深宜控制在 6 ~ 7m,以能拔出两节导管为宜。在钢筋密集部位,则适当放大坍落度,以 200 ~ 210mm 为宜,使混凝土能灌注到主筋保护层区域。图 8.3.9.7 所示为混凝土灌注施工实况。

图 8.3.9.7　混凝土灌注中

3. 钻孔桩检测结果

主墩(PM335、PM336)76 根钻孔灌注桩实测结果显示,由于混凝土配合比设计较为合理,粉煤灰和矿粉掺量适当,浇筑质量较好,混凝土强度、电通量、氯离子渗透系数等各项指标均达到要求,所有桩基超声波检测均合格,其中PM335墩A类桩占76.3%,PM336墩A类桩占71.1%。检测结果见表8.3.9.8。

钻孔灌注桩检测结果　　表8.3.9.8

墩号＼指标	强度评定值(MPa)	电通量(C)		氯离子渗透系数(m^2/s)	超声波检测
PM335墩	44.2	1 540	1 617	2.77×10^{-2}	A类桩29根,占76.3%;B类桩9根,占23.7%
		1 140	1 092		
		1 035			
PM336墩	41.2	1 923	1 397		A类桩27根,占71.1%;B类桩11根,占28.9%
		1 202	1 042		
		1 081			

3.9.5　桩端压浆

由于桩底不可避免地存在一定的沉渣,在强大的混凝土初灌作用力下,沉渣被挤在桩身四周,与混凝土松散混合,在桩端形成"混凝土—沉渣"混合体弧形锅底。混合体强度较低,在荷载作用下将发生一定的沉降变形,因而桩基承载力会大打折扣。为此,可以通过桩端压浆对桩底土体进行加固,以提高桩基承载力。

1.桩端压力注浆的基本原理

桩端压力注浆是指钻孔、冲孔和挖孔灌注桩成桩后,通过预埋在桩身的注浆管,利用压力作用,经桩端的预留压力注浆装置(如预留压力注浆室、预留承压包、预留注浆空腔等)向桩端地层均匀地注入能固化的浆液(如纯水泥浆、水泥砂浆、加外加剂及掺和料的水泥浆等)。视浆液性状、地层特性和注浆参数等不同条件,压力浆液将对桩端土层、中风化与强风化基岩、桩端虚土及桩端附近的桩周土层起到渗透、填充、置换、劈裂、压密及固结或多种形式的组合等不同作用,改变其物理、化学、力学性能及桩与岩、土之间的边界条件,消除虚土隐患,从而提高桩的承载力并减少桩基的沉降量。

2.桩端压力注浆提高桩基承载力的机理

(1)在粗粒土(孔隙较大的中砂、粗砂、卵石、砾石等)的桩端持力层中注浆时,浆液渗入率高。浆液主要通过渗透、部分挤密、填充及固结作用,大幅度地提高持力层扰动面及持力层的强度和变形模量,并形成扩大头,增大桩端受力面积,提高桩端阻力。实施渗入性注浆是假定地层结构基本上不受扰动和破坏,注浆在压力作用下,克服浆液流动的各种阻力,渗入地层的孔隙或裂隙中。浆液通过渗透及填充方式充填孔隙,凝固后把土颗粒黏结在一起,形成水泥土结石体,大幅度提高持力层扰动面及持力层的强度和变形模量,并形成水泥土扩大头,增大桩端受力面积,使承载力大幅提高。实现渗入性注浆工艺的基本要求是,浆材颗粒尺寸应远小于被渗入地层的孔隙或裂隙的尺寸,即所用的浆液是可注的。可注性通常用可注比N表示,对于砂砾石:

$$N=\frac{D_{15}}{d_{85}} \tag{8.3.9.2}$$

式中:D_{15}——砂砾石中含量为15%的颗粒尺寸;

d_{85}——注浆材料中含量为85%的颗粒尺寸。

影响浆液扩散范围的因素有地层的孔隙或裂隙(或渗透系数)、浆液黏度、注浆压力及注浆时间等。

(2)在细粒土(黏性土、粉土、粉砂、细砂等)的桩端持力层中注浆时,浆液渗入率低,实现劈裂注浆。所谓劈裂注浆是指在注浆压力作用下,浆液克服地层的初始应力和抗拉强度,引起土体结构的破坏和扰动,使其在垂直于小主应力的平面上发生劈裂,使地层中原有的裂隙或孔隙张开,形成新的裂隙或孔隙,浆液沿劈裂脉渗透注入地层,因此浆液的可注性和扩散距离增大。劈裂注浆状态下,桩端压力注浆桩较末注浆桩承载力增大的原因在于,劈裂浆脉的存在使单一介质土体被网状结石体分割加筋成复合土体,提高桩端土体密度并能有效地传递和分担荷载,从而提高桩端阻力。以浆液渗入率做对比,劈裂注浆方式小于渗入性注浆方式,因此,前者的桩端压力注浆桩极限承载力的增幅比后者小得多。

(3)在非渗透性中等以上风化基岩的桩端持力层中注浆时,注浆压力不够大的情况下,因受围岩的约束,压力浆液只能渗透填充到沉渣孔隙中,形成浆泡,挤压周围沉渣颗粒,使沉渣间的泥浆充填物产生脱水、固结;在注浆压力足够大的情况下,会产生劈裂注浆和挤密效应。

(4)随着注浆量的增加及注浆压力的提高,水泥浆液不断地向桩端持力层中渗透,在桩端形成"梨形体"。当"梨形体"不断增大时,渗透能力受到因周围致密土层的限制,使压力不断升高,压力升高对桩端持力层起到压密作用,提高了桩端土体的承载力。同时,桩端形成的"梨形体"也增加了桩端的承压面积,相当于对钻孔桩进行扩底。此时,桩端虚土(沉渣)与注入的浆液发生物理化学反应而固化,凝结成一个结构新、强度高、化学性能稳定的结石体,从而提高了泥浆护壁钻孔桩的桩端阻力。

(5)当注浆压力升高、注浆量不断增加时,注入桩端的浆液在桩端以上一定高度范围内会沿着桩土间泥皮上渗泛出,加固泥皮、充填桩身与桩周土体的间隙并渗入到桩周土层一定宽度范围。浆液固结后,会调动起更大范围内的桩周土体参与桩的承载,从而提高了桩侧摩阻力。

(6)在桩端处进行压力注浆时,一旦桩端处的渗透能力受到限制,形成的"梨形体"内的浆液压力就会不断升高。这些高压液体将给桩端面施加向上的反向预应力,使桩身微微向上抬。当泥浆护壁钻孔桩承受向下的竖向荷载时,此反向预应力将承担部分荷载,从而提高单桩承载力。

(7)在注浆压力作用下,桩端压缩变形部分在施工期内提前完成,减少日后使用期的竖向压缩变形。

3. 加固方法

主墩钻孔灌注桩的桩底注浆利用现有的声测管进行。出浆孔布置在桩端混凝土内,混凝土浇筑完毕后先用高压水进行劈桩,将压浆孔以下的桩端混凝土压破,形成若干混凝土块体,并形成大量的压浆通道。压浆应分两次循环进行,第一次压浆使浆液顺压浆通道向外扩散,在外围形成浆—土结合体,将桩端包围;第二次压浆则直接对桩底和四周的混凝土—沉渣混合体进行加固,并与混凝土块体相互结合形成较为致密的结构。另外,强大的水泥浆压力可以通过劈桩产生的通道顺护壁层上溯,对桩底以上一定范围的桩侧进行加固,达到提高桩侧极限摩阻力的目的。两次压浆间隔时间不得超过水泥浆液的初凝时间。

4. 浆液配合比

浆液设计配合比见表8.3.9.9。

浆液设计配合比　　表8.3.9.9

配合比	42.5级水泥	淡水	外加剂
质量(kg)	100	45	5

水灰比为0.45,初凝时间大于4h,28d强度大于30MPa。

5. 桩端压浆效果

桩基承载力测试结果表明,桩底压浆能有效加固桩底软弱地层,克服超长桩沉渣对桩端承载力的削弱作用,大大提高桩基极限承载力。桩端压浆一般可以提高极限承载力约20%。

3.9.6 桩基承载力检测

PM336墩试桩采用静载试验法——即自平衡测试方法(OTSBURG法)。静载测试工作委托东南大学进行。

1. 试验原理

在荷载箱内布置大吨位千斤顶,根据计算将荷载箱放在桩身指定位置,通过测试直观地反映荷载箱上下两段各自的承载力。将荷载箱上段桩的侧摩阻力经处理后与下段桩端阻力相加，即为桩极限承载力。

2. 试验目的

通过自平衡测试技术测定分层土极限摩阻力和桩端极限承载力，验证地质报告提出的相关数据，分析确定 ϕ2 500mm 钻孔灌注桩在压浆前的单桩极限承载力。

工程试桩将为桩基设计参数的确定提供最直接的依据，同时验证灌注桩施工工艺的可行性。试验将提供单桩极限承载力、桩身轴向应力、分层岩土摩阻力、极限端阻力、桩弹性压缩、岩土塑性变形等，并找出优化的桩端持力层、桩长及桩径。

在对压浆前承载力测试的前提下，分析确定压浆对承载力的提高作用。

3. 试验所需仪器设备

(1)荷载箱：由大吨位千斤顶和上下钢板组成，千斤顶数量和吨位根据地质资料推算的承载力确定。荷载箱放在桩身平衡点处，使上、下段桩的承载力相等以维持加载，并在使用前应进行标定(图 8.3.9.8)；

(2)振弦式钢筋应变计(简称钢筋应变计)：假设基桩受荷后桩身结构完好，则在各级荷载作用下混凝土产生的应变量等于钢筋产生的应变量。通过各级荷载作用下实测得到的钢筋应变得出"应力—应变"关系，从而推出相应桩截面的"应力—应变"关系；

(3)位移管：分别焊接在荷载箱上下钢板上，用以收集荷载箱上下混凝土段的位移量；

(4)电动油泵：对荷载箱上的千斤顶进行加载；

(5)电子百分表、数据采集仪、频率接受仪等数据采集设备。

4. 承载力测试

在桩身钢筋笼内布置两道荷载箱，分别位于高程 -110m 和 -66m 处(图 8.3.9.9)。

图 8.3.9.8　荷载箱构造

图 8.3.9.9　安装在钢筋笼上荷载箱

混凝土龄期达到 8d 以上，桩基超声波检测完成后，开始进行桩基承载力自平衡测试。具体测试步骤为：先对下荷载箱进行分节加载，测得桩端极限承载力为 6 080kN；再对上荷载箱进行加载，分别测得两荷载箱之间桩段的极限侧阻力为 16 000kN、上段桩的极限侧阻力为 17 600kN；随后对桩底进行压浆，压浆总量为 $8m^3$；最后对下荷载箱进行加载，测得压浆后桩端承载力提高到 17 600kN，而上段桩(两荷载箱之间)位移仅 2.56mm，推知上段桩极限摩阻力远大于 19 200kN。

5. 承载力测试结果

从压浆前后的桩承载力测试结果可知，桩端承载力由压浆前的 6 080kN 提高到压浆后的 17 600kN；桩侧摩阻力由压浆前的 17 600kN 提高到压浆后 19 200kN 以上；修正后桩基承载力由压浆前的 41 000kN 提高至压浆后的 52 000kN。压浆效果明显。

承载力测试结果汇总见表 8.3.9.10。

承载力测试结果汇总　　表 8.3.9.10

工　况	下荷载箱加载(压浆前)	上荷载箱加载(压浆前)	下荷载箱加载(压浆后)
荷载箱上部桩段长度(m)	106.5	62.5	106.5
荷载箱上部桩的极限承载力 $Q_u^{上}$(kN)	—	17 600	33 600
荷载箱下部桩的极限承载力 $Q_u^{下}$(kN)	6 080	22 080	17 600
荷载箱上部桩侧摩阻力修正系数	0.7	0.7	0.7
修正后单桩竖向抗压极限承载力 Q_u(kN)	41 000(压浆前)		52 000(压浆后)

测试结果表明:桩基混凝土灌注质量较好,实测端阻力和侧摩阻力与根据地质资料计算的结果基本吻合;桩基实测承载力符合设计要求;桩端压浆不仅对桩端极限承载力有较大幅度提高,而且对桩身下部侧摩阻力也有一定的提高作用,桩基极限承载力提高幅度达 20% 左右;当达到极限承载力时,桩端位移增量仅 19.05mm,桩基沉降量较小。测试目的基本实现。

3.10　大体积混凝土施工

在桥梁工程中,随着建桥技术的发展,混凝土结构越来越趋于大型化,施工的速度也越来越快。由于混凝土施工体量的加大,浇筑过程中,水泥水化热使内部温度急剧上升。此时混凝土的弹性模量很小,徐变较大,故升温引起的压应力并不大;但随着温度逐渐降低,混凝土弹性模量逐渐增大,徐变值逐渐变小,在一定的约束下会产生较大的拉应力,再加上混凝土的内外温差应力,就很容易造成混凝土开裂。大体积混凝土施工中出现的问题,不是力学上的结构强度问题,而是混凝土温度升高与降低引起的温差裂缝的控制问题。在海洋环境中,处在水中与浪溅区的桥梁结构,一旦混凝土出现裂缝,结构的诸多提高耐久性和防腐蚀措施都将失去作用,混凝土裂缝给海水中的氯离子提供了畅通的通道,加快了混凝土破坏。

目前,大体积混凝土还没有一个确切的定义。根据日本建筑学会标准(JASS5)的定义,结构断面最小尺寸在 80cm 以上、水化热引起混凝土内的最高温度与外界气温之差预计超过 25℃ 的混凝土称为大体积混凝土。美国混凝土学会有过规定:任何就地浇筑的大体积混凝土,必须采取措施解决水化热及随之引起的体积变形问题,以最大限度减少开裂。从中可以得到一个共同的重要特征,即大体积混凝土施工中,水泥水化热会导致混凝土内外温差过大并需要采取措施降低水化热的温度。

在水工结构中,大体积混凝土结构通常是不配钢筋的。即使需要配筋,也仅在表面或孔洞附近配置少量钢筋。与水工结构巨大的断面相比,其含筋率是极低的,如果出现拉应力就要依靠混凝土本身来承受。在桥梁结构中,大体积混凝土一般都配置结构受力所需钢筋。在研究大体积混凝土温度应力时,为了应用大体积混凝土温度应力分析的理论,我们忽略了钢筋的作用,仅按素混凝土进行温度应力分析。

大体积混凝土在浇筑时,引起的温度变化实际上是由浇筑温度、水泥水化热的绝热温升和混凝土浇筑后的散热温度三部分组成。在混凝土浇筑时,其温度也有一个逐步演变的过程:混凝土从初始温度逐步发展到最高温度,最后逐步冷却达到稳定温度(或称最终温度)。在对大体积混凝土进行温度应力计算时,需了解它的温度组成及其变化规律,以及对温度应力有着影响的一些参数,如混凝土浇筑温度、混凝土的绝热温升、混凝土的内部温度、表面温度、混凝土的收缩当量温差、各龄期混凝土弹性模量、各龄期混凝土的抗压和抗拉强度等。

3.10.1　温度和温度应力分析参数

1. 混凝土浇筑温度

混凝土浇筑温度分两部分,即拌和温度和浇筑温度。

(1)拌和温度

混凝土拌和物的热量是由现场混凝土自身拌和材料进入拌和站的温度确定的。

根据拌和前的材料总热量与拌和后流态混凝土的总热量相等这一原则，得到混凝土的拌和温度，其关系式如下：

$$T_c \sum WC = \sum T_i WC \tag{8.3.10.1}$$

式中：T_c——混凝土的拌和温度（℃）；

W——各种材料的质量（kg）；

C——各种材料的比热[kJ/(kg·K)]；

T_i——各种材料的初始温度。

由此得出混凝土的拌和温度：

$$T_c = \frac{\sum T_i W \cdot C}{\sum W \cdot C} \tag{8.3.10.2}$$

式中材料的比热 C 可由现场测定，也可查阅其他相关资料。

如需降低材料温度，现场可采取降温措施。比较有效的办法是降低石子的温度，据统计石子温度降低1℃，混凝土拌和温度可降低0.4～0.6℃，如果采用加冰屑来拌和混凝土，则效果更为明显。当冰屑加到50%可降温8.4℃；加到75%，可降温12.6℃；加到100%，可降温16.8℃。根据国内外实践经验，大部分工程的加冰率控制在70%～85%或以下。

（2）浇筑温度

混凝土出搅拌站后，经过运输、平仓、振捣过程后的温度称为浇筑温度。

混凝土的浇筑温度与施工现场的气温有关。当现场的气温高于拌和温度时，浇筑温度比拌和温度高；当现场气温比拌和温度低时，浇筑温度有可能比拌和温度低。这种热量的损失是随混凝土的运输工具的类型、转运次数及混凝土浇筑时间而变化的。根据实测资料，浇筑温度可采用下式计算：

$$T_j = T_c + (T_q - T_c) \cdot (A_1 + A_2 + A_3 + \cdots + A_n) \tag{8.3.10.3}$$

式中：A_1、A_2、A_3、…、A_n——温度损失系数。

T_c——混凝土的拌和温度（℃）；

T_q——混凝土运输和浇筑时的室外气温；

T_j——混凝土的浇筑温度（℃）；

在混凝土装卸和转运时 $A=0.032$；在混凝土运输时，$A=\theta\tau$，τ 为运输时间（以 min 计）。其中，θ 值可按表 8.3.10.1 中的数据选用。

θ 选用值　　表 8.3.10.1

运输工具	混凝土容积（m^3）	θ
滚动式搅拌车	6.0	0.004 2
自卸汽车（开敞式）	1.0	0.004 0
自卸汽车（开敞式）	1.4	0.003 7
自卸汽车（开敞式）	2.0	0.003 0
自卸汽车（封闭式）	2.0	0.001 7
长方形吊斗	0.3	0.002 2
长方形吊斗	1.6	0.001 3
圆柱形吊斗	1.6	0.000 9
双轮手推车（保温）	0.15	0.007 0
双轮手推车（不保温）	0.75	0.010 0

海上施工时，往往在现场设置搅拌站，或用搅拌船现场拌和混凝土直接进行混凝土浇筑，运输损失可忽略不计。

在浇筑过程中 $A=0.03\tau$，τ 为浇捣时间（以 min 计）。

对大体积混凝土施工来说，降低混凝土的浇筑温度，亦是降低混凝土的初始温度，这对减小结构物的内外温差是有利的。同时，降低浇筑温度可延长混凝土的初凝时间，改善混凝土的浇筑性能，保证混凝土的施工质量。

2. 混凝土的绝热温升

实际上，温度场计算用的是混凝土的绝热温升 T_τ，混凝土绝热温升数据的确定涉及很多因素，如水泥品种、水泥用量、掺和料品种与数量及浇筑温度等。

水泥品种对绝对温升的影响主要是水泥矿物成分造成的。其中，铝酸三钙（C_3A）是发热速率最快和发热量最大的，其他成分依次为硅酸三钙（C_3S）、硅酸二钙（C_2S）和铁铝酸四钙（C_4AF）。

掺和混合料对降低混凝土的水化热是一个较好的方法。掺和粉煤灰的降热效果优于掺和矿渣。

测定绝热温升有两种方法：一种是直接法，即用绝热温升试验设备直接测定绝热温升 T_τ，这是较为准确的方法；另一种是间接法，先测定水泥水化热，再根据水化热及混凝土的比热、重度和水泥用量来估算绝热温升。

水泥的水化热是影响混凝土温度应力的一个重要因素。朱伯芳院士在《大体积混凝土温度应力与温度控制》一书中给出了水泥水化热理论计算的多种公式。

（1）水泥水化热理论计算公式

①指数式

$$Q(\tau)=Q_0(1-e^{-m\tau}) \tag{8.3.10.4}$$

式中：$Q(\tau)$——在龄期 τ 时的累积水化热（kJ/kg）；

Q_0——$\tau\to\infty$ 时的最终水化热（kJ/kg），τ 为龄期；

m——常数，随水泥品种及表面的浇筑温度不同而不同，其取值见表 8.3.10.2。

m 的取值 表 8.3.10.2

浇筑温度（℃）	5	10	15	20	25
m(1/d)	0.295	0.318	0.340	0.360	0.384

②双曲线式

$$Q(\tau)=\frac{Q_0\tau}{n+\tau} \tag{8.3.10.5}$$

式中：n——水化热达到一半时的龄期，为常数；

其他符号意义同前。

③复合指数式

$$Q(\tau)=Q_0(1-e^{-a\tau^b}) \tag{8.3.10.6}$$

最终水化热 Q_0 和系数 a、b 取值见表 8.3.10.3。

最终水化热 Q_0 及系数 a、b 取值 表 8.3.10.3

水泥品种	Q_0（kJ/kg）	a	b
普通硅酸盐水泥 42.5 级	330	0.69	0.56
普通硅酸盐水泥 52.5 级	350	0.36	0.74
普通硅酸盐大坝水泥 52.5 级	270	0.79	0.70
矿渣硅酸盐大坝水泥 42.5 级	285	0.29	0.76

④考虑温度影响的水泥水化热表达式

以上各式只考虑了龄期的影响，实际上温度对水化热也有重要影响。考虑温度 T 影响的水泥水化热表达式如下：

$$Q(\tau,T) = Q_0[1 - \exp(-aT^b\tau^c)] \tag{8.3.10.7}$$

式中：T——温度；

τ——龄期；

a、b、c——常数。

(2)混凝土绝热温升

根据水化热估算式，混凝土绝热温升可表达成下式：

$$T_\tau = \frac{Q(\tau)(\omega + KF)}{c\rho} \tag{8.3.10.8}$$

式中：T_τ——混凝土绝热温升；

ω——水泥用量；

c——混凝土比热；

ρ——混凝土密度；

F——掺和料用量；

$Q(\tau)$——水泥水化热；

K——降减系数，对于粉煤灰取0.25。

我们只需把上述四种水化热$Q(\tau)$计算公式中一种代入上式，便可得到混凝土绝热温升的计算式。例如，采用指数式$Q(\tau)=Q_0(1-e^{m\tau})$的水化热计算公式，便得到：

$$T_\tau = Q_0(1 - e^{m\tau})\frac{\omega + KF}{c\rho} \tag{8.3.10.9}$$

如不考虑掺和料则得：

$$T_\tau = Q_0(1 - e^{-m\tau})\frac{\omega}{c\rho} \tag{8.3.10.10}$$

分别将其他水泥水化热计算式代入式(8.3.10.8)，也可得到相应的混凝土绝对温升的计算式。这里不再赘述。

3. 混凝土的内部温度

在绝热状态下，混凝土内部温度由两部分组成，即浇筑温度与混凝土绝热温升，可用下式表示：

$$T_{\gamma(\tau)} = T_j + T = T_j + \frac{Q_0\omega}{c\rho}(1 - e^{-m\tau}) \tag{8.3.10.11}$$

式中：$T_{\gamma(\tau)}$——在绝热状态下，不同龄期的混凝土内部温度；

T_j——混凝土浇筑温度；

T_τ——采用指数表达式的混凝土绝热温升。

而在实际工程中，混凝土浇筑后并非“绝热状态”，实际温升受到结构物散热边界条件的影响，要得出其准确值是非常困难的，也是没有必要的。

大量的工程实践证明，在散热条件大致相似的情况下，混凝土浇筑厚度不同散热温度也不同。混凝土块越薄散热越快，越厚则越慢。根据实验室不同龄期混凝土水化热温升曲线与浇筑厚度关系的大量实验数据，提出混凝土内部的最高中心温度的简化计算公式：

$$T_{max} = T_j + T_\tau \cdot \xi \tag{8.3.10.12}$$

式中：T_j——混凝土的浇筑温度，可按式(8.3.10.3)确定；

T_τ——在τ龄期时混凝土的绝热温升(℃)，如采用指数表达式，则按式(8.3.10.10)计算；

ξ——不同浇筑块厚度的温降系数。

不同龄期水化热温升与混凝土浇筑块厚度的关系见表 8.3.10.4。

不同龄期水化热温升与混凝土浇筑块厚度的关系 表 8.3.10.4

浇筑块厚度(m)	不同龄期(d)时的ξ值									
	3	6	9	12	15	18	21	24	27	30
1.0	0.36	0.29	0.17	0.09	0.05	0.03	0.01			
1.25	0.42	0.31	0.19	0.11	0.07	0.04	0.03			
1.50	0.49	0.46	0.38	0.29	0.21	0.15	0.12	0.08	0.05	0.04
2.50	0.65	0.62	0.59	0.48	0.38	0.29	0.23	0.19	0.16	0.15
3.00	0.68	0.67	0.63	0.57	0.45	0.36	0.30	0.25	0.21	0.19
4.00	0.74	0.73	0.72	0.65	0.55	0.46	0.37	0.30	0.25	0.24

查表可得,当主通航孔承台混凝土浇筑混凝土 3m 厚时,不同龄期的水化热温升如下:

$\tau=3d,\xi=0.68,T_\tau\xi=0.68\times22=15.0$℃;

$\tau=6d,\xi=0.67,T_\tau\xi=0.67\times22=14.70$℃;

$\tau=9d,\xi=0.63,T_\tau\xi=0.63\times22=13.9$℃;

$\tau=12d,\xi=0.57,T_\tau\xi=0.57\times22=12.5$℃;

$\tau=15d,\xi=0.45,T_\tau\xi=0.45\times22=9.9$℃;

$\tau=18d,\xi=0.36,T_\tau\xi=0.36\times22=7.9$℃;

$\tau=21d,\xi=0.30,T_\tau\xi=0.30\times22=6.6$℃;

$\tau=24d,\xi=0.25,T_\tau\xi=0.25\times22=5.5$℃;

$\tau=27d,\xi=0.21,T_\tau\xi=0.21\times22=4.6$℃;

$\tau=30d,\xi=0.19,T_\tau\xi=0.19\times22=4.2$℃。

按式(8.3.10.12)估算得到混凝土内部(中心)温度,如表 8.3.10.5 所示。

混凝土内部(中心)温度估算(℃) 表 8.3.10.5

龄期(d)	0	3	6	9	12	15	18	21	24	27	30
T_j	19.9	19.9	19.9	19.9	19.9	19.9	19.9	19.9	19.9	19.9	19.9
$T_\tau\xi$		15	14.7	13.9	12.5	9.9	7.9	6.6	5.5	4.6	4.2
估算温度(℃)	19.9	34.9	34.6	33.8	32.4	29.8	27.8	26.5	24.5	24.5	24.1

4. 表面温度

进行大体积混凝土的温度应力计算和温度控制时,必须了解混凝土中心与表面之间及表面与外界介质之间的温差。

当外界气温波动不大时,混凝土的表面温度可以从历年气象资料和施工期间天气预报中预先估计。现在需要找到一个恰当的估算表面温度的方法。

(1)温度场分布规律

影响混凝土表面温度的因素很多,除了混凝土本身的性质和结构形状以外,还有养护方法、气温波动、太阳辐射等许多因素。另外,在混凝土浇筑初期升温速度快,内部温升的高峰值一般在 3~5d 内产生,3d 之内温升可达到或接近最大温升,此后趋于稳定并开始降温。美国混凝土学会提出的《冬季施工建议(ACI 309—78)》第 4-2 条指出,水泥硬化的水化热,绝大多数在最初 3d 内产生。由此可见,大体积混凝土的温度在初期是变化的,而这些温度分布形态直接影响混凝土的表面温度。

根据有关测温资料分析,大体积混凝土内部的温度基本上是按抛物线规律分布的。图 8.3.10.1 所示为浇筑厚度为 2.5m 的混凝土板,现场测得的混凝土内部温度沿板厚变化的曲线。图 8.3.10.2 所示为混凝土块分两次浇筑,分别测得的第一次和第二次浇筑的混凝土内部温度变化的曲线。

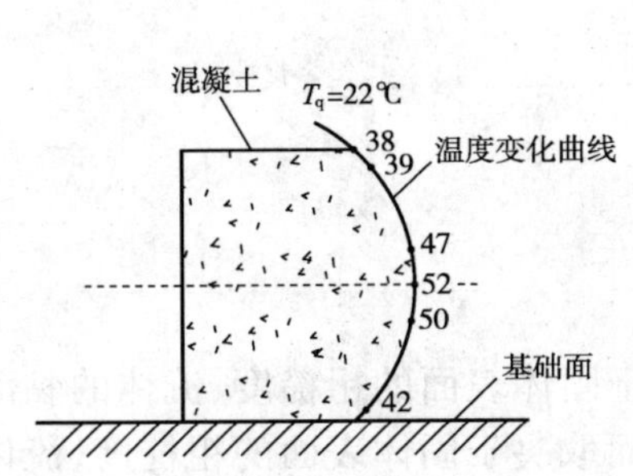

图 8.3.10.1　沿混凝土块厚度方向温度曲线

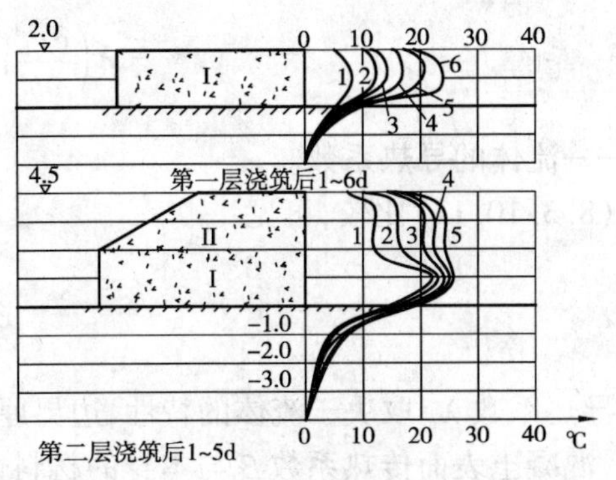

图 8.3.10.2　分次浇筑混凝土内部温度变化的曲线

(2)表面温度估算公式

为了确定需要的温度场,还必须知道初始条件和边界条件。初始条件为初始瞬时混凝土内部的温度分布规律,边界条件为混凝土表面与周围介质(如空气或水)之间温度相互作用的规律。在混凝土建筑物中广泛应用的边界条件是:假定混凝土与模板、覆盖层之间的热传递为完全热的传导,当混凝土与空气接触时,混凝土表面热流量与表面温度 T_b 和气温 T_q 之差成正比,混凝土表面热流量即为:

$$-\lambda\left(\frac{\partial T_b}{\partial n}\right)=\beta(T_b-T_q) \tag{8.3.10.13}$$

式中:λ——混凝土的导热系数[W/(m·K)];

n——表面法线方向;

β——混凝土模板及保温层的传热系数[W/(m²·K)]。

当传热系数 β 趋于无穷大时,$T_b=T_q$,即混凝土的表面温度就是室外气温;当传热系数 $\beta=0$ 时,$\left(\frac{\partial T_b}{\partial n}\right)=0$,则转化为绝热条件。以上边界条件的物理概念见图 8.3.10.3、图 8.3.10.4。

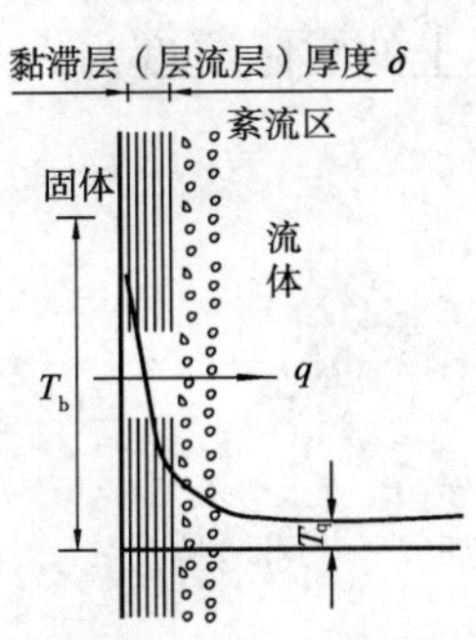

图 8.3.10.3　气温 T_q 在固体表面附近的变化

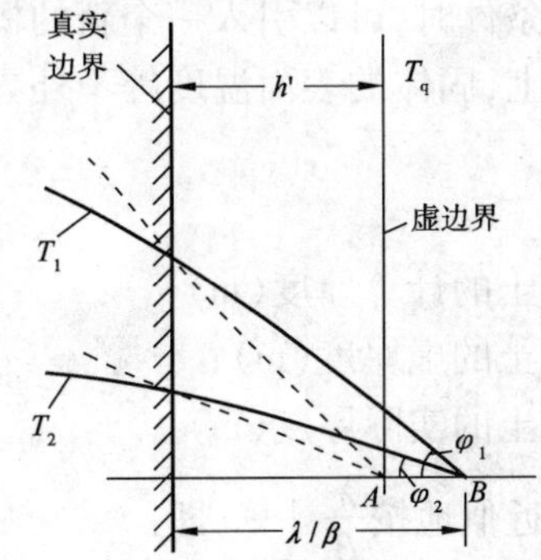

图 8.3.10.4　固体表面边界条件近似处理

图 8.3.10.3 中表示出了固体与流体(如空气)接触时的传热条件。就空气来说,通常它是处于紊流状态的,但在贴近固体表面会有一黏滞流边界层。在黏滞流边界层内,没有对流混合,热量的转移主要靠传导作用,温度是线性分布的,温度值从 T_b 急剧地降到 T_q。在紊流区内,由于流体的激烈掺混作用,温度几乎是均匀的。黏滞流边界层的厚度为 δ,其中的温度梯度近似地取 $-(T_b-T_q)/\delta$,因此热流量 q 为:

$$q=\frac{\lambda_c}{\delta}(T_b-T_q) \tag{8.3.10.14}$$

这一热量 q 应等于从混凝土内部经过表面传出的热量 $-\lambda\left(\frac{\partial T_b}{\partial n}\right)$ 即:

$$-\lambda\left(\frac{\partial T_b}{\partial n}\right)=\frac{\lambda_c}{\delta}(T_b-T_q) \tag{8.3.10.15}$$

式中：λ_c——流体的导热系数。

与式(8.3.10.13)比较，可见：

$$\beta=\frac{\lambda_c}{\delta}$$

流体导热系数 λ_c 取决于流体的特性，边界厚度 δ 取决于固体表面的粗糙度、流体的黏滞系数及流速。可见，混凝土表面传热系数 β 与本身的材料性质无关，而取决于固体表面的粗糙度、流体的导热系数、黏滞系数、流速和流向。将式(8.3.10.15)整理后得：

$$-\left(\frac{\partial T_b}{\partial n}\right)=\frac{T_b-T_q}{\dfrac{\lambda}{\beta}} \tag{8.3.10.16}$$

式中，T_b-T_q 虽为变量，但分母 $\dfrac{\lambda}{\beta}$ 是常数。当表面温度从 T_1 变到 T_2 时，温度梯度分别为：

$$-\frac{\partial T_1}{\partial n}=\tan\varphi_1=\frac{T_1-T_q}{\dfrac{\lambda}{\beta}}$$

$$-\frac{\partial T_2}{\partial n}=\tan\varphi_2=\frac{T_2-T_q}{\dfrac{\lambda}{\beta}}$$

由图 8.3.10.4 可知，任何时间温度曲线在混凝土表面的切线通过 B 点，B 点至固体表面距离为 $\dfrac{\lambda}{\beta}$，将温度曲线 T_1 和 T_2 顺着切线方向向外延长，经过水平距离 h' 后，即等于外界气温 T_q。根据这个原理，在处理上述边界条件时，可以引入一个新的概念，即在真实边界向外延拓一个"虚厚度"h'，得到一个虚边界。在虚边界上，固体的表面温度等于外界介质温度。如果混凝土的实际厚度为 h，则在温度计算中采用的厚度为：

$$H=h+h' \tag{8.3.10.17}$$

式中：H——混凝土的计算厚度(m)；

h'——混凝土的虚厚度(m)；

h——混凝土的实际厚度(m)。

而虚厚度可近似地按 $\dfrac{\lambda}{\beta}$ 计算，即：

$$h'=K\cdot\frac{\lambda}{\beta} \tag{8.3.10.18}$$

式中：K——计算折减系数，根据试验资料可取 0.666；

λ——可取 2.33[W/(m·K)]；

β——见式(8.3.10.19)。

$$\beta=\frac{1}{\sum\dfrac{\delta_i}{\lambda_i}+\dfrac{1}{\beta_q}} \tag{8.3.10.19}$$

式中：δ_i——各种保温材料的厚度；

λ_i——各种保温材料的导热系数[W/(m·K)]，可按表 8.3.10.6 中数据选用；

β_q——空气层传热系数，可取 23W/(m^2·K)。

各种保温材料的导热系数(W/m·K)　　表8.3.10.6

材料名称	λ	材料名称	λ	材料名称	λ	材料名称	λ
木模	0.23	干砂	0.38	甘蔗板	0.05	普通混凝土	1.51~2.33
钢模	58	湿砂	1.31	沥青玻璃棉毡	0.05	加气混凝土	0.16
草袋	0.14	黏土	1.38~1.47	沥青矿棉	0.09~0.12	泡沫混凝土	0.10
木屑	0.17	红黏土砖	0.43	油毡纸	0.05	水	0.58
炉渣	0.47	灰砂砖	0.69~0.79	泡沫塑料制品	0.03~0.05	空气	0.03

从图8.3.10.3和图8.3.10.4中,可以建立起混凝土的计算厚度H与温度之间的关系,得出近似的混凝土的表面温度计算公式,即:

$$T_{x(\tau)} = T_q + \frac{4}{H^2}x(h-x)\Delta T_{(\tau)} \tag{8.3.10.20}$$

式中:$T_{x(\tau)}$——龄期τ时,计算厚度为x处时的混凝土温度(℃);

T_q——龄期τ时,大气的平均温度(℃);

$\Delta T_{(\tau)}$——龄期τ时,混凝土中心温度与外界气温之差(℃)。

显然,当$x=h'$时,即可求得混凝土的表面温度:

$$T_{b(\tau)} = T_q + \frac{4}{H^2}h'(h-h')\Delta T_{(\tau)} \tag{8.3.10.21}$$

式中:$T_{b(\tau)}$——龄期τ时,混凝土的表面温度(℃)。

上述的混凝土表面温度计算方法主要用于手算,当用有限元法或差分法计算温度场时,一般仍采用式(8.3.10.13)。

5.混凝土的收缩当量温差

在大体积混凝土施工中,混凝土收缩的影响是显而易见的。在温度应力计算中,可以把收缩产生的变形,换算成相当于引起同样变形所需的温度值(简称"收缩当量温差"),以便于与混凝土的平均温度差,合并计算其温度(包括收缩)应力。各龄期混凝土的收缩变形值可用下式进行计算:

$$\varepsilon_{y(\tau)} = \varepsilon_y^0(1-e^{-0.01\tau}) \times M_1 \times M_2 \times \cdots \times M_n \tag{8.3.10.22}$$

式中:$\varepsilon_{y(\tau)}$——龄期τ时混凝土的收缩变形值;

τ——从混凝土浇筑后至计算时的天数(d);

ε_y^0——混凝土在标准状态下的最终收缩值(即极限收缩值),取为$\varepsilon_y^0=3.24\times10^{-4}$;

$M_1 \sim M_n$——考虑各种非标准条件下的修正系数,可按表8.3.10.7取用。

混凝土收缩变形不同条件影响修正系数　　表8.3.10.7

水泥品种	石灰矿渣水泥	普通水泥	矿渣水泥	快硬水泥	抗硫酸盐水泥	火山灰水泥	矾土水泥	低热水泥
M_1	1.0	1.0	1.25	1.12	0.78	1.0	0.52	1.10
水泥细度	1 500	2 000	3 000	4 000	5 000	6 000	7 000	8 000
M_2	0.9	0.93	1.0	1.13	1.35	1.68	2.05	2.42
集料 M_3	无粗集料	石英岩	石灰岩	白云岩	砾砂	砂岩	花岗岩	玄武岩
	1.0	0.8	1	0.93	1.0	1.9	1.0	1.0
水灰比 M_4	0.2	0.3	0.4	0.5	0.6	0.7	0.8	
	0.65	0.85	1.0	1.21	1.42	1.62	1.8	
水泥浆量(%)	15	20	25	30	35	40	45	50
M_5	0.9	1.0	1.2	1.45	1.75	2.1	2.55	3.03
τ(d) M_6	1	2	3	4	5	7	10	14~180
	1.1/1	1.1/1	1.09/0.98	1.07/0.96	1.04/0.94	1/0.9	0.96/0.89	0.93/0.84

续上表

$w(\%)M_7$	25	30	40	50	60	70	80	90
	1.25	1.18	1.1	1.0	0.88	0.77	0.7	0.54
$\bar{r}M_8$	0	0.1	0.2	0.3	0.4	0.5	0.6	0.7
	0.54/0.21	0.76/0.78	1/1	1.03/1.03	1.2/1.05	1.31/ -	1.4/ -	1.43/ -
操作方式	机械振捣	手工振捣	蒸汽养护	高压釜处理				
M_9	1.0	1.1	0.85	0.54				
$\frac{E_aF_a}{E_bF_b}$ M_{10}	0.00	0.05	0.10	0.15	0.20	0.25		
	1.0	0.85	0.76	0.68	0.61	0.61		

注：表中分子为自然状态下硬化，分母为加热状态下硬化；

τ——混凝土浇筑后初期养护时间(d)；

W——环境相对湿度(%)；

$\bar{r}$——水力半径的倒数(构件的形状系数)(mm^{-1})，为构件截面周长 L 与截面积 F 之比，$\bar{r}=\frac{L}{F}$；

$\frac{E_aF_a}{E_bF_b}$——配筋率；

E_a——钢筋弹性模量(MPa)；

F_a——钢筋截面积(mm^2)；

E_b——混凝土的弹性模量(MPa)；

F_b——混凝土的截面积(mm^2)。

当采用矿渣水泥混凝土 $\varepsilon_{y(\tau)}$ 的计算结果如表 8.3.10.8 所示。

混凝土的收缩变形值 表 8.3.10.8

龄期(d)	3	6	9	12	15	18	21	24	27	30
$\varepsilon_{y(\tau)}(\times10^{-4})$	0.08	0.15	0.23	0.30	0.37	0.43	0.5	0.56	0.62	0.68
备注	M_1 取 1.0、M_2 取 1.0、M_3 取 1.0、M_4 取 0.9、M_5 取 0.9、M_7 取 1.0、M_8 取 1.0、M_9 取 1.0、M_{10} 取 1.0									

混凝土的收缩变形换算成"当量温差"按下式计算：

$$T_{y(\tau)} = -\frac{\varepsilon_{y(\tau)}}{\alpha} \tag{8.3.10.23}$$

式中：$T_{y(\tau)}$——各龄期(d)混凝土收缩当量温差(℃)；

$\varepsilon_{y(\tau)}$——各龄期(d)混凝土的收缩相对变形值；

α——混凝土的线膨胀系数，取 1×10^{-6}/℃。

混凝土各龄期当量温差如表 8.3.10.9 所示。

混凝土各龄期当量温差 表 8.3.10.9

龄期(d)	3	6	9	12	15	18	21	24	27	30
$\varepsilon_{y(\tau)}(\times10^{-4})$	0.08	0.15	0.23	0.30	0.37	0.43	0.5	0.56	0.62	0.68
$\alpha(\times10^{-6}/℃)$	10	10	10	10	10	10	10	10	10	10
$T_{y(\tau)}$(℃)	0.8	1.5	2.3	3.0	3.7	4.3	5	5.6	6.2	6.8

6. 各种龄期混凝土的弹性模量

各种龄期混凝土的弹性模量按下式计算：

$$E_{(\tau)} = E_h(1 - e^{-0.09\tau}) \tag{8.3.10.24}$$

式中：$E_{(\tau)}$——混凝土从浇筑后至计算时的弹性模量(MPa)；

E_h——混凝土的最终弹性模量(MPa)，其值可从相关规范中查得，本次计算取 3.3×10^{-4}MPa；

τ——混凝土从浇筑后到计算时的天数。

各种龄期混凝土的弹性模量计算结果如表 8.3.10.10 所示。

各种龄期混凝土的弹性模量 表 8.3.10.10

龄期(d)	3	6	9	12	15	18	21	24	27	30
E_h($\times 10^{-4}$ MPa)	3.3	3.3	3.3	3.3	3.3	3.3	3.3	3.3	3.3	3.3
$E_{(\tau)}$($\times 10^{-4}$ MPa)	0.78	1.38	1.83	2.18	2.44	0.80	2.80	2.92	3.01	3.08

7. 各种龄期混凝土的抗压与抗拉强度

(1)抗压强度

混凝土强度的增长与龄期和养护方法有很大的关系,养护温度越高强度越大。经过研究及试验发现,混凝土的抗压强度是养护温度 T 与龄期(即硬化时间)τ 的乘积的单阶函数。温度与时间乘积的累积值 M(即"累积温度",也称"成熟度")与混凝土强度的关系表达式如下:

$$R_{(\tau)} = R_{28}\left(A + B\lg\frac{M}{1\,000}\right) \tag{8.3.10.25}$$

式中:$R_{(\tau)}$——混凝土不同龄期的抗压强度(MPa);

A、B——系数,取决于混凝土的种类及配合成分,可从建筑工程试验的专业书籍上查用;

M——累积温度(℃/d),$M = \sum_{i=1,2\cdots}^{n}[(10+T)\cdot\tau]$;

R_{28}——混凝土 28d 标养的抗压强度(MPa);

T——混凝土养护温度;

τ——相当于温度 T 时的养护天数,即龄期(d)。

(2)抗拉强度

同抗压强度相比,混凝土的抗拉强度较低。它与同龄期抗压强度的关系随不同条件而变化。经过试验资料分析,混凝土的抗拉强度数据比较分散,为偏于安全考虑,采用《钢筋混凝土结构设计规范》(TJ 10—74)建议的下式表示:

$$R_{1(\tau)} = 0.332R_{(\tau)}^{0.60} \tag{8.3.10.26}$$

3.10.2 混凝土温度应力计算

在浇筑大体积混凝土结构时出现的贯穿性或深层裂缝,往往是过大的"温度—收缩"应力造成的。在实际施工时,大体积混凝土往往受到 x、y 两个方向的外界约束。因此,在进行温度应力计算时,考虑二维的外界约束温度应力。

假定基础是刚性的,在 x、y 两个方向承台受到完全约束,其应变为零,即 $\varepsilon_x=0$,$\varepsilon_y=0$。在 z 方向,承台没有承受荷载,可以自由变形,因此在 z 方向 $\varepsilon_x\neq0$、$\sigma_x=0$。考虑温度变形的因素,根据广义胡克定理可以得到:

$$\varepsilon_x = \frac{\sigma_x - \mu\sigma_y}{E} + aT = 0 \tag{8.3.10.27}$$

$$\varepsilon_y = \frac{\sigma_y - \mu\sigma_x}{E} + aT = 0 \tag{8.3.10.28}$$

解上述两个方程,得到:

$$\frac{(1-\mu^2)\sigma_x}{E} + (1+\mu)aT = 0 \tag{8.3.10.29}$$

方程两边除以 $1+\mu$ 得到:

$$\sigma_x = -\frac{aTE}{1-\mu} \tag{8.3.10.30}$$

同理:

$$\sigma_y = -\frac{aTE}{1-\mu} \tag{8.3.10.31}$$

考虑折减后,温度应力得到如下计算公式(此时的弹性模量应采用考虑混凝土龄期 τ 时 $E_{(\tau)}$,并考虑混凝土徐变及外约束的影响):

$$\sigma = -\frac{E_{(\tau)}\alpha\Delta T}{1-\mu}S_{h(\tau)}R_k \tag{8.3.10.32}$$

式中:σ——混凝土的温度(包括收缩)应力(MPa);

$E_{(\tau)}$——混凝土龄期时的弹性模具(MPa);

α——混凝土的线膨胀系数,取 $1\times10^{-6}/℃$;

$S_{h(\tau)}$——考虑徐变影响的松弛系数,按表 8.3.10.11 取用;

μ——混凝土的泊松比,取 0.15;

ΔT——混凝土的最大综合温度差,按式(8.3.10.33)计算(降温时为负值);

R_k——混凝土的外约束系数。当岩石地基时,$R_k=1$;当可滑动的垫层时,$R_k=0$;一般地基地时,$R_k=0.25\sim0.50$。R_k 也还可以采用式(8.3.10.34)计算。

混凝土的松弛系数 $S_{h(\tau)}$ 表 8.3.10.11

τ(d)	0	0.5	1	2	3	7	10
$S_{h(\tau)}$	1	0.626	0.617	0.59	0.57	0.502	0.462
τ(d)	15	20	28	40	60	90	∞
$S_{h(\tau)}$	0.411	0.374	0.336	0.306	0.288	0.284	0.28

$$\Delta T = \pm T_j + \frac{2}{3}T_{(\tau)} + T_{y(\tau)} - T_q \tag{8.3.10.33}$$

式中:T_j——混凝土的浇筑温度(℃);

$T_{(\tau)}$——混凝土在龄期时的水化热绝热温升(℃);

$T_{y(\tau)}$——混凝土的收缩当量温差(℃);

T_q——混凝土浇筑后达到稳定时的温度,一般根据历年气象资料取当地年平均温度(℃)。

$$R_k = 1 - \frac{1}{\mathrm{ch}\left(\beta\cdot\frac{L}{2}\right)} \tag{8.3.10.34}$$

$$\beta = \sqrt{\frac{C_x}{hE_{(\tau)}}}$$

式中:C_x——刚度系数;

h——混凝土结构的厚度;

C_x 为使单位面积的地基发生单位位移所需的剪力。对于软土,取为 $0.01\sim0.03\mathrm{N/mm^2}$;对于一般砂质黏土,取为 $0.03\sim0.06\mathrm{N/mm^2}$;对于特别坚硬黏土,取为 $0.06\sim0.1\mathrm{N/mm^2}$;对于风化岩、混凝土,取为 $0.6\sim1.0\mathrm{N/mm^2}$;对于桩顶大体积混凝土承台的情况,$C_x$ 则为桩的侧向刚度系数,其计算方法是:先以承台底面面积除以桩数,得出每根桩所需分担的承台底面面积 S,再算出单根桩顶的抗推刚度,即一根桩顶发生单位侧向位移所需的水平力 F,则 $C_x=\frac{F}{S}$。

当大体积混凝土结构长期裸露在室外(未回填土)时,T 值可按混凝土水化热最高温升值(包括混凝土的浇筑温度)与当地月平均最低温度之差计算。

式(8.3.10.32)为混凝土浇筑前温度收缩应力计算的公式。当混凝土浇筑后,可按实测混凝土的温度进行复核,并用实测的混凝土内平均温度 T_m 代替式(8.3.10.33)中 $T_j+\frac{2}{3}T_{(\tau)}$。此时 T_m 可按下式计算:

$$T_m = T_j + \frac{2}{3}(T_2 - T_1) \quad (8.3.10.35)$$

式中：T_1——实测混凝土的表面温度(℃)；

T_2——实测混凝土的中心最高温度(℃)。

当按式(8.3.10.32)计算出的温度收缩应力超过混凝土的抗拉强度时，可采取调整混凝土的入模温度、减少水化热温升值、降低结构物内外温度差，以及改进施工操作工艺和混凝土性能、提高混凝土抗拉强度、改善约束条件等措施，使应力保持在允许范围以内。

重要结构的混凝土内外温度差(降温差)应控制在20℃以内；一般结构应控制在25~30℃以内。如按实测温度计算出的温度应力超过设计要求时，应采取加强养护和保温(如覆盖、及时回填土)等措施迅速处理。

3.10.3　混凝土裂缝控制计算

有了对温度和温度应力分析重要参数的了解及混凝土温度应力的计算公式，便可进行混凝土裂缝控制的施工计算，这一计算内容分两部分。

首先，在大体积混凝土浇筑前，根据制定的大体积混凝土施工工艺及选用的水泥等一系列相关材料的参数，应用上面所述的计算公式，进行各种龄期混凝土的绝热温升、收缩变形、收缩当量温差以及弹性模量的计算，估算混凝土浇筑后可能产生的温度收缩应力。在施工前，对浇筑期间的混凝土各种龄期的参数作较深的了解，以便在施工期间采取有效的技术措施，对混凝土进行必要的裂缝控制，预防温度收缩裂缝。

其次，在大体积混凝土浇筑后，根据实测温度值和温度升降曲线，计算混凝土温度应力。结构裂缝主要是降温和收缩引起的，任何降温差(水化热温差加上收缩当量温差)均可分解为平均降温差和非均匀降温差。前者引起外约束，是导致贯穿性裂缝产生的主要原因；后者引起自约束，主要引起表面裂缝。基于这一原因，在大体积混凝土浇筑后，应着重对降温时的混凝土累计拉应力进行控制。在实际应用混凝土温度应力分析参数及计算公式时，应注意温度的取值为实测的温度值。

降温时混凝土的最大拉应力应小于混凝土的抗拉强度设计值，抗裂安全度应满足下式要求：

$$K = \frac{\sigma}{f_{td}} \geqslant 1.15 \quad (8.3.10.36)$$

式中：f_{td}——混凝土的抗拉强度设计值。

如 $K \leqslant 1.15$，应采取保温养护措施，使其缓慢降温、缓慢收缩，以避免混凝土开裂。

3.10.4　大体积混凝土温度控制措施

对大体积混凝土温度进行有效的控制，需要采取多项综合措施，需从原材料的选择、混凝土的级配、材料的预冷却、混凝土的浇筑工艺，以及混凝土内部降温、外部保温、表面养护、混凝土的浇筑工艺等各方面采取合理有效的措施。

1. 混凝土原材料的选择

(1)水泥

从控制温度的要求出发，大体积混凝土所用水泥一般是水化热较低的水泥。但某些水泥的水化热虽然较小但强度却很低，以至于为了达到强度的要求，在配制混凝土时需用较多的水泥，结果混凝土的发热量(或绝热温升)反而大大增加。因而，在选择水泥品种时，应综合考虑抗裂强度、坍落度和混凝土的绝热温度。

另外，在相同坍落度的条件下，不同品种水泥配制的混凝土的需水量也不同。因此，在满足指定强度和坍落度的条件下，所选水泥的发热量越小就越好。

目前，国内除了少数水泥厂生产水化热低的大坝水泥外，一般供应的水泥品种有硅酸盐水泥、普通硅酸盐水泥(简称普通水泥)、矿渣硅酸盐水泥(简称矿渣水泥)、火山灰质硅酸盐水泥(简称火山灰水泥)、粉煤灰硅酸盐水泥(简称粉煤灰水泥)。对于大体积混凝土来说,一般应优先采用水化热较低的矿渣水泥、火山灰水泥和粉煤灰水泥。在混凝土发热量不增加的前提下,也可选用普通水泥。

国内普通水泥和矿渣水泥的水化热值列于表8.3.10.12。

每千克水泥发热量(kJ/kg) 表8.3.10.12

品种	C20	C25	C30	C40	C50
普通水泥	201	243	289	377	461
矿渣水泥	186	205	247	335	

注:火山灰水泥、粉煤灰水泥的发热量可参照矿渣水泥的数值。

对水化热较低的常用水泥的有关特征分别介绍如下。

①矿渣水泥。在硅酸盐水泥熟料中,掺入占水泥质量的20% ~70%的粒化高炉矿渣。其特性是耐蚀、耐水性强,耐热性好,水化热较低,早期强度低,后期强度增长快(尤其适用于蒸养和潮湿环境的工程);但耐冻性差、干缩性大。

②火山灰水泥。在硅酸盐水泥熟料中,掺入占水泥质量20% ~50%的火山灰质混合材料。其特性是耐蚀、耐水性强,抗渗性较好,水化热较低,早期强度低,后期强度增长快;但耐冻性差,干缩性和吸水性均较大。

③粉煤灰水泥。在硅酸盐水泥熟料中,掺入占水泥质量20% ~40%的粉煤灰。其特性是干缩性较小,抗裂性较好,其他性能同火山灰水泥。

如果使用的水泥体积安定性存有问题,在水泥硬化后产生不均匀的体积变化,会使结构物产生膨胀裂缝,影响工程质量,甚至引起严重的事故。所以体积安定性不良的水泥应作废品处理,绝对不能用于大体积混凝土工程中。

国家标准规定,凡出厂水泥必须用沸煮法检验其安定性。同时规定在水泥熟料中,游离氧化镁含量不得超过5.0%,三氧化硫含量不超过3.5%。这些指标都是为了控制水泥的体积安定性。

(2)骨料

大体积混凝土所用骨料一般应选用结构致密并有足够强度的优良骨料(特别是粗骨料),除应符合现有的标准规范和规程外,还应注意以下几个问题。

①骨料要求清洁不含有害杂质。云母、黏土,特别是一些有机杂质硫化物及硫酸盐,对水泥有腐蚀作用,降低了混凝土的强度。若使用混有碱活性反应的骨料(白云石和石灰块等),经过一段时间的消化膨胀,便会发生开裂和剥落现象,导致混凝土结构物破坏。

②石子应采用碎石和卵石。在配合比相同时,碎石混凝土强度较高,抗裂性也较好;当抗压强度与坍落度相等时,卵石混凝土的水泥用量较少;石子尽可能采用大粒径,为便于捣实不得大于钢筋最小净距的3/4;砂子应采用中、粗粒径,决不允许采用细砂和粉砂。

③严格控制含泥量。在大体积混凝土工程中,含泥量是作为一个突出问题提出来的。过多的含泥量,会使混凝土收缩增加、强度降低,会降低混凝土抗裂性能。在施工中应采取严格的措施,砂子含泥量不超过3%,石子含泥量不超过1%。

(3)拌制混凝土使用自来水,绝不能使用海水。

2. 混凝土配合比的确定

混凝土配合比是为满足工程要求而确定的混凝土各种组成材料的数量比例。大体积混凝土的配合比较常规混凝土应有需要特别提出的一些原则和考虑方法。

(1)水泥品种与用量

水泥应选用低热或中热水泥,并优选使用32.5级或42.5级矿渣水泥、火山灰水泥和粉煤灰水泥。在满足混凝土的强度和耐久性等要求的前提下,水泥用量应降低到最低限度,这是大体积混凝土配合比中应考虑的首要问题。

(2)石子级配

石子级配的好坏,对水泥用量和混凝土的和易性有很大影响。在大体积混凝土中,一般采用连续级配,不推荐使用间断级配。连续级配因大小颗粒搭配较好,能保证混凝土拌和物具有良好的和易性,并减小离析现象发生的可能性。

3. 和易性要求

和易性是指混凝土拌和物能保持混凝土成分的均匀,不致发生离析现象,且易于施工操作的性能。它是一项综合性的技术性质,包括流动性、黏聚性和保水性等三方面的含义。

大体积混凝土的特点是量大面广,要求混凝土连续作业,并有温度控制的严格规定,为此混凝土多数采用集中搅拌站供料。由于受运输、浇筑、振动和气候等条件的影响较大,所以对混凝土的和易性提出了一些新的要求。

混凝土的坍落度除了按照结构种类、振动方法考虑外,尚需补充以下试验:

(1)不同停置时间及气候条件,对混凝土拌和物内水分的损失与坍落度的影响;

(2)不同停置时间及气候条件,对混凝土拌和物的热量(或冷量)损失的影响。

上述试验对实际施工有指导意义,能为调整混凝土配合比及各种原材料的初始温度提供科学依据。

值得指出的是,混凝土拌和物和易性中的流动性、黏聚性和保水性三个方面的性质是相互联系又相互影响的,其中用坍落度作为和易性的指标有一定的代表性。

过去设计混凝土配合比时,为了满足混凝土的强度指标,往往不适当地采用过小的水灰比和相应的坍落度,而对施工操作的困难性估计不足。当混凝土停置时间稍久,下料时堆积过多,振动稍有不慎(即或强力振动亦无法使混凝土密实)时,拆模后的结构物往往出现蜂窝、麻面、露筋甚至孔洞等缺陷。当结构物配筋较密(如基础钢筋纵横交叉)和采用碎石粗骨料时,这种情况更加严重。

综上所述,大体积混凝土工程,要把和易性的指标(坍落度)作为一个突出问题进行解决。节约水泥固然重要,但混凝土的水灰比和坍落度,一定要满足施工操作的基本要求,确保混凝土振捣后里实外光、强度合格。当水泥用量与坍落度(相对应的水灰比)发生矛盾时,应适当增大坍落度指标,调整水泥用量,而决不能采取相反的措施。

4. 外加剂的应用

在混凝土或砂浆中掺入少量的外加剂,可以改善其性能、节约水泥用量、降低工程造价、缩短施工周期。外加剂是一种使用方便、效果显著的新材料。由于外加剂能显著地改善混凝土的物理、力学性能,以致在某些工程中已将外加剂作为配制混凝土必不可少的第五种组成材料,甚至有的国家已经把发展外加剂作为代替发展水泥新品种的重要手段。

目前,市场上可供选择的外加剂种类很多,可根据市场供货的情况做好了解调查,选择质量好的外加剂用于大体积混凝土施工。

5. 粉煤灰外掺料用量

在混凝土的配合比中,以部分粉煤灰代替水泥,不仅可以改善混凝土的和易性、施工性,而且对降低混凝土的水化热有良好的作用,同时还有明显的经济效益。

在大体积混凝土施工中,应选用细度合格、质地优良、符合有关规定的粉煤灰。例如,对于桥梁大体积承台的混凝土,可采用Ⅱ级粉煤灰。粉煤灰的掺量一般以15% ~25%为宜。

在混凝土中掺入粉煤灰也有一定的缺点,如早期强度低、低温下强度增长慢、泌水性大等,所以在使用时应适当掺加塑化剂。

6. 混凝土强度等级的考虑

桥梁构件的混凝土强度等级不宜太高,从温控角度考虑,桥梁结构大体积混凝土施工的混凝土强度等级不宜超过C30。

7. 混凝土原材料的预冷却

混凝土材料的预冷却,不仅可以降低混凝土的浇筑温度,而且还可以削减混凝土内部的最高温度,并减少最高温度与稳定温度（一般指大气平均温度）之间的差值，进而把混凝土内的温度变化控制在允许的范围内，以防止混凝土产生裂缝。尤其在夏季施工时，环境气温高，为了改善混凝土有关技术性能，特别需要对混凝土的原材料进行预冷却。

混凝土所能降低的温度往往取决于对各种原材料的冷却程度。根据工程特点，一般只需要对一种或几种原材料进行预冷却，就能达到温度控制的目的。

以下介绍的几种原材料的冷却方法，可根据工程的实际需要选择取用。

（1）预冷拌和水

在暑期施工中，一般采用冷却拌和水或掺冰屑的办法以达到降低混凝土拌和温度的目的。

为使拌和水冷却，可以采用这样的方法：购置工业用冰，将冰放入搅拌机附近的化冰池中，将冰融化为冷却的拌和水。但在拌和水中加冰时，必须使冰在搅拌过程中完全融化。否则，如残存的冰屑留在浇筑完的混凝土中，冰屑融化后会在混凝土中形成空洞，影响混凝土的质量。

（2）预冷骨料

在大体积混凝土浇筑过程中，单靠使用冷却拌和水的方法往往满足不了降低拌和温度、浇筑温度的要求，该方法还需与预冷骨料法配合采用。

在建筑工程中，预冷骨料常采用覆盖法和喷淋法。

覆盖法是在砂石集中堆料场上，在砂石料使用前 2 ~ 3d 预先在堆料上覆盖一层篷布、两层草袋。据测定，当气温为 35 ~ 40℃且有日照时，与未覆盖的材料相比，砂子可降低温度 3 ~ 5℃，石子可降低温度 5 ~ 7℃。这种方法有一定的降温效果，且简便易行，费用不高。

喷淋法是在骨料进入料仓前，用冷水或冰水喷淋骨料。该方法也可以取得一定的效果，但费用较高。对于浇筑数量相对不多且有严格的温度控制要求的大体积混凝土工程时，也可将石子预先浸泡在冰水中降温。

此外，也可采取在砂石堆场上搭盖席棚，并预先喷淋冷水等综合措施。

由于石子在混凝土配合比中所占的比例较大，所以降低混凝土拌和温度的最有效办法是降低石子的温度。因此，不管采用什么方法预冷骨料，应重点使石子得到有效冷却。

（3）预冷水泥

使水泥冷却的方法，一般有气冷法和浸水法两种。

气冷法是通过制冷设备送出冷气，使水泥罐（仓）中水泥得以降温的方法。这种方法使用时，一般常在气冷式预冷厂中，将水泥与其他骨料同时冷却。

要使用浸水法，必须先制造水泥冷却器设备。冷却器的壁分内外两层，在外壁与内壁之间装有循环的冷水。在使用时，按每次搅拌机所需的水泥用量，将水泥放入水泥冷却器中预冷一定时间后，通过螺旋输送器将其送入混凝土搅拌机。

由于水泥在混凝土中只占 6% ~ 15% 的质量，影响混凝土的温度效果一般为 5% ~ 10%，所以除了有特殊要求的工程外，一般不对水泥采取降温措施。但在施工中，也应尽量不采用刚出厂的高温水泥。

8. 混凝土施工时间的选择

环境气温对混凝土预冷的效果影响很大，因此在暑期的混凝土施工时，应避开烈日的中午时间，最好选择在晚上八点钟以后。这样可使上述采取的原材料预冷却措施的效果更好，并且能降低混凝土的浇筑温度。

9. 混凝土内部的降温

（1）降温方法

在混凝土内部预埋水管通入冷却水，降低混凝土内部温度（即大体积混凝土内部的降温）。由于它的适用性和灵活性，以及能够控制整个结构物内部温度的突出优点，这种方法在国内外水利工程上被广泛应用，在桥梁工程中也常常被采用。

冷却水管大多采用 ϕ19 ~ 42.5mm 的钢管或铝管，在平面上按照中心距 1.5 ~ 3.0m 交错排列，水管上下间距一般为1.2～3.0m，并通过立管相连接。水管间连接弯头采用橡皮管或铝管。桥梁工程中实心承台高度比较厚的，冷却管一般设置两层，布置形式见图8.3.10.5，水管中的通水流量一般为14～20L/min。为保证水管的降温效果，多数工程将进出水管的直径加大到50mm。

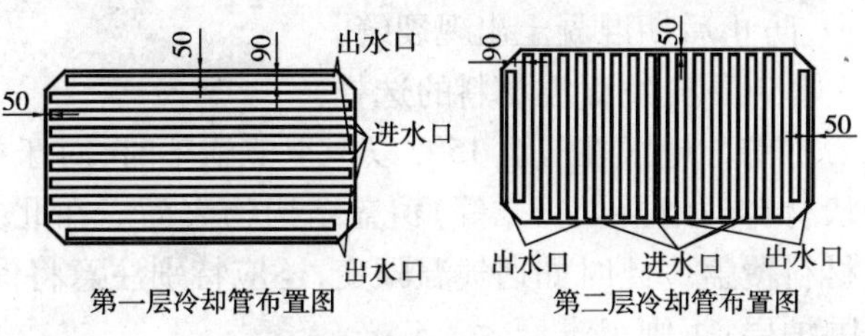

图8.3.10.5　承台冷却水管布置示意(尺寸单位:mm)

冷却水开始通入的时间，一般在混凝土浇筑后24～30h。通水时间一般在20d左右，且应连续不断地进行。冷却水与混凝土之间的温度差值应限制在22℃以内。

采用水管降温，应事先选择好水源，既可以利用天然的河水或地下水，也可以建造临时的蓄水池。冷却水的温度应按设计规定调整，并略低1～2℃。水温如与计算值不符合时，可掺入冰块予以调整。

为了保证水流通畅，一般需要安装两台水泵(其中一台为备用)。水泵的规格视供水量的大小由计算确定。

(2)通水冷却降温的温度计算

下面介绍一种适用于建筑工程大体积混凝土温度计算的近似方法，实践证明该方法具有一定的实用价值。这种计算方法可计算混凝土内平均最高温度值，其基本思路是：

首先，不考虑表面散热，仅考虑水泥水化热及预埋冷却水管的作用，可利用现有水利工程方面的计算图表计算；

进一步考虑表面散热的影响，并与考虑水泥水化热及预埋冷却水管作用计算的温度叠加，从而得出既有水化热；

再考虑冷却水管作用和表面散热影响的内部平均最高温度。

这样就可以先把复杂的条件简化成各种不同情况，然后采用叠加原理相加。

对于初期有表面散热和内部通水冷却的混凝土结构，在计算平均最高温度T_m值时，便采用各个情况的结果叠加的方法。计算公式如下：

$$T_m=\frac{(T_j-T_b)C_{a2}x}{1-C_{a1}x}+\frac{(T_s-T_b)(1-x)C_{a2}}{1-C_{a1}x}+\frac{T_r}{1-C_{a1}x}+T_b \tag{8.3.10.37}$$

式中：T_m——混凝土内部平均最高温度(℃)；

T_j——混凝土的浇筑温度(℃)；

T_b——混凝土表面温度(℃)；

T_s——冷却水管初期通水的水温(℃)；

T_r——通过表面及冷却水管散热之后的水化热温升；

x——冷却水管散热残留比；

C_{a1}——底部不绝缘，上层新混凝土接受下层混凝土(或基底)传热并向表面散热的残留比；

C_{a2}——底部不绝缘，上层新混凝土向下层混凝土(或基底)传热并向表面散热的残留比。

应用式(8.3.10.37)是一个比较繁琐的过程，具体计算过程可见叶琳昌、沈义编写的《大体积混凝土施工》(中国建筑工业出版社)。

10. 混凝土的保温

大量的工程实例反映出，大体积混凝土施工时出现的裂缝，绝大部分是不同深度的表面裂缝，且多发生在早期。这些裂缝产生的原因是，早期混凝土内升温很高，拆模后表面温度降低，在混凝土表面部分形成很陡的温度梯度，而早期的混凝土的强度还无法承受混凝土表面温差引起的拉应力。如不及时采取保温措施，降低混凝土的内外温差，混凝土表面产生裂缝将不可避免。

为保证混凝土表面不发生裂缝，利用保温材料提高新浇筑的混凝土表面和四周温度，减少混凝土的内外温差，是一种简便有效的温度控制方法。在后期拆除保温材料后，还应对结构物及时覆土加以保护,防止后期混凝土出现裂缝。

以下介绍保温材料的选择。

南方地区在气温15℃以上季节施工时,对于裸露的混凝土表面可采用层状材料,或一般简便的散状材料(如湿砂、锯末等)覆盖结构物表面。在北方地区以及在低温季节施工时,则必须采取多种层状材料覆盖。此时如遇气温骤变,还应特别注意将保温材料紧密地固定于混凝土的表面,以形成不透风的围护层,否则很难奏效。

在南方地区,结构物四周除按规定设有模板保护外,可在模板外侧再覆挂层状保温材料。在北方地区及在低温季节施工时,则必须采用带填充材料的双层箱形保温模板,或再在外侧覆挂层状保温材料。

表8.3.10.13列出了几种保温层的隔热性能,以供参考。

各种构造保温层的传热系数 β 值[W/(m^2·K)] 表8.3.10.13

保温层的构造		修正系数 K 值							
		3.00	2.60	2.30	2.00	1.90	1.60	1.50	1.30
木模(3cm),外包两层草袋木模板(5cm),外包两层草袋钢模板,外包两层草袋		3.38	2.93	2.59	2.26	2.14	1.80	1.69	1.47
		3.09	2.67	2.36	2.06	1.95	1.65	1.55	1.34
		3.98	3.44	3.05	2.64	2.51	2.12	1.99	1.72
双层箱形保温层(内外模板分别为2.5cm及2.0cm),用锯末填充,其厚度为	10cm						1.14	1.07	0.93
	15cm						0.86	0.80	0.70
	20cm						0.64	0.60	0.52
锯末层,厚度为	10cm	2.69	2.33	2.06	1.79	1.70	1.43	1.34	1.16
	15cm	1.88	1.63	1.44	1.26	1.19	1.00	0.94	0.81
	20cm	1.69	1.47	1.29	1.13	1.07	0.91	0.85	0.73
湿砂层,厚度为	10cm	23.36	20.15	17.83	15.50	14.74	12.41	11.63	10.08
	15cm	13.43	11.64	10.30	8.96	8.51	7.16	6.72	5.83
	20cm	9.70	8.41	7.43	6.47	6.14	5.18	4.85	4.20
干砂层,厚度为	10cm	8.51	7.37	6.52	5.68	5.40	4.54	4.26	3.69
	15cm	4.61	3.99	3.54	3.07	2.92	2.45	2.30	2.00
	20cm	3.11	2.69	2.38	2.07	1.97	1.65	1.56	1.35

注:K 值可根据刮风及结构高出地面位置决定,见表8.3.10.14。

计算传热系数的修正值 K 表8.3.10.14

保温层种类	K_1	K_2
保温层纯粹由容易透风的保温材料组成	2.60	3.00
保温层由容易透风的保温材料组成,但在混凝土面层上铺一层不易透风的保温材料	2.00	2.30
保温层由容易透风的保温材料组成,并在保温层上再铺一层不易透风的材料	1.60	1.90
保温层由容易透风的保温材料组成,而保温层的上面和下面各铺一层不易透风的材料	1.30	1.50
保温层纯粹由不易透风的保温材料组成	1.30	1.50

注:K_1 值为一般刮风情况(风速 <4m/s),且结构物位置高出地面 $\leqslant 25$m 的修正数;K_2 是刮大风时的修正系数;属于不易透风的保温材料有油布、帆布、棉麻毡、胶合板、装设得很好的模板;属于容易透风的保温材料有稻草板、锯末、砂子、炉渣、油毡、草袋等。

如在表8.3.10.13中找不到所需保温层的传热系数,则可由下式计算:

$$\beta = \frac{K}{0.05 + \dfrac{\delta_1}{\lambda_1} + \dfrac{\delta_2}{\lambda_2} + \cdots + \dfrac{\delta_n}{\lambda_n}} \tag{8.3.10.38}$$

式中:δ_i——保温材料的厚度(其中应包括模板),$i = 1、2、3、\cdots、n$;

λ_1——保温材料的导热系数。

关于混凝土表面保温材料所需的厚度，可按下式进行估算：

$$\delta_1 = \frac{0.5h\lambda_i(T_b - T_q)}{\lambda(T_{max} - T_b)}K \tag{8.3.10.39}$$

式中：δ_1——保温材料所需的厚度(m)；

λ_i——保温材料的导热系数[W/(m·K)]；

λ——混凝土的导热系数[W/(m·K)]；

T_{max}——混凝土中心的最高温度(℃)，$T_{max} = T_j + T_{(\tau)} \cdot \xi$；

T_b——混凝土表面的温度(℃)；

T_q——混凝土浇筑后3~5d空气平均温度(℃)；

K——传热系数的修正值，见表8.3.10.14；

0.5——指中心温度向边界散热的距离恰好是结构物厚度的一半。

混凝土内部的最高温度，一般发生在浇筑后的3~5d，因此T_{max}、T_b值可近似地按龄期3d时的温度计算。

11. 混凝土拆模时间的选择

混凝土拆模时间的选择应考虑气温环境等情况，必须有利于强度的正常增长，即拆模时混凝土的温差不能太大。其温差应包括表面温度、中心温度和外界气温之间的温差，以及收缩当量温差三者的总和，一般可用以下表达式求得：

$$\Delta T_c = (T_b - T_q) + \frac{2}{3}(T_{max} - T'_q) + T_y \leqslant 20(℃) \tag{8.3.10.40}$$

式中：ΔT_c——拆模时混凝土的内外温差(℃)；

T_b——混凝土表面的温度，即在表面下10cm处测得的温度(℃)；

T_q——拆模时当月室外的最低温度(℃)；

T_{max}——混凝土的中心温度(℃)，通过测量得到；

T'_q——混凝土降温后的稳定温度(℃)，可取拆模时的当月的平均气温；

T_y——混凝土收缩当量温差(℃)，可按前面介绍的方法计算。

12. 蓄水隔热法

混凝土浇筑完成并终凝后，构筑物的表面应蓄以一定高度的水。水的导热系数为0.58W/(m·K)，因而有一定的隔热保温效果，可以推迟混凝土内部水化热的迅速散失。这样，可望在指定的日期内，控制混凝土表面温度与内部中心温度之间的差值，使混凝土具有较高的抵抗温度变形能力，从而达到温控的目的。

混凝土是一种水硬性材料，所以通过蓄水控制温度，有利于保证工程质量(尤其是在强度和密实度性方面)，并可以防止混凝土表面龟裂，这是其他施工方法所不及的。

温控的蓄水隔热技术概念明确、质量可靠，并具有明显的经济效益。

采用蓄水隔热技术措施对混凝土表面温度与内部中心温度之间的差值进行调控，需要确定蓄水的高度。下面介绍确定蓄水高度的方法。

一般将混凝土表面温度与内部中心温度之间的差值控制在20℃(常规控制的温差值≯25℃，并要求将这一温差值保持在7~10d(视气温而定)。避免由于温差过大，使混凝土表面的抗裂强度满足不了温差造成的拉应力，致使混凝土表面开裂。

根据热交换原理，每1m^{3}混凝土在规定的时间内混凝土内部中心温度降到表面温度时释放出的热量，等于混凝土构筑物在此养护期间散失到大气中的热量。此时，混凝土表面所需的热阻系数，可按下式计算：

$$R = \frac{XM(T_{max} - T_b)K}{0.28c\rho T_j + 0.28WQ_{(\tau)}} \tag{8.3.10.41}$$

式中：R——混凝土表面的热阻系数[(m^2·K)/W]；

X——混凝土维持到指定温度的延续时间(h);

M——混凝土构筑物的表面系数(1/m),$M=\dfrac{F}{V}$;

F——混凝土块的表面积(m^2),按混凝土的四个侧面和一个表面计;

V——混凝土块的体积(m^3);

T_{max}——混凝土中心最高温度(℃),$T_{max}=T_j+T_{(\tau)}\cdot\xi$;

T_b——混凝土的表面温度(℃);

K——传热系数的修正值,采用“蓄水法”时可取1.3;

$0.28c\rho$——混凝土的热容量[$W\cdot h/(m^3\cdot K)$],即混凝土比热与重度的乘积;

c——混凝土的比热,一般在0.84~1.05[$kJ/(kg\cdot K)$]的范围内;

ρ——混凝土的重度,新拌混凝土依据石子最大的不同粒径,大约在2 330~2 430kg/m^3;

0.28——单位换算系数,1kJ=0.28W·h,为在计算混凝土表面的热阻系数时单位统一;

T_j——混凝土浇筑、振捣完毕开始养护时的温度(℃);

W——混凝土每m^3中的水泥用量(kg/m^3);

$Q_{(\tau)}$——混凝土在指定的龄期内水泥的水化热(kJ/kg)。

有了混凝土表面的热阻系数R,可以按下式计算混凝土的表面的蓄水深度。

$$h_s = R\lambda_s \tag{8.3.10.42}$$

式中:h_s——混凝土表面的蓄水深度(m);

R——混凝土表面的热阻系数[$m^2/(K\cdot W)$];

λ_s——水的导热系数,取5.8[$W/(m\cdot K)$]。

需要指出的是,一般在计算混凝土表面的热阻系数时,为了计算方便,往往先假定$T_{max}-T_b=20$℃。为了符合这一假定,在施工前必须预估混凝土内部的中心温度,即混凝土水化热引起的绝热温升和浇筑温度(不是入模温度)的总和。若混凝土的中心温度与表面温度之差>20℃,可采取提高水温的办法加以控制,或调整蓄水高度。

混凝土的热量由各种材料的质量、比热及温度的乘积而得,而当采用水作为单一材料时,蓄水的深度可根据不同的水温进行调整,即:

$$h'_s = h_s\frac{T'_b}{T_q} \tag{8.3.10.43}$$

式中:h'_s——调整后的蓄水深度(cm);

h_s——当$T_{max}-T_b=20$℃时的蓄水深度(cm);

T'_b——需要的蓄水养护温度(℃),即$T'_b=T_j-20$;

T_q——大气的平均温度(℃)。

根据工程的实践经验,在桥梁基础工程中,混凝土顶部表面的蓄水高度取30cm一般是足够的。蓄水隔热技术特别适合于南方地区,适合于水平表面积比较大的结构物。

蓄水前应设置蓄水设施。当混凝土终凝后,可在结构物表面四周砌砖以作为蓄水设施;也可以在结构四周立模时将模板加高,以作为蓄水设施。对于钢围堰、钢套箱中承台结构,钢围堰、钢套箱是现成的蓄水设施。

13. 混凝土的分层浇筑

在桥梁基础施工中,对于厚度较大的结构,如果允许一般可采用分层浇筑的方式。这样可自然地降低混凝土内部的水化热温升及内表温差,同时,在实施其他温控方案时也可使温控的效果更明显、更好。

在桥梁承台大体积混凝土的浇筑中,一般通过分层使承台一次浇筑的厚度不超过3m。

14. 温度控制的其他技术

在大体积混凝土施工中,加强混凝土施工各环节的质量管理,能使温度控制达到更好的效果。例如，制定合理的混凝土振捣方式，避免混凝土出现离析现象，保证混凝土质量均匀，使混凝土内的温度均匀，从而防止因水泥集中而造成的局部高水化热这一不利现象的产生。

3.10.5　混凝土温度和温度应力监测

混凝土温控的对象是温度和温度应力。通过对温度和温度应力的监测，可以掌握温控过程中温度与温度应力的实际状况，为温控分析和施工工艺的选择提供必要的依据。

在温度控制中，对混凝土各组材料的初始温度、水化热试验的温度、搅拌时的拌和温度、入模温度、浇筑温度、养护温度及养护时的环境温度等的测量都是比较容易的工作，但对混凝土内部的温度和温度应力的测量则是难度很大的工作。

混凝土内温度和温度应力监测的主要工作是：布置测点、确定测量时间及次数等。在监测工作中，应选择并布置合适的温度和温度应力测点，并合理地确定测温延续时间、次数及应力测量时间，以使温度和温度应力监测结果能够真实、全面地反映混凝土的温度和温度应力情况。

温度和温度应力测点应有代表性。在竖面上，上、中、下、底、表均应有测点；在平面上，中、边、侧也均应有测点。另外，对于一些特殊部位，如结构薄弱位置、突变位置等也应有测点。

混凝土测温时间目前尚未具体的规定，但应该注意到混凝土具有初期升温较快的特点。混凝土内部的温升，主要集中在浇筑后的3～5d，一般在3d之内温升可达到或接近最高峰值。另外，混凝土内部的最大温升，是随着结构物厚度的增加而增大的。

基于上述情况，在厚度较大(大于2m)和重要的工程上，混凝土的测温延续时间一般不宜少于15d，最好积累28d的温度记录，以便与试块强度一起作为温度应力分析时的参考资料；对于厚度较小的和一般性的工程，测温的延续时间多数定为9～12d。测温时间过短，将达不到温度控制和监测的目的。

在混凝土施工过程中，宜每隔4h测量一次原材料温度、拌和温度、冷却水温度及环境气温。浇筑温度每天测温的间隔时间，宜控制在1～2h内。

应力测量主要是对温度控制的效果进行检验和验证，应在温升、最高温、温降阶段进行。在温度最高和温降最快的几天时间内应每1～2h测量一次，因为这段时间内，混凝土的温度达到最大或降温最快，而且混凝土也已达到了一定强度，因而温度应力也将达到最大，混凝土内受力达到最不利的情况。

3.11　主墩承台混凝土施工

建在大海上的斜拉桥，其基础的体积较其他桥梁的基础体积要大一些。对混凝土的温度控制，根据混凝土体积的大小及对裂缝限制的程度，一般可分为两种情况。

一种情况是混凝土体积不是很大，或可以相对放宽温控要求。如水下封底混凝土、规模较小的边墩承台等大体积混凝土的温控，一般可采用本章3.10节所介绍的混凝土原材料的选择、配合比的确定及混凝土的保温等温控技术和温控方法进行温度控制。

另一种情况是体积很大、对裂缝限制较严格的混凝土的温控，如索塔的大规模承台等大体积混凝土的温控。这种情况应该进行温控分析和计算，在温控计算的基础上提出温差及温度控制指标，并根据实际情况、温控分析和计算的结果，以及3.10节中的温控要求，采取控制混凝土原材料选择、混凝土配合比确定、混凝土内部的降温、混凝土外部的覆盖保温、混凝土表面的蓄水隔热等技术措施，进行严格的温度控制。

主通航孔桥梁承台的长与宽为49.8m×27.4m，厚为6m，体积约达8 200m^3。承台顶面高程为4.00m，承台底高程为－2.00m，位于每天涨落潮各两次的海洋环境中，平均海平面0.23～0.30m，平均高潮位1.66～1.86m，平均低潮位－1.34～1.11m，最大潮差4.70～5.14m，平均潮差2.77～3.20m。承台处于干湿交替的环境，为了阻止海水中的氯离子侵蚀，对就地现浇的混凝土，必须采取措施解决水化热及随之引起的体积变形问题，以最大限度地防止混凝土开裂。主通航孔桥梁的承台属典型的大体积混凝土，其混凝土温控技术的应用是在海洋环境中工程施工的创新。

主通航孔桥梁承台混凝土的施工是在蜂窝式自浮钢套箱内完成的。这是在海上浇筑大体积混凝土特定的一个施工环境。根据蜂窝式自浮钢套箱的特点，制定了 8 200m^3 混凝土浇筑的施工工艺。

首先，依据对承台混凝土耐久性设计的要求，采用高性能海工混凝土，把混凝土的强度等级、混凝土氯离子扩散系数、电通量指标作为耐久性指标。但高性能混凝土的施工措施不当极易产生裂缝，因而必须处理好大体积混凝土面临的温差裂缝问题。从表面上看，采用高性能海工混凝土和混凝土的温差裂缝是一对矛盾，可从本质上分析控制混凝土的温差裂缝也是混凝土耐久性的一个重要方面，两者的目标是一致的。大体积混凝土的材料设计，不能单纯从“大体积混凝土”这一角度出发，必须从耐久性的角度进行总体设计。首先对“大体积混凝土”进行温度控制时要考虑到高性能海工混凝土的特点；其次，对 8 200m^3 混凝土浇筑制定一次浇筑完成的方案；再者，在养护方案中不设冷却水管散热，充分利用承台四周蜂窝式自浮钢套箱的两个密封水仓，采用覆盖蓄温养护结合蓄水保温的养护方法。

3.11.1　大体积混凝土热传导原理

大体积混凝土热传导原理，在朱伯芳院士编写的《大体积混凝土温度应力与温度控制》中有精辟的阐述。

设在水泥水化热作用下，单位时间单位体积放出热量为 Q，则在体积 $dxdydz$ 内单位时间发出的热量为 $Qdxdydz$。在时间 $d\tau$ 内，此六面体的单位体积由于温度升高所吸收的热量为 $c\rho\frac{\partial T}{\partial \tau}d\tau dxdydz$。

根据热量的平衡条件，温度升高所吸收的热量必须等于从外面流入的净热量与内部水化热之和，即：

$$c\rho\frac{\partial T}{\partial \tau}d\tau dxdydz=\left[\lambda\left(\frac{\partial^2 T}{\partial x^2}+\frac{\partial^2 T}{\partial y^2}+\frac{\partial^2 T}{\partial z^2}\right)+Q\right]d\tau dxdydz \tag{8.3.11.1}$$

式中：c——混凝土的比热[kJ/(kg·℃)]；

ρ——混凝土的密度(kg/m^3)；

$\frac{\partial T}{\partial \tau}$——混凝土温度场对时间的变化率；

λ——导热系数[kJ/(m·h·℃)]；

$\frac{\partial T}{\partial x}$——$x$ 方向的温度梯度；

$\frac{\partial T}{\partial y}$——$y$ 方向的温度梯度；

$\frac{\partial T}{\partial z}$——$z$ 方向的温度梯度。

化简后得热传导方程如下：

$$\frac{\partial T}{\partial \tau}=\alpha\left(\frac{\partial^2 T}{\partial x^2}+\frac{\partial^2 T}{\partial y^2}+\frac{\partial^2 T}{\partial z^2}\right)+\frac{Q}{c\rho} \tag{8.3.11.2}$$

式中：α——导温系数(m^2/h)，$\alpha=\lambda/c\rho$。

由于水化热作用，在绝热条件下混凝土的温度上升速度为：

$$\frac{\partial \theta}{\partial \tau}=\frac{Q}{c\rho}=\frac{Wq}{c\rho} \tag{8.3.11.3}$$

式中：θ——混凝土的绝热温升(℃)；

W——水泥用量(kg/m^3)；

q——单位质量水泥在单位时间内放出的水化热[kJ/(kg·h)]。

据此，热传导方程可改写为：

$$\frac{\partial T}{\partial \tau} = \alpha\left(\frac{\partial^2 T}{\partial x^2} + \frac{\partial^2 T}{\partial y^2} + \frac{\partial^2 T}{\partial z^2}\right) + \frac{Wq}{c\rho} \quad (8.3.11.4)$$

热传导方程建立了物体的温度与时间、空间的关系，但满足热传导方程的解有无限多个，为了确定需要的温度场，还必须知道初始条件和边界条件。初始条件为在初始瞬时物体内部的温度分布规律；边界条件为混凝土表面与周围介质（如空气或水）之间温度相互作用的规律。初始条件和边界条件合称边值条件（或定值条件）。

1. 初始条件

在初始瞬时，温度场是坐标(x,y,z)的已知函数$T_0(x,y,z)$，即当$\tau=0$时有：

$$T(x,y,z,0) = T_0(x,y,z) \quad (8.3.11.5)$$

计算中初始瞬时的温度分布一般认为是常数，即当$\tau=0$时：

$$T(x,y,z,0) = T_0 = \text{常数} = \text{混凝土入模温度}$$

在新老混凝土的接触面上，初始温度往往是不连续的，编制计算程序时应予以考虑。

2. 边界条件

边界条件应根据混凝土浇筑现场实际环境和结构形式来确定，如混凝土与水接触，表面温度等于已知水温，就是一个边界条件。当混凝土与空气接触时，其边界条件应根据现场环境分析确定。当浇筑的混凝土受到结构对它的约束时，应确定约束形式作为边界条件。

3.11.2　主墩承台混凝土施工温度控制研究

为了确保拟定的主墩承台混凝土浇筑方案的可靠性，采用 MIDAS 的施工阶段水化热分析软件，对主墩承台大体积混凝土施工温度控制进行分析。在分析过程中，针对浇筑方法（一次浇筑和二次浇筑）、混凝土中掺入的外加剂、混凝土养护条件这三个主要因素进行计算。

混凝土水化热的计算仍采用指数表达式，即式(8.3.10.4)：

$$Q(\tau) = Q_0(1 - e^{-m\tau})$$

混凝土表面保温材料的热阻按下式计算：

$$R = \sum h_i/\lambda_i + 1/\beta_i \quad (8.3.11.6)$$

式中：h_i——各保温层的厚度；

λ_i——各保温层的导热系数；

β_i——最外面保温层与空气间的放热系数。

则混凝土表面向周围介质放热的总放热系数：

$$\beta_z = \frac{1}{R} \quad (8.3.11.7)$$

图 8.3.11.1 所示是建立的承台水化热分析模型。考虑到对称性，计算模型取承台的四分之一。

承台单元划分采用映射法，四分之一承台共划分 9 568 个六面体单元。桩单元划分同样采用六面体单元，并考虑桩与土的共同作用。边界条件为桩端固结，桩与承台之间变形协调。

1. 混凝土采用一次浇筑工艺的温度控制与温度应力分析

承台混凝土材料为高性能海工混凝土，在混凝土的级配中掺入了高性能混凝土所需的复合添加剂。采取一次浇筑的施工方案，计算分析内容分两部分：一是不考虑收缩徐变的影响；二是考察混凝土收缩徐变对混凝土温度应力的影响。通过计算分析，了解了承台在施工期间高性能混凝土的收缩徐变值的大小，为调整高性能混凝土的性能提供参考数据。

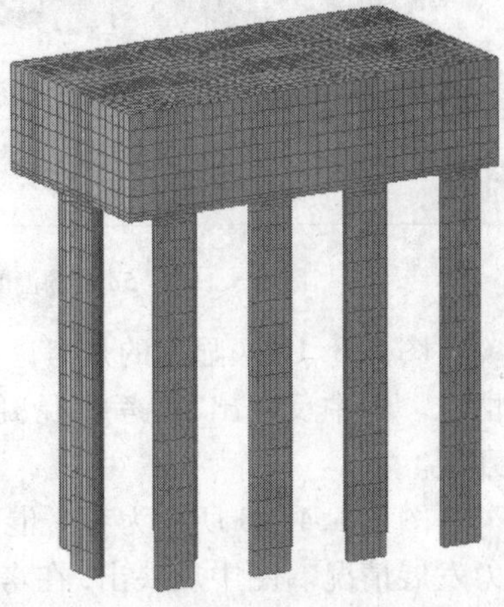

图 8.3.11.1　承台水化热分析模型

(1)不考虑收缩徐变

在不考虑收缩徐变的情况下,5d 后混凝土内部最高温度为 66℃,见图 8.3.11.2。在混凝土浇筑 10d 后,混凝土最大拉应力为 2.7MPa,见图 8.3.11.3。

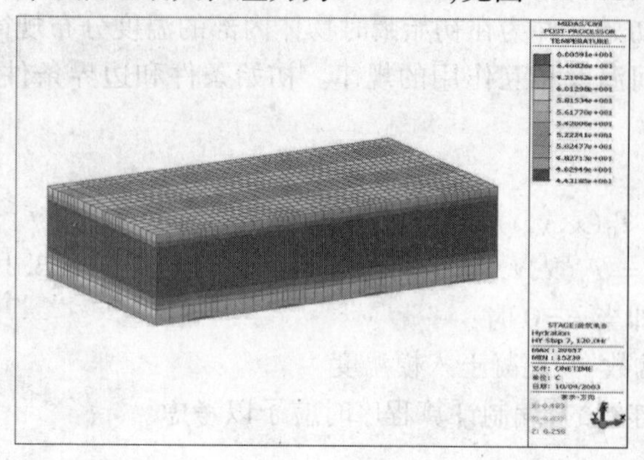

图 8.3.11.2　5d 后的温度分布情况

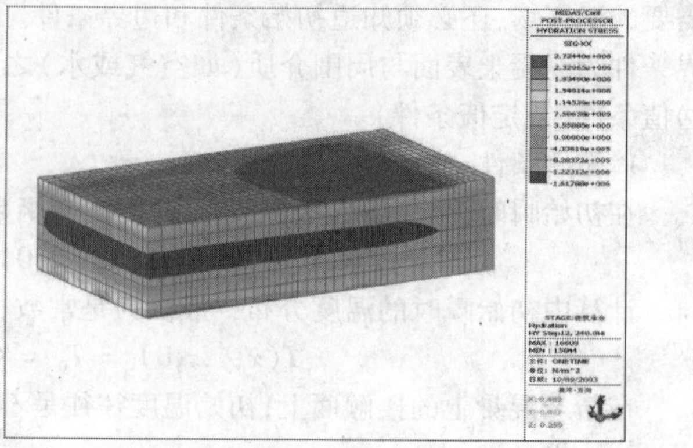

图 8.3.11.3　10d 后 x 方向的应力分布情况

图 8.3.11.4 所示为混凝土极限容许拉应力随时间增长的关系。图中反映出,在不考虑混凝土的收缩徐变时,混凝土顶面的应力还小于容许应力,混凝土还没产生裂缝。

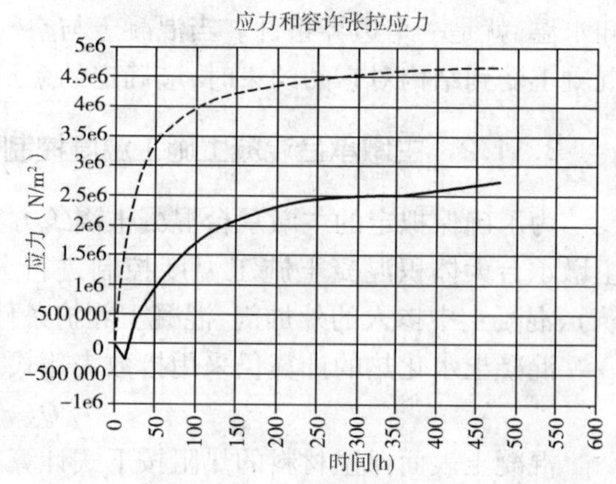

图 8.3.11.4　顶面中心点的应力发展情况(虚线为允许应力)

(2)考虑收缩徐变

在考虑收缩徐变的情况下,计算得到 5d 后混凝土内部最高温度仍为 66℃,与不考虑收缩徐变时相同。混凝土内的温度增长与混凝土收缩徐变无关,见图 8.3.11.5。在混凝土浇筑 10d 后的混凝土最大应力已达 7.6MPa,混凝土内温度应力与不考虑收缩徐变时相比增长幅度较大,见图 8.3.11.6。

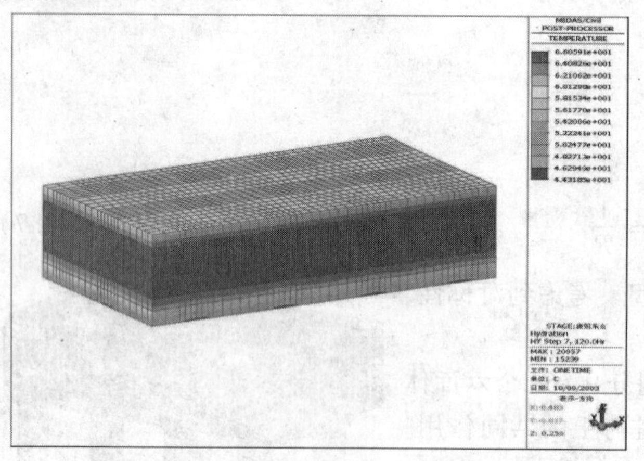

图 8.3.11.5　5d 后的温度分布情况

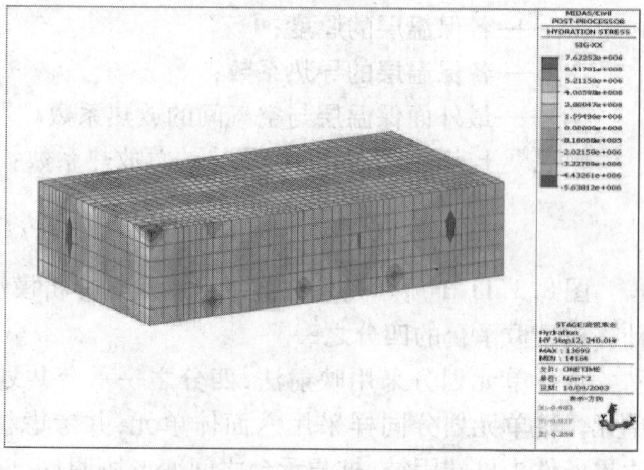

图 8.3.11.6　10d 后 x 方向的应力分布情况

图 8.3.11.7 显示的是考虑混凝土收缩徐变,在混凝土浇筑 10d 后混凝土顶面中心点的应力发展情况。图中反映出,在考虑混凝土的收缩徐变时,混凝土的顶面的应力已大于容许应力,混凝土已开裂。

图 8.3.11.8 所示为考虑混凝土收缩徐变时,混凝土浇筑 10d 后为离底面 5m 高平面中心点的应力发展情况。图中反映出,在考虑混凝土的收缩徐变时,离底面 5m 处混凝土的应力也已大于容许应力。

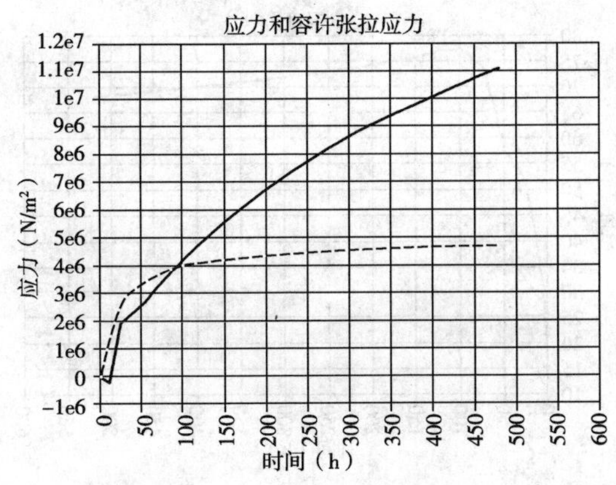

图8.3.11.7　顶面中心点的应力发展情况（虚线为允许应力）

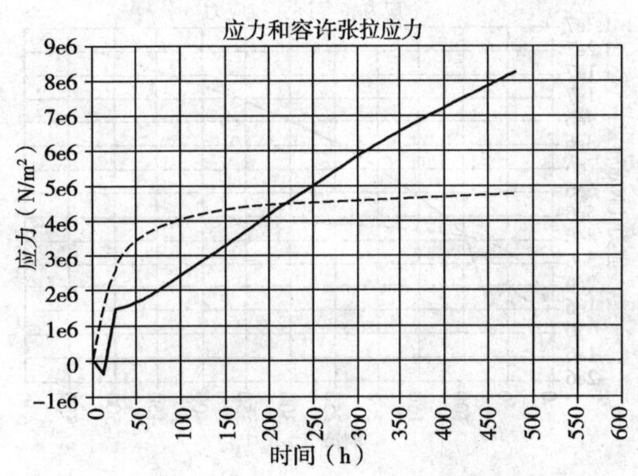

图8.3.11.8　离底面5m高平面中心点的应力发展情况（虚线为允许应力）

从考虑收缩徐变与不考虑收缩徐变的比较情况来看，考虑了收缩徐变以后混凝土温度应力值有了明显的增大，特别是后期的应力值远远超出了容许应力的范围，混凝土收缩徐变产生的应力变化是不可忽视的。因此要采取合理材料改善混凝土配合比，减小混凝土收缩值，为此，不在混凝土中掺入硅粉，以降低混凝土收缩应力。依据表8.3.11.1和表8.3.11.2两种承台混凝土的配合比，进行了混凝土收缩试验，试验证明不掺入硅粉的混凝土收缩值要小得多，见表8.3.11.3和表8.3.11.4。

承台混凝土掺入硅粉的配合比　　表8.3.11.1

材料名称	水泥	粉煤灰	矿粉	硅粉	黄沙	碎石	自来水	外加剂
用量（kg/m³）	140	160	140	20	705	1 000	150	5.52

承台混凝土不掺入硅粉的配合比　　表8.3.11.2

材料名称	水泥	粉煤灰	矿粉	硅粉	黄沙	碎石	自来水	外加剂
用量（kg/m³）	160	160	140	—	705	1 000	150	5.52

承台混凝土掺入硅粉配合比的收缩值　　表8.3.11.3

龄期（d）	1	3	7	14	28	90
收缩值（$\times 10^{-6}$）	86.67	120.67	172.67	240	306	470

承台混凝土不掺入硅粉配合比的收缩值　　表8.3.11.4

龄期（d）	1	3	7	14	28	60
收缩值（$\times 10^{-6}$）	71.27	89.45	155.67	216.01	236.1	337.21

2. 混凝土采取两次浇筑工艺的温度控制与温度应力分析

主通航孔桥梁承台混凝土是采取一次浇筑工艺还是两次浇筑施工，混凝土在施工期间的温度与温度应力的变化与一次浇筑的施工工艺有多大的差异，这需要有一个定量的了解。为此，对混凝土分两次浇筑的温度控制与温度应力进行分析。把两次浇筑的工作界面分为两层，每一层的厚度为3m，施工分为两种工况：一种工况是两次浇筑中间隔2d；另一种工况是两次浇筑中间隔7d。分析的过程如下所述。

（1）两次浇筑中间隔2d

在施工第一层混凝土后间隔2d再浇筑第二层混凝土，计算分析得出，在第二层混凝土浇筑完成5d后，两层混凝土的接触面温度达到77℃，比一次浇筑的施工工艺的温度升高；在浇筑完第二层混凝土10d后，混凝土最大的拉应力达10MPa。拉应力比一次浇筑的施工工艺增幅还要高。

图8.3.11.9所示为计算得到的两层交界面中心点的应力发展情况，在混凝土浇筑（100多小时）约5d后，混凝土的应力已大于极限容许拉应力。图8.3.11.10显示的是计算得到的随着时间的增加两层交界面中心点的温度发展情况。

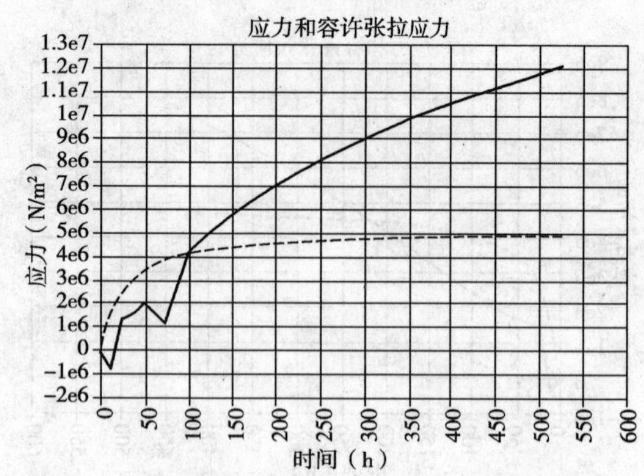

图 8.3.11.9　两层交界面中心点的应力发展情况

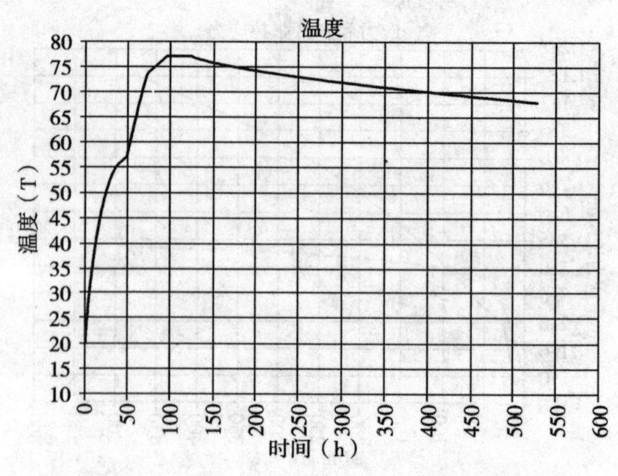

图 8.3.11.10　两层交界面中心点的温度发展情况

（2）二次浇筑间隔 7d

在施工第一层混凝土后间隔 7d 再浇筑第二层混凝土，计算得出，在第二层混凝土浇筑完成 10d 之后，两层混凝土接触面的温度达到 71℃，比两次浇筑间隔 2d 的施工工艺温度略有下降，但比一次浇筑的温度升高；在混凝土浇筑 20d 后局部的最大的拉应力为 12MPa。

图 8.3.11.11 显示的是计算得出的两层交界面中心点的应力发展情况，在混凝土浇筑（100 多小时）约 5d 后，混凝土的应力已大于极限允许拉应力；在第二层混凝土浇筑之前应力略有下降，第二层混凝土浇筑完成后混凝土应力再次升高。图 8.3.11.12 是承台混凝土两次浇筑分析得出的两层交界面中心点随时间变化的温度发展情况。

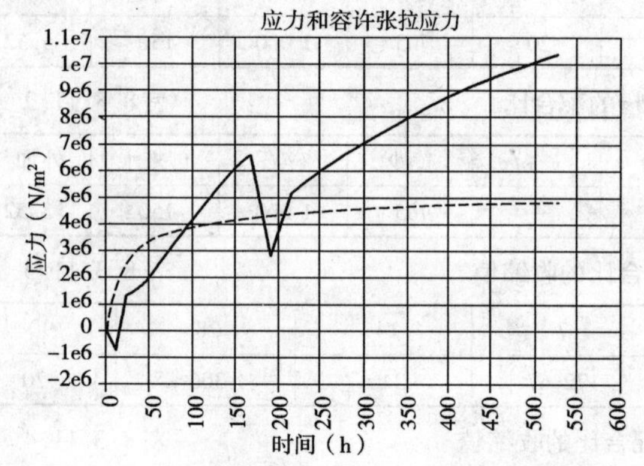

图 8.3.11.11　两层交界面中心点的应力发展情况（虚线为允许应力）

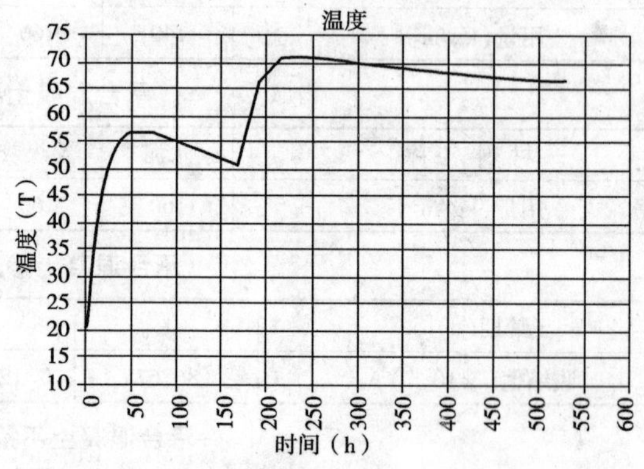

图 8.3.11.12　两层交界面中心点的温度发展情况

由上述不同时间间隔浇筑方案的比较可以看出，两次浇筑带来的问题是交界面上的温升很高，如浇筑间隔 2d 的混凝土交界面上温度达到了 77℃左右，而一次性浇筑的最高温度也只有 66℃左右。若采用间隔 7d 的方案，经过了 7d 养护后第一层混凝土的温度已降下来，同时其强度、弹性模量以及收缩也得到了一定的发展，此时再浇筑第二层混凝土，由于两层混凝土的强度、弹性模量及收缩发展情况差别较大，第二层混凝土必然会受到第一层混凝土较大的约束作用，导致混凝土的约束应力较大。

经过一次浇筑和两次浇筑的比较，确定主墩承台混凝土采用一次浇筑工艺。

3.11.3　功能型复合外掺料的水化热

高性能海工混凝土材料的选择和级配都与常规混凝土有很大的不同，并需在混凝土材料的级配中添加多种功能型复合外掺料量，故值得分析研究。

根据式（8.3.10.8），混凝土绝热温升计算公式：

$$T_{\tau} = \frac{Q(\tau)(\omega + KF)}{c\rho}$$

下面对外掺料不同的掺和量所产生的水化热进行分析比较。

粉煤灰对水泥水化热和混凝土温升有较大影响。随着粉煤灰掺量的增加水化热逐渐下降，在水泥中掺入不同量粉煤灰在3d和7d时间内产生的水化热见表8.3.11.5。

粉煤灰对水化热的影响　　表8.3.11.5

水泥:粉煤灰	水化热		
	3d	7d	%
100:0	208.0	251.6	100
80:20	156.2	203.1	80.7
60:40	151.6	174.2	69.2
40:60	113.5	132.7	52.7
20:80	65.3	80.0	31.7
0:100	11.7	20.5	8.1

由表8.3.11.5可知，随着粉煤灰掺量的增加，3d、7d水化热都比未掺时有显著地下降。国内外大量试验研究和工程实践表明，粉煤灰的加入，可以降低混凝土中的水化热，减小绝热条件下的温度升高。经大致计算，掺加20%的粉煤灰，即可降低20%左右的水化热。从微观结构分析，未掺粉煤灰的水泥浆体7d龄期可观察到大量结晶完好的$Ca(OH)_2$晶体，而在相同龄期掺30%粉煤灰的浆体中，$Ca(OH)_2$晶体的量较少，结晶程度也差，粉煤灰表面活性反应物也少，说明水泥水化产物$Ca(OH)_2$对粉煤灰活性的激发需要一定的时间，粉煤灰的活性需要一定的龄期才能得到发挥。由于粉煤灰水化的滞后性，使得混凝土内水化热得到降低和延迟。

同样，矿渣微粉也能使水泥早期水化热明显降低，峰温也得到延迟。矿渣微粉对水泥水化热的影响见表8.3.11.6。

矿粉对水化热的影响　　表8.3.11.6

水泥品种	水泥:矿粉	水化热		峰温(℃)	峰温出现时间(h)
		3d	7d		
42.5P	100:0	243	272	33	11
42.5P	50:50	226	280	29.3	21
42.5P	30:70	209	243	28.7	25
42.5PS	100:0	247	280	37.5	15

从表8.3.11.6可以得出：

(1)水泥与矿粉之比为50:50的42.5P水泥7d水化热与纯42.5PS矿渣硅酸盐水泥相同，而3d的水化热比纯42.5P和纯42.3PS要低；水泥与矿粉之比为30:70的42.5P试件3d和7d水化热比纯42.5P和纯42.5PS水泥都低。这表明矿渣微粉的掺量只有达到胶凝总量的70%才能明显降低早期水化热；

(2)从峰温值看，水泥:矿粉之比为50:50和30:70试件水化热引起的峰温比纯水泥都要低；

(3)从峰温出现时间来分析，水泥:矿粉之比为50:50和30:70的试件，峰温出现的时间比纯水泥要推迟6~10h。

上述两项试验说明，粉煤灰和矿粉作为掺和料都参与了水泥的水化，只不过矿粉的水化速度比粉煤灰要快；从掺量上分析低掺量的粉煤灰无论3d、7d都使水化热降低，但矿粉要在70%以上掺量时，7d水化热才能降低，这从另一方面说明矿渣微粉的水化速度比粉煤灰快。两者在降低峰温和推迟峰温出现的时间上都起到了积极的作用。

矿粉、粉煤灰、硅灰等掺入混凝土中都起到火山灰活性作用，而功能型复和掺和料在混凝土中掺入后，通过水化反应在复合胶凝体系中互相激发产生复合胶凝效应。水泥中的熟料总是首先水化，生成

CHS 和 CH,CH 和水泥中的石膏又对矿粉、粉煤灰及硅灰的水化起激发作用。对硅灰而言,由于其水化活性、表面能较矿粉和粉煤灰大,水化反应快,有助于 CHS 混凝土凝胶的增加;对矿粉而言,析出的 CaO 又可激发粉煤灰的活性,从而促进粉煤灰颗粒中铝、硅的溶解,使水化液体中铝、硅的浓度增加,这又可加速矿粉和硅灰的水化过程。因此,只要复合外掺料比例得当,功能型外掺料在混凝土中的叠加效应一定能满足工程设计要求。

3.11.4 混凝土配合比确定

在确立了耐久性指标为首要条件的基础上,根据功能型复合掺和料在抵抗氯离子侵蚀和降低早期水化热、延迟峰温出现方面所具有的突出效应,结合 8 200m^3 承台大体积混凝土一次浇筑施工方案,混凝土必须在初凝之前连续浇筑完成,因此,8 200m^3 承台大体积混凝土使用的外加剂初凝时间必须大于 16h。考虑到掺入硅粉对混凝土收缩值有较大的影响,在满足混凝土强度与耐久性指标的前提下,8 200m^3 承台混凝土级配中不掺入硅粉。主墩承台混凝土配合见表 8.3.11.7。

主墩承台混凝土配合比(单位:kg)　　表 8.3.11.7

部　位	水　泥	掺　合　料		砂	石 5~25mm	水	外加剂
		粉煤灰	矿粉				
承台	132	308		759	1 047	147	4.48

3.11.5 承台混凝土的养护工艺

主通航孔桥梁承台混凝土养护分两部分,一是承台四周的养护,二是承台表面的养护。承台四周利用钢套箱四周的密封舱进行蓄温养护,承台顶面进行草袋覆盖保湿养护。

1. 大体积海工混凝土在钢套箱的养护工艺

在承台施工过程中,钢套箱是包裹在承台外面的,钢套箱外形尺寸为:54.2m×33.8m×12.8m。钢套箱由外围一圈密封舱和内腔组成,内腔平面尺寸为:50.2m×27.8m×11.0m,四周密封舱横桥向为 2m 宽,顺桥向为 3m,见图 8.3.11.13。钢套箱剖面见图 8.3.11.14。

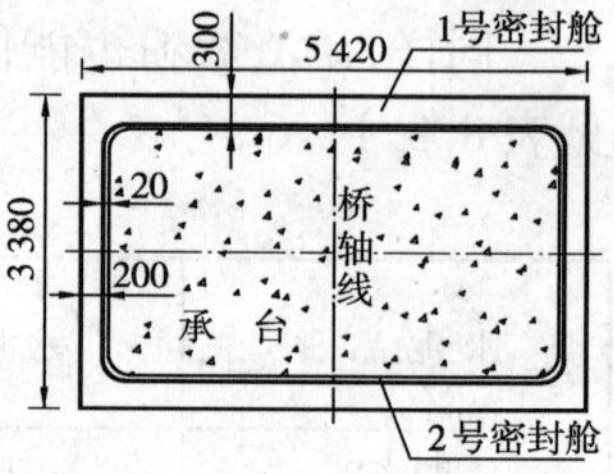

图 8.3.11.13　钢套箱外形平面尺寸(尺寸单位:cm)

钢套箱四周密封舱内外两层隔离钢板厚 $d=18$mm,竖直方向均无任何开孔,为密封隔离舱。1 号密封舱是钢套箱结构设计的压水舱;2 号密封舱是承台结构与钢套箱内腔壁之间形成的 20cm 空隙。以上两个密封舱均在承台混凝土蓄温养护中起到了很好的作用。

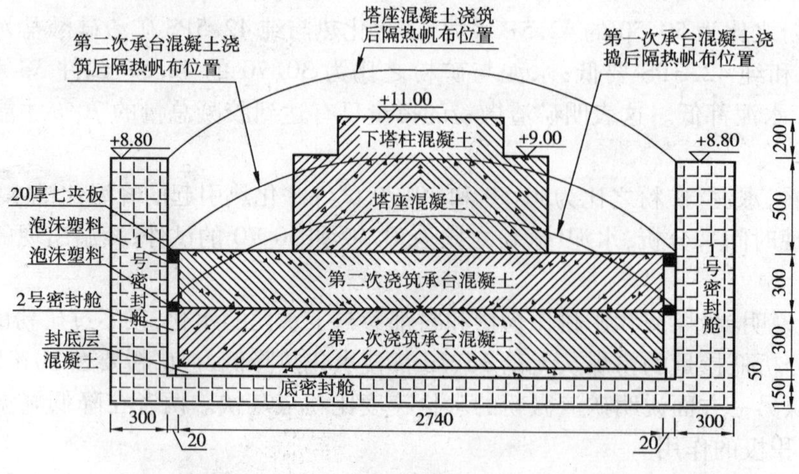

图 8.3.11.14　钢套箱剖面(尺寸单位:cm)

2. 采用钢套箱蓄温养护的优点

利用内外两层隔离舱对承台混凝土进行保温，关键是2号密封舱要起到保温效果。但若仅有2号密封舱结构，外界大气可以通过钢板（隔舱壁）进行导热散热，故在2号密封舱之外再形成1号密封舱，使2号密封舱的散热梯度大大减小，在同量散热的情况下，赢得了时间和温差控制效果。如内外温差还没达到控制要求，可在1号密封舱内侧放置太阳灯具烘照加热隔舱钢板，通过加热的隔舱钢板对2号密封舱内的静止空气增温。

3. 承台顶表面的养护工艺

承台顶表面采用覆盖保湿养护的方法。覆盖保湿层采用铺设草袋洒水，并对铺设草袋的厚度进行了分析计算。计算结果表明，在承台顶面铺2cm草袋时，3d后承台顶面混凝土的拉应力便达到混凝土容许拉应力，见图8.3.11.15；在承台顶面铺8cm草袋时，承台顶面混凝土的拉应力不可能达到混凝土容许拉应力，见图8.3.11.16。

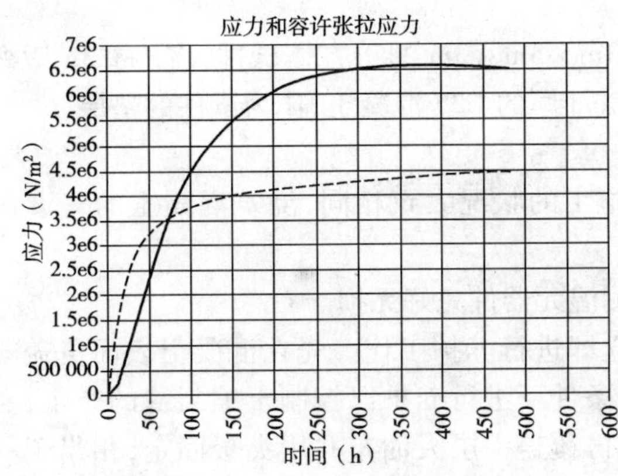

图8.3.11.15　承台顶面铺2cm草袋，顶面中心点的应力发展情况（虚线为允许应力）

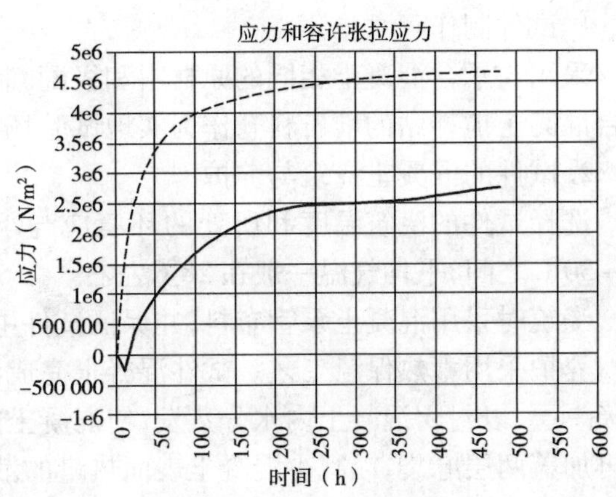

图8.3.11.16　承台顶面铺8cm草袋，顶面中心点的应力发展情况（虚线为允许应力）

从上面的比较可以看出，当混凝土表面的养护条件改善后，顶面中心点的应力发展得到了较好的控制，始终保持在容许应力以下。这说明，通过选择保温性能好的材料进行养护，可以有效地控制混凝土表面裂缝的出现。

3.11.6　工程实施难点

为使外蓄法起到较好的蓄温效果，需对外蓄法养护工艺进行细致的分析和安排，其中承台混凝土外表温度控制效果和承台在养护期间的收缩控制为两个关键。

1. 承台混凝土外表温度控制

承台混凝土外表温度测点位于承台顶、底、侧面内5cm左右的部位。这个部位由于外表混凝土覆盖层较薄容易散热，而承台中心由于周围混凝土体积较大则不容易散热。因此，若不对外表温度进行控制，就会形成较大的内外温差，并使温降梯度增大；相反，如控制好混凝土表面温度，就能延缓混凝土的收缩和散热时间过程，使混凝土能在缓慢的散热过程中获得必要的强度来抵抗温度应力。

2. 承台养护期间的收缩控制

承台采用了高性能海工混凝土，其配合比中水泥与粉煤灰掺量的比例接近于1∶2.3（132kg），考虑到粉料掺量较多，如不对混凝土的收缩变形加以有效控制，将直接影响到混凝土收缩应力的控制。因此，应尽量降低收缩变形的速度，使它缓慢地变化，充分发挥混凝土的徐变特性，有效地消减约束应力，使混凝土约束应力小于相应龄期的抗拉强度。

3. 满足工期要求

由于承台混凝土采用了外蓄法养护，没有采用在混凝土内部降温的措施，故承台中心点温度不可能在短时期内降下来，因此需控制外表温度也不能很快降下来，否则会造成较大的内外温差。承台养护达到内外温度稳定的时间，温差控制有效时间段的长短，是关系到承台上部结构后续施工的关键。

3.11.7 模型试验

东海大桥大体积混凝土施工是国内首次在海洋环境中进行的桥梁大体积混凝土施工。为了确保工程实施的成功，解决工程实施中的技术难点，模型试验是一种有效的方法。通过模型试验能获得在施工、养护过程中的温度、温差、温度应力及与实际施工状况相似的资料。模型试验就设在现场，完全符合实际施工环境，模拟承台各种施工条件并进行模型试件的检测试验，获得混凝土的温度、温差及温度应力（裂缝）等检测资料。

除了实物模型试验之外，还采用 MIDAS 的水化热分析软件对模型试件的试验工况进行计算和分析，将计算结果与模型试件的检测数据进行对比分析，为承台大体积混凝土施工提供指导意见。

1. 试件制作

采用与承台混凝土相同的原材料和级配，制作一个 3m × 3m × 3m 的正方体试件，将 PM335 墩海上平台混凝土搅拌站的堆石料仓作为实地试验场。铺设 20cm 厚的 C25 混凝土，作为试件的垫层。

2. 试件的混凝土浇筑与养护

选择试件的浇筑温度和所处的环境应与承台实际施工的状况大致相同，浇筑混凝土的气温应在 26 ~ 30℃之间，平均气温一般在 28℃左右。

浇筑时采用混凝土泵管布料，并保证试件中布设的测温元器件完好无损。

养护采用蓄热保温工艺。试件混凝土完成浇筑后，立即进行养护工作。先在混凝土表面覆盖塑料薄膜一层，以封闭混凝土内水分蒸发，使混凝土能在潮湿条件下进行养护以控制干缩裂缝的产生；在其上再加盖两层麻袋，以减少混凝土表面热量的散发；最后再覆盖一层大油布并用夹板固定，相当于一个密封舱。覆盖油布距离试件 0.8m 左右，同时能防止外部雨水渗透。在保温保湿的条件下，加快混凝土强度的发展，提高混凝土的早期强度，从而确保混凝土内表温差不突破控制值。在养护过程中，还对试件的侧面进行不间断地洒水，以维持湿润养护。

若试件内外温差超过 25℃，可以采用在试件顶部全面积覆盖一层油布的保温方法和在侧模进行"碘钨灯"烘照蓄温的方法进行养护，以控制试件内外温差。

3. 试件测温点布设和混凝土的测温

按对称性原则，在试件四分之一区域内进行布点，共布置 11 根测温轴，测点数为 77 个，混凝土外布置海洋大气、海水、套箱中心等气温测点 5 个，共计 82 个。图 8.3.11.17 所示是试件及测点平面布置。

a)模型试件模板

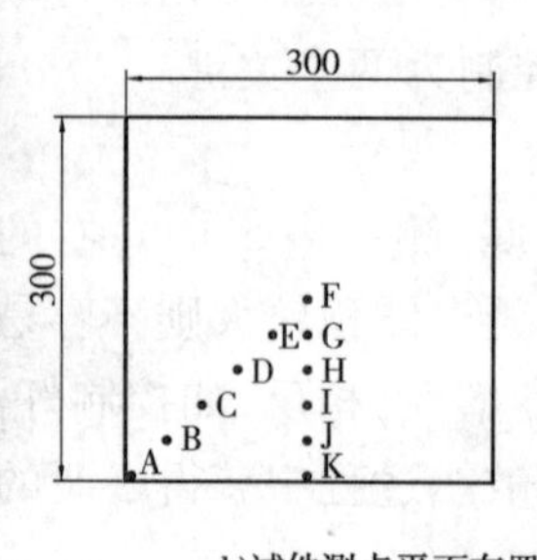

b)试件测点平面布置

c)模型试件制作

图 8.3.11.17　试件及测点平面布置（尺寸单位：cm）

采用大型温度自动测试系统和电流型精密集成电路传感器作感温元件，在混凝土浇筑和养护期间对试件的内表温度实施每天 24h 的连续监测。

4. 试件的计算分析

试件的计算模型见图 8.3.11.18，试件划分为 150 个六面体单元，试件底部采用固结形式。

计算分析时，通过模拟施工实际状况，得到了试件温升变化情况和混凝土温度应力的分布。计算结果表明,在混凝土浇筑完成5d后试件中心的温升达到72℃,见图8.3.11.19;15d后试件的最大拉应力为2MPa,见图8.3.11.20。把整个分析过程汇总后得到试件内部中心点的应力随时间变化曲线(图8.3.11.21)及试件表面中心点的应力随时间变化曲线(图8.3.11.22)。

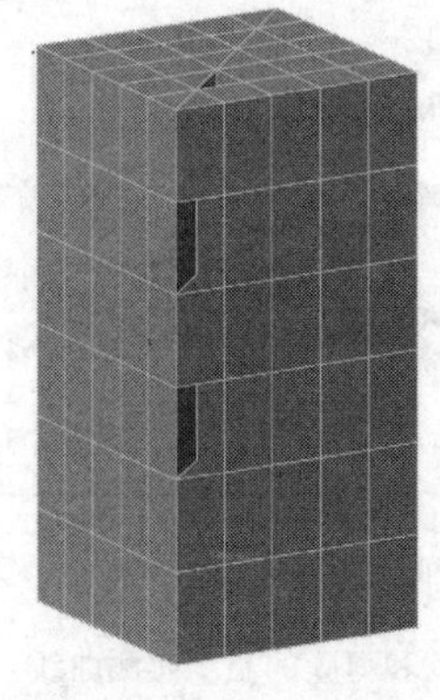

图8.3.11.18　试件计算模型

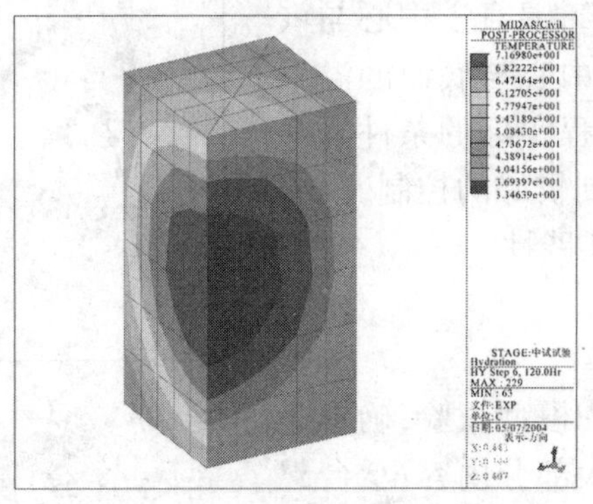

图8.3.11.19　5d后的温度分布

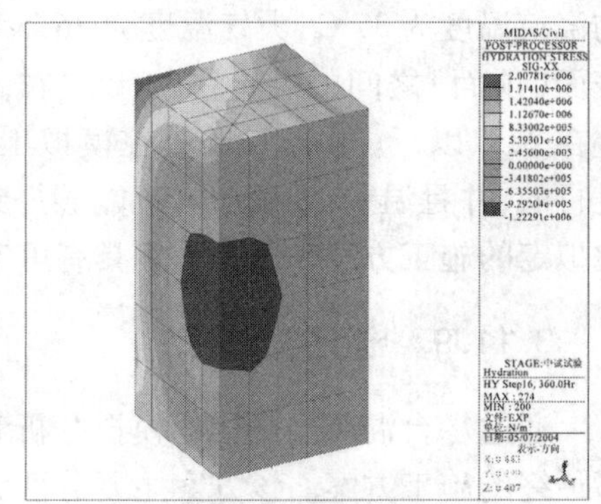

图8.3.11.20　15d时的应力分布

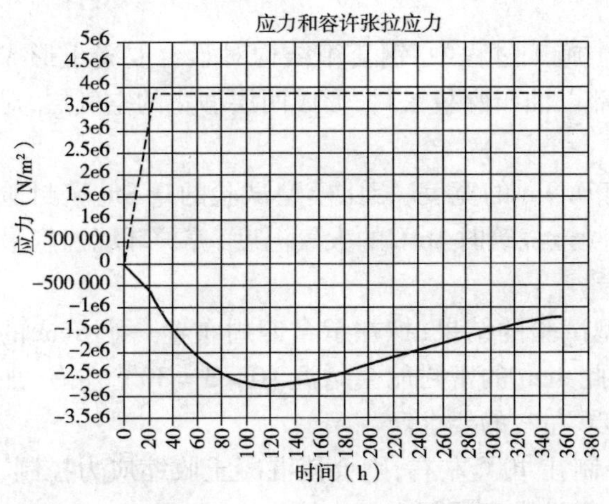

图8.3.11.21　内部中心点应力的变化情况(虚线为许用应力)

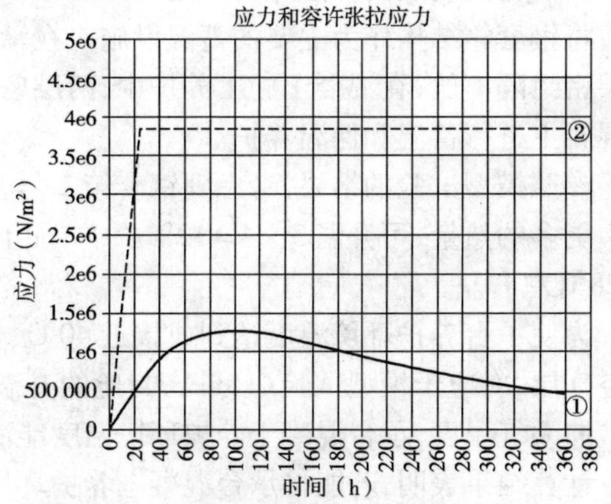

图8.3.11.22　表面中心点应力的变化情况(虚线为许用应力)

从图中可以看出,大体积混凝土由温升引起的温度应力得到了有效控制。

3.11.8　试件实测温度和理论计算结果对比

通过实际温测数据与试件计算结果对比,得到了:试件混凝土在浇筑完成之后,混凝土内部中心点的温度随时间变化的趋势(图8.3.11.23);混凝土表面中心点的温度随时间变化的趋势(图8.3.11.24);试件七个位置的感温元件,测得的混凝土温度随时间变化的趋势(图8.3.11.25)。

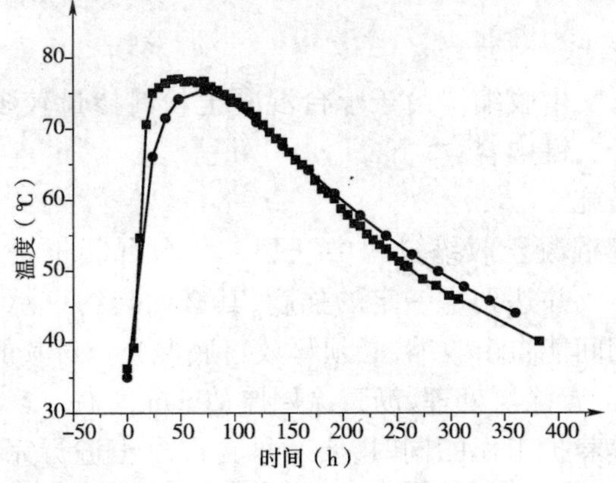

图8.3.11.23　F5点(内部中心一点)温度实测曲线与理论计算曲线的对比

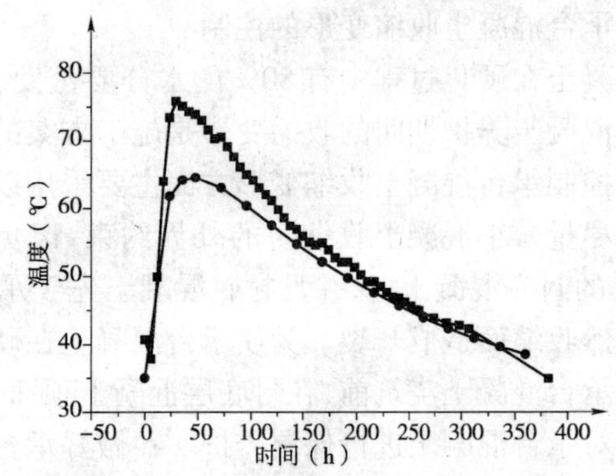

图8.3.11.24　F7点(表面中心一点)温度实测曲线与理论计算曲线的对比

由图8.3.11.23和图8.3.11.24可知，计算分析能在一定程度上反映实际温度随时间变化的趋势，其有助于对混凝土实际浇筑情况的判断。经测试，试块混凝土的浇筑温度为37℃，大气温度为36.5℃，混凝土中心与表面（顶面）之间的温差在15℃左右，中心与底面的温差在22℃以下。由于试验是在模拟工程实际的条件下进行的，并且温差、温度应力也能够得到较好的控制，因此拟定的施工方案和养护方案具有可实践性。

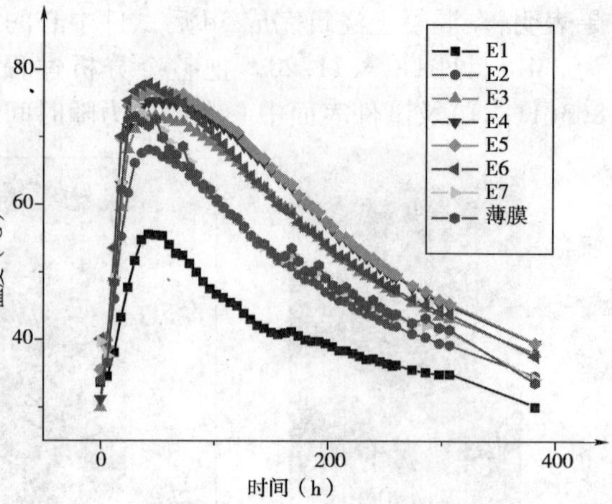

图8.3.11.25 测点E和薄膜的温度实测曲线

3.11.9 施工方案确定

通过承台混凝土施工的模拟分析和模型试验，确定了最终的施工方案。该方案主要分两大部分内容：承台混凝土内外温差的控制和承台收缩变形的控制。

1.承台混凝土内外温差的控制

将钢套箱结构作为主要的蓄温设施。在承台混凝土施工过程中，钢套箱结构对承台混凝土形成了两层密封隔离舱；在混凝土施工养护中，两层密封舱顶部以油布麻袋密封，形成两层静止的空气层，对承台混凝土进行蓄温和保温养护。

参照模型试验的结果，考虑到钢套箱2号密封舱有0.2m的宽度，相比模型试验的0.8m密封舱能集中更多的热量，可升温3×4=12℃左右，加上承台混凝土浇筑时16℃的大气温度，养护环境温度最多在28℃左右。

为使承台养护环境温度达到或接近40℃，依据模型试验的结果，拟在承台四周布置一个8cm的养护空气层，对应于模型试验0.8m密封舱的升温效果。此8cm的密封舱会增温10×3=30℃左右，加上16℃的大气温度，承台混凝土养护环境温度能满足>40℃左右的要求。

计算结果表明，若能将承台混凝土养护环境温度控制在40℃左右，则会使混凝土收缩应力控制、混凝土内外温差控制取得较好的效果，使承台混凝土收缩应力小于混凝土允许拉应力、混凝土内外温差控制在25～30℃。

由于钢套箱内2号密封舱部位的蓄热效果只能让承台混凝土养护环境温度维持在28℃的水平，离养护环境温度40℃还有12℃之差，故采取在密封舱1内侧放置太阳灯具烘照隔舱钢板的措施，通过隔舱钢板对2号密封舱内的静止空气增温。另外在承台木模板外表面敷贴一层5cm厚的塑料泡沫板，以增加承台外表混凝土的蓄热效果。通过以上措施的实施和控制，可将2号密封舱内承台混凝土养护环境温度基本控制在38℃左右，并将承台表面温度控制在54℃左右，降低了承台混凝土的综合温差，减小了混凝土的收缩应力。

2.承台混凝土收缩变形的控制

混凝土在硬化过程中有80%的水分要蒸发，随之发生收缩。由于承台混凝土粉料掺量较多，故控制承台混凝土养护期间的收缩变形是施工方案的一个关键内容。

在控制承台混凝土收缩变形方面主要采用以下措施。

①尽量减小混凝土收缩时的外界约束，以免引起混凝土收缩过程中开裂。承台混凝土是坐落在0.5m厚的封底混凝土上，并且封底混凝土先于承台完成并达到了一定的强度，其必然会约束承台混凝土的自然收缩而造成开裂。为使承台混凝土在硬化期间能自由收缩，必须释放封底混凝土对其的约束，为此在承台混凝土浇筑前，在封底层混凝土顶面进行沥青涂层处理，沥青涂层厚20mm左右。

②对承台混凝土进行保湿养护。在做好承台蓄热养护工作的同时，要对承台混凝土进行完善的保湿养护工作。承台施工的海域，空气湿度已经达到了100%，为了控制承台混凝土水化热引起的自身体积变形，从承台混凝土初凝开始，就对承台混凝土侧面和顶面进行不间断的喷雾养护。此项工作一直进

行至承台混凝土养护期结束。

3.11.10　施工方案实施

主通航孔桥梁承台位于东海大桥的里程桩号K18处，离陆地有16km之远。根据8 200m^{3}混凝土一次浇筑的施工工艺安排，这些工程量必须要求在50h内全部完成，因而必须对混凝土浇筑这一道工序作出详细而周密的实施方案，确保在实施过程中万无一失。

1. 混凝土浇筑阶段的划分

施工过程分两个阶段，高度方向两个3m段连续完成，各按高3m大斜坡一次成型。混凝土浇筑方向从承台一端移向另一端。每3h为一个工作面，施工人员换班轮休，混凝土连续浇筑46h不间断。承台混凝土浇筑流程见图8.3.11.26。

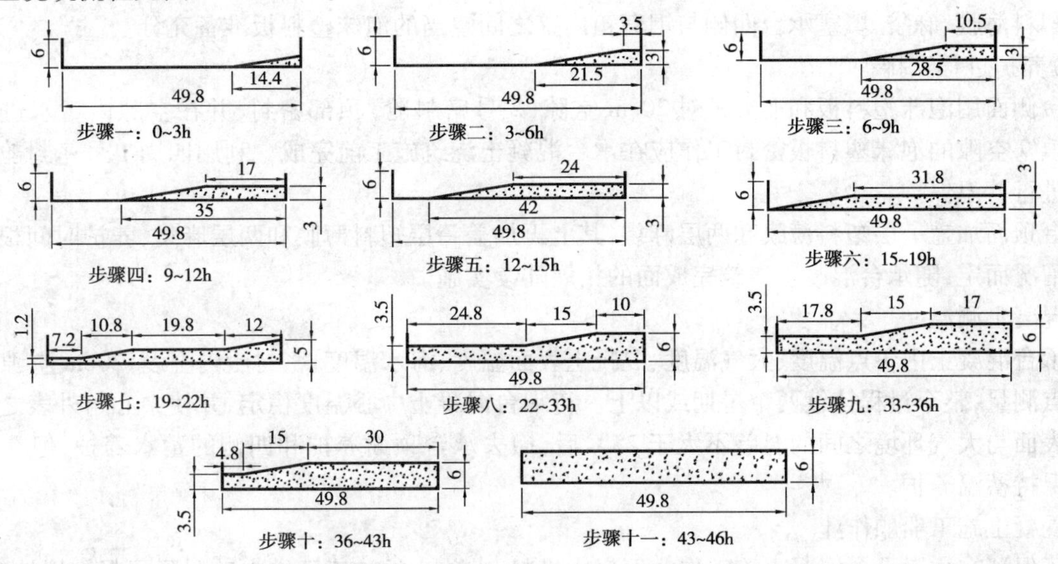

图8.3.11.26　承台混凝土浇筑流程（尺寸单位：m）

2. 材料的供应

在承台四周海面上集中的6条混凝土搅拌船和在承台施工平台上的混凝土搅拌站同时连续供料，其中3条搅拌船最大连续供方量为1 000m^3，另3条搅拌船最大连续供方量为800m^3，平台上的混凝土搅拌站最大连续供方量为1 000m^3。

在混凝土浇筑的第0～16h过程中，安排6条船（6根泵管）对承台进行供料，由于其中3条船连续供方量为800m^3，故在16h完成6×800＝4 800m^{3}混凝土后，2艘供方量800m^{3}船停止供料。剩余3 400m^{3}混凝土由3艘供方量1 000m^{3}船和1艘供方量800m^{3}的船及平台搅拌站供料。5根泵管浇筑完成3 400m^{3}混凝土需要13.6h，如有1个泵损坏不能修复则最迟为17h，故总共耗时30h左右。具体实施期间，搅拌船的适当移位花费了一定的时间，故承台混凝土浇筑时间实为44h。

在整个供料过程中，2艘混凝土搅拌船需全程补料，4艘混凝土搅拌船需部分补料，平台搅拌站不补料。

承台混凝土施工以连续3m一次性半高大斜面浇筑。在混凝土浇筑过程中，利用模板和钢套箱内壁上的开孔将承台混凝土的泌水排入钢套箱密封舱内。养护前，安排水泵对密封舱里的积水抽干净，确保在承台混凝土养护期密封舱内无积水。

3. 混凝土施工应急措施准备

混凝土施工期间可能会受到天气等影响，承台混凝土浇筑施工可能不得不分两次完成，故在承台施工前必须做好以下准备工作：

(1)若前半程混凝土施工中天气或发生其他异常情况不利混凝土继续浇捣，则混凝土施工高度以

3m 为控制，承台分两次施工；

(2)做好两次施工需要的施工缝止水条的准备工作；

(3)在承台混凝土施工前，预先设置好抗剪钢筋和下半层承台混凝土表面的抗裂钢筋；

(4)所有参与施工的机械配备好足够数量的零配件和易损物件；

(5)为防止混凝土施工期间遇上雨天，施工前准备好塑料薄膜、夹板等物资；

(6)在承台混凝土除浮浆、收面完成后，用自制的拉毛工具对上下混凝土的交接面进行深度拉毛，拉毛深度控制在 10mm 左右。

4. 混凝土蓄热及水中养护

(1)养护材料准备

在现场准备蓄水池，承台混凝土施工前将自来水蓄入蓄水池供承台混凝土蓄水养护用。混凝土养护用的塑料薄膜、麻袋、填塞承台四侧与钢套箱内壁之间空当的泡沫塑料板准备充分。

(2)养护过程安排

承台侧面用泡沫塑料板和七夹板对 20cm 空隙(2 号密封舱)顶部密封，并在空隙内蓄水进行保湿养护。填塞空隙的泡沫塑料板密封工作应在承台混凝土浇筑施工前完成。利用四周 1 号密封舱对承台混凝土进行蓄温保护。

承台顶面加盖一层塑料薄膜和两层麻袋，其上再加盖一层塑料薄膜和两层麻袋，养护时间根据测定的温差情况而定，随承台混凝土浇筑完成面的拓展陆续实施。

5. 混凝土测温

对承台混凝土内各点温度、大气温度、混凝土表面温度、海水温度、密封舱内温度、20cm 空隙内温度进行布点测量，整个过程持续两个星期或以上。待承台混凝土中心温度稳定，并使中心与外表之间的温差和顶表面与大气环境之间的温差不大于 25℃后，撤去承台顶面养护和四侧的蓄水养护，但在承台侧面仍须保持蓄温养护。

6. 混凝土施工船舶作业

为了保证在主墩承台混凝土施工作业面集中供料，在狭小的施工区域内动用了混凝土搅拌船、材料补给船、材料运输船、大马力拖轮及海上交通船等大小船舶几十艘。

为了保证船舶在海面上作业安全，事先对参与作业的船舶的船型和动力性能进行了详细的调查，并作出了泊位图。特别是 6 艘搅拌船的作业泊位，必须保证在作业期间不得有相互干扰，见图8.3.11.27。并针对海上船舶作业特点，制定了以下 6 条搅拌船相应的作业措施。

图 8.3.11.27　混凝土搅拌船停泊布置

(1)调得动

作业期间，将有 30 余艘船舶先后参加施工，尤其是 6 艘搅拌船是作业成功的关键。现场必须成立指挥调度小组，对各条船舶发布行动指令，任何现场作业的船舶没有作业指令，都必须在规定的区域待命，不可擅自行动。这是作业成功的基础。

(2)联得上

作业期间统一使用 VHF30 频道(频点为 155.300)，辅以移动电话进行联络。指挥调度小组负责为每艘搅拌船船长配发了手持式 VHF 对讲机，以保证现场作业指令的畅通，补料船亦通过 VHF 进行了有效调度。这是8 200m^3 混凝土浇筑作业成功的保证。

(3)停得牢

为确保6艘混凝土搅拌船能围着承台四周安全停牢停稳、指挥调度小组召集6位船长实地勘察,根据水流的方向,确定了“内侧船以系缆为主、抛锚为辅;外侧船以抛锚为主、系缆为辅”的停泊原则。同时制定了6艘混凝土搅拌船停泊方案,以保证在施工期间6艘混凝土搅拌船不发生互相碰撞。在狭小的施工区域6艘混凝土搅拌船共抛锚18只,系缆16根。混凝土搅拌船能否安全泊位是保证混凝土浇筑施工成功的关键。

(4)补得进

按施工计划,混凝土搅拌船需分船分时补料3 200m^3,计4 956t。现场调度人员根据每日潮流和潮高预测表,认真采集上海、舟山和宁波等气象台的天气信息,妥善安排材料船进场布料。这是作业成功的重要一环。

(5)守得住

在制定8 200m^3 混凝土浇筑作业时,考虑到小范围内集中了众多的施工船舶,为防止因无序停泊、离靠泊出现安全隐患,将施工船舶作业区划分为三个圈。内圈是6艘混凝土搅拌船作业区;距平台1 000m左右距离为施工作业中圈,是拖轮、抛锚船待命区,交通船穿梭在内中圈之间;外圈是距平台1 000m以外海域,是材料船停泊区。

为防止发生船舶走锚、断缆、钩锚链和机器失灵等意外事件,共调集8艘拖轮和6艘抛锚船在平台附近锚泊待命,准备随时实施应急救助作业。

为防止海上过往船舶对施工区船舶产生干扰,指定2艘机动船,分别对东西向的来船进行监视;同时请求洋山港海事处派出了“沪海巡1009”,对施工海区安全实施了三天现场监护。这是整个施工作业成功的重要保障。

(6)修得快

进行主墩承台混凝土施工的时间已是冬雾强风季节,根据气象预报安排施工的日期是连续2~3d的好天气。但在混凝土施工中,如作业的船机设备屡有故障,必然造成作业时间延长,这将威胁到混凝土浇筑施工整体的安全。因此,事先对船机设备进行充分检修保养,并配备充分的配件、器具,调集充足的维修人员,以保证一旦船机设备发生故障,能在最短时间内抢修完毕。这是主墩承台混凝土施工作业成功的必要措施。

7.混凝土船锚泊力校核

在施工作业区域内,海潮的流动对船舶的作用影响很大。为保持船泊作业期间的稳定度,通常的做法是采用系缆绳和海中抛锚链。承台作业平台的钢管桩可供系缆,但对承台内侧船舶来说,缆绳的受力方向与水流方向相同,无法发挥缆绳的作用,故承台内侧船舶的稳定主要依靠抛锚链。一旦船舶在作业期间发生走锚现象,不但锁不住船舶,还会导致船舶随水流撞击施工作业平台的事故,因而需对船泊在作业期间的锚泊力进行验算,以满足船舶的稳定的需要。根据《港口工程施工手册》提供的船舶锚泊力计算公式进行校核。

(1)混凝土船水阻力计算

$$R = f\varpi v^{1.83} + \varphi A v^{n} \tag{8.3.11.8}$$

式中:f——摩擦阻力系数,通常在0.14~0.17之间,本次校核取0.17;

ϖ——湿面积(m^2),取一代表船型:ϖ=2 556m^2;

v——流速(m/s),作业期间的流速取2.5m/s;

A——浸水部分舯剖面面积(m^2),代表船型:A=63m^2;

φ、n——分别为剩余阻力系数和剩余阻力速度系数,查表得:φ=16,n=2。

计算得到:混凝土船水阻力R=136.784 3kN。

(2)锚泊力校核

$$P = w_{\partial}\lambda_{\partial} + w_{c}\lambda_{c}L_{1} \quad (\mathrm{kN}) \tag{8.3.11.9}$$

式中:p——系留力,即锚和锚缆摩擦力总和;

w_{∂}——锚在水中重力(kN),代表船型:$w_{\partial}=52(\mathrm{kN})$;

w_{c}——锚缆每米在水中重力(kN/m),代表船型:$w_{c}=0.049(\mathrm{kN/m})$;

λ_{∂}、λ_{c}——锚的抓力系数和锚缆的摩擦系数,查表得:$\lambda_{\partial}=10$、$\lambda_{c}=3$;

L_{1}——锚缆卧底部分的长度(m),见式(8.3.11.10)。

$$L_{1} = s - \sqrt{H\left(H + \frac{2T_{0}}{w_{c}}\right)} \tag{8.3.11.10}$$

式中:s——锚缆抛出长度(m),本次施工时为400m;

H——导缆器至水底高度(m),取14m;

T_{0}——船体水动力(kN),考虑风压、水流加速度等,取$T_{0}=1.5R=315\mathrm{kN}$。

经计算得:$P=528.928\mathrm{kN}>R$,表明船舶的锚泊不会发生走锚现象。

实际上在混凝土施工期间,6艘混凝土搅拌船锚泊在承台附近,混凝土船的外侧用开锚固定,锚缆长度400m,锚重6 000~7 000kg海军锚;内侧用钢缆和尼龙缆系于墩身桩管。

8. 混凝土浇筑时间的确定

为避免恶劣海况对施工船舶安全和混凝土浇筑作业的影响,提前半月开始收集工程地点海域的气象、潮汛、潮流、波浪等资料。经综合分析,确定海上混凝土浇筑的海况条件为:小汛水(农历初九至十二或廿三至廿六)、至少连续3d以上预报风力5~6级<7级、轻浪至中浪、施工海域外围海区近日无寒潮及降温天气。

PM335承台混凝土浇筑时间是2003年11月17日18点至11月19日16点(农历十月廿四至廿六),PM336承台混凝土浇筑时间为12月14日凌晨3点至15日21点(农历十一月廿一至廿二)。施工期间的风力均为5~6级<7级。这是海上施工主墩承台混凝土成功的前提条件。

3.11.11 承台实测温度和理论计算结果对比

根据计算结果,采取科学合理的施工养护措施,能把混凝土内外温差控制在25~30℃。由于混凝土水化热引起的温度变化有其不确定性,为此在承台混凝土中布置了温度测点,施工期间将各测点的温度值与理论值相比较,一旦温度控制出现较大的误差,便采取相应的应急措施。

1. 温度测点布置

根据对称性,在四分之一承台布置了温度测点,在竖向布置7层,每层平面布置11点,总计77个测点。温度测点布置情况见图8.3.11.28。

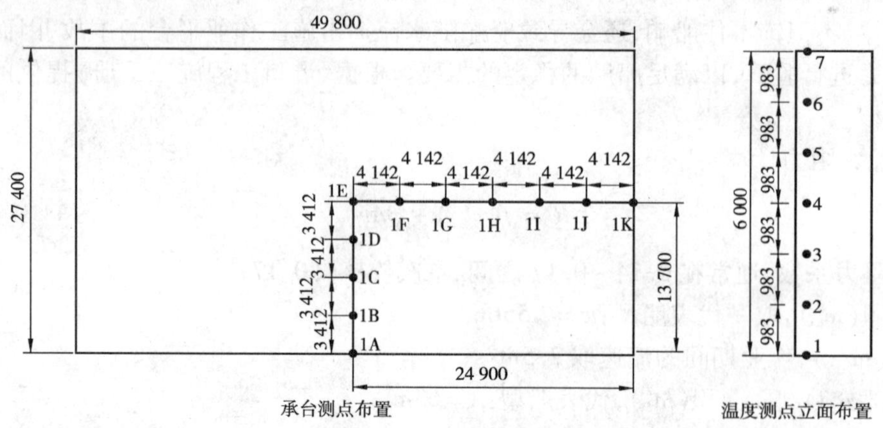

图8.3.11.28 温度测点布置(尺寸单位:mm)

2. 计算分析

在对承台混凝土浇筑期间的绝热温升进行计算时，忽略46h浇筑的渐进过程，认为承台8 200m^{3}混凝土为一次浇筑成型。尽管大气温度存在波动变化，但箱体温度呈现出一定的平稳性，忽略大气温度和混凝土浇筑过程对混凝土初始温度的影响，在计算混凝土绝热温升时，取初始温度（入模温度）为15℃，根据前面所设定的边界条件，经过计算便可得出77个测点的混凝土温度随时间变化的曲线（图8.3.11.29）。

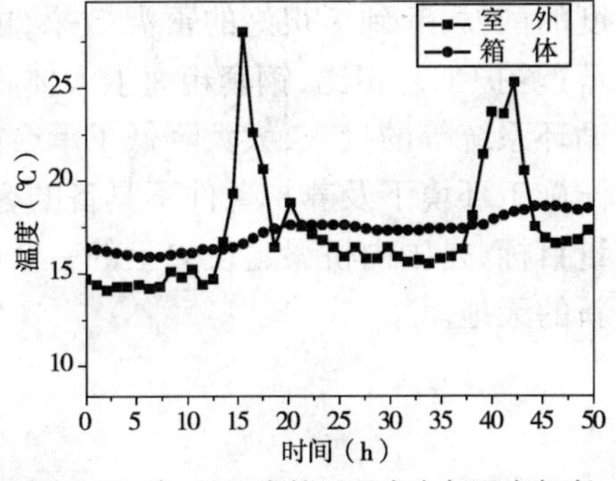

图8.3.11.29　46h浇筑过程中大气温度与密封舱箱体温度变化

3. 温度计算结果与实测情况对比

取出几个特征点的实测温度值与理论计算值进行比较。C1点在混凝土浇筑3d半的时间内实际温度达到55℃，而理论值是52℃，见图8.3.11.30（图中x轴为时间，以h为单位；y轴为温度）。C7点在混凝土浇筑4d的时间内实际温度达到60℃，而理论值是在2d的时间内达到62℃，见图8.3.11.31。

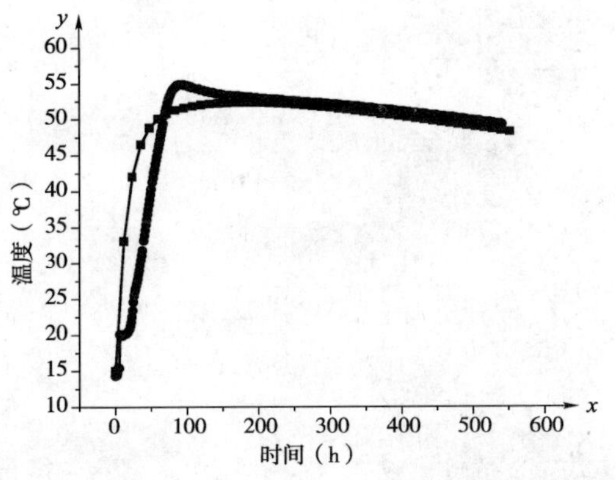

图8.3.11.30　C1测点温度计算结果与实测结果比较

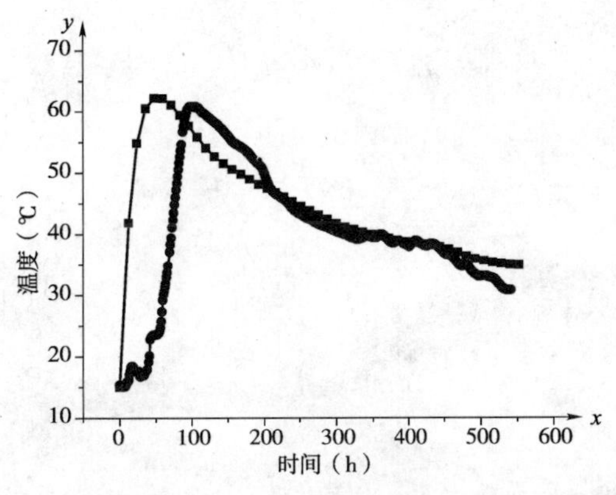

图8.3.11.31　C7测点温度计算结果与实测结果比较

F4点在混凝土浇筑3d半的时间内实际温度达到75℃，而理论值也是在3d半的时间内达到75℃，见图8.3.11.32。J2点在混凝土浇筑2d半的时间内实际温度达到70℃，而理论值也是在2d半的时间内达到70℃，见图8.3.11.33。

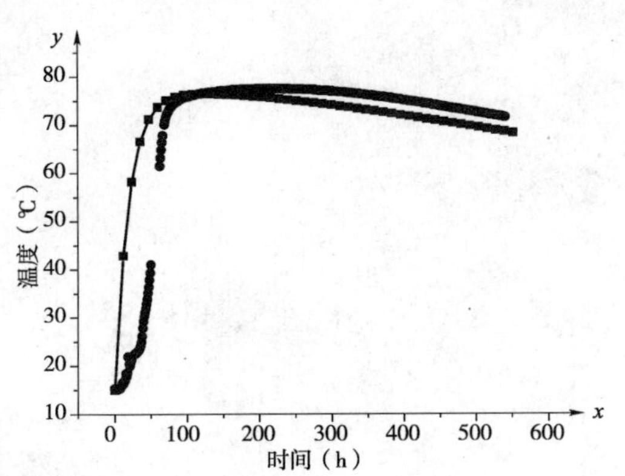

图8.3.11.32　F4测点温度计算结果与实测比较

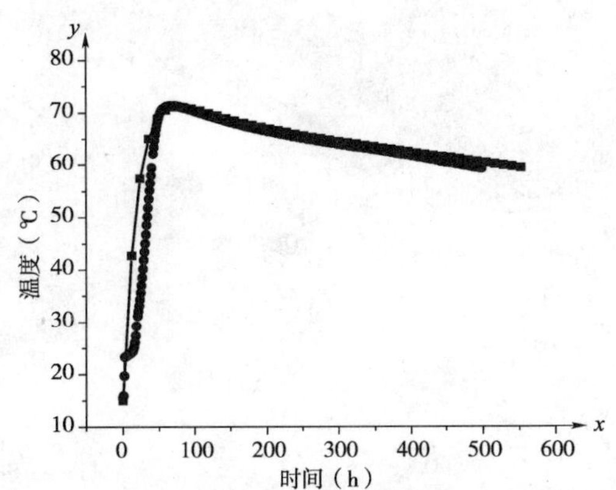

图8.3.11.33　J2测点温度计算结果与实测比较

比较发现，理论计算在升温、降温的发展趋势方面与实测曲线基本取得了一致性。

3.11.12 大体积混凝土的蜂窝式钢套箱养护工艺

在海工混凝土的养护中,将钢套箱结构本身的压水舱作为密封舱,极大地减缓了承台混凝土表面温度的散发,起到了很好的蓄温效果,能较好地控制混凝土在硬化期间的内外温差。与传统的"内散外蓄"养护工艺相比,钢套箱海上大体积混凝土养护工艺简单、易操作,减少了相应的冷却水管、冷却水和循环系统等的投入,大大降低了承台施工的工作量,并且能随时调节蓄温温度。钢套箱克服了在恶劣海洋施工环境下及养护条件不具备的客观情况下的种种困难,加快了整座大桥的施工进度,完成了工程质量目标,是国内桥梁建设史上的一个创新,为跨海恶劣环境下承台大体积混凝土养护工艺开辟了一个崭新的天地。

第4章　斜拉桥桥塔施工

4.1　桥塔工程概况

主通航孔斜拉桥的桥塔为倒Y形钢筋混凝土结构，塔高150m，塔顶高程159.0m，塔底高程9.00m，塔的宽度为8m。

桥塔构件主要包括下塔柱、下横梁、中塔柱、交汇段及上塔柱。

下塔柱为单肢空腔钢筋混凝土结构；下横梁为预应力混凝土实体结构；中塔柱为分离的双柱、空腔钢筋混凝土结构，呈倾斜状。中塔柱经交汇段形成单肢上塔柱，为斜拉索锚固区（图8.4.1.1）。

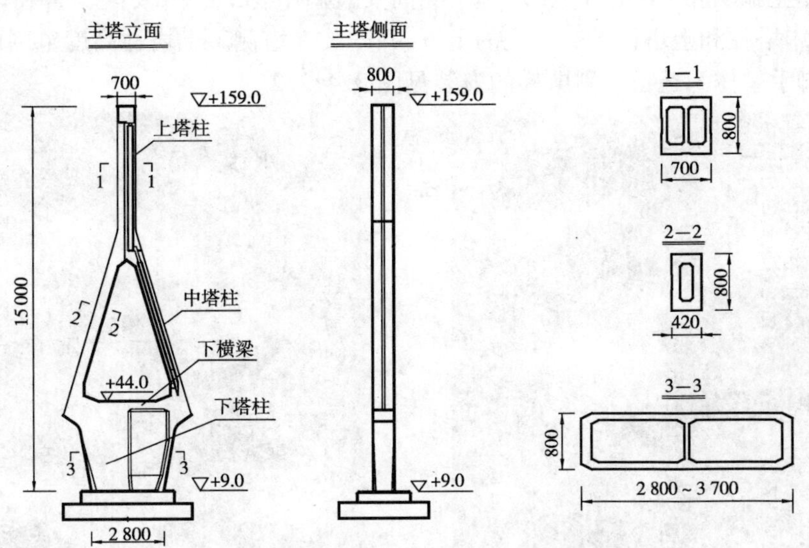

图8.4.1.1　桥塔布置（尺寸单位：cm，高程单位：m）

桥塔施工属高空作业，按照桥塔节段划分逐段浇筑升高，且要求塔外表光洁美观、施工速度快。国内外的混凝土桥塔施工有很多成熟的施工技术，如整体模板逐段提升法、翻模法、爬模提升法和滑模法等。

在海上进行桥塔施工，采用何种施工方法，尤其中塔柱的施工工艺，是进行过充分比较的。中塔柱内倾角度较大，达到了16.4°。另外，中塔柱施工至50m高度以后，左右双肢合拢形成单立柱形式，即为上塔柱。

如采用爬模提升法，由于倾斜爬架单层操作面内外高差大，这给操作人员在爬架上面施工、行走均带来极大的安全隐患。当施工至中上塔柱汇交段部位，两副爬模重叠，势必要拆卸落地，重新设计改装后再次提升安装。这增加了海上施工风险，破坏了工期的连续性。从安全、工期、投入的角度考虑，桥塔施工采用模板交换提升法，即每个塔柱配备三套模板，单套模板高度为2.25m，三套模板总高6.75m。塔柱施工分节高度为4.5m，二套模板为施工塔柱节段之用，另一套模板作为导向模。模板的提升由塔吊完成，拼接采用栓接形式。

4.2 桥塔施工

4.2.1 起重与人员输送设备

1. 主塔的安装

主塔施工所需垂直运输采用300t · m型高塔吊机(TOPKIT MC320),每座主塔一台。塔吊性能如下:自立高度50m,根据桥塔施工需要最大提升高度165m,塔吊起重力矩为3 000kN,臂长50m,平衡臂长14m,最末端可吊重5.2t,最大吊重为16t。可以满足桥塔吊重要求。

塔吊的基础安装在承台面上,安装时严格保证其水平度与垂直度。

塔吊的安装与拆卸均由现场钢套箱上的LS—125(100)履带吊配合完成。

塔吊一般均随桥塔的浇筑而不断升高,为保证其稳定性,需限制塔吊的自由长度,采取与塔壁附着措施。塔吊的布置见图8.4.2.1。

2. 电梯的安装

为方便高空作业施工人员的上下,桥塔施工期间安装斜电梯。综合安全因素和桥塔的结构形状特点,斜电梯安装在中塔柱和上塔柱的交界处的上方,并安装在塔侧。上塔柱高度范围内人员的上下则依靠上塔柱四周的脚手架作为通道。斜电梯的安装见图8.4.2.2。

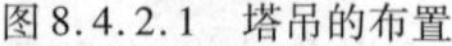

图8.4.2.1 塔吊的布置

图8.4.2.2 斜电梯的安装

4.2.2 劲性骨架

在桥塔下塔柱、中塔柱、上塔柱结构施工时均布置劲性骨架。布置劲性骨架一是增加塔柱的刚度,二是能作为塔柱钢筋、模板、斜拉索定位管安装施工时的附体和定位架。劲性骨架采用型钢格构柱形式,单个格构柱之间用型钢进行水平焊接连接,形成一个整体框架。参照塔柱施工节段高度对劲性骨架分节,基本高度定为4.5m。考虑到方便劲性骨架连接施工,将下塔柱、中塔柱第一、二节劲性骨架加工为非标型，长度定为7.6m左右，其余均为标准高度劲性骨架，依次接高。

进入现场的劲性骨架在拼装安装前由翻样和材料员共同进行验收，验收合格后安装施工。劲性骨架安装时位置对号入座。考虑到校正的微调和临时固定，先用内衬型钢用螺栓临时连接，再由测量人员测量并提供精确的斜率进行校正。校正时，先用钢尺垂直劲性骨架向外伸出，由测量人员用对讲机遥控指挥，确保尺头与扳正斜率的经纬仪横丝重合，劲性骨架由钢尺上的读数控制。横桥向位置校正后，进行纵桥向位置校正。校正后采用电焊四周满焊连接。

4.2.3　下塔柱施工

下塔柱为整体形构件，考虑到下塔柱内腔有附属设施施工及钢筋和内外模板的安装，分别搭设外脚手架和内脚手架操作平台。外脚手架的顺桥向脚手排架步距为1.2m，立竿纵横间距各为0.6m；横桥向为双排脚手架，步距为1.8m，立竿纵横间距各为1.3m。外脚手架的搭设如图8.4.2.3所示。

考虑到钢模板能重复使用，将下塔柱外侧模板分为两部分：一是标准模，可以重复使用，采用模板交换提升法；二是收分边模，为一次性模板。为方便模板间栓接及混凝土施工控制，下塔柱横、顺桥向外模上下口为水平口。内侧模板采用七夹板木模，内模安装时顶部高度较外模顶稍高。

下塔柱每一节段混凝土量为356～430m^3，由海上搅拌船和钢套箱平台上搅拌站同时供料，采用两根混凝土输送管进行布料，混凝土坍落度控制在160±30mm。混凝土浇筑完成时间为4～5h。

4.2.4　下横梁施工

桥塔下横梁位于下塔柱顶部，为预应力混凝土实体段。在下塔柱范围内，下横梁基本高度为3.0m，在下塔柱两端悬臂部分，高度可达8.814m；宽度与下塔柱相同，为8.0m；长度最长可达49.4m。混凝土圬工量近1 400m^3。

下横梁是桥塔中极其重要的传力构件。下塔柱两端悬臂部分高度大，因此考虑将下横梁与下塔柱同时施工，并要求混凝土分两次浇筑（图8.4.2.4）。每次浇筑必须在混凝土初凝时完成，混凝土不允许有结构性裂缝产生，并要特别防止浇筑第二次混凝土时引起已浇混凝土开裂。

保证下横梁浇筑成功的施工技术关键是要选择一个受力明确、刚度大的支撑体系。下横梁支撑体系分悬臂段支撑和跨中支撑两部分。

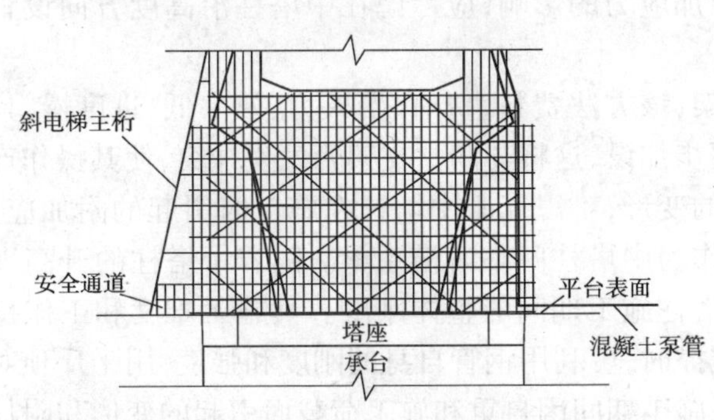

图8.4.2.3　外脚手架搭设

图8.4.2.4　下横梁混凝土分两次浇筑

1. 悬臂段支撑

下横梁两端悬臂部分荷载较大，采用较为密布的排架式脚手架支撑，同时用桁架顶撑，传力至承台（图8.4.2.5）。为防止排架顶、底部受力后发生位移，除了在排架中间和底部设置连墙杆之外，排架顶部的横杆应与塔柱顺桥向导向模上口的槽钢围檩拉结。考虑到支架在受力后的变形，经验算对支架从悬臂段根部到端部作0～30cm线形抛高处理。

2. 下横梁内腔跨中段支撑

在下塔柱完成最上节混凝土施工时，预先设置下横梁3m高实体段的内腔支撑钢埋件，一边埋置10

个,并与塔柱内钢筋焊接。在钢埋件上搁置(H56)型钢横梁。在钢横梁上,每隔60cm水平布置[20_c槽钢。在水平槽钢顶面设置密布脚手架。考虑到支撑体系的变形要求,通过选材和型钢的间距布置保证其刚度的可靠性,故下横梁内腔跨中段支撑变形量非常小。

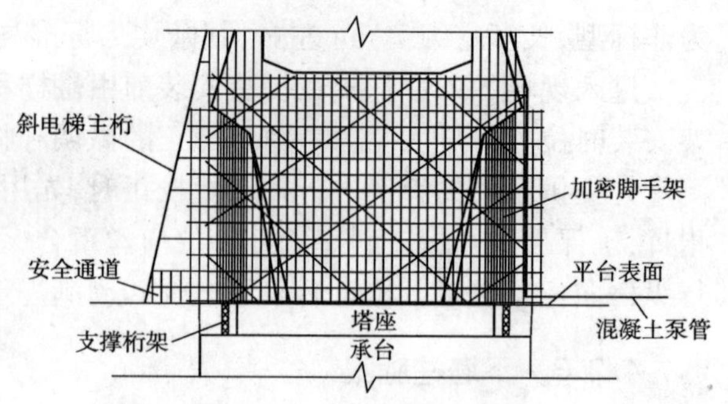

图8.4.2.5 下横梁悬臂段支撑

在下横梁支撑系统架设完毕后,立模、布置钢筋并浇筑混凝土。混凝土坍落度控制在160mm±30mm、缓凝时间控制在6h以上。由于下横梁的施工处于2月份,东海海域平均气温10℃左右,最低气温5℃,通过合理的蓄温养护,将下横梁混凝土内外温差控制在25℃以内,避免混凝土开裂,保证下一阶段预应力工程的实施。

4.2.5 中塔柱施工

中塔柱混凝土浇筑采用模板交换提升法。考虑到人员操作的需要,采用结构附着式脚手架操作平台,即每2.25m高的模板节段与脚手架连成整体,外侧脚手架呈垂直状,以满足施工人员操作安全的要求。结构附着式脚手架见图8.4.2.6。

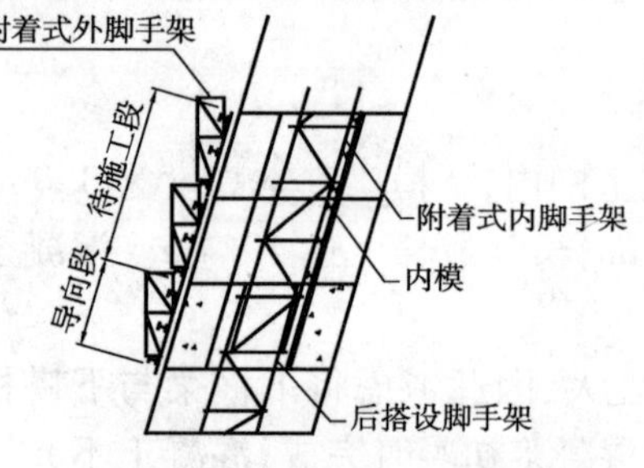

图8.4.2.6 结构附着式脚手架

每节段混凝土施工后,可以利用下节段混凝土养护的时间对前节段混凝土的内外侧脚手架进行搭设。搭设完成后,将下一节的结构劲性骨架、钢筋、模板的安装即可。

内外侧附着式脚手架搭设要求:步高1.8m,悬臂不大于一个施工段高度(4.5m);在塔柱顺桥向7m宽范围布置6片附着式脚手架,每片宽度不超过1.2m。

在模板定位安装完成后,再将外围脚手架与模板之间固结以增加稳定性。

由于中塔柱内倾,在进行中塔柱混凝土施工时,塔柱自重和施工荷载会对中塔柱根部形成较大的弯矩。该弯矩会使中塔柱外侧混凝土出现拉应力而导致开裂,且成塔后内侧的压应力额外的增加,从而影响桥塔的安全。为减小中塔柱施工期间出现的附加应力的影响,应考虑在中塔柱沿高度方向设置一定数量的横撑,以降低中塔柱施工期间的弯矩值。

设置横撑一般有两种形式,一是搭设满堂支架,该方法费料、费时、费人力、效率低、进度慢,且随着塔柱施工的高度增加,塔吊、电梯附墙设施也要逐步加设,这将与满堂支架管发生冲突,使其操作产生困难。满堂支架属于被动支架,其自身便存有较大的变形,难以克服中塔柱在施工时引起的附加应力;二是采用横向钢管支撑,即用几道大直径横向钢管作为中塔柱间临时横系梁。随着中塔柱的升高以一定的高度间隔,与塔柱临时固结,形成框架,增加中塔柱施工期间的整体刚度。其施工难度和工作量相对少、效率高。最根本的一点,是在安装横向钢管支撑时,可利用钢管自身的刚度和强度,用千斤顶对中塔柱内壁施力,变被动支撑为主动支撑,克服中塔柱施工期间因自重和施工荷载而引起的变形和附加应力的积累。水平横撑布置见图8.4.2.7。

中塔柱最终施工方法确定为模板交换提升结合附着式脚手架加主动横撑。即采用模板交换提升结合附着式脚手架浇筑塔柱混凝土至一定高度,然后架设第一道横撑,主动施力克服悬臂状态下的附加应力,再继续悬臂浇筑一定高度,加第二道横撑,如此循环直至中塔柱施工结束。成塔后拆除所有的横撑。

1. 主动横撑的设计

在整个中塔柱施工过程中,横撑数量及位置的确定是以中塔柱根部在悬臂浇筑过程中自重及施工荷载作用下不产生裂缝为原则的,并留出模板布置、塔吊和电梯附着位置。如在确定第一道横撑位置时，中塔柱根部混凝土应力应满足下列公式：

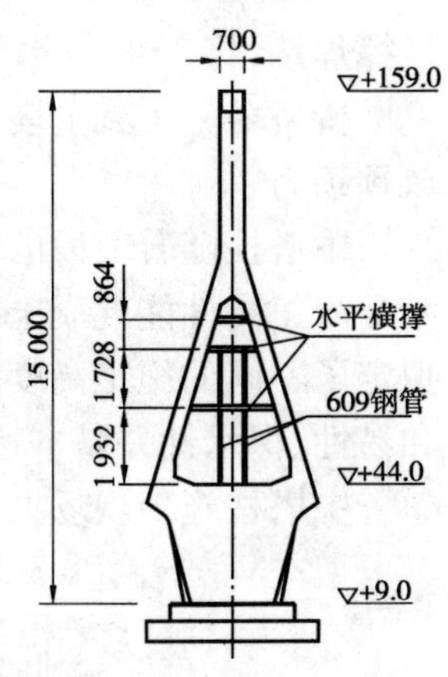

图8.4.2.7　水平横撑布置（尺寸单位：cm，高程单位：m）

$$\sigma = \frac{M}{I}y - \frac{N}{A} \leqslant R_{\mathrm{L}}K \tag{8.4.2.1}$$

式中：σ——中塔柱根部受拉边缘混凝土的计算拉应力；

M——第一道横撑设置前中塔柱根部因塔柱自重及施工荷载产生的弯矩；

I——中塔柱根部截面的惯性矩；

y——中塔柱根部截面中心轴到受拉边缘的距离；

N——第一道横撑设置前中塔柱根部因塔柱自重及施工荷载产生的轴力；

A——中塔柱根部截面的面积；

R_{L}——中塔柱浇筑到H高度时，混凝土的极限拉应力；

K——安全系数。

在安装好第一道横撑后，中塔柱由悬臂状态转换为框架结构，整体刚度与单根塔柱刚度相比极大提高，可以近似认为框架结构为一个刚体。在继续浇筑第一道横撑上部塔柱混凝土后，可以认为塔柱自重及施工荷载产生的弯矩对中塔柱根部混凝土截面应力没有影响，而仅对第一道横撑上部塔柱混凝土应力影响明显。因而在确定第二道横撑的位置时，以第一道横撑位置的塔柱混凝土截面进行应力控制。同理，可以确定其他横撑的位置，直至中塔柱浇筑完成。

横撑的数量与位置确定后，对塔柱施加多大水平力来调整中塔柱根部应力成为塔柱施工的关键。从应力控制方面看，施加的水平力对根部产生的弯矩与塔柱自重及施工荷载产生的弯矩相等，此时应力控制最为理想。但由此产生的中塔柱悬臂端的水平位移较难满足中塔柱整体线形的要求。为此，需要对变形和内力进行双控，在满足中塔柱各截面内力的同时，确保中塔柱整体线形。以设计单位提供的理想状态下成塔（不考虑施工过程中产生的附加应力）的内力为参照，保证塔柱完成后中塔柱内力与其尽可能接近。同时计算各施工阶段在各横撑节点塔柱产生的强迫水平位移，并计算出中塔柱撤除各横撑后在中塔柱各点发生的水平位移，将上述水平位移代数和作为中塔柱在施工阶段的强迫水平位移值（水平千斤顶施力的预偏量），使中塔柱线形符合设计要求。

通过反复计算比较，决定在中塔柱施工期间架设三道横撑：第一道为临时支撑，离下横梁顶面的距离是19.32m；第二道也为临时支撑，离第一道临时支撑距离是17.28m；第三道横撑施力预顶，顶推力为350t，离第二道临时支撑距离是8.64m（图8.4.2.7）。水平横撑构件采用格构柱形式，格构柱选用2根32槽钢组成，其间布置∟45×45×5角钢缀条。每道横撑位置设2根水平格构柱，安装时用2根16号槽钢的格构柱焊连，形成一个空间桁架。

2. 水平横撑的施工

两道临时支撑不作施力顶撑，安装时将水平杆件与塔柱预埋件焊连即可；塔柱施工时预埋4只对撑用钢板“H”螺栓；塔柱模板拆除后，利用预埋的“H”螺栓将对撑用钢板电焊固定，然后将水平杆件的两端分别与两侧钢板焊连。

由于中塔柱中间跨度较大，为防止格构柱受力后弯曲，采用4根609钢管柱作为横撑受力后的竖向支撑和水平限位。

在安装第三道水平横撑时，先将原先两道临时横撑拆除，而后采用单边千斤顶顶推法在一端施加350t的水平顶力。千斤顶水平布置两套，分别作用175t的水平力。第三道水平横撑一端设为固定端，与塔柱埋件钢板焊接，另一端设为顶推端，同时在顶推端下方设置两块400mm×200mm×20mm钢板，并加设斜撑与塔柱相联系，作为顶推操作钢平台之用。中塔柱混凝土达到70%设计强度后开始预顶，与上节段钢筋和模板平行施工，在浇筑该节段混凝土前完成。待千斤顶顶到预定吨位后，用等强连杆与横撑焊接,将350t的水平顶力转移到第三道水平横撑上,撤出千斤顶。

待桥塔施工到上塔柱,该节中塔柱混凝土强度达到85%强度时,将千斤顶重新放到预顶处,缓慢释放预顶力。

中塔柱随着节段的增高,对混凝土输送的要求也相应提高。下塔柱以上桥塔混凝土的级配除了要满足海工高性能混凝土的要求外,还需要满足高泵程混凝土输送要求。为此,根据混凝土泵送的高度,拟定了不同的施工高度和气候条件的海工高性能混凝土级配,以保证高泵程混凝土具有较好的流动度、和易性、保水性并基本达到无泌水、易操作的要求。

中塔柱施工现场见图8.4.2.8。

图8.4.2.8 中塔柱施工现场

4.2.6 上塔柱施工

上塔柱混凝土施工仍然沿用模板交换提升法。上塔柱顺桥向外侧模板沿用中塔柱顺桥向模板,横桥向外模板沿用下塔柱横桥向外模。考虑到上塔柱斜拉索导管及锚固梁牛腿的施工,上塔柱内模采用七夹板拼装模,牛腿和斜拉索锚固端底模利用塔柱内脚手架进行支撑。

为方便上塔柱结构施工、环向预应力施工和施工人员上下,在围绕上塔柱四周搭设脚手架直至塔顶。脚手架搭设在塔柱四周钢托架上,钢托架预埋在塔柱内作为塔柱环向脚手架竖向底支撑。

以下介绍上塔柱斜拉索导管定位施工。

主通航孔斜拉桥拉索采用空间索面布置,上塔柱混凝土施工中需要考虑的一项重要施工工艺就是斜拉索导管定位。

在上塔柱混凝土施工期间,为了达到安装斜拉索导管位置的精确,首先对劲性骨架与斜拉索导管相对定位,根据设计给定测量控制点换算出斜拉索导管锚固端和出口中心的坐标,然后根据施工需要换算出两个中心点相对于桥塔外侧横桥向的相对距离、相对于塔柱横桥向中心线的相对偏差以及两个中心点的高程差等。

实施时先在地面形成一个刚性平台,平台必须保证在劲性骨架与斜拉索导管组装期间位于同一高程且水平,然后进行劲性骨架与斜拉索导管的拼装。在劲性骨架和斜拉索导管拼装过程中,在钢平台上划出上塔柱横桥向中心线,然后分别在中心线上放线弹出斜拉索导管锚固中心点和出口中心点的设计位置,最后由两个中心点相对于钢平台水平面之间的高程差控制斜拉索导管锚固中心和出口中心的高程,全部校核完毕后,进行焊接定位。最后根据设计图要求,按照桥塔横桥向混凝土面与钢平台高差将拉索导管出口端的锚固套筒进行水平割除,以满足设计要求和施工需要。

在把安装斜拉索导管的劲性骨架吊至桥塔施工现场后,测量人员对其进行测量定位,劲性骨架电焊加固定位后,再次分别对斜拉索管的出口中心、锚固中心进行测量校核检验,完成斜拉索导管定位的复核控制。

上塔柱施工如图8.4.2.9所示。

图 8.4.2.9 上塔柱施工现场

第5章 斜拉桥上部结构施工

5.1 钢—混凝土箱形结合梁制作

全桥结合梁共分为103个节段，其中90个标准节段，12个非标准节段，1个合龙段。节段梁编号如下：在桥塔中心的节段梁的编号为B0；依次向跨中分段，编号为MB0-1、MB1、MB2～MB24共25个节段；合龙段编号HL；边跨以桥塔中心依次向边墩分段，编号为SB0-1、SB1、SB2～SB24共25个节段；另半幅桥梁与其对称布置。编号为B0、SB0-1、MB0-1的三个节段梁称之为塔下0号节段。

标准节段梁长8m，钢梁重约89t，混凝土顶板重约280t，合计约369t。非标准节段长8～10m、重335～490t，0号节段分为三段，重430～490t。结合梁采用厂内预制，现场安装；钢结构现场采用螺栓连接；混凝土则采用湿接缝连接。

结合梁在预制厂内完成钢结构制作及混凝土顶板浇筑后现场吊装，混凝土与钢结构之间设置栓钉以改善整体受力性能。结合梁的钢结构部分现场用高强螺栓连接，混凝土部分用混凝土湿接缝连接。全桥钢结构重约11 200t，混凝土9 750m^3。结合梁节段见图8.5.1.1。

5.1.1 钢—混凝土箱形结合梁制作流程

根据结合梁制作工艺要求及场地、设备等情况，在梁场布置一条长160m、可同时进行20个结合梁节段的钢结构制作胎架，并布置两条长为80m、可同时进行4×5个结合梁混凝土顶板浇筑和预拼装的混凝土胎架。

结合梁节段制作流程见图8.5.1.2。

图8.5.1.1 结合梁节段示意

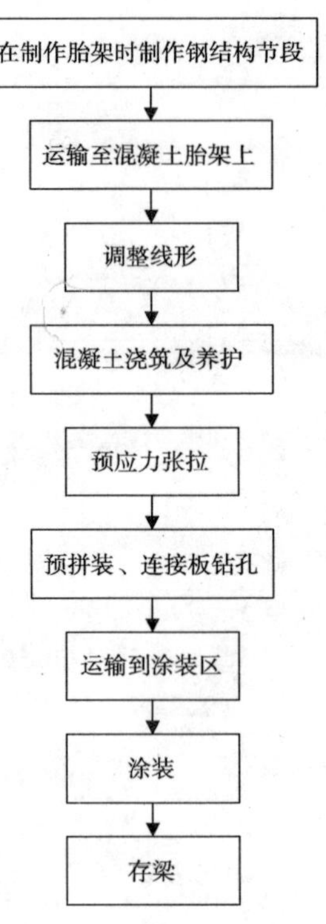

图8.5.1.2 结合梁节段制作流程

5.1.2 钢结构制作

钢箱梁主体结构采用《桥梁用结构钢》(GB/T 714—2000)规定的Q345qD材料，主要钢板厚度为8～32mm。表8.5.1.1所示为钢箱梁各节段的制作尺寸。

钢箱梁各节段尺寸、数量汇总 表8.5.1.1

序号	节段名称	长度(mm)	宽度(mm)	高度(mm)	数量(只)	质量(kg)
1	标准节段	7 980	24 800	3 450	90	7 976 925
2	SB0-1 MB0-1	9 980	24 800	3 450	4	528 723

续上表

序号	节段名称	长度(mm)	宽度(mm)	高度(mm)	数量(只)	质量(kg)
3	B0	7980	24 800	3 450	2	290 388
4	SB15	7 980	24 000	3 450	2	298 288
5	SB23	7 980	24 000	3 450	2	257 684
6	SB24	6 570	33 000	3 450	2	267 536
7	合龙段 HL	7 980	24 000	3 450	1	88 633
8	锚箱	2 600	560	900 ~ 1 450	96	267 664
9	连接板				104	688 290
10	吊马及加强				32	41 385
11	走道梁				2	55 175
12	B0 节段限位				4	32 051
13	其他					约 407 258
合计约 11 200t						

标准钢箱梁节段高3.45m，宽24.8m，长7.98m，单个节段重约90t，钢箱梁与斜拉索通过纵腹板上的锚箱连接(图8.5.1.3)。

根据东海大桥桥面钢箱梁的结构特点，将钢箱梁节段划分为若干平面板单元件，主要有底板单元件(底板和U形肋)、斜腹板单件(斜腹板和U形肋)、横隔板单元件(横隔板和加强筋)、纵腹板单元件(纵腹板和加强筋)及拉索锚箱。先进行板单元件流水线生产，然后在总拼装胎架上拼装成箱体并进行预拼装。板单元划分见图8.5.1.4。

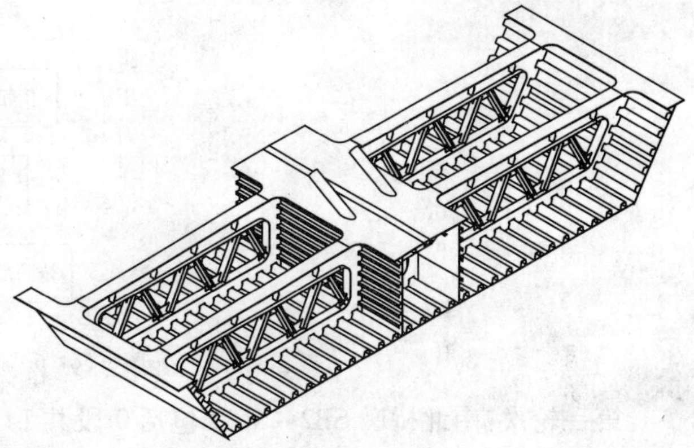
图8.5.1.3　标准钢箱梁结构示意

平面板单元件采用无余量制作，对箱梁主要焊缝的焊接收缩变形进行统计分析，计算出每条焊缝的收缩变形量，下料时充分考虑焊接收缩余量。在连接板下料及钻孔时把收缩变形量计算进去，从而使得连接板上的螺栓孔与箱梁上的螺栓孔孔边距满足规范要求。图8.5.1.5所示是平面板材下料时的实景。

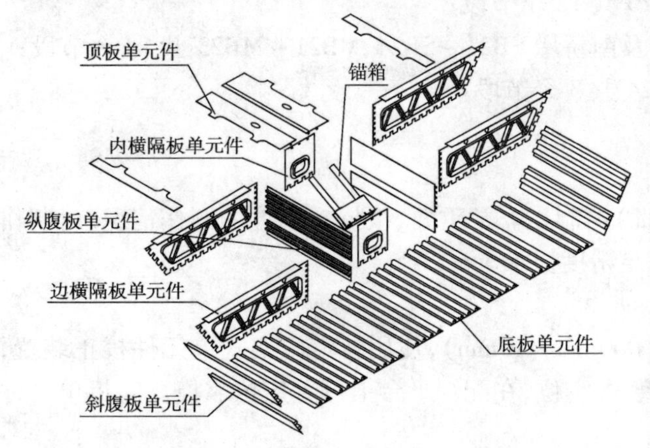

图8.5.1.4　板单元件划分示意

图8.5.1.5　平面板材下料车间

钢结构制作加工流程见图8.5.1.6。

1. 节段拼装轮次划分

根据吊装顺序，按对称制作的原则，全桥钢箱梁共分为七个轮次进行制作及预拼装。

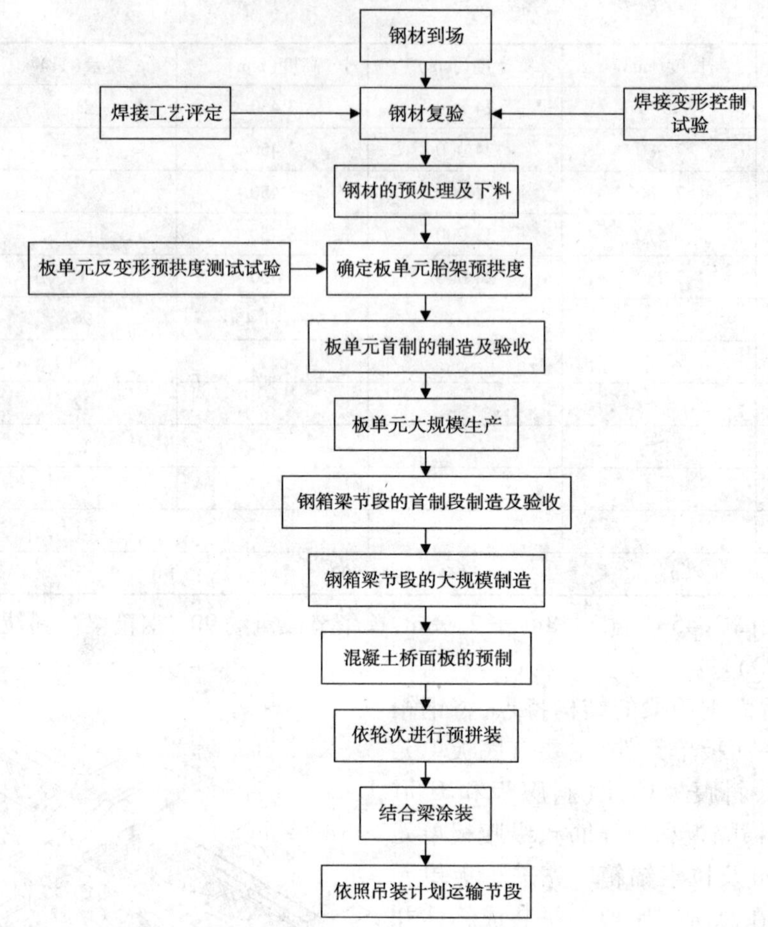

图 8.5.1.6　钢结构制作流程

第一轮次:南北桥墩 SB2 ~ MB2 包括 0 段共 14 个节段;

第二轮次:北桥墩 SB3 ~ SB11 及 MB3 ~ MB11 共 18 个节段;

第三轮次:南桥墩 SB3 ~ SB11 及 MB3 ~ MB11 共 18 个节段;

第四轮次:北桥墩 SB12 ~ SB20 及 MB12 ~ MB20 共 18 个节段;

第五轮次:南桥墩 SB12 ~ SB20 及 MB12 ~ MB20 共 18 个节段;

第六轮次:北桥墩 SB21 ~ SB24、MB21 ~ MB23 及南桥墩 SB21 ~ SB24、MB21 ~ MB23 共 14 个节段;

第七轮次:合龙段及南桥墩 MB24、北桥墩 MB24 共 3 个节段。

2. 标准钢箱梁节段制造

(1)底板单元件的制作

板单元件采用无余量制作,因此首制件(或首批)的制作非常重要,根据首制件的制作情况,对制作工艺反变形量及预留焊接收缩余量进行调整,以满足精度要求。

①装配作业线

布置底板单元件装配作业线一条(平面尺寸 3 000mm × 10mm),使用轨道门架式单元件校正装置,并设置标准反 U 形样板靠模及锲形铁对 U 形肋作装配定位,在配焊平台上设置定位靠模。底板单元件装配作业线见图 8.5.1.7。

②施焊作业线

设置底板单元件无余量反变形胎架施焊作业线一条(外形尺寸:3 000mm × 20 000mm)。反变形胎架由平台和弧形板组成,弧形板弦长 3 000mm、弦高 50mm(待首制件完工后根据焊接变形情况对弦高作调整),弧形板在平台上每 700mm 设 1 块,将装配完成的底板单元件吊上作业线,然后用活动螺旋压紧器铰接在平台上，与弧形板成一对压紧装置。底板单元件施焊作业线见图8.5.1.8。

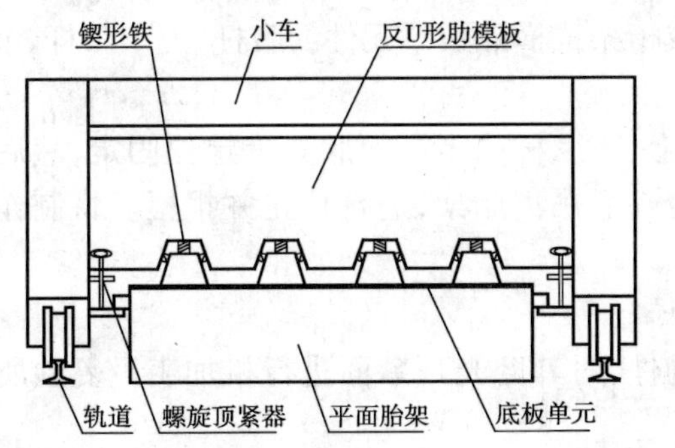

图8.5.1.7　底板单元件装配作业线示意

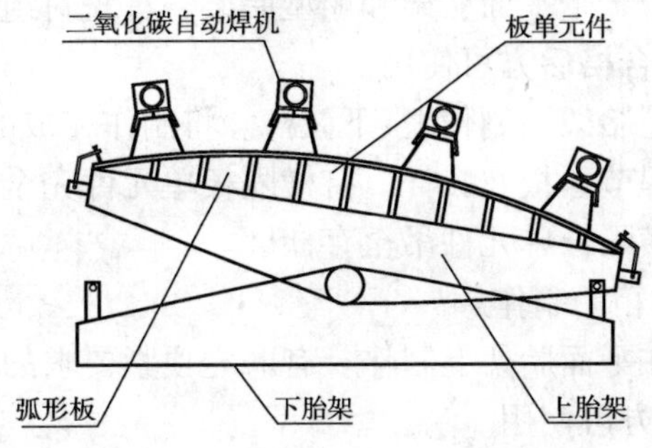

图8.5.1.8　底板单元件施焊作业线示意

③制作过程

底板单元件以正造位置制作。将单元件底板坯平置于装配线上，以板中心定位，用螺旋压紧器将坯件压紧，依装配线所定尺寸画线；U形肋反置于顶板上用靠模初定位，检查确认后用门架校正装置，沿U形肋长度方向，顺沿靠模定位并焊接单元件底板坯端部250mm处开始定位点焊，然后每移约700mm定位焊一次，每定位焊长度约40mm，直至配焊完一块单元件，再进行第二块配焊。

底板单元件装配完成后，松开压紧器，并将该单元件转至施焊作业线或存储区。然后进行后续单元件的装配，并按顺序转运，力争减少转运环节和时间。

将装配好的底板单元件依次平置于无余量反变形胎架上靠模定位，检查确认后用旋紧螺旋压紧器将单元件压紧在反变形弧形胎架上。

将二氧化碳U形肋专用自动角焊机4台，分别置于U形肋上，从起端位置同时进行施焊。待焊接完成并完全冷却后，将该单元件吊至校正平台进行校正。

再将第二批待焊的单元件移至该工位定位焊接，操作过程同前述。

将校正后的底板单元件吊至钻孔平台，使用模板钻制底板单元件两端的高强螺栓孔群。

④操作要点

根据U形肋划分在胎模上的位置，分别制订不同的送丝速度及电流电压规范。每台自动角焊机应按规定固定施焊位置，绝对禁止随意调换施焊工位。

(2)斜腹板单元件的制作

斜底板单元件的制作与底板单元件的制作基本相同。

(3)纵腹板单元件的制作

将尺寸复验合格后的板坯吊至平面胎架上，并用靠模定位。依次装配纵向加劲，使用CO_2气体保护自动焊焊接纵向加劲。焊接时应多道同时同向对称施焊，以减少焊接变形。焊接完成后吊至校正平台进行校正。将校正并检验合格后的板单元件吊至钻孔平台，钻制两端高强螺栓孔。

(4)顶板单元件的制作

顶板单元件的制作与纵腹板单元件的制作相同。

(5)横隔板单元件制作

①实体式横隔板单元件的制作

首先对板坯及加筋进行尺寸复测，合格后方可使用。

将板坯吊至上平面胎架，固定后画线。采用埋弧自动焊或CO_2自动焊焊接横隔板的对接缝，定成一面焊接后，翻身进行另一面的焊接，也可采用反面贴陶质衬垫、CO_2自动焊焊接的单面焊双面成型的焊接工艺。完成拼板后，装配纵向加劲，然后装配横向加劲。采用CO_2半自动焊或手工焊进行加劲与板坯的焊接。焊接次序是先焊纵向加劲，再焊横向加劲。焊接时应多道焊缝同时同方向焊接，以减少焊接变形。待完成冷却后方可吊离胎架，进行校正并提交验收。

②桁架式横隔板单元件的制作

设置若干个平面胎架和船型胎架。首先对组成桁架式横隔板单元件的腹杆、上下弦杆、节点板进行尺寸复测,合格后方可使用。

在船型胎架上制作上、下弦杆。将制作完成的上、下弦杆吊至平面胎架上定位固定,然后根据地样基准线装焊节点板及腹杆。待横隔板单元件完全冷却后吊离胎架,进行校正并报检。将制作完成并检验合格的横隔板单元件吊至存储区。

(6)锚箱的制作

锚箱在平面胎架上制作。有磨光顶紧要求的构件,对其磨光顶紧面进行机加工。复验所有板件尺寸合格后,方可使用。

首先装焊两侧腹板与其中间加劲板。顶紧腹板与底板,顶紧处保证 74% 以上的面积密贴,用 0.2mm塞尺检查,其塞入面积不超过 25%,检查合格后施焊。最后依次装配各外侧筋板。检查合格后,存放或发运至总拼装场地。拉索导管作为散件,在箱梁总拼时进行装焊。

(7)板单元件二次拼装

为减少总拼装胎架的工程量及缩短周期,在平面拼装胎架上把相应两块板单元件拼装成一块板单件,即板单元件二次拼装。本工程中,斜腹板、纵腹板、底板及顶板均进行二次拼装。

底板二拼板单元按正造位置进行。拼接胎架主要由底胎、槽形马组成,在胎架上画出中心线位置,胎架两侧画出测量检查线,以检查板块边缘的直线度,长度方向定出端部螺栓孔定位线,使得两板总宽度、对角线长度及螺栓孔群的位置满足公差要求。采用反面贴陶瓷质衬垫,CO_2 自动焊打底,埋弧自动焊盖面单面焊双面成形的焊接工艺进行焊接。完全冷却后检查两拼板单元的外形尺寸及焊接质量,不合格处校正、返修。检验合格后吊至存储区或拼装胎架上。

3. 钢箱梁节段的拼装

在大规模生产之前,进行首制节段(首轮节段)的制造及试验。因为钢箱梁结构复杂,尺寸控制、焊接质量要求高,与混凝土桥面板结合后的变形难以控制,因此在首轮节段的制造过程中,可以对事先拟定的制造方案进行检验,并根据实际情况对制造方案进行调整,保证大规模生产的顺利进行。本工程以第一轮次制造的两桥墩处的节段作为首轮试制节段。

首轮试制节段的拼装在西区胎架上进行,拼装胎架主要由底胎架和侧靠模组成,底胎架的横梁可拆卸,以便于液压平板车进出、运输节段(图 8.5.1.9)。拼装前,根据大桥设计线形调整胎架牙板,并做标记,使其与设计线形相符。在施工过程中加强复测,若有变化及时调整。每个工位画地样基准线、螺栓孔都应满足拼装要求。单个节段拼装顺序见图 8.5.1.10。

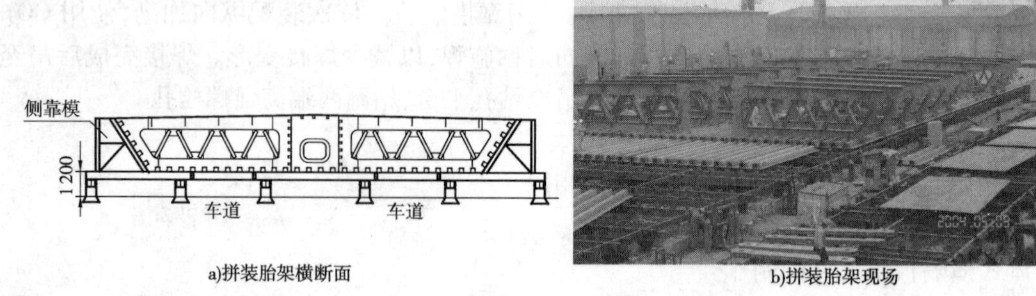

a)拼装胎架横断面

b)拼装胎架现场

图 8.5.1.9　拼装胎架示意(尺寸单位:mm)

4. 节段的预拼装

首轮试制节段的预拼装在拼装胎架上进行,采取三次预拼装。第一次预拼装在钢箱梁节段拼装完成后进行;第二次预拼装在混凝土顶板施工前后进行;第三次预拼装在混凝土预应力张拉结束后进行。将三次预拼装的检测结果互相对比,以掌握混凝土施工及收缩对钢结构箱梁变形的影响,对后续节段的拼装工艺进行调整。节段匹配预拼装效果见图 8.5.1.11(图中所示的是 5 个节段钢梁的匹配预拼)。

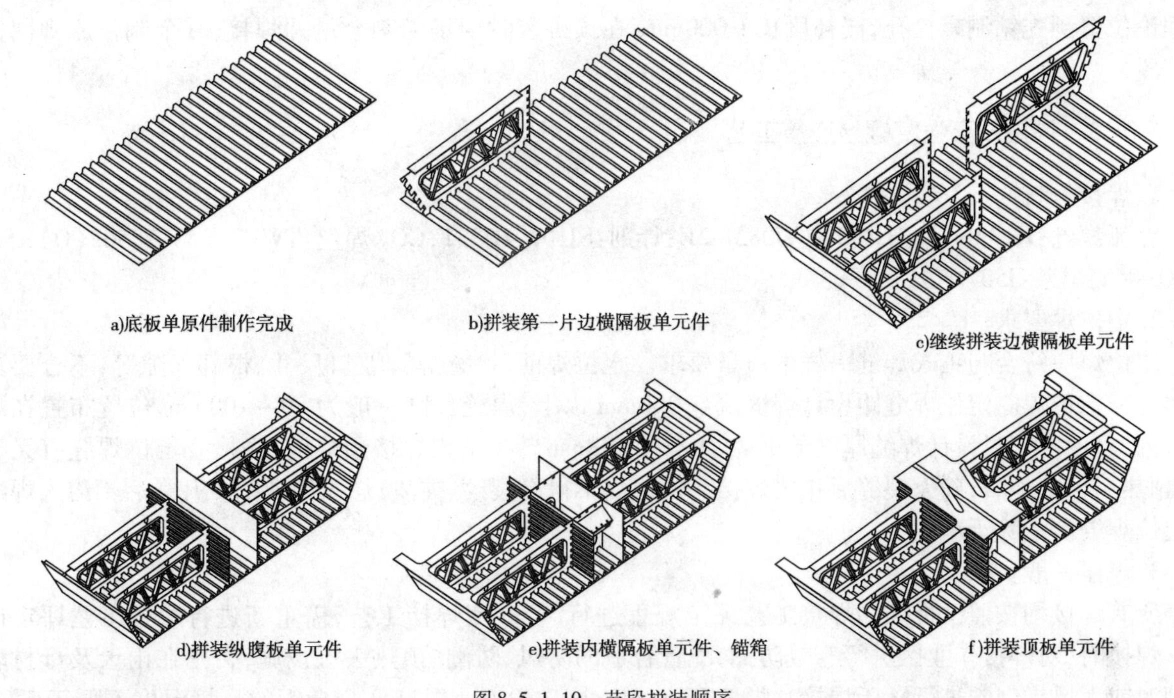

图 8.5.1.10　节段拼装顺序

图 8.5.1.12 所示的是混凝土顶板施工后匹配预拼。

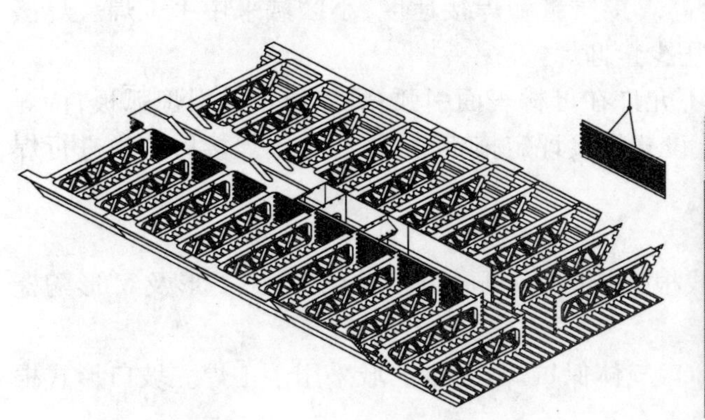

图 8.5.1.11　5 个节段钢梁的匹配预拼

图 8.5.1.12　混凝土桥面板施工后匹配预拼

从第二轮次开始，后续节段的预拼装均在混凝土顶板预制胎架上进行，待混凝土顶板预制完成后，依轮次进行预拼装。预拼装要求如下。

(1)每轮次预拼装不少于 3 个节段，且前一轮次预拼装结束后，至少留一个节段作为下一轮次预拼装的基准节段，与下一轮次节段进行预拼装。待混凝土顶板预制全部结束后，检查相邻节段间隙，合格后配钻连接板一端的螺栓孔。

(2)预拼装时螺栓应紧固，冲钉不少于孔眼总数的 10%，螺栓不少于螺栓孔总数的 20%。

(3)预拼装过程中检查拼接处有无相互抵触情况，有无不易施拧螺栓处。

(4)预拼装时，用试孔器检查所有螺栓孔，螺栓孔 100% 自由通过较设计孔径小 0.75mm 的试孔器方可认为合格。

5. 特殊节段的制造

非标准节段的制造原则与标准节段相同。

合龙段的制造在最后一个轮次进行，其制作长度要预留余量，以便根据安装情况进行调整，余量的具体长度按安装现场实际要求。待全桥即将合龙时，根据安装现场实际测量的合龙长度，在一定的温度下切割余量，并钻制外壳板及纵腹板留有余量一端的螺栓孔。合龙段所有纵向加劲均设嵌补段，嵌补段按理论位置预先钻制螺栓孔，嵌补段长 1 000mm，在预拼装时现场切割余量并焊接，其余制作原则同标准节段。

5.1.3 焊接及高强度螺栓连接工艺

1. 焊接材料

埋弧焊丝：H10Mn2G、H10Mn2、H08Mn2E；焊剂：SJ101、HJ331；CO_2 焊丝：TWE711AT-YJ502(Q)KFx-712C；手工焊条：J507。

2. 定位焊要求

定位焊应符合与正式焊缝一样的质量要求。定位焊前，检查焊脚坡口尺寸、根部间隙等，不合要求不得进行定位焊。定位焊缝距设计焊缝端部 300mm 以上，焊缝长度一般为 50 ~ 100mm，位置布置在焊道以内，厚度不超过设计焊缝厚度的 1/2，且不大于 8mm。在正式焊接预热前，先检查定位焊缝有无裂缝，预热后再次检查，确无裂缝后正式焊接。定位焊不得有裂纹、夹渣、焊瘤等缺陷。凡最后不溶入焊缝的定位焊缝需清除干净。

3. 焊接一般要求

所有焊接均按照已批准的焊接工艺评定规程进行，若改变焊接工艺，需重新进行焊接工艺评定试验。焊接时，对焊接作业区进行有效防护，配置合适的防风、防潮、预热去湿设施，否则在雨天及母材表面潮湿或大风天气不进行露天焊接。焊接环境湿度小于 80%。焊接低合金钢的环境温度不低于 5℃，焊接普通碳素钢不低于 0℃，主要杆件在组装后 24h 内焊接。

一般采用埋弧自动焊和 CO_2 气体保护焊，以提高焊接质量和焊接速度，小区域采用手工焊。焊接方式一般为横焊和立焊，以保证质量。特殊区域采用少量仰焊。

所有焊接引弧一律放在坡口或焊接区内进行，不允许在母材表面引弧；焊接所用的引熄弧板，待焊缝冷却后割除，焊缝端面打磨齐平。根据工艺要求，设置焊接评定拖带试板，在完成焊接后取样进行焊接质量评定试验。

4. 焊接方法

钢板对接焊缝主要采用埋弧自动焊。坡口形式根据板厚的不同，分别采用 X 形、Y 形及 V 形陶瓷衬垫焊。

角接组合焊缝主要采用埋弧自动焊和半自动 CO_2 气体保护焊，少量区域采用手工焊。坡口形式根据板厚的不同，分别采用 K 形、V 形及无坡口型。

钢桥面顶板的 U 形纵向加劲，在专用胎架上采用 CO_2 自动焊进行部分熔透焊。箱梁内的其他纵向加劲及横隔板与壳板的焊缝，主要采用 CO_2 气体焊和手工焊。

5. 焊后处理

构件的焊接采取自然冷却的方法。所有焊缝检验在焊缝冷却至自然温度后进行，焊缝的无损探伤检验在焊接完成 24h 后进行。

垂直应力方向的对接焊缝除去余高后，顺应力方向磨平。余高铲磨后表面不高于母材 0.5mm，不低于母材 0.3mm。

非垂直应力方向的坡口焊缝仅允许有少许或极小的余高。作对接和角接接头时，余高不超过 3mm，并缓和过渡到母材平面。

6. 高强度螺栓连接工艺

为保证钻孔质量，所有高强度螺栓孔均采用数控钻床钻孔或在平面位置采用套模钻孔和配钻钻孔工艺进行钻孔。

U 形肋及角钢上高强螺栓孔均在板单元件制作前钻制。板单元件外壳板的螺栓孔均在板单元件制作完成后，采用模板在平面胎架上钻制。连接板一端的螺栓孔按标准模板预先钻孔，另一端在预拼装时配钻。根据大桥实际线形情况，两个节段有转角处的连接板放一定的余量，供预拼装时调节边孔距。

经常检查钻孔套的质量情况,套模松动或磨耗超限时及时更换。

5.1.4　钢箱梁涂装

1. U 形肋涂装

U 形肋经表面处理,达到 GB 8923 标准中 Sa2.5 级,合格后内部涂环氧类漆 60μm。U 形肋部位的封没处,二次除锈清洁,锈蚀部位除锈等级为 st3 级,合格后涂环氧类漆 60μm。

2. 节段表面处理

内部喷涂无机环氧类漆 125μm,节段表面处理达到 GB 8923 标准中 Sa3.0 级。外部喷涂热喷铝最小局部厚度≥120μm,环氧云铁封闭漆 50μm,环氧云铁中间漆 80m,脂肪族聚氨酯面漆 40μm。桥面顶板与混凝土结合面,仅用富锌类底漆 100μm 作边缘 3cm 防腐,HM106 密封胶嵌缝。高强度螺栓连接面电弧喷铝,涂层最小局部厚度≥50μm。

5.1.5　钢箱梁及结合梁节段运输及堆放

1. 运输设备

钢箱梁节段从预制场内运至安装现场采用 325tNICOLAS 大型液压平板车、600t 扒杆式起重船、5 000t 驳船、1 650 匹马力拖轮等大型起运设备。

2. 节段梁运输及堆放程序

混凝土顶板在总拼装胎架上预制完成后,进行节段脱离胎架工作。用两台 NICOLAS 液压平板车进到节段下方顶起,将节段运至临时堆场,用搁墩搁好或运至涂装工棚进行涂装。将涂装结束后的钢箱梁节段,运到堆场堆放,等待运输。

钢箱节段梁和钢—混凝土结合梁节段场内运输均采用两台 NICOLAS 液压平板车进行,见图 8.5.1.13。平板车进到梁段的下方,在运输平板车上与梁段底部之间垫 200mm×300mm×300mm 木方,木方垫 5mm 厚橡胶板,将节段梁运至下一道工序的场地,见图 8.5.1.14。预制完成的钢—混凝土结合梁段则运到码头,置于预先布设在码头上的钢墩上,钢墩需设置于梁段的纵腹板与横隔板的交叉点上。

图 8.5.1.13　钢箱梁节段运输示意

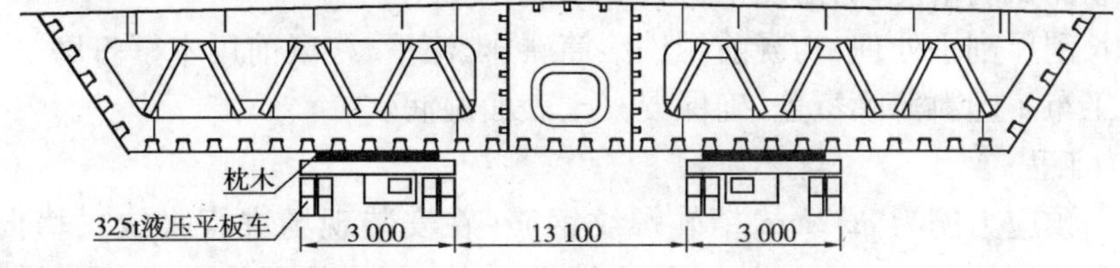

图 8.5.1.14　结合梁节段支座示意(尺寸单位:mm)

5.1.6　结合梁混凝土顶板施工

1. 模板制作

混凝土顶板采用钢模板,箱体内钢模用脚手架通过底板支承于胎架上。翼缘钢模直接支撑于地坪上(图 8.5.1.15),并用花篮螺栓与钢箱梁拉紧,翼缘钢模与钢箱梁之间的横向拼缝用 80mm×50mm 钢板焊接,缝隙填塞胶带,防止支架变形造成缝隙混凝土漏浆,见图 8.5.1.16。翼缘钢模在底部设置调节座,以调节模板高程使其符合规范要求,并与钢结构预紧以避免漏浆。钢模板表面打蜡,以保证混凝土外表面光洁。

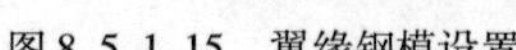

图 8.5.1.15　翼缘钢模设置

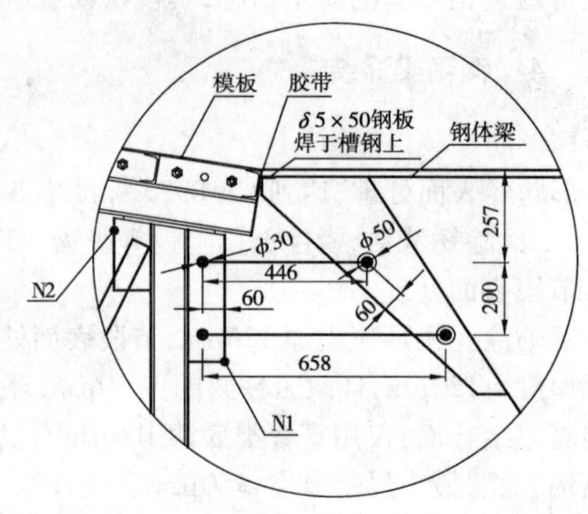

图 8.5.1.16　翼缘钢模与钢箱梁横向连接(尺寸单位:mm)

2. 顶板混凝土施工

(1)混凝土配合比设计

顶板混凝土为 C60 高性能混凝土,电通量≤1 000C,氯离子渗透系数≤1.5×10^{-12},为加快制作进度并尽快进行预应力钢筋张拉,要求混凝土 7d 强度达到 48MPa、弹性模量达到 2.92×10^{4}MPa。通过大量小样试验,确定混凝土配合比,如表 8.5.1.2 所示。

顶板混凝土配合比　　表 8.5.1.2

原材料	水	水泥	砂	碎石	Ⅰ级粉煤灰	矿粉	外加剂 SP-8N
每方用量(kg)	155	20	680	1 020	180	120	6.5

坍落度 180±30mm,水灰比 0.31。

从使用结果来看,28d 强度、电通量、氯离子渗透系数均满足要求,亦能满足 7d 预应力钢筋张拉的施工要求。

(2)混凝土浇筑原则

混凝土浇筑用汽车泵灰料,插入式振动棒和平动振动器振捣,分层厚度不大于 30cm。

混凝土浇筑采用先翼缘后箱顶的布料顺序,以减少支架沉降对混凝土质量的影响。混凝土用强制式搅拌机搅拌,搅拌时间 120s。

混凝土送到现场测试坍落度,坍落度不符合要求的不使用。

混凝土表面用长刮尺刮平处理,初凝前用铁滚筒碾压、滚平,终凝前用木蟹打磨、压实、整平。

混凝土采用土工布+塑料薄膜覆盖,确保混凝土表面湿润。

(3)顶板预应力工程

混凝土顶板纵向预应力筋为 φ32mm 精轧螺纹钢筋(在安装现场进行张拉),横向预应力筋采用 3 根钢绞线束、扁锚(制作时张拉)。由于精轧螺纹钢筋刚度大,每个梁段均要求保证孔道呈一直线,要求每个相邻梁段的孔道偏差不大于 1cm,否则会影响安装现场的精轧螺纹钢筋连接。在预应力筋孔道波纹管安装时,节段梁端部钢模上开设波纹管孔道,用控制端模安装精度的方法控制管道偏差。波纹管安装时,在其内放入圆钢管,混凝土终凝后拔除,以避免预应力孔道堵塞。

横向预应力钢绞线待混凝土强度弹性模量达到设计要求后进行张拉,采用真空压浆以提高浆体密实度。

5.1.7　钢箱梁加工经验与教训

1. 焊缝裂纹问题

钢梁制作时有两类焊缝在施焊时出现了开裂现象:一是底板单元在组焊时,单元之间的对接焊缝

(如图 8.5.1.17 所示),在进行打底第一道焊缝焊接后,打底层开裂;二是在钢箱梁总装时斜腹板与顶、底板之间角焊缝(如图 8.5.1.18 所示),进行打底第一道焊缝焊接后,打底层开裂。这两种类型的焊缝有几个共同点:焊缝都是熔透焊缝;焊接都采取反面贴陶瓷衬垫、单面焊双面成型的工艺;焊接方法都是半自动 CO_2 药芯焊丝气体保护焊;裂纹都出现在打底层的表面(正、反面),为纵向裂纹,正面的裂纹比反面的裂纹出现得多;这两种类型焊缝在进行工艺评定时都未出现过开裂现象。

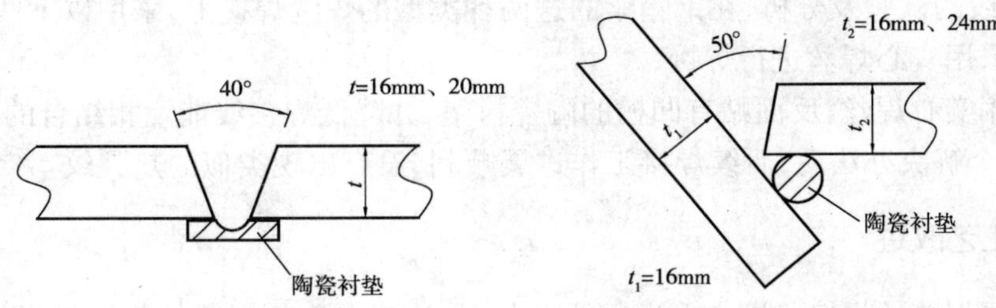

图 8.5.1.17　单元间对接焊缝　　图 8.5.1.18　顶、底板间角焊缝

2. 产生焊缝裂纹原因分析

焊缝裂纹出现后,首先要确定裂纹的性质,通过大量工艺试板的试验,采用排除法对产生裂纹的原因进行分析。

根据裂纹的表面特征,并且沿焊缝结晶线有氧化色,就排除了氧致裂纹的可能性。再对焊缝横断面进行金相分析,确定焊缝裂纹的性质为热裂纹,深度为 2 ~ 3mm。为找出热裂纹产生的原因,从以下几个方面进行了试验。

(1)母材及焊接材料试验

钢梁实际制造与工艺评定时相比,母材的唯一差别是东海大桥的 Q345qD 钢板中按设计要求加入了不大于 0.03% 的铌(Nb)来改善钢材性能。对实际使用的钢板化学成分及力学性能试验发现,钢板符合《桥梁用结构钢》(GB 714/T—2000)标准。

(2)对焊接区域进行预热试验

按照《铁路钢桥制造规范》(TB 10212—98)中提出的"低合金高强度结构钢在板厚大于 25mm、环境温度低于 5℃时,须对焊接区域进行预热处理"的要求,对焊接区域进行了不同温度预热后的焊接试验,发现即使将焊接区域预热到 100℃,焊缝仍不同程度的产生裂纹。

(3)焊接手法试验

为排除焊工在手法上的固定性而造成焊缝形状差别的影响,特安排了不同的焊工进行了左焊法、右焊法的焊接试验,但都无一例外的出现了热裂纹。

(4)改变焊接材料及焊接参数的试验

在几种品牌药芯焊丝的焊接试验都出现裂纹后,改用实心焊丝进行试验,产生了几种不同情况:仍旧采用药芯焊丝,在改变焊接参数、降低焊接线能量后均不同程度产生裂纹;对于对接焊缝的热裂纹,改用实心焊丝后就不再出现裂纹;对于角焊缝的热裂纹,改用实心焊丝后仍有部分出现裂纹,但在改变焊接参数,将焊接线能量降低到 11 ~ 17J/cm 时热裂纹出现的几率就比较小。

(5)改变衬垫形式的试验

为排除衬垫形式对焊缝的影响,在角焊缝的试板上采用了陶瓷衬垫、钢衬垫、软衬垫,并且采用了不同形状的陶瓷衬垫进行试验。试验发现,除带凹槽的陶瓷衬垫(图 8.5.1.19)时裂缝产生的几率较小外,其他衬垫形式都有不同程度的裂纹。

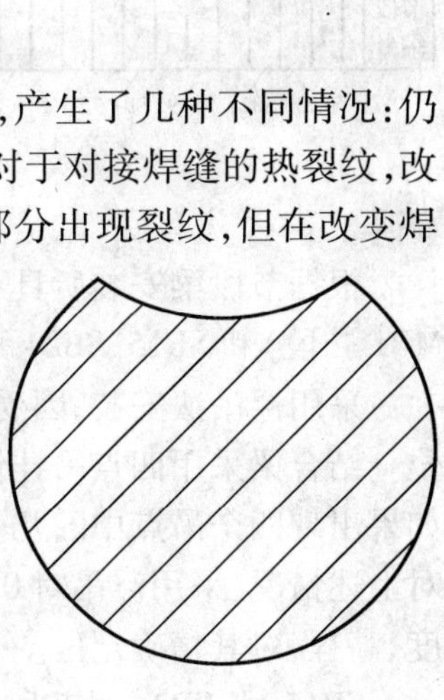

图 8.5.1.19　带凹槽的陶瓷衬垫

3. 试验结论

通过以上试验,对两种焊缝热裂纹的产生可以得出以下几个结论:

(1)钢板中加入微量的铌(Nb)在改善钢材性能的同时也易导致热裂纹

的产生,这在相关的文献资料中也有反映;

(2)采用实心焊丝焊接焊缝要比药芯焊丝焊接的焊缝抗裂性能好;

(3)改进衬垫的形状,使焊缝中心正反两面都呈饱满状态后,可大大改善焊缝的抗裂性能。

(4)焊接线能量的控制必须既考虑焊接速度,又保证焊缝性能,这样才能得到最大的优化。

4. 焊缝裂纹的解决

通过对焊缝裂纹的试验及分析,在钢箱梁的这两种类型的焊缝焊接上,采用以下两个解决办法:

(1)对接焊缝采用实心焊丝进行焊接;

(2)角焊缝采用实心焊丝,反面贴有凹槽的陶瓷衬垫,并降低焊接线能量相结合的办法进行焊接。

在采用以上两个解决办法后,后续焊接工作进展顺利,没有出现类似的热裂纹。

5.1.8 其他工艺改进

(1)对箱梁主要焊缝的焊接收缩变形进行统计分析,计算出每条焊缝的收缩变形量,在连接板下料及钻孔时把收缩变形量计算进去,从而使连接板上的螺栓孔与箱梁上螺栓孔的孔边距满足规范要求。

(2)使用大棱角铁矿砂对箱梁表面进行处理,达到粗糙度 Sa3.0 级,使用纯度为 99.5% 以上的铝丝,再通过优化电弧喷铝操作工艺,使得喷铝层与母材结合力满足设计要求。

(3)采用双掺(粉煤灰、矿粉)使混凝土电通量、氯离子渗透系数达到设计要求。

(4)用塑料薄膜加土工布进行顶板混凝土养护,使混凝土保持一定湿度,避免因混凝土收缩徐变产生混凝土裂缝。

(5)合理安排施工工艺,采用钢结构制作→混凝土浇注→预应力筋张拉→预拼装的施工流程。即将预拼装和螺栓孔钻孔安排在预应力张拉后进行,避免了混凝土自重、混凝土收缩徐变对现场螺栓通孔率的影响。

5.2 钢—混凝土箱形结合梁现场吊装施工

钢—混凝土箱形结合梁共分 103 个节段,节段的划分见图 8.5.2.1。现场起吊安装。钢结构现场采用螺栓连接,混凝土则采用湿接缝连接。高强螺栓采用 10.9S 大六角头摩擦型高强螺栓,螺栓直径 24mm,每个节段栓接面用 3 962 套高强螺栓,全桥 102 个栓接面共使用 40.4 万套高强螺栓。

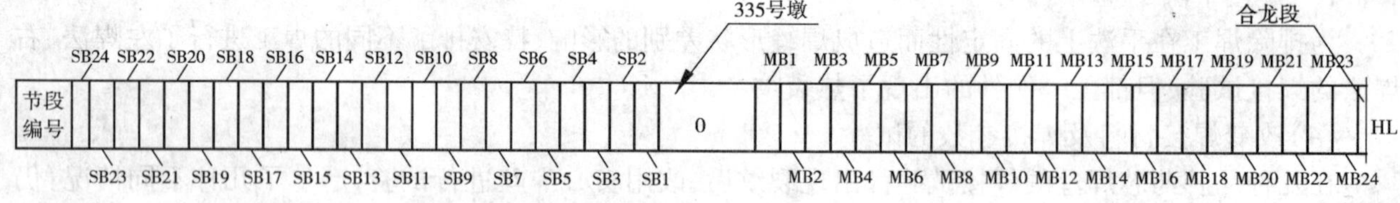

图 8.5.2.1 1/2 结合梁安装节段划分示意

根据节段梁安装所具备的现场条件,结合梁 0 号段(即 B0、SB0-1、MB0-1 三段)、1 号段(即 SB1、MB1 二段)和 SB15、SB24 采用浮吊吊装,其余标准段和 SB23、HL 合龙段采用桥面吊机吊装。

采用浮吊法安装,因受风流浪的影响,浮吊自身有较大的上下左右的颠簸,造成被吊物无法精确就位。结合梁采用四点吊挂钩时,由于运输船的颠簸对挂钩带来很大的困难,特别是结合梁的上下颠簸,如果出现四个吊点中的几个吊点未挂钩,几个吊点已挂钩并且受力较大,可能造成机毁人亡的局面。针对上述情况,采用浮吊对 0 号 1 号节段初安装,在排架上设置千斤顶顶推装置调整结合梁平面偏差、坡度、高程,对其精确定位。

SB15 号、SB24 号节段吊装时,设置临时排架,采用浮吊临时就位、桥面吊准确就位的方法。

合龙段 HL 节段采用两部桥面吊机同步安装。

结合梁吊装采用钢丝绳绳索,确保4根绳索同时均匀受力。结合梁各节段主要参数见表8.5.2.1。

结合梁主要参数表　　　　表8.5.2.1

	B0	B0-1	B1	标准段	SB15	SB23	SB24	合龙段
长(m)	8	10	8	8	8	8	8	8
宽(m)	33	33	33	33	33	33	33	33
高(m)	4	4	4	4	4	4	4	4
重(t)	430	490	335	335	393	399	366	335
节段数	2	2	2	90	2	2	2	1

5.2.1　施工流程

1.0号段、1号段施工流程

0号段、1号段(即B0、SB0-1、MB0-1三段和SB1、MB1二段)施工流程为:0号段、1号段排架搭设→设置临时支座和千斤顶顶推系统→浮吊吊装0号段、1号段→逐段用千斤顶调节平面偏差、高程→湿接缝、高强螺栓安装→纵向预应力束的张拉及压浆→安装1号索。

2.标准段施工流程

标准段施工流程为:桥面吊机试吊安装→吊钩与结合梁连接→梁段提升到位→操作平台移位→高强螺栓施工→混凝土接缝施工→混凝土养护→张拉纵向预应力束→吊机移位→斜拉索安装→吊装下一节段。

5.2.2　0号段、1号段排架搭设

0号段、1号段(即SB0-1、B0、MB0-1、MB1和SB1段)排架采用$\phi900\times20$(mm)钢管作为主要承重构件,外侧一排钢管支承于钢套箱施工平台$\phi1\,000$mm钢管桩上的双榀H588梁上,内侧一排钢管支于承台上,见图8.5.2.2。横向连接采用25a[槽钢,同时连接塔身作为扶墙。$\phi900$mm钢管最大间距8.6m,最大层高10.3m。钢管支撑架设采用型号300t·m的塔吊进行安装。钢管与承台采用喜利得螺栓连接。钢管顶部设置桩帽,其上顺桥向布置双榀H588型钢,作为结合梁的支撑。

0号段、1号段(即SB0-1、B0、MB0-1、MB1和SB1段)就安装在H588型钢上,其上放置临时支座和60t千斤顶顶推装置,临时支座内另安置一个150t千斤顶,为节段梁调整高程做准备,见图8.5.2.3。B0段临时支座直接放置在主塔下横梁上。临时支座布置在节段梁横隔板和纵隔板的交汇点。

由于海潮起伏波动,加上大型浮吊负重后自身有较大的上下左右的颠簸,造成被吊物无法精确就位,所以结合梁吊装精度很难控制。实际上浮吊只能完成初步定位(误差在10cm左右),精确就位要靠千斤顶来完成,为了达到前后左右四个方向滑移的目的,在临时支座的底部设置聚乙烯四氟板和不锈钢板,以减少摩擦力。

排架安装高程控制以B0段临时支座的橡胶支座顶高程比理论高程低2cm为原则,即结合梁吊装后,结合梁比设计高程低2cm,待五个节段梁全部安装就位后进行精确调整定位。

5.2.3　0号段、1号段吊装

节段吊装安排在平均低潮位(-1.34m)、流速低于1m/s的平潮状态下,即小潮汛时进行。吊装时风力不大于6级,在结合梁四周用四只10t手拉葫芦辅助调节平面位置。平潮前8h开始准备工作并封航。

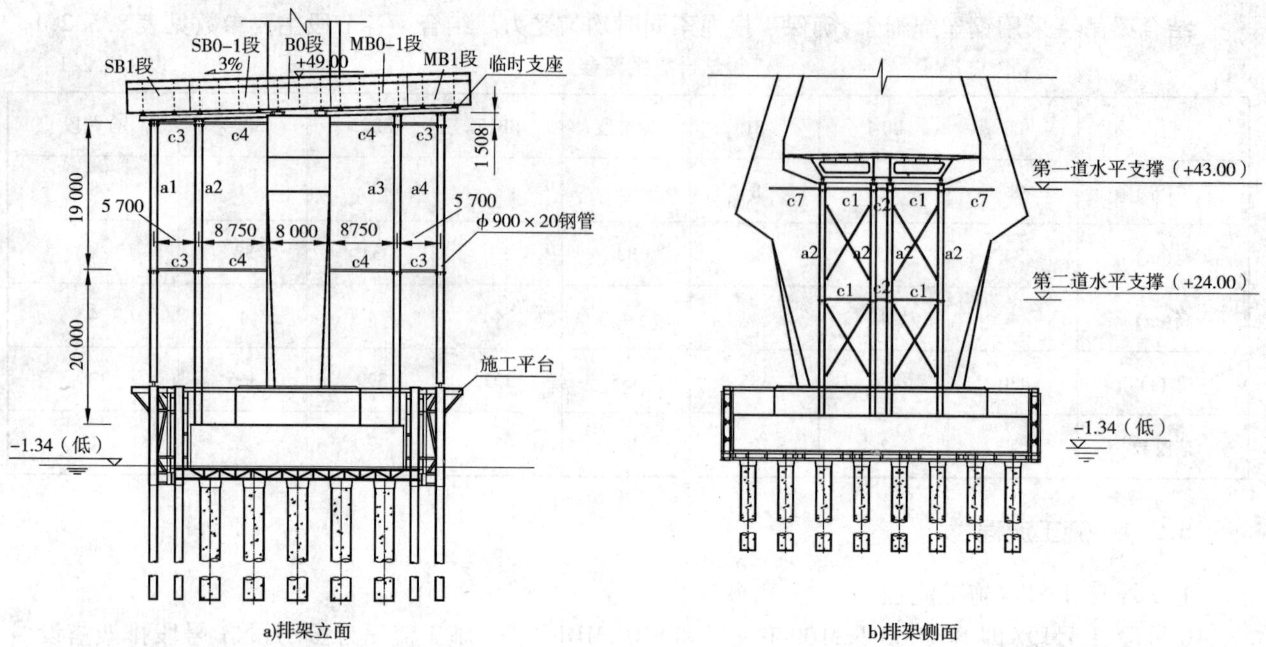

图 8.5.2.2　0 号段、1 号段排架示意(尺寸单位:mm,高程单位:mm)

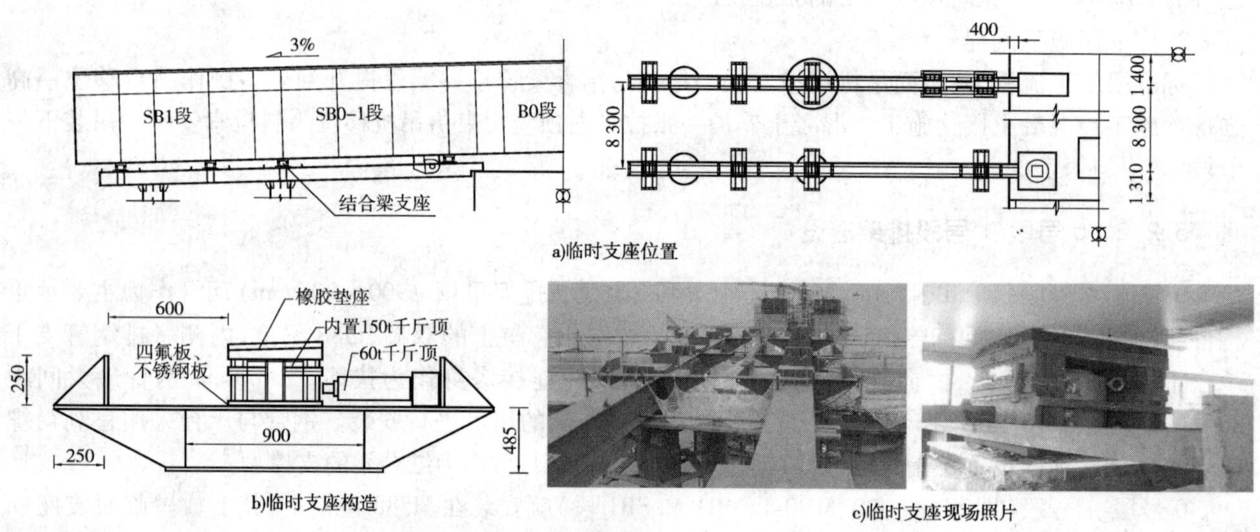

图 8.5.2.3　临时支座示意(尺寸单位:mm)

0 号段与 1 号段(共 5 个节段)采用浮吊安装在桥塔处搭设的临时排架上,连接后成为桥面吊机的安装位置,为桥面吊机安装结合梁的标准节段作准备工作。

斜拉桥的边跨因受辅助墩的影响,浮吊船体中心线无法与桥轴线重合。在起吊安装时,船体中心线与桥轴线形成一定夹角,给安装节段的就位带来一定困难。而在桥梁的中跨,两座桥墩之间达 420m,足以保证浮吊船中心线与桥轴线重合,可方便节段梁就位。但受到浮吊起吊高度的限制,在满足起吊杆下卧时最大起吊能力的情况下,浮吊只能安装四个节段梁,即 SB0-1、B0、MB0-1、MB1 节段,而另一个节段 SB1 由浮吊返到桥梁边跨处,进行斜向安装。

1. SB0-1、B0、MB0-1、MB1 段安装

(1)浮吊船就位

在进行 SB0-1、B0、MB0-1、MB1 四个节段安装之前,首先要对浮吊在海上的起吊位置作出精心安排,才能确保节段在海上起吊的安全。浮吊起重船在海上就位的步骤见图 8.5.2.4。

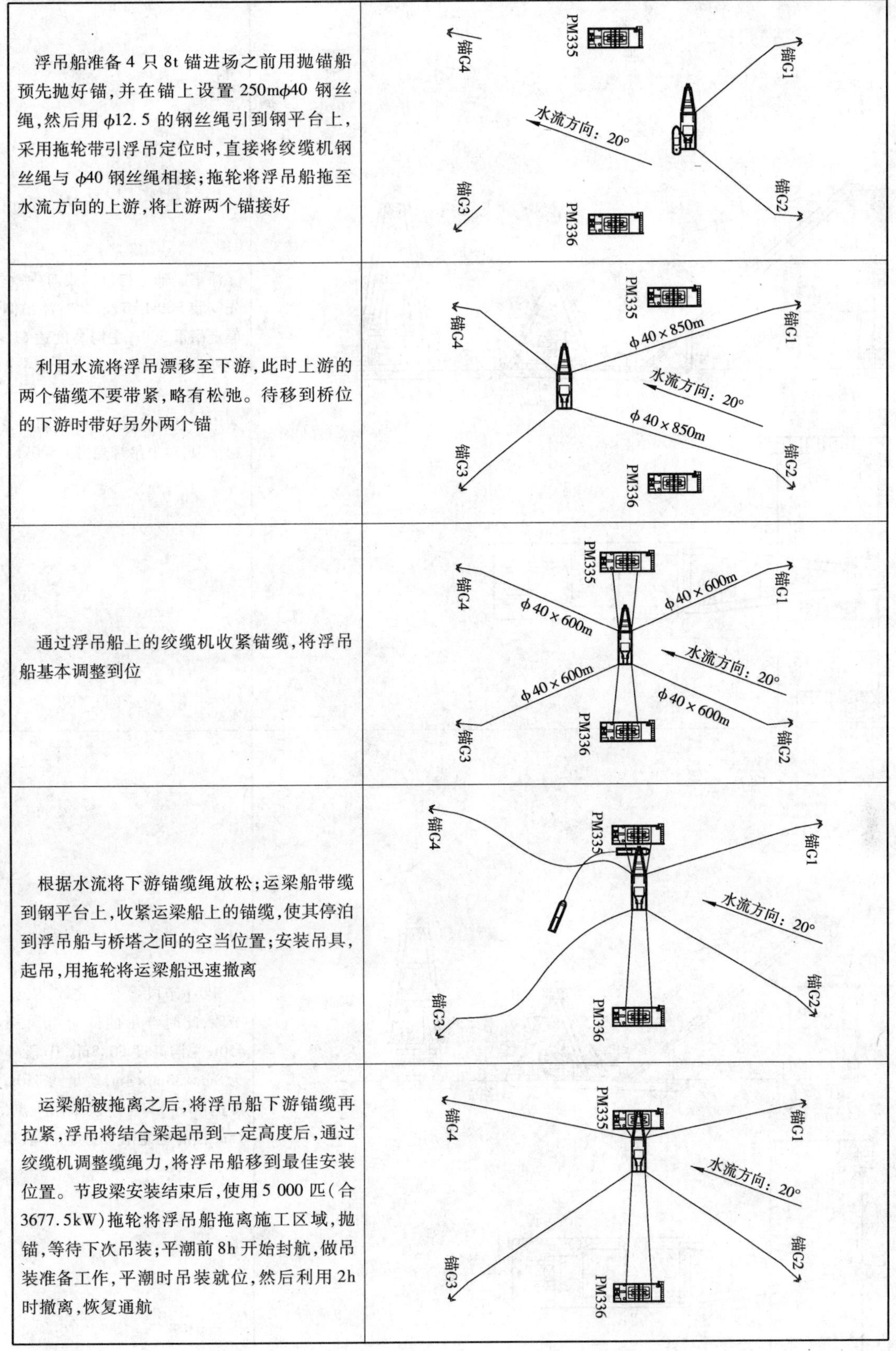

步骤说明	示意图
浮吊船准备 4 只 8t 锚进场之前用抛锚船预先抛好锚，并在锚上设置 250mϕ40 钢丝绳，然后用 ϕ12.5 的钢丝绳引到钢平台上，采用拖轮带引浮吊定位时，直接将绞缆机钢丝绳与 ϕ40 钢丝绳相接；拖轮将浮吊船拖至水流方向的上游，将上游两个锚接好	
利用水流将浮吊漂移至下游，此时上游的两个锚缆不要带紧，略有松弛。待移到桥位的下游时带好另外两个锚	
通过浮吊船上的绞缆机收紧锚缆，将浮吊船基本调整到位	
根据水流将下游锚缆绳放松；运梁船带缆到钢平台上，收紧运梁船上的锚缆，使其停泊到浮吊船与桥塔之间的空当位置；安装吊具，起吊，用拖轮将运梁船迅速撤离	
运梁船被拖离之后，将浮吊船下游锚缆再拉紧，浮吊将结合梁起吊到一定高度后，通过绞缆机调整缆绳力，将浮吊船移到最佳安装位置。节段梁安装结束后，使用 5 000 匹(合 3677.5kW)拖轮将浮吊船拖离施工区域，抛锚，等待下次吊装；平潮前 8h 开始封航，做吊装准备工作，平潮时吊装就位，然后利用 2h 时撤离，恢复通航	

图 8.5.2.4　浮吊起重船海上就位步骤

(2)SB0-1、B0、MB0-1、MB-1 节段的安装

SB0-1、B0、MB0-1、MB-1 四个节段的安装采用 1000t 浮吊进行，各个节段的安装工况见图 8.5.2.5。

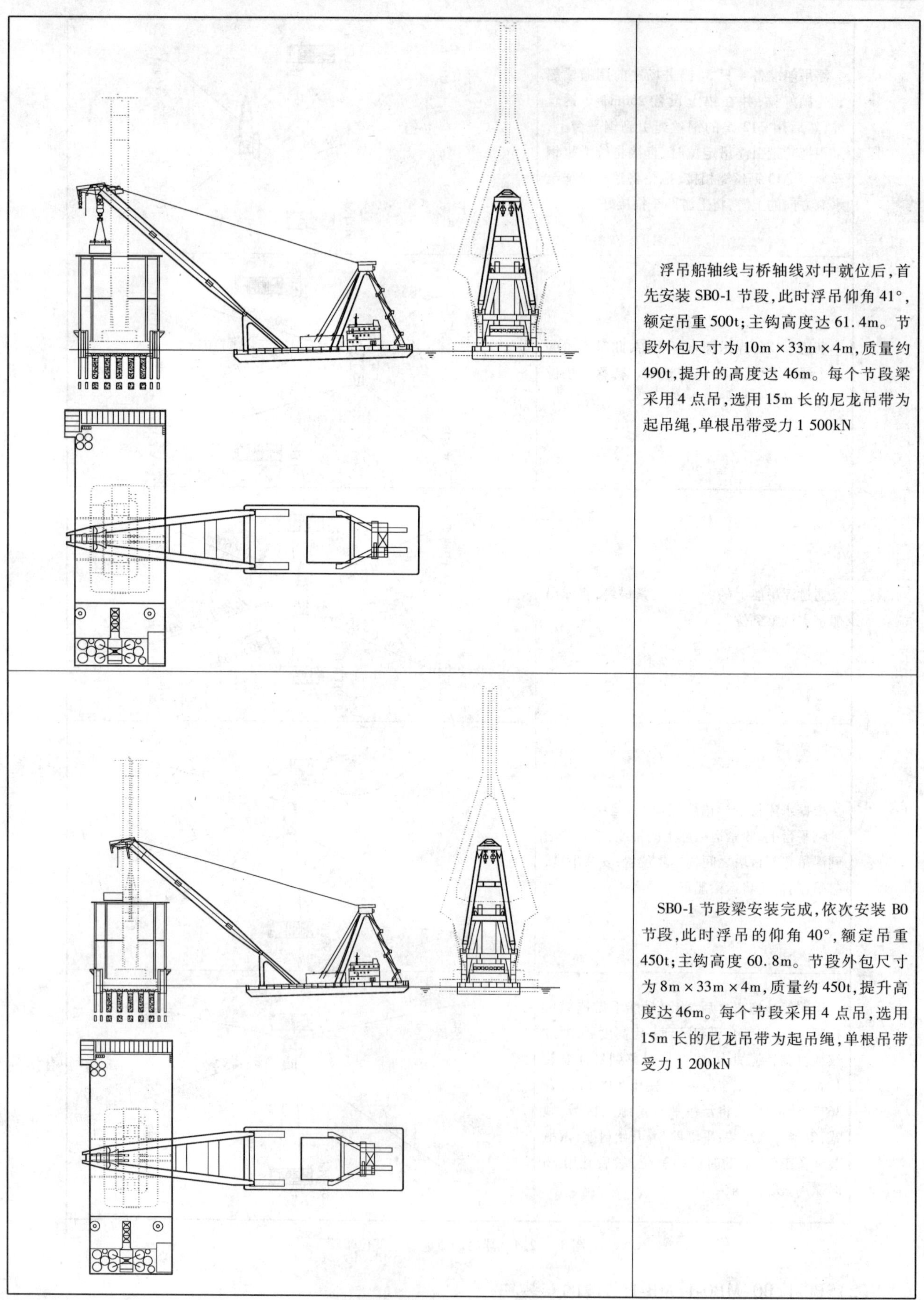

浮吊船轴线与桥轴线对中就位后，首先安装 SB0-1 节段，此时浮吊仰角 41°，额定吊重 500t；主钩高度达 61.4m。节段外包尺寸为 10m × 33m × 4m，质量约 490t，提升的高度达 46m。每个节段梁采用 4 点吊，选用 15m 长的尼龙吊带为起吊绳，单根吊带受力 1 500kN

SB0-1 节段梁安装完成，依次安装 B0 节段，此时浮吊的仰角 40°，额定吊重 450t；主钩高度 60.8m。节段外包尺寸为 8m × 33m × 4m，质量约 450t，提升高度达 46m。每个节段采用 4 点吊，选用 15m 长的尼龙吊带为起吊绳，单根吊带受力 1 200kN

图 8.5.2.5

<table>
<tr><td>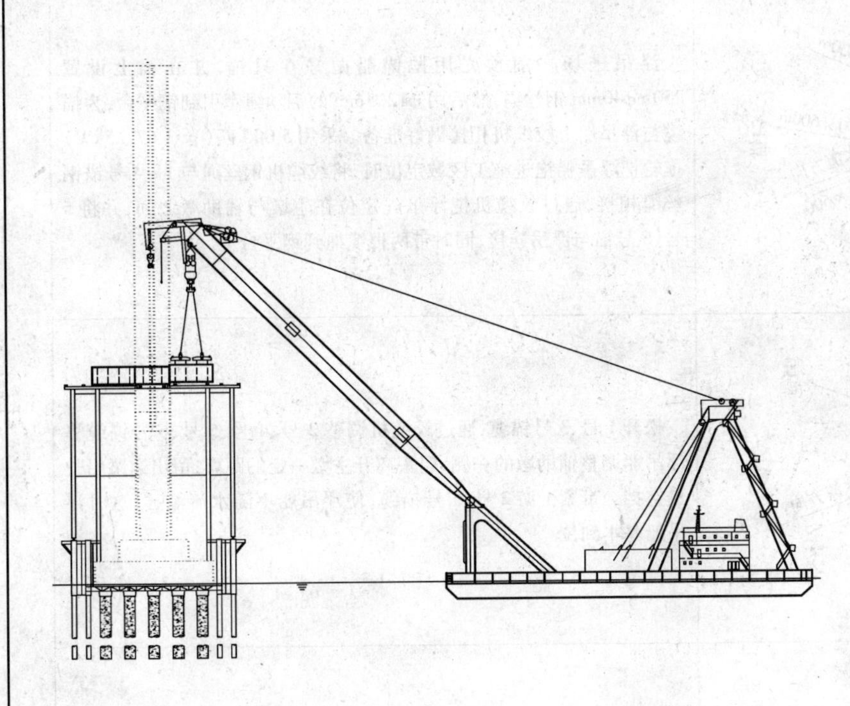</td><td>下一个安装的节段是 MB0-1 段，此时浮吊的仰角45°，额定吊重650t；主钩高度68m。节段外包尺寸为10m×33m×4m，质量约490t，提升的高度达46m。每个节段采用4点吊，选用15m长的尼龙吊带为起吊绳，单根吊带受力1 500kN</td></tr>
<tr><td>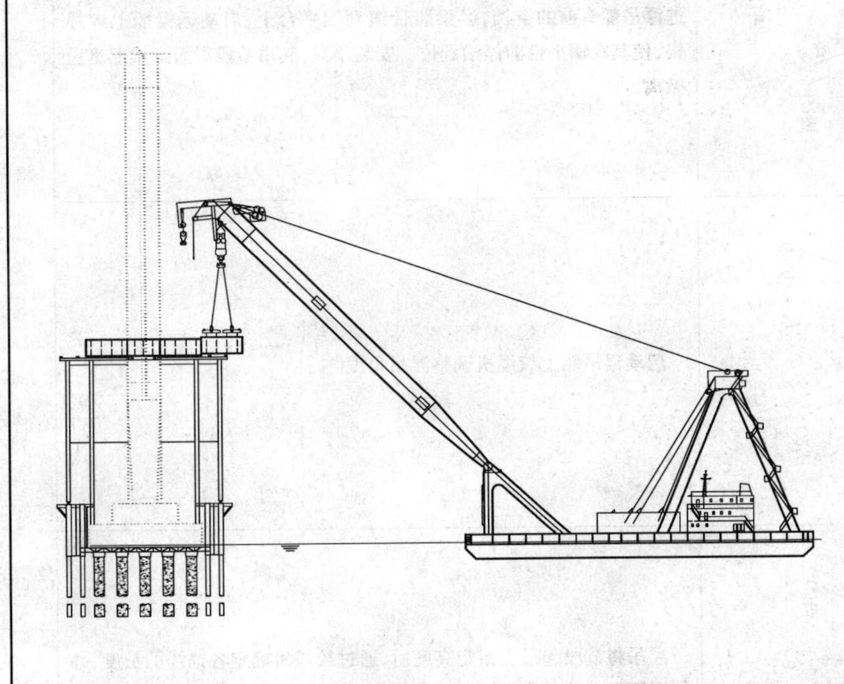</td><td>排架外侧安装的节段是 MB－1 段，此时浮吊的仰角45°，额定吊重650t；主钩高度68m。节段外包尺寸为8m×33m×4m，质量约370t，提升高度达46m。每个节段采用4点吊，选用15m长的尼龙吊带为起吊绳，单根吊带受力1 200kN。节段安装结束后，使用5 000匹（合3 677.5kW）拖轮将浮吊船拖离施工区域，抛锚待命</td></tr>
</table>

图8.5.2.5　SB0-1、B0、MB0-1、MB-1四个节段的安装工况

2. SB-1段安装

受浮吊船起吊跨度能力限制，浮吊船必须返回到桥塔桥墩另一侧，才能进行SB-1节段的安装。在安装节段之前，先将浮吊船抛锚定位。

(1)浮吊船的就位

斜拉桥主墩与辅助墩间的距离为132m，无法满足浮吊船轴线与桥轴线对中，只能与桥轴线形成一定的角度，斜向进行节段梁安装。浮吊船抛锚就位工序相对复杂一些。具体就位工况见图8.5.2.6。

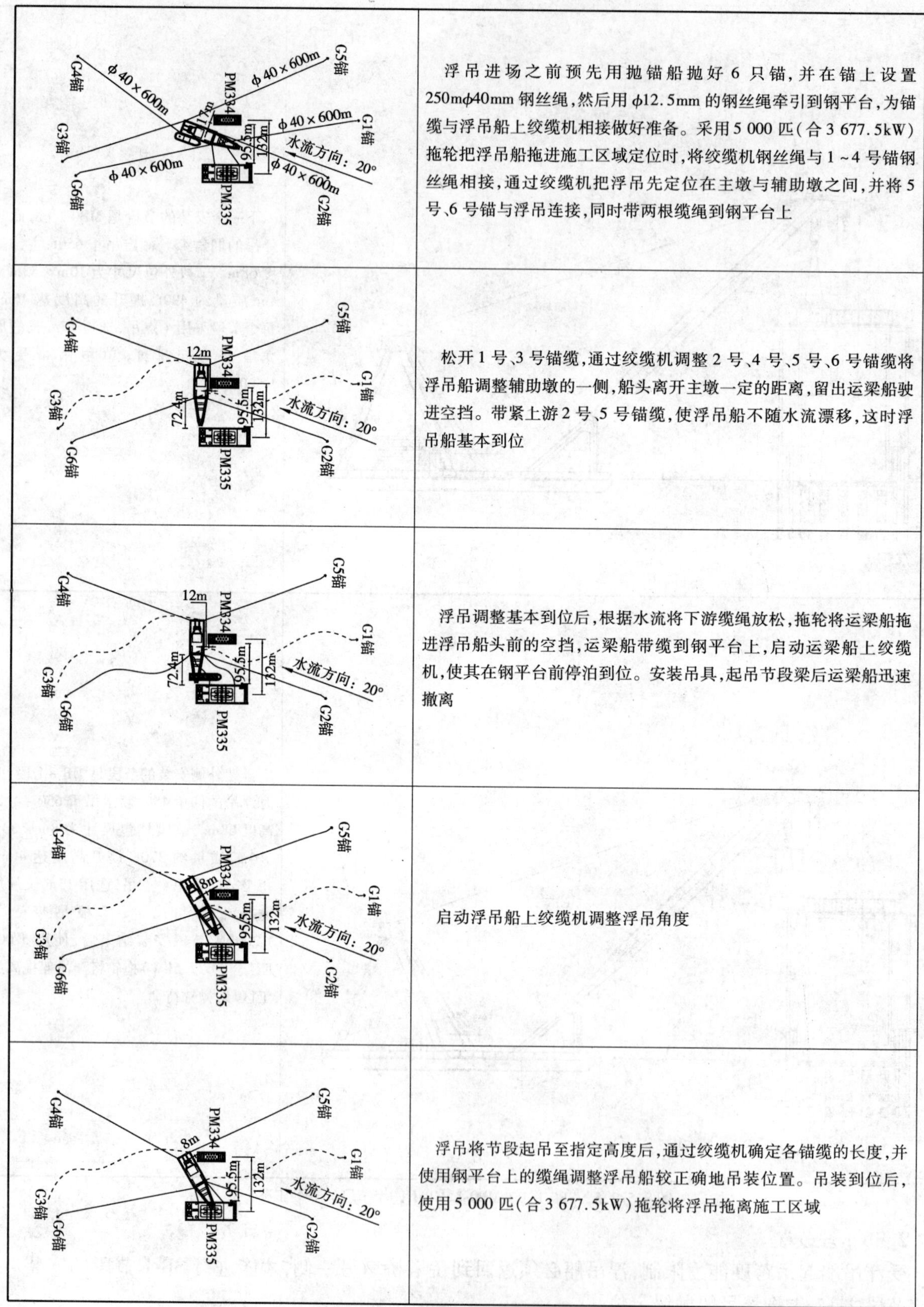

工况图	说明
	浮吊进场之前预先用抛锚船抛好6只锚，并在锚上设置250mϕ40mm钢丝绳，然后用ϕ12.5mm的钢丝绳牵引到钢平台，为锚缆与浮吊船上绞缆机相接做好准备。采用5 000匹(合3 677.5kW)拖轮把浮吊船拖进施工区域定位时，将绞缆机钢丝绳与1~4号锚钢丝绳相接，通过绞缆机把浮吊先定位在主墩与辅助墩之间，并将5号、6号锚与浮吊连接，同时带两根缆绳到钢平台上
	松开1号、3号锚缆，通过绞缆机调整2号、4号、5号、6号锚缆将浮吊船调整辅助墩的一侧，船头离开主墩一定的距离，留出运梁船驶进空挡。带紧上游2号、5号锚缆，使浮吊船不随水流漂移，这时浮吊船基本到位
	浮吊调整基本到位后，根据水流将下游缆绳放松，拖轮将运梁船拖进浮吊船头前的空挡，运梁船带缆到钢平台上，启动运梁船上绞缆机，使其在钢平台前停泊到位。安装吊具，起吊节段梁后运梁船迅速撤离
	启动浮吊船上绞缆机调整浮吊角度
	浮吊将节段起吊至指定高度后，通过绞缆机确定各锚缆的长度，并使用钢平台上的缆绳调整浮吊船较正确地吊装位置。吊装到位后，使用5 000匹(合3 677.5kW)拖轮将浮吊拖离施工区域

图8.5.2.6　浮吊船在边跨侧就位工况

(2)SB-1段安装

1 000t浮吊在斜拉桥边跨侧安全就位后，起吊SB-1节段进行安装，安装工况见图8.5.2.7。

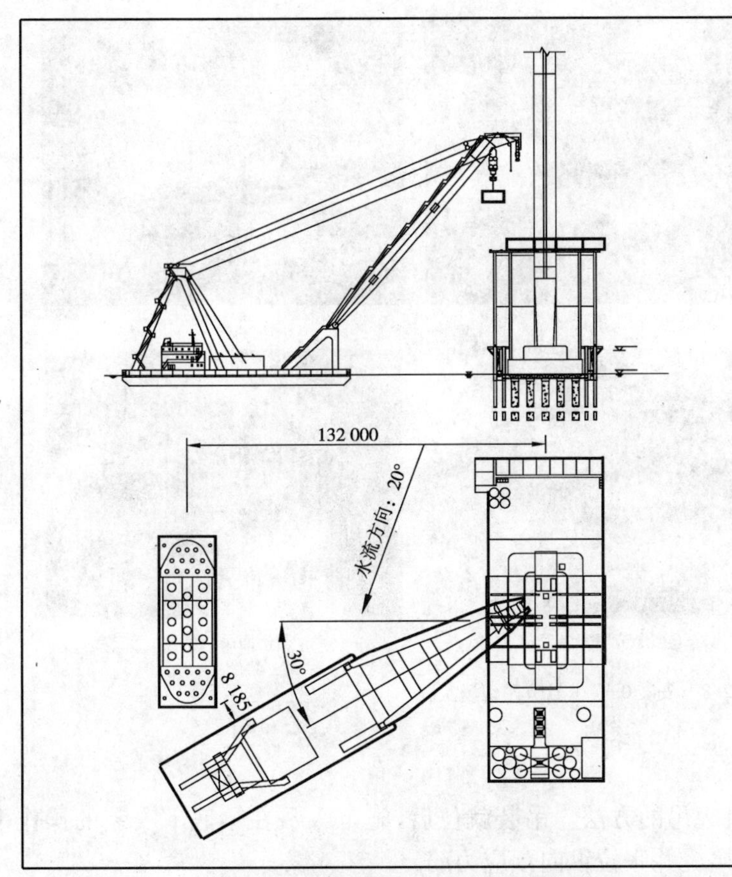

起吊时，浮吊的仰角50°此时浮吊的额定吊重800t；主钩高度73m。节段外包尺寸为8m×33m×4m，质量约370t，提升高度达46m。每个节段采用4点吊，选用15m长的尼龙吊带为起吊绳，单根吊带受力1 000kN。节段安装结束后，使用5 000匹（合3 677.5kW）拖轮将浮吊船拖离施工区域，抛锚待命

图8.5.2.7 1 000t浮吊安装SB-1节段工况（尺寸单位：mm）

3. SB-1、SB0-1、B0、MB0-1、MB-1节段精确定位安装

采用1000t浮吊对0号、1号段5个节段进行起吊安装后，由于安装的位置与设计的标准存在较大的误差，需要对5个节段重新进行精确定位。节段的平面位置用60t千斤顶顶推的办法进行调整，根据浮吊实际安装的位置与设计所需节段的就位的坐标，在临时支座的4个方向分别启动千斤顶。由于梁段与支座间的摩擦力远大于四氟板、不锈钢板的摩擦力，故临时支座能带动节段一起移动，千斤顶推动临时支座连同节段一起调整。平面位置精确到位后，进行竖向高度调整，顶升在临时支座内预先设置的150t千斤顶，进行节段的高程和坡度的调整，使高程符合设计要求，同时进行每个节段之间的高强螺栓连接。待5个节段全部安装就位并连接成整体后，就准备安装桥面吊机，进行下一个节段的悬拼施工。

采用浮吊在海上进行0号、1号段5个节段梁初步安装，后采用千斤顶进行精确调整的施工方法是成功的，实际安装的位置与设计的要求之间的误差在允许范围内，5个节段安装偏差见表8.5.2.2。图8.5.2.8所示是一组现场安装0号、1号节段的实况。

PM335墩和PM336墩5个节段实测轴线和高程偏差 表8.5.2.2

PM335主墩			PM336主墩		
节段	轴线偏差	高程偏差	节段	轴线偏差	高程偏差
NSB1	偏西1mm	+2mm	SSB1	偏西2mm	−2mm
NSB0-1	偏东1mm	+2mm	SSB0−1	偏东1mm	−1mm
NB0	偏东1mm	+4mm	SB0	偏东2mm	−3mm
NMB0-1	0mm	+2mm	SMB0−1	偏西2mm	+2mm
NMB1	偏西2mm	−1mm	SMB1	偏东3mm	+3mm

①浮吊进入现场就位　②安装吊具　③起吊　④安装节段　⑤5个节段安装完成　⑥桥面吊机就位

图8.5.2.8　安装0号、1号节段现场实况

5.2.4　标准节段安装

标准节段结合梁的安装采用桥面吊机起吊的方法。吊装就位后，施工人员在梁底下安装的操作平台上进行高强螺栓连接，现浇顶板混凝土接缝并张拉纵向预应力筋。

1. 桥面吊机的设计

由于斜拉索布置在桥面中间，标准节段安装采用桥面吊机施工，这给吊机的设计带来很多难题，特别是如何保证桥面吊机行走时不碰到斜拉索。桥面吊机应具备微调空间姿态的功能；自重要符合大桥设计的要求，在满足起吊功能的前提下，应尽量减轻桥面吊机的重量。针对本工程特点，通过采取相应措施，使桥面吊机自重、起重能力、行走装置均达到了设计和施工要求。

桥面吊机主要技术参数如下：

①桥面吊机自重：93t（不含吊具质量，单件最大质量12t）；

②起质量：400t（不含吊具质量）；

③抗风能力：空载行走状态8级；空载锚固状态12级；满负荷起吊状态8级；

④垂直起吊速度：满载（带点动）0～1.1m/min；空载0～2.0m/min（具备自由落体功能）；

⑤变幅速度：0～0.6m/min；

⑥工作幅度：$R_{min}=3.8$m；$R_{max}=7$m（带载变幅）。

桥面吊机起重采用2台16t变频卷扬机，起吊时采用自动调平系统以确保结合梁横桥向水平，避免两台卷扬机受力不均匀，见图8.5.2.9。吊具上设置千斤顶，使梁段吊装时纵桥向保持水平，吊装就位时用千斤顶调节仰角，形成桥梁纵坡，见图8.5.2.10。

桥面吊机的机架设计成左右两个独立的组件，中间用两根可装拆的系梁连接，行走时交叉拆除系梁，以避让已安装的斜拉索。

桥面吊机行走采用轨道+滑靴的形式，用千斤顶反顶轨道，利用轨道与地面的摩阻力使桥面吊机前移。

桥面吊机锚固以结合梁吊点为反锚点，在机架后部设反压梁。桥面吊机结构见图8.5.2.11。

2. 操作平台

操作平台是为施工人员进行高强螺栓连接、顶板接缝混凝土浇筑等提供的一个施工作业面。

图8.5.2.9　400t桥面吊机

图8.5.2.10　桥面吊机的吊具

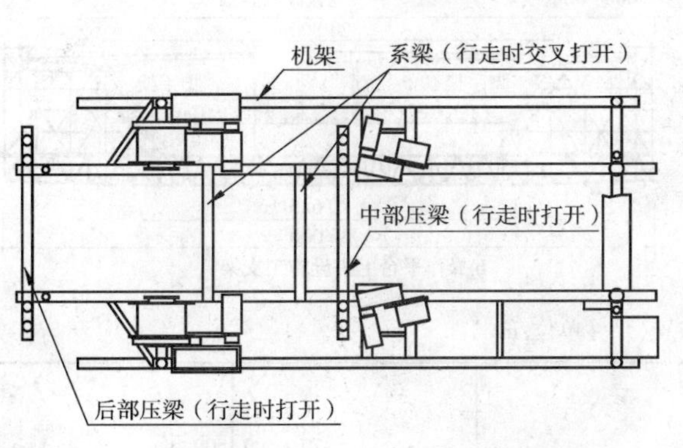

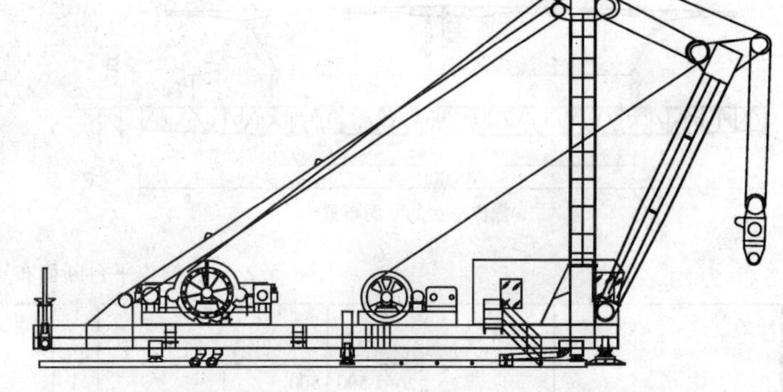
图8.5.2.11　桥面吊机结构

操作平台为钢桁架结构。全桥操作平台共6个，中跨与边跨采用不同的操作平台，其中4个操作平台用于中跨和辅跨施工，2个用于边跨施工，轨距均为20.685m，其中中跨（辅跨）操作平台外形尺寸36.0m×82.70m×16.0m，自重约为14.3t；边跨操作平台外形尺寸36.0m×83.90m×16.0m，自重约为14t。操作平台的最大容许荷载均为30kN。操作平台设备技术数据见表8.5.2.3。

操作平台设备技术数据　　表8.5.2.3

平台数量	全桥共需6只
结构材质	钢结构桁架（Q235—A）
外形尺寸	L36000×W8270（W8390）×H1600mm
表面处理	拷铲去污，清洁后油漆
平台总重	约13.8kg
总荷载	30kN
行走设备	采用卷扬机牵引行走，速度控制在3.5m/min
前后轮距	前后轮相距3 750mm

(1)操作平台主要结构

操作平台主要由工作平台和行走机构组成。

工作平台：由钢结构桁架焊接件构成，包括主纵梁、主横梁、悬挑梁、支撑片架及其附属结构。主要构件采用ϕ89×4（mm）钢管，弦杆采用ϕ50×3（mm）钢管。工作平台长度为36m，两侧超出桥面宽度各1.5m，可通过搭设脚手架供施工人员和机具设备由桥面上下。操作平台主要承受自重、施工人员及机具、部分高强螺栓及施工用脚手架等荷载。图8.5.2.12为工作平台的现场实况。图8.5.2.13所示为操作平台的断面布置。

行走机构:操作平台的行走采用卷扬机牵引,前进、后退卷扬机各一台,布置在后部主横梁上。前进时,卷扬机通过前导向装置带动操作平台;后退时则通过后导向装置带动操作平台。牵引时应慢速平稳,保证左右两个轮子同时前进。牵引速度宜控制在3.5m/min以下(图8.5.2.14)。

图8.5.2.12　工作平台现场实况

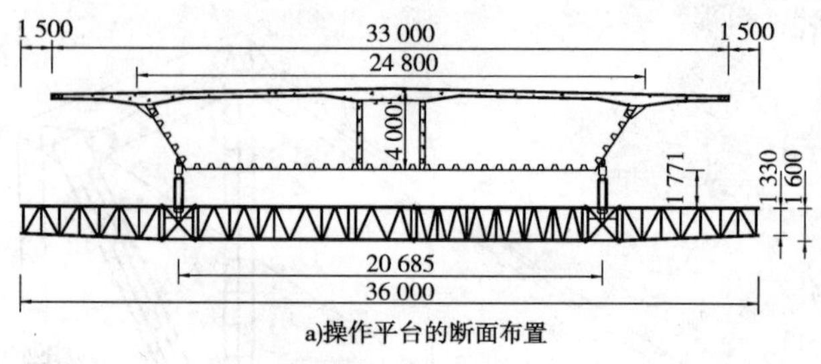

a)操作平台的断面布置

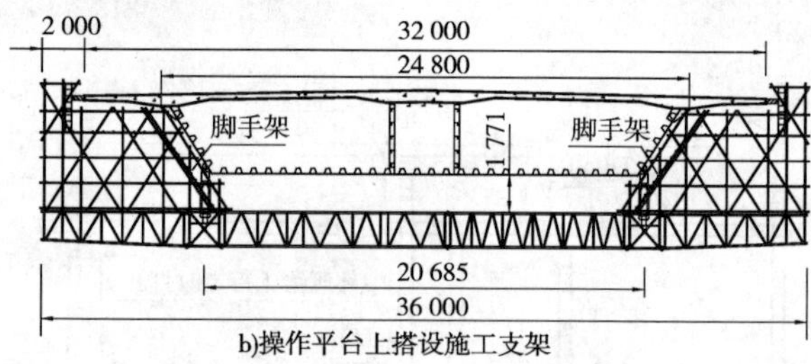

b)操作平台上搭设施工支架

图8.5.2.13　操作平台断面布置(尺寸单位:mm)

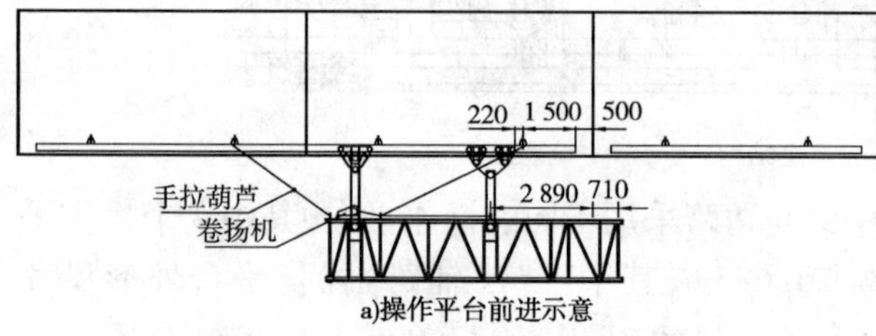

a)操作平台前进示意

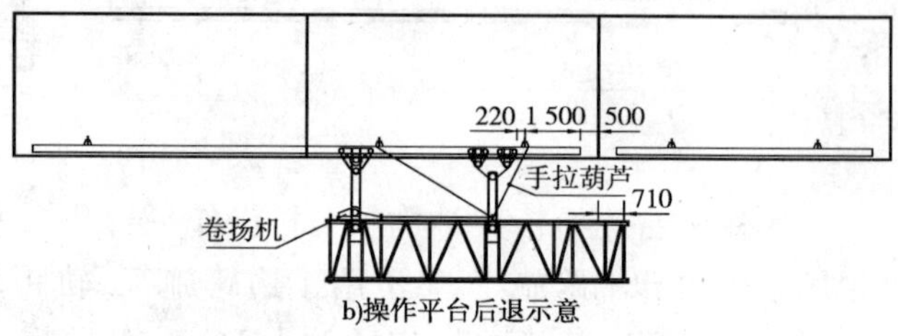

b)操作平台后退示意

图8.5.2.14　操作平台移位示意(尺寸单位:mm)

(2)操作平台使用操作规程

操作平台各部件在安装前应进行数量和质量验收,桁架主纵梁预拼装单元弯曲变形小于$L/1500$,且不大于10mm,各连接部位和吊点焊缝完好无裂缝,严重变形和焊接裂缝的构件严禁使用。

操作平台使用前应按总图要求在地面试拼装一遍,各相关连接件配对定位,按记号连接总体拼装后,要求各传动部件、活动部件无卡滞现象存在,各润滑点加满润滑黄油。

主纵梁左右吊点水平间距20 685.0mm,偏差小于2.5mm。前后吊点之间相对差小于5.0mm,吊点对角线相对差小于5.0mm,四个吊点轴线水平高差小于10.0mm,并确保四个吊点滚轮同时接触轨道梁。

操作平台按图纸要求拼装使用,四对滚轮与工字钢轨道梁接触良好,受力平均,严禁超载运行,牵引装置在主梁上,牵引时应慢速平稳,牵引速度宜控制在3.5m/min以下。

平台底面必须设置安全网罩,人员活动区域设置维护栏,并符合安全生产要求规范。

操作平台使用过程中严禁超载。使用过程中应注意重力均匀分配,保持受载均匀,左右平衡。

操作平台主纵梁、横梁及悬挑梁对接时,连接法兰应精密接触,各连接螺栓应均匀施拧,不准松动,各销轴保险卡板安全可靠。各连接法兰、螺栓焊接受力部位应进行定期检查,不允许接触面分离、螺栓松动、销轴保险卡板失效及焊缝产生裂缝纹等现象的存在,如有上述现象出现必须立即整改,确保无误后方能继续使用。

操作平台移到位后,用两根 $\phi12.5$mm 钢丝绳接两只 5t 手拉葫芦拉紧钢梁体,并用木块前后顶紧滚轮,以防操作平台滑动(或者采用其他符合规范的安全限位装置)。

3. 标准节段的安装

边跨 SB2 ~ SB13、SB17 ~ SB22 及中跨 MB2 ~ MB24 节段,由驳船运输到桥面吊机投影下,直接从海面垂直起吊。节段安装采用对称安装工艺,此时节段需要两艘运输船同时到达吊装的海上位置抛锚定位。节段运输船抛锚定位工况见图 8.5.2.15。

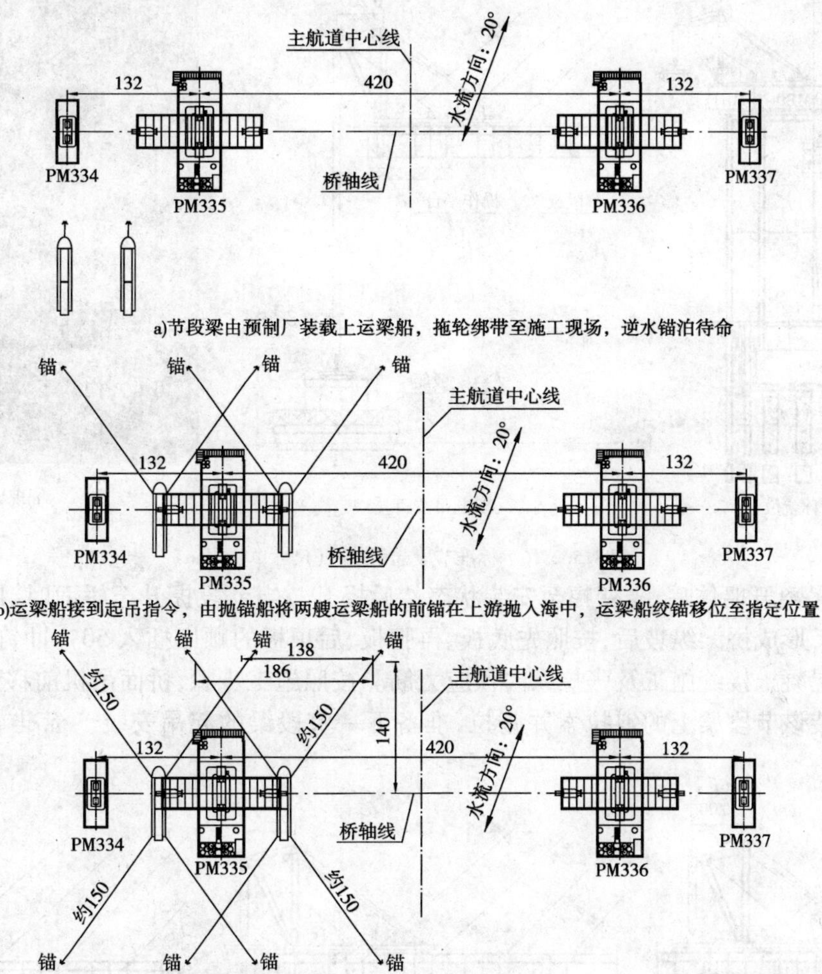

a)节段梁由预制厂装载上运梁船，拖轮绑带至施工现场，逆水锚泊待命

b)运梁船接到起吊指令，由抛锚船将两艘运梁船的前锚在上游抛入海中，运梁船绞锚移位至指定位置

c)抛锚船将两艘运梁船的后锚在下游抛入海中，绞动锚机在指定位置上使运输船前后四根锚链收紧。桥面吊机将吊具放下，与节段的吊钩连接后起吊

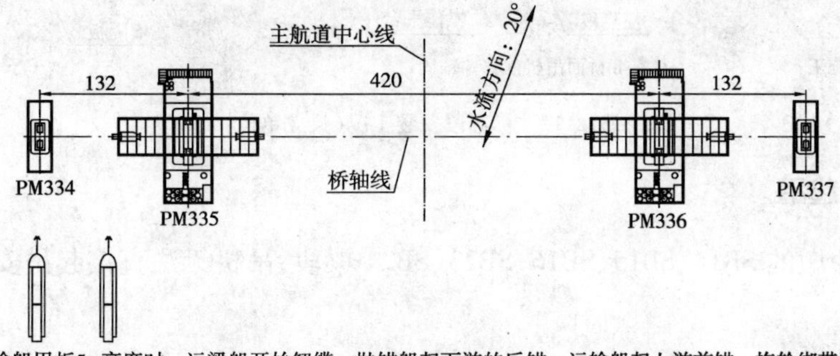

d)在节段吊离运输船甲板5m高度时，运梁船开始解缆，抛锚船起下游的后锚，运输船起上游前锚，拖轮绑带运输船撤离施工现场

图 8.5.2.15　节段运输船抛锚定位工况(尺寸单位:m)

标准节段起吊和安装步骤如下。

(1)吊装第 N 节段前,按对称吊装原则,两台 400t 桥面吊机及操作平台均到达工作位置。即 400t 桥面吊机前支点位于第 $N-1$ 节段的前端。

(2)节段拖至起吊位置(将需要起吊的节段定位在该节段设计位置的投影线上),吊具下放。吊装索具用钢丝绳索,绳索长度1.5m,吊具放到吊耳上方1m左右,即留50cm左右的安全间隙以防船舶颠簸造成绳索提前受力。然后,安装卸扣销轴,四个吊点检查全部安装无误后即可提升。图8.5.2.16所示为标准节段梁起吊工况。

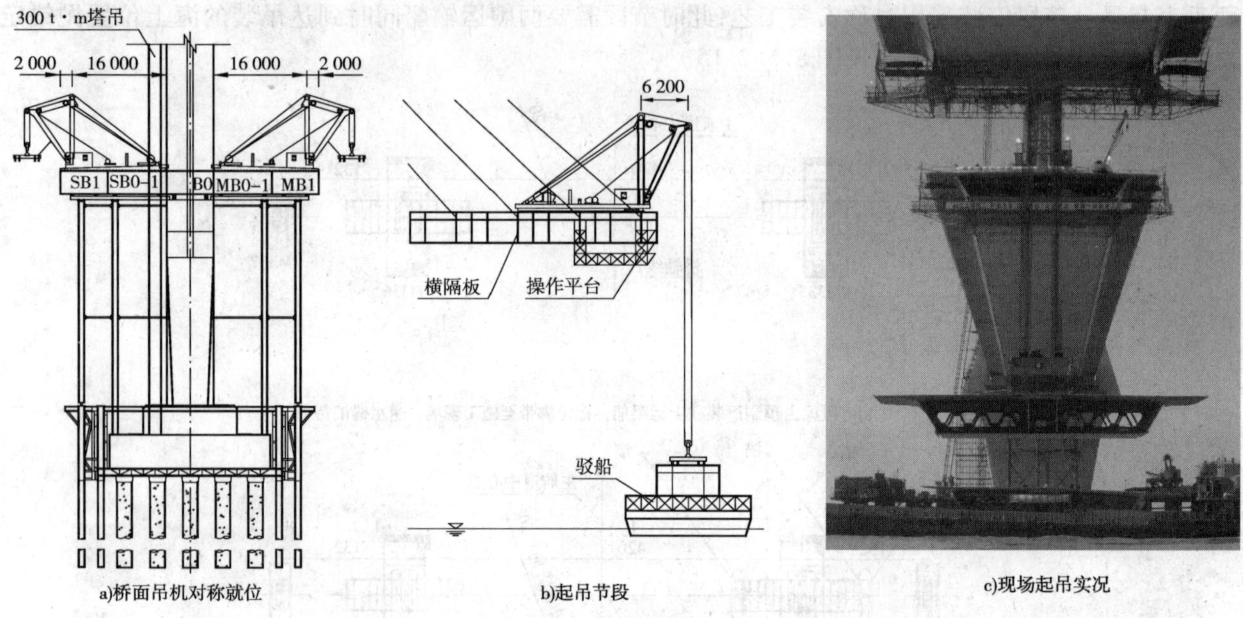

图8.5.2.16 标准节段起吊工况(尺寸单位:mm)

(3)节段起吊离开船体后,先变幅至安装状态然后提升。当节段提升至桥面时,用吊具上的千斤顶调整节段的仰角,形成桥梁纵坡后,按照先底板、再腹板、后顶板的顺序插入50%冲钉,进行高强螺栓施工、结合梁顶板混凝土接缝施工及张拉纵向预应力筋。按照施工步骤,桥面吊机前移到下一个节段安装位置并锚固,安装该节段梁上的斜拉索并张拉,准备下一节段梁的起吊安装。标准节段安装工况见图8.5.2.17。

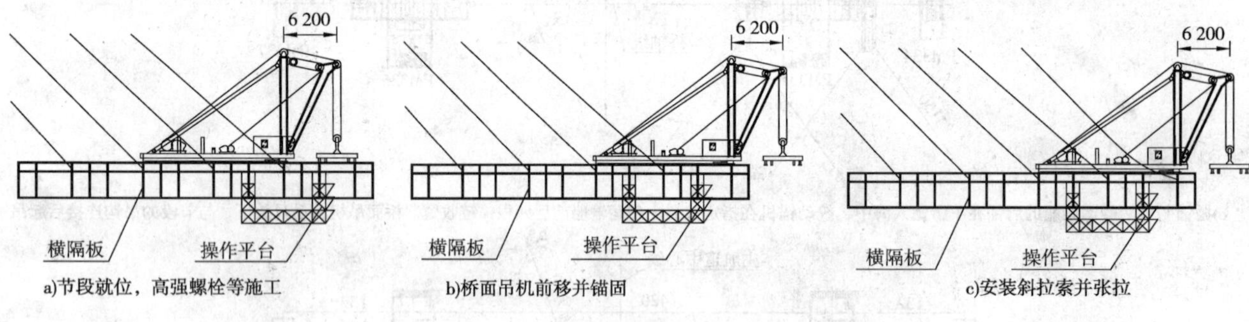

图8.5.2.17 标准段安装工况(尺寸单位:mm)

5.2.5 特殊段起吊

靠近辅助墩和边墩的SB14、SB15、SB16、SB23、SB24梁段,吊机无法直接起吊安装,分别采用不同的方式吊装。

1. SB14(SB23)段

SB14和SB23段在海面的投影位置分别在辅助墩承台和边墩承台上,因此直接从运输船上垂直起吊有一定困难。为了避开辅墩承台和边墩承台的影响,桥面吊机事先变幅至4.0m,同时SB14节段在装船时,尽量靠近船边,当船紧靠辅助墩承台后,桥面吊机的吊具与节段连接,用事先安装在主墩上的卷扬机作为SB14(SB23)起吊时的留缆。利用桥面吊机和卷扬机将节段慢慢平移伸出船体一段距离,逐渐放松留缆使桥面吊机的起重钢丝绳铅垂后去除留缆正常吊装(图8.5.2.18)。此时,SB15(SB23)段已先用浮吊临时安装在辅助墩顶或边墩顶上。SB15(SB23)段安装见下一节。

2. SB15、SB24 段起吊

在安装SB14(SB23)段的施工期间,先用浮吊将SB15(SB23)节段分别临时安装在辅助墩顶或边墩顶上。因桥面吊机无法直接从驳船上吊装,改用浮吊进行起吊初安装,因而需在墩顶搭设临时支架,以便能分别安置SB15、SB24节段。为保证浮吊安装节段梁的操作空间,桥面吊机吊具先暂时向吊机内收拢,浮吊将节段梁吊装到支架上临时就位后,桥面吊机进行最终的精确定位安装(图8.5.2.19)。

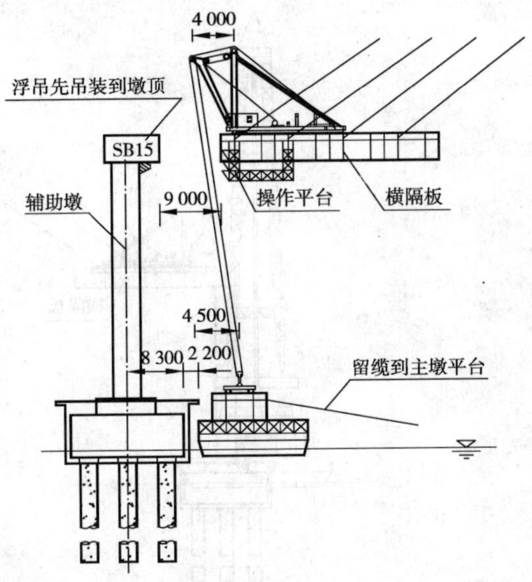

图8.5.2.18　SB14(SB23)段吊装示意(尺寸单位:mm)

3. SB16 段起吊

SB16段位于辅助墩另一侧,也不能用桥面吊机直接从运输驳船上起吊。在起吊SB16段前,在辅助墩承台上安装临时支撑,然后用浮吊将SB16段提升到辅助墩承台的临时支撑上。桥面吊机移至SB16吊装位置并锚固,安装SB15的斜拉索,然后进行SB16段的起吊(图8.5.2.20)。

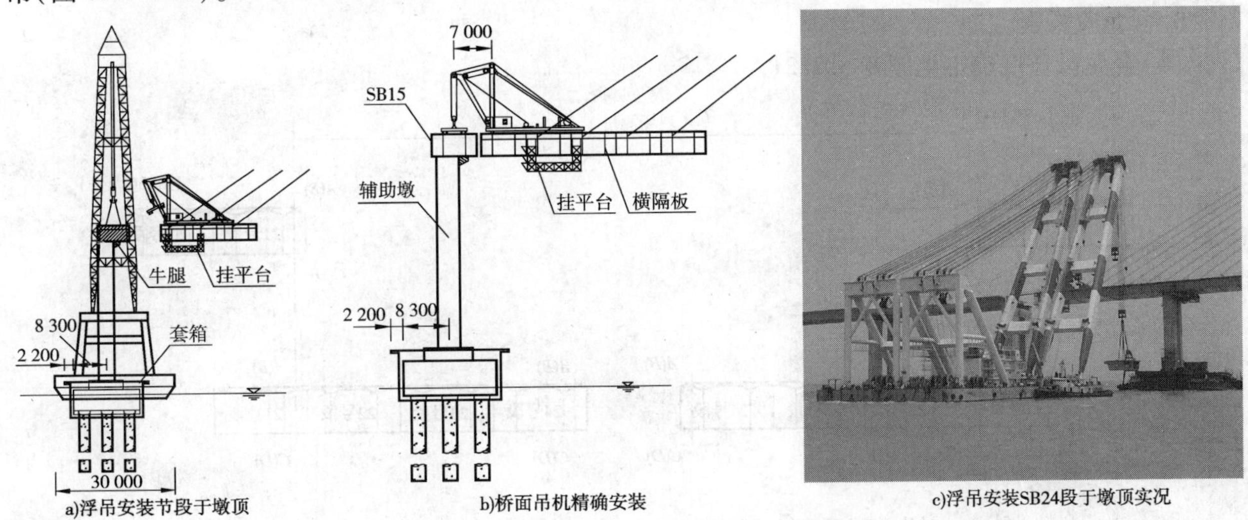

a)浮吊安装节段于墩顶　b)桥面吊机精确安装　c)浮吊安装SB24段于墩顶实况

图8.5.2.19　SB15、SB24 段安装工况(尺寸单位:mm)

5.2.6　合龙段安装

1. 合龙时间

结合梁标准段24号节段吊装结束后,即进行合龙段安装。一般地,23号节段吊装结束后,根据跨中两侧23号节段与23号节段之间的距离确定合龙段的长度,然后进行合龙段预拼装和涂装。预拼装和涂装周期较长,若在23号节段吊装后测量合龙段长度,将导致现场待工15d。根据倒排工期法,在21号梁段吊装后、跨中未装节段理论长度为56m的工况下进行合龙段长度测量,计划2005年5月20日为现场合龙段吊装的时间。

2. 合龙温度

桥位距南汇芦潮港约18km,最高气温一般比芦潮港低1~2℃,最低温度比芦潮港高1~2℃,即温差比芦潮港小3~4℃,日温差一般为4~5℃,这给合龙段温度的确定造成了困难。通过在施工现场设置自动气象站,找出与南汇气象站相对关系,并用南汇当地历年5月18日到5月22日气象资料进行统

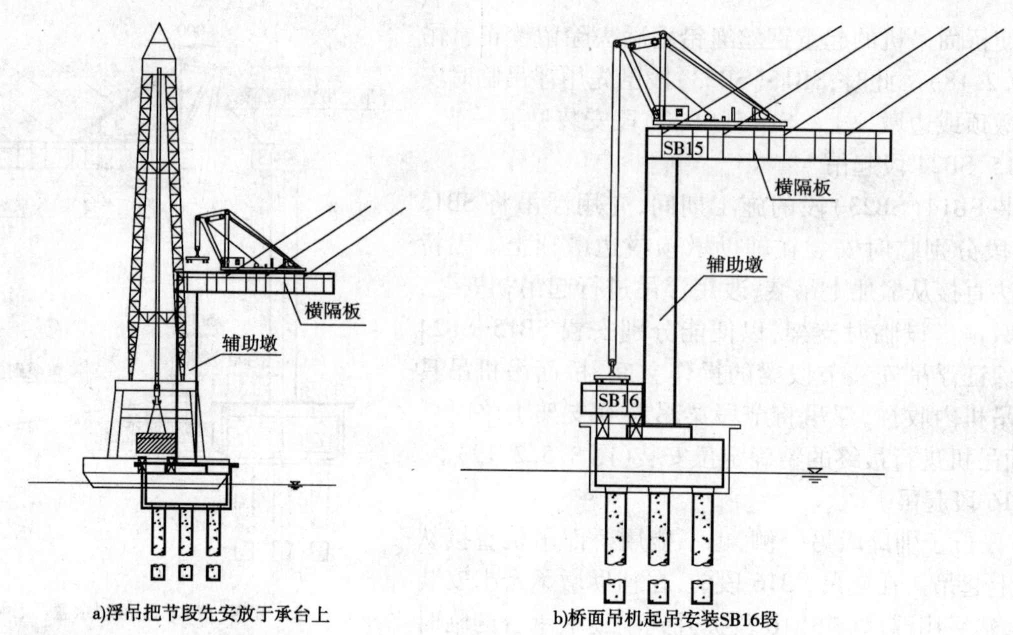

图 8.5.2.20　SB16 段吊装示意

计分析，最后选定 20℃作为合龙温度。

3. 合龙段长度

(1)合龙段长度确定见图 8.5.2.21。

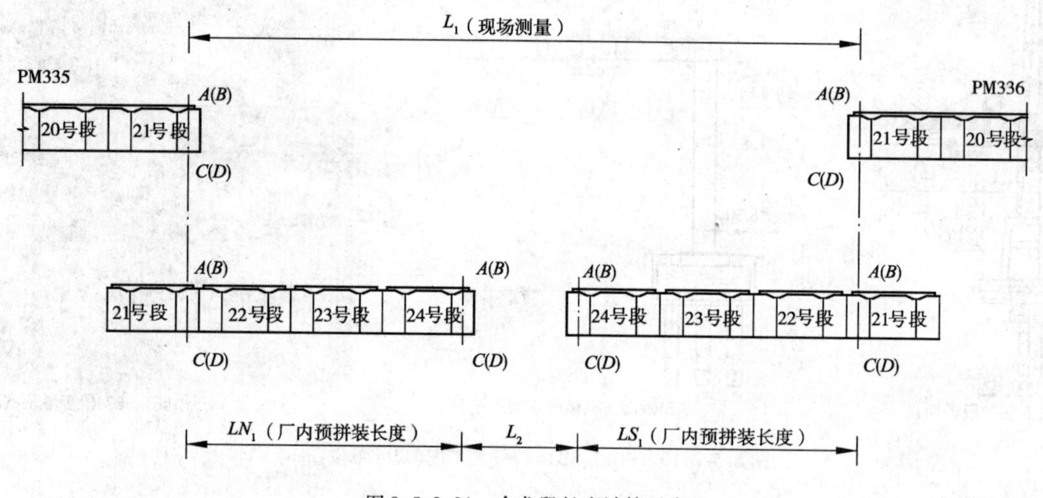

图 8.5.2.21　合龙段长度计算示意

合龙段预拼装长度：

$$L_2 = L_1 - LN_1 - LS_1 + \Delta L$$

式中：L_1——现场 PM335 墩 21 号 ~ PM336 墩 21 号节段实测长度；

LN_1、LS_1——PM335(PM336)墩 21 号 ~24 号节段厂内预拼装长度；

ΔL——长度修正。

(2)现场长度测量(L_1)

现场 21 号节段吊装完成并且高强螺栓施拧结束后，测量现场 PM335 墩中跨 21 号节段与 PM336 墩中跨 21 号节段的距离。现场测点布置位置见图 8.5.2.22。

A 点、B 点位于混凝土面上，用预埋件划十字线作标记；C 点、D 点位于箱体内钢结构上，用冲钉做标记。长度测量时，每天测量若干次，记录距离和温度，找出两者关系。测量周期 2d，每 2h 测量一次，直至混凝土浇筑完成。

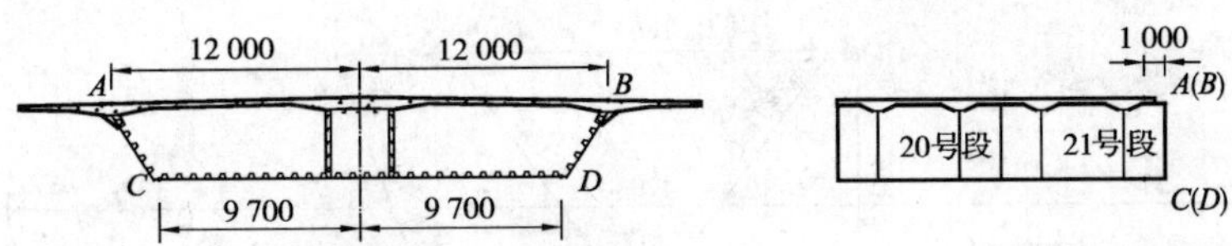

图 8.5.2.22　现场测点布置(尺寸单位:mm)

(3)工厂预拼装时长度测量

结合梁预拼装的第五轮次为17号~21号节段,第六轮次为22号~24号节段和HL合龙段。第六轮次预拼装时将21号节段移到22号段梁侧进行预拼装。在厂内预拼装时,测量中跨21号~24号节段预拼装长度,PM335墩记录为LN_1,PM336墩记录为LS_1,长度测量起讫位置同L_1测量位置,测量标记同L_1测量标记。测量根据不同温度进行,找出长度与温度关系,每2h测量一次。

由于预拼装时坡度与实际坡度不一致,故该长度应根据坡度进行修正。

(4)合龙段长度修正ΔL

L_1现场测量后,进行22号、23号、24号节段的安装,由于纵向预应力钢束和斜拉索张拉使L_1和LN_1、LS_1均使梁产生弹性压缩ΔL。通过计算,$\sum\Delta L$确定为16mm。

4. 合龙段预拼

合龙段长度8m。钢结构第一阶段先以9m长度制造(1m余量放在PM336墩侧),然后进行混凝土的浇筑。根据合龙段预拼装长度、拼缝宽度切割余量,进行合龙段预拼装。

先将PM335墩24号节段(NMB24)定位,然后依次将合龙段和PM336墩24号节段(SMB24)运到胎架上。移动SMB24号节段,使SMB24和NMB24节段上各测量标记间的距离等于合龙段预拼装长度L_2;再微调合龙段,使其与24号节段拼缝宽度满足设计要求。最后安装连接板并钻孔,完成合龙段预拼装。

5. 现场合龙施工

24号斜拉索张拉结束后,400t桥面吊机前移,并选择气温较为稳定的夜间或凌晨进行一次全桥线形高程测量和索力测试,确保数据真实有效。在合龙前通过调整索力使合龙段两侧高程基本一致,相对轴线偏差不大于5mm,方可进行合龙施工。

合龙段吊装采用2台400t桥面吊机双机抬吊。吊装就位后即进行合龙段与PM335墩24号节段的高强螺栓施拧。

合龙段与PM336墩24号段(SMB24)的高程差采用在SMB24号上的桥面吊机适当松钩或提升的方法进行调整。

合龙段顶板混凝土浇筑时,利用在斜腹板端口混凝土内预埋环形钢筋,采用神仙葫芦对拉环形钢筋与SMB24节段上吊点的方法纠正合龙段与SMB24节段的平面横桥向偏位。

随着温度的下降,另一侧连接板螺栓孔与结合梁栓孔对齐后,及时敲入冲钉并解除临时固结,并同步进行高强螺栓施拧。

2005年5月20日上午10点,两台400t桥面吊机同时将合龙段同步缓慢吊装到位,此时PM336墩24号节段的螺栓孔与合龙段螺栓孔还存有4cm的误差,无法进行高强螺栓连接。至晚上20点,气温降至20℃左右,只有桥面处钢连接板的螺栓孔对齐,即刻敲入冲钉进行高强螺栓连接。但由于箱梁内部温度降不下来,底板与腹板的螺栓孔未能对齐,错位达15mm,给合龙带来了不小的难度。5月21日凌晨4点,螺栓孔位的误差仍差半个螺孔,因此决定采用应急预案,否则天一亮气温升高,合龙难度更大。于是将最后一对斜拉索(即24号索)索力下调500~1 000kN,使跨中下挠产生一个正弯矩,主梁上部缩短、下部伸长,当索力下调1 000kN时底腹板的螺栓孔全部对齐,即刻进行高强螺栓连接。合龙段的吊装顺利地完成,确保了现场连续施工。图8.5.2.23所示为合龙段施工实况。

5.2.7　高强螺栓施工

钢梁采用规格为M24、性能等级为10.9s的大六角头高强度螺栓,产品质量符合(GB/T 1228~

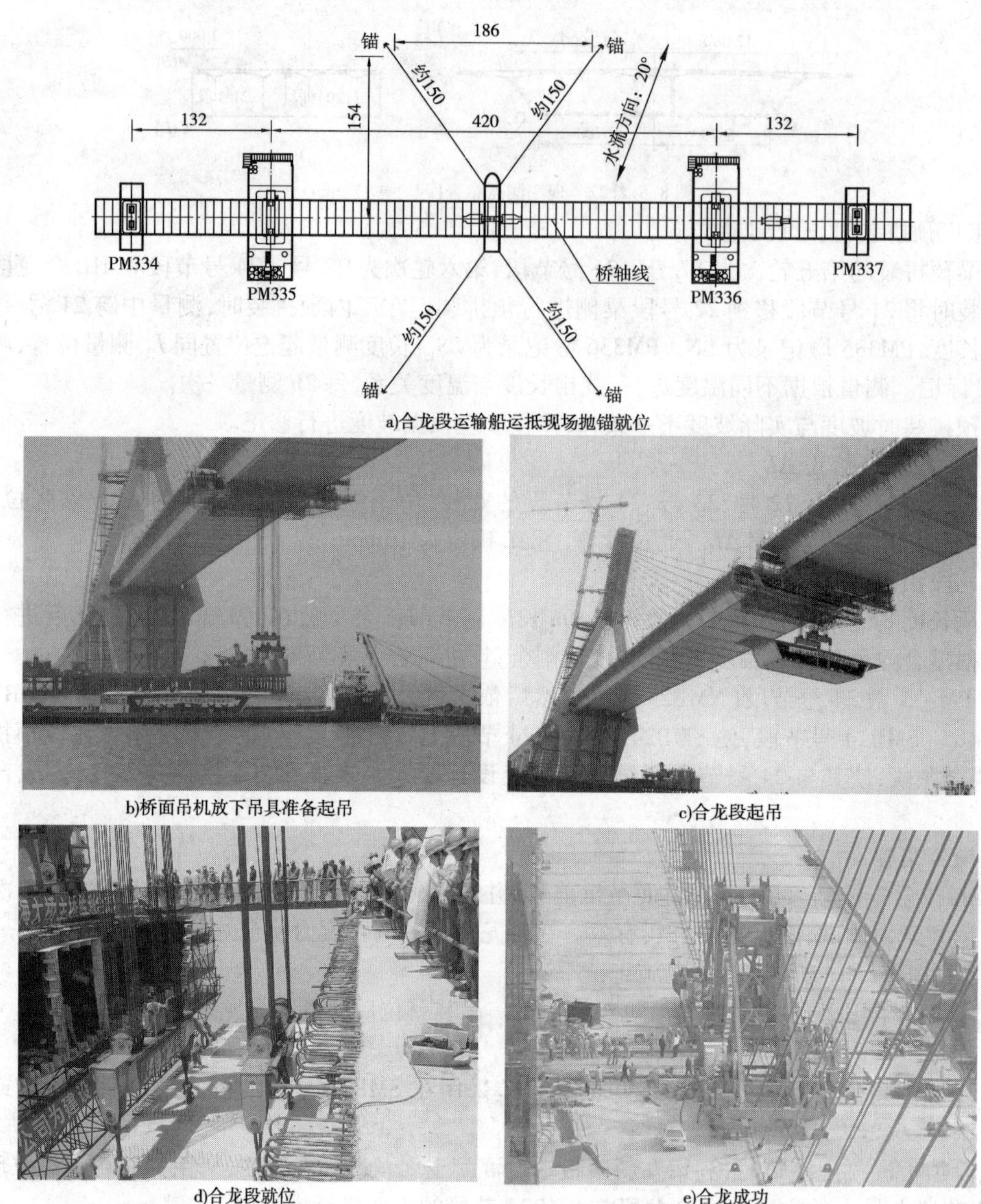

a)合龙段运输船运抵现场抛锚就位

b)桥面吊机放下吊具准备起吊

c)合龙段起吊

d)合龙段就位

e)合龙成功

图 8.5.2.23　合龙段施工(尺寸单位:m)

1231—2006)系列标准,全桥所需高强螺栓约为420 820套。

1. 高强螺栓安装原则

钢梁连接板安装就位过程中,每个螺栓群所需冲钉数量不少于栓孔数量的50%,且冲钉布置均匀,同时在每块连接板的对角或四角敲入2~4个定位销。

每段钢梁安装的施工顺序为:中腹板→底板→边腹板→顶板。

高强螺栓能自由顺畅地穿入,不得强行敲入,穿入方向一经确定,则全桥所有高强螺栓穿入方向保持一致。

采用经校正的电动扭力扳手或带响扭力扳手对高强螺栓进行施拧,施拧分为初拧和终拧,对于大面积高强螺栓群的施拧采用从中央向四周呈发散状的顺序。

高强螺栓在初拧后2h进行终拧,初拧、终拧在同一工作日内完成,严禁隔夜终拧。初拧力矩为终拧力矩的50%。

2. 高强螺栓的质量检查及验收

在高强螺栓安装过程中，应及时对高强螺栓的垫圈螺母安装情况及正反进行检查。

严格实行高强螺栓安装过程的控制，对于初拧、终拧每个栓群的进展情况及时做现场标识工作，防止超或漏拧的产生。初拧完毕后，专职质量检查员采用小锤对高强螺栓逐个检查，杜绝初拧漏拧的产生。

高强螺栓的验收采用紧扣法检查终拧扭矩。终拧扭矩的验收数量以高强螺栓连接副总数的5%进行抽检，对于主要节点每检群的抽查数不小于2套，其余每个节点不少于1套。每个检群或节点检查的螺栓，不合格者不得超过抽验总数的20%，如超过此值，则继续抽验，直至累计总数80%的合格率为止，然后对欠拧者初拧，超拧者更换后重新补拧。图8.5.2.24所示是现场进行高强螺栓施工的实况。

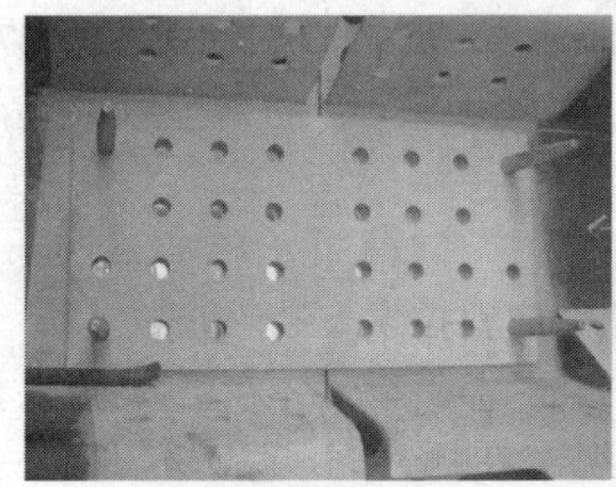
a)冲钉对连接板对位

b)紧扣高强螺栓

c)高强螺栓安装完毕

图8.5.2.24　现场进行高强螺栓施工实况

5.2.8　接缝混凝土施工

节段顶板接缝混凝土采用C60的微膨胀混凝土，接缝宽1m、长32m。全桥的接缝混凝土施工结束后，当混凝土强度达到设计强度的80%时进行预应力张拉及管道压浆。桥面纵向预应力钢束分为永久钢束和临时钢束。预应力孔道采用$\phi_{内}$ 45mm的镀锌波纹管，锚具采用STYGM—ϕ32锚具。精轧螺纹钢筋标准抗拉强度$R_b^y=750$MPa，弹性模量$E=2\times10^5$MPa，控制张拉力$N_{con}=543$kN。中跨、边跨合龙预应力钢束和临时钢束均采用标准抗拉强度$R_b^y=1\ 860$MPa，弹性模量$E=1.95\times10^5$MPa的钢绞线，控制张拉力$N_{con}=2\ 344$kN。预应力孔道采用$\phi_{内}$ 90mm的镀锌波纹管，锚具采用12孔群锚。

1. 接缝混凝土工艺流程

接缝混凝土施工工艺流程为：顶板预留钢筋连接→顶板预留波纹管连接→模板吊设→缝内钢筋绑扎→预应力管道埋设→清理接缝内垃圾、浇筑前缝内浇水湿润→混凝土拌制、运输→浇捣→养护。

2. 预应力钢筋工艺流程

预应力钢筋工艺流程为：预应力钢筋下料→穿预应力钢筋→锚具安装→撑脚、千斤顶、工作锚安装→预应力张拉→锚固。

3. 管道压浆（真空辅助压浆）、封锚

预应力钢筋张拉完毕后，随即压浆，在48h内灌浆完毕，以免预应力筋锈蚀。接缝混凝土施工实况见图8.5.2.25。

a)钢筋连接

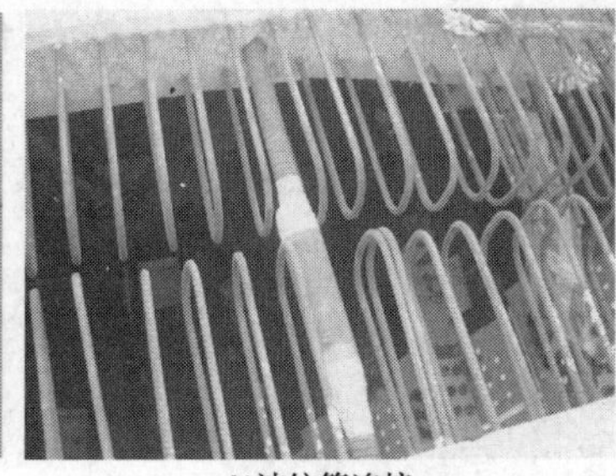
b)波纹管连接

c)吊模形式安装顶板底模

图8.5.2.25　接缝混凝土施工实况

5.3 斜拉索安装施工

斜拉索共192根，单索最短为1号索，索长59.3m，重2.168t；最长索为24号索，索长227.606m，重约25t。斜拉索为成品索，采用ϕ7mm镀锌钢丝平行束，护套为双层高密度聚乙烯，外层为黑色高密度聚乙烯。

桥塔锚固为单塔双孔式，锚固端形式有两种：齿块锚固端和钢锚梁锚固端。1号~8号索锚固形式为齿块锚固，9号~24号索采用钢锚梁锚固。

斜拉索锚具均采用张拉端冷铸锚，锚具按钢丝丝数编排分别为121ϕ7、139ϕ7、163ϕ7、187ϕ7、211ϕ7、223ϕ7、241ϕ7、265ϕ7、283ϕ7共九类384套。

5.3.1 施工流程

斜拉索施工流程为：施工准备→挂索→展索→压索→软牵引张拉完成斜拉索安装→张拉。

斜拉索采用软牵引系统与刚性张拉的方法分别在结合梁及塔内完成，即斜拉索先在塔内锚固，然后再向结合梁内牵引锚固，最后在塔内按照指定吨位进行刚性张拉。这样，在挂索完成后，塔内刚性张拉千斤顶、探杆的安装与结合梁内钢绞线软牵引系统可在混凝土养护期间预先准备，一旦结合梁内钢绞线软牵引将斜拉索锚固到位，立即就可以进行张拉。从张拉效果来看，最长索即24号索用12h就完成软牵引和张拉，短索用6h即完成，大大减少了张拉占用的工期。

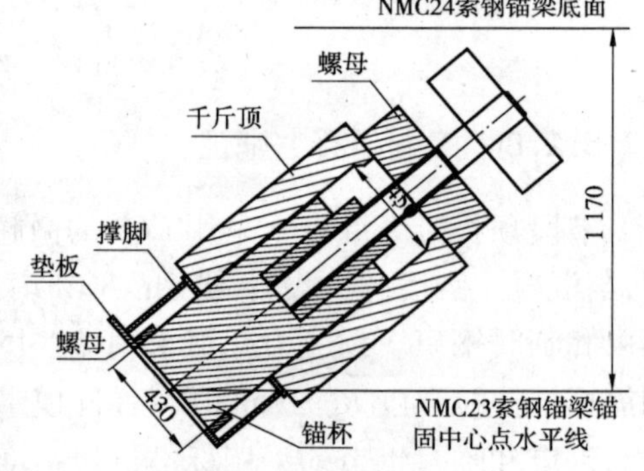

图8.5.3.1 千斤顶张拉斜拉索示意(尺寸单位:mm)

9号~24号斜拉索在塔上采用钢锚梁锚固。锚梁安装后，塔内可供千斤顶张拉使用的有效高度最低只有1.17m，如果按照常规的张拉方法，塔内空间无法容纳千斤顶及其撑脚。故设计了专用的千斤顶，千斤顶腹腔直径为ϕ450mm(冷铸锚的外径为ϕ430mm)，这样冷铸锚可进入千斤顶腹腔内进行张拉(图8.5.3.1)。

5.3.2 施工准备

自重较轻的斜拉索用塔吊直接吊到桥面上，自重较重的则用400t桥面吊机(吊装节段的设备)直接吊到桥面上。

(1)塔内：锚固端支座分为齿块锚固端(1号~8号索)和钢锚梁锚固端(9号~24号索)。因此，塔内先按常规搭设1号~8号斜拉索施工钢管脚手架，放上木板，作施工平台。9号~24号斜拉索钢管脚手架分段进行搭设。

(2)塔外：塔外利用原先塔柱施工时的脚手架作为施工人员的操作面。

(3)桥面：施工时，每个主墩桥面布置25t吊车一台，5t叉车一台，10t卷扬机2台，并有塔吊协助施工。

(4)塔顶：塔顶搭设钢平台，平台上放置2台5t卷扬机用作挂索及塔内翻顶。

5.3.3 挂索

根据塔吊的起重能力分两种方法挂索。

1.轻索(1号~18号斜拉索)

轻索(1号~18号斜拉索)由塔吊直接吊在哈夫索夹吊点上提升，哈夫索夹与索体接触面放棉麻布等物保护索护套PE层。塔顶卷扬机拉着软牵引钢绞线随步提升。等提升至对应塔柱索导管附近时，塔顶卷扬机辅助软牵引系统进入索导管并与千斤顶锚固。塔吊下落自动脱钩,完成挂索(图 8.5.3.2)。

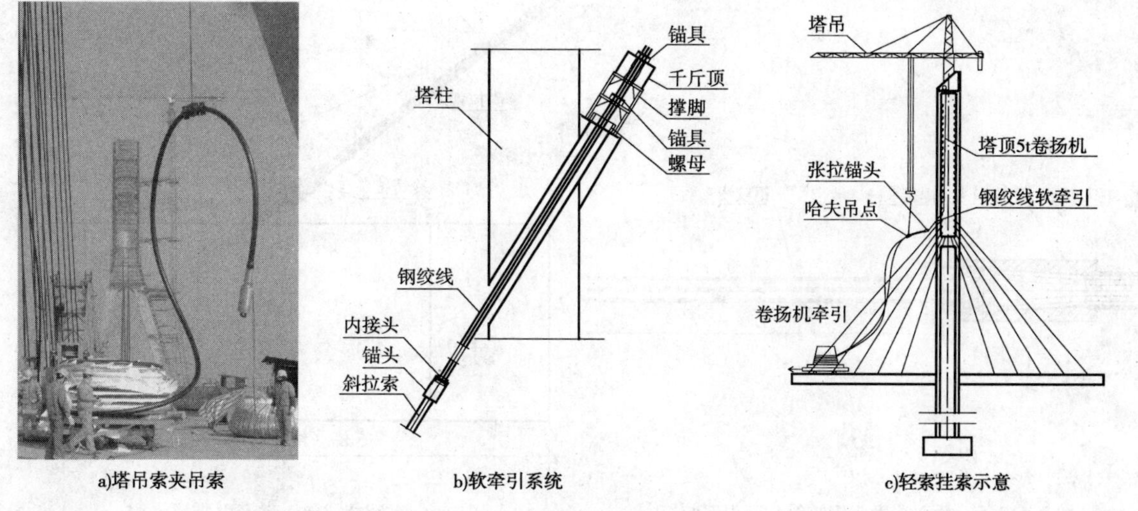

图 8.5.3.2　轻索挂索示意

2. 重索(19 号 ~24 号斜拉索)

重索(19 号 ~24 号斜拉索)放索方式与轻索基本相似。塔吊吊在哈夫吊点上提升(塔吊自动脱钩方式),塔顶卷扬机拉着软牵引钢绞线随步提升。待提升一定高度后,再次安装哈夫吊点,由 5t 卷扬机利用塔顶导向点提升,使塔吊与 10t 卷扬机吊点之间的斜拉索呈“U”状。然后,塔吊、塔顶卷扬机、10t 卷扬机同步提升,等提升至对应塔柱索导管附近时,塔顶卷扬机辅助软牵引钢绞线进入索导管,然后完成软牵引系统与千斤顶锚固,塔吊下落,完成自动脱钩,10t 卷扬机下落,完成挂索。此种方法的目的是用 10t 卷扬机抬升斜拉索来弥补塔吊起重能力的不足。重索挂索如图 8.5.3.3 所示。

5.3.4　展索

斜拉索上端锚定后,5t 叉车牵引装有索盘的小车向结合梁锚固点行走,同时在索体下放置滚轮,防止索护套损坏。待放索将要结束时,将索头抬下索盘,完成展索(图 8.5.3.4)。

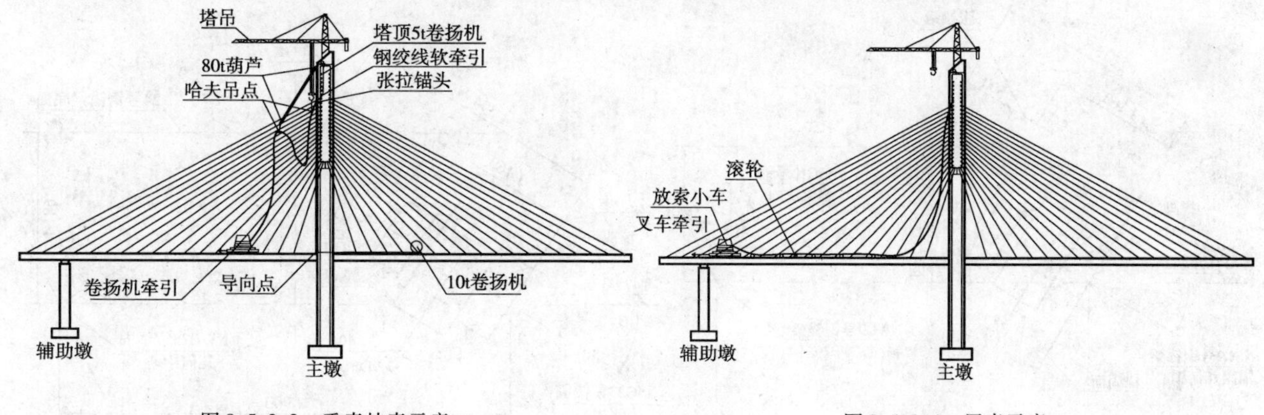

图 8.5.3.3　重索挂索示意　　　　图 8.5.3.4　展索示意

5.3.5　桥面端索头锚固

展索完成后,安装钢绞线软牵引系统。钢绞线的长度 L 及根数根据安装索力调整,见图 8.5.3.5。

桥面布置两台卷扬机,对称安装在同一哈夫吊点上向索导管牵引,用 2t 手拉葫芦将索头牵引到索导管孔内(塔上锚固的钢绞线随时可以把斜拉索索头向下放,以减轻桥面锚固端拉力),结合梁内的千斤顶通过若干冲程牵引斜拉索,直至完成螺母的锚固及桥面端斜拉索的安装。软牵引张拉见图8.5.3.6。

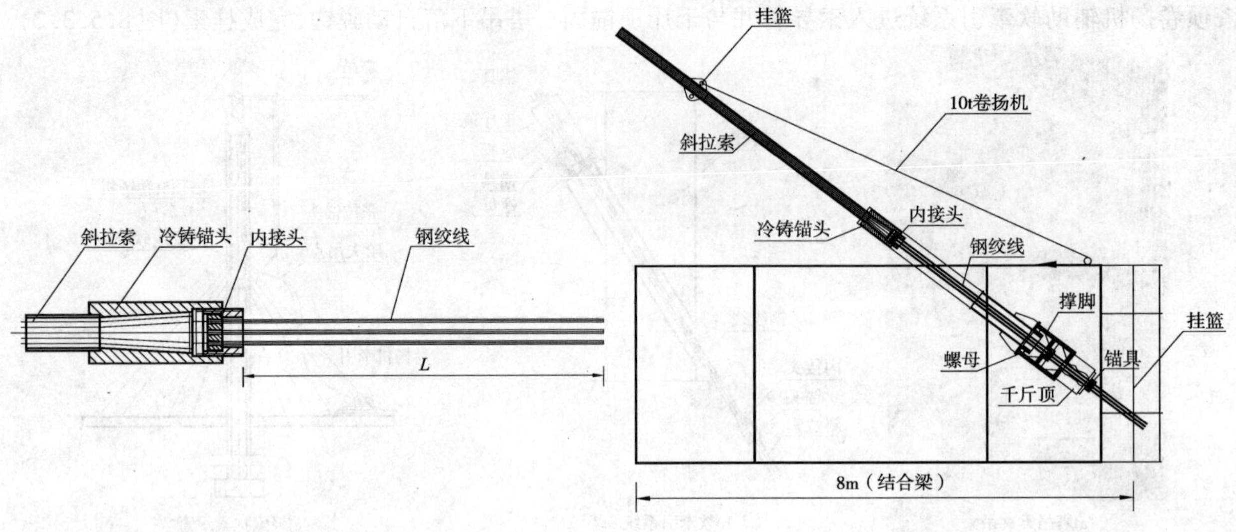

图 8.5.3.5　桥面端索头钢绞线软牵引系统　　　图 8.5.3.6　软牵引张拉示意

5.3.6　斜拉索张拉

根据施工控制指令完成斜拉索的张拉，张拉工作在塔内完成（图 8.5.3.7）。由于 9 号 ~24 号桥塔上锚固端为钢锚梁锚固端，23 号、24 号桥塔内张拉空间很小，斜拉索张拉需满足塔内尺寸要求。图 8.5.3.8、图 8.5.3.9 分别显示了 9 号索和 23 号索在塔内的张拉空间。

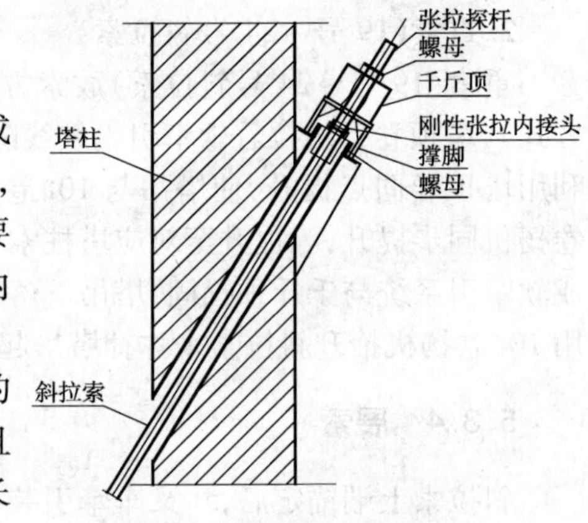

图 8.5.3.7　斜拉索张拉示意

斜拉索的张拉所需的撑脚、千斤顶、张拉拉杆等均按塔内的允许空间设置。另外，为了调整索力，考虑塔内空间尺寸限制，且便于拉杆的拆卸，需设计制作 8 根长度为 760mm 的短拉杆及长度为 985mm 的 8 根长拉杆协调作业。

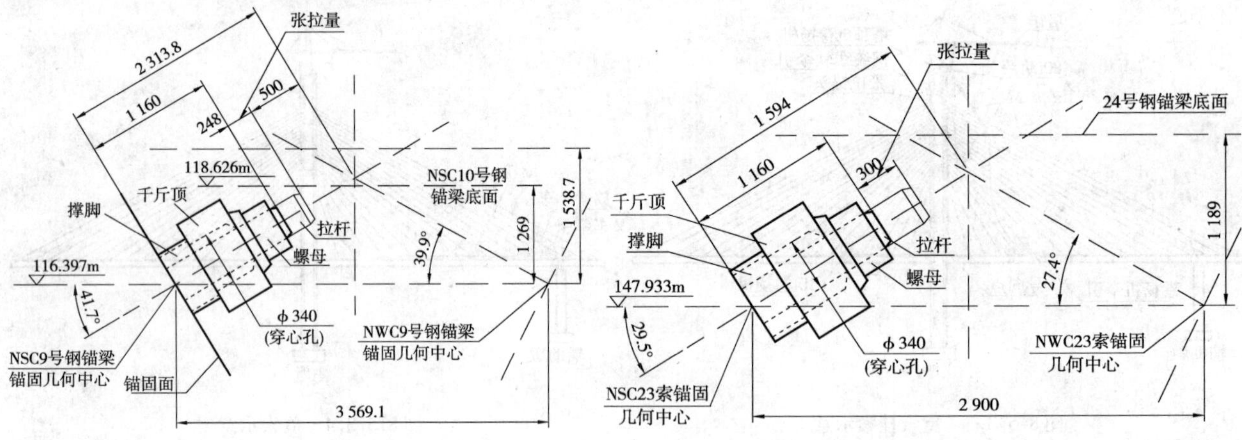

图 8.5.3.8　9 号索张拉空间（尺寸单位：mm）　　　图 8.5.3.9　23 号索张拉空间（尺寸单位：mm）

第九篇

辅通航孔桥梁施工

第1章　辅通航孔工程概述

东海大桥全桥沿线设置三个辅通航孔，分别离海岸6km、12km与24km，通航吨位分别为500t级、1 000t级与500t级。辅通航孔桥位见图9.1.1。

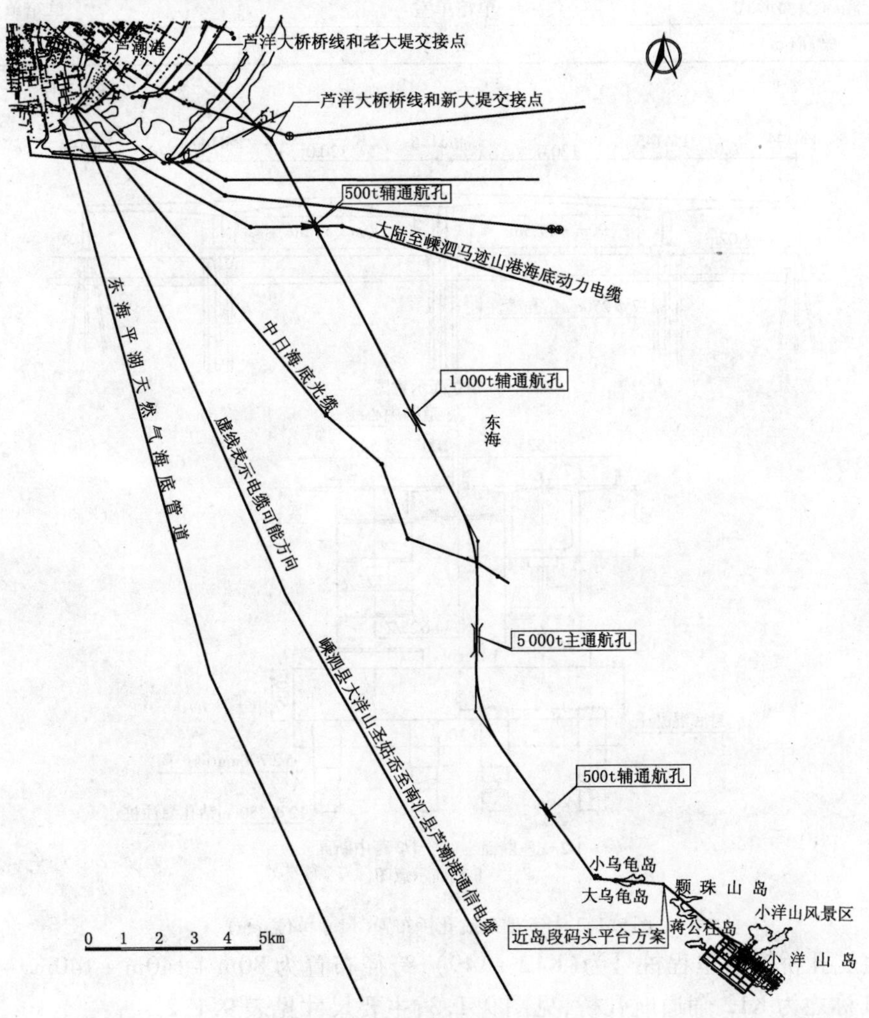

图9.1.1　辅通航孔桥位示意图

每处布置为单向双孔通航形式，各座辅通航孔桥梁跨径布置如下。

第一座辅通航孔桥中墩里程桩号为（K6+279），跨径布置为70m+120m+120m +70m，防撞等级为500t级，将其称之为K6辅通航孔桥，详见图9.1.2。主要尺寸见表9.1.1。

K6辅通航孔桥主要尺寸一览　　表9.1.1

项　目	墩　号	边　墩	主　墩
基桩	根数×直径(mm)	2×16ϕ1 500钢管桩	3×12ϕ2 500钻孔桩
	桩底高程(m)	-58.00	-105.00
	桩长(m)	58	105.15

续上表

项　目	墩　号	边　墩	主　墩
承台	承台形式(m)	27.85×10.2,六边形	32×18,方形倒角
	承台厚(m)	3.5	4
	承台顶高程(m)	+3.50	+3.50
墩身	墩高(m)	20.505	19.665
	墩柱断面形式	箱形倒角	箱形倒角
	墩身截面尺寸	5.25m×3.2m,壁厚50cm	7.25m×4.5m,壁厚60cm
箱梁	箱梁断面形式	单箱单室	单箱单室
	梁高(m)	3.5	7

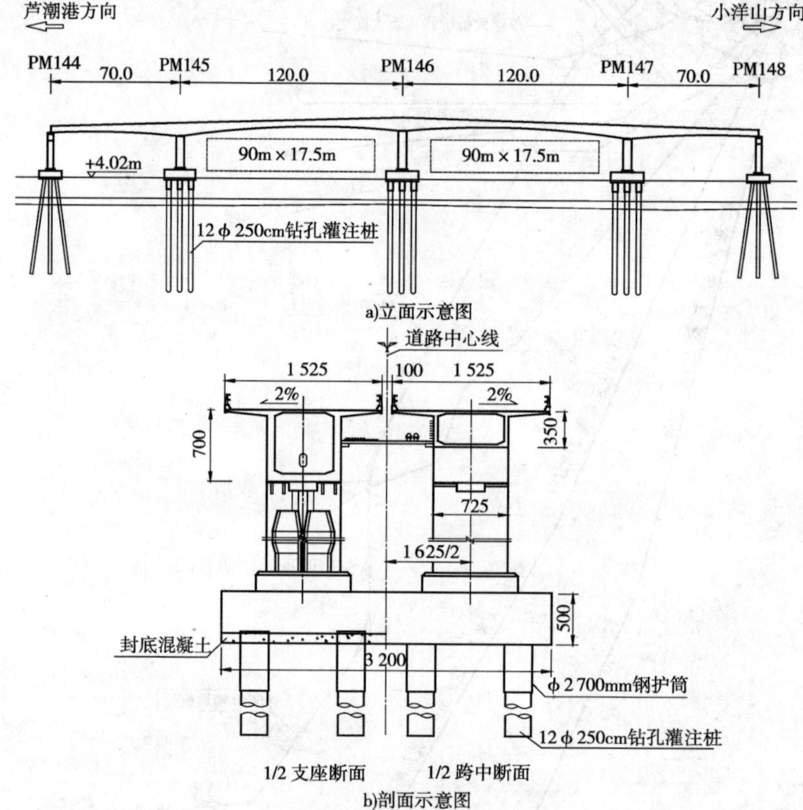

图9.1.2　K6 辅通航孔桥布置(尺寸单位:cm)

第二座辅通航孔桥中墩里程桩号为(K12+149),跨径布置为80m+140m+140m +80m,防撞等级为1 000t级,将其称之为K12 辅通航孔桥,见图9.1.3,主要尺寸见表9.1.2。

K12 辅通航孔桥主要尺寸一览　　表9.1.2

项　目	墩　号	边　墩	主　墩
基桩	根数直径(mm)	2×18φ1 500 钢管桩	3×14φ2 500 钻孔桩
	桩底高程(m)	−58.00	−110.00
	桩长(m)	58	110.15
承台	承台形式(m)	27.5×10.2,八边形	33.5×17.5,方形倒角
	承台厚(m)	3.5	4
	承台顶高程(m)	+3.50	+3.50
墩身	墩高(m)	28.756	27.525
	墩柱断面形式	箱形倒角	箱形倒角
	墩身截面尺寸	5.25m×3.6m,壁厚50cm	7.25m×5m,壁厚60cm
箱梁	箱梁断面形式	单箱单室	单箱单室
	梁高(m)	3.5	8

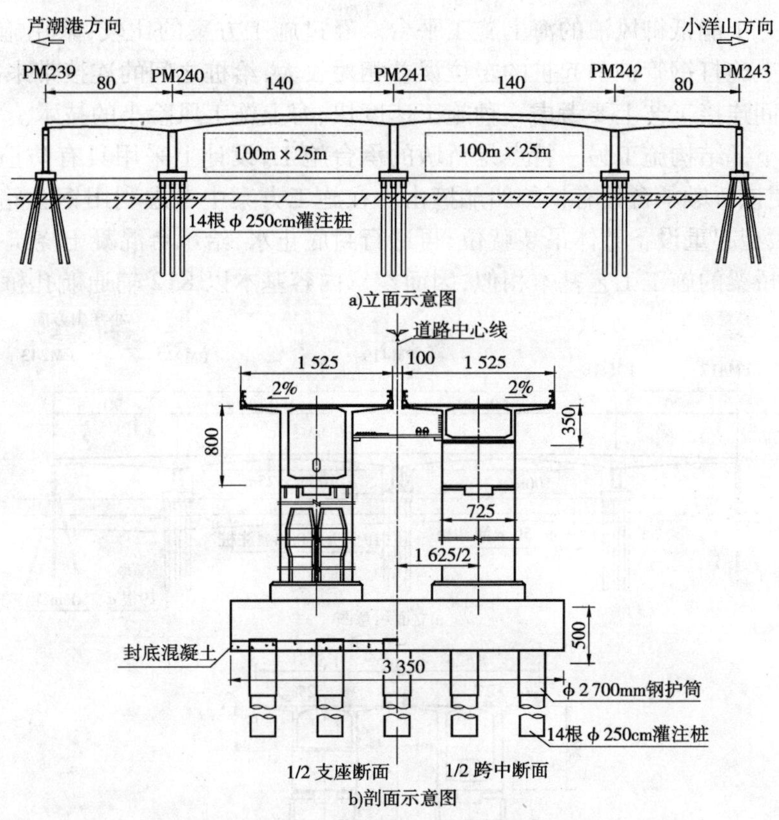

图9.1.3　K12 辅通航孔布置(尺寸单位:cm)

第三座辅通航孔桥中墩里程桩号为(K24+829),跨径布置为90m+160m+160m+90m,防撞等级为500t级,将其称之为K24辅通航孔桥,详见图9.1.4,主要尺寸见表9.1.3。

K24 辅通航孔桥主要尺寸一览　　表9.1.3

项　目	墩　号	边　墩	主　墩
基桩	根数×直径(mm)	2×20φ1 500 钢管桩	3×19φ2 500 钻孔桩
	桩底高程(m)	-58.00	-100.50
	桩长(m)	58	100.65
承台	承台形式(m)	30.6×12.6,六边形	43.4×16.6,六边形
	承台厚(m)	3.5	4.5
	承台顶高程(m)	+3.00	+4.00
墩身	墩高(m)	25.4	20.8
	墩柱断面形式	单箱双室	单箱双室
	墩身截面尺寸	5.25m×3.6m,壁厚45cm	7.25m×5m,壁厚60cm
箱梁	箱梁断面形式	单箱单室	单箱单室
	梁高(m)	4.0	9.50

辅通航孔桥梁的上部结构四跨预应力混凝土连续梁桥,为上下行分幅桥梁。采用挂篮悬臂浇筑施工法,每幅桥梁分为三个悬臂浇筑段,为保证合龙段施工的顺利,要求每幅桥梁配备6套挂篮同时施工。挂篮悬臂浇筑施工法是一种常规的施工工艺,也是一个日臻成熟的施工工艺。与常规的施工工艺不同之处,全线三座辅通航孔桥共六幅桥梁要求在规定的工期内完成,海面上同时有36套挂篮在施工,大量的工程材料与施工人员的运输完全依赖船舶由陆地运至施工现场。海洋气候变化、波浪、潮流、台风等给施工带来的风险要给予足够的重视。

下部结构施工均在海上,主墩最多的钻孔灌注桩为19根,相当于中等规模工程量。要完成这些桩基的施工必须提供一个能抵御风浪的海上施工平台。经过施工方案的比较,采用施打钢管桩搭设钢平台较为合适。在海上施打钢管桩引起桩的定位误差相对较大,给桩之间的连接带来困难,这一点要引起足够的重视。在桩间连接工艺上要考虑一种施工速度快、海上施工风险小的技术。

辅通航孔桥在下部结构施工另一特点是桥墩的承台施工,设计上采用具有防撞能力的钢结构套箱悬挂在承台四周,使该桥墩承台具有抵御船舶撞击。在施工方案中考虑利用钢套箱作为承台施工的外侧模板,采用海上大型起重设备整体吊装就位,再进行封底止水,给承台混凝土浇筑提供干式操作环境。

三座辅通航孔桥梁的施工工艺基本相似,因而本章内容基本以 K12 辅通航孔桥梁为例。

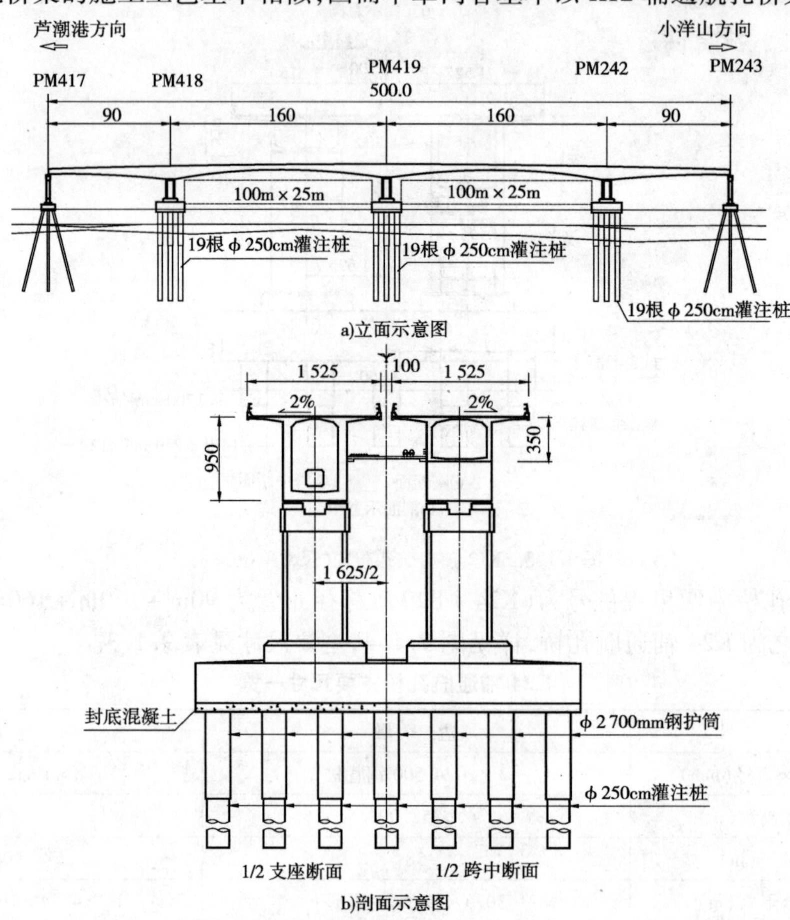

图 9.1.4　K24 辅通航孔桥布置(尺寸单位:cm)

第 2 章　辅通航孔桥梁施工

2.1　辅通航孔桥梁下部结构施工

2.1.1　海上钢平台设计与施工

海上钢平台的功能是为钻孔灌注桩施工提供一个适合的施工环境，能为钻机的布置、施工人员的操作、工程材料的堆放提供一块施工作业场地。

1. 钢平台设计

(1)钢平台使用要求

固定式钢平台是水上施工常见的一种结构形式，但外海施工与内陆江河施工所不同的是：

根据海上地质水文资料，可明显看到，与内陆江河相比，海上自然环境恶劣，每天要涨、落潮两次，平台要受波流作用，当考虑风暴潮影响时，这种作用十分强大。

考虑到平台作业面避免受波浪影响和护筒内保持足够的水头，平台顶面高程比一般平台要高出许多。

平台远离陆地既是生产基地又是生活基地，因此平台面积比一般平台大许多，见图 9.2.1.1。以本桥主墩为例，平台大小须满足下列要求：

①能同时配置两台 KP3500 型钻机施工；

②能配一台 50t 履带吊协助钻孔和下放钢筋笼等作业；

③能同时布置 5 台发电机组及相应的循环水箱；

④能加工及存放一个孔的钢筋笼；

⑤能设置 4 个集装箱供施工人员临时休息用。

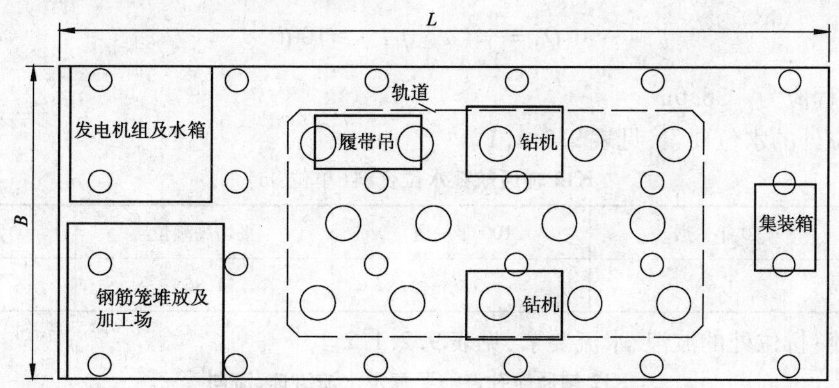

图 9.2.1.1　钢平台平面布置

(2)设计条件

①钢平台顶高程：根据原交通部颁《海港总平面设计规范》(JTJ 211—99)第 4.3.4 条中公式计算：

$$E = HWL + \eta_0 + h + \Delta \qquad (9.2.1.1)$$

式中：E——平台面高程；

HWL——设计高水位，本设计取 3.68m(按 50 年一遇高潮位计)；

η_0——波峰面高度，本设计取50年一遇的$H_{1\%}$静水面以上波峰面高度，本桥位NNE向波浪$H_{1\%}=5.82$m，按《海港工程设计手册》中波面面方程规定计算得：$\eta_0=4.07$m；

h——平台上部结构的高度，本设计取0.3m；

Δ——波峰以上至平台上部结构底面的富裕高度，取1m；

以K12辅通航孔桥为例，有：$E=3.68+4.07+0.3+1=9.05$m。

②钢护筒顶面高程：+9.0m。

③钢管桩顶面高程：+7.0m。

④设计泥面高程：取平均河床高程 -11.0m。

⑤钢护筒底高程：-33.0m。

⑥钢管桩底高程：-36.0m。

根据原交通部部颁《港口基桩工程规范》(JTJ 254—98)第4.2.4条，确定单桩垂直极限承载力设计值：

$$Q_d=\frac{1}{\gamma_R}(U\sum q_{fi}l_i+q_RA) \tag{9.2.1.2}$$

式中：Q_d——单桩极限承载力设计值(kN)；

γ_R——单桩承载力分布系数(γ_R取2)；

U——桩身截面周长(m)；

q_{fi}——单桩第i层土的极限侧摩阻力标准值(kPa)；

l_i——桩身穿过第i层土的桩长(m)；

q_R——单桩极限桩端阻力标准值(kPa)；

A——桩身截面面积(m^2)；

根据设计要求钢平台上全部荷载分配至每根钢管桩上的$Q_{max}\leqslant Q_d$。

本设计单桩极限承载力按摩擦桩计算，不考虑桩底承载力，即认为上面公式中$q_R\cdot A$为零，公式改写为：

$$Q_{max}\leqslant Q_d=\frac{1}{\gamma_R}(U\sum q_{fi}l_i) \tag{9.2.1.3}$$

钢平台上部结构传至桩顶的荷载85.3t、1/2钢管自重8t、钢管平联重量5t，作用在单根钢管桩约为98.3t，按$Q_{max}=100$t取值。

初步估算，要满足承载力要求，钢管桩须进入7_1层，假设钢管桩进入7_1层深度为1.4 m，则有：

$$Q_d=\frac{1}{\gamma_R}(u\sum q_{fi}l_i)\geqslant 100\text{t} \tag{9.2.1.4}$$

钢管桩底高程应为 -36.0m。

⑦水位：桥位处的水位要素，见表9.2.1.1。

K12辅通航孔水位资料(单位：m)　　表9.2.1.1

水　位	50年一遇	100年一遇	平均高潮位	平均低潮位
	3.68	3.73	1.86	-1.34

⑧波浪、水流：桥位处的波浪、水流要素，见表9.2.1.2。

K12辅通航孔波浪要素及水流流速、流向　　表9.2.1.2

项　目	站　位	波　向	波高$H_{1\%}$ (m)	波周期T (s)	波长L (m)	最大流速 (m/s)	流向 (°)
50年一遇	K12	NNE	5.82	7.76	80.2	1.78	75
100年一遇	K12	NNE	6.00	8.23	87.1	1.78	75

⑨地质资料：桥位处的地质勘探资料，见表9.2.1.3。

K12 辅通航孔地质特征及桩基设计参数　　表 9.2.1.3

土层编号	土层名称	层面埋深(m)	标准贯入击数	钢管桩	
		K12	实测值(击)	桩侧土极摩阻力标准值f_p(kPa)	桩端土极端阻力标准值f_p(kPa)
1	灰褐色淤泥	-10.1～-16.6		0	
4	灰色淤泥质黏土	-16.6～-28.1		20	
5	灰色黏土	-28.1～-34.6		30	
7_1	草黄色砂质黏土	-34.6～-42.1	26.6	75	5 000
$7_{2\text{-}1f}$	草黄色砂质黏土	-42.1～-55.1	35.7	80	5 500

⑩钢平台荷载工况:

a. 结构自重;

b. 施工均布荷载:$q=5\text{kN/m}^3$;

c. 钻机荷载:KP-3500 型钻机重 1 250kN/台;

d. 履带吊机荷载:最大垂直荷载(包括自重、吊具重)900kN/台,最大水平力(台风期)20kN;

e. 水流力:按《港口工程荷载规范》(JTJ 215—98)规定计算;

$$F_w = C_w \frac{\rho}{2} v^2 A \qquad (9.2.1.5)$$

式中:F_w——水流力标准值(kN);

C_w——水流阻力系数;

ρ——水的密度(t/m^3),淡水取 1.0t/m^3,海水取 1.025t/m^3;

v——水流设计流速(m/s);

A——计算构件在与流向垂直平面上的投影面积(m^2)。

f. 波浪荷载按《海港水文规范》(JTJ 213—98)规定计算。

(3)钢平台结构形式

K12 辅通航孔桥主墩平台总面积为 $54\times21=1\ 134\text{m}^2$,采用 20 根 ϕ1 200mm 钢管桩(壁厚 12mm,材质 Q235B)和 14 根 ϕ2 900mm 钢护筒作为基础,钢管桩之间采用 ϕ600mm 联结钢管(壁厚 8mm,材质 Q235B)连成整体。由单层三排贝雷梁作为承重梁、I28a 型钢作为分配梁构成上部承重结构,平台顶面铺设钢面板,同时在平台四周安置护栏(高 1.3m)、漏电保护设备及通航指示灯,顺平台横桥向两侧设防撞、泊船钢管桩,见图 9.2.1.2。

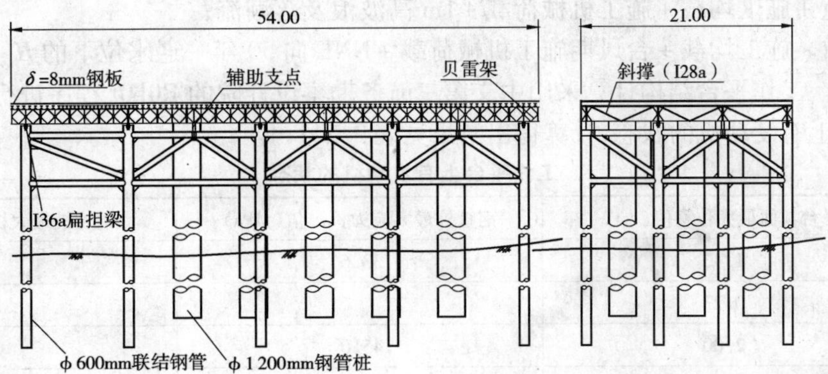

图 9.2.1.2　钢平台结构构造示意图(尺寸单位:m)

根据施工工艺要求,当 K12 每个主墩 14 根钻孔灌注桩桩施工完毕,为进行承台施工,需将部分钢平台及钢护筒拆除,只留钢平台一个单元作为工作平台布置一台履带吊配合承台施工。工作平台利用原施工平台东侧8根长度为44m的ϕ1 200mm钢管桩作为基础。此时钢平台处于最不利工作状况。以下给出钢平台一个单元结构计算成果。工作平台结构桩位见图9.2.1.3。

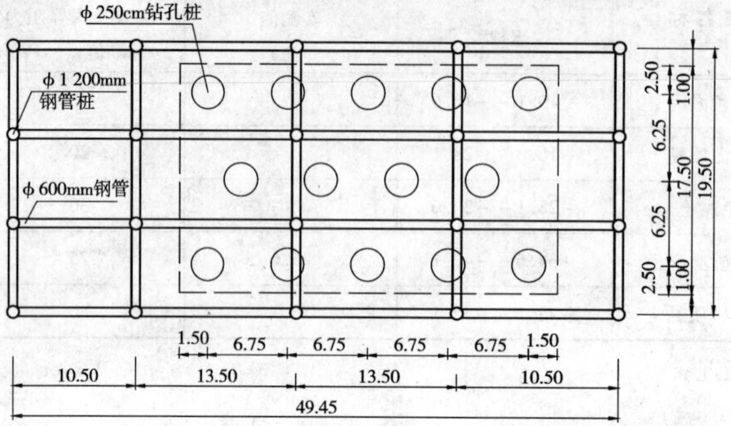

图9.2.1.3　工作平台结构桩位示意图(尺寸单位:m)

(4)钢平台计算

①钢平台结构计算按以下几条原则进行:

a.结构台风期按50年一遇水位和50年一遇波浪组合计算。

b.结构桩基底部按嵌固点法计算,上部与上层承重结构铰接。钢桩与钢桩之间水平联结钢管按固结考虑。

c.波浪力水流力按矢量合成计算。波、流矢量合成根据《海港水文规范》(JTJ 213—98)第8.4节"波浪和水流对桩基和墩柱建筑物的作用"计算。

d.结构计算时,考虑局部冲刷深度为1.5m。

②计算内容。钢平台结构受力计算按以下两种工作状态进行:

a.工作平台上有发动机的状态。

b.工作平台上有发动机及1台履带吊的状态。

③荷载组合。根据K12通航孔工作平台所处海域自然情况,结构复核主要考虑正常施工作业条件和台风期条件下,各种可能出现的最不利荷载,包括作用于工作平台的桩基内力、桩力以及平台的位移值。具体荷载组合如下:

工况一:自重+施工均载+施工机械荷载+涨潮流;

工况二:自重+施工均载+施工机械荷载+落潮流;

工况三:自重+施工均载+施工机械荷载+1m高波浪及涨潮流;

工况四:自重+施工均载+施工机械荷载+1m高波浪及落潮流;

工况五:自重+施工均载+台风期施工机械荷载+NNE向50年一遇水位下的$H_{1\%}$大波与涨潮流。

④计算成果。工作平台结构计算采用中交第三航务勘察设计院的R0b0t程序进行计算。

a.工作平台上有发动机的状态,计算得出结果见表9.2.1.4。

工作平台上有发动机的状态　　表9.2.1.4

工况号	平台顶面最大位移值(cm)	钢管桩最大应力标准值(MPa)	钢管桩最大桩力标准值(kN)
工况一	1.43	33.6	315
工况二	0.23		309
工况三	2.00	45.6	322
工况四	0.38		308
工况五	8.72	166.8	−216 516

注:"+"表示受压,"−"表示受拉。

b.工作平台上有发动机及1台履带吊的状态,计算得出结果见表9.2.1.5。

工作平台上有发动机及1台履带吊的状态　　表9.2.1.5

工况号	平台顶面最大位移值(cm)	钢管桩最大应力标准值(MPa)	钢管桩最大桩力标准值(kN)
工况一	1.43	45.9	464
工况二	0.24		458
工况三	2.00	35.2	466
工况四	0.39		458
工况五	8.90	169.4	-228 532

注:"+"表示受压,"-"表示受拉。

2. 钢平台施工

(1)钢平台施工工艺流程

钢平台搭设的主要工作内容包括:临时钢管桩(包括防撞钢管桩)的定位、施打;施加临时钢管桩平联;安装上层贝雷及型钢;铺设平台面层钢板;振沉钢护筒。详见流程框图9.2.1.4。

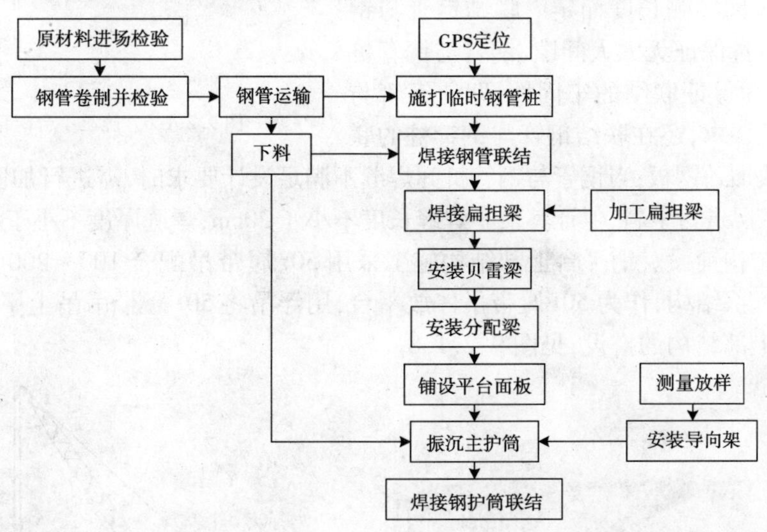

图9.2.1.4　钻孔工作平台搭设施工工艺流程图

(2)钢平台施工工艺

①施打平台钢管桩。三座辅通孔桥位置较为分散,因此施工用电主要考虑发电机自发供给。为便于集中管理,分别在每个辅通航孔桥的中主墩施工平台上设置发电中心,以供给各分区施工用电,因此每座桥的钻孔灌注桩的施工平台从该桥中主墩开始搭设,边主墩次之。施工平台钢管桩施工顺序见图9.2.1.5。

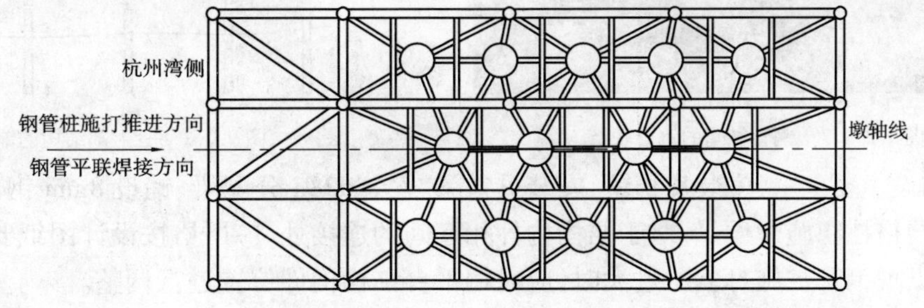

图9.2.1.5　施工平台钢管桩施工顺序示意图

根据对各辅通航孔桥具体施工条件,采用施工方便、快速、施打精度高的大型变幅式打桩船进行桩基钻孔平台基础钢管桩的施打作业,见图9.2.1.6。

三座辅通航孔桥距陆地距离均超出常规测量(包括全站仪、经纬仪、水准仪测量等)的作业范围,为满足定位精度要求,钢管桩采用GPS卫星定位并由打桩船打入。钢管桩施打时,注意控制桩顶高程,桩顶高程控制在+6.6~+6.7m之间(设计桩顶高程为+6.7m)。

②施加钢管联结,具体操作如下:

a. 施加临时平联。钢管桩施打后,及时加焊钢管临时联结。受打桩船抛锚区域影响,浮吊无法靠近施工现场,待打桩船完成一个平台的一排4根钢管桩施打后,可以用起锚船进行临时联结。临时联结采用两根I28a型钢,直接安放于钢管桩顶,采用两块16mm三角钢板作为加劲板,在钢管桩外侧分别与钢管桩及I28a型钢施焊加固。钢管桩临时联结施工过程中,派专人对钢管桩进行动态观测,一旦发现异常情况,马上通知操作人员撤离施工现场。

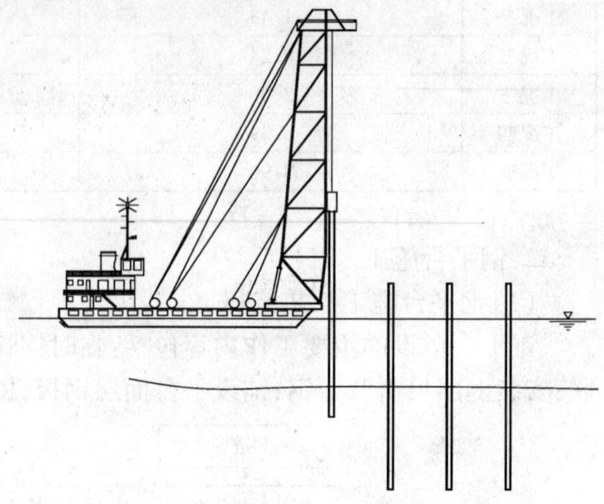

图9.2.1.6　施工平台钢管桩插打示意图

b. 钢管桩间的钢管联结。待打桩船完成一个平台沉桩施工后,及时进行高程放样,并加焊钢管联结,见图9.2.1.7。钢管联结时,要求随联结进度解除临时联结。由于钢管桩施打存在一定误差,因此用于联结的钢管下料长度应根据钢管桩间实测长度而定。联结钢管与钢管桩接触空间曲线尽量保证无太大间隙,钢管与钢管桩间确保满焊。另外,为保证联结的牢固性,即使钢管与钢管间焊缝满足设计要求,还在联结钢管与钢管桩的联结部位四周加设四块加劲钢板;当钢管与钢管桩间焊缝不满足设计要求时,需进行加固处理。加劲钢板尺寸应根据现场实际情况进行下料,保证其最小焊缝长度不小于20cm,焊缝厚度不小于10mm。

③钢平台上部结构铺设。钢平台上部结构施工采用50t履带吊配合100~200t浮吊现场组拼。首先用浮吊搭设一孔上部结构,作为50t履带吊停放平台,用浮吊将50t履带吊吊上平台,随后便由50t履带吊完成平台剩余上部结构的搭设,见图9.2.1.8。

图9.2.1.7　钢管桩间的钢管联结

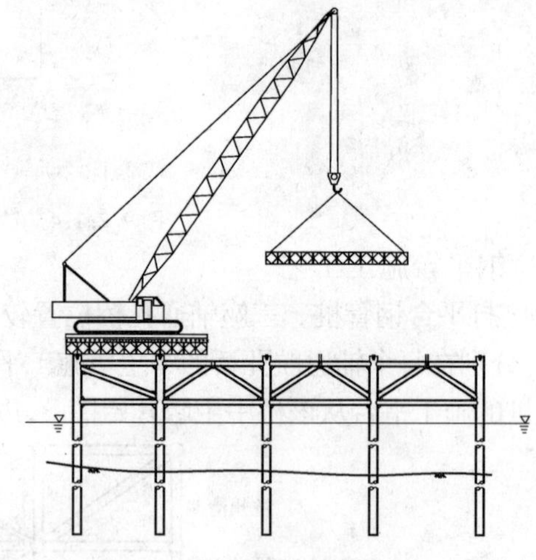

图9.2.1.8　上部结构的铺设

上部结构铺设主要包括:安装扁担梁、安装贝雷梁、安装I28a分配梁、铺设8mm钢面板。上部结构铺设过程中,应严格控制施焊质量;对于结构构件相互间的连接处,应严格按设计图纸要求牢固联结。

施工中,当出现钢管桩施打偏位过大时,应对钢平台结构构件位置进行调整。

上部结构铺设过程中,应注意以下相关事宜:

①安装扁担梁。若由于安装误差造成扁担梁与牛腿间不能紧密接触时,采取加垫薄钢板或钢楔等方法进行施焊调平处理。扁担梁与牛腿、十字撑及其八字撑间必须焊接牢固,该处焊缝直接关系到上部结构的稳定性。

②安装贝雷梁。若由于安装误差造成扁担梁与贝雷梁间不能紧密接触时,应在贝雷梁与连接垫板间加垫薄钢板进行施焊调平处理。贝雷梁与扁担梁的栓接必须保证其栓接力,并按要求加带保险螺帽。贝雷梁的八字斜撑必须与上部贝雷梁栓接牢固,下部与扁担梁焊接牢固。

一组贝雷梁与另一组贝雷梁的 V 形横向 I28a 支撑，上与 I28a 分配梁节点焊接牢固，下与钢管桩的 ϕ60mm 及 ϕ40mm 联结钢管通过加连接板的方法进行施焊牢固，连接板采用 16mm 钢板，连接板设在 I28a 两侧，焊缝要求与钢管桩的连接施焊一致。

③安装 I28a 分配梁。进行 I28a 分配梁铺设时，尽量按靠近贝雷梁节点进行铺设。若由于贝雷梁安装误差造成 I28a 分配梁的支撑点与贝雷梁节点不对应时，应作调整处理。

若由于安装误差造成 I28a 分配梁与贝雷梁间不能紧密接触时，应在 I28a 分配梁与连接垫板间加垫薄钢板进行施焊调平处理。

④铺设 8mm 钢面板。铺设 8mm 钢面板时，钢板的下料及铺设要求钢板沿横桥向铺设，面板之间的间距控制在 2 ~ 5cm，确保面板与 I28a 施焊连接的空间。顺桥向钢板铺设，拼缝处于 I28a 分配梁正上方，同时保证间距控制在 2 ~ 5cm，见图 9.2.1.9。在平台施工期间，将钢板与 I28a 做临时施焊固定，确保履带吊机工作安全；待桩基钢护筒振沉施工完成后，再牢固施焊在 I28a 分配梁上。

图 9.2.1.9　铺设钢面板

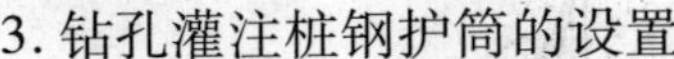

3. 钻孔灌注桩钢护筒的设置

(1)钢护筒的技术要求

根据桥位处地质条件，钢护筒需穿过淤泥层，支承在密实度较好的淤泥质黏土层上。

钢护筒顶面高程应与钢平台顶面高程基本一致，故钢护筒长度在 36 ~ 42m 左右，比一般钢护筒长且重(约每延米重 1t)。

根据施工技术规范要求，直径为 2.5m 的灌注桩用直径为 2.9m 的钢护筒。当时国内打桩船无法直接施打这种大直径钢护筒，只好用振动打桩锤插打。受平台上起吊能力限制，进行分节施打。施工规范规定钢护筒倾斜度不大于 1%，但长约 40m，直径为 2.9m 的钢护筒，即使能达到 1% 倾斜度也不能保证钻机按设计位置顺利钻进钢护筒。现有规范该条规定已不能满足海上施工需要。如果钢护筒直径不变，钢护筒倾斜度必须不大于 0.5% 才能保证钻机正常钻进。用振动打桩锤分节插打，要保证这么高的倾斜度要求是有一定难度的。施工中采用了以下措施：

①用刚度好、安装精度高的双层导向架精确定位。

②掌握好钢护筒分节原则：

a. 按平台上起重设备起吊能力将钢护筒分成三节。

b. 第一节钢护筒长度以控制钢护筒入水深度为原则确定，避免波流对第二节钢护筒接长的影响。

c. 第二节钢护筒的长度确定原则是：第二节钢护筒接长后，第二节钢护筒的长度保证有一定入土深度，使钢护筒在波流荷载作用下能保持稳定。

d. 钢护筒在平台上接长后，低平潮时入水(振动)下沉。

(2)振沉钢护筒的施工工艺

①测量放样。平台面板施工完成后，利用 GPS 定位系统在平台上转设控制点，然后用全站仪进行桩位放样，水准仪测量桩位高程，施测过程中严格按照相关技术规范操作并满足相应技术指标。

②钢护筒的制作、验收、起吊及运输。主墩钻孔灌注桩桩径为 ϕ2 500mm，根据《公路桥涵施工技术规范》(JTJ 041—2000)规定，钢护筒基本节段采用 12mm A3 钢板卷制而成，其外径为 ϕ2 900mm；采用 16mmA3 钢板卷制成 50cm 长的连接节段，其外径为 ϕ2 900mm；采用 20mmA3 钢板卷制成 50cm 长的底、顶口节段，其外径为 ϕ2 900mm。钢护筒在加工场内分三节加工，底节长 9m，中节长 16.5m，上节长 16.5m。竖向及环向加劲，以加强稳定性。

③振沉桩基钢护筒。在钻孔工作平台面板上测量放样定出桩位，将其定位点外引至桩位面板以外，然后将面板与 I28a 分配梁之间的临时固结点解除，并将桩位处 I28a 分配梁吊离，进行钢护筒的振沉施工。其工艺流程见图 9.2.1.10。

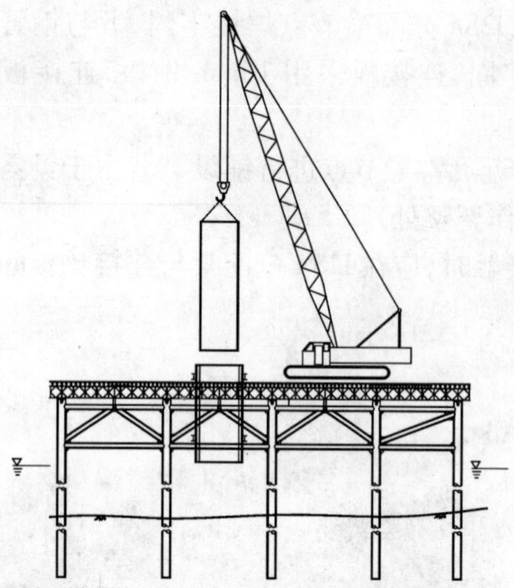

a)钢护筒的中心偏位和垂直度是钻孔灌注桩垂直度满足要求的前提。为此，在振沉钢护筒时，采用双层导向定位架，上层固定在钻孔工作平台上的I28a型钢顶面，下层与钻孔平台临时钢管桩联结牢固，进行第一节钢护筒的吊装

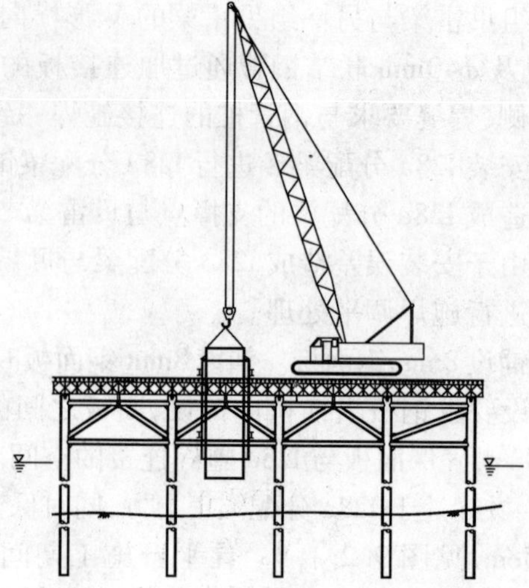

b)下放并固定第一节钢护筒,第一节钢护筒尽量不要入水

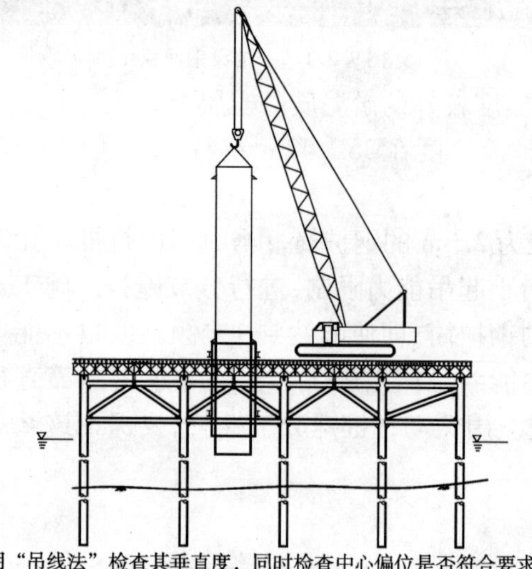

c)采用“吊线法”检查其垂直度，同时检查中心偏位是否符合要求，否则重新进行定位。定位合格后方可将其临时固结，并进行第二节钢护筒的吊装与第一节钢护筒施焊对接

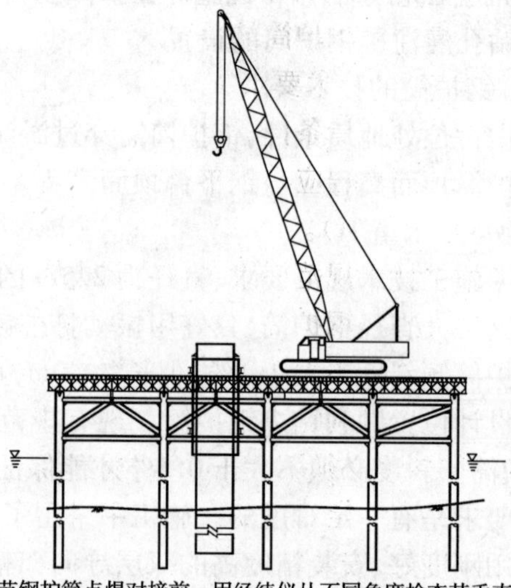

d)上下两节钢护筒点焊对接前，用经纬仪从不同角度检查其垂直度，直至符合要求后进行满焊焊接。两节钢护筒接头处采用坡口焊接，焊缝厚度不小于8mm，同时在钢护筒对接口外侧，沿桩周加设8块200mm × 100mm × 10mm的A3加劲钢板，钢板与钢护筒采用环形满焊，焊缝厚度不小于8mm。两节钢护筒节口焊接完成后，割除临时固结，开始第二节钢护筒的振动下沉，并确保第二节钢护筒一定量的入土深度

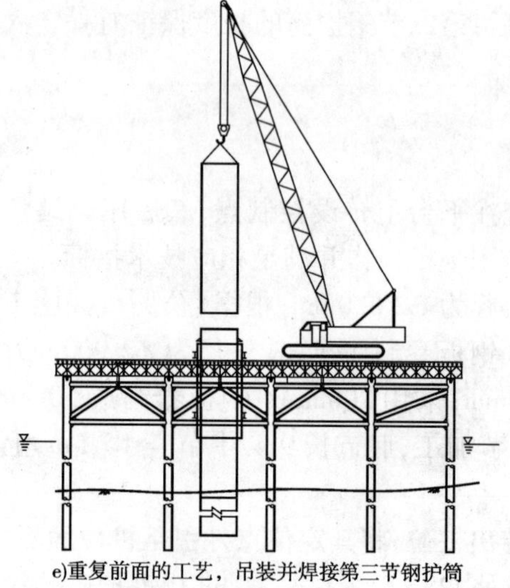

e)重复前面的工艺，吊装并焊接第三节钢护筒

f)流程四：用振桩锤将护筒振沉至设计高程

图 9.2.1.10　振沉桩基钢护筒施工工艺流程图

钢护筒的振沉作业要安排在平潮或低潮水位时进行。每节钢护筒在振动下沉前,在护筒顶以下1m处设置内部支撑,防止振动夹头使护筒产生径向塑性变形。当每节钢护筒振沉到位时,及时将内支撑解除。解除时将内支撑拴好保险绳,防止其掉入护筒内,影响以后成孔。

钢护筒振沉过程中,对沉桩机与桩帽的连接螺栓进行观察并确保连接牢固。每次振动不超过5min,同时对钢护筒下沉速度及垂直度进行观测控制。钢护筒平面位置偏差控制在±5cm以内,垂直度偏差控制在1%以内。

钢护筒振沉到位并完成联结后,进行钢护筒口用于支撑I28a分配梁的牛腿施焊,然后待横桥向一排(三根)钢护筒完成后,铺设I28a分配梁,并将面板与I28a分配梁施焊牢固。

(3)钢护筒平联

钢护筒振沉后及时进行平联加固。平联用材为ϕ400mm钢管,壁厚为4mm,将主护筒与主护筒、主护筒与钢管桩联结为一个整体。由于钢管桩的施打存在一定误差,因此主护筒与钢管桩间平联的下料长度应根据实测长度而定。平联的设置是为了保证整个平台稳定性,并提高平台的抗风浪能力。平联钢管在与主护筒及钢管桩联结时应保证焊接质量,且应将平联钢管与主护筒及钢管桩接触的空间曲线焊满。

2.1.2 钻孔灌注桩施工

辅通航孔桥基础钻孔灌注桩限于钢平台面积较小,不可能按常规设置泥浆循环系统。因此,海上成孔用泥浆,关键是泥浆循环系统既要小巧实用,泥浆循环利用率又要高。

下面以K12辅通航孔桥钻孔为例予以说明。

首先,用泥浆泵将造浆池、循环池、沉淀池及开钻孔内的海水(包括部分淤泥)尽量(在保证护筒内外海水不贯通的情况下)抽净,然后在开钻孔内加入一定量的膨润土和淡水,利用钻机反循环成浆。此时钻机只是造浆而不进尺,待泥浆数量及各项指标达到设计要求时,开始反循环钻进。与此同时,在造浆池内按一定比例加入膨润土和淡水,利用空压机压缩空气搅拌成浆,泥浆通过连通管(或泥浆泵)从造浆池进入循环池。循环池内的泥浆在泥浆泵的作用下进入开钻孔孔口。开钻孔内泥浆携带钻渣,在钻杆气举作用下,从孔底经钻杆流出,直接进入旋流除渣器。泥浆在旋流除渣器内分离为泥渣和泥浆,分离出来的泥浆直接进入循环池参与再循环,而泥渣则进入渣池后并通过溜槽溜入泥驳。如图9.2.1.11所示。在整个循环过程中,不断在造浆池内补充淡水和膨润土等原料,以补充循环过程中泥浆的损失。

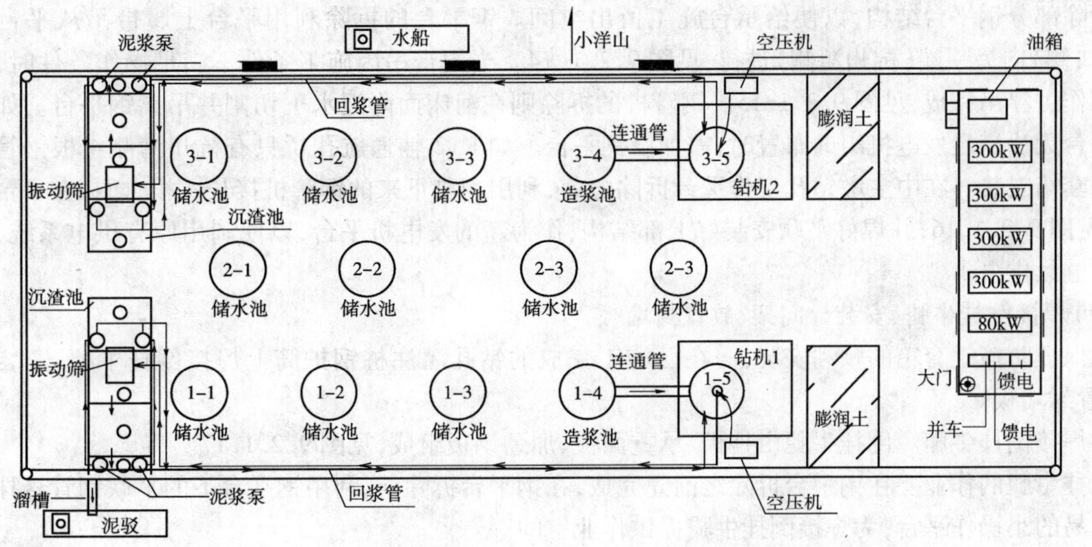

图9.2.1.11　K12辅通航孔桥泥浆循环体系

在钻孔灌注桩施工期间,充分利用尚未开钻的钢护筒储存淡水,以防止因海上气候等原因淡水运输供应不及的困难。

辅通航孔桥钻孔灌注桩施工可参见第八篇主通航孔桥钻孔灌注桩的施工章节。

2.1.3 承台混凝土施工

辅通航孔桥梁主墩均为高桩承台,工程设计时分别考虑了在承台的四周悬挂具有不同防撞等级的防撞装置,以减轻或避免对桥梁的直接破坏。在制订承台的施工方案时,考虑将承台的施工模板(侧板)与承台的防撞装置(钢套箱)结合起来,共同组成承台施工时的模板。承台施工完成后并不将其拆除,而是继续作为桥梁运营阶段的防撞结构,用来保护桥梁的安全。因此这种施工方法称之为防撞套箱法施工。

1. 钢套箱结构

钢套箱主要由三部分组成,即底篮、套箱侧板和支承系统。套箱侧板就是承台防撞结构,这便是承台套箱与防撞结构结合为一体的设计思想,如图 9.2.1.12 所示。

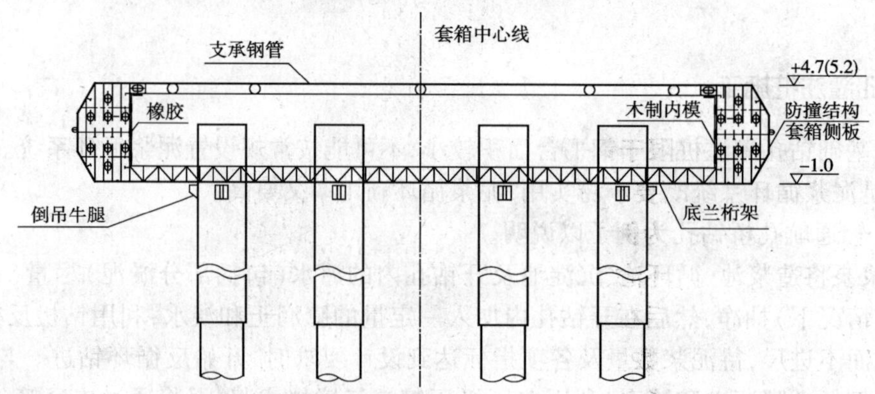

图 9.2.1.12 套箱整体结构布置(高程单位:m)

2. 承台施工

(1)承台施工流程(图 9.2.1.13)

(2)拆除施工钢平台

成桩工作结束,迅速撤离包括泥浆池等泥浆循环系统在内的所有成孔设备,以及其他需拆除的设备器材,用于生活的集装箱也应部分撤离。割除成桩钢护筒的竖向及水平向加劲肋。

拆除部分钢平台结构,以便给承台施工留出空间。钢平台的拆除利用平台上履带吊从平台一端(长江口侧)向另一端(杭州湾侧)进行,见图 9.2.1.14。当履带吊因施工条件不满足操作条件时,余下拆除工作由浮吊完成,见图 9.2.1.15。钢管桩的拆除则在河床面附近水下切割并吊离钢平台。如剩下的钢平台无法满足发电机组的布置时,需加设钢平台。如 K12 辅通航孔桥只有杭州湾侧 4 根钢管桩不影响钢套箱安装。在中主墩钻孔工作平台拆除之前,利用切割下来的钢管桩接长 4 根,插打在平台杭州湾侧,见图 9.2.1.16,并焊好平联安装好上部结构,作为新的发电机平台,以便利用原有供电系统,为后续施工继续供电。

(3)焊接倒挂牛腿、安装导向架、放置封堵板

为保证防撞钢套箱的顺利安装,需在已施工完成的钻孔灌注桩钢护筒上焊接倒挂牛腿,安装导向架,放置封堵板。

①焊接倒挂牛腿。倒挂牛腿由挂板、承重面板、加劲钢板组成,见图 9.2.1.17。

倒挂牛腿的作业要在钢平台拆除之前先完成,在钢平台拆除前,利用钢平台下的平联钢管悬挂一个安全简易的小操作平台,为焊接倒挂牛腿提供作业空间。

倒挂牛腿是承台施工最重要的受力部件,其施工质量直接关系到承台结构的安全。一方面要保证

牛腿焊接位置正确。牛腿的焊接位置要以钢护筒的实际偏位而定,如图9.2.1.17(牛腿平面位置图)所示,牛腿的中轴线与护筒的直径(顺桥轴线或墩轴线方向)方向重合。牛腿承重面板顶面高程为-1.0m,其误差须控制在2mm之内。另一方面要确保焊缝质量。牛腿与钢护筒焊接前,应对钢护筒相应位置进行除锈处理,以保证牛腿与钢护筒间的焊接质量和结合紧密。牛腿的焊接应在低平潮期内进行,焊接时不能有海水击打在焊缝上。焊缝要进行超声波探伤检查。

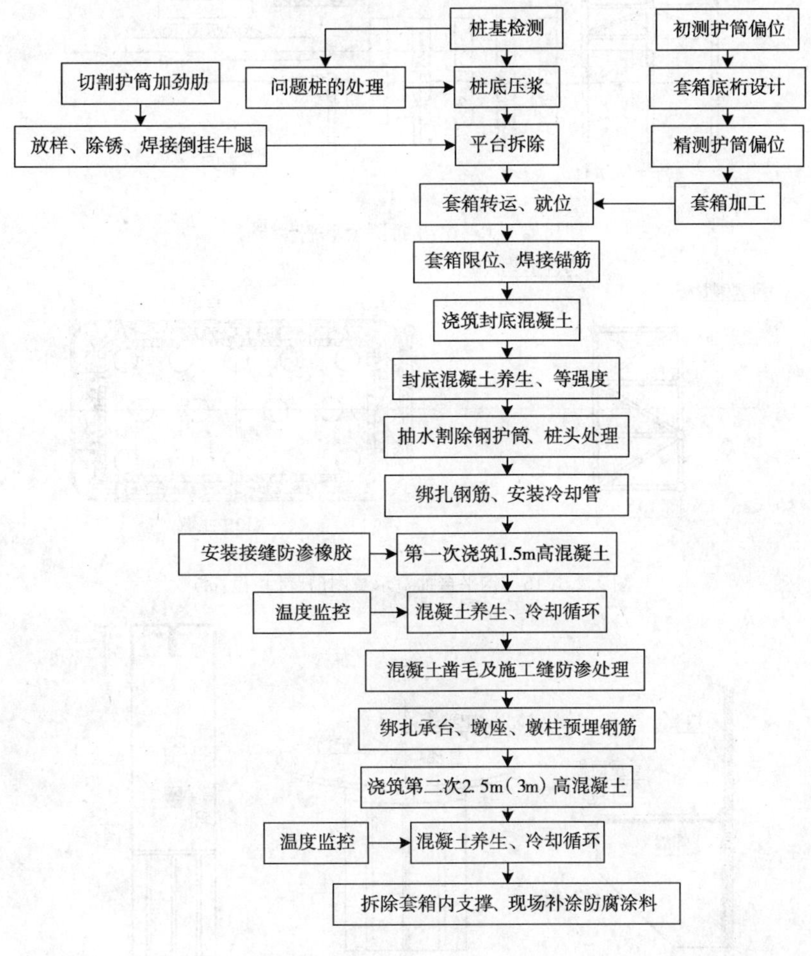

图9.2.1.13　承台施工流程图

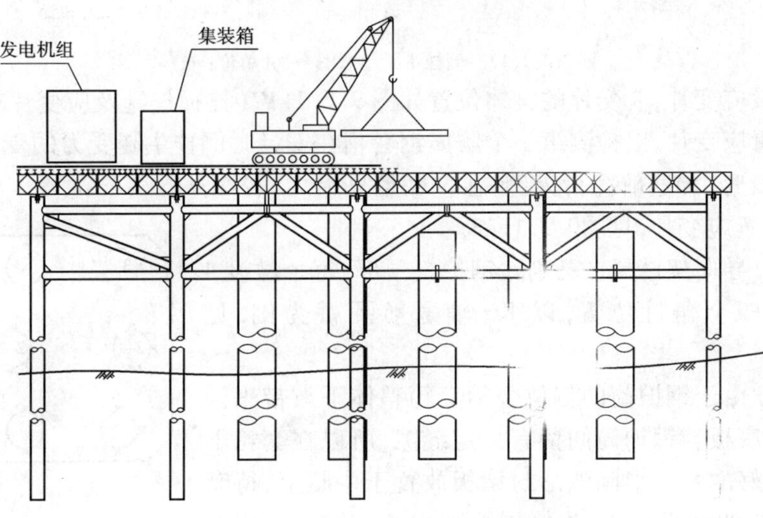

图9.2.1.14　履带吊进行钢平台拆除

由于倒挂牛腿受力特性不同于一般支承牛腿，因此要求在牛腿承重面板以上不小于200mm范围内的挂板需与护筒焊接，且同样要保证焊接质量，以策安全。

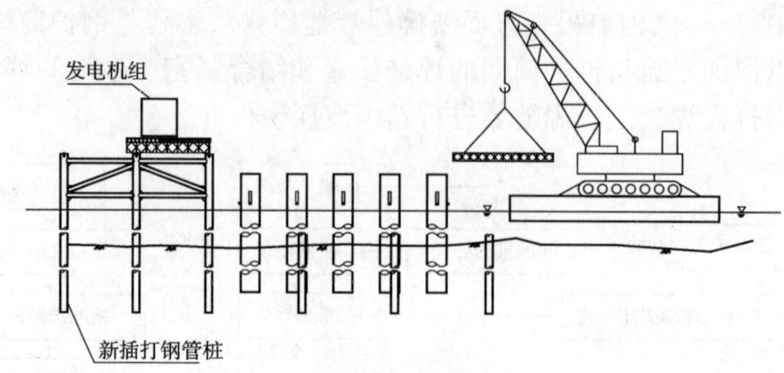

图9.2.1.15　浮吊拆除余下平台结构

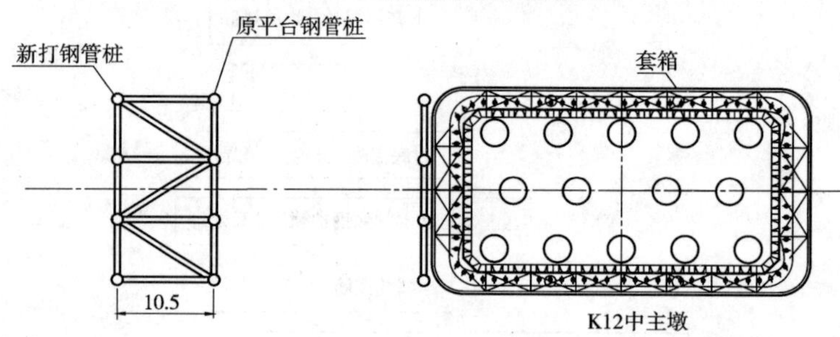

图9.2.1.16　钢平台加宽示意图(尺寸单位:m)

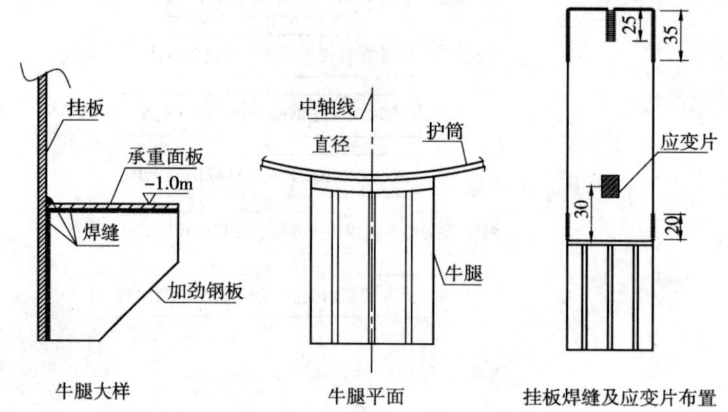

图9.2.1.17　倒挂牛腿示意图(尺寸单位:cm)

在牛腿挂板上设应变片，应变片的具体位置如图9.2.1.17(挂板焊缝及应变片布置)所示。在一个承台选择三根桩布置应变片，以检测第一个防撞钢套箱在安装时倒挂牛腿受力的受力状况，确定钢套箱就位时的安全度。以K6辅通航孔桥为例，在主墩编号为2-1、2-2、3-1号桩的牛腿上布置应变片，见图9.2.1.18。

②安装导向架。导向架设置在已割除钢护筒顶部，每个墩设4个，均设在各墩的四个角桩位置，以K6辅通航孔桥为例，见图9.2.1.19。

③放置封堵板。由于钢护筒的偏位会给套箱整体下放带来困难，在底板加工时将底板与钢护筒间留有一定缝隙，所以在套箱下放前，需将事先准备好的两个半圆弧形封堵板放置于牛腿上，待套箱就位后与套箱底篮的底板焊接，将桩周缝隙堵住。堵缝板应在套箱安装前一两天装上去，不宜过早安装。待套箱就位后，视缝隙

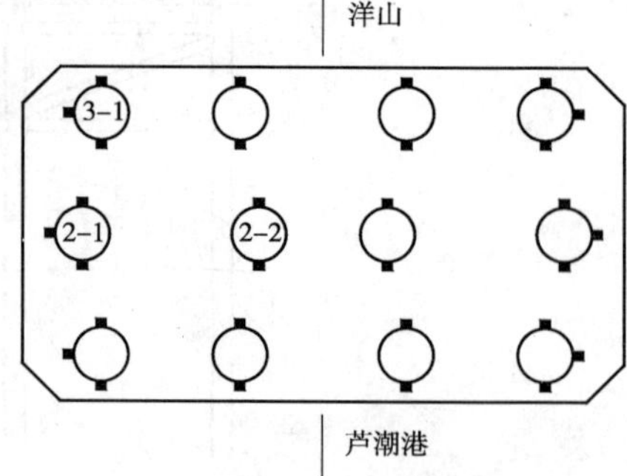

图9.2.1.18　K6辅通航孔桥牛腿挂板的应变片布设示意图

大小(堵缝板与护筒间),用适当直径的圆钢筋再焊接(点焊)堵缝。

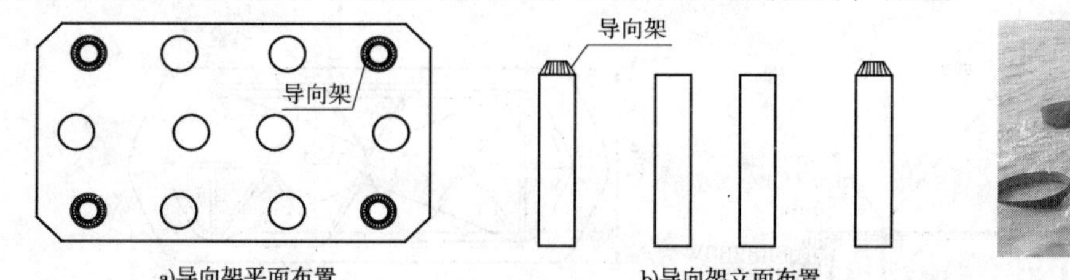

图 9.2.1.19　K6 辅通航孔桥主墩导向架平面和立面布置

(4)钢套箱加工

钢套箱在工厂整体加工制作。套箱底板的开口中心除特殊情况外,一般为桩基的理论中心,在开口大小上已考虑钢护筒的实际偏位影响。底篮桁架的布设间距以钢护筒实际偏位为准,保证桁架结点中心作用在牛腿的中轴线上。桁架的加工必须以设计图纸为准,并对主次桁连接处及型钢等强连接接头做 30% 的超声波检测,必要时进行 X 射线检查。

套箱侧板和橡胶护舷作为承台防撞结构,其加工必须符合设计要求,另外,船体涂装作为其结构的重要组成部分,应与橡胶护舷、木制内模的安装协调进行,要求涂装工作进行前,必须完成所有的焊接工作。

(5)钢套箱运输与锚泊

①转运前的准备工作

a. 结构验收。按套箱施工图总说明质量与验收要求,对套箱焊接质量、几何尺寸,侧板平整度,密水性能进行检查验收,并按合同规定办理相关手续。另外,套箱支撑钢管与底桁间至少用三根 ϕ30mm 钢管(支撑钢管交点处)相连(钢管支撑,钢丝绳拉紧),这一步工作须在安装支撑系统时完成。

b. 粘贴应变片。在套箱指定的杆件上粘贴测力应变片,以检查套箱在吊装及使用状态下杆件受力情况与计算是否相符(测试第一次起吊受力情况,以后不做此项检测)。

c. 喷涂测量标记。在套箱外侧板上标示套箱纵横向几何中心线,标记线从套箱上口向下画垂线,长 4m,线宽 4cm,涂白漆,在白漆中心线上复涂 1cm 宽红漆线条。

d. 悬挂人梯。在套箱长短方向内侧板上,各悬挂事先加工好的人梯 4 把,以供套箱验收及后续施工用;在底板桁架上舷杆上铺设(并固定)行走用木板通道。

e. 焊接微调用绳钩。在套箱两端(短进方向)中心附近距上口 1m 及距下口 1.5m 左右各焊一个绳钩(共 4 个)。

f. 船舶准备。起重船自检,各类仪器仪表、机械设备处于良好的工作状态,并挂上预先准备好的起重绳。装运套箱的驳船按要求铺设支承基座,准备好固定套箱用绳索装置,在码头适当位置靠泊。

②起吊装船

a. 吊索及吊索水平夹角。钢套箱的起吊索具采用采用 4 根无接头钢丝绳,钢绳直径 118mm,圈长 61m,见图 9.2.1.20。K24 辅通航孔桥主墩钢套箱尺寸最大,所需吊索最长,受力最大,如果三座桥的套箱分别配索,极不经济,可采用 K24 桥的吊索为通用的吊索。吊索与水平面最小夹角 $\alpha = 56.3°$(长索),以 K24 辅通航孔桥为例,见图 9.2.1.21。

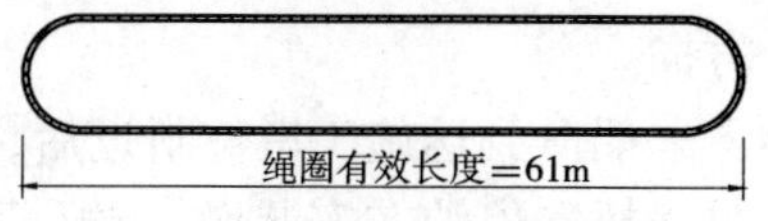

图 9.2.1.20　无接头钢丝绳示意图

b. 试吊。在吊车协助下,将吊索下端与套箱吊耳相连后,徐徐起吊使钢套箱脱离台座 10～15cm,通过读取电阻应变片数据和肉眼观察以及仪器测读,检查:套箱整体及各主要杆件受力变形情况,重点检查吊索受力是否均匀;套箱的整体变形,包括套箱"悬臂"挠度;起重销子和传力板;支撑系统的纵横支撑钢管;底板与侧板的连接。

发现超过设计容许的应力及变形,应将套箱吊回加工台座,分析原因,及时采取改进措施,经再次试吊,证明所采取措施有效后,才能继续下一道工序。

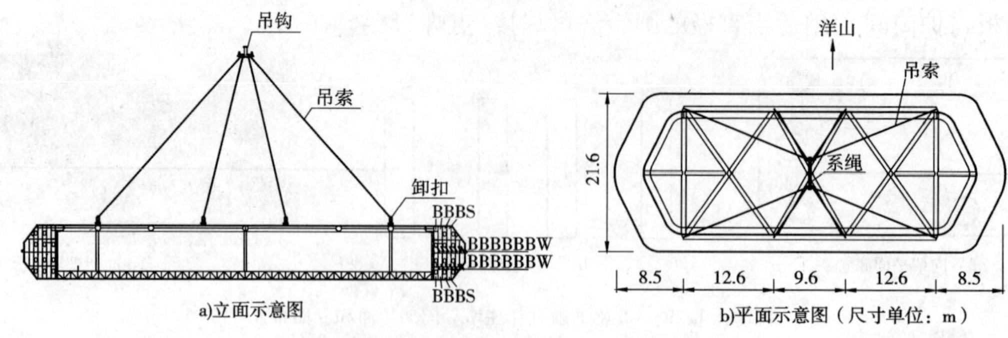

图 9.2.1.21　防撞钢套箱吊索布置示意图

c. 支承试验。试吊后将套箱缓缓吊离台座,然后迅速将事先加工制作好的支承垫块置于台座相应“牛腿”位置,再将套箱吊回台座,支承于临时垫块上。变套箱加工时的“面”支承为“点”支承,以检验套箱底篮受力及底板与侧板的连接质量是否可靠。

支承垫块尺寸(长×宽×高)为 30cm×40cm×20cm,由优质方木加工制作,上面铺 1cm 厚钢板,垫块高度误差不于 2mm。

此项试验只在第一只套箱起吊装船前进行。

d. 起吊装船。在起吊试验完成后便进行套箱装船,在起吊工作范围内清除一切障碍物,控制好起高,平移下放速度,力求平稳安全。

装套箱的驳船宽度不小于 21m,用型钢或方木铺设的支承基座应稳定可靠,与套箱仍应是“面”接触。因此要求基座顶面平整度不大于 2mm。

在支承基座四周设置可靠的稳定限位装置,在套箱两端设锚定钢丝绳(缆风);以保证套箱在运输过程中稳定安全。

③拖航锚泊

钢套箱一旦出港,就应从天气上考虑能使后续工序连续施工。因为包括浮吊、驳船、拖轮在内的整个船队都为承台施工服务,如果钢套箱在海上(桥位处)停放时间过长,这不但是不经济的,而且还是不安全的。因此,选择钢套箱拖航出海的时间,对海上作业来说是件极其重要而又比较困难的事。出航之日应是风平浪静之时,航线所经海域风力应小于 7 级。为满足承台施工作业的时间要求,应确保中长期天气预报(20d 以内)无台风等灾害性天气发生。从天文潮规律方面考虑,套箱应在小汛期(小潮期)接近低平潮时安装就位;接近大汛低平潮前后浇筑封底混凝土;小汛期内抽水,破桩头,绑扎承台钢筋;接近大汛前浇筑第一次承台混凝土。

装运钢套箱的驳船由两艘拖轮提供运力,主拖轮功率为 2 237kW(即 3 000hp),位于驳船前方,用拖缆软拖,副拖轮功率为 1 193kW(即 1 600hp),位于驳船一侧,除提供辅助拖航动力外,协助主拖轮控制航行方向。

船队到达施工墩位附近后,按事前安排抛锚停泊,浮吊横桥向停泊在安装墩一侧(靠长江口一侧),定位船与驳船横桥向停泊在浮吊前方。定位船与桥墩间应保持一定的安全距离。采用定位船锚泊的目的是避免驳船在海上过多的操作作业,防止防撞钢套箱意外的变形。具体锚泊位置见图 9.2.1.22 所示。

船队在夜间锚泊时,应悬挂警示信号灯,以策安全度夜,并有夜间值班人员,观察潮水涨落情况,防止因船走锚而发生意外(撞墩)。

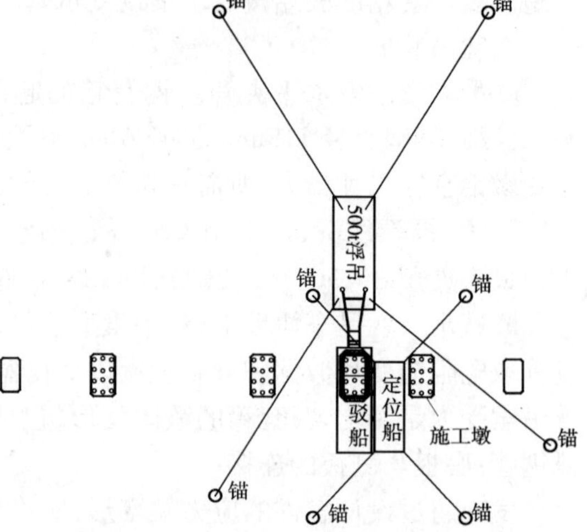

图 9.2.1.22　防撞钢套箱船舶锚泊吊装布置示意图

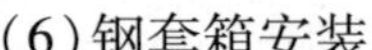
(6)钢套箱安装

①安装前的准备工作

a. 测量方法与测量控制。在墩轴线一端，由8根钢管组成的工作平台上，靠桥墩侧及另一端4根钢管桩平联上标示出墩的理论轴线。在邻墩的桥轴线上，利用两根钢护筒搭设临时测量平台，并定出理论桥轴线（如平台未拆，则在钻孔平台上置测量仪器）。工作平台和临时测量平台上各置一台经纬仪，实时控制套箱的墩轴线和桥轴线在两个方向的位置，在套箱就位后及时测读套箱就位精度。

b. 安设由两个半圆钢板组成的堵水板，置于已安装的倒挂牛腿面上。

c. 安装反压牛腿。将反压牛腿、限位支撑架放在套箱相应位置（并预备好安装水平限位支撑用"马凳"或梯子），并将焊接反压牛腿的12台电焊机（以K6辅通航孔桥为例，按每个护筒用一台电焊机考虑）置于套箱顶部并固定之（也可放进套箱内，但需要加工制作3m高左右的置放电焊机的"马凳"或将电焊机置放在护筒上，但事前需做好不影响套箱安装的"搁板"），备好配电柜。

d. 人员安排。指挥人员、测量人员、起重工、电焊工、安装限位支撑架人员按分工计划进入岗位。

e. 浮吊挂上起重绳，在高平潮前后开始起吊作业。

②起吊

如图9.2.1.23所示，采用500t浮吊进行防撞钢套箱的安装。浮吊吊臂倾斜角度调整至60°，起重索下端与套箱吊耳销接，在套箱两端挂上微调钢丝绳并引至设在浮吊上的牵引葫芦。一切准备工作就绪后，徐徐吊起钢套箱离开驳船50cm左右，再次检查套箱受力与变形情况，以及浮吊工作状态；如无异常情况，继续起吊使钢套箱底至高程+4.5m。

图9.2.1.23 500t浮吊起吊防撞钢套箱

③平移定位

钢套箱吊离驳船后，定位船及驳船通过收锚移至桥轴线的另一侧，以便不影响钢套箱的水平移动。定位船及驳船移走后，通过收放浮吊锚缆，缓慢平稳地将浮吊平移至墩位上方，锚准导向架微调对位，见图9.2.1.24。

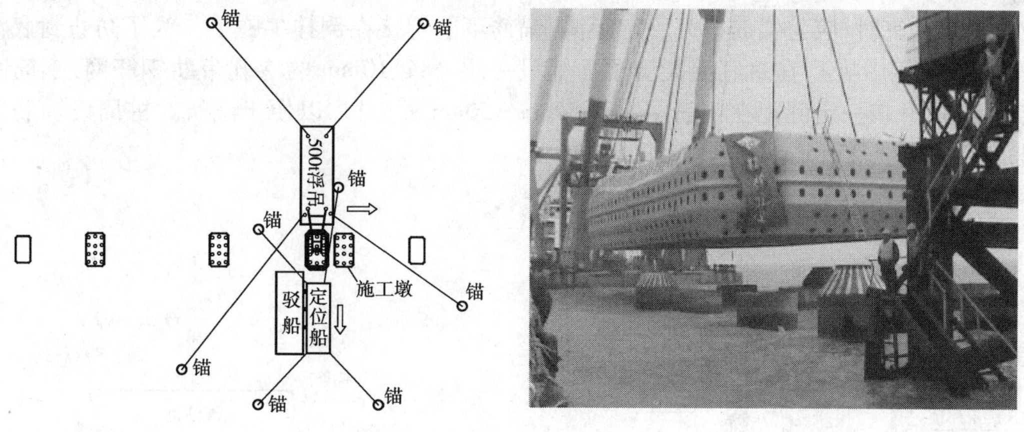

图9.2:1.24 钢套箱平移定位示意图

④下放就位

该工况应在落潮水流相对平稳后开始（低平潮前1h左右），争取30min完成，以利于反压牛腿焊接及限位支撑安装，见图9.2.1.25。

对位观察人员（共12人）穿上救生衣，系好安全带，先在套箱顶部观察对位情况，待套箱下降一定高度后，进入箱内，站在底板与桁架上弦杆上（事先已铺好木板），一人一桩观察对位情况，并将观察情况报指挥员。

指挥员根据仪器观测和肉眼观察情况，指挥浮吊正确对位后缓慢下放套箱进入导向架，进而进入护筒顶部（+3.0m），然后停止下放，观察底板处各桩位就位情况和整体套箱偏位情况。

分析观测情况,如有异常须及时采取相应措施;如无异常情况,以每 50cm 一级逐级下放套箱,直至离牛腿面 10cm 处暂停下放。

经纬仪再次测读套箱位置,并尽可能参照测读数据调整套箱位置后,继续下放套箱接近牛腿面,重复上述步骤,下沉到位。

图 9.2.1.25 钢套箱下放就位

⑤安装限位装置

经检查(整体套箱就位精度,牛腿支承情况,底板孔位与护筒间相对位置等)套箱就位达到设计要求后,松钩 50%。

12 名观察人员立即分成 6 组,快速安装水平限位支撑。水平限位支撑采用千斤顶和钢管加工而成,事先悬挂在套箱内支撑钢管上。待端部 4 个限位支撑基本就位后,完全松钩;待全部水平限位及 6 个竖向限位装置安装完成后,打开吊索销子,浮吊就地待命。

在安装水平限位支撑的同时,迅速安装 6 个竖向临时反压限位装置(图 9.2.1.26),随即 12 台电焊机同时开始焊接竖向反压牛腿,以上两项工作必须在一个潮水期内完成。

⑥钢套箱封底

a. 封底混凝土内钢筋的布设。根据结构混凝土施工及同时在风、浪、潮等组合荷载作用,进行封底混凝土配筋布置。焊接在钢护筒四周的锚筋与底板主桁共同作为封底混凝土的受力结构,锚筋主要起将承台混凝土荷载传递给基桩的作用。施焊前必须将钢护筒上的铁锈清理干净,以保证其焊接质量。当与倒挂牛腿有冲突时,应将锚筋挪开一定距离,锚筋不能焊接在倒挂牛腿上。为了防止封底混凝土开裂(考虑受桁架型钢影响),在封底混凝土顶面铺设一层 ϕ8@10mm 的冷轧带肋钢筋网,钢筋网与底篮桁架上弦杆点焊,并按一定间距在钢筋网上开 50cm × 50cm 的方口,以便于浇筑。桩周设锚筋部位不再设钢筋网,见图 9.2.1.27。

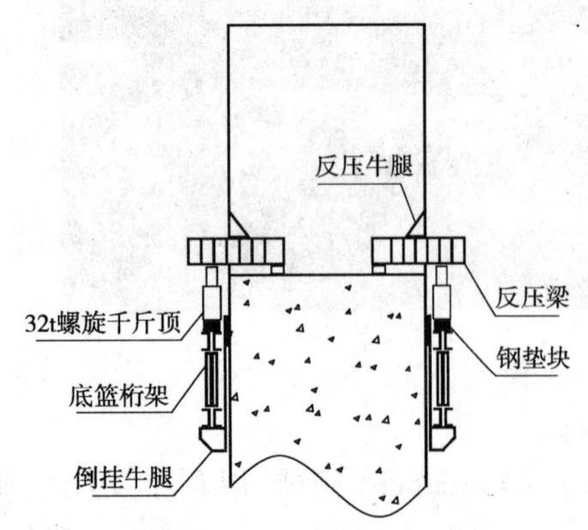

图 9.2.1.26 竖向临时反压限位装置

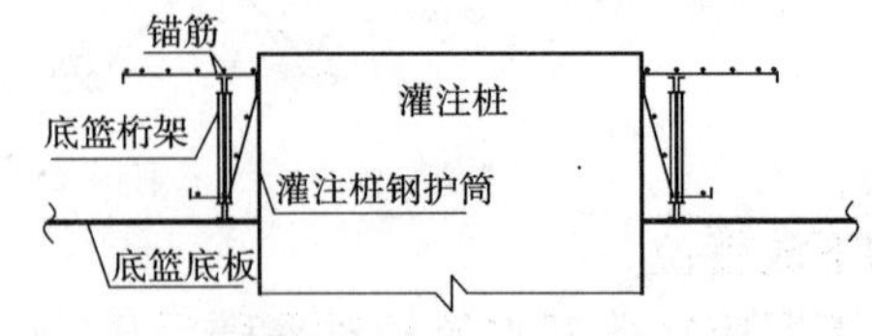

图 9.2.1.27 锚筋大样

b. 浇筑封底混凝土。套箱安装完成后,为安全起见,尽快实施封底混凝土的浇筑工作。

封底混凝土的浇筑安排在大汛期低平潮前后。当潮水刚退出底板高程,且底板上无积水、无淤泥的情况下,即可开始封闭底板泄水孔。封孔工作必须在最短时间内完成,封孔顺序:从承台中心开始沿墩轴线两端进行。

浇筑封底混凝土前,将底板上的连通管封闭。混凝土浇筑顺序与封孔顺序一致。封底混凝土厚100cm,分两层浇筑完成,每层50cm。混凝土浇筑要求振捣密实,尽量保证混凝土顶面的平整。

拟同时投入三艘拌和船浇筑封底混凝土,拌和船的实际拌和能力为$60m^3/h$,厚度为100cm的封底混凝土方量约为$500m^3$。根据2003年潮汐表:潮水高程从最低潮"-1.0~最低潮0.0"这段时间约3~4h,因此,两艘拌和船的拌和能力基本可以满足混凝土干浇要求,另一艘以作备用、预防不测。为了保险起见,可考虑在桩上(与内支撑无冲突的桩)安装4个储料斗,在潮水尚未退出底板时开始备料。封底混凝土采用C30普通早强混凝土。整个混凝土在浇筑过程中,必须保证有两台拌和船连续作业,确保封底混凝土的质量。封底混凝土浇筑如图9.2.1.28所示:

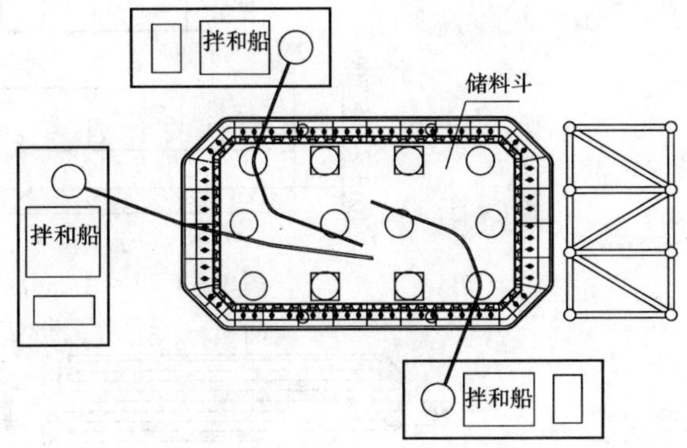

图9.2.1.28　封底混凝土浇筑示意图

混凝土封底完毕,至少在连通管四周一定范围内盖上塑料薄膜进行养生。打开连通管,使海水在套箱内外形成对流,避免潮水破坏尚未达到强度的封底混凝土。

(7)钢护筒切割、封底混凝土整平及桩顶处理

当封底混凝土强度达到设计强度后,待到低潮位时,将封底混凝土及钢套箱内壁的泥浆沉淀用淡水冲洗干净,并将存水排净后封闭连通管,在隔水条件下进行钢护筒切割处理,钢护筒切割高程为+0.00。

对高低不平的封底混凝土表面,可按设计高程,进行人工凿除整平。若封底混凝土产生微小渗漏时,采用水玻璃或涂刷Kryst01高效防水材料止水。

桩头破除前须将钢筋剥离,然后采用风镐人工破除桩头达到设计高程,同时要求达到混凝土新鲜面。

(8)承台混凝土施工

钢套箱安装就位后,形成浇筑承台混凝土干式环境,施工人员便可安全的在钢套箱内进行作业。承台混凝土分两次浇筑,以K12辅通航孔桥为例,第一次浇筑厚度为150cm,第二次浇筑厚度为250cm,并按要求对施工缝进行处理。

①第一次承台混凝土的施工

第一次浇筑厚度为150cm的承台混凝土,须绑扎承台底部四层结构钢筋、侧面构造钢筋、架立筋和墩柱预埋筋。钢筋在码头加工,转运至墩位安装橡胶止水带,另须布设两层冷却水管、测温点及固定墩身钢筋所用的劲性骨架。

a.钢筋的绑扎。承台底部顺桥向的结构钢筋及侧面构造钢筋可一次性加工成型,底部横桥向结构钢筋较长,转运不便,可考虑分节加工。分节钢筋转运至现场后采用等强直螺纹连接,并按规范要求错开接头。承台作为浪溅区内的结构物,其防腐要求较高,要求承台钢筋保护层厚度不低于设计要求,因此在钢筋下料过程中,必须考虑安装误差,确保钢筋保护层的厚度。由于承台底部钢筋层数多、间距较小,很容易对混凝土的振捣带来困难,因此要求底部各层钢筋上下对准。

架立钢筋作为上部钢筋的支撑结构,应具有一定的刚度,拟将所有架立筋改为ϕ32@90cm×90cm,并将其作为冷却管的支撑架。

为了保证墩柱预埋筋位置的准确,必须在承台内设型钢骨架,确保位置准确。当墩柱预埋筋与承台钢筋发生冲突时,可适当挪开承台钢筋,墩柱预埋筋的接头设在承台内,见图9.2.1.29。

b.布设冷却水管。在第一次150cm厚混凝土内设相互垂直的两层冷却管,两层间距为50cm,同一层冷却管间距为90cm,冷却管布置如图9.2.1.30所示。

冷却管采用ϕ25mm的普通水管,固定在架立钢筋上,因此要求架立钢筋的位置按照冷却管的布置而定。冷却管之间通过直通或三通连接,丝扣上缠防水胶带,并在接头附近做加强固定处理。钢筋绑扎

完毕,先做通水试验,检查管道的水密效果,对有渗水的管道进行替换,确保所有管道全部畅通,无漏水现象。

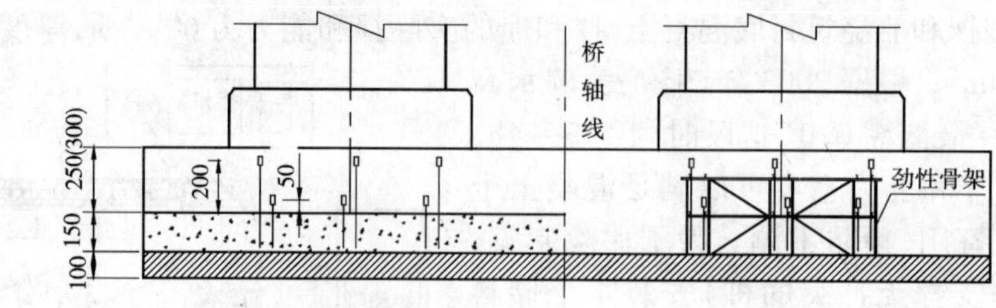

图 9.2.1.29　墩身预埋筋及劲性骨架示意图(尺寸单位:cm)

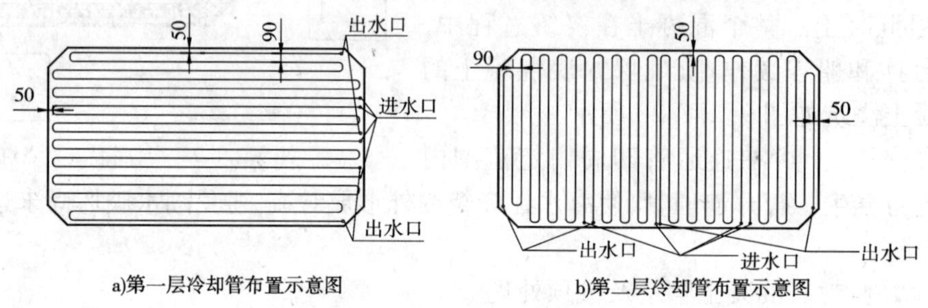

图 9.2.1.30　冷却管布置(尺寸单位:cm)

为了不形成腐蚀通道,进出水口从承台顶面以下 50cm 开始采用塑料管接出承台,塑料管与冷却管间采用标准"C 形"卡连接,如图 9.2.1.31 所示。

c. 设置测温点。以 K12 桥为例,测温点的布设见图 9.2.1.32。

d. 浇筑混凝土。第一次钢筋绑扎完成,清理套箱内杂物,准备浇筑结构混凝土。在结构混凝土浇筑前应对承台混凝土做试拌,将坍落度控制在 14 ~ 16cm。

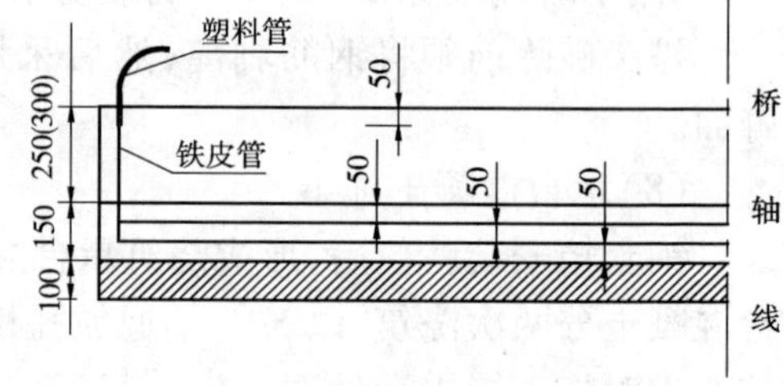

图 9.2.1.31　冷却管进出水口布置(尺寸单位:cm)

承台混凝土浇筑时,拌和船只的布设与封底混凝土施工一样。两艘拌和船分别泊靠在承台的两侧,混凝土浇筑时水平分层进行,每层浇筑厚度控制在 30cm 左右。采用 ϕ70mm 插入式振动棒振捣密实。振动器移动间距不应超过振动器作用半径的 1.5 倍,且应与侧模保持 10 ~ 15cm 距离,振捣棒插入下层混凝土 5 ~ 10cm。对每一振动部位,必须振动到该部位混凝土密实为止。混凝土的浇筑应连续进行,如因故必须间断时,其间断时间应小于前层混凝土的初凝时间或能重塑的时间。对设置测温点的位置不宜直接振捣,以免破坏测温点。

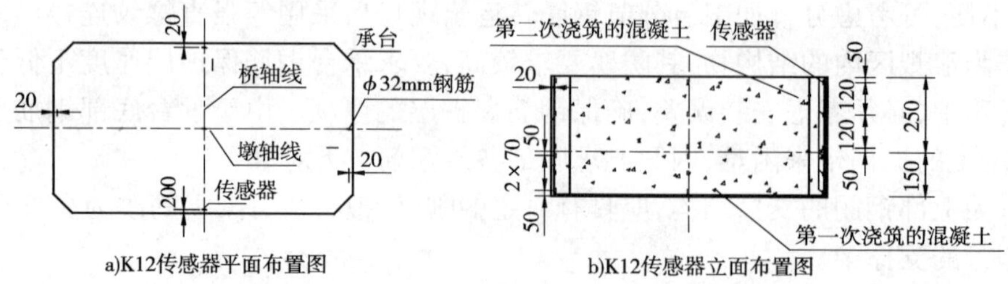

图 9.2.1.32　测温点的布设示意图(尺寸单位:cm)

当混凝土浇筑 100cm 和 150cm 高时,分别对所设置的应力观测点进行一次测试,并对测试值进行分析。

e. 安装橡胶止水带。橡胶止水带要求采用硬质长方形橡胶,其断面尺寸为 60mm(高)×8mm(宽)。止水带提前放置在套箱内壁与承台四周构造钢筋之间,待混凝土浇筑至 1.5m 高时,在止水带安装位置人工捣成小槽，然后将橡胶止水带放置其中，并在止水带内外人工将混凝土捣实。橡胶止水带的作用是为了防止在施工缝处受海水的侵蚀，形成裂缝从而产生腐蚀通道。橡胶止水带的安装如图9.2.1.33所示。

f. 混凝土养护。混凝土浇筑至相应冷却水管网以上时，应立即通水冷却，并对进出水口的水温、混凝土内部不同测温点温度及外界环境温度按方案要求频率进行测试，要求混凝土内外温差（主要指混凝土内部温度与环境温度之差）不超过25℃，试验室应派专人记录温度。

利用发电机平台上现有泥浆池为进水池，容积不小于 15m³；出水池设在套箱顶口，容积约 1.5m³。冷却水循环时，打开进水池上的水龙头，冷却水在压力差作用下自动流入进水口，经冷却网流到出水口；在出水池内安装潜水泵，将池内冷却水抽入进水池，如图 9.2.1.34 所示。

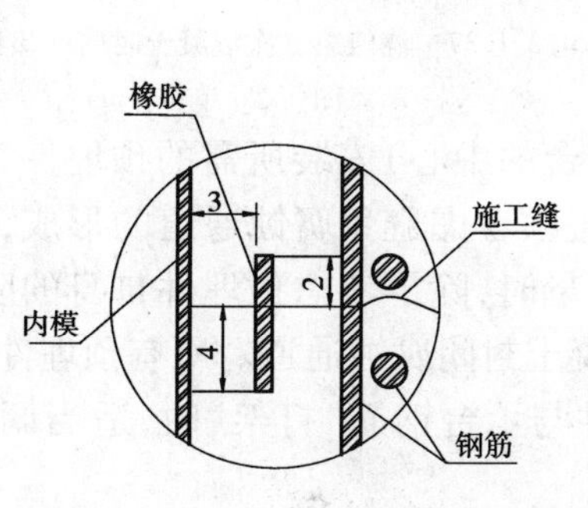

图 9.2.1.33　橡胶止水带设置（尺寸单位：cm）

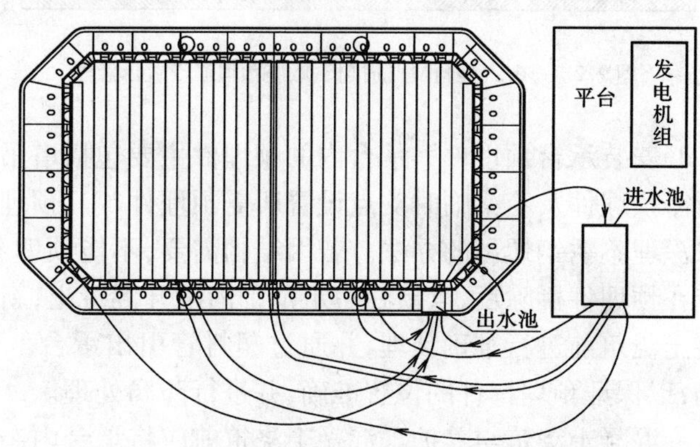

图 9.2.1.34　冷却水循环

循环水必须采用淡水，且进出水隔天一换，严禁采用海水作循环水。冷却水循环时间主要依据检测混凝土内部温度变化情况而定，但最少不能少于 7d。

混凝土浇筑完毕，待混凝土表层接近初凝，即可在混凝土表面铺麻袋，洒淡水养生，要求麻袋始终保持湿润，但不能有积水。

②第二次承台混凝土的施工

第二次承台混凝土施工主要包括施工缝的处理，墩柱预埋筋的接长，墩座预埋筋、承台顶层钢筋、冷却水管的安装，测温点和承台顶面其他预埋件的设置及承台混凝土的浇筑等。

a. 处理施工缝。对承台施工缝处理要求较高，其目的主要不让海水通过施工缝渗入，从而腐蚀结构钢筋。除了设置橡胶止水带以外，还应对第一次混凝土浇筑面进行凿毛和淡水冲洗处理，并对凿毛混凝土顶面进行淡水润湿至饱和，铺一层 1 ~ 2cm 的 1:2 水泥砂浆。

在工期安排上，应考虑缩短前后两次混凝土浇筑间隔时间，以减小两层混凝土间因收缩、徐变的不同而产生的附加内力。

b. 绑扎承台及墩柱、墩座预埋筋。为了不影响墩柱、墩座预埋筋的施工，在第一次 150cm 混凝土浇筑完成后 2 ~ 3d 可将套箱的部分内支撑割除。割除内支撑后的套箱如图 9.2.1.35 所示。

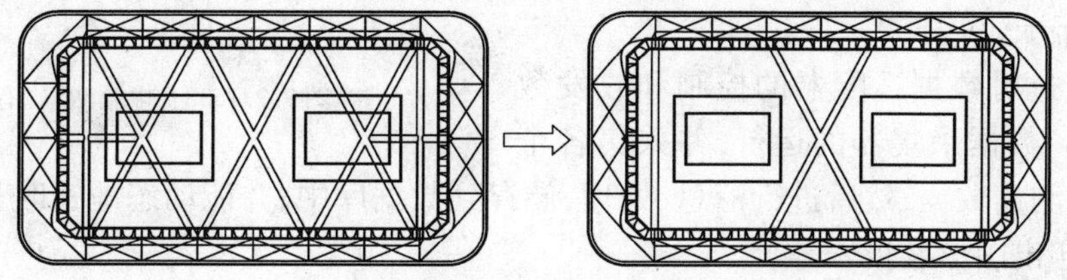

图 9.2.1.35　K12 辅通航孔桥钢套箱内撑割除前后示意图

墩柱预埋筋一次性接长至墩座顶以上 50 ~ 200cm，施工时采用直螺纹连接，墩座预埋筋通过劲性骨架固定成型，如图 9.2.1.36 所示。

承台顶层钢筋与墩座及墩柱预埋筋有冲突的，应挪开承台顶层钢筋，以确保墩座及墩柱预埋筋位置的准确;若墩座钢筋与墩柱预埋筋有冲突,应挪开墩座钢筋,以确保墩柱预埋筋位置的准确。

c. 再次安装冷却管。在第二次浇筑的厚度为250cm的混凝土内设三层相互垂直的冷却管,三层管管间间距如图9.2.1.37所示,单层管的布置与第一次浇筑混凝土时的布置相同。

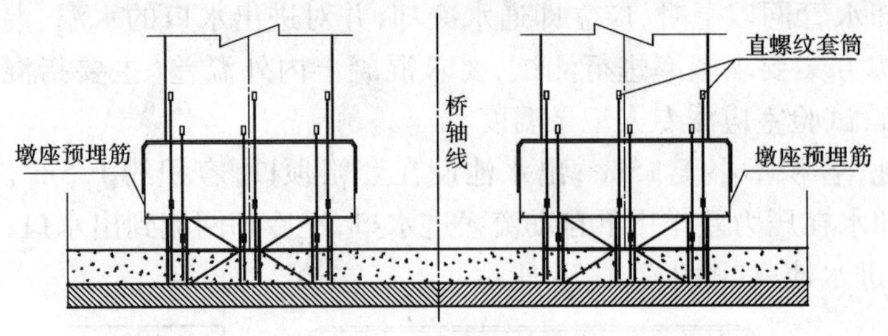

图9.2.1.36 墩身预埋筋接长、墩座预埋筋设置示意图

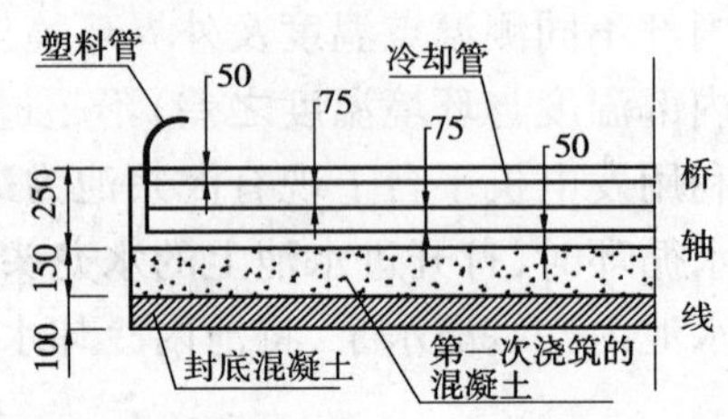

图9.2.1.37 浇筑第二次混凝土时内冷却管布置示意图(尺寸单位:cm)

d. 安装承台预埋件。承台内的预埋件主要包括塔吊(设在承台的中心)安装所需的预埋件、防撞结构所需预埋件及箱梁临时支点设置所需预埋件等。预埋件的设置须考虑避免腐蚀通道的形成,并尽量采取深埋不锈钢螺母的办法。若因结构需要,不能预埋不锈钢螺母时,除了考虑预埋件自身的防腐外,还应在预埋件拆除后,重新在一定范围内凿开混凝土,新浇筑混凝土封闭腐蚀通道。所有预埋件均应在混凝土浇筑前进行准确预埋,并通过塑料管引出承台。当预埋件与承台钢筋"打架"时,适当调整承台钢筋,以保证预埋构件的位置准确,并进行防腐处理。

e. 混凝土浇筑与养护。混凝土浇筑前应将承台内杂物清理干净,洒水润湿后浇筑混凝土。浇筑设备仍然起用三艘拌和船,浇筑方法如同前所述。

当混凝土浇筑至某层冷却管以上,应对该层冷却管网进行通水循环,对冷却水温度的控制及测试与第一次浇筑混凝土时一样。

第二次混凝土的养护采用"内散外蓄"的办法,内部通过冷却管散热,外面(混凝土顶面)在混凝土浇筑结束后在套箱内蓄约10cm高的淡水养护。在淡水不能覆盖的混凝土表面采用洒水养护,以推迟混凝土表面水分的迅速散失,防止混凝土表面开裂。

混凝土养护时间要以混凝土内外温度测试为准,但最少不少于7d。

③混凝土养护期间温度控制

a. 电脑测温(有线)系统。为了对混凝土温度控制措施更加科学,承台混凝土的测温技术采用了实时性好、操作工作量小、安装方便、产品成熟的大体积混凝土电脑测温(有线)系统。

该系统由计算机、计算机端监测软件、数据适配器(电源系统、数据收发)及电源传输线、现场数据采集器、传感器组成,选配器件有USB转232模块,其构造如图9.2.1.38所示。

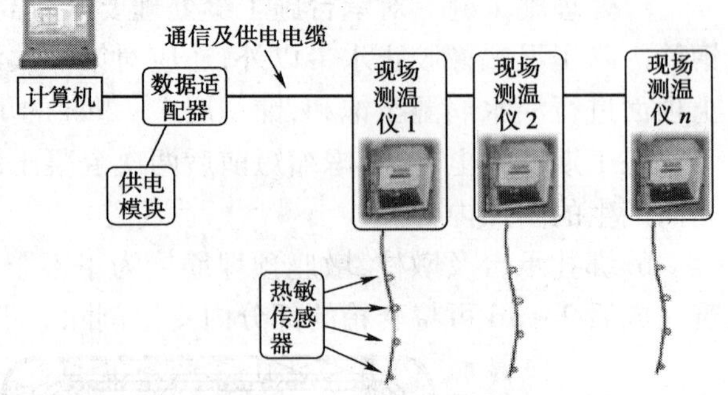

图9.2.1.38 电脑测温(有线)系统

计算机软件通过对数据适配器的控制和收发数据,能控制各个现场数据采集器的运行,并采集各个现场数据采集器的测量数据,然后进行汇总、处理,储存到数据库中,并能动态地实时显示到屏幕图形曲线中,软件可以打印出图形及报表等。

现场数据采集器同时提供了现场显示测温数据的功能。一个现场数据采集器可同时连接0~8个热敏传感器。传感器的安装布置见图9.2.1.39。

通过对现场测温点的数据采集,及时了解混凝土内的温度,以调节温控措施,控制混凝土内外温差,保证混凝土施工质量。

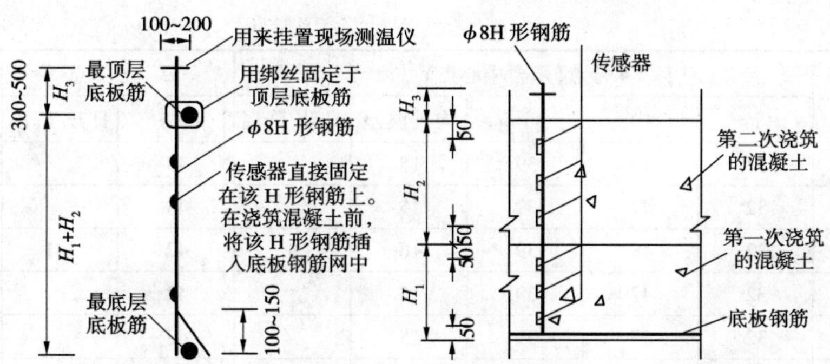

图 9.2.1.39　传感器的安装布置

b. 温控检测结果。以 K6 桥 PM147 为例，承台浇筑时间为 2003 年 11 月 16 日 7:30 ~ 18:30，混凝土用量为 780m^3；21:30 开始通水进行冷却，测定的温度记录如表 9.2.1.6 所示。

PM147 承台混凝土测温记录　　表 9.2.1.6

日　期	时　间	4 号点（承台中心点）					2　号　点		3　号　点	
		上	中	下	内外温差	日升/降温	中	日升/降温	中	日升/降温
2003.11.16	9:00	20	17	18	-3		15		15	
	11:00	20	21	19	1		16		16	
	13:00	17	17	17	0		15		20	
	15:00	15	14	15	-1		25		24	
	17:00	14	20	14	6		25		24	
	19:00	19	20	21	1		22		23	
	21:00	18	21	20	3		23		23	
	23:00	17	21	20	4	4	25	10	26	9
2003.11.17	0:00	17	21	19	4		28		27	
	2:00	17	21	19	4		30		27	
	5:00	16	22	19	6		30		31	
	7:00	16	23	19	7		30		31	
	9:00	17	24	20	7		31		32	
	11:00	19	26	22	7		33		34	
	13:00	22	29	25	7		35		36	
	15:00	23	30	26	7		36		38	
	17:00	24	31	27	7		37		39	
	19:00	24	33	28	11		39		42	
	21:00	25	35	29	10		40		43	
	23:00	26	36	30	10		41		44	
2003.11.18	4:00	28	40	33	12	19	43	18	46	20
	6:00	29	41	35	12		43		47	
	8:00	30	42	36	12		44		48	
	10:00	31	44	37	13		44		48	
	12:00	32	45	38	13		44		48	
	14:00	32	45	38	13		44		49	
	16:00	33	46	39	13		44		49	
	18:00	33	47	39	14		44		49	

续上表

日期	时间	4号点(承台中心点)					2 号 点		3 号 点	
		上	中	下	内外温差	日升/降温	中	日升/降温	中	日升/降温
	20:00	32	47	39	15		43		49	
	22:00	32	47	39	15		43		49	
2003.11.19	0:00	32	48	39	16	8	42	-1	49	3
	2:00	32	47	39	15		42		48	
	4:00	32	47	39	15		42		48	
	6:00	32	47	39	15		42		48	
	8:00	33	47	39	14		42		48	
	10:00	34	47	39	13		41		47	
	12:00	33	47	39	14		41		47	
	14:00	33	47	39	13		40		47	
	16:00	32	47	38	15		40		47	
	18:00	31	46	38	15		40		45	
	20:00	31	45	37	14		39		44	
	22:00	31	44	37	13		38		44	
2003.11.20	7:00	30	41	35	11	-7	35	-7	41	-8
	9:00	30	41	35	11		34		40	
	11:00	29	41	34	12		34		故障	
	13:00	28	40	33	12		33			
	15:00	27	39	33	12		33			
	19:00	25	38	30	13		32			
	21:00	25	38	30	13		31			
	23:00	24	37	29	13		31			
2003.11.21	1:00	23	37	28	14	-4	31	-4		
	3:00	23	37	28	14		31			
	5:00	22	36	27	14		30			
	7:00	21	36	26	15		30			
	9:00	21	35	26	14		30			
	11:00	22	35	26	13		29			
	13:00	23	35	26	12		29			
	15:00	23	34	26	11		28			
	17:00	22	34	26	12		28			
	19:00	21	33	25	12		28			
	21:00	21	33	25	12		27			
	23:00	20	33	24	13		27			
2003.11.22	1:00	19	32	24	13	-5	27	-4		
	3:00	19	32	24	13		26			
	5:00	19	31	23	12		26			
	7:00	18	31	23	13		25			
	9:00	18	31	22	13		25			
	11:00	18	30	22	12	-2	25	-2		

4 号点为承台中心点，因此考虑内外温差时，以该点为准；2 号点距承台西侧内侧模板约 20cm，3 号点距承台西侧内侧模板约 2m。PM147 承台混凝土浇筑时设 6 个测温点，这里仅列出部分数据。从这些数据中可以看出，混凝土内外温差不大于 15℃，达到温度控制要求。

2.1.4　墩身施工

墩身均为普通钢筋混凝土空心墩身，包括墩座、墩柱、墩帽及支座垫石三部分。墩座、墩柱、墩帽混凝土强度等级均为 C40 高性能混凝土，如图 9.2.1.40 所示。三座辅通航孔桥的墩身施工工艺基本相同，这里仅以 K12 辅通航孔桥的墩身施工为例。

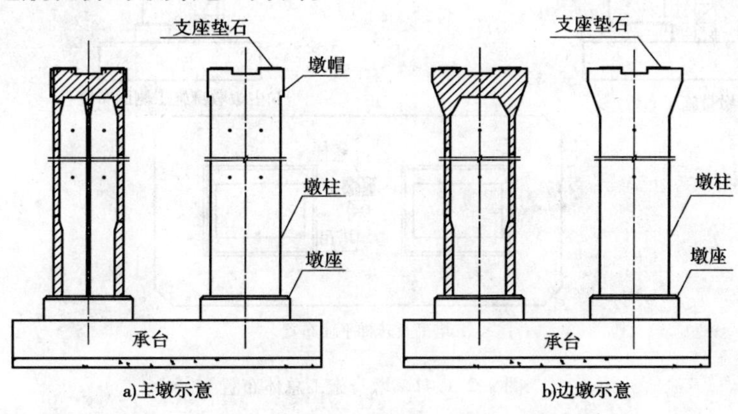

图 9.2.1.40　墩身示意图

K12 辅通航孔桥墩身主要参数见表 9.2.1.7。

K12 辅通航孔桥墩身主要参数　　表 9.2.1.7

项目			主墩			边墩	
			PM240	PM241	PM242	PM239	PM243
墩身	墩座	墩座顶高程（m）	+6.0	+6.0	+6.0	+4.7	+4.7
		墩座高（m）	2.0	2.0	2.0	1.2	1.2
		墩座截面尺寸（m×m）	9.25×7.5	9.25×7.5	9.25×7.5	6.85×5.0	6.85×5.0
		混凝土强度等级	C40				
		墩座混凝土用量（m^3）	138	138	138	38.3	38.3
	墩柱	墩柱顶高程（m）	29.040	30.364	29.040	31.794	31.794
		墩柱高（m）	23.040	24.364	23.040	27.049	27.049
		墩柱截面尺寸（m×m）	7.25×4.5	7.25×4.5	7.25×4.5	5.25×3.6	5.25×3.6
		混凝土强度等级	C40				
		混凝土用量	单座墩柱平均为 441m^3			单座墩柱平均为 279.7m^3	
	支座垫石（主墩侧）	支座垫石顶高程（m）	29.35	30.664	29.35	32.093	32.093
		支座垫石高度（mm）	310	300	310	299	299

1. 墩身施工总体原则

边、主墩墩身均采用翻模（指外模）现浇施工工艺。翻模高度为 3.2m，竖向分为三节，每翻转一次模板，浇筑混凝土厚度为 600～640cm，墩座单独浇筑一次。

在每个主墩承台中心安装一台 JL150 型附着式塔吊，利用塔吊进行墩身钢筋和模板的安装，边墩不设塔吊，利用水上浮吊完成墩身钢筋和模板的安拆工作。另外，每座承台中心或在靠近塔吊附近设一施工人员上下的转梯。

在陆地钢筋棚内集中制作钢筋半成品，驳船运输至施工现场绑扎成型。

混凝土由水上拌和船拌和供应，混凝土泵送入模。

墩身施工总体施工布置见图9.2.1.41。

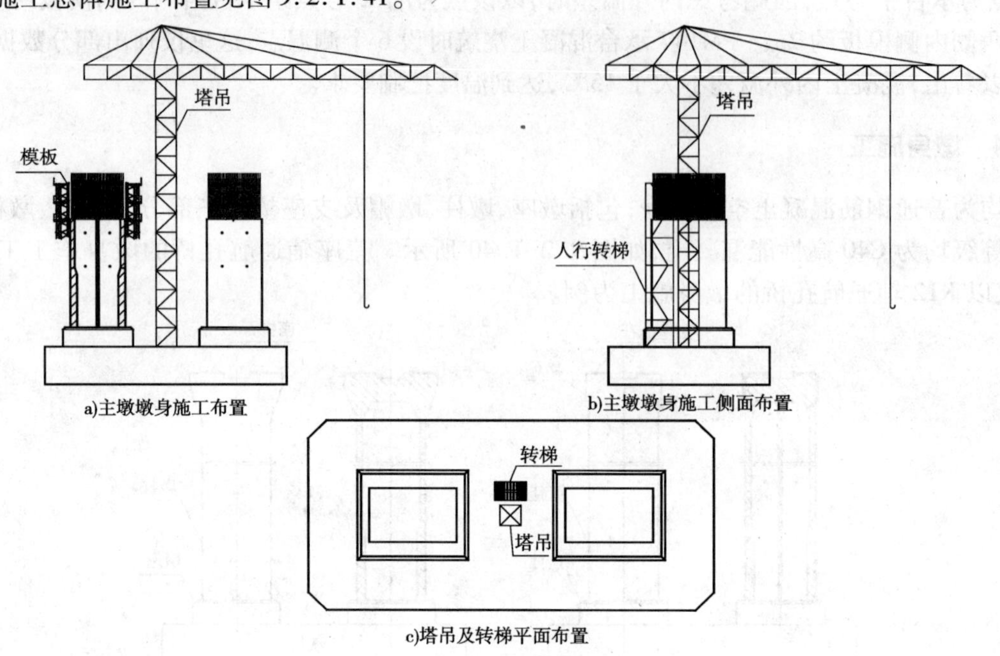

图9.2.1.41 墩身施工总体布置

2. 墩身施工

(1)墩座施工

承台混凝土浇筑结束,马上完成第二批加密控制点的引测,采用GPS静态定位的方法,将加密控制点引测到承台顶面,为墩身施工做好准备,并人工凿毛墩座与承台接合面后安装塔吊。塔吊设在承台的中心位置。K12辅通航孔桥塔吊一次接高42m,塔吊开始不设附着措施。

①墩座施工工序

a. 测量放样。以位于承台上的加密控制点为测站点,利用全站仪边角法,放样出墩座的两条轴线(即墩轴线和桥轴线)、墩座轮廓线及模板检查线(弹出墨线)。墩的两条轴线供钢筋绑扎使用,墩座轮廓线及模板检查线供模板安装和模板检查使用,如图9.2.1.42所示。

b. 绑扎钢筋。根据测量放样调校并绑扎墩座钢筋,安装保护层垫块。保护层垫块采用锥形、抗老化性能好、抗压强度大于50MPa的工程塑料。根据海港钢筋混凝土构件保护层垫块设计要求,保护层垫块按4个/m^2布设,保护层垫块设在墩座侧面横竖钢筋交叉点处,钢筋交点处要求点焊。

按设计图纸要求安装沉降位移观测点,观测点采用不锈钢材料制作。

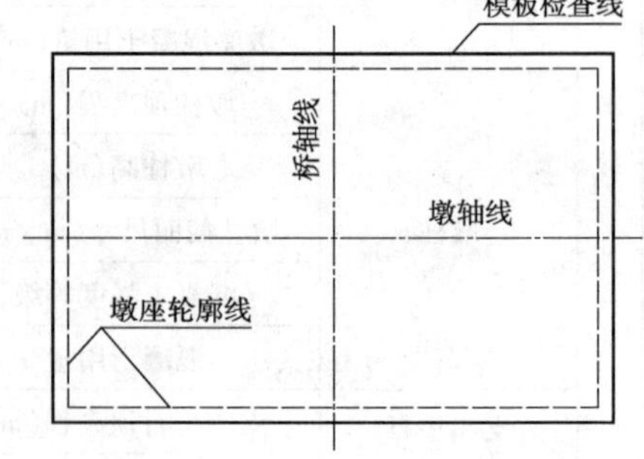

图9.2.1.42 墩座放线示意图

c. 安装模板。为确保墩座外观质量,模板设计以刚度控制为主。墩座模板采用木模系统,外加钢桁架。模板由专业模板厂设计制作,墩座内不设拉杆,面板采用芬兰产的厚18mmWisa板与200mm高木质工字梁组成。模板按设计要求在板面接缝处粘贴双面胶,整个板面涂刷脱模剂。

模板在转运前应对其加工质量及几何尺寸进行验收。模板转运、安装及以后的拆除过程中必须小心谨慎,不能碰伤模板。施工人员根据测量放样线利用塔吊安装模板。

模板安装要求牢固、密封,模板安装完成后,由测量人员对其高程、平面偏位及垂直度进行检查,并利用模板上的调节杆调节模板直至其平面位置和垂直度满足设计要求。

d. 浇筑混凝土。考虑到桩基、承台及墩身施工交叉的特点,拟先准备一艘拌和船负责墩身混凝土的浇筑。

由于钢筋在海上特殊环境下很容易锈蚀，因此钢筋一旦绑扎成型，要及时安装模板，尽早浇筑混凝土。浇筑混凝土前，应清除墩座内的杂物及钢筋上油垢，并用淡水将承台顶面冲洗干净。

混凝土浇筑前应按设计配比在海上作现场试拌，混凝土入泵坍落度宜控制在(18±2)cm，入模坍落度控制在16～18cm。通过试拌，确定坍落度的实际损失值及其可泵性。

混凝土浇筑前先在墩座底铺一层1～2cm厚的1∶2水泥砂浆。混凝土浇筑时按水平分层进行，每层浇筑厚度控制在30cm左右。混凝土浇筑时严禁单点或少点布料。

混凝土宜用ϕ50mm或ϕ70mm插入式振动棒振捣密实。振动器移动间距不应超过振动器作用半径的1.5倍；与侧模应保持10～15cm距离；浇筑上层混凝土时振动棒插入下层混凝土5～10cm。混凝土振捣密实的标志是混凝土停止下沉、不冒气泡、不泛浆、表面平坦。混凝土的浇筑应连续进行，如因故必须间断时，其间断时间应小于前层混凝土的初凝时间或能重塑的时间。

混凝土浇筑完毕，在混凝土强度达到2.5MPa之前不得使其承受行人、运输工具、模板等荷载，且不得随意碰撞或扰动墩柱预埋钢筋。

混凝土浇筑时，施工现场安排1艘拌和船负责墩座混凝土的浇筑，9个人(分3组)专门负责混凝土的振捣，混凝土振捣人员必须具有丰富的经验，且其人员不得随意更换；1人专门负责指挥泵管移动；2人负责泵管的短距离移动；2人(1个木工、1个电焊工)负责模板的检查；现场技术员在混凝土浇筑全过程值班，对钢筋混凝土浇筑质量负责。

e.混凝土养护。混凝土浇筑完成后，在墩座顶面用喷雾器喷雾养生或立即用塑料薄膜覆盖，待混凝土初凝后，将薄膜拆走，换铺粗麻布，并洒水湿养15d或保持潮湿状态至墩柱浇筑。若环境气温较低或气温骤降，则不需在粗麻布上洒水，并将已洒水的麻袋拆走，换上干麻袋；若气温降至5℃以下，则按冬季施工要求对混凝土顶面进行养护。

对墩座侧面用湿粗麻布将混凝土侧面覆盖严密，洒水保持潮湿状态15d。

高性能混凝土的养生是十分重要的环节，其要求要高于普通混凝土，各施工队必须派专人(一个施工点2～3名)24h负责养生。养生人员必须做好养生记录，记录包括混凝土养护期间的大气温度(每日测4次，8h一次)、天气、拆膜时间、洒水时间、风力风向等。

当墩座混凝土强度达到2.5MPa(根据混凝土配合比，试验确定混凝土达到该强度的时间)，可安排墩柱范围的凿毛。混凝土凿毛要求将其表面水泥浆凿除至骨料露出。

(2)墩柱施工

①墩柱施工工艺概述

第一节墩柱施工前的测量放样同墩座施工相同，分别将单幅墩柱的纵、横轴线，墩柱轮廓线，模板检查线(包括内腔模板检查线)放出。

根据测量放样，首先安装墩内一个腔(一个墩为两个腔)的内模，如图9.2.1.43所示。

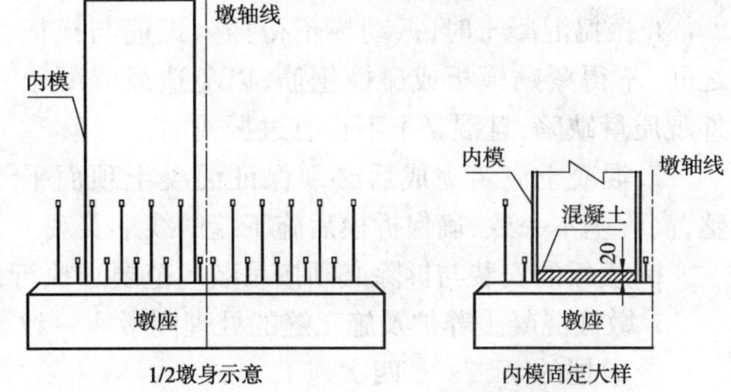

图9.2.1.43　安装墩柱内模示意图(尺寸单位：cm)

内模均为木模，由木肋和木板组成，在陆上分节加工，运至现场直接安装成型，内模不考虑周转，不拆除。内模定位后，在其腔内浇20～30cm高的混凝土以固定内模。

待内模腔内混凝土达到一定强度，随后将墩身内两空腔之间的隔墙(30cm)钢筋绑扎成型并与一侧内模固定，然后安装另一侧内模并浇筑混凝土固定，如图9.2.1.44所示。

内模安装完毕，根据测量放样调校墩柱预埋筋，使预埋筋垂直，并且满足保护层厚度要求。

在内模顶置放并固定定位架，用以定位接长的墩身预埋筋，定位架设置如图9.2.1.45所示。

墩柱钢筋一次接长6m,钢筋绑扎按先内层后外层、先边角部位后直线部位、先竖向筋后水平筋的总体原则进行。在钢筋绑扎过程中,必须考虑钢筋单根和整体的稳定性,要求单根竖向钢筋接长后立刻与定位架固定,墩柱四角竖向主筋固定后可先绑扎部分水平筋,确保钢筋骨架的整体稳定性。钢筋绑扎完毕,安装保护层垫块,墩柱保护层垫块均采用锥形工程塑料。

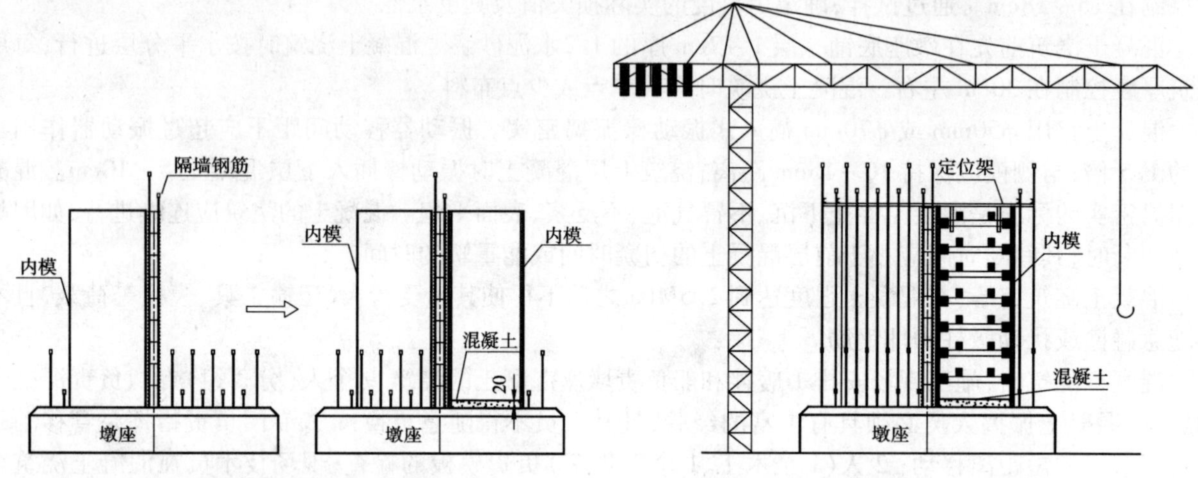

图9.2.1.44 墩身内模安装施工流程(尺寸单位:cm)

图9.2.1.45 墩身定位架示意图

钢筋绑扎完毕,拆除钢筋定位架,利用塔吊安装墩柱外模。

墩柱的第一段立模板为关键,它将直接影响后来模板的安装,因此必须确保模板的平面位置、顶口高程、节点联系等符合模板安装要求。模板安装要求其顶口高差不超过2mm,轴线偏位小于8mm,分块模板间的联系必须牢固且不漏浆,并具有良好的整体稳定性。

②墩柱混凝土施工要点

墩柱混凝土施工工艺同墩座施工,在墩柱施工过程中还必须注意以下几点:

a. 混凝土浇筑前应将墩座顶面凿毛,内外模板均按要求涂刷脱模剂。

b. 混凝土分层厚度不得超过30cm。

c. 由于墩柱混凝土一次性浇筑高度较高,因此,泵管下料必须垂直,混凝土不得直接与墩柱钢筋相碰,以免产生离析;若泵管不能保证垂直下料,则应在墩柱四周布设窜筒及小料斗,如图9.2.1.46所示。

d. 不能在模板内利用振捣器使混凝土长距离流动,以免混凝土产生离析。

e. 混凝土振捣实后1.5~24h内,不得受到扰动。

f. 振捣混凝土时,振动棒不得插入钢筋与模板之间,不得紧贴模板或碰撞钢筋,以免造成混凝土外观质量缺陷,且混凝土不得有过振或漏振现象。

g. 混凝土浇筑完成后必须保证混凝土顶面平整,高程基本一致,确保拆模后施工缝的线形美观。

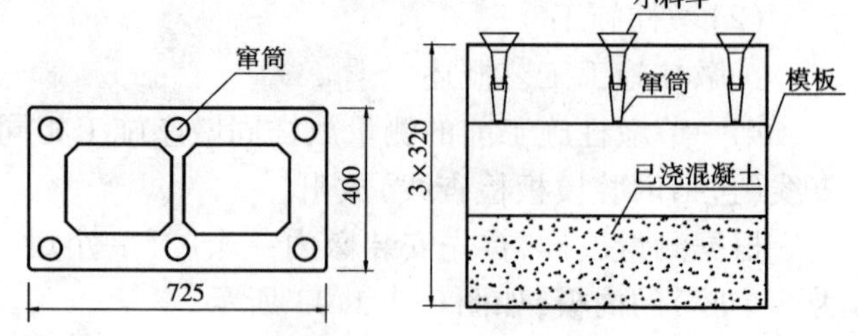

图9.2.1.46 墩身混凝土施工窜筒平面及立面布置示意图
(尺寸单位:cm)

h. 模板的安装与拆除必须按吊装规范要求执行,不得碰伤模板。

i. 墩柱混凝土养护及施工缝的处理同墩座一致。

③墩柱的第二、三、四次施工

墩柱第二、三、四次施工与第一次基本一致,先安装内模、绑扎隔墙钢筋→接长绑扎下一节墩柱钢筋→安装外模→浇筑混凝土、混凝土养护、拆模。

施工时必须注意,在内模安装过程中,上下两节内模间必须用拔钉固定牢固。模板安装完毕,利用全站仪检查模板的平面位置。图9.2.1.47为墩身施工现场的实况。

图9.2.1.47　墩身施工现场实况

④支座垫石及支座施工

a. 支座垫石施工。墩身施工完成后,即可进行支座垫石施工。支座垫石施工包括结合面凿毛、施工放样、安装模板、绑扎钢筋、预留锚栓预留孔及浇筑混凝土等工作内容。支座垫石浇筑时利用小型插入式振捣棒插入振捣,在进行顶面收平前先吸除混凝土的表面泌水,初步人工收平,待混凝土初凝前用2m水平直尺进行终平。支座垫石施工要求做到表面平整、高程准确。

b. 支座安装施工。如图9.2.1.48所示,先将地脚螺栓穿过支座底板的锚栓孔与底柱连接在一起,把底柱另一端插入锚栓预留孔中,然后在下支座底板四角用钢楔块调整支座水平,并使下支座板底面符合设计高程,调整支座纵、横向中线位置,使之符合设计要求,最后用环氧砂浆灌注锚栓预留孔及支座底面与垫石间缝隙。待环氧砂浆固化后,再旋紧地脚螺栓。

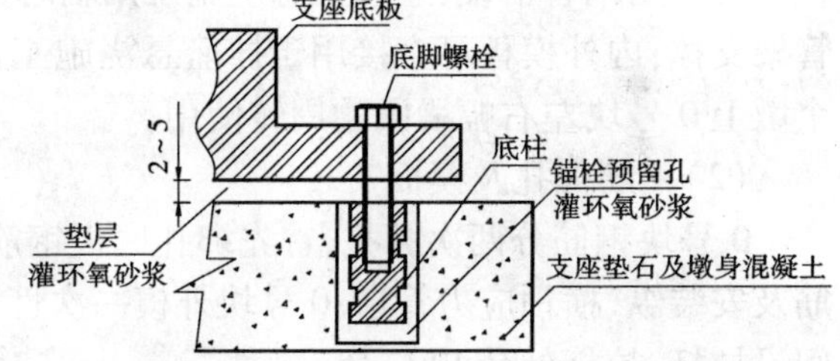

图9.2.1.48　支座安装锚固示意图(尺寸单位:cm)

2.2　辅通航孔桥梁上部结构施工

2.2.1　悬臂浇筑施工法简述

辅通航孔上部结构采用悬臂浇筑施工法,把桥体沿桥梁轴线分成2~5m若干节段,采用悬臂挂篮(活动脚手架)悬挂在已浇筑梁段上,逐个梁段浇筑的施工方法。挂篮起步时在每个桥墩附近对称施工,为保证挂篮在起步阶段能具备固定的安装位置,在桥墩顶必须现浇出一个0号块梁段,其浇筑的长度应满足两套挂篮同时就位的要求。在悬臂浇筑施工过程中0号块必须采取措施与桥墩临时固结,形成独立的T构,使0号块能承受桥墩两侧悬臂施工时产生不平衡力矩。墩顶段的0号块一般采用支架施工。

在0号块两侧拼装移动式挂篮并固定好,在挂篮悬吊着的模板上布置普通钢筋与预应力钢筋,浇筑混凝土。当混凝土达到设计规定的强度后施加预应力,并在管道内压浆。再将挂篮移到下一个节段,重复同一作业,直至完成事先划定的全部悬臂浇筑节段。

连续梁在悬臂浇筑过程中被分割为若干个独立T构的梁体,处于负弯矩受力状态,随着各T构的合龙,梁体也依次转化为不同结构的受力状态,直至最终的连续梁状态。这一转化就是连续梁的体系转换。

合龙段施工是连续梁体系转换的重要环节,合龙段施工的先后顺序会使梁体处于不同的受力状态,一般在施工图设计时已有明确规定,施工时不得改变合龙段施工顺序。

东海大桥辅通航孔上部结构在海上施工,且连续梁为偶数跨,合理的体系转换是:先形成三个独立T构,然后两个中跨合龙段先同时合龙,拆除临时固结措施,结构体系转化为带悬臂的两跨连续梁。边跨合龙段受到场地的限制,不具备在海上搭设大量的支架现浇边跨合龙段,仅在边墩承台有限的场地内搭设少量的支架，现浇边跨墩顶处的直线段梁体，再采用挂篮在悬臂端现浇出一个非对称节段，留出边跨合龙节段，两个边跨合龙段同时合龙，结构体系转换为连续梁。

2.2.2 墩顶0号块梁段施工

四跨预应力混凝土连续箱梁采用挂篮悬臂浇筑施工方法，每幅桥有3个号块梁段。以跨径布置为80m+140m+140m+80m的K12辅通航孔桥为例，连续箱梁0号块相关参数见表9.2.2.1。

0号块梁段施工内容包括0号块支架搭设、临时支点及内外模板安装、钢筋绑扎、三向预应力管道安装、混凝土浇筑、混凝土养护、三向预应力张拉、压浆等主要施工工序。

K12辅通航孔桥箱梁0号块梁段相关参数 表9.2.2.1

桥 位	数量(个)	长度(m)	中心高度(m)	钢筋质量/个(t)	混凝土方量/个(m^3)	质量/个(t)
K12桥	3×2	14.2	8.0	43	433	1 126

1.0号块梁段施工总体原则

(1)支架立模现浇

支架用钢管搭设，连续梁悬浇施工用临时支座设在现浇支架上；内外模板均为木模，外模用门式钢管架支撑；内外模板可直接用于挂篮悬浇施工，墩顶部分(包括横隔墙模板)内外模板及底模要考虑一个墩上0号块左右幅梁段的周转使用。

(2)钢筋绑扎及模板安装

0号块钢筋分两次绑扎，首先绑扎底板钢筋、腹板部分钢筋及竖向预应力筋，然后绑扎腹板、顶板钢筋及安装纵、横预应力管道；0号块外模一次性安装到位，内模根据混凝土浇筑高度分两次安装；内外模间设拉杆，拉杆外套PVC管。

(3)混凝土浇筑

0号块混凝土分两次浇筑，第一次浇筑底板及其倒角以上10cm，第二次浇筑剩余部分，混凝土浇筑对称进行；第一次混凝土浇筑直接由拌和船拌制，混凝土泵送入模，第二层混凝土由两艘拌和船完成对称浇筑。

(4)钢筋

钢筋半成品在岸上加工，驳运至施工现场绑扎成型。

(5)预应力管道

三向预应力管道均采用塑料波纹管，张拉后真空压浆。

2.0号块梁段施工工艺流程

0号块梁段施工流程见图9.2.2.1。

3.0号块梁段支架搭设及模板安装

墩身施工完毕后安装0号块支架。0号块支架在0号块施工过程中作现浇托架用，在箱梁悬浇施工过程中作临时锚固支撑用。

(1)0号块支架结构特点及加工、安装技术要求

0号块支架由钢管预埋件、支撑钢管及钢管平联、牛腿、斜撑、纵横梁、钢桁片、临时支座及支座锚固筋组成，见图9.2.2.2。

①钢管桩底座预埋件。钢管桩底座预埋件预埋在承台和墩座内，用于支撑钢管的底脚锚固，锚筋采用ϕ25mm或ϕ32mm的精轧螺纹粗钢筋，锚筋外套PVC管。

预埋件安装技术要求：锚筋平面位置偏差小于2mm，锚筋张拉端预留长度满足张拉要求。

②支撑钢管及钢管平联。支撑钢管是支架的承压结构，钢管分大、小两种规格。大钢管(设临时支点的钢管)直径为ϕ1 200mm、壁厚12mm，大钢管内灌满C30混凝土；小钢管(作托架支撑点)直径为ϕ600mm、壁厚8mm。钢管平联用于联系支撑钢管，采用直径为ϕ400mm、壁厚6mm的钢管作平联。

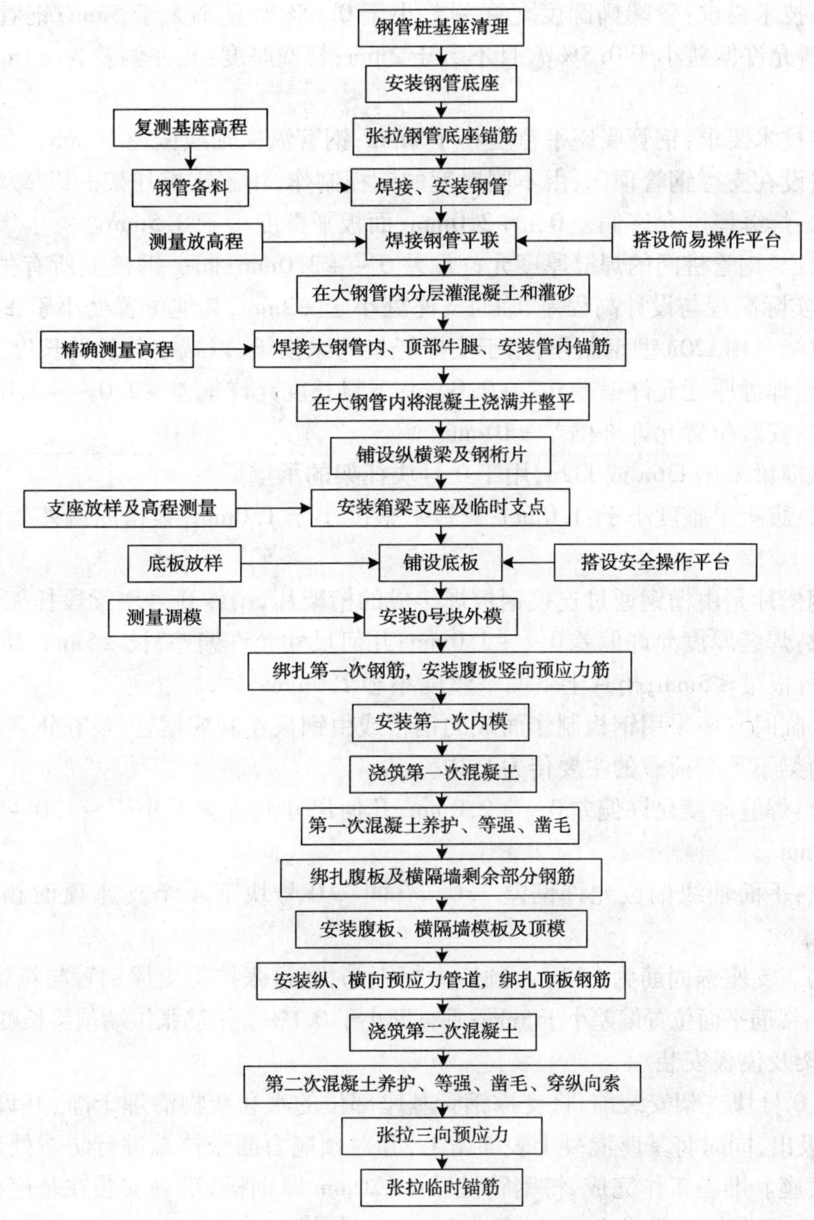

图9.2.2.1　0号块施工流程

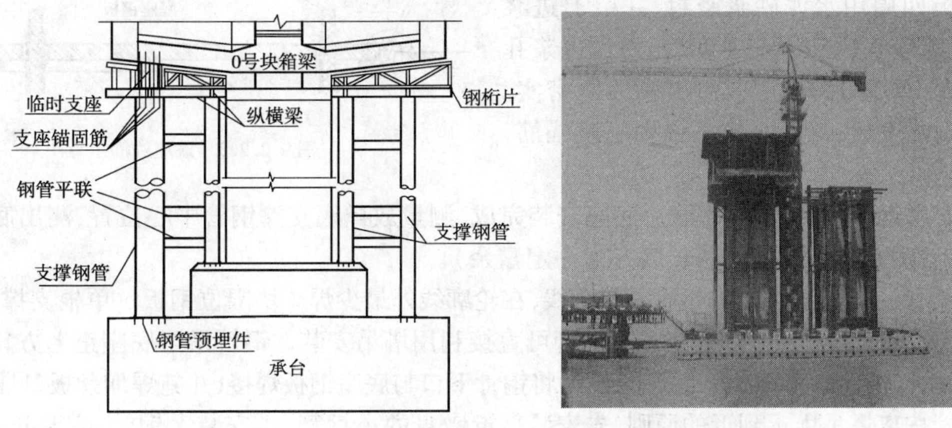

图9.2.2.2　现浇0号块梁段的支架结构

支撑钢管加工技术要求：管端椭圆度允许偏差小于0.5%d，且不大于5mm；钢管下端平整度小于1mm；管端平面倾斜允许偏差小于0.5%d，且不大于2mm；管壁厚度：允许偏差为±1mm（主要针对旧钢管）。

支撑钢管安装技术要求：钢管底座平整度小于1mm；钢管纵横轴线偏位10mm；垂直度小于0.1%。

③牛腿。牛腿设在支撑钢管顶部，由不同厚度的钢板制作，用于支撑托架的纵横梁。

加工技术要求：焊缝厚度允许偏差0～+2.0mm；面板平整度小于0.5mm。

安装技术要求：与钢管桩间的焊缝厚度允许偏差0～+2.0mm；同一钢桩上所有牛腿面平面高差小于1mm；牛腿顶面实际高程与设计高程差，临时支座处小于±2mm，其他位置处小于±5mm。

④斜撑。斜撑统一用I20a型钢制作，用于支撑托架的纵横梁，以减小其悬臂长度。

加工技术要求：焊缝厚度允许偏差0～+2.0mm；下料长度允许偏差-2.0～+2.0mm。

安装技术要求：安装位置允许许偏差±10mm。

⑤纵横梁。纵横梁采用I36a或I32a，用于0号块托架的承重梁。

加工技术要求：腹板平整度小于：1.0mm；翼板平整度小于1.0mm；梁扭曲偏差每米≤1mm，每根梁≤5mm。

⑥钢桁片。钢桁片是由槽钢通过连接钢板焊接成的桁架片，用作0号块梁段托架的分配梁。

加工技术要求：焊缝厚度允许偏差0～+2.0mm；几何尺寸允许偏差，长±5mm，高±2mm；桁片扭曲偏差每米≤1mm，每根梁≤5mm；桁片上下面平整度小于2.0mm。

⑦临时支座。临时支座采用钢板制作而成的钢箱或由钢板卷制成钢管，设在钢管桩顶，在箱梁悬浇施工过程中作为箱梁不平衡荷载的主要传力结构。

加工技术要求：焊缝厚度允许偏差0～+2.0mm；几何尺寸允许偏差小于-1.0～+1.0mm；支座上下面平整度小于1mm。

安装技术要求：平面轴线偏位允许偏差2.0mm；同一0号块下4个支座顶面相对高程允许偏差-1.0～+1.0mm。

⑧支座锚固筋。支座锚固筋为ϕ32mm预应力粗钢筋，通过张拉将支撑钢管与箱梁连接成整体。

安装技术要求：锚筋平面位置偏差小于5mm；垂直度小于0.1%。锚筋张拉端预留长度满足张拉要求。

（2）0号块支架及模板安装

①准备工作。0号块支架安装前，将支撑钢管基座部位的水和杂物清理干净，并设法将预埋筋与外套PVC管间的水吸出，同时将基座混凝土表面凿毛，并对预应力筋张拉端进行防锈处理。

②安装钢管底座。准备工作完成，将钢管桩底座（20mm厚钢板）准确安装在基座位置，并在钢板四周用钢楔将底座钢板调平（要求其平整度小于1mm，调平时要注意保证预埋筋的张拉长度），然后将底座钢板四周用水泥砂浆密封，并留上进浆孔和排气孔，等砂浆达到一定强度后，通过进浆孔压注环氧砂浆，要求底座下环氧砂浆必须密实。环氧砂浆达到强度后，对称张拉并锚固底座锚筋，见图9.2.2.3。

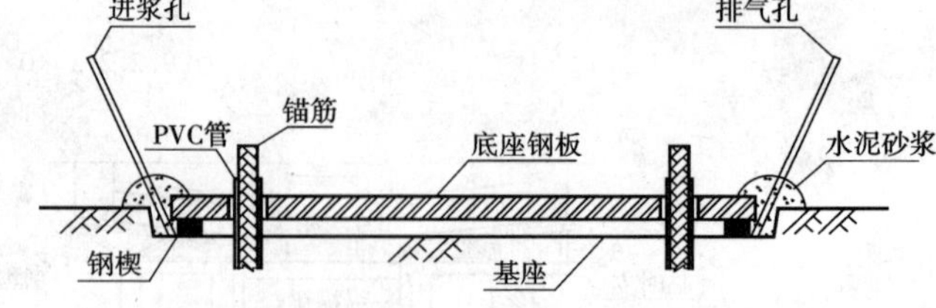

图9.2.2.3　底座锚筋示意图

③安装支撑钢管、焊接钢管平联。底座安装完成，测量放样底支撑钢管中心位置，测出底座高程，以此作为支撑钢管的下料依据（下料长度考虑一定富余）。

根据钢管中心位置，找出支撑钢管外轮廓线，在轮廓线外最少焊4块限位钢板。单根支撑钢管一次性安装到位，大钢管的安装借用浮吊吊装，小钢管可直接利用塔吊安装。钢管吊至底座正上方，将钢管下口放入限位钢板内，调节其垂直度满足要求，然后将钢管下口与底座钢板焊接，并施焊加劲板，见图9.2.2.4。

支撑钢管按离塔吊由远到近的原则，先安装靠近墩身的小钢管，再安装大钢管，安装过程中适时加焊平联钢管。钢管安装完成后，在管顶下50cm左右搭设简易操作平台，供测量放高程和焊接管内、顶部牛腿等用。

为了便于大钢管将来拆除,钢管内混凝土不能连续浇筑,每节混凝土为500~800cm高,然后再填一层约10cm高的中粗砂(填灌密实),并在砂层顶面加盖一块10mm钢板,然后再浇第二层混凝土。在填砂部位做上油漆标记,并加劲处理钢管外壁(本项工作也可提前,并在钢管内壁做上标记),见图9.2.2.5。

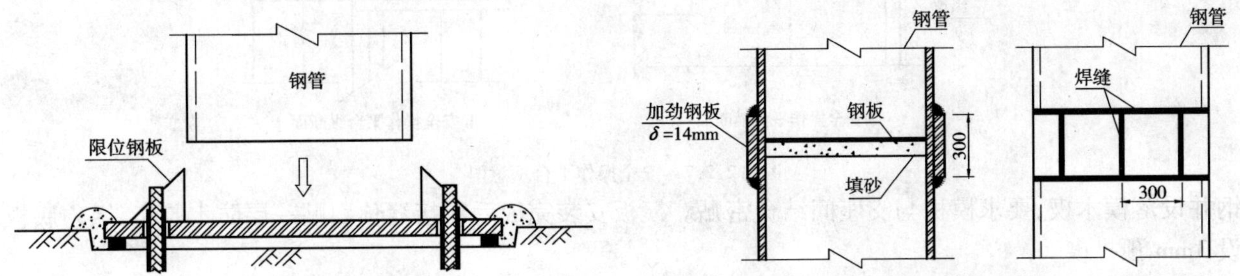

图9.2.2.4　支撑钢管安装示意图

图9.2.2.5　钢管内灌细砂部位示意图(尺寸单位:mm)

钢管内混凝土浇灌可按浇灌挖孔桩一样进行,在钢管内设挂梯,按5~8m高设一操作平台,一个通风口,一个入管口(泵管入口),施工人员站在平台上振捣混凝土。第二节混凝土浇灌前将通气孔和入管口焊封,见图9.2.2.6。

钢管内混凝土浇灌至管内锚固梁下1m左右,剩余部分混凝土等管内锚固梁和管顶牛腿焊接完成后再浇灌。

④支架纵横梁、斜撑的安装。管顶牛腿焊接完成后,测量抄平牛腿高程(将牛腿顶面实际高程与设计高程差控制在前述技术要求范围内),割除高出牛腿顶面的多余钢管,并用水泥砂浆精平钢管顶口。

利用塔吊逐一安装支架顶部纵横梁,纵横梁与牛腿焊接牢固,同时在钢管顶部纵横梁交叉处,按规范要求将纵横型钢的腹板及翼板通过加劲钢板焊接连接。

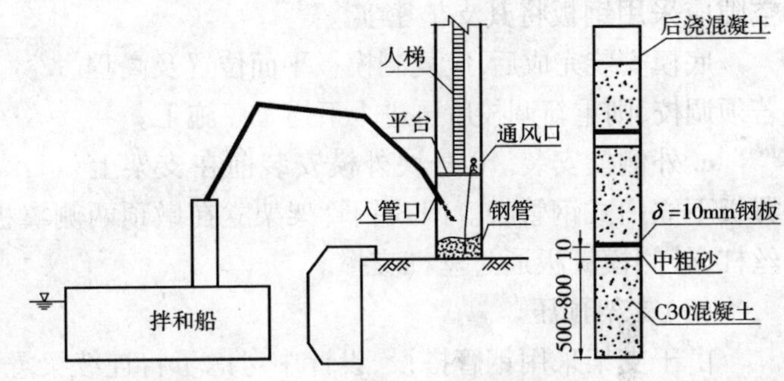

图9.2.2.6　钢管内混凝土浇灌示意图(尺寸单位:cm)

利用塔吊配合手拉葫芦安装斜撑,斜撑与钢管及纵横梁间采用焊接连接。

⑤临时支座及钢桁片的安装。临时支座统一由加工厂加工,支架纵横梁安装完成后,测量放样临时支座位置,然后安装临时支座,临时支座与支架纵横梁间焊接。施工过程中应严格控制同一0号块下4个临时支座的相对高程差。

钢桁片设在支架纵横梁上,安装前先按桁片设计位置在纵横梁上做标记。钢桁片可多片按设计间距先连在一起后整体吊至纵横梁上安装,并通过在纵横梁与钢桁片间设落模木楔(采用承压力较高的阔叶木材制作)来调平钢桁片,使其顶面高程满足设计要求(钢桁片安装高程考虑3mm的预拱度,主要指木楔压缩变形)。

钢桁片与木楔接触处的槽钢加竖向加劲钢板,对桁片局部加强。为了保证钢桁片的侧向稳定,每安装一片桁架,就在支架纵横梁上焊接斜撑,固定桁片,桁片间设平联槽钢。

⑥模板安装。0号块施工模板包括底模和外侧模,首先搭设安全操作平台,安装底模,然后安装外侧模。

a.搭设安全操作平台。模板安装前,先在0号块支架两端头焊悬挑型钢(长约1 000mm),上铺木板,同时在墩顶两侧箱梁翼板下的两组纵梁上铺设部分型钢,型钢上铺木板,见图9.2.2.7,然后在整个0号块支架四周设安全网,形成安全操作平台,最后在支架上测量放出模板安装线。

b.底模安装。底模包括墩顶部分和支架上部分,先安装墩顶部分,再安装支架上部分。

墩顶支座安装及减震橡胶安装完成,安装0号块底部的挡块模板。挡块底模下面填中粗砂,并用对拉槽钢封闭,砂层顶面铺竹胶板,挡块侧模用钢模。支座四周模板均为钢板模,安装时可在模板下架型

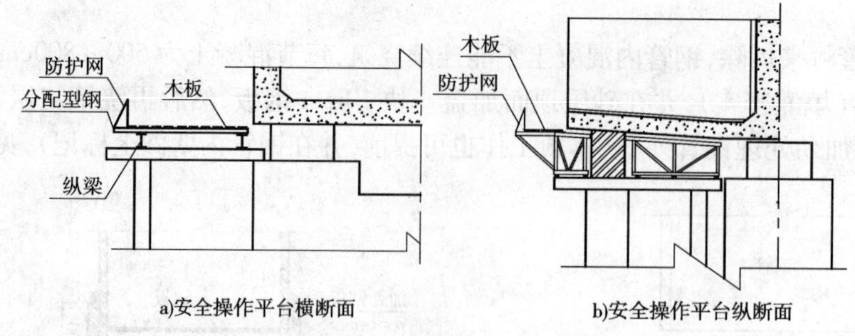

图9.2.2.7　安全操作平台示意图

钢并设落模木楔，要求模板与支座间结合密贴。模板安装完成后在接缝顶面贴一层防水胶布，墩顶底板设3mm预拱度。

底板及支座（指边主墩）安装时注意箱梁纵坡调整，如图9.2.2.8所示。

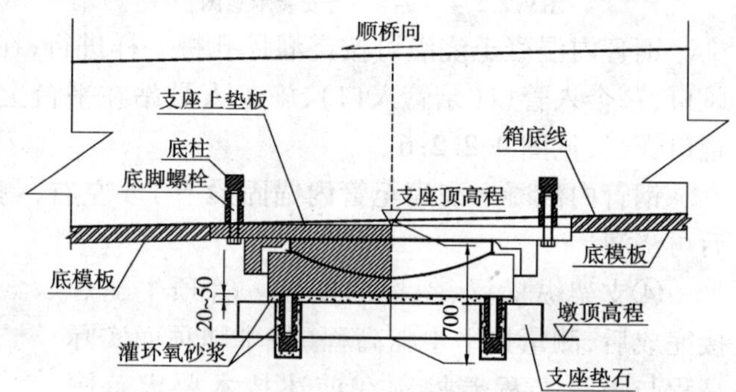

图9.2.2.8　底模安装示意图（尺寸单位：mm）

支架上模板采用大块钢板，直接铺在钢桁片上。模板间可点焊连接，模板与临时支座间结合密贴，并用防水胶布紧贴接缝，由于考虑了钢桁片的预拱度，因此模板顶面高出临时支座3mm。模板安装完毕，检查模板与钢桁片间是否密贴，若有空隙应采用钢板将其支垫密实。

底模安装完成后，应复测模板平面位置及高程。若须调校，则重新调校后再进入下道工序施工。

c. 外侧模安装。0号块外模安装前在支架上、翼板下立门式钢管架。门式钢管架架立在墩顶两侧翼板下横向分配型钢上，门式钢管架顶上安装可调丝杠，外侧模翼板通过丝杠支撑。

(3)支架预压

由于支架采用钢管搭设，设计中考虑了将连续梁悬浇施工用临时支座设在现浇支架上，支架本身刚度较大，且支架构件间均为刚性连接，施工过程中产生的非弹性变形较小。因此0号块支架安装完成后不进行等载预压，但在施工过程中应严格按前述加工和安装技术要求控制。

4.0号块梁段混凝土施工

0号块梁段混凝土施工分两个阶段实施。第一阶段浇筑底板混凝土和腹板部分混凝土，浇筑腹板混凝土的高度为底板倒角处以上100cm。第二阶段浇筑腹板和顶板混凝土。

(1)0号块第一阶段混凝土浇筑

①普通钢筋和预应力筋设置

首先进行底板、腹板和横隔墙钢筋绑扎。底板下层钢筋绑扎完成后，安装腹板及横隔墙竖向筋和部分水平筋，同时穿插安装腹板及横隔墙内的竖向预应力筋，竖向预应力筋管道采用塑料波纹管，相邻波纹管下端通过连通管连成U形，并在相互连通的竖向预应力筋顶面用红油漆做上标记，见图9.2.2.9。

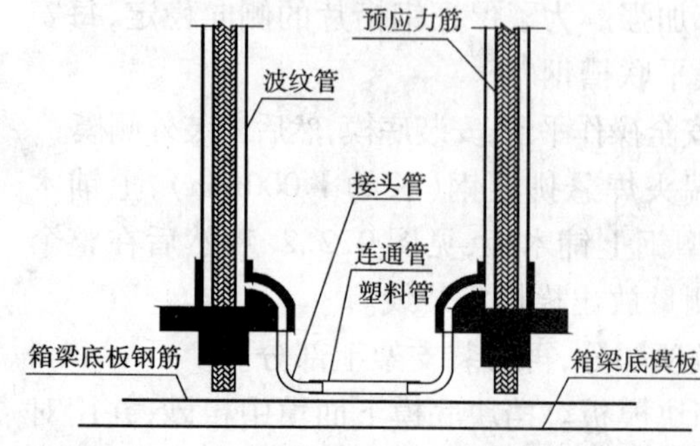

图9.2.2.9　竖向预应力筋管道安装示意图

竖向预应力筋先按设计位置放好，然后按1 000mm间距定位。底板底层钢筋绑扎完毕，绑扎底板上层钢筋。钢筋保护层垫块采用锥形、抗老化性能好、抗压强度大于50MPa的工程塑料。根据海港钢筋混凝土构件保护层垫块设计要求，保护层垫块按4个/m^2布设，保护层垫块设在墩座侧面横竖钢筋交叉点处，钢筋交点处点焊。

钢筋绑扎及竖向预应力筋安装注意以下事项：

a. 临时支点处的箱梁底板设 ϕ5mm@50mm 加强钢筋网(可用现有冷轧带肋钢筋网片)。

b. 钢筋骨架制作前,将钢筋表面油渍、漆皮、鳞锈等清除干净。

c. 钢筋下料前,核对半成品钢筋的钢号、规格、直径、长度和数量,如有错漏,及时纠正、增补,严格按照图纸要求加工并进行标识。

d. 钢筋下料尺寸考虑安装误差,确保箱梁净保护层厚度符合设计要求:箱梁内侧及桥面板上层钢筋不小于30mm,其余不小于40mm。

e. 预应力筋下料长度满足张拉要求,预应力筋切割采用砂轮机。

f. 预应力管道安装前做抗渗透试验,波纹管与锚垫板接头处用胶布缠裹严密,确保不漏浆。

g. 预应力管道按要求设置定位筋,保证管道顺直和位置准确;混凝土振捣时,尽量避免振捣棒碰撞预应力管道,以免产生漏浆现象。

h. 模板上所设拉杆外套 PVC 管,避免形成腐蚀通道。

②安装内模

钢筋绑扎及竖向预应力筋安装完成后,开始安装内模。内模均为木模,第一次内模安装倒角及倒角以上1m高模板,见图9.2.2.10。

内模安装注意保证箱梁内侧混凝土净保护层厚不小于3cm,且要避免形成腐蚀通道,不得在结构钢筋上焊接钢筋头来支撑或固定内模。

③安装预埋件

第一阶段混凝土浇筑前的施工预埋件主要有五种:

a. 箱梁临时支点处的竖向锚筋。临时支点处的竖向锚筋外套塑料波纹管,锚筋穿过0号块底板,在底板安装,施工时封闭外套波纹管与底板间缝隙,防止漏浆,从而影响底板混凝土浇筑质量。

b. 避雷所需的预埋不锈钢板(在0号块底板上预埋,与墩顶预埋钢板间用铜辫子连接)。

c. 箱梁通气孔和泄水孔(均采用 PVC 管预埋)。

d. 挂篮施工所需后锚吊带孔。吊带孔用定做的塑料盒预埋,安装时将塑料盒下口用海绵堵死,并在盒内注满细砂。吊带盒安装时若与底板钢筋发生冲突时,将钢筋掰弯绕过盒子,不得随意将主筋截断,同时在吊带盒四周设加密钢筋网。吊带孔最后不填混凝土留作通气孔。

e. 支架及模板拆除所需预留孔。

④浇筑0号块第一阶段混凝土

在浇筑0号块第一阶段混凝土前需做好开浇前的准备工作。混凝土按设计配合比在海上做现场试拌,混凝土入泵坍落度控制在(18±2)cm,入模坍落度控制在16~18cm;并对0号块支架及模板稳定性进行检查;施工机具、设备(如拌和船、搅拌系统、振动器等)性能的检查及清除钢筋和底板上杂物。

0号块第一阶段混凝土采用一艘拌和船在塔吊配合下对称浇筑,见图9.2.2.11。

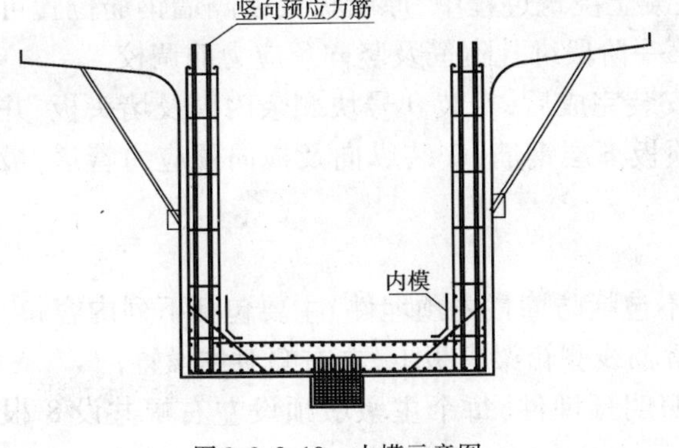

图9.2.2.10　内模示意图

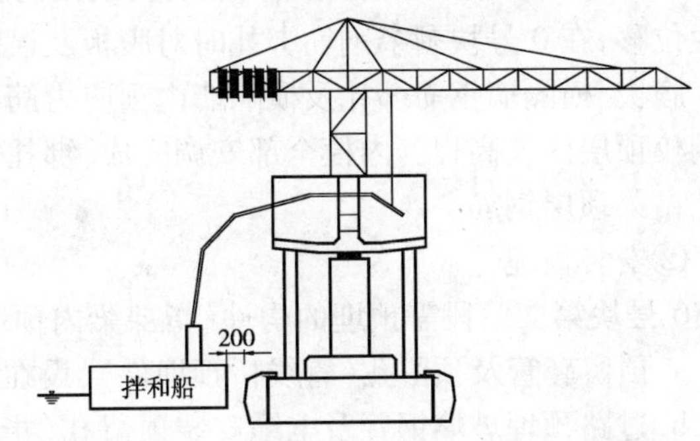

图9.2.2.11　0号块第一阶段混凝土浇筑示意图
(尺寸单位:cm)

混凝土浇筑前模板先洒水润湿,用来润湿泵管的砂浆不能直接泵入模板内。混凝土浇筑要对称进行，先浇筑墩顶横隔墙挡块及横隔墙部位，再逐渐由墩顶向两端水平分层进行。浇筑时每层浇筑厚度控制在30cm左右。混凝土浇筑时严禁单点或少点布料，不能利用振捣器使混凝土长距离流动，以免导致混凝土离析。考虑到支架的弹性及非弹性变形影响，底板浇筑完后，混凝土初凝前对支架与墩顶交接处的混凝土进行“复振”，避免产生沉降裂纹。

混凝土用ϕ50mm或ϕ70mm插入式振动棒振捣密实。振动器移动间距不超过振动器作用半径的1.5倍；与侧模保持10～15cm距离；浇筑上层混凝土时振动棒插入下层混凝土5～10cm。混凝土振捣密实的标志是混凝土停止下沉、不冒气泡、泛浆、表面平坦。混凝土浇筑连续进行，因故必须间断时，间断时间应小于前层混凝土初凝时间或能重塑时间。

混凝土浇筑过程中重点对支座、临时支点、锚垫板处的混凝土浇筑厚度、振捣质量进行严格控制，确保混凝土绝对密实。

混凝土底板浇筑完成后，在浇筑倒角及倒角以上部位之前，在倒角内模以下，底板混凝土上面设1m宽反压模板（图9.2.2.12），以免浇筑时腹板混凝土反穿到底板，导致底腹板交接处混凝土振捣不密实。若设反压模板后，腹板混凝土浇筑时仍然产生反穿现象，可暂停一段时间再浇筑混凝土，但间断时间不超过底板混凝土的初凝时间。

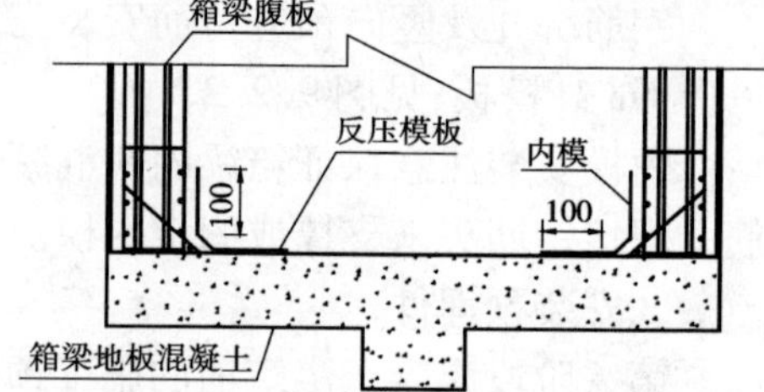

图9.2.2.12　反压模板示意图（尺寸单位：cm）

混凝土浇筑完毕，在混凝土强度达到2.5MPa之前不得承受行人、运输工具、模板等荷载，且不得随意碰撞或扰动墩柱预埋钢筋。

⑤第一阶段混凝土养护

根据施工工期安排0号块混凝土施工基本过了冬期，因此混凝土养护为非冬期养护法。养护方法如下：

混凝土浇筑完成至混凝土初凝采用喷雾养生；

混凝土初凝后在混凝土顶面铺湿麻袋（或土工布）并洒水养生15d；

混凝土洒水养生期间，始终保持混凝土表面湿润。要求派专人24h负责养生，养生人员做好养生记录，包括混凝土养护期间的大气温度（每日测4次，8h一次）、天气、洒水时间，风力风向等。

⑥施工缝处理

当浇筑混凝土强度达到2.5MPa（根据混凝土配比，试验确定混凝土达到该强度的时间），安排凿毛。混凝土凿毛要将其表面水泥浆凿除至骨料露出。

(2)0号块第二阶段混凝土施工

①0号块剩余钢筋绑扎及内模、三向预应力筋（束）安装

第一阶段混凝土强度达到2.5MPa，安排0号块剩余钢筋绑扎及三向预应力筋（束）安装。

0号块剩余钢筋包括腹板、横隔墙及顶板钢筋。混凝土浇筑过程中，原腹板及横隔墙钢筋位置可能产生位移，在0号块剩余钢筋绑扎时对腹板及横隔墙第一阶段绑扎钢筋及竖向预应力筋调校。

腹板、横隔墙钢筋绑扎及横隔墙内预应力筋（束）安装完成后，安装0号块剩余内模及堵头板，并测量调校顶层内模高程。内模全部安调完成，绑扎箱梁顶板下层钢筋，安装纵向及横向预应力管道，最后绑扎箱梁顶层钢筋。

②安装预埋件

0号块第二阶段需预埋的构件（指裸梁内预埋件，不包括防撞栏内预埋件）主要包括下列内容：

a.预留套管及预留孔（管线桥预埋件），设在靠近桥轴线侧箱梁腹板上，左右幅对称设置；

b.过路预埋玻璃钢管及电缆安装预留孔（指路基照明预埋件，每个主墩墩顶设左右幅共设8根管道、36个安装孔）；

c.接地不锈钢板；

d.通气孔和桥面泄水孔，这两种孔均预埋PVC管；

e. 防撞栏杆预埋筋；

f. 机电系统预埋件（包括横穿管、玻璃钢管等）；

g. 箱梁变形观测点（根据监控单位要求预埋）；

h. 0 号块中心测量控制点；

i. 应力测示元件；

j. 塔吊附着预埋件（在 0 号块翼板上设预埋穿心钢板）；

k. 0 号块支架拆卸预留孔：中间外模下放预留孔，梁底支架及钢管拆卸预留孔；

l. 挂篮施工预埋件：后锚预埋筋，吊带孔，内模吊杆孔，滑梁吊杆孔。

③第二阶段混凝土浇筑

混凝土直接由拌和船泵送入模。因 0 号块腹板较高，第二阶段混凝土浇筑时在腹板上加混凝土套筒及漏斗，见图 9.2.2.13。

混凝土浇筑前模板先洒水润湿，混凝土浇筑前后、左右对称进行，先浇筑墩顶横隔墙，然后对称浇筑腹板，最后浇筑顶板。

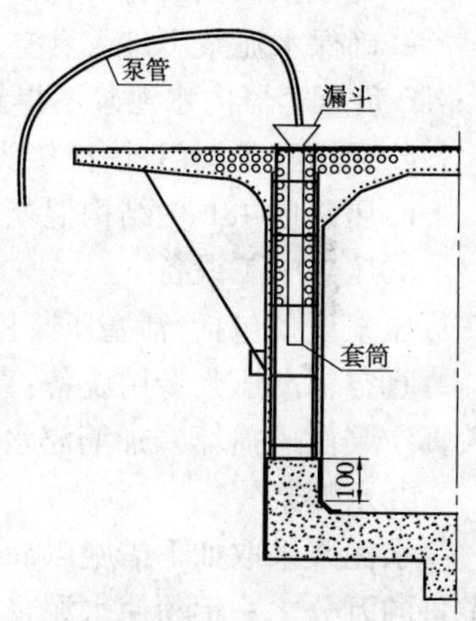

图 9.2.2.13　第二阶段混凝土浇筑示意图（尺寸单位：cm）

④第二阶段混凝土养护

第二阶段混凝土浇筑完成后的养护方式与第一阶段相同。

⑤施工缝处理

第二阶段浇筑混凝土强度达到 2.5MPa，拆除堵头板并对 0 号块端面进行凿毛，在凿毛过程中保持对凿毛面的养护。

(3)0 号块预应力筋的张拉

0 号块箱梁为三向预应力体系，纵向悬臂束为由高强度低松弛钢绞线组成的大吨位群锚体系，钢束采用 19（或 15、12、9）ϕ^j15.24 钢绞线，标准强度为 1 860MPa，锚具为 STM 系列；竖向设预应力高强精轧螺纹粗钢筋，钢筋标准强度为 750MPa；箱梁翼板设横向预应力钢束，均采用 3ϕ^j15.24 低松弛钢绞线，横向束两端张拉（若一端张拉，则交替进行）。

当第二阶段浇筑混凝土强度达到设计强度的 80% 时，安排张拉。先张拉 0 号块结构预应力束（筋），再张拉临时支点处锚固竖向预应力筋。

预应力束（筋）张拉工艺按《公路桥涵施工技术规范》（JTJ 041—2000）实施。

(4)预应力管道压浆

由于该桥位所处的特殊气候环境，空气湿度大、含盐高，预应力束（筋）容易锈蚀，因此张拉工程完成后，应尽快组织预应力管道压浆。三向预应力管道均采用真空压浆，见图 9.2.2.14。

①真空压浆工艺

在水泥浆出口及入口接密封阀门，真空泵连接在非压浆端，压浆泵连接在压浆端，负压容器、三向阀门和锚具盖帽串联连接，其中锚具盖帽和阀之间用透明喉管连接。

压浆前关闭所有排气阀门（连接至真空泵的除外），并启动真空泵 10min。压力表显示真空负压力达到 -0.08MPa 并稳定后方可压浆。如未能满足上述数据，则表示波纹管未能完全密封，需在继续压浆前进行检查及修正。

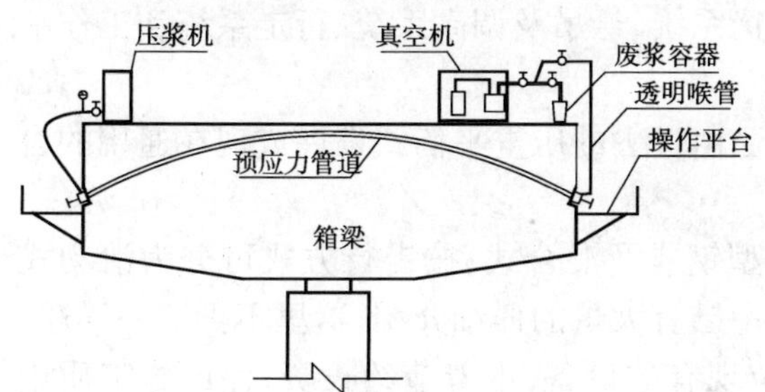

图 9.2.2.14　0 号块预应力管道真空压浆示意图

在保持真空泵运作的同时，往压浆端水泥浆入口压浆。注意压浆过程中真空压力会下降（0.03MPa）。从透明喉管中观察水泥浆是否已填满波纹管，继续压浆至水泥浆到达安装在负压容器上方的三相阀门。

操作阀门以隔离真空泵及水泥浆，将水泥浆导向废浆桶方向。继续压浆直至所溢出的水泥浆流畅、一致,无不规则摆动,即认为管道已被浆液充满。

关闭真空泵和真空泵侧管道出浆处的阀门。

在压浆盖帽排气孔上安装小盖,并保持压力在0.4MPa下继续压浆30s。

关闭压浆泵出浆处的阀门和压浆泵。

在实施真空压浆操作时应注意以下几点事项:

a. 压浆现场技术员1名,试验员1名,压浆工人12人。技术员在真空泵处控制管道真空度和出浆情况,并协调现场压浆情况。试验员在压浆机处控制水泥性能等。12名操作工人各自坚守工作岗位,严格履行工作职责,按规范操作,确保施工安全。

b. 保持真空泵水箱中的指示水位,水温≤45℃。

c. 启动真空泵前先开水阀,停阀时先关闭水阀。

d. 完成抽真空工作时,及时排空真空泵内余水。

e. 确保水泥浆不进入真空泵内,如果发生,立即停机处理。

f. 负压容器内水泥浆不得超过其容量的50%。

g. 现场配备阀门、快换接头、密封盖帽螺塞、密封生胶带、玻璃、空压机、扳手等以备急用。

h. 压浆后48h内结构混凝土温度不得低于5℃,否则应对结构混凝土进行保温养护。

②压浆施工设备

压浆设备包括:活塞压浆机、水泥浆搅拌机、水泥浆稠度仪、电子天平、100kg天平、水泥浆试模等。

真空辅助压浆专用设备:真空泵、配套压力表(计量部门标定)、压力瓶(作为防护屏障防止稀浆进入真空泵而遭损坏)、加筋泌水管(须承受较大负压)。

③水泥浆

水泥浆采取如下措施以满足施工需要:加水泥质量的1%外掺剂改善和易性以及确保强度;加水泥重量的万分之一铝粉使水泥浆具有一定的膨胀性,确保管道填充密实;水泥浆的强度等级要求不低于C40;水灰比采用0.3~0.4;水泥浆拌和后3h泌水率控制在2%;在1.725L漏斗中,水泥浆的稠度应为14~18s。

④ 0号块支架的拆除

0号块混凝土强度达到设计强度的80%,预应力筋张拉完毕,安排外模(指左右幅公用部分)底板及钢桁片拆除。

0号块其余钢管支架的拆除需待箱梁中跨合龙之后进行。钢管支架拆除时,先将锚筋放张,然后切割临时支点,最后将钢管分节切割,并通过卷扬机下放。

2.2.3 挂篮系统设计

悬臂浇筑法的主要设备是挂篮。挂篮是在施工时附属在桥体上的一个临时结构,也是作用在梁体上的一个临时施工荷载。挂篮除承受自身重量外,要考虑浇筑一个节段混凝土的最大重量。因此,不但要求设计制造的挂篮自身轻,强度安全可靠,而且要求刚度大、变形小,保证节段混凝土浇筑质量。

1. 挂篮的形式与构造

挂篮的一般构造由主桁承重系统、模板系统、锚固与平衡系统、悬吊及调高系统、行走系统和工作平台(作业台)几部分组成。

随着施工技术的不断改进,设计手段的不断提高,挂篮已由过去的压重平衡式发展成现在通用的自锚平衡式。

自锚平衡式挂篮按其结构形式可分为桁架式、斜拉式、型钢式及混合式;按走行方式可分为滑动式和滚动式。挂篮的不同结构形式在有关的书籍与相关资料中已有大量的详细介绍,这里不再一一详述。

结合东海大桥辅通航段施工的实际现状,根据施工单位现有的设备,本着节约投资,保证施工质量的原则。施工单位利用原有的菱形桁架式适当加以改造,用于东海大桥的挂篮施工,见图9.2.2.15。

挂篮数量不足部分，重新制造三角形斜拉式挂篮，见图9.2.2.16。大桥施工配备了36套挂篮，为全面施工的开展奠定了基础。

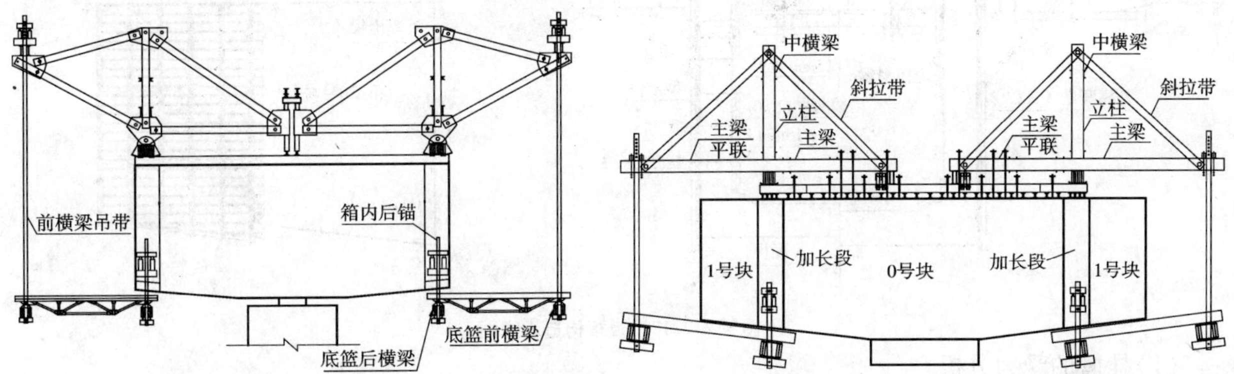

图9.2.2.15　菱形桁架式挂篮总体布置示意图　　图9.2.2.16　三角形斜拉式挂篮总体布置示意图

三座辅通航孔桥施工工艺基本一致，这里仅以采用三角形斜拉式挂篮施工的K12辅通航孔桥为例作一介绍。

(1)主桁承重系统

三角形斜拉式挂篮主桁承重系统由两片三角形主桁、前横梁、中横梁组成。主桁由立柱、斜拉带、主梁组成。前横梁、中横梁均为桁架结构。

(2)行走系统

行走系统由行走轨道、行走小车、前支腿和后支腿组成，采用在行走轨道顶面设置四氟滑板滑动前移。

(3)后锚系统

后锚系统由扁担梁、箱梁竖向预应力筋和连接精轧螺纹钢筋组成。挂篮行走到位后，挂篮尾部通过连接筋与箱梁腹板中的竖向预应力筋连接锚固。单片主桁设置4~6个锚固点，一只挂篮共设置8~12个锚固点。

(4)底篮及悬吊系统

①底篮。底篮由前横梁、后横梁、纵梁和底模组成。底篮纵梁有型钢纵梁和桁架纵梁两种，其中腹板位置为桁架纵梁，其余均为型钢纵梁。底模均采用大块钢模。

②悬吊系统。由底篮前悬吊、后悬吊、模板悬吊组成。底篮前悬吊4根吊带为16Mn钢板带，锚固于上前横梁；后悬吊5根吊带为16Mn钢板带，锚固于已浇段和中横梁。

两侧外模和内模系统均采用ϕ32mm精轧螺纹钢锚固于已浇箱梁顶板和上前横梁。

挂篮的前悬吊、后悬吊及模板系统的升降及高程调节均采用螺旋式千斤顶进行。

(5)模板系统

挂篮内、外模板系统均采用滑梁将模板吊挂于挂篮的前横梁和已浇段上。外模采用钢木组合结构，面板为竹胶板，龙骨为型钢；内模亦采用钢木组合结构，内、外模板通过对拉螺栓连成一体。模板总体布置示意图见图9.2.2.17。

2. 挂篮的设计

挂篮设计不但要满足挂篮选用各部件材料的强度要求，而且应该满足在施工过程中抗倾覆和稳定的要求，挂篮结构尺寸的拟定应使其具有足够的刚度，使挂篮的总体变形最小，便于在施工中调整主梁变形曲线。设计人员必须明确挂篮的受力体系。下面以三角形斜拉式挂篮为例，说明设计内容和应考虑的因素。

东海大桥的挂篮数量多，为保证挂篮材料加工的统一性，挂篮设计按三座辅通航孔桥中跨径最大的一座桥梁(K24)作为挂篮的设计依据。另外两座辅通航孔桥的挂篮不再重新设计，仅对(K24)桥所用的施工挂篮按实际工况进行校核。

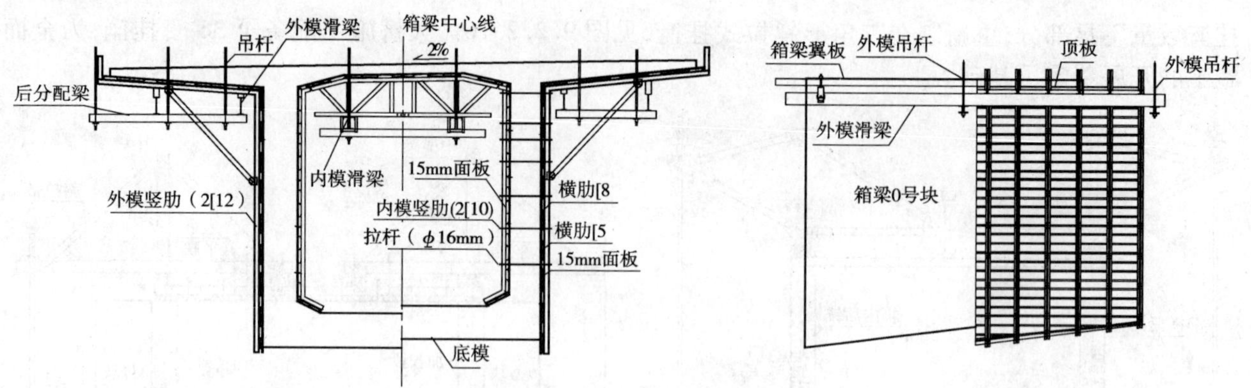

图 9.2.2.17　模板构造示意图

（1）挂篮的受力分析

一个挂篮要完成20个节段梁的悬臂浇筑（仅以K24辅通航孔桥为例），各梁段划分的几何尺寸要素见表9.2.2.2。挂篮结构布置见图9.2.2.18。

各梁段划分的几何尺寸要素　　表9.2.2.2

梁段号	1号	2号	3号	4号	5号	6号	7号	8号	9号	10号
梁段(cm)	300	300	300	300	300	350	350	350	350	400
梁段高(m)	8.979	8.553	8.147	7.760	7.392	7.043	6.661	6.304	5.973	5.668
梁段重(t)	199.42	191.62	184.34	177.32	170.82	191.36	183.56	176.28	169.52	187.98
梁段号	11号	12号	13号	14号	15号	16号	17号	18号	19号	20号
梁段(cm)	400	400	400	400	400	400	400	400	400	400
梁段高(m)	5.350	5.067	4.816	4.600	4.416	4.266	4.150	4.067	4.017	4.000
梁段重(t)	180.7	174.2	168.48	159.9	148.98	139.36	135.72	134.42	130.3	130

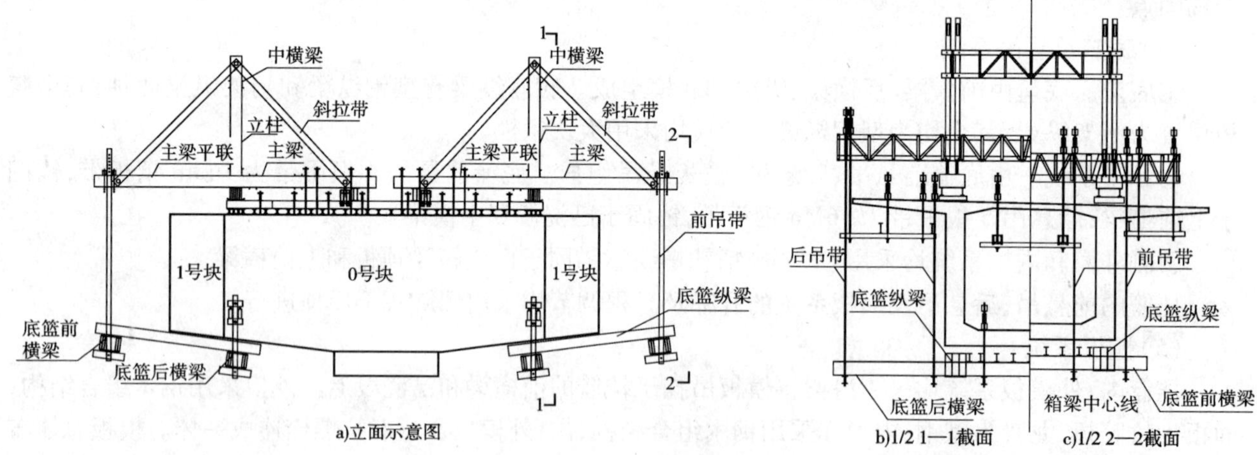

图 9.2.2.18　挂篮结构布置

从图9.2.2.18中可以看到，悬浇梁段的施工重力直接作用在底篮，由底篮的纵梁分配给底篮的前、后横梁。底篮前横梁通过前吊带把荷载传到主桁承重系统的前横梁，底篮后横梁通过后吊带把一部分荷载传到主桁承重系统的中横梁，另一部分通过后吊带传递到已浇筑的箱梁底板上。主桁承重系统的前横梁和中横梁所受的荷载再分配到主桁架。因而三角形斜拉式挂篮的设计要分别对底篮的纵横梁、前后吊带、主桁承重系统的前横梁和中横梁、主桁架等进行材料尺寸的拟定、构件的强度的验算、结构的变形及挂篮抗倾覆计算。

挂篮各部件的受力计算方法是相同的，这里仅以主桁架的受力计算为例。

（2）三角形斜拉式挂篮主桁计算

①荷载系数

挂篮允许最大变形20mm；

挂篮施工行走和浇筑混凝土时的抗倾覆安全系数为2；

自锚固系统的安全系数为2；

浇筑混凝土时的动力系数取1.2；

挂篮空载行走时冲击系数取1.3；

考虑箱梁混凝土浇筑时胀模等因素的超载系数取1.05。

②作用于挂篮主桁荷载

节段梁荷载：从表9.2.2.2中可以看到，3m长最重的节段梁是1号梁，为199.42t。3.5m长最重的节段梁是6号梁，为191.36t。4m长最重的节段梁是10号梁，为187.98t。这三个节段梁是挂篮主桁设计的荷载。这里仅列出10号节段梁作为挂篮主桁荷载。考虑浇筑混凝土时动力因素和挂篮施工安全方面的重要性(以10号节段梁为例)。

控制设计最大荷载 $\omega=1.2\times187.98\times10=2\ 256$kN；

施工人员和材料等堆放荷载取1.5kPa；

挂篮自重：48t；

模板质量：18t；

振捣对水平模板产生的荷载取2kPa；

风荷载：760Pa；

混凝土偏载：箱梁两侧腹板浇筑最大偏差取10m^3 混凝土，质量为26t。

③各种材料的设计控制值

采用《公路桥涵钢结构及木结构设计规范》(JTJ 025—86)：

A3钢轴向应力$[\sigma]=140$MPa，弯曲应力$[\sigma_w]=145$MPa，剪应力$[\tau]=85$MPa；

16Mn钢的轴向应力$[\sigma]=200$MPa，弯曲应力$[\sigma_w]=210$MPa，剪应力$[\tau]=120$MPa；

45号钢轴向应力$[\sigma]=210$MPa，弯曲应力$[\sigma_w]=220$MPa，剪应力$[\tau]=125$MPa；

节点销子的孔壁承压应力为210MPa。

④荷载组合

荷载组合Ⅰ：混凝土重量+动力附加荷载+挂篮自重+施工人员和材料等堆放荷载；

荷载组合Ⅱ：混凝土重量+挂篮自重+混凝土偏载+施工人员和材料等堆放荷载；

荷载组合Ⅲ：混凝土重量+挂篮自重+风荷载；

荷载组合Ⅳ：混凝土重量+挂篮自重+施工人员和材料等堆放荷载；

荷载组合Ⅴ：挂篮自重+冲击附加荷载+风荷载。

荷载组合Ⅰ～Ⅲ用于主桁承重系统强度和稳定性计算，荷载组合Ⅳ用于刚度计算，荷载组合Ⅴ用于挂篮行走验算。

⑤主桁架结构分析计算

主桁架结构按平面杆系进行计算，计算图式见图9.2.2.19，主桁架结构共分28个节点，29个单元。

主桁主梁为2×I50a加工而成、立柱用2×I45a加工而成、斜拉带为16Mn钢28cm×4cm或2×28cm×2cm。各杆截面特性如表9.2.2.3所示。

各杆截面特性 表9.2.2.3

杆 件	型 号	I_x (cm^4)	W_x (cm^3)	截面积 (cm^2)	理论质量 (kg/m)
主梁	2×I50a	2×46 470	2×1 860	2×119	2×93.6
立柱	2×I45a	2×32 240	2×1 430	2×102	2×80.4
斜拉带	16Mn钢板			112	87.92

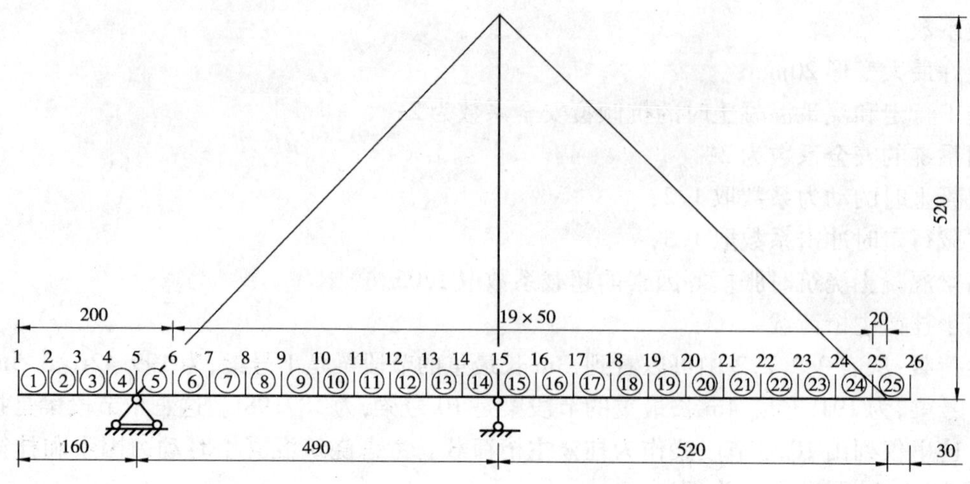

图 9.2.2.19 主桁架结构计算模型示意图(尺寸单位:cm)

以 10 号节段梁为例,按荷载组合Ⅰ计算,经过底篮、吊带、主桁前横梁分配到主桁架悬臂端的荷载为 654.1kN。采用杆系结构计算程序在微机上计算。

⑥计算结果

最大控制挠度发生在 26 号节点,向下位移:

$$f_c = -12.65\text{mm} < [f] = L/300 = 5\,200/300 = 17.3\text{mm}$$

最大弯矩发生在 15 号单元,$M_{max} = -145\,116\text{kN}\cdot\text{m}$,相应的轴力 $N = -635.088\text{kN}$。

根据应力计算公式:

$$\sigma = \frac{M}{W} \pm \frac{N}{\varphi A} = -39.00 \pm (-26.68)\text{MPa}$$

$[\sigma_{max}] = -12.32\text{MPa}$ 和 $[\sigma_{min}] = -65.682\text{MPa}$ 均小于 $[\sigma_w] = 220\text{MPa}$,满足要求。

28 号单元为立柱 $M_{min} = -1.143\,3\text{kN}\cdot\text{m}$,相应的轴力 $N = 1\,318.43\text{kN}$。

立柱所受的弯矩很小,可以忽略不计,按考虑长细比轴心受压杆件计算公式:

$$\sigma = \frac{N}{\varphi A} = \frac{1\,318.43}{0.902 \times 2 \times 102} = 71.65\text{MPa} < [\sigma] = 145\text{MPa}$$,满足要求。

27 号单元为斜拉带 $M_{max} = 0$,相应的轴力 $N = 924.93\text{kN}$,为受拉杆件。按应力计算公式:

$$\sigma = \frac{N}{A} = \frac{924.93}{28 \times 4} = 82.58\text{MPa} < [\sigma] = 200\text{MPa}$$,满足要求。

前后支点的支点反力 $R_A = -692.37\text{kN}$,$R_B = 1\,390.26\text{kN}$。

后支点为拉力需配 4 根 ϕ32mm Ⅳ级精轧螺纹筋(竖向预应力筋)作为后锚筋,一个挂篮主桁架配置 4 根。平均每根受力:692.37/4 = 173.09kN。

$$\sigma = \frac{N}{A} = \frac{173.09}{\pi \cdot (32/2)^2} = 215.33\text{MPa} < [\sigma] = 750\text{MPa}$$

安全系数为:750/215.33 = 3.48

后锚筋计算长度为 230cm,弹性模量取 $E = 2.0 \times 10^6\text{MPa}$

伸长量为 $\Delta L = \frac{NL}{EA} = 0.2\text{mm}$

挂篮结构其余荷载组合的强度、刚度、稳定验算方法相同。

2.2.4 挂篮拼装

1. 挂篮拼装流程

挂篮拼装流程以三角形斜拉式挂篮为例,见图 9.2.2.20。

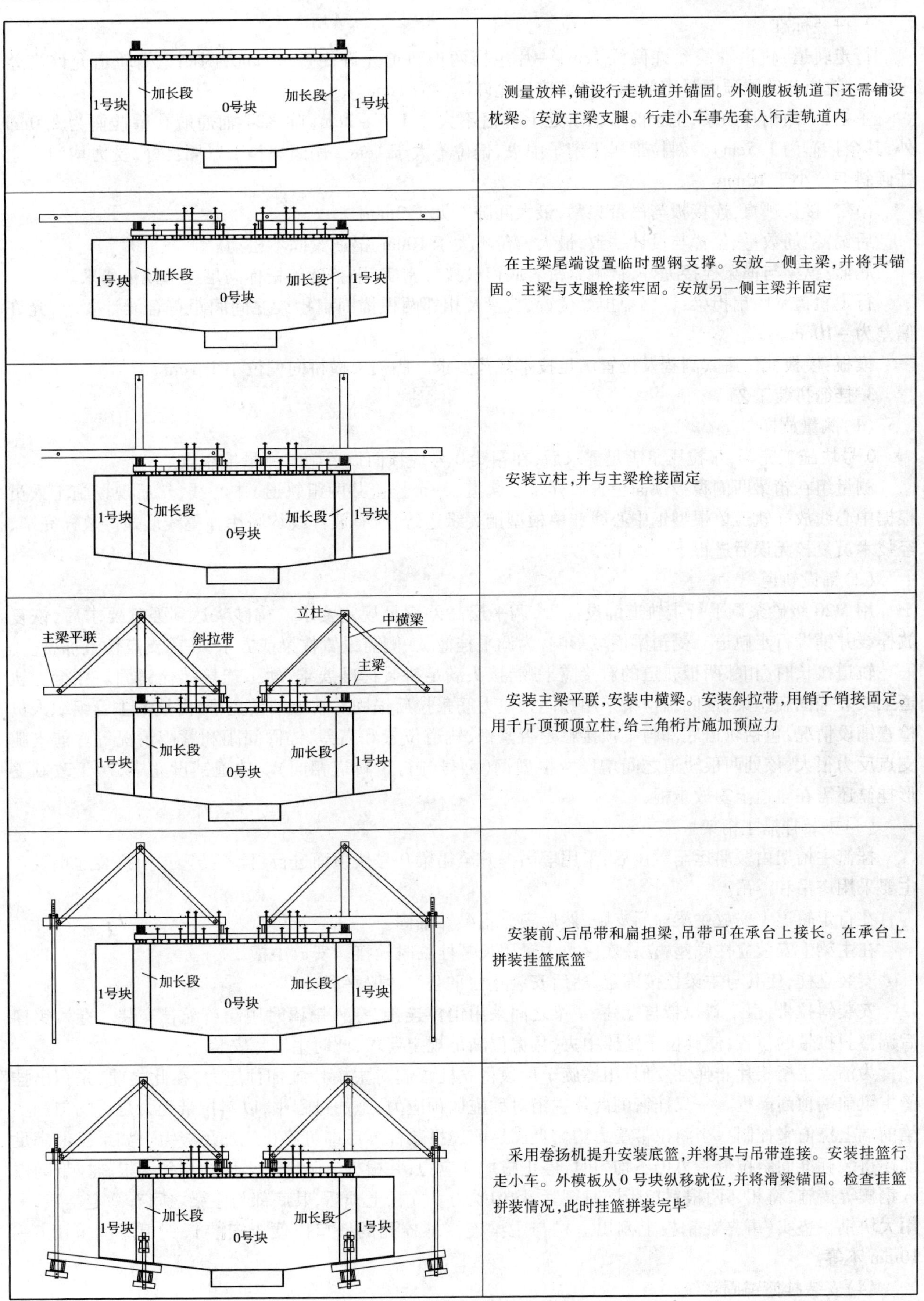

图9.2.2.20　三角形斜拉式挂篮拼装施工流程示意图

2. 拼装标准

行走轨道:轨道轴线允许偏位 1cm,一片主桁两根轨道允许高差 ±1mm,两侧主桁轨道允许高差 ±5mm。轨道与箱梁顶面紧密接触。轨道接长允许错台为 1mm。

主桁:三角桁片顶紧,主梁前端销子处上挠值不大于 1.5 ~ 2cm(除 K24 辅通航孔桥挂篮为 2.0cm 外,其余挂篮为 1.5cm)。斜拉带居于销子中央,偏位不大于 1cm。两组斜拉带紧固良好,受力均匀。立柱倾斜偏位小于 10mm。

吊带:接长顺直,连接板与吊带夹紧,最大间隙不大于 2mm。

后锚:锚筋数量、位置与设计一致,最大偏位不大于 10cm,锚筋紧固不松动。

底篮:纵梁与横梁栓接完好,接触紧密。底模板接缝密实,平整度等指标满足技术规范要求。

行走轨道锚固扁担梁:锚固扁担梁位置、数量及相邻两根锚固扁担梁之间间距符合设计要求,允许偏差为 -10cm。

模板:模板就位后其高程及位置满足技术规范要求。底模板横桥向偏位小于 1cm。

3. 挂篮拼装工艺

(1) 测量放样

0 号块施工完毕,张拉压浆满足要求后,在箱梁 0 号块顶面设置施工测量控制点。

测量组在箱梁两侧腹板顶面位置放样每组轨道(一个挂篮共两组轨道)中心线;然后现场施工人员根据中心线放样轨道单根型钢中心线和单根型钢翼缘边线,所有放样线均采用弹墨线形式。放样完毕,经技术员复核无误后进行下一道工序。

(2) 铺设轨道

用 M20 级砂浆调平行走轨道铺设位置,调平层高差满足规定要求。待砂浆达到强度要求后,恢复放样线并铺设行走轨道。受箱梁横坡影响,为调平挂篮,一侧需设置枕梁或方木,在前支点位置加密。

轨道接长时,相邻两根轨道的对接应平顺,接头满足拼装标准要求,轨道连接螺栓紧固。在行走轨道上安装锚固扁担梁,锚固扁担梁采用竖向预应力筋张拉后锚固。轨道铺设完毕,由技术主管组织人员检查铺设情况,包括轨道底部与梁顶接触是否紧密、轨道位置和高差、锚固间距和紧固情况等。前支腿支点反力很大,该处两根轨道之间增设两根型钢(型号与行走轨道相同)。轨道铺设完毕,对于改制菱形挂篮还需在轨道上安放走棍。

(3) 拼装挂篮主桁架

挂篮主桁架由驳船运至墩位后,采用塔吊提升至箱梁 0 号块顶面进行组拼,挂篮主桁拼装起重设备主要采用塔吊和浮吊。

在行走轨道上安放主梁前后支腿,然后安放主梁并锚固。

在主梁上安装立柱底座,立柱底座与主梁用长螺栓临时栓接。安放中横梁。

安装立柱,使其与主梁栓接固定,然后安装立柱平联和主梁平联。

安装斜拉带,由于斜拉带与立柱、主梁之间采用销棒连接,穿入销棒时用葫芦配合安装。穿入销棒后调整斜拉带的位置,使其位于销棒中央,且偏位满足规定要求,此时主桁片安装完毕。

为消除主桁架片非弹性变形,用螺旋千斤顶将立柱顶起对主桁片施加预应力,在此之前,先测出挂篮主梁前端顶面高程。一只挂篮的两片主桁对称施加预应力;施加过程中,以斜拉带受力是否均匀和主梁前端上挠值来控制。当斜拉带受力均匀且满足前述拼装标准后即可停止施加预应力。如果已经满足前述拼装标准而斜拉带受力仍不均匀时,停止施加预应力,并根据实际情况采取在相邻两根斜拉带间嵌入钢楔等措施,将相邻两根斜拉带同时绷紧、均匀受力。立柱上顶后,其底部与主梁之间有一定空隙,采用大块钢板垫实(事先在钢板上割出立柱与主梁连接螺栓孔的槽口以便于安装),钢板厚度采用 6 ~ 10mm 不等。

(4) 安装挂篮锚固系统

锚固系统包括挂篮锚固和行走锚固,均采用扁担梁及 ϕ32mm Ⅳ级精轧螺纹筋连接锚固。挂篮后锚点设置尽量靠近后支腿或后销棒中心,施工过程中如须调整锚固位置必须按此执行。

行走轨道相邻锚点的最大间距不超过设计规定(相邻间距设计值为1 500mm),挂篮行走时,需不断转换锚固位置,保证锚点之间相邻间距满足要求。

安装轨道和主梁的同时,安装锚固系统。锚固系统由扁担梁、接长筋和箱梁竖向预应力筋组成,通过千斤顶张拉每根锚筋来实现锚固。

(5)安装挂篮前后悬吊

吊带在驳船或承台上接长,吊带接长顺直,为确保连接板与吊带接触紧密,采用小圆钢捆绑固定连接板与吊带。接长后的吊带顺直度和接头满足规定要求。

安装上前横梁,将其与主梁栓接固定;安放前吊带锚固扁担梁,并与上前横梁栓接固定;用吊车或塔吊提升前吊带,穿进锚固扁担梁后,用吊带承重销锚固;安放千斤顶和提升扁担梁(对于改制三角挂篮前吊带采用液压穿心式千斤顶,注意丝杠与吊带连接牢固)。按照上述方法安装后悬吊,即安装后吊带和行走吊带;箱内后锚带则安装在底篮上,在箱内只需将锚固扁担梁、千斤顶及提升扁担梁安放好即可。

(6)安装挂篮底篮

①底篮拼装平台搭设。根据底篮平面尺寸,在承台上设置底篮拼装平台(以K6辅通航孔桥为例),如图9.2.2.21所示。首先在箱梁0号块临时支架的钢管桩上焊接支撑牛腿和反压牛腿,然后安装4根承重梁(H60)悬臂伸出承台及套箱外,并将其固定后作为底篮拼装平台。

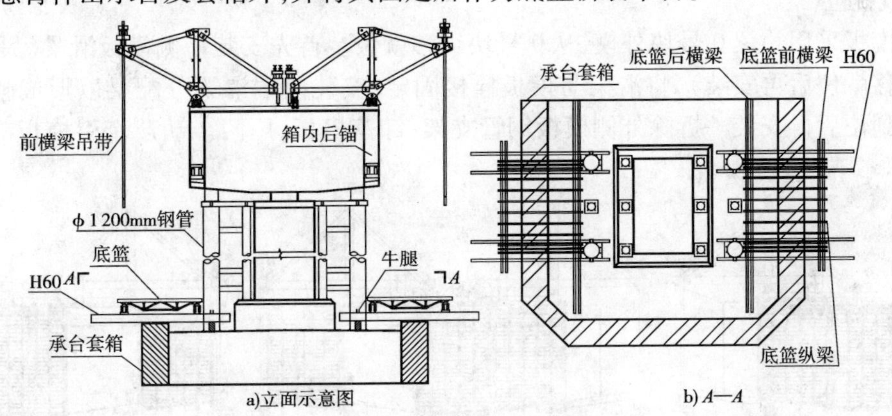

图9.2.2.21　底篮拼装示意图

②底篮拼装。在拼装平台上放出底篮横梁及吊带位置,以便拼装底篮及拼装好的底篮垂直正位安装。

根据放样线安放底篮前、后横梁,并在底篮前、后横梁上安装吊带的锚固扁担梁,均采用栓接固定,箱内后锚带扁担梁则采用临时栓接固定。在横梁上安装底篮纵梁,纵梁与横梁间采用栓接固定,如孔眼位置误差较大无法连接时,重新打孔应在纵梁上进行。铺设底模板,底模板拼缝间应设置双面胶,底模板与底篮纵梁应固定。底模拼装时应控制好其横桥向的偏位。底模拼好后在箱内后锚带位置切割出吊带预留孔。为便于悬吊系连接,在底篮上事先将最底一节吊带安装并固定;箱内后锚带也事先安装好,待底篮提升后再下放至纵梁顶面。

③底篮安装就位。底篮拼装完毕并经检查后,将底篮安装就位。在箱梁0号块顶设置3台5t卷扬机作为提升设备,其中前吊带位置设1台,后吊带位置设2台(卷扬机牵引钢绳从后吊带孔穿出)。底篮设3个吊点,与卷扬机提升钢绳位置相对应,每个吊点设计荷载为100kN。启动3台卷扬机同步提升底篮至安装位置,然后用2个葫芦牵引微调底篮就位。分别将前吊带、后吊带及行走吊带与底篮连接。连接好后放松吊点,所有荷载由吊带承担。

在箱内用葫芦配合提升后锚带并安装锚固,箱内后锚带底部扁担梁与底篮后横梁可不栓接,但必须保证挂篮每次就位时扁担梁居于设计位置。

底篮安装就位、外侧模前移到位后,调整底篮高程,把所有吊带用千斤顶提升就位,上好吊带承重销,挂篮主体拼装完毕。

底篮拼装施工流程如图 9.2.2.22 所示。

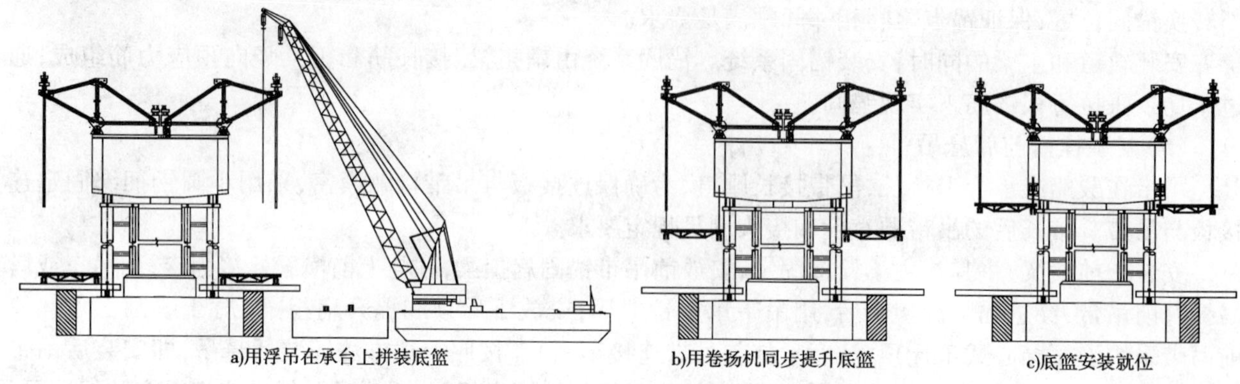

图 9.2.2.22　底篮拼装流程示意图

(7)安装挂篮行走小车

挂篮主桁系统、底篮及悬吊系统、锚固系统安装完毕后,三角形斜拉式挂篮在其组拼时将行走小车安装好并与主梁栓接固定;所有挂篮的行走小车均事先套入行走轨道内。

(8)外模板就位

挂篮外侧模板采用箱梁 0 号块外模,从 0 号块纵移就位。首先安装一侧模板滑梁(另一侧模板滑梁待一侧模板滑移就位后再安装),将滑梁与模板栓接固定,安装前端滑梁分配梁以形成整体,后分配梁须待模板前移到位后再安装。拆除外侧模板钢管支架,卸落模板,用两个葫芦牵引模板前移就位,如图 9.2.2.23 所示。

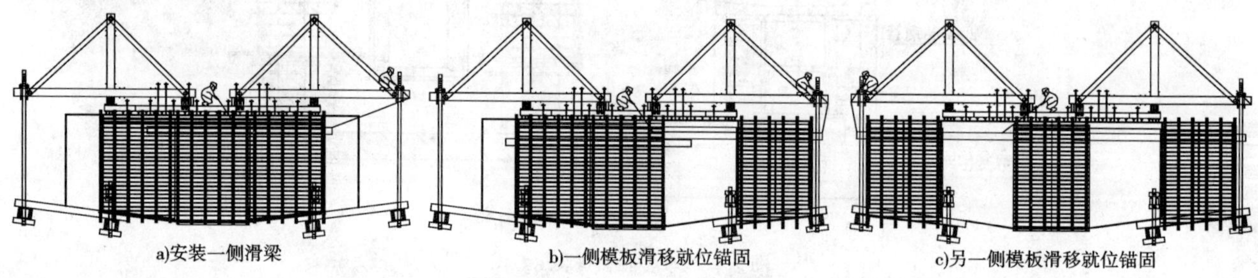

图 9.2.2.23　模板前移示意图

2.2.5　挂篮系统加载试验

1. 试验目的

挂篮加载试验主要是通过测量挂篮在各级静力试验荷载作用下的变形,并消除挂篮主桁、吊带的非弹性变形;了解挂篮在工作状态时与设计期望值是否相符;测出或推算出挂篮前端在各个块段荷载作用下的竖向位移,为施工控制提供参考。

2. 试验方案

(1)试验方法(以 K6 桥为例)

挂篮加载试验采取“水箱加载法”。水箱悬挂于底篮前横梁上,以水箱和水的自重为试验荷载,采取逐级递增加载逐级测量的试验方法。加载总重量为最不利块段荷载的 1.25 倍。水箱加载布置如图 9.2.2.24 所示。

利用底篮拼装平台作为挂篮加载试验的操作平台。在平台上放置水箱(水箱采用直径 ϕ3 200mm 钢护筒),一只挂篮共设两个水箱,一个水箱上设两个吊点。将水箱与底篮之间用两根精轧螺纹钢筋连接,在未加水前用千斤顶提升水箱脱离平台 30cm 左右,然后采用水泵逐级加水直至试验完毕。

(2)试验荷载(以 K6 桥为例)

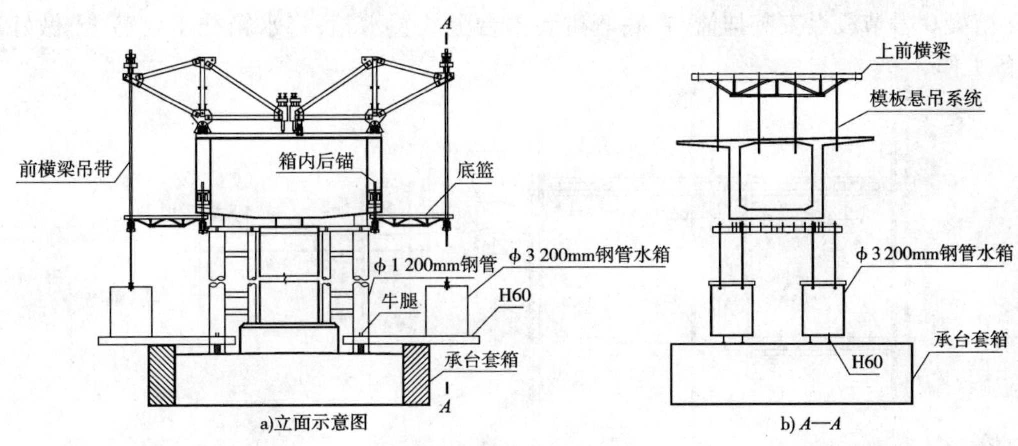

图9.2.2.24　水箱布置示意图

试验中采用等代荷载的方法进行分级加载，从而绘制出挂篮荷载—挠度曲线，了解箱梁各个块段施工时挂篮前端最大挠度。各级加载数值见表9.2.2.4。荷载布置见图9.2.2.25。

K6 辅通航孔桥菱形桁架挂篮加载分级　　　　表9.2.2.4

加载顺序	1	2	3	4	5	6	7
荷载等级(kN)	542	40	34	50	37	37	184
累计荷载(kN)	542	582	616	666	703	740	924
对应节段号	8号	12号	9号	2号	5号	4号	1.25×4号

注：表中累计荷载为两个水箱荷载之和。

(3)变形观测项目

①主桁悬臂端挠度值；

②前支点沉降值；

③主桁前端销接处变形；

④主桁上前横梁吊带处和主桁上前横梁跨中变形；

⑤底篮前横梁吊带处变形。

(4)测点布置

①挂篮主梁顶面观测点。每根主梁后锚处设一个观测点，即测点1-1和1-2。每根主梁前支腿处设一个观测点，即测点2-1和2-2。每根主梁前端销接点处设一个观测点，即测点3-1和3-2。

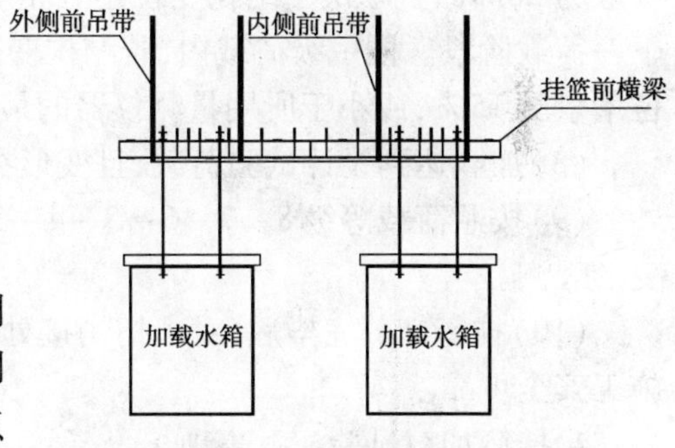

图9.2.2.25　K6辅通航孔桥菱形桁架挂篮荷载布置示意图

②上前横梁顶面观测点。上前横梁的四根吊带处各设一个观测点，即测点4-1、4-2、4-3和4-4。上前横梁的跨中设一个观测点，即测点4-5。

③底篮前横梁顶面观测点。底篮前横梁的四根吊带处各设一个观测点，即测点5-1、5-2、5-3和5-4。

主梁、上前横梁、底篮前横梁观测点如图9.2.2.26所示。

(5)观测方法

变形观测采用国家二等水准测量或工程测量变形三等水准测量的精度等级要求和观测方法进行施测，精度可达到±1mm。

由于挂篮变形受日照温差的影响，根据公式$L_1 = L_0(1+\alpha\Delta t)$计算，挂篮构件中吊带变形受温差影响最大。在温差达10℃时，变形之差为1.1mm。为了准确测得挂篮变形值，加载试验时间应选择在温差较小的时间段进行。

3. 试验加载、卸载流程

挂篮试验加载、卸载流程如下：

(1)在箱梁0号节段上安装挂篮,在底篮拼装平台上放置水箱,将水箱挂于底篮上,做好试验前其他各项准备工作。

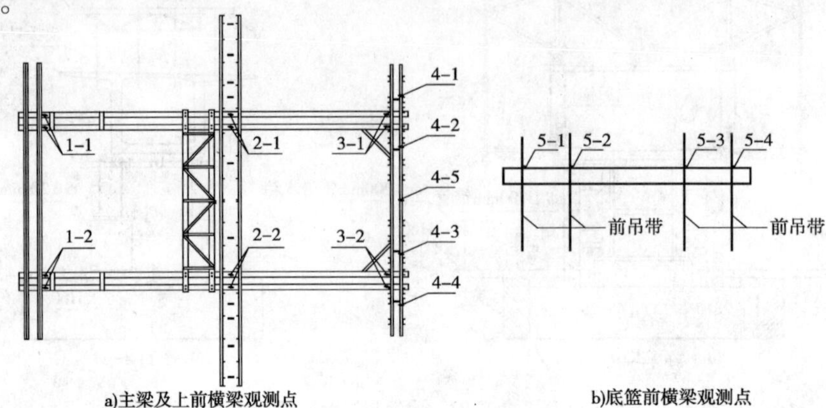

图9.2.2.26 测点布置

(2)正式加载试验前,用第一级荷载进行预加载,预加载试验持荷时间为20min。预加载目的在于,一方面使结构进入正常工作状态,另一方面检查测试系统和试验组织是否工作正常。在确认测试系统和试验组织工作正常后,预加载试验反复进行两次,预加载1h后进行正式加载。

(3)按照第一级荷载在两个水箱内用水泵加水。为保证两个水箱加载速度基本一致,在水箱内标示刻度(10cm一道),每加载50cm水暂停核对一次。

(4)在第一级荷载基础上,按照第二级与第一级荷载差值进行加载。

(5)按照上述方法,依次进行第三级至第八级荷载的加载试验。

(6)每次加载完毕后,均应进行变形观测并记录。

(7)试验荷载采用分级单循环加载方法施加,按等代荷载的分级逐级递增加载,试验荷载持续时间一般为20min,且取决于结构变位达到相对稳定所需要的时间。只有结构变位达到相对稳定后,才进入下一荷载阶段。同一级荷载内,若结构变位最大的测点在最后5min内的变位增量小于第一个5min变位增量的15%,或小于所用量测仪器的最小分辨值,即认为结构变位达到相对稳定。

(8)加载达到设计试验荷载,且变形在设计允许范围内,可立即终止加载试验。

(9)按照荷载等级8→7→6→5→4→3→2→1→0进行卸载,采用水泵抽出。每卸载一级均需进行变形观测。

(10)挂篮卸载完毕后,对主桁销接处的销子和主桁架焊缝进行检验,发现问题及时处理,确保挂篮施工安全可靠。

4. 挂篮加载试验注意事项

(1)如果加载值没有达到设计加载荷载,且变形大于设计允许值,则停止加载试验,并分析原因后采取相应的措施。

(2)为便于逐级加载和卸载,在水箱内画出每级荷载刻度线。

(3)加载试验选择在风力小于6级的天气进行。

5. 试验成果

挂篮加载试验完毕后,得到如下试验成果:

按照试验方案加载后,可等代测量出相对应节段梁的主桁、吊带、后锚、前支点等变形值以及挂篮总变形值。其余节段梁可采用"内插法"求出。

根据在各个节段梁荷载作用下的挂篮竖向位移,绘制荷载与变形的相关曲线图。

2.2.6 挂篮及模板前移工艺

1. 挂篮前移必备条件

(1)对已施工块段做全面检查并符合规定要求,检查内容包括预应力张拉与压浆、混凝土外观质量、行走前准备工作等。

(2)对气象情况作全面分析。挂篮行走前两天分析气象情况,风力大于6级不许前移挂篮,台风期挂篮不许前移且应锚固牢靠。

(3)施工监控检测工作已经完成(高程、轴线和其他监测)。

2. 三角形斜拉式挂篮前移工艺

挂篮前移工艺以K12辅通航孔桥挂篮前移为例,另两个辅通航孔桥挂篮前移工艺与K12跨桥基本相类似。

(1)施工流程

三角形斜拉式挂篮前移施工流程见图9.2.2.27。

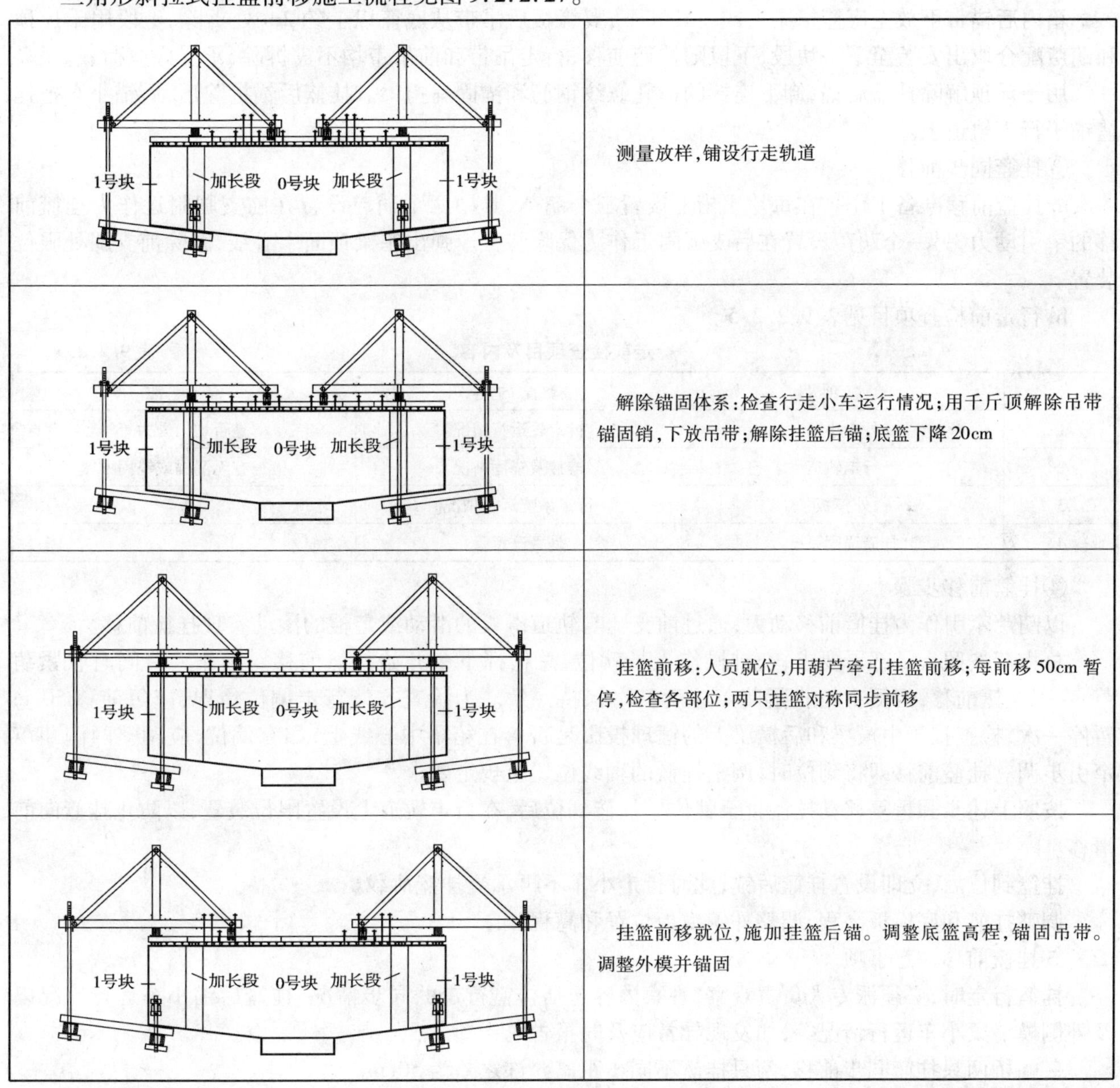

图9.2.2.27　三角形斜拉式挂篮前移施工流程

(2)施工细则

①测量放样

铺设行走轨道,其方法与连体挂篮相同。行走轨道为循环使用,施工时注意轨道循环顺序,不可无序使用。

②解除挂篮锚固体系

检查轨道铺设及行走小车运转情况,符合要求后解除锚固体系。锚固体系包括模板锚固和挂篮锚固,解除顺序为先模板后挂篮,具体顺序为:模板锚筋→箱内后锚带→翼缘后吊带→行走吊带→前吊带→挂篮后锚。

放松内模板和外模板锚筋。外模锚固解除后,外模滑梁落在行走小车上,此时外模荷载由小车和挂篮前横梁承担。

吊带锚固装置的解除应对称进行,如同时解除翼缘板处两根后吊带,同时下放两根行走吊带等。锚固装置解除采用螺旋千斤顶实施,用千斤顶提升扁担梁后,将锚固扁担梁的承重销取出,然后下放吊带,直至底篮脱离混凝土面约20cm为止。

箱内后锚带下放至底篮横梁上或将其卸下;翼缘板后吊带从底篮以上约2m处拆除,上段用千斤顶和葫芦配合取出安装至下一块段,下段随挂篮前移;行走吊带和前吊带均不需拆除,承受底篮荷载。

用千斤顶解除挂篮后锚,卸下连接的精轧螺纹钢筋和锚固扁担梁。挂篮后锚拆除后,后锚小车把挂篮锚于行走轨道上。

③挂篮同步前移

a. 挂篮前移准备工作。在每片主桁上设置三个葫芦,其中两个葫芦设置在前支腿附近作为挂篮前移的牵引动力,另一个葫芦设置在后支腿附近作为保险装置。弹出箱梁顶面中心线,解除前支腿处限位装置。

b. 行走前检查项目见表9.2.2.5。

行走前检查项目及内容 表9.2.2.5

序　号	检 查 项 目	检 查 内 容	备　注
1	行走小车	行走轮运行情况	是否均匀受力等
2	行走轨道	连接及锚固情况	检查有无漏锚或锚固不紧
3	外模板	行走系统运行情况	
4	挂篮锚固系统	是否已解除	

④挂篮前移步骤

以葫芦牵引作为挂篮前移动力,通过前支腿与轨道滑板的滑动或走棍的滚动实现挂篮前移。

总指挥按照人员部署要求,安排操作人员就位,总指挥下令开始挂篮前移。操作人员同时收紧葫芦,牵引挂篮前移,两侧主桁收紧葫芦速度基本保持一致。为检查挂篮行走偏位情况,应每前移50cm暂停一次,检查挂于中横梁和后横梁上的锤球投影是否落在箱梁中心线上,如有偏位,应调整两侧葫芦牵引步调。挂篮前移即将到位时,调整挂篮的轴线位置至规定要求。

按照上述步骤重复移动挂篮直至就位。挂篮到位后,在行走轨道上设置限位装置,以防止挂篮向前滑移。

挂篮到位后,立即设置挂篮后锚,此时行走小车不再承受挂篮荷载。

调整挂篮和底模板高程,调整外侧模板位置和高程。

⑤挂篮前移注意事项

挂篮行走时,必须派专人负责观察,观察内容包括挂篮行走的同步情况、挂篮后锚小车运行情况以及外侧模滑梁小车运行情况等,如发现异常应及时报告总指挥。

一幅桥两只挂篮同步前移,两只挂篮不同步距离允许之差为50cm。

挂篮行走时设置了葫芦作为保险装置,应边前移边松葫芦,且其速度应略快于挂篮前移速度。

挂篮前移过程中若发现后锚小车行走受碍,应立刻停止挂篮前移,通过千斤顶将后锚力进行转换后(此时小车不承受荷载),再将小车位置调正继续行走。严禁在未转换后锚力的情况下敲打小车以调整位置。

⑥挂篮就位锚固

挂篮到位后，按照设计要求装设挂篮后锚，并用千斤顶施加预应力锚固。底篮调整就位后，将所有吊带采用千斤顶施加预应力锚固，荷载由吊带的承重销承担，千斤顶不再承受荷载。

3.模板前移

外模板与挂篮一起前移，内模板待箱梁腹板、底板钢筋绑扎完毕后，再通过滑梁前移就位。

(1)外模前移

将外模板脱离混凝土面，行走小车移至锚固位置，松开滑梁分配梁的锚筋并下放，将内侧滑梁倒挂于行走小车上，解除后分配梁锚筋。此时外模荷载由行走小车和挂篮前端吊点承担，外模可随挂篮前移。

外模板在挂篮的牵引下，依靠滑梁向前移动。为防止偏位或及时纠偏，模板前移设专人观察，如出现行走轮偏位等情况时应采用葫芦协助纠偏。

外模板就位后，模板前端锚固于上前横梁，后端通过分配梁上的两根精轧螺纹钢筋锚固于已浇块段上，此时滑梁小车不再承受模板荷载。

(2)内模前移

内模板脱离混凝土后，将滑梁前移至挂篮的上前横梁上，并将滑梁前端锚固于上前横梁，滑梁后端锚固于已浇块段上，用葫芦配合下放内模至滑梁上，此时内模荷载由滑梁承担。用葫芦牵引内模前移，直至下一块段施工位置，到位后提升滑梁调整内模高程至设计位置，并将滑梁锚固。

4.挂篮检查

挂篮检查主要指混凝土浇筑前和混凝土浇筑过程中对挂篮的全面检查。

(1)混凝土浇筑前检查

混凝土浇筑前，挂篮全面检查内容见表9.2.2.6。

检查项目与内容　　表9.2.2.6

检查项目	检查内容
挂篮主桁销子	销子是否居中且保险销是否上好
挂篮后锚	每根锚固钢筋是否均匀施加了预应力
后锚行走小车	后锚行走小车不承受荷载
吊带销子	每根吊带受力基本均匀且千斤顶不承受荷载，吊带限位装置符合要求
内外模拉杆	数量及位置正确，双螺母是否紧固
箱内后锚扁担梁	是否与箱梁顶面紧密接触且受力均匀

(2)混凝土浇筑过程检查

混凝土浇筑过程中对挂篮的检查内容如下。

检查挂篮各部件栓接紧固情况；

检查箱梁临时固结支座和锚筋锚固情况；

检查模板接缝密实情况，如有漏浆应采取措施进行堵塞；

检查模板胀模情况，如有异常应停止混凝土浇筑并及时采取措施对模板进行加固；

在浇筑2号节段梁时，安排测量人员对挂篮的主梁、上前横梁及底篮前横梁进行观测，观测其变形情况，用此测量结果与加载试验结果进行比较，指导后续工程施工。

5.台风季节挂篮施工应急措施

(1)施工工况

台风季节或大风期挂篮施工工况主要有以下三种。

工况一：混凝土浇筑完毕，挂篮未前移。

工况二：挂篮前移就位锚固，未绑扎钢筋。

工况三：钢筋绑扎完毕，未浇筑混凝土。

(2)应急措施

针对上述三种工况,对挂篮采取的应急措施如下。

对于工况一,此时挂篮锚固牢靠,模板仍未脱离混凝土,与混凝土之间握裹很好,在此工况条件下,挂篮不需再做任何加固,亦可以抵抗台风季节的大风荷载。

对于工况二和工况三为不利工况,须对挂篮做加固处理,加固方案如下。

①主桁加固。挂篮主桁除了正常锚固以外,在台风或大风期间增设锚固点,锚固点增设位置和数量为:主桁后部增设 1~2 个锚固点,主桁前支点处增设 2~3 个锚固点。

为增加挂篮横桥向稳定,在中横梁上设置撑杆。立柱一侧设置支撑型钢,如图 9.2.2.28 所示。

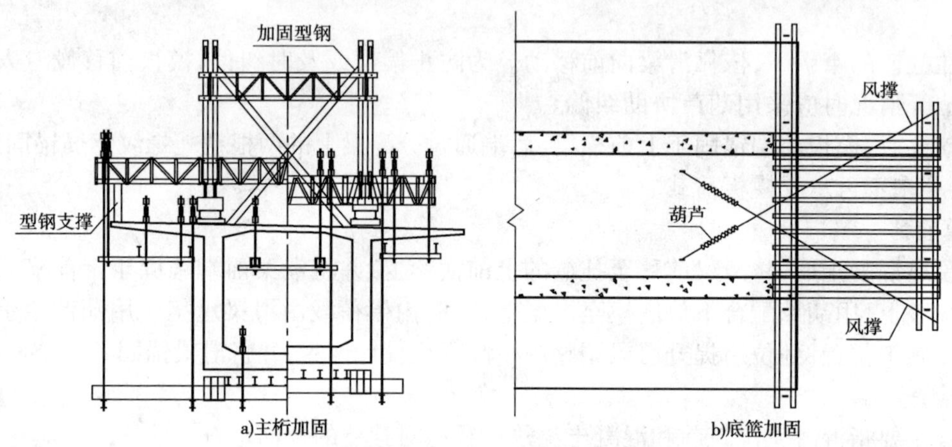

图 9.2.2.28 挂篮加固示意图

②底篮加固。在底篮上设置"剪刀"形式的抗风拉杆,固定于已浇块段箱内,使挂篮整体与已浇箱梁形成固结体系,以抵抗大风荷载。即在底篮前端前横梁上设置锚点,再利用箱内后锚带预留孔(前两个块段)设置锚点,两个锚固点之间用钢绳通过 10t 葫芦收紧锚固,如图 9.2.2.28 所示。

6. 挂篮拆除

所有悬臂浇筑节段梁完毕后,进行挂篮拆除,拆除顺序为:

(1)利用梁顶上的 3 台卷扬机提升挂篮底篮,拆除前后悬吊吊带,然后下放底篮至驳船上。

(2)外侧模拆除也采用卷扬机将模板整体下放至驳船后再解体的方法实施。内模在箱内拆除后,人工搬运至梁顶,利用浮吊或塔吊吊装至驳船上。

(3)挂篮上部拆除利用浮吊进行。包括斜拉带、立柱及其平联、主梁及其平联、前后悬吊、前横梁、中后横梁、前后支腿及行走轨道等。

(4)挂篮拆除后,将各种构件分类,小件入箱,用驳船运输至岸上存放。

2.2.7 合龙段和直线段施工

以 K12 辅通航孔桥为例,其上下行两幅桥梁包括 4 个中跨合龙段,4 个边跨合龙段、4 个直线现浇段,相关参数见表 9.2.2.7。

K12 辅通航孔桥箱梁合龙段、直线段相关参数统计 表 9.2.2.7

项目 桥位	中跨合龙段			边跨直线段			边跨合龙段		
	长度(m)	混凝土用量(m^3)	质量(t)	长度(m)	混凝土用量(m^3)	质量(t)	长度(m)	混凝土用量(m^3)	质量(t)
K12 桥	2	27.2	70.9	4.42	69.6	179.2	2	19.9	51.8

1. 合龙段直线段总体施工原则

(1)施工方法

中、边跨合龙段均采用吊架施工。

边跨直线段采用支架现浇施工。

(2)合龙程序及要求

合龙程序:先中跨后边跨。

合龙要求:同一幅桥的两个中跨合龙段施工同时进行。

(3)合龙段施工质量保证措施

在合龙段内设劲性骨架加临时预应力钢束。

中跨合龙段劲性骨架合龙前,在中跨段两侧预设水袋压重。

边跨合龙段施工时在边跨直线段下设温度滑移装置。

合龙段混凝土均采用早强、微膨胀混凝土。

(4)垂直运输

采用浮吊进行直线段的支架搭设和模板安装。

在边墩承台上设人梯,供施工人员上下。

(5)混凝土供应

中跨合龙段混凝土采用两艘拌和船同时浇筑。

边跨直线段及边跨合龙段混凝土均采用一艘拌和船浇筑。

2. 合龙段、直线段施工工艺

在挂篮悬臂浇筑施工至合龙前最后一个节段梁(以 K12 桥第 16 号节段梁为例),预埋中跨合龙段托架吊带孔及劲性骨架预埋件。如图 9.2.2.29 所示,挂篮 1、挂篮 2、挂篮 3 均已施工至合龙前最后一个节段梁。与此同时,穿插进行边跨直线段支架的搭设。

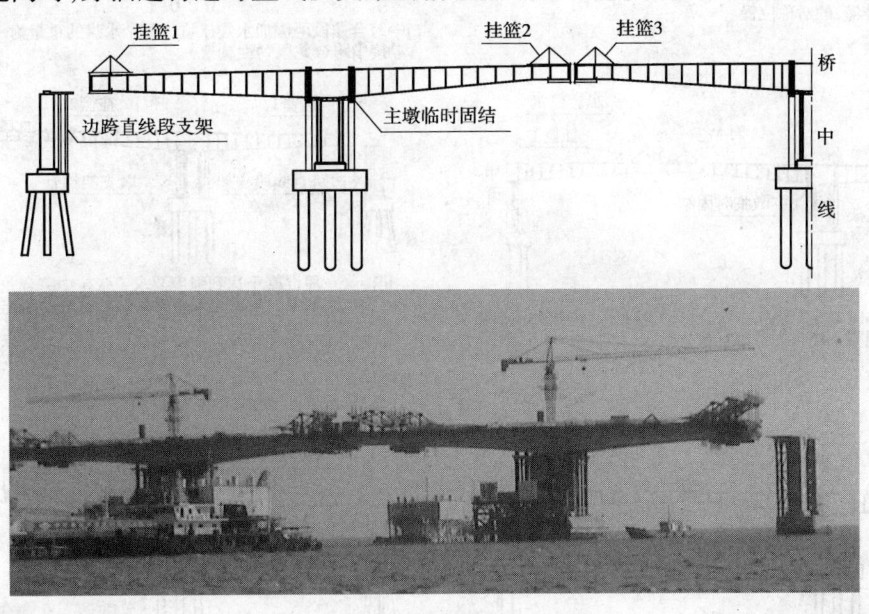

图 9.2.2.29　搭设边跨直线段支架

(1)中跨合龙段施工(第一次体系转换)

辅通航孔桥为四跨连续梁,两个中跨合龙段要求同时合龙,完成辅通航孔桥第一次的体系转化。中跨合龙段的施工工艺流程见图 9.2.2.30。

(2)施工非对称块段

中跨连续梁的体系转化完成后,辅通航孔桥此时结构体系为两跨连续梁带双悬臂体系,能满足悬臂施工要求。以 K12 桥为例,第 17 号节段梁是全桥挂篮悬臂浇筑唯一的一块非对称节段块,其施工流程见图 9.2.2.31。

(3)边跨直线段施工

箱梁边跨直线段位于辅通航孔桥的边墩处,采用搭设支架、现浇混凝土。在中跨合龙段施工期间,便已在边墩承台上穿插进行支架的搭设。其施工工艺见图 9.2.2.32。

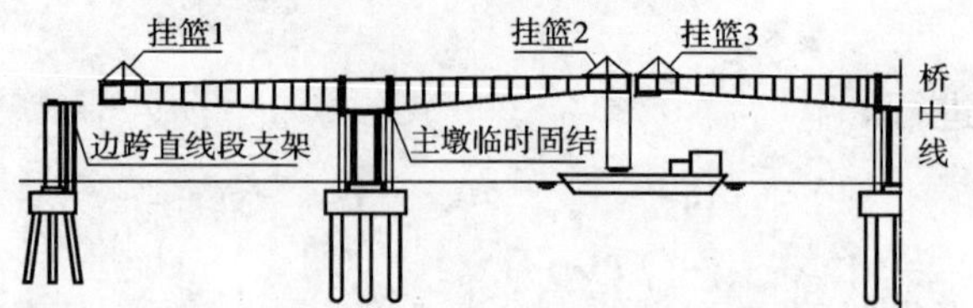

a)对称节段梁施工完成，拆除挂篮2底篮。底篮直接下放到接运其驳船上

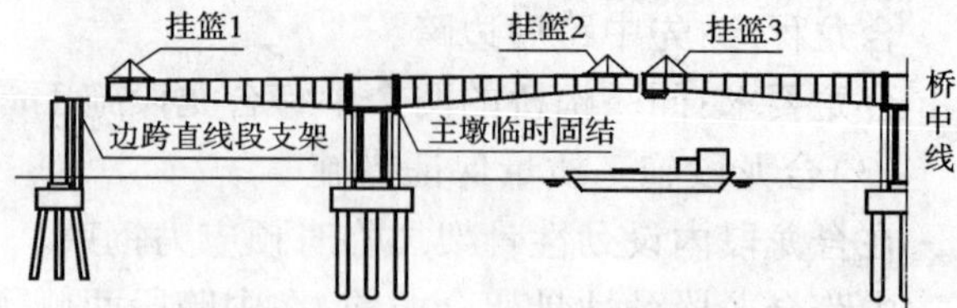

b)挂篮2空载后退2m，留出给挂篮3前移的空间位置

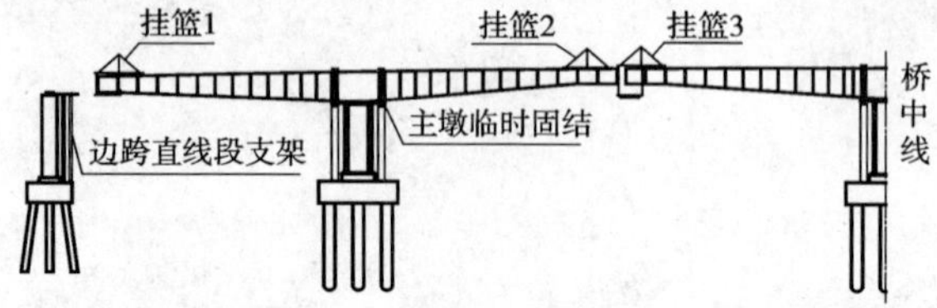

c)前移挂篮3，并将挂篮3的底篮作为中跨合龙段的吊模托架

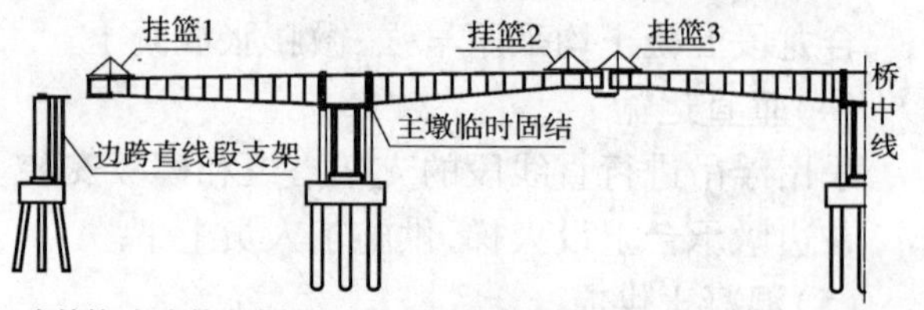

d)在挂篮3的底篮中安排施工人员进行中跨合龙段吊模的安装，调节中跨合龙段模板，绑扎合龙段钢筋，安装预应力管道

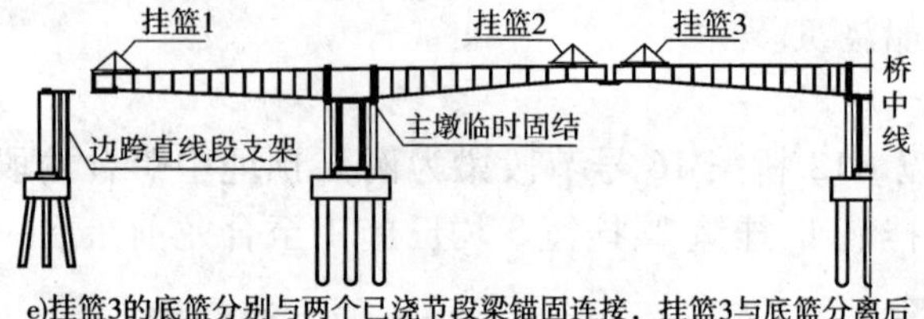

e)挂篮3的底篮分别与两个已浇节段梁锚固连接，挂篮3与底篮分离后空载后移2m至与挂篮2的对称位置

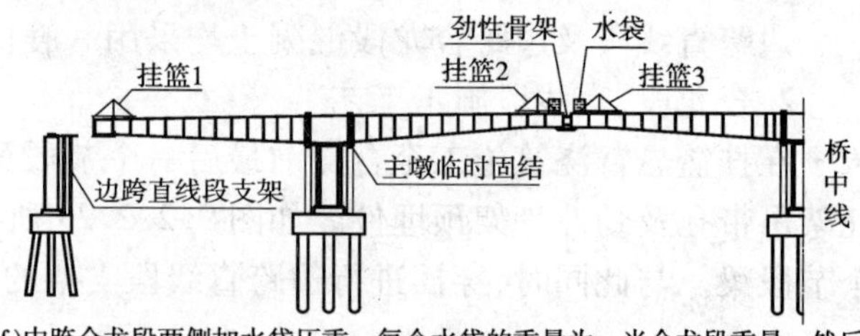

f)中跨合龙段两侧加水袋压重，每个水袋的重量为一半合龙段重量，然后焊接中跨合龙段劲性骨架

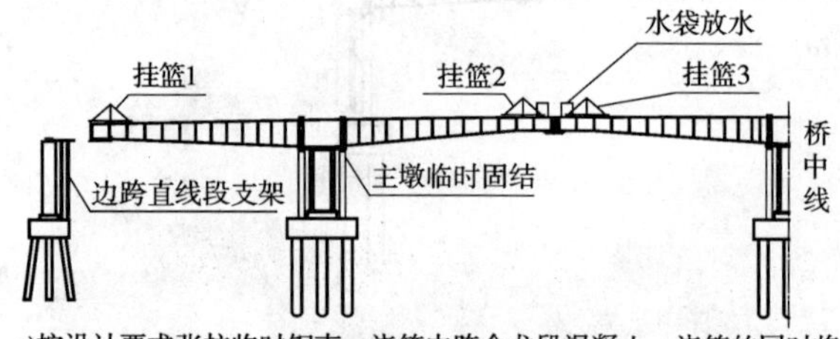

g)按设计要求张拉临时钢束，浇筑中跨合龙段混凝土，浇筑的同时将水袋内的存水与混凝土浇筑方量等重量放出

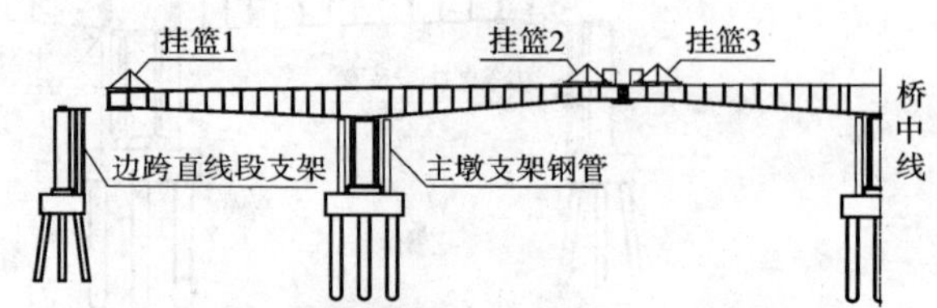

h)待合龙段混凝土达到强度要求，张拉中跨合龙段顶板及部分底板预应力钢束，解除主墩临时固结，完成中跨连续梁的体系转化

图 9.2.2.30 中跨合龙段的施工工艺流程

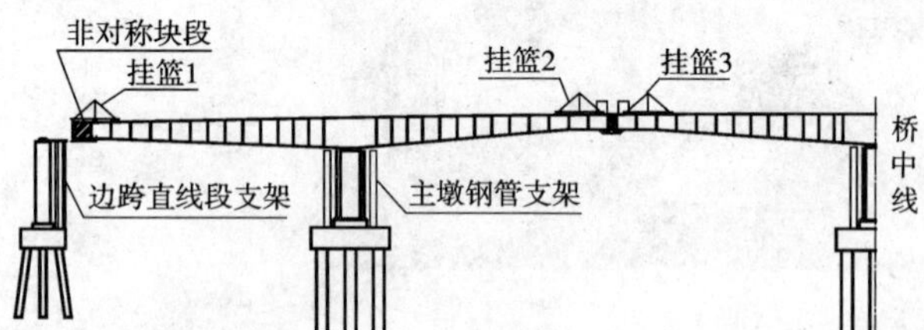

a)保持中跨挂篮重量，前移挂篮1，利用挂篮悬浇施工非对称的第17号节段梁，并在非对称节段梁内设合龙段吊架吊带孔和劲性骨架的预埋件

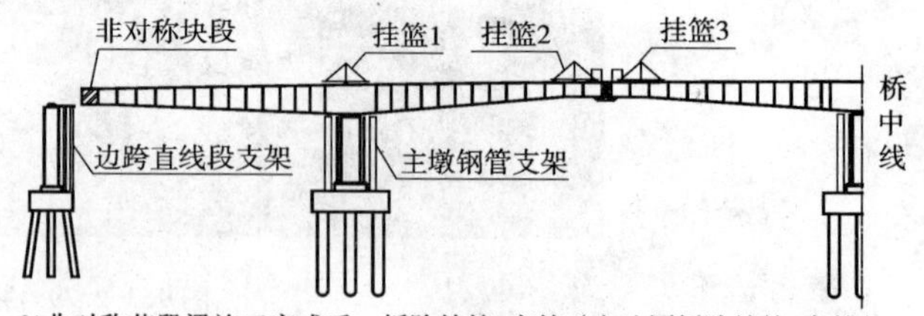

b)非对称节段梁施工完成后，拆除挂篮1底篮（方法同拆除挂篮2底篮），平移挂篮1至主墩墩顶，用塔吊将其拆除

图 9.2.2.31 非对称块段施工流程

(4)边跨合龙段施工

边跨合龙段混凝土采用吊模现浇，具体的施工工艺见图 9.2.2.33。

(5)第二次体系转换

在边跨合龙段施工完成，下一步工作便是进行辅通航孔连续梁第二次体系转换。具体的体系转换见图 9.2.2.34。

下面一组照片是辅通航孔桥采用挂篮悬臂浇筑海上施工的实况，见图 9.2.2.35。

3. 箱梁直线段、合龙段施工相关技术要求

(1)对称块段施工

在挂篮对称施工时应注意以下事项：

四跨连续梁采用挂篮悬臂浇筑法，施工起步便把梁结构划分为三个T形刚构悬浇混凝土。考虑到混凝土徐变造成梁体结构的变形与混凝土浇筑时间的长短有着密切的关系，应尽量缩短三个T形刚构最后一对块段的施工时差，确保合龙线形。

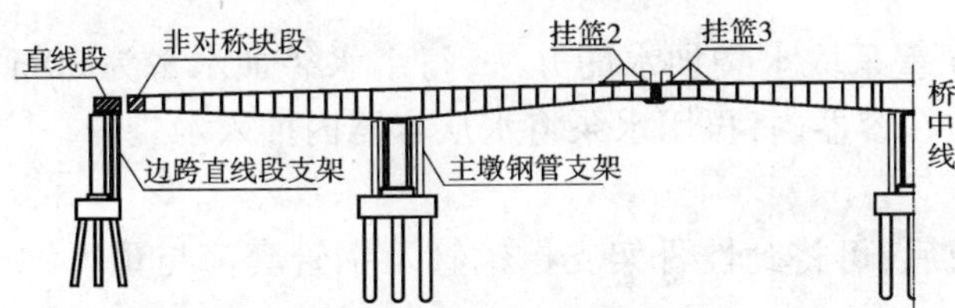

边跨直线段模板安装及钢筋混凝土施工，可与箱梁非对称块段同步（或稍早）进行，并在直线段内设合龙段吊架吊带孔和劲性骨架的预埋件

图9.2.2.32　边跨直线段施工

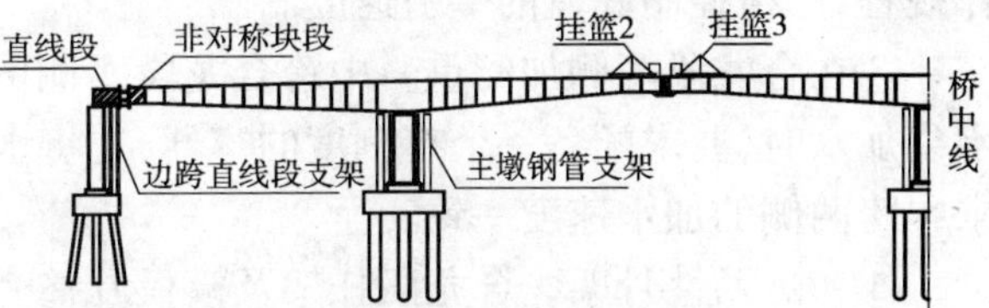

把边跨直线段底模及外模脱模，安装边跨合龙段吊模，绑扎合龙段钢筋，安装劲性骨架，现浇混凝土，张拉边跨合龙段所有顶、底预应力钢束及张拉中跨剩余底板束

图9.2.2.33　边跨合龙段施工

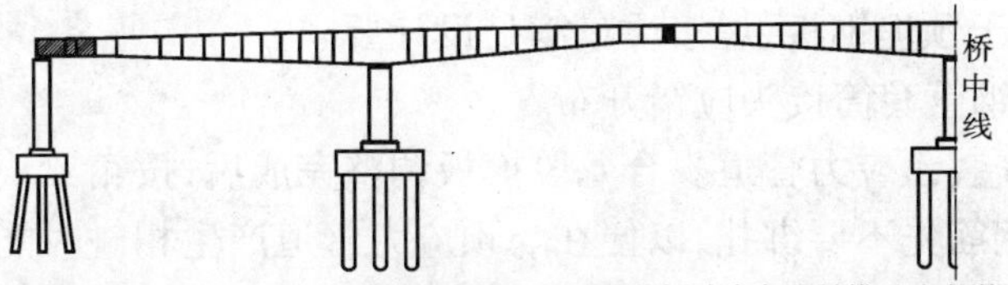

边跨合龙段施工完成后，先拆除中跨挂篮，接着拆除合龙段吊模及边主墩承台上的支架。最后完成全部裸梁施工，辅通航孔桥体系转化为连续梁

图9.2.2.34　全部裸梁施工完成

图9.2.2.35　挂篮悬臂浇筑海上施工实况

由于中跨合龙段吊模采用的是挂篮底篮，因此，在悬臂浇筑箱梁的最后一对块段(跨中侧块段)内，根据中主墩上挂篮底篮前后横梁间距及吊带孔位置埋设预留孔，预埋时要求前后横梁相对跨中对称。

按设计图纸要求，在块段内埋设中跨合龙段内部劲性骨架预埋件。预埋钢板必须与水平面垂直，且两个T形刚构对应预埋钢板的连线应与桥轴线平行。

根据施工方案埋设一定的施工预留孔或预埋件，主要考虑安装卷扬机及钢绳穿过的孔道。

(2)中跨合龙段施工

①挂篮2底篮拆除。挂篮2底篮拆除时，先脱模，再将底篮与外侧模间用型钢固定成整体，底篮下放吊点为4点，每个点有2~4股钢绳(直径不小于17.5mm)，然后用卷扬机整体匀速下放至驳船上。

底篮下放时，钢绳不能与预留孔处的混凝土直接产生摩擦；以免钢绳受损。

②安装合龙段吊模。挂篮3作为中跨合龙段模板的吊架，挂篮3脱模后，为了减小挂篮底板与梁底间的缝隙，可将挂篮底板及外侧模长度截短至2.4m，然后将底板和外侧模移至底篮中央位置并固定。挂篮3前移一段距离后，在箱梁翼板预留孔内穿出两组钢绳替换挂篮前吊带，挂篮继续前移至合龙段施工位置后，再用吊带替换钢绳，最后提升底篮、调模。在挂篮吊带替换或底篮牵引过程中要遵守安全操作规程，严格控制底篮的牵引速度。

③在合龙段两侧加配重。中跨合龙段两侧的配重采取水袋加水的办法，每个水袋加水量为30m^3。水袋加水时，要求配备一个有刻度的容器，先将水加在容器内，再用水泵将水从容器内抽入水袋内，并要求中跨两侧的加水速度一致。

④初焊劲性骨架。合龙段托架及模板调整完成后，可将劲性骨架支撑钢管及钢管套筒与预埋钢板焊接，如图9.2.2.36所示。

其相关要求如下：

a. 钢管必须水平；

b. 钢管接头必须垂直于预埋钢板，焊接质量满足设计要求；

c. 腹板上下两根支撑钢管套筒接头应错开布置。

⑤绑扎合龙段钢筋、安装预应力管道。合龙段模板调整完成后，按箱梁块段施工要求绑扎钢筋并安装预应力管道，套筒处的钢筋先不要绑扎，以便在与预应力管道产生相碰时能方便调整。

⑥合龙段劲性骨架。合龙段劲性骨架指支撑钢管与套筒间焊接，如图9.2.2.37所示。相关技术要求如下：

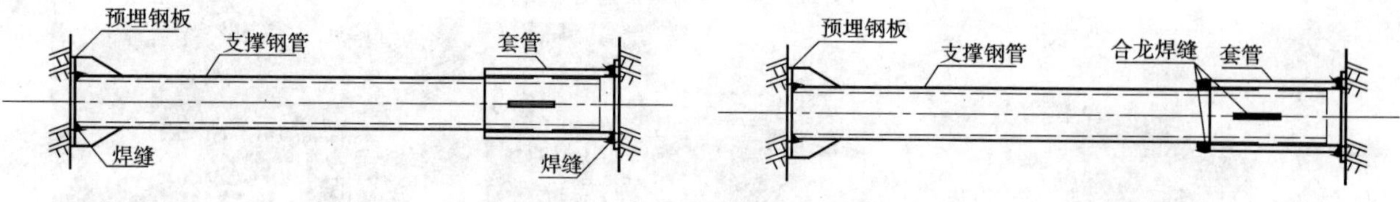

图9.2.2.36　初焊劲性骨架

图9.2.2.37　合龙劲性骨架

a. 劲性骨架施工前应进行24h气温观测，观测时间不少于2d，以找出一天中的气温变化规律。

b. 劲性骨架施工期间的气温应较稳定，避免有骤升或骤降气温出现。

c. 合龙劲性骨架前要求同一幅桥中跨两侧的4个配重已全部加好。

d. 同一中跨劲性骨架的4根钢管接头要求在一天的较低温度下同时焊接合龙。

e. 劲性骨架合龙焊接时要求每根钢管接头配一台电焊机，每台电焊机配置1名技术熟练的电焊工，4个合龙接头的焊接速度基本一致。

⑦张拉临时钢束及调整钢筋。劲性骨架安装完成后，按设计要求调整骨架接头处的钢筋。应及时张拉临时钢束，临时钢束的张拉力可根据劲性骨架的合龙温度作适当调整。其技术上要求张拉时的温度与劲性骨架合龙时的温度保持一致。

⑧混凝土施工

混凝土施工相关技术要求为：

a. 合龙段混凝土内应采用早强微膨胀混凝土，严格控制用水量，以减少混凝土的收缩，要求试验室提前做好混凝土配比试验。

b. 了解天气情况，要求合龙段混凝土浇筑后的5~7d内应避免气温骤降和寒潮天气，并要求在寒潮到来前张拉一定数量的中跨预应力束。

c. 混凝土浇筑选择在一天中温度最低的时间段内浇筑，以达到低温合龙的目的。

d. 同一幅桥的两个中跨合龙段采用两艘拌和船同时对称浇筑。

e. 根据混凝土浇筑方量，对称释放水袋内的水，放水时同样先将水先放入带刻度的容器内，以便控制放水量,使放水量与混凝土浇筑量保持一致。

f.适当延长中跨合龙段内外模板的拆除时间,同时加强混凝土的保温、保湿养护。

(3)释放主墩临时固结

在四跨连续梁中间两跨合龙段施工完成后,进行第一次体系转换,其主要措施是释放主墩临时固结。释放临时固结的顺序是先边主墩后中主墩。相关技术要求如下:

①合龙段第一批束张拉完成后应尽可能快速解除临时约束。

②同一墩上应先解除永久支座四周的约束(包括滑动支座的固定螺栓和0号节段底模板),然后对称释放箱顶临时固结锚筋;最后同时截割作为临时支座的4只钢箱,永久支座正式受力。

(4)施工非对称块段

①非对称块段施工工艺与对称块段施工工艺相同。

②非对称块段施工时应注意预留合龙段吊带孔和劲性骨架的预埋件。

(5)边跨直线段施工

①直线段钢管支架可在边墩墩身完成后,在箱梁块段施工中穿插进行。

②边跨直线段钢管支架搭设方法及相关技术要求同0号块支架搭,考虑到边跨直线段支架重量小,施工时可考虑将支撑钢管与平联先在驳船上焊接成整体,然后整体吊装至边墩承台安装。同一边墩的左右幅钢管支架同时安装。

③边跨直线段支架必须与边墩墩身连接牢固。

④直线段模板及钢筋混凝土施工可与非对称块段施工同步进行或稍早完成,而不宜提前施工,以利箱梁线形控制和施工安全。

⑤直线段施工时应注意伸缩缝钢筋的预埋及箱内管线预埋件的埋设。

(6)边跨合龙段施工

①边跨合龙段吊架下共两组横梁,其中一组横梁利用边跨直线段支架前排钢管上的横梁,另一组横梁新加工。

②钢管顶上的横梁应与钢管及斜撑脱开,通过吊带悬挂在直线段上。

③边跨劲性骨架焊接前,直线段的外侧模及底模应已脱开,如图9.2.2.38所示。

④合龙段技术要求同中跨合龙段,另外,边跨合龙段吊架重量不超过20t。

(7)拆除挂篮、边中跨合龙段吊架及钢管支架

①边跨合龙段施工完毕,拆除挂篮、边中跨合龙段吊架及钢管支架,考虑到海上起重设备的限制,可先将中跨两侧的挂篮移至墩顶后,由塔吊负责拆除。钢管支架采用浮吊拆除。

②拆除工作不影响其他工序施工。

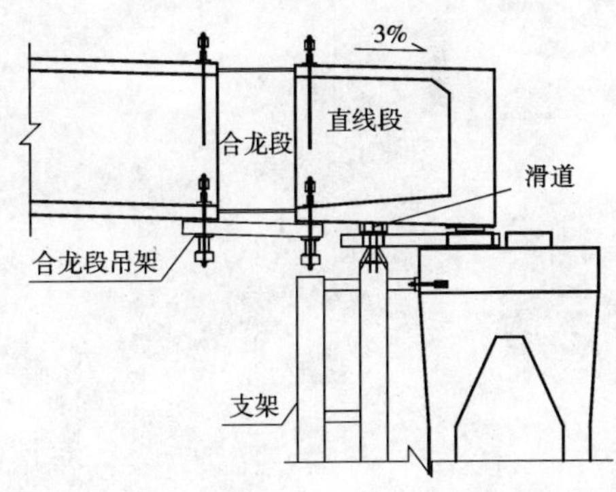

图9.2.2.38　边跨劲性骨架焊接前,直线段外侧模及底模示意图

第十篇

非通航段桥梁施工

第1章　非通航段桥梁施工内容概述

本篇专门介绍非通航段施工技术,主要内容包括:浅海区非通航段桥梁施工、深海区非通航段桥梁施工、近岛区非通航段桥梁施工和颗珠山斜拉桥施工。

在浅海区非通航段桥梁施工技术介绍中,讲述了临时栈桥的设计、施工和该区段桥梁上、下部结构的施工。

在深海区非通航段桥梁施工技术介绍中,讲述了该区段桥梁上、下部结构的施工。

在近岛区非通航段桥梁施工技术介绍中,讲述了该区段桥梁上、下部结构的施工。

在颗珠山斜拉桥施工技术介绍中,讲述了该桥梁下部结构中钻孔灌注桩的施工、承台施工、索塔施工和上部结构施工。

非通航段施工技术的具体内容详见以下各章节,这里不再赘述。

第2章 浅海区非通航段桥梁施工

2.1 浅海区非通航段工程概述

东海大桥浅海段位于防汛大堤向深海推进约1.25km的范围(K2+257.500~K3+552.000),桩号从PM75~PM101,桥梁上部结构为现浇预应力混凝土连续箱梁,分左右两幅,单幅为26跨,桥梁跨径的布置为42.6m+25×50m,包括五跨一联和七跨一联两种形式。桥梁标准段宽15.25m,高3m,设有3‰的纵坡和2%双向横坡,并设有竖曲线和半径3 000m的圆曲线。图10.2.1.1为浅海区预应力混凝土连续箱梁横截面,逐跨现浇。采用高性能C50海工混凝土。

浅海段现浇箱梁施工区域包括陆上段、滩涂段和海上段,跨越新大堤。海上段水深为0~10m,大部分区段的水深在2.5m,滩涂段长约150m,包含杂草区和防浪堤,地形条件复杂。

采用传统的满堂落地式支架和支承桩支架无法满足现场实况要求,而如采用预制箱梁结构形式,则运输船、起吊船等施工作业船舶因水浅无法进入施工区域。经反复论证,连续箱梁施工采用了滑动模板支架系统,即造桥机施工。该工程共设计制造了两台造桥机,其中1号造桥机施工上行幅26跨,2号造桥机施工下行幅26跨。图10.2.1.2为现场施工环境概貌。造桥机施工现浇箱梁总体布置见图10.2.1.3。

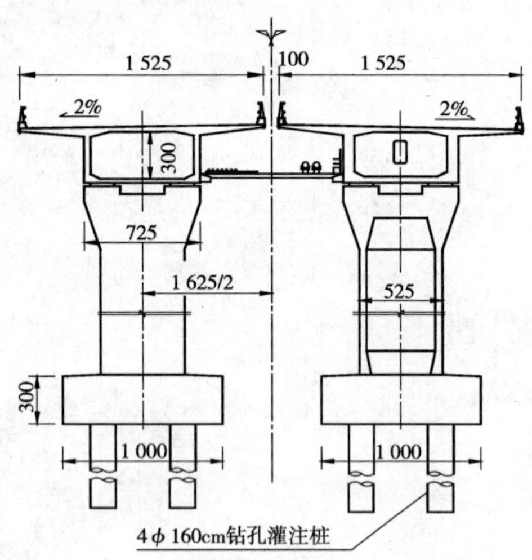

图10.2.1.1 浅海区预应力混凝土连续箱梁横截面(尺寸单位:cm)

图10.2.1.2 现场施工环境概貌

下部结构基础采用钻孔灌注桩,承台施工采用混凝土套箱沉入浅海底,进行承台混凝土现浇,同时套箱在承台混凝土未施工前又是钻孔灌注桩钻机的平台,墩身采用在承台上立模现浇。所有这些施工方案得以实施的首要条件需在桥梁的侧面搭设一座临时栈桥作为施工便道,以保证工程材料、施工机具、施工人员的运输与起吊安装的需要。

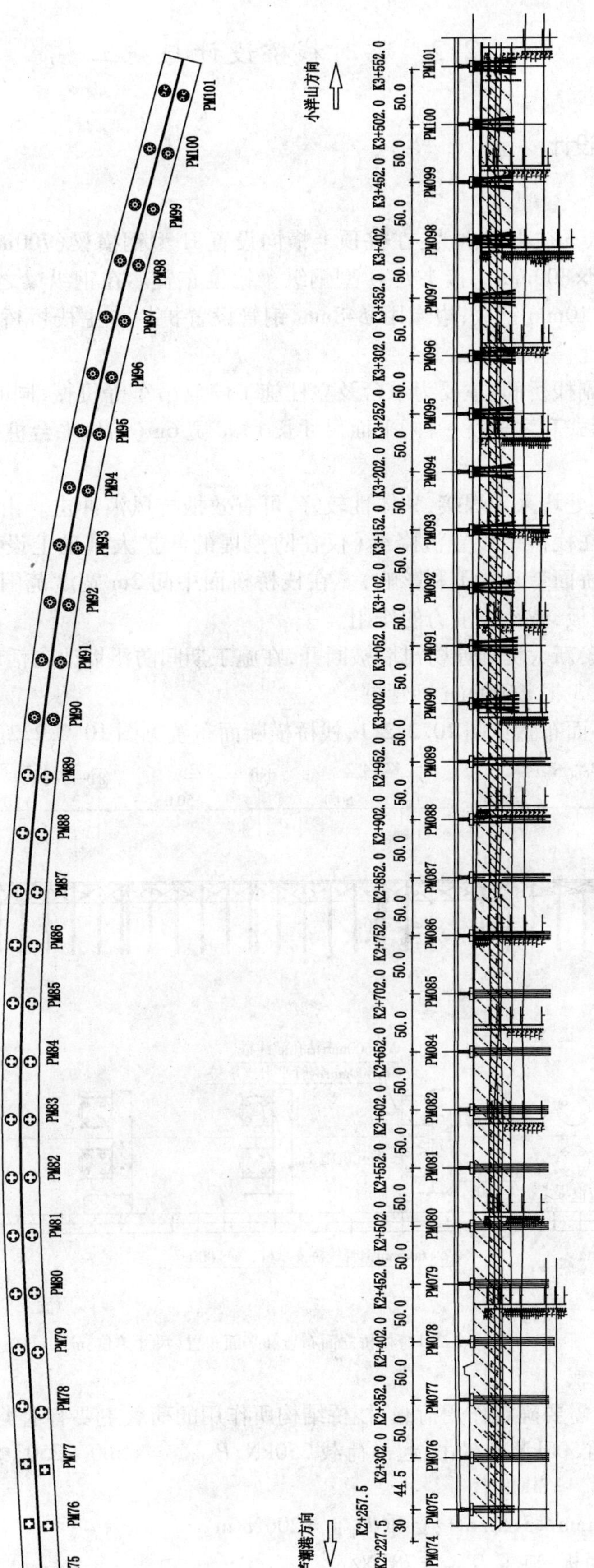

图 10.2.1.3　浅海区预应力混凝土连续现浇箱梁总体布置

2.2 临时栈桥设计与施工

2.2.1 临时栈桥设计

1. 栈桥结构形式

主栈桥上部结构从下往上依次为：在桩顶上横向设置H型钢横梁（700mm×300mm），纵向设置4道H型钢纵梁（700mm×300mm），接头处H型钢纵梁错位布置。在钢纵梁之上横向每隔250mm铺设18号工字钢，路面铺设10mm钢板，边缘用ϕ48mm钢管设置护栏。主栈桥桥面宽6m，行车道满足50t履带吊行走及起吊工作。

吊机平台位于主、副栈桥间，主要为承台及立柱施工停放吊车等机械，同时也作为主栈桥的回车平台。吊机平台的结构形式和主栈桥一样，平面尺寸长15m、宽6m（吊机平台桩基入土深度也与主栈桥一致）。

栈桥所有结构连接处均采用焊接，整体性较好，可有效抵抗风浪冲击。由于栈桥长度较短，且为了保证整体刚性，一般不在栈桥中设置沉降缝（仅在防浪堤的两扩大基础上设双排墩6根，纵梁在此断开，以消除基础沉降对桥面带来的不利影响）。在栈桥桥面中间2m宽度范围内采用网格钢板铺设，以防止波浪直接冲击桥面板，减小波浪力的作用。

由于主栈桥的施工，新大堤处原防汛墙被断开，在施工期间防汛墙改为活动式防汛墙。

栈桥基础采用一墩3根ϕ600mm钢管桩。

栈桥立面布置和平面布置见图10.2.2.1，栈桥横断面布置见图10.2.2.2。

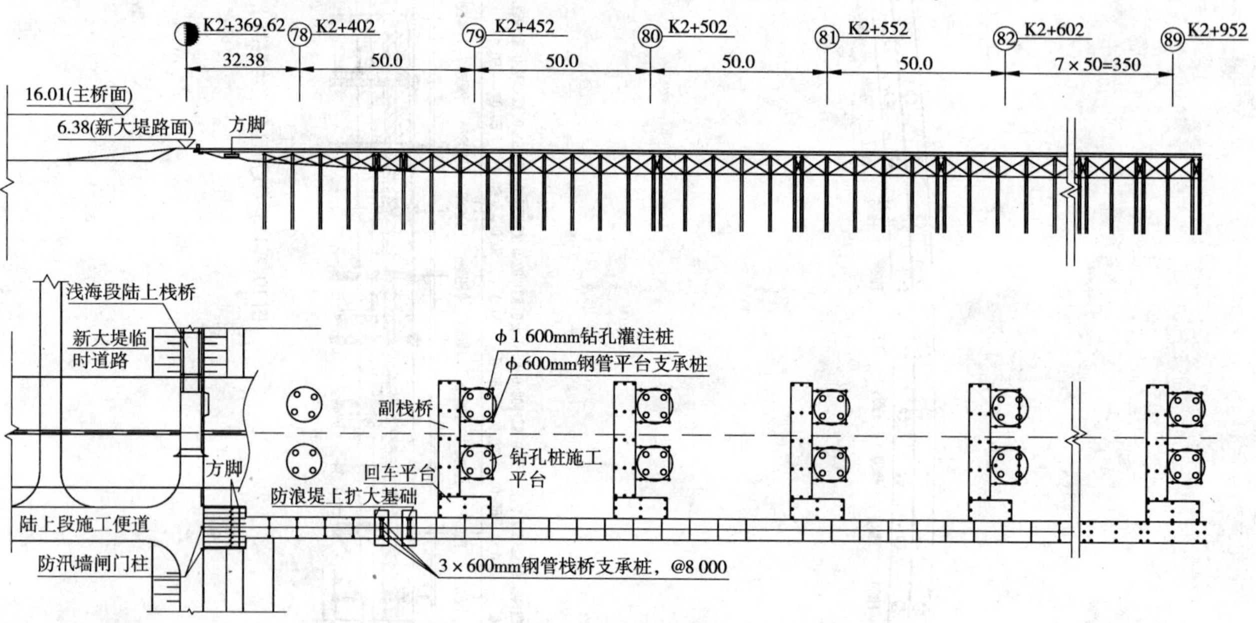

图10.2.2.1 栈桥立面布置和平面布置（尺寸单位：m）

2. 栈桥上部结构荷载

对栈桥的结构设计需要确定作用荷载，栈桥结构所作用的荷载主要有七类。

（1）桥面荷载：一辆500kN履带吊，起吊荷载250kN，$P_{履带吊}=(500+250)\times1.3=980$（kN），单辆满载混凝土的搅拌车$P_{搅拌车}=300$kN。

（2）钢管护栏（ϕ48mm×3.5mm）：自重$D_{护栏}=206$N/m。

（3）10mm钢板桥面板：自重$D_{钢板}=785$N/m^2。

（4）18号工字钢桥面板横梁：自重$D_{横梁}=241.4$N/m。

(5)H 型钢纵梁(700mm×300mm):自重 $D_{纵梁}=1\ 850N/m$。

(6)桩顶 H 型钢横梁(700mm×300mm):自重 $D_{桩顶横梁}=1\ 850N/m$。

(7)钢牛腿:自重 $D_{钢牛腿}=480N/墩$。

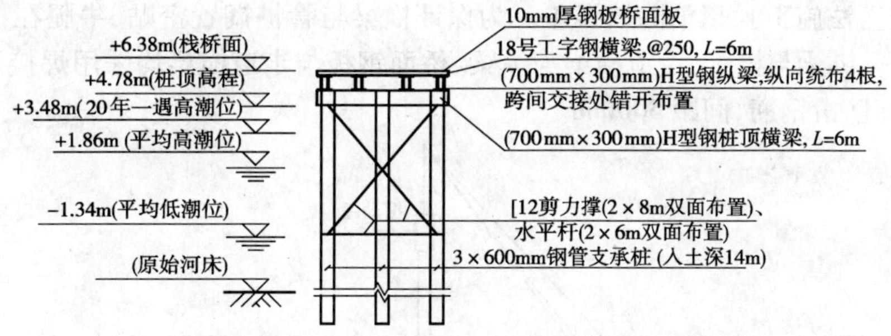

图 10.2.2.2　栈桥横断面布置

3. 栈桥构件受力计算

栈桥的结构计算是较为简单的,栈桥上部结构的纵、横梁均按简支梁验算,桩基按规范提供的计算公式进行验算。需要说明的是对桩基的验算要考虑波浪力的作用,对波浪力的考虑另见有关章节。对栈桥的结构验算这里就不一一介绍了。

2.2.2　临时栈桥施工

浅海段水上栈桥主要包括主栈桥、副栈桥(桩机平台)及吊车平台(回车道)。三者顶面高程一致,为保证副栈桥在施工期间重复利用的功能,副栈桥上部结构与主桥断开。栈桥桥面按照20年一遇高潮位(+3.48m)及2m浪高,并结合新大堤顶高程为+6.38m(国家85高程),确定桥面高程为+6.38m。荷载考虑满足50t履带吊进行施工作业的要求设计。

1. 基础形式

栈桥基础采用一墩3根 ϕ600mm 钢管桩。在跨新大堤处由于存在大堤的护坡和防浪堤填石段,无法进行钢管桩基础的施工,拟在护坡上设一个方脚基础以及在防浪堤上设两个钢筋混凝土扩大基础作为栈桥的基础,该区域为栈桥的起点。

修筑栈桥时采用吊车配合,逐跨搭设钢栈桥,向海中推进施工,打入桩基础采用三根(横向间距2.54m)ϕ600mm 钢管桩(壁厚8mm)。打入桩施工由吊车悬吊60kW振动锤将钢管桩振动打入土中14m深处,由《地基与基础施工手册》可以查出该设备符合施工要求,桩顶面高程+4.79m,桩基纵向间距8m。主栈桥、回车道桩基入土14m深。由于随着距离的变化海床面的高程逐步降低,在施工过程中拟采用19m、23m两种长度的管桩,其中在84号墩之前均用19m管桩,在84~89号间用23m长的管桩。在88~89号之间由于桩的外露桩长度比较大,为加强栈桥整体刚性,此段之间每两跨端头墩处打设双排钢管桩,跨间距为7m+2m+7m的形式。

在每一个墩柱处设副栈桥一座,副栈桥的宽度6m,长度为33m。副栈桥的桩基也采用单排三根ϕ600mm 钢管桩,跨距为8m,入土深度与相应主栈桥深度一致(入土深度为14m)。考虑到施工的方便性以及灌注桩、承台定位桩的重复利用功能,在副栈桥外承台位置处打设十二根 ϕ600mm 钢管桩,并修筑钻机平台。此平台仅作钻机钻孔之用。副栈桥配备六套,主要为钻孔灌注桩、承台、立柱施工起辅助作用,拆除后移至后续跨使用。

2. 施工流程及施工工艺

浅海段栈桥施工流程为:测量定位 → 导向杆固定 → 吊机就位 → 起吊管桩 → 将管桩打至设计高程 → 切割限位槽 → 横梁就位焊接施工 → 纵梁固定焊接施工 → 走道板横梁施工 → 铺设走道板 → 扶手安装 → 设备移位施工下一跨栈桥。

打桩采用定制导向框架定位,即先由测量人员在已施工完的桥面上打出纵横轴线,由50t吊车吊住导向框架并依照测量的纵横轴线向前延伸或左右平移，人员辅助微调，经测量校核孔位准确后进行导向框架后座螺丝固定，之后50t吊车松吊，进行吊桩、打桩施工，见打桩示意图10.2.2.3。为保证施工速度，钢管桩打设时不分节。由于桩顶沉设高程有一定的误差，在限位槽切割时，深度严格按横梁底高程控制（测量配合，挂篮法施工），以消除该误差。为保证横梁与管桩搁置密贴，牛腿在横梁就位以后紧贴梁底焊接于桩身上。纵梁与横梁、走道横梁与纵梁、桥面钢板与走道横梁均采用焊接。桥面钢板表面横向焊接通长 ϕ12mm 防滑钢筋，间距500mm。

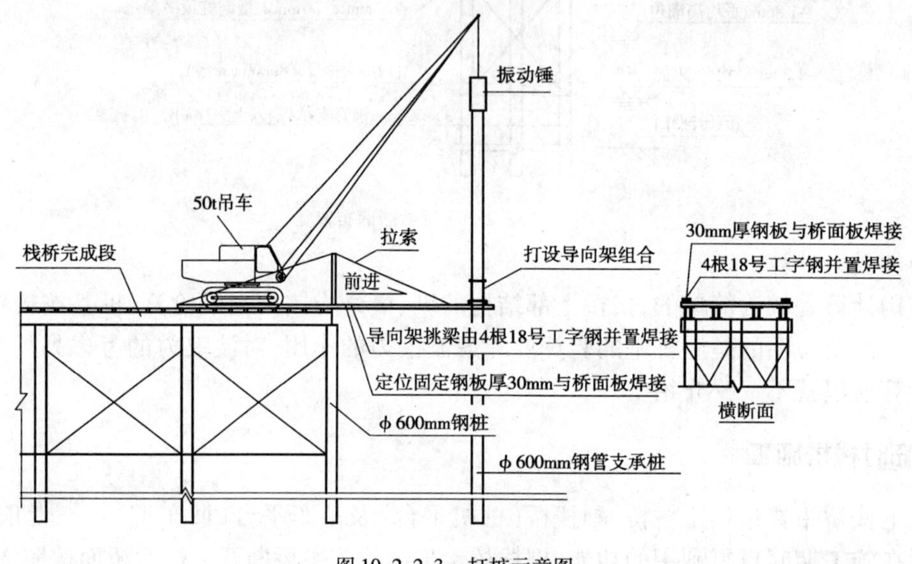

图10.2.2.3 打桩示意图

2.3 浅海区非通航段桥梁下部结构施工

2.3.1 钻孔灌注桩施工

1. 概述

钻孔灌注桩涉及墩号：75～89号，设计直径160cm，桩长60～62.5m，每个桥墩8根，总计120根。

（1）地质情况

近岸地区地层主要为全新世到上更新世的滨海、河口、浅海溺谷和湖沼相沉积，地层分布见表10.2.3.1。

浅海区地质勘探资料（单位：m） 表10.2.3.1

层号	地层名称	层底埋深（85高程）	层厚	地层特征
①	灰褐色淤泥	-5.89	1.00	夹较多粉性土
$②_2$	灰黄色黏质粉土	-12.39	6.50	夹层黏土，局部呈砂质粉土状
④	灰质淤泥质黏土	-19.19	6.80	夹少量薄层粉砂
⑥	暗绿色草黄色粉质黏土	-23.89	4.70	含氧化铁斑点及暗色条纹
$⑦_1$	草黄质砂质粉土	-32.39	8.50	局部夹较多黏性土，中密状
$⑦_{2\text{-}1}$	草黄—灰黄色粉砂	-44.89	12.50	含少量钙质结核及块状结核，密实状
$⑦_{2\text{-}2}$	灰黄色粉砂	-59.89	15.00	含少量黏性土及细砂，密实状
$⑦_3$	灰—灰黄色粉砂	-72.89	13.00	夹层黏性土
⑨	灰色粉砂	未揭穿		夹较多黏性土

施工时要穿越以黏性土为主的①、$②_2$、④、⑥地层和穿越以砂性土为主的$⑦_1$、$⑦_{2\text{-}1}$地层，以$⑦_{2\text{-}2}$或$⑦_3$层作为桩端持力层，并以桩侧摩阻力和端承载力的合力作为桩承载力。

(2)现场情况

钻孔灌注桩设计直径160cm,桩顶高程0.00m,桩尖处高程-60.0m,桩长60~62.5m。

浅海段涉及的墩号包括79~89号,泥面高程为1.5~0.0m,考虑采用沉放的钢筋混凝土套箱作为钻机平台的基础。常水位高程为+1.87m,百年一遇的高潮位为3.73m,考虑风浪的影响,钻机平台的高程定为+4.5m。钻机平台搭设在钢筋混凝土套箱上。用50t履带吊沉放套箱后,在其上用双拼30号槽钢搭设施工平台。预留出桩基的操作空间,用槽钢搭出井字形框架,铺设路基箱板。

2. 钻孔灌注桩钢护筒的制作及沉放

(1)钢护筒制作

钢护筒采用12mm厚的A3钢板在工厂分节制作而成。钢护筒直径为1 700mm,每个截面的椭圆度不大于8mm,并用加劲板加劲,筒壁不得漏水。根据该处的泥面及地质情况,最长护筒12m,最短3m,大部分为6m,为了安装和运输的方便将管节分为3m和6m两种。护筒采用焊接连接。

(2)水上钢护筒埋设(79~89号墩)

在钢护筒沉放前,钻机平台已搭建完成,先在钻机平台上精确地放出桩位,安装导向架,导向架由四根足够刚度的槽钢及联系杆组成,直接焊接在钻机平台上。

护筒制作好并检查合格后运往钻机平台。用25t汽车吊吊起护筒,使其垂直放入导向架,通过经纬仪控制垂直度后,用振动锤施打,下沉到护筒顶比平台高约20cm,护筒入土深度6m(入原生土1.0m深),一节护筒不够长时接长继续振动下沉到设计高程。

护筒接缝做到紧密,防止漏水。沉放过程中注意观察护筒的位移,及时纠正、调整,确保其垂直度。护筒下沉完毕后将桩中心点反引到护筒上,在护筒的上口做好四个对称标记,并量出标记到桩中心距离,施工过程中以此作为检查、校核钻孔中心和下放钢筋笼的依据。测量技术人员复测护筒位置无误后,将护筒与施工平台固定。

3. 设备配置

根据场地条件及工期要求,现场将安排4台GPS15型正循环回旋转钻机,每台桩机配备1台3PNL泥浆泵。每个墩配置两台桩机,施工中每个墩相对便道(便桥)按从外到里的顺序进行。

由于本工程的施工特殊性,还需对钻机进行一些针对性的改动,考虑到钻机平台比较小,桥墩之间距离较长的特点,需要安装四只升降式行走轮。同时考虑到为确保钢筋笼安放垂直,需要把钻塔加高至11.5m以满足要求。新大堤内侧钻机的移位采用铺钢轨的方法。

4. 开钻成孔

采用正循环回旋转钻机成孔。

(1)钻机就位前,对钻机的各项准备工作进行检查,如场地布置与钻机坐落处的平整和加固,主要机具的检查与安装,配套设备的就位及水电供应的接通等。由汽车吊配合拼装钻机。

(2)使用同心度好的双腰带长钻头,并使锥形夹角不小于120°,经常核验钻头直径,以保证钻孔垂直度和钻孔直径。

(3)钻机就位时,用仪器检查钻杆的位置及垂直度。确保回旋钻机顶部的起吊滑轮缘、转盘中心和桩孔中心三者在同一铅垂线上,其偏差不得大于2cm。开钻时,先启动泥浆泵和转盘,待泥浆进入钻孔一定数量后,方可开始钻进,在黏性土中中等转速、大泵量、稀泥浆钻进;在砂土中轻压、低挡慢速、大泵量、稠泥浆钻进。

(4)钻孔过程中根据不同地质情况,采取适当措施以避免或减少斜孔、扩孔现象。为了防止钻孔中心偏斜,在钻进初期(5~15m深)进行水平和垂直校正。

(5)钻孔作业连续分班进行;经常对钻孔泥浆进行检验,不合要求时,随时改正;对照地质勘探资料,注意土层变化并捞取渣样判明土层,并记入记录表中。若与地质资料不相符时,则及时通知监理和设计部门,做相应处理,认真填写钻孔施工记录表。

(6)钻进过程中加强检查,发现偏斜及时纠正。方法是将钻头提升至开始偏斜处,慢速扫孔修正;

随时注意钻进操作有无异常情况，如发现摇晃、跳动或钻进困难，可能是遇到硬层或一边软一边硬土层所致，此时要放慢进尺，待穿过不均匀土层后方可正常钻进。

(7)加接钻杆前，先将钻具稍提离孔底慢速转动2~3min再加接钻杆，以便有意识地形成糖葫芦状孔壁，以增大桩体的承载力。

(8)钻进过程中，严格控制护筒内外水位差，使孔内水位高于地下水位，以防坍孔。严格控制钻进速度，如钻进速度高、泥浆相对密度大、钻进过快、切削下来的泥块大、未成浆，则对钻机产生较大阻力，有可能使电机超负荷而损坏。钻进速度与制浆、排渣能力相适应。一般钻进速度要低于供应泥浆和排渣速度，以免埋钻。

(9)采用换浆清孔，在钻孔达到设计高程后，提升钻锥距孔底10~20cm，继续循环，以相对密度较低(1.1~1.2)的泥浆压入，把钻孔内的悬浮钻渣和相对密度较大的泥浆换出。

5. 泥浆制作及泥浆循环系统

(1)泥浆池设置

泥浆池采用8mm厚钢板焊接而成，规格为8m×4m×2m，中间间隔为沉淀池和循环池两部分。配置一辆泥浆车外运多余泥浆。

(2)泥浆选用

由于桩基穿过的砂性土较厚，对钻孔不利，容易造成塌孔、漏浆等现象，故护壁泥浆采用性能较好的膨润土、火碱及纤维素等。

在用水比较困难的情况下，可利用海水。但海水含NaCl高，黏土粉易结团，聚结下沉，因此需加入Na-CMC降失水剂，以保证泥浆的黏度及稳定性。另外海水造浆会使泥浆的pH值<8，使泥浆性能不稳定，流动性差；当pH值>11时，容易糊钻，因此pH值控制在9~11之间，pH值用NaOH来调整。海水泥浆主要性能指标控制在如下范围内：密度1.1~1.2kg/L；黏度25~35s；失水量5~10mL/30min。

在钻进过程中，操作人员应根据地层地质的不同而调整钻进速度及泥浆的稠度，且不断进行清渣。钻渣及泥浆经处理排放到指定地点，以免污染周围环境。

桩孔中的泥浆指标做到严格控制，好的泥浆不但有利于保证孔壁稳定，而且有利于悬浮起钻渣，加快施工进度。在钻进过程中定期每班检测桩孔中泥浆的各项指标。成孔后清孔时在孔底注入新鲜、优质泥浆，以保证孔底干净。

为确保④层孔壁稳定，开孔时采用人工化学泥浆。造浆材料以膨润土为主，其与水比例为1:3。为提高其分散性，可加掺量为0.5%的碱，使泥浆相对密度达到1.12，黏度以22s为佳。⑥层以上以黏土为主，可采用原土造浆。⑥层以下砂性土层中，泥浆性能指标适当提高，以利碎屑物质能顺利携带出来。成孔过程中，孔内泥浆面保持稳定，不低于孔外水面30cm深。

(3)泥浆循环系统

在浅海段施工时，在钻孔平台旁用钢丝绳连接泥浆池，将海水用潜水泵抽到泥浆箱内，加入黏土等原料，经泥浆搅拌机搅拌达到要求后，由泥浆泵送至孔内(泥浆泵直径为108mm)。孔内流出泥浆用ϕ324mm负压橡胶管连接返回泥浆沉淀箱，当沉淀箱泥浆超过要求时，用排浆泵排到指定地点或外运。

6. 钢筋笼制作与安装

桩基钢筋笼的制作在指定的钢筋加工场内进行，由专用运输车运输到桩位。主筋采用支架和加强箍筋成型相结合的方法施工，支架用10mm厚钢板加工而成，支架每3m设一个，相互平行，其圆心在同一轴线上，制作时先把下半圆主筋放入支架内，按设计要求放加强箍筋，并焊接好闭合节点，然后按设计要求放置预先做的内箍和主筋，焊接形成骨架。骨架焊好后，套入外面的螺旋箍筋，按设计要求与主筋连接。

钢筋笼分段制作，每段长9~10m，接头部分相邻两根主筋接头处按规范要求错开1.0m长。为使钢筋笼在吊运时不散架、不变形，在每个起吊处焊"口"形吊装加固钢筋。为防止钢筋笼挂壁及保证钢筋笼的保护层厚度，每隔4m设一道钢筋笼保护耳朵，由混凝土加工而成，每道设4个。

钢筋笼制作好后，由钻机起吊沉放。为确保钢筋笼起吊时不变形，采用两点起吊，第一点设在钢筋笼的上端起吊加强筋的四个角，第二点设在钢筋笼的中点到三分点内。同时起吊两个吊点，待钢筋笼离开平台 2m 左右高，第二点停吊，继续起吊第一点，使钢筋笼垂直，然后除去第二吊点。将钢筋笼徐徐放入孔中，当第一节钢筋笼顶与护筒顶相距约 1m 时，临时吊挂固定于护筒上，并解除吊绳。用同样方法吊起第二节搭接焊接或挤压接头连接。钢筋笼接长完成后，解除托卡继续下沉到设计高程。然后在钢筋笼顶均匀焊接三根粗钢筋并与护筒或平台焊接牢固，以防在混凝土浇筑过程中上浮或下沉。

7. 清孔

钢筋笼下放完毕后，用钻机机架下放导管进行第二次清孔。采用泵吸反循环的方法，用相对密度较小（$\gamma = 1.1 \sim 1.2$）的泥浆压入孔内，将钻孔内相对密度较大的泥浆换出。检查孔底沉渣厚度和孔内的泥浆性能指标，符合设计和规范要求后，即可停止清孔。

8. 混凝土灌注

桩基混凝土采用商品混凝土，搅拌车运至现场泵送入灌浇筑。水下混凝土要具备良好的和易性，配合比通过试验确定，按规范要求将设计强度提高一个等级，坍落度控制在 18 ~ 22cm。为保证混凝土的质量适量添加缓凝剂。

混凝土浇筑采用垂直导管水下浇筑混凝土的方法。导管采用无缝钢管，壁厚 10mm，内径 280mm，直径的制作偏差不得大于 2mm。采用分节制作，最下面的一节长 6.0m，其余每节长 2.0m，接头采用法兰盘。为防止导管拔出时挂住钢筋笼，设置了三角形加劲板。导管使用前进行试拼装、试压，试水压力为 0.6 ~ 1.0MPa，不漏水为合格。

漏斗采用 4 ~ 6mm 厚钢板制作，做到不漏浆、不挂浆。漏斗的高度除应满足导管拆卸等操作需要外，并应在灌注到最后阶段时，不致影响导管内混凝土柱的灌注高度。桩顶设计高程为 0.0，考虑到泥浆影响，混凝土浇筑高程为控制在 0.5m 以上，支架平台高程为 3.5m。漏斗底口高出桩顶 h 值，按《公路施工手册　桥涵》提供的计算式计算：

$$h \geqslant (p_0 + \gamma_w h_w)/\gamma_c \tag{10.2.3.1}$$

式中：h——漏斗底口至预计灌注的桩顶以上所需高度；

p_0——使导管内混凝土下落至导管底，并将导管外的混凝土顶升时所需的超压力，钻孔桩取 100 ~ 150kPa；

γ_c——混凝土拌和物的重度，取 $24kN/m^3$；

γ_w——取井孔内水和泥浆的重度，取 $11kN/m^3$；

h_w——井孔内混凝土面至钻孔时水面高差，取 2.0m，水或泥浆深度当预计桩顶高出水面时，此项可不记入。

经计算 h 为 6m，即漏斗底高程为 6.0m。

隔水栓采用强度等级为 C20 的混凝土制作，圆柱形，内径比导管内径小 20mm，高度比直径大 50mm。采用 4mm 厚的橡胶垫圈密封。

首批混凝土方量应满足导管初次埋深的需要，首批混凝土的数量可按《公路施工手册　桥涵》提供的参照图 10.2.3.1 和计算式（10.2.3.2）计算。

$$V \geqslant \frac{\pi d^2}{4} h_1 + \frac{\pi D^2}{4} h_2 \tag{10.2.3.2}$$

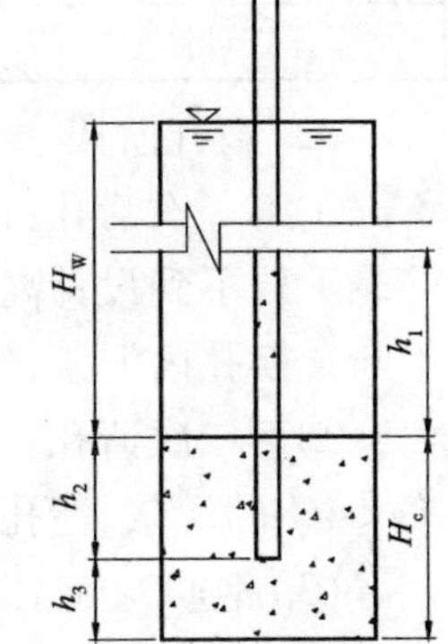

图 10.2.3.1　首批混凝土数量计算

图中和式中：V——首批混凝土所需数量；

h_1——井孔混凝土面高度达到 H_c 时，导管内混凝土柱平衡导管外水（或泥浆）所需要的高度，即 $h_1 \geqslant H_w \gamma_w / \gamma_c$；

H_c——灌注首批混凝土时所需井孔内混凝土面至孔底的高度，$H_c = h_2 + h_3$；

H_w——井孔内混凝土面以上水和泥浆深度；

D——井孔直径；

d——导管内径；

γ_w——泥浆密度，取1.1～1.2t/m^3；

γ_c——混凝土密度，取2.3～2.4t/m^3；

h_2——导管初次埋置深度，$h_2 \geq 1.0$m；

h_3——导管底端至钻孔底间隙，约0.4m。

经计算首批混凝土方量$V=4.58$m^3。

施工时用熟练工人进行操作，先将导管插入到距孔底0.3～0.4m处，使隔水栓与导管水面紧贴，储备足够方量的混凝土，然后剪断钢筋，观测排出的泥浆并用测深锤球确定剪球是否成功。灌注过程中，经常检测混凝土面高程和埋管深度，始终保持导管下口埋入孔内混凝土2～6m深，使孔内泥浆不能进入导管。当混凝土面接近钢筋笼顶部时，适当加深导管的埋深，并放慢混凝土的灌注速度，以防钢筋笼上浮。整条桩的混凝土一次灌注完毕，高出设计高程0.5m。

9. 钻孔灌注桩的质量控制措施和标准

(1)成孔施工阶段

①严格按设计图纸放样，确定桩的位置。钻机做到安装平稳，确保在施工中不移位。桩的定位采用三次定位纠正措施，第一次放样定出孔位中心，放置导向架，第二次校正护筒位置，请监理复核，第三次钻机就位时使钻盘中心和孔位中心重合。

②为控制成孔的深度，在桩架和桩管上设置控制深度的标尺，以便在施工中进行观测。

③原土造浆成孔时，适当加入外渗剂(纯碱)以改善泥浆的品质，以使在钻孔时对不同土层中的空隙进行渗透填实，使孔内漏水现象减少，保持孔内的水压，防止塌孔，保护空壁。

④在软土层钻进时，以低挡慢速均匀钻进为宜，特别在护筒出口处更应避免失稳和渗漏；在地层变层处控制钻速和钻压，以免因地层软硬差异而产生孔斜(特别在钻进⑥层土中要防止缩径和孔斜)；钻头要有保径措施，对易缩径土层配合必要的复钻；在防超径中要注意不使用弯曲的钻杆，钻头连接保持同心度；在黏土层中钻进时采用中高挡转速，在淤泥和粉沙层中要采用抵挡转速；从硬层到软层时适当加快钻进速度，当从软层到硬层时少加压，慢钻进。各土层成孔钻进参数见表10.2.3.2。

正循环成孔钻进参数

表10.2.3.2

地　层	钻压(kPa)	转速(r/min)	泵量(m^3/h)
黏性土	15～25	60	70
粉性土	10～20	50	70
砂性土	5～15	40	70

(2)清孔阶段

①第一次清孔：钻进到设计高程后进行清孔，把泥渣清理干净，保证有效孔深满足设计要求，以免钢筋笼下放不到设计高程，清孔使用钻具，采用相对密度1.15～1.20、黏度22～24s、含砂率<6%的泥浆不断置换孔内泥浆，经验收合格后起钻。

②第二次清孔：下导管后用泵吸反循环进行第二次清孔，采用相对密度<1.15、黏度20～22s、含砂率<4%的泥浆，清孔结束后沉渣不得大于10cm。经检验合格后灌注混凝土。

(3)钢筋笼施工阶段

①钢材要有质保单，并做力学试验和焊接试验，合格后才能施工。

②电焊条要有质保单，按钢筋的规格选用适宜的电焊条。

③钢筋笼制作要符合规范和设计要求，加工后的钢筋笼根据标准认真检查，并提交甲方和监理验收，不合格的部分进行修正，合格后方可下入孔内。

(4)水下混凝土施工阶段

①根据设计要求，商品混凝土设计强度比桩身混凝土强度高一级，混凝土初凝时间应是灌注时间的

2倍以上,并具有良好的和易性和流动性,坍落度为18~20cm。

②灌注过程中有专人负责计算及测量混凝土的位置,适时提升和拆卸导管,严禁将导管提离混凝土面,并及时做好灌注记录。

③混凝土灌注应连续紧凑进行,不得中断,同时在灌注过程中应保持每浇筑3~5m高窜动一次导管,使混凝土充填密实。

④为确保桩顶高程和桩头质量,桩顶设计高程以上按要求超灌不少于0.5m高。

(5)质量控制标准

质量控制标准见表10.2.3.3。

正循环成孔钻进质量控制标准　　表10.2.3.3

项　目	容许偏差
孔的中心位置	群桩:不大于10cm。单排桩:不大于5cm
孔径	不小于设计桩径
倾斜度	直桩:小于1%。斜桩:小于设计规定的±25%
孔深	不小于设计规定
孔内沉渣厚度	不大于0.4d
清孔后泥浆指标	相对密度:1.05~1.2。黏度:17~20s。含砂率<4%

10.钻孔灌注桩施工中可能出现的问题及预防措施

(1)成孔阶段

在钻机成孔阶段施工应对措施见表10.2.3.4。

正循环钻机成孔阶段预防措施　　表10.2.3.4

可能出现的情况	可能的原因	预防处理措施
塌孔	a.护筒埋置过浅,护筒底脚漏浆; b.孔内水头太低; c.泥浆稠度小,起不到护壁作用; d.操作不当,碰撞了孔壁; e.在松软沙层中钻进,进尺太快; f.振动等造成孔壁的完整性受到破坏	a.当塌孔部位不深时,采用深埋护筒法; b.轻度塌孔可以提高水位和加大泥浆密度; c.严重塌孔时用黏土泥膏投入,待孔壁稳定后,采用低速钻进; d.水位变化过大,要升高护筒,增加水位或采用虹吸管,保证水头相对稳定; e.在松软沙层中钻进时,控制钻进速度,并用较好的泥浆护壁; f.相邻处护筒的下沉要距4d,或时间间隔36h
钻孔偏斜	a.钻架不稳,钻杆导架不垂直,钻机磨耗,部件松动; b.土层软弱不均,致使钻头受力不均; c.钻孔中遇到较大探头石; d.钻杆弯曲,接头不正	a.检查纠正桩架,使之垂直,安置稳固; b.偏斜过大时,置入土石,重新钻进; c.如有探头石,应将其钻透或采用冲抓机,将其击碎
卡钻	a.孔内出现梅花孔或缩孔未及时处理; b.钻头被塌孔的泥块或误落入的大工具卡住; c.钻头尺寸不统一,补焊的部分过大	a.对于向下能活动的上卡,可用上下提升法; b.卡钻后不宜强提,可用冲吸的方法将钻头周围的钻渣清除; c.钻头尺寸要统一,下钻应控制钻进速度,不能太猛、太快
扩孔及缩孔	a.扩孔是因孔壁坍塌或钻锥摆动过大所致; b.钻锥磨损过甚,补焊不及时; c.地层中有软塑土,遇水膨胀,使孔径缩小	a.注意防止塌孔和钻锥摆动过大的措施; b.在软塑土中采用失水率小的优质黏土护壁; c.已发生时要在此处反复扫孔,以扩大孔径

(2)水下混凝土灌注阶段

混凝土灌注阶段应对措施见表10.2.3.5。

正循环钻机混凝土灌注阶段应对措施　表10.2.3.5

可能出现的情况	可能的原因	预防处理措施
导管进水	a. 首批混凝土灌注量不足,混凝土下落后不能埋住导管底口; b. 导管接头不严; c. 测量深度错误,导管提升过多	a. 将导管提出孔外,把散落在孔底的混凝土,用空气吸泥机清除; b. 重新插管续灌,但灌注前应将导管内的水和沉淀物用吸泥机排出
卡管	a. 混凝土的坍落度过小,流动性差或加有大卵石; b. 机械故障或其他原因,混凝土在管内停留时间过长	a. 用吊锤或长杆冲击导管内的混凝土,或在导管上安装振动式付着器; b. 将导管拔出孔外,按设计要求对已灌混凝土补强
桩头低于设计高程	灌注将近结束时,泥浆过稠,测深度不准	加重测深锤重量,换手反复测量,加水稀释泥浆

2.3.2　浅海区桥墩承台施工(75~89号墩)

1. 概述

承台形状为圆形,平面尺寸ϕ1 000cm,底高程0.0m,顶高程3.0m,承台之间有4.0m宽、1.5m高的系梁。该处泥面高程为1.5~-2.0m之间,土质为淤泥和淤泥质黏土。在防浪堤外施工受风浪潮汐影响较大。在岸边形成的涌浪可达1.5m。平均高潮位为+1.86m,平均低潮位为-1.34m。

考虑到该处水深较浅,同时需施工钻孔灌注桩,结合钻孔平台的搭设,用钢筋混凝土套箱作为承台的施工设施。

2. 钢筋混凝土套箱施工

以套箱作为施工承台的围堰和外侧模板,同时在施工钻孔灌注桩时作为施工平台的支架。

(1)套箱的构造

钢筋混凝土套箱,单壁,壁厚30cm,考虑到定位的偏差,内径取1 000cm,外径为1 030cm。刃脚断面宽20cm,内侧的倾角取45°。在第一节的刃脚上方设凹槽,以利于封底混凝土同套箱连成一体。

考虑套箱作为钻孔灌注桩钻机平台的基础,钻机及平台荷载按45t计,经计算套箱至少入土2.0m深。套箱的顶高程定为+3.0m,与承台顶高程一致。根据泥面高程和承台顶高程计算,套箱高度从3~7m不等。套箱沉到高程后,在其上安装搭设钻孔桩施工平台。

由于混凝土套箱较重,为吊装方便考虑分节沉放,每节1m高,单节质量为24t,为了预制的方便,每节分2片预制,现场组拼。采用预埋钢板,对销螺栓连接,接缝处用橡胶止水带止水。每节的连接处,设榫口,承插连接。

由于该处为潮水影响区域,为保证内外水压平衡,在平均低潮位高程处设阀门两个。对泥面高程较高的可在高出泥面20cm高处设置。

(2)套箱的制作

分片制作,套箱制作后的长宽实际尺寸与设计尺寸的偏差不得超过0.5%。井壁厚度的实际尺寸与设计尺寸的偏差不得超过15mm。

(3)套箱沉放

套箱在栈桥处拼装,在栈桥顶端搭设一个11m×10m的平台,作为套箱的拼装场地。沉放采用50t履带吊。

为保证套箱沉放的准确性,在承台轴线方向打设4根定位桩,定位桩由经纬仪采用前方交会法精确定位。定位桩采用钢板桩,用振动锤施打。

套箱由50t履带吊吊起,沿定位桩下沉,采用水冲吸泥。第一节沉放稳定后,吊放第二节,在沉放前先放好橡胶止水带。

套箱下沉要随时注意正位,保持垂直下沉。保持井内外水头平衡。吸泥器做到均匀吸泥,防止局部吸泥过深,造成套箱下沉偏斜。在套箱下沉过程中遇到障碍物时,立即停止下沉,经详细检查,排除障碍物后方可继续下沉。

(4)沉放过程中主要的处理措施

纠正套箱倾斜和位移时,按下列规定处理。

①先摸清情况,分析原因,然后采取相应的措施。如有障碍物首先排除。

②纠正倾斜时,先偏除土、偏压重、然后顶部施加水平力。

③纠正位移时,先偏除土,使套箱底面中心向墩位中心偏斜,然后进行侧偏除土,使套箱恢复垂直,如此反复进行,使套箱逐步移近设计中心。

④套箱接高符合以下规定:套箱接高前尽量纠正倾斜,接高各节的竖向中轴线做到与前一节的中轴线相重合。套箱接高时,井顶露出水面不应小于1.5m。为防止套箱接高时急剧下沉发生倾斜,接高前不得将刃脚掏空。

(5)水下混凝土封底

采用ϕ280mm的导管灌注水下混凝土。混凝土采用自拌,机动翻斗车运输。混凝土的强度等级与承台垫层混凝土强度等级一致,混凝土拌制的要求同钻孔灌注桩一样,按水下混凝土提高一个等级,坍落度控制在15~20cm。水下封底混凝土的厚度为80cm。

浇筑过程中主要的注意事项:

①在开始灌注时采用较小的坍落度,以后可逐步增大;

②在开始灌注时注意混凝土的下降速度,在开始下降时考虑采用隔水栓下送一段距离;

③导管下口与井底的距离,在隔水栓时要稍大于塞厚,放出塞后立即缩小至10~20cm;

④在灌注过程中,注意混凝土的堆高和扩展情况,正确地调整坍落度和导管埋深,使每盘混凝土形成适宜的堆高和不陡于1:5的坡度;

⑤混凝土灌注将近结束时,加大混凝土的坍落度和埋深,使混凝土均匀地扩展,形成较平坦的表面。

3.承台钢筋加工及安装

钢筋施工时,套箱内水已排干,施工时为干施工。钢筋加工与安装为常规施工。

需注意的是,由于钢筋安装在套箱内施工,为防止套箱内外水压过高,影响套箱施工安全及封底的渗漏,在每个工作日施工结束后,应打开套箱阀门,保持内外水位一致。继续施工时,重新排干套箱内积水。

4.大体积承台混凝土的降温

主墩单只承台混凝土方量为236m^3左右,由于混凝土在浇筑后水泥会散发出大量的水化热,造成内外温差较大,易使混凝土产生裂缝。因此除在混凝土的配制中注意减少水泥水化热外,同时在施工中采取人工导热法,即在混凝土内部埋设冷却管,用循环水来降低混凝土的温度。主墩承台冷却管的布设如下。

(1)冷却管分为两层布置,冷却管出水量为10~20L/min。冷却管直径为25mm,采用一进二出的布置方法,出水口应接出承台。每层冷却管布置后应事先通水检查,以防漏水。在每层混凝土浇筑开始时,冷却管立即连续通自然水。并对进出水的流量、水温每2h测定一次。在停止通水后即对冷却管内进行灌浆处理。

(2)采用冷却管进行初期冷却时,埋管应被覆盖一层混凝土后开始通水,一般以8~10d混凝土温度与外界温度之差不超过25℃为宜。水流方向应每天改变一次,以使混凝土体冷却均匀。下一层已浇筑的混凝土也要通水。冷却水管作业完成后,必须对冷却管道内进行压注纯水泥浆。

(3)为了掌握基础承台内部实际温度的变化情况,密切监视温度差波动,以指导冷却水管的进水温度及流量的大小、拆模时间的调控以及混凝土养护工作,应对混凝土内、外部位进行测温记录。在每层混凝土内埋设测温元件,全过程温度监控。

(4)除对冷却水管进、出口水温测试外,另埋设热电片测量混凝土内部温度,每层混凝土中埋设三个测温点,埋设每层混凝土的中层。冷却管通水后每2h测温一次,停止通水后每12h测温一次,直至停止升温。

5. 承台混凝土施工

(1)承台混凝土采用C50海工混凝土,用泵送混凝土入模方法。

(2)采用的集中拌和混凝土应根据大体积混凝土的特性进行配合比试验。

(3)承台混凝土自浇筑时起,对其各部温度变化分布情况进行监测记录,并采取相应的工艺措施。

(4)混凝土到达现场后要随时抽样,测定混凝土坍落度并制作试块。现场不得任意加水。

(5)浇筑混凝土采用插入式振捣器进行捣实,振捣器的插入要紧跟混凝土的入模,防止漏振与过振。

(6)浇筑时在整个平截面范围水平分层进行浇筑,每层厚度不大于30cm,上下两层间隙时间应尽量缩短,在振捣时要将插入式振捣器的振动棒稍伸入到下层混凝土。

(7)时间应以被振捣混凝土表面停止沉落和表面气泡不再显著发生为止。

(8)振捣时振动棒应尽量避免碰钢预埋件,并与模板保持一定距离。振捣时不要摇动钢筋,否则会影响下层混凝土与钢筋的握裹强度。

(9)承台顶面要做好抹面工作,收水到符合要求,使之表面平整光洁,尤其是立柱立模位置处更应平整,以方便模板安装。

(10)本工程主墩承台混凝土系大体积混凝土施工,对混凝土级配做到降低水化热。在达到设计强度的前提下,减少水泥用量,为此我们考虑以混凝土泵能进行正常工作为准,混凝土达到最小坍落度。

(11)为了考虑混凝土采用混凝土泵输送,将考虑外掺部分磨细粉煤灰。外掺部分磨细粉煤灰,可改善混凝土的可泵性,减少水泥量,有助于降低水化热的升温,并能减少混凝土的收缩变形。

(12)由于一次浇筑混凝土的数量大,时间长,因此在考虑混凝土和易性的同时还需考虑混凝土的缓凝要求,为此将采取在混凝土中外掺缓凝剂。缓凝时间控制在6~7h。

(13)有关混凝土的级配设计,进行级配试配,通过级配试验,进行优选,再用于工程上去。承台大体积混凝土设计强度为混凝土龄期28d的强度。

(14)承台浇捣后,立即进行养护,养护采用人工浇水法,专人负责,始终保持混凝土的表面湿润,防止混凝土表面产生收缩裂缝。

(15)在混凝土浇筑完成后,浇筑面应全部覆盖保护薄膜进行蓄热养护,使混凝土表面保持湿润状态,同时利用模板保温,拆模后应确保混凝土内外温差25℃以内。

6. 系梁施工

两个独立式承台中有一根系梁,宽度4.0mm,高度1.5m,顶高程3.0m,与承台相同。79~100号墩在水中,这些承台采用套箱作为外模。因此水中的系梁在承台完工后再施工。

在承台施工时,预留与系梁连接的钢筋。当承台混凝土达到一定强度后,用混凝土切割机按系梁的位置将套箱割开,其中要包括模板的厚度。再用空压机将套箱混凝土凿除,暴露出承台混凝土,并按规范要求将接缝混凝土凿毛。

承台施工时,在套箱外壁面靠近系梁位置设置预埋钢板,预埋钢板主要用来搁置系梁施工悬吊系统。悬吊系统的上部为两组工字钢,作为纵向主梁,每组纵向主梁由2I50a组成,经验算,挠度为16mm左右,系梁宽度为4m,两组工字钢间距放到5m。系梁底板靠长为2.5m左右的双拼30号槽钢来悬吊,槽钢上部与每组工字梁相连,并有调节系统,通过调节槽钢来控制系梁底高程,每组工字梁上的槽钢设7道,间距1m。底部与悬吊系统底部横向2[40相连,槽钢上直接铺道木和系梁底板。

上面立铺7.5cm×15cm方木,间距25cm,最后铺设九夹板作为底模。为方便拆模,在方木下设置木楔。

侧模采用小型钢模拼制，竖撑采用脚手钢管20cm间距一挡，两侧竖撑的底部通过搁置在槽钢上的脚手钢管连接。横撑采用7.5cm×15cm方木，间距60cm。在侧模顶部沿顺桥向设四道对拉钢筋，间距2.0m，对拉钢筋采用ϕ12mm钢筋，在端部与脚手钢管焊接。

由于系梁在栈桥的下方，在施工时将这一段的路基箱板掀开，暂时堆放在旁边的承台上。当系梁施工完毕后，再予以修复。

由于系梁的底高程是1.5m，而该处的平均高潮位为+1.86m，平均低潮位为-1.34m。因此，浇筑系梁混凝土需赶潮施工。

2.3.3　墩身施工

1.现浇墩身施工

浅水区墩柱断面为薄壁墩，断面525cm×200cm，壁厚45cm，共2×5只。

考虑利用承台作为支撑基础搭设脚手架，施工材料由便道和栈桥运输，采用泵送混凝土，模板采用定型钢模板，二次浇筑成型。

(1)前期准备

承台墩身的交接面做好施工缝的处理，凿毛，用水冲洗，并清除积水。

承台内埋设必要的固定墩身模板用的预埋件，包括地锚等。

搭设脚手支架，支架采用脚手钢管。

(2)钢筋工程

钢筋绑扎前必须把墩身与承台接触面浮浆和松动石子凿除，露出混凝土中粗集料，用水冲洗干净，同时把承台面墩身预留筋刷干净。

部分墩身较高，必须分次到位，需竖向连接主筋，除按规范要求错开接头外，为保证竖向主筋顺直，竖向主筋的连接采用压力熔渣焊或挤压套筒连接的新工艺，确保连接质量。

为防止钢筋骨架变形，箍筋除按图纸绑扎外，间隔1.5m左右点焊搭接主筋。

为了避免出现露筋现象，清水混凝土钢筋保护层定为3cm，而且将原来常规砂浆垫块改为定制的半圆形塑料垫块，塑料垫块卡在箍筋上。墩身钢筋扎铁丝全部采用镀锌铅丝，绑扎好后将每个铅丝头朝里弯。墩身模板吊装好后，经校正固定后在模板上口用定型钢箍将钢筋与模板之间保护层厚度保证好。

(3)模板施工

墩身模板安装采取分节拼装，根据墩身高度模板重量选用35t履带吊，分节整体吊装套入墩身。

模板由工厂加工制作(见图10.2.3.2)，考虑到现场吊装能力及墩柱高度变化，模板分为多节段，墩身顶端400cm一节，垂直部分300cm两节，200cm一节，共四节。为保证模板能相互套用，同一种模板上下都能相互连接，模板间错位不大于1mm。模板根据墩身的安装情况分别安装，模板安装前进行预拼，安装时要对中线、垂直度、拼节缝等反复进行调整、检查以满足规范的有关规定。墩身模板的垂直度用经纬仪控制。

模板底部用2~3cm厚水泥砂浆找平，找平层内口与模板面平齐。大模板使用之前在模板面层上刷脱模剂。

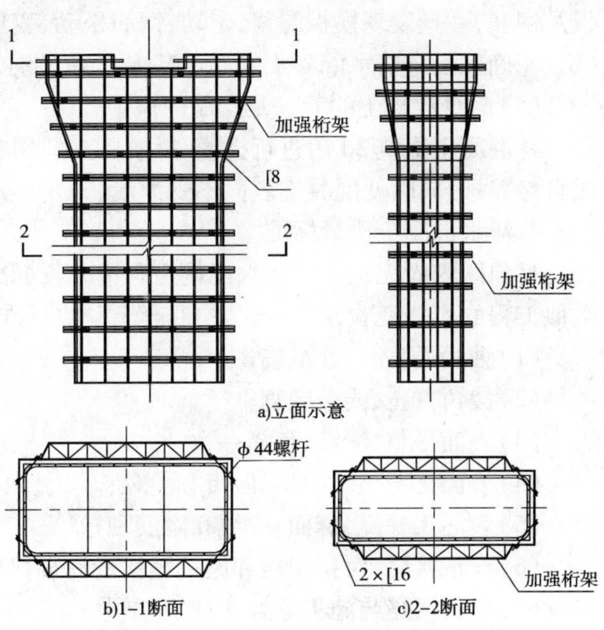

图10.2.3.2　墩身钢模板示意图

在承台中预埋钢筋用于固定钢模板，用木方塞紧钢筋和定型钢模板之间的缝隙；在墩身四角，一端固定于模板,一端固定于预埋于承台四角处的ϕ28 钢筋,通过花兰螺丝调紧钢丝绳稳定钢模。

墩柱模拆除为分片拆模,拆模时要求混凝土强度达到80%,以混凝土试块报告为准。为保证清水混凝土质量,拆模时要求不得强行拉撬模,以防损伤清水混凝土表面光洁。拆下的模板由专业人员保养,清除表面混凝土斑,用砂皮修整模平面,并整修几何尺寸,确保模板正常周转使用。暂时不用的模板应堆放整齐,并按要求在支点位置搁置楞木,避免模板翘曲。

墩柱钢模板拼装、安装的允许偏差如下。

平面尺寸:±5mm。

立面夹角:±2°。

垂直高度:±5mm。

拼缝宽度:≤2mm。

内模平整度:1mm。

(4)混凝土施工

墩身浇筑要求为清水混凝土,其坍落度比普通混凝土稍微小些,控制在12~14cm,以减少混凝土表面气泡。因为墩身高度较高,直接布料容易造成混凝土离析,对清水混凝土产生两种不利影响:色泽不匀,混凝土表面气泡增多。为达到墩身混凝土的质量标准,施工中按以下要求操作。

①混凝土两次浇筑成型,第一次浇筑垂直墩身的混凝土,第二次浇筑放大端的混凝土,每次混凝土的浇筑高度不超过800cm。第一次浇筑混凝土时在顶部以下30cm深预埋四根ϕ24mm 钢筋,用于浇筑第二次混凝土时支撑模板。混凝土每一次布料厚度控制在30cm以内。

②墩身混凝土由搅拌站提供,通过输送车送到现场泵车泵送至灌注位置。混凝土浇捣前,对模板拼缝进行特别检查,并做好新老混凝土接浆。

③浇筑混凝土时,设置串筒或等同装置垂直向下送料。考虑墩身高度较高,浇筑混凝土时人员进入墩身操作。送料及振捣分层进行,分层厚度30cm左右。插入式振动器有效直径按60cm分布,同步施工,每浇筑一层,提升一层,振捣方式采用先周边后中间,振捣上层时插入下层5~10cm深,增加振捣点、控制振捣时间,快插慢拔,将模板周边的气泡引至中间,然后引出混凝土面。混凝土需振捣到停止下沉和无显著气泡上升,表面平整一致,呈现薄层水泥浆为止。为防止模板底部应力过大,适当控制浇筑速度,浇筑高度不大于2m/h。为防止表面出现翻砂现象,入模时的坍落度控制在8~10cm。大于400cm的墩身浇筑时加设导管,防止混凝土直接倒入模板,引起离析。在浇筑过程中派专人负责检查模板及钢筋,一旦发现模板漏浆、走动,钢筋松动、变形,垫块脱落等现象,及时组织纠正。

④确保墩身清水混凝土的颜色基本一致,要求做好混凝土的材料选用和计量工作。

(5)墩身混凝土的养护及产品的保护

在混凝土浇筑2d后进行拆模,拆模后立即用塑料薄膜将柱子包起来,使柱子内的水分不易蒸发,形成自然养护,同时使混凝土表面不受油渍、砂浆等污染。

2. 清水混凝土质量标准

目前国内尚无统一的清水混凝土质量验收标准,参考国外有关建筑混凝土的技术标准,结合在其他类似工程的实践经验,在普通结构混凝土验收标准的基础上,制定如下的质量标准:

(1)轴线通直、尺寸准确;

(2)棱角方正、线条顺直;

(3)表面平整、清洁、色泽一致;

(4)表面无明显气泡,无砂带和黑斑;

(5)表面无蜂窝、麻面、裂纹和隐筋现象;

(6)模板接缝、对拉螺栓和施工缝留设有规律性;

(7)模板接缝与施工缝处无挂浆、漏浆。

3. 清水混凝土表面常见质量缺陷及采取措施

为了做好施工预控工作，必须认真分析清水混凝土面层可能出现的质量缺陷和产生的原因，从而采取有效措施避免发生上述缺陷。结合我们的经验，清水混凝土表面常见质量缺陷可分成八大类，它们可能产生的原因和相应的监控对策见表10.2.3.6。

清水混凝土表面质量缺陷及采取措施　　表10.2.3.6

问题种类	可能产生的原因	采取措施
色差	原材料变化及配料偏差	原材料采用同品牌、同规格、同颜色、同产地的材料
	搅拌时间不足	严格按配合比投料和搅拌
	在浇筑过程中的离析作用	根据气候和原材料变化，随时抽检含水率，及时调整水灰比
	模板的不同吸收作用和模板漏水	采用吸水性适中的模板材料
	脱模剂施加不均匀和养护不稳定	采用无色脱模剂，并养护及时
气泡	混凝土混合料含砂过多	控制混凝土坍落度和易性
	模板不吸水和模板表面湿润性能不良	控制混凝土分层布料厚度在30cm以内
	振动不足	控制振捣方式、插入下一层深度和振捣时间，速度放慢，使气泡能够尽可能释放
黑斑	脱模剂不纯或使用过量	采用无色脱模剂，并涂刷均匀
	来自模板上的铁锈	清除模板上的铁锈（抛光处理）
花纹斑或粗集料、透明层	含砂量低	控制含砂量
	砂形状不好	采用级配和形状好的石子
	光滑、挠曲的模板	模板刚度应适中
	振动过头或在外部振动	正确振捣，避免外部振捣和拆模过早
表面泌水	含砂量低，由于冷天气或混凝土外加剂配料不当，延长硬化时间	控制含水量、含砂量，使用减水剂
	模板吸水能力和刚度不够或表面有水	采用刚度足够且可能吸水的模板，对光滑的模板，采用清机油脱模剂
	坍落度太大	控制混凝土坍落度
接缝挂浆、漏浆和出现砂带	接缝不严密，模板底部不够严密	设凹槽施工缝，接缝处用油膏或发泡剂嵌实
	模板拼板太柔	模板面板材料刚度适中
	混凝土中水太多，流动性太高	混凝土坍落度应严格控制，变化范围很小
	振捣太强	正确浇捣，避免直接振捣接缝处
蜂窝麻面	细集料不足	严格控制混凝土配合比
	振捣不充分	振捣密实
	接缝不密闭	接缝采用油膏或发泡剂密封实
表面裂纹	混合料水泥用量太多，水灰比高	严格控制混凝土配合比，适当降低水泥用量
	模板吸收能力差	选择合适的模板
	养护不足	及时做好养护工作
	脱模太早	严格控制拆模时间

4.清水混凝土施工过程的控制措施

为了避免出现上述质量问题，从模板体系的设计、制作与安装、钢筋绑扎、混凝土原材料及配合比、混凝土浇筑、养护和修补等全过程采取有效措施加以控制，以保证清水混凝土的装饰效果，抓好全过程各个工序的预控。

（1）模板体系控制措施

模板设计充分考虑在拼装和拆除方面的方便性，支撑的牢固性和简便性，并保持较好的强度、刚度、稳定性及整体拼装后的平整度。模板拼缝部位、对拉螺栓和施工缝的设置位置、形式和尺寸必须经监理工程师认可。

根据构件的规格和形状，合理选用不同的模板材料，配制若干定型模板，以便施工周转所需。对圆形构件可选择钢模板，对截面形式复杂的构件可采用进口芬兰板或涂塑九夹板。钢模板内表面均应进行抛光处理，以保证混凝土表面光洁度。

模板制作应满足：几何尺寸精确，拼缝严密，材质一致，模板面板拼缝高差、宽度≤1mm，模板间接缝高差、宽度≤2mm。

模板接缝处理要严密。模板内板缝用油膏批嵌，外侧用硅胶或发泡剂封闭，以防漏浆。模板脱模剂应采用吸水率适中的无色清机油。模板周转次数应严格控制，一般周转3次后应进行全面检修和抛光打磨一次。

(2)钢筋工程控制措施

所有钢筋应清除表面锈斑，防止污染混凝土。绑扎钢筋的铅丝应折向钢筋骨架中间，防止因铅丝折向外面露出表面后锈蚀污染混凝土表面。混凝土保护层垫块采用塑料垫块，均匀、统一地布置，以保证保护层的厚度。

(3)清水混凝土原材料和配合比控制措施

①配合比

在材料和浇筑方法允许的条件下，采用应尽可能地降低坍落度和水灰比，坍落度一般为(9±1)cm，以减少泌水的可能性。同时控制混凝土含气量不超过1.7%，初凝时间6~8h。

②原材料

a.水泥：首选为硅酸盐水泥，要求能定生产厂商、定强度等级、定批号，最好能做到同一熟料。

b.粗集料(碎石)：选用强度高、5~25mm粒径、连续级配、同颜色、含泥量≤0.8%和不带杂物的碎石，要求定产地、定规格、定颜色。

c.细集料(砂子)：选用中粗砂，细度模数2.5以上，含泥量≤5%，不得含有杂物，要求定产地、定砂子细度模数、定颜色。

d.粉煤灰选用细度按《粉煤灰混凝土应用技术规范》(GBJ 146—90)规定2级粉煤灰以上的产品，要求定供应厂商、定细度，且不得含有任何杂物。

e.外加剂采用EA-1(2)普通型减水剂，要求定厂商、定品牌、定掺量。对首批进来的原材料经监理取样复试合格后，应立即进行“封样”，今后进场的每批来料均与“封样”进行对比，发现有明显色差的不得使用。在清水混凝土的生产过程中，一定要严格按试验确定的配合比投料，不得带有任何一点随意性，并严格控制水灰比和搅拌时间，随气候变化随时抽验砂、碎石的含水率，及时调整用水量。

(4)清水混凝土浇捣控制措施

首先要落实施工技术保证措施、现场组织措施，严格执行有关规定规范化地操作。合理调度搅拌输送车送料时间，逐车测量混凝土的坍落度，严格控制在(9±1)cm范围内。严格控制每次下料的高度和厚度，保证分层厚度不超过30cm。振捣方法要求正确，不得漏振和过振，可采用二次振捣法，以减少表面气泡，即第一次在浇筑时振捣，第二次待混凝土静置一段时间再振捣，一般在第二层浇筑之前进行，而顶层一般在0.5h后进行第二次振捣。严格控制振捣时间和振捣棒插入下一层混凝土的深度，保证深度在5~10cm，振捣时间以混凝土翻浆不再下沉和表面无气泡泛起为止，一般为15s左右。

(5)清水混凝土养护控制措施

为了避免和减小清水混凝土表面色差的形成，抓好混凝土早期硬化期间的养护十分重要。清水混凝土构筑物的侧模应在48 h之后拆除。模板拆除后其表面养护的遮盖物不得直接用草垫或草包铺盖，会造成永久性黄颜色污染，应采用塑料薄膜严密覆盖来养护。养护时间一般不得少于两周。

(6)清水混凝土表面缺陷修补控制措施

尽管采取各种措施严加防范，但在混凝土拆模后，由于混凝土的泌水性、模板的漏浆和混凝土本身的含气量，其表面局部可能会产生一些小的气泡孔眼和砂带等缺陷，应待拆模后 48h 内立即清除表面浮浆和松动的砂子，采用相同品种、相同强度等级的水泥，拌制成水泥浆体，细心修复和批嵌缺陷部位，待水泥浆体硬化后，采用细砂纸将整个构体表面均匀地打磨光洁，并用水冲洗洁净，确保表面无色差。

2.4　浅海区非通航段桥梁上部结构造桥机施工

2.4.1　造桥机海上施工难点

上海地区第一次使用造桥机进行海上施工，主要有以下施工难点。

(1) 工程浅海段地处芦潮港新大堤，该地区海面宽阔，水流速度快，气候属于北亚热带南缘、东亚季风盛行区，受季风影响冬冷夏热、四季分明、降水充沛、昼夜温差大，并受热带气旋及寒潮影响，常受到台风的袭击，气候条件复杂。

(2) 由于造桥机第一次在海上应用，海上施工区域工况条件复杂，尤其造桥机在海上拆卸，其施工风险比在陆上施工大幅度上升，国内尚无任何经验可借鉴。

(3) 造桥机为钢结构，虽然有较大刚度，但其施工跨度已达到 50m，在混凝土浇筑过程中不可避免会引起变形挠度，故需对造桥机的变形挠度特征进行研究，以确定合理的初始预拱度和混凝土浇筑顺序。

(4) 工程工期非常紧张，浅海段现浇箱梁采用造桥机施工后，要求每跨箱梁混凝土在 3d 内达到设计要求的强度，故混凝土采用蒸汽养护技术，而大跨度现浇箱梁的蒸汽养护工艺也是工程的难点之一。

2.4.2　下行式造桥机海上施工工艺

造桥机也称滑动模板支架系统。根据造桥机受力主梁相对于桥梁的相对位置分为上行式造桥机和下行式造桥机两种，受力主梁位于桥梁上方的称为上行式，受力主梁位于桥梁下方的称为下行式，见图 10.2.4.1。

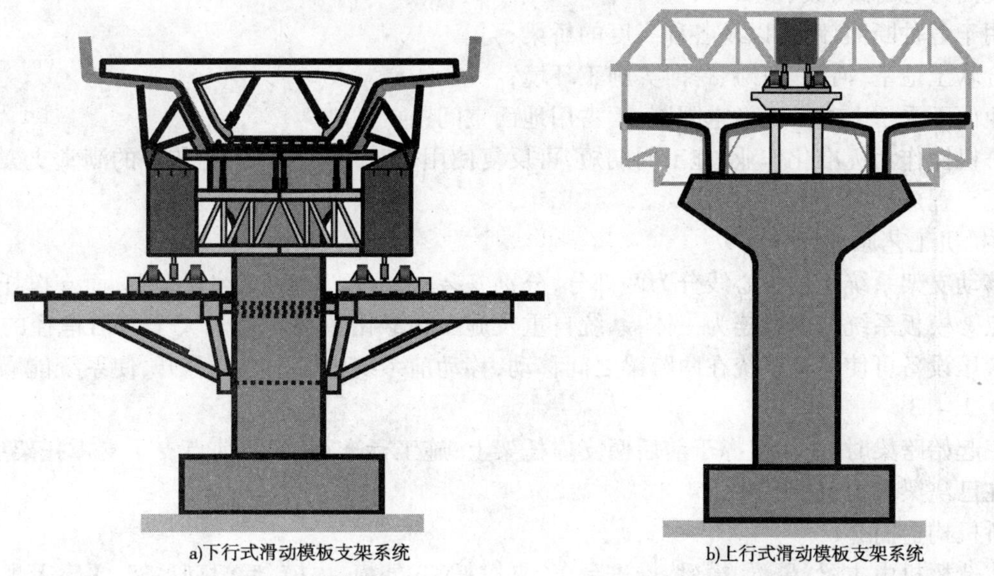

a)下行式滑动模板支架系统　　b)上行式滑动模板支架系统

图 10.2.4.1　上、下行式造桥机示意

由于上行式造桥机设备处于桥梁上方，总体高度较大，相对于下行式造桥机设备抗风稳定性较差，工程结构所处区域受季风影响大，对滑动模板支架系统的抗风要求极高，同时，工程结构为双幅桥，左右幅箱梁净距仅 1m，上行式造桥机当施工后行幅箱梁时因受先行幅箱梁结构的影响，无法打开推进，因此

东海大桥浅海区的现浇箱梁采用的是下行式造桥机施工工艺。图 10.2.4.2 为下行式造桥机在实施东海大桥 50m 跨径的预应力连续箱梁的实况。

a)造桥机安装就位

b)造桥机纵向移位

c)利用栈桥现浇箱梁混凝土

d)造桥机海上施工

图 10.2.4.2　造桥机施工实况

1. 下行式造桥机特点及工艺原理

根据现浇箱梁的跨径、结构尺寸等参数加工的逐跨浇筑的整体移动支架系统，其操作高效简易、施工周期短、适用性广泛，大大节约了施工成本，可用于建造高速公路、高架桥、城市立交高架及跨海大桥的引桥等。

(1)造桥机特点

①安装简易、操作高效、重量轻；

②适用于各种断面、跨度以及各种高度的桥梁；

③适合软土地基、河滩、海滩、跨河等施工环境；

④作业面不受桥上或桥下净空限制，不占用地面空间；

⑤造桥机操作为标准化作业，施工周期短，可反复使用，工序易于掌握，与传统的满堂支架系统相比有效降低了工程成本。

(2)造桥机工艺原理

整个移动支架系统于桥中心线分为两部分，分别安装在立柱两侧的支撑托架上，而支撑托架以承台作为支撑点。模板系统与主梁连为一体，系统自重及施工荷载由主梁承担。大于两倍跨径的滑动轨道及先进的液压设备可使整个系统在两跨梁之间移动，移动前系统由桥中心线分开，使系统能顺利通过墩身，见图 10.2.4.3。

当施工起始跨梁时，主梁支撑于前后两支撑托架上；施工标准跨梁时，前点支于支撑托架上，后点利用门吊支在已浇梁段上，见图 10.2.4.4。

2. 造桥机构造简介

下行式造桥机由主梁、鼻梁、横梁、推进台车、支撑托架、外模、内模、后门型吊架、平台及爬梯等主要构件组成，见下行式造桥机构造示意图 10.2.4.5。

(1)主梁

一套移动支架系统由两组主梁构成，分设在箱梁下方，是支架系统的主要承载结构。单组主梁由 6 节钢箱梁组成，节与节之间以高强螺栓及钢板相连，梁高 3.4m，宽 1.8m，总长为 63.79m，单组主梁总重约 1 380kN,见图 10.2.4.6。

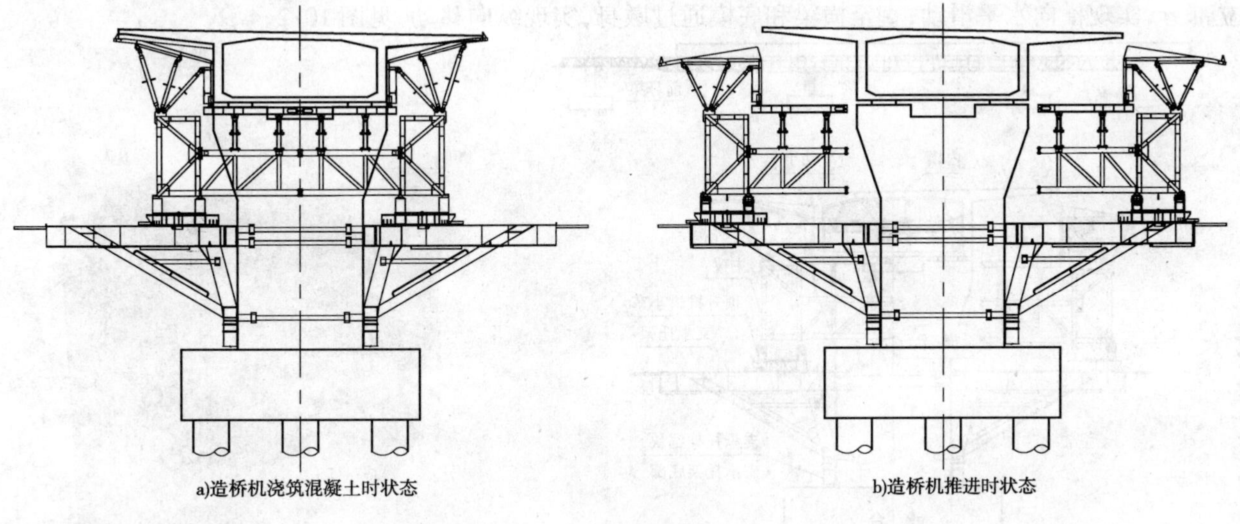

图 10.2.4.3 造桥机横断面

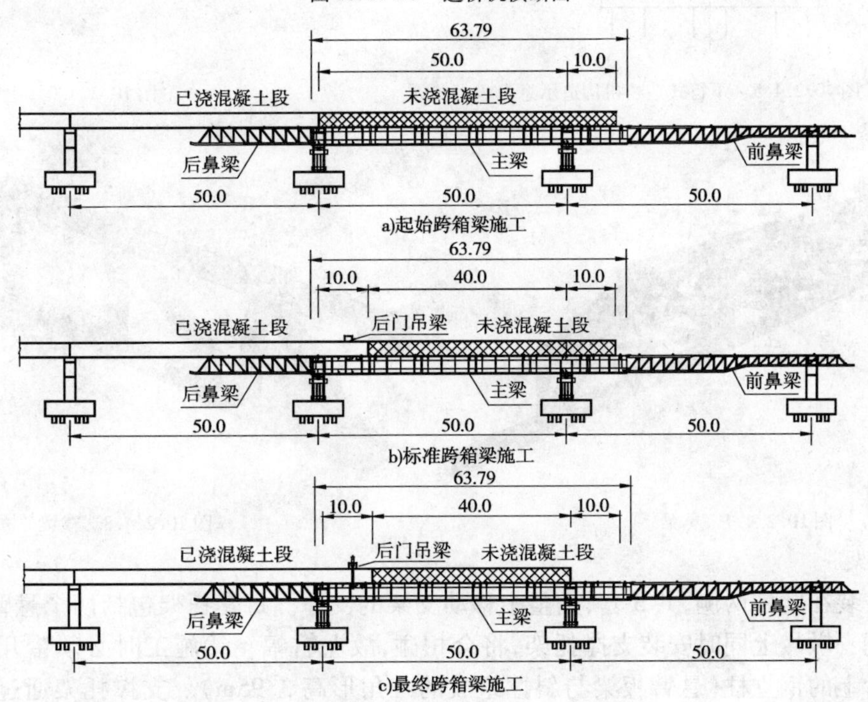

图 10.2.4.4 造桥机施工工况(尺寸单位:m)

(2)鼻梁

鼻梁位于主梁的前后两端,共四组,由钢桁架构成。鼻梁下设有轨道,后鼻梁单组长 24.21m,分两节桁架组成;前鼻梁单组长 25m,由两节钢桁架构成。鼻梁和主梁拼接好后整个支架系统总长大于两倍跨径,主要用于整个系统的纵向推进,见图 10.2.4.7。

(3)横梁

在主梁内侧,每隔一定距离设置一道横梁,一套移动支架共有横梁 12 片,分左右两侧对称布置。横梁端部与主梁以悬臂桁架形式结合,每道横梁中间以销连接。每道横梁上有四个支承点,支承底模板,用千斤顶调节丝杆来调整底模高程和预拱度,见图 10.2.4.8。

(4)推进台车

推进台车是移动支架系统滑移的关键部分,安装在支撑托架上,依靠四聚氟乙烯板实现横向位移;依靠自身液压千斤顶支撑主梁纵向滑移;依靠配置的千斤顶实现垂直顶升、降落。当浇筑完一跨后,支架向下一跨移动时，主梁先通过千斤顶回油落在台车上，再打开横梁连接，将移动支撑分为左、右两个独立部分，实现横向水平滑动，直至横梁和底模通过墩身，实现纵向移动，见图 10.2.4.9。

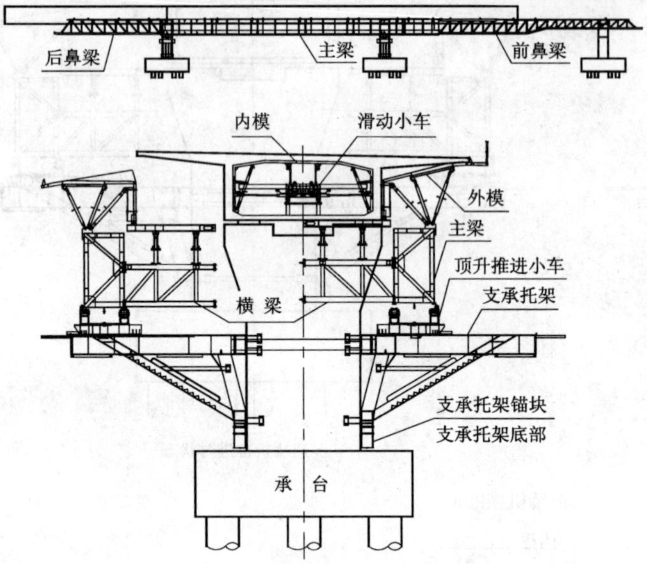

图 10.2.4.5　下行式造桥机构造示意

图 10.2.4.6　主梁

图 10.2.4.7　鼻梁

图 10.2.4.8　横梁

(5)支撑托架

支撑托架安装在立柱两侧，共 3 套，是整个移动支架的支撑。每套托架包括两个悬臂板梁(9.36m/个，若左、右幅同一墩号上同时安装支撑托架，将会相碰，故左右幅箱梁施工时必须错开两跨)、三角斜撑及支撑于承台上的钢立柱(悬臂板梁与斜撑组成的三角形高 3.95m)。支撑托架通过预应力高强钢筋对拉与立柱固定，见图 10.2.4.10。

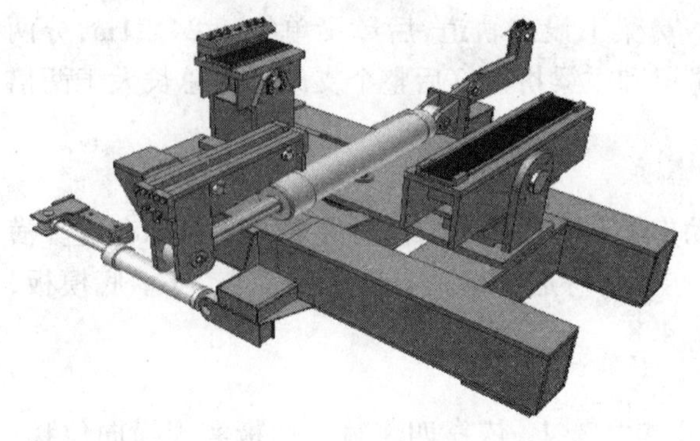

图 10.2.4.9　推进台车

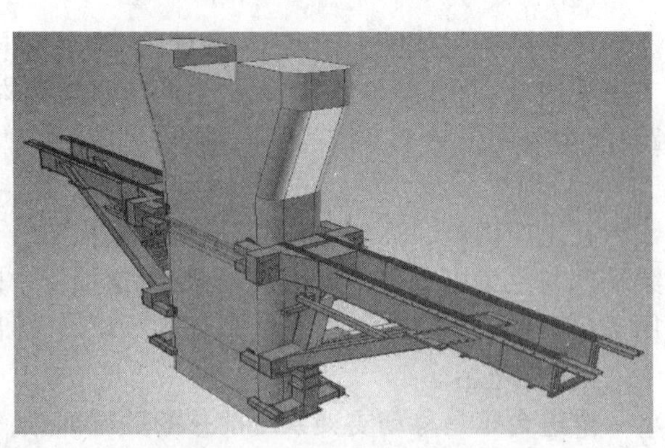

图 10.2.4.10　支撑托架及支撑脚

(6)外模

外模包括底模、腹板模、翼板模。整跨外模依中心线纵向分隔,并通过千斤顶调节丝杆和横梁及主梁相连,见图10.2.4.11。

(7)内模

内模分节拼成统长,每节由五块模板组成:两块腹板和三块顶板;每节长度3.3~5.5m,由10根不同方向的可调撑杆支撑,使得内模施工空间宽敞,见图10.2.4.12。内模的拆、装通过内模小车进行,小车在轨道上行进,见图10.2.4.13。

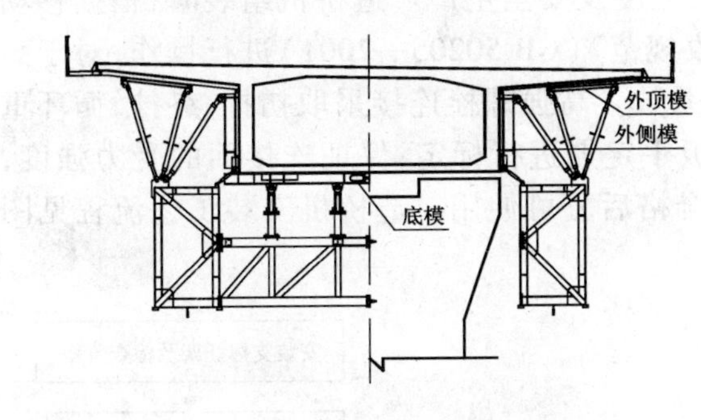

图10.2.4.11　外模

a)内模小车

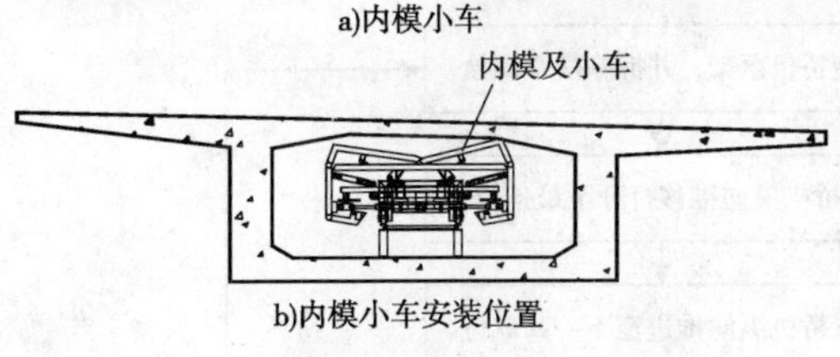

b)内模小车安装位置

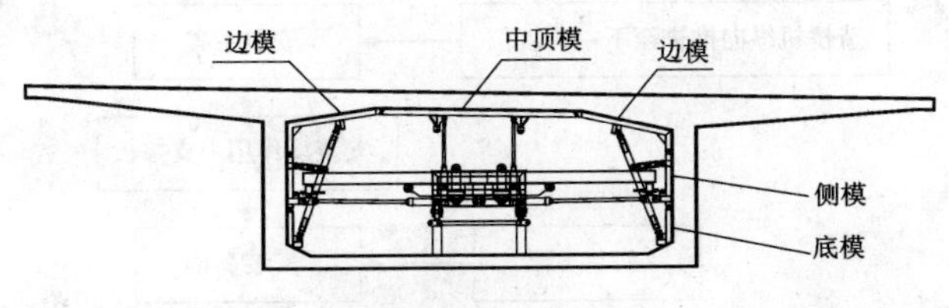

图10.2.4.12　内模

图10.2.4.13　内模小车及位置

(8)后门型吊架

门型吊架包括一个门型工作架及一组预应力高强钢筋和油压千斤顶,在浇筑混凝土时,主梁的后方部分以门吊悬挂于已浇筑箱梁上。门型吊架以油压千斤顶直接支撑在已浇筑箱梁的腹板位置上。高强钢筋贯穿桥梁翼板的预留孔,固定并连接门吊和主梁,参见图10.2.4.14。

(9)平台及爬梯

移动式支架设有非常舒适的工作平台及爬梯,可到达支架任何地方。

施工中共投入两台造桥机,分别施工左、右幅箱梁。每台造桥机主要部件数量为:2根主梁、4根鼻梁、12片横梁、6台推进台车、3套支撑托架、6台顶升千斤顶、1套外模、1套内模、1套后门型吊架、1套平台及爬梯。

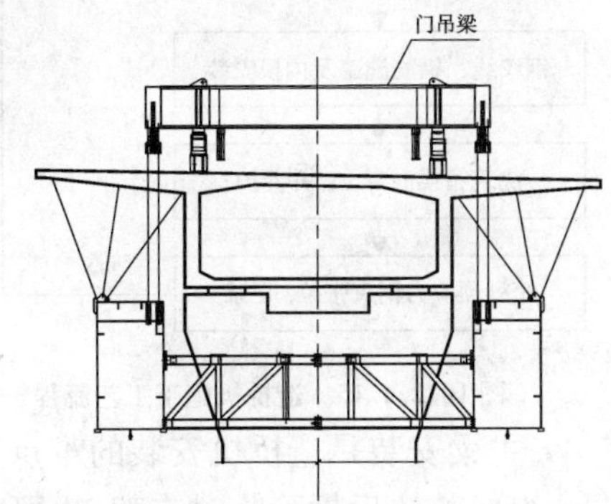

图10.2.4.14　后门型吊架

3.造桥机施工工艺流程

造桥机施工工艺流程见图10.2.4.15。

当施工起始跨箱梁时,支架系统前后点分别用千斤顶支于支撑托架上;当施工标准跨时,其前点用千斤顶支于支撑托架上,后点利用门型吊通过高强钢筋吊起主梁,支于已浇梁段腹板上。

现以标准跨箱梁施工为例,施工顺序如下。

(1)拆前一跨桥墩上支撑托架至下一跨桥墩上安装。

(2)两片主梁通过千斤顶落下至推进台车,拆除横梁连接螺栓及底模连接钢筋。

(3)支架系统横移打开,直至两侧底模能顺利通过墩身。

(4)利用推进台车上液压千斤顶将造桥机纵向推进至下一跨。

(5)支架系统两侧向桥中心线横移合龙,上紧横梁连接螺栓。

(6)后门型吊就位,千斤顶顶升主梁,通过千斤顶调节丝杆调整模板高程及预拱度。

(7)布置预应力钢束、绑扎钢筋、内模施工,浇筑箱梁混凝土。

(8)箱梁混凝土收水、养护等。

(9)预应力钢束张拉、压浆。

4. 造桥机的安装

造桥机现场组装精度的高低,直接影响到施工质量、进度及安全生产。造桥机组装时,根据移动支架系统设计图纸,严格按照《钢结构工程施工质量验收规范》(GB 50205—2001)进行操作,对于高强螺栓连接面逐一进行表面处理,使其达到应有的摩阻系数。高强螺栓连接采取初拧、终拧,循环重复操作,使每一高强螺栓都达到设计扭矩值,并对扭矩扳手定期进行标定,保证连接面的受力强度,对施工质量和安全有影响的构(配)件经过剔除或处理合格后方可使用。造桥机安装工艺流程见图10.2.4.16。

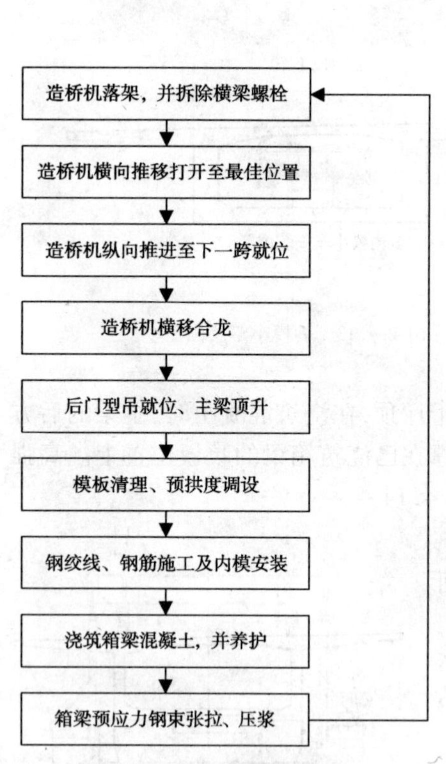

图10.2.4.15　造桥机施工工艺流程

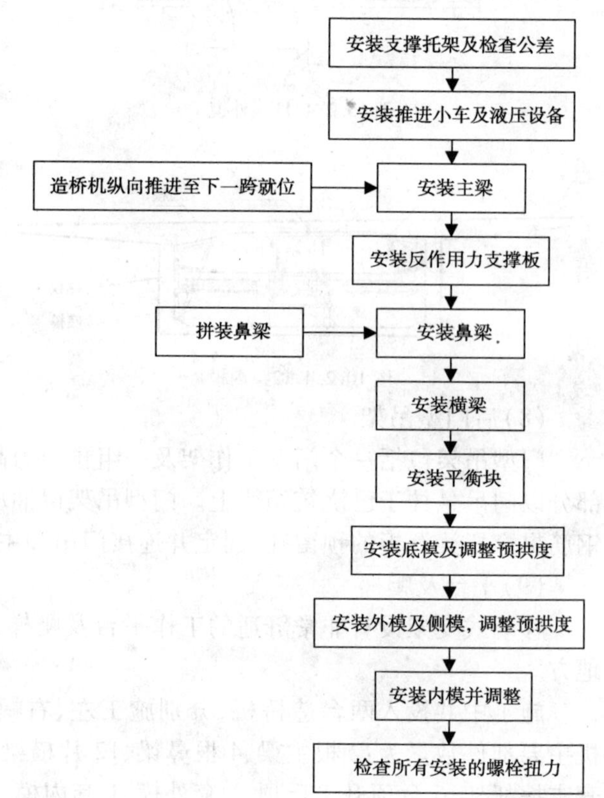

图10.2.4.16　造桥机安装工艺流程

主梁安装是造桥机安装的难点,可根据现场条件采用搭设临时支架将主梁分段吊装在牛腿和支架上,组成整体后拆除临时支架;也可将全部主梁在地面组装完成后用大吨位吊机整体吊装就位。支撑托架的安装是造桥机海上推进的关键,采用合理的安装方法不仅可以缩短安装时间,简化操作工序,而且还可以大大节约工程成本。

依据造桥机安装工艺流程,依次组装各部件,拼装时要求各部件之间连接可靠,拼装完成后认真全面检查,确认安全可靠后方可使用。图10.2.4.17为现场安装造桥机实况。

5. 造桥机施工操作要点

(1)支撑托架的再安装与拆卸

支撑托架的再安装与拆除是造桥机推进过程的关键工序,在一跨箱梁浇筑完成,造桥机向前方推进,支撑托架必须在前方的桥墩上就位。一般造桥机配备三副支撑托架,当两副支撑托架在施工时,另一副安装在墩柱的支撑托架就需拆除后再移位至下一跨待施工的箱梁的桥墩上。支撑托架的安装与拆除要求各部件左右对称进行。

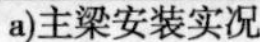
a)主梁安装实况

b)安装横梁实况

图 10.2.4.17　现场安装造桥机实况

①支撑托架的安装

支撑托架上部悬臂梁重约 140kN,下部三角架重约 70kN。在浅海段施工时,在钢栈桥利用履带吊或汽车吊进行安装;在无栈桥海区则利用 50t 浮吊进行安装,见图 10.2.4.18。

支撑托架安装前先计算出需拼装的托架高程及支撑脚锚块高度,浇筑支撑脚锚块下混凝土垫层。支撑托架安装要求按以下步骤进行:

a. 桥墩两侧支撑托架的三大部件——支撑脚锚块、支撑托架牛腿及牛腿梁要求同步、对称分别安装;

b. 先安装支撑脚锚块,连接其拉条螺栓和拼接螺栓并按要求施加预应力;

c. 再安装牛腿,用手动葫芦将牛腿与桥墩抱紧,并将牛腿两根预应力钢筋拉紧后安装上部牛腿梁;

图 10.2.4.18　海上利用 50t 浮吊安装支撑托架

d. 安装托架上部牛腿梁共 14 根预应力钢筋,要求施加预应力,采用逐步对称分级张拉至规定值,并反复循环张拉 2 ~ 3 次;

e. 安装完毕后校核托架悬臂梁安装精度,满足横向≤4cm,纵向≤2cm,竖向≤2cm。

②支撑托架的拆除

在海上拆除支撑托架可以采用浮吊进行,在浅水区域因浮吊无法驶入,采用汽车吊与链滑车组作业。工序比较繁琐,具体拆除步骤见图 10.2.4.19。

(2)造桥机落下与顶升

①造桥机使用主千斤顶下落主梁,前后主千斤顶油压需重新加压直至千斤顶锁环完全放松。为防止软管或液压件的破裂,千斤顶锁环每次下调距离不大于 30mm。

②造桥机落下时左右、前后同步进行,左右下落高差不超过 2cm;落下时后点先落,前后千斤顶活塞每次下落 30mm 距离。

③当主千斤顶顶部触及主梁牛腿时顶升开始。千斤顶锁环每隔 30mm 顶升距离上紧一次,以防液压系统损坏。

④顶升高度基本完成时,主千斤顶锁环在油压降低前锁死。

⑤主梁滑轨下落就位后,推进台车上与主梁滑轨连接的反作用力支撑板安装就位,千斤顶顶升主梁前,反作用力支撑板必须移走。

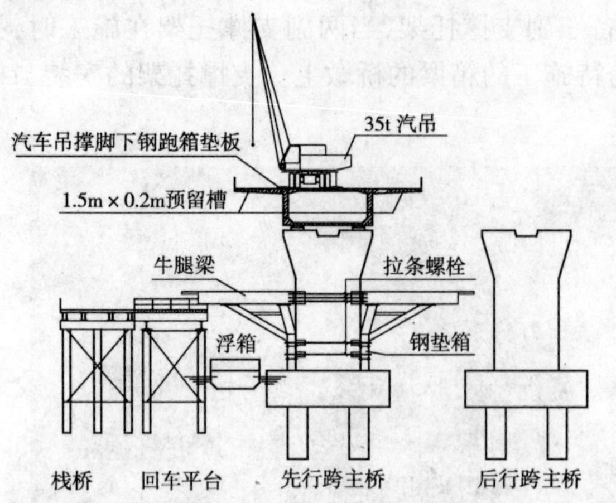

a)35t汽车吊在桥面外侧就位，在汽车吊撑脚下铺设钢跑箱垫板，浮箱在承台与栈桥的空档抛锚就位

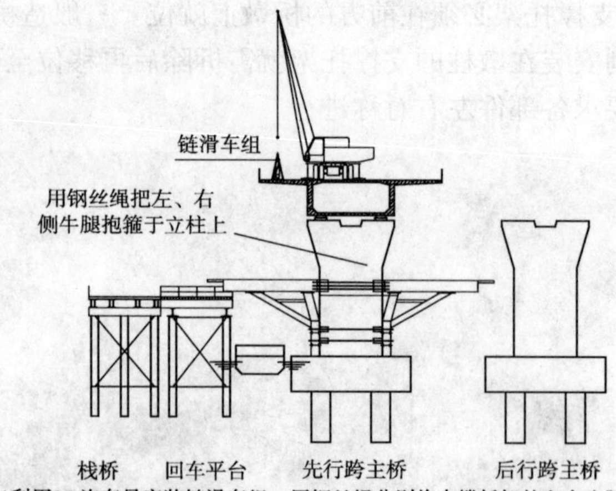

b)利用35t汽车吊安装链滑车组，用钢丝绳分别将支撑托架的左右牛腿用保箍固定在墩柱上

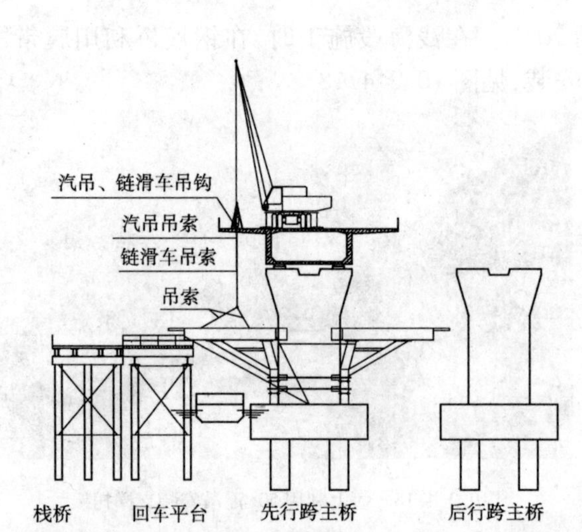

c)对支撑托架的牛腿梁系上汽车吊、链滑车组吊索，并对其系上有施工人员控制的遛绳。拆除牛腿梁上的拉条螺栓，在预留槽中用链滑车组吊索起吊牛腿梁至一定高度，换用汽车吊操作

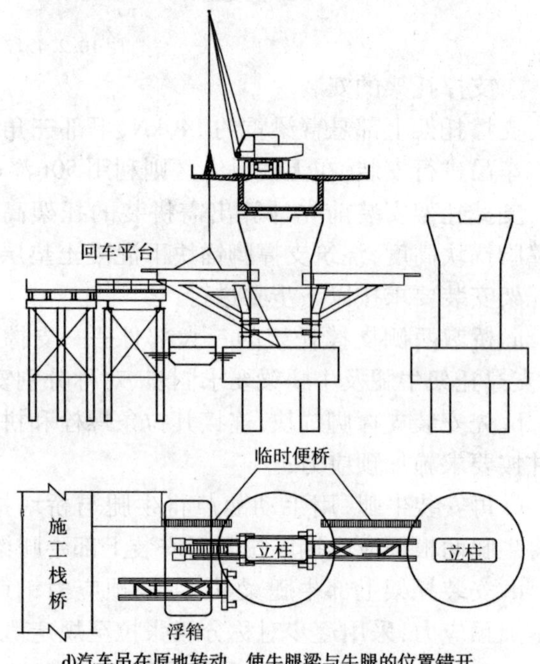

d)汽车吊在原地转动，使牛腿梁与牛腿的位置错开

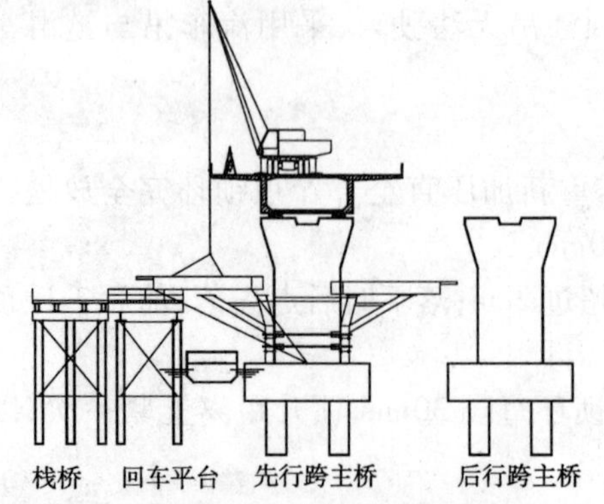

e)爬下汽车吊杆，使汽车吊索向外移动至箱梁悬臂端部外约1m的适当位置，牛腿梁也随之外移

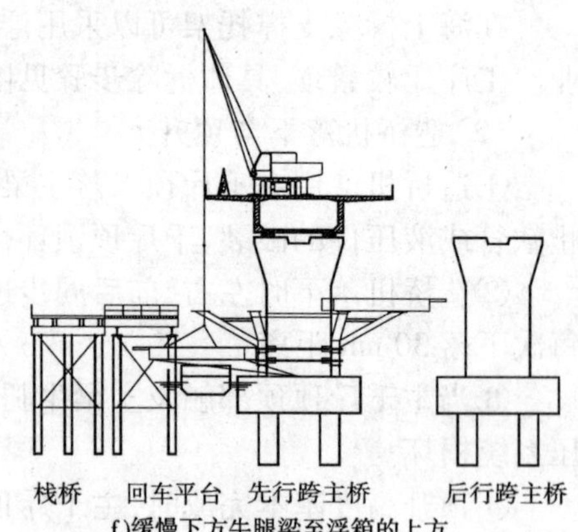

f)缓慢下方牛腿梁至浮箱的上方

图 10.2.4.19

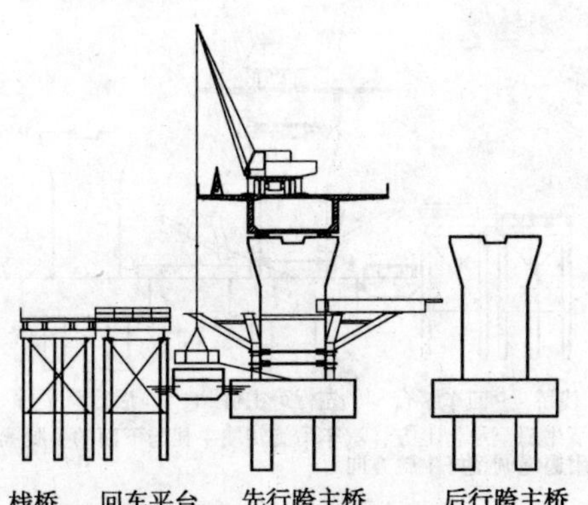

g)施工人员利用遛绳旋转牛腿梁90°，使牛腿梁的长度方向沿着浮箱的运输方向。把牛腿梁装上浮箱后，解下吊索，汽车吊返回原地，并立即移位至箱梁的内侧

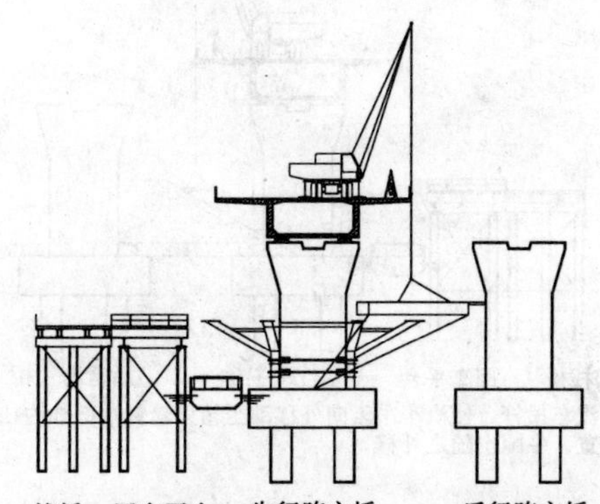

h)做完起吊外侧牛腿梁的准备工作后，起吊另一根牛腿梁，与内侧的起吊工艺相同，使牛腿梁向上、外移，与墩柱上牛腿的位置错开

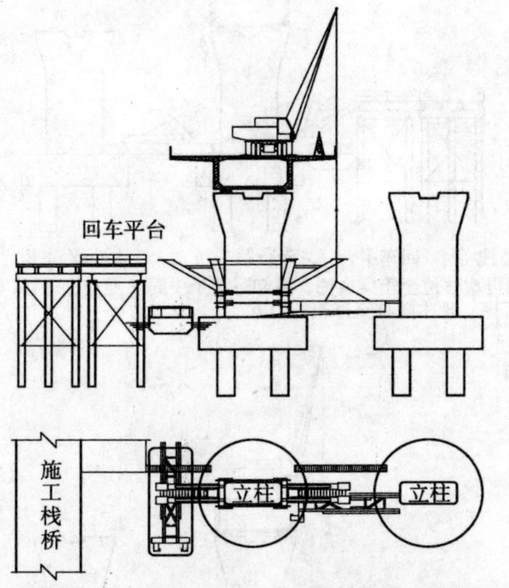

i)缓慢下放牛腿梁至承台附近，汽车吊在原地旋转，让牛腿梁能靠近墩柱上的牛腿位置

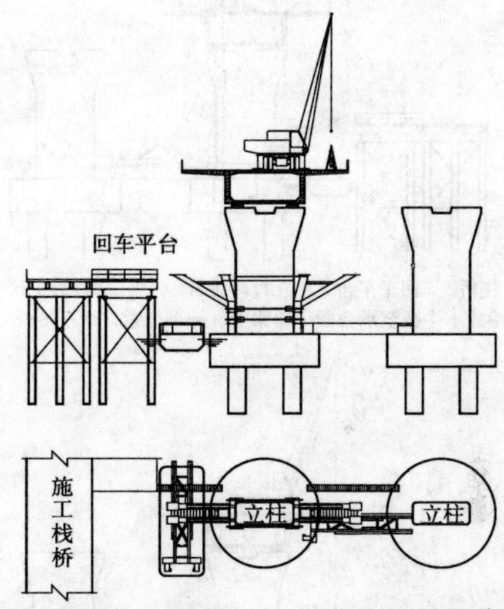

j)牛腿梁在两个承台之间临时就位，卸下吊索，汽车吊返回原地，准备拆卸支撑托架的牛腿

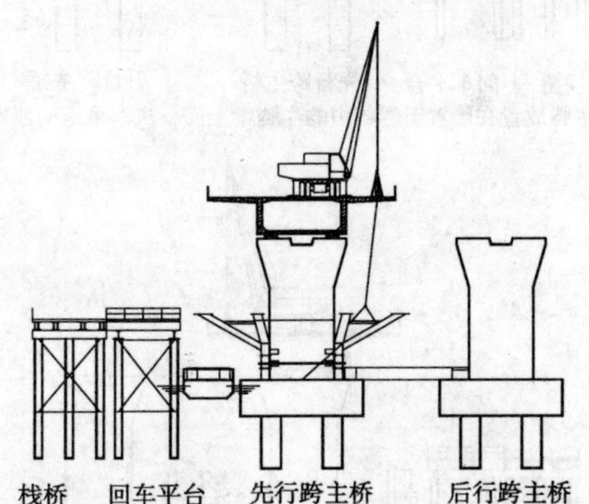

k)对牛腿系上汽车吊、链滑车组吊索，并对其系上有施工人员控制的遛绳。拆除牛腿上的拉条螺栓和拼接螺栓，以及原先安装在墩柱上的钢丝绳右侧的保箍。在预留槽中用链滑车组吊索起吊牛腿至一定高度

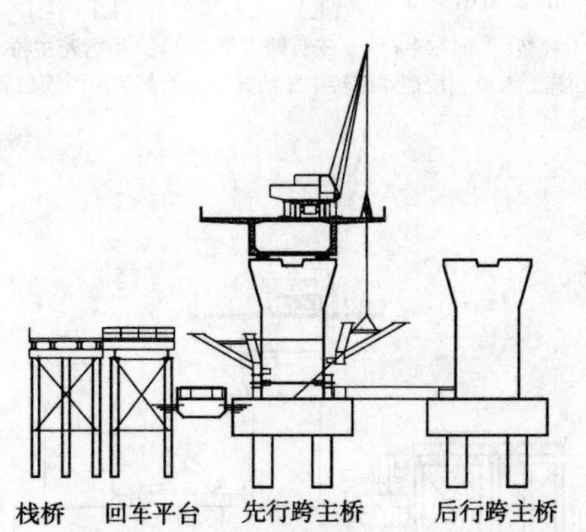

l)改用汽车吊继续提升，并逐渐放松遛绳，起吊到适当位置

图　10.2.4.19

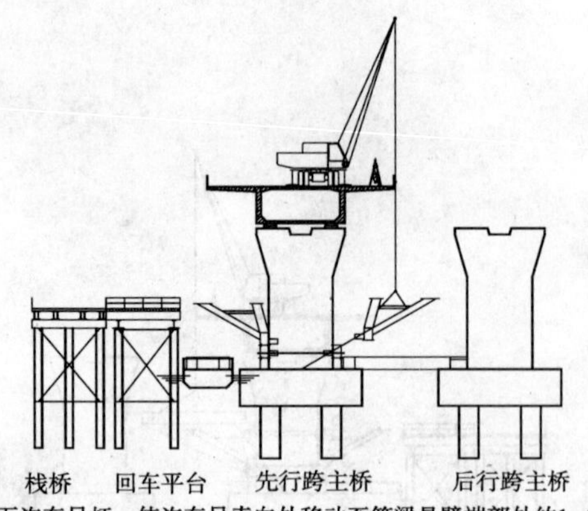

m)爬下汽车吊杆，使汽车吊索向外移动至箱梁悬臂端部外约1m的适当位置，牛腿也随之外移

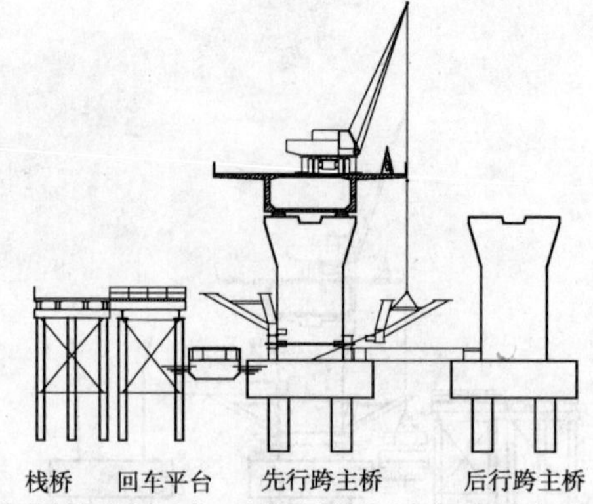

n)缓慢放下牛腿至承台上方，汽车吊旋转使牛腿与下面的牛腿梁中心重合，利用遛绳调整好牛腿方向

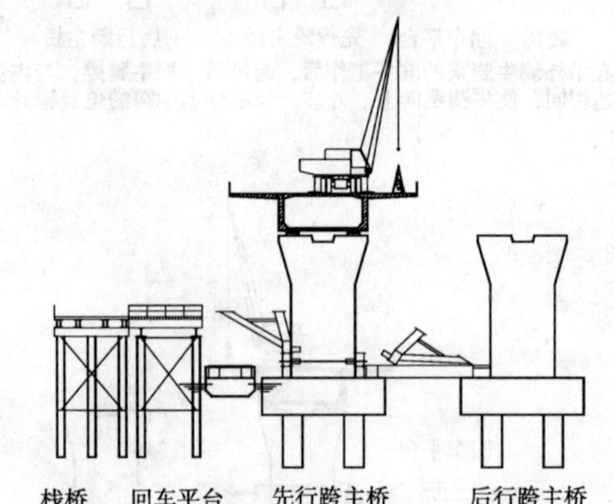

o)缓慢放下牛腿至承台面牛腿梁上，卸下吊索，汽车吊返回原位

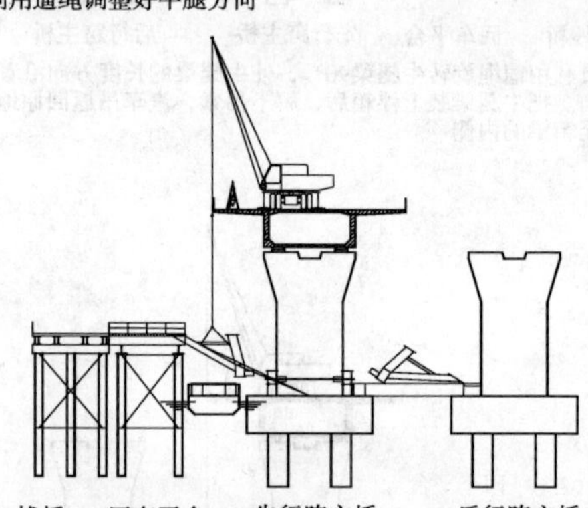

p)汽车吊再次移位至箱梁内侧，拆卸另一个牛腿。提升、外移，重复相同的工序。把牛腿移至浮箱的上方

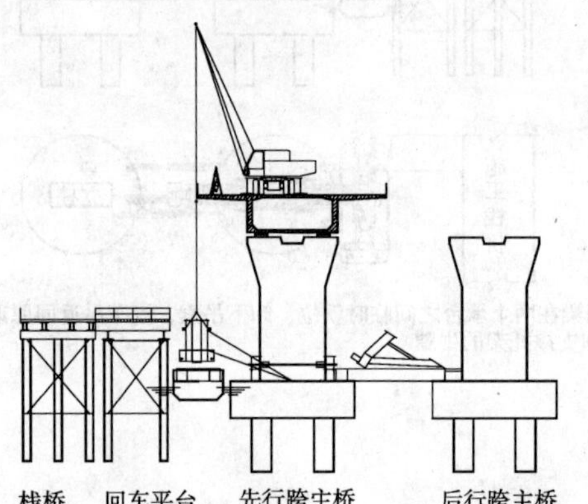

q)施工人员利用遛绳旋转牛腿约90°，使其顺至浮箱位置处

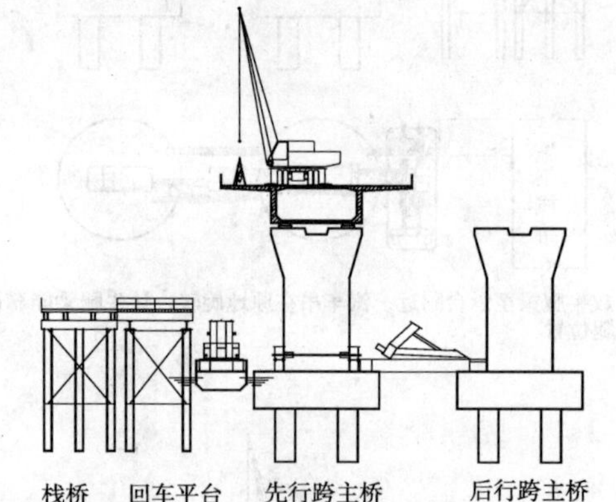

r)把牛腿放置在已置于浮箱中的牛腿梁上面，汽车吊返回原地

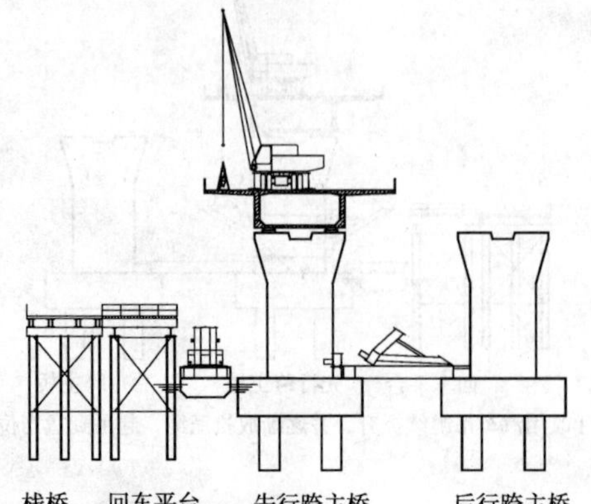

s)拆除支撑托架牛腿下的锚块支撑脚上的拉条螺栓和拼接螺栓，起吊后装上浮箱。浮箱运到下一个施工区域

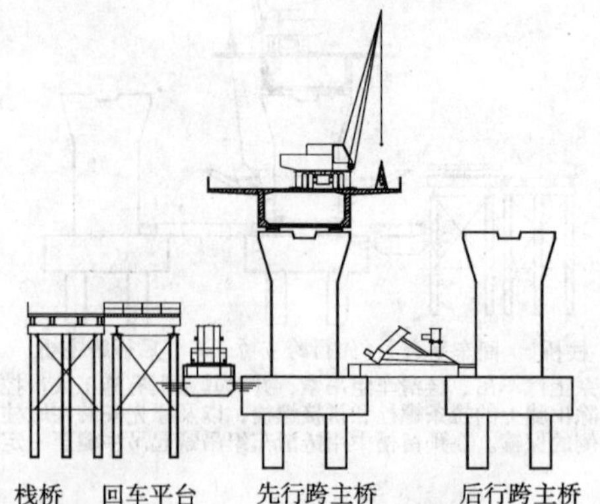

t)汽车吊、链滑车组再次移位至箱梁内侧，拆除外侧的支撑托架牛腿下的锚块支撑脚上的拉条螺栓和拼接螺栓，起吊后临时安放在承台上，等待浮箱外运

图 10.2.4.19　采用汽车吊与链滑车组拆除支撑托架

(3)造桥机横移

①在推进台车与支撑托架之间设置滑板,使推进台车在托架上作横向移动,见图10.2.4.20。

②推进台车依靠连接在小车和托架之间的双向液压件实现左右移动。正确连接横向液压系统是保证两侧推、拉同时进行的关键。

③单侧主梁向外、向内横移时,前后两台推进台车同时进行。

④主梁向内侧推进前,仔细检查就位状况,如有必要作适当调整。当推进至横梁上公导向钉接近母导向钉时,检查公母导向钉的位置以保证横梁完全合龙。

(4)造桥机纵向推进

①纵向推进开始前,反作用力支撑板需安装就位。当主梁前端越过推进台车时,需安装反作用力支撑板,并拆除主梁后部反作用力支撑板。

②当前鼻梁轨道接近推进小车时,需调整小车角度及位置,以使轨道与导轨正确就位。在前鼻梁轨道进入推进小车导轨前,确保轨道与导轨高差小于10cm,如不满足,通过鼻梁间高强钢筋调整。

③当前鼻梁轨道越过推进台车中心线2m后仍未与导轨接触,需调整鼻梁。

④在推进过程中需保证主梁鼻梁轨道与推进台车导轨平行,且两侧需有空隙。

⑤两侧主梁可独立也可同时推进,见图10.2.4.21。

图10.2.4.20　造桥机横移

图10.2.4.21　造桥机纵移

(5)后龙门反吊架及模板吊架安装

后龙门反吊架需保证每根高强钢筋均已拉紧后再顶升。为保证新老混凝土接缝平滑,在造桥机外模上与已浇混凝土结构靠近施工缝处安装模板吊架。

2.4.3　造桥机模拟堆载试验

为初步掌握现浇箱梁施工过程中以及施工完成后造桥机的挠度和刚度,在现浇箱梁施工前的起始跨(第75~76号墩,跨度42.6m)进行堆载模拟试验,堆载过程使用袋装土代替施工荷载进行。

1.荷载计算

(1)中间标准段横断面

箱梁标准段横断面尺寸见图10.2.4.22。各位置处荷载计算见表10.2.4.1。

中间标准段横断面各位置处荷载计算　　表10.2.4.1

位　　置	各位置的荷载计算值 q(10kN/m)	对应位置理论堆载高度 h(m)
内腹板	3.07×2.5=7.675	7.675/1.9=4.04
外腹板	2.93×2.5=7.325	7.325/1.9=3.86
底板+顶板	(0.25+0.26)×2.5=1.275	1.275/1.9=0.67
底板八字角+顶板八字角	(0.2+0.26)×2.5=1.15	1.15/1.9=0.61
翼板	(0.55×2.5)~(0.2×2.5)=1.375~0.5	1.375/1.9~0.5/1.9=0.72~0.26
加劲肋	0.55×2.5=1.375	1.375/1.9=0.72
横梁	(3.07×2.5)~(2.93×2.5)=7.675~7.325	7.675/1.9~7.325/1.9=4.04~3.86

注:取土重度 $\gamma=19\text{kN/m}^3$。

(2)横梁附近横断面

横梁附近横断面见图10.2.4.23。

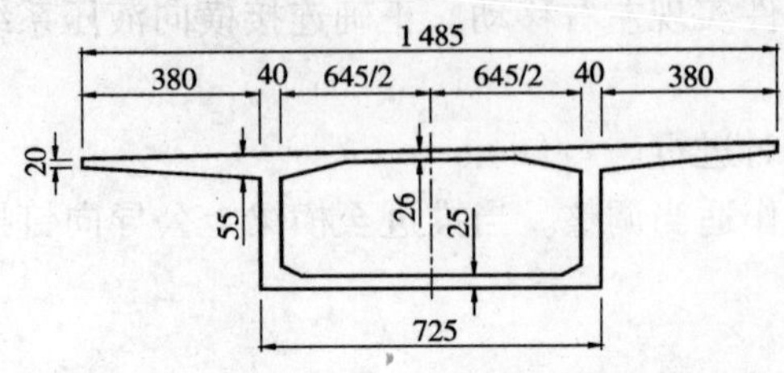

图10.2.4.22　中间标准段横断面示意(尺寸单位:cm)

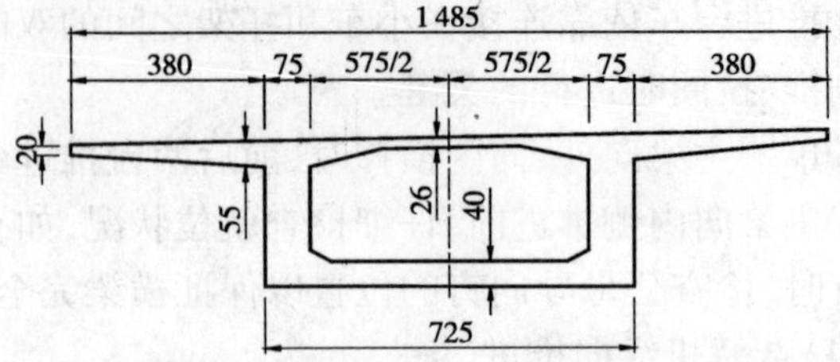

图10.2.4.23　横梁附近横断面示意(尺寸单位:cm)

横梁附近横断面各位置处荷载计算见表10.2.4.2。

横梁附近横断面各位置处荷载　　表10.2.4.2

位　置	各位置的荷载计算值 q(10kN/m)	对应位置理论堆载高度 h(m)
底板+顶板	(0.26+0.4)×2.5=1.65	1.65/1.9=0.87
横梁	(3.07×2.5)~(2.93×2.5)=7.675~7.325	7.675/1.9~7.325/1.9=4.04~3.86

注:取土重度 $\gamma=19\text{kN/m}^3$,其他位置的荷载情况参见中间标准段横断面计算值。

2. 堆载试验

堆载试验注意事项:

(1)堆载试验采用编织袋内装土代替荷载,每只编织袋装土50kg;

(2)堆载过程中采用吊车配合吊装,人工进行堆放;

(3)堆载过程中按照正常混凝土浇筑顺序铺设编织袋。

具体堆载布置见图10.2.4.24,各横断面堆载布置示意见图10.2.4.25。

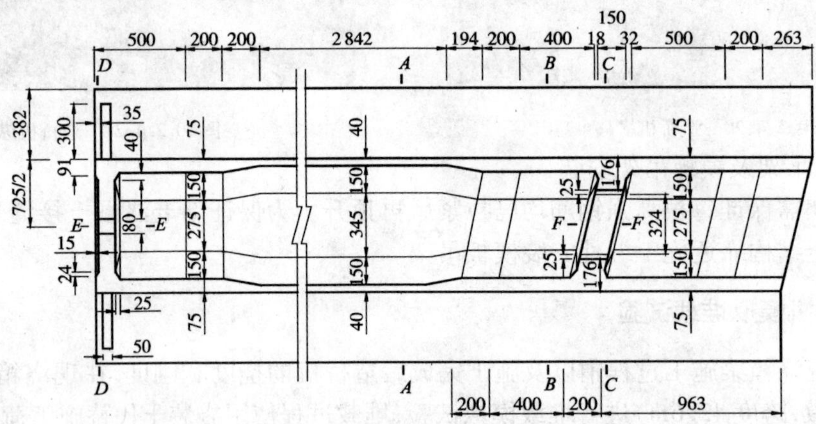

图10.2.4.24　堆载平面示意(尺寸单位:cm)

3. 堆载观测及数据

(1)堆载观测

①堆载实验开始前,造桥机就位后,分别在造桥机的主梁、底模、横梁、翼板等部位布置观测点。

②堆载试验开始前对各个观测点进行初读数并记录。

③堆载过程中每天安排一次读数,并确保堆载结束有一次观测数据。

④堆载结束后持载连续观测3d并记录。

⑤造桥机变形达到稳定,观测值变化不大后进行卸载,卸载后再进行一次读数。

各位置观测点布置详见图10.2.4.26。

(2)堆载试验数据

堆载试验观测得到的数据整理后见表10.2.4.3~表10.2.4.6。

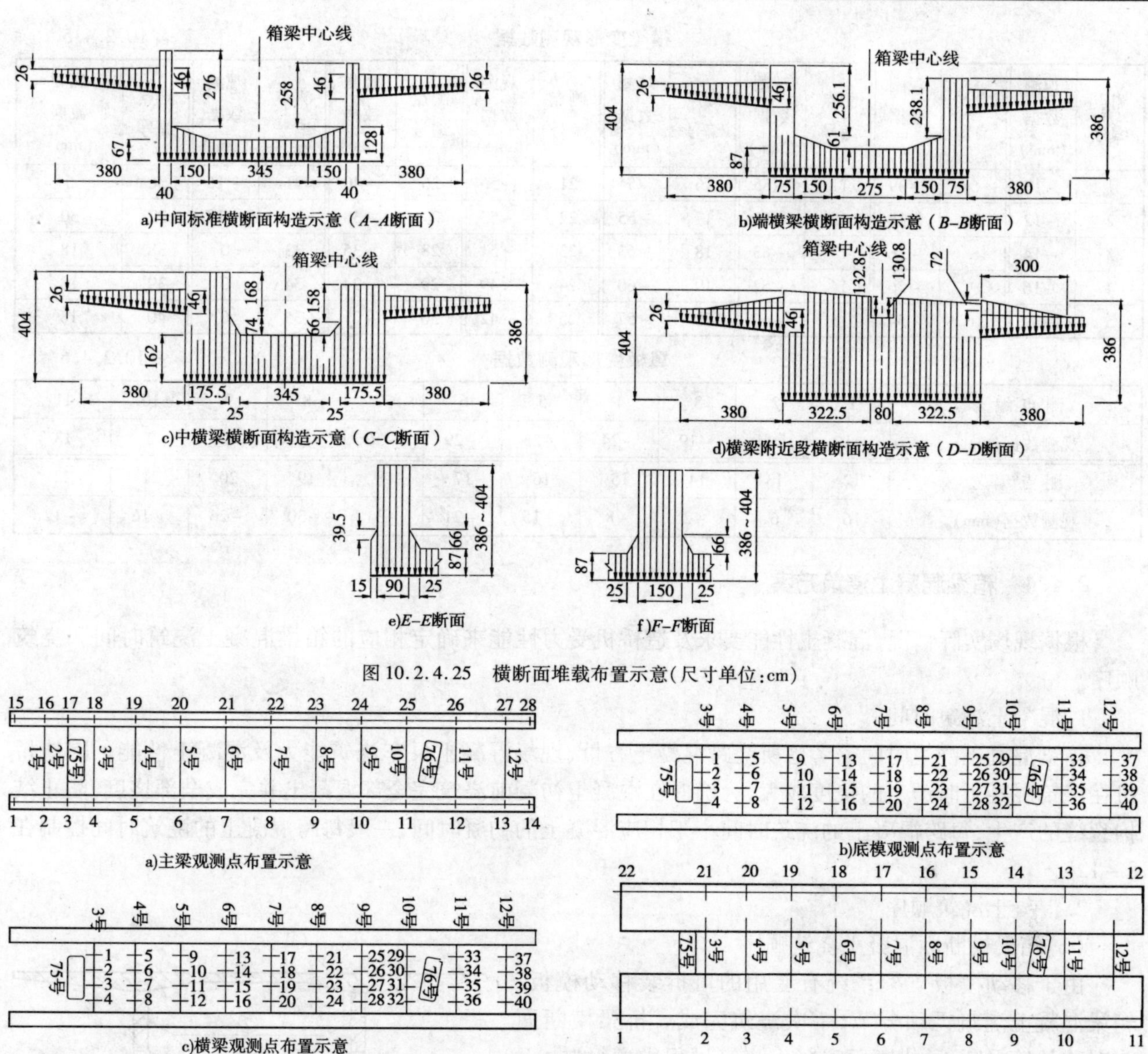

图 10.2.4.25　横断面堆载布置示意(尺寸单位:cm)

图 10.2.4.26　各位置观测点布置示意

主梁变形观测数据　　表 10.2.4.3

测点编号	1	2	3	4	5	6	7	8	9	10	11	12	13	14
观测数据(mm)	20	7	-2	-15	-31	-40	-49	-50	-42	-28	-16	-4	17	17
测点编号	15	16	17	18	19	20	21	22	23	24	25	26	27	28
观测数据(mm)	13	2	-9	-21	-41	-48	-66	-63	-59	-41	-28	-8	9	30

底模变形观测数据　　表 10.2.4.4

测点编号	观测数据(mm)	测点编号	观测数据(mm)	测点编号	观测数据(mm)	测点编号	观测数据(mm)	测点编号	观测数据(mm)	测点编号	观测数据(mm)	测点编号	观测数据(mm)	测点编号	观测数据(mm)
1	-17	6	-42	11	-55	16	-57	21	-59	26	-42	31	-20	36	11
2	-25	7	-39	12	-54	17	-68	22	-56	27	-31	32	-20	37	17
3	-24	8	-35	13	-66	18	-62	23	-53	28	-36	33	-3	38	16
4	-20	9	-57	14	-63	19	-64	24	-51	29	-25	34	-3	39	17
5	-35	10	-57	15	-61	20	-60	25	-42	30	-15	35	4	40	21

横梁变形观测数据　表 10.2.4.5

测点编号	观测数据(mm)	测点编号	观测数据(mm)	测点编号	观测数据(mm)	测点编号	观测数据(mm)	测点编号	观测数据(mm)	测点编号	观测数据(mm)	测点编号	观测数据(mm)	测点编号	观测数据(mm)
1	−18	6	−39	11	−55	16	−54	21	−56	26	−40	31	−16	36	5
2	−12	7	−38	12	−52	17	−55	22	−55	27	−38	32	−19	37	30
3	−14	8	−36	13	−63	18	−63	23	−51	28	−35	33	0	38	18
4	−16	9	−56	14	−62	19	−60	24	−49	29	−24	34	0	39	18
5	−39	10	−54	15	−60	20	−57	25	−42	30	−21	35	0	40	18

翼板变形观测数据　表 10.2.4.6

测点编号	1	2	3	4	5	6	7	8	9	10	11
观测数据(mm)	−10	−14	−19	−24	−23	−29	−36	−11	3	2	13
测点编号	12	13	14	15	16	17	18	19	20	21	22
观测数据(mm)	16	6	−2	−8	−15	−21	−31	−30	−26	−16	−12

2.4.4 箱梁混凝土浇筑方案

根据现场实际情况、混凝土性能要求及造桥机受力性能来确定相应的箱梁混凝土浇筑时间和浇筑顺序。

1. 混凝土浇筑时间

箱梁混凝土浇筑时间需考虑所浇跨混凝土方量、现场混凝土泵车浇筑能力及混凝土性能。因造桥机在浇筑混凝土时产生的挠度较大，为确保在混凝土初凝前浇筑完全部混凝土并完成全部挠度，防止结构裂缝的产生，每跨混凝土的浇筑时间小于相应混凝土的初凝时间，一般每跨混凝土的浇筑时间控制在 8 ~ 12h。

2. 混凝土浇筑顺序

(1)箱梁横断面混凝土浇筑顺序

由于移动模板支架系统有专用的可拆装移动模板，箱梁混凝土浇筑无须分节，一次浇筑完成。桥梁横断面为对称的箱梁断面，横断面混凝土浇筑过程中遵循“由下及上、左右对称”的原则，即由桥梁中心线开始对称浇筑，先浇筑底板，然后浇筑两侧腹板，最后浇筑顶板。结构横断面混凝土浇筑顺序见图 10.2.4.27。

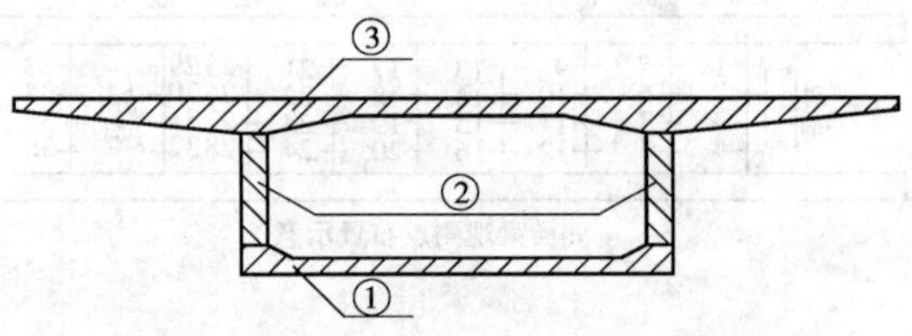

图 10.2.4.27　结构横断面混凝土浇筑顺序

横断面混凝土浇筑顺序：①→②→③

(2)箱梁纵断面混凝土浇筑顺序

①理论分析

利用二维计算模型对桥梁结构使用移动模板支架体系进行纵断面混凝土浇筑顺序进行分析，得出各种施工顺序对造桥机产生的挠度，从而确定科学、合理的混凝土浇筑顺序，减少混凝土浇筑过程中由于顺序原因而造成混凝土裂缝等情况的发生。

②施工模型建立

二维计算模型对象：标准跨(50m)起始施工工况，混凝土浇筑长度为 50m + 10m。按照造桥机自身重量、配重以及混凝土重量对造桥机的荷载进行简化，见图 10.2.4.28。

图中：q_1——标准箱形结构混凝土自重；

q_2——横隔梁处结构加厚混凝土自重；

q_3——前横隔梁混凝土自重；

q_4——后横隔梁混凝土自重；

q_5——加劲肋混凝土自重；

q_6——造桥机自重与混凝土配重；

q_7——造桥机自重。

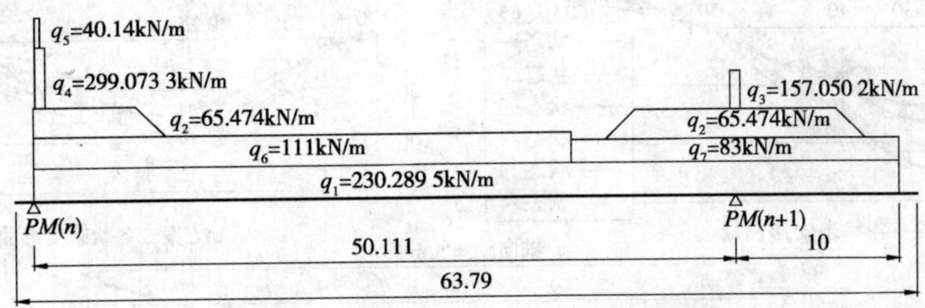

图 10.2.4.28　造桥机的荷载简化示意(尺寸单位:m)

③纵向混凝土浇筑顺序方案

施工过程中混凝土有以下三种浇筑方案。

第一方案:混凝土自铰支端向悬臂端依次进行浇筑施工(从造桥机的后墩柱端往前墩柱端浇筑)。

第二方案:混凝土自跨中向前后两个方向同时浇筑(从两墩柱中央往前后墩柱端浇筑)。

第三方案:从前墩柱位置向前后两个方向浇筑(从前墩柱位置同时往后墩柱端和悬臂端两个方向浇筑)。

三种混凝土浇筑顺序见图 10.2.4.29。

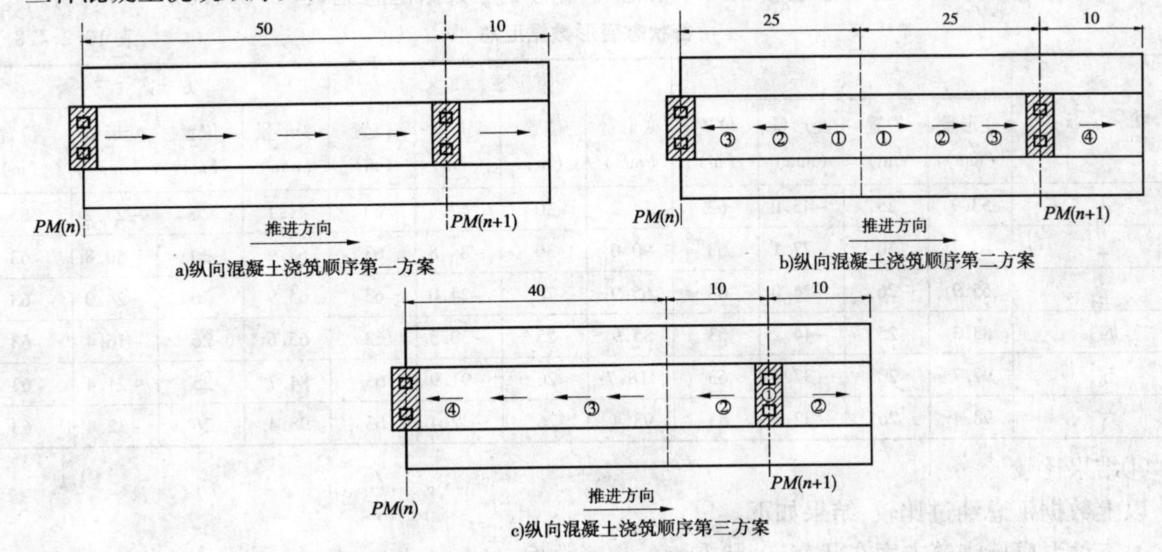

图 10.2.4.29　三种混凝土浇筑顺序示意(尺寸单位:m)

按照三种混凝土浇筑方案的不同浇筑顺序,将混凝土浇筑过程分成六种施工状态对造桥机各个位置的变形进行计算,得出各种方案的六条变形曲线,各状态代表的意义见表 10.2.4.7。

各状态代表意义汇总　　表 10.2.4.7

名　称	代表意义
状态一	20m 底板(含腹板)混凝土浇筑完毕状态
状态二	40m 底板(含腹板)混凝土浇筑完毕状态
状态三	60m 底板(含腹板)混凝土浇筑完毕状态
状态四	底板浇筑完毕,20m 顶板混凝土浇筑完毕状态
状态五	底板浇筑完毕,40m 顶板混凝土浇筑完毕状态
状态六	底板浇筑完毕,60m 顶板混凝土浇筑完毕状态

三种混凝土浇筑方案的各种状态变形曲线见图 10.2.4.30。

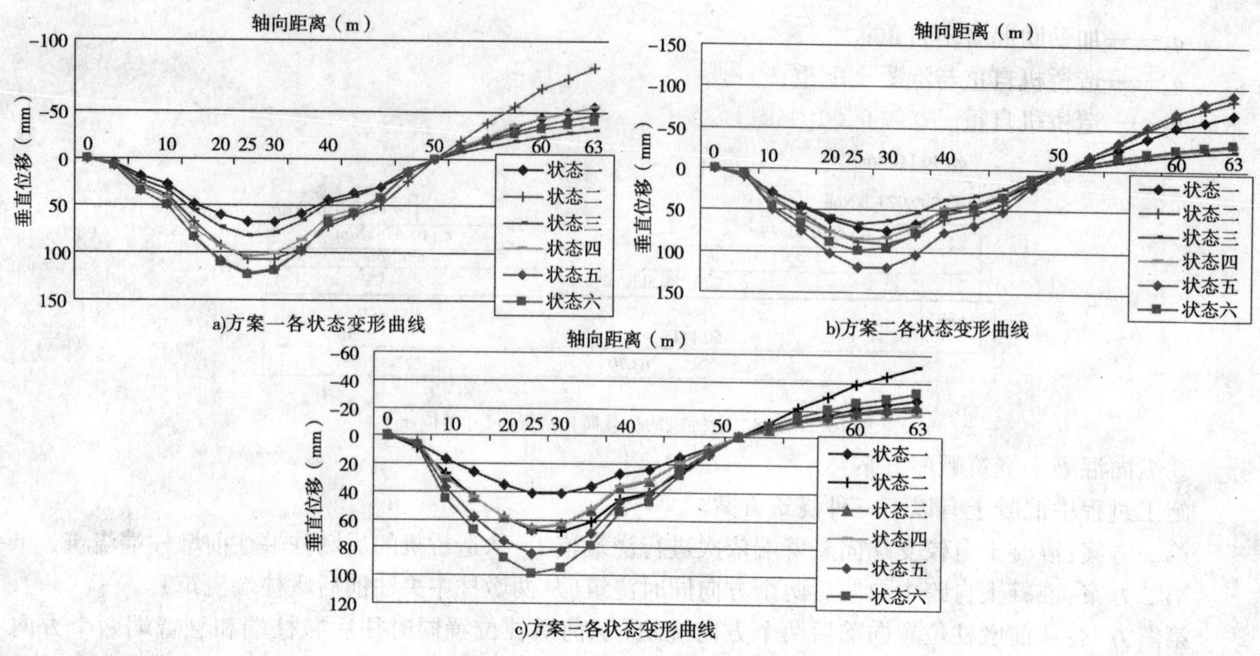

图 10.2.4.30　三种混凝土浇筑顺序示意

三种混凝土浇筑方案各状态造桥机跨中和悬臂端的变形数据汇总见表 10.2.4.8。

各状态变形数据汇总

表 10.2.4.8

状　态	方　案　一				方　案　二				方　案　三			
	变形量（mm）	位置（m）	变形量（mm）	位置（m）	变形量（mm）	位置（m）	变形量（mm）	位置（m）	变形量（mm）	位置（m）	变形量（mm）	位置（m）
一	53.9	25	−45.0	63	74.2	30	−67.4	63	41.1	26	−27.2	63
二	85.7	30	−77.1	63	90.0	30	−84.8	63	68.9	30	−50.8	63
三	65.9	26	−24.0	63	65.9	26	−24.0	63	65.9	26	−24.0	63
四	83.3	25	−44.2	63	85.9	25	−30.3	63	65.6	26	−16.4	63
五	97.7	26	−37.1	63	118.7	26	−91.9	63	84.7	25	−21.4	63
六	98.4	26	−32.4	63	98.4	26	−32.4	63	98.4	26	−32.4	63

④结果比较

以上数据汇总经过比较，结果如下。

a. 三种混凝土浇筑方案在状态三、状态六的变形数据一致。

b. 方案一、方案二混凝土浇筑方案中各个状态造桥机变形数据变化大。方案一从状态二变化到状态三过程中在造桥机的跨中和悬臂端的挠度出现了 19.8mm、52.9mm 的变化值。方案二从状态二变化到状态三过程中在造桥机的跨中和悬臂端的挠度出现了 24.1mm、60.8mm 的变化值。从状态五变化到状态六过程中在造桥机的跨中和悬臂端的挠度出现了 20.3mm、59.5mm 的变化值。同时，该混凝土浇筑方案造桥机变形达到最大值为 118.7mm，超过了其他两种混凝土浇筑方案。

c. 方案三混凝土浇筑方案计算结果最为理想，各个状态的变化值比较合理，跨中、悬臂端的挠度变形比较缓和。但是，造桥机悬臂端的挠度在状态二变化到状态三过程中也出现了 26.8mm 的变化值。

通过对三种混凝土浇筑方案的比较，可以得出以下结论。

若采用方案一、方案二进行施工，由于造桥机的变形大且各个浇筑状态变化量大，这样势必造成已浇筑的混凝土出现裂缝等质量问题，而按照方案三的混凝土浇筑顺序进行施工，将会最大限度地减少造桥机在使用过程中各状态间的变形量，确保浇筑后桥梁混凝土的质量，因此，在使用造桥机进行混凝土浇筑过程中采用方案三（由前墩柱开始往前后两个方向同时浇筑）为科学、合理的方案。

2.4.5　数值模拟与堆载试验比较

采用方案三的混凝土浇筑顺序(从前墩柱位置同时往后墩柱端和悬臂端两个方向浇筑),同样使用二维计算模型对75~76号跨堆载情况进行模拟。但是为了与堆载工况保持一致,计算中不考虑造桥机的自重q_6、q_7。

75~76号跨混凝土浇筑荷载简化见图10.2.4.31。

图中:q_1——标准箱形结构混凝土自重;

q_2——横隔梁处结构加厚混凝土自重;

q_3——前横隔梁混凝土自重;

q_4——后横隔梁混凝土自重;

q_5——加劲肋混凝土自重。

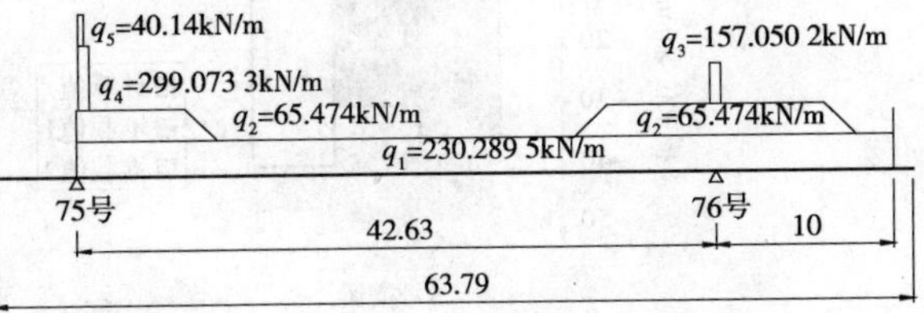

图10.2.4.31　75~76号跨混凝土浇筑荷载示意(尺寸单位:m)

计算得出各点的变形数值见表10.2.4.9。

75~76号跨变形数值一览表　　表10.2.4.9

位置(m)	0	2.2	5.4	7	9	12.5
数值(mm)	0	12.4	29	36.5	44.8	56.1
位置(m)	17.5	20	22.07	25	27.5	32.5
数值(mm)	64.2	64.6	63.1	57.9	51.4	34.1
位置(m)	35.13	39.88	42.63	45.19	47.94	50.13
数值(mm)	23.9	6.7	0	-2.9	-3.5	-3.3

以上数据与跨堆载过程主梁变形观测数据(表10.2.4.3)进行比较,结果表明:计算数值与75号桥墩附近2号横梁以及76号桥墩附近第10号横梁的堆载实际变形值相差比较大之外,其他位置的计算值与堆载变形值基本吻合,并且计算值都介于2个测点值之间,计算模拟效果比较理想。各个横梁位置的计算值与堆载值比较见图10.2.4.32。

2.4.6　现浇箱梁变形数值分析

根据堆载试验的数据对现浇箱梁变形进行空间模拟分析,基于堆载试验结果以及数值模拟分析结果,确定现浇箱梁施工前的预拱值。

1.数值计算工况

表10.2.4.10为数值计算工况一览表。如表所示,计算工况一为堆载试验的数值模拟计算工况,对应桥跨为第75~76号跨的标准段,单跨中心跨度为42.6m。基于堆载试验的模拟对造桥机的总体刚度进行评估,在完善计算模型的基础上,进行工况二(大跨度现浇箱梁)的预测分析,计算工况二对应的桥跨为第80~81号跨的标准段,中心跨度为50m。

数值计算工况一览表　　表10.2.4.10

计算工况	计算内容	对象桥跨	中心跨度	备注
工况一	造桥机整体数值模拟	75~76号	42.6m	标准跨堆载试验模拟分析
工况二	造桥机挠曲预测分析	80~81号	50.0m	大跨度现浇箱梁预测分析

2.造桥机整体数值模拟

(1)造桥机结构简介

图10.2.4.33给出了下行式造桥机用于单跨箱梁跨度50m的结构平面和立面图。如图所示,造桥机的主体结构由主梁、横梁和前后鼻梁组成。主梁的结构形式为钢箱梁,长度为63.79m,分6节组成,

各节长度 8.04 ~ 11.79m 不等，主梁的中心间距为 10.21m，总质量约为 136t。横梁共计 12 根，结构形式为平面桁架结构，横梁间距为 2.8 ~ 6.0m 不等，每根横梁质量为 4t。前后鼻梁的结构形式为框架结构，前鼻梁长度约 46.3m，分三节组成，总质量为 13.5t。后鼻梁长度 24.1m，分两节组成，总质量为 29.8t。

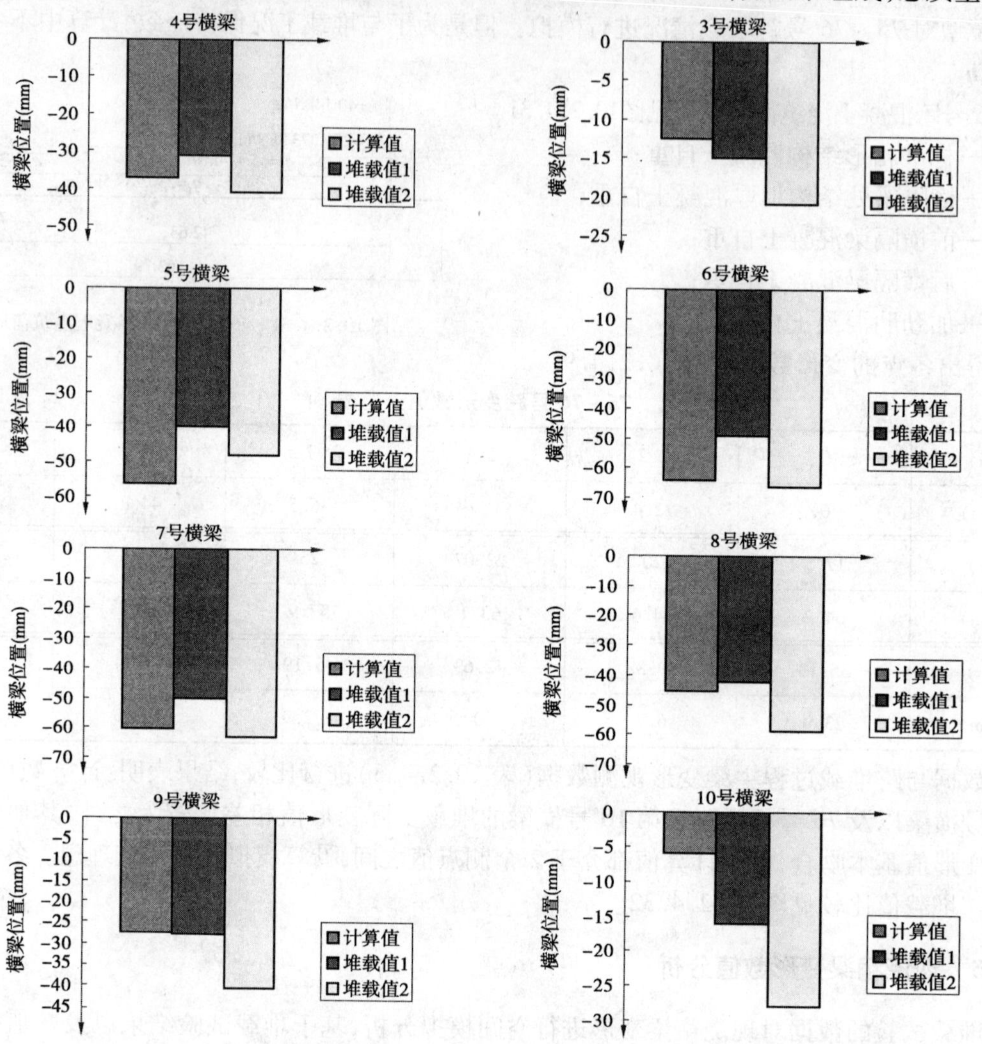

图 10.2.4.32　各个横梁位置计算值与堆载值比较

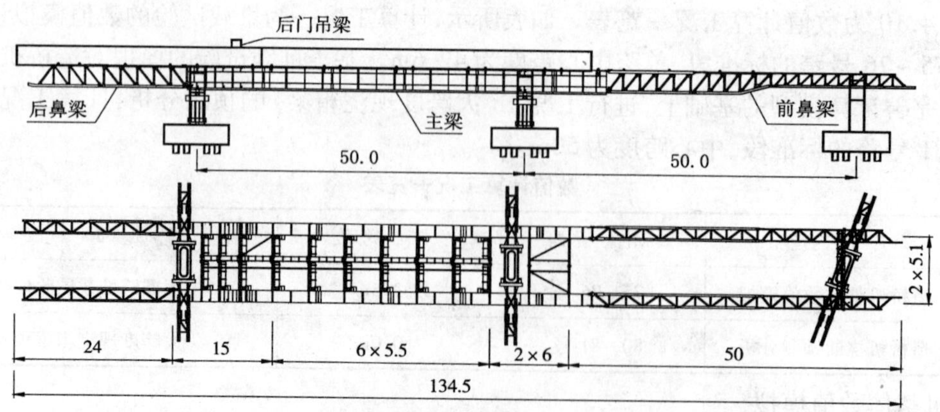

图 10.2.4.33　下行式造桥机结构（跨度 50m 为例）（尺寸单位：m）

(2)创建三维计算模型

堆载试验模拟计算的对象桥跨为第 75 ~ 76 号跨，其中水平方向箱梁轴线与第 75 号桥墩正交，而与第76号桥墩斜交。这样使造桥机主梁内侧和外侧跨度不同,见图10.2.4.34,结构计算需采用三维模型。

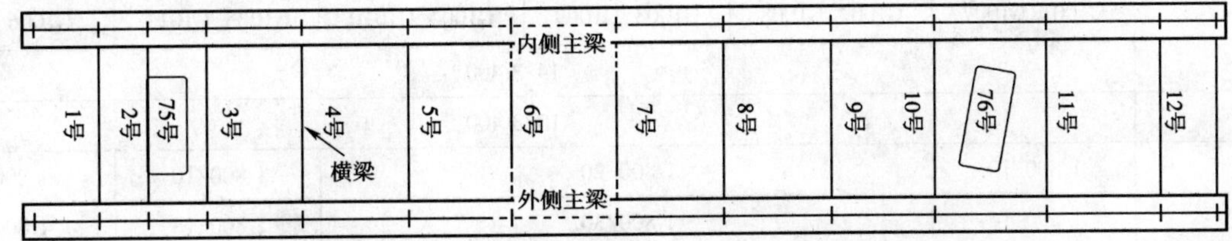

图10.2.4.34　架桥机主梁和桥墩之间的关系示意图(第75~76号跨)

①建立计算模型

图10.2.4.35为堆载试验的模拟试验计算模型。如图所示,由于前后鼻梁为悬臂结构,故计算模型仅对造桥机的主梁、横梁以及翼梁(翼模)进行建模,前后鼻梁通过荷载换算至主梁前后端点上来模拟。从造桥机的特征上来看,荷载的传递形式为:箱梁现浇过程中的混凝土自重荷载经模板通过4个支点传递至横梁,最后由12根横梁将现浇箱梁混凝土重量等传递至造桥机主梁。而作用在主梁上的荷载通过设置在桥墩上的支架传递到桥墩上。如图10.2.4.35所示,模型为三维框架结构,一共116个节点,128个单元。约束条件为主梁与支架铰支。

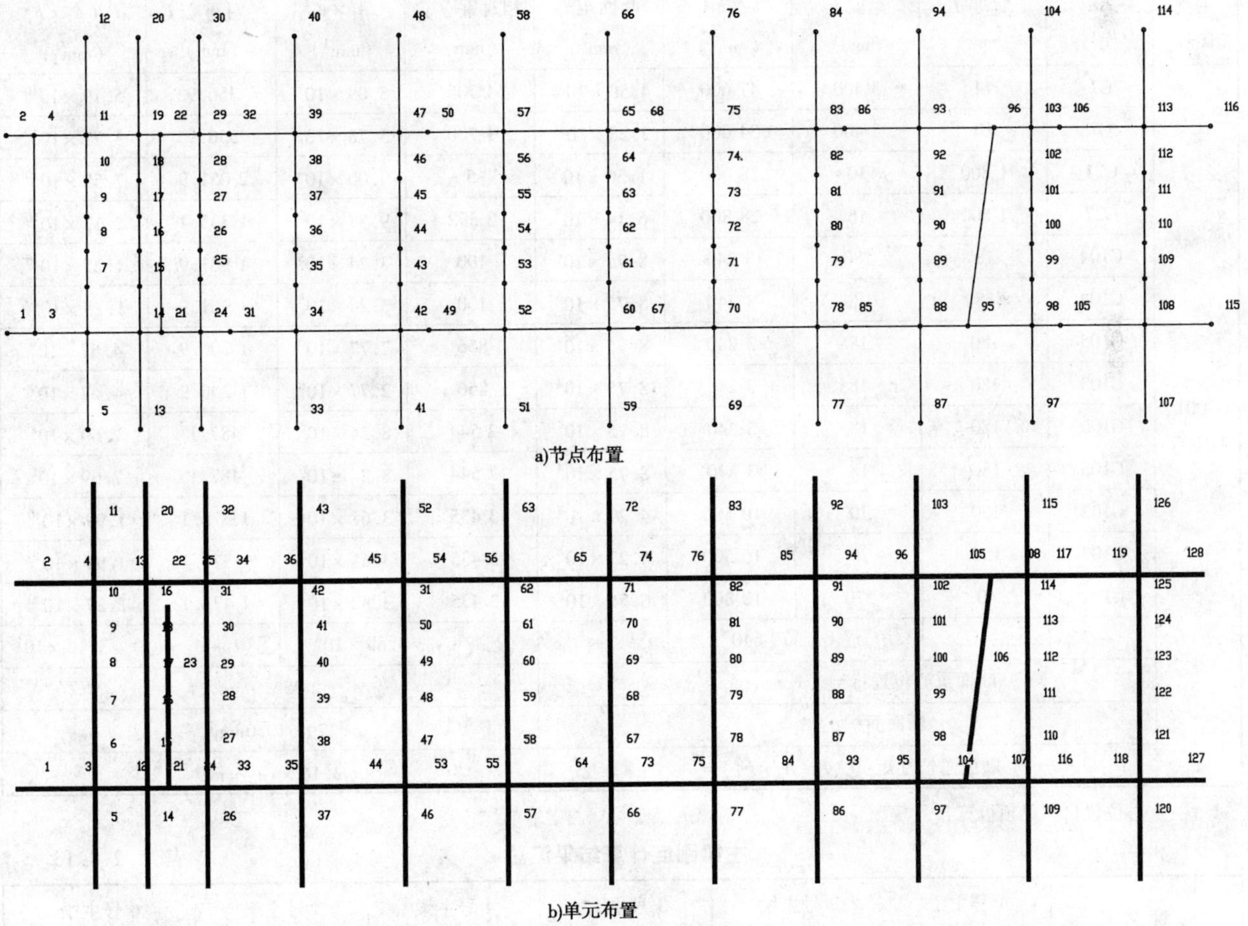

a)节点布置

b)单元布置

图10.2.4.35　堆载试验模拟计算三维模型(第75~76号跨)

②造桥机主梁刚度的计算

造桥机主梁为钢箱梁结构,每根主梁由6节组成。表10.2.4.11给出了6节主梁各受力部件的尺寸。图10.2.4.36给出了6节主梁中第1节主梁轴向受力部件布置图,表10.2.4.12给出了第1节主梁刚度计算结果,表10.2.4.13给出了各节主梁的刚度计算结果。

主梁受力部材的几何尺寸(单位:mm) 表 10.2.4.11

部材名称	1 号主梁 G1001,G1007	2 号主梁 G1002,G1008	3 号主梁 G1003,G1009	4 号主梁 G1004,G1010	5 号主梁 G1005,G1011	6 号主梁 G1006,G1012
G1	14/3 400					
G7	10/3 400					
G21	1 800/10	1 800/20			1 800/10	1 800/10
G27	1 800/16	1 800/30			1 800/18	1 800/14
G101	40/270	40/260			40/270	
G102	150/70	150/60			150/70	
G103	18/180					
G104	180/18					
G105	18/180					
G106	18/180					

注:表中数值表示材料部件的宽度/厚度。

第 1 节主梁刚度计算结果(G1001,G1007) 表 10.2.4.12

主梁代号	部材代号	宽度 d (mm)	高度 h_i (mm)	面积 A_i (mm^2)	断面矩 I_i (mm^4)	相对重心 y_i (mm)	$A_i \times y_i$ (mm^3)	绝对重心 F_i (mm)	$I_i + A_i \times F_i^2$ (mm^4)
G1001,G1007	G1	14	3 400	47 600	4.59×10^{10}	1 700	8.09×10^{7}	356.9	5.19×10^{10}
	G7	10	3 400	34 000	3.28×10^{10}	1 700	5.78×10^{7}	356.9	3.71×10^{10}
	G21	1 800	10	18 000	1.50×10^{5}	5	9.00×10^{4}	2 051.9	7.58×10^{10}
	G27	1 800	16	28 800	6.14×10^{5}	3 392	9.77×10^{7}	1 335.1	5.13×10^{10}
	G104	18	180	3 240	8.75×10^{6}	100	3.24×10^{5}	1 961.9	1.25×10^{10}
	G104	18	180	3 240	8.75×10^{6}	100	3.24×10^{5}	1 961.9	1.25×10^{10}
	G105	180	18	3 240	8.75×10^{4}	856	2.77×10^{6}	1 200.9	4.67×10^{9}
	G103	180	18	3 240	8.75×10^{4}	856	2.77×10^{6}	1 200.9	4.67×10^{9}
	G106	180	18	3 240	8.75×10^{4}	2 544	8.24×10^{6}	487.1	7.69×10^{8}
	G103	180	18	3 240	8.75×10^{4}	2 544	8.24×10^{6}	487.1	7.69×10^{8}
	G102	150	70	10 500	4.29×10^{4}	3 435	3.61×10^{7}	1 378.1	1.99×10^{10}
	G102	150	70	10 500	4.29×10^{4}	3 435	3.61×10^{7}	1 378.1	1.99×10^{10}
	G101	40	270	10 800	6.56×10^{7}	3 435	3.82×10^{7}	1 478.1	2.37×10^{10}
	—	—	$\sum A_i = 179\ 640$		—	$\sum A_i \cdot y_i = 3.89 \times 10^{8}$		$\sum(I_i + A_i \times F_i^2) = 3.16 \times 10^{11}$	
	断面重心位置:$y = \sum A_i \cdot y_i / A_i =$					2 056.9mm			
	断面面积:$\sum A_i =$					179 640.0mm^2			
	断面总惯性矩:$\sum(I_i + A_i \times F_i^2) =$					$3.16 \times 10^{11} mm^4$			

注:重心位置自主梁顶板算起。

主梁刚度计算结果汇总 表 10.2.4.13

部材名称	1 号主梁 G1001,G1007	2 号主梁 G1002,G1008	3 号主梁 G1003,G1009	4 号主梁 G1004,G1010	5 号主梁 G1005,G1011	6 号主梁 G1006,G1012
面积(mm^2)	2 056.9	2 029.1			2 082.9	2 029.7
惯性矩(mm^4)	3.16×10^{11}	4.30×10^{11}			3.22×10^{11}	3.09×10^{11}

(3)荷载计算

造桥机各结构自重如表 10.2.4.14 所示。沿轴线方向的荷载分布如图 10.2.4.37 所示。

造桥机各结构自重汇总 表10.2.4.14

	后鼻梁	1号主梁	2号主梁	3号主梁	4号主梁	5号主梁	6号主梁	前鼻梁
主梁	135kN	254 kN	223 kN	234 kN	234 kN	259 kN	155 kN	298 kN
横梁	—	40kN/根						—
混凝土配重	—	255kN/根				—		
模板自重	—	29.1kN/m						—

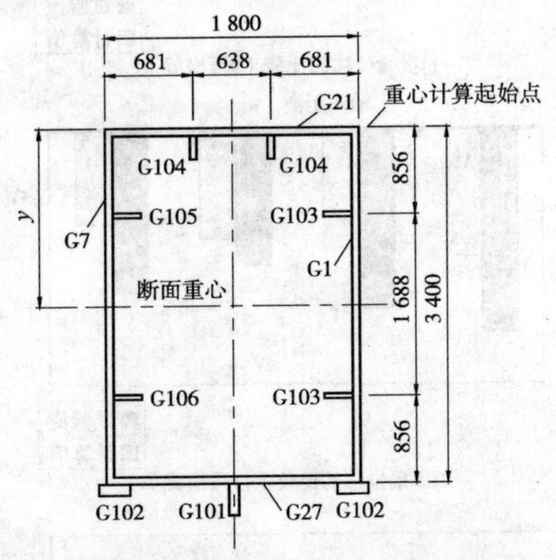

图10.2.4.36 造桥机主梁轴向受力部件布置(第1节主梁之例)(尺寸单位:mm)

q_5=40.14kN/m
q_4=299.073 3kN/m
q_2=65.474kN/m
q_3=157.050 2kN/m
q_2=65.474kN/m
q_1=230.289 5kN/m
8.18
42.63
12.98
63.79

图10.2.4.37 造桥机堆载试验现浇箱梁自重荷载沿轴线分布(尺寸单位:m)

(4)计算结果与堆载试验结果比较

图10.2.4.38为堆载荷载即现浇箱梁自重荷载(不包括造桥机自重荷载)作用下在造桥机主梁中产生位移的试验值和计算值的比较。如图所示,由于内外两侧主梁跨度的不同,所产生的位移值也有所不同,试验值和计算值的最大挠度均发生在跨中附近,试验最大挠度为66mm,计算的最大挠度为56mm。跨度较小的内侧主梁的计算值几乎与试验值相当。而跨度较大的内侧主梁计算值略小于试验值,但两者相差仅8%,而且位移的分布形状也非常接近。

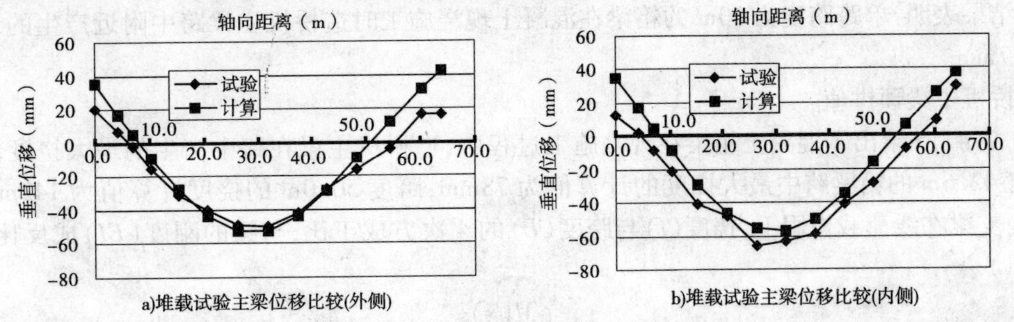

图10.2.4.38 造桥机主梁的位移比较

图10.2.4.39为造桥机部分横梁产生的位移的试验值和计算值的比较结果。结果表明:除了76号桥墩侧第12号横梁以外,横梁上4个测点的挠度试验值均略大于计算值,尤其是跨中附近的5号、7号和9号横梁,试验值与计算值很接近。

综上表明:造桥机主梁和横梁挠度的试验值和计算值非常接近,证明所建立的三维框架计算模型及刚度的设定合理,完全可模拟实际现浇箱梁的施工。

3. 大跨度现浇箱梁挠度的预测

单跨跨度50m的大跨度现浇箱梁的挠度预测计算模型套用标准跨(42.6m)的计算模型。图10.2.4.40为大跨度现浇箱梁的三维框架计算模型,图10.2.4.41为现浇箱梁的施工位移计算结果。

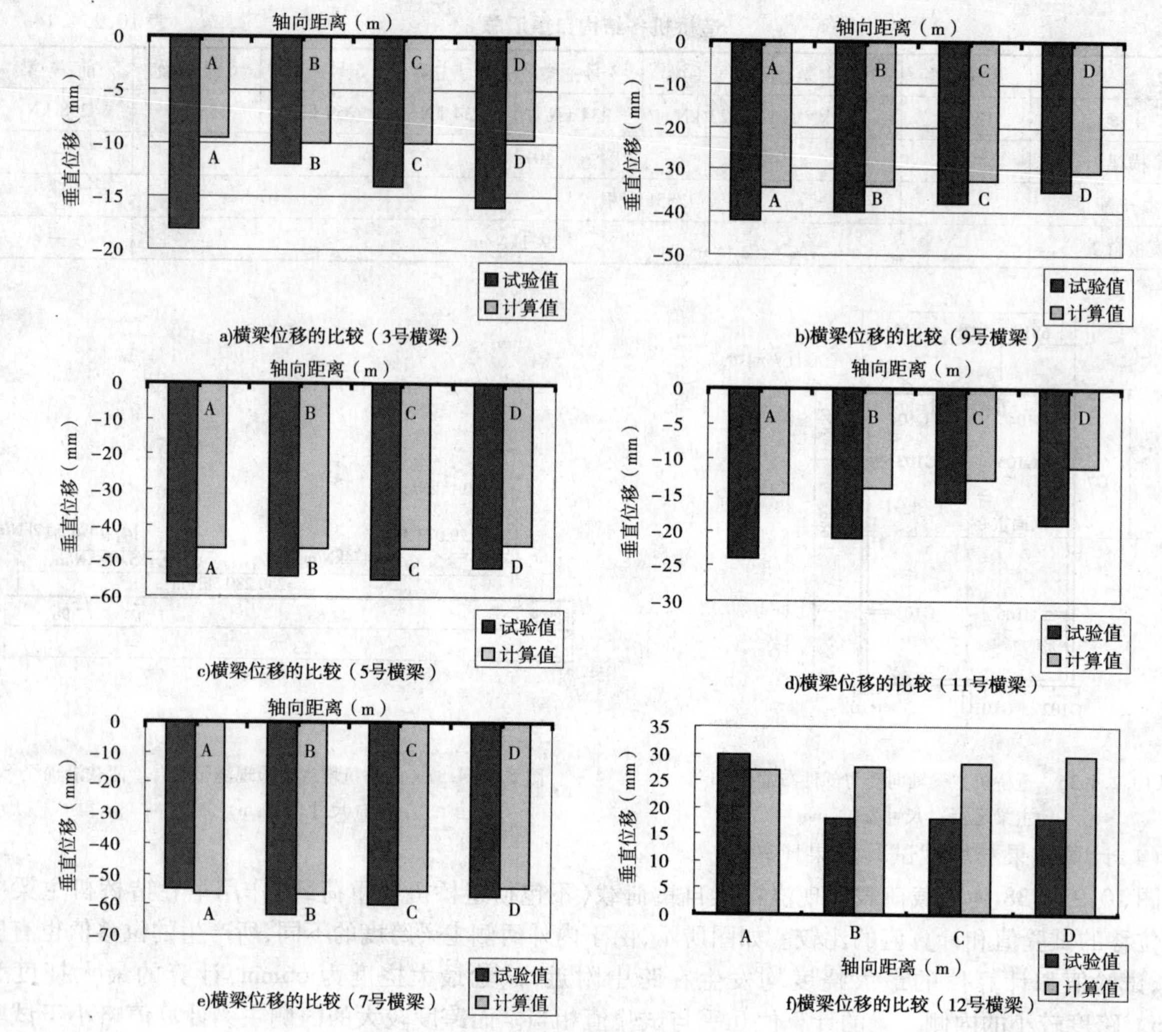

图 10.2.4.39　造桥机横梁的位移比较

计算结果表明：单跨跨度为 50m 的箱梁在混凝土现浇施工时造桥机主梁跨中附近产生的最大挠度值为 110.7mm。

4. 造桥机主梁预拱值

表 10.2.4.15 给出了混凝土箱梁在现浇施工过程中，造桥机主梁在跨中产生的最大挠度值。如表所示，跨度 42.6m 的箱梁跨中最大挠度的计算值为 78mm，跨度 50.0m 的挠度计算值为 142mm。经分析发现：简支梁在线荷载作用下，挠度(f)与跨度(L)的 4 次方成正比，与梁的刚度(EI)成反比，见公式(10.2.4.1)。

$$f'_{\max} = -\int \mathrm{d}x \int \frac{M(x)}{EI}\mathrm{d}x + Cx + D \tag{10.2.4.1}$$

这里，任意位置的弯矩 $M(x) = \int Q(x)\,\mathrm{d}x$，任意位置的剪力 $Q(x) = \int q(x)\,\mathrm{d}x$，$q(x)$ 为任意位置作用在简支梁上的线荷载。

假如通过增大主梁的刚度来克服此挠度，则跨度从 42.6m 增至 50m 时，刚度需增加 2 倍。也就是说，通过增加刚度来减小主梁的挠度显然是不经济的，而且不可能完全克服主梁挠度。为此，通过调节设置在横梁上的丝杆螺栓对箱梁底模设置与主梁变形的反向预拱度，来抵消由于现浇混凝土箱梁施工过程中主梁产生的挠度。两种不同跨度在跨中施加的最大预拱值在表 10.2.4.15 中给出。跨度 42.6m 的最大预拱值，结合堆载试验和三维框架计算结果设定为 90mm；而跨度 50m 通过三维框架的预测计算结果取 140mm。

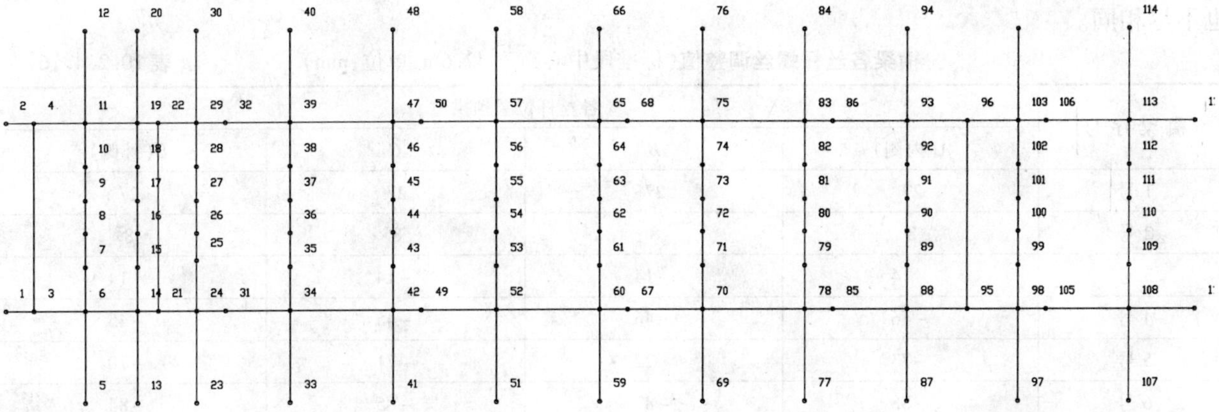

a)节点布置示意

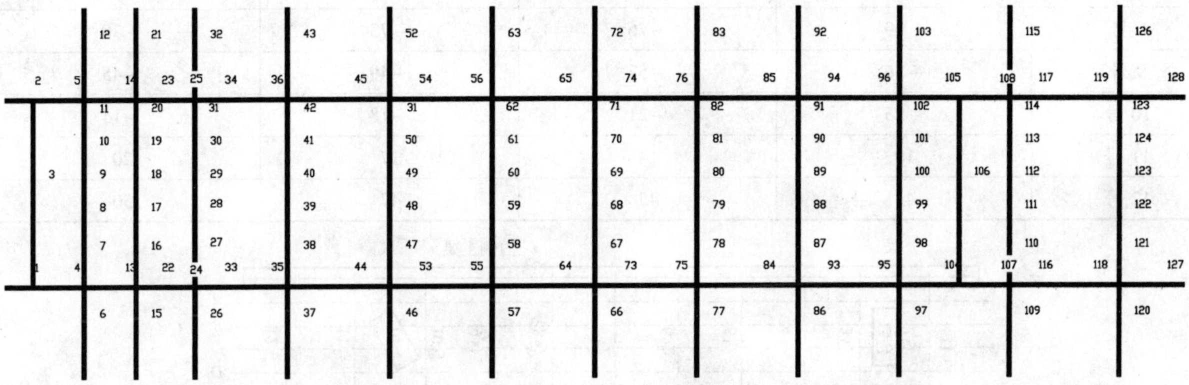

b)单元布置示意

图 10.2.4.40　大跨度(50m)现浇箱梁的计算模型(第 80 ~ 81 号跨)

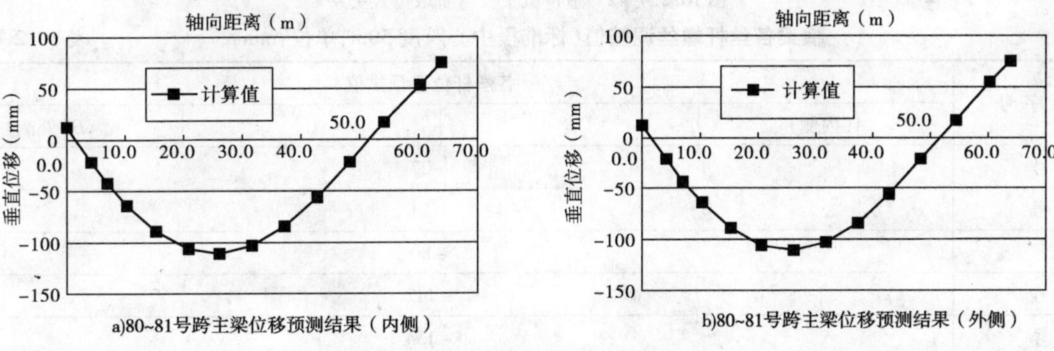

图 10.2.4.41　大跨度(50m)现浇箱梁的施工位移(第 80 ~ 81 号跨)

造桥机主梁最大挠度和预拱值的确定　　　表 10.2.4.15

对 象 跨 度		造桥机自重产生的挠度①(mm)	混凝土现浇箱梁产生的挠度②(mm)	跨中最大挠度③ = ② + ①(mm)	跨中最大预拱值(mm)
第 75 ~ 46 号跨(42.6m)	试验值	—	66	(88)	90
	计算值	22	56	78	
第 80 ~ 81 号跨(50.0m)	预测值	32	110	142	140

试验值中由于造桥机自重产生的挠度难以测量,故参照计算值设定。

表 10.2.4.16 和表 10.2.4.17 分别给出了中心跨度为 42.6m 和 50m 的各横梁位置丝杆的预拱值。因中心跨度为 42.6m 中 76 号桥墩不与桥轴线垂直,见图 10.2.4.42,因此同一横梁上各丝杆的预拱值

也不尽相同。

横梁各丝杆螺丝调整值(标准段中心跨度42.6m,单位:mm) 表10.2.4.16

横梁序号	各丝杆位置预拱值			
	A(内侧)	B	C	D(外侧)
1号	27	27	27	27
2号	8	8	8	8
3号	-14	-14	-14	-14
4号	-46	-46	-45	-45
5号	-73	-72	-71	-70
6号	-88	-87	-85	-84
7号	-90	-88	-86	-83
8号	-79	-76	-73	-70
9号	-56	-52	-49	-45
10号	-25	-21	-18	-14
11号	10	14	17	20
12号	42	45	47	50

图10.2.4.42 造桥机主梁与桥墩位置关系

横梁各丝杆螺丝调整值(标准段中心跨度50m,单位:mm) 表10.2.4.17

横梁序号	各丝杆位置预拱值			
	A(内侧)	B	C	D(外侧)
1号	-27			
2号	-54			
3号	-80			
4号	-112			
5号	-134			
6号	-140			
7号	-130			
8号	-106			
9号	-71			
10号	-27			
11号	22			
12号	68			

注:主梁跨中预拱值为140mm。

5. 施工验证

按照预定的混凝土浇筑顺序及表10.2.4.17中的预拱值对造桥机各横梁进行调节,并通过对80~81号50m跨的混凝土浇筑施工过程中的实测变形量和理论分析结果进行比较,进一步对现浇施工顺序和预拱值进行复核和验证。

图 10.2.4.43 为 80～81 号跨混凝土浇筑时的沉降变形观测点布置，其中 1 号、2 号点位于 1 号横梁上，3 号、4 号点位于 6 号横梁上，5 号、6 号点位于 12 号横梁上。

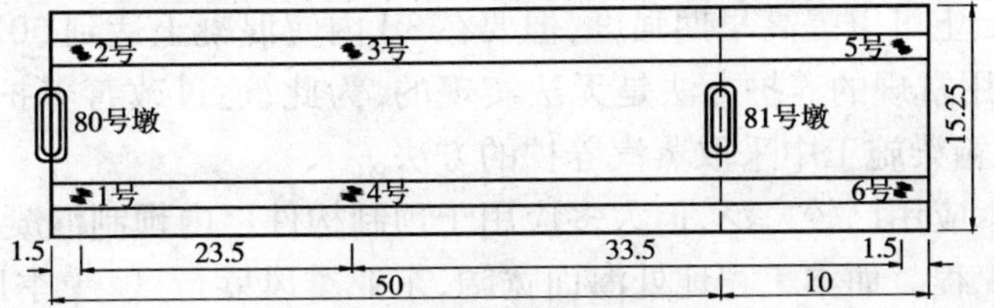

图 10.2.4.43　80～81 号跨变形观测点布置（尺寸单位：m）

混凝土浇筑之前，测得各沉降观测点的初始值，浇筑过程中根据混凝土浇筑的情况每隔 20min 左右进行一次观测，直至浇筑完成，浇筑完成后每隔 40min 进行一次观测，等混凝土初凝和终凝后再分别进行一次观测。80～81 号箱梁浇筑时间为 11h40min，各观测点的沉降数据见表 10.2.4.18。

80～81 号跨变形监测数据（单位：mm）　　表 10.2.4.18

测点位置	监测次数										
	1	2	3	4	5	6	7	8	9	10	11
1 号	0	−1	1	−2	−2	−5	−8	−19	−17	−9	−24
2 号	0	0	0	−1	−2	−2	−4	−13	−10	−7	−21
3 号	0	−1	−3	−3	−5	−15	−45	−73	−98	−115	−131
4 号	0	1	0	−4	−11	−26	−49	−78	−99	−108	−124
5 号	0	−3	−2	−7	−8	−3	4	14	24	31	32
6 号	0	−2	−1	−1	1	7	14	28	37	40	43

将实际施工测得的造桥机变形值与表 10.2.4.17（横梁各丝杆螺丝调整值）各横梁的预拱值进行比较，比较结果表明：造桥机实际变形值在跨中 3 号点和 4 号点的挠度分别为 131mm、124mm，与 50m 跨通过横梁各丝杆螺丝调整值后的 140mm 预拱值基本符合，实际变形值比预拱值略小。但考虑到实际造桥机主梁移位后，由于箱梁本身的自重可能会产生一定的变形，因此认为理论预拱值小于实际预拱值是合理的。

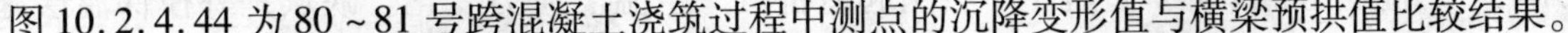

图 10.2.4.44 为 80～81 号跨混凝土浇筑过程中测点的沉降变形值与横梁预拱值比较结果。

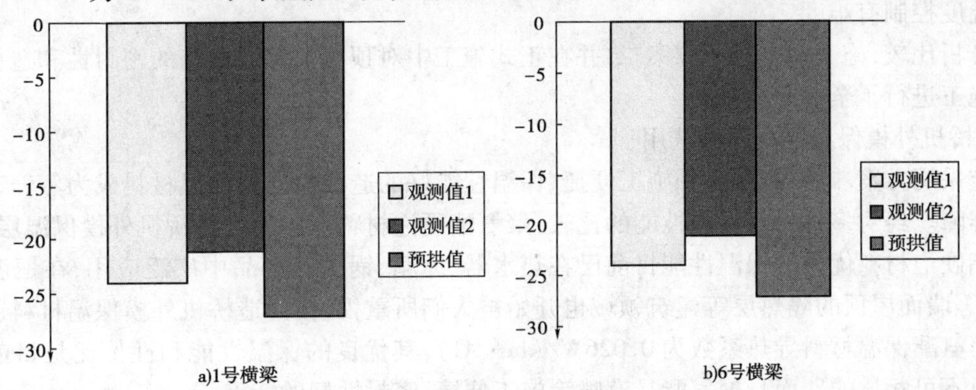

图 10.2.4.44　80～81 号实际施工变形值与预拱值比较

通过上述确定的施工顺序和设定的底模预拱值进行现浇箱梁的施工，不仅有效控制了箱梁现浇施工过程中以及施工结束后的变形，而且施工完成后没有发现有害裂缝的存在，满足设计要求。实践证明：本工程采取的施工方法切合实际，效果是显而易见的。

2.4.7　造桥机海上施工蒸汽养护工艺

现浇箱梁采用造桥机施工，要求箱梁混凝土达到设计要求强度后，造桥机才能推进开始下一跨的施工。根据本工程的工期要求,造桥机施工每跨50m箱梁的施工周期为12d,去除造桥机的推进、模板调整以及内模钢筋等的施工,剩余的混凝土养护时间为3d,即要求箱梁混凝土在3d内达到设计要求强度。虽然采用高性能混凝土可以提高早期强度,但要在3d内使混凝土达到50MPa的设计强度,弹性模量达到3.0×10^{4}MPa,采用常规的养护方法是无法实现的,为此,通过改善养护条件来促进混凝土早期强度增长,即在海上现浇箱梁施工中采取蒸汽养护的方法。

混凝土蒸汽养护技术应用已较广泛,但大多应用于预制构件厂内预制混凝土结构或现场条件较好、受外界气候影响较小的工程。而本工程地处海面宽阔,东亚季风盛行区,受季风影响冬冷夏热、四季分明、降水充沛、昼夜温差大,并受热带气旋及寒潮影响,台风盛行,气候条件复杂。而桥梁上部结构处于盐雾环境中。经调查发现,类似本工程的复杂环境条件及特殊工艺条件采用蒸汽养护技术尚属首次。本工程现浇箱梁采用了造桥机施工,标准跨每跨50m,宽15.25m,混凝土方量为530m^3,如此大体积箱梁采用何种蒸汽养护工艺、如何保证造桥机外模的保温性、蒸汽养护过程中采用怎样的温度控制标准,以及如何确定后期养护条件,才能使箱梁混凝土强度及弹性模量尽快满足设计要求,以便如何控制裂缝的发生等问题,都是本工程需要解决的问题。

根据工程所处的特殊环境,技术人员制定了合理的蒸汽养护技术,并在第一跨的实践当中进行了验证,取得了良好的效果。

1. 蒸汽养护技术的运用

(1)方案比选

方案一:用充气被对整个箱梁及造桥机进行包裹,在包裹中及箱梁室内同时注入蒸汽加温来达到养护目的。

方案二:在现浇箱梁的箱室内注入蒸汽,顶板上设置篷布保温棚,保温棚四周用泡沫塑料绝热层封闭,篷布周边与造桥机外模紧密连接,造桥机外模喷涂保温层。

方案一与方案二进行比较如下。

①方案一的优点是能保证在蒸养过程中箱梁各部分温度均匀,箱室内、外温差小。而缺点是由于蒸汽养护温度较高,使造桥机特别是造桥机主梁发生较大温度应力变化,引起造桥机挠度变化,从而影响箱梁结构的施工质量。

②方案二的优点是整个养护过程中不会引起造桥机产生温度应力变化。缺点是外模保温层施工、箱室内外温度控制有难度。

经过分析比较,施工中选择了方案二,并在正式施工中对顶板上保温篷布的密封性和造桥机外模保温层喷涂施工进行了全面的控制。

(2)造桥机外模保温层材料的选用

在确定采用方案二后,寻找一种施工便捷、保温性能好的造桥机外模保温材料成为蒸养工艺得以实施的一道屏障。经对多种材料保温性能的比较,聚氨酯硬泡材料能应用于造桥机外模保温层材料。

聚氨酯硬泡材料优秀的保温性能目前已在热水器、冰箱、锅炉等产品中广泛应用,在恒温式的厂房车间、粮库等墙面屋顶的隔热层等建筑领域也开始被人们所重视,作为造桥机外模保温材料还是首次应用。硬质聚氨酯保温材料导热系数为0.026W/(m·℃),其优良的保温性能和性价比是目前市场上其他保温材料不可相比的。而且聚氨酯具有喷涂施工便捷、密封性好的特点。

本工程采用的聚氨酯硬泡材料由组合聚醚和异氰酸酯组成(俗称A、B料),A料是由聚醚多元醇、泡沫稳定剂、发泡剂、复合催化剂配制而成;B料为进口多元醇多甲基异氰酸酯(MDI)。采用现场喷涂工艺施工,保温层厚3cm。

采用聚氨酯作为外模保温层不但达到了蒸养过程中保温的效果,而且具有方便施工和优良的密封性能,这也给海上现浇箱梁蒸汽养护施工创造了有利的前提条件。

(3)造桥机现浇箱梁蒸养工艺

通过对以往预制构件蒸汽养护工艺的研究,结合本工程的实际情况,对造桥机现浇箱梁的蒸汽养护工艺采用如下步骤。

①喷涂外模保温层

为保证造桥机外模的保温性，在造桥机外模上喷涂了3cm厚聚氨酯塑料保温层。从实际效果来看，该保温层保温效果较好，蒸养过程中造桥机外模的温度基本保持在25℃。造桥机外模保温层见图10.2.4.45。

②排设蒸汽管

50m跨标准段箱梁在桥墩横梁处分为40m梁段和悬臂10m段，为了能更有效地控制温度升降，在两段箱孔内分别排设两根蒸汽总管，且横梁人孔洞同时要封闭。蒸汽管布置如图10.2.4.46。

图10.2.4.45　造桥机外模保温层示意

桥表面两侧沿桥纵向排设两根蒸汽总管，然后在总管上沿桥横向交叉均布鱼刺形支管，且在每根支管与总管连接处设蒸汽调节阀。蒸汽总管直径13cm，桥面支管直径4cm，支管上开设喷气孔，为保证喷气均匀性，开孔的间距应根据现场喷气试验由疏到密开设。为避免因蒸汽直接喷射至梁体局部而使局部升温过快，蒸汽管应离开混凝土面30cm高，桥表面支管喷气方向应水平。

③设立蒸养棚

在顶板上采用蒸养棚来达到顶板上表面在蒸养过程中的保温性能和温度的均匀性。根据现场实际情况，蒸汽养护采用棚罩法。40m箱孔段因两侧横梁分割，该段保温性较好，而悬臂10m段及桥表面受

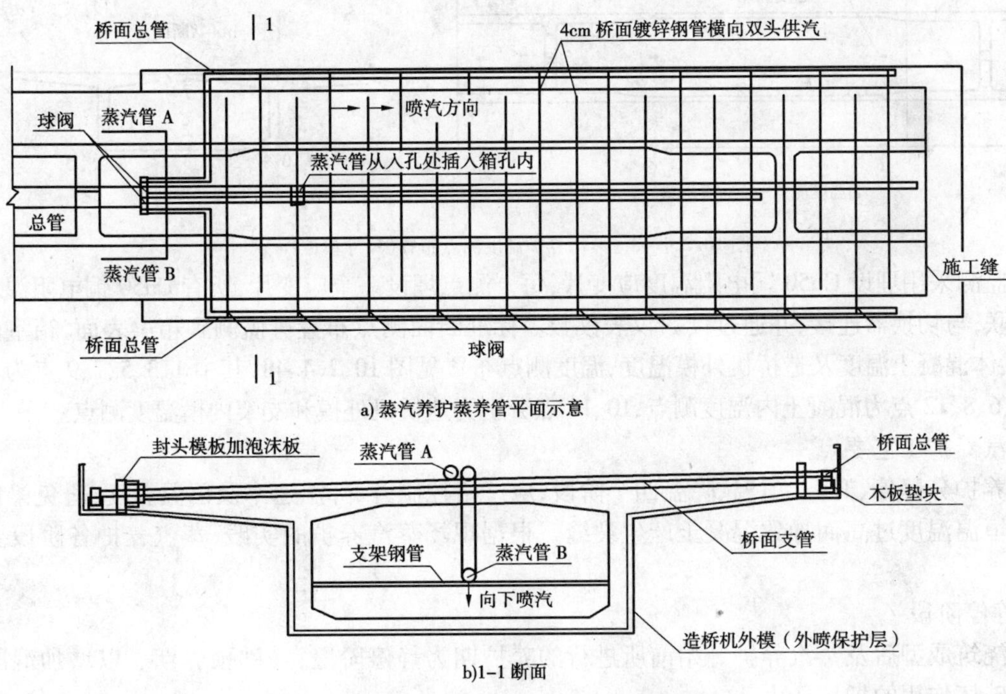

图10.2.4.46　蒸汽养护蒸养管布置

海上气候影响，保温性较差，为此在桥表面搭设一蒸养棚。为了使蒸养棚内蒸汽充分对流，温度均衡，但又不会形成蒸养棚内上下温差较大，浪费热能，蒸养棚高度应在60~100cm。蒸养棚四周用泡沫塑料绝热层封闭，外面覆盖篷布，篷布周边与造桥机外模紧密连接，形成密闭气室，见图10.2.4.47。

(4)蒸养过程中温度监测

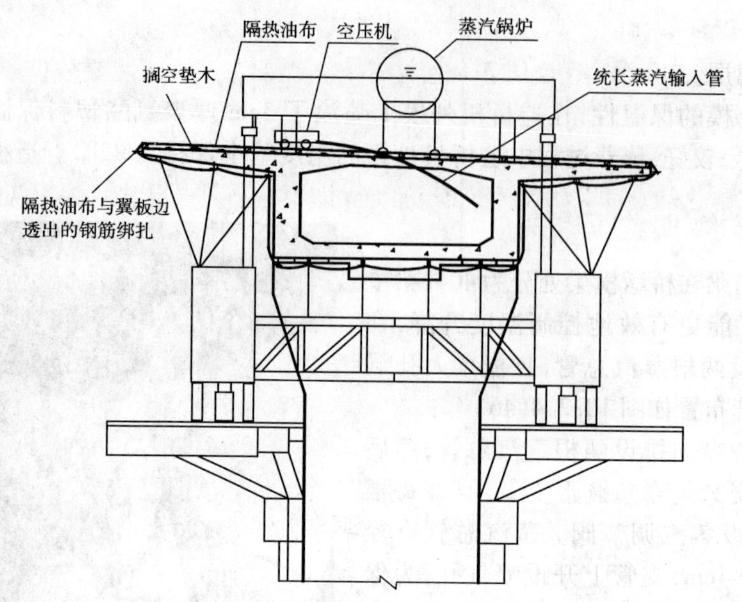

图 10.2.4.47 蒸养棚布置

注:在纵向每排支架间布置条状隔热油布,缝隙部分另用隔热油布封没

为了真实反映蒸汽及混凝土体内温度,同时也为了适时调节蒸汽温度,在箱梁五个横断面埋设 45 个测温点。温度测点布置见图 10.2.4.48。

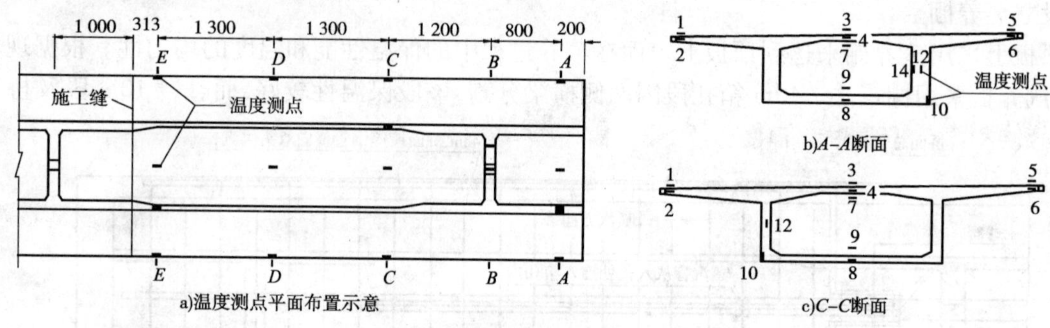

图 10.2.4.48 蒸汽养护温度测点布置(尺寸单位:m)

温度监测采用埋设 Cu50 铜电阻温度应变片,每个测点埋设一个应变片,所有 Cu50 铜电阻温度应变片用导线并联,与切换器连接,并通过读数仪表读数。标准断面测点布置可监测到箱梁表面、箱室内上下蒸汽温度、梁体混凝土温度及造桥机外模温度,温度测点布置见图 10.2.4.48,其中 1、3、5、7、9 点为蒸汽温度测点,2、4、6、8、12 点为混凝土内温度测点,10、14 点分别为造桥机外模和支架内模温度测点。

2. 蒸汽养护工艺要点

蒸汽养护分静停、升温、恒温、降温四个阶段,应严格控制升、降温速率及恒温温度,避免梁体内外温差过大或恒温温度过高而导致混凝土产生裂缝。根据现场蒸汽养护的实践,蒸汽养护各阶段要点总结如下。

(1)静停阶段

箱梁浇筑成型后及蒸汽养护开始前所进行的养护期为静停阶段,又称预养期。以增加混凝土对升温期结构破坏作用的抵抗能力。

静停时间的长短受多个因素制约,与外界温度、混凝土性能及梁体混凝土强度都有关系。为了克服和控制混凝土在蒸养过程受到的肿胀应力,建立预养期的最佳时间是较为关键的,即提高混凝土初始结构强度,减少混凝土蒸养过程的强度损失。实践证明:混凝土预养期短,供汽升温快,热养温度高,对混凝土结构前期破坏作用愈严重,愈容易产生裂缝。同时,由于本工程采用了 C50 高性能混凝土,该混凝土早期强度受外界温度影响较大,因而静停时间也不一样,为了能使该高性能混凝土蒸养效果达到最佳,静停时间一般控制在6~10h。

静停时间用温度与时间的乘积(度时积)达到某一常数作为定时的主要依据。该常数应依据具体施工条件经反复计算、试验验证确定。

静停阶段另一重点是梁体顶面混凝土的保湿,因梁体顶面面积系数较大,且受海上风力影响,水分蒸发量大。为此在混凝土浇筑完毕收水抹面结束后,立即覆盖土工布并浇水保湿。

(2)升温阶段

升温阶段最主要的问题是温度与湿度的协调、升温速率的控制以及梁体混凝土与外模板及蒸汽间温差的控制。升温期取决于混凝土的允许升温速度及最高养护温度。在蒸养初期,因混凝土早期强度尚低,当升温过快由蒸汽向混凝土传递热能时,由于石子与终凝后的水泥砂浆的热膨胀系数存在较大差别,混凝土内部形成这种由膨胀率不同而导致的热应力,表现为拉应力和剪应力,当混凝土抗拉、抗剪强度小于热拉应力和剪应力时,混凝土早期结构遭到破坏,将出现内部微裂纹。因此根据本工程的实际情况及高性能C50混凝土的性能,升温阶段时间定为12h,总原则是缓慢升温、高湿低温。升温速率控制在小于5℃/h,特别要放慢开始升温前2h的速率,该阶段每1h进行一次测温。

(3)恒温阶段

升温至要求温度后即应在此温度下恒温养护一段时间,以使混凝土获得一定的强度。对高性能混凝土来说,恒温温度应相对较低,箱室内及箱梁表面温度控制在40~42℃,以箱梁表面及箱室内中心处测温点为控制基准。因箱室内净空较高,为降低箱室内上下蒸汽温差,在箱室内适当位置加设微风扇或小型鼓风机,形成搅动气幕。

该阶段时间为24h,每2h进行一次测温,要根据实测温度不断调整蒸汽阀,使温度保持在要求范围。

(4)降温阶段

根据规范要求,当结构表面系数 $<6m^{-1}$ 时,蒸养降温速度应≤5℃/h,本工程结构表面系数为 $5.7m^{-1}$。考虑到海上环境条件的复杂性及蒸养箱梁体积较大,同时要保证在降温结束后即可进行下一道工序,降温时间定为36h,每1h进行一次测温。降温阶段原则是:缓慢停汽,均匀降温,保持湿度,重点应注意以下几点。

①在降温阶段,混凝土内部水化热相对较高,当温度下降较快时,混凝土由表面向内部产生拉应力,容易出现贯穿性裂缝,故应严格控制降温速率。

②因箱梁顶表面系数大,降温迅速,而箱孔内热能不易散耗,降温缓慢。降温过程中应严格控制桥表面与箱孔内温差<5℃。

③为了能使箱室内蒸汽热量逐步散去,在降温开始一段时间后,利用箱梁表面人孔洞在箱室内安装一根与外界相通的透气管。

④降温开始时先通过减小供气阀输汽量降温,速率为1~2℃/h,当箱孔内温度降至与环境温差约15℃左右时,通知锅炉房停汽。

⑤当箱室内与环境温差不超过10℃,箱梁混凝土体内与环境温差不超过15℃,蒸养棚内箱梁表面与环境温差不超过5℃时,方可撤除蒸养棚。

⑥撤除蒸养棚后,箱梁表面土工布仍需覆盖,目的是为了混凝土保湿。因为在蒸养结束后,混凝土内水化反应仍在继续,仍需要一定的水分,故应向箱梁表面及室孔内喷洒温水,来保证高强混凝土后期养护质量,减少裂缝的产生。

⑦在蒸养过程中要随时注意根据外界气候变化来调节供气阀,严禁在大风、降雨等恶劣气候条件下撤除蒸养棚。

通过以上各阶段蒸汽养护要点分析,我们可以得到蒸汽养护各阶段的具体时间与温度变化的关系图,以便在实施中按此标准进行温度控制,见图10.2.4.49。

在蒸汽养护四个阶段结束后,即进入后期养护阶段,该阶段采用常规养护方法,使混凝土总养护时间达到28d，以满足混凝土长期强度增长的要求，保证混凝土的施工质量。

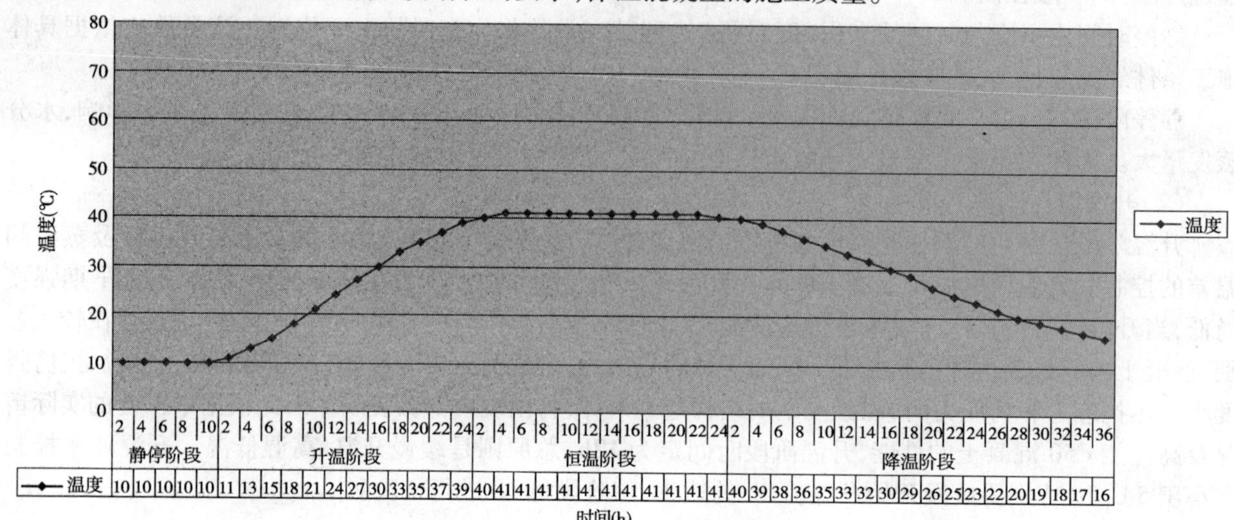

图 10.2.4.49 蒸汽养护标准温度控制曲线

3. 蒸汽养护效果分析

(1)促进混凝土早期强度增长的分析

在混凝土养护过程中，我们将混凝土试块放置在箱室内进行同步养护。自混凝土浇筑结束至蒸汽养护完成一般为76h，在每段箱梁蒸养结束后混凝土试块的试压结果基本达到了设计要求强度。现将现浇箱梁混凝土采用蒸汽养护与标准养护方法对混凝土强度增长情况进行比较。

采用常规标准养护条件下12d龄期的混凝土试块的试压情况和采用蒸汽同步养护条件下3d龄期的混凝土试块试压情况比较见表10.2.4.19。

常规养护和蒸汽养护混凝土强度比较　　表10.2.4.19

<table>
<tr><th>工程部位</th><th>设计强度
(MPa)</th><th>龄期
(d)</th><th>抗压强度
(MPa)</th><th>强度代表值
(MPa)</th><th>达到设计强度的百分比
(%)</th></tr>
<tr><td rowspan="3">PMR81～82号跨箱梁</td><td rowspan="3">C50</td><td rowspan="3">12</td><td>44.2</td><td rowspan="3">44.3</td><td rowspan="3">89</td></tr>
<tr><td>45.8</td></tr>
<tr><td>42.9</td></tr>
<tr><td rowspan="3">PMR86～87号跨箱梁</td><td rowspan="3">C50</td><td rowspan="3">3</td><td>56.7</td><td rowspan="3">57.5</td><td rowspan="3">115</td></tr>
<tr><td>57.4</td></tr>
<tr><td>58.4</td></tr>
</table>

同级配的混凝土在两种不同的养护情况下，混凝土强度增长有着显著的区别，标养条件下12d龄期混凝土强度仅达到设计强度的89%，而在蒸养条件下，混凝土3d龄期就已经达到了设计要求强度。采用正确的蒸汽养护工艺对促进混凝土早期强度的增长起到了显著的效果。

(2)混凝土养护方法与裂缝关系

根据以往工程的实践经验，如果在蒸汽养护过程中，蒸汽养护工艺不成熟，蒸养过程温度、温差控制不当，将使混凝土因温度应力而产生裂缝，这对混凝土的耐久性将产生很大影响。为此，根据本工程蒸汽养护过程受外界气候条件影响较大、蒸养混凝土面积大、采用了造桥机工艺等实际情况，制定了合理的温度控制标准和蒸养技术(见图10.2.4.50)，实现控制混凝土裂缝和提高早期强度的目标。现浇箱梁在采用蒸汽养护技术后，不仅保证了混凝土3d内达到设计要求强度和弹性模量，而且所有箱梁均未出现裂缝，保证了工程的质量要求。

从温度曲线来看，除恒温后半段和降温前半段，蒸养棚内桥表面两侧温度因外界大风影响偏低外，其余无论是升、降温速率，各点温差控制，还是蒸养棚拆除时间都基本符合前文所提要求，故该跨箱孔顶板基本无裂缝。由C-4、C-8点温度曲线可以看出,混凝土内水化热随外界蒸汽温度的变化而变化,相对于蒸汽温度的变化趋势具有滞后性。

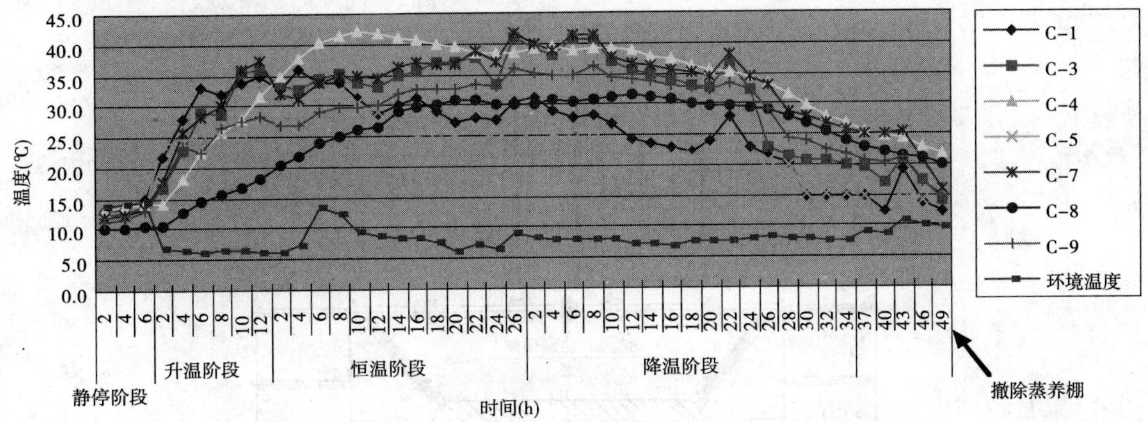

图10.2.4.50　50m跨箱梁蒸养温度曲线

2.4.8　施工期主要技术参数控制

1.风速限制

由于造桥机在海上作业受风荷载限制,只有当风速≤12m/s(6级)时设备才可以在海上正常推进;当风速在12~22m/s(7~8级)时设备应保持静止,但上面可以进行箱梁施工;当风速在22~30m/s(9~10级)时设备要保持静止不施工,但不需要安全固定;当风速≥30m/s(10级)时设备要保持静止,并要进行安全固定。

2.液压表读数控制

造桥机正常推进时,液压表读数应低于90 MPa;起始推动时,液压表读数应低于160 MPa,若读数大于160 MPa,立即停止操作,寻找原因;待一切正常后可再推进,但不允许超过180 MPa。

3.推进行程控制

造桥机横移推进活塞每一行程以250~500mm为宜;纵向推进活塞每一行程以500~1 000mm为宜,设备纵向可前后推进。

4.造桥机安全加固措施

当风速>38m/s(12级)时,造桥机须采取安全加固措施。除此以外,地震前也需采取安全加固措施。其加固办法如下。

在得到预报后,及时在靠立柱侧的横梁上安装抗风防震顶撑杆。顶撑杆一跨内为四根,靠立柱侧布设两根,安装后将顶撑杆顶撑在立柱两侧,使造桥机与两侧立柱连成整体,共同承受风速、地震荷载,见图10.2.4.51。

2.4.9　造桥机海上拆卸方法

造桥机由岸边向海上逐跨推进,施工长度近1 000m,施工结束造桥机位于无遮挡的宽阔海域,见图10.2.4.52。近岸段的钢栈桥只有300m,已无法提供陆上的运输功能,施工设备、材料均需依靠海上的运输能力。

1.造桥机海上拆卸难点

工程所处海域海象条件异常复杂,受海风影响较大,而造桥机设备自重大,构件细长,拆卸主要难点如下。

(1)海上工况条件复杂。造桥机在施工完100~101号跨后开始拆除,该处水深达10m,海面宽阔,水流速度快,风速高。一旦造桥机的连接部件打开或拆除,其整体抗风稳定性将大为减弱。所以为了尽量减少气候条件对拆卸工作的不利影响,拆卸工作必须在最短的时间内完成。换而言之就是拆除方案必须简洁有效。

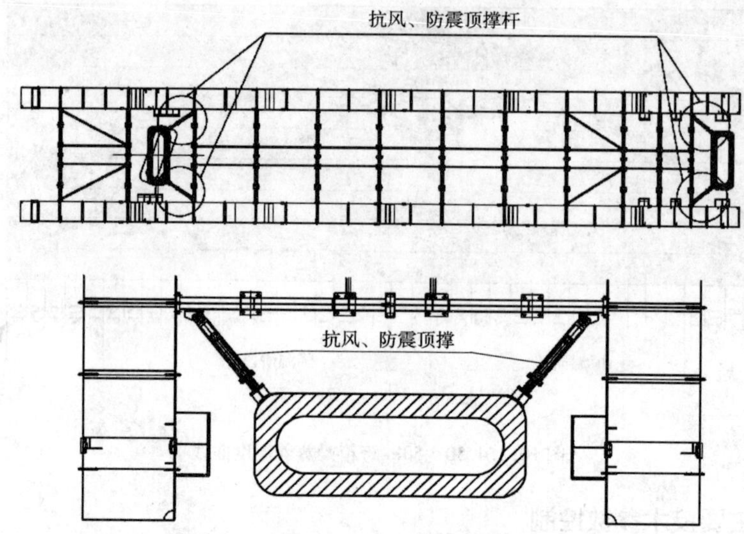

图 10.2.4.51 抗风、防震顶撑杆示意

图 10.2.4.52 造桥机施工现场概貌

(2)造桥机整体构件长约114m,整体重达8 000kN,仅造桥机单侧主梁就重达1 400kN,长达64m,加之施工作业面小,可供选择起重设备有限,不仅施工技术难度大,而且施工组织难度也极大。

(3)拆卸工期紧张。1号造桥机箱梁结构施工完毕后,为了不影响2号机的施工,需在1个月左右将造桥机构件全部拆除。而2号造桥机箱梁结构施工完后,也需尽快拆除,否则将影响到桥面防撞墙和铺装层的施工。

(4)2号造桥机内侧主梁的拆卸困难大。此时左右两幅箱梁结构已完工,中间空挡仅有1m,而造桥机主梁宽1.8m,无法直接将主梁起吊至桥面,而受前后支撑托架影响,主梁也无法下放,是本次造桥机海上拆卸最大的难点。

(5)海上拆卸危险性高。造桥机拆卸过程危险性较高,为了减少海上拆除的风险,需选择一种整体起吊的方法,将主梁和部分构件吊至桥面上拆除,化海上操作为陆上操作,不仅使拆卸更加方便,而且也降低了工程风险。

2. 常规条件下的拆卸技术

对于1号造桥机和2号造桥机的外侧主梁,面向空旷的海面,拆卸时受箱梁结构影响较小,但如何安全、快速地进行拆卸需值得研究。造桥机主梁打开后的情况见图10.2.4.53。

(1)方案比选

首先针对1号造桥机和2号造桥机外侧主梁拆卸,提出了三种拆卸方案。

方案一:分解拆除法。即对包括造桥机主梁在内的构件进行全部解体拆除。具体为在造桥机打开后利用桥面上吊车依序拆除前后鼻梁、外模、横梁、混凝土配重块,只剩左右侧主梁,然后利用桥面翼板上预留孔将左右侧主梁分别吊紧于翼板下，每节主梁两个吊点，单侧主梁共12个吊点。然后开始分解拆除每节主梁间螺栓，将单侧主梁分成6节，全部螺栓拆除后，再分别将每节主梁下放至驳船上，驳船移出箱梁外，利用桥面上吊车将每节主梁吊至桥面上。主梁分解拆除方法见图10.2.4.54。

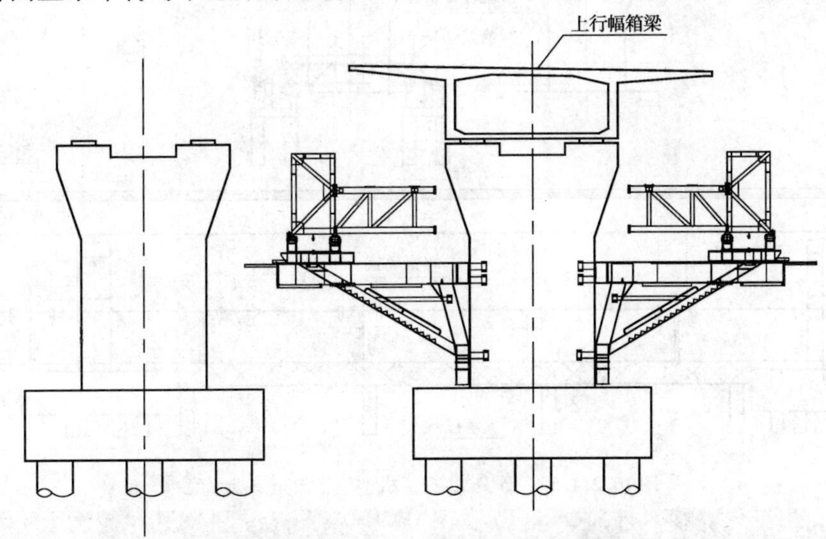

图10.2.4.53　1号造桥机主梁打开后示意图

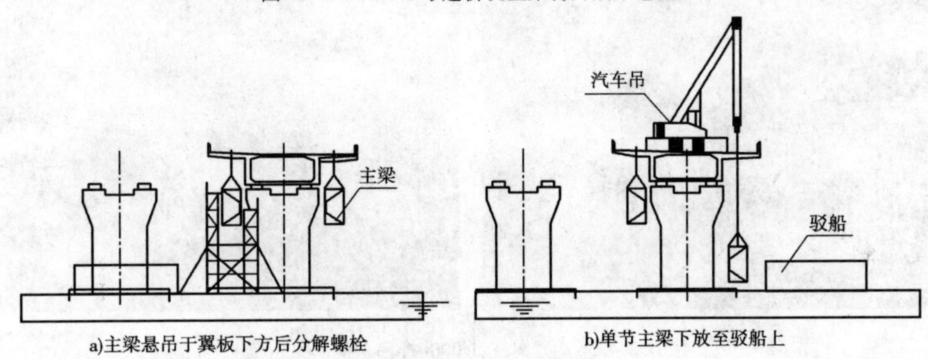

图10.2.4.54　方案一：主梁分解拆除法示意

方案二：整体起吊法。该方法先将造桥机翼模、侧模和前后鼻梁拆除，方法同方案一。然后造桥机合龙，利用桥面上预留孔，通过桥面卷扬机和滑轮组将造桥机整体吊起后，拆除前后支撑托架，再将造桥机整体缓慢下放，直至主梁放至预先打设的支承桩支架上。利用海上起吊设备将底模、横梁、混凝土配重块拆除，在支架上分解主梁螺栓，再分别将每节主梁吊至桥面上，见图10.2.4.55。

方案三：单侧起吊法。该方法先将造桥机外模拆除，剩主梁、横梁、混凝土配重块和鼻梁。造桥机打开，并在主梁上设置吊耳，利用1 000t浮吊分别将单侧主梁（包括鼻梁、横梁、混凝土配重块）起吊至桥面上，然后在桥面上分解拆除混凝土配重块、鼻梁、横梁，并分解主梁螺栓。图10.2.4.56为1 000t浮吊单侧起吊主梁图。

三种方案比较见表10.2.4.20。

由表10.2.4.20比较结果可以看出，方案三较其他两个方案有明显的优点，不仅解决了拆卸工期紧张的问题，而且使海上造桥机拆卸的风险降低到最小，克服了前述造桥机海上拆卸的几大难点，经过研究比选，最终在工程实践中采纳了方案三。

(2)拆卸起吊技术

因1 000t浮吊起吊能力足够，为了方便拆除，最好能将造桥机单侧所有构件（包括主梁、横梁、鼻梁、外模、混凝土配重块）一起起吊至桥面。但考虑到起吊的稳定性和偏心影响，应使起吊整体的横向重心尽量接近主梁中心，图10.2.4.57为造桥机单侧各状态下横向重心位置示意图。

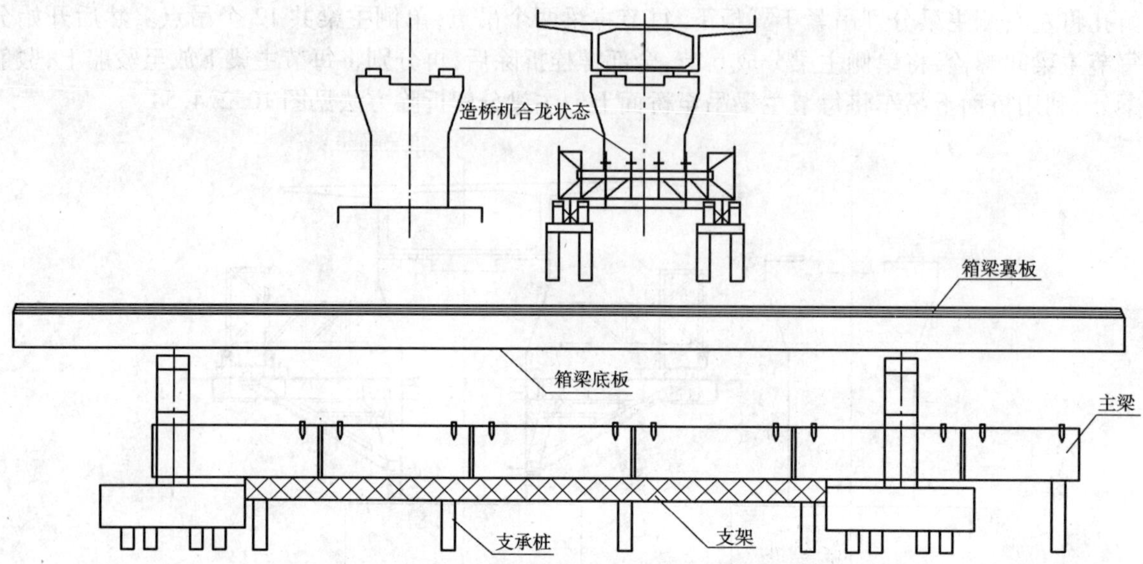

图 10.2.4.55　方案二:造桥机整体下放至支架示意

图 10.2.4.56　方案三:1 000t 浮吊单侧起吊主梁

拆卸方案优缺点比较　　表 10.2.4.20

	优　点	缺　点	所需工期
方案一	所需费用少,不需要大型海上起吊设备	海上操作,需将主梁吊在箱梁翼板下,受气候影响较大,主要缺点如下:所需工期较长;拆除过程风险度高;无操作平台,操作难度大	约 2 个月
方案二	较方案一能缩短工期,减少主梁悬吊风险,并解决拆除主梁螺栓时操作平台的问题	用桥面卷扬机滑轮组整体下放质量达 500t,操作难度大,风险高;需预先在海中打设支承桩,并搭设主梁下支架,增加了施工费用,且该处水深达 10m,支承桩打设难度较高;因箱梁结构距水面约 12m,造桥机整体下放至支架上后,净空高度无法利用浮吊起吊构件,可行性减小	约 1 个半月
方案三	所需工期最短,将主梁从托架上吊至桥面上仅需 2d,不影响 2 号机施工进度;化海上拆卸为陆上拆卸,大大降低了海上操作风险;拆卸难度最小	该方案需 1 000t 浮吊起吊主梁,起吊 2d 时间,设备租赁费相对较高	将主梁从托架上起吊至桥面上需 2d,总体拆除约需 1 个月

由图 10.2.4.57 可知,造桥机单侧所有构件一起起吊时横向重心偏心最大,只剩主梁时偏心最小,外模拆除后横向偏心较小。综合考虑拆除的方便和偏心因素的影响,在主梁、横梁、混凝土配重块和鼻

梁一起起吊时为最佳状态，此时总重为 2 320kN，符合 1 000t 浮吊起吊的要求。

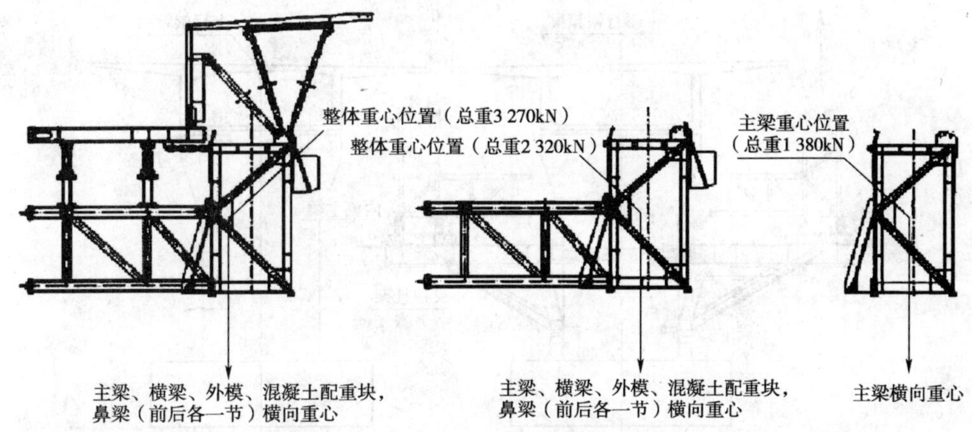

图 10.2.4.57　造桥机单侧横向重心示意

起吊部件重量确定后，重点考虑的问题为如何起吊。按照常规起吊方法有两种：一种为兜底捆绑起吊，另一种为吊耳配置卸扣起吊。本次起吊造桥机单侧构件总重为 2 320kN，总长为 90m，因前后鼻梁为三角桁架结构，与主梁间以螺栓销接，如吊绳设置在鼻梁上将无法承受如此大重量，故只能设置在主梁上。如采用兜底捆绑起吊的方式，因主梁为框架结构，中间为空心，在起吊时向内有一挤压力，且沿主梁纵向水平分力较大，无法用吊钩直接起吊，需利用一扁担吊梁转换起吊方式，如此将加大起吊的难度。

因此，在主梁内外侧腹板上设置吊耳，利用吊耳配置卸扣起吊。根据现场潮位、箱梁高度和浮吊主钩吊高，所配置钢丝绳垂直高度最大为 10m。因起吊构件细长，为了保证起吊时的稳定性，在主梁上设置八个吊耳，利用 1 000t 浮吊两个主钩同时起吊，吊耳设置的位置和两主钩的间距需考虑起吊构件整体纵向重心位置，以使两主钩起吊重量和各吊耳受力基本相同，见图 10.2.4.58。

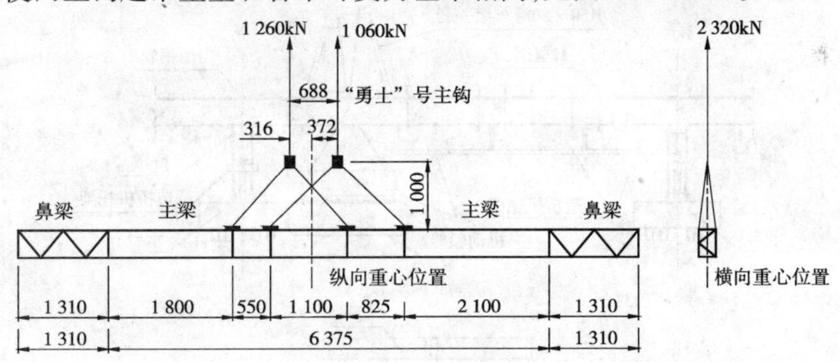

图 10.2.4.58　1 000t 浮吊起吊吊耳设置(尺寸单位：cm)

图 10.2.4.58 中浮吊两主钩起吊重量分别为 1260kN、1060kN，主钩间距为 6 875mm，起吊构件总体纵向重心位置在两主钩中间，保证了起吊的稳定性。主钩吊钩到吊耳的垂直高度为 10m，钢丝绳起吊角度分别为 50.5°、46.1°，满足吊耳起吊角度的要求。

利用 1 000t 浮吊单侧起吊造桥机外侧主梁仅用 1h 即从支撑托架吊至桥面上，1 号造桥机的内侧主梁也仅用 1.5h 吊至桥面上，且吊卸过程无任何安全质量事故发生。

3. 特殊条件下的拆卸技术

本工程造桥机海上拆卸最大难点为 2 号造桥机内侧主梁的拆除。由于 2 号造桥机内侧主梁拆卸时，左右幅箱梁结构已完成，箱梁结构中间空档为 1m，而造桥机主梁宽 1.8m，无法利用浮吊直接将主梁起吊至桥面。且主梁长约 64m，受前后墩支撑托架影响无法下放，即使下放后因承台净距仅 40m，主梁整体也无法移出，因此对 2 号造桥机内侧主梁的拆卸技术进行了研究。造桥机主梁所处状态见图10.2.4.59。

(1)方案比选

在对 1 号造桥机拆卸技术研究的基础上,针对 2 号造桥机内侧主梁的拆卸难点,提出两种拆卸方案。

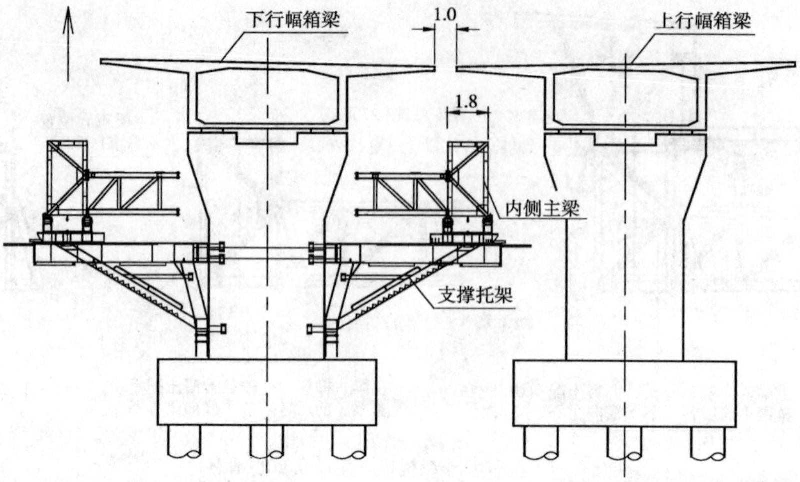

图 10.2.4.59　2 号造桥机主梁状态示意(尺寸单位:m)

方案一:门型吊机拆除法。此方法先将内侧六节主梁分六个点,利用桥面上型钢滑轮组悬吊于箱梁结构下。预先在左右幅桥面上安装门型吊机,该吊机高 10.5m,最大吊质量 200t,在桥面上铺设门吊路基钢轨,利用桥面上固定好的 5t 卷扬机和钢轨道使门吊纵向移动。拆卸程序为:先利用门吊将单节主梁吊紧,然后开始拆除该节主梁与其他主梁间的拼接螺栓,然后门吊通过卷扬机拉动纵向移动,使单节主梁移动出支撑托架范围或直接下放,下放时利用门吊机上滑轮组串接 5t 卷扬机缓慢下放至驳船上,通过驳船将单节主梁移出箱梁外后,利用桥面上起重设备直接吊至桥面上。其他节主梁以同样方法拆除。门型吊机拆除起吊方法见图 10.2.4.60。

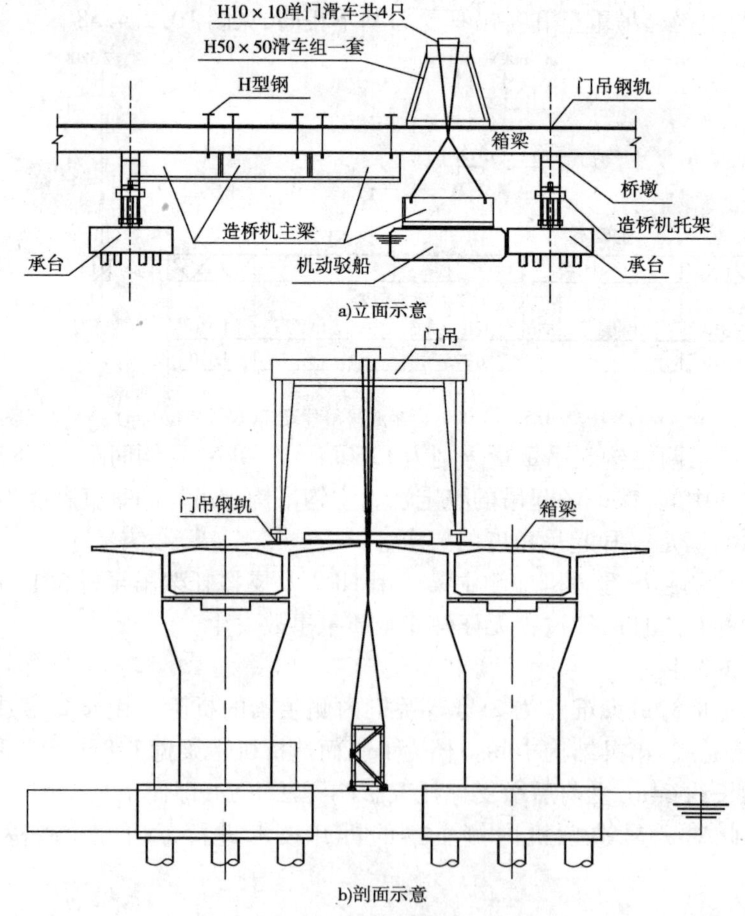

a)立面示意

b)剖面示意

图 10.2.4.60　门型吊机拆除起吊示意

该方案具有一定的可操作性,但存在以下缺点。

缺点一:拆卸工期长。由于本方案需将六节主梁依次在悬吊状态下拆除拼接螺栓,并逐节起吊,而门型吊机的纵向移动及主梁下放均需利用卷扬机滑轮组完成,操作过程烦琐且所需时间长,使内侧主梁的整个拆卸过程变得很长。

缺点二:拆卸过程风险大。主要体现在两个方面:一方面是该门型吊机总高度达10.5m,桥面至海平面最大距离为15m,即门型吊机最高点至海平面最大距离达25.5m,如此大高度对门型吊机海上抗风要求非常高,对拆卸过程带来很大风险;另一方面,因六节主梁之间的拼接螺栓均需在主梁悬吊状态下拆除,即拆除均在海上高空作业,拆除过程难度大、风险高,且门型吊机拆卸所需工期长,也增加了整个拆卸过程在海上的风险性。

方案二:分段整体起吊法。拆卸工作必须尽量减少在海上的操作,同时尽量缩短整个拆卸的工期。为此,提出了分段整体起吊法。该方法总体思路为:先将内侧六节主梁分四个点利用桥面型钢滑轮组吊紧于箱梁结构下,分解第3和第4节主梁之间的连接螺栓,将六节主梁分解为两段,每段三节。然后利用浮吊分别将每段主梁吊起后在箱梁1m空挡内纵向移动,使主梁移出支撑托架范围后,下放至驳船上,驳船连同主梁移出箱梁结构,再利用浮吊分别将两段主梁吊至桥面上,在桥面上分解拆除两段主梁。该方案克服了方案一的两大缺点,不仅减少了海上拆除主梁螺栓的次数,而且也大大缩短了内侧主梁整体拆除时间。确定采用分段整体起吊法方案,还需解决几个关键技术。

(2)关键技术

①主梁分段数确定及驳船设备选择

因六节主梁总长约64m,无法直接下放,故考虑对主梁分段。主梁分段的原则为:一是尽量减少主梁拼接螺栓的拆除,因主梁在悬吊状态下,拼接螺栓存在应力,为螺栓的拆除带来很大难度,且在海上高空拆除螺栓风险性大;二是分段后的主梁长度、质量满足浮吊、驳船操作要求,且能从一跨桥孔间移出。根据以上两原则,将六节主梁分为两个三节,即内侧主梁在悬吊状态下只分解一次。分段后的两段主梁重分别为73t、67t,长分别为33m、30m,前后承台间净距为40m,最长一段主梁也可从桥孔间顺利移出。

主梁分段数确定后,根据两段主梁的长度和质量,选择了载运主梁的驳船。该驳船长40m,宽12m,净载质量为800t。驳船垂直桥梁长度方向进入箱梁下方后,主梁放至驳船上,其中33m长主梁正交放至驳船上后,驳船外侧分别挑出约10.6m。为了保证驳船和主梁的整体稳定,将主梁与驳船甲板沿主梁横向和纵向加固,使主梁与驳船连接成一整体。主梁分段及驳船外运方法见图10.2.4.61。

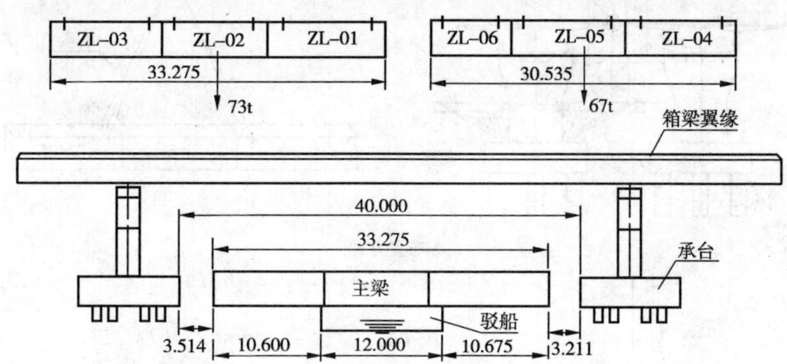

图10.2.4.61　主梁分段及驳船外运方法示意(尺寸单位:m)

②主梁悬吊形式

内侧主梁整体搁置于前后支撑托架上,在分解3、4节主梁螺栓前,需将主梁悬吊于桥面下,以满足受力要求。为了保证主梁悬吊于箱梁下以及分段后的稳定性,共分四个断面八个点吊紧主梁,分别设在主梁前后端和分解螺栓两侧,每个点采用36t滑轮组串接手拉葫芦,目的是在分解拼接螺栓过程中可以根据需要对两段主梁上下作微调。经计算,每个断面采用双拼70号工字钢受力,两端点置于左右幅桥面上腹板附近,见图10.2.4.62。

③吊索布置方式

内侧六节主梁分成两段后,因受支撑托架影响均无法直接下放,需利用浮吊分别将每段吊起后在左右幅箱梁中间纵向移动,第一段需纵向移动约 30m,第二段需纵向移动约 10m。

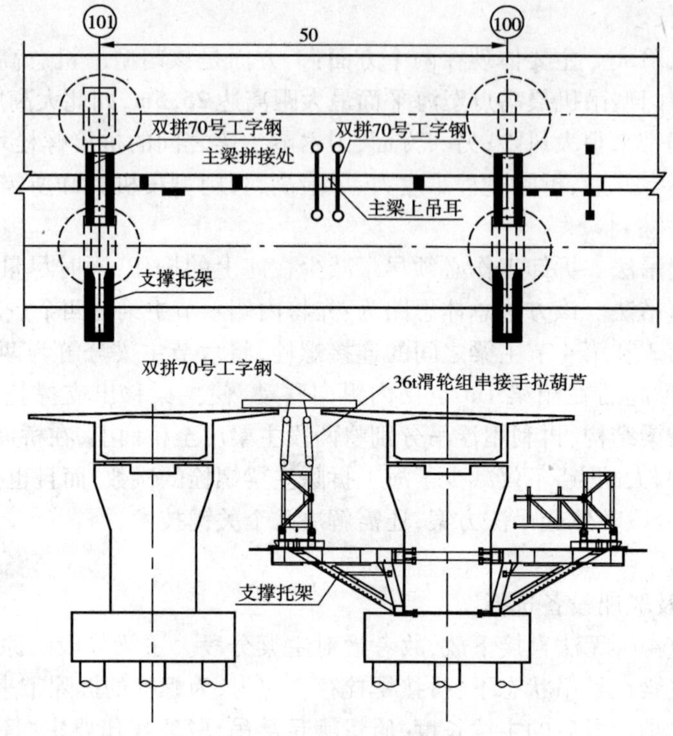

图 10.2.4.62 主梁悬吊于箱梁下状态示意

因内侧主梁在左右幅箱梁中间,利用浮吊起吊主梁时吊索只能在左右幅箱梁中间仅为 1m 空挡内布置,对吊索的布置带来很大难度。图 10.2.4.63 为主梁吊索布置示意图,根据工况要求,主梁顶面到

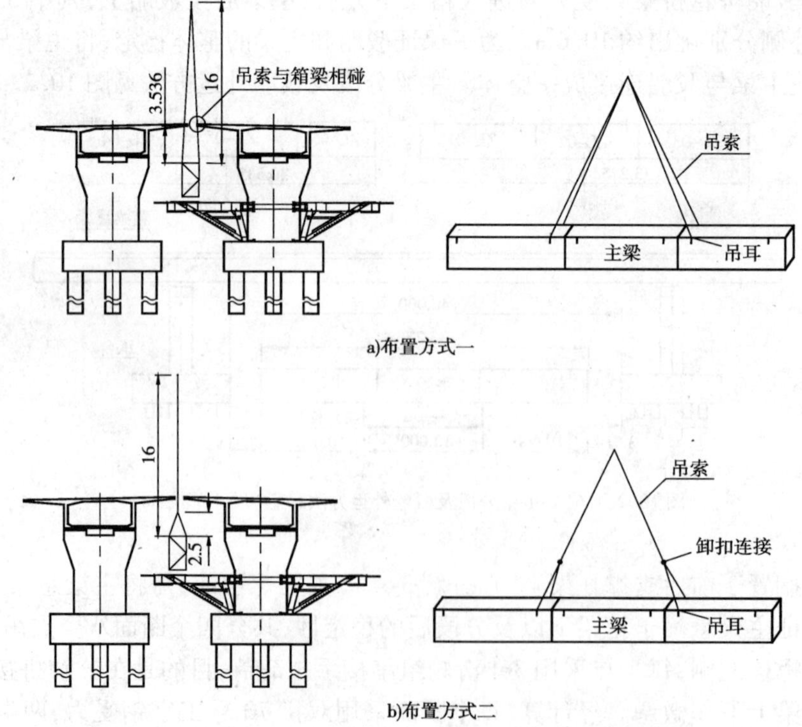

图 10.2.4.63 主梁吊索布置示意图(尺寸单位:m)

浮吊吊钩高度为16m。如按常规起吊方式，每段主梁上布置四个吊点，吊索从吊点直接汇于浮吊吊钩，即图10.2.4.63布置方式一，因主梁面到箱梁翼板净空仅为3.5m，该布置方式下吊索与箱梁结构相碰，无法起吊。为了满足起吊及起吊后纵向移动要求，箱梁1m空挡位置的吊索不能与箱梁结构相碰，同时吊索到结构间的距离越大越有利，故采用了布置方式二。该方式思路为利用卸扣将同一断面上两个吊点两根吊索转换成一根吊索，在1m空挡位置只有一根吊索通过，使起吊及纵向移动工况条件最佳。

(3)2号造桥机内侧主梁拆除的实施

具体实施过程见图10.2.4.64，内侧主梁悬吊于箱梁下，拆除第3和第4节主梁间螺栓，时间仅用1d。两段主梁利用浮吊起吊后纵向移动放至驳船上，驳船移出箱梁外，再从驳船上将主梁吊至桥面上时间也为1d，即内侧主梁拆除仅用了2d，大大缩短了拆卸工期，且整个过程均确保了安全。

a)主梁悬吊于箱梁下

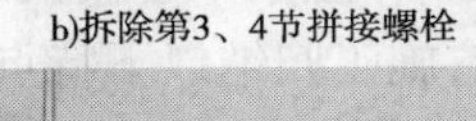

b)拆除第3、4节拼接螺栓

c)浮吊起吊后纵向移动

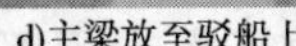

d)主梁放至驳船上

e)驳船移出箱梁外

f)主梁吊至桥面上

图10.2.4.64　2号造桥机内侧主梁拆卸过程示意图

第3章　深海区非通航段桥梁施工

3.1　深海区非通航段工程概况

深海区非通航段桥梁位于上海南汇芦潮港防波大堤至浙江小洋山大乌龟岛之间。桥梁长度约20km左右。桥梁工程量在全线桥梁工程中占到90%左右。

非通航段桥梁分60m和70m两种标准跨径,沿线共分布为333跨。其中60m跨径采用五跨一联全长300m的连续梁桥,或六跨一联全长360m的连续梁桥;70m跨径采用五跨一联全长350m的连续梁桥。图10.3.1.1为深海区非通航段桥梁的平面位置图。

桥梁上部结构为先简支后连续的多跨等截面预应力混凝土连续箱梁,60m跨径的箱梁高为3.5m,70m跨径的箱梁高为4.0m。图10.3.1.2为60m跨径和70m跨径的等截面预应力混凝土连续箱梁桥的横断面图。

东海大桥地处杭州湾海域,位于北亚热带南缘,东亚季风盛行区,常受到台风的影响。该海域属混合型海区,潮汐主要受东海前进潮波控制,潮汐类型属非正规半日浅海潮型,每个潮汐日有两次涨潮和两次落潮的过程,且日不等现象较为明显。据资料统计,平时海面上的波高达2.92~3.74m,波浪长37.9~51.6m,水流垂线平均流速1.77m/s。如遇恶劣气候,风更急浪更高。非通航段桥梁工程位于毫无遮拦的宽广海域,风、流、波、潮对海上施工作业带来了极大的困难。

在这样恶劣环境中建设非通航段桥梁,施工归纳以下特点。

(1)工程规模大

非通航段工程规模是整个东海大桥工程量的90%以上,是控制东海大桥建设进度的关键。非通航段下部结构,包括海上钢管桩5 697根、承台563座和641座墩身;上部结构共有670根预制箱梁,其中60m箱梁360根,70m箱梁310根,每根梁质量约1 800~2 000t。

(2)工期紧

东海大桥是上海洋山深水港工程的配套工程,工期受深水港开港日期限制,2002年6月26日开工,必须在2005年底建成通车。计划不到3年半的时间要完成全部桥梁的工程量,即使在陆上施工也是相当紧张的。而东海大桥海域多年统计资料显示,一年内船舶定位、安装施工可作业天数仅为180d,船舶航行及墩台施工可作业天数为240d(固定平台上作业时间),这种作业天数只是统计数据,而非连续作业天数,恶劣气候前后施工船舶的离开避风和回归定位都将占用一定时间,真正可作业时间还将更少。在此情况下,常规桥梁施工方法无法满足要求。

(3)环境恶劣

桥位处气候条件恶劣,各种灾害性气候如雨、雾、雷暴、台风、季风、寒流及潮汐等影响频繁。因此,要求尽量减少海上作业时间和工程量,提供一个稳定的施工平台,降低施工工期受恶劣环境的影响程度,同时也有利于保证施工安全。

(4)海上作业难度高

海上施工设备、材料,甚至水资源都需要由陆地来提供,所以首要解决的问题是施工平台,能提供现场施工干环境,能抵御外海不利气候和海浪等影响,保证工作人员生活条件、储藏和堆放材料设备等。

外海大桥的控制测量、施工放样也是一个难点。东海大桥建设初期,可以引用的控制点都位于海上平台或在距桥位较远的大、小乌龟岛上,传统的测量设备受天气条件影响大,不适合于海上工程的施工

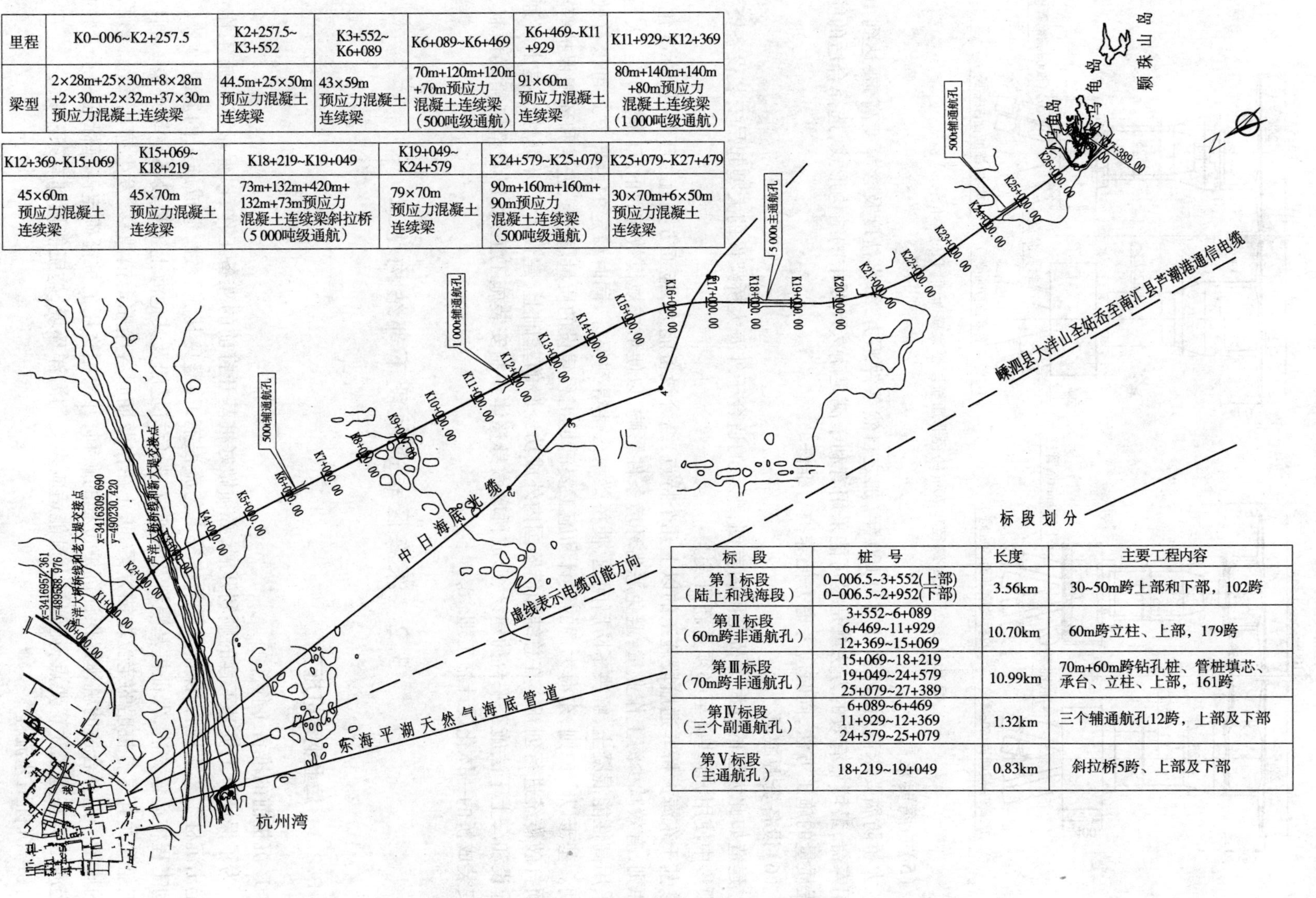

里程	K0-006~K2+257.5	K2+257.5~K3+552	K3+552~K6+089	K6+089~K6+469	K6+469~K11+929	K11+929~K12+369
梁型	2×28m+25×30m+8×28m+2×30m+2×32m+37×30m预应力混凝土连续梁	44.5m+25×50m预应力混凝土连续梁	43×59m预应力混凝土连续梁	70m+120m+120m+70m预应力混凝土连续梁（500吨级通航）	91×60m预应力混凝土连续梁	80m+140m+140m+80m预应力混凝土连续梁（1 000吨级通航）

K12+369~K15+069	K15+069~K18+219	K18+219~K19+049	K19+049~K24+579	K24+579~K25+079	K25+079~K27+479
45×60m预应力混凝土连续梁	45×70m预应力混凝土连续梁	73m+132m+420m+132m+73m预应力混凝土连续梁斜拉桥（5 000吨级通航）	79×70m预应力混凝土连续梁	90m+160m+160m+90m预应力混凝土连续梁（500吨级通航）	30×70m+6×50m预应力混凝土连续梁

标段划分

标　段	桩　号	长度	主要工程内容
第Ⅰ标段（陆上和浅海段）	0-006.5~3+552(上部) 0-006.5~2+952(下部)	3.56km	30~50m跨上部和下部，102跨
第Ⅱ标段（60m跨非通航孔）	3+552~6+089 6+469~11+929 12+369~15+069	10.70km	60m跨立柱、上部，179跨
第Ⅲ标段（70m跨非通航孔）	15+069~18+219 19+049~24+579 25+079~27+389	10.99km	70m+60m跨钻孔桩、管桩填芯、承台、立柱、上部，161跨
第Ⅳ标段（三个副通航孔）	6+089~6+469 11+929~12+369 24+579~25+079	1.32km	三个辅通航孔12跨，上部及下部
第Ⅴ标段（主通航孔）	18+219~19+049	0.83km	斜拉桥5跨、上部及下部

图 10.3.1.1　深海区非通航段桥梁平面位置

控制测量,难以完成精确的测量工作。

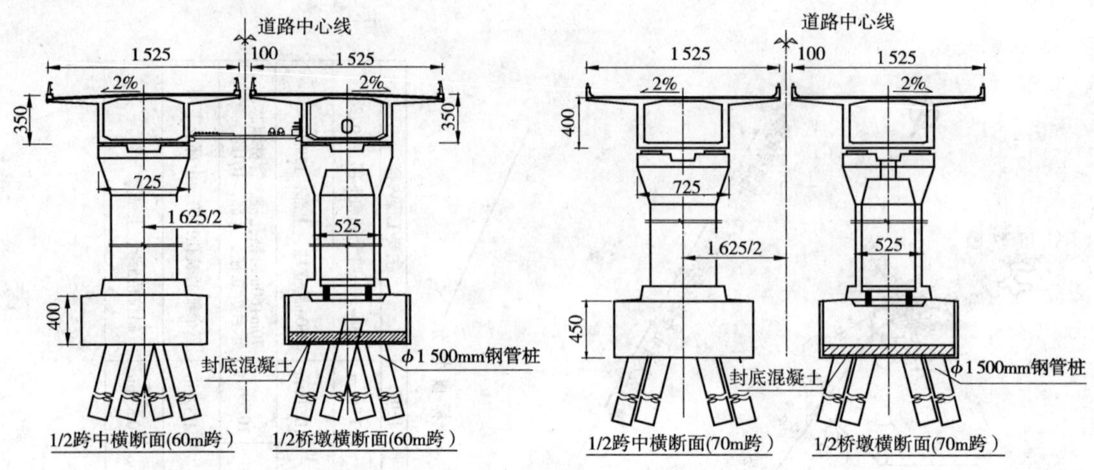

图 10.3.1.2 60m 跨径和 70m 跨径非通航段桥梁横断面(尺寸单位:cm)

(5)防腐要求高

大桥防腐要求高,设计基准期为 100 年,加之自然条件恶劣,海水盐度及含氟度高,要达到 100 年的使用寿命,最可靠有效的方法就是尽可能采用有利于满足耐久性要求的结构形式,选择合适的能够保证工程质量的施工方法,同时应考虑方便养护与维修。

(6)设备资源缺乏

建造如此大型的外海大桥是国内首创,现有的适合于外海大桥架设的大型起吊安装设备资源缺乏,必须集中使用,有些甚至必须重新研发。

基于东海大桥非通航段施工的以上几个特点,结合设备能力,施工方案宜以工厂化、标准化、整体化为原则,有效减少海上作业量,避免恶劣环境条件影响,以便形成规模效应,加快工程进度。大量预制构件采用高性能混凝土,解决了防腐问题,使桥梁耐久性得到保证,同时稳定的生产方式可以有效地缩短工期。基于以上原则,东海大桥的设计和施工要满足工程建设的质量、安全、进度和环境保护等要求,就必须打破传统进行创新。在总结和借鉴国内外成功经验的基础上,建设者们开创性地提出了通过预制场建设和海上干法施工平台的建设、形成桥墩墩身整体预制安装施工工艺,以及整跨箱梁预制、海上架设安装成桥的一体化设计施工理念。

3.2 深海区非通航段下部结构施工

3.2.1 海上钢管桩施工

1. 沉桩前的准备工作

为了保证海上桩基工程的顺利开展,必须做好桩基开打前的准备工作,以保证桩基施工作业连续。制定出沉桩工艺流程后,操作人员严格按工艺流程施工,避免其随意性,造成施工的质量事故。选择合理的工程桩运输方法,保证桩基喂料及时到位,避免打桩船及其他海上工程设备空等现象。制订出各种施工船舶尤其是打桩船的定位抛锚方案,防止在作业期间各船舶走锚漂移,发生撞船事故,影响桩基施工的质量。选择合适的桩锤以保证沉桩过程的顺利,并根据选用的桩锤确定停锤标准和质量验收标准。制定海上桩基施工注意要点,让施工人员能适应多变的海洋环境,施工能做到有条不紊。

(1)沉桩工艺流程

打桩船驻位→装桩方驳驻位→画桩刻度→捆桩→吊桩→移船就位→立桩入龙口→关闭下背板→戴替打→调整龙口斜度→测量定位→桩自沉→微调偏位→解开吊索→压锤→打开背板→锤击沉桩→沉桩记录→停止锤击→起吊锤和替打→测桩偏位。

(2)桩的运输

桩的运输使用1 500～3 000t的驳船,驳船上配备符合要求的锚设施。一条打桩船配备两艘驳船。钢管桩在江南造船厂等地加工后运出码头装驳。装船时,桩身两侧垫楔形木块,再用钢丝绳及紧张器将桩固定在运桩驳甲板上。运桩驳至现场后按要求下锚驻位。

(3)打桩船锚缆布设

沉桩的船机设备主要包括打桩船、方驳、拖轮、抛锚船、交通艇等。施工前对所有船舶的锚车、锚缆进行检验以满足要求。在打桩船进入施工现场前与港监等有关部门联系并获得确认,对一些如海底光缆等设施采取相应的保护措施。在海底光缆区沉桩采取抛设锚坠子方法。

打桩船抛全方位锚,桩船东西向朝东停泊。即打桩船正对涨潮流方向一次抛锚驻位,施打完一个桥墩的基桩。沉桩作业现场平面布置见图10.3.2.1。

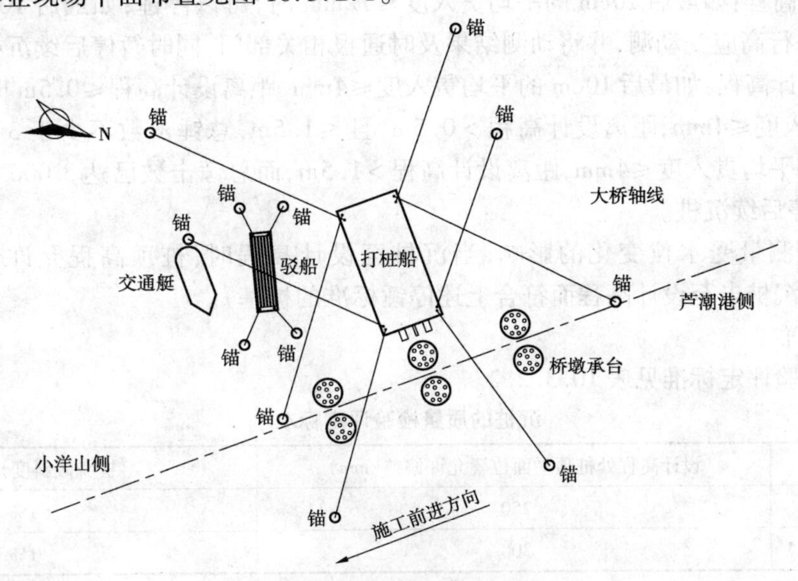

图10.3.2.1　沉桩作业现场打桩船平面位置

(4)沉桩施工操作要点

①打桩船吊桩前认真核对桩的规格型号,检查桩身外观质量。

②钢管桩采用三点吊,并设立桩钢丝扣,如图10.3.2.2所示。

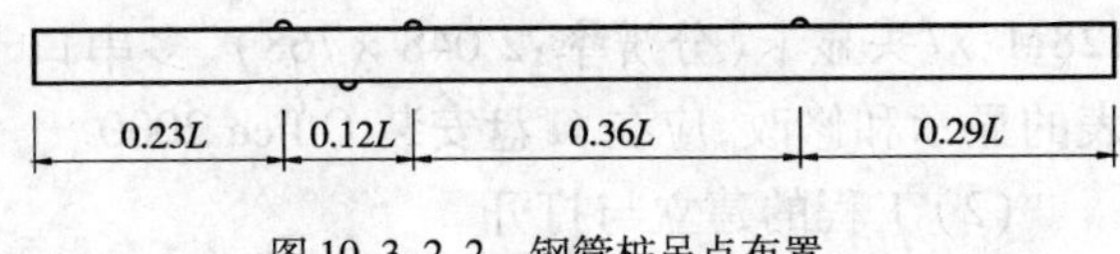

图10.3.2.2　钢管桩吊点布置

③考虑到本工程区域流速及风浪较大,沉桩尽量选择流速风浪较小的时候进行,原则上流速大于2m/s、风速大于6级、波浪$H_{1/10}>1.2$m或$T>6$s时停止沉桩。

④为适应远离岸线开敞海域条件下沉桩,安排专人收听气象预报,以便及时转移避风,事先对所有船舶的锚缆、锚机、锚重进行检查,必要时进行局部改造和增加备用数量。

⑤开锤前检查锤、替打与桩是否在同一轴线上,避免偏心锤击。

⑥自沉、压锤、开锤过程中不得移动船位。

⑦沉桩时若桩发生抖动,暂停锤击,待桩身稳定后方能继续锤击。

⑧沉桩过程中随时注意检查桩锤、替打和桩架龙口,发现问题及时处理。

⑨做好沉桩记录。

(5)桩锤的选择与沉桩停锤标准

①桩锤的选择

工程基桩为ϕ1 500mm钢管桩,桩长62m(平均),入土深度50m(平均),用D100锤沉桩至设计高程较为困难,且施工效率低,为此,施工单位购置了国内试生产的D125－3柴油锤,用于本工程钢管桩的施打,效果较好。D125-3 锤的主要技术性能见表 10.3.2.1。

D125-3 柴油锤主要技术参数 表 10.3.2.1

型　号	D125-3	型　号	D125-3
上活塞重(kg)	12 500	每次打击能量(N·m)	417 000
锤重(kg)	24 320	打击次数(次/min)	36~45
下活塞外径(mm)	910	作用于桩最大爆炸力(kN)	3 600
锤总高度(mm)	7 783	适宜施打的最大桩质量(kg)	50 000

②沉桩停锤标准

所有钢管桩沉桩均以高程控制为主,当桩端达不到设计高程时,用贯入度作为校核。

当沉桩至设计高程:如最后 10cm 的平均贯入度≤12mm 时,可以停锤;如最后 10cm 的平均贯入度 >12mm 时,该桩进行高应变动测,并将动测结果及时通报相关部门,同时暂停后续沉桩。

当沉桩未至设计高程:如最后 10cm 的平均贯入度≤4mm,距离设计高程≤0.5m 时,可以停锤;如最后 10cm 的平均贯入度≤4mm,距离设计高程 >0.5m,且≤1.5m,总锤击数不少于 3 000 击时,可以停锤;如最后 10cm 的平均贯入度≤4mm,距离设计高程 >1.5m,而总锤击数已达 3 000 击时,及时与相关部门联系,同时暂停后续沉桩。

考虑 GPS 高程测量受水位变化的影响,当沉桩至设计高程时,桩顶高程允许偏差为 +200mm、-0.00mm(不包括沉桩未至设计高程而符合上述停锤标准的桩基)。

③沉桩质量标准

沉桩的质量检验评定标准见表 10.3.2.2。

沉桩的质量检验评定标准 表 10.3.2.2

检验项目种类	设计高程处桩顶平面位置允许偏差(mm)	桩身倾斜度允许偏差
钢管桩直桩	250	1%
钢管桩斜桩	300	1%

2. 沉桩工程的实施

整个沉桩过程的多道工序全部依靠"海上 GPS 沉桩动态定位系统"的运行。

(1)系统运行环境要求

本系统的运行环境为 Windows 2000 或 Windows XP。计算机硬件基本配置为:主版 PIII500、内存 128M、双头显卡(分辨率:2 048×768)、多串口卡及 3 个 17 寸显示器或更高配置。为了方便沉桩记录表的显示和修改,应在 C 盘安装 Office 2000。

(2)工程的建立与打开

①建立工程

启动系统时,如系统尚未为当前工程项目建立数据文件,则首先需要在系统中建立一个新"工程"。

启动沉桩软件后,进入系统的主画面。根据菜单内容操作,"工程"→"新建",或单击工具栏上的"新建"图标,如图 10.3.2.3 所示,即可进入建立一个新工程的对话框。

在打开的对话框中相应的位置上输入有关信息。输入完成后,单击"创建"即可,然后系统提示输入有关参数的设置。这个过程中,可以根据实际情况输入有关的设备参数,设置 3 台 GPS、2 台测距仪、1 个锤击计数器的系统参数。

然后系统进入工程参数等的设置状态。

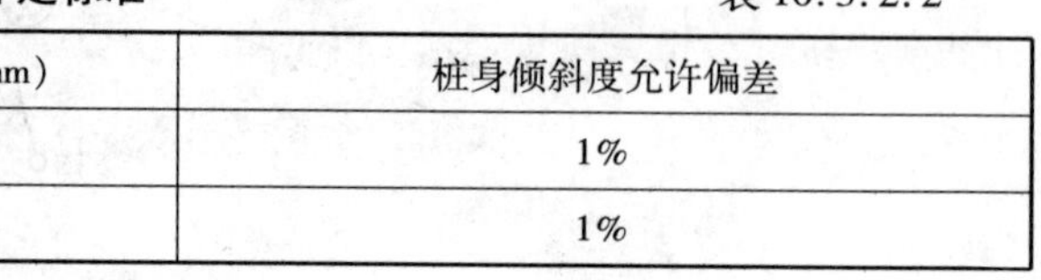

图 10.3.2.3　用图标新建工程的操作方法示意图

②打开工程

启动系统时,如系统已为当前工程项目建立了数据文件,则可以进行打开"工程"的操作。

启动系统后,进入系统的画面,根据菜单内容操作,"工程"→"打开",或单击工具栏上的"打开"图标,如图 10.3.2.4 所示。

在文件选择框中选择并打开已经建立好工程后的界面,如图 10.3.2.5 所示。

(3)桩参数的设置

在新建工程的时候,系统会提示进行桩参数的设置,根据系统的提示信息可顺利完成桩参数的设置。

图 10.3.2.4　用图标打开工程操作示意图

在打开工程以后,也可以通过菜单项完成对桩参数的设置或修改。操作方式为“设置”→“桩参数”。根据对话框内容设置有关参数。也可以通过工具栏上对应的快捷键图标启动,如图 10.3.2.6 所示。

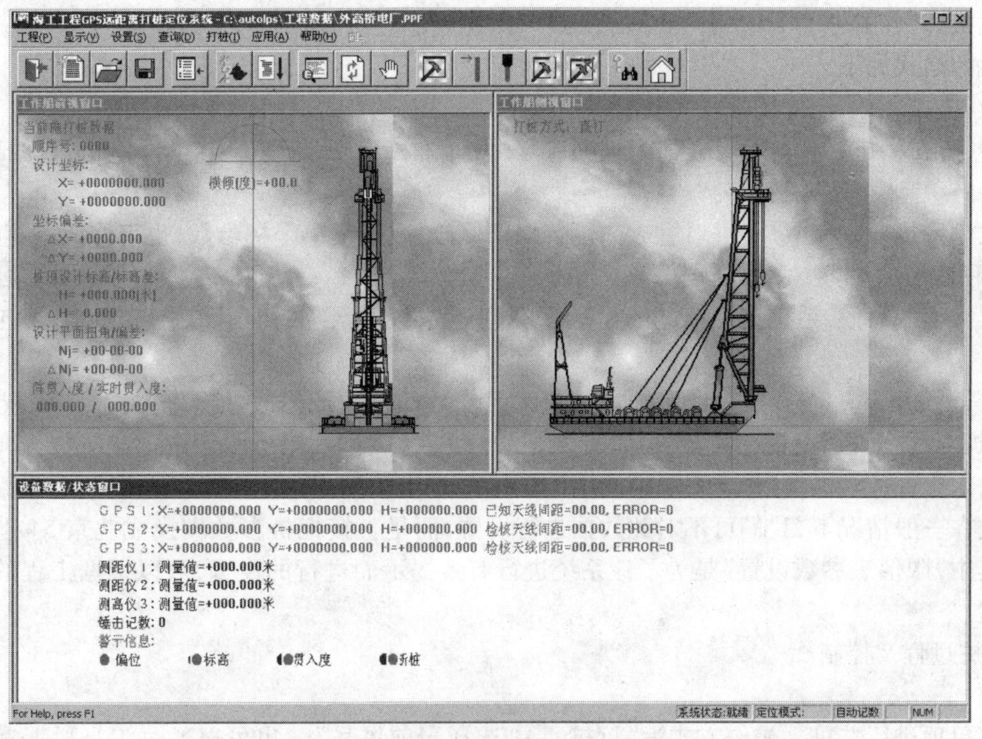

图 10.3.2.5　打开“工程”后的系统主界面

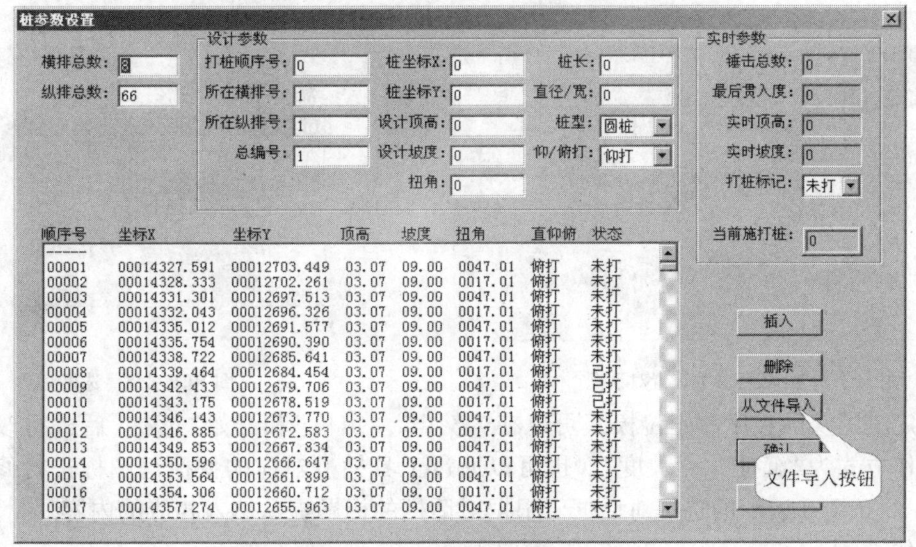

图 10.3.2.6　桩参数的设置对话框

桩参数的录入有两种方法。

①手工录入

根据图 10.3.2.6 对话框内容设置有关参数。输入完成一根桩的信息后，按“插入”，根据系统提示，替换原来的数据时选“是”，即可完成该桩参数的输入。然后输入下一根桩参数。依此方法，输入所有的桩参数。手工输入方法的特点是简单、直观，但对每根桩的输入工作量较大，也容易出现输入错误。因此方法仅适合输入或修改少量桩参数的情况。对数量较大桩参数的输入应采用“从文件导入”的方法。

②从文件导入

在图 10.3.2.6 的对话框中，单击“从文件导入”，根据系统弹出对话框提示，选择已编辑为文本文件的桩参数文件（它是一个 txt 文件），单击“打开”即完成了桩参数的导入。

此文件的格式如下。

桩总数，横排总数，纵排总数。

总编号，所在横排号，所在纵排号，沉桩顺序号，设计坐标 x，设计坐标 y，设计扭角，直俯仰，设计坡比，设计顶高，桩型，桩宽，桩长等。

桩参数输入或导入完成后，可对桩参数进行局部修改，或新增单个桩参数，也可修改或删除。

(4)工程参数的设置

在新建工程的时候，系统会提示进行工程参数的设置，根据系统的提示信息可顺利完成工程参数的设置。

在打开工程以后，也可以通过菜单项完成对工程参数的设置或修改。操作方式为“设置”→“工程参数”。根据对话框内容设置有关参数，如图 10.3.2.7 所示。

此处输入坐标的转换参数，本系统中使用的坐标系为北京 54 坐标。根据当地的施工坐标可以进行设置。不过在一般情况下，我们可不对此数据进行设置，而是直接把桩参数转换成北京 54 坐标后导入系统中。其中“限值表参数设置”是为了让系统进行有效提示而进行的设置，可以根据工程的精度要求等进行设置。

(5)沉桩过程及控制

①选桩

通过菜单项进行选桩。操作方式为“沉桩”→“选择当前桩号”。也可以通过工具栏上对应的快捷键图标进行选桩。在弹出的对话框（图 10.3.2.8）中选择当前要施打的桩号、设定定位模式和实际坡度。

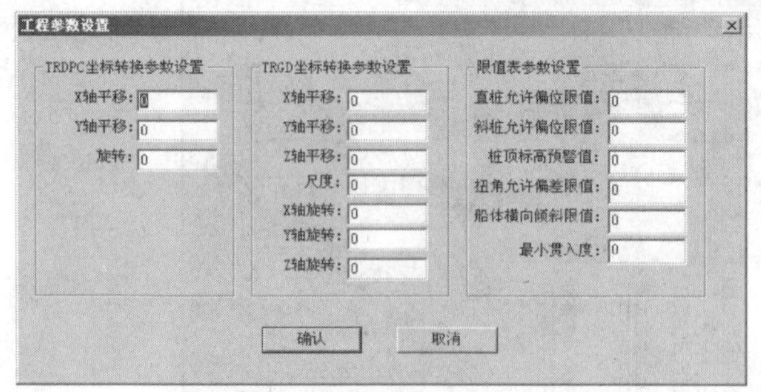

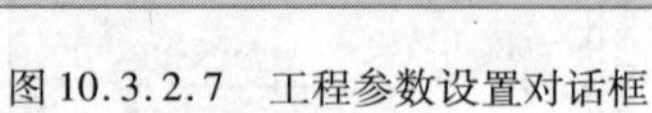
图 10.3.2.7　工程参数设置对话框

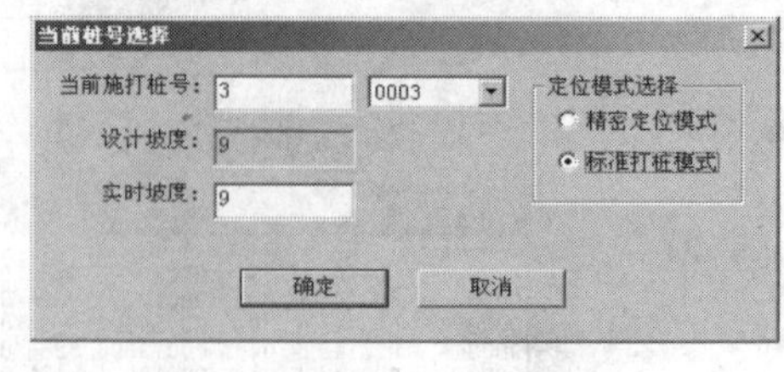

图 10.3.2.8　选桩对话框

当前已选定桩的实际坡度和定位模式可以在“移船”、“定位”和开始“沉桩”后进行改变。通过菜单项进行的操作方式为“沉桩”→“坡度”。也可以通过工具栏上对应的快捷键图标进行修改。弹出的对话框类似图 10.3.2.8 所示的选桩对话框。根据对话框的标题提示填入相应的内容。

②开始定位

通过菜单项进行的操作方式为“沉桩”→“定位”。也可以通过工具栏上对应的快捷键图标进行。

系统进入此过程后，如果定位模式为“精密”时，系统将打开水平测距仪并进行精密定位。同时系统将实时计算并显示定位结果与设计桩位的偏差，如图 10.3.2.9 所示。

③锤击计数器

锤击计数器设为“人工方式”或“自动方式”，如果是“自动方式”，系统自动记录锤击数，自动进行贯入度计算，实时显示在如图 10.3.2.9 的主界面上。

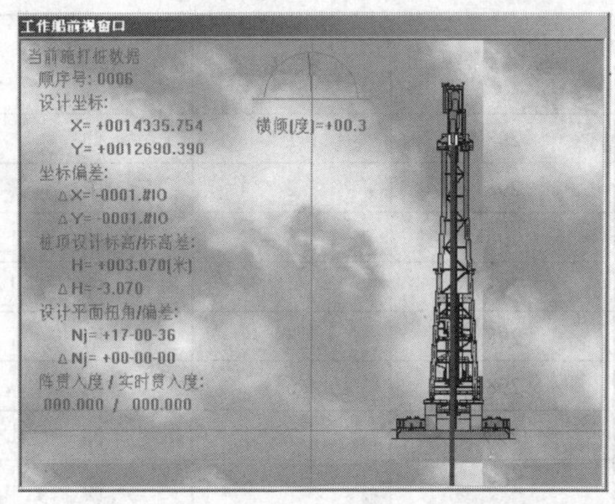

图 10.3.2.9　沉桩定位时的主界面

开始沉桩通过菜单项进行的操作方式为“沉桩”→“开始沉桩”，也可以通过工具栏上对应的快捷键图标进入沉桩状态，同时系统记录对此功能的操作时间作为“开打时间”。系统开始沉桩后将自动记录沉桩锤击数。

④提取压锤桩顶高

通过菜单项进行的操作方式为“应用”→“提取压锤桩顶高”，也可以通过工具栏上对应的快捷键图标进行操作，在弹出的对话框中输入桩身读数，系统自动计算桩顶高程，然后将计算结果在系统主屏幕上显示并记录到沉桩记录表。

⑤桩顶高程和阵贯入度计算

“开始沉桩”并完成“提取稳桩桩顶高”、“提取压锤桩顶高”操作后，按“H”或“h”键，系统给出输入桩身读数和本阵锤击数的对话框，输入相应数值后，系统自动计算相应桩顶高程和本阵平均贯入度。计算结果在系统主屏幕上显示并记录到沉桩记录表中。

⑥结束沉桩

通过菜单项进行的操作方式为“沉桩”→“结束沉桩”，也可以通过工具栏上对应的快捷键图标进行操作。系统进入结束沉桩状态，并将沉桩过程数据记录到一个数据文件，用于生成沉桩记录表。

图 10.3.2.10 表示打桩船在施工时的情景。

图 10.3.2.10　“天威”号打桩船在施工时的情景

3. 桩基工程定位数据统计分析

东海大桥工程沉桩共 5697 根，全部采用 GPS 远距离沉桩动态定位系统实施。桩基偏位：直桩≤25cm、斜桩≤30cm，高程控制在 0 ~ 10cm。采用“系统”沉桩结束后，采用 RTK 模式抄出桩顶高程，作为割桩的依据，然后再用 RTK 模式测出每根桩的竣工偏位。下面以位于风浪最大、流速最快的大桥中间的 PM-298、PM-299 承台的 32 根沉桩为例来说明该定位系统的定位精度。见表 10.3.2.3。

东海大桥 PM-298、PM-299 承台的沉桩偏位统计　　表 10.3.2.3

编　号	沉桩编号	仰/俯	坡　比	平面扭角(°)	偏位值(cm)	
					Δx	Δy
298	1	仰	7.5	45	7	2
298	2	俯	4.5	-45	-10	30
298	3	俯	4.5	45	-2	-4
298	4	仰	4.5	33	4	5
298	5	俯	4.5	45	5	-2
298	6	俯	7.5	40	2	-1
298	7	仰	7.5	40	5	-1
298	8	仰	4.5	45	4.5	
298	9	仰	4.5	45	0	14
298	10	仰	4.5	-45	-8	15
298	11	俯	4.5	45	5	11
298	12	俯	4.5	35	-6	12
298	13	仰	4.5	33	8	-9
298	14	俯	4.5	45	0	5
298	15	俯	4.5	45	22	0
298	16	仰	7.5	45	-11	16
299	1	仰	7.5	45	-27	2
299	2	俯	4.5	-45	-2	15
299	3	俯	4.5	45	9	20
299	4	仰	4.5	33	15	-1
299	5	俯	4.5	45	14	-6
299	6	俯	7.5	40	14	19
299	7	仰	7.5	40	9	-6
299	8	仰	4.5	45	-13	35
299	9	仰	7.5	-45	-3	21
299	10	仰	7.5	45	-9	19
299	11	俯	4.5	-45	29	11
299	12	俯	4.5	35	6	-1
299	13	仰	4.5	33	15	-15
299	14	俯	4.5	45	12	18
299	15	俯	4.5	45	3	-8
299	16	仰	7.5	45	-4	15

总之，整个全桥的桩基参与评定的总量为 3 355 根，最终桩位合格率达到 95.4%。具体见统计图 10.3.2.11。

4. 钢管群桩的夹桩施工

当一根桩孤立地竖在海中，在同一种工况条件下，它所受到波浪水平力冲击是一定值，但是当群桩竖在海中，波浪在群桩之间的相互作用，个别桩所受到的水平力比一根桩孤立地竖立在海中还要大。这一现象是通过物理模型试验得到的。为此，在桩基工程施打完成后要求多功能船进入桩位现场，对基桩进行临时围檩牵固，以保证群桩形成一个整体以抵抗风浪，避免已完工的承台桩基受到波浪的溃损。同时也便于桩头切割等后续工序施工。

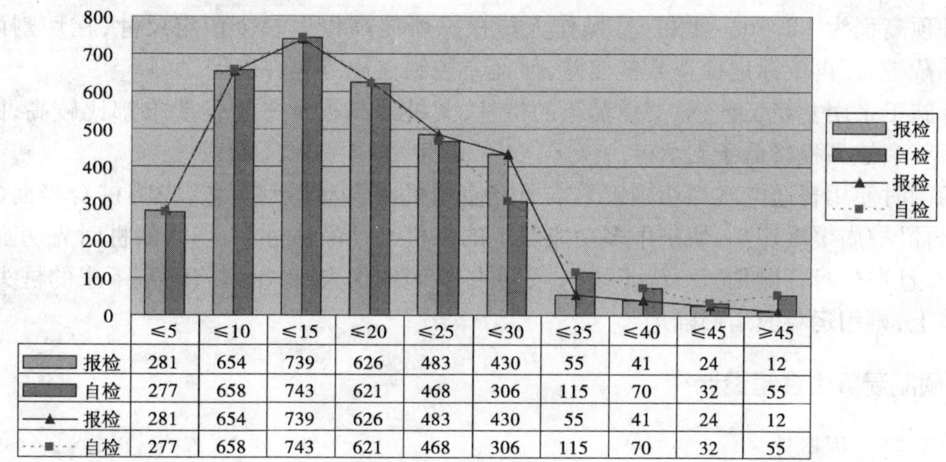

	≤5	≤10	≤15	≤20	≤25	≤30	≤35	≤40	≤45	≥45
报检	281	654	739	626	483	430	55	41	24	12
自检	277	658	743	621	468	306	115	70	32	55
报检	281	654	739	626	483	430	55	41	24	12
自检	277	658	743	621	468	306	115	70	32	55

图 10.3.2.11　全桥沉桩偏位统计

夹桩高程用全站仪（或 GPS）放样，在 A、B 两承台（或东西两侧桩群中）各选一根直桩（或斜度比较小的斜桩）抄出高程。夹桩时可据此高程往下量取一个恰当尺寸。为保证桩身不被碰撞和保护桩身防护层，抄高程时选择天气和海况比较好时进行，工作船慢慢接近桩体，并在船侧安放足够的固定护舷或手提护球。

夹桩材料选用钢抱箍、槽钢和对拉螺栓。夹桩工作安排在至打桩船有效距离 300m 以外，避免夹桩施工作业船舶与沉桩施工作业船舶定位抛锚的相互干扰。夹桩作业采用多功能驳进行，施工时小型施工船舶配合多功能驳分别进行钢抱箍、夹桩槽钢的夹设。船只顺流停在桥墩之间，夹桩所用的挂笼、材料等均由船上吊机吊运，用吊机将挂笼连同操作人员挂到桩头上，操作人员由挂篮处夹设钢抱箍到桩上，船上吊机吊放 28 号槽钢放在钢抱箍侧翼上，用螺栓将其夹紧，逐根夹设，将所有桩连成一体，钢管桩夹桩见图 10.3.2.12。

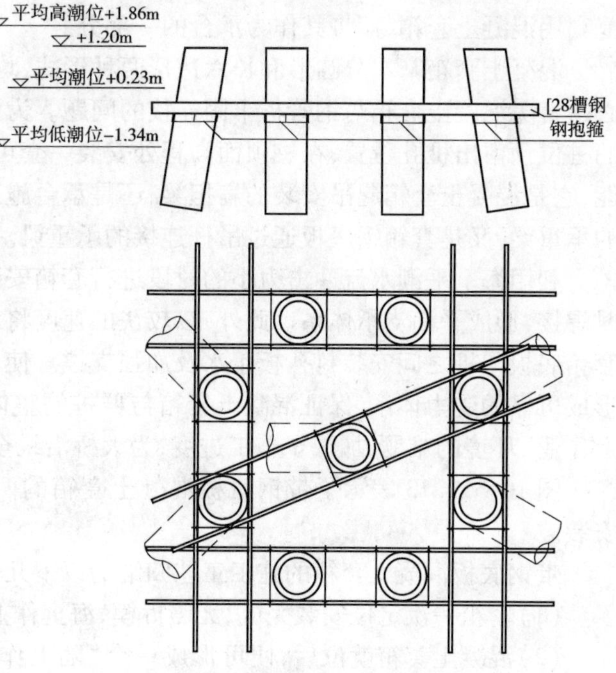

图 10.3.2.12　夹桩构造示意图施工

为了保证桩与钢抱箍间有足够的摩擦力，在用专用扳手拧紧抱箍螺栓时，边拧紧边用手锤在抱箍四周敲击，确保密贴。为保护桩身防护材料，在钢抱箍、槽钢与桩身之间垫放橡胶皮。

5. 钢管桩的切桩施工

在桩基施工完成之后，在同一承台的各桩高程不仅相同，而且为保证后一阶段承台施工的需要，必须使承台的各桩切割在同一水平面上。

切桩前搭设临时工作平台，平台尺寸 3m × 3m。在夹桩围囹上放置长 3.0m 的方木，间距 40cm，规格为 10cm × 10cm，用铅丝固定在槽钢上，方木上铺设 3cm 的脚手板，并用铁钉与方木固定。为了给桩头切割作业提供连续性平台，考虑桩间距比较小，使上层围囹的悬臂端尽量相连，从而形成一个便于行走的环路，以便各桩头切割同批施工。

测放截桩高程时使用 RTK-GPS。两次测放，取其平均值作为基准，然后用透明软水管引测其他桩的高程；当测放高程相差大于 2cm 时，酌情增加观测次数并加权处理。对套箱安装用的承重桩，高程的引测,至少操作两次以上以确保精度,并用钢锯条锯出标记,以便保存到后面工序使用。其他桩的高程可只画三角作标记。

钢管桩桩顶高程为 +2.5m。截桩时,操作人员根据所放高程返一个预定尺寸,在切割面上画上醒目的截桩线。截桩后,再依标记检查截桩偏差,使偏差控制在规范容许范围之内。

由于承台施工采用套箱工艺,对支承套箱的桩基,其桩顶高程及平整度要求都比较高,因此在切割时严格控制。其余桩高程略低于支承桩。

钢管桩切割时使用普通电气焊切割工艺或研究使用机械自动切割工艺,先将桩身表面的防腐涂层用气焊烧掉,再沿桩周缓慢切割,切割中多功能驳上的吊机必须吊住桩头,切割斜桩时先切割桩身腹侧,再切割背侧,并且在桩身背侧预留一段不切割,防止桩头倾倒伤人,由吊机将切割下来的桩头将其吊走,放到多功能驳上,再用运料驳运回陆地。

3.2.2 预制混凝土套箱设计

1.混凝土套箱工程概述

非通航跨桥梁承台工程全部在海上施工。共有 586 个承台,其中直径为 11m、高为 4m 的圆形承台 510 个,长 27.85m、宽 10.2m、高 4.35m 的两端带折角的整体式长承台 76 个。如此巨大的工作量,且体积较大的混凝土承台,采用传统的施工工艺已不适应在较短的时期内完成水上混凝土作业。唯一途径是将海上作业转变为“陆上作业”,以避免恶劣的海洋环境所带来的施工风险。因此合理地选择承台的施工方法是保证施工人员安全和承台施工质量的重要课题。

经多种施工方案的综合比较,施工单位选择了带钢底板的混凝土套箱施工方法。与钢套箱施工方法相比较,混凝土套箱具有刚度大、变形小、抗风浪能力强,但重复利用可能性小。考虑到海上作业环境,套箱的重复利用会极大地提高作业风险,费时又费力,很难保证预定的施工周期。因而考虑不再重复利用混凝土套箱,而将其作为承台的一部分。

混凝土套箱基本分圆形和长六边形两种形式,均在预制厂制造,但要将预制混凝土套箱安装到现场必须解决混凝土套箱与钢管桩牢固连接的问题。为此首先在混凝土套箱底设置一块钢底板,根据现场的桩位预留出桩孔位置,在桩顶面高程处安装一套可拆卸的多功能平面钢构梁,这个钢构梁具有多种功能,它是混凝土套箱起吊安装的扁担梁,还是承台施工过程中将套箱和封底混凝土重量传递到钢管桩上的承重梁,又是套箱钢底板通过吊杆连接的承重梁。

利用海上平潮水流冲击力小的时段进行套箱安装,就位时钢构梁立即与预定的四根钢管支承桩临时焊接,形成平面支承体系。此外,以较快的速度将承台内其余的钢管桩与钢构梁之间增强连接。并在套箱底板与桩之间安装封孔板止水及加强支撑。使套箱通过平面钢构梁、钢底板与承台内全部钢管桩形成可靠的受力体系,保证混凝土套箱与群桩的整体性。解决了承台钢筋布置和混凝土浇筑需要“陆上作业”环境的难题,加快了施工进度,为大桥沿线全面铺开承台施工创造了条件。

图 10.3.2.13 表示了带钢底板混凝土套箱的两种基本形式,这其中的六边形长套箱分两段预制安装。

带钢底板混凝土套箱的施工工艺归纳为以下几个特点。

(1)套箱一次定位安装完成,无需拆模,海上作业工序减少,大大加快了施工进度。

(2)混凝土套箱就位后,便可形成一个“陆上作业”施工的环境,减少了施工人员海上作业的安全风险。

(3)混凝土套箱刚度和重量大,有利于抵抗上浮力和波浪浮托力,以保证施工期间结构的安全。

(4)套箱预制质量易于控制,封底混凝土及钢底板均不会暴露在外,承台混凝土施工质量容易得到保证,观感质量好。

(5)混凝土套箱不重复利用,需要解决较大规模预制场地,以满足现场预制套箱的需求量。同时,套箱的重量较大,安装时需要大型的起重船。

图 10.3.2.13　带钢底板混凝土套箱的两种基本形式

2. 混凝土套箱结构设计

(1)套箱设计思路与原则

套箱壁厚等结构设计需满足各种施工工况的施工荷载、波浪水流作用下的强度与稳定性要求。

套箱内的钢扁担不仅满足受力要求,还要便于安装、拆卸,且在安装、拆卸过程中不伤及套箱侧壁。

钢底板结构要承受封底混凝土的施工荷载,主梁、次梁布置尽量简化,以便于在底板上开设桩位孔。

套箱的总质量不超过 250t,以适应预制场龙门吊的起吊能力。

套箱高度取承台结构高度、封底混凝土厚度、套箱钢底板厚度及侧壁底端间高度富裕量的之和。

(2)圆形混凝土承台套箱

以 70m 跨径的桥梁承台套箱为例,直径为 11m,承台内布置 8 根钢桩,在套箱壁位于桩顶高程处的平面上设置钢扁担梁,钢扁担梁由 20mm 厚钢板焊接成 400mm × 800mm 的钢箱梁,作为套箱的承重结构,并搁置在支撑桩的顶面上,见图 10.3.2.14。套箱底部采用 2[28a 钢底板梁,见图 10.3.2.15。加设钢吊杆与钢扁担梁联系,以减小钢底梁的跨径,承受封底混凝土的重量。每个套箱内设置 17 根 ϕ32mm 的钢吊杆,见图 10.3.2.16。套箱吊装时吊点设在钢扁担上。

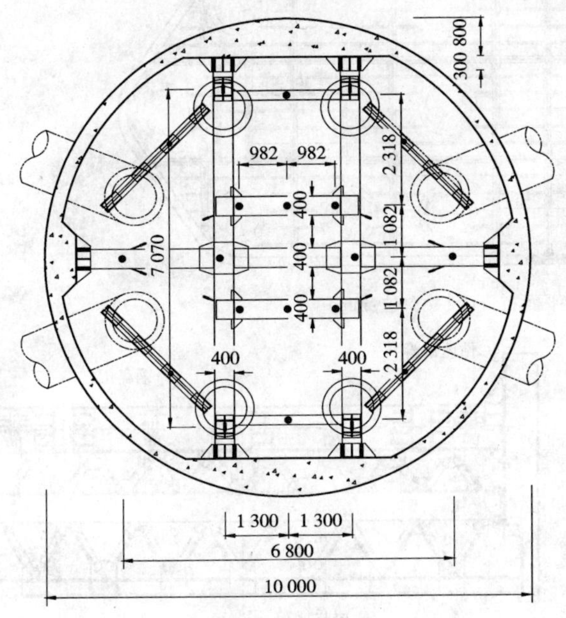

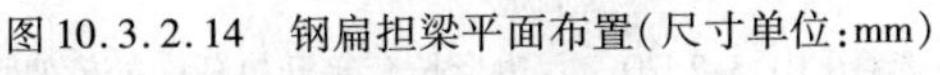

图 10.3.2.14　钢扁担梁平面布置(尺寸单位:mm)

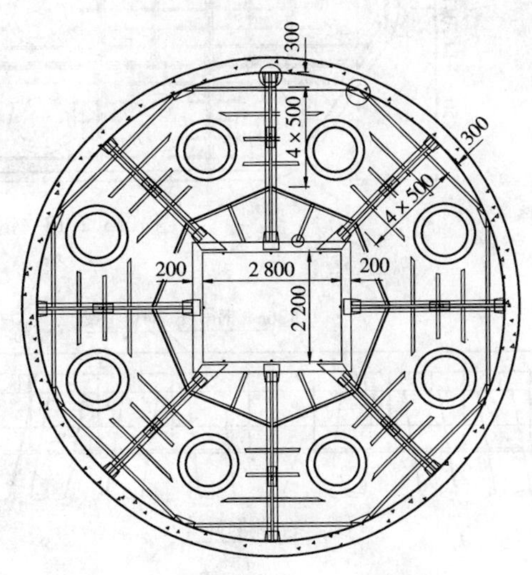

图 10.3.2.15　钢底梁平面布置(尺寸单位:mm)

(3)六边形承台混凝土长套箱

整个套箱长 27.85m,宽 10.2m,高 4.5m,平均厚 0.3m,在钢扁担梁支撑处套箱臂局部加厚至 0.65m。承台内布置 16 根钢桩,在套箱壁位于桩顶高程处的平面上设置钢扁担梁,钢扁担梁由 20mm 厚钢板焊接成 400mm × 800mm 的钢箱梁,见图 10.3.2.17。钢箱梁搁置在支撑桩的顶面上,作为套箱的承重梁，套箱吊装时吊点设在钢扁担上。套箱底部采用10mm厚钢底板与[28b组合成钢底梁，来承受浇筑封底混凝土的重量，见图10.3.2.18。在桩间的钢扁担梁与钢底梁之间加设ϕ36mm钢吊杆与钢扁担梁联系，以减小钢底梁跨径，见图10.3.2.19。因受起吊重量的限制，套箱将分段吊装。半个套箱呈开口U形，见图10.3.2.18。套箱开口断面处设桁架，桁架用ϕ500mm钢管(δ10mm)和L14斜杆组成，保证套箱在该断面处具有足够的刚度，以防变形，见图10.3.2.20。

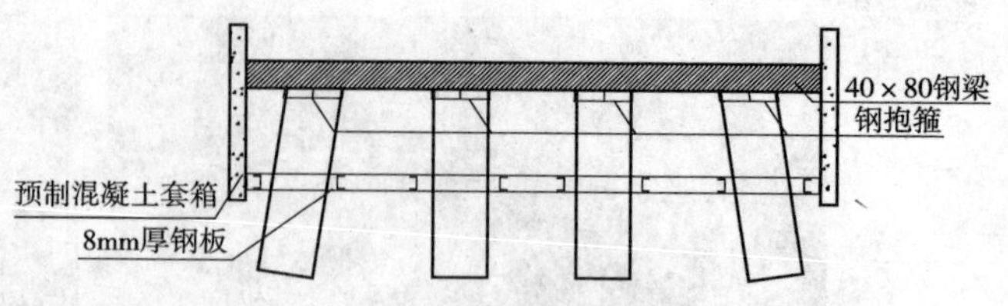

图10.3.2.16 套箱剖面示意图

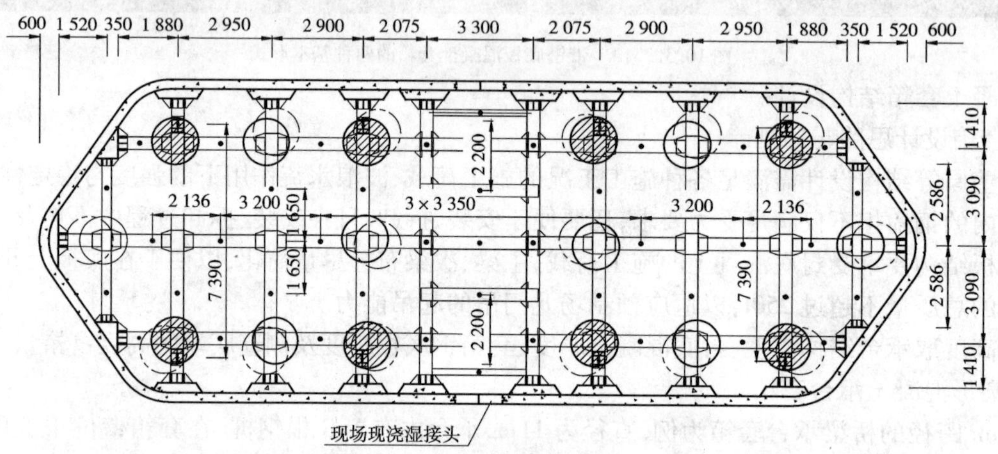

图10.3.2.17 钢扁担梁平面布置(尺寸单位:mm)

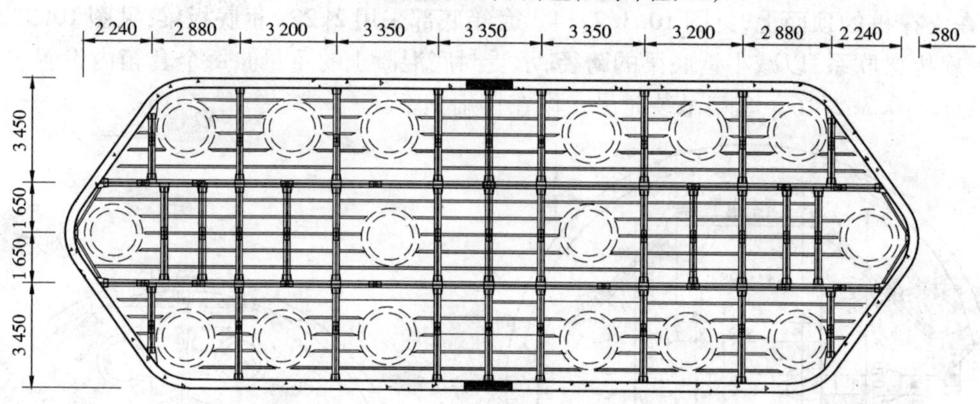

图10.3.2.18 钢底梁平面布置(尺寸单位:mm)

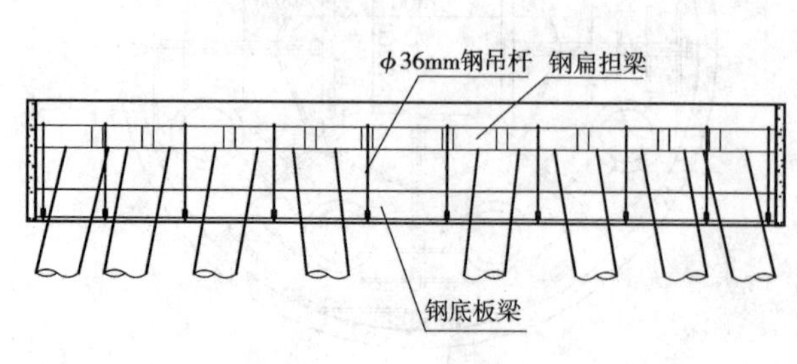

图10.3.2.19 钢底板梁与钢扁担梁联系的钢吊杆示意图

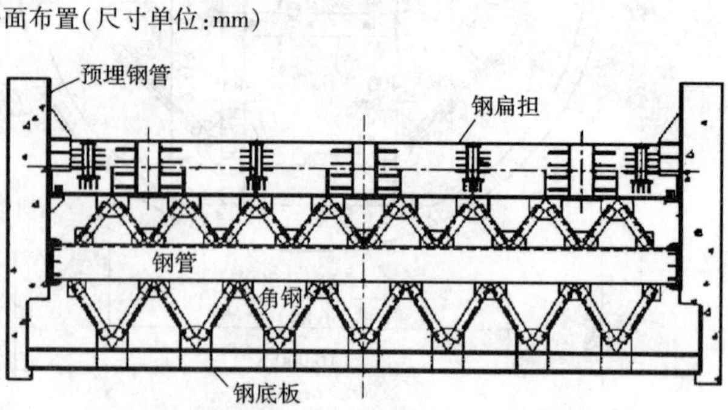

图10.3.2.20 六边形长套箱开口断面处桁架示意图

3.2.3 预制混凝土套箱结构验算

1. 混凝土套箱计算原则与目的

混凝土套箱作为承台混凝土浇筑的一种施工设施，在混凝土未浇筑前，混凝土套箱在不同的施工工况受到各种荷载的作用,为保证混凝土套箱在施工期间的安全,应对混凝土套箱进行结构受力验算。

套箱计算采用弹性小变形理论,用空间有限元方法计算套箱结构。根据计算结果指导封底混凝土是否需要配筋,如何配筋。通过各施工阶段受力状态特征的研究,以避开施工不利受力,寻求安全、合理、快速的施工组织方式。

混凝土套箱壁将作为混凝土承台的一部分,其抗裂和防腐要达到承台的要求。

2. 混凝土套箱结构验算资料

(1)基础资料

混凝土套箱在海上施工与套箱结构验算涉及的波浪要素、水文资料、水流速度如下所述。

施工区域的波浪要素见表 10.3.2.4。

五年一遇波浪要素　　表 10.3.2.4

方　向	波高 H(m)	波长 L(m)	波周期 T(s)
E(东向)	3.09	47.4	5.68
NE(东北向)	2.92	37.9	5
SE(东南向)	3.74	51.6	6.01

施工期水位:1.86m。设计高水位:2.48m。设计低水位:0.0m。泥面高程: -11m。以上水位、泥面高程均以国家 85 高程为基准面。

水流垂线平均流速:1.77m/s。

从开始安装套箱到施工完承台只经历几十天的时间,取过大的波浪力可能造成套箱设计的浪费,过小的波浪力则可能不满足施工安全,因此采用五年一遇的波浪较为合适。

(2)作用在混凝土套箱的水平波流力

混凝土套箱在海上主要受到的外来水平荷载是波浪力和水流力,但二者作用的相位角不同,混凝土套箱受到的是二者的矢量和,称谓波流力。在大部分情况下,波浪力和水流力叠加效应比波流力大,设计时从安全的角度出发,把波浪力和水流力简单的叠加作为一种外荷载。混凝土套箱在施工期间作为一个临时设施,如设计过于保守会增加施工费用。故在混凝土套箱结构验算时直接采用波流力作为水平荷载,不再与波浪力等作比较。

桩基侧向波流力根据《海港水文规范》(JTJ 213—98)8.3.2.1 ~ 8.3.2.5 和 8.4.3 有关计算公式计算。

桩基侧向水流力根据《港口工程荷载规范》(JTJ 215—98)第 13 节水流力有关计算公式计算。

对于 $D/L \leqslant 0.2$ 情况的承台侧向波流力,按照小直径圆柱根据《海港水文规范》(JTJ 213—98)8.3.2.1 ~ 8.3.2.5 有关计算公式计算。

对于 $D/L > 0.2$ 情况的承台侧向波流力,规范公式不适用,本工程按照《海港工程》(严恺. 北京:海洋出版社,1996)P.535 波峰面高于上部结构条件下的计算方法,总侧向波流力 $P = P_s + P_a$,其中水质点轨道运动的水平分速度 u 考虑波、流合成的影响。

承台侧向水流力根据《港口工程荷载规范》(JTJ 215—98)第 13 节水流力有关计算公式计算。

承台上托力计算规范未给出,按压制波高计算公式计算,参见《海港工程设计手册》中册第一章第九节三、(四)(P.52)桩基和墩柱建筑物上部结构上的波浪力计算,不考虑承台形状及波流合成因素的影响。

波流力采用中交第三航务设计院编制的程序"墩台计算程序 Repier"计算。

①圆形混凝土套箱五年一遇波流力

a. 在东(E)方向,当波高 3.09m、波长 47.4m、最高设计水位 2.48m 时。圆形混凝土套箱所受五年一遇波流力,其侧向波流合力(沿着波流方向)P_x = 1 123.02kN、波流上托合力 P_y = 1 660.38kN、对混凝土套箱底部作用的弯矩 M_z = 2 249.00kN · m,见图 10.3.2.21。

b. 在东北(NE)方向,当波高 2.92m、波长 37.9m、最高设计水位 2.48m 时。圆形混凝土套箱所受五年一遇波流力，其侧向波流合力（沿着波流方向）P_x = 1 049.43kN、波流上托合力 P_y = 1 569.03kN、对混凝土套箱底部作用的弯矩 M_z = 2 070.21kN · m，见图 10.3.2.22。

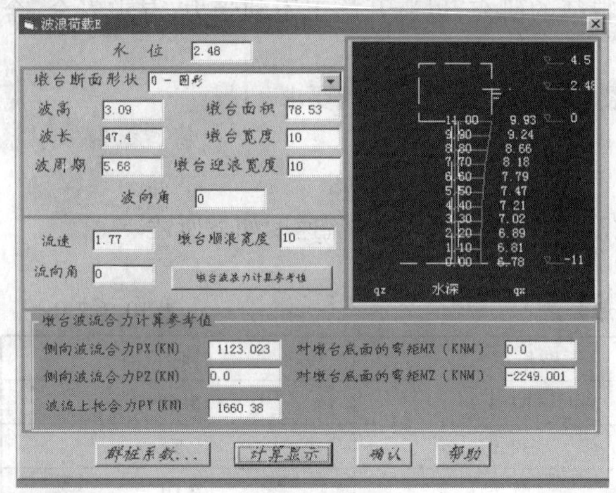

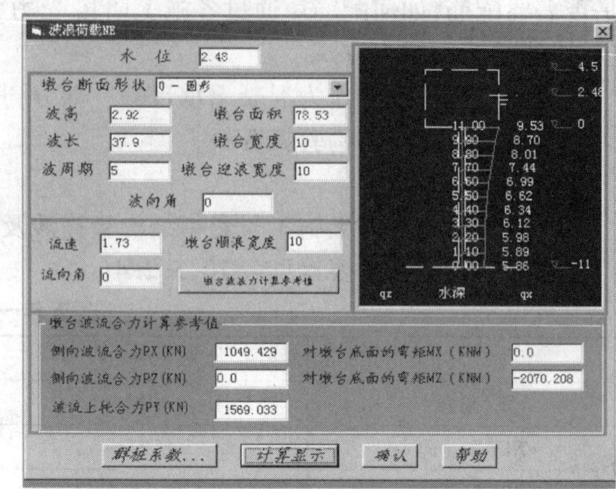

图 10.3.2.21　圆形混凝土套箱（东向）五年一遇波流力　　　图 10.3.2.22　圆形混凝土套箱（东北向）五年一遇波流力

c. 在东南（SE）方向，当波高 3.74m、波长 51.6m、最高设计水位 2.48m 时。圆形混凝土套箱所受五年一遇波流力，其侧向波流合力（沿着波流方向）P_x = 1 029.25kN、波流上托合力 P_y = 2 009.65kN、对混凝土套箱底部作用的弯矩 M_z = 2 366.84kN · m，见图 10.3.2.23。

②六边形混凝土长套箱五年一遇波流力

a. 在东（E）方向，当波高 3.09m、波长 47.4m、最高设计水位 2.48m 时。六边形混凝土长套箱所受五年一遇波流力，其侧向波流合力（沿着波流方向、直套箱轴线方向）P_x = 1 834.64kN、P_z = 821.42kN，波流上托合力 P_y = 4 890.45kN，沿着波流方向对混凝土套箱底部作用的弯矩 M_x = 1 618.74kN · m，垂直套箱轴线方向 M_z = 3 684.33kN · m，见图 10.3.2.24。

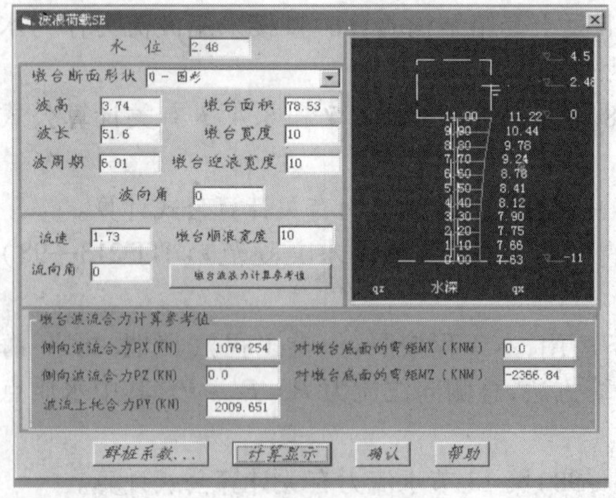

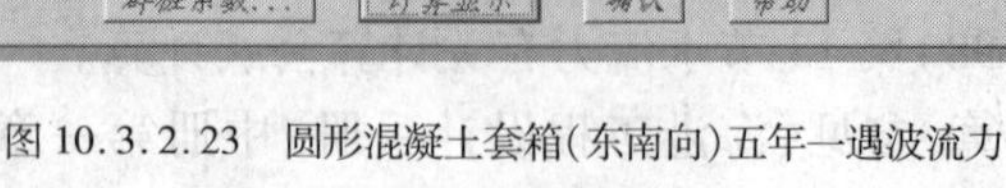

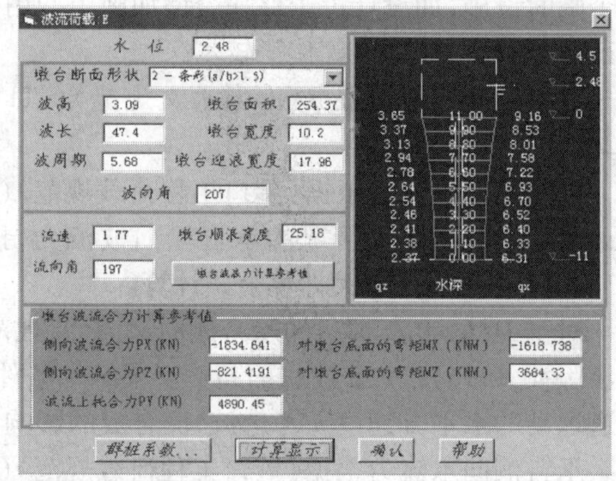

图 10.3.2.23　圆形混凝土套箱（东南向）五年一遇波流力　　　图 10.3.2.24　六边形混凝土长套箱（东向）五年一遇波流力

b. 在东南（SE）方向，当波高 2.92m、波长 37.9m、最高设计水位 2.48m 时。六边形混凝土长套箱所受五年一遇波流力（沿着波流方向、直套箱轴线方向）P_x = 1 001.74kN、P_z = 2 248.17kN，波流上托合力 P_y = 4 621.40kN，沿着波流方对混凝土套箱底部作用的弯矩 M_x = −4 321.0kN · m，垂直套箱轴线方向 M_z = 2 008.79kN · m，见图 10.3.2.25。

c. 在东北（NE）方向，当波高 3.74m、波长 51.6m、最高设计水位 2.48m 时。六边形混凝土长套箱所受五年一遇波流力（沿着波流方向、直套箱轴线方向）P_x = 1 963.20kN、P_z = 287.63kN，波流上托合力 P_y = 5 915.19kN，沿着波流方对混凝土套箱底部作用的弯矩 M_x = 477.91kN · m，垂直套箱轴线方向 M_z = 3 882.86kN · m，见图 10.3.2.26。

3. 施工条件与荷载组合

混凝土套箱吊装、安装选择海上平潮时段进行。因此吊装、安放两阶段仅考虑套箱自重，不考虑波浪作用引起混凝土套箱产生的惯性力。

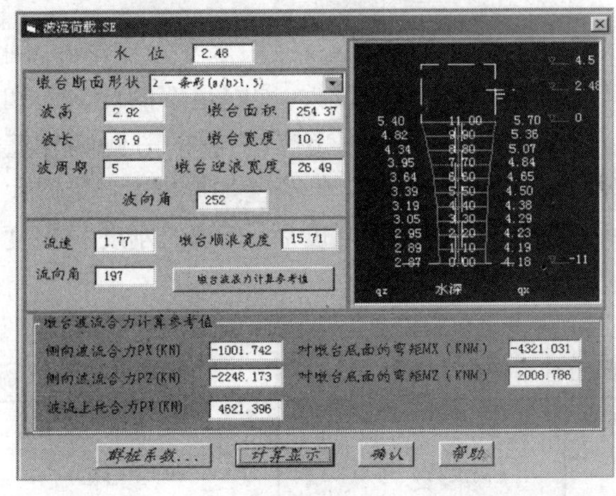

图 10.3.2.25　六边形混凝土长套箱(东南向)五年一遇波流力

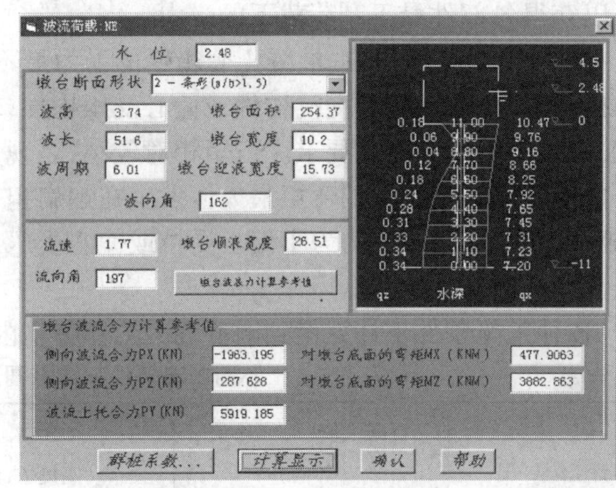

图 10.3.2.26　六边形混凝土长套箱(东北向)五年一遇波流力

在套箱安装就位后，当天不一定都能及时浇完封底混凝土，这样未浇封底混凝土的套箱随着涨落潮的作用，就要经受风浪荷载的考验。

浇完封底混凝土到封底混凝土达到设计强度这段时间，封底混凝土作为荷载，暴露在海上有一定的时间段。此时结构是否能承受得了波浪力的冲击而不变形，以保证不影响封底混凝土的凝结质量，是设计计算的主要工况。

封底混凝土达到设计强度，拆除钢扁担和吊杆，封底混凝土作为结构的一部分计算。封底完成后需抽水，因此这两个阶段的计算都需考虑静水浮力和波浪浮托力。二者的叠加可能控制底板的配筋。

以下将圆形混凝土套箱和六边形混凝土长套箱的计算工况分别列表说明。

圆形混凝土套箱计算工况汇总见表 10.3.2.5。

圆形混凝土套箱各计算工况汇总　　表 10.3.2.5

计算工况	边界条件与荷载说明
一	吊装套箱
二	套箱搁置在四根支撑桩上
三	套箱钢扁担与各桩连接，浇筑封底混凝土之前
四	套箱钢扁担与各桩连接，浇筑封底混凝土之后，不考虑波流
五	套箱钢扁担与各桩连接，浇筑封底混凝土之后，考虑波流
六	封底混凝土已达到设计强度，浇筑承台混凝土之前
七	封底混凝土已达到设计强度，低潮位浇筑承台混凝土，不考虑波流
八	封底混凝土已达到设计强度，浇筑承台混凝土之后，考虑波流

对于六边形混凝土长套箱，则增加拼接这一工作流程，其余流程与圆承台套箱类似。六边形混凝土长套箱主要计算工况汇总见表 10.3.2.6。

六边形混凝土长套箱主要计算工况汇总　　表 10.3.2.6

计算工况	边界条件与荷载说明
一	吊装套箱
二	U 形套箱搁置在四根支撑桩上
三	套箱钢扁担与各桩连接，考虑施工期水位的流和浪
四	两个 U 形拼接，浇筑封底混凝土，考虑施工期水位及设计水位的流和浪
五	封底混凝土已达到设计强度，拆除部分钢扁担，浇筑第一层承台混凝土，考虑施工期水位及设计水位的流和浪
六	封底混凝土已达到设计强度，浇筑第二层承台混凝土，考虑施工期水位及设计水位的流和浪

4. 混凝土套箱计算结果

(1)圆形混凝土套箱

对于圆形混凝土套箱的每一部件,其最不利荷载是不同的,因此,对于可能出现的各种工况都要计算,以获得各部件最不利荷载下的受力。

由表10.3.2.7可知,混凝土套箱壁的受力最不利状态发生在计算工况五,波浪水平力作用时,圆形混凝土套箱壁成为偏心受拉构件或偏心受压构件,环向轴力和竖向轴力都较大,须配足够的环向筋和竖向筋满足其强度和刚度要求。弯矩相对较小,表现为迎浪侧外壁受压,内壁受拉;相反的一侧则外壁受拉,内壁受压。套箱壁的弯矩最大值发生在钢扁担支撑部位,因此该部分的套箱壁加厚,以承受较大的弯矩,使整个套箱壁受力为小偏心受拉或偏心受压。封底混凝土达到设计强度后,套箱的刚度大幅度提高,套箱的内力减少。

各种工况条件下计算得到圆形混凝土套箱壁内力结果见表10.3.2.7。

不同工况条件下计算圆形混凝土套箱壁内力汇总　　表10.3.2.7

计算工况	N_x 最大值/N_x 最小值(环向)(kN/m)	N_y 最大值/N_y 最小值(高度方向)(kN/m)	M_x 最大值/M_x 最小值(高度方向弯矩)(kN·m/m)	M_y 最大值/M_y 最小值(环向弯矩)(kN·m/m)
三	373/-359	341/-206	89/-56	71/-49
四	65/-49	43/-35	14/-12	7/-5
五	433/-396	400/-235	100/-65	75/-43
六	44/-45	22/-117	13/-4	3/-3
七	45/-4	0/-67	10/-0.8	3.0/-0.2
八	54/-42	23/-126	16/-2	3/-3

不同工况条件下计算得到的钢扁担梁、钢底梁内力结果见表10.3.2.8。

不同工况条件下钢扁担梁、钢底梁内力汇总　　表10.3.2.8

计算工况	钢扁担			钢底梁		
	N(kN)	Q(kN)	M(kN·m)	N(kN)	Q(kN)	M(kN·m)
一	80	309	87	17	11	17
二	96	281	339	14	8.6	9.5
三	298	865	1066	26	48	51
四	116	415	508	13	30	18
五	319	993	1266	24	50	43

由表10.3.2.8可知,工况五时钢扁担梁和钢底梁的受力最不利,应按该工况五的荷载组合,控制钢扁担梁和钢底梁的截面设计。按圆形混凝土套箱施工顺序,在工况五荷载作用之后,钢扁担梁被拆除,准备浇筑第一次承台混凝土。钢底梁已浇筑到封底混凝土中,不再作为独立的构件受力,因此表中不再列出以后几种工况荷载组合的受力结果。若对封底混凝土达到设计强度后未拆钢扁担的工况也进行计算,整个套箱具有一定的刚度,钢扁担梁的变形较小,则在保证封底混凝土和桩的有效传力的前提下,可拆除钢扁担梁。

不同工况条件下计算得到封底混凝土板内力结果见表10.3.2.9。

不同工况条件下封底混凝土板内力汇总　　表10.3.2.9

计算工况	M_x 最大值/M_x 最小值(kN·m/m)	M_y 最大值/M_y 最小值(kN·m/m)
六	54/-75	192/-185
七	40/-51	39/-100
八	58/-80	192/-182

由表10.3.2.9可知，计算工况六和计算工况八时封底混凝土板中的M_y值远大于计算工况七，这说明竖向荷载在底板引起的弯矩远小于水平荷载，这和套箱的特征有关。这种条件下，波浪荷载决定底板的受力，一次性浇筑承台混凝土对底板来讲是可能的。封底在承台混凝土荷载作用下，在应力图上表现为桩周顶部受拉，跨中底部受拉；在波浪作用下，桩周一侧顶部受拉，另一侧底部受压。实际上波浪可能来自各个方向，所以在加强混凝土配筋时，应着重考虑在桩周各向配筋，加强钢筋以圆环柱体状的钢筋笼为最佳，但施工难度较大。若采用钢筋网片的配筋形式，应尽量设置多向受力筋，以接近环向受力状态。

当混凝土套箱安装在桩顶上，套箱内各构件均与钢管桩连接成一体，随着荷载的逐步施加，需要考虑钢管桩的受力变形。

各种工况条件下计算得到钢管桩基内力结果见表10.3.2.10。

各种工况条件下钢管桩基内力结果汇总　　表10.3.2.10

计算工况	N_{max}(kN)	M_{max}(kN·m)	u_{xmax}(m)	u_{ymax}(m)	u_{zmax}(m)
三	1438	1262	-0.028	-0.002	-0.0036
四	140	45	0.122e-3	0.121e-3	-0.97e-3
五	1762	1241	-0.028	-0.002	-0.0036
六	1069	548	-0.008	-0.65e-3	-0.44e-3
七	606	64	0.126e-3	0.129e-3	-0.535e-3
八	1315	545	-0.008	-0.61e-3	-0.63e-3

由表10.3.2.10可知，若未浇筑封底混凝就遇上大浪，桩顶弯矩和位移最大，此阶段对桩不利，若为混凝土桩，需验算桩的抗裂性。套箱与承台相比，承受同样的水平力，但套箱产生的竖向力比承台小得多，因此弯矩较大，设计时应考虑这个施工阶段桩的受力是否超过使用阶段的受力。使用套箱法施工承台时，桩基设计需考虑因套箱吊放可能造成桩基变形而引起的永久内力因素。

(2)六边形混凝土长套箱计算结果

不同工况条件下计算得到六边形混凝土套箱壁内力结果见表10.3.2.11。

不同工况条件下六边形混凝土长套箱壁内力汇总　　表10.3.2.11

计算工况	N_x最大值/N_x最小值（环向）(kN/m)	N_y最大值/N_y最小值（高度方向）(kN/m)	M_x最大值/M_x最小值（高度方向弯矩）(kN·m/m)	M_y最大值/M_y最小值（环向弯矩）(kN·m/m)
一	93/-64	65/-61	29/-31	13/-12
二	134/-82	97/-68	27/-33	12/-24
三	573/-505	203/-259	23/-58	75/-77
四	526/-633	550/-592	41/-44	44/-41
五	224/-198	198/-280	35/-26	28/-24
六	29/-167	61/-58	43/-5	43/-20

从表10.3.2.11中看到，套箱壁受力最大的工况为三、四工况，即封底混凝土未达到强度前遇到波浪的工况，套箱内有足够的支撑，套箱壁的弯矩不大。

不同工况条件下计算得到钢扁担梁、钢底梁内力结果见表10.3.2.12。

不同工况条件下钢扁担梁、钢底梁内力汇总　　表10.3.2.12

计算工况	钢扁担			钢底梁		
	N(kN)	Q(kN)	M(kN·m)	N(kN)	Q(kN)	M(kN·m)
一	34	216	216	9	11	15
二	60	202	193	7	9	11
三	340	516	812	112	47	35
四	345	613	988	99	40	33
五	220	253	415	—	—	—

钢扁担、钢底梁受力最大的工况仍为三、四工况，工况五封底混凝土达到一定强度，具有一定的刚度，拆除了部分钢扁担，钢底梁的受力较小，这里就不列出，钢扁担受力也变小，因此拆除部分钢扁担是可行的。

不同工况条件下计算得到封底混凝土板内力结果见表10.3.2.13。

不同工况条件下封底混凝土板内力汇总 表10.3.2.13

计算工况	M_x 最大值/M_x 最小值(kN·m/m)	M_y 最大值/M_y 最小值(kN·m/m)
五	408/-447	606/-712
六(含1.3m承台混凝土)	740/-729	325/-397

从表10.3.2.13中看，底板弯矩值较大，一般发生在桩周，需对桩周采取加强措施以防桩周混凝土压碎或开裂，影响桩基与套箱的连接。

各种工况条件下计算得到钢管桩基内力结果见表10.3.2.14。

各种工况条件下钢管桩基内力结果汇总 表10.3.2.14

计算工况	N_{max}(kN)	M_{max}(kN·m)	u_{xmax}(m)	u_{ymax}(m)	u_{zmax}(m)
二	748	765	0.023 5	0.005 5	0.005 2
三	1 200	2 395	0.015 4	0.029 9	0.004 1
四	1 671	2 031	0.013 1	0.023 5	0.002 9
五	2 174	1 416	0.006 2	0.014 6	0.001 4
六	3 052	1 166	0.004 9	0.010 9	0.001 4

两个U形套箱对接形成长方形套箱，位移控制是很重要的，工况三在波浪作用下最大位移仅2.99cm。选择一个风平浪静的日子进行安装，可以保证更高的安装精度。

5.混凝土套箱海上施工工艺注意事项

(1)桩与底板的连接

承台的重量通过套箱底板传递到桩上，计算中偏安全地假定桩与底板之间的连接为铰接。施工中要采取一定措施保证桩与底板之间力的有效传递。封底混凝土达到设计强度前，可采取钢底梁与桩焊接或加抱箍等措施，封底混凝土设计时，可在封底混凝土中适当配筋保证桩与底板的连接。可根据不同的桩型采取不同措施，直桩应采取更多的措施，因为直桩桩周封底混凝土将承受很大的剪力，通过适当配筋，既保证力的有效传递，又保证桩周的封底混凝土不被剪坏。对于斜桩，这部分力除了由封底混凝土与桩之间的黏结力承担外，还有斜桩的弹力支承，故比直桩安全。

(2)波浪力

选用合适的设计波浪对套箱结构设计起着至关重要的作用。波浪对套箱的作用分为作用在套箱壁的水平力和作用在底板的浮托力。浇筑混凝土之前，底板受到浮托力的作用，对底板不利，对套箱壁则因为有钢扁担传递水平力，整个套箱壁共同受水平力。浇筑混凝土之后，浮托力与混凝土的重量部分抵消，对底板反而有利，此时套箱的底板有一定刚度，基本上由迎浪面那部分套箱壁承受水平力。水平力决定着套箱壁的受力，浮托力决定底板及底梁的设计。套箱与承台相比，具有同样的受浪面，但套箱的竖向力及刚度比承台小得多，因此桩的应力变形都较大，应考虑这个施工阶段桩的受力及变形是否超过使用阶段。使用套箱法施工承台时，桩基设计需考虑因套箱吊放可能造成桩基变形而引起的永久内力因素。

(3)刚度

套箱为混凝土薄壳结构，不能承受较大的变形，但其控制荷载为水平力，因此套箱结构设计和施工组织的思路都应该从刚度出发。东海大桥的圆套箱高度4.5m，均在距底2.5~3.3m处设钢扁担。钢扁担不仅承担传递竖向力的使命，还是套箱在钢扁担处的强大支撑，起着传递水平力的作用，使整个套箱在波浪水平力作用下受力均匀，避免套箱壁有过大的位移。作为薄壳结构，套箱壁在横向力作用下，壳内应力表现为膜应力和弯曲应力两种,内力表现为轴力和弯矩两种。

(4)拼接

长方形套箱由两个U形拼接而成,吊装、搁置的初始偏位可能造成拼接困难,整个过程需注意位移控制。需要足够刚度的桁架保证吊装搁置过程的U形不产生过大的变形。

(5)施工注意事项

①套箱起吊并将桩套入后,马上对所有的基桩进行临时固定,使其成为一个整体框架,以保证结构的稳定性,以避免在套箱搁置时,桩内产生过大的结构内力。当确认桩基已固定后,方可将套箱安放在桩上,使桩受力。

②由于底板开孔原因,钢底板上的次梁均断开,为保证底板结构刚度,套箱安放应在每个桩上设置抱箍,并与钢底板的次梁进行联结,抱箍与桩夹紧,以改善这部分钢底板的受力,保证桩与钢底板之间力的可靠传递。

③在套箱安装就位后,抓紧完成各种钢结构联结,塞缝,排水,在预埋完成底板钢筋、吊筋与预埋件后,尽快浇筑封底混凝土,以使混凝土套箱及早成为整体,以抵抗可能发生的较大波浪作用,并避免空箱情况下承受较大波浪荷载的情况,确保工程安全。

④东海大桥的钢管桩经过防腐处理,因此不能在钢管桩上焊接型钢,以免成为锈蚀通道。封底混凝土与钢桩的连接可通过在桩顶设置小扁担,由角钢将作用在封底混凝土的部分力传至桩上。

⑤六边形长套箱安装后,如果两个U形套箱拼接前就遇到较大波浪作用,桩基弯矩以及桩顶位移都是较大的。故在套箱安装后尽快拼接,尽量缩短间隙时间,降低在此期间出现较大波浪作用的概率,防止较大波浪作用使套箱产生位移而造成套箱安装精度下降。

3.2.4　承台施工

1.分离式承台施工

承台施工采用带钢底板混凝土套箱工艺,急需落实一个大型预制场,以满足现场承台施工对带钢底板混凝土套箱的数量要求。套箱在工厂制作,对施工设备需求、操作工艺、质量控制均有可靠的保证。尤其是套箱的混凝土为高性能材料,工厂具备从材料的配制、浇筑,到养护的良好的技术保障。钢底板因需要开孔,在工厂实施更是方便,只需根据现场桩位实测资料便可在厂内较精确地实施,极大地减少了海上作业的时间与风险。

(1)混凝土套箱安装

根据现场施工进度,需要用6条平板驳运输套箱,每条平板驳上放2~4个套箱。套箱放置在32号槽钢之上,在两者之间有方木作为垫层。套箱周围使用32号槽钢内放置方木进行加固,驳船用拖轮选择适合的天气拖至现场安装。

①桩位实测

实测桩顶中心坐标和高程采用GPS定位技术,用十字架作为辅助工具,十字架系用10mm×50mm×1 300mm(1 600mm)木板两条,开槽互扣钉紧,依桩直径钉好4个铁钉。施测时施工人员在临时工作平台上把十字架放到桩顶,使4个铁钉均匀分布,即可在圆心竖立棱镜、天线。测桩斜度时使用25mm×250mm×1 050mm木板,其上作出三角形,挂上垂球,依垂线读取尺读数,进而计算桩倾角。测量桩位时两次观测的坐标值互差小于2cm时,取其平均值作为观测结果,否则酌情增加观测次数。桩位实测应安排在截桩之后进行,测量人员根据实测桩位绘出套箱底板开孔图,预制厂进行底板的开孔。

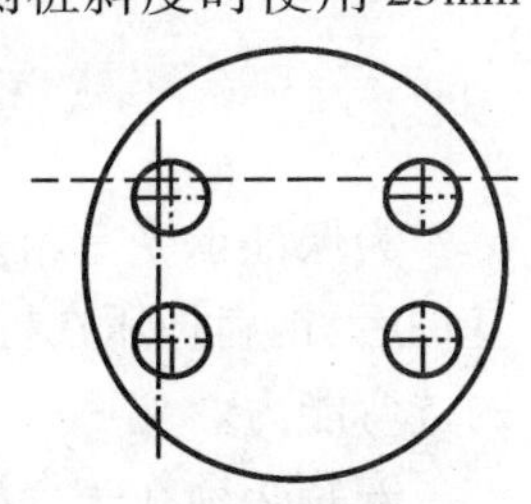

②测放安装线

根据钢扁担梁理论边线及实测桩位,在支撑桩桩顶量尺作点,拉好小白线,检查量尺无误后,画出安装十字线。如工作平台能够架设经纬仪,也可使用仪器放线。安装大十字线如图10.3.2.27所示。

图10.3.2.27　安装大十字线示意图

③套箱安装的测量控制

套箱安装时,一个方向使钢扁担梁边线对准安装线,另一个方向使钢梁上预先画好的标记对准安装线。套箱试安装后,使用 GPS 校核。

同样,当多个承台位于同一直线段时,要注意多个承台的联测,以保证多个承台的直线度。

④套箱安装

在套箱安装之前将所有妨碍安装的钢抱箍及围檩拆除,见图 10.3.2.28。

安装必须在天气较好、风浪较平静时进行。为充分利用低潮位,应在退潮桩顶露出水面约 40cm 高时开始作业,并且尽可能选择流速相对较小的小潮汛阶段施工。

套箱安装由 300t 以上的起重船实施。起重船驻位后,运输套箱的驳船再驻位。在套箱钢扁担梁上搭设操作平台,平台上放置套箱加固、封底材料及手提葫芦、气割工具等操作工具,钢扁担梁处挂两只爬梯到钢底板处。

安装前作业人员进入套箱,作业人员包括 8~10 名起重工,2 名气割工,2 名测量工,另设专职指挥一人。混凝土套箱安装就位后,施工人员进入套箱内进行加固,见图 10.3.2.29。

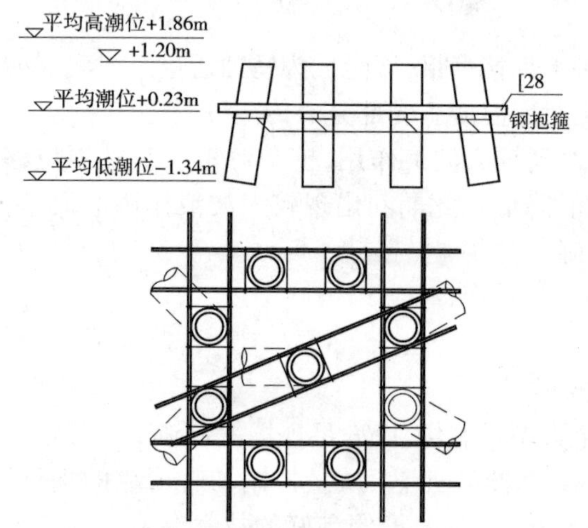

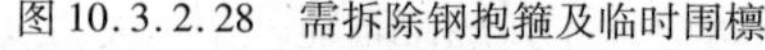

图 10.3.2.28 需拆除钢抱箍及临时围檩

图 10.3.2.29 套箱内施工人员在作业

当起重船将套箱起吊后慢慢移位,套箱基本移位到桩顶上(见图 10.3.2.30),通过起重工的观察指挥,两根缆风绳的牵动、船机左右移动和扒杆转向变幅,每个钢底板开孔基本对准每根桩头,套箱缓缓下放,必要时通过缆风绳进行调节、定位。若局部钢底板与桩相碰,可以用气割工具将底板孔开大。每根桩都从开孔处伸出钢底板后,逐渐下放,由测量工观测直桩桩身上控制线与钢扁担梁上红三角之间偏差,通过船机扒杆移动调整套箱位置,直至二者对齐。套箱下放,钢扁担梁搁置到支撑桩桩顶上。

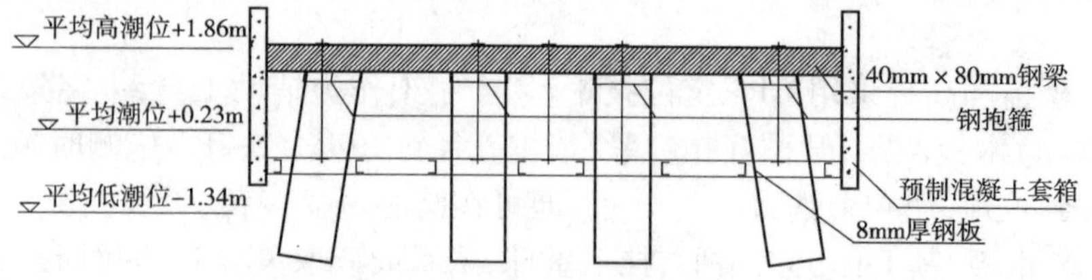

图 10.3.2.30 套箱整体安装位置

为保证承受套箱安装荷载的支承桩受力均匀,防止其出现不应有的应力和变位,拟采用在底板套入基桩后、钢扁担压在桩顶之前,对支承桩间进行加固。此外,还可事先对钢管支承桩内抽水,以增加斜桩的抗弯能力。

安装必须在一个潮水内完成,至少完成包括 4 根支承桩与钢扁担的加固连接工作。如果在安装时有异常情况不能确保安装包括加固完成,必须将套箱起吊放回原处,待条件许可再进行安装。

混凝土套箱在安装时,海面上至少有三条作业船舶。有起重船、装载工程材料与人员的多功能船、装载混凝土套箱的驳船。需对施工作业船舶的定泊位置作出周密的安排，避免在施工期间船舶间的相互干扰，特别是起重船必须给予足够的操作范围。套箱安装时各施工船舶布置位置见图10.3.2.31。

（2）桩间加固

根据圆形混凝土套箱数值模拟计算结果，套箱安装后的工况是较危险的工况之一，必须立即将套箱加固。可用加强板直接将钢扁担与钢桩焊接，焊好后起重船可脱钩移位。为了保证套箱和桩基的整体稳定性，需在其余桩与支承桩或钢扁担梁之间加设支撑，并用槽钢支撑在钢底板与钢扁担之间，以防浮托力对底板造成冲击破坏。

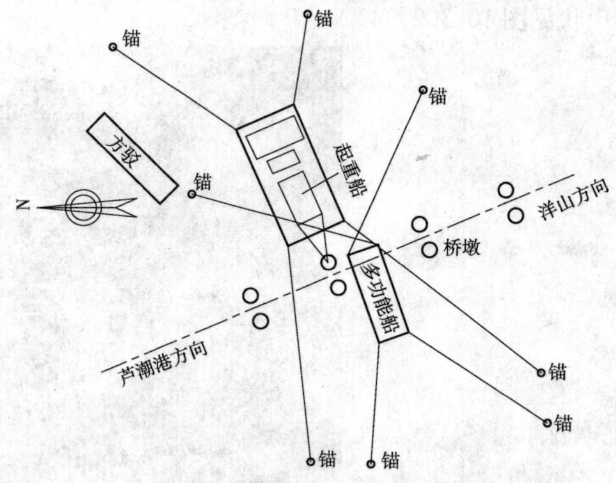

图10.3.2.31　各施工船舶布置位置

（3）封孔板安装

桩周孔用专门的封孔板封堵。封孔板呈带裙边的抱箍形式，由两瓣组成，裙边材料为10mm厚钢板，并设有5cm宽的环形双面橡胶片。封孔板分直桩和斜桩两种类型。封孔板安装抢低潮进行，必要时操作人员穿橡胶衣，带水操作。在离底板一定高度处将两瓣封孔板套在桩上，螺栓暂不拧紧，令其沿桩下滑，最后搁在钢底板上，再将螺栓拧紧。特别要注意使封孔板的长短裙边与斜桩的平面扭角相重合。趁低潮位将封孔板裙边与钢结构底板适当焊接。为减少浮托力对钢底板和以后浇筑封底混凝土的影响，钢底板上开6个直径为300mm的孔，并焊接相同直径的长度为900mm的钢管（上口高出80cm封底混凝土顶面）。

（4）封底混凝土浇筑

封底混凝土浇筑前测量人员使用GPS在套箱内壁及桩身上标出封底混凝土顶面高程，以此控制封底混凝土的高程。

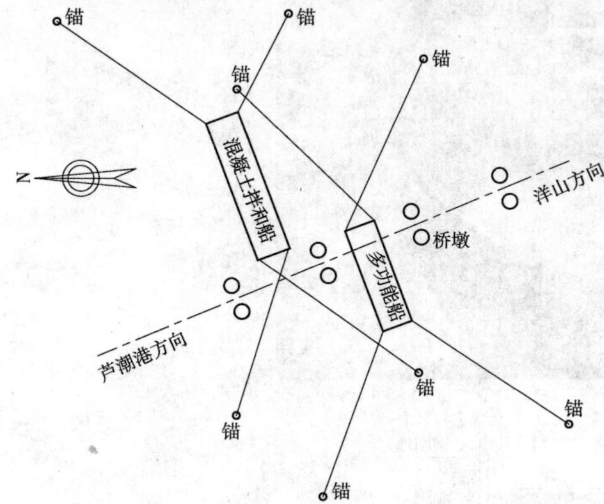

图10.3.2.32　混凝土拌和船位置

封底混凝土不属承台结构的组成部分，采用普通混凝土，强度等级C25。混凝土浇筑安排在低水位时进行，用混凝土拌和船拌和浇筑，要在一个低潮内浇筑完毕，封底混凝土浇筑完成后，做好顶部的抹面，做毛面处理。养护期间，海水可通过设在封底混凝土的透水孔进出，使套箱内外水位保持一致，以减少浮托力对强度还较低的封底混凝土产生破坏作用。浇筑套箱封底混凝土时，拌和船的驻位见图10.3.2.32。

（5）钢扁担梁及吊杆拆除

封底混凝土强度达到设计强度的85%后方可拆除钢扁担梁及吊杆，吊杆使用气焊切除。拆除钢扁担时先切除约束体，不得破坏钢扁担本身结构，由起重船吊走钢扁担，放到方驳上，运回预制厂重新利用。此时需在套箱顶部安装钢围堰，以便浇筑承台高出套箱的混凝土。套箱的布置状况见图10.3.2.33。

（6）第一层混凝土浇筑

第一次承台结构混凝土浇筑高度为100cm。混凝土方量约为60～70m^3，为C40高性能混凝土，其技术要求是氯离子渗透系数限值为$2.0\times10^{-12}m^2/s$。配合比设计为：混凝土中胶凝材料440kg/m^3，中砂761kg/m^3，碎石1 052kg/m^3，水154kg/m^3，S20C外加剂7.04kg/m^3。坍落度（150±30）mm，满足水胶比≤0.35，胶凝物质≥400kg/m^3，坍落度≥120mm的配制技术指标。混凝土浇筑由混凝土拌和船实施，浇之前使用淡水润湿封底混凝土表面及套箱内壁，浇筑时混凝土采用分层浇筑斜面推进，分层厚度不大于50cm，浇筑完成后使用木抹子搓面，防止混凝土表面收缩出现裂缝。第一层混凝土浇筑完后，套箱的现状见图10.3.2.34。

a)钢扁担梁准备拆除

平均高潮位+1.86m
平均潮位+0.23m
平均低潮位-1.34m
钢围堰
预制混凝土套箱
桩芯钢筋混凝土

b)拆除钢扁担梁安装钢围堰

图10.3.2.33　浇筑封底混凝土后套箱的状况

a)施工现场

平均高潮位+1.86m
平均潮位+0.23m
平均低潮位-1.34m
钢围堰
第一次承台钢筋混凝土
桩芯钢筋混凝土

b)混凝土浇筑示意

图10.3.2.34　第一次混凝土浇筑后套箱的现状

(7)第二次混凝土浇筑

承台第一层混凝土浇筑结束之后，经凿毛即可开始进行承台第二次混凝土浇筑的钢筋绑扎施工。在第一层混凝土顶部放出承台的纵横轴线，依据此纵横轴线对承台钢筋骨架位置进行放样。承台一部分钢筋在陆上基地上加工，水运到现场，大部分钢筋在现场多功能驳上加工成型。要注意墩柱预埋筋、预埋件的位置埋设准确。

第二次承台浇筑混凝土高250cm,约为110~170m³,在第一次混凝土达到设计强度的70%后进行浇筑,亦用混凝土拌和船施工。浇筑前对第一层混凝土表面进行刷浆处理,对套箱内壁使用淡水润湿。混凝土分层下灰浇筑,每层厚度不得大于50cm,振捣由专人负责,入模的混凝土及时振捣,防止漏振和过振。混凝土必须一次不间断浇筑,防止出现施工缝。浇筑完成后先使用木抹子搓面,然后用铁模子沿返水面压面4~5遍,混凝土初凝后及时用工布土覆盖,终凝后洒淡水养护。承台第二次混凝土浇筑后套箱现场状况见图10.3.2.35。待混凝土养护工作结束,混凝土套箱与承台混凝土结合成一体,成为承台构件。拆除混凝土套箱的钢围堰,准备墩身的施工。此时的承台现场状况见图10.3.2.36。

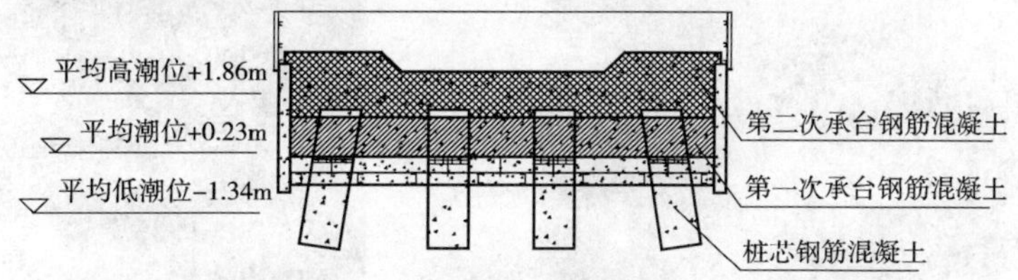

图10.3.2.35　第二次混凝土浇筑后套箱现场状况

a)施工完毕后的承台

b)拆除钢围堰后的承台

图10.3.2.36　承台施工完成后套箱现场状况

2. 整体式六边形长承台施工

整体式长承台共计74个,约分三种尺寸,其中平面尺寸27.85m×10.2m的64个,下部基桩16~20根;平面尺寸(28.85~30.35)m×10.2m的8个,下部基桩22根;平面尺寸27.85m×12.2m的2个,其下部基桩20根。大承台的高度(不包括封底混凝土)为3.5m,大承台下部基桩均为钢管桩,且全部为斜桩,桩身斜度大多为4:1和4.5:1。

整体式长承台尺度大,结构复杂,受波浪作用面积大,完成每个大承台所用的工作日多,完成一个大承台至少需50个工作日,因此大承台的施工难度和施工过程中工程结构的安全风险比小承台大得多。整体式长承台仍然采用带钢底板的混凝土套箱方案施工。

整体式长承台混凝土套箱工艺基本与分离式圆形小承台相同,混凝土套箱首先在厂内分两半(两个U形)预制,见图10.3.2.37。

图10.3.2.37　整体式六边形混凝土长套箱

如长形混凝土套箱能满足起吊重量要求,采用浇筑湿接头方法将两个 U 形部分在大型驳船上拼成的整体式混凝土套箱见图 10.3.2.38。如超过起吊重量要求,则采用分段起吊安装,在现场浇筑湿接头拼成的整体式混凝土套箱见图 10.3.2.39。

图 10.3.2.38 驳船上浇筑六边形长套箱接头

图 10.3.2.39 现场浇筑六边形长套箱接头

(1)混凝土套箱安装

U 形套箱要成对装运,以提高效率并保证结构安全,运至现场后驳船在拟安装套箱的墩台处抛锚定位。

套箱安装用 350t 以上大型起重船安装,采用四点吊,吊索与水平面夹角≥70°,由于套箱中心不与四根吊索完全重合,为保持套箱起吊平衡,拟通过钢丝绳长度进行调整。同一承台的两个 U 形套箱同批先后安装,垂直于桥轴线就位,首先安装承台一侧的 U 形套箱,为了保证承受套箱重量的支承桩(每个 U 形套箱的钢扁担梁搁置在 4 根钢管支承桩上)受力均匀,事先在套箱底板高程以下对支承桩进行加固。并对各钢管桩孔位进行封孔止水。再安装相对的另一个 U 形套箱,见图 10.3.2.40。

安装尽可能在小潮汛阶段施工。起重船将套箱起吊后慢慢移位,基本移位到桩顶位置,通过两根缆风绳牵动,船机左右移动和扒杆伸缩来保证套箱的精确定位。每个钢底板开孔处基本对准桩头后,套箱下放,局部碰桩可用气割工具将底板孔开大。通过观测桩身控制与钢扁担上的标志偏差,精确定位,直至二者对齐。套箱的钢扁担梁搁置到钢管桩顶上。

第一个 U 形套箱安装以 GPS 方法定位为准,控制好其平面位置和高程,第二个 U 形套箱安装不仅依据 GPS 方法测放的平面位置放置,还要以安装好的第一个 U 形套箱为基准进行操作,以减少两者的相对误差。

为确保两个 U 形套箱轴线在同一条直线上,在第一个套箱侧面预埋螺栓、设置限位装置,第二个套箱安装时使其侧面紧靠限位装置。如六边形混凝土长套箱满足起吊重量的要求,则采用套箱整体安装见图 10.3.2.41。

图 10.3.2.40 长形套箱分段安装

图 10.3.2.41 长形套箱整体安装

(2)两个U形套箱间的拼接

同一承台的两个U形套箱安装完成后,立即趁低潮位对它们进行拼接,采用加设型钢螺栓进行临时固定,将两个套箱底板梁、钢扁担梁、U形口处连接钢筋焊接,拼接加固成整体套箱。然后在两个套箱相对的侧壁处支设湿接头的专用模板(顶高程与封底混凝土顶面相同,不再拆除),完成封底混凝土的浇筑施工。

封底混凝土达到一定强度后,立即支设接缝处的内外模板,进行湿接头的混凝土浇筑施工。至此,便完成了两个U形混凝土套箱的拼接。

(3)长形混凝土承台工序简述

长形混凝土承台套箱完成封底混凝土浇筑和湿接头施工之后,其余工序的施工基本上与圆形套箱相同。承台结构混凝土亦分两层浇筑,第一层浇筑1.3m厚,第二层浇筑2.2m厚。

与圆形套箱工艺相比,长形混凝土承台有两点不同:一是长形混凝土的钢扁担梁将在浇完第一层承台结构混凝土并达一定强度后,视季节和气象条件再安排拆除,以利于抵抗风浪,保证施工过程中套箱结构的安全;二是第二层混凝土厚2.2m,属大体积混凝土,施工前将对其进行水化热、绝热温升的计算,采取相应技术措施,保证大体积混凝土的施工质量。

长形混凝土套箱施工工艺汇总如下。

①首先对钢管支承桩(每半个套箱4根支承桩)临时牵固,搭设临时操作平台,对各根钢管桩测定的桩顶高程放样画线,进行截桩以保证各根桩顶高程在同一水平面上,拆除临时操作平台,准备安装套箱,见图10.3.2.42。

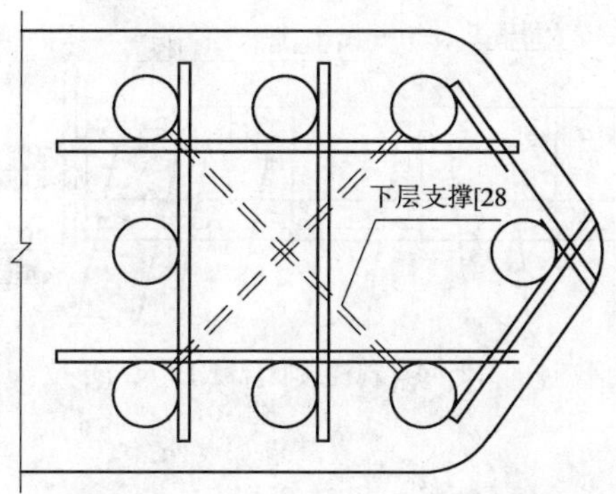

图10.3.2.42　临时牵固平面示意

②在厂内预制U形混凝土套箱,并安装钢底板梁、钢扁担梁,及套箱开口处的钢桁架加固梁和加强钢底板梁和钢扁担梁之间联系的钢吊杆。根据现场桩位,在钢底板上开出桩位孔。运至现场,或在驳船上现浇接头,整体起吊安装至钢管桩顶上,或分段安装,墩位上现浇接头,见图10.3.2.43。

③安装封孔板止水,设置封底钢筋,现浇封底混凝土,见图10.3.2.44。

④根据海况恶劣程度,不拆或拆除部分钢扁担梁及部分钢桁架加固梁,安置钢筋浇筑第一次混凝土,见图10.3.2.45。

⑤安装钢围堰,设置墩身预埋钢筋,安置承台钢筋,浇筑第二次混凝土,见图10.3.2.46。

⑥进行养护工作,施工船舶撤离现场,长形承台施工结束,准备墩身施工,见图10.3.2.47。

3.2.5　预制桥墩墩身安装

非通航段深海区共有墩身638根。墩身的最低高度为6.511m,最高达31.172m。墩身平均高度12m、质量约300t,在外海岛屿上的预制场内预制完成。由于岛上起吊设备能力的限制,决定了墩身预制节段的重量和高度。根据预制场的现有设备为两台350t龙门吊,预制墩身的质量限制在320t,墩身采用立式预制方式,墩身高度控制在13m以下,经专用码头吊运出海。

墩身的海上运输与安装方式根据现有的设备确定。海上起吊安装墩身的设备有两种,一是用起吊

质量为 1 000t 的“勇士”号浮吊，见图 10.3.2.48。起吊高度可超过 35m，此时可将高度较大的墩身分段

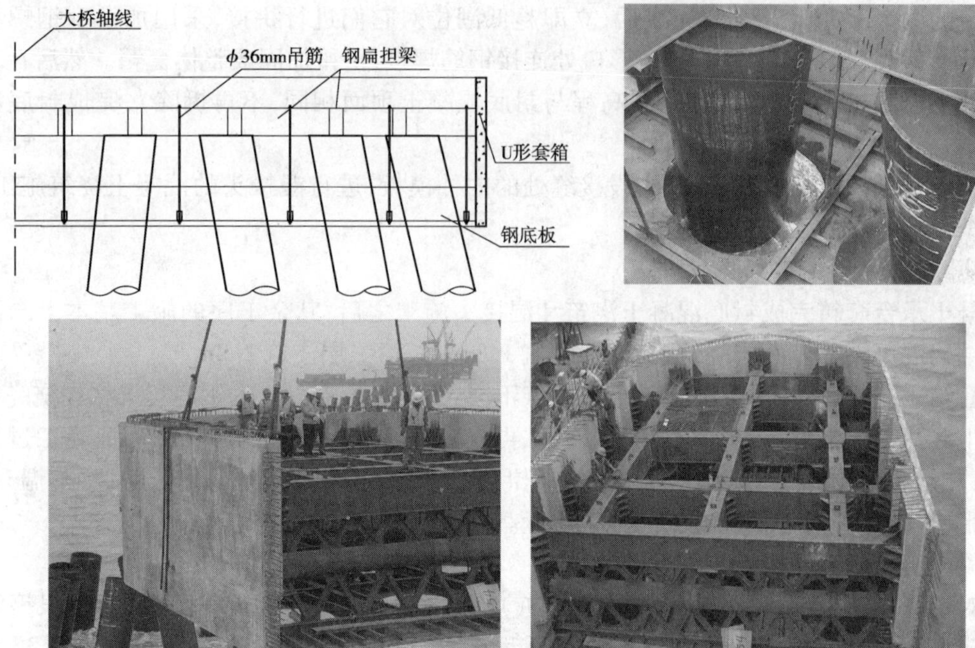

图 10.3.2.43　钢扁担梁安装至桩顶示意

预制，在海上进行现浇接头、节段拼装。另一种起吊设备是集吊装与运输为一体的综合船，称其为“运架一体驳”，见图 10.3.2.48。它的起吊质量达 350t，但起吊高度仅为 13m。此时将墩身分为预制节段和现浇段，“运架一体驳”安装预制节段，预制节段以上的墩身采用海上现浇。

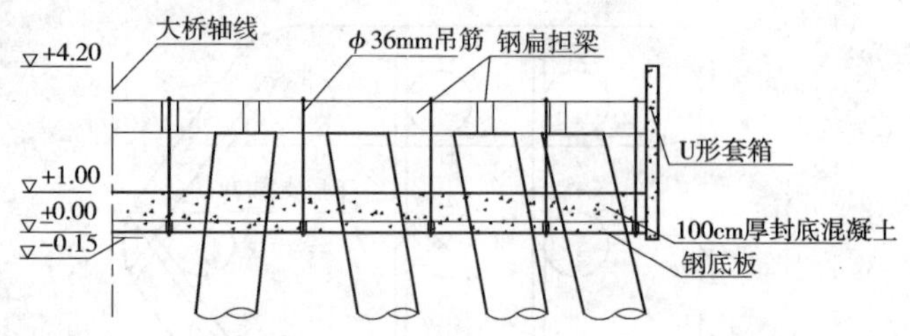

图 10.3.2.44　现浇封底混凝土（尺寸单位：m）

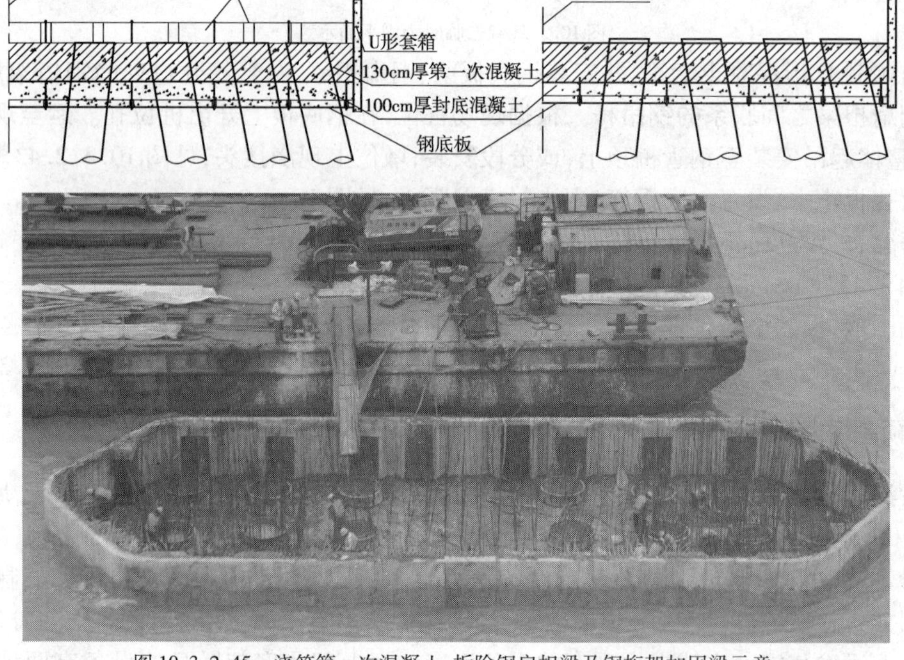

图 10.3.2.45　浇筑第一次混凝土、拆除钢扁担梁及钢桁架加固梁示意

a)施工现场

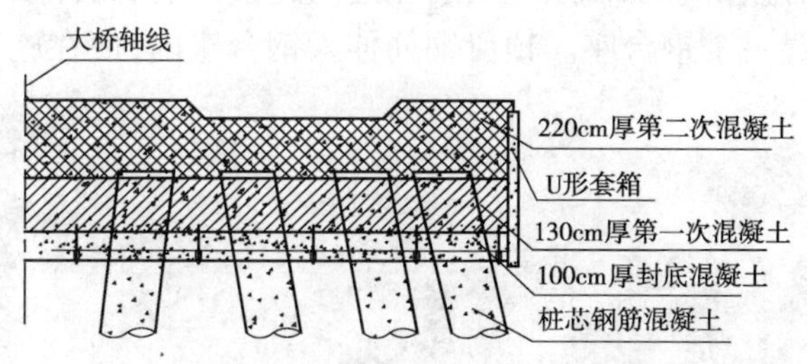

b)混凝土浇筑示意

图10.3.2.46　浇筑第二次混凝土示意

桥梁的墩身为箱形断面，预制墩身与承台之间用现浇混凝土接头连接。在承台顶预先安装支承导向定位装置，然后现浇混凝土接头。

在海面波浪起伏不停的条件下，墩身采用预制安装、现浇接头的施工工艺，首先要严格控制墩身结构的制作尺寸，采用刚度较大的钢底模及整体式钢侧模，保证预制墩身底面的平整度、墩身的高度和垂直度，以满足安装精度的要求。其次，在承台顶面安装由六个混凝土短柱构成的支承导向定位装置，混凝土短柱顶部采用斜靠背形式（见图10.3.2.49），并能支撑墩身的重量，既能保持墩底与承台间的净空高度，满足现浇接头的操作空间，又能在墩身就位过程中起导向对位作用。导向定位装置是在墩身安装前精心安装的。不仅保证六个混凝土短柱支承面的高程差要小于限制条件，而且要控制短柱安装相对位置的准确度。

图10.3.2.47　长形承台施工结束现场

a)"勇士"号浮吊

b)"运架一体驳"墩身安装船

图10.3.2.48　墩身安装设备

安装时墩身内腔壁在导向斜面的引导下，落在短柱的支撑面上，见图10.3.2.50，墩身即被导向定位装置限定在正确的位置上，对部分连接钢筋进行焊联后，即可保证墩身的安全稳定，然后浇筑混凝土墩座接头。

预制场地安排在30万m^2的沈家湾岛预制场，其中划出两块墩身预制场，见图10.3.2.51。一块场地预制60m跨径的墩身，由"勇士"号浮吊进行起吊安装。另一块场地预制70m跨径的墩身，由自己制造的"运架一体驳"进行起吊安装。

1. 墩身的预制

墩身的预制需安排在场内龙门吊作业范围内，保证工程材料的运输与安装及墩身自身的运输。墩身预制需预留与承台预埋钢筋相连的连接钢筋，为保证预留钢筋位置的准确，墩身采用立式预制，墩身底面设置一个钢台座。预留钢筋伸入钢台座内，使在施工过程中预留钢筋的位置不被移动。

图 10.3.2.49 支承导向定位装置

(1)钢台座

钢台座作为预制节段的底模，直接承受预制节段的重量，并且把重量传递到混凝土台座及基础上。因此，钢台座必须具有足够的强度和刚度。钢台座高度为 1.5m，由厚 6～10mm 的 A3 钢板焊接而成，钢台座顶板的尺寸与墩身截面尺寸相同，并按墩身中间的孔道尺寸在钢台座顶部设置孔道，孔道尺寸需取正误差，以利墩身内模的安装。外模采用外包钢台座的方法，可以在钢台座高度范围内调整，以适应不同高度墩身的要求。在钢台座上开椭圆形长孔，以使预制节段预留钢筋伸出，并保证位置准确。钢台座应平稳放置，确保其下的基础平整，防止因为偏载而造成钢台座失稳，影响预制节段的质量和安全。钢台座在预制节段预制、存放、起吊运输等的过程中，作为预制节段的支撑与其一起移动，待墩身安装完毕后，将钢台座回收重复使用，见图 10.3.2.52。

图 10.3.2.50 导向斜面的引导安装过程

为适应预制节段不同的断面尺寸，钢台座有 5.25m×2.4m、5.25m×3.0m、5.25m×3.6m、7.25m×3.6m 四种型号。由于各断面尺寸的预制节段数量不等，每种型号钢台座的数量也不同。如果发生重复使用困难，则根据实际情况对其数量进行调整。

(2)墩身模板和钢筋

墩身预制安装对预制尺寸要求非常高，模板制作的好坏直接影响到墩身结构尺寸的精度，故必须对模板的刚度提出一定的要求。

墩身内模采用劲性骨架及组合钢模的设计方法。原则上是以方便拆装，满足施工要求为目的，其中内模模板要求保证足够的刚度和强度。为便于施工人员安装、拆除，采用楔形口形式，模板的大小设计成能从临时人孔进出。内模劲性骨架全部采用螺栓加定位销的连接形式，并用螺旋拉杆调节。骨架与模板之间采用螺栓连接，连接孔开长圆孔，以便拆装，见图 10.3.2.53。

墩身外模板制作的好坏直接关系到墩身安装尺寸的精度和外观质量。为了保证外模的刚度和面板的平整度，外模采用 8mm 厚钢板作为面板，主肋采用型钢，面板与主肋之间采用焊接。焊接过程中，应充分注意面板的焊接变形。面板与混凝土的贴面需经抛光处理。模板在焊接完毕后，应用靠尺检查面板的平整度，板面平整度应控制在1mm以内。外模外侧为防止锈蚀，需要在出厂前喷涂防锈油漆。

图10.3.2.51　沈家湾岛墩身预制场

预制墩身包括墩柱、墩帽两部分，其中墩帽为一定尺寸，可以把墩柱和墩帽分开制造。为保证预制墩身的外观质量，减少模板的拼接缝，模板竖向四个面拟分四大块。墩柱模板的节段高度为：3.5m + 1.5m + 1.5m（不包括墩帽）。

为增大模板的刚度，内、外模之间设置对拉杆。拉杆采用 ϕ30mm 圆钢制成，两端车不少于20cm的螺牙，并配上螺母及弹簧垫圈。拉杆间距为横向1.2m左右，竖向1.5m左右。拉杆处的面板须开 ϕ35mm 的孔，拉杆外包 ϕ32mm 的PVC管。在混凝土施工完毕后，将拉杆从PVC管中抽出，重复使用，见图10.3.2.54。

模板安装前，对板面进行打磨除锈，清洁后均匀涂上脱模剂，并尽快进行安装、浇筑混凝土施工，防止灰尘污染和潮湿的空气对模板可能造成锈蚀。

墩身内模可事先预拼成整体，整体安装于钢台座上。在安装过程中遇到安装不到位或套不进钢台座的情况时，可适当调节螺旋拉杆，使内模向内收缩，进入后，再调节螺旋拉杆，使内模与钢台座贴紧。内模之间以螺栓连接，底部用垫块或千斤顶顶实，与外模对拉拉杆暂不安装。

在内模安装完毕、钢筋绑扎结束后，才可立外模。外模的安装可以将外模先组拼成筒状，利用起吊设备进行整体吊装，这样有利于控制外模板的错台，提高墩身的外观质量。如果有些较重的模板无

图10.3.2.52　钢底模

图 10.3.2.53　墩身内模板

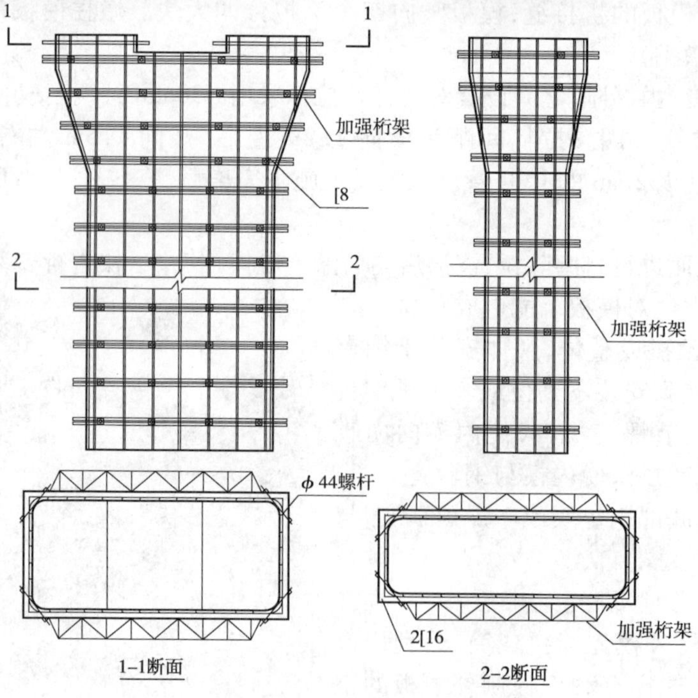

图 10.3.2.54　墩身外模板

法进行整体吊装，则须考虑分块吊装，因墩身壁厚较薄，人不可能到里面进行调节，只能利用模板上的定位销控制外模的错台尺寸。

外模吊装完成后，需对内、外模的垂直度、高程、断面尺寸等进行调节。垂直度调节可通过手动5t千斤顶在模板底部，并结合缆风绳进行。高程的控制采用水准仪。

模板的各项指标符合要求后，开始安装对拉杆。对拉杆安装时，不得施加太大的预紧力，只要能使拉杆拉紧即可，防止太大的预紧力造成墩身截面尺寸的变化。拉杆不得当作电焊的地线，防止电击损伤。拉杆的螺母必须加弹簧垫圈以抵抗可能的振动造成螺母松动。拉杆的螺牙和螺母需采取一定的保护措施，防止因混凝土掉落而损坏，影响拉杆以后的使用。

模板调整完毕后，为预防大风和可能的物体撞击，保持模板的垂直度，需在外模四个对角分别用四根缆风绳将其与基础的预埋钩连接。缆风绳采用 ϕ14mm 的钢丝绳，并在端部用花篮螺杆进行拉紧。收紧花篮螺杆时，注意四角同步，防止影响模板的垂直度。收紧力的大小以能张紧缆风绳为原则，过大或过小都不利于模板的稳定。

模板安装后的各项指标误差不大于下列要求。

①墩身壁厚度：0 ~ +10mm。

②墩顶高程：±10mm。

③模板表面平整：3mm。

④预埋件中心位置：3mm。

⑤模板错台：2mm。

在墩身混凝土初凝达到一定的强度后（一般不低于20MPa），方可拆除外模板。拆模时应有吊机配合。先拆除对拉杆及连接螺栓，利用吊机将外模斜向往上分块拉出。

拆除内模时，混凝土的强度应不低于90%的设计强度（36MPa）。由施工人员从临时人孔进入内部（考虑到内部照明及安全问题，可事先在内模中铺设脚手板），拆除模板与劲性骨架之间的连接螺栓，去除劲性骨架之间的斜撑，收紧螺旋拉杆，将骨架从人孔吊出。暂时用对拉杆固定住内模，令其不能向内倾覆，拆除内模之间的连接螺栓，由吊机配合，慢慢地松开对拉杆，内模由临时人孔吊出。

拆模时应有专人负责指挥协调，防止模板或吊钩撞击墩身混凝土，造成对外观质量的损失。

拆下的模板应立即擦洗干净，涂上防锈剂，对暂时不用的模板用塑料薄膜覆盖，防止灰尘污染；对有局部损坏的模板进行整修。

钢筋可以在车间绑扎成整体后，利用起吊设备整体吊装到钢台座上，主筋预留的部分需穿过钢台座的椭圆形长孔，钢筋安装完成后，需用腻子将钢筋与孔洞间的空隙填塞，防止混凝土浇筑时发生漏浆，影响预制节段的质量。

墩身预制节段的预应力管道要与承台预埋的预应力管道对接，并使承台预埋的预应力钢筋穿过墩身预留管道，所以要求墩身预制节段的管道预埋定位非常准确。管道采用定位钢筋网进行定位，钢筋网采用 ϕ8mm 钢筋制成，净间距不得大于70mm，钢筋网与墩身普通钢筋点焊连接牢固，防止管道在混凝土施工过程中发生位置改变。为了保证管道的垂直度，定位钢筋网竖向间距不得大于120cm。

（3）混凝土浇筑施工

墩身采用高性能混凝土，由场内的混凝土搅拌站集中供料。混凝土通过搅拌运输车运到施工现场，利用HBT60型混凝土输送泵通过ZL35/70型布料机将混凝土泵送到模板顶端，进行混凝土的浇筑工作。

为了使混凝土浇筑顺利，开工后必须保证至少有2台搅拌机工作及3台搅拌运输车正常工作。现场还可以根据实际灌注速度及天气情况合理调配机械使用。

由于全预制墩身的墩顶钢筋间距较小（实际净间距小于12cm），而且钢筋数量很多，在墩顶下部还有变坡，混凝土很难直接从顶部顺利到达底部，所以，必须将墩顶钢筋在四个边壁处预先留出尺寸不小于50cm×50cm的孔洞。由于混凝土浇筑高度大于200cm，所以，必须将布料机的软管由预留孔洞伸进模板内部距离钢台座顶 2m 处,这样可以避免混凝土在下落过程中产生离析现象。预留孔洞的钢筋在混凝土浇筑面接近时给予恢复。对于非全预制的墩身节段,可以直接将布料机软管伸进模板内部进行浇筑。但需注意正确控制软管,防止软管碰到钢筋及内、外模板,致使钢筋和模板跑位。

由于墩身节段壁厚度较薄且浇筑高度较大,钢筋很密,有效空间很小,所以,插入式振捣器很难从上面直接伸到内部进行振捣,而且振捣质量也难以保证。必须考虑振捣人员从墩身内模内部进行振捣,这就需要在内模上开洞。洞口的尺寸以 40cm×40cm 为宜。横向洞口间距为 250cm 左右,竖向间距为 300cm 左右。选用振动棒的规格应与洞口尺寸及间距相匹配,振动棒的直径应不小于 50mm,而且还可以根据各个部位的具体情况选用不同规格的振动棒。在混凝土浇筑面到洞口位置附近时,需将洞口与内模板等强封住。

混凝土应分层浇筑,分层厚度不宜大于 30cm 且分层厚度应均匀。严禁下料过猛或下料厚度太大。插入式振捣器振捣的时间不宜过长或过短,过短时混凝土振捣不能密实,过长时间的振捣则容易使混凝土产生离析。一般情况下,振捣时间约为 20~30s。判断振捣是否充分从以下几点进行。

①振动时混凝土不再有显著的下沉。

②混凝土表面不再出现大量气泡。

③混凝土表面均匀、平整,并已泛浆。

分层振捣时,第二层混凝土振动时应将振动棒插入下层混凝土 15cm 左右厚,以保证两层混凝土的连续性。

浇筑混凝土过程中,应仔细观察散落在钢筋或预应力管道上的混凝土,并及时用工具将其清除,防止干结在钢筋上,影响混凝土下落,从而使混凝土局部产生空洞,造成重大质量事故。振捣过程中,严禁用振捣棒棒头触及预应力管道或模板,防止产生漏浆堵管或使模板局部产生花纹。

墩身顶部混凝土浇筑完毕后,应及时进行人工收浆工作,防止出现干缩裂纹,必要时必须进行二次收浆。

(4)混凝土的养生

在完成墩顶表面收浆后应尽快进行混凝土养生。由于预制墩身为空心墩,混凝土体积较大,墩身内、外壁混凝土的温差难以控制,高性能混凝土对收缩裂纹的控制要求又非常严格,所以混凝土的养生工作非常重要。养生时应根据具体的环境情况采用合适的养生方式,保证墩身内、外壁温差控制在 20℃以内,必要时,可以结合鼓风机加强通风换气的方法对其进行控制。根据本工程的实际情况并结合工地所具备的条件,采用以下三种养生方式。

①洒水养生

养生用水为淡水,采用预设的水管墩身喷洒。养生时间不少于 7d。养生期内,应每天洒水保持墩身湿润,不得间断,不得形成干湿循环。当气温低于 5℃时,暂停洒水养生。

②塑料布养生

塑料布尽可能采用大幅的规格。相邻的应至少重叠 15cm 宽度,并用胶带将其黏结紧密。塑料布应裹紧墩身,防止被大风吹走。养生期内,应避免塑料布破坏,若发现有破碎或损坏的,应及时修补。

③蒸汽养生

气温低于 5℃时,采用蒸汽养生。墩身外覆盖蒸汽养护专用的篷体,防止蒸汽散失。蒸汽养护按过程分为四个阶段。

静养阶段:静养阶段为混凝土浇筑完毕后至供汽升温之前的一段时间。如果灌注混凝土时的环境温度在 5℃以上时,静养阶段的温度以环境温度为限,但不得大于 25℃;冬季严寒天气应在中午浇筑混凝土,并及时盖好篷体,充汽保温 5℃以上,静养时间为 3~4h。

升温阶段:以静养气温为起点,供汽温度速度控制在 10℃/h,不宜过快,升温过程应每隔 30min 测试一次蒸汽温度和相对湿度(相对湿度不宜小于 90%),并作好原始记录。

恒温阶段:恒温温度不宜大于 50℃,恒温时间为 36~48h,相对湿度不小于 95%,每隔一小时测试一次并做好记录，如果恒温养护后混凝土强度达不到设计强度的85%，可适当延长恒温养生时间。

降温阶段：降温幅度以10℃/h为宜，不得大于15℃/h，当降温后的模板表面与室外环境温差在10～15℃时，可以撤除蒸汽篷体。如果环境温度低于0℃以下时，应降温到5℃时停留一段时间（约4h），再撤除蒸汽篷体。

2. 墩身运输与安装

由于起吊安装设备的不同，海上墩身运输与安装方式亦不同。在该海域内墩身的安装采用两种安装设备。

（1）"运架一体驳"安装墩身

"运架一体驳"安装的是70m跨径桥梁的墩身，由于"运架一体驳"起吊方式是门式起吊，高度受到限制，仅能满足12m的起吊高度，因而在安装好12m高度的墩身之后，墩身高度不足的剩余部分，采用现浇混凝土方式接高。

①工艺流程

预制墩身运输、安装工艺流程为：预制墩身验收→350t龙门吊机吊运墩身至码头存放台座──→"运架一体驳"运输墩身──→"运架一体驳"抛锚定位──→墩身安装──→浇筑墩身与承台间的湿接头。

②混凝土原材料的备料

"运架一体驳"考虑一个循环安装四节墩身，所以每次需备足四节墩身接头的混凝土原材料数量，混凝土总方量按300m^{3}考虑，需备料：水泥为150t，中砂为240t，碎石为330t，外加剂为1.5t，水为50t（不包括生活用水）。砂子、碎石直接由运输船运至砂石料码头停靠，装船时，运输船行驶至"运架一体驳"外侧停靠。水泥储存在岸边的水泥仓中，水泥仓设2个，每个储量80t，由散装水泥车从水泥中转站筒仓中转运过来。桶装外加剂先运至墩身出海码头处存放，水则储存在生活区后山上的储水池中。所有原材料均应在"运架一体驳"返回到墩身出海码头前备料完毕。

③墩身场内起吊运输

预制墩身的最大质量为320t，待混凝土强度达设计值后，由预制场内起吊能力为350t万能杆件拼装桁架龙门吊起吊，先利用龙门吊挂起吊扁担，再将活动底模支架临时固结解开，起吊墩身节段运送到墩身出海码头，存放在码头边的台座上。墩身存放台座布置在龙门吊机栈桥前端，在墩身出海码头边线和海岸线之间，横向设置两个，每个台座存放一节墩身，共存放2节墩身，台座基础为承台及6根ϕ1 200mm钢管桩。钢管桩设计长度约为50m，见图10.3.2.55。

预制墩身的吊装分为有墩帽和无墩帽两种，均配备专用吊具，其中有墩帽的预制墩身吊装利用2根吊索进行，见图10.3.2.56。无墩帽墩身利用4点8根吊带进行吊装，见图10.3.2.57。吊索为151ϕ7mm高强钢丝组成，外套6mm厚的聚氯乙烯防护层，吊索总长5.49m，上锚头长0.52m，下锚头伸入墩身内长0.905m，单根吊索极限吊重9 300kN，设计吊重为2 100kN。每套吊具由2根吊索组成，自重约200kN，吊具的设计起吊能力均为3 500kN。

④码头起吊拖运

"运架一体驳"用于安装70m跨径桥梁的预制墩身，它集吊装、运输为一体。在"运架一体驳"上可同时安放4座桥墩，但必须注意的是由于每节墩身的高度不尽相同，在"运架一体驳"安放墩身时，要求按照现场的安装顺序，来确定其在"运架一体驳"上的所处位置，以保证起吊次序，与墩身编号一一对应。"运架一体驳"本身不能航行，需有拖轮带动其航行。

a."运架一体驳"泊锚停靠码头

利用一艘3 000hp（1hp = 745.7W）的拖轮将"运架一体驳"拖运至墩身出海码头右前方适当位置，抛右前锚；待"运架一体驳"稳定后，拖轮解拖改为前顶，将"运架一体驳"顶推至码头靠岸；通过铰锚初步定位，使"运架一体驳"上340t龙门吊机中心线基本上与墩身存放台座中心线对齐。由"运架一体驳"船进行墩身起吊装船作业，每次吊取4节墩身，见图10.3.2.58。

b. 墩身的移吊

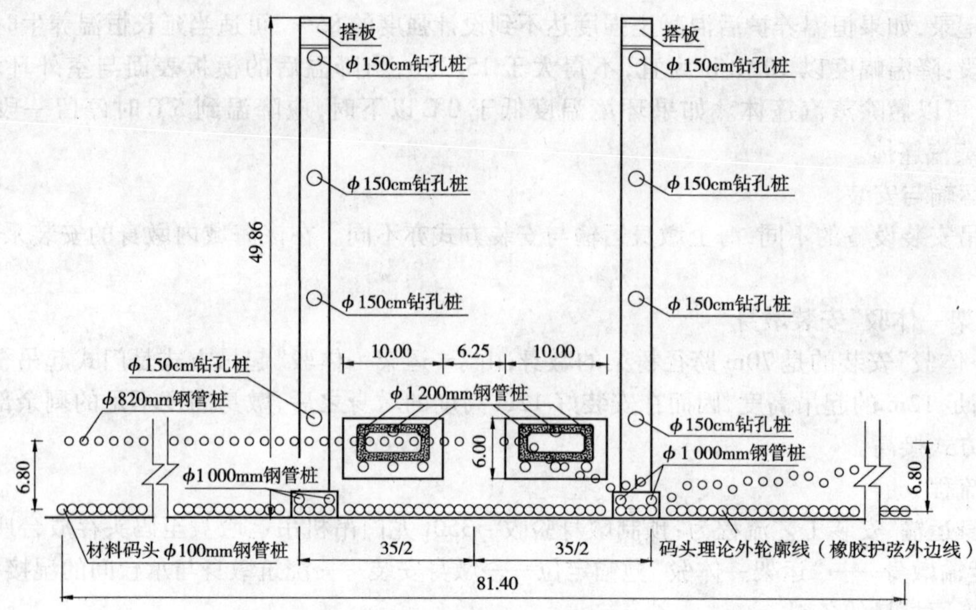

图 10.3.2.55　墩身出海码头平面（尺寸单位：m）

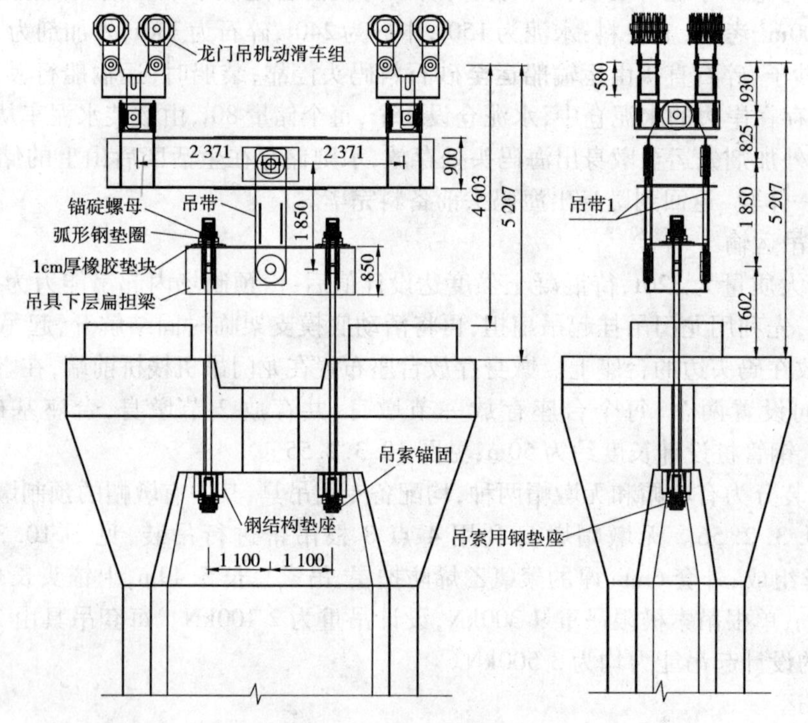

图 10.3.2.56　有墩帽墩身的龙门吊机起吊（尺寸单位：mm）

利用“运架一体驳”上一台 10t 全回转吊机给船上 340t 门式起吊小车安装吊具，起吊小车向前走行至门吊横梁前端安好吊具，确认一切完备后起吊墩身，吊具分两种形式：一种用于有墩帽墩身，见图 10.3.2.59a)；另一种为无墩帽墩身，见图 10.3.2.59b)。

340t 门式起吊小车吊着墩身向后走行至船上对应墩身的存放位置，松钩，墩身连同钢台座放置于“运架一体驳”船上，用铁箍和稳索将墩身固定、摘钩，见图 10.3.2.60，防止墩身在船运过程中左右摇晃倾倒。按照上述程序，再吊装剩余三节墩身。

c. 钢筋、模板及混凝土原材料的装船

砂、石通过皮带输送机从运输船中输送至“运架一体驳”上，水泥由岸边水泥仓通过气压管道送入船上水泥罐中，水则通过墩身预制场内输水管道接长输送到“运架一体驳”上，钢筋、模板等可以由预制场龙门吊吊运至码头前端，利用船上10t全回转吊机起吊至船上，所有原材料均应在"运架一体驳"泊锚于码头吊装墩身时段内全部转运到船上。

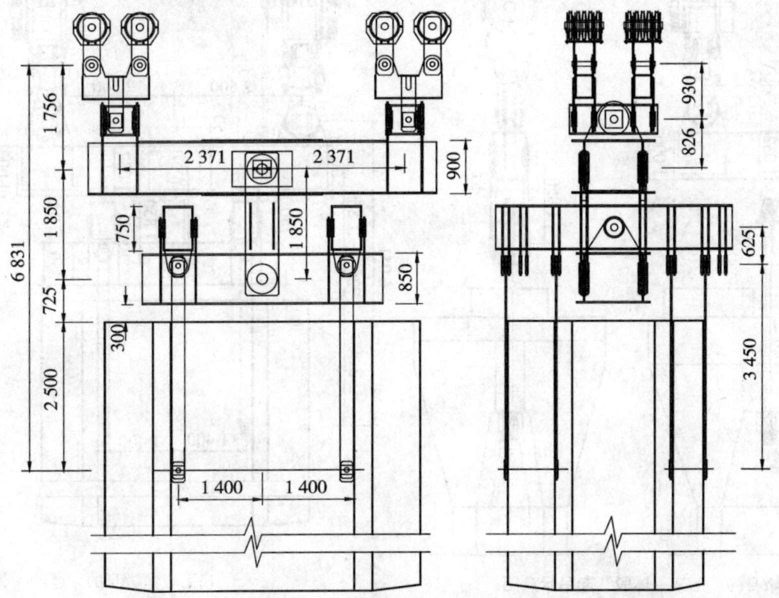

图10.3.2.57　无墩帽墩身的龙门吊机起吊(尺寸单位:mm)

图10.3.2.58　"运架一体驳"停靠码头

d. 墩身的运输

墩身的运输应在六级以下风力时进行。驳船在墩身出海码头装完所需的原材料、墩身节段，备足生活用品，施工人员全部登船后起锚，拖轮拖行驳船，按照一定的航线行驶至待安装墩位附近。

⑤墩身的安装

a. "运架一体驳"抛锚定位

"运架一体驳"到安装现场后首要的工作是将船只就位固定，"运架一体驳"抛锚定位的工况见图10.3.2.61。

图10.3.2.62是"运架一体驳"在两桥墩之间就位时的实况。

b. 墩身底部外伸短柱安装

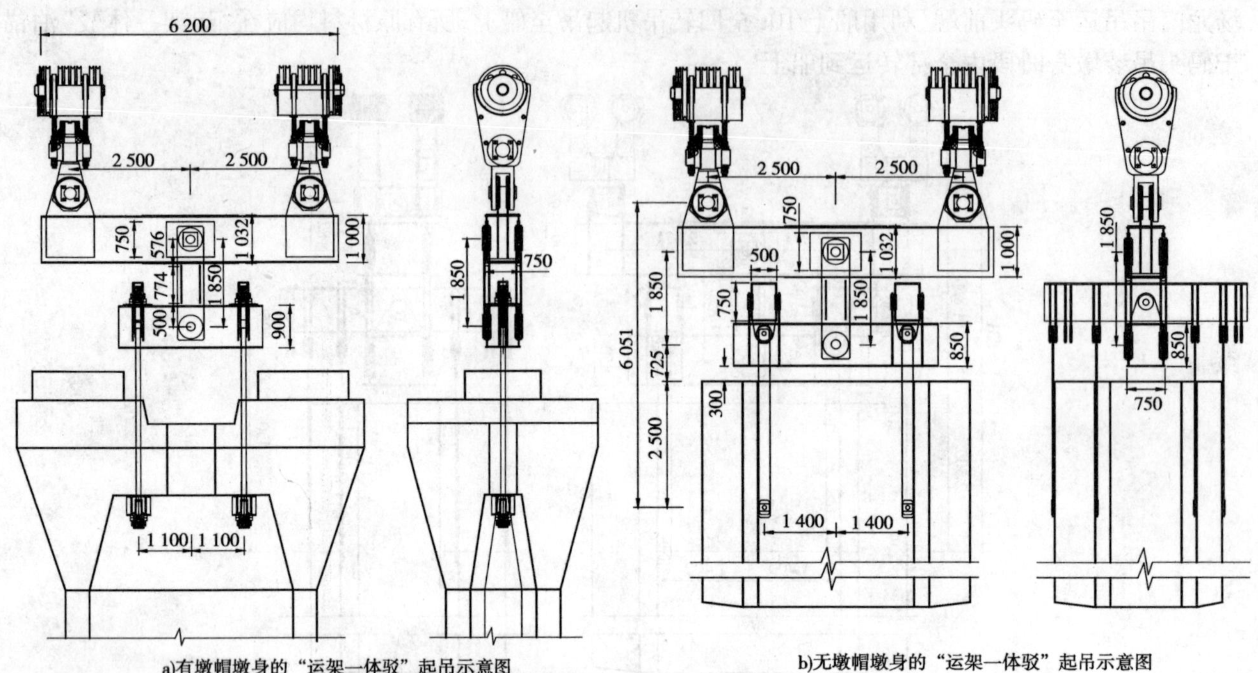

图10.3.2.59 “运架一体驳”起吊示意图(尺寸单位:mm)

对承台上预留槽进行凿毛处理,用经纬仪或全站仪放出墩身的安装位置,在承台上对应导向定位短柱位置处用一薄层砂浆找平(注意不要堵塞预留孔),按照设计位置安装预制混凝土短柱,使短柱上预留孔与承台上预留孔对齐,将短柱顶面高程调到设计高程,并将四个支承短柱的支承面抄平,在预留孔中插入ϕ32mm钢筋,注入C40水泥砂浆并养护。

c.墩身吊装就位

“运架一体驳”在待架承台边定位后,使待架墩身上部的龙门吊机主梁中心对准承台上的墩位中心,见图10.3.2.63。收紧所有锚绳,龙门吊机上的小车将墩身吊起,取出墩身底部钢台座,小车走行至墩身安装位置,松钩,当墩身底部接近支承短柱顶端时,利用“运架一体驳”船及起吊小车的微动,调整位置,使其基本符合设计平面位置。墩身依靠短柱上的导向装置下落,当墩身底部接近短柱支承面时,人工精确调整墩身平面位置,松钩。检查墩身位置和竖直度,若不满足规范要求,起吊小车重新起吊墩身,再次调整墩身平面位置及支承面高程,直至满足要求,松钩下落,摘钩,见图10.3.2.64。

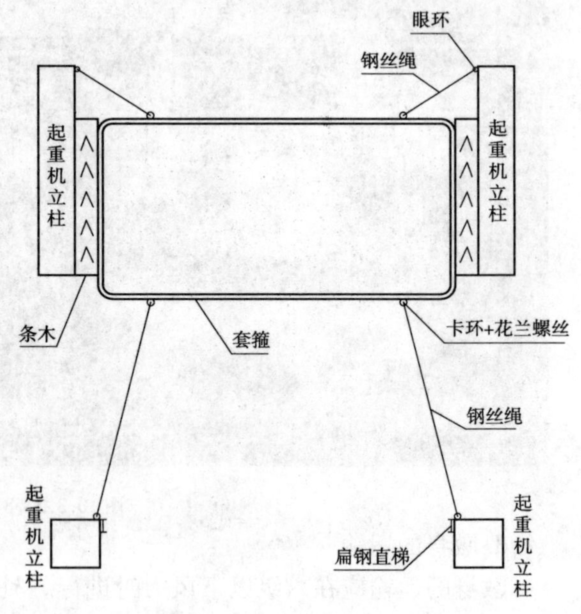

图10.3.2.60 “运架一体驳”上墩身固定示意图

墩身就位后,利用“运架一体驳”上的全回转吊机,配合安装混凝土湿接头模板、钢筋。铺设混凝土输送泵至已设在墩身处的混凝土输送管,启动“运架一体驳”上的混凝土搅拌、泵送系统,灌筑墩身与承台之间的接头混凝土,见图10.3.2.65。

通过绞锚,使“运架一体驳”另一台龙门吊机主梁中心对准同一承台的另一个墩位中心,架设墩身,灌注墩身与承台之间的连接混凝土。

一个桥墩的墩身安装成功后,还是通过绞锚,使“运架一体驳”靠近另一座桥墩承台,重复前面的工序。完成余下两个墩身的安装工作。

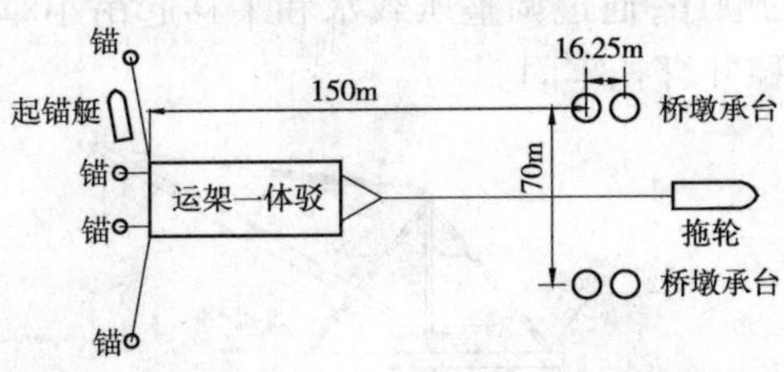 锚 起锚艇 150m 16.25m 桥墩承台 锚 70m 运架一体驳 锚 拖轮 桥墩承台 锚	在"运架一体驳"被拖至离待安装墩位约 150m 处时，停稳，收起龙门吊机的侧翼，利用起锚艇抛下两只尾锚(先抛迎风的一侧)，再用起锚艇抛下船尾的两只边锚
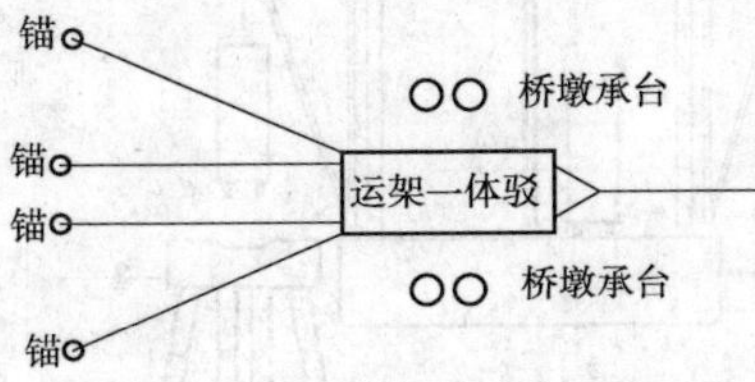 锚 桥墩承台 锚 锚 运架一体驳 拖轮 桥墩承台 锚	松开尾锚绞车的制动，拖轮在两个桥墩中间穿过向前航行，将"运架一体驳"拖到两个桥墩位区内，此时龙门吊机应与墩身安装位置大致对齐，收紧尾部四只锚的锚索，锁紧
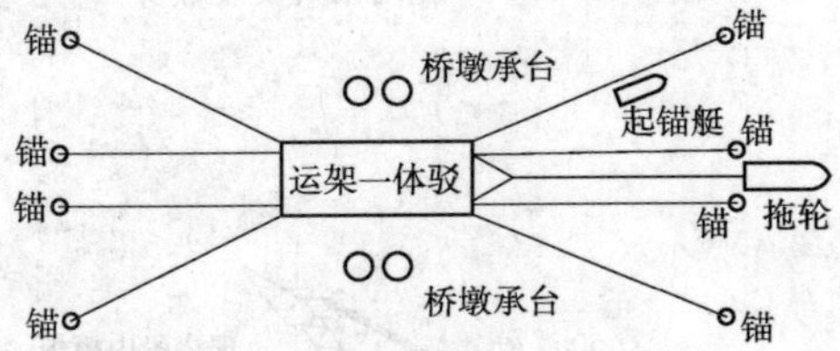 锚 锚 桥墩承台 起锚艇 锚 锚 运架一体驳 锚 锚 拖轮 桥墩承台 锚 锚	用起锚艇抛下"运架一体驳"首部两只领水锚，再抛下船首的两只边锚，收紧首部四只锚的锚索，锁紧，放下龙门吊机的侧翼
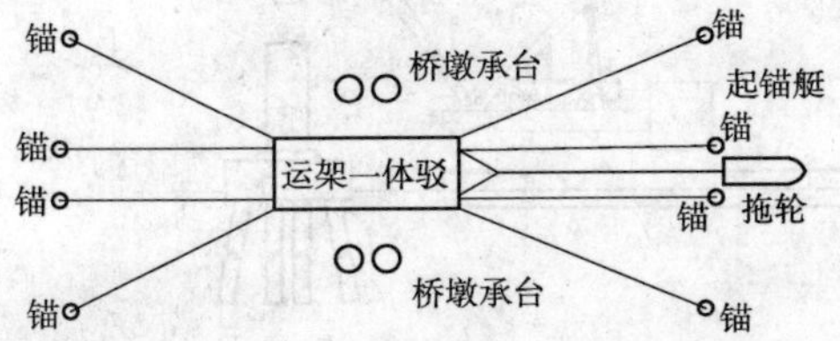 锚 锚 桥墩承台 起锚艇 锚 锚 运架一体驳 锚 锚 拖轮 桥墩承台 锚 锚	驳船的精确定位及纵、横向移动均通过四部绞车收放锚索来实现，至此基本满足每一个航次安装 4 节墩身的条件

图 10.3.2.61　"运架一体驳"抛锚定位工况示意

图 10.3.2.62　"运架一体驳"精确定位

四个墩身架设完成之后，再启动绞锚机，使"运架一体驳"移动到承台区外侧安全的区域，"运架一体驳"船首抛下一口临时锚，由抛锚船带起首尾四口主锚。拖轮靠上"运架一体驳"，将临时锚起出，拖带"运架一体驳"返回墩身预制场取下一批墩身。

对于没达到墩身高度的墩身采用浮吊配合施工，现浇混凝土接高墩身，见图 10.3.2.66。

⑥安全注意事项

"运架一体驳"在码头靠泊时应缓慢靠泊，以防撞损码头。"运架一体驳"在作业状态下的横摇主要由风浪及荷重倾覆力矩产生，作业时应尽量减少调运墩身时荷重变化产生的横倾角。每吊装一节墩身、释放重量前，由“运架一体驳”上船员根据风向、墩身吊装的顺序，通过调整压载水和平移起吊小车的方法来实现减少横倾角的目的。墩身起吊卸放后要放妥、放稳并绑扎牢固。

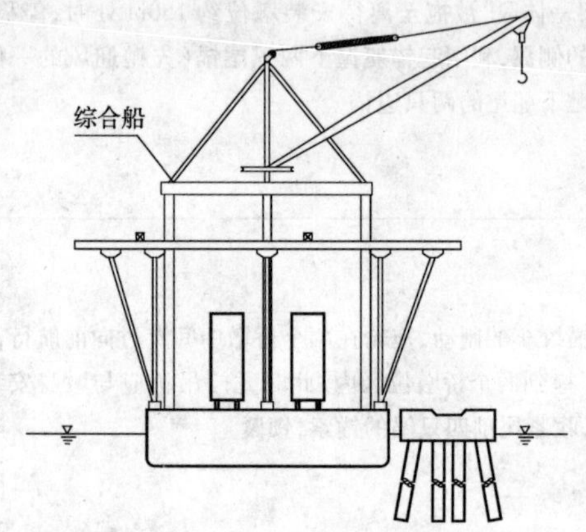

图 10.3.2.63　龙门吊机主梁中心对位

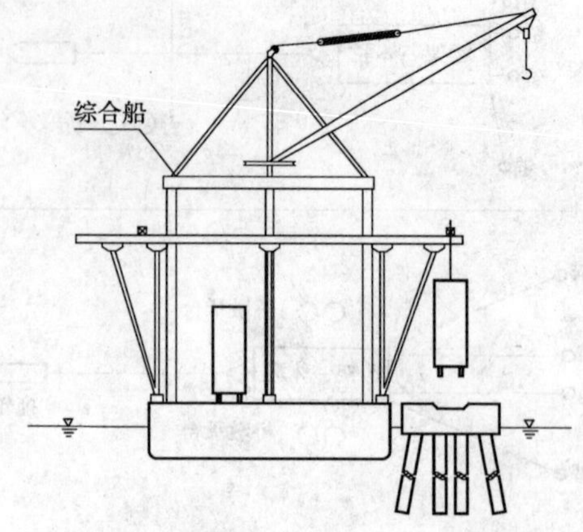

图 10.3.2.64　龙门吊机安装墩身

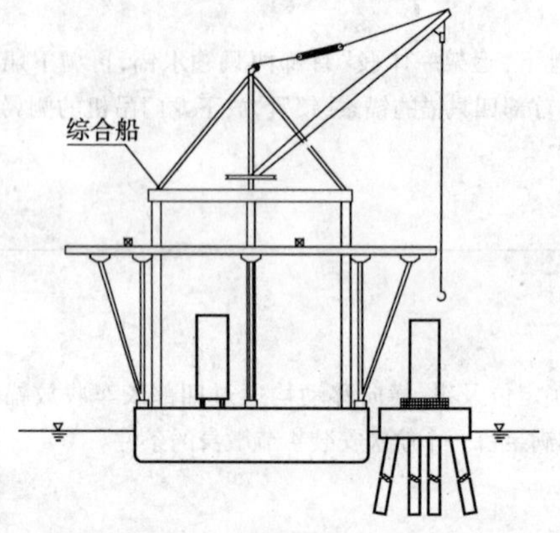

图 10.3.2.65　全回转吊机配合接头施工

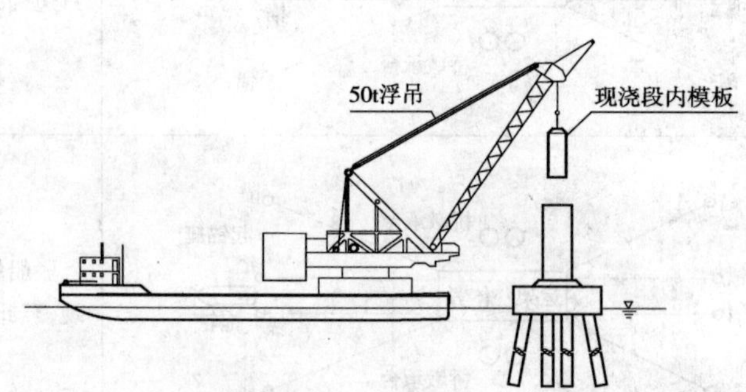

图 10.3.2.66　浮吊配合接高墩身施工

“运架一体驳”按制定的航行路线行驶，并显示相应的信号。航行中按规定显示相应的锚泊作业信号。“运架一体驳”到达工地后严格按制定的抛锚位置抛锚，锚泊后按规定显示相应的锚泊作业信号。承台四周按规定搞好临边防护工作。墩身起吊信号要统一、明确。六级以上大风、3m/s 以上海流、1.5m以上浪高停止施工作业，并采取相应的防风措施，且到指定处锚泊避风。定期对“运架一体驳”的船机设备、通信设备、起重设备、安全防护设施等进行检查，确保机械设备的性能良好和安全防护设施的可靠性、有效性。

(2)“勇士”号浮吊安装墩身

“勇士”号浮吊极限起吊能力为 1 000t，起吊极限高度 32.5m，吊装跨距 21m。专门负责安装 60m 跨径桥梁的墩身。由于其起吊高度基本上能满足 60m 跨径墩身的高度，因而采用“勇士”号浮吊安装墩身基本上是墩身整体安装。但浮吊本身不能航行，需依靠拖轮的动力。浮吊船上也不能装载墩身，需为其配备一条运载驳，才能完成墩身的安装。

①工艺流程

60m 跨径桥梁的墩身码头吊装施工流程，见图 10.3.2.67。

②墩身落驳

预制场的墩身由 350t 龙门吊运至码头边，墩身采用“勇士”号 1 000t 浮吊协助落驳，驳船顺岸停靠。浮吊垂直于驳船抛锚，就位。浮吊吊装墩身按现场墩号安装的顺序，在运输驳上事先划定装载位置安放、固定。利用驳船缆绳的绞力使驳船沿着码头岸线横向移动至第二个墩身装载位置与浮吊垂直。继续将岸边台座上的墩身吊装到驳船上。如此重复直至到驳船甲板上安放了 8 座墩身为止。墩身落驳时为了防止驳船的倾覆,落驳应该对称进行,见图10.3.2.68。

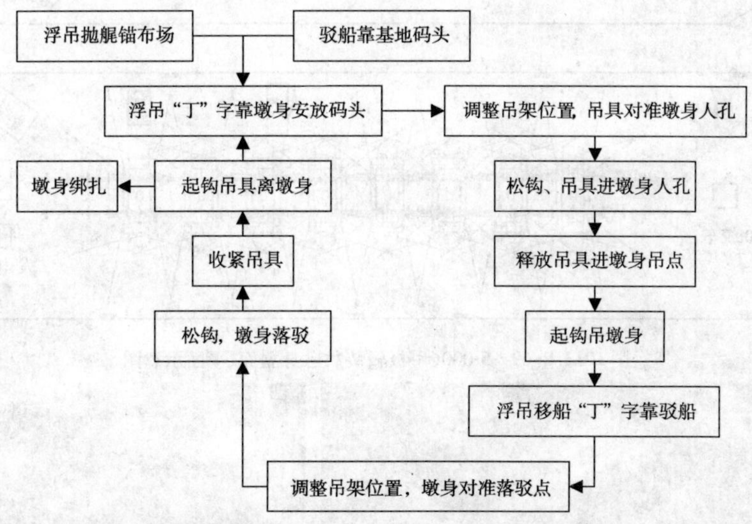

图10.3.2.67　码头吊装施工流程

图10.3.2.68　“勇士”号浮吊起吊墩身落驳

③海上运输船舶的选择

选择一艘5 000t甲板驳和一艘3 400hp(1hp = 745.7W)拖轮完成本标段所有预制墩身的海上运输。3 400hp(1hp = 745.7W)拖轮的拖力为430kN,由于采用绑拖,拖轮拖驳船速度可达7节。

由于预制墩身最高达12m左右,直立在普通驳船上运输,会由于重心较高而造成构件失稳,甚至会造成驳船倾覆,在运输过程中为保证墩身的抗倾覆能力,采用钢性支撑固定墩身,扩大底面积,保证在海上运输时,具有相应的抗风浪能力。同时为了减少墩身运输过程中的摇摆力,墩身短边平行于船舷,见图10.3.2.69。

图10.3.2.70为拖轮绑带甲板驳在海上运输实况。

④浮吊与驳船抛锚定位

“勇士”号浮吊与5 000t甲板驳在安装现场的抛锚定位的工况,见图10.3.2.71。

由一艘3 400hp(1hp = 745.7W)拖轮将1 000t“勇士”号浮吊拖运至待安装墩身承台的东侧附近抛锚。利用高潮转低潮(落潮)时间进行墩身的架设,该时段潮水对浮吊及驳船起到了阻挡的效应,浮吊逆水作业相对于顺水时更具有稳定性,对安装的过程影响比较小。

⑤墩身架设

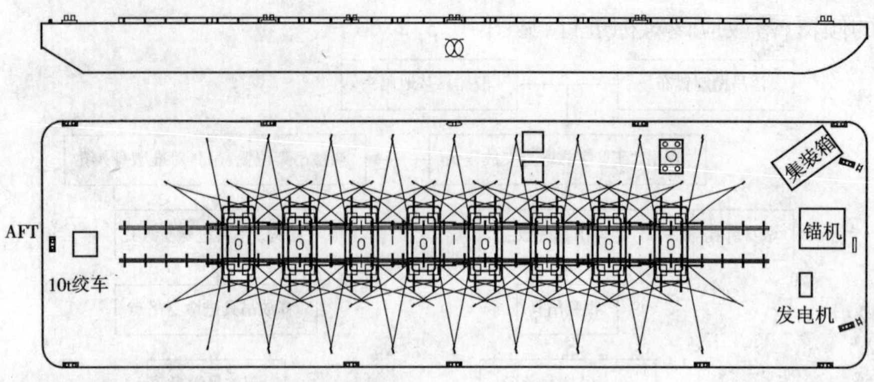

图 10.3.2.69　5 000t 甲板驳装载墩身立面、平面示意图

图 10.3.2.70　墩身海上运输实况

“勇士”号浮吊事先在墩位附近抛锚,船的纵轴线与桥墩横桥向轴线基本一致。船首离近侧承台边缘至少 50m 距离。基本就位后,用起锚艇抛“勇士”号浮吊的后锚,用绞锚机确定浮吊起吊安装的位置。起锚艇抛“勇士”号浮吊的前锚至桥墩的两侧,松开绞锚机让前锚链沉入水中,以不影响运输驳的进挡。拖轮拖行运输驳至“勇士”号浮吊的船首与承台之间的空挡处,起锚艇抛运输驳的前后 4 只锚,绞锚机调整 4 只锚链的长度,使运输驳上待安装的墩身基本与吊船轴线对齐。安装吊具,拆除墩身固定装置	锚　锚　锚　锚　抛锚艇　运输驳　拖轮　锚　锚　“勇士”号吊船　锚　锚
“勇士”号吊起第一节墩身后,运输驳放松后锚,绞动前锚离开墩位处,浮吊绞锚对位,先安装远侧墩身(相对于吊船来说),即安装第一节墩身	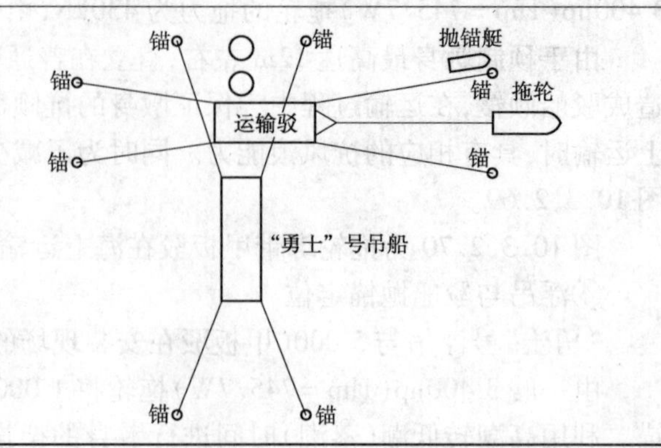

图　10.3.2.71

第一节墩身安装完成，"勇士"号浮吊松前锚，绞后锚后退。运输驳绞锚再次回到原墩位处，绞锚机调整4只锚链的长度，使运输驳上待安装的第二节墩身基本对准浮吊轴线。重复第一节墩身安装的工序	锚 锚 锚 抛锚艇 锚 拖轮 运输驳 锚 锚 "勇士"号吊船 锚 锚
用拖轮将浮吊和运输驳拖至下一个待安装的桥墩，重复前述的工序，安装运输驳上未安装的墩身	锚 锚 抛锚艇 锚 锚 拖轮 运输驳 锚 锚 "勇士"号吊船 锚 锚

图10.3.2.71　"勇士"号浮吊与5 000t甲板驳现场抛锚定位工况

"勇士"号浮吊主钩将墩身吊起，运输驳船离开浮吊船头。浮吊绞船首前锚缓慢前进至承台边，浮吊前行基本就位后，绞船头左右舷锚将墩身基本位置调整在墩身定位导向装置范围内，随后下放浮吊主钩将墩身缓慢放下，在导向器的作用下墩身就位，此时浮吊主钩不松，对墩身进行吊装精度和垂直度检测，并检查四个支点的受力是否均匀，检查合格之后浮吊主钩放松，将墩身吊索从吊点取出。在架设完两根墩身之后，移船至下一架设位置，重复进行上述步骤直至驳船上所有墩身架设完毕，见图10.3.2.72。墩身的导向定位与"运架一体驳"相同。

图10.3.2.72　"勇士"号安装墩身

3.3 深海区非通航段上部结构施工

3.3.1 预制场地选择与布置

1. 预制场地的选择

东海大桥非通航段桥梁的预制场是一个综合性预制场，大桥所有的60m、70m箱梁及墩身的预制工作都在此进行。预制场的选择满足下列条件：

(1)场地开阔平整，适于大型预制场的布置；

(2)地基条件好、承载力高；

(3)构件出海条件好，从岸线、水文条件均适合建出海码头；

(4)构件数量多、体积大、自重大，所以从工期、结构安全、经济角度来说，必须靠近桥位。

经对桥位周边地理环境的调查、比较，最终确定了在沈家湾岛建造大型预制场。

2. 施工场地的布置

沈家湾岛距离大桥中点约25km，经开山炸石平整后形成三块平地，分一至三区。总占地面积约30万m^2。一区长596m，宽282m，面积约16.8万m^2，基本为硬地基，地基承载力较大；二区为开山土石方回填形成，面积约10万m^2，地基承载力一般；三区占地面积约2.9万m^2，经开山和回填形成，地处一区的东南侧。

由于预制构件类型多、数量大，构件重量大，预制场地较小，并且有两家施工单位合用场地资源，为了提高预制构件的质量及设备利用率，有利于施工管理，确保工程施工质量，根据桥梁构件施工要求，将预制场地分为若干个预制区域，合理地使用公用设施，见图10.3.3.1。

箱梁预制场地布置在一区，为硬地基。在一区中央的南北方向布置纵移滑道，供两家施工单位共同使用。纵移滑道陆上段全长571m，纵移滑道海上段采用栈桥结构形式，全长166.8m。

纵移滑道左右两侧为两家施工单位箱梁的预制场地，一侧为70m跨径箱梁预制场，场内共布置6排台座，每排台座内有一个预制台座和3个存放台座，预制台座在远离纵移滑道侧，向纵移滑道方向依次排列3个存放台座；另一侧为60m跨径箱梁预制场，场内共布置6排台座，每排台座内有一个预制台座和4个存放台座，预制台座纵移滑道侧，沿纵移滑道方向依次排列4个存放台座。每排预制台座及存梁台座外侧通长布置两条横移滑道，且垂直于纵移滑道，并与纵移滑道连通。

由于箱梁预制场内地基有不同深度覆盖层的软弱地基，因此箱梁台座与滑道按照覆盖层深度超过2m和小于2m两种情况进行设计。对于覆盖层深度小于2m的情况，采用开挖至坚硬岩石面，浇筑C30混凝土扩大基础，然后在扩大基础上设置台座或滑道结构。对于覆盖层深度超过2m的情况，采用钻孔桩基础，在钻孔桩基础之上设置台座结构或滑道梁及滑道结构。

二区则是墩身的预制场，将其一分为二，供两家施工单位使用，由于二区的用地处于开山石回填区域，因此地基承载力较低，需要进行地基加固。

生活与办公地点基本安排在三区，同时岛上缺水，还需布置大型储水池，供生活和生产用水。

3. 箱梁出海码头布置

箱梁出海码头采用栈桥的结构形式。

(1)设计概况及依据

箱梁出海栈桥码头位于岛东南端海边，60m、70m跨径箱梁出海共用一个码头栈桥。根据“大力”号和“小天鹅”号浮吊吃水深度、结构尺寸、性能等技术参数，箱梁出海码头栈桥由一个主栈桥和两个分栈桥组成，呈“F”形布置。安全等级按三级设计，波浪力按25年一遇计算，主栈桥桥长165.15m，分栈桥位于主栈桥西侧桥长50m，分栈桥两个分支中心距66.5m，具体布置见图10.3.3.2。

(2)栈桥基础

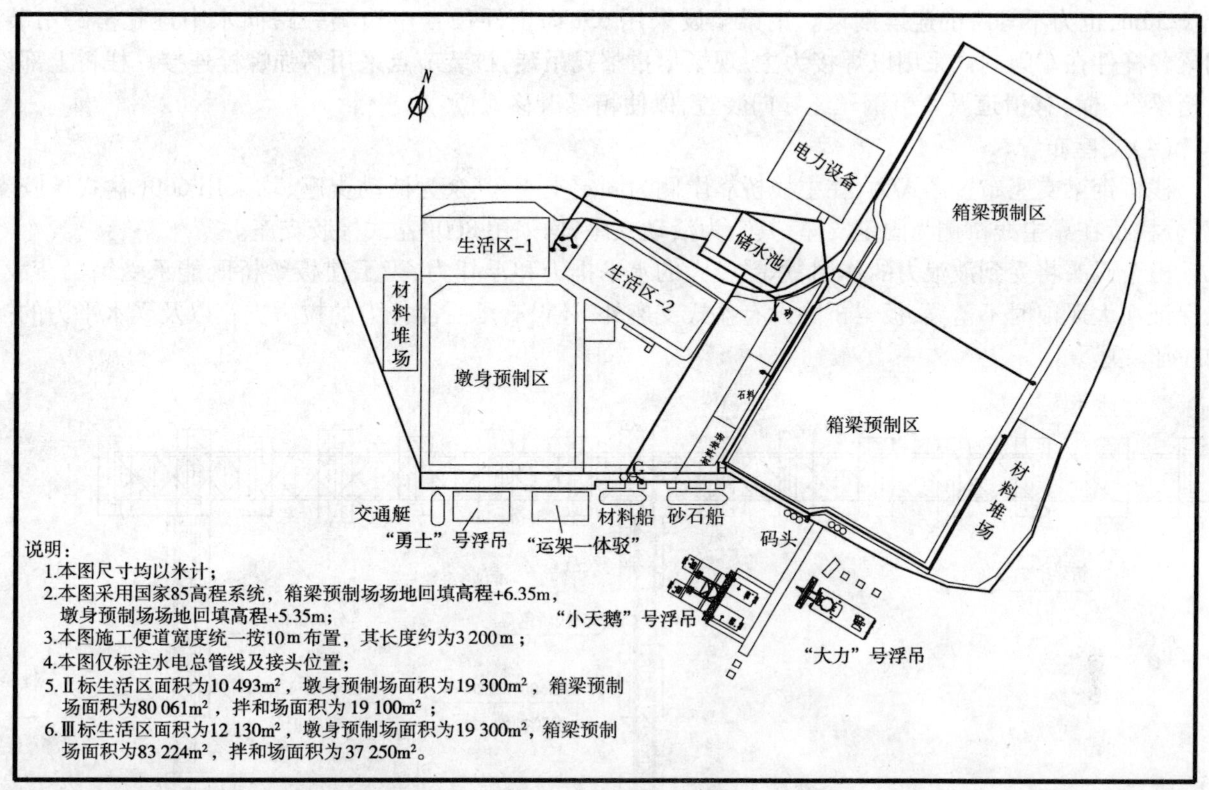

图 10.3.3.1　沈家湾预制场布置

栈桥水中基础为 ϕ1 200mm、ϕ1 000mm 打入钢管桩基础，钢管桩由钢板螺旋卷制而成，根据基础受力大小不同，栈桥基础每墩由 6、8 或 10 根钢管桩组成，共 162 根，钢管均为斜桩，斜桩倾斜度为 1∶4，桩顶均设钢筋混凝土系梁，钢梁支座直接安装在系梁上。系梁宽度均为 5.0m，长度有 12m、13m 及 14m 三种。

(3) 栈桥上部结构

主栈桥结构采用不等跨度的连续钢梁，左右两桁为"工"形钢梁，材质为 16Mnq，梁高 2 604mm，两桁中心距为 6.55m，桥面全宽 7.19m，共分 12 个 12.0m 长的标准节和 2 个 9.25m 长的非标准节及两端伸臂部分长 2.65m；分栈桥为倒"L"形钢梁结构，与主栈桥的非标准节段相连，单侧分栈桥桥面宽 3.22m，全长 50m,也为不等跨的连续钢梁。钢梁架设采用 63t 海上浮吊自岸边第一跨向水中逐孔整跨吊装。钢梁各杆件在车间制作采用以焊接为主,现场尽量整孔吊装,拼装节点采用高强螺栓连接。栈桥上部设置箱梁纵(横)移滑道及牵引钢丝绳导向装置,以使箱梁滑移就位。

(4)支座布置

栈桥钢梁支座布置形式为:在主栈桥靠岸侧为固定支座,其余为活动支座,均采用 600t 盆式橡胶支座;分栈桥在靠主栈桥侧为固定支座,其余为活动支座,均采用 800t 盆式橡胶支座。

由于码头将受到波浪力的作用,承受较大的水平推力和浮托力,为了使板梁桥既能承受箱梁荷载,又保证在大风浪时不落梁,板梁桥除设有盆式支座外,还设有承受浮托力的拉力支座以及受水平力的横向拉压支座。

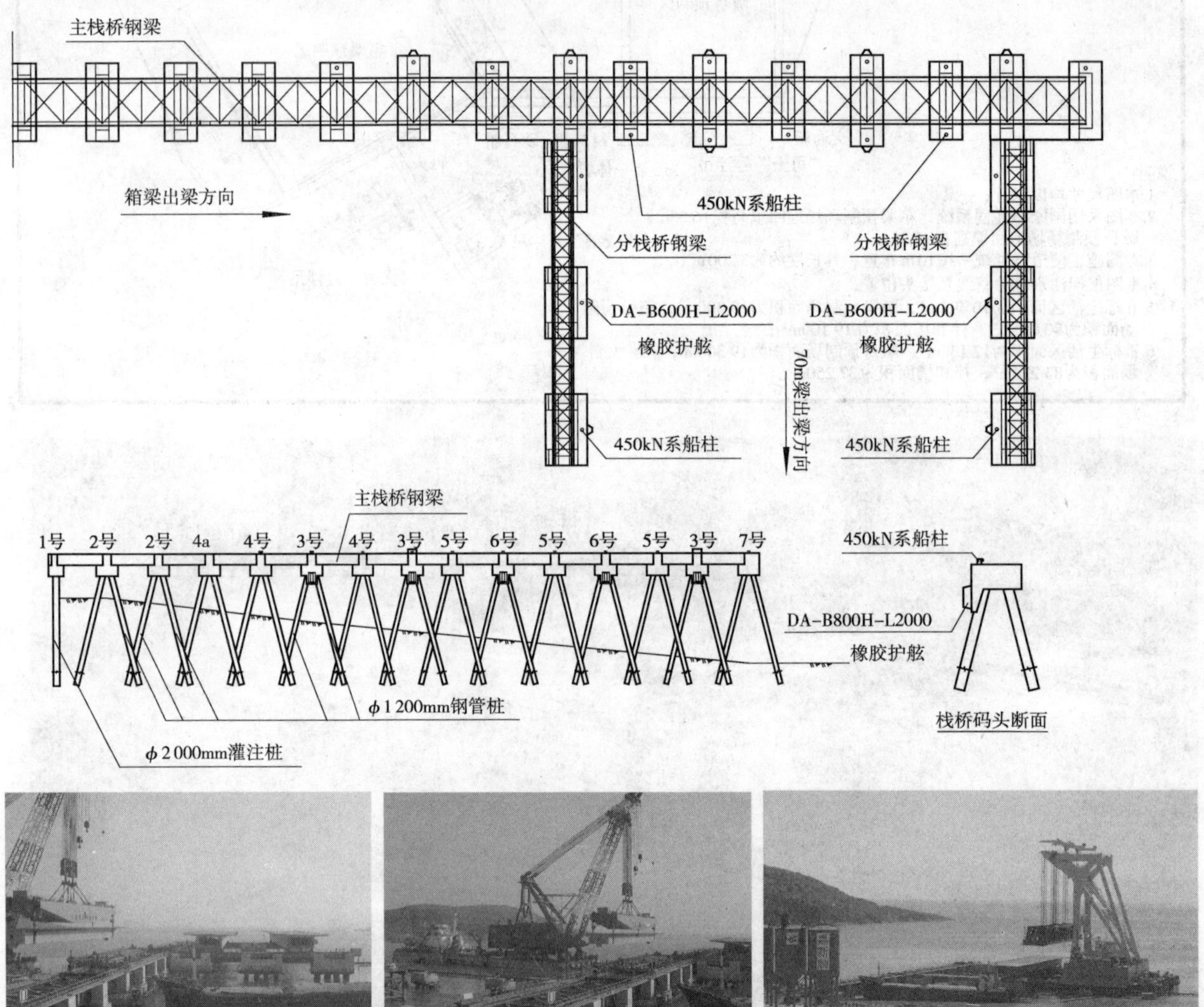

图 10.3.3.2 箱梁出海栈桥总体布置

3.3.2 箱梁整体预制

1. 模板设计

模板采用整体式液压伸缩模板的新技术。与传统模板相比,整体式液压模板分块合理、制梁精度高、便于吊装和对接、刚度大、在预制大体积箱梁和重复使用过程变形很小。底模和外模只需一次拼装完成后就可以连续预制箱梁,大大缩短了箱梁的预制周期,节省了再次拼装和重复搬运的费用。内模的安装和拆除都可以通过自动液压系统来完成,大大提高了工作效率,减少了大量劳动力的投入。

(1)底模

底模宽7.25m,由A、B、C、C1、D(D1)5种类型的模板组成。每套底模包括8块A模、左右各2块B模、2块C模、2块C1模以及2块D(D1)模,其分布如图10.3.3.3所示。

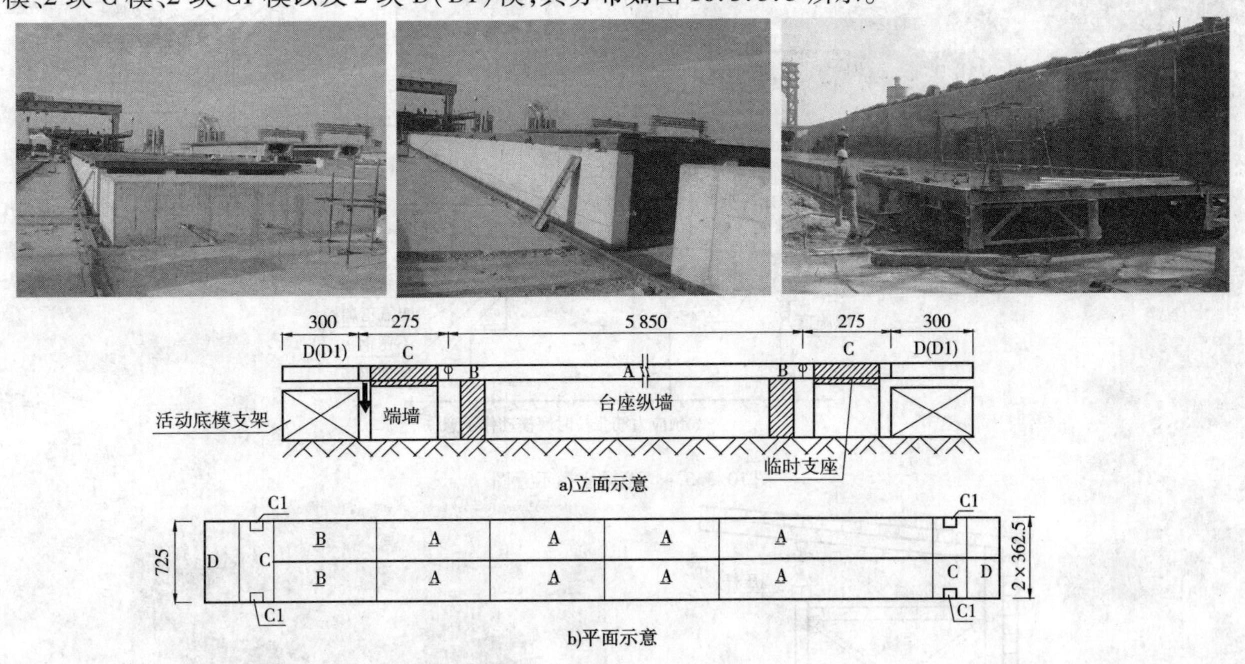

图10.3.3.3　箱梁底模分块示意(尺寸单位:cm)

A模、B模之间均采用螺栓连接,组拼好后放置在预制好的混凝土台座上,调整好表面平整度之后与台座焊接,同时将各分段之间的接缝焊接起来,焊后打磨平整。

C模和B模通过铰链连接,另一边通过4个螺旋顶支撑在基础上,中间悬空,必要时也可以在中间加设临时支撑。松开螺旋顶,C模可以绕铰轴旋转。C模中有两个孔,用于放置C1模,C1模放置在旋转支座上,旋转支座下面有滑移材料,C1模、旋转支座和滑移材料组成的结构放置在预制好的混凝土台座上,能够完成旋转和平移两种动作。

D模为活动底模,与C模之间采用螺栓连接,D模下部采用临时支撑,梁段制造完毕后可向外移出,以便以后横移台车可移到梁下将梁移走。临时支撑由使用方自行准备。D1模与D模相同,两者的区别在于D模用于制造每一联多跨连续梁的中跨梁,D1模用于制造每一联多跨连续梁的两个边跨梁。D1模上有3个孔,中间一个孔用于连接抗震挡块模板,两边开在面板上的孔用于放置梁端预埋钢板。

梁段制造完毕张拉前,首先移出两端的D(D1)模,然后松开支撑C模的螺旋顶,使C模向下旋转,使其表面与箱梁底面脱离,再进行预应力筋张拉操作。箱梁预应力筋张拉后,梁端会产生旋转和向中间移动两个动作,C1模下面的旋转支座和滑移材料就能够很好地完成这两个动作,避免箱梁张拉后起拱对底模造成损坏,如图10.3.3.4所示。

(2)外模

外模包括外模面板、支架和外模运输小车三部分,其结构见图10.3.3.5。

箱梁每套外模面板又分为侧模和翼模,中间6段为标准段(外模Ⅰ),两端各长5m的节段为互换段(外模Ⅱ和外模Ⅲ)。边跨梁和中跨梁端部构造存在的差异,通过两端的5m长互换段进行调整,如图10.3.3.6所示。

外模支架为桁架式结构,长度和分段均与外模面板相同。外模支架与侧模之间采用螺栓连接,在支架外侧的每根立柱上方设有一个螺旋千斤顶,用于支撑翼模。同时,调节螺旋千斤顶,能够对翼模和侧模的夹角进行微调。

每套外模配备6台运送小车,每侧3台。运送小车与外模支架之间设有液压伸缩支撑,用于外模脱

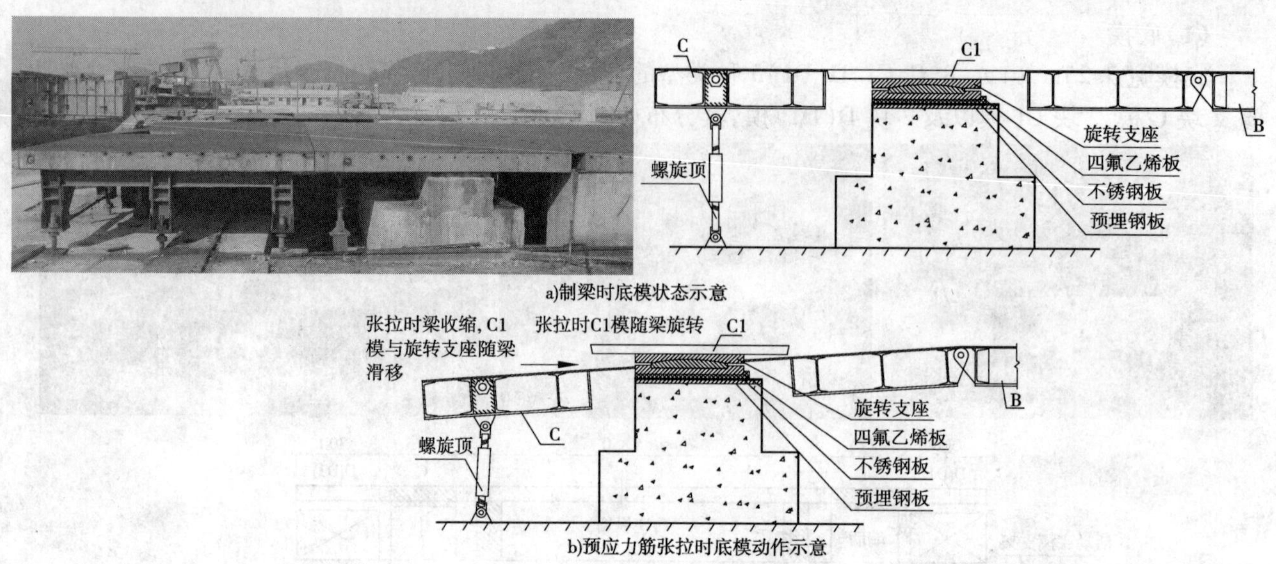

a)制梁时底模状态示意

b)预应力筋张拉时底模动作示意

图 10.3.3.4　箱梁底模示意图

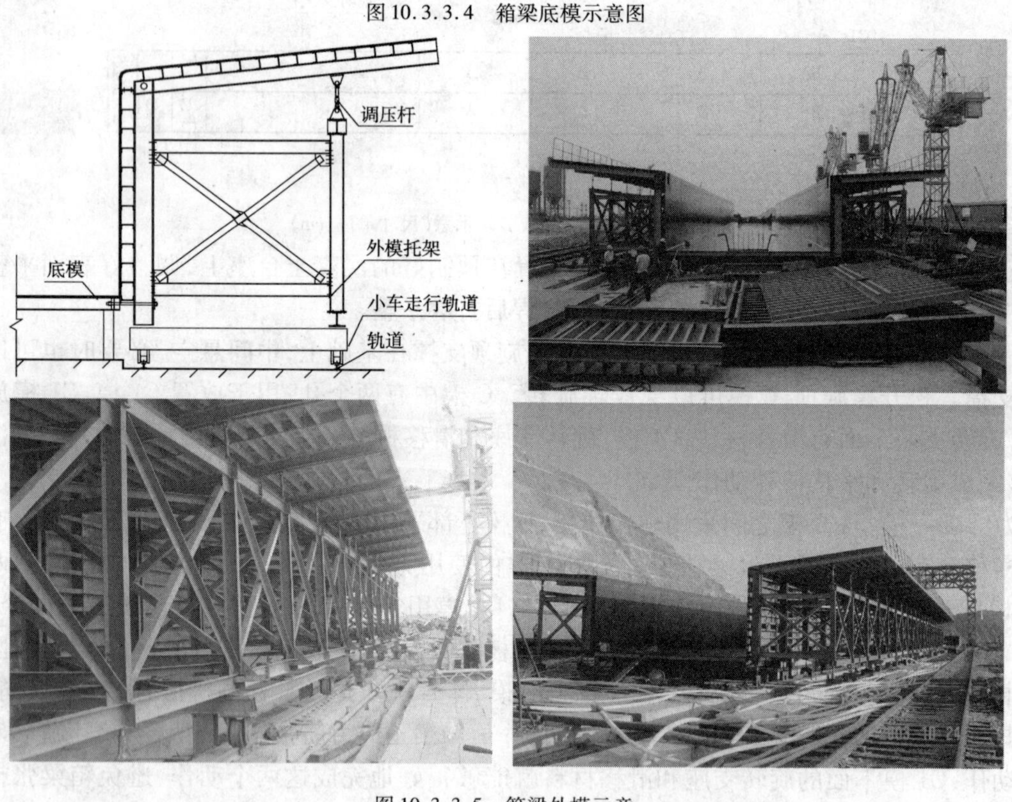

图 10.3.3.5　箱梁外模示意

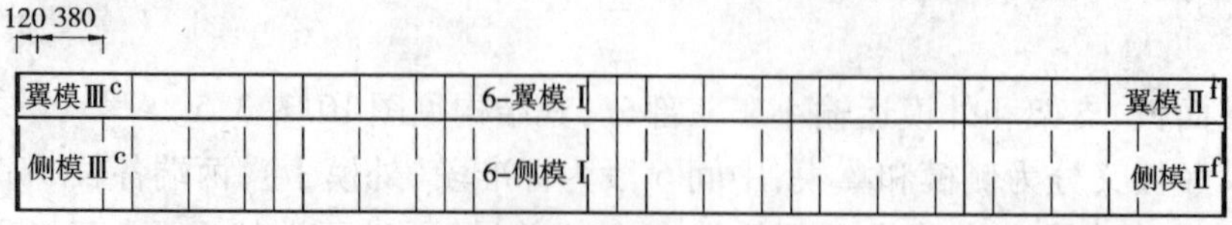

120 380

翼模Ⅲ^{c}　6-翼模Ⅰ　翼模Ⅱ^{f}

侧模Ⅲ^{c}　6-侧模Ⅰ　侧模Ⅱ^{f}

a)边梁外模分段示意

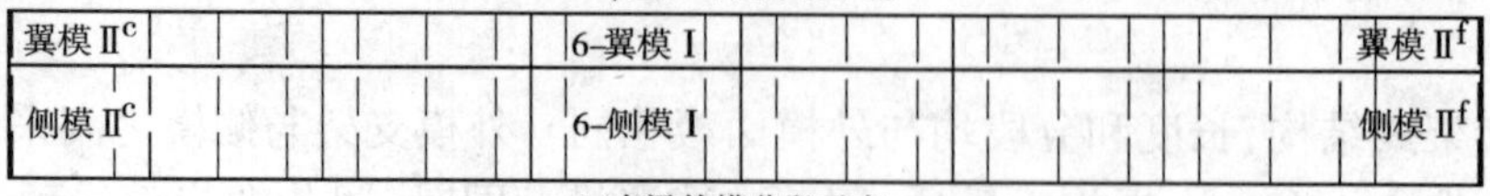

翼模Ⅱ^{c}　6-翼模Ⅰ　翼模Ⅱ^{f}

侧模Ⅱ^{c}　6-侧模Ⅰ　侧模Ⅱ^{f}

b)中梁外模分段示意

图 10.3.3.6　箱梁外模分段示意(尺寸单位:cm)

模(每侧中间一台运送小车无伸缩支撑)。小车下方装有定位牛腿,牛腿下方基础对应位置设有预埋支座,与牛腿之间用销子连接,用于固定小车的位置。

制梁时,小车将外模运送到与底模相对应的位置,启动液压伸缩支撑,将外模顶到与底模边缘密贴的位置,然后在下方起顶。外模调整到相应的高度,最后紧固外模与底模间的螺栓。外模外侧采用钢垫块支撑。拆模时动作相反,先松开所有连接螺栓,再松开起顶的千斤顶,外模靠自重下落,使翼模与箱梁翼缘脱离,然后液压伸缩支撑收缩,使侧模脱离箱梁腹板,再用小车将外模运至另一个台座。若是制边跨梁,脱模后先将翼模Ⅲ拆除,再将外模运走。外模起顶位置在每根立柱下方,采用 16t 螺旋顶,每侧 44 个,每套模板共需 88 个。

当外模需移向另外一个预制台座时,利用 1t 卷扬机滑动。台座分配:1 ~4 号、5 ~6 号各共用一套外模。

(3)内模

箱梁内模全部采用液压伸缩支撑进行拆除和安装,如图 10.3.3.7 所示。一套内模分为两大部分:一是标准梁段模板,将其分为 A、B、D 三节段制作;二是腹板加厚段模板,分为 D 节段,共有两段,位于箱梁的两端部。每套内模共用 20 个钢支腿支撑于钢底模上,因支腿与箱梁底板纵向波纹管相碰,要求内模钢支腿横桥向可移动,以避开箱梁纵向预应力管道,所以使支腿位于纵向两个预应力管道中间,同时支腿处钢底模进行加肋补强。

图 10.3.3.7　液压伸缩支撑控制的内模结构

①标准梁段模板拆除方法(A、B、D 模)

箱梁标准梁段模板的脱模步骤如图 10.3.3.8 所示。

②腹板加厚段模板拆除方法(C 模)

箱梁腹板加厚段模板脱模步骤如图 10.3.3.9 所示。

③内模拆装步骤

将顶板部分连接螺栓放松,两拐角处编号为 C、E、B、D 模板卸下来,并将支撑中间部分的两根钢管拆出,使顶板变成可活动的机构,缓缓将顶板落下。依次拆除各模板。

2. 模板与钢筋安装

箱梁的模板尤其是侧模与内膜采用分节段制作、节段吊装,钢筋分为顶板钢筋架和 U 形钢筋架整体吊装。

为使箱梁的模板和钢筋的生产有序地开展,制定了箱梁生产过程中每道工序间的施工顺序:底模调整⟶侧模就位调整⟶梁体钢筋就位⟶内模就位调整⟶端模就位调整⟶桥面钢筋就位。

先铺设底模,在这之前必须先由测量人员根据图纸放出台座的十字线,铺设时根据台座中心线由中间向两边铺设;铺设底模时,底模与预埋角铁先不得电焊,待全部底模拼装完毕且调平后方可对中间

15m 长范围的底板和角铁进行焊接；凡不需焊接的部分，抄平所垫铁板可与角铁焊接，但不得与底模焊接；当铺设底模 C 前必须先将临时支座就位。

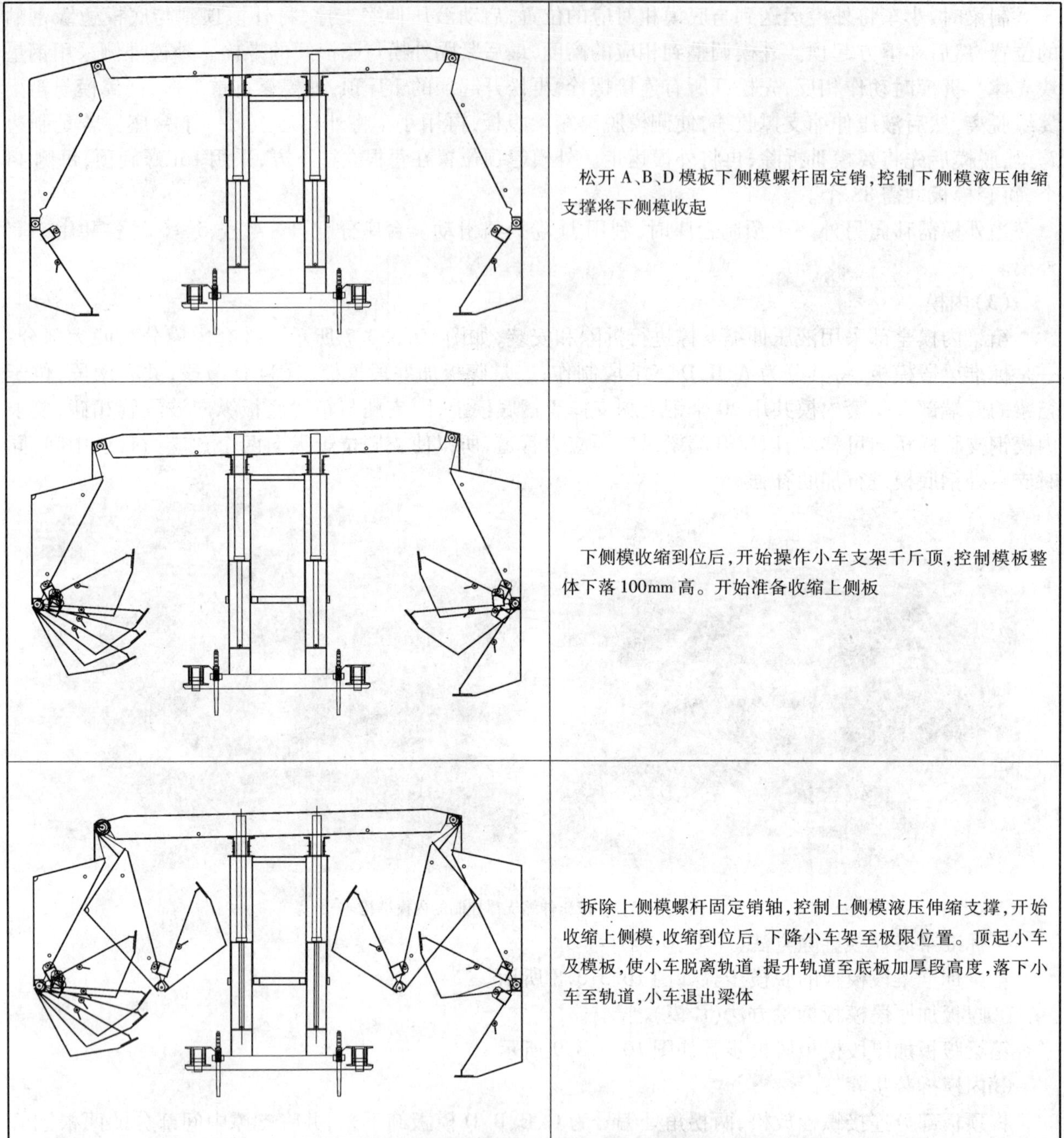

图 10.3.3.8　箱梁标准梁段模板的脱模步骤

接着安装侧模，侧模必须从中间向两边拼装，以利误差的消除；拼装侧模时必须注意外侧模和内侧模的方向；注意外模的拼装顺序，根据设计意图，先用支撑拼装侧模支架，再拼侧模面板，最后拼翼模面板；施工时必须引起注意，中梁和边梁的外模除中间部分相同外，两端 5m 长的可换模板不相同。施工时，技术人员根据不同的梁号，进行模板的调换；当外模拼装完毕，必须将模板支架与小车部分根据调整高度进行抄垫；模板调整好后在浇筑混凝土之前，支架下各点必须用千斤顶顶死，且不得有松动现象，同时为预防在混凝土浇筑时底侧模连接部位漏浆，在底侧模连接部位安装“燕尾”形橡胶条；测量人员在检查模板时必须注意外模翼模的坡度，设计时此角度必须调节（微调）成与设计相符；当外侧模由一个台座滑移至另一台座时，必须注意以台座中心线为基准来确定外模的位置。

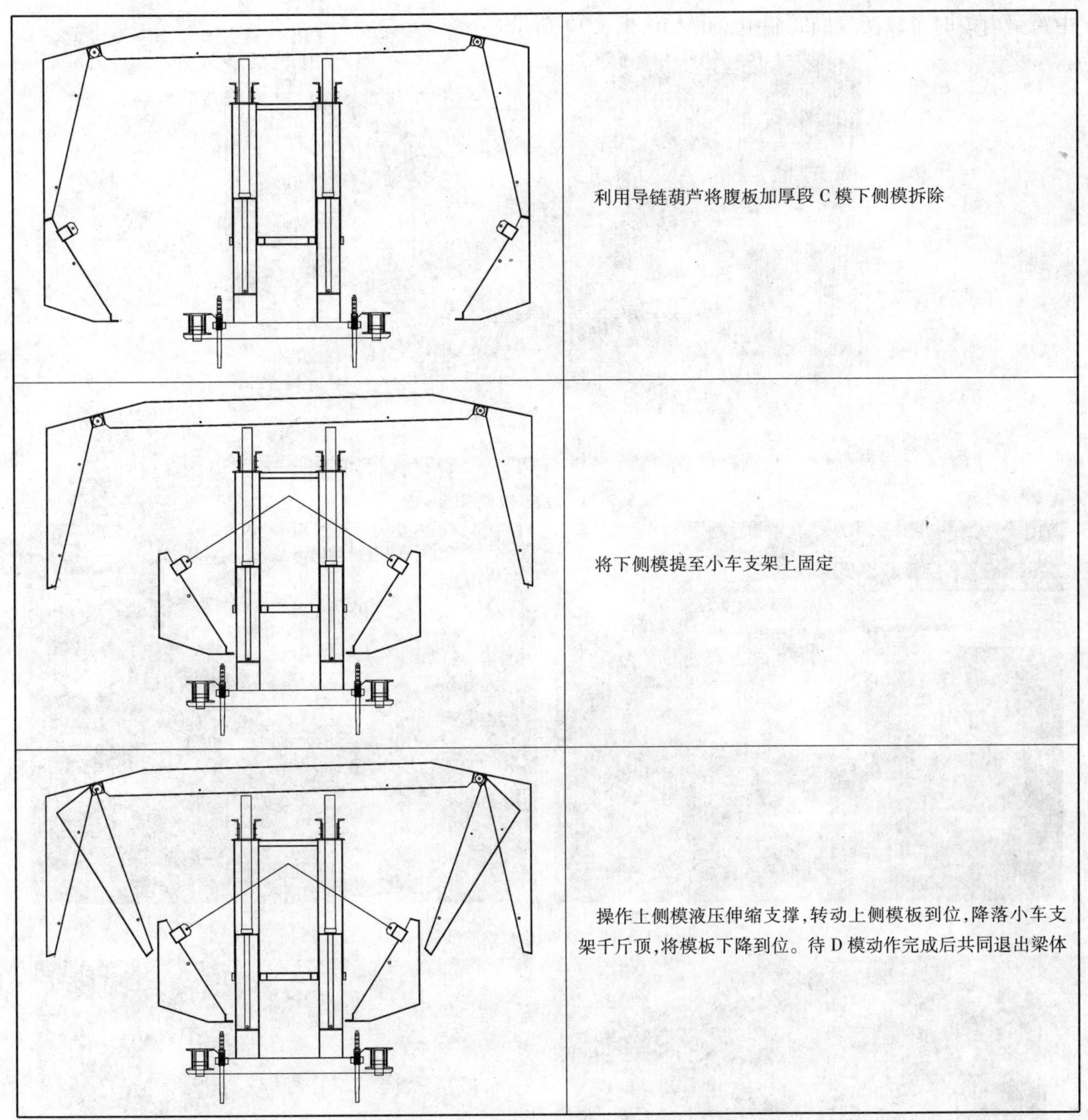

图 10.3.3.9　箱梁腹板加厚段模板脱模步骤

在这同时 U 形钢筋架也在制作加工，如图 10.3.3.10 所示。完成之后即行起吊安装入模，如图 10.3.3.11所示。

内模拼装在内模组拼台座上进行，在钢筋入模之后，分节段起吊安装，如图 10.3.3.12 所示。内模安装时必须在内模顶板开孔来安装吊点，且吊点必须吊在内模支架上。内模就位时遵照一端向另一端拼装的原则，第一块模板就位时必须准确。当生产边梁时必须从边隔墙一端开始就位。内模就位时必须注意内模支撑用的螺旋顶必须安放在 $\phi_{内}=60\sim80$mm 的 PVC 管之内，并对内膜作适当的微调，如图 10.3.3.13 所示。内模就位前必须检查箱梁腹板上的各种预留孔是否安装齐全，位置是否准确和牢固。

在内膜安装就位之后，即起吊安装箱梁顶板钢筋，如图 10.3.3.14 所示。此刻具备了浇筑箱梁混凝土的条件，如图 10.3.3.15 所示。

内模拆除时因地面高程为 +6.65m，而梁底板顶面高程（梁端）为 +8.45m，高差 1.8m，故必须利用内模梁外滑移支架，如图 10.3.3.16 所示。边跨梁内模拆除时，内模由无端隔墙的一端开始拆除，拆除中跨梁内模时可以两端同时脱模,如图 10.3.3.17 所示。

图 10.3.3.10 底板、腹板钢筋绑扎

图 10.3.3.11 底板、腹板钢筋吊装入模

图 10.3.3.12 内模吊装

根据要求,当波纹管就位后,严禁在钢筋和模板上进行电焊或氧气切割作业,防止波纹管被熔渣烫穿而漏浆;各种锚垫板压浆孔安装前必须用棉纱堵死,表面用胶带封死,且锚垫板(喇叭管)必须与模板连接牢固且密实,防止漏浆。锚垫板安装时压浆孔朝上。

模板的除锈可以采取除锈剂,但需用碱液中和,清水冲洗,擦净,除锈后必须保证模板表面的清洁;在喷脱模剂之前必须清除模板表面的污物,脱模剂必须严格按照使用说明要求进行稀释和喷涂。控制脱模剂单位面积喷涂量，制订具体措施，确保喷涂均匀；当脱模剂喷涂后或浇筑混凝土前遇雨天，必须对模板和钢筋进行覆盖，防止雨水将脱模剂冲淡和模板内积水而难以排除。

图 10.3.3.13　内模调整

图 10.3.3.14　顶板钢筋吊装

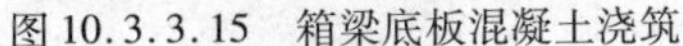

图 10.3.3.15　箱梁底板混凝土浇筑

图 10.3.3.16　内模梁外滑移支架

钢筋就位之前必须将模板内污物清除干净，在混凝土浇筑之前和浇筑过程中应尽量避免杂物掉入模板之内。

永久支座预埋钢板安装时应注意根据桥面纵坡调整钢板倾斜度。

3. 箱梁混凝土整体浇筑及养护

由于梁体混凝土数量较大，且为高性能混凝土，为缩短灌注时间，采用多点灌注方式浇筑梁体混凝土，原则为纵向分段、斜向分层，先底板后腹板，连续灌注。

图 10.3.3.17　内模拆除

60m、70m 跨箱梁的养护，根据天气条件的不同而选用不同的方案，在梁体混凝土浇筑完毕后，及时对其进行养护。混凝土养护根据环境温度采用洒水自然养护和蒸汽养护。

(1)箱梁混凝土整体浇筑

①混凝土的拌制

根据每根梁混凝土浇筑总时间及混凝土总方量，混凝土搅拌站采用 4 台 2 000L 强制式拌和机(额定产量为 $80m^3/h$)进行混凝土拌制，搅拌时间不少于 2min。

②混凝土的运输及入模方式

混凝土采用输送泵管道运输。根据集料大小、距离长短及高性能混凝土技术要求选用高压拖泵，采用布料机输送入模，如图 10.3.3.18 所示。

a)布料现场

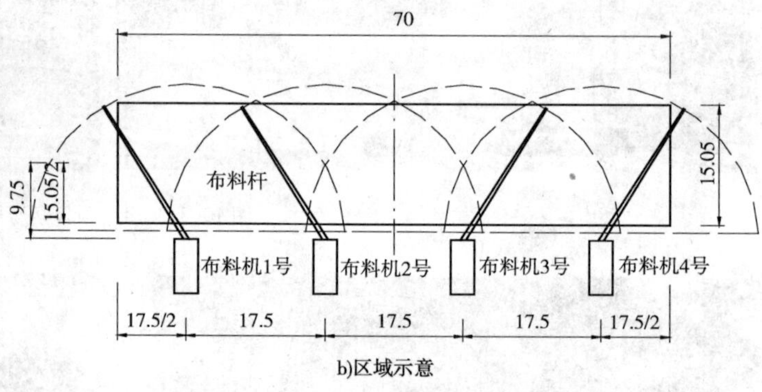

b)区域示意

图 10.3.3.18　布料机布料示意图(尺寸单位:m)

③混凝土的浇筑与振捣

混凝土采用纵向分段、斜向分层连续浇筑。浇筑坡度为 1:4 ~ 1:5，每层浇筑厚度不得大于 30cm。梁体混凝土浇筑顺序为先底板，再两侧腹板，最后顶板。混凝土浇筑入模时，下料要均匀，注意与振捣相配合，混凝土的振捣与下料交错进行，每次振捣按混凝土所浇筑的部位使用相应区段，以插入式振捣为主，辅以侧振，振捣时间不少于 20s。防止下料太集中，层厚太大，振捣困难，导致梁体混凝土产生蜂窝麻面等缺陷。

(2)箱梁混凝土养护

为了提高箱梁的预制质量，控制早期收缩裂缝的产生，同时提高施工效率，箱梁浇筑完成后必须进行养护。箱梁养护分成洒水自然养护和蒸汽养护两种方式，而蒸汽养护又分为两个阶段：第一阶段在预制台座上采取蒸汽养护，第二阶段在存梁区进行自然养护。

①蒸养棚和蒸养管的布置

为了对整个箱梁进行蒸汽养护，必须搭设蒸养棚对整片箱梁进行封闭处理。蒸养棚骨架采用角钢，骨架的中心高度为 80cm，两侧高度为 30cm。蒸养棚每 9m 长为一段，总共为 6 段，采用行车吊装的方式。使用直径 60mm 的细导管将蒸汽从直径 100mm 的总导管中引出，箱梁内腔中放置 2 根导管，分别架立在内模的两个下角，内外导管采用软皮管进行连接，细导管每 200mm 长开一个直径 3mm 的喷汽口，两管呈相对 45°向上喷汽。箱梁顶板采用一根导管，置于蒸养棚角钢骨架上，离箱梁混凝土表面约 25cm 左右，中间导管向上喷汽。外模的侧壁喷涂绝热材料来保持外部混凝土的温度，蒸汽养护只在顶板和内腔进行，顶板上部设置三个蒸汽管道，内腔蒸汽养护不变。通过试验 1cm 厚度的绝热材料，100℃温差，200h 完成传热温差归零，能够满足本工程的要求，如图 10.3.3.19 所示。

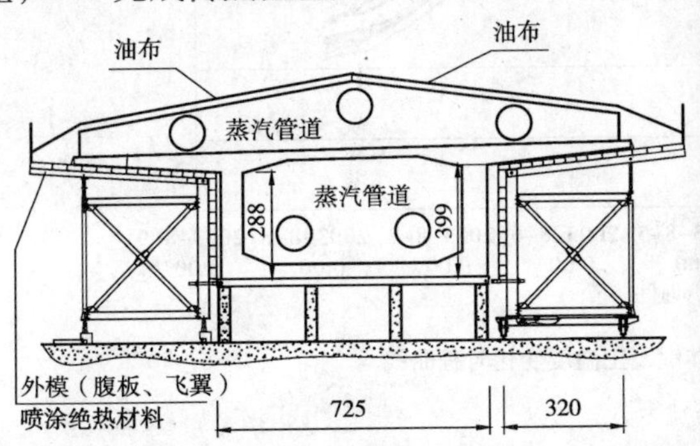

图 10.3.3.19　箱梁的蒸养棚、蒸养管道布置示意图（尺寸单位：cm）

②蒸养温度的确定

确定合适的蒸养温度是蒸汽养护效果好坏的关键因素，参考国内外已有的工程经验，我们首先确定了蒸汽养护的控制温度为(50 ±5)℃左右。通过试验梁浇筑养护后的结果发现箱梁顶板区域出现了一些细小裂缝，通过分析论证，决定有必要对蒸汽养护时的温度进行进一步的优化。首先对养护期间箱梁各部位的温度进行测量控制。

a. 养护期间梁体混凝土温度场测试

养护期间梁体混凝土温度场测试主要考虑因素：环境温度、梁体混凝土的绝对温度、梁体混凝土内部的温度分布。

测试过程安排：混凝土浇筑期间，每隔 30min 测试一次梁体混凝土温度，以分析混凝土的入模温度及前期升温过程，为研究所使用高性能混凝土的水化热情况提供翔实资料；在蒸汽养护的升温及降温阶段，间隔 30min ~1h 测试一次；蒸汽养护过程中，间隔 2h 测一次；养护后期（停止蒸汽养护后），间隔 4h 测量一次，或根据环境温度变化规律，结合梁体混凝土温度情况，每天选取典型气温变化时段进行测量。

测试断面及测点布置：为全面监控养护期间梁体混凝土的温度变化，综合考虑箱梁板厚及腹板、底板沿梁长方向的厚度变化，测试断面沿梁长方向约间隔 10m 距离布设一个，并选取一个标准断面和一个加厚断面，测量梁体混凝土沿厚度方向的温度和梯度。

b. 梁体混凝土入模温度分析

根据预埋温度测试元件在梁体混凝土浇筑过程中的测试结果，参考环境温度的变化规律及混凝土入模并覆盖元件时测试温度的突变情况，经分析后即可得到混凝土的入模温度。经统计分析，梁体混凝土的入模温度在 33℃左右，如图 10.3.3.20 所示。

c. 梁体混凝土水化热基本规律分析

梁体混凝土核心最高温度 79℃。从高温分布情况来看，在混凝土较厚的断面，梁体混凝土温度峰值也较高。

高温区（70℃）发展规律，如图 10.3.3.21 所示。

高温出现最早时间：8 月 4 日 0:36。

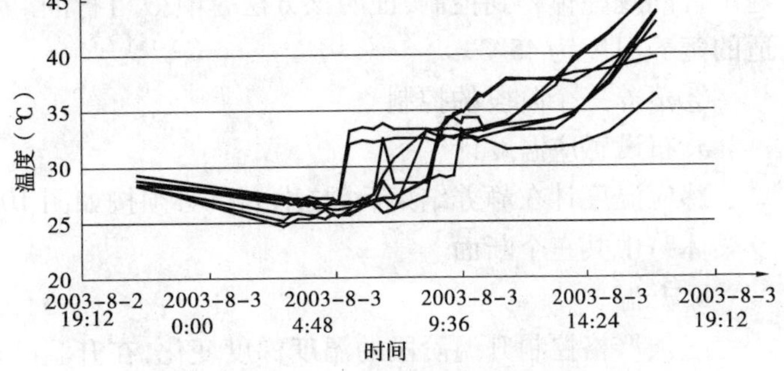

图 10.3.3.20　混凝土入模温度分析——温度变化时程曲线

高温集中出现时间:8 月 4 日 11:17。

高温区终止时间:8 月 5 日 17:00。

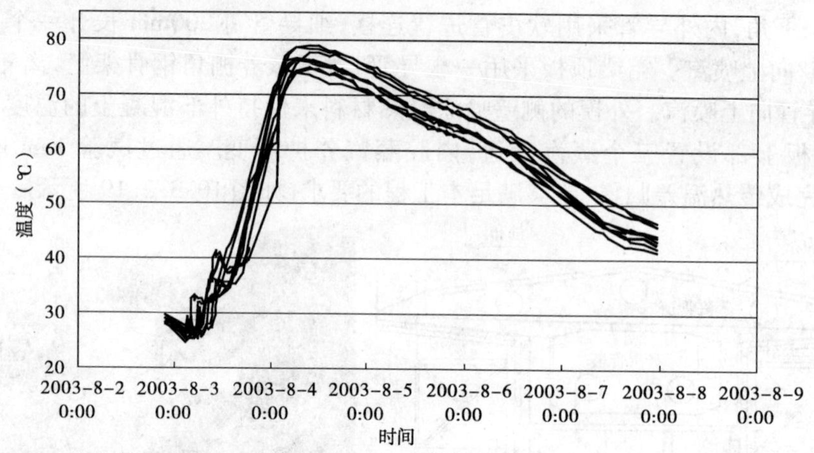

图 10.3.3.21　梁体混凝土温度变化时程曲线

d. 梁体混凝土沿厚度方向温度梯度分析

经测得最大温度梯度为 26.5℃,如图 10.3.3.22 所示。

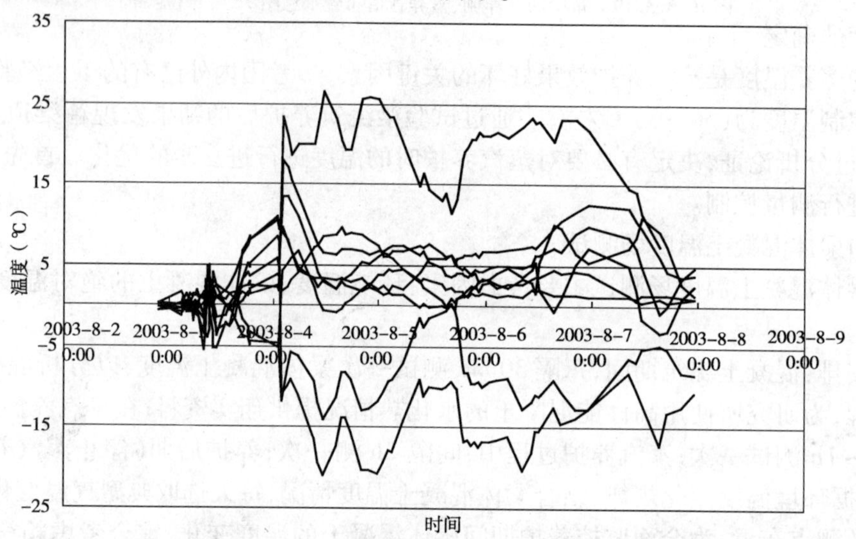

图 10.3.3.22　梁体混凝土沿厚度方向温度梯度变化时程曲线

通过已测得的试验数据可以看出,原定较高的蒸养控制温度造成了升降温过程较长。经研究决定将蒸汽养护控制温度调整到(40 ± 5)℃,并在实施中加强对调整温度混凝土强度和弹性模量增长进行试验,收集第一手资料。如强度和弹性模量增长能符合施工进度整体要求的,则将该温度确定为最终的控制温度。在施工的环境温度下,蒸养温度调整后,混凝土强度和弹性模量(5d)的增长未受到影响,裂缝出现问题整体得到控制,证明该方法是有效可行的。在以后的施工过程中不断得以验证,最终确定合适的蒸养温度为 45℃。

③蒸养三个阶段的控制

a. 布设感应温度计

感应温度计在静养结束后,技术人员必须按如图 10.3.3.23 所示的要求布置,具体位置为两个梁端及梁体跨中共三个断面。

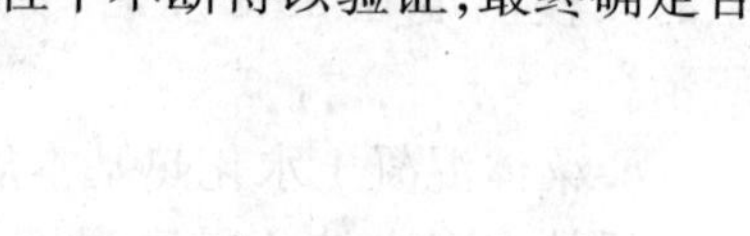

b. 升温

必须严格控制升温阶段的温度梯度变化,在升温阶段升温速度不得超过 10℃/h。必须每 0.5h 观测记录一次各断面各点的感应温度

图 10.3.3.23　感应温度计布置示意

计的温度,同时应记录测温感应片的温度;当超出规定时须及时通知锅炉房调整送气阀,以免升温过快造成梁体表面混凝土应力大于内部应力而开裂。

c.恒温

当温度升到允许的最大控制温度时(+45℃),即进入恒温(+45℃)养护阶段。在恒温养护阶段值班技术员每2h观测记录温度一次,在这一过程中应控制箱内温度与梁体顶板篷布内温差不得大于5℃,且要求箱内温度略高于顶板。恒温过程中在未得到技术人员同意的情况下不得擅自调整或关闭气阀,恒温养护时间应根据混凝土试件强度来调整,如对试件强度有异议时,可用"回弹仪"在翼缘上抽检多点进行强度复核。

d.降温

在混凝土抗压强度达到要求后,由值班技术人员通知后方可降温,降温速率不得大于5℃/h,直到箱内温度降至与环境温度温差不大于10℃。降温是蒸养的最后一道工序,但也是非常关键的一道工序,恒温时混凝土的内外应力大致处于平衡状态,骤然降温会导致混凝土内外应力失衡,蒸养裂纹的出现大多集中在这一时间段,所以值班技术人员必须在这一阶段严格控制降温梯度和降温速率。

3.3.3　混凝土箱梁预应力系统施工

1.预应力管道的定位成型

预应力管道安装前应仔细进行外观检查,位置应准确、圆顺,设置ϕ8mm的定位网格钢筋,定位钢筋根据预应力钢筋布置曲线要求设置,并与节段钢筋网牢固连接,必要时采用点焊连接。

预应力管道在运输、安装等过程中不应产生局部变形,预应力钢绞线使用的波纹管钢带之间连接牢固,不脱离、无缝隙、表面无空孔。波纹管道连接采用与预应力钢绞线相匹配的较大直径的波纹管,连接长度不小于15cm,并用胶带密封,与压浆管、锚垫板等连接缝应具有5cm以上的搭接长度,并使用胶带密封。横向预应力钢筋锚固端波纹管应封堵,防止进浆。波纹管应镀锌,在运输、安装及浇筑混凝土过程中具有足够刚度保持其正确线形不致产生局部变形。在穿钢束前应将孔道清除干净,不得留有杂物。

预应力管道压浆口及出浆口以不大于30~40m的间距布置。压浆出气孔应安装在局部(30~40m长区间内)管道的最高处。压浆孔必须清楚标志对应的钢束编号,以便压浆时检查。进浆管和出浆管在安装时应防止突然的折角,以保证压浆能顺利进行。

2.孔道摩阻的测试

在各项预应力损失中,孔道摩阻损失占有较大比重,它直接关系到梁体每一截面有效预应力值的大小。而在摩阻损失的计算中,μ、k的取值又与施工状况密切相关,因此实测施工预应力孔道的μ、k值,并验证设计取值的合理性,对梁体预应力的施加及后续工作的顺利开展有着重要的意义。

(1)测试原理

后张预应力混凝土结构,孔道摩阻引起的预应力损失可按《公路钢筋混凝土及预应力混凝土桥涵设计规范》(JTG D62—2004)提供的公式计算:

$$\sigma_{l1} = \sigma_{con}\left[1 - e^{-(\mu\theta+kx)}\right] \tag{10.3.3.1}$$

式中:σ_{con}——锚下控制应力;

μ、k——孔道摩阻系数及孔道偏差系数;

θ——弯曲孔道端部切线交角(rad);

x——张拉端至计算截面的管道长度(m)。

$$F_{固} = F_{拉} \cdot e^{-(\mu\theta+kx)} \tag{10.3.3.2}$$

式中:$F_{固}$、$F_{拉}$——锚固端、张拉端拉力。

设张拉力有效系数A为:

$$A = F_{固}/F_{拉} = e^{-(\mu\theta+kx)} \tag{10.3.3.3}$$

令 $Y=-\ln A$，有：$\mu\theta+kx=Y$。

考虑测试误差、施工误差及材料特性的离散性，则有：

$$\mu\theta_i+kx_i-Y_i=\Delta_i \tag{10.3.3.4}$$

式中：i——孔道数，$i=1\sim n$。

由最小二乘法可知，当$\partial\sum(\Delta_i)^2/\partial u=0$，$\partial\sum(\Delta_i)^2/\partial k=0$时，$\sum_{i=1}^{n}(\Delta_i)^2$值最小，故有：

$$\left.\begin{aligned}\mu\sum\theta_i^2+k\sum x_i\theta_i-\sum Y_i\theta_i=0\\ \mu\sum x_i\theta_i+k\sum x_i^2-\sum Y_i x_i=0\end{aligned}\right\} \tag{10.3.3.5}$$

解方程组，即可得到μ、k值。

（2）测试内容

预制箱梁选取一定数量的预应力钢束，进行孔道摩阻试验。主要测试内容有：锚圈口摩阻损失、夹片回缩预应力损失、孔道摩阻系数及孔道偏差系数。

（3）试验步骤

①预拉：两端千斤顶、锚圈对中分束环及压力传感器安装对中，并保持与锚下垫板垂直。两端千斤顶同时开始张拉至10%的锚下张拉控制力，以消除非张拉荷载影响，卸载至0。

②两端千斤顶同时充油并张拉至10%的锚下张拉控制力。

③甲端张拉，乙端固定，按锚下张拉控制力的20%、50%、60%、70%、80%、90%、100%分级张拉，每级持荷2～3min。记录每级两端传感器读数、千斤顶油压及千斤顶行程（钢丝伸长量）。每孔重复三次，取两端压力差的平均值。

④甲端固定，乙端张拉，重复③的工作，取两端压力差的平均值。

⑤将上述两次压力差平均值再次平均，即为孔道摩阻力的测定值。如两端为锥形锚，上述测定值应扣除锚圈口摩阻力。

3. 预应力钢束的张拉

预应力钢束张拉时混凝土强度不应低于设计强度标准值的100%，且弹性模量不低于设计标准值的85%，现浇段张拉时混凝土强度不低于设计强度的80%。

（1）计算压力表读数

预施应力是以主油缸油压表读数控制，并以钢绞线束伸长量校核，压力表上的读数反映出张拉油缸工作活塞上单位面积所受的压力，压力表读数与张拉力关系可按下式计算：

$$p_n=\frac{N_y}{A_n} \tag{10.3.3.6}$$

式中：p_n——压力表读数（MPa）；

N_y——预应力筋的张拉力（N）；

A_n——张拉油缸活塞受力面积（mm^2）。

（2）张拉

采用22根、19根和15根7ϕ5mm群锚的预应力钢绞线，预加应力程序为：0→初应力→σ_{con}（持续2min）→锚固。进行张拉时，应左右对称进行，最大不平衡束不得超过一束，张拉顺序严格按设计图纸进行。

箱梁两端同时对千斤顶主油缸充油，打紧工具锚夹片，使钢绞线束略为拉紧。充油时随时调整锚圈、垫圈及千斤顶位置，使孔道、锚具和千斤顶三者轴线互相吻合，同时应注意使每根钢绞线受力均匀，随后两端同时加荷到0.1σ_{con}，并在钢绞线束上标上记号，作为观察滑丝的标记。并且测量千斤顶到锚具边的距离。钢绞线束在达到σ_{con}时持荷2min，并维持油压表读数不变，然后主油缸回油，钢绞线束锚固。最后回油卸顶，张拉结束。

横向预应力筋采用一端、单根张拉的方法。张拉从跨中开始，向梁端对称张拉。竖向粗钢筋用穿心千斤顶一端、逐根张拉的方法。

4. 预应力管道真空压浆技术

张拉完毕之后尽快进行压浆，其间隔时间不宜超过48h。压浆后的梁体移动时间，需按设计要求执行。

孔道灌浆的浆体采用P52.5I型硅酸盐水泥，水泥不得含有任何结块或杂物，并应掺入一定数量添加剂。用水应不含对预应力筋或水泥有害的成分。可采用清洁的饮用水。外加剂宜采用具有低含水量、流动性好、泌水小、微膨胀的外加剂，不得含有对预应力筋或水泥有害的化学物质。

(1)压浆原理

在压浆之前，首先采用真空泵抽吸预应力孔道中的空气，使孔道内的真空度达到80%以上，然后在孔道的另一端再用压浆机以大于0.7MPa的正压力将水泥浆压入预应力孔道。由于孔道内只有极少的空气，很难形成气泡；同时，由于孔道与压浆机之间的正负压力差，大大提高了孔道压浆的饱满度，从而减小了水泥浆水灰比和收缩。添加了专用的添加剂，也提高了水泥浆的流动度。

(2)工艺流程

如图10.3.3.24所示，在水泥浆出口及入口处接上密封阀门，将真空泵连接在非压浆端上，压浆泵连接在压浆端上，以串联的方式将负压容器、三向阀门和锚具盖帽连接起来，其中锚具盖帽和阀门之间用一段透明的喉管连接。在压浆前关闭所有排气阀门(连接至真空泵的除外)，并启动真空泵10min，使产生真空负压力，达到负压力0.1MPa。如未能满足此数据则表示波纹管未能完全封闭。需在继续压浆前进行检查。

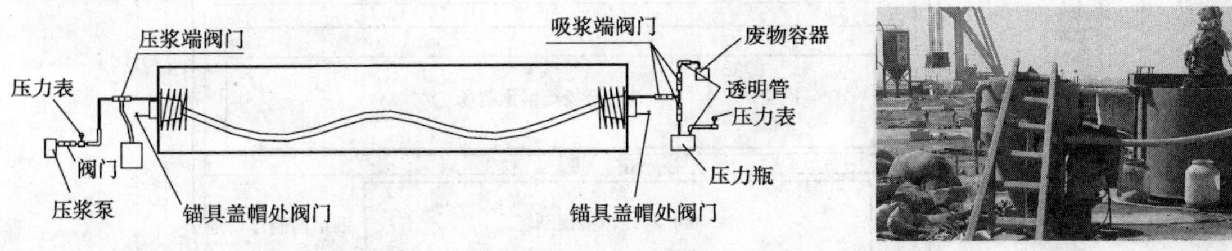

图10.3.3.24　真空压浆设备

在保持真空泵运作的同时，开始往压浆端的水泥浆入口处压浆，在压浆过程中真空压力将会下降(约0.03MPa)。从透明的喉管中观察水泥浆是否已填满波纹管。继续压浆直至水泥浆达到安装在负压容器上方的三相阀门。操作阀门以隔离真空泵及水泥浆，将水泥浆导向废浆桶的方向，继续压浆直至所溢出的水泥浆为浓浆。

关闭真空泵，关闭设在压浆泵出浆处的阀门。将设在压浆盖帽排气孔上的小盖打开，打开压浆泵出浆处的阀门直至所溢出的水泥浆形状均匀。在压浆盖帽的排气管上安装小盖，并保持压力在0.4MPa下继续压浆30s。

关闭设在压浆泵出浆处的阀门，关闭压浆泵。

(3)真空辅助压浆技术优点

在真空辅助下，孔道中原有的空气和水被消除，同时，混杂在水泥浆中的气泡和多余的自由水亦被消除，增强了浆体的密实度。浆体中的微沫浆及稀浆在真空负压下率先流入负压容器，待稠浆流出后，孔道中浆体的稠度即能保持一致，使浆体密实度和强度得到保证。真空辅助压浆的过程是一个连续且迅速的过程，缩短了灌浆时间。孔道在真空状态下，减小了由于孔道高低弯曲而使浆体自身形成的压头差，便于浆体充盈整个孔道，尤其是一些异形关键部位。对于弯型，U形、竖向预应力筋更能体现真空压浆的优越性。因为在灌浆前要进行孔道压力测试(真空或正压力)，这为孔道密封提供了保证。作为一种全面的技术，真空辅助压浆要求施工现场具有高水平的管理人员和操作队伍。采用正确的混合料设计和合适的灌浆程序，真空吸浆能提供均匀、无孔隙的填浆并消除积聚于预应力筋附近的有害水。

3.3.4 混凝土箱梁场内移动

1. 箱梁滑移运输方法

重达2 000t的预制箱梁,需从预制台座移运到出海码头,最大移运距离达760m。箱梁移动时,其梁底四个支承点高差不得大于3mm。

箱梁的移运分为几个阶段,首先需将箱梁从预制台座横移至纵向滑道,再经过纵向移位至出梁码头,等待起吊出运安装,如是70m跨径梁,还需再次横移至栈桥码头。

纵、横移方法有辊轮小车方案及摩擦滑动方案。摩擦滑动方案有青铜基表面与不锈钢板、聚四氟乙烯板与不锈钢板及MGB高分子摩擦材料与不锈钢板三种摩擦面滑动方案。辊轮小车方案由于轮压太大、使用寿命短、移动速度不能满足要求和成本太高被否定。摩擦滑移方案中,青铜基表面摩擦材料耐磨性差、磨损大,聚四氟乙烯板承压能力小、磨耗更大且可靠性差。经综合比选,最后选定MGB高分子摩擦材料与镜面不锈钢板摩擦面滑移运输方案。

为此专门设计了符合摩擦滑移运输方案要求的移动台车。

(1)滑道平面布置

箱梁在预制台座上完成预制,经横移并移上纵移滑道,再经过纵移、横移将箱梁移运到出海栈桥起重船的起吊位置。每片箱梁累计横移距离约为110.0m,最大纵移路程达652.1m。60m、70m跨径箱梁滑道平面布置如图10.3.3.25所示。

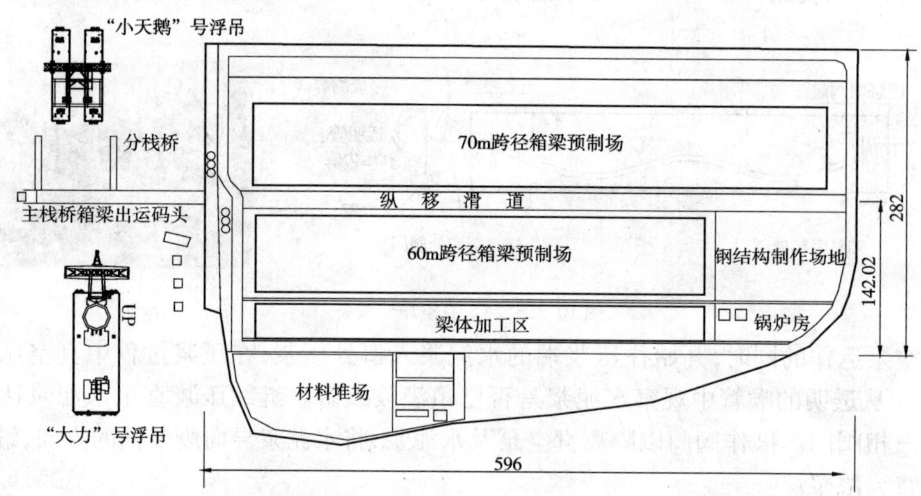

图10.3.3.25 箱梁滑道平面布置示意图(尺寸单位:m)

(2)滑道结构设计

每条滑道承受的集中移动荷载最大为500t,每块滑板作用面积为900mm×400mm。滑道处于硬地基区和软弱地基区两种区域,采用两种结构设计。硬地基区滑道基础直接支承于中等风化岩岩面上,软弱地基区滑道基础采用ϕ150cm嵌岩钻孔桩,上部结构为跨度$L=12$m的普通钢筋混凝土连续矩形梁,梁高260cm,梁宽120cm。

滑道结构为混凝土基座上设置35mm厚钢板,钢板宽50cm,顶面和侧面铺设镜面不锈钢板,顶面为滑移面,侧面为滑移台车导向。伸缩缝处设楔形钢板,以减小伸缩缝间隙。滑道不平整度要求不大于3mm,如图10.3.3.26所示。

(3)滑移台车设计

箱梁滑移台车分横移台车和纵移台车两种。纵移台车又分前纵移台车和后纵移台车两种类型,前后纵移之间采用钢带联系。台车均采用钢结构形式。

横移台车安置在箱梁的前后两端,每辆台车设置两个主支承点,每点承载能力大于700t。每台横移台车上安装CLL-8004型800t单作用千斤顶两台,台车总高度1 100mm。每个支承点设置900mm×

400mm滑靴一个，滑靴下安装MGB高分子材料滑板，如图10.3.3.27所示。

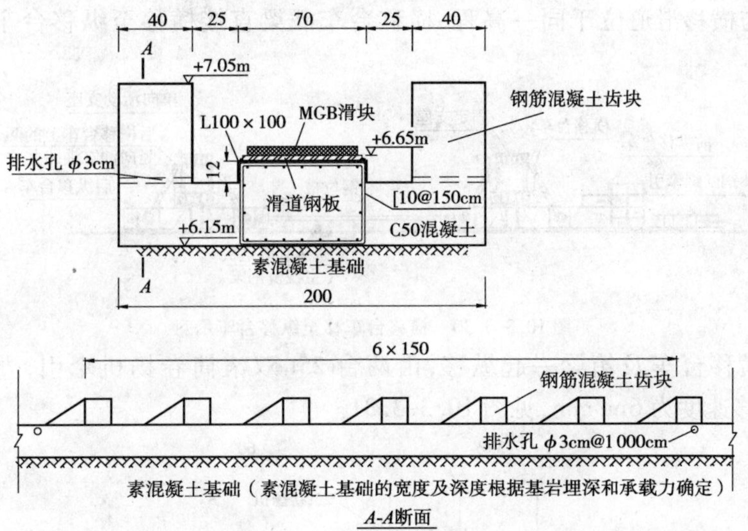

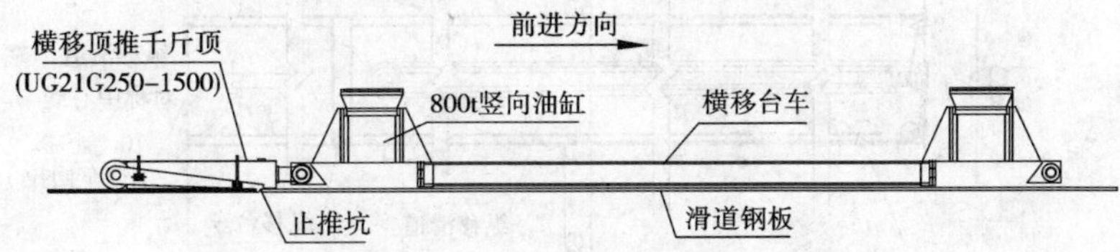

图10.3.3.26　箱梁横移滑道构造示意图（尺寸单位：cm）

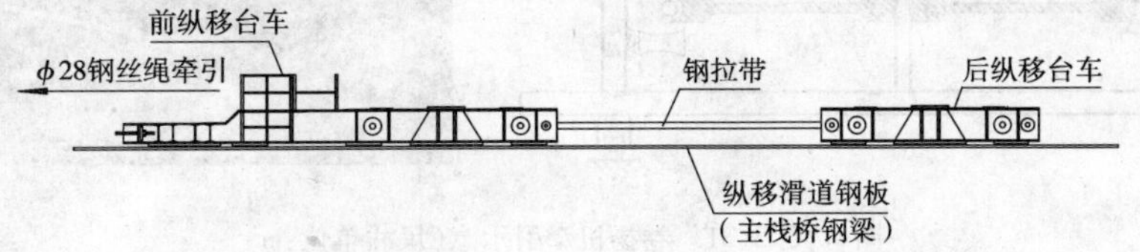

图10.3.3.27　横移台车示意

纵移台车总高550mm，由滑靴和横梁组成。前纵移台车设置牵引横梁，如图10.3.3.28所示。在牵引横梁上安装三门滑车组一套，采用两台25t双滚筒卷扬机牵引，钢丝绳倍率为6，总牵引力约1 340kN。前后纵移台车用拉带连接，采用两台50t千斤顶调整两台车间距，移梁时每根拉带预紧拉力250kN，如图10.3.3.28所示。

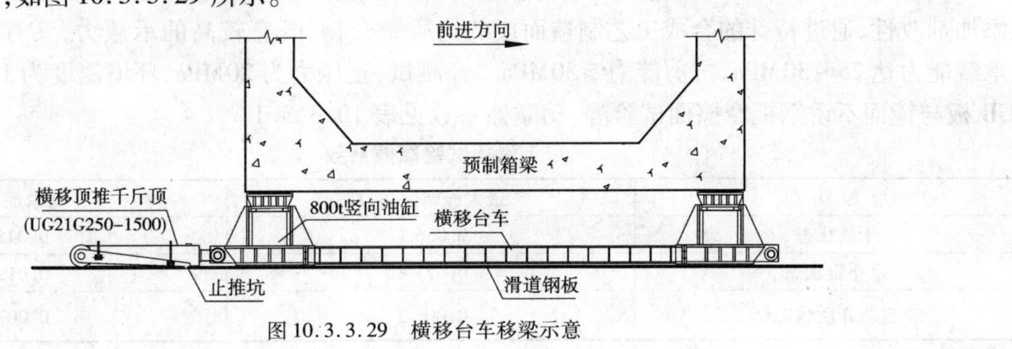

图10.3.3.28　前纵移台车、后纵移台车及钢拉带示意

2. 台车驱动方式

(1)横移台车驱动方式

箱梁预制场横移，横移台车由75t水平千斤顶顶推，千斤顶采用止推钩钩于横移滑道上的钩槽内，为千斤顶提供顶推反力。止推钩钩槽间距与千斤顶行程相吻合。箱梁前后两端台车千斤顶同步顶推，箱梁间歇式前进，如图10.3.3.29所示。

图10.3.3.29　横移台车移梁示意

(2)纵移台车驱动方式

纵移台车顶面与横移滑道位于同一高程,横移台车载梁直接横移至纵移台车上,如图 10.3.3.30 所示。

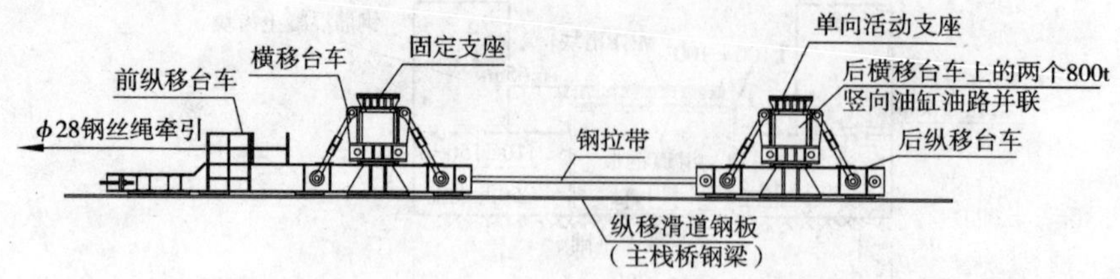

图 10.3.3.30 横移台车移至纵移台车示意

纵移台车载着横移台车及箱梁一起纵移,由两台 25t 双滚筒卷扬机牵引,卷扬机单绳牵引速度 18m/min,即箱梁纵移速度为 6m/min,见图 10.3.3.31。

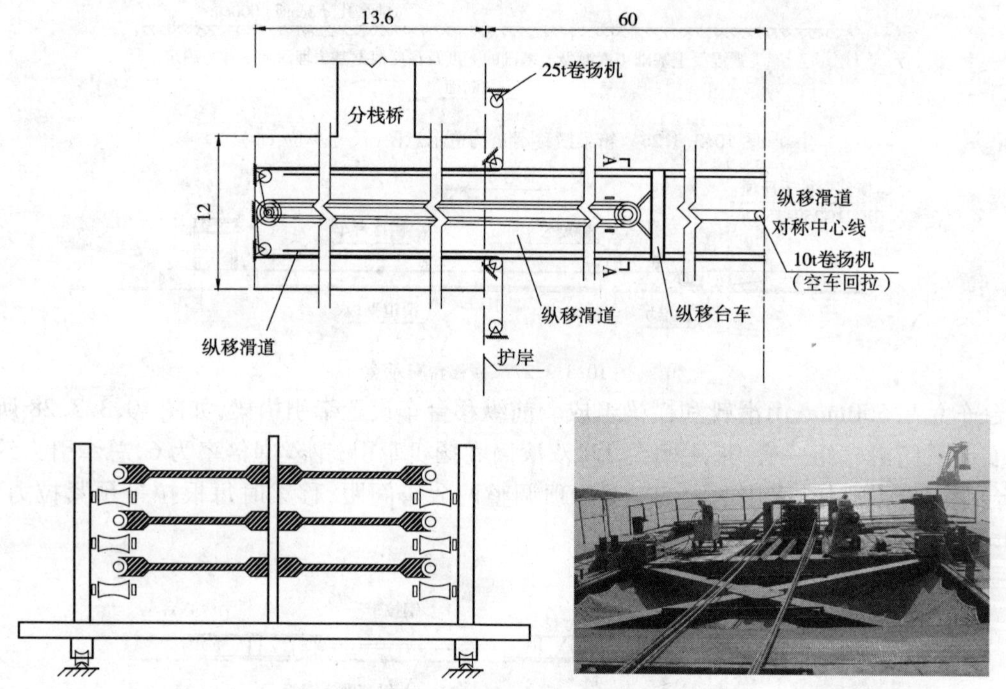

图 10.3.3.31 卷扬机牵引示意(尺寸单位:m)

箱梁纵移至出海栈桥前端时,改用四台液压中空牵引千斤顶牵引,使纵移台车与分栈桥上横移滑道精确对位。

前后纵移台车间距采用安装于拉带上的 50t 千斤顶调整,使前后纵移台车与分栈桥上横移滑道对齐。

3. 滑移工艺研究和试验

(1)摩擦材料

MGB 高分子摩擦材料是以不同的原体共聚的高分子为基础,采用合成的稀土金属化合物及多种改性添加剂改性,通过特殊的合成工艺制造而成的均质聚合物,既有较高的承载力,又有较好的塑性。抗压承载能力达 25 ~ 30MPa,抗剪能力 >30MPa。经测试,正压力为 20MPa、环境温度为 11℃时,各状态下 MGB 板与镜面不锈钢板摩擦面试验静、动摩擦系数见表 10.3.3.1。

滑板试验摩擦系数

表 10.3.3.1

摩擦状态	最大静摩擦系数	动摩擦系数
干燥状态	0.056 1	0.045 0
水介质状态	0.021 8	0.011 5
硅脂介质状态	0.005 2	0.001 6

施工采用油水混合物介质状态,设计摩擦系数取0.05,确保方案可靠。

(2)滑道表面处理

滑道面为$\delta=35$mm,16Mn钢板上铺设$\delta=3$mm镜面不锈钢板,钢板与不锈钢板采用间断焊固定。滑道表面平整度不大于3mm。

不锈钢板平面尺寸为3 000mm×480mm,每3m长接缝端部要求打磨呈圆弧曲面,相邻两块不锈钢板高差不大于0.5mm。焊缝表面采用砂轮打磨平整,并用磨光机磨光至镜面不锈钢板要求的光洁度。

滑道各处接缝宽3cm,缝顶设置楔形活动滑板,活动滑板由$\delta=35$mm钢板和$\delta=3$mm镜面不锈钢板组成。楔形滑板与滑道间隙宽小于1mm,相邻板高差小于0.5mm。

(3)滑移工艺试验

①箱梁支点反力实测

第一片70m跨径箱梁横移前,采用传感器和应变片相结合的办法,检测了箱梁各支点反力。实测支点反力值见表10.3.3.2。

箱梁各支点实测反力值 表10.3.3.2

测　点	反力值(kN)	测　点	反力值(kN)
南端西侧	4 154.4	北端东侧	4 430.6
南端东侧	5 493.1	合计	19 794.4
北端西侧	5 716.3		

②箱梁横移静、动摩擦系数实测平均值

箱梁横移静、动摩擦系数实测平均值见表10.3.3.3。

箱梁横移摩擦系数实测平均值 表10.3.3.3

项　目	南端横移台车	北端横移台车
静摩擦系数	0.055	0.060
动摩擦系数	0.041	0.048

从表10.3.3.3中看出箱梁横移摩擦系数实测平均值比干燥试验摩擦系数略小,但比水介质状态、硅脂介质状态均大。

4.箱梁滑移抗扭措施

按照设计要求,箱梁滑移时四支点高差不得超过3mm,因此箱梁纵横移时采用四台CLL-8004型800t单作用千斤顶支承,每台横移台车两台千斤顶,其中一端横移台车两台千斤顶油缸油路独立,另一端横移台车两台千斤顶油缸油路并联,以调整支点高度,使整片箱梁始终处于三点受力状态。

为使四支点千斤顶受力基本均衡,千斤顶支承点位置根据箱梁实际重心位置进行调整。因箱梁顶面设置2%的横坡,两侧腹板高度差达777mm,箱梁重心向高腹板侧偏移约20mm距离。为此,四支点位置均向箱梁高腹板侧偏移20mm距离,以保证四个支承点受力均匀。

千斤顶起顶时要求四点同步,高差不超过1mm,起顶后将油路独立的两台千斤顶的机械锁锁紧,油路并联的两台千斤顶机械锁仅留出20mm宽的活动间隙,以便调整支点高差。

5.箱梁纵移惯性力克服

箱梁纵移产生惯性力的原因有三种:其一,箱梁在纵移滑道上移动采用25t双滚筒卷扬机牵引,纵移速度为6m/min,启动和停止时将产生较大的加速度;其二,滑移摩擦材料的动、静摩擦系数相差较大(约0.015);其三,箱梁自重较大,约2 000t。

箱梁纵移时惯性力需通过梁底支点、千斤顶、横移台车和纵移台车传至滑道。克服箱梁纵移惯性力的主要方法有:

(1)千斤顶外侧设置活动套箱,传递箱梁传来的剪力;

(2)横移台车与纵移台车间设置斜撑杆;

(3)前后纵移台车间设置拉杆,并施加500kN的预紧拉力。

6. 预制箱梁场内移动的实施

移梁台车采用平板摩擦滑动。台车由上部钢结构与下部MGB高分子摩擦材料制成的滑靴组成,由于预制梁场场地的限制,制作好的箱梁需先横移,后纵移,到出梁码头时再横移。纵移滑道顶面高程+6.10m,横移滑道顶面高程为+6.65m。两者之间高差55cm,为使得在纵移台车梁顶高程与横移滑道顶面高程齐平。所有滑道均为水平不设纵坡。滑道结构由下部钢筋混凝土滑道梁和上部50cm宽、$\delta=32$mm的滑道钢板组成,在滑道钢板上铺设$\delta=3$mm的镜面不锈钢板作为与MGB摩擦材料接触的摩擦面。

移梁台车的动力由四个部分组成:在预制场内横移采用2台100t带止推钩的水平顶推千斤顶(UG21G250-1500)作为滑移动力;在纵移滑道上纵移由2台25t液压卷扬机串连钢丝绳提供动力;70m跨径箱梁在纵移滑道端头时改用4台50t连续抽拉千斤顶(UG21T220/160-1000)牵引,使台车与横移滑道精确对位;在出海码头分栈桥上亦采用4台50t连续抽拉千斤顶(UG21T220/160-1000)牵引。

(1)预制场内箱梁的横移

①横移前准备

量测箱梁所在台座的横移滑道轴线间的确切间距(精确到mm),根据分栈桥上两滑道轴线间的实际间距,调整北端横移台车上单向活动传力支座上层板的预偏量。预偏量的计算方法:

$$\Delta = \frac{a-b}{2} \tag{10.3.3.7}$$

式中:a——分栈桥滑道轴线间距;

b——横移滑道轴线间距。

注:当$\Delta>0$时,上层板向北移,反之则向南移。

将横移台车放上横移滑道。在南端横移台车上放置两台800t可自锁千斤顶,由两台配套电动泵站独立供油,在千斤顶上放置固定式传力支座;北端横移台车上放置两台可自锁800t千斤顶,油路串连,由一台配套电动泵站供油,在竖向千斤顶顶上放置单向活动传力支座,支座活动方向与台车纵轴线垂直。在四个竖向千斤顶与传力支座之间涂抹黄油。运梁时,南端两竖向千斤顶的自锁装置启用,北端不启用;在分栈桥上存梁时,南北两端四台竖向千斤顶的自锁装置全部启用。

在每个滑靴的前端两侧各配置一个高压水枪,在滑移时对滑道镜面不锈钢板喷射高压水雾。

②箱梁横移

将装配完成的横移台车顶入箱梁底部,调整台车南北向位置,不得使滑靴导向与滑道钢板导向面接触,并确保横移台车轴线与滑道轴线顺直。调节水平顶推千斤顶活塞长度,以调整横移台车的位置。在箱梁底板底部放出传力支座位置的十字线,以便确定横移台车与箱梁间的相对位置。横移台车与待移箱梁的位置偏差不得大于3mm。

待南北两端的横移台车都定位准确后,同时缓慢向4台800t竖向千斤顶油缸内进油。由于南北两端的油路连接不同,因此必须调节油泵进油开关,以保证南北两端四个支点抬升速度基本相同。在箱梁顶距离制梁台座顶面20mm左右(活塞伸出70~80mm)时停止进油,锁定南端两台800t竖向千斤顶,开始箱梁的横移过程,如图10.3.3.32所示。

图10.3.3.32 箱梁横移

在横移滑道钢板上刻画标尺,以便南北两端横移台车保持相对位置,横移时要求南北横移台车前后错开不得超过20mm距离。

当需要在存梁台座上落梁时,调节水平顶推千斤顶,使台车与落梁台座对位(偏差不得大于10mm),松开南端两台800t竖向千斤顶的自锁装置,四点同步缓慢回油,使箱梁落于存梁台座上。用人力或小吨位卷扬机将横移台车拖至台车停放位置进行保养。

当不需在存梁台座上落梁时,就可直接将横移台车顶推至已在纵移滑道上完成对位并固定的纵移台车上,如图10.3.3.33所示。

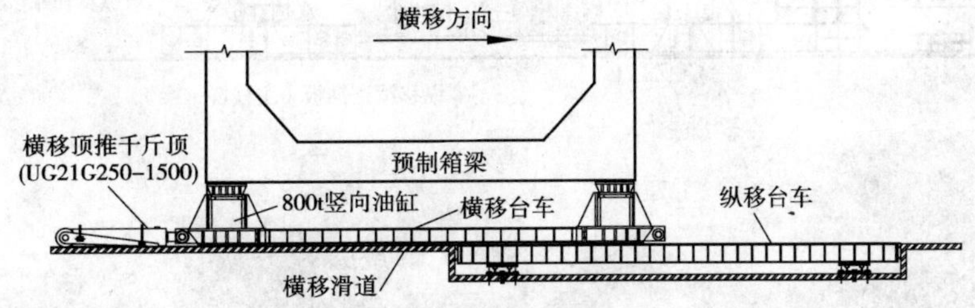

图10.3.3.33　横移台车移向纵移台车

在横移台车后滑靴前端处于横移滑道口边缘时,水平顶推千斤顶必须进行一次倒顶,使最后一推时止推钩位于第一止推坑内。继续对水平千斤顶进油,调整横移台车与纵移台车间的相对位置(偏差不得大于3mm),卸下水平顶推千斤顶,装上纵、横移台车间的撑杆,完成箱梁在梁场内的横移,如图10.3.3.34所示。

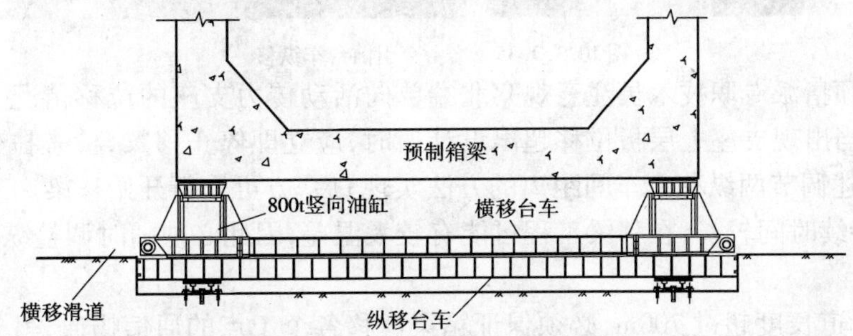

图10.3.3.34　横移台车带着箱梁在纵移台车上就位

在箱梁横移过程中,竖向千斤顶的配套油泵跟随台车移动;水平顶推千斤顶的配套油泵置于横移范围的中部,由于每次横移箱梁时距离不超过32m,在移梁时油泵暂保持不动。

(2)预制场内箱梁的纵移

①纵移前准备

调整纵移台车位置,使其对准各自的横移滑道(偏差不得大于2mm),旋出顶紧螺杆,顶升纵移台车下的支撑装置,铺上纵移台车与横移滑道连接处的梯形搭接钢板。待横移台车滑移上纵移台车并对位后,装上纵横移台车间的支撑杆并锁紧,旋进顶紧螺杆,取出纵移台车横梁下的支撑装置。分段装上前后纵移台车间的钢拉带并收紧。收紧吨位根据现场试验得出的摩擦系数μ计算得到(收紧拉力$F=500t\times\mu\times80\%$)。当摩擦系数为5%时,收紧吨位为20t(每根拉带)。当拉带收紧到设计吨位后,可开始纵向滑移。在滑移过程中,必须对拉带上收紧千斤顶(BRP-606)进行保压,保持活塞伸长量不变,如图10.3.3.35所示。

②纵向移动

开动前端25t牵引卷扬机,放开后端10t回拉卷扬机,箱梁自北向南在纵移滑道上滑移。在距离纵移滑道终点约30cm距离时,停止25t牵引卷扬机,装上4台50t连续抽拉千斤顶的拉杆(JL36mm精轧螺纹粗钢筋)作为纵移动力。

缓慢开动4台50t连续抽拉千斤顶(两片钢梁上的2台千斤顶油路分别并联),箱梁继续向前滑移。此时注意观察,当后纵移台车首先到位时(纵移台车轴线之间距离小于分栈桥滑道轴线间距),停止牵引,放松钢拉带上的BRP-606型千斤顶,然后继续牵引前纵移台车(此时后纵移台车静止不动),并调整前纵移台车至与前端分栈桥对位;当前纵移台车首先到位时(纵移台车轴线之间距离大于分栈桥滑道轴线间距),停止前端牵引并保持4台50t连续抽拉千斤顶的油压,开动两根钢拉带上BRP-606型千斤顶,使后纵移台车向前滑移(此时前纵移台车保持静止不动),调整至与后端分栈桥对位。完成箱梁在纵移滑道上的移动。

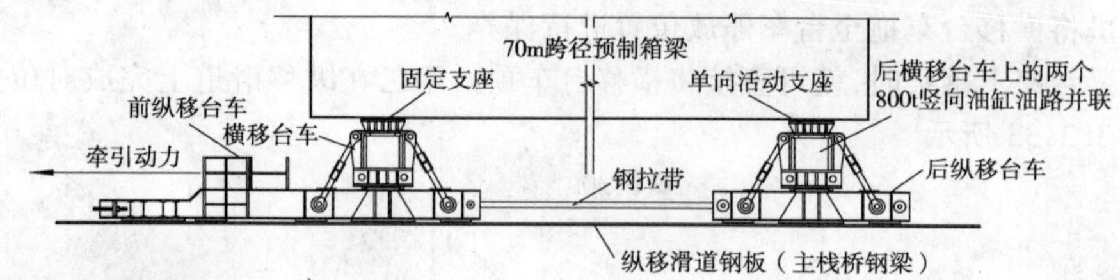

图10.3.3.35 准备牵引前台车纵移

纵移过程中,必须指派专职技术员注意观察北端单向活动传力支座的位移情况及拉带收紧千斤顶的伸长量变化情况,当出现支座上层板位移超出设计值时,应立即停止移梁,检查拉带系统。待查清问题原因并解决(按前述调节两纵移台车间距离的方法实现)后,方可重新开始移梁。

由于箱梁纵移持续时间较长,在移梁工程可能有较大温差,因此必须随时调整纵移滑道上伸缩缝梯形钢板位置。

由于整个纵移滑道长度超过700m,必须保证箱梁滑移各个工点的通信畅通,另外配备手语(旗语)或其他手段作为出现通信故障时联系紧急替代方案。

纵移台车移位过程如图10.3.3.36所示。

纵移台车与横移滑道对位

横移台车移至前纵移台车

横移台车移至后纵移台车

安装滑轮与牵引绳

安装左钢拉带

安装右钢拉带

图10.3.3.36 纵移台车移位过程

③70m跨径箱梁分栈桥上横移

70m跨径箱梁纵移到位后,旋出顶紧螺杆,顶升纵移台车横梁下的支撑装置,放松25t牵引卷扬机的钢丝绳并置于分栈桥横移钢板下,取下纵横移台车间的撑杆,采用穿心千斤顶,装上JL36mm精轧螺纹拉杆,箱梁开始在分栈桥上牵引横移。同样,南北两横移台车前后错开不得大于20mm距离,如图10.3.3.37所示。在分栈桥上存放箱梁时间较长时,必须起用4台竖向千斤顶的自锁系统。

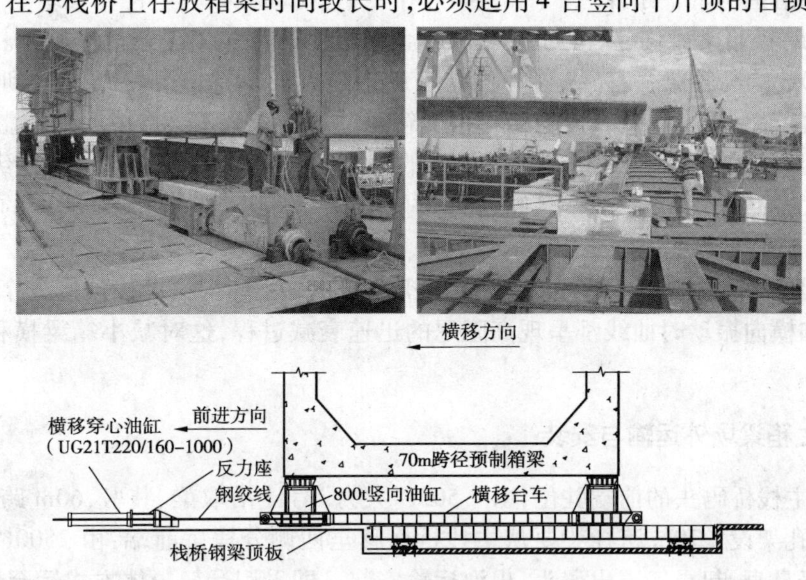

图10.3.3.37　70m跨径箱梁分栈桥上横移

④空台车返回

在横移台车滑上分栈桥后,纵移台车可以返回。纵移台车的回拉用置于梁场北端的10t单绳卷扬机作为动力,回拉时25t卷扬机应同步放绳。

横移台车返回时,需在浮吊配合下用驳船运送至材料码头上岸,再从材料码头用汽车运回梁场。

7.箱梁滑移中可能出现的故障及排除方法

在梁场横移滑道上横移时因故(800t竖向千斤顶漏油、滑靴MGB摩擦材料磨损等)无法继续滑移,此时可就地在存梁台座和钢结构临时台座上落下箱梁,取出横移台车,检修出现故障的部位。待故障排除后重新进行移梁工作。

在纵移滑道上滑移时因故(800t竖向千斤顶漏油、滑靴MGB摩擦材料磨损等)无法继续滑移,先停止牵引,在指定位置放置临时钢结构支座及备用800t竖向千斤顶,顶升梁体,取出发生故障的台车进行检修。待排除故障后,放入台车系统继续移梁。

8.箱梁场内移动测试

(1)试验内容

60m、70m跨径预应力混凝土箱梁实际重量的确定;60m、70m跨径预应力混凝土箱梁预制场内横移监测,60m、70m跨径箱梁预制场内横移摩擦系数测量,60m、70m跨径箱梁预制场内横移跨中动挠度测量,60m、70m跨径箱梁预制场内横移动应变测量,60m、70m跨径箱梁预制场内横移支座反力测量,60m、70m跨径箱梁预制场内横移位移振动测量,60m、70m跨径箱梁预制场内横移加速度振动测量;60m、70m跨径箱梁预制场内横移支座位移测量;60m、70m跨径箱梁预制场内纵移监测;60m、70m跨径箱梁预制场内纵移摩擦系数测量;60m、70m跨径箱梁预制场内纵移连接拉板拉力测量;60m、70m跨径箱梁预制场内纵移跨中挠度测量;60m、70m跨径箱梁预制场内纵移动应变测量;60m、70m跨径箱梁预制场内纵移支座反力测量;60m、70m跨径箱梁预制场内纵移位移振动测量;60m、70m跨径箱梁预制场内纵移加速度振动测量。

(2)试验结果

①60m 和 70m 跨径箱梁的实际重量与设计计算重量比较吻合,基本没有超重。

②60m 和 70m 跨径箱梁横移、纵移的动静摩擦系数都较标定值大,表明了滑板材料与不锈钢板在接触面上的磨损较大,因此,需要加强和改善对滑道的维护和保养,使用更加合适的润滑剂。

③60m 和 70m 跨径箱梁横移、纵移过程中箱梁的动力响应主要取决于顶推千斤顶或牵引台车的施力过程、加载速率和滑道的平整条件。

④60m 和 70m 跨径箱梁横移、纵移的施工工艺经过监测,表明施工工艺切实可行。

⑤从 60m 和 70m 跨径箱梁横移、纵移时各支座反力最大波动幅值测量结果看到,在横、纵移过程中,支座反力波动幅值总体比较平缓,反力变化值对箱梁的结构安全不会造成明显的影响。

⑥60m 和 70m 跨径箱梁横移、纵移过程中箱梁的动应变监测结果显示,在横移、纵移时,各点的动应变都有一个明显的加大过程,但在跨中各点测得的动应变都很小,纵、横移过程中的动应力不足以对箱梁造成大的伤害。

⑦60m 和 70m 跨径箱梁横移、纵移过程中,加速度直接反映了横移、纵移顶推或牵引力的施力大小和冲击性,在竖向和横向振动时曲线都呈现高阻尼的迅速衰减过程,这对减小箱梁横移、纵移过程中的动力效应是有利的。

3.3.5 混凝土箱梁场外运输与安装

60m 跨径梁在主栈桥码头的前端驻位,由 2 500t“大力”号浮吊取梁、装驳,60m 跨径梁采用运架分离方式运至桥位逐孔架设。70m 跨径梁要从主栈桥横移至西侧分栈桥前端,由 2500t“小天鹅”号起重船起吊梁体,装梁于自身,起重船退出码头,出海运输安装。即采用运架一体方式运至桥位逐孔架设。

一联箱梁架设完进行湿接头施工,并逐跨进行体系转换,形成连续结构。箱梁湿接头混凝土采用海上混凝土工厂生产的混凝土现浇施工。

1. 船机及设备配备

(1)60m 跨径箱梁运架分离式

60m 跨径箱梁重 1 700t 左右,箱梁要经历落驳、运输、架设等施工过程,选取如下的施工机械设备。

①浮吊

选用 2 500t“大力”号浮吊,其外形尺寸为 100m × 38m × 9m,排水量 10 027t,主要工作性能参数见表 10.3.3.4。“大力”号浮吊吊高与吊重之间的关系见图 10.3.3.38。“大力”号浮吊为适应浮吊现场顶靠起吊要求,预防浮吊与栈桥码头因碰撞而引起二者的损坏,在浮吊船艉部加装顶靠架。“大力”号浮吊本身有动力可以自航,但考虑到“大力”号浮吊自航的费用高,采用拖轮绑带经济上更合理,故“大力”号浮吊在整个作业期间全依靠拖轮带其航行。除非需要较准确的定位,才利用自身的动力。

“大力”号浮吊主要工作性能 表 10.3.3.4

吊装方式	跨距 (m)	吊重 (t)	极限吊重 (t)	极限高程 (m)	吊索高 (m)	钩头高度 (m)	极限吊高 (m)	余量 (m)	吊臂间距 (m)
主钩	15	2 100	2 500	36	12	48	50	2	2

②驳船

采用 3 000t 以上甲板驳四艘。为满足箱梁受力要求,只能在距梁端 5m 内设支点,同时为防止箱梁受扭,运输驳在一端设 2 个等高钢墩,另一端设 2 个 500t 液压千斤顶,千斤顶通过液压管连通,保证两个千斤顶受力一致,以保证落梁时四个支点均在一个水平面上。还有在船舶内部加撑扩散集中载荷,以满足船舶受力要求。

③拖轮

采用 3 400hp(1hp = 745.7W)全回转拖轮两艘。

④吊梁扁担

为了保证起吊过程中箱梁只受到竖向的力,必须设计相应的起吊机构。吊梁扁担为长方形,四角上各设有一个油缸和一套卷扬机。油缸上部与吊梁扁担铰接,下部为液压插销形式。卷扬机吊钩通过箱梁上开设的四个孔,将吊带提起与油缸下部液压插销连接。四个油缸主要是微调箱梁的水平、斜度和就

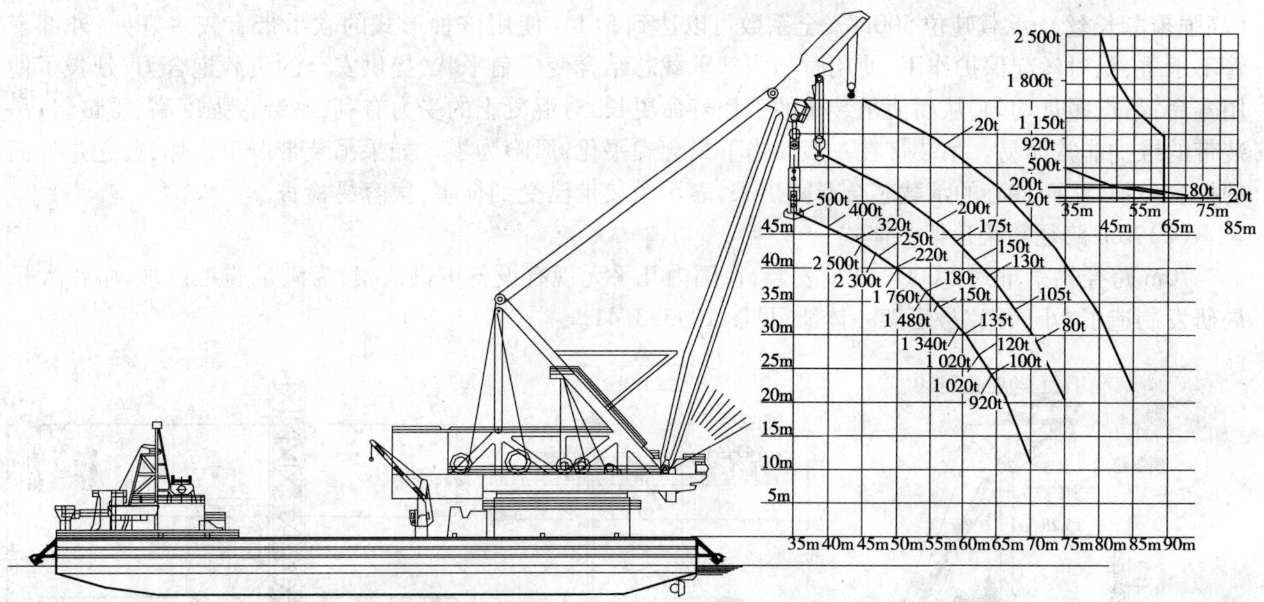

图10.3.3.38　"大力"号浮吊吊高曲线

位。吊梁扁担上设有平台和栏杆,便于吊梁扁担与浮吊的挂接和维修人员到各处进行检修保养。吊梁扁担结构主要承受吊重及悬臂产生的弯矩,需要有足够的强度、刚性和稳定性。该结构是由两个箱形梁和水平桁架组成的混合结构。水平桁架采用管子结构;箱形梁采用变截面箱形结构。吊梁扁担额定起重力17 000kN,最大起重力20 000kN,完全能够满足箱梁的起吊要求,见图10.3.3.39。

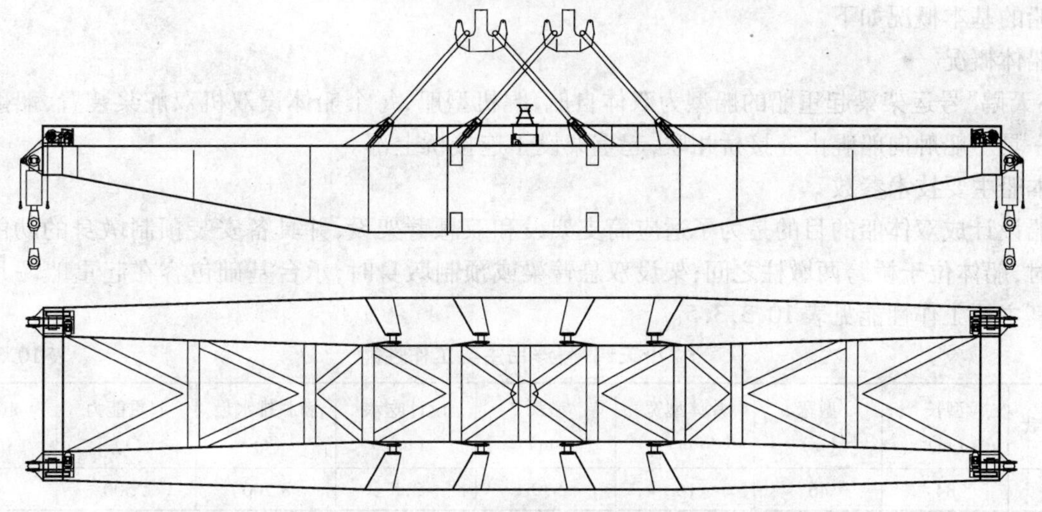

图10.3.3.39　60m跨径箱梁专用起吊梁扁担示意图

从图10.3.3.40可以看出,由于箱梁起吊点设置在距箱梁端5m处,因此吊点到构件中心位置为25m左右,如果不采用吊梁扁担起吊,则当吊索允许最大斜拉角45°时,大钩点到构件中心的垂直距离将为25m;然而增加吊梁扁担后,虽然吊梁扁担本身要占用6m左右的高度,但是其大钩点到构件中心的垂直距离却减少到12m了,即采用吊梁扁担后浮吊的垂直起吊高度能够增加13m左右,从而满足施工起吊高度的需要。

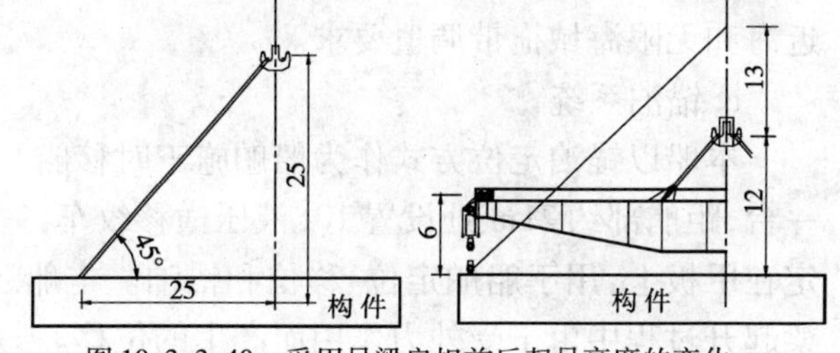

图10.3.3.40　采用吊梁扁担前后起吊高度的变化
(尺寸单位:m)

⑤软式吊装带

软式吊装带颜色为橘红色(国际标准色),在吊点处增加 PES 护套,以提高抗磨损能力,材质为 PES(高强聚酯长丝),承载吨位 500t,安全系数可以达到 5:1。使用该种形式的软吊带有较多好处:外部套管不承重,只对丝起保护作用,使用时与内部承载芯结合变成扁平状,提供安全的负载抱合力,延长了使用寿命;吊点多且均匀,从而使吊装带的工作寿命更长,对混凝土的受力有利;吊装带强度高,重量轻;吊装带的维护非常简易。吊装带在一般撞击下只会扁平化,风险为零。如果吊装带严重损坏,首先是外面的护套破损,从而核心的承载芯会暴露出来,表示吊装带已受到损害,很容易检查。

(2)70m 跨径箱梁运架一体式

70m 跨径箱梁重约 2 000t,此前安装,在国内几乎无现有设备可供运架,为满足施工要求,中铁大桥局研发制造了“小天鹅”号运架一体船,见图 10.3.3.41。

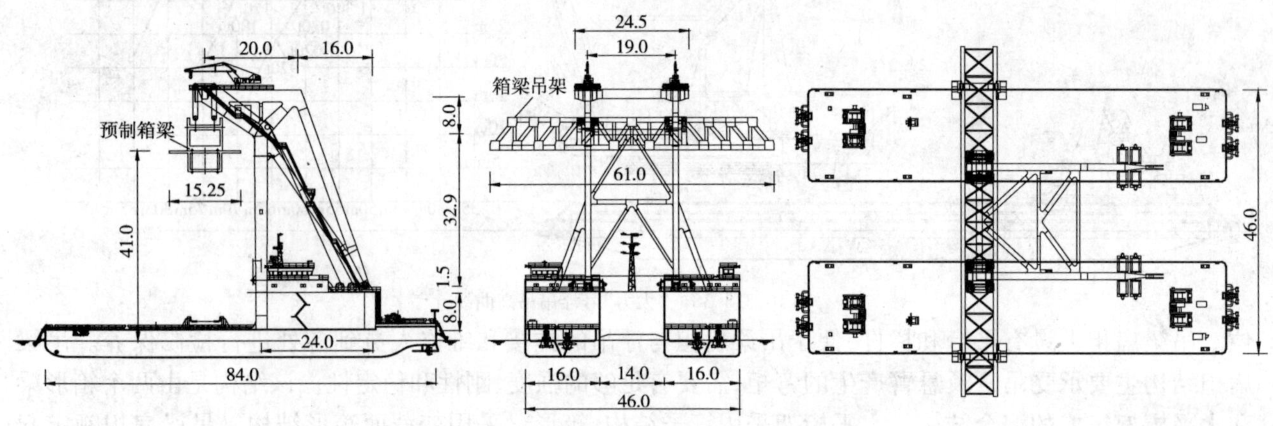

图 10.3.3.41 “小天鹅”号起重船结构示意图(尺寸单位:m)

该船的基本概况如下。

①船体概况

“小天鹅”号运架梁起重船的船型为双体自航,艉机型船,每个船体设双机双舵桨装置,船艏各设侧推力器一具。船舯向船艉由连接桥相联,起重架设于连接桥上部。

a. 本船主要技术参数

本船设计成双体船的目的是为了适应简支架设和双悬臂架设,并具备安装预制墩身的功能。架设简支梁时,船体位于桥跨两墩柱之间;架设双悬臂梁或预制墩身时,承台基础包容在起重船两片体开档之间。其主要工作性能见表 10.3.3.5。

“小天鹅”号浮吊主要工作性能　　表 10.3.3.5

吊装方式	型长(m)	型宽(m)	片体型宽(m)	型深(m)	设计吃水(m)	满载排水量(t)	起重能力(t)	起吊高度(m)
主钩	84	46	16	5.9	3.5	8 700	2 500	41

b. 航行、作业区域

本船适应在沿海海域,长江 A、B 级航区进行起重作业和自航调遣,船舶稳性和船体结构强度满足近海和无限海域拖带调遣要求。

c. 锚泊系统

本船以锚泊定位方式作为船舶施工时移船及定位的主要手段。左右片体艏部设置 50t 液压锚机各一台,距艏部约 21m 处设置 10t 液压横移绞车各一台,艉部设置 50t 液压锚绞车各一台。锚机和绞车固定在甲板上,用于船舶定位、移位和锚泊。本船还在甲板上设置了 4 台 10t 稳索绞车,用于稳定混凝土梁起升过程中由于受外力作用而产生的位移。

d. 推进系统

本船设置4套主推进装置，每个船体两套，采用柴油机—滑差离合器—全回转舵桨推进方案。两个船体内侧的柴油机，其自由端通过离合器带动锚泊系统及起重卷扬机的液压泵组。为改善操纵性，在两个船体艏部各设置1台电动侧推力器，使起重船在进出墩区时易于操控、定位。

e. 电站系统

本船电站由3台柴油发电机组组成，两大一小，供轮机设备及全船照明用电。大机组为300kW，小机组为90kW。正常施工作业及航行状态下启动大发电机组，停泊状态启动小发电机组。

②起重机概况

本起重机安装在双体船的连接桥上部，起重机的起重架顶部距水面高约54m，可将60m或70m跨径混凝土梁体提升至梁顶面距水面41m的高度。

起重机作业过程中，起重机的起升和降落，船舶载荷都会相应发生变化，船体浮态随之而变。由于架梁施工需要起重机能准确对位，起落平稳，这就要求船体始终能保持基本正浮状态，因此，起重架布置应按起吊梁中心与起重船浮心一致的原则进行设计，即“船舶中心起吊”方案。“船舶中心起吊”方案，还有利于有效利用船体排水量，最大限度发挥船体结构能力，使船体规模相对减小，节省投资。

起重机由以下几个主要部分组成。

a. 起重架

起重架是起重机的主要受力结构，其主要结构采用封闭箱形杆件的桁架结构，桁架以两片主桁为主要受力构件，间距19m，主桁间由横向连接系连接稳定，主结构的下部设六个支撑点，分别为立柱下法兰、侧斜撑下法兰和后拉杆下铰点各两个，起重荷载及主结构自重荷载由六个支承点通过船体上部的连接桥导入起重船船体结构。

起重架主要采用14MnNbq高强度低合金结构钢材，总质量约810t。所有的箱形杆件均有良好的密封性，以防止雨水和盐雾对杆件内部的腐蚀；起重架结构所有容易积水的部位均开有漏水孔或采用水泥填充防腐。

为使起重船能进入长江A、B级航区作业，调遣时起重架可依靠自身机构的能力倒伏至船甲板上，以确保能通过高度小于24m的航道，到达作业区域后，起重架又可自行立起，恢复到正常工作状态。

b. 吊梁扁担及吊带

为适应起重机架设60m和70m跨径预应力混凝土梁的要求，起重机特设一套专用吊具——吊梁扁担。吊梁扁担吊点间距（动滑轮组）为19m，与起重架定滑轮组相对应。扁担梁上分别设置了60m跨径梁和70m跨径梁的吊点，60m跨径梁吊点间距为50m，70m跨径梁吊点间距为60m。

吊梁扁担为桁架式结构，由两片主桁与连接系组成，桁架系统长约60m，桁高6.5m，桁宽6.5m，桁重384t，见图10.3.3.39。

吊梁扁担上部设置4组滑轮组，分别由4组液压卷扬机及钢丝绳系统驱动，其中一端的两组滑轮组由各自独立的卷扬系统悬挂，另一端两组卷扬系统通过动滑轮平衡梁合成一个吊点，悬挂吊梁扁担的另一端，整个吊梁扁担形成三吊点布置，保证了4组卷扬系统受力均衡。

吊带为钢吊带，采用$\phi190\times6\,000$mm外包PE的钢绞线，共8根。

c. 卷扬系统

起重机的起升卷扬系统由四套双联液压卷扬机组成，每套卷扬机有两个钢丝绳卷筒，两台液压马达（带制动器）和两台内置式行星减速器分别驱动两卷筒，两卷筒之间由一套齿轮联轴器连接，保证两卷筒同步运行，卷筒上设有棘轮棘爪安全锁定装置。由于起升系统滑轮组倍率大，起升高度高，所需钢丝绳长，为了保证钢丝绳缠绕整齐，卷扬机卷筒特选用德国ZOLLERN公司生产的Lebus卷筒。

卷扬机安装于起重船连接桥顶部，四套卷扬机分别安装在起重架两片主桁架的两侧，与起重架上的4套定滑轮组相对应。卷扬机工作时所需的压力油由起重船轮机舱内的液压站提供。

d. 液压系统

液压系统主要用来驱动起重机的液压卷扬机，系统采用中央集中控制方式对卷扬机进行操控，所有动作都通过设置在司机室的电液比例调速阀控制手柄实现，操控平稳、方便。为了使吊梁扁担上吊点的升降同步精度达到规定的要求，液压系统采用了先进的电液联合闭环控制技术，四台卷扬机的卷扬速度能够保证精确同步，从而保证吊梁扁担的同步升降。

2. 箱梁安装的控制测量方法

(1)平面控制

①平面首级控制

根据《东海大桥测量控制交底文件》，箱梁区段可以利用的共有3个首级控制点和5个首级加密控制点，其中0001、0002、0003为首级控制点，位于小洋山上；A平台、B平台、C平台、L_{y33}、L_{y35}共5个点为首级加密控制点，分别位于桥轴线附近试桩平台上以及小乌龟岛、大乌龟岛上，这些点都可直接用来作大桥施工放样的首级平面控制以及承台上控制点加密的基准点。

②平面临时加密控制

由于首级控制点和首级加密控制点并不能完全满足施工放样的需要，因此必须要在承台上布设加密控制点，从而更好地满足施工放样的需要。

由于海中间无天然过渡点，能见度又不够，又由于A平台、B平台、C平台三点之间间距超过7km，小洋山、大乌龟岛、小乌龟岛点之间互不通视等，这些不利因素决定了常规全站仪根本不能满足测量需要，因此加密控制点必须采用全球定位系统(GPS)。平面加密控制点布设的位置和个数视具体情况而定。

在箱梁架设施工中所需要的控制点，可以利用全站仪通过承台的控制点向上传递，因各种影响因素造成不能传递时则采用GPS静态加密控制。

(2)高程控制

①高程首级控制

全桥高程首级控制点为L_{yj1}、L_{yj2}两点，位于上海芦潮港基岩上。这两点作为全桥水准的首级基点。

②高程首级加密控制

为了满足承台以上部分施工的需要，由上海测绘院施测一条全桥三等水准路线，作为高程首级加密控制，为施工高程放样传递和加密水准点提供依据。

③高程临时加密控制

上海测绘院提供的三等水准点并不能完全满足施工的需要，这就要求进行高程临时控制点的加密。因此按照三等水准测量要求进行施测加密。高程加密控制点布设的位置和个数视具体情况而定。

3. 箱梁安装前的墩顶布置

(1)70m跨径梁墩顶临时支座(调位装置)设置

70m跨径梁架设时，每根箱梁墩顶设调位装置四套，每套调位装置主要由一台700t砂顶、两台水平移动千斤顶、滑动副、机座、减振板及配套油泵组成。每根梁共有八台水平千斤顶，每个方向两台水平千斤顶为一组，共四组水平千斤顶分别负责箱梁$\pm x$和$\pm y$方向的移动。滑动副主要由聚四氟乙烯板及竖向砂顶底下的不锈钢衬板组成，四氟板能有效地减小水平摩擦力。为了减少箱梁架设时的冲击振动，在砂顶的活塞顶部设有减振板，减振板由凹形16Mn钢板及橡胶缓冲垫组成，其总高度为50mm。在安装前利用800t千斤顶及配套反力架进行试验，以确定其压缩量，压缩量应不超过10mm，安装前预留此压缩量高度。由于水平千斤顶行程限制以及临时支座在墩顶的活动面积有限，故位置调整的位移量是有限的。因此，箱梁初始定位的平面坐标偏差必须满足：中墩<150mm；边墩<75mm，如图10.3.3.42所示。

(2)60m跨径梁墩顶临时支座设置

60m跨径箱梁设有700t砂顶作为临时支座，未设墩顶滑移装置，箱梁通过梁底端设置的钢结构导向装置进行精确对位，如图10.3.3.43所示。

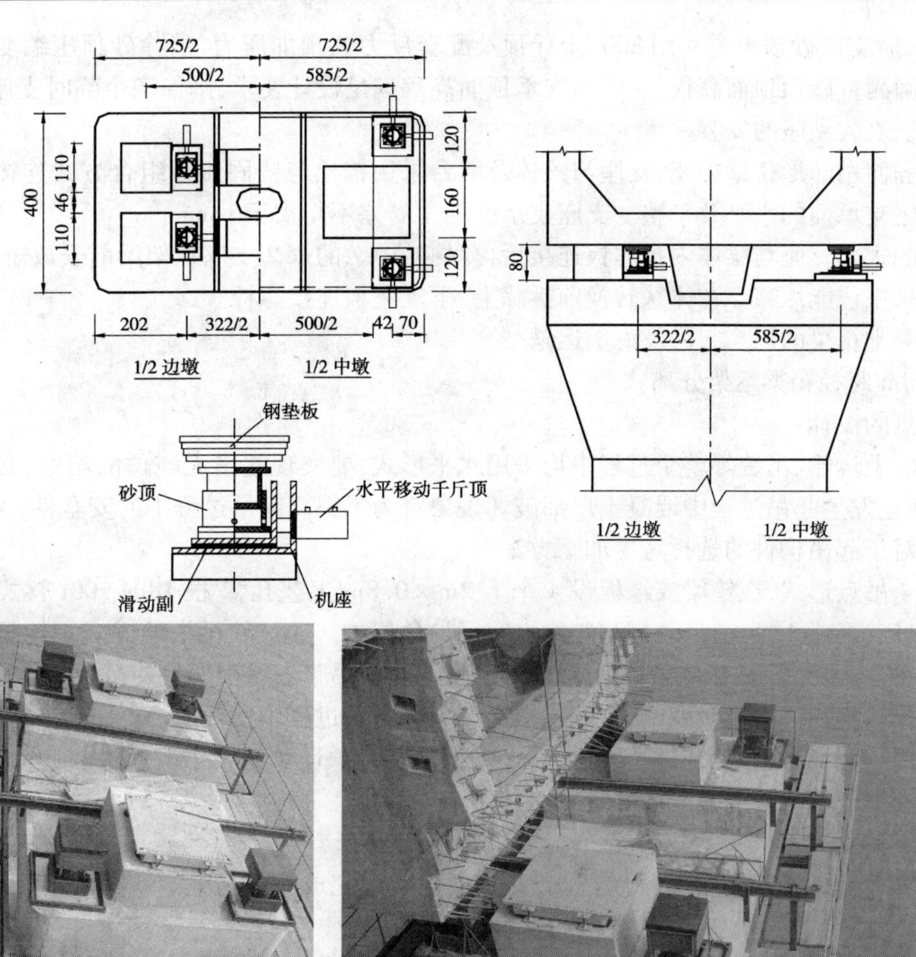

图10.3.3.42　墩顶临时支座布置示意图(尺寸单位:cm)

图10.3.3.43　砂顶、梁底导向装置实况

4.箱梁架设前的墩顶测量放线

架梁前在墩顶测设永久支座中线和临时支座中线，安装临时支座。为了保证箱梁架设的精度，采取了以下措施。

(1)箱梁架设前，在预制场要进行竣工测量，并在梁上标出箱梁中线和支座中线，以便架梁时与墩顶支座中线吻合。

(2)箱梁预制时，要检查四个临时支座处底模高程，并做好记录，以便架梁时对四个临时支座高程进行调整。

(3)临时支座砂顶事先采用800t千斤顶及配套反力架预加压力,消除砂顶压缩变形。临时支座安装时要精确测量砂顶顶面高程,使砂顶支承顶面高程满足设计要求,确保四个临时支座受力均匀。

5. 墩顶永久支座的安装

本工程使用球形桥梁支座,支座与梁体及墩台采用锚栓与锚固压板组合方式连接锚固。支座安装要保证支座支承面的水平及平整。支座支承面四角高差不得大于1mm。

边墩的永久支座与梁体内预埋板连接后再吊装,中墩的永久支座在架梁前安放于墩顶,调整好位置和高程后采用位能压浆。在体系转换前拆除上、下支座板连接螺栓。

6. 混凝土箱梁的码头起吊及海上运输

(1)60m跨径箱梁运架分离式

①吊点的设计

箱梁陆上运输、吊装等整个过程中均采用水平形式,要实现起吊大吨位的箱梁,必须注意对起吊点的设计,防止发生起吊过程中混凝土局部破坏现象。为了提高起吊过程中的安全性,考虑从下部整体起吊箱梁。对于起吊构件的选择考虑如下方案。

采用4吊点形式,在箱梁翼缘板设4个1.2m×0.8m工艺孔,2根18m、500t软式吊装带通过工艺孔,穿过梁底,形成4吊点,吊装带与箱梁之间用护角保护。通过软吊带的方式把箱梁和吊梁扁担连接起来,可以很好避免混凝土局部受压过大的问题,同时软吊带容易变形也使吊带和吊梁扁担的连接变得很容易,吊运过程中的稳定性和安全性也很高。实际使用过程中发现安装护角较麻烦,也容易出现护角脱落的情况,因此对这一工艺进行改进,直接把护角装备预埋于箱梁中。通过在起吊部分预埋护角,对该部分混凝土进行局部加强配筋处理。

②箱梁的落驳

“大力”号浮吊自身不能装梁航行,需配合驳船装梁完成海上运输。箱梁的落驳有多道工序,详见图10.3.3.44。

从上述可以看出,采用2 500t“大力”号浮吊进行箱梁落驳,一次可以采用多条驳船进行驳装箱梁,实现一个来回吊运几片箱梁,提高施工效率。因此实施起来是较经济的,但其操作的方便性和安全性上要稍差。图10.3.3.45为“大力”号浮吊在出梁码头起吊箱梁的情景。

③箱梁的运输

采用3 000t铁驳及拖轮进行箱梁的海上运输,至架梁墩位处抛锚就位,见图10.3.3.46。

(2)70m跨径箱梁运架一体式

①吊点的设计

“小天鹅”号起重船设有4个吊点,每个吊点设两条钢吊带,70m跨径梁体两端设置相应的吊点,预留吊点孔8个,4个辅助吊点孔,孔径及具体的平面位置如图10.3.3.47所示。

②箱梁的落驳

“小天鹅”号起重船是装梁于自身的一条浮吊船,依靠自己的动力运梁出海。

70m跨径箱梁自预制台座经横移、纵移,再横移到达分栈桥起吊位置后,浮吊自南航线或北航线开进桥孔。

箱梁出海码头位于沈家湾岛的南侧,涨潮时水流自东向西,退潮时水流自西向东,且流速较大,尤其栈桥东侧。浮吊位于栈桥西侧便可取梁,见图10.3.3.48。

但是这个体型庞大的起重船进入F形码头的分栈桥取梁,需根据码头附近水的流速、风向来确定浮吊进港方案。以下叙述“小天鹅”号起重船在涨潮期间和退潮期间驶入、驶出的进港方式。

a. 涨潮驶入

沈家湾箱梁出海栈桥附近水域,涨潮时水流自东向西,浮吊驶入分栈桥属逆水行船,可利用自身动力直接缓慢驶入。浮吊驶入过程中,同时将前左右两只锚缆分别系于两分栈桥上,浮吊后部左右两只锚系缆墩的系缆柱上,通过绞锚绳,使船准确对位,将分栈桥上箱梁吊起。

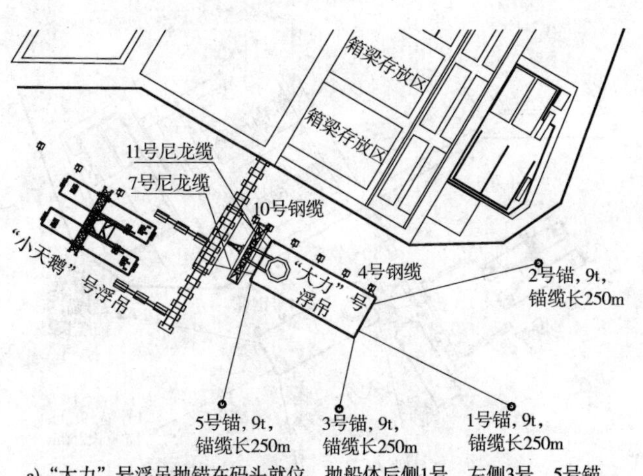

a)“大力”号浮吊抛锚在码头就位，抛船体后侧1号，左侧3号、5号锚，将预先抛好的2号锚绞上2号锚机，带4号锚钢丝于码头缆桩，带7号、11号尼龙缆至码头，带10号锚钢丝到防撞桩墩，“大力”号浮吊将压载水舱压满2 300t水，以降低船的重心，保证起吊的稳定性

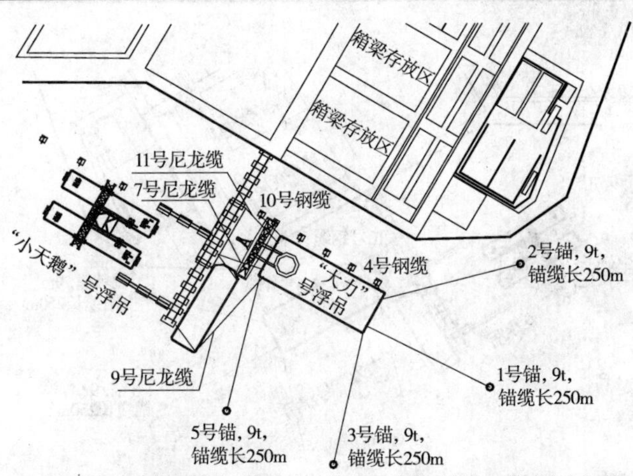

b)装梁驳船在拖轮的协助下靠码头，带4根尼龙缆至码头，带“大力”号浮吊9号尼龙缆到驳船左前缆桩，“大力”号浮吊绞船体后侧1号锚，左侧3号、5号锚，其余的松缆，使“大力”号浮吊后移与左移至装梁驳船的右侧，并与驳船顶靠

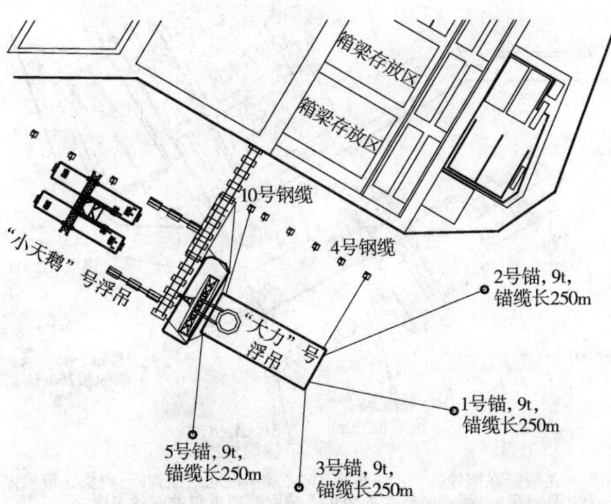

c)“大力”号浮吊定靠上装梁驳船，浮吊船轴线与驳船垂直。浮吊主钩挂钩，将预先装载在驳船上吊梁扁担吊离驳船。并将吊梁扁担的电缆通过浮吊机上的导轮连接到“大力”号浮吊上，以保证吊梁扁担操作时用电的需要

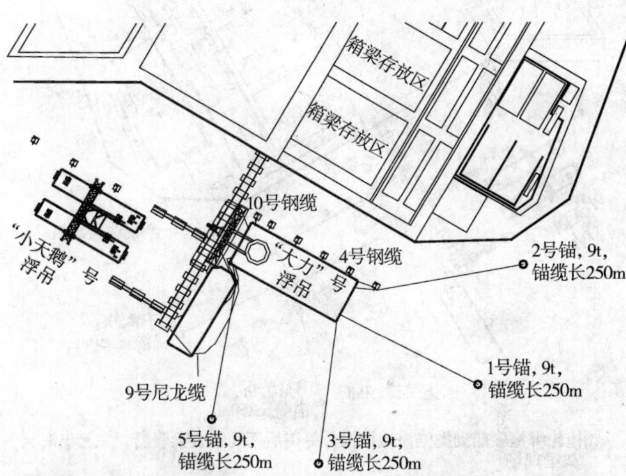

d)浮吊绞动船体右侧的4号、10号缆，使其向右、前移动，将“大力”号浮吊移位到栈桥码头停放箱梁的位置。提升吊梁至吨位700t，对吊点位置确认平稳，提升箱梁吊离码头

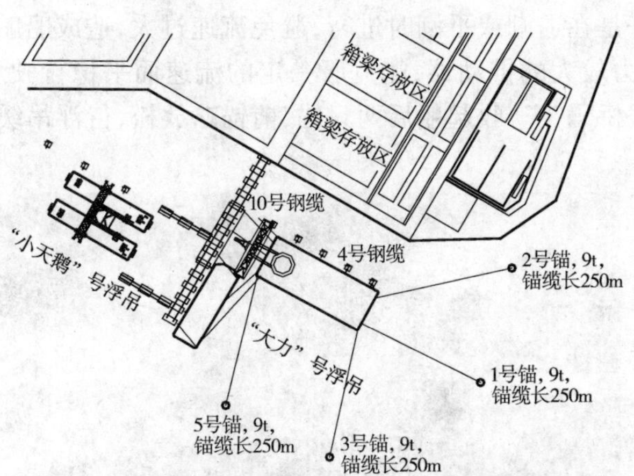

e)“大力”号浮吊绞动船体后侧1号锚缆，放松船体前面的带在码头上的7号、10号、11号锚缆，向后方向移动20m左右距离

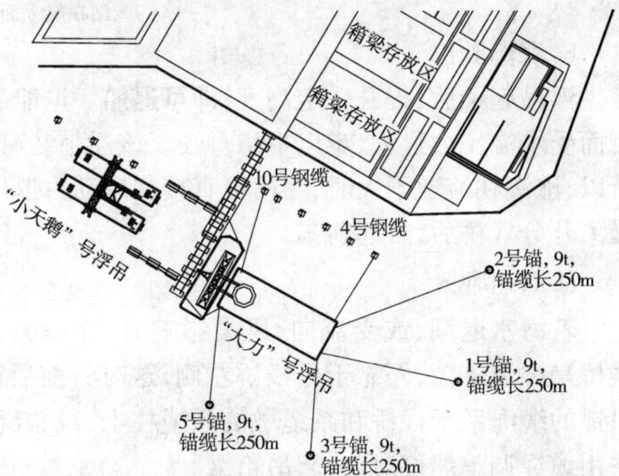

f)绞动船体左侧5号、3号锚缆，相应松其余锚缆，使船向左舷方向移动，并通过调节锚缆的松紧，使“大力”号浮吊船艉中心正对驳船的船舯，“大力”号浮吊船艉紧靠装梁驳船一侧，带7号、9号缆到驳船后侧与前侧。收紧所有钢缆。将箱梁缓缓放置到驳船的四个支点上。卸载500t，观察驳船的受力状态，确保驳船的状态稳定后，对箱梁固定后松钩

图　10.3.3.44

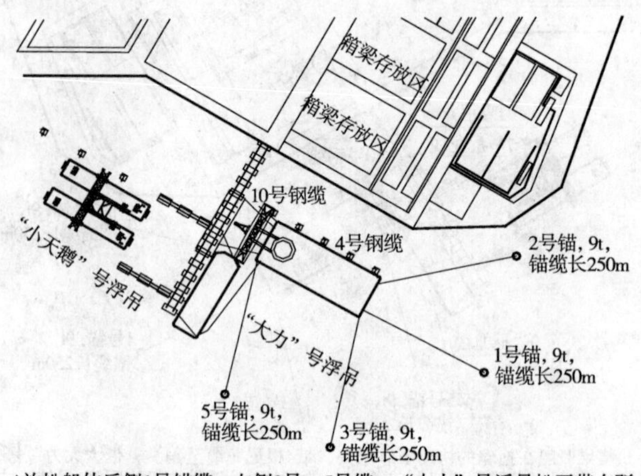

g)放松船体后侧1号锚缆，左侧3号、5号缆，“大力”号浮吊松开带在驳船上的7号、9号缆，绞动船体右侧4号、10号缆，使“大力”号浮吊回到吊装箱梁的码头区域

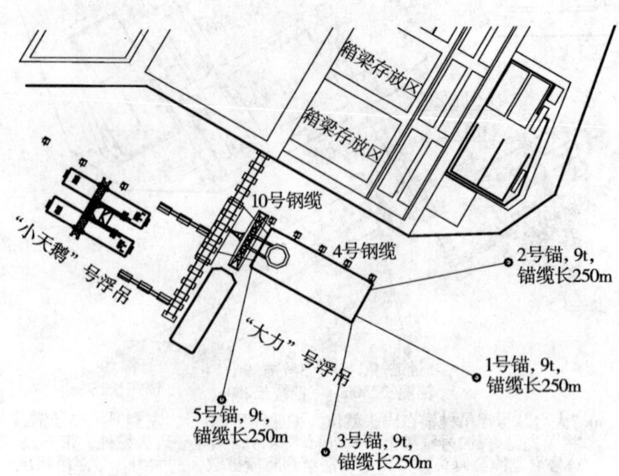

h)拖轮带缆与驳船一侧准备绑拖，驳船解除带在码头上的尼龙缆

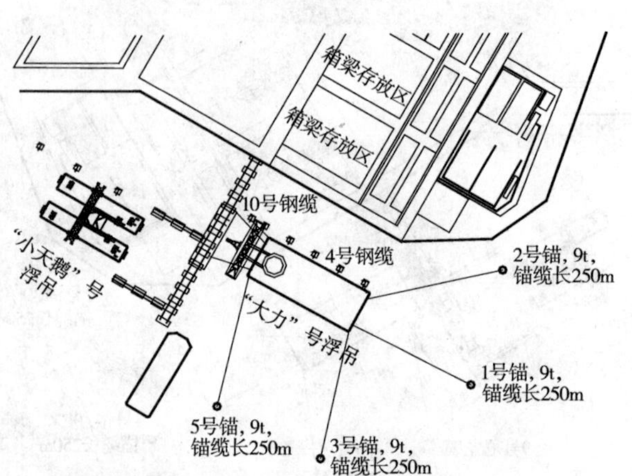

i)拖轮绑拖驳船到抛锚海域抛锚，等待后面几条装梁驳船，一起出海至架梁现场

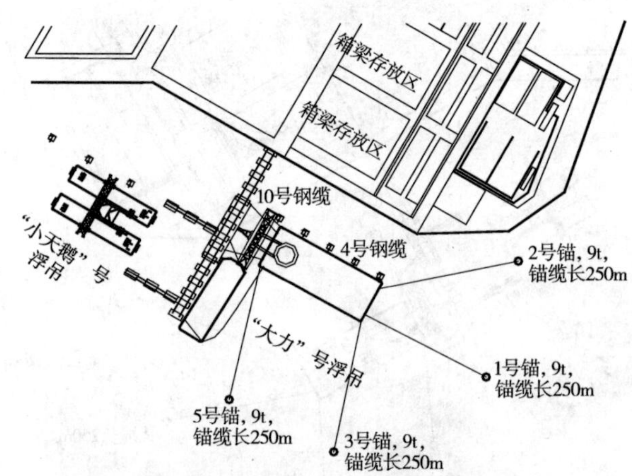

j)另一条驳船在拖轮的协助下停靠码头，带4根尼龙缆到F形码头，带“大力”号浮吊9号缆到驳船左前缆桩，装梁落驳重复前面的工序

图 10.3.3.44 “大力”号浮吊箱梁落驳工序

注：人站在船上面对浮吊吊机为正前方

b. 涨潮驶出

浮吊起梁后，提升一定高度，即可退船。退船最好是在退潮或平潮时进行，避免流速过大，造成船舶侧面受水流压力过大、难以平稳行驶。该浮吊装有动力较大的推动器，能克服一定的流速而平稳行驶。所以，涨潮在流速不大时，浮吊可直接利用动力退出栈桥码头。收起船后两只锚，前锚略放松，待浮吊缓慢离开分栈桥后，收起前锚。

c. 退潮驶入

若海水退潮，或受流向、风力影响时，浮吊驶入栈桥是顺流进挡，停靠于分栈桥左侧，这时将前后四只锚的缆绳系于栈桥和系缆墩的系缆柱上，绞锚绳，采用缆绳调整船位对位，起吊箱梁。

d. 退潮驶出

海水退潮时，船体需逆流退出分栈桥，这时需先抛尾锚于后方，锚绳与船体后船舷边线夹角约 60°，锚绳长约 100m，随船体移动缓慢解除系在系缆柱上的前锚锚绳，由浮吊动力配合锚机工作，使浮吊退出

图 10.3.3.45 “大力”号浮吊在出梁码头起吊箱梁

栈桥。

图10.3.3.49所示为“小天鹅”号起重船在涨落潮时,船体移位的工况示意图。

图10.3.3.46　60m跨径箱梁海上运输

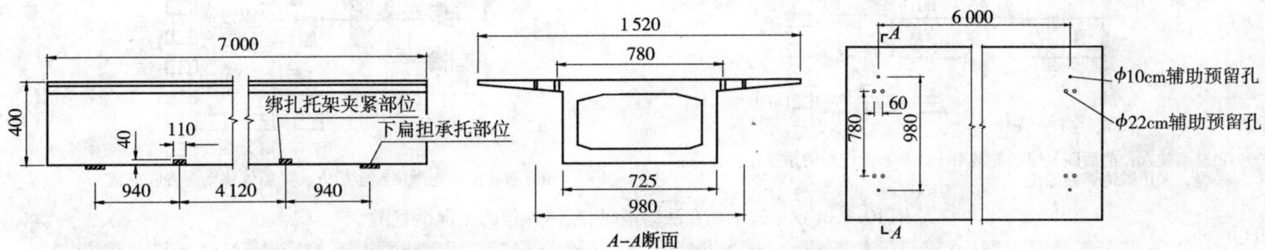

图10.3.3.47　70m跨径箱梁吊点布置(尺寸单位:cm)

图10.3.3.48　“小天鹅”号起重船在分栈桥上取梁

③70m跨径箱梁的运输

“小天鹅”号浮吊取梁退出栈桥后,船头朝东,将箱梁落下,将箱梁固定后,船体旋转180°,浮吊沿南航线或北航线航行至待架桥孔位。图10.3.3.50为“小天鹅”号起重船海上运梁的雄姿。

浮吊航行时,需事先收听气象预报,掌握海上流速和波浪情况,了解风力、风向,以便正常航行。

南航线航行的距离较短,但航线船舶较多,航行受到一定的影响,航行中需控制航速,且注意瞭望,以确保航行安全。

7.箱梁海上架设

(1)“大力”号浮吊安装60m跨箱梁

60m跨箱梁架设主要利用“大力”号浮吊来实现海上架设任务的。

①“大力”号浮吊抛锚布场

“大力”号浮吊的抛锚布场方式既要保证浮吊的固定,又能保证浮吊可以进行各个方向上的移动,同时尽可能提高移位过程中精度的控制。经过仔细研究最终确定“大力”号在抛锚船的协助下一次抛7个工作锚，锚重12t，锚缆选用200mm铁芯钢缆，领水锚缆长700m，横锚缆长500m，后锚缆长600m。

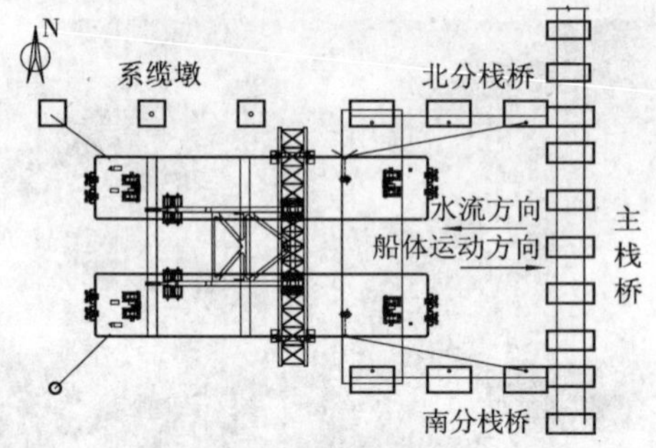

a)涨潮驶入：前左右两只锚缆分别系于两分栈桥上，浮吊的后左右两只锚系在缆墩的系缆柱上，绞锚移位

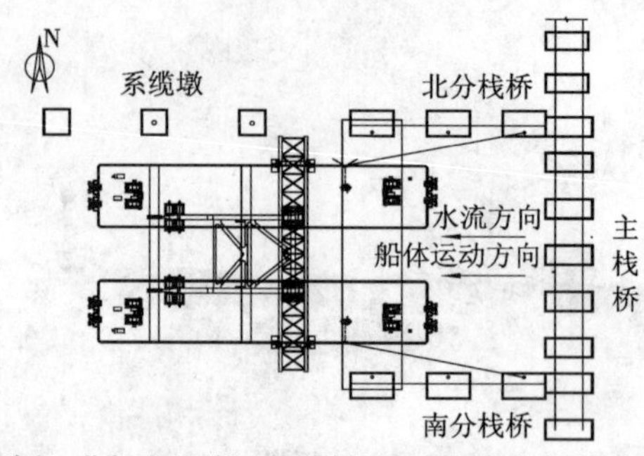

b)涨潮驶出：收起后两只锚，前锚略放松，待浮吊启动缓慢离开分栈桥后，收起前锚

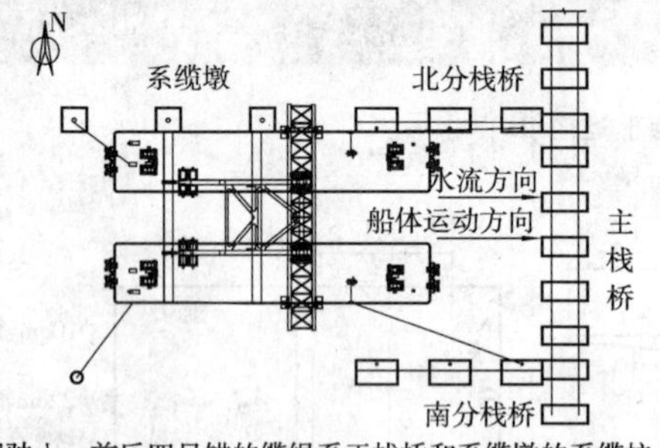

c)退潮驶入：前后四只锚的缆绳系于栈桥和系缆墩的系缆柱上，绞锚绳，采用缆绳调整船位

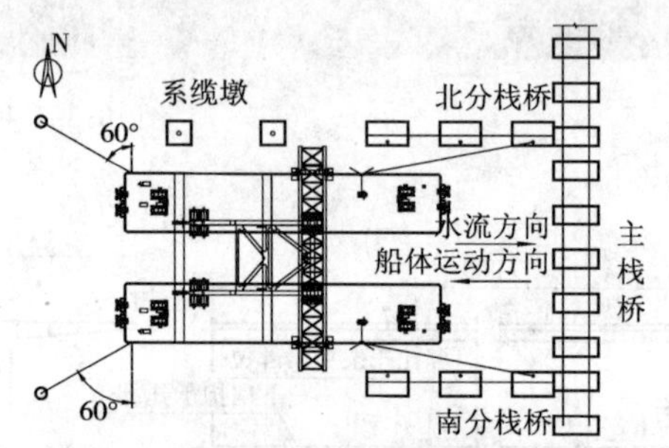

d)退潮驶出：先抛尾锚于后方，随船体移动缓慢收前锚

图10.3.3.49 起重船在涨落潮时，船体移位的工况示意图

图10.3.3.50 “小天鹅”号浮吊海上运梁

②架设方法

“大力”号浮吊架梁采用放锚固定、绞锚移位的原则，这样能够保证架设过程的稳定性。由于浮吊采用布锚固定的方式，就必须研究箱梁如何拖运到浮吊方便起吊的位置。经仔细分析，首先浮吊在架设点前方抛锚固定，同时放松前侧锚，让拖轮拖驳船进挡靠浮吊，浮吊此时可以起吊箱梁，拖轮再拖驳船离档，然后浮吊通过收紧前领水锚移位到架设位置处进行架梁，浮吊的退位通过收紧后侧锚实现。该施工方法关键是要求前领水锚放松前，浮吊的头部面对海潮落水的方向，这时浮吊的固定主要通过后侧锚来实现。其施工过程整理如下。

“顶涨水”指浮吊在桥面箱梁一侧，顶涨水方向抛锚。“做涨水”即在涨潮时间段作业。“大力”号浮吊“顶涨水”、“做涨水”施工思路如下。

低平潮和初涨水时，浮吊跨过箱梁轴线的前领水锚缆自然松垂，运箱梁驳进浮吊与桥线之间空档、靠驳，浮吊起吊箱梁，撤离运箱梁驳。作业时间2.5h。

快涨水阶段浮吊作业困难危险，停止作业避让快涨水。避让时间1.5h。

高平潮和初落水阶段，浮吊绞锚移船，安装箱梁。作业时间3h。

以上步骤循环就可以实现多根箱梁的海上架设。“大力”号浮吊安装箱梁各道工序见图 10.3.3.51。

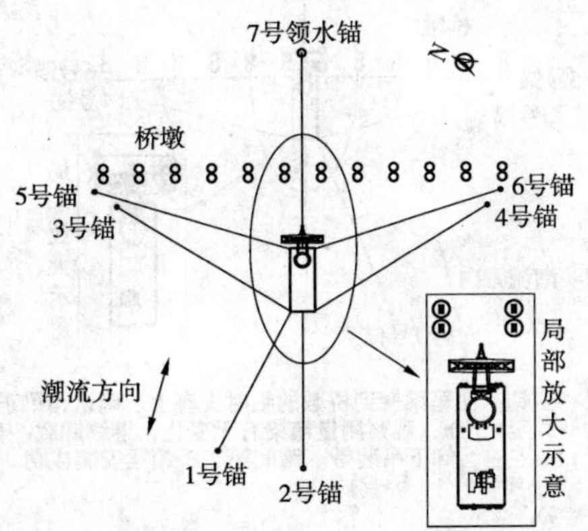

a)“大力”号浮吊到指定作业海区抛锚就位，在抛锚船的协助下一次抛7个工作锚，即7号侧锚为前领水锚，1号、2号为后锚，3号、5号为左侧锚，4号、6号为右侧锚

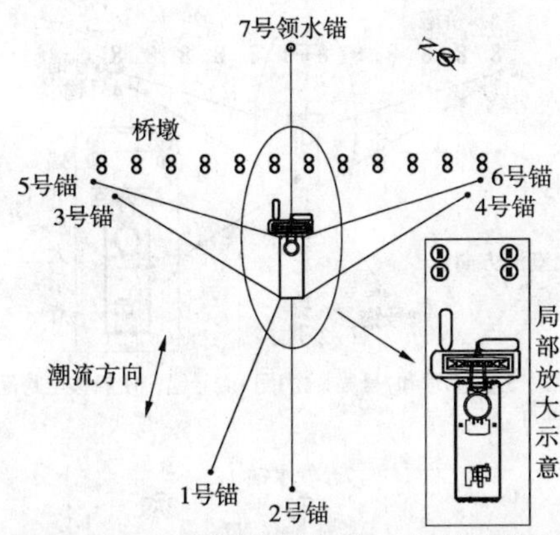

b)放松7号前领水锚，两只拖船顶推装梁驳船，使驳船右舷向“大力”号浮吊船艉顶靠，“大力”号浮吊带9号、10号和11号缆到驳船，与浮吊连接。通过绞锚调整“大力”号浮吊与驳船的相对位置，使“大力”号浮吊的纵中轴线与箱梁的横中轴线对齐。绞紧驳船与浮吊连接的缆绳，起吊箱梁。解除“大力”号浮吊带在驳船上的缆绳，拖轮、驳船离开浮吊作业区域

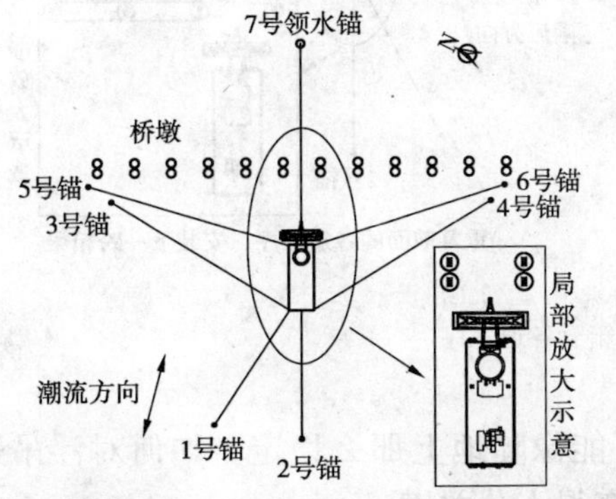

c)绞3号、4号、5号、6号、7号锚，松1号、2号锚，使船移至跨间第一根箱梁的吊装位置

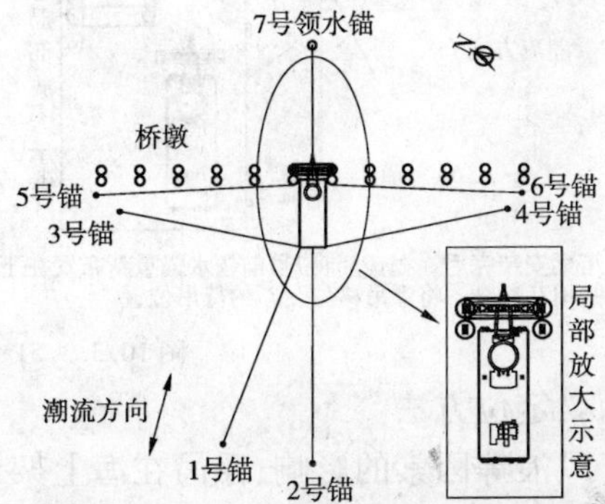

d)调整浮吊、主钩，使箱梁搁到桥墩的临时支座上。确认箱梁正确对位后，主钩卸载至1 500t，观察测量箱梁有无变化，继续卸载直至吊梁距离箱梁1.5m左右，卸下吊装带。跨间第一根箱梁安装成功

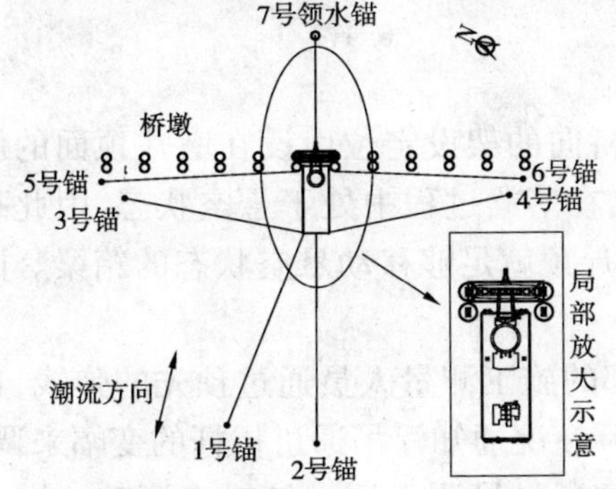

e)绞1号、2号后锚，相应松3号、4号、5号、6号侧锚及放松7号前领水锚，使“大力”号浮吊向船艏方向移位至原来的位置，等待下一根箱梁的安装

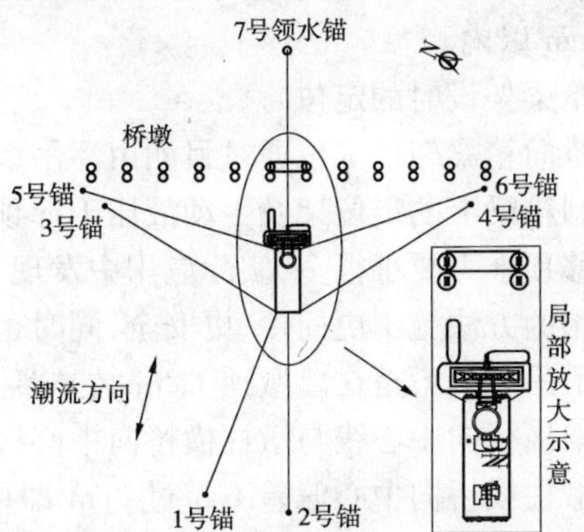

f)放松7号前领水锚，两只拖船顶推装梁驳船，使驳船右舷靠“大力”号浮吊船艉靠架，“大力”号浮吊带9号、10号和11号缆到驳船，与浮吊连接。通过绞锚调整“大力”号浮吊与驳船的相对位置，使“大力”号浮吊的纵中轴线与箱梁的横中轴线对齐。绞紧驳船与浮吊连接的缆绳，起吊箱梁。解除“大力”号浮吊带在驳船上的缆绳，拖轮、驳船离开浮吊作业区域

图　10.3.3.51

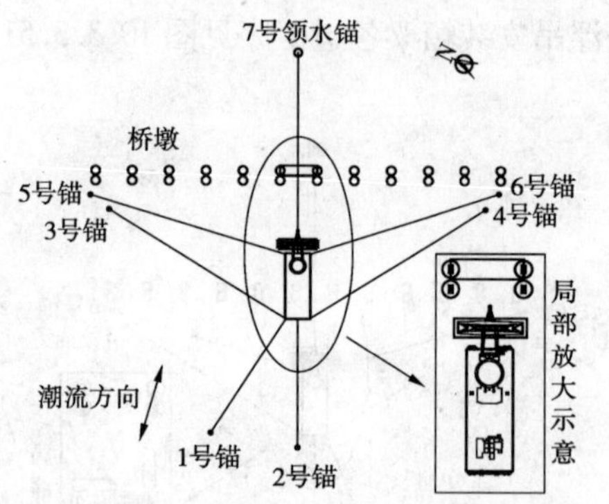

g)绞3号、4号、5号、6号和7号锚，松1号和2号锚，使船移至跨间第二根箱梁吊装位置

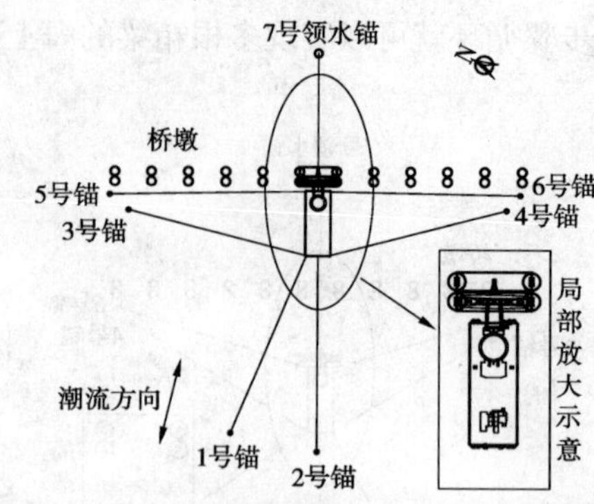

h)调整浮吊、主钩，使箱梁搁到桥墩的临时支座上。确认箱梁正确对位后，主钩卸载至1 500t，观察测量箱梁有无变化，继续卸载，直至吊梁距离箱梁1.5m左右，卸下吊装带。跨间第二根箱梁安装成功

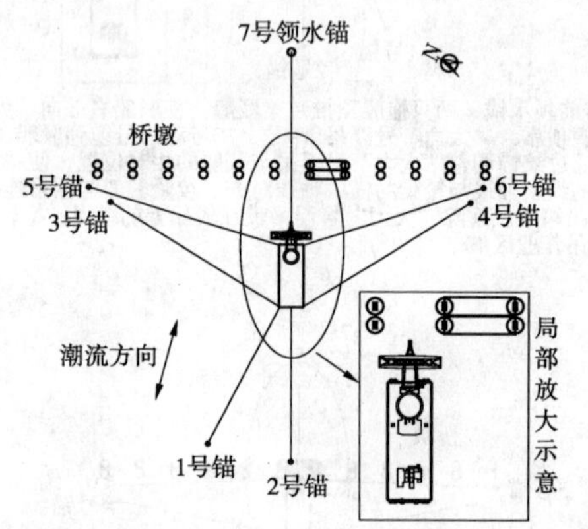

i)一跨两根箱梁安装完后，抛锚船将7号前领水锚重新布置在下一跨间，其余各个锚相互配合，将浮吊移位至新的待吊位置

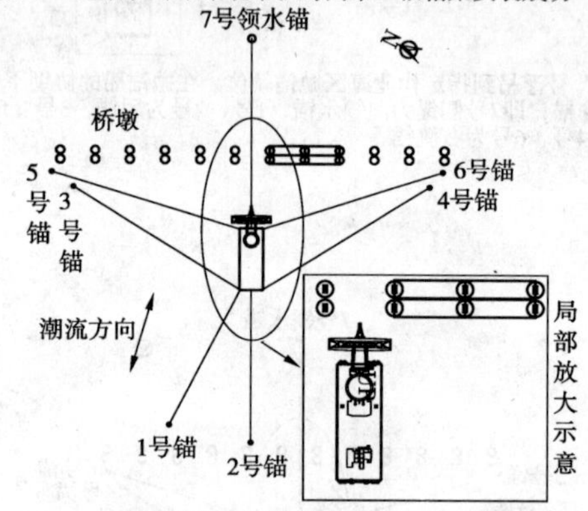

j)重复前面的各道工序，安装下一跨箱梁

图 10.3.3.51 “大力”号浮吊安装箱梁各道工序

③箱梁定位方法

由于风浪等因素的影响，浮吊在海上架设的过程中不可能像陆地上那么稳定。如何对浮吊进行准确的定位以及保证箱梁能按照预定的位置准确架设到位就变得十分关键。

a. 浮吊的定位

浮吊位置的移动主要通过绞锚来实现，“大力”号浮吊横向位置微调靠左右舷横锚，纵向位置微调靠首尾锚，同时可以通过改变吊臂幅度来帮助微调纵向位置。通过以上的调节，能保证架设前位置的偏差在 10cm 以内。

b. 箱梁架设时的定位

纵桥向箱梁架设定位通过目测由浮吊绞锚来调整，而横桥向的架设定位由设在墩柱顶面的斜块和设在预制箱梁上的定位架及手动液压千斤顶实现。由于箱梁在落梁过程中处于悬空状态，因此顶推力相对滑移顶推力要小很多，实际应用中发现只要 5t 左右的千斤顶就足够移动悬空状态的箱梁。因此本工程采用的方法施工更简便、更安全，同时也节省施工成本。

浮吊吊装箱梁至在离墩顶 1.5m 左右距离停钩，墩柱顶部的施工测量人员通过预先的弹线，目测箱梁定位架横桥向中心线与墩柱横桥向中心线的偏差，根据实际情况通知浮吊通过扒杆的变幅来调整，直至两侧墩柱横桥向中心偏差不超过 2cm 即可。纵桥向的定位通过目测由浮吊绞锚来调整。横桥向和纵桥向调整完毕后，墩顶施工人员手动打开定位架下端的千斤顶，打到一定的行程，千斤顶与斜块留有 1cm 的距离，配合墩柱顶面的斜块由浮吊下主钩进行箱梁的落架工作，见图 10.3.3.52 和图 10.3.3.53。

图 10.3.3.54 所示为“大力”号浮吊安装 60m 跨箱梁的现场实录。

(2)“小天鹅”号浮吊安装 70m 跨箱梁

①“小天鹅”号浮吊抛锚布场

“小天鹅”号浮吊沿南(北)航线航行至桥中线西(东)侧，距待架桥孔约 300 ~ 350m 左右距离时，先

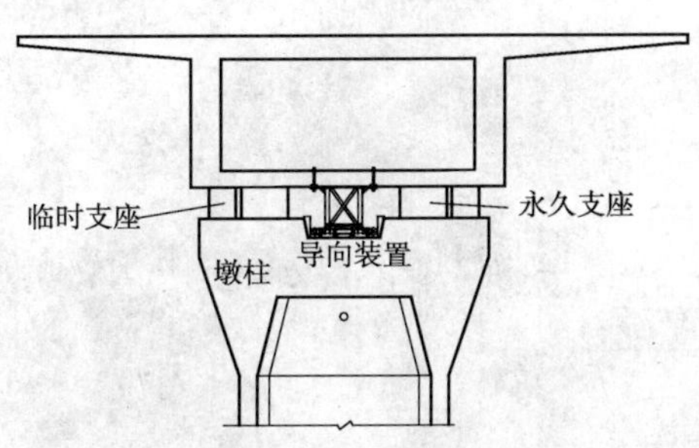

图 10.3.3.52　箱梁架设示意

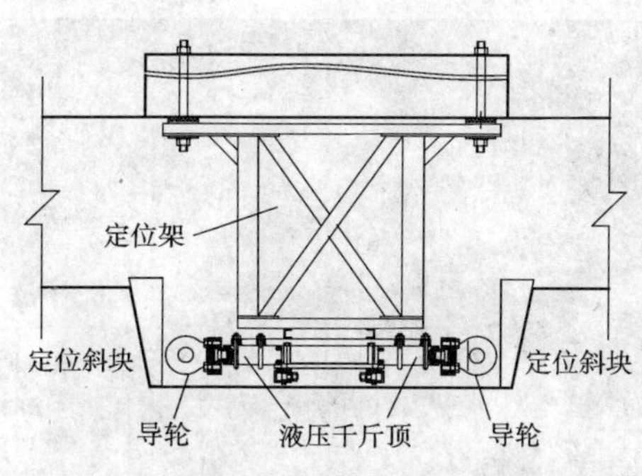

图 10.3.3.53　箱梁架设横向定位装置示意

a)"大力"号浮吊就位，等待装梁驳船进入安装施工海域

b)装梁驳船由拖轮带入浮吊前，浮吊起吊60m跨箱梁，驳船离开安装海域

c)绞动前领水锚，其余锚作相应配合，向安装桥位移动

d)依靠各锚配合移至安装桥墩处的跨间中心，缓慢落梁

e)依靠梁底导向结构，对准安装位置

f)落梁至正确位置

图　10.3.3.54

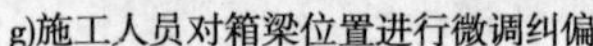
g)施工人员对箱梁位置进行微调纠偏

h)箱梁就位结束，拆除软吊索

图 10.3.3.54 “大力”号浮吊安装 60m 跨箱梁的现场实录

抛下两个艉锚，再利用抛锚船抛下两个艏锚、四个侧锚，锚绳长 300 ~ 450m，以便船体准确定位。

浮吊前后左右八个锚完全抛好后，将箱梁提升至架设需要的高度，利用绞锚机将浮吊绞进桥孔位置，调整锚绳长度，微调对位，使 70m 跨待安装箱梁的跨中基本对准两个桥墩的中心。

浮吊安装完成一根梁，需返回预制场取梁，退出安装现场时，仍利用浮吊上的锚机配合，收放锚绳，将浮吊退出桥孔位置，然后按照与抛锚顺序相反的顺序，利用抛锚船起锚。在逆水停船时船艏再抛自救锚。浮吊沿南(北)航线返回箱梁出海码头。至此，完成一根梁的架设循环过程。“小天鹅”号浮吊抛锚布场的具体工序见图 10.3.3.55。

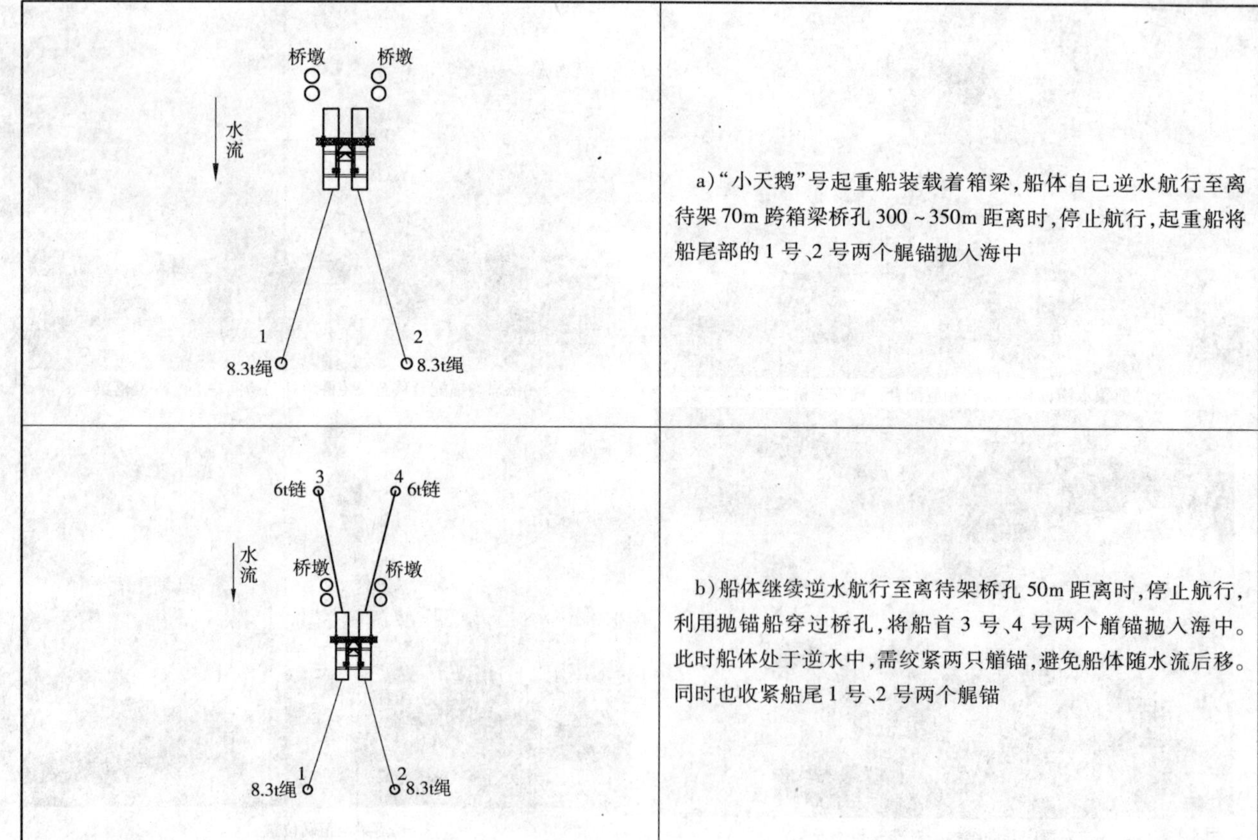

图 10.3.3.55

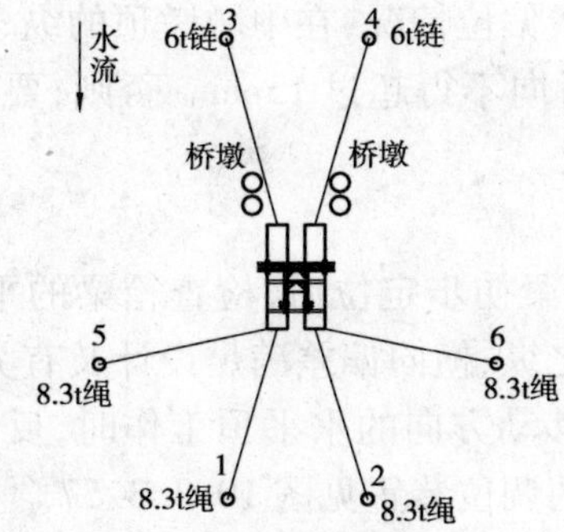

c)利用抛锚船将船上的5号、6号两个侧锚抛入海中，并收紧锚缆

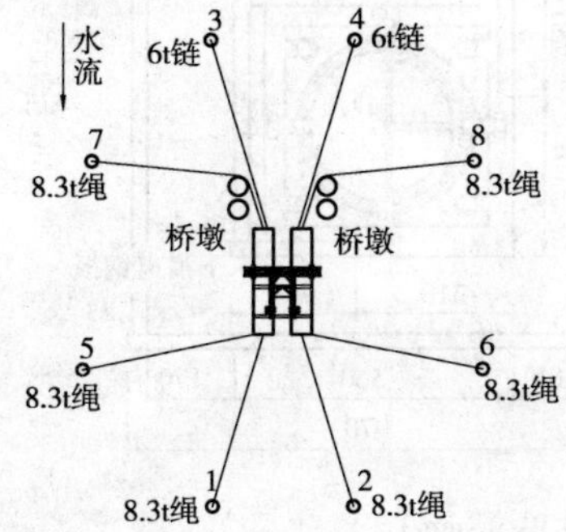

d)再利用抛锚船穿过桥孔，分别将船首7号、8号两个侧锚绕过桥墩抛入海中，并收紧缆绳。起重船将70m跨箱梁提升至架设所需要的高度

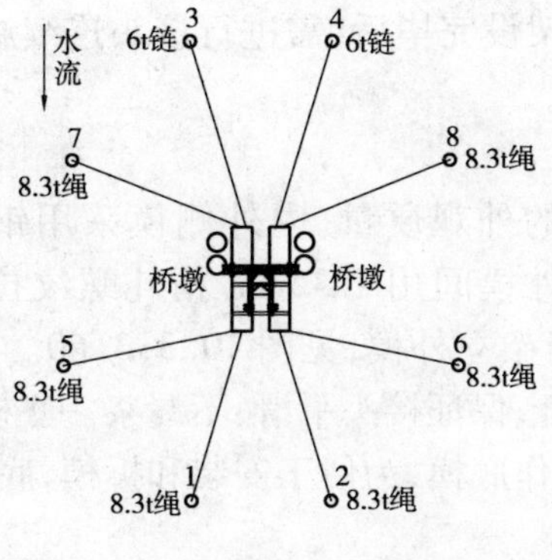

e)通过各锚绞动的协同，确定起重船安装箱梁的正确位置。"小天鹅"号浮吊抛锚布场结束

图10.3.3.55　"小天鹅"号浮吊抛锚布场的各道工序

②落梁及初步对位

在箱梁架设前，需在箱梁两端测设纵向中心线及梁端线位置，并做出醒目标记。墩顶测设相应的纵向中心线及与箱梁相对应的梁端线，以便箱梁就位时有可靠的参照物。墩顶临时支座高程的测量，应根据设计箱梁梁底高程另加临时支座缓冲垫的压缩量。临时支座缓冲垫压缩量根据试验测量，即将缓冲垫放置于试验室顶架上加载至实际荷载，测量其压缩值。

"小天鹅"号浮吊在桥跨处抛锚就位后，提升箱梁使梁底高出墩顶约1m距离。利用锚机调整锚绳，使浮吊移进桥跨，精确对位，收紧锚绳。将箱梁下落，使梁底距临时支座顶约20cm距离，见图10.3.3.56。

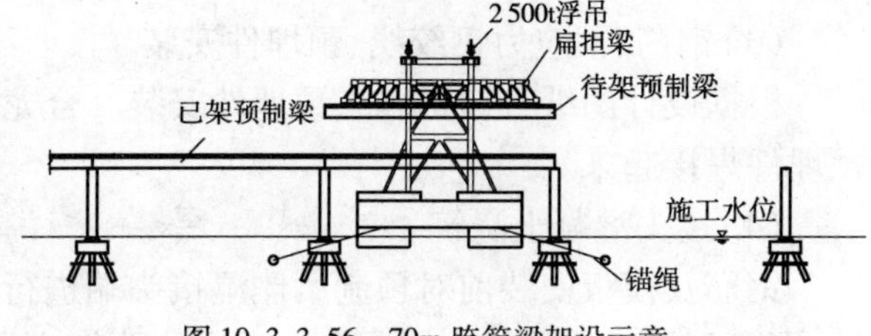

图10.3.3.56　70m跨箱梁架设示意

此时，检测箱梁纵向中心线及梁端线的偏位情

况,指挥浮吊船调整锚绳,使箱梁纵向中心线及梁端线与墩顶上纵向中心线及梁端线基本吻合。吊船松钩落梁,箱梁落于墩顶临时支座上。浮吊船落梁后,应及时测量偏位情况,在中墩墩顶的纵、横向偏位值不得超过 15cm,在边墩墩顶偏位:横桥向不得超过 7.5cm,纵桥向不得超过 15cm。否则,要求再次提升箱梁,重新对位落梁。

③70m 跨箱梁精确就位

在箱梁初步定位后,还需对箱梁的位置进行精确就位。箱梁初步定位后,检查箱梁的平面位置,根据箱梁的偏位方向,采用墩顶临时支座的水平顶调整位置,使之纵、横向偏差满足设计及有关规范要求。临时支座调整箱梁水平位置时,需纵、横向分开调整。当箱梁移动方向的水平顶工作时,反方向的千斤顶应预留出调整的空隙,边调整边观察,直到满足要求。箱梁的调位装置见图 10.3.3.57。

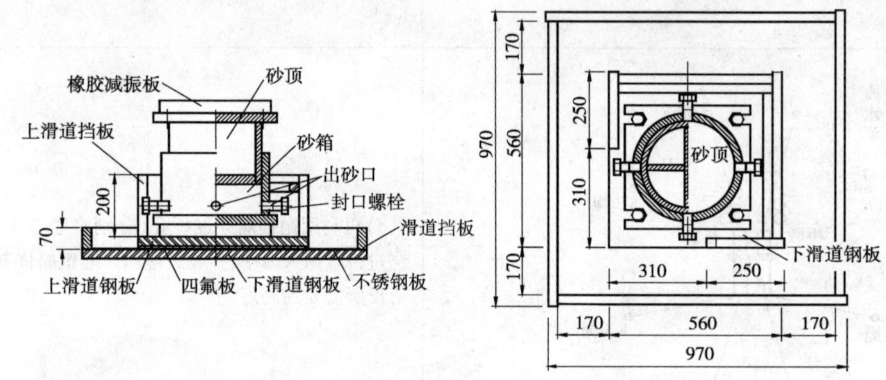

图 10.3.3.57　墩顶滑移装置结构(尺寸单位:mm)

图 10.3.3.58 为“小天鹅”号浮吊安装 70m 跨箱梁的现场实录。

8. 混凝土箱梁湿接头施工

60m、70m 跨箱梁采用先简支后连续的施工方法,在箱梁架设完毕后,需进行接头连续施工,接头采用现场架设模板浇筑混凝土。

(1)模板的设计与制造

由于湿接头模板重复使用次数较多,为了保证湿接头的外观质量,内外侧模采用钢模、面板厚 6mm,设竖向加劲肋。模板架设有两种形式:一种采用内、外模间用 JL32mm 精轧螺纹拉杆对拉,由 ϕ50mmPVC 管成孔,见图 10.3.3.59;另一种在墩顶搭设钢桁架立外模,见图 10.3.3.60。外侧模制造时,注意翼缘板与腹板的倒角处尺寸应与已架设箱梁尺寸吻合,保证接头平滑、不漏浆。底模采用木模,根据墩顶上支座布置、箱梁湿接头空尺寸、抗振挡块的尺寸制作底模,为便于安装和拆模,底模由小块木模在墩顶拼装而成,其底抄垫木楔。

(2)正式支座安装

现浇接头的位置在正式支座的顶部,在浇筑接头混凝土之前需对正式支座进行仔细安装,支座就位后,在支座底板四角用钢楔块调整支座水平,找正支座纵、横向中线位置,使之符合设计要求;然后,将锚栓通过垫圈及螺母与锚固压板组装好,把锚栓插入预留孔中,同时把锚固压板的固定销插入上、下支座的销孔内,拧紧螺母,采用位能压浆的办法灌注锚栓孔及支座底面垫层。

安装支座顶板锚栓,并应防止支座顶板在浇筑混凝土过程中滑动。必要时将支座顶板与梁体钢筋点焊。在张拉负弯矩钢绞线前,拆除上、下支座连接螺栓,防止支座约束梁体正常运动。

(3)钢筋、预应力钢绞线、预埋件安装

根据设计图纸,进行钢筋、预埋件安装。合龙段支撑钢构件应选择在一天气温最低时与预制梁体内预埋件焊接起来。

(4)接头混凝土浇筑

钢筋及模板安装前对预制梁体湿接头端进行凿毛处理,在湿接头钢筋及模板安装就位,并检查合格后,即可开始浇筑湿接头混凝土。混凝土为海上混凝土工厂生产的高性能混凝土,采用混凝土工厂的布料机布料。

a)浮吊抛锚就位后，提升箱梁使箱梁底高出墩顶约1m，通过绞锚移位

b)使浮吊移进桥跨间精确对位，收紧锚绳

c)将箱梁下落，使梁底距临时支座顶约20cm高

d)检测箱梁纵向中心线及梁端线的偏位情况后浮吊船松钩落梁，箱梁落于墩顶临时支座上

e)架梁结束，“小天鹅”号浮吊通过收放锚绳，将浮吊退出桥孔位置，返回预制场

f)采用水平千斤顶顶推临时支座，带动箱梁精确对位

图10.3.3.58　“小天鹅”号浮吊安装70m跨箱梁的现场实录

9.结构体系的转换

合龙段钢铰线张拉、压浆完毕及水泥浆达设计强度后，即可拆除临时支座，进行体系转换。临时支座拆除时宜先拆除每联中跨梁临时支座，再拆除次中跨梁临时支座，最后拆除两边跨梁临时支座，完成该联梁的体系转换。70m跨径梁每根梁的四个砂顶应同时拆除，施工时旋出砂顶下端螺母。根据砂顶试验结果，砂子不会自动流出来，可用钢筋掏出。掏出时宜慢，每片箱梁的四个砂顶同时掏砂，砂顶顶心落下后，移走砂顶及其底下滑移装置，正式支座受力。70m跨径箱梁形成连续状态，完成体系转换。由于体系转换时正式支座与梁体及支承垫石接触密贴，拆除临时支座后梁体不会有较大的下沉，且正式支

座与临时支座相距很近,所以拆除临时支座不会对梁体产生不利影响(60m 跨径梁完成体系转换的步骤与 70m 跨径梁基本相同)。

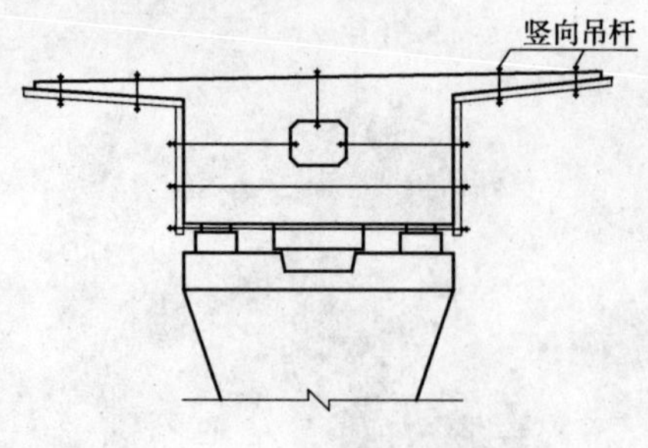

图 10.3.3.59　用拉杆对拉立外膜

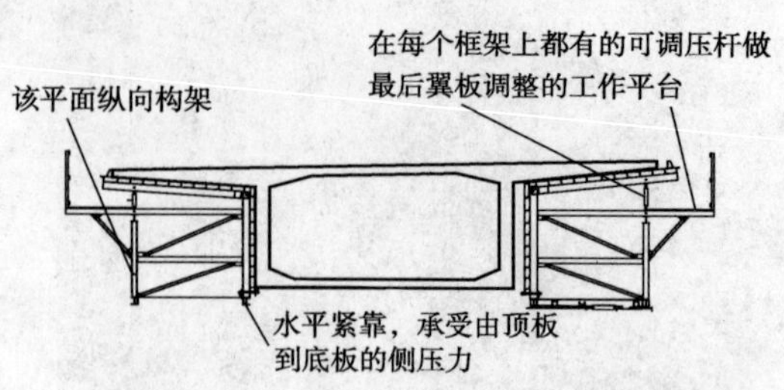

图 10.3.3.60　搭设钢桁架立外模

第4章　近岛区非通航段桥梁施工

4.1　近岛区非通航段工程概述

东海大桥从芦潮港至嵊泗县崎岖列岛的大乌龟岛上登陆，大乌龟岛为面积狭小的岛屿，植被稀少、边坡地形较为陡峭、岸线曲折，呈鸡爪形地貌；受海洋动力作用的影响，岸壁海沟等海蚀地貌较为发育。地域基岩分为中风化花岗岩和微风化花岗岩两种，微风化花岗岩的干、水饱和平均，单轴抗压强度分别为 92.3MPa 和 67.1MPa。

桥轴线与岛岩壁基本平行，且大乌龟岛基岩裸露、岸壁陡峭，海底基岩在桥轴线横向两侧岩面起伏高差非常大，仅桥宽范围内最小高差为 1m、最大达 14m；在纵桥轴线方向起伏变化也很大，桥区海域水深约 8 ~ 25m，沿桥轴线向大乌龟岛方向水深逐渐减小，直到基岩露出水面。

东海大桥非通航孔近岛段设计为上下行两幅、8 跨 50m 预应力混凝土连续箱梁，采用等高度单箱单室截面，顶板宽 15.25m，底板宽 7.25m，梁高为 3.5m，顶板厚 28cm，底板厚 30cm，腹板混凝土厚 40 ~ 60cm（中跨 ~ 墩顶）。桥梁纵坡 0.3%，平面线性位于 $R = 2\ 500\text{m}$ 的圆曲线上。桥梁纵、横布置见图10.4.1.1。

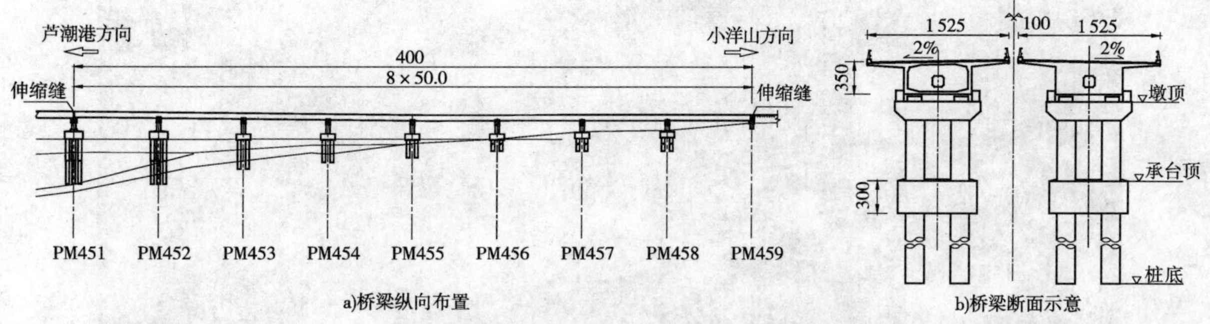

图 10.4.1.1　近岛段桥梁纵、横布置（尺寸单位：cm）

桥梁工程在该区域范围内有着显著特点：一是在离大桥登陆点 300m 长的区域内，由于岛岩向海底延伸，造成该区域内水深较浅，施工船只尤其是大型起重船无法进行起吊安装作业；二是大乌龟岛面积狭小，很难满足大规模大型构件施工作业面的要求；三是该区段桥梁平面布置位于相同半径的圆弧曲线上，属预应力混凝土连续曲线箱梁。

该区段桥梁进行施工，如采用在海中搭设支架现浇方法，则支架搭设困难大且工程量巨大；如采用现场整孔安装方法则不具备大型起重船作业的条件；如采用悬臂浇筑工艺，则较难满足曲线梁的线形要求。显然，采用顶推施工工艺进行桥梁施工是一种比较适宜的方法。顶推法多用于预应力混凝土等高度连续梁和斜拉桥主梁的施工，它可以在一个较小的预制场地内逐段预制节段梁后采用顶推法将梁段逐次顶推出预制场。

本工程的顶推法施工，在沿桥轴线的桥台位置开辟预制场地，先对预制梁段施加纵向预应力，然后通过水平千斤顶施力，借助聚四氟乙烯板组成的滑动装置，将梁段向海中推进；空出的预制梁段台座继续浇筑梁段，随后施加预应力与前一梁段联结，继续顶推。设在桥墩处的横向纠偏顶推装置，可以调整曲线梁在直线顶推时的横向偏移。如此循环，待全部顶推就位后，落梁、更换永久支座，完成桥梁施工。

顶推法施工的场地仅限于预制梁段的范围,具备盖设临时工棚的条件,有利于冬季、雨季施工,加以反复操作,工人技术容易熟练,工程质量得以保证。顶推法施工具有分段预制的好处,而无节段的接缝问题,并节约施工场地,减少构件、材料运输,减轻了劳动强度。同时临时设备仅是预制场地附近的设备和顶推装置,不需要大量的支架和大型机械,只需制作梁段长度的模板,并可反复使用,相应地可降低工程造价。

本工程采用多点顶推工艺,在每个桥墩顶上设置一对小吨位的水平千斤顶,将集中的顶推力分散到各桥墩上,由于水平千斤顶作用于桥墩的反力可以平衡梁体滑移时在桥墩上产生的摩阻力,从而使桥墩在顶推过程中承受较小的水平力,因此可以在柔性墩上进行多点顶推施工。同时,多点顶推所需的顶推设备吨位小,与单点顶推比较,可以免去大规模的顶推设备,能有效地控制顶推梁的偏离。多点顶推采用拉杆式顶推系统,免去了每一循环顶推过程中需用竖向千斤顶将梁顶起使水平千斤顶复位的工序,简化了工艺流程,加快了顶推速度。

在同一半径曲线梁上采用多点顶推,由于各墩均匀施加顶力,使曲梁顶推顺利进行。在实际施工中,拉杆式顶推系统采用柔性钢绞线牵引,使其更适宜曲线梁的顶推施工。

考虑到该施工区域离大乌龟岛陆地近,为充分利用陆地施工这一条件,需从大乌龟岛上往海上搭设出一座栈桥,以满足履带吊机、50t全回转吊机、混凝土搅拌输送车和运料汽车等施工设备及施工人员通行。栈桥的搭设布置见图10.4.1.2。

图10.4.1.2　近岛段搭设的栈桥

4.2　近岛区非通航段桥梁下部结构施工

根据东海大桥全桥墩号的编排,采用顶推法施工桥梁墩号从PM451至PM459。此近岛段下部结构桥墩为钻孔灌注桩基础,桥台为扩大基础。根据地质情况的不同,其中PM451~PM453墩采用水上平台施工,PM454~PM459墩台采用筑岛围堰施工。

PM451~PM458桥墩基础采用直径为2m的钻孔灌注桩,PM459桥台采用扩大基础。表10.4.2.1为桥墩钻孔灌注桩工程要素。由于大乌龟岛岩面在桥梁工程范围内起伏很大,表中所列的数据均为平均值,在具体实施期间对每个桩位需探明岩面的高程,最终确定每根桩的长度。

桥墩钻孔灌注桩工程要素　　表10.4.2.1

墩　号	PM451	PM452	PM453	PM454
桩长(m)	36.0(平均)	22.0(平均)	20.3(平均)	14.0(平均)
嵌岩深度(m)	3.0	3.0	6.0	6.0
外海侧单幅桥梁中心线处地面高程(m)	-8.45	-7.85	-7.22	-3.84
外海侧单幅桥梁中心线处岩面高程(m)	-32.17	-18.46	-9.82	-5.93
内海侧单幅桥梁中心线处地面高程(m)	-8.10	-7.92	-0.83	0
内海侧单幅桥梁中心线处岩面高程(m)	-30.75	-15.49	-2.10	0.10
墩　号	PM455	PM456	PM457	PM458
桩长(m)	14.0(平均)	14.0(平均)	14.0(平均)	14.0(平均)
嵌岩深度(m)	6.0	6.0	6.0	6.0
外海侧单幅桥梁中心线处地面高程(m)	-2.75	0	0	0
外海侧单幅桥梁中心线处岩面高程(m)	-2.60	0.20	4.63	8.03
内海侧单幅桥梁中心线处地面高程(m)	0	0	0	0
内海侧单幅桥梁中心线处岩面高程(m)	0.38	8.66	14.58	16.0

4.2.1　钻孔灌注桩施工

1.钻孔灌注桩施工平台的搭设

根据该施工区域的地质条件,钻孔灌注桩施工平台的搭设采用两种形式,在大乌龟岛岩面上有覆土层的墩位处搭设钢平台。无覆土层,均为裸露的基岩,墩位处采用围堰筑岛,布置施工平台。

(1)钢平台基础施工(PM451～PM453墩)

钻孔灌注桩基础施工以栈桥为依托,采用钢平台施工方案。钢平台基桩为直径ϕ1 000～1 200mm的钢管桩,利用导管架法施工。导管架的布置见图10.4.2.1。

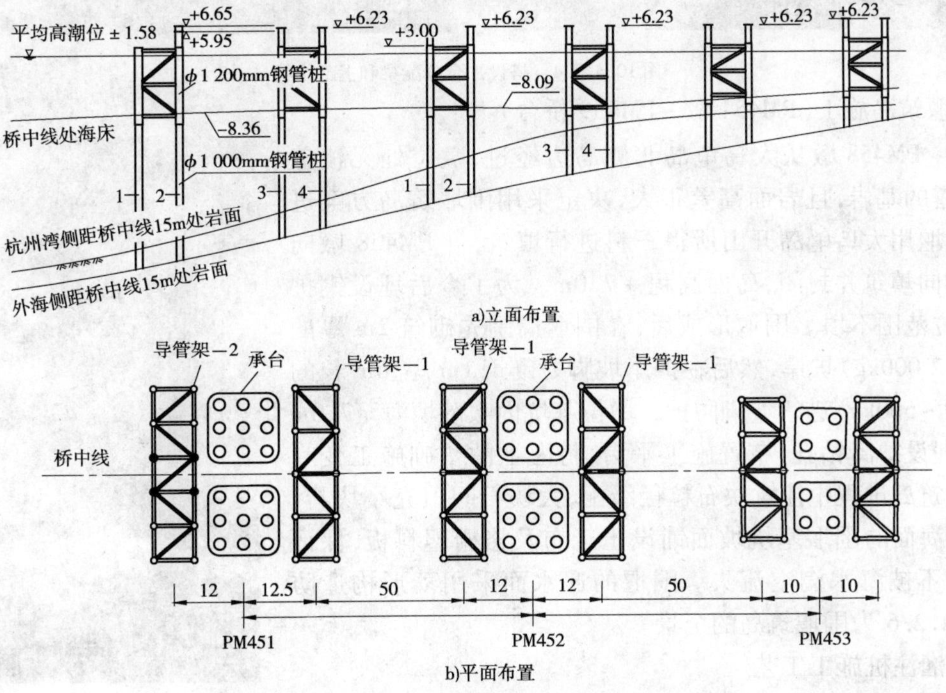

图10.4.2.1　导管架布置(尺寸单位:m)

先沉放桥墩两侧的导管架(图10.4.2.2),后插打定位钢管桩(图10.4.2.3)。

图10.4.2.2 沉放桥墩两侧的导管架

图10.4.2.3 插打定位钢管桩

安装桩顶分配梁和平台上部结构以及墩旁750t·m塔式吊机,如图10.4.2.4所示。利用平台顶导向框和塔吊插打钻孔灌注桩钢护筒并连成整体(图10.4.2.5),最后安装钻机进行钻孔灌注桩施工。

塔吊布置在墩轴线外侧靠芦潮港方向,以满足大部分钻孔灌注桩钢护筒和钢筋笼的起吊要求,栈桥附近的钻孔灌注桩钢护筒和钢筋笼可用栈桥上的吊机来完成起吊和下放工作。

图10.4.2.4 搭设平台分配梁和上部结构

(2)围堰筑岛施工(PM454墩~PM459桥台)

PM454~PM458墩从大乌龟岛北侧岛边经过,墩位处无覆盖层,均为裸露的基岩,且岩面高差很大,决定采用围堰筑岛方案进行施工。围堰用大乌龟岛开山所得石料进行填筑,自PM458墩向PM453墩方向填筑并封闭,岛面高程+7.0m。为了今后埋设钢护筒,留出桩位范围不填。围堰形成后,在围堰周围先砌筑2m厚的块石(500~2 000kg)护岸,然后在护岸坡脚处砌筑1m厚、6m长的压脚石(300~500kg)进行坡脚防护。墩位基坑内吹砂填海至7.0m高程,然后埋设护筒钻孔,布置施工平台,将海上的基础施工变为陆上施工。筑岛过程中注意块石粒径级配,大块石间填充小块石。吹砂前在迎海面的围堰基坑坡面铺设土工布及格栅塑料板,保证围堰内填砂不被海水淘空流失。围堰的迎水面采用菱形构造防护。图10.4.2.6为围堰筑岛的全景。

图10.4.2.5 塔吊插打钻孔桩钢护筒

2. 钻孔灌注桩施工工艺

各个桥墩的桩基长度变化很大,对钻孔深度达40m的桩位采用气举式反循环回转钻成孔工艺，而对钻孔深度小于40m的桩位则采用泵吸式反循环回转钻成孔工艺。由于该桥位特定的地质条件，即在同一根桩位岩面的起伏也很大，为保证钻机有效工作，需在桩位处先用冲击钻机将起伏岩面冲击成平面，再用反循环回转钻机进行成孔施工。

图10.4.2.6　围堰筑岛的全景

根据不同的成孔工艺，现场需配备KPG-3000型和ZSD-250型等旋转钻机、冲吸反循环钻机，及CJF-2000冲击钻机，还需配备两台21.5m^3/min和一台43m^3/min压风机、泥浆分离器（备用）及沉渣筒等相关设备及设施。

桥墩桩基持力层为微风化花岗岩层，强度较高，脆性大，在钻头选用上应优先选用楔齿滚刀钻头和冲击钻头，见图10.4.2.7。

图10.4.2.7　楔齿滚刀钻头、冲击钻头形式

（1）泵吸式反循环回转钻成孔工艺

①开钻

钻机就位后便可开钻，为防止堵塞转头的吸渣口，应将钻头提高距孔底约20～30cm，将真空泵加足清水（为便于真空启动，不得用脏水），关紧出水控制阀和沉淀池放水阀，使管路封闭，打开真空管路阀门，使气水畅通。然后启动真空泵，抽出管路内的气体、产生负压，把水引到泥石泵。当看到泥石泵充满水时关闭真空泵，立即启动泥石泵。当泥石泵出口真空压力达到0.2MPa以上时，打开出水控制阀，把管路中的泥水物排到沉淀池，形成反循环后启动钻机慢速开始钻进。打开出水控制阀后，若压力减到0.2MPa以下时，可关闭出水控制阀、减少排量，或在操作中反复启闭控制阀门，以提高泵内压力。

②接长钻杆

当一节钻杆钻完时，先停止转盘转动，并使反循环系统延续工作至孔底沉渣基本排净（约需1～3min），然后关闭泥石泵接长钻杆；在接头法兰盘之间垫3～5mm厚的橡皮圈，并拧紧螺栓，以防漏气、漏水；然后重复上述工序，一切正常后继续钻进。

③控制转速

在硬黏土中钻进时，用一挡转速，放松起吊钢丝绳，自由进尺；在高液限黏土、含砂低液限黏土中钻进时，可用二、三挡转速，自由进尺；在砂类土或风化岩土中转进时，宜用一、二挡转速，并控制进尺，以免陷没钻头或抽吸钻渣的速度跟不上；遇地下水丰富易坍孔的粉质土，用低挡慢速钻进，减少钻头对粉质土的搅动，加入泥浆和提高水头，以加强护壁、防止塌孔。

(2)气举式反循环回转钻成孔工艺

①开钻

钻机就位后，考虑单侧出渣管较大较重，要消除偏心荷载对提引水龙头密封结构的不利影响，可在水龙头出口端加一吊点向上提吊，以保证钻杆的竖直。此外，还要对供浆、供风系统等逐一检查，完善后方可开钻。

②初钻的要求

气举式钻进必须待下端钻头钻杆埋入水(泥浆)中一定的深度，即在孔底泥浆的压强和钻杆底泥浆、空气混合体的压强基本相等的条件下，才能吸引浆渣上升。钻头钻杆在水(泥浆)面以下的最小深度 H 与所要吸出的土类、供给的空气压力及空气量有关，可按下列公式计算：

$$H > \frac{hd_3 + h_1(d_2 - d)}{d - d_3} \tag{10.4.2.1}$$

式中：h——排泥管出口处至钻孔桩孔内水(泥浆)面的高度(m)；

h_1——空气混合器至吸泥管口的高度(m)；按吸泥器本身的结构高度而定，一般取 1.0～1.5m；

d、d_2、d_3——分别为水、泥浆、泥浆与空气的混合体的相对密度，一般按 $d=1$ 计算。

③操作要点与注意事项

正常工作状态下气举式反循环回转钻进的操作要点基本与泵吸式的相同，须注意的是空压机送风须与钻头回转同时进行。接钻杆时，须将钻杆稍提升 30cm 左右高，先停止钻头回转，再送风数分钟，将孔底钻渣吸尽，再放下钻头，进行拆装钻杆工作，以免钻渣沉淀而发生掩埋钻头事故。另外，随时注意护筒口泥浆(水)面高程，如果其逐渐往下降落时，立即用水泵补水入护筒，以免因水头不够而发生塌孔事故。

(3)沉渣筒安装

采用 KPG-3000 及 ZDS-250 型钻机成孔，钻进时孔内的钻渣和循环水沿钻杆进入沉渣筒，循环水从沉渣筒顶出口自动返回桩孔内循环，使孔内进出循环水量保持平衡，以便于控制护筒内循环水面的高度，并起到防止循环水流失，减少补水工作量，防止污染河道等作用。当沉渣筒内的钻渣沉积一定数量后，及时清理。每台钻机布置 1 个沉渣筒，位于桩位附近，安放于平台上。

(4)循环系统及废渣处理

本工程钻孔桩施工均采用泥浆护壁，反循环成孔。泥浆护壁是桩基施工的一个重点及难点，钻进速度和成孔质量与泥浆循环有密切关系，钻孔时采用将护筒串联起来作为泥浆池。泥浆循环主要程序为：首先在泥浆池内造浆，新鲜泥浆通过泥浆输送管供应到各钻孔桩护筒内；然后将清孔后的泥浆先进入沉渣筒，待泥浆中的废渣沉淀之后，多余的泥浆通过管道流入泥浆池内；再将泥浆池内的泥浆通过管道流入各钻孔护筒内，从而形成泥浆的循环系统。沉渣筒内的沉渣用驳船运至指定地点处理或委托环保部门外运处理。泥浆按工艺规定反复试配，用淡水配制泥浆，泥浆相对密度在钻孔时选 1.20 左右，清孔时选 1.18 左右，黏度 18～22s，新制泥浆含砂率小于 4%，胶体率大于 95%，pH 值大于 9～11。

(5)清孔、下放钢筋笼

二次清孔及灌注桩身水下混凝土等工序与东海大桥其他标段的工艺基本相同，这里就不再重复了。

4.2.2 承台施工

在岛上的承台按陆上施工方法实施，水上的承台采用钢吊(套)箱围堰方案施工。按大体积混凝土采用整体一次浇筑完成。

围堰在岸上加工车间制造，在钢护筒上设置临时支点，将围堰底板临时支撑在护筒支点上，拼装围堰侧板及支架系统，见图10.4.2.8。在围堰底板上设置吊点，护筒顶设置分配梁，利用100t穿心千斤顶和栈桥上的吊车配合将围堰下放到位，见图10.4.2.9。将底板与护筒固结，进行封底混凝土施工。待封底混凝土达到一定强度后围堰抽水、清淤、凿桩头（见图10.4.2.10），然后绑扎承台钢筋，浇筑承台混凝土。

图10.4.2.8　吊箱底板、侧板拼装

图10.4.2.9　吊箱下放

图10.4.2.10　吊箱内凿桩头

承台中埋设冷却循环水管，并采用保温保湿法养护，以降低混凝土内部水化热，防止温差裂纹产生，确保承台混凝土质量。

4.2.3　墩身施工

墩身施工采用现浇法，利用750t·m塔吊配合施工。墩身模板均采用新制钢模板，墩身、墩帽要分两次浇筑，以利模板拆装。混凝土由大乌龟岛上混凝土工厂拌和，混凝土运输车运至各工点，泵送入模，机械振捣。

4.3　近岛区非通航段桥梁上部结构施工

4.3.1　多点顶推施工情况简述

该区域上下两幅桥梁采用多点顶推施工工艺，在梁端部各设一个钢导梁，先施工外海侧一幅第一段，顶推就位后施工内海侧另一幅第一段，两幅桥平行交替进行施工。每幅箱梁分17个预制节段，以12.5m + 25 × 15m + 12.5m顺次接长连续。顶推桥梁的长度达387.5m。

预制箱梁依次由大乌龟岛朝芦潮港方向的PM451墩顶推到位，每施工一段顶推一次，最后一节段在梁位处现浇。顶推过程中，顶推力的大小与梁体重量、顶推坡度、梁底平整度误差、钢导梁刚度、梁体的挠度以及桥梁平曲线的曲率有关，为此，施工过程中要严格控制台座的刚度和平整度，杜绝台座整体沉降。

顶推滑板采用聚四氟乙烯板块，尺寸500mm × 400mm，厚度13mm，要求误差为±1mm。聚四氟乙烯板表面要求清洁光滑，无刻痕，无油污，无皱纹、跷曲变形。在顶推中可轻便传递，使用效率高。聚四氟乙烯板的表面可涂硅脂，但不能涂普通机械黄油。

为便于内模脱卸，顶推箱梁的横隔板采用二次浇筑。在387.5m长梁体顶推到位后，所有纵向预应力筋均张拉完毕后，施工横隔板。横隔板混凝土从梁顶预留孔中下料，梁顶板下的混凝土不易振捣密实，采用陷度大的细石混凝土。

梁体顶推到位、墩顶临时支座转化为永久支座时，由于全联梁体重量较大，不可能同时落顶，故采用交替落顶、逐步到位的方法，最后达到设计高程。

顶推工艺流程见图10.4.3.1。

顶推法施工中的关键工作包括：预制场地的布置，梁段的预制，导梁和临时墩设置，梁段顶推，以及滑动和导向装置等内容。

4.3.2 预制场地布置

预制场地由开山平整而得，场地的高程为 +9.0m。预制场地为箱梁预制处，其长度考虑梁段悬出时反压段的长度、梁段预制长度、导梁拼装长度，以及机具设备材料进入预制作业线的长度。预制场地的宽度应满足梁段两侧施工作业的需要。

顶推梁预制台座布置在 PM458 桥墩 ~ PM459 桥台之间，左右幅桥各布置一个，其单幅台座的中心线必须与单幅桥梁轴线重合。台座的纵坡应与桥梁纵坡 3‰一致，见图 10.4.3.2。制梁台座范围为 30m × 34m，紧靠 PM459 桥台的基础边。

综合考虑到材料运输、设备吊装及混凝土浇筑等的方便，PM459 桥台后 30m 处布置为内模板拼装、存放及维修区。制梁台座处顺桥向布置一台净跨度为 46m 的 40t 龙门吊机（见图 10.4.3.3），门吊用于台座处制梁模板，钢筋的安装及台后的钢筋骨架制造等，承担场内主要起重运输，部分起重任务由履带吊或汽车吊配合。在制梁场南侧由东向西依次布置钢绞线放丝平台、钢筋绑扎区和钢筋成型车间。在梁场南侧设置钢筋成型车间和钢绞线放丝平台和蒸养锅炉，蒸养锅炉用于混凝土的冬季养护。在 PM459 桥台轴线上布置一台全自动液压布料机，作业半径为 28m，便于混凝土的灌注。

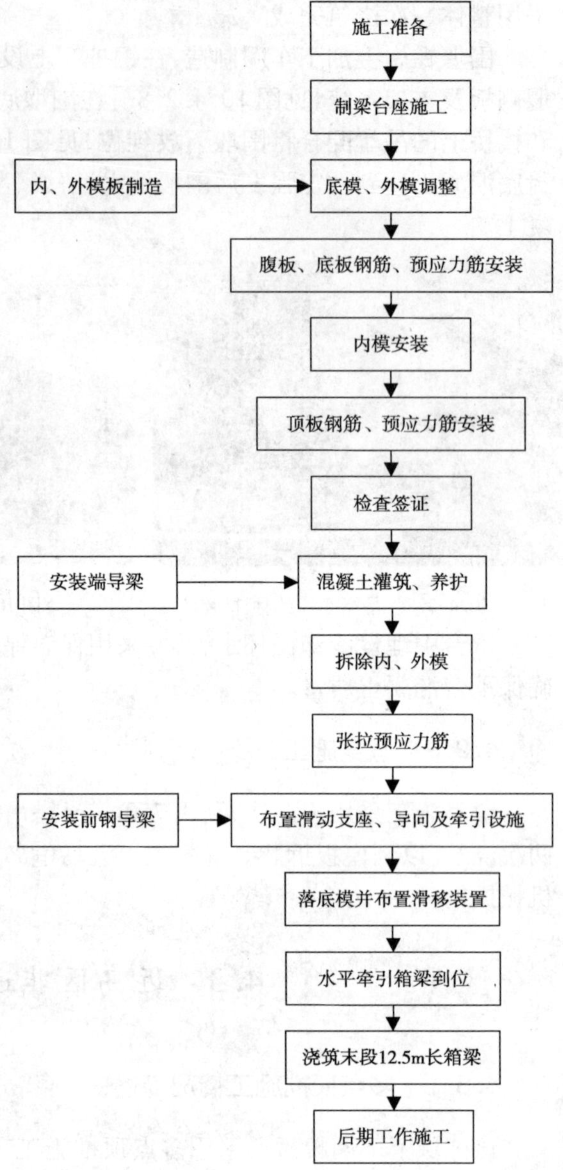

图 10.4.3.1 顶推梁施工工艺流程

4.3.3 梁段预制

梁段预制应尽可能标准化，以便于模板重复使用。每幅箱梁分 17 个预制节段，2 个 12.5m 长节段和 15 个 25m 长节段。底模采用升降式，侧模和芯模采用便于拆卸和移动的构造方式。

1. 模板

箱梁模板分为底模、内模和外模。考虑到使用次数较多，均采用钢模。底模设置在混凝土柱上，侧模、内模安装要随时注意桥梁中心线位置和高程与设计相符。为保证梁体外观质量及便于拆模，安装前对模板按常规进行检查、修整，并在清理干净后涂上脱模剂。

（1）台座及底模

制梁台座是制梁底模与底模基础的统称，在浇筑和顶推梁体时不能发生沉陷现象，并满足台座承载力要求，制梁台座及其底模是整个顶推作业的重点，是梁体预制和顶推的基地，其构造布置需满足梁体制造精度和施工方便等要求。

根据顶推工艺的需要，台座前端设置顶推临时支点。为保证节段梁体在顶推过程中满足抗倾覆的要求，在预制台座内设三排，每排左右两个后滑动支承墩，每排后滑动支承墩间距为 8.57m。在台座前设一排前滑动支承墩，其离后滑动支承墩的间距为 6m。考虑到落梁时安置永久支座的需要，滑动支承墩处台座顶高程比设计梁底高程高出 20mm 布置。

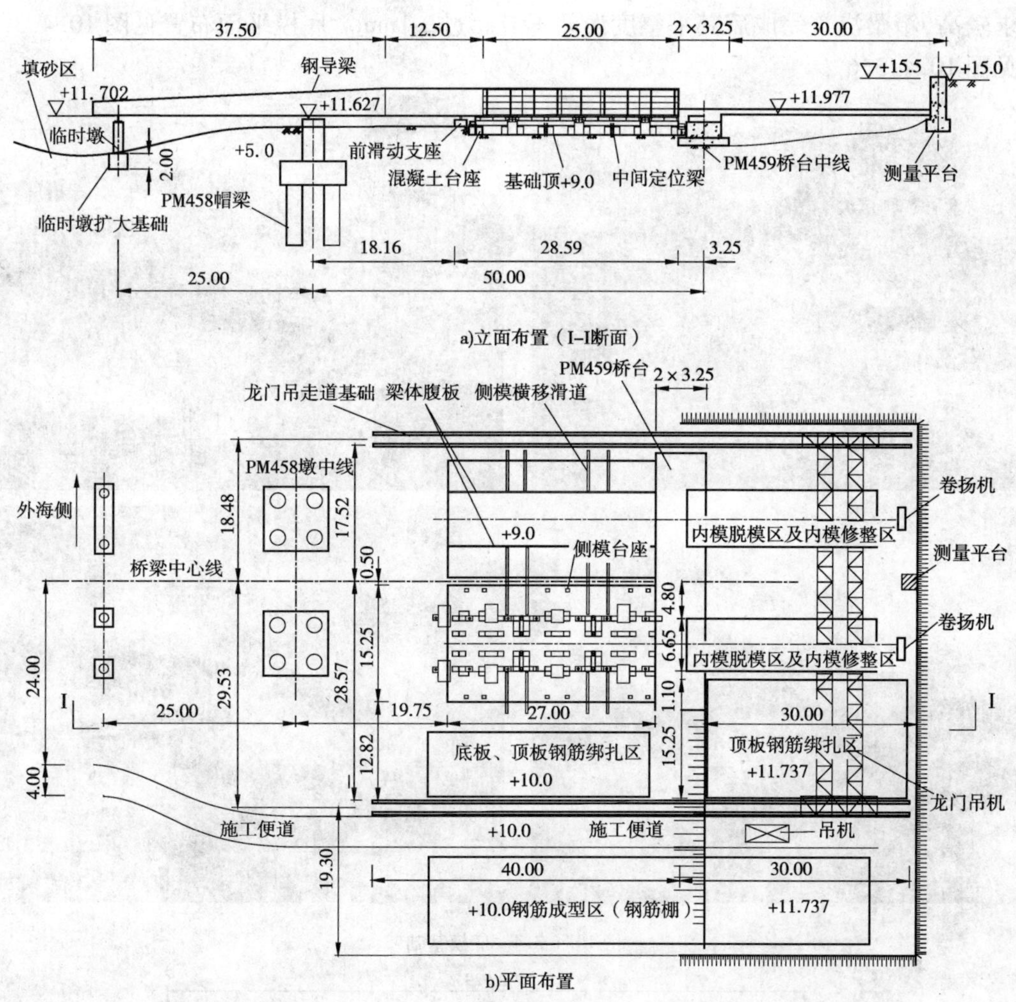

图 10.4.3.2　顶推梁预制场地布置(尺寸单位:m)

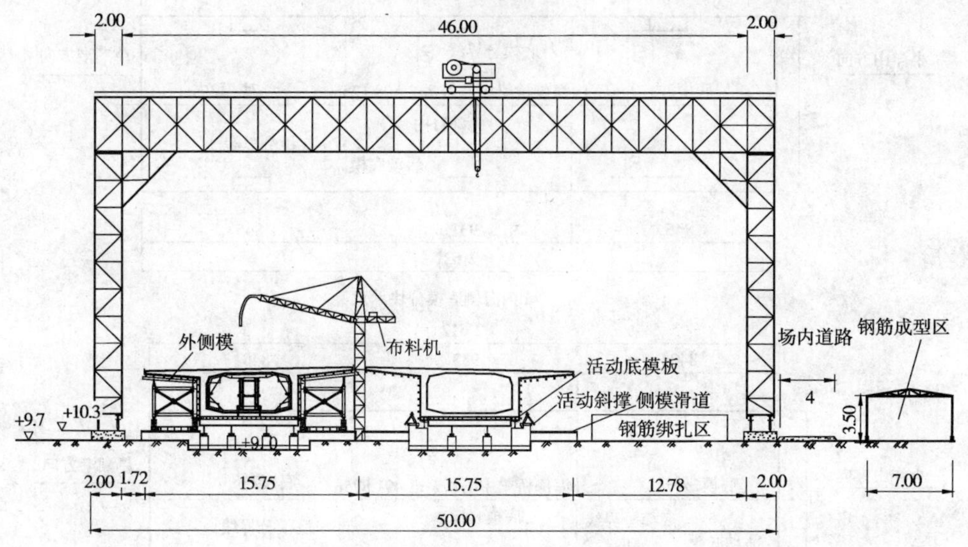

图 10.4.3.3　40t 龙门吊机布置(尺寸单位:m)

底模基础由多个混凝土台柱组成,见图 10.4.3.4。混凝土台柱上放置钢底模。钢底模分三段制造,每一段左右两侧对称共安装 4 台 YSDS100-200 液压千斤顶承担预制梁体重量,并用于底模的升降拆装,千斤顶支承在 H630×220 钢纵梁上,纵梁上放置 HN450×200 钢横梁,钢横梁上安装纵向 18a 工字钢,顶面拼焊 12mm 厚钢板,采用冷热校正等工艺。因箱梁底面要经过各临时滑动支座滑移,对梁底的平整度要求较高，箱梁浇筑完成后其平整度误差不应超过 ±1mm。底模平面布置见图 10.4.3.5。底模立面布置见图 10.4.3.6。

图 10.4.3.4　底模基础

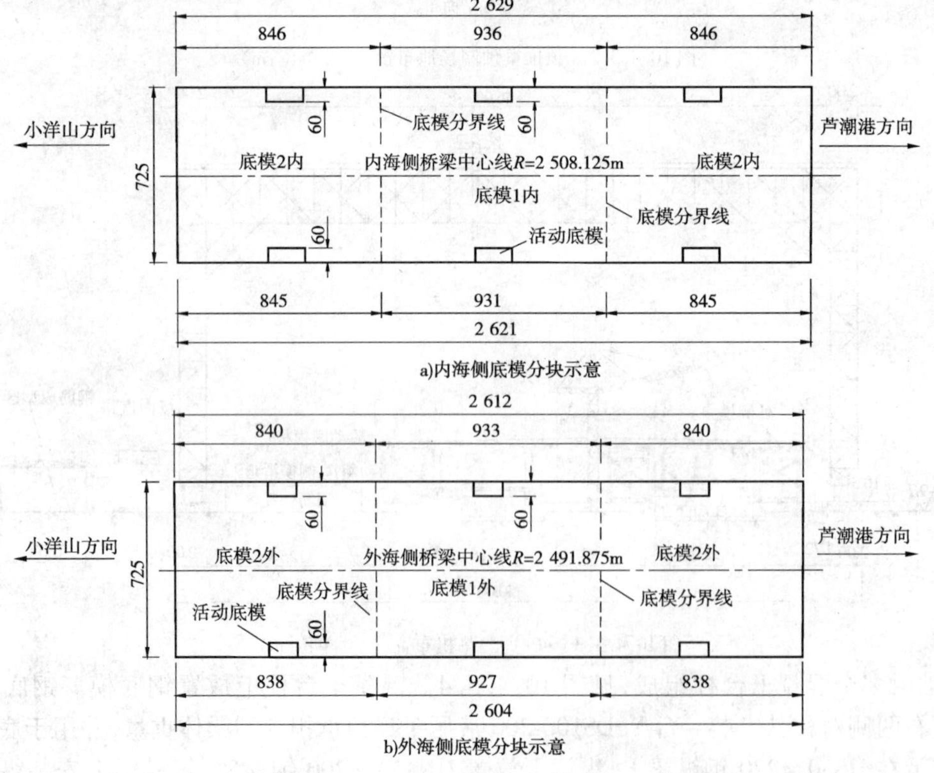

图 10.4.3.5　底模平面布置(尺寸单位:cm)

在每一段底模的中部，即距底模外侧端部约4.25m处的两侧均设1.20m×0.6m活动底模，制梁时紧闭，与钢底模同一高程。该活动底模下安装2台YSDS200-200液压千斤顶作为后滑动支承墩的支撑点。活动底模安装时，用油压千斤顶及外模的水平微调螺栓调整到位，并打紧保险箍，垫好钢垫块。

制梁台座的底模建成后的平面尺寸为长26.165m、宽7.25m，并且带圆弧曲线（桥中线处 $R=2\ 500$m，内海侧底模中心线 $R=2\ 508.125$m，外海侧底模中心线 $R=2\ 491.875$m），以保证曲线箱梁的预制。

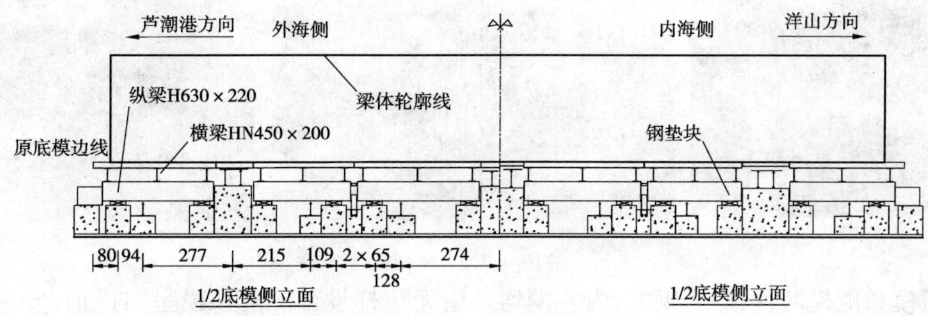

图10.4.3.6　底模侧立面布置（尺寸单位：cm）

制梁台座主要用于升降钢底模，支承梁体及全部模板重量，滑动支座既支承箱梁，又作为滑道等用，其操作过程分为如下两部分。

①底模上升阶段

启动30t千斤顶的油泵，供油、起顶、底模缓缓上升。待底模上升至设计高程，或底板前端顶住已浇箱梁时，迅速停止供油，用钢垫块垫实支承墩。检查、校正底模各部分尺寸后，旋紧保险箍，关闭全部油阀。清扫滑动支座表面，垫上一层石棉板，对位装好活动底模。启动200t千斤顶，使活动底模缓缓上升顶住底模，检查活动底模安装符合设计后，旋紧顶上保险箍，关闭分油阀，断开供油系统供电。

②底模下落阶段

待梁体混凝土达到设计强度80%后进行预应力筋张拉，张拉完毕后进行底模拆除。先拆除模板各块间的联系和底侧模预埋螺栓，接通供油系统电源，做好启动千斤顶的准备工作，给活动底模处的YSDS200－200千斤顶供油，使活动底模下落，拆除活动底模及石棉板。安装后临时滑动支座，并铺垫润滑的聚四氟乙烯板，再次启动YSDS200－200千斤顶，起顶滑动支座上升，顶紧梁体腹板下缘，保持一定的支承反力即千斤顶内应保持一定的油压。然后同时启动其余支撑底模板下的30t千斤顶，使其同步落顶，使钢底模和纵、横梁下落15cm高度，梁体重量支承于6个后滑动支座的200t千斤顶上，从而完成梁体支承点的转换，使梁体具备滑移条件。

(2)外侧模及内模

外侧模由外模面板、支架和外模台车三部分组成，内模由液压机构伸缩模板和移动轮组成。其结构形式见图10.4.3.7。

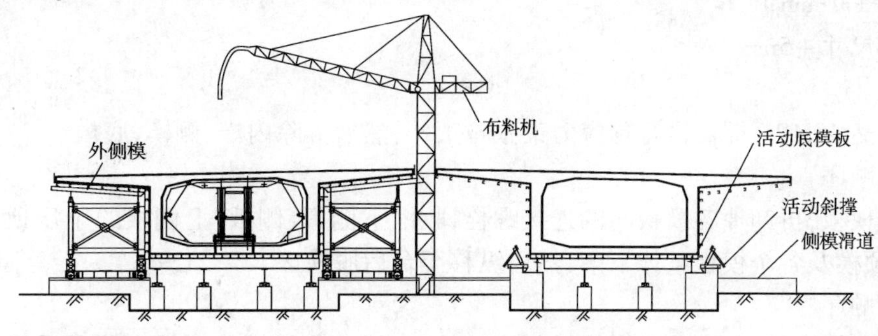

图10.4.3.7　外侧模和内模横断面布置

外侧钢模板分五段制造，每段长度平均5.1m。根据不同圆弧的曲率半径，左右幅桥的内、外海侧模板长度均不同，且与钢底盘独立自成体系，见图10.4.3.8。外侧模安装时用螺旋千斤顶支撑并与底模固定,每侧外模支腿处设置纵向10台、横向2台螺旋千斤顶。拆模时卸落千斤顶,外模及其支架即落在外模台车上,然后横移脱模。每侧外模设置2组横移台车。在活动底模相应外侧模位置处设置侧向活动导向架,制梁时撑杆收平,推梁时撑杆撑紧,并装上聚四氟乙烯板顶紧箱梁侧板,用以控制梁体前进方向。侧模的安装及拆卸通过侧模下的螺旋千斤顶顶升和横移台座来实现。

图10.4.3.8　外侧模

内模分顶模和侧模两种,均为钢模,内外模均采用无拉杆设计。内顶模呈"Π"形,安装及脱模均靠轮子纵向移动来完成。侧模呈片状,通过设置可伸缩的液压千斤顶支撑顶板和侧板,内顶模及内侧模均靠走行小车支撑在梁底板上,见图10.4.3.9。

图10.4.3.9　内模

(3)模板安装要求

模板安装要求满足如下精度:

①底模中心线与桥梁设计中心线偏差≤1mm;

②底模顶面纵向高程差容许±1mm;

③底模接长后,表面平整,边线平直;

④底模与底盘在安装过程中应密贴、平整,不得有缝隙、脱空等情况;

⑤支座预埋板的锚固螺母应垂直,中心位置偏差不大于1mm(含对角线);

⑥内外模高程偏差±10mm;

⑦轴线偏差±10mm;

⑧模板各部尺寸+5mm。

(4)拆模

混凝土养护达45MPa,即可进行预应力束张拉工作,然后拆除内模、侧模、底模。

①内模脱模顺序

先拆除齿块模板,再卸掉各模板间的连接螺栓,收缩下侧板、侧板、上侧板的千斤顶,然后整体收缩车架千斤顶,使顶模及各个模板整体下落,然后纵移至台后脱模区。

②外模脱模顺序

先将活动外侧模水平脱出,然后卸掉模板之间的联结,卸落侧模外部的螺旋千斤顶,外模在自重作用下,上翼支承板脱离混凝土面,再使用水平螺旋千斤顶横向顶推,使之与腹板混凝土脱离。左右两幅之间的侧模先下落0.5m高度,再靠横移台车将侧模外移,台座布置在梁体两侧,与梁体垂直,两幅外侧模下落0.10m高度，再横移1.5m距离，以方便顶推梁体。

拆除端模板时，严防碰坏预应力管道。

2. 钢筋

底模、侧模调整到位后按设计要求，在箱梁腹板上设置通风孔，底板设泄水孔，同时安装预埋件。吊装绑扎好的底板及腹板整体钢筋，然后安装支撑内模的预埋件及滑道，并将内模运车架整体调入内模，调整好各部分位置，同时安装通风孔、预埋块件、顶推锚柱孔及张拉预留孔、浇筑孔，然后绑扎顶板钢筋。

为了箱梁内模脱卸的需要，墩顶处每道横隔板为二次浇筑，横隔板钢筋按设计要求分段，并采用套筒连接，接头处要保护起来，防止钢筋连接时受阻。

3. 混凝土浇筑及养护

顶推梁的顶推锚柱孔设置在箱梁的底板上，它是顶推梁重要的受力部位，因而浇筑混凝土应先底板、后腹板、再顶板的原则，以确保底板混凝土的施工质量。梁段混凝土浇筑按水平分层，每层不大于30cm厚，纵向分段每段长1～2m左右，由东向西方向逐渐推进。每一段内混凝土浇筑应先左、右，后中间，以消除外侧模变形影响。混凝土的配合比、浇筑顺序及振捣应严格按施工工艺要求操作。

顶板混凝土浇筑前，先把结合面凿毛并清理，安装内顶模车架，绑扎好顶板钢筋，按设计图布置固定预应力管道。浇筑混凝土时注意不碰弯竖向预应力筋管道及堵塞灌浆孔。

混凝土浇筑、收浆完毕后立即覆盖并洒水养护，使混凝土表面经常处于湿润状态直至养护终止，若遇温度低于5℃或夏季高温天气施工时，采取特殊的养护措施，混凝土养护期间，桥面不得任意增加荷载，在收浆前对波纹管通孔、冲洗。

冬季施工时，混凝土的灌注和养护应符合《公路桥涵施工技术规范》(JTJ 041—2000)中混凝土冬季施工的要求。

按设计规定，因混凝土徐变、收缩和弹性压缩影响，12.5m段长度增加10mm，25m段长度增加20mm，定期测量前端已施工梁段的实际长度，与设计长度有误差时，即在下一节段适度调整，杜绝误差积累。

4. 预应力钢筋工程

顶推梁节段预制均采用三向预应力钢筋布置，纵横向预应力钢筋采用钢绞线，竖向预应力钢筋为冷拉Ⅳ级粗钢筋，采用自然时效，时效时间不少于15d，鉴于出厂时已作冷拉处理，工地不再作此项工作。张拉顺序是先张拉纵向预应力筋，再张拉顶板横向预应力筋，最后张拉竖向预应力筋。预应力钢筋施工按交通部颁发的施工规范操作。

4.3.4　导梁和临时墩

1. 导梁

导梁是顶推施工的主要设施之一，其目的在于减小顶推时混凝土梁的悬臂长度及施工内力，并起到导向作用，一般导梁采用钢板梁或钢桁架。本工程钢导梁采用钢板梁与钢桁架相结合的结构形式，见图10.4.3.10。

导梁在制作完成后与预埋在梁前端的预埋件连接，再对其进行正位，方可浇筑与导梁连接的第一梁段混凝土。为了保证导梁与梁段结合面具有足够的抗弯强度与抗剪强度，还需对导梁进行加固，加固的方式是把导梁的纵梁与箱梁的腹板采用钢箱梁联系，并施加竖向预应力钢筋，见图10.4.3.11，使导梁纵梁与箱梁腹板结合处的高度增大，以提高抗弯与抗剪能力。

导梁长度一般取顶推跨径的2/3左右，现场实际长度为37.5m。导梁和混凝土梁的刚度比$K=E_sI_s/(E_cI_c)$。一般取1/6～1/7，大致可取0.15以上。因导梁的作用是减小混凝土梁的施工内力，所以在选用导梁刚度时应充分考虑这一作用，以求达到最佳效果。

在台座上绑扎第一个梁段的钢筋、安装内模的同时，安装导梁端部、加固钢箱梁及其锚固预应力筋，此时导梁端将作为第一个梁段的端模，并将作为梁段的一部分。待混凝土强度达到要求后，安装钢导梁。导梁端部通过精轧螺纹钢筋 B1 ~ B4、B33 ~ B36、T12 ~ T15、T26 ~ T29 与梁段相连，且施加部分预应力，其中 B1、B2、B35、B36 为临时连接用的短筋，其余钢筋在拆除导梁后再张拉，并作为永久预应力筋。

图 10.4.3.10 导梁结构

钢导梁全长 37.5m，系不等高、变截面钢板梁结构，两片主梁中心距为 6.27m，主梁与箱梁腹板对齐，主梁前端高 2.05m，后端高 3.57m，总重约 1 000kN。

图 10.4.3.11 导梁与混凝土梁连接处的加固

2. 临时墩

在顶推过程中，尤其在第一个节段梁(12.5m 长)顶推出后，导梁前端悬臂为 37.5m 长时，此时导梁与箱梁连接断面处的负弯矩和剪力最大；当箱梁继续前移，梁段(12.5m 长)全部顶推出但钢导梁未接触到 PM457 墩上的临时支座时，钢导梁前端的挠度最大。为改善钢导梁的受力状况，减小导梁与混凝土梁连接面处的弯矩和剪力，设计考虑在 PM457 墩与 PM458 墩之间 25m 距离处设置一临时墩。即在预制梁台座前一跨设置一个临时墩，以减小箱梁在顶推时尾跨的跨度。临时墩需有足够的刚度，来承受顶推时的水平推力。临时墩考虑箱梁向前顶推时的前倾趋势，将临时墩的支座放在墩中心线的后面，使墩偏心受压产生后倾力矩，用以抵消一部分前倾力矩。

临时墩设在岛上，采用钻孔嵌岩桩与承台相连接，墩身采用独柱钢管顶部与滑动支座构件焊接，见图 10.4.3.12。

图 10.4.3.12 临时墩布置

4.3.5　滑动和导向装置

1. 滑动装置

为满足顶推箱梁的施工要求，在箱梁预制过程中箱梁底高程比设计高程提高了4cm。梁体在顶推过程中，各墩顶均要设滑动装置，即滑动装置顶高程比箱梁底设计高程提高了4cm，以方便安装永久支座后将梁体落至设计高程。

滑动装置以临时滑动支座构件布置在纵桥向永久支座的位置上，为不可调整的临时滑移支座，由型钢柱、厚钢板和不锈钢滑板组成，见图10.4.3.13。型钢柱由多道工字钢组成，上面布置带弧形的钢板，钢板厚度为30mm，钢板前端作成坡角形式，坡角与导梁前端相吻合，以便钢导梁及梁体容易滑移上墩，在厚钢板上固定长1 500mm、宽500mm、厚2mm的不锈钢滑板，在不锈钢板与预埋在箱梁体内的永久支座预埋钢板之间填塞450mm×200mm×13mm橡胶聚四氟乙烯板。型钢柱通过预埋件锚固在墩顶，防止顶推过程中的水平力使其移位。临时滑动支座在永久支座未安装之前起到了传递水平力和竖向力的支座作用，同时还起到了墩顶滑道的作用。

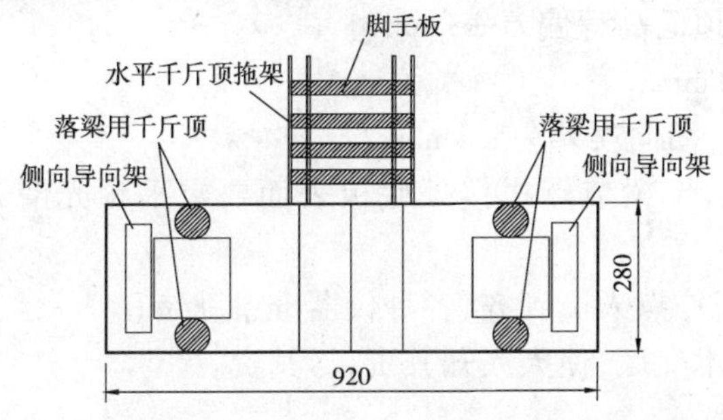

图10.4.3.13　滑动装置布置(尺寸单位:mm)

顶推过程中，随梁的前移，滑动装置上聚四氟乙烯板即滑板从前方滑出后，必须立即从后面插入补充。补充的滑板应涂以润滑用的硅脂以减小摩阻，并应端正插入。任何情况下，每条顶推线各墩顶滑道上的滑板不应少于2块。滑板磨损较大，须按顶推长度和滑板损耗率做好足够准备，以利及时更换。聚四氟乙烯板两面均保持清洁，清理时不使用汽油或柴油。

在每个滑移装置处，要配足更换滑板的操作人员，并且保持涂有黑色润滑剂的一面朝向梁底混凝土，聚四氟乙烯板本色光滑的一面向下置放，与临时滑动支座的不锈钢板密贴。

2. 导向装置

导向装置分两种形式，一种为侧向导向架直接设置在墩顶盖梁两侧，是控制顶推梁前进方向防止横向位移的必备装置，见图10.4.3.14。在没有盖梁的梁体即预制台座位置，在活动底模相应外侧模位置处设置侧向活动导向架，制梁时撑杆收平，推梁时撑杆顶紧。在顶推过程中，导向架与梁的侧面之间设聚四氟乙烯板滑动面，顶推时交替转换聚四氟乙烯板。聚四氟乙烯板保持涂有黑色润滑剂的一面贴紧箱梁腹板，聚四氟乙烯板本色的一面朝向不锈钢板。

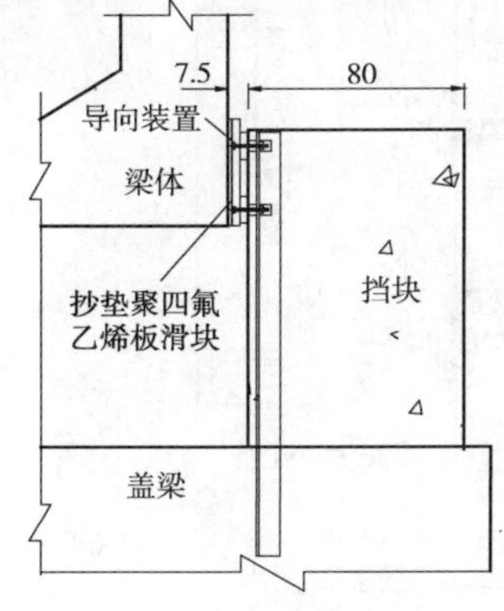

图10.4.3.14　防止横向位移的导向装置(尺寸单位:cm)

另一种导向装置为横向纠偏装置(见图 10.4.3.15),设置在盖梁挡块的一侧并牢固连接。导向装置面向箱梁的一端留有安置千斤顶空间,顶推过程中时刻观测梁体的偏移情况,当需要纠偏时安装水平千斤顶,通过施加横向水平力,纠正箱梁的横向偏移。

图 10.4.3.15 横向纠偏导向装置

3. 滑动装置安装技术要求

设备安装、滑道布置等工作完成后,检查并符合下列要求后才进行顶推:

(1)相邻两跨支点同侧滑移装置的纵向顶面高程偏差 ±1mm;

(2)同一墩两支点滑移装置顶面高差 ±1mm;

(3)导梁下弦杆底板(滑道板)表面平整,横向误差为 ±1mm;

(4)导梁下弦底板应平顺,无棱角、毛刺,导梁节点拼接处底板表面要求平顺光滑,相对高差数值为 0mm;

(5)聚四氟乙烯板数量准备足够,各个工作点人员到齐,各种仪器准备就绪;

(6)顶推各段前均需对工作人员进行技术交底,使人人知其责,尽其责。

4.3.6 箱梁顶推

1. 顶推设备、布置及准备工作

多点顶推工艺的主要顶推设施有三项:ZLD100 型穿心水平连续千斤顶、水平千斤顶托架及钢锚柱。

水平千斤顶托架是通过预应力精轧螺纹钢筋穿过预留在墩帽中的孔眼将其固定在墩帽上,见图 10.4.3.16。ZLD100 型穿心水平连续千斤顶分别安装在相应的墩顶托架上,每个托架上安装 2 台,见图 10.4.3.17。在顶推的过程中,各墩台的水平千斤顶沿纵向同步运行,保证主梁纵向轴线在设计容许偏

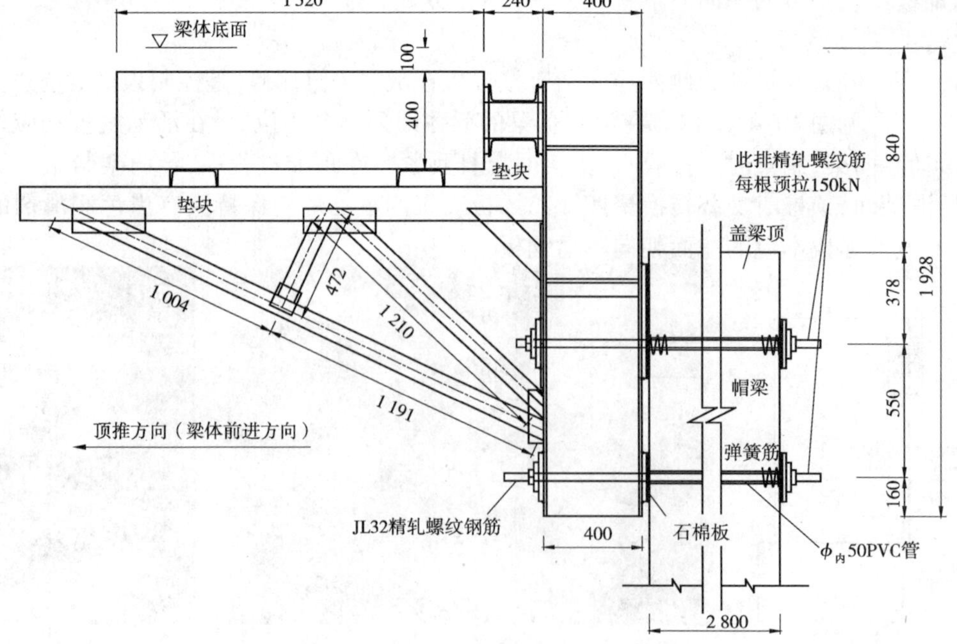

图 10.4.3.16 水平千斤顶托架(尺寸单位:mm)

差范围内。

多点顶推采用拉杆式多点顶推系统，拉杆构件采用的材料为钢绞线，见图 10.4.3.18。用钢绞线作为拉杆有如下优点：由于中间无接头，减少了倒顶次数，缩短了顶推时间，安装方便，节约材料。纵向牵引拉杆由 12 – 7ϕ5mm 钢绞线制成，在预制梁段底板顺桥向上预留垂直顶推孔，插入 4 根钢制锚柱，锚柱下设钢横梁与纵向牵引拉杆相连，见图 10.4.3.19。张拉时各墩顶千斤顶串联起来，以便实现各墩位千斤顶的同步，千斤顶驱动使用 BZ4/500 型电动油泵。

图 10.4.3.17　ZLD100 型穿心水平连续千斤顶

2. 多点顶推水平力的控制

多点顶推施工工艺最基本的要求，是在箱梁运行时各顶推设备保证同步工作。同步工作包括每个墩上两个顶推设备的同步运行，保证盖梁不受扭，也包括各个墩顶顶推设备的纵向同步运行。

对顶推水平力的控制则考虑以下三方面的因素。

图 10.4.3.18　采用钢绞线制作的拉杆

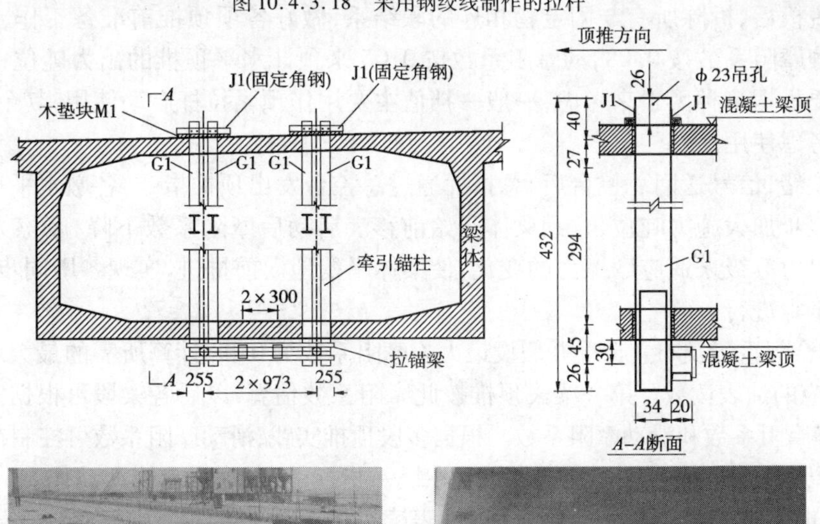

图 10.4.3.19　钢锚柱(尺寸单位:mm)

(1)每个墩上水平千斤顶作用力的大小应根据桥墩所受滑动摩擦力大小而确定,也就是说千斤顶施力与摩擦阻力基本平衡,柔性桥墩基本不受水平力或水平力尽可能小。其数学表达式:

$$|F_i-(\mu_i+k_i)R_i|\leqslant[H_{i许}] \tag{10.4.3.1}$$

(2)要求限定总顶推力和总阻力之间的差值,即限定:

$$0\leqslant\sum F_i-\sum(\mu_i+k_i)R_i\leqslant[H_{许}] \tag{10.4.3.2}$$

以减小对桥墩的反复冲击。

(3)当任一桥墩上的水平千斤顶发生故障或顶推力变小,该桥墩将受到梁运行的水平推力 H 按下式计算:

$$H=R_i(\mu_i+k_i)-F' \tag{10.4.3.3}$$

以上式中:F_i——各墩上的水平千斤顶所施的力;

μ_i——摩擦系数;

k_i——上坡阻力系数;

R_i——由主梁自重及施工荷载引起的桥墩上的反力;

$[H_{i许}]$——各墩允许承受的水平力;

$[H_{许}]$——允许承受的水平力的总限定值;

F'——该墩上的水平千斤顶发生故障或减小时所受的力。

箱梁每幅平均梁重288.1kN/m。顶推梁最大重量111 639kN,最大静摩阻系数取$\mu=0.05$,最大动摩阻系数取$\mu=0.05$,最大牵引力为8 931.1kN。

3.梁体的顶推

该桥顶推施工具有梁长、墩高、跨度大的特点,考虑各墩所能承受的最大水平力及相应位移的控制条件,采用了"分散顶推,分级调压,集中控制"的方法进行顶推施工。

分散顶推即多点顶推,在每个墩顶都设置了施力的动力设备水平千斤顶;分级调压则是液压站上安装有三只电磁换向阀控制,保证油压不超过容许范围;集中控制是通过顶推指挥室电器总控台与各墩液压站的分控台并联,依靠有色灯信号和有线对话机联系指挥进行操作。

混凝土梁体脱模后,拆除所有与固定物相连的联结系,做好各项顶推前准备工作,随后即可开始顶推。顶推前启动静摩阻系数按0.08,动摩阻系数按0.05来预计水平顶推的出力吨位,各墩液压站五个挡位的施力值需要根据多种因素来考虑,一般一挡值主要用作预紧拉杆启动使用,其余二、三、四位则根据多种因素综合考虑使用。

当各墩准备就绪,信号送回总控台后,总指挥通过总控台发出顶推指令,各墩水平顶即同时动作,然后根据顶推需要逐步加大施力吨位,直到梁体开始前移。启动后摩阻系数下降、摩擦力减小,随时降低施力墩水平顶的出力等级来适应摩擦力的变化,使梁体平衡地向前推进,实现各墩同步顶推。

顶推按下列步骤进行。

(1)根据梁体全部重量及布置情况并假设最大静摩阻系数为0.08计算所需的最大水平力,确定墩顶千斤顶的数量,相应的油表读数。第一梁段顶推按此摩阻系数估算,以后各梁段可根据实际情况,经验分析出一个合理的静摩阻系数和滑动摩阻系数。根据多段顶推实践,滑动摩阻系数可控制在0.05以内。

(2)合上电源开关,各点同时启动油泵供油,在统一指挥下,各顶推点协调动作。

(3)当各点同时供油达到滑动摩阻系数下的油表读数时,停止供油,并让其稳定在该数值;继续供油达到最大静摩阻系数下的油表读数,这时(或加油过程中)梁体会克服静摩阻力而缓缓向前移动(滑动)。

(4)如发生特殊情况,指挥台立即拉开闸刀,油泵供电停止、顶推停止,待查明原因并解决完问题后再顶推。

顶推过程中位移由观测台随时报告指挥台,如发生偏移则在墩旁导向架上调整。顶推过程中的挠度、应力、支点反力要随时观察、测量,以便采集数据进行理论分析。

每次顶推必须对梁段中线和水平各滑道顶的高程进行测量,并控制在容许范围内:

①中线偏差应不大于2mm；

②相邻两跨支承点同侧的滑移装置的纵向顶面高程±1mm；

③同一墩两支点滑移装置顶面高差±1mm；

④导梁中线偏差不大于2mm。

梁体到位后，需作中心线、高程等数据检测，中心偏移不大于±2mm，梁端线位置偏差应不大于10mm，梁底面高程误差不大于±1mm。

(5)顶推过程中，若聚四氟乙烯板掉下来未及时跟进应立即停工。随后两侧拼装支架，用千斤顶顶箱梁腹板下梁底，再放进聚四氟乙烯板，起顶高度控制在5mm左右。

(6)每梁段开始顶推时，先推进约5cm距离，停止、回油；再推进5cm距离，再停止、回油，以此反复两三次，以松动各滑动面并检查各部设施是否正常工作，然后开始正式顶推。

(7)正式顶推时，随着水平千斤顶油缸的伸长，要随时拧紧拉杆上跟进的螺母，以防千斤顶回油时梁体后退，在顶推墩处，操作人员随时与指挥台保持联系，以防后端梁体拉过模板规定的位置。

(8)多点顶推时，各千斤顶应同步逐级加力顶推，当箱梁处于动与不动的临界状态时，注意保持其余千斤顶油压稳定不动，让其中一墩千斤顶升压，以防止箱梁不匀速前进。

(9)顶推时如果导梁杆件或牵引锚杆有变形、锚固联结螺栓或螺丝有松动，导致钢导梁与箱梁联结处有变形或混凝土开裂等情况发生时，应立即停止顶推。

(10)第三梁段顶推到PM452墩时，即顶推梁工程的最后第二个墩位，拆除钢导梁的第一个11.5m长节段。使钢导梁长度调整为26m。其目的是，当第一节段梁顶推到位时，即到达PM451桥墩，37.5m长的钢导梁将完全悬出桥墩外，拆除一节钢导梁，以减轻钢导梁的自重，减小导梁与箱梁连接面处的弯矩和剪力。

多点顶推梁的工序可以概括地归纳为如图10.4.3.20所示，相应施工步骤示意如下。

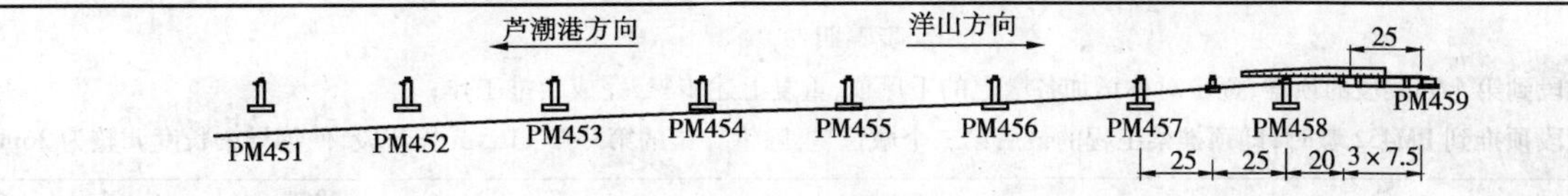

步骤一：

①在PM459桥台后进行箱梁节段预制场龙门吊机的拼装，作为场内的起吊设备；

②在PM458～PM459墩位间布置预制台座、前滑动支座、后滑动支座；

③在PM457与PM458墩位中间，即距离桥墩25m处设置临时墩；

④在每个桥墩盖梁面对大海侧设置水平千斤顶托架，对称安放两台ZLD100型穿心水平连续千斤顶；

⑤在台座上进行底模、侧模、内模及钢导梁的预拼装及调整

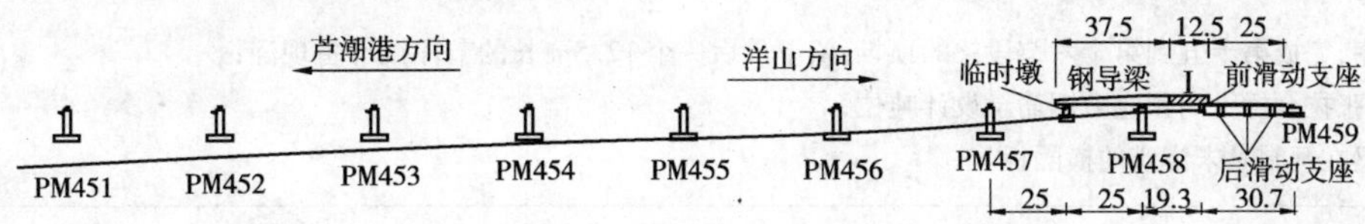

步骤二：

①底模、外模调整完毕，把已绑扎成型的底板钢筋、腹板钢筋整体吊装入模；

②拼装内模并通过轮轨小车移送就位；

③将绑扎成型的顶板钢筋吊装入模，按设计图纸的要求，安装纵向、横向、竖向预应力钢筋；

④安装钢导梁，并以此作为第一节段预制梁的端模板，同时安装箱梁翼板和另一侧端模；

⑤浇筑第一节段12.5m长的梁体混凝土，精心养护；

⑥待混凝土强度达到75%设计强度时，拆除外模、内模；

⑦待混凝土强度达到80%设计强度时，首先张拉设计图中要求的纵向预应力钢筋，其次张拉顶板横向预应力钢筋，最后张拉竖向预应力筋；

⑧落下支撑活动底模处的千斤顶，卸下活动底模，升起后滑动支座，其上面安放聚四氟乙烯板，之后落下其余支撑底模板下千斤顶，同步卸落钢底板15cm高；

⑨安装钢导梁上的牵引锚杆，布置牵引钢束，启动PM458墩位上的千斤顶，移动第一节预制梁体(12.5m长)，完成第一节段预制梁体的顶推

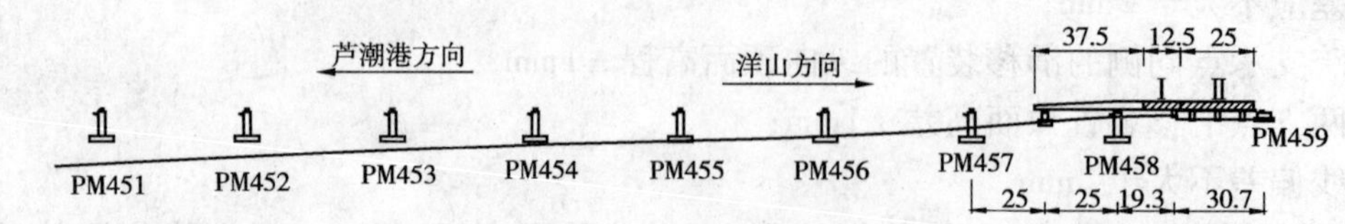

步骤三：

①再次升起底模，安装外模，调整模板平整度，把已绑扎成型的底板钢筋、腹板钢筋整体吊装入模；

②拼装内模并通过轮轨小车移送就位；

③将绑扎成型的顶板钢筋吊装入模，安装纵向、横向、竖向预应力钢筋；

④浇筑第二节段25m长的梁段混凝土，注意与第一梁段结合处梁底面的平整度；

⑤待混凝土强度达到75%设计强度时，拆除外模、内模；

⑥待混凝土强度达到80%设计强度时，首先张拉所需的纵向预应力筋，其次张拉顶板横向预应力筋，最后张拉竖向预应力筋；

⑦落下支撑活动底模处的千斤顶，卸下活动底模，升起后滑动支座，其上面安放聚四氟乙烯板，之后落下其余支撑底模板下千斤顶，同步卸落钢底板15cm高，准备第二梁段的顶推；

⑧安装第二梁段的牵引锚柱，布置牵引钢束，启动临时墩和PM458墩位上的千斤顶，移动第二预制梁段（25m长），完成第一、二节预制梁段的顶推

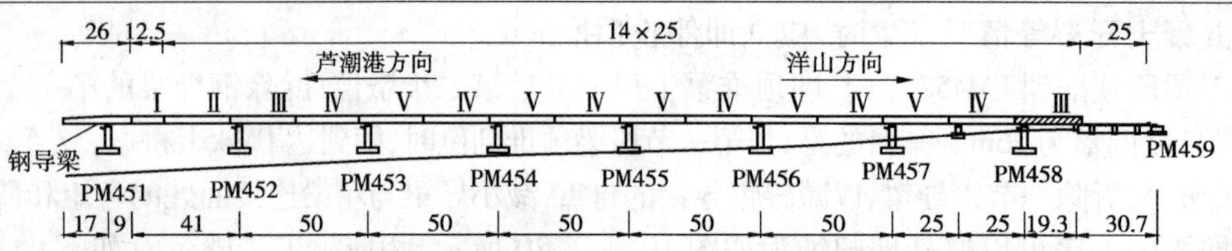

步骤四：

①第三梁段到第十四梁段的顶推，逐步对称增加各墩上的千斤顶，重复上述步骤，完成顶推工作；

②第三梁段顶推到PM452墩时，即顶推梁工程的最后第二个墩位，拆除钢导梁的第一个11.5m长节段，使钢导梁长度调整为26m

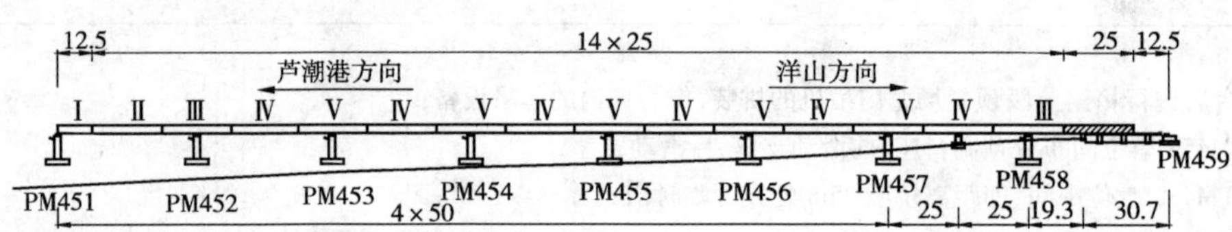

步骤五：

①重复上述工序，完成第十五到第十六节段梁的顶推，留下最后一个12.5m长的节段梁准备现浇；

②拆除钢导梁，张拉全桥纵向预应力钢筋至设计吨位；

③浇筑各节段梁在预制时未浇筑的横隔板

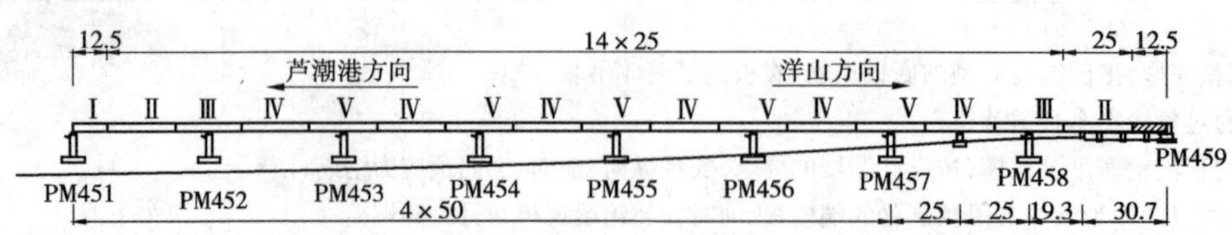

步骤六：

①浇筑第十七节梁段；

②拆除各项临时设施，做好落梁前的准备工作

图10.4.3.20　顶推梁施工步骤示意图（尺寸单位：m）

图10.4.3.21是箱梁在顶推施工时的一组照片，供阅读者对顶推梁工艺有一个较为直观的了解。

图 10.4.3.21　顶推施工

4.3.7　测量控制

测量控制是顶推过程中的关键,因此在 PM459 桥台后 30m 处设置一测量平台,建立测量控制三角网,并在钢导梁前端及箱梁最前端断面(梁端)、桥中线位置每隔 5~6m 处布设加密控制点。顶推过程中时刻跟踪监控测量,梁体顶推上墩前,由于导梁前端处于悬臂状态,易发生横向偏移,当同一断面水平偏差超过 5mm,或同一断面相对于桥中线发生横向扭曲超过 0.001(翼缘处偏移 7.6mm)时立刻通知总控制台,停止纵向顶推,并在梁体所处的前两个墩位通过调整单幅桥左、右侧千斤顶使其归位,顶推力等级从 5t、10t 缓缓增加,循序渐进直至同一断面尺寸满足理论位置要求。顶推施工中发现误差随即纠正,严禁误差的累积。

4.3.8　落梁与永久支座安装

全梁顶推到设计位置后,需将梁体落到永久支座上,永久支座安装前的工作,首先是测定梁长和各墩位处支座垫石与箱梁底支座预埋钢板中心位置偏差,以决定永久支座安装的位置。如偏差较大,尚须纵向和横向稍稍移动梁体,适度调整误差,将各个桥墩的支座偏心均控制在规范容许值之内。

其次需拆除墩、台上的滑动装置,抽出临时支座顶聚四氟乙烯板、不锈钢板和型钢锚柱,安装永久支座。安装活动支座时,要按落梁时的气温调整其具体位置。

拆除临时滑动装置时,各支点处千斤顶需均匀顶起,其顶力应按设计支点反力控制,各千斤顶底部用 M20 砂浆抄垫平整,砂浆厚度为 10mm。

落梁时按设计要求顺序和每次下落量,逐步落梁、逐步到位,并使同一墩、台的千斤顶同步运行。在落梁的过程中,规定相邻两墩支点高差任何时候不超过设计容许数值(根据设计院提供设计资料为 40mm),同墩两侧梁底顶起高差不得大于 1mm。具体施工步骤如下所述。

1. 支座安装

永久支座的安装墩位为上下行两幅桥 PM451 墩~PM459 台,共计 9 个墩台,需安装永久支座 36 个。其中,除 PM455 墩安装固定支座外,其余墩位均安装活动支座。

(1)支座安装及落梁施工工艺流程

8×50m 箱梁预制、顶推施工完毕后,进行梁端钢导梁拆除、梁内横隔板及梁端混凝土浇筑施工,并按运营阶段内力要求将全部未张拉预应力筋穿入孔道并进行张拉和压浆。待其全部完成后,方可进行永久支座安装及落梁施工。

支座安装及落梁施工工艺流程,见图10.4.3.22。

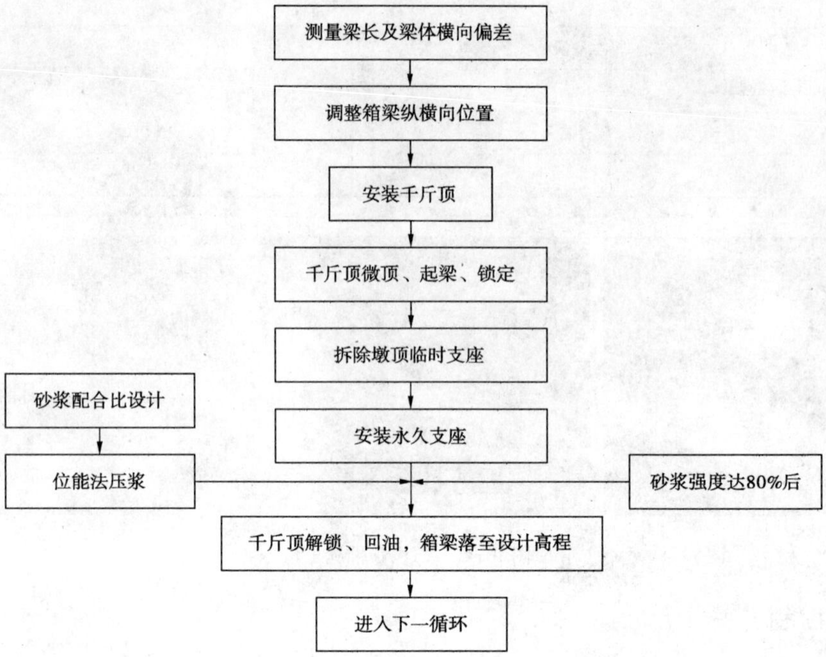

测量梁长及梁体横向偏差
调整箱梁纵横向位置
安装千斤顶
千斤顶微顶、起梁、锁定
拆除墩顶临时支座
砂浆配合比设计
安装永久支座
位能法压浆
砂浆强度达80%后
千斤顶解锁、回油,箱梁落至设计高程
进入下一循环

图10.4.3.22 支座安装及落梁施工工艺流程

(2)永久支座安装

支座共有三种型号,球形多向支座(LQZ12500DX)、球形纵向支座(DH-QZ6000ZX)及球形固定支座(LQZ12500GD)。支座出厂前,生产厂家已将支座调平,并已拧紧调平螺栓,以防止支座在安装的过程中发生转动和倾覆。

为方便日后更换支座,支座与梁体连接采用底柱与螺栓相结合的方式,支座安装时找出支座纵、横向中线位置,在支座底板四周抄垫钢锲块,并将支座调平,并使下支座板底面高程符合设计要求。各墩墩顶支座安装高程见表10.4.3.1。

各墩墩顶支座安装高程 表10.4.3.1

编号	墩号	支座底高程(m)	支座高度(m)	梁底高程(m)
1	PM459	+11.252	0.185	+11.437
2	PM458	+11.372	0.215	+11.587
3	PM457	+11.522	0.215	+11.737
4	PM456	+11.672	0.215	+11.887
5	PM455	+11.822	0.215	+12.037
6	PM454	+11.972	0.215	+12.187
7	PM453	+12.122	0.215	+12.337
8	PM452	+12.272	0.215	+12.487
9	PM451	+12.452	0.185	+12.637

为保证支座在桥梁运行期间受力均匀,需立模板用砂浆把支座底板与墩顶间的空隙堵实,钢锲块埋在砂浆垫层内。

支座安装各项技术指标见表10.4.3.2。

支座安装技术要求　　表 10.4.3.2

编　号	项　目	允许偏差
1	支座中心与主梁中线	应重合,最大偏差 <2mm
2	高程	±2mm
3	支座四角高差	<2mm
4	支座上下各部件纵轴线	对正

待砂浆强度达到其设计强度的 80% 后,即可进行落梁施工。梁体落至设计高程后,用螺栓连接上支座板与箱梁底预埋支座板。支座安装完毕后,应尽快拆除上、下支座连接板,以防止其约束梁体正常转动。检查支座外观,并及时安装支座外的防尘罩。

2. 落梁施工

落梁时从 PM455 开始,向 PM451 和 PM459 两个方向同时落下梁体,逐墩依次卸落,直至最后达到设计高程。

上下行两幅桥顶推完成后,分先后分别落梁。落梁时从 PM455 开始,向 PM451 和 PM459 两个方向同时落下梁体,逐墩依次卸落,直至最后达到设计高程。在 4 个墩上同时布置 YSDS600 - 200 型千斤顶,每墩布置 4 台千斤顶,主要施工步骤如下:

(1)在 PM451 ~ PM454 四墩墩顶支承垫石处,箱梁腹板下纵桥向前后各布置 1 台千斤顶,单墩布置 4 台千斤顶,4 墩共布置千斤顶 16 台。各千斤顶底部用石棉板抄垫平整。

(2)4 个墩上的千斤顶同步顶梁,并将梁体向上略微抬升,以能取出墩顶临时滑动支座为准。起梁时必须保证梁体横向水平,高差不得大于 ±1mm。根据箱梁设计的要求,相临两墩位处箱梁底面高程与设计高程差值 $\Delta H \leqslant 2$cm。

(3)临时锁定千斤顶,拆除墩顶聚四氟乙烯板、临时支座等施工设施,并将永久支座安装在支承垫石上。

(4)采用位能法压浆,待砂浆强度达到设计强度的 80% 后,16 台千斤顶同步回油,将梁体在各墩位处回落 2cm 距离。

(5)PM454 墩顶千斤顶临时锁定,将 PM451、PM452、PM453 墩顶千斤顶回落 2cm 距离,并完成永久支座的安装。然后,将 PM451、PM452、PM453 墩顶千斤顶转移至 PM455 ~ PM457 墩顶。当箱梁落至离设计高程 1 ~ 2mm 高度时,箱梁支座即准备落梁转载,以利于支座压缩后准确就位。

(6)PM455 ~ PM457 墩墩顶千斤顶同步回落 2cm 距离,PM457 墩顶千斤顶临时锁定,再将 PM454 ~ PM456 墩墩顶千斤顶同步回落 2cm 距离,并完成永久支座的安装。然后,将 PM454、PM455 墩墩顶千斤顶转移至 PM458、PM459 墩顶。

(7)PM458、PM459 墩顶部千斤顶同步回落 2cm 距离,并锁定。然后,PM457 ~ PM459 墩顶部千斤顶同步回落 2cm 距离,并完成永久支座的安装。至此,B 幅桥落梁施工全部完成。

(8)B 幅桥落梁及支座安装全部完成之后,再按上述步骤完成 A 幅桥的支座安装和落梁施工。

第5章 颗珠山斜拉桥施工

5.1 颗珠山斜拉桥工程概述

从颗珠山岛到小洋山岛港区之间是东海大桥的最后一段工程。该区域桥梁长度为1 660m。其中颗珠山斜拉桥跨径达332m,其余桥梁跨径均为50m。该海域没有通航要求,选择大跨径桥梁作为跨越结构,是因为在颗珠山岛与小洋山岛之间,存有一个水深达35m的深槽,按小跨径桥梁布置,桥墩基础将设置在深槽区域内,在海上进行如此水深的基础施工风险是巨大的。为避免施工风险,选择了斜拉桥结构一跨越过深槽。

颗珠山斜拉桥分为五跨,桥跨组合为50m + 139m + 332m + 139m + 50m,全长710m,采用双塔双索面边主梁式钢—混凝土结合梁结构。墩位按东海大桥全桥的墩位编号排列:PM470(西侧边墩)、PM471西侧(锚固墩)、PM472(西侧主墩)、PM473(东侧主墩)、PM474(东侧锚固墩)、PM475(东侧边墩)。桥梁总体布置见图10.5.1.1所示。桥址地质条件的一个最大特征就是岩面起伏很大。如PM472(西侧主墩)桥位,平均岩面高程为-20m,且覆土堆积较浅,而PM473(东侧主墩)平均岩面高程为-100m,且覆土堆积很厚。桩的持力层均选择在花岗岩微风化层岩面上,由于颗珠山岛在桥位处岩面的剧烈变化,造成桩长不一致,故桩基选用钻孔灌注桩,并在现场对每个桩位进行实地勘探,以最终确定桩的长度。这里仅对PM472(西侧主墩)、PM473(东侧主墩)的基础施工作出介绍。

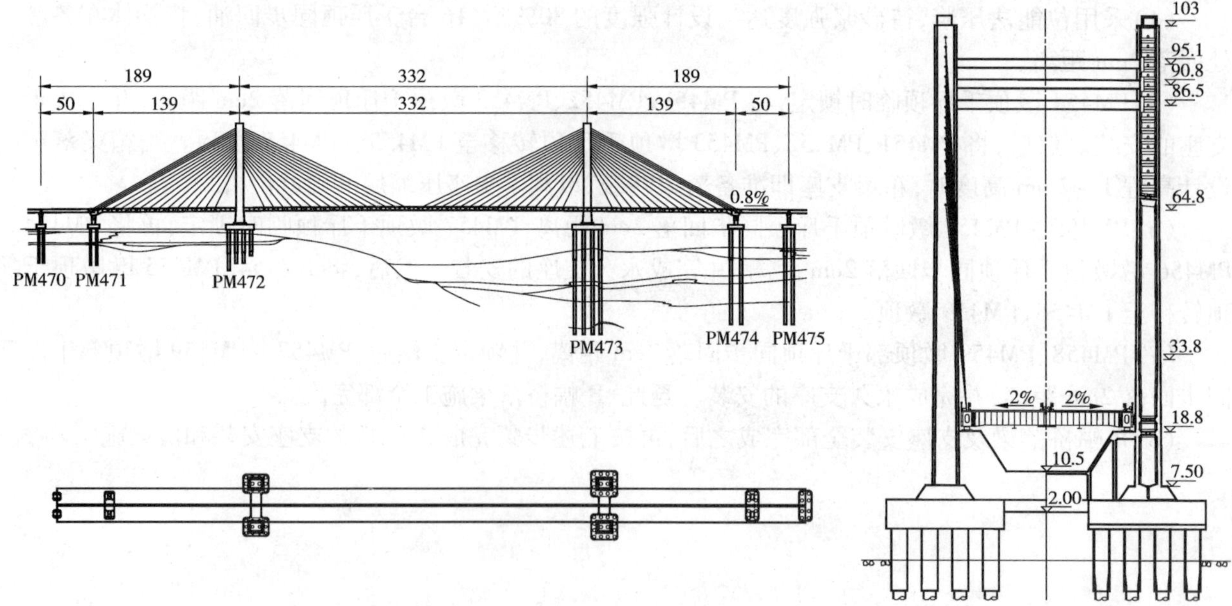

图10.5.1.1 颗珠山斜拉桥总体布置(尺寸单位:m)

施工所需了解的基础资料简述如下。

1.地质条件

桥位勘察区第四纪松散堆积层的层位、岩性特征和长江三角洲平原区相仿,其堆积厚度受基地起伏和水动力条件控制。地质特征及桩基设计参数见表10.5.1.1。

地质特征及桩基设计参数 表10.5.1.1

工程地质单元体	桩侧极限摩阻力标准值 q_f(kPa)	桩端极限阻力标准值 q_R(kPa)
Ⅰ灰黄色淤泥	3	
Ⅱ1 灰黄色粉质黏土夹粉砂	8	
Ⅱ2 灰黄~灰色粉砂夹粉质黏土	10	
Ⅱ3 灰黄~灰色粉细砂	15	
Ⅲ1-1 灰黄~灰色淤泥	5	
Ⅲ1-2 灰黄~灰色淤泥质黏土	15	
Ⅲ2 灰黄~灰色淤泥质粉质黏土	10~25	
Ⅲ3 灰黄~灰色粉细砂	15~30	
Ⅳ1-1 灰绿~灰黄色粉质黏土	40	
Ⅳ1-2 褐黄~灰色粉质黏土	40	
Ⅳ2 灰~灰绿色黏土	40	
Ⅳ3 灰绿~灰黄色粉质黏土混砂砾	50	
Ⅳ4 灰~灰黄色粉细砂	60~80	1 500~2 500
Ⅳ4t 灰~灰黄色粉质黏土夹粉细砂	40	
Ⅳ5 杂色中粗砂	50	
Ⅵ1 花岗岩强风化层	80~110	4 000~6 000

2. 水文条件

桥位设计高水位2.15m,极限高水位3.35m;设计最大流速 $v=2.1\text{m/s}$;NE向20年一遇的波浪要素值为 $H_{1\%}=6.8\text{m}$,$T=7.8\text{s}$,$L=85.2\text{m}$。

3. 海床面高程及冲刷

颗珠山侧最低海床高程约-4.5m,小洋山侧最低海床高程约-19.0m。桥位局部冲刷为2~3m。

5.2 颗珠山斜拉桥钻孔灌注桩施工

5.2.1 海上施工平台设计与施工

为满足PM472(西侧主墩)、PM473(东侧主墩)钻孔灌注桩工程实施所具备的条件,采用海上搭设施工平台,提供架设钻机的工作面进行灌注桩的施工。施工平台主要以钢护筒作为承重结构。钢护筒按桩位的坐标采用打桩船整根插打,各钢护筒之间的连接采用钢管作为平联或斜撑杆件。钢护筒是工程桩实施的孔位,对钢护筒插打时的定位精度偏差必须满足工程桩实施的要求。

1. 平台设计

(1)平台使用功能

为满足钻孔桩施工要求,施工平台必须具备以下使用功能:每座平台需配置4台钻机(每台钻机荷载130t);50t履带吊机可在平台上起吊30t的作业荷载;在左右幅平台之间布置泥浆循环池;靠海一侧可临时锚泊大型施工船舶(5 000吨级)。

同时综合考虑承台、塔柱及桥面系等施工,在墩侧设置了辅助平台,布置拌和站、生活区、发电机房等生活生产设施。

按照上述使用功能要求,对PM472(西侧主墩)、PM473(东侧主墩)平台进行了合理的布置,总体平面布置见图10.5.2.1。

(2)平台结构

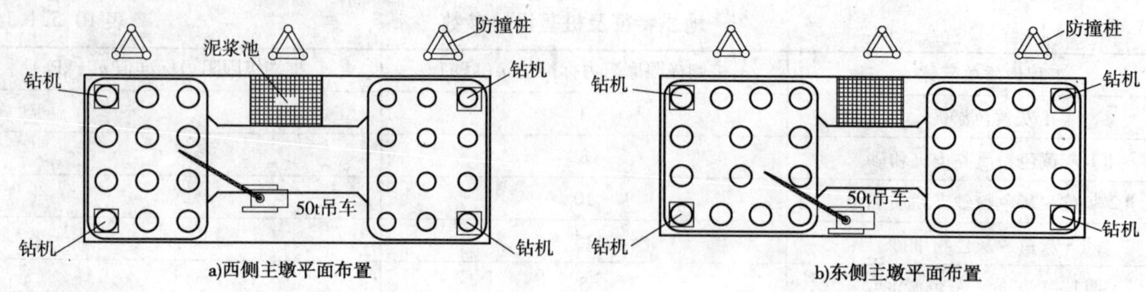

图 10.5.2.1 主墩施工平台平面布置示意(未示辅助平台)

平台基础主要由钢护筒组成,按设计桩位布置。由于承台呈哑铃形布置,左右幅承台间距较大,设计时在左右幅之间布置了2排辅助钢管桩,每排4根,共8根(东侧主墩)。上部结构由型钢承重梁和型钢分配梁构成,平台顶面铺设钢板,在平台四周设置护栏以及防撞指示灯,靠海一侧设防撞和泊船钢管桩。在墩位一侧设有施工平台,且与钻孔平台连成一体。PM473(东侧主墩)钻孔桩平台构造见图10.5.2.2。PM472(西侧主墩)平台构造与其相似,不再示出。

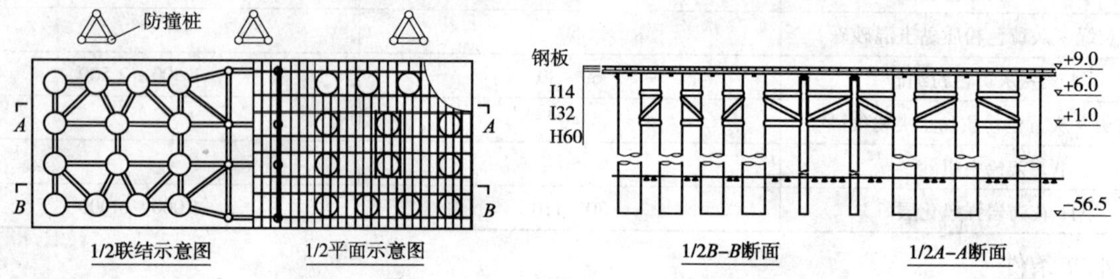

图 10.5.2.2 PM473(东侧主墩)平台(尺寸单位:m)

(3)平台设计参数

平台顶面高程根据《海港总平面设计规范》(JTJ 211—99)第4.3.4条确定为+9.0m。

护筒及钢管桩底高程确定:根据地质资料,结合钢护筒承载力要求,PM472(西侧主墩)钢护筒和钢管桩底口支撑在岩面上,PM473(东侧主墩)钢护筒和钢管桩底口支撑在IV4粉细砂层上。

钢护筒平联设置2层,各底层高程分别为+0.0m和+6.0m。

施工平台主要参数见表10.5.2.1。

施工平台主要参数　　表10.5.2.1

项　目	PM473(东侧主墩)	PM472(西侧主墩)
钢护筒	28ϕ3 200mm(δ18mm)	12ϕ2 700mm(δ16mm),12ϕ3 200mm(δ18mm)
钢管桩	8ϕ1 200mm(δ12mm)	12ϕ1 200mm(δ12mm)
平联及斜撑	ϕ800mm(δ10mm)	ϕ800mm(δ10mm)
平台顶高程(m)	+9.0	+9.0
钢护筒底高程(m)	-56.5	-17.5 ~ -37.5
钢管桩底高程(m)	-56.5	-24 ~ -35.0

(4)平台整体稳定措施

抗冲刷措施:桥位局部冲刷为2~3m,施工阶段派专人负责测量墩位的冲刷情况,并采取抛石压桩等措施进行冲刷防护,以确保平台整体稳定及钢护筒的入土深度满足设计要求。

防船撞措施:为防止船只碰撞平台,首先在平台上设置警示标志,并且在靠海一侧设置防撞和泊船钢管桩;其次将钻孔平台与墩侧平台连成一体,以增加平台的防撞能力。

抗海潮、抗台风设计措施主要有三点:其一,钢护筒之间、钢管桩之间均设置两层钢管平联和斜撑,以焊接形式连接,整体稳定性强;其二,平台顶高程按照"20年一遇水位+20年一遇波浪组合"原则确定,施工平台上部结构不承受波浪浮托力荷载;其三,钻孔平台与墩侧平台连成整体,整体稳定性强。

2. 结构计算

(1)荷载种类

作用于平台结构的荷载主要有水平荷载和竖向荷载,水平荷载为波流力、风载。竖向荷载为结构自重、施工荷载及其他作用。各类荷载如下:

①平台结构自重;

②4 台 KP3500 循环钻机或冲击钻重量;

③履带吊自重 500kN + 吊重 300kN;

④20 年一遇风暴高水位时的波流力(波浪力对桩的作用力的计算另见本书的有关章节,这里不再重复叙述);

⑤风载取 1.0kPa。

(2)工况及荷载组合

工况一:4 台钻机同时钻孔的施工阶段。其荷载组合为① + ② + ③;

工况二:台风期,停止施工阶段。其荷载组合为① + ② + ④ + ⑤。

经综合分析,工况二为控制工况。

(3)施工平台结构计算

平台结构计算采用 Sap2000 空间有限元程序进行计算,选取了 PM473(东侧主墩)半幅平台进行三维空间建模,计算模型见图 10.5.2.3。钢护筒、钢管桩和钢管平联均采用空间梁单元模拟,上部结构钢平台采用空间板单元模拟。模型边界设置为:钢管桩底部采用固定约束,半幅平台采用对称约束。计算成果见表10.5.2.2。

图 10.5.2.3　PM473(东侧主墩)半幅平台计算模型

PM473(东侧主墩)各构件内力计算结果　　表 10.5.2.2

构件名称	型　号	最大弯矩(kN·m)	最大轴力(kN)	最大应力(MPa)
钢护筒	ϕ3 200mm	1 1685	2 000	82.1
钢管桩	ϕ1 200mm	1 646.6	1 000	125.0
钢管平联	ϕ800mm	−295.9	509	61.1
上部结构	H60mm			121

3. 平台施工

主墩的施工平台采用 92m 高桩架的打桩船插打钢护筒和钢管桩,现场人工焊接平联及斜撑,大型浮吊拼装上部结构。

(1)钢护筒及钢管桩加工、运输

钢护筒和钢管桩均采取在工厂通长加工成型,最长钢护筒为 66.5m,在施沉过程中不需进行管节接长。加工好的钢护筒和钢管桩采用驳船运输至工点。外形尺寸容许偏差见表 10.5.2.3。

钢管外形尺寸容许偏差　　表 10.5.2.3

项　目	允许偏差	说　明
钢管外周长	±0.5%周长,且不大于 10mm	测量外周长
管端椭圆度	±0.5%d,且不大于 5mm	两相互垂直的直径之差
管端平整度	2mm	多管节拼接时,以整桩质量要求为准
管端平面倾斜	±0.5%d,且不大于 4mm	
桩长偏差	+300mm, −0.0mm	测量整桩长

(2)测量放样定位

钢护筒插打时的定位坐标依靠 GPS 定位技术,GPS 安装在打桩船上,共设三台,其三维定位精度为 2cm,满足钢护筒插打时的定位要求。

平台测量放样采用 GPS 卫星定位和全站仪结合的方式。

(3)钢护筒及钢管桩施工

驳船将钢桩运输至施工现场后,打桩船起吊钢桩,锚机调整打桩船位置,GPS 定位后,打桩船迅速落桩并插打,直至设计高程或贯入度满足要求后停锤。打桩船工作方式见图 10.5.2.4。

钢护筒与钢管桩插打施工顺序以 PM473(东侧主墩)为例,钢护筒、钢管桩采用打桩船顺水插打,横桥向由一侧向另一侧进行,具体顺序见图 10.5.2.5。

图 10.5.2.4 打桩船插打钢护筒

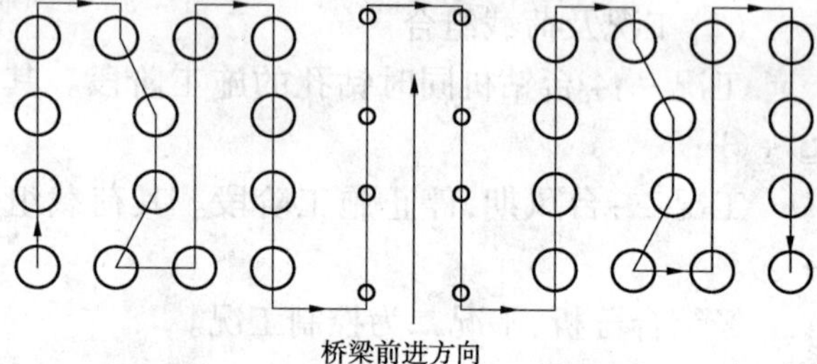

图 10.5.2.5 钢护筒、钢管桩插打顺序

由于 PM472(西侧主墩)和 PM473(东侧主墩)钢护筒底高程分别位于中风化岩层和粉细砂层上,停锤的标准以高程控制为主,贯入度控制为辅。沉桩至设计高程时,最后 10 击每击平均贯入度≤3mm 可以停锤;沉桩达不到设计高程时,最后 10 击每击平均贯入度≤2.0mm 可以停锤。

根据地质、水流、水深等特点,适当考虑钢护筒插打时的预偏量,稳桩时测量人员应随时注意桩位的变化情况;严格控制桩的平面位置与倾斜度,平面容许偏位移≤10cm,倾斜度≤0.5%。否则,停止施工。

钢护筒的插打尽量选择在平潮时进行。风力大于 7 级时,不得进行钢护筒施工。

锤击沉桩时,桩锤、替打、送桩器和桩宜保持在同一轴线上,替打应保持平整,避免产生偏心锤击;当打桩船受海面波浪影响沉桩稳定时,宜暂停锤击。

(4)施加钢管联结

沉桩完成后,采用浮吊及时将钢护筒、钢管桩的横向钢管平联焊接,同步进行斜撑施工。连接钢管因钢护筒、钢管桩插打时造成一定的偏位,会造成各钢护筒之间的间距不等,需对各钢护筒之间的间距实测,才能对每根连接钢管下料,以能保证焊接成功,这极大增加海上作业的难度和工作量。为此,专门设计了可调节钢套管接头,钢套管长 50cm,直径比连接钢管大 2cm,布置在连接钢管一侧。钢套筒接头形式见图 10.5.2.6。此时连接钢管按标准长度小 20cm 下料,便可实施横向连接。

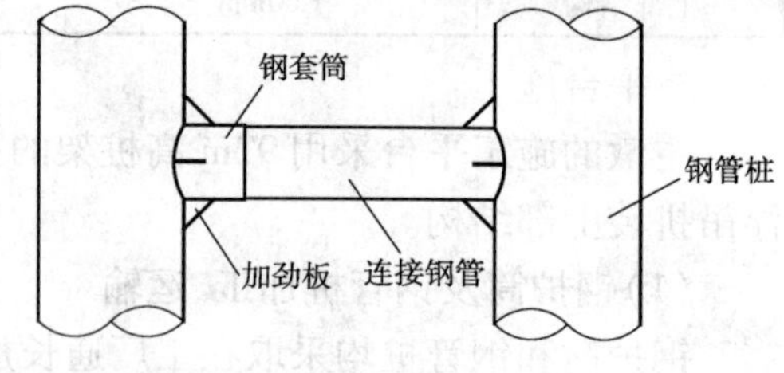

图 10.5.2.6 套筒接头布置形式

5.2.2 主墩桩基施工

颗珠山斜拉桥的两个主墩距离相隔 332m,而地质状况却差异较大。PM472 墩(西侧主墩)近颗珠山岛。根据桩基承载力的要求,桩端完全需要穿透中等分化层,嵌入微分化层 2.5m 深。钢护筒则采用 ϕ2 700mm 的钢管,并要求其下端进入岩面,与岩面紧密贴合。基桩采用 ϕ250cm 钻孔灌注桩 24 根,其承台与桩位的布置见图 10.5.2.7。由于岩面变化剧烈,造成每一根桩嵌入微分化层的高程不尽相同。各桩的长度差异很大。各桩进入岩层的状况和桩长见表 10.5.2.4。

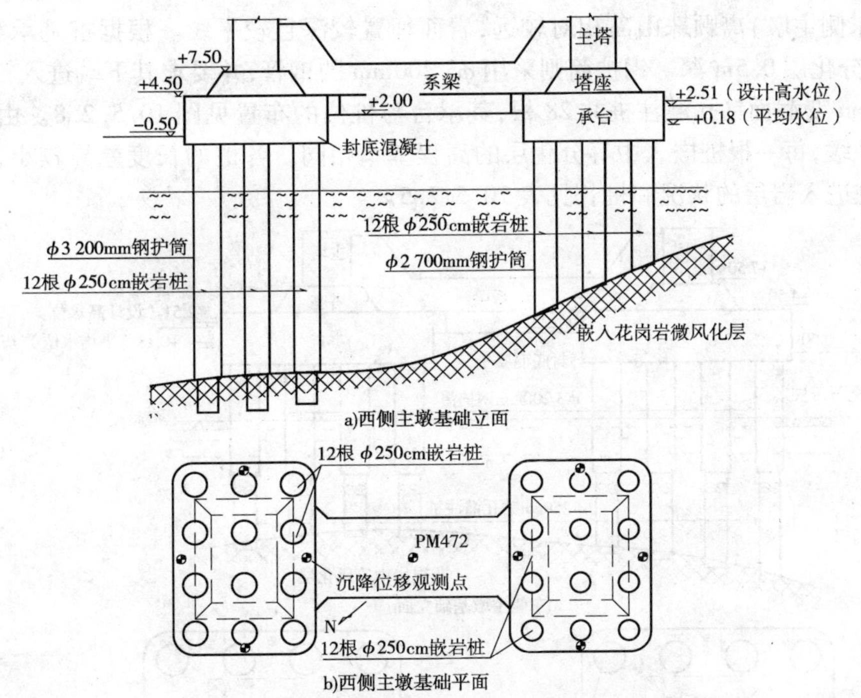

图 10.5.2.7　PM472 号墩（西侧主墩）承台与桩位布置（尺寸单位：m）

PM472 墩（西侧主墩）桩基参数（单位：m）　　表 10.5.2.4

桩编号	花岗岩中等分化层顶面高程	花岗岩微分化层顶面高程	花岗岩中等分化层厚度	桩底高程	桩长
1	-36.6	-40.2	3.6	-42.7	42.2
2	-36.8	-43.0	6.2	-45.5	45
3	-34.7	-41.6	6.9	-44.1	43.6
4	-34.4	-39.4	5.0	-41.9	41.4
5	-34.6	-41.5	-6.9	-44	43.5
6	-33.8	-39.8	6.0	-42.3	41.8
7	-31.8	-36.8	5.0	-39.3	38.8
8	-32.0	-38.8	6.8	-41.3	40.8
9	-32.0	-37.5	5.5	-40.0	39.5
10	-29.5	-32.5	3.0	-35.0	34.5
11	-28.5	-33.2	4.7	-35.7	35.2
12	-28.6	-32.8	4.2	-35.3	34.8
13	-21.6	-27.8	6.2	-30.3	29.8
14	-18.8	-24.8	6.0	-27.3	26.8
15	-16.3	-22.6	6.3	-25.1	24.6
16	-23.3	-28.8	5.5	-31.3	30.8
17	-19.6	-24.8	5.2	-27.3	26.8
18	-17.6	-23.2	5.6	-25.7	25.2
19	-25.2	-31.2	6.0	-33.7	33.2
20	-21.8	-27.3	5.5	-29.8	29.3
21	-19.4	-25.3	5.9	-27.8	27.3
22	-25.3	-31.3	6.0	-33.8	33.3
23	-23.8	-30.2	6.4	-32.7	32.2
24	-21.6	-28.5	6.9	-31.0	30.5

PM473 墩(东侧主墩)离颗珠山岛相对较远,岩面埋置较深且较平缓。根据桩基承载力的要求,桩端只需嵌入中等分化层 0.5m 深。钢护筒则采用 ϕ3 200mm 的钢管,并要求其下端进入粉细砂层。桩基采用 ϕ250 ~ 300cm 变截面钻孔灌注桩共 28 根,其承台与桩位的布置见图 10.5.2.8。由于该区域覆土较厚,岩面变化平缓,每一根桩嵌入中等分化层的高程基本相同。各桩的长度差异较小,基本上桩长为 100m 左右。各桩进入岩层的状况和桩长见表 10.5.2.5。

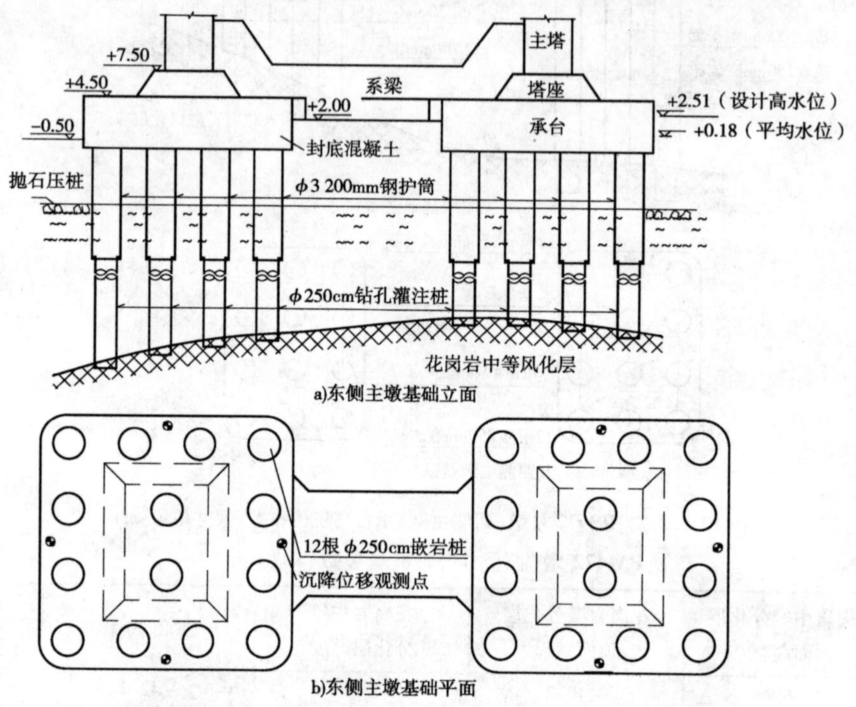

图 10.5.2.8 PM473 墩(东侧主墩)承台与桩位布置(尺寸单位:m)

PM473 墩(东侧主墩)桩基参数(单位:m) 表 10.5.2.5

桩编号	花岗岩中等分化层顶面高程	桩底高程	桩长
1	-94.6	-95.0	94.5
2	-92.6	-93.1	92.6
3	-93.8	-94.3	93.8
4	-97.6	-98.0	97.5
5	-95.8	-96.3	95.8
6	-92.5	-93.0	92.5
7	-93.8	-94.3	93.8
8	-95.4	-95.9	95.4
9	-92.2	-92.7	92.2
10	-90.8	-91.3	90.8
11	-93.5	-94.0	93.5
12	-91.4	-91.9	91.4
13	-89.5	-90.0	89.5
14	-88.5	-89.0	88.5
15	-90.2	-90.7	90.2
16	-102.0	-102.5	102.0
17	-108.0	-108.5	108.0

续上表

桩 编 号	花岗岩中等分化层顶面高程	桩 底 高 程	桩　长
18	-107.0	-107.5	107.0
19	-91.5	-92.0	91.5
20	-94.5	-95.0	94.5
21	-98.5	-99.0	98.5
22	-95.5	-96.0	95.5
23	-94.5	-95.0	94.5
24	-95.0	-95.5	95.0
25	-98.5	-99.0	98.5
26	-99.5	-100.0	99.5
27	-98.8	-99.3	98.8
28	-100.0	-100.5	100.0

1. PM472 墩(西侧主墩)钻孔灌注桩施工

海上钻孔平台搭建后再架设钢栈桥,墩位侧设加宽平台与栈桥连接,连通岛上施工场地。所有工程材料通过栈桥运输至平台。

桩由中昇300型钻机采用气举反循环法成孔技术进行施工。由于西侧主墩钢护筒埋设较浅,护筒直接支撑在岩面上,且岩面倾斜,为保证钻机成孔时的钢护筒整体稳定性,以及保证钻孔过程中不漏浆,需对钢护筒采用以下处理措施。

根据地质资料,西侧主墩右幅14号、15号、17号、18号、21号桩位中风化岩面高程在-15.0~-20.0m,覆土层顶高程为-4.6m,钢护筒埋土深度仅10~15m。其余桩位的钢护筒覆盖层较厚,均在18m以上。因此,仅对上述5处桩位钢护筒周围进行压浆处理,即采用护筒外侧底部压浆方法加固。

每根钢护筒外侧共布置3根压浆管,在岩面最低处设一根,两侧各设一根。压浆设备采用高压注浆泵,利用地质钻杆作注浆管,压浆前从注浆管下放高压喷头,清洗护筒底部较低侧岩面。岩面清洗干净后开始压浆,压浆从中间注浆管开始,直至另两根注浆管冒出水泥浆。水泥浆采用C20,压浆示意见图10.5.2.9。

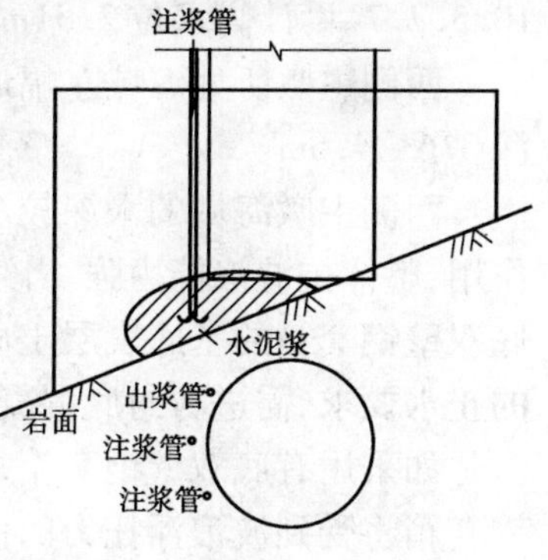

图10.5.2.9　钢护筒压浆示意图

因护筒底岩面倾斜,为防止钻孔至岩面时钻头滑移难以进尺,在钻孔至岩面后清洗岩面,然后根据岩面倾斜情况灌注200cm左右厚C25素混凝土,使钻孔底面水平,保证成孔质量。

钻孔灌注桩具体的施工工艺按公路工程施工技术规范操作,这里就不再叙述了。

2. PM473 墩(东侧主墩)钻孔灌注桩施工

东侧主墩的覆土层顶高程为-19.6m,桩位处的钢护筒底高程为-50m,钢护筒埋深约30m,且护筒底进入粉细砂层,钢护筒相当稳定。无需采用特别措施对钢护筒进行处理,即可进行灌注桩施工。

由于东侧主墩位置离岛上施工场地较远,不便于在海上搭设栈桥。海上钻孔平台搭建之后,在墩位一侧将平台加宽,在加宽平台上设置拌和站、履带吊。所有工程材料均由水路运输,混凝土由搅拌站直接供应,考虑到海上施工风险较大,配备一艘拌和船作为备用。

5.3　颗珠山斜拉桥承台施工

5.3.1　承台施工情况简述

基桩施工完成后即拆除海上平台,准备承台施工。颗珠山斜拉桥的承台施工也均为海上作业。其主要困难是防水,通常的施工方法是配以防水套箱,使得在承台施工时,阻止堰外海水大量地涌进堰内,待承台修出水面后即可将其拆除。因而它是一种施工用临时性结构,所以在选择套箱结构形式时,既要考虑结构的安全性,也要考虑其经济性。

套箱的结构形式有多种,如钢板桩套箱、双壁钢套箱、异形钢套箱、双层薄壁钢筋混凝土套箱、钢吊箱套箱、锁口钢管桩套箱等,具体采用何种结构形式,则需根据桥墩处的水文、地质、气象等条件而定,不可能有一种适合于所有桥梁基础修建的套箱结构形式和施工方法。

针对颗珠山斜拉桥承台施工的环境,套箱的结构既要能承受较大的水压力,又能经受风浪的侵扰。同时需满足海上整体安装、快速施工的要求。经综合比较双壁钢套箱具备这种优势。由于各个桥墩处的水深、地质等条件的不一致性,对每个桥墩承台施工,采用的双壁钢套箱施工方法也有区别。如PM472 墩(西侧主墩)、PM473 墩(东侧主墩)的承台施工则分别采用无底双壁钢套箱和有底双壁钢套箱的施工工艺。

所谓无底双壁钢套箱即钢套箱直接沉入海床底,抽干堰内的水形成一个干式的承台施工环境。其优点是:充分利用海上起吊设备的起吊能力进行整体安装,套箱直接沉入海床底后可不受波浪浮托力的影响。缺点是:在水深较大的情况下,势必要加大套箱结构的尺寸,以抵御强大的水压力。而有底双壁钢套箱把套箱搁在桩上,安装止水设施,抽干堰内的水便可进行承台施工。其优点是,套箱的高度不需要很高,承受的水压力相对也较小;缺点是,严重受到波浪浮托力的干扰,易造成套箱随时被波浪掀翻的危险,故需采取有效措施加强套箱与桩之间的牢固连接。

下面仅对 PM472 墩(西侧主墩)、PM473 墩(东侧主墩)的承台施工作一详细介绍。

5.3.2 PM472 墩(西侧主墩)无底钢套箱施工

PM472 墩(西侧主墩)由两只分离式承台组成,每只承台尺寸 17.4m×24.0m,厚 5m,两承台之间采用系梁连接,系梁尺寸 23.9m×10.0m,厚 2.50m。承台顶高程 4.50m,承台底高程 -0.50m,见图 10.5.2.7。设计高水位 2.51m,平均水位 0.18m。

西侧主墩所处海域左幅最低海床高程为 -3.5m,右幅海床高程为 -4.5m,最大水深 6~7m,平时水深 3.6~4.6m。

西侧主墩海域的水深较浅,采用 10m 高度的无底双壁钢套箱便可沉入海底,可不受波浪浮托力的作用,整体抗波浪能力强。该处最大水深为 6~7m,选择一个合理的结构足以抵御水压力的作用。但无底双壁钢套箱的基底表层土质是淤泥,易发生沉降,需在钢套箱沉放前作抛石处理。为了满足钢套箱底的止水要求,需进行封底混凝土的施工,且封底混凝土的数量较大。

如采用有底双壁钢套箱,则套箱的高度达 7m。将其搁置在桩上便能满足承台施工要求,此时整个钢套箱将受到波浪浮托力的作用,需把钢套箱与桩牢固连接。有底钢套箱的耗材比无底钢套箱略为节省,但增加了止水与桩连接的水中作业工序。经综合考虑,西侧主墩采用无底双壁钢套箱的施工方法进行承台施工。

西侧主墩由两个独立承台和中间系梁组成,在承台施工时分别由两个无底双壁钢套箱进行施工,待承台混凝土施工完成,拆除钢套箱后进行系梁施工。下面对无底双壁钢套箱的设计作一介绍。

1. 无底钢套箱设计依据

(1)地质条件

根据颗珠山大桥地质详勘报告,河床表层为淤泥。

(2)水文条件

设计高水位:2.15m。

流速:(取靠近颗珠山水文资料)$v=1.2\text{m/s}$。

波浪:施工期间采用 20 年一遇波浪要素,见表 10.5.3.1。

(3)设计参数

20 年一遇波浪要素　　表 10.5.3.1

位　置	波　向	水　位	$H_{5\%}$	T	T(平均)	L
颗珠山	NE	2.15m	2.3m	7.4s	6.4s	49.1m

海床面高程：左幅最低海床高程约 -3.5m，右幅平均海床高程约 -4.5m。

冲刷深度：根据地质水文资料，本桥位局部冲刷按 1m 考虑。

钢套箱设计参数：钢套箱设计所需的参数见表 10.5.3.2。

钢套箱设计参数　　表 10.5.3.2

序号	项　目	高程(m)	序号	项　目	高程(m)
1	钢套箱顶高程	+5.5	5	承台底高程	-0.5
2	钢套箱底高程	-4.5(-5.5)	6	封底混凝土底高程	-2.5
3	内支撑高程	+5.3	7	设计抽水位	+2.15
4	承台顶高程	+4.5			

2. 钢套箱结构简介

无底双壁钢套箱在平面上呈矩形，圆形倒角，内壁平面尺寸为 24m×17.4m，外平面尺寸为 26m×19.4m，左幅套箱高 11m，右幅套箱高 10m。套箱壁厚 1.0m，刃脚高为 0.8m。

钢套箱竖向分 2 节，上节高度为 5m，下节高度为 5m 或 6m；平面每节划分为 10 块，块间设有钢箱或竖向加劲桁片，见图 10.5.3.1。

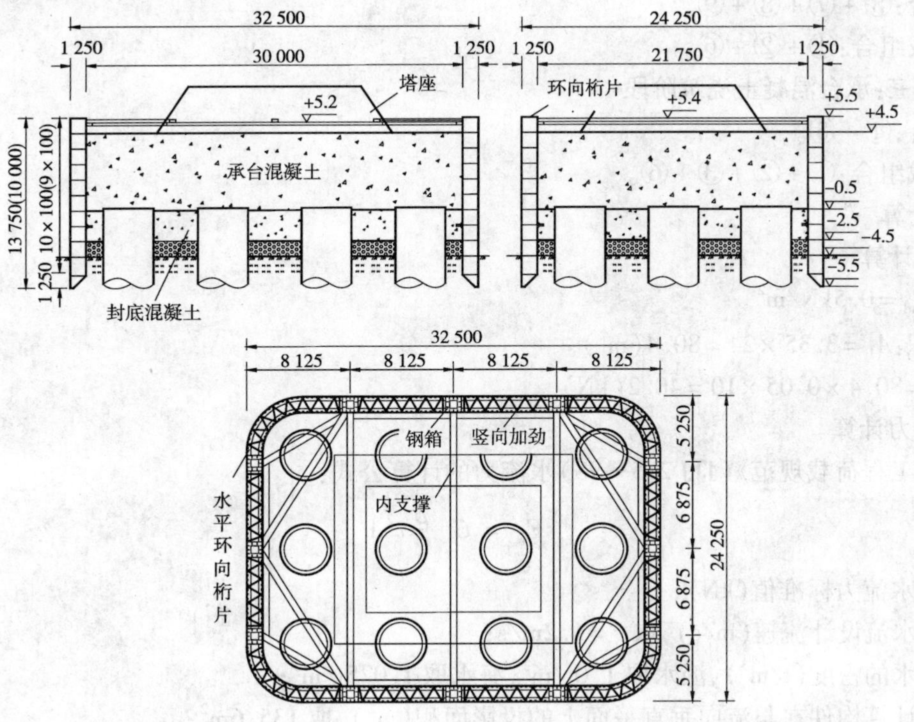

图 10.5.3.1　无底钢套箱结构(尺寸单位:mm)

钢套箱由双壁板、竖向加劲肋、水平环向桁架、钢箱以及内支撑组成，见图 10.5.3.1。

壁板采用 6mm 厚钢板。壁板上焊接的加劲肋采用角钢 L75×75×6，竖向布置间距为 20～30cm 不等。

水平环向桁片是钢套箱主要承重部位，主要承受壁板传递的荷载，通过内支撑传递给钢套箱达到受力平衡，水平桁片沿竖向布置间距为 1m。水平桁片由弦杆和斜杆组成，弦杆为 δ10mm×250mm 钢板，斜杆为 2L90×56×6。

钢箱设在壁板处，每道壁板设置 3 个，共有 12 个。钢箱断面尺寸为 1.0m×1.0m，高度方向每 50cm

设置一道"回形板",箱内采用钢板加劲。

钢套箱顶部设置一道内支撑,每一根内支撑采用双肢 40a 槽钢,均支撑在套箱壁的钢箱位置上。

套箱材料采用 Q235 钢,$E_g = 206 \times 10^3 N/mm^2$,$[\sigma] = 160MPa$。

3. 钢套箱结构设计荷载种类

(1)钢套箱结构自重;

(2)封底混凝土自重;

(3)承台混凝土自重;

(4)承台混凝土侧压力;

(5)静水压力;

(6)水浮力;

(7)20 年一遇风暴高水位时的波浪力;

(8)水流力;

(9)风荷载取 0.5kPa。

4. 工况及荷载组合

(1)工况一:钢套箱下沉到河床

荷载组合:①+⑤。

(2)工况二:封底抽水后,承台混凝土浇筑前施工阶段

荷载组合:⑤+⑦+⑧+⑨。

竖向荷载组合:①+②+⑥。

(3)工况三:承台混凝土浇筑阶段

荷载组合:④+⑤。

竖向荷载组合:①+②+③+⑥。

5. 荷载计算

(1)风载计算

风载:$p_{wind} = 0.5kN/m^2$。

迎风面积:$A_1 = 3.35 \times 24 = 80.4(m^2)$。

风力:$F = 80.4 \times 0.05 \times 10 = 40.2(kN)$。

(2)水流力计算

按《港口工程荷载规范》(JTJ 215—98)水流力的计算公式:

$$F_w = C_w \frac{\rho}{2} v^2 A \tag{10.5.3.1}$$

式中:F_w——水流力标准值(kN);

v——水流设计流速(m/s),取 $v = 1.2m/s$;

ρ——水的密度(t/m^3),淡水取 $1.0t/m^3$,海水取 $1.025t/m^3$;

A——计算构件在与流向垂直平面上的投影面积(m^2),取 $135.6m^2$;

C_w——水流阻力系数,按规范提供表格中选用,并根据规定进行修正,取 0.52。

则 $F_w = 0.52 \times \frac{1.025}{2} \times 1.2^2 \times 135.6 = 52.04(kN)$。

作用在钢套箱壁上每平方米的水流力:$p_{water} = F_w / A = 52.04/135.6 = 0.384(kN/m^2)$。

(3)波浪力计算

无底钢套箱沉入海床底,按《海港水文规范》(JTJ 213—98)(波浪对建筑物的作用)所提供的规范条文,波浪对钢套箱的作用,类似于波浪对直墙式建筑物的作用,这就可以应用规范提供的波浪力计算公式。根据规范的说明,无底钢套箱受波浪的影响,波态可确定为立波。

根据水文资料统计，PM472墩桥位处，迎波面海床底高程为-3.5m，设计高水位为2.15m，无底钢套箱沉入海床底达到的水深度 $d=2.15+3.5=5.65$(m)，按20年一遇风暴高水位时的波高取 $H=2.3$m，波长 $L=49.1$m。

当满足 $d\geqslant1.8H$，$d/L=0.05\sim0.12$ 条件时，无底钢套箱所受到的波浪力可按规范提供相应的计算式予以确定。规范中规定在立波作用下，波浪力计算分为两类：一是在波峰作用下的波浪力，二是在波谷作用下的波浪力。为便于统计，把波浪力计算分为三部分，把波峰作用下的立波计算归于波浪水平力计算，把波谷作用下的立波计算也归于波浪水平力计算，而把波浪浮托力归于波浪竖向力计算。

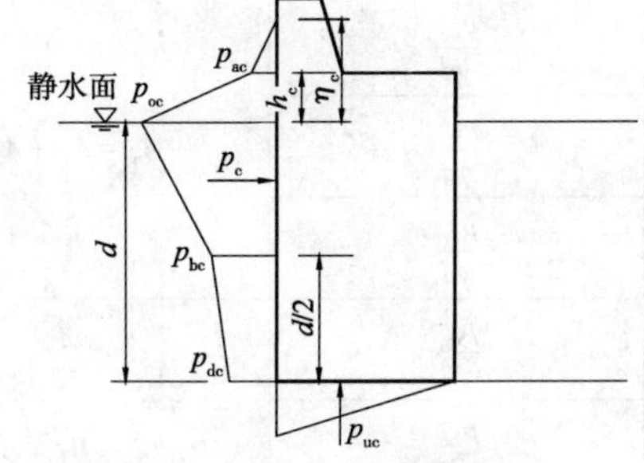

图10.5.3.2　波峰作用时立波波压力分布计算示意图

①波峰作用下的立波作用力计算

波峰作用下的立波作用力计算图式如图10.5.3.2所示。

a. 波面高程计算：

$$\frac{\eta_c}{d}=B_\eta\left(\frac{H}{d}\right)^m \tag{10.5.3.2}$$

式中：B_η——系数，$B_\eta=2.3104-2.5907T_*-0.5941=1.579$；

m——系数，$m=T_*(0.009137T_*^2+0.636T_*+1.2515)=1.16$；

T_*——无因次周期，$T_*=\overline{T}\sqrt{g/d}=6.4\times\sqrt{9.8/5.65}=8.4$；

$\overline{T}$——平均周期(s)，取6.4s；

g——重力加速度(m/s^2)，取9.8m/s^2；

d——水深(m)，静水位高程2.15m，海床底高程-3.5m(西侧承台)，取5.65m；

H——波高(m)，取20年一遇波高，5%的累积频率，为2.3m；

η_c——波面高程(m)。

故 $\eta_c=d\cdot B_\eta\left(\frac{H}{d}\right)^m=5.65\times1.579\times(2.3/5.65)^{1.16}=3.15$(m)。

b. 在静水面以上 h_c 处墙面波压力强度 $\frac{p_{ac}}{\gamma d}$ 计算：

$$\frac{h_c}{d}=\frac{2\eta_c/d}{n+2} \tag{10.5.3.3}$$

$$\frac{p_{ac}}{\gamma d}=\frac{p_{oc}}{\gamma d(n+1)(n+2)} \tag{10.5.3.4}$$

其中 $n=\max[0.636618+4.23264(H/d)^{1.67},1.0]$。

式中：n——静水面以上波浪压力强度分布曲线的指数，计算得到 n 值应取1.58；

h_c——波压力强度 p_{ac} 在静水面以上的作用点位置(m)，按下式计算，

$$h_c=d\times\frac{2\eta_c/d}{n+2}=5.65\times\frac{2\times3.15/5.65}{1.58+2}=1.76(\text{m})$$

γ——海水的重度(kN/m^2)，取10.25kN/m^2；

p_{ac}——与 h_c 对应的墙面波压力强度(kPa)；

p_{oc}——静水面上的波压力强度(kPa)，

$$\frac{p_{ac}}{\gamma d}=\frac{p_{oc}}{\gamma d}\times\frac{2}{(1.58+1)(1.58+2)}，即\ \frac{p_{ac}}{\gamma d}=0.216\frac{p_{oc}}{\gamma d}$$

c. p_{oc} 及墙面上其他各特征点的波压力强度计算：

$$\frac{p}{\gamma d}=A_p+B_p(H/d)^q \tag{10.5.3.5}$$

系数 A_p、B_p、q 按《海港水文规范》(JTJ 213—98)中提供的表确定,见表 10.5.3.3。

系数 A_p、B_p 和 q 计算式(波峰作用) 表 10.5.3.3

计算式		A_1,B_1,a	A_2,B_2,b	α,β,c
$\frac{p_{oc}}{\gamma d}$	$A_p=A_1+A_2T_*^{\alpha}$	0.029 01	−0.000 11	2.140 82
$\frac{p_{bc}}{\gamma d}$		0.145 74	−0.024 03	0.910 76
$\frac{p_{dc}}{\gamma d}$		−0.18	−0.000 153	2.543 41
$\frac{p_{oc}}{\gamma d}$	$B_p=B_1+B_2T_*^{\beta}$	1.314 27	−1.200 64	−0.673 6
$\frac{p_{bc}}{\gamma d}$		−3.073 72	2.915 85	0.110 46
$\frac{p_{dc}}{\gamma d}$		−0.032 91	0.174 53	0.650 74
$\frac{p_{oc}}{\gamma d}$	$q=\frac{T_*}{aT_*^2+bT_*+c}$	0.037 65	0.464 43	2.916 98
$\frac{p_{bc}}{\gamma d}$		0.062 20	1.326 41	−2.975 57
$\frac{p_{dc}}{\gamma d}$		0.286 49	−3.867 66	38.419 5

在按表 10.5.3.3 计算时,如 $p_{bc}>p_{oc}$,取 $p_{bc}=p_{oc}$。

根据表 10.5.3.3 所列的 A_1、B_1、α、A_2、B_2、b、α、β、c 值,可分别计算系数 A_p、B_p、q 和$\frac{p}{\gamma d}$。计算结果见表 10.5.3.4。

A_p、B_p 和 q 计算结果 表 10.5.3.4

系数计算	$A_p=A_1+A_2T_*^{\alpha}$
$\frac{p_{oc}}{\gamma d}$	$A_p=0.029\,01-0.000\,11\times8.4^{2.140\,82}=0.018\,54$
$\frac{p_{bc}}{\gamma d}$	$A_p=0.145\,74-0.024\,03\times8.4^{0.910\,76}=-0.024\,4$
$\frac{p_{dc}}{\gamma d}$	$A_p=-0.18-0.000\,153\times8.4^{2.543\,41}=-0.214\,3$
系数计算	$B_p=B_1+B_2T_*^{\beta}$
$\frac{p_{oc}}{\gamma d}$	$B_p=1.314\,27-1.200\,64\times8.4^{-0.673\,6}=1.028$
$\frac{p_{bc}}{\gamma d}$	$B_p=-3.073\,72+2.915\,85\times8.4^{0.110\,46}=0.614\,9$
$\frac{p_{dc}}{\gamma d}$	$B_p=-0.032\,91+0.174\,53\times8.4^{0.650\,74}=0.664\,3$
系数计算	$q=\frac{T_*}{aT_*^2+bT_*+c}$
$\frac{p_{oc}}{\gamma d}$	$q=\frac{8.4}{0.037\,65\times8.4^2+0.464\,43\times8.4+2.916\,98}=0.886\,6$
$\frac{p_{bc}}{\gamma d}$	$q=\frac{8.4}{0.062\,20\times8.4^2+1.326\,41\times8.4-2.975\,57}=0.669\,1$
$\frac{p_{dc}}{\gamma d}$	$q=\frac{8.4}{0.286\,49\times8.4^2-3.867\,66\times8.4+38.418\,5}=0.321\,3$

得到 A_p、B_p、q 系数,便可进行 p_{oc} 及墙面上其他各特征点的波压力强度的计算,具体计算结果见表

10.5.3.5。在按表10.5.3.5计算时，如 $p_{bc}>p_{oc}$，取 $p_{bc}=p_{oc}$。

$\frac{p}{\gamma d}$计算结果　　表10.5.3.5

$\frac{p}{\gamma d}$计算	$\frac{p}{\gamma d}=A_p+B_p(H/d)^q$
$\frac{p_{oc}}{\gamma d}=0.01854+1.028\times(2.3/5.65)^{0.8866}=0.48192$	
$\frac{p_{bc}}{\gamma d}=-0.0244+0.6149\times(2.3/5.65)^{0.6691}=0.31261$	
$\frac{p_{dc}}{\gamma d}=-0.2143+0.6643\times(2.3/5.65)^{0.3213}=0.28337$	

在获得$\frac{p_{oc}}{\gamma d}$数据后，便可计算在静水面以上 h_c 处墙面波压力强度$\frac{p_{ac}}{\gamma d}$的值，$\frac{p_{ac}}{\gamma d}=0.216\times\frac{p_{oc}}{\gamma d}=0.216\times 0.48192=0.104$。

取海水重度 $\gamma=10.25\text{kN/m}^2$，$d=5.65\text{m}$。经把计算所得的数据整理之后，分别得到以下结果：

$$p_{ac}=6.02\text{kN/m}^2, p_{oc}=27.9\text{kN/m}^2, p_{bc}=18.1\text{kN/m}^2, p_{dc}=16.41\text{kN/m}^2$$

d. 单位长度墙身上的水平总波浪力计算：

$$\frac{p_c}{\gamma d^2}=\frac{1}{4}\left[2\times\frac{p_{ac}}{\gamma d}\frac{\eta_c}{d}+\frac{p_{oc}}{\gamma d}\left(1+\frac{2h_c}{d}\right)+\frac{2p_{bc}}{\gamma d}+\frac{p_{dc}}{\gamma d}\right] \quad (10.5.3.6)$$

式中：p_c——单位长度墙身上的水平总波浪力(kN/m)。

把已求得的 $p_{ac}=6.02\text{kN/m}^2$、$p_{oc}=27.9\text{kN/m}^2$、$p_{bc}=18.1\text{kN/m}^2$、$p_{dc}=16.41\text{kN/m}^2$ 代入式(10.5.3.6)：

$$\frac{p_c}{10.25\times5.65^2}=\frac{1}{4}\times\left[2\times\frac{6.02}{10.25\times5.65}\times\frac{3.15}{5.65}+\frac{27.9}{10.25\times5.65}\times\left(1+\frac{2\times1.76}{5.65}\right)+\frac{2\times18.1}{10.25\times5.65}+\frac{16.41}{10.25\times5.65}\right]$$

得到：$p_c=147.4\text{kN/m}$。

e. 单位长度墙身上的水平总波浪力矩计算：

$$\frac{M_c}{\gamma d^3}=\frac{1}{2}\frac{p_{ac}}{\gamma d}\frac{\eta_c}{d}\left[1+\frac{1}{3}\left(\frac{\eta_c}{d}+\frac{h_c}{d}\right)\right]+\frac{1}{24}\frac{p_{oc}}{\gamma d}\left[5+\frac{12h_c}{d}+4\left(\frac{4h_c}{d}\right)^2\right]+\frac{1}{4}\frac{p_{bc}}{\gamma d}+\frac{1}{24}\frac{p_{dc}}{\gamma d} \quad (10.5.3.7)$$

式中：M_c——单位长度墙身上的水平总波浪力矩(kN·m/m)。

把求得的 $p_{ac}=6.02\text{kN/m}^2$、$p_{oc}=27.9\text{kN/m}^2$、$p_{bc}=18.1\text{kN/m}^2$、$p_{dc}=16.41\text{kN/m}^2$ 代入式(10.5.3.7)：

$$\begin{aligned}\frac{M_c}{10.25\times5.65^3}=&\frac{1}{2}\times\frac{6.02}{10.25\times5.65}\times\frac{3.15}{5.65}\times\left[1+\frac{1}{3}\times\left(\frac{3.15}{5.65}+\frac{1.76}{5.65}\right)\right]\\&+\frac{1}{24}\times\frac{27.9}{10.25\times5.65}\times\left[5+\frac{12\times1.76}{5.65}+4\times\left(\frac{1.76}{5.65}\right)^2\right]\\&+\frac{1}{4}\times\frac{18.1}{10.25\times5.65}+\frac{1}{24}\times\frac{16.41}{10.25\times5.65}\end{aligned}$$

得：$M_c=574.06\text{kN}\cdot\text{m/m}$。

②波谷作用下的立波作用力计算

波谷作用下的立波作用力计算图式如图10.5.3.3所示。

a. 波谷波面高程计算：

$$\frac{\eta_t}{d}=A_p+B_p(H/d)^q \quad (10.5.3.8)$$

式中：A_p、B_p、q——系数，按表10.5.3.6中 $p_{oc}/(\gamma d)$ 项的值确定；

η_t——波谷波面高程(m)；

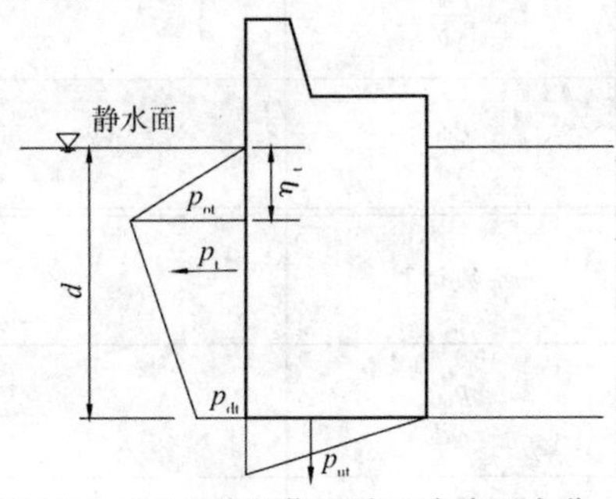

图10.5.3.3 波谷作用时立波波压力分布计算示意

$$\frac{\eta_t}{d}=0.202\,828-0.687\,5\times(2.3/5.65)^{0.743\,61}=-0.149\,6$$

得：$\eta_t=-0.845\,0\text{m}$。

b. 墙面上各特征点的波压力强度均按下式计算：

$$\frac{p}{\gamma d}=A_p+B_p(H/d)^q \tag{10.5.3.9}$$

系数 A_p、B_p 和 q 按表 10.5.3.6 确定，如 $p_{dt}>p_{ot}$，取 $p_{dt}=p_{ot}$。

系数 A_p、B_p 和 q 计算式（波谷作用）　　表 10.5.3.6

计算式		A_1,B_1,a	A_2,B_2,b	α,β,c
$\frac{p_{ot}}{\gamma d}$	$A_p=A_1+A_2T_*^{\alpha}$	0.039 7	−0.000 18	1.95
$\frac{p_{dt}}{\gamma d}$		1.687	0.168 94	−2.019 5
$\frac{p_{ot}}{\gamma d}$	$B_p=B_1+B_2T_*^{\beta}$	0.982 22	−3.061 15	−0.284 8
$\frac{p_{dt}}{\gamma d}$		−2.197 07	0.928 02	0.235 0
$\frac{p_{ot}}{\gamma d}$	$q=aT_*^{b}\,e^{cT_*}$	2.599	−0.867 9	0.070 92
$\frac{p_{dt}}{\gamma d}$		20.156 5	−1.9723	0.133 29

根据表 10.5.3.6 所列的 A_1、B_1、a、A_2、B_2、b、α、β、c 值，可分别计算系数 A_p、B_p 和 q，具体计算结果见表 10.5.3.7。

A_p、B_p 和 q 计算结果　　表 10.5.3.7

系数计算	$A_p=A_1+A_2T_*^{\alpha}$
$\frac{p_{ot}}{\gamma d}$	$A_p=0.039\,7-0.000\,18\times8.4^{1.95}=0.202\,828$
系数计算	$A_p=0.1-A_1T_*^{\alpha}\,e^{A_2T_*}$
$\frac{p_{dt}}{\gamma d}$	$A_p=0.1-1.687\times8.4^{-2.019\,5}\times e^{0.168\,94\times8.4}=0.005\,2$
系数计算	$B_p=B_1+B_2T_*^{\beta}$
$\frac{p_{ot}}{\gamma d}$	$B_p=0.982\,22-3.061\,15\times8.4^{-0.284\,8}=-0.687\,5$
$\frac{p_{dt}}{\gamma d}$	$B_p=-2.197\,07+0.928\,02\times8.4^{0.235}=-0.666\,8$
系数计算	$q=aT_*^{b}\,e^{cT_*}$
$\frac{p_{ot}}{\gamma d}$	$q=2.599\times8.4^{-0.867\,9}\times e^{0.070\,92\times8.4}=0.743\,61$
$\frac{p_{dt}}{\gamma d}$	$q=20.156\,5\times8.4^{-1.972\,3}\times e^{0.133\,29\times8.4}=0.928\,4$

得到 A_p、B_p 和 q 系数，便可进行 p_{ot} 及墙面上其他各特征点的波压力强度的计算，具体计算结果见表 10.5.3.8。在按表 10.5.3.8 计算时，如 $p_{dt} > p_{ot}$，取 $p_{dt} = p_{ot}$。

$\frac{p}{\gamma d}$计算结果　　表 10.5.3.8

$\frac{p}{\gamma d}$计算	$\frac{p}{\gamma d} = A_p + B_p (H/d)^q$
$\frac{p_{ot}}{\gamma d} = 0.202\,828 - 0.687\,5 \times (2.3/5.65)^{0.743\,61} = -0.149\,6$	
$\frac{p_{dt}}{\gamma d} = 0.005\,2 - 0.666\,8 \times (2.3/5.65)^{0.928\,4} = -0.284\,3$	

取 $\gamma = 10\text{kN/m}^2$，$d = 5.65\text{m}$。经把计算所得的数据整理之后，分别得到以下结果：

$p_{ot} = -8.45\text{kN/m}^2$，$p_{dt} = -16.06\text{kN/m}^2$

从波谷作用下的立波作用力计算结果可知，该作用力为负值，对钢套箱不存在水平作用力。

③波浪浮托力计算

无底钢套箱沉入海床底，在波峰作用下才可能在箱底产生波浪浮托力。

单位长度墙底上的波浪浮托力按式(10.5.3.10)计算：

$$p_{uc} = \frac{p_{dc} b}{2} \tag{10.5.3.10}$$

式中：p_{dc}——由前面在波峰作用下的立波作用力计算知，$p_{dc} = 16.41\text{kN/m}^2$；

b——直墙的底宽(m)，无底钢套箱平行于波流方向的宽度为 17.4m；

p_{uc}——单位长度墙底上的波浪浮托力(kN/m)，$p_{uc} = 16.41 \times 17.4/2 = 142.77(\text{kN/m})$。

无底钢套箱受到的总浮托力 p_{total} 为 p_{uc} 与无底钢套箱长度的乘积：

$$p_{total} = 142.77 \times 26 = 3\,712.06(\text{kN})$$

(4)静水压力

封底混凝土顶高程为 -0.5m，静水位高程为 2.15m，抽水后无底钢套箱受到的最大静水压力为：

$$p_{static} = (2.15 + 0.5) \times 10.25 = 27.16(\text{kN/m}^2)$$

(5)混凝土侧压力

在浇筑承台混凝土时无底钢套箱将受到混凝土侧压力，建筑施工手册推荐，新浇筑的混凝土作用于钢套箱壁的最大侧压力，按式(10.5.3.11)计算：

$$F = 0.22\gamma_c t_0 \beta_1 \beta_2 v^{\frac{1}{2}} \tag{10.5.3.11}$$

$$F_{max} = 0.22 \times 24 \times 12 \times 1.2 \times 1.15 \times 0.5^{1/2} = 61.8(\text{kN/m}^2)$$

(6)竖向荷载

①钢套箱结构自重 2 850.0kN。

②封底混凝土自重。封底混凝土厚度为 2.0m，封底净面积为 316m²，封底混凝土重：$G_1 = 316 \times 2.0 \times 24 = 15\,168(\text{kN})$。

③承台混凝土自重：$G_2 = 2\,061.2 \times 25 = 51\,530(\text{kN})$。

④水浮力。无底双壁钢套箱在海水中受到的水浮力，即等于其排开水的体积的重量。从沉放开始到安置于海床底，受到的水浮力分两个阶段。

a. 下沉过程中浮力计算

已知最低潮位高程 -1.5m，最高水位高程 +2.15m。套箱底高程 -4.5m。

钢套箱平面净面积为外形平面尺寸面积减去内平面尺寸面积：

$$S = S_1 - S_2 = 493.88 - 412.24 = 81.64(\text{m}^2)$$

最低潮位时浮力：

$$F_l = [-1.5-(-4.5)] \times 81.64 \times 10 \times 1.025 = 2\ 510.4(\text{kN})$$

最高水位时浮力：

$$F_h = [2.15-(-4.5)] \times 81.64 \times 10 \times 1.025 = 5\ 564.7(\text{kN})$$

b. 封底后浮力计算

钢套箱混凝土封底后，其平面面积 $S = 493.88\text{m}^2$。

最低潮位时浮力：

$$F_l = [-1.5-(-4.5)] \times 493.88 \times 10 \times 1.025 = 15\ 186.8(\text{kN})$$

最高水位时浮力：

$$F_h = [2.15-(-4.5)] \times 493.88 \times 10 \times 1.025 = 33\ 664(\text{kN})$$

依据上述计算结果，钢套箱在沉放时其本身的重量是无法克服水浮力的。为防止钢套箱上浮，套箱隔舱内需加配重(加水)，钢套箱高度为7.0m，加水高度4.0m，增加重量2 970kN。在沉放过程时，钢套箱总重5 830kN，大于最高水位时的浮力5 564.7kN。钢套箱混凝土封底后，钢套箱总重加封底混凝土重量，结构重量达到20 618kN，大于最低潮位时浮力15 186.8kN，但不能克服最高水位时浮力33 664kN，此时需利用封底混凝土与24根钢护筒之间的摩阻力，以增加抗浮力。

(7)钢护筒摩阻力

在钢套箱封底混凝土浇筑完之后与钢护筒结合面会产生摩阻力，钢护筒未作处理时摩阻力按照150kN/m² 计。

(8)外荷载作用力的分布与叠加

为把荷载计算的结果更清晰地表达出来，尤其是波浪作用下水平力，以图形的方式表示。

①水平荷载

a. 工况二：混凝土封底抽水后，承台混凝土浇筑前施工阶段

根据前面立波状态下各水平力计算所获得的数据，无底钢套箱受到的各水平力沿套箱壁上的分布见图10.5.3.4。把各水平力沿套箱壁的高度叠加，最终得到各水平力叠加之后的分布图，见图10.5.3.5。

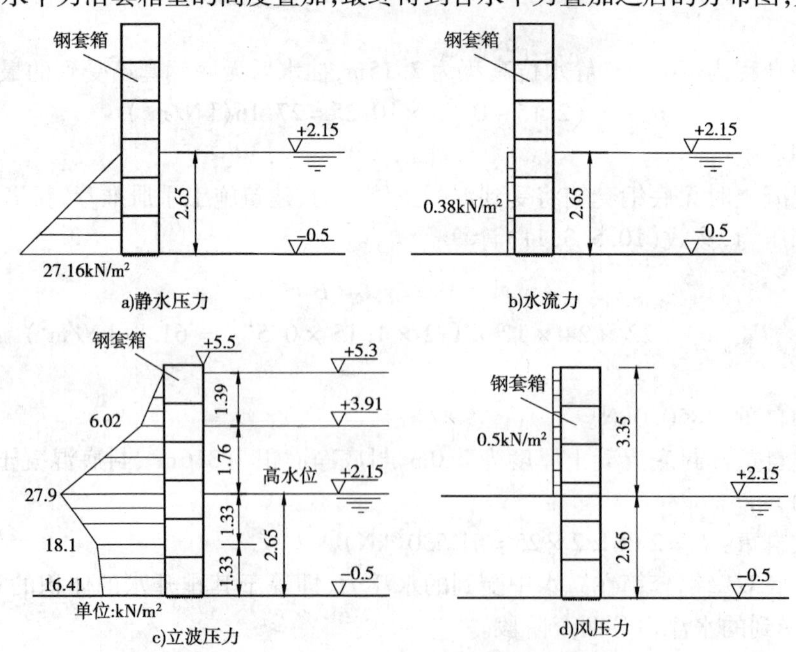

图10.5.3.4　各水平力沿套箱壁上的分布示意图(尺寸单位：m)

b. 工况三：承台混凝土浇筑阶段

如按最低潮位高程-1.5m考虑，此时承台底已露出水面，将不受波浪水平力的影响，仅考虑混凝土侧压力水平荷载单独作用，其沿套箱壁高度方向的分布，见图10.5.3.6。

②竖向荷载

竖向荷载主要为钢套箱自重、混凝土自重、水浮力等，在此不一一示意。

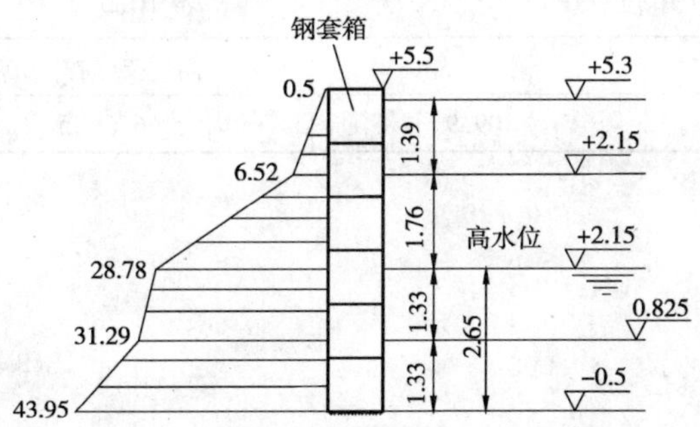

图 10.5.3.5　各水平力叠加之后沿套箱壁上的分布示意图（尺寸单位：m；压强单位：kN/m²）

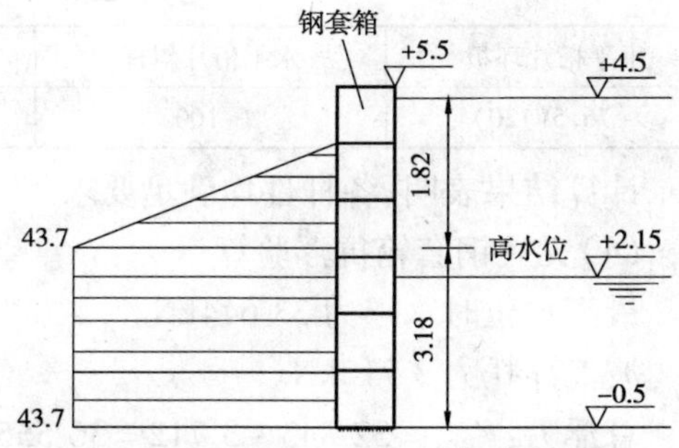

图 10.5.3.6　混凝土侧压力沿套箱壁高度方向的分布（尺寸单位：m；压强单位：kN/m²）

6. 计算方法、模式

钢套箱结构采用 Sap2000 空间有限元程序进行计算。选取半幅整个钢套箱进行三维空间建模，杆件采用空间梁单元模拟，底部采用固定约束，计算模型见图 10.5.3.7。

7. 计算内容

将套箱面板所承受的水平分布荷载转化为节点力，节点力方向垂直于各杆件，按实际情况将材料特性赋予各根杆件。

计算内容：钢套箱在水平荷载和竖向荷载作用下，对钢套箱整体进行计算，分析各构件、内支撑等受力状况。

约束条件：钢套箱底为固结，竖向杆件和水平环向杆件接头为固结，水平斜杆端头为铰结，内支撑两端为铰结。

图 10.5.3.7　钢套箱计算模型

8. 主要计算结果

(1)钢套箱主要构件计算结果见表 10.5.3.9。

钢套箱主要计算成果　　表 10.5.3.9

序号	名　称	材料规格	最大轴力或弯矩	
			工况二	工况三
1	水平桁片环板	$\delta=10$mm	-179kN(+300kN)	
2	水平桁片斜杆	L90×56×7	-161kN	
3	竖向面板背肋	L75×75×6	-1.4kN·m	
4	钢箱	$\delta=10$mm		+1 004.6kN·m
5	内支撑	2[40a	500kN	+400kN
6	钢套箱最大总变形(mm)		7.0	

(2)构件长细比计算

水平桁架弦杆 δ10×250：$\lambda=30$，查得 $\psi=0.936$。

水平桁架斜杆 L90×56×7：$\lambda=L_0/i=91.5/1.57=58.3$，查得 $\psi=0.815$。

竖向加劲肋 L75×6：$\lambda=L_0/i=100/1.49=67.1$，查得 $\psi=0.768$。

内支撑 2[40a：$\lambda=L_0/i=870/8.02=108.5$，查得 $\psi=0.50$。

(3)构件稳定计算

钢箱局部稳定：$b_0/t \leqslant 40\sqrt{235/f}$，$b_0 \leqslant 40 \times 0.6 = 24(\text{cm})$，$\sigma = N/(A\psi) \leqslant f = 170\text{MPa}$。

经计算主要杆件应力计算成果见表10.5.3.10。

主要杆件最大应力一览表(单位:MPa)　　表10.5.3.10

水平桁片环板	水平桁片斜杆	竖向面板背肋	钢　箱	内 支 撑
−76.5(120)	−100	−162.2	109.9	66.6

计算结果表明，各杆件均满足要求。

(4)无底钢套箱抗浮验算

最高水位时水浮力33 644kN。

波浪浮托力3 712kN。

总浮力：$F_{total} = 32\,843 + 3\,712 = 36\,555(\text{kN})$。

钢护筒摩阻力：$G_f = 3.2 \times \pi \times 2.0 \times 12 \times 15 \times 10 = 36\,170(\text{kN})$。

钢套箱自重2 850kN，封底混凝土重15 168kN，压重水2 600kN。

抗浮力：$G = 2\,850 + 15\,168 + 2\,600 + 36\,170 = 56\,780(\text{kN})$。

抗浮安全系数：$G/F_{total} = 56\,780/36\,555 = 1.55$，满足要求。

(5)立波作用下钢套箱整体抗倾覆验算

依据立波各水平力作用沿钢套箱壁上的分布图，按求分布图总面积的方法可以求得单位长度墙身上的水平总波浪力为147.7kN/m，这与采用公式求水平总波浪力p_c的结果是相同的。按求分布图总面积形心的方法，求得水平总波浪力作用点的位置离海床底的高度为3.885 1m，水平总波浪力作用的宽度即为钢套箱的长度，以26m计。

立波产生的倾覆力矩：

$$M_p = 147.7 \times 26 \times 3.885 = 14\,919.6(\text{kN}\cdot\text{m})$$

这结果与采用公式求单位长度墙身上的水平总波浪力矩$M_c = 574.06\text{kN}\cdot\text{m/m}$，再乘以钢套箱的长度26m，所得的结果是相同的。

套箱、压重水及封底混凝土自重抵抗力矩：

$$M_g = 2\,061.8 \times 10 \times 19.4/2 = 19\,999\text{kN}\cdot\text{m}$$

抗倾覆系数：$k = M_g/M_p = 19\,999/14\,919.6 = 1.34$，满足要求。

9.无底钢套箱施工

钢套箱由钢板和型钢焊接而成，套箱壁、分隔舱和钢箱均为水密结构。

钢套箱施工采用现场分片制作，试拼合格后通过栈桥运输至墩位现场，用墩位处的50t履带吊或浮吊进行吊装组拼，采用钢护筒上的吊装系统下沉钢套箱，水下刚性导管法进行封底混凝土灌注。

无底钢套箱施工工艺流程见图10.5.3.8。

(1)施工技术要点

①钢套箱制作、试拼装

钢套箱在施工现场分片制作，单片质量一般控制在15t以内，根据钢套箱结构设计，每节钢套箱按照10片进行加工。

钢套箱分片制作采用流水作业组织生产，每片钢套箱均在特制的平台和模具上组装焊接成型。

每节钢套箱加工完成后，均进行整体试拼工作，以检验该节钢套箱加工误差和加工质量。

②钢套箱拼装

底节钢套箱分片拼装在墩位现场的拼装平台上进行，拼装平台利用钢护筒搭设而成。钢套箱拼装利用墩位处的50t履带吊或浮吊实施。

以底节钢套箱作为拼装平台拼装顶节钢套箱。

顶节钢套箱拼装焊接完成，焊接横桥向三道内支撑，内支撑随钢套箱一起下沉。其余内支撑待封底抽水前焊接。接缝焊接应严格把关，设专职人员现场蹲点，接缝焊接完毕进行渗透检验，以确保焊缝质量。

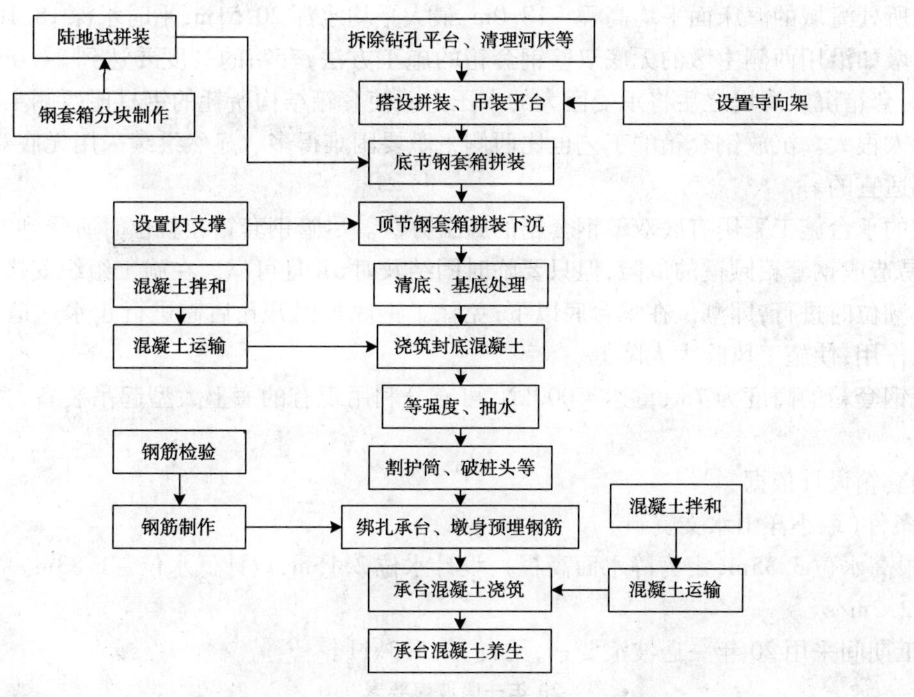

图10.5.3.8　无底钢套箱施工工艺流程

③钢套箱下沉

钢套箱采用在钢护筒上设置吊装下沉系统与导向架，以5t卷扬机为动力进行下沉。

下沉系统设置：采取在钢套箱内壁设置10个下沉吊点，每个吊点按照30t的荷载进行控制设计。各个吊点上均安装1台5t卷扬机配6轮滑车。采用在钢护筒上焊接立柱和斜拉杆形成吊装支架。

导向架设置：为了保证钢套箱下沉过程中和下沉到位后，其平面位置和倾斜度满足要求，采取在护筒上设置刚性导向架，一个钢套箱共设置12个导向架。导向架由导向型钢和支腿组成，支腿均由型钢和钢板焊接而成。导向架顶高程为+9.0m，底高程为0.0m，总长为9.0m，共设置4个支腿。导向架导轨顶至钢套箱内侧的间隙为3cm。为了避免导向支腿处的护筒产生局部变形，在护筒内设型钢支撑，其位置应与导向架支腿位置相对应。

采用在套箱壁内加水，以抵消部分浮力，以其自重下沉至设计高程。

套箱着床稳定后，立即进行套箱内和套箱外侧的砂袋抛填。

钢套箱的纠偏、调位主要靠钢护筒和导向进行。

(2)钢套箱封底

承台混凝土一次浇筑完毕，方量大，为保证封底混凝土满足承载要求，在封底范围（-0.6～-0.9m高程）的护筒四周焊接锚固钢筋。

钢套箱封底在钢套箱下沉到位并进行基底处理后进行。采用刚性导管法灌筑水下封底混凝土，封底净面积为316m^{2}和343.8m^2，共布设18根导管。封底混凝土最大方量为688m^{3}左右，混凝土采用后场150m^3/h的搅拌站集中搅拌供料，配备3辆搅拌运输车通过栈桥运料至现场，直接用输送泵泵送到料斗内进行封底混凝土灌注。混凝土配合比拟采用掺加缓凝剂，混凝土初凝时间为10h左右，以保证所有封底混凝土在初凝前浇筑完成。

5.3.3　PM473墩（东侧主墩）有底钢套箱施工

PM473墩（东侧主墩），位于颗珠山岛与小洋山岛的海域中间。该墩底由两只分离式方形承台组成,每只承台尺寸21.15m×21.15m,厚5m,两承台之间采用系梁连接,系梁尺寸17.15m×10.0m,厚2.50m。承台顶高程4.50m,承台底高程-0.50m。设计水位2.51m,平均水位0.18m。

东侧主墩所处海域的海床面平均高程-18.0m,最大平均水深20.51m,平时水深18.18m。

在东侧主墩如沿用西侧主墩的无底双壁钢套箱的施工方法,套箱的高度要达到24.0m。由于墩位的水深达20m,套箱沉入海堤之后将承受巨大的水压力。使套箱结构所耗的钢材比西侧主墩要大得多,工程费用的投入很大。沉放钢套箱的工艺也比西侧主墩要困难得多。显然继续采用无底双壁钢套箱的施工方法是不适宜的。

东侧主墩的承台施工采用有底双壁钢套箱的施工方法。尽管钢套箱在就位时所受到波浪浮托力的作用比较大,易造成钢套箱倾覆的危险,但只要临时固结及时,并且可靠。在施工组织安排上,把封底混凝土安排在低潮位时进行,即潮位在承台底以下,免除了钢底板因开孔后需进行止水这道工序,减小了波浪浮托力的作用,使施工风险大大降低。

有底双壁钢套箱的高度为7m,重达4 000kN,可充分利用现有的海上大型起吊装备,整体吊装一次就位。

1.有底钢套箱设计依据

(1)水文条件(取小洋山水文资料)

水位:极限高水位3.35m(定为静水面高程),设计水位2.15m,设计低水位-1.83m。

流速:$v=2.2\text{m/s}$。

波浪:施工期间采用20年一遇波浪要素,见表10.5.3.11。

20年一遇波浪要素　　表10.5.3.11

位　置	波　向	设计水位	极限高水位	$H_{5\%}$	T_p	L
小洋山	NE	2.15m	3.35m	4.49m	7.4s	77.4m

(2)设计参数

海床面高程:平均海床高程约-19.0m。钢套箱设计参数见表10.5.3.12。

钢套箱设计参数　　表10.5.3.12

序号	项　目	高程(m)	序号	项　目	高程(m)
1	钢柱顶高程	+6.2	5	承台底高程	-0.5
2	内支撑中心高程	+5.8	6	钢套箱底高程	-1.5
3	钢套箱顶高程	+5.5	7	封底混凝土底高程	-1.5
4	承台顶高程	+4.5	8	设计抽水位	+2.15

2.钢套箱结构简介

整体钢套箱平面为正方形,圆形倒角,内壁平面尺寸为24.15m×24.15m,外平面尺寸为26.15m×26.15m,钢套箱高为7.0m。

钢套箱材料均采用Q235钢,由底篮、侧板、支撑系统组成,见图10.5.3.9。

(1)底篮

钢套箱底篮由主桁、次桁、平联、钢底板及桩周加劲组成。其中主桁架上下弦杆由2[16a组成,局部加强,腹杆由2L100×63×10、2L80×10和2L63×10组成,竖杆由2[10组成。次桁架上下弦杆由2[14a组成,腹杆由2L63×10组成,竖杆由2[8组成,次梁由[14a组成,底面板采用8mm厚钢板。底板上根据实测钢护筒平面位置及垂直度预留孔位。实测钢护筒的偏差大于10cm时,则底篮主次桁架布置均须加以调整。桩周框架采用[14a与桩周主次桁片的上下弦杆焊接。每根桩周有8根框架杆件,上下各4根。

(2)侧板

钢套箱侧板由侧板桁片、钢柱、面板及其加劲肋组成,套箱侧板厚1m,高为7.0m。侧板桁片分水平桁片和竖向桁片两种。

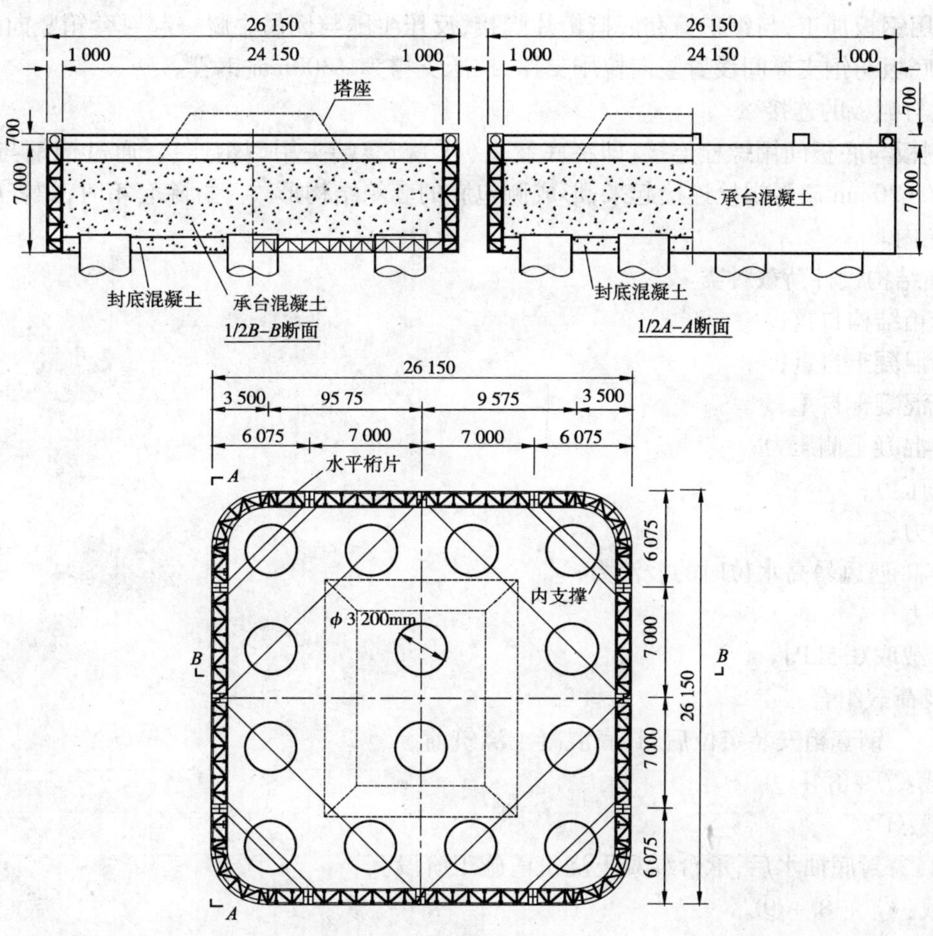

图10.5.3.9 有底钢套箱结构(尺寸单位:mm)

水平向桁片通长(只在钢柱位置断开),高度方向共设8排。水平向桁片的弦杆采用2[10a或10mm×250mm钢板(圆弧段),腹杆采用2[8a;弦杆、竖杆、斜杆间通过连接板连接,其中侧板最下面两排桁架片的连接板为22mm厚钢板,上面6排桁片连接板均采用10mm厚钢板。

竖向桁片与水平桁片正交,形成桁片框架。竖向桁片在水平桁片弦杆处断开,并直接与之焊接。竖向桁片的弦杆采用2[10a或2L90×56×8(圆弧段),斜杆统一采用双肢L63×63×8;竖向桁片的竖杆、弦杆、斜杆与水平桁片间仍通过连接板连接,连接板厚10mm。

钢套箱侧板上的钢柱分两种形式:一种是吊装钢柱,长7.9m,顶部设吊装连接器,连接器传力板采用两块30mm厚钢板,钢板上开销孔,销孔内安放吊装承重销;另一种是支点钢柱,长7.5m,用作内支撑支点。钢柱采用16mm厚和20mm厚的钢板焊接而成。

侧板面板分内外两层,钢板厚度均为6mm,与侧板桁架片焊接成整体,钢面板上设槽钢或角钢加劲。

(3)支撑系统

支撑系统分水平支撑系统和竖向支撑系统。

水平支撑系统:在套箱侧板钢柱之间设置ϕ600mm的钢管作钢支撑,钢管壁厚10mm。其作用主要是控制套箱在整体吊装时产生较大形变,保证套箱吊装时的整体稳定性,同时使钢套箱在风、浪、潮及混凝土施工荷载等作用下产生的变形控制在规范容许范围之内。

套箱就位后设置侧向位移限位支撑,限位支撑位于护筒与套箱侧板之间,采用型钢和千斤顶相结合,以便于快速支撑就位。

竖向支承系统:由倒挂牛腿和反压牛腿组成。

倒挂牛腿采用钢板加工,分为倒挂钢板和牛腿两部分。反压牛腿与倒吊牛腿对应设置,设在底篮桁架片上面,采用钢板加工,与钢护筒和底篮桁片焊接,反压牛腿与倒吊牛腿一起对套箱竖向限位。

吊装时,底板与钢支撑间设置竖向拉压支撑,拉压支撑为 ϕ300mm 钢管。

(4)底板与侧板的连接

钢套箱侧板与底板间用螺栓连接,即将底篮主(次)桁架端头用型钢连接,通过槽钢与侧板下面两层桁片间用 $d=20$mm 高强螺栓连接起来,形成侧包底的套箱结构形式。拆除套箱时,螺杆旋出,螺母留在封底混凝土内。

3. 钢套箱结构设计荷载种类

(1)钢套箱结构自重;

(2)封底混凝土自重;

(3)承台混凝土自重;

(4)承台混凝土侧压力;

(5)静水压力;

(6)水浮力;

(7)20 年一遇风暴高水位时的波浪力;

(8)水流力;

(9)风荷载取 0.5kPa。

4. 工况及荷载组合

(1)工况一:钢套箱安装定位后,封底混凝土浇筑前

水平荷载:⑦+⑧+⑨。

竖向荷载:①。

(2)工况二:封底抽水后,承台混凝土浇筑前施工阶段

水平荷载: ⑦+⑧+⑨。

竖向荷载: ①+②+⑥。

(3)工况三:承台混凝土浇筑阶段

荷载组合:水平荷载④+⑤+⑧。

竖向荷载:①+②+③+⑥。

5. 荷载计算

(1)风载计算

风载:$p_{\text{wind}}=0.5\text{kN/m}^2$。

迎风面积:$A_1=3.35\times26.15=87.6(\text{m}^2)$。

风力:$F=87.6\times10\times0.05=43.8(\text{kN})$。

(2)水流力计算

按式(10.5.3.1):$F_w=C_w\dfrac{\rho}{2}v^2A$ 计算,则:

$$F_w=0.52\times1.025/2\times2.2^2\times126.8=163.6(\text{kN})$$

作用在钢套箱壁上每平方的水流力 $p_{\text{water}}=F_w/A=163.6/126.8=1.29(\text{kN/m}^2)$。

(3)波浪力计算

PM473 墩(东侧主墩)的钢套箱采用有底钢套箱结构,钢套箱底高程是 -1.5m,海床底高程是 -19.0m,钢套箱底离海床底还有 17.5m 的深度。这样深度的承台范围内布置了 28 根 ϕ3 200mm 的钢管,内为混凝土灌注桩。在一个局部范围内布置众多的大直径桩,足以改变波流的作用方向。假定其起到的功能相当于在海底堆起一个 17.5m 高的建筑物。有底钢套箱结构类似于直墙式建筑物直接建在一个明基床上。这样便可以应用《海港水文规范》(JTJ 213—98)中的波浪力计算公式。

按规范的规定作用在直墙式的建筑物上波浪分立波、远破波、近破波三种波态，波态的区分应根据基床类型和波浪产生条件来区分，按假定的条件用规范来判别，应按高基床、近破波的波浪力计算公式。但规范中近破波的波浪力计算公式有一定的限制条件，有底钢套箱结构的波浪力计算不能采用近破波的波浪力计算公式。

按此种假定计算钢套箱受到波浪力，是将水流完全阻挡在有底钢套箱前，而事实上桩基是无法阻挡水流在各桩之间通过的，仅是在局部范围内改变了流速。并且在波高 H 的取值上按20年一遇波浪要素来取值，事实上有底钢套箱施工的时间还是比较短暂的。在整个施工期间遇到 $H=4.49\text{m}$ 波高的几率是相当小的。故对波浪波态定为立波，以便能按规范中的波浪力计算公式进行波浪水平力的计算。即便是按立波算的波浪力也要比现场实际要大，亦属偏安全考虑。

当满足 $H/L>1/30$ 和 $0.2<d/L<0.5$ 条件时，有底钢套箱所受到的波浪力可按规范提供相应的计算式予以确定。规范中规定在立波作用的条件下，波浪力计算分为两类计算：一是在波峰作用下的波浪力，二是在波谷作用下的波浪力。为便于统计，把波浪力计算分为三部分：把波峰作用下的立波计算归于波浪水平力计算，把波谷作用下的立波计算也归于波浪水平力计算，把波浪浮托力归于波浪竖向力计算。

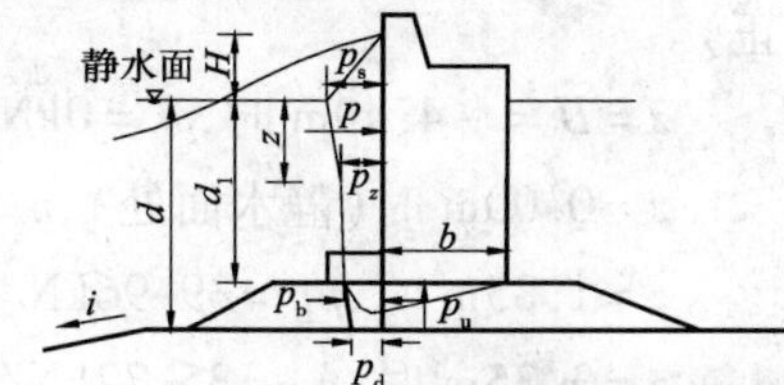

图 10.5.3.10　波峰作用下的立波计算示意图

①波峰作用下的立波作用力计算

波峰作用下的立波计算图式见图10.5.3.10。

a. 静水面以上高度 H 处的波浪压力强度为零。

b. 静水面处的波浪压力强度为：$p_s=\gamma H=10.25\times4.49=46.02\text{kN/m}^2$。

c. 静水面以上波浪压强按直线分布。

d. 静水面以下深度 z 处的波浪压强按式(10.5.3.12)计算：

$$p_z=\gamma H\frac{\operatorname{ch}\dfrac{2\pi(d-z)}{L}}{\operatorname{ch}\dfrac{2\pi d}{L}} \tag{10.5.3.12}$$

式中：H——静水面以上的波高，取20年一遇波高，5%的累积频率，为4.49m；

γ——海水的重度，取 10.25kN/m^2；

d——静水面到海床底的高度，静水面高程为3.35m，海床底高程为 −19m，$d=21.15\text{m}$；

z——静水面以下深度。

取 $z=1.85$ 时，

$$p_{z1}=10.25\times4.49\times\frac{\operatorname{ch}\dfrac{2\pi(22.35-1.85)}{77.4}}{\operatorname{ch}\dfrac{2\pi\times22.35}{77.4}}=39.96(\text{kN/m}^2)$$

取 $z=3.35$ 时，

$$p_{z2}=10.25\times4.49\times\frac{\operatorname{ch}\dfrac{2\pi(22.35-3.35)}{77.4}}{\operatorname{ch}\dfrac{2\pi\times22.35}{77.4}}=35.72(\text{kN/m}^2)$$

e. 水底处波浪压力强度计算：

$$p_d=\frac{\gamma H}{\operatorname{ch}\dfrac{2\pi d}{L}} \tag{10.5.3.13}$$

$$p_d=\frac{10.25\times4.49}{\operatorname{ch}(2\pi\times22.35/77.4)}=14.61(\text{kN/m}^2)$$

f. 套箱底处波浪压力强度：

$$p_z = \gamma H \frac{\mathrm{ch}\frac{2\pi(d-d_1)}{L}}{\mathrm{ch}\frac{2\pi d}{L}} \tag{10.5.3.14}$$

式中：d_1——钢套箱底到静水面处的高度。

钢套箱底高程 $-1.5\mathrm{m}$，$d_1 = 3.35 + 1.5 = 4.85\mathrm{m}$，

$$p_b = 10.25 \times 4.49 \times \frac{\mathrm{ch}\frac{2\pi(22.35-4.85)}{77.4}}{\mathrm{ch}\frac{2\pi \times 22.35}{77.4}} = 32.01(\mathrm{kN/m^2})$$

经计算，波峰作用下各特征点立波压力强度值汇总如下(假设以静水面为原点，静水面以下深度为正)。

$z = H = -4.49\mathrm{m}$ 时，$p_0 = 0\mathrm{kN/m^2}$；

$z = 0.00\mathrm{m}$ 时(静水面处)，$p_s = 46.02\mathrm{kN/m^2}$；

$z = 1.85\mathrm{m}$ 时，$p_{z1} = 39.96\mathrm{kN/m^2}$；

$z = 3.35\mathrm{m}$ 时，$p_{z2} = 35.72\mathrm{kN/m^2}$；

$z = 4.85\mathrm{m}$ 时，$p_b = 32.01\mathrm{kN/m^2}$；

$z = 22.35\mathrm{m}$ 时，$p_d = 14.61\mathrm{kN/m^2}$。

g. 单位长度墙身上的总波浪力：

$$P = \frac{1}{2}\gamma H^2 + \frac{\gamma HL}{2\pi}\left[\mathrm{th}\frac{2\pi d}{L} - \frac{\mathrm{sh}\frac{2\pi(d-d_1)}{L}}{\mathrm{ch}\frac{2\pi d}{L}}\right] \tag{10.5.3.15}$$

式中：P——单位长度墙身上的水平总波浪力(kN/m)。

$$P = \frac{1}{2} \times 10.25 \times 4.49^2 + \frac{10.25 \times 4.49 \times 77.4}{2\pi}\left[\mathrm{th}\frac{2\pi \times 22.35}{77.4} - \frac{\mathrm{sh}\frac{2\pi(22.35-4.85)}{77.4}}{\mathrm{ch}\frac{2\pi \times 22.35}{77.4}}\right]$$

$= 290.2(\mathrm{kN/m})$

②波谷作用下的立波计算

波谷作用下的立波计算图式见图 10.5.3.11。

a. 水底处波浪压力强度按下式计算：

$$p'_d = \frac{\gamma H}{\mathrm{ch}\frac{2\pi d}{L}} \tag{10.5.3.16}$$

式中：p'_d——水底处波浪压力强度($\mathrm{kN/m^2}$)。

与按波峰作用下 p_d 的计算式相同，

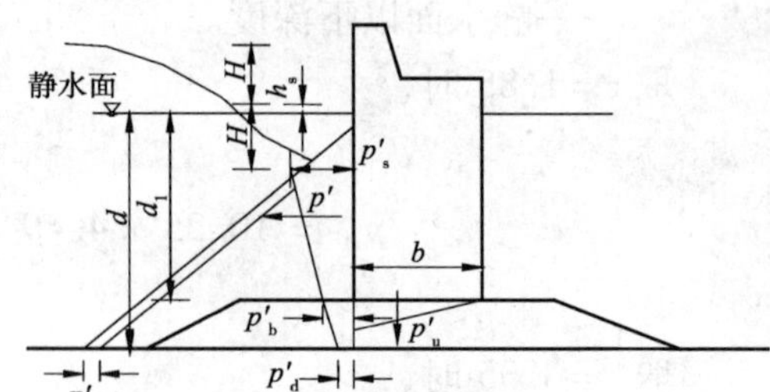

图 10.5.3.11　波谷作用下立波计算示意图

$$p'_d = \frac{10.25 \times 4.49}{\mathrm{ch}(2\pi \times 21.15/77.4)} = 14.61(\mathrm{kN/m^2})$$

b. 静水面波浪压力强度为零。

c. 静水面以下深度 $H - h_s$ 处波浪压力强度按下式计算：

$$p'_s = \gamma(H - h_s) \tag{10.5.3.17}$$

式中：p'_s——静水面以下深度 $H - h_s$ 处波浪压力强度($\mathrm{kN/m^2}$)；

h_s——波浪中线超出静水面的高度(m)，按式(10.5.3.18)计算。

$$h_s = \frac{\pi H^2}{L}\text{cth}\frac{2\pi d}{L} \tag{10.5.3.18}$$

$$h_s = \frac{\pi \times 4.49^2}{77.4} \times \text{cth}\frac{2 \times \pi \times 22.35}{77.4} = 0.863(\text{m})$$

故 $p'_s = 10.25 \times (4.49 - 0.863) = 37.18(\text{kN/m}^2)$。

d. 套箱底波浪压力强度按式(10.5.3.19)计算：

$$p'_b = p'_s - (p'_s - p'_d)\frac{d_1 + h_s - H}{d + h_s - H} \tag{10.5.3.19}$$

式中：p'_b——套箱底处波浪压力强度(kN/m²)，

$$p'_b = 37.18 - (37.18 - 14.61) \times \frac{4.85 + 0.863 - 4.49}{22.35 + 0.863 - 4.49} = 35.71(\text{kN/m}^2)$$

e. 单位长度墙身上的总波浪力按式(10.5.3.20)计算：

$$P' = \frac{\gamma d_1^2 - (d_1 + h_s - H)(\gamma d_1 - p'_b)}{2} \tag{10.5.3.20}$$

式中：P'——单位长度墙身上的总波浪力(kN/m)。

$$P' = \frac{10.25 \times 4.85^2 - (4.85 + 0.863 - 4.49)(10.25 \times 4.85 - 35.71)}{2} = 111.98(\text{kN/m})$$

通过以上计算结果比较，波峰作用下单位长度墙身上的总波浪力 P 远比波谷作用下的总波浪力 P' 大，应以波峰作用下计算得到的波浪水平力作为结构抗倾覆验算的力值。

③墙底面上的波浪浮托力计算

$$p_u = \frac{bp_b}{2} \tag{10.5.3.21}$$

式中：p_u——墙底面上的波浪浮托力(kN/m)。

墙底面上的波浪浮托力会发生在波峰作用时，在波谷作用时也同样会发生，把波峰作用时的墙底面上的波浪浮托力称之 P_{u1}，把波谷作用时的墙底面上的波浪浮托力称之 P_{u2}，依据公式分别计算如下：

$$P_{u1} = \frac{bp_b}{2} = \frac{26.15 \times 32.01}{2} = 418.5(\text{kN/m})$$

式中：b——钢套箱的宽度，取 26.15m；

p_b——波峰作用时的套箱底波浪压力强度，已经求得 $p_b = 32.01\text{kN/m}^2$。

$$P_{u2} = \frac{bp'_b}{2} = \frac{26.15 \times 35.71}{2} = 466.91(\text{kN/m})$$

式中：p'_b——波谷作用时的套箱底波浪压力强度，已经求得 $p'_b = 35.71\text{kN/m}^2$。

经比较，$p'_b > p_b$，故在钢套箱沉放期间抗浮验算时，应取波谷作用时的套箱底波浪压力强度 p'_b 值。

有底钢套箱底受到的总浮托力 P_{total}(钢套箱平面尺寸为 26.15m × 26.15m)：

$$P_{total} = 466.91 \times 26.15 = 12\ 209.7(\text{kN})$$

(4)静水压力

封底抽水后，最大静水压力为：

$$p_{static} = (3.35 + 0.5) \times 10.25 = 39.5(\text{kN/m}^2)$$

(5)混凝土侧压力

新浇混凝土作用于钢套箱壁的最大侧压力，按式(10.5.3.11)计算：

$$F = 0.22\gamma_c t_0 \beta_1 \beta_2 v^{\frac{1}{2}} = 41.2\text{kN/m}^2$$

(6)竖向荷载

①钢套箱结构自重

钢套箱结构自重 3 800kN。

②封底混凝土自重

封底混凝土厚度为1.0m,封底净面积即为半幅套箱内壁尺寸:24.15×241.5=583.3(m^2)。

封底混凝土自重:G_1=583.3×1.0×24=13 999.2(kN)。

③承台混凝土自重

半幅承台混凝土自重:G_1=21.15×21.15×5×25=55 915.3(kN)。

承台浇筑1.5m厚时的重量为16 774.6kN。

④水浮力(封底后浮力计算)

最低潮位时浮力:此时水位已降到套箱底高程以下,$F_{left}=0kN$。

最高水位时浮力:为套箱排开水体积的重量。

$$F_{left}=3.35+1.15\times26.15\times26.15\times10.25=33\ 994.5(kN)$$

⑤护筒摩阻力

护筒未作处理时,护筒摩阻力按照150kN/m^2计。

(7)荷载分布示意

①水平荷载

a.工况二:封底抽水后,承台混凝土浇筑前施工阶段

各水平荷载作用在钢套箱上分布见图10.5.3.12。

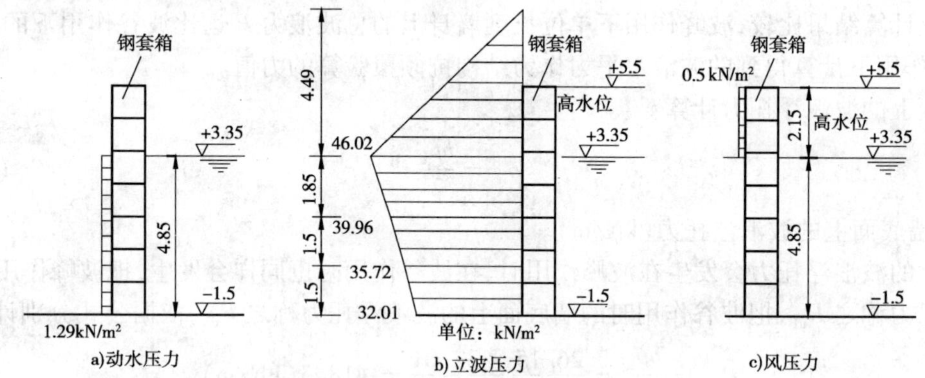

图10.5.3.12 工况二水平荷载分布示意图(尺寸单位:m)

b.工况三:承台混凝土浇筑阶段

水平荷载布置见图10.5.3.13。

最低潮位高程按照-1.5m考虑,此时承台底已露出水面,水平荷载偏保守取混凝土侧压力,见图10.5.3.13所示。

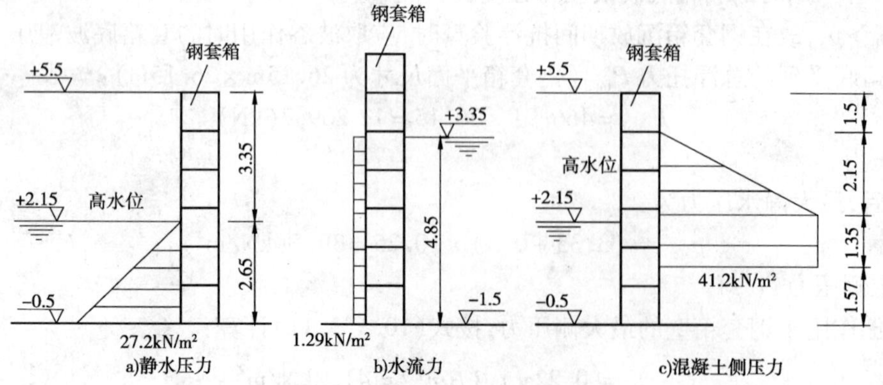

图10.5.3.13 工况三水平荷载布置示意图(尺寸单位:m)

②竖向荷载

竖向荷载主要为套箱自重、混凝土自重、水浮力等,在此不一一示意。

6.计算方法、模式

钢套箱结构采用 Robot Millennium V.16.1 和 Sap2000 空间有限元程序进行计算。对钢套箱进行三维空间建模。

7.计算内容

将套箱面板所承受的水平荷载转化为节点力，节点力方向垂直于各杆件，按实际情况，杆件赋予了各自的材料特性。

计算内容：钢套箱在水平荷载和竖向荷载作用下，对钢套箱整体进行计算，分析钢套箱水平桁片、钢柱、内支撑及竖向加劲等各构件的强度和刚度。

约束条件：钢套箱底为固结，竖向杆件和水平环向杆件接头为固结，水平斜杆端头为铰结，内支撑两端为铰结。

8.计算结果

(1)抗浮验算

有底钢套箱自重 3 800kN，在下沉阶段远小于水浮力无法下沉。应选择低潮位时间沉放。

套箱沉放就位后，水位上涨受到水浮力和波浪浮托力后的总浮力达到：

$$F_{total}=33\ 955+12\ 209=46\ 164(\mathrm{kN})$$

抵抗浮力靠套箱自重、封底混凝土重量，以及钢底板与钢护筒间的摩阻力，钢护筒摩阻力为：

$$G_f=3.23\times\pi\times1.0\times14\times15\times10=21\ 110(\mathrm{kN})$$

总抗浮力达到：

$$G=13\ 999+3\ 800+21\ 110=38\ 909(\mathrm{kN})$$

此时 $G<F_{total}$，不能满足施工要求。考虑到浮力的计算均是按极限高水位 3.35m 数据进行的，因而在极限高水位到来之前，需加快施工 1.5m 厚承台，此时总抗浮力 G 达到 55 683kN。

$G/F_{total}=55\ 683/46\ 164=1.2$，满足施工期间有底钢套箱的抗浮要求。

如在工期安排上无法避开极限高水位 3.35m，则需在护筒周边增设锚固钢筋，以提高钢护筒的摩擦力。每根锚固钢筋采用ϕ32 钢筋，能承受 124kN 抗力，每个钢护筒焊接 32 根锚固钢筋，一个半幅承台有 14 根钢护筒桩，能提供 55 552kN，足以抵抗浮力的影响。

(2)整体抗倾覆验算(封底后，承台混凝土浇筑前)

立波产生的倾覆力矩：$M_p=29.02\times26.15\times3.0\times10=22\ 766(\mathrm{kN\cdot m})$。

套箱及封底混凝土自重抵抗力矩：$M_g=1\ 466.7\times26.15/2\times10=19\ 177(\mathrm{kN\cdot m})$。

护筒摩擦力抵抗力矩：$M_f=276\ 000(\mathrm{kN\cdot m})$。

抵抗力矩远大于倾覆力矩，满足要求。

(3)钢套箱侧板计算成果(Robot)

①工况二计算模型见图 10.5.3.14。

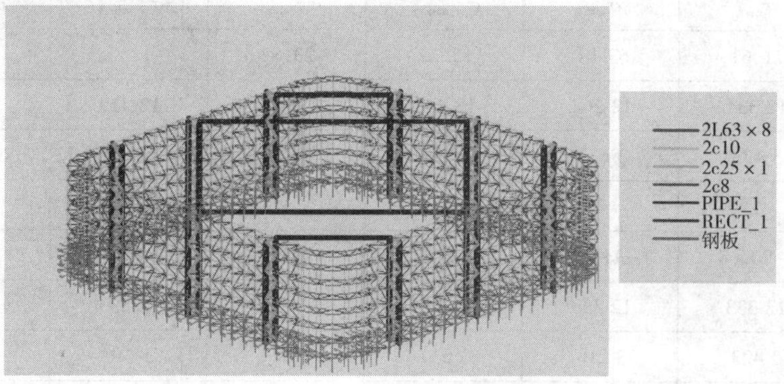

图 10.5.3.14　工况二计算模型

②工况二计算成果一览表

a. 2[10 弦杆计算结果见表 10.5.3.13。

2[10 弦杆计算结果 表 10.5.3.13

项　目	σ_{max}	σ_{min}	$\sigma_{w,max,y}$	$\sigma_{w,max,z}$	$\sigma_{w,min,y}$	$\sigma_{w,min,z}$	F_x/A_x
最大值(MPa)	176.78	109.91	81.76	108.64	-0.00	-0.00	120.05
杆件号	8 417	8 336	10 417	8 663	8 892	7 910	8 417
节点号	3 209	3 336	3 969	3 390	3 534	206	3 209
工况	1	1	1	1	1	1	1
最小值(MPa)	-66.67	-127.22	0.00	0.00	-81.76	-108.64	-70.64
杆件号	8 957	8 429	8 892	7 910	10 417	8 663	8 429
节点号	3 541	3 221	3 534	206	3 969	3 390	3 221
工况	1	1	1	1	1	1	1

说明：σ_{max}为最大正应力；σ_{min}为最小正应力；$\sigma_{w,max,y}$为 y 向最大弯曲应力；$\sigma_{w,max,z}$为 z 向最大弯曲应力；$\sigma_{w,min,y}$为 y 向最小弯曲应力；$\sigma_{w,min,z}$为 z 向最小弯曲应力；F_x/A_x 为平均正应力。

b. 斜杆、腹杆计算结果见表 10.5.3.14。

斜杆、腹杆计算结果 表 10.5.3.14

项　目	σ_{max}	σ_{min}	$\sigma_{w,max,y}$	$\sigma_{w,max,z}$	$\sigma_{w,min,y}$	$\sigma_{w,min,z}$	F_x/A_x
最大值(MPa)	120.43	40.71	28.16	106.39	-0.00	-0.00	47.98
杆件号	8 709	11 676	8 734	8 709	8 312	218	11 841
节点号	3 388	4 379	3 424	3 388	3 327	115	4 467
工况	1	1	1	1	1	1	1
最小值(MPa)	-47.73	-103.40	0.00	0.00	-28.16	-106.39	-49.35
杆件号	11 840	8 709	8 312	218	8 734	8 709	11 216
节点号	4 456	3 388	3 327	115	3 424	3 388	4 248
工况	1	1	1	1	1	1	1

c. 2L63×8 计算结果见表 10.5.3.15。

2L63×8 计算结果 表 10.5.3.15

项　目	σ_{max}	σ_{min}	$\sigma_{w,max,y}$	$\sigma_{w,max,z}$	$\sigma_{w,min,y}$	$\sigma_{w,min,z}$	F_x/A_x
最大值(MPa)	71.61	63.91	15.22	23.82	1.40	-0.00	65.82
杆件号	12 334	12 264	12 458	12 613	12 419	12 367	12 334
节点号	3 423	3 637	3 133	3 206	3 756	3 326	3 423
工况	1	1	1	1	1	1	1
最小值(MPa)	-90.68	-111.88	-2.22	0.00	-15.57	-23.82	-95.86
杆件号	12 333	12 333	12 446	12 367	12 333	12 613	12 333
节点号	3 423	3 216	3 537	194	3 216	3 206	3 216
工况	1	1	1	1	1	1	1

d. 内支撑计算结果见表 10.5.3.16。

内支撑计算结果　表 10.5.3.16

项　目	σ_{max}	σ_{min}	$\sigma_{w,max,y}$	$\sigma_{w,max,z}$	$\sigma_{w,min,y}$	$\sigma_{w,min,z}$	F_x/A_x
最大值(MPa)	51.67	-2.41	45.25	3.60	-4.63	-0.49	7.02
杆件号	12 466	12 471	12 466	12 472	12 472	12 465	12 470
节点号	4 450	4 474	4 450	4 403	4 403	4 389	4 565
工况	1	1	1	1	1	1	1
最小值(MPa)	13.85	-40.56	4.63	0.49	-45.25	-3.60	4.82
杆件号	12 472	12 466	12 472	12 465	12 466	12 472	12 468
节点号	4 403	4 450	4 403	4 389	4 450	4 403	4 387
工况	1	1	1	1	1	1	1

e. 钢箱计算结果见表 10.5.3.17。

钢箱计算结果　表 10.5.3.17

项　目	σ_{max}	σ_{min}	$\sigma_{w,max,y}$	$\sigma_{w,max,z}$	$\sigma_{w,min,y}$	$\sigma_{w,min,z}$	F_x/A_x
最大值(MPa)	135.30	37.48	70.41	78.05	-0.00	-0.00	58.80
杆件号	8 349	8 421	8 421	8 345	7 811	7 802	8 421
节点号	3 141	3 421	3 213	3 137	111	98	3 213
工况	1	1	1	1	1	1	1
最小值(MPa)	-40.56	-126.79	0.00	0.00	-70.41	-78.05	-49.82
杆件号	9 050	8 345	7 811	7 802	8 421	8 345	8 426
节点号	3 634	3 137	111	98	3 213	3 137	3 218
工况	1	1	1	1	1	1	1

f. 环向钢板计算结果见表 10.5.3.18。

环向钢板计算结果　表 10.5.3.18

项　目	σ_{max}	σ_{min}	$\sigma_{w,max,y}$	$\sigma_{w,max,z}$	$\sigma_{w,min,y}$	$\sigma_{w,min,z}$	F_x/A_x
最大值(MPa)	91.07	32.14	46.29	21.96	-0.00	-0.00	55.97
杆件号	10 518	10 518	10 517	9 894	8 215	306	10 518
节点号	4 014	4 013	4 011	3 805	3 250	131	4 013
工况	1	1	1	1	1	1	1
最小值(MPa)	-9.26	-38.53	0.00	0.00	-46.29	-21.96	-15.34
杆件号	11 771	8 020	8 215	306	10 517	9 894	11 771
节点号	4 435	3 179	3 250	131	4 011	3 805	4 435
工况	1	1	1	1	1	1	1

③工况三计算模型见图 10.5.3.15。

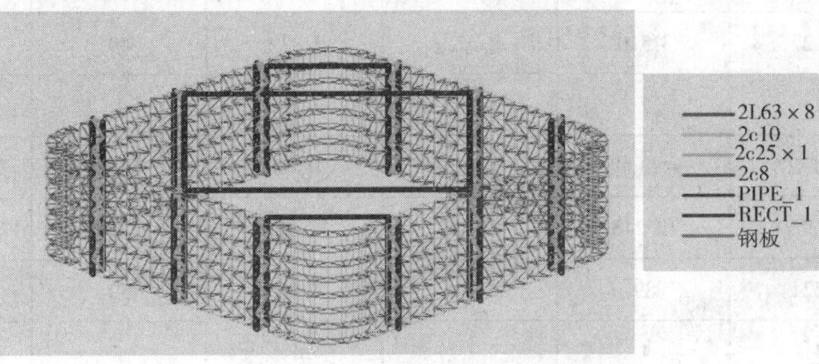

图 10.5.3.15　工况三计算模型

④工况三计算成果一览表

a. 2[10 弦杆计算结果见表 10.5.3.19。

2[10 弦杆计算结果 表 10.5.3.19

项　目	σ_{max}	σ_{min}	$\sigma_{w,max,y}$	$\sigma_{w,max,z}$	$\sigma_{w,min,y}$	$\sigma_{w,min,z}$	F_x/A_x
最大值(MPa)	102.49	52.97	71.43	52.03	-0.00	-0.00	66.07
杆件号	7 819	7 910	9 794	7 993	76	9 925	7 879
节点号	119	3 326	3 763	3 147	44	3 838	177
工况	1	1	1	1	1	1	1
最小值(MPa)	-44.66	-121.26	0.00	0.00	-71.43	-52.03	-61.99
杆件号	11 066	9 794	76	9 925	9 794	7 993	11 690
节点号	4 196	3 763	44	3 838	3 763	3 147	4 403
工况	1	1	1	1	1	1	1

b. 斜杆、腹杆计算结果见表 10.5.3.20。

斜杆、腹杆计算结果 表 10.5.3.20

项　目	σ_{max}	σ_{min}	$\sigma_{w,max,y}$	$\sigma_{w,max,z}$	$\sigma_{w,min,y}$	$\sigma_{w,min,z}$	F_x/A_x
最大值(MPa)	53.89	32.24	35.29	42.92	-0.00	-0.00	37.91
杆件号	9 344	10 015	9 811	3	246	218	9 344
节点号	3 553	3 870	3 771	5	133	115	3 624
工况	1	1	1	1	1	1	1
最小值(MPa)	-31.98	-53.10	0.00	0.00	-35.29	-42.92	-37.61
杆件号	10 162	12 034	246	218	9 811	3	12 034
节点号	3 921	4 554	133	115	3 771	5	4 545
工况	1	1	1	1	1	1	1

c. 2L63 ×8 计算结果见表 10.5.3.21。

2L63 ×8 计算结果 表 10.5.3.21

项　目	σ_{max}	σ_{min}	$\sigma_{w,max,y}$	$\sigma_{w,max,z}$	$\sigma_{w,min,y}$	$\sigma_{w,min,z}$	F_x/A_x
最大值(MPa)	58.35	53.93	4.47	14.53	1.88	-0.00	55.23
杆件号	12 389	12 649	12 383	12 223	12 606	12 649	12 649
节点号	3 127	3 510	3 522	3 832	49	3 296	3 296
工况	1	1	1	1	1	1	1
最小值(MPa)	-64.27	-73.49	-1.12	0.00	-8.69	-14.53	-66.76
杆件号	12 262	12 248	12 388	12 559	12 248	12 223	12 648
节点号	3 221	89	8	3 408	89	3 832	3 296
工况	1	1	1	1	1	1	1

d. 内支撑计算结果见表 10.5.3.22。

内支撑计算结果　　表10.5.3.22

项　目	σ_{max}	σ_{min}	$\sigma_{w,max,y}$	$\sigma_{w,max,z}$	$\sigma_{w,min,y}$	$\sigma_{w,min,z}$	F_x/A_x
最大值(MPa)	-3.42	-20.74	10.52	1.03	-2.92	-0.00	-13.50
杆件号	12 467	12 465	12 468	12 466	12 465	12 471	12 467
节点号	4 387	4 402	4 387	4 461	4 402	4 476	4 387
工况	1	1	1	1	1	1	1
最小值(MPa)	-14.38	-25.09	2.92	0.00	-10.52	-1.03	-18.04
杆件号	12 470	12 468	12 465	12 471	12 468	12 466	12 470
节点号	4 554	4 387	4 402	4 476	4 387	4 461	4 565
工况	1	1	1	1	1	1	1

e. 钢箱计算结果见表10.5.3.23。

钢箱计算结果　　表10.5.3.23

项　目	σ_{max}	σ_{min}	$\sigma_{w,max,y}$	$\sigma_{w,max,z}$	$\sigma_{w,min,y}$	$\sigma_{w,min,z}$	F_x/A_x
最大值(MPa)	29.90	13.41	18.15	19.64	-0.00	-0.01	20.26
杆件号	7 741	7 741	9 681	9 683	11 465	8 434	7 893
节点号	37	3 157	3 849	3 851	4 385	3 226	190
工况	1	1	1	1	1	1	1
最小值(MPa)	-4.39	-30.51	0.00	0.01	-18.15	-19.64	-11.16
杆件号	7 890	9 593	11 465	8 434	9 681	9 683	10 305
节点号	3 306	3 761	4 385	3 226	3 849	3 851	4 057
工况	1	1	1	1	1	1	1

f. 环向钢板计算结果见表10.5.3.24。

环向钢板计算结果　　表10.5.3.24

项　目	σ_{max}	σ_{min}	$\sigma_{w,max,y}$	$\sigma_{w,max,z}$	$\sigma_{w,min,y}$	$\sigma_{w,min,z}$	F_x/A_x
最大值(MPa)	20.69	-0.19	45.45	5.93	-0.00	-0.00	4.81
杆件号	10 722	305	9 879	106	107	11 966	10 722
节点号	4 115	128	3 775	57	58	4 501	4 115
工况	1	1	1	1	1	1	1
最小值(MPa)	-35.49	-89.76	0.00	0.00	-45.45	-5.93	-49.75
杆件号	9 880	9 879	107	11 966	9 879	106	9 880
节点号	3 768	3 775	58	4 501	3 775	57	3 768
工况	1	1	1	1	1	1	1

⑤有底钢套箱变形

a. 工况二条件下钢套箱变形见表10.5.3.25。

工况二条件下钢套箱变形　　表10.5.3.25

项　目	u_x(cm)	u_y(cm)	u_z(cm)	R_x(rad)	R_y(rad)	R_z(rad)
最大值	0.274 5	0.0	0.078 3	0.002	0.001	0.001
节点号	4 474	1	4 053	3 749	4 266	4 016
工况	1	1	1	1	1	1
最小值	-0.275 7	-1.168 6	-0.092 7	-0.000	-0.001	-0.001
节点号	4 403	4 470	3 833	58	4 195	3 976
工况	1	1	1	1	1	1

b. 工况三条件下钢套箱变形见表 10.5.3.26。

工况三条件下钢套箱变形 表 10.5.3.26

项 目	u_x(cm)	u_y(cm)	u_z(cm)	R_x(rad)	R_y(rad)	R_z(rad)
最大值	0.331 3	0.337 5	0.025 3	0.001	0.001	0.001
节点号	3 822	3 750	3 510	3 314	3 197	3 863
工况	1	1	1	1	1	1
最小值	-0.361 8	-0.332 4	-0.033 0	-0.001	-0.001	-0.001
节点号	3 925	3 858	3 295	3 128	3 301	3 843
工况	1	1	1	1	1	1

(4)底板主要构件计算成果

①概况

底栏采用板架结构,由主桁架、次桁架、次梁、底面板组成。设计传力路线:荷载—底面板—次梁—次桁架—主桁架。

②主要荷载

钢侧板自重 2 630kN。

封底混凝土厚 1m,自重 $g_2=25\text{kN/m}^2$。

施工人员:$g_2=2.0\text{kN/m}^2$。

倾倒混凝土产生的冲击荷载和振捣混凝土时产生的荷载按 2.0kN/m^2。

波浪浮托力。

③主要工况

工况一:未浇封底混凝土,考虑波浪作用。

工况二:浇封底混凝土,未考虑波浪作用。

计算模型见图 10.5.3.16。

用 Robot 软件计算,最大应力 $\sigma=120\text{MPa}$,满足要求。

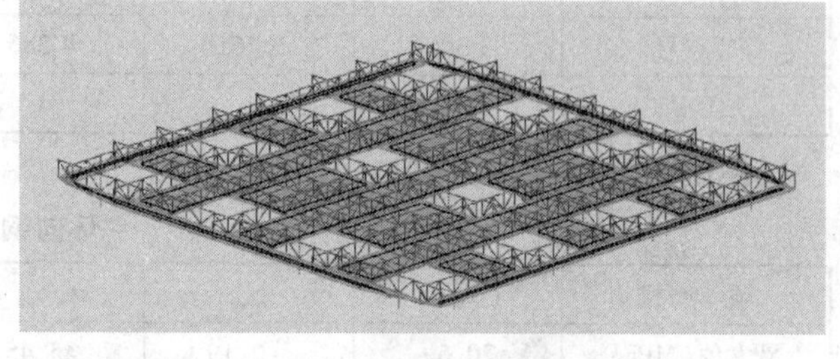

图 10.5.3.16 钢底板计算模型

9. 有底钢套箱施工

(1)概述

整体钢套箱在施工场地拼装焊接成形,择时用驳船转运至施工现场,在低潮位时用 500t 大型浮吊直接整体吊装下放就位。然后设置水平及竖向限位装置,破除桩头,浇筑封底混凝土;半幅承台混凝土分两次浇筑。

(2)施工工艺流程

图 10.5.3.17 为有底钢套箱施工工艺流程。

(3)施工技术要点

①平台的拆除与测量准备工作

钻孔灌注桩施工完毕(桩基已检测),分步进行平台的拆除工作,平台的拆除与测量等准备工作穿插进行。平台的拆除包括平台上部结构、临时钢管桩、钢护筒的平联、钢护筒(高程 +3.0m 以上)的割除。

测量准备工作包括基准点复测、钢护筒平面位置及垂直度的实测与二次复测,同时根据牛腿的设计位置在钢护筒上标出牛腿的相对高程。

②悬吊系统倒吊牛腿的加工与焊接

牛腿在陆地加工。加工时须对其几何尺寸、弧度、焊接质量进行严格控制。牛腿与钢护筒焊接前,应对钢护筒相应位置进行除锈处理,保证牛腿与钢护筒间的焊接质量和结合紧密,单个牛腿的焊接应在一个低潮期内完成,所有牛腿焊接完成后应进行高程复测和调平处理,所有牛腿的高程误差须控制在

2mm之内。

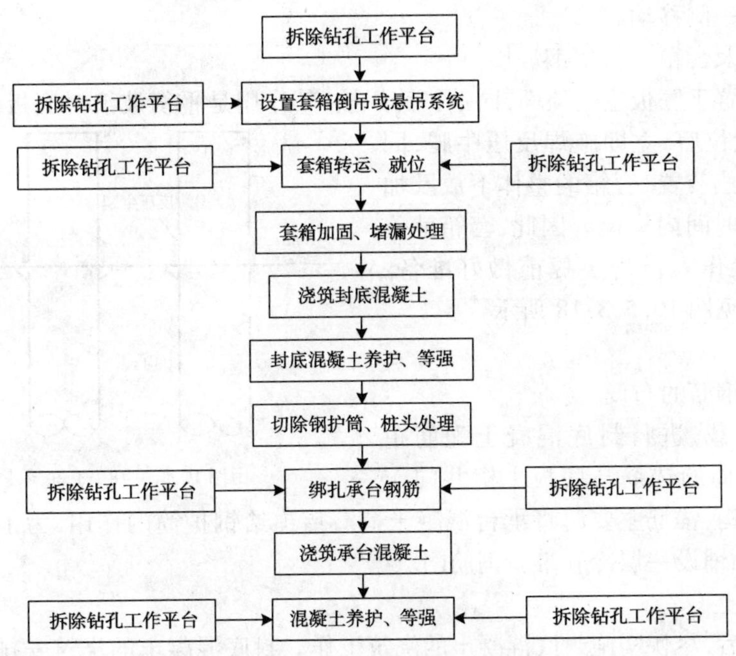

图10.5.3.17　承台施工工艺流程

③钢套箱的加工、转运

钢套箱在固定地点（主要指码头）加工制作，加工场地要求平整，套箱制作时底板型钢桁片的布设及钢板开口大小要考虑钢护筒平面位置和垂直度的实测值（包括护筒上高程+3.0m处和底板位置高程-1.5m处），侧板经分块加工后再与底板组拼成整体。

钢套箱在整体吊装或转运前必须进行试吊，必要时可对吊点位置及吊索角度等进行调整，或对钢套箱相关部位进行加强处理。

根据气象预报情况、套箱转运距离及涨落潮时间，安排钢套箱的具体转运时间，确保钢套箱在低潮位时安全、顺利转运至安装现场。

④套箱的安装、定位及加固

a. 套箱吊点的设置

钢套箱设4个起吊点，均设在吊装钢柱上，通过传力钢板传递套箱自重荷载，吊装时吊索所产生的水平力由内支撑钢管平衡。

b. 放置桩周堵缝板

考虑到钢护筒的实际偏位会给套箱整体下放带来困难，因此在底板加工时将钢护筒预留孔的尺寸比护筒实测位置加大一些尺寸，即底板与钢护筒间留有一定缝隙。所以，在套箱下放前，需将事先准备好的两个半圆弧（根据钢护筒外径下料）钢板焊接后放置于牛腿上，待套箱就位后起堵漏作用。

c. 套箱吊装、就位

套箱制作验收合格后吊装到驳船上，然后用拖轮将驳船与起重浮吊拖运至墩位。运输驳船与起重浮吊同时泊靠在墩位的一侧。驳船与墩轴线的距离及起重浮吊距桥轴线距离均要满足套箱安装和安全要求。

钢套箱吊装由专人统一指挥，吊索拴好钩后徐徐起钩，当吊索收紧后停止起钩，逐根检查吊索的松紧程度是否一致，根据吊索受力情况，调整起重浮吊的位置，直至所有吊索受力均匀一致为止；同时对吊耳、卸扣等进行仔细检查，查看其有无异常情况，在确定一切正常后，再缓缓起吊直到套箱的全部重量由起重浮吊承担后停止起升，检查吊索、吊耳、套箱及起吊浮吊自身有无异常情况，有无影响提升的障碍物等，一切正常后继续起吊；当套箱底部高度超过导向架顶口约20cm后停止起吊，开始收锚平移起重浮吊,使套箱底板预留口中心与相应钢护筒上导向架中心对齐,然后徐徐下沉至设计高程,与此同时,驳船沿墩轴线向远离浮吊一侧移动。

d. 底板反压牛腿及套箱限位型钢焊接

底板反压牛腿设置于底板主桁顶面,同钢护筒焊接,其作用是平衡波浪对底板的浮托力,限制底板位移。当套箱下沉就位后,立即施焊反压牛腿,同时设置钢套箱水平限位装置,套箱的整体下放及加固过程须在一个低潮时间内完成。因此,套箱就位前所有加固设备及操作人员均要提前做好准备。套箱反压装置示意图见图 10.5.3.18 所示。

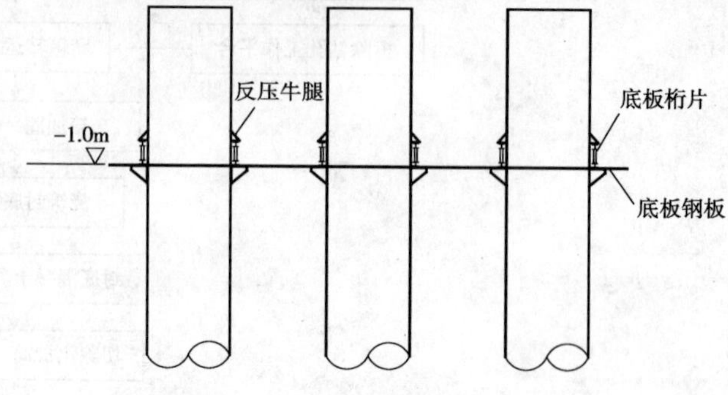

图 10.5.3.18 套箱反压装置示意

⑤钢套箱封底

a. 封底混凝土内钢筋的布设

根据竖向组合荷载,进行封底混凝土配筋布置。焊接在钢护筒四周的锚筋与底板主桁共同作为封底混凝土受力结构,锚筋主要起将承台混凝土荷载传递给钢护筒的作用,为了防止封底混凝土开裂,在封底混凝土顶面铺设一层冷轧带肋钢筋网。

b. 浇筑封底混凝土

钢套箱安装完成后,尽快实施封底混凝土的浇筑工作。封底混凝土的浇筑安排在大潮汛低水位时进行,待潮水刚退出底板即开始浇筑,混凝土浇筑按无水浇筑方式进行,浇筑时尽量保证封底混凝土顶面的平整。为使底板混凝土在低潮位时间内完成,同时投入 2 艘拌和船以及墩侧平台的 2 座混凝土拌和站浇筑封底混凝土,其理论拌和能力可达 $360m^3/h$。封底混凝土厚度为 1m,封底混凝土方量约为 $465m^3$,根据 2004 年潮汐表,低潮位时间约 3h,因此,拌和船和墩侧拌和站的生产能力基本可以满足混凝土无水浇筑要求。封底混凝土采用 C30 早强混凝土,混凝土在浇筑过程中,须严格控制混凝土布料厚度,确保封底混凝土的质量。

混凝土封底完毕,盖上塑料薄膜将套箱上的进出水阀门(设在封底混凝土顶面以上 5~10cm 处的套箱壁上)打开,使海水在封底混凝土内外形成对流,避免潮水破坏尚未达到强度的封底混凝土。

⑥钢护筒切割、封底混凝土整平及桩顶处理

当封底混凝土强度达到设计值,到达低潮位时,将封底混凝土及钢套箱内壁的泥浆、杂物等用淡水冲洗干净;关闭进出水阀门,在隔水条件下进行钢护筒切割处理,钢护筒切割高程为 -0.50m。

由于封底混凝土是按无水浇筑方式实施的,因此封底混凝土表面高差起伏不大,可按设计高程进行人工整平混凝土。若封底混凝土产生微小渗漏时采用水玻璃补漏。

桩头破除前须将钢筋剥除,然后采用风镐人工破除桩头达到设计高程,同时要求达到混凝土新鲜面。

⑦拆除钢套箱

在承台混凝土施工完毕、强度达到要求时,可安排拆除钢套箱。钢套箱按加工时的分块逐一拆除,套箱底篮不用拆除。

5.3.4 承台混凝土施工

钢套箱封底混凝土完成后进行箱内抽水,便可进行承台混凝土施工,半幅承台混凝土分两次浇筑,第一次浇筑 1.5m 厚,第二次浇筑 3.5m 厚,并按要求对施工缝进行处理。PM472 墩(西侧主墩)混凝土由岛上混凝土搅拌站供应,混凝土运输车通过栈桥运输至加宽平台上,由混凝土输送泵输送浇筑混凝土。PM473 墩(东侧主墩)混凝土由海上混凝土拌和船供应。

颗珠山斜拉桥两个主墩属大体结混凝土施工,控制混凝土浇筑时的内外温差是主要的技术关键。

水泥采用低水化热的矿渣水泥,通过试配掺加粉煤灰,减少水泥用量。粗集料选用级配良好的粒径

1～3cm 碎石；细集料选用级配良好的中砂，砂率控制在 40% 左右。通过试配掺加外加剂降低水灰比，混凝土拌和水采用低温水以降低混凝土的温度。混凝土初凝时间不小于 18h，坍落度控制在 16～18cm。同时安装冷却循环水系统，混凝土养护和冷却循环水 24h 监控，以大体积混凝土体内外温差稳定温度不大于 25℃为限。具体承台混凝土施工按施工技术规范操作，这里不再详述了。

5.4　颗珠山斜拉桥桥塔施工

5.4.1　桥塔施工情况简述

颗珠山斜拉桥的桥塔为 Π 形钢筋混凝土结构，塔柱在承台顶面以上的塔高为 100.5m，塔柱沿高度方向分为下、中、上三段。下、中塔柱外形有尺寸倾斜变化，塔根部尺寸横桥向宽 5.5m，纵桥向宽 8.5m。上塔柱是直线段，为拉索锚固区，横桥向宽 4.5m，纵桥向宽 6.0m，塔内设混凝土牛腿和锚固钢横梁；塔壁厚度 0.6～1.2m。左右幅塔柱设两道横梁，桥面以下设下横梁，为钢筋混凝土结构，截面为箱形薄壁结构；桥面以上设上横梁，由 3 根 ϕ1 800mm 钢管构成，管壁厚 30mm。桥塔结构横断面布置见图 10.5.4.1。

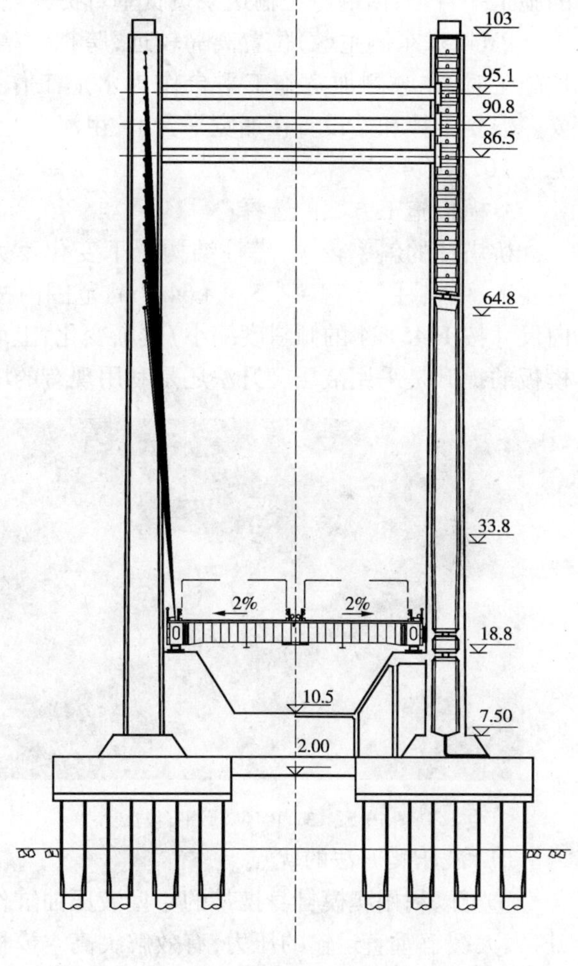

图 10.5.4.1　桥塔结构横断面布置(尺寸单位:m)

桥塔属超高建筑物，施工期间主要解决工程材料和施工人员的垂直与水平运输、混凝土模板的运用方式，以及如何采用劲性骨架保证钢筋、模板、斜拉索导管等空间位置在高空方便、精确、稳定地定位。

1. 垂直运输设备及其布置方案的选择

工程材料和施工人员垂直运输设备包括塔吊、电梯和混凝土输送泵管。

塔吊和电梯是斜拉桥桥塔施工垂直运输必不可少的设备，塔柱的施工可选择配置的方案有三个：一台塔吊一部电梯方案，布置在两塔之间或是依附于塔柱；一台塔吊两部电梯方案，塔吊布置在两塔之间或是依附于塔柱，两部电梯分别依附于左右幅塔柱设置；两台塔吊两部电梯方案，塔吊和电梯分别依附左右幅塔柱设置。

由于塔柱的间距为 45.8m，在 100.5m 塔高范围内只有两道横梁连接，基本相互独立，所以为解决施工人员的上下问题，施工过程中必须设置两部电梯。

如果只在两塔之间设一台塔吊，那么塔吊附墙方案很难解决，而且由于上横梁为钢管结构，塔柱的承台成哑铃状布置，左右幅承台中间为系梁连接，穿过或让开上横梁和立足系梁的方案都不好解决，所以此方案不可行。如果塔吊布置在单幅塔柱的一侧，由于单幅塔柱施工过程中，最大吊重在 7t 左右，要满足两个塔柱施工的需要，该塔吊必须达到悬臂半径 50m、起吊质量 7t 以上的性能，也就是说该塔吊起吊能力必须在 350t · m 以上，显然很不经济。

综合分析，选择了第三种方案。由两台塔吊和两部电梯分别依附左右幅塔柱，服务于各自的塔柱。根据已有设备、综合施工条件，选用了起吊能力为 150t · m 的塔吊和单笼施工电梯作为垂直运输设备。

考虑到海洋的气候特征，最大风力有可能达到 12 级以上，因此要增强塔吊附墙体系的侧向抗风稳定性。为此，改变了传统上一个节点只用一根拉杆的方式，在内侧的节点上增加了一根拉杆；还在节点之间设铰接点，以释放变形产生的应力；缩小塔吊附墙间距，限制塔吊工作自由悬高。

混凝土输送泵管附着在塔吊上，随塔吊节段加高逐渐加长。塔吊、电梯、混凝土输送泵管布置见图10.5.4.2。

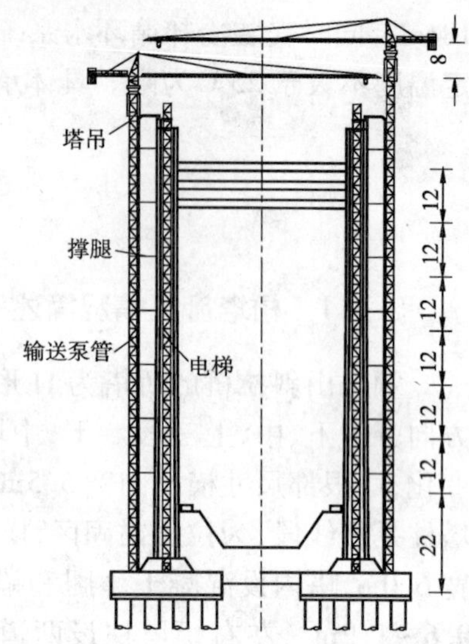

图10.5.4.2 塔吊、电梯、混凝土输送泵管布置(尺寸单位:m)

2.水平运输方式

颗珠山斜拉桥桥塔分为两座，二者中心距离为332m。工程材料和施工人员的水平运输不尽相同。

PM472(西侧主墩)位置靠近颗珠山岛，混凝土搅拌站($120m^3/h$)设于岛上，水平运输依靠搭设栈桥、在墩侧加宽施工平台沟通与颗珠山岛的连系，见图10.5.4.3。混凝土运输车通过栈桥运输至墩位处的施工平台上，由混凝土输送泵负责垂直提升输送混凝土。

PM473(东侧主墩)位置离岛较远，跨越深槽，不便搭设栈桥。塔柱施工时，在墩侧加宽施工平台作为水上工作平台，以满足施工需要。混凝土拌和站设置在加宽平台上，由海上运输船负责水平运输，见图10.5.4.4。

3.模板施工方案的选择

桥塔柱的斜率较小，塔柱结构上下变化不大。塔柱的外形尺寸只在下、中塔柱(高程+7.5~+64.8m)范围内按照一定的倾斜度(横向尺寸按1:114.6倾斜度缩小，纵向尺寸按1:45.84的倾斜度缩小)逐渐变化，上塔柱外形尺寸不变。因此，适合采用爬模法施工。但是模板的提升是采用液压爬升法还是利用现有的塔吊进行模板的提升，需经过充分比较。

图10.5.4.3 PM472墩平台与栈桥

图10.5.4.4 PM473墩施工平台

(1)液压爬升法的优点

①可以利用爬模自身携带的小型液压油缸作为爬架、模板提升的自身动力，可实现整套爬模同步爬升，大大缓解垂直运输的压力，有效解决高空模板整节段安装就位的难题。

②由于整套模板同步爬升，避免了在施工期间模板的拆装烦琐工艺，大大简化了施工工序。

③整套模板同步爬升提高了模板的抗风性能，提高高空作业的安全性。

但是，本桥主塔施工只分21节段，中间又因为塔柱尺寸的变化需调整模板宽度，特别是上塔柱的内模，每一段挂索处设有混凝土牛腿，且由于挂索的角度不同而使每一个混凝土牛腿尺寸不尽相同，每个节段要改动内模系统，此时液压爬升法就显得不适宜了。

(2)塔吊提升法的优点

①充分利用了现有起重设备。

②施工方便、灵活。

如提前将每个牛腿处的异形模板整体加工好，现场的改制量就大大减少。这样就能充分利用现有起重设备，使塔吊提升法的便利性和灵活性可以得到充分发挥。

主塔每节模板的拆装一般只需20h左右，可以选择在风力不大时进行，塔吊的起重能力也满足模板分块提升的需要。所以，最终选择了塔吊提升法施工。

爬模系统由内、外模板系统及爬架两部分组成。爬架通过锥形螺母与已浇塔柱连接固定，包括2个上部平台，1个主工作平台和1个下部清理、修复平台。同层平台间连成一条贯穿的通道，上下层平台间采用固定扶梯相连。内、外模板系统由竹胶面板、木工字梁、钢围檩组成，其中外模分8块，内模分9块，爬模系统结构见图10.5.4.5。

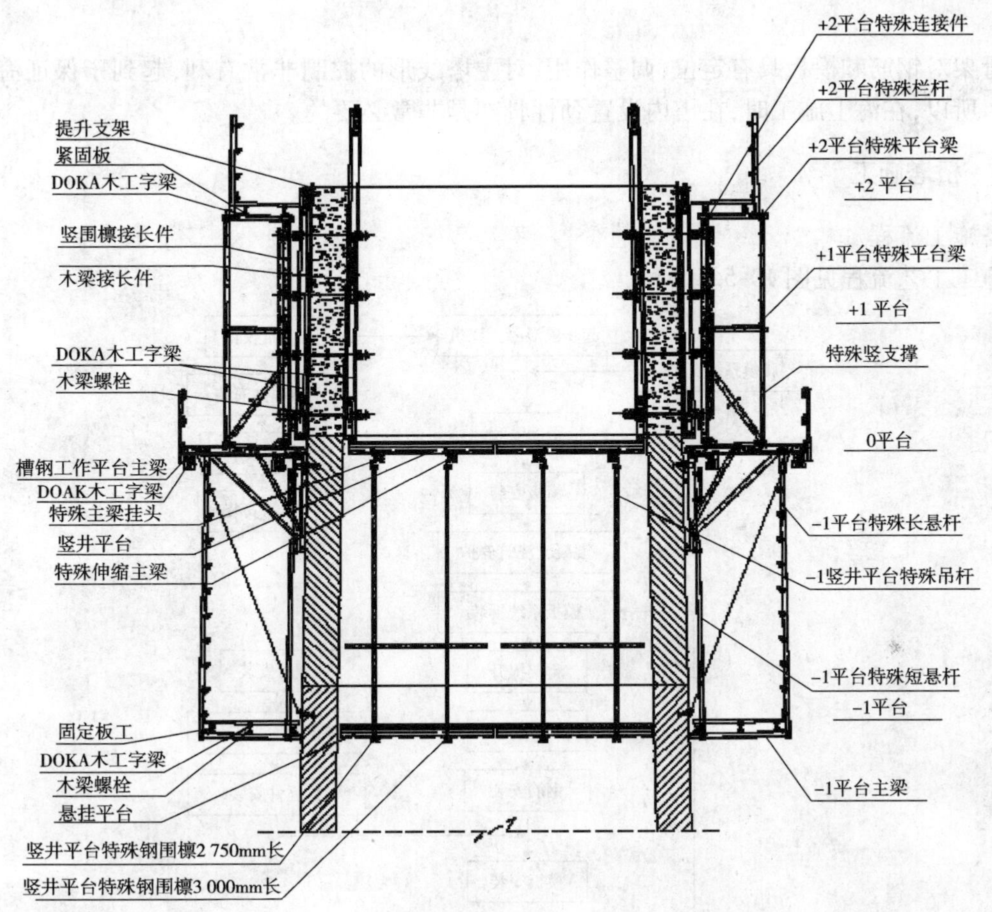

图10.5.4.5　爬模系统结构示意图

模板的竖向倾斜度变化通过专门加工的造型木调节，截面尺寸通过可调宽度模板调整，钢围檩上根据横断面在浇筑高度上改变的尺寸设置孔道，用以调整模板的横断面尺寸。内模通过对拉螺栓与外模固定，模板高度设计为5.5m，每次浇筑高度最高为5.0m。

该系统爬升预埋件用锥型套筒取代了常规的直套筒，用直径为16mm的精轧螺纹钢加PVC套管取代了常用的对拉拉杆。用完后易取出，不易形成腐蚀通道，满足海上施工质量要求，而且能反复利用，节约成本。

爬模施工基本步骤为：安装爬模系统、绑扎钢筋、合模浇筑混凝土、脱模提升。

4. 劲性骨架的应用

为了使钢筋、模板及斜拉索导管的空间定位更加稳定方便、精确可靠，在上塔柱和中塔柱中设置了劲性骨架。

劲性骨架的杆件采用L10和[8组成。一般情况下，劲性骨架可采取分片加工、现场组拼的办法。但在海上施工时，采取分片组拼有以下缺点：

(1)分片劲性骨架在海上风力作用下，空间准确定位困难；

(2)分片组拼的现场安装时间较长,不利于充分利用海上有效施工时间;

(3)海上风力较大,又是高空作业,分片组拼时作业人员的安全较难保证。

因此,劲性骨架采取分节整体加工、整体吊装的方法,分节高度同塔柱施工节段一致。只要在工厂预制时控制好骨架的外形尺寸,每个节段的劲性骨架现场安装时间一般只需1~2h。

在上塔柱施工时,需预埋斜拉索导管。导管可在加工厂初步安装在劲性骨架上,周围设置微调螺栓,在劲性骨架定位焊接好后,再利用微调螺栓对导管进行精确定位。通过施工证明,利用劲性骨架经过初装和精调两次控制定位安装导管,可以简化导管安装工序,减少导管定位时间,确保导管空间位置的准确性。

劲性骨架对钢筋和模板具有定位、调整作用,对主塔线形的控制非常有利,起到了保证海上施工安全的作用。所以,在海上施工时,在塔内设置劲性骨架是非常必要的。

5.4.2 桥塔施工

1. 桥塔施工流程

桥塔施工工艺流程见图10.5.4.6。

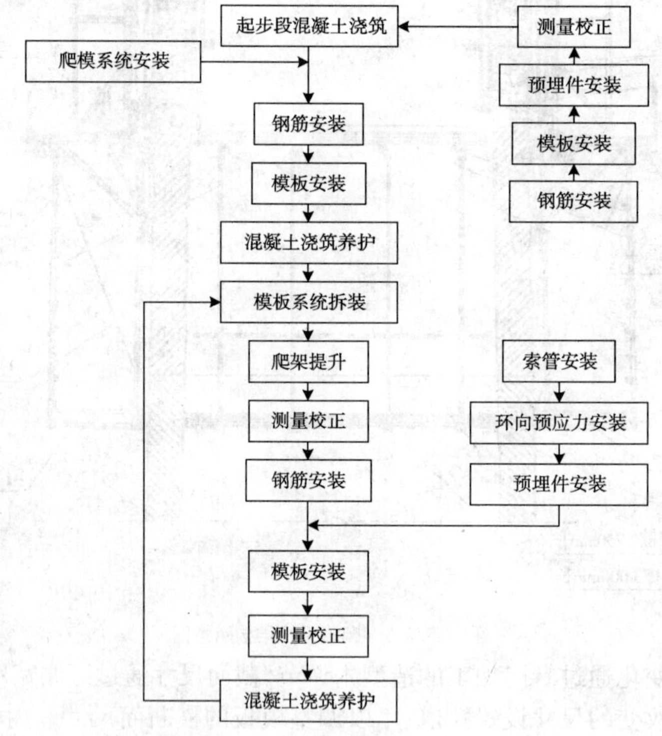

图10.5.4.6 桥塔施工工艺流程

2. 塔柱施工

海上拌和船是海上混凝土施工必不可少的生产设备。但在承台施工完成之后,塔柱施工中每次混凝土浇筑的方量不大,施工周期又快,使用海上拌和船生产,来回拖船很不经济,还受海上风浪的制约。因此,结合前期的钻孔灌注桩施工,在主墩处设置了一个18m×60m的墩侧加宽水上施工平台,在平台上布置混凝土搅拌站以及施工人员生活区。

泵送混凝土施工是决定塔柱施工成败的关键。根据塔高和施工需要,我们选择了混凝土输出压力为15.7MPa,最高垂直输送高度可达250m,输送能力43m^3/h的混凝土输送泵。输送泵管沿塔吊塔身布置。泵送混凝土采用高性能海工混凝土,坍落度要求为18~22cm,坍落度损失约为2cm。

塔柱混凝土施工要点如下。

(1)钢筋加工及安装:塔柱钢筋在加工场内下料,运至现场后,用塔吊提升至爬架施工平台后逐根安装。钢筋下料长度约5m，并按规范要求设置错头。竖向主筋对接采用直螺纹钢套筒连接工艺，在竖向主筋上每1.5~2m长安设钢筋定位框，塔柱钢筋依靠定位框与模板顶部定位。构造钢筋连接均按照规范要求焊接或绑扎搭接。施工时严格控制塔柱钢筋内、外侧净保护层。

(2)内、外模安拆：外模、内模均利用塔吊提升安装，在内外模之间设置内支撑及对拉螺杆紧固模板。模板拆除利用爬架上的可调撑杆脱模。

(3)模板测调：塔柱钢筋安装完成后，先利用爬架上的可调撑杆粗调模板，然后采用全站仪极坐标法准确测量模板定位控制角点，根据测量结果调整撑杆，精确调整模板就位。

(4)混凝土浇筑：塔柱采用泵送混凝土入模，分层布料(布料层厚度30cm)，插入式振捣器振捣混凝土。混凝土的品质要达到可泵性强、缓凝高强、流动性好的要求。

(5)混凝土养护：塔柱外表面采用喷洒养护剂的办法进行混凝土养护，混凝土顶部接缝处采用淡水养护。

对于海上桥梁，由于受海洋气候的影响，对钢筋混凝土的防腐蚀要求很高，所以严禁钢材外露，严禁在混凝土外表面预埋钢结构构件，避免形成腐蚀通道。对钢筋混凝土的净保护层厚度要求也较高，外侧面一般要求至少7.5cm，内侧面一般要求至少4cm。钢筋保护层垫块一般要求采用高强塑料制品。

塔柱施工采用爬模施工工艺。泵送混凝土施工工艺是确保塔柱施工成败的关键。采用德国SCHWING公司制造的BP4000HDR-18型混凝土输送泵实施主塔混凝土施工。该型号混凝土输送泵最大混凝土输送量(高压)为43m^3/h，混凝土输出压力为20.1MPa，输送高度可达320m。塔柱混凝土坍落度要求为18~22cm，坍落度损失约为2cm。

3.上塔柱施工

上塔柱是整个塔柱施工最为复杂的一个施工段，是整桥斜拉索的拉索锚固区，塔壁内需预埋斜拉索导管，塔内设有混凝土牛腿和锚固钢横梁，并且在1号索锚固区和上横梁支撑区布置有预应力钢束，塔壁厚度变化，所以施工较为复杂，也是塔柱施工的关键部位。

(1)斜拉索导管安装施工要点

斜拉索导管安装是主塔施工的关键工序，导管的安装精度直接影响到斜拉索的施工质量。

①斜拉索导管上口为斜拉索锚固端，下口为斜拉索出塔端，导管为无缝钢管，其长度根据斜拉索仰角和水平偏角及塔壁厚度计算确定。

②斜拉索导管的安装必须选择阴天或日落后温差相对稳定的时段进行精确定位(因为劲性骨架是由钢结构组成的，钢材受温度的影响很大，当温度变化相对较大时，导管就很难精确定位)。

③导管利用相对坐标在加工厂劲性骨架上进行初定位安装。

④导管随劲性骨架一起安装，施工测量主要控制劲性骨架的平面位置、倾斜度、高程，同时复核导管的三维位置。

⑤导管精定位安装：采用全站仪极坐标法测定导管上、下口三维位置，采用逼近法使导管上、下口在三维空间中逐步靠近设计部位，利用微调螺栓调节，反复测量校核，至误差小于±10mm时焊接固定。

(2)混凝土牛腿施工

牛腿是塔柱的重要受力部位，由于牛腿这种突出构造物的影响，牛腿高程又随斜拉索锚固端的空间位置变化，不规则，所以上塔柱的内模系统需每次改制，每次的浇筑高度也要根据情况划分。为缩短施工周期，采用提前将每个牛腿处的异形模板整体加工好，现场的改制量就大大减少。

牛腿处钢筋布置较密且为大直径，弯起钢筋多，施工时应注意细分层、密摊铺、加强振捣，保证混凝土密实，避免出现蜂窝。

牛腿施工时应预留螺栓预留孔，牛腿顶面设有高强度等级砂浆调平层，调平层表面平整度要求控制在±0.5mm范围内。调平层达到强度后，按设计位置埋设螺栓，并在预留孔内填注环氧砂浆，安装承重钢板，拧紧螺栓。然后安装锚固钢横梁。

(3)锚固钢横梁的施工

①施工方案

锚固钢横梁是斜拉索主要受力及传力构件，它是一个独立的钢构件，支承在塔柱壁的牛腿上，两端的刚性支承可在顺、横桥向做微小的移动，但在两端都设置了顺、横桥向的限位装置。锚固钢横梁承受拉索竖向分力，通过两端的垂直支承传至塔壁牛腿上，而两侧拉索的不平衡水平力则通过锚固箱传至钢横梁上，大部分水平力由钢横梁材料自身承担，而剩下无法平衡的水平力则由钢横梁的限位装置传递到桥塔。

由于主塔塔柱空心断面空间有限，混凝土牛腿还占据一定的空间；塔柱施工时上面是爬模的内模系统，下面在下、中塔柱有几道横隔板，锚固钢横梁不好吊装进入塔柱，还存在上下交叉施工的安全风险，所以总体施工思路是：

a. 塔柱施工结束后暂不封顶，先拆除内模系统，安装锚固钢横梁。

b. 锚固钢横梁采用塔吊提升，从塔顶进入塔柱，用葫芦及千斤顶配合精确调整钢横梁定位，安装顺序由下至上。

c. 每根锚固钢横梁分成两节安装，节段间以高强螺栓连接。

d. 锚固钢横梁委托加工厂家加工制作，并按照设计要求进行防腐处理。在工厂必须对每根梁进行预拼装，并进经严格验收合格后方可出厂。

e. 锚固钢横梁在塔柱上的横向支撑在现场组拼焊接。

还应注意，在上塔柱混凝土施工时应按设计位置预埋锚固钢横梁纵向及横向支撑预埋件；锚固钢横梁吊装时，吊点布置应对称，保证锚固钢横梁水平下放；为不损坏锚固钢横梁，吊装时采用软吊带；吊装时禁止发生碰撞，以免锚固钢横梁发生变形和损坏防锈涂层；高强螺栓连接的施工应严格按工艺和要求进行。

②锚固钢横梁的安装

锚固钢横梁按由下到上的顺序安装，即由2~16号拉索逐步安装。每根锚固钢横梁分两节安装，节段间用高强螺栓连接。安装锚固钢横梁时，在塔内混凝土牛腿上设置安装平台。锚固钢横梁安装施工流程见图10.5.4.7。

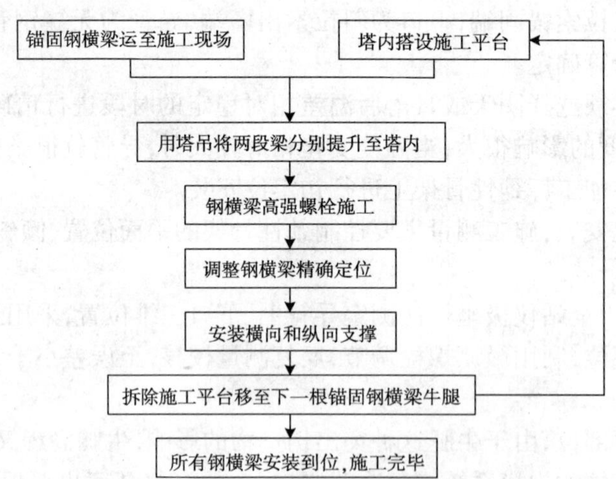

图10.5.4.7　锚固钢横梁安装施工流程

现在以2号拉索锚固钢横梁的安装为例，对锚固钢横梁的安装工艺做详细说明。

a. 在2号拉索混凝土牛腿上搭设施工平台，平台构造见图10.5.4.8。平台在锚固钢横梁安装之前完成。平台主梁为主要受力构件，由2[14a组成，为防止平台的滑移，在平台主梁与塔柱内壁间塞上方木。为方便平台的拆除与挪移，平台各杆件采用螺栓连接。在平台上方的另一个塔柱牛腿上，安装2根I28a作为葫芦挂梁，以满足起吊安装锚固钢横梁之用。葫芦挂梁需待锚固钢横梁安放至平台上后再行设置。

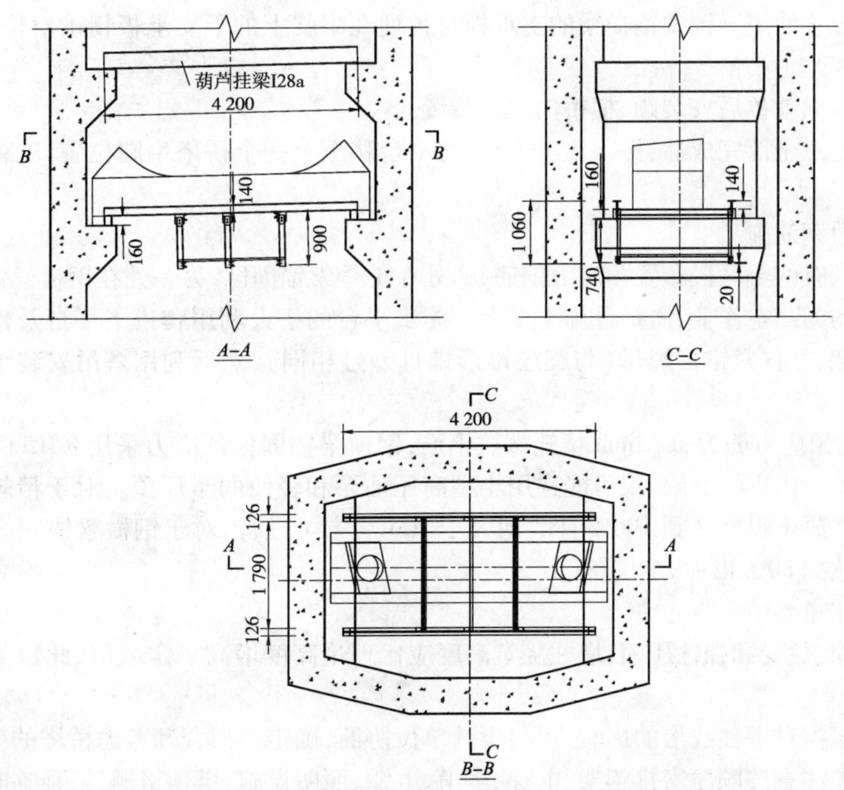

图 10.5.4.8　拉索锚固钢横梁平台构造(尺寸单位:mm)

b. 将牛腿上承重钢板的槽口清理干净,安装聚四氟乙烯板,以保证锚固钢横梁受不平衡力后能移动。

c. 用塔吊将2号拉索的两节锚固钢横梁分别由承台提升至塔内2号索牛腿位置,平稳放置在施工平台上。第一节梁和第二节梁的安放位置如图10.5.4.9所示。

d. 在葫芦挂梁上挂四个葫芦,把第一节梁提起,水平移动到图10.5.4.10所示位置。

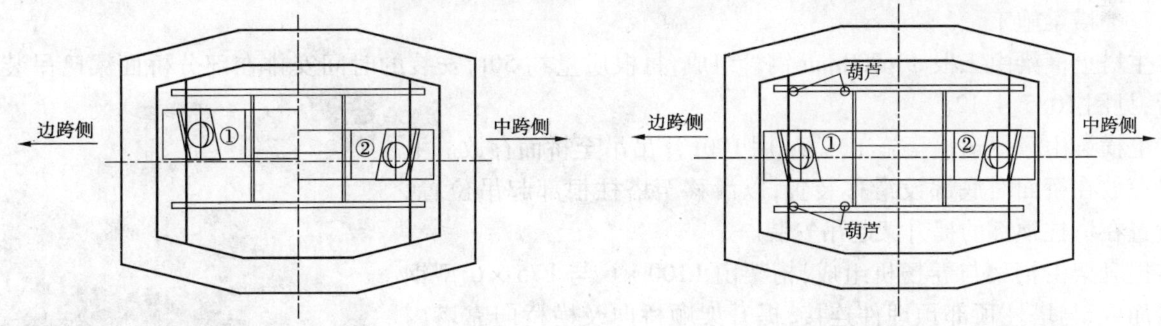

图 10.5.4.9　钢横梁吊装塔内放置位置示意图　　图 10.5.4.10　钢横梁塔内平移连接示意图

e. 用冲钉将腹板外侧连接板固定在第一节梁腹板上,调整钢横梁位置,使第二节梁腹板与外侧连接板螺栓孔眼对齐,并打上冲钉使第二节梁与连接板固定,然后安装内侧腹板连接板,并用冲钉在四个角上将两侧连接板与腹板固定。最后安装翼板连接板并在四角固定,见图10.5.4.11。

f. 安装高强螺栓。高强螺栓按先腹板后翼板、由中心向四周成发射状顺序安装,按由内向外的顺序施拧。施拧分两次进行初拧,预紧力为设计预紧力的60%,螺栓全部初拧后,按设计预紧力拧紧螺栓。两侧腹板的高强螺栓安装应同时进行。

g. 用葫芦将锚固钢横梁提起移动到安装位置,在

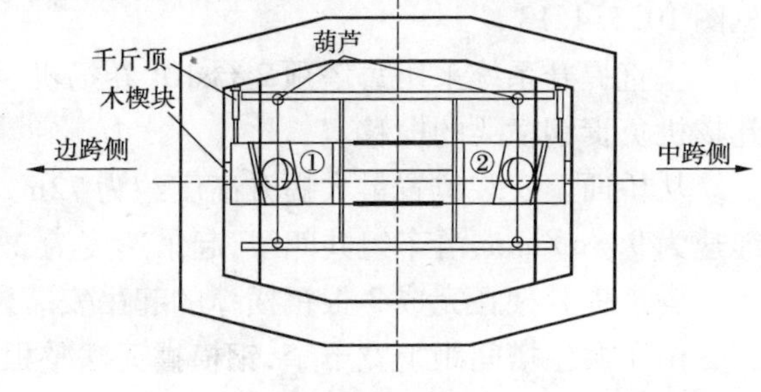

图 10.5.4.11　锚固钢横梁安装定位示意图

千斤顶和楔块的配合使用下调整钢横梁的支承板与预埋在牛腿上的下支承板精确对位，使锚固钢横梁准确定位。

h. 在锚固钢横梁就位后安装顺、横桥向限位装置。

锚固钢横梁施工全部完成后，拆除施工平台，将平台移至上一个桥塔牛腿位置，准备另一个锚固钢横梁的安装。

4. 塔柱预应力钢筋施工

在整个塔柱内有两个区段布置预应力钢筋，一处在1号索锚固区，另一处在钢横梁锚固区。这两处预应力钢筋施工均为高空作业，需搭设施工平台。施工平台的搭设利用爬模下平台及锥形螺母孔安装施工平台支撑托架，并拧紧锥形螺母（与爬模锥形螺母型号相同），然后利用塔吊安装承重型钢、面板，形成施工平台。

1号索锚固区预应力筋为JL32mm精轧螺纹钢筋，钢横梁锚固区预应力采用$\phi^{S}15.24$钢绞线，均为体内钢束。由于塔柱内空间有限，仅可能选用小型高压油泵和轻便的千斤顶。对于精轧螺纹钢预应力张拉必须在塔柱混凝土强度达到100%且龄期大于10d后方可进行，对于钢横梁锚固区预应力张拉在塔柱混凝土强度达到80%以后方可进行。

5. 塔柱施工注意事项

考虑塔柱收缩、徐变和弹性压缩，塔柱浇筑高度应比理论高度增高一定数值，此数值与设计单位协商确定。

横梁预应力张拉对塔柱线形的影响，需与设计单位协商，确定如何合理考虑桥塔的变形。

塔柱施工时须注意按顺序安排爬架、电梯、塔吊、电缆、照明设施、塔顶格栅、塔顶临时钢托架及爬模附墙架等预埋件的埋设。

6. 下横梁施工

主塔下横梁直接支撑在承台及系梁上，采用陆地常规施工工艺现浇，其外模采用大块钢模板，背肋采用2[22a，内模采用木模，内模一次安装，外模与内模通过对拉螺栓及内支撑固定。下横梁施工时应预埋塔梁临时固结及0号块钢箱梁支架预埋件、预留孔。下横梁与下塔柱同时施工。

7. 上横梁施工

主塔上横梁由三根ϕ1 800mm钢管组成，每根质量约50t，安装的时间安排在部分桥面梁已吊装完成后，见图10.5.4.12。

图10.5.4.12　主塔上横梁安装完成

上横梁由驳船运输至施工现场，用100t浮吊吊至桥面存放。上横梁存放在桥面时底部设滑移装置，以滑移至塔柱根部起吊位置。由设置在塔柱顶部的提升架起吊安装。

提升架由桁架与卷扬机组成，桁架由L100×6与L75×6型钢焊接而成，与塔柱顶部预埋件连接，提升架顺桥向及横桥向靠塔内侧设有悬臂，以利于上横梁吊装。

桁架与塔柱顶部预埋件连接，桁架顶部设有横移横梁，横梁两侧各布置一台卷扬机，负责钢横梁的提升及横移。上横梁吊装系统见图10.5.4.13。

垂直提升系统采用每塔顶2台10t卷扬机、4轮滑车绕两轮四线组成。在两侧悬臂部分布置2台5t卷扬机负责钢横梁的横移。

从桥面至安装位置最大提升高度约为72m，卷扬机的容绳量至少应保证350m。10t卷扬机的最大绳速为9.8m/min，滑车组共四线，起吊速度为2.45m/min，钢横撑吊至安装位置耗时约为30min。

塔顶提升架在完成3根钢横撑的起吊安装之后，可作为斜拉索挂索安装的辅助设施。

由于两主塔间距上宽下窄，钢横撑无法整根从塔柱根部垂直提升，并且主塔在尚未安装钢横撑前，左右主塔的自由度都较大，是一个细长杆件，随气温、日照、风荷的影响产生差异变形，所以安装施工存在困难。因此，每根钢横撑分成三个节段安装，在靠塔柱处设1～1.5m长的斜短节段，两个短节段与中间长节段间留1.5～2cm宽的间隙进行焊接，对接焊缝处设内外套管。短节段采用塔吊起吊安装。钢横撑的准确长度应根据塔的实际施工完成的测量数据、起吊安装时日照温度引起伸长量确定。

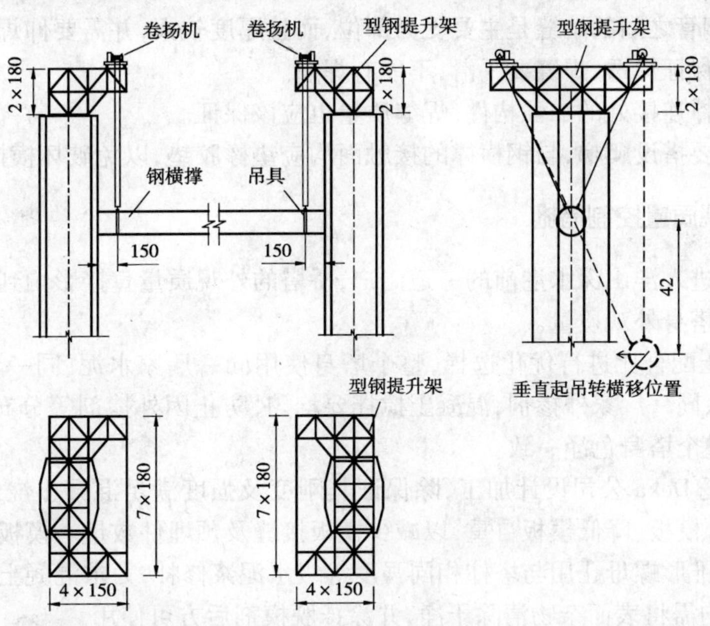

图 10.5.4.13　上横梁吊装系统(尺寸单位:cm)

(1)提升架安装及卷扬机安装

提升架在墩侧加宽平台上分节段加工，每节桁架由型钢焊接而成，加工好后用塔吊起吊分节安装，节段间以栓接形式连接。卷扬机用塔吊提升安装。

(2)上横梁吊装

①吊装准备

吊装前应彻底检查卷扬机制动阀、钢丝绳完好情况及提升架焊接质量、吊点设置是否牢固等，吊装派专人用对讲机指挥，以免发生意外。钢横梁吊装前应将横撑套管调至最小位置并临时限位，以保证钢横梁吊装的有效空间。吊点与钢横撑接触位置应加橡胶垫保护，以免磨损钢横撑防腐漆。起吊前通过计算确定钢横撑空间位置，以保证钢横撑在待安装位置准确、顺利地安装限位精轧螺纹钢筋。

②吊装

准备工作就绪后开始钢横梁吊装，上横梁吊装采用10t卷扬机、3轮滑车。由于下塔柱与中塔柱左右幅塔柱间净距比上塔柱小，因此上横梁吊装至中塔柱前，由塔顶单侧悬臂部分提升架起吊提升，提升至中塔柱后，另一侧提升架卷扬机开始受力，将上横梁从塔柱外侧横移至塔柱中心线位置，然后提升架上4台卷扬机同时起吊，将钢横梁吊至待安装位置。

③安装

上横梁起吊至待安装位置后，将横撑端头钢管端部从人孔管内移至横撑封堵板内，并安装限位精轧螺纹钢筋，拧紧螺母。然后移出钢套管与塔柱预埋钢板紧密接触并焊接。横撑与钢套管间、横撑端头钢管与人孔管间用密封材料填充。由于钢横撑与塔柱连接施工均为高空作业，需设置施工平台，施工平台设置在上横梁底部并与电梯相连。

(3)上横梁安装施工注意事项

①上塔柱施工时应按设计位置预埋上横梁预埋钢板，预埋钢板位置的测量放样及预埋要精确。

②为掌握准确的吊装时间和吊装温度，需要对主塔变形规律进行准确的测量。每施工到上横梁位置均需进行3～5d的观测，以选择温度恒定的低温时段进行安装操作。

③提升架在加工制作过程中要保证焊缝质量，在拼接安装时对节点的焊缝质量更应该严格把关。

④在安装上横梁端头短节钢管时必须对预埋板上的对接点位置进行复测,若发生了偏移应该修正重新布置。

⑤吊装过程中4台卷扬机要保持同步,以防横撑钢管发生大的倾斜。

⑥长、短节横撑钢管之间的熔缝是主要受力部位,而且厚度较大,并需要仰焊和竖焊,焊缝质量不好控制,应该特别注意,保证焊透,焊缝要平滑,不能有焊瘤。

⑦内衬管作为横撑连接处的加强构件,焊缝质量也应该保证。

⑧施工过程中若要搭设爬梯,与钢横撑的接触面均应垫橡胶垫,以免破坏横撑表面的防腐涂层。

5.4.3 桥塔外观质量控制措施

颗珠山斜拉桥是进入洋山深水港前的一道门户,桥塔的外观质量直接影响到这一门户的观瞻效果。需采取以下措施控制塔身外观质量。

(1)对塔身混凝土配合比进行优化选择,整个塔身使用同一厂家水泥、同一料场同材质碎石、同一料场中砂拌和混凝土、同一厂家外掺剂,混凝土搅拌要均匀,防止因外掺剂等分布不均匀而导致的混凝土颜色不一致,确保整个塔身色泽一致。

(2)塔身模板委托Doka公司设计加工,除保证其刚度及强度满足混凝土浇筑要求外,塔身外模板均采用大块钢、木结合模板,降低模板自重,以减少模板接缝及预埋件数量。模板接缝用玻璃胶密封,防止漏浆。模板拆除后锥形螺母孔用与塔柱相同强度等级水泥浆修补,力求混凝土外表颜色一致。

(3)模板使用前均需将表面杂物清除干净,并涂抹脱模剂后方可使用。

(4)塔身施工放样采用天顶准直仪铅垂线控制法和全站仪三维坐标法两种方法相互校核,观测时实行两人复核制度,确保塔身放样准确,防止因测量误差而导致的塔身线条不平顺。

(5)塔身混凝土浇筑前,严格按照规范要求在钢筋表面设置垫块,垫块采用圆形塑料成品垫块,防止钢筋保护层过小而出现露筋。混凝土浇筑时,严格按照规范要求进行混凝土布料及振捣,防止混凝土离析、漏振、过振翻砂等现象发生。

(6)所有塔身施工预埋件统一采用锥形螺母连接,锥形螺母型号与爬模相同。施工完成后用同强度等级砂浆封填螺母孔。

(7)塔身混凝土拆除模板后,喷洒养护剂养护,养护剂喷洒应均匀。

(8)除与横梁衔接部位外,塔身施工不留设垂直施工缝,留设的施工缝保持水平,当混凝土达到一定强度后,人工凿毛,用压力风将表面浮浆、杂物吹干净,并洒水保持施工缝混凝土表面湿润,直到浇筑新混凝土。

(9)模板紧固采用锥形螺栓,利用锥形螺栓封堵模板上拉杆眼,防止漏浆,模板拆除后用同强度等级砂浆封填锥形螺栓孔与混凝土面平齐。

5.5 颗珠山斜拉桥上部结构施工

5.5.1 上部结构施工情况简述

颗珠山斜拉桥的桥面体系由中跨、颗珠山侧边跨、小洋山边跨三部分组成,其中中跨桥面长332m,两个边跨各长139m,全桥总长610m,见图10.5.5.1。

上部结构承重梁是结合梁,由两个分离式钢箱主梁、钢横梁及钢横梁间设三道小纵梁组成平面框架钢梁、预制钢筋混凝土桥面板形成。每块预制桥面板之间的纵、横接缝采用现场浇筑混凝土填实。钢箱主梁高3.0m,钢横梁高2.7m,为焊接工字形梁,横梁间距为4.5m。钢梁全桥制作总长度为623.5m,分成65个梁段,其中9m长标准段56个(见图10.5.5.2),13.5m长段6个,2个尾梁段,1个合龙段。梁段参数见表10.5.5.1。

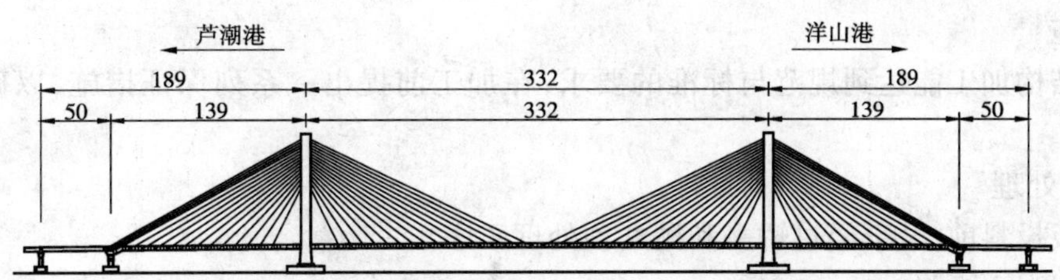

图10.5.5.1　颗珠山斜拉桥布置(尺寸单位:m)

各梁段参数　　表10.5.5.1

梁　段	外形尺寸(长×宽×高)	数量(节)	单重(kN)
0号段	13.5m×39.006m×3m	6	2 000
标准段	9m×39.006m×3m	56	1 200
尾梁段	16.5m×39.006m×6.5m	2	2 700
合龙段	5.5m×39.006m×3m	1	550

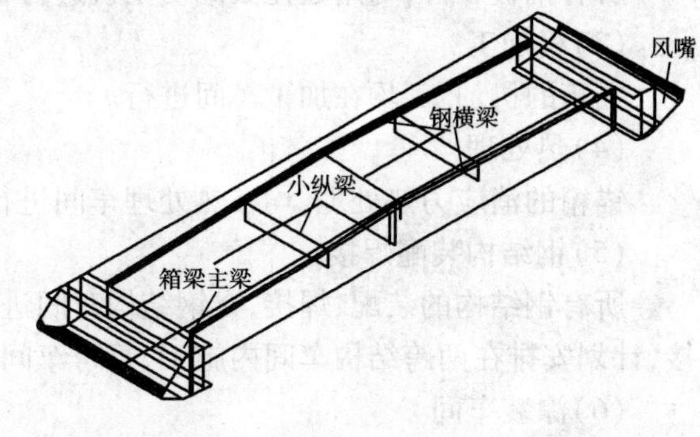

图10.5.5.2　钢箱梁和工字形板梁组成的桥面梁段结构

各钢梁节段之间的连接全部采用高强度螺栓。

与钢梁结合成一体的钢筋混凝土预制桥面板采用C60高性能混凝土,板厚260mm,共分206种536块。

斜拉索采用扇形密索布置,梁上索距9m,塔上索距约2m,斜拉索采用ϕ7mm高强度镀锌平行钢丝束,彩色聚乙烯(HDPE)塑料护套、冷铸锚,最大和最小拉索规格分别为367ϕ7mm和163ϕ7mm。预设减振装置。

5.5.2　钢结构加工

颗珠山斜拉桥钢结构材料采用Q345qD,加工钢材总量达7 500t,由上海振华港机公司承担制作。针对海洋环境中的钢结构和东海大桥的质量要求专门制定钢结构制造加工技术要求,配合国家与行业的规范进行加工。钢结构制作的相应规范与标准见表10.5.5.2。

钢结构制作规范与标准　　表10.5.5.2

1	2003年12月5日版	东海大桥工程颗珠山大桥主桥钢结构制造加工技术要求
2	TB 10212—98	铁路钢桥制造规范
3	ANSI/AASHTO/AWSD1.5—96	桥梁焊接规范(美国)
4	ANSI/AWSD1.1—2000	钢结构焊接规范(美国)
5	JTJ 041—2000	公路桥涵施工技术规范
6	TBJ 416—87	铁路特大桥工程质量评定验收标准
7	GB 3323—87	钢熔化焊对接接头射线照相和质量分级
8	GB 11345—89	钢焊缝超声波探伤方法和探伤结果分级
9	GB 985—88	气焊、手工电弧焊及气体保护焊焊缝坡口的基本形式和尺寸
10	GB 986—88	埋弧焊焊缝坡口的基本形式和尺寸
11	GB 8923—98	涂装前钢材表面锈蚀等级和除锈等级
12	TB 1527—95	铁路钢桥保护涂装
13	GB 1031—83	表面粗糙度参数及其数值
14	JB/T 6061—1992	焊缝磁粉检验方法和缺陷磁痕的分级

1. 保证措施

为保证钢结构加工能达到规范与标准的要求，在加工前提出一系列保证措施，以确保加工的顺利进行。

(1) 钢板预处理

采购的钢板投料前，全部经过矫平和抛丸预处理工序。

(2) 数控下料车间

所有钢板零件，均用数控火焰切割机进行下料，提高材料的利用率。

(3) 机加工

锚箱的机加工，均在加工车间进行。

(4) 热处理

锚箱的消应力热处理，均在热处理车间进行。

(5) 钢结构装配焊接

所有钢结构的装配、焊接，在钢结构车间进行。钢主梁、钢横梁、小纵梁、锚箱结构等部件的装配、焊接，计划安排在两跨结构车间内施工，每跨车间内布置两台 75t 行车。

(6) 涂装车间

钢箱梁在预拼装后需要进行整体二次冲砂处理，安排一跨涂装车间专门用于钢箱梁的二次冲砂处理和喷铝。

(7) 预拼装场地

根据《东海大桥工程颗珠山大桥主桥钢结构制造加工技术要求》(简称《技术要求》)的规定，钢主梁至少要预拼装 5 个节段，为了满足架桥工程进度，规划出 4 条预拼装生产线。

(8) 堆场

为了适应工程的各种情况，特设钢梁段堆场，能同时堆放 40 个梁段，作为梁段运输的缓冲区。面积约为 16 000m^2。

2. 钢结构制作前准备

(1) 原材料复验

根据《铁路钢桥制造规范》(TB 10212—98) 的规定，材料复验按同一厂家、同一材质、同一板厚、同一出厂状态每 10 个炉批号抽验一组试件。由于所有钢板为定尺供应钢板，所以在钢厂现场，由制作方聘请的有资质的试验单位和监理聘请的有资质的试验单位一起确定复验炉批号，共同取样试验，试验数据作为制造厂的复验数据。

(2) 钢板探伤复验

根据《技术要求》，工程使用的所有钢板要求进行超声波探伤，下料前全部作 100% UT 检查。

(3) 焊接工艺评定

根据设计院的施工图和《技术要求》，结合《铁路钢桥制造规范》(TB 10212—98) 的规定，拟定了 34 个焊接工艺评定项目，基本上覆盖了本工程主要钢结构，在施工中如有必要仍可增项，以满足大桥制造的需要。具体的焊接工艺评定项目另见附录一(钢箱梁焊接工艺评定项目汇总表)。

(4) 高强度螺栓连接抗滑移系数试验

根据《技术要求》，钢板摩擦面安装时的摩阻系数应大于或等于 0.45，在钢梁涂装前进行抗滑移系数试验，根据试验数据再进行工程实施。

3. 钢梁制作工艺

根据工厂各加工车间的规模大小，把全桥钢梁分为钢箱主梁(含锚箱)、钢横梁、小纵梁三个单元进行加工制作，然后在外场以 5 个梁段为一个预拼装单位进行预拼装，形成整体钢梁段，钢梁段加工流程见图 10.5.5.3。

(1) 钢箱主梁

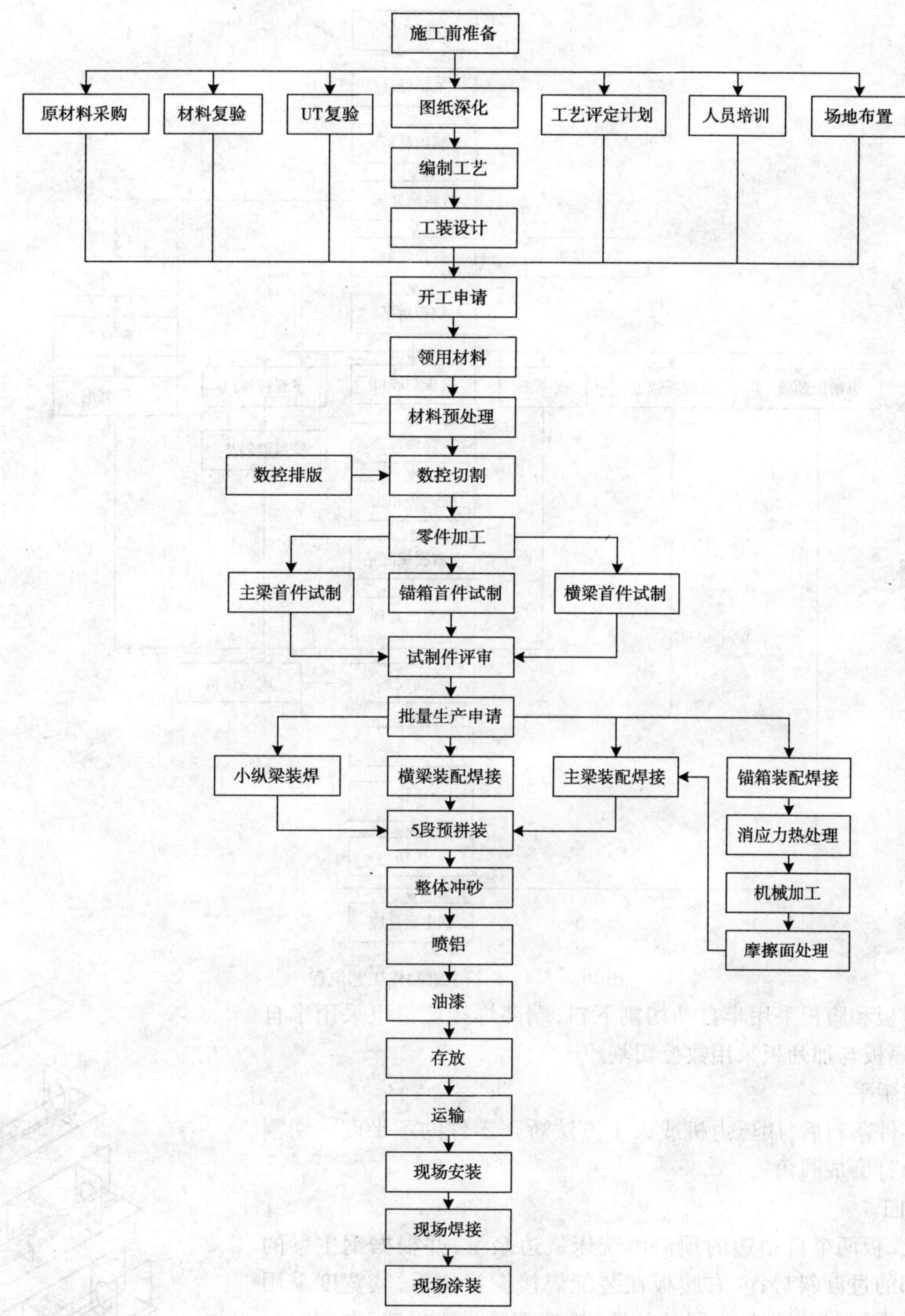

图10.5.5.3　钢梁段加工流程

钢箱主梁是将桥面荷载通过斜拉索传到主塔上，是全桥最主要的一根承重梁，其断面形式为箱梁，标准节段加工长度为9m。每个节段箱梁设置一个钢锚箱，供安装斜拉索之用，制作工艺最复杂。钢箱主梁制作工艺流程见图10.5.5.4。

①钢箱主梁制作工艺

a. 钢箱主梁板材下料

上翼板需在自由边预留5mm长铣床铣边余量，下翼板也需在自由边预留5mm长铣床铣边余量。

b. 切割

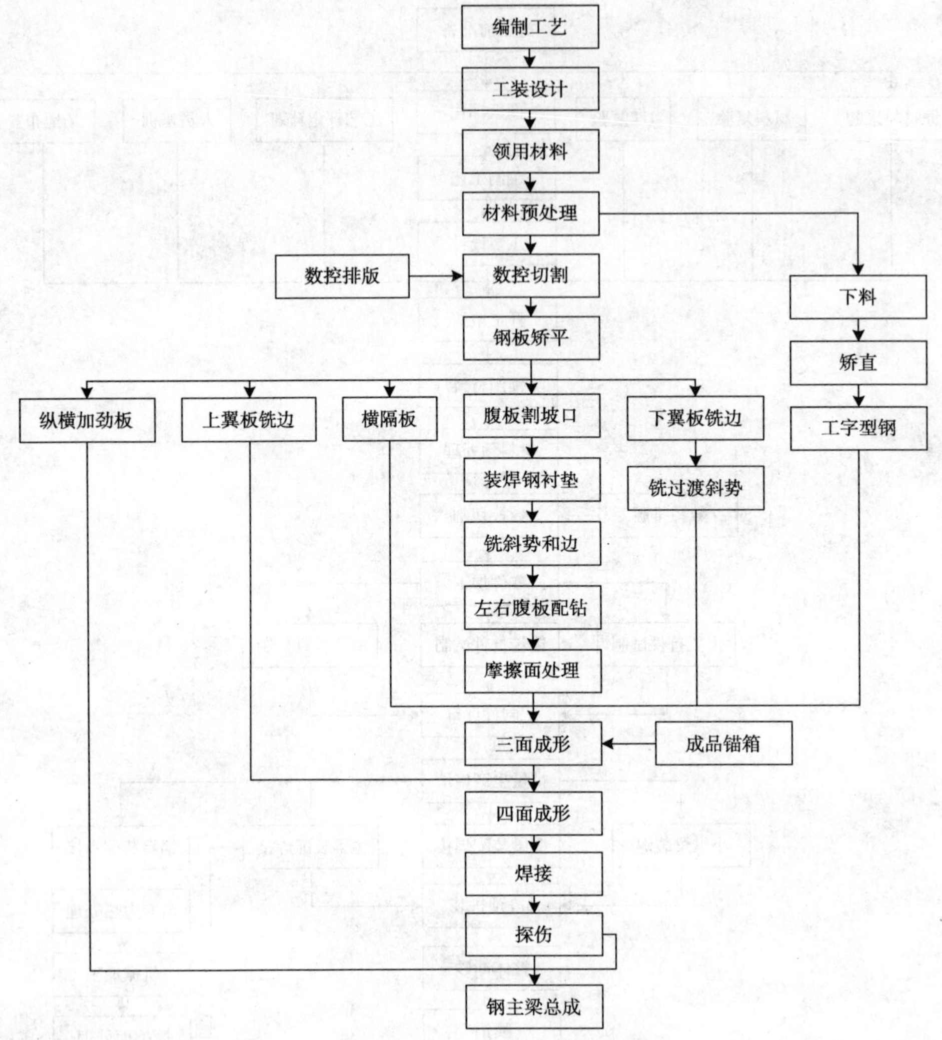

图 10.5.5.4　钢箱主梁制作工艺流程

上下翼板和腹板采用半自动切割下料，端部焊接坡口也采用半自动切割，横隔板与加劲板采用数控切割。

c. 打磨矫平

钢板零件落料后，用压力机或火工方法矫正零件的不平度。切割自由边棱角打磨成圆角。

d. 机加工

上、下翼板两个自由边的预留由铣床铣边余量，并根据钢主梁的位置铣端部的过渡斜势；左右腹板在装配焊接钢衬垫后，其宽度采用铣加工保证平行，并根据钢主梁的位置，铣端部的过渡斜势；左右腹板对齐后画线配钻锚箱连接螺栓孔。

e. 摩擦面处理

左右腹板都在锚箱高强螺栓摩擦面装配范围，故对钢板进行处理使其达到经过试验确定的表面状态。

f. 装配

钢箱主梁装配示意见图 10.5.5.5。

以下翼板为装配基准，在固定胎架上进行装配；定位横隔板和工字形钢，再定位一侧的腹板，用螺栓将锚箱连接在腹板上；定位另一侧

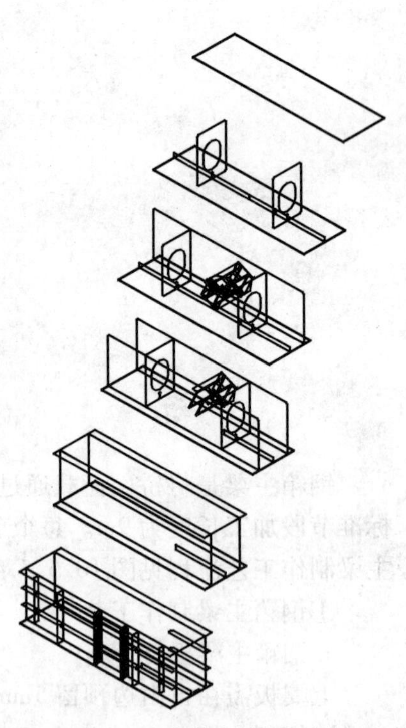

图 10.5.5.5　钢箱主梁装配示意

腹板，同时用螺栓将锚箱与腹板连接，三面成形。定位顶板，组成箱形，四面成形。焊接四条主焊缝，为减少变形，需要多次翻身焊接。

装配所有的加劲板，注意对称制作。整体画线，用仿形切割机切割顶板拉索孔。

g. 焊接

钢箱主梁各条焊缝的施焊均按焊接工艺评定的焊接方法实施。各条焊缝的焊接工艺评定项目见附录二（钢箱主梁焊缝焊接工艺分析卡）。

②锚箱制作工艺

锚箱制作工艺流程见图10.5.5.6。

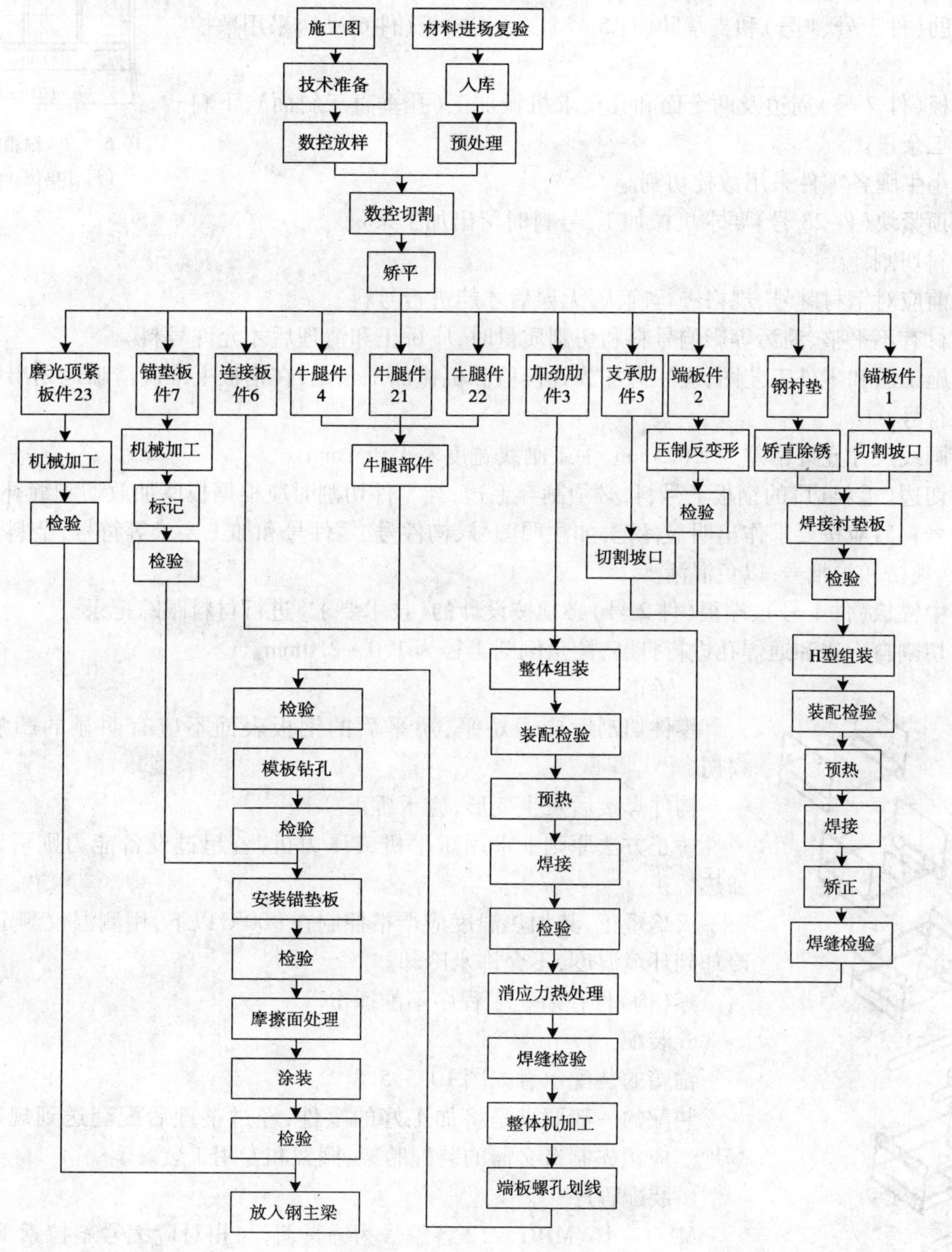

图10.5.5.6　锚箱制作工艺流程

a. 放样

丈量用的钢卷尺必须采用业主统一发放的、经检验合格的标准尺，钢直尺和角尺也要经检验合格后才能使用。

按施工图要求，结合焊接收缩补偿值和机加工余量，绘制零件工艺图，作为号料、画线、切割、压制反变形、组装等工序的依据，并在零件工艺图上标明基准线和孔位线。

锚箱端板（件 2 号）厚度留 5mm 机加工余量，周边留 3mm 机加工余量，并按图 10.5.5.7 要求压制反变形，用样板检查。

锚箱锚板（件 1 号）的下料尺寸，要结合焊接坡口间隙和焊接收缩量留补偿值，焊接坡口可以采用火焰半自动切割，但切割后必须打磨。与锚垫板接触的端面在锚具箱热处理后进行机械加工。

加劲肋（件 3 号、4 号）和支承肋（件 5 号）以及连接板（件 6 号），采用数控切割。

锚垫板（件 7 号）周边及两个面和孔要求机械加工（孔垂直于斜面），下料时留出加工余量。

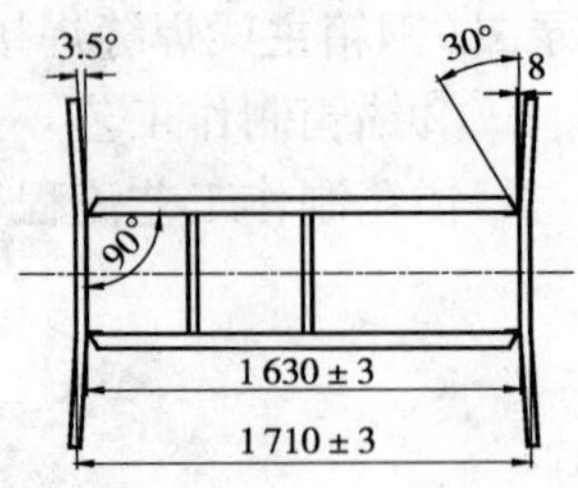

图 10.5.5.7　锚箱端板加工

（尺寸单位：mm）

锚箱小牛腿各零件采用数控切割。

磨光顶紧块（件 23 号）要求机械加工，号料时留出加工余量。

b. 号料切割

号料前应对钢材牌号、规格进行确认，无误后才能进行号料。

当钢材有不平整、油污等影响号料和切割质量时，应矫正和清理后才允许号料。

根据施工图和零件工艺图，应注意加放补偿值和机械加工余量，在钢板上准确清晰地划出切割线和焊缝坡口符号。

号料画线尺寸允许偏差为 ±0.5mm，手工画线宽度不大于 1mm。

在不切边（毛料边）的钢板上号料，必须割弃毛边，当零件切割时应根据板厚加放切割缝补偿值。

零件号料后应按要求作出明显标记，如注明图号、构件号、零件号和加工要求等符号，余料也应注明材料牌号、规格和炉批号，以免混淆。

锚箱中锚板（件 1 号）、端板（件 2 号）必须按设计的《技术要求》进行材料跟踪记录。

所有切割自由边和通焊孔进行打磨，棱角倒圆半径为 1.0 ~ 2.0mm。

c. 矫正

零件切割后应予矫平，矫平后的钢板表面不应有明显的凹痕和其他损伤。

构件焊接后发生变形，应予矫正。

矫正方法原则上采用矫平机或压力机，若超过设备能力则可以用火焰加热矫正。

火焰矫正，其加热温度应严格控制在 900℃ 以下，用测温仪测定，并自然冷却到环境温度，不允许水冷却。

零（构）件在矫正工程中不准捶击。

d. 装配

锚箱的装配示意如图 10.5.5.8。

装配的一般要求是将加工好的零件，经过整理后配套送到规定的装配场地。应预先制造必需的装配胎架、搁架和专用工装。

e. 装配程序

MJZ1 ~ 16、MJB1 ~ 12 各编号为锚具箱，与相对应编号斜拉索配套，每个编号全桥共 4 只，其中 2 只相同，另外 2 只与桥梁轴线相对称，装配时应认真核对方位，防止差错。装配程序如下。

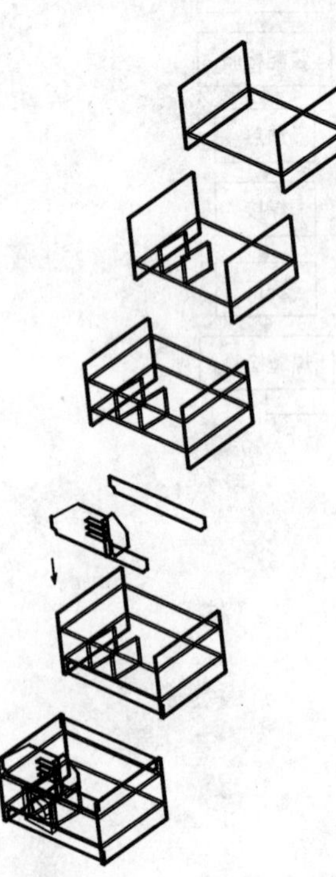

图 10.5.5.8　锚箱装配示意

第一步，锚板与钢衬垫装焊。为防止打底焊时出现缺陷，钢衬垫板和锚板(件1号)应在打磨除锈后立即装配焊接,为保证衬垫板安装后的直线度及锚板外形尺寸,需设置直线靠模板(见图10.5.5.9),然后进行装配并定位焊。

装配公差要求如图10.5.5.10所示,锚板与钢衬垫板必须密贴,局部间隙不大于0.5mm。

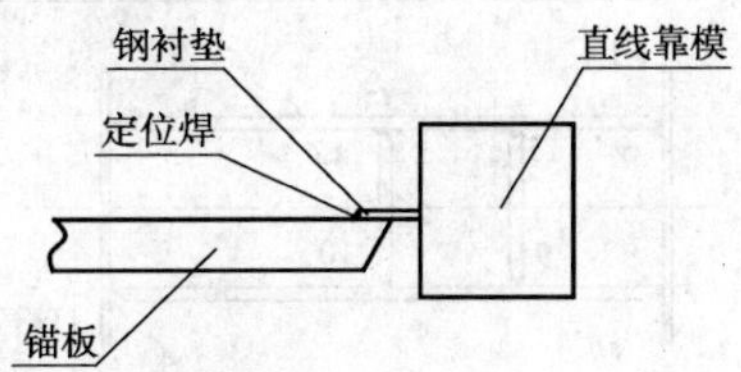

图10.5.5.9　锚板与钢衬垫

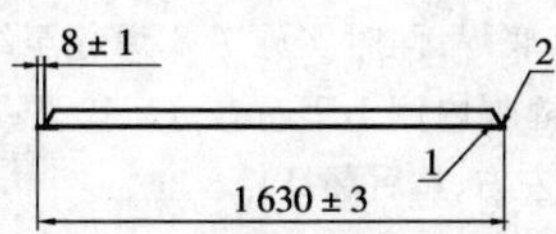

图10.5.5.10　锚板与钢衬垫装配公差(尺寸单位:mm)

注:1 630表示锚板+衬垫的理论尺寸

焊缝2要求由专职焊工间隙连续打底焊,结束后翻身将焊缝1作为正式连续封底焊缝施焊。

第二步,锚具箱总体装配。在组装胎架上,以锚板为基准面,将锚板(件1号)端板(件2号)、支承肋(件5号)按图10.5.5.11要求进行组装,并进行检查。

装配时应注意,锚板与端板的定位焊应在坡口反面,待主焊缝手工打底焊结束后,将该定位焊进行连续焊封底。将4号、21号、22号零件组装成牛腿部件。锚具箱在四条主焊缝焊进行矫正探伤合格后,在锚板上划出钢箱梁中心线、拉索中心线和构件位置线,并进行检查。

第三步,锚具箱完整性装焊。装配时注意,牛腿部件安装时,必须根据施工图要求,切勿将方向装错。磨光顶紧块(件23号)按图进行机械加工,并在总装时配套使用。锚垫板(件7号)按图10.5.5.12要求进行机械加工,然后做好编号标记。

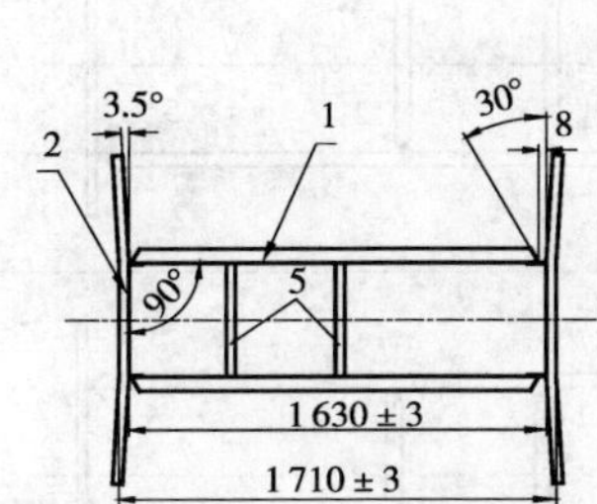

图10.5.5.11　锚具箱总体装配(尺寸单位:mm)

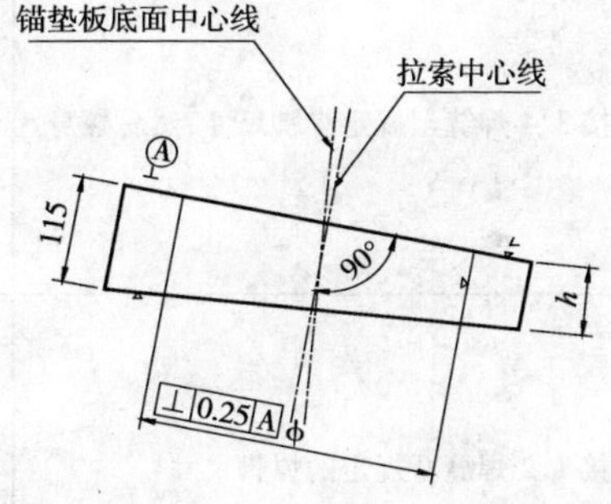

图10.5.5.12　锚垫板机械加工(尺寸单位:mm)

待锚具箱整体机械加工后,再装焊锚垫板,但必须注意认真核对方位及锚箱与拉索两者中心线之间的位置。

f. 焊接

当环境温度≥5℃时,板厚≥30mm,焊前均要进行预热,加热温度为100~150℃;当环境温度<5℃时,所有板厚,焊前均要进行预热,加热温度为100~150℃。

锚箱结构各条焊缝的施焊均按焊接工艺评定的焊接方法实施。锚箱结构各条焊缝的焊接工艺评定项目见附录三(锚箱结构焊缝焊接工艺分析卡)。

锚箱焊接程序按表10.5.5.3所示,且在焊接过程中应注意:焊接应一次连续完成;在焊接过程中应始终保持层间温度在100~150℃之间;四条主焊缝焊接结束,进行火工矫正,然后进行100%无损检测。

锚箱四条主焊缝拟采用电加热器进行预热,焊前按图10.5.5.13要求布置电加热片和保温板,施焊时可移去部分加热片和保温板,但在焊接过程中须始终保持层间温度在100~150℃范围内,且四条焊缝的预热温度应保持相同。

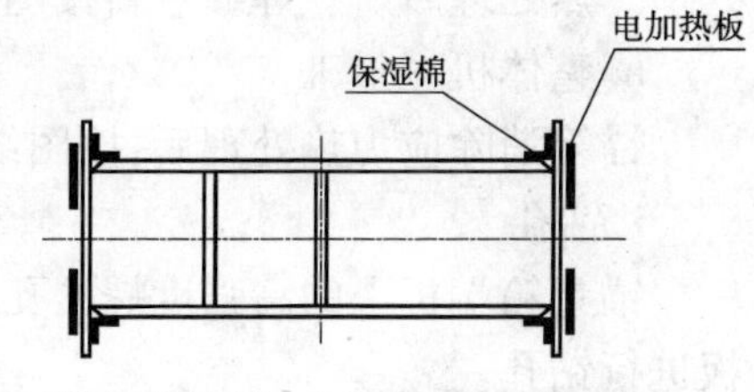

图10.5.5.13　电加热片和保温板布置

锚箱完整性装配验收合格后进行完整性焊接。焊接时要求配备双数焊工,左右对称同时施焊,以便减少焊接变形,并且均要进行包角焊。

锚箱焊接程序 表10.5.5.3

序号	焊接程序	示意图
1	两名焊工同时按同一方向对机械焊缝1、2进行手工打底焊,同时实施7、8焊缝至结束,9、10焊缝焊内侧1/2左右,11、12焊缝仰焊到1/3左右,然后翻身	1 2 6 11 12 5 8 9 10 7 3 4
2	两名焊工对3、4焊缝手工打底焊两层,然后进行埋弧自动焊,由两台焊机沿着打底焊时的同一方向交替焊接,焊到距表面15mm左右,并同时将5、6、11、12焊缝焊接结束,进行翻身	15 3 4 8 9 10 7 6 11 12 5 1 2
3	两台埋弧自动焊机交替进行焊接1、2焊缝,焊至距表面5mm左右,同时将9、10焊缝焊接结束,进行翻身	1 2 6 11 12 5 8 9 10 7 3 4
4	焊接3、4焊缝至规定焊脚尺寸,然后翻身	3 4 8 9 10 7 6 11 12 5 1 2
5	焊接1、2焊缝至规定的焊脚尺寸	1 2 6 11 12 5 8 9 10 7 3 4
6	将所有焊缝两侧的引焊弧板割除,然后打磨光顺	打磨光顺

注:所有焊接方向均沿着同一方向。

g. 整体消应力热处理

锚箱完整性焊接检验合格后,按照"锚箱整体消除应力热处理技术要求"进行整体消除残余应力热处理。热处理后所有焊缝重新按图纸规定进行100%无损检查。

h. 整体机械加工

锚箱消除应力热处理后,按图纸进行整体机械加工。

i. 钻孔

锚具箱端板上的高强度螺栓孔,按整体加工后的工艺基准划出钻孔模板的定位基准线,采用钻孔模板进行钻孔。

j. 涂装及摩擦面处理

锚箱端板摩擦面根据加工条件和抗滑系数测定结果处理。

(2)钢横梁制作工艺

钢横梁制作工艺流程见图10.5.5.14。

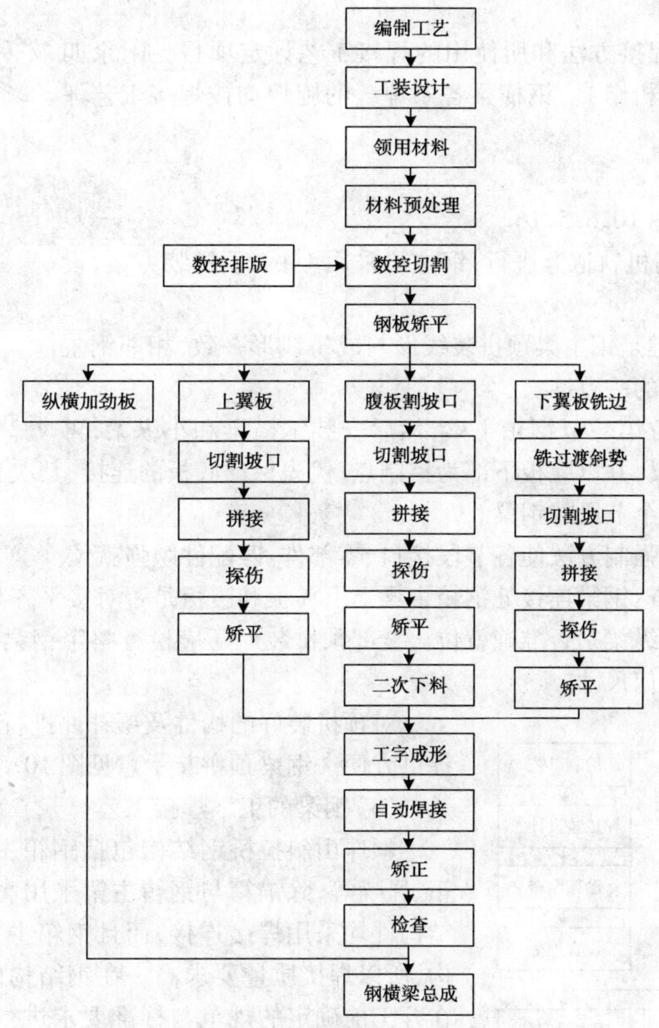

图10.5.5.14　钢横梁制作工艺流程

①下料

上翼板的自由边不留铣边余量、下翼板的自由边留5mm长铣边余量。

②切割

上下翼板和腹板采用半自动切割下料，端部焊接坡口也采用半自动切割。纵横加劲板采用数控切割。

③打磨矫平

钢板零件落料后，用压力机或火工方法矫正零件的不平度。切割自由边棱角打磨成圆角。

④机加工

下翼板的两个自由边铣加工，厚板端部铣出对接缝的过渡斜势。

⑤拼接

上翼板由三块板材拼接、矫正，下翼板由三块板材拼接、矫正，腹板由三块板材拼接、矫正，二次下料。

⑥装配

钢横梁装配示意见图 10.5.5.15。

以腹板为装配基准，在固定胎架上进行装配；定位上下翼板，工字成形；焊接四条主焊缝；装配所有的纵横加劲板；整体画线，用仿形切割机切割所有穿线孔并装焊加强圈。

⑦焊接

钢横梁各条焊缝的焊接方法和所使用的焊接工艺评定项目见附录四（钢横梁焊缝焊接工艺分析卡）。钢横梁各条焊缝的施焊均按焊接工艺评定的焊接方法实施。

(3)钢梁预拼装

预拼装工艺流程见图 10.5.5.16。

钢梁预拼装在 80t 门机轨道旁进行，钢主梁采用 1 +4 预拼装方案，设置四条预拼装生产线。

钢梁预拼装控制关键是钢主梁预拼装线形与成桥线形一致、相邻钢主梁端口的一致性、镶补件的一致性。

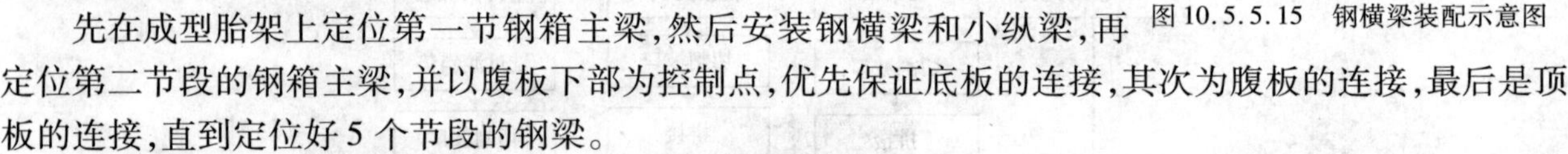

图 10.5.5.15　钢横梁装配示意图

先在成型胎架上定位第一节钢箱主梁，然后安装钢横梁和小纵梁，再定位第二节段的钢箱主梁，并以腹板下部为控制点，优先保证底板的连接，其次为腹板的连接，最后是顶板的连接，直到定位好 5 个节段的钢梁。

严禁用捶击、扳扭等强制方法使各节段接口、零部件、匹配件勉强就位。

钢梁预拼装重点检查：钢梁连接处钢箱主梁上下翼板和腹板是否对接平齐与扭曲、横梁与钢箱主梁的连接是否对接平齐、小纵梁是否准确就位。全部预拼装后还应检查整个钢梁框架是否扭曲。检查各个梁段的线形、坐标和几何尺寸。

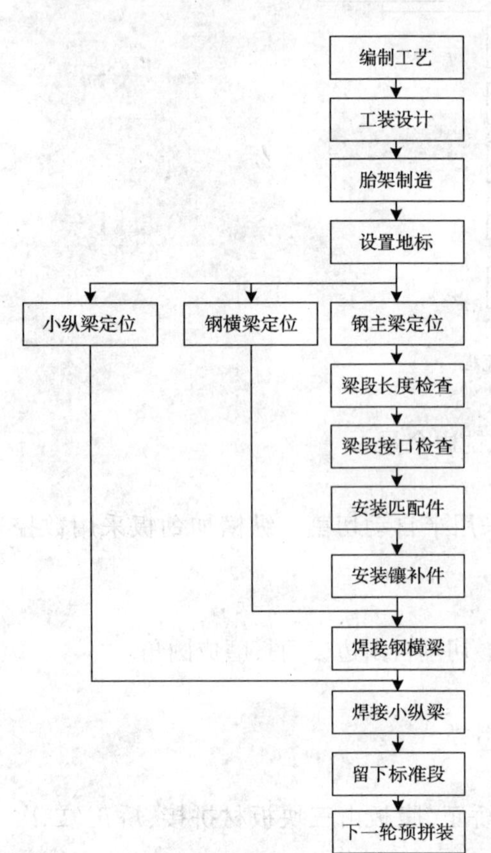

图 10.5.5.16　钢梁预拼装工艺流程

对预拼装好的构件及镶补件进行编号、登记，为现场安装提供方便。钢梁预拼装示意见图 10.5.5.17。

(4)钢梁的工厂焊接工艺

颗珠山斜拉桥钢结构包括钢箱主梁、钢横梁、小纵梁、锚箱、风嘴等，除锚箱与钢箱主梁采用高强度螺栓连接外，其余结构件均采用焊接连接，而且钢箱主梁的现场连接为全焊结构，所以焊接质量要求高。在钢结构的焊接施工中必须根据在开工前确定的规范与标准要求进行，并结合各构件的具体焊接工艺执行。

①焊接材料

a.牌号及规格

颗珠山斜拉桥钢结构工程所用焊接材料牌号规格如表 10.5.5.4 所示，在管理和使用过程中应特别注意焊丝焊剂匹配，不得混淆。

b.焊接材料的烘焙和存放按表 10.5.5.5 所示要求进行烘焙及存放。

c.焊接材料的保管和使用

焊接材料进厂后由厂质检部门按规定进行验收，合格后库存保管。

焊接材料的保管和使用应符合标准《焊接材料质量管理规程》(JB/T 3223—1996)的规定。

焊工领取焊条后应立即放入焊条保温筒内，在施工场地，保温筒应接通电源。

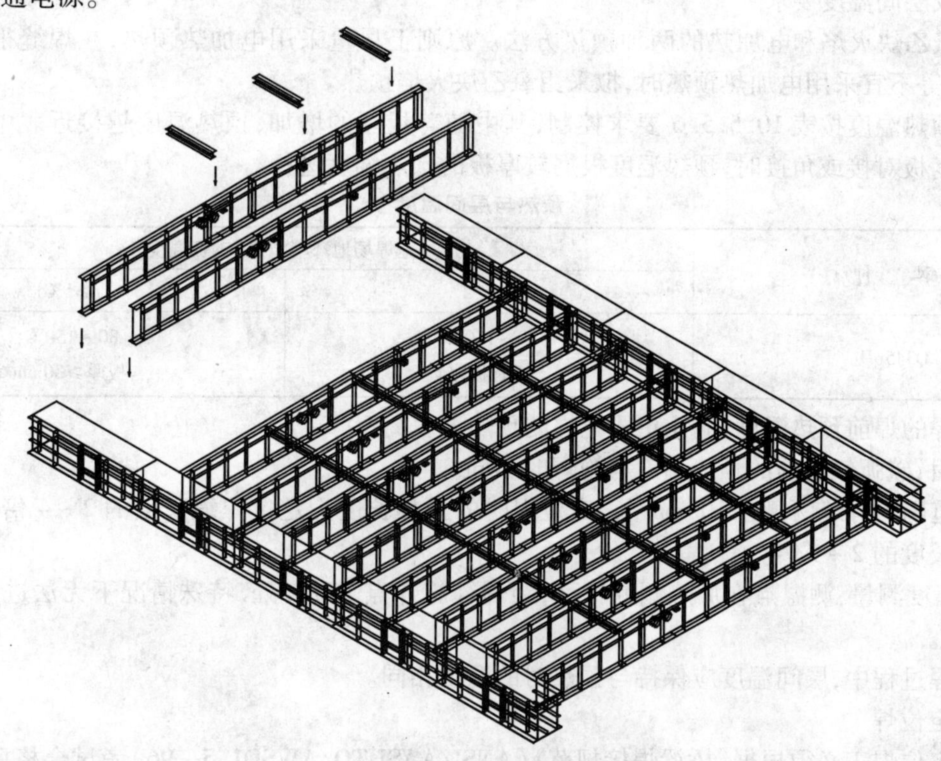

图10.5.5.17　钢梁预拼装示意图

埋弧焊丝,应放在干燥的室内,随用随取,在使用过程中若发现镀铜严重脱落、生锈时,不得使用。

颗珠山斜拉桥钢结构用焊接材料　表10.5.5.4

名　称	牌　号	规格(mm)	使用说明
焊条	TL－507Ni	ϕ3.2～5.0	现场拼装
药芯焊丝	TWE－711Ni	ϕ1.2	工厂焊接
埋弧焊丝	H10Mn2	ϕ4.0～5.0	拼接和主角焊缝
埋弧焊剂	SJ101	烧结型	埋弧焊用

焊接材料的烘焙和存放要求　表10.5.5.5

名　称	牌　号	烘焙时间	存　放
焊条	TL－507Ni	(300～350)×2h	100～150℃
埋弧焊剂	SJ101	(300～350)×2h	100～150℃

埋弧焊用焊剂在焊接后必须及时回收以免掺入杂质,当天焊接后第二天使用前,必须经过重新烘焙方准使用。

②焊接区域清理

a. 焊接前,所有焊接坡口的切割面、焊接钢材表面,在规定范围内的氧化皮、铁锈、水分、油漆等妨碍焊接的物质,应清除打磨干净,要求露出金属光泽。

b. 所有埋弧焊的被焊钢材表面,除了按技术规范要求清理外,对于在焊接过程中,凡焊剂可能接触部位的浮锈,均应一律清除干净,以防浮锈夹入焊剂内。

c. 焊接区域清理范围为焊接区域两边各30mm距离的范围。

d. 焊接引熄弧板上的焊前清理按照上述正式产品焊缝要求执行。

e. 焊接区域清理一般要求在构件组装前进行,构件组装后,应注意保护。若重新锈蚀或又附有水分、铁锈等有碍焊接的杂质,应重新清理。

③预热及层间温度要求

a. 采用氧乙炔火焰和电加热的两种预热方法。原则上尽量采用电加热预热，在焊缝很短，位置较小，及定位焊等不宜采用电加热预热时，拟采用氧乙炔火焰预热。

b. 焊接预热温度按表 10.5.5.6 要求控制，其中随着板厚的增加，预热温度越接近表中的上限值。两块不同厚度板对接或角接时，预热温度根据较厚板的预热温度进行。

预热与层间温度 表 10.5.5.6

钢　种	施焊场地环境温度（钢板温度）	
	$t<5℃$	$t\geqslant5℃$
Q345qD	80～150℃ 所有板厚	80～150℃ 板厚≥30mm

c. 定位焊的焊前预热温度，应比正式施焊的预热温度高 50℃。

d. 修补时，碳弧气刨前的预热温度与施焊时相同。

e. 预热范围为焊缝两侧各 100mm 长，定位焊时的预热长度为定位焊缝长度的 2～4 倍，修补焊时，一般为碳刨长度的 2～4 倍。

f. 预热温度测量：测温点在加热侧的背面，距焊缝施焊点 75mm 处，特殊情况下无法进行背面测温时，另行商定。

g. 在施焊过程中，层间温度应保持与预热时的温度相同。

④装配定位焊

a. 装配定位焊工必须根据《桥梁焊接规范》（ANSI/AASHTO/AWSD1.5—96）考试合格后，才能上岗操作。

b. 定位焊缝应符合与正式焊缝一样的质量要求，定位焊缝不得有裂纹、夹渣、焊瘤等缺陷，如最后要进行埋弧焊，则其咬边、未填满弧坑等缺陷可不必清除。

c. 定位焊，焊后应彻底清除熔渣，多道定位焊时，应在端部过渡处做出台阶，成渐变形缓慢过渡。

d. 定位焊缝长度为 50～100mm，间距 250～300mm，焊脚尺寸一般不得大于设计焊脚尺寸的一半，最小定位焊的焊脚尺寸应不小于 4mm。根据结构情况，需加强焊脚、增加长度时，在具体的工艺文件中说明。

e. 定位焊前，必须按要求检查构件坡口尺寸、根部间隙等，符合要求时，方准许进行定位焊。

f. 凡最后不熔入焊缝的定位焊缝，应该清除。

g. 定位焊在构件的起始端，应离焊缝端头 20～30mm 距离，避免交叉焊缝处的应力集中。

⑤引熄弧板及引熄弧要求

a. 所有拼板的对接焊缝，钢主梁、钢横梁腹板与上下翼板⊥形角焊缝，锚箱锚板与端板⊥形角焊缝，以及其他埋弧自动焊缝和重要的手工焊缝，必须按照规定安装引熄弧板。

b. 引熄弧板材料可选用与产品一致的 Q345qD 或 A709-50-2 钢板。

c. 引熄弧板规格 80mm×150mm，厚度与产品保持一致。

d. 引熄弧板去除时，不得用锤击落，应用氧乙炔在距离母材 3～5mm 处割除，然后用砂轮将连接处打磨光顺，并与工件表面齐平。

e. 引熄弧时，一律应在坡口或填角焊的焊脚尺寸内进行，不允许在非焊接区域的母材上引弧。自动焊引弧、熄弧在引熄弧板上，长度不小于 100mm。

f. 当电弧因故中断需重新起弧时，应注意将断弧处的弧坑填满，在焊缝终端收弧时，应注意填满弧坑，避免产生弧坑裂纹。

（5）焊接施工

①当工件表面潮湿，遇有雨雪、大风、严寒气候（-5℃）或焊工暴露在这些恶劣气候条件下，除非采取一定的措施，否则不允许进行焊接施工。

②在正式焊接前或预热前后,必须先检查定位焊有无裂纹,确认无裂纹后方可进行焊接。

③待焊接部位的母材和坡口表面应光洁、整齐,无毛刺、损伤、裂纹或影响焊缝强度和质量的其他缺陷。

④施焊期间的清理。在前道焊层上焊下一焊层前,应将焊缝表面所有熔渣、飞溅物清理干净,此要求不仅适用于前后焊层,也适用于前后焊道,以及中断后继续施焊的弧坑处。

⑤完工焊缝的清理。完工焊缝应清除熔渣,母材附近应清除飞溅物。在焊接检验前,焊缝及其附近不准油漆。

⑥为了提高热影响区和焊缝金属的冲击韧性,焊接过程中必须采用多层多道焊,不允许摆宽道。

⑦采用钢衬垫板的坡口焊缝,应使焊缝金属与垫板一起熔合,钢衬垫板应沿焊缝全长连续设置,若垫板不能满足长度要求时,应采用对接全焊透焊缝进行焊接接长。

⑧手工电弧焊立焊位置的施焊方向,要求自下而上。

⑨焊接施工作业时,应及时填写焊接施工管理卡,对施焊构件的名称、编号、焊工、焊接日期、预热温度做原始记录(包括修补记录),提交质检部门归档备查。

(6)焊接工作质量

①所有焊缝的长度、焊脚尺寸应符合施工图纸要求,未经许可不得改变焊缝位置。

②角焊缝的焊脚尺寸偏差:埋弧焊0~2mm;手工焊为0~2mm。

③角焊缝的凸度(增强量C)不应超过2~3mm(视焊脚尺寸大小而定),焊缝及单个焊道的增强量也不得超过此值。

④焊缝不得有焊喉不足、过高、咬边过量、溢瘤、偏焊,以及未焊透等缺陷。

⑤本桥受拉构件的对接接头表面要求齐平,以不使较薄母材或焊缝金属的厚度有大于0.8mm或厚度5%的减量(取较小的值)。打磨后的增强量也不许超过0.8mm,增强量应平滑过渡到板的表面,其边缘应没有咬边。如果焊缝处是一个结合面或接触面,则增强量必须全部清除。

⑥与受力方向平行的非受拉构件的对接接头表面的增强量不得超过3mm。

⑦对接焊缝宽度(打磨后)每侧不小于坡口宽度2mm。

⑧对下列部位的焊缝必须进行打磨:

a.所有钢箱主梁、横梁上下翼板及腹板的对接焊缝;

b.钢箱主梁、横梁腹板与上下翼板连接焊缝中超差缺陷及不和顺过渡部位;

c.钢箱主梁、横梁中加劲板、连接板与受拉翼板及腹板的连接焊缝;

d.锚箱锚板与端板焊缝;

e.其他在图纸中要求打磨的焊缝。

⑨打磨表面粗糙度不得超过6.3μm,粗糙度值在3.2~6.3μm的焊缝表面的打磨方向应与主应力方向平行,粗糙度值打磨到小于3.2μm时,打磨方向不限制。

⑩在进行焊缝打磨时,不得有过热倾向和损伤母材表面。

(7)焊缝修补及返修

①在本桥钢结构件焊接过程中力求以"一次成功"、"做一根合格一根"的指导思想来进行加工,遇到重要构件或焊后发生裂纹的返修情况,必须在与技术部门商定后进行处理。

②修补或清除焊缝不合格部分时,不得过分损及母材,清除后存留的焊缝金属或母材应无割痕或咬边。

③碳刨前应根据规定进行预热,修补施焊前的预热和表面清理与正式焊接时相同,在焊缝修补过程中的层间温度应始终保持,不得中途停止,直至修补完毕。

④修补焊缝开槽的始端和终端过渡区斜度应大于45°。

⑤凡属裂纹的缺陷须用以上方法开槽外,还必须在裂纹两端开槽并各自延长50mm长。

⑥修补焊缝一边的开槽深度,应不超出设计图纸焊缝有效焊喉的65%,缺陷深度超过以上范围时,

应进行反面修补。

⑦修补焊缝用的焊条，宜选用 $\phi3.2$mm 或 $\phi4.0$mm，不允许使用 $\phi5.0$mm 直径的焊条。

⑧在修补焊缝需要捶击时，应对准焊道或焊层的中间凸出表面，不允许对着母材或焊缝与母材的熔合处。

⑨凡需捶击焊缝，锤头应做成半圆形，使得半径大于或等于 5mm，防止尖角造成应力集中。

⑩修补后的焊缝表面应用砂轮打磨和顺，打磨要求按照前面的规定。

⑪焊缝修补后应用对原焊缝相同的检验技术要求重新检验外观和内部质量。

⑫所有修补及返修焊缝，应做好原始记录交质检部门备查。

4. 钢梁制造的主要质量特性控制

工厂应重点对钢梁梁段的外形尺寸精度、焊缝的内外焊接质量、涂装质量，及工地拼装、焊接质量等主要质量特性进行有效的控制。

(1)几何尺寸精度控制

钢梁制造时对几何尺寸精度控制内容及技术要求见表 10.5.5.7。

钢梁制造时对几何尺寸精度控制项目　　表 10.5.5.7

序号	质量控制项目	控制内容及技术要求	检验项目	检测工具	备注
1	下料切割和加工的几何尺寸控制	钢板预处理前用七辊校平机校平	钢板平面度≤1mm/m	钢带、钢盘、经纬仪等	
		主要板块(包括异形件)采用水下等离子和数控火焰切割，以保证切割精度和控制切割变形	直线度≤3mm(l≤8m)，直线度≤4mm(l>8m)，切割表面粗糙度为 25μm		
		对要求进行工艺评定的试件根据各种不同的板厚分档进行评定	火焰切割无裂纹；局部硬度不超过 350HV；无其他危害结构使用性能的缺陷	硬度检测仪	
2	单元和组合单元的几何尺寸控制	单元应在专用的工作平台和装配胎架上进行。对构件设置必要的防止变形的措施。构件连接的相互位置和角度必须符合要求	单元几何尺寸检查(装配、焊接后分别进行)、无损探伤	检查样板、塞尺、钢带、钢盘尺、经纬仪等	
		单元的焊接在专用的焊接胎架上进行，采用埋弧焊和二氧化碳气体保护焊焊接，严格控制焊接顺序、方向、速度、电流和电压等焊接参数，减少焊接变形	详见制造工艺和焊接指导书		
		单元构件几何尺寸控制	参见《技术要求》中的表 10.1 ~ 表 10.3		
		所有高强度螺栓孔的钻孔采用钻模	两相邻孔的中心距离≤ ±0.5mm；矩形对角线两个中心线距离及两板边孔中心距离≤ ±1mm；孔中心与孔群中心线的横向距离≤0.5mm；两孔群中心距离≤ ±0.5mm		
		定位标记的控制标志应正确明显			
		关键件——锚箱的组装：设计制作专用工装，提供良好的施工条件，控制锚箱的中心线、定位基准线、结构安装线等			

续上表

序号	质量控制项目	控制内容及技术要求	检验项目	检测工具	备注
3	单元的存放和运输中的变形控制	采用专用吊具控制运转变形			
		在坚实平整的场地上进行分层堆放			
		采取适当的加强防护措施			
		各单元件的标志正确清晰			
4	梁段几何尺寸控制	检查梁段制造整体胎架的各定位、检查线的准确性、胎架的预拱度、高程和标志控制等项目	胎架及钢梁几何尺寸检查	塞尺、钢带、钢盘尺、经纬仪、紧线器、铅垂线、水平仪、弹簧拉力仪等	
		梁段的箱梁、纵梁和横梁各单元按照钢梁的中心线及各单元定位线进行定位组装(对地样),控制各单元上的定位线位置	锚箱定位中心线与基准线偏差为±2mm;其他定位线允许偏差为±1mm		
		梁段组装几何尺寸控制	长度±2mm;梁高±1mm(工地接头)、±2mm(其余部分);两箱梁轴线间距±1mm(工地接头)、±3mm(其余部分);横断面对角线≤2mm;旁弯≤2mm;接点各拼接点高程和坐标≤2mm		
		梁段标志明显、正确,包括纵、横向中心线;吊装定位点;梁段编号标记			
5	梁段匹配预拼装及梁段完工验收	预拼装段几何尺寸控制检查重点:主梁连接处箱梁上下翼板和腹板是否对接平齐与扭曲,横梁与主梁的连接是否对接平齐,小纵梁是否准确就位	全长长度+6mm,-2mm;工地对接板高低差≤1mm(左右高低差);旁弯≤10mm;拱度≤2mm;扭曲≤4mm;节段各拼接点高程和坐标≤2mm	塞尺、钢带、钢盘尺、经纬仪、紧线器、铅垂线、水平仪、弹簧拉力仪等	
		严格控制各节段预拼装的接口尺寸,进行误差校正,反复检查精度	自由状态下对准		
		严格控制各个梁段的线、坐标和几何尺寸			
		梁段标志正确、明显			

(2)制造质量控制程序

①放样质量控制程序

放样人员在放样前必须熟悉施工图和工艺要求,核对构件及构件相互连接的几何尺寸和连接是否有不当之处。如发现施工图有遗漏或错误,以及其他原因需要更改施工图时,必须取得原设计单位签署的设计变更文件,否则不得擅自修改。

放样必须采用业主统一发放的经检验的"标准尺"丈量。

放样应在平整的放样台上进行。凡需放大样的构件,应以1:1的比例放出实样,当构件零件较大难以制作样杆、样板时,可绘制下料图。

样杆、样板的材料必须平直,如有弯曲必须在使用前予以矫正。

样杆、样板制作时,应按施工图和构件加工要求,作出各种加工符号、基准线、眼孔中心等标记,并按工艺要求和预放各种加工余量,然后号上冲印等印记,用磁漆(或其他材料)在样杆、样板上写出工程、构件及零件编号、零件规格孔径、数量及标注等有关符号。

放样工作完成,对所放大样和样杆样板(或下料图)进行自检,无误后报专职检验人员检验。

样杆、样板应按零件号及规格分类存放,妥善保存。

②号料质量控制程序

号料前,号料人员应熟悉样杆、样板(或下料图)所注的各种符号及标记要求,核对材料牌号及规格、炉批号。

号料时,应复核使用材料的规格,检查材质外观,制订测量表格并加以记录。凡发现材料规格不符合要求或材质外观不符合要求者,须及时报告质检和技术部门。如遇有材料弯曲或不平值等超差影响号料质量时,须经校正后号料,对于超标的材料应退回生产厂家。

凡型材端部存在倾斜或板材边缘弯曲等情况,号料时应去除缺陷部分或先行矫正。

根据锯、割等不同切割要求和对刨、铣加工的零件,预放不同的切割及加工余量和焊接收缩量。

因原材料长度或宽度不足且需焊接拼接时,必须在拼接件上注出相互拼接的编号和焊接坡口形状。如拼接件有螺栓孔,应待拼接件焊接、矫正后加工螺栓孔。

相同规格较多,形状规则的零件可用定位靠模下料。使用定位靠模下料时,必须随时检查定位靠模和下料件的准确性。

按照样杆、样板的要求,对下料件应号出加工基准线和其他有关标记,并号上冲印等标记。号孔应按照工艺要求进行,对钻孔的眼孔,应在孔径上号上五梅花冲印。在每一号料件上使用漆笔写出号料件及号料件所在工程(构件)的编号,注明孔径规格及各种加工符号。

下料完成,检查所下零件规格、数量等是否有误,并作出下料记录。

③切割质量控制程序

根据工程结构要求,各类钢结构部件上的零件,原则上采用自动、半自动或手工气割。

钢材切割,应按其形状选择最合适的方法进行,并考虑优化精密切割、仿形气割、数控自动切割和等离子切割等。

对要求进行工艺评定的试件根据各种不同板厚分档进行评定。

切割的构件,其切割线与号料线的允许偏差,不得大于±1mm,其表面粗糙度不得大于0.03mm。

切割前必须清除钢板表面的油污、铁锈等污物。

切割时必须看清断线符号,确定切割程序。

④构件零件加工质量控制程序

a.矫正和成型

钢材的初步矫正:只对影响号料质量的钢材进行矫正,其余在工序加工完毕后再矫正。

钢材的机械矫正:一般应在常温下用机械设备进行,矫正后的钢材,在表面上不应有凹陷、凹痕及其他损伤。

b.弯曲成型加工

内侧弯曲半径不得小于板厚的15倍,小于时必须热弯。

热弯的温度应控制在900~1 000℃之间,并采取必要措施使构件不致过热,当温度降低到普通碳素结构钢700℃,低合金结构钢800℃,构件不能再进行热弯,不得在兰脆区段(200~400℃)进行热弯。

热加工弯曲成型的零件,其弦长大于1 500mm时,应用弦长不小于1 500mm的弧形样板检查;当其弦长小于1 500mm时,样板的弦长不应小于零件弦长的2/3,其间隙不得大于2.0mm。

组装成型时,应采用定位点焊,点焊的高度不得超过设计焊缝高度的2/3,长度应大于30~75mm,间距应均匀,最大不得超过300~500mm。

弯曲或弯折成形构件,不允许表面产生损伤或裂纹。

⑤组装质量控制程序

组装前，组装人员必须熟悉施工图、组装工艺及有关技术文件的要求，并检查组装零部件的外观、材质、规格、数量，当合格无误后方可施工。

组装焊接出的连接接触面及沿边缘30～50mm长范围内的铁锈、毛刺、污垢和冰雪等必须在组装前清除干净。

板材和型材需要焊接拼接时，应在部件或构件整体组装前进行。构件整体应在部件组装、焊接和矫正后进行。

构件的隐蔽部件应先行涂装、焊接，经检查合格后方可组合。

构件组装应在适当的工作平台及装配胎模上进行，构件连接的相互位置和角度必须符合规定。

(3)焊接质量控制程序

①焊接技术人员

从事本工程的焊工，必须经过相关部门认可的焊工考试规则进行培训和考试，并在取得合格证后上岗。合格证中应注明施焊条件、资格等级、有效期限，以及从事相应等级资格的焊接工作。如停焊时间超过六个月，应重新考核。

钢结构焊接的全过程，均应在焊接责任工程师的指导下进行。

②工艺判定试验

采用的钢材、焊接材料、焊接方法、焊接接头形式等，必须进行焊接工艺评定试验，其试验标准、内容及其结果均应得到有关监督部门认可。

焊接工艺评定试验的结果应作为焊接工艺编制的依据。

③焊接材料

焊接材料的选择必须与母材的机械性能相匹配。焊缝必须具有优良的塑性、韧性和抗裂性。

焊接材料进厂时附有生产厂家的出厂质量证明书，并按照相关标准的规定进行验收，合格后方可使用；焊接材料使用前应仔细检查，凡发现有药皮脱落、污损、变质、吸潮、结块和生锈的焊条、焊丝、焊剂等焊接材料不得使用；焊接材料储存在通风干燥的仓库中，不同类别的焊材应分别堆放。存放时间超过一年的，其工艺和机械性能原则上应进行复验。

焊条、焊剂使用前应按规范规定的要求进行烘焙，低氢型焊条经烘焙后必须放入保温桶内以备随用随取；CO_2 气体的纯度为99.99%。

④母材的清理

母材的焊接坡口及两侧30～50mm距离范围内，在焊前必须彻底清除气割氧化皮、熔渣、锈、油、涂料、灰尘和水分等影响焊接质量的杂质。

⑤定位焊

构件的定位焊缝是正式焊缝的一部分，因此定位焊缝不允许存在裂纹等不能够最终融入正式焊缝的缺陷。

定位焊缝必须避免在产品的棱角和端部等在强度和工艺上容易出问题的部位进行；T形接头定位焊，应在两侧对称进行，坡口内尽可能避免进行定位焊；定位焊采用的焊接材料型号，应与焊接材质相匹配；焊缝高度不宜大于设计正式焊缝的2/3，且不应大于8mm。定位焊的长度和间距，应视母材的厚度、结构形式和拘束度来确定，无特别指定时按一般规定进行。

⑥胎夹具

钢结构的焊接应尽可能用胎夹具，以有效控制焊接变形和使主要焊接工作处于平焊位置进行。

⑦预热

钢结构焊接，应视钢材的强度、板厚、接头的拘束度和焊接金属中的含氢量以及所用的焊接方法来确定合适的预热度和方法。

预热温度宜在100～150℃。预热区在焊道两侧，其宽度各为焊件厚度的2倍以上，且不小于100mm。

合同、图纸或技术要求有规定时,焊件应作焊后处理。

⑧焊前检查

施焊前,焊工应复查工件的坡口尺寸和接头的组装质量及焊接区域的清理情况,如不符合要求,应修整合格后方可允许施焊。正式焊接开始前或正式焊接中,发现定位焊有裂纹,应在彻底清除定位焊后,再进行正式焊接。

⑨气温、天气及其他

因降雨、雪等使母材表面潮湿(相对湿度80%)或大风天气时,不得进行露天焊接。但焊工及被焊接部分如果被充分保护且对母材采取适当处置(如加热、去潮)时,可进行焊接。

气温在0℃以下时,原则上不得进行焊接,若把自焊接部分算起,距离焊缝100mm以内的母材部分加热至36℃以上时,仍允许进行焊接。

当采用二氧化碳气体保护焊时,环境风速大于2m/s时原则上应停止焊接。

⑩焊接施工

引弧时由于电弧对母材的加热不足,应在操作上注意防止产生熔合不良、弧坑、裂缝、气孔和夹渣等缺陷的产生。另外,不得在非焊接区域的母材上引弧和防止电弧击痕。

当电弧因故中断或焊缝终端收弧时,应防止发生弧坑裂纹。特别是在采用二氧化碳气体保护焊时,更应该避免发生弧坑裂纹,一旦出现裂纹,必须彻底清除后放可继续焊接。无论采用何种焊接方法,焊缝终端的弧坑必须填满。

要求熔透的双面对接焊缝,在一面焊接结束,另一面焊接前,反面应彻底清根,在此之后方可进行反面焊接。但采用埋弧自动焊并能保证焊透的情况下,允许不进行清根。

采用背面钢垫板的对接焊缝,垫板与母材之间的结合必须紧密,应使焊接金属与垫板完全熔合。

不同厚度的工件对接,其厚板一侧应加工成平缓过渡的形状,当板厚差超过4mm时,厚板一侧应加工成1:2.5~1:5的斜度,对接处与薄板等厚。

⑪完工焊缝的清理

焊接完毕,焊工应清理焊缝表面的熔渣及两侧的飞溅物,检查焊缝外观质量。

⑫现场焊接接头的保护

在现场焊接部分及与之相邻的两侧各50~100mm距离范围内,不得进行工厂油漆、喷涂锌、铝等涂料,但若使用对焊接无害的涂料时,无此限制。

现场焊接接头区域,应适当作防锈处理。

⑬不良焊接的修补

焊缝同一部位的返修次数,不宜超过两次,超过两次时必须经过焊接责任工程师核准后,方可按返修工艺进行。

焊缝出现裂纹时,焊工不得擅自处理,应及时报告焊接技术负责人查清原因,订出修补方案,方可修补。对焊缝金属中的裂纹,在修补前用无损检测方法确定裂纹的界限范围。在去除裂纹时,应将裂纹端头范围内的焊缝以及两端头外侧至少50mm长的焊缝一同去除,然后再进行修补。对焊接母材的裂纹,原则上应更换母材,但是在得到技术负责人认可后,可以采用局部修补措施进行处理。主要受力构件必须得到原设计单位的确认。

⑭焊接变形的矫正

焊接变形的矫正,以不损伤材质为原则,低合金强度结构钢在火工矫正过程中严禁浇冷水激冷,其加热温度严禁超过正火温度。

⑮焊接检验

钢结构的焊接检验包含检查和验收两项内容,因而焊接检验应贯穿在焊接作业的全过程中,即焊接施工前、焊接施工中和焊接完毕后。

焊接检验的阶段和内容见表10.5.5.8。

焊接检验阶段和内容　表10.5.5.8

<table>
<tr><th colspan="2">检验阶段</th><th>检验内容</th></tr>
<tr><td colspan="2">焊接施工前</td><td>交替的组装、坡口的结构、焊接区域的清理、定位焊质量、引熄弧板的安装、衬垫装配紧贴度</td></tr>
<tr><td colspan="2">焊接施工中</td><td>预热温度，焊接材料烘焙，焊接材料牌号、规格，焊接位置，焊接顺序，焊接电流、电压，焊接速度，层间温度，施焊期间熔渣的清理，反面清根情况</td></tr>
<tr><td rowspan="2">焊接完毕</td><td>外观检验</td><td>焊缝表面形状、焊缝尺寸、咬边、表面气孔、表面裂纹、表面凹坑、引熄弧的处理、未熔合、引熄弧板的处理、钢印等</td></tr>
<tr><td>内部检验</td><td>气孔、未焊透、夹渣、裂纹等</td></tr>
</table>

⑯焊缝的外观检验

钢结构焊缝内部缺陷检查一般采用超声波探伤和X光射线探伤两种方法，探伤部位和比例一般根据设计文件的要求执行。

⑰焊缝的外观质量检查

焊缝内部缺陷检查的部位和比例一般根据设计文件的要求执行。

所有的检查，必须在焊缝冷却到室温后才能进行。焊缝在焊接后24h之后进行无损探伤检验，对于板厚大于50mm的焊缝可在焊接48h后进行。

凡局部探伤的焊缝，若发现有不合格的缺陷时，应在该缺陷两端的延伸部位增加探伤长度，增加的长度为焊缝长度的10%，且不应小于200mm，若仍有不允许的缺陷时，则对该焊缝百分之百检查。

对作业时违反安全管理规定的单位签发隐患整改通知单，进行经济处罚直至停工整顿的处理。

5.5.3　钢梁运输与安装

全桥的梁段预制完成，经海路运输至安装现场，运输船抛锚就位，准备起吊安装。

全桥的钢梁安装分为两个半幅桥同时施工，安装分为六个阶段。以半幅桥计首先是0号段的安装。0号段共有三个节段，梁段编号为L0、LZ0、LB0，每个梁段长13.5m。其次进行标准梁段的安装，标准梁段按中跨和边跨梁段编号对称安装。中跨梁段编号为LZ1～LZ11，共有11个节段梁；边跨梁段编号为LB1～LB11，共有11个节段梁；标准梁段长9m，有22个节段。接着进行尾段梁的安装，有一个节段，节段编号为LB13，梁段长16.25m。安装边跨过渡孔后再进行边跨合龙段安装，边跨合龙段中一个节段长9m。此时中跨呈悬臂状态，单侧安装5个节段梁，梁段编号为LZ12～LZ16，LZ12～LZ15节段梁长9m，编号LZ16的梁段长8m。最后安装中跨合龙段，梁段编号为LZ17。全桥共安装65个节段梁。

钢梁0号节段由500t大型浮吊安装，钢梁标准段采用自行设计的悬臂吊机安装，尾梁段采用500t大型浮吊安装，边跨、中跨合龙段均由悬臂吊机安装。

在安装节段梁的同时，安装对应节段梁的斜拉索，并采用大吨位千斤顶张拉。

1. 钢梁节段运输

钢梁节段制作涂装完成之后，用液压平板车把梁段运到指定堆场堆放，用1 300t浮吊将梁段吊到运输船上，并搁置在托架上，见图10.5.5.18。每条运输船为5 000吨级、长82.3m、型宽21.4m、型深4.9m，能同时装载两个梁段。每一梁段设四个吊点，吊点的位置在钢箱主梁轴线与钢横梁轴线的交点处，见图10.5.5.19。

梁段置于运输船上后，航行前应该进行绑扎，以保证航行安全。根据梁段在运输船上的摆放位置及节段构造形式，用靠山和钢丝绳、葫芦等工具，将节段和船体牢固连接起来。钢丝绳与梁段接触处用木楔块保护。

1 650hp(1hp = 745.7W)拖轮和驳船编组，从长兴基地到东海大桥施工现场，单程预计航行时间为36h。航行途中驾驶人员要谨慎操作，加强瞭望，注意收听气象信息，遇大风浪、浓雾危及安全时要选择合适的锚地抛锚停航。停航后要严格值班，打开雷达，用雾钟、广播、警报声提醒过往船只，确保安全。

2. 钢梁节段安装

(1)梁段安装施工流程见图 10.5.5.20。

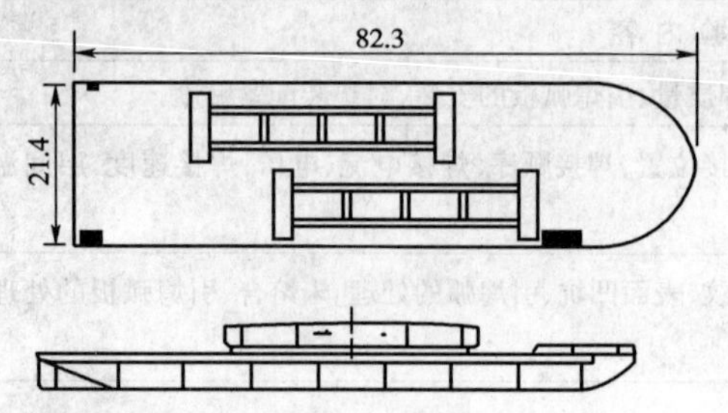

图 10.5.5.18　节段梁装载在运输船上(尺寸单位:m)

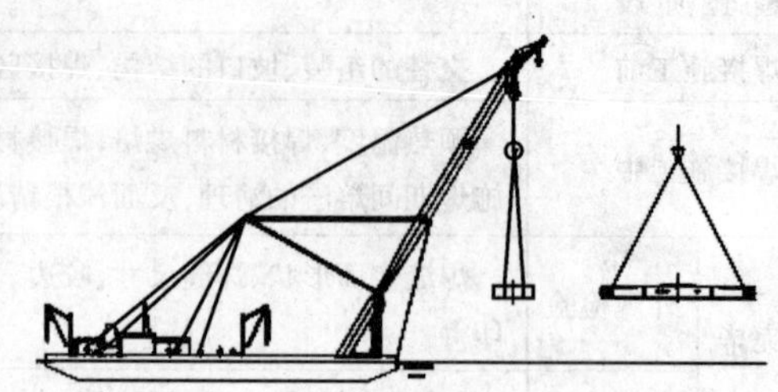

图 10.5.5.19　梁段起吊装船状况

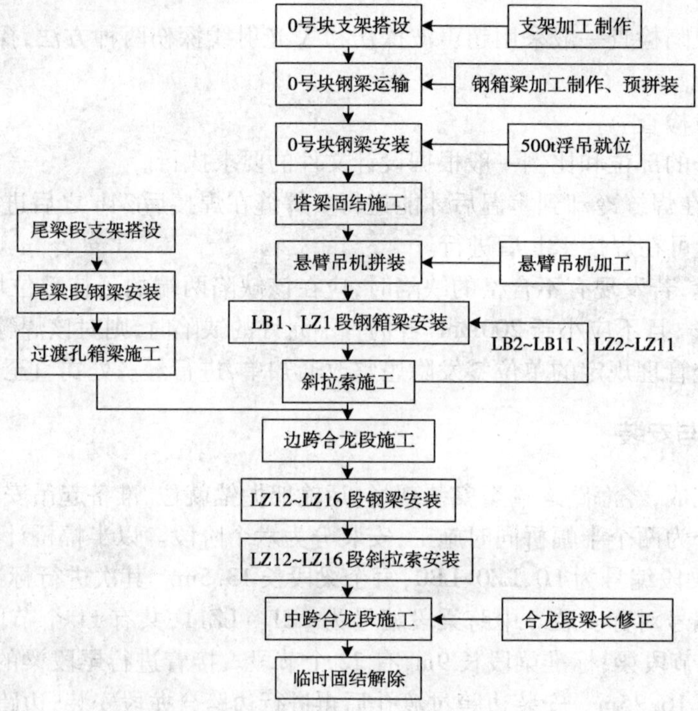

图 10.5.5.20　梁段施工流程示意图

(2)0 号梁段(L0、LZ0、LB0)安装

0 号梁段分为三段:L0、LZ0、LB0。它们是为全桥钢梁安装的起始段,采用搭设 0 号节段支架、浮吊进行初步安装,利用移位与顶升装置进行精确定位。

①0 号梁段支架搭设

塔柱施工的同时,搭设 0 号梁段支架。支架采用梁柱式结构,基础采用钢管桩,支承于承台顶面,钢管桩底部与承台预埋件相连。塔柱根部两侧位置钢管桩通过精轧螺纹钢筋锚固在主塔下横梁上,连成整体。钢管桩利用塔吊和浮吊安装。支架承重梁采用万能杆件,承重梁设置在两侧钢箱主梁底部,承重梁间设万能杆件横联,万能杆件在陆地或船上拼成整体后进行吊装。万能杆件顶部设型钢横梁,在横梁顶部钢箱主梁腹板位置设纵移轨道。支架顶部设 2% 纵坡,纵坡通过钢管桩顶部牛腿高程调整,见图 10.5.5.21。

支架需进行设计计算,以保证在施工期间支架满足受力与变形的要求。图 10.5.5.22 为 0 号梁段支架搭设的现场施工照片。

②支架上钢梁移位及顶升系统安装

支架顶部钢梁移位系统采用移梁小车,移梁小车位于轨道顶部、钢箱主梁腹板底部,每根钢箱主梁两端各设 2 台移梁小车,一段钢梁设 8 台,三段钢梁共设 24 台移梁小车。移梁小车两侧设限位板,防止钢箱梁纵移时小车偏离轨道,见图 10.5.5.23。移梁小车顶部设聚四氟乙烯滑板、不锈钢板、钢垫板和橡胶垫，用于钢梁横移；移梁小车顺桥向的聚四氟乙烯板外围设限位钢板，防止纵移时钢箱梁顺桥向滑移。移位系统顶部高程高于梁底设计高程约50mm。

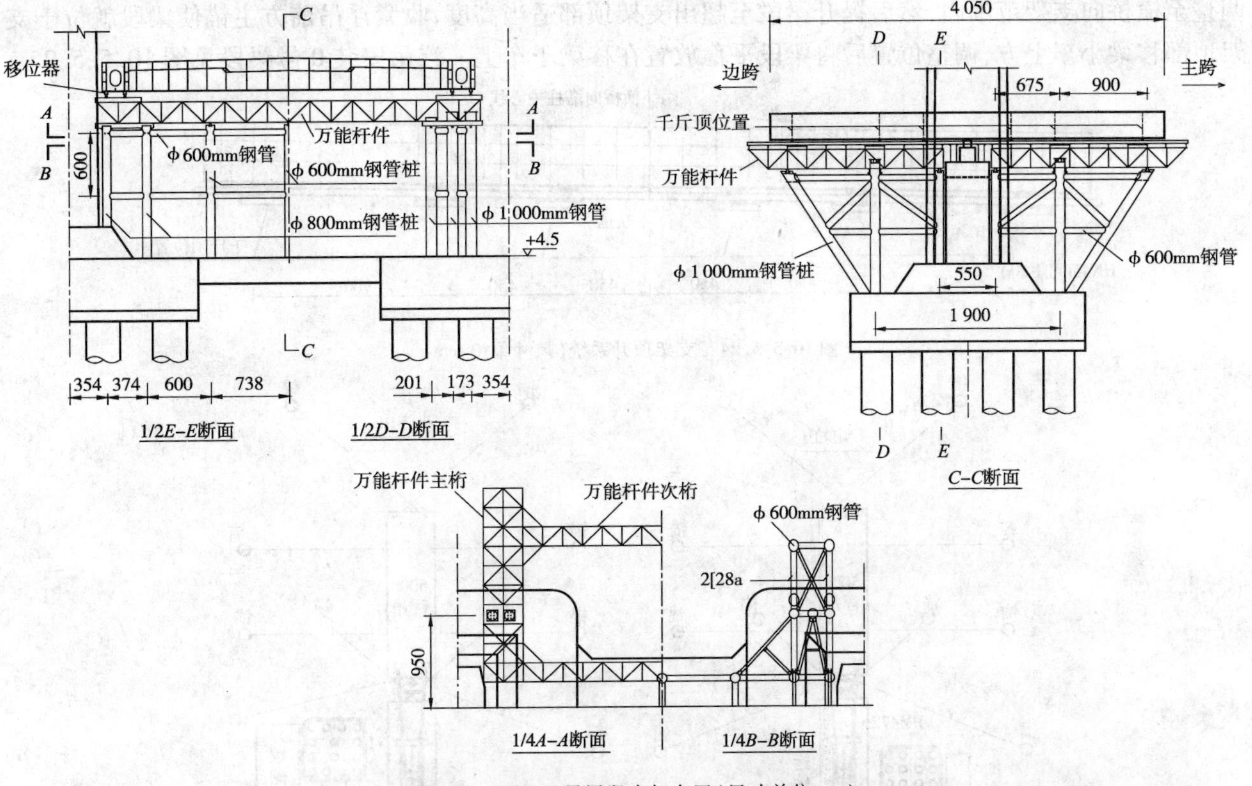

图 10.5.5.21　0 号梁段支架布置（尺寸单位：cm）

图 10.5.5.22　0 号梁段支架搭设现场照片

支架顶升系统设置在每段钢箱主梁两端横隔板下方，在该处型钢横梁间设置2道扁担梁，扁担梁上放置千斤顶，实现钢箱梁顶升，见图 10.5.5.24。

③钢梁永久支座安装

钢梁永久支座的安装在0号段钢梁安装之前进行，永久支座设置在塔柱下横梁顶部、L0段钢箱主梁中点位置，支座形式分别为1 200t单向和双向支座。

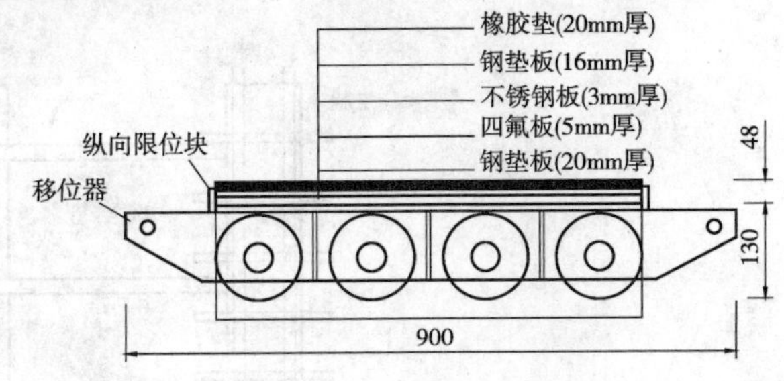

图 10.5.5.23　移梁小车（尺寸单位：mm）

④0 号梁段安装

a. 0 号梁段吊装

0号梁段安装在高平潮时进行，先在施工水域内抛锚定位500t大型浮吊，浮吊首先停靠在主墩位置上游顺水方向临时定位，浮吊臂杆向下游正对0号梁段支架方向，同时抛主锚、边锚、八字锚及尾锚等完成500t浮吊就位。将0号梁段用驳船运至浮吊下游附近并临时抛锚定位，安装梁段吊装所用吊具及起吊钢绳，在调整平稳后开始梁段吊装。500t浮吊将梁段缓慢吊起，平稳后利用收、放锚绳使浮吊带梁段调整至横桥向支架范围内，然后提升梁段至超出支架顶部适当高度，收紧浮吊前方主锚使梁段就位于支架顶部移梁小车上方，调整位置后将梁段平稳放置在移梁小车上。浮吊安装0号梁段见图10.5.5.25。

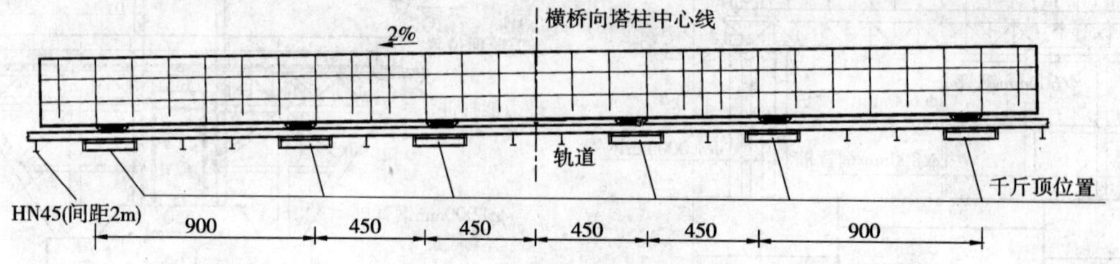

图10.5.5.24　支架顶升系统(尺寸单位:cm)

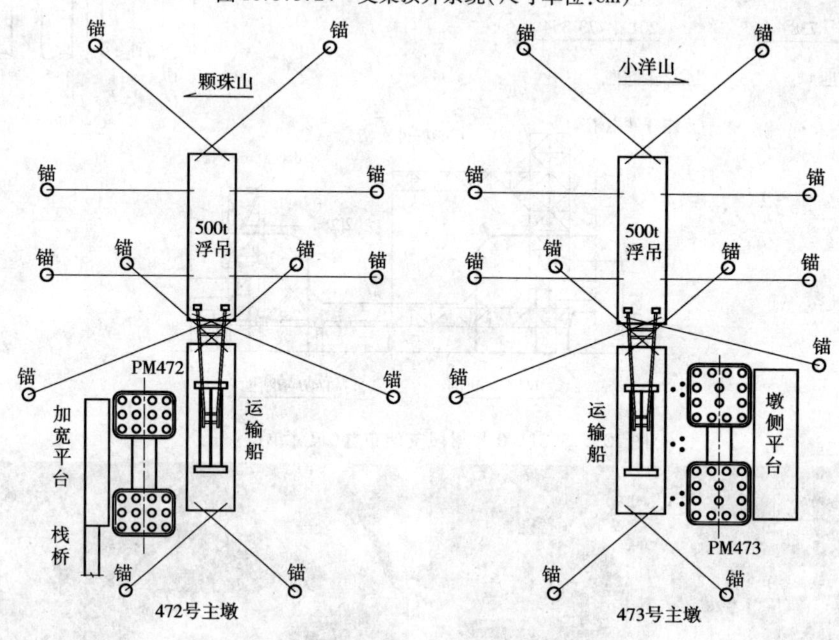

图10.5.5.25　钢梁吊装锚泊

b. 梁段移位

梁段放置在移梁小车上后，通过手拉葫芦牵引小车将梁段纵移至待安装位置。纵移过程中，尾部小车也需安装手拉葫芦，前拉后松，防止梁段延纵坡下滑。梁段纵移就位后，拉紧前后葫芦，用钢楔将移梁小车限位。拆除小车顺桥向坡度高侧的聚四氟乙烯板限位钢板，在钢梁外侧四个角点设4台千斤顶，调整钢梁平面扭角，然后用单侧千斤顶横移钢梁准确就位，见图10.5.5.26。

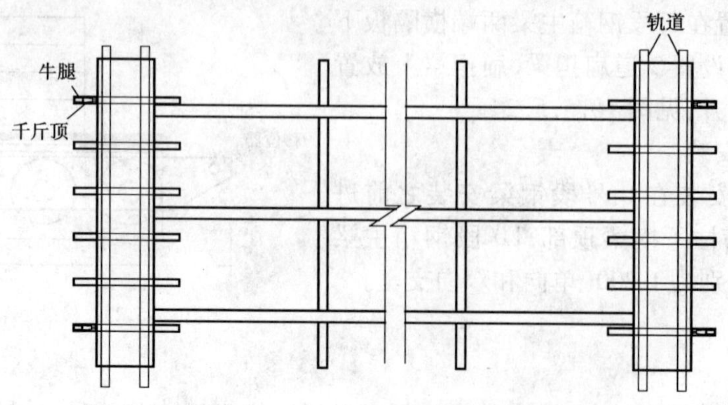

图10.5.5.26　钢梁横移

c. 梁段顶升

L0、LZ0、LB0 梁段按上述要求安装就位后，安装梁段底部顶升千斤顶，通过顶升千斤顶、横移千斤顶和顺桥向手拉葫芦分别调整 3 段梁段间接缝位置，使接口匹配，然后进行高强螺栓施工。L0、LZ0、LB0 梁段按要求拧好高强螺栓后，重新复测 3 段梁的平面位置、高程，如未达到设计要求，按单个梁段的调节方法调整 3 段梁精确就位。然后在 3 段梁底部同步顶升千斤顶，移走移梁小车，平稳下放梁段使其平稳落于永久支座上。

(3) LZ1 ~ LZ11、LB1 ~ LB11 标准段梁安装

标准段梁安装采用桥面悬臂吊机进行架设。为了保证标准段梁在架设期间的稳定、可靠、安全，采用将钢梁与塔和墩临时固结，以抵抗安装钢梁、桥面板及张拉斜拉索过程中可能出现的不平衡弯矩和水平剪力。这样使大桥在悬臂拼装施工阶段的竖向、横向结构均成为稳定结构。

①梁段临时固结施工

梁段临时固结装置由竖向限位、纵向水平限位、横向水平限位三部分组成。

竖向限位是将 LZ0、LB0 段梁通过支承钢管与主墩承台刚性固结，在 LZ0、LB0 段梁底部各设 2 个固结支承点，位于每段钢主梁腹板的底部，顺桥向两点距离为 19m。钢管直径 1 000mm、壁厚 14mm，支承钢管顶部内埋设直径略小的可调钢管，支承钢管与其他 0 号段支架钢管用直径 600mm 的钢管焊接成刚性的空间框架结构。支承钢管底部与承台上的预埋钢板焊接（预埋钢板通过精轧螺纹钢锚固在承台上），可调钢管顶部通过预应力筋锚固在钢梁上。

0 号段梁全部就位后，拆除临时支点位置的移梁轨道；拉伸可调钢管至钢梁底部，安装预应力筋并张拉，使可调钢管锚固在钢箱主梁上；焊接可调钢管与支承钢管，使之连接为整体。

纵向水平限位是在顺桥向支座垫石两侧钢梁底部设牛腿，牛腿与支座垫石间设刚性支撑。拆除钢梁底部顶升千斤顶与支座垫石间的支架轨道、横梁、万能杆件，安装水平限位牛腿，拧紧牛腿间高强螺栓，然后安装牛腿与支座垫石间的刚性支撑。

横向水平限位是在 0 号段梁与塔柱间横桥向设置大吨位水平千斤顶来实现。

临时固结设施与 0 号段支架设计时一并考虑，临时固结构造见图 10.5.5.27。

②悬臂吊机的设计

LZ1 ~ LZ11、LB1 ~ LB11 标准段梁采用自行设计的悬臂吊机安装。安装一个节段梁采用两部桥面悬臂吊机平衡起吊，两部桥面悬臂吊机的中心间距为 28.4m。

a. 悬臂吊机结构形式

悬臂吊机由主桁片、锚固系统、行走系统及起吊系统组成。主桁片是吊机的承重结构，由两片桁架加设横向构件组成空间桁架结构。两片桁架的间距为 2.7m，如图 10.5.5.28 所示。

b. 悬臂吊机设计计算

钢箱梁悬臂吊机结构计算模拟钢梁安装、空载行走及风荷载等不同荷载组合工况。使悬臂吊机在最不利的工况条件下，其结构强度、变形满足施工期间的安全要求。主要计算结果如下：

前支点竖向最大反力 878kN；

后支点竖向最大反力 -378kN；

结构最大变形 -2cm；

杆件最大应力 -149MPa；

抗倾覆系数 1.6。

③悬臂吊机的安装及调试

0 号段施工完成后，此时结合梁的桥面板尚未安装，吊机直接安放在钢梁的横撑梁和钢箱主梁上。桥面吊机的行走全部依靠轨道梁。在钢梁顶部拼装桥面悬臂吊机时，首先安装轨道梁，轨道梁下的梁顶支撑高程应根据纵坡的要求设定。轨道梁就位后安装主桁片下桁架构件并进行锚固，然后依次安装主桁片其余构件。接着安装起吊、行走系统。桥面吊机拼装完成后，其平面位置误差应控制在 2cm 以内，

并对锚固系统、行走系统、起吊系统进行试运行,检查悬臂吊机运行时的可靠度。为了增加桥面吊机在行走时的安全性,在吊机的尾端架设平衡重块,以增大抗倾覆力矩,见图10.5.5.29。

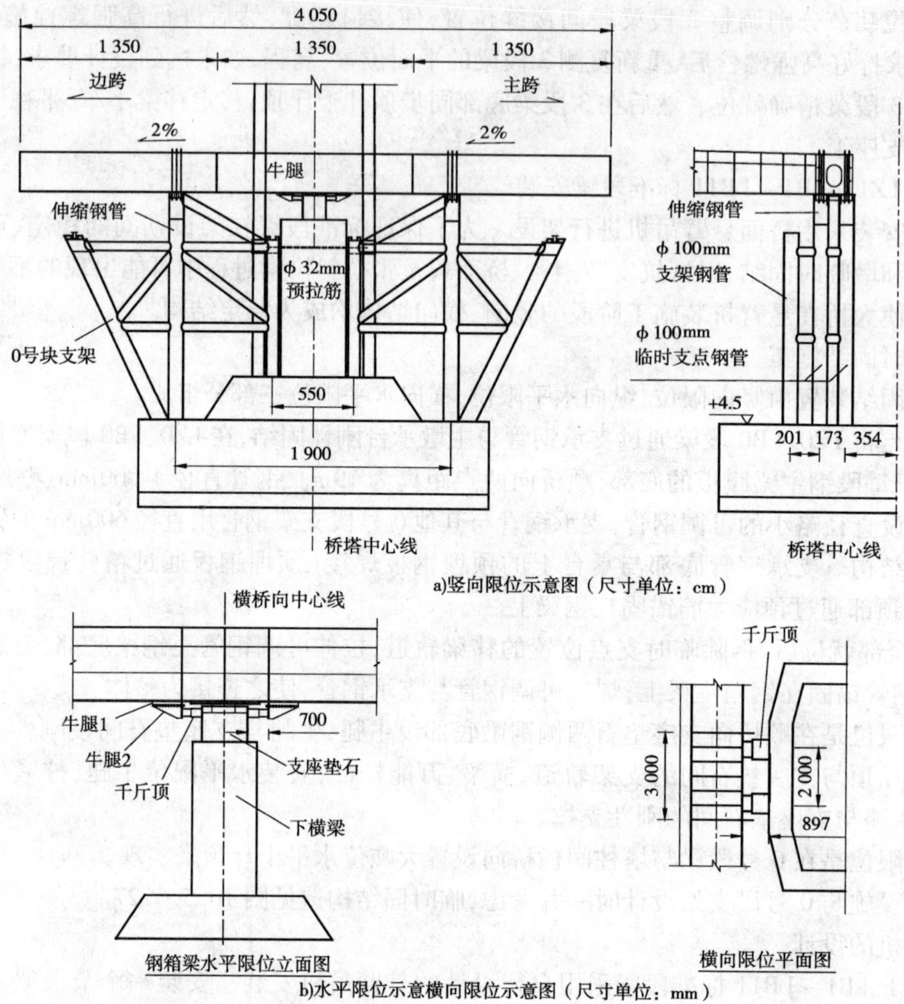

图10.5.5.27　临时固结构造

④悬臂吊机安装标准梁段施工

为便于节段梁拼接时进行高强螺栓施工,在节段梁拼接处安装了施工挂篮。施工过程可简述为:运输船驶进桥面吊机下,抛锚紧锚使运输船稳定;吊机起吊梁段,调整安装位置、就位;用高强螺栓牢固连接梁段;释放悬臂吊机的锚固装置,吊机前移再就位;进行斜拉索挂索施工。一个梁段安装完成后,准备下一个梁段的施工。

悬臂吊机安装一节标准梁段施工流程见表10.5.5.9。

图10.5.5.30是梁段起吊、安装、就位的现场实况。

⑤标准段钢梁安装施工要点

a. 运梁船舶抛锚就位

运梁船舶按吊装计划所确定的吊装时间,事先由海事交管中心提前发布航行通告,告知在安装施工海域过往船舶,确保吊装期间来往船舶的航行安全。

船舶进入定位水域的时间一般选择在平潮或接近平潮的时间段。

船舶在海上定位,由岸上设置的全站仪提供定位数据,船上的操作人员通过对讲机接受测量员所报数据进行抛锚,初步定位。为保证钢梁停泊位置与安装位置基本一致,梁段的精确定位在悬臂吊机下放吊具后,收放运梁船舶锚绳移位,使钢梁吊点位置与吊具平面误差在50cm以内。

b. 悬臂吊机起吊钢箱梁

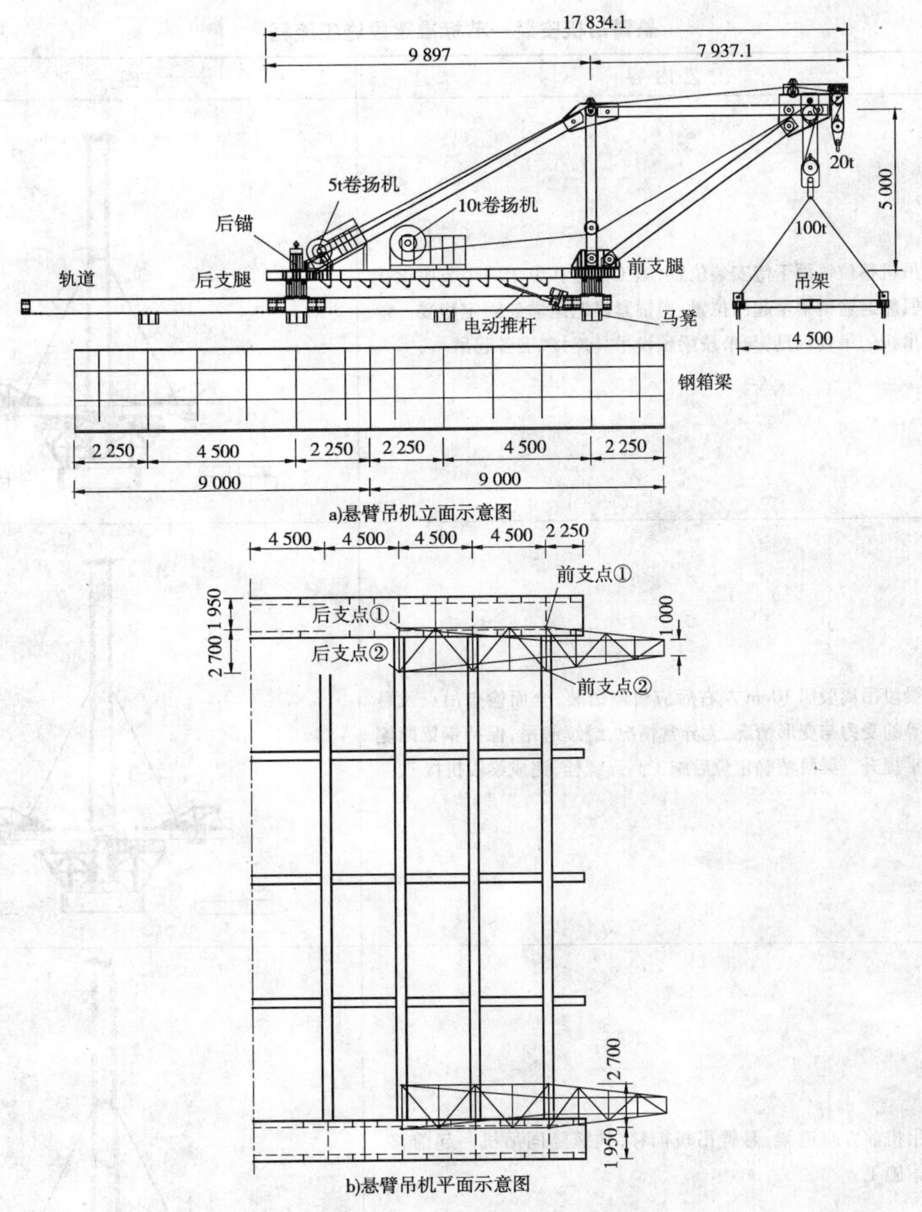

图 10.5.5.28　悬臂吊机构造示意图(尺寸单位:mm)

降下桥面吊机吊具,并与待吊钢梁吊具连接,调整吊点两侧吊绳长度使其一致,保证钢梁水平起吊。

钢梁吊离运梁船舶10cm左右后应暂停吊装,检查吊点、吊架、梢棒以及悬臂吊机等的受力与变形情况,如无异常情况继续起吊。

起吊过程中,应保证钢梁两侧对称同步起吊,水平提升。

c. 钢梁精确定位

桥面吊机起吊钢梁至拼装位置,梁段拼接误差还无法采用高强螺栓连接,要消除这些误差需要操作人员对钢梁精确定位。为给操作人员提供一个施工平台,施工挂篮随桥面吊机一起移至钢梁拼装位置。挂篮由型钢焊接而成,内侧设配重,挂篮吊杆可以拆卸。挂篮随吊机前移时,挂篮吊杆受到钢梁横撑的阻隔,需卸下挂篮吊杆,待桥面吊机吊杆位置移过钢梁横撑时重新安装挂

图 10.5.5.29　悬臂吊机安装就位

悬臂吊机安装一节标准梁段施工流程　　表 10.5.5.9

序号	工 艺 内 容	图　例
一	悬臂吊机移位锚固于待安装位置,施工挂篮移位于两个节段梁接缝处。驳船运输钢梁至起吊位置,抛锚紧锚把运输船固定稳妥。落下桥面吊机的吊钩机具,与节段梁预设吊具连接,准备起吊	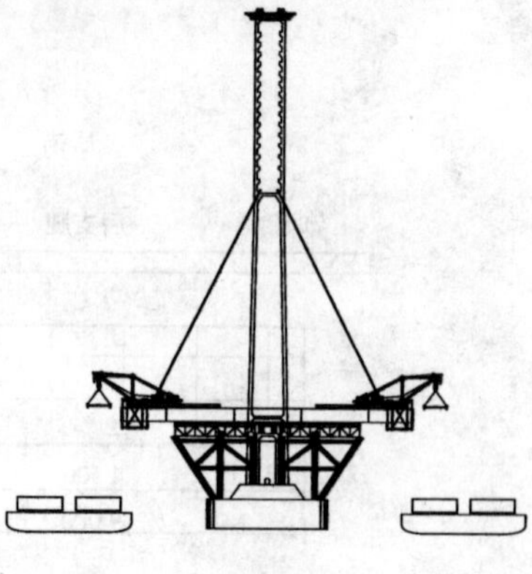
二	标准梁段吊离驳船 10cm 左右后应暂停吊装,全面检查吊点及悬臂吊机等的受力与变形情况,无异常情况,继续起吊,保持钢梁两侧同步水平提升。梁段精确定位后施工高强螺栓,完成梁段拼接	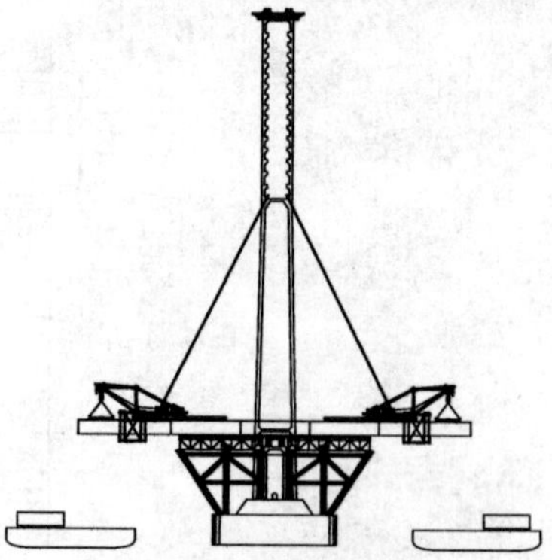
三	铺设吊机前方轨道梁,悬臂吊机前移,挂篮随同吊机一起前移。安排挂索施工	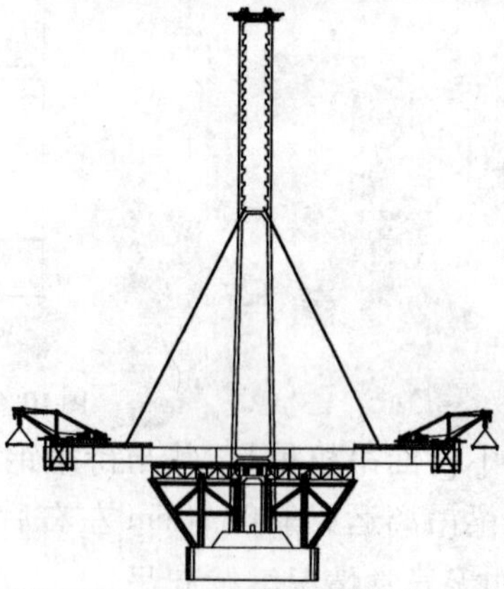
四	用塔吊把斜拉索盘放置在钢梁上进行放索,用塔吊或塔顶卷扬机提升塔端索头直至放索完毕。塔吊提升索头至拉索导管前,塔内由卷扬机牵引索头进入拉索导管至塔内锚固钢梁张拉端。然后安装软牵引装置	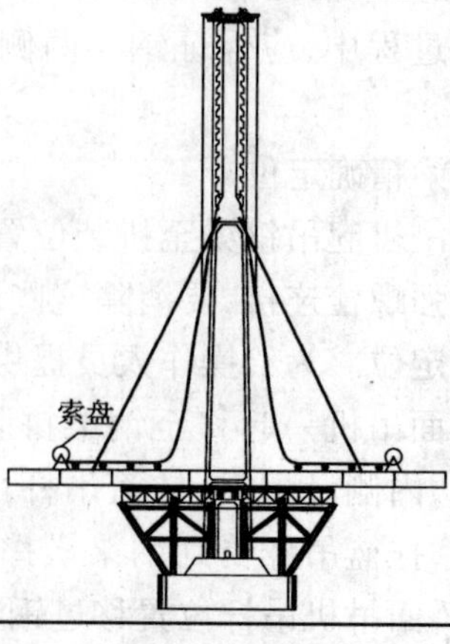 索盘

续上表

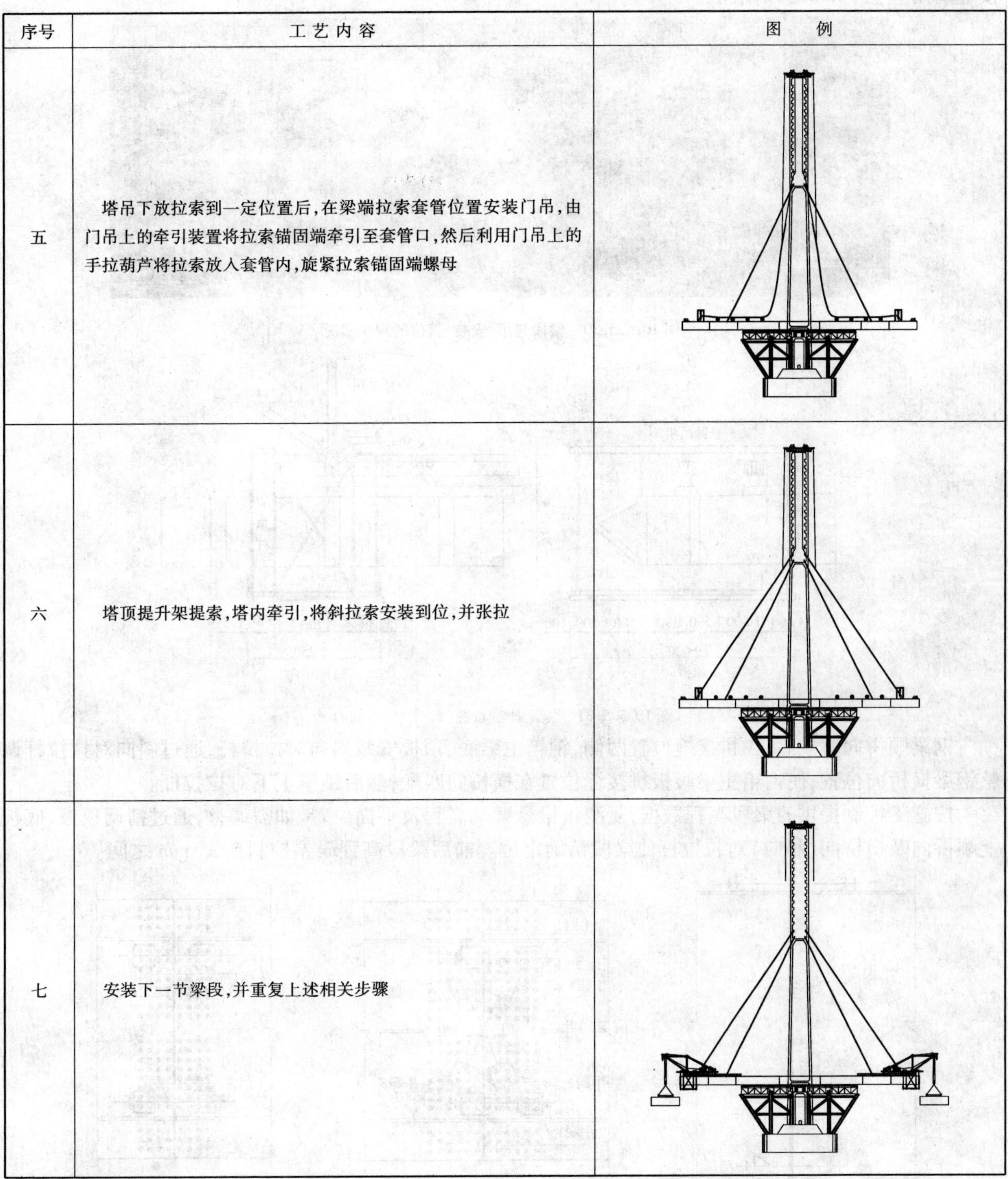

序号	工艺内容	图　例
五	塔吊下放拉索到一定位置后，在梁端拉索套管位置安装门吊，由门吊上的牵引装置将拉索锚固端牵引至套管口，然后利用门吊上的手拉葫芦将拉索放入套管内，旋紧拉索锚固端螺母	
六	塔顶提升架提索，塔内牵引，将斜拉索安装到位，并张拉	
七	安装下一节梁段，并重复上述相关步骤	

篮吊杆，使挂篮随吊机跨过钢梁横撑，见图10.5.5.31。

钢梁起吊至拼装位置时，用以下方法调整钢梁竖向、顺桥向、横桥向位置及扭角。

利用钢梁两侧吊机调整钢梁高程比设计高程高出约3cm。

在钢箱主梁底板安装导向钢板。

在钢箱主梁顶板及底板安装顺桥向对拉杆，利用对拉杆调整钢箱梁底板、顶板的顺桥向位置，见图10.5.5.32。挂副吊钩，调整副吊钩及主吊钩位置使钢梁拼接端底板放置在导向钢板上。采用葫芦调整底板、顶板对拉杆，使钢梁顶板、底板拼接缝宽度约10mm，使钢梁顶板、底板拼接缝位置在竖向匹配，拼接缝间用直径 10mm 圆钢限位。

图 10.5.5.30　梁段起吊、安装、就位的现场实况

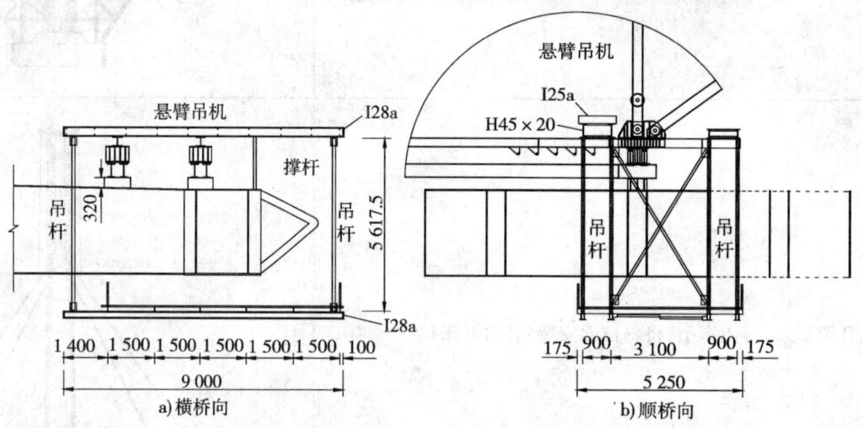

图 10.5.5.31　施工挂篮布置（尺寸单位：mm）

钢梁顺桥向就位后，在拼接缝位置两侧，钢箱主梁底、顶板安装斜向对拉拉杆，通过斜向对拉拉杆调整钢梁横桥向位置，使钢箱主梁腹板拼接缝位置在横桥向匹配，然后锁紧上下对拉拉杆。

按施工控制提供的梁段高程数据，复测钢梁悬臂端高程及平面位置，如需调整，通过精调顶板、底板上顺桥向及横桥向（斜向）对拉拉杆使梁段精确定位。前后梁段高程误差控制在 ±5mm 之间。

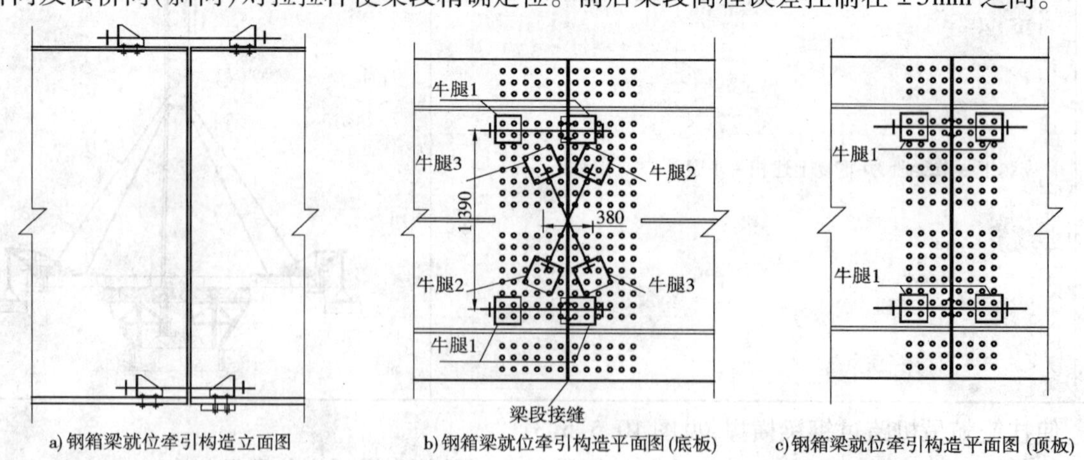

图 10.5.5.32　对拉杆布置（尺寸单位：mm）

d. 高强螺栓施工

钢梁精确定位后，立即进行高强螺栓施工，高强螺栓施工顺序为先腹板，后顶板，再加劲板、小纵梁。所有高强螺栓必须在 24h 内施工完成。高强螺栓施工方法详见高强螺栓施工工艺。

e. 斜拉索施工

高强螺栓施工结束后，即可松开吊机吊钩，进行斜拉索施工。斜拉索施工方法详见斜拉索施工工艺。

f. 吊耳切割

钢梁上预设的吊耳切割在钢梁栓接结束后分两次进行，第一次切割作为预热用，第二次完全割除。吊耳割除后的剩余高度控制在10～20mm之间，严禁切割时损伤构件。吊耳割除后割口应用砂轮打磨。

(4)尾梁段(LB13)及过渡跨箱梁施工

颗珠山斜拉桥尾梁段有两段，采用搭设支架、浮吊海上安装。过渡孔为50m跨预应力混凝土箱梁，海上整体吊装。

①尾梁段支架搭设

靠颗珠山岛一侧的西边尾梁段支架采用型钢支架结构，支承于锚墩盖梁顶面上。支架在岛上整体制作，经栈桥运抵安装现场，采用吊车整体安装。在支架的纵、横向均设有支撑螺杆支撑尾梁段，见图10.5.5.33。而东侧锚墩支架则需要浮吊进行安装。

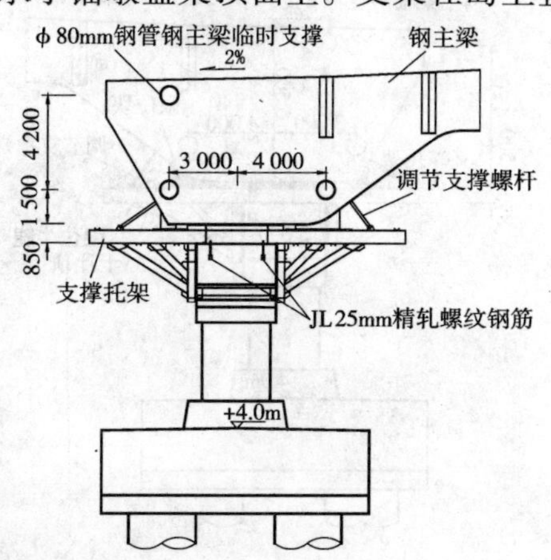

图10.5.5.33　尾梁段安装支架布置(尺寸单位：mm)

②尾梁段移位及顶升系统安装

尾梁段移位系统采用临时支座及聚四氟乙烯滑板，设置在尾梁段钢箱主梁下。

横向扭角及平面位置调整装置：盖梁施工时预埋横向移位装置预埋件，尾梁段安装前先将横向移位装置的反力架安装好。反力架共设置4个，盖梁两端各设2个，尾梁段放置在支架上后，在反力架与钢箱主梁间安装千斤顶，通过调整两侧对角2台千斤顶，调整尾梁段的平面扭角，使尾梁段在顺桥向线形与桥轴线平行，启动单侧2台千斤顶同步顶推钢箱主梁横移，使尾梁段移至横桥向设计位置，如图10.5.5.34所示。

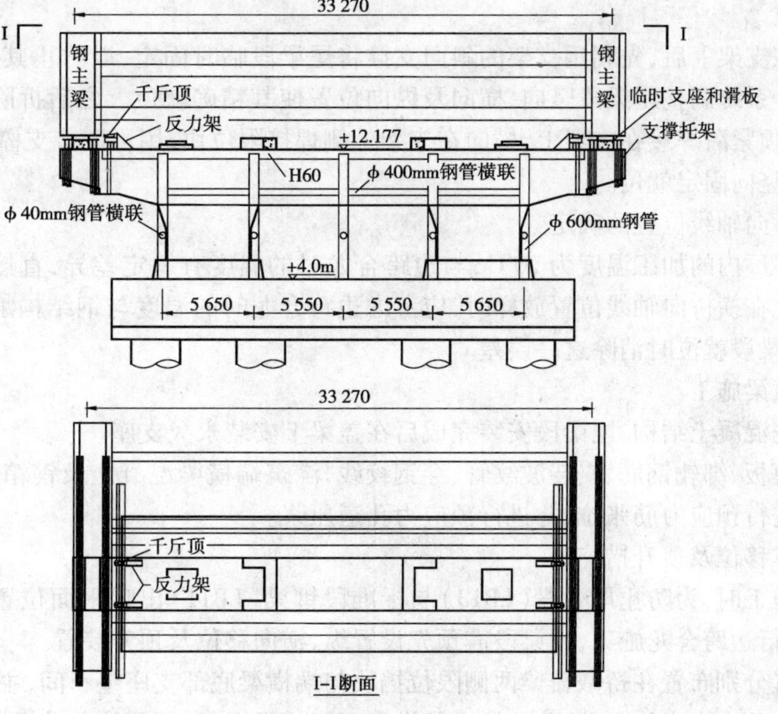

图10.5.5.34　横向移位装置(尺寸单位：mm)

纵向平面位置调整装置：在支架上尾梁段两侧安装限位牛腿，钢箱主梁两端安装移位块，移位块顶面按钢箱主梁底部尺寸设计，底部设聚四氟乙烯滑板支撑在支架上，在移位块与限位牛腿间安装千斤顶推动移位块,尾梁段纵向移至设计位置,如图 10.5.5.35 所示。

竖向位置及扭角调整装置:尾梁段高程依靠支架顶面高程控制,支架顶高程按梁底设计高程进行设计,在支架上钢箱主梁两侧安装可调节支撑,当尾梁段纵向出现竖向扭角时,用可调支撑调整两侧高程,纠正扭角,见图 10.5.5.35 所示。

③尾梁段吊装

依据有关水文地质资料,经现场实测,大型船舶高平潮时可在两个主桥边墩附近锚泊。尾梁段采用 500t 浮吊在高平潮时横桥向整体吊装,吊装方法与 0 号段吊装基本相同。见图 10.5.5.36。

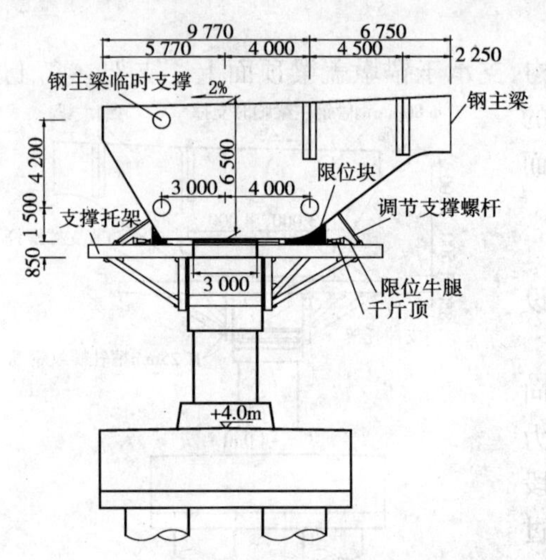

图 10.5.5.35 纵向及竖向调整装置(尺寸单位:mm)

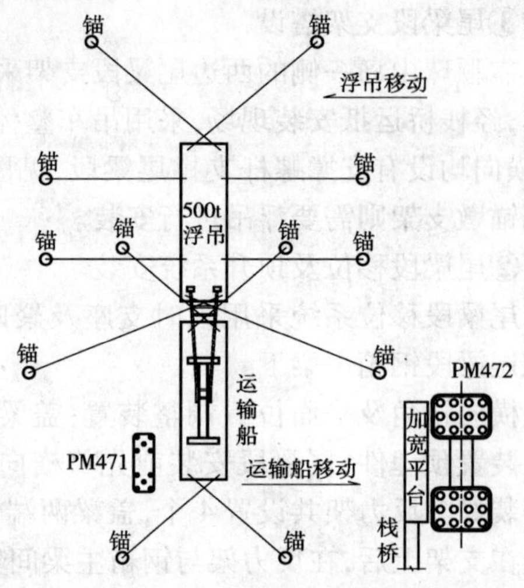

图 10.5.5.36 尾梁段吊装示意

由于尾梁段刚度较小,为防止钢箱主梁吊装时变形,在钢箱主梁间设置 3 道临时钢管支撑,钢管支撑端部与钢箱主梁焊接。

④尾梁段就位

尾梁段放置在支架上后,先利用支架的斜向支撑将尾梁段临时固定,以防止其倾覆,利用支架及盖梁上的移位及顶升系统调整尾梁段竖向、横向及纵向位置使其精确就位。之后拆除纵向移位块底部四氟滑板,将移位块顶紧后焊接在支架上,横向在支架外侧焊接限位块,用可调节支撑螺杆支撑尾梁段,使尾梁段在横、纵及竖向固定就位。

⑤尾梁段横桥向轴线位置的确定

由于钢梁在工厂内的加工温度为 20℃,与边跨合龙时的温度有一定差异,直接影响边跨合龙后边跨钢梁总长。因此在横桥向轴线位置放样时,应考虑边跨合龙时的温度与钢结构加工温度之间温差产生的伸缩量,在尾梁段就位时消除这一误差。

⑥尾梁段端横梁施工

端横梁为现浇混凝土结构,尾梁段安装完成后在盖梁上安装永久支座。

在支架上立模板、绑轧钢筋、安装波纹管、穿钢绞线,浇筑端横梁混凝土及钢箱内混凝土,在混凝土达到张拉强度后进行预应力筋张拉,并进行预应力孔道压浆。

⑦尾梁段整体移位及顶升措施

在边跨合龙施工时,为防止尾梁段(LB13)与标准段钢梁(LB11)出现平面位置及高程相差过大的现象,导致难以进行边跨合龙施工,尾梁段需预先设置纵、横向移位及顶升装置。

横向移位装置分别布置在桥墩盖梁两侧限位挡块与端横梁底部支座垫石间,主要由移位块、千斤顶组成。移位块一端顶在支座垫石上,移位块底部设聚四氟乙烯滑板,移位块与盖梁限位挡块间设 2 台千斤顶,通过千斤顶实现尾梁段整体横向移动及调整横向扭角。

纵向移位装置分别设置在锚墩盖梁两侧限位挡块与端横梁底部限位挡块之间,在上下限位挡块间安装千斤顶,每个上部限位挡块顺桥向两侧各设一台千斤顶,通过调整千斤顶顶推步调实现尾梁段顺桥向移动及扭角调整。

顶升装置主要是在盖梁与端横梁间安装大吨位千斤顶,调整尾梁段的竖向扭角。

⑧过渡跨箱梁施工

过渡跨箱梁施工在尾梁段施工结束后进行,在边跨合龙段施工前完成。

靠颗珠山岛西侧过渡孔箱梁施工采用搭设钢管支架现浇,东侧过渡孔箱梁施工采用移动模架施工。

(5)边跨合龙段(LB12)钢梁施工

尾梁段钢梁、过渡跨箱梁施工结束后,方可进行边跨合龙段(LB12)钢梁的施工。

边跨合龙段(LB12)采用桥面吊机提升、低温自然合龙的方法。合龙段钢梁的安装是一个抢时间、抢速度的施工过程,必须在有限的时间里完成。因此,在合龙前必须做好一系列准备工作。

①合龙前的准备工作

a. 合龙温度的确定:钢梁能否在自然状态下顺利合龙,关键要正确选择合龙温度,该温度的持续时间应能满足钢梁安装就位及定位栓接所需的时间。

b. 全桥温度变形的控制:整个施工过程中,应对温度变形进行监测,特别对接近合龙段时的边跨梁段温度变形更应重点测量,找出温度变形与环境温度的关系,为确定合龙段钢梁长度提供科学的依据。

c. 合龙段梁长度的观测:合龙段(LB12)钢梁按9m长标准节段加工、预拼。在施工过程中,提前观测已安装梁段端部与尾梁段间的距离,根据合龙段的施工时间推算合龙段9m长度是否在其变化范围内,如相差较大,则按合龙段的施工预案强制合龙。

d. 在尾梁段(LB13)、标准钢梁段(LB11)上设置观测点,测量两段钢箱梁的高程、平面位置及扭角,取得有效数据,制订架梁措施。

e. 安装过渡跨顶升装置。

②合龙段的安装

a. 合龙段就位

边跨合龙段在最低温度时应预先吊装就位,为防止不平衡吊装引起边跨悬臂端高差变化,在合龙段吊装时对称起吊中跨LZ12段钢梁,脱离驳船30cm高,见图10.5.5.37。

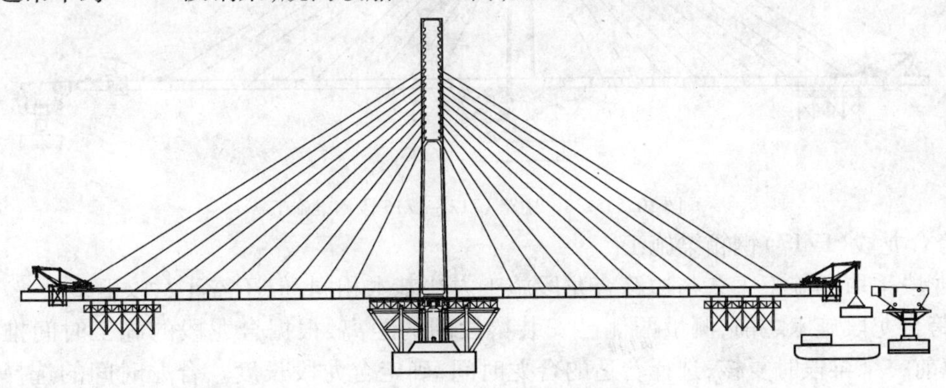

图10.5.5.37　对称起吊中跨LZ12段钢梁和边跨合龙段(LB12)

b. 尾梁段与合龙段连接

悬臂吊机主钩与副钩配合将合龙段提至待安装位置,高程高于设计高程3cm。然后在尾梁段底部安装导向钢板,将合龙段钢箱梁落在导向钢板上。再按标准段钢箱梁的安装方法调整合龙段与尾梁段横桥向、顺桥向及竖向位置及扭角,使其前后接口匹配后安装尾梁段与合龙段连接板冲钉,确认平面位置无误后,初拧剩余螺栓孔冲钉。

c. 合龙段与LB11段接缝调整

尾梁段与合龙段连接好后,调整合龙段与LB11段横、纵向和竖向位置及扭角,使其前后接口匹配。

合龙段端部高程由悬臂吊机调整,LB11段钢箱梁端部高程通过调整斜拉索索力来调整。高程调整好后在LB11段钢箱梁底部安装导向钢板。纵向平面位置主要通过合龙时钢结构自身的温差收缩量来调整。在合龙段和 LB11 段左右幅钢箱主梁内侧挂斜向对拉葫芦，通过对拉葫芦调整两段钢梁间的平面位置及扭角。

d. 合龙段与 LB11 段连接

合龙段与 LB11 段钢箱梁接口匹配后，将接缝连接板先在一侧安装好，钉好冲钉。

在合龙段钢箱主梁螺栓孔与连接板螺栓孔匹配后立即安装冲钉。

e. 高强螺栓施工

合龙段安装好冲钉后，开始剩余螺栓孔的高强螺栓施工，全部螺栓孔用高强螺栓初拧好后，用高强螺栓逐个替换冲钉。

f. 边跨合龙段施工预案

边跨合龙段主要考虑自然合龙，当高程、平面位置出现偏差过大难以自然合龙时，采用以下措施调整。

通过 0 号段钢梁底部的水平限位千斤顶顶推，使全部已安装的梁段纵向移动。

调整尾梁段的顺桥向位置。由于合龙段施工时过渡跨已施工结束，调整尾梁段位置前，先在过渡跨箱梁与承台间设置临时支撑点并安装千斤顶，如需调整尾梁段位置，将过渡跨顶升脱离尾梁段，然后用锚墩盖梁上的纵向、横向移位装置及顶升装置实现尾梁段移动及扭角调整。

(6)中跨 LZ12 ~ LZ16 段钢梁施工

中跨 LZ12 ~ LZ16 段钢梁的安装是在斜拉桥呈单悬臂状态下进行的，施工期间产生的不平衡剪力、弯矩由塔墩处设置的临时固结装置承受。其起吊、安装工艺与 LZ1 ~ LZ11 段钢梁相同。中跨 LZ12 ~ LZ16 段钢梁安装状态见图 10.5.5.38。

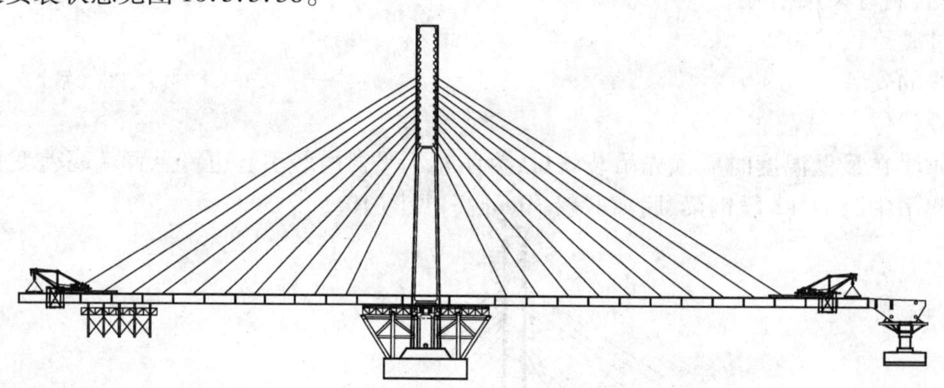

图 10.5.5.38　中跨 LZ12 ~ LZ16 段钢梁施工

(7)中跨合龙段(LZ17)钢箱梁施工

中跨合龙段采取的施工工艺与边跨合龙段施工方法基本相同，但还需注意以下事项：

①在中跨合龙段施工之前，测量两侧已安装梁段间的距离，根据合龙段的施工时间推算合龙段长度，并在合龙前一个梁段时复核，选择合适的合龙时间，确定合龙段长度。合龙时间的选择必须保证合龙段精确就位以及工艺螺栓、冲钉的有效施工时间。

②钢梁加工厂内按确定的合龙长度调整合龙段梁长并将螺栓孔钻好。

③两侧悬臂吊机同时起吊合龙段至合龙位置下方，待温度降低至合龙空间大于合龙段长度时，提升合龙段按标准梁段调位方法使合龙段精确就位。

④一侧连接板留一面不钻孔，合龙段精确就位后，安装一侧钢梁接缝连接板、冲钉，另一侧在已安装梁段上安装连接板、冲钉，根据合龙段螺栓孔眼定出连接板未钻孔面的螺栓孔位置，并分别测量此时底、腹板及顶板接缝间的距离。

⑤卸下冲钉、连接板，桥面吊机松钩将合龙段下放至驳船上。

⑥根据合龙温度计算在梁段接缝宽 10mm 时螺栓孔的平移距离，连接板按此数据将已放出的孔眼位置平移，然后钻孔。

⑦按步骤③起吊合龙段并精确就位，连接一侧钢梁接缝连接板、冲钉，安装剩余高强螺栓并初拧到位，同时将另一侧已安装好的钢梁的连接板、冲钉及高强螺栓连接好，待合龙段螺栓孔与连接板孔眼匹配后立即安装冲钉，依次进行高强螺栓施工。

⑧第一次试安装合龙段时应观测梁段接缝钢板是否有错台等情况，如发现问题在第二次合龙前及时整改。

至此，颗珠山斜拉桥的梁段安装全部完成，图10.5.5.39为全桥成桥状态。

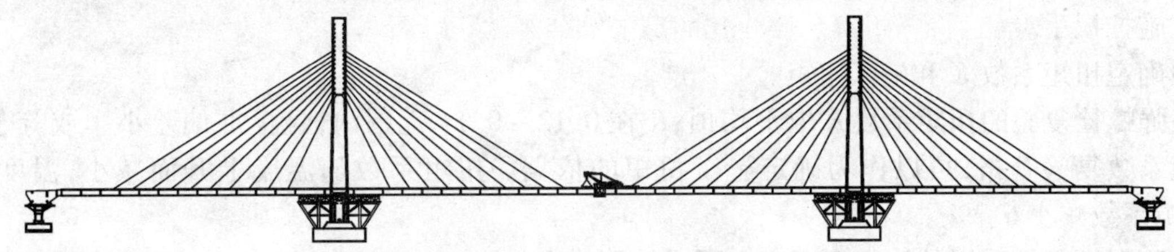

图10.5.5.39　全桥成桥状态

(8)临时固结解除

中跨合龙段一旦冲钉安装好，立即解除0号段塔梁的临时固结装置。首先解除竖向约束，然后解除纵桥向限位，且两个塔应同步进行。

3. 高强螺栓施工

钢梁现场连接采用钢结构大六角头摩擦型高强螺栓，直径有M30、M22两种形式，性能等级10.9S。每个钢梁接头采用M30高强螺栓1 072只、M22高强螺栓93只。

(1)执行标准、规范

《钢结构用高强度大六角头螺栓》(GB/T 1228—91)、《钢结构用高强度大六角头螺母》(GB/T 1229—91)、《钢结构用高强度垫圈》(GB/T 1230—91)、《钢结构用高强度大六角头螺栓、大六角头螺母、垫圈技术条件》(GB/T 1231—91)。

《公路桥涵施工技术规范》(JTJ 041—2000)。

《铁路钢桥高强度螺栓连接施工规定》(TBJ 214—92)。

(2)高强度螺栓复检

供应商应按批提交质量检验报告(含扭矩系数)和质量保证书。并应符合GB/T 1228 ~ 1231—91的规定。高强螺栓出厂扭矩系数应保证在0.12 ~ 0.14之间。

对进场高强螺栓进行逐批抽查验收，并做好记录。按每3 000套为一批，抽8套进行复验，复验合格方可上桥使用。复验项目如下。

每套高强螺栓连接副，由一个10.9S高强度大六角头螺栓，一个10H高强度大六角螺母，两个HRC35 ~ 45高强度垫圈组成。

外观、外形尺寸、形位公差、连接副扭矩系数(在扭矩—轴力机上试验)、螺栓楔负载、螺母硬度、垫圈硬度、螺母保证荷载等试验并应提供试验报告单。

在首次供货的几批高强螺栓中随机抽取四种螺栓，每种螺栓25个共100个螺栓做扭矩系数测定，试验依据GB/T 1231—91规定，在扭矩—轴力机上进行。

(3)高强度螺栓的保管、存放

高强螺栓在验收合格后按包装箱上的批号、规格分类存放保管，使用前严禁任意开箱、开包，以防锈蚀，库房应防潮湿、通风、干燥、无尘。在搬运过程中应做到轻装、轻卸，防止螺纹损伤，堆放高度宜控制在五层左右。

(4)高强度螺栓施工

①高强度螺栓施拧前的准备

对栓接面应进行检查，栓接板面应平整、清洁、无焊渣、无油污、无水气，孔边、板边无毛刺和飞边，严禁在栓接面上作任何标记。板面或栓孔若有脏物,严禁用手套等擦拭,可用细铜丝刷进行清除,有油污处可用香蕉水或丙酮擦净。

施工现场应配置热喷铝设备,以便及时修复处理摩擦面。

连接板可用临时安装螺栓栓接在钢箱梁上,待钢箱梁基本就位时再复位安装。

随梁试板的摩擦面试验,摩擦系数大于0.45。

施工扳手、检查扳手、扭矩校验仪器及其他专用设备、工具已配置齐全。

标定施拧扳手。

试验确定扭矩系数 K 和施工扭矩。

将高强螺栓复验的扭矩系数 K 取平均值,K 在0.12~0.14范围内,且标准偏差小于或等于0.01,则该扭矩系数复验合格,可以作为确定施工扭矩的依据。扭矩系数随温度上升而减小,温度每上升10℃,扭矩系数减小6.7%。

高强度螺栓终拧采用的施工扭矩应由下式计算确定:

$$T_c = K \cdot P_c \cdot d \tag{10.5.5.1}$$

式中:T_c——施工使用扭矩;

K——高强螺栓连接副的扭矩系数平均值(经试验确定);

P_c——高强螺栓连接副的施工预拉力(110%设计预拉力);

d——高强螺栓公称直径(mm)。

当拼装出现摩擦面间隙时,间隙宽小于1mm的不处理;间隙宽在1~3mm时应将拼接板磨成1:10过渡坡;间隙宽大于3mm时加垫板。过渡坡面及垫板面均应按摩擦面涂装工艺涂装,以确保摩擦系数达到设计要求。

高强度螺栓连接副,每套的螺栓、螺母、垫圈必须按生产厂提供的批号配套使用。在领用时就必须按批号领用。

②高强螺栓施拧

安装时先打定位冲钉,并按冲钉、螺栓各50%梅花形排列,冲钉直径比螺栓孔直径小0.3mm,误差0~+0.01mm,开始安装高强螺栓前应用5%或不少于4个精制螺栓将板缝夹紧。冲钉大样见图10.5.5.40。

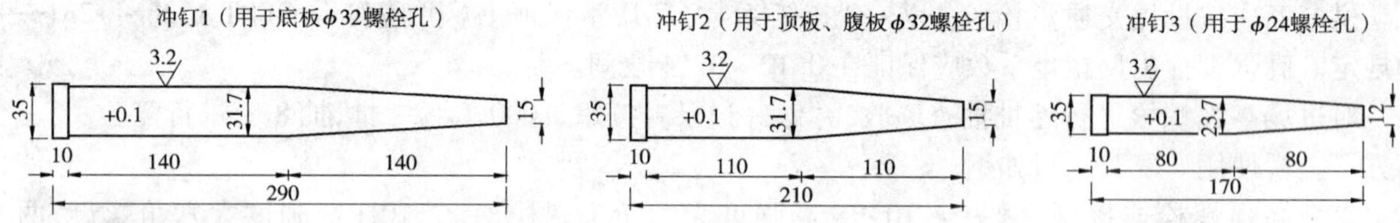

图10.5.5.40 冲钉大样(尺寸单位:mm)

③高强螺栓安装

a.在冲钉安装完毕后进行高强螺栓安装,高强螺栓由钢箱主梁外侧进入箱内。

b.高强螺栓严禁强行穿入,以防止损伤螺纹,影响预紧力。

c.安装高强螺栓时应注意垫圈及螺母的正反面,螺栓头一侧及螺母一侧各置一个垫圈,垫圈有内倒角的一侧应朝向螺栓头和螺母的支承面。

d.冲钉拆除必须在高强螺栓初拧完毕后方能对其逐个替换,并进行处理。

e.如高强螺栓穿不过,对该钉孔进行扩孔前应将该孔四周高强度螺栓全部拧紧(初拧),扩孔孔径不应大于设计孔径2mm。

④高强螺栓初拧和终拧

a.初拧力矩定为终拧施工力矩的50%。

b.高强螺栓的拧紧顺序,从钉群中心板件刚度大的部分向不受约束的板边缘进行。

c. 钢梁螺栓施拧顺序为先腹板，再底板、顶板。

d. 初拧和终拧在同一工作日内完成，施拧时用卡死扳手卡住螺栓头，防止螺栓转动。

e. 高强螺栓初拧完毕后用黄色油漆在螺栓、螺母、垫片及连接板上画线标志。

f. 初拧后全部螺栓用0.3kg的小锤沿施拧方向逐个敲击进行初拧检查，防止漏拧。

g. 初拧完毕2h后进行终拧，终拧顺序应与初拧顺序相同，终拧时施加扭矩应平稳连续，螺栓、垫片不得与螺母一起转动，如发生转动，应更换螺栓，重新初拧、终拧。

h. 终拧完毕后，用红色油漆在螺栓上画线标志，并记录施拧班组的人员、施拧位置、施工扳手编号，以便在扳手不合格时查找其施拧的螺栓，利于检查处理。

i. 电动扳手应与控制箱配套使用，并应独立供电及配置稳压电源。

⑤质量检查

a. 在施拧高强度螺栓前后，必须由专职专业人员对施工扳手进行校验，并使用专用检查扳手。施工扳手必须编号，将校验结果填入记录表，并由校验人签认。校验后的扭矩误差不得大于使用扭矩的±5%。施工前校验如扭矩超过±5%，该扳手必须重新标定，校验符合要求才能使用。高强螺栓施工完校验，如扭矩超过±5%则应对该扳手终拧的高强螺栓全部用检查扳手按规定检查处理。

b. 高强螺栓的长度应符合螺栓终拧后出丝不少于1扣，不大于4扣的要求。

c. 检查用的扭矩扳手使用前必须进行标定，每次使用前后应进行校验，其扭矩误差不得大于施工扭矩值的±3%。

d. 观测全部终拧后的高强度连接副，检查初拧后用油漆固定的螺栓与螺母相对位置是否已发生错动，以检查终拧有否漏拧。

e. 对每个节点高强度螺栓连接副总数的5%进行终拧扭矩检查，应采用紧扣法进行检查。具体为0号块钢箱梁顶板检查9个，腹板检查25个，底板检查20个。测取此时的扭矩应在$0.9T_c \sim 1.1T_c$范围内方为合格。

f. 每个节点检查的螺栓，其不合格者不得超过节点抽查总数的20%，如超过此值，则应继续抽查直至达到累计总数80%的合格率为止。然后对欠拧者补拧，超过者更换高强螺栓后重新按初拧、终拧工序施拧。

g. 高强度螺栓连接副的终拧扭矩检查应在终拧4h以后进行，24h之内完成。

⑥腻缝和涂装

高强度螺栓连接副终拧检查合格后，按设计要求进行腻缝封闭和涂装。

5.5.4　斜拉索施工

1. 概述

主桥斜拉索采用空间双索面布置。拉索由ϕ7mm镀锌钢丝组成，护套为热挤双层彩色聚乙烯。梁端为固定端冷铸锚，塔端为张拉端冷铸锚。全桥共有16×2×4=128根拉索，总质量约1 200t。最大索长约179m，拉索规格为(163～367)ϕ7mm。拉索最大质量达20t。斜拉索采用成品索，由专业生产厂家制成索盘，并负责船运至施工现场。

2. 斜拉索的安装工艺

斜拉索施工将采用“先梁上展索、塔端安装，然后在主梁拉索锚固节段安装完成的条件下，进行梁端锚头安装、锚固后再塔上牵引、张拉”的施工方法。按照这一工艺，拉索的安装步骤如下。

成圈索(或索盘)用浮吊吊至主塔附近已完成的桥面上→用桥面板运输平车将索移动到拉索足以展开的位置准备放索→将索(或索盘)放在展索盘内(或放索支架上)→卷扬机水平牵引将拉索展开→当斜拉索端部牵引至桥塔近处，塔上吊机起吊将拉索完全展开→将拉索从索盘卸下、放在托辊上→在拉索梁上水平牵引的同时，将拉桥塔上吊点同步放下至安装索位置的外侧→连接塔内卷扬机、将拉索牵引进入塔上拉索导管→临时旋上锚固螺母→卸下牵引卷扬机→安装张拉和牵引连接杆后将拉索放下→拉索用连接拉杆临时锚固在塔上、等待主梁节段的安装。

锚固区钢梁安装完成→将拉索梁端索头水平牵引到待安装锚固导管附近→用卷扬机(或钢绞线索)反顶拉索梁上锚固端进入导管→拉索梁端安装到位后旋上锚固螺母→卸下反顶装置后,在塔上用千斤顶牵引,直至螺母旋上拉索张拉端十个螺纹以上。

当一座塔同索号的4根索均对称牵引到位后,4根拉索同步进行张拉到设计指定的拉力值。至此,拉索安装的一次循环完成。图10.5.5.41为拉索安装施工工艺流程。

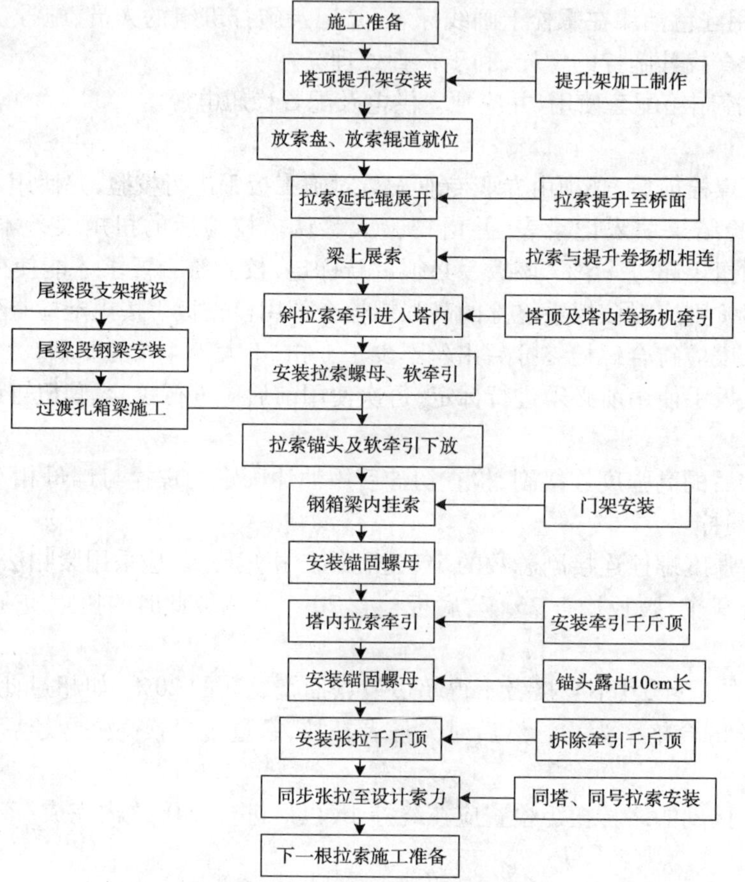

图10.5.5.41 斜拉索施工工艺流程

3.斜拉索施工设备布置

(1)斜拉索运输

斜拉索由浮吊起吊至桥面,斜拉索在桥面上的运输由桥面板横移龙门配合运梁轨道平车进行。

(2)放索设备

放索牵引卷扬机放置塔根部,每座塔柱两侧各放置一台,塔吊及塔顶提升架配合斜拉索提升,以便梁端索盘露出锚头。

(3)挂索设备

塔内挂索利用塔顶提升架,塔吊配合,同时每座塔内放置1台5t牵引卷扬机、2台牵引千斤顶。

梁上挂索采用简易门吊,门吊上布置2台手拉葫芦。每根待挂斜拉索布置1台门吊。

(4)张拉设备

每座塔柱内配置2台600t千斤顶、2台800t千斤顶。800t千斤顶用于尾梁段4根斜拉索及大吨位斜拉索张拉,600t千斤顶用于其他小吨位斜拉索张拉。

4.放索

由浮吊将驳船上待安装索盘吊至桥面上的放索盘上,由横移龙门吊将放索盘起吊至轨道平车上,由轨道平车运输至梁端已安装好的桥面板上,在索盘至塔根部之间设置辊轮,打开索盘冷铸锚锚头,用牵引卷扬机牵引绳索通过锚塞与冷铸锚锚头相连，经辊轮牵引至塔根部，卸下锚头牵引绳，下放塔顶提升架和塔吊吊钩，用索夹与拉索相连，塔吊、提升架同时提升斜拉索，等梁段斜拉索锚头脱离索盘，即完成梁上放索，见图 10.5.5.42。

放索过程中，放索盘上设置可靠的制动措施，防止放索过程中伤人。

在拉索水平牵引过程中，每间隔 5m 长放置一个托辊，托辊表面将附有橡胶材料，以保证拉索护套不被损坏，见图 10.5.5.43。

5. 挂索

每一根斜拉索的自重不同，当斜拉索一端已挂上，安装另一端时由索下垂产生的拖曳力，是一个不可忽视的作用力。在安装斜拉索前应计算出克服索自重所需的拖曳力，以便选择吊机、卷扬机、托辊等的配置。

由理论分析可知，当索垂度与索长度形成的矢跨比小于 0.15 时，可以用抛物线代替悬链线来计算曲线长度，如图 10.5.5.44 所示。

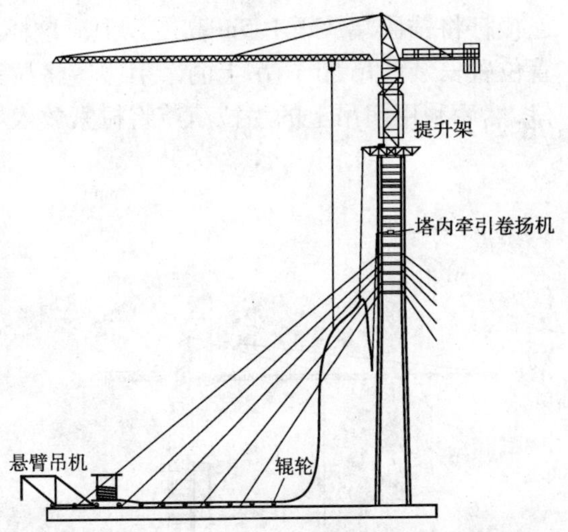

图 10.5.5.42　放索示意图

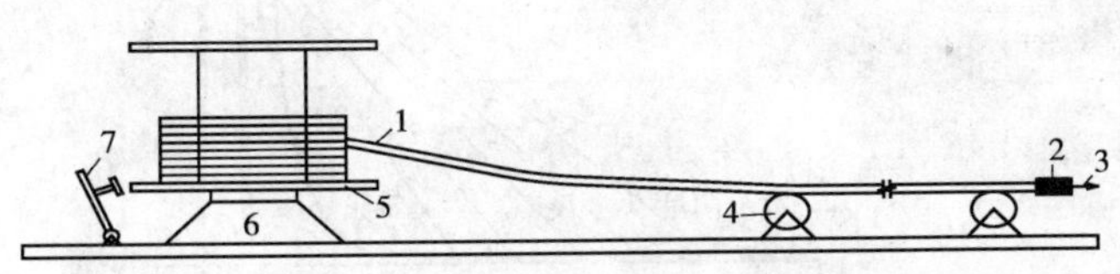

图 10.5.5.43　放索装置

1-拉索；2-锚头；3-卷扬机牵引；4-辊轮；5-索盘；6-托盘；7-制动

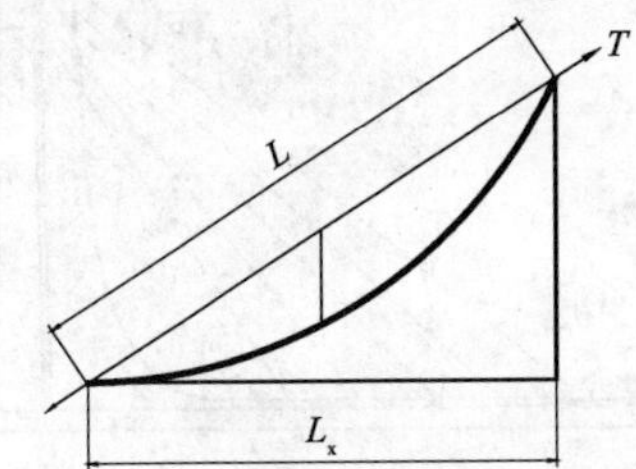

图 10.5.5.44　索的计算图式

索的垂度公式：

$$f_m = \frac{\sqrt{3(L' - L)L}}{8} \tag{10.5.5.2}$$

f_m 时的水平力为：

$$H = \frac{qL^2 \cos\alpha}{8f_m} \tag{10.5.5.3}$$

以上式中：L——两锚固点之间的距离；

L'——索长；

q——索的单位重；

α——索与水平面的夹角。

计算出各施工阶段的拖曳力后，便可选择适当的牵引工具和安装方法。

根据计算结果，如先行安装梁上拉索后再安装塔端拉索，安装的最大拖曳力达到 4 300kN 以上。而塔端拉索安装的轨迹是沿拉索导管由下往斜上方运行，安装难度相对大些。因而一般先行安装塔端拉索。

(1)塔端挂索

塔端挂索安装由塔顶提升架和塔顶牵引卷扬机进行，同时还有塔吊配合。

对于自重小于 5t 的斜拉索，直接采用塔吊安装。对于自重大于 5t 的斜拉索，主要以塔顶外侧的卷扬机为主，塔顶内卷扬机帮助拉索锚端穿过拉索导管。在放索时将塔顶牵引卷扬机牵引绳下放与拉索锚头相连。挂索时塔顶提升架提升斜拉索至拉索导管附近，塔顶牵引卷扬机将锚头牵引进入拉索导管。当锚头露出锚固面 10cm 长后，旋上锚固螺母，安装软牵引及张拉杆，然后下放拉索、软牵引及张拉杆，以利于梁上挂索,见图 10.5.5.45。

(2)梁上挂索

为了减小梁上挂索时产生的拖曳力,采用反顶的方法。为避免反顶力过大,塔上端在安装完成时用连接杆将锚固端放下 1.5m 高度以上。这样,最大的反顶力将小于 400kN。所谓反顶就是在梁端拉索套管位置安装门吊,由门吊上的牵引装置将拉索锚固端提升一定的高度,减小了拖曳力,拉索牵引至套管口,然后利用门吊上的手拉葫芦将拉索放入导管内,旋紧拉索锚固端螺母,见图 10.5.5.46。

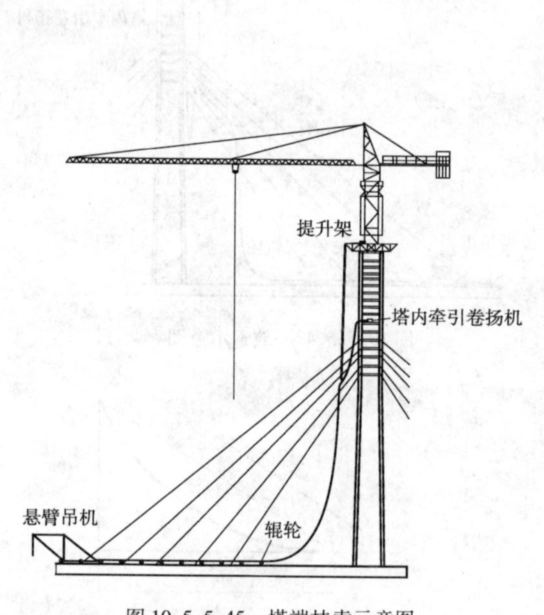

图 10.5.5.45　塔端挂索示意图

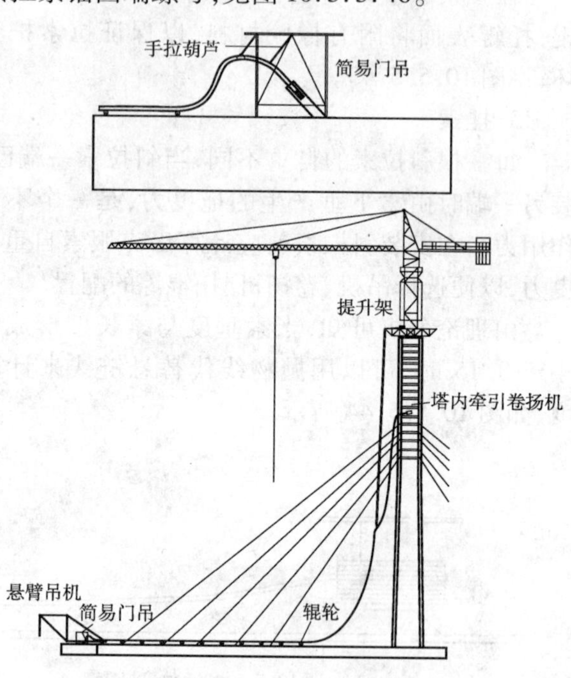

图 10.5.5.46　梁上挂索

(3)塔上拉索张拉端的牵引

当拉索梁上锚固端安装完成后,即进行塔上锚头的牵引。对不同索号的拉索,应根据实际需要,尽可能先采用低吨位的千斤顶进行牵引,当达到一定的索力时再调整到大吨位的千斤顶进行牵引。

6. 斜拉索张拉

斜拉索安装完毕后,随着桥面施工荷载的变化以及桥面内力调整的需要,要根据设计和监控的指令对斜拉索进行张拉和索力调整。

(1)张拉设备

根据塔上采用钢锚梁的实际情况,一般情况下所使用的千斤顶成套设备是无法使用的。因此,1~9 号索的张拉将采用短拉杆、低撑脚的 600t 千斤顶。而 10~16 号索将根据钢锚梁的安装空间,采用设计高度低于 700mm、行程小于 60mm 的 900t 千斤顶。

为了准确进行索力的张拉和调整,首先要对千斤顶、油泵车及压力表进行配套力值标定,油压表采用 0.4 级标准。经过标定的设备在施工中配套使用。

(2)斜拉索张拉的操作程序

张拉操作程序:安装校正千斤顶→安装工具锚→分级张拉、测量伸长量→控制张拉应力到设计值(或伸长量)→索力测量校核→补偿张拉→锚固斜拉索。

(3)斜拉索张拉的方法

①张拉时要求同一塔柱同号索进行同步张拉,以保证结构的稳定性。

②张拉时应记录气温条件,并且测量拉索冷铸锚具的外露尺寸及相应的拉索吨位。

③日照和环境温度对斜拉桥的塔、梁、索影响较大,张拉和索力调整要避免在温度变化较大的时段进行。

④张拉时桥面无动载,附加荷重应尽可能与设计计算条件相一致。

(4)斜拉索安装及张拉注意事项

①斜拉索牵引及提升吊具均采用软吊带,同时采取有效的措施,防止拉索彩色保护层损坏。

②拉索减振器、锥形套管、保护措施等构造的安装,按设计单位提供的施工要求施工。

③在张拉时,每根索顺桥向索力吨位差值不得超过50t,横桥向左、右两根索的索力差值不得超过50t。

④合龙前斜拉索张拉以高程控制为主,合龙后张拉以应力控制为主。

⑤对于尾梁段拉索,由于受塔内空间限制,不能进行同步张拉,张拉时中跨和边跨拉索分开张拉,顺桥向张拉吨位误差每根索不超过50t,横桥向2根索张拉力亦不超过50t。

⑥在拉索梁上端的反顶和塔上张拉端牵引过程中,各种构件的连接较多:如钢丝绳转向滑轮与主梁导管临时连接点、锚头与拉杆的连接、拉杆与拉杆的连接等,无论哪一处连接发生问题,整个系统就会垮掉,以至发生重大事故。所以在牵引系统设计中应特别注意处理好各构件的连接构造形式及安全保证系数,在施工中密切观察各连接构造的可靠性。

(5)索力调整

在施工过程中和全桥合龙后,根据设计单位和施工监控提供的拉索应力,根据情况对拉索索力进行调整,调索时采用千斤顶在塔内进行。拉索索力误差为±5%(不超过300kN),上下游索力误差±2.5%。

7. 斜拉索施工质量保证措施

(1)拉索安装质量控制

①在安装之前认真审核拉索的质量保证资料,并认真检查拉索的防护层,如有问题及时处理、修复,避免安装完成后出现质量隐患。

②在拉索安装过程中要注意拉索护套的保护,避免拉索护套损坏,影响拉索使用寿命。

③对施工中损坏的拉索护套要及时修复,并做好修复记录。

④对整个安装过程的各项参数,如索编号及其安装位置、锚具的外露量等要认真记录,为今后的质量追溯和成桥养护提供依据。

(2)拉索张拉质量控制

①严格按设计所制定的张拉程序及张拉力进行张拉操作。对施工中出现的异常现象,应停止施工,并及时报告现场监理和设计单位。待查清原因、采取措施后再继续施工。

②千斤顶、油压表在施工前必须经过有资质的检测单位标定、出具报告,确保张拉索力控制的准确性。

③张拉设备,如千斤顶、压力表等损坏或超出规定使用期,应重新进行标定。

④张拉操作必须逐级、平稳进行。不允许出现超载现象。

⑤同索号拉索加载要保持一致,避免塔承受过大的偏心荷载。如遇特殊情况不能对称加载,要严格遵守顺桥向中跨与边跨索力吨位差值不超过100t(每根索50t)、横桥向左右两根的索力超过50t的要求。

5.5.5　桥面板安装

结合梁的桥面板按设计图提供的尺寸在预制场进行,由于桥面板的尺寸不尽相同,应对每一块预制桥面板进行编号,在安装时对号入座。

桥面板与钢梁是分开吊装,桥面板安装滞后钢箱梁约2~3个节段,因而在钢梁安装期间便要进行桥面板安装施工。为了减小混凝土收缩徐变的影响,一般要求桥面板预制以后存放的时间相对长一些,按照工期时间节点的安排,确定为达到5个月的存放龄期后,按安装顺序转运至施工现场安装。

由于斜拉桥所处的地域条件不同:靠近颗珠山岛侧的西主桥,桥面板运输由平板车经栈桥运至

PM472 墩的施工平台，龙门吊提升至桥面上的运输车，再由运输车运至桥面板待安装位置，用专用龙门吊安装；对于东侧主桥，桥面板则由平板车转运至码头后，经海运至东主桥 0 号段位置，由浮吊或塔吊提升至 0 号段上存放。安装时由运输车运至桥面板待安装位置，用专用龙门吊安装。

桥面板在桥面上的运输采用轨道平车运输，在两个塔墩顶处各设置一台桥面板横移龙门吊。

0 号段桥面板由浮吊与专用桥面板龙门吊安装。

1. 桥面板的转运及安装

(1)桥面板在桥面上的转运

桥面板在桥面上的运输采用轨道平车运输，左右幅设独立的运输轨道，见图 10.5.5.47。桥面板提升至 0 号段顶后，由横移龙门吊将桥面板提升至左右幅轨道平车上，见图 10.5.5.48。桥面板由卷扬机牵引至龙门吊下安装，卷扬机在轨道顺桥向各设置 1 台。

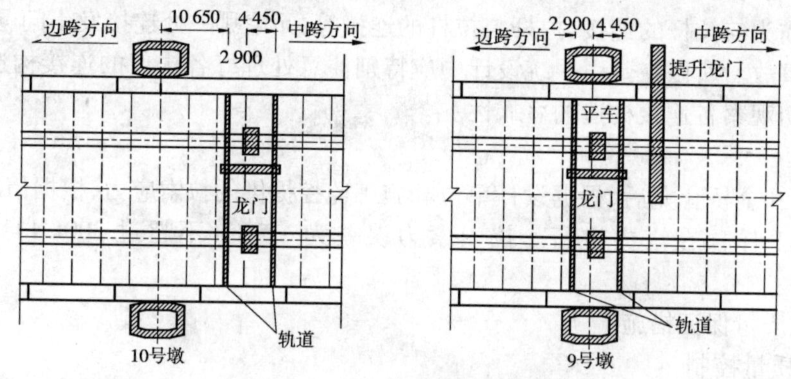

图 10.5.5.47　桥面板桥面运输布置(尺寸单位:mm)

(2)桥面板安装

①桥面板安装顺序

桥面板安装顺序为先在 0 号段钢梁顶部安装龙门吊，进行 0 号段钢梁顶部桥面板安装，然后进行湿接缝施工，待钢梁悬臂吊机拼装完 2 ~ 3 个梁段后，安装标准段钢梁桥面板。

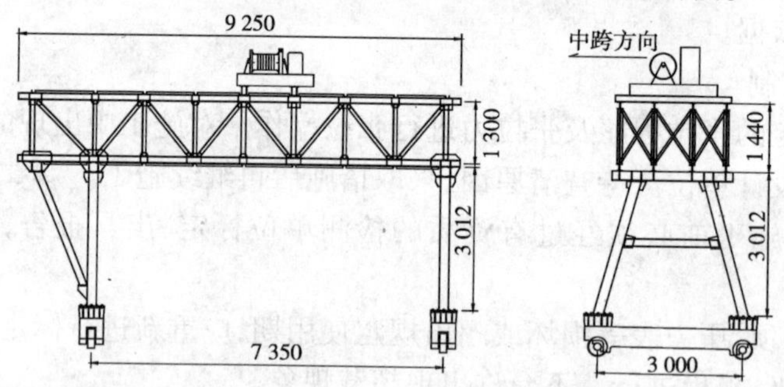

图 10.5.5.48　横移龙门构造示意图(尺寸单位:mm)

②龙门吊的结构形式

龙门吊主要由立柱、承重梁、行走系统组成，净跨径 16.8m。龙门吊立柱采用 ϕ20 钢管，承重梁采用型钢焊接成桁片。龙门吊行走系统采用单轨电动平车。龙门吊轨道由 1 根 HM300 × 300 型钢和钢轨组成，下设 Π 形钢板支撑。

一个梁段桥面板由 2 台龙门吊安装，2 台龙门吊前后交错布置，错开 2 ~ 3 块桥面板位置。由于钢梁上焊有锚钉，因此前端龙门吊底部设置 Π 形支撑。后端龙门吊一侧支撑在安装好的桥面板上，另一侧支撑在钢梁上，底部设置 Π 形支撑。Π 形支撑错开桥面板钢筋，以利于桥面板顺利安装。

③0 号段顶部桥面板安装

0 号段顶桥面板左右幅分开安装，先安装右幅，安装好后拆除内侧部分轨道，再安装左幅，悬臂吊机位置桥面板暂不安装，见图 10.5.5.49。

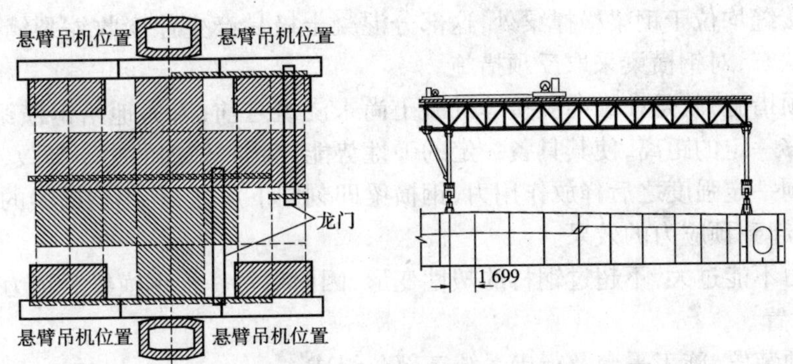

图10.5.5.49　0号段顶部桥面板安装(尺寸单位:mm)

④标准段桥面板安装

桥面板由横移龙门提至轨道平车上后,由卷扬机牵引平车至安装龙门后方,安装龙门后移至轨道平车顶部,提升桥面板前移至待安装上方,利用顶部承重梁上的横移卷扬机调整桥面板横向位置准确就位,见图10.5.5.50。

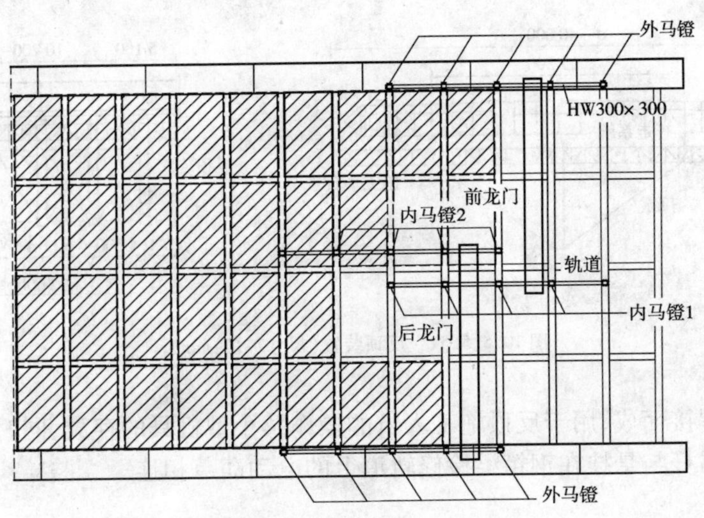

图10.5.5.50　标准段桥面板安装

⑤桥面板安装注意事项

a.桥面板安装时应注意相邻板间纵向及横向预应力管道位置,使其衔接顺畅,满足设计要求。

b.桥面板安装时应确保位置准确,端部支撑在钢梁上的长度应满足设计要求。

c.前端桥面板安装时,应设置行走平台,以利于施工人员现场操作。

d.桥面板安装时,应由专人指挥,确保龙门吊平稳行走。

e.当风力大于7级时,应停止吊装施工。如遇台风天气,应在龙门平车底部设置限位装置,并拉缆风绳,防止龙门吊倾覆。

f.桥面板与钢梁接触部位应按设计要求加垫橡胶条。

(3)桥面板湿接缝施工

桥面板湿接缝施工,是在两个或三个标准段钢梁安装结束后进行。合龙段湿接缝应在当天温度最低时施工。施工前,焊接相邻板间的钢筋,预应力波纹管接头连接。用空压机将接缝内的杂物吹干净,然后用淡水将桥面板侧面润湿至饱和。新老混凝土接触面应加强振捣,同时振捣时应避免触及波纹管。混凝土浇筑结束后,表面拉毛处理,并覆盖洒水养生。湿接缝达到设计强度后,及时进行桥面板纵向预应力施工。

2.钢横梁反顶措施

桥面板横向湿接缝均位于钢梁横撑梁处，这部分混凝土极易产生徐变收缩裂缝。为改善桥面板横向湿接缝处的应力状态，对钢横梁采取反顶措施。

所谓钢横梁反顶措施，就是在横向湿接缝混凝土尚未浇筑之前，人为地给钢横梁施加一个反拱力，强迫钢横梁向上位移一定的距离，使其具备一定的弹性势能。此时施加的力不释放，浇筑横向湿接缝混凝土。待混凝土达到一定强度之后释放作用力，钢横梁即刻向下反弹，利用钢横梁的弹性回复作用给混凝土施加一个压力，起到预应力的效果。

给钢横梁作用力不能过大，不超过钢材的塑性变形，因而对每一根钢横梁反顶力需验算确定。

(1)反顶平台设置

反顶平台由反顶装置、施工平台及行走系统三部分组成。

①反顶装置

反顶装置由千斤顶、斜拉索、锚箱、主受力钢管等组成。千斤顶采用150t液压千斤顶，固定在顶升钢管顶部；斜拉索用9根$\phi^{S}15.24$钢绞线制成；锚箱用于斜拉索与钢横梁连接；主受力钢管作用在钢横梁正中，直径60cm，壁厚10mm，主受力钢管顺桥向连成整体，见图10.5.5.51。

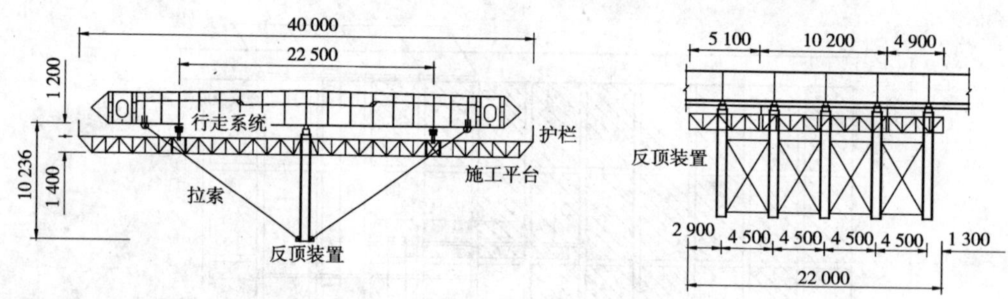

图10.5.5.51 反顶装置(尺寸单位:mm)

②施工平台

施工平台由型钢焊接而成，用于反顶施工人员的操作及小型机具的存放，同时兼作桥面板张拉施工平台。施工平台通过吊杆与悬挂在钢箱梁检修轨道上的电动葫芦相连。

③行走系统

行走系统采用10t电动葫芦，一座反顶平台设4台。电动葫芦悬挂在检修轨道上。

(2)钢横梁反顶施工

钢横梁反顶一般按两三个节段梁就位，预制桥面板安装完后进行。首先将斜拉索与锚箱安装好，利用工作平台将锚箱与钢横梁连接，安装顶升油泵、顶头，按反顶力大小分级顶升，使钢梁上拱；当达到顶升力后，在油缸与钢梁间安装保险块防止千斤顶工作期间顶升力下降；浇筑湿接缝混凝土，经自然养护使得混凝土强度大于或等于40MPa时，可均匀、分级卸载。

反顶作用点布置在钢横梁正中，荷载大小见图10.5.5.52。

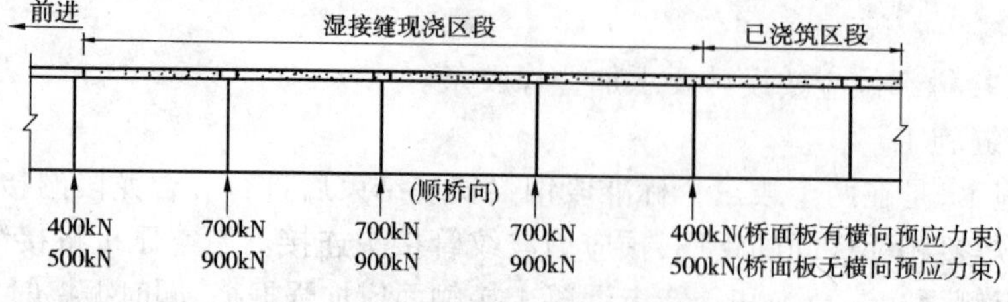

图10.5.5.52 反顶荷载布置

附　录

1. 附录一(钢箱梁焊接工艺评定项目汇总表)

钢箱梁焊接工艺评定项目汇总表

钢箱梁制作单位		焊接工艺评定项目汇总表				工程编号	ZP03－421
						名称	深水港颗珠山大桥
						图号	钢箱梁
序号	工艺评定编号	材质及规格	接头形式(尺寸单位:mm)	焊接方法	位置	状态	适用范围
1	DH2251－T25a	Q345qD $t=25mm$	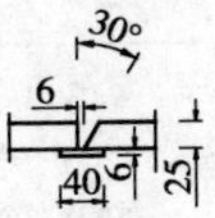 30°; 6; 6; 40; 25	FCAW＋SAW	1G	焊态	钢主梁顶板与腹板
2	DH2332－T25	Q345qD $t=25mm$	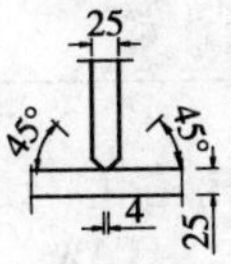 25; 45°; 45°; 4; 25	FCAW	2F	焊态	竖向筋板与腹板
3	DH2132－3	Q345qD $t=25mm+30mm$	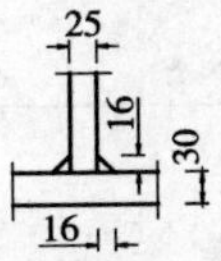 25; 16; 30; 16	FCAW	2F	焊态	竖向筋板与腹板
4	DH2133－3	Q345qD $t=25mm+30mm$	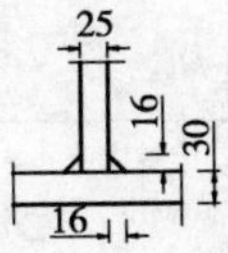 25; 16; 30; 16	FCAW	3F	焊态	横隔板与腹板
5	DH2132－2	Q345qD $t=20mm+25mm$	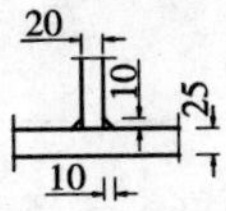 20; 10; 25; 10	FCAW	2F	焊态	水平筋板与腹板
6	DH2132－4	Q345qD $t=40mm+40mm$	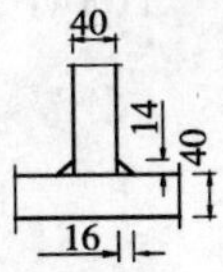 40; 14; 40; 16	FCAW	2F	焊态	支座垫板与底板
7	DH2133－2	Q345qD $t=20mm+25mm$	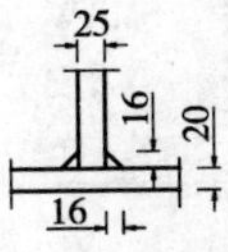 25; 16; 20; 16	FCAW	3F	焊态	横隔板与腹板
8	DH2215－T25b	Q345qD $t=25mm$	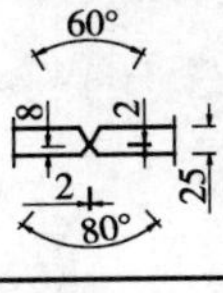 60°; 8; 2; 2; 25; 80°	FCAW＋SAW	1G	焊态	端梁腹板拼接

续上表

钢箱梁制作单位		焊接工艺评定项目汇总表				工程编号	ZP03 - 421
						名称	深水港颗珠山大桥
						图号	钢箱梁
序号	工艺评定编号	材质及规格	接头形式（尺寸单位：mm）	焊接方法	位置	状态	适用范围
9	DH2215 - T40	Q345qD $t=40$mm	60° 2 2 12 40 80°	FCAW + SAW	1G	焊态	端梁底板拼接
10	DH2215 - T12	Q345qD $t=12$mm	60° 2 7 12 80°	FCAW + SAW	1G	焊态	钢横梁腹板拼接
11	DH2121 - 2	Q345qD $t=12$mm + 25mm	12 12 25 12	SAW	1F	焊态	钢横梁腹板与上下翼板
12	DH2132 - 1	Q345qD $t=12$mm + 12mm	12 10 12 10	FCAW	2F	焊态	横向筋板与横梁腹板
13	DH2121 - 3	Q345qD $t=16$mm + 30mm	16 12 30 12	SAW	1F	焊态	钢横梁腹板与上下翼板
14	DH2121 - 1	Q345qD $t=12$mm + 12mm	12 10 12 10	SAW	1F	焊态	小纵梁腹板与翼板
15	DH2231 - T25	Q345qD $t=25$mm	45° 5 2 25 1+2 45°	FCAW	1G 固定	焊态	钢梁顶板与横梁顶板
16	DH2211 - T25	Q345qD $t=25$mm	45° 5 2 25 1+2 45°	SMAW	1G 固定	焊态	钢梁顶板与横梁顶板
17	DH2233 - T12	Q345qD $t=12$mm + 25mm	45° 2 12 1+2	FCAW	3G	焊态	横梁腹板与钢梁筋板

续上表

钢箱梁制作单位		焊接工艺评定项目汇总表				工程编号	ZP03－421
						名称	深水港颗珠山大桥
						图号	钢箱梁
序号	工艺评定编号	材质及规格	接头形式（尺寸单位：mm）	焊接方法	位置	状态	适用范围
18	DH2113－T12	Q345qD $t=12$mm＋12mm	45°；2；12；1+2	SMAW	3G	焊态	横梁腹板与钢梁筋板
19	DH2231－T12	Q345qD $t=12$mm	45°；5；2；12；1+2；45°	FCAW	1G 固定	焊态	横梁顶板与小纵梁顶板
20	DH2211－T12	Q345qD $t=12$mm	45°；5；2；12；1+2；45°	SMAW	1G 固定	焊态	横梁顶板与小纵梁顶板
21	DH2241－T25	Q345qD $t=25$mm	60°；5；2；25；1+2；60°	SMAW＋SAW	1G 固定	焊态	现场主梁顶板拼接
22	DH2213－T25	Q345qD $t=25$mm	60°；5；2；25；1+2；60°	SMAW	3G	焊态	现场主梁腹板拼接
23	DH2211－T40	Q345qD $t=40$mm	60°；10；2；40；1+2；60°	SMAW	1G 固定	焊态	现场主梁底板拼接
24	DH2231－T40H	Q345qD $t=40$mm	45°；12；40；1+0；30°	FCAW	1G	消应力处理	锚箱支承肋与锚板
25	DH2251－T40H	Q345qD $t=40$mm	30°；6；40；6；40	FCAW＋SAW	1G	消应力处理	锚箱端板与锚板
26	DH2132－3H	Q345qD $t=25$mm＋30mm	25；16；16；30	FCAW	2F	消应力处理	锚箱加劲肋与端板

续上表

钢箱梁制作单位		焊接工艺评定项目汇总表				工程编号	ZP03－421
						名称	深水港颗珠山大桥
						图号	钢箱梁
序号	工艺评定编号	材质及规格	接头形式 （尺寸单位：mm）	焊接方法	位置	状态	适用范围
27	DH2132－4H	Q345qD $t=40\text{mm}+40\text{mm}$	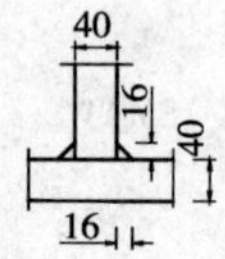	FCAW	2F	消应力处理	锚箱锚板与垫板
28	DH2132－2H	Q345qD $t=20\text{mm}+25\text{mm}$	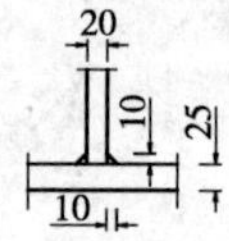	FCAW	2F	消应力处理	锚箱筋板与加劲肋
29	螺柱焊接	ML15ϕ22 Q345qD	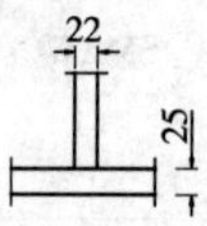	螺栓焊	1F	焊态	
30	DH2333－T25	Q345qD $t=25\text{mm}$	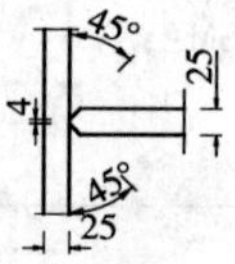	FCAW	3F	焊态	竖向筋板与翼板
31	DH2133－1	Q345qD $t=12\text{mm}+12\text{mm}$	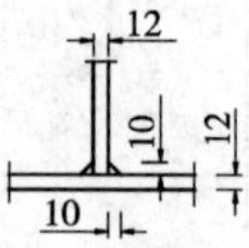	FCAW	3F	焊态	筋板与上下翼板
32	DH2252－3	Q345qD $t=40\text{mm}+25\text{mm}$	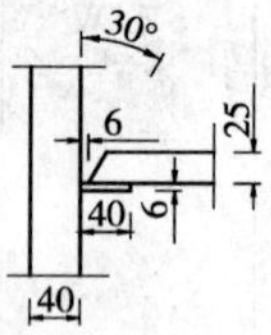	FCAW＋SAW	2F	焊态	钢主梁顶板与腹板
33	DH2232－4H	Q345qD $t=40\text{mm}$	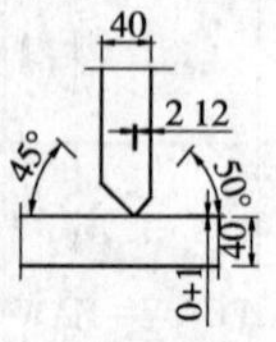	FCAW	2F	消应力处理	锚箱支承肋与锚板
34	DH2252－4H	Q345qD $t=40\text{mm}$	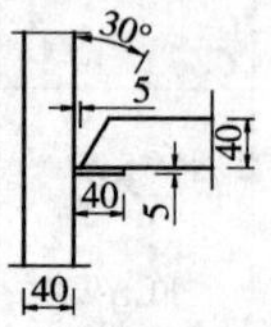	FCAW＋SAW	2F	消应力处理	锚箱端板与锚板

注：SMAW－手工电弧焊；FCAW－药芯焊丝 CO_2 气体保护焊；SAW－埋弧自动焊；1G－平焊；2G－横焊；3G－立焊；4G－仰焊；1F－船形焊；2F－水平角焊；3F－立角焊；4F－仰角焊。

2. 附录二(钢箱主梁焊缝焊接工艺分析卡)

钢箱主梁各条焊缝焊接工艺评定

钢箱梁制作单位	焊接工艺分析卡	工程编号	ZP03-421
		名称	钢主梁
		图号	L0

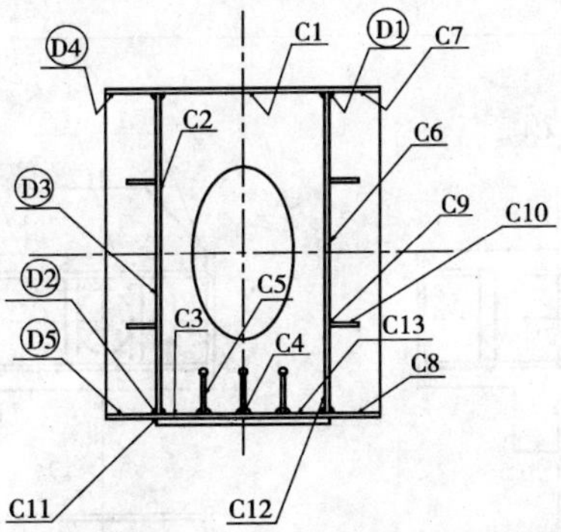

焊缝编号	零件名称	材质及规格	坡口形式	焊接方法	焊接工艺规程编号 焊接材料及规格	焊接工艺评定编号
D1	顶板	Q345qD t=25mm		FCAW+SAW		1. DH2251-T25a; 32. DH2252-3
	腹板	Q345qD t=30mm				
D2	腹板	Q345qD t=30mm		FCAW+SAW		1. DH2251-T25a; 32. DH2252-3
	底板	Q345qD t=50mm				
D3	竖向筋板	Q345qD t=25mm		FCAW		2. DH2332-T25
	腹板	Q345qD t=30mm				
D4	竖向筋板	Q345qD t=25mm		FCAW		2. DH2332-T25
	顶板	Q345qD t=25mm				
D5	竖向筋板	Q345qD t=25mm		FCAW		2. DH2332-T25
	底板	Q345qD t=50mm				
C1	横筋板	Q345qD t=25mm		FCAW		3. DH2132-3
	顶板	Q345qD t=25mm				
C2	横筋板	Q345qD t=25mm		FCAW(3F)		4. DH2133-3
	腹板	Q345qD t=30mm				
C3	横隔板	Q345qD t=25mm		FCAW		3. DH2132-3
	底板	Q345qD t=50mm				
C4	纵向筋板	Q345qD t=25mm		FCAW		3. DH2132-3
	底板	Q345qD t=50mm				
C5	纵向筋板	Q345qD t=25mm		FCAW		4. DH2133-3
	横隔板	Q345qD t=25mm				
C6	竖向筋板	Q345qD t=25mm		FCAW		3. DH2132-3
	腹板	Q345qD t=30mm				
C7	竖向筋板	Q345qD t=25mm		FCAW		3. DH2132-3
	顶板	Q345qD t=25mm				
C8	竖向筋板	Q345qD t=25mm		FCAW		3. DH2132-3
	底板	Q345qD t=50mm				
C9	水平筋板	Q345qD t=20mm		FCAW		5. DH2132-2
	腹板	Q345qD t=30mm				
C10	水平筋板	Q345qD t=20mm		FCAW		7. DH2133-2
	纵向筋板	Q345qD t=25mm				
C11	支座垫板	Q345qD t=66mm		FCAW		6. DH2132-4
	底板	Q345qD t=50mm				
C12	筋板	Q345qD t=25mm		FCAW		3. DH2132-3
	腹板	Q345qD t=30mm				
C13	筋板	Q345qD t=25mm		FCAW		3. DH2132-3
	底板	Q345qD t=50mm				

注:A-纵向对接焊缝;B-横向对接焊缝;C-贴角焊缝;D-部分融透和全融透T焊缝。

3. 附录三(锚箱结构焊缝焊接工艺分析卡)

锚箱结构焊缝焊接工艺评定

钢箱梁制作单位	焊接工艺分析卡	工程编号	ZP03 - 421
		名称	锚箱结构
		图号	MJZ1 ~ 16
			MJB1 ~ 12

C4 C1 C3 C2 D1 D2 C5 C6

焊缝编号	零件名称	材质及规格	坡口形式	焊接方法	焊接工艺规程编号 / 焊接材料及规格	焊接工艺评定编号
D1	支承肋	Q345qD $t=50$mm		FCAW		24. DH2231 - T40H 33. DG3232 - 4H
	锚板	Q345qD $t=50$mm				
D2	锚板	Q345qD $t=50$mm		FCAW + SAW		25. DH2251 - T40H 34. DG3252 - 4H
	端板	Q345qD $t=40$mm				
C1	加劲肋	Q345qD $t=25$mm		FCAW		26. DH2132 - 3H
	端板	Q345qD $t=25$mm				
C2	加劲肋	Q345qD $t=50$mm		FCAW		26. DH2132 - 3H
	锚板	Q345qD $t=50$mm				
C3	锚垫板	Q345qD $t=115$mm		FCAW		27. DH2132 - 4H
	锚板	Q345qD $t=50$mm				
C4	连接板	Q345qD $t=25$mm		FCAW		26. DH2132 - 3H
	锚板	Q345qD $t=50$mm				
C5	筋板	Q345qD $t=20$mm		FCAW		28. DH2132 - 2H
	加劲肋	Q345qD $t=25$mm				
C6	筋板	Q345qD $t=20$mm		FCAW		28. DH2132 - 2H
	加劲肋	Q345qD $t=25$mm				

4. 附录四(钢横梁焊缝焊接工艺分析卡)

钢横梁焊缝焊接工艺评定

钢箱梁制作单位	焊接工艺分析卡	工程编号	ZP03 - 421
		名称	钢箱梁
		图号	LH1　LH2

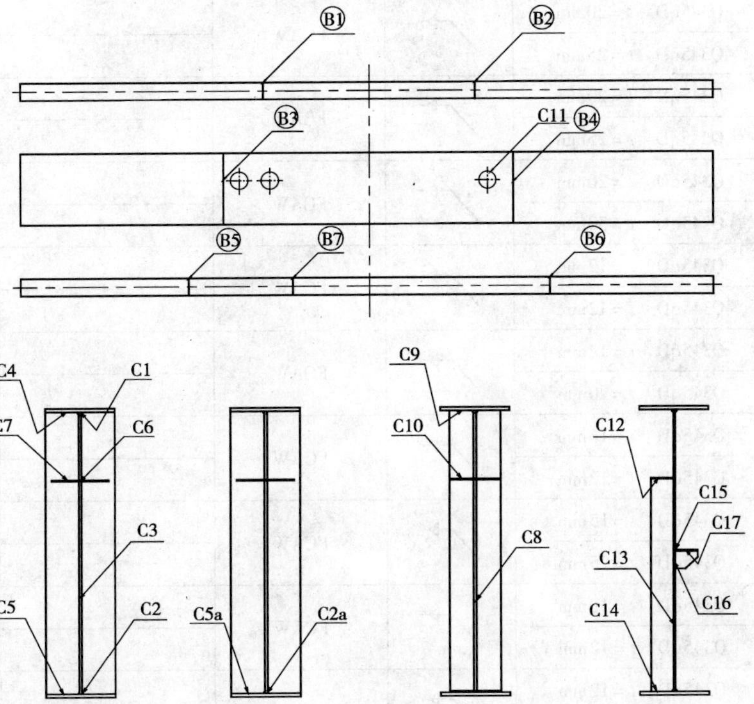

B1 B2 B3 C11 B4 B5 B7 B6 C4 C1 C7 C6 C3 C5 C2 C5a C2a C9 C10 C8 C12 C15 C17 C13 C16 C14

焊缝编号	零件名称	材质及规格	坡口形式	焊接方法	焊接工艺规程编号 焊接材料及规格	焊接工艺评定编号
B1,B2	顶板	Q345qD　$t=25$mm		FCAW + SAW		8. DH2251 - T25b
B3,B4	腹板	Q345qD　$t=12$mm		FCAW + SAW		10. DH2215 - T12
B5,B6	底板 5	Q345qD　$t=25$mm		FCAW + SAW		8. DH2251 - T25b
	底板 6	Q345qD　$t=30$mm				
B7	底板 6	Q345qD　$t=30$mm		FCAW + SAW		8. DH2251 - T25b
C1	顶板	Q345qD　$t=25$mm		SAW		11. DH2121 - 2
	腹板	Q345qD　$t=12$mm				
C2	底板	Q345qD　$t=25$mm		SAW		11. DH2121 - 2
	腹板	Q345qD　$t=12$mm				
C2a	底板	Q345qD　$t=30$mm		SAW		11. DH2121 - 2
	腹板	Q345qD　$t=12$mm				
C3	竖向筋板	Q345qD　$t=20$mm		FCAW		5. DH2132 - 2
	腹板	Q345qD　$t=12$mm				

续上表

钢箱梁制作单位		焊接工艺分析卡		工程编号		ZP03 - 421
				名称		钢箱梁
				图号		LH1　LH2
焊缝编号	零件名称	材质及规格	坡口形式	焊接方法	焊接工艺规程编号 焊接材料及规格	焊接工艺评定编号
C4	竖向筋板	Q345qD　$t = 20$mm		FCAW		7. DH2133 - 2
	底板	Q345qD　$t = 25$mm				
C5	竖向筋板	Q345qD　$t = 20$mm		FCAW		7. DH2133 - 2
	底板	Q345qD　$t = 25$mm				
C5a	竖向筋板	Q345qD　$t = 20$mm		FCAW		7. DH2133 - 2
	底板	Q345qD　$t = 30$mm				
C6	横向筋板	Q345qD　$t = 12$mm		FCAW		12. DH2132 - 1
	腹板	Q345qD　$t = 12$mm				
C7	横向筋板	Q345qD　$t = 12$mm		FCAW		7. DH2133 - 2
	竖向筋板	Q345qD　$t = 20$mm				
C8	竖向筋板	Q345qD　$t = 16$mm		FCAW		12. DH2132 - 1
	腹板	Q345qD　$t = 12$mm				
C9	竖向筋板	Q345qD　$t = 15$mm		FCAW		7. DH2133 - 2
	腹板	Q345qD　$t = 25$mm				
C10	竖向筋板	Q345qD　$t = 16$mm		FCAW		31. DH2133 - 1
	竖向筋板	Q345qD　$t = 12$mm				
C11	加强圈	Q345qD　$t = 12$mm		FCAW		12. DH2132 - 1
	腹板	Q345qD　$t = 12$mm				
C12	横向筋板	Q345qD　$t = 12$mm		FCAW		31. DH2133 - 1
	加劲板	Q345qD　$t = 12$mm				
C13	加劲板	Q345qD　$t = 12$mm		FCAW		12. DH2132 - 1
	腹板	Q345qD　$t = 12$mm				
C14	加劲板	Q345qD　$t = 12$mm		FCAW		7. DH2133 - 2
	底板	Q345qD　$t = 30$mm				
C15	上支架板	Q345qD　$t = 20$mm		FCAW		5. DH2132 - 2
	腹板	Q345qD　$t = 12$mm				
C16	下支承板	Q345qD　$t = 12$mm		FCAW		12. DH2132 - 1
	腹板	Q345qD　$t = 12$mm				
C17	上支架板	Q345qD　$t = 20$mm		FCAW		5. DH2132 - 2
	下支承板	Q345qD　$t = 12$mm				

注：A－纵向对接焊缝；B－横向对接焊缝；C－贴角焊缝；D－部分融透和全融透 T 焊缝。

后 记
——东海大桥建设的几点体会

上海的历史是一部在水中逐渐沉淀的历史,也是一篇水与桥的发展史。桥是城市发展的见证者,城市也因桥的出现而愈加繁荣。每一次城市的扩展都伴随着大规模的桥梁建设,而每一次大规模桥梁建设又带来了桥梁建造技术的新发展。

东海大桥是一座从江河走向海洋的桥梁。我国因为有了在大江大河上建桥的技术与经验,才有勇气到波涛汹涌的海洋上建桥。如今一座横卧在东海洋面上的大桥已经完成。经过三年半的工程实践,我们除了对东海大桥建设做出总结外,还应把在实践过程中获得的体会归纳出来,以使我国跨海大桥的建造技术进一步提高。

1. 工程实施的前期研究和准备工作

由于我国第一次在外海建造特大型桥梁,在设计、施工及建设管理等各方面均缺乏经验。尽管我国在海边有建造码头等水工构造物的设计规范和可借鉴的施工技术,但外海的自然环境远比海岸边或海湾的自然环境恶劣得多。海风、风浪肆虐的破坏力,超出了人们先前的想象。在洋山深水港工程实施期间,曾发生过这样一个事例:单根插入海床的钢管桩在一夜狂风恶浪的拍打下,其居然在海床面被截断,断落下的一截钢管桩被海浪吞噬得毫无影踪。可见,险恶的风浪对结构物的破坏是巨大的。然而,我国现有的桥梁设计规范、桥梁施工技术、海上船舶的抗风浪能力及各项费用,仍然沿用江河桥梁的相关内容。部分规范、标准和建桥经验已不能满足海洋环境建桥的要求。

例如,桩基础承载力的确定问题。在工程实践中,通常取几个典型地质条件的区域进行试桩,来校核设计所提供的承载力。按以往的经验,陆上或江河上试桩得到的承载力通常高于设计规范的计算值,除非试验区域的地质条件与工程桩所处地质条件的设计参数有明显差别。但是,在海上试桩,尤其在海况较恶劣的情况下试桩,必须考虑波浪反复作用的影响,一些设计参数需要通过试验确定,可是前期我们没有开展这方面的研究工作。后来进行的桩基础水动力试验得到的水平力计算参数,希望能对以后工作有所帮助。

还有,我们在船舶使用方面也是缺乏调查研究的。什么样的船只能作为海上施工一般工作船只,什么样的船能在较大风浪中进行施工作业,这些均没有经过详细的调查与经济分析。施工前仍然沿用江河船舶的使用经验和费用进行估计。工程在海上全面铺开时才发觉,老经验已不能适合实际施工情况。最后造成了资金使用的被动和船舶调动及租用的困难。

2. 海上桥梁跨径的确定

跨海大桥的施工应尽可能减少水中作业时间,尽可能避免海上施工风险,这些观点已得到了桥梁界认可。东海大桥除了满足船舶通航要求的几座通航孔桥梁采用了大跨径结构,其他均采用 50 ~ 70m 跨径的结构。当初选用这种跨径布置仅考虑满足国内已有设备的施工要求。但是,现在回过来再分析发现当初考虑设备投入的决心是不够大的,应该采用增大桥梁跨径、减小桥墩数量的方案。事实上,桥墩基础数量减少可大大加快大桥建设的速度。

3. 规范和标准制定的要求

东海大桥设计采用的规范和标准是由多个行业(包括国外)的规范和标准组合而成的,其涉及公路、港口、船舶、海运等行业。由于这些规范和标准制定的依据不同且内容不完整,加之相关人员缺乏经验,使工程进展遇到了许多难题。尽管相关科研工作为大桥建设提供了技术支撑,但其仅仅是满足了东海大桥一个工程的需求。如何进行跨海大桥耐久性设计？如何设计跨海大桥的防撞设施？如何对跨海大桥进行维护？如何从设计、施工、运营及维护等方面确保结构的各项性能满足要求？等等,这些都是急需解决的问题。我国在制定跨海大桥建设所需的规范和标准方面还需要经历一段很长的路程。

4. 海洋施工作业平台的选择

东海大桥水上施工作业平台的功能,主要是为施工人员居住、工程材料堆放、钻机布置及施工操作提供相应的场地。工程实施时采用了两种形式的施工平台:一种是固定式钢平台,另一种是导管架结合自浮钢套箱平台。

固定式钢平台是在桥梁基础施工前先打设钢管桩作为平台基础,然后在每根钢管桩之间焊接平联钢管使其连成一个整体钢平台。由于海上打桩引起的桩位误差较大,钢管桩之间的距离都有偏差,平联钢管无法预先下料,故需安排施工人员对每根钢管桩之间的距离进行实测,才能保证钢管下料长度准确、满足平联钢管与钢管桩之间的焊接质量要求。海上搭设钢平台期间,各构件间的大量焊接工作均由施工人员在现场进行,从而加大了海上施工的风险。桥梁桩基施工结束后还需拆除钢平台,另行安装钢套箱后方能进行承台混凝土施工,结果大大增加了水上作业时间。这种固定式平台是江河桥梁下部结构施工常用的施工平台,但在海洋环境中采用该平台就暴露出诸多缺陷,如:海上作业时间长,存在多种水上作业风险,各施工阶段分隔、不能连续施工等。

导管架结合自浮钢套箱平台显示了其在海上施工中的优越性。导管架和钢套箱均在船厂内制造,避免了大量水上施工工序。导管架经船舶运输至现场整体沉放,钢套箱依靠本身的浮力运至现场就位,两者组合后形成海上作业平台。平台定位桩的打设、钻孔灌注桩的施工均在平台的甲板上进行,待桩基施工结束后打开平台甲板,钢套箱的内舱就是承台混凝土施工的场地,钢套箱四周的压水舱便可变成调温舱,在混凝土养护期间起到蓄热保温的作用。

导管架结合自浮钢套箱平台,把桥梁下部结构施工的三个施工阶段、十多道施工工序全部整合在一个施工面上完成,使大量的水上作业变成陆上作业,使不同的施工工序连续起来,极大地加快了施工进度并提高了工程质量。从而,规避了海上作业风险,提高了施工的安全性,也使施工管理工作能有条不紊地进行。

5. 对高性能混凝土的再认识

采用高性能混凝土可使结构的耐久性得到提高,这个结论在试验室已得到了很好证明。但是,高性能混凝土在东海大桥工程全面应用,则需要依靠精细施工措施来保证。而我们恰恰在全面使用高性能混凝土方面缺乏相应的准备,结果在施工初期无论是现浇混凝土构件还是预制混凝土箱梁均不同程度地出现了裂缝。显然,在海洋环境中,混凝土结构出现裂缝将加快氯离子浸入速度。针对混凝土结构产生大量裂缝的现象,我们根据现场的实际状况,在材料的选用、混凝土配合比、施工工艺及养护手段等方面开展了大量研究,从实际情况出发重新制定了详细的设计规定和工艺规程,并实地进行了施工工艺试验,采集了大量现场试验数据,从而提出了控制裂缝的方法,指导实际施工。

6. 永久结构与施工临时设施的关系

在施工过程中,利用桥梁永久设施发挥临时设施的作用,将可能在工程实施中带来很大的经济效益。最典型事例是辅通航孔桥墩防撞设施的施工。辅通航桥墩采用了钢套箱防撞设施。按以往的施工工艺,需要先设置临时钢套箱进行承台混凝土浇筑,然后再拆除临时钢套箱进行防撞设施安装。这种海上施工作业方法,风险大、周期长。而现在则改变防撞设施的设计思想,使其成为既是永久的防撞设施同时又是承台混凝土浇筑的临时钢套箱,承台混凝土浇筑完成后该临时钢套箱就成了永久防撞设施。可是,这种方法没能应用在主通航孔承台的施工中。

7. 海上桩基桩型的选择

在东海大桥工程起始阶段,设计采用的桩均为预应力混凝土大管桩。这种桩抗击打能力较强,在江河使用是很理想的,但其在海上使用时却适得其反。因为,在风平浪静的条件下打桩船是可以正常作业的,但遇到一些风浪桩端时常被击碎,打桩无法正常进行,有时一天只能打一根桩。原因在于,打桩船遇风浪时常会前后、左右晃动,造成打桩锤与桩的截面中心不在同一条铅垂上,打桩锤对桩端形成了劈裂作用,很容易造成桩端破碎。经研究后,东海大桥全线的桩基全部改用钢管桩。尽管投资增加了6亿人民币,可工程进展十分顺利。由此我们认为,在海上施打混凝土桩是不适宜的。

8. 东海大桥全线的防撞设施

东海大桥除了通航孔桥梁采用物理防撞设施,全线大部分区段没有采用物理防撞设施,这也是东海大桥存在的一个隐患。一旦有船舶失控,撞击非通航段桥梁的桥墩,极易发生事故。目前,仅通过管理上加大力度防止突发事件发生,但百密还有一疏。对于全线桥梁如何避免船舶撞击事故发生,最理想的措施还是物理防撞设施。关于东海大桥全线防撞设施的设置问题目前还在酝酿之中。

以上是我们在东海大桥工程实施过程中的认识和遇到的一些情况,也是今后我国跨海大桥建设中需要考虑的问题。我们在此抛砖引玉,希望我国跨海大桥的建造技术获得更大的发展。

参考文献

[1] 上海同盛大桥建设有限公司,等.外海超长桥梁关键技术研究综合应用研究报告[R].2005

[2] 上海同盛大桥建设有限公司,等.东海大桥超长超大混凝土箱梁施工技术研究报告[R].2005

[3] 上海同盛大桥建设有限公司,等.东海大桥非通航孔墩台基础施工技术研究报告[R].2005

[4] 上海同盛大桥建设有限公司,等.东海大桥非通航孔防撞设施及管理研究报告[R].2005

[5] 上海同盛大桥建设有限公司,等.东海大桥海堤高速公路关键技术研究报告[R].2005

[6] 上海同盛大桥建设有限公司,等.东海大桥桥面沥青设计与施工技术研究报告[R].2005

[7] 上海同盛大桥建设有限公司,等.东海大桥外海测量定位技术研究报告[R].2005

[8] 上海同盛大桥建设有限公司,等.东海大桥斜拉桥抗风性能及颤动控制研究报告[R].2005

[9] 上海同盛大桥建设有限公司,等.东海大桥主通航孔斜拉桥钢—混凝土结合梁设计与施工技术研究报告[R].2005

[10] 上海同盛大桥建设有限公司,等.跨海大桥水动力研究报告[R].2005

[11] 上海同盛大桥建设有限公司,等.外海大型桥梁基础系统施工技术研究——东海大桥主、辅通航孔承台基础施工应用研究报告[R].2005

[12] 上海同盛大桥建设有限公司,等.外海跨海大桥健康监测系统开发研究与应用报告[R].2005

[13] 上海同盛大桥建设有限公司,等.外海桥梁结构耐久性设计与应用技术研究报告[R].2005

[14] Bazant. Physical model for steel corrosion in concrete sea structures-application[J]. Journal of the Structural Division, 1979 (6):1155-1166

[15] Conrad W Felice. Drilled shaft construction for the Bandra-Worli sea link project. Geo-Support, 2000

[16] Tang Huancheng. The three channel crossing for China in the 21st century. Bridges into the 21st century, Hongkong,1995

[17] 盖斯维特 J. 海洋环境与建筑物设计[M].北京:海洋出版社, 1992

[18] Kunishima M, Okamura H. Durability design for concrete structures. IABSE,Symposium,Lisbon,1989

[19] Milton Brurnev F, 陈守容.维拉扎诺海峡桥——上部结构设计[J].世界桥梁, 1992(01)

[20] Suad Al-Bahar. Investigation of corrosion damage in a reinforced concrete structure in Kuwait[J]. ACI Materials Journal, 1998 (3):226-231

[21] Bilger W, Steffen W, 潘振胄.节段施工法及其在萨灵海峡桥施工中的应用[J].世界桥梁, 1989 (01)

[22] 安琳, 丁大钧.香港青马大桥简介.桥梁建设[J],1997(03):22-26

[23] 白彬人.中国近海沿岸海雾规律特征、机理及年际变化的研究 [D].南京:南京信息工程大学,2006

[24] 边坤艳.现浇混凝土连续箱梁移动模架法施工工艺研究与应用[J].施工,2003(08)

[25] 卞钧霈, 史方华.金塘大桥设计.桥梁建设[J],2005(01):22-25

[26] 上海市隧道工程设计院.长江口越江通道工程重大技术经济问题前期研究——全隧道技术研究报告[R].1994

[27] 陈宝春,刘织,林涵斌.世界海底隧道工程概况与台湾海峡通道构想[J].福州大学学报:自然科学版, 2000(04)

[28] 陈达章.伶仃洋大桥非通航段参选方案[J].广东公路交通,1999(03)

[29] 陈国达.中国岸线问题[J].中国科学,1950,1(2~4)
[30] 陈虹.丹麦跨海大桥[J].中国工程咨询,2004(05)
[31] 陈守容.设计构思与施工程序[J].世界桥梁, 1991(04)
[32] 陈信雄,姜德中.我国近海航区大风天气分析及其预报[J].海洋预报, 1995(01)
[33] 陈智仁.香港的跨海大桥[J].城市道桥与防洪,2007(08)
[34] 戴振藩.世界的海峡联络桥[J].世界桥梁, 1980(01)
[35] 单国良,林宝玉,蔡跃波.北仑港码头混凝土密实性对钢筋混凝土锈蚀破坏的影响[G]//第四届全国混凝土耐久性学术交流会.1996.11:126-134
[36] 邸小坛,高小旺,徐有邻.我国混凝土结构的耐久性与安全问题[G]// 工程科技论坛——土建结构工程的安全性与耐久性.2001.11:260-265
[37] 丁东.渤海海峡跨海通道的地质概况 [J].海洋地质动态, 1994(03)
[38] 杜尧东, 宋丽莉, 毛慧琴, 植石群, 钱光明.琼州海峡跨海工程风速观测与设计风速计算[J].中山大学学报:自然科学版, 2005(02)
[39] 方世乐.广东伶仃洋大桥方案设计介绍[J].广东公路交通,2000(01)
[40] 高建明.桥梁钢筋混凝土结构被海水腐蚀病变程度检测及病变原因探讨[G]// 公路桥梁维修与加固技术研讨会,2001
[41] 顾建平,陈安民,金立坚,苏洪雯.东海大桥大体积海工混凝土施工技术[J].建筑施工,2004,26(05)
[42] 顾平,杨燕军.影响我国近海航海的水文气象要素气候分析[J].海洋预报, 1997(02)
[43] 昊胜兴,吴瑾,王巧平,卞汉兵,沈德建.连云港西大堤钢筋混凝土护栏锈裂破坏调查报告[R].河海大学土木学院,2001.12
[44] 胡昌炳.珠海淇澳大桥主梁悬臂拼装施工技术[J].桥梁建设,2000(04):45-48
[45] 胡玉龙,孙玉祥,黄祖其,韩蜀.海上桥梁挂篮悬浇施工技术[J].桥梁建设,2002(04)
[46] 黄胜军.英德市金坑特大桥总体设计[J].中南公路工程,2001(04)
[47] 姜一飞.跨江跨海大桥在长三角城市经济中的作用[J].城乡建设,2005(06)
[48] 金素心,冯百义,杨世琪.厦门高集海峡大桥主桥设计与施工[J].土木工程学报,1991, 24(3):80-91
[49] 金增洪.厄勒桑特桥的设计和施工[J].中外公路,2004(04)
[50] 金增洪.明石海峡大桥简介[J].国外公路,2001,21(1):13-18
[51] 金增洪.日本本—四联络桥的维修[J].中外公路,2003,23(3):43-48
[52] 柯桂灵,李江山.琼州海峡跨海工程联络桥基础设计[J].广东公路交通, 2002(S1)
[53] 李江山.琼州海峡跨海大桥联络桥方案介绍[J].广东公路交通,2002(01)
[54] 李庆远.中国海岸线的升沉问题[J].地理学报,1935,2(02)
[55] 李田,刘西拉.混凝土耐久性分析与设计[M].北京:科学出版社,1999
[56] 李秀珍,许增田.天津新港高桩码头结构现状及损坏情况的调查报告[J].港口工程,1992 (6):27-38
[57] 李玉成.波浪对海上建筑物的作用[M].北京:海洋出版社,1990
[58] 李振荣.海上桥梁施工[M].北京:中国建筑工业出版社,1991
[59] 林一宁,陈爱萍.跨海大桥的预制构件法施工[J].世界桥梁,2002(04)
[60] 林元培,章曾焕,卢永成,丁建康,张剑英.上海东海大桥工程总体设计[J].城市道桥与防洪,2004(04)
[61] 刘聪,黄世成,朱安祥,江志红.苏通长江公路大桥设计风速的计算与分析[J].应用气象学报,2006(01)

[62] 刘丰军，叶飞，李鹏. 世界海底隧道工程概况及对我国的启示[G]//中国土木工程学会第十二届年会暨隧道及地下工程分会第十四届年会论文集[C]. 2006
[63] 刘西拉. 重大土木与水利工程安全性及耐久性的基础研究[J]. 土木工程学报，2001 (6)：1-7
[64] 刘正光. 香港青马大桥的设计[J]. 土木工程学报，1992，25(5)：77-80
[65] 柳新华，刘良忠，侯鲜明. 国内外跨海通道发展百年回顾与前瞻[J]. 科技导报，2006(11)
[66] 楼庄鸿，丁明杰. Tacoma 海峡桥的空气动力学——60 年后[J]. 国外公路，2001(03)
[67] 卢永成. 东海大桥工程海上基础设计[G]//中国土木工程学会市政工程分会论文集. 2003
[68] 马亚丽. 海湾钢筋混凝土桥梁结构的腐蚀及腐蚀控制研究[J]. 河南科学，2001(09)
[69] 麦继婷，关宝树. 琼州海峡悬浮隧道的可行性研究[J]. 铁道工程学报，2003(04)
[70] 混凝土和钢筋混凝土的腐蚀及其防护方法. 倪继森，译. 北京：化学工业出版社，1984
[71] 牛世奎，殷丽，盖明礼. 渤海南部海区风浪推算与分析 [J]. 海岸工程，1999(03)
[72] 潘德强. 我国海港工程混凝土结构耐久性现状及对策[G]// 工程科技论坛——土建结构工程的安全性与耐久性. 北京，2001. 11：176-187
[73] 潘家英，张国政，程庆国. 大跨度桥梁极限承载力的几何与材料非线性耦合分析[J]. 土木工程学报，2000(01)
[74] 潘振胄. 世界海峡桥梁简介[J]. 石家庄铁道学院学报，1989(03)
[75] 彭德运，王立新. 意大利墨西拿海峡大桥设计概述. 铁道建筑技术，2003(02)：27-30
[76] 彭连保. 伶仃洋大桥非通航段的设计与施工方法探讨. 铁道建筑，1991(01)
[77] 钱七虎，何益寿. 琼州海峡通道宜隧不宜桥[J]. 交通运输系统工程与信息，2001(02)
[78] 秦顺全. 沿海大型桥梁工程浮吊架梁方案研究[G]// 第十五届全国桥梁学术会议论文集. 2002
[79] 邱建英. 朱家尖海峡大桥工程主要技术简介[J]. 公路，1999(09)：12-14
[80] 邱桔斐. 江苏沿海风、浪特征研究[D]. 南京：河海大学，2005
[81] 屈文俊. 现有混凝土桥梁的耐久性评估及寿命预测[D]. 成都：西南交通大学，1995
[82] 山县守，小林真，郝育森. 海浪对长跨桥梁基础设计施工的影响[J]. 世界桥梁，1994(03)
[83] 上海市市政工程管理局. 上海市长江口越江通道前期研究报告[R]. 1994
[84] 宋晖，陈伟国. 舟山大陆连岛工程西堠门大桥方案构思[J]. 公路，2005(06)：22-28
[85] 孙立娟，高超. 黄渤海风浪气候统计分析[J]. 世界海运，2004(03)
[86] 谭忠盛，王梦恕，张弥. 琼州海峡铁路隧道可行性研究探讨[J]. 岩土工程学报，2001(02)
[87] 唐寰振. 琼州海峡跨海工程调研工作进展概况[G]//第十四届全国桥梁学术会议. 南京，2000
[88] 唐寰澄. 世界著名海峡交通工程[M]. 北京：中国铁路出版社，2004
[89] 滕学春，吴秀杰，刘丽惠. 渤海南部海域大浪特征的分析[J]. 黄渤海海洋，1994(01)
[90] 王春生，徐岳，郝宪武. 广东伶仃洋跨海大桥非通航孔桥桥型方案设计[J]. 桥梁建设，1999(02)
[91] 王锋君. 对伶仃洋大桥几个重要问题的研究[D]. 成都：西南交通大学，1998
[92] 王恒栋，赵国藩. 钢筋混凝土构件的耐久性生存分析[J]. 港口工程，1995 (2)：9-12
[93] 王久富. 跨海大桥工程特点及造价分析与确定[J]. 铁路工程造价管理，2006(05)
[94] 王可钧. 工程界首次论证海底隧道穿越琼州海峡的可行性[J]. 岩石力学与工程学报，2000(S1)
[95] 王胜年，黄君哲，等. 华南海港码头混凝土腐蚀情况的调查与结构耐久性分析[J]. 水运工程，2000(06)：8-12
[96] 王炜英. 跨海交通通道综述[J]. 中国市政工程，1997(01)
[97] 王晓刚，盛黎明，张煅. 国外跨海大桥的耐久性研究[J]. 铁道标准设计，2006(01)
[98] 吴伟胜，王仁贵，王梓夫. 杭州湾跨海大桥航道桥钢箱梁设计[J]. 桥梁建设，2006(03)：24-27
[99] 吴之明. 英吉利海峡隧道与台湾海峡隧道[J]. 铁道知识，2005(02)
[100] 项海帆. 21 世纪世界桥梁工程的展望[J]. 土木工程学报，2000，33(3)：1-6

[101] 项海帆,陈艾荣,葛耀君. 中国大桥[M]. 北京:人民交通出版社,2003
[102] 项海帆. 世界桥梁发展中的主要技术创新[J]. 广西交通科技,2003(05)
[103] 谢瑞振. 琼州海峡跨海工程前期工作调研[J]. 广东公路交通, 2000(01)
[104] 许东禹,等. 中国近海地质[M]. 北京:地质出版社,1997
[105] 许林之. 我国海洋灾害状况及防御对策[J]. 海洋预报,1998 (03)
[106] 许兆斌, 龚志刚. 科林斯湾上的里翁——安蒂里翁4塔斜拉桥[J]. 世界桥梁, 2003(02)
[107] 严国敏. 6000m 海峡通道采用的两个悬索桥方案[J]. 国外公路,1998, 18(01):26-30
[108] 严国敏. 厄勒海峡大桥的招标投标设计与施工[J]. 国外桥梁,1999 (03)
[109] 严国敏. 诺森伯兰海峡大桥——加拿大的一座跨海特大桥的计划、设计与施工[J]. 国外桥梁, 1997(02):6-10
[110] 交通部公路规划研究院, 同济大学. 沿海高等级公路干线跨海湾工程可行性咨询报告[R]. 1995
[111] 杨艳,陈宝春. 世界跨海工程概况与台湾海峡通道可能性[J]. 福建建筑, 2007(08)
[112] 杨义东, 胡定成. 厄勒海峡大桥的详细设计[J]. 国外桥梁,1993 (03)
[113] 尹文昱,张永宁. 渤海海峡风浪特征统计分析[J]. 大连海事大学学报, 2006(04):86-90
[114] 余新旦,俞波. 广东西部沿海高速公路镇海湾大桥设计[J]. 广东公路交通,2003(01):36-38
[115] 袁红茵. 关于桥梁的跨径、景观与工程造价的探讨[J]. 湖南交通科技,2001(12)
[116] 张保兴. 跨海大桥超大预制桩成桩施工[J]. 建筑施工,2003(11)
[117] 张虎男,陈伟光. 琼州海峡成因初探[J]. 海洋学报:中文版,1987(05)
[118] 张莉,李文成,沙志彬. 琼州海峡跨海工程新Ⅶ线区地质条件及地质灾害因素评价[J]. 海洋地质与第四纪地质, 2005(02)
[119] 张耀军. 珠澳莲花大桥主桥预应力混凝土连续刚构悬拼施工[J]. 世界桥梁,2003(02):12-15
[120] 张永宁,李志华. 渤海海峡风浪特征统计分析[G]//2004 防止船舶行事故新经验新技术学术研讨会论文集(下册)[C]. 2004
[121] 郑焕然. 滨海软土地基处理技术及沉降分析[D]. 长沙:湖南大学,2003
[122] 周冬生,徐巍,周先念. 海上桥梁施工平台的搭建技术[J]. 世界桥梁,2004(Z1)
[123] 周履. 关于厄勒海峡大桥若干情况的补充[J]. 世界桥梁,2004(02)
[124] 周文正. 海上桥基础施工方案经济比选[J]. 铁路工程造价管理,2004(03)
[125] 周新亚. 珠澳莲花大桥主桥预应力体外索应用[J]. 中外公路,2001,21(4):43-45
[126] 卓秋林. 台湾海峡跨海大桥抗震设计的思考[J]. 福建建筑,2005(03)
[127] 左明福. 厄勒海峡大桥的设计与施工[J]. 河港工程,2001(01):1-7
[128] 左其华. 近岸波浪引起的水流及长波研究进展[J]. 海洋工程,2003(11)
[129] 李建成,陈俊勇,宁津生,晁宁波. 地球重力场逼近理论与中国2000似大地水准面的确定[M]. 武汉:武汉大学出版社,2003
[130] 梁开发,刘雁春,管铮,黄谟涛. 海洋重力测量与磁力测量[M]. 北京:测绘出版社,1996
[131] 孔祥元,郭际明,刘宗泉. 大地测量学基础[M]. 武汉:武汉大学出版社,2001
[132] 郭春喜,王惠民,王斌. 全国高分辨率格网地形和均衡改正的确定[J]. 测绘学报,2002(08)
[133] 邹志利. 水波理论及其应用[M]. 北京:科学出版社,2005
[134] 金伟良. 工程荷载组合理论与应用[M]. 北京:机械工业出版社,2006
[135] 张兆顺,崔桂香. 流体力学[M]. 北京:清华大学出版社,2006
[136] 叶琳昌,沈义. 大体积混凝土施工[M]. 北京:中国建筑工业出版社,1987
[137] 朱伯芳. 大体积混凝土温度应力与温度控制[M]. 北京:中国电力出版社,1999
[138] 李殿璞. 船舶运动与建模[M]. 哈尔滨:哈尔滨工程大学出版社,1999
[139] 吴宋仁. 海岸动力学[M]. 北京:人民交通出版社,2000

[140] 罗伯特.E.兰德尔.海洋工程基础[M].杨槱,包从喜,译.上海:上海交通大学出版社,2002
[141] 董艳秋.深海采油平台波浪载荷及响应[M].天津:天津大学出版社,2005
[142] 戴仰山等.船舶波浪载荷[M].北京:国防工业出版社,2007
[143] 陆文法,李林普,高明道.近海导管架平台[M].北京:海洋出版社,1992
[144] 梁文娟,金允龙,陈高增.船舶与桥墩碰撞力计算及桥墩防撞[G]//第十四届全国桥梁学术会议论文集.上海:同济大学出版社,2000